Lexikon der Sozialpädagogik und der Sozialarbeit

Herausgegeben
von
Prof. Dr. Franz Stimmer
Mitarbeit
(Redaktion und Kurzstichwörter)
Dr. Hilde van den Boogaart
und
Günter Rosenhagen

4., völlig überarbeitete und erweiterte Auflage

R. Oldenbourg Verlag München Wien

Die Deutsche Bibliothek - CIP-Einheitsaufnahme

Lexikon der Sozialpädagogik und der Sozialarbeit / hrsg. von Franz
Stimmer. Mitarb. (Red. und Kurzstichwörter) Hilde van den Boogaart und
Günter Rosenhagen. – 4., völlig überarb. und erw. Aufl.. – München ;
Wien : Oldenbourg, 2000
ISBN 3-486-25369-7

© 2000 Oldenbourg Wissenschaftsverlag GmbH
Rosenheimer Straße 145, D-81671 München
Telefon: (089) 45051-0, Internet: http://www.oldenbourg.de

Das Werk einschließlich aller Abbildungen ist urheberrechtlich geschützt. Jede Verwertung
außerhalb der Grenzen des Urheberrechtsgesetzes ist ohne Zustimmung des Verlages unzulässig und strafbar. Das gilt insbesondere für Vervielfältigungen, Übersetzungen, Mikroverfilmungen und die Einspeicherung und Bearbeitung in elektronischen Systemen.

Gedruckt auf säure- und chlorfreiem Papier
Druck: R. Oldenbourg Graphische Betriebe Druckerei GmbH

ISBN 3-486-25369-7

Inhaltsübersicht

Vorwort	VII
Verzeichnis der Autorinnen und Autoren	IX
Benutzungshinweise	XIII
Abkürzungen	XV
Lexikon	1

Vorwort

Dieses Lexikon informiert über wesentliche Fragestellungen aus dem inhaltlich weit gefächerten und manchmal diffus erscheinenden Bereich der Sozialen Arbeit. Es gibt in Kurzform theorie- und praxisbezogene Orientierungen über Erscheinungen, Prozesse, Arbeitsformen und Methoden Sozialer Arbeit auf der Grundlage sozialpädagogischer und sozialarbeiterischer Konzepte unter Einbeziehung komplementärer Fachdisziplinen wie Soziologie, Psychologie, Rechtswissenschaften, Kriminologie und Psychotherapie. Die bisher ungeklärte Problematik, für Sozialpädagogik und Sozialarbeit einen subsumierenden und allgemein anerkannten Begriff zu finden, wurde dadurch zu begegnen versucht, von Sozialer Arbeit dort zu sprechen, wo dies beide umfassend gemeint ist, ansonsten die beiden Begriffe auch getrennt zu verwenden. Ob dies immer gelungen ist, sei dahingestellt, vermutlich gilt es aber in der Sozialen Arbeit vordringlichere Probleme zu lösen.

Ich bedanke mich bei allen Autorinnen und Autoren der Hauptstichwörter, bei den Kolleginnen und Kollegen, die ungenannt aus ihrem speziellen Arbeitsbereich Kurzstichwörter beigesteuert haben, bei den beiden Redakteuren, Frau Dr. Hilde van den Boogaart und Herrn Diplom-Sozialpädagogen Günter Rosenhagen, die einen Großteil der Kurzstichwörter verfaßt und daneben bei der Gestaltung des Lexikons mitgewirkt haben, bei Frau Diplom-Sozialpädagogin Anja Peters, die die Kurzstichwörter zu den Institutionen und Organisationen überarbeitet hat und bei Herrn Diplom-Volkswirt Martin M. Weigert als hilfreichen Ansprechpartner des Verlags.

Hinweise und kritische Vorschläge zur Verbesserung des Lexikons werde ich bei einer weiteren Überarbeitung gerne berücksichtigen.

Franz Stimmer

Verzeichnis der Autoren und Autorinnen

Prof. Dr. Gisela Adam-Lauer, Fachhochschule Nord-Ost-Niedersachsen, Lüneburg (Verhaltensdiagnostik, Verhaltenstherapie)*
Prof. Dr. Anton Amann, Universität Wien (Sozialgerontologie)
Prof. Dr. Harald Ansen, Berufsakademie Stuttgart (Armut, Soziale Beratung)
Prof. Dr. Dieter Baacke, Universität Bielefeld (Medienpädagogik)
Prof. Dr. Nando Belardi, Technische Universität Chemnitz-Zwickau (Internationale Soziale Arbeit, Organisationsentwicklung, Psychotherapie und Sozialpädagogik)
Prof. Dr. Martin Bellermann, Evangelische Fachhochschule Bochum (Sozialpolitik, Subsidiarität)
Prof. Dr. Werner Bienwald, Evangelische Fachhochschule Hannover (Betreuung und Betreuungsrecht, Vormundschaft und Pflegschaft)
Ursula Blömer, Universität Oldenburg (Sozialpädagogische Familienhilfe)
Dr. Hilde van den Boogaart, Justizbehörde Hamburg (Kindschaftsrechtsreform, Strafvollzug)
Prof. Dr. Margrit Brückner, Fachhochschule Frankfurt (Feministische Soziale Arbeit)
Prof. Dr. Herbert Colla-Müller, Universität Lüneburg (Aussiedler, Heimerziehung, Heimerziehung in der DDR, Pflegekinder)
Prof. Dr. Kurt Czerwenka, Universität Lüneburg (Soziales Lernen)
PD Dr. Wolfgang Eichler, Humboldt-Universität Berlin (Erziehungswissenschaft im Sozialismus)
Prof. Dr. Detlef Garz, Universität Oldenburg (Kritische Theorie – kritische Erziehungswissenschaft, Moralische Entwicklung und Erziehung, Sozialpädagogische Familienhilfe)
Prof. Dr. Roland Girtler, Universität Wien (Ero-episches Gespräch, Randgruppen/Randkulturen, Zehn Gebote der Feldforschung)
Hellmut Gohde, Universität Hildesheim (Gutachten)
Prof. Dr. Wilfried Gottschalch, Universität Amsterdam/Bussum (Sozialisation)
Prof. Dr. Franz Hamburger, Universität Mainz (Ausländerarbeit)
Reinert Hanswille, Institut für Familientherapie, systemische Supervision und Organisationsentwicklung, Essen (Familientherapie)
Renate Haußmann, Organisationsberatung und Projektentwicklung, Hamburg (Parteiliche Jugendsozialarbeit)
Prof. Dr. Maja Heiner, Universität Tübingen (Selbstevaluation)
Prof. Dr. Hans Heinze, Wunstorf (Psychiatrie-Enquête)
Prof. Dr. Sabine Hering, Universität-Gesamthochschule Siegen (Pädagogische Diagnostik)
Sabine Herrenbrück, Universität Lüneburg (Öffentlichkeitsarbeit)
Prof. Dr. Norbert Herriger, Fachhochschule Düsseldorf (Empowerment, Prävention, Soziale Probleme)
Prof. Dr. Heiko Herwald, Universität Lüneburg (Ästhetische Erziehung)
Prof. Dr. Georg Hey, Fachhochschule Nordhausen (Lebenslage)
Norbert Höpfner, Universität-Gesamthochschule Siegen (Pädagogische Diagnostik)
PD Dr. Erika M. Hoerning, Max-Planck-Institut für Bildungsforschung Berlin (Biographie)

---

* In Klammern die Beiträge für das Lexikon.

Prof. Dr. Stefan Hradil, Universität Mainz (Wohlfahrtsstaat)
Prof. Konrad Huchting, Fachhochschule Ostfriesland, Emden (Strafvollzug und Soziale Arbeit)
Dr. Henning Imker, Technische Universität Braunschweig (Sozialarbeitswissenschaft)
Dr. Burkard Jäger, Medizinische Hochschule Hannover (Klientenzentrierte Gesprächsführung)
Prof. Dr. Harro Dietrich Kähler, Fachhochschule Düsseldorf (Erstgespräch)
PD Dr. Michael Kämper-van den Boogaart, Humboldt-Universität Berlin (Didaktik)
Prof. Dr. Jochen-Christoph Kaiser, Universität Marburg (Geschichte der Sozialarbeit)
Prof. Dr. Maria-Eleonora Karsten, Universität Lüneburg (Sozialberichterstattung, Sozialmanagement)
Prof. Dr. Heiner Keupp, Universität München (Psychosoziale Versorgung)
Prof. Dr. Thomas Klatetzki, Gesamthochschule Essen (Flexibel organisierte Erziehungshilfen)
Prof. Dr. Friedrich Koch, Universität Hamburg (Sexualpädagogik)
Prof. Dr. Rudolf Lassahn, Universität Bonn (Pädagogische Anthropologie)
Prof. Dr. Hubertus Lauer, Fachhochschule Nord-Ost-Niedersachsen, Lüneburg (Ausländerrecht, Jugendhilfe, Jugendhilferecht, Sozialrecht)
Prof. Dr. Karl Lenz, Technische Universität Dresden (Jugend)
Prof. Dr. Dieter Lenzen, Freie Universität Berlin (Kindheit)
Stephan Maykus, Universität Greifswald (Schulsozialarbeit)
Prof. Dr. Marianne Meinhold, Evangelische Fachhochschule Berlin (Qualitätssicherung – Qualitätsmanagement)
Dr. Roland Merten, Universität Halle-Wittenberg (Professionalisierung)
Dr. Friedrich-Wilhelm Meyer, Gesellschaft für Beratung sozialer Innovation und Informationstechnologie, Münster (Informations- und Kommunikationstechnologie)
Prof. Dr. Burkhard Müller, Universität Hildesheim (Psychoanalyse und Sozialpädagogik)
Prof. Dr. Carl-Wolfgang Müller, Technische Universität Berlin (Klassische Methoden der Sozialarbeit)
Prof. Dr. Hildegard Müller-Kohlenberg, Universität Osnabrück (Laienhilfe)
Stefan Müller-Teusler, Weidenhof – Heim für Menschen mit Autismus, Hitzacker (Behinderung)
Prof. Dr. Wolfgang Mutzeck, Universität Leipzig (Sonderpädagogik, Verhaltensstörungen)
Prof. Dr. Jürgen Oelkers, Universität Zürich (Demokratische Erziehung, Erziehungswissenschaft, Praktische Pädagogik, Pragmatismus)
Prof. Dr. Dieter Oelschlägel, Universität – Gesamthochschule Duisburg (Gemeinwesenarbeit)
Dr. Birgit Ofenbach, Universität Koblenz-Landau (Reformpädagogik)
Prof. Dr. Horst W. Opaschowski, Universität Hamburg (Pädagogik der freien Lebenszeit)
Prof. Dr. Friedrich Ortmann, Universität-Gesamthochschule, Kassel (Sozialplanung)
Prof. Dr. Klaus Ottomeyer, Universität Klagenfurt (Identität)
Prof. Dr. Peter Paulus, Universität Lüneburg (Pädagogische Psychologie)
Prof. Dr. Helge Peters, Universität Oldenburg (Abweichendes Verhalten, Soziale Kontrolle)
Prof. Dr. Hans-Joachim Plewig, Universität Lüneburg (Devianzpädagogik)
Markus Poguntke-Rauer, Gesellschaft für Beratung sozialer Innovation und Informationstechnologie, Münster (Informations- und Kommunikationstechnologie)
Dr. Harald Pühl, Triangel – Institut für Supervision und Gruppenerfahrung, Berlin (Supervision)
Prof. Dr. Winfried Ramb, Universität Lüneburg (Psychiatrie und Sozialpädagogik)

Prof. Dr. Thomas Rauschenbach, Universität Dortmund (Kinder- und Jugendhilfestatistik, Sozialpädagogik/Soziale Arbeit: Ausbildung und Beruf)
Welf Reinhold, Advocard, Hamburg (Kosten-Nutzen-Analyse)
Prof. Dr. Helmut Richter, Universität Hamburg (Nationalsozialismus und Sozialpädagogik)
Prof. Dr. Bernd Röhrle, Universität Marburg (Gemeindepsychologie, Netzwerk)
Prof. Dr. Lutz Rössner, Technische Universität Braunschweig (Sozialarbeitswissenschaft)
Günter Rosenhagen, Universität Lüneburg (Geschichte der Sozialpädagogik, Schulen der Sozialen Arbeit)
Prof. Dr. Heinz Sahner, Universität Halle-Wittenberg (Empirische Sozialforschung: Quantitative Verfahren)
Joachim Schacke, Psychiatrische Klinik Häcklingen (Alkoholabhängigkeit)
Dr. Peter Schäfer, Universität Lüneburg (Europäische Sozialpolitik und Europarecht)
Matthias Schilling, Universität Dortmund (Kinder- und Jugendhilfestatistik)
Prof. Dr. Wolfgang Schlüter, Katholische Fachhochschule Nordrhein-Westfalen, Abteilung Aachen (Ethik, Sozialphilosophie)
Prof. Dr. Hans-Dieter Schneider, Universität Freiburg/Schweiz (Alter/Altern)
Helga Schneider-Schelte, Sekis – Selbsthilfe Kontakt- und Informationsstelle, Berlin (Selbsthilfe)
Jens Schreiber, Fachhochschule Ostfriesland, Emden (Aufsuchende Jugend- und Sozialarbeit)
PD Dr. Agi Schründer-Lenzen, Technische Universität Berlin (Erziehungsstile)
Dr. Bernd Schulte, Max-Planck-Institut für Rechtswissenschaften München (Sozialhilfe)
Prof. Dr. Wolfgang Schulz, Technische Universität Braunschweig (Sucht)
Helmut Schwehm, Therapiezentrum Ludwigsmühle, Ingenheim (Humanistische Psychologie)
Prof. Dr. Johannes Siegrist, Universität Düsseldorf (Sozialepidemiologie)
Prof. Dr. Silvia Staub-Bernasconi, Technische Universität Berlin (Organisationsformen Sozialer Arbeit, Soziale Arbeit, Soziale Arbeit als Menschenrechtsprofession, Systemische Soziale Arbeit, Systemtheorie)
Prof. Dr. Franz Stimmer, Universität Lüneburg (Beratung, Methodisches Handeln in der Sozialen Arbeit, Psychodrama, Themenzentrierte Interaktion, Theorie der Symbolischen Interaktion)
Prof. Dr. Norbert Sturm, Fachhochschule Nord-Ost-Niedersachsen, Lüneburg (Kosten-Nutzen-Analyse)
Prof. Dr. Heinz Sünker, Universität-Gesamthochschule Wuppertal (Bildung)
Prof. Dr. Ewald Terhart, Universität Bochum (Empirische Sozialforschung: Qualitative Verfahren)
Dr. Alfred Uhl, Ludwig-Boltzmann-Institut für Suchtforschung, Wien (Evaluationsforschung)
Prof. Dr. Reinhard Uhle, Universität Lüneburg (Verstehen, Wissenschaftstheorie)
Prof. Dr. Ali Wacker, Universität Hannover (Arbeitslosigkeit)
Prof. Dr. Dr. Heiko Waller, Fachhochschule Nord-Ost-Niedersachsen, Lüneburg (Gesundheitswesen, Gesundheitswissenschaft)
Prof. Dr. Jens Weidner, Fachhochschule Hamburg (Anti-Aggressivitäts-Training)
Dr. Rainer Welz, Universität Göttingen (Suizid)
Prof. Dr. Wolf Rainer Wendt, Berufsakademie Stuttgart (Case Management, Einzelhilfe, Klinische Sozialarbeit)
Georg Wiegand, M. A., Sozialmedizinischer Dienst, Landesversicherungsanstalt Hannover (Rehabilitation)
Prof. Dr. Michael Winkler, Universität Jena (Theorie der Sozialpädagogik)

Prof. Dr. Joachim Wittkowski, Universität Würzburg (Sterbebegleitung)
Dr. habil. Ingrid Wölfel, Supervision und Weiterbildung, Greifswald (Bildung und Erziehung im Sozialismus)
Prof. Dr. Stephan Wolff, Universität Hildesheim (Gutachten)
Dr. Jörg-Michael Wolters, Stade (Gewalt, Soziale Sporttherapie)
Prof. Dr. Jörg Ziegenspeck, Universität Lüneburg (Erlebnispädagogik)

Benutzungshinweise

1. Die Stichwörter des Lexikons umfassen die für die Soziale Arbeit relevanten Fachbegriffe (als Kurz- und als Hauptstichwörter), Institutionen und Organisationen Sozialer Arbeit und Namen von ausgewählten (verstorbenen) Personen, die für die Entwicklung der Sozialen Arbeit bedeutsam waren.
2. Die Begriffe Sozialpädagogik und Sozialarbeit werden getrennt benutzt, wenn eine Differenzierung inhaltlich sinnvoll ist (z.B. Geschichte der Sozialpädagogik und Geschichte der Sozialarbeit), ansonsten wird der beide umfassende Begriffe Soziale Arbeit verwendet und in diesem Sinne „soziale" groß geschrieben.
3. Die in den Stichwörtern enthaltenen Begriffe, die im Lexikon beschrieben werden, sind durch einen Verweispfeil „→" gekennzeichnet, der allerdings (meist) nur einmal innerhalb eines Stichwortes erscheint.
4. Am Ende eines Stichwortes sind im Lexikon abgehandelte Begriffe, die auf eine mögliche Ergänzung, Erweiterung oder Differenzierung des Stichwortes verweisen, mit „→" angeführt.
5. Um verwirrende Konstruktionen zu vermeiden, wurde in den Stichwörtern fast ausschließlich die männliche Form gewählt; sie steht sowohl für die weibliche als auch die männliche Form der Begriffe.
6. Für die jeweiligen Stichwörter wird im Text eine Abkürzung verwendet, die entweder der üblichen Kurzform entspricht (AA für Anonyme Alkoholiker) oder aus dem oder den Anfangsbuchstaben des Stichwortes besteht (A. für Alkoholismus oder e.S. für empirische Sozialforschung). Pluralbildungen und Genitivformen werden dabei nicht gekennzeichnet.
7. Die bei den Hauptstichwörtern angeführte Literatur wurde auf einige wichtige und weiterführende Angaben beschränkt. Falls im Text Autoren genannt werden, die im Literaturverzeichnis nicht aufgeführt wurden, kann über die angefügte Jahreszahl der Veröffentlichung der entsprechende Titel gefunden werden. Die Autorinnen und Autoren der Hauptstichwörter werden zudem sicher bereit sein, differenziertere Hinweise zu geben.
8. Die im Text verwendeten Abkürzungen sind im Abkürzungsverzeichnis zusammengefaßt. Es enthält auch die Abkürzungen häufig verwendeter Gesetze.
9. Unterschiedliche Bedeutungen eines Begriffs sind in den Kurzstichwörtern durch arabische Ziffern gekennzeichnet.
10. Im Text wurden grundsätzlich keine Unterstreichungen, Kursivschrift oder sonstige Hervorhebungen vewendet; spezielle Betonungen werden aus dem Text aber ersichtlich.

Abkürzungen

Abb.	Abbildung
ABM	Arbeitsbeschaffungsmaßnahme
AdVermiG	Adoptionsvermittlungsgesetz
AFG	Arbeitsförderungsgesetz
allg.	allgemein
AuslG	Ausländergesetz
BAföG	Bundesausbildungsförderungsgesetz
BerBG	Berufsbildungsgesetz
BerGG	Bundeserziehungsgeldgesetz
bes.	besonders
BGB	Bürgerliches Gesetzbuch
BGBl	Bundesgesetzblatt
BMJFFG	Bundesminister(ium) für Jugend, Familie, Frauen und Gesundheit
BSeuchG	Bundesseuchengesetz
BSHG	Bundessozialhilfegesetz
BtG	Betreuungsgesetz
BtmG	Betäubungsmittelgesetz
bzw.	beziehungsweise
ca.	circa
d. h.	das heißt
DVO	Durchführungsverordnung
EG	Europäische Gemeinschaft(en)
EGV	Vertrag zur Europäischen Gemeinschaft
eig.	eigentlich
engl.	englisch
etc.	et cetera
EWG	Europäische Wirtschaftsgemeinschaft
FamRZ	Zeitschrift für das gesamte Familienrecht
f.	folgende (Seite)
ff.	folgende (Seiten, Jahre)
FGG	Gesetz über die Angelegenheiten der freiwilligen Gerichtsbarkeit
frz.	französisch
GG	Grundgesetz der Bundesrepublik Deutschland
ggf.	gegebenenfalls
GjS	Gesetz über die Verbreitung jugendgefährdender Schriften
hg.	herausgegeben von
Hg.	Herausgeber, Herausgeberin
Hrsg.	Herausgeber, Herausgeberin
i. d. R.	in der Regel
i. e.	im einzelnen
i. d. S.	in diesem Sinne
i. e. S.	im engeren Sinne
insb.	insbesondere
i. S. v.	im Sinne von
i. w. S.	im weiteren Sinne
JArbSchG	Jugendarbeitsschutzgesetz
JBW	Jugendbewährungshilfe
Jg.	Jahrgang
JGG	Jugendgerichtsgesetz
JGH	Jugendgerichtshilfe
Jh.	Jahrhundert

JÖSchG	Gesetz zum Schutz der Jugend in der Öffentlichkeit
JWG	Jugendwohlfahrtsgesetz
KJHG	Kinder- und Jugendhilfegesetz
KMK	Ständige Konferenz der Kultusminister der Länder in der Bundesrepublik Deutschland
lat.	lateinisch
Lit.	Literatur
m. a. W.	mit anderen Worten
med.	medizinisch
MS	Mitgliedstaaten
NehelG	Gesetz über die rechtliche Stellung der nichtehelichen Kinder
o. ä.	oder ähnliche(s)
OECD	Organization for Economic Cooperation and Development (Organisation für wirtschaftliche Zusammenarbeit)
o. g.	oben genannt(e)
o. J.	ohne Jahrgang
PD	Privatdozent
RehaAnglG	Rehabilitationsangleichungsgesetz
RFV	Reichsfürsorgepflichtverordnung
RGr	Reichsgrundsätze über Voraussetzung, Art und Maß der öffentlichen Fürsorge
RJWG	Reichsjugendwohlfahrtsgesetz
RuStG	Reichs- und Staatsangehörigkeitsgesetz
SchwbG	Schwerbehindertengesetz
SGB	Sozialgesetzbuch
s. o.	siehe oben
sog.	sogenannte(s)
StGB	Strafgesetzbuch
StPO	Strafprozeßordnung
s. u.	siehe unten
StVollzG	Strafvollzugsgesetz
u. a.	unter anderem
u. ä.	und ähnliche(s)
u. a. m.	und andere(s) mehr
UnterVorschG	Unterhaltsvorschußgesetz
urspr.	ursprünglich
usw.	und so weiter
u. U.	unter Umständen
u. v. m.	und verschiedenes mehr
UWG	Unterstützungswohnsitzgesetz
v. a.	vor allem
vgl.	vergleiche
wörtl.	wörtlich
WHO	World Health Organization (Weltgesundheitsorganisation)
z. B.	zum Beispiel
ZfJ	Zentralblatt für Jugendrecht
ZPO	Zivilprozeßordnung
z. T.	zum Teil
z. Zt.	zur Zeit

A

Abenteuerspielplatz (Aktivspielplatz, Bauspielplatz)
A. entstanden im Zuge der emanzipatorischen Erziehungsbewegung der siebziger Jahre. A. sollten Kindern und Jugendlichen Entfaltungsmöglichkeiten des Spiels bieten, die ihnen durch Verstädterung und Reglementierung genommen wurden. Im Gegensatz zum konventionellen Spielplatz, dem u. a. durch die Vorgabe der Spielgeräte eine repressive Wirkung zugesprochen wurde, sollte der A. durch den freien Umgang mit unterschiedlichen Materialien (z. B. Holz, Ton, Wasser, Erde, Feuer) und durch pädagogische Anleitung als offener Lernort kreatives, flexibles und kooperatives Spiel ermöglichen und damit – vor allem bei Kindern aus benachteiligten Wohngegenden – Defizite der →Sozialisation kompensieren und unvollkommene Lebensräume ergänzen. In der Bundesrepublik Deutschland sind es in der Hauptsache Elterninitiativen, Gruppen von Sozialpädagogen und Studenten, aber auch behördliche Träger, die pädagogisch betreute A. eingerichtet haben. →Emanzipatorische Erziehung; →Erlebnispädagogik

Abhängigkeit
A. bezeichnet eine, die freie Entwicklung und die →Autonomie der eigenen Entscheidung einschränkende Bindung an Menschen, Ideen oder Stoffe (→Sucht). Neben dieser aus therapeutischen Zusammenhängen erwachsenen, individualisierenden Begriffsbestimmung entwickelten sich innerhalb soziologisch-gesellschaftlich orientierter Forschungsansätze Konzepte überindividueller Abhängigkeiten. So spricht die Betriebs- und Organisationssoziologie von funktionellen und hierarchischen Abhängigkeiten der Arbeitskräfte; klassisch marxistische sowie neuere Konflikttheorien befassen sich mit strukturellen Abhängigkeiten.

Ablösung
1. in der Entwicklungspsychologie die Ablösung junger Menschen von den Eltern und anderen Bezugspersonen im Verlaufe ihrer Entwicklung als notwendiger Prozeß zur Erlangung sozialer Reife, insbesondere in der Phase der →Jugend;

2. in der analytischen →Psychotherapie die Auflösung der eine Behandlung tragenden Bindung zwischen Therapeuten und Klienten.

ABM
→Arbeitsbeschaffungsmaßnahme

Abolitionismus
Grundsätzlich bezeichnet A. konzeptionelle Ansätze und soziale Bewegungen, die die Aufhebung institutionalisierter Sanktionen und Zwangsverhältnisse anstreben. Frühe Formen des A. waren der Kampf gegen die Sklaverei, gegen die Reglementierung der Prostitution und für die Abschaffung der Todesstrafe. Heute ist mit A. vor allem eine kriminalpolitische Strömung gemeint, die – vor dem Hintergrund grundsätzlicher Kritik an den Straf- und →Kriminalitätstheorien – auf die Abschaffung des Strafrechts und seiner Institutionen abzielt und stattdessen für eine „Rückgabe der Konflikte" an die Beteiligten, für eine Re-Etablierung informeller Regelungsprozesse eintritt. Führende Vertreter des A. in Europa sind die Skandinavier Christie und Mathiesen sowie der Holländer Hulsman.

Abschiebung
Möglichkeit des →Ausländerrechts, Personen nicht-deutscher Nationalität, sowohl aus spezialpräventiven als auch aus generalpräventiven Gründen, auszuweisen und die Ausreise zu erzwingen. Die Ausweisungstatbestände sind in § 10 Ausländergesetz, Einschränkungen der A. in § 11 Ausländergesetz geregelt. Darüber hinaus beschränken gegensei-

1

tige internationale Abkommen die Möglichkeiten der A. Den Betroffenen werden durch ein Rechtsmittelverfahren Widerspruchsmöglichkeiten vor dem Verwaltungsgericht eingeräumt. Zur Vorbereitung und Sicherung der A. kann der Ausländer in Abschiebe-Haft genommen werden. Eine ausgewiesene Person darf im Prinzip nicht wieder in das Gebiet der Bundesrepublik Deutschland einreisen.

Abstinenz
→Sucht

Abtreibung
→Schwangerschaftsabbruch

Abwehrmechanismus
Begriff der Psychoanalyse (→Psychoanalyse und Sozialpädagogik) für psychische Reaktionen, mit deren Hilfe angsterregende Trieb-(Es)-Impulse vom Bewußtsein ferngehalten werden. A. werden insbesondere aktiviert, wenn die Triebregungen nicht mit den Forderungen des Über-Ich in Einklang stehen und sind vor allem durch Triebangst, Schuld-, Ekel- sowie Schamgefühl begründet. Zu den A. gehören u.a.: →Identifikation (mit dem Aggressor), →Projektion, →Regression, →Sublimation, →Verdrängung und →Rationalisierung.

Abweichendes Verhalten
1. Als abweichend (deviant) gilt ein Verhalten, das den gesellschaftlichen Normen nicht entspricht und deswegen von Sanktionen bedroht ist. Der definitionskonstituierende Bezug auf gesellschaftliche Normen macht deutlich, daß der Bestand von Verhaltensarten, der als abweichend gilt, mit normverändernden gesellschaftlichen Entwicklungen variiert. Nach Einschätzung von Autoren sozialwissenschaftlicher Handbücher und Lexika gelten gegenwärtig in Westeuropa und Nordamerika im wesentlichen folgende Verhaltensarten als abweichende: Eigentums- und Vermögenskriminalität, Prostitution, Aggressionskriminalität, stigmatisierter Drogenkonsum, Homosexualität, Selbstmord, Terrorismus und ziviler Ungehorsam (z.B. Sitzblockaden).

2. Die Heterogenität der Arten a.V. hat verschiedene Soziologen veranlaßt, nach sozialwissenschaftlich begründeten Gesichtspunkten der klassifikatorischen Ordnung zu fragen, die es rechtfertigen, Arten abweichenden Verhaltens als eine sozialwissenschaftliche Thematik zu erörtern. Einer der bekannteren Klassifikationsversuche stammt von dem nordamerikanischen Soziologen Robert K. Merton (1976). Er unterscheidet zwei Klassen abweichenden Verhaltens: aberrantes und nonkonformes Verhalten. Aberrantes Verhalten orientiere sich an egoistischen, sozial wenig geschätzten Zielen; nonkonformes Verhalten orientiere sich an nichtegoistischen, hochgeschätzten Zielen, nicht an persönlichem Gewinn. Mit dieser Unterscheidung korrespondieren nach Merton eine Reihe weiterer Merkmale: Aberrant Handelnden würden Geheimhaltungsabsichten und die Neigung, auf entlastende Momente ihres Handelns zu verweisen, unterstellt, Nonkonformisten die Neigung, ihre Handlungen öffentlich zu rechtfertigen, sich auf eine höhere Moral zu berufen. Geht man von dieser Unterscheidung aus, lassen sich etwa Terrorismus und ziviler Ungehorsam dem nonkonformen und z. B. Eigentums- und Vermögenskriminalität oder stigmatisierter Drogenkonsum dem aberranten Verhalten zuordnen. Diese Zuordnung zeigt schon die Mängel der Merton'schen Klassifikation. Auf den ersten Blick fällt deren geringe Differenziertheit auf. Arten a.V., die nichts miteinander zu tun zu haben scheinen – Homosexualität und Eigentumskriminalität z.B. – werden einer Klasse zugerechnet. Zu bemängeln ist aber vor allem, daß die Klassifikation nicht deutlich macht, warum es sich bei den klassifizierten Verhaltensarten um Arten a.V. handelt. Verhalten gilt ja nicht als abweichend, weil es nicht-egoi-

stischen, hochgeschätzten bzw. egoistischen, geringgeschätzten usw. Zielen folgt. Erst die normativen Kontexte, in denen Verhalten wahrgenommen wird, entscheiden darüber, ob und wie es als abweichend wahrgenommen wird. Helge Peters schlägt daher vor, die Merton'sche Klassifikation durch eine Klassifikation von abweichungskonstituierenden Normen zu ergänzen oder zu ersetzen. Danach lassen sich solche Normen in drei Klassen gruppieren: Normen, die den Tausch von Gütern regeln; Normen, die die Reproduktion und Produktion regeln; Normen, die die Herrschaftslegitimität sichern sollen. Die Qualität dieser Normen sei die des Wissens. Zum Beispiel: Wir wissen, wie Güter regelgerecht zu erwerben sind – nicht durch Diebstahl, nicht durch Prostitution (Verstöße gegen Tauschnormen). Wir wissen, was unsere Arbeitsfähigkeit erhält bzw. ausmacht – nicht Drogenkonsum, nicht „sinnlose" Aggressivität (Verstöße gegen Reproduktions- und Produktionsnormen). Wir wissen als Bürger in parlamentarischen Demokratien, wie wir versuchen sollen, unseren politischen Absichten Geltung zu verschaffen – nicht durch Terrorismus (Verstoß gegen Normen, die die Herrschaftslegitimität sichern sollen) (vgl. Peters 1995, 24 ff.). Unser strukturiertes normatives Wissen konstruiert danach die Arten abweichenden Verhaltens. Ergebnis dieser Konstruktion ist die Annahme, daß es Arten abweichenden Verhaltens „gibt".

3. Die herkömmlichen Erklärungen a. V. gehen von diesem Ergebnis aus. Die Arten a. V. sind ihnen zufolge Gegebenheiten, nach deren Ursachen zu forschen ist. Ursachenforschung in diesem Sinne betreiben im wesentlichen Biologen, Psychologen, Juristen und Soziologen. Überblickt man die Literatur der vergangenen Jahrzehnte, muß man aber feststellen, daß sich die Forschung und auch die theoretisch orientierte Diskussion versozialwissenschaftlicht haben. Die folgende Darstellung entspricht dieser Tendenz.
Nach zahlreichen statistischen Befunden sind Angehörige unterer sozialer Schichten unter Personen, die sich abweichend verhalten, überrepräsentiert. →Soziale Schichtung ist daher eine der wichtigsten Variablen der Versuche, a. V. zu erklären. Verbreitet ist die auf Merton zurückgehende Annahme, daß in modernen Gesellschaften Wünsche nach materiellem Wohlstand von Angehörigen aller sozialer Schichten gleichermaßen geteilt würden, daß aber die Chancen, diese Wünsche normkonform zu verwirklichen, in oberen sozialen Schichten größer seien als in unteren sozialen Schichten. Auf diesen liege daher ein Druck zum Abweichen. Dies erkläre die Überrepräsentation von Angehörigen unterer sozialer Schichten unter Personen, die Eigentums- und Vermögenskriminalität begehen (vgl. Merton 1968, 283 ff.). Aufgrund ähnlicher Annahmen erscheint auch Prostitution erklärbar. Die Schichtungsvariable gilt ebenfalls als geeignet, zur Erklärung von Aggressionskriminalität (Vandalismus) beizutragen. Unter Aggressionskriminalität wird die →Kriminalität verstanden, die als nur zerstörerisch gilt und nicht auf Bereicherung zielt. Nach Albert K. Cohen (1961) ist diese Kriminalität als Reaktion (männlicher, jugendlicher) Angehöriger unterer sozialer Schichten auf das Scheitern ihrer Versuche zu deuten, den Standards von Angehörigen mittlerer sozialer Schichten zu entsprechen. Sozialwissenschaftliche Erklärungen der Aggressionskriminalität (→Anti-Aggressivitätstraining) machen aber auch aufmerksam auf immanente Mängel der sozial-ökonomischen Lage von Unterschichtangehörigen. Hingewiesen wird vor allem auf deren geringe Chancen, das Leben gestalten und etwas bewirken zu können. Aggressionskriminalität sei der Versuch, solche Defizite auszugleichen. Neuere Untersuchungen bringen die Aggressionskriminalität Jugendlicher in Zusammenhang mit Indi-

vidualisierungstendenzen moderner Gesellschaften. Mit diesen Tendenzen verbreite sich die Neigung, die Differenz zwischen Eigen- und Fremdgruppe über Ethnizität zu definieren (vgl. Brumlik 1993). Fremdenhaß und Gewalt gegen Ausländer seien die Folge.

Die sozial-ökonomische Lage Angehöriger unterer sozialer Schichten galt jahrzehntelang auch als Ursache des →Alkoholismus („Elendsalkoholismus") und in den siebziger Jahren dieses Jahrhunderts in der BRD als Ursache des Konsums sogenannter harter Drogen. Gegenwärtig gilt die Schichtungsvariable nicht mehr als geeignet, zur Erklärung des Drogenkonsums beizutragen. Dieser Konsum sei nicht mehr durch exzeptionelle soziale Lagen verursacht, habe sich veralltäglicht.

Die herkömmlichen Erklärungen der anderen hier aufgeführten Arten a. V.s verweisen auf eine Vielfalt unterschiedlicher Ursachen. Homosexualität scheint der unerklärte Mißerfolg sozialer Mechanismen zu sein, die auf eine Fixierung und Polarisierung der Geschlechtsrollen hinarbeiten (vgl. Lautmann 1984, S. 223 ff.). Selbstmord ist sozialwissenschaftlichen Analysen zufolge vor allem das Ergebnis des Mangels sozialer Integration (vgl. Durkheim 1973). Die Ergebnisse empirischer Sozialforschung, nach denen die Selbstmordhäufigkeit variiert mit Familienstand (Unverheiratete begehen häufiger Selbstmord als Verheiratete), Alter (Selbstmordhäufigkeit steigt – wenn auch nicht in allen Statusgruppen kontinuierlich – mit Alter), Konfession (Protestanten begehen häufiger Selbstmord als Katholiken) und Stadt/Landdifferenz (Stadtbewohner begehen häufiger Selbstmord als Landbewohner) werden als Beleg für diese Annahme angeführt.

Unter Terrorismus wird in der sozialwissenschaftlichen Literatur zumeist „linker" Terrorismus verstanden, (der allerdings seit Beginn der 1990er Jahre in einem bis dahin nicht vorstellbaren Ausmaß vom „rechten" Terrorismus übertroffen wird). Die sozialwissenschaftliche Einschätzung dieses Terrorismus ist umstritten. Es gibt Sozialwissenschaftler, die diese Art a. V. als psychopathologisch erklärbares Phänomen betrachten. Andere Sozialwissenschaftler sehen in ihm eine soziologisch faßbare Erscheinung des politischen Protests, dessen Radikalität als Reaktion auf die erfahrene Unmöglichkeit verstanden werden müsse, „linke" Politik legal zu betreiben. Insbesondere die „Ausgrenzungspolitik" staatlicher Organe habe zur Entstehung des Terrorismus beigetragen. Ziviler Ungehorsam gilt als eine relativ neue Art a. v., die nach verbreiteter sozialwissenschaftlicher Einschätzung in der Annahme der „Ungehorsamen" begründet ist, daß angesichts größer werdender Reichweiten politischer Entscheidungen und deren oft irreparablen Folgen nur noch dieses Verhalten Chancen böte, die entscheidenden Politiker zu beeinflussen.

4. Den hier skizzierten Versuchen, a. V. zu erklären, liegen als empirische Grundlagen meist die Ergebnisse der Bestrebungen Dritter – im Fall Kriminalität etwa: der Richter – zugrunde, erkennen zu wollen, ob das jeweils in Frage stehende Verhalten abweichend ist. Diese Bestrebungen sind als Zuschreibungsaktivitäten (und nicht als Beschreibungsaktivitäten) zu bezeichnen. Das Verhalten anderer, um das es bei diesen Bestrebungen geht, liegt nämlich nicht offen zutage. Um es als bestimmtes Verhalten erkennen zu können, ist das Motiv oder der subjektive Sinn der sich verhaltenden anderen zu ermitteln. Dies geschieht dadurch, daß der Erkennenwollende die Kontexte, in denen er das Verhalten anderer wahrnimmt, zu deren Verhalten ins Verhältnis setzt. Sieht der Erkennenwollende z.B. einen arbeitslosen Hilfsarbeiter in einem Supermarkt eine Flasche Sekt in seine schäbige Aktentasche legen und sich an der Kasse vorbeischlängeln, mag er meinen, es handele sich hier um einen Dieb-

stahl. Die Kontextmerkmale „arbeitslos", „Hilfsarbeiter", „schäbige Aktentasche", „Supermarkt", „vorbeischlängeln" veranlassen ihn zu dieser Annahme. Ob damit der subjektive Sinn des beobachteten anderen getroffen wurde, bleibt eine prinzipiell offene Frage. Verallgemeinert man dieses Beispiel, so kann man sagen, daß die Abweichung ein dem Verhalten anderer zugeschriebenes Merkmal ist. Dies ist die Annahme, die zur Begründung des sog. →labeling approach geführt hat. Sozialwissenschaftler, die sich an diesem Ansatz orientieren, fragen nicht mehr nach den Ursachen a. V., sondern danach, in welchen Kontexten ein Verhalten als abweichend etikettiert, einer Person das Merkmal abweichend zugeschrieben wird. Eine Variante des labeling approach läßt sich als Thematisierungsansatz bezeichnen. Ihm liegt die Annahme zugrunde, daß Arten a. V. als Themen vorliegen, daß deren Aktualisierung aber oft mit themafremden Interessen begründet ist. Beispielsweise werde Homosexualität thematisiert, um über die Nutzung der damit entstehenden Diskriminierungschancen den eigenen, gefährdet geglaubten Status zu sichern. Es gibt mittlerweile eine ganze Reihe von Arbeiten, die sich am labeling approach oder seiner Variante orientieren. Sie konzentrieren sich auf Analysen von Eigentums- und Vermögenskriminalität. Oft ermitteltes Ergebnis dieser Arbeiten ist, daß der Schichtungskontext, in dem der Handelnde wahrgenommen wird, zuschreibungsrelevant ist. Unter Thematisierungsgesichtspunkten untersucht oder erörtert wurden vor allem die Prostitution, der Konsum „weicher" Drogen und die Homosexualität. Danach variiert die Thematisierung der Prostitution mit deren öffentlicher Sicht- und Hörbarkeit. Die Thematisierung des Konsums „weicher" Drogen folge vor allem dem Interesse der Polizei, die mit dieser Thematisierung auf eine wirksamere Kontrolle der gesamten Drogenszene ziele. Die Thematisierung von Homosexualität entspreche den skizzierten Statuserhaltungsinteressen. Aggressionskriminalität, Selbstmord, Terrorismus und ziviler Ungehorsam sind bislang selten unter Gesichtspunkten des labeling approach und seiner Variante untersucht worden. →Devianzpädagogik

Lit.: Brumlik, M.: Der Prozeß der Rebarbarisierung. Interaktion von Politik und anomischer Jugend, in: Otto, H.-U., Merten R. (Hrsg.): Rechtsradikale Gewalt im vereinigten Deutschland. Jugend im gesellschaftlichen Umbruch, Bonn 1993, 55–63; Cohen, A. K.: Kriminelle Jugend. Zur Soziologie des Bandenwesens, Reinbek 1961; Durkheim, E.: Der Selbstmord, Neuwied, Berlin 1973; Lautmann, R.: Der Zwang zur Tugend. Die gesellschaftliche Kontrolle der Sexualitäten, Frankfurt a. M. 1984; Merton, R. K.: Sozialstruktur und Anomie, in: Sack, F., König, R. (Hrsg.): Kriminalsoziologie, Frankfurt a. M. 1968; ders.: The Sociology of Social Problems, in: ders., Nisbet, R. (Hrsg.): Contemporary Social Problems, New York u. a. 1976[4]; Peters, H.: Devianz und soziale Kontrolle. Eine Einführung in die Soziologie abweichenden Verhaltens, Weinheim und München 1995[2].

Helge Peters, Oldenburg

Abwesenheitspflegschaft
→Vormundschaft und Pflegschaft

action research
→Handlungsforschung

Addams, Jane (6. 9. 1860–21. 5. 1935)
Die am Women's Medical College ausgebildete amerikanische Sozialreformerin und Frauenrechtlerin A. wirkte bahnbrechend in der →Settlementbewegung (1889 Gründung des Hull Houses in Chicago) und setzte sich vor allem für die Verbesserung des Jugendschutzes und der Armenpflege, für die Einführung des Frauenwahlrechts und für den Frieden ein. Sie war Präsidentin der „Womens International League for Peace and Freedom" und erhielt 1931

zusammen mit N. M. Butler den Friedensnobelpreis. In ihrem Hauptwerk „Democracy and Social Ethics", das 1902 erschien, untermauert A. ihren Standpunkt, daß Frauen von Natur aus intuitiv dazu fähig seien, Ungerechtigkeit zu erkennen und von daher prädestiniert seien, Prozesse der Demokratisierung in der Gesellschaft zu initiieren und voranzutreiben.

Administration
→Sozialadministration

Adoleszenz
Bezeichnung für die Altersphase im menschlichen Leben, die sich etwa vom Einsetzen der →Pubertät bis zum Erreichen des Erwachsenen-Alters erstreckt. In dieser Lebensphase sollen, durch die erfolgreiche Absolvierung von Krisen, die Persönlichkeitsstrukturen gefestigt sowie eine verläßliche Ich-Identität gewonnen werden. In den industriell entwickelten Gesellschaften kennzeichnet traditionell die Gewinnung eigenständiger Ressourcen zur Lebenssicherung (zumeist Eintritt in das Arbeitsleben und/oder Heirat) den Übergang zum Erwachsenen-Status. Durch die Verlängerung von Schul- und Ausbildungszeiten sowie dem erschwerten Zutritt zur Berufswelt treten erhebliche Veränderungen in der Statusgewinnung auf. Die A. verlängert sich. →Jugend

Adoption (Annahme als Kind)
Die A. ist die weitreichendste Jugendhilfemaßnahme (→Jugendhilfe) zur →Fremdunterbringung eines Kindes. Die rechtswirksame A. erfolgt auf Grundlage des →Adoptionsrechts durch Beschluß des Vormundschaftsgerichts, das zu prüfen hat, ob die Annahme dem Wohl des Kindes (→Kindeswohl) dient. Eine A. wird angestrebt, wenn zu erkennen ist, daß – trotz vorhandener Jugend- und Sozialhilfen – kein leiblicher Elternteil in der Lage und/oder bereit ist, das Kind persönlich zu betreuen und zu erziehen. Sind die Eltern nicht bereit, ihr Kind zur A. freizugeben, obgleich sie ihrer Elternpflicht nicht in angemessener Weise nachkommen können, muß die Jugendhilfe aktiv werden, um schweren Nachteil für das Kind abzuwenden. Die Einwilligung der Eltern wird in diesem Fall vom Vormundschaftsgericht ersetzt. Während bisher die Inkognito-A. bevorzugt wurde (die leiblichen Eltern kennen die Adoptiveltern nicht), praktiziert man heute (vor allem bei älteren Kindern) auch „offene" A., bei denen sich die beteiligten Eltern kennen und im gegenseitigen Einvernehmen wechselseitige Besuche möglich sind. →Adoptionsvermittlung

Adoptionsrecht
Die Adoption ist Gegenstand des Familienrechts (§§ 1741–1772 BGB). Durch die 1976 erfolgte Neuregelung der Vorschriften erlangt das angenommene Kind verwandtschaftlich und erbrechtlich die gleiche Stellung wie ein leibliches Kind der Annehmenden und erhält deren Familiennamen. Ein minderjähriges ausländisches Kind erwirbt zudem die deutsche Staatsangehörigkeit. Die Rechte und Pflichten gegenüber den leiblichen Verwandten erlöschen vollständig. Damit soll eine ungestörte Entwicklung des Kindes in der neuen Familie gewährleistet sein. Eine Aufhebung des Adoptionsverhältnisses ist nur in beschränktem Maße möglich. Die gesetzlichen Bestimmungen zur Vermittlung einer Adoption sind im Adoptionsvermittlungsgesetz geregelt.

Adoptionsvermittlung
Die Zusammenführung von Adoptionsbewerbern und Kindern unter 18 Jahren übernehmen ausschließlich die Jugendämter, Landesjugendämter und jene Verbände der freien Wohlfahrtspflege, die als Adoptions-Vermittlungsstellen staatlich anerkannt sind. Die mit qualifiziertem Fachpersonal besetzten Stellen beraten Bewerber, wählen die für ein Kind geeigneten Adoptiveltern aus und begleiten u. U. die Familie nach Aufnahme des Kindes. Die organisatorischen und personellen Voraussetzungen für die

Vermittlung ordnet das Adoptionsvermittlungsgesetz (AdVermiG). Kinder wie auch Bewerber, die innerhalb eines bestimmten Zeitraumes nicht vermittelt werden können, werden an die zentrale Adoptionsstelle gemeldet, um die Chancen einer Vermittlung zu erhöhen.

Adressat (Empfänger, Rezipient, Zielgruppe)
In sozialen Kommunikationsprozessen ist der A. derjenige, an den eine Information gerichtet wird. Vollständig ist die →Kommunikation nur dann geleistet, wenn der A. durch Verstehen des vom Adressanten (Absender) subjektiv gemeinten Sinnes der Mitteilung auf diese reagiert. Im Kontext der Sozialen Arbeit wird in jüngerer Zeit auch der Klient als A. bezeichnet.

Advokatorische Jugendhilfe
→Parteiliche Jugendsozialarbeit

Ästhetische Erziehung
1. Begriff. Der Begriff ÄE meint weder eine fachdidaktische Position noch ein Schulfach, sondern eine Konzeption, die als spezielle erziehungswissenschaftliche Disziplin zu begreifen ist. Entsprechend der griechischen Bedeutung des im Begriffspaar ÄE verwendeten Terminus ästhetisch, der auf Äisthesis zurückgeführt wird, bezieht sich ÄE auf Wahrgenommenes, Wahrnehmung und Wahrzunehmendes. Damit sind jedoch nicht nur die sicht-, hör-, riech-, schmeck- und fühlbaren Realitäten gemeint, sondern auch die Wirkungen, die über Wahrnehmungsprozesse ausgelöst werden. Deutlich wird bereits, daß das Adjektiv ästhetisch etwas anderes zum Ausdruck bringt, als das Substantiv Ästhetik und die daran gebundene Wissenschaft des Schönen, die Philosophie der Kunst, deren Begründer um 1750 Baumgarten war. Von hier her läßt sich zwar die umgangssprachliche Bedeutung des Adjektivs ästhetisch erklären, die synonym für z. B. schön, harmonisch, anmutig, hygienisch etc. steht, nicht aber das dem Begriff Erziehung beigegebene Intentionale. ÄE setzt nicht nur Bezugnahmen zu anderen Theorien voraus, z. B. zur Soziologie und zu Wissenschafts-, Kunst- und Erziehungstheorien, sondern meint in diesem Zusammenhang auch die Organisation von speziellen Lehr-Lernsituationen, die es den Beteiligten ermöglichen, sich mit ästhetischen Mitteln Welt anzueignen, sie zu interpretieren und aktiv auf sich selbst, andere und die sich ästhetisch vermittelnde Gesellschaft Einfluß zu nehmen. Eine so verstandene ÄE verfolgt das Ziel, die Wahrnehmungsfähigkeit der Beteiligten zu schulen, nicht nur um Fragehaltungen und Anlässe für Interpretationen zu schaffen, sondern auch, um selbständiges Artikulieren, Beurteilen und Handeln zu erzeugen.

2. Methode. Als Methode dieser Erziehungskonzeption hat sich die ästhetische Praxis, deren Qualität in der Verbindung von Denken und Machen besteht, hervorragend bewährt. Sie ist als didaktische Konsequenz der Theorie der ÄE insofern bildungsbedeutsam, als sie die verschiedenen Formen der Vergegenständlichung als Aneignungs- und Ausdrucksmittel nutzt, um das ästhetisch aktive Subjekt mit sich selbst, der eigenen Geschichte, seiner Gesellschaft, deren Historie und der ihm gegebenen natürlichen und künstlichen Umwelt bedürfnisorientiert und produktiv zu konfrontieren. Rezeptive Tätigkeiten, wie etwa das Betrachten, Beobachten, Begehen und Begreifen, sind dabei ebenso als sinnesgetragene Aktivitäten zu werten, wie das anschauliche Artikulieren, Darstellen und Gestalten mittels Material und gegenständlichen Medien oder szenische Gestaltung (→Theaterpädagogik, →Psychodrama) produktive Tätigkeiten sind. Aus dem, was ästhetische Praxis in der Auseinandersetzung mit der ästhetisch relevanten Wirklichkeit an Erfahrungen vermittelt, lassen sich als Folge des ästhetischen Lernens Erkenntnisse für die Veränderung des Subjekts selbst und seine Umwelt folgern. D. h. ästheti-

sche Praxis liefert einen Beitrag zur Wahrnehmungs-, Urteils-, Artikulations- und Kommunikationsfähigkeit der Individuen, Fähigkeiten also, die neue Horizonte schaffen, Gefühle und Entwicklung von Einstellungen modifizieren, Erfahrungen im Hinblick auf die Gestaltbarkeit der sozialen und materiellen Wirklichkeit zulassen, und damit die prinzipielle Möglichkeit der Teilhabe an Gestaltungsprozessen eröffnen, die der Selbstreflexion und -kontrolle dienlich sein können. Ästhetisches Lernen, das z.B. aus dem Herstellen von ästhetischen Objekten, sowie deren Präsentation (z.B. in Form von Ausstellungen), bzw. dem Inszenieren von Darstellungsspielen oder der Organisation von sozialen oder politisch motivierten Situationen resultiert, ist Erfahrungslernen, ein Lernen also, das anlaßabhängig Voraussetzungen für sozial-kooperatives Handeln und die Erzeugung sozial-sinnlicher Situationen schafft. Ästhetische Praxis ist also nicht nur Methode der ÄE, sondern zugleich auch Vermittlungsinstrument und -gegenstand.

3. Gegenstände. Die Gegenstände auf die sich ÄE bezieht, sind in allen gesellschaftlichen Handlungsfeldern als gestaltete Wirklichkeit vorfindbar. Die Kunst gilt zwar als beispielhaft für →Kreativität, ästhetisches Denken, ästhetisches Handeln, wie auch für alternative gesellschaftliche Perspektiven und Handlungsräume, dennoch ist sie nicht alleiniger Bezugspunkt. Gestaltete Sachverhalte (Artefakte), wie z.B. Architektur, Design, triviale Objekte, elektronische Medien, Presseerzeugnisse, gestaltete Natur etc., sind gleichberechtigte Bezugsfelder. Sie verfügen über Erscheinungsebenen und über soziale Situationen in Form von Besorgen und Verrichten. Erscheinungsebene und die Umgangsform mit ihr sind kultureller Ausdruck der menschlichen Vergesellschaftlichung, d.h. den jeweiligen erkenntnisleitenden Interessen nach kann jeder Gegenstand, jedes soziale Geschehen Träger der ästhetischen Funktion bzw. Vermittler von Bedeutung sein. Aufgrund ihrer spezifischen Gegenstände, Gegenstandsfelder und Methoden ist ÄE als praxisnahe und praktische Theorie zu charakterisieren. Dies gilt für didaktisch motivierte, d.h. auf Schule bezogene Konzeptionen ebenso wie auch für Theorieansätze der ÄE, die sich auf außerschulische Vermittlungsprozesse beziehen.

4. Geschichte. Eine umfassende „Geschichte der ÄE" liegt bisher noch nicht vor. Unbestritten ist, daß die Geschichte der ÄE mit Friedrich Schillers Briefen „Über die ästhetische Erziehung des Menschen" (1795) ihren Anfang nahm. In der Pädagogik des 18. und 19. Jahrhunderts wird der Begriff der ästhetischen Erziehung häufig mit Gemütsbildung, Gefühlsbildung, Bildung des Geschmacks und der schönen Sitten gleichgesetzt. Die mit den Ausgrabungen Schliemanns in Troja, Mykenae, Tiryns, Olympia und Pergamon einhergehende Neubesinnung auf antike Kunst stützt in der zweiten Hälfte des 19. Jahrhunderts das humanistische Bildungsideal. Eine nicht zu unterschätzende Rolle spielte zudem die Publikation „Rembrandt als Erzieher" (Leipzig 1890), mit der Julius Langbehn den Boden für irrationale Strömungen innerhalb der Geschichte der ÄE zu Anfang des 20. Jahrhunderts bereitete. Um die Jahrhundertwende sind es zwei Ereignisse, die die weitere Entwicklung der ÄE bis in die 60er Jahre hinein beeinflußten: Die Entdeckung des Kindes (→Kindheit) und die Kunsterziehungsbewegung. Im letzten Drittel des 19. Jahrhunderts hatte die Psychologie zwar das Kind entdeckt und zum Gegenstand ihrer Forschungen erhoben, doch allererst mit den Veröffentlichungen von Carl Götze „Das Kind als Künstler" (Hamburg 1898) und „Das Jahrhundert des Kindes" (Berlin 1900) von Ellen →Key, nahm die Pädagogik diese, u.a. um die künstlerischen Fähigkeiten des Kindes geführte Diskussion

auf. Auf den drei Kunsterziehungstagen, die 1901 in Dresden, 1903 in Weimar und 1905 in Hamburg stattfanden, waren die Initiatoren mit dem Problem konfrontiert, für die gesellschaftliche Praxis einen Zugriff zu entwickeln, der im Sinne eines kulturpolitischen Entwurfs den Gesamtbereich des erziehenden Unterrichts durchdringen sollte (→Reformpädagogik). Die zukunftsweisenden Perspektiven, die hier im Ansatz für Theorie und Praxis diskutiert wurden, eröffneten letztlich zwei Tendenzen, die mit unterschiedlicher Gewichtung bis in die 60er Jahre wirksam blieben. Konrad Lange forderte z. B. für die schulische Erziehung ästhetische Genußfähigkeit, die über die Ausbildung der Hand und des Auges für künstlerische Sachverhalte sensibilisieren sollte, während Carl Götze und Alfred Lichtwark versuchten, den bis dahin üblichen Zeichenunterricht an die Kunst zu binden. Gemeint ist auf der einen Seite jene Tendenz, die mit Erziehung durch Kunst bezeichnet wird. Auf der anderen Seite handelt es sich um Erziehung zur Kunst, die primär der Rationalität verpflichtet war. In den 1950er und 1960er Jahren mündete der Strang Erziehung durch Kunst in die sog. Musische Bildung, als deren Hauptvertreter O. Haase, G. F. Hartlaub und R. Ott zu nennen sind. Hier galt u. a., daß nicht die demokratische, nicht die logische, sondern die musische Erziehung mit ihrem Leitmotiv: „Das Kind lernt im Kunstunterricht absolut nichts, es entwickelt sich", das Kernstück der Menschenbildung sei. Der zweite Strang – Erziehung zur Kunst – wurde von Gunter Otto fortgesetzt, der solchen Argumenten mit der Auffassung begegnete, daß der Unterricht der Lenkung und Steuerung durch eine überprüfbare Theorie bedürfe. Mit seiner Buchveröffentlichung „Kunst als Prozeß im Unterricht" schuf er erziehungswissenschaftliche Grundlagen für das Fach Kunstunterricht. Entsprechend der restaurativen gesellschaftlichen Gesamtentwicklung nach 1945 waren auch die beiden o. g. Positionen unpolitisch. Erst die späten 1960er Jahre brachten hier umfassende Veränderungen, denn die junge intellektuelle Generation erkannte auf der Grundlage der →Kritischen Theorie den politisch fragwürdigen Charakter und die Defizite einer sich bis dahin überwiegend am materiellen Wohlstand orientierenden Gesellschaft. Unter ausdrücklichem Bezug auf die Frankfurter Schule entwickelten Fachvertreter wie Hermann K. Ehmer, Helmut Hartwig, Heino R. Möller und andere die Konzeption „Visuelle Kommunikation", mit der sie Heranwachsende aufklärerisch erziehen wollten, um ihnen die in den ästhetisch-gesellschaftlichen Verhältnissen vermittelten Interessen, Abhängigkeiten, Herrschaftsinstrumente und Zwänge vor Augen zu führen. Damit verlagerte sich das fachdidaktische Interesse grundlegend, denn nicht mehr dem historischen Fossil Kunst, sondern der Ästhetik des Alltags und den Massenmedien wurde nun eine politisch motivierte Relevanz zugesprochen. Einher mit der Politisierung des Faches ging zu Beginn der 1970er Jahre die Besinnung auf Friedrich Schillers Briefe „Über die ästhetische Erziehung des Menschen", die insbesondere von Hartmut von Hentig und Diethart Kerbs betrieben wurde. Innerhalb der Fachdidaktik ist der Begriff ÄE seither unumstritten, wie auch das wiederentdeckte Verhältnis von Denken und Machen seine Aktualität nicht verloren hat.

5. Konzepte. Seit den 1970er Jahren bezogen sich die Innovationen auf die Erweiterung der Bezugsfelder und des Gegenstandsfeldes, die Überwindung fachimmanenter Ziele und die Favorisierung der Einheit von Ratio und Emotio. Entsprechend den theoretischen Forderungen der ÄE, ästhetische Lernprozesse an die konkreten Lebenswelten der Heranwachsenden zu binden und gesellschaftliche Erfahrungsräume, wie z. B. Museen, Bibliotheken, Spielplätze und andere Freizeitinstitutionen für

schulisches Lernen zu öffnen, wurden nicht nur die engen Grenzen des Kunst- und Werkunterrichts gesprengt, sondern auch die bis dahin gesellschaftlich herrschenden engen kulturpolitischen Vorstellungen.

Innerhalb der fachdidaktischen Diskussion hat sich das Konzept ÄE zwar konsolidiert, dennoch lassen sich unschwer Divergenzen innerhalb der verschiedenen theoretischen Ansätze ausmachen. Jedoch kann man kaum mehr, wie z. B. in den 1970er Jahren, von einer Streitkultur der miteinander konkurrierenden Positionen sprechen. Die Bandbreite der Bezugswissenschaften ist sicherlich umfassender geworden. Es gelten nicht nur jene Auffassungen, die an bestimmten erziehungswissenschaftlichen Überzeugungen festhalten oder solche, die das Ästhetische bar jeglicher pädagogischer Zwangsjacken favorisieren, sondern zunehmend sind Impulse zu registrieren, die auf Psychoanalyse, Kunstwissenschaft, Kulturtheorie, Alltagstheorie (→Alltagsansatz) und Ästhetik fußen. Dies ist u. a. darauf zurückzuführen, daß die Didaktik nicht mehr im Zentrum der ÄE steht, denn der Kulturpädagogik oder Kulturarbeit, die gesellschaftlich relevante Einrichtungen außerhalb der Schule nach sich zogen, gelten inzwischen ebensoviele Aufmerksamkeiten. Neben kulturpädagogischen Diensten wie z. B. Jugendkunstschulen, sind für kulturpädagogische Theorie und Praxis in der offenen Kinder- und Jugendarbeit die Aktivitäten der Pädagogischen Aktion (Mayerhofer/Zacharias) in München anzusehen. Hier steht ein projektorientiertes Lernen im Mittelpunkt, das über produktive Auseinandersetzung mit und durch Aneignung von Alltagssituationen erfolgt. Für die Heranwachsenden bedeuten diese Angebote, sich außerhalb der Schule in ästhetisch-pädagogisch inszenierten (Als-Ob-)Situationen material-, gegenstands- und/oder medienorientiert mit den gesellschaftlich vermittelten ästhetischen Informations-, Konsum- und Bildungsangeboten auseinanderzusetzen. Damit einher geht die Intention, über ästhetische Tätigkeiten Heranwachsende verschiedenen Alters, unterschiedlicher sozialer Prägung und individueller Lebensgeschichte für subjektive und kollektive Sachverhalte zu interessieren, d. h. hier geht es um die Vermittlung kultureller Bildung.

Kulturarbeit hingegen beinhaltet die konzeptionelle Vorstellung, daß – gebunden an ästhetische Erfahrungsinhalte und in Gegenwehr zu den →Massenmedien sowie der sog. Hochkultur – bestimmte gesellschaftliche Gruppen in Eigeninitiative Kultur selber machen, d. h. Alternativen zur Kultur von oben entwickeln und realisieren. Dies umfaßt nicht nur Projekte, die sich auf neue Formen der Lebensorganisation in sozialen Räumen (Stadtteilkulturarbeit/Kulturläden) beziehen, sondern auch Initiativen, die zu soziokulturellen Einrichtungen führten, in denen nicht nur Musik-, Film-, Video-, Theater-, Literatur-, Computer- und andere Werkstätten zu entsprechenden selbst- oder gruppenbestimmten Aktivitäten auffordern, sondern auch zu Ateliers für Malerei und Bildhauerei. Eine solche, sich an der →Lebenswelt ihrer Adressaten orientierende ästhetisch-kulturelle-Praxis, beinhaltet nicht nur Kommunikationsanlässe und -angebote zwischen den Beteiligten, sondern auch Voraussetzungen für ästhetische Konfrontationen und/oder Verständigung mit der Öffentlichkeit.

6. Stellenwert für Sozialpädagogik und -arbeit. Die bisherigen Ausführungen zu den Konzepten der ÄE und ihren vielfältigen Praxen verweisen auf mannigfaltige Affinitäten zu sozialpädagogischen Intentionen in Theorie und Praxis. Dennoch, innerhalb sozialpädagogischer Theorien ist der Stellenwert der ÄE eher marginal. Dies ist vor dem Hintergrund der weiter oben aufgezeigten vielfältigen ästhetisch-praktischen Aktivitäten, die von Vertretern der ÄE in den letzten Jahren außerschulisch initiiert und etabliert wurden, erstaunlich. Neben dem

Bereich Kulturpädagogik und Kulturarbeit soll auf die ästhetische Praxis in Psychiatrien (Neuenhausen), die kunsttherapeutische und heilpädagogische Arbeit (Menzen/Richter) oder die ästhetische Praxis im Strafvollzug (Ehmer) verwiesen werden.

ÄE und ästhetische Praxis als deren Methode können für Sozialpädagogik und -arbeit allerdings nur dort konstitutiv werden, wo sie zu integralen Bestandteilen des Studienganges werden. Für die verschiedenen Seiten hieße dies, gemeinsam Theoriediskussionen führen, Problemstellungen lösen, Perspektiven entwickeln und Handlungsentwürfe umsetzen. Dort wo die ästhetische Praxis als theorieloser Appendix begriffen wird, verliert sie – auch für sozialpädagogisches Reflektieren und Handeln – ihren Sinn.

7. Ausblick. „Schöne Aussichten?", so lautet der Titel eines Buches (Hg. W. Zacharias), dessen Beiträge jene Diskussion um ästhetische Fragen und Probleme widerspiegeln, mit denen es, laut Untertitel, Ästhetische Bildung in einer technischmedialen Welt zu tun hat. Interessant ist, daß der Wechsel von der ÄE hin zur Ästhetischen Bildung nicht nur eine Entwicklung berücksichtigt, mit der die außerschulischen Konzepte der ÄE gleichrangig behandelt werden, er macht auch etymologisch Sinn (Bild, bilden, Bildung). Hier wird auf die jüngste gesellschaftliche Entwicklung insistiert, weil die mit dem rasanten technologischen Fortschritt unserer postmodernen Gesellschaft einhergehenden Probleme nach neuen Antworten und Orientierungen verlangen. Die zunehmende Ästhetisierung des Alltags, die das bisher so nicht gekannte Phänomen der Unwahrnehmbarkeit (Anästhetik) nach sich zieht, ist eine der Seiten, die ins Blickfeld rücken. Der theoretische Zugriff auf eine Wirklichkeit, in der dem Ästhetischen zunehmend Priorität eingeräumt wird, bedarf besonderer Voraussetzungen. Im aktuellen Verständnis bestimmter Wissenschaften lassen sich Tendenzen ausmachen, die dem ästhetischen Denken Vorrang einräumen. Dies zeigt sich an den Diskussionen der letzten Jahre, die nicht nur in der o. g. Veröffentlichung „Schöne Aussichten" ihren Niederschlag finden, sondern auch in Veröffentlichungen zu den Bereichen Ästhetische Erfahrung (Jauss), Ästhetisches Denken (Welsch), Ästhetisches Handeln und Verstehen (Selle). Hier öffnen sich für die ÄE – aber auch für die Sozialpädagogik und -arbeit – Perspektiven, die sich sowohl für die Überprüfung tradierter Theorieansätze, als auch zum Nachdenken über Innovationen in Theorie und Praxis eignen.

Lit.: Fuchs, M.: „Kulturpädagogik und gesellschaftlicher Anspruch", Remscheidt 1990; Jauss, H. R.: „Ästhetische Erfahrungen und literarische Hermeneutik", Frankfurt 1991; Otto, G./Otto, M.: „Auslegen", Velber 1987; Ropohl, U.: „Ästhetische Erziehung in der Jugendarbeit", Weinheim und Basel 1979; Selle, G. (Hg.): „Experiment Ästhetische Bildung – Aktuelle Beispiele für Handeln und Verstehen", Reinbek bei Hamburg 1990; Welsch, W.: „Ästhetisches Denken", Stuttgart 1990; Zacharias, W. (Hg.): „Schöne Aussichten – Ästhetische Bildung in einer technisch-medialen Welt", Essen 1991.

Heiko Herwald†, Lüneburg

AFET
→Arbeitsgemeinschaft für Erziehungshilfe e. V. (früher: Allgemeiner Fürsorgeerziehungstag e. V.)

Aggression
→Anti-Aggressivitätstraining

AGJ
→Arbeitsgemeinschaft für Jugendhilfe

Agogik
in der neueren niederländischen Fachdiskussion und -literatur entwickelter Begriff für die Gemeinsamkeit der drei Disziplinen Pädagogik (als auf Kinder und Jugendliche bezogen), Andragogik

(als auf Erwachsene bezogen) und Gerontagogik (als auf alte Menschen bezogen), die alle als Wissenschaften des Führens, Leitens und Begleitens verstanden werden können. Mit der Einführung der A. als Oberbegriff und den damit verbundenen systematischen theoretischen Arbeiten wurde für den Bereich Soziale Arbeit erstmals ein relativ konsistentes Kategoriensystem vorgelegt, das unter Betonung der vorhandenen theoretischen und praktischen Gemeinsamkeiten der genannten Disziplinen eine begrifflich und fachlich zusammenfassende gesellschaftsbezogene Orientierung der Profession unterstützt und weiterzuentwickeln sucht. Die deutsche Diskussion hat diesen Ansatz bisher nur zögerlich aufgenommen.

Aichhorn, August (27.7.1878–13.10.1949) Der Wiener Pädagoge gründete 1918 das Erziehungsheim Ober-Hollabrunn für verwahrloste Jugendliche und 1920 eine Reformschule in St. Andrä. A. integrierte psychoanalytische Theorien und Verfahren in die Verwahrlosten- und Delinquentenpädagogik (→Devianzpädagogik, →Psychoanalyse und Sozialpädagogik). A. ging davon aus, daß eine in der Charakterstruktur vorhandene „latente Delinquenz" unter ungünstigen Verhältnissen zur Delinquenz führt. Entsprechend hielt A. eine vertrauensvolle und verläßliche Beziehung zwischen Jugendlichen und Erziehern für die wesentliche Grundlage seiner praktischen Pädagogik.

AIDS

Mit AIDS (Acquired Immune Deficiency Syndrom; etwa: Erworbenes Immun-Defekt-Syndrom) wird eine durch einen Virus hervorgerufene Immunschwäche (HIV-Infektion, HIV: Human Immune Deficiency Virus), die durch den Zusammenbruch des körpereigenen Abwehrsystems häufig zum Tode führt, bezeichnet. Es kommt jedoch nicht bei jedem Infizierten zum Ausbruch der Krankheit. Als Haupt-Übertragungswege gelten bisher der Austausch von Blut und das Eindringen von Erregern über Sperma und Vaginal-Sekret in einen fremden Blutkreislauf. Entsprechend stehen bestimmte Praktiken des Drogenkonsums und Sexualpraktiken im Mittelpunkt der an Aufklärung und Information orientierten AIDS-Prävention (→Safer Use, →Safer Sex). Das Problem der HIV-Infektion berührt viele Bereiche der Sozialen Arbeit (z.B. die Arbeit mit Drogenkonsumenten, mit Prostituierten, mit „Blutern" und mit Jugendlichen allgemein) und hat ihr auch neue Aufgaben gestellt (z.B. die Beratung und Betreuung Betroffener). Dachverband der regionalen AIDS-Hilfen ist die →Deutsche AIDS-Hilfe e.V.

Aktenanalyse

eine Möglichkeit der →Dokumentenanalyse, bei der aus schriftlichen Aufzeichnungen in Akten, die nicht für die Forschung angefertigt wurden, Daten zur Überprüfung von Untersuchungsannahmen erhoben und interpretiert werden. Relativ harte Daten (z.B. Geburtsdatum, Zahl der Vorstrafen) erreichen dabei eine hohe Validität. Bei anderen Merkmalsgruppen muß berücksichtigt werden, daß die Unterlagen Produkte eines Prozesses des Filterns und Bewertens sind (Materialkritik) und im Wissen erstellt wurden, daß sie eventuellen Kontrolleuren standhalten müssen (Beweismittelfunktion von Akten). Informelle Regeln, Denkfiguren und →Alltagstheorien der Dokumentierenden werden häufig nicht sichtbar. →Empirische Sozialforschung: Qualitative Verfahren

Akteneinsicht

Sollen die Rechte der Betroffenen in einem Verwaltungsverfahren angemessen wahrgenommen werden, so ist hierzu u.U. die Kenntnis der Behördenakte erforderlich. Auch Nichtbeteiligte müssen Einsicht erhalten, wenn dies zur Geltendmachung rechtlicher Interessen notwendig ist. Entsprechend bestehen im Verwaltungsprozeßrecht umfassende

Regelungen zur Akteneinsicht bis hin zur Vorlagepflicht. Im öffentlichen Dienst haben Beamte und Angestellte das Recht auf Einsicht in ihre vollständigen Personalakten (§ 56 BRRG, § 13 BAT).

Aktenführung
Die Akte ist eines der zentralen Verwaltungsmittel. Sie soll eine geregelte, Amt und Person voneinander trennende Sachbearbeitung auf Grundlage von gesammelten und geordneten Schriftstükken ermöglichen. Darüber hinaus stellt die Akte ein wichtiges Instrument der Vollzugs- und Selbstkontrolle von Verwaltung dar. Entsprechend erhielt die Akte auch im Zuge der →Professionalisierung und →Bürokratisierung eine wesentliche Bedeutung für die Soziale Arbeit. Die den rechtlichen und verwaltungstechnischen Erfordernissen angepaßte Dokumentation von sozialer Interaktion stellt eine personenbezogene Informationssammlung dar, die vor allem unter den Gesichtspunkten des →Datenschutzes und der →Stigmatisierung zunehmend problematisiert wird. Aufgrund der Abstraktion von Sachverhalten, der Verwendung unpräziser Begriffe und durch organisationsinterne Vorgaben (z. B. Formulare) spiegelt die Akte nur einen selektierten Teil der Realität wieder. →Gutachten

Aktion Psychisch Kranke (APK)
Die zentrale Aufgabe der 1971 von Bundestagsabgeordneten aller Fraktionen und engagierten Psychiatern gegründeten APK liegt darin, im Dialog zwischen Politik, Fachwelt und Verwaltung auf eine grundlegende Reform der Versorgung psychisch kranker und behinderter Menschen in der Bundesrepublik Deutschland hinzuwirken und insbesondere durch politische Mittel das Ziel bedarfs- und personenbezogener Hilfen zu verwirklichen.
Grundlage für die Arbeit der APK bilden die Empfehlungen der →Psychiatrie-Enquête (1975), die von einer vom Bundestag eingesetzten Sachverständigenkommission unter maßgeblicher Beteiligung von Mitgliedern der APK erarbeitet wurden sowie deren Fortschreibung durch die Empfehlungen der Expertenkommission (1988) und deren Weiterentwicklung zur personenzentrierten Hilfe in der psychiatrischen Versorgung (1997).
Indem die APK jeweils die Trägerschaft bzw. Geschäftsführung für diese und andere Expertenkommissionen übernommen und für die Verbreitung (weiter-) entwickelter Leitlinien u. a. durch Veröffentlichungen und Kongresse Sorge trägt, hat sie einen erheblichen Anteil an der Psychiatriereform und an dem sich vollziehenden Paradigmenwechsel von der institutions- zur personenbezogenen Hilfe.
Leitlinien für die Arbeit der APK sind:
– Die bedarfs- und personenbezogene (statt angebotsorientierte und institutionszentrierte) Hilfe insbesondere für chronisch psychisch und mehrfach erkrankte Menschen sicherzustellen und den notwendigen Ausbau von ambulanten Hilfen voranzubringen.
– Eine verbindliche Kooperation und Koordination aller an der psychiatrischen Versorgung beteiligten Einrichtungen und Dienste (Gemeindepsychiatrischer Verbund) zu erreichen.
– Auf parlamentarischem Wege die sozialrechtlichen Hindernisse zu beseitigen, die einem aufeinander abgestimmten Zusammenwirken der Leistungsträger und der Gleichstellung psychisch mit somatisch kranken Menschen entgegenstehen.

Anschrift: Brungsgasse 4–6, 53117 Bonn

Aktionsforschung
→Handlungsforschung

Aktivierende Pflege
über die körperliche und geistig-seelische Mobilisierung des zu Pflegenden hinausgehende Aktivierung, bei der Unabhängigkeit von pflegerischer Hilfe angestrebt, zumindest eine größtmögliche

Selbständigkeit des zu Pflegenden verfolgt wird. Dabei können gleichermaßen medizinische, psychologische und psychosoziale Maßnahmen ergriffen werden. Die Beteiligung der Angehörigen an der A.P. ist wünschenswert. Eine entsprechende Abstimmung der Maßnahmen auf die Belastbarkeit aller Beteiligten ist unerläßlich.

Aktivierung des Klienten (Social Activity) Durch Nutzung der aktuellen Lebenssituation für die Erprobung neuer Verhaltensweisen soll der Klient eine soziale Situation und die sich daraus entwickelnden Problemlagen soweit wie möglich selbst beeinflussen. Dem Aktivierungsansatz geht es demnach weniger um die Bearbeitung früherer Erfahrungen zur Einsichtsgewinnung; er setzt nicht am Defizit an, sondern an den positiven Potentialen des Klienten (→Empowerment). Entsprechend grenzt sich dieses Konzept auch gegen fürsorgende und betreuende Ansätze ab.

Aktivspielplatz
→Abenteuerspielplatz

Alkoholabhängigkeit
1. Historischer Bezug. Alkoholkonsum, auch exzessiver Alkoholkonsum ist vor der Jungsteinzeit (Neolithikum, ca. 10 000 v. Chr.) bekannt. Der Alkoholrausch wurde in allen Gesellschaften unterschiedlich erlebt und bewertet. Die Einstellung zum Alkoholkonsum ist abhängig von den spezifischen Funktionen der Alkoholwirkung und der Art, in der das Rauscherleben in eine Gesellschaft integriert ist. Diese sind wiederum gemäß dem ökonomischen und dem kulturellen Status der Gesellschaft und dem psychosozialen Status der Menschen unterschiedlich. Als eigenständiges Krankheitsbild wird exzessives Trinken erstmals 1785, in den Arbeiten des Amerikaners Benjamin Rusch, erwähnt.
Während die soziologischen und die psychologischen Aspekte des biopsychosozialen Phänomens des Alkoholkonsums sich ständig wandeln, hat sich die biologische Seite seit der Entdeckung des Alkohols nicht wesentlich geändert. Die Steuerung der Stimmungslage beim Menschen erfolgt über den Hormon- und den Endorphinhaushalt im Zentralnervensystem. Der weitgehend unspezifisch wirkende Alkohol hat Einfluß auf diese Haushalte; er dämpft die biochemische Erregungsleitung im Nervensystem und verursacht bei ausreichender Dosierung ein Rauscherleben. Der Energiefluß in den durch das aktuelle Erleben aktivierten neuronalen Bahnungen wird gehemmt. Unwillkürlich, aber zum Teil auch willkürlich steuerbar entstehen andere Stimmungslagen und Gedankenflüsse, die Bewußtseinslage wird, bis hin zu einer möglichen Betäubung „verrückt". Das in der Alkoholwirkung liegende Potential zur somatischen, kognitiven und affektiven Selbststimulierung kann eingesetzt werden, um die menschlichen Grundstrebungen nach Sicherheit, Wohlbefinden und Lusterleben zu stärken. Welche sozialdynamischen und psychodynamischen Funktionen dabei konkret auftreten, ist wiederum abhängig vom ökonomischen und kulturellen Status der Gesellschaft und von der Ausprägung der psychischen Strukturen, der Lebensführung und der sozialen Bezüge der Menschen. Im Neolithikum, als die Menschen in ihrem Glauben an eine sichtbare Erscheinungswelt und eine unsichtbare Geisterwelt (Animismus) ihre ersten Religionen kreierten, und im Prozeß der beginnenden Naturbeherrschung auch die alkoholische Gärung unter Kontrolle gebracht hatten, war der Alkoholkonsum wie selbstverständlich in die das Gemeinschaftsleben konstituierenden Riten eingebunden. Im durch Alkoholwirkung und andere Techniken herbeigeführten spirituell sakralen Erleben wähnten sie sich ihren Göttern nah und meinten, diese durch kultische Handlungen beeinflussen und Bedrohungen abwenden zu können. Erst nachdem in den sozial viel differenzierteren orientalischen Stadtkulturen sakrale Gewohnhei-

ten in das profane Leben übernommen waren, wurde Alkohol als Heil-, Nahrungs- und Genußmittel benutzt.
Im Feudalismus des frühen Mittelalters lebten die Menschen im Widerstreit mit dem christlichen, feudalen Weltbild weiterhin auch in einem animistischen Naturverständnis. Auch sie hatten Ängste und fühlten sich den Naturkräften schicksalhaft ausgeliefert. Sie verfügten über ein nur gering entwickeltes Selbst-Bewußtsein und lebten ich-haft bezogen auf die anderen und ihrer Spiegelung in den anderen. Alle Herrschaftsverhältnisse beruhten auf persönlichen Beziehungen, die als unsicher erlebt wurden und die im zyklischen Zeiterleben quasi täglich neu bestätigt werden mußten. Bei dieser ungewissen, ständig bedrohten Lebensführung waren alkoholische Getränke, die täglich schon morgens verzehrt wurden, und Brot die Grundnahrungsmittel. Es gab ca. 100 Festtage im Jahr, an denen auch exzessives Trinken üblich war. Im gegenseitigen Zutrinken wurde sich Treue geschworen; es diente der sozialen Vergewisserung. Das Trinken erweckte ein Gefühl der Kraft im Menschen. In der alkoholisch erzeugten Lebensfreude lösten sich die Ängste auf. Die negativen Trinkfolgen wurden nicht beachtet oder nicht erkannt. Nach heutigen Maßstäben waren die meisten Menschen alkoholgefährdet, ein Großteil alkoholkrank.
Die seit dem 11. Jahrhundert sich neu entwickelnde Kaufmannschaft übte Sparsamkeit und lernte Geld einzusetzen, um Mehrgeld daraus zu machen. Sie merkten, daß sie mit ihrem Kapital Einfluß über andere erringen konnten. Ca. ab dem 12. Jahrhundert gelang es ihnen, sich aus einer äußeren Perspektive in den Blick zu nehmen. Über die Fähigkeit zur Selbstreflektion entwickelte sich eine neue psychische Struktur, die als Selbst bezeichnet werden mag. Der ausschließlich ich-hafte Weltbezug war überwunden. Die Menschen konnten ein Selbstbild und ein Ichideal ausbilden und entwickelten ein differenziertes Gewissen. Mit dem Kapital und dem Individuum waren die beiden Faktoren entstanden, die den weiteren Gang der Geschichte bestimmen sollten. Obwohl es durch die differenzierten psychischen Strukturen wesentlich mehr psychodynamische Funktionen der Alkoholwirkung gab (nicht mehr nur die durch Fremdzwänge hervorgerufenen Ängste und Unsicherheiten konnten abgewehrt, sondern auch von den durch die inneren Selbstzwänge bedingten Bedrückungen konnte man sich in der Regression des Rausches befreien; nicht mehr nur die schiere Lust an der direkten körperlichen und psychischen Alkoholwirkung war erreichbar, sondern auch das Schwelgen im überhöhten Ichideal oder den durch die Rauschwirkung gesicherten legendenhaften Nebenrealitäten war möglich geworden) schränkte das städtische Bürgertum seinen Konsum ein, weil er mit der Lebensführung nicht mehr vereinbar war.
Erst als die Arbeit als Beruf „heilig" gesprochen war, die →individualistische Ethik, Rationalismus und Empirismus gesellschaftlich anerkannt waren und das Kapital in der Manufaktur und dem Verlagswesen neue Effektivitätsgrundlagen gefunden hatte, kurz: als das Bürgertum seine Lebensform weiter durchgesetzt hatte, konnten die seit dem frühen 15. Jahrhundert existierenden Mäßigkeitsbewegungen sich durchsetzen. In der zweiten Hälfte des 17. Jahrhunderts wurde der morgendliche Weinkonsum in den oberen Klassen durch den Frühstückskaffee ersetzt. In den unteren Klassen, besonders im entstehenden Proletariat, wurden die alten Alkoholkonsummuster über die Epoche des Manchester-Kapitalismus – in vielen Gegenden durch Opiumkonsum ergänzt – beibehalten. Die Fähigkeit zur Selbstwahrnehmung war allgemein geworden, und es gab in den verelendeten Schichten zahlreiche neue, auf Betäubung ausgerichtete eskapistische Trinkmotive. Die Ende des 18. Jahrhunderts einsetzende Entwicklung des Verständnisses

15

der A. als Krankheit war weniger eine wissenschaftliche Entdeckung, als vielmehr Ausdruck der Veränderungen im der Vernunft verpflichteten sozialen Denken des Bürgertums.

Der rasante ökonomische Umbruch von der agrarischen, handwerklichen, kleinindustriellen zur Industrieproduktion brach die traditionellen, lebenslang identitätsstiftenden Sozialstrukturen mit ihren einheitlichen Wert- und Normenorientierungen und ihren Normalbiographien auf. Der Prozeß der zunehmenden sozialen Segmentierung mit seiner Tendenz zur Lösung aller langfristigen Bindungen und zur Versachlichung der sozialen Bezüge brachte nie dagewesene Individualisierungsschübe mit sich. Die individualistische Ethik wurde endgültig zur geistigen Grundlage der Kultur. Die Orientierung an bürgerlichen Lebensstilen setzte sich in allen Schichten durch.

Bei einerseits sich durch Normierung, Technologisierung und Bürokratisierungen aller Lebensbereiche qualitativ verengten Wahlmöglichkeiten zur individuellen Lebensführung, werden die Anpassungsanforderungen durch die fortschreitende Entwertung erworbener Qualifikationen und die Relativierung zentraler Wertvorstellungen und deren unterschiedliche Neufestlegung in den heterogenen gesellschaftlichen Strukturen, enorm gesteigert. Eine dauerhaft erfolgreiche Subjektkonstitution gelingt nur dem variantenreich mit schnell wechselnden Rollenanforderungen und Wertvorstellungen, sowie gut ausgebildeten individuellen Fähigkeiten jonglierenden, seine Chancen nutzenden, optimal interaktionsfähigen Individuum.

Dieses hohe Anforderungsprofil, bei gleichzeitigen großen Verlusten an interpersonellen Sinnbezügen, an Sinn überhaupt, verursacht eine Vielzahl neuer innerer Nöte und dehnt die möglichen sozial- und psychodynamischen Funktionen der Alkoholwirkung enorm aus. Bei weitgehend individualisierten Konsumgewohnheiten und zunehmendem Pro-Kopfverbrauch reinen Alkohols (1950 ca. 3 l., seit 1976 in etwa gleichbleibend ca. 12 l.; seit 1970 steigt der Verbrauch anderer Rauschmittel stark an) diente der weitaus größte Teil der Konsummenge dem sozialüblichen Entspannungs- und Erleichterungstrinken. Nach dem 2. Weltkrieg gab es in Westdeutschland ca. 150 000 Alkoholkranke, heute sind es ca. 1,8 Mill. Für Gesamtdeutschland dürfte die 3 Mill.-Grenze inzwischen erreicht sein. Kritischer Konsum entwickelte sich, zunächst vor allem in der Konkurrenzperspektive, wenn Selbstwertmängel oder eine mangelnde Konfliktfähigkeit ausgeglichen werden sollten. Manifest abhängige Konsumformen waren bis in die siebziger Jahre über alle sozialen Schichten gleichmäßig verteilt. Seitdem die Arbeitsgesellschaft verstärkt in ökonomische und in Legitimationskrisen gerät, immer mehr Menschen den Anforderungen nicht mehr genügen können und in den Arbeitsprozessen nicht mehr gebraucht werden, entsteht auf der Seite der Modernisierungsverlierer zusätzlich ein neuer Elendsalkoholismus, von dem z. Zt. über 500 000 Personen betroffen sind. Auf dem Hintergrund vehementer sozialökonomischer Umbrüche in Ostdeutschland ist ein starker Anstieg exzessiver Konsumformen zu beobachten.

2. Grundlinien der wissenschaftlichen Alkoholismusdiskussion. In dem seit den 1940er Jahren neu aufgenommenen wissenschaftlichen Diskurs hat sich das Krankheitsparadigma durchgesetzt. Damit war das Problem individualisiert, gesellschaftliche Zusammenhänge wurden zum Bedingungsgefüge für individuelle Suchtentwicklung oder gerieten ganz aus dem Blick; die einzelne Person wurde Gegenstand des überwiegend medizinisch-psychologischen Interesses. Im von E. A. Jellinek entwickelte „moderne Krankheitskonzept" der A. – auf dem heute die 1968 erfolgte juristische Anerkennung der Sucht als Krankheit beruht – gelten, gemäß der bürgerlichen

Maxime von der Selbstkontrolle, Kontrollverlust und Unfähigkeit zur Abstinenz als Initialsymptome für pathologischen Alkoholkonsum. A. ist nach diesem Konzept eine in Phasen progressiv verlaufende, sich durch irreversible physiologische Veränderungen manifestierende Krankheit bisher unbekannter, vermutlich biologischmedizinischer Ätiologie; sie ist durch den Kontrollverlust oder die Unfähigkeit zur Abstinenz als Hauptsymptome gekennzeichnet; sie ist unheilbar und durch Abstinenz lediglich in der Latenz zu halten. Dieses Konzept konnte wissenschaftlich nicht verifiziert werden. In der folgenden Diskussion bildeten sich vor allem die vier folgenden wesentlichen Linien heraus, ohne aber die Bedeutung des „klassischen Krankheitskonzeptes" bis heute nicht erreichten:

Bei der Ausweitung des Krankheitskonzeptes wurde der Alkoholismusbegriff soweit ausgedehnt, daß die problematischen Aspekte des Krankheitskonzeptes darin aufgehoben sind. Dies entspricht der Definition der Weltgesundheitsorganisation (WHO) aus dem Jahr 1955. Danach sind alkoholkrank „exzessive Trinker, deren Abhängigkeit vom Alkohol einen solchen Grad erreicht hat, daß sie deutliche geistige Störungen oder Konflikte in ihrer körperlichen und geistigen Gesundheit, ihren mitmenschlichen Beziehungen, ihren sozialen und wirtschaftlichen Funktionen aufweisen, oder Prodrome einer solchen Entwicklung zeigen." Dieses allgemeine Krankheitsverständnis ist praktisch ohne Nutzen.

In der wesentlichen Arbeit zur Einengung des Krankheitskonzeptes haben Edwards u.a. (1977) ein „Alkohol Dependence Syndrom" (ADS) konstruiert. Das ADS ist ein eng an der körperlichen Abhängigkeit und ihren direkten psychischen und sozialen Folgen gefaßtes Symptomcluster. Das ADS verzichtet auf Faktoren, die trennscharf pathologische Abhängigkeit definieren können. Die Dichotomie zwischen sozialen Trinkern und Alkoholikern wird grundsätzlich aufgehoben. Im →ICD 10 wird Edwards Symptomcluster mit den Auffassungen Jellineks zusammengeführt. Dabei wurden die einzelnen Kriterien auf einem Kontinuum angeordnet.

Die Diskussion um die „süchtige Persönlichkeit" wurde im wesentlichen von den Psychoanalytikern geführt. Nachdem sie in den siebziger und achtziger Jahren an ihrer →Narzißmustheorie zu „fixieren" drohten, haben sie die Suche mittlerweile aufgegeben. Sie haben viele ältere psychoanalytische Beiträge wieder aufgenommen, gehen heute davon aus, daß A. keine einheitliche nosologische Kategorie ist und konstatieren objekt-, ich- und triebpsychologisch bedingte Krankheitsentwicklungen. Warum von relativ gleich prädisponierten Personen nur einige einen Alkoholismus entwickeln, können sie nicht erklären.

In einer außerhalb des Krankheitsparadigmas stehenden soziologischen Annäherung wird Sucht in einem strukturellen und in einem prozessualen Ansatz als →abweichendes Verhalten begriffen. Im strukturellen Ansatz entsteht abweichender Alkoholkonsum auf dem Hintergrund eines Spannungszustandes zwischen individuellen Bedürfnisstrukturen und dem System gesellschaftlicher Normen durch in der individuellen Sozialisation vermitteltes soziales Lernen. Im prozessualen Ansatz, dem →„labeling approach", nimmt der Konsument, nachdem er sein auffällig gewordenes Trinkverhalten nicht korrigieren kann, letztlich das ihm zugeschriebene soziale Etikett „Alkoholiker" an.

Alle bisher entwickelten Erklärungsansätze, auch die hier nicht erwähnten, nehmen den Forschungsgegenstand A. nur aus ihrer spezifischen Perspektive in den Blick. Sie sind für sich genommen unzureichend, um das komplexe und zugleich unspezifisch biopsychosoziale Phänomen des A. zu bestimmen.

Bei der Neuformulierung einer Alkoholismusdefinition sollte anerkannt werden, daß es keine trennscharf zwischen verschiedenen Abhängigkeitsgraden diskriminierende Faktoren gibt. Alkoholabhängigkeiten sind auf einem Kontinuum von leichten psychischen Abhängigkeitsgraden, wie etwa bei drei mal wöchentlichem sozial und persönlich verträglichem Konsum, und schweren, auch körperlichen Abhängigkeitsgraden, wie bei dauerhaft akut Alkoholkranken anzusiedeln. Wenn Abhängigkeitsentwicklungen sich in ihren fortgeschrittenen Phasen, durch die zunehmende Ausrichtung aller Lebensvollzüge auf den Konsum, und den in den Rewardsystemen (Selbstbelohnungssysteme) physiologisch determinierten immer stärker werdenden Drang zur toxischen Selbststimulation auch sehr ähneln – mit den Kriterien des ICD 10 sind schwere Abhängigkeitsgrade symptomatisch ausreichend zu beschreiben –, so ist die Bedeutung des Konsums für jede Person unterschiedlich. Den Alkoholabhängigen gibt es nicht. Als alkoholkrank sollten Personen gelten, die einen persönlich und/ oder sozial unverträglichen Konsumstil entwickelt haben, den sie auf mittlere Sicht nicht ohne fremde Hilfe aufgeben können. Einmal erworbene, hirnorganisch verankerte Suchtstrukturen (→Psychiatrie und Sozialpädagogik) bilden sich nur bedingt zurück. Wegen der Attraktivität der Selbstreizung für den Menschen und der im Verlauf der Abhängigkeitsentwicklung erworbenen eingeschränkten Kontrollfähigkeit, wird süchtiges Verhalten im Falle des Rückfalls relativ schnell aktualisiert. Ein Zugang zu einem inhaltlichen Verständnis von der individuellen Abhängigkeit ergibt sich aus der Analyse der psycho- und sozialdynamischen Funktionen der Alkoholwirkung, über die das Rauscherleben in den psychischen Haushalt integriert ist. Diese sind, neben von den in der Person liegenden Gründen, von den gesellschaftlich geprägten kulturellen und ökonomischen lebensweltlichen Bezügen abhängig. So läßt sich folgendes Alkoholismuskonstrukt formulieren:

Auf der Grundlage mehr oder weniger ausgeprägter individueller Prädispositionen entwickelt sich, in sozialen Verhältnissen mit einer je spezifischen Integration des Rauschmittelkonsums, vermittelt über mehr oder weniger starke sozial- und psychodynamische Funktionen der Suchtmittelwirkung bei den Konsumenten eine mehr oder weniger starke Abhängigkeit vom Alkohol.
→Alkoholismustherapie; →Sucht; →Suchtkrankenhilfe

Lit.: Antons, K. und Schulz, W.: Normales Trinken und Suchtentwicklung, Band 1 u. 2, Göttingen, Toronto, Zürich 1976; Feuerlein, W.: Alkoholismus-Mißbrauch und Abhängigkeit, Stuttgart 1975; Rost, W.-D.: Psychoanalyse des Alkoholismus, Stuttgart 1987; Schivelbusch, W.: Das Paradies, der Geschmack und die Vernunft, Frankfurt/ M., Berlin 1980; Stimmer, F. (Hrsg.): Suchtlexikon, München 1999.

Joachim Schacke, Lüneburg

Alkoholismus
→Alkoholabhängigkeit

Alkoholismustherapie
Die ambulant (Sucht- und Drogenberatungsstellen, psychotherapeutische und ärztliche Praxen u. a.) oder stationär (Psychiatrische Krankenhäuser, Fachkliniken u. a.) durchgeführte A. ist ein Teil der Suchtkrankenversorgung (→Suchtkrankenhilfe) insgesamt. Sie wird auch als Sekundärprävention verstanden, wobei die Primärprävention das gesamte Spektrum der meist sozialpädagogisch und gesundheitserzieherisch ausgerichteten Vorbeugemaßnahmen, z. B. in Kindergarten, Schule und Betrieb, umfaßt. Mit Tertiärprävention ist die sogenannte Nachsorge gemeint.
Die A. ist auf den körperlichen und psychischen Entzug und die psychosoziale Entwöhnung ausgerichtet. Auch die ambulanten und stationären Kurzzeitbehandlungen (Entzugsbehandlungen) sollten als Basisbehandlung das gesamte biopsychosoziale Geschehen der Alko-

Alleinerziehende

holismuserkrankung (→Alkoholabhängigkeit) einbeziehen.
Die A. werden in multiprofessionellen Teams durchgeführt, wobei sich die Arbeitsfelder zum Teil überschneiden. An der psycho- und der sozialtherapeutischen Arbeit sind in der Regel Sozialpädagogen, Ärzte und Psychologen beteiligt. Ein Schwerpunkt liegt dabei in der Erarbeitung einer allgemeinen und individuellen Krankheitseinsicht und in der Vermittlung eines adäquaten Umgangs mit der Erkrankung. Hier werden sinnvollerweise Angehörige und eventuell Arbeitskollegen einbezogen. Bei erheblicheren psychischen oder interpersonellen Problemen werden Einzel-, Partner- und Familientherapien durchgeführt. Häufig sind umfangreiche sozialarbeiterische Aufgaben zu erledigen. Schwerer gestörte Alkoholkranke brauchen indikative Hilfen zur Tagesstrukturierung, zur Alltagsbewältigung oder im Umgang mit ihren körperlichen Problemen. Daneben gehören im stationären Bereich Körpertherapien und Sport (→Soziale Sporttherapie), →Arbeits- und →Ergotherapie zu den Standardangeboten. Die Kosten werden von den Krankenkassen, Rentenversicherungsträgern oder Sozialhilfeträgern übernommen (→Sozialrecht). Professionelle therapeutische Maßnahmen werden hier besonders durch →Selbsthilfegruppen unterstützt.

Alleinerziehende

A. sind Mütter und Väter, die ihre Kinder aus verschiedenen Gründen (Nichtehelichkeit des Kindes, Scheidung der Ehe, Tod des Partners) allein versorgen. Die Zahl der A. steigt stetig. Damit entwickelt sich diese Struktur des Zusammenlebens immer mehr zu einer weitverbreiteten Familienform, wobei Frauen den deutlich größeren Teil der A. ausmachen. Hilfen für A. nach dem KJHG (insbes. §§ 18–21) und dem BSHG (§§ 11, 70) gelten für Väter und Mütter gleichermaßen (→Vater-Mutter-Kind-Einrichtungen). Trotz dieser Möglichkeiten der Unterstützung befinden sich A. häufig in einer sozio-ökonomisch schwierigen Lage; so sind über 30% der A. Sozialhilfeempfänger. Dies ist nicht zuletzt auch darauf zurückzuführen, daß durch die bisherige Konzentration der →Familienpolitik auf das traditionelle Familienleitbild eine angemessene Infrastruktur zur Entlastung der A. fehlt. Negative wie positive Wirkungen dieser Familienform auf die in ihr lebenden Kinder bleiben Gegenstand der Diskussion. A. haben sich u. a. im →Verband Alleinstehender Väter und Mütter zusammengeschlossen.

Alleinsorge
→ Kindschaftsrechtsreform

Allgemeine Soziale Dienste

wesentlicher Bestandteil der behördlichen Angebote auf kommunaler und Kreisebene zur Unterstützung und Entlastung von Menschen in schwierigen Lebenslagen. Die Aufgaben der ASD gehen über die →Einzelhilfe und →sozialpädagogische Familienhilfe hinaus. Präventive Aufgaben und die vorausschauende Planung zur Identifizierung neuer Aufgaben setzen Kenntnisse der Sozialstruktur, systematische Kooperation mit Sonderdiensten sowie freien Trägern voraus (→Sozialplanung). Es mangelt gegenwärtig an einer verbindlichen Definition des Aufgabengebietes der ASD. Organisatorisch sind die ASD häufig dem Jugend-, Sozial- oder Gesundheitsamt zugeordnet, teilweise bestehen sie als selbständige Einheit. Diese unterschiedliche Anbindung ist u. a. Ausdruck und Folge widersprüchlicher sozial-politischer Zielsetzungen (ordnende/kontrollierende Aufgaben versus Selbsthilfe aktivierende Ansätze; Zentralisierung versus Dezentralisierung; Spezialisierung versus ganzheitliches Vorgehen), der Segmentierung der Rechtsgrundlagen (BSHG, KJHG, JGG) sowie der historischen Entwicklung sozialer Leistungen. →Geschichte der Sozialarbeit/Sozialpädagogik; →Organisationsformen Sozialer Arbeit

Alltag

zentraler Begriff des seit Ende der 1970er Jahre einsetzenden Paradigmenwechsels innerhalb der deutschen Pädagogik, bei dem die Bedeutung der Lebenserfahrung aller reklamiert wird (→Alltagsansatz). Alltag meint dabei einen vorwissenschaftlichen Bereich, in dem jeder Mensch als kompetent erachtet wird.

Alltagsansatz

Bezeichnung für eine seit den 1970er Jahren in der Sozialpädagogik diskutierte konzeptionelle und theoretische Wende. Dabei wird der Alltag in kritischer Einschätzung der Errungenschaften der Moderne als Gegeninstanz zu einem abstrakten Wissenschaftsverständnis, als unverformter Bereich verstanden, in dem jeder als kompetent erachtet wird. Die Hinwendung zum Alltag beabsichtigt auch eine kritische Korrektur der Professionalisierungs-, Verwissenschaftlichungs- und Spezialisierungsentwicklung der Sozialen Arbeit, wie sie vor allem in den 1950er und 60er Jahren im Mittelpunkt der Fachdiskussion steht und der vorgeworfen wird, sich immer mehr von den realen Lebenssituationen und Bedürfnissen der Adressaten zu entfernen. Die größere Nähe der Alltagsorientierung zur Lebenswirklichkeit der Klienten soll jedoch nicht den Verzicht auf wissenschaftstheoretische Fundierung bedeuten. Diese wird insbesondere in den interpretativen Paradigmen wie der →Theorie der Symbolischen Interaktion, der phänomenologischen Soziologie (Husserl, Schütz) und dem phänomenologischen Marxismus (Lefebvre, Kosik, Heller) gesucht. Die Orientierung am Alltag wird als Indiz der gesellschaftlichen Wandlung der letzten 25 Jahre gewertet, nach der im Sinne einer allgemeinen Demokratisierung nicht nur die Lebenserfahrung prominenter Menschen Bedeutung haben dürfen. Jeder wird als Experte seines Alltags gesehen und damit als kompetentes Subjekt anerkannt und gestärkt.

Als Hauptvertreter des A. in der Bundesrepublik gilt Hans Thiersch, dessen Konzept eines „gelingenderen Alltags" die gesellschaftliche und historische Bedingtheit des subjektiven Lebens in die geforderte Hinwendung zu Subjekt und Lebenswelt einschließen will. Die Strukturen des Alltags seien weniger als Orte unverfälschter Wahrheit und Selbstheilung zu romantisieren, als vielmehr als Orte der Entfremdung und Benachteiligung zu verstehen, denen aber auch die Potentiale eines besseren, gelingenderen Alltags innewohnen. Eben die Entschlüsselung dieser Entfremdung und die damit verbundene Freilegung des Eigensinns, die Entdeckung der im gelebten Augenblick enthaltenen konkreten Utopie sollen die Leitlinien einer am kritisch-emanzipatorischen A. interessierten Sozialen Arbeit sein. Eine wesentliche Voraussetzung einer so orientierten Pädagogik liege darin, die Deutungsmuster des Gegenüber ernst zu nehmen und sie zum Ausgangspunkt pädagogischen Handelns zu machen. Insofern geht der A. über eine bloße Thematisierung des Alltags hinaus, er macht ihn zur normativen Orientierung. Dies birgt die Gefahr einer Verabsolutierung von Erfahrung und Praxis und einer Denunziation von professionellem Wissen, von Theorie und Reflexivität. Eine Art struktureller Konservatismus droht, der die Thematisierung der Verhältnisse als Ergebnis gesellschaftlicher Prozesse, Machtverhältnisse und Interessen ignoriert und zugleich den Blick auf die Rolle der eigenen Profession als subtile Kontrollinstanz verstellt. →Schulen der Sozialen Arbeit

Alltagssorge
→Kindschaftsrechtsreform

Alltagstheorie

nicht empirisch geprüfte Vorstellung über soziale Tatbestände, die Handlungsorientierung und Entscheidungssicherheit bietet (→common sense). Gelegentlich wird A. auch als Synonym für den →Alltagsansatz verwendet.

Almosenwesen

Armen, deren Existenz in der mittelalterlichen, ständisch-feudalen Gesellschaft weder durch die bäuerliche Großfamilie, noch durch die städtischen Zünfte gesichert wurde, half das Almosen als Natural- oder Geldspende. Diejenigen, die sich auch nicht mehr durch Betteln erhalten konnten, wurden in kirchlichen Hospitälern versorgt. Die Armen bildeten den untersten, aber eigenständigen Stand in der sozialen Pyramide. Armut wurde als gottgewollt, nicht als selbstverschuldet angesehen. Das Geben von Almosen gilt in vielen Religionen als verdienstvoll oder gar als Pflicht und hat sündentilgende Wirkung. Die direkte Zuteilung der Almosen durch die Reichen, aber auch die Verteilung über Kirchen und Klöster blieb in den Augen späterer Kritiker des A. planlos und damit ohne verändernde Wirkung. →Geschichte der Sozialarbeit; →Geschichte der Sozialpädagogik

Alphabetisierung
→Analphabet

Altenarbeit

A. bezeichnet das gesamte Praxisfeld bildender, beratender, betreuender, aktivierender und präventiver pflegerischer Maßnahmen für alte Menschen. Die Maßnahmen erstrecken sich von Versorgungsdiensten über Bildungs- und Freizeitangebote bis hin zur stationären Betreuung. →Sozialgerontologie

Altenbegegnungsstätte
→Altentagesstätte

Altenbeirat
→Seniorenrat

Altenbildung (Gerontagogik)

Die A. ist seit Anfang der 1970er Jahre zu einem eigenen Aufgaben- und Forschungsfeld der Pädagogik geworden. In Methodik, Didaktik und Inhalt unterscheidet sich die A. von der →Erwachsenenbildung, die sich gleichzeitig an mehrere Generationengruppen wendet. Ziel der A. ist es, ältere Menschen zu bilden und zu begleiten und dabei ihre spezifischen sozioemotionalen Bedürfnisse sowie ihre Leistungsfähigkeit und Lernformen zu berücksichtigen. →Alterspsychologie; →Sozialgerontologie

Altenclub

Zusammenschluß alter Menschen, um ihren Bedürfnissen nach Kommunikation, Information und Bildung nachgehen zu können. In zwangloser Begegnung sollen die Aktivitäten einzelner und Gruppen gefördert werden. Die Mitglieder treffen sich in eigenen oder fremden Räumen und werden i.d.R. durch ehrenamtliche Mitarbeiter begleitet. Die Gestaltung der Aktivitäten liegt jedoch in der Eigenverantwortung der Besucher.

Altendienste

Sammelbegriff für verschiedene teilstationäre und ambulante (zumeist mobile) Dienste, die sowohl von den Verbänden der freien Wohlfahrtspflege als auch von den Kommunen zur Unterstützung einer möglichst langen selbständigen Lebensführung alter Menschen bereitgestellt werden. Hauptsächlich werden Hilfen im pflegerischen, im körperpflegerischen und im Haushalts-Bereich angeboten. Darüber hinaus gibt es Mahlzeiten- und Wäschedienste, therapeutische Dienste, Besuchs-, Vorlese-, Schreib- und Bücherdienste, sowie Informations-, Beratungs- und Vermittlungsdienste. Oft sind die verschiedenen, zu einem großen Teil ehrenamtlich geleisteten Angebote in →Sozialstationen gebündelt.

Altenheim

gemeinnützige oder private Einrichtung, die alte, zur Führung eines eigenen Haushaltes nicht mehr fähige Menschen voll versorgt. Das A. ermöglicht weniger Selbständigkeit und Freizügigkeit als das →Altenwohnheim oder die →Altenwohnung. Kritiker bemängeln die Nähe des A. zur →totalen Institution, die eher entmündigt, entwürdigt und hospitalisiert denn ermutigt und aktiviert. Entsprechend wurden Modelle zur Dezentralisierung und Stadtteilorientierung des traditionellen A. entwickelt. Seit 1975 regelt das „Gesetz über Altenheime, Altenwohnheime und Pflegeheime für Volljährige" (→Heimgesetz) auch den Heimaufenthalt alter Menschen und seine Kontrolle durch die →Heimaufsicht.

Altenhilfe

Im abendländischen Kulturkreis wurden alte Menschen traditionell im Familienverband versorgt. War dies nicht möglich, nahmen kirchliche und bürgerliche Spitäler auch kranke und arme Alte auf. Im allgemeinen mußten diese sich jedoch aus eigenen Mitteln oder Almosen erhalten. Durch die sozialen Veränderungen infolge der industriellen Revolution wandelte sich auch die A. Vor allem der Ausbau der gesetzlichen Sozialleistungen ermöglicht eine längere Selbständigkeit in der eigenen oder in einer speziellen →Altenwohnung und eine familienunabhängige Unterbringung in →Altenheimen und →Altenwohnheimen. Seit Anfang der 1970er Jahre sind innerhalb der A. vor allem teilstationäre und ambulante Dienste ausgebaut worden, um stationäre Unterbringungen zurückzudrängen. Neben den (teil-) professionellen Angeboten sind zunehmend Initiativen zur Selbsthilfe entstanden (Altenclub, Lebensabend-Bewegung). Über die individuelle Hilfe hinaus wird die A. auch auf gesellschaftspolitischer Ebene wirksam, um die Lebensbedingungen alter Menschen insgesamt zu verbessern und ihrer Ausgrenzung entgegenzuwirken. Dabei stellen →Altenpläne ein wesentliches Planungsinstrumentarium dar. Träger der Angebote und Einrichtungen der A. sind i. d. R. Gemeinden, Kreise und überörtliche Träger der Sozialhilfe sowie die Verbände der freien Wohlfahrtspflege und private Einrichtungen. Darüber hinaus beteiligen sich besondere Stellen, wie das →Kuratorium Deutsche Altershilfe und das →Deutsche Zentrum für Altersfragen an der Diskussion um Fragen der A.

Altenpflege

Gesamtheit aller pflegerischen Dienste für ältere Menschen inklusive therapeutischer und rehabilitativer Maßnahmen. A. kann stationär, teilstationär und ambulant erfolgen. Da die gesetzlichen Krankenversicherungen zwischen Behandlung und Pflege unterscheiden, wird →Pflegebedürftigkeit als mangelnde Behandlungsbedürftigkeit erklärt. Entsprechend fällt A. nur in einem enggefaßten Rahmen in die Leistungspflicht der gesetzlichen Krankenversicherung (z. B. Krankenhauspflege). Zur Entlastung der öffentlichen Haushalte von den Pflegekosten ist 1995 die →Pflegeversicherung als Pflichtversicherung eingeführt worden.

Altenpflegeheim

stationäre Einrichtung zur Unterbringung und Versorgung dauerhaft pflegebedürftiger alter Menschen. Zum Teil werden A. mit →Altenheimen räumlich verbunden, um einen erneuten Umgebungswechsel bei einsetzender Pflegebedürftigkeit zu vermeiden.

Altenpfleger

Der A. leistet professionelle pflegerische und soziale Hilfen im Rahmen von Angeboten und Einrichtungen der →Altenhilfe. Die Ausbildung zum A. umfaßt theoretische und praktische Ausbildungsphasen unterschiedlicher Dauer. Die Ausbildungszeit schließt mit einer staatlich anerkannten Prüfung ab. Problematisch ist die fehlende Bundeseinheitlichkeit und die unterschiedliche Finanzierung der Ausbildungsgänge. Durch eine Rahmenvereinbarung haben sich 1984 die Bundesländer bisher nur auf die gegenseitige Anerkennung der Abschlüsse sowie über Mindestanforderungen an die Ausbildung geeinigt. Die Ausbildungen finden an Fachschulen unterschiedlicher Träger, zum großen Teil in Anbindung an eine stationäre Einrichtung der Altenhilfe, statt.

Altenpläne

A. stellen ein Planungsinstrument der öffentlichen →Sozialplanung dar. Sie enthalten soziologische, gesetzgeberische und statistische Aspekte der Altenhilfe, aus denen anschließend ein Maßnahmenkatalog für die künftige Entwicklung der Altenhilfe in Bund, Ländern und Gemeinden erstellt wird. Kritisiert wird die nur mangelhafte Beteiligung der Betroffenen an der Erstellung und Entwicklung der A. →Seniorenrat

Altentagesheim
personell und räumlich auf die Tagesbetreuung hilfebedürftiger alter Menschen ausgerichtete Einrichtung. Ist die volle Betreuung und Versorgung des alten Menschen in der eigenen Wohnung nicht sichergestellt, kann das A. dazu beitragen, eine stationäre Betreuung zu vermeiden oder hinauszuzögern. Das A. bietet Verpflegung, therapeutische Maßnahmen, Beschäftigung, Beratung und Geselligkeit.

Altentagesstätte
Angebot an ältere Menschen, sich zwanglos treffen zu können. Mehrmals in der Woche stehen die Räumlichkeiten jedem, unabhängig von Konfession oder Mitgliedschaft, offen. Typisch für eine A. ist ihre zentrale Lage, ihr wechselndes Freizeitangebot und eine hauptamtliche Leitung. Im Rahmen von A. werden auch Beratungs- und Informationsangebote gemacht. Ebenso können Mahlzeitendienste, Körperpflegedienste u. a. angegliedert sein. Ein Problem der A. ist, daß sie vornehmlich von noch aktiven Alten besucht werden. Vereinsamte, Behinderte und Verarmte können nur durch offensive Öffentlichkeitsarbeit und gezielte Ansprache erreicht werden.

Altenwohnheim
Das A. besteht aus einer Anzahl abgeschlossener Wohnungen, die die Weiterführung des eigenen Haushaltes und damit ein großes Maß an Selbständigkeit und Eigenverantwortung alter Menschen ermöglicht. Im Bedarfsfall stellt das Wohnheim versorgende Dienste bereit. Darüber hinaus bietet es Gemeinschaftsveranstaltungen an. Zahlen die Bewohner Miete und werden die in Anspruch genommenen Dienstleistungen einzeln abgerechnet, hat das A. nur wenig Heimcharakter. Finanziert sich das A. jedoch über einen von den tatsächlich abgeforderten Diensten unabhängigen Pflegesatz, gleicht die Einrichtung eher dem traditionellen →Altenheim.

Altenwohnung
Die A. ist eine in sich abgeschlossene Wohnung, die durch ihre Anlage und Ausstattung den speziellen Bedürfnissen des alten Menschen entspricht. Die A. soll, auch durch angegliederte ambulante Betreuungs- und Versorgungsmöglichkeiten, eine lange Selbständigkeit älterer Menschen fördern. A. können als Einliegerwohnung, als eingestreute Wohnungen in Mietshäusern, als eigenständiges Wohnhaus oder als Wohnanlage gestaltet werden. Die geringere Konzentration der ersten beiden Formen erlauben einen intensiveren Kontakt verschiedener Altersgruppen. Die räumliche Zusammenfassung der A. in einem separaten Haus oder einer ganzen Anlage steht einer Integration der Bewohner eher entgegen. Sie erleichtert jedoch die Organisation der ambulanten Versorgung.

Alter/Altern
1. Definitionen
Der Lebensabschnitt Alter und der Vorgang des Alterns werden von der interdisziplinären Gerontologie untersucht. In Ergänzung zur experimentellen Gerontologie (biologische Fragen des Alterns) und zur →Geriatrie (Krankheiten des Alters) bemüht sich die soziale Gerontologie (→Sozialgerontologie) um die Aufklärung der im Individuum und in seiner sozialen Umwelt liegenden Bedingungen des Alterns. Alter als Lebensabschnitt ist zumindest der Teil des Lebens, der auf die Perioden des Wachstums und der Stabilisierung folgt. Er kann unter anderem kalendarisch (z. B. vom 65. Lebensjahr an), biologisch (z. B. durch bestimmte Qualitäten der

Knochensubstanz), psychologisch (z. B. durch ein spezifisches Verhalten oder durch eine bestimmte Leistungsausprägung), soziologisch (z. B. durch Zugehörigkeit zur Gruppe der Rentner) oder funktional (z. B. durch Teilnahme an Seniorenreisen) beschrieben werden. Altern als Vorgang bezeichnet einmal das für jedes Lebewesen und für jedes Objekt gültige Älterwerden allgemein (d. h. die Zunahme an Lebenszeit). In diesem Sinne altert auch ein Kleinkind. Andererseits umschließt es die vielfältigen biologischen, psychologischen und weiteren Veränderungsprozesse im höheren Lebensalter. Diese Vorgänge können mit Verlusten und Einschränkungen, aber auch mit Neuorganisation und Wachstum zu tun haben.

2. Biologische und soziale Perspektiven
2.1. Experimentelle Gerontologie und Geriatrie. Die Beiträge der experimentellen Gerontologie und der Geriatrie sind gekennzeichnet durch ein Interesse an Alternsprozessen aus der Zielsetzung heraus, die Ursachen von Funktionsverlusten zu erkennen, um korrigierend eingreifen zu können. So haben experimentelle Gerontologen Vorstellungen entwickelt, welche Vorgänge in der Zelle zu den Leistungsminderungen beitragen. Nach der Mutationstheorie finden bei Zellteilungen immer wieder Änderungen der Erbstruktur statt. Eine große Zahl solcher Änderungen führt zur Leistungsminderung und letztlich zum Tod eines Organismus. Nach der Theorie der freien Radikale entstehen bei der Oxydation von Molekülen ungesättigte Zwischenprodukte, die normale Zellsubstanzen angreifen. Da in Zellen älterer Individuen mehr solche freien Radikale vorhanden sind, könnte ihre allmähliche Zunahme und die von ihnen bewirkte Schädigung der Zellen mit dem Altern zusammenhängen. Nach der Immuntheorie sinkt mit dem Alter die Abwehrkraft des Organismus durch Bildung von Antikörpern, die sich gegen fremde und gegen eigene Zellen (z. B. Krebszellen)

richten. Weniger Antikörper bedeutet größere Anfälligkeit gegenüber Krankheiten. Programm-Theorien des Alterns gehen davon aus, daß besondere Seneszenz- oder Langlebigkeitsgene das Altern des Organismus bedingen bzw. verlangsamen. Allerdings sind solche Gene bisher noch nicht überzeugend nachgewiesen worden. Alle diese und weitere Theorien sind umstritten. Keine der Theorien erklärt das gesamte Altern einer Zelle oder eines Organismus, sondern nur Teilaspekte. Wenn von experimentellen Gerontologen Altern als Folge von Störungen auf dem Niveau von Zellen, Organen und des Organismus gesehen wird, treffen sie sich mit der Geriatrie, die sich mit Alterskrankheiten, mit Möglichkeiten ihrer Heilung oder mit Formen des möglichst erträglichen Umgangs mit ihnen beschäftigt. So werden unter anderem Herz- und Kreislaufkrankheiten (z. B. arteriosklerotische Blutgefäßverengung mit der Folge einer verminderten Sauerstoffversorgung der Organe) oder Veränderungen in der Hormonproduktion (z. B. Schilddrüse, Hypophyse), in den Funktionen von Großhirn- und Nervenzellen, des Stoffwechsels (z. B. in den Knochen: Osteoporose) als gehäuft im Alter auftretende Krankheiten genannt. In der Regel hat es die Geriatrie mit dem Sachverhalt der Multimorbidität im hohen Alter zu tun: ältere Menschen zeigen meistens gleichzeitig Störungen an mehreren Organen. Die Zielveränderung von der Heilung zum Umgang mit Alterskrankheiten zeigt einen wichtigen Unterschied zur Normalmedizin auf.
2.2. Alternspsychologie und -soziologie. Das Altern des Individuums betrifft zahlreiche Person- und Lebensbereiche. Für jeden dieser Bereiche liegen einzelne Theorieansätze vor. Im Rahmen dieses Stichworts werden sechs theoretische Vorstellungen herausgegriffen, die für die Entwicklung im Alter wichtig sind und die damit auch Hinweise liefern, an welchen Stellen Interventionen zur Veränderung einer individuell oder

gesellschaftlich unbefriedigten Lage ansetzen können.

2.2.1. Die Plastizitätsthese und die Leistungsfähigkeit im Alter. Die Plastizitätsthese (Baltes und Schaie 1976) sieht die Leistungsfähigkeit eines Menschen auf geistigen, sozialen, musischen und weiteren Gebieten als Resultante der Gelegenheiten, die Fähigkeit zu gebrauchen und zu trainieren. Je mehr eine Fähigkeit geübt wird, desto eher bleibt sie im Alter erhalten, oder sie wird sogar ausgebaut. Je weniger sie genutzt wird, desto eher verkümmert sie. Das in der Baltes-Gruppe entwickelte Konzept der Kapazitätsreserve besagt, daß ältere Menschen durch Gebrauch und durch Training von Fertigkeiten ihre Leistungen steigern können, allerdings bleibt ihr Übungsgewinn unter dem von jüngeren Versuchspersonen. Am Rückgang der Leistungsfähigkeit im höheren Alter führt also kein Weg vorbei. Aus der Sicht der Plastizitätsthese ist zu empfehlen, Fähigkeiten frühzeitig durch Anregungen und Anforderungen zu entwickeln und im Erwachsenenalter durch entsprechende Gelegenheiten des Gebrauchs in Arbeit und Freizeit auf einem hohen Niveau zu halten. Interventionen auch im hohen Alter können die Leistungsfähigkeit steigern. Zahlreiche Labor- und Feldexperimente der Interventionsgerontologie (Schneider 1991) belegen, wie explizites und implizites Training von Gedächtnis, Sprache, Sozialverhalten, Sich-Versorgen, Bedienen von Apparaten usw. zur Leistungssteigerung führt. Damit lassen sich Fertigkeiten gerade auch für benachteiligte Personengruppen im Rahmen von Altersvorbereitung, Altenbildung und in speziellen Interventionsmaßnahmen verbessern.

2.2.2. Angesehene Rollen im Alter. Nach der ersten sozialgerontologischen Theorie, der Disengagementtheorie (Cumming & Henry 1961), kann Zufriedenheit im Alter erst erreicht werden, nachdem ein gegenseitiger Rückzug von Individuum und Gesellschaft stattgefunden hat. Als Gegenposition wurde die Aktivitätstheorie (Cavan u. a. 1949) formuliert, die Zufriedenheit im Alter mit der Erfüllung von Aufgaben verknüpft. In der Folge wurden viele – oft empirisch fundierte – Argumente gegen die Disengagementtheorie vorgetragen, z.B. daß kein Rollenverlust, sondern ein Rollenwechsel stattfindet, daß ein Disengagement nur vorübergehend befriedige. Heute wird nicht mehr die Haltung vertreten, entweder die Disengagement- oder die Aktivitätstheorie beschreibe Altern korrekt, sondern daß beide Theorien in Abhängigkeit von der Biografie der Betroffenen und von weiteren Faktoren ihre Berechtigung haben. Insgesamt tragen Altersrollen eher negative und einschränkende Züge. Da nach der Rollentheorie erwartet wird, daß die Positionsinhaber sich den Erwartungen der Rollensender fügen, um drohenden Sanktionen zu entgehen, muß mit einem Teufelskreis gerechnet werden: negative Erwartungen an ältere Menschen werden erfüllt; dadurch verkümmern Fähigkeiten; das Selbstbild leidet; aufgrund des neuen Fremdbildes werden an die Inhaber von Altersrollen noch mehr negative Erwartungen gerichtet. Daher fordern viele, angesehene →soziale Rollen an ältere Menschen heranzutragen, die zu einer Förderung der Fähigkeiten, zu einem positiven Selbstkonzept und zur →sozialen Integration führen können. Konkret bedeutet das, daß die Gesellschaft und spezifische Organisationen älteren Menschen angesehene Rollen bereitstellen. Diese Anregung stößt auf Schwierigkeiten, weil der rasche technologische und soziale Wandel es den Alten erschwert, die Umwelterwartungen zu erfüllen. Trotzdem gibt es in Organisationen und Institutionen viele Möglichkeiten, älteren Menschen Aufgaben zu übertragen, z.B. über erlebte Geschichte zu informieren, in →Senioren(bei)räten klar umschriebene Aufgaben zu erfüllen, oder pädagogische, soziale und politische Dienste zu leisten.

2.2.3. Ausgeglichene Austauschbeziehungen und Sozialkontakte. Nach den Austauschtheorien (Chadwick-Jones 1976) haben diejenigen Personen im Alltag gute Chancen, als Sozialpartner gewählt zu werden, die über viele Ressourcen verfügen. Dank ihrer Ressourcen können sie ihren Partnern „Nutzen" zukommen lassen. Ältere Menschen werden aus dieser Sicht vor allem dann als Sozialpartner attraktiv sein, wenn sie über Mittel, Fähigkeiten und Eigenschaften verfügen, die in der Gesellschaft und für andere Menschen von Bedeutung sind. Eine zweite Annahme der Austauschtheorien besagt, daß solche Austauschbeziehungen gesucht werden und sich als dauerhaft erweisen, die von beiden Seiten als ausgeglichen erlebt werden. Unausgeglichene Austauschbeziehungen werden unter anderem deshalb gemieden, weil die Seite, die mehr erhält als sie zurück „zahlt", Schuldgefühle empfindet, während die andere Seite sich ärgert, weil sie sich ausgebeutet vorkommt. Wenn ältere Menschen über weniger Ressourcen verfügen als z. B. Personen im mittleren Erwachsenenalter, werden beide Seiten nur wenig Kontakte unterhalten. Gerade ressourcenarme Alte werden überwiegend nur mit Altersgenossen Kontakte pflegen. Diese Voraussage wird durch zahlreiche Untersuchungsergebnisse bestätigt. Wer daher eine Integration zwischen Alt und Jung propagiert, handelt eigentlich unsozial, weil davon in erster Linie die ressourcenreichen Alten profitieren. Sinnvoller wäre es, zuerst einmal durch Bildung, materielle Mittel, Erwartungen und altersbegünstigende Normen die Ressourcen der benachteiligten Alten zu erhöhen. Erst danach ist es an der Zeit, an intergenerationale Kontakte zu denken.

2.2.4. Kontrollüberzeugungen und Alltagsmotivation. Die Theorie erlernter Hilflosigkeit von Seligman (1983) besagt, daß solche Personen motivierter, aktiver und auch zufriedener sind, die erfahren konnten, daß sie ihre Lebenslage (mit)bestimmen. Im Alter werden wegen gesellschaftlicher Normen (z. B. Pensionierung) und wegen biologischer Gesetze (z. B. Multimorbidität oder Tod von etwa gleichaltrigen Partnern) viele Erfahrungen gesammelt, wie man sein Leben kaum noch beeinflussen kann. Dadurch können verallgemeinerte Überzeugungen der „externen Kontrolle" wachsen, die zur Inaktivität und zu gedrückter Stimmung führen. Je mehr es gelingt, durch realistische Vorbereitung auf spätere Lebensabschnitte, durch partizipative Entscheidungen, durch Angebote von Verhaltensalternativen und durch äußere Mittel, welche die Leistungsfähigkeit erhalten können (z. B. Brille bei nachlassender Sehkraft, Motorbett bei Bettlägerigkeit), Erfahrungen zu vermitteln, daß sie ihre Situation beeinflussen können, umso positiver werden ältere Menschen ihr Leben gestalten. Zahlreiche Feldexperimente stützen diese Prognose. Dieses Konzept ist auch wichtig für Angebote stützender Maßnahmen und für die architektonische Gestaltung der Umwelt von der beginnenden ambulanten bis zur stationären Betreuung, weil dadurch Erfahrungen der fehlenden Kontrolle mit all ihren negativen Konsequenzen vermindert werden können.

2.2.5. Coping und der Umgang mit altersbedingten Problemen. Altern kann als Auseinandersetzung mit Entwicklungsaufgaben oder mit Diskontinuitäten verstanden werden (Schneider 1984). In der Fortführung solcher theoretischer Ansätze sehen zahlreiche Autoren Altern als eine Aufeinanderfolge von Bewältigungsprozessen. Wenn man die →Copingtheorie von Lazarus (1981) heranzieht, wird es zunächst darauf ankommen, künftige Schwierigkeiten überhaupt wahrzunehmen. Sofern Ereignisse bei der ersten Bewertung so eingeschätzt werden, daß das übliche Handeln nicht zum Erfolg führt, kommt es zur zweiten Bewertung. Hier prüfen die Betroffenen, welche Bewältigungsformen ihnen zur Verfügung stehen. Verschiedene Autoren belegen, welche unterschiedlichen Möglichkeiten es gibt, um eine mit dem Älterwerden zusammenhängende Veränderung zu bewältigen. (1) So können eigene Kompetenzen genutzt werden. Falls diese Kompetenzen noch nicht vorhanden sind, können sie auch im Alter oft noch erworben werden. (2) Es können psychische Reaktionsmuster wie Verleugnung einer Gefahr oder das Aufschieben von Problemen gewählt werden. Wenn diese Copingtechnik auch nicht immer erfolgreich sein wird, so weist Lazarus doch darauf hin, daß sich dadurch in manchen Fällen verfrühte Beunruhigungen vermeiden lassen. (3) Das soziale Netz (→Netzwerk) kann mit seinen vielfältigen Funktionen bei der Auseinandersetzung mit der Veränderung helfen. (4) Die physikalische Umwelt kann an die Leistungsfähigkeit der Zielperson angepaßt werden. Wenn die natürliche Umwelt oder formelle Hilfsorganisationen durch Vermittlung von Kompetenzen, von angebrachten psychischen Reaktionstechniken, von (auch professionellen) Sozialpartnern oder durch die Gestaltung der physikalischen Umwelt den Umgang mit Veränderungen beim Altern erleichtern, werden die Betroffenen weniger Probleme haben.

2.2.6. Altern und Sozialer Wandel. Altern erfolgt nicht individuell. Altern ist auch eine Auswirkung sozialer Strukturen. Riley, Johnson und Foner (1972) hatten überzeugend beschrieben, wie die Kohorte der ehemals z.B. 50-jährigen nach 20 Jahren zur Kohorte der 70-jährigen wird. Als 50-jährige hatten sie eine Sozialisation erfahren, die sich deutlich von der Sozialisation der damals 70-jährigen unterschied. Sie erlernten und vertraten andere Werte, gehorchten anderen Normen und richteten andere Erwartungen an ihre jüngere und ältere Umgebung. Während sie älter werden, ersetzen sie die Normen, Werte und Erwartungen der ehemals 70-jährigen durch ihre eigenen. Diese relativ neuen Normen, Werte und Erwartungen führen zu einem Wandel im Alltagsverhalten der dann 70-jährigen, in den Umgangsformen gegenüber den jüngeren Altersgruppen und im Belohnungs- und Sanktionsverhalten. Durch ihr Altern tragen sie zum sozialen Wandel bei. Diese Frage ist vor allem unter dem Schlagwort der Neuen Alten diskutiert worden. Die Kohorten, die in der Bundesrepublik den Wiederaufbau nach dem Krieg aktiv betrieben, ihre demokratischen Rechte voll erlebt und sich an den wachsenden Wohlstand gewöhnt hatten, werden nicht den Vorstellungen entsprechen, welche die Alten aus den Vorkriegskohorten akzeptiert hatten. Damit stellt die Altersschichtung der Bevölkerung ein bisher kaum beachtetes Element des gesellschaftlichen Wandels dar. Einen Schritt weiter geht die Hypothese, welche die Alten als Angehörigen einer →Subkultur sieht (Dürscheid 1984). Wegen der intensiven Binnenkontakte der Subkultur-Mitglieder entwickeln sie die Voraussetzungen, eigene Normen, Werte, Rollen usw. zu realisieren. Es liegen Ansätze zu Alten-Subkulturen vor, die entweder am Rande der Gesellschaft relativ unbemerkt leben, oder die den Konflikt zur Gesellschaft suchen. Damit stellt sich die Aufgabe an die Gesamtgesellschaft, diese Teilkulturen zu integrieren und sich dadurch selbst verändern zu lassen.

Lit.: Baltes, P. B., Mittelstrass, J. (Hrsg.): Zukunft des Alterns und gesellschaftliche Entwicklung, Berlin 1992; Faltermaier, T., Mayring, P., Saup, W., Strehmel, P.: Entwicklungspsychologie des Erwachsenenalters. Stuttgart: 1992; Lehr, U.: Psychologie des Alterns, Heidelberg, 1991 (7. Auflage); Kruse, A. (Hrsg.): Psychosoziale Gerontologie, Göttingen, Hogrefe 1998; Mayer, K. U., Baltes, P.B. (Hrsg.): Die Berliner Altersstudie, Berlin, Akademie-Verlag 1996; Platt, D. (Hrsg.): Altersmedizin, Stuttgart, Schattauer 1997.

Hans-Dieter Schneider, Freiburg/Schweiz

Altersforschung
→Gerontologie

Altersheilkunde
→Geriatrie

Alterskriminalität
Bezeichnung für die Gesamtheit der von älteren Menschen begangenen strafbaren Handlungen. Kriminalstatistisch wird dabei die Altersgruppe „60 Jahre und mehr" zusammengefaßt. Nach soziologischen oder psychologischen Kriterien bilden die so in eine Kategorie fallenden Personen jedoch keine homogene Gruppe. Im Gegensatz zu den genau festgelegten Gruppen „Kinder", „Jugendliche" und „Heranwachsende" berücksichtigt das deutsche Strafrecht die Gruppe „Alte" nicht gesondert und kennt keine differenzierte strafrechtliche Reaktion auf Altersdelinquenz. Vermutet wird jedoch, daß sowohl in der Strafverfolgungspraxis als auch in der Verurteilungspraxis die Variable „Alter" durchaus einen Einfluß hat. Der Anteil der A. an der Gesamtkriminalität liegt weit unter dem Anteil der über 60jährigen an der Gesamtbevölkerung. Traditionell wird dieser niedrige Anteil mit schwindender Kraft und Aktivität im Alter erklärt. Die neuere Kriminologie diskutiert aber auch zunehmend Faktoren wie die weitgehende Segregierung vom Arbeitsprozeß und die verstärkte informelle Kontrolle von Alten im Rahmen von Familie und Heim, sowie die weniger intensive Verfolgung von A. Als altersspezifische Delikte weisen die Statistiken Verkehrsdelikte, einfachen Diebstahl und Ladendiebstahl aus. Insgesamt ist die A. deutlich weniger erforscht als z. B. die Jugendkriminalität.

Alterspsychiatrie (Gerontopsychiatrie)
Die A. befaßt sich mit den im höheren Lebensalter auftretenden psychiatrischen Erkrankungen (z. B. Altersschizophrenie, Altersdepression). Erst seit wenigen Jahren beachtet die A. auch Faktoren der Psychodynamik und der →Sozialpsychologie und bemüht sich, die Ergebnisse der →Alterspsychologie und →Alterssoziologie in die medizinische Praxis einfließen zu lassen. Dabei gewinnt auch die Lebensgeschichte des Alterspatienten zunehmend an diagnostischer und therapeutischer Bedeutung.

Alterspsychologie (Gerontopsychologie)
Zweig der Entwicklungspsychologie, der sich mit den altersspezifischen Veränderungen des Verhaltens und Erlebens befaßt. Dabei wird das Alter nicht mehr nur als Prozeß des Abbaus und der Einschränkung gesehen, sondern als Lebensphase spezifischer Möglichkeiten, Persönlichkeitsveränderungen und Rollenwechsel betrachtet. Bestimmte Funktionen werden erst im Alter vervollkommnet, wie etwa Wortschatz und Redegewandtheit. So zeichnen sich z. B. Spätleistungen von Schriftstellern, bildenden Künstlern und Wissenschaftlern häufig durch hohe Differenzierungsfähigkeit aus.

Alterssicherung
Zur A. gehören alle Maßnahmen, die den Lebensbedarf des Einzelnen im Alter sicherstellen. In der Bundesrepublik Deutschland bestehen für unterschiedliche Personengruppen unterschiedliche Sicherungssysteme wie etwa die Beamtenversorgung, die gesetzliche Rentenversicherung, die betriebliche Altersversorgung, private Versicherungen, Hinterbliebenenrenten und die Sozialhilfe.

Alterssoziologie (Gerontosoziologie)
Teil der Wissenschaften vom Alter, der sich unter soziologischen Fragestellungen mit den Lebensformen und Möglichkeiten im Alter beschäftigt. Bedingt durch die starke Erhöhung des Anteils alter Menschen an der Bevölkerung und durch die Entwicklung der modernen Industriegesellschaft fand die A. seit den 1960er Jahren breites Interesse. Dabei stehen vor allem Probleme der Ablösung vom Produktionsbereich und des Kontaktverlustes zur Familie im Vordergrund. Mittlerweile befaßt sich die A. zunehmend mit den Prozessen des Al-

terns während des gesamten Lebens und wendet sich neben den individuellen Erscheinungen auch den gesellschaftlichen Bedingungen des Alterns zu. →Alter und Altern; →Sozialgerontologie

Altersstruktur
statistische Gliederung der Bevölkerung nach den jeweiligen Jahrgängen, wobei zumeist nach dem Geschlecht unterschieden wird. Die Jahrgänge können auch zu Gruppen zusammengefaßt werden (Jahrgangsklassen). So zeigen die Entwicklungen der Altersstruktur in den westlichen Industrienationen eine Umschichtung des Aufbaus mit deutlicher Zunahme der älteren Altersgruppen durch die rückläufige Entwicklung der Gesamtbevölkerung. Auch historische Einflüsse, wie Geburtenausfälle und Bevölkerungsverluste in Kriegszeiten, lassen sich an der A. ablesen. Die A. bildet eine wesentliche Grundlage für sozialpolitische Maßnahmen (→Sozialplanung, →Sozialpolitik) und für die zukünftige Alterssicherung.

Ambiguitätstoleranz
Fähigkeit des Individuums, Mehrdeutigkeiten des normativen Systems und der Verhaltens- und Rollenerwartungen auszuhalten und zu bewältigen, ohne komplexe Wahrnehmungen und Erfahrungen, die im Widerspruch zur eigenen Bedürfnisstruktur stehen, zu ignorieren. Die A. ist eine wesentliche Voraussetzung zur Entwicklung von →Identität.

Ambulante Beratung
→Beratung

Ambulante Dienste
Gesamtheit der nicht-stationären Hilfe-Angebote z. B. der Jugend-, Alten-, Gesundheits- und Familienhilfe. Neben der Kostenminimierung ist vor allem die Vermeidung der Herausnahme aus den gewohnten Lebenszusammenhängen Ziel der a. D.

Ambulante Krankenpflege (Häusliche Krankenpflege, Gemeindekrankenpflege) auf das Wirken von Diakonissen und Ordensfrauen zurückgehende (nicht jedoch mit →Hauspflege zu verwechselnde) pflegerische Betreuung von Kranken in ihrer häuslichen Umgebung. Als Regelleistung der Krankenkassen kommt a. K. in Frage, wenn Krankenhauspflege geboten, jedoch nicht durchführbar ist. Sie darf von Fachpersonal und anderen geeigneten Personen geleistet werden. A. K. gehört zum Kernangebot der →Sozialstationen.

Ambulante Maßnahmen
Gesamtheit der gesetzlichen Sanktionen ohne Freiheitsentzug als staatliche Reaktion auf →abweichendes Verhalten. A. M. können darin bestehen, Leistungen zu fordern (Geldstrafe, Arbeitsauflage), Beschränkungen aufzuerlegen (Untersagung der Berufsausübung, Entziehung der Fahrerlaubnis) oder sonst Kontrolle auszuüben (Strafaussetzung zur Bewährung). Besondere Bedeutung hat der Begriff innerhalb des Bereiches der Jugenddelinquenz erhalten. Im Rahmen der Offensive zur →Diversion seit Ende der 1970er Jahre ist innerhalb des →Jugendstrafrechts eine große Formenvielfalt a. M. entwickelt worden. Die Erkenntnis der hohen Schädlichkeit freiheitsentziehender Sanktionen und der Gedanke noch ungenutzter Entwicklungsmöglichkeiten Jugendlicher (Erziehungsgedanke) sowie die Diskussion um Stigmatisierung lassen stationäre Maßnahmen wenig geeignet erscheinen. Inwieweit a. M. die Legalbewährung Jugendlicher positiver beeinflussen als stationäre Maßnahmen ist noch ungeklärt.

Ambulante Soziale Dienste
→Ambulante Dienste

Amtliche Kinder- und Jugendhilfestatistik
→Kinder- und Jugendhilfestatistik

Amtsgeheimnis (Dienstgeheimnis)
Eine Kenntnis, die von Amtsträgern und Behörden in Ausübung amtlicher Funk-

tionen erlangt wurde und die laut Gesetz oder dienstlicher Anordnung nur einem bestimmbaren oder geschlossenen Personenkreis bekannt sein soll, wird als A. bezeichnet. Die Pflicht, das A. zu wahren, gilt insbesondere für Richter, Notare, Beamte sowie Angestellte und Arbeiter des öffentlichen Dienstes. Eine Verletzung des A. kann disziplinarrechtlich, arbeitsrechtlich sowie strafrechtlich geahndet werden. Auch nach Beendigung des Dienstverhältnisses setzt sich die Pflicht zur Verschwiegenheit fort. Nur der Dienstvorgesetzte kann von der Verschwiegenheitspflicht im Rahmen der →Amtshilfe oder zur Aussage vor Gericht befreien. Angaben, die unter die Bestimmungen des →Datenschutzes fallen, können nur mit Einverständnis des Betroffenen preisgegeben werden.

Amtshilfe
Hilfe, die eine Behörde einer anderen Behörde auf Ersuchen leistet. Alle Behörden des Bundes und der Länder sind nach Art. 35 Abs. 1 GG zur gegenseitigen A. verpflichtet. Hilfen innerhalb eines Weisungsverhältnisses oder Handlungen betreffend, die zu den Aufgaben der ersuchten Behörde gehören, stellen keine A. dar. A. ist insbesondere dann zulässig, wenn eine Behörde aus rechtlichen oder tatsächlichen Gründen die Amtshandlung nicht selbst vornehmen kann, sie die Aufgabe nur mit wesentlich größerem Aufwand als die ersuchte Behörde erfüllen kann, sie auf die Kenntnis von Tatsachen angewiesen ist, die ihr unbekannt sind oder Unterlagen benötigt, die sich nicht in ihrem Besitz befinden. A. darf nicht geleistet werden, wenn die ersuchte Behörde rechtlich dazu nicht in der Lage ist, sie damit dem Wohl des Bundes oder eines Landes erheblichen Schaden zufügen würde, wenn die erbetenen Auskünfte der Geheimhaltung auch im Amtsverkehr unterliegen, die Hilfe unverhältnismäßig großen Aufwand erfordert, eine andere Behörde die Hilfe einfacher leisten könnte oder sich die ersuchte Stelle in ihren eigenen Aufgaben gefährdet. Auch auf internationaler Ebene existieren Amtshilfepflichten. Durch den automatisierten Zugriff auf personenbezogene Daten infolge der Datenverarbeitung stellt sich zunehmend die Frage nach den Voraussetzungen und Grenzen der A. →Datenschutz

Amtspflegschaft
→Vormundschaft und Pflegschaft

Amtsvormundschaft
→Vormundschaft und Pflegschaft

Analphabet
ein des Lesens und Schreibens Unkundiger. Analphabetismus ist nicht nur auf mangelnde schulische Versorgung, sondern auch auf fehlende kulturelle Möglichkeiten, sich der Techniken zu bedienen, zurückzuführen. Insofern ist Analphabetismus nicht nur ein Problem der sog. Entwicklungsländer. Auch dort, wo das Schulwesen entwickelt und die allgemeine Schulpflicht weitgehend durchgesetzt ist, schätzt die →UNESCO, die 1951 die Bekämpfung des Analphabetentums in ihr Grunderziehungsprogramm aufgenommen hat, den Anteil der A. auf bis zu 20% der Bevölkerung. In der Bundesrepublik bieten verschiedene Bildungsträger (u. a. die Volkshochschulen) Alphabetisierungskurse an.

Analytische Psychologie
1. Sammelbegriff für alle psychologischen Richtungen, die durch Analyse von Elementen, Teilstrukturen und -funktionen psychische Vorgänge zu erhellen suchen.

2. (auch: Komplexe Psychologie) Tiefenpsychologie C. G. Jungs (1875–1962) in Abgrenzung zu Freuds →Psychoanalyse und Adlers →Individualpsychologie. Jung stellt neben das individuell erworbene „persönliche Unbewußte" das überindividuell ererbte „kollektive Unbewußte". Grundlegend ist dabei seine vergleichende Erforschung von

Symbolen und Mythen im Zusammenhang mit Träumen und Phantasien seiner Patienten. Entsprechend entwickelte Jung sog. Archetypen, die die unbewußt strukturierenden Basisprozesse symbolisieren und schrieb ihnen grundlegende Bedeutung im Prozeß der →Individuation zu.

Anamnese
Die A. (wörtl. „Zurückbesinnung") ist ein in der Medizin entwickeltes und verwendetes Befragungsverfahren zur Erfassung, Systematisierung und Dokumentation der körperlichen und seelischen (z. T. auch sozialen) Vorgeschichte eines Patienten oder Klienten. Dabei können sowohl der Betroffene selbst als auch dritte Personen befragt werden. Eine umfassende A. dient der Formulierung einer möglichst sachgerechten →Diagnose und →Prognose. Die z. T. standardisierten Anamnese-Verfahren sind in Bezug auf ihre selektive und stigmatisierende Wirkung nicht unumstritten. Als →Sozialanamnese fanden Begriff und Konzept Eingang in die Soziale Arbeit.

Andragogik
→Erwachsenenbildung

Anerkennungsjahr
Das aus einem einjährigen Berufspraktikum bestehende A. wird i. d. R. in Bundesländern mit zweiphasiger Ausbildung zum Sozialarbeiter/Sozialpädagogen oder Erzieher (→Sozialpädagogik/ Sozialarbeit: Ausbildung und Beruf) nach bestandener Fachprüfung an Fachhochschule oder Fachschule als Voraussetzung für die staatliche Anerkennung des Berufsabschlusses verlangt. Das A. ist als Überleitungsphase von der abgeschlossenen theoretischen Ausbildung zur Praxis der Berufsarbeit gedacht und kann sowohl in den staatlichen Institutionen des Jugend-, Sozial- und Gesundheitswesens, des Justizvollzuges und des Schulwesens, wie auch in den Einrichtungen freier Träger abgeleistet werden. Das A. wird unter Anleitung von Fachkräften in den Institutionen und unter wissenschaftlich theoretischer Begleitung durchgeführt. Praktikanten im öffentlichen Dienst erhalten eine tarifvertragliche Bezahlung. Einige Bundesländer haben das A. durch ein studienintegriertes Praktikum ersetzt, das sich in verschiedenen Vollzeit- und Teilzeitphasen über drei Semester erstreckt.

Anlage
Gesamtheit der angeborenen, genetisch bedingten Eigenschaften, Verhaltensweisen und Dispositionen eines Individuums. Problematisch ist bei der Analyse von Eigenschaften und Verhaltensformen, anlagebedingte und umweltbedingte Einflußfaktoren zu unterscheiden (→Sozialisation). Vor allem mit Hilfe der Zwillingsforschung und durch Stammbaumanalysen, aber auch durch die Untersuchung von Pflege- und Adoptivkindern wird versucht, den jeweiligen Anteil dieser Komponenten zu identifizieren.

Annahme als Kind
→Adoption

Anomie
Zustand der Regel- und Normlosigkeit einer Gesellschaft bei gleichzeitiger Diskrepanz zwischen einem hohen Anspruchsniveau und begrenzten Gütern (E. Durkheim) oder Diskrepanz zwischen kulturell vorgegebenen Zielen und den tatsächlich zur Verfügung stehenden Mitteln zur Erreichung der Ziele (R. K. Merton). Sowohl Durkheim als auch Merton erklären →abweichendes Verhalten als Anpassungsprozeß an anomische Zustände. Vor allem Durkheim hat (u. a. in seiner 1897 veröffentlichten Arbeit „Le Suicide") aufgezeigt, wie gesellschaftliche Umbruchsituationen zu anomischen Zuständen führen können. So bestehe in der modernen Industriegesellschaft strukturell die Gefahr, bei einer Vielzahl von Menschen grenzenlose Bedürfnisse zu wecken und gleichzeitig nur begrenzte Möglichkeiten zur Verwirklichung dieser Bedürfnisse zur Ver-

fügung zu stellen. Wo die Sicherheit einer Ordnung fehle, die Anspruch und Erfüllung ausbalanciert, breiteten sich Unsicherheit, Depression und Selbstwertkränkungen aus, die u. a. zur Selbsttötung führen könnten.

Anonyme Alkoholiker (AA)

Die AA sind eine weltweite Interessengemeinschaft von Alkoholikern, die sich gegenseitig helfen wollen, sich von ihrer Abhängigkeit zu lösen. Sie wurde 1939 in den USA von zwei Alkoholikern gegründet, die erkannt hatten, daß ihr Zwang zum Trinken geringer wurde, als sie offen über ihr Problem sprachen. In den folgenden Jahren verbreiteten sich die AA sehr schnell weltweit. 1953 kam die Interessengemeinschaft durch amerikanische Soldaten nach Deutschland und wurde 1968 in Hamburg ins Vereinsregister eingetragen. Zur Gemeinschaft der AA gehört jede Person, die den Wunsch hat, mit dem Trinken aufzuhören und die Treffen der einzelnen Gruppen besucht. In den regelmäßig stattfindenden Gruppengesprächen, deren Teilnahme freiwillig und kostenlos ist, werden Erfahrungen und Erkenntnisse ausgetauscht. Durch die Gemeinschaft und gegenseitige Unterstützung soll der Zwang zum Trinken durchbrochen werden. Ein wichtiges Prinzip der AA ist die Anonymität ihrer Mitglieder. Es werden deshalb keine Akten oder Mitgliederkarteien geführt. Die Gemeinschaft der AA betont ihre Unabhängigkeit von Konfessionen, Parteien und Organisationen. Deshalb lehnt sie Zuwendungen und Spenden von anderen Institutionen, Behörden und außenstehenden Personen grundsätzlich ab. Sie finanziert sich ausschließlich durch freiwillige Spenden ihrer Mitglieder und dem Verkauf eigener Literatur. Weder unterstützen und finanzieren sie andere Institutionen oder geben ihren Mitgliedern materielle bzw. finanzielle Hilfe, noch betreiben sie vorbeugende Maßnahmen. Die AA verstehen sich als Selbsthilfegruppe (→Selbsthilfe) für den Personenkreis, der vom →Alkoholismus betroffen ist. Auch für die Angehörigen (Partner, Kinder) von Betroffenen werden Gruppenangebote gemacht.

Anschrift: Postfach 100422, 80078 München

Anpassung
→Konformität

Anstalt

öffentliche Einrichtung, die innerhalb eines rechtlich festgelegten Rahmens vom Staat zugewiesene Aufgaben übernimmt. Der Begriff A. bezieht sich dabei sowohl auf das Gebäude, als auch auf das besondere Gewaltverhältnis und die Struktur, denen die Bewohner und Mitarbeiter unterliegen (→Totale Institution). Allgemein bezieht sich A. heute auf Institutionen mit pädagogischen, therapeutischen oder kustodialen Aufgaben (Schule, Heil-, Strafanstalt). Daneben sind z. B. auch Rundfunkanstalten und Sparkassen A. des öffentlichen Rechts. Das BSHG hat den traditionellen Begriff der A. durch die Umschreibung „Anstalten, Heime oder gleichartige Einrichtungen" ersetzt und indiziert damit eine Einengung des Begriffs A. auf Einrichtungen mit gewissen Zwangsmaßnahmen. In der Praxis ist eine genaue Abgrenzung schwierig, da sich z. B. auch Heime der freien Wohlfahrtspflege ihrer Tradition gemäß A. nennen.

Anstaltsbeirat

Als Vertretung der Öffentlichkeit ist nach §§ 162–165 StVollzG für Justizvollzugsanstalten ein Beirat zu bilden. Der A. soll allgemein zwischen →Strafvollzug und Öffentlichkeit, speziell zwischen Gefangenen und Anstalt vermitteln. Die angestrebte Mitwirkung des A. bei der Gestaltung des Vollzuges, der Betreuung der Gefangenen und ihrer Eingliederung nach der Entlassung ist eher genereller Natur, weniger am Einzelfall orientiert. Mitglieder in A. sind Vertreter von Gewerkschaften, Arbeitgeberverbänden, Kirchen und andere Personen des öffentlichen Lebens.

Antagonistentraining
→Anti-Aggressivitätstraining

Anthropologie
→Pädagogische Anthropologie

Anthroposophie
von Rudolph →Steiner (1861–1925) begründete Weltanschauungslehre, nach der die Welt sich stufenweise entwickelt und jeder Mensch durch einfühlend-erkennenden Nachvollzug dieser Entwicklung höhere seelische Fähigkeiten und übersinnliche Erkenntnisse erlangen kann. Steiner entwickelte aus seinen theoretisch-philosophischen Grundlagen auch lebensgestaltende Lehren, die sich u. a. in den Grundsätzen biologisch-dynamischer Landwirtschaft und in der Erziehungslehre der →Waldorf-Pädagogik niederschlagen.

Anti-Aggressivitäts-Training (AAT)
1. Definition. Beim AAT handelt es sich um eine deliktspezifische, sozialpädagogisch-psychologische Behandlungsmaßnahme für gewalttätige Wiederholungstäter. Das Training basiert auf einem lerntheoretisch-kognitiven Paradigma (→Verhaltenstherapie), wobei Erkenntnisse der Aggressionstheorien im Vordergrund stehen.
Aggression gilt als ubiquitäres Phänomen, d. h. als art- und kulturvergleichend vorhanden und kann als eine gegen „einen Organismus oder ein Organismussurrogat gerichtetes Austeilen schädigender Reize" definiert werden (Selg 1974, S. 14). Aggression kann zu aggressivem Verhalten führen, das sublim oder offen sein kann. Aggressivität ist vom offenen Verhalten ableitbar und kann als eine „erschlossene, relativ überdauernde Bereitschaft zu aggressivem Verhalten" verstanden werden (Selg 1974, S. 20), die sich in den folgenden 4 Klassifikationsgruppen aggressiven Handelns ausdrücken kann:
1. Explizit destruktiv orientierte Handlung, wobei das Ziel Opferverletzung bzw. -tod ist.
2. Explizit negativ intendierte Handlung, wobei das Ziel ein unangenehmer Zustand für das Opfer ist.
3. Implizit destruktiv intendierte Handlung, wobei Tod oder Verletzung des Opfers mittelbar als Folge in Kauf genommen wird, aber nicht primäres Ziel ist.
4. Implizit negativ intendierte Handlung, wobei ein unangenehmer Zustand für das Opfer als Nebenprodukt bei der Zielsetzung billigend in Kauf genommen wird (Werbik 1971, S. 237).

Diese opferperspektivische Definition ist im Umgang mit gewalttätigen Wiederholungstätern von besonderer Bedeutung, weil die Sicht des Opfers für den Gewalttäter ein zentrales Tabu-Thema ist.

2. Aggressionstheorien und ihre verhaltensmodifikatorische Relevanz. Die ethologische Perspektive mit ihrem hydraulischen Energie- und Motivationsmodell begreift Aggression als angeborene evolutionär-selektive Verhaltensdisposition bei Tieren, wobei die Übertragung auf den Menschen äußerst problematisch erscheint. Vorschläge zur Kanalisierung bzw. Sublimierung (→Sublimation) des Entladungsdrucks beim Aggressionstrieb durch Sport, Kunst oder Wissenschaft entsprechen der Katharsis-Hypothese, bleiben aber sehr allgemein gehalten, sind eher als Denkanregung und nicht als therapeutischer Ansatz zu begreifen. Deutlich wird dies am Beispiel des Kampfsports, der nicht nur kanalisierte und kontrollierte Aggressivität impliziert, sondern auch – aus lerntheoretischer Perspektive – zu einer Verstärkung der Aggressivität führen kann. Therapeutische Hinweise für das AAT lassen sich aus ethologischer Perspektive kaum ableiten.
Aus Sicht der →Psychoanalyse ist für die therapeutische Praxis die Entwicklungs- und Veränderungsmöglichkeit des Menschen relevant. Der Mensch wird als asoziales, polymorph-perverses Wesen, das bei frühkindlicher Persön-

lichkeitsstörung oder traumatischen Veränderungen eine neurotische Persönlichkeits- oder Verwahrlosungsstruktur entwickeln kann, begriffen. Die Verhaltensmodifikation von extrem aggressiven Menschen findet nach diesem Verständnis ihre Grenzen in der Erkenntnis, daß Aggression und Zerstörung triebmäßige Neigungen befriedigt, und somit nicht Aggressivität an sich, sondern die Äußerungsintensität zu reduzieren ist. Beim therapeutischen Versuch der Reduzierung von Aggressivität werden allerdings Verständnisprobleme offensichtlich, denn das klassisch-neutrale, analytische Therapieverständnis mit seiner Betonung frühkindlicher Konflikte und seinem Interesse am Unbewußten, kann von gewalttätigen Wiederholungstätern kaum nachvollzogen werden. Die distanzierten Interaktionen und das therapeutische →Setting werden als lebensfremd wahrgenommen, die Therapeuten als „Psychospinner" und „Sozialflicken" ohne Beziehung zur Klientel begriffen. Diese ablehnende Haltung von gewalttätigen Wiederholungstätern betrifft allerdings nicht speziell die Psychoanalyse, sondern jede Form der therapeutischen Intervention, die ihnen abgehoben erscheint, die nicht in der Lage ist, ihren Slang und ihre direkten, angstmachenden Interaktionen praktisch zu integrieren. Eine gewaltfreie, distanziert-hierarchisch strukturierte Auseinandersetzung zwischen dem wissenden Analytiker und dem unwissenden Klienten ist bei den autoritätsablehnenden, durchsetzungsstarken Gewalttätern kaum möglich. Besonders wertvolle Hinweise für einen direkteren Umgang mit aggressiven Menschen bietet →Redls und Winemans (1979) psychoanalytische Pädagogik, die die aktive und konfliktbereite Auseinandersetzung im Hier und Jetzt als Ausgangspunkt des therapeutischen Handelns begreift. Das pädagogische Vorgehen vom aktuellen Vorfall zur Entstehungsgeschichte der Gewaltbereitschaft wird auch von den Teilnehmern des AAT anerkannt, die selbst nach Er-

klärungen für ihr offensichtlich übertrieben aggressives Verhalten suchen. Dieses Eigeninteresse am aktuellen Vorfall gilt es nutzbar zu machen. Redl und Wineman (1979, S. 247) betonen – im Gegensatz zur psychoanalytischen Gesprächstechnik – die Einbeziehung der am Vorfall beteiligten Personen, sowie die Auseinandersetzung am Ort des Geschehens, um den aggressiven Klienten die Realitätsleugnung, die als Vorstufe der Abwehr begriffen wird, zu erschweren. Die Überwindung der Realitätsleugnung ist danach für das sozialpädagogische Handeln von besonderer Bedeutung.

Die Überprüfung der Frustrations-Aggressions-Hypothese führt zu dem Ergebnis, daß nicht die Provokations- bzw. Frustrationsstärke die Aggressionsintensität bestimmt, sondern die Feindseligkeitswahrnehmungen, die bei gewalttätigen Jugendlichen durch sozialisationsbedingte Enttäuschungen und Kränkungen besonders ausgeprägt sind. Eine Reduzierung der Feindseligkeitswahrnehmungen bei aggressiven Menschen sollte daher als Trainingsziel gelten, zumal nicht das Ausleben der Feindseligkeit und die Schadenszufügung das primäre Ziel von Gewalttätern ist, sondern die Selbstwertsteigerung. Das Opfer wird quasi zur Tankstelle des Selbstbewußtseins. Entsprechend empfiehlt Bandura AAT: „Wenn Selbstachtung durch positive Leistungen unterstützt wird, so kann dies in der Tat ein direkteres und effektiveres Mittel sein, um Aggression zu reduzieren," als negative Sanktionen oder kathartisches Ausleben (1979, S. 54).

Die Lerntheorie ist für den Bereich der Aggressionsforschung besonders seit Banduras (1979) soziallerntheoretischer Analyse zur Aggression relevant, bei der Entstehung, auslösende Bedingung, Bedingung für die Beibehaltung sowie die Modifikation und die Kontrolle aggressiven Verhaltens untersucht wurden. Darin wird dem funktionellen Wert von Aggressivität ein besonders hoher Stellenwert zugeordnet, denn Aggressivität kann beim Kind/Jugendlichen zunächst eine Schutzfunktion gegen Kränkungen, Erniedrigungen und Gewalt der (auch elterlichen) Erwachsenenwelt sein. Sich gegen diese Welt zu wehren, hat zunächst etwas Befreiendes und kann als präventive Konfliktlösungsstrategie begriffen werden. Der funktionelle Wert von aggressivem Verhalten für das Kind ist damit offensichtlich, denn hat der Aggressor vor dem aggressiv werdenden Kind Angst, hören die brachialen Erziehungsmethoden schlagartig auf. Beim Kind/Jugendlichen stellt sich das Überlegenheitsgefühl des „Nicht-mehr-behelligt-werdens" als zentraler Lebensaspekt ein. Aggressives Verhalten wird vor diesem Hintergrund zur Selbst- und Fremderwartung. Friedfertigkeit gilt dagegen als schwach und vermittelt ein Unterlegenheitsgefühl.

Für Gewalttäter leiten sich daraus folgende verhaltensbestimmende Hypothesen ab: erstens, Friedfertigkeit = Schwäche und Feigheit und zweitens, Aggressivität = Überlegenheit und Respekt. Ziel eines AAT muß es daher sein, die prosoziale Hypothese Friedfertigkeit = Souveränität den Aggressionstätern zu vermitteln. Diese Vermittlung kann im Rahmen der Aufmerksamkeitsprozesse des →sozialen Lernens erfolgen, die sich mit dem funktionellen Wert prosozialer – also auch friedfertiger – Verhaltensweisen befassen. Der Wert von friedfertigem Verhalten muß für den Trainingsteilnehmer spürbar werden. Gleichzeitig muß ein prosoziales, weniger aggressives Verhalten an hohe Statuskriterien gekoppelt sein, die den gewalttätigen Jugendlichen außerhalb seines delinquenten Handelns interessieren, damit er sich außerhalb der sog. „Gewaltidentitäten" definieren kann.

Bei der Vermittlung eines friedfertigen Verhaltens ist das lerntheoretische Verstärkungskonzept der Informationsrückkoppelung hilfreich. Das Feedback-System erfüllt bei Gewalttätern eine wichtige Funktion, da es die Alltagslüge von der Beliebtheit der aggressiven Männer aufdeckt: Das Umfeld vermittelt den Gewalttätern das Gefühl, beliebt und anerkannt zu sein. Sie tut dies, um nicht mit Personen mit Körperverletzungs- oder Tötungsdelikten in Streit zu geraten, aus Angst, evtl. selbst zum Opfer zu werden. Ein Feedback-System während der Trainings-Gruppensitzungen kann die Aufgabe haben, dem Gewalttäter das Wechselspiel von Angst und vermeintlicher Beliebtheit transparent zu machen. Auf der Grundlage der praxisrelevanten Aussagen aus dem Bereich der Aggressionstheorien wurde das Curriculum des AAT konzipiert.

3. Das Curriculum des AAT. Innerhalb von 6 Monaten in wöchentlich zwei 1- bzw. 3-stündigen Sitzungen wird mit den gewalttätigen Wiederholungstätern (Durchschnittsalter 17–25 Jahre) ein maßgeschneidertes Curriculum zum Thema „Aggressivität" durchgearbeitet. Die Gesprächsführung in den Sitzungen ist stark konfrontativ und provokativ orientiert (Farrelly/Brandsma 1974). Sie wird durch einfühlsamere Einzelgespräche und freizeitpädagogische Maßnahmen ergänzt. Das Curriculum setzt sich aus folgenden Faktoren, Lerninhalten und -zielen zusammen (Weidner 1993, S. 140 ff.):

a) Aggressivität als Vorteil. Inhaltlich wird thematisiert, daß die gewalttätige Unterwerfung von Mitmenschen der Erhöhung des Selbstwertgefühls dient, daß das Opfer als „Tankstelle" des Selbstbewußtseins benutzt wird (→Narzißmus). Als vorteilhaft wird die Anerkennung und der Respekt durch „eingeschüchterte" Freunde empfunden, so daß Gewalt als lohnenswert angesehen wird. Als Lernziel gilt die „Kosten-Nutzen-Analyse", nach der dem Täter bewußt werden muß, daß jede weitere Körperverletzung nach der vorzeitigen Entlassung Jahre an erneuter Haftzeit kosten kann.

b) Aggressivitätsauslöser. Inhaltlich wird nach den provozierenden Situationen gefragt, bei denen für den Teilnehmer Gewalt als zwingend notwendig erachtet wird. Zur systematischen Desensibilisierung (→Verhaltenstherapie) wird eine individuelle Aggressivitätshierarchie herausgearbeitet. Ziel ist das Infragestellen „zwingender Notwendigkeiten" sowie das frühzeitige Erkennen gewaltaffiner Entwicklungen und der Rückzug bzw. die Schlichtung als Handlungsalternative zum früheren Verhalten.

c) Selbstbild zwischen Ideal- und Realselbst. Das Ideal des Teilnehmers ist hart und gnadenlos. Das reale Selbst ist dagegen leicht kränkbar. Lernziel ist die Widerlegung der Hypothese, daß Härte unangreifbar macht. Statt dem Ziel der Unbesiegbarkeit sollen die kränkbaren Persönlichkeitsanteile vom einzelnen respektiert werden (Dissonanzausgleich).

d) Neutralisierungstechniken. Inhaltlich findet die Auseinandersetzung mit der real begangenen Tat statt. Es werden die vorgeschobenen Rechtfertigungen der Gewaltstraftaten (Legendenbildung) analysiert. Die Neutralisierungen („das Opfer hat selber schuld") werden konfrontiert und das Realitätsprinzip (Opferfolgen) dem Täter „einmassiert". Ziel ist das Wecken von Schuld- und Schamgefühl.

e) Opferperspektive. Es werden die Ängste und Schmerzen von Gewaltopfern thematisiert. Eine direkte Opferkommunikation findet nicht statt. Die Deliktschwere verbietet dies. Durch Opferfilme wird die Betroffenheit beim Täter erzeugt. Der Teilnehmer hat einen fiktiven, nicht abgesandten Entschuldigungsbrief an sein Opfer zu formulieren. Lernziel ist die Steigerung der Opferempathie.

f) Provokationstest. Die Aggressivitätshierarchie wird im Sinne systematischer Desensibilisierung (vgl. Punkt b) von leichten Belästigungen bis zu aggressivitätsauslösenden Provokationen „durchgespielt" (→Psychodrama). Die eigenen Grenzen werden im kontrollierten Schonraum „ausgetestet". Es wird der Erkenntnisgewinn angestrebt, daß die größte Niederlage des Provokateurs das Ignorieren der Provokation ist.

Die testpsychologischen Forschungsergebnisse belegen, daß die Behandlung von veränderungsinteressierten Gewalttätern zu einer signifikanten Verringerung der allgemeinen Aggression, der reaktiven Aggresivität, der nach außen gerichteten Aggression sowie der Erregbarkeit und einer Erhöhung der Aggressionshemmung geführt hat, im Vergleich zu nicht behandelten Tätern. Im Vergleich zu durchschnittlich aggressiven Normalbürgern ergibt sich, daß die behandelten Gewalttäter in keinem Fall deren durchschnittliches Aggressionsniveau erreichen. D. h., das AAT führt zu einer quantitativen und qualitativen Verringerung aggressiven Handelns. Zu Pazifisten werden die Behandelten aber nicht. Eher gilt der Satz eines Totschlägers: „Ich schlag' nicht mehr tot, ich laber tot."

In der gegenwärtigen Praxis der Sozialpädagogik stößt der konfrontativ provokative Ansatz auf große Resonanz. Das Frankfurter Institut für Sozialarbeit und Sozialpädagogik (ISS) bietet eine berufsbegleitende Zusatzausbildung zum „Anti-Aggressivitäts-TrainerIn" an. Die praktische Umsetzung findet im ambulanten (Jugendhilfe, Schulen, § 10 JGG-Weisungen, Streetwork) und stationären (Strafvollzug, Heimerziehung) Bereich statt (Weidner/Kilb/Kreft 1997), und dies nicht im dogmatischen Sinn, sondern abgestimmt auf die persönlichen Arbeitsstile der Professionellen.

Lit.: Bandura, A.: Aggression, Stuttgart 1979; Farrelly, F./Brandsma, J.: Provocative Therapy, Cupertino, Calif.: Meta 1974; Laplanche, J./Pontalis, J.-B.: Das Vokabular der Psychoanalyse, Frankfurt a. M. 1982; Redl, F./Wineman, D.: Kinder die hassen, München 1979; Selg, H.: Menschliche Aggressivität, Göttingen, Toronto, Zürich 1974; Weidner, J.: Anti-Aggressivitäts-Training für Gewalttäter, Bonn, Bad Godesberg 1993; Weidner J./

Kilb, R./Kreft, D. (Hrsg.): Gewalt im Griff. Neue Formen des AATs, Weinheim 1997; Weidner, J./Wolters, J.: Aggression und Delinquenz: Ein spezialpräventives Training, in: Monatsschrift für Kriminologie und Strafrechtsreform 4/1991, S. 210–224; Werbik, H.: Theorie der Gewalt, München 1974.

Jens Weidner, Hamburg

Antiautoritäre Bewegung

gesellschaftspolitische Strömung, die sich aus der →Studentenbewegung Mitte der 1960er Jahre entwickelte. Sie wandte sich generell gegen die Anerkennung positionaler Autoritäten, gegen Herrschaftsstrukturen und forderte die Emanzipation des Individuums sowie seine ungehinderte Entfaltungsmöglichkeit. Vor allem durch neue Formen des Zusammenlebens und durch vielfältige politische Aktivitäten wurde versucht, die eigenen Grundsätze in die Praxis umzusetzen. Die Initiativen der antiautoritären Bewegung waren Impuls und Ausgangspunkt weitreichender gesellschaftlicher Umbrüche. Die in ihrem Zusammenhang geführte Diskussion um die Effekte der familiären →Sozialisation ist u. a. richtungsweisend für die Entwicklung der Sozialpädagogik der letzten 20 Jahre gewesen.

Antiautoritäre Erziehung

Als pädagogischer Ansatz ist die a. E. untrennbar mit der →antiautoritären Bewegung der ausgehenden 1960er Jahre verbunden. Obgleich sie bereits ihre Vorläufer im linken Flügel der →Reformpädagogik zu Beginn des 20. Jh. hatte (→Bernfeld; Neill), speiste sich die a. E. vor allem aus der Grundsatzkritik der →Studentenbewegung an den gesellschaftlich begründeten Autoritäts-, Ungleichheits-, Macht- und Ausbeutungsverhältnissen sowie den Effekten der familiären →Sozialisation und des erstarrten Erziehungssystems. Im Zentrum ihrer pädagogischen Programmatik stehen die Erkenntnisse der Psychoanalyse (insbes. A. Freud, Klein, Reich), nach der die Triebunterdrückung des Kindes und die in ihrer Folge entstehenden Zwänge zur Herausbildung eines →autoritären Charakters führe. Entsprechend wurden Einrichtungen initiiert, in denen man Konzepte einer repressionsfreien Erziehung erprobte (→Abenteuerspielplatz, →Kinderladen). Die deutlichsten Spuren haben diese Konzeptionen im →Elementarbereich hinterlassen. Von der →Anti-Pädagogik wird der a. E. vorgeworfen, weiterhin dem Glauben an Erziehung verhaftet zu sein.

Anti-Pädagogik

seit Ende der 1960er Jahre im Rahmen der Kritik an der institutionalisierten Pädagogik verstärkt diskutierte generelle, radikale Kritik der Erziehung als eine Veranstaltung der Manipulation und Entfremdung. Die A. verwirft die Erziehungsbedürftigkeit des Menschen und verfolgt stattdessen den freiheitlichen Umgang zwischen allen Subjekten und das uneingeschränkte Selbstbestimmungsrecht des Menschen. Dabei müssen allerdings unterschiedliche Positionen innerhalb der A. differenziert werden. So argumentiert A. Miller mit Bezug auf die psychoanalytische Denktradition, während K. Rutschky im Anschluß an die Befunde von Ariès und Elias vor allem die Entstehung von Kindheit und Erziehung als Produkte der bürgerlichen Gesellschaft analysiert und kritisiert. Von Braunmühl verwirft Erziehung generell als fremdbestimmtes, von Erwachsenen inszeniertes Geschehen, dessen Ziel die Beherrschung, Deformation und Unterwerfung von Kindern sei. Ihrem Ansatz entsprechend streben Anti-Pädagogen die Verbesserung der rechtlichen Stellung von Kindern an. Umfangreiche praktische Bemühungen organisiert der Förderkreis „Freundschaft mit Kindern" (von Schoenebeck).

Anti-Psychiatrie

Sammelbegriff für verschiedene Gegenentwürfe zu den Grundsätzen und Verfahren der traditionellen →Psychiatrie

(→psychosoziale Versorgung). Dabei sind zwei Hauptlinien der Kritik zu unterscheiden. Die eine Linie (Cooper, Laing, Szasz) wertet seelische Erkrankungen als Ergebnis gesellschaftlicher Zuschreibungsprozesse (→labeling approach). Der Erkrankte sei Opfer der inhumanen sozialen Verhältnisse. Er mache jedoch auf seiner Reise in das Innere Erfahrungen, die dem Gesunden verborgen blieben. Diese Fähigkeit zur Grenzüberschreitung lasse die wahren Möglichkeiten des Menschen aufscheinen. Insofern sei der sog. Gesunde eine defizitäre Person. Versuche, diesen Ansatz in eine Praxis des gleichberechtigten Umgangs von ehemaligen Patienten und Therapeuten umzusetzen, stellten sich als große Belastung für alle Beteiligten heraus. Im weiteren beschränkte sich die A. im Sinne Coopers u. a. auf eine reine Argumentation der Negation und befaßte sich nicht mit praktischen Reformen. Die zweite – vor allem politisch inspirierte – Linie der Kritik (Basaglia) negiert die Existenz psychiatrischer Probleme nicht, verurteilt aber den Umgang der traditionellen Psychiatrie mit den Erkrankten. Man wendet sich ganz entschieden gegen eine Ausgrenzung der Patienten, strebt die Schließung der psychiatrischen Großkrankenhäuser und eine breitangelegte Reintegration der Patienten in die Gesellschaft an. Die vor allem in Italien gemachten Erfahrungen mit der Auflösung der großen Anstalten zeigen aber auch deutlich, daß die Gemeinde zur Aufnahme der entlassenen Patienten bereit sein muß, will eine solche Reintegration gelingen.

Antrag
Der A. kann im Sozialrecht Voraussetzung für die Entstehung eines Anspruchs sein (z. B. Altersruhegeld). Daneben gibt es Ansprüche, die von der Antragsstellung unabhängig sind. In diesen Fällen bringt der A. lediglich das Verfahren in Gang (z. B. Leistungen der Sozialversicherung). In anderen Leistungsbereichen muß der Leistungsträger bei Bekanntwerden des Bedarfs auch ohne A. des Berechtigten von sich aus tätig werden (z. B. →Sozialhilfe). Im Zivilprozeß ist der A. Voraussetzung für jede richterliche Tätigkeit. Im Strafrecht können bestimmte Delikte nur auf A. des Geschädigten oder anderer Antragsberechtigter verfolgt werden (Antragsdelikt).

Antragsdelikt
→Antrag

Anwalt des Kindes
durch die neue →Kindschaftsrechtsreform eingeräumte Möglichkeit einer eigenen Rechtsvertretung für Kinder und Jugendliche bei sie betreffenden Gerichtsverfahren. Mit der gesetzlichen Regelung für einen Verfahrenspfleger wird die Rechtsposition des Kindes in Familiensachen gestärkt. Damit knüpft die neue Regelung an internationale Rechtsvereinbarungen (u. a. →UN-Kinderrechtskonvention) an. Das Kind wird als Subjekt mit eigener Entscheidungsfähigkeit und Urteilskraft erkannt. Das Verhältnis zu den Eltern als ebenfalls rechtmäßige Vertreter ihrer Kinder muß nun allerdings sowohl in emotional-fürsorglicher, ideologischer als auch rechtlicher Hinsicht neu bestimmt werden. Hierin liegt eine gewisse Brisanz. Geregelt wird die Bestellung des Verfahrenspflegers in § 50 FGG. Kritiker sehen jedoch in der Formulierung der neuen Bestimmungen die Gefahr einer inkonsequenten Berücksichtigung der Kindesinteressen. So enthält der Abs. 1 des § 50 FGG lediglich eine Kann-Regelung: „Das Gericht kann dem minderjährigen Kind einen Pfleger für ein seine Person betreffendes Verfahren bestellen, soweit dies zur Wahrung seiner Interessen erforderlich ist." Und der Abs. 3 läßt auch die Bestellung eines Elternteils als Vertreter zu, womit die Idee der eigenständigen Interessenvertretung ad absurdum geführt werden kann. Die Entfaltung der gesetzlichen Regelung ist damit in entscheidendem Maße von einer diesbezüglichen Prüfung und Entscheidung

der Gerichte abhängig. Daneben wirft die Neuregelung viele Fragen in Hinblick auf die konkrete Umsetzung auf, insbesondere nach der Qualifikation und Eignung der sog. Anwälte des Kindes. Die →Jugendhilfe wird sich auf die neuen Vorgaben einstellen und ihre Beratungskonzepte sowie die fachlichen Qualifikationen der Mitarbeiter entsprechend prüfen und weiterentwickeln müssen.

Arbeiterbewegung
Gesamtheit der Bestrebungen der organisierten Industriearbeiterschaft, ihre wirtschaftliche, politische, soziale und kulturelle Lage zu verbessern. Vor allem das starke Wachstum der Arbeiterklasse infolge der →Industrialisierung seit dem zweiten Drittel des 19. Jahrhunderts und ihre sozialpolitische und arbeitsrechtlich ungesicherte Lage führte zu Zusammenschlüssen in Parteien, Gewerkschaften, Genossenschaften und Arbeiterbildungsvereinen. Die Geschichte der A. ist stark geprägt von den fortwährenden Auseinandersetzungen um den richtigen Weg (Reformen versus Revolution). Als politische Kraft hat die A. das Gesicht der westlichen Sozialstaaten entscheidend geprägt und grundlegende gesellschaftspolitische Reformen erzwungen.

Arbeiterbildung
Gesamtheit der vielfältigen institutionellen Bildungsangebote für die Arbeiterklasse. Dabei sind drei in ihren Inhalten, Zielen und Formen differierende Hauptströmungen zu unterscheiden. Die bürgerlich-liberale A. versuchte durch die Vermittlung bürgerlicher Bildungsinhalte die proletarische Frage individuell zu lösen. Die christliche A. wandte sich sowohl gegen die sozialistisch-emanzipatorischen Bildungsbestrebungen als auch gegen einen ungehemmten Kapitalismus und zielte in ihren Bildungsprogrammen vor allem auf die sittlich-religiösen Verbesserungen der Arbeiterschaft ab. Impulse zu einem stärker emanzipatorischen Ansatz erhielt die christliche A. erst durch die christlichen Gewerkschaften und durch die katholische Arbeiterbewegung. Die proletarische A. schließlich verstand sich als Instrument der Herausbildung und Entwicklung der Arbeiterklasse als politisch bewußtes revolutionäres Subjekt. Die Herrschaft des Nationalsozialismus beendete die unabhängige A. Unter den veränderten gesellschaftlichen Bedingungen nach 1945 tritt an die Stelle der A. der Begriff „Arbeitnehmerbildung".

Arbeiterjugendbewegung
von der →Arbeiterbewegung angeleitete und geführte, aber auch selbständig organisierte Arbeiterjugend. Durch sie wurden die grundlegenden Interessen der proletarischen Jugend vertreten und vielseitige Bildungs- und Freizeitangebote, vor allem auch mit dem Ziel politischer Motivierung und Aktivierung, organisiert. →Geschichte der Sozialarbeit

Arbeiterklasse
→Proletariat

Arbeiterkolonie
1. veralteter Ausdruck für eine Werkssiedlung für Fabrikarbeiter;

2. tradierte Bezeichnung für stationäre Einrichtung der →Nichtseßhaftenhilfe, deren Zielgruppe arbeitslose und arbeitswillige Wanderer waren.

Arbeiterwohlfahrt Bundesverband e.V.
(AWO)
Die 1919 auf Initiative von Maria Juchacz im Rahmen der SPD gegründeten AWO ist ein Spitzenverband der →Freien Wohlfahrtspflege. Sie bekennt sich zu der Idee des freiheitlichen und demokratischen Sozialismus und fühlt sich der SPD verbunden, betont aber zugleich ihre politische Unabhängigkeit und ihre Überkonfessionalität.
Die AWO, die nach der NS-Machtergreifung zwangsaufgelöst wurde und sich 1946 neu konstituierte, versteht sich nicht nur als karitativer, sondern auch als sozial- und gesellschaftspolitischer Verband, der aktiv für fortschrittliche

Sozialpolitik, Sozialgesetzgebung und Sozialarbeit eintritt. Der Bundesverband mit Sitz in Bonn gliedert sich in Landes- und Bezirksverbände, Kreisverbände und Ortsvereine und hat über 600 000 Mitglieder. Die AWO ist auf allen Gebieten Sozialer Arbeit tätig. Sie unterhält mehr als 9740 Einrichtungen und Dienste, die der Gesundheitshilfe, der Erholung, der Kinder- und Jugendhilfe, der Altenarbeit, der Behindertenbetreuung sowie der Beratung verschiedenster Bereiche dienen. Sie strebt eine partnerschaftliche und planvolle Zusammenarbeit zwischen Staat, Kommunen und freien Trägern Sozialer Arbeit an. Als einziger Spitzenverband vertritt sie den Vorrang der Verantwortung von Staat und Kommunen für die Erfüllung des individuellen Anspruchs auf soziale Hilfe, Erziehung und Bildung sowie für die Planung, Entwicklung und Finanzierung eines zeitgerechten Systems sozialer Maßnahmen und Einrichtungen. Seit 1951 ist die AWO Mitglied von „Solidar" (ehemals „Internationales Arbeiterhilfswerk"), das Verbände mit den gleichen Bestrebungen in verschiedenen Staaten vertritt und koordiniert. Die AWO gibt neben einer theoretischen Schriftenreihe die Fachzeitschrift „Theorie und Praxis der sozialen Arbeit" heraus.

Anschrift: Oppelner Straße 130, 53119 Bonn

Arbeitsamt
→Bundesanstalt für Arbeit

Arbeitsbeschaffungsmaßnahmen
ABM sind Maßnahmen nach §§ 91–96 des →Arbeitsförderungsgesetzes (AFG), mit deren Hilfe aus Mitteln der →Bundesanstalt für Arbeit durch die Zahlung von Lohnkostenzuschüssen Arbeitsplätze geschaffen werden. Die genauen Voraussetzungen der ABM werden in den einzelnen Bundesländern durch Richtlinien und Verwaltungsvorschriften geregelt. Ziel der ABM ist die Integration schwer vermittelbarer Gruppen wie Langzeitarbeitslose oder ältere Arbeitnehmer. Kritiker weisen darauf hin, daß durch die Einführung der ABM das allgemeine Arbeitsrecht untergraben werde. So seien Befristungen bereits in das allgemeine Arbeitsrecht übernommen worden, und ein Lohndrückereffekt durch die für den Arbeitgeber preiswerteren ABM-Kräfte sei nicht auszuschließen.

Arbeitserlaubnis
Die Erteilung der A. für Ausländer in der Bundesrepublik ist in der dem Arbeitsförderungsgesetz nachgeordneten Arbeitserlaubnisverordnung (AEVO) geregelt und wird vom Arbeitsamt erteilt. Die A. ist eng mit dem →Aufenthaltsrecht verknüpft und setzt einen legalen, bekannten Aufenthalt voraus. Ohne A. ist ein Ausländer oder Staatenloser nicht befugt, als Arbeitnehmer oder Auszubildender im Bundesgebiet tätig zu sein. Bei Erfüllung der Voraussetzungen besteht jedoch ein einklagbarer Rechtsanspruch auf Erteilung der A. Ein Verstoß gegen die Arbeitserlaubnispflicht stellt eine Ordnungswidrigkeit dar, die mit einer Geldbuße geahndet werden kann. Für Angehörige von EG-Mitgliedsstaaten gelten besondere, begünstigende Regelungen nach dem Gesetz über Einreise und Aufenthalt von Staatsangehörigen der Mitgliedsstaaten, die im Zuge der europäischen Integration weiter erleichtert werden.

Arbeitserziehung
In der frühen Neuzeit gewann, gespeist von der humanistischen und reformatorischen Einstellung zur Arbeit sowie beeinflußt vom starken Arbeitskräftebedarf der frühkapitalistischen Wirtschaft, die Forderung an Bedeutung, daß jeder, der über nichts anderes als seine Arbeitskraft verfügte, zu seinem Unterhalt auch zur Arbeit verpflichtet sei. Es entstanden (zunächst in Großbritannien) Zwangsarbeitshäuser für Bettler und Landstreicher.
In der Aufklärung wurde dieser Gedanke wieder aufgenommen; an die

Arbeitsfeldanalyse

Stelle des Zwanges sollte jedoch die Einsicht treten. Der Arme sollte nun nicht mehr zur Arbeit gezwungen, sondern erzogen werden, um ihn so in die Lage zu versetzen, für sich selbst zu sorgen. Es entstanden zahlreiche Institutionen (sog. →Arbeitshäuser, Arbeitsanstalten, Industrieschulen), in denen Arme (üblicherweise unter Androhung der Streichung von Unterstützung im Weigerungsfall) für einfach zu erlernende Arbeiten qualifiziert wurden. Der aufklärerische Idealismus, Einsicht zu erzielen, erwies sich aufgrund der repressiven Durchführung der A. jedoch als Illusion.

Arbeitsfeldanalyse

mehrere Untersuchungsebenen umfassende Analyse eines konkreten, fest definierten Arbeitsfeldes zur Optimierung sozialpädagogischen Handelns durch praxisorientierte Veränderung und Fortbildung. Dabei sollen systematisch aufeinanderbezogen werden:
– die soziologische Analyse der gesellschaftlichen Strukturen als Grundlage der für das Arbeitsfeld relevanten sozialen Probleme;
– die organisationssoziologische Analyse der institutionellen und organisatorischen Strukturen der Sozialarbeit im Arbeitsfeld;
– die empirische Analyse der Auswahl und Bearbeitung von Problemen in der untersuchten Einrichtung oder Institution.
→Organisationsentwicklung; →Sozialmanagement

Arbeitsförderung
→Sozialrecht

Arbeitsförderungsgesetz (AFG)

Neben der Regelung der Arbeitsvermittlung und der Arbeitslosenversicherung hat das 1969 in Kraft getretene und seitdem mehrfach geänderte und ergänzte AFG vorrangig die Aufgabe, durch gezielte Beschäftigungs- und Bildungspolitik Arbeitslosigkeit zu verhindern oder zumindest gering zu halten. Neben der individuellen Förderung von Arbeitnehmern sind strukturelle Maßnahmen (u. a. Arbeitsmarktforschung, Schaffung von Arbeitsplätzen in strukturschwachen Gebieten, Hilfen zur Industrieansiedlung) vorgesehen. Alle diese Aufgaben nimmt die →Bundesanstalt für Arbeit in Nürnberg mit ihren flächendeckenden, regionalen Arbeitsämtern wahr.

Arbeitsgemeinschaft der Deutschen Hauptfürsorgestellen

Die AG besteht seit 1919 als freiwilliger Zusammenschluß – ohne Rechtsform – der 26 Hauptfürsorgestellen in der Bundesrepublik Deutschland. Ihre Hauptaufgabe ist die Sicherstellung einer einheitlichen Rechtsanwendung und verwaltungsmäßigen Durchführung bei der Erfüllung der den →Hauptfürsorgestellen obliegenden Aufgaben nach dem Bundesversorgungsgesetz (BVG) und dem Schwerbehindertengesetz (SchwbG). Die Arbeitsgemeinschaft ist in drei Arbeitsausschüsse gegliedert, die sich mit Fragen der Kriegsopferfürsorge, des Schwerbehindertenrechts sowie der Schulung und Fortbildung auf Bundesebene befassen und ist in vielen Gremien und Vereinigungen im Bereich der Rehabilitation Behinderter vertreten.
Anschrift: Ernst-Frey-Straße 9, 76135 Karlsruhe

Arbeitsgemeinschaft für Erziehungshilfen e.V. (AFET)

Die AFET wurde 1906 unter der Bezeichnung „Allgemeiner Fürsorge-ErziehungsTag" gegründet und ist ein Zusammenschluß öffentlicher und freier Träger der →Erziehungshilfe. Die Satzungs- und Namensänderung im Jahre 1972 trug der Erweiterung des Wirkungsbereiches als deutsche Fachorganisation für den Gesamtbereich der Erziehungshilfe Rechnung. Die AFET beteiligt sich an der Erarbeitung und Begleitung von Gesetzesvorhaben, erstellt pädagogische Richtlinien für die Arbeit in den Einrichtungen der Erziehungshilfe und die fachliche Qualifizierung der Mitarbeiterschaft, erarbeitet fachliche und fachpolitische Stellungnahmen zu aktuellen Problemen, führt Umfragen und Untersuchungen durch, regt Forschungsaufträge an, vermittelt Erfahrungs- und Informationsaustausch zwischen seinen Mitgliedern und stellt eine wesentliche Basis für die Zusammenarbeit der öffentlichen Erziehung mit dem Gesamtgebiet Jugendhilfe dar. Korporative Mitglieder der AFET sind die zuständigen Fachministerien in Bund und Ländern, die Spitzenverbände der →Freien Wohlfahrtspflege, Einrichtungen der Erziehungshilfe, Jugendämter der Städte und Kreise sowie Ausbildungsstätten. Die AFET veranstaltet jährliche Fachtagungen, Studientage für Vormundschafts- und Familienrichter und Mitarbeiter von Jugendämtern sowie Fortbildungen und gibt wissenschaftliche Informationsschriften, die „Neue Schriftenreihe", einen Mitglieder-Rundbrief, das AFET-Heimverzeichnis, sowie Literaturlisten zu Fachthemen u. a. m. heraus.

Anschrift: Gandhistraße 2, 30559 Hannover

Arbeitsgemeinschaft für Jugendhilfe (AGJ)

Die AGJ wurde 1949 unter dem Namen „Arbeitsgemeinschaft für Jugendpflege und Jugendfürsorge" (AGJJ) als Zusammenschluß aller öffentlichen und freien Träger der entsprechenden Praxisfelder gegründet. Äußerer Anlaß der Gründung war die Not der heimat- und berufslosen Jugend nach dem Zweiten Weltkrieg und die Notwendigkeit, ein effektives Instrumentarium der →Jugendhilfe aufzubauen und zu koordinieren. Die Arbeitsgemeinschaft hatte dabei wesentlichen Anteil an der Einrichtung des „Bundeskuratoriums" zur Beratung der Bundesregierung, an der Schaffung und Ausgestaltung des Bundesjugendplanes, an der Gründung des →„Deutschen Jugendinstitutes", des →„Arbeitskreises deutscher Bildungsstätten", der →„Bundesarbeitsgemeinschaft deutscher Bildungsstätten" und der →„Bundesarbeitsgemeinschaft Aktion Jugendschutz". Seit der Namens- und Satzungsänderung von 1971 arbeitet die AGJ als Zusammenschluß der bundeszentralen Jugendverbände, der Spitzenverbände der Freien Wohlfahrtspflege, der obersten Jugendbehörden der Länder, der Landesjugendämter und zentraler Fachorganisationen. Die Hauptaufgabenfelder der Arbeitsgemeinschaft liegen in den Bereichen Jugend- und Familienrecht sowie Jugendförderung. Darüber hinaus leistet die AGJ Öffentlichkeitsarbeit, bietet Aus- und Fortbildungsmöglichkeiten für Mitarbeiter der Jugendhilfe an und unterstützt die internationale Jugendhilfe sowie internationale Studienprogramme (ISP/CIP), die ausländischen Fachkräften in der Bundesrepublik und deutschen Sozialarbeitern in den USA die Möglichkeit gibt, sich auszutauschen und beruflich weiterzubilden. Daneben gehören auch zahlreiche Fachtagungen, deren größte der „Deutsche Jugendhilfetag" ist, und die Veröffentlichungen der Fachzeitschrift „Forum Jugendhilfe" und anderer Publikationen zu den Aufgaben der AGJ.

Anschrift: Haager Weg 44, 53127 Bonn

Arbeitsgemeinschaft Sozialpolitischer Arbeitskreise (AG SPAK)

Die 1970 aus den evangelischen und katholischen Hochschulgemeinden entstandene AG SPAK ist ein bundesweiter Zusammenschluß engagierter Gruppen und Personen, die in verschiedenen sozialpolitischen Feldern tätig sind. Regelmäßige Tagungen, Seminare und das jährlich stattfindende „Sozialpolitische Forum" dienen im wesentlichen dazu, sich über übergreifende sozialpolitische Themen wie →Jugend und Gesellschaft, Behinderung und alternative Pädagogik (→Freire-Pädagogik) auszutauschen sowie Praxisbereiche wie Obdachlosigkeit, Kriminalpolitik, Stadtteilarbeit →Psychiatrie, Jugendzentrum u. ä. zu diskutieren und theoretische Alternativen zu entwickeln. Die AG SPAK finanziert sich über verschiedene Bundesministerien und gibt die Zeitschrift „Forum", Bücher zu sozialpolitischen Themen sowie Rundbriefe aus Projekt- und Arbeitsbereichen heraus.

Anschrift: Adlzreiterstraße 23, 80337 München

Arbeitsgericht

A. sind als besondere Zivilgerichte zuständig für alle Rechtsstreitigkeiten zwischen Arbeitnehmern und Arbeitgebern, zwischen den Tarifvertragsparteien sowie für Angelegenheiten des Betriebsverfassungsgesetzes und des Gesetzes zur Mitbestimmung. Rechtsstreitigkeiten, die das Personalvertretungsgesetz betreffen, werden dagegen vor den Verwaltungsgerichten verhandelt. Die Arbeitsgerichtsbarkeit gliedert sich in das A. als erste Instanz, in das Landesarbeitsgericht als Berufungsinstanz und in das Bundesarbeitsgericht als Revisionsinstanz. In allen Instanzen sind Laienrichter am Verfahren beteiligt, die jeweils zur Hälfte aus dem Kreis der Arbeitnehmer und der Arbeitgeber kommen. Der besondere Beschleunigungsgrundsatz für A. verpflichtet dazu, rasch für Rechtsklarheit zu sorgen und damit zu einem besseren Bestandsschutz für das Arbeitsverhältnis beizutragen.

Arbeitshaus

seit 1550 in allen entwickelten Ländern Europas zur Abwehr der als Plage empfundenen Bettler gegründete Häuser. Das A. bot Aussicht auf gute Profite für die Betreiber und verfolgte die Absicht der „Besserung" ihrer Insassen, die aus arbeitsfähigen Bettlern, Landstreichern, Prostituierten, Verbrechern, Armen, Kranken, Irren, Witwen und Waisen bestanden. Durch die Strategien des Freiheitsentzuges und des Arbeitszwangs sollte der Arbeitswille überprüft, erhalten und hergestellt werden, um die Unterstützung der Armenhilfe so begrenzt wie möglich zu halten und künftigen Hilfebedarf zu vermeiden. Insofern kann das (Zucht- und) A. als Ansatz früh-bürgerlicher →Sozialpolitik gelten.

Arbeitskreis deutscher Bildungsstätten e.V. (AdB)

Der 1959 gegründete AdB ist ein pluraler Zusammenschluß von selbständigen Institutionen der außerschulischen politischen Jugend- und Erwachsenenbildung, der sich zum Ziel gesetzt hat, die außerschulische Bildung, insbesondere die politische Bildung als Element der Allgemeinbildung zu fördern. Er bemüht sich darum, Menschen durch Bildungsangebote Kenntnisse über Gesellschaft und Staat zu vermitteln, ihre Urteilsbildung über politische Vorgänge zu verbessern und sie zur Mitarbeit am politischen Leben anzuregen. In Kommissionen und Arbeitsgruppen können sich die Mitarbeiter und Mitarbeiterinnen aus den verschiedenen Funktionsbereichen der Mitgliedseinrichtungen über Fragen in ihren Arbeitsfeldern austauschen und Lösungen für anstehende Probleme erörtern. Schwerpunkte der Kommissionsarbeit sind Bildungspolitik, internationale Bildung, Didaktik und Methodik der politischen Bildung und der Jugendbildung, Mädchen- und Frauenbildung und Organisation und Verwaltung von Bildungsstätten.

Zur Qualifikation des in seinem Bildungsbereich tätigen Personals bietet der AdB zudem Fortbildungsveranstaltungen sowie Studienaufenthalte im Rahmen internationaler Austausch- und Hospitationsprogramme an.

Einmal jährlich finden Mitgliederversammlung und Jahrestagung statt. Vierteljährlich erscheint die vom Arbeitskreis herausgegebene Zeitschrift „Außerschulische Bildung".

Anschrift: Haager Weg 44, 53127 Bonn

Arbeitslosengeld

Lohnersatz, den die →Arbeitslosenversicherung bei Arbeitslosigkeit leistet. Die Berechtigung zum Empfang von A. ist von einer Mindestbeitragszeit vor der Arbeitslosmeldung abhängig. Die Anspruchsdauer variiert nach der Zahl der Beitragsjahre und dem Alter des Arbeitslosen. Die Höhe des A. beträgt einen vom Gesetzgeber festgelegten Prozentsatz des letzten Netto-Arbeitsentgelts; beschränkte Hinzuverdienste sind möglich und werden zum Teil auf das A. angerechnet. A. erhält zudem nur, wer der Arbeitsvermittlung zur Verfügung steht. Wird eine vermittelte zumutbare Beschäftigung unbegründet abgelehnt, ruht der Anspruch auf A. für eine bestimmte Frist. →Sozialrecht

Arbeitslosenhilfe

aus Steuermitteln gewährte Lohnersatzleistung des Arbeitsamtes für jene Arbeitslosen, die keinen Anspruch auf →Arbeitslosengeld haben. Die Höhe der A. ist von der Bedürftigkeit des Empfängers abhängig, liegt jedoch immer unter dem Satz des Arbeitslosengeldes. Vorhandene Vermögenswerte, andere Einkommen sowie Unterhaltsansprüche gegenüber nicht getrennt lebenden Ehegatten (bei Minderjährigen gegenüber den Eltern) werden bei der Ermittlung der Bedürftigkeit streng berücksichtigt.
→Sozialrecht

Arbeitslosenversicherung

Teil der Sozialversicherung; bei →Arbeitslosigkeit und entsprechender vorheriger Beitragszeit zahlt die A. das →Arbeitslosengeld. Die Beiträge zur A. leisten Arbeitnehmer und Arbeitgeber zu gleichen Teilen. Alle Arbeitnehmer sowie Wehr- und Zivildienstleistende sind pflichtversichert. Beitragsfrei sind nur wenige Gruppen wie Beamte, Schüler bei Aushilfstätigkeiten und Teilzeitkräfte unter einer bestimmten wöchentlichen Arbeitszeit bzw. bis zu einer bestimmten Einkommensgrenze.

Arbeitslosigkeit

1. Definitionen. Eine einheitliche, national und international allgemein akzeptierte Definition von A. gibt es nicht. So gilt nach der Begriffsbestimmung des Internationalen Arbeitsamtes in Genf (ILO) als arbeitslos, wer keiner, auch keiner geringfügigen Beschäftigung nachgeht und wer innerhalb von zwei Wochen eine angebotene zumutbare Arbeit aufnehmen kann und will, also ‚arbeitssuchend' ist. Wegen der unterschiedlichen Kriterien und Abgrenzungen, die sich auch auf die Definition der erwerbstätigen Bevölkerung erstrecken, weisen daher nationale und internationale Statistiken unterschiedliche Arbeitslosenquoten aus. Allgemein werden zur Bestimmung der Arbeitslosenquote die Zahl der registrierten Arbeitslosen und die Zahl der Erwerbstätigen ins Verhältnis gesetzt. Je nach Erfassung und Zählweise wird zudem eine mehr oder minder große Dunkelziffer und ‚Stille Reserve' angenommen (= Personen im erwerbstätigen Alter ohne bezahlte Arbeit, die sich nicht als ‚arbeitslos' haben registrieren lassen).

2. Geschichte und theoretische Konzepte. Der Beginn der im engeren Sinne sozialwissenschaftlichen Analyse der Auswirkungen von A. wird üblicherweise auf die Zeit der ersten Weltwirtschaftskrise Anfang der 30er Jahre unseres Jahrhunderts datiert, obwohl schon im vorigen Jahrhundert u.a. die Kovarianz von Diebstahlskriminalität und Arbeitsmarktlage, von konjunktureller Entwicklung und Antisemitismus (Sündenbockmechanismus) beobachtet worden war. A. als gesellschaftliches Phänomen ist gebunden an die industrielle Revolution vor ca. 200 Jahren und der damit einhergehenden Vermassung lohnabhängiger Arbeitsverhältnisse.
Als bahnbrechende und mittlerweile klassische Untersuchung gilt eine 1933 erstmals veröffentlichte Studie der Wiener Wirtschaftspsychologischen Forschungsstelle über die „Die Arbeitslosen von Marienthal" (Marie Jahoda, Paul F. Lazarsfeld & Hans Zeisel), die neben den Längsschnittuntersuchungen von Bakke in Großbritannien und den USA einen ersten Höhepunkt der entstehenden empirischen Sozialforschung markiert.

Thematisch sind die meisten der frühen Studien im Zwischenfeld zwischen Arbeitslosen- und Armutsforschung (→Armut) angesiedelt; sie fragen zum einen in einem weiten Sinne nach der physischen und psychosozialen Schädlichkeit unfreiwilliger A., zum anderen nach möglichen und befürchteten Rückwirkungen auf politische Orientierungen und Handlungsbereitschaften (politische Radikalisierung). Seit ihren Anfängen ist die Arbeitslosenforschung zudem mit dem Streit um die Arbeitswilligkeit bzw. die Arbeitsscheu der Arbeitslosen belastet. Unterschieden wird zwischen arbeitswilligen „Nur"-Arbeitslosen und „Problem"-Arbeitslosen. Mit dieser Unterscheidung wird die partielle Nähe der Arbeitslosen- zur Devianzforschung (→abweichendes Verhalten) und zur →Randgruppendiskussion deutlich.

Die meisten der vorliegenden Forschungsergebnisse, insbesondere die ältere Studien, haben zwar einen klaren inhaltlichen, aber nur selten einen expliziten theoretischen Bezug. Schwerpunkte der Forschung lagen und liegen auf Devianzerscheinungen (z.B. Selbstmordgefährdung), auf der Gefährdung der psychischen Gesundheit (z.B. Depressivität), der Bewältigung der Verringerung des Haushaltseinkommens und den Auswirkungen von A. auf die sozialen Beziehungen (z.B. Partnerschaftskonflikte, Betroffenheit von Kindern, sozialer Rückzug).

Erst in den 1980er Jahren begann eine z.T. lebhafte Auseinandersetzung um die theoretischen Grundlagen der Arbeitslosenforschung. Als erstes wurden die aus den 30er Jahren überlieferten und später wieder aufgegriffenen Phasenmodelle der Verarbeitung von A. (Schock, Optimismus, Pessimismus, Fatalismus) einer breiten empirischen und theoretischen Kritik unterzogen, die sich insbesondere gegen die simplifizierende Annahme eines uniformen Verlaufs der A.serfahrung richtete und darüber hinaus die sich verändernde Bedeutung von Erwerbsarbeit für die →Identitätsbildung thematisierte (Wertwandelsdebatte). Im Gegenkonzept der differentiellen Arbeitslosenforschung wird die Vielfalt der empirisch antreffbaren Bewältigungsformen des Lebensereignisses ‚Arbeitslosigkeit' hervorgehoben und die Notwendigkeit betont, die jeweiligen Lebensumstände, die biographische Vorgeschichte, die Persönlichkeit und die finanziellen, persönlichen und sozialen Ressourcen systematisch in die Analyse der Folgewirkungen von A. einzubeziehen.

Neben den erwähnten Phasenmodellen (z.B. Zawadski & Lazarsfeld, 1935; Harrison, 1976; Kaufman, 1982) ist Jahodas Konzept der latenten psychosozialen Funktionen der Erwerbsarbeit das einzige arbeitslosigkeitsspezifische Konzept zur Erklärung von Arbeitslosigkeitseffekten. Andere für die Arbeitslosenforschung bedeutsame Konzepte wie z.B. das Stigmakonzept (Goffman, Winkel), die Theorie der erlernten Hilflosigkeit (Seligman, Frese), oder auch das sog. Vitamin-Modell (Warr) stellen Übertragungen aus anderen Forschungsbereichen dar oder erheben – wie das Vitamin-Modell – den Anspruch, ein allgemeines Modell zur Repräsentation der Person-Umwelt-Interaktion zu sein.

Nach Jahodas Vorstellung verbinden sich mit der gesellschaftlichen Institutionalisierung der Erwerbsarbeit in der modernen Industriegesellschaft manifeste und latente Konsequenzen, die sich positiv auf die psychische Gesundheit und die soziale Integration auswirken („Normalbiographie") und die im Falle der A. verloren gehen (daher auch: Deprivationstheorie). Zu den manifesten Konsequenzen rechnet sie auf gesellschaftlicher Ebene die Güterproduktion und Bereitstellung von Dienstleistungen, auf individueller Ebene die Sicherung des Lebensunterhalts der lohnabhängig Beschäftigten und ihrer Familien. Zu den latenten Konsequenzen auf individueller Ebene zählt sie sechs

Funktionen der Teilhabe an Erwerbsarbeit: 1. eine dauerhafte zeitliche Strukturierung des →Alltags, 2. eine Erweiterung des sozialen Horizonts über das enge soziale Umfeld von Familie, Freunden und Bekannten hinaus (→Netzwerk), 3. die Einbindung in eine kollektive Zweck- und Sinnstruktur, 4. Statuszuweisung und Fundierung sozialer Identität, 5. Zwang zur regelmäßigen Betätigung (Aktivierung) und 6. schließlich die Chance zur Kontrolle der eigenen Lebensumstände. Die Jahodasche Theorie ist bis heute aus inhaltlichen (Idealisierung der Erwerbsarbeit) wie methodischen Gründen (fehlende empirische Überprüfbarkeit) umstritten (Winefield, 1995).

Warr betont in seinem Vitamin-Modell wie Jahoda die Bedeutung Lebensumstände für das psychische Wohlbefinden und die psychische Gesundheit, übernimmt aber nicht ihre Unterscheidung zwischen manifesten und latenten Faktoren und ihre scharfe Trennung zwischen der Situation der Erwerbstätigkeit und der Situation der Arbeitslosigkeit. Er nennt – in Analogie zur notwendigen Versorgung des Körpers mit Vitaminen – neun Einflußfaktoren, die – in geeigneter Dosierung – die psychische Gesundheit erwerbstätiger wie arbeitsloser Menschen sicherstellen sollen. 1. Möglichkeit zur Kontrolle der eigenen Lebensbedingungen, 2. Möglichkeit, die eigenen Fähigkeiten zu entwickeln und anzuwenden, 3. externe Zielvorgaben, die aktivierend und motivierend wirken, 4. Abwechslung und die Chance, neue Erfahrungen zu machen, 5. Vorhersehbarkeit und Durchschaubarkeit von Ereignissen, 6. ausreichende finanzielle Mittel, 7. physische Sicherheit, 8. ausreichende soziale Kontakte, 9. eine soziale Position, die soziale Anerkennung und Selbstachtung ermöglicht. Für Warr gibt es – je nach Ausprägung der genannten Dimensionen – ‚gute' und ‚schlechte' Arbeitslosigkeit. Je nach Ausprägung der Faktoren lassen sich interindividuell differierende Auswirkungen von Arbeit und A. beschreiben und erklären.

Die aus der klinischen Psychologie stammende Theorie der erlernten Hilflosigkeit von Seligman hebt vor allem auf den erlebten Kontrollverlust in der Situation des Verbleibens in unfreiwilliger A. ab (z.B. vergebliche Arbeitsplatzsuche). Die mangelnde Kontrolle über das eigene Leben begünstigt Erfahrungen der Enttäuschung und Hilflosigkeit, die nach experimentell gesicherten Beobachtungen regelhaft mit emotionalen, kognitiven und motivationalen Defiziten einhergehen (depressive Verstimmung, verringerte Selbstachtung, herabgesetzte Reagibilität, Passivität) – ein Erscheinungsbild, das dem in vielen Studien an Langzeitarbeitslosen entspricht.

Unter den allgemeinen Erklärungsansätzen, die auf die Situation der Arbeitslosigkeit übertragen werden, nimmt die kognitive Streßtheorie eine besondere Rolle ein. Arbeitsplatzverlust und Arbeitslosigkeit werden als kritisches Lebensereignis aufgefaßt, das die Bewältigungsressourcen eines Individuums in besonderer Weise beansprucht (Mohr, 1997).

Die Übertragung der Stigma-Theorie (Goffman) auf die Situation von Arbeitslosen zielt gleichfalls vor allem auf die Gruppe der Langzeitarbeitslosen. In den Blick rücken die öffentliche Wahrnehmung und Bewertung und die Selbstwahrnehmung arbeitsloser Menschen. Es besteht eine enge Verbindung zur sozialpsychologischen Attributionstheorie, die die Zuschreibung von Merkmalen zu Personen und die Zuschreibung von Ursachen zu Lebenssituationen untersucht (z.B. verschuldete vs. unverschuldete A., →Stigmatisierung). Thematisiert und untersucht werden außerdem die Regeln sozialer Interaktion zwischen ‚Normalen' (= Erwerbstätigen) und ‚Devianten' (= Arbeitslose) (Diskriminierung vs. soziale Ermutigung). Mit der Verfestigung der Massenarbeitslosigkeit haben Vorurteile gegenüber Arbeitslosen in der deutschen Bevölkerung jedoch abgenommen.

3. Sozialarbeit. A. als primär ökonomisch bedingter Tatbestand macht die von ihr Betroffenen vorrangig zu Klienten der Arbeitsmarktpolitik mit dem Ziel einer (Wieder-)Eingliederung in den normalen Arbeitsmarkt bzw. des Einstiegs in eine berufliche Ausbildung (arbeitslose Jugendliche). Für die große Zahl der Kurzzeitarbeitslosen sind daher Sozialpolitik und Sozialarbeit nicht zuständig; sie sind erst dann gefordert, wenn es um schwache Arbeitskraftanbietergruppen und Langzeitarbeitslose geht, die aus unterschiedlichen Gründen auf dem normalen Arbeits- und Lehrstellenmarkt nicht konkurrenzfähig sind. Die Vielfalt der mit A. verbundenen Lebenslagen und die unterschiedlichen individuellen Bewältigungsstile und -ziele (Qualifizierung, Verrentung u. a. m.), die zudem durch die jeweils aktuellen gesetzlichen Regelungen beeinflußt werden, erschweren die Bereitstellung allgemeiner Hilfen und erfordern eine zielgruppenspezifische Ansprache und ein zielgruppenspezifisches Maßnahmenangebot. Um einer Verstärkung von Passivität und Mutlosigkeit entgegenzuwirken, ist eine Beteiligung potentieller Adressaten an der Entwicklung und dem Aufbau entsprechender Initiativen (Einrichtung eines Treffpunktes, Arbeitslosenfrühstück, Job Club u. a. m.) empfehlenswert (→Empowerment).

In grober analytischer Gegenüberstellung lassen sich erwerbsarbeitsorientierte von nicht erwerbsarbeitsorientierten Maßnahmen unterscheiden. Im ersten Falle handelt es sich um Angebote und Hilfen unterschiedlicher Träger, die letztlich auf die (Re-)Integration in den regulären Arbeitsmarkt zielen. Entsprechende Maßnahmen gehen von der Grundannahme aus, daß die Integration in Erwerbsarbeit in modernen Industriegesellschaften die zentrale Bedingung und Form sozialer Integration für jugendliche und erwachsene Gesellschaftsmitglieder darstellt und daß aus psychologischer und sozialwissenschaftlicher Sicht Integration in Erwerbsarbeit dem Verbleib in Arbeitslosigkeit vorzuziehen ist. Sofern problematische Gruppen (re-)integriert werden sollen, kann Sozialarbeit diesen Prozeß ratend und unterstützend begleiten.

Liegen einschlägige Problemlagen (→Alkoholabhängigkeit, Schulden, soziale Schwierigkeiten u. a. m.) vor, wird Sozialarbeit zunächst ihr übliches Hilferepertoire anbieten und einsetzen können, zum anderen für spezifische Gruppen z. B. Arbeitsprojekte organisieren, wobei sich in der Praxis – z. B. in der Arbeit mit Strafentlassenen oder Obdachlosen erwerbsarbeitsorientierte und nicht erwerbsarbeitsorientierte Hilfeformen mischen.

Die seit mehr als zwei Jahrzehnten andauernde Beschäftigungskrise hat in vielen Ländern mittlerweile eine Schicht von Dauererwerbslosen entstehen lassen, die sich z. T. nur schwer wieder in reguläre Arbeitsverhältnisse wird eingliedern lassen. Erscheint eine (Re-)Integration in den regulären Arbeitsmarkt als wenig aussichtsreich, so bleibt neben dem Aufbau sekundärer Beschäftigungsmöglichkeiten in Arbeitsprojekten des zweiten Arbeitsmarktes die Frage nach einem sinnvollen Leben jenseits der Erwerbsarbeitsgesellschaft.

Lit.: Friedrich, H., Wiedemeyer, M. (1998): Arbeitslosigkeit – ein Dauerproblem, Leverkusen, Leske + Budrich; Jahoda, M. (1983): Wieviel Arbeit braucht der Mensch?, Weinheim/Basel, Beltz; Kieselbach, T., Wacker, A. (Hrsg.) (1994): Bewältigung von Arbeitslosigkeit im sozialen Kontext. Programme, Initiativen, Evaluationen (2. Aufl.), Weinheim, Deutscher Studien Verlag; Klein, G. Strasser, H. (Hrsg.) (1997): Schwer vermittelbar. Zur Theorie und Empirie der Langzeitarbeitslosigkeit, Opladen, Westdeutscher Verlag.; Mohr, G. (1997): Erwerbslosigkeit, Arbeitsplatzunsicherheit und psychische Befindlichkeit, Frankfurt, Lang; Schmidt, K.-G. (Hrsg.) (1998): Europa ohne Arbeit? Arbeitslosigkeit, Beschäftigungspolitik, Integrationsprobleme, Leverkusen, Leske + Budrich; Wacker, A., Kolobkova, A. (1998): „Hin und wieder denke ich, daß ich gar nichts tauge". Arbeitslosigkeit und Selbstwertgefühl – eine neue empirische Vergleichsstudie befragte Arbeitslose nach ihrer finanziellen Lage und ihrer Selbsteinschätzung, Blätter der Wohlfahrtspflege, 145 (7+8), 141–144; Winefield, A. H. (1995): Unemployment: its psychological costs. In C. L. Cooper & I. T. Robertson (Hrsg.): International Review of Industrial and Organizational Psychology (Bd. 10, S. 169–212), Chicester: Wiley.

Ali Wacker, Hannover

Arbeitspflicht
→Sozialhilfe

Arbeitsrecht
Rechtsregeln des Bürgerlichen Rechts, die sich mit den Beziehungen zwischen Arbeitgebern und abhängig beschäftigten Arbeitnehmern befassen. Dabei sind das individuelle A., das die personenrechtlichen Beziehungen auf der Basis des Arbeitsvertrages, und das kollektive A., das die gruppenrechtlichen Beziehungen (Gewerkschaften, Arbeitgeberverbände) umfaßt, zu unterscheiden. Nicht als Arbeitnehmer im Sinne des A. gelten Beamte und Soldaten. Verfahren des A. werden vom →Arbeitsgericht bearbeitet.

Arbeitsschulbewegung
→Reformpädagogik

Arbeitsschutz
A. umfaßt jene staatlich geregelten Vorschriften zur Abwehr der Bedrohung des Arbeitnehmers vor Minderung oder Verlust der Arbeitskraft am Arbeitsplatz. Im Wesentlichen handelt es sich um den Schutz vor Gefahren im technischen Betriebsbereich und eine Anzahl von Sonderregelungen für Frauen, Jugendliche (→Jugendarbeitsschutz), Schwerbehinderte oder Heimarbeiter. Darüber hinaus soll der A. eine Überbeanspruchung des Arbeitnehmers durch zu lange Arbeitszeiten verhindern. Die Mindestvorschriften des A. können durch Betriebsvereinbarungen ergänzt werden. Die Einhaltung der Vorschriften überwachen staatliche Behörden und Berufsgenossenschaften.

Arbeitstherapie
zusammen mit dem Begriff →Beschäftigungstherapie alte Bezeichnung für die →Ergotherapie. A. hatte ihren Ausgangspunkt und erste Blütezeit in der aktiven Krankenbehandlung, wie sie seit 1919 in psychiatrischen Einrichtungen eingeführt wurde. A. sollte die gesunden Anteile der Patienten fördern. Einen erneuten Höhepunkt erlebte A., als sie im Rahmen der →Psychiatrie-Enquête als wesentlicher Baustein sozialpsychiatrischer Versorgung ausgebaut wurde.

Arbeitsvermittlung
→Bundesanstalt für Arbeit

Armenfürsorge
Gesamtheit der privaten und staatlichen Maßnahmen zur Existenzsicherung der armen Bevölkerung. Die A. wandelte sich vom mittelalterlichen →Almosenwesen zum heutigen Prinzip des modernen →Wohlfahrtsstaates.

Armenhilfe
materielle Unterstützung für Arme vor der Bismarckschen Sozialgesetzgebung (→Geschichte der Sozialarbeit/Sozialpädagogik). Die A. war knapp bemessen und wurde nur für kurze Zeit gewährt, um sicherzustellen, daß der Wille zur Arbeit nicht erlahmt. Mit der A. waren diskriminierende Maßnahmen verbunden, wie z. B. Verlust des Wahlrechts, öffentlicher Aushang der Empfängernamen, Rückzahlungspflicht.

Armenpflege
Die mit den Anfängen der städtischen Selbstverwaltung einsetzende A. gewann in der Folge der Reformation an Gewicht und Kontur. Im Zuge der →Aufklärung gelang es, die absolute →Armut zum Teil einzudämmen. Im 19. Jh. entstanden im Zusammenhang

Armenpfleger

mit den sozialen Folgen der →Industrialisierung die Hilfestrategien des modernen Verwaltungsstaates (→Sozialadministration). Gleichzeitig strukturierten und erweiterten die Kirchen ihr Engagement (→Innere Mission, →Caritas, →Diakonie) und aktivierten sich sozialreformerische Bürger. Seit Einführung der Sozialversicherung entwickelte sich der sog. →Wohlfahrtsstaat.

Armenpfleger
→Elberfelder System

Armenrecht
Rechte, die Personen mit geringem Einkommen die Wahrnehmung ihnen zustehender Rechtswege und Beratungshilfen garantieren sollte. Seit Beginn der 1980er Jahre von der →Beratungshilfe und der →Prozeßkostenhilfe abgelöst.

Armenschule
Einrichtungen für die Kinder der unteren Schichten, in denen diese elementare Kenntnisse vermittelt bekamen (Lesen, Rechnen, Religion), z. T. verpflegt wurden oder auch körperliche Arbeit verrichten mußten. Die A. existieren seit dem 16. Jh. und wurden durch die sich im 19. Jh. entwickelnde Volksschulbewegung sukzessive in die moderne Volksschule übergeleitet.

Armut
1. Armutsdefinitionen. A. läßt sich nicht allgemeingültig definieren. In der A.literatur haben sich aber Basiskonzepte durchgesetzt.
1.1 Absolute A. Menschen in absoluter A. verfügen nicht über die zu ihrer Lebenserhaltung notwendigen Güter wie Nahrung, Kleidung, Obdach und Mittel der Gesundheitspflege. Probleme bereitet die genaue Ermittlung der lebenssichernden Güter- und Mittelausstattung angesichts bestehender Alters-, Geschlechts- und Konstitutionsunterschiede sowie regional unterschiedlichen klimatischer Lebensbedingungen (Dietz 1997). Auch wenn Formen absoluter A. ganz überwiegend in der sog. Dritten Welt und vermehrt in osteuropäischen Staaten zu beobachten sind, leben auch in Deutschland Menschen in der Nähe dieser A.grenze. Gemeint sind z. B. Wohnungslose, die im Winter vom Erfrierungstod bedroht sind, illegale Zuwanderer, die von keiner offiziellen Stelle Hilfe erhalten und Straßenkinder, die erheblichen Lebensrisiken ausgeliefert sind. Ein wichtiges Indiz für die Zunahme von extremer A. in Deutschland ist die anhaltend hohe Frequentierung von Mahlzeitennotdiensten und Kleiderkammern, die vor allem von Wohnungslosen, Spätaussiedlern, Migranten, Asylbewerbern, alleinerziehenden Frauen mit Kindern, überschuldeter Familien und Sozialhilfeempfängern genutzt werden (Maier 1998).
1.2 Relative A. Das Konzept der relativen A. bezieht sich einerseits auf die ungleiche Einkommensverteilung und andererseits auf eine relative Deprivation in sozial relevanten Lebensbereichen. In bezug auf die Einkommensverteilung wird die relative A. auf der Grundlage der durchschnittlichen Nettoeinkommen aller Haushalte bestimmt. Üblicherweise werden drei Einkommensgrenzen unterschieden: Ausgehend vom durchschnittlichen, nach Haushaltsgrößen gewichteten Einkommen liegt die auch in der europäischen A.forschung gängige A.grenze bei 50 Prozent. Liegt das verfügbare Einkommen bei 40 Prozent oder darunter, spricht man von strenger A. Die 60-Prozent-Grenze steht für Niedrigeinkommen im a.nahen Bereich. Die Festlegung von Einkommensgrenzen bereitet erhebliche Schwierigkeiten, denn ein auch nur geringfügig darüber liegendes Einkommen verzerrt die Statistik, da in diesen Fällen nicht von einer tatsächlichen A.vermeidung die Rede sein kann.
A. als relative Deprivation führt über eine nur monetäre Betrachtung hinaus. Mit diesem Ansatz werden die Ressourcen erfaßt, die nötig sind, um den sozial und kulturell geprägten typischen Lebensstandard einer Gesellschaft zu erreichen. Fehlen die dafür notwendigen ma-

teriellen Ressourcen wie eine Wohnung mit angemessenen Ausstattungsgegenständen, Erwerbseinkommen und Vermögen oder private bzw. staatliche Transferzahlungen und immaterielle Ressourcen wie Ausbildung, soziale Kontakte, Gesundheit oder emotionales Wohlbefinden, droht den Betroffenen soziale Ausgrenzung. Wegweisend für diesen Ansatz sind die Untersuchungen des britischen A.forschers Peter Townsend. In seinen Arbeiten zur relativen Deprivation kommt er zu dem Ergebnis, daß Menschen dann in relativer A. leben, wenn sie aufgrund einer Unterversorgung in den verschiedensten Lebensbereichen nicht mehr in der Lage sind, übliche Rollenerwartungen ganz oder teilweise zu erfüllen und am sozialen Leben ihrer Bezugsgesellschaft teilzunehmen (Townsend 1993).

Gegen beide Varianten der relativen A. wird eingewandt, daß die vorhandenen Mittel nicht auf die individuellen Verhaltensweisen wie z. B. eine Alkoholabhängigkeit bezogen werden. Außerdem wird kritisiert, daß die tatsächliche Nutzung vorhandener Ressourcen vernachlässigt wird. Erst sie vermittelt aber ein angemessenes Bild der realen Versorgungslage. So bedeuten erhöhte Aufwendungen aufgrund einer chronischen Erkrankung für die Betroffenen, daß sie im Vergleich mit gesunden Personen, die über das gleiche Einkommen verfügen, real weniger haben. In der aktuellen A.forschung (s. u.) bemüht man sich, diese Schwachstellen zu überwinden. Bevor die wichtigsten Forschungsstrategien erläutert werden, sind noch Anmerkungen zum politischen A.begriff erforderlich.

1.3 Bekämpfte und latente A. Mit bekämpfter A. wird der Bezug von laufender Hilfe zum Lebensunterhalt nach dem →Bundessozialhilfegesetz bezeichnet. Dieser A.begriff steht für einen sozialstaatlichen- bzw. rechtlichen Sachverhalt und nicht für ein theoretisches A.konzept. Damit ist die Vorstellung verbunden, daß die Gewährung von →Sozialhilfe gleichgesetzt werden kann mit der Überwindung von A. Die laufende Hilfe zum Lebensunterhalt entspricht heute in vielen Fällen nur etwa 45 Prozent des durchschnittlichen Nettoeinkommens aller Haushalte. Bei einer A.grenze von 50 Prozent lebt ein erheblicher Teil der Sozialhilfeempfänger damit weiterhin in A. Ein weiteres Problem resultiert aus der verdeckten A. Nach aktuellen Schätzungen kommen auf zwei Sozialhilfeempfänger ein bis zwei weitere Berechtigte, die ihren Rechtsanspruch nicht einlösen. Häufige Gründe dafür sind Scham, Stolz, Angst vor Regreßansprüchen gegenüber Angehörigen und mangelnde Informationen. Die Dunkelziffer der A. wird durch die passive Verwaltungsstruktur der Sozialhilfe eher stabilisiert und nicht offensiv verringert. Die politische Festlegung der Einkommens- und Vermögensgrenze für den Bezug von Sozialhilfe macht diesen A.indikator überdies anfällig für fiskalische Erwägungen, die den finalen Charakter der Sozialhilfe unterminieren.

Die notwendig abstrakten A.begriffe sagen nur wenig über die sozialen und subjektiven Konsequenzen aus, die Betroffene bewältigen müssen. Sie sind z. B. der erhöhten Gefahr von sozialer Ausgrenzung und Stigmatisierung und dem persönlichen Gefühl des Versagens und Scheiterns ausgeliefert. Eine genauere Analyse der Ursachen und des Verlaufs von A.phasen vermittelt einen Einblick in die Lebensumstände von Menschen in A.

2. Ursachen und Verlauf von A.
2.1 A.konzepte. Die Erfassung von Armut als →Lebenslage ermöglicht eine differenzierte Analyse der objektiven und subjektiven Konsequenzen. Für die A.forschung sind vor allem folgende Gesichtspunkte relevant: A. als Lebenslage führt zu Beeinträchtigungen im Versorgungs- und Entwicklungsniveau und in den sozialen und kulturellen Bewältigungsmöglichkeiten. Mit dem Lebenslage-Ansatz lassen sich materielle

Benachteiligungen in Verbindung mit den häufig resignativen Deutungs- und Verarbeitungsmustern der Betroffenen erfassen (Clemens 1994). Aufgrund einer Reihe noch ungeklärter Fragen hat der Lebenslage-Ansatz allerdings nur eine begrenzte Aussagekraft. So ist z. B. nicht geregelt, welche Indikatoren der Lebenslage in der A.forschung verbindlich berücksichtigt werden sollen und von welcher Dauer an überhaupt von A. gesprochen werden kann. Insofern ergänzt die dynamische A.forschung dieses Konzept in wesentlichen Punkten. A. ist im Sinne der dynamischen Forschung kein statischer Zustand, sondern ein Prozeß. Für den größten Teil der Betroffenen ist A. eine kurz- bis mittelfristige Episode und kein langfristiges Schicksal. In der Zeit von 1984 bis 1995 lebte etwa ein Drittel der westdeutschen Bevölkerung kurz- bis mittelfristig in A. Nach dem dynamischen A.verständnis geht man davon aus, daß A. in der Regel sekundär nach dem Verlust des Arbeitsplatzes, einer Trennung, einer lang anhaltenden Krankheit oder anderen kritischen Lebensereignissen auftritt. Für die Soziale Arbeit ist vor allem folgendes Ergebnis interessant: Die Dauer der A. korreliert in vielen Fällen mit den Einstiegsursachen. Daran anknüpfend lassen sich zwei Problemgruppen unter den langfristig Betroffenen angeben, die u. a. auf sozialarbeiterische Hilfen angewiesen sind. Zum einen handelt es sich um Menschen mit Behinderungen oder chronischen Erkrankungen, die nur unzureichende Sozialleistungen erhalten, zum anderen um überwiegend jüngere alleinstehende Männer mit einer geringen beruflichen Qualifikation und zusätzlichen sozialen Problemen (Leibfried u. a. 1995).

2.2 A.ursachen. In Westdeutschland lebten 1995 rund 13 Prozent und in Ostdeutschland 7,9 Prozent auf der Grundlage der 50-Prozent-Grenze in A. Gegenüber den Vorjahren sind die Zahlen gestiegen. Betrachtet man die betroffenen Bevölkerungsgruppen, so fällt auf, daß vor allem Erwerbslose, Ausländer, Auszubildende und Kinder von 0 bis 15 Jahren in Ost- und Westdeutschland überproportional von A. betroffen sind. Insbesondere Familien mit drei und mehr Kindern unterliegen einem deutlich erhöhten A.risiko (Datenreport 1997). Unter den 2,9 Millionen Beziehern von Hilfe zum Lebensunterhalt (Stand Ende 1997) waren z. B. rund eine Million jünger als 18 Jahre. Die aus den empirischen Daten abgeleiteten A.ursachen wie Haushaltsgröße, Alter, Erwerbsstatus und Staatsangehörigkeit liefern erste Hinweise für sozialpolitische und sozialarbeiterische Maßnahmen gegen A. Aus einer genaueren Analyse der A.ursachen lassen sich weitere Ansatzpunkte für Hilfen zur Überwindung der prekären Lebenslagen herausfiltern: Die arbeitsmarktbedingte A. ist nicht nur das Resultat einer hohen strukturellen Erwerbslosigkeit und einer fehlenden Mindestlohngesetzgebung, sondern auch Folge einer mangelnden oder nicht nachgefragten Qualifikation. Ein zweites Ursachenbündel für A. liegt im teilweise zu geringen Niveau von Sozialleistungen. Durch die erwerbszentrierten Finanzierungsgrundlagen wirken sich die anhaltenden Arbeitsmarktprobleme auf die Leistungsfähigkeit des sozialen Sicherungssystems aus. Für die zunehmende A. sind auch Defizite in der Kinderbetreuung, der Bildungs- und Ausbildungsförderung und anderen sozialen Hilfen verantwortlich. Durch fehlende oder unzureichende sozialinfrastrukturelle Angebote werden insbesondere Erwerbsverläufe von Frauen zusätzlich erschwert bzw. auch verhindert. Eine weitere A.ursache liegt in individuellen Verhaltensweisen wie der mangelnden Bereitschaft zur Integration in den Arbeitsmarkt oder einer Drogen- und Alkoholabhängigkeit (Hauser 1997). Die unterschiedlichen Ursachen erfordern breit angelegte Strategien gegen A. Sozial- und wirtschaftspolitische Maßnahmen bilden das Zentrum der A.bekämpfung. Gleichzeitig ist die Soziale Arbeit vor allem dann gefordert, wenn persönliche Komplikationen für einen langfristigen A.verlauf mitverantwortlich sind.

3. A. und Soziale Arbeit
3.1 Historische Anmerkungen. Die A.fürsorge als eine Wurzel heutiger Sozialer Arbeit hat eine lange Tradition. Maßnahmen zur Überwindung oder Linderung der A. waren und sind von den jeweils maßgeblichen A.bildern abhängig. A. als gottgewolltes Schicksal kennzeichnete z. B. das mittelalterliche A.bild. Vorherrschend war in dieser Zeit ein religiös motiviertes Almosenwesen, mit dem der Stand der Armen ganz im Sinne der Scholastik erhalten werden sollte. Mit dem Übergang zur Neuzeit und in den folgenden Jahrhunderten wurde A. dagegen überwiegend als Arbeitsverweigerung interpretiert. Repressive Maßnahmen gegen A. waren damals verbreitet wie die Gründung von Arbeits- und Zuchthäusern und diverse Bettelverbote belegen. Das historische Material bestätigt allerdings nicht die verbreitete Auffassung, daß die damalige A.fürsorge ausschließlich sozialdisziplinierend angelegt war. Neben der Verfolgung und Unterdrückung von A., die die Szene dominierte, gab es auch Betreuungs- und Unterstützungsansätze (Ansen 1998). Besonders wichtig für den Ausbau der A.fürsorge war das 19. Jahrhundert. Mollenhauer sieht die Ursprünge der Sozialen Arbeit in der industriellen Gesellschaft, die sich in Deutschland im vergangenen Jahrhundert herausgebildet hat. Mit dem Übergang zur Industriegesellschaft war u. a. der Bedeutungsverlust der Familie als Produktionsgemeinschaft und Institution der Vorsorge, ein starkes Bevölkerungswachstum, eine Binnenwanderung in die städtischen Zentren des wirtschaftlichen Wachstums und eine erhebliche Existenzunsicherheit durch die Auflösung tradierter Strukturen verbunden (Ritter 1998). Die beschriebenen Veränderungen werden als soziale Frage bezeichnet. Gegen die Massennot bzw. den Pauperismus wurden unterschiedliche soziale Schritte eingeleitet. Den Höhepunkt bildete die Einführung der Sozialversicherung in den achtziger Jahren des 19. Jahrhunderts. Die A.fürsorge blieb als letztes Auffangnetz erhalten. Nach dem Ersten Weltkrieg wurden die sozialfürsorgerischen Maßnahmen aufgefächert, u. a. wurden spezielle Hilfen für Säuglinge, Jugendliche und Tuberkulosekranke etabliert. Trotz ihrer immer weiterreichender Spezialisierung haftet an der Sozialen Arbeit bis heute das Odium der alten A.fürsorge.

3.2 Sozialarbeiterische Maßnahmen. Sozialarbeiterische Kompetenzen im Umgang mit A. sind in unterschiedlichen Arbeitsfeldern wie der →Heimerziehung, der →Frauenhausarbeit oder der →Sozialpsychiatrie gefordert. Die persönlichen Lebensumstände von Menschen in A. umfassen ein breites Spektrum von völlig gesund bis hin zu schweren psychischen und körperlichen Beeinträchtigungen. Soziale Notlagen wie Wohnungslosigkeit oder Überschuldung entwickeln teilweise eine Eigendynamik, aus der psychische Fehlentwicklungen entstehen können (Rauchfleisch 1996). Vor diesem Hintergrund muß die Soziale Arbeit im A.bereich mehr anbieten, als eine nur materiell orientierte Hilfe. Sie muß auf die mit der A. häufig verbundene soziale Isolation und Stigmatisierung eingehen. Bei lang anhaltender A. tendieren die Betroffenen dazu, sich aus sozialen Beziehungen zurückzuziehen, weil sie die damit verbundenen Kosten wie die Teilnahme an gemeinsamen Unternehmungen oder die Erwiderung von Einladungen nicht aufbringen können. Eine besondere Problemgruppe sind Kinder und Jugendliche, die in A. aufwachsen. Die a.geprägten Lebensumstände gefährden ihre soziale Entwicklung und die Entfaltung ihrer kognitiven Möglichkeiten. Die Soziale Arbeit muß im Rahmen der Jugendhilfe und der familienunterstützenden Dienste auf die damit verbundenen

Probleme eingehen (Zehnter Kinder- und Jugendbericht 1998).

Wegen der vielfach fehlenden informellen Hilfen im sozialen Nahraum der Betroffenen muß die Soziale Arbeit doppelgleisig vorgehen. Einerseits kommt es darauf an, diverse materielle Unterstützungsleistungen wie Sozialhilfe, Wohngeld, Leistungen nach dem Arbeitsförderungsgesetz und Hilfen zur Wiedereingliederung in die Gesellschaft problembezogen zu vermitteln. In der Praxis der Sozialen Arbeit muß die Begegnung mit den Betroffenen so gestaltet werden, daß sie nicht beschämt oder auf andere Weise von den Hilfestellen festgehalten werden. Menschen in A., die Eingriffe in ihre persönliche Sphäre als demütigend erleben, greifen auf so betriebene Hilfen nur im äußersten Notfall zurück. Bis dahin geht viel Zeit verloren, in der eine Eskalation der A.probleme u. U. hätte vermieden werden können. Für den Hilfeprozeß ist eine große Sensibilität gegenüber den Betroffenen unabdingbar. In der →Schuldnerberatung, der →Wohnungslosenhilfe und der Arbeit in sozialen Brennpunkten, um die wichtigsten a.bezogenen Handlungsfelder zu nennen, geht es darum, die rechtlichen Möglichkeiten des Sozialstaats wie den Pfändungsschutz, die Wohnungssicherung und die Einkommensversorgung zu garantieren. Gleichzeitig müssen die Betroffenen auf der Grundlage eines sie erreichenden Beziehungsangebotes motiviert werden, ihre Probleme so weit wie möglich selbständig zu bewältigen. Die Soziale Arbeit hat es bisher teilweise versäumt, die materiellen Hilfen mit einem gleichrangigen im engeren Sinne sozialpädagogischen Unterstützungsangebot zu verknüpfen. An dieser Schnittstelle liegt heute der zentrale Entwicklungsbedarf für die Soziale Arbeit im A.bereich. Aus professioneller Sicht ist es erforderlich, ein sozialarbeiterisches Beratungskonzept zu entwickeln, das diese Aspekte methodisch und inhaltlich verbindet.

→Sozialpolitik; →Wohlfahrtsstaat

Lit.: Ansen, H.: Armut – Anforderungen an die Soziale Arbeit, Frankfurt, Peter Lang, 1998; Clemens, W.: „Lebenslage" als Konzept sozialer Ungleichheit, in: Zschr. für Sozialreform 3/1994; Datenreport 1997, hrsg. v. Statistischen Bundesamt, Bonn 1997; Dietz, B.: Soziologie der Armut, Frankfurt, New York: Campus Verl., 1997; Hauser, R.: Wächst die Armut in Deutschland? in: Müller, S./Otto, U. (Hrsg.): Armut im Sozialstaat, Neuwied, Kriftel, Berlin, Luchterhand, 1997; Hübinger, W.: Prekärer Wohlstand, Freiburg, Lambertus, 1996; Leibfried, St. u. a.: Zeit der Armut, Frankfurt, Suhrkamp, 1995; Maier, H.: Kleiderkammern. Entwicklungen, Status quo und Bedeutungszuwachs, in: Soziale Arbeit 8/98; Rauchfleisch, U.: Menschen in psychosozialer Not, Göttingen, Zürich, Vandenhoeck und Ruprecht, 1996; Ritter, G. A.: Soziale Frage und Sozialpolitik, Opladen, Leske und Budrich, 1998; Townsend, P.: The International Analysis of Poverty, New York, London, Harvester Wheatsheaf, 1993; Zehnter Kinder- und Jugendbericht, hrsg. v. Bundesministerium für Familie, Senioren, Frauen und Jugend, Bonn 1998.

Harald Ansen, Stuttgart

Arrest
Bestrafung durch Einsperren oder Nachsitzen. Im JGG eine der drei möglichen Zuchtmittel, mit denen der Richter eine Straftat ahnden kann, wenn Jugendstrafe nicht geboten ist, dem Jugendlichen aber dennoch eindringlich zum Bewußtsein gebracht werden soll, daß er für das von ihm begangene Unrecht einzustehen hat (§§ 13, 16 JGG). Der in einer Jugendarrestanstalt zu verbringende Jugendarrest kann als Freizeit-, Kurz- oder Dauerarrest, jedoch höchstens für die Dauer von vier Wochen verhängt werden.

ASD
→Allgemeine Soziale Dienste

Asozial
→Dissozial

Asylrecht
→Ausländerrecht

Atomismus
Neben →Systemtheorie und →Holismus stellt der A. als Vorstellung von der Strukturiertheit der Wirklichkeit einen Rahmen dar, innerhalb dessen sozialpädagogische Fragestellungen bearbeitet werden.
In der atomistischen Sichtweise wird die Wirklichkeit als aus isolierten, unverbundenen Einheiten bestehend verstanden, deren Umwelt für ihr Bestehen irrelevant, störend oder gar nicht vorhanden ist. Entsprechend gelten die Menschen aufgrund ihres Bedürfnisses nach Freiheit als autonom, selbstgenügsam und selbstbestimmt. Gesellschaft ist hier nichts Systematisches, Strukturiertes, das außerhalb von Individuen existiert bzw. zu ihrem Kontext gehört, sondern allenfalls ein Ressourcenpool, sei es für menschliche Wärme, soziale Anerkennung oder individuelle Zielerfüllung. Im schlimmeren Fall wird die Außenwelt als böse und blockierend angesehen. Im Rahmen dieses Denkens sind individuelle Werte wie Freiheit und Selbstentfaltung dominant und werden höher bewertet als Mitmenschlichkeit, Fürsorglichkeit, Gerechtigkeit, Fairness etc. Entsprechend wird mehr Gewicht auf die Begründung und Einlösung von Rechten als auf die Erfüllung von Pflichten gelegt. Bilder und Theorien der Wirklichkeit gelten als Erzeugnisse unseres Gehirns, die nicht das Prädikat „wahr" verdienen. Jeder Mensch weiß nur darüber etwas, was für ihn bedeutsam, sinnstiftend oder nützlich ist. Im Extremfall gibt es diese Welt außerhalb des Selbst gar nicht, sondern gilt als bloß mental konstruiert.
Eine entsprechend dem A. arbeitende Soziale Arbeit kann nur die innerlich bedingte behinderte Entfaltung des Menschen problematisieren und muß den Kontext des Individuums unberücksichtigt lassen. Ansatz- und Zielpunkte der Arbeit können entsprechend nur im Individuum, eventuell noch in den internalisierten Primärbeziehungen der ersten Lebensjahre gesucht werden. Die Entwicklung des Individuums wird als reine Fortsetzung und Wiederholung der Muster der Primärbeziehungen verstanden, neue soziale und kulturelle Determinanten und Merkmale bleiben ausgeblendet. Leitideen der Arbeit sind individuelle Werte wie Selbstverwirklichung, Freiheit, Integrität und Würde des Individuums. Funktion der Sozialen Arbeit ist die Entdeckung der subjektiven Bedürfnisse und die Förderung der individuellen Befreiung zu Autonomie und Selbstbestimmung. Diese Zielsetzung erfordert die Abwesenheit von Kontrolle und basiert grundsätzlich auf Nicht-Direktivität, Nähe und Empathie, die die inneren Potentiale des Menschen zur Veränderung entdecken hilft.
Beispiele für atomistische Theorien, die in die Soziale Arbeit Eingang gefunden haben, sind vornehmlich psychologische Ansätze und ihre Methoden (z. B. Non-direktive Verfahren) und analoge Arbeitsweisen der →Gemeinwesenarbeit, soweit sie sich allein an den Bedürfnissen und Rechten der Basis orientieren und jedes übergeordnete soziale System als bloß repressiv erkennen und ablehnen.

Aufenthaltsbestimmung
Das Recht und die Pflicht, den Aufenthalt des Kindes zu bestimmen, ist Teil der →Personensorge, wobei Aufenthalt und Wohnsitz zu differenzieren sind. Wer das Recht zur A. besitzt, hat auch Anspruch auf die →Herausgabe des Kindes.

Aufenthaltsrecht
im Ausländergesetz stufenförmig angelegte Regelung des Aufenthaltes von Ausländern in der Bundesrepublik Deutschland. Beginnend mit der befristeten Aufenthaltserlaubnis soll über die unbefristete Aufenthaltserlaubnis bis zur Aufenthaltsberechtigung der Daueraufenthalt abgesichert werden. Zuständig für die Erteilung ist die Ausländerbe-

hörde. Zahlreiche bilaterale und internationale Abkommen räumen besonderen Aufenthaltsschutz ein, z.B. im Rahmen der Europäischen Gemeinschaft.
→Ausländerrecht; →Europäische Sozialpolitik und Europarecht

Auffangheim
Einrichtung der vorläufigen Unterbringung für Kinder und Jugendliche, die sich ohne Einwilligung der Personensorgeberechtigten von ihrem Aufenthaltsort oder aus einem Heim entfernt haben. Zuständig ist das Jugendamt, in dessen Verantwortungsbereich das Kind oder der Jugendliche aufgegriffen wurde. Die Personensorgeberechtigten sind unverzüglich zu verständigen und die Rückführung ist zu klären. Teilweise wurden die stationären A. durch ambulante Dienste ersetzt.

Aufklärung
sich etwa vom Ende des 17. Jh. bis zum Ende des 18. Jh. entwickelnde, vom Bürgertum getragene geistesgeschichtliche Epoche, die sich, von England, Frankreich und Deutschland ausgehend, mit inhaltlichen und zeitlichen Verschiebungen in ganz Europa durchsetzte. Kerngedanke der A. war, der Mensch sei von Natur aus gut und vernünftig. Durch Gebrauch seiner Vernunft könne er logisch richtig und sittlich gut handeln. Die freie Entfaltung der Vernunft gewähre dauernden Fortschritt zum Wohle und Nutzen der Menschheit. Entsprechend proklamierte die A. Gleichheit und Freiheit aller Menschen. Durch die kritische Analyse der gesellschaftlichen Selbstverständlichkeiten bewirkte die A. u.a. eine Trennung von Staat und Gesellschaft und verhalf dem Bürgertum zum Durchbruch. Die von der A. ausgehenden Hoffnungen, die in Erziehung und →Bildung gesetzt wurden, beeinflußten auch in erheblichem Maße die Pädagogik.
→Erziehungswissenschaft; →Geschichte der Sozialpädagogik; →Pädagogik der Aufklärung; →Pädagogische Anthropologie

Aufnahmeheim
Teilbereich eines Heimes (in kleineren Einrichtungen auch Aufnahmegruppe) zur Gestaltung der Eingangsphase in der →Heimerziehung. Neben der Erfüllung orientierender und diagnostischer Aufgaben, stellt das A. häufig die unterste Stufe eines Systems zunehmender Vergünstigungen dar und zeichnet sich durch besondere Maßnahmen der Sicherung aus.

Aufsichtshilfe
→Schutzhilfe

Aufsichtspflicht
A. haben Personen, denen Minderjährige oder aufsichtsbedürftige Volljährige zur Erziehung, Betreuung oder Behandlung anvertraut wurden (§ 832 BGB). Das mit der A. verbundene Haftungsrisiko gegenüber geschädigten Aufsichtsbedürftigen und Dritten steht z.T. in einem Spannungsverhältnis zum pädagogischen Auftrag der Aufsichtspflichtigen. Das zivilrechtliche Haftungsrisiko wird den professionellen Aufsichtspflichtigen deshalb meist durch gesetzliche oder private Versicherungen abgenommen, die nur bei grober Fahrlässigkeit oder Vorsatz Regreß fordern. Neben den zivilrechtlichen Folgen kann eine Verletzung der A. aber auch straf- und disziplinarrechtliche Konsequenzen haben.

Aufsuchende Jugend- und Sozialarbeit
A.J.u.S. zeichnet sich durch einen auf ihre Zielgruppen zugehenden Ansatz aus. „Komm-"Strukturen herkömmlicher sozialarbeiterischer Einrichtungen werden aufgegeben, da diese von den Zielgruppen a.J.u.S. nicht oder nur sporadisch angenommen werden. Zu den Zielgruppen zählen u.a. auffällige und/oder gewaltbereite Jugendliche, Straßenkinder, Fan-Szenen, Suchtkranke, Nichtseßhafte und Prostituierte. Die Klienten werden im Rahmen von →Streetwork an ihren informellen Treffpunkten aufgesucht. Ziel der Arbeit ist es, durch niedrigschwellige Beratungs-

und Begleitangebote Alltags- und Lebenshilfen zu organisieren. Zur Arbeitsweise gehören neben der Streetwork, →Beratung, Maßnahmen der Freizeitpädagogik (→Pädagogik der freien Lebenszeit) sowie →Gemeinwesen- und Lobbyarbeit. Bestehende Formen der Erziehungshilfe (→Hilfe zur Erziehung) der →Jugendsozialarbeit, der Jugend- und Sozialarbeit in Einrichtungen der →Suchtkrankenhilfe oder der →Nichtseßhaftenhilfe werden durch a.J.u.S. nicht ersetzt, sondern um den aufsuchenden Ansatz ergänzt.

Erste Projekte a.J.u.S. entstanden vor dem Hintergrund einer zunehmenden Kriminalität jugendlicher →Banden in den dreißiger Jahren in den USA. Man erkannte in diesen jugendlichen Banden →Subkulturen, die mit dem vorhandenen Instrumentarium Sozialer Arbeit nicht erreicht werden konnten. Zeitgleiche Versuche, aufsuchende Ansätze in Deutschland innerhalb der →Jugendfürsorge zu etablieren, wurden abrupt von den Nationalsozialisten beendet. Im deutschsprachigen Raum begann a.J.u.S. nach dem Vorbild der britischen „Detached Work", eine aus den Einrichtungen gelöste Jugendarbeit. Anfang der sechziger Jahre entstanden zunächst Projekte in Wien (offene Arbeit mit jugendlichen Straffälligen) und Luzern (offene Betreuung auffälliger Jugendlicher). Die Arbeit stützt sich auf vier Kategorien, die auch nach heutigem Verständnis die Basis vergleichbarer Projekte bilden:
1. →Gruppenarbeit,
2. →Einzel(fall)hilfe,
3. →Beratung (→Soziale Beratung) und
4. →Gemeinwesenarbeit.

Mit Beginn der siebziger Jahre kommen in Hamburg, Berlin und München erste Projekte a.J.u.S. vor allem in der Arbeit mit jugendlichen Drogenkonsumenten und Straffälligen auf. Der aufsuchende Ansatz (Streetwork) wurde hier als integraler Bestandteil des Konzepts festgeschrieben. In Stuttgart entsteht das Konzept der →mobilen Jugendarbeit.

Die praktische Umsetzung ist regional unterschiedlich, während a.J.u.S. in den Ballungszentren fester Bestandteil des Angebotskanons der Jugendhilfe ist, wird sie andernorts noch als Modellprojekt erprobt bzw. ist unbekannt. Dennoch zeichnet sich in den neunziger Jahren eine Tendenz ab, neue Projekte aufzubauen, bzw. Konzepte bestehender Einrichtungen, um einen aufsuchenden Ansatz zu erweitern. Insbesondere ist dabei die Arbeit mit gewalt- bzw. rechtsorientierten Jugendlichen anzuführen.

A.J.u.S. ist zunächst Beziehungsarbeit und orientiert sich an den Grundprinzipien der Freiwilligkeit, Vertraulichkeit, Anonymität und Parteilichkeit. Der einzelne Klient bzw. der selbstgewählte soziale Zusammenschluß (→Clique) von Klientel definiert, was geschieht und was nicht. Sie werden akzeptiert und ernstgenommen. Erst gegenseitige Akzeptanz ermöglicht die Festigung eines Kontakts auf der Straße und stellt damit die Grundlage a.J.u.S. dar. Beziehungsarbeit verlangt von den Sozialarbeitern ein authentisches Auftreten als Person mit Erfahrungen, Vorlieben, Abneigungen, Gefühlen und Ängsten. Der Sozialarbeiter bewegt sich in der →Lebenswelt der Zielgruppen, also auf ihrem Territorium. Dabei gilt es soziale Räume für die Zielgruppe zu erhalten bzw. zu schaffen, statt diese pädagogisch zu besetzen. So sollte die Zielgruppe im Sinne einer Konfliktbegleitung ermutigt werden, eigene Lösungsmöglichkeiten zu erarbeiten, bzw. vermittelnd in Konflikte einzugreifen.

Entsprechend dem Zielgruppenverfahren ist a.J.u.S. kleinräumig ausgerichtet. A.J.u.S. kann nur in der engen Kooperation und fachlichen Kommunikation mit den im Gemeinwesen tätigen Diensten und Einrichtungen sowie Vereinen, Initiativen, Schulen und Kirchen u.a.m. erfolgreich sein. Ebenso wichtig ist die Einbindung in die Kommunalpolitik, um so eine Unterstützung für Einzelprojekte zu erreichen. Die Beschreibung eines Einzelprojekts soll u.a. die gemeinsame Verantwortlichkeit des Gemeinwesens auch zur Problemlösung dokumentieren. Die Beteiligung von Kooperationspartnern bzw. die verbindliche Verabredung ihrer jeweils einzubringenden Ressourcen (z. B. Räume, Personal, Materialien) gehören nach Möglichkeit in die Projektbeschreibung.

Aus dem randständigen Charakter des Ansatzes entwickelte sich ein besonderes berufliches Selbstverständnis, das in eigenen Fortbildungs- und Organisationsformen seinen Ausdruck findet.

Lit.: Becker, G., Simon, T. (Hrsg.): Handbuch aufsuchende Jugend- und Sozialarbeit, Weinheim 1995; Krafeld, F. J.: Die Praxis Akzeptierender Jugendarbeit, Opladen 1996; Landesarbeitsgemeinschaft Mobile Jugendarbeit Baden-Württemberg e.V. (Hrsg.): Praxishandbuch Mobile Jugendarbeit, Neuwied 1997.

Jens Schreiber, Emden

Ausbildungsförderung

In der Bundesrepublik bestehen unterschiedliche Möglichkeiten zur staatlichen A. Die Berufsausbildung in Betrieben und überbetrieblichen Einrichtungen sowie berufsvorbereitende Lehrgänge können nach dem Arbeitsförderungsgesetz (AFG) unterstützt werden. Das Bundesausbildungsförderungsgesetz (BAföG) regelt die finanzielle Hilfe zum Besuch allgemeinbildender und berufsbildender Vollzeitschulen sowie öffentlicher und anerkannter privater (unter bestimmten Bedingungen auch ausländischer) Hochschulen. Die Höhe des jeweiligen Anspruchs richtet sich nach den Einkommens- und Vermögensverhältnissen des Antragstellers und seiner Familie. Die Leistungen nach AFG und seitens der Begabtenförderungswerke gehen den Leistungen nach dem BAföG vor. Alle Formen der A. werden als Zuschuß oder als zinsloses Darlehen gewährt.

Ausbildungshilfe

Eine Ausbildung kann ausnahmsweise als Eingliederungshilfe für Behinderte, als Tuberkulosehilfe oder als Hilfe zur Überwindung besonderer sozialer Schwierigkeiten im Rahmen des BSHG § 27 Abs. 3 gefördert werden.

Ausbildung (Soziale Arbeit)
→Sozialpädagogik/Sozialarbeit: Ausbildung und Beruf

Ausländerarbeit

1. Definition. Als A. werden verschiedene Formen der Sozialen Arbeit und Jugendhilfe für die Zielgruppe der Ausländer bezeichnet. Unter diesem Rechtsbegriff werden heterogene Gruppen zusammengefaßt mit dem gemeinsamen Merkmal der fehlenden deutschen Staatsangehörigkeit. In Deutschland sind vor allem die als „Gastarbeiter" eingewanderten Arbeitsmigranten mit ihren Familien und Nachkommen gemeint, aber auch die im Land sich aufhaltenden Asylsuchenden (Asylbewerber, Defacto-Flüchtlinge und anerkannte Flüchtlinge) sowie Bürgerkriegsflüchtlinge. Nicht unter die Kategorie A. fallen die Aussiedler aus Osteuropa, die als deutsche Staatsbürger gelten (Art. 116 GG), auch wenn soziokulturelle Problemlagen und die Soziale Arbeit mit dieser Gruppe Übereinstimmungen aufweisen. Deshalb findet die allgemeinere Bezeichnung „Migrantenarbeit" Anwendung, die alle Formen regionaler Mobilität einbezieht. Der Terminus „Arbeit mit ethnischen Minderheiten" ist dagegen zweckmäßig, wenn die Migranten eingewandert sind und die Staatsangehörigkeit besitzen, aber nach Selbst- und Fremddefinition besonders hervorgehoben sind und aus dieser Kennzeichnung (→„Stigmatisierung") besondere soziale Probleme resultieren. Von „Interkultureller Arbeit" wird gesprochen, wenn die Einbeziehung der „Einheimischen" als Adressaten von Sozial- und Bildungsarbeit (z.B. Abbau von Vorurteilen) beabsichtigt ist und das zu bearbeitende soziale Problem auch als Relation von Mehrheit–Minderheit definiert wird.

2. Geschichte. Die A. ist sich selbst ihrer Geschichte nicht bewußt. Denn die →Geschichte der Sozialarbeit ist eine Geschichte von A., die diese unter dem Druck aktueller sozialer Probleme und kurzsichtiger Bearbeitungsnotwendigkeiten aus dem Blick verloren hat. Die Geschichte der amerikanischen Sozialarbeit ist dabei ganz offensichtlich Geschichte der Migrantenarbeit. Im Einwanderungsland USA lasteten die sozialen Probleme des 19. und 20. Jahrhunderts außer auf den Schwarzen insbesondere auf den Arbeitsmigranten. Das Settlement Hull House in Chicago, von Jane →Addams gegründet, ist nicht nur die berühmteste Einrichtung dieser sozialarbeiterischen Gründerzeit, sie steht auch exemplarisch für A. Für die europäischen Arbeitsmigranten und ihre Familien entwickelte Jane Addams eine Mischung aus Sozialarbeit und Kommunalpolitik, Kulturarbeit und pädagogischer Infrastruktur. Die kulturellen Traditionen der Migranten wurden ebenso unterstützt wie ihre organisierte Selbsthilfe. Das soziale Zentrum Hull House im Stadtteil ist Kinderkrippe und Nachmittagsschule, Kultur- und Jugendzentrum, Fortbildungseinrichtung für Sozialpädagogen und politisches Aktionszentrum. Hull House war eine multikulturelle Einrichtung, arbeitete methodenpluralistisch und integrativ-aktionsorientiert (Müller 1982; Eberhart 1995).

Auch die Geschichte der Sozialarbeit in Deutschland ist in wichtigen Bereichen von sozialen Problemen bestimmt, die aus Migration resultieren. So entfaltete sich die Privatwohltätigkeit im 19. Jahrhundert auch in den Wanderarbeitsstätten; für die kommunale und staatliche Sozialpolitik war die Regelung des „Unterstützungswohnsitzprinzips" (→Unterstützungswohnsitzgesetz) von zentraler Bedeutung. Die Entfaltung des Kapitalismus war nämlich mit umfangreicher binnenstaatlicher (Land-Stadt-Wanderung) und internationaler Arbeitsmigration verbunden, die wiederum soziale Probleme der materiellen Fürsorge für Arbeiterfamilien, der Versorgung von Kindern und sozialen Integration von Jugendlichen nach sich zog. Auch in Kriegs- und Nachkriegszeiten hat die regionale Mobilität regelmäßig zugenommen (Vertriebene, Flüchtlinge) und die Ausweitung der „Krisenfürsorge" sowie die Entwicklung neuer Formen von Sozialarbeit (z. B. Jugendwohnheime) erzwungen.

3. Migration in die Bundesrepublik Deutschland. Die erste Einwanderungswelle in die Bundesrepublik ist als Zuzug von 12 Millionen Flüchtlingen aus dem Osten in der unmittelbaren Nachkriegszeit und später charakterisiert. Die zweite Wanderungsphase ist die Anwerbung von Gastarbeitern ab 1955 (1. Abkommen mit Italien) bis 1973 (Anwerbestopp). Diese Phase ist für ganz Mitteleuropa als Einwanderungsregion von größter Bedeutung, weil sich die ausländische Wohnbevölkerung zwischen 1960 und 1974 von 5 auf 12 Millionen vergrößerte. Danach verlangsamte sich der Zuwachs (bis 1988: 14 Millionen). Die Anwerbung von Arbeitskräften hat also aus den mitteleuropäischen Ländern Einwanderungsstaaten werden lassen. Für die westeuropäischen Länder kommt die Migration im Rahmen der Entkolonialisierung hinzu. Seit Beginn der 1980er Jahre steht die Zuwanderung von Flüchtlingen nach Mitteleuropa im Vordergrund, insbesondere als Folge von Krisen und Kriegen im Nahen und Mittleren Osten (Putsch in der Türkei, Bürgerkriege in Afghanistan und Libanon, Sri Lanka usw.). Mit der Auflösung des kommunistischen Herrschaftssystems in Osteuropa setzen ab Ende der 80er Jahre verschiedene Formen der Migration (Flucht, Armutswanderung, Arbeitswanderung und staatlich regulierte Rekrutierung von Zeitarbeitskräften) ein. Die Vertiefung und Ausweitung der Europäischen Gemeinschaft (→Europäische Sozialpolitik und Europarecht) ermöglicht eine kontinuierliche Migration innerhalb Westeuropas. Im Verlauf der

80er Jahre nimmt die illegale Zuwanderung nach Süd- und Westeuropa erheblich zu. Nach dem Verschwinden des „Eisernen Vorhangs" weitet sich die Ost-West-Wanderung erheblich aus und wird durch ausländer- und asylrechtliche Verschärfungen gebremst. Auch die Zuwanderung von Aussiedlern wird politisch enger reguliert, so daß sich in der 2. Hälfte der 90er Jahre (zumindest für Deutschland) in manchen Phasen ein negativer Wanderungssaldo ergibt. Kriege und Not wirken aber als Vertreibungsfaktoren weiter. Nach dem Schengen-Abkommen wird auch die Migrationspolitik „europäisiert" durch gemeinsame, selektive Abschottung nach außen („Festung Europa") und interne Freizügigkeit (→Ausländerrecht).

Im Jahr 1998 leben in Deutschland ca. 7,3 Millionen Ausländer (8,9% der Bevölkerung). Berücksichtigt man die eingebürgerten Einwanderer und Aussiedler, dann leben ca. 10 Millionen Migranten dauerhaft in Deutschland. Gleichzeitig gibt es eine kontinuierliche Zu- und Abwanderung, die eine Gesamtfluktuation von bis zu 20% der ausländischen Bevölkerung (jährlich) ausmacht. Dauerhafte Einwanderung und internationale Mobilität exisitieren also gleichzeitig nebeneinander und würden eine entsprechende politische Gestaltung erfordern.

Die Politik Deutschlands ist freilich nur „Ausländer"- und keine „Einwanderungs"-Politik und blockiert den Sozialen Wandel. Dieser Wandel wird häufig als Entstehung einer „multikulturellen" Gesellschaft beschrieben. Dabei sollen zwei Prozesse gleichzeitig erreicht werden: die Integration der Zugewanderten und ihre Transformation zum Bürger sowie die Veränderung des Gesellschaftsbildes, weil die das Staatsvolk bildende Gesellschaft nicht mehr als die nur der Deutschen zu verstehen ist. Die Zugehörigkeitsregeln (Staatsangehörigkeit) ändern sich, wobei die Politisierung dieses Wandels nationalistische Muster der Abgrenzung aktiviert.

4. Ausländerarbeit. Die in Deutschland institutionalisierten Formen der A. sind im wesentlichen bezogen auf Arbeitsmigranten und ihre Familien sowie auf Flüchtlinge und Aussiedler.

4.1 Sozialberatung für Arbeitsmigranten. Mit der Anwerbung von „Gastarbeitern" war die Verpflichtung entstanden, die unbedingt erforderlichen sozialen Dienstleistungen bereitzustellen. Diese Verpflichtung beruht einerseits auf funktionalen Zweckmäßigkeitserwägungen („reibungslose Eingliederung"), ergab sich andererseits aber aus Normen der Internationalen Arbeitsorganisation, der Europäischen Sozialcharta und des EWG-Vertrags. Es wurden Sozialberatungsstellen in der Trägerschaft der →Arbeiterwohlfahrt (für Türken, Jugoslawen, Marokkaner und Tunesier), des →Deutschen Caritasverbands (für Italiener, Jugoslawen, Spanier, Portugiesen) und des →Diakonischen Werks (für Griechen) eingerichtet. Anfang der 1990er Jahre bestanden ca. 600 Sozialberatungsstellen mit 1000 Beratern; ihre Arbeit wurde in der „Tiedt-Studie" umfassend analysiert (Nestmann/Tiedt 1988). Die Versorgung mit Beratungsangeboten ist nach Nationalität und Region sehr heterogen, ebenso die Qualifikation der Berater. In der →Beratung selbst stehen die Inhaltsbereiche in folgender Reihenfolge: 1. Arbeit und sozialrechtliche Leistungen, 2. materielle Sicherung, 3. Gesundheit, 4. Ehe und Familie, 5. herkunftslandbezogene Fragen, 6. Aufenthaltsrecht, 7. Wohnen, 8. Versorgung der Kinder. Die Dominanz von Fragen der materiellen Reproduktion zeigt, daß die Sozialberatung weiterhin als Arbeiterberatung notwendig ist. Neben der Beratung haben die Beratungsstellen bedeutsame Aufgaben in der Vermittlung zu Institutionen und Fachdiensten sowie in der Kooperation mit Vereinen und Selbsthilfeansätzen. Dieses Anforderungs- und Tätigkeitsprofil hat sich auch im Verlauf der 1990er Jahre als stabil erwiesen. (Hamburger u. a. 1998). Die Zuwanderung von neuen Arbeitnehmergruppen (z. B. aus Osteuropa) und ein Legitimationsverlust der großen Wohlfahrtsverbände haben jedoch eine Neuordnung der Sozialberatung im Jahr 1999 mit sich gebracht: die Trägerlandschaft wurde pluralisiert, in die Finanzierung wurden die Bundesländer einbezogen und die gruppenbezogene Zuständigkeitsregelung aufgehoben.

In konzeptioneller Hinsicht setzt sich in den 1990er Jahren die Forderung nach „interkultureller Öffnung" der Sozialen Dienste durch. Dabei geht es um den Abbau von Nutzungsbarrieren, um die Einstellung von Mitarbeitern, die aus den Herkunftsländern der Migranten kommen und/oder ihre Sprache sprechen, und um die Entwicklung einer „interkulturellen Kompetenz" (Hinz-Rommel 1994). Diese bezieht sich nicht nur auf individuelle Fähigkeiten des Verstehens und angemessenen Handelns, sondern auch auf die gesamte Strukturierung und Qualifizierung der Sozialen Arbeit in einer multikulturellen Gesellschaft. In Konzepten, die stärker auf die Migrationsprozesse und ihre Folgen sowie die sozialstrukturelle Plazierung der Migranten in den unteren Schichten der Gesellschaft abheben, wird die mögliche „Kulturalisierung" sozialer Probleme kritisiert (Becker u. a. 1998). Generell zeigt sich, daß insbesondere die Beschäftigung ausländischer Mitarbeiter die Inanspruchnahme von Beratung erheblich erleichtert.

4.2 Projekte und Initiativen. Die „Entdeckung des Ausländerproblems" in den 1970er Jahren war verbunden mit der Entstehung von Hunderten von Projekten und Initiativgruppen, Vereinen und Selbstorganisationen. Dabei finden sich sowohl Organisationen für Ausländer, als auch solche mit oder von ihnen (→Selbsthilfe) (Karsten 1984). Diese „Projektszene" befaßt sich insbesondere mit Bildungsproblemen der „2. Generation", aber auch mit Fragen der (kommunal-)politischen Repräsentanz und Ausländerpolitik. Häufig werden Ansätze der Bildungs-, Kultur-, Aufklärungs- und Sozialarbeit miteinander verknüpft. In den 80er Jahren wird die „Ausländerszene" erweitert um Verbände der Selbstorganisationen auf der einen Seite; weiterhin finden sich kurzfristige Initiativen neben institutionalisierten Einrichtungen, ehrenamtliche Hausaufgabenhilfe neben professioneller →psycho-sozialer Versorgung. In den Städten und Landkreisen mit hohem Ausländeranteil werden zunehmend Ausländerbeiräte gewählt (mit eigenen Beratungsangeboten), während der Staat seine Aktivitäten durch „Ausländerbeauftragte" (auf Bundes-, Landes- und Gemeindeebene) strukturiert. Unter dem Einfluß der GRÜNEN entstehen „multikulturelle Dezernate" oder „Büros für Einwanderungsfragen" auf kommunaler Ebene. In Projekten für ausländische Frauen und Mädchen werden Formen der Sprachförderung, Bildungs- und Kulturarbeit und der Gemeinwesenarbeit besonders intensiv miteinander verbunden.

In den 1990er Jahren bilden sich – in der Auseinandersetzung mit dem seit der Deutschen Einigung wachsenden Rassismus – vor allem Solidaritätsgruppen und interkulturelle Projekte („Nach Solingen"), die symbolische Aktionen gegen Ausländerfeindlichkeit mit politischen Aktivitäten und praktischer Hilfe verknüpfen. Dies zeigt erneut, daß mit neuen „Wellen" der nationalistischen Schließung der Gesellschaft sich auch die Kräfte und Gruppen artikulieren und formieren, die an einer demokratischen Öffnung der Gesellschaft festhalten und an menschenrechtlicher Migrationspolitik orientiert sind. In der Vernetzung mit diesen Gruppen und Bewegungen erweist sich Soziale Arbeit in besonderer Weise als Menschenrechtsprofession. (→Soziale Arbeit als Menschenrechtsprofession).

4.3 Jugendhilfe. In den 1970er Jahren haben mehrere Hundert Initiativgruppen außerschulische Angebote für ausländische Kinder und Jugendliche organisiert. In der offenen →Jugendarbeit führte die Anwesenheit dieser Jugendlichen häufig zu Konflikten und Auseinandersetzungen um ihre Ansprüche auf Räume und Teilhabe in den Jugendzentren; in diesem Kontext wurden Modelle offener Arbeit entwickelt.

Vom Anfang der Familienzusammenführung bis zur Gegenwart gilt die Einbindung in den Kindergarten als besonders integrationsfördernd und ist doch nicht zufriedenstellend geregelt – insbesondere die muttersprachliche Förderung ist nur selten gewährleistet. In den sozialpädagogischen Einrichtungen Hort, Kindertagesstätte, Spiel- und Lernstuben, Heimerziehung, Jugendsozialarbeit und Jugendgerichtshilfe und in sozialpädagogischen Angeboten zur Berufsbildung sind ausländische Kinder und Jugendliche zunehmend vertreten. In bestimmten Stadtteilen (nicht sanierte Altstadtbezirke, Großwohnsiedlungen und industrienahe Wohnviertel) werden soziale Probleme in hohem Maße als „Ausländerprobleme" definiert. Abgesehen von diesen Definitionsprozessen sind junge Migranten zunehmend in der Jugendsozialarbeit und bei den Hilfen zur Erziehung, in der Jugendgerichtshilfe und in der Drogenberatung präsent (Zeitschrift für Migration und Soziale Arbeit, Heft 3–4/1997: Junge Einwanderer in Deutschland).

4.4 Flüchtlingsarbeit. Auch die sozialen Hilfen für Flüchtlinge wurden zunächst überwiegend von Initiativgruppen entwickelt, auch die Wohlfahrtsverbände sind tätig geworden. Soziale Arbeit für Flüchtlinge ist erforderlich insbesondere in den zentralen Aufnahmestellen der Länder und in den Gruppenunterkünften für Asylbewerber. Der zentrale Widerspruch ist dabei, daß nach der asylpolitischen Vorgabe die Soziale Arbeit nicht auf sprachliche und soziale Integration zielen soll, damit abgelehnte BewerberInnen wieder außer Landes gebracht werden können, während die innere Logik einer helfenden Unterstützung immer auf „Integration" in der je aktuellen Situation abzielt.

Die Flüchtlingsarbeit befaßt sich in der Regel mit den Aufgaben:
– psychosoziale Unterstützung bei der Aufarbeitung belastender Fluchterfahrungen,
– Motivierung und Stärkung der Selbsthilfe,
– Hilfen bei der sprachlichen und beruflichen Bildung und
– Aktivierung von Unterstützergruppen im Gemeinwesen und Aufklärungsarbeit gegen Ausländerfeindschaft.

Weil unter den Flüchtlingen sich in hohem Maße aktive Personen befinden, die belastende Situationen zu bewältigen gelernt haben, mußte sich auf signifikante Weise die Funktionsrichtung von Sozialarbeit umdrehen: Statt die Flüchtlinge zu „bearbeiten" geht es um den Abbau von Integrationsbarrieren (Arbeitsverbote, kontrollierte Unterbringung u. ä.) und von ausländerfeindlichen Strukturen. Die gesellschaftliche Reaktion auf die Anwesenheit von Migranten erzeugt erst die Effekte, denen sich Sozialarbeit dann kurativ zuzuwenden hat.

5. Probleme und Perspektiven. A. ist typische Sozialarbeit und weist zugleich doch Besonderheiten auf. Wie in den Anfängen der Migrantenarbeit verbindet sie sich unmittelbar mit politischer Aktivierung und →Selbstorganisation, mit Bildungs- und Kulturarbeit. Wie in der Sozialarbeit kann die Differenz von Bedingungsanalyse und Funktionslogik sozialpädagogischen Handelns nicht überwunden werden, der Widerspruch von begleiteter Selbsthilfe und entmündigender Klientelisierung läßt sich nicht wegdefinieren, die Spannung zwischen professioneller Intervention und Selbstorganisierung bleibt erhalten. Jeder Einrichtungstyp hat seine spezifische Selektivität und ermöglicht oder erschwert Vernetzungen von Ressourcen. Sowohl Integration wie Segregation sind ambivalente Prozesse, deren Produktivität für die Bearbeitung von individuellen und kollektiven Belastungen vom jeweiligen Kontext abhängt. Ein bedeutsamer Per-

spektivenwechsel hat sich im Verlauf der 1980er Jahre ergeben. An die Stelle von Assimilierungskonzepten sind Vorstellungen (sub)kultureller Selbstbehauptung und Autonomie getreten. Im Konzept der multikulturellen Gesellschaft wird die Einheitlichkeit demokratisch verfaßter Gesellschaft mit der Differenzierung gleichberechtigter Kulturen synthetisiert. Die Ambivalenz dieses Konzepts wird daran ersichtlich, daß die Differenzierung der Kulturen immer schon Hierarchisierungen enthält und das Konzept entstanden ist im Prozeß der Selbstbehauptung gegen ethnisch begründete Unterschichtung („ethclass"). Kulturelle Autonomie und ethnische Selbstdefinition kann deshalb zur Überlebensstrategie der sozial Entrechteten werden. Sofern es um ein Überleben geht, ist diese Strategie begründet. Darüber hinaus hat A. sich politisch für die Gleichberechtigung der Eingewanderten und die Teilhabe aller an den materiellen, sozialen und kulturellen Gütern der Gesellschaft einzusetzen. In diesem Sinne kann A. wiederum innovativ auf die Sozialarbeit einwirken.

Lit.: Auernheimer, G. (Hrsg.): Handwörterbuch Ausländerarbeit, Weinheim/Basel 1984; Barwig, K./Hinz-Rommel, W. (Hrsg.): Interkulturelle Öffnung sozialer Dienste, Freiburg 1995; Becker, A. / Hamburger, F. / Lenninger, P. F. (Hrsg.): Anforderungsprofile und Qualifikationsmerkmale in der Sozialen Arbeit der Caritas mit MigrantInnen, Freiburg 1998; Blahusch, F.: Zuwanderer und Fremde in Deutschland. Eine Einführung für soziale Berufe, Freiburg 1992; Boumans, E./Ünal, A.: Die geteilte Menschenwürde. Flüchtlingsalltag und soziale Arbeit nach der Änderung des Grundrechts auf Asyl, Frankfurt/Main 1997; Eberhart, C.: Jane Addams (1860–1935) (=Studien zur Vergleichenden Sozialpädagogik und Internationalen Sozialarbeit Band 9), Rheinfelden/Berlin 1995; Hamburger, F. u.a.: Sozialdienste der Caritas für Ausländische Arbeitnehmer, Freiburg 1998; Hinz-Rommel, W.: Interkulturelle Kompetenz. Ein neues Anforderungsprofil für die Soziale Arbeit, Münster/New York 1994; Karsten, M. E.: Sozialarbeit mit Ausländern, München 1984; Kosubek, S.: Asylbewerber und Aussiedler. Rechte, Leistungen, Hilfen – Handbuch für Helfer, Weinheim 1998; Müller, C. W.: Wie Helfen zum Beruf wurde. Eine Methodengeschichte der Sozialarbeit, Weinheim/Basel 1982; Nestmann, F./Tiedt, F.: Quantitative und qualitative Analyse des Nachfrage-, Leistungs- und Kooperationsprofils sozialer Dienste für Ausländer. Endbericht, Bonn 1988 (Forschungsbericht des Bundesministers für Arbeit und Sozialordnung Nr.171); Wagner, H. u.a.: Recht und Rat. Handbuch zur Sozialen Arbeit mit MigrantInnen, Freiburg 1996.

Franz Hamburger, Mainz

Ausländerrecht
1. Die bisherige Entwicklung. Seit Jahrzehnten ist die BRD zum zentralen Aufenthaltsland von Millionen von Ausländern geworden. Hierbei sind zwei große Gruppen von Ausländern zu unterscheiden, deren unterschiedlicher Status sich zum einen aus ihrer jeweiligen persönlichen und sozialen Situation ergibt, zum andern aber auch aus der Besonderheit der spezifischen rechtlichen, gesellschaftlichen und politischen Reaktion der BRD auf den Aufenthalt von Ausländern in Deutschland: Ausländische Arbeitskräfte und ihre Familien einerseits und Flüchtlinge andererseits.
Während auf Grund des Anwerbestopps seit 1973 keine Anwerbung ausländischer Arbeitnehmer erfolgte, führte die gesamte politische und rechtliche Entwicklung zu einer faktischen Einwanderungssituation. In Zeiten der wirtschaftlichen Rezession geborene Programme zur verstärkten Rückkehrförderung führten nur zu einem zeitweiligen verstärkten Rückwandern der ausländischen Arbeitnehmer und ihrer Familien. Für die dritte Generation von Auslän-

dern ist die BRD zur faktischen Heimat geworden. Das am 9. Juli 1990 neu verabschiedete Ausländergesetz (AuslG zuletzt geändert mit Wirkung zum 1. Juli 1993) trägt diesen veränderten Verhältnissen Rechnung. Die zweite große Gruppe von Ausländern stellen Flüchtlinge dar, die aus Krisensituationen kommen. Waren es vor Jahren einzelne politisch Verfolgte oder Gruppen, so hat in den letzten Jahren die Anzahl sprunghaft zugenommen und bewegt sich z. Zt. in der Größenordnung von mehreren Hunderttausend Menschen pro Jahr. Die Ursachen für diese Fluchtbewegungen sind neben politischer Verfolgung vor allem in wirtschaftlichen Katastrophen und einer mangelhaften wirtschaftspolitischen Entwicklung der Heimatstaaten mit aufkommenden nationalistischen Bestrebungen einzelner Bevölkerungsgruppen zu suchen. Zunehmend größere Probleme bereitet die Unterscheidung der Flüchtlinge nach den jeweiligen Ursachen ihrer Flucht. War es nach dem Ende des Nationalsozialismus erklärtes Ziel des Grundgesetzes, im Rahmen von Art. 16 Abs. 2 GG politisch Verfolgten Asyl zu gewähren, ist es zunehmend schwieriger geworden, die im Einzelfall häufig anzutreffende Vermischung verschiedener Fluchtursachen und Fluchtgründe im Sinne des Grundrechtes auf Asyl klar zu trennen. Während Art. 16a GG von einem individuellen Grundrecht von Ausländern ausgeht, sind kollektive Bürgerkriegs- oder Hungersituationen für sich genommen nach Auffassung der bundesrepublikanischen Gerichte noch keine politische Verfolgung und garantieren keinen ungehinderten Zugang zur BRD. Dies hat zur Folge, daß die Nachfrage nach Asylgewährung in den letzten Jahren in einem Ausmaß zugenommen hat, daß alle bisherigen Beschleunigungsverfahren zu keinem Abbau des Nachfrageüberhangs geführt haben. Die innenpolitische Situation ist gekennzeichnet durch eine Diskussion über Asylmißbrauch (sog. Scheinasylanten) und daraus resultierenden Forderungen nach einer drastischen Einschränkung des Asylrechts bis hin zur Abschaffung des Individualgrundrechts auf Asyl. Die in den letzten Jahren stattgefundenen Novellierungen des Ausländergesetzes und des Asylverfahrensgesetzes haben mit der Änderung des Grundgesetzes durch die Einfügung eines neuen Art. 16a GG und daraus folgenden Änderungen der AuslG sowie des Asylverfahrensgesetzes sowie des Reichs- und Staatsangehörigkeitsgesetzes ihren vorläufigen Abschluß gefunden. Art. 16 a GG schränkt das bis dahin unbegrenzte Grundrecht auf Asyl mit der Maßgabe ein, daß Asylsuchende, die aus sog. sicheren Drittstaaten, die durch ein entsprechendes Gesetz als solche festgelegt werden können, einreisen, kein Recht auf Asyl besitzen. Gleichzeitig wird der verwaltungsgerichtliche Rechtsschutz insoweit eingeschränkt, daß die Vollziehung aufenthaltsgebender Maßnahmen durch die Gerichte nur noch in bestimmten Ausnahmefällen gestoppt werden kann. Die Kritik an der Verfassungsänderung entzündet sich an der Frage, ob durch den Verweis auf die Drittstaaten das Grundrecht in seinem Wesensgehalt angetastet werden wird.

2. Der Zugang und der Aufenthalt von Ausländern wird durch eine zunehmende Vielzahl von rechtlichen Vorschriften bestimmt. Hier sind zu unterscheiden:
– Internationale Abkommen und sog. bilaterale Verträge zwischen einzelnen Staaten und der Bundesrepublik (so z. B. Genfer Flüchtlingskonvention, Europäisches Fürsorgeabkommen, Haager Minderjährigenschutzabkommen),
– Europäische Verträge, die den Aufenthalt von EG-Staatsangehörigen in den EG-Staaten regeln (→Europäische Sozialpolitik und Europarecht),
– einzelne nationale – deutsche – Gesetze, die unterschiedliche Situationen von Ausländern hier regeln: So

regelt sich der rechtmäßige Aufenthalt entweder nach innerstaatlichem deutschen Recht – Ausländergesetz, Asylverfahrensgesetz, Kontingentflüchtlingsgesetz, Gesetz über die Rechtsstellung heimatloser Ausländer im Bundesgebiet – oder nach internationalem Recht – Aufenthaltsgesetz/ EWG für EGStaatsangehörige.

Der rechtmäßige Aufenthalt bemißt sich nach §§ 3 ff AuslG. Jede ausländische Person, auch eine minderjährige, benötigt eine Aufenthaltsgenehmigung für die Einreise und den Aufenthalt im Bundesgebiet (§ 3 AuslG) mit Ausnahme der Personen, die hiervon befreit sind wie z. B. Diplomaten oder EG-Angehörige. Das AuslG kennt unterschiedliche Formen der Aufenthaltsgenehmigung, mit denen abgestufte rechtliche Sicherungen verbunden sind: die Aufenthaltserlaubnis (§§ 15, 17 AuslG), die Aufenthaltsberechtigung (§ 27 AuslG), die Aufenthaltsbewilligung (§§ 28, 29 AuslG) und die Aufenthaltsbefugnis (§ 30 AuslG).

Einzelheiten für den Aufenthalt von Ausländern werden auf der Ebene unterhalb der Gesetze durch die Durchführungsverordnung zum Ausländergesetz vom 18.12.1990 geregelt. Dies betrifft insbesondere die Befreiung vom Erfordernis der Aufenthaltsgenehmigung für Ausländer unter 16 Jahren. Das Gesetz sieht erstmalig einen Rechtsanspruch auf Erteilung einer Aufenthaltserlaubnis vor, wenn die im Gesetz genannten Voraussetzungen erfüllt sind. Hiervon sind auch das Recht auf Wiederkehr für junge Erwachsene sowie auf Nachzug der Ehegatten sowie das Bleiberecht von Kindern unabhängig vom Aufenthaltsrecht der Eltern betroffen. Die Ausweisungstatbestände sind neu gefaßt worden und bieten einen verstärkten Ausweisungsschutz für Ausländer, auch wenn die Kritik an den zum Teil generalklauselartigen Ausweisungstatbeständen nach wie vor anhält. Den stärksten ausländerrechtlichen Schutz garantiert die Aufenthaltsberechtigung nach dem AuslG. Sie wird gem. § 27 AuslG zeitlich und räumlich unbeschränkt erteilt. Sie baut auf den einzelnen Erfordernissen, die zur unbefristeten Aufenthaltserlaubnis für Ausländer generell, für Ehegatten und Kinder insbesondere gelten, auf und sieht als zusätzliche Bedingung u. a. vor: befristete Aufenthaltserlaubnis seit acht Jahren oder unbefristete seit drei Jahren bei vorheriger Aufenthaltsbefugnis, gesicherter Lebensunterhalt und mindestens 60 Monate Pflichtbeiträge oder freiwillige Beiträge zur gesetzlichen Rentenversicherung oder entsprechende Anwartschaften auf Versicherungs- oder Versorgungsleistungen (§ 27 Abs. 2 Nr. 3 AuslG). Wegen des letztgenannten Erfordernisses kommt die Aufenthaltsberechtigung für minderjährige Ausländer faktisch nicht in Betracht. Dies wird zu Recht in der sozialen Praxis kritisiert, weil sie einer vollständigen Integration in die Gesellschaft der BRD entgegenwirkt. Auch wenn mit der Veränderung des RuStG auch die Vorschriften zur Einbürgerung (§ 4 RuStG), insbesondere für junge Ausländer, erleichtert worden sind, kann dies nicht darüber hinwegtäuschen, daß bei zunehmenden sozialpolitischen Spannungen die Einbürgerung als Instrument der sozialen und politischen Integration von den Betroffenen nicht so ohne weiteres mehr akzeptiert werden wird. Hier rächen sich möglicherweise Versäumnisse aus den 1970er und 80er Jahren. Neben dem AuslG bestimmt das →Arbeitsförderungsgesetz mit seinen nachgeordneten Rechtsverordnungen maßgeblich den Aufenthalt von ausländischen Arbeitnehmern in der BRD. Das AFG regelt die Erteilung der Arbeitserlaubnis für ausländische Arbeitnehmer, ohne deren Erteilung kein legaler Arbeitsaufenthalt möglich ist. Die Kopplung zwischen Aufenthalts- und Arbeitserlaubnis bestimmt den Aufenthalt von Ausländern in Deutschland, macht zum anderen aber deutlich sichtbar, daß Millionen von Menschen durch die entsprechenden gesetzlichen Bestimmungen zum Verfügungsgegenstand von wirtschafts- und arbeitsmarktpolitischen und letztendlich von sozialen Interessen gemacht werden.

Aus dem Blickfeld geraten ist die Aufgabe der bildungsmäßigen und sozialkulturellen Integration der nachwachsenden Ausländergenerationen. Sie sind den Inländern in dieser Hinsicht weitgehend gleichgestellt und spielen auch im Bildungssystem keine herausgehobene Rolle mehr, wie das noch zu Beginn der 1980er Jahre der Fall war. Die →soziale Integration verläuft eher verzögert und immer noch weitgehend an den klassischen sozialen Dienstleistungen vorbei. Innerfamiliäre Konflikte werden soweit es geht innerhalb des sozialkulturellen Nahraums der Familie geklärt. Nur in Extremsituationen werden die →sozialen Dienste gefordert, entsprechende Hilfestellung zu geben. Deren Dienstleistung entspricht aber längst nicht immer den soziokulturellen Erfordernissen, weil die fachliche Ausbildung in der Pädagogik, der Medizin und der Sozialarbeit der praktischen Entwicklung nachhinkt (→Ausländerarbeit). Die Gründe hierfür liegen in einem falsch verstandenen Integrationskonzept (Wahrung der Eigenständigkeit) und in fehlenden differenzierenden Betrachtungs- und Handlungsweisen bezogen auf die höchst unterschiedlichen Gruppen von Ausländern und ihrer sozialen und kulturellen Herkunft.

Jede neue „Flüchtlingsgruppe" belegt eindringlich den Mangel an Wissen und Handlungskompetenz im Umgang mit der eigenen nationalen deutschen und der jeweiligen nationalen und kulturellen ausländischen Identität. Am deutlichsten wird dies in der derzeitigen Situation von Asylsuchenden und Bürgerkriegsflüchtlingen. Art. 16a GG sichert nur noch in Ausnahmefällen vorläufigen Schutz zu. Das Asylverfahrensgesetz garantiert zwar die Einhaltung eines im Verfahren abgekürzten und vereinfachten Rechtsweges bei der Überprüfung des geltend gemachten Grundrechtes auf Asyl. Die verfassungsrechtliche Diskussion über die mögliche Einschränkung dieses Grundrechtes sowie der Ruf nach einer europäischen Regelung zeigt aber, daß die Aufgabe, politisch Verfolgten Asyl zu gewähren, längst zu einer Europäischen Frage geworden ist.

3. Die künftige Entwicklung ist gekennzeichnet durch ein hohes Maß an wirtschaftlicher und sozialer Instabilität vieler Staaten in und um Europa herum. Auch die BRD geht mit den wirtschaftlichen und sozialen Belastungen der Wiedervereinigung für lange Zeit einen eher unsicheren Weg. Es entspricht zwar der Logik dieser Entwicklung, sich mehr auf die innenpolitische Situation innerhalb des Landes zu konzentrieren, dennoch machen die wirtschaftliche und internationale Eingebundenheit der BRD in ein System von europäischen und Menschenrechtsnormen ein Abkoppeln unmöglich. Die BRD wird zum Aufbau ihrer jüngsten geschichtlichen Identität als bewußter Abkehr von nationalsozialistischen und sozialistischen Ideologien und Staatsvorstellungen eine offene Verfassung und den Schutz der individuell politisch Verfolgten garantieren müssen. Andererseits wird sie sich stärker als bisher für die nachhaltige Beseitigung von kollektiven Unrechtssituationen in anderen Ländern einsetzen müssen. Die neu propagierte begrenzte Einwanderung ist auf Dauer kein Weg, die Unrechtssituation zwischen Nord und Süd zu beseitigen. Ganz abgesehen davon, daß die Probleme der Ballungsgebiete und der daraus resultierenden ökologischen Folgen in den Großstädten Europas eine andere Bevölkerungs- und Siedlungspolitik anraten.

Hubertus Lauer, Lüneburg

Aussagegenehmigung
Ohne durch den Dienstvorgesetzten erteilte A. dürfen Angehörige des öffentlichen Dienstes, Angehörige öffentlich-rechtlicher Religionsgemeinschaften

(soweit sie behördenähnlich strukturiert sind und öffentliche Aufgaben unter Aufsicht und Weisung durchführen) und Mitarbeiter freier Träger, denen öffentlich-rechtliche Aufgaben übertragen wurden, weder vor Gericht noch außergerichtlich Aussagen oder Erklärungen zu Angelegenheiten abgeben, die der arbeits- oder beamtenrechtlichen Verschwiegenheitspflicht unterliegen.

Aussageverweigerungsrecht
→Zeugnisverweigerungsrecht

Außendienst
→Innendienst

Außenfürsorge für psychisch Kranke
Mit den Anfängen institutionalisierter Psychiatrie gegen Ende des 18. Jh. setzte zugleich die Suche nach Alternativen zur stationären Behandlung und das Bemühen um Rückkehrmöglichkeiten für Kranke in das gesellschaftliche Leben ein. Es entstanden unterschiedliche Modelle, wie die Aufnahme der Kranken in Pflegefamilien, die Einrichtung von externen Anstaltsdiensten (→Außenwohngruppen) und der Aufbau von kommunalen Nachsorgesystemen. Seit der →Psychiatrie-Enquête 1975 haben sowohl die ambulanten Dienste der psychiatrischen Krankenhäuser als auch die sozialpsychiatrischen Dienste der Gesundheitsämter ihre Kompetenzen erweitern und zusammen mit den Beratungsstellen für psychisch Kranke das System ambulanter psychosozialer Versorgung ausbauen und stabilisieren können.

Außenwohngruppen
zur besseren Nachbetreuung und sukzessiven Rückführung ehemals stationär betreuter Personen eingerichtete Wohngruppen in räumlicher Distanz zur Großeinrichtung. A. sind vor allem Teil der psychiatrischen Behandlung und der →Heimerziehung.

Außerschulische Jugendbildung
umfaßt alle sozialpädagogischen Maßnahmen, die außerhalb von Schule, Familie und Berufsausbildung jungen Menschen in vielfältigen Formen und Einrichtungen angeboten werden und an denen Jugendliche ausschließlich freiwillig teilnehmen. Statt a. J. wird zunehmend der Begriff →Jugendarbeit verwendet.

Aussiedler
1. Europa ist historisch gesehen ein Kontinent der Migranten. Mit einer Aussiedlerproblematik waren nach dem 2. Weltkrieg die meisten europäischen Staaten konfrontiert, bedingt durch Grenzverschiebungen, der Rückwanderung der vorwiegend aus Osteuropa deportierten „Fremdarbeiter", häufig auch die „Repatriierung" wider Willen von „Ostarbeitern" in die Sowjetunion, vor allem aber durch die Verselbständigung überseeischer Kolonien (z. B. Holland: Indochina; Frankreich: Algerien; Belgien: Kongo) oder in Folge einer erweiterten Staatszugehörigkeit (Großbritannien/Commonwealth) bis hin zur Rückgliederung Hongkongs in die VR China. Auch Rußland steht wieder vor der Aufgabe, etwa 2 Millionen Migranten, im wesentlichen Russen, die aus anderen GUS-Staaten bzw. aus dem Baltikum in ihre Titularnation strömen, zu integrieren. Gleichzeitig wollen Angehörige der ethnischen Minderheiten, z. B. Polen, Letten, Esten und auch Rußlanddeutsche den Vielvölkerstaat verlassen.

Quantitativ war und ist die Bundesrepublik von der Migrationsbewegung am stärksten betroffen. Der im 19. Jahrhundert entstandene Nationalstaat wandelte sich vom Ausgangsraum kontinentaler und transatlantischer Auswanderungen zu einem Zuwanderungsraum kontinentaler Ost-West-Bewegungen und interkontinentaler Süd-Nord-Bewegungen (Bade 1994). Der Prozeß ist noch nicht abgeschlossen.

Auf ehemaligem deutschen Staatsgebiet östlich von Oder und Neiße lebten vor Beginn des Zweiten Weltkrieges etwa 9 Millionen Deutsche, jenseits der östlichen Reichsgrenze weitere 8,6 Millionen „Volkszugehörige". Insgesamt hatten davon bis Ende 1949 fast 8 Millionen Menschen ihren Lebensmittelpunkt in den Vertreibungsgebieten verlassen und überwiegend in den drei westlichen Besatzungszonen und in den Westsektoren Berlins Aufnahme gefunden (Haberland 1994). Bis 1996 hat sich die Zahl der Zuwanderer in der Bundesrepublik auf rd. 12 Millionen Personen erhöht.

Im Gegensatz zur Bundesrepublik verfolgte die DDR seit ihrer Gründung aus staatsideologischen Erwägungen heraus ein anderes Integrationskonzept, das auf die totale Assimilation der „Umsiedler" oder „Neubürger" genannten Vertriebenen hinauslief.

2. Juristisch ist der Status der Spätaussiedler zentral durch den § 4 Spätaussiedler (BVFG) geregelt:
„(1) Spätaussiedler ist in der Regel ein deutscher Volkszugehöriger, der die Republiken der ehemaligen Sowjetunion, Estland, Lettland oder Litauen nach dem 31. Dezember 1992 im Wege des Aufnahmeverfahrens verlassen und innerhalb von sechs Monaten im Geltungsbereich des Gesetzes seinen ständigen Aufenthalt genommen hat, wenn er zuvor
1. seit dem 8. Mai 1945 oder
2. nach seiner Vertreibung oder der Vertreibung eines Elternteils seit dem 31. März 1952 oder
3. seit seiner Geburt, wenn er vor dem 1. Januar 1993 geboren ist und von einer Person abstammt, die die Stichtagsvoraussetzungen des 8. Mai 1945 nach Nummer 1 oder des 31. März 1952 nach Nummer 2 erfüllt, es sei denn, daß Eltern oder Voreltern ihren Wohnsitz erst nach dem 31. März 1952 in die Aussiedlergebiete verlegt haben, seinen Wohnsitz in den Aussiedlungsgebieten hatte."

Das Gesetz beinhaltet neuerdings eine einschränkende Neuordnung, nach der ein Antragsteller nur dann als Spätaussiedler aufgenommen werden kann, wenn er vor dem 1.1.1993 geboren wurde. Selbstverständlich werden die später Geborenen als Zugehörige aufgenommen, wenn sie mit ihren anerkannten Eltern einreisen. Mit der Regelung wird aber ein Bruch mit dem überkommenen Prinzip der blutsgebundenen Staatszugehörigkeit eingeleitet. Nach geltender Verfassungslage wird mit diesem Gesetz gleichzeitig die grundlegende Stellung als Deutscher auch solchen Personengruppen zuerkannt, die in noch nicht absehbarer Zukunft aus den im BVFV genannten Ländern in die Bundesrepublik kommen werden.

3. In der Zeit zwischen 1950 und 1990 sind 3,6 Millionen Aussiedler in die Bundesrepublik gekommen. Bei Aussiedlerzuwanderungen handelt es sich stets um Zuwanderungen von Familien oder Großfamilien. Im Vorfeld gravierender politischer und sozialer Umwälzungsprozesse in den Staaten Süd- und Osteuropas und in der vormaligen Sowjetunion, die auch eine erhebliche Erleichterung der Emigration mit sich brachten, stieg die Aussiedlerzuwanderung am Ende der achtziger Jahre stark an und erreichte 1990 ihren Höhepunkt. Bis 1987 lag die Zahl der Aussiedler jährlich erheblich unter 70 000, sie stieg 1988 auf 202 654, 1989 auf 377 036 und 1990 auf 397 075 an.

Der 1988 unerwartete Anstieg der Aussiedlerzuwanderung überraschte die Bundesregierung, die jetzt die autochthone Bevölkerung von den positiven Effekten des Aussiedlerzuzugs überzeugen mußte, der von allen Nachkriegsregierungen rhetorisch-politisch eingefordert wurde. Die Bundesregierung deklarierte folglich die Aufnahme und Eingliederung von Aussiedlern als „nationale Aufgabe", diese regierungsamtliche Auffassung teilten verschiedene öffentliche und gesellschaftliche Gruppierungen und Institutionen. Unter demographischen, wirtschaftlichen, sozialpolitischen und kulturellen Aspekten wurde die Zuwanderung als „Gewinn" für die Bundesrepublik Deutschland gewertet (Puskeppeleit 1996). Die Altersstruktur der Aussiedler weist im Verhältnis zur Bevölkerung in der Bundesrepublik eine günstigere Verteilung auf: etwa 30 Prozent der Aussiedler sind unter 18 Jahren (19 Prozent in der Bundesrepublik), mehr als die Hälfte sind im erwerbsfähigen Alter, nur 11 Prozent (gegenüber 21 Prozent) sind über 60 Jahre alt. Die Öffentlichkeitsarbeit schrieb den Aussiedlern Kollektiveigenschaften zu, mit denen sich viele Deutsche der älteren Generation gerne in Abgrenzung zu Ausländern identifizieren, um ein Gefühl der Zusammengehörigkeit zu erzeugen: Fleiß, Ordnungsliebe und Pünktlichkeit. Die Warnungen des Deutschen Städtetages vor dieser politisch-öffentlichen positiven Symbolik hinsichtlich der begrenzten kommunalen Aufnahmekapazitäten und Aufnahmebereitschaft der Bevölkerung stießen auf wenig Resonanz.

Zu Beginn des großen Aussiedlerzuzugs fehlte der bundesdeutschen Bevölkerung ein Wissen über die Aussiedlungsmotive und Lebensbedingungen in den Herkunftsländern; die Aussiedler lösten zudem Irritationen aus, da sie Systemgrenzen in gesellschaftlicher, sozialer und kultureller Hinsicht durchbrachen, sie störten die Verdrängung (Nationalsozialismus, Krieg, Kriegsfolgen) von sozialem Abstieg bedrohte Gruppen, z.B. die 1 Millionen Arbeitslosen, sahen sich hingegen durch die Zuwanderer in ihrem Mindest-Lebensstandard bedroht (Konkurrenzängste). Ein Konfliktbereich war das Wohnraumproblem, das in Verbindung mit den Wandlungen der bundesdeutschen Sozialstruktur entstanden war, und das vor allem die sozialschwachen Familien mit mehreren Kindern betraf. Da die Aussiedler in den späten 80er Jahren erhöhte Dringlichkeitsstufen bei der Vergabe von Sozialwohnungen zugebilligt bekamen, entstanden zusätzliche Ressentiments. Die mit der Einwanderungswelle zusammenfallenden gesellschaftlichen Verteilungsprobleme, der steigende Konkurrenzdruck und das hohe Anforderungsprofil in der Arbeitswelt dürften die Lebenslage der sozial schwächeren Gruppen verschärft haben. Der soziale Streß der Modernisierungs- und Transformationsprozesse macht die Bürger anfällig für Intoleranz. Die steigenden Immigrationszahlen hatten zunehmend eine abnehmende Akzeptanz bei der Bevölkerung zur Folge. „Das Boot ist voll", mit veröffentlichten Bedrohungsszenarien versuchten Meinungsführer mit Hilfe wichtiger Medien die Fremden, und jetzt Ausländer, Asylbewerber und Aussiedler, als Ursache für die sozialen Überforderungen auszuweisen, um von den umfassenderen sozialen Belastungen abzulenken (Fritzsche 1997). Mitbedingt durch den Zuzug von Asylbewerbern (1989: 121318 Personen) und die Übersiedlung von DDR-Bürgern (1989: 343854 Personen) wurde 1990 von der Bundesregierung ein Paradigmenwechsel der Aussiedlerpolitik eingeleitet, von der Politik der „nationalen Aufgabe" zur Politik der „Eindämmung der Zu- und Einwanderung und der Konkurrenz- und Neidbewältigung" (Puskeppeleit 1996). Durch insgesamt 840000 Zuwanderungen, davon 397000 Aussiedlern aus Osteuropa, den großen Zustrom von Übersiedlern aus der DDR kam es 1990 zu einem Bevölkerungswachstum von einem Prozent in der Bundesrepublik. Die Bundesregierung schuf daraufhin mit der Einführung des Aussiedleraufnahmegesetzes (AAG) im Juli 1990 ein Instrument zur Regulierung der Zuwanderung. Auf dem Verwaltungswege entstand eine bisher abgelehnte Kontingentierung des Zuzuges (1991: 221974; 1992: 230505; 1993: 218888; 1994: 222591; 1995: 217898; stark rückläufig seit 1996: 177751 und 1997: 134418). Das 1993 verabschiedete „Kriegsfolgenbereinigungsgesetz" (KfbG) beschränkt die Anzahl der zuziehenden Aussiedler jährlich auf 225000 Personen, das Bundesverwaltungsamt kann um 10 Prozent von dieser Quote abweichen. Dieser im Vermittlungsausschuß gefundene Kompromiß basiert noch auf der Annahme eines Arbeitskräftebedarfs von etwa 300 000 zusätzlichen Erwerbspersonen und könnte vorrangig durch die Aussiedler abgedeckt werden. Dieses quantitative Argument, zwischenzeitlich durch die wirtschaftlich-technischen Transformationsprozesse weitgehend überholt, berücksichtigt jedoch nicht im ausreichenden Maße die Bildungs- und Ausbildungsqualifikationen der Aussiedler. Eine sozialverträgliche Quotierung, auch vor dem Hintergrund von Massenarbeitslosigkeit und ansteigender Armut, müßte die Zuzugsquoten stark nach unten korrigieren. Das Beibehalten der derzeitigen Quotierung beinhaltet bei der Problemfülle die Tendenz zur „Restverwaltung der sozialen Problemgruppe der Aussiedler" (Puskeppeleit 1996) und wird mithin auch die Ausgrenzung dieser Gruppe verstärken.

Seit dem Beginn der neunziger Jahre sind die Zuwanderungen aus den bisher wichtigsten Herkunftsländern der Aussiedler, Polen (1990–1997: 203 143, davon in 1997: 687 Aussiedler) und Rumänien (1990–1997: 184 480, davon in 1997: 1777 Personen), stark zurückgegangen, der Großteil der ausreisewilligen Aussiedler aus diesen Ländern ist bereits in die Bundesrepublik gekommen. Beginnend mit 1990 (147 455 Personen) übersteigt die Zahl der rußlanddeutschen Spätaussiedler alle Zahlen der Ausreisewilligen aus den osteuropäischen Ländern, seit 1993 kamen über 90 Prozent der Aussiedler aus den GUS-Staaten, in der Zeit von 1990–1997 insgesamt 1 227 078 Aussiedler. Verstärkend wirkt, daß das „Kriegsfolgenbereinigungsgesetz" vorschreibt, daß mit Ausnahme der Deutschen aus der vormaligen Sowjetunion alle Ausreisewilligen aus den Staaten Osteuropas individuell glaubhaft machen müssen, daß sie aufgrund ihrer nationalen Zugehörigkeit benachteiligt werden. Nach dem Erlaß des Bundesministeriums des Innern „Registrierverfahren für Aussiedler" ist ein Kriegsfolgenschicksal nicht gegeben, wenn im engsten Familienkreis nicht mehr deutsch gesprochen wurde, eine völlige Anpassung an die Verhältnisse im Herkunftsland offenbar ist und Belastungen, die sich aus der Eigenschaft als Deutscher ergeben, nicht mehr erkennbar sind.

4. Der Sozialen Arbeit ist somit seit dem Ende der achtziger Jahre mit der Zuwanderung von Aussiedlern ein neues Arbeitsfeld zugewachsen, das in sich hoch different ist und für das es engagierte Lösungsversuche, aber nur wenige abgesicherte Handlungsentwürfe gibt (Kiefl et al. 1997). Obwohl ein unübersehbarer Hilfebedarf besteht, sowohl aus der Sicht der Betroffenen als auch aus der Perspektive einer Gesellschaft, die jugendliche Aussiedler zunehmend als kriminalitätsbelastet wahrnimmt, muß sich die Soziale Arbeit erst der gegebenen Problemstruktur vergewissern. Dies fällt ihr nicht leicht, denn u.a. zeichnen sich deutliche Differenzen des subjektiven Hilfebedarfs ab: In der Sozialen Arbeit mit Aussiedlern gibt es Gruppen, die, getragen von ihrem Selbstverständnis und Zusammenhalt, kaum nach flankierender Unterstützung zur Integration fragen; der größte Teil der Aussiedler aber erlebt einen Zusammenbruch von Familiengeschichte, die immer auch Rahmung von Norm- und Wertvorstellung war und Handlungssicherheit gewährte. Neue soziale und kulturelle Ordnungsmuster müssen gesucht und geprüft werden. In dieser Problemstruktur hätte die Sozialpädagogik die historischen und milieubedingten Erfahrungen als einen wichtigen Teil der Lebensgeschichte zu würdigen, um, davon ausgehend, einen selbstverantworteten Entwurf für die Bewältigung des Alltags begleiten, beraten und unterstützen zu können. Die Konfrontation (bisherigen) sozialistisch-kollektiven Denkens und eine Orientierung am Gemeinwesen der Ethnie mit der eher leistungsorientierten, individualistisch ausgerichteten westlichen Erziehung innerhalb

des Eingliederungsprozesses kann zu einer Belastung, aber auch zu einer persönlichen Herausforderung werden (Herwartz-Emden 1997); notwendig ist eine Auseinandersetzung zwischen den alten und neuen Anforderungen und Erfahrungen, in denen auch „neue" erzieherische Praktiken und Haltungen ausprobiert werden können.

Die sozialen Rahmenbedingungen und die mittlerweile sehr begrenzten Verteilungsspielräume zwingen dazu, die Belange unterstützungsbedürftiger Gruppen abzuwägen. Bei Flucht und Asyl geht es im Interesse der Betroffenen um den Schutz der Flüchtlinge und um die Bekämpfung der Fluchtursachen in den Herkunftsgebieten, auch um internationale Solidarität, bei Einwanderung aber auch um die Steuerung von Migrationsprozessen im Eigeninteresse des Aufnahmelandes. Aus (sozial-)pädagogischer Sicht wäre es unverantwortlich, die limitierten Integrationsspielräume für Spätaussiedler zu ignorieren und sich so zu verhalten, als gäbe es keinen materiellen Engpaß bei der Aufnahme dieser Gruppe. Die (Sozial-)Pädagogik muß auf die politische Entscheidung zur Kürzung von Integrationshilfen fachlich reagieren. Damit ist immer die Gefahr verbunden, daß verschiedene Bedarfslagen mit abgestuften Präferenzen belegt werden müssen und die für die unmittelbare Versorgung zuständige Instanz für die Privilegierung und die Vernachlässigung von sozialen Aspiranten zur Rechenschaft gezogen wird. Haben die Aussiedler ihre Identität aus einer gemeinsam erlebten Vergangenheit und Geschichte gewonnen (Ingenhorst 1997), stehen sie nach der Übersiedlung im Konflikt mit dem Aufbrechen traditionsgebundener Normen und Werte in der Moderne. Die Sozialpädagogik wird sich, unter Beteiligung der Betroffenen, um die Ermöglichung von Handlungsautonomie zu bemühen haben und Selbsthilfepotentiale fördern, damit der jugendliche Aussiedler als Person anerkannt und eine individuelle Wertschätzung erfahren kann in einer gleichwertigen Lebensform. Praktiker vor Ort sollten mit Konzepten von Einmischungsstrategien, d. h. aktive Interessenvertretungen, z. B. im Rahmen von Arbeitsgemeinschaften gemäß § 78 KJHG diesen Ansatz flankieren.

Lit.: Bade, K. J.: Ausländer, Aussiedler, Asyl, München 1994; Haberland, J.: Eingliederung von Aussiedlern, Leverkusen 1994; Herwatz-Emden, L.: Erziehung und Sozialisation in Aussiedlerfamilien: Einwanderungskontext, familiale Situation und elterliche Orientierung, in: Kiefl, W./Peitinger, R./Rose, H. (Hrsg.), Integration braucht Hilfe, München 1997; Ingenhorst, H.: Die Rußlanddeutschen Aussiedler zwischen Tradition und Moderne, Frankfurt a. M./ New York 1997; Kiefl, W./Peitinger, R./ Rose, H. (Hrsg.): Integration braucht Hilfe, München 1997; Otto, U. (Hrsg.): Aufwachsen in Armut, Opladen 1997; Pfeiffer, Chr./Brettfeld, K./Delzer, I.: Kriminalität in Niedersachsen – 1985 bis 1996, Hannover 1997; Puskeppeleit, J.: Der Paradigmenwechsel – die Aussiedlerpolitik – Von der Politik der „nationalen Aufgabe" zur Politik der „Eindämmung der Zu- und Einwanderung und der Konkurrenz- und Neidbewältigung", in: Graudenz, J./Römhild, R. (Hrsg.), Forschungsfeld Aussiedler: Ansichten aus Deutschland, Frankfurt a. M./Berlin/Bern/New York/Paris/Wien 1996, S. 99 ff.; Schafer, A./Schenk, L./Kühn, G.: Arbeitslosigkeit, Befindlichkeit und Bildungsbereitschaft von Aussiedlern, Frankfurt a. M./Berlin/Bern/New York, Paris/Wien 1995; Schmitt-Rodermund, E./Silbereisen, R. K.: Akkulturation und Jugendentwicklung in Aussiedlerfamilien, in: Thomas, A. (Hrsg.), Psychologie interkulturellen Handelns, Göttingen 1996, S. 431–452.

Herbert Colla-Müller, Lüneburg

Ausweisung
→Abschiebung

Autokratischer Erziehungsstil
→Erziehungsstile

Autonomie
A. wird als Begriff u. a. in der Ethik, in der Psychologie und im Recht verwendet. Allgemein bedeutet A. Unabhängigkeit, Selbständigkeit. Im Kontext Sozialer Arbeit ist vor allem die ethische Diskussion um die Selbstbestimmung des freien Willens als Fähigkeit des vernünftigen Menschen (→Aufklärung) von Bedeutung. In bezug auf Projekte und Initiativen der Sozialen Arbeit meint A. die Unabhängigkeit von staatlicher und verbandlicher Unterstützung und Aufsicht (→Selbstverwaltung).

Autoritärer Charakter
die Bezeichnung für einen spezifischen Typus der →Persönlichkeit entstammt einer Bündelung von Studien von T. W. Adorno u. a. (→Kritische Theorie), die den Zusammenhang von Charakter und politischer Einstellung zum Gegenstand haben. Der a. Ch. ist vor allem durch übersteigerten Konformismus, durch Unterwerfungsdrang unter die Mächtigeren und Unterdrückungsdrang gegenüber Schwächeren gekennzeichnet. Diese vorurteilsgeleitete, ichschwache, sexualfeindliche, starre und intolerante Persönlichkeitsstruktur wird vor allem als Ergebnis repressiver, restriktiver Kleinkindererziehung erklärt (→antiautoritäre Erziehung). Im Zusammenhang mit der Frage nach den Ursachen und Entstehungsbedingungen des Nationalsozialismus wird der a. Ch. als faschismustragende Persönlichkeitsstruktur diskutiert.

Autorität
Verhältnis von Über- und Unterordnung, bei dem idealtypisch derjenige, der sich unterordnet, dieses als berechtigt anerkennt. In diesem Sinne meint A. die Fähigkeit, auf andere ohne Befehl, Drohung oder Zwang lenkend einzuwirken. A. kann sich durch fachliche und/oder persönliche Kompetenz, durch einen erreichten Status oder ein wahrgenommenes Amt herstellen. Seit →Rousseau sehen sich alle bürgerlichen Erziehungs- und Bildungstheorien mit der Frage der A. konfrontiert.

AWO
→Arbeiterwohlfahrt-Bundesverband e. V.

B

Bäumer, Gertrud (12.9.1873–24.3.1954)
Die Volksschullehrerin und Schriftstellerin studierte später Deutsch, Sozialwissenschaften, Philosophie und promovierte 1904. Neben Helene Lange bedeutendste Vertreterin der deutschen Frauenbildungsbewegung. Leiterin der Hamburger Sozialen Frauenschule/Sozialpädagogisches Institut (1916–1919, zusammen mit Marie Baum), Mitglied der Weimarer Nationalversammlung, Abgeordnete des Reichstags (Demokratische Partei), Ministerialrätin im Reichsinnenministerium (1920–1933) nach 1926 auch in der Völkerbundkommission für den Schutz von Kindern und Jugendlichen tätig. Mitarbeiterin der Zeitschrift „Hilfe" und Herausgeberin der Zeitschrift „Die Frau". 1933 wurde sie ihrer Ämter enthoben. In ihrer gesamten Arbeit widmete sich B. vor allem der theoretischen Grundlegung und praktischen Ausgestaltung der Jugendwohlfahrt und des Familienrechts. Sie trieb in maßgeblicher Weise die sozialpädagogische Begriffsbildung vor dem Zweiten Weltkrieg voran und begründete die Sozialpädagogik als dritte erzieherische Kraft neben Schule und Familie.

BAföG (Bundesausbildungsförderungsgesetz)
→Ausbildungsförderung

Bahnhofsmission
Ausgangspunkt für die Bahnhofsmission waren die aufgrund der Not junger Landmädchen, die im Zuge der Wanderbewegungen der Industrialisierung des 19.Jh. unsicher und hilflos in die Großstädte kamen, gegründeten Empfangsgruppen. Diese Auffangarbeit hat sich ausgedehnt auf alle Menschen, die auf dem Bahnhof Hilfe suchen. Die B. vermittelt Kontakte in Notfällen und unterstützt vor allem hilflose Personen beim Umsteigen und beim Aufenthalt. Träger der B. sind →Caritas und →Diakonie. Die Arbeit wird zu über 80% von ehrenamtlichen Kräften geleistet.

Balintgruppe
ursprüngl. von dem ungarischen Psychoanalytiker Michael Balint (1896–1970) entwickelte Arbeitsgruppe von 8–10 Ärzten, die ihre Praxiserfahrung regelmäßig unter Anleitung reflektieren. Ziel ist es, die am Prozeß beteiligten (unbewußten) Konflikte des Arztes gegenüber seinem Patienten zu erkennen und für den therapeutischen Prozeß fruchtbar zu machen. Mittlerweile hat diese Methode auch in die (Selbst-)Evaluation anderer Berufsgruppen Eingang gefunden. →Supervision

Bande (Gang)
ursprüngl.: die unter einer Fahne gesammelte Schar. Heute vor allem Bezeichnung für den Zusammenschluß mehrerer (meist) Jugendlicher zu einer Gruppe, der auffälliges bis kriminelles Verhalten zugeschrieben wird. Bei der gruppenweise wiederholten Begehung von Straftaten (insbes. Eigentumsdelikte und Vandalismus) spricht man von Bandendelinquenz. Die Ursachen der Bandenbildung und -delinquenz sind vor allem im Rahmen von Theorien der →Subkultur diskutiert worden.

Bauspielplatz
→Abenteuerspielplatz

BDM (Bund Deutscher Mädel)
→Hitler-Jugend

Bedarfsdeckungsprinzip
tragendes Prinzip der →Sozialhilfe, nach dem sich die zu erbringende Leistung am nicht gedeckten Bedarf des Bedürftigen zur Führung eines menschenwürdigen Lebens auszurichten hat. Problematisch ist die Konkretisierung des Bedarfs. Die Regelsätze der Sozialhilfe orientieren sich deshalb am sog. →Warenkorb. Begrenzt wird das B.

Befragung
durch den →Individualisierungsgrundsatz und durch das Gleichheitsprinzip.

Befragung
→Empirische Sozialforschung: Qualitative Verfahren
→Empirische Sozialforschung: Quantitative Verfahren

Begabung
uneinheitlich gebrauchter Begriff für die dauerhaften, subjektiven Lern- und Leistungsvoraussetzungen des Individuums. Vor allem ältere Autoren verwenden B. und →Intelligenz synonym, während neuere Konzepte Intelligenz als unspezifische intellektuelle Disposition und B. als besondere Eignung für einen bestimmten Kulturbereich unterscheiden. Hauptstreitfrage der Diskussion ist das Anlage-Umwelt-Problem, die Frage also, ob B. eine ererbte, eine erlernbare oder eine dynamische (d.h. die erbliche →Anlage gilt als eine der Förderung durch die Umwelt bedürftige Potenz) Disposition ist.

Begegnung
zentraler Begriff der vor allem existenzphilosophisch begründeten pädagogischen Theorienbildung. Die B. als „existentielle Berührung" mit anderen Menschen, die nachhaltig auf die Beteiligten wirkt und die Fähigkeit zur Erkenntnis auslöst, ist u.a. Grundkategorie der dialogischen Pädagogik Martin →Bubers.
→Psychodrama

Begleitforschung
→Evaluation

Behaviorismus
von J. B. Watson (1878–1958) begründete, seit 1913 zunächst vor allem in den USA verbreitete, nach dem Vorbild der Naturwissenschaften aufgebaute psychologische Schule. Der B. befaßt sich entsprechend mit den beobachtbaren und meßbaren Gesetzen der Abhängigkeit zwischen Reizen und Reaktionen. Jede Betrachtung subjektiver psychischer Vorgänge als Mittel der Erkenntnis lehnt der traditionelle B. entschieden ab.

Im späteren Neo-B. wurden auch die Vorgänge des Erlebens als zu beobachtende und erschließbare Kategorien anerkannt und in die Forschung aufgenommen. Im Rahmen des B. hat man sich vor allem mit der Lerntheorie befaßt, da jedes Verhalten als ausschließliches Ergebnis von Lernprozessen (→Soziales Lernen) zu betrachten sei. →Verhaltenstherapie und Sozialpädagogik

Behindertenberatung
Wie jeder Bürger, hat auch der Behinderte einen allgemeinen Anspruch auf Beratung zu seinen Rechten und Pflichten nach dem SGB, sowie ein Recht auf medizinische Beratung durch den behandelnden Arzt. Unter dem Gesichtspunkt der →Rehabilitation, die nur mit Zustimmung des Behinderten durchführbar ist, wird die Bereitschaft zur notwendigen Maßnahme mit Hilfe einer B. durch den Rehabilitationsträger im Sinne einer Aufklärung vorbereitet und gefördert. Eine gesetzliche Pflicht zur B. haben folgende Rehabilitationsträger: gesetzliche Kranken-, Unfall- und Rentenversicherung, Altershilfe für Landwirte, Kriegsopferfürsorge und Arbeitsförderung. Beratungspflicht nach BSHG besteht zudem für die Gesundheitsämter, die Träger der Sozialhilfe und nach dem SchwbG für die Vertrauensperson im Betrieb.

Behindertenhilfe
Ein geschlossenes System der B. existiert nicht. Die Hilfen für Behinderte bestehen aus einer Vielzahl gesetzlicher Vorschriften und gesetzlichen wie außergesetzlichen Programmen, die jeweils einen Teilaspekt der B. abdecken. Gemeinsam ist jedoch allen Maßnahmen und Angeboten die Zielvorstellung der Eingliederung von Behinderten in die Gesellschaft.

Behindertenpädagogik
→Sonderpädagogik

Behindertenverbände
In den B. haben sich behinderte Menschen, deren Freunde, Verwandte und

Förderer zusammengeschlossen, um nach dem Muster der →Selbsthilfe die Selbständigkeit und Unabhängigkeit von Betroffenen zu fördern sowie als sozialpolitische Interessenvertretung zu fordern. Die historisch ältesten B. sind die Organisationen der Kriegsverletzten. Nach dem Zweiten Weltkrieg waren es vor allem die Eltern behinderter Kinder, die sich zusammenschlossen. In der Folgezeit sind eine Reihe von B. für spezifische Behindertengruppen entstanden, so gibt es heute bspw. die Arbeitsgemeinschaft Allergiekrankes Kind, den Bundesverband der Herz- und Kreislaufbehinderten, die Bundesvereinigung Stotterer-Selbsthilfe, die Deutsche Multiplesklerose Gesellschaft und den Schutzverband der Impfgeschädigten. Viele Behinderten-Selbsthilfeverbände sind in der →Bundesarbeitsgemeinschaft für Behinderte e.V. zusammengeschlossen.

Behindertenwerkstätten
→Werkstätten für Behinderte

Behindertenwohnheim
Einrichtungen, die den besonderen Bedürfnissen Behinderter entsprechen und eine Vollzeit-Betreuung gewährleisten. Zunehmend fühlen sich die Träger und Mitarbeiter von B. dezentralen, gemeindenahen Standorten und binnendifferenzierten Konzepten (Wohngruppen, kleine separate Wohnungen, Außenwohnungen) verpflichtet, um den sozialen Bedürfnissen behinderter Menschen gerecht zu werden und eine größere Selbständigkeit der Betroffenen stufenweise zu fördern.

Behinderung
1. Definition. B. ist ein Sammelbegriff, der trotz vielfältiger Versuche nur schwer präzisierbar ist, da B. sich nur im Vergleich und Abgrenzung zu Nichtbehinderung darstellen läßt. Heute üblich ist eine umschreibende Darstellung: „Behindert ... sind alle, die von Auswirkungen einer nicht nur vorübergehenden Funktionsbeeinträchtigung betroffen sind, die auf einem von dem für das jeweilige Lebensalter typischen Zustand abweichenden körperlichen, geistigen oder seelischen Zustand beruht" (Bundesministerium für Arbeit und Sozialordnung 1998). Damit korrespondiert der dreistufige Behindertenbegriff der Weltgesundheitsorganisation: Impairment (Schädigung), Disability (Fähigkeitsstörung) und Handicap (Beeinträchtigung) (vgl. IMBA, 1996). Bei B. wird vielfach eine angeborene geistige und/oder körperliche B. assoziiert. Dabei ist der Behinderungsbegriff auf jeden Fall umfassender, indem auch psychisch Kranke unter diese Kategorie fallen. Viele B. entstehen auch erst im Laufe eines Lebens durch Unfälle oder Krankheiten. Dem großen Spektrum von B. entsprechend gibt es auch unterschiedliche Formen der individuellen Förderung und Hilfeleistung. Die gesetzliche Grundlage für die Behindertenhilfe ist das Bundessozialhilfegesetz (BSHG) (→Sozialrecht). In Fortsetzung des Normalisierungsprinzips (Thimm 1990) hat das Konzept des „Selbstbestimmten Lebens" (vgl. Speck 1998) heute große Bedeutung erlangt.

2. Individuelle Folgen. Durch das Eintreten einer B. ist nicht nur eine individuelle Schädigung zu konstatieren, sondern es hat für den Einzelnen umfangreiche Folgen und Konsequenzen. Daraus resultieren 4 Themenbereiche:
1. B. ist an sich eine wesentliche Beeinträchtigung in der Lebensführung und Handlungskompetenz. Je nach Beeinträchtigung kann es erforderlich sein, partiell (z.B. bei Körperbehinderungen, Paresen/Paralysen) oder auch umfassend (Rollstuhl etc.) Hilfestellungen durch andere Personen (einschließlich der Hilfsmittel) annehmen zu müssen.
2. Diese individuellen Beeinträchtigungen haben auch Auswirkungen auf die Partizipationschancen, deren Beeinträchtigungen so groß sein können, daß ein selbständiges Leben nicht

mehr möglich ist. In Folge der Beeinträchtigungen kann es nicht nur bedeuten, daß eine partielle Unterstützung bei bestimmten Aktivitäten erforderlich ist, sondern daß in allen Angelegenheiten des täglichen Lebens Hilfestellung geleistet werden muß bzw. bestimmte Versorgungsleistungen (z.B. Waschen, Essen kochen etc.) von anderen Personen wahrgenommen werden müssen, weil die eigenen Fähigkeiten aufgrund der B. verloren gegangen sind. Dieses kann so weit gehen, daß es u. U. zur dauerhaften Unterbringung in Heimen und beruflichen Tätigkeiten in spezifischen Einrichtungen der Behindertenhilfe kommt, weil andernfalls eine Versorgung und Hilfestellung nicht gewährleistet werden kann.
3. B. stellt eine volkswirtschaftliche Problematik dar, da die Solidargemeinschaft für die Kosten aufkommen muß. Da nach wie vor die Hauptdefinition als partizipierendes Mitglied der Gesellschaft durch den Begriff der Arbeit, der Arbeitsleistung und der damit verbundenen Entlohnung erfolgt, hat eine B. oft eine Stigmatisierung und Zuordnung zu einer Randgruppe zur Folge.
4. Neben den individuellen Beeinträchtigungen resultieren daraus auch verschiedene sozialrechtliche Folgen. Die Möglichkeit zur Arbeit kann durch die B. stark eingeschränkt und verlorengegangen sein, so daß eine Unterstützung aus öffentlichen Kassen geleistet werden muß (→Sozialrecht), was dann u. U. lebenslang erfolgt. Damit sind die individuellen Gestaltungs- und Planungsmöglichkeiten des eigenen Lebens stark begrenzt. Schließlich kann dies auch mit →Armut verbunden sein, da an die Erlangung öffentlicher Leistungen bestimmte Kriterien gebunden sind, die bei dem einzelnen Hilfesuchenden vorliegen müssen.

Folgende Tabelle gibt einen Überblick über die Zahl und Arten der B., wobei über die Ursache der B. keine Aussage getroffen werden kann:

Art der Behinderung (Auswahl)	absolut	%	Veränderung in % 1992–1996
Lernbehinderungen	40421	14,57	12
Psychosen	9214	3,2	39
Neurosen	13667	4,92	43,6
geistige Behinderungen	8575	3,09	–30,0
Herzkrankheiten	6888	2,48	32,3
Kreislauf	2385	0,86	1,8
Hautkrankheiten	9750	3,51	–20,1
Krankheiten des Skeletts	132902	47,89	22,7
Schädelfraktur	3505	1,26	–22,9

(Bundesministerium für Arbeit und Sozialordnung, 1998)

Auffallend an diesen Zahlen ist die große Zunahme der psychischen B.

3. Behinderung und Beruf. Die Einschränkungen der individuellen Handlungskompetenz aufgrund von B. erfordert für die hauptberufliche Tätigkeit spezifische Angebote. Heute gibt es folgende Möglichkeiten zum Erwerb eines Berufes: Betriebliche Arbeitsorte, Berufsbildungswerke, Berufsförderungswerke, Einrichtungen der medizinisch-beruflichen →Rehabilitation und Werkstätten für Behinderte. Mit dem Erwerb einer Ausbildung ist auch bei behinderten Menschen nicht automatisch der zukünftige Arbeitsplatz gesichert, im Gegenteil: Von den etwa 1,1 Millionen schwerbehinderten Personen, die dem Arbeitsmarkt 1996 zur Verfügung standen, waren im Oktober 1996 fast 200000 Personen arbeitslos gemeldet. Weiterhin gibt es vielfältige Bemühungen, für behinderte Personen Arbeitsplätze außerhalb der traditionellen Institutionen wie Werkstätten für Behinderte zu finden. Dazu wurden Integrationsfachdienste, Arbeitsassistenzen sowie verschiedene lokale Projekte eingerichtet. Damit soll den differenzierten Be-

dürfnissen behinderter Menschen Rechnung getragen werden. Für behinderte Personen, die zwar im arbeitsfähigen Alter sind, aber aufgrund ihrer B. nicht in berufliche Institutionen eingebunden werden können, werden tagesstrukturierende Maßnahmen angeboten.

4. Behinderung und Wohnen. Analog zu den Bemühungen um die berufliche Integration behinderter Menschen gibt es inzwischen differenzierte Angebote an Wohnformen. Diese reichen vom betreuten Wohnen im eigenen Wohnraum über Wohngemeinschaften, hin zu Wohnheimen und schließlich auch Pflegeheimen. Diese Angebote korrespondieren mit dem Konzept „Selbstbestimmt Leben", wonach Menschen mit B. möglichst selbständig über ihr Leben entscheiden sollen.

5. Behinderung und gesellschaftliche Partizipation. Abgesehen vom Arbeitsbereich und den Wohnformen vollzieht sich die Teilnahme am gesellschaftlichen Leben und damit die Integration im wesentlichen über den Freizeitbereich. Diese ist vielfach mit Kosten (Eintrittsgelder, Reisekosten, Verzehrkosten etc.) verbunden, die die behinderten Menschen selber aufbringen müssen. Da ihr Einkommen häufig niedriger als im Bevölkerungsdurchschnitt ist (aufgrund der geringen Entlohnung in den Institutionen der beruflichen Behindertenhilfe), erweist sich dieses als eine Barriere. Zusätzlich ist die Gesellschaft gegenüber behinderten Menschen nach wie vor reserviert und bietet nur wenige Möglichkeiten zur Partizipation und damit zur Integration. →Sonderpädagogik

Lit.: Beck, M., Handbuch Sozialmanagement, Stuttgart u. a. 1995; Beilmann, M., Sozialmarketing und Kommunikation, Neuwied u. a. 1995; Bundesarbeitsministerium für Arbeit und Sozialordnung (Hg.), Die Lage der Behinderten und die Entwicklung der Rehabilitation, Bonn 1998; Hauser, A., Neubarth, R., Obermair, W. (Hg.), Handbuch Soziale Dienstleistungen, Neuwied u. a. 1997; IMBA (Integration von Menschen mit Behinderungen in die Arbeitswelt), hg. vom Bundesministerium für Arbeit und Sozialordnung, Essen, Siegen 1996; Meinhold, M., Qualitätssicherung und Qualitätsmanagement in der Sozialen Arbeit, Freiburg/B. 1996; Mühlum, A., Oppl, H. (Hg.), Handbuch der Rehabilitation, Neuwied 1992; Ristok, B., Leistungsgerechte Entgelte. Betriebswirtschaftliche Aspekte eines neuen Vergütungsprinzips im BSHG und SGB XI, Freiburg/B. 1995; Speck, O., System Heilpädagogik: eine ökologische Grundlegung, München, Basel, 4. Auflage; Thimm, W., Das Normalisierungsprinzip; Marburg 1990; Zwierlein, E. (Hg.), Handbuch Integration und Ausgrenzung, Neuwied u. a. 1996.

Stefan Müller-Teusler, Hitzacker

Benchmarking
B. (engl.) bedeutet frei übersetzt „Lernen von besten Ideen und Lösungen" im Rahmen eines systematischen Vergleichs und ist ein spezielles Verfahren des Qualitätsmanagements (→Qualitätssicherung – Qualitätsmanagement) bzw. der →Organisationsentwicklung. Dieser Vergleich dient dazu, Stärken und Schwächen einer Organisation zu identifizieren, Verbesserungsvorschläge zu erarbeiten und deren Umsetzung selbst zu evaluieren. Das B. zielt auf die ständige Verbesserung von Arbeitsprozessen und Arbeitsergebnissen, dazu zählt auch die Innovationskraft und der Kundennutzen bzw. die Kundenzufriedenheit. Die erzielten und umfassend dokumentierten Verbesserungen werden anderen Einrichtungen zur Verfügung gestellt. Ein Beispiel für Benchmarking ist das Projekt „Benchmarking in Suchtberatungsstellen", das von der Niedersächsischen Landesstelle gegen die Suchtgefahren für die Suchtberatungsstellen der Freien Wohlfahrtspflege seit 1997 in Niedersachsen koordiniert wird. Ab 1998 will die Niedersächsische Landesstelle alle

Suchtberatungsstellen mit den Instrumenten des Benchmarkings vertraut machen. Der Prozessverlauf des niedersächsischen Benchmarking umfaßt folgende Handlungsschritte: 1. Planung und Umsetzung von Verbesserungsideen bzw. Einleitung erster Schritte zu ihrer Umsetzung. 2. Durchführung von „Prozessanalysen" besonders aufwendiger Tätigkeiten zum Auffinden von Verbesserungspotentialen. 3. Einführung einer Methode der Selbstbewertung/ →Selbstevaluation zur systematischen und kontinuierlichen Beschreibung der Stärken und Verbesserungsbereiche der eigenen Suchtberatungsstelle. Die dafür eingesetzten „Selbstbewertungsbögen" begründen das eigentliche Benchmarking. Sie ermöglichen mittels des Vergleichs mit anderen Einrichtungen die Identifikation eigener Stärken und Verbesserungsbereiche und dienen damit dem Austausch „bester Lösungen" zwischen den Beratungsstellen.

Beobachtung
→Empirische Sozialforschung: Qualitative Verfahren
→Empirische Sozialforschung: Quantitative Verfahren

Beobachtungsheim
→Aufnahmeheim

Beratung
1. Der Begriff B. kennzeichnet einerseits eine zentrale Aufgabe in allen Tätigkeitsbereichen Sozialer Arbeit (horizontaler Aspekt), andererseits einen spezialisierten Beruf (vertikaler Aspekt) in der modernen Gesellschaft. Gleichzeitig ist es ein Alltags-, ja ein Allerweltsbegriff, der selbst in wissenschaftlichen Publikationen in verwirrend unklarer und vielfältiger Weise, manchmal auch eigenartig ideologisch verzerrt, verwendet wird. B. findet statt zwischen Beratern und Ratsuchenden, wobei die Klienten, im modernen Wortsinn die „Auftraggeber", die diesen Auftrag mehr oder weniger ausdrücklich formulieren, Einzelpersonen, Gruppen oder Organisationen sind. Idealtypisch ist B. ein spezifisch strukturierter, klientenzentrierter und zugleich problem- oder sachorientierter kommunikativer Verständigungsprozeß, der methodisch, theoretisch, axiologisch und wissenschaftstheoretisch begründet und durch empirische Forschung bezüglich seiner Wirkungen und Nebenwirkungen kontinuierlich überprüft wird. Der Beratungsprozeß ist damit offen, die Ergebnisse nicht vorhersehbar oder institutionell festlegbar, sondern je mit den Klienten, orientiert an ihrer besonderen Situation, erst auszuhandeln. Aus „beraten" oder „beraten werden" wird somit „sich gemeinsam beraten". Die Bedeutung der Verständigungsorientierung für den Beratungsprozeß ist fundamental und grundsätzlich, wenn graduell auch unterschiedlich, da B. in der Sozialen Arbeit auf einem Kontinuum angesiedelt ist, das durch die beiden Nachfrageaspekte „Mangel an Wissen" und „Mangel an Entscheidungsfähigkeit" begrenzt ist. Konkrete B. ist auf diesem Kontinuum schwerpunktmäßig zuzuordnen, dient also mehr der Information und Wissensvermittlung (Sozial-, Rechts-, Gesundheits-, Freizeitberatung u. v. a.) oder mehr der Förderung psychosozialer Kompetenz (Partner-, Erziehungs-, Sucht-, Sexualberatung u. v. a.). (s. Abb.)

In der Realität der Beratungssituation geht es allerdings nicht um ein „entwe-

	Beratung		Therapie
Auskunft {	Vermittlung neuen Wissens	Förderung neuer Handlungskompetenzen	} Begleitung Betreuung Erziehung u. a.
	Wiederbelebung alten Wissens	Wiederbelebung alter Handlungskompetenzen	

Abbildung: Ziele von Beratung als flexibler Verständigungsprozeß

der ... oder", sondern um eine situationsadäquate Verknüpfung dieser beiden Aspekte, unterschiedlich gewichtet in den verschiedenen Phasen des Beratungsprozesses. Professionelle B. in der Sozialen Arbeit kann dann als psychosoziale B. gekennzeichnet werden, wobei der informative Aspekt darin integriert ist. Noch nicht B. ist dann auf der einen Seite eine rein sachliche Auskunft und nicht mehr B. ist auf der anderen Seite die psychotherapeutische Behandlung persönlichkeitsprägender psychischer Störungen, Betreuungs-, Erziehungsprozesse u. a., wobei die Grenzen in beiden Richtungen fließend sind. Dies verlangt vom Berater einen hohen Grad an Diskriminierungsfähigkeit, um nicht zum emotionslosen und beziehungsneutralen computerähnlichen Informanten zu degenerieren, aber auch nicht in die Rolle des Therapeuten, Betreuers oder Erziehers zu wechseln, was nicht dem Auftrag des Klienten entspräche. Aus der B. kann sich natürlich z. B. eine Psychotherapie oder Betreuung entwickeln, sei es im Falle der Psychotherapie, wenn die entsprechende Ausbildung gegeben ist, durch den Berater selbst, sei es über die Vermittlung durch den Berater in eine psychotherapeutische Behandlung, oder im Falle der Betreuung in eine Betreuungsmaßnahme u.s.w. Diese Übergänge müssen aber bewußt gemacht, ausgehandelt, begründet und eindeutig vereinbart werden. (Eine „psychologische B." noch einmal von der „psychotherapeutischen Behandlung" zu unterscheiden ist eher fragwürdig. Versuche, dies zu tun, etwa mit dem Argument, daß die „Störungen" bei der psychologischen B. weniger ausgeprägt sind, haben bei genauerem Hinsehen standespolitische Gründe). B. ist auch nicht gleichzusetzen mit sozialpädagogischem oder sozialarbeiterischem Handeln insgesamt. Die →Methoden Sozialer Arbeit sind nicht auf B. zu reduzieren, wenn Beratungselemente in unterschiedlichen Phasen auch teilweise höchst bedeutsam sind. Die auf die B. eventuell folgende sozialpädagogische Betreuung und Begleitung etwa in Form der →flexibel organisierten Erziehungshilfe, der →parteilichen Jugendsozialarbeit, der →erlebnispädagogischen Umsetzungen oder sozialpolitische Aktivitäten sind, selbst wenn sie vom gleichen Menschen, der die B. gemacht hat, praktiziert werden, nicht mehr (nur) B., sondern umfassenderes methodisch geleitetes sozialpädagogisches Handeln. Eine spezifische Form, die B. mit einschließt, aber darüber hinausgeht in Richtung Begleitung und Unterstützung im Alltag der Klienten ist die →Soziale Beratung. B. im definierten Sinne unterscheidet sich auch von den durchaus hilfreichen Situationen der Alltagsberatung durch Angehörige, Freunde, Nachbarn, Taxifahrer, Prostituierte, Friseure oder Bardamen. Ein weiterer wesentlicher Unterschied dieser so definierten B. ist die Abgrenzung gegenüber meist „gutgemeinten" Ratschlägen vor dem Hintergrund „pädagogischer" oder sonstiger strategischer Einflußnahme in den Formen des Zwangs oder der Manipulation oder der noch verheerenderen, wenn auch allen Beteiligten unbewußten, Beeinflussung über kommunikationsverzerrende Mechanismen des Erweckens von Schuldgefühlen, der Mystifizierung (Laing) oder des →double-binds (Bateson). B. ist auch keine noch so gekonnte Anwendung einer wie immer gearteten Sammlung von Techniken. Beratungstechniken sind die kleinsten Bausteine methodischen Handelns, die ihren Sinn aber erst im definierten System psychosozialer B. erhalten. B. in der Sozialen Arbeit ist nicht nur Individualberatung, sondern besonders auch B. in und von Gruppen (→Gruppenarbeit), B. von Praktikern (→Supervision), B. in und von Organisationen (→Organisationsentwicklung) und wissenschaftliche B. in und für Praxisfelder.

2. Das Beratungsbedürfnis ist in modernen Industriegesellschaften strukturell angelegt. →Pluralismus, Differenzie-

rung und Spezialisierung, soziale Mobilität (geographisch sowie sozialer Auf- und Abstieg), Technologisierung und Bürokratisierung und die →individualistische Ethik fundieren eine hohe Nachfrage nach Beratung, da diese gesellschaftlichen Strukturelemente kognitive, emotionale und soziale Verunsicherungen fördern und Verwirrung, Identitätsdiffusionen und Selbstwertkränkungen (→Narzißmus) begründen. Ökonomische Einbrüche und Katastrophen und dramatische Lebensereignisse verstärken dieses Bedürfnis. Die Befriedigung dieses Beratungsbedarfs ist systemimmanent als Beratungsanspruch in wesentlichen Teilbereichen rechtlich abgesichert, z. B. im SGB 1 § 1 (Aufgaben) in Verbindung mit § 14 (Anspruch auf B.), im BSHG § 8 (2) (B. als Teil der „persönlichen Hilfen") und § 124 (B. Behinderter) und in diversen §§ des KJHG: § 1 (3) (allgemeine Beratungspflicht), § 8 (B. von Minderjährigen), § 11 (3) (Jugendarbeit/Jugendberatung), § 16 (2) (Angebote der B. in allgemeinen Fragen der Erziehung und Entwicklung junger Menschen), § 17 (B. in Fragen der Partnerschaft, Trennung und Scheidung), § 53 (B. von Vormündern und Pflegern) u. a. Dieser Beratungspflicht wird bisher im wesentlichen in staatlichen Institutionen und Einrichtungen der Wohlfahrtsverbände, teilweise auch in Vereinen, nachgekommen. Da so institutionalisierte Beratung selbst Bestandteil des gesellschaftlichen Systems ist, gerät sie allerdings in Gefahr, unter Aufgabe der Verständigungsorientierung und einer Vernachlässigung der ursächlichen Problemzuordnung nur noch zur Befriedigung und nur noch zum Bestand des Systems, das ihr gleichzeitig die Nachfrager liefert, beizutragen und dadurch die ursächlichen gesellschaftlichen Problemkonstellationen aufrechtzuerhalten.

3. (Äußere) Strukturelemente von B. in der Sozialen Arbeit sind die Klientel, die Berater, der Ort bzw. das Setting, die Themen und Aspekte wie Freiwilligkeit, Leidens- bzw. Handlungsdruck und die Zeit. Ratsuchende sind im wesentlichen Klienten (Einzelpersonen, Paare, Gruppen) mit psychosozialen Problemen einschließlich der sachbezogenen Schwierigkeiten, Berufspraktiker, die sich bezüglich ihrer Praxisprobleme in Form der →Supervision beraten lassen und in geringerem Maße Organisationen, die über die Methoden der →Organisationsentwicklung beraten werden. Der Auftrag ist hier meist deutlich formuliert, die unterstellte Freiwilligkeit allerdings doch meist relativiert in dem Sinne, daß Zwangsberatungen zwar ausgeschlossen sind, daß der Zwang der Ereignisse, als Leidens- oder Handlungsdruck, die freie Entscheidung der Ratsuchenden doch begrenzt, aber eben auch den Wunsch nach Veränderung verstärkt. Darüber hinaus müssen in der Sozialen Arbeit, zumindest wenn sie sich als →kritisch-emanzipatorisch versteht, Aufträge für B. häufig auch erst beraterisch erschlossen werden, wenn B. auch die sozialen →Netzwerke der Klienten (nicht nur im Sinne der Klientelausweitung, sondern als Unterstützungspotentiale für den Klienten), die jeweiligen Institutionen der Berufspraktiker (→Organisationsentwicklung) und Bereiche wie die Politikberatung, die Präventionsberatung (→Prävention, →Gesundheitsförderung) oder die wissenschaftliche B. von Praxisfeldern der Sozialen Arbeit mit einbeziehen will. Berater in der Sozialen Arbeit sind Sozialarbeiter, Sozialpädagogen, Pädagogen, Psychologen, Soziologen, Verwaltungsfachleute, die entweder im Rahmen ihrer Tätigkeit u. a. auch B. praktizieren oder die B. als spezialisierten Beruf ausüben. Erstere sind neben den in der Grundausbildung erworbenen Kenntnissen meist nicht besonders in B. ausgebildet, letztere haben meist neben der Grundausbildung eine Zusatzausbildung in Beratungs- oder Psychotherapieverfahren absolviert. Da B. im definierten Sinne außerordentlich hohe Fähigkeiten vom Berater erfordert, die nur in einer langjährigen Ausbil-

dung, einschließlich einer vertiefenden Selbsterfahrung und einer begleitenden Supervision in den Grundzügen erlernt und in einem lebenslangen (supervidierten) Berufsprozeß immer wieder reflektiert und kreativ erweitert werden muß, eröffnet sich hier ein weites Feld für eine professionelle Ausbildung und Weiterbildung an Hochschulen und ergänzenden Bildungseinrichtungen und für berufspolitische Aktivitäten, die zukünftig einen angemessenen Status des Berufszweiges „B." begründen könnten. Die Orte und das jeweilige →Setting von B. sind in der Sozialen Arbeit höchst vielfältig und variabel. Neben den nach allen Regeln der Kunst eingerichteten Beratungsräumen für Einzel- und Gruppenberatung etwa in gut ausgestatteten Erziehungsberatungsstellen, stehen die oft eher kümmerlich kühlen Mehrzweckräume in Jugend- oder Gesundheitsämtern, in denen u.a. auch B. stattfindet, die Gefängnis- oder Psychiatrieräumlichkeiten, das Drogencafé, das Asylbewerberheim, das Bahnhofsviertel, das Jugendhaus, Privatwohnungen, die Drogenszene, Freizeitveranstaltungen, aber auch Politikerbüros und die Büros sozialer Organisationen, in denen B. stattfindet bzw. Beratungselemente in ein umfassenderes sozialpädagogisches und sozialarbeiterisches Handeln integriert ist. Das fordert vom Berater ein hohes Maß an Flexibilität bezüglich des Settings, der Gestaltung des äußeren Rahmens von B. und die Einsicht, daß die Vielfalt von Beratungsorten und Beratungsthemen in der Sozialen Arbeit das Erkennen der inneren und äußeren Grenzen, Spezialisierung und kollegiale Zusammenarbeit über Institutionengrenzen hinweg notwendig macht. In Wechselwirkung mit den sozialen Problemen der Klienten und den Beratungsorten sind die Beratungsthemen in der Sozialen Arbeit höchst differenziert und reichen etwa von der Vermittlung von wissenschaftlichen Erkenntnissen an Jugendhilfeeinrichtungen, der Förderung unterstützender sozialer Netzwerke in einer Gemeinde, Fragen der Verbesserung der Angebotsstruktur in sozialen Einrichtungen bis zu den Kernpunkten psycho-sozialer B., die sich mit Themen aus den Bereichen Erziehung, Partnerschaft und Familie, Sexualität, Jugend, Frauen, Suizid, Drogen aber auch Gesundheit, Freizeit, Weiterbildung, Beruf usw. befassen. B. in der Sozialen Arbeit ist meist relativ kurzzeitig und reicht von einer einmaligen B. bis zu üblichen Sequenzen von etwa 6–10 Beratungseinheiten.

4. B. ist, auch dies sind Strukturelemente, klientenzentriert und gleichzeitig problemorientiert, d.h., der Klient mit seinem von ihm eingebrachten Problem, das für ihn Anlaß für die B. ist, steht im Zentrum der B. Daraus kann sich natürlich ein weiterer Beratungsbedarf mit neuen Problemen entwickeln, wenn etwa hinter dem Problemangebot des Klienten das „eigentliche" Problem erst in der B. gemeinsam verdeutlicht wird und dann eine neue Problemorientierung erfolgt. Die Problemorientierung setzt beim Berater allerdings erhebliche sozialwissenschaftliche Kenntnisse über problemverursachende Konstellationen in modernen Gesellschaften voraus, um kurzschlüssige Zuweisungen zu vermeiden. Soziologie, Ökonomie, Politologie und Psychologie sind die Basiswissenschaften, die, ergänzt durch rechtliche und medizinische Fragestellungen, die Grundlagen für ein Verursachungsmodell psycho-sozialer Probleme bilden und die ergänzt werden müssen durch Detailkenntnisse z.B. in den Bereichen →abweichendes Verhalten, →Sozialepidemiologie oder →psychosoziale Versorgung. Insgesamt sind in einem solchen Modell drei Bereiche zu berücksichtigen, die miteinander in einem dynamischen Interdependenzgeflecht verbunden sind: die gesamtgesellschaftliche Entwicklung sowie die lebensweltlichen Bezüge und der Lebensstil des Klienten, wobei B. selbst auch ein Teil der ersten beiden ist, der gesellschaftli-

che Bereich dem Klienten und dem Berater gemeinsam sind und die Lebenswelt und der Lebensstil des Klienten und des Beraters sich aber u. U. erheblich voneinander unterscheiden, was bezüglich der Verständigung bedeutende Schwierigkeiten bringen kann. Konkret sind also Lebensstilelemente wie Werte- und Normenvorstellungen, Handlungs- und Konsummuster, Identitätsentwicklungen, Strategien der Lebensbewältigung usw. mit Elementen der Lebenswelt (ökonomische, sozio-kulturelle und psycho-soziale Umwelt sowie die spezifischen Lebenschancen und -risiken) zu verbinden und auf der Folie gesellschaftlicher Entwicklung (individualistische Ethik, Technologisierung, Bürokratisierung, Pluralismus, Wohlstand vs. Armut, Wohlfahrt usw.) zu reflektieren, um die Sichtweisen, Gefühle, Handlungen, Wünsche und Bedürfnisse des Klienten und das Problemangebot des Klienten in seinen Ursachenverästelungen verstehen zu lernen (das heißt eigentlich „klientenzentriert", selbstverständlich neben der empathischen Zuwendung zum Klienten im konkreten Beratungsprozeß) und um Lösungsalternativen auf den unterschiedlichen Ebenen entwickeln und die notwendigen daraus ableitbaren Aktivitäten planen und eventuell auch begleitend unterstützen zu können. Daneben sind vom Berater Spezialkenntnisse gefordert, die je nach Beratungsthema u. U. einen sehr profunden Wissenserwerb voraussetzen.

5. Die konkrete B. ist ein kommunikativer Verständigungsprozeß. Die Wege der Gestaltung dieses Prozesses, die Methoden, wurden im Rahmen der drei großen therapeutischen Richtungen, der →Psychoanalyse, der →Verhaltenstherapie und der →Humanistischen Psychologie entwickelt (→Psychotherapie und Sozialpädagogik) und ergänzt durch spezielle Verfahren aus den Bereichen der →Organisationsentwicklung und der →Supervision sowie aus dem Bereich der →Methoden der Sozialen Arbeit.

Welche Methoden auch immer gewählt werden, so sind sie, was in der Praxis häufig sträflich vernachlässigt wird, zu begründen und zwar bezüglich ihrer Axiologie, also ihrer grundlegenden Wertelehre (Anthropologie (→pädagogische Anthropologie), Menschenbild, →Ethik, Philosophie (→Sozialphilosophie)), bezüglich ihrer handlungsleitenden Theorien (→Sozialisations-, →Identitäts-, Rollen-, Kommunikations-, Interaktions-, Gruppentheorien u. a.), bezüglich ihrer wissenschaftstheoretischen Zuordnung (z. B. hermeneutische, empirische oder kritische Richtungen; →Wissenschaftstheorie) und bezüglich ihrer Wirksamkeit (einschließlich der erwünschten und unerwünschten Nebenfolgen) durch die Anwendung relevanter Forschungsmethoden (→empirische Sozialforschung).

Konkrete B. als kommunikativer Verständnisprozeß verläuft nicht strukturlos, sondern flexibel und situationsangemessen strukturiert, wobei die Bedeutung der Strukturierung bei unterschiedlichen Methoden durchaus differiert. Das grundlegendste Element des strukturierten Verständigungsprozesses, das im gesamten Beratungsprozeß eine Rolle spielt, ist das Bemühen um ein emotionales Klima, in dem eine tragfähige Beziehung zwischen Klient und Berater möglich wird und das es dem Klienten erleichtert, seine positiven Möglichkeiten und Fähigkeiten einzusetzen und über den Weg der Selbstexploration zu einem realitätsangemesseneren Selbst- und Problemverständnis zu gelangen. Dieses Basiselement der Begegnung wird je nach Methode anders benannt, seine zentrale Stellung ist aber bei aller sonstigen Unterschiedlichkeit bei allen anerkannt. Es spricht viel dafür, Untersuchungen bestätigen dies, daß die Wirksamkeit von B. nicht von der speziellen Methode, sondern davon abhängt, ob sich diese Form der Beziehung zwischen Berater und Klient entwickeln kann. Als förderliche Fähigkeiten auf Seiten des Beraters gelten dabei

Zuwendung, Präsentsein mit allen Sinnen, Sich-Einstellen-Können auf den Klienten, Empathie, bedingungslose Wertschätzung und Echtheit, immer natürlich als Zielvorstellung, die in der Realität nur mehr oder weniger, aber nie total erreicht werden. Die drei letztgenannten Fähigkeiten nennt Carl Rogers die drei Basisvariablen, die er, wahrscheinlich zu Recht, als notwendig aber auch hinreichend für das Bemühen um ein förderliches Klima bezeichnet. Die Empathie, das einfühlsame Sich-Hineinversetzen in die Welt des Klienten, in seine Sichtweisen und Einstellungen, seine Wahrnehmungen und Gefühle, ist wohl die zentralste Kategorie des Beratungsgeschehens. Über diesen Perspektivewechsel wird Verstehen erst möglich. Gerade in der Sozialen Arbeit ist es besonders nötig, aber auch aufgrund meist unterschiedlicher Lebenwelten von Berater und Klienten besonders schwierig, die bedingungslose Wertschätzung, d. h. eine Wertschätzung als Person, die an keine Vorbedingungen geknüpft wird, zu leben (was keinesfalls heißt, daß vom Berater alles gutgeheißen wird, was der Klient ihm bietet). In diesem Interdependenzgeflecht der Basisvariablen ist die Echtheit die dritte Größe. Echtheit heißt einerseits, daß der Berater sich selbst, seine Gefühle, seine Einstellungen, die durch den Klienten in ihm ausgelöst werden, wahrnimmt bzw. daß er sich bemüht, Verzerrungen dieser Wahrnehmung bzw. der Kommunikation (Übertragungen, Gegenübertragungen, Projektionen, double-binds, Schuldgefühle erwecken, Zwang ausüben usw.), eventuell erst über die Supervision, zu erkennen. Echtheit heißt andererseits aber auch, keine Rolle zu spielen, sondern die Wahrnehmungen dem Klienten in angemessener Form (Ruth Cohn spricht von „selektiver Authentizität") mitzuteilen, wenn die Situation dies erlaubt. Dabei kann das Ansprechen und Klären der unmittelbaren Beziehung zwischen Berater und Klient als Lernfeld (für beide) hilfreich sein.

Ergänzend gibt es viele zusätzliche Aspekte, die für die Beratung weiterführend sein können, wie etwa Konkretheit, Konfrontation oder u. U. auch Selbsteinbringung des Beraters. Auf der beschriebenen Grundlage steigt die Chance, daß nicht nur alternative Bezugsrahmen entwickelt werden können, sondern daß auch Entscheidungen für die eine oder die andere Alternative möglich werden. Häufig ist es notwendig, dann aber auch machbar, im weiteren Verlauf im Rahmen allgemeinen sozialpädagogischen oder sozialarbeiterischen Handelns über Anleitung, Unterstützung und Begleitung die in der B. erarbeiteten Handlungsalternativen, vor allem wohl auf den Ebenen der Lebensstile und Lebenswelten, gemeinsam umzusetzen. Ohne den letztgenannten Schritt bleibt B. in der Sozialen Arbeit häufig bruchstückhaft. →Soziale Beratung

Lit.: Belardi, N. u. a.: Beratung. Eine Sozialpädagogische Einführung, Weinheim 1996; Aurin, K. (Hrsg.): Beratung als pädagogische Aufgabe, Bad Heilbrunn 1984; Beck, M., Brückner, G. und Thiel, H.-U. (Hrsg.): Psychosoziale Beratung, Tübingen 1991; Brunner, E. J. und Schönig, W. (Hrsg.): Theorie und Praxis von Beratung, Freiburg 1990; Rogers, C. R.: Die Kraft des Guten, Frankfurt 1985; Zygowski, H.: Grundlagen psychosozialer Beratung, Opladen 1989.

Franz Stimmer, Lüneburg

Beratungshilfe
kostenlose Rechtsberatung und -vertretung außerhalb des gerichtlichen Verfahrens für finanziell Bedürftige. Die B. wird im Beratungshilfegesetz geregelt und beim Amtsgericht beantragt. Nach festgestellter Berechtigung kann mit dem ausgestellten Berechtigungsschein ein Anwalt freier Wahl aufgesucht werden. Für das gerichtliche Verfahren besteht die Möglichkeit der →Prozeßkostenhilfe.

Berber
→Nichtseßhafte

Bericht
→Gutachten

Berichterstattung
→Gutachten
→Sozialberichterstattung

Bernfeld, Siegfried (7.5.1892–2.4.1953)
Der Psychologe und Pädagoge B. war führend in der österreichischen →Jugendbewegung und strebte eine Verknüpfung psychoanalytischer Einsichten und sozialkritischer Analysen zu einer kritisch-materialistischen →Sozialpsychologie an. B. interessierte sich für den Zusammenhang von gesellschaftlicher Struktur und psychischer Verfassung des Individuums und für den Einfluß „sozialer Orte" auf den Menschen. Entsprechend gestaltete er seine Erziehungspraxis im Kinderheim Baumgarten als sich selbst bestimmende, repressionsfreie, anti-autoritäre Schulgemeinde. Nachdem Baumgarten geschlossen werden mußte, befaßte B. sich stärker mit theoretischen Arbeiten (u. a. „Sisyphos oder die Grenzen der Erziehung") und interessierte sich zunehmend für Fragen der jüdischen Gemeinschaft und der Gestaltung Palästinas. 1937 mußte B. in die USA emigrieren. Er trug mit seinen Arbeiten maßgeblich zur Ausarbeitung und wissenschaftlichen Entdeckung der Jugendphase bei und lieferte wichtige Beiträge zur Biographie Freuds. B. beeinflußte nach seinem Tod nachhaltig die pädagogischen Ideen der →Studentenbewegung der ausgehenden 1960er Jahre.
→Psychoanalyse und Sozialpädagogik

Berufliche Rehabilitation
die möglichst dauerhafte Eingliederung behinderter Menschen in das Berufsleben als wichtiger Bestandteil einer erfolgreichen →Rehabilitation. Berufsfördernde Leistungen sind möglich nach dem Rehabilitationsangleichungsgesetz und nach dem Arbeitsförderungsgesetz.

Berufliche Sozialisation
Bezeichnung für die besondere Weiterentwicklung und berufsspezifische Modifikation von in der familiären und schulischen Sozialisation bereits erworbenen Qualifikationen und Orientierungen. Mit der Übernahme der Berufsrolle geht auch die Übernahme neuer →sozialer Rollen einher, die bis in die Gesamtpersönlichkeit des Berufstätigen hineinwirken.

Berufsberatung
von der →Bundesanstalt für Arbeit und ihren örtlichen Arbeitsämtern auf Grundlage des →Arbeitsförderungsgesetzes durchgeführte Beratung zur Berufsfindung und Berufswahl, sowie zur Vermittlung von Lehrstellen. Die B. wird von ausgebildeten Berufsberatern durchgeführt, die sich einerseits an den körperlichen, geistigen und seelischen Fähigkeiten und Neigungen des zu Beratenden, andererseits an der konkreten berufspolitischen und arbeitsmarktlichen Situation orientieren. Die Inanspruchnahme der B. ist freiwillig, sie wird vertraulich und unentgeltlich durchgeführt.

Berufsbildungsgesetz (BerBG)
Rahmengesetz, dessen Aufgabe die Definition der Berufsbildung, die Vereinheitlichung der Berufsausbildung und die Regelung der Rechte und Pflichten von Auszubildenden ist. Ausgenommen ist die gesamte Ausbildung im öffentlich-rechtlichen Dienst (Beamte, Richter, Soldaten).

Berufsförderungswerk
außerbetriebliche, überregionale Einrichtung zur Umschulung behinderter Erwachsener, die ihre bisherige Tätigkeit nicht mehr ausüben können. Entsprechend den gesetzlichen Regelungen (RehaAnglG) werden diese berufsfördernden Leistungen zur →Rehabilitation von den Trägern der gesetzlichen Rentenversicherung, den gesetzlichen Unfallversicherungen, der Kriegsopferfürsorge, der Bundesanstalt für Arbeit sowie den Sozialhilfeträgern erbracht.

Berufspraktikum
Phase der Ausbildung, in der Studierende oder Berufsanfänger in Einrich-

tungen und Institutionen ihres zukünftigen Berufsfeldes für einen begrenzten Zeitraum, mit verminderter Verantwortung und unter fachkundiger Anleitung tätig sind. Ziel des B. ist es, als Teil der Ausbildung einen Wechselbezug von Theorie und Praxis herzustellen. Eine besondere Rolle spielt das B. für Sozialpädagogen als zweite Phase der Ausbildung, dem sog. →Anerkennungsjahr. →Sozialpädagogik/Sozialarbeit: Ausbildung und Beruf

Berufsrecht
Das spezielle B. (etwa von Ärzten und Rechtsanwälten) dient neben der Wahrung berufsständischer Interessen auch der Durchsetzung gewissenhafter Berufsausübung. Verfehlungen werden vor einem mit Standesgenossen besetzten Standesgericht – ähnlich dem Disziplinargericht für Beamte – verhandelt. Ein solches berufsethisch fundiertes, übergreifendes B. als wesentliche Voraussetzung für das Niederlassungsrecht existiert für die Berufsgruppen der Sozialen Arbeit (noch) nicht. Sie unterliegen vor allem dem nach Arbeitsverhältnis differierenden Dienstrecht. →Professionalisierung

Berufung
Die B. ist ein Rechtsmittel zur rechtlichen und tatsächlichen Überprüfung eines ausgesprochenen Gerichtsurteils durch das nächsthöhere Gericht, der sog. Zweiten Instanz. →Revision

Beschäftigungstherapie
zusammen mit dem Begriff →Arbeitstherapie alte Bezeichnung für die →Ergotherapie. B. diente nach dem Zweiten Weltkrieg zunächst der →Rehabilitation Kriegsverletzter. Neben dem funktionellen Training sollte die B. von den traumatischen Kriegserlebnissen ablenken und eine Gesundung unterstützen. 1954 eröffnete die erste deutsche Schule für B. in Hannover. 1977 wurden B. und Arbeitstherapie zu einem einheitlichen Berufsbild integriert.

Beschützende Arbeitsplätze
Arbeitsplätze, die in freien oder öffentlichen Betrieben Behinderten, Gefährdeten oder Kranken angeboten werden, um ihnen als Stufe der beruflichen Rehabilitation einen Einblick in die realen Bedingungen des Arbeitsplatzes zu vermitteln.

Beschützende Werkstätten
→Werkstätten für Behinderte

Besserungsanstalt
veraltete Bezeichnung für Erziehungsheime für verwahrloste Kinder und Jugendliche. →Heimerziehung

Besuchsrecht
→Kindschaftsrechtsreform

Betäubungsmittelgesetz (BtmG)
Das BtmG soll durch die Regelung der Einfuhr, Ausfuhr, Gewinnung, Herstellung und Verarbeitung von Betäubungsmitteln sowie Verschreibungs- und Buchführungsvorschriften für Ärzte sicherstellen, daß alle suchterzeugenden Stoffe nur für medizinische und wissenschaftliche Zwecke verwendet werden. Tatsächlich umfaßt das BtmG nur eine Auswahl der suchterzeugenden Stoffe und wird auch wegen seiner kriminalisierenden Effekte kritisiert. →Drogenpolitik

Betreutes Einzelwohnen
im Zuge der Ausdifferenzierung der Möglichkeiten der →Fremdunterbringung von Kindern und Jugendlichen entwickelte Betreuungsform, die sowohl eine individuelle, selbstgestaltete Lebenspraxis als auch ein soziales Netz anbietet (→Flexibel organisierte Erziehungshilfen). Im § 34 KJHG wird nunmehr das b.E. als Hilfe zur Erziehung gleichrangig mit der →Heimerziehung genannt.

Betreuungsweisung
Entsprechend der Zielsetzung als „Erziehungsstrafrecht" enthält das JGG jugendspezifisch konzipierte Sanktionen. Vor allem die Weisungen im Bereich der Erziehungsmaßregeln (§§ 9, 10, 11, 12

JGG) haben im Zuge der Bemühungen um →Diversion eine praktisch herausragende Bedeutung erlangt. Durch die Möglichkeit der B. haben vielfältige sozialpädagogische Angebote Eingang in die Sanktionspraxis der Jugendgerichte gefunden. Diese Allianz, vor allem aber die Unterordnung der Sozialpädagogik unter das Strafrecht, ist umstritten.

Betreuung und Betreuungsrecht

1. Begriff. Betreuung (B.) im Sinne des am 1.1.1992 in Kraft getretenen Betreuungsgesetzes (BtG) meint die bedarfsbezogene (Rechts-)Fürsorge für kranke und behinderte Personen, die infolgedessen nicht bzw. nicht mehr imstande sind, ihre Angelegenheiten ganz oder teilweise selbst zu besorgen oder durch einen selbst gewählten und kontrollierten Bevollmächtigten besorgen zu lassen. Die Besorgung der Angelegenheiten wird einem gerichtlich bestellten und kontrollierten Betreuer übertragen, der für den Betreuten wie ein Treuhänder oder, wie das österreichische Recht es seit 1984 geregelt hat, als dessen Sachwalter, tätig zu werden hat. Als Betreuungsrecht kann man demzufolge alle diejenigen bundes- und landesrechtlichen Vorschriften bezeichnen, die das privatrechtliche Rechtsinstitut der B. Volljähriger als einer Rechtsfürsorge für Behinderte und Kranke betreffen und/ oder darauf Bezug nehmen. Dazu gehört insbesondere das „Gesetz zur Reform des Rechts der Vormundschaft und Pflegschaft für Volljährige (Betreuungsgesetz – BtG)" vom 12.9.1990 (BGBl. I S. 2002 ff.), aber auch das von den Ländern erlassene Recht zur Ausführung und Ergänzung des BtG: das Betreuungsbehördengesetz (BtBG) sowie das jeweilige Landesunterbringungsrecht (PsychKG), soweit es das Verhältnis zur zivilrechtlichen Unterbringung eines Betreuten durch den Betreuer regelt.

Mit Wirkung vom 1.1.1999 ist das Gesetz zur Änderung des Betreuungsrechts sowie weiterer Vorschriften (Betreuungsrechtsänderungsgesetz – BtÄndG) in Kraft getreten, das neben einigen Änderungen des Verfahrensrechts in Betreuungs- und Unterbringungssachen (Lockerung der Verfahrenspflegerbestellung, Vereinfachung der Wirksamkeitsvoraussetzung von Entscheidungen, deren sofortige Vollziehung angeordnet wurde) insbesondere die Möglichkeit erweiterte, durch Erteilung von Vollmachten nun auch in Angelegenheiten der Gesundheitssorge und der Freiheitsentziehung die staatliche Fürsorge der Betreuerbestellung zu vermeiden, ein neues System der Vergütung der beruflich tätigen Betreuer und Verfahrenspfleger und außerdem die Bezeichnung „Rechtliche Betreuung" einführte. Maßgebend für relativ bald nach Inkrafttreten des Betreuungsgesetzes einsetzende Revisionsbestrebungen war das enorme Ansteigen der Kosten des Betreuungswesens in vergleichsweise kurzer Zeit.

Die Vormundschaft für Minderjährige (§§ 1773 ff. BGB) und das übrige Pflegschaftsrecht (§§ 1909 ff. BGB) sind weitgehend unverändert geblieben (→Vormundschaft und Pflegschaft). Geringfügige Änderungen sind durch das BtÄndG, erhebliche durch das Beistandschaftsgesetz eingetreten.

2. Entstehungsgeschichte.
2.1 Bisher geltendes Recht. Das bisherige Recht kannte zur Besorgung fremder (Rechts-)Angelegenheiten eines Menschen, der dies selbst nicht (mehr) wahrnehmen konnte, zwei in ihren Voraussetzungen unterschiedliche Rechtsinstitute: die Vormundschaft als Instrument einer eher umfassenden (Rechts-)Fürsorge und die Gebrechlichkeitspflegschaft als eher punktuell gedachte Maßnahme der Fürsorge und Unterstützung (vgl. §§ 1896 ff., 1910 BGB a.F.). Eine →Vormundschaft für einen Volljährigen kam in Betracht, wenn jemand durch Beschluß des Amtsgerichts entmündigt worden war oder wenn bereits während des Entmündigungsverfahrens das Vormundschaftsgericht die Anordnung ei-

ner vorläufigen Vormundschaft zur Abwendung einer erheblichen Gefährdung der Person oder des Vermögens des Volljährigen für erforderlich erachtete (§ 1906 BGB a.F.). Die Entmündigung setzte immer einen entsprechenden Antrag voraus. Antragsberechtigt waren in erster Linie nahe Angehörige, in bestimmten Fällen aber auch die Staatsanwaltschaft oder die zuständige Verwaltungsbehörde. Entmündigt werden konnte 1. wer infolge von Geisteskrankheit oder Geistesschwäche seine Angelegenheiten nicht zu besorgen vermochte; 2. wer durch Verschwendung sich oder seine Familie der Gefahr des Notstandes aussetzte; 3. wer infolge von Trunksucht oder Rauschgiftsucht seine Angelegenheiten nicht zu besorgen vermochte oder sich oder seine Familie der Gefahr des Notstandes aussetzte oder die Sicherheit anderer gefährdete (§ 6 BGB a.F.). Wenn der Grund der Entmündigung weggefallen war, mußte die Entmündigung aufgehoben werden. Dazu kam es jedoch verhältnismäßig selten.

Die bedeutendste Folge der Entmündigung bestand in der Einschränkung oder der Beseitigung der →Geschäftsfähigkeit des Betroffenen, je nachdem, aus welchem Grunde die Entmündigung ausgesprochen worden war. Aufgabe des Vormunds des Entmündigten war die gerichtliche und die außergerichtliche Vertretung des Betreffenden und überwiegend die Wahrnehmung der Vermögensangelegenheiten; für die persönlichen Angelegenheiten war der Vormund nur insoweit zuständig, als der Zweck der Vormundschaft dies erforderte (§ 1901 Abs. 1 BGB a.F.).

Einen Gebrechlichkeitspfleger erhielt ein Kranker oder Behinderter, wenn er ganz oder teilweise seine Angelegenheiten, insbesondere seine Vermögensangelegenheiten, nicht zu besorgen vermochte. Eine vorhergehende Rechtseinschränkung der Betroffenen war nicht vorgesehen. Grundsätzlich durfte die Gebrechlichkeitspflegschaft jedoch nur mit Einwilligung der Betroffenen angeordnet werden; ausnahmsweise auch ohne diese, wenn eine Verständigung mit den Betroffenen nicht möglich war. Da die Rechtsprechung zum überwiegenden Teil bei bestehender Geschäftsunfähigkeit (§ 104 Nr. 2 BGB) eine Verständigungsunmöglichkeit annahm und die Gebrechlichkeitspflegschaft allgemein als ein einfach zu handhabendes Instrument mit geringen Rechtsbeschränkungen für die Betroffenen verstanden wurde, nahm im Laufe der Jahrzehnte die Zahl der Gebrechlichkeitspflegschaften erheblich zu und verdrängte weitgehend die Vormundschaft für Volljährige mit der vorangehenden Entmündigung.

2.2 Kritik an dem geschriebenen Recht und seiner Anwendung. Sowohl die gesetzlichen Bestimmungen als auch deren (unzulängliche) Anwendung waren zunehmend der Kritik ausgesetzt. Besonders deutlich in dieser Beziehung war der 1975 vorgelegte Bericht über die Lage der Psychiatrie in der Bundesrepublik Deutschland (sog. →Psychiatrie-Enquête), der zahlreiche Kritikpunkte, gleichzeitig aber auch eine Reihe von Empfehlungen zur Reform enthielt, u.a. die, die Entmündigung durch die Feststellung von „Betreuungsbedürftigkeit" zu ersetzen und gleichzeitig mit dieser Feststellung die Bestellung eines Betreuers und die Regelung seines Aufgabenkreises zu verbinden. Die Gesetzgebungsarbeit dauerte insgesamt etwa vier Jahre.

3. Das neue Betreuungsrecht.
3.1 Voraussetzungen einer Betreuerbestellung. Die wesentlichste Änderung des bisherigen Rechts besteht in der Abschaffung der Entmündigung und ihrer Folgen. Anstelle der Vormundschaft einschließlich der vorläufigen Vormundschaft für Volljährige sowie der Gebrechlichkeitspflegschaft ist das Rechtsinstitut der B. (nunmehr: Rechtliche Betreuung) getreten. Wer als Volljähriger infolge von psychischer Krankheit oder

einer körperlichen, geistigen oder seelischen Behinderung seine Angelegenheiten ganz oder teilweise nicht besorgen kann, erhält einen Betreuer. Dieser Betreuer darf nur für Aufgabenkreise bestellt werden, in denen eine B. erforderlich ist. Das ist dann nicht der Fall, wenn und soweit die Angelegenheiten des Volljährigen durch einen Bevollmächtigten oder durch andere Hilfen, bei denen kein gesetzlicher Vertreter bestellt wird, ebenso gut wie durch einen Betreuer besorgt werden können (Grundsatz der Erforderlichkeit und der →Subsidiarität). Wer verhindern möchte, daß eines Tages andere über die Bestellung eines Betreuers befinden, kann dadurch Vorsorge treffen, daß er selbst bestimmt, wer seine Angelegenheiten besorgen soll, wenn er selbst dazu nicht mehr in der Lage ist (Vorsorgevollmacht). Zum Schutz des Vollmachtgebers benötigt der Bevollmächtigte die Genehmigung des Vormundschaftsgerichts in Angelegenheiten der Personensorge, wenn der Betreffende riskanten ärztlichen Maßnahmen ausgesetzt werden soll oder seine Unterbringung, die mit Freiheitsentziehung verbunden ist, oder eine freiheitsentziehende Maßnahme nach § 1906 Abs. 4 BGB außerhalb oder innerhalb geschlossener Unterbringung beabsichtigt ist (§§ 1904 Abs. 2, 1906 Abs. 5 BGB).

3.2 Reformziel: Persönliche Betreuung. Die Formulierung des Gesetzes, jemandem werde „ein Betreuer bestellt", drückt ein wesentliches Reformziel aus: An die Stelle (vielfach) anonymer Verwaltung von „Fällen" soll eine „persönliche B." treten. Zum Betreuer bestellt das Vormundschaftsgericht deshalb in erster Linie eine natürliche Person, die geeignet ist, in dem gerichtlich bestimmten Aufgabenkreis die Angelegenheiten des Betreuten zu besorgen und ihn hierbei in dem erforderlichen Umfang persönlich zu betreuen. Als natürliche Personen werden zu Betreuern auch diejenigen Mitarbeiter eines anerkannten Betreuungsvereins oder der zuständigen Betreuungsbehörde bestellt, die dort ausschließlich oder teilweise als Betreuer tätig sind. Erst dann, wenn der Betreffende durch eine oder mehrere natürliche Personen (z. B. auch Verwandte, Nachbarn, Freunde, Bekannte) nicht hinreichend betreut werden kann, bestellt das Vormundschaftsgericht einen anerkannten Betreuungsverein mit dessen Einwilligung zum Betreuer. Ist auch dies nicht möglich, bestellt das Gericht die in Betreuungssachen zuständige Behörde zum Betreuer. Nur sie kann sich der Bestellung nicht widersetzen. Sowohl der Verein als auch die Behörde übertragen die Wahrnehmung der B. einzelnen Mitarbeitern.

Der Betroffene kann selbst Vorschläge zur Person des Betreuers machen, die nur in begründeten Fällen nicht zu befolgen sind. Wer zu einer Anstalt, einem Heim oder einer sonstigen Einrichtung, in welcher der Betroffene untergebracht ist oder wohnt, in einem Abhängigkeitsverhältnis oder in einer anderen engen Beziehung steht, darf nicht zum Betreuer bestellt werden. Für die Entscheidung über die Einwilligung in die Sterilisation einer einwilligungsfähigen Betroffenen muß stets ein besonderer Betreuer bestellt werden. Vereinen und der zuständigen Behörde (als Institution) darf diese Entscheidung über die Einwilligung in die Sterilisation nicht übertragen werden. Auch geht die Respektierung der Wünsche des Betroffenen nicht so weit, daß die gesetzlich vorgegebene Rangfolge der zu bestellenden Personen/Institution zur Disposition steht (vgl. BayObLG, Rpfleger 1998, 199).

3.3 Stärkung der →Personensorge. Das BtG weist der Sorge für die Person des Betreuten stärkeres Gewicht zu als das bisher geltende Recht. Dementsprechend erweitert es den Kreis der Entscheidungen in Personensorgerechtsangelegenheiten, zu denen der Betreuer die Genehmigung des Vormundschaftsgerichts benötigt. Von großer praktischer Bedeutung sollte die Bestimmung sein, nach der der Betreuer zur Kündigung und zur Aufhebung eines Mietverhältnisses über Wohnraum, den der Betreute gemietet hat, der Genehmigung des Vormundschaftsgerichts bedarf. Treten andere Umstände ein, auf Grund derer die Beendigung des Mietverhältnisses in Betracht kommt, so hat der Betreuer dies dem Vormundschaftsgericht unverzüglich mitzuteilen, wenn sein Aufgabenkreis das Mietverhältnis oder die →Aufenthaltsbestimmung umfaßt. Besteht aus diesem Grunde keine Informationspflicht, ergibt sie sich daraus, daß der Betreuer das Gericht immer dann zu benachrichtigen hat, wenn die Aufhebung der Betreuung, eine Einschränkung oder eine Erweiterung des Aufgabenkreises erforderlich erscheinen.

Der beabsichtigte Schutz des Betroffenen bleibt in den Fällen, in denen die Miete aus öffentlichen Mitteln bestritten wird, nicht selten aus finanziellen Gründen hinter dem Ziel zurück, wenn er nicht sogar dadurch unterlaufen wird, daß unmittelbar an den Vermieter geleistete Zahlungen eingestellt werden, so daß dieser von seinem gesetzlichen Kündigungsrecht Gebrauch macht.

Ohne die Einwilligung des Betreuers und die Genehmigung des Vormundschaftsgerichts darf der Betreute, der sich in einer Anstalt, einem Heim oder einer sonstigen Einrichtung aufhält, ohne untergebracht zu sein, nicht durch mechanische Vorrichtungen, Medikamente oder auf andere Weise über einen längeren Zeitraum oder regelmäßig seiner Freiheit beraubt werden. Eine Einschränkung des Post- und Fernmeldeverkehrs des Betroffenen muß immer gesondert angeordnet werden. Eine eigene Regelung hat die (nur mit gerichtlicher Genehmigung zulässige) Sterilisation erfahren (§§ 1905, 1899 Abs. 2 BGB).

3.4 Keine automatische Rechtsbeschränkung. Die Bestellung des Betreuers, gleichgültig mit welchem Aufgabenkreis, schränkt die Teilnahme des Betreuten am Rechtsverkehr nicht automatisch ein. Es kann also Betreute geben, die (weiterhin) geschäftsfähig sind. Für die Frage der Fähigkeit, eine Ehe einzugehen, kommt es lediglich auf die „natürliche Geschäfts(un-)fähigkeit" an (Ehegeschäftsfähigkeit, §§ 1304, 104 Nr. 2 BGB; vgl. dazu BayObLG, FGPrax 1996, 143), die im Einzelfall der Standesbeamte zu prüfen hat. Ob jemand ein Testament errichten kann bzw. konnte, hängt ausschließlich davon ab, ob er wegen Bewußtseinsstörung nicht in der Lage war, die Bedeutung einer von ihm abgegebenen Willenserklärung einzusehen und nach dieser Einsicht zu handeln (§ 2229 Abs. 4 BGB).

Soweit dies zur Abwendung einer erheblichen Gefahr für die Person oder das Vermögen des Betreuten erforderlich ist, ordnet das Vormundschaftsgericht an, daß der Betreute zu einer Willenserklärung, die den Aufgabenkreis des Betreuers betrifft, dessen Einwilligung bedarf (Einwilligungsvorbehalt; § 1903 BGB). Ausgenommen davon sind Willenserklärungen, die dem Betreuten lediglich einen rechtlichen Vorteil bringen, und solche, die eine geringfügige Angelegenheit des täglichen Lebens betreffen, vorausgesetzt, daß das Gericht für die letztgenannten Angelegenheiten zum Schutz des Betreuten nicht etwas anderes angeordnet hat.

3.5 Stärkung der verfahrensrechtlichen Position des Betroffenen. Zur Stärkung der Rechtsposition des Betroffenen in dem Verfahren, in dem es um die Bestellung eines Betreuers geht, hat das BtG eine Reihe von Neuerungen eingeführt. Als bedeutsamste kann man wohl die Bestimmung ansehen, wonach der Betroffene in allen Verfahren, die die B. betreffen (ähnlich in Unterbringungssachen), ohne Rücksicht auf die Geschäftsfähigkeit verfahrensfähig und damit in der Lage ist, z.B. selbst Beweisanträge zu stellen und Rechtsmittel einzulegen. Grundsätzlich hat das Gericht dem Betroffenen einen Pfleger für das Verfahren zu bestellen, der ihn unterstützen (nicht dagegen einschränken) und schützen soll. Vor der Bestellung eines

Betreuers (aber auch anderer Entscheidungen) hat das Gericht den Betroffenen persönlich anzuhören und, wenn dies nicht möglich ist und unterbleiben darf, sich jedenfalls einen unmittelbaren Eindruck von ihm zu verschaffen. Ein Betreuer darf auch erst bestellt werden, nachdem das →Gutachten eines/von Sachverständigen über die Notwendigkeit der B. eingeholt worden ist. Nur in Ausnahmefällen genügt ein ärztliches Zeugnis. Der jeweilige Sachverständige wird vom Gesetzgeber verpflichtet, den Betroffenen vor der Erstattung des Gutachtens persönlich zu untersuchen oder zu befragen. Kommt nach Auffassung des Sachverständigen die Bestellung eines Betreuers in Betracht, so hat sich das Gutachten auch auf den Umfang des Aufgabenkreises und die voraussichtliche Dauer der B. zu erstrecken. Zahlreiche Bestimmungen sehen die Beteiligung des Betroffenen am Verfahren vor.

3.6 Handlungsanweisungen für den Betreuer. Für die Art und Weise, in der die Betreuer ihre Aufgabe wahrzunehmen haben, enthält das BtG eine Reihe von Handlungsanweisungen, die im bisherigen Recht nicht vorzufinden waren. Der Betreuer hat die Angelegenheiten des Betreuten so zu besorgen, wie es dessen Wohl entspricht. Zum Wohl des Betreuten gehört auch die Möglichkeit, im Rahmen seiner eigenen Fähigkeiten das Leben nach eigenen Wünschen und Vorstellungen zu gestalten. Wünschen des Betreuten hat der Betreuer zu entsprechen, soweit dies dessen Wohl nicht zuwiderläuft und dem Betreuer zuzumuten ist. Der Betreuer hat innerhalb seines Aufgabenkreises dazu beizutragen, daß Möglichkeiten genutzt werden, die Krankheit oder Behinderung des Betreuten zu beseitigen, zu bessern, ihre Verschlimmerung zu verhüten oder ihre Folgen zu mildern.

Im Hinblick auf die bei der Vergütung beruflicher Betreuung aufgetretenen Probleme, die zu besorgenden (vergütungsfähigen) Angelegenheiten von sozialem Kontakt und persönlicher Zuwendung allgemeiner Natur abzugrenzen, wurde durch das BtÄndG an mehreren Stellen das BGB der Zusatz „rechtliche" eingefügt. Im übrigen nimmt das Betreuungsrecht, was die Vermögenssorge und die Verpflichtung zu Auskunft, Berichterstattung und Rechnungslegung angeht, auf das Vormundschaftrecht Bezug.

3.7 Überprüfung der angeordneten Betreuung; Übergangsrecht. Die B. darf und soll nicht länger dauern als erforderlich. Das Gericht hat in der Entscheidung, durch die ein Betreuer bestellt wird, den Zeitpunkt zu bestimmen, zu dem es spätestens über die Aufhebung oder Verlängerung der Maßnahme zu entscheiden hat. Dieser Zeitpunkt darf höchstens fünf Jahre nach Erlaß der Entscheidung liegen.

Mit dem Inkrafttreten des BtG am 1.1.1992 wurden die bisherigen Vormundschaften und Pflegschaften für Volljährige zu Betreuungen; der bisherige Vormund oder Pfleger wurde Betreuer, und zwar auch dann, wenn er nach den jetzigen Bestimmungen zum Betreuer nicht hätte bestellt werden dürfen. Bei den ehemaligen Vormundschaften und vorläufigen Vormundschaften erfaßt der Aufgabenkreis des Betreuers alle Angelegenheiten des Betreuten mit Ausnahme der Entscheidung über die Einwilligung in eine Sterilisation. Außerdem gilt für den gesamten Aufgabenkreis ein Einwilligungsvorbehalt als angeordnet. Im Falle ehemaliger Gebrechlichkeitspflegschaften entspricht der Aufgabenkreis des Betreuers dem bisherigen Wirkungskreis ebenfalls mit Ausnahme der Einwilligung in die Sterilisation. Die Übergangsvorschriften enthalten Fristen, bis zu deren Ablauf spätestens über die Aufhebung oder Verlängerung von Betreuungen und Einwilligungsvorbehalten bei bisherigen Vormundschaften und Pflegschaften zu entscheiden ist. Besteht vorher Anlaß, die B. einzuschränken oder aufzuheben, hat das Gericht vor Ablauf der Fristen entsprechend zu handeln.

3.8 Die Rechtsstellung des Betreuers; Auslagenerstattung und Vergütung. Der Betreuer ist, soweit der Aufgabenkreis reicht, der Vertreter des Betreuten. Die Vertretung erstreckt sich auf die gerichtliche und die außergerichtliche Wahrnehmung der Angelegenheiten des Betreuten. Betreuer haben den Anspruch, in ihre Arbeit eingeführt und bei der Wahrnehmung der Angelegenheiten beraten und unterstützt zu werden. Diese Aufgabe sollen in erster Linie Betreuungsvereine erfüllen; auch die Gerichte und die zuständigen Behörden haben sich daran zu beteiligen. Einen Anspruch auf Erstattung der Kosten, die durch die Teilnahme an Fortbildungsveranstaltungen (ohne Bezug zu einer einzelnen Betreuung) entstehen, haben die Betreuer entgegen ursprünglichen Plänen der Bundesregierung nicht. Dagegen werden die Kosten einer angemessenen Versicherung als erstattungsfähige Aufwendungen anerkannt, soweit die Betreuung ehrenamtlich geleistet wird. Zur Abgeltung seiner Aufwendungen kann der Betreuer als Aufwandsentschädigung für jede B., für die ihm keine Vergütung zusteht, einen Geldbetrag verlangen, der für ein Jahr dem Vierundzwanzigfachen dessen entspricht, was einem Zeugen als Höchstbetrag der Entschädigung für eine Stunde versäumter Arbeitszeit (z. Zt. 25,- DM) gewährt werden kann. Diese jährlich (bei kürzerer Betreuungszeit entsprechend anteilig) zu zahlende Aufwandsentschädigung ist jährlich zu zahlen, erstmals ein Jahr nach Bestellung des Betreuers. Die Vereinsbetreuer und die Behördenbetreuer können selbst keine Rechte aus den Aufwendungs- und Vergütungsbestimmungen geltend machen. Dem Umfang nach entsprechen die Ansprüche denen von Privatbetreuern, soweit nicht die gesetzliche Umsatzsteuer entfällt. Hierzu enthält das BtÄndG jedoch verschiedene Neuerungen, wobei der Gesetzgeber dabeigeblieben ist, die Regelungen über Aufwendungsersatz und Vergütung in das Vormundschaftsrecht einzustellen (s. deshalb – Vormundschaft und Pflegschaft) und im Betreuungsrecht darauf Bezug zu nehmen (§ 1908 i Abs. 1 BGB).

Das Betreuungsgesetz hat den Grundsatz der Unentgeltlichkeit der Betreuung beibehalten, daneben aber die durch die Rechtsprechung des Bundesverfassungsgerichts notwendig gewordene Vergütungsregelung für sog. Berufsbetreuer normiert. Die Neuerungen sind in das Vormundschaftsrecht für Minderjährige aufgenommen und gelten für das Betreuungsrecht sinngemäß (→Vormundschaft).

4. Bedeutung von Betreuung, Vormundschaft und Pflegschaft für die Soziale Arbeit. Obwohl im BtG keiner der für die Betreuungsarbeit in Betracht kommenden Professionen ein Vorrang eingeräumt worden ist, sind Sozialarbeiter sowie Sozialpädagogen die mit dem Betreuungsrecht (sowie dem Vormundschafts- und Pflegschaftsrecht) am meisten und am vielfältigsten in Berührung kommende Berufsgruppe. Ohne Zweifel eignen sich diese Berufsgruppen für die Führung von Betreuungen entweder als freiberuflich tätige (Berufs-)Betreuer oder in abhängiger Stellung zu einem Betreuungs- (Vormundschafts-)verein oder der zuständigen Behörde und zwar sowohl in der Funktion des bestellten Einzelbetreuers (Vereins- oder Behördenbetreuer) als auch in der Funktion des mit der Wahrnehmung der Betreuungsaufgabe betrauten Mitarbeiters.

Das Gesetz sieht außerdem vor, daß die Mitarbeiter eines anerkannten Betreuungsvereins sich planmäßig um die Gewinnung ehrenamtlicher Betreuer bemühen, diese in ihre Aufgabe einführen, sie fortbilden und beraten. In ähnlicher Weise hat die Behörde eine Beratungspflicht gegenüber Betreuern und muß, gegebenenfalls durch Selbsteintritt, dafür sorgen, daß in ihrem Bezirk ein ausreichendes Angebot zur Einführung von Betreuern in ihre Aufgaben und zu ihrer Fortbildung vorhanden ist (§§ 4 und 5

BtBG). Als Mitarbeiter der Betreuungsbehörde nehmen sie die Aufgabe wahr, das Vormundschaftsgericht insbesondere bei der Feststellung des Sachverhalts, den das Gericht für aufklärungsbedürftig hält, und bei der Gewinnung geeigneter Betreuer, zu unterstützen. Sowohl die Sozialarbeiter und Sozialpädagogen in der Betreuungsbehörde als auch die entsprechenden Mitarbeiter eines Betreuungsvereins und die freiberuflich Tätigen (u. U. in einer Anwaltskanzlei integrierte Sozialarbeiter und Sozialpädagogen) können als Pfleger für das Verfahren in Betreuungs- und Unterbringungssachen bestellt werden. In Betracht kommt schließlich auch die Bestellung zum Sachverständigen, wenn es darum geht, zu Art, Umfang und Dauer der Betreuungsbedürftigkeit unter besonderer Berücksichtigung der sozialen Aspekte gutachtlich Stellung zu nehmen (→Gutachten). In anderen Bereichen Sozialer Arbeit scheint die Bedeutung des Betreuungsrechts und die Notwendigkeit von Grundkenntnissen auf diesem Rechtsgebiet unterschätzt zu werden. Bedauerlicherweise hat das Vormundschafts-, Pflegschafts- und das Betreuungsrecht bisher in der Ausbildung von Soz.Arb./Soz.Päd. eine eher untergeordnete, wenn überhaupt eine Rolle gespielt.

5. Perspektiven. Die Bundesregierung hatte die Verbesserung der Rechtsstellung und der Lebensqualität der Betroffenen u. a. auch an die Erwartung geknüpft, daß es gelingen werde, mehr als bisher geeignete Personen zu finden, die bereit sind, Betreuungen zu übernehmen. Da die zur Förderung der Übernahmebereitschaft gedachten Anreize bereits im Betreuungsgesetz deutlich geringer als ursprünglich vorgesehen ausgefallen sind und die Bundesländer bisher in der Regelung der Vereinsförderung und der Schaffung bzw. (Mit-)Finanzierung notwendiger Stellen in Justiz und Verwaltung deutlich hinter den Erwartungen und den Notwendigkeiten zurückgeblieben sind, wird die Reform eher vereinzelt und keinesfalls in absehbarer Zeit die an sie gestellten Erwartungen erfüllen. Dieser Befund wird durch die Begründung zum BtÄndG bestätigt. Die z. T. (besonders in den neuen Ländern) restriktiv angewendeten Bestimmungen über Aufwendungsersatz und Vergütung, vereinzelt angekündigte Reduzierung der Förderung von Betreuungsvereinen sowie die bereits mit der Verabschiedung des BtÄndG beschlossene weitere Reform des B. (unter dem Stichwort: von der justizförmigen zur sozialen Betreuung) sorgen weiterhin für Unruhe und Unsicherheit in dem Arbeitsfeld.
→Vormundschaft und Pflegschaft

Lit.: W. Bienwald: Betreuungsrecht, Bielefeld, 3. Aufl. 1999; ders.: Vormundschafts-, Pflegschafts- und Betreuungsrecht in der sozialen Arbeit, 3. neubearbeitete Auflage, Heidelberg 1992; K.-E. Brill (Hrsg.): „Zum Wohle des Betreuten", Beiträge zur Reform des Vormundschafts- und Pflegschaftsrechts: Betreuungsgesetz, Bonn 1990; A. Jürgens u. a.: Das neue Betreuungsrecht, 4. Aufl., München 1999; H. Oberloskamp u. a.: Hauptamtliche Betreuer und Sachverständige, Ausbildungs- bzw. Anforderungsprofil im neuen Betreuungsrecht, Köln 1992. Staudinger/Bienwald (1999), BGB §§ 1896–1921. Zum BtÄndG speziell W. Bienwald in: Bäumel u. a., Familienrechtsreformkommentar – FamRefK, Bielefeld 1998.

Werner Bienwald, Hannover

Betriebliche Sozialarbeit
auf vereinzelte patriarchalisch-karitative Initiativen der Betriebswohlfahrtspflege und auf die Werksfürsorge zurückgehende freiwillige Angebote und Maßnahmen von Betrieben, die Mitarbeiter bei Bedarf in Anspruch nehmen können. Schwerpunkte der B. sind: Beratung bei Problemen am Arbeitsplatz und im Privatbereich, Vermittlung bei innerbetrieblichen Konflikten, Suchthilfe, Vermittlung von Kontakten zu außerbe-

trieblichen Hilfsangeboten. Durch die Widersprüche, die sich aus der B. als Einrichtung der Betriebsleitung und aus den möglicherweise differierenden Zielen des Betriebes und der sozialen Arbeit ergeben können, ist B. nicht unproblematisch.

Bettelheim, Bruno (25.8.1903–13.3.1990)
Der amerikanische Psychologe österreichischer Herkunft erhielt aus seiner Inhaftierung in den Konzentrationslagern Dachau und Buchenwald die grundlegenden Impulse für seine spätere therapeutische Tätigkeit. 1939 emigrierte B. in die USA und trug Wesentliches zur Psychologie und Therapie (insb. autistischer) Kinder, zur →Sozialpsychologie und zur Psychologie des Märchens bei. Neben →Aichhorn und →Redl ist B. zu den Hauptvertretern einer psychoanalytischen Sozialpädagogik zu rechnen. →Psychoanalyse und Sozialpädagogik

Bettler
Person, die durch Ansprechen eines Fremden um eine Gabe bittet und mit den erbettelten Mitteln ihren Lebensunterhalt bestreitet. B. hatten durch die Geschichte hindurch sehr unterschiedliche Rechte und Pflichten. →Geschichte der Sozialarbeit/Sozialpädagogik

Bewährung
Nach §§ 56 ff StGB kann eine verhängte Freiheitsstrafe und nach § 67 b StGB die Vollstreckung einer angeordneten Unterbringung in einem psychiatrischen Krankenhaus, einer Entziehungsanstalt oder einer sozialtherapeutischen Anstalt zur B. ausgesetzt werden. Es wird dabei davon ausgegangen, daß der Betroffene eine günstige Prognose hat und durch ambulante Bemühungen (→Bewährungshilfe) befähigt werden kann, in Zukunft ein Leben ohne Straftaten zu führen. Wird während der Bewährungszeit (zwischen zwei und fünf Jahren) erneut eine Straftat begangen oder gegen ausgesprochene Auflagen und Weisungen beharrlich verstoßen, kann die B. widerrufen werden.

Bewährungshilfe
seit 1953 im Strafrecht verankerte, zumeist als Abteilung der Justiz eingerichtete Institution, die erwachsenen wie jugendlichen Straftätern, deren Strafe zur Bewährung ausgesetzt wurde, helfend und betreuend zur Seite stehen soll. Neben der unterstützenden Hilfe überwacht die B. auch die Erfüllung gerichtlicher Auflagen und Weisungen. Seit 1975 ist die B. zusätzlich für die Begleitung der →Führungsaufsicht zuständig. Grenzen sind den eher sozialpädagogisch orientierten Aufgaben der B. u. a. durch ihre untergeordnete Stellung gegenüber dem Gericht, ihrer Berichts- und Mitteilungspflicht sowie dem fehlenden →Zeugnisverweigerungsrecht für ihre Mitarbeiter gesetzt.

Bewahranstalt
veraltete Bezeichnung für Einrichtungen zur Tagesbetreuung und -beaufsichtigung von Kleinkindern.

Bewegungserziehung
Bei der B. wird das Medium Sport (Tanz, Rhythmik) als pädagogisches Mittel zum Ausgleich überwiegend kognitiver Arbeit (z.B. Schüler), zur Integration bestimmter Gruppen (z.B. Ausländer, Behinderte) und – aufgrund der Erkenntnis der besonderen Handlungs- und Erfolgserfahrungen durch B. – zur Motivations- und Selbststärkungsarbeit (z.B. Gefangene, alte Menschen) genutzt. →Bewegungstherapie; →Soziale Sporttherapie

Bewegungstherapie
zwischen Krankengymnastik und Behindertensport anzusiedelnde Therapieform zur Rehabilitation und Gesundheitserziehung z.B. bei Körperbehinderungen, geistigen Behinderungen und geriatrischen Erkrankungen. Ziel der B. ist, den Patienten zu ermutigen und zu motivieren, seine Grenzen zu erweitern und sein Selbstwertgefühl zu stärken. In letzter Zeit werden neben Musik und Rhythmusinstrumenten auch Tiere (insb. Pferde) in der B. eingesetzt.

Beziehung

durch Verhalten oder Einstellung konstituierte, positional (Arzt – Patient) oder personal (A mag B) motivierte Verbindung zwischen mindestens zwei Personen. Als wesentliche Grundform des gesellschaftlichen Zusammenlebens kann die B. aus verschiedenen Perspektiven betrachtet werden (juristisch, soziologisch, psychologisch usw). In der Sozialen Arbeit stellt die helfende B. als spezifische Form professioneller B. zentrale Voraussetzung und zentrales Medium der Arbeit dar. →Begegnung; →Interaktion; →Kommunikation; →Pädagogischer Bezug

Bezugsgruppe

Gruppe, deren Wertorientierungen und Verhaltensmuster leitend für den eigenen Beurteilungsmaßstab und das eigene Handeln sind. Prominentes Beispiel einer solchen Gruppe ist die →peer group. Es ist jedoch nicht unbedingt nötig, Mitglied der Gruppe zu sein, damit sie als B. wirkt. In der soziologischen Rollentheorie ist die B. jene Gruppe, die die Erwartungen an eine soziale Rolle definiert.

Bezugsperson

Person, zu der eine spezielle gefühlsmäßige Bindung besteht und die während der frühkindlichen →Sozialisation eine besondere Rolle für die stabile Entwicklung des Kindes spielt. Fehlen die B., sind Angst, Urmißtrauen und bleibende Hospitalismusschäden beim Kind zu befürchten. Während früher vor allem die klare Bindung an eine B. für unerläßlich gehalten wurde, wird inzwischen die gleichzeitige stabile Bindung an mehrere B. nicht nur als unschädlich, sondern sogar als förderlich eingeschätzt.

Bildsamkeit

im pädagogischen Kontext der Grad der Öffnung des Individuums für seine geistige Entwicklung, die jedoch erzieherisch geweckt und entfaltet werden muß.
→Herbart

Bildung

1. Der Titel der klassischen Untersuchung von Hans Weil „Die Entstehung des deutschen Bildungsprinzips" (Weil 1967/1930) verweist auf historisch-gesellschaftliche Besonderheiten und systematische Problemstellungen des Begriffs B., der lange Zeit als Leitkategorie von Pädagogik galt. Die pädagogische Adaption des ursprünglich religiösen, religiös verankerten B.begriffes (Lichtenstein 1966) wurde mit der sozialwissenschaftlichen Wende in der Pädagogik – einhergehend mit dem Epochenende der geisteswissenschaftlichen Pädagogik – problematisch, führte zu dessen Ersetzung durch Begriffe wie „Qualifikation" und „Sozialisation".

Für die Beschäftigung mit B., ihrer Theorie, gilt gerade in der Folge einer Renaissance des Begriffs heute (Hansmann/Marotzki 1988, 1989), was Adorno 1959 konstatierte: „Was aus Bildung wurde und nun als eine Art negativen objektiven Geistes, keineswegs bloß in Deutschland, sich sedimentiert, wäre selber aus gesellschaftlichen Bewegungsgesetzen, ja aus dem Begriff von Bildung abzuleiten. Sie ist zu sozialisierter Halbbildung geworden, der Allgegenwart des entfremdeten Geistes" (Adorno 1972: 93). Zugleich muß Gültigkeit beanspruchen, womit er seine berühmt gewordenen Überlegungen in der „Theorie der Halbbildung" abschloß: „Tut indessen der Geist nur dann das gesellschaftlich Rechte, solange er nicht in der differenzlosen Identität mit der Gesellschaft zergeht, so ist der Anachronismus an der Zeit: An Bildung festzuhalten, nachdem die Gesellschaft ihr die Basis entzog. Sie hat aber keine andere Möglichkeit des Überlebens als die kritische Selbstreflexion auf die Halbbildung, zu der sie notwendig wurde" (ebd.: 121). Die Historizität des B.prinzips wie dessen gesellschaftliche Vermitteltheit verweisen auf die Aufgabe, Konstitutionsbedingungen des Begriffs wie historische Realisationen aufzuschließen. Aufstieg, Verfall und Wiederaufstieg des B.begriffes sind eingeschlossen in eine seiner entscheidenden und signifikanten Stärken: Aufzuzeigen wie an und mit ihm wesentliche Reflexionen über die Möglichkeit und Notwendigkeit von Subjektkonstitution vorangetrieben werden. Diese bilden auch heute im Kontext ihrer sozialwissenschaftlichen Reformulierung, als Rede von der Autonomie von Lebenspraxis, die wesentliche Bezugsgröße. Die Betonung von Subjektivität als allgemeinem und zugleich Allgemeinheit konstituierendem Prinzip – insbesondere bedeutsam in der Kritik an Partikularität, Utilitarismus – und Grundlegung für menschliche Handlungsfähigkeit stellt das bedeutsame Ergebnis der Durchsetzung von Bewegungsprinzipien in gesellschaftlichen Zusammenhängen dar, mit denen die Ablösung starrer feudalistischer Verhältnisse und einem diesem entsprechenden Dogmatismus einhergeht. Die Verbindung von Besitz und B. am Anfang der bürgerlich-kapitalistischen Gesellschaftsformation verweist auf diese Zusammenhänge.

2. In der Entwicklung des Neuhumanismus, speziell in den Theorieansätzen und bildungspolitisch-gesellschaftlichen Vorstellungen Wilhelm von Humboldts findet diese Entwicklung ihren präzisesten Ausdruck. Im Königsberger und Litauischen Schulplan, den Humboldt 1809 verfaßte, lassen sich klassische Formulierungen seines B.begriffs als auch der daraus zu ziehenden institutionellen Konsequenzen auffinden: „Was das Bedürfnis des Lebens oder eines einzelnen seiner Gewerbe erheischt, muß abgesondert und nach vollendetem allgemeinem Unterricht erworben werden. Wird beides vermischt, so wird die Bildung unrein, und man erhält weder vollständige Menschen, noch vollständige Bürger einzelner Klassen. Beide Bildungen – die allgemeine und die specielle – werden durch verschiedene Grundsätze geleitet. Durch die allgemeine sollen die Kräfte, d. h. der Mensch selbst gestärkt, geläutert und geregelt werden; durch die specielle soll er nur Fertigkeiten zur Anwendung behalten ... Der allgemeine Schulunterricht geht auf den Menschen überhaupt, ... " (Humboldt 1964: 188). Diese Differenz zwischen specieller und allgemeiner Bildung als Arbeit am „Menschen überhaupt" zeigt die an Gleichheit und Individualität orientierte Reichweite wie Perspektive der Humboldtschen Überlegungen, die die reflexive Fortgeschrittenheit frühbürgerlicher Theorie bezeugen, auch wenn gesellschaftlicher Zustand und individuelle Existenz nicht in ihr aufgehen. Diese Theorie der B. beharrt auf der Widerständigkeit von Subjekten denjenigen gesellschaftlichen Verhältnissen gegenüber, die sie – modern gesprochen – zu kolonialisieren suchen. Die in dieser Differenz von Konzeption und Wirklichkeit mitgesetzte Kritik an Utilitarismus, Zurichtung des Menschen für Verwertungszwecke, begründet sich aus der Vorstellung eines Vermittlungszusammenhanges von Freiheit, Selbsttätigkeit und Vielseitigkeit. Diese Theorie lebt zugleich von der Annahme einer konstitutiven Differenz von Politik und Pädagogik, so daß B. von gesellschaftlicher Wirklichkeit abgetrennt werden kann, um „dem Menschen ein wie auch immer bedrohtes Versteck zu retten" (Heydorn 1979:117) und in dieser Weise Voraussetzungen für eine Überwindung des Status quo zu gewährleisten. Das historische Scheitern der von Humboldt vertretenen Position findet einen Ausdruck im Verfall des B.denkens, das mit dessen Funktionalisierung im B.bürgertum – B. als ‚Gut', B. als klassenmäßiges Abgrenzungs- und Ausgrenzungskriterium – einhergeht, einen anderen darin, daß der Forderung nach einer B. für alle, gerade als der Basis für die Möglichkeit von Subjektwerdung, vorerst ein historisch-gesellschaftlicher Prozeß entgegensteht, innerhalb dessen B. in ihr Gegenteil verkehrt wird: Erziehung als Anpassungsleistung herrscht vor, setzt sich bildungspolitisch durch den Sieg des

drei-gliedrigen Schulsystems über die Idee der Einheitsschule durch.

3. Indem er „die Interdependenz von Gesellschaftsverfassung und Bildungsinstitution" (Heydorn 1980:99) herausarbeitet, die Aufschlüsselung dieses Verhältnisses in B.- und Gesellschaftsgeschichte betreibt, entwickelt Heydorn, der inspirierendste und wichtigste B.theoretiker dieses Jahrhunderts, die für seine Analyse notwendigen Kategorien, die ihren Fokus in einem mäeutischen Begriff von B. als „entbundene Selbsttätigkeit" (Heydorn 1979:10) haben: Die Frage nach der B. als Frage nach dem Menschen, der gesellschaftlichen Verfaßtheit des Menschen, dem Verhältnis von Individuum und Gesellschaft ist dementsprechend immer aus den Konstellationen von Gesellschafts- und B.geschichte zu erschließen, ohne darin aufzugehen. Dementsprechend verbinden sich die Vorstellungen von der „Totalität der Subjektwerdung", von der „Massenbefreiung, mit der die Universalität der Gattung als Bildungsauftrag zu Ende geführt wird, als Inbegriff aller Eigenverfügung" (Heydorn 1980a: 297) mit der Aufgabe „das Verhältnis von Bildung und Herrschaft, von Fremdbestimmung und Eigenbestimmung, des partikularen zum universellen Menschen" (Heydorn 1979: 28) in den jeweiligen konkreten historisch-gesellschaftlichen Dimensionen aufzuschlüsseln. Das in dieser Perspektive eingelassene Subjekt-Thema wird formuliert als Frage nach dem Projekt des Menschen in den historisch-gesellschaftlichen Entwicklungspotentialen, enthält dabei das, was auf den normativen Kern der Moderne abzielt: „Selbstverfügung des Menschen ist Erfüllung des humanistischen Traums und dialektisch-rationales Korrelat der Entwicklung. Selbstbestimmung beruht somit nicht auf Spontaneität, sondern auf der Vermittlung von Mündigkeit und Bedingung; ..." (Heydorn 1979: 332). Demzufolge ist für Heydorn B. kein selbständiges revolutionäres Element der geschichtlichen Bewegung, „sie kann dies nur in Verbindung mit der gesamten geschichtlichen Bewegung sein" (Heydorn 1980: 100); zum anderen aber ist gerade darauf zu insistieren, daß die B.institution „einen eigenen verändernden Beitrag, der unauswechselbar ist" (ebd.: 167) für gesellschaftliche Entwicklungen leistet, der ihrer Bedeutung im Kontext der gesellschaftlichen Organisation von Produktion und Reproduktion und für die individuelle Entwicklung entspricht. B. ist zu verstehen als „Aktualisierung der Potentialität", so daß der Mensch Mensch werden kann, „sein eigener Täter" (ebd.: 164). Heydorn verbindet auf diese Weise die Kritik an gesellschaftlich Gegebenem mit dem Entwurfscharakter menschlicher Subjektivität. Die Leitmotivik seiner Darstellung folgt dabei dem materialistisch gewendeten Topos der Verwirklichung der Vernunft, innerhalb derer die Darstellung der gesellschaftlichen Verhältnisse zugleich auch immer deren Kritik ist: Läßt sich die geschichtliche Entwicklung bis zur Gegenwart als Situation des/der Menschen lesen, die durch „Verhängtsein", „Determination" (Heydorn 1979: 31, 115, 300) bestimmt ist, so wird die Frage nach den freiheitsverbürgenden Potentialen menschlicher Entwicklung zum entscheidenden Problem. Es ist dies die Schnittstelle von Gesellschafts- und B.theorie, die Aufgabenstellungen und Traditionsbezüge von praxisphilosophisch orientierten Vertretern des westlichen Marxismus zusammenbindet. In einer philosophischen Akzentuierung heißt dies für Lefebvre: „Weil die Philosophie in ihrer Gesamtheit, in ihrer Totalität gesehen, den Entwurf eines freien, vollendeten, vollverwirklichten, ebenso vernünftigen wie wirklichen, eines totalen „menschlichen Seins" enthält. Dieser in der Mäeutik des Sokrates implizierte Entwurf ist fast zwanzig Jahrhunderte hindurch verfeinert, überprüft, beanstandet, erweitert, überlagert und mit Hyperbeln geschmückt worden" (Le-

febvre 1972: 22f). In einer bildungstheoretischen, die mäeutische Grundlegung und Perspektive aufnehmenden Formulierung findet sich der Gedanke bei Heydorn: „Der ursprüngliche Ansatz des Bildungsgedankens macht ihn jedoch als Verständigung des Menschen über seine eigene Freiheit erkennbar, als Versuch, seine Auslieferung an die Gewalt zu beenden" (Heydorn 1979: 32). Um diesen Verständigungsprozeß des Menschen über seine eigene Freiheit, die in der Idee der Selbstverfügung ihr Zentrum hat, zu befördern, ist nicht allein eine Kritik defizienter gesellschaftlicher Verhältnisse erforderlich, vielmehr nötigt diese Aufgabe auch zu einer Auseinandersetzung mit defizitären Bewußtseinsformen, da B. auf die B. eines historisch-gesellschaftlichen Bewußtseins, das auf der Höhe seiner Zeit sich befindet, zielt.

4. Wenn also seit ihren Anfängen in der frühbürgerlichen Gesellschaftslehre eine kritische B.theorie das spannungsvolle Verhältnis zwischen Individuum und Gesellschaft aus einer Perspektive thematisiert, innerhalb derer die Frage nach den Konstitutionsbedingungen von Subjektivität ins Zentrum der Überlegungen gestellt wird, ohne dieses Verhältnis subjektivistisch oder objektivistisch aufzulösen, dann verweist dies zugleich auf Anschlußfähiges für den sozialpädagogischen Diskurs. Denn innerhalb der „Dialektik von institutionalisierter Bildung und menschlicher Befreiung" (Heydorn 1979:18) verbirgt sich in Sozialpädagogik als einer Form institutionalisierter B. eine Antwort auf die Frage nach Verhältnisbestimmungen von Individuum und Gesellschaft. Gesellschaftlich konstituiert, Folge von einem Vergesellschaftungsmuster, in das der Übergang von der Armenpflege zu Sozialpädagogik/Sozialarbeit eingelassen ist, hat Sozialpädagogik es mit diesem Verhältnis in besonderer Weise zu tun, ist als Radikalisierung allgemeiner, d.h. mit der bürgerlich-kapitalistischen Gesellschaft immer schon mitgesetzten, pädagogischen Probleme zu verstehen (Sünker 1992).

Sozialpädagogik und B.theorie verhalten sich daher nicht nur in ihren Orientierungen komplementär zueinander, vielmehr ist eine Theorie von B. für die Entwicklung einer sozialpädagogischen Theorie fundierend, wenn es sich nicht länger in der Sozialpädagogik um ‚Normalisierungsarbeit' handelt, sondern um die Initiierung und Beförderung von B.prozessen, die die Professionellen-Klienten-Beziehung übergreifen, und in der Verteidigung oder Konstitution von Subjektivität ihre Aufgabe sehen (Winkler 1988; Sünker 1989). →Bildung und Erziehung im Sozialismus; →Feministische soziale Arbeit

Lit.: Th. W. Adorno: Theorie der Halbbildung, in: ders., Soziologische Schriften 1, Frankfurt 1972, S.93–121; O. Hansmann/W. Marotzki (Hg.): Diskurs Bildungstheorie I und II, Weinheim 1988 und 1989; H. J. Heydorn: Über den Widerspruch von Bildung und Herrschaft, Frankfurt 1979; H. J. Heydorn: Zu einer Neufassung des Bildungsbegriffs, in: ders., Ungleichheit für alle, Frankfurt 1980, S.95–184; H. J. Heydorn: Überleben durch Bildung. Umriß einer Aussicht, in: ders., Ungleichheit für alle, Frankfurt 1980a, S.282–301; W. v. Humboldt: Der Königsberger und der Litauische Schulplan, in: ders., Schriften zur Politik und zum Bildungswesen. Bd. IV, hg. von Flitner/Giel, Darmstadt 1964, S.168–195; H. Lefebvre: Das Alltagsleben in der modernen Welt, Frankfurt 1972; E. Lichtenstein: Von Meister Eckhart bis Hegel. Zur philosophischen Entwicklung des deutschen Bildungsbegriffs, in: Kaulbach/Ritter (Hg): Kritik und Metaphysik, Berlin 1966, S.260–298; H. Sünker: 1989: Bildung, Alltag und Subjektivität. Elemente zu einer Theorie der Sozialpädagogik, Weinheim 1989; H. Sünker: Theoretische Elemente und Perspektiven der Sozialen Arbeit, in: F. Vahsen

(Hg.), Paradigmenwechsel in der Sozialpädagogik: 4, Bielefeld 1992, S. 76–104. M. Winkler: Eine Theorie der Sozialpädagogik, Stuttgart 1988.

Heinz Sünker, Wuppertal

Bildungsbürgertum
→Bildung

Bildungsdefizit
Ausbildungsrückstand bestimmter Bevölkerungsgruppen oder Nationen, dem mit kompensatorischen oder emanzipatorischen Angeboten begegnet werden soll. Das Defizitkonzept wird insbes. wegen seiner Mittelschichtsorientierung und der damit verbundenen Negierung von Andersartigkeit kritisiert.

Bildungssoziologie
erforscht die ökonomischen, kulturellen, historischen und sozialen Bedingungen der gesellschaftlichen Qualifizierungsprozesse. Dabei werden einerseits die Beziehungen von Bildungssystem und Gesellschaft, andererseits die Einwirkungen des Bildungssystems auf den individuellen Bildungsprozeß analysiert.

Bildung und Erziehung im Sozialismus
1. Begriff. Definition und Inhaltsbestimmung sind insofern schwierig, als sowohl Bildung und Erziehung mehrdeutig gebraucht werden wie auch der Sozialismus als real existierende Gesellschaftsform nicht mehr besteht. Es kann daher zunächst nur der Versuch unternommen werden, auf der Grundlage des theoretischen Gesellschaftskonzepts (von Marx) eine allgemeine historisch-materialistische Erklärung zu geben. Ausgehend von der Analyse der Gesellschaftsentwicklung als Prozeß der Veränderungen von Produktionsweisen und der Stellung des Menschen als Produktivkraft, dienen B. und E. zur Reproduktion der jeweiligen gesellschaftlichen Verhältnisse. Da der Arbeitstätigkeit (nach Engels) auch bereits in der Anthropogenese das unbedingte Primat zukommt, erhält die Arbeit die zentrale Position bei der Bestimmung von Zielen, Inhalten und Methoden bei der Herausbildung menschlicher Persönlichkeitsqualitäten. Die Reproduktion der Produktivkräfte durch B. und E. ist dementsprechend in Abhängigkeit von den jeweils existierenden Produktionsverhältnissen definiert. Das Idealbild einer sozialistischen Gesellschaft mit dem Anspruch auf gesellschaftliches Eigentum an Produktionsmitteln soll allen Mitgliedern die gleichen Chancen auf freie Entfaltungsmöglichkeiten bieten. Bildung und Erziehung haben demzufolge die Vergesellschaftung des Individuums zu gewährleisten und reproduzieren als „Überbau" zugleich die sozialistische Gesellschaft. Die Integration des Menschen in die bestehenden Verhältnisse sollte ihn zugleich befähigen, diese permanent weiter zu vervollkommnen. Mit der Erarbeitung einer Gesellschaftsstrategie als Diktatur des →Proletariats (nach Lenin) kanalisierte sich dieser Anspruch als Herausbildung eines „Klassenbewußtseins", womit die Arbeiter- und Bauernklasse gemeint war. Entsprechend dieser hier nur schlagwortartig skizzierten Gesellschaftstheorie gab es weltweit vielfache pädagogische und politische Konzeptionen, um unter den jeweils realen Bedingungen die systemtranszendierende Intention umzusetzen.

2. Historische Aspekte. Mit dem Entstehen der Sowjetunion wurde erstmalig versucht, die Theorie des Sozialismus als deklarierte Staatsform zu realisieren. Damit erhielt auch das Konzept von B. und E. eine politische Dimension. Der Aufbau einer Einheits- und Arbeitsschule sollte diesen Anspruch erfüllen und zugleich die spezifischen sozialen und ideologischen Aufgaben lösen, wie Alphabetisierung, Jugendhilfe, soziale Kontrolle und vor allem die Indoktrination (→Krupskaja, →Makarenko). Der stalinistische Totalitarismus führte zu einer Institutionalisierung von Bildung und Erziehung im Sinne des bedingungslosen Klassenkampfes. Jede aufklärende Intention wurde erstickt und

damit die eigentliche Zielstellung von Marx pervertiert, das Individuum zu einer aktiven Gestaltung seiner gesellschaftlichen Umwelt zu befähigen. Der Mensch wurde zunehmend als Objekt einer „Formierung" seiner Persönlichkeit verstanden. Im Ergebnis des 2. Weltkrieges wurde das Gesellschaftskonzept des Sozialismus in der stalinistischen Diktion auf weite Teile Osteuropas und Asiens übertragen. Eine besondere Rolle kam dabei der Entwicklung in der DDR zu, da hier der Sozialismus in einer direkten Konfrontation zur kapitalistischen BRD stand und seine Überlegenheit zu demonstrieren hatte. Aus dieser Situation heraus erhielten B. und E. wiederum eine neue Dimension im Wettbewerb der Gesellschaftssysteme. Es galt, diese Überlegenheit nach innen und außen zu artikulieren, wodurch inhaltlich orientierte theoretische Ansätze, wie z. B. die Vermittlung zwischen Marxismus und Psychoanalyse (→Bernfeld) nicht aufgegriffen wurden. Zunehmend gerieten die pädagogischen Konzepte in die volle Abhängigkeit als Funktionalität von Parteipolitik und durften erziehungswissenschaftlich nicht mehr hinterfragt werden. Die eigentliche Zielstellung von der freien Entfaltung der Individualität verkam zur Worthülse.

In der pädagogischen Praxis entwickelte sich eine Doppelbödigkeit, mit der einerseits die ideologischen Forderungen bedient wurden und sich andererseits als interne Bildungs- und Erziehungsarbeit in Abhängigkeit von der personalen Integrität der Lehrer und Erzieher realisierte. Das einheitliche Bildungssystem, mit der allgemeinbildenden polytechnischen Oberschule als Kernstück, konnte mit der traditionellen Arbeitserziehung vor allem den wachsenden Anforderungen aus der Wissenschafts- und Technikentwicklung nicht mehr flexibel genug gerecht werden.

3. Verhältnis zur Sozialpädagogik. In der gesellschaftstheoretischen Diskussion, insbesondere nach den Ereignissen der Studentenbewegung 1968, beeinflußten die Grundideen einer sozialistischen Bildung und Erziehung nicht unwesentlich die Selbstbestimmung des Gegenstandes der Sozialpädagogik in der damaligen BRD (Adorno, Bloch, Habermas, Mollenhauer, Séve). Die Auffassungen vom gesellschaftlichen Charakter der Erziehung mit der engen Beziehung zum Entwicklungsstand von Produktivkräften und Produktionsverhältnissen, von der emanzipatorischen Rolle des Individuums in der bürgerlichen normativen Gesellschaft und den Entwicklungsmöglichkeiten eigenverantwortlicher Persönlichkeiten bestimmten die Diskussion einer kritischen Erziehungswissenschaft (→kritisch-emanzipatorische Sozialpädagogik).

In den sozialistischen Ländern dagegen konnte sich die Sozialpädagogik nicht als eigenständige Wissenschaftsdisziplin profilieren. Mit dem sozialistischen Bildungs- und Erziehungssystem wurden dissoziale Phänomene nur als Rudimente kapitalistischer Gesellschaftsformen oder als individuelles Versagen marginalisiert. Demzufolge beschränkte sich sozialpädagogische Kompetenz auf staatliche Kontrolle und Disziplinierung im Sinne der gesellschaftlich normierten Erziehungsziele. Der totalitäre Anspruch auf die Persönlichkeit sollte über das staatliche Bildungs- und Erziehungssystem erreicht werden. Die Aufgaben des Jugendamtes im Bereich der Jugendpflege wurden weitgehend von der Schule und den politischen Kinder- und Jugendorganisationen übernommen. Die Jugendfürsorge (in der DDR als Jugendhilfe bezeichnet) war ebenfalls im Volksbildungswesen institutionalisiert, Kinder- und Jugendheime strukturierten sich nach Lebensalter und Bildungsinstanzen.

In der Traditionslinie von →Pestalozzi stehend, sollte über das polytechnische Bildungs- und Erziehungskonzept (über Kopf, Herz und Hand) die allseitig entwickelte Persönlichkeit befähigt werden, eigene Lebensentwürfe zu gestalten. Größere interindividuelle Unterschiede und Chancenungleichheit aufgrund schwieriger Lebenslagen bemühte man sich möglichst zu nivellieren, indem schulische Fördermaßnahmen ein Zurückbleiben verhindern sollten. Verhaltensschwierige bzw. deviante Kinder und Jugendliche galten als fehlentwickelt und wurden möglichst in Heimen separiert, um mit Hilfe des Konzeptes der Kollektiv- und Arbeitserziehung (Makarenko) in Verbindung mit schulischer oder beruflicher Bildung korrektiv eine Umerziehung zu realisieren. Da die Ursachen für solche Entwicklungsprobleme vorrangig dem Versagen elterlicher Erziehungskompetenz und/oder individuell pathologischen Entwicklungsbedingungen zugeschrieben wurden, konzentrierten sich präventive Maßnahmen auf die soziale Kontrolle von Eltern sowie auf die Gesundheitsfürsorge. Die nahezu lückenlose Betreuung der Kinder und Jugendlichen im staatlichen Bildungssystem (vom Kindergarten bis zur Berufsausbildung bzw. zum Hochschulwesen) in Verbindung mit dem polizeilichen bzw. staatssicherheitsdienstlichen Überwachungssystem ermöglichten eine flächendeckende formale Disziplinierung. Die planwirtschaftliche Distribution ließ selten existentielle Notlagen entstehen, so daß in der Öffentlichkeit kaum ein sozialpädagogischer Handlungsbedarf zu bestehen schien. Der Drogenkonsum realisierte sich über einen zunehmenden Alkoholmißbrauch. Schwierige Lebenslagen wurden versucht, individuell in der Mikrogruppe zu lösen. Dem Lern- oder Arbeitskollektiv kam dabei oft eine dominante Rolle zu (Laienhelferprinzip). Die Tabuisierung sozialpädagogisch relevanter Themen in der Gesellschaftsdiskussion, insbesondere auch in den Medien, sowie die geringe Transparenz von Erscheinungsformen ließen eine öffentliche Verdrängung der Probleme zu. Die Lehrer und Erzieher besaßen aufgrund einer einseitig bildungspolitisch ausgerichteten Ausbildung wenig professionelle Handlungskompetenz im Umgang mit sozialpädagogischen Adressaten, so daß das Bildungs- und Erziehungssystem seinem Selbstanspruch, die sozialpädagogischen Aufgaben zu assimilieren, in der Praxis kaum gerecht werden konnte.

4. Ausblick. Die Bewertung und Perspektive von B. und E. im Sozialismus läßt sich gegenwärtig auf dem Hintergrund der Krise dieser Gesellschaftstheorie durch den Zusammenbruch des real existierenden sozialistischen Staatensystems nur schwer bestimmen. Der Bezug auf die allgemeine Zielstellung und das Menschenbild in einer emanzipatorischen Erziehungspraxis eröffnet wenig neue Handlungsmöglichkeiten. Angesichts der irritierenden Auflösung der traditionellen Gesellschaftsstrukturen (→Klassengesellschaft), der Herausforderungen aus der dritten Welt, der ökologischen Krise, der Veränderungen in den soziokulturellen Lebensbedingungen werden die Ziele und Inhalte von B. und E. insgesamt neu zu bestimmen sein. Die kritische Reflexion über bisherige Theorie- und Praxismodelle sollte aus der sozialistischen Bewegung die Initialisierung einer Neudefinition der pädagogischen Ressourcen der Arbeitserziehung für die individuelle Lebenssinngestaltung aufheben. Die gesellschaftliche Verantwortung zur Gewährleistung der individuellen Chancengleichheit in einem leistungsorientierten marktwirtschaftlichen System sollte ebenfalls das Ziel einer humanistisch orientierten Pädagogik bleiben. Neben den vielfältigen Deformierungen, die im Ergebnis des real existierenden Sozialismus durch B. und E. entstanden sind, bleibt auf längere Sicht zu evaluieren, was als Sozialisationserbe eventuell weiterhin Bestand haben und zu einer Innovation im Bildungs- und Erziehungssystem beitragen könnte. →Bildung; →Erziehungswissenschaft im Sozialismus

Lit.: Anweiler, O., u. a.: Bildungssysteme in Europa, Weinheim/Basel 1982; Mannschatz, E., Salzwedel, W.: Pädagogische Theoriebildung und Erziehungspraxis, Berlin (O) 1984; Mörschner, M.: Sozialpädagogik und Schule, München/Basel 1988; Séve, L.: Marxismus und Theorie der Persönlichkeit, Berlin 1972.

Ingrid Wölfel, Greifswald

Bindung

1. (commitment) durch Normen und Werte intendierte Verpflichtung von Individuen, die in diesen enthaltenen Forderungen anzuerkennen und sie zu realisieren;

2. spezifische Zugehörigkeit aufgrund emotionalen Erlebens (Heimat, Familie, Haus etc.);

3. in der Familiensoziologie und -therapie (Stierlin) ein Modus der elterlichen Besetzung der Kinder (neben Ausstoßung und Delegation), der besonders in der Adoleszenz virulent wird. Die Kinder sollen über diese Form der B. Bedürfnisse der Eltern stellvertretend erfüllen, werden gleichzeitig dadurch aber in ihren eigenen Bedürfnissen manipuliert, was zu Beeinträchtigungen der psycho-sozialen Entwicklung der Kinder führt und den Ablösungsprozeß erschwert oder unmöglich macht;

4. (bounding, holding) in den psychologischen, psychoanalytischen und verhaltensbiologischen Theorien der frühkindlichen Entwicklung in unterschiedlichen Bedeutungsprägungen ein zentraler Begriff zum Verständnis der frühen Mutter-Kind-Beziehungen, wobei die B. durchaus nicht einseitig, sondern interdependent ist. Die konkrete Ausgestaltung dieser frühen Interaktion hat erhebliche Auswirkungen auf die emotionale, kognitive und soziale Entwicklung des Menschen. Die Prozesse der B., Loslösung und →Individuation in der frühen Kindheit und die dabei auftretenden Störungen (→Hospitalismus, →Narzißmus) sind Gegenstand einer umfangreichen Forschung (Bowlby, Hassenstein, Mahler, Spitz, Stern, Winnicot).

Biographie

1. Definition. Eine Biographie ist eine soziale Tatsache, über die alle Menschen verfügen. Am Anfang der B. steht als Ereignis die Geburt, am Ende der Tod. Gelebte B. hat die Wirksamkeit eines zugeschriebenen Merkmals, vergleichbar mit den zugeschriebenen Statusmerkmalen wie Geschlecht, Hautfarbe, ethnische und soziale Herkunft; diese Merkmale determinieren Lebensläufe, und daraus leiten sich Lebenschancen ab. Biographien beinhalten die äußere Geschichte des Lebens und die psychosoziale Entwicklung einer Person. In den weiteren Ausführungen werden die Begriffe Biographie- und Lebenslaufforschung variabel, das heißt so verwendet, wie sie sich für die einzelnen Forschungsgebiete durchgesetzt haben.

2. Geschichte der Biographie- und Lebenslaufforschung. In Deutschland entwickelte sich die sozio-ökonomische und sozialpolitische Diskussion um die Analyse von Lebensläufen unter dem Eindruck der Unvollständigkeit und Einseitigkeit einer 1892 vorgelegten Landarbeiterenquête, in der ausschließlich aus der Sicht der Arbeitgeber und aus Daten der Sozialstatistik Schlußfolgerungen gezogen und zur Landarbeiterfrage Stellung genommen wurde. Der Theologe Paul Göhre (1891), der teilnehmend beobachtend (lokale autoptische Erkundigung) über mehrere Monate im Industriemilieu gearbeitet und gelebt hatte, kritisierte die sozialstatistische Vorgehensweise. Von konservativen Sozialpolitikern jedoch wurde seine Studie als ergebnislose Sozialreportage abgetan, und Göhre wurde wegen Täuschung der Arbeiter durch die lokale autoptische Erkundigung moralisch verurteilt. In diese Diskussion mischte sich Max Weber ein, und er entwickelte mit Göhre einen neuen Untersuchungsplan für eine Landarbeiterenquête. Zwei Ver-

fahren wurden kombiniert: die Erhebung sozialstatistischer Daten und die lokale autoptische Erkundigung, letztere auch mit der Aufzeichnung von Biographien. 1909 veröffentlichte Max Weber dazu die Abhandlung „Zur Methodik sozialpsychologischer Enquêten und ihrer Bearbeitung". Während Göhre das erlebnisbezogene Moment in den Vordergrund stellte und die Arbeiter ‚für sich selbst sprechen' lassen wollte, eine Intention, die ihn ein Jahrzehnt später zur Herausgabe mehrerer Autobiographien von Arbeitern veranlaßte, ging es Weber von Anfang an um eine Analyse der subjektiven Seite als einer ‚Meinung' beziehungsweise einer ‚Einstellung', die, ähnlich wie die ökonomischen Strukturen, als eine objektive Tatsache beschrieben und erklärt werden sollte.

Die Entdeckung des Biographischen in der Soziologie ist auf die 1920er Jahre zu datieren. Die Studie von Thomas/Znaniecki, „The Polish Peasant" (1919/21), ist die erste große soziologische Arbeit, die geschriebene Autobiographien und Briefe polnischer Einwanderer in die USA zum zentralen Forschungsgegenstand machte. Theoretisch und methodisch baut dieses Forschungsprogramm auf →Dewey, Mead und Peirce auf (→Theorie der Symbolischen Interaktion). Die Studie untersucht interkulturelle Migrationsprozesse polnischer Einwanderer, die aus einer Agrargesellschaft mit vormoderner Kultur eine Statuspassage in die Industriearbeiterschaft der USA vollziehen. Ziel der Studie war es unter anderem, Regeln des sozialen Wandels zu finden, in einer Welt, in der die alten und neuen Umgebungen in Bewegung geraten und (zum Teil) neue Ordnungsgefüge hervorbringen. Robert Park und Ernest W. Burgess regten in der Folge, besonders an sozialen Brennpunkten in den USA, eine große Anzahl qualitativer Milieustudien zu sozialen Problemen an. Das teilnehmende Sichhinein-Begeben in das Forschungsfeld und selbstverfaßte (Berufs-)Biographien sind das wesentliche Merkmal der Forschung, weniger die Prüfung oder das Testen vorab formulierter Hypothesen. Diese Forschungsrichtung setzte sich in den USA nicht durch, sondern mußte einer statistisch operierenden Sozialforschung, die unter dem Validitäts- und Repräsentativitätspostulat arbeitete, weichen.

Erst in den 1960er Jahren tritt die B. als sozialer Gegenstand der Soziologie, also die biographische Konstruktion, erneut auf das Programm, unter anderem, weil von verschiedenen Teildisziplinen Voraussetzungen für ein Analyseverfahren bereitgestellt wurden (Soziologie des Alltags aus der Sozialphänomenologie, Wissenschaftssoziologie, Ethnomethodologie, Diskurs- und Konversationsanalysen, Theorie der Symbolischen Interaktion, erzählanalytischer Ansatz). Mit dem theoretischen und analytischen Instrumentarium gelingt es, über die bisherigen Bindestrichsoziologien hinaus (Jugend-, Familie-, Alters- und Kohortensoziologie), die Ausformungen von Biographien und Lebensläufen von der Geburt bis zum Tod begleitend oder rekonstruktiv als Verlaufsprozeß zu betrachten (vgl. Fischer-Rosenthal 1990; Kohli 1978).

3. Theoretische Konzepte und Forschungsansätze. Das theoretische Interesse an einer Soziologie der B. beziehungsweise einer Soziologie des Lebenslaufs umfaßt zwei Dimensionen: Erstens, die makrosoziologische Perspektive des sozialen Wandels der B., bei der es um die gesellschaftlichen Kräfte geht, die formend und prägend auf den biographischen Verlauf einwirken, sozusagen als Institutionalisierung des Lebenslaufs, und zweitens, die mikrosoziologische Perspektive der B., bei der es darum geht, die Regeln zu erkennen, nach denen sich Menschen im Verlauf ihres Lebens gerade diese (und keine anderen) gesellschaftlichen Gegebenheiten für ihren Lebensvollzug aneignen, was unter dem Stichwort →Individualisierung oder biographische So-

zialisation bekannt ist. Nicht das Individuum ist das Thema der soziologischen B.- und Lebenslaufforschung, sondern die soziale Konstruktion der B. Der Zustand der Biographie verändert sich durch sozialstrukturelle Verschiebungen, durch den unwiederbringlichen Prozeß des Alterns und durch jede neue Erfahrung, wobei es unmöglich ist, keine Erfahrungen zu machen. Bei der Rekonstruktion der B. stellt sich die Frage, wie entstehen und verändern sich biographische Strukturen im Laufe des Lebens. Grundlagentheoretisch verbunden mit der B.- und Lebenslaufforschung sind Forschungsansätze zur Altersschichtung (Altersgruppen, Altersgraduierungen, Altersnormen, Kohorten), zur Institutionalisierung (Normalbiographie) und Individualisierung des Lebenslaufs und als historisch-soziologische Variante die Soziologie der Generation(en). Ebenso wie der Mensch unausweichlich von einem Lebensalter zum anderen geht, nahezu ebenso unausweichlich bewegt sich sein Leben von Ereignis zu Ereignis; Ereignisse, die gesellschaftlich mehr oder minder vorstrukturiert sind, die sogenannten normativen Lebensereignisse, aber auch Ereignisse, die wenig oder gar nicht vorstrukturiert sind (nicht-normative Lebensereignisse). Übergänge beziehungsweise Transformationsprozesse im Lebenslauf, ob strukturiert oder weniger strukturiert, nennen wir Statuspassagen. Programmatisch für die soziologische Biographieforschung ist das Zusammenwirken von Individuum und Gesellschaft bei der Konstruktion der B. Darauf aufbauend lassen sich drei konzeptuelle Perspektiven nennen, die bei aller Unterschiedlichkeit des Forschungszugangs programmatisch für die B.- und Lebenslaufforschung sind; es sind die Perspektiven Sinn, Funktion und Struktur (Fischer-Rosenthal 1990, 18 ff.). Der Sinn von B. liegt in der Selbstreflektivität des menschlichen Handelns, Selbstreflektivität ist bedeutsam als Evaluierungs- und Orientierungsrahmen für biographisches Handeln beziehungsweise für die Gestaltung biographischer Planung. In der Sinnthematik liegt das biographietheoretische Konzept der Perspektivität, weil der biographischen Gegenwart und Zukunft die Vergangenheit innewohnt. Forschungen, die die Sinnperspektive aufgreifen, sind alle Vorhaben, die sich mit Krisen beschäftigen, die auf der individuellen und/oder auf der kollektiven Ebene normative, bekannte und handlungswirksame Sinnperspektiven irritieren, so daß die biographische Perspektivität neu gefaßt werden muß. Eng an die Frage nach dem Sinn von B. ist die Frage nach der Funktion der B. gekoppelt. Die Frage nach der Funktion kommt von außen an die B. heran. Der individuelle und soziale Orientierungsbedarf für die gesamte Lebenszeit, aber auch für einzelne Lebensspannen, der aufgrund von Verwerfungen, aber auch aufgrund der gesteigerten Leistungen des gesellschaftlichen Systems entstanden ist, steigert gleichzeitig die Handlungs- und Erfahrungsmöglichkeiten einzelner. Sich widersprechende Handlungs- und Erwartungsunsicherheiten in verschiedenen Lebensabschnitten (Kontingenzen), werden durch biographische Muster in Konsistenzen überführt. Biographische Schemata, die kulturell und sozial verfestigt sind, lassen sich so wieder verflüssigen, um dann wiederum Ordnungsleistungen und Entfaltungsbedarf für Situationen zu schaffen. Die Struktur der B. wird aus zwei Perspektiven gesehen: kollektive biographische Muster als die sogenannten normativen Lebensereignisse, die einen Lebenslauf in Etappen, Phasen, Zeiträume einteilen und abgrenzen. Die zweite Perspektive untersucht die Struktur beziehungsweise die Regeln, nach denen sich Biographien transformieren (Verbindung von hermeneutischer Tradition des →Strukturalismus und phänomenologischen (→Phänomenologie) Denktraditionen). Die strukturale Forschungsperspektive untersucht biographische Prozesse der Sequenzialität, Reproduktion und Transformation, zum einen als selbstreflexive Perspektivität, zum anderen als das Wechselverhältnis von biographisch notwendiger Konsistenz und Kontingenz.

Es gibt zwei Forschungsrichtungen, die disziplinübergreifend Biographien bzw. Lebensläufe in ihrem Forschungsprogramm verwenden: (1) Studien, die die gesellschaftliche Formung (Institutionalisierung) von Lebenswegen (Berufs-, Familien-, Einkommens-, Wohnverläufe) und deren strukturelle Interdependenzen interpretativ verstehend oder multikausal erklärend untersuchen. Der Lebenslauf als soziale Institution beinhaltet die Fragen nach der sozialen Ordnung, nach →Autonomie und nach →Anomie. Die historische Plazierung des Lebenslaufs, die historischen Ausgangsbedingungen eines Geburtsjahrgangs, die Entwicklung der Geburts- und Sterberaten, das Reproduktionsverhalten im Lebenslauf, aber auch der Rollenwandel im Lebenslauf aufgrund der Durchwanderung verschiedener Lebensalter, die Kooperation und Konkurrenz zwischen verschiedenen, gleichzeitig lebenden Altersgruppen bis hin zur Rolle der historischen Generationen im gesellschaftlichen und lebensgeschichtlichen Wandel, sind Grundfragen dieses Forschungsansatzes (Kohli 1978; Mayer in Voges 1987). (2) Untersuchungen, die sich mit der Rekonstruktion von Erfahrungsweisen und sozialen Sinnstrukturen beschreibend und/oder interpretativ verstehend beschäftigen (Entwicklung, Reifung und Konstruktion der Biographie), betrachten die lebensgeschichtliche ‚Erinnerung' als eine aktive Rekonstruktionsarbeit, die die Vergangenheit und die Zukunft miteinander verbindet. Erinnerung ist nicht eine passive Verlebendigung; ‚Erinnerung' ist nicht nur eine kognitive Leistung, sondern Erinnerung bringt die ‚Ordnungen' und ‚Regeln' hervor, nach denen biographische Erfahrungen zu biographischen Wissensbeständen und damit zu biographischen Ressourcen werden.

Biographische Vergangenheit zeigt drei Ausprägungen: die individuelle lebensgeschichtliche Vergangenheit, die familiale intergenerationale lebensgeschichtliche Vergangenheit und die historisch-kollektive Vergangenheit. Erfahrungen hinterlassen in der B. Prägungen und Muster, die das zukünftige biographische Projekt ‚vorstrukturieren'. Gleichzeitig sind biographische Erfahrungen als biographisches Wissen Handlungsressourcen, die zur ‚Konstruktion' des zukünftigen biographischen Projekts verwendet werden. Biographische Erfahrungen sind lebenszeitlich an einen Kontext gebunden. Da aber die Lebenszeit wie das Wasser in einem Fluß dahinströmt, können Erfahrungen nicht ‚kopiert' und in zeitlich späteren Lebensabschnitten ‚wieder' als Handlungsressourcen ‚hervorgeholt' werden, sondern sie werden für lebensgeschichtlich spätere Zeitpunkte ‚neu bearbeitet'. Biographische Erfahrungen und daraus entstandenes biographisches Wissen sind nach dieser Vorstellung also nicht nur die Ablagerung, sondern die fortlaufende Überarbeitung des bereits Erfahrenen zu einem Gesamtbild (Alheit/Hoerning 1989).

Theoretische Ansätze und Forschungsperspektiven in der B.- und Lebenslaufforschung unterscheiden sich danach, was untersucht werden soll. Positivistisch orientierte Ansätze gehen von Allgemeinen aus und suchen nach Gesetzmäßigkeit der Entwicklung im Lebenslauf. Datenquellen sind historische, ökonomische und normative Ereignisse im Lebenslauf. Standardisierte Vorgehensweisen zur Sicherung der Repräsentativität, Nachprüfbarkeit und Wiederholbarkeit zur Entwicklung formaler Theorien (zum Beispiel die Phasierung des Lebenslaufs in Vorbereitungs-, Erwerbs- und Nacherwerbszeit) werden in diesen Studien eingesetzt. Bei den Forschungsprogrammen geht es weniger um die Frage der individuellen Konstruktions- und Rekonstruktionsprozesse, sondern um Ausprägungen von

Lebensläufen als Ergebnis institutionalisierter und hochdifferenzierter gesellschaftlicher Strukturen. Die sogenannte humanistische Perspektive geht vom Einzelfall aus, ist individuumzentriert und erkundet die Bedeutung biographischer Handlungen in der Konstruktion der B. Die wissenschaftstheoretische Basis für eine solche Vorgehensweise sind phänomenologische Ansätze des Sinnverstehens. Der Zugang zum Forschungsfeld mit nicht-standardisierten Vorgehensweisen ist der übliche. Aus dem so gewonnenen Material lassen sich gegenstandsbezogene und induktive Theorien entwickeln. Diese methodologischen Überlegungen stehen für ein Forschungsprogramm, welches irrtümlich als ‚biographische Methode' (→empirische Sozialforschung: qualitative Verfahren) bezeichnet wird.

Zwei empirische Vorgehensweisen, die gleichzeitig auch die Datenquellen charakterisieren, werden in der B.- und der Lebenslaufforschung favorisiert: die Datengewinnung aufgrund systematischer Langzeitbeobachtungen von Entwicklungsverläufen und die Datengewinnung aufgrund retrospektiver Erhebungen zu Entwicklungsverläufen. Beide Vorgehensweisen unterstellen, daß Lebensläufe und Biographien von der Geschichte und den aktuellen gesellschaftlichen Verhältnissen im allgemeinen und von der gelebten Lebensgeschichte im besonderen vorstrukturiert werden. Systematische Langzeitbeobachtungen und retrospektive Datenerhebungen schließen sich nicht aus. Im Gegenteil: Sollen das Gegenwärtige und die zukünftige Entwicklung erklärt beziehungsweise prognostiziert werden, so ist das kombinierte Vorgehen eine dem Gegenstand angemessene Forschungsstrategie.

4. Ausblick. Es ist unstrittig, daß die B. bei der Geburt beginnt und durch den Tod endet. Zu einzelnen Phasen des Lebenslaufs – wie →Kindheit, →Jugend, Arbeitsleben, Familienleben, Leben im Ruhestand – gibt es zahlreiche Untersuchungen, die sich mit unterschiedlichen Fragen dieser Phasen beschäftigen und die auch in den klassischen Soziologie-Theorien (Sozialisationstheorie, Rollentheorie, Theorien des sozialen Wandels, Lebenswelttheorien und viele andere mehr) auftauchen. Dabei sind Lebenslaufdaten in der Regel zur Ab- und Ausgrenzung von Altersgruppen verwendet worden, das heißt, bestimmte Verhaltensweisen werden bestimmten Lebensaltern (Altersgruppen, Altersstufen, Altersphasen) ‚zugesprochen'. In der →Sozialisationstheorie ist vermerkt worden, daß beim Übergang von einer in eine andere Phase (zum Beispiel vom Schüler zum Auszubildenden) bestimmte Rollensegmente der alten Rolle ‚verlernt' oder desozialisiert werden müssen. Damit ist weniger die Vorstellung zu verbinden, daß frühere Verhaltensweisen ‚gelöscht' werden, sondern vielmehr wird davon ausgegangen, daß Verhaltensweisen umge- beziehungsweise überformt werden, um eine ‚neue' Rolle oder ‚Aufgabe' angemessen ausfüllen zu können. Offen bleibt jedoch, wie jemand über die verschiedenen Lebensphasen so etwas wie eine lebensgeschichtliche →Identität und Kontinuität bei ständigem Wandel der Anforderungen entwickeln kann. Nicht zuletzt ist dies die Frage danach, in welcher Weise (institutionalisierte) Bildungsprozesse die biographische Entwicklung unterstützen können (Hoerning u.a. 1991) bzw. sozialpädagogische Interventionen hier ihren zentralen Gegenstand finden. Forschungsthemen, die zur Zeit und in der Zukunft die B.- und Lebenslaufforschung beschäftigen werden, sind die Folgen sozialer und soziokultureller Strukturverschiebungen (Zusammenbruch und Auflösung politischer Systeme) für die Ausbildung von kollektiven und individuellen Biographien.

Lit.: Alheit, P. und E. M. Hoerning (Hrsg.) (1989): Biographisches Wissen: Beiträge zu einer Theorie lebensgeschichtlicher Erfahrung, Frankfurt/M.; New York; Fischer-Rosenthal, W. (1990): ‚Von der ‚biographischen Methode' zur Biographieforschung: Versuch einer Standortbestimmung', in: Alheit, P., Fischer-Rosenthal, W., und E. M. Hoerning: Biographieforschung. Eine Zwischenbilanz in der deutschen Soziologie, Bremen: Werkstattberichte des Forschungsschwerpunkts Arbeit und Bildung, 13; Hoerning, E. M., Th. Schulze, W. Marotzki und H. Tietgens (1991): Biographieforschung und Erwachsenenbildung, Bad Heilbrunn; Kohli, M. (Hrsg.) (1978): Soziologie des Lebenslaufs, Darmstadt; Voges, W. (Hrsg.) (1987): Methoden der Biographie- und Lebenslaufforschung, Opladen.

Erika M. Hoerning, Berlin

Biographieforschung
→Biographie

Biographische Methode
→Biographie
→Empirische Sozialforschung: Qualitative Verfahren

Biologismus
1. vorwurfsvolle Bezeichnung für jene theoretischen Positionen, die das Soziale analog zur Naturwissenschaft als biologischen Organismus begreifen;
2. Theorien, die zur Erklärung sozialwissenschaftlicher Fragen biologische Determinanten hinzuziehen, etwa die Erklärung von Kriminalität durch bestimmte genetische Dispositionen.

Blankertz, Herwig (22.9.1927–26.8.1983)
Der nacheinander in Oldenburg, Berlin und Münster lehrende Erziehungswissenschaftler gilt (u. a. neben Klafki, Lempert und Mollenhauer) als führender Vertreter der sog. ersten Welle der Rezeption der →Kritischen Theorie für die wissenschaftstheoretische Weiterentwicklung der Pädagogik. In Abkehr von den Schwächen zeigenden →Geisteswissenschaftlichen Pädagogik und in Abgrenzung zur empirisch-analytischen Erziehungswissenschaft suchte B. eine neue theoretische Fundierung vor allem in den Arbeiten Jürgen Habermas' und trug so maßgeblich zum Paradigmenwechsel der Disziplin bei. B. trat vor allem mit grundlegenden Arbeiten zur Geschichte der Pädagogik, zur Bildungstheorie, zur Didaktik und zur Curriculumforschung hervor.

Blochmann, Elisabeth
(14.4.1892–27.1.1972)
Die Nohl-Schülerin war von 1923–26 Dozentin an der →Sozialen Frauenschule in Thale/Harz. Im Anschluß leitete sie das Pestalozzi-Fröbel-Haus in Berlin und erhielt 1930 eine Professur an der Pädagogischen Akademie in Halle/Saale. B. erhielt nach ihrer Rückkehr aus der Emigration, während der sie im Lady Margaret College in Oxford arbeitete, im Jahre 1952 in Marburg als erste Frau an einer deutschen Universität eine ordentliche Professur für Pädagogik und wurde Direktorin des Pädagogischen Seminars. B. arbeitete vor allem zu Themen der Mädchen- und Frauenbildung und zur Kindergartenpädagogik.

Blonskij, Pavel Petrowitz
(14.5.1884–15.2.1941)
Zunächst wurde B. Lehrer und war in der Lehrerbildung tätig. 1917 wurde er Professor für Psychologie und Philosophie in Moskau und avancierte zu einem der maßgebenden Programmatiker und Theoretiker sozialistischer Pädagogik sowjetischer Prägung. B. weist der Schule ihren Platz inmitten der industriellen Produktion zu und verlangt von ihr, den Menschen vielseitig zu orientieren, ihm Arbeitswillen und Arbeitswissen zu vermitteln. B. geht davon aus, daß der Erziehungsweg nur über das lernende Arbeiten des Kindes in Haus, Garten, Dorf, Stadt und Produktion zur umfassenden sozialistischen Persönlichkeit führt. B. macht deutliche Anleihen bei →Kerschensteiner, wirft diesem al-

Bodelschwingh, Friedrich von

lerdings vor, Arbeit lediglich zu illustrieren und keine ernsthafte Arbeitserziehung anzustreben. In der Stalinzeit wurde B. Pädagogik als ideologisch falsch abgelehnt und wird erst in den letzten Jahren wieder aufgegriffen. →Erziehungswissenschaft im Sozialismus; →Bildung und Erziehung im Sozialismus

Bodelschwingh, Friedrich von (6.2.1831–2.4.1910)
Der Pastor B. leitete von 1872–1910 die Betheler Anstalten der →Inneren Mission bei Bielefeld. Die nach dem diakonischen Prinzip und mit dem Ziel der Selbstversorgung vor allem mit Epileptikern und geistig Behinderten arbeitenden Anstalten dehnten sich rasch aus und wurden – auch als Ausbildungsstätte – weit über die Grenzen Deutschlands berühmt. Nach dem Tode B. übernahm dessen gleichnamiger Sohn (14.8.1877–4.1.1946) die Leitung der Einrichtungen und baute sie erheblich aus. Er zeichnete sich insbesondere durch seinen mutigen Widerstand gegen Hitlers Pläne zur →Euthanasie aus, deren Suspendierung er immerhin für die Bewohner von Bethel erreichte. 1946 übernahm sein ebenfalls Friedrich getaufter Neffe (23.5.1902–5.6.1977) – ein Enkel des Gründers – die Leitung der Anstalten.

Bondy, Curd (3.4.1894–17.1.1972)
Der Psychologe und Sozialpädagoge B. arbeitete mit Walter Herrmann im Jugendgefängnis Hahnöfersand bei Hamburg und initiierte den Versuch eines erzieherischen Jugendstrafvollzugs (→Devianzpädagogik, →Reformpädagogik). Von 1930–1933 war B. Honorar-Professor für Sozialpädagogik und Sozialpsychologie in Göttingen und gleichzeitig Leiter eines Jugendgefängnisses. Nach seiner Rückkehr aus der Emigration wurde er 1950 Professor für Psychologie und Sozialpädagogik und Leiter des Psychologischen Instituts in Hamburg. B. trat vor allem durch praktische und theoretische Arbeiten auf dem Gebiet

Bühler, Charlotte (20.12.1893–3.2.1974)

der Sozialpädagogik und Jugendpsychologie sowie durch die deutsche Bearbeitung des Hamburg-Wechsler-Tests hervor. B. betonte stets die gesellschaftliche Bedeutung der Psychologie, insbesondere der Psychoanalyse und wurde mit diesem Ansatz richtungsweisend für die Arbeit der →Erziehungsberatung.

Bosco, Giovanni (genannt Don B.) (16.8.1815–31.1.1888)
Der italienische Priester und Pädagoge war eine der bedeutendsten Erzieherpersönlichkeiten des 19. Jh.. Als Antwort auf die negativen Auswirkungen der Industrialisierung und Verstädterung auf die Entwicklung von Kindern und Jugendlichen gründete er zur Erziehung verwahrloster Knaben die Kongregation der Salesianer Don B.; für die Erziehung der Mädchen die der Töchter Mariens. Spiel, Sport, Gebet und schulische sowie berufliche Bildung sollten die vitale Freude und die Lebenstüchtigkeit stärken. Neben der Erziehungsarbeit förderte B. vor allem auch die Priesterausbildung und gründete Seminare und Bildungseinrichtungen für Spätberufene. 1934 wurde B. heiliggesprochen.

Buber, Martin (8.2.1878–13.6.1965)
Der Sozial- und Religionsphilosoph lehrte u.a. an den Universitäten Frankfurt a.M. (1924–1933) und Jerusalem (1938–1965) Sozialphilosophie und Kultursoziologie. Er beeinflußte mit seinen Arbeiten die moderne Pädagogik, Philosophie und Psychiatrie nachhaltig. B. betrachtete den Dialog als anthropologische Grundlage des Menschen und damit auch als Grundprinzip des erzieherischen Verhältnisses.

Bühler, Charlotte (20.12.1893–3.2.1974)
Die Entwicklungspsychologin war bis zu ihrer Emigration 1938 Professorin an der Universität Wien. In London und später in den USA arbeitete sie weiter an Fragen der Klinischen Kinder- und Jugendpsychologie. B. gilt – neben Anna →Freud und Melanie →Klein – auch als Begründerin einer sozialpädagogisch

anschlußfähigen Kinder- und Jugendpsychologie. Sie beschäftigte sich mit dem →Lebenslauf und den Lebenszielen der Individuen und wirkte als Wegbereiterin der →Humanistischen Psychologie.

Bündische Jugend
Bezeichnung für die aus der Tradition des →Wandervogel hervorgegangenen Jugendverbände der „freien" bürgerlichen →Jugendbewegung, die ab ca. 1923 in ihrer typischen Stilbildung die gesamte Jugendarbeit der Weimarer Republik prägen (Arbeiterjugend, konfessionelle Jugendverbände). Unter B. lassen sich im besonderen jene Gruppen subsumieren, die sich unter dem starken Einfluß pfadfinderischer Elemente und Traditionen des adaptierten „Kriegserlebnisses im Schützengraben" einem ritterlich-soldatischen Männlichkeitsideal zuwandten. Unter dem Ideologiekonstrukt von „Volk und Reich", „Nation und Sozialismus" sowie „Führer und Gefolgschaft" geriet die B. gegen Ende der 1920er Jahre in den Sog einer zunehmenden völkisch-nationalen Politisierung aus dem Umfeld der „konservativen Revolution", die in der Folge zu immer neuen Spaltungen bzw. Zusammenschlüssen („Bündigungen") der Bewegung führte. In deutlich politisch-kultureller Abgrenzung zum demokratischen Entwurf der Weimarer Republik versuchte die B. ihre Vorstellung von einer durch „Reich und Führer" symbolisierten Gemeinschaft in den Bünden als „Reich im kleinen" gedanklich vorwegzunehmen. So verhielten sich viele Bünde angesichts der drohenden Eliminierung bzw. Gleichschaltung im Zuge der nationalsozialistischen Machtübernahme indifferent. Nach Teilüberleitung in die →Hitlerjugend und Verfolgung der Restgruppen konnten die in der jungen Bundesrepublik erfolgten Neu- bzw. Wiedergründungen nicht mehr an die Bedeutung der Vorkriegs-B. anknüpfen. Entgegen der Selbsteinschätzung muß die B. noch wesentlich mehr als der Wandervogel als von politisch-nationalen Erwachsenenverbänden beeinflußt bezeichnet werden.

Bürgerinitiative
spontaner Zusammenschluß von Bürgern zur Behebung oder Abwehr einer konkreten, aktuellen, defizitären oder bedrohlichen Situation. Häufig besteht eine Unzufriedenheit mit den für das Problem zuständigen staatlichen Institutionen, so daß die Betroffenen (Anwohner, Arbeitslose, Eltern, Frauen, Verkehrsteilnehmer etc.) selbst aktiv werden (→Selbsthilfe) und gemeinsam vielfältige Strategien des Protestes (Flugblätter, Plakate, Aufkleber, Lieder, Mahnwachen, Blockaden etc.) entwickeln.

Bürgerliches Gesetzbuch (BGB)
Das am 1.1.1900 in Kraft getretene juristische Regelwerk gilt bis heute als Bundesrecht. In seinen fünf Büchern werden die Hauptbereiche des Privatrechts geregelt (Grundregeln der Rechtshandlungen, vertraglicher Güteraustausch, allgemeines Vermögensrecht, Familienrecht und Erbrecht). Die verschiedenen politischen Verfassungswechsel, die das BGB überdauerte, haben es unterschiedlich modifiziert, vor allem in den Bereichen Ehe- und Familienrecht.

Bürokratie
hierarchisches Verwaltungssystem, in dem Kompetenz und Verantwortung klar festgelegt sind und in dem Funktionsträger hauptberuflich nach Vorschriften arbeiten. Entscheidungen erfolgen schriftlich und durch Aktenführung nachvollziehbar. B. üben legitimierte Herrschaft aus und existieren sowohl im staatlichen als auch im außerstaatlichen Bereich. Das vor allem mit der Ausdehnung der Leistungsverwaltung im modernen Sozialstaat (→Sozialadministration) einhergehende Flexibilitätsgebot steht zum Teil in kontraproduktivem Widerspruch zur grundlegenden Orientierung der B. an eindeutigen Regeln.
→Wohlfahrtsstaat

Bürokratisierung

1. allg. der Prozeß, durch den bisher nicht formal festgelegte und geregelte Abläufe (vor allem in sog. privaten Räumen) durch Vorschriften, Normen und Funktionsteilung fixiert werden;

2. historisch die Ablösung der feudalen Organisation durch die staatlichen und kommunalen Verwaltungen. →Sozialadministration).

Bund Deutscher Mädel (BDM)
→Hitler-Jugend

Bundesanstalt für Arbeit (BA)

Aufgaben. Die Bundesanstalt für Arbeit (BA) ist zuständig für die Durchführung der Aufgaben nach dem Sozialgesetzbuch (SGB) Drittes Buch (III) – Arbeitsförderung. Durch die Leistungen nach dem SGB III soll der Ausgleich am Arbeitsmarkt unterstützt werden. Sie sind so einzusetzen, daß sie der beschäftigungspolitischen Zielsetzung der Sozial-, Wirtschafts- und Finanzpolitik der Bundesregierung entsprechen.

Im einzelnen gehören zu den Aufgaben der BA:
- Berufsberatung,
- Arbeitsvermittlung,
- Förderung der beruflichen Bildung,
- Gewährung von berufsfördernden Leistungen zur Rehabilitation,
- Gewährung von Leistungen zur Erhaltung und Schaffung von Arbeitsplätzen und
- Zahlung von Arbeitslosengeld und von Konkursausfallgeld.

Außerdem hat die BA Arbeitsmarkt- und Berufsforschung zu betreiben sowie Arbeitsmarktstatistiken zu führen.

Darüber hinaus gewährt sie im Auftrag des Bundes Arbeitslosenhilfe und – also Familienkasse – Kindergeld nach dem Bundeskindergeldgesetz (BKGG). Für die Zahlung von Kindergeld nach dem Einkommensteuergesetz ist sie als Bundesfinanzbehörde zuständig. Außerdem obliegen ihr Aufgaben nach dem Arbeitnehmerüberlassungsgesetz (AÜG) und dem Schwerbehindertengesetz (SchwbG).

Durch Rechtsverordnung können der BA weitere Aufgaben übertragen werden, soweit sie im Zusammenhang mit ihren Aufgaben nach dem SGB III stehen.

Organisatorischer Aufbau. Nach dem SGB III ist die BA als Träger der Arbeitsförderung – anders als die sonstigen Träger der sozialen Sicherung – mit einem eigenen Verwaltungsunterbau ausgestattet. In dreistufiger Gliederung umfassen ihre Dienststellen mit 181 Arbeitsämtern und rund 660 Geschäftsstellen, zehn Landesarbeitsämtern und der Hauptstelle das gesamte Bundesgebiet. Daneben können besondere Dienststellen errichtet werden, wenn dies zur Erfüllung zentraler oder überbezirklicher Aufgaben der BA zweckmäßig und wirtschaftlich ist.

Den Arbeitsämtern mit ihren Geschäftsstellen obliegt die unmittelbare Erledigung der Fachaufgaben. Ihre Bezirke werden unter Berücksichtigung der örtlichen Arbeitsmärkte, der Bezirke von Kreisen und Gemeinden sowie der Erfordernisse einer bestmöglichen Dienstleistung abgegrenzt. Bei Bedarf können für begrenzte Dienstleistungen zeitweilig besetzte Außenstellen (Hilfsstellen) eingerichtet werden.

Den Landesarbeitsämtern untersteht eine größere Zahl von Arbeitsämtern, deren fachliche Arbeit sie koordinieren. Ihre Bezirke umfassen ein Bundesland oder mehrere Bundesländer.

Die Hauptstelle in Nürnberg stellt durch grundsätzliche Weisungen sicher, daß die fachlichen Aufgaben der BA im gesamten Bundesgebiet sachdienlich und einheitlich erfüllt werden. Zentrale Planung, Steuerung und Kontrolle von Aufgaben und Organisation dienten einer effizienten Aufgabenerledigung.

Als besondere Dienststellen für zentrale und überbezirkliche Aufgaben sind ihr unmittelbar nachgeordnet:
- das Zentralamt in Nürnberg,

Bundesanstalt für Arbeit

- die Zentralstelle für Arbeitsvermittlung in Bonn,
- das Vorprüfungsamt in Nürnberg,
- der Fachbereich Arbeitsverwaltung der Fachhochschule des Bundes für öffentliche Verwaltung in Mannheim und dessen Dependance in Schwerin sowie
- die Verwaltungsschulen in Aalen, Daun, Geretsried, Iphofen, Lauf, Mettmann, Münster, Northeim, Oberursel, St. Ingbert, Timmendorfer Strand. Die Schulungsstätte Banlikow, ohne den Status einer besonderen Dienststelle, ist dem LAA Berlin-Brandenburg angegliedert und nimmt ebenfalls Aufgaben einer Verwaltungsschule wahr.

Rechtsform und Rechtsaufsicht. Die BA ist eine bundesunmittelbare Körperschaft des öffentlichen Rechts und unterliegt daher der Rechtsaufsicht des Bundesministeriums für Arbeit und Sozialordnung. Sie soll sicherstellen, daß die BA Gesetz und sonstiges Recht beachtet.

Selbstverwaltung. Die Aufgaben der BA – insbesondere Berufs- und Arbeitsmarktberatung, Vermittlung in Ausbildungs- und Arbeitsstellen, Förderung der beruflichen Weiterbildung, ferner Sicherstellung des Lebensunterhalts im Falle von Arbeitslosigkeit und bei Arbeitseinschränkungen – berühren unmittelbar die vitalen Interessen von Arbeitnehmern und Arbeitgebern. Die sozialen Gruppen, die sich schon der Arbeitsvermittlung und der Unterstützung im Falle von Arbeitslosigkeit angenommen hatten, bevor der Staat entsprechende Vorsorge traf, erhielten deswegen entscheidende Mitspracherechte, als mit der Arbeitsverwaltung eine eigenständige Institution dafür geschaffen wurde: Die BA ist daher eine Körperschaft des öffentlichen Rechts mit drittelparitätischer Selbstverwaltung (Arbeitgeber, Arbeitnehmer, öffentliche Körperschaften).

Anschrift: Regensburger Straße 104, 90478 Nürnberg

Bundesarbeitsgemeinschaft Aktion Jugendschutz

Bundesarbeitsgemeinschaft Aktion Jugendschutz (BAJ)

Die 1951 gegründete BAJ ist ein Zusammenschluß verschiedener Organisationen und Fachverbände, Verbänden der Freien Wohlfahrtspflege und Einzelpersonen, die eine Mitarbeit im Jugendschutz für notwendig und verpflichtend anerkennen. Auf Bundesebene setzt sich die BAJ überparteilich und überkonfessionell für die Rechte der Jugendlichen ein und vertritt ihre Interessen in der Öffentlichkeit. Ihren Arbeitsschwerpunkt sieht sie in der Mitarbeit bei der Reform der Jugendschutzgesetze im Rahmen von Anhörungsverfahren, Expertengesprächen und Stellungnahmen. Darüber hinaus werden Fachtagungen und Modellseminare sowie Informations- und Weiterbildungsveranstaltungen für Eltern, Lehrer, Sozialpädagogen und Arbeitgeber durchgeführt, um die verschiedenen Gefährdungsbereiche von Jugendlichen deutlich zu machen und Möglichkeiten des gesetzlichen und erzieherischen Jugendschutzes zu erörtern. Die BAJ befaßt sich dabei vor allem mit der Suchtgefährdung durch Drogenkonsum, Alkohol-, Nikotin- und Medikamentenmißbrauch, mit der Gefährdung durch jugendgefährdende Schriften, Filme und Videos mit gewaltverherrlichenden oder pornographischen Inhalten. Neben Problemen wie Kindesmißhandlung, sexueller Mißbrauch an Kindern und Jugendlichen, Gefährdungen durch Sekten und Jugendreligionen und gesundheitliche oder sozialschädliche Arbeitsplatzgestaltung werden auch Themen wie Jugendkriminalität, allgemeine Probleme des Generationenkonflikts, Aspekte der Wertorientierung und der Wertkrise im Jugendalter, Religiosität Jugendlicher und Sexualerziehung in Schule und Elternhaus behandelt. Die BAJ gibt die Zeitschrift „Jugendschutz" heraus.

Anschrift: Emmeranstraße 32, 55116 Mainz

Bundesarbeitsgemeinschaft der Freien Wohlfahrtspflege e.V.

In der Bundesarbeitsgemeinschaft der Freien Wohlfahrtspflege e.V. (BAGFW) arbeiten die sechs Spitzenverbände der Freien Wohlfahrtspflege Arbeiterwohlfahrt Bundesverband e.V. (AWO), Deutscher Caritasverband e.V. (DCV), Deutscher Paritätischer Wohlfahrtsverband e.V. (DER PARITÄTISCHE), Deutsches Rotes Kreuz e.V. (DRK), Diakonisches Werk der Evangelischen Kirche in Deutschland e.V. (DW der EKD) und Zentralwohlfahrtsstelle der Juden in Deutschland e.V. (ZWST) zusammen. Zu den zentralen Aufgaben des Vereins zählen die Abstimmung und Beratung in allen Aufgabenbereichen der Freien Wohlfahrtspflege, insbesondere bei neu auftretenden Fragen auf dem Gebiet der Sozial- und Jugendhilfe, die Mitwirkung an der Gesetzgebung, Zusammenarbeit in zentralen Angelegenheiten mit Bund, Ländern, Kommunen und sonstigen Organen der öffentlichen Selbstverwaltung, die Pflege und Stärkung der sozialen Verantwortung in der Bevölkerung sowie die Wahrung der Stellung der Freien Wohlfahrtspflege in der Öffentlichkeit.

Anschrift: Franz-Lohe-Straße 17, 53129 Bonn, Tel.: 02 28/2 26-1, Fax: 02 28/ 2 26-266

Bundesarbeitsgemeinschaft der Landesjugendämter und überörtliche Erziehungsbehörden (BAGLJÄ)

Die BAGLJÄ ist ein Zusammenschluß der Landesjugendämter und überörtlichen Erziehungsbehörden im Bundesgebiet, die in ihrem jeweiligen Einzugsbereich ortsübergreifende Aufgaben der Jugendhilfe wahrnehmen (z.B. Durchführung der öffentlichen Erziehung, Heimaufsicht, Fortbildung der Mitarbeiter der Jugendhilfe und vielfältige Beratungshilfe für die örtlichen Jugendämter). Die Geschäftsführung liegt beim Landschaftsverband Rheinland in Köln. Aufgabe der BAGLJÄ ist es, zu gemeinsamen Verfahrensweisen und Grundsätzen in der Jugendhilfe im Bundesgebiet zu kommen. Dies geschieht durch den regelmäßigen Erfahrungsaustausch während der Arbeitstagungen, durch die gegenseitige Unterrichtung über grundsätzliche Angelegenheiten, durch die Mitarbeit in Fachgremien wie der →Arbeitsgemeinschaft für Jugendhilfe, dem →Deutschen Verein für öffentliche und private Fürsorge oder der →Arbeitsgemeinschaft für Erziehungshilfe. Die BAGLJÄ erhält außerdem die Möglichkeit, zu Gesetzesvorhaben Stellung zu nehmen und kann in diesem Rahmen Gesichtspunkte aus der Sicht überörtlicher Träger einbringen. In ihren Veröffentlichungen macht die BAGLJÄ zum einen Stellungnahmen zu Einzelproblemen einer größeren Öffentlichkeit zugänglich, zum anderen stellt sie Arbeitshilfen für die Praxis der örtlichen Ebene bereit. Die BAGLJÄ veranstaltet jährlich zwei Arbeitstagungen an jeweils wechselnden Orten im Bundesgebiet. Fachausschüsse und eine wechselnde Anzahl von ad hoc-Kommissionen sind an der Vorbereitung der Stellungnahmen, Beschlüsse und Empfehlungen beteiligt.

Anschrift: Hermann-Pünder-Straße 1, 50679 Köln

Bundesarbeitsgemeinschaft der überörtlichen Träger der Sozialhilfe

Die BAG ist ein Zusammenschluß aller überörtlichen Träger der →Sozialhilfe mit dem Ziel, durch einheitliche Rechtsanwendung zu einer wirksameren Gestaltung der Hilfen und zur Gleichbehandlung des betroffenen Personenkreises zu gelangen und zu einer Weiterentwicklung lebensnaher und praxisgerechter Sozialgesetze beizutragen. Die BAG ist weder Träger von Einrichtungen noch ist sie befugt, im Einzelfall Hilfe zu gewähren.

Anschrift: Warendorfer Straße 26–28, 48145 Münster

Bundesarbeitsgemeinschaft für Behinderte e.V. (BAGH)

Die BAGH ist eine Dachorganisation von 74 bundesweiten Behinderten-Selbsthilfeverbänden (→Behindertenverbände) und 14 Landesarbeitsgemeinschaften mit mehr als 700000 Einzelmitgliedern. Der BAGH sind Verbände körperlich-, geistig-, sinnes- und stoffwechselbehinderter Menschen angeschlossen, die auf örtlicher Ebene in →Selbsthilfegruppen und Vereinen arbeiten. Sie setzt sich für ein gleichberechtigtes und selbstbestimmtes Leben behinderter Menschen, insbesondere für Solidarität mit Behinderten, Selbsthilfe der Betroffenen, orts- und bürgernahe Angebote der sozialen Hilfen und Leistungen sowie für soziale Integration und Mitwirkung von Behinderten ein. Die BAGH wirkt in Ausschüssen und Beiräten mit, nimmt Stellung zu aktuellen sozialpolitischen Problemen Behinderter, bietet Betroffenen in Zusammenarbeit mit ihren Mitgliedsverbänden Beratung in rechtlichen und sozialen Fragen an und veranstaltet Arbeitstagungen und Seminare zu aktuellen Fragen der Rehabilitation. Sie gibt neben vielfältigem Informationsmaterial die Zeitschrift „Selbsthilfe" heraus.

Anschrift: Kirchfeldstraße 149, 40215 Düsseldorf

Bundesarbeitsgemeinschaft für Rehabilitation (BAR)

BAR ist der freiwillige Zusammenschluß der Spitzenverbände der gesetzlichen Krankenversicherung, Unfallversicherung, Rentenversicherung, Kriegsopferfürsorge und Sozialhilfe, der Bundesanstalt für Arbeit, der Bundesländer, der Spitzenverbände der Sozialpartner sowie der Krankenkassenärztlichen Bundesvereinigung. Sie wurde 1969 auf Initiative der Sozialpartner gegründet. Ihr Sitz ist in Frankfurt a.M. Die BAR hat den Auftrag, Rehabilitationsmaßnahmen entsprechend den Beschlüssen ihrer Organe (Mitgliederversammlung, Vorstand, Haushaltsausschuß) zu koordinieren und zu fördern. Sie wirkt dabei insbesondere darauf hin, daß die Maßnahmen der Rehabilitationsträger nach gleichen Grundsätzen zum Wohle der Betroffenen durchgeführt werden. Sie hat beratende Funktion ihrer Mitglieder in allen Fragen der →Rehabilitation, bei der Einrichtung und dem Ausbau von Rehabilitationseinrichtungen, und sie regt Verwaltungsvereinbarungen und gemeinsame Richtlinien an, um eine schnelle und effektive Wiedereingliederung der Betroffenen in die Gesellschaft, vor allem in Arbeit und Beruf zu ermöglichen. Sie setzt sich für die Zusammenarbeit der Rehabilitationsträger bei der Betreuung Behinderter und für eine trägerübergreifende Fortbildung ein und weckt durch gezielte Informationsarbeit Interesse und Verständnis für die Probleme der Behinderten und der Rehabilitation in der Öffentlichkeit.

Anschrift: Walter-Kolb-Straße 9–11, 60594 Frankfurt a.M.

Bundesarbeitsgemeinschaft für Straffälligenhilfe e.V. (BAG-S)

Die BAG-S ist der Fachzusammenschluß der Spitzenverbände der Freien Wohlfahrtspflege und der Deutschen Bewährungs-, Gerichts- und Straffälligenhilfe. Als Fachorganisation hat die BAG-S zum Ziel, die Hilfen für die straffällig gewordenen Menschen zu verbessern und zu erweitern, so daß die Integration der Betroffenen besser gelingt und ihrer Ausgrenzung entgegengewirkt wird. Auf Bundesebene vertritt sie die Interessen der in ihr zusammengefaßten Mitgliedsverbände gegenüber Öffentlichkeit, Verwaltung und Politik. Die BAG-S veranstaltet Fachtagungen, berät Einrichtungen, erstellt Arbeitshilfen, dokumentiert Entwicklungen ihres Arbeitsfeldes, bereitet wissenschaftliche Forschungsergebnisse für die Praxis auf, wirkt an Gesetzgebungsverfahren mit und gibt regelmäßig einen Fachinformationsdienst sowie Straffälligenhilfeberichte heraus.

Bundesarbeitsgemeinschaft ...

Anschrift: Oppelner Straße 130, 53119 Bonn

Bundesarbeitsgemeinschaft Jugendsozialarbeit (BAG JAW)

Die 1949 gegründete BAG JAW ist ein Zusammenschluß aus fünf Trägergruppen (evangelische, freie, katholische, sozialistische und örtlich-kommunale) und acht Landesarbeitsgemeinschaften der Jugendsozialarbeit. Sie hat es sich zum Ziel gesetzt, junge Menschen durch sozialpädagogische und arbeitsweltbezogene Angebote in ihrer schulischen und beruflichen Bildung, in ihrer Eingliederung in die Arbeitswelt und in ihrer sozialen Integration zu unterstützen und zu fördern. In Fachausschüssen und Fachkommissionen werden von den Mitgliedern der Trägergruppen in verschiedenen Bereichen Empfehlungen und Vorlagen erarbeitet, die dem Vorstand der BAG JAW als Beratungs- und Entscheidungshilfe dienen. Die BAG JAW nimmt zu aktuellen jugendpolitischen Aufgaben, Problemen und Gesetzesvorhaben kritisch, beratend und empfehlend Stellung und führt jährliche Fachtagungen durch, die der Darstellung ihrer Arbeitsschwerpunkte von Jugendsozialarbeit in der Fachöffentlichkeit und dem Erfahrungsaustausch der Mitglieder mit VertreterInnen aus Parlament, Ministerien, Arbeitsverwaltung und Experten aus Fachdisziplinen dienen. In ihrer Vierteljahresschrift „Jugend Beruf Gesellschaft", in zahlreichen Arbeitsdrucken, Dokumentationen und anderen Publikationen unterrichtet die BAG JAW über vielfältige Fragen der Jugendsozialarbeit und ihrer Handlungsfelder, z.B. über Probleme der Jugendarbeitslosigkeit, der Eingliederung junger AussiedlerInnen sowie Jugendlicher ausländischer Herkunft, geschlechtsspezifische Ansätze u.a.m. Außerdem werden in regelmäßigen Abständen Anschriftenverzeichnisse der Einrichtungen des Jugendwohnens der Fachstellen für jugendliche AussiedlerInnen und der berufsfördernden Einrichtungen herausgegeben.

Bundesjugendplan

Anschrift: Kennedyallee 105–107, 53175 Bonn

Bundesarbeitsgemeinschaft Wohnungslosenhilfe (BAGW)

Die BAGW ist ein Zusammenschluß privater und öffentlich-rechtlicher Träger der ambulanten und stationären Wohnungslosenhilfe bzw. →Nichtseßhaftenhilfe, der privaten Fach- und Trägerverbände dieser Hilfe sowie der bundesweit zuständigen Körperschaften und Institutionen des Öffentlichen Rechts. Sie besteht seit 1954. Als Dachverband hat sie die Aufgabe, die nötige Zusammenarbeit und Abstimmung zwischen der Praxis der Hilfe und den für sie zuständigen öffentlich-rechtlichen Instanzen und der Sozialpolitik auf Bundesebene herzustellen, Daten zur Lage und Entwicklung der Wohnungslosigkeit bereitzustellen, die Hilfe durch Öffentlichkeitsarbeit, konzeptionelle Koordination, Forschung, Beratung und Informationsvermittlung zu fördern. Sie ist Herausgeber der Fachzeitschrift ‚Wohnungslos', früher „Gefährdetenhilfe".

Anschrift: Quellenhof 25, 33617 Bielefeld

Bundesausbildungsförderungsgesetz (BAföG)
→Ausbildungsförderung

Bundeserziehungsgeldgesetz (BErGG)
→Erziehungsgeld

Bundesjugendkuratorium

Wie bereits nach dem JWG, wird auch nach dem KJHG (§ 83, Abs. 2) die Bundesregierung in grundsätzlichen Fragen der Jugendhilfe von einem Sachverständigengremium (dem B.) beraten. Die nähere Ausgestaltung dieser Beratung ist Gegenstand von Verwaltungsvorschriften (Anzahl der Mitglieder, Dauer der Mitgliedschaft usw.).

Bundesjugendplan

wichtiges Förderinstrument aktiver Jugendpolitik in der Bundesrepublik Deutschland, aus dessen Mitteln eine Vielzahl von Initiativen, Aktionen, Projekten und Programmen finanziert werden, die im Rahmen der Maßnahmen und Verpflichtungen der Länder und Gemeinden nicht oder nur unzureichend umgesetzt werden können. Seit der erste B. 1950 erstellt wurde, haben sich die Schwerpunkte der Förderung verlagert und differenziert. Zentrale Ziele aber blieben neben der Behebung sozialer Notlagen die Erziehung und Aufklärung Jugendlicher gegen militaristische, nationalistische und totalitäre Tendenzen.

Bundesjugendring
→Deutscher Bundesjugendring

Bundesministerium für Arbeit und Sozialordnung (BMA)
Das BMA gliedert sich in eine Zentralabteilung, die für die Bereiche Verwaltung, Personal, Haushalt und Informationsverarbeitung zuständig ist, und sieben Fachabteilungen, deren Tätigkeitsbereich die Arbeitsförderung und Beschäftigungspolitik (insbesondere die Arbeitsvermittlung und die Arbeitslosenversicherung), Arbeitsrecht und Arbeitsschutz, Sozialversicherung (Renten- und Unfallversicherung), Versorgung der Kriegsbeschädigten und Hinterbliebenen, Rehabilitation Behinderter sowie Fragen der Sozialhilfe umfaßt. Dem Bundesminister für Arbeit und Sozialordnung obliegt ferner das Verfahrensrecht, der Sozialdatenschutz, die Zusammenarbeit der Leistungsträger und die Weiterentwicklung des Sozialgesetzbuches, außerdem die Federführung für sozialpolitische Aufgaben im internationalen Bereich sowie die Vorbereitung und der Abschluß von Abkommen über die soziale Sicherheit. Zu seinem Geschäftsbereich gehört das Bundesarbeitsgericht, das Bundessozialgericht, das Bundesversicherungsamt, die Bundesausführungsbehörde für Unfallversicherung sowie die Bundesanstalt für Arbeitsschutz und Arbeitsmedizin. Außerdem führt das BMA die Aufsicht über die Bundesanstalt für Arbeit und über eine Reihe von Spitzenorganisationen der Sozialversicherung. Das BMA publiziert den Informationsdienst „Sozialpolitische Information", das „Bundesarbeitsblatt" und das „Statistische Taschenbuch" mit jährlichen Arbeits- und Sozialstatistiken.

Bundesprüfstelle für jugendgefährdende Schriften und Medieninhalte (BPjS)
Die Bundesprüfstelle ist eine selbständige Bundesoberbehörde, die dem Bundesministerium für Familie, Senioren, Frauen und Jugend (BMFSJF) zugeordnet ist, aber über ihren eigenen Haushalt verfügt. Ihre Aufgabe ist es, jugendgefährdende Medien auf Antrag von Jugendministerien und -ämtern zu prüfen und gegebenenfalls in die Liste jugendgefährdender Schriften einzutragen. Abgabe-, Vertriebs- und Werbebeschränkungen sorgen dafür, daß jugendgefährdende Medien nur noch Erwachsenen, nicht aber Kindern und Jugendlichen zugänglich sind. Weitere Aufgabenbereiche sind die Förderung wertorientierter Medienerziehung, die Förderung von Selbstkontrolle der Gewerbetreibenden sowie die Sensibilisierung der Öffentlichkeit für Probleme des Jugendschutzes, wobei das Gesetz über die Verbreitung jugendgefährdender Schriften und Medieninhalte (GjSM) nebst Durchführungsverordnung (DVO) die Rechtsgrundlage für die Arbeit der Bundesprüfstelle bilden. Die Entscheidungen der Bundesprüfstelle sind Verwaltungsakte und können bis zum Bundesverwaltungsgericht (BVerwG) angefochten werden. Die Bundesprüfstelle besteht aus zehn hauptberuflichen Mitarbeitern/innen und 90 ehrenamtlich tätigen Gruppen- und Länderbeisitzern/innen. Die Gruppenbeisitzer/innen werden vom BMFSJF auf Vorschlag der Verbände von Kunst, Literatur, Buchhandel, Verleger, Jugendverbände, Jugendwohlfahrt, Lehrerschaft und Kirchen für drei Jahre berufen, die Länderbeisitzer/innen von den Landesregierungen jeweils für drei Jahre entsendet. Die Bundesprüfstelle ist bei ihren Entscheidungen an

Bundesseniorenvertretung e.V.

keine Weisungen gebunden, wie das Gesetz ausdrücklich bestimmt.

Anschrift: Kennedyallee 105–107, 53175 Bonn

Bundesseniorenvertretung e.V.
Die B. bündelt die in Landesvertretungen zusammengeschlossenen Seniorenvertretungen und Seniorenbeiräte in der Bundesrepublik Deutschland. Seniorenvertretungen werden in über 200 Städten von älteren Bürgern gewählt und arbeiten politisch und konfessionell unabhängig. Sie machen nicht nur auf Probleme älterer Menschen aufmerksam, sondern beteiligen sich konstruktiv an deren Lösungen, indem sie den Staat, Parteien und Verbände im Vorfeld von Entscheidungen beraten. Sie wirken durch Anregungen und Stellungnahmen an Planungen und Gesetzesvorlagen mit, sofern Belange der älteren Generation berührt werden. Außerdem haben Seniorenvertretungen Mitsprache in Ausschüssen über Sozial-, Renten-, Wohn- und Verkehrsprobleme und kämpfen für die Beseitigung des Pflegenotstandes. Sie führen Befragungen in Alten- und Pflegeheimen durch und bieten Informationsaustausch, Beratung und Fortbildung der Seniorenbeiräte in Heimen an. In ihren Sprechstunden beraten Seniorenvertretungen Personen und geben telefonisch Auskunft zu aktuellen Problemen und Fragen.

Anschrift: Stettiner Straße 13, 22850 Norderstadt

Bundessozialhilfegesetz (BSHG)
Das 1962 in Kraft getretene Gesetz regelt die individuelle Betreuung und Hilfe durch die Leistungen der →Sozialhilfe. Zentrale Gedanken des BSHG sind die Gewährleistung einer der Würde des Menschen entsprechenden Lebensführung und die Befähigung zur Selbsthilfe. Das BSHG faßt dazu die gesamte öffentliche Fürsorge zusammen, lediglich die →Jugendhilfe und die →Kriegsopferfürsorge sind gesondert geregelt.

Bundesstiftung „Mutter und Kind" – Schutz des ungeborenen Lebens"

Die Bundesstiftung wurde 1984 als rechtsfähige Stiftung des Öffentlichen Rechts errichtet. Ihre Stiftungsmittel werden nicht-staatlichen Zuwendungsempfängern zugewiesen. Diese Mittel können schwangere Frauen erhalten, die sich wegen einer Notlage an eine nach § 218b StGB und § 9 Schk (Schwangerenkonfliktgesetz) anerkannte Beratungsstelle wenden. Dort findet ein Beratungsgespräch statt, bei dem ein Antrag auf Stiftungsmittel gestellt werden kann. Mit der Unterstützung durch die Stiftung soll Frauen (alleinerziehende, Frauen mit geringem Einkommen oder Frauen aus Familien, die von Arbeitslosigkeit betroffen sind) die Fortsetzung der Schwangerschaft erleichtert werden. Durch die Vergabe von finanziellen Zuwendungen in Verbindung mit einer Beratung besteht für die Beratungsstellen die Möglichkeit, nicht nur über Hilfen zu informieren, sondern je nach den speziellen Bedürfnissen des Einzelfalles auch direkt finanzielle, soziale und familiäre Hilfe zu leisten. So werden schwangere Frauen z.B. bei der Antragstellung zur Sozialhilfe, zum Wohngeld, zum Kinder- und Erziehungsgeld, zum Erziehungsurlaub, zum Unterhaltszuschuß, zur Anrechnung von Erziehungszeiten im Rentenrecht sowie bei weiteren Leistungen der Gesundheitsvorsorge und der Jugendhilfe unterstützt. Die Bundesstiftungshilfe ist als ergänzende Hilfe zu gesetzlichen Leistungen gedacht, die individuell und unbürokratisch gewährt wird. Voraussetzung dafür ist, daß andere Sozialleistungen (z.B. Sozialhilfe, Arbeitslosengeld, Kindergeld, Wohngeld) gar nicht oder nicht rechtzeitig möglich sind bzw. nicht ausreichen. Die Stiftungsmittel werden auf die staatlichen Leistungen nicht angerechnet, sondern zusätzlich gewährt.

Anschrift: Rochusstraße 8–10, 53172 Bonn

Bundesverband der Sozialarbeiter, Sozialpädagogen, Heilpädagogen (BSH) – Vereinigte Vertretung sozial-pädagogischer Berufe e. V.
→Deutscher Berufsverband für Sozialarbeit, Sozialpädagogik und Heilpädagogik e. V. (DBSH)

Bundesvereinigung Lebenshilfe für Menschen mit geistiger Behinderung e. V.
Die Bundesvereinigung Lebenshilfe ist ein gemeinnütziger Verein, der im Jahr 1958 von Eltern geistig behinderter Kinder und interessierten Fachleuten gegründet wurde. Heute hat die Lebenshilfe über 125 000 Mitglieder, die sich unter dem Dach der Bundesvereinigung Lebenshilfe in 16 Landesverbänden und ca. 540 Orts- und Kreisvereinigungen organisieren. In Träger- oder Mitträgerschaft ihrer örtlichen Vereinigungen betreut und fördert die Lebenshilfe ca. 150 000 Kinder, Jugendliche und erwachsene Menschen mit geistiger Behinderung in rund 3000 Einrichtungen und Diensten (z. B. Frühförderstellen, Kindergärten und -krippen, Sonderschulen, Tagesförderstätten, Werkstätten, Wohnstätten und Wohngruppen, Familienentlastende Dienste). Ziel der Lebenshilfe ist es, Menschen mit geistiger Behinderung und ihren Angehörigen ein erfülltes und weitgehend selbstbestimmtes Leben in unserer Gemeinschaft zu ermöglichen. Das DZI-Spendensiegel bescheinigt der Bundesvereinigung Lebenshilfe besondere Vertrauenswürdigkeit.

Lit.: Fachzeitschrift „Geistige Behinderung", Lebenshilfe-Zeitung, Handbücher und Broschüren.

Anschrift: Raiffeisenstraße 18, 35043 Marburg

Bundesverfassungsgericht
allen anderen Verfassungsorganen gegenüber selbständiger und unabhängiger Gerichtshof des Bundes mit Sitz in Karlsruhe. Er besteht aus zwei Senaten (Zivil- und Strafsenat) mit je acht Richtern, die je zur Hälfte vom Bundestag und vom Bundesrat gewählt werden. Das B. entscheidet u. a. über die Auslegung des Grundgesetzes (GG), die Vereinbarkeit von Bundes- und Landesrecht mit dem GG (Normenkontrolle), die Verfassungswidrigkeit von Parteien, Verfassungsbeschwerden und die Verwirkung von Grundrechten.

Bundeszentrale für gesundheitliche Aufklärung (BZgA)
Die Bundeszentrale für gesundheitliche Aufklärung (BZgA) wurde 1967 gegründet und ist eine Behörde im Geschäftsbereich des Bundesministeriums für Gesundheit mit Sitz in Köln. Auf dem Gebiet der Gesundheitsförderung übernimmt sie sowohl Informations- und Kommunikationsaufgaben (Aufklärungsfunktion), als auch Qualitätssicherungsaufgaben (Clearing- und Koordinierungsfunktion) auf nationaler wie auch internationaler Ebene.

Zu den Informations- und Kommunikationsaufgaben gehören die Aufklärung in Themenfeldern mit besonderer gesundheitlicher Priorität (z. B. Organspendekampagne, Kampagne zur Blut- und Plasmaspende), die Aufklärung in themen- und zielgruppenspezifischen Schwerpunkten (aktuell: die Gesundheit von Kindern und Jugendlichen) sowie bundesweite Aufklärungskampagnen, die auf Dauer angelegt sind (Aids-Prävention, Suchtprävention, Sexualaufklärung). Auf dem Sektor der Qualitätssicherungsaufgaben erarbeitet die BZgA wissenschaftliche Grundlagen (Studien, Expertisen, Evaluation, Marktübersichten), unterstützt die Qualifizierung von Multiplikatoren (Fort- und Weiterbildung), fördert Innovationen (Entwicklung neuer Strategien und Methoden) und entwickelt Qualitätssicherungsverfahren (Modelle, Leitlinien und Mindestanforderungen). Durch nationale und internationale Kooperation fördert die BZgA verstärkt ein arbeitsteiliges Vorgehen der relevanten Akteure.

Anschrift: Ostheimer Str. 220, 51109 Köln

Bundeszentrale für politische Bildung (BpB)

Die BpB ist eine nachgeordnete Behörde im Geschäftsbereich des Bundesministeriums des Innern, die sich der überparteilichen politischen Bildungsarbeit widmet. Zur Förderung der staatsbürgerlichen Erziehung und Vertiefung des demokratischen Gedankens fördert sie Tagungen, gibt Publikationen heraus und spricht den engagierten und an Politik interessierten Bürger durch eine Vielzahl weiterer Maßnahmen an, z. B. Wettbewerbe, Festivals, Seminare, Kongresse, Videos, CD-Roms, Internet-Angebote etc. Von 1952 bis 1963 arbeitete die BpB unter der Bezeichnung „Bundeszentrale für Heimatdienst". Sie gibt die Wochenzeitschrift „Das Parlament" und die „Informationen zur politischen Bildung" heraus.

Anschrift: Berliner Freiheit 7, 53111 Bonn

Bundeszentralregister

vom Generalbundesanwalt beim Bundesgerichtshof in Berlin geführtes Register, in das strafgerichtliche Verurteilungen, bestimmte Entscheidungen von Verwaltungsbehörden und Gerichten, Vermerke über Schuldunfähigkeit, gerichtliche Feststellungen sowie sich auf diese Eintragungen beziehende nachträgliche Entscheidungen und Tatsachen personenbezogen eingetragen werden (nähere Spezifizierungen vgl. §§ 4–13 Bundeszentralregistergesetz). Auskünfte aus dem B. werden als Führungszeugnis in beschränkter und unbeschränkter Form an im einzelnen in §§ 30–44 BZRG geregelte Personen und Institutionen erteilt. Die Eintragungen im Register werden nach Ablauf bestimmter, unterschiedlicher Fristen getilgt (§§ 45–52 BZRG).

Burckhardthaus – Evangelisches Institut für Jugend, Kultur und Sozialarbeit e.V.

Das Burkhardthaus ist ein bundeszentrales evangelisches Fort- und Weiterbildungsinstitut, das sich mit seinen Programmen an der Wahrung von Gemeinschaftsaufgaben der EKD im Rahmen ihrer Grundordnung beteiligt. Die Fort- und Weiterbildungsprogramme, Seminare und Tagungen wenden sich vornehmlich an hauptamtliche Mitarbeiter der evangelischen Kirche und anderer Träger im Feld kirchlicher, sozialer und pädagogischer Arbeit. Hinzu kommen Projektbegleitung und -beratung vor Ort, ökumenische Kontakte, Studienarbeit und eigene bzw. Mitarbeit an fremden Publikationen. Die Arbeitsschwerpunkte des Burkhardthauses sind gegeben durch den kritischen Bezug von Theologie und Sozialwissenschaften in Theorie und Praxis. Themenschwerpunkte sind: berufsbezogene Selbsterfahrung, Supervision und Beratung, Kulturpädagogik, geschlechtsspezifische Jugend- und Sozialarbeit, sozialräumliche Arbeit in Gemeinwesen und Streetwork, Gemeindeentwicklung, theologische Fortbildung, Bibliodrama und Symboltheologie.

Anschrift: Herzbachweg 2, 63571 Gelnhausen

Burn-out

(engl: völlig ausbrennen, ausgehen) neuerdings verstärkt diskutiertes Phänomen der körperlichen und seelischen Erschöpfung in der Berufswelt. Nach mehrjährigem beruflichen Einsatz zeigt sich ein starkes Schwinden der Motivation und Energie im Beruf. Als Hauptgrund für das B.-Syndrom bei in der Sozialen Arbeit Tätigen wird das ungewöhnlich hohe persönliche Engagement in diesem Berufsfeld gesehen. Möglichkeiten dem B. zu begegnen werden in verstärkter →Professionalisierung, in begleitenden reflektierenden Maßnahmen (→Supervision) und in einem regelmäßigen Wechsel des Tätigkeitsfeldes gesehen.

Caritas
Hochschätzung, Liebe; insbes. Nächstenliebe, Barmherzigkeit (→Deutscher Caritasverband).

Case Management
1. Definition. C. M. ist eine, zuerst in der Praxis der amerikanischen Sozialarbeit entwickelte, Verfahrensweise in Sozial- und Gesundheitsdiensten, mit der im Einzelfall die nötige Unterstützung, Behandlung und Versorgung von Menschen organisiert und durchgeführt wird. Sie soll möglichst effektiv und effizient erfolgen. C. M. betrifft die Ablauforganisation der →Einzelhilfe bei einer andauernd nötigen oder vielseitigen Hilfestellung für eine Person oder Familie (daher auch: Unterstützungsmanagement). Zu den aus der Betriebsführung bekannten Management-Funktionen Planen, Entscheiden, Organisieren und Kontrollieren kommt im C. M. die Aufgabe hinzu, verschiedene Dienste und Fachkräfte, formelle und informelle Hilfen zu koordinieren und ihren Einsatz in einem Versorgungszusammenhang (continuum of care) zu vernetzen.

2. Geschichte. In der Sozialen Arbeit ist C. M. ein Verfahren, das seit 20 Jahren (zuerst in den USA) eingeführt ist, um die humandienstliche Versorgung von Menschen zielwirksam, koordiniert und wirtschaftlich zu gestalten. Hintergrund war die Entlassung vieler psychisch Kranker und geistig Behinderter aus Anstalten („Deinstitutionalisierung"), so daß nun deren ambulante Betreuung und Eingliederungshilfe zu organisieren war. Der vielfältigen Bedürftigkeit stand ein verstreutes Angebot an Diensten gegenüber, so daß im C. M. die Aufgabe wahrzunehmen war, den individuellen Hilfebedarf und die Versorgungsmöglichkeiten person- und situationsbezogen zusammenzuführen. Es geht in dieser Arbeitsweise um eine Optimierung von Prozessen der Unterstützung, Betreuung und Behandlung. Man bedient sich des C. M. seither in verschiedenen Versorgungsstrukturen – der Pflege, der Krankenbehandlung, der Rehabilitation, der Jugendhilfe, der Behindertenhilfe, der Wohnungslosen- und Suchtkrankenhilfe, der Familienhilfe. Während C. M. sich in den USA als eine professionelle Strategie entwickelte, wurde es 1990 in Großbritannien per Gesetz als administratives Verfahren zur Versorgung von Leistungsberechtigten mit Sozial- und Pflegediensten eingeführt, hier unter der Bezeichnung „care management": Der lokale öffentliche Sozialdienst hat die Aufgabe, im Rahmen eines vorgegebenen Budgets den Versorgungsbedarf individuell festzustellen und ihn mit einem planmäßig zusammengestellten Bündel von Dienstleistungen abzudecken, die auf dem Markt der Anbieter beschafft („eingekauft") werden. Die „case manager" des Sozialdienstes haben anschließend die Aufgabe, die Leistungserbringung zu überwachen, Beschwerden nachzugehen und im kommunalen Rahmen über die Bedarfsdeckung Rechenschaft abzulegen. – In ähnlicher Funktion ist das C. M. in einer Reihe weiterer Länder eingeführt worden.

3. Systematik des Verfahrens. C. M. zielt auf eine integrierte Versorgung bei Nutzung formeller und informeller Ressourcen. Im zeitlichen Ablauf soll eine bruchstückhafte Versorgung vermieden und eine rationale Leistungserbringung erreicht werden. Dem Verfahren wird Zweckmäßigkeit und Wirksamkeit an jeder Stelle abverlangt, und das Vorgehen soll für alle Beteiligten transparent sein. Die Durchsichtigkeit ist eine Bedingung dafür, daß Maßnahmen in ihrem Nacheinander aufeinander abgestimmt werden können und daß sich in einem Verbundsystem kontrollieren und evaluieren läßt, was wann wo geschieht oder geschehen ist. Nicht zuletzt sind

die Qualitätssicherung und die Qualitätsentwicklung in Sozial- und Gesundheitsdiensten darauf angewiesen, die Wege, Ansatzpunkte und Entscheidungen im Einzelfall verfolgen zu können. C. M. bedeutet eine Abkehr von der Leitidee im personenbezogenen Sozialdienst, daß ein einzelner Professioneller sich einem einzelnen Klienten oder Patienten widmet, ihm hilft oder ihn heilt. Leitend ist nunmehr die Vorstellung, daß prinzipiell mehrere Personen – verschiedene Fachkräfte nebeneinander und miteinander und Familienangehörige und/ oder informelle Helfer – beteiligt sind. Ein Case Manager ist für die Koordination des Einsatzes der Beteiligten zuständig und für die Vernetzung der Dienstleistungen bezogen auf den Einzelfall. Andererseits wird der Klient oder Patient als selbstaktiver Nutzer gesehen, mit dem man die Unterstützungs- und Behandlungsmaßnahmen abstimmen muß. Die Dienstleistungen zielen auf die Bewältigung seiner Situation und Problematik. Zu managen sind sein Zugang zu den Diensten, die Bedarfsfeststellung im Einzelfall, der Prozeß der Zusammenarbeit, um die Situation zu bewältigen, ein planmäßiges Vorgehen und das zielwirksame Verhalten der Beteiligten dabei. Zum Case Management gehören deshalb in der Systematik seiner Ablauforganisation regelmäßig die folgenden Schritte oder Phasen:

– Vorklärung (ob eine sozialdienstliche Hilfestellung geboten, die Berechtigung zur Leistung gegeben ist und Zuständigkeit besteht) und Zugangseröffnung (für den Bürger zu den Diensten und seitens der Dienste zu den Bürgern) sowie erste Feststellung des Handlungsbedarfs (Veranlassung);
– Einschätzung (assessment) der objektiven und subjektiven Lage des oder der Menschen, die Unterstützung erhalten sollen (wobei die Einschätzung gemeinsam von professionellen Mitarbeitern, Klienten und ggf. Angehörigen vorgenommen wird);
– Zielvereinbarung und Hilfeplanung in Rücksicht auf (bisherige) individuelle und familiäre Bewältigungsweisen, informell nutzbare Unterstützung und formelle Leistungsangebote; ein Zusammenwirken wird abgesprochen und evtl. in einer schriftlichen Vereinbarung festgehalten; der Hilfeplan kann als Grundlage für eine Entscheidung von Leistungsträgern über Maßnahmen dienen;
– Durchführung (der vereinbarten Hilfen oder Maßnahmen), organisiert und/oder begleitet von einem Case Manager; Kontrolle (monitoring) der von Leistungsanbietern zu erbringenden Unterstützung, nötigenfalls anwaltliches Intervenieren in die Leistungserbringung;
– Evaluation (Fallüberprüfung, Prozeß- und Ergebnisevaluation) der Wirksamkeit und des Wertes der geleisteten Unterstützung und Versorgung – auch während der Durchführung mit der Möglichkeit einer Neueinschätzung (reassessment) der Situation und der erforderlichen Maßnahmen;
– Entpflichtung (disengagement) nach Erfüllung der Aufgabe und Rechenschaftslegung (des Dienstes gegenüber Auftraggebern).

Der Charakter und das Gewicht der einzelnen Schritte oder Dimensionen im C. M. hängt davon ab, in welchem Versorgungsbereich es eingesetzt wird, etwa in der Altenpflege (in der Angehörige mitwirken und mit der Fachpflege kooperieren), in der Jugendhilfe (in Zusammenarbeit von Jugendamt, Eltern und freien Leistungserbringern) oder in Prozessen der medizinischen Versorgung (in Regulierung ambulanter und stationärer Behandlung, auch als „disease management").

4. Gegenwärtige Entwicklungen. Die Arbeitsweise Case Management verbreitet sich nach Reformen im Gesundheits- und Sozialwesen, nach denen die Dienste und Einrichtungen gehalten sind, ihr Verfahren unter Kosten- und

Wirksamkeitsgesichtspunkten darzustellen und zu rechtfertigen. Auch die Rechtsstellung des Bürgers nötigt in der Planung, Vereinbarung und Ausführung von Dienstleistungen zu einer ihm durchsichtigen und ihn beteiligenden Steuerung der Abläufe. Welche Stelle oder Fachkraft fallweise die Prozeßsteuerung übernimmt, ist im C.M. nicht festgeschrieben. Die Fallführung kann vom Leistungsträger aus (etwa im Allgemeinen Sozialdienst eines Jugendamts, durch einen Fallmanager in der sozialamtlichen Eingliederungshilfe, durch einen Gesundheitsberater und Patientenbegleiter der Krankenversicherung) erfolgen oder – nach Entscheidung über die Leistungsgewährung – vom Dienstleister wahrgenommen werden. Die Fallführung läßt sich auch unabhängig von beiden Seiten einem eigenständigen Dienst (z. B. einer Koordinierungsstelle oder einem freiberuflich tätigen Case Manager) übertragen, hinreichende Kompetenz vorausgesetzt. Sozialarbeiter sind längst nicht mehr die einzige Berufsgruppe, die Zuständigkeit für das Case Management beansprucht. In den USA sind es insbesondere Fachkräfte der Krankenpflege, die als Case Manager zertifiziert sind. Die Zuordnung der Fallführung hängt ab von dem prinzipiellen Verhältnis von Leistungsträger, Leistungserbringer und dem die Dienste nutzenden Bürger. Man kann sich von der Vorstellung leiten lassen, daß der Bürger als Leistungsnehmer sich einen Case Manager bestellt, der ihn durch das System der sozialen und gesundheitlichen Versorgung begleitet. Oder der Case Manager wird als „Türöffner" (gatekeeper) im Versorgungssystem betrachtet. So die AOK-Idee des Hausarztes als Case Manager bei weiterreichenden (fachärztlichen und stationären) medizinischen Leistungen. Ein vom Leistungsträger bestellter Case Manager wird in erster Linie Gewährleistungs- und Kontroll-Funktionen erfüllen (im britischen System ist er Beschaffer von Dienstleistungen und setzt dafür ein vorgegebenes Budget ein). Leistungserbringer schließlich suchen mit einem Case Management ihr diversifiziertes Angebot optimal einzusetzen bzw. es auf den Einzelfall zuzuschneiden und danach die vereinbarten Maßnahmen zielgerichtet zum Erfolg zu führen. Dazu halten neue gesetzliche Regelungen zu Leistungsvereinbarungen in der Sozialhilfe und in der Jugendhilfe an. →Einzelhilfe

Lit.: Raiff, N. R., Shore, B. K.: Fortschritte im Case Management, Freiburg 1997; Wendt, W. R. (Hrsg.): Unterstützung fallweise. Case Management in der Sozialarbeit, Freiburg 1995[2]; Wendt, W. R.: Case Management im Sozial- und Gesundheitswesen. Freiburg 1997; Wendt, W. R.: Bibliographie zum Case Management. Literaturdatenbank auf Diskette, Freiburg 1996 ff.; Wissert, M. u. a.: Ambulante Rehabilitation alter Menschen. Beratungshilfen durch das Unterstützungsmanagement, Freiburg 1996.

Wolf Rainer Wendt, Stuttgart

case study
→Einzelfallstudie

case work
→Einzelhilfe

Chancengleichheit
auf das Gleichheitspostulat der →Aufklärung zurückgehende, im Zuge der Bildungsdiskussion der 1970er Jahre aktualisierte Wertvorstellung und bildungspolitische Forderung, die für alle Menschen unabhängig von ihrer Herkunft, ihrem Geschlecht, ihrer Religion etc. gleiche Zugangschancen zu Bildungsmöglichkeiten verlangt. Vor allem die durch den sog. „Sputnik-Schock" ausgelöste Angst vor mangelnder internationaler Wettbewerbsfähigkeit und die Analyse der Auslesemechanismen des Bildungssystems beflügelte die erneute Diskussion um Bildung und C. Ende der 1960er Jahre. Sie führte zu neuen Lern-

und Schulkonzepten (u.a. Gesamtschule), zu Reformen der Lehrerbildung und zur Entwicklung von Konzepten →kompensatorischer Erziehung zum Ausgleich sozialer Ungleichheit.

Chaostheorie

mathematisch-physikalische Theorie zur Beschreibung von Systemen, deren Merkmale determiniertes Zufallsverhalten und die Ausbildung ungeordneter Strukturen sind (Chaos, griech: das Unbenennbare). Die C. versucht diese Systeme, in denen kleine Einwirkungen große Auswirkungen hervorrufen, rechnerisch zu beherrschen. Diese Vorgänge sind jedoch nur kurzfristig vorhersagbar. Langfristig ist das Netz der kausalen Beziehungen und der Einflüsse durch Teilsysteme so kompliziert, daß das resultierende Bewegungsmuster zufällig bleibt. Ob sich tatsächlich aus dem Luftzug des Schlages eines Schmetterlingsflügels in Afrika ein Tornado in den USA entwickelt, bleibt offensichtlich ein nicht prognostizierbarer Zusammenhang. Die Erkenntnis, daß sich nach festen Regeln mikroskopische Störungen verstärken, stellt aber ein wichtiges Ergebnis der C. dar. Ihre Anwendung auch außerhalb naturwissenschaftlicher und technischer Probleme, also etwa auf wirtschaftliche und soziale Zusammenhänge, findet zunehmendes Interesse.

Charakter

sehr unterschiedlich gebrauchte Bezeichnung für die seelisch-geistige Struktur eines Menschen, auf das seine Verhaltensweisen und Handlungen zurückgeführt werden. Bereits in der Antike war der C. Gegenstand detaillierter Beschreibungen. Ihre Blütezeit hatte die Charakterologie jedoch in den ersten Jahrzehnten des 20.Jh., in der sie – hauptsächlich als ethischer Begriff – auch Eingang in die pädagogische Reformdiskussion fand (→Dilthey, →Kerschensteiner, →Steiner). Die moderne Psychologie bevorzugt den Begriff →Persönlichkeit, der anders als der Unveränderbarkeit, Sitte und Moral betonende Begriff C., das Augenmerk auf den Prozeß und die Dynamik des lebenslangen Bildungsprozesses richtet.

Chicagoer Schule

von A. W. Small (1854–1926), W. I. Thomas (1863–1947), R. E. Park (1864–1944) und E. W. Burgess (1886–1966) begründete Theorieschule, die in den 1920er und 30er Jahren aus der Soziologie-Fakultät der Universität Chicago hervorging. Mit ihrer Entwicklung der →Theorie der Symbolischen Interaktion und ihren Arbeiten zur Prozeßhaftigkeit des Aufbaus der Persönlichkeit lieferte die C. S. entscheidende Impulse für die Theorie der →Subkultur und die Theorien des differentiellen Lernens. Zudem trug die C.S. durch ihre Forschung maßgeblich zur Entwicklung qualitativer Forschungsmethoden und zur Etablierung der Soziologie als akademische Disziplin in den Vereinigten Staaten bei. Als Hauptleistung der C.S. gilt die fruchtbare Verbindung von soziologischer Theoriebildung und systematischer →empirischer Sozialforschung.

Christliche Erziehung

eine den Prinzipien des Christentums verpflichtete Erziehung, die zu einem Leben gemäß den Regeln des Evangeliums, zur brüderlichen Liebe unter allen Menschen und zur Mitverantwortung für die Bürgergemeinde anhält. Sie war grundlegend für Staat und Kultur des Mittelalters. C. E. hat durch Reformation und Gegenreformation neue Impulse erhalten. Seit der Trennung von Staat und Kirche repräsentieren vor allem christliche Schulen die c.E. außerhalb der Familie. Im Zeitalter der freien Wohlfahrtspflege des 19.Jh. war die c.E. tragendes Motiv der sozialpädagogischen Arbeit mit Kindern und Jugendlichen (u.a. →Francke, →Wichern).

Clique

Zum einen wird als C. eine informelle Gruppe bezeichnet, die sich innerhalb formeller Organisationen (Schule, Betrieb, Partei etc.) bildet. Mitglieder der C. haben stärkeren Kontakt zueinander als zu den übrigen Mitgliedern der Organisation und unterstützen sich häufig in Konkurrenzsituationen. Die Gruppenzugehörigkeit wird meist durch einen ähnlichen Kleidungsstil, gemeinsame Interessen und Werte- und Normenvorstellungen betont. Solche, durch unausgesprochenen Konsens begründete Gruppen existieren jedoch auch in nicht formalisierten Lebensbereichen, wie etwa unter Künstlern. C. sind bei der Gestaltung des politischen, militärischen und wirtschaftlichen Lebens von erheblicher Bedeutung. Im Bereich der Jugendarbeit meint C. die jugendliche Freundes- oder Straßengruppe, die eine wichtige Rolle in der →Sozialisation spielt (→peer group). Zeigt die Gruppe kriminalisierbare Verhaltensweisen, spricht man eher von →Bande.

Coaching

1. C. ist ein Konzept einer motivierenden Personalführung auf der Basis einer verständigungsorientierten Kommunikation zwischen Vorgesetzten und Mitarbeitern.

2. C. ist eine Form der →Beratung bzw. →Supervision, die sich speziell an Führungskräfte unterschiedlicher hierarchischer Ebenen wendet (Leitungsberatung). Auch für freiberuflich Tätige, die Managementaufgaben zu bewältigen haben, ist C. ein Mittel der Wahl. C. ist somit ein Verfahren der Personalentwicklung, der Krisenbewältigung im Beruf und zudem eine Möglichkeit der Selbstmanagementförderung. C. wird als Einzel-C., Gruppen-C. oder auch Team-C. in einem klar strukturierten Beratungsprozeß praktiziert, wobei unterschiedliche Methoden und Verfahren Anwendung finden. Fachliche Fragestellungen werden dabei im Sinne der →Themenzentrierten Interaktion mit emotions-orientierten Lernmöglichkeiten unter Einbeziehung konstruktiver Kritik verbunden.

community development
→Gemeinwesenarbeit

community organization
→Gemeinwesenarbeit

community study
→Gemeindestudie

Coping

C. (von to cope, mit etwas fertig werden, einer Sache gewachsen sein) bezeichnet die Auseinandersetzungen und die individuellen Bewältigungsstrategien gegenüber belastenden Umweltkonstellationen und Erlebnissen. Dabei spielen physiologische, emotionale und kognitive (z. B. Situationsbewertungen, bei denen auch die eigenen Verhaltensmöglichkeiten beurteilt werden) Aspekte eine Rolle. In dem kognitiv-transaktionalen Modell von R. S. Lazarus wird C. wie folgt definiert: „C. refers to the person's cognitive and behavioral efforts to manage (reduce, minimice, master, or tolerate) the internal and external demands of their person – environment transaction that is appraised as taxing or exceeding the person's resources. C. has two major functions: dealing with the problem that is causing the distress (problem-focused coping) and regulating emotion (emotion-focused coping)".

counselling
→Beratung

Curriculum

Begriff der neueren →Erziehungswissenschaft, mit dem die Zusammenstellung und Dokumentation von Zielen, Inhalten, Methoden und Formen organisierter Lernprozesse zur Steuerung und Kontrolle derselben gemeint ist. Gegenüber dem herkömmlichen Lehrplan ist das C. einer erhöhten Anforderung an die Wissenschaftlichkeit der Planung, Transparenz und Überprüfung verpflichtet. Für die Arbeitsfelder der Sozialpädagogik gewinnt die Entwicklung von C. zunehmend dort an Bedeutung, wo Lernprozesse geplant und organisiert durchgeführt werden (Vorschule, Erwachsenenbildung, Aus- und Fortbildung etc.). Von Interesse sind hierbei vor allem sog. „offene C.", bei denen die beteiligten Gruppen – Lehrer, Schüler, Eltern usw. – an der Entwicklung mitarbeiten.

D

Darstellendes Spiel
D. S. wird einerseits als Oberbegriff für all jene Spielformen verwendet, bei denen die Spieler Rollen übernehmen und gemeinsam szenische Situationen herstellen. Nach dieser Begriffsfassung gehören also das Spiel des Schultheaters ebenso zum D. S. wie die in therapeutisch reflektierender Absicht durchgeführten Spielszenen des →Psycho- oder →Soziodramas. Im Kontext der methodischen und curricularen Reformen der 1970er Jahre wurde unter D. S. vor allem aber jenes Spiel verstanden, bei dem die (Konflikt-) Situation und die beteiligten Personenrollen vor dem Spiel vorgegeben oder vereinbart werden, der Spielverlauf jedoch offen bleibt. Durch das probeweise Durchspielen von Konflikten soll die →Handlungskompetenz sowie das Erkenntnisvermögen der Mitspieler für individuell und gesellschaftlich tatsächlich auftretende Problemsituationen erweitert werden. Dies geschieht einmal durch das Spiel selbst, dem größere Eindringlichkeit und Authentizität zugesprochen wird als dem bloßen Sprechen über eine Situation. Darüber hinaus hat beim D. S. i. d. S. auch das sich dem Spiel anschließende reflektierende Gespräch der Teilnehmer eine wichtige Funktion. →Rollenspiel

Datenschutz
D. umfaßt jene Regelungen, die den Bürger vor Mißbrauch, insbesondere seiner in elektronischen Datenverarbeitungsanlagen gespeicherten privaten Daten, schützen sollen. Rechtsgrundlage bildet das „Gesetz zum Schutz vor Mißbrauch personenbezogener Daten bei der Datenverarbeitung". Daneben konkretisiert sich der D. in landesrechtlichen und bereichsspezifischen Regelungen (etwa im Amtsgeheimnis, Steuergeheimnis, Arztgeheimnis). Die Bestimmungen des D. müssen gerade auch bei der empirischen Sozialforschung beachtet und eingehalten werden. Mit der Überwachung des D. bei Staat und Wirtschaft werden vom Bund, den Ländern sowie den Aufsichtsbehörden D.-Beauftragte betraut. →Informations- und Kommunikationstechnik

Debilität
→Schwachsinn

Delinquenz
zunehmend verwendeter Begriff für Fehlverhalten, das strafrechtliche Relevanz besitzt (→Abweichendes Verhalten). Im Unterschied zum Begriff Kriminalität soll vom Begriff D. eine entstigmatisierende und entdramatisierende Wirkung – vor allem im Bereich des jugendlichen Fehlverhaltens – ausgehen. →Devianzpädagogik

Demokratische Erziehung
Erziehung ist, beeinflußt von naturrechtlichen Theorien, im ausgehenden 17. Jahrhundert von der Differenz zwischen Natur- und Gesellschaftszustand verstanden worden. Beide „Zustände" sind ursprünglich Rechtskonstruktionen ohne Prozeßkomponenten. Entsprechend sind die pädagogischen Adaptionen vor und bis Rousseau statische Definitionen, die die „Natur" des Kindes und den „Zustand" der Gesellschaft unterscheiden, ohne beide dynamisch bestimmen zu müssen (Mercier 1961). Erziehung läßt sich entweder auf „Natur" oder auf „Gesellschaft" beziehen, wobei im Anschluß an Rousseau die Vorstellung einer „entfremdeten" – bei Rousseau dekadenten – Gesellschaft der Natur des Kindes den Vorrang gab. „Gesellschaft" war Zustand, mit Montesquieu ließen sich Regierungsformen unterscheiden, die auf politische und staatsrechtliche Unterschiede verwiesen, Erziehung aber immer noch auf einen Gesellschaftszustand bezogen. „Les loix de l'éducation doivent être relatives au principes de chaque gouvernement" (Montesquieu 1950, S.54),

wobei in einer Demokratie – zu unterscheiden von monarchischer und despotischer Herrschaft – die Liebe zur Republik als erste Tugend hervorgebracht werden müsse (ebd., S. 55). Maßgebend sei dafür die „autorité paternelle" (ebd., S. 66), also die Herrschaft des Vaters.

Eine bürgerliche Erziehung ohne die Macht des Vaters, die aus der Macht des Fürsten abgeleitet wurde, hatte John Locke in den Two Treatises of Government von 1698 vorgeschlagen. Die Eltern übernehmen pädagogische Verantwortung für die Bildung ihrer Kinder (Locke 1970, S. 306 f.). Der Vater hat keine politische Macht, sondern ist „Guardian of his Children" (ebd., S. 310). Die beiden Mächte, die politische und die pädagogische, sind „perfectly distinct" (ebd., S. 314), die eine kann nicht aus der anderen abgeleitet werden. Die Kinder sind von Natur aus so frei wie die Väter, nur daß sie für die bürgerliche Gesellschaft (civic society) erzogen werden müssen (ebd., S. 315). Die Erziehung für die liberale Gesellschaft muß nicht selbst „liberal" sein, auch weil die Ausstattung des Bürgers nicht beliebig sein kann, so daß Kindern nicht einfach die Wahl freigestellt ist. Diese These der Initiation wurde erst Ende des 19. Jahrhunderts zweifelhaft, vor allem unter dem Einfluß der neuen Kinderpsychologie, die Theoreme der Selbsttätigkeit oder der eigenständigen Entwicklung nahelegte. „Natur" wurde nicht länger von „Gesellschaft" unterschieden, vielmehr entwickeln sich Kinder unter dem Einfluß von gesellschaftlichen Milieus gemäß eines je spezifischen Entwicklungsprofils.

Damit war die Frage unausweichlich, wie die Milieus beschaffen sein müssen, damit eine optimale Entwicklung gewährleistet werden kann. John Dewey verknüpfte diese Frage 1916 mit der Frage der demokratischen Erziehung. Diese Verknüpfung war neu, die pädagogische Theorie hatte wohl die Natur des Kindes auf die Gesellschaft der Erwachsenen bezogen, aber im Blick auf „Gesellschaft" keine Demokratiebindung formuliert. Dewey erkannte, daß und warum die Vorläufertheorien von Rousseau bis Fröbel die Erziehung des Kindes autoritär regeln, weil sie selbst autoritär verfaßt sind.

In dieser Hinsicht beschreibt Dewey einen Theoriebruch: Democracy and Education bezieht sich auf einen Typus lernender Theorie, die nicht von autoritären Begründern abhängig ist, sondern auf die Erziehungserfahrung bezogen wird. Der „Kindergarten" ist nicht wahr, weil Fröbel ihn begründet hat, vielmehr sind alle Begründungen dem fortlaufenden Test der Erfahrung ausgesetzt. Erziehung ist Rekonstruktion von Erfahrung, nicht autoritäre Verfügung, die jahrhundertelang stabil bleiben kann. Herbarts Theorie, die im ausgehenden Jahrhundert gerade in den Vereinigten Staaten überzeugte Anhänger fand, ist nicht wegen dieser Anhängerschaft überzeugend, sondern muß wie alle anderen Theorien auch den Test der Erfahrung bestehen (Oelkers 1997).

Demokratie ist für Dewey Interaktion zwischen verschiedenen Gruppen und Kulturen in einer gemeinsam geteilten Öffentlichkeit. „A democracy is more than a form of government; it is primarily a mode of associated living, of conjoint communicated experience" (Dewey 1985, S. 93). Die Idee der gemeinsamen Kommunikation – zu unterscheiden von der „pädagogischen Gemeinschaft" – verweist zurück auf Demokratieideale des amerikanischen 19. Jahrhunderts, wie sie etwa Emerson vertreten hat (Garrison 1998). Dewey hat allerdings auch den Verschulungsprozeß des 19. Jahrhundert vor Augen, das heißt, er kann Demokratie, Erziehung und Schule zusammenbringen, ohne lediglich einer Nahraumkommunikation das Wort zu reden. Schulen sind embryonale Gesellschaften, sie bereiten auf das Leben in der Demokratie vor, weil und indem sie selbst demokratisch verfaßt sind.

Das gelingt nur dann, wenn Schulen ihrerseits als Erfahrungsräume betrachtet werden. Ein Schüler übernimmt nicht einfach ein fertiges Programm, „he learns to learn" (Dewey 1985, S. 50). Es gibt kein „end in view" (ebd. S. 112), „Ziele" leiten zur nächsten Erfahrung und sind keine abgeschlossenen Größen. Dewey trägt der Tatsache des ständigen Wandels Rechnung, der autoritäre Fixierungen nicht länger verträgt. „We live not in a settled and finished world" (ebd., S. 158), also muß auch die Erziehungstheorie auf Wandel eingestellt sein. Die beste politische Organisation dafür ist Demokratie (ebd., S. 92 ff.). „A society which makes provision for participation in its goods of all its members on equal terms and which secures flexible readjustment of its institutions through interaction of the different forms of associated life is in so far democratic" (ebd., S. 105).

Dieses Democratic-Ideal (ebd., S. 92) hat vor allem die amerikanische „progressive education" beeinflußt (Parker 1996), bestärkt durch die liberalen Medien des Landes, die in den zwanziger und dreißiger Jahren die öffentliche Meinung für politische Erziehungsreformen gewinnen konnten (Wallace 1991), wenngleich beschränkt wesentlich auf urbane Milieus und so auf städtische Schulentwicklung (Ravitch 1986). Die Effekte in der Öffentlichkeit sind zu unterscheiden von denen der Schulpraxis, die oft utopisch erwartet wurde und dann lediglich das Schulschema weiterentwickelt hat (Tyack/Cuban 1995). Das gilt vergleichbar für die europäischen Bildungsreformen der sechziger und siebziger Jahre, die – von Ausnahmen abgesehen – nicht dem galten, was Dewey als embryonic society beschrieben hatte.

Nicht zufällig entwickelte sich das Thema „demokratische Erziehung" erneut als öffentliches Thema, das auf Partizipationsprobleme zu reagieren verstand. Nach Amy Gutmann (1987) ist democratic education auf den Diskurs von Minderheiten, auf Probleme der Diskriminierung, der Bildungsbeteiligung bezogen worden, die sich nicht einfach mit dem Konzept der embryonalen Gesellschaft bearbeiten ließen. Das Bildungssystem insgesamt wurde einem Demokratisierungstest ausgesetzt, mit Auswirkungen auf Freiheit der Schulwahl, Bildungsfinanzierung, Deregulierung der Schulaufsicht und ähnliches mehr.

Rechte der Minoritären im Blick auf Verschulung sind in der heutigen Diskussion von „demokratischer Erziehung" ebenso präsent wie allgemeine Aufgaben der politischen Bildung (Callan 1997). Die Grundfrage ist, wo staatliche Zuständigkeit gegeben ist, also was paternal verfügt werden kann und was freien Wahlen überlassen bleiben soll, mit schwierigen Folgeproblemen etwa fundamentalistischen Positionen gegenüber, die demokratische Freiheiten nutzen, um sie abzuschaffen. Demokratische Erziehung in diesem Sinne ist nicht lediglich ein Auftrag an Schulen, künftige Bürgerinnen und Bürger auszubilden. Es geht nicht nur um vage definierte „Beteiligung", vielmehr ist die Frage, wie das System demokratisiert werden kann, wenn es von sich aus eher konservativ operiert. Daher hat die jüngste Diskussion den Fokus Schule relativiert, der noch für Dewey maßgeblich war. Bildung als politische Option (Gutmann 1987, S. 282 ff.) setzt eine demokratische Verfassung voraus, über die weder die Schule noch die Erziehungstheorie autonom entscheiden können (ebd., S. 289). Die Demokratie macht die Erziehung demokratisch, nicht umgekehrt macht die Erziehung die Demokratie (ebd.).

Diese Unterscheidung ist in vielen pädagogischen Konzepten seit Gansberg (1911) „Demokratischer Pädagogik" nicht beachtet worden. Diese Konzepte wollten „Demokratie" aus dem Klassenzimmer heraus erzeugen oder erwarteten „demokratisierende" Effekte von Erfahrungen der Selbstregierung (Le Self-Gouvernement 1934), was die seit

Locke gegebene Differenz zwischen dem Politischen und dem Pädagogischen zugunsten des Letzteren einebnete. Aber „Demokratie" läßt sich nicht „einüben", Partizipation „wächst nicht" und Politik ist nicht in den Händen der politischen Erziehung. Insofern verweist „demokratische Erziehung" über Erziehung hinaus.

Lit.: Callan, W.: Creating Citizens. Political Education and Liberal Democracy. Oxford: Clarendon Press 1997; Dewey, J.: The Middle Works 1899–1924. Vol. 9: Democracy and Education 1916. Ed. by J. A. Bodyston: intr. by S. Hook. Carbondale/Edwardsville: Southern Illinois University Press 1985; Gansberg, F.: Demokratische Pädagogik. Ein Weckruf zur Selbstbetätigung im Unterricht. Leipzig 1911; Garrison, J.: A Philosophical History of the Idea of the „Democratic Public" in the United States. A Provocative Emersonian and Deweyan Pragmatic Perspective. In: J. Oelkers/F. Osterwalder/H. Rhyn (Hrsg.): Bildung, Öffentlichkeit und Demokratie. Weinheim/Basel 1998, S. 143–164. (Zeitschrift für Pädagogik, 38. Beiheft); Gutman, A.: Democratic Education. Princeton, N.J.: Princeton University Press 1987; Le Self-Gouvernement à l'école. Genève: Bureau International d'Education 1934; Locke, J.: Two Treatises of Government. Ed. and intr. by P. Laslett. Cambridge et al.: Cambridge University Press 1970. (repr. 1990) (Orig. Ausg. 1698); Mercier, R.: L'enfant dans la société du XVIIIe siècle (Avant l'Emile). Thèse complémentaire pour le Doctorat ès Lettres présentée à la Faculté des Lettres de l'Université de Paris. Paris 1961; Montesquieu: Œuvres Complètes, éd. par A. Masson, t. I: Esprit des lois, Lettres persanes, Considérations. Paris: Les Editions Nagel 1950; Oelkers, J.: John Deweys Philosophie der Erziehung: Eine theoriegeschichtliche Analyse. Ms. Bern 1997; Parker, W. C. (Ed.): Educating the Democrating Mind. Albany: State University of New York Press 1996; Ravitch, D.: The Great School Wars, New York City, 1805–1973. A History of Public Schools as Battlefield of Social Change. 2nd Ed. New York: Basic Books 1986. (erste Aufl. 1974); Tyack, D., Cuban, L.: Tinkering toward Utopia. A Century of Public School Reform. Cambridge/ Mass., London: Harvard University Press 1995; Wallace, J. M.: Liberal Journalism and American Education, 1914–1941. New Brunswick/London: Rutgers University Press 1991.

Jürgen Oelkers, Zürich

Deutsche AIDS-Hilfe e.V. (DAH)
Die 1983 gegründete D.A.H. ist der Dachverband der regionalen AIDS-Hilfen in Deutschland. Dem Bundesverband obliegt die bundesweite Interessenvertretung auf politischer Ebene, die Kooperation mit und Unterstützung von Freien Wohlfahrtverbänden und den zuständigen Ausschüssen der Parlamente. Ziel der D.A.H. ist es, die Ausbreitung der Krankheit →Aids und die gesellschaftliche Isolation der Betroffenen zu verhindern. Zu den Hauptaufgaben der AIDS-Hilfen gehören die telefonische und persönliche Beratung, die Weitervermittlung an niedergelassene Ärzte, Krankenhäuser, Selbsthilfegruppen, Psychotherapeuten, Sexual- und Drogenberatungsstellen etc., die Mitwirkung in verschiedenen lokalen, aber auch landes- und bundesweit tätigen AIDS-Gremien, öffentliche Informations- und Aufklärungsveranstaltungen sowie Schulungs- und Fortbildungsseminare sowohl für die eigenen Mitarbeiter als auch für Multiplikatoren (Lehrer, Erzieher, Pflegepersonal etc.). Außerdem werden Aufgaben im Bereich Streetwork, in der Beratung und Betreuung in Justizvollzugsanstalten, der Einrichtung mobiler Hilfedienste zur Krankenpflege vor Ort sowie der kooperativen Unterstützung von Selbsthilfe- und Gesprächsgruppen geleistet. In dieser Aufgabenvielfalt kristallisiert sich neben der speziellen individuellen Bera-

tung zunehmend der Bereich Öffentlichkeitsarbeit heraus. Hier sollen durch mehrsprachige Informationsbroschüren, Unterrichtsmaterialien und Video-Filmen der aktuelle Wissensstand über AIDS vermittelt, präventive Maßnahmen erläutert und für den Umgang mit HIV-Positiven und Erkrankten sensibilisiert werden. Öffentliche Informationsveranstaltungen zur Aufklärung der Allgemeinheit und spezieller Zielgruppen und aufwendige Kampagnen in Form von Anzeigen, Großplakaten, Kinospots oder Mitarbeit an Rundfunk- und Fernsehsendungen runden das Bild ab.

Anschrift: Dieffenbachstraße 33, 10967 Berlin

Deutsche Arbeitsgemeinschaft Selbsthilfegruppen e.V. (DAG SHG)
Die seit 1975 bestehende DAG SHG hat sich zum Ziel gesetzt, die Bildung und die Arbeit von Selbsthilfegruppen anzuregen und zu unterstützen. Sie ist kein Dachverband, sondern ein Fachverband. Ihre Aktivitäten richten sich nicht nur an ihre Mitglieder, sondern an alle Interessenten. Sie versucht, durch Öffentlichkeitsarbeit das Modell selbstorganisierter Gruppenarbeit bekannter zu machen, vermittelt Interessenten an Selbsthilfegruppen und hilft beim Aufbau neuer Gruppen. Sie bringt Selbsthilfegruppen auf Wunsch mit professionellen Experten in Kontakt und hilft, lokale oder regionale Unterstützungsstellen für Selbsthilfegruppen aufzubauen (sog. „Kontakt- und Informationsstellen für Selbsthilfegruppen"). Sie bildet professionelle Selbsthilfe-Unterstützer fort und versucht, Entscheidungsträgern der Sozial- und Gesundheitspolitik in Bund, Ländern und Kommunen, der Freien Wohlfahrtspflege und der gesetzlichen Krankenversicherungen Förderungswürdigkeit, Bedarf und angemessene Wege der Unterstützung von Selbsthilfegruppen nahezubringen. Seit 1984 wird ein bedeutender Teil dieser Arbeit von ihrer →Nationalen Kontakt- und Informationsstelle zur Anregung und Unterstützung von Selbsthilfegruppen (NAKOS) in Berlin geleistet. Weiterhin ist die DAG SHG Träger der Koordination für Selbsthilfe-Kontaktstellen in NRW (KOSKON) in Mönchengladbach, des Selbsthilfe-Büros Niedersachsen in Hannover und der Kontaktstelle für Selbsthilfegruppen in Gießen.

Anschrift: Friedrichstraße 28, 35392 Gießen

Deutsche Gesellschaft für Erziehungswissenschaften (DGfE)
Die 1963 gegründete DGfE ist die Fachvereinigung für →Erziehungswissenschaften in der Bundesrepublik. Sie dient der Förderung der wissenschaftlichen Pädagogik durch Zusammenarbeit und Gedankenaustausch ihrer Mitglieder. Sie fördert die erziehungswissenschaftliche Forschung und Theorienentwicklung, klärt Strukturfragen der erziehungswissenschaftlichen Studiengänge, pflegt Kontakte zur internationalen Pädagogik und zu benachbarten Wissenschaften. Sie tritt für die Förderung des erziehungswissenschaftlichen Nachwuchses ein, unterstützt den wissenschaftlichen Informationsaustausch durch Kongresse für die Fachöffentlichkeit, durch die Arbeit der Mitglieder in Kommissionen und Arbeitsgemeinschaften sowie durch die Herausgabe von Schriftenreihen und dem Mitteilungsblatt „Erziehungswissenschaft". Außerdem nimmt die DGfE aus fachbezogener Perspektive zu wichtigen Fragen der Wissenschafts- und Bildungspolitik Stellung. Unmittelbare Vorläuferinstitutionen waren die „Konferenz der Westdeutschen Universitätspädagogen" und die „Konferenz der Pädagogischen Hochschulen". Die weitere Entwicklung der DGfE war in den 70er Jahren wesentlich durch den Ausbau des Faches Erziehungswissenschaft an den Hochschulen und Forschungsinstituten bestimmt.

Anschrift: c/o Universität Münster – Institut für Allgemeine und Historische Erziehungswissenschaft –, Georgskommende 26, 48143 Münster

Deutsche Gesellschaft für Psychiatrie, Psychotherapie und Nervenheilkunde (DGPPN)

Die DGPPN ist die älteste und umfassendste wissenschaftliche Fachgesellschaft auf dem Gebiet der Psychiatrie, Psychotherapie und Nervenheilkunde in Deutschland. 1842 fand die Gründung der Vereinigung „sämtlicher Direktoren von Irrenanstalten in den Ländern deutscher Zunge" zum Zwecke der Herausgabe einer „Allgemeinen Zeitschrift für Psychiatrie und psychisch-gerichtliche Medizin" statt. Die heutige, sehr verzweigte Tätigkeit der DGPPN erstreckt sich auf Forschung und Lehre, auf Organisation und Struktur der Patientenversorgung, auf die Vertretung der Interessen der Patienten sowie der Psychiater, Psychotherapeuten und Nervenärzte in der Öffentlichkeit und in der Politik. Entsprechend sind in der DGPPN sowohl niedergelassene Ärzte als auch Ärzte aus Universitätskliniken, Landeskrankenhäusern und psychiatrischen Abteilungen sowie aus dem öffentlichen Dienst und anderen Tätigkeitsbereichen vereinigt. Die Mitgliederzahl (Stand: Mitte 1999) beläuft sich auf etwa 2400. Die DGPPN veranstaltet regelmäßig auch international ausgerichtete wissenschaftliche Kongresse und Weiterbildungstagungen. Sie vertritt ihre Positionen durch Stellungnahmen und Kooperation mit den Parlamenten und Verwaltungen auf Bundes und Länderebene, mit Ärztekammern, anderen Fachgesellschaften und zahlreichen internationalen Organisationen, wie etwa der Weltgesundheitsorganisation WHO und dem Weltverband für Psychiatrie WPA.

Anschrift: Klinik für Psychiatrie und Psychotherapie am Universitätsklinikum der RWTH Aachen, Pauwelsstraße 30, 52074 Aachen

Deutsche Gesellschaft für soziale Psychiatrie e.V. (DGSP)

Die aus der seit 1970 aktiven Reformbewegung des „Mannheimer Kreises" hervorgegangene DGSP hat sich den Aufbau einer an den Bedürfnissen der Gefährdeten, Kranken und Behinderten orientierten psychosozialen Versorgung in der Gemeinde zum Ziel gesetzt. Dazu setzte sie sich für die Förderung der Kooperationsfähigkeit aller im psychiatrischen und psychosozialen Bereich tätigen Berufsgruppen, Dienste und wissenschaftlichen Disziplinen untereinander und dem gesellschaftlichen Umfeld ein. In allen Bundesländern gibt es Landesverbände und Regionalgruppen. Die DGSP führt Fach- und Fortbildungstagungen auf Bundes- und Länderebene durch, berät Teams und Träger bei der Planung und Entwicklung sozialpsychiatrischer Einrichtungen und fördert die sozialpsychiatrische Forschung. Sie ist Gesellschafterin des Psychiatrie-Verlages, der ein breites Programm sozialpsychiatrischer Literatur herausgibt. Die DGSP veröffentlicht die Fachzeitschrift „Soziale Psychiatrie", die den Mitgliedern kostenlos zur Verfügung steht, aber auch abonniert werden kann. Diese Zeitschrift ist ein Forum zur Diskussion aktueller sozialpsychiatrischer Themen. Im Bereich sozialpsychiatrischer Fortbildung bietet die DGSP neben der dreijährigen Sozialpsychiatrischen Zusatzausbildung – SPZA – mittelfristige Sonderpädagogische Fortbildungen für GruppenleiterInnen in Werkstätten für psychisch Behinderte, bzw. Angebote für AnleiterInnen im Bereich Arbeitsrehabilitation an. Darüber hinaus wird ein Angebot von ca. 40 sozialpsychiatrischen Kurzfortbildungen vorgehalten, die spezifische Themen in ein- bis dreitägigen Seminaren bearbeiten.

Anschrift: DGSP-Geschäftsstelle, Stuppstraße 14, 50823 Köln

Deutsche Hauptstelle gegen die Suchtgefahren e.V. (DHS)

Die 1947 gegründete DHS ist die Dachorganisation aller freien Verbände, Institutionen und Facheinrichtungen, die in der Erforschung und Abwehr der Suchtgefahren und -schäden sowie in der Behandlung und →Rehabilitation Suchtkranker bundesweit tätig sind, wie z. B. Blaues Kreuz, →Deutscher Guttempler Orden, Fachkrankenhäuser für Suchtkranke, ambulante Beratungs- und Behandlungsstellen etc. Sie ist die Nachfolgeorganisation der „Reichshauptstelle gegen Alkoholismus", die 1921 gegründet wurde. Zu den Aufgaben der DHS gehört die Veranstaltung von Fachkonferenzen und Symposien, die Unterstützung von Landesstellen gegen die Suchtgefahren und die Zusammenarbeit mit behördlichen Institutionen des In- und Auslandes auf dem Gebiet der Erforschung und Abwehr von Suchtgefahren und der Hilfe für Suchtkranke. Die DHS veröffentlicht eine Schriftenreihe zur Suchtproblematik, Informationsmaterial und gibt gemeinsam mit der Deutschen Gesellschaft für Suchtforschung und Suchttherapie e. V., Hamm, die Fachzeitschrift „Sucht" heraus.

Anschrift: Westring 2, 59065 Hamm

Deutscher Berufsverband für Sozialarbeit, Sozialpädagogik und Heilpädagogik e.V. (DBSH)
Der DBSH hat seine zentralen Aufgaben in der Berufspolitik (angemessene Bezahlung, praxisnahe Ausbildung, strafprozessuales Zeugnisverweigerungsrecht, Standards in der Sozialen Arbeit u. a.), in der Gesellschaftspolitik (Gleichberechtigung von Mann und Frau, Recht auf Arbeit, Chancengleichheit, Schutz für soziale und ethnische Minderheiten u. a.) und in der Sozialpolitik (Netz sozialer Sicherheit, Selbsthilfeinitiativen, materielle Sicherung und Lebensqualität aller Bürgerinnen und Bürger u. a.).
Der DBSH gibt die Verbandszeitschrift „forum SOZIAL" heraus und bietet Fachtagungen und Fortbildungsveranstaltungen an. Durch arbeitsspezifische Fachgruppen (Altenhilfe, Beratung und Therapie, Soziale Dienste u. a.) und Kommissionen (Aus- und Fortbildung, Arbeits-, Tarif- und Beamtenrecht) leistet der Verband fachliche Arbeit. Bundesfachausschüsse entwickeln die Grundlagen der Arbeit des DBSH (Berufsbild/Berufsordnung, Öffentlichkeitsarbeit, Redaktion der Verbandszeitschrift). Durch das DBSH-Institut zur Förderung der sozialen Arbeit e.V. bietet der Verband fachliche Weiterbildungen an (Sozialtherapie, Methodenseminare, Organisation und Durchführung von Tagungen und Kongressen).

Anschrift: DBSH Bundesgeschäftsstelle, Friedrich-Ebert-Straße 30, 45127 Essen.

Deutscher Blinden- und Sehbehindertenverband e.V. (DBSV)
Der DBSV ist ein Spitzenverband der Blinden und hochgradig Sehbehinderten in der Bundesrepublik Deutschland und Verband der →Freien Wohlfahrtspflege. Er wurde 1949 als Nachfolgeorganisation des seit 1912 bestehenden „Reichsdeutschen Blindenverbandes" gegründet. Mitglieder sind 20 Landesvereine und 26 Fachverbände und Einrichtungen. Ziel der Verbandstätigkeit ist die Verbesserung der sozialen Stellung sowie die berufliche und gesellschaftliche Eingliederung der Blinden und Sehbehinderten durch Einflußnahme auf die Gesetzgebung und Gesetzesanwendung, Förderung der Entwicklung und Bereitstellung geeigneter Blindenhilfsmittel, Öffentlichkeitsarbeit sowie die Förderung der Erziehung und Bildung blinder Kinder und Jugendlicher. Der DBSV unterhält zahlreiche Fachausschüsse, organisiert internationale Jugendprogramme, Sportveranstaltungen, Taub-Blinden-Treffen etc. Er erstellt Gutachten, erteilt Auskünfte in allen Fragen des Blindenwesens und gibt Schriften über das Blindenwesen und die monatlich erscheinende Zeitschrift „Die Gegenwart", die in Punkt- und Schwarzschrift sowie auf Cassette erscheint, heraus. Der DBSV ist Mitglied der Weltblindenunion, der Europäischen Blindenunion, des →Deutschen Paritätischen Wohlfahrtsverbandes und der →Bundesarbeitsgemeinschaft ‚Hilfe für Behinderte'.

Deutscher Bundesjugendring

Anschrift: Bismarckallee 30, 53173 Bonn

Deutscher Bundesjugendring (DBJR)
Der DBJR ist eine 1949 gegründete gemeinnützige Arbeitsgemeinschaft von 20 Bundeszentralen, Jugendverbänden, 11 Landesjugendringen und 4 Anschlußverbänden mit Sitz in Bonn. Zu seinen Aufgaben gehören vor allem die Interessenvertretung der Jugend gegenüber Öffentlichkeit, Parlament und Regierung und die Einflußnahme auf die Jugendpolitik und die Jugendgesetzgebung. Durch fachliche Stellungnahmen und Empfehlungen zu aktuellen jugendpolitischen Themen wie Bildung und Ausbildung, Umwelt-, Friedens- und Entspannungspolitik, Zivil- und Wehrdienst setzt er sich für die Verhinderung militärischer, rassendiskriminierender und totalitärer Tendenzen ein und ermöglicht den Mitgliedsverbänden einen permanenten und umfassenden Informations- und Erfahrungsaustausch. Als Mitglied im „Deutschen Nationalkomitee für Internationale Jugendarbeit", im „Europäischen Jugendrat" (CENYC), dem „Jugendforum EG" und der „Gesamteuropäischen Jugendstruktur" gehört die Repräsentation der Migliedsverbände im Ausland, die Einwirkung von Kontakten zu Jugendorganisationen in aller Welt zu seinen zentralen Aufgaben. Neben verschiedenen Schriftenreihen und Dokumentationen veröffentlicht er ein Jahrbuch, die Zeitschriften „Jugendpolitik" und „Mädchen und Frauen in Jugendverbänden" und ist Mitherausgeber der „deutschen Jugend".

Anschrift: Haager Weg 44, 53127 Bonn

Deutscher Caritasverband e.V. (DCV)
Der DCV ist die von den deutschen Bischöfen anerkannte institutionelle Zusammenfassung und Vertretung der katholischen Caritas in Deutschland. Er wurde 1897 von Lorenz Werthmann in Köln gegründet und ist der größte der sechs Spitzenverbände der →Freien Wohlfahrtspflege. Der DCV baut sich in föderalistischer Struktur von Orts- und Kreisverbänden über Diözesenverbände zum Bundesverband auf. Ihm gehören außerdem caritative Fachorganisationen, Ordensgemeinschaften und Vereinigungen an. Mit zahlreichen anderen nationalen Caritasverbänden ist er Mitglied der „Caritas Internationalis", die die Interessen auf internationaler Ebene vertritt und koordiniert. Die Hauptarbeitsgebiete des DCV sind die Hilfe für Kinder, Jugendliche und Familien, für kranke, behinderte und alte Menschen, für drogengefährdete und drogenabhängige Personen, für ausländische Arbeitnehmer, Flüchtlinge, Aussiedler und Asylbewerber sowie die weltweite Not- und Katastrophenhilfe. Für die Aus- und Fortbildung der Mitarbeiter gibt es eine zentrale Fortbildungsakademie sowie weitere Einrichtungen zur Fort- und Weiterbildung. Der Verband übt seine Tätigkeit nach den Erkenntnissen heutiger Sozialwissenschaft und anthropologischer Wissenschaft sowie nach den allgemeinen Grundsätzen der praktischen Wohlfahrtspflege aus. Er orientiert sein Handeln an den Grundsätzen und Werten der katholischen Kirche. Dabei arbeitet er partnerschaftlich mit anderen freien Wohlfahrtsverbänden und Gruppen sowie mit den kommunalen und staatlichen Sozialbehörden auf der Grundlage der geltenden Gesetze zusammen. Im verbandseigenen LambertusVerlag erscheinen regelmäßig die Verbandszeitschrift „Caritas", das Jahrbuch des DCV sowie Informationen, Gutachten und Denkschriften.

Anschrift: Karlstraße 40, 79104 Freiburg i. Br.

Deutscher Fürsorgetag

i.d.R. alle drei Jahre vom →Deutschen Verein für öffentliche und private Fürsorge an wechselnden Orten durchgeführte Fachtagung mit langer Tradition für alle an Sozialer Arbeit interessierten Personen.

Deutscher Gewerkschaftsbund (DGB)

Der DGB ist die Vereinigung von 17 Gewerkschaften und Industriegewerkschaften in der Bundesrepublik Deutschland. 1949 löste der DGB die Richtungsgewerkschaften der Weimarer Republik als eine einheitliche und politisch unabhängige Gewerkschaftsbewegung ab, die nach dem Industrieverbandsprinzip (ein Betrieb – eine Gewerkschaft) gegliedert wurde und neben den arbeits- und sozialrechtlichen Funktionen einen ihrer Mitgliederstärke angemessenen Einfluß auf die Gestaltung von Staat und Gesellschaft nimmt. Der DGB vereinigt Einzelgewerkschaften zu einer wirkungsvollen Einheit und vertritt ihre gemeinsamen Interessen. Die Gewerkschaften vertreten die gesellschaftlichen, wirtschaftlichen, sozialen und kulturellen Interessen der Arbeitnehmer und bekennen sich zur demokratischen Grundordnung. Sie setzen sich für die Sicherung und den Ausbau des sozialen Rechtsstaates, die Demokratisierung von Wirtschaft, Staat und Gesellschaft sowie die Schaffung eines vereinten Europas mit demokratischer Grundordnung ein. Sie sind unabhängig von Regierung, Parteien, Konfessionen, Verwaltungen und Arbeitgebern. Neben der Verteidigung der Grundrechte, der Unabhängigkeit der Gewerkschaftsbewegung und der Wahrung des Widerstandsrechtes (Art. 20 Abs. 4 GG), engagiert sich der DGB in der Wirtschafts- und Arbeitsmarktpolitik, in der Gesundheits- und Sozialpolitik und in der nationalen und internationalen Bildungs- und Kulturpolitik. Der DGB ist Mitglied des Internationalen Bundes Freier Gewerkschaften (IBFG) und gibt die „Welt der Arbeit", die „Gewerkschaftlichen Monatshefte", sowie die „WSI-Mitteilungen" heraus.

Anschrift: Hans-Böckler-Straße 39, 40476 Düsseldorf

Deutscher Jugendhilfetag

→Arbeitsgemeinschaft für Jugendhilfe

Deutscher Kinderschutzbund e.V. (DKSB)

Der 1953 in Hamburg gegründete DKSB tritt für die Verwirklichung der im Grundgesetz verankerten Rechte für Kinder und Jugendliche ein und will eine gesunde körperliche, emotionale, soziale und geistige Entwicklung unterstützen und fördern. Er wendet sich gegen jegliche Vernachlässigung sowie gegen den Mißbrauch des Sorgerechtes und setzt sich für eine kindgerechte Umwelt ein. Die praktische Arbeit der Landes- und Ortsvereine umfaßt folgende Tätigkeiten: Hilfen oder Vermittlung von Hilfen für Kinder und Eltern in Problem- und Krisensituationen, z. B. durch Kinder- und Jugendtelefone, Familienhilfe, Kinderschutzzentren und Obdachlosenarbeit, die Förderung von Angeboten wie Eltern-Kind-Gruppen, Gesprächskreise, Informationsabende, Seminare sowie die Unterstützung der Entwicklung von Kindern durch Kinderhäuser, Spielplätze, Hausaufgaben- und Lernhilfen und kindgerechte Verkehrsplanung. Der DKSB gibt eine Schriftenreihe und Informationsmaterialien sowie die Verbandszeitschrift „Kinderschutz aktuell" heraus.

Anschrift: Bundesgeschäftsstelle, Schiffgraben 29, 30159 Hannover

Deutscher Paritätischer Wohlfahrtsverband e.V. (DPWV)

Der 1924 unter dem Namen „Fünfter Wohlfahrtsverband e.V." gegründete PARITÄTISCHE Wohlfahrtsverband ist ein Spitzenverband der →Freien Wohlfahrtspflege. Mitglied kann jede mildtätig oder gemeinnützig anerkannte Wohlfahrtspflegeorganisation werden, sofern sie keinem anderen Spitzenverband angehört oder ihrem Selbstverständnis nach angehören sollte. Der PARITÄTISCHE arbeitet ohne konfessionelle oder parteiliche Bindung. Er repräsentiert und fördert seine Mitgliedsorganisationen in ihrer fachlichen Zielsetzung und ihren rechtlichen, gesellschaftlichen und wirtschaftlichen Belangen. Durch verbandseigene Institutionen trägt er zur

Erhaltung, Zusammenarbeit und Neugründung von Organisationen und Einrichtungen der Sozialen Arbeit bei. Seine Aufgaben sind insbesondere die Förderung der fachlichmethodischen Sozialarbeit, die Aus- und Fortbildung von Mitarbeitern, die Weckung und Entwicklung wohlfahrtspflegerischer Aktivitäten der Bürgerschaft, die Pflege ehrenamtlicher Mitarbeit, wissenschaftliche Untersuchungen für die soziale Praxis, Öffentlichkeitsarbeit und Information der Mitgliedsorganisationen, die Zusammenarbeit mit Behörden und Verbänden sowie internationale Kooperation. Der PARITÄTISCHE unterhält eine zentrale Fortbildungs- und Begegnungsstätte, das →Wilhelm-Polligkeit-Institut in Frankfurt a. M.

Anschrift: Heinrich-Hoffmann-Straße 3, 60528 Frankfurt a. M.

Deutscher Sozialrechtsverband e.V.
Der D.S. wurde am 3.2.1965 in Essen als „Deutscher Sozialgerichtsverband" gegründet und 1982 in „Deutscher Sozialrechtsverband" umbenannt. Er dient der Pflege des Sozialrechts in Wissenschaft und Praxis. Zu seinen Hauptaufgaben gehören u. a. die Verstärkung des Kontaktes zwischen Wissenschaft und Praxis auf allen Gebieten des Sozialversicherungs- und Versorgungsrechts, der Sozial-, Arbeits- und Unfallmedizin, die Förderung von wissenschaftlichen Institutionen und Lehrstühlen, die sich mit Bereichen des Sozialrechts beschäftigen, die Pflege der Zusammenarbeit zwischen verwandten oder sich überschneidenden wissenschaftlichen Disziplinen sowie die Mitgestaltung und das Engagement im europäischen und internationalen Sozialrecht. Der Verband veranstaltet jährlich Arbeitstagungen, Kompaktseminare und Sozialrechtlehrertagungen und gibt eine Schriftenreihe, Tagungsberichte und Gutachten heraus.

Anschrift: Geschäftsstelle c/o BKK Bundesverband, Kronprinzenstraße 6, 45128 Essen

Deutscher Städtetag (DST)
Der 1905 gegründete DST ist ein freiwilliger Zusammenschluß von allen 117 kreisfreien und über 5400 kreisangehörigen Städten. Außerordentliche Mitglieder dieses kommunalen Spitzenverbandes sind u. a. Landschaftsverbände, Landeswohlfahrtsverbände und Regional- und Fachverbände. Zu seinen Hauptaufgaben gehört es, die kommunale Selbstverwaltung generell und die Städte im besonderen gegenüber Bundesregierung, Bundesrat, Bundestag und zahlreichen Organisationen und Verbänden aktiv zu vertreten, seine Mitglieder zu beraten und über alle kommunal bedeutsamen Vorgänge und Entwicklungen zu informieren sowie den Erfahrungsaustausch zwischen seinen Mitgliederstädten herzustellen und zu fördern. Darüber hinaus vertritt der DST die Städte als örtlicher Träger der Sozial- und Jugendhilfe in verschiedenen Institutionen, wie z. B. der →Bundesanstalt für Arbeit, dem →Deutschen Verein für öffentliche und private Fürsorge, dem →Deutschen Jugendinstitut und dem Bundesjugendkuratorium. Er gibt die Zeitschrift „Der Städtetag", die „Mitteilungen des DST", das „Statistische Jahrbuch deutscher Gemeinden" sowie Schriftenreihen zu einzelnen Sachgebieten (u. a. die Reihe Sozialpolitik) heraus.

Anschrift: Lindenallee 13–17, 50968 Köln

Deutscher Städte- und Gemeindebund
Der Deutsche Städte- und Gemeindebund (DStGB) vertritt die Interessen der kommunalen Selbstverwaltung kreisangehöriger Städte und Gemeinden in Deutschland und Europa. Er ist kommunaler Spitzenverband der kommunalen Landesverbände in Deutschland, denen kreisangehörige Städte und Gemeinden angehören. Die 16 Mitgliedsverbände in den Bundesländern repräsentieren rund 14000 Städte und Gemeinden mit ca. 43 Mio. Einwohnern. Der DStGB ist privatrechtlich organisiert und arbeitet un-

abhängig von Staatszuschüssen. Zu den Aufgaben des DStGB gehören die Vertretung kommunaler Interessen gegenüber Bundestag, Bundesregierung, Bundesrat, Europäischer Union, Verbänden, Wirtschaft, Wissenschaft, den Medien und der Öffentlichkeit, die Öffentlichkeitsarbeit zur Förderung des allgemeinen Verständnisses für kommunale Fragen in Politik, Wirtschaft und Wissenschaft, die Pflege des Erfahrungsaustausches unter den Mitgliedern, die Trägerschaft und Mitträgerschaft von Institutionen sowie die Zusammenarbeit auf internationaler Ebene. Der DStGB wirkt an der politischen Willensbildung mit, indem er maßgeblich dafür eintritt, daß den kreisangehörigen Städten und Gemeinden das in der Verfassung verbriefte Recht gewährleistet wird, alle Angelegenheiten der örtlichen Gemeinschaft im Rahmen der Gesetze in eigener Verantwortung zu regeln. Darüber hinaus berät und betreut der DStGB seine Mitglieder auf allen kommunalpolitisch relevanten Gebieten. Der DStGB vertritt seine Mitglieder in verschiedenen Institutionen, wie z. B. der Bundesanstalt für Arbeit, dem Deutschen Verein für öffentliche und private Fürsorge, der Deutschen Krankenhausgesellschaft, dem Deutschen Jugendinstitut u.s.w. Er gibt die Zeitschrift „Stadt und Gemeinde" sowie eine Schriftenreihe zu einzelnen Sachgebieten und eine Dokumentationsreihe heraus.

Anschrift: Marienstraße 6, 12207 Berlin

Deutscher Verein für öffentliche und private Fürsorge (DV)
Der DV wurde 1880 als „Deutscher Verein für Armenpflege und Wohltätigkeit" gegründet und trägt seit 1919 seinen heutigen Namen. Er ist ein zentraler Zusammenschluß der öffentlichen und freien Träger der Sozialen Arbeit in Deutschland. Bund, Länder und Gemeinden, Spitzenverbände der Freien Wohlfahrtspflege, viele Fachverbände und Einzelpersonen sind seine Mitglieder. Der DV ist ein Forum der Zusammenarbeit von Praxis, Ausbildung und Wissenschaft zur Anregung und Beeinflussung von Entwicklungen in der Sozialpolitik und in der sozialen Praxis. Er will Bestrebungen und Aktivitäten von Institutionen und Fachkräften in den Bereichen der Sozialhilfe, der Jugendhilfe und der Gesundheitshilfe fördern und koordinieren. Zu seinen Hauptaufgaben gehören ferner die Verbreitung wissenschaftlicher Erkenntnisse in der Sozialarbeit, die Erarbeitung von Empfehlungen für die Praxis der öffentlichen und freien Sozialen Arbeit sowie gutachterliche Tätigkeit auf dem Gebiet des Sozialrechts. Der Eigenverlag des Vereins gibt neben den Zeitschriften „Nachrichtendienst" und „Archiv für Wissenschaft und Praxis der Sozialen Arbeit" Schriftenreihen, lose Blattsammlungen und Fachlexika heraus. Zur Fort- und Weiterbildung unterhält der Verein das Fortbildungswerk für Sozialarbeit und Verwaltungsfachkräfte, die Akademie für Jugend und Sozialarbeit und das Fortbildungswerk für sozialpädagogische Fachkräfte. Über die Abteilung „Deutscher Landesausschuß des Internationalen Rates für Soziale Wohlfahrt (→International Council on Social Welfare) spielt der DV eine wichtige Rolle in der internationalen Sozialarbeit. Außerdem ist er Veranstalter des →Deutschen Fürsorgetages.

Anschrift: Am Stockborn 1–3, 60439 Frankfurt am Main

Deutscher Volkshochschulverband e.V. (DVV)
Im DVV sind seit 1953 die Landesverbände der Volkshochschulen und Heimvolkshochschulen auf Bundesebene zusammengeschlossen. Zu den Aufgaben gehören die Wahrung und Förderung gemeinsamer Interessen auf Bundesebene, die Entwicklung von Grundsätzen, Arbeitsmaterialien und Prüfungen für die Weiterbildung, die Beratung und Unterstützung seiner Mitglieder, die Fortbildung der in der Weiterbildung Tätigen

sowie die internationale Zusammenarbeit in der Weiterbildung.
Für die kontinuierliche Arbeit auf dem Gebiet der Erwachsenenbildung bestehen im DVV drei Abteilungen:
- Die pädagogische Arbeitsstelle in Frankfurt a. M. hat als wissenschaftlicher Dienstleistungsbetrieb die Aufgabe, zwischen Forschung und pädagogischer Praxis zu vermitteln und den Volkshochschulen sowie anderen Einrichtungen der Weiterbildung Hilfen und Beratung zu geben.
- Das „Adolf-Grimme-Institut" in Marl/Westfalen dient der Förderung der Zusammenarbeit zwischen den Volkshochschulen und den Medien. Dieses Medieninstitut arbeitet eng mit den Deutschen Rundfunk- und Fernsehanstalten zusammen und richtet jährlich den „Adolf-Grimme-Preis" (Fernsehpreis des DVV) aus.
- Die Fachstelle für internationale Zusammenarbeit in Bonn ist für die Planung, Durchführung und Evaluierung verschiedener Kooperationsprogramme mit Partnern in Afrika, Asien und Lateinamerika zuständig.

Anschrift: Rheinallee 1, 53173 Bonn

Deutsches Hilfswerk – Stiftung bürgerlichen Rechts
Die Stiftung D.H. wurde 1967 vom Norddeutschen Rundfunk federführend für die in der ARD zusammengeschlossenen Rundfunkanstalten und durch die Bundesvereinigung der kommunalen Spitzenverbände errichtet. Sie hat die Aufgabe, zeitgemäße soziale Maßnahmen und Einrichtungen freier gemeinnütziger Sozialleistungsträger zu fördern. Dies geschieht durch die Veranstaltung der ARD-Fernsehlotterie „Die goldene 1" und durch die Verwendung von Spenden. Die Stiftung will insbesondere der Jugend-, Alten- und Gesundheitshilfe dienen und kann bei Katastrophen, auch im Ausland, Soforthilfen leisten.
Anschrift: Harvestehuder Weg 88, 20149 Hamburg

Deutsches Institut für Vormundschaftswesen (DIV)
Das DIV wurde 1906 von Prof. Dr. Klumker in Frankfurt gegründet und hat den Zweck, die Jugendhilfe, insbesondere die Hilfe für nichteheliche Kinder und für Kinder Alleinerziehender zu fördern. Im Mittelpunkt der Arbeit des DIV steht die Beratung und Unterstützung der fachlichen Arbeit der Jugendämter, der Landesjugendämter, der kommunalen Spitzenverbände und der zuständigen Ministerien; die Gewährung von Rechtshilfe in Vaterschafts- und Unterhaltsverfahren einschließlich der Einbeziehung von Unterhaltsgeldern für eheliche und nichteheliche Kinder in Auslandsfällen; der Informations- und Erfahrungsaustausch durch Arbeitstagungen und fachliche Fortbildungen auf dem Gebiet der Amtsvormundschaft und Amtspflegschaft sowie der Beistandschaft. Ferner gehören die Förderung internationaler Kontakte mit amtlichen und freien Organisationen seines Fachgebietes, die Mitarbeit an einschlägigen Gesetzesvorhaben, die Erstellung von Gutachten für sämtliche, dem Institut angeschlossenen Jugendämter und Gerichte sowie die Öffentlichkeitsarbeit in Form von Vorträgen, Broschüren und den Monatszeitschriften „Der Amtsvormund" und „Zentralblatt für Jugendrecht" zu seinem Aufgabenbereich.

Anschrift: Zähringer Straße 10, 69115 Heidelberg

Deutsches Jugendherbergswerk (DJH)
Gemäß Satzung fördert das 1909 gegründete DJH als gemeinnütziger Verein vor allem das Jugendwandern (→Jugendherberge), das Verhältnis Jugendlicher zur Natur und Heimat, das Umweltbewußtsein, die Erholung Jugendlicher im Rahmen der Jugendhilfe, die vorbeugende Gesundheitspflege sowie das Wandern von Familien, Erholungs- und Bildungsreisen, internationale Begegnungen, Sport, Spiel, Schulwandern, Schullandheimaufenthalte, Studienseminare, Aus- und Fortbildungsveran-

Deutsches Jugendinstitut e.V.

staltungen. Das DJH ist Mitglied des Internationalen Verbandes für Jugendherbergen und gliedert sich in Hauptverband, Landes-, Kreis- und Ortsverbände. Im DJH arbeiten ehrenamtliche Funktionsträger und hauptamtliche Kräfte. Jährlich wird ein Verzeichnis der Jugendherbergen im Bundesgebiet veröffentlicht. Seit 1921 gibt das DJH die Zeitschrift „Jugendherberge" heraus.

Anschrift: DJH Hauptverband, Bad Meinbergerstraße 1, 32760 Detmold

Deutsches Jugendinstitut e.V. (DJI)
Das 1961 gegründete DJI ist ein außeruniversitäres sozialwissenschaftliches Forschungsinstitut. Seine Aufgaben sind anwendungsbezogene Grundlagenforschung über die Lebensverhältnisse von Kindern, Jugendlichen und Familien, Initiierung und wissenschaftliche Begleitung von Modellprojekten der Jugend- und Familienhilfe sowie wissenschaftliche Dienstleistungen. Das Spektrum dieser Arbeit liegt im Spannungsfeld von Politik, Praxis, Wissenschaft und Öffentlichkeitsarbeit, wobei dem DJI eine Doppelfunktion zukommt: der Wissenstransfer in die soziale Praxis und die Politikberatung einerseits, die Rückkopplung von Praxiserfahrungen mit dem neuesten Stand der Forschung andererseits. Das DJI veröffentlicht Analysen, Forschungsberichte, Dokumentationen und „DJI-aktuell".

Anschrift: Freibadstraße 30, 81543 München

Deutsches Müttergenesungswerk (MGW) – **Elly-Heuss-Knapp-Stiftung**
Die E.-H.-K. Stiftung wurde 1950 von der Frau des Bundespräsidenten Theodor Heuss als öffentliche Stiftung bürgerlichen Rechts errichtet. Auf Anregung von Frau Heuss-Knapp schlossen sich die Freien Wohlfahrtsverbände zusammen, um die Arbeit im Bereich der Müttergenesung zu koordinieren und zu intensivieren. Das Stiftungskuratorium wird aus Vertreterinnen der fünf Trägergruppen (Kath. Arbeitsgemeinschaft für

Deutsches Rotes Kreuz e.V.

Müttergenesung, Evang. Arbeitsgemeinschaft für Müttergenesung, Deutsches Rotes Kreuz, Arbeiterwohlfahrt, Deutscher Paritätischer Wohlfahrtsverband) gebildet. Vorsitzende der Stiftung waren bisher die Frauen der amtierenden Bundespräsidenten. Die Einrichtungen, in denen Müttern eine Kur ermöglicht werden kann, werden aus Sammlungen finanziert, die Kuren werden von öffentlicher Seite durch Krankenkassen und Sozialämter bezuschußt. Der Stiftung obliegt die Vorbereitung und Organisation des MGW, die Unterstützung der Trägergruppen in ihrer Arbeit, die Beschaffung von Zuschüssen zur Erhaltung und Errichtung von Müttergenesungsheimen und die Öffentlichkeitsarbeit. Jährlich erscheint das „MGW-Jahrbuch".

Anschrift: Dentendackerstraße 1, 90547 Stein

Deutsches Rotes Kreuz e.V. (DRK)
Das DRK ist ein föderativer Verband mit 19 Landesverbänden und dem Verband der Schwesternschaft vom DRK als Mitgliedsverbände. Ihm sind der Internationale Bund für Sozialarbeit, Jugendsozialwerk e.V. in Frankfurt und das Elsa-Brandström-Werk in Hamburg angeschlossen. Das DRK entstand 1921 als Zusammenschluß aller Einzelvereinigungen des Roten Kreuzes und wurde 1950 wiedergegründet. Es ist zugleich nationale Rotkreuz-Gesellschaft der Bundesrepublik Deutschland im Sinne der Genfer Rotkreuz-Abkommen vom 12.8.1949 und Spitzenverband der →Freien Wohlfahrtspflege. Neben seinen zahlreichen sonstigen Aktivitäten ist das DRK in vielen Bereichen der Sozialarbeit tätig, u. a. durch Hilfen für Kinder und Jugendliche (→Jugendsozialarbeit), Hilfen für Behinderte, ambulante sozialpflegerische Dienste, Krebsnachsorge, Hilfen für Mütter, soziale Hilfen für Familien, Altenhilfe und Hilfen für Ausländer und Heimatlose. Ein wichtiger Grundsatz für die Bewältigung dieser Aufgaben ist das Zusammenwirken von

Deutsches Zentralinstitut für soziale Fragen

hauptamtlichen und ehrenamtlichen Mitarbeitern, um deren qualifizierte Aus-, Fort- und Weiterbildung sich das DRK in zahlreichen Ausbildungsstätten sowie mehreren Landes- und einer Bundesschule bemüht.

Anschrift: Friedrich-Ebert-Allee 71, 53113 Bonn

Deutsches Zentralinstitut für soziale Fragen (DZI)

Das DZI wurde 1893 als „Archiv der Wohlfahrtseinrichtungen" in Berlin gegründet, um Informationen und Adressen von Personen und Instituten der Wohlfahrtspflege in einem Auskunftsbuch („Graubuch") zu sammeln und an Hilfesuchende zu vermitteln. Seit 1957 ist das DZI eine Stiftung bürgerlichen Rechts, dessen Träger der Senat von Berlin, Bundesministerien, die Industrie- und Handelskammer in Berlin, der →Deutsche Städtetag und die →Bundesarbeitsgemeinschaft der Freien Wohlfahrtspflege sind. 1964 wurde das „Archiv der Wohlfahrtseinrichtungen" in „Deutsches Zentralinstitut für soziale Fragen" umbenannt und ist eine zentrale wissenschaftliche Informations- und Dokumentationsstelle für den Bereich der theoretischen und praktischen Sozialen Arbeit. Seine Aufgabenschwerpunkte sind die Literaturdokumentationen, in der regelmäßig Fachzeitschriften sowie monographische Neuerscheinungen und graue Literatur ausgewertet und für Dozenten und Studierende der Bereiche Sozialer Arbeit zur Verfügung gestellt werden. Seit April 1998 kann der gesamte Literaturdatenpool (z. Zt. 111 000 Einheiten) als CD-ROM erworben werden. Im Eigenverlag des DZI erscheint die Fachzeitschrift „Soziale Arbeit", „Der Führer durch das soziale Berlin" (Graubuch) – und die Schriftenreihe „Soziale Arbeit SPEZIAL". Ein anderer Schwerpunkt der Arbeit des DZI ist die Spenderberatung sowie die Vergabe des Spenden-Siegels. Die Spendenberatung gibt Informationen zur Förderungswürdigkeit von Organisationen,

Deutsches Zentrum für Altersfragen e.V.

die für soziale, insbesondere humanitär-karitative Zwecke um Spenden werben. Spendenorganisationen mit sozialer, insbesonderer humanitär-karitativer Zielsetzung und überregionaler Spendenwerbung erkennt das DZI auf Antrag und nach eingehender, erfolgreich abgeschlossener Prüfung für die Dauer eines Jahres das DZI Spenden-Siegel zu. Damit bietet es den Spendern eine wertvolle Entscheidungs- und Orientierungshilfe auf dem immer unübersichtlicher werdenden Spendenmarkt und gibt der Werbung der Organisation eine besondere Qualität.

Anschrift: Bernadottestraße 94, 14195 Berlin

Deutsches Zentrum für Altersfragen e.V. (DZA)

Das DZA ist ein auf dem Gebiet der →Gerontologie und Altenhilfe tätiges wissenschaftliches Institut, dessen satzungsgemäßer Auftrag es ist, Erkenntnisse über die Lebenslage alternder und alter Menschen zu erweitern, zu sammeln, auszuwerten, aufzubereiten und zu verbreiten. Das DZA fungiert als Wissensvermittler zwischen Wissenschaft und Praxis, wobei die Praxis die praktische Altenhilfeleistung verschiedenster Träger und die Verwaltungstätigkeit der öffentlichen Hand auf diesem Gebiet umfaßt. Auf der Seite der Wissenschaft sind alle für die Gerontologie und Altenhilfe relevanten wissenschaftlichen Fachdisziplinen sowie deren Nachbarschaftsgebiete für die Arbeit des Instituts von Bedeutung. Zu den konkreten Tätigkeiten des Zentrums zählen angewandte gerontologische Forschung, wissenschaftliche Beratung, Literaturdokumentation, Daten- und Faktendokumentation, Veranstaltung von Tagungen, Publikationen, Einzelberatungen und Informationsvermittlung sowie die Mitarbeit in Gremien, zu denen Mitarbeiter des DZA gebeten werden. Träger des 1973 gegründeten DZA ist ein eingetragener gemeinnütziger Verein, dessen Mitglieder Wissenschafter aus dem Bereich der Gerontologie und Vertreter der öffentlichen Zuwendungsgeber sind. Das DZA gibt die Schriftenreihe „Beiträge zur sozialen Gerontologie" und dem periodisch erscheinenden „Informationsdienst Altersfragen" heraus.

Anschrift: Manfred-von-Richthofen-Straße 2, 12101 Berlin

Deutsche Vereinigung für den Sozialdienst im Krankenhaus e.V. (SDiK)
Die seit 1926 bestehende SDiK hat es sich zur Aufgabe gemacht, den inneren und äußeren Aufbau des Sozialdienstes im Krankenhaus zu fördern. Der Sozialdienst im Krankenhaus ist ein Arbeitsfeld der Sozialarbeit im Gesundheitswesen. Er ergänzt die ärztliche und pflegerische Versorgung durch fachliche Hilfen für Patienten, die persönliche und soziale Probleme im Zusammenhang mit ihrer Erkrankung oder Behinderung haben. Der Sozialdienst greift diese Probleme auf und trägt zu einer angemessenen Lösung bei, was die Zusammenarbeit mit den Berufsgruppen im Krankenhaus und mit den im Einzelfall in Betracht kommenden Personen und Einrichtungen außerhalb des Krankenhauses erfordert. Dazu veranstaltet der SDiK Arbeits- und Fortbildungstagungen, Angebote zur Hospitation im Arbeitsfeld des Sozialdienstes, Beratung und Information sozialpolitischer Gremien und fördert Kontakte im Bereich Sozialer Arbeit auf internationaler Ebene. Die Vereinigung gibt das Mitteilungsblatt „Krankenhaussozialarbeit Forum" heraus.

Anschrift: Kaiserstraße 42, 55116 Mainz

Deutsche Vereinigung für die Rehabilitation Behinderter e.V. (DVfR)
Der am 14.4.1909 von Prof. Dr. med. Konrad Biesalski in Berlin unter dem Namen „Deutsche Vereinigung für Krüppelfürsorge" gegründete und am 14.6.1957 in „Deutsche Vereinigung zur Förderung der Körperbehindertenfürsorge" umbenannte Fachverband führt seit dem 15.6.1962 den Namen „Deutsche Vereinigung für die Rehabilitation Behinderter". Sie ist ein Zusammenschluß derjenigen Fachkräfte, Korporationen und Organisationen, die in der Bundesrepublik Deutschland an der →Rehabilitation behinderter Menschen fachlich beteiligt und sozialpolitisch interessiert sind. Ihr Ziel ist es, im wissenschaftlichen, theoretischen und praktischen Erfahrungsaustausch die Zusammenarbeit von Personen sowie Einrichtungen, Körperschaften und Verbände zu fördern, die mit der Rehabilitation Behinderter befaßt sind. Durch gezielte Öffentlichkeitsarbeit, die Veranstaltung von Kongressen und Arbeitstagungen, die Anregung und Förderung von Forschungsvorhaben sowie die Veröffentlichung der Zeitschrift „Die Rehabilitation", von Tagungsberichten und Informationsmaterialien sollen Maßnahmen angeregt und unterstützt werden, die geeignet sind, drohende Behinderungen zu verhüten bzw. Behinderungen und ihre Folgen zu beseitigen oder zu erleichtern sowie das Verständnis für Behinderte und die Bedeutung der Rehabilitation zu fördern. Die DVfR vertritt gemeinsam mit der Bundesarbeitsgemeinschaft für Rehabilitation (BAR) die Bundesrepublik Deutschland im Weltfachverband Rehabilitation International (RI), New York/USA.

Anschrift: Friedrich-Ebert-Anlage 9, 69117 Heidelberg

Deutsche Vereinigung für Jugendgerichte und Jugendgerichtshilfen e.V. (DVJJ)
Die Deutsche Vereinigung für Jugendgerichte und Jugendgerichtshilfen e.V. hat es sich in § 2 ihrer Satzung zur Aufgabe gemacht, „die mit der Jugendkriminalität zusammenhängenden Fragen unter Berücksichtigung der wissenschaftlichen Erkenntnisse und praktischen Erfahrungen zu erörtern und ihre Lösung zu fördern. Sie will ein Forum für die fachliche, fachpolitische und öffentliche Diskussion in der Jugendkriminalrechtspflege sowie der Jugendkriminal- und Jugendhilfepolitik sein". Die

1917 in Berlin gegründete Vereinigung setzt sich aus Vertretern aller an der Jugendgerichtsbarkeit beteiligten Berufe zusammen. Sie ist kein berufsständischer Zusammenschluß, sondern wendet sich als Fachverband bei der Erfüllung ihrer Aufgaben besonders der für die Jugendgerichtsbarkeit gebotenen interdisziplinären Zusammenarbeit zu. Die DVJJ fungiert als ein unabhängiges Fach- und Beratungsorgan für kriminalpolitische und praxisrelevante Fragestellungen der Jugendkriminalrechtspflege. Durch Erstattung von Gutachten, Stellungnahmen und Ausarbeitung von Gesetzesentwürfen übt sie Einfluß auf die Gestaltung und Reform des gesamten Jugendstrafrechts aus. Eine Hauptaufgabe der Vereinigung besteht in der Aus- und Fortbildung der in der Jugendkriminalrechtspflege Tätigen. In fast allen Bundesländern haben sich die Mitglieder der DVJJ zu Regional- und Landesgruppen zusammengeschlossen, um die speziellen Fragen und Probleme der jugendstrafrechtlichen Praxis ihres Bereiches zu erfassen und zu erörtern. Dadurch war es verstärkt möglich, neben den von der DVJJ durchgeführten überregionalen Tagungen (z. B. den alle drei Jahre stattfindenden Deutschen Jugendgerichtstag) Fortbildungsveranstaltungen auf regionaler Ebene durchzuführen und den Erfahrungsaustausch in der Praxis zu fördern. Neben einer Schriftenreihe, in der u.a. die Dokumentationen der Jugendgerichtstage, der Reader „Ambulante sozialpädagogische Maßnahmen für junge Straffällige" und der „Leitfaden für Jugendschöffen" erschienen sind, gibt die DVJJ für ihre Mitglieder eine vierteljährlich erscheinende Fachzeitschrift für Jugendkriminalrecht und Jugendstraffälligenhilfe heraus. Die DVJJ ist als eingetragener, gemeinnütziger Verein zur Finanzierung ihrer Arbeit auf Mitgliedsbeiträge, Spenden und Geldbußen angewiesen.

Anschrift: Lützenrodestraße 9, 30161 Hannover

Deutsch-Französisches Jugendwerk (DFJW)

Das DFJW wurde am 05.07.1963 aufgrund des deutsch-französischen Vertrages als einzige binationale Institution dieser Art errichtet und erhielt den Auftrag, Begegnung und Zusammenarbeit der Jugend beider Länder anzuregen und zu fördern. Das DFJW befaßt sich neben Studien- und Austauschprogrammen auch mit außerschulischer Sprachförderung, pädagogischer Ausbildung sowie landeskundlichen Informationen. Partner des DFJW sind Jugendverbände, Jugendämter, Sportverbände, Gewerkschaften, Bildungsstätten, Schulen, Hochschulen, Sprachinstitute, Partnerschaftskomitees und Städte. Beide Regierungen finanzieren das DFJW zu gleichen Teilen. Es wird von einem Kuratorium geleitet, das sich aus deutschen und französischen Vertretern verschiedener Ministerien und Organisationen der freien Jugendarbeit zusammensetzt. Präsidenten des Kuratoriums sind der deutsche und der französische Jugendminister. Die binational integrierte Verwaltung hat ihren Sitz in Bad Honnef und verfügt über ein Büro in Paris.

Anschrift: Rhöndorfer Straße 23, 53604 Bad Honnef

Devianz

Bezeichnung für Verhaltensweisen, die mit den geltenden Normen und Werten einer Gruppe oder Gesellschaft nicht übereinstimmen oder als nicht übereinstimmend bewertet werden. →Abweichendes Verhalten; →Devianzpädagogik

Devianzpädagogik

1. Begriff. Der Begriff D. ist in der Fachdiskussion nicht etabliert. Sein Gegenstandsbereich läßt sich hingegen weitgehend präzisieren: gesetzlich bilden im wesentlichen das →KJHG/Familienrecht, das JGG sowie die Regeln ‚zum Schutz der Jugend' die Grundlage. Die organisatorische Umsetzung der Inhalte erfolgt durch Institutionen wie mit →Jugendamt, →Jugendgericht, →Jugend-

strafvollzug usw. Allgemein geht es um die Frage angemessener Reaktionen – also auch rechtlich bzw. pädagogisch motivierter ‚Strafe' – auf Gefährdungen bzw. als ‚gefährlich' definierte Verhaltensweisen von Kindern und Jugendlichen. Thema sind gesellschaftliche Integrationsprozesse auf – überwiegend – individueller Ebene im Rahmen von ‚Auffälligkeiten'. Die Leitformel für Anspruch und Vorgehensweise lautet: Erziehung.
Die eigentliche Wurzel der D. liegt in den ersten staatlichen Bemühungen, auf →‚abweichendes Verhalten' systematisch zu reagieren. Exemplarisch steht dafür die Hamburger Armenreform von 1788. Damals erkannten kühl kalkulierende Kaufleute, daß zunehmender gesellschaftlicher Desintegration planmäßig begegnet werden müsse (vgl. Plewig 1993 mit weiteren Nachweisen). Gleichzeitig unternahm der ‚Ahnherr' der Sozial- und D., →Pestalozzi, um 1800 Versuche, Formen öffentlicher Ersatzerziehung für sog. verwahrloste Kinder mit ‚heißem Herzen' zu erproben.

2. Zuordnung. Die krisenhafte Entwicklung vor allem seit der zweiten Hälfte des 19.Jh.s (→Industrielle Revolution) zwang den Staat um die Jahrhundertwende herum, hinsichtlich der anwachsenden Ordnungsprobleme initiativ zu werden. Die Interessen des Gemeinwesens und der Wirtschaft standen auf dem Spiel. Die sozialen Konflikte wurden als Ausdruck einer kulturellen Krise gedeutet. Ihr sollte mit Erziehung auf allen Ebenen begegnet werden. Entsprechende Vorläuferin der D. ist die Kriminalpädagogik, ein Kind der →Reformpädagogik. Sie sah die Notwendigkeit zur Begründung eines eigenständigen Faches mit dem Inkrafttreten des JGG (1923) gegeben. Seit das Strafrecht gegen Personen im erziehungsbedürftigen Alter spezifische Sanktionen vorsieht, kommt es – wie der führende Vertreter dieser Profession, Herbert Francke, es formulierte, zu „eigenartigen Problemverschlingungen zwischen Strafrechtspflege und Erziehung" (1929, S. 195). Deutlicher noch als Sozialpädagogik und Jugendwohlfahrt stand dieses Gebiet zwischen der „Hingabe an den lebendigen Menschen" und der „Massenbeeinflussung" zur Stabilisierung der Gemeinschaft. Von Anfang an sah sich die Kriminalpädagogik darum vor der Aufgabe, das Verhältnis zwischen dieser – unaufhebbaren? – Gegensätzlichkeit in Praxis und Wissenschaft zu thematisieren.
Erst die Rezeption des →labeling approach forderte das bis dahin verfolgte Konzept des Umgangs mit ‚Abweichlern' grundsätzlich heraus: das Ziel, die Kontrolle von ‚Kriminalität' zu optimieren, geriet nicht zuletzt unter Ideologieverdacht, und die fachliche Aufmerksamkeit wandte sich den Prozessen sozialer Kontrolle zu. Wo folgerichtig institutionenkritisch von Kriminalisierung gesprochen werden mußte, blieb für eine Pädagogik ‚Krimineller' kein Raum mehr. Vor die Entscheidung über Art und Weise des Eingreifens schob sich die Frage nach der Legitimation einer solchen Intervention.
Doch die Kriminalpädagogik ist nicht an moralischen Erwägungen gescheitert. Die Beachtung des labeling approach war eingebettet in eine konkrete historische Situation, in der radikale Gesellschaftskritik im Hinblick auf Herrschaft und Macht neue Perspektiven in Theorie und Praxis eröffnet. Erst im Zusammenhang damit brach sich die Erkenntnis Bahn, daß Grundrechte auch für Minderjährige gelten. Das heißt, daß Eingriffe begründet werden müssen, weil schlichte obrigkeitsstaatliche Maßnahmen, und seien sie auch „zum Wohle" der Betroffenen deklariert, nicht länger legitimierbar erschienen. Daraus folgte, daß Stigmatisierungen möglichst vermieden und Entwicklungsprozesse nicht behindert werden sollten, die Sichtweisen und Bedürfnisse der Adressaten zu berücksichtigen waren. Im Grunde wurden die Rechte der sog. Täter bzw. Ge-

fährdeten rechtlich wie pädagogisch-psychologisch gestärkt.

3. Konzeption. Im Mittelpunkt der D. steht die Auseinandersetzung mit →abweichendem Verhalten, auf das eine Antwort gefunden werden soll. Hierfür hat der Staat sich zwei eigenständige Regelungsbereiche geschaffen.
3.1 Gesetzliche Grundlagen. Im Rahmen des Strafrechts existiert ein spezielles Instrumentarium, um spezifische Rechtsfolgen auf →Jugendliche bzw. →Heranwachsende anzuwenden. Doch damit war der Handlungsbedarf nicht gedeckt. Erst die Erfindung eines öffentlichen Rechtes, damals des RJWG, schloß die neben StGB/JGG und →Familienrecht (BGB) bestehende Kontroll-Lücke. Nunmehr konnten auch die noch nicht Strafmündigen ebenso wie jene Jugendlichen erfaßt werden, die anders auffielen als durch Straftaten. Jenes JWG (heute KJHG) eröffnete dem Staat erstmals massive Eingriffsmöglichkeiten in die Autonomie der Familie. Zwar postulierte das JWG eingangs verführerisch das „Recht auf Erziehung" und knüpfte damit an die Regelung des sog. →Kindeswohls im § 1666 BGB an; Tatsache ist jedoch, daß es sich hierbei primär um Rhetorik handelte. Gewollt und geschaffen wurde die damit vollständige Kontrolle über Minderjährige und deren Familien mit Hilfe der Leitformel „Erziehung". Devianz und Kindeswohl stellen deshalb zusammen den Kernbereich der D. dar. In beiden Bereichen hat das Motiv des Kinderretter-Denkens seinen ideen- und handlungsleitenden Niederschlag gefunden. Im Vordergrund stehen Erklärungsansätze zur Beurteilung von „abweichendem Verhalten" und die Begründungen für „erzieherisch" gedachte Maßnahmen. Dabei hat die jugendstrafrechtliche Praxis inzwischen eine Ausdifferenzierung der Intervention erfahren. Standen einst Strafvollzug und Jugendarrest als stationäre Maßnahme allein im Mittelpunkt, sind inzwischen die sog. →ambulanten Maßnahmen unter dem kriminalpolitischen Schlagwort →Diversion hinzugekommen. Das Thema Devianz umfaßt auch radikale Gegenmodelle und gesellschaftstheoretische Analysen (z. B. →Abolitionismus, Sozialdisziplinierung, Macht-Analysen).
3.2 Denk- und Handlungslogik. Die gesamte Reformpädagogik einschließlich der Kriminalpädagogik war von großem Enthusiasmus getragen, nicht nur innerhalb der eigenen Arbeitsfelder individuelle pädagogische Aufgaben zu lösen; sie baute darauf, gesamtgesellschaftlich zu „Besserem" beizutragen. Es bleibt jedoch die Frage: Was ist mit jenen Jugendlichen, die der Erziehung nicht fähig, der Besserung nicht willig, der Gemeinschaft nicht tragbar erschienen? Die Reformer wußten hierauf eine klare, offene Antwort: Ausgrenzung, und zwar auf möglichst preiswerte Weise. Zur Geschichte der D. gehört also zentral das Thema des Umgangs mit den „Unerziehbaren". Hier spätestens zeigt sich, daß die aus dem Erziehungskonzept, Präventionsanspruch und Kindeswohldenken erwachsene Denk- und Handlungslogik einen fatalen Geburtsfehler besitzt: zwar erhalten die „Willigen" und „Fähigen" pädagogische Zuwendung; denklogisch und praktisch erzeugte dieser Ansatz jedoch folgerichtig die Gruppen der „Unfähigen", denen kein Pardon gegeben werden soll. Dieser Mechanismus wirkt bis heute fort, nur daß jede Zeit ihre speziellen Begriffe schafft: es folgten die „nicht Therapiefähigen", die „nicht Diversionsfähigen" (Boogaart), schließlich die „nicht Vereinbarungsfähigen". Jüngste Etappe der konsequent auf Ausgrenzung bedachten Jugendhilfe/Sozialarbeit ist die Reaktion auf Drogenabhängige, vielmehr aber noch auf sog. Skins und „Rechtsradikale". Wenn im Nationalsozialismus →Schutzlager eingerichtet wurden, wenn die Politik der Aussonderung (→Nationalsozialismus und Sozialpädagogik) einen besonderen Umgang annahm, dann war dies lediglich eine

Fortsetzung bereits existierender Denk- und Handlungslogik. Das Erziehungskonzept von Fürsorge- und Jugendstrafrecht beinhaltet den Willen zur Hilfe und zur Aussonderung (Peukert).
3.3 Paradigmen-Konkurrenz. In den 1960er Jahren führte die allgemeine Gesellschaftskritik zu einem radikalen Perspektivenwandel. Berühmt geworden ist Mollenhauers „Einführung in die Sozialpädagogik" (1964), in der er sich mit den Aporien bürgerlich-liberaler Pädagogik auseinandersetzt. Das in dieser Arbeit erreichte Anspruchsniveau ist seither nicht mehr hintergehbar. Damit ist der Wendepunkt von einer eingriffsbereiten Kriminalpädagogik zu einer „nichtinterventionistischen" D. zumindest theoretisch erreicht. Die Einbeziehung des →labeling approach bedeutet eine Paradigma-Konkurrenz zu den bisherigen „einäugigen" individuumsbezogenen Erklärungsansätzen. Nun stand nicht mehr das „abweichende" Individuum im Zentrum der Betrachtung, sondern die verantwortliche Institution und der von ihr ausgelöste Prozeß der Etikettierung. Dies traf neben den sog. Instanzen sozialer Kontrolle wie Jugendamt, Polizei, Jugendgerichtshilfe, Gericht, Strafvollzug und Bewährungshilfe auch die Devianz- bzw. Sozialpädagogen selbst. Denn die für Erziehung Verantwortlichen sind an jenen Stigmatisierungsprozessen bis hin zur Kriminalisierung beteiligt (vgl. Plewig/Wegner 1984).
3.4 „Innere Reform". Zwar brachte die „anti-institutionelle" Phase um 1970 Veränderungen: der Ersatz familiärer Erziehung findet immer weniger in traditionellen Heimen statt. In einigen Bundesländern wird geschlossene Heimunterbringung nicht mehr praktiziert (z.B. Hamburg, Schleswig-Holstein). Teilweise kam es zur Abschaffung geschlossener Abteilungen der →Kinder- und Jugendpsychiatrie. Für die D. prägend erwies sich jedoch die von Vertretern des Jugendstrafrechts propagierte sog. Innere Reform. Ziel war die Begrenzung bzw. Ersetzung der stationären Sanktionen durch „Ambulante Maßnahmen". Es begann mit dem Ausbau von Arbeitsauflagen, fand einen ersten Schwerpunkt in Betreuungsweisungen (§ 10 JGG), ergänzt durch Konzepte wie →„Soziale Trainingskurse" u.ä. und bezog schließlich den sog. →Täter-OpferAusgleich ein. Hier ergibt sich – zumindest begrifflich – eine Schnittstelle zwischen (traditionellem) Strafrecht und „Konfliktregulierung". Diese neue Kriminalpolitik erhielt das Etikett „Diversion".
Die Protagonisten dieser Initiativen erhofften sich eine Verringerung von Gerichtsverhandlungen und stationären Sanktionen. Die Kritiker sagten eine schlichte Netzerweiterung sozialer Kontrolle voraus. In jedem Fall kam es – die Jahre kritischer Auseinandersetzung mit Polizei und Justiz waren noch nicht lange her – zu einem Pakt zwischen Jugendstrafrecht und Jugendhilfe. Der theoretische Unterbau für dieses Vorgehen ist äußerst dürftig. Mit Hilfe des Stigma-Ansatzes (Dunkelfeldforschung) gilt zwar die Annahme, abweichendes Verhalten (männlicher) Jugendlicher sei im wesentlichen „normal", typisch für die Alters- und Entwicklungsphase und könne deshalb weitgehend ohne Intervention auskommen. Da aber konsequente Einstellungen der Verfahren durch die Staatsanwaltschaft kaum zu erreichen sei, müsse mit sonstigen „erzieherischen Wirkungen" argumentiert werden. Zu diesem Zwecke wurden zahlreiche sog. ambulante Projekte ins Leben gerufen, teilweise durch vom Erziehungsgedanken beseelte Jugendrichter selbst. Weder gab es eine erziehungswissenschaftliche Reflexion wie noch in der Zeit der Reformpädagogik noch gar eine Berücksichtigung der kritischen Erträge in der Sozialpädagogik, Kriminalsoziologie und Gesellschaftstheorie. Im Gegenteil: die Grundgedanken des labeling approach verkamen zu Trivialisierungen, zu bloßer Rhetorik. Nicht einmal mehr die Theorie-Perspektive, Bedürfnisse der Betroffenen aufzugreifen

und deren Sichtweisen zu berücksichtigen, steht zur Debatte. Es herrscht gewollter Pragmatismus. Faktisch handelt es sich um die Rückkehr zur Kriminalpädagogik. Der Zugriffsbereich ist durch die sog. Ambulanten Maßnahmen erheblich ausgeweitet worden. Nicht nur dadurch „erreichen" mehr Sozialpädagogen und Sozialarbeiter denn je Kinder, Jugendliche, Heranwachsende und junge Volljährige.

3.5 Individuum und Gesellschaft. Um so genauer ist im Fach D. die Legitimation von →Prävention und Intervention im Lichte „kritischer" Theorien und des Grundgesetzes zu prüfen. Das Präventionskonzept hat um die Jahrhundertwende Eingang in das Strafrecht (Individual- bzw. Spezialprävention; heute: Resozialisierung) später in das Jugendstrafrecht (Erziehung; Subsidiaritätsgedanke etc.) und auch in die Jugendwohlfahrt gefunden (vgl. Prävention als „Strukturmaxime" im Achten Jugendbericht, 1990). Interventionen des Staates in Form von Maßnahmen nach dem JWG wie dem JGG sollten allgemeine soziale Probleme lösen und individuelle Abweichungen eindämmen. Auch hier geht es also um die Frage individueller Zurechnung versus gesellschaftlicher Verantwortung (personen- versus strukturbezogene Prävention). Hier sind zwei Tendenzen zu beachten: Kennzeichnend für die radikalen Debatten um 1970 war die Formel „Die Gesellschaft hat schuld." Danach galt der „Täter" als „Opfer", dem parteiliche Unterstützung gegen bedenkliche Ordungskräfte nicht zuletzt die kapitalistische Gesellschaftsordnung, zuteil werden sollte. Dieser Perspektive gegenüber entwickelte sich in den letzten Jahren zunehmend die Auffassung, daß „Täter" ausdrücklich zu kriminalisieren seien. Dies begann mit der Thematisierung von ‚sexuellem Mißbrauch' (Frauenbewegung) und gilt gegenwärtig für gewaltbereite ‚rechtsgerichtete' junge Männer. Die Geschichte der Kriminalpolitik ist stets auch eine von Toleranz und Ungeduld.

3.6 Jugend(sozial-)arbeit. D. basiert allgemein auf der „Entdeckung des Jugendalters" (Gillis). Erst die gesellschaftliche Tatsache, daß Kinder mit 12 bis 14 Jahren noch nicht in das Erwachsenenleben kommen, sondern vor allem über eine verlängerte Ausbildung bzw. als noch nicht reif Erachtete einen neuen Status erhalten, führt zu den bislang skizzierten besonderen Maßnahmen. Zu ihnen gesellt sich die Jugendarbeit bzw. Jugendsozialarbeit. So etwa der Jugendpflegeerlaß in Preußen 1911, der ausspricht, was Gillis in seiner „Geschichte der Jugend" herausgearbeitet hat: das Jugendalter selbst gilt als gefährdend, mithin die Freizeit der jungen Menschen. Sie bedürfen einer spezifischen Aufsicht, sei es durch Jugendpflege, sei es durch Jugendfürsorge. Ende der 1960er, Beginn der 1970er Jahre erlebt die Jugendarbeit im weiten Sinne einen theoretischen wie praktischen Höhepunkt. Was einst Jugendliche an Brauchtum und Gesellung kulturell erschufen (und weggenommen bekamen), was um die Jahrhundertwende in die →Jugendbewegung mündete (und von pädagogischen Führern usurpiert wurde), was in der Reformpädagogik als „Selbstverwaltung" deklariert wurde (aber stets unter Kontrolle der Erziehungsautoritäten blieb), das erhielt nun eine neue Chance: Selbstverwaltung (autonome Jugendzentren) und Parteilichkeit (→Parteiliche Jugendsozialarbeit). Subjekt- bzw. bedürfnisorientiert hießen die Konzepte: „anti-kapitalistisch" nannte sich eine radikale Variante. Standen in den 1920er Jahren die kriminalpädagogischen Bemühungen wesentlich im Zeichen der Vermittlung von Arbeitstugenden, suchte anti-kapitalistische Jugendarbeit proletarische Jugendliche aus dem Stand der Ausbeutung zu befreien, stehen heute für diese Jugendlichen immer weniger Arbeitsplätze zur Verfügung. Mit dieser Pointe der Geschichte, mit der verheerenden Drogenpolitik, allgemein mit zunehmend belasteten Lebenslagen, mit einem darauf reagierenden Bewußtsein junger Menschen geht der Jugendsozialarbeit – in ihrer sozialdisziplinierenden Form sowieso, in ihrer emanzipatorischen Stoßrichtung aber auch – die Luft aus.

3.7 Berichte – Akten – Gutachten. Alle genannten Praxisbereiche durchzieht eine Tätigkeit, die kaum wahrgenommen, noch seltener reflektiert wird: die Berichterstattung (→Gutachten). Am ehesten wird sie im Rahmen von §38 JGG (§ 52 KJHG) thematisiert: Sinn und Zweck der „Erforschung der Persönlichkeit" durch die →Jugendgerichtshilfe. Dabei ist die Debatte durch den Etikettierungsansatz aufbereitet, widmeten sich doch erste empirische Untersuchungen vor allem der Aktenanalyse. Berichterstattung ist von existentieller Bedeutung für die Betroffenen, weil Einschätzungen über ihre Person abgegeben werden, die unmittelbar oder langfristig Auswirkungen haben können.

4. Aktuelle Probleme und Diskussion. Die gesellschaftliche Situation hat sich gegenüber der Reformphase der siebziger Jahre deutlich geändert. Die wachsende dauerhafte Arbeitslosigkeit belastet vor allem die nachwachsenden Generationen. Die sich abzeichnenden Verteilungskämpfe prägen die Bereiche Familie, Jugendhilfe und (Jugend-)Strafrecht. Auffällige Kinder werden nicht als Seismographen künftiger Entwicklung, sondern erneut nur als Störenfriede begriffen. Das Tabu, nicht von Kinder-Kriminalität, sondern von Devianz bzw. Delinquenz zu sprechen, wurde gebrochen. Die Forderung, die Strafmündigkeit auf 12 Jahre herabzusetzen, steht ebenso im Raum wie die Wiedereinführung flächendeckender geschlossener Heime und Verschärfung jugendstrafrechtlicher Sanktionen. So müßig und unergiebig es ist, über einzelne Ursachen-Faktoren (Armut, Gewalt in der Familie usw.) zu spekulieren, so unstreitig stellen die ökonomisch geprägten Lebensverhältnisse Gefährdungsmerkmale dar. Hier ist unerschütterlicher Realismus geboten, damit nicht Ursache und Wirkung verwechselt werden.

5. Schlußfolgerungen. D. ist aus dem Blickwinkel eines mehrperspektivischen Kontroll-Paradigmas zu betrachten. Dies setzt sich zusammen aus:
– einem ökonomischen Ansatz, dessen zentrale Kategorie der Begriff Arbeit darstellt. In seinem Zentrum stehen Untersuchungen zur funktionalen Bedeutung von Vergesellschaftung für den kapitalistischen Produktionsbetrieb unter besonderer Berücksichtigung der Erwartungen an das sog. Jugendalter;
– der Erweiterung einer bloß materialistischen Perspektive zunächst mittels der Kategorie „Sozialdisziplinierung" (Oestreich). Darunter ist die Entfaltung der inneren Staatenbildung zu verstehen. Aus devianzpädagogischer Sicht stellt die Schaffung von Gesetzen und Institutionen speziell für Kinder und Jugendliche Anfang des Jahrhunderts einen Höhepunkt dieser Entwicklung dar. Sie ist längst noch nicht abgeschlossen;
– einer nochmaligen Erweiterung dieser beiden „äußeren" Faktoren um eine Analyse der Macht-Beziehungen, wie Foucault sie mit Hilfe der Formel „Mikrophysik der Macht" andeutet. Hier geraten (pädagogische) Beziehungen in den Blick;
– schließlich der theoretisch-empirisch konsequenten Umsetzung des labeling approach (Normalitäts-These) bis hin zur sog. Konfliktregulierung jenseits institutioneller Verfestigungen. Spätestens hier kommen die beteiligten Akteure selbst ins Zentrum der Betrachtung. Ihre Sichtweisen, ihre Aushandlungsprozesse stellen entscheidende Grundlagen für die theoretische Beurteilung wie Legitimation von Praxis dar (vgl. das Konzept der →Ethnomethodologie).

D. hat sich nicht-legitimierbaren Vergesellschaftungsprozessen von Kindern und Jugendlichen zu widersetzen. Sie tritt ein für ein realitätsbezogenes Jugendrecht, für Integration, für Parteilichkeit zugunsten „Jugendlicher in besonders schwierigen Lebenslagen". D. versteht sich als prinzipiell kritisch gegenüber jeder Form von Kontrolle. Sie ist sich des vordefinierten Problems eben nicht von vornherein sicher. Erst nach Bestätigung der Berechtigung zu Maßnahmen – sei es durch die Betroffenen selbst, sei es nach Prüfung der Argumente der Verantwortlichen – stellt sich die „pädagogische Frage". Beitragen zu dieser Konzeption kann die konsequente Trennung von Jugendhilfe und Jugendstrafrecht sowie die Streichung des Erziehungsgedankens und Präventionsanspruchs aus dem bloß personenbezogenen JGG (AWO 1994). Ziel muß es sein, die Jugendhilfe zu stärken, damit sie angemessen, d. h. vor allem strukturbezogen auf die Lebenslagen der Betroffenen eingehen kann. →Abweichendes Verhalten

Lit.: Arbeiterwohlfahrt (1994): Jugend ohne Zukunft? Befähigungen statt Strafen, Diskussionspapier, Bonn; Boogaart, H. van den (1989): Mind the Gap: The Creation of the Non-Divertable, in: Hudson/Galeway (Hrsg.), The State as Parent, Kluwer Academic Publishers, Dordrecht, S. 207 ff.; BM (Achter Jugendbericht) Flug, O. (1929): Die Fürsorgeerziehung, in: Nohl/Pallat (Hrsg.), Handbuch der Pädagogik, Band V, Berlin/Leipzig; Francke, H. (1929): Kriminalpädagogik, in: Nohl/Pallat (Hrsg.), Handbuch der Pädagogik, Band V, Berlin/Leipzig; Gillis, J. R. (1980): Geschichte der Jugend, Weinheim/Basel; Kraußlach/Düwer/Fellberg, G. (1976): Aggressive Jugendliche, München; Peuckert, D. (1986): Grenzen der Sozialdisziplinierung, Köln; Plewig, H.-J. (1993): Erziehungs-Konzept im JGG. Berichterstattung als Sozialdisziplinierung. Vom Leiden des jungen Willy, in: Albrecht, P.-A. u. a. (Hrsg.): Festschrift für Schüler-Springorum, Köln; Plewig, H.-J./Wegner, Th. (1984): Zur Genese von Devianz im frühen Jugendalter, Heidelberg.

Hans-Joachim Plewig, Lüneburg

Dewey, John (20.10.1859–1.6.1952) der einflußreichste amerikanische Sozialphilosoph und Pädagoge des 20. Jh. entwickelte eine empirisch-biologische Philosophie, die in der Pädagogik dem Handeln Vorrang vor dem Erkennen einräumte. Die „progressive education" D. orientierte sich eng an den politischen Implikationen der Demokratie, wobei alle Theorie letztlich dem Ziel dienen sollte, durch Erziehung zum Ideal besserer sozialer Möglichkeiten zu gelangen. D. gilt in der Psychologie als Mitbegründer des →Funktionalismus und beeinflußte in Deutschland vor allem Georg →Kerschensteiner. →Demokratische Erziehung; →Pragmatismus; →Reformpädagogik

Diagnose
zunächst in der Medizin verwendeter Begriff für die mit Hilfe diagnostischer Methoden gewonnene Einschätzung körperlicher und geistiger Zustände. Um 1920 führte die Soziale Arbeit im Zuge ihrer →Professionalisierung den Begriff in die Fachdiskussion ein (→Salomon) und entwickelte entsprechende Verfahren zur →psychosozialen Diagnose.

Diagnostik
Prozesse, Methoden und Verfahren, mit deren Hilfe aktuelle Eigenschaften und Zustände von Patienten und Klienten festgestellt werden (→Diagnose). Methoden der D. sind die →Anamnese, sowie →Tests und Verfahren der →Beobachtung. →DSM IV; →ICD-10; →Pädagogische Diagnostik; →PIE; →Verhaltensdiagnostik

Diakon
in der frühen christlichen Kirche der Armen- und Krankenpfleger der Gemeinde. Heute sowohl in der evangelischen als auch in der katholischen Kirche für die Gemeindearbeit berufener Amtsträger. In der evangelischen Kirche erhalten D. (Männer wie Frauen) eine fachbezogene Ausbildung für eine Tätigkeit im Sozialbereich. Eine zusätzli-

che mindestens einjährige theologische Ausbildung zur Übernahme entsprechender Aufgaben in Gemeinden, Kirchenkreisen etc. ist möglich. In der katholischen Kirche werden in der kirchlichen Laienarbeit erfahrene Männer zu D. geweiht. Sie üben ihren Zivilberuf weiter aus, können aber auch hauptberuflich als D. verschiedene soziale, caritative, katechetische und liturgische Dienste leisten.

Diakonie
D. bezeichnet in der evangelischen Kirche den helfenden Dienst in der Gemeinde. Die weibliche Diakonie wurde 1836 von Th. Fliedner, die männliche Diakonie 1840 von →Wichern gegründet. →Diakonisches Werk

Diakonisches Werk der Evangelischen Kirche in Deutschland e.V. (DW)
Das DW ist eine Organisation der Evangelischen Kirchen, die durch den 1957 eingeleiteten und 1975 endgültig vollzogenen Zusammenschluß zweier evangelischer Institutionen – des 1949 gegründeten „Centralausschusses der Inneren Mission" und des „Hilfswerk der Evangelischen Kirche in Deutschland" (1945 gegründet) – entstanden ist. Es faßt alle diakonischen Dienste der 17 evangelischen Landes- und 10 Freikirchen zusammen. Seine regionale Basis bilden die 17 gliedkirchlichen diakonischen Werke, denen jeweils die diakonischen Anstalten und Einrichtungen des betreffenden landeskirchlichen Bereichs angeschlossen sind. Parallel dazu arbeiten auf überregionaler Ebene über 100 Fachverbände der Diakonie. Fortbildungsstätte für Führungskräfte auf den verschiedenen diakonischen Arbeitsfeldern ist die Diakonische Akademie. Das DW hat die Aufgabe, in Zusammenarbeit mit den Diakonischen Werken der Glied- und Freikirchen sowie der Fachverbände, die diakonische und missionarische Arbeit anzuregen, zu planen und zu fördern. Zu ihm gehören zudem die volksmissionarischen und seelsorgerischen Dienste sowie die einschlägigen Beratungsdienste. Beim DW der EKD liegt auch die Geschäftsführung von „Brot für die Welt", ferner die Bearbeitung von Projekten und Programmen, die durch den „Kirchlichen Entwicklungsdienst" gefördert werden. Das DW ist Mitglied im „Internationalen Verband für Innere Mission und Diakonie" und gibt die Zeitschrift „Diakonie" heraus.

Anschrift: Staffenbergstraße 76, 70184 Stuttgart

Dialog
Im Gegensatz zum Monolog ist der D. ein Wechselgespräch, in dem durch den kommunikativen Austausch von Erfahrungen, Meinungen und Wahrnehmungen Widersprüche überwunden und Erkenntnisse gewonnen werden können. Um zu gelingen, erfordert der D. bestimmte Fähigkeiten der Beteiligten (→Kommunikation). Pädagogische Bedeutung hat der D. bereits seit Sokrates, der ethische Fragen in den Mittelpunkt seines erzieherischen Denkens stellte und die Leitbegriffe des menschlichen Lebens nicht als definitorisch bestimmbar sondern nur als argumentativ herzuleiten erkannte. Entsprechend bezeichnet man ein Verfahren, bei dem der Schüler durch kluges Fragen des Lehrers zu eigener Erkenntnis geführt wird als sokratische Methode (Mäeutik). In der modernen Pädagogik erlangte der D. Bedeutung in den Arbeiten Martin →Bubers (1878–1965), der das dialogische Prinzip als anthropologische Grundfigur des Menschen für das wesentliche Merkmal des erzieherischen Verhältnisses hielt. Auch in der „Pädagogik der Unterdrückten" (→Freire-Pädagogik) steht der D. zwischen Lehrern und Schülern im Mittelpunkt der emanzipatorischen Arbeit. In der →empirischen Sozialforschung werden im Rahmen qualitativer Vorgehensweisen ebenfalls dialogische Verfahren angewendet, wenn jene Personen, die Objekte der Untersuchung sind, an der Datenanalyse beteiligt werden.

Didaktik

1. Der Begriff der Didaktik bzw. des Didaktischen geht zurück auf das altgriechische Wort didaskein, lehren oder unterrichten. Eine didaktische Rede ist folglich eine lehrhafte oder belehrende Rede. Sie impliziert eine Situation, in der es eine belehrende und eine zu belehrende Partei gibt. Nicht gesagt ist damit, daß die Adressaten der Belehrung nach dieser verlangen. Den alltagsweltlich schlechten Beigeschmack des Didaktischen prägt vielmehr der Umstand, daß eine Belehrung oft auch dann geliefert wird, wenn sie gar nicht nachgefragt wird. Die nicht nachgefragte Belehrung wird als der unangebrachte Versuch begriffen, eine autoritative Situation herzustellen, deren Rollenspiel durch die pädagogische Asymmetrie von Lehrendem und Belehrendem geprägt ist. In diesem Sinn kann etwa einem literarischen Text oder einer Unterhaltungssendung im Fernsehen vorgehalten werden, sich zu didaktisch zu gerieren und damit das Publikum zu brüskieren. Wird die Unterrichtung vom Publikum willkommen geheißen und erscheint ihre Darbietung nicht als aufdringlich, spricht man statt von einem didaktischen eher von einem informativen Beitrag.

Von diesem alltagssprachlichen – und in seinen Konnotationen zumindest ambivalenten – Begriff des Didaktischen ist ein Begriff der Didaktik zu unterscheiden, der an die antike Rede von didaktike techne als der zum Unterricht gehörenden Kunstfertigkeit anknüpft. Mit diesem engeren Begriff der Didaktik ist das theoretische und methodische Vermögen gefaßt, erfolgreich zu lehren und unterrichten – ein Verständnis, das, neben anderem, die berühmte Didactica Magna von Johan Amos Comenius (1592–1670) prägte. Didaktik ist demnach die Lehre vom Lehren, die, um erfolgreich sein zu können, immer auch eine Lehre vom Lernen einschließen muß. Diese sehr allgemeine Bestimmung läßt naturgemäß vieles offen, sie setzt den Begriff der Didaktik aber immerhin in Distanz zu einem noch allgemeineren Begriff des Lernens und Lehrens, wie er etwa aufgerufen ist, wenn man davon spricht, daß das Leben oder die Natur die größten Lehrmeister seien. Im Erziehungsroman „Emil oder Über die Erziehung" (1762) von Jean-Jacques Rousseau (1712–1778) heißt es zum Beispiel: „Alles ist für beseelte und empfängliche Wesen Unterricht." Diese Vorstellung eines natürlichen Lehrens und Lernens kann sich Didaktik als Überzeugung zu Eigen machen; gleichwohl ist ihr Begriff des Unterrichts in der Regel enger gefaßt und auf institutionalisierte Interaktionen wie die des Schulunterrichtes oder des akademischen Lehrbetriebs gerichtet.

2. Geht es um das Vermitteln einer Lehre, so geht es immer auch um Prozesse des →Verstehens. Nicht verwundern kann deswegen, daß die Geschichte der Didaktik mit der Geschichte der →Hermeneutik eng liiert ist. Wird in der hermeneutischen Tradition nach 1800 etwa die Frage nach dem Zusammenhang zwischen dem Verstehen eines Ganzen und seiner Teile bearbeitet, ist ein Problem thematisiert, das auch eine Didaktik beschäftigen muß, die zeigen will, wie man das Verstehen als Prozeß gestalten will. Mit der Hermeneutik, die in Deutschland auch das Instrumentarium dessen bestimmt, was sich als Geisteswissenschaft etabliert (Wilhelm Dlithey, 1833–1911), teilt die Didaktik zudem ein Problem, dessen Erkenntnisgrund bereits Aristoteles (384–322 v. Chr.) formulierte: „Aller Unterricht und alles Lernen geschieht, soweit beides auf dem Denken beruht, mittels eines schon vorher bestandenen Wissens". Aus dieser Erkenntnis folgt die hermeneutische und didaktische Schwierigkeit, das für Verstehensprozesse erforderliche Vorwissen zu taxieren. Das Beispiel demonstriert zudem, daß allgemeine Didaktik und Bildungstheorie oftmals kaum zu trennen sind. Was nämlich ist das Ganze, dessen Vermittlung die

Didaktik als Lern-, Bildungs- oder Verstehensprozeß gestalten will? War oben Didaktik als Lehre vom Lehren charakterisiert worden, ist, mit Blick auf die Institutionen staatlicher Bildung, auch zu fragen, was die Lehre ist, die zu lehren Didaktik lehren soll. Auf diese Frage antwortete im akademischen Feld und im Anschluß an Wilhelm von Humboldt (1767–1835) vornehmlich der spezifisch deutsche Bildungsdiskurs der →geisteswissenschaftlichen Pädagogik: Hermann Nohl (1879–1960), Theodor Litt (1880–1962), Eduard Spranger (1882–1963), Wilhelm Flitner (1889–1990) und Erich Weniger (1894–1961). Niederschlag findet der seit der Mitte der sechziger Jahre nicht selten als spekulativ kritisierte Bildungsdiskurs vor allem in den schulpolitischen Kontroversen um Lehr- oder Rahmenpläne, aber ebenso in markanten Differenzierungen zum Beispiel zwischen Erziehung und Bildung, zwischen Ausbildung und Bildung, kategorialer und formaler Bildung, allgemeiner und fachspezifischer Bildung. Gerade an diesen Auseinandersetzungen zeigt sich die grundsätzliche Historizität der Bildungssemantik und gleichsam die starke Affinität von Bildungstheorie zu -politik.

3. Beide vorgenannten Aspekte lassen sich auch an den bis heute wohl folgenreichsten didaktischen Konzeptionen des Marburger Pädagogen Wolfgang Klafki (*1927) studieren. Klafki, ein akademischer Schüler der geisteswissenschaftlichen Pädagogen Weniger und Litt, versammelte 1963 wichtige Einzelveröffentlichungen in dem Band „Studien zur Bildungstheorie und Didaktik". 1985 und 1991 wurde das auch international rezipierte Buch durch „Neue Studien zur Bildungstheorie und Didaktik" ergänzt bzw. ersetzt, die vor allem ein revidiertes Allgemeinbildungskonzept enthalten und Klafkis Modell einer kritisch-konstruktiven Didaktik erläuterten. Über seine Rolle in der akademischen Publizistik und der Lehrerbildung hinaus agierte Klafki auch als Vorsitzender von Lehrplankommissionen in NRW (1967–69) und vor allem in Hessen (1968–71) und zuletzt als Mitglied der 1995 mit einer vielbeachteten Denkschrift hervorgetretenen NRW-Bildungskommission „Zukunft der Bildung – Schule der Zukunft". Klafkis Didaktik wird wesentlich von einem historisch begriffenen Zielbegriff allgemeiner Bildung zusammengehalten. Dieser Zielbegriff wird als „selbsttätig erarbeiteter und personal verantworteter Zusammenhang dreier Grundfähigkeiten" vorgestellt. Bei diesen soll es sich handeln um die Fähigkeiten zu einer individuellen Selbstbestimmung, zu einer Mitbestimmungsfähigkeit und zu einer Solidaritätsfähigkeit. Die genannten Fähigkeiten und ihre Relevanz bezieht Klafki auf „epochaltypische Schlüsselprobleme" wie Frieden, Ökologie oder soziale Ungleichheiten. Aus dieser nach wie vor bildungstheoretisch fundierten Konzeption resultiert das wiederholte Postulat nach einer Eigenständigkeit der Didaktik in der Bestimmung des schulischen Kanons gegenüber den Fachwissenschaften. Der Schulunterricht soll demnach weder ein Abbild der wissenschaftlichen Disziplinen sein noch in der Rolle eines Propädeutikums für ein Fachstudium aufgehen. Vielmehr gelte es, die historisch etablierten Unterrichtsfächer permanent auf ihre gegenwärtige Bildungsrelevanz hin zu befragen und die Fachwissenschaften im Hinblick auf ihre Beiträge zur Entwicklung der genannten Basisfähigkeiten und zur Lösung der Schlüsselprobleme zu prüfen. Diese besondere Akzentuierung des Didaktischen gegenüber dem Fachlichen zeigt auch in den Forderungen an eine angemessene Unterrichtsvorbereitung Konsequenzen. Hier ist es vor allem die Verpflichtung der Lehrperson auf die Erarbeitung einer an Kriterien orientierten didaktischen Analyse, die sich deutlich von einer fachwissenschaftlich informierten Sachanalyse unterscheidet, indem sie vor allem die Bildungsbedeu-

tung des avisierten Unterrichtsgegenstandes taxiert und nach seinem exemplarischen bzw. repräsentativen Charakter fragt. Der bildungstheoretischen Verpflichtung der Didaktik nach Klafki entspricht nicht nur die postulierte Souveränität der didaktischen gegenüber der fachwissenschaftlichen Reflexion, sondern auch das Primat der Didaktik gegenüber der Methodik. Methodiken (gr. methodos) werden als unterrichtliche Verfahrensweisen oder auch Arbeitstechniken eines Unterrichts begriffen. In dieser Qualität sind sie für Klafki danach zu beurteilen, ob sie den didaktischen Zielsetzungen des Unterrichts entsprechen. Methodische Strategien sind demnach zwar durchaus didaktisch relevant, also nicht beliebig, jedoch im prozeduralen Aufbau des Unterrichts zweitrangig.

4. Die Differenzierung von Didaktik und Methodik und die These vom Primat der Didaktik war (und ist) nicht unumstritten. Eine zunächst alternative Position bezog etwa die lehrtheoretische Didaktik des Berliner bzw. Hamburger Modells, das unter anderem die Beachtung der unterrichtlichen Interaktionen stärker akzentuierte. Die Diskussion um Klafkis Programm und die Vorstellungen der Berliner bzw. Hamburger Pädagogen Paul Heimann, Gunter Otto und Wolfgang Schulz führte allerdings zu einer gewissen Konvergenz, die vor allem die bildungstheoretische Festlegung auf Ziele wie Emanzipation, Autonomie oder Solidarität betrifft. Zu einem eher konvergenten Urteil kommen die genannten Didaktiken auch im Resümee der heißen Phase der sogenannten Curriculumtheorie. Dabei handelte es sich, verkürzt gesagt, um den in den siebziger Jahren betriebenen und bald gescheiterten Reformversuch, durch die Lehrpläne den Unterricht zu einem präzise geplanten Kurs werden zu lassen, dessen Erfolge am Maßstab hierarchisch differenzierter Lernziele ebenso präzise evaluiert werden sollten. Minimiert werden sollten durch die exakten Planvorgaben pädagogische Willkür, aber auch politische Einflußnahmen auf die Schule.

Skeptisch beurteilt werden Klafkis über die Jahrzehnte fortgeschriebenen Positionen gegenwärtig aus einer nur vordergründig konservativen Richtung. In seiner kritischen Bilanz „Pädagogische Illusionen" über die Bildungsreformen der letzten dreißig Jahre formuliert etwa Hermann Giesecke (*1932) den Vorwurf, Klafkis didaktische Akzentuierung von Schlüsselproblemen sowie die modisch-notorische Rede von fachübergreifenden Schlüsselqualifikationen habe realiter zu einem Niedergang systematischer Bildung beigetragen. Giesecke weist unter anderem darauf hin, daß eine Auseinandersetzung mit Klafkis politischen bzw. lebensphilosophischen Schlüsselproblemen seitens der Unterrichtenden Kompetenzen voraussetze, die als wissenschaftliche mitnichten gegeben seien. Wenn Fachinhalte aus didaktischen oder politischen Überlegungen unter so umfassenden Thematiken wie zum Beispiel Friedenssicherung behandelt würden, würden stattdessen Kompetenzen überschritten und der Unterricht auf der Basis politisch-moralischer Phrasen bestritten. Gegen die Tendenz zu einer Didaktik der Entdifferenzierung und „Ganzheitlichkeit" erinnert Giesecke daran, daß zwar nicht das Leben in Fächern aufgeteilt, die Aufklärung über das Leben aber an fachliche Perspektiven gebunden sei. Zudem stellten Schulfächer mit ihren inneren Logiken für die Lernenden und Lehrenden auch geistige Ordnungsinstrumente dar.

Was hier in Gieseckes Kritik am didaktischen Zeitgeist in Schärfe formuliert wird, berührt auch das Verhältnis zwischen Fachdidaktik und Allgemeiner Didaktik. In der Lehrerbildung und in der didaktischen Forschung verstehen sich die Fachdidaktiken nicht zuletzt als Vermittlungsinstanzen, die gegenüber den ausdifferenzierten Fachwissenschaften Bildungsaspekte oder Fragen der Lernbarkeit betonen, gleichsam aber auch die wissenschaftsdisziplinäre Logik des Faches für die Definition von Kompetenzen und Lernzielen in Anschlag bringen.

Lit.: Giesecke, Hermann: Pädagogische Illusionen. Lehren aus 30 Jahren Bildungspolitik, Stuttgart; Klett-Cotta 1998; Klafki, Wolfgang: Neue Studien zur Bildungstheorie und Didaktik, Weinheim, Beltz 1991, 2. erw. Auflage; Matthes, Eva: Von der geisteswissenschaftlichen zur kritisch-konstruktiven Pädagogik und Didaktik. Der Beitrag Wolfgang Klafkis zur Entwicklung der Pädagogik als Wissenschaft. Bad Heilbrunn, Klinkhardt 1992.

Michael Kämper-van den Boogaart, Berlin

Dienstaufsicht
personalrechtliche Aufsicht des Dienstvorgesetzten über die Pflichterfüllung eines Bediensteten, die vor allem auf dessen Verhalten abzielt. Neben der →Rechts- und →Fachaufsicht stellt die D. ein weiteres Instrumentarium der Selbstkontrolle im Verwaltungsaufbau dar und ist eng mit der Weisungsbefugnis des Dienstvorgesetzten verbunden. Gegen das Fehlverhalten von Bediensteten kann formlos und nicht fristgebunden eine Dienstaufsichtsbeschwerde eingereicht werden. Auf Seiten der zuständigen Stelle besteht die Pflicht, die Beschwerde entgegenzunehmen und sorgfältig zu prüfen.

Dienstgeheimnis
→Amtsgeheimnis

Dienstleistung
nicht Güter produzierende, ehrenamtliche oder vergütete, durch Personen oder Organisationen, zum individuellen und/ oder allgemeinen Nutzen erbrachte Leistung. Diese im sog. Dienstleistungssektor zusammengefaßten Tätigkeiten (Handel, Banken, Verkehr, Gesundheitsdienst etc.) haben einen zunehmend hohen Anteil am Sozialprodukt. Deshalb bezeichnet man die moderne Industriegesellschaft auch als Dienstleistungsgesellschaft. Allgemein wird zwischen öffentlicher und privater D. unterschieden, wobei bei einer rein öffentlichen D. niemand von der Nutzung ausgeschlossen oder qualitativ und quantitativ unterschiedliche Nutzungsrechte erhalten darf. Unter den drei Leistungsarten des Sozialleistungsrechts ist die D. (Beratung, Kontaktlegung etc.), im Unterschied zur Geld- und zur Sachleistung, keine materielle Zuwendung. →Wohlfahrtsstaat

Diesterweg, Friedrich (29.10.1790 bis 7.7.1866)
der Haus- und Gymnasiallehrer, spätere Direktor des Lehrerseminars in Berlin und preußische Landtagsabgeordnete, trat entschieden für die Hebung des Lehrerstandes, der Lehrerbildung und für die Ausgestaltung des Volksschulwesens im Geiste →Pestalozzis ein. Er wandte sich vehement gegen einen zu starken Einfluß von Kirche und Staat im Schulwesen und zielte pädagogisch vor allem auf selbständiges kritisches Denken und moderne Weltorientierung.

Dilthey, Wilhelm (19.11.1833–1.10.1911)
Professor der Philosophie in Berlin, der dem naturwissenschaftlichen →Erklären die geisteswissenschaftliche Methode des Verstehens gegenüberstellte. D. zufolge erfordere und ermögliche der Mensch als Gegenstand der Forschung spezifische nicht-naturwissenschaftliche Erkenntnismethoden. Auch durch zwei Entwürfe zur Pädagogik, in denen er eine allgemeingültige erziehungswissenschaftliche Theorie für möglich hält und Erziehung als optimale Ausformung der psychischen Funktionen begreift, beeinflußte D. die verschiedensten Disziplinen. D. gilt als Begründer der →Geisteswissenschaftlichen Pädagogik und beeinflußte über seinen Schüler Nohl nachhaltig die sich nach dem Ersten Weltkrieg konstituierende wissenschaftlich orientierte Sozialpädagogik.

Diskriminierung

Grundsätzlich bedeutet D. Unterscheidung. Im Speziellen meint D. Ungleichbehandlung, Herabsetzung und Benachteiligung von Menschen oder Menschengruppen, ihren Ausschluß aus Interaktionsbeziehungen, die Abwertung ihres sozialen Status. D. beruht auf unreflektierten Verhaltensweisen und Einstellungen der Diskriminierenden. Zielgruppen sozialer D. sind u. a. Minderheiten, bestimmte ethnische Gruppen, Religionsgemeinschaften, behinderte Menschen (→Randgruppen, →Randgruppenarbeit, →Subkultur). D. steht häufig den grundgesetzlich garantierten Gleichheits- und Gleichbehandlungsgrundsätzen entgegen. →Abweichendes Verhalten

Diskurs

Im allgemeinsten Sinn bedeutet D. Rede, Erörterung, Gespräch. Besondere Bedeutung erhält der Begriff jedoch aus der Analyse der Sprache in ihrer Beziehung zum Sprechen als grundlegende Bedingung des Menschen. Damit entwickelte sich D. zu einem Grundbegriff sozialwissenschaftlicher Theoriebildung. Dabei müssen der sprachanalytische, der kommunikative und der pragmatische Diskursbegriff vom strukturalistischen unterschieden werden. Während erstere Sprechen als Ausdruck von subjektiv gemeintem Sinn betrachten, versteht letzterer Sprache als ein an sich sinnloses System von Zeichen, deren Sinn erst im Diskurs konstituiert und durch ihn repräsentiert wird. Die verschiedenen Diskursauffassungen haben unterschiedliche Implikationen für die Pädagogik. So entwickeln sich aus dem Diskursansatz der →Kritischen Theorie (Habermas) Diskurs- und Kritikfähigkeit als Lernziel, während der poststrukturalistische Ansatz Foucaults (1926–1984) die Pädagogik u. a. dazu auffordert, die historische Verschränkung ihres eigenen Diskurses mit gesellschaftlichen Machtverhältnissen zu rekonstruieren und zu bedenken.

Dissozial

mit negativen Affekten besetzte Bezeichnung für das als „ungesellschaftlich" empfundene Verhalten von Personen oder Gruppen, die sich nicht den allgemein anerkannten, praktizierten und erwarteten Verhaltensmustern anpassen wollen oder können (→abweichendes Verhalten). Je nach Standpunkt werden genetische, physiologische, Umwelteinflüsse oder ausgrenzende Reaktionen der Gesellschaft (→Stigmatisierung) als Ursache für nicht soziales Verhalten im o. g. Sinne angenommen.

Disziplinierung

im engeren pädagogischen Sinn: Vorgang, durch den der Erzieher das Kind zum Verzicht auf die direkte und unmittelbare Erfüllung von wichtigen Lebensbedürfnissen zwingt, um es so an die Verhaltensnormen der Erwachsenen anzupassen. Im Kontext der weitreichenderen Bedeutung des Begriffes zur Erklärung historischer und struktureller Zusammenhänge gesellschaftlicher Entwicklungen im Zusammenhang mit der Durchsetzung von Macht, Ungleichheit und Befriedung, hat die soziologische Analyse der sozialen D. den Wandel des sozialpädagogischen Selbstverständnisses von der reinen Identifikation mit der Tradition der Hilfe zu einer kritischen Betrachtung der eigenen Rolle bei der sozialen Disziplinierung maßgeblich beeinflußt.

Diversion

durch die Ergebnisse kriminologischer Forschung, die Jugenddelinquenz als verbreitetes und vorübergehendes Phänomen ausweisen, motivierte Programme und Konzepte, mit deren Hilfe die schädlichen Auswirkungen (→Stigmatisierung) der formalen Eingriffe des Justizsystems bei jugendlichen Delinquenten zurückgedrängt werden sollen. Dies geschieht durch Non-Intervention, durch frühe Herausnahme des Verfahrens aus dem justitiellen Rahmen (außergerichtliche Konfliktregelung) und/oder durch Überführung des Betroffenen in pädagogisch fundierte Maßnahmen. In der Bundesrepublik Deutschland sind der D. durch das Opportunitätsprinzip (jede bekannte Straftat muß verfolgt werden) und durch das JGG Grenzen gesetzt. Sowohl national als auch international firmieren zum Teil erheblich unterschiedliche Konzepte und Programme unter dem Begriff D. →Devianzpädagogik

Dokumentenanalyse
wissenschaftliche Auswertung von Dokumenten (Akten, Protokolle, Briefe, politische Stellungnahmen, diplomatische Noten usw.) durch Auslegung oder durch Methoden der →Inhaltsanalyse. Da die zu untersuchenden Texte nicht eigens für den Forschungszweck erstellt wurden, ist die kritische Analyse des Produktionszwecks und der Produktionsbedingungen der Dokumente (Materialkritik) wichtiger Bestandteil der D. Sie hat häufig eine Erkundungsfunktion vor Beginn umfassender Forschung oder dient zur Ergänzung mit Hilfe anderer Methoden gewonnener Ergebnisse. →Empirische Sozialforschung: Qualitative Verfahren

Doppelbindung
→Double-bind-Situation

Doppeltes Mandat
Struktur und Inhalt der Tätigkeit der Sozialen Arbeit bestimmende doppelte Verpflichtung einerseits gegenüber dem Anspruch des institutionell-organisatorischen Handlungsrahmens und andererseits gegenüber dem fachlichen Selbstverständnis. Dieses Spannungsverhältnis zwischen Handlungsverständnis der Disziplin und den institutionellen Determinanten der Tätigkeit gilt als zentraler Konflikt der Sozialen Arbeit. Die existierenden Beispiele veränderter Praxis, denen ein an der Perspektive und den Bedürfnissen der Betroffenen orientiertes Organisations- und Handlungsverständnis zugrunde liegt (→Parteiliche Jugendsozialarbeit), zeigen, daß auch die Verstärkung der Autonomie sozialarbeiterischen und sozialpädagogischen Handelns den Loyalitätskonflikt nicht hinreichend auflösen kann.

Dorfhelfer
nach 1945 entstandener, mit dem →Familienpfleger vergleichbarer Beruf, wobei der D. mehr auf die Hilfe in Familien mit landwirtschaftlichen Aufgaben spezialisiert ist. Entsprechend ist die Berufsausbildung sowohl auf landwirtschaftliche als auch auf hauswirtschaftliche Kenntnisse ausgerichtet. In einigen Bundesländern schließt sich ein →Anerkennungsjahr an.

Double-bind-Situation
D. beschreibt das Dilemma, in das ein Individuum gerät, wenn es in einer Kommunikationssituation widersprüchliche Botschaften, z. B. zwischen der Inhalts- und der Beziehungsebene, erhält, die gerade das unmöglich machen, zu dem sie auffordern („Zwickmühle"). D. kommen im täglichen Leben immer wieder vor, i. d. R. kann der Adressat einer solchen paradoxen Handlungsaufforderung diese ablehnen, sich ihr entziehen oder sie durch Metakommunikation auflösen. Hat der Anweisende jedoch die Macht, den Adressaten nicht aus der Situation zu entlassen oder ist dieser aus emotionalen Gründen nicht in der Lage, sich zu entziehen, werden solche Aufforderungen für die Beteiligten zu einer problematischen Struktur, die zu einem festen Beziehungsmuster werden kann. Der paradoxen Kommunikation einer solchen pathologischen Beziehungsstruktur kann mit einer paradoxen Intervention in Form einer therapeutischen D. begegnet werden. Der Therapeut fordert den Patienten dazu auf, sich durch Verstärkung des an sich unerwünschten Verhaltens zu ändern. Durch diese Aufforderung gerät der Patient in eine unhaltbare Situation, der er sich jedoch aufgrund des therapeutischen Settings und seiner engen Bindung zum Therapeuten nicht entziehen kann. Er wird zur Reaktion gezwungen, kann aber aufgrund der therapeutischen Situa-

tion alternativ reagieren und das Geschehene entsprechend bearbeiten. Dieses Vorgehen ist nicht unumstritten.

Dritter Sektor
→Nonprofit-Organisationen

Drogen
ursprünglich Sammelbezeichnung für Arzneimittel pflanzlicher Herkunft. Heute vor allem Oberbegriff für natürliche und synthetische Substanzen, die durch ihre Wirkung auf das Zentralnervensystem Abhängigkeit erzeugen können (→Sucht). Alle Versuche, die verschiedenen Drogen zu systematisieren bleiben unbefriedigend, da sie entweder nur bestimmte Merkmale (z.B. Wirkungsweise) oder nur bestimmte nationale Besonderheiten (z.B. Illegalität/Legalität) berücksichtigen.

Drogenabhängigkeit
→Sucht

Drogenberatung
Einrichtungen von Behörden und Freien Trägern sowie von Gruppen der Selbsthilfe, die →Beratungen für Drogenkonsumenten anbieten. Es hat sich ein Netz von Beratungsangeboten mit sehr unterschiedlichen Arbeitsweisen (→Streetwork, Beratungsstellen), Zielgruppen (Drogenkonsumenten, Suchtgefährdete, Angehörige) und Zielsetzungen entwickelt. D. versteht sich als erstes Glied einer Versorgungskette und ist nicht mit ambulanten Therapien zu verwechseln.
→Suchtkrankenhilfe

Drogenhilfe
Gesamtheit begleitender, beratender sowie intervenierender Angebote und Maßnahmen, insbesondere für Konsumenten illegaler Drogen. Zur D. gehören auch Maßnahmen der →Drogenpolitik und flankierende Angebote angrenzender sozialer Bereiche. →Suchtkrankenhilfe

Drogenmißbrauch
→Sucht

Drogenpolitik
Obgleich der Begriff „Drogen" sowohl legale Drogen (Tabak, Alkohol etc.) als auch illegale Drogen (Kokain, LSD etc.) umfaßt, wird i. allg. unter D. die Gesamtheit der staatlichen Maßnahmen zur Regelung des Konsums illegaler Drogen verstanden. Die Regelungen des Konsums legaler Drogen werden eher unter dem Begriff →Gesundheitspolitik verhandelt. Im Bereich des so eingegrenzten Feldes ist die D. der Bundesrepublik Deutschland von zwei Hauptmerkmalen gekennzeichnet: absolute Prohibition und als Konsequenz die Kriminalisierung der Produzenten, Händler und Konsumenten. Zwar hat die Bundesregierung in ihrem Nationalen Rauschgiftbekämpfungsplan umfangreiche Hilfsangebote für abstinenzwillige Konsumenten als Ziel aufgenommen, weist jedoch alle Ansätze eines akzeptierenden, nicht ausgrenzenden Umgangs mit Drogenkonsumenten von sich. Eine solche Wende in der D. wird jedoch von Professionellen und Betroffenen, unter Hinweis auf die gesundheitlichen und sozialen Folgen kriminalisierender D., immer nachdrücklicher gefordert.

Drogentherapie
D. ist Teil eines gestuften Konzeptes (Beratung – Entgiftung – Entwöhnung – Rehabilitation und Nachsorge) zur individuellen Überwindung der Drogenabhängigkeit (→Sucht) und zur anschließenden psycho-sozialen Stabilisierung. Welches Therapiekonzept angemessen erscheint (stationär, teil-stationär, ambulant, in einer therapeutischen Wohngemeinschaft oder in einer Selbsthilfegruppe), ist vom Einzelfall und von der konsumierten Droge abhängig. Zumeist handelt es sich um sozialpädagogisch und/oder psychotherapeutisch ausgerichtete Langzeit-Behandlungen (12–24 Monate). Als Kostenträger kommen die Landes- und Bundesversicherungsanstalten, die Krankenkassen und Sozialhilfeträger in Frage. →Suchtkrankenhilfe

DSM IV

Diagnostic and Statistical Manual of Mental Disorders der American Psychiatric Association. Das DSM IV bietet ein Klassifikationssystem psychischer Störungen und wird vorrangig in den angelsächsischen Ländern alternativ zum →ICD-10 verwendet. →Diagnostik; →PIE

Dunkelfeld

D. bezeichnet die Gesamtheit der den offiziellen Stellen nicht bekannten Straftaten. D. kann dabei die Differenz zwischen der Zahl aller strafbaren Handlungen und der Zahl der entdeckten und registrierten (Kriminalstatistik) Straftaten, aber auch die Differenz zwischen der Gesamtzahl der Personen, die eine strafbare Handlung begangen haben und der Zahl der ermittelten Tatverdächtigen sein. Insofern stellen die Kriminalstatistiken strenggenommen nur einen Tätigkeitsbericht der Strafverfolgungsorgane dar. Mit Hilfe der Dunkelfeldforschung wird versucht, das D. zu erhellen. Dazu verwendet die Forschung unterschiedliche Methoden, wie Selfreport-Untersuchungen, Opferbefragungen und teilnehmende Beobachtungen im D.

Dunkelziffer

zahlenmäßige Differenz zwischen tatsächlich begangenen Straftaten und den den offiziellen Stellen bekannten und von ihnen registrierten (Kriminalstatistik) Straftaten. Da die D. jedoch nicht exakt quantifizierbar ist, wird in der Regel von →Dunkelfeld gesprochen.

E

Education Nouvelle
Bezeichnung für eine pädagogische Bewegung in Frankreich, die Ende des 19. Jh. entstand und die das Kind in seiner Unverwechselbarkeit und Persönlichkeit sah. E. N. zielte auf Kooperation, Kollektivität und Solidarität der Kinder und beeinflußte das französische Schulsystem sowie die →Reformpädagogik insgesamt.

Effizienzkontrolle
Kontrolle der Wirksamkeit und des Erfolges von Strategien. Dabei werden die eingesetzten Mittel und die verfolgten Ziele verglichen. Die Effizienz sozialer Arbeit hängt von der Problemanalyse als Grundlage für administratives, planerisches und berufliches Handeln, von den Umsetzungsmöglichkeiten und komplementären Maßnahmen ab. E. findet vorrangig auf der Handlungsebene statt (Einzelfallarbeit, Therapie, Verbesserung der Lebensbedingungen für bestimmte Zielgruppen im Stadtteil usw.). Je abstrakter die Zielebene der Arbeit wird, um so schwieriger sind die Veränderungen materieller und psychosozialer Lebenslagen zu erfahren und einer E. zu unterziehen. →Evaluation

Ehe
Institution der gegenseitig verpflichtenden Bindung einer Frau und eines Mannes (Monogamie) oder einer Mannes und mehrerer Frauen (Polygamie) oder einer Frau und mehrerer Männer (Polyandrie). In der Bundesrepublik Deutschland ist nur die Monogamie als E. zugelassen und als solche gesellschaftlich und juristisch geschützt (→Eherecht). Mit bürgerlich-rechtlicher Wirkung gültig ist nur die vor dem Standesbeamten geschlossene E. Staatliche und kirchliche Eheordnung stehen in Deutschland unverbunden nebeneinander. Die Auflösung der E. (→Ehescheidung) ist nur durch ein gerichtliches Urteil möglich.

Häufig werden Schwankungen der Eheschließungs- und Scheidungsquoten als Indikatoren für gesellschaftliche Umbrüche und Tendenzen gewertet.

Eheähnliche Gemeinschaft
Besteht zwischen Mann und Frau eine Wohn- und Wirtschaftsgemeinschaft, d. h. werden die Dinge des täglichen Bedarfs gemeinsam bestritten und verbraucht und die Aufgaben im Haushalt gemeinsam oder füreinander erledigt, so gilt diese Verbindung als e. G. Sie ist in bestimmten gesetzlichen Vorschriften der ehelichen Gemeinschaft gleichgestellt. So haben im Sozialhilferecht Partner einer eheähnlichen Gemeinschaft wie Ehegatten ihr Einkommen und Vermögen nach §§ 11 und 28 BSHG füreinander einzusetzen. Dies hat Auswirkungen auf die Berechnung des Sozialhilfebedarfs (→Sozialhilfe). U. a. im Erbschafts-, Unterhalts-, Kindschafts-, Miet- und Steuerrecht sind die e. G. den ehelichen Gemeinschaften gegenüber benachteiligt.

Eheberatung
biologische, medizinische, hygienische, psychologische, familienrechtliche und soziale →Beratung und Hilfe zur Vorbereitung und zur Führung einer →Ehe. In den Eheberatungsstellen arbeiten Ärzte, Juristen, Sozialarbeiter und Psychologen. Eheberatungsstellen entstanden kurz vor dem Ersten Weltkrieg. Es existieren weltanschaulich neutrale und konfessionelle Eheberatungsstellen.

Eherecht
Teil des Familienrechts, hauptsächlich im BGB und im Ehegesetz geregelt. Prägend für das E. ist der Grundsatz der Gleichberechtigung von Mann und Frau (Art. 3 Abs. 2 GG) und der besondere Schutz der Ehe durch die staatliche Ordnung (Art. 6 Abs. 1 GG). Im E. werden Fragen der Pflichten- und Aufgabenverteilung innerhalb der Ehe, Vermögens-

Ehescheidung
und Unterhaltsfragen, sowie die Konditionen der Eheschließung und der →Ehescheidung geregelt.

Ehescheidung
aufgrund eines Antrags durch gerichtliches Urteil ausgesprochene Auflösung einer Ehe. Mit der Reform des Eherechts 1977 trat das Zerrüttungsprinzip an die Stelle des Verschuldenprinzips; d. h. wenn die Ehepartner seit einem Jahr getrennt leben (→Getrenntleben), und beide mit der Scheidung einverstanden sind, wird das Scheitern der Ehe vermutet. Stellt nur ein Ehegatte den Antrag zur Scheidung, so gilt erst nach einer Trennungsdauer von drei Jahren die Ehe als zerrüttet. Unterhaltsansprüche nach der Scheidung sind von der wirtschaftlichen Bedürftigkeit abhängig. Alle während der Ehe erworbenen Ansprüche auf Altersversorgung der Ehegatten werden miteinander verglichen und ausgeglichen (Versorgungsausgleich). Für Fragen des Sorgerechts ist das Kindeswohl entscheidend und nicht mehr, wie bisher, Verfehlungen eines Elternteils. Das Verfahren der E. und die Regelung sämtlicher Fragen wird vom →Familiengericht durchgeführt.

Ehrenamt
freiwillige, unentgeltliche, sporadische oder regelmäßige Mitarbeit, ohne durch verwandtschaftliche Beziehungen oder durch ein Amt dazu verpflichtet zu sein. Seit Beginn der Sozialen Arbeit (→Geschichte der Sozialarbeit/Sozialpädagogik) ist ehrenamtliches Engagement ein wesentlicher Bestandteil vieler Arbeitsbereiche. Ehrenamtliche Mitarbeiter kommen aus allen Alters-, Berufs- und Bevölkerungsgruppen; die überwiegende Mehrzahl (etwa Zweidrittel) von ihnen sind jedoch Frauen. Das E. repräsentiert das Ideal der Bürgerverantwortung und stellt zum Teil einen wichtigen Kontrapunkt zur beruflichen Hilfe dar. Noch fehlen detaillierte Untersuchungen zur Motivation, zu den originären Aufgaben, zur Kooperation ehrenamtlicher und professioneller Arbeit, sowie zu den Effekten ehrenamtlicher Tätigkeiten. →Laienhilfe; →Professionalisierung

Eingliederung Behinderter
→Rehabilitation

Eingliederungshilfe für Behinderte
nach dem BSHG eine der →Hilfen in besonderen Lebenslagen (→Sozialhilfe) zur Verhütung oder zur Beseitigung einer drohenden Behinderung oder Milderung einer vorhandenen Behinderung und ihrer Folgen. Die medizinische, schulische, berufliche und soziale →Rehabilitation soll den Betroffenen in die Gesellschaft eingliedern, ihm die Teilnahme am Leben in der Gemeinschaft erleichtern, ihm die Ausübung eines angemessenen Berufs oder einer Tätigkeit ermöglichen und ihn soweit wie möglich von Pflege unabhängig machen. Anspruch auf E.B. haben alle körperlich, geistig oder seelisch wesentlich Behinderten, deren Behinderung nicht nur vorübergehender Natur ist, und diejenigen, die von einer solchen Behinderung bedroht sind. Die Abgrenzung zu anderen Sozialleistungen (z.B. Krankenhilfe, Hilfe zur Pflege) führt nicht selten zu Schwierigkeiten. →Sozialrecht

Einkommensgrenzen
→Sozialhilfe

Einzelfallstudie (case study)
Untersuchungsform der empirischen Sozialforschung, die einzelne Untersuchungseinheiten (Individuum, Gruppen, Institutionen etc.) detailliert analysiert. Dabei sollen typische Phänomene aufgefunden und herausgearbeitet werden, um Einblick in das Zusammenwirken einer Vielzahl von Faktoren zu erhalten. Häufig werden E. zur Vorbereitung (Hypothesenbildung) und Ergänzung größerer Untersuchungen durchgeführt. →Empirische Sozialforschung: Qualitative Verfahren

Einzelhilfe
1. Definition. E. (auch: Einzelfallhilfe) bezeichnet die methodische Soziale Arbeit mit einzelnen Menschen oder Fami-

lien, die eine Unterstützung in irgendeiner Form persönlicher Hilfe benötigen. Der Begriff ist als Übersetzung von engl. casework gewählt worden. Er wird in einem engeren und in einem weiteren Sinn gebraucht. Jede Art Hilfe kann eingeschlossen sein, die bei direkter Sozialer Arbeit mit einzelnen Personen gegeben oder vermittelt wird: E. ist hier ein Sammelbegriff für Maßnahmen in der individuumbezogenen →Jugendhilfe, →Sozialhilfe und sozialen →Gesundheitshilfe. Oder es wird auf die spezifische Arbeitsweise innerhalb des personenbezogenen Dienstes abgehoben. In diesem engeren Sinne steht das methodische Vorgehen in einer Wechselbeziehung zum professionellen Selbstverständnis von Sozialarbeit. Die E. erfolgt nach handlungsleitenden Prinzipien, die sowohl wissenschaftlich als auch ethisch (in Orientierung an Werten und Berufsstandards) begründet sind. Die Handlungsstruktur stellt an den professionellen Helfer (mehr oder minder aber auch an die Klienten) Anforderungen, welche die beruflichen Fertigkeiten (eine methodische Kompetenz) und die mitmenschliche Zuwendung (persönliche Kompetenz) betreffen: Sozialarbeiter führen Gespräche, organisieren Rat oder Behandlung und erschließen je nach Einschätzung der Lage, in der sich die Klienten befinden, Unterstützungsmöglichkeiten. Der Professionelle wendet sich in seiner Absicht zu helfen den Klienten aufgeschlossen, akzeptierend und einfühlsam zu (Rogers; →klientenzentrierte Gesprächsführung). Bei ihnen muß ein Mindestmaß an Bereitschaft, sich helfen zu lassen, vorhanden sein oder erreicht werden – und hinreichend Mitwirkung im Prozeß der Unterstützung.

Die Arbeitsweise in der sozialen E. weist typische Züge auf, variiert allerdings auch stark je nach Einsatzgebiet und nach dem theoretischen Bezugsrahmen, in dem der professionell Handelnde sein Vorgehen ausprägt. Typisch sind die Vielseitigkeit, die Ganzheitlichkeit und die Alltagsorientierung, in der sowohl die Einschätzung der Situation und Bedürftigkeit als auch die Durchführung der Unterstützung, die Problembewältigung, erfolgen. Darin unterscheidet sich die methodische Sozialarbeit von der Praxis in anderen helfenden Berufen und vom nichtberuflichen mitmenschlichen Beistand.

2. Geschichte und Konzepte. Die Anfänge der methodischen E. bestanden in dem Bemühen, die soziale Unterstützung zu individualisieren – in der „Hamburgischen Armenanstalt" ab 1788, in den Anweisungen des Pariser Armeninspektors Gérando in seinem Buch „Der Armenbesucher" (1820), daß vor der „gebenden Hand" das „forschende Auge" komme, in der familienbezogenen diakonischen Arbeit des Schotten Chalmers (ab 1819) oder in der zugehenden persönlichen Betreuung, welche die katholischen Vinzenzkonferenzen (ab 1834) organisierten. Von ihnen übernahm die angelsächsische organisierte Privatwohltätigkeit den Leitspruch „not alms, but a friend". Die aufsuchende und kontrollierende Fürsorge des „friendly visiting" fand ab 1869 Eingang in die „wissenschaftliche Wohltätigkeit", der sich zunächst die britischen, dann auch die amerikanischen „Charity Organisation Societies" verschrieben. Ihre systematische Untersuchung und differenzierende Bewertung des Einzelfalles mit überlegter Hilfezumessung in „Fallkonferenzen" und wiederholten Kontrollbesuchen bei den Unterstützten begründete das „casework". In ihm sahen die Vorkämpferinnen einer eigenständigen Profession Sozialarbeit die Methode der Berufstätigkeit schlechthin. Mit Anleihen aus der medizinischen und der juristischen Praxis stellte 1917 Mary →Richmond diese Methode in ihrem Buch „Social Diagnosis" musterhaft vor.

Seit dem 1. Weltkrieg hatten nicht mehr allein mittellose Arme einen Anspruch auf soziale Hilfe. Die Methode mußte

daher auf die Erfordernisse einer je nach Problemlage und persönlichem Hintergrund unterschiedlichen, nicht mehr in erster Linie materiellen Bedürftigkeit hin konzipiert werden. Die Psychoanalyse bot sich zur Vertiefung an. In den USA entwickelten sich nacheinander vier „Schulen" oder Richtungen der Einzel(fall)hilfe:
- die diagnostische Schule. Sie setzt auf eine ausführliche Anamnese und Einordnung des gewonnenen Bildes in eine (psychoanalytische oder entwicklungspsychologische) →Klassifikation von Störungen oder Krankheiten. Das Verfahren schreitet von der Anamnese über die Diagnose zur Therapie voran, geleitet vom Experten und seinem Urteil;
- die funktionale Richtung interpretiert die Aufgabe des Sozialarbeiters als eine vom Klienten gewünschte oder ihm zuträgliche Dienstleistung. Unterstützt werden Wandlungs- und Wachstumsprozesse von Personen (im Sinne der →Humanistischen Psychologie). Die Vermittlung der Hilfe erfolgt über die Beziehung des Professionellen zum Klienten. Auf das Verständnis der Einzelhilfe als „Beziehungsarbeit" hat der klientenzentrierte, nichtdirektive Beratungs- und Therapieansatz nach Rogers großen Einfluß genommen;
- der psychosoziale Ansatz besteht in einer Weiterentwicklung der diagnostischen Richtung. Probleme werden nicht isolierten Personen zugerechnet, sondern der Person-in-der-Situation. Lösungen sind in diesem Kontext zu suchen. Ein systemisches Vorgehen liegt nahe und wird insbesondere in Formen der (systemischen) →Familientherapie praktiziert;
- der Problemlösungsansatz. Er bezieht Momente aus den vorherigen Konzepten ein und setzt auf eine Stärkung der Fähigkeit von Personen, in ihrem Leben zurechtzukommen und Schwierigkeiten zu bewältigen. Der Professionelle unterstützt die Klienten darin; er leistet Ich-Unterstützung und erreicht eine Ich-Stärkung.

3. Kritik. Alle Formen von casework wurden in den sechziger Jahren zunehmend kritisch betrachtet: sie vernachlässigten die überindividuell wirksamen sozioökonomischen Bedingungen und rechneten dem Verhalten von Einzelpersonen zu, was schicht- und randgruppenspezifische Benachteiligung und Not ist. Die E. sei ineffektiv; sie greife vorwiegend auf, was in die Schublade des jeweiligen theoretischen (psychologischen) Konzepts passe. In Reaktion auf diese Kritik veränderte sich die Theorie und Praxis der E. in den 1970er und 1980er Jahren:
- Protagonisten einer politisch bewußten, parteilichen Sozialarbeit (→parteiliche Jugendsozialarbeit) lehnten eine methodische Intervention in die individuelle Lebensweise ab und suchten eine Solidarisierung über →Gruppen- und →Gemeinwesenarbeit und eine gemeinschaftliche →Selbsthilfe zu erreichen;
- viele Sozialarbeiter wandten sich pädagogischen und insbesondere psychotherapeutischen Verfahren (→Psychotherapie) zu, um mit ihnen die Probleme von Klienten effektiver angehen zu können (und mit solchen Verfahren berufliche Anerkennung zu finden). E. wurde zunehmend auf →Beratung oder auf ein spezielles Therapieangebot konzentriert;
- entgegen dem Hang zur Spezialisierung und Therapeutisierung wurde (in Verbindung mit der Schaffung von allgemeinzuständigen, polyvalenten Sozialdiensten) ein vereinheitlichtes und möglichst ganzheitliches Vorgehen angestrebt. Ein systematischer und ökologischer Begriffs- und Handlungsrahmen empfahl sich, um in der Unterstützung von Einzelpersonen und Familien alle Seiten der Problematik und der Lebensumstände berücksichtigen und eine Bewältigung im Feld des Zusammenlebens mittels

seiner formellen und informellen Ressourcen erreichen zu können.
Zur Weiterentwicklung der E. haben auch die erweiterten sozialen Rechte der Bürger (nach dem →SGB) beigetragen, u. a. im Datenschutz (Sozialgeheimnis), Recht auf Akteneinsicht, in der Mitwirkung der Leistungsberechtigten bei der Feststellung und Gewährung von Sozialleistungen, in der Wahl von Leistungen, bei der Hilfeplanung (nach dem →KJHG und dem →BSHG) und in der Bewertung der Effekte einer Unterstützung. Während einerseits mehr Rechte der Person (auch eines Kindes oder eines behinderten Menschen) Geltung beanspruchen, gewinnt andererseits die Organisation der Hilfe gegenüber dem persönlichen Einsatz des Helfers an Gewicht.

4. Neuere Entwicklungen. Die Schwierigkeiten, in die heute Menschen geraten, sind oft komplex und sehr unterschiedlich. Hilfemöglichkeiten kommen verstreut und für den Unterstützungsbedürftigen nicht leicht erreichbar vor. Methodisch wird die E. darum in ihrer Fallorientierung mehr und mehr auf eine Feldorientierung umgestellt. Unterstützung muß im Nahfeld der individuellen und familiären Lebensbewältigung gesucht, im Umfeld unter Beiziehung verschiedener informeller und formeller Hilfen organisiert und im System (im →Netzwerk) formeller Dienste in die Wege geleitet werden.
Die in der E. tätigen Sozialarbeiter können sich nicht länger auf den direkten Dienst „am Menschen" beschränken. Die Beziehung zum Klienten bleibt wichtig, aber mehr Gewicht als früher wird auf die Kommunikation im Dienstleistungssystem und in der lokalen Lebenswelt gelegt. Im Zuge der Individualisierung von Lebenslagen brauchen vor allem Alleinstehende und isolierte Familien eine verständnisvolle Begleitung und eine ihrer Situation angemesse Unterstützung. Auf der anderen Seite ist der einzelne Helfer überfordert, wenn er sich nicht einem Netz von Diensten angehörig und in einer ständigen Kommunikation aufgehoben weiß. Während diese Einbindung bei stationärer Hilfe immer gegeben war (so sehr, daß von E. in Heimen etc. kaum gesprochen wurde), hat man sie beim Ausbau ambulanter Hilfen besonders zu bedenken.
Eine Entwicklung der sozialen E. geht dahin, sie methodisch und organisatorisch zugleich auf das Netzwerk der Unterstützung und auf die vielfältige Problematik von individuellen Lebenslagen auszurichten. Vom Praktiker wird eine möglichst effektive Handhabung, Steuerungs- und Führungstätigkeit erwartet (und weniger, daß er als „Mädchen für alles" tätig ist). Der Begriff →Case Management steht für eine Arbeitsweise, in der die Unterstützung im Einzelfall alle informellen und formellen Bewältigungsmöglichkeiten in einem Kontinuum der Versorgung verknüpft. Diese Koordination ist besonders bei längerdauernden Hilfestellungen angebracht. Im Verbund sozialer Dienste verteilt sich eine ganzheitliche E. auf von verschiedenen Seiten erbrachte Hilfe (z. B. per Suchtberatung, Schuldnerberatung, Meditation und therapeutische Angebote).
Eine andere Entwicklung betrifft kurzzeitige und intensive Kriseninterventionen bei einzelnen Personen oder in Familien. Um die Herausnahme von Kindern aus Problemfamilien möglichst zu vermeiden, sind Programme der Familienaktivierung entwickelt worden („Families First", „Familie im Mittelpunkt"), bei denen für kurze Zeit (vier Wochen) kompakt und nachhaltig mit einer Familie in ihrer Wohnung auf eine Krisenbereinigung hingearbeitet wird. →Case Management; →Methoden

Lit.: Brennpunkte Sozialer Arbeit: Soziale Einzelhilfe, Frankfurt 1988; Gehrmann, G./Müller, K. D.: Praxis sozialer Arbeit: Familie im Mittelpunkt, Regensburg 1998; Kron-Klees, F.: Familien begleiten, Freiburg 1998; Lüssi, P.: Systemische Sozialarbeit, Bern 1991; Neuffer, M.: Die Kunst des Helfens. Geschichte der Sozialen Einzelhilfe in Deutschland, Weinheim 1990; Sozialmagazin, 24, 2, 1999 (Themenheft): Neue Methoden in der Familienhilfe

Wolf Rainer Wendt, Stuttgart

Einzeltherapie
→Psychotherapie
→Psychotherapie und Sozialpädagogik

Elberfelder System
1852 durch die Elberfelder Armenordnung eingeführtes System der Armenverwaltung, das den Prinzipien der Dezentralisierung, der Individualisierung und der Ehrenamtlichkeit folgte. Von der Kirche vorgeschlagene und von der Stadtverordnetenversammlung gewählte ehrenamtliche Armenpfleger übernahmen die Verantwortung für ihre „Quartiere", höchstens jedoch für vier Familien. Der Armenpfleger nahm Hilfeanträge entgegen, prüfte die Verhältnisse der Antragsteller, brachte den Antrag in die Armenpflegerbezirksversammlung ein, teilte den Antragstellern den Beschluß mit und führte diesen aus. Durch Kontrollbesuche, persönlichen Kontakt und das Führen von „Abhörbögen" nahm er Einfluß auf die Lebensführung der Armen. Das E.S. wurde in vielen Regionen nachgeahmt und modifiziert. Vor allem die Entscheidungsbefugnis der Bezirksversammlung wurde immer weiter eingeschränkt, bis im Straßburger System das Armenamt mit hauptberuflichen Armenpflegern alle Befugnisse erhielt. →Geschichte der Sozialarbeit 1

Elementarbereich
vom Deutschen Bildungsrat zu Beginn der 1970er Jahre geprägter Begriff für den Bereich des Bildungswesens, der die Drei- und Vierjährigen umfaßt. Zum E. gehören alle Einrichtungen familienergänzender Erziehung und Bildung (Kindergärten, Kindertagesstätten, Vorschulen). In ihnen sollen sowohl bereits aufgetretene Defizite der Kinder kompensiert (→kompensatorische Erziehung) als auch ein gleitender Übergang in schulische Lernformen ermöglicht werden.

Elterliche Sorge
→Kindschaftsrechtsreform

Elternarbeit
Zusammenarbeit mit Eltern im Rahmen pädagogischer Einrichtungen mit dem Ziel, die Reibungsflächen zwischen institutionalisierter Erziehung und familialer Erziehung zu verringern und durch die Gewinnung der Elternunterstützung die Erziehungserfolge der Einrichtung zu verbessern. E. kann Hausbesuche zum Kennenlernen der häuslichen Situation, zur Motivation der Eltern und zur individuellen Beratung ebenso umfassen wie Elternbriefe zur thematischen Information und Elternbesuche in der Einrichtung zum Abbau von Fremdheit und Unverständnis. E. ist, im Gegensatz zur kompensatorischen →Elternbildung, stets an die konkrete Institution gebunden.

Elternbeirat
Seit den Reformbemühungen der ausgehenden 60er Jahre, die im →Elementarbereich u. a. darauf abzielten, den Kindergarten als Bildungseinrichtung abzusichern, erließen einige Bundesländer Kindergartengesetze. In ihnen wurde u. a. die Beteiligung der Eltern am Kindergartengeschehen als notwendig erkannt und recht unterschiedlich institutionalisiert. Zentrale Gremien zur Elternbeteiligung können u. a. der Kindergartenbeirat, die Elternversammlung, der Elternausschuß sein. I.d.R. werden aus dem Kreis der Erziehungsberechtigten die Vertreter für den E. für ein Jahr gewählt. Daneben gehören Vertreter des Trägers und der Mitarbeiter des Kindergartens dem Gremium an. Allgemeine Aufgabe des E. ist u. a. die Unterstützung der Arbeit der Einrichtung, die Herstellung von Elternkontakten und die Planung und Gestaltung von Bildungsveranstaltungen für die Eltern.

Elternberatung
→Beratung

Elternbildung
Teil der →Erwachsenenbildung, der alle Maßnahmen zur pädagogischen Qualifizierung von Laien, die Kinder erziehen, umfaßt. Insbesondere das Angebot von Elternschulen und die Elternbildungskurse anderer Einrichtungen sollen Grundlagenwissen vermitteln und zur Verbesserung der Erziehungspraxis der Eltern beitragen. Innerhalb der Förderung der Erziehung in der Familie im KJHG (§§ 16–21) hat E. als gesetzliche Aufgabe seinen Niederschlag gefunden.

Eltern-Kind-Gruppe
von einer →Elterninitiative getragene und organisierte Spielgruppe, die vor allem als Feld für →soziales Lernen sowohl für Kinder als auch für Eltern gedacht ist.

Elternrecht
Das E. umfaßt jene Bereiche des Rechts, die die Beziehung zwischen Eltern und Staat regeln. E. wird sowohl im Grundgesetz (Art. 6, Abs. 2) als auch im →Familienrecht, z.T. auch im Schulrecht geregelt. Grundsätzlich respektiert der Staat das Erziehungsverhältnis zwischen Eltern und Kindern als natürliches, vorgegebenes Recht, behält sich jedoch ein am →Kindeswohl orientiertes Interventionsrecht vor.

Emanzipation
1. ursprünglich Begriff des römischen Rechtswesens: vom Gewalthabenden aus dem Gewaltverhältnis entlassen werden;

2. seit der französischen Revolution Bezeichnung für die Selbstbefreiung von Individuen, Gruppen, Klassen und Gesellschaften aus Zwangsverhältnissen, Bevormundung und Benachteiligung;

3. in den bürgerlichen Bewegungen des 18. und 19. Jh. Bezeichnung für die Befreiung des Bürgertums aus ökonomischen, politischen, sozialen und geistigen Abhängigkeitsverhältnissen;

4. Mollenhauer führte E. im Sinne der →Kritischen Theorie als pädagogischen Zielbegriff ein, der die Befreiung von Kindern und Jugendlichen von jenen Bedingungen beschreibt, die ihr rationales, emotionales und soziales Handeln beschränken.

Emanzipatorische Erziehung
in Orientierung an den Erkenntnissen der →Kritischen Theorie seit Ende der 1960er Jahre entwickeltes, an →Emanzipation als inhaltlich offene Leitorientierung gebundenes Erziehungskonzept. E.E. fordert, die Voraussetzungen pädagogischer Theorienbildung zu reflektieren und ideologiekritisch vorzugehen. Abhängigkeiten, Zwänge und Widersprüche, die der Freisetzung von Mündigkeit entgegenstehen, müssen aufgedeckt, kritisiert und überwunden werden, um zu einem – in kommunikativer Verständigung und Interaktion demokratisch ausgehandelten – besseren Möglichen zu gelangen. Die Idee der e.E. findet sich im Rahmen der Sozialpädagogik in der →kritisch-emanzipatorischen Sozialpädagogik wieder.

Emotion
In Abgrenzung zur Ratio (Vernunft, Verstand), die die begrifflich-diskursive Betätigung der menschlichen Erkenntnis meint, bezeichnet E. die affektive Seite des Erlebens, also den unterschiedlich intensiven Erfahrungen von Lust oder Unlust im Zusammenhang mit Erlebnisinhalten. Ihnen entsprechen körperliche Reaktionen (etwa Erregung – Beruhigung; Spannung – Entspannung). E. werden oft neben Denken und Wollen als Grundfunktionen der Persönlichkeit beschrieben. Beispiele für E. sind: Angst, Furcht, Freude, Ekel, Liebe, Trauer, Zorn. In der Sozialen Arbeit spielen sowohl die Verbalisierung emotionaler Erlebnisse durch Klienten im Rahmen ihrer Beratung und Therapie, als auch die Einschätzung der emotionalen Prozesse als wesentlicher Bestandteil des ganzheitlichen Lernens eine große Rolle.

Empathie

Fähigkeit, sich mittelbar oder unmittelbar in das Erleben einer anderen Person einzufühlen, sie durch inneren Nachvollzug zu verstehen und ihr künftiges Handeln abzuschätzen. In Krappmanns Identitätskonzept bildet E. neben Rollendistanz, →Ambiguitätstoleranz und Identitätsdarstellung ein wesentliches Lernziel des Sozialisierungsprozesses.
→Sozialisation

Empirische Sozialforschung

I. Empirische Sozialforschung: Qualitative Verfahren

1. Begriffserläuterung. Innerhalb der Theorie, Methodologie und Methodik empirischer Sozialforschung (e. S.) hat sich die Unterscheidung zwischen „quantitativen" und „qualitativen" Verfahren eingebürgert. Diese Unterscheidung ist jedoch nicht als echte Dichotomie zu verstehen, durch die die Sozialforschung in zwei vollkommen getrennte Methodenwelten geschieden würde. „Quantitativ" und „qualitativ" bezeichnen vielmehr zwei entgegengesetzte Pole eines Theorie- und Methodenkontinuums, das im Mittelbereich auch Kombinations- und Zwischenformen kennt. Insofern sind beide Begriffe Sammelbezeichnungen für Methodentraditionen, die sehr unterschiedliche Verfahren in sich einschließen (→Empirische Sozialforschung: quantitative Verfahren). Grundlegend für den qualitativen Forschungsansatz ist (1) das Verständnis von menschlichem Handeln als einem intentional gerichteten, sozial koordinierten, von subjektiven Wissens- und Motivkomplexen regulierten, die soziale Wirklichkeit „schaffenden" Prozeß. Diese besonderen Qualitäten menschlichen Handelns und Erlebens sowie der daraus resultierende konstituierte Charakter von sozialer Wirklichkeit lassen sich durch Sozialforschung entschlüsseln, indem die subjektive Sicht der Handelnden auf ihr Handlungsfeld (aber auch auf sich selbst in diesem Feld) exploriert, nachvollzogen und in ihrer Regelhaftigkeit systematisiert wird. Dieses im wesentlichen interaktionistische Handlungs- und Forschungsverständnis stößt allerdings dort an Grenzen, wo subjektiv noch nicht, nicht mehr oder gar prinzipiell nicht einholbare äußere und innere Bedingungen auf das Welterleben, die Motiventwicklung und die regelschaffende und -verändernde Handlungskoordination der Akteure einwirken. Qualitative Verfahren sind weiterhin dadurch gekennzeichnet, daß in ihnen (2) der Forschungsprozeß nicht mit einer ausgearbeiteten Hypothesenstruktur oder Theorie ‚über' den zu untersuchenden Gegenstandsbereich beginnt, sondern umgekehrt versucht wird, ausgehend von unmittelbaren Erfahrungen im Untersuchungsbereich und unter Anknüpfung an dort alltagsweltlich bereits vorhandene Vorstellungen zu Systematisierungen, Typisierungen, Modellbildungen und Verallgemeinerungen zu kommen. Die Forschungsarbeit zielt schließlich (3) weder auf die Erfassung und Verarbeitung großer Datenmengen zum Zweck der Sicherstellung von statistischer Repräsentativität noch auf die Entwicklung und Überprüfung eines Gefüges von Kausalannahmen ab, sondern auf ein Nachvollziehen individueller und/oder kollektiver Motivlagen, Deutungsmuster und Weltbilder selbst. Bei einigen Varianten qualitativer Forschung bindet sich dieser Prozeß des „Verstehens" eng an die Subjektivität und Weltsicht der Akteure; bei anderen Varianten wird dieser Kontext bewußt überschritten in Richtung auf eine Rekonstruktion der Konstitutionsbedingungen und -regeln von subjektivem Welterleben.

2. Theoriegeschichtlicher Hintergrund.
2.1 Hermeneutik. Die Erörterung theoretischer und methodischer Probleme der Erschließung von sinnhaltigen Ausdrucksformen menschlichen Erlebens und Handelns hat ihre längste Tradition in der Hermeneutik-Debatte. Ursprünglich eine eher technische Kunst der Text-

auslegung (z. B. im theologischen Kontext), hat sich das Verständnis von →Hermeneutik im Prozeß der historischen Entwicklung der Geisteswissenschaften immer stärker ausgeweitet. Von grundsätzlicher Bedeutung ist in diesem Zusammenhang →W. Diltheys Unterscheidung zwischen dem „erklärenden" Verfahren der Naturwissenschaftler und dem →„Verstehen" als zentralem Modus der Geisteswissenschaften. Diese Unterscheidung hat sich auch in den Sozialwissenschaften ausgewirkt, wobei hier vermittelt über den Werturteilsstreit sowie über den →Positivismusstreit das an den Naturwissenschaften orientierte strikte einheitswissenschaftliche Erkenntnisideal heute kaum noch vertreten wird, m.a.W. die Besonderheiten der Sozialwissenschaften zwischen →Erklären und Verstehen weithin akzeptiert sind. Mit dazu beigetragen hat sicherlich, daß der Vorgang des Verstehens seines existentialen Universalitätsanspruchs wie auch seiner auf Intuition fixierten Mystifikationen entkleidet worden ist, dies v. a. durch sprachtheoretische wie auch kognitionspsychologische Modelle und Argumente.

2.2 Symbolischer Interaktionismus. Diese auf den Pragmatismus, insbesondere auf G. H. Mead zurückgehende sozialpsychologische bzw. soziologische Theorie bildet eine der zentralen Hintergrundtheorien für qualitative Sozialforschung. Der S.I. versteht menschliches Handeln als zeichen- und symbolvermitteltes Interagieren, in dessen Verlauf der Einzelne Identität aufbaut und zugleich ko-operativ mit Anderen soziale Wirklichkeit schafft. Die methodologischen Konsequenzen von Meads Auffassung von der objektiven Realität von Perspektiven sind von H. Blumer sowie N. Denzin u. a. entfaltet und im Rahmen der Ethnomethodologie H. Garfinkels und seiner Schule radikalisiert worden. In Verbindung mit der über M. Weber und A. Schütz in die soziologische Theorie und sozialwissenschaftliche Forschung eingebrachte Traditionslinie von „Verstehen" und „Lebensweltanalyse" sind in diesem Kontext einer i.w.S. handlungstheoretischen Soziologie die Grundlagen für die Theorie qualitativer Forschungsverfahren bereitgestellt worden. Zu erwähnen sind in diesem Zusammenhang schließlich linguistische bzw. konversationsanalytische Ansätze, die die Rolle der Sprache und des Sprechens im Prozeß der interaktiven Konstitution von Handlungsketten, Sinneinheiten und schließlich Weltsichten untersucht haben (→Theorie der Symbolischen Interaktion).

2.3 Traditionen qualitativer Sozialforschung. Die vor ca. 30 Jahren intensiv aufgenommene (deutschsprachige) Diskussion um qualitative Verfahren in den Sozialwissenschaften sollte nicht zu dem Rückschluß verleiten, es handele sich hierbei um eine radikal neue Erfindung. Ganz im Gegenteil existiert bereits eine lange Tradition entsprechender Studien, die allerdings bei weitem nicht die Dominanz quantitativer Verfahren auszugleichen in der Lage war. Zu erwähnen ist in diesem Zusammenhang die Kulturanthropologie, die schon immer auf teilnehmende Beobachtung, Einzelfallstudien und verstehenden Nachvollzug gesetzt hat bzw. setzen mußte. In dieser Tradition sind qualitative Verfahren in der Sozialforschung dort eingesetzt worden, wo bestimmte Klein-, Sonder- oder auch Randkulturen (sowie auch Prozesse der Kulturbegegnung und -verschmelzung) ‚von innen heraus' studiert werden sollten. Hinzuweisen ist z.B. auf F. Znanieckis Studien über polnische Einwanderer in Amerika (1918–1920), W. Whytes Studien über jugendliche Straßenbanden (1943), P. Lazarsfelds Untersuchung über die Arbeitslosen von Marienthal (1933) oder Warrens ethnographische Studie über Erziehungsverhältnisse in einer südwestdeutschen Kleinstadt (1967). Diese Tradition qualitativer Verfahren hat aufgrund ihrer spezifischen Zugangsweisen zu Sonder- und →Subkulturen vielleicht eine besonders große

Bedeutung für die Sozialpädagogik und Sozialarbeit; allerdings sollte man sich über die mit diesen Traditionen teilweise verbundene ethnographische Indifferenz im klaren sein: Betroffenenforschung oder Handlungsforschung ist das nicht!

2.4 Epistemologisches Subjektmodell. Qualitative Verfahren stützen sich nicht nur auf philosophische, soziologische und kulturanthropologische Theorielinien, sondern auch auf Entwicklungen in der Psychologie. Die weitgehend abgeschlossene Überwindung behavioristischer zugunsten kognitiver Theorien menschlichen Wahrnehmens, Denkens, Erlebens und Handelns findet ihren konzeptuellen Verdichtungspunkt im „epistemologischen Subjektmodell", d. h. in einem aktiven, produktiven und reflexiven Menschenbild (→Alltagsansatz). Ist aber Wahrnehmen, Erleben und Handeln immer auch kognitiv vermittelt, so bildet die Exploration und Inspektion dieser Prozesse ‚von innen her' ein wichtiges Aufgabenfeld für die Psychologie. Sie muß deshalb ihren ‚Versuchspersonen' Reflexions- sowie schließlich Dialogfähigkeit zubilligen. Damit aber hat sich deren bisheriger Objekt- in einen Subjekt-Status verwandelt. Heute gehören dialog-konsensuelle Forschungsstrategien (z. T. in Verbindung mit quantitativen Verfahren) zum etablierten Instrumentarium der empirisch forschenden Psychologie. Durch die Philosophie des Radikalen →Konstruktivismus, durch die neuere →Systemtheorie („Autopoiesis", „Selbstreferenzialität") sowie aus dem Kontext von →„Chaos"-Theorien entstehen neue Herausforderungen wie auch Chancen für die Theorie qualitativer Forschungsverfahren, weil dadurch stabile erkenntnistheoretische Traditionen (z. B. Subjekt/Objekt-Trennung) und Distinktionen (z. B. zwischen Natur- und Geisteswissenschaften) in einem neuen Licht erscheinen und vielleicht sogar fragwürdig werden.

2.5 Neuere Einflüsse. Seit den späten 80er Jahren ist auch die Theorie und Methodologie (weniger die Methodik) qualitativer Forschung durch die Diskussion um die Postmoderne, durch die feministische Debatte sowie durch den Radikalen Konstruktivismus beeinflußt worden. Diese sehr unterschiedlichen und in sich ebenfalls heterogenen Diskussionszusammenhänge haben insgesamt die These von der Notwendigkeit der Rekonstruktion subjektiver Wirklichkeiten einerseits untermauert und radikalisiert, zugleich aber tiefgehende Zweifel dahingehend artikuliert, ob dies auch und gerade im Rahmen qualitativer Forschung überhaupt möglich ist. Auch der qualitativen Forschung wird in diesem Zusammenhang vorgeworfen, noch zu sehr dem objektivierenden Denkmodell moderner Wissenschaft anzuhängen, immer noch die Darstellbarkeit und Kommunizierbarkeit von Forschungsergebnissen für möglich zu halten, kurzum: immer noch auf ‚Methode' zu setzen, wo doch die Undarstellbarkeit der Welt und die Unerreichbarkeit des Anderen eigentlich nur noch die künstlerisch-ästhetische Repräsentationsformen und/oder die direkte politische Aktion erlaube. In einigen Varianten dieser Diskussion wird der qualitative Ansatz damit explizit aus dem wissenschaftlichen in einen existentialästhetisch-politischen Kontext umplaziert.

3. Datenbildung. Im Rahmen qualitativer Verfahren ist zwischen Datenbildung und Datenanalyse zu unterscheiden, wobei der Begriff „Daten" hier in einem weiten Sinne zu verstehen ist: es kann sich hierbei um sehr unterschiedliche Formen der Erfassung und Repräsentation von sozialer Wirklichkeit handeln. Je nach Forschungsfragestellung und äußeren Bedingungen ergeben sich unterschiedliche Notwendigkeiten und Chancen der „Bildung" (der Begriff schließt einen ‚konstruktiven' Anteil ein) von Daten; ebenso hängt die Strategie der Analyse des gewonnenen Materials von der Fragestellung wie eben auch von der Art dieses Materials ab. Die Verfahren der Datenbildung reichen

dabei von dem Bemühen um protokollarische Abbildung sozialer Realität über teilnehmende Beobachtung und offene Gesprächsverfahren bis hin zu Interventionen in soziale Wirklichkeit.

3.1 Protokollierungsverfahren. Im Rahmen von Protokollierungsverfahren wird versucht, durch Ton- bzw. Ton/Bild-Aufzeichnungen ein möglichst vollständiges Abbild sozialer Handlungsverläufe zu erstellen. Die Flüchtigkeit sozialer Prozesse wird gleichsam technisch konserviert und damit einer ausführlichen Analyse zugänglich gemacht. Entscheidend ist hierbei, eine möglichst ganzheitliche, möglichst wenig vorstrukturierte Abbildung der Verläufe zu erreichen, damit im Rahmen der Analyse die Möglichkeit gegeben ist, unterschiedliche Perspektiven auf die Materialbasis zu richten (Triangulation). Die Analyse greift dann selbst nicht mehr in die originäre soziale Realität ein. Ein besonderes Problem bildet hierbei die Verschriftlichung (Transskription) von verbaler Interaktion; hierfür liegen standardisierte Transskriptionssysteme mit unterschiedlichen Differenzierungs- und Auflösungsvermögen vor.

3.2 Teilnehmende Beobachtung. Die teilnehmende Beobachtung ist die klassische Form der Datenbildung im Rahmen qualitativer Verfahren: Der Forscher tritt in das zu explorierende soziale Feld ein und wird bis zu einem gewissen Grade ein Mitglied der jeweiligen Kultur. Erst durch diese ‚going native' wird es ihm möglich, die besondere Weltsicht und Erfahrungsweise der Mitglieder dieser Kultur nach- und mitzuvollziehen. Das heißt auch, daß er sich soweit wie möglich von mitgebrachten Hypothesen, Denk- und Wahrnehmungsgewohnheiten sowie von tiefsitzenden kulturellen und moralischen Vorbehalten zumindest auf Zeit befreien muß, um einen unverstellten Zugang gewinnen zu können. Natürlich sind damit Ein- und Ausstiegsprobleme verbunden, ebenso nimmt der teilnehmende Beobachter Einfluß auf das Untersuchungsfeld, und schließlich bringt die Aufzeichnungsform (Tagebuch, Feldnotizen etc.) immer auch Probleme mit sich. Teilnehmende Beobachtung ist als Forschungsmethode insbesondere dort angebracht bzw. als einzige Strategie möglich, wo es um die Exploration von fremden Kulturen oder um Sonder- bzw. Randkulturen innerhalb des eigenen Kulturkreises geht. Für den teilnehmenden Beobachter liegt das zentrale Problem in der Ausbalancierung des Verhältnisses von Nähe und Distanz zum Untersuchungsfeld (Rollenprobleme). Im Vergleich zu Protokollverfahren ist der Daten erzeugende („bildende") Anteil des Forschers bei der teilnehmenden Beobachtung höher.

3.3 Offenes Interview. Beim offenen Interview ist der erzeugende Anteil des Forschungsprozesses gegenüber der teilnehmenden Beobachtung noch einmal gesteigert: Die Datenbasis kommt durch den Forschungsprozeß allererst zustande. Im Unterschied zum Fragebogen und zum standardisierten Interview geht es beim offenen Interview darum, über das Beobachten hinaus auch mittels eines Dialogs Einblick in die subjektive Weltsicht zu gewinnen. Dies ist nur möglich, wenn die interviewte Person im Laufe des Gesprächs auch die Chance hat, möglichst viel von ihrer Sicht der Dinge vorbringen zu können. Deshalb hat sich der Interviewer flexibel auf die thematische Gesprächssteuerung durch den Interviewten einzustellen. Die verschiedenen Formen des offenen Interviews innerhalb der qualitativen Forschung (teilstandardisiertes oder Leitfaden-Interview, Dilemma-Interview, biographisches, problemzentriertes, fokussiertes, narratives Interview) unterscheiden sich – neben thematischen Differenzen – v. a. hinsichtlich des Grades der Vor-Strukturierung des Interviews sowie des Grades der Gesprächssteuerung durch den Interviewer: auf der einen Seite das durch einen Leitfaden strukturierte teil-standardisierte Interview, auf der anderen Seite das narrative Interview, das nach einer Eingangsfrage den Interviewten zu umfanglichen Erzählungen zu veranlassen sucht und im Anschluß daran nur wenige Rückfragen stellt. (→Ero-episches Gespräch).

3.4 Interventive Verfahren. Wird durch offene Interviews die Datengrundlage für den weiteren Forschungsprozeß erzeugt, so gehen interventive Verfahren insofern darüber noch hinaus, als sie bewußt die Aufgabe der Intervention in den Untersuchungsbereich zum Zwecke der Einleitung von Veränderungen mit in den Forschungsprozeß aufnehmen. Das Motiv des Nachvollzugs subjektiver Sinnwelten wird erweitert in Richtung auf ein Bemühen um deren Veränderung. In der traditionellen Terminologie handelt es sich hierbei um entwicklungsorientierte Forschung, wie sie aus der Organisationsentwicklung, aus der Handlungsforschung sowie auch im Zusammenhang mit bestimmten Beratungsprojekten bekannt ist. Im Rahmen interventiver Verfahren konzentriert sich qualitative Forschung auf bestimmte Probleme und Defizite innerhalb der sozialen Realität und versucht, durch Forschung als Entwicklung den Betroffenen selbst dazu zu verhelfen, bessere, d. h. ihren Bedürfnissen entsprechende adäquate Praxisformen zu finden. Ein systematischer, theorieorientierter Erkenntnisgewinn steht nicht im Vordergrund; demgegenüber bildet gemeinsames und gleichberechtigtes Lernen von Forschern und Erforschten das Ziel.

4. Strategien der Datenanalyse.
4.1 Fallstudie. Bei der Fallstudie geht es darum, anhand einer möglichst umfassenden Aufarbeitung von Dokumenten, Materialien und Daten eine möglichst detailgetreue Inspektion und Exploration eines „Falles" vorzunehmen. Ziel ist die möglichst umfassende, ganzheitliche Darstellung dieses Falles in allen seinen Hintergründen und Verästelungen; das genaue Gegenstück einer Fallstudie ist z. B. die immer nur bestimmte vordefinierte Ausschnitte erfassende, dafür aber auch große Zahlen (und damit auf Repräsentativität im statistischen Sinne) abzielende Massenbefragung. Fallstudien zielen demgegenüber auf Anschaulichkeit und Detailtreue unter Wahrung der Gestaltqualität des Falles. Zentrales Problem ist in diesem Zusammenhang die Abgrenzung dessen, ‚was der Fall ist' bzw. (noch) zu ihm gehört sowie zweitens die Frage nach dem Allgemeinen im Besonderen, d. h. ‚wofür der Fall steht'. Insofern bewegen sich Fallstudien immer zwischen einem von Kuriositäten faszinierten Exotismus einerseits und einer einfachen Subsumptionslogik, die das Einzelne nur noch als Exempel eines längst bekannten Allgemeinen zu erkennen vermag, andererseits.

4.2 Generalisierung und Typenbildung. Da die Datenbildung im Rahmen qualitativer Sozialforschung nicht durch vorab formulierte Theorien der Hypothesensysteme vorstrukturiert ist, sondern die soziale Wirklichkeit in möglichst authentischer Form die Basis des Forschungs- und Abstraktionsprozesses sein soll, stellt sich bei der Datenanalyse die Aufgabe, der Vielfältigkeit, Mehrdeutigkeit und prinzipiellen Unabgeschlossenheit des Materials Rechnung zu tragen. In diesem Zusammenhang ist sowohl eine möglichst große Nähe zur sozialen Wirklichkeit bzw. zur Datenbasis vonnöten wie andererseits auch eine gewisse Distanz, um die Be- und Verfangenheit im Material in Richtung auf Generalisierung, Verallgemeinerung, Strukturbildung zu überschreiten. Einerseits müssen alle theoretischen Abstraktionsleistungen des Forschers auf der unverstellten sozialen Wirklichkeit selbst basieren, andererseits ist im Rahmen wissenschaftlicher Forschung der Anspruch auf Abstraktion und Strukturbildung unabweisbar. Kernstruktur des Interpretationsprozesses bei der Auswertung qualitativer Daten ist somit ein mehrfach zu durchlaufender Kreis- oder Spiralprozeß zwischen originärem Material und daraus gewonnener Abstraktion sowie der erneuten Überprüfung der gewonnenen Abstraktionen am Material selbst („hermeneutischer Zirkel", besser: „hermeneutische Spirale"). Die Entwicklung eines die Vielfalt des Materials strukturierenden „Modells", die Erarbeitung von „Typologien", die die ‚reinen Fälle' verdeutlichen, oder die Rekonstruktion von Regelsystemen, die das ‚so-und-nicht-anders' von Interaktionsverläufen sowie auch subjektiven Sinnsystemen durch Rekurs auf die objektiven Bedingungen verdeutlichen, bleibt allerdings ein prinzipiell unabschließbarer Annäherungsprozeß; dies nicht nur deshalb, weil es ein statisch gedachtes, feststehendes Erkenntnisobjekt in der Sozialforschung ‚an sich' gar nicht gibt, sondern weil die Kriterien wissenschaftlicher Erkenntnisbildung historisch variabel sind. Im Zusammenhang mit Fragen der Erschließung von übergreifenden Strukturen in sprachlichem Material ist auch die Strategie der Inhaltsanalyse zu nennen; hierzu liegen mittlerweile auch computerisierte Auswertungsprogramme qualitativer Daten vor.

4.3 Dialogische Verfahren. Im Rahmen qualitativer Sozialforschung besteht die Möglichkeit, die Untersuchungsobjekte/ -subjekte nicht lediglich bei der Datenbildung, sondern auch bei der Datenanalyse zum Zuge kommen zu lassen, m.a.W. diejenigen, deren Handeln und Welterleben erfaßt und auf seine Bedingungen und Folgen hin untersucht werden soll, an der Erzeugung und Überprüfung von Interpretationen zu beteiligen. Damit wird qualitative Sozialforschung „kommunikativ", die entsprechende Strategie der Überprüfung von Interpretationen wird als „kommunikative Validierung" bezeichnet. Im Extremfall heißt dies, daß der Interpret die Gültigkeit an seiner Interpretation an die Zustimmung der Interpretierten bindet – womit garantiert wäre, daß qualitative Sozialforschung an keiner Stelle das je gegebene subjektive Alltagswissen, die je vorfindlichen subjektiven Strukturen zu überschreiten in der Lage wäre. Die Interpretation kann dann immer nur so weit reichen wie das Bewußtsein des/ der Interpretierten von seiner/ihrer Welt. Im Rahmen einer an Veränderungen interessierten qualitativen Strategie ist eine solche kommunikative Validierung sicherlich ein wichtiger Startpunkt; zu Veränderungen kommt es aber nur in dem Maße, wie etwa auf der Basis geregelter Argumentation beidseitige Lernprozesse eingeleitet werden („argumentative Validierung"). Innerhalb solcher dialogischer Verfahren der Datenanalyse ist – wie bei allen Formen der Kontaktaufnahme von Wissenschaft und Lebenswelt – allerdings unbedingt sicherzustellen, daß es nicht ungewollt zur Bevormundung, Überwältigung und „Kolonisierung" der Interpretierten durch die Interpreten kommt. Ein weniger radikales Konzept dialogischer Forschungsstrategien ist im Rahmen des epistemologischen Subjektmodells (s.o.) entwickelt worden: In einem ersten Schritt wird ein dialog-konsenstheoretisches Verfahren benutzt, um sicherzustellen, daß die Alltags- oder „subjektiven Theorien" der Handelnden zutreffend erfaßt worden sind. Ist dies geschehen, so wird anhand eines empirisch-falsifikationistischen Überprüfungsmodus' ermittelt, ob den „subjektiven Theorien" auch tatsächlich Erklärungskraft zukommt. Generell ist zu den dialogischen Verfahren anzumerken, daß in ihrem Rahmen alles in allem eher das Motiv der Erfassung mit dem der Veränderung subjektiver Sinnwelten Hand in Hand geht; dieses Kennzeichen macht sie für pädagogische Forschung insofern besonders attraktiv, als in gewisser Hinsicht das pädagogische Motiv bei dialogischen Verfahren auf sich selbst trifft.

4.4 Rekonstruktive Verfahren. Innerhalb rekonstruktiver Verfahren geht es nicht um ein möglichst gegenstandssensibles Explorieren und Nachzeichnen subjektiver Sinngehalte und -muster, sondern um subjektiv nicht realisierte ‚objektive'

Bedingungen subjektiven Handelns und Erlebens. Allerdings kann dieser Bereich des ‚Objektiven' je nach theoretischer Vorannahme in Inhalt und Funktion sehr unterschiedlich bestimmt sein: Ein gesellschaftskritischer Ansatz wird manifeste Bewußtseinsinhalte auf Ideologie im Sinne von „falschem Bewußtsein" hin befragen – wobei eine solche Ideologiekritik natürlich gehalten ist, ihr eigenes normatives Fundament offenzulegen und zu begründen; ein tiefenpsychologischer Ansatz wird durch den manifesten Gehalt von Äußerungen hindurch nach individualbiographischen Verdrängungen und Deformationen suchen (vgl. psychoanalytische Textinterpretation); eine sprachwissenschaftlich-linguistische Analyse wird ihr analytisches Interesse auf den formalen Regelapparat der Sprache bzw. der Sprachverwendung in Situationen richten, ein Apparat, der den Sprech-Handelnden selbst nicht bewußt ist bzw. bewußt zu sein braucht (vgl. Konversationsanalyse); oder aber dieses Modell wird auf soziales Handeln und menschliche Sinnproduktion insgesamt ausgeweitet („Welt als Text") und schließlich jedes Dokument menschlicher Tätigkeit einer „objektiven Hermeneutik" unterzogen, die durch die Oberfläche von „Texten" (Performanzebene) hindurch die subjektunabhängigen generativen „latenten Sinnstrukturen" (Kompetenzebene) zu dechiffrieren versucht. Verfahren, die zwischen den Zeilen bzw. hindurch einen Einblick in subjektiv nicht realisierte Hintergründe nehmen wollen, reagieren auf die Erklärungsgrenzen solcher qualitativer Verfahren, die ihren Erklärungsanspruch auf den Nachvollzug subjektiver Strukturen beschränken. Damit ist immer auch ein gewisser Prozeß der Objektivierung der das Material erzeugenden Subjekte verbunden, wobei die erwähnten Verfahren sehr unterschiedliche Antworten auf die Frage geben, ob und ggf. wie diese Objektivierung tatsächlich stattfindet und wieder aufzulösen ist. Insgesamt ist festzuhalten, daß im Rahmen rekonstruktiver Verfahren ein hohes Maß an Vorab-Theoretisierung festzustellen ist und der Umgang mit dem konkreten Material eher in Richtung auf die Überprüfung allgemeiner handlungs-, sprach- und sozial(isations)theoretischer Annahmen gerichtet ist als auf die Erkenntnis bestimmter sozialer Wirklichkeiten.

4.5 Biographische Methode. Die „biographische Methode" umfaßt eine Forschungsperspektive, die ihr besonderes Gepräge durch drei Faktoren erhält: sie konzentriert sich auf den Lebenslauf einzelner Personen (insofern gehört sie zu den Fallstudien), sie macht die zeitliche Entwicklungsperspektive zum Gerüst ihrer Erkenntnisbildung (insofern ist sie ‚längsschnittlich' angelegt), und sie stützt sich zentral auf die auto-biographische Selbstdeutung von Personen (das qualitative Element). Die biographische Orientierung ist insbesondere dort angebracht, wo es darum geht, komplexe und übergreifende gesellschaftliche-kulturelle Wandlungsprozesse („Strukturen", auch „Strukturwandel") aus der Sicht des Lebenslaufs und der autobiographischen Selbstdeutung der Handelnden („Lebens-" oder „Alltagswelt") zu untersuchen; dies allerdings nicht lediglich im Sinne eines verdeutlichenden Exempels, sondern durchaus mit der Absicht, anhand solcher Analysen neue Einsichten über kulturelle Wandlungsprozesse zu gewinnen. (→Biographie).

5. Zur Validität qualitativer Verfahren. Qualitative Verfahren stehen traditionell unter dem Verdacht, eher selektiv und occasionell gewonnene Datengrundlagen in einem intuitiven, unkontrollierten, nicht nachvollziehbaren und insofern auch nicht intersubjektiv überprüfbaren Verfahren zu Erkenntnissen zu erheben, denen keine Verallgemeinerbarkeit zukommt. Angesichts dieser Standardkritik der klassischen quantitativen Forschung hat sich die methodologische Debatte innerhalb des qualitativen For-

schungsansatzes sehr intensiv mit der Frage der Validität von Interpretationen auseinandergesetzt. Schwankte die Reaktion zunächst noch zwischen einem Bemühen um eilige Anpassung an traditionelle Kriterien einerseits und einer brüsken Zurückweisung der Kritik bei gleichzeitiger Ausweisung des qualitativen Ansatzes als „das ganz Andere", so ist es im Zuge der praktischen Umsetzung und Erprobung qualitativer Postulate und Prinzipien zu einer Entspannung zwischen quantitativer und qualitativer Sozialforschung gekommen. Die jeweiligen Erkenntnischancen und -grenzen wurden herausgearbeitet; hinzu kam eine deutlichere Beachtung der methodologischen und methodischen Differenzen innerhalb des qualitativen Ansatzes. Da die Konfrontationssituation überwunden ist, hat die Validitätsproblematik viel von ihrer ursprünglichen Brisanz verloren: Erstens wird immer deutlicher, daß es nicht ein für alle qualitativen Verfahren geltendes Validitätskonzept gibt bzw. geben kann, da diese Verfahren sich hinsichtlich ihrer Erkenntnismöglichkeiten, ihrer Strategien der Datenbildung und Datenanalyse etc. stark unterscheiden. Zweitens gilt, daß die Adäquanz von methodischen Zugriffsweisen und Validierungsformen nicht ‚an sich', sondern immer nur in Verbindung mit der Fragestellung, dem Erkenntnisziel und dem jeweiligen pragmatischen Kontext des Forschungsprozesses diskutiert und entschieden werden kann. Und drittens schließlich ist im Zuge der aktuellen wissenschafts- und erkenntnistheoretischen Diskussion die Idee der Beschaffbarkeit einer sicheren, wahrheitsverbürgenden Grundlage für die Entscheidung über Akzeptanz oder Verwerfung wissenschaftlicher Erkenntnisse durch Rekurs auf eine außerhalb des Erkenntnisprozesses liegende ‚Welt von Objekten' zunehmend fragwürdig geworden; die konstruktivistische Erkenntnis- und Wissenschaftsauffassung z. B. orientiert sich am bescheideneren Ziel der „Viabilität" (E. v. Glaserfeld),

d. h. der „Lebbarkeit", der „Annehmbarkeit", des „Zurechtkommens mit…" dem erreichten Erkenntnisstand.

6. Die Bedeutung qualitativer Verfahren in der Sozialpädagogik. Forschung im Bereich der Sozialpädagogik ist wie kaum ein anderer Bereich human- und sozialwissenschaftlicher Forschung auf qualitative Verfahren verwiesen, denn vom Auftrag und Selbstverständnis her geht es ihr immer auch um die Exploration subjektiver, (sub)kultureller und alltagsweltlicher Deutungssysteme von Individuen und/oder Gruppen, die den Normalitätsmaßstäben der Gesamtkultur in irgendeiner Weise nicht entsprechen (können) und aus diesem Grund in Sonderbereiche abgedrängt werden bzw. auch gezielt solche Sonderbereiche als für sie adäquaten Lebensraum aufbauen. Qualitative Verfahren sind damit allerdings auf eine besonders fatale Weise in die Doppelstruktur sozialpädagogischen Erkennens und Handelns eingebunden: Genauso, wie in der Sozialpädagogik generell das Hilfe- und Kontroll-Motiv eine unauflösbare Einheit eingehen, genauso durchzieht die qualitative Forschung in diesem Bereich die doppelte Eigenschaft, sowohl etwas zur Erkenntnisbildung über z. B. Subkulturen und Randgruppen beizutragen und insofern Voraussetzungen für kulturell abgestimmte Hilfeleistungen liefern zu können, damit aber zugleich auch mit subtilen Mitteln zur Aufhellung und Kontrolle bisher noch nicht den Systemen sozialer Hilfe unterworfener subkultureller Sonderzonen beizutragen („Kolonisierung von Lebenswelten"). Angesichts dieses Dilemmas bleibt sozialpädagogische Forschung – insbesondere dort, wo sie sich qualitativer Methoden bedient – aufgerufen, zwischen der Verstärkung, Effektivierung und Expertisierung sozialer Kontrolle einerseits und einer romantisierenden Verklärung oder gar revolutionsutopischen Überlastung von Subkulturen andererseits einen Weg zu finden, auf dem Hilfe immer nur als

Angebot einer Hilfe zur →Selbsthilfe verstanden werden kann. →Feldforschung

Lit.: Aufenanger, St. / Lenssen, M. (Hrsg.): Handlung und Sinnstruktur, München 1986; Bohnsack, R.: Rekonstruktive Sozialforschung, Leverkusen ²1993; Denzin, N./Lincoln, Y.S. (Eds.): Handbook of Qualitative Research, London 1994; Flick, U. et al. (Hrsg.): Handbuch Qualitative Sozialforschung, München ²1995; Flick, U.: Qualitative Forschung, Reinbek 1995; Friebertshäuser, B./Prengel, A. (Hrsg.): Handbuch Qualitative Forschungsmethoden in der Erziehungswissenschaft, München 1997; Garz, D./Kraimer, K. (Hrsg.): Qualitativ–empirische Sozialforschung, Opladen 1991; Hoffmeyer-Zlotnik, J.: Analyse verbaler Daten. Über den Umgang mit qualitativen Daten, Opladen 1992; Jung, Th./Müller-Doohm, St. (Hrsg.): „Wirklichkeit" im Deutungsprozeß. Verstehen und Methode in den Kultur- und Sozialwissenschaften, Frankfurt 1993; Kelle, U.: Empirisch begründete Theoriebildung. Zur Logik und Methodologie interpretativer Sozialforschung, Weinheim ²1998; König, E./Zedler, P. (Hrsg.): Bilanz qualitativer Forschung, Weinheim ²1999; Lamnek, S.: Qualitative Sozialforschung, 2 Bände, München ³1995; Le Compte, M. D. u. a. (Hrsg.): Handbook of Qualitative Research in Education, San Diego 1992; Mayring Ph.: Einführung in die qualitative Sozialforschung, München ³1996.

Ewald Terhart, Bochum

II. Empirische Sozialforschung: Quantitative Verfahren

1. Begriff. Empirische Sozialforschung (e. S.) ist die systematische Erforschung sozialer Sachverhalte. Ziel ist die Formulierung wahrer Aussagen im Sinne der Korrespondenztheorie der Wahrheit (A. Tarski): Aussagen und Wirklichkeit korrespondieren.

2. Sozialforschung als Erfahrungswissenschaft (→kritischer Rationalismus). Der Empirie (=Sinneserfahrung) kommt bei diesem Programm eine wichtige Bedeutung zu. Sie ist jedoch nicht in der Lage, wahre Aussagen zu begründen, und in Ermangelung eines Induktionsprinzips können Aussagen (Thesen, Theorien) auch nicht endgültig verifiziert werden, denn ein Schluß von einem System endlicher Beobachtungssätze auf eine Theorie mit unendlichem Geltungsbereich ist nicht möglich. Aus dieser Sicht, daß nomologische Thesen prinzipiell nicht verifizierbar sind, hat Popper (zuerst 1934) folgende Konsequenzen gezogen: Universelle (deterministische) Hypothesen lassen sich zwar nicht verifizieren, sie sind jedoch prinzipiell falsifizierbar. Denn jede universelle Hypothese läßt sich in eine universelle „es-gibt-nicht-Aussage" transformieren. Diese universellen „es-gibt-nicht-Aussagen" können aber an der Erfahrung, an singulären „es-gibt-Sätzen" (Basissätzen), scheitern. Es genügt also ein Basissatz, der im Widerspruch zur allgemeinen These steht, zur Falsifikation (Asymmetrie von Verifikation und Falsifikation). Steht der (empirisch geprüfte) Basissatz nicht im Widerspruch zur nomologischen These, dann ist diese jedoch keineswegs „verifiziert", sondern ihr wird – auch bei noch so vielen Falsifikationsversuchen – lediglich vorläufige Geltung zugesprochen. Damit ist zwar so etwas wie Wahrheitsannäherung möglich, nie jedoch Gewißheit.

Die Asymmetrie von Verifikation und Falsifikation ist jedoch nur auf logischer Ebene so schön eindeutig. Sie verschwindet, wenn wir eine Antwort auf die Frage geben, wie sicher wir denn der Gültigkeit unserer Basissätze (d.h. unserer Erfahrung) sein können. Popper selbst hat diese Basissatzproblematik eindringlich dargestellt: „Wir können keinen wissenschaftlichen Satz aussprechen, der nicht über das, was wir ‚auf Grund unmittelbarer Erlebnisse' sicher wissen können, weit hinausgeht (,Transzendenz der Darstellung'); jede Darstellung verwendet allgemeine Zeichen, Universalien, jeder Satz hat den Charakter einer Theorie, einer Hypothese. Der Satz: ‚Hier steht ein Glas Wasser' kann durch keine Erlebnisse verifiziert werden, weil die auftretenden Universalien nicht bestimmten Erlebnissen zugeordnet werden können (die unmittelbaren Erlebnisse sind nur einmal ‚unmittelbar gegeben', sie sind einmalig). Mit dem Wort ‚Glas' z.B. bezeichnen wir physikalische Körper von bestimmten gesetzmäßigem Verhalten, und das gleiche gilt für das Wort ‚Wasser'" (1973, S.61). Das heißt doch: Basissätze enthalten Aussagen, die gesetzmäßige Vorgänge bedeuten, deren schließliche Verifikation nie erreicht werden kann. Um nicht in einen infiniten Regreß zu fallen, müssen wir bei der Begründung unserer Basissätze an irgendeinem Punkt innehalten. „Es ist verständlich, daß sich auf diese Weise ein Verfahren ausbildet, bei solchen Sätzen stehenzubleiben, deren Nachprüfung ‚leicht' ist, d.h. über deren Anerkennung oder Verwerfung unter den verschiedenen Prüfern eine Einigung erzielt werden kann …" (Popper 1973, S.70). Das heißt mit anderen Worten: Der Prüfprozeß hat zwar eine erfahrungswissenschaftliche Grundlage, aber Basissätze werden durch Beschluß, durch Konvention anerkannt, sie sind Festsetzungen. Der Beschluß, einen Basissatz anzuerkennen hängt zwar mit Erlebnissen zusammen, „… aber der Basissatz wird durch diese Erlebnisse nicht begründet" (Popper 1973, S.71); denn schließlich werden Theorien und Hypothesen nicht unmittelbar mit Sinneswahrnehmungen konfrontiert, sondern wiederum nur mit Sätzen über Sinneswahrnehmungen. Deshalb handelt es sich hier eben nicht um einen Empirismus, sondern um einen Rationalismus, der allerdings der ständigen Kritik bedarf, daher „kritischer Rationalismus". Empirische Überprüfbarkeit ist dabei eine notwendige Voraussetzung für eine effektive Kritik; sie reduziert die Beliebigkeit von Aussagen. Das Postulat der empirischen Überprüfbarkeit von Aussagen in die Axiomatik aufzunehmen, hat allerdings auch seinen Preis. Denn es entfällt damit die Möglichkeit, Sollensaussagen zu begründen oder z.B. anzugeben, wohin sich Gesellschaft entwickeln soll: Denn aus dem, was ist, kann nicht geschlossen werden, was sein soll (M. Weber). Deshalb müssen die Ziele der Gesellschaft nicht der Irrationalität preisgegeben werden, vielmehr wird damit auf die allgemeine Verantwortung des Wissenschaftlers verwiesen, der sich so allerdings auch nicht mehr hinter allgemeinen Gesetzmäßigkeiten verstecken kann. Trotz dieser Restriktion bleibt eine Wissenschaft, für die die empirische Überprüfbarkeit nicht nur Lippenbekenntnis ist, leistungsfähig. Sie ermöglicht →Erklärung, →Prognose und Technologie.

Dem kritischen Rationalismus wohnt ein eminent ideologiekritisches Potential inne, nämlich aufgrund der Forderung nach der (potentiellen) empirischen Überprüfbarkeit, vor allem aber aufgrund des Nachweises, daß „eherne Gesetzmäßigkeiten" nicht zu begründen sind. Daß über die Anerkennung von Theorien letztlich qua Konvention entschieden wird, mag manchen enttäuschen, die Einsicht in diesen Sachverhalt sensibilisiert uns aber gegenüber den Gefahren, denen der Forschungsprozeß stets durch soziale Kräfte und durch die Subjektivität des Forschers ausgesetzt ist. (Daß er von sich behauptet, er könne objektiv sein, ist eine Mär und dient lediglich der Konturierung des Feindbildes der Kritiker.) Um so größere Bedeutung kommt deshalb der methodischen Regelung dieser Beschlußfassung zu.

3. Forschungsregeln. Die e.S. richtet sich zwar in weiten Bereichen an der Verfahrensweise der Naturwissenschaften aus, aber im Vergleich zu diesem Erfahrungsbereich weisen die Sozialwissenschaften gravierende Unterschiede auf. So sind sie sehr komplex und unter-

liegen einem steten Wandel. Schon daraus erwachsen beträchtliche Probleme bei der Kontrolle der Randbedingungen. Zudem verbietet sich in den Sozialwissenschaften schon aus ethischen Gründen eine in den Naturwissenschaften übliche und praktikable Forschungsanordnung. Weiterhin sind Forschungsprozesse nur selten reproduzierbar und nur schwer kontrollierbar. Diesen Schwierigkeiten und der individuellen Beliebigkeit des Forschers sucht man durch eine Fülle von Forschungsregeln zu wehren, wie z. B. durch die der Standardisierung der Verfahren und durch die ex-ante-Formulierung des Forschungsdesigns. Von besonderer Wichtigkeit ist aber eine theoretische Fundierung der empirischen Sozialforschung und eine intersubjektive Überprüfbarkeit des Forschungsprozesses selbst.

4. Forschungsinstrumente.
4.1 Datenerhebungsverfahren. Bei den verschiedenen Formen der Datenerhebung handelt es sich um Systematisierungen alltäglicher Verhaltensweisen. Beobachtung, Inhaltsanalyse und Befragung sind die drei Formen der Datenerhebung, die ihre je spezifischen Qualitäten haben. Entgegen verbreiteter Meinung zählt das Experiment nicht dazu. Hier handelt es sich um eine Versuchsanordnung, um eine Forschungsstrategie, bei der die Beobachtung oder das Interview (oder beide Verfahren) zur Datengewinnung eingesetzt werden. Der Einsatz der Datenerhebungsverfahren richtet sich nach der Fragestellung. Aufgrund ihrer Nähe zu alltäglichen Formen der Datengewinnung wird die Beobachtung zuweilen als das ursprünglichste Verfahren der Datenerhebung bezeichnet. Im Mittelpunkt steht hier das Erfassen von Handlungen und Handlungszusammenhängen und deren Deutung. Man kann vier Dimensionen der Beobachtung unterscheiden. 1. teilnehmende/nicht teilnehmende B.: Nimmt der Beobachter an den Interaktionen teil oder nicht teil? 2. verdeckt/offen: Ist die Teilnahme durch die Handelnden erkennbar oder nicht? 3. systematisch/unsystematisch: Wird die Beobachtung mehr explorativ und wenig strukturiert durchgeführt oder steht für die Erhebung ein ausgefeiltes Schema zur Erfassung von z. B. Zeitintervallen, Handlungen oder Handlungssequenzen zur Verfügung? 4. Feld/Labor: Handlungszusammenhänge können in ihrer natürlichen Umgebung oder im Labor untersucht werden. Schon wenn diese Dimensionen jeweils nur zwei Ausprägungen haben, ergeben sich sechzehn verschiedene Beobachtungsmöglichkeiten, die das Einsatzspektrum dieses Instrumentes kennzeichnen. Dennoch wird es vergleichsweise selten verwendet. Noch seltener findet das Datenerhebungsinstrument Inhaltsanalyse Verwendung. Bei diesem Instrument richtet sich die Aufmerksamkeit des Forschers auf die systematische Erfassung manifest gewordener Kommunikationsprozesse. Forschungsgegenstand sind z. B. Briefe, Reden, Filme, Tagebücher, Zeitungsaufsätze. Nach wie vor das bedeutendste Datenerhebungsinstrument ist das der Befragung. Die vielfältigen Einsatzmöglichkeiten zur Erfassung von Fakten, Meinungen, Wissen und Bewertungen, die Fülle der abdeckbaren Variablen und die vergleichsweise leichte Verallgemeinerungsfähigkeit der Befunde sind die Ursachen, und sowohl die Ausdifferenzierung dieses Instrumentes als auch der Sachverhalt, daß es im Vergleich zu den beiden anderen Datenerhebungsverfahren methodisch am weitesten entwickelt ist, sind als Konsequenzen zu nennen. Wichtige Unterscheidungen stellen das schriftliche, das mündliche und in zunehmendem Maße das Telefoninterview dar. In der Verbindung mit dem Grad der Standardisierung der Befragung reicht das Spektrum der Befragung vom Experten-, Tiefen- oder narrativen Interview über Leitfadengespräche und Gruppeninterviews bis zur hochstandardisierten Massenbefragung z. B. bei der Volkszählung.

Unter Reaktivität versteht man den Sachverhalt, daß die Untersuchungspersonen auf den Datenerhebungsprozeß selbst reagieren (→Prognose). Dadurch wird die Gültigkeit der Ergebnisse beeinträchtigt. Diese Gefahr ist bei den verschiedenen Datenerhebungsverfahren unterschiedlich groß. Sie liegt bei der Inhaltsanalyse nicht vor, ist aber bei der Befragung und bei der Beobachtung zweifellos gegeben. Während man sie bei der Beobachtung – je nachdem, ob man eine offene oder verdeckte bzw. teilnehmende oder nicht teilnehmende Beobachtung wählt –, in einer gewissen Weise einschränken oder vielleicht sogar ausschalten kann, ist sie beim Interview offenkundig und durch vielfältige Untersuchungen belegt. Die hierbei gewonnenen Erkenntnisse können zweifellos dazu dienen, diese Effekte zu kontrollieren und zu minimieren. Und so kann auch heute noch ein frühes Wort von R. König Gültigkeit beanspruchen: „Wenn es aber methodischer Kontrolle unterliegt, wird das Interview in seinen verschiedenen Formen doch immer der Königsweg der praktischen Sozialforschung bleiben."

Die drei Datenerhebungsverfahren vereinen in sich eine Reihe von Vor- und Nachteilen, die vor dem Hintergrund der Fragestellung sorgfältig abgewogen werden müssen. Die Beobachtung hat den kaum zu überschätzenden Vorteil, daß hier tatsächlich Verhalten beobachtet und die Reaktivität im Vergleich zum Interview gering gehalten werden kann. Sie ist eine Domäne der Grundlagenforschung und der Exploration. Manches tabuisierte Verhalten ist am ehesten noch über die Beobachtung zugänglich (z.B. Kaufhausdiebstahl). Die Nachteile liegen in der geringen inhaltlichen Reichweite, der geringen zu berücksichtigenden Variablenzahl. Der Forscher scheut häufig den mit diesem Verfahren verbundenen Aufwand.

Der Inhaltsanalyse ist neben der fehlenden Reaktivität noch eine Reihe weiterer Vorteile eigen. So kann über Dokumente auch ein historischer Zugang erfolgen. Briefe, Tagebücher, Parlamentsreden, Firmenberichte usw. erschließen auch vergangene Ereignisse. Replikationen sind einfach. Dies wirkt sich vorteilhaft auf die Zuverlässigkeit und Gültigkeit der Befunde aus.

Das Interview dürfte hinsichtlich der Fragestellung die größte Reichweite haben. Eine Fülle von Informationen über bestimmte Zielgruppen oder über repräsentative Bevölkerungsquerschnitte, mit der Konsequenz der Verallgemeinerungsfähigkeit, stehen mit Hilfe moderner Instrumente der Erhebung und der Analyse kurzfristig zur Verfügung. Anders als bei postalischen Befragungen oder bei Einzelinterviews sind derartige Befragungen sehr teuer. Neben der Reaktivität besteht ein entscheidender Nachteil bei diesem Instrument darin, daß kein Verhalten, sondern vielmehr Meinungen und Aussagen über Verhalten gemessen werden. Trotz aller Probleme ist es jedoch nach wie vor das am häufigsten verwendete Datenerhebungsinstrument.

Die unterschiedlichen Stärken und Schwächen der Instrumente legen häufig eine Kombination nahe.

4.2 Strategien. Von den Datenerhebungsverfahren sind die Forschungsstrategien oder auch Forschungsdesigns zu unterscheiden, die mit den Varianten Einzelfallanalyse, Experiment, Panel-Analyse, Soziometrie, Aktionsforschung und Sekundäranalyse noch lange nicht umfassend enumeriert sind. Ihre Auswahl wird von der Forschungsfrage bestimmt, die zum Beispiel darüber entscheidet, ob eine Einzelfallstudie oder ein Survey durchgeführt wird. Unter letzterem versteht man z.B. die Befragung eines nach dem Zufalls- oder dem Quotenverfahren ausgewählten Bevölkerungsquerschnitts. Geht es um die Nachzeichnung und Analyse einer Drogenkarriere, so wird man die erste, geht es darum, die Verbreitung des Zigaretten-, Drogenkonsums oder die Akzeptanz radikaler Parteien zu ermitteln, so wird man die zweite Strategie wählen.

5. Forschung als sozialer Prozeß. Die Tätigkeit des Forschers können wir so charakterisieren, daß er Theorien aufstellt und überprüft. Hier werden zwei Aspekte wissenschaftlicher Tätigkeit angesprochen, die man mit den Begriffen Entdeckungszusammenhang (context of discovery) und Begründungszusammenhang (context of justification) nach H. Reichenbach umschreiben kann. Im ersten Fall richtet sich das Interesse auf die Bedingungen, die dazu führen, daß bestimmte Theorien und Thesen überhaupt formuliert werden und der Überprüfung zugeführt werden. Im zweiten Falle richtet sich das Interesse darauf, „ob und wie ein Satz begründet werden kann; ob er nachprüfbar ist; ob er von gewissen anderen Sätzen logisch abhängt oder mit ihnen in Widerspruch steht usw." (Popper 1973: 6). Kurz, hier handelt es sich um Strategien der Überprüfung, um Methodologie. Ergänzt wird die Spannweite des Forschungsprozesses um den Verwendungs- und Wirkungszusammenhang.

Der Forschungsprozeß ist in einem doppelten Sinne als ein sozialer Prozeß zu verstehen. Erstens ist er es durch seine Arbeitsteiligkeit. Der Sozialwissenschaftler ist in ganz besonderer Weise auf Austausch und Diskussion seiner Konzepte und Befunde angewiesen. Aber auch die wachsende Komplexität der Forschungsprogramme erfordert Arbeitsteilung. In der jüngeren Vergangenheit haben sich Institutionen ausdifferenziert, die dieser Entwicklung Rechnung tragen und die den Forscher unterstützen. Beispielhaft seien das „Zentralarchiv für empirische Sozialforschung" (ZA) in Köln, das Informationszentrum Sozialwissenschaften (IZ) in Bonn und das „Zentrum für Umfragen, Methoden und Analysen e.V." (ZUMA) in Mannheim genannt.

Zweitens ist das, was sich als empirisch gesichertes Wissen manifestiert, in starkem Maße von sozialen Faktoren bestimmt. Für den Entdeckungs- und den Wirkungszusammenhang ist das unmittelbar einsichtig. So ist die Auswahl von Forschungsproblemen z.B. von potenten Geldgebern oder von Modeströmungen abhängig. Ähnliches gilt auch für die Rezeptionsprozesse. Schließlich legen aber die Überlegungen in Abschnitt (2) die Einsicht nahe, daß auch der Begründungszusammenhang anfällig gegenüber sozialen Einflüssen ist. Endlich wählt der Forscher nicht nur die Forschungsprobleme aus und tritt im günstigsten Falle in eine sozial kontrollierte Beschlußfassung ein, sondern er bestimmt auch die zu verwendenden theoretischen Modelle, die erkenntnisleitende Funktion haben.

6. Quantitative versus qualitative Sozialforschung? Der Terminus qualitative Sozialforschung (→e.S.: qualitative Verfahren) wird zumindest in zweierlei Bedeutung verwendet. Erstens kann man quantitative und qualitative Sozialforschung als auf einem Kontinuum liegend verstehen, deren quantitatives Ende stärker durch die Termini Standardisierung, Zählen, Messen, Generalisierung usw. beschrieben werden kann, während das andere Ende mehr durch Variabilität im Forschungsvollzug, Einzelfallanalyse usw. zu charakterisieren wäre. In der jüngeren Vergangenheit fordert man eine Rückbesinnung auf früher in stärkerem Maße praktizierte qualitative Verfahren, wie sie auch von Forschern, die mittlerweile ein Synonym für die Forderung nach Quantifizierung darstellen, wie z.B. Lazarsfeld, immer praktiziert worden sind. Diese Forderung hat ihre Gründe. Mit der Entwicklung der elektronischen Datenverarbeitung (→Informations- und Kommunikationstechnik), verbunden mit der Entwicklung multivariater Analyseprogramme und der wachsenden Forderung nach der Generalisierbarkeit der Befunde, haben sich die Schwerpunkte zur quantitativen Sozialforschung hin verla-

gert. Zuweilen konnte man zudem den Eindruck gewinnen, daß nicht die Forschungsfrage die Methodenwahl bestimmte, sondern daß vielmehr die schönen neuen Möglichkeiten Anwendung suchten. Darüber sind auch zunehmend weiße Flecken in der Forschungslandschaft entstanden. Umfrageforschung dominierte, das einzelne Individuum interessierte weniger. Verbunden mit der wachsenden Einsicht, daß die dominierenden Verfahrensweisen ihre eigenen Defizite haben (z. B. Reaktivität bei Befragungen), ist der Ruf nach einer Reorientierung verständlich und begrüßenswert. Beide Verfahrensweisen haben ihre Stärken. Die Forderung kann nur sein: Quantitative und qualitative Sozialforschung, je nach Forschungsfrage.

Qualitative Sozialforschung wird aber auch vor einem ganz anderen meta-theoretischen Hintergrund gefordert. Nach einer mittlerweile wieder wachsenden Zahl von Sozialwissenschaftlern erfordert der Erfahrungsgegenstand eine radikal andere Verfahrensweise, als es die an den Naturwissenschaften sich orientierende deduktiv-nomologische praktiziert, nämlich eine interpretative (Th. P. Wilson). Damit gewinnt ein traditioneller Gegensatz wieder an Relevanz, nämlich der zwischen den Verfechtern einer spezifisch geisteswissenschaftlichen (→Dilthey) bzw. naturwissenschaftlichen Methode (Verstehen versus Erklären). Nach den Verfechtern des interpretativen Paradigmas kann schon deshalb das normative (nomologische) Paradigma nicht greifen, weil Situationen ständig der Definition und Redefinition unterworfen sind (→Theorie der Symbolischen Interaktion).

7. Die moderne e. S. hat zu unterschiedlichen Zeiten und auf unterschiedlichen Gebieten ihre Leistungsfähigkeit unter Beweis gestellt. In ihrer sozialstatistischen Ausprägung reicht sie in der Variante der Volkszählung bis in biblische Zeiten zurück. Zur Analyse der krisenhaften Entwicklung während der industriellen Revolution wurden neue Varianten erforderlich. Sie hat seitdem ein Instrumentarium entwickelt, das sowohl Möglichkeiten der Analyse von Massenereignissen als auch von Einzelfällen bietet. Mittlerweile hat sich die empirische Sozialforschung zu einem universell einsetzbaren Instrument entwickelt, dessen Leistungsfähigkeit und Reputation aber nur bei einem problemadäquaten Mitteleinsatz gewährleistet ist. Wird sie nicht lege artis durchgeführt, kann sie leicht dafür eingesetzt werden, vorgefaßte Meinungen scheinbar zu legitimieren.

Lit.: Atteslander, P., 1995: Methoden der empirischen Sozialforschung, 8. Auflage, Berlin; Alemann, Heine v., 1984: Der Forschungsprozeß. Eine Einführung in die Praxis der empirischen Sozialforschung, 2. Auflage, Stuttgart; Friedrichs, J., 1990: Methoden empirischer Sozialforschung, 16. Auflage, Opladen; König, R. (Hrsg.), 1952: Das Interview. Formen, Technik, Auswertung, Köln; Kromrey H., 1998: Empirische Sozialforschung, 8. Auflage, Opladen; Popper, K. R., 1973: Logik der Forschung, 5. Auflage, Tübingen; Prim, R./Tilmann, H., 1997: Grundlagen einer kritisch-rationalen Sozialwissenschaft, 8. Auflage, Heidelberg; Sahner, H., 1982: Theorie und Forschung, Opladen; Schnell, R./Hill, P. B./Esser, E., 1999: Methoden der empirischen Sozialforschung, 6. Auflage, München und Wien; Spöhring, W., 1995: Qualitative Sozialforschung, 2. Auflage, Stuttgart.

Heinz Sahner, Halle

Empowerment

1. Definition. Empowerment – das ist heute eine Sammelkategorie für alle solchen Arbeitsansätze in der psychosozialen Praxis, die die Menschen zur Entdeckung der eigenen Stärken ermutigen und ihnen Hilfestellungen bei der Aneignung von Selbstbestimmung und Lebensautonomie vermitteln. Ziel der Empowerment-Praxis ist es, die vorhan-

denen (wenn auch vielfach verschütteten) Fähigkeiten der Adressaten sozialer Dienstleistungen zu autonomer Alltagsregie und Lebensorganisation zu kräftigen und Ressourcen freizusetzen, mit deren Hilfe sie die eigenen Lebenswege und Lebensräume selbstbestimmt gestalten können. Empowerment – auf eine kurze Formel gebracht – ist das Anstiften zur (Wieder-)Aneignung von Selbstbestimmung über die Umstände des eigenen Lebens.

2. Das Empowerment-Ethos: Menschenbild und Wertebasis. Ausgangspunkt des Empowerment-Konzeptes ist eine deutliche Kritik an den Blindflekken des tradierten Klientenbildes, das das berufsbezogene Alltagswissen in den Köpfen der sozialen Professionals prägt. Dieses Klientelbild ist bis heute in weiten Passagen von einem Defizit-Blickwinkel auf den Menschen geprägt, d. h. die Identitätsentwürfe der Klienten Sozialer Arbeit, ihre biographischen Erfahrungshorizonte und Bindungsnetzwerke werden nur allzu oft allein in Kategorien von Mangel und Unfertigkeit, Beschädigung und Schwäche wahrgenommen. Im Lichte dieser grundlegenden Defizit-Orientierung aber gewinnt die beruflich helfende Unterstützung in vielen Fällen den Charakter einer „Fürsorgepädagogik", die die Betroffenen in beratende und therapeutische Vollversorgungspakete einpackt, sie zugleich aber auf Dauer von Fremdhilfe abhängig macht und verbleibende Ressourcen von Eigenmächtigkeit entwertet. In einem früheren Beitrag habe ich diesen Teufelskreis von Entmündigung und Kompetenzentzug als „die Inszenierung von Hilfebedürftigkeit" dargestellt (vgl. Herriger 1995 b).

Das Empowerment-Konzept nun bricht mit diesem Blick auf die Schwächen und Abhängigkeiten. Menschen, die psychosoziale Unterstützung in Anspruch nehmen, werden hier also nicht mehr (allein) als hilfebedürftige Mängelwesen angesehen, die einer „fürsorglichen pädagogischen Belagerung" bedürfen. Ganz im Gegenteil: Die Adressaten sozialer Dienstleistungen werden – auch in Lebensetappen der Belastung und der Demoralisierung – in der Rolle von kompetenten Akteuren wahrgenommen, die über das Vermögen verfügen, ihre Lebenssettings in eigener Regie zu gestalten und Lebenssouveränität zu gewinnen. Dieses Vertrauen in die Stärken der Menschen, in produktiver Weise die Belastungen und Zumutungen der alltäglichen Lebenwirklichkeit zu verarbeiten, ist Zentrum und Leitmotiv des „Empowerment-Ethos".

Das Empowerment-Konzept gründet auf drei leitenden normativen Grundüberzeugungen:

(1) Selbstbestimmung und Lebensautonomie: Ein erstes normatives Fundament der Philosophie des Empowerments ist der feste Glauben an die Fähigkeit eines jeden Individuums, aus dem Schneckenhaus von Abhängigkeit, Resignation und erlernter Hilfosigkeit auszuziehen und in eigener Kraft Autonomie, Selbstverwirklichung und Lebenssouveränität zu erstreiten. Obwohl die Soziale Arbeit das Recht des Klienten auf Selbstbestimmung und Lebensautonomie stets betont, erscheint die Benennung dieses Grundwertes nicht überflüssig. Denn: Die berufsalltägliche Einlösung dieses Anspruches erfordert von den Mitarbeitern sozialer Dienste eine sensible selbstreflexive Eingrenzung der eigenen Expertenmacht. So bedeutet die Wahrung der Selbstbestimmungsrechte der Adressaten sozialer Unterstützung konkret: die Akzeptanz des Eigen-Sinns der Klienten und ihrer oftmals unkonventionell-riskanten Lebensentwürfe; der Verzicht auf vorschnelle Expertenurteile über Lebensprobleme und wünschenswerte Lebenszukünfte; das Aushalten-Können von (vermeintlichen) Fehlschritten, Rückschritten, Stillständen in den Bewältigungskarrieren der Betroffenen; der Verzicht auf systematisierte, lernzielgenau ausgefeilte Hilfepläne, die den eigensinnigen Verände-

rungsrhythmen und Kurssetzungen der Probanden aber nur allzu oft Gewalt antun.

(2) Soziale Gerechtigkeit: Dieser zweite Grundwert thematisiert die gesellschaftlichen Strukturen sozialer Ungleichheit, d. h. die sozial ungleiche Verteilung von materiellen Lebensgütern (Niveau und Sicherheit des verfügbaren Einkommens und Vermögens) und immateriellen Lebensgütern (Bildung; Gesundheit; soziale Sicherung; Inklusion in tragende soziale Netzwerke). Das Empowerment-Konzept bleibt hier – auch in Zeiten eines konservativen Roll-Backs und eines durchgreifenden Reformpessimismus – einem sozialaufklärerischen Programm verpflichtet. Es ist sein Ziel, Menschen ein kritisches Bewußtsein für die Webmuster der sozial ungleichen Verteilung von Lebensgütern und gesellschaftlichen Chancen zu vermitteln und in ihren Köpfen ein analytisches Wissen um die Veränderbarkeit dieser übermächtig erscheinenden Strukturmuster zu festigen. Und es ist sein Ziel, Menschen sowohl im mikrosozialen Kosmos ihrer alltäglichen Lebenswirklichkeit als auch im makrosozialen Kosmos politischer Selbstvertretung zu sozialer Aktion anzustiften.

(3) Demokratische Partizipation: Der dritte normative Grundpfeiler des Empowerment-Konzeptes ist das Prinzip ‚Bürgerbeteiligung'. Empowerment-Prozesse zielen auf die Stärkung der Teilhabe der Bürger an Entscheidungsprozessen, die ihre personale Lebensgestaltung und ihre unmittelbare soziale Lebenswelt betreffen. Sie zielen auf die Implementation von Partizipationsverfahren, die ihren Wünschen und Bedürfnissen nach Mitmachen, Mitgestalten, Sich-Einmischen in Dienstleistungsproduktion und lokale Politik Rechnung tragen und eine eigenverantwortliche Gestaltung von lokale Umwelten zulassen. In dieser Strategie sozialpolitischer Einmischung verbinden sich die Philosophie des Empowerments und die aktuelle Diskussion über ‚Zivilgesellschaft' und ‚Kommunitarismus'. Empowerment und Kommunitarismus gemeinsam ist die Forderung, die Eigenverantwortung und Eigenbeteiligung der Bürger in der Besorgung lokaler Angelegenheiten zu stärken, neue zivile Verbindlichkeiten („Gemeinsinn") zu etablieren und niedrigschwellige Verfahren einer kollektiven Selbstregelung in kleinen lokalen Kreisen zu implementieren („direkte Demokratie von unten").

3. Ebenen und methodische Werkzeuge des Empowerments. Wenden wir uns nun den Profilen einer Sozialen Arbeit zu, die Menschen zur Entdeckung der eigenen Stärken anstiften und sie in die Rolle von autonomen Regisseuren der eigenen Lebensgeschichte einsetzen möchte. In der Literatur werden in der Regel vier Ebenen des Empowerments unterschieden, denen je eigene methodische Werkzeuge korrespondieren:

(1) die Individualebene – die Konstruktion lebbarer Lebenszukünfte: Beispiele für eine praktische Umsetzung des Empowerment-Konzeptes auf der Individualebene entstammen überwiegend dem Handlungsfeld der Beratung und der sozialen Einzelhilfe. Gemeinsam ist diesen personenbezogenen Arbeitsansätzen der Versuch, der betroffenen Person Auswege aus erlernter Hilflosigkeit zu erschließen. Der Kontakt zwischen Sozialarbeiter und Klient hat das Ziel, Hilfestellungen zu vermitteln, vermittels derer der Betroffene aus einer Situation der Machtlosigkeit, Resignation und Demoralisierung heraus das Leben wieder in die eigenen Hände zu nehmen vermag, Vertrauen in das eigene Vermögen zur Lebens- und Umweltgestaltung gewinnt, verschüttete Kraftquellen von Kompetenz und Vermögen entdeckt und zur Gestaltung relevanter Lebensausschnitte einsetzt. Die Empowerment-Praxis folgt hier einer prospektiven, zukunftszugewandten Blickrichtung: In ihrem Mittelpunkt steht nicht mehr das Vergangenheitsbuch lebensgeschichtlich erfahrener Verletzungen und Hilf-

losigkeiten, die in retrospektiv gerichteter biographischer Rekonstruktion aufgearbeitet werden. Ganz im Gegenteil: In ihrem Mittelpunkt steht vielmehr die in die Zukunft hinein gerichtete Konstruktion von Lebensarrangements, die dem Betroffenen einen Zugewinn von Selbstverfügung, Lebensautonomie und Umweltkontrolle versprechen. Hier kommen zwei, einander ergänzende methodische Werkzeuge zum Einsatz: Kompetenzdialog: Das methodische Instrument des Kompetenzdialoges ist ein ‚Joint Venture' der Konstruktion von Lebenszukünften. Ziel der gemeinsamen Verständigung ist die Entdeckung klientenseitiger Fähigkeiten und Bewältigungskompetenzen und deren Einsatz zur schrittweisen Veränderung von Lebenssettings. Der Kompetenzdialog umfaßt drei konkrete Arbeitsschritte: (1) die Buchstabierung der für den Klienten nach eigenen Maßstäben wünschenswerten Lebenszukunft: (2) die Thematisierung lebensgeschichtlich zurückliegender Zeiten und Situationen, die dem Betroffenen in der Vergangenheit signifikante Erfahrungen von Kompetenz, Gelingen und Selbstwert vermittelt haben; und (3) die Erarbeitung eines machbaren und nicht überfordernden Entwicklungsplanes, der die Erreichung dieser produktiven Lebensziele unter Einsatz vorhandener Kompetenzressourcen möglich werden läßt (vgl. Herriger 1996 a).

Unterstützungsmanagement: Dieser Kompetenzdialog ist der Grundstein aller Empowerment-Prozesse auf dieser einzelfallbezogenen Ebene. Hinzu kommen muß aber noch ein zweiter Baustein. Denn: Die Soziale Arbeit erweist ihren Wert erst dort, wo sie vom Klienten in einem konkreten Sinn als ‚nützlich' erlebt werden kann, dort nämlich, wo sie handfeste Hilfen und flexible Antworten auf bedrängend erlebte Lebensbelastungen anzubieten hat. Unterstützungsmanagement (→Case Management) ist ganz in diesem Sinne ein ganzheitliches unterstützendes Arrangieren von Lebensressourcen. Auf der Grundlage einer gemeinsamen Verständigung über Zielsetzungen und Schrittfolgen werden verfügbare Hilferessourcen in der privaten Lebenswelt und in den öffentlichen Dienstleistungsagenturen zu einer konzentrierten Unterstützungsaktion zusammengeführt. Auf diese Weise konstituiert sich ein grenzübergreifendes Ressourcen-Netzwerk, das in Lebenszeiten der Belastung spürbare Entlastung und Hilfestellung zu geben vermag (vgl. Wendt 1991).

(2) Die Gruppenebene – das Stiften von Zusammenhängen: Empowerment ist aber nicht nur Ergebnis eines einzelfallbezogenen Settings von Beratung und Begleitung. In vielen (vielleicht sogar den meisten) Fällen ist Empowerment das Produkt einer ‚konzertierten Aktion' – das gemeinschaftliche Produkt von Menschen also, die sich zusammenfinden, ihre Kräfte bündeln und gemeinsam aus einer Situation der Machtlosigkeit, Resignation und Demoralisierung heraus beginnen, ihr Leben in die eigene Hand zu nehmen. Anschauungsmaterialien für diese eigeninitiierten und dynamisch verlaufenden Gruppenprozesse finden sich in unterschiedlichen Handlungsfeldern: in der Netzwerkarbeit mit Familien-, Freundschafts- und Gleichaltrigen-Systemen; in der Unterstützung von Selbsthilfegruppen; in der Arbeit mit kommunalpolitisch engagierten Bürgerinitiativen. In all diesen Feldern sozialer Aktion sind Empowermentprozesse in sozialer Gemeinschaft eingelagert, vollzieht sich die Entfaltung personaler Kräfte in der stärkenden Gemeinschaft mit anderen. Für die Soziale Arbeit ergibt sich damit auf dieser gruppenbezogenen Ebene die Aufgabe, Menschen miteinander zu verknüpfen und ihnen Aufbauhilfen bei der Gestaltung von unterstützenden Netzwerken zu vermitteln. In das Zentrum der sozialen Praxis tritt so das Stiften von Zusammenhängen: die Inszenierung, der Aufbau und die Weiterentwicklung von fördernden Netzwerkstrukturen, die die

Selbstorganisation von Menschen unterstützen und kollektive Ressourcen für eine selbstbestimmte Lebensgestaltung freisetzen. Hier kommen zwei methodische Werkzeuge zum Einsatz:
Netzwerkanreicherung – das Kitten von Beziehungsrissen: Arbeitsansätze der Netzwerkanreicherung zielen auf Beziehungsnetzwerke, die auf gewachsenen familiären, verwandtschaftlichen oder freundschaftlichen Beziehungen beruhen und die ein relativ hohes Maß an Vertrautheit implizieren. Ziel der Arbeit auf dieser Ebene ist es, Verbindungen, die sich in der Zeit gelockert haben, enger zu knüpfen, die Risse zwischen auseinandergerissenen Netzwerkteilen zu kitten, den Austausch und die zielgenaue Nutzung von sozialen Unterstützungsleistungen zu intensivieren. Methodisches Instrument dieser Vernetzung ist die Helferkonferenz, die eine Plattform bereitstellt, auf der es möglich wird, die verfügbaren Unterstützungsressourcen und Hilfebereitschaften des natürlichen Netzwerkes zu bündeln und zu einem konzertierten Hilfe-Arrangement zu verknüpfen.

Netzwerkförderung – das Stiften neuer sozialer Zusammenhänge: Vielfach steht die soziale Arbeit jedoch vor der Situation, daß problemadäquate natürliche Unterstützungsnetzwerke – aufgrund einer durchgreifenden Individualisierung der Lebenswelten und der darin eingelagerten Vereinsamung von Menschen – nicht verfügbar sind. Hier kommt der sozialen Arbeit die Aufgabe zu, Gemeinschaft neu zu inszenieren, indem sie Menschen mit gleichartigen Betroffenheiten und Anliegen miteinander in Kontakt bringt und durch diese initiale Vernetzung Zugänge zu sozialer Teilhabe und Partizipation eröffnet. Soziale Arbeit ist hier Wegweiser zu Personen, die in gleicher Weise kritische Lebensabschnitte durchlaufen. Sie ist zugleich Starthilfe und organisatorisches Rückgrat für diese neu entstehenden Beziehungsnetze und Selbsthilfegruppen und fachliche Beratung in kritischen Etappen des Gruppenprozesses. Nicht minder wichtig ist es schließlich, Initiativgruppen, die eine größere thematische Nähe aufweisen, miteinander ins Gespräch zu bringen und zu einem koordinierten Ganzen zu verbinden, das Perspektiven einer solidarischen Zusammenarbeit über die Grenzen der Einzelinteressen hinweg sichtbar werden läßt (Vernetzung der Netzwerke).

(3) Die institutionelle Ebene – das Eröffnen von Räumen der Bürgerbeteiligung: Empowerment auf institutioneller Ebene zielt auf die Öffnung von Verbänden und Dienstleistungsunternehmen für Bürgerbeteiligung und ziviles Engagement. Gefragt sind hier Gegenrezepte gegen den resignativen Rückzug der Bürger ins Private. Gefragt ist das aktive Einfluß-Nehmen der Bürger auf die Gestaltung sozialer Dienstleistungsprogramme. Empowerment verknüpft sich in dieser Forderung mit der aktuellen Diskussion über „Partizipation", „Kundenorientierung", „neue Steuerungsmodelle" und „Adressatenbeteiligung". Hier wie dort – der Ausgangspunkt ist der gleiche: die Erfahrung engagierter Bürger, ‚vor verschlossenen Türen zu stehen'. Denn: Noch immer vollzieht sich die Gestaltung der Dienstleistungsprogramme der Wohlfahrtsverbände und der Sozialverwaltung weitgehend ‚unter Ausschluß der Öffentlichkeit'. Die Buchstabierung von Qualitätsstandards, die Entscheidung über Programmschwerpunkte und Ressourceneinsatz, die Kontrolle der Dienstleistungsqualität – all dies geschieht entlang der Richtschnur einer inneren (aus der Außenperspektive kaum nachvollziehbaren) Administrationslogik und bleibt der Einflußnahme und Kontrolle der Bürger verschlossen. Empowerment-Arbeit auf institutioneller Ebene meint hier: die Stärkung der Responsivität administrativer Strukturen für Bürgerbelange und die Etablierung von Verfahren formaler Beteiligung, die sachverständigen Bürgern ein Mandat im Prozeß der Planung, Gestaltung und Implementation von so-

zialen Dienstleistungen geben. Erste modellhafte Erprobungen solcher Partizipationsverfahren – die sogenannten „Bürgerbeiräte" – eröffnen hier neue Perspektiven: Sie sehen die Einberufung von Beiräten auf der Leitungsebene sozialer Dienste vor, in denen engagierte (und in der Regel zugleich ‚problembetroffene') Bürger ein formales Aufsichts- und Kontrollmandat ausüben (z. B. Beirat für die Belange wohnungsloser Menschen; Beirat für Fragen der gemeindlichen psychosozialen Versorgung; Beirat für kommunale Seniorenarbeit). Die Betroffenen treten hier ein in die Rolle von aktiven Konsumenten; sie werden auch im administrativen Raum zu ‚Experten in eigener Sache', die in zweierlei Weise Einfluß ausüben: zum einen durch die Mitwirkung auf der Ebene der Konzeptentwicklung und der Planung von Dienstleistungen; und zum anderen durch die kritische Überprüfung und Evaluation der Implementation dieser Dienstleistungsprogramme.

(4) die Gemeindeebene – das Schaffen eines förderlichen Klimas für Selbstorganisation: Empowerment auf der Nachbarschafts- und Gemeindeebene schließlich zielt auf die Schaffung eines förderlichen lokalen Klimas für die Selbstorganisation und die Partizipation von Menschen. Gemeindliches Empowerment lebt vom erklärten politischen Willen wie auch von der Implementation vielfältiger Programme und Initiativen, in denen Vertreter von Politik, Dienstleistungsbehörden, Verbänden usw. und engagierte Bürger kooperativ und gleichberechtigt Facetten der lokalen Lebensqualität umgestalten. Beispiele für mutmachende Programme der ‚community organization' entstammen dem Kontext des „Healthy Cities-Programms" der Weltgesundheitsorganisation: Hier werden in einem Joint Venture und in gemeinsamer Verantwortung von Gesundheitsdienstleistern und engagierten Bürgern Projekte erarbeitet und realisiert, die weit über einen engen Gesundheitsfokus hinaus Beiträge zu einer Verbesserung der kommunalen Lebensqualität ‚in kleinen Schritten' sind (architektonische Wohn(umfeld-)gestaltung; Einrichtung von Wohnungstauschbörsen; Einflußnahme auf die inhaltliche Gestaltung von Erziehungs-, Beratungs- und Freizeit-Dienstleistungsprogrammen in Form von „Nutzer-Beiräten"; Schaffung von „Kinderparlamenten" und Senioren-Beiräten mit politischem Mandat usw.).

4. Facetten einer neuen Professionalität der psychosozialen Arbeit. Eine psychosoziale Praxis, die auf dem Vertrauen in die Stärken ihrer Adressaten aufbaut, nimmt Abschied von der Expertenmacht. Grundlage allen Empowerment-Handelns ist die Anerkennung der Gleichberechtigung von Professional und Klient, die Konstruktion einer symmetrischen Arbeitsbeziehung also, die auf die Insignien einer ‚wohlmeinenden' Bevormundung verzichtet, die Verantwortung für den Arbeitskontrakt gleichverteilt und sich auf einen Beziehungsmodus des partnerschaftlichen Aushandels einläßt („sharing power"). In diesem schwierigen Prozeß des „sharing power" aber verändert sich der Zuschnitt der beruflichen Identität des Helfers. Soziale Arbeit ist dann nicht mehr allein Produktion von Dienstleistungen (service) oder stellvertretendes Eintreten für Klienteninteressen (advocacy). Soziale Arbeit wird zu einer einfühlenden und unterstützenden Lebensweg-Begleitung, die Menschen neue Lebenshorizonte erschließt, sie miteinander vernetzt, strukturelles Rückgrat für kollektive Prozesse der Selbstbefreiung ist und neue Perspektiven der Umweltgestaltung eröffnet. In dieser neuen Professionalität bündeln sich verschiedene neue Rollen für die MitarbeiterInnen sozialer Dienste:

(1) „Lebenswelt-Analytiker": Fundament dieser neuen ‚wegbegleitenden' Professionalität ist die Fähigkeit der MitarbeiterInnen, die Mikropolitik alltäglicher sozialer Ungleichheiten, in die

die Lebensgeschichten ihrer Adressaten eingespannt sind, transparent werden zu lassen. Gefordert ist hier eine sensible Lebenswelt-Analyse: Mit dem fremden Blick des Außenstehenden geht es darum, Aufklärung über alltagsbezogene Mythen, stille Abhängigkeiten und kulturelle Selbstverständlichkeiten zu leisten, mit denen sich soziale Ungleichheiten maskieren. Das kritische Infragestellen von Wahrnehmungsmustern, die eine Selbstattribution von Schuld und Eigenverantwortung für ‚Lebensunglück' formulieren und die Unveränderbarkeit von einschränkenden Lebenssettings unterstellen, sind Auswege aus den Teufelskreisen erlernter Hilflosigkeit. Der ‚Lebenswelt-Analytiker' liefert so Rohstoffe für die Entwicklung eines kritischen Bewußtseins und bestärkt den Mut zur Veränderung von Lebenskursen.

(2) „Kritischer Lebensinterpret": In dieser Rolle liefert der Soziale Arbeiter stellvertretende Lebensdeutungen. Hier geht es um die Inszenierung eines verständigungsorientierten biographischen Dialogs, der sowohl retrospektiv als auch prospektiv gerichtet ist: Retrospektiv gewendet zielt dieser Dialog auf eine gemeinsame interpretative Aufarbeitung der bisherigen Lebenswege, Beziehungsgeschichten und Abhängigkeitserfahrungen des Adressaten. In der Prospektive zielt er auf die Konstruktion der für den Klienten wünschenswerten persönlichen Zukünfte. Diese sensible Lebenshermeneutik ist stets eine riskante Gratwanderung: Sie erfordert zum einen ein vorbehaltloses Sich-Einlassen auf den Eigen-Sinn und die konflikthaften Selbstinterpretationen der Adressaten. Sie erfordert zum anderen aber immer auch Lebenskritik und Grenzziehung gegenüber solchen Handlungs- und Beziehungsformen, die andere verletzten und die damit die Demarkationsgrenzen des Tolerierbaren überschreiten.

(3) „Netzwerker und Ressourcenmobilisierer": Empowerment-Arbeit ist stets Arbeit am „Projekt Gemeinschaftlichkeit". Eine solche psychosoziale Praxis ist der Zündfunke für neue soziale Zusammenhänge und bestärkt die Synergie-Effekte solidarischer Aktion. Über das Stiften neuer Kontakte und die unterstützende Wegbegleitung von Gruppenprozessen hinaus zielt die Soziale Arbeit hier auf „Ressourcenmobilisierung". Diese mobilisierende Arbeit weist stets in zwei Richtungen: Sie ist zum einen das Herstellen eines für die Nutzer transparenten Bildes des Spektrums verfügbarer Ressourcen. Und sie ist zum anderen die Vermittlung von bürokratischen Kompetenzen (z. B. durch die Einübung der Betroffenen in die Logik und die Sprache der Verwaltung zur erfolgreichen Durchsetzung von Förderanträgen), um auf diese Weise Nutzerkompetenzen zu stärken und Barrieren der Inanspruchnahme von Ressourcen zu vermindern.

(4) „Intermediärer Brückenbauer": Ein weiterer Baustein der professionellen Identität von Empowerment-ArbeiterInnen ist es, Möglichkeitsräume für Bürgerpartizipation aufzuschließen und „Brückenperson" zwischen engagierten Bürgern auf der einen und Akteuren aus Administration und lokaler Politik auf der anderen Seite zu sein. Auch hier verweist die Arbeit in zwei Richtungen: Die intermediäre Arbeit hat zum einen das Ziel, engagierten Bürgern Hilfestellungen im schwierigen Geschäft der politischen Strategiefindung, Legitimationsschöpfung und Allianzenbildung zu vermitteln, derer sie bedürfen, um sich erfolgreich in administrative und lokalpolitische Verhandlungs- und Entscheidungsstrukturen einzumischen. Und sie ist zum anderen immer auch Moderations- und Mediationsarbeit, d.h. das vermittelnde Bemühen, auch in Situationen eskalierender Interessengegensätze Gesprächsbereitschaft und Dialogfähigkeit auf beiden Seiten zu sichern und zu erhalten.

(5) „Normalisierungsarbeiter": Empowerment-Arbeit bedeutet für die SozialarbeiterInnen aber auch, beständig für

das Recht der Klienten auf unkonventionelle Lebensentwürfe einzutreten und die Toleranzzonen für deren Eigen-Sinn zu erweitern. Soziale Arbeit – so der eindringliche Appell – darf nicht länger das Vollzugsorgan einer retardierenden, die beschleunigte Dynamik des Wertewandels in der Lebenswelt kaum noch einfangenden institutionellen Normalität bleiben. Sie muß vielmehr – innerhalb der gegebenen rechtlichen Normgrenzen – Respekt vor dem Eigen-Sinn klientenseitiger Lebensentwürfe wahren, deren Selbstverantwortung (auch dort, wo Lebensveränderungen in Sackgassen laufen und Lebenskurswechsel fehlschlagen) gegen institutionelle Bevormundungen sichern und expertenseitige Veränderungs-, Besserungs- und Kontrollvorstellungen zumindest dort, wo sie vom Klienten nicht befürwortet werden, hintan stellen. Die Arbeitsansätze der „akzeptierenden Pädagogik" („akzeptierende Drogen-, Jugend-, Wohnungslosen-Arbeit") sind mutmachende Beispiele für die Machbarkeit einer solchen institutioneninternen Normalisierungsarbeit.

(6) „Organisations- und Systementwickler": Diese Skizze einer neuen Professionalität bliebe unvollständig ohne die Forderung nach der Entwicklung einer neuartigen sozialpolitischen Professionalität, die sich in der Öffnung administrativer und politischer Strukturen für Partizipation und Bürgerbeteiligung dokumentiert. Lassen wir zum Abschluß die beiden amerikanischen Forscherinnen Swift und Levin (1987, S. 88) zu Wort kommen. Sie schreiben: „Strukturelle Fragestellungen, so z. B. die Herstellung von sozialer Gerechtigkeit und die Öffnung des Sozialsystems für strukturellen Wandel, formulieren die wohl kritischsten Ansprüche an ein Zukunftsszenario (der Sozialen Arbeit) ... Fähigkeiten und Tätigkeiten wie z. B. die Beratung des Gesetzgebers und der ausführenden Akteure in Verbänden und Verwaltungen, eine parteiergreifende Lobby-Arbeit für die Interessen machtloser Populationen, die direkte Einmischung in Politikformulierung und -implementierung sind Weiterentwicklungen der Rolle des sozialen Professionals im Kontext einer Empowerment-Praxis". Das Projekt Empowerment mündet hier also schließlich in eine spezifische sozialpolitische Fachlichkeit, die die MitarbeiterInnen im sozialen Feld in die Lage versetzt, sich in engagierter Parteilichkeit und jenseits der Schwerkraft institutioneller Loyalitäten auf einen kritischen Umgang mit der Macht einzulassen.

Lit.: Herriger, N.: Empowerment und das Modell der Menschenstärken. Bausteine für ein verändertes Menschenbild der Sozialen Arbeit. In: Soziale Arbeit 5/1995, S. 155–162; ders.: Kompetenzdialog. Empowerment in der Sozialen Einzelhilfe. In: Soziale Arbeit 6/1996a, S. 190–195; ders.: Empowerment und Engagement. In: Soziale Arbeit 9–10/1996b, S. 290–301; ders.: Empowerment in der Sozialen Arbeit. Eine Einführung. Stuttgart 1997; Stark, W.: Empowerment. Neue Handlungsperspektiven in der psychosozialen Praxis. Freiburg i. B. 1996; Swift, C./Lewin, G.: Empowerment. An emerging mental health technology. In: Journal of Primary Prevention 1–2/1987, S. 71–94; Wendt, W. R.: Unterstützung fallweise. Case Management in der Sozialarbeit. Freiburg i. B. 1991.

Norbert Herriger, Düsseldorf

Encounter-Gruppe

Bezeichnung für eine Selbsterfahrungsgruppe (→Selbsterfahrung) mit oder ohne Leiter, deren Hauptanliegen nicht die Prozesse der →Gruppendynamik, sondern das Aussprechen und Kennenlernen von Gefühlen ist. E. werden nach unterschiedlichen humanistisch-psychologischen Ansätzen durchgeführt (z. B. →Gestalttherapie, →Themenzentrierte Interaktion). Am bekanntesten sind E. nach dem gesprächstherapeutischen Ansatz. →Gesprächstherapie

Enkulturation

jener Teil der →Sozialisation, in dessen Verlauf der Mensch von Geburt an, kontinuierlich und zunehmend differenzierend, die für die Gesellschaft und soziale Gruppe bedeutsamen Kulturzusammenhänge (vor allem Sprache, aber auch Wertvorstellungen, Symbole, Normen) erlernt und anerkennt, und damit zum Gesellschaftsmitglied wird. E. umfaßt sowohl bewußte, geplante und organisierte Lernprozesse (z. B. Schule) als auch unbewußt vermittelte Erfahrungen der alltäglichen Interaktion, die zur Entwicklung einer sozial-kulturellen →Persönlichkeit führen.

Entkriminalisierung

Befreiung einer Handlung oder einer Person von der gesetzlichen Definition als kriminell. E. findet auf der Ebene der Gesetzgebung durch Streichung oder Reform von Strafrechtsnormen statt. Von der E. wird eine Entspannung konfliktreicher Situationen, die Entstigmatisierung betroffener Personen und/oder eine Steigerung der Effektivität alternativer Interventionen erwartet. →Drogenpolitik

Entlassenenhilfe

In § 154 Abs. 2 des StvollzG sind jene Behörden und Stellen gekennzeichnet, mit denen der →Strafvollzug zum Zwecke der Resozialisierung zusammenarbeiten soll, darunter auch die E. Insofern ist E. Teil der übergreifenden →Straffälligenhilfe, konzentriert sich jedoch auf die besonders belastete Situation der Haftentlassung (die Rückfallgefahr ist in den ersten 6 Monaten nach der Entlassung am höchsten). Die Beratungs- und Hilfeformen der E. sind im § 72 BSHG geregelt (Hilfe zur Überwindung besonderer sozialer Schwierigkeiten). Durch persönliche Betreuung soll zudem die Bereitschaft und Fähigkeit zur Teilnahme am gesellschaftlichen Leben unterstützt werden. Dies kann auch durch ehrenamtliche Arbeit geschehen.

Entmündigung

→Vormundschaft und Pflegschaft

Entwicklungspsychologie

Bezeichnung für jenes Teilgebiet der Psychologie, das sich mit der Erforschung der Veränderungen der Fähigkeiten und Verhaltensweisen des Menschen im Laufe seines Lebens befaßt (→Biographie). Im Mittelpunkt stehen dabei vor allem Prozesse der Reifung und die Auswirkungen der Interaktion zwischen Individium und Umwelt. Die verschiedenen Theorien der psychischen Entwicklung unterscheiden sich hinsichtlich ihrer Modellvorstellungen. Am häufigsten wird jedoch von einer stufenweisen Anordnung der Entwicklungsphasen ausgegangen. Je nach theoretischer Orientierung stehen dabei biologische, lernpsychologische, sozialpsychologische oder tiefenpsychologische Aspekte im Vordergrund. Besonders die Modelle Freuds, Eriksons, Piagets und Kohlbergs haben einen wichtigen Stellenwert in der pädagogischen Diskussion.

Entziehungsanstalt

besondere Einrichtung in öffentlicher oder privater Trägerschaft zur stationären Behandlung Suchtkranker. Der Aufenthalt in einer E. kann nach § 64 StGB („Unterbringung in einer Entziehungsanstalt") vom Gericht angeordnet werden, wenn beim Straftäter zu befürchten ist, daß er infolge seines Hanges zu übermäßigem Genuß alkoholischer Getränke oder anderer berauschender Mittel weitere erhebliche Straftaten begehen wird. Ohne richterlichen Beschluß bedarf die Aufnahme in eine E. der Einwilligung des Betroffenen, bei Jugendlichen der Einwilligung der Eltern oder ersatzweise des Vormundschaftsgerichtes. Der Begriff E. in einem allgemeinen Sinne als Ort der stationären Entwöhnungsphase wurde durch den Begriff Fachklinik ersetzt.

Epidemiologie

→Sozialepidemiologie

Ergotherapie

faßt heute die langjährig synonym verwendeten Begriffe →Arbeits- und Beschäftigungstherapie zusammen. Ziel der E. ist es, durch funktionelle Trainingsmethoden, handwerkliche und gestalterische Prozesse sowie berufsbezogene und lebenspraktische Maßnahmen körperlich, psychisch und/oder kognitiv beeinträchtigte Personen so zu fördern, daß diese eine größtmögliche Selbständigkeit in Alltag und Beruf erlangen. Das ganzheitliche, handlungs- und alltagsorientierte Konzept wird durch Hilfsmittelversorgung sowie Arbeitsplatz- und Wohnraumanpassung ergänzt. E. wird stationär und ambulant angeboten.

Erhebung

im weiteren Sinne Bezeichnung für eine empirische Studie insgesamt. Im engeren Sinne Gewinnung von Daten für bestimmte Untersuchungszwecke mit Hilfe unterschiedlicher Erhebungstechniken, z. B. Experimente oder Umfragen. Dabei ist zwischen Total-E. (alle Angehörigen der Zielgruppe werden erfaßt) und Teil-E. (nur eine repräsentative Auswahl wird erfaßt) zu unterscheiden. →Empirische Sozialforschung

Erholungsmaßnahmen

Neben privatrechtlichen Hilfen (Betriebe, Vereine usw.) führen auch Bund, Länder, Gemeinden und Wohlfahrtsverbände Maßnahmen der Erholung besonders für Kinder, Jugendliche, alte Menschen und Mütter durch. Diese Maßnahmen sind als „Hilfen in besonderen Lebenslagen" im BSHG (§ 36 1), im KJHG als „Kinder- und Jugenderholung" (§ 11 Abs. 3) und als „Familienerholung" (§ 16 Abs. 2) gesetzlich verankert.

Erklären

durch Rückbezug auf schon Bekanntes vorgenommene Einordnung festgestellter Tatbestände in einen Kausalzusammenhang. Dabei wird der vorgefundene, herbeigeführte oder prognostizierte Zustand oder Vorgang als Auswirkung einer oder mehrerer Ursachen verstanden. Im Kanon der verschiedenen Richtungen der pädagogischen →Wissenschaftstheorie stellt E. neben der Beobachtung eine zentrale Kategorie des empirischen Wissenschaftsverständnis dar, das an den Gesetzen und Regelmäßigkeiten der Erziehungswirklichkeit in Form von Ursache-Wirkungsbeziehung interessiert ist. →Empirische Sozialforschung; →Verstehen

Erlebnispädagogik

1. Definition. Die E. versteht sich als Alternative und Ergänzung tradierter und etablierter Erziehungs- und Bildungseinrichtungen. Sie ist in der →Reformpädagogik verwurzelt, geriet nach dem II. Weltkrieg fast völlig in Vergessenheit und gewinnt in dem Maße neuerlich an Bedeutung, je mehr sich Schul- und Sozialpädagogik kreativen Problemlösungsstrategien verschließen. Als Alternative sucht die Erlebnispädagogik neue Wege außerhalb bestehender Institutionen, als Ergänzung wird das Bemühen erkennbar, neue Ansätze innerhalb alter Strukturzusammenhänge zu finden. Hört man heute das Wort „Erlebnispädagogik", so kann davon ausgegangen werden, daß primär natursportlich orientierte Unternehmungen – zu Wasser oder zu Lande, auch in der Luft – gemeint sind. Diese einseitige Ausrichtung auf „outdoor"-Aktivitäten (Outdoor-Pädagogik) ist derzeit Fakt, muß aber in Zukunft zugunsten von „indoor"-Aktivitäten (Indoor-Pädagogik) abgebaut werden, denn gerade auch in künstlerischen, musischen, kulturellen und auch technischen Bereichen gibt es vielfältige erlebnispädagogische Entwicklungs- und Gestaltungsmöglichkeiten. Unter Berücksichtigung des aktuellen und vorwiegend natursportlich ausgerichteten und akzentuierten Diskussionsstands kann folgendes gesagt werden: Erlebnispädagogische Programme – orientiert man sich an den vielfältigen vorfindbaren Angeboten – beziehen die natürliche Umwelt mit ein und verfolgen damit

meist zugleich einen ökologischen Bildungsanspruch. Dabei scheinen terminologische Abgrenzungen notwendig zu sein: E. ist weder Überlebenstraining (survival) noch Ranger-Ausbildung und hat auch nichts mit dem verhängnisvollen Slogan zu tun „Gelobt sei, was hart macht!". – E. ist Erziehung: die jugend- und sozialerzieherische Potenz muß bei allen Vorhaben und unter allen Umständen definiert sein und sichtbar bleiben, also die jeweilige Praxis begründbar und transparent machen. Auch der Begriff „Abenteuer-Pädagogik" ist kein erzieherisch sinnvoller Terminus, denn das Abenteuer ist nicht planbar; wirkliche Abenteuer treten überraschend auf, sind meist unvorhersehbar und risikoreich. Erlebnispädagogische outdoor-Programme tragen immer auch ein gewisses Rest-Risiko in sich, das allerdings nach bestem Wissen und Gewissen kontrolliert und eingegrenzt werden muß.

2. Historischer Rückblick. Die E. stellt sich gegenwärtig aspektreich und differenziert dar; vom zaghaften (Neu-)Anfang vor über fünfzehn Jahren bis heute (1999) ist ein quantitativer und qualitativer Fortschritt der weitgehend praxisorientierten bundesrepublikanischen Diskussion festzustellen. Die Wurzeln der E. liegen bei →Wilhelm Dilthey (1833–1911) und seiner Begründung einer geisteswissenschaftlichen Psychologie, in der das Erleben der eigenen Zustände und das Verstehen des in der Außenwelt objektivierten Geistes als die beiden Möglichkeiten des Menschen verstanden wurden, die Wirklichkeit zu erfassen. Erleben ist das subjektive Innewerden von Vorgängen, die als bedeutsam empfunden werden. Die Erfahrung stellt dann die Summe von Erlebnisanteilen dar; Erfahrung ist das durch eigenes Erleben und eigene Anschauung erworbene Wissen. Und aus Erfahrungen erwachsen schließlich Erkenntnisse. Erlebnis, Erfahrung, Erkenntnis sind wichtige Begriffe in der und für die E. Sie hatte um 1930 ihren (ersten) Höhepunkt. Sie wurde in der Reformpädagogik zu einem wichtigen Pfeiler des Unterrichtsverständnisses. In der Dissertation von Waltraut Neubert (1930), einer akademischen Schülerin →Herman Nohls (Universität Göttingen), dürfte das transparent werden. Das Erlebnis wurde dabei als ein „methodischer Grundbegriff der modernen Pädagogik" neben dem der Arbeit verstanden, wobei die Schule als „Erlebnisfeld des Kindes" galt. Die E. geriet nur wenige Jahre später in den braunen Sog schlimmer pädagogischer Verirrungen und politischer Manipulationen (1933–1945). Durch die Vereinnahmung in das nationalsozialistische Gedankengut und die Nutzbarmachung wichtiger erzieherischer Elemente (z. B. Feste und Feiern, Fahrten und Lager) für parteipolitische Ziele wurde die E. ihres ursprünglichen, geisteswissenschaftlich fundierten Sinns beraubt. Nach dem II. Weltkrieg versuchte man lückenlos dort anzuknüpfen, wo das Dritte Reich mit seiner Gewalt- und Schreckensherrschaft die Kontinuität von Entwicklungen unterbrochen hatte. Bildungspolitisch geschah das allerdings „mit halbem Herzen", war die Gruppe der politisch Belasteten doch – zumindest in Westdeutschland – unter den Erziehern und Lehrern besonders groß. Von einer „pädagogischen Aufbruchstimmung" konnte deswegen nicht die Rede sein, zumal es zunächst auch um den Wiederaufbau des zerstörten Deutschlands ging, also andere Probleme vorrangig zu lösen waren. Die ökonomischen Erfolge („Wirtschaftswunder") waren dann auch kein Anlaß, an der Güte des tradierten Bildungssystems zu zweifeln. So erlebte beispielsweise das sogenannte dreigliedrige Schulwesen seine Wiederauferstehung, ohne daß danach gefragt wurde, ob ein solches Bildungssystem mit seinen frühkapitalistischen Wurzeln und Strukturmerkmalen, das zudem eher einer Stände- bzw. →Klassengesellschaft entsprechen mochte, für einen zweiten Anlauf der Demokratieentwicklung in

Deutschland adäquat und geeignet sein würde. Und auch aus dem Personenkreis, aus dem sich Lehrer und Erzieher in der Nachkriegszeit zusammensetzten, erwuchsen kaum Hoffnungen für einen chancenreichen Neubeginn. Gerade ehemalige Unteroffiziere und Offiziere der Wehrmacht, die nun ohne brauchbaren Berufsabschluß nach Beschäftigung suchten, drängten in Erziehungs- und Ausbildungsstätten, wo erheblicher Personalbedarf aufgrund von sozialen Notlagen (Waisen- und Flüchtlingselend) und Verlusten (im Krieg gefallenen männlichen Lehrern und Erziehern) bestand. Dadurch wirkte zunächst derselbe Geist fort, der mitgeholfen hatte, das Dritte Reich in seinen Machtstrukturen zu festigen. Mit anderen Worten: Nach dem II. Weltkrieg begegnete man von seiten der Erziehungswissenschaft der E. mit skeptischer Zurückhaltung. Mit dem Wiederaufbau der Wirtschaft und der staatlichen Konstituierung der Bundesrepublik Deutschland, insbesondere aber unter dem Eindruck der machtpolitischen Blockbildung in Europa und der Welt, ging es mehr und mehr um den „Wettlauf der Systeme", dem sich das Bildungs- und Ausbildungswesen zuzuordnen hatte. Der sogenannte „Sputnik-Schock" führte zu curricularen Anstrengungen, bei denen die Optimierung von kognitiven Lernleistungen als zentrales Ziel vor Augen stand. Die Ganzheitlichkeit eines abendländischen Bildungsdenkens blieb dabei weitgehend auf der Strecke; im kritischen Rückblick spricht man vom „verkopften" Denken und vom „verschulten" Lernen als Folge solcher bildungspolitischer Vorgaben und Leitlinien. Erst in der jüngeren Zeit bahnen sich neue (ökologische) Erkenntnisse ihren Weg durch alte Denk-, Bewußtseins- und Handlungsmuster. Damit brechen alte (politische) Strukturen auf – im Osten und im Westen. Menschsein und Menschwerden erhalten einen differenzierten neuen Begründungsrahmen; äußere und innere Grenzen und Barrieren können – so die Hoffnung – abgebaut werden. War der aus heutiger Sicht zu kennzeichnende erste Höhepunkt in der Geschichte der E. konzentriert auf den Raum der Schule, so steuert die E. gegenwärtig ihrem zweiten Höhepunkt auf der Skala erzieherischer Wertschätzung entgegen. Auffällig ist dabei aber, daß nun eher außerschulische Wirkungsfelder entdeckt werden, der E. also eine sozialpädagogische und →sozialtherapeutische Aufgabe zuwächst (vielleicht erfährt – so reflektiert – der von Kurt →Hahn geprägte Begriff „Erlebnistherapie" pädagogisch eine neue Bewertung und wird von der Psychologie in entsprechende Behandlungskonzepte integriert und therapeutisch genutzt).

3. Wissenschaftlicher Stellenwert. Die →Erziehungswissenschaft ist die „Mutter" der E., hat aber selbst noch viele weitere „Kinder" (z. B. Schul-, Sonder-, Sport-, Sozial-, Freizeitpädagogik), die sich zu unterschiedlichen Zeiten unterschiedlich entwickelt haben und entwickeln konnten. Die E. hat zudem ihre eigenen Methoden und wird im Zuge ihrer weiteren Entwicklung und problemorientierten differenzierenden Ausgestaltung spezifische zu entwickeln wissen. Ausgehend von einem relativ weiten Begriffsverständnis kann man pädagogische Methoden als kulturell-regelhafte Verfahren und Arrangements zum Zwecke der Anleitung von Lernprozessen bezeichnen. – Oder: Unter Methoden versteht man Verfahrensweisen, mit denen institutionelle Lehr- und Lernprozesse planmäßig und fachkundig angebahnt und gelenkt werden (Ziel, Mittel, Weg). Unter Planungsgesichtspunkten ist die Methode funktional auf die Realisierung der Intentionalität bezogen – mit anderen Worten: mit Hilfe der ausgewählten Methode(n) wird der Pädagoge versuchen, das definierte Ziel seiner erzieherischen Unternehmung optimal zu erreichen. Für die E. ließen sich – aus reformpädagogischer Sicht – folgende Methoden ermitteln:

- sozial-interaktive Methoden (z. B. →B. Otto, P. Petersen),
- emotional-erlebnishafte Methoden (z. B. W. Neubert) und
- lebensweltlich-arbeitsbezogene Methoden (z. B. →G. Kerschensteiner).

Aus schulpädagogischem Blickwinkel dürften folgende Methodenbereiche auch für die erlebnispädagogische Adaption bedeutsam sein:
- Verfahren der Inhaltspräsentation und -verarbeitung (u. a. die Frage: Was will ich wie erreichen? – Hier würde z. B. die Projekt-Methode eine Sonderstellung einnehmen),
- Verfahren für die zeitliche Gliederung des Lernprozesses (u. a. die Frage: Wann und in welcher Abfolge will ich was erreichen? – Hierin würden auch entsprechende sozial-interaktive Arrangements, z. B. im Sinne einer Einzelbetreuung oder auch der Gruppenpädagogik, fallen),
- Aktionsformen (u. a. die Frage: Wie sollen einzelne oder die Gruppe angesprochen, motiviert, überrascht und in (innere und äußere) Bewegung gebracht werden?) und
- Urteilsformen (Welche Bewertung ist angemessen, um für mich zu erkennen, daß das, was ich erzieherisch anstrebte, auch erreicht wurde, bzw. daß das, was erreicht wurde, auch bewußtgemacht werden kann?).

Und aus sozialpädagogischen Zusammenhängen wären sicherlich die folgenden zentralen Methoden auf ihre erlebnispädagogische Relevanz und praktische Nutzung hin zu überprüfen:
- Casework (→Einzelfallhilfe mit dem Ziel, Hilfe zur Selbsthilfe zu leisten),
- Social group-work (→Gruppenarbeit als Instrument sozialer Selbsterfahrung und Therapie) und
- Community organization (→Gemeinwesenarbeit und →Sozialplanung zur Lösung konkreter Probleme „vor Ort" (gesellschafts-politische und sozialadministrative Aspekte); Befähigung Betroffener zur selbständigen Problemlösung (psycho-soziale und individuelle Aspekte).

Je nach den spezifischen Programmen (z. B. natursportlich, künstlerisch-kulturell, technisch akzentuiert), je nach der Klientel, der Zielgruppe bzw. der individuellen Problemlagen der Teilnehmer (z. B. Schüler, Auszubildende, Jugendliche aus sozialen Brennpunkten der Gesellschaft), je nach dem zeitlichen Rahmen (Kurzzeit- oder Langzeitmaßnahmen) und der Anforderungsstruktur (physisch, emotional, sozial und/oder kognitiv; Vor-Erfahrungen und/oder -Kenntnisse; Anspruchsniveau) wird eine unverwechselbare Methodenauswahl zu treffen und pädagogisch zu begründen sein. Denn mit Methoden sollen alle Fragen, die mit dem „Wie" bei der praktischen Umsetzung von Maßnahmen und Programmen zusammenhängen, personen-, ziel- und konzeptorientiert und damit erzieherisch schlüssig beantwortet werden.

Bedeutsam dürften auch erlebnispädagogische Maßnahmen mit dem Ziel der →Prävention und der →Nachsorge im sozialpädagogischen Bereich sein, wobei hier insbesondere auch auf die →Heimerziehung hingewiesen werden kann, wo bereits vielfältige Erfahrungen gesammelt werden konnten (z. B. Reise-Pädagogik, Projekte im Ausland, sozialtherapeutische Segeltörns).

4. Ausblick. Zwei Thesen und eine Feststellung sollen zum Weiterdenken anregen:
1. E. macht Umdenken notwendig, so daß 1986 in einer Studie zu Leben und Werk des Reformpädagogen Kurt Hahn von der notwendigen „Kopernikanischen Wende" des Lernprozesses gesprochen wurde: Im Gegensatz zu theoriebildenden Lernsituationen dominieren bei erlebnispädagogisch akzentuierten Programmen Vermittlungsstrategien, bei denen es um Fertigkeiten und Kenntnisse geht, die vorrangig praktisch erfahrbar gemacht werden. – Oder etwas anschau-

licher formuliert: Nicht das Lernen über den Kopf ist Trumpf (und wie viele Jugendliche haben durch ein solches verschultes Lernen das Lernen verlernt?), sondern das Lernen über die Hand und die unmittelbare Beobachtung und Erfahrung wird angebahnt (und steigt dann manchem auch wohl zu Kopfe!). – Wer etwas ‚behandelt‘, wer sich mit etwas ‚befaßt‘, wer etwas ‚begreifen‘ will, der muß dazu auch Chancen erhalten – im wahrsten Sinne des Wortes. Wann werden wir endlich erfassen, daß der ‚Nürnberger Trichter‘, der nach wie vor hohen Stellenwert besitzt, das falsche Instrument ist, unser Verhalten zukunftsorientiert zu verändern?

2. Ein ganzheitlicher Ansatz kennzeichnet erlebnispädagogisch definierte bzw. begleitete Maßnahmen und Programme allgemein, woraus folgende Feststellung getroffen werden kann: „Herz, Hand und Verstand" gehören zusammen und machen die Ganzheitlichkeit menschlichen Lebens und sozialer Bezüge aus, wobei das Herz für Leben und Lieben steht, die Hand für Handeln und Leisten, der Verstand für Lernen und Denken, und mit allem soll der Welt Sinn, dem einzelnen Menschen Bewußtsein gegeben und Emanzipation für alle ermöglicht werden.

Daraus folgt:

3. Unmittelbares Lernen mit Herz, Hand und Verstand in Ernstsituationen und mit kreativen Problemlösungsansätzen und sozialem Aufforderungscharakter bildet den Anspruchsrahmen erzieherisch definierter, verantwortbarer und auf eine praktische Umsetzung ausgerichteter Überlegungen, die auf individuelle und gruppenbezogene Veränderungen von Haltungen und Wertmaßstäben ausgerichtet sind und durch sie veranlaßt und begründet werden.

Lit.: Bauer, H. G./Nickolai, W. (Hrsg.): Erlebnispädagogik in der sozialen Arbeit, Lüneburg, 2. Aufl. 1991; Jacobson, K.: Wohin der Wind uns treibt. Mit Problemjungen in Lappland, Lüneburg 1988; Neubert, W.: Das Erlebnis in der Pädagogik, Göttingen, 1. Aufl. 1930, Lüneburg, Neuauflage 1990; Ziegenspeck, J. (Hrsg.): Kurt Hahn. Erinnerungen – Gedanken – Aufforderungen, Lüneburg 1987; Ziegenspeck, J.: Erlebnispädagogik. Rückblick – Bestandsaufnahme – Ausblick, Lüneburg 1992.

Jörg Ziegenspeck, Lüneburg

„Ero-episches" Gespräch

Für die „freie" bzw. „qualitative" →Feldforschung ist neben der „teilnehmenden Beobachtung" (→Emprirische Sozialforschung: qualitative Verfahren) das „ero-epische Gespräch" (Roland Girtler) mit Personen aus der zu erforschenden „Kultur" oder „Randkultur" wesentlich. Solche Gespräche durchzuführen, ist nicht so einfach wie es scheint. Zunächst bedarf es eines guten Kontaktes zu den betreffenden Menschen (→Zehn Gebote der Feldforschung), um durch geschicktes, auf die jeweilige Situation angepaßtes Fragen gute „Erzählungen und Geschichten" zu entlocken.

Eines der großen Werke der Weltliteratur besteht aus solchen Erzählungen und Geschichten, nämlich die „Odyssee" des großen Homer. Sie gibt einen wunderbaren Einblick in die alte Welt der Mythen, aber auch in den griechischen Alltag(!) der Antike. Der Begriff „ero-episches" Gespräch ist daher in Anlehnung an Homer gebildet, er setzt sich aus den beiden Vokabeln „Erotema" und „Epos" zusammen. „Erotema" heißt die „Frage" beziehungsweise „eromai" fragen, befragen und nachforschen. Und „Epos" bedeutet „Erzählung", „Nachricht", „Kunde", aber auch „Götterspruch", – beziehungsweise „eipon" „erzählen". Die beiden Wörter „eromai" und „eipon" drücken in einer viel tiefgehenderen Weise das aus, was hier gemeint ist, als die entsprechenden deutschen Ausdrücke es vermögen, wie eben der wenig aussagende, klinisch klingende Ausdruck „Tiefeninterview" und der widersprüchliche, verwirrende Terminus „narratives Interview". Der Begriff „Interview" erscheint denkbar ungeeignet als Bezeichnung für ein Gespräch, wie es der Feldforscher zu führen hat, denn der Terminus „Interview" entstammt der Journalistensprache, wie sie sich ab 1860 in den USA etabliert hat. Er bezieht sich hauptsächlich auf die Befragung von Politikern, Künstlern und anderen wichtigen Leuten. Das „Interview" in dieser Tradition zielt demnach bloß darauf ab, zu schnellen, mehr oder weniger klaren und oft kurzen (!) Antworten zu gelangen. Für die übliche Arbeit der Zeitungsleute, aber auch für die Tätigkeit von manchen Soziologen, die mit Fragebögen sich an Menschen heranpirschen, paßt jedoch das Wort „Interview", denn man will einfache und schnell verwertbare Erkenntnisse. Und außerdem verbindet man mit dem „Interview" eine Situation, bei der der Fragende – als Journalist oder mit Fragebögen arbeitender Soziologe – einen gewissen Druck auf den zu Befragenden ausübt.

Wesentlich für ein „ero-episches" Gespräch ist, daß der Forscher und seine Kontaktperson gemeinsam ein Thema, zum Beispiel das Leben in der Randkultur der Dirnen, erarbeiten. Der Forscher bringt dabei sich selbst mit seiner ganzen Person ein. Dies bedeutet einiger Anstrengungen. Erst so hat er die Chance, viel aus dem Leben im Alltag zu erfahren, über Hierarchien, Stigmata, Sitzordnungen usw. In diesem Sinn versteht sich der Terminus „ero-episches Gespräch" als ein breites Gespräch, in dem nicht nur einer erzählt, sondern auch jemand fragend und selbst erzählend mitwirkt. Die Fragen in einem „ero-epischen Gespräch" ergeben sich während des Gesprächs, wobei der Feldforscher sich von seinem Gesprächspartner weitgehend leiten läßt, denn er kennt ja die betreffende zu untersuchende Kultur noch nicht oder nur teilweise. Er befindet sich hier im Gegensatz zu den üblichen „Interviewern", die anscheinend „genau wissen", was sie zu fragen haben, sich dabei aufdrängen und dem Gegenüber mitunter ihre „Wirklichkeit" aufzwingen. Die Fragen im „ero-epischen" Gespräch sind daher grundsätzlich nicht vorgeplant, wie bei den sogenannten „standardisierten Interviews". Beim „ero-epischen" Gespräch steht der Partner unter keinem Druck des Antwortenmüssens. Die Situation ist eine lockere, bei der während des Erzählens oft auch gegessen und getrunken wird.
→Empirische Sozialforschung, Qualitative Verfahren; →Zehn Gebote der Feldforschung

Roland Girtler, Wien

Erstgespräch

1. Erstgespräch als „sensible Schnittstelle". Wenn Klienten und Sozialarbeiter im Rahmen der sozialen →Einzelhilfe oder lebensweltorientierten Individualhilfe (Pantucek 1998) zu E.en zusammentreffen, können unterschiedlichste Vorgaben und Anlässe auf beiden Seiten vorliegen. Die meist als private Angelegenheit erlebte Problemsituation auf Klientenseite kann als individuelle Ausformung von Entwicklungen gedeutet werden, die in aller Regel auch sozialstrukturelle, somit überindividuelle Anteile haben: in jeder Problemkonstellation von Klienten steckt in einmaliger Ausprägung Individuelles, Umfeldbedingtes sowie Sozialstrukturelles. Diese Hintergründe auszublenden wäre mithin eine Einschränkung, die der Vieldimensionalität und Komplexität (vgl. Kähler 1997: 167–169) der Erscheinungsformen sozialer Probleme im Gewande persönlicher Belastungen nicht genügend Rechnung tragen würde.

Auch auf der Seite des Sozialarbeiters liegen strukturelle Rahmenbedingungen vor, ohne deren Berücksichtigung das berufliche Handeln nicht verstehbar wäre. Soziale Arbeit wird je nach Ansiedlung der Einrichtung im Bereich des Staates, des Marktes, der Gemeinschaft oder im intermediären Bereich durch unterschiedliche Mechanismen reguliert. Insbesondere die mehr oder weniger stark ausgeprägten bürokratischen Strukturen der Einrichtung, in denen E.e stattfinden, sind hierbei zu berücksichtigen. Berufliches Helfen in Einrichtungen mit arbeitsteiliger Organisation und hierarchisch geordneten Strukturen bringt es mit sich, daß Sozialarbeiter nicht nur dem Wohl ihrer Klienten und ihrer eigenen beruflichen Fachlichkeit, sondern immer auch mit einem Mindestmaß an Loyalität den Trägern und anderen Mitarbeitern ihrer Einrichtung verpflichtet sind. Um innerhalb dieses organisatorischen Gefüges bestehen zu können, müssen Sozialarbeiter divergierenden Interessen unterschiedlicher Personengruppen Rechnung tragen (vgl. Kähler 1999a), aber auch für die eigene Handlungsfähigkeit und Sicherheit sorgen, was ebenfalls zur Folge haben kann, daß Klientenbelange in ihrer Bedeutung relativiert werden müssen (Fine, Glasser 1996).

Im E. begegnen sich also nicht nur Personen, sondern höchst unterschiedliche Voraussetzungen und Interessen. E.e können deshalb auch mit Recht als „sensible Schnittstellen" (Meinhold 1997: 20, 35) zwischen verschiedenen Systemen bezeichnet werden. E.e prägen den weiteren Verlauf der Zusammenarbeit zwischen Klient und Sozialarbeiter wesentlich. Sie sind nicht auf ein einmaliges erstes Zusammentreffen beschränkt. Als E.e können alle Treffen zwischen Klient(en) und Sozialarbeiter(n) bis zum Abschluß eines Arbeitsbündnisses bezeichnet werden (Kähler 1997: 18).

2. Beteiligte. Je nach Zahl der Beteiligten lassen sich vier unterschiedliche Personenkonstellationen unterscheiden. (a) Am häufigsten dürften E.e zwischen einer einzelnen Person und einem einzelnen Sozialarbeiter sein. Hierbei ist noch zu unterscheiden, ob ein Hauptbetroffener selbst erscheint oder ein mittelbar Betroffener („second hand"). Es empfiehlt sich, den Besucher des E.s als „Primärklienten" zu behandeln und zunächst offen zu lassen, ob er und/oder jemand anderes aus dem sozialen Netzwerk des Primärklienten als „Klient" anzusehen ist (vgl. Schütze 1997). Der anwesende Primärklient ist zunächst die wichtigste Person, er kann, muß aber nicht Partner für ein Arbeitsbündnis sein. (b) E.e können auch durch die Begegnung zwischen einem Sozialarbeiter und mehreren Personen (z.B. Paare, Familien) gekennzeichnet sein. Hierbei ist es wichtig dafür zu sorgen, daß jede Person für sich und nicht für andere spricht und nicht unterbrochen wird. Zu regeln ist auch die Vertraulichkeit dessen, was im Gespräch ans Tageslicht kommt (Fine, Glasser 1996). (c) In seltenen Fällen finden E.e zwischen einem Klienten und mehreren Fachkräften statt, z.B. wenn ein hospitierender Praktikant teilnimmt. (d) Dies gilt auch für Helferkonferenzen, bei denen auch mehrere Klienten (z.B. Familienmitgliedern) mit mehreren Helfern zusammenkommen können. Hier ist allerdings damit zu rechnen, daß zumindest zwischen einzelnen Helfern und einzelnen Klienten schon Vorgespräche geführt wurden. In Konstellationen mit mehr als zwei Parteien ist es notwendig, die beteiligten Personen vorzustellen und ihre Aufgaben transparent zu machen.

3. Funktionen des Erstgesprächs. (a) Hauptfunktion von E.en ist der Aufbau eines Vertrauensverhältnisses zwischen Besucher und Sozialarbeiter (Fine, Glasser 1996). Dazu gehört in erster Linie die Bereitschaft und Fähigkeit, dem Klienten zuzuhören, die Art seiner Einlassungen zu beobachten und die Sichtweise seiner Situation zu akzeptieren, ohne schon Änderungen anzustreben. Diese Akzeptanz erfordert keine persönliche Zustimmung durch den Sozialarbeiter, sondern beinhaltet die Zusicherung an den Klienten, seine Lage unzensiert darstellen zu können. Die Garantie von Vertraulichkeit und ihre konse-

quente Einhaltung sind dabei von entscheidender Bedeutung. Je befremdender die Selbstdarstellung von Klienten ist, desto wichtiger wird eine intensive Abklärung der eigenen Wertvorstellungen und Denkmuster (→Selbsterfahrung; →Supervision; kollegiale Beratung). (b) Neben dem Aufbau von Vertrauen soll im E. ein erster Überblick über die Situation gewonnen werden. Darüberhinaus geht es darum, Perspektiven für die Entwicklung gemeinsamer Ziele und dabei einzuschlagender Wege zu entwickeln, die sich in Form von Arbeitsbündnissen oder Kontrakten (mündlich oder schriftlich) konkretisieren lassen (vgl. Müller 1985: 118–150). Ausgangspunkt für ein derartiges Arbeitsbündnis ist die subjektive Sicht des Klienten, ergänzt um Hypothesen, die der Sozialarbeiter aus seiner Wahrnehmung und aus seinen fachlichen Kenntnissen und Erfahrungen vorsichtig ableitet, mit der Bereitschaft, sie jederzeit zu modifizieren oder zu verwerfen. Die Probleme der Erschließung und Konstruktion dessen, was als „Fall" anzusehen ist, sind beträchtlich angesichts einer Vielzahl von im Spiel befindlichen beruflichen Paradoxien (vgl. z. B. Schütze 1997, Kähler 1996). Die im Kontrakt vorläufig festgehaltenen Ziele sollten so formuliert sein, daß sie gemeinsam evaluiert werden können. Das bedeutet, daß sie in aller Regel an konkreten und beobachtbaren Verhaltensweisen festgemacht werden müssen und sich nicht auf abstrakte Ziele beziehen dürfen. Wie und wann der Sozialarbeiter Ergebnisse aus dem E. fixiert, muß von den jeweiligen Erfordernissen abhängig gemacht werden. Grundsätzlich sollten Aufzeichnungen und ihre Bedeutung dem Klienten zugänglich sein. (c) Wichtig ist, daß der Klient von Anfang an erkennt, daß er die Verantwortung für sich selbst hat und behält. Diese darf ihm nicht abgenommen werden, selbst wenn es verführerisch ist, dem Klienten kurzfristige Erleichterung zu verschaffen. Dazu gehört auch, vorhandenen Stärken und Ressourcen ebenso viel Aufmerksamkeit zu widmen, wie den häufig im Vordergrund stehenden Belastungen. (d) E.e dienen auch der Abklärung der Zuständigkeit. Sie stellen damit Schlüsselsituationen dar, die über die Angemessenheit der Inanspruchnahme (vgl. Wirth 1982, Kähler 1999b) mit entscheiden. So gilt es, Fehlplazierungen durch Aufnahme in einer ungeeigneten Einrichtung zu vermeiden. Es ist auch damit zu rechnen, daß die Problemkonstellation eines Klienten nicht mit den zur Verfügung stehenden Ressourcen angemessen bearbeitet werden kann. Einsicht in die Begrenzung der eigenen Kompetenz stellt ein wichtiges Qualitätsmerkmal beruflicher Professionalität dar. Insbesondere der Gefahr des „Methodismus" (Anwenden von vertrauten Methoden auch dann, wenn andere Methoden angezeigter wären) ist zu begegnen. Konsultationen und Überweisungen an andere professionelle Helfer und andere soziale Dienste sind die angemessenen Wege des Umgangs mit nicht erfüllbaren Anforderungen. Informationsdateien („Ressourcenkartei") über wichtige ergänzende Hilfen stellen eine empfehlenswerte Arbeitshilfe für Sozialarbeiter dar. Die Notwendigkeit für Überweisungen sollten den Klienten vermittelt, flankierende Hilfen für den Übergang bereitgestellt werden. Die Abklärung der Zuständigkeit wird auch vorrangig, wenn es Hinweise auf Mißbrauch oder Vernachlässigung von Kindern oder alten Menschen sowie andere Formen der Fremd- oder Selbstgefährdung gibt. Hier muß und darf auch das Gebot der Vertraulichkeit durchbrochen werden, wenn andere Dienststellen nach Information des Klienten in Kenntnis gesetzt werden. Die Funktion des Anwalts für den Klienten wird in diesen Fällen überlagert durch die des Anwalts für andere Personen (Fine, Glasser 1996). Ebenfalls in die Zuständigkeitsabklärung fallen Hinweise auf körperliche Symptome und Beschwerden. Es ist dringend anzuraten, in diesen Fällen nicht voreilig auf psychosomatische Beschwerden zu schließen, sondern durch Konsultation mit Ärzten das Vorliegen somatischer Ursachen kompetent abklären zu lassen. (e) Schließlich dienen E. gelegentlich auch direkter Information und Hilfe.

4. Unterschiedliche Grade der Freiwilligkeit. Insbesondere der Grad der Freiwilligkeit, mit dem Aufsuchende zu einem E. in einen sozialen Dienst kommen, bestimmt sehr stark Verlauf und Charakter des Gesprächs. Die Unterscheidung in freiwillige, angebotene und angeordnete E.e stellt dabei eine grobe Einteilung der Freiwilligkeitsausprägung dar (vgl. Kähler 1997), bei der zu berücksichtigen ist, daß auch freiwilliges Aufsuchen unter innerem und/oder äußerem Druck erfolgt (Pantucek 1998. 114–116). Während bei E.en mit hohem Freiwilligkeitsanteil damit zu rechnen ist, daß die Primärklienten darauf drängen, ihre Situation darzustellen, ist bei zunehmender Einschränkung der Freiwilligkeit vermehrt mit Abwehrhaltung und Widerstand zu rechnen. Hier empfiehlt es sich, daß der Sozialarbeiter vermehrt die Initiative ergreift und die Ausgangssituation, die nicht verhandelbaren Grundlagen des Gesprächs sowie Optionen für mögliche Formen der Zusammenarbeit vorstellt (Kähler 1997: 72–77). Vorhandenes Mißtrauen muß als subjektiv berechtigt akzeptiert werden. Häufig ist es hilfreich, mit dem Klienten eine Art Probephase von mehreren Sitzungen zu vereinbaren, nach deren Verlauf erst über ein Arbeitsbündnis entschieden wird (Fine, Glasser 1996). Hinsichtlich der Freiwilligkeit der Klientel zeigt sich möglicherweise der entscheidende Unterschied zwischen therapeutischen und sozialarbeiterischen Settings: während für Therapie Freiwilligkeit unabdingbar erscheint, muß Soziale Arbeit auch dann tätig werden, wenn Freiwilligkeit nicht oder ursprünglich nur bedingt vorhanden ist. Durch Einräumen von Wahlmöglichkeiten gilt es, den Grad der Freiwilligkeit zu erhöhen. Insofern können zwar alle Aussagen über Gesprächsführung aus dem therapeutischen Bereich als hilfreiche Leitlinien herangezogen werden; sie reichen aber nicht aus, um die Gesprächsführung bei E.en in der Sozialen Arbeit ausreichen zu begründen.

5. Durchführungshinweise (vgl. hierzu Kähler 1997: 87–161). (a) Immer wieder wird in der Literatur auf den naheliegenden Kunstfehler des Ratgebens hingewiesen. Ratschläge haben in aller Regel mehr mit dem Ratgebenden als den Klienten zu tun, sie fördern Abhängigkeit und verhindern die Ausbildung von Eigenverantwortlichkeit. Demgegenüber sind Informationen für Klienten hilfreich, weil sie den Handlungsspielraum erweitern können und die Verantwortung für Entscheidungen beim Klienten belassen (Fine, Glasser 1996). (b) Erwartungen der Klienten sind als Teil ihrer Realitätskonstruktion festzustellen und zu akzeptieren, ihnen muß aber nicht notwendig entsprochen werden. Im Gegenteil kann es wichtig sein, ihnen geradezu deutlich Widerstand entgegenzusetzen. Dies gilt z. B. dann, wenn Klienten versuchen, bestimmte Verhaltensmuster auf die Beziehung zum Sozialarbeiter zu übertragen, um damit vertraute Abhängigkeiten wieder herzustellen. (c) Auswahl geeigneter Themen. Grundsätzlich gilt, daß die Klienten Inhalt und Verlauf des E. bestimmen. Dem entspricht eine Haltung des Einladens, all die Themen zu artikulieren, die dem Klienten wichtig sind. – Allenfalls durch die Art des Zuhörens und Nachfragens bei bestimmten, aus der Sicht des Sozialarbeiters wichtigen Punkten, wird Intervention sinnvoll. Gefühlsäußerungen des Klienten, aber auch eigene Gefühlsreaktionen, können dabei als Steuerungshilfe angesehen werden. Je nach Darstellungstendenz kann es notwendig werden, Strukturierungshilfen zu geben, verstärkt abstrahieren oder konkretisieren zu lassen –

grundsätzlich geht es darum, vorhandene Einseitigkeiten zugunsten eines mittleren Darstellungsweges abzumildern. Vorhandene Arbeitshilfen wie Checklisten, Beobachtungs- und Anamnesebögen können allenfalls als Vorbereitungshilfen angesehen werden – in der jeweiligen E.ssituation hat die Darstellung des Klienten absoluten Vorrang. (d) Anteilnehmende Neugier, aktives Zuhören, verständnisvolles Akzeptieren des Anders-Seins des Klienten führen in aller Regel dazu, daß auch ohne strukturiertes Abfragen die Kerninformationen der Problemkonstellation und deren Rahmenbedingungen zur Sprache kommen. Die Rolle des zuhörenden Sozialarbeiters unterscheidet sich deutlich von anderen Zuhörern (Freunde, Nachbarn): sie verhilft dem Klienten zur Chance, die eigene Situation neu und anders darzustellen. Dabei äußert der Sozialarbeiter Wertschätzung und signalisiert, ohne falsche Hoffnung zu wecken, daß der Klient sehr wohl vermehrt Kontrolle über die eigene Lebenssituation gewinnen kann (Fine, Glasser 1996). (e) Sozialarbeiter haben durch Studium und berufliche Praxis Kenntnisse und Erfahrungen, die sich auf den jeweiligen Fall mehr oder weniger deutlich anwenden lassen. Von Beginn an entwickelt der Sozialarbeiter vorsichtig Hypothesen, die er im Laufe der weiteren Zusammenarbeit überprüft. Informationen etwa in Form von bereits vorliegenden Akten können als eine Informationsquelle unter vielen in diesen Prozeß der Hypothesenbildung einbezogen werden. Vorhandenes Wissen über die Zielgruppe des Klienten oder über bestimmte Problemlagen stellt immer auch ein Verdinglichungsrisiko dar, indem z.B. einem Klienten ohne ausreichende Prüfung Merkmale einer Zielgruppe überstülpt werden. Dies gilt auch, wenn der Sozialarbeiter festgestellte Probleme mit vermuteten Ursachen verknüpft, dies aber vom Klienten selbst (noch) nicht nachvollzogen werden kann. Vorhandenes Wissen wird dann angemessen beruflich genutzt, wenn es für besonders sorgfältiges und differenziertes Zuhören und Wahrnehmen beim jeweiligen Klienten genutzt wird. (f) Einsichten in die Lebenswelt der Klienten werden für Klient und Sozialarbeiter gefördert, wenn Vergleichsmöglichkeiten genutzt werden. Hierbei spielen insbesondere Zeitreihenvergleiche und Vergleiche zwischen Problem- und Stärkezonen des Klienten eine Rolle (vgl. Kähler 1997: 136–147). (g) Bei Beteiligung unterschiedlicher sozialer Dienste ist im Auge zu behalten, von welcher Stelle aus die Dienstleistungen koordiniert werden (Case Management). (h) Die meisten E.e finden in den Diensträumen von Sozialarbeitern statt. Den räumlichen Arrangements kommt eine nicht unbedeutende Rolle zu, bei Hausbesuchen gelten darüberhinaus zusätzliche Gesichtspunkte (Fine, Glasser 1996: 27–29). (i) Beginn, Verlauf und Beendigung von E.en sind einer gewissen Dramaturgie unterworfen, die stark von der Freiwilligkeit (s.o.) des Aufsuchens der Klienten abhängt. Zur Vorbereitung auf das Gespräch kann es für den Sozialarbeiter entlastend sein, sich zu vergegenwärtigen, daß – mit Ausnahme von Krisensituationen – noch keine weitreichenden Interventionen gefordert sind. Häufig werden schon bei der telefonischen Anmeldung erste Informationen sichtbar. Zu vermeiden ist, daß hier schon inhaltlich Stellung genommen wird („instant therapy", Fine, Glasser 1996: 18). Nach der Begrüßung sollte, insbesondere bei freiwilligen Gesprächen, schnell Raum für den Anlaß des Gesprächs gegeben werden. Das weitere Vorgehen kann durch Einladung zur Selbstdarstellung, offenes Fragen und nur gelegentliches gezieltes Nachfragen charakterisiert werden. Diverse Hinweise auf Gesprächsführungstechniken, nonverbale Kommunikationsanteile, Umgang mit Störungen usw. sind im Auge zu behalten. Das Ende des Gesprächs sollte rechtzeitig signalisiert werden, erste gemeinsame Ziele und das weitere Vorgehen sollten in ersten Konturen erkennbar sein. Bis zu Arbeitsbündnissen können mehrere Gespräche notwendig sein, sie sollten aber schon im ersten Gespräch zumindest vorbereitet werden. Terminabsprachen für Anschlußtreffen gehören ebenfalls zur Endphase des E.s.

6. Varianten. Für bestimmte Zielgruppen (z.B. Alkoholkranke, vgl. Hutterer 1990) oder in der Perspektive bestimmter methodischer Vorgehensweisen (z.B. lösungsorientierte Ansätze mit bestimmten Fragestrategien, vgl. Walter, Peller 1994) können E.e besondere Formen annehmen. Die hier vorgestellten Grundsätze gelten gleichwohl als allgemeine Orientierung.

Lit.: Fine, S. F., Glasser, P. H.: The First Helping Interviews, Thousand Oaks, London, New Delhi 1996; Hutterer, V., Das Erstgespräch mit Alkoholkranken, in: Caritas 91 (1990) 7: 322–325; Kähler, H. D.: Soziale Arbeit zwischen Skylla und Charybdis, in: Archiv für Wissenschaft und Praxis der sozialen Arbeit 27 (1996): 299–315; Kähler, H. D.: Erstgespräche in der sozialen Einzelhilfe. Freiburg [3]1997; Kähler, H. D.: Beziehungen im Hilfesystem Sozialer Arbeit, Freiburg 1999a; Kähler, H. D.: Berufliche Selbstevaluation. Die Kunst, sinnvolle Fragen zu stellen, in: Soziale Arbeit 48 (1999b); Meinhold, M.: Qualitätssicherung und Qualitätsmanagement in der Sozialen Arbeit, Freiburg [2]1997; Müller, B.: Arbeitsbündnis als Klärung des Gegenstandes für sozialpädagogisches Handeln, in: ders.: Die Last der großen Hoffnungen, München 1985: 118–150; Pantucek, P.: Lebensweltorientierte Individualhilfe, Freiburg 1998; Schütze, F.: Kognitive Anforderungen an das Adressatendilemma in der professionellen Fallanalyse der Sozialarbeit, in: G. Jakob, H. J. v. Wensiersky (Hrsg.): Rekonstruktive Sozialpädagogik, München 1997: 39–60; Walter, J., Peller, J.: Lösungsorientierte Kurzzeittherapie, Dortmund 1994; Wirth, W.: Inanspruchnahme sozialer Dienste, Frankfurt 1982.

Harro Dietrich Kähler, Düsseldorf

Erwachsenenbildung (Andragogik)
Gesamtbereich allgemeinbildender wie fachqualifizierender Bildungsangebote für Erwachsene, der seine historischen Wurzeln in der →Volksbildung hat. Neben dem Angebot freier Träger (Berufsverbände, Gewerkschaften, Parteien, Kirchen usw.) sorgen vor allem die →Volkshochschulen für ein öffentliches Grundangebot. Den Konzepten der E. liegt die Perspektive zugrunde, daß auch der erwachsene Mensch sich lebenslang immer wieder neu orientieren und weiterlernen muß. Vorrangig ist E. als Selbstbildung durch Selbstbestimmung gedacht und kann dabei transitorisch (z.B. Umschulung), kompensatorisch (z.B. Alphabetisierung) und komplementär (z.B. Malkurs) sein. Aufgrund der spezifischen Zielgruppen und der besonderen Veranstaltungstypen ist E. ein eigenständiger Erkenntnisbereich der Erziehungswissenschaften.

Erwachsenensozialisation
→Sozialisation

Erzieher/-innen
Aus ursprünglich drei getrennten Berufen (Kindergärtner, Hortner, Heimerzieher) entstandener Beruf. Voraussetzung für die Ausbildung an einer entsprechenden →Fachschule für Sozialpädagogik ist i. a. ein mittlerer Bildungsabschluß und eine abgeschlossene Berufsausbildung oder eine praktische Tätigkeit in einer sozialpädagogischen Einrichtung. E. sind in der ganz überwiegenden Zahl Frauen. E. arbeiten als Gruppenerzieher bzw. Gruppenleiter im Vorschulbereich, in außerschulischen Kinder- und Jugendeinrichtungen, in der →Erziehungshilfe, in Einrichtungen des Gesundheitswesens und der →Rehabilitation, aber auch in der →sozialpädagogischen Familienhilfe. Eine wechselseitige Anerkennung zwischen den EU-Mitgliedsstaaten ist erreicht. Die in der

→DDR erworbenen E.-Qualifikationen für Krippe, →Kindergarten, Hort, Jugendarbeit und →Heimerziehung sind anerkannt, sofern zusätzlich eine sog. Anpassungsfortbildung erfolgreich absolviert wurde. Problem des E.-Berufes sind die mangelnden Aufstiegsmöglichkeiten.

Erziehung
E. ist neben Unterricht und Bildung ein weiterer sowohl deskriptiv-analytischer als auch normativer Grundbegriff der Pädagogik. Er umfaßt zunächst alle planmäßigen Einwirkungen von außen und innen (Selbstreflexion), die den Menschen darin unterstützen sollen, seine Kräfte und Potentiale zu entfalten oder seine Eigenschaften, Haltungen und Einstellungen zu verändern. E. zielt dabei sowohl auf die Individuation (Wachstum und Entwicklung), als auch auf die soziale Dimension (Eingliederung) des Menschen. E. meint sowohl Ausbildung und Wissensvermittlung als auch Charakter- und Willensbildung. Der Mensch bedarf der E., da er nicht fertig auf die Welt kommt und sich nicht durch einen ihm innewohnenden Reifungsprozeß entwickelt. Je nach gesellschaftlich-politischer Grundhaltung und damit verbundenem Menschenbild (→Erziehung im Sozialismus) sind verschiedene Erziehungskonzepte und →Erziehungsstile entstanden. →Erziehungswissenschaft

Erziehungsbeistandschaft
Die E. ist eine ambulante →Hilfe zur Erziehung, die auf Antrag vom Jugendamt gewährt wird. Ziel der E. ist es gem. § 30 KJHG, dem Jugendlichen bei der Bewältigung von Problemen meist im Elternhaus oder in der Schule unter Einbeziehung des sozialen Umfelds zu unterstützen und seine Verselbständigung zu fördern, ohne dabei den Bezug zu seiner Familie abzubrechen.

Erziehungsberatung
fachkundige, psychologische, pädagogische oder medizinische →Beratung für Kinder, Jugendliche und ihre Bezugspersonen bei vorhandenen oder drohenden Beziehungs- und Verhaltensstörungen, bei Schulproblemen, bei Problemen aus dem Bereich der Kinder- und Jugendpsychiatrie, sowie bei Trennungs- und Scheidungsschwierigkeiten. Neben kommunalen (E. als Aufgabe nach § 28 KJHG), kirchlichen und freien Beratungsstellen bieten auch private Beratungspraxen E. und psychotherapeutische Hilfen an. Die Kontaktaufnahme zur E. ist freiwillig. Bis heute fehlt ein einheitliches wissenschaftlich fundiertes Gerüst der E.

Erziehungsberechtigter
→Personensorge

Erziehungsgeld
Die Gewährung von E. und →Erziehungsurlaub ist im Bundeserziehungsgeldgesetz geregelt. E. erhält, wer seinen Wohnsitz oder gewöhnlichen Aufenthalt in der Bundesrepublik Deutschland hat, wer sein Kind vorwiegend selbst erzieht und betreut, wem die →Personensorge für das Kind zusteht und mit ihm in einem Haushalt lebt, wer nicht erwerbstätig ist oder höchstens 19 Std., in der Woche arbeitet. Das E. wird in den ersten Lebensmonaten des Kindes einkommensunabhängig gewährt, später gelten Einkommensgrenzen. E. wird unabhängig von der bisherigen Tätigkeit gezahlt. Die Eltern können wählen, an wen von ihnen das E. gezahlt wird; sie können die Berechtigungsbestimmung wechseln. Anspruch auf E. besteht vom Tag der Geburt bis zur Vollendung des 24. Lebensmonats. E. ist pfändungs- und steuerfrei.

Erziehungsheim
→Heimerziehung

Erziehungshilfe
→Hilfe zur Erziehung

Erziehungskurs
→Übungs- und Erfahrungskurs

Erziehungsmaßnahmen

im engeren Sinne alle gesetzlich geregelten öffentlich-rechtlichen erzieherischen Hilfen zur Sicherung des Erziehungsanspruchs Minderjähriger. E. können die Familienerziehung ergänzen oder ersetzen. Die Möglichkeiten, Voraussetzungen und Verpflichtungen zu E. sind im →KJHG geregelt.

Erziehungsmaßregeln

Maßregeln, die aus Anlaß der Straftat eines Jugendlichen oder Heranwachsenden vom Jugendgericht angeordnet werden können. Zumeist handelt es sich um Weisungen (§ 10 JGG), welche die Lebensführung regeln und die Erziehung des Betroffenen fördern oder sichern sollen. Die ausgesprochenen Ge- und Verbote können sich auf die Arbeit oder die Freizeitgestaltung des Jugendlichen oder Heranwachsenden beziehen. Seit der Novelle des JGG im Jahre 1990 können außerdem Betreuungshelfer bestellt und soziale Familienkurse sowie ein →Täter-Opfer-Ausgleich angeordnet werden. Im Einvernehmen mit dem Jugendamt kann bei Angeklagten unter 17 Jahren das Gericht außerdem →Erziehungsbeistandschaft bzw. eine →Hilfe zur Erziehung als E. anordnen. Eine E. kann längstens für die Dauer von 2 Jahren ausgesprochen werden. Im überwiegenden Teil der Fälle wacht die →Jugendgerichtshilfe über die Einhaltung der Weisung. Bei Nichteinhaltung kann der Jugendrichter Jugendarrest verhängen.

Erziehungsmittel

E. sind all jene Maßnahmen und Situationen, die Erziehende einsetzen, um auf die zu Erziehenden in der Absicht einzuwirken, deren Verhalten, Einstellungen und Motivationen zu stärken, herzustellen oder zu modifizieren. Insofern gehören zu den E. Lob und Tadel, Arbeit und Spiel, Vorbild und Warnung, Diskussion und Strafe usw. Die Wahl der E. ist gesellschaftlich, historisch und kulturell geprägt. Problematisch ist die dem Begriff innewohnende Zweck-Mittel-Relation, die den Prozeß der Erziehung zu einem handwerklichen Vorgang und den zu Erziehenden zu einem „Reaktionsdeppen" degradiert. Einige Autoren sprechen deshalb auch lieber von Erziehungshilfen.

Erziehungsplan (Hilfeplan)

Der E. ist zugleich Arbeitshilfe und Förderplan für eine kontrollierte Erziehungsarbeit. Nach § 36 KJHG sollen, wenn →Hilfe zur Erziehung voraussichtlich für längere Zeit angezeigt ist, die Fachkräfte zusammen mit dem Personensorgeberechtigten und dem betroffenen Minderjährigen einen E. als Grundlage der Arbeit aufstellen. Der E. soll Feststellungen über den erzieherischen Bedarf, die zu gewährende Art der Hilfe sowie die notwendigen Leistungen enthalten. Es soll regelmäßig geprüft werden, ob die in den E. aufgenommenen Maßnahmen weiterhin geeignet und notwendig sind. Werden weitere Personen, Dienste oder Einrichtungen tätig, sind diese an der Aufstellung und Überprüfung des E. zu beteiligen. Sind Maßnahmen nach §§ 40, 47 BSHG (Eingliederungshilfen) erforderlich, sind auch der behandelnde Arzt, das Gesundheitsamt, der Landesarzt, der Träger der Sozialhilfe und die Bundesversicherungsanstalten an der Erstellung des E. zu beteiligen.

Erziehungsregister

vom →Bundeszentralregister geführtes Register, in das u.a. die vom Jugendrichter verhängten Erziehungsmaßregeln, Zuchtmittel, Nebenstrafen und Maßnahmen sowie Verfahrenseinstellungen durch den Jugendstaatsanwalt und den Jugendrichter, Freisprüche wegen mangelnder Reife, vorläufige und endgültige Entscheidungen des Vormundschaftsrichters und des Familiengerichts die →Personensorge betreffend eingetragen werden. Auch Änderungen oder Aufhebungen der vorgenannten Entscheidungen sind im E. einzutragen. Auskünfte werden nur zu Zwecken der Rechtspflege an Staatsanwaltschaften,

Gerichte, Justizvollzugsbehörden und Jugendämter sowie Gnadenbehörden erteilt. Die Löschung des E. erfolgt, wenn der Betroffene das 24. Lebensjahr vollendet hat. Das E. wird nicht gelöscht, solange eine Verurteilung zu Freiheitsstrafe, Strafarrest, Jugendstrafe oder angeordnete Maßregeln der Besserung und Sicherung im Bundeszentralregister eingetragen sind.

Erziehungsstile
1. Begriff. Die Erforschung von E. ist insbesondere in den 1970er Jahren zum Gegenstand der Erziehungswissenschaft und der Psychologie geworden. Während sich die sozialpsychologische Führungsstilforschung im Anschluß an K. Lewin nachhaltig auf die Konzeption der empirischen Erziehungs- und Unterrichtsstilforschung auswirkte, kommt den frühen geisteswissenschaftlich-pädagogischen Ansätzen und auch den kulturanthropologischen Studien zunehmend nur noch historische Bedeutung zu. Das breite Spektrum der Thematisierung des Erziehungsstils, der als typischer Ausdruck des erzieherischen Handelns eines Individuums (Erzieher, Lehrer, Mutter, Vater, Gruppenführer), einer Gruppe (soziale Schicht, „primitive" Kultur) oder eines sozioökologischen Systems gesehen werden kann, hat auch zu methodisch und theoretisch unterschiedlichen Untersuchungen von E. geführt. Der Erziehungsstilbegriff diffundiert zunehmend und spiegelt damit letztlich die zunehmende Auflösung des neuzeitlichen Erziehungsverständnisses. Stationen dieser Begriffsentwicklung lassen sich markieren.
1.1 Idealtypische Konstruktion des Stilbegriffs. Die „Grundstile der Erziehung" von →E. Spranger sind idealtypische Gedankenkonstruktionen und nicht etwa tatsächlich beobachtbare Verhaltensweisen eines Erziehers. Es geht ihm um den Aufweis von „Grundmöglichkeiten des pädagogischen Vorgehens, zwischen denen man wählen kann, ohne daß man es von vornherein falsch macht" (Spranger 1951, S. 2 f.). Er unterscheidet folgende Gegensatzpaare von Grundstilen: „weltnah" gegenüber „isolierend", „frei" gegenüber „gebunden" und „vorgreifend" gegenüber „entwicklungstreu". Die unterstellte Gleichwertigkeit der verschiedenen Stilausprägungen ist zum Zentrum der Kritik geworden (vgl. Döring 1980).
1.2 Sozialpsychologische Führungsstilforschung. In den Lewin-Studien über die Auswirkungen experimentell realisierter Führungsstile bei Jugendgruppen geht es nicht nur um die Beschreibung konkreten erzieherischen Verhaltens, sondern gerade auch um die Wirkungen unterschiedlicher E.. Lewin unterscheidet zwischen „autokratischen", „demokratischen" und „laissez-faire"-Verhaltensmerkmalen eines Gruppenleiters, die zu jeweils typischen Reaktionen der Betroffenen führen und damit auch ein je unterschiedliches soziales Gruppenklima schaffen: Autoritäre Führung, die sich durch starke Lenkung und Kontrolle auszeichnet und negative Sanktionen wie Tadel, Verbote, Drohungen etc. bevorzugt, steigert die gruppeninterne Aggressivität und Rivalität. Die Gruppenatmosphäre ist gespannt und konfliktträchtig. Demokratische Führung zielt auf die Selbstbestimmung und Eigeninitiative der Gruppe. Die Interaktionen zwischen Erzieher und zu Erziehenden sind durch gegenseitiges Verständnis, Offenheit und Authentizität gekennzeichnet. Die Gruppenbeziehungen sind stabil und kooperativ. Laissez-faire eines Gruppenleiters ist vor allem durch eine nahezu totale Permissivität gekennzeichnet, die auf die Selbstverantwortung und Selbstregulierung der Gruppe baut. Tatsächlich zeigen aber solche Gruppen hohe Unsicherheit und zunehmende Unzufriedenheit mit der Gruppensituation, da es nur zu geringen Leistungserfolgen kommt.

Die Lewinschen Stilbezeichnungen sind als Übertragung der Unterscheidung zwischen politischen Systemen kritisiert worden. Außerdem muß davon ausgegangen werden, daß die experimentelle Planung von Führungsstilen und Gruppenatmosphäre zu Stilausprägungen führt, die in der Erziehungswirklichkeit nicht in dieser Eindeutigkeit existieren. So hat es denn auch gerade im Kontext der Unterrichtsstilforschung nicht an Versuchen gemangelt, dieses Grundkonzept weiter zu differenzieren (vgl. Anderson, Tausch/Tausch, Flanders). An die Stelle des lehrerzentrierten Stilbegriffs tritt dabei sukzessive der Interaktionsbegriff, der besser geeignet scheint, die wechselseitige Bezugnahme im Erziehungsprozeß zu akzentuieren.

1.3 Kulturanthropologische Vergleiche von E. Die teilnehmende, kulturanthropologische Feldforschung hat die mit speziellen soziokulturellen Verhältnissen korrespondierenden Erziehungspraktiken und -stile sowie deren Auswirkungen auf bestimmte Persönlichkeitsmerkmale vor allem in Stammeskulturen untersucht. Die dabei gewonnenen Einsichten lassen sich zwar nicht übertragen, aber sie bieten die Möglichkeit, die eigene kulturelle Relativität der Erziehungsvorstellungen erfahrbar zu machen. Erziehungsstil wird so als Kulturstil verstanden.

1.4 Schichtspezifische E. Angestoßen durch die Rezeption amerikanischer Untersuchungen über Erziehungspraktiken in unterschiedlichen sozialen Schichten, kommt es in den 1960er und 70er Jahren in der westdeutschen Erziehungswissenschaft zu einer breiten Diskussion schichtspezifischer Sozialisationsbedingungen. Es ging dabei um den Aufweis einer Determinationskette zwischen beruflicher Position des Vaters, sozioökonomischer Position der Familie, ihrer sozialen Binnenstruktur, dem Erziehungsstil der Eltern und der Persönlichkeitsentwicklung der Kinder. Gravierende Unterschiede im Erziehungsverhalten wurden zwischen Unterschicht- und Mittelschichteltern festgestellt, und zwar insbesondere hinsichtlich ihrer Wertorientierungen, Disziplinierungspraktiken, Sprachmodi und Leistungserwartungen. E. werden hier also als unterschiedliche Sozialisationsstile gesehen, deren idealtypische Differenzierung in Unter-, Mittel- und Oberschicht bereits von Anfang an kontrovers diskutiert wurde. Der Blick für die zunehmende Diversifikation gesellschaftlicher Strukturen, die Nivellierung der Generationendifferenzen, Zweifel an einer teleologischen Konzeption der Subjektivität bis zur Ablehnung des abendländischen Identitätskonzeptes haben die Möglichkeit einer typisierenden Klassifikation von erzieherischem Verhalten brüchig gemacht.

2. Zur Psychologie elterlichen Erziehungsverhaltens. Die Frühphase der Erziehungsstilforschung in der Psychologie war durch Versuche einer umfassenden Beschreibung und Taxonomierung erzieherischen Verhaltens charakterisiert. Es fehlte die Anbindung an eine explizite Erziehungs- und Entwicklungstheorie. In einer 2. Phase wurde versucht, die ermittelten Merkmalsdimensionen erzieherischen Verhaltens mit spezifischen Entwicklungs- und Persönlichkeitsmerkmalen des zu Erziehenden in Beziehung zu setzen und nach systematischen Zusammenhängen zwischen Erziehungseinstellungen und Erzieherverhalten zu suchen. Darüber hinaus bemühte man sich, Beziehungen zwischen der Perzeption der Interaktionsteilnehmer aufzudecken. Von einer theoriegeleiteten Erziehungsstilforschung läßt sich erst in einer 3. Phase sprechen, in der die Eltern-Kind-Beziehung als Wechselwirkungsprozeß konzeptualisiert, kognitive Strukturierungsprozesse betont und sozio-ökologische Randbedingungen beachtet wurden. Aus dem Erziehungsstil als beobachtbares und erklärendes Phänomen ist also ein zu erklärender Sachverhalt geworden. Die Versuche dieses Stadiums sind von den vorausgehenden dadurch abgehoben, daß ausdrücklich auf bestehende Teilbereichstheorien (Lerntheorien, Kognitionstheorien) zurückgegriffen wird

und die Probleme der Erziehungsstilforschung als Beispiele solcher übergeordneter Theorien verstanden werden. Einen viel beachteten Versuch, die Verhaltens- und Erlebensebene von Erziehungsstilmerkmalen lerntheoretisch begründet in einem Zusammenhang zu sehen, stellt das Marburger Zweikomponenten-Modell von Stapf u. a. (1972) dar. In dieser Erziehungsstiltheorie werden Merkmale des elterlichen Erziehungsverhaltens mit „Unterstützung" gegenüber „Strenge" und Merkmale der Kinder mit „Gebots"- gegenüber „Verbotsorientierung" dimensioniert. Grundannahme des Modells ist, daß unterstützendes Verhalten der Eltern zu einer Gebotsorientierung führt, d. h. zu einer Vergrößerung der Auftretenswahrscheinlichkeit des belohnten Verhaltens und zum Aufsuchen der Belohnungsquelle; elterliche Strenge evoziert eine Verbotsorientierung der Kinder, d. h., es kommt zu einer Verminderung der Auftretenswahrscheinlichkeit des bestraften Verhaltens und zur Meidung der Bestrafungsquelle. Die Konstrukte „Unterstützung" und „Strenge" werden durch die „Marburger Skalen" (vgl. Herrmann u. a. 1971) operationalisiert. Dieses Instrument erfaßt die vom Kind wahrgenommene elterliche Erziehung und enthält zur Beschreibung von Müttern und Vätern unterschiedliche Items. Während das Modell für die schulische Kompetenz als wesentlichen Aspekt der Gebotsorientierung primär eine Abhängigkeit von der elterlichen Unterstützung postuliert, wird für Ängstlichkeit eine Verursachung durch elterliche Strenge unterstellt. Bei der empirischen Überprüfung konnten zahlreiche modellkonforme Befunde erhoben, aber auch paradoxe Effekte (vermehrte Strenge erhöhte Kompetenz, übermäßige Unterstützung höhere Ängstlichkeit, geringe Strenge erhöhte Ängstlichkeit) nachgewiesen werden.

In den 1980er Jahren ist versucht worden, das von Herrmann und Mitarbeitern entwickelte Modell weiterzuführen, und zwar unter Annahme einer reziproken Beziehung zwischen Person, Situation und Verhalten. Als Vermittler zwischen diesen drei Einflußbereichen werden kognitive Faktoren wie Erwartungen über die wahrscheinliche Konsequenz von Ereignissen oder die Selbsteinschätzung der persönlichen Kompetenz angenommen. So geht das Zweiprozeß-Modell von Krohne (1985) davon aus, daß sich aus bestimmten Mustern elterlicher Erziehungsstildimensionen personspezifische Ausprägungen von Kompetenzen sowie Kompetenz- und Konsequenzerwartungen beim Erzogenen vorhersagen lassen. Bei der Fülle empirischer Analysen des Erziehungsstils in der Psychologie fällt allerdings auf, daß sich die einzelnen Hypothesen häufig nur für bestimmte Altersgruppen und spezifische Kombinationen aus Eltern- und Kindgeschlecht bestätigen ließen. Es ist aber anzunehmen, daß das Erziehungsverhalten eines Elternteils in seiner Wirkung durch entsprechende Maßnahmen des anderen Elternteils abgeändert werden kann. Bei simultaner Betrachtung beider Elternteile hätte man es also mit der Wirkung einer Moderatorvariablen zu tun. Kohlmann u. a. (1988) weisen darauf hin, daß sich hier die Möglichkeit bieten würde, Forschungen über den Zusammenhang von „sozialer Unterstützung" und Streßbewältigung auf die Erziehungsstilforschung zu übertragen. Hier sind auch Ansatzpunkte einer systemorientierten Sichtweise von Eltern-Kind-Beziehungen zu sehen.

3. Interventionsforschung im Erziehungsstilbereich. Mehr als zwei Drittel der bisher durchgeführten Untersuchungen zur Implementierung neuen Erziehungsverhaltens wurden nach 1968 durchgeführt, und zwar zu folgenden Schwerpunkten: Vermittlung technologischen Wissens zur Erreichung eines bestimmten Zielverhaltens beim Kind, spezifische Trainingsmethoden für bestimmte Verhaltensstörungen und theoretische Grundlagen der elterlichen Er-

ziehungsbeeinflussung: einfühlungsorientierte oder verhaltenstherapeutische Untersuchungen.

Interventionen im Erziehungsstil zielen letztlich immer auf die Veränderung von Kindverhalten, ohne daß Erziehungsziele aber immer explizit formuliert werden. Auch die sehr verschiedenartige Benennung der zu beseitigenden Problemverhaltensweisen und der Zielverhaltensweisen erschwert die Klassifikation von Verhaltenszielen. Ein Begründungsproblem von erzieherischen Zielaussagen stellt sich für diesen Typ von Forschung nicht, da es um die Gewinnung von erziehungstechnologischen Erkenntnissen über Mittel-Ziel-Zusammenhänge geht.

4. Kritik und Ausblick. Trotz gravierender theoretischer und methodischer Differenzen in der Bearbeitung der Erziehungsstilthematik geht die grundlegende Kritik an der Konzeption des Erziehungsstilbegriffs immer wieder in eine Richtung: Der Begriff legt eine typisierende Analyse nahe, die der Komplexität des Erziehungsprozesses nicht gerecht werden kann. Dem läßt sich aber entgegenhalten, daß gerade in dieser Komplexitätsreduktion auch eine Chance liegt, wesentliche Aspekte des erzieherischen Handelns überhaupt systematisch beschreibbar machen zu können. Gravierender erscheint daher der Einwand gegen eine normative Beliebigkeit unterschiedlicher E., die in der Tat durch die Dominanz empirisch-analytischer Wissenschaftsauffassung in der Erziehungsstilforschung gegeben ist. Läßt man diesen Einwand gelten und orientiert sich demgegenüber an einem qualitativen Forschungsparadigma, dann wird deutlich, daß die alte Erziehungsstilthematik bereits unter neuen Chiffren subsumiert wird: In der Psychologie hat die Bezugnahme auf die Reflexivität des Subjekts den Fokus der Aufmerksamkeit auf die subjektiven Erziehungsvorstellungen gelenkt, deren Theoriestruktur rekonstruiert werden soll.

Die Orientierung an Entwicklungstheorien könnte zu einer Wiederannäherung von Erziehungsstilkonzepten für den schulischen und familiären Bereich führen, die gegenwärtig ohne nennenswerte Berührungspunkte sind. In der Erziehungswissenschaft ist die Erziehungsstilforschung weitestgehend durch Interaktionsanalysen abgelöst worden, die besser geeignet erscheinen, die reziproke Beziehungsstruktur im Erziehungsprozeß zu erfassen. Damit ist aber eine Verkürzung des mit dem Erziehungsstilbegriff auch Gemeinten verbunden: Die Reduktion von Erziehung auf Interaktion. Gibt es überhaupt noch Stile des erzieherischen Umgangs von Erwachsenen mit Kindern, also relativ konstante Handlungsorientierungen, die in einem aktuellen kulturell-historischen Habitus aufscheinen? D. Lenzen (1980, S. 22) ist solcherart verdrängter, verschütteter und vergessener Orientierungen nachgegangen und sieht hinter alltäglichen wie übrigens auch wissenschaftlichen Theorien folgendes: „Hinter dem dichten Geflecht pädagogischer Mythen findet sich nicht selten der verdrängte Wunsch, nicht mehr erziehen zu müssen, das unausgesprochene, oftmals unbewußte Bild eines Umgangs mit der jungen Generation, der nicht durch den normativen Konflikt, sondern durch Selbstverständlichkeit gekennzeichnet ist".

Lit.: Döring, K. W.: Lehrerverhalten: Forschung – Theorie – Praxis, Weinheim 1980; Herrmann, T. u. a.: Die Marburger Skalen zur Erfassung des elterlichen Erziehungsstils, in: Diagnostica, 17, 1971, S. 118–131; Kohlmann, C.-W. u. a. (eds.): Trait anxiety and parental child rearingbehavior: Supports as a moderator variable? In: Anxiety Research, 1, 1988, s. 53–64; Krohne, H. W.: Entwicklungsbedingungen von Ängstlichkeit und Angstbewältigung: Ein Zweiprozeß-Modell elterlicher Erziehungswirkung, in: H. W. Krohne (Hg.): Angstbewältigung in Leistungssituationen,

Weinheim 1985, S. 135–160; Krohne, H. W.: Erziehungsstilforschung: Neuere theoretische Ansätze und empirische Befunde, in: Zeitschrift für Pädagogische Psychologie 2 (1988) Heft 3, S. 157–172; Lenzen, D.: „Alltagswende" – Paradigmenwechsel? In: D. Lenzen (Hg.): Pädagogik und Alltag, Stuttgart 1980, S. 7–26; Schneewind, K. A. und Herrmann, T. (Hg.): Erziehungsstilforschung. Theorien, Methoden und Anwendung der Psychologie elterlichen Erziehungsverhaltens, Bern/Stuttgart/Wien 1980; Spranger, E.: Grundstile der Erziehung, in: B. Gerner (Hg.): Erziehungsstile und Lehrerverhalten, Darmstadt 1976, S. 1–28; Stapf, K. H. u. a.: Psychologie des elterlichen Erziehungsstils, Bern/Stuttgart 1972; Weber, E.: Erziehungsstile, Donauwörth 1971.

Agi Schründer-Lenzen, Berlin

Erziehungsurlaub

Anspruch auf E. haben Arbeitnehmer und Arbeitnehmerinnen, die Anspruch auf →Erziehungsgeld haben oder nur deshalb nicht haben, weil die Einkommensgrenze überschritten ist. E. soll Erwerbstätigen die Möglichkeit eröffnen, sich ohne Sorge um ihren Arbeitsplatz intensiv ihrem Kind zu widmen. Es besteht weitgehender Kündigungsschutz. Die Eltern können wählen, wer von ihnen E. nimmt, wenn beide erwerbstätig sind, und sich beim E. abwechseln. Eine Teilzeitbeschäftigung bis zu 19 Std. wöchentlich ist während des E. zulässig.

Erziehungswissenschaft

„Erziehungswissenschaft" ist ein Projekt der →Aufklärung, das mit dem Entstehen einer rationalen Psychologie öffentliche Kontur erhält. Grundlegend für dieses Projekt ist →John Lockes Version des Sensualismus gewesen, also die Theorie, daß es keine angeborenen Ideen gebe, sondern der gesamte Ideengehalt und die Kombinatorik des Geistes gelernt seien. Die Kontrolle der Lernprozesse im Lichte moralischer Zielsetzungen ergibt das Programm der frühen Erziehungswissenschaft, in Frankreich befördert vor allem durch Condillacs „Traité des sensations" (1754), aus dem sich auch der Anspruch einer Erziehungstechnologie ableitete (Oelkers 1992).

Die deutsche Erziehungswissenschaft vor Kant ist ebenfalls deutlich sensualistisch orientiert, vertritt aber keine materialistischen Positionen, sondern operiert vor dem Hintergrund pietistischer Erziehungserwartungen, die sich im Konzept des erziehenden Unterrichts artikulierten. Der Anspruch einer aufgeklärten, wenngleich religionsgebundenen Praxis wird zuerst in den Philanthropinen realisiert, in der die neuen pädagogischen Ideen des aufgeklärten Lernens auf die Probe gestellt wurden. Die Hauptströmung der modernen Pädagogik folgt diesem Muster einer zugleich theoretischen und praktischen Wissenschaft bis heute, wobei die Reflexionsform der →Philanthropen erst in der neuesten historischen Forschung die gebührende Beachtung findet (Tenorth 1992).

Die Philosophie des deutschen →Idealismus setzt das Projekt fort, aber gibt ihm eine neue Gestalt, nämlich eine transzendentale Begründung, die den Empirismus des 18. Jahrhunderts ablösen sollte. Die beiden zentralen Begründungen der Erziehungsphilosophie im frühen 19. Jahrhundert aber, →Herbarts „Allgemeine Pädagogik" von 1806 und →Schleiermachers pädagogische Vorlesungen von 1826, folgten dieser Vorgabe nicht, so daß die kantische Philosophie in der deutschen Pädagogik eher wirkungslos blieb. Die Erziehungsphilosophie bezog sich entweder auf den religiösen Idealismus Schleiermachers oder auf den szientifischen Realismus Herbarts, ein Gegensatz, der bis heute nachwirkt. Die unmittelbaren Schüler Kants waren bald vergessen, und der Neukantianismus des frühen 20. Jahrhunderts blieb eine Disziplin der akademischen Pädagogik.

Am Ende des 19. Jahrhunderts wurde

von zwei Wegen her versucht, eine empirische Erziehungswissenschaft nach dem Vorbild der experimentellen Psychologie zu begründen. Der eine Weg war von der neuen Kinderpsychologie geprägt, die nach 1870 europaweit entwickelt wurde und die das reformpädagogische Bild des Kindes stark beeinflußte; der andere Weg war die Ausweitung des experimentellen Verfahrens auf den gesamten Bereich der Erziehung, was sich etwa in der Gründung von speziellen Forschungsinstituten niederschlug. Trotz großer Eingangserwartungen blieb der zweite Weg zunächst eine Randerfahrung, die das Zentrum nicht erreichte.

Was sich durchsetzte, waren die normativen Ansätze der →Reformpädagogik, begleitet durch den Aufstieg der →geisteswissenschaftlichen Pädagogik, die den akademischen Diskurs nach 1920 mehr und mehr beherrschte (Oelkers 1989). Diese hermeneutisch-pragmatische Lebensphilosophie blockierte die rein methodische Forschung, reaktivierte die älteren Seelenlehren, die im 19. Jahrhundert nie ganz verschwunden waren, und entwickelte ein Paradigma der Kulturpädagogik, das fast vierzig Jahre lang die Diskussion bestimmte. An den Rändern wurde immer wieder versucht, die empirische Forschung zu bestärken, aber ein Durchbruch gelang in der akademischen Pädagogik bis 1960 nicht, die sich einer pragmatischen Lebensphilosophie verpflichtet wußte und die Theorie: Praxis-Gestalt der Disziplin fortsetzte.

Der Wandel setzte erst mit dem Ausbau der Disziplin ein, die in wenigen Jahren (1960 bis 1975) überproportional expandierte und sich in dieser Veränderung einem starken Modernisierungsdruck ausgesetzt sah. Die Reaktion darauf war eine starke Arbeitsteilung einerseits und eine Spezialisierung der Forschung andererseits. Größere Projekte der empirischen und historischen Forschung, die den Rahmen einer Theorie: Praxis-Disziplin sprengten, wurden erst nach diesen Veränderungen lanciert, etwa im Bereich der Jugendforschung, der Wissenschaftsgeschichte oder der Frauenforschung.

Bei stark intensivierter Forschung wird das klassische Theorie: Praxis-Design der Pädagogik fraglich, das sich im 18. Jahrhundert auf eine weitgehend unbestrittene Psychologie stützen konnte und dann nur für die operative Anwendung zuständig war. Von Trapps „Versuch einer Pädagogik" (1780) bis Herbarts „Allgemeiner Pädagogik" besteht hier ein starker Zusammenhang, der so lange kontinuiert werden konnte, wie sich starke, aber einfache Theoriekonstrukte auf schwach differenzierte Praxisaufgaben beziehen ließen. Die Funktion der Erziehungswissenschaft im 19. Jahrhundert wurde daher nicht zufällig auf die Lehrerausbildung und die Professionalisierung des Lehrerstandes verengt, weil sich hier eine gesellschaftliche Aufgabenstellung ersten Ranges bearbeiten ließ und zugleich die Theorie: Praxis-Gestalt der Disziplin nicht geändert werden mußte (vgl. Metz 1992).

Der Ausbau im 20. Jahrhundert bewirkte dreierlei: die Überwindung einer rein auf Lehrerbildung fixierten Disziplin, die Pädagogisierung anderer Bereiche und die Auflösung der „Allgemeinen Pädagogik", die bis Wilhelm →Flitner (1950) für sich in Anspruch nehmen konnte, den Kern der Disziplin zu formulieren. Der Wissenschaftsstreit der sechziger Jahre bis Brezinka (1971) hat genau diese Funktion, die Erschütterung des Anspruchs einer Allgemeinen Pädagogik, die die Strukturen und Denkformen des gesamten Faches bestimmt, zugunsten einer ungebundenen und nur an den Rändern noch normativ geprägten empirischen und historischen Forschung.

Die Wirkungserwartung einer Wissenschaft, die mit szientifischer Präzision agiert, oder gar pädagogische Gesetze beschreiben könnte, ist nicht erfüllt worden. Auf der anderen Seite erneuerte sich die Erziehungswissenschaft zu einer forschenden und öffentlich wirksamen Disziplin, die erfolgreich gesellschaftliche Themen bearbeitet und sich bildungspolitisch engagiert, ohne daß die damit verbundene Arbeitsteilung nachteilig gewesen wäre. Demgegenüber ist die ausführliche wissenschaftstheoretische Diskussion (vgl. Benner 1991) eher ohne Ertrag oder wenigstens ohne Lösung geblieben. Der praktische Erfolg der Erziehungswissenschaft korrelierte nicht mit einem und nur einem wissenschaftstheoretischen Paradigma. Pluralismus ist offensichtlich kein Hinderungsgrund, Forschungsdaten zu generieren, wissenschaftliche Lehrmeinungen zu vertreten und auch in der politischen Öffentlichkeit Positionen zu beziehen. Das gilt nicht nur für die deutsche Erziehungswissenschaft, sondern läßt sich als historisches Strukturmerkmal auch dort nachweisen, wo andere Voraussetzungen gegeben waren, etwa in der amerikanischen Diskussion, die nicht auf eine einheitliche Disziplin rekurriert und trotzdem ähnliche Strukturmerkmale aufweist. Nach 1989 hat sich für die deutsche Erziehungswissenschaft die Lage insofern verändert, als die sozialistische Option entfiel und zugleich eine erneute Ausbauchance sich abzeichnete. Diese Situation hat aber die Struktur der Disziplin nicht tangiert, sondern bestätigt, auch weil sich der vermeintliche Konkurrent, die sozialistische Pädagogik der DDR (→Erziehungswissenschaft im Sozialismus), als in weiten Teilen rückständig erwies.

Die relativ etablierte Lage hat zugleich die großen Diskussionen kalmiert und die traditionellen Selbstzweifel zurückgenommen. In den 1980er und 90er Jahren sind keine wissenschaftstheoretischen Auseinandersetzungen mehr geführt worden, vielmehr hat sich die Disziplin konsolidiert und sich offenbar mit ihrer pluralen Gestalt identifiziert. Auch die große Theorie war eher rückläufig, weil nach dem Funktionalismusstreit (Habermas/Luhmann 1971) nur zwei Wege offenstanden, die Reaktivierung der Philosophie Kants durch die Habermassche Kommunikationstheorie oder die davon unabhängige Einzelforschung, die sich zunehmend auch der eigenen Disziplingeschichte zuwandte, wobei dann erst sichtbar wurde, welches Problem die kantische Philosophie für die Erziehungstheorie darstellt. Im Prinzip sind beide Wege offen, ohne die Frontlinien der frühen siebziger Jahre noch länger weiterzuziehen. Neuansätze einer pädagogischen →Ethik sind international zu beobachten (Oelkers 1992), was aber weder als Gegensatz noch als Alternative zu empirischen Forschungen aufgefaßt wird. Anhand von neuen Einzelthemen, wie etwa der Erzeugung und Kontinuierung pädagogischen Wissens (Oelkers/Tenorth 1991), läßt sich zeigen, daß eine Kooperation zwischen der ethischen Reflexion und der empirischen Forschung weit fruchtbarer ist als die traditionelle Entgegensetzung.

Die philosophische und ästhetische Diskussion der →Postmoderne hat auch die Erziehungswissenschaft am Ende der achtziger Jahre erreicht (Zeitschrift für Pädagogik Heft 1/1987) und wird den Trend zur Differenzierung und Relativierung fortsetzen. Abschließende Theoriesysteme sind nicht abzusehen, selbst einheitliche Zielformeln werden kaum mehr als rhetorischen Gehalt haben, während empirische und historische Beschreibungen nur noch mit hochgradig differenten Grundannahmen möglich erscheinen. In gewisser Weise schließt sich damit der Kreis zum Empirismus, nur daß die naiven Wirkungsannahmen des Sensualismus nicht länger haltbar erscheinen. Der Grundbegriff der Erziehung selbst läßt sich nicht länger mit einer einheitlichen Semantik behaupten, so daß auch hier realistische Optionen unausweichlich werden. Auf der anderen Seite scheinen auch die alten Abgrenzungen, etwa von Idealismus und Materialismus oder von Realismus und Metaphysik, nicht länger einen Erkenntnisfortschritt zu versprechen. Plurale Kombinationen und neue Toleranzen werden die Dichotomien selbst der Aufklärung durchbrechen und für neue Sichtweisen der Erziehung und der Bildung sorgen, sofern das liberale Klima der achtziger und frühen neunziger Jahre andauert.

Lit.: Brezinka, W.: Von der Pädagogik zur Erziehungswissenschaft, Weinheim 1971; Flitner, W.: Allgemeine Pädagogik, Stuttgart 1950; Habermas, J./Luhmann, N.: Theorie der Gesellschaft oder Sozialtechnologie: Was leistet die Systemforschung? Frankfurt a.M. 1971; Metz, P.: Die Herbart-Zillersche Bildungsreform im Kanton Graubünden. Ein Beitrag zur bündnerischen Schulgeschichte der Jahre 1880 bis 1930 und zur Erforschung des Pädagogischen Herbartianismus in der Schweiz, Bern 1992; Oelkers, J.: Die große Aspiration. Zur Herausbildung der Erziehungswissenschaft im 19. Jahrhundert, Darmstadt 1989; Oelkers, J. (Hrsg.): Aufklärung, Bildung und Öffentlichkeit. Pädagogische Beiträge zur Moderne, Weinheim/Basel 1992 (Zeitschrift für Pädagogik, Beiheft 28); Oelkers, J./Tenorth, H.-E. (Hrsg.): Pädagogisches Wissen, Weinheim/Basel 1991 (Zeitschrift für Pädagogik, Beiheft 27); Tenorth, H.E.: Paradoxa, Widersprüche und die Aufklärungspädagogik. Versuch, die pädagogische Denkform vor ihren Kritikern zu bewahren, in: Zeitschrift für Pädagogik, Beiheft 28 (1992); Zeitschrift für Pädagogik, Heft 1, Jg. 33 (1987), Themenschwerpunkt: „Pädagogik und Postmoderne".

Jürgen Oelkers, Zürich

Erziehungswissenschaft im Sozialismus

1. Begriff. Die E. als die in den (ehemals) sozialistischen Staaten Osteuropas und Asiens sowie in Kuba offiziell etablierte E. verlor mit den gesellschaftlichen Umbrüchen der jüngsten Vergangenheit ihre dominierende Rolle und vielfach auch ihre institutionelle Basis. Im folgenden werden allgemeine Züge dieser E. unter besonderer Berücksichtigung der Sowjetunion und der DDR dargestellt. Als Lehr- und Forschungsgebiet war die E. an Universitäten, Hoch- und Fachschulen sowie an zentralen, zumeist den Bildungsministerien unterstellten wissenschaftlichen Einrichtungen institutionalisiert, wovon die größten die Akademien der Pädagogischen Wissenschaften der UdSSR in Moskau und der DDR in Berlin waren. Die E. berief sich auf den Marxismus-Leninismus als ihrer weltanschaulichen, theoretischen und methodologischen Grundlage und verstand sich als Instrument der jeweils herrschenden Partei bei der Gestaltung der sozialistischen Gesellschaft, bei der kommunistischen Erziehung und bei der Auseinandersetzung mit der sogenannten bürgerlichen →Ideologie. Die E. unterlag zumeist zentraler Planung und Leitung sowie strenger Kontrolle durch die Staatsorgane und die herrschende Partei. Ihr Aufgabenbereich umfaßte Grundlagenforschung, angewandte Forschung und Entwicklungsarbeiten (Lehrpläne, Lehrbücher, Unterrichtsmittel) sowie Lehre und populärwissenschaftliche Propaganda. Auf diese Weise bereitete die E. die Gestaltung der erzieherischen Praxis unmittelbar vor, was zur Vernachlässigung der Grundlagenforschung und zur Überbetonung der praktisch orientierten Arbeit führte. Gegenüber der →E. der westlichen Länder dominierten Abgrenzung und ideologische Auseinandersetzung.

2. Geschichte.
2.1 Vorgeschichte. Die unmittelbare Vorgeschichte der E. ist Moment der Entstehung und des Wirkens des Marxismus und der politisch organisierten →Arbeiterbewegung in Westeuropa und in Rußland. Im Werk von Marx und Engels finden sich sowohl die philosophischen, ökonomischen und politologischen Grundlagen für den Aufbau einer entsprechenden E. als auch direkt auf Erziehung bezogene Aussagen, die jedoch noch keine konsistente Erziehungstheorie darstellen. Marx und En-

gels schließen bewußt an die klassische deutsche Philosophie, an die englische Politische Ökonomie und – für Erziehung besonders wesentlich – an den utopischen Sozialismus an. Zugleich setzen sie sich in wesentlichen Fragen davon ab. Die Dialektik Hegels wird mit einem Materialismus verbunden, der entscheidend über den mechanischen Materialismus der englischen und französischen Aufklärung hinausgeht, ebenso auch über den anthropologischen Materialismus Feuerbachs. Die Frage nach der Natur des Menschen wird in der Frage nach der Natur der menschlichen Verhältnisse aufgehoben. Die Denk und Verhaltensweisen der Menschen werden danach in letzter Instanz von den ökonomischen Verhältnissen bestimmt, und zwar derart, daß dem Proletariat seine objektiven Interessen bewußt werden und es so zum Subjekt der revolutionären Umgestaltung der bürgerlichen Gesellschaft zu einer klassenlosen Gesellschaft wird. Diese neue Gesellschaft wird als eine Assoziation vorgestellt, „worin die freie Entwicklung eines jeden die Bedingung für die freie Entwicklung aller ist" (Marx/Engels: Manifest der Kommunistischen Partei). In diesen historischen Prozeß ist die Erziehung eingebunden und von den Interessen der jeweiligen →Klasse bestimmt.

Marxistische E. erklärt auf der Grundlage dieses Paradigmas das gesellschaftliche Wesen der Erziehung, insbesondere ihren Klassencharakter, und wirkt an der Herausbildung einer entsprechenden Bildungspolitik und Erziehung bereits in der bürgerlichen Gesellschaft mit. Die enge Verbindung von Erziehungswissenschaft und Politik kommt sowohl im Wirken der politischen Führer der Arbeiterbewegung (A. Bebel, W. Liebknecht, H. Schulz, C. Zetkin) als auch der Pädagogen (→S. Bernfeld, →K. Löwenstein, O. Rühle, R. Seidel) zum Ausdruck. Nach dem I. Weltkrieg differenziert sich infolge der Spaltung der Arbeiterbewegung auch die pädagogische Theorie und Praxis. Die E. hat sich fast nur auf die kommunistische Tradition berufen, für die in Deutschland u. a. Th. Neubauer und E. Hoernle stehen.

2.2 Frühe sowjetische E. (1917–1931). Die Herausbildung dieser ersten Gestaltform der E. beginnt mit der marxistischen Bewegung in Rußland, die in theoretischer Hinsicht zuerst von G. W. Plechanow und dann von W. I. Lenin maßgeblich geprägt wurde, in deren Werk auch bildungspolitische und erziehungstheoretische Fragen Berücksichtigung fanden. Die umfangreichste und tiefgründigste Vorbereitung der E. leistete Lenins Frau, →N. K. Krupskaja (1869–1939). In vielen Aufsätzen, vor allem aber in ihrem 1915 entstandenen Hauptwerk „Volksbildung und Demokratie" entwickelte und propagierte sie vom marxistischen Standpunkt aus die Verbindung von Arbeit und Erziehung als die zentrale Aufgabe der Volksbildung in einer künftigen sozialistischen Gesellschaft. Nach der Revolution nahm sie gemeinsam mit A. W. Lunatscharski (1875–1933), dem ersten Volksbildungskommissar (-minister) von 1917 bis 1929, maßgeblichen Anteil an der Gestaltung des Bildungswesens und an der Entwicklung einer eigenständigen sowjetischen Pädagogik. Unter den Bedingungen der vom Zarismus übernommenen Rückständigkeit des Bildungswesens und der Kulturentwicklung überhaupt sowie der eingeschränkten materiellen Möglichkeiten des Sowjetstaates, aber getragen vom revolutionären Enthusiasmus, wurden diese Jahre zur geistig produktivsten Zeit auf pädagogischem Gebiet in der Sowjetunion. Marxistisches Denken verband sich mit einem spezifisch russischen Erbe (Uschinski, Tolstoi, Lesgaft) und mit Einflüssen der →Reformpädagogik in Westeuropa und Amerika. Zu den international bekanntesten Pädagogen gehören S. T. Schazki (1878–1934) und →P. P. Blonski (1884–1941). Bereits kurz nach dem Bürgerkrieg entstanden erziehungswissenschaftliche Einrichtungen, u. a. in Moskau 1922 das Institut für

Schulmethodik und an der 2. Staatlichen Moskauer Universität 1926 das Forschungsinstitut für Pädagogik. An den Hochschulen des Landes bestanden Lehrstühle für Pädagogik, und das Volkskommissariat für das Bildungswesen richtete Schulkommunen und Versuchsstationen ein. In der pädagogischen Literatur wurde die bürgerliche Erziehung und Pädagogik heftig kritisiert und um neue Lösungen gestritten. Bereits 1919 erschien von Blonski „Die Arbeitsschule" (1921 in Deutschland), worin erstmals auf marxistischer Grundlage das Modell einer neuen Schule, der Schule der sozialistischen Gesellschaft, als einheitliche industrielle Arbeitsschule ausgearbeitet worden war. Zu Beginn der zwanziger Jahre erschienen die ersten Pädagogiklehrbücher (von Blonski und Pinkewitsch), 1927/28 gab Kalaschnikow eine dreibändige Pädagogische Enzyklopädie heraus. In der wissenschaftlichen Arbeit und Diskussion ging es um allgemeine und grundlegende theoretische und methodologische Probleme: Gegenstand der Pädagogik und ihre Grundbegriffe, vor allem der Erziehungsbegriff; das soziale Wesen der →Erziehung; das Verhältnis zwischen Schule, Gesellschaft und Staat; die Rolle des Biotischen und des Sozialen bei der Entwicklung und Erziehung des Menschen; die Beziehungen zwischen →Kollektiv und →Individuum; das Verhältnis von organisierten und spontanen Einwirkungen auf den Menschen. Ende der 20er Jahre verschärfte sich die Diskussion um Stellung, Aufgaben und Perspektiven der Schule in der Gesellschaft und in der pädagogischen Wissenschaft. Während auf der einen Seite eine Beschränkung der E. auf Kinder- und vor allem auf Schulerziehung vertreten wurde, verfocht man auf der anderen Seite einen weiten Erziehungsbegriff, mit dem alle Momente sozialer Formung in den Gegenstandsbereich der Pädagogik einbezogen wurden. In der praktischen Konsequenz tendierte die zweite Richtung zu einer „Entschulung" der Gesellschaft, da mit dem „Absterben" des Staates im Kommunismus auch das Ende der Schule zu erwarten sei. Die Diskussion wurde durch den Beschluß des ZK der KPdSU (B) „Über die Grund- und Mittelschule" vom 5. September 1931 abgebrochen. Damit wurden nicht nur schulpolitische Entscheidungen im Sinne einer Orientierung auf die Lernschule getroffen, die in einem bestimmten Maße den gesellschaftlichen Erfordernissen der Zeit entsprachen, sondern wissenschaftliche Streitfragen durch politische Einmischung entschieden, was die Unterordnung der E. unter die Politik bedeutete.

2.3 Stalinistische Etappe (1931–50er Jahre). Der Inhalt der erziehungswissenschaftlichen Arbeit änderte sich in dieser Zeit wesentlich. Hauptsächlicher Gegenstand war die Schule als Unterrichtsstätte. Die Arbeiten in der Didaktik und in den Fachdidaktiken (Methodiken) wurden intensiviert sowie neue Lehrpläne, Lehrbücher und Lehrmittel geschaffen. Vorrangige Aufgabe der Pädagogik sollte die Verallgemeinerung der Erfahrungen der besten Lehrer sein. Die Pädagogik glitt auf den Weg des Empirismus ab und wurde eine Mischung von Normativen und methodischen Hinweisen. In der ersten Hälfte der 1930er Jahre war die sogenannte Pädologie, eine Art →pädagogischer Anthropologie, der bekannte Pädagogen und Psychologen anhingen, verbreitet und bestimmend. Mit ihrer entschiedenen Verurteilung durch den Beschluß des ZK der KPdSU (B) „Über pädagogische Entstellungen im System der Volkskommissariate für Bildungswesen" vom 4. Juli 1936 wurden jedoch die Beziehungen der Pädagogik zu den Nachbarwissenschaften stark eingeschränkt. Auch die Berufung auf die marxistische Philosophie verkam zum bloßen Zitieren und Kommentieren. Vor dem Hintergrund der Stalinschen Repression in allen Bereichen kam es zur Verfolgung vieler pädagogischer Wissenschaftler und zu Willfährigkeit und

Opportunismus in der Wissenschaft selbst. Allerdings erfuhr die Pädagogik in dieser Zeit eine gewisse Aufwertung und institutionellen Ausbau (1943 Gründung der Akademie der Pädagogischen Wissenschaften der RSFSR, der späteren APW der UdSSR).

Der bedeutendste sowjetische Pädagoge, der in dieser Zeit an die Öffentlichkeit trat und der – vor allem nach dem Kriege – auch im Ausland Aufmerksamkeit fand, war →A. S. Makarenko (1888–1939). Gestützt auf eine 15jährige Praxis zur Umerziehung von jugendlichen Rechtsverletzern und Verwahrlosten entwickelte er eine Erziehungstheorie, in der sich Humanismus, revolutionärer Enthusiasmus und pädagogischer Optimismus vereinen. Der pädagogische Optimismus gründet sich auf den Glauben an das Gute im Menschen und auf die Annahme, Erziehung technologisch immer mehr vervollkommnen zu können. Erziehung wirkt im Spannungsfeld von Individuum und Kollektiv, schließt Achtung und Forderung ein und strebt Kraft und Schönheit des Menschen an. Sie ist wesentlich Lebensorganisation des Kollektivs, in der die Arbeit das entscheidende Moment darstellt. In allen diesen Parametern unterscheidet sich Makarenkos Pädagogik grundlegend von der Lernschule, welche die stalinistische Bildungspolitik forderte, nach der die Funktion der Schule faktisch auf geistige Bildung reduziert, ein einseitiger Intellektualismus gefördert, aber polytechnische Bildung und Arbeitserziehung an den Rand gedrängt wurden.

2.4 Poststalinistische Zeit (seit den 1950er Jahren). E. wurde nach dem II. Weltkrieg nicht mehr allein durch die sowjetische Pädagogik repräsentiert. In einer Reihe osteuropäischer und asiatischer Länder entstanden ebenfalls als sozialistisch deklarierte Gesellschaftsverhältnisse, wobei sich aber nationale Besonderheiten auch in der Erziehung und Pädagogik mehr oder weniger zur Geltung brachten. Nach dem Tode Stalins (1953) gab es mit den Ansätzen der Entstalinisierung zur Zeit Chruschtschows (bis 1964) einen gewissen geistigen Aufbruch, der auch Bildungspolitik und E. erfaßte. Das bedeutete Horizonterweiterung in mehrfacher Hinsicht: Einbeziehung verschiedener nationaler Traditionen und stärkere Berücksichtigung des internationalen pädagogischen Erbes; eine zunächst zögernde Erweiterung des Gegenstandsverständnisses über Kinder- und Schulerziehung hinaus; Ausdehnung und Intensivierung der Beziehungen der Pädagogik zu anderen Wissenschaften; schließlich – in gewissen Grenzen – Kenntnisnahme von der Entwicklung in den westlichen Ländern. Der Stellenwert von Erziehung und Bildung wuchs unter dem Druck der militärischen, wirtschaftlichen, wissenschaftlich-technischen, sozialen und ideologischen Herausforderungen beim Wettstreit der beiden Weltsysteme, noch befördert durch die in der Sowjetunion gehegte Illusion, dem Kommunismus schon nahe zu sein und die westlichen Industrieländer in Kürze überholen zu können. Ausbau und relativer Aufschwung der E. vollzog sich jedoch stets innerhalb der mal enger und mal weiter gezogenen Grenzen. Der bis Mitte der 1950er Jahre anhaltende Druck zur Orientierung an der Sowjetpädagogik ließ dann zwar nach, aber im Kontext der politischen Verhältnisse und bedingt durch einen gewissermaßen historischen Vorlauf sowie durch das Übergewicht des wissenschaftlichen Potentials blieb der dominierende Einfluß der sowjetischen Pädagogik bis zum Einsetzen der Perestroika bestehen. Dennoch wird die E. auch durch Wissenschaftler anderer sozialistischer Länder namhaft vertreten, in der ersten Generation u. a. durch Bogdan Suchodolski und Wincenty Okón in Polen, durch Otokar Chlup und Josef Váňa in der Tschechoslowakei, durch Heinrich Deiters und Robert Alt in der DDR. Bekanntester Vertreter der sowjetischen Pädagogik nach dem Kriege war W. A. Suchomlinski, der als Schuldirektor der Erziehungspraxis verbunden blieb und sich in zahlreichen Veröffentlichungen vor allem mit ethischen Problemen der Erziehung auseinandersetzte. Zwischen den wissenschaftlich-pädagogischen Institutionen der sozialistischen Länder entwickelten sich vielfältige und enge Beziehungen. Höhepunkte waren die seit 1971 stattfindenden Konferenzen der Pädagogen sozialistischer Länder.

3. Stellenwert für die Sozialpädagogik und Sozialarbeit. Die Entwicklung der Sozialpädagogik bzw. der für die Sozialarbeit relevanten Momente innerhalb der E. ist differenziert einzuschätzen. Faßt man Sozialpädagogik in einem weiten Sinne auf und versteht darunter die Untersuchung der Erziehung in ihrem gesellschaftlichen Wesen und in ihren sozialen Zusammenhängen, dann müßte die E. von ihrem marxistischen Ansatz her vor allem Sozialpädagogik sein. Bis 1931 war dies die Sowjetpädagogik auch über weite Strecken bis hin zur Milieupädagogik und zu soziologistischen Vereinseitigungen. Sozialpädagogik in einem engeren Sinne war auf jeden Fall die Pädagogik Makarenkos. Sie entstand im unmittelbaren Zusammenhang mit der Umerziehung (Resozialisation) von jugendlichen Rechtsverletzern und Verwahrlosten. In der Zielsetzung dominierten auf die Gesellschaft, Gemeinschaft bzw. das Kollektiv bezogene Wertorientierungen. („Je ausgedehnter das Kollektiv, dessen Perspektiven für den Menschen zu persönlichen, eigenen Perspektiven geworden sind, um so schöner ist, um so höher steht der Mensch.") Bei der Gestaltung der Erziehung setzt Makarenko auf die Lebensorganisation und die sozialen Beziehungen, auf Traditionen und Perspektiven, auf Stil und Ton des Kollektivs. Ein zentraler Begriff ist die parallel-pädagogische Einwirkung, d.h. die in die gleiche Richtung wirkende Kraft des Kollektivs der zu Erziehenden. Auf der anderen Seite hat es in der E. eine Verdrängung oder Marginalisierung der Sozialpädagogik als wissenschaftlicher Disziplin gegeben, weil die Existenz eines sozialpädagogischen Problem- und Praxisfeldes nur ungern eingestanden worden ist. Die Aufgaben dieser Disziplin wurden teilweise von der Heimpädagogik, der →Jugendhilfe, der →Soziologie und der →Sozialpsychologie wahrgenommen.

4. Wertung. Es könnte scheinen, daß die E. nach dem Zusammenbruch des sozialistischen Systems in Europa nur noch historisches Interesse verdient. Allerdings ist die Entwicklung in China, Nordkorea, Vietnam, Kuba usw. nicht absehbar. Erkenntnisinteresse und Werturteil in bezug auf die E. hängen wesentlich von der Gesamtsicht auf das 20. Jahrhundert und dem dabei zugrunde gelegten Geschichtsverständnis ab. Objektives und differenzierendes Herangehen wird im sozialistischen System einen zwar mißglückten und in seinen Auswüchsen auch zu verurteilenden, aber dennoch historisch erklärbaren und moralisch berechtigten Versuch sehen, der kapitalistischen Welt eine praktische Alternative entgegenzusetzen. Erst von hier aus wird ernsthaft nach den Intentionen, den Entwürfen, der Praxis, den Widerständen, den Resultaten, den Deformationen und dem Versagen gefragt werden können. Zu den originären Innovationen des sozialistischen Erziehungssystems und seiner Theorie gehört die Verbindung von Arbeit und Erziehung bzw. Unterricht, die Polytechnisierung der Schule. In einem weiteren Sinne geht es dabei um die Verbindung der Erziehung mit dem Leben der Gesellschaft bzw. um das Aufgehen der Erziehung in der Gesellschaft, quasi um eine „Entschulung" der Gesellschaft einerseits und um eine Pädagogisierung der Gesellschaft andererseits, was als eine der „Autonomie der Erziehung" entgegengesetzte Konzeption angesehen werden kann. Spezielle und in der E. besonders thematisierte Gebiete sind dabei die

Kollektiverziehung, die politische und moralische Erziehung. Für die Historische Pädagogik gingen vom marxistischen Ansatz Impulse für eine dialektisch-materialistische Geschichtsschreibung aus, die jedoch für die Untersuchung und Darstellung des eigenen, d. h. des sozialistischen Erziehungssystems und für die Selbstdarstellung der E. aus politisch-ideologischen Gründen nicht produktiv gemacht werden konnten. →Bildung und Erziehung im Sozialismus

Lit.: L. Froese: Ideengeschichtliche Triebkräfte der russischen und sowjetischen Pädagogik, Heidelberg 1963 (2. Aufl.); Th. Dietrich: Sozialistische Pädagogik – Ideologie ohne Wirklichkeit. Grundlagen, Erziehungs- und Schulkonzeptionen, Erkenntnisse, Bad Heilbrunn/Obb. 1966; F. F. Koroljow/W. J. Gmurman (Hg.): Allgemeine Grundlagen der Pädagogik, Berlin (Ost) 1972; G. Neuner/J. K. Babanski u. a. (Red.): Pädagogik, Berlin (Ost) 1983 (4. Aufl.); M. Krüger-Potratz: Absterben der Schule oder Verschulung der Gesellschaft? Die sowjetische Pädagogik in der 2. Kulturrevolution 1928–1931, München 1987; W. Schmied-Kowarzik: Kritische Theorie und revolutionäre Praxis. Konzepte und Perspektiven marxistischer Erziehungs- und Bildungstheorie, Bochum 1988.

Wolfgang Eichler, Berlin

Ethik
1. Begriff. E. (griech. ēthos: Gewohnheit, Sitte, Charakter) strebt auf methodisch-systematischem Wege allgemein gültige Aussagen über gutes und gerechtes Handeln an. Sitten, Gebräuche, Regeln, Institutionen, Traditionen und sonstige wertende und bewertete Verhaltensweisen sind zwar immer in der einen oder anderen Form „gegeben"; eine Moral als Gesamtheit von Formen, Vorstellungen und Prinzipien (ge)rechten Handelns hat jeder – selbstverständlich auch der Kriminelle.

Aufgabe der normativen E. (= Moralphilosophie) ist es, die Geltung von vorliegenden bzw. tradierten Moralen vernünftig-argumentativ quasi auf einem (gedachten) Forum der Allgemeinheit, d. h. öffentlich und für jedermann zugänglich, zu prüfen. Als Disziplin der Praktischen Philosophie lehnt die normative E. den Rückgriff auf politische, geschichtliche oder religiöse Autoritäten als Letztbegründung für moralische Sollensforderungen ab. Allerdings setzt sie die Idee eines sinnvollen menschlichen Lebens voraus; der Sinngehalt selbst kann dabei jedoch – zumal in einer pluralen Gesellschaft – strittig sein. Die Metaethik wiederum untersucht die im normativ-ethischen Diskurs verwendeten Aussagestrukturen und Argumentationsmethoden auf ihre sprachliche Form und ihre vernünftige Verwendbarkeit hin.

2. Geschichte. Die Geschichte der E. beginnt im abendländischen Denken bei den Griechen der Antike mit der Unterscheidung des Sokrates (470–399 v. Chr.) zwischen dem erfolgreichen und dem guten Leben und seiner These, wenn wir denn nur wüßten, worin genau das gute Leben besteht, würden wir auch notwendigerweise danach leben. Sokrates' Schüler Platon (427–347 v. Chr.) macht die Einsicht in die Idee des Guten zum begründenden Ausgangspunkt einer allgemein gültigen Moral. Die unvollkommene, wandelbare und unzuverlässige Welt unserer Sinne, Strebungen und Gefühle ist nach Platon ein Abbild einer vollkommenen, unwandelbaren, idealen Welt, von der wir mittels der Vernunft einen Begriff bekommen können. Somit ist es Aufgabe aller Menschen, mit ihren Handlungen durch Vernunftgebrauch dem idealen Guten gerecht zu werden. Platons Schüler Aristoteles (384–322 v. Chr.) verlegte dessen transzendente Welt der Ideen in unser Denken, dessen allgemeine Prinzipien in den konkreten Sachverhalten unserer Welt realisiert seien. Für Aristoteles war

das gute Leben deshalb Praxis, die von guten Prinzipien geleitet wird. Die guten Prinzipien entwickelte er aus seiner Lehre von der goldenen Mitte: Gut und gerecht zu leben ist eine Sache des rechten Maßes und nicht so sehr bestimmter Handlungsinhalte. Die Epikureer, eine von Epikur (342–270 v. Chr.) gegründete Gruppe von Philosophen, sahen indessen die beste Maxime für ein gutes Leben im Streben nach größtmöglicher Freude und geringstmöglichem Schmerz. Die Stoiker dagegen, die sich so nach ihrem Versammlungsort, nämlich einer Athener Säulenhalle (griech. stoa), nannten, setzten das gute Leben mit einem Leben in Übereinstimmung mit der Natur gleich und wollten die menschlichen Strebungen auf einfache, „natürliche" Bedürfnisse zurückgeführt sehen. Der subjektivistische Egozentrismus, der sich bei Epikureern wie Stoikern in je eigener Weise ankündigt, mutet bereits sehr modern bzw. postmodern (→Postmoderne) an.

Doch zunächst wandelte sich über mehr als ein Jahrtausend hinweg unter dem Einfluß der jüdisch-christlichen Offenbarungsreligion die Frage nach dem guten und gerechten Leben in eine ganz andere Hauptfrage: „Wie soll ich in der richtigen Beziehung zu Gott leben?" Erst im Zuge der Beantwortung dieser Frage ergibt sich die jüdisch-christliche Haltung zu sich selbst und zu den Mitmenschen: Weil Gott die Menschen nach seinem Bilde geschaffen hat und weil wir Gott lieben, lieben wir auch unseren Nächsten wie uns selbst, und durch unseren Nächsten lieben wir auch wiederum Gott. Die Brüder- und Schwesterlichkeit aller Menschen liegt begründet in der gemeinsamen Gotteskindschaft. Die Idee von den allen Menschen zugehörigen und unveräußerlichen Menschenrechten hat hier ihre erste geschichtlich wirksame Begründung erfahren, auch wenn sie politisch-praktisch zeitweilig sogar gegen die Kirche verfochten werden mußte.

Nach dem Zerfall der religiös motivierten Allgemeingültigkeit der Moral wurde insbesondere von Immanuel Kant (1724–1804) die allen Menschen gemeinsame praktische Vernunft als jene entscheidende Instanz etabliert, die Allgemeinheit (allgemeine Verläßlichkeit und Verbindlichkeit) für sich beansprucht und somit die Allgemeingültigkeit der Moral begründen kann. Das kann sie allerdings nur, wenn sie nicht bestimmte Inhalte, sondern eine formale vernünftige Vorgehensweise für allgemeingültig erklärt. Eine solche formuliert Kant im Kategorischen Imperativ: „Handle nur nach derjenigen Maxime, durch die du zugleich wollen kannst, daß sie ein allgemeines Gesetz werde!" Dieses Verallgemeinerungsprinzip läßt bewußt offen, zu welcher konkreten Tat der Handelnde am Ende sich entscheidet.

Das tut auch der Utilitarismus von J. Bentham (1748–1832) und J. St. Mill (1806–1873), der jedoch vom allgemeinen Glücksstreben der Menschen als dem entscheidenden Axiom ausgeht und in Erweiterung des epikureischen Ansatzes der Vernunft die Beachtung des größtmöglichen Glücks der größtmöglichen Zahl (von Menschen) auferlegt. In jüngerer Zeit hat J. Rawls in seiner „Theorie der Gerechtigkeit" (1972) den Versuch unternommen, die Kantische formale Ethik mit dem eher inhaltlich-praktisch konzipierten Utilitarismus zu verbinden.

Die Kommunikative E. von J. Habermas betont die Notwendigkeit des Aushandelns der gültigen Prinzipien und Handlungsregeln. Die Analytische E. (W. K. Frankena u. a.) ist an der begriffslogischen Analyse ethischer Argumentationen interessiert, um so zu einer allgemein nachvollziehbaren Kritik moralisch relevanter Handlungen zu kommen. Der ethische →Konstruktivismus wiederum (P. Lorenzen, O. Schwemmer) sucht jedes Theorieelement (Axiom, Definition, Regel) aus dem jeweiligen lebensweltlichen Sinnzusammenhang verständlich zu machen und als Konstrukt des praktischen Umgangs der Menschen miteinander festzustellen.

3. Ethik und Soziale Arbeit. In bezug auf Soziale Arbeit ist E. mehrfach zu unterscheiden:

3.1 E. der Sozialen Arbeit hat die Legitimation professioneller Sozialarbeit und Sozialpädagogik zu begründen und ist insofern identisch mit der →Sozialphilosophie als Grundlagentheorie für Soziale Arbeit. Infolge der ontologischen Gleichursprünglichkeit der Hinordnung des Menschen auf Selbst-Sein und Mit-Sein ist es Aufgabe des Individuums, sein Selbst zum Ich zu gestalten, das durch Interaktion und Kommunikation am Sein der anderen partizipiert. Die Gesellschaft ist daher weder ein eigenständiges „Wesen" (Kollektivismus), in dem lediglich viele Exemplare einer Gattung versammelt wären, noch eine pure Ansammlung reiner Individuen, die ihrer Autarkie frönen (Individualismus, Solipsismus). Die Gesellschaft ist vielmehr die in Teilnahme und Teilgabe strukturierte Gemeinschaftlichkeit der Personen auf der Grundlage ihrer Gleichheit und Zusammengehörigkeit. Die gegenseitige Anerkennung der Gleichheit und Zusammengehörigkeit zieht die Solidarität nach sich für den Fall, daß Mitglieder der Gesellschaft diese Gleichheit im Sinne von Gleichwertigkeit zu realisieren gehindert sind. Die (Be-)Hinderung von einzelnen Gruppen an der Entwicklung ihrer Persönlichkeit und/oder an der Partizipation an den gemeinsamen („öffentlichen") Angelegenheiten begründet die Notwendigkeit von Sozialer Arbeit. Deren →Intervention zieht dann aber auch in der Regel einen Wertekonflikt nach sich, weil die „Hinderung" bzw. die Hilfebedürftigkeit sehr unterschiedlich beurteilt werden kann und die Kriterien für solche Beurteilungen oftmals umstritten sind. Gleichzeitig ist jede Intervention der Sozialen Arbeit auch ein Eingriff in den Status quo der sozialen Machtverteilung, d.h., das Instrument der Sozialen Arbeit soll der Verbesserung der sozialen Gerechtigkeit dienen, wird jedoch im wesentlichen von den Nutznießern des Status quo kontrolliert.

3.2 E. in der Sozialen Arbeit behandelt alle Fragen nach der Geltung von Werten und Normen, wo immer sie im Kontext Sozialer Arbeit auftreten.

3.2.1 Auf der theoretischen Ebene behandelt sie die Frage nach der Allgemeingültigkeit bestimmter Verhaltensforderungen, z.B. der Menschenrechte. Soziale Arbeit geht im Berufsalltag vielfach wie selbstverständlich mit ethischen Vor-Urteilen um, die sich meist jedoch keineswegs von selbst verstehen. Das Recht auf Leben, auf Eigentum, auf Schutz der Intimsphäre, auf freie Meinungsäußerung, auf Selbsttötung, das Gewaltmonopol des Staates: das Ja oder Nein zu diesen und vielen anderen Grundfragen muß argumentativ erarbeitet werden, und zwar nicht für diesen oder jenen Einzelfall, sondern mit dem Ziel der Allgemeingültigkeit. E. kann sich hier nicht in der Berufung auf „geltendes Recht" erschöpfen, denn die bloße Rechtssetzung durch den Gesetz- oder Verfassungsgeber ist zwar ein ausreichender Grund für die juristische, nicht aber für die ethische Geltung.

3.2.2 Auf der praktischen Ebene behandelt die E. in der Sozialen Arbeit die Anwendung allgemeingültiger Sollensforderungen auf spezielle Problem- und Arbeitsfelder der Sozialen Arbeit, z.B. die Begründung der Geltung und der Reichweite des Rechtes auf Selbstbestimmung im Erziehungsprozeß, bei der Schuldfähigkeit, bei der Sterbehilfe, in Schwangerschaftskonflikten usw.

3.2.3 Die Berufsethik ist von zentraler Bedeutung für das Selbstverständnis der Sozialarbeiter und Sozialpädagogen von sich und ihrer Arbeit. Die Berufsethik ist jedoch keine gruppeninterne Sonderethik; sie beinhaltet vielmehr die spezielle Anwendung allgemein gültiger Verhaltensforderungen auf die Berufsbeziehung zwischen Helfer und Klient im Zusammenhang ihres jeweiligen

Umfeldes, insbesondere auch der Institution, in deren Rahmen die helfende Beziehung zustande kommt. Auf internationaler Ebene wurden „The Ethics of Social Work – Principles and Standards" auf der Weltdelegiertenkonferenz der Internationalen Federation of Social Workers (IFSW) vom 6.–8. Juli 1994 in Colombo, Sri Lanka, verabschiedet. Wie viele andere nationale Berufsverbände hat sich auch der Deutsche Berufsverband für Sozialarbeit, Sozialpädagogik und Heilpädagogik e. V. (DBSH) einen Code of Ethics gegeben, der unter dem Titel „Berufsethische Prinzipien des DBSH" von der Bundesmitgliederversammlung vom 21.–23. November 1997 in Göttingen beschlossen wurde. Nach Schlüter 1983, ³1995 können die fundierten philosophisch-ethischen Überlegungen in folgenden acht Leitsätzen zusammengefaßt werden:

1. Soziale Arbeit muß werten, weil sie sonst aufhörte, Arbeit von Menschen mit Menschen zu sein. Ihre Werte dürfen aber weder gruppenspezifisch noch bloß situativ begründet sein; sie müssen vielmehr stets Allgemeingültigkeit anzielen. Die Handlungsmaximen der Berufsperson müssen auf dem Forum aller Beteiligten und Betroffenen rechtfertigbar sein.
2. Als wertende Arbeit mit Menschen verlangt Soziale Arbeit schon von ihrem Ansatz her eine doppelperspektivische Haltung: die streitbare Toleranz, für die auch eingetreten werden muß. Streitbare Toleranz bedeutet Bereitschaft zu vernünftig-argumentativer Auseinandersetzung um die richtigen Werte mit der Offenheit, auch die eigenen Überzeugungen fortzuentwickeln.
3. Soziale Arbeit als wertende Arbeit mit Menschen ist nur verantwortbar als vernunftgeleitetes Handeln auf der Basis der un-bedingten Achtung vor der Person. Diese bedeutet Achtung vor jedem Menschen als einem Mitglied des Menschengeschlechts, d. h. als einem vernunftfähigen Subjekt seines Selbst, nicht aber als dem Träger bestimmter Rollen, Merkmale, Eigenschaften oder Fähigkeiten. So kann z. B. niemand einem schwer geistig Behinderten sein personales Subjektsein objektiv absprechen, weil dafür nicht das Ausmaß irgendeiner bestimmten Fähigkeit bestimmend sein kann.
4. Soziale Arbeit kann und darf keine neutrale Vermittlung sein; als praktisches Handeln schließt sie immer auch konkrete Parteinahme ein. Sie ist aber nur dann auch vernunftgeleitetes Handeln, wenn die Parteinahme stets nur die vorläufige Konsequenz darstellt aus einer möglichst unparteilichen Auseinandersetzung mit möglichst allen Beteiligten unter Berücksichtigung aller (und nicht nur der aktuell) Betroffenen. Unparteilichkeit als inneres Prinzip der Vernunft kann zwar nur angestrebt werden; sie muß aber auch angestrebt werden. Umgekehrt darf die praktische Konsequenz der Parteinahme niemals die Achtung vor der Person aller Beteiligten und Betroffenen verletzen.
5. Soziale Arbeit dringt auf größtmögliche Selbstbestimmung und Selbstverantwortung der Klienten. Sie unterstützt einen Selbstentwicklungsprozeß, der sich vollzieht als stets erneute Verarbeitung (= Selbstbestimmung) der Gegensätze zwischen den Fremdbestimmungen (Bedürfnissen, Normen und Anforderungen der aktuellen Situation). Die Entwicklung des →Selbst ist also der dialektische Prozeß zwischen Fremdbestimmtheit und der sie reflektierenden und verändernden Selbstbestimmung. Die darin zum Ausdruck kommende prinzipielle Potenz des Menschen zu vernünftiger Wahlentscheidung kann von den einzelnen Menschen immer nur relativ realisiert werden: Je unmittelbarer die psychophysischen und soziokulturellen Gegebenheiten (meines Selbst, meiner Mit- und Umwelt) mein Denken, Fühlen und Handeln

bedingen, desto geringer ist das Ausmaß meiner Selbstbestimmung und -verantwortung; je mehr die fremdbestimmenden Faktoren durch intersubjektive Reflexion transzendiert werden, desto größer ist das Ausmaß meiner Selbstbestimmung und -verantwortung.
6. Das Recht auf Selbstbestimmung und Selbstverantwortung schließt jede Manipulation aus. Manipulation ist ein zwingender Eingriff in die Entscheidungsfähigkeit eines anderen in einer für ihn unkontrollierbaren Weise. Herrschende Normen müssen auch in der sozialen Arbeit erst im vernünftig-argumentativen Diskurs ihren Wert erst erweisen; andernfalls werden sie als Instrumente zur Durchsetzung eines ungerechtfertigten Herrschaftsanspruchs erkennbar. Auch diesen Selbstemanzipationsprozeß darf soziale Arbeit nicht ersetzen, will sie nicht selber lediglich zu einer weiteren fremdbestimmend-normierenden Instanz werden. Sie sollte jedoch die Auseinandersetzung mit der Fremdbestimmtheit fördern mit Hilfe verschiedener Entwicklungs- und Handlungsperspektiven.
7. Weil Soziale Arbeit die selbstbestimmte Entfaltung der Persönlichkeit fördern soll und letztlich der Klärung dient, wie ein Mensch sinnvoll leben kann, muß sie die berufliche Beziehung als partnerschaftliche Beziehung intendieren. Die partnerschaftliche Grundintention schließt die Bereitschaft und die Fähigkeit des Helfers ein, nicht nur seine Werte in Anbetracht aller Beteiligten und potentiell Betroffenen inhaltlich zu begründen, sondern die persönliche Erarbeitungsgeschichte dieser Begründung in der Beziehung zum Adressaten mitzuteilen, mit dem Ziel, einen analogen Erarbeitungsprozeß anzuregen bzw. zu fördern.
8. Die Achtung vor der Person und die Verpflichtung auf die größtmögliche Selbstbestimmung und -verantwortung des Klienten verlangen vom Helfer, seine Fähigkeit zur partnerschaftlichen Grundintention gegenüber einem bestimmten Klienten bzw. Klientel und seine Eignung für eine bestimmte Problematik zu prüfen. Einer entsprechenden Prüfung ist auch das fachliche Instrumentarium zu unterziehen; denn manche autoritativ angelegte Methodik unterläuft die Grundwerte sozialer Arbeit.

Lit.: Baum, H.: Ethik sozialer Berufe, Paderborn 1996; Ginters, R.: Werte und Normen, Düsseldorf-Göttingen 1982; Schlüter, W.: Sozialphilosophie für helfende Berufe. Der Anspruch der Intervention, München-Basel [3]1995; Schulz, W.: Grundprobleme der Ethik, Pfullingen 1989; Spaemann, R.: Moralische Grundbegriffe, München 1982; Strang, H.: Grundwerte in der Sozialarbeit, in: Archiv für Wissenschaft und Praxis der sozialen Arbeit, 11. Jg. (1980) 185–199; Weischedel, W.: Skeptische Ethik, Frankfurt/M. 1976.

Wolfgang Schlüter, Aachen

Ethnomethodologie

insbesondere von dem Amerikaner Garfinkel Ende der 1960er Jahre entwickelter soziologischer Forschungsansatz, der die Methoden, mit deren Hilfe die Gesellschaftsmitglieder ihre tägliche Handlungs- und Interaktionspraxis bewältigen, zum Gegenstand gemacht hat. Der Handelnde wird als strukturierendes Subjekt verstanden, welches sich sinnstiftend an der Konstruktion von Wirklichkeit beteiligt. Seit Beginn der 1970er Jahre hat auch die bundesdeutsche erziehungswissenschaftliche Diskussion die Erkenntnisse der E. rezipiert, von denen man sich weiterführende Aufschlüsse zum Verhältnis von →Lebenswelt und individuellen Bildungsprozessen versprach. Weder die Sozialisationsforschung noch die Lern- und Entwicklungspsychologie hatten dies hinreichend aufklären können. →Empirische Sozialforschung: Qualitative Verfahren

Etikettierung
→Stigmatisierung

Etikettierungsansatz
→Labeling approach

Europäischer Sozialfonds
wesentliches, 1958 eingerichtetes arbeitsmarktpolitisches Instrument der Europäischen Gemeinschaft zur Förderung der beruflichen Qualifikation von Arbeitskräften. Dies soll erreicht werden durch: die Entwicklung und strukturelle Förderung wirtschaftlich rückständiger Regionen; Umstrukturierung von Regionen mit rückläufiger industrieller Entwicklung; Bekämpfung von Langzeitarbeitslosigkeit; Erleichterung der Eingliederung in den Arbeitsmarkt von vom Ausschluß bedrohter Personen; Unterstützung der Anpassung von Arbeitskräften an industrielle Veränderungen; Förderung des ländlichen Raums. Der Sozialfonds beteiligt sich mit höchstens 50% der zuschußfähigen Ausgaben. Insbesondere bei der Förderung von Schwervermittelbaren oder von vom Ausschluß bedrohten Personen werden auch sozialpädagogische Begleitmaßnahmen finanziert.

Europäisches Fürsorgeabkommen
→Internationales Abkommen zur Sozial- und Jugendhilfe

Europäische Sozialpolitik und Europarecht
1. Sozialpolitik der Europäischen Union (EU). Die sozialpolitische Kompetenz der EU ist komplex und vielschichtig. Einerseits ist im Gegensatz etwa zur Agrarpolitik die Sozialpolitik nicht den Gemeinschaftsorganen übertragen, andererseits verfügt die EU über sozialpolitische Kompetenzen für ausgewählte Aufgaben. Gleichwohl wird den Mitgliedstaaten (MS) die Kompetenz für die Regelung „ihrer" Sozialpolitik zugesprochen. Solange die Grundverantwortung für die soziale Sicherheit der Menschen bei den einzelnen MS liegt, kann es keine europäische Solidargemeinschaft auf dem Gebiet der Sozialpolitik geben. Eine solche ist auch politisch nicht gewollt. Die Europäische Kommission befürwortet daher auch keine Harmonisierung im Sinne einer vollständigen Angleichung der unterschiedlichen Sozialsysteme der MS, sondern setzt auf die Integrationsmethode der „sozialen Konvergenz", welche auf Abstimmungsprozesse hinsichtlich sozialpolitischer Ziele abhebt, Mittel und Wege zur Erreichung dieser Ziele aber den sozialpolitisch souveränen Nationalstaaten überläßt. Diskussionen um Sozialdumping im Sinne einer allgemeinen Absenkung des sozialen Leistungsniveaus auf einen Mindeststandard oder um Sozialtourismus, bei dem sich Wanderungsströme mit Sogwirkung in Länder mit ausgeprägtem Sozialsystem bewegen, oder um Sozialexport als Inanspruchnahme aller in Frage kommenden Sozialleistungen eines MS und deren Transfer in einen anderen Staat belegen die Brisanz von Sozialpolitik in der EU. Entsprechend stehen Stellenwert und Reichweite der EU-Sozialpolitik zur Disposition, da das →Subsidiaritätsprinzip auch auf der europäischen Ebene gilt. Danach wird die EU in Bereichen wie der Sozialpolitik nur tätig, „sofern und soweit die Ziele der in Betracht gezogenen Maßnahmen auf Ebene der MS nicht ausreichend erreicht werden und daher wegen ihres Umfangs oder ihrer Wirkung besser auf Gemeinschaftsebene erreicht werden können. Die Maßnahmen der Gemeinschaft gehen nicht über das für die Erreichung der Ziele erforderliche Maß hinaus". Es steht zu befürchten, daß das →Subsidiaritätsprinzip vor dem Hintergrund der vielfältigen sozialpolitischen Heterogenität der MS nicht zu den angestrebten konvergenten Regelungen über Fragen der Zuständigkeit, Zielkonkurrenzen und Mittelwahl für den Bereich der Sozialpolitik, sondern zu einer nivellierenden Handhabung führen kann.

2. Vertragliche Grundlagen der EU-Sozialpolitik. Der ‚neue' Amsterdamer

Vertrag verleiht der Europäischen Union im Vergleich zur vorangegangenen Vertragslage mehr Handlungskompetenzen für den Bereich der Sozialpolitik. Das europarechtliche Verständnis von Sozialpolitik ist dabei weiter gefaßt als das deutsche und beinhaltet auch arbeitsrechtliche und beschäftigungspolitische Themen. Die Überführung und Integration des vorher als Anhang des Maastrichter Vertrags geltenden Sozialprotokolls in den Amsterdamer Vertrag wird als positiver Impuls für die Fortentwicklung der sozialen Dimension auf der sozialeuropäischen Ebene gewertet, da die gesamten Vorschriften nunmehr auch in Großbritannien gelten. In der Vergangenheit hatte die Weigerung Großbritanniens, dem Sozialprotokoll beizutreten (opting-out), die Entscheidungsfähigkeit der Gemeinschaft im Sozialbereich sehr erschwert. Die Sozialvorschriften des neuen Amsterdamer Vertrages (Art. 136–148 = ex-Art. 117–125) ermöglichen Maßnahmen zur Bekämpfung sozialer Ausgrenzung (Art. 137 Abs. 2), stärken die Rolle, Bedeutung und Handlungskompetenzen der Sozialpartner (Arbeitgeber/Arbeitnehmer und teilweise die Wohlfahrtsverbände) und deren sozialen Dialog. Sie fördern und unterstützen außerdem die Zusammenarbeit der Mitgliedstaaten.

Hervorzuheben ist die Förderung der Beschäftigung als ausdrückliche Gemeinschaftsaufgabe im Amsterdamer Vertrag (Art. 125–130), womit durch eine koordinierte Beschäftigungsstrategie und Fördermaßnahmen ein hohes Beschäftigungsniveau geschaffen werden soll, das wiederum durch die jährliche Festlegung beschäftigungspolitischer Leitlinien zu gewährleisten ist. Neben der Reduzierung von Arbeitslosigkeit, der Nutzung und Weiterentwicklung der beruflichen Qualifikation, der Herstellung von Chancengleichheit soll neben einem angemessenen Einkommen auch ein hinreichender sozialer Schutz durch diese Art von Beschäftigungspolitik erreicht werden.

In der Kritik wird zurecht darauf hingewiesen, daß die Erfolgsaussichten dieser Beschäftigungspolitik insofern zweifelhaft erscheinen, als keine zusätzlichen Kosten für die Durchführung der gemeinschaftlichen Beschäftigungsinitiativen vorgesehen sind. Die Finanzierung der Beschäftigungspolitik kann somit lediglich durch Umschichtungen im Rahmen des vorgesehenen Haushaltes erfolgen. Dabei ist als wesentliche Einschränkung sowohl der Beschäftigungspolitik als auch der Sozialpolitik der Europäischen Union zu berücksichtigen, daß mit dem 1. Januar 1999 die dritte Stufe der Wirtschafts- und Währungsunion begonnen hat, die die Mitgliedstaaten der Europäischen Union auf die Einhaltung der Konvergenzkriterien verpflichtet.

Die für Sozial- und Beschäftigungspolitik zentrale Rolle spielt dabei das Erfordernis der „Haushaltsdisziplin", wonach übermäßige Haushaltsdefizite zu vermeiden sind. Ein übermäßiges Haushaltsdefizit liegt vor, wenn das Verhältnis zwischen dem geplanten oder tatsächlichen Defizit und dem Bruttoinlandsprodukt (BIP) 3% oder das Verhältnis zwischen dem öffentlichen Schuldenstand und dem BIP 60% übersteigt.

Zur Sicherstellung der Haushaltsdisziplin wurde der Stabilitäts- und Wachstumspakt verabschiedet, der die Mitgliedstaaten verpflichtet, ihren Haushalt zu konsolidieren und entweder einen ausgeglichenen Haushalt zu erreichen oder einen Überschuß zu erzielen.

Da Systeme sozialer Sicherung und auch Transferzahlungen, wie z. B. Sozialhilfe, in den Prüfungsrahmen der Haushaltsdisziplin fallen, wird in der Kritik davon ausgegangen, daß die Währungsunion zur Entstehung sozialer Probleme beiträgt.

Ob somit die Instrumente und Gestaltungsmöglichkeiten des Amsterdamer Vertrages ausreichen, um den zukünftigen gesellschaftlichen, politischen und wirtschaftlichen Herausforderungen begegnen zu können, ist zu bezweifeln. Nicht zuletzt vor dem Hintergrund der bevorstehenden Osterweiterung tritt deutlich zutage, daß die strukturelle Verfaßtheit und Zusammensetzung der europäischen Institution und ihr häufig starrer Abstimmungsmodus der Einstimmigkeit sukzessiv zur Handlungsunfähigkeit führen wird, wenn man berücksichtigt, daß in nächster Zukunft (2005) zunächst fünf weitere Mitgliedstaaten und im weiteren insgesamt elf neue Mitgliedstaaten hinzukommen.

3. Sozialpolitische Instrumente. EU-Sozialpolitik beruht auf dem allgemeinen Bekenntnis der Mitgliedsstaaten, „auf eine Verbesserung der Lebens- und Arbeitsbedingungen der Arbeitskräfte hinzuwirken und dadurch auf dem Wege des Fortschritts ihre Angleichung zu ermöglichen". Diese Art von Sozialpolitik beruht auf der neoliberalen wirtschaftspolitischen Annahme, daß die Effekte des gemeinsamen Marktes die „stetige Besserung der Lebens- und Beschäftigungsbedingungen" hervorrufen und zu einer „beschleunigten Hebung der Lebenshaltung" beitragen. Sie ist nahezu vollständig wirtschaftspolitisch orientiert.

Ein Kernstück europäischer Sozialpolitik liegt im Freizügigkeitsrecht der Arbeitnehmer (Art. 39), das die freie, d. h. von der Staatsangehörigkeit unabhängige Standortwahl für die Ausübung einer Erwerbstätigkeit ermöglichen soll. Die mit der →Migration verbundenen Fragen der sozialen Sicherung werden durch die Wanderarbeitnehmer-Verordnung (VO 1612/68) und die Verordnungen über die soziale Sicherheit der Arbeitnehmer und deren Familien (VO 1408/71 und VO 574/72) geregelt, die auf Art. 42 beruhen. Die Verordnungen sollen die Gleichbehandlung der Wanderarbeitnehmer mit Inländern in allen Fragen der Beschäftigung und sozialen Sicherung gewährleisten. Sie haben große praktische Relevanz und sind häufig Gegenstand von Verfahren vor dem Europäischen Gerichtshof (EuGH).

Sozialpolitik mit Hilfe der Struktur- und Kohäsionsfonds, der Armutsprogramme und Aktionsprogramme soll ökonomische und soziale Disparitäten unter den Regionen und MS ausgleichen. Der Europäische Sozialfonds (ESF) fördert die berufliche Verwendbarkeit und die örtliche und berufliche Freizügigkeit der Arbeitskräfte (Art. 146–148). Die Armutsprogramme der EG befassen sich mit sog. Problemgruppen des Arbeitsmarktes, wozu Langzeitarbeitslose, Ein-Eltern-Familien, ältere Menschen etc. gezählt werden.

Als Modellfall europäischer Sozialpolitik kann die Regelung zur Gleichstellung und Chancengleichheit für Frauen und Männer in der Europäischen Union nach Art. 141 des Amsterdamer Vertrages (ex-Art. 119) gelten. Art. 141 gewährt einen subjektiv-öffentlichrechtlichen Anspruch. Die Kommission hat in diesem Zusammenhang das Konzept des „Mainstreaming" entwickelt. Danach sollen sämtliche politischen Konzepte und Maßnahmen zur Verwirklichung der Gleichstellung und Chancengleichheit in alle anderen Politikbereiche einbezogen werden. Dieses Konzept könnte für den Bereich der Sozialpolitik und ihrer Berücksichtigung in anderen Politikfeldern eine interessante Strategie sein.

4. Europarecht und nationales Recht. EU-Sozialpolitik wird mit den Mitteln des Rechts gesteuert und reguliert. Das EU-Recht spielt in diesem Prozeß eine besondere Rolle, da die EU eine Rechtsgemeinschaft ist, die auf den Gründungsverträgen beruht und aus diesen ihre Handlungsgrundlagen und Handlungsinstrumentarien bezieht, welche den Gemeinschaftsorganen die Einwirkung auf die nationalen Rechtsordnungen in unterschiedlichem Ausmaß ermöglicht. Die Verträge, einschließlich der Anlagen, Anhänge, Protokolle sowie späteren Ergänzungen und Änderungen, werden auch als primäres Gemeinschaftsrecht bezeichnet. Die auf diesen Grundlagen erlassenen Normen und Re-

gelungen (Verordnungen, Richtlinien, Entscheidungen etc.) werden sekundäres Gemeinschaftsrecht genannt. Europarecht ist supranational und geht grundsätzlich dem jeweils nationalen Recht vor, d. h. es besteht ein Anwendungsvorrang. Wenn auch das primäre und sekundäre Gemeinschaftsrecht dem nationalen Recht vorgeht, so bestehen dennoch komplexe Wechselbeziehungen zwischen beiden Rechtsordnungen. Das bestehende primäre und sekundäre EU-Recht, dessen Änderung, Entscheidungen des EuGH und selbst (Neu-)Interpretationen lösen rechtliche Wirkungen im nationalen Recht aus. Umgekehrt muß die EU jede Maßnahme des nationalen Gesetzgebers im Anwendungsbereich der Gemeinschafts-Verträge berücksichtigen. Konflikte zwischen EU- und nationalen Institutionen sind somit strukturell vorgegeben. Dazu tragen auch unterschiedliche Begriffsbildungen und Regelungsbereiche im Europarecht und nationalen Recht bei, wie überhaupt Dogmatik und Methodik des Europarechts häufig zu gegenseitigen Adaptionsproblemen der verschiedenen Rechtsordnungen führen. Die Bedeutung des Europarechts für das nationale Recht wird besonders dadurch deutlich, daß es ca. 80% des wirtschaftsrelevanten nationalen Rechts mittelbar oder unmittelbar beeinflußt. Insgesamt führen die Wechselbeziehungen zwischen europäischer und deutscher (Sozial-)Politik zu Dilemmata und Verwerfungen in der Sozialen Arbeit in Deutschland. Sozialpolitik und Soziale Arbeit unterliegen einer auf der europäischen und nationalen Ebene doppelten Nachrangigkeit bzw. einer potenzierten Subsidiarität, mit der Folge, daß soziale Risiken jeglicher Art immer stärker in die Privatsphäre der Individuen verlagert werden.

5. Konsequenzen für die Soziale Arbeit.
Über EU-Sozialpolitik und Europarecht werden Standards, Zustand und Veränderungen der Rahmendaten für die Soziale Arbeit bestimmt. Handlungskonzepte Sozialer Arbeit erhalten europapolitische Relevanz. Ein einheitliches Selbstverständnis Sozialer Arbeit existiert nicht, diese wird generell in einem Rahmen von sozialpolitischen und wohlfahrtsstaatlichen Aufgabenzuweisungen, administrativen Vorgaben sowie professionellen Profilierungsbestrebungen und Selbsthilfeaktivitäten verortet.
Der europäische Integrationsprozeß wirkt unmittelbar und mittelbar in die Konstitution Sozialer Arbeit hinein:
– Er beeinflußt durch Steuerung, Regulierung und Deregulierung der wirtschafts- und finanzpolitischen, die arbeitsmarkt- und beschäftigungspolitischen sowie sozialpolitischen und familienpolitischen Rahmenbedingungen und wirtschaftlichen, rechtlichen und sozialen Grundlagen sowie Strukturen, Akteure und Adressaten und Handlungsfelder Sozialer Arbeit.
– Soziale Arbeit wird in ihrer Organisation (Markt und Wettbewerb, Rechtsformwahl), Finanzierung (Sparge- setze, Förderung), Konzeption (innovative Modellprojekte), Professionalisierung (Zuständigkeit) und Qualität (fachliche Standards) durch europäische (Sozial-)Politik stark beeinflußt.
Die Europäisierung der Sozial- und Gesellschaftspolitik verändert die nationalen institutionellen Strukturen Sozialer Arbeit. Die europäische Integration als Modernisierungsprozeß betrifft auch die Soziale Arbeit als potentielle Wachstumsbranche im Dienstleistungssektor. Unter dem Begriff der ‚Economie Sociale' wird in diesem Prozeß zentral die Freie Wohlfahrtspflege in ihrem Verhältnis zur Sozialen Arbeit betroffen. Im engeren Sinn geht es dabei um die Dienstleistungs- und Niederlassungsfreiheit für Wirtschaftsunternehmen in jedem MS der EU. Es ist davon auszugehen, daß Wohlfahrtsverbände, die ihnen angeschlossenen Einrichtungen und alle weiteren Anbieter sozialer Dienstleistungen den erwerbswirtschaftlich ori-

entierten Unternehmen gleichgesetzt werden, so daß auch Wohlfahrtsverbände und soziale Dienstleistungsunternehmen europaweit die Möglichkeit erlangen, in „freien Wettbewerb" zu anderen Anbietern zu treten.
Den deutschen Wohlfahrtsverbänden wächst im europäischen Integrationsprozeß eine besondere Rolle zu, da sie
– als Anbieter personenbezogener sozialer Dienstleistungen im Rahmen des Ausbaus der Dienstleistungsgesellschaft und
– als Interessenvertreter einer neu auszuhandelnden Konzeption sozialer Bürgerschaft sowie
– als Sozialpartner zusammen mit Gewerkschafts- und Arbeitgebervertretern im Rahmen einer auszugestaltenden Zivilgesellschaft wichtige Aufgaben und Funktionen wahrzunehmen prädestiniert sind.
Gleichzeitig unterliegt Soziale Arbeit einer strikten Ökonomisierung, die durch die Ausweitung eines umfangreichen rechtlichen Wettbewerbsregimes auch in der Sozialpolitik verstärkt wird und insbesondere in Deutschland die bisherige staatliche Finanzierungspraxis Sozialer Arbeit durch Bund, Länder und Kommunen in Frage stellt und verändert, da sie nicht dem europarechtlichen Reglement entspricht.
Da sich die Standards sozialer Sicherung ändern, einerseits als Folge der Krise des →Wohlfahrtsstaates und seiner normativen Grundlagen, verbunden mit einer Neubetonung individueller Selbstverantwortung, gesellschaftlicher Solidarität und geänderten staatlichen Regulierungsversuchen, andererseits unter dem Einfluß europäischer Sozialpolitik und ihrer Rahmenvorgaben, schlagen sich diese Prozesse in der Entwicklung personenbezogener Dienstleistungen nieder. Die Bereiche des Sozial-, Erziehungs- und Gesundheitswesens stehen daher allesamt vor umfassenden Reformanforderungen.
Die EU und ihr Recht wirken sich auch auf Ausbildungsinhalte und Qualifizierung, wie überhaupt auf Beschäftigungsmöglichkeiten der Arbeitskräfte im Bereich Sozialer Arbeit aus. Die Grundfreiheit der Arbeitnehmerfreizügigkeit zusammen mit der Dienstleistungs- und Niederlassungsfreiheit ermöglichen die – bisher wenig genutzte – europaweite Tätigkeit von Sozialpädagogen/Sozialarbeitern, wenn die entsprechenden Berufsabschlüsse gemeinschaftsweit anerkannt werden. Die rechtliche Grundlage schaffen die beiden Richtlinien 92/51 und 89/48 EWG über die Anerkennung beruflicher Befähigungsnachweise und der Hochschuldiplome. Die Richtlinien normieren europäische Ausbildungsniveaus und -standards. Sie schreiben europaweit eine Kategorisierung in 3 Niveaus mit unterschiedlicher Schul- und Studiendauer vor, wie sie sich etwa in den Berufen der Sozialassistenten, staatlich anerkannten Erzieher und Diplom-Sozialpädagogen widerspiegeln. Die wechselseitige Anerkennung des Berufsabschlusses Sozialpädagoge/Sozialarbeiter erfordert danach neben einem qualifizierten Schulabschluß ein mindestens 3jähriges Studium an einer Universität, Fachhochschule etc. Die EU beeinflußt somit auch das Qualifikationsniveau für den sozialen Bereich normativ.

6. Perspektiven. Einen neuen Schub für eine universal ausgerichtete gemeinschaftliche Sozialpolitik erwartete man durch die Einführung einer Unionsbürgerschaft (Art. 17–22). Unionsbürger ist, wer die Staatsangehörigkeit eines Mitgliedstaates besitzt. Jeder Unionsbürger hat das Recht, sich im Hoheitsgebiet der Mitgliedstaaten ... frei zu bewegen und aufzuhalten. Dieser Status soll über den des Marktbürgers hinausweisen und nicht nur auf Arbeitsmarktzugehörigkeit aufbauen, sondern auf einem Netz von Ansprüchen beruhen, das vor allem auf ein allgemeines Grundeinkommen hin orientiert ist. Die rechtlich zu garantierende Vorstellung gleicher Rechte und Freiheiten für alle Bürger ist

ein Grundprinzip in der Liberalismus-Kommunitarismus-Debatte um Gerechtigkeit und Solidarität. Es ist verbunden mit der Idee der Bürgergesellschaft, in der der Staatsbürger primär durch seine Rechte definiert wird. Das Konstrukt der sozialen Unionsbürgerschaft erscheint als ein geeignetes Anwendungsbeispiel in dieser Debatte, das den derzeit restriktiv praktizierten Sparmaßnahmen in der Sozialpolitik entgegenzusetzen ist. Wollen Akteure Sozialer Arbeit nicht nur passiv auf Auswirkungen der europäischen Integration und insbesondere europäischer Sozialpolitik reagieren, so bedarf es einer grundlegenden praktischen und theoretischen Neuorientierung im Hinblick auf die EU und deren Verhältnis zu den MS. Erforderlich ist eine wirksame Interessenvertretung der Akteure in den relevanten Gremien der EU und der MS, so daß eine koordinierte und gestärkte Politik für den sozialen Sektor betrieben werden kann.

Bei aller konzeptionellen Widersprüchlichkeit der EU-(Sozial-)Politik und deren z.T. kontraproduktiven Folgewirkungen sind dennoch deren Möglichkeiten, Chancen und innovativen Effekte nicht auszublenden, die Sozialer Arbeit eine neue Qualität hinsichtlich Konzeptbildung, Arbeitsformen, Flexibilisierung und Professionalisierung entwickeln und erproben lassen können. Dazu bedarf es jedoch auch einer Lobby bzw. einer qualifizierten Interessenvertretung der sozialen Fachkräfte als Experten. →Sozialpolitik

Lit.: Blätter der Wohlfahrtspflege – Deutsche Zeitschrift für Sozialarbeit, Heft 1+2/98, Schwerpunktthema: Europa; Kowalsky, W. (1999): Europäische Sozialpolitik: Ausgangsbedingungen, Antriebskräfte und Entwicklungspotentiale, Opladen; Leibfried, St./Pierson, P. (1998): Standort Europa – Europäische Sozialpolitik, Frankfurt a. M.; Oppermann, Th. (1999): Europarecht – ein Studienbuch, München, 2. Aufl.; Schäfer, P. (1999): Europäische Integration und Soziale Arbeit, Frankfurt a. M. u. a.

Peter Schäfer, Lüneburg

Euthanasie
(griech.: leichter Tod); Lebensverkürzung durch medizinische Intervention (Sterbehilfe). Im öffentlichen Bewußtsein noch heute synonym für die unvergleichlichen Aktionen des NS-Regimes zur Vernichtung sog. „lebensunwerten" Lebens. Vor allem Menschen mit einer geistigen Behinderung, psychisch Kranke, Roma, Sinti (als „Gemeinschaftsunfähige") und Alkoholabhängige gehörten zu den Opfern der nationalsozialistischen E. Im Zusammenhang mit der Diskussion um die rechtlich und ethisch umstrittene →Sterbehilfe wird der Begriff E. erneut bemüht.

Evaluation
Bewertung, Beurteilung eines Sachverhalts anhand von bestimmten Kriterien. Handelt es sich bei der Bewertung um die begleitende Untersuchung von wissenschaftlich-praktischen Projekten (z.B. Schulmodellen, Angeboten der Jugendhilfe o. ä.), so spricht man von →Evaluationsforschung. Dabei werden die Rahmenbedingungen, Maßnahmen und Ergebnisse des Projekts wissenschaftlich fundiert in Beziehung gesetzt, etwa durch einen Vorher-Nachher-Vergleich oder den Vergleich von Kontrollgruppen. Neben dieser eher technischen Position der Effektkontrolle vertreten einige Evaluatoren die Auffassung, daß zu einer guten E. nicht nur die Prüfung der Wirkung eines Projektes oder einer Reform gehört, sondern auch der Wert der mit dem Projekt verknüpften Normen und Ziele überprüft werden müsse, um z.B. Aussagen zur Verallgemeinerungswürdigkeit eines Modellversuchs zu machen. Über die E. hinaus betrachtet die Implementationsforschung zudem den Prozeß der Etablierung, Durchführung bzw. Anwendung von Handlungsprogrammen und ist dadurch in der Lage, in diesen Prozessen begründete Abwei-

chungen zwischen absichtlicher und tatsächlicher Wirkung aufzuzeigen. →Qualitätssicherung – Qualitätsmanagement; →Selbstevaluation; →Sozialmanagement; →Sozialplanung

Evaluationsforschung

1. Der Begriff „Evaluation" in Umgangssprache und Wissenschaft.

Das aus dem Lateinischen kommende Wort „Evaluation" bedeutet „Bewertung". Dem umgangssprachlichen Verständnis entsprechend hat E. eine funktionale (Sachurteil: „Funktioniert der Ansatz im Sinne der Zielvorstellungen?") und eine ethische Komponente (Werturteil: „Ist der Ansatz mit grundlegenden Wertvorstellungen vereinbar?"). Diesem Begriffsverständnis entsprechend ist die reine Beschreibung von Vorgängen (Deskription) und die Entwicklung von Hypothesen, Modellen und Theorien (Exploration) keine E.

Im wissenschaftlichen Kontext hat sich allerdings ein gänzlich anderes Verständnis von E. eingebürgert. Dem Postulat der Wertfreiheit entsprechend werden Werturteile gänzlich ausgeklammert, alle Schritte des wissenschaftlichen Handelns hingegen – von Deskription (Beschreibung) über Exploration (Hypothesenformulierung) bis zu Bestätigung (Hypothesenprüfung) – eingeschlossen. Wie man aus Formulierungen wie „formative E." oder „Prozeß-E." deutlich erkennen kann, wird E. im wissenschaftlichen Kontext als Überbegriff über eine sehr große und sehr heterogene Klasse von Tätigkeiten verstanden. E. im wissenschaftlichen Sinn schließt alle Varianten wissenschaftlichen Handelns ein und ist damit keinesfalls auf Wirksamkeitsprüfung beschränkt. Die Diskrepanz zwischen dem wissenschaftlichen und dem umgangssprachlichen Begriffsverständnis sowie der Umstand, daß der wissenschaftliche E.-Begriff ein Überbegriff über eine sehr heterogene Klasse ganz unterschiedlicher wissenschaftlicher Tätigkeiten ist, tragen regelmäßig zur Verwirrung aller Beteiligten bei und behindern den rationalen Diskurs über das Thema „E." recht nachhaltig. Als Konsequenz aus dieser äußerst unbefriedigenden Situation kann man nur empfehlen, soweit wie möglich auf den vagen und mehrdeutigen Überbegriff „E." zu verzichten und immer genau zu bezeichnen, auf welche Unterkategorie man sich im konkreten Fall bezieht.

2. Ein europäischer Versuch einer Synthese.

Um einen konstruktiven Beitrag zur Präzisierung von e.-relevanten Konzepten und Definitionen zu leisten, wurde 1994 im Rahmen der COST-A6 Aktion der Europäischen Kommission eine Arbeitsgruppe konstituiert. Diese umfaßte 21 internationale Experten aus 14 Ländern. Aufgabe der Arbeitsgruppe war es, sich kritisch und konstruktiv mit Begriffen und Konzepten auseinanderzusetzen, die in Zusammenhang mit →Prävention und E. bedeutsam sind. Indem bei der Präzisierung und Vereinheitlichung auf traditionelle Konzepte aufgebaut wurde, sollte die begriffliche Kontinuität mit der wissenschaftlichen Tradition weitestgehend gewahrt bleiben. Im Zuge dieser nach der Delphi-Methode durchgeführten Konsensusstudie wurde ein vierdimensionales Klassifikationsmodell „Daten-Zeit-Methodologie-Evaluator-Klassifikation" (DZME-Klassifikation) entwickelt und eine Reihe von E.-Kategorien nach inhaltlichen Gesichtspunkten aufgelistet und präzisiert (Uhl, 1998).

3. Wichtige traditionelle Klassifikationssysteme, auf die die DZME-Klassifikation und „inhaltliche Klassifikation" der COST-A6-Arbeitsgruppe aufbauen.

3.1 PEI-Klassifikation (Prozeß-E. vs. Ergebnis-E. vs. Impact-E.; Clayton & Cattarello, 1991).

Die sehr gebräuchliche PEI-Klassifikation unterscheidet anhand der Art der berücksichtigten Daten nach drei Kategorien:

- Prozeß-E. (Process E.) steht für die systematische Erfassung des gesamten Prozesses (Prozeßdaten) während der Durchführung einer Intervention, was den gesamten Interaktionsprozeß zwischen Programmausführenden und Zielpersonen umfaßt.
- Ergebnis-E. (Outcome E.) steht für die Untersuchung, ob erwartete Effekte (erwartete Ergebnisdaten) nach Abschluß einer Intervention eingetreten sind.
- Impact E. (für diesen Begriff gibt es kein brauchbares deutsches Äquivalent) steht für die Erfassung von Interventionseffekten, die über die vorgesehenen Zielgruppen und erwarteten Effekte (nicht erwartete Ergebnisdaten) hinausgehen.

3.2 SPE-Klassifikation (strukturelle Qualität vs. Prozeßqualität vs. Ergebnisqualität; Donabedian, 1980).

Auch die SPE-Klassifikation nimmt Bezug auf die Art der berücksichtigten Daten. Die der „strukturellen Qualität", „Prozeßqualität" und „Ergebnisqualität" zugrundeliegenden Datenquellen lassen sich wie folgt beschreiben:

- Strukturelle Daten sind Daten, die strukturelle Rahmenbedingungen beschreiben, wie „Ort der Intervention", „Qualifikation der das Programm ausführenden Personen", „Charakteristika der Zielpersonen" usw.
- Prozeßdaten sind Daten, die die Ausführung der Programme erfassen (das Verhalten der Programmausführenden = Programm-Input).
- Ergebnisdaten sind Daten, die die wünschenswerten Auswirkungen auf die Zielgruppe sowie Kosten, die das Programm verursacht hat, zum Inhalt haben (Programm-Output).

Das SPE-Konzept unterscheidet sich inhaltlich vom PEI-Konzept durch die Einführung des Begriffes „strukturelle Daten", weiters dadurch, daß nicht zwischen erwarteten und nicht erwarteten Ergebnissen unterschieden wird, sowie dadurch, daß der Begriff „Prozeßdaten" auf das Verhalten der Programmausführenden beschränkt wird.

3.3 FS-Klassifikation (formative E. vs. summative E.; Scriven, 1967).

Die ebenfalls sehr gebräuchliche FS-Klassifikation nimmt Bezug auf eine zeitliche Dimension, nämlich darauf, ob das Präventionsprogramm zum Zeitpunkt der E. noch entwickelt (geformt) wird oder schon abgeschlossen ist (und daher zusammenfassend beurteilt werden kann).

Es ist sinnvoll, beide Phasen jeweils noch einmal zu unterteilen, wodurch sich 4 abgegrenzte Phasen ergeben (Vier-Phasen-Modell):

- In der präformativen Phase (Konzeptphase) wird auf rein reflexiver Basis ein Präventionskonzept entwickelt und bewertet. Präformative E. kommt ohne praktische Erprobungsschritte, d. h. ohne prospektiv orientierte empirische Schritte, aus. Die präformative Phase schließt mit einem ersten vorläufigen Programmentwurf ab.
- In der formativen Phase (Entwicklungsphase) wird dann – aufbauend auf den in der präformativen Phase entwickelten vorläufigen Programmentwurf – durch wiederholte praktische Erprobung ein konkretes Präventionsprogramm geformt. Formative E. zielt auf die rasche und flexible Erfassung von Schwachstellen mit dem Ziel, vorläufige Programmentwürfe kontinuierlich umzuformen und so lange zu verbessern, bis sich ein Programm ohne offensichtliche Schwachstellen ergibt.
- In der ersten summativen Phase (Erprobungsphase) finden Forschungsstrategien Anwendung, die erst einsetzen, nachdem die Entwicklung eines neuen Präventionsprogramms abgeschlossen worden ist. Im Zuge der formativen E. in dieser Phase soll das fertige Programm nun zusammenfassend beurteilt werden.
- In der zweiten summativen Phase (Routinephase) sollte der Erfolgsnachweis bereits erbracht sein. Bei

summativer E. in dieser Phase geht es darum, zu gewährleisten, daß die Qualität der Programmdurchführung erhalten bleibt, und nach unerwarteten längerfristigen Effekten bzw. nach relevanten Veränderungen der Rahmenbedingungen Ausschau zu halten.

3.4 DEH-Klassifikation (deskriptive E. vs. explorative E. vs. hypothesenprüfende E.; z. B. Popper, 1976 oder Tukey, 1977).

Eine weitere – und bezüglich der Aussagekraft von evaluierender Forschung ganz besonders wichtige – Klassifikation unterteilt nach den Kategorien „Deskription", „explorative Forschung" und „hypothesenprüfende Forschung". Man könnte diese Dimension als „methodologische Dimension" bezeichnen.

Deskription ist die unterste Stufe wissenschaftlichen Vorgehens. Deskriptive E. ist die bloße Erfassung und Dokumentation von Phänomenen sowie deren Kategorisierung und Zusammenfassung, ohne daraus neue Hypothesen ableiten zu wollen.

Explorative Forschung geht über die reine Deskription hinaus und stellt damit die zweite Stufe wissenschaftlicher Vorgangsweise dar. Diese Form der Datenanalyse
– zielt auf die Entdeckung neuer Phänomene,
– liefert Impulse, um neue Hypothesen und Theorien zu entwickeln,
– ist grundsätzlich divergent orientiert,
– ist keinen strengen methodologischen Regeln unterworfen,
– und alle Ergebnisse haben grundsätzlich nur vorläufigen Charakter.

Hypothesenprüfende Forschung versucht mit den Regeln der Wahrscheinlichkeitsrechnung und der schließenden Statistik Zufallseffekte von substanziellen Effekten abzugrenzen. Diese Form der Datenanalyse stellt die höchste Stufe wissenschaftlicher Vorgangsweise dar. Diese
– zielt auf die Prüfung von Hypothesen und Theorien,
– ist grundsätzlich konvergent orientiert,
– ist strengen methodologischen Regeln unterworfen,
– und die Ergebnisse können in einem gewissen Sinn als wissenschaftlich gesichert gelten.

Da man Entscheidungen für bestimmte Theorien und Modelle sowie für die Anwendung bestimmter Techniken auf hypothesenprüfende Ansätze aufbauen sollte, werden hypothesenprüfende Forschungsansätze häufig „Entscheidungsstudien" genannt. Hypothesenprüfende Ansätze, die die Wirksamkeit von Interventionen zum Ziel haben, werden auch als „Wirksamkeitsstudien" bezeichnet.

3.5 IE-Klassifikation (interne E. vs. externe E.).

Die IE-Klassifikation unterscheidet nach der Position jener Person, die die Hauptverantwortung für eine E. trägt. Man könnte diesen Aspekt als „Evaluatordimension" bezeichnen: Als interne E. wird eine E. bezeichnet, bei der die für die E. hauptverantwortliche Person zum engeren Kreis der Programmentwickler und/oder Anwender gehört. Als externe E. wird eine E. bezeichnet, die primär in den Händen eines unabhängigen Evaluators liegt.

4. Synthese und Präzisierung klassischer Konzepte durch COST-A6 Arbeitsgruppe (Uhl, 1998).

4.1 DZME-Klassifikation.

Als Synthese und Weiterführung der im letzten Abschnitt angeführten traditionellen Klassifikationssysteme ergab sich in der erwähnten COST-A6 Konsensstudie die DZME-Klassifikation („Daten-Zeit-Methodologie-Evaluator-Klassifikation"). Diese baut auf folgende vier Dimensionen auf:
– Datendimension (D): Strukturdaten, Prozeßdaten, erwartete Ergebnisdaten, unerwartete Ergebnisdaten und Kontextdaten;
– Zeitdimension (Z): Konzeptphase = präformative Phase, Entwicklungs-

phase = formative Phase, Überprüfungsphase = erste summative Phase und Routinephase = zweite summative Phase;
- methodologische Dimension (M): deskriptiv, explorativ und hypothesenprüfend;
- Evaluatordimension (E): interne E. und externe E.

Der DZME-Ansatz zur Klassifikation von E.-Projekten kann, sofern die Begriffe korrekt verwendet werden, einen wesentlichen Beitrag zur Präzisierung des Dialogs leisten. Er reicht alleine aber nicht aus, um die Komplexität der Aufgabenstellung vollständig abzubilden. Es erschien der COST-A6 Arbeitsgruppe daher zweckmäßig, diesen eher abstrakten Ansatz durch ein stärker inhaltlich orientiertes System zu ergänzen. Letzteres nimmt teilweise auch auf Begriffe Bezug, die in ersterem System eine Rolle spielen.

4.2 Inhaltliche Klassifikation von E.

4.2.1 Ethische E.

In der wissenschaftlichen E. wird, dem Postulat der Wertfreiheit entsprechend, der wertorientierte, ethische Aspekt häufig ignoriert, unterbetont bzw. über logisch/sachliche Argumentationen verschleiert. Da die ethische Beurteilung von Konzepten aber auch dann, wenn sie nicht explizit erwähnt wird, implizit in die Forschungsstrategien einfließt, ist es zweckmäßig zu fordern, daß „ethische E." ausdrücklich zum Thema gemacht wird. Werturteile sollten nicht bloß indirekt – und damit unreflektiert – in Forschungsdesigns und Schlußfolgerungen einfließen.

Besonders wichtig ist die ethische E. natürlich in der Konzeptphase, aber selbstverständlich sollten ethische Überlegungen auch in allen späteren Phasen eine Rolle spielen. (→Ethik).

4.2.2 Historische E.

Als historische E. kann man Expertisen auf der Basis von eigener Erfahrung und/oder der vorhandenen wissenschaftlichen Literatur bezeichnen. Das in Zusammenhang mit E. eher ungewöhnliche Attribut „historisch" (historische Daten, historische Referenzwerte, historische Kontrollgruppe, usw.) ist in der Methodik für klinische Studien (Clinical Trials Methodology) etabliert, und es erscheint zweckmäßig, dieses sprachliche Konzept auch in der E.-Forschung zu etablieren.

4.2.3 Methodologische E.

In engem Zusammenhang mit der auf wissenschaftlichen Erkenntnissen basierenden historischen E. steht die Frage, ob und wie weit die Schlußfolgerungen, die die jeweiligen Autoren der Forschungsgebiete aus ihren empirischen Studien gezogen haben, aus statistisch-methodologischer Sicht korrekt sind (interne Validität) und ob die Ergebnisse sinnvollerweise auf die für das Präventionsprogramm vorgesehene Anwendungssituation übertragbar sind (externe Validität).

4.2.4 Formative E.

Der Begriff „formative E." bezieht sich einerseits auf eine bestimmte Phase der Programmentwicklung – „das Formen des Programms in der Entwicklungsphase" – und andererseits auf eine, dieser Phase angemessene ganz bestimmte explorative Vorgangsweise. Während ersterer Aspekt in der Zeitdimension des DZME-Ansatzes berücksichtigt ist, wird letzterer Aspekt hier nach inhaltlichen Gesichtspunkten gesondert angeführt und erörtert.

In der Programmentwicklungsphase steht der Programmentwickler vor der Aufgabe, Strukturelemente eines vorläufigen Programmentwurfs rasch und flexibel zu überprüfen und Schwachstellen zu beseitigen. Die Technik, um das Mögliche ökonomisch zu erreichen, besteht in der wiederholten Abfolge von Überprüfung und Anpassung, wobei das im Idealfall so lange weitergeht, bis sich das Konzept als praktisch durchführbar und im Sinne der Zielvorgaben erfolgversprechend erweist.

Da sich viele Schwachstellen vorläufiger Programmentwürfe in der Anwendung recht unmittelbar manifestieren, sind hypothesenprüfende Forschungsstrategien (komplexe Forschungsdesigns, große Stichproben und/oder strenge methodische Regeln) in diesem Zusammenhang kaum zweckmäßig. Primär sollte eine Serie von kleinen Erprobungen und Pilotstudien zum Einsatz kommen. Die Blickrichtung sollte möglichst offen in alle Richtungen gehen, um auch unerwartete Problemfelder zu erfassen (divergent, explorativ). Auch sollte die Datenerfassung überwiegend prozeßorientiert erfolgen, da man nur durch die unmittelbare Beobachtung des Geschehens Zugang zu Phänomenen erhält, die sich einer ergebnisorientierten Betrachtung verschließen.

In manchen Fällen ist auch in der Programmentwicklungsphase eine ergebnisorientierte Vorgangsweise angemessen, wobei allerdings in dieser Phase die Einhaltung strenger methodologischer Prinzipien verzichtbar ist.

4.2.5 E. der Durchführbarkeit (Feasibility E.)

Die Frage, ob ein bestimmtes Programm praktisch durchführbar ist, spielt vor allem in der Entwicklungsphase und in der Überprüfungsphase eine wichtige Rolle. Während man in der Entwicklungsphase allerdings divergent sowie explorativ vorgeht und vorläufige Programmentwürfe anhand von kleinen Erprobungen und Pilotstudien kontinuierlich anpaßt (formative E.), ist in der Überprüfungsphase eine hypothesengeleitete systematische Überprüfung des fertigen Programms an größeren Stichproben unter Alltagsbedingungen zu planen („Durchführbarkeitsstudie" bzw. „Feasibility Study").

4.2.6 Monitoring unerwünschter Nebeneffekte.

Da die Anzahl der möglichen Problemfelder fast unbegrenzt ist und sich in Abhängigkeit von den Rahmenbedingungen neue Probleme ergeben können, spielt auch die Erfassung von unerwünschten Nebeneffekten in allen Phasen eine wesentliche Rolle. Meist wird die Forschungsstrategie divergent und explorativ sein.

4.2.7 E. der Wirksamkeit (Wirksamkeitsnachweis).

Die zentrale Frage, nachdem ein Programm entwickelt worden ist, ist zweifelsohne: „Funktioniert es im Sinne der Zielvorstellungen?"

Die E. der Wirksamkeit kann grundsätzlich auf drei Arten erfolgen: global, partiell und historisch.

– Globaler empirischer Wirksamkeitsnachweis. Als „globalen empirischen Wirksamkeitsnachweis" kann man den experimentellen oder quasiexperimentellen Nachweis bezeichnen, daß ein Programm tatsächlich in der Lage ist, die gewünschten Effekte („primäre Zielvariablen") in der Zielgruppe zu bewirken. Dieser Ansatz kommt forschungslogisch am nächsten an einen Beweis der Wirksamkeit heran und könnte als „empirischer Wirksamkeitsnachweis im engeren Sinne" bezeichnet werden. Ein globaler empirischer Wirksamkeitsnachweis sollte, wenn immer das möglich ist, geführt werden. Es ist aber trotzdem keinesfalls zweckmäßig, diesen induktiven (statistischen) Ansatz als unbedingten Standard festzuschreiben, da dieser Zugang in der Praxis oft an ökonomischen und praktischen Erkenntnisgrenzen scheitert.

– Partieller empirischer Wirksamkeitsnachweis. Als „partiellen empirischen Wirksamkeitsnachweis" kann man den experimentellen oder quasiexperimentellen Nachweis bezeichnen, daß wesentliche Teile des dem Programm zugrundeliegenden Wirkungsmodells zutreffen.

– Historischer Wirksamkeitsnachweis. Als „historischen Wirksamkeitsnachweis" kann man die Ableitung der Programmwirksamkeit aus vorhandenen (historischen) Daten bezeichnen, d. h. wenn die Wirksamkeit bereits deduktiv aus einer empirisch gut fundierten Theorie abgeleitet werden kann. Grundlage für einen historischen Wirksamkeitsnachweis ist eine umfassende historische und methodologische E., die auf empirisch gut belegte Zusammenhänge zurückgreifen kann.

4.2.8 Qualitätssicherung (QS).
Es steht außer Frage, daß jede Form der E. irgendeinen Aspekt der Qualität eines Programms oder einer Intervention zum Inhalt hat, und es ist daher semantisch möglich, →Qualitätssicherung (QS) als Synonym für „E." zu verstehen. Dieser inflationäre Gebrauch des Begriffs QS ist weit verbreitet aber nicht zweckmäßig. Nützlich wird der Begriff „QS" allerdings, wenn man ihn auf die Qualität der Programmdurchführung bezieht. Zentrale Fragestellung der QS ist dann, ob ein Programm korrekt, d. h. den Instruktionen entsprechend angewendet wird, und nicht, ob es wirkt. QS, im Sinne dieses Begriffsverständnisses, findet ausschließlich in der Routinephase statt. Programmwirksamkeit sollte man in dieser Phase bereits voraussetzen können. Wird QS intern organisiert, so ist es zweckmäßig, von Qualitätsmanagement (QM) zu sprechen, und wird QS von externen Evaluatoren durchgeführt, so ist der Begriff Qualitätskontrolle (QK) angemessener.

4.2.9 Strukturelle E.
Auch strukturelle E. findet grundsätzlich in der Routinephase statt. Dieser Ansatz ist primär deskriptiv und zielt auf strukturelle Aspekte der Programmanwendung. Das ist z. B.: In wie vielen Schulen, in wie vielen Klassen und von wie vielen Lehrern wird ein bestimmtes Präventionsprogramm verwendet?

4.2.10 Kontext-E.
Präventionsprogramme werden unter bestimmten Rahmenbedingungen (Kontext) für gewisse Situationen entwickelt. Auch wenn zunächst eindeutig nachgewiesen werden konnte, daß Programme unter bestimmten Rahmenbedingungen erfolgreich sind, so darf man das natürlich nicht einfach auf gänzlich andere Situationen oder geänderte Rahmenbedingungen übertragen. In diesem Sinne ist es nötig, in der Routinephase laufend zu erheben, ob sich der Kontext seit der Programmimplementierung entscheidend geändert hat und ob sich daraus Veränderungen der erwarteten Effekte ableiten lassen.

4.2.11 Impact E.
Diese auf ursprünglich nicht erwartete Effekte abzielende E.-Form ist ebenfalls primär in der Routinephase anzusiedeln und ist grundsätzlich explorativ angelegt. Monitoring unerwünschter Nebeneffekte – ein Aspekt, der bereits angesprochen wurde – findet in der Routinephase als Teil der Impact E. statt.

4.2.12 E. der Wirtschaftlichkeit.
Die E. der Wirtschaftlichkeit beinhaltet nach Yates (1994) →Kosten-Nutzenanalysen (Cost-Benefit Analyses – CBA) und Kosten-Effektivitätsanalysen (Cost-Effectiveness Analyses – CEA). Ziel der CBA ist es, Programmkosten zu rechtfertigen, und Ziel der CEA ist es, Grundlagen für die Entscheidung zwischen konkurrierenden Programmen zu liefern.

CBA vergleicht die Kosten eines Programms mit den positiven Auswirkungen (Nutzen). Dabei ist es nötig, sowohl Kosten als auch Nutzen über eine gemeinsame Einheit – üblicherweise Geld – zu quantifizieren. Die zentrale Frage ist: „Zahlt sich das Programm aus?"

CEA dient dazu, gleichwertige Programme zu vergleichen. Die zentrale Frage ist: „Welches Programm ist überlegen?" Mit CEA ist es möglich, Programme zu vergleichen, bei denen Kosten und Nutzen nicht auf eine gemeinsame Dimension reduzierbar sind. Der Kunstgriff ist, daß man alle Dimensionen außer einer konstant hält. So kann man z. B. auf die Einbeziehung der monetären Kosten verzichten, wenn man zwei gleich teure Programme hinsichtlich nicht-monetärer Effekte vergleicht oder umgekehrt sich auf die monetären Kosten konzentriert, so die Annahme gerechtfertigt ist, daß beide Programme identische nicht-monetäre Effekte erzielen. →Empirische Sozialforschung;

→Kosten-Nutzen-Analyse; →Qualitätssicherung – Qualitätsmanagement; →Selbstevaluation

Lit.: Clayton, R. R., Cattarello, A., Prevention Intervention Research: Challenges and Opportunities, in: Leukefeld, C. G., Bukovsky, W. J. (ed.), Drug Abuse Prevention Intervention Research: Methodological Issues. NIDA Research Monograph 107, Rockville, 1991; Donabedian, A., Explorations in Quality Assessment and Monitoring, Vol. 1. The Definition of Quality and Approaches to its Assessment. Health Administration Press. Ann Arbor, 1980; Popper, K. R.: Logik der Forschung, sechste verbesserte Auflage. J. C. B. Mohr, Tübingen, 1976; Scriven, M., The Methodology of Evaluation, in: Tyler, R. W., Gagne, R. M., Scriven, M. (ed.): Perspectives of Curriculum Evaluation. Chicago, Rand-Mc.Nally, 1967; Tukey, J. W., Exploratory Data Analysis. Addison-Wesley, Reading, 1977; Uhl, A., Evaluation of Primary Prevention in the Field of Illicit Drugs – Definitions – Concepts – Problems. Results of an International Consensus Study within the COST-A6 Action of the European Union, in: Springer. A. & Uhl, A. (Ed.), Evaluation Research in Regard to Primary Prevention of Drug Abuse. COST-A6 publication. Commission of the European Communities, Brussels, 1998; Yates, B. T., Toward the Incorporation of Costs, Cost-Effectiveness Analysis and Cost-Benefit Analysis Into Clinical Research. J-Consult-Clin-Psychol., 62, 4, 729–736, 1994.

Alfred Uhl, Wien

Existenzminimum
Mindestbetrag eines →Warenkorbes, der zur Sicherung der Existenz als notwendig erachtet wird. Dabei sind das physische E. (Mindestbetrag zur Aufrechterhaltung einer physischen Leistungsfähigkeit) und das konventionelle E. (Mindestbetrag zur Aufrechterhaltung einer menschenwürdigen Existenz) zu unterscheiden. Das konventionelle Existenzminimum ist Grundlage der deutschen Sozialhilfegesetzgebung und der Regelsatzbestimmungen. →Armut; →Sozialhilfe

Experiment
wissenschaftliche Methode zur Prüfung analytischer Hypothesen durch Beobachtung von Sachverhalten und ihren Veränderungen unter vom Forscher konstruierten und geplant variierten (Versuchsplan) Bedingungen. Methodologische Forderungen an das E. sind darüber hinaus: die Wiederholbarkeit der Anordnung und Beobachtung, die Operationalisierbarkeit der relevanten Variablen (sie müssen bekannt und zu isolieren sein) und die Kontrolle der Ergebnisse z. B. durch Vergleich mit einer Kontrollgruppe. →Empirische Sozialforschung: quantitative Verfahren

Exploration
gezielte Informationssammlung zu diagnostischen Zwecken (→Diagnostik, →Gutachten). Insbesondere in der klinischen Psychologie und Psychiatrie verwendeter Begriff, der jedoch auch die Vorstufe für standardisierte Erhebungen in der empirischen Sozialforschung zur Erkundung des Gegenstandsbereichs bezeichnet.

Extremismus
Bezeichnung für unbedingte und ausschließliche Haltung gegenüber politischen, gesellschaftlichen und/oder religiösen Zielsetzungen, die vor allem mit der Infragestellung oder gar Ausschaltung der Prinzipien des Rechtsstaates und des Pluralismus verbunden sind und physische Gewalt als Mittel der Politik nicht ausschließen. Im Besitz der staatlichen Macht zeigt sich E. als Diktatur. Allgemein wird zwischen Rechts-E. und Links-E. unterschieden. Dabei werden dem Rechts-E. vor allem autoritäre, nationalistische und rassistische Grundprinzipien zugeordnet, dem Links-E. doktrinäre Verengung sozialrevolutionärer Ansichten. Als Ergebnis der politi-

schen Erfahrungen mit dem Nationalsozialismus enthält das Grundgesetz der Bundesrepublik Regelungen, die dem Wirken extremistischer Kräfte entgegentreten sollen (z. B. Art. 9, Abs. 2: Einschränkung der Vereinigungsfreiheit; Art. 21, Abs. 2: Verfassungswidrigkeit von Parteien). Während die dem Links-E. zugeordneten Phänomene eher kein Gegenstand sozialpädagogischer Diskussion und Intervention darstellen (hier sind vor allem rechtspolitische Reaktionen zu verzeichnen, z. B. die Sozialistengesetze im 19. Jh., der sog. „Radikalenerlaß" von 1972 oder die Ergänzung des StGB um den Tatbestand der „Kriminellen Vereinigung"), werden im Zusammenhang mit rechtsextremistischen Phänomenen die Notwendigkeiten und Möglichkeiten des familiären, schulischen und sozialpädagogischen Handelns diskutiert und praktiziert.

F

Fachaufsicht
im Staats- und Kommunalrecht (→Dienstrecht) geregelte Aufsichtsform über das Verwaltungshandeln. Die vom Vorgesetzten ausgeübte F. kann dabei sowohl die Rechtmäßigkeit und Zweckmäßigkeit der Entscheidungen und Maßnahmen, als auch das dienstliche Verhalten des Mitarbeiters umfassen.

Fachbereichstag Soziale Arbeit
Der FSA ist ein freiwilliger Zusammenschluß von Hochschuleinrichtungen des Sozialwesens zu einem Fachverband, der 1976 in Berlin gegründet wurde. Der FSA organisiert den Informationsaustausch unter ihren Mitgliedern und bietet ein Forum zur Diskussion fachlicher Fragen. Sie nimmt die Interessen der Hochschuleinrichtungen des Sozialwesens auf Bundesebene wahr und vertritt die Belange ihrer Mitglieder gegenüber staatlichen Stellen und Verbänden der Wissenschaft und der Sozialen Arbeit auf Bundes- und internationaler Ebene. Mehr als 80% aller Fachbereiche oder Fachhochschulen für Sozialwesen in der BRD gehören dem FSA an.

Anschrift: c/o Prof. Dr. Vahson, FH-Hildesheim, Brühl 20, 31134 Hildesheim

Fachhochschule
aus der höheren Fachschule zu Beginn der 1960er Jahre hervorgegangene Hochschulform, an der bestimmte auf wissenschaftlicher Grundlage basierende, praxisbezogene Studiengänge mit einer gegenüber der wissenschaftlichen Ausbildung geringeren Studiendauer angeboten werden. Sie schließen mit einem Diplom ab, das (bisher) nicht zur Promotion berechtigt. Voraussetzung für das Studium an einer F. ist die Fachhochschulreife. →Sozialpädagogik: Ausbildung und Beruf

Fachschule
in der Regel zweijährige Schule des beruflichen Schulwesens, die zumeist eine einschlägige Berufsausbildung und Berufsausübung voraussetzt. F. sind nach Fachrichtungen gegliedert (u. a. Gartenbau, Betriebswirtschaft, →Fachschule für Sozialpädagogik). Sie sollen zu einer gehobenen beruflichen Qualifikation führen und schließen mit einer staatlichen Prüfung ab. Durch eine Ergänzungsprüfung kann die Fachhochschulreife erworben werden. →Sozialpädagogik: Ausbildung und Beruf

Fachschule für Erzieher
Bezeichnung für die →Fachschule für Sozialpädagogik im Land Berlin.

Fachschule für Sozialpädagogik (Fachschule für Erzieher, Fachakademie für Sozialpädagogik)
zwischen der Berufsfachschule für →Kinderpfleger und den →Fachhochschulen angesiedelte, aus der Ausbildung zum →Jugendleiter hervorgegangene Ausbildungsinstitution für staatlich anerkannte Erzieher. Sowohl Zugangsvoraussetzungen als auch Dauer und Aufbau der Ausbildungsgänge variieren zwischen den Bundesländern. →Sozialpädagogik/Sozialarbeit: Ausbildung und Beruf

Fachverband Drogen und Rauschmittel e.V. (FDR)
Der FDR ist ein bundesweit tätiger gemeinnütziger Verein, der überwiegend mit Suchtgefährdeten und Abhängigen von illegalen Drogen arbeitet. Er ist Mitglied im →Deutschen Paritätischen Wohlfahrtsverband und der →Deutschen Hauptstelle gegen die Suchtgefahren. Dem Verband sind 58 Mitgliedsorganisationen angeschlossen. Er verfügt über fünf hauptamtliche Mitarbeiter, wesentliche Aufgaben werden von Beschäftigten der Mitgliedsorganisationen ehrenamtlich übernommen. Als der Fachverband der Suchtkrankenhilfe liegt ein Arbeitsschwerpunkt bei der Drogenarbeit. Ferner umfaßt sein Tätigkeitsbereich die Fortbildung von Mitarbeitern in der

Suchtkrankenhilfe durch das Angebot der Weiterbildung „Suchtberater/in-FDR", „Suchttherapeut/in-FDR" und „Sozialtherapeut/in-FDR", von einrichtungsbezogenen Fortbildungen und durch Fachtagungen und Seminare zu aktuellen Themen. Ferner wird der Erfahrungs- und Informationsaustausch in der Drogenarbeit durch die Durchführung des jährlichen Bundeskongresses und durch die Herausgabe von Fachliteratur und die „FDR-Berichte" sichergestellt. Durch die Mitwirkung in politischen und fachlichen Gremien auf Bundesebene vertritt er die Interessen seiner Mitglieder gegenüber der Öffentlichkeit und den Kosten- und Leistungsträgern (vor allem Kranken- und Rentenversicherung).

Anschrift: Odeonstraße 14, 30159 Hannover

Fallstudie
→Einzelfallstudie

Familiale Sozialisation
→Sozialisation

Familie
Trotz aller historischen Variabilität familialer Lebensformen ist die F. ein – in modernen Gesellschaften sehr dynamisches, konfliktreiches und differenziertes aber dennoch relativ widerstandsfähiges – soziales Gebilde, das bezogen auf die biologische Ausstattung des Menschen und auf seine begrenzten sozialen Kompetenzen, doch als Lebensform eine gelungene Anpassungsleistung an die menschliche Umwelt darzustellen scheint. Für eine umfassende Betrachtung der modernen F. sind deren gesellschaftliche Fundierung und Differenzierung, ihr Kleingruppencharakter und die Wechselwirkungen zwischen F. und gesellschaftlichem Umfeld maßgebend. In der Familiensoziologie wurden im Verlauf der vergangenen 150 Jahre eine Reihe von Konzepten und Thesen entwickelt, die sich aufgrund neuerer Forschungsergebnisse teilweise als Mythen herausgestellt haben, teilweise aber durchaus noch, manchmal in entsprechender Modifizierung, eine brauchbare Grundlage für eine Beschäftigung mit Fragen der F. heute bilden. Zu den widerlegten Thesen gehören u. a. die undifferenzierte These von der Großfamilie „früher" vs. der Kleinfamilie „heute" bzw. das von Durkheim formulierte „Kontraktionsgesetz", das eine Entwicklung von der erweiterten Großfamilie zur isolierten Kernfamilie (Vater, Mutter, Kinder) annimmt oder die These vom „Funktionsverlust" der F., die sich heute als Funktionsverlagerung hin zur Sozialisationsfunktion und der Funktion des emotionalen Spannungsausgleichs zeigt. Andere Thesen wie die der „Desintegration" (R. König) durch die pluralistische Auffächerung der Gesamtkultur in relativ autonome Sektoren wie Technik, Wirtschaft, Recht, Religion und eben auch F. oder Konzepte der „Desorganisation" bzw. „Überorganisation" (R. König) sind nach wie vor bedeutungsvoll. Gerade letztere bieten eine gute Basis für Untersuchungen zu mißlingenden Sozialisationsprozessen und für familientherapeutische Konzepte (→Familientherapie, →Sozialpädagogische Familienhilfe). Themen der Familiensoziologie sind heute vor allem durch die Geschlechter-, Ehe-, Kinder- und Stabilitätsfrage gekennzeichnet.

Familienberatung
von verschiedenen Fachkräften (u. a. Sozialpädagogen, Rechtsanwälten, Ärzten) angebotene materielle, rechtliche und persönliche Beratungsdienste (→Beratung), die aufgrund historischer Professionsentwicklungen, fachlicher Zuständigkeiten, Finanzierungs- und Trägerstrukturen eher selten integriert offeriert werden. →Eheberatungsstellen; →Erziehungsberatungsstellen

Familienbericht
Seit die Bundesregierung 1965 durch Beschluß des Bundestages mit der Vorlage eines Berichtes zur Lage der Familie in der Bundesrepublik beauftragt wurde, sind in Abständen F. – zum Teil

mit ausgewählten Schwerpunkten – erschienen. Bisher liegen vor: Über die Lage der Familien in der Bundesrepublik (1968); Leistungen der Familien im Erziehungs- und Bildungsprozeß (1975); Die Situation der älteren Menschen in der Familie (1986); Familien und Familienpolitik im geeinten Deutschland – Zukunft des Humanvermögens (1994); Situation von Familien ausländischer Herkunft (1999).

Familienfürsorge
Die F. als Arbeitsmethode der öffentlichen Fürsorge setzte sich in Deutschland vor allem während der 1920er Jahre durch. Sie sollte der Zersplitterung der öffentlichen Wohlfahrtspflege in viele Spezialdienste entgegenwirken und wohnortnah sowie zielgruppenübergreifend Familien, Einzelne und Gruppen persönlich beraten, betreuen sowie materielle Hilfen vermitteln. Heute findet sich dieser übergreifende Ansatz vor allem in der Aufgabenformulierung der →Allgemeinen Sozialen Dienste als →sozialpädagogische Familienhilfe wieder.

Familiengericht
seit 1977 (Reform des Eherechts) als Abteilung des Amtsgerichts eingerichtetes und mit einem Einzelrichter besetztes Gericht. Das F. ist umfassend zuständig für alle rechtsrelevanten Familienbeziehungen, wobei es vor allem die mit einer Ehesache (→Ehescheidung) zusammenhängenden Entscheidungen regelt und so die früher von verschiedenen Gerichten zu bearbeitenden Angelegenheiten (u. a. elterliche Sorge, Versorgungsausgleich, Unterhaltspflicht, Herausgabe des Kindes) zusammenfaßt. Die Schaffung spezieller F. sollte auch die Integration sozialpädagogischer Erkenntnisse (→Familiengerichtshilfe) ermöglichen. →Kindschaftsrechtsreform

Familiengerichtshilfe
neben Jugendgerichtshilfe und Vormundschaftsgerichtshilfe der dritte Bereich, in dem Familiengericht und Jugendamt im Interesse des Kindes (→Kindeswohl) zur Zusammenarbeit gesetzlich verpflichtet sind. Das Jugendamt hat das Gericht bei den in §§ 49 und 49a Gesetz über die Angelegenheiten der freiwilligen Gerichtsbarkeit (FGG) genannten Angelegenheiten sachverständig zu beraten, indem es über angebotene und erbrachte Leistungen unterrichtet, erzieherische und soziale Gesichtspunkte einbringt und auf weitere Möglichkeiten der Hilfe hinweist.

Familienlastenausgleich
durch Steuerfreibeträge, Kinder- und Erziehungsgeld, sowie Ausbildungsförderung angestrebter staatlich geregelter Belastungsausgleich zwischen Einzelpersonen, Familien ohne Kinder, kinderarmen und kinderreichen Familien.

Familienpflege
1. seit dem Mittelalter praktiziertes Modell der Versorgung (psychisch) Kranker in einer Pflegefamilie;

2. vorübergehende pflegerische, pädagogische und hauswirtschaftliche Hilfe für Familien. In der F. arbeiten →Familienpfleger, →Kinderpfleger, →Dorfhelfer und auch ehrenamtliche Kräfte. Träger der F. sind sowohl freie als auch öffentliche Einrichtungen. Förderung nach RVO, KVLG und BSHG ist möglich;

3. Betreuung und Erziehung von Kindern und Jugendlichen in einem privaten Haushalt (→Pflegekinderwesen) außerhalb der Herkunftsfamilie.

Familienpflegehelfer
ohne spezielle Ausbildung in der Familienpflege Tätiger, der sich in der Regel durch Erfahrungen im eigenen Haushalt, im Gesundheits- und Sozialbereich als F. qualifiziert hat. F. sind in der Mehrzahl unständig beschäftigte Frauen.

Familienpfleger
sozialarbeiterisch und pflegerisch an Fachschulen für die Familienpflege ausgebildete Fachkraft, die auch Alleinstehende oder alte Menschen in Notfällen betreut. F. werden von fachlich geleite-

ten Entsendestellen vermittelt, die auch die Kostenübernahme regeln.

Familienpolitik
Vor dem Hintergrund des besonderen Stellenwertes der →Familie (Art. 6 Abs. 1 GG) sind Staat und Regierung aufgerufen, eine stärkende und stützende Politik für Familien zu initiieren und umzusetzen. Insofern kann unter F. die Gesamtheit aller staatlicher Maßnahmen zur Förderung der Leistungsfähigkeit der Familie verstanden werden. Dazu gehören u. a. finanzielle (→Familienlastenausgleich), pädagogische, institutionelle Maßnahmen und Angebote. In anderen gesellschaftspolitischen Bereichen wie z. B. der Gesundheits-, Bildungs-, Wohnungs- und Frauenpolitik, werden familienpolitisch wirksame Maßnahmen nicht speziell als F. ausgewiesen, beeinflussen diese aber dennoch nachhaltig. Streitpunkt der F. sind vor allem ihre impliziten Vorstellungen von Familienformen und Familienfunktionen.

Familienrecht
Gesamtheit der rechtlichen Regelungen, die die →Familie betreffen. Insbesondere gehören jedoch zum F. das Eherecht, die das Rechtsverhältnis zwischen Eltern und Kindern bestimmenden Gesetze im BGB, sowie Teile des Jugendhilfe- und des Sozialrechts. Grundsätzlich stehen Ehe und Familie nach Art. 6, Abs. 1 GG unter dem besonderen Schutz des Staates. Sein Eingriffsrecht in die Autonomie der Familie ist gesetzlich geregelt und bedarf der besonderen Legitimation (→Kindeswohl).

Familiensoziologie
→Familie

Familientherapie
Die FT hat seit den Anfängen der siebziger Jahre in der Bundesrepublik zusehends an Bedeutung und Akzeptanz als anerkanntes Psychotherapie- und auch Beratungsverfahren gewonnen. Und das, obwohl sie im Vergleich zu anderen eine junge Therapierichtung ist. In der Theorieentwicklung der letzten Jahre wird die FT zunehmend mit systematischer Therapie bzw. Beratung gleichgesetzt bzw. die systemische Therapie als Weiterentwicklung familientherapeutischer Ideen verstanden und als Ausweitung begriffen.

1. Geschichtliche Akzente. Die Anfänge der FT sind in den fünfziger Jahren in den USA zu finden. Im besonderen waren es die Forschungsarbeiten zur Schizophrenie, die die Entwicklung familientherapeutischer Ideen vorantrieben. Aber diese Ansätze sind nicht ohne die Entwicklung, die die →Humanistische Psychologie in den USA einleitete, denkbar. So sind auch Reich, Moreno, Perls und Rogers indirekte Wegbereiter der familien-therapeutischen Bewegung.
Eine andere Quelle liegt in der Psychoanalyse. So ist es Sigmund Freud nicht fremd gewesen, daß die Familie ein wesentlicher Unterstützungsfaktor innerhalb der Psychotherapie sein kann. Ebenfalls sind bei Jung und Adler Ideen zu finden, die später von Familientherapeuten wieder aufgegriffen werden. Nicht zuletzt ist zu erwähnen, daß viele Pioniere der FT vorher psychoanalytisch tätig waren (z. B. Nathan Ackermann, James Farmo, Iwan Boszormenyi-Nagy, Murray Bowen, Lyman Wynne, Mara Selvini-Palazzoli).
Die familientherapeutische und systemische Theorie ist nicht ohne die Entwicklungen in anderen Wissenschaften denkbar. In der modernen Physik sind besonders Albert Einsteins Relativitätstheorie und Heisenbergs Postulat der Unschärferelationen zu nennen. Sie ermöglichten die Entwicklungen eines neuen Paradigmas, indem die Beziehung zwischen den Objekten betrachtet wurde und damit eine neue Sichtweise und Beobachtung von Phänomenen entwickelt wurde. Dieses Wissen um gegenseitige Abhängigkeit und das Aufeinanderbezogensein unterschiedlicher Objekte beeinflußte Wissenschaftsgebiete wie die

Mathematik, die Kybernetik und vor allem die moderne Biologie. Hier sind die Erkennungsbiologen Humberto Maturana und Francisco Valera zu nennen, die mit ihren Arbeiten wesentliche Grundlagen für die systemische Theorie geschaffen haben. Mit ihren Arbeiten über den Konstruktivismus, haben sich Ernst von Glasersfeld und Heinz von Foerster besondere Verdienste für die systemische Theorieentwicklung erworben.

Gregory Bateson hat das therapeutische Gedankengut der FT zu einem sehr frühen Zeitpunkt durch Überlegungen und Forschungen aus anderen Wissensgebieten bereichert: Kybernetik, Informatik, Semantik und Anthropologie lieferten weitere Ideen zu einer neuen Epistemologie der FT.

Der Hinweis auf die vielfältigen Ursprünge der FT soll allerdings nicht die Leistung der Pioniere der ersten Jahre schmälern. Vieles was heute schon gute Tradition für Familientherapeuten ist, hat in den 50ern großes Aufsehen erregt und viel Mut gekostet. Sie wagten sich über die Grenzen des Erlaubten hinaus, setzten damit ihr berufliches Ansehen aufs Spiel und bekamen viel Kritik aus der traditionellen psychotherapeutischen Welt.

2. Schulen der Familientherapie

2.1 Die strukturelle-strategische Familientherapie. Die Hauptprotagonisten sind S. Minuchin und J. Haley. Besonderen Wert legt Minuchin auf die Grenzen familiärer Subsysteme und deren Herstellung und Erhaltung sowie auf eine klare Regelung der Hierarchie, bei der die elterliche Verantwortung und Entscheidungskompetenz das System sichert. Die „family map" oder „Beziehungslandkarte" als diagnostisches Instrument zur Hypothesenbildung, der Umgang mit Allianzen und Rollen, das Arbeiten mit und durch Subsysteme, die Arbeit an Grenzen, der Umgang mit Koalitionen und die Triangulation, gehören auch heute noch zu den hilfreichen Techniken und Ideen in der FT. In den letzten Jahren hat die strukturelle FT durch ihren eher normativen Ansatz an Bedeutung verloren. Neben Minuchin zählen Haley, H. Aponte, C. Madanes und Andolfi zu den prominenten Vertretern dieser Richtung.

2.2 Die psychoanalytisch orientierte Familientherapie. Sie wurde vor allem durch N. Ackermann, J. Framo, I. Boszormenyi-Nagy, M. Bowen, L. Wynne und in Deutschland durch Helm Stierlin vertreten. Auch die Mailändergruppe um Mara Selvini-Palazzoli gehören in ihren Anfängen zu dieser Richtung. Besonders bekannte Stichworte dieser Richtung sind die Dynamik von Bindung und Ausstoßung, die Delegationen, der Versöhnungsdialog, die unsichtbaren Loyalitäten zwischen den Generationen und die bezogene Individuation. Zu den Ideen und Techniken gehören die unterschiedlichsten Fragekonzeptionen sowie die Arbeit mit dem Genogramm, die sich auch heute in der FT und systemischen Therapie wiederfinden. Ferner gebührt der psychoanalytisch orientierten FT der Verdienst, daß eine Rückbesinnung auf die Person (versus System), also die personenzentrierte Systemtheorie und Praxis, heute wieder mehr Bedeutung gewinnt.

2.3 Die wachstums-erlebnisorientierte Familientherapie. Sie gilt als die dritte große historische Schule. Die Hauptvertreterin dieses Ansatzes ist Virginia Satir. Die Entwicklung und Steigerung von individuellem und familiärem Selbstwert, die Kommunikationsmodelle in der Familie und die gegenseitige Wertschätzung und Kongruenz waren dabei wichtige Faktoren. Die „Parts Party", die Familienrekonstruktion, die Arbeit mit Metaphern, Meditation, Tranceinduktion und vor allem die Familienskulpturen sind Techniken, die auch heute noch in der FT angewendet werden.

Neben den geschilderten Schulen der FT sind die Arbeiten des Mental Research Institutes in Palo Alto zu nennen. Hier arbeiteten neben dem Vordenker Gregory Bateson, Virginia Satir, Paul Watzlawick, J. Haley. Ihre Arbeiten wurden auch durch die therapeutischen Ideen von Milton H. Erickson mitgeprägt. Die Arbeiten des MRI hatten gerade in den ersten Jahren großen Einfluß auf das Mailänder Modell. Von vielen systemischen Therapeuten werden die späteren Entwicklungen der Mailänder Gruppe als die „Wiege der systemischen Therapie" bezeichnet. Aus ihrer Arbeit entwickelte sich das Hypothetisieren, die Idee der Zirkularität und die zirkulären Fragen, die Anfänge des Zwei-Kammer-Systems, die paradoxen Verschreibungen, Familienrituale u. a. Nach der Trennung des Teams entwickelten sich Boscolo und Ceccin in Richtung Konstruktivismus und „Kybernetik 2. Ordnung" (s. 2.4) (Boscolo u. a. 1988 u. 1994).

2.4 Neuere Entwicklungen. Die familientherapeutischen Modelle wurden in ihrer Grundlage einer neuen Befragung durch die sogenannte „Kybernetik 2. Ordnung" unterzogen. Die Familientherapie ging davon aus, daß die Familie im Sinne der Systemtheorie ein organisiertes Gebilde ist, welches durch die Therapie bzw. durch den Therapeuten beeinflußt und verändert werden kann. Durch die Kybernetik 2. Ordnung wurde diese Idee kritisch hinterfragt, da sie nicht die Rolle desjenigen berücksichtigt, der die Familie als System beschreibt. Der Beobachter bzw. der Therapeut wurde nicht in die Überlegungen miteinbezogen. Durch die Kybernetik 2. Ordnung fing die systemische Therapie an, sich selber systemisch zu begreifen und das bedeutete vor allem, daß der Therapeut Teil des Therapiesystems ist und kein neutraler Beobachter. Tom Andersen versuchte mit der Entwicklung des „Reflecting Team" die Kybernetik 2. Ordnung ernst zu nehmen und in praktisches therapeutisches Handeln umzusetzen. Sein „Reflecting Team" (s. 3.8) veränderte die machtvolle Position der Therapeuten, wie sie im klassischen Mailänder Modell oder in den strukturellen Ansätzen üblich war. Das Reflecting Team sieht Therapie als eine Form von Kooperation zwischen Therapeutenteam und Familie. Je besser die Kooperation funktioniert, um so eher können Lösungen für aktuelle Probleme entwickelt werden. Seine kleine Revolution gegenüber den Mailänder Ideen war, daß die Familie den Therapeutendialog hinter dem Einwegspiegel ebenso beobachten und mithören kann, wie vorher die Beobachter am therapeutischen Dialog des Therapiesystems teil hatten.

Der Konstruktivismus geht mit seinen Überlegungen in eine ähnliche Richtung und noch deutlicher der soziale Konstruktionismus. Beide Theorien betonten, daß die Realität nicht das ist, für was wir sie halten oder was sie zu sein scheint, sondern eine soziale Konstruktion der Akteure. In diesem Verständnis wird Therapie weniger als eine Möglichkeit gesehen, Menschen oder Systeme bewußt und zielgerichtet in eine Richtung zu verändern, sondern vielmehr als ein Rahmen definiert, in dem Veränderungen möglich werden.

Eine weitere Entwicklung in den letzten Jahren sind die narrativen Ansätze, die vor allem mit dem Namen M. White, H. Anderson u. H. Goolishian in Verbindung gebracht werden. Die lösungsorientierte Kurzzeittherapie von Steve de Shazer ist eine weitere Entwicklung. Seine Ideen beruhen vor allem darauf, den Fokus der Aufmerksamkeit von der „Problemfocussierung" auf die „Lösungsfocussierung" zu verändern. Eine zentrale Aussage ist: Reden über Probleme schafft Probleme und Reden über Lösungen kreiert Lösungen. Entsprechend viel wird in seinen Ansätzen über Lösungen gesprochen.

Die letzten Jahre familien- und systemtherapeutischer Diskussion sind weniger durch Erfinden neuer revolutionärer Ideen und Methoden gekennzeichnet als vielmehr durch die Evaluation familientherapeutischer Arbeitens und durch vielfältigste Methoden-Integration. Seit den 80er Jahren verschwinden die Schu-

lenunterschiede zusehends. Integrative Modelle, Haltungen, Technik und Interventionen sind üblich und zu einer bunten Landschaft geworden.
Die Weiterentwicklung läßt sich am ehesten mit A. von Schlippe und J. Schweitzer (1996) wie folgt unterteilen:
- Die Klassichen Modelle (Strukturelle FT, Mehrgenerationen Modell, erlebnisorientierte FT, Strategische FT, u. die systemisch-kybernetische FT)
- Kybernetik 2. Ordnung (Systemisch-konstruktivistische Therapie, Reflecting Team)
- Narrative Ansätze (Therapie-konstruktive und hilfreiche Dialoge, Therapie als Dekonstruktion, Lösungsorientierte Kurz-Therapie)

Sie alle bilden gegenwärtig die Grundlagen der FT. Heute ist die Zeit der großen neuen Entwürfe und Therapiekonzepte vorbei. Die Gründerpersönlichkeiten der familientherapeutischen systemischen Schulen haben ihren Platz gefunden und die Zeit der Konsolidierung ist angebrochen. Die FT muß in der Vielfalt und Unterschiedlichkeit der therapeutischen Schulen einen eigenen Platz finden.

Dazu gehört sowohl, die eigene Effektivität als psychotherapeutische Richtung unter Beweis zu stellen als auch sich mit unterschiedlichsten Störungsbildern auseinanderzusetzen.

3. Familientherapeutische Techniken und Ideen

3.1 Die systemischen Fragen. Die besondere Fragetechnik ist ein Kennzeichen von Familientherapie: Fragetypen sind z. B. zirkuläre Fragen, Skalierungsfragen, Wunderfragen, Fragen nach Ausnahmen, zum Therapierahmen, zur Therapiemotivation, zur Möglichkeitskonstruktion, hypothetische Fragen, Fragen nach Alternativen im Verhalten, nach Vergleichen, nach problematischen Verhaltensweisen und deren Ausnahmen, zum Raum und zum zeitlichen Kontext des Problems, lösungsorientierte Fragen.

Besonders die zirkulären Fragen, die im Mailänder Ansatz entwickelt wurden, sind zum Kennzeichen systemischer Therapie geworden. Einige beispielhafte Fragestellungen sollen den Praxisrahmen genauer beschreiben: Zirkuläre Frage sind z. B.: „Was glauben sie, denkt, fühlt etc. ihre Tochter, wenn sie mit ihrem Mann streiten?" Oder: „Was tut ihr Mann, wenn ihr Sohn das tut, was sie depressiv nennen und wie wird ihr Sohn dann darauf reagieren" etc. Zirkuläre Fragen dienen wie alle systemischen Fragen dazu, Informationen für die Familie und den Therapeuten zu gewinnen. Sie wollen zeigen wie unterschiedlich bestimmte Lebens- und Erlebenssituationen in der Familie erfahren werden. Sie sollen Unterschiede schaffen, die einen Unterschied machen, um in der Familie gewohnte Sichtweisen und Verstehensweisen zu „verstören".

3.2 Die Landkarte. Ist ein Instrument zur Prozeßdiagnostik und zur Hypothesenbildung. Sie kann eine Hilfe sein, Hypothesen und Interventionsideen zu entwickeln. Die Landkarte bildet das Beziehungsgeflecht und die Grenzen zwischen den jeweiligen Subsystemen der Familie ab, wie sie der Therapeut zum gegenwärtigen Zeitpunkt sieht.

3.3 Das Genogramm. Mit seiner Hilfe lassen sich die komplexen und für Außenstehende verwirrenden Informationen über das Familien- und Herkunftsfamiliensystem übersichtlich und klar darstellen. Es bietet die Möglichkeit für die Familie bzw. das Klientensystem sich seiner Herkunftsgeschichte über mehrere Generationen klarer zu werden und kann zur Identitätsfindung beitragen. Ferner lassen sich die Familiengeschichten und Traditionen, Regeln und Muster leichter nachvollziehen und damit die Lebensgeschichten besser verstehen. Auf diesem Hintergrund sind Veränderungen möglich, weil im Genogramm immer auch die Ressourcen der Herkunftsfamilie sichtbar und durch die Geschichten besprechbar werden.

3.4 Die wertschätzende Konnotation. Sie hat ihren Platz in den unterschiedlichsten Phasen eines Beratungs- oder Therapieprozesses. Sie ist weniger eine therapeutische Technik als vielmehr eine systemisch therapeutische Haltung. Sie will den Ressourcen und Verhaltensweisen der Familie sowie dem Symptom wertschätzend begegnen.

3.5 Das Reframing. Die Umdeutung ist einer der zentralen systemischen Ideen überhaupt. Beim Reframing wird dem Geschehen oder Erlebten ein anderer Sinn gegeben, indem es in einen anderen Kontext gestellt wird. Durch die Umdeutung wird ein Verhalten oder Symptom, in seiner positiven Bedeutung für die Klienten beschrieben und so eine neue Sichtweise eingeführt. Klassisch in FT-Kontexten ist die Umdeutung des Symptomträgers: er gilt als derjenige, der Probleme, der Schwierigkeiten macht etc. Ein Reframing zu Beginn einer Beratung ist, wenn der Symptomträger beschrieben wird als jemand der anzeigt, daß die Familie sich in einem Veränderungsprozeß befindet. Er wird als eine Art Warnsignal, oder als Wahrheitsträger im Familiensystem verstanden.

Dem Reframing liegen einige systemische Prämissen zugrunde:
- „Jedes Verhalten macht Sinn, wenn man den Kontext kennt.
- Es gibt keine vom Kontext losgelösten Eigenschaften einer Person.
- Jedes Verhalten hat eine sinnvolle Bedeutung für die Kohärenz des Gesamtsystems
- Es gibt nur Fähigkeiten. Probleme ergeben sich manchmal daraus, daß Kontext und Fähigkeiten nicht optimal zueinander passen.
- Jeder scheinbare Nachteil in einem Teil des Systems zeigt sich an anderer Stelle als möglicher Vorteil." (Schlippe/Schweitzer 1996 S. 179).

3.6 Familienskulptur. Sie ist eine der erlebnisintensivsten Methoden der FT. Dabei wird versucht, die Situation in einer Familie durch eine Art „Denkmal" darzustellen. Beim Stellen einer Skulptur kann auf unterschiedliche Modalitäten geachtet werden:

- durch den räumlichen Abstand wird dargestellt, wie nah bzw. wie distanziert sich die Familienmitglieder fühlen.
- durch die Größe, jenseits der physiologischen Größe, kann dargestellt werden, wer sich in der Familie oben bzw. unten fühlt, wer wieviel Macht, viel oder wenig Einfluß hat.
- durch Mimik, Gestik, Handbewegung, Kopfbewegung etc., kann differenzierter dargestellt werden, wie sich die einzelnen Familienmitglieder zu einem ganz bestimmten Zeitpunkt in der Familie fühlen.

Die Skulptur bietet eine Möglichkeit die Komplexität des Familiensystems, die Gefühle und Gedanken in einer Familie wie durch ein Brennglas komprimiert darzustellen.

3.7 Geschichten, Metaphern, Witze. Das Erzählen von Geschichten und Metaphern ermöglicht es von der direkten, oft vielleicht schwierigen ernsten Situation, sich ein wenig zu entfernen und wie aus der Distanz heraus eine Sichtweise für die eigene Situation und die Familiensituation zu gewinnen. Geschichten und Metaphern ermöglichen es den Klientenfamilien, eine neue Sichtweise einzunehmen oder einmal über ganz andere Lösungen nachzudenken.

3.8 Das Reflecting Team. Beim Reflecting Team gibt es 2 Subgruppen: zum einen das therapeutische System, bestehend aus der Familie und dem Therapeuten, daneben das beobachtende System, das Reflecting Team. Es besteht aus zwei bis vier Teammitgliedern, die entweder hinter einer Einwegscheibe in einem anderen Raum sitzen, oder im gleichen Raum etwas distanziert vom Therapiesystem. In vorher festgelegten Abständen wird die Therapiesitzung unterbrochen, um dem Dialog des Teams zuzuhören. Dabei gilt, das der Dialog des Teams in einer wertschätzenden Art und Weise geführt wird.

3.9 Schlußintervention. Die Abschlußintervention gehört zu einem der Erkennungsmerkmale der Familientherapie.

In der Geschichte der FT stand die eigentliche „Verschreibung" wie z. B. die paradoxe Intervention im Vordergrund der Abschlußintervention. In den letzten Jahren rückte der „Kommentar" mehr in den Mittelpunkt. Die eigentliche Empfehlung in der Abschlußintervention wird als eine Idee für das praktische Tun vermittelt.

Der Kommentar dient besonders der positiven Wertschätzung der Familie. Er hat Anteile von Bestätigung und Anerkennung für das Klientensystem, wenn möglich mit einem Reframing. Er kann durch eine Geschichte oder Metaphern abgerundet werden. Die Intervention zielt weniger auf direkte Verhaltensänderung. Es können z. B. Beobachtungsaufgaben enthalten sein. Wichtig ist bei der Abschlußintervention und beim Abschlußkommentar, daß sie an das Therapiegeschehen ankoppeln. Dazu ist notwendig, daß nur das aufgegriffen wird, worüber in der Sitzung auch gesprochen wurde. Wenn möglich sollen Formulierungen und Ideen der Klienten aufgegriffen werden. Bekanntes und Neues wird miteinander verknüpft und in der Sprache knapp und deutlich gehalten.

Lit.: Boscolo, L., Bertrando, P.: Systematische Einzeltherapie, Heidelberg 1997; Cierpka, M. (Hrsg.): Handbuch der Familiendiagnostik, Berlin, 1996; Foerster, H., Glasersfeld, E. u. a.: Einführung in den Konstruktivismus, München 1992; Glasersfeld, E.: Radikaler Konstruktivismus, Frankfurt 1997; Ludewig, K.: Systemische Therapie, Stuttgart ⁴1997; Maturana, H., Varela, F.: Der Baum der Erkenntnis, Bern 1987; Minuchin, S., Lee, W. Y., Simon, G.: Supervision und familientherapeutisches Können, Freiburg 1998; Reiter, L., Brunner, E. J., Reiter-Theil, S. (Hrsg.): Von der Familientherapie zur systemischen Perspektive, Berlin 1998; Schlippe, von A., Schweitzer, J.: Lehrbuch der systemischen Therapie und Beratung, Göttingen 1996; Schweitzer, J., Retzer, A., Fischer, H. R. (Hrsg.): Systemische Praxis und Postmoderne, Frankfurt 1992; Satir, V., Banmen, J., Gerber, J., Gomori, M.: Das Satir Modell, Paderborn 1995; Simon, F., Sierlin, H.: Die Sprache der Familientherapie, Stuttgart 1984.

Reinert Hanswille, Essen

Fan-Projekte
Mit Beginn der 1970er Jahre traten (in der Hauptsache männliche) jugendliche Fußball-Fans vor allem durch ihre gewalttätigen Auseinandersetzungen mit gegnerischen Fan-Gruppen erstmals in das öffentliche Bewußtsein und wurden auch zum Gegenstand psychologischer und soziologischer Forschung. Sowohl die Zunahme ordnungspolitischer Reaktionen auf das Verhalten der Fans, als auch ihre vermutete rechtsradikale Vereinnahmung führte seit 1982 zur Gründung sozialpädagogisch orientierter F. zur Vermeidung einer Radikalisierung und Stigmatisierung der betroffenen Jugendlichen.

FE
→Fürsorgeerziehung

FEH
→Freiwillige Erziehungshilfe

Feldforschung
der Ethnologie und Kulturanthropologie entstammende Methode, Gruppen in ihrer natürlichen Umgebung vor allem durch die →Beobachtung, und informelle →Befragung zu untersuchen. Der Forscher kann dabei im Feld eine unauffällige Rolle übernehmen, um seine wahren Absichten zu verdecken und so eine Veränderung des Feldes durch seine Anwesenheit zu minimieren. →Empirische Sozialforschung: Qualitative Verfahren; →Zehn Gebote der Feldforschung

Feldtheorie
Die sozialpsychologische F. geht davon aus, daß die gesamte psycho-soziale Umwelt des Menschen aus seinem Lebensraum besteht, in dem anziehende und abstoßende Kräfte, einem mathematisch-physikalischen Modell ähnlich,

dynamisch wirken. Das Verhalten des Individuums sei entsprechend als Resultat der mit unterschiedlicher Richtung und Intensität einwirkenden Feldkräfte (Vektoren) zu verstehen. Für den pädagogischen Zusammenhang wurde vor allem der von →Lewin in Anlehung an die Gestalttheorie entwickelte Ansatz der Feldtheorie bedeutsam. Entscheidend für die Analyse des Verhaltens im Sinne dieses Konzeptes ist die Untersuchung der konkreten Situation vom Standpunkt des erfahrenden und erlebenden Individuums aus.

Feminismus

Sammelbegriff für verschiedene, im Rahmen der neueren →Frauenbewegung entstandenen, theoretischen Positionen und Praxistheorien, die sich vor allem durch eine explizite Kritik am →Patriarchat auszeichnen. Sowohl durch praktische Projekte (Verlage, Gaststätten, Gesundheitszentren, Frauenhäuser usw.) als auch durch theoretische Arbeiten (Frauenstudien, Frauenforschung) sollen mit Hilfe des F. die Bedürfnisse und Interessen von Frauen, ihre Lebenslagen und die Überwindung des männlichen Prinzips in der Gesellschaftsgestaltung thematisiert, analysiert und umgesetzt werden. →Feministische Soziale Arbeit

Feministische Mädchenarbeit
→Feministische Soziale Arbeit

Feministische Soziale Arbeit

1. Definition des Begriffs. „Feministische" Soziale Arbeit (F.S.) läßt sich nur in Zusammenhang mit der historischen Entwicklung des Verhältnisses von →Frauenbewegung und Sozialarbeit verstehen. F.S. unterliegt als recht neuer Terminus keiner festgelegten Definition, wird aber zumeist mit folgenden Stichworten charakterisiert: Parteilichkeit gegenüber den Frauen und Mädchen und eigene Betroffenheit als Frau als Basis der Zusammenarbeit. Diese Kriterien zeichnen im allgemeinen Frauen aus, die sich der Frauenbewegung verbunden fühlen. Doch da das Verhältnis von Feminismus und Sozialer Arbeit keineswegs geklärt ist und Soziale Arbeit und Frauenbewegung sich in ihren Zielen historisch sowohl ergänzt als auch widersprochen haben, scheint es angebrachter, von feministisch orientierter Sozialer Arbeit zu sprechen.

2. Entwicklung feministisch orientierter Sozialer Arbeit. Während die Erste Deutsche Frauenbewegung zu Beginn dieses Jahrhunderts durch ihre Aktivitäten und durch ihr Konzept der „geistigen Mütterlichkeit" maßgeblich zur Entwicklung der Sozialen Arbeit als Beruf – als →Frauenberuf – beigetragen hat, steht die Zweite Deutsche Frauenbewegung (im Anschluß an die antiautoritäre Studentenbewegung Ende der 60er Jahre) der Sozialen Arbeit durchaus kritisch gegenüber. Denn Soziale Arbeit widerspricht dem Prinzip der Selbsthilfe und der Autonomie und muß sich den Vorwurf patriarchaler Strukturen in doppelter Hinsicht gefallen lassen: Zum einen finden sich dort beschäftigte Frauen in benachteiligten Positionen wieder, zum anderen haben dort Hilfe suchende Frauen häufig mit traditionellen Rollenvorstellungen, d. h. der Zurücksetzung ihrer Interessen hinter Familien- oder Männerbelangen zu kämpfen.

Die seit Mitte der 1970er Jahre gegründeten autonomen Projekte der Frauenbewegung im sozialen Bereich, inzwischen viele Hundert, entstanden aus einer Kritik an den Institutionen der Sozialen Arbeit, die die Probleme von Frauen und Mädchen weitgehend ignoriert haben. →Gewalt gegen Frauen ist eines der zentralen Belange, die zur Gründung von →Frauenhäusern für geschlagene Frauen (derzeit knapp 200 in autonomer Verwaltung), Notrufeinrichtungen für vergewaltigte Frauen, „Wildwasser"-Gruppen für mißbrauchte Frauen und Mädchen u.a. mehr geführt haben. Weitere Schwerpunkte sind Beratungsarbeit (→Beratung) und →Selbsthilfegruppen, Gesundheitszentren, →Mädchenarbeit und Bildungsarbeit. Die Kritik an der Sozialen Arbeit bezieht sich aber nicht nur auf die Vernachlässigung zentraler Fragen für Frauen und Mädchen, sondern auch auf die Art der Arbeit mit Frauen und Mädchen. Das Hierarchiegefälle zwischen Sozialarbeiterin/Sozialpädagogin und Klientin und die damit einhergehende Trennung zwischen Frauen als Berufsmüttern und Hausmüttern werden als Bestandteil bürokratisierter Sozialer Arbeit gesehen, dem das Konzept „Frauen helfen Frauen" gegenübergestellt wird. Nach diesem Konzept werden Frauen als Gleiche verstanden, die grundsätzlich gleiche Interessen vertreten, da alle Frauen gemeinsame gesellschaftliche Erfahrungen von Unterordnung machen, die eine von allen geteilte Betroffenheit bewirken und Frauen zum gemeinsamen Aufbruch zusammenfinden lassen. Erst das weitgehende Scheitern dieses Konzeptes an der unterschätzten Hilfsbedürftigkeit der meisten Frauen und Mädchen und die sich daraus allmählich entwickelnde →Professionalisierung vieler Frauenprojekte in den 1980er Jahren führte zu einem positiven Verhältnis zur Sozialen Arbeit und damit zur Formulierung von feministischen Ansätzen (Steinert/Straub 1988).

Feministisch orientierte Soziale Arbeit ist somit eng an die Frauenprojektebewegung geknüpft und meint zu allererst einmal die Entwicklung neuer Arbeitsfelder von Frauen für Frauen auf der Basis der gemeinsamen Unterdrückungserfahrung mit dem Ziel der Selbständigkeit und der Überwindung traditioneller Frauenbilder. Ein zentrales Moment feministischer Arbeit ist die Sicht der Frauen und Mädchen als Expertinnen ihres eigenen Problems und das selbstbestimmte Arbeiten der Projektfrauen.

Ein Thema, das die inhaltliche Debatte über Frauen und Soziale Arbeit stark bestimmt hat und weiterhin bestimmt, ist die Auseinandersetzung mit dem spezifisch Weiblichen Sozialer Arbeit, das gleichermaßen als zentrales Element weiblicher Familienarbeit analysiert wurde: die Gefühls- oder Beziehungsarbeit. Diese Debatte findet ihre heutige Erweiterung in der Auseinandersetzung über berufliche Identität, indem Fragen nach dem schwierigen Verhältnis von Nähe und Distanz, dem Umgang mit dem Hausfrauenanteil Sozialer Arbeit und den Problemen mit der eigenen Expertise umzugehen, gestellt werden (Nestmann/Schmerl (Hg.) 1991, Rommelspacher (Hg.) 1987).

3. Arbeitskonzepte. In einer Untersuchung über Frauenprojekte und Soziale Arbeit (Brückner/Holler 1990) wird deutlich, daß das feministische Selbstverständnis der Projekte sowohl praktische wie theoretische Elemente enthält, wobei erstere von den im engeren Sinne sozialen Projekten und letztere von Bildungsprojekten in den Vordergrund gerückt werden. Den Frauen soll ein eigenverantwortliches Leben auf der Basis einer positiven Neubewertung weiblicher Arbeit und eines selbstbestimmten Umgangs mit dem eigenen Körper möglich werden. Das Geschlechterverhältnis soll neu bestimmt, öffentliche Räume geschaffen und ein eigenständiges Bild von Weiblichkeit entwickelt werden.

Ein wesentlicher Bestandteil des beruflichen Selbstverständnisses von Mitarbeiterinnen in Frauenprojekten beruht auf dem „Anderen" der geleisteten Arbeit, das vor allem in den Begriffen Ganzheitlichkeit, Parteilichkeit und Betroffenheit seinen Niederschlag findet. Ganzheitlichkeit ist der am meisten verwendete, aber auch der schillerndste dieser Begriffe. Als ganzheitlich werden sowohl Beratungskonzepte als auch pädagogische oder gesundheitliche Ansätze bezeichnet. Das erforderliche hohe Maß an Verständnis und Einfühlungsvermögen soll durch die gemeinsamen Erfahrungen als Frau oder durch eine spezifische eigene Betroffenheit hergestellt werden. So sinnvoll diese Art des Herangehens auch ist, enthält sie doch die Gefahr der

Überforderung und erinnert an Mütterlichkeit: Umfassend für die andere da zu sein. Im traditionellen Frauenleben sind alle Lebens- und Gefühlsbereiche ebenfalls „ganzheitlich" aufs engste miteinander verwoben: Wohnung und Arbeit ebenso wie Arbeit und Liebe. Heute ist es speziell unter Frauen jedoch ebenso wichtig, die Erfahrung von Trennung und deren Legitimität zu machen. Die Maxime der Ganzheitlichkeit enthält somit beides: das mögliche Überdecken von Differenzen und Widersprüchlichem und das Zusammenfügen zersplitterter und als auseinandergerissen erfahrener Lebensbereiche. Parteilichkeit (→Parteiliche Jugendsozialarbeit) ist ein einfacher zu bestimmendes Element des Selbstverständnisses von Frauenprojektmitarbeiterinnen: Ohne Einschränkung auf seiten der Frau oder des Mädchens zu stehen und deren Belange an die erste Stelle zu setzen. Parteilichkeit ist eindeutig, wenn es um die Konfrontation mit patriarchaler Macht geht. Hingegen kann es Probleme bereiten, Parteilichkeit zu definieren, wenn diese Maxime auf den Arbeitsalltag selbst angewandt wird, z.B. wenn im Projektalltag Differenzen zu oder unter den Frauen und Mädchen sichtbar werden. Im Vergleich zu den Solidaritätskonzepten der Anfangszeit der Projekte enthält der Begriff Parteilichkeit immer schon ein Moment der Differenz, denn es ist die Parteilichkeit der Mitarbeiterinnen gegenüber den Benutzerinnen und nicht Gegenseitigkeit gemeint. So sprechen die Selbsthilfeprojekte auch eher von Solidarität. Damit soll nicht gesagt sein, daß die erkannte Differenz unter Frauen nicht positiv im Sinne von Akzeptanz und Förderung genutzt werden kann. Unter Betroffenheit wird die von allen Frauen geteilte Erfahrung gesellschaftlicher Unterordnung verstanden. Darüber hinaus kann Betroffenheit Nähe und Bezogenheit auf unterschiedlichen Ebenen meinen. Was es jeweils bedeutet, beispielsweise mittelbar oder unmittelbar von männlicher Gewalt betroffen zu sein, und welche Differenzierungen sich aus dem Unterschied ergeben, gehört zur Reflexion über die eigene Arbeit. Das aufgeführte Andere, das die feministisch orientierte Arbeit kennzeichnet, ist bisher noch wesentlich geprägt durch das Neue des Arbeitsbereichs selbst und das Experimentieren in diesen Problemfeldern. Es liegen kaum ausformulierte Ansätze vor, die die aus den Maximen hervorgehenden Arbeitsvollzüge beschreiben, am ehesten noch in der Frauenhausarbeit, der Bildungsarbeit und der Mädchenarbeit.

Insbesondere in der Frauenhausarbeit mußte eine krasse Umstrukturierung des Angebots der Mitarbeiterinnen von ehrenamtlicher Selbsthilfe zu bezahlter, professioneller Arbeit vollzogen werden. Trotz der damit einhergehenden Dominanz der Einzelfallhilfe wird die Bedeutung der Öffentlichkeitsarbeit weiterhin betont. Elemente der Öffentlichkeitsarbeit, als kontinuierliche Auseinandersetzung mit der gesellschaftlichen Gewalt gegen Frauen, sind Zusammenschlüsse und Arbeitsgemeinschaften, Medienarbeit, Aktionen, Gremienarbeit und Aufklärung. Ein weiteres Merkmal des feministischen Selbstverständnisses bezieht sich auf die Arbeitssituation der Mitarbeiterinnen: Hierarchiefreiheit, gleiche Bezahlung und Selbstbestimmung, wobei letzteres auch für die Bewohnerinnen gelten soll. Merkmale der Arbeit mit den Frauen sind: unbürokratische Hilfeleistungen, Parteilichkeit, ganzheitliche Beratung und Hilfe (Unterstützung gegenüber Institutionen und bei Sachfragen und gegenüber dem Mann) auf der Basis von Hilfe zur Selbsthilfe und Eigenverantwortlichkeit, zudem Förderung des Zusammenlebens und Betreuung ehemaliger Bewohnerinnen. Ein Großteil dieser Angebote wird im Rahmen eines Bezugspersonensystems geleistet, d.h. individueller Zuständigkeit für bestimmte Frauen. Probleme, mit denen die Mitarbeiterinnen konfrontiert werden und mit denen sie umgehen müssen, reichen weit über die Gewalterfahrung der Frauen hinaus und schließen Suchtprobleme, Wohnungslosigkeit, psychische Krankheiten, Prostitution, Ausländerinnenprobleme usw. ein. (Dokumentation: 10 Jahre Frauenhaus Frankfurt).

Auch die Bildungsprojekte arbeiten nach den allgemeinen Prinzipien der Parteilichkeit, Betroffenheit, Ganzheitlichkeit und Selbstbestimmung. Wichtiger Teil der Bildungsarbeit ist die Einbeziehung des gesellschaftlichen Kontextes, d. h. der Wechselwirkung zwischen Familie und Beruf im weiblichen Lebenszusammenhang, um individuelle Minderwertigkeits- und Schuldgefühle von Frauen gegenüber den eigenen Leistungen abzubauen. Ein Beispiel hierfür sind die von Frauen für Frauen entwickelten Computerkurse, in denen technische Lernelemente mit Fragen zur Bedeutung und Funktionsweise moderner Technologien und zu gesellschaftlichen Folgen verbunden werden. Zudem werden die Interessen und die Lebenssituationen der Frauen als konstitutive Bestandteile der Kurse einbezogen. Die feministischen Bildungsansätze beruhen nicht auf dem Defizitansatz, der davon ausgeht, daß Frauen gegenüber Männern etwas nachzuholen hätten, sondern darauf, daß Frauen andere Zugänge zu Wissen und Bildung haben, die durch das Einbeziehen des weiblichen Lebenszusammenhanges aktiviert werden. Begonnen hat die feministische Bildungsarbeit im Bereich der Selbstbildung, der Auseinandersetzung mit der eigenen Situation und der Kritik der Frauenfeindlichkeit des herrschenden Bildungsbegriffs und hat sich inzwischen in Richtung Weiterbildung fortentwickelt. Das Neue an dem feministischen Bildungsbegriff besteht insbesondere im Aufgreifen und Öffentlichmachen vormals „privater" Themen, gemäß dem Grundsatz: Das Private ist politisch. Drei zentrale Ziele dieser Bildungsarbeit lassen sich formulieren: Herstellung einer positiven Lernsituation, in der das Verhältnis zwischen Lehrenden und Lernenden reflektiert wird, Erkenntnis gesellschaftlicher Zusammenhänge, insbesondere der patriarchalen Einbindung der Frauen und die Wissenserweiterung (Cremer/Bader/Dudeck (Hg.) 1990).

Ein zentraler Grundsatz der Mädchenarbeit ist der Ansatz an den Stärken der Mädchen und wie in der Bildungsarbeit allgemein, die Zurückweisung des Defizitansatzes. Begonnen hat Mädchenarbeit mit der Kritik an der allgemein üblichen Jugendarbeit als Jungenarbeit, mit dem Sichtbarmachen von Sexismus und Gewalt gegen Mädchen und einer neuen Aufgabenstellung frauenbewegter Pädagoginnen. Mädchenarbeit findet sowohl in autonomen Projekten wie Mädchentreffs, -läden, -zentren statt als auch in erkämpften Mädchengruppen in Jugendzentren etc. Methodisch setzt Mädchenarbeit an Selbsterfahrung und an der Kenntnis der weiblichen Rollenzwänge an. Sie beruht auf Parteilichkeit und orientiert sich an der Autonomie der Mädchen. Standardprogramme von Mädchenarbeit enthalten themenbezogene und selbsterfahrungsorientierte Gruppenarbeit, Beratung, berufliche Orientierung und Bildung, Seminare und Kurse und einen offenen Treff (Savier, in: Kreft/Lukas u. a. (Hg.) o.J. (1990)). Ein spezifischer Aspekt von Mädchenarbeit ist die Gründung von Mädchenhäusern als Zufluchtsstätten vor Mißbrauch und Mißhandlung. Die Mädchenhäuser arbeiten nach zwei unterschiedlichen Konzepten, entweder sie richten sich speziell an Mädchen mit Mißbrauchserfahrungen oder sie beziehen alle Mädchen mit Wohnproblemen ein, um ihrem ganzheitlichen Grundsatz gerecht zu werden. Letztere wollen an der Gesamtpersönlichkeit des Mädchens, nicht am Mißbrauch ansetzen. Grundsätze feministischer Mädchenzufluchtsarbeit beruhen darauf, daß die Mädchen im Mittelpunkt stehen und ernst genommen werden, daß an ihren Stärken angesetzt wird und daß keine Rundumbetreuung, sondern Hilfe zur Selbsthilfe geleistet wird. Die Arbeit basiert auf Freiwilligkeit und Anonymität. Angebote der Mädchenhäuser, von denen bisher aus finanziellen Gründen oftmals nur einige Aspekte verwirklicht werden konnten, bestehen aus einer Anlaufstelle für Informationen und Beratung, einer Zufluchtsstätte für eine Übergangszeit und Wohngemeinschaften (Trauernicht, in: Kreft/Lukas u. a. o. J. (1990)).

4. Stellenwert und Ausblick. Nachdem die Relevanz der von der Frauenbewegung gegründeten neuen Arbeitsfelder für die allgemeine Sozialarbeit und Sozialpädagogik deutlich geworden ist und insbesondere seitdem öffentliche Gelder verfügbar sind, haben eine zunehmende Zahl von öffentlichen und privaten Trägern Interesse an der Übernahme dieser Arbeitsfelder. Nicht selten treten sie dabei in Konkurrenz zu den autonomen Projekten und werden vom öffentlichen Geldgeber bevorzugt. Besonders deutlich ist das bei den Frauenhäusern aber auch im Bereich der Bildungsarbeit. Zum Teil werden von den Trägern die feministisch orientierten Arbeitsansätze übernommen, so in weiten Teilen der Bildungs- und Mädchenarbeit, zum Teil werden sie konterkariert, so bei einem Teil der nichtautonomen Frauenhäuser, die familienorientiert und nicht parteilich für die Frauen arbeiten. Dennoch sind die Differenzen heute weniger scharf als vor 10 Jahren, denn frauenbewegte Mitarbeiterinnen, die versuchen, auch in nichtautonomen Bereichen feministisch orientierte Frauen- und Mädchenarbeit zu leisten, gibt es in zunehmendem Maße. Die Auswirkungen der aus der Frauenbewegung hervorgegangenen Projekte und neu entwickelten Arbeitskonzepte für die Soziale Arbeit kann gar nicht hoch genug eingeschätzt werden. Gleichzeitig wächst jedoch die Gefahr, daß die Initiativen der Frauenbewegung, die Erneuerungs- und Veränderungsprozesse in der Sozialen Arbeit bewirkt haben, vereinnahmt, in vielfältiger Weise übernommen oder – je nach politischer Vorherrschaft – ausgehungert werden. Diesem Zugriff der Sozialbürokratie liegt allerdings auch ein Moment der Schwäche der Frauenprojekte zugrunde, deren politische Kraft zersplittert ist.

Feministisch orientierte Soziale Arbeit basiert nicht nur von ihrer Entstehungsgeschichte her auf Widersprüchen, sondern ist auch heute noch geprägt von Widersprüchen, die ihre Lebendigkeit ausmachen. Zwar belasten diese Widersprüche den Arbeitsalltag und das Selbstverständnis, sie sollten aber dennoch als fruchtbarer, nicht ohne Verluste aufzulösender Bestandteil der Arbeit angesehen werden. Die frühen Merkmale frauenpolitischen Engagements in der ersten Projektgründungsphase erscheinen heute als utopisch, aber gerade als utopische sollten sie im Denkansatz feministisch orientierter Sozialarbeit erhalten bleiben, wenngleich sie nicht umstandslos in die Praxis umgesetzt werden können: Der Verzicht auf Hierarchien als Ausdruck der Sensibilität gegenüber Vormachtstellungen und bürokratischen Verknöcherungen, der Ausgang von der gemeinsamen Betroffenheit als Zeichen eines demokratischen Verhältnisses zwischen allen Frauen, der Gedanke symmetrischer Beziehungen auch zwischen Mitarbeiterinnen und Betroffenen als Ausdruck der Anerkennung der Individualität jeder Frau und ihres je spezifischen Anliegens, und nicht zuletzt eine Vorsicht gegenüber allzu starken Festschreibungen im Rahmen von Professionalisierungsprozessen. Zugleich müssen jedoch auch die Fehler der Pionierinnenzeit ernst genommen werden: Die Unterschätzung der Differenzen unter Frauen und die geringe Wertschätzung des eigenen Expertinnentums. Im Bewußtsein sollte jedoch immer bleiben, daß ohne die utopischen Vorstellungen und das entsprechende Engagement der Gründerinnengeneration die Vielfalt der Frauenprojekte und ihrer Arbeitsformen heute so nicht möglich wäre.

Lit.: Brückner, Margrit/Holler, Simone: Frauenprojekte und soziale Arbeit, Frankfurt 1990 (Schriftenreihe der Fachhochschule Frankfurt); Cremer, Christa/Bader, Christiane/Dudeck, Anne (Hg.): Frauen in sozialer Arbeit, Weinheim/München 1990; Kreft, Dieter/Lukas, Helmut u. a.: Perspektivenwechsel der Jugendhilfe Bd. II, Expertisentexte zu neuen Handlungsfeldern, Nürnberg o. J. (1990) (ISKA-Nürnberg); Nestmann, Frank/Schmerl, Christiane (Hg.): Frauen – das hilfreiche Geschlecht, Reinbek 1991; Rommelspacher, Birgit (Hg.): Weibliche Beziehungsmuster, Frankfurt/New York 1987; Steinert, Erika/Straub, Ute: Interaktionsort Frauenhaus, Heidelberg 1988.

Margrit Brückner, Frankfurt

Finanzierung

→Fundraising, →Öffentlichkeitsarbeit, →Socialsponsoring

Findel- und Waisenhaus

vor allem in kirchlicher Trägerschaft befindliche, historische Einrichtung zur Aufnahme und Verwahrung von ausgesetzten, abgegebenen oder elternlosen Findel- und Waisenkindern. (→Geschichte der Sozialarbeit/Sozialpädagogik). Das F.u.W. stellt eine Spezialform des mittelalterlichen Spitals dar.

Fischer, Aloys (10.4.1880–23.11.1937)

Das Werk des Professors für Pädagogik an der Universität München ist weit verzweigt und universal, denn F. zeichnete sich durch breites geistiges Interesse aus. Im Mittelpunkt seiner Arbeiten stand jedoch vor allem die Pädagogik geisteswissenschaftlicher Prägung, der er durch die Integration empirischer Forschungsmethoden eine soziologische Dimension erschloß. Neben der Pädagogischen Psychologie, der Vergleichenden Erziehungswissenschaft und der Berufs- und Berufsschulbildung verdankt die sozialpädagogische Theoriebildung F. entscheidende Impulse.

Flanagan, Edward („Father F.", 13.7.1886–15.5.1948)

Der irisch-amerikanische Priester gründete 1917 das weltberühmte Jugenddorf „Boys Town" (Omaha/Nebraska), das durch Selbstverwaltung der Jugendlichen, durch soziale Lebensformen und Vertrauen verwahrlosten und auffälligen Jungen eine neue Perspektive eröffnen sollte. Grundlegende Annahme F. war dabei, daß →Verwahrlosung und →Kriminalität sozial bedingte Phänomene seien. →Reformpädagogik

Flexibel organisierte Erziehungshilfen

Die Flexibel organisierten Erziehungshilfen (FoE) sind ein sozialpädagogisches Konzept zur Realisierung der →Hilfen zur Erziehung nach dem →Kinder- und Jugendhilfegesetz (KJHG §§ 27–35) durch ein Team von regionalorientiert arbeitenden Professionellen. Das Konzept basiert wesentlich auf dem § 27 des KJHG, wonach notwendige und geeignete Hilfe zu leisten ist, wenn eine dem Wohl eines Kindes oder Jugendlichen dienende Erziehung nicht gewährleistet ist. Diese angemessene Erziehung sollen die öffentlichen und freien Träger der Jugendhilfe durch verschiedene Formen sozialpädagogischer Hilfen realisieren. Das Gesetz nennt in diesen Paragraphen insbesondere die →Erziehungsberatung (§ 28), →soziale Gruppenarbeit (§ 29), →Erziehungsbeistandschaft (§ 30), →sozialpädagogische Familienhilfe (§ 31), Tagesgruppen (§ 32), →Vollzeitpflege (§ 33), →Heimerziehung oder sonstige betreute Wohnformen (§ 34) und intensive sozialpädagogische Einzelbetreuung (§ 35). Aus der Perspektive der FoE wird nun zum einen angenommen, daß der Gesetzgeber mit den genannten Hilfeformen sozialpädagogische Konzepte, also gedankliche Gebilde meint, von denen nicht jedes notwendig in Form einer eigenen Einrichtung zu institutionalisieren ist. Wenn auch gegenwärtig in der →Jugendhilfe eben diese Gleichsetzung von Konzept und Einrichtung weitverbreitet ist – ein Umstand, der zu einer „Versäulung" der Hilfen zur Erziehung führt, mit der Folge, daß ein Wechsel der Hilfekonzeption für Kinder und Jugendliche einen Wechsel der Einrichtung bedeutet – so ist aus Sicht der FoE eben diese Gleichsetzung gleichbedeutend mit dem Verlust organisatorischer Veränderungsfähigkeit. Für das Konzept der FoE wird, gestützt auf die Formulierung ‚insbesondere' im § 27 des KJHG, zudem davon ausgegangen, daß die Aufzählung sozialpädagogischer Hilfen zur Erziehung nicht erschöpfend gemeint ist, sondern Raum für weitere pädagogische Phantasie läßt. Das Konzept der FoE läßt sich als ein Versuch verstehen, dem § 27 des KJHG für die Hilfegestaltung das entscheidende Gewicht zu verleihen und geeignete, für die Persönlichkeiten von Kindern und Jugendlichen maßgeschneiderte sozialpädagogische Arrangements für den Einzelfall kreativ stets neu zu schaffen. Das Konzept FoE wird zu diesem Zweck in sozialraumbezogenen Jugendhilfestationen realisiert, die die in den §§ 28–35 genannten Hilfen zur Erziehung sowie weitere neue geeignete Formen sozialpädagogischer Hilfe „aus einer Hand" anbieten. Mit dieser Formulierung ist gemeint, daß von einem Team alle Erziehungshilfen – und darüber hinaus notwendig werdende neue Hilfeformen – angeboten und durchgeführt werden (Klatetzki 1992).

Historisch ist das Konzept der FoE aus einer bestimmten Entwicklungslinie der Heimerziehung hervorgegangen. In der Folge der Kritik der Heimerziehung als →totale Institution entwickelten sich in der stationären Jugendhilfe im Laufe der 1970er Jahre neue Formen der Erziehung und Unterbringung junger Menschen. Gemeinsam war diesen neuen Formen die Auflösung von Heimen als große Institutionen zugunsten kleiner sozialpädagogischer Betreuungseinheiten, den Wohngruppen. Im Hinblick auf die Arbeit mit den Kindern und Jugendlichen entwickelten sich jedoch zwei unterschiedliche sozialpädagogische Richtungen. Konzeptuell orientierte sich die eine an einem therapeutischen Vorgehen, während eine zweite Richtung ihr Handeln von einer alltagsorientierten Pädagogik bestimmt sah (→Alltagsansatz). Diese zweite, für die Entstehung der FoE maßgebliche Orientierung, beschrieb den sich vollziehenden Veränderungsprozeß der Heimerziehung auf organisatorischer Ebene mit Hilfe der Begriffe Dezentralisierung, Entspezialisierung, Entformalisierung, Individualisierung und Professionalisierung (Rößler 1988). Dezentralisierung meinte hierbei die räumliche Verlagerung von einem traditionellen Heimgelände auf Wohnorte in der Region. Mit dem Begriff Entspezialisierung wurde die Auflösung von Spezialgruppen und pädagogisch-therapeutischen Sonderdiensten umschrieben. Als eine Folge der Dezentralisierung und Entspezialisierung kam es zur Entformalisierung sozialer Beziehungen: An die Stelle der für große Institutionen charakteristischen generalisierten Verhaltenserwartungen, die prinzipiell „ohne Ansehen der Person" Bestand und Geltung haben, traten die für kleine Sozialsysteme typischen Aushandlungsprozesse zwischen Interaktionsteilnehmern. Die Möglichkeit, die Regeln des sozialen Miteinander somit jeweils persönlichkeitsgerecht fortlaufend neu festlegen zu können, bedeutete somit eine Individualisierung der Wohn- und Lebensformen von Kindern und Jugendlichen. Für die Arbeitsweise der Pädagogen resultierte daraus wiederum eine Form der Professionalität, in der die Stelle des mit sozialtechnologischem Wissen ausgestatteten Experten von einem lebensweltorientierten Hermeneuten eingenommen wurde.

Diese Entwicklung, die in der Literatur zur Heimerziehung mit den Begriffen „Binnendifferenzierung" und „Verbundsystem" benannt wird, kommt Mitte der 80er Jahre dann mit der Einführung des Konzeptes der Flexiblen Betreuung (Klatetzki/Winter 1990) an einen entscheidenden Wendepunkt. Wurde bisher trotz aller organisatorischer Ausdifferenzierung bei der Unterbringung weiterhin gefragt, in welches bereits vorhandene „vorgehaltene Angebot" das Kind oder der Jugendliche am besten paßt, so wird mit Einführung der Idee der Flexiblen Betreuung die Blickrichtung geändert: Nicht mehr der Jugendliche soll sich in existierende Heimstrukturen einfügen müssen, sondern die jeweilige Organisation soll sich nun strukturell der Individualität der jungen Menschen anpassen. Konkret bedeutet das, daß für jeden Einzelfall entsprechend seinen Wünschen und Bedürfnissen Betreuungssettings neu konstruiert und realisiert werden. Von hier ist es dann nur noch ein Schritt zum Konzept der FoE. Mit der Einführung des KJHG zum Beginn der 1990er Jahre verliert die Heimerziehung ihren exponierten Charakter in der Jugendhilfe und wird zu einer möglichen Hilfsmaßnahme neben anderen. Die im Abschnitt Hilfen zur Erziehung des KJHG aufgeführten sozialpädagogischen Interventionsformen werden nun als Beispiele für die mögliche und unveränderliche Anpassung der Organisationsstruktur von →Jugendhilfeträgern an die Individualität von Kindern und Jugendlichen gelesen.

Wie aus diesem Abriß der Entstehungsgeschichte deutlich wird, basiert das Konzept der FoE theoretisch wesentlich auf Überlegungen zur Organisationsstruktur von Jugendhilfemaßnahmen. Während in der Sozialpädagogik Fragen der sozialen Interaktion zwischen Pädagogen und Zögling vorherrschend sind und Fragen nach der Organisation dieser Interaktionen bisher wenig systematisch behandelt werden, baut das Konzept der FoE nicht darauf, daß eine stete Verfeinerung der Beziehungsarbeit zu einer Jugendhilfe führt, die den Lebenswelten von Kindern und Jugendlichen gerecht wird. Die Grundproblematik eines angemessenen Verhältnisses zwischen lebensweltlichen und systemischen Strukturen wird nicht als über die Programmierung von Interaktionen bewältigbar aufgefaßt. Angesichts des notorischen Technologiedefizits der Pädagogik (Luhmann/Schorr 1982), erscheint es konzeptuell vielversprechender, die Befriedung der System/Lebenswelt-Differenz mittels der Lernfähigkeit von Organisationen zu versuchen. Das bedeutet, sich theoretisch und praktisch auf das Lernen des Lernens von Organisationen zu konzentrieren (Argyris/Schön 1978).

Jugendhilfeorganisationen orientieren sich bisher in ihrem strukturellen Aufbau wesentlich an Profibürokratien (Mintzberg 1992), wie sie beispielhaft in Krankenhäusern zu finden sind. Profibürokratien zeichnen sich dadurch aus, daß sie in ihrer Wahrnehmung von stabilen Umwelten ausgehen, die eindeutig diagnostizierbar sind und in die hinein mit Hilfe von Standardverfahren interveniert werden kann. Als vorrangiger Koordinationsmechanismus innerhalb der Organisation gilt eine standardisierte Ausbildung, als Gestaltungsparameter gelten horizontale und vertikale Machtverteilungen sowie eine horizontale Aufgabenspezialisierung. Als typisches Problem für solche Organisationen gelten Innovationen, denn sie lernen nur innerhalb des durch die Diagnoseschemata gesetzten Deutungsrahmens. Der Interpretationsrahmen selbst bleibt bei diesen Lernvorgängen unangetastet. Die Fähigkeit, den Rahmen der eigenen Wahrnehmung selbst zu verändern, zeichnet hingegen Organisationen aus, die gelernt haben, zu lernen. Solche Organisationen konzentrieren sich zunächst auf den Vorgang der Problemsetzung (Schön 1982), weil so der Wahrnehmungsrahmen selbst neu konstruiert wird und dadurch der Weg für andere als standardisierte Handlungsstrategien frei wird. Für den Fall der Jugendhilfestationen bedeutet das, daß die Lebenslagen von Kindern und Jugendlichen unter verschiedenen Konzepten zu sehen sind: als Fall von sozialpädagogischer Familienhilfe, als Fall betreuten Wohnens, als Fall von Erziehungsberatung oder als Fall irgendeines anderen Konzeptes. Der wesentliche Koordinierungsmechanismus solcher auch als „Adhokratien" bezeichneter und über den Vorgang der Problemsetzung innovativer Organisationen ist Kommunikation; als Gestaltungsparameter gelten selektive Machtdezentralisierungen und eine horizontale Aufgabenspezialisierung. Auf diese Weise wird es möglich, auf dynamische und komplexe Umwelten zu reagieren, mithin eine Voraussetzung dafür, den jeweiligen Individualitäten von Kindern und Jugendlichen angemessene Hilfen organisatorisch durchzuführen.

Das Konzept der FoE stellt schließlich im Hinblick auf die Lernfähigkeit von Einrichtungen der Jugendhilfe nicht nur die Faktoren der organisierten Machtverteilung und professionellen Problemsetzung in Rechnung, sondern berücksichtigt ebenso Geld als Steuerungsmittel für organisatorisches Handeln. Während die verbreitete Gleichsetzung von Konzept und Institution eine weitere Untermauerung dadurch erfährt, daß z.B. mittels einer Finanzierung über Pflegesätze Strukturen verfestigt werden, werden flexibel organisierte Erziehungshilfen auf der Basis der Berechnung von sogenannten sozialpädagogischen Fachleistungsstunden durchgeführt. Die sozialpädagogische Fachleistungsstunde gibt die Kosten für die Inanspruchnahme der Organisation Jugendhilfestation zum Zwecke der Durchführung der Hilfen zur Erziehung an. Dieser auf Stundenbasis berechnete Kostensatz ermöglicht im Vergleich zu Projekt- und Pflegesatzfinanzierungen eine am individuellen Hilfeplan (KJHG § 36) orientierte und damit leistungsbezogene Berechnung sozialpädagogischer Arbeit, er gewährleistet für die Jugendhilfestationen eine problemlose administrative Anpassung an veränderte individuelle Lebenslagen von betreuten Kindern und Jugendlichen und drückt die im Rahmen des Konzeptes der FoE angenommene Gleichwertigkeit der einzelnen Hilfeformen aus.

Lit.: Argyris, C., Schön, D.: Organizational Learning. A Theory of Action Perspective, Reading 1978; Haferkamp, R.: Finanzierungsformen in der Jugendhilfe 1992; Klatetzki, T.: Professionelles Handeln als Problemsetzung. Das Konzept der Flexibel organisierten Erziehungshilfen, in: F. Peters (Hrsg.): Professionalität im Alltag. Entwicklungsperspektiven der Heimerziehung Bd. 2, Bielefeld 1992; Klatetzki, T., Winter, H.: Zwischen Streetwork und Heimerziehung – Das Konzept der Flexiblen Betreuung, in: Neue Praxis, 1, 1990, S. 1–16; Luhmann, N., Schorr, K.-E. (Hrsg.): Zwischen Technologie und Selbstreferenz, Frankfurt 1982; Mintzberg, H.: Die Mintzberg-Struktur. Organisationen effektiver gestalten, Landsberg 1992; Rößler, J.: Vom klassischen Heim zum Wohnungsverbund. Das Beispiel des Rauhen Hauses, in: F. Peters (Hrsg.): Jenseits von Familie und Anstalt. Entwicklungsperspektiven der Heimerziehung, Bielefeld 1988; Schön, D.: The Reflective Practionier. How Professionals think in Action, New York 1982; Wedekind, E.: Beziehungsarbeit, Frankfurt 1986.

Thomas Klatetzki, Essen

Flexible Betreuung
→Flexibel organisierte Erziehungshilfen

Flitner, Wilhelm (20.8.1889–21.1.1990)
F. gehörte zur Pioniergeneration der deutschen Erziehungswissenschaft und war führender Vertreter der →Geisteswissenschaftlichen Pädagogik. In grundlegenden Arbeiten stellte er das Bildungsproblem in umfassende kulturgeschichtliche Zusammenhänge und bemühte sich um die Klärung des wissenschaftlichen Charakters der Erziehungswissenschaft, die er als hermeneutisch-pragmatisch bestimmte. F. wurde 1926 Professor in Kiel und wechselte 1929 an die Universität Hamburg, wo er 1958 emeritiert wurde.

Flüchtlinge
Nach der Genfer Flüchtlingskonvention vom 28.7.1951 ist Flüchtling jede Person, die aus begründeter Furcht vor Verfolgung aufgrund von Rasse, Religion, Nationalität, politischer Überzeugung oder Zugehörigkeit zu einer bestimmten sozialen Gruppe ihre Heimat verlassen mußte. Personen, auf die diese Umstände zutreffen, können in der Bundesrepublik die Anerkennung als Asylberechtigte beantragen (→Ausländerrecht). Neben Asylbewerbern und -berechtigten leben in der Bundesrepublik Deutschland sogenannte De-facto-F., deren Asylantrag endgültig abgelehnt wurde, oder die einen solchen gar nicht gestellt haben, die aber aus völkerrechtlichen, politischen, humanitären oder juristischen Gründen nicht ausgewiesen werden. Darüber hinaus nimmt die Bundesrepublik eine bestimmte Anzahl von Kontingent-F. auf, die ohne Asylverfahren die Rechte gemäß der Flüchtlingskonvention genießen und von den Vereinten Nationen kontingentiert werden.

FöE
→Freiwillige öffentliche Erziehung

Fokaltherapie
psychoanalytische Kurztherapie, die sich auf die Bearbeitung der Ursache eines Problems ohne Modifikation der gesamten Persönlichkeit beschränkt.

Forensische Psychiatrie
psychiatrisches Arbeitsgebiet im Dienste der Rechtsprechung, das medizinisch-empirische Ergebnisse über Persönlichkeitsstörungen und -defekte in Form gutachterlicher Information und Beratung dem Gericht zur Verfügung stellt. Die f.P. übernimmt sowohl in strafrechtlichen wie in zivilrechtlichen Prozessen Sachverständigenaufgaben entsprechend §§ 72–93 StPO.

Forensische Psychologie
Teilgebiet der angewandten Psychologie im Dienste der gesamten Rechtspflege. Die f.P. befaßt sich u.a. mit der Glaubwürdigkeit von Zeugen, der Schuldfähigkeit von Angeklagten, Fragen des Familienrechts und übernimmt Sachverständigenaufgaben gemäß §§ 72–93 StPO bei Gerichtsverfahren.

Formale Bildung
Die klassische Bildungstheorie der →geisteswissenschaftlichen Pädagogik unterscheidet zwischen materialer und formaler B.
Die materiale B. vermittelt dem jungen Menschen die Kultur und die gesellschaftlichen Zusammenhänge auf der Ebene der Wissensvermittlung. Die f.B. besteht zunächst einmal aus der Bildung der inneren Form, bei der es darum geht, daß der junge Mensch aufgrund seines erworbenen Wissens und seiner ausgebildeten Fähigkeiten sowie durch die Kenntnis der Kultur, in deren Tradition er lebt, sich und seine Umwelt vor dem Hintergrund und im Verständnis der Prinzipien, die unsere Gesellschaft formen und bestimmen, zu verstehen und zu gestalten lernt. Dieses führt zur äußeren Form, d.h., der junge Mensch kann sich nunmehr in seiner Umwelt adäquat bewegen und sein Leben führen. Diese Fähigkeiten sind jedoch relativ. Erst in der Ausbildung der Haltung gewinnt er seinen festen, individuellen Standort, indem er seine persönlichen Ziele und Überzeugungen entwickelt und damit vom Wissen zum Ideal vordringt. Hierdurch gewinnt er seine Persönlichkeit (→Identität, Charakter), die ihn zur Kreativität befähigt. Diese Bildung der Haltung (Episteme) ist das höchste Erziehungsziel. Sie markiert das Ende der Fremd- und den Beginn der Selbsterziehung. →Bildung; →Didaktik

Forschungsmethoden
→Empirische Sozialforschung: Qualitative Verfahren
→Empirische Sozialforschung: Quantitative Verfahren

Fortbildung
als Teil der →Weiterbildung, zunächst in Abgrenzung zur eher politisch und kulturell orientierten →Erwachsenenbil-

dung Ende der 1960er Jahre geprägter Begriff für den Bereich beruflicher Erwachsenenbildung. Während die →Zusatzausbildungen i.d.R. längerfristige, berufsbegleitende und mit anerkannten Abschlüssen versehene Qualifizierungen darstellen, ist unter F. eine eher kurzfristige Erneuerung, Vertiefung oder Erweiterung berufsspezifischer Fertigkeiten zu verstehen. Veranstalter von F. sind öffentliche wie freie Träger, Verbände, Fachschulen und Hochschulen.

Francke, August Hermann
(22.3.1663–8.6.1727)
Der evangelische Theologe und Pädagoge F. war zunächst seit 1685 Professor in Leipzig, wo er jedoch wegen seiner pietistischen Gesinnung mit den strengen Lutheranern in Streit geriet. 1692 wurde F. dann Pastor und 1698 Professor in Halle. Dort gründete er nacheinander eine Armenschule, ein Waisenhaus, eine Erziehungsanstalt, eine Lateinschule und eine Pensionsanstalt, aus denen die „Franckeschen Stiftungen" hervorgingen. Außer den Erziehungsanstalten und der Bibelanstalt gehörte zu den Stiftungen eine Apotheke, eine Buchhandlung und eine Buchdruckerei. Dem tiefen Mißtrauen F. gegen Mensch und Welt entsprach seine Pädagogik der Zucht, der Behütung, Aufsicht und Arbeit. F. wirkte auch für die Heidenmission.

Frankfurter Schule
→Kritische Theorie

Frauenberufe
bestimmte, vor allem im Dienstleistungs-, Gesundheits- und Sozialbereich angesiedelte Berufe, die mehrheitlich von Frauen ergriffen werden. Die historisch u.a. durch ungleiche Bildungschancen und -rechte für Frauen und Männer begründete Beschränkung von Frauen auf nur wenige, eher niedrig qualifizierte und schlecht bezahlte Segmente der beruflichen Bildung setzt sich bis heute fort und spiegelt sich u.a. auch in einer Überpräsentation von Frauen im Bereich der Sozialen Arbeit wider.

Frauenbewegung
soziale und politische Bewegung von Frauen zum Kampf gegen die aus der Annahme eines besonderen „Wesens der Frau" abgeleiteten gesellschaftlichen und individuellen Beschränkungen ihrer Lebensgestaltungsmöglichkeiten. Die F. ist sowohl eine historische als auch eine internationale Bewegung und geht in ihren Ursprüngen auf die →Aufklärung zurück. In Deutschland war die frühe bürgerliche F. (Ende des 19. Jh.) vor allem eine Bildungsbewegung, während die gleichzeitig sich entwickelnde proletarische F. insbesondere für Arbeitsschutz, gerechten Lohn, politische Aufklärung und politische Rechte von Frauen stritt. Diese frühen Bewegungen bildeten einen wichtigen Rahmen für die Entwicklung und →Professionalisierung der Sozialen Arbeit. Gleichzeitig festigten sie allerdings auch die Vorstellung eines besonderen Verhältnisses von Frauen zum Sozialen, die bis heute fortdauert.

Die neuere F., die Ende der 1960er Jahre im Kontext der Studentenbewegung entstand, verstand sich als partei- und verbandspolitisch unabhängige (autonome) Bewegung und thematisierte in ihren Diskussionen und Aktionen vor allem die Strafbarkeit des Schwangerschaftsabbruches, Gewalt gegen Frauen, Lohn für Hausarbeit und alternative Lebensformen für Frauen. Im Zuge ihrer Selbsthilfeorientierung entstanden insbesondere Gesundheits- und Bildungsprojekte, Bildungszentren für Frauen, Frauenhäuser und selbstverwaltete Frauenbetriebe. Aus den theoretischen Arbeiten der neueren F. entwickelte sich die →Frauenforschung. Die von der neueren F. thematisierten Fragen sind in den letzten Jahren zunehmend in Maßnahmen der Frauenpolitik und in gesetzliche Regelungen eingeflossen und haben sich auch auf sozialpädagogische

Frauenbildung

Ansätze ausgewirkt (→Feministische Soziale Arbeit).

Frauenbildung

Die bis in die klösterliche Mädchenbildung des 8. Jh. zurückreichende Geschichte der F. spiegelt in ihrer Ideen- und Institutionenvielfalt das besondere Verhältnis von Männern und Frauen in den abendländischen Gesellschaften. Während die christliche Lehre geschlechtsspezifische Bildungswege vor allem mit der Minderwertigkeit von Frauen begründete, propagierte die →Aufklärung zwar die Gleichwertigkeit aller Menschen, betonte aber die Andersartigkeit der Frau und bewirkte damit letztendlich ein separates Mädchenbildungswesen. Nicht zuletzt durch die Forderungen der ersten →Frauenbewegung, die sich vor allem in Deutschland als Bildungsbewegung verstand, erhielt die Idee der Polarität der Geschlechter Unterstützung. F. sollte die guten Eigenschaften des „weiblichen Wesens" fördern, damit dies zur Humanisierung des wirtschaftlichen und sozialen Lebens beitragen könnte. Diese Auffassung von den Fähigkeiten und dem Auftrag der Frauen war maßgeblich prägend für die Entwicklung der weiblichen Berufe in der Sozialen Arbeit (→Geschichte der Sozialarbeit/Sozialpädagogik). Bis in die 1960er Jahre enthielten die Lehrpläne sämtlicher Bildungsinstitutionen geschlechtsspezifische Richtlinien, auch wenn die →Koedukation immer stärker favorisiert wurde. Die Bildungsreform der 1970er Jahre thematisierte und kritisierte dann die unterschiedlichen Bildungsziele für Mädchen und Jungen. Ausgehend von den nachweislich anhaltenden geschlechtsspezifisch orientierten Ausbildungsentscheidungen wird, vor allem aus den Reihen feministischer Auseinandersetzungen, die Diskussion um die Existenz eines „weiblichen Wesens" und seinen spezifischen Bedürfnissen und Fähigkeiten wiederbelebt.
→Feministische Soziale Arbeit

Frauenforschung

internationale und interdisziplinäre Forschung u. a. zur sozialen, ökonomischen, historischen, ideologischen, kulturellen und medizinischen Situation der Frau. Vor allem in den USA in Form von speziellen Studiengängen (women studies) an Universitäten etabliert.

Frauenhäuser

Seit der Thematisierung des Phänomens →Gewalt in der Familie im Rahmen der →Frauenbewegung der 1970er Jahre, wurden an verschiedenen Orten der Bundesrepublik autonome F. als stationäre Zufluchtsstätten für seelisch wie körperlich mißhandelte Frauen und ihre Kinder initiiert und aufgebaut. Bis dahin war vielen betroffenen Frauen eine Lösung aus den gewalttätigen Verhältnissen aufgrund ihrer schlechten ökonomischen Situation und psychischen Verfassung häufig nicht möglich. Inzwischen arbeiten neben den autonomen F. auch zahlreiche Häuser in Trägerschaft der freien Wohlfahrtsverbände und der Kommunen.

Frauenmißhandlung

→Gewalt in Familien
→Gewalt gegen Frauen

Frauenpolitik

Bestandteil einer umfassenden Gesellschaftspolitik mit je nach politischer Grundhaltung variierenden Zielsetzungen. In der Bundesrepublik ist die F. vor allem der Umsetzung der grundgesetzlich verankerten (Art. 3 GG), jedoch gesellschaftspolitisch noch nicht umgesetzten Gleichheit von Mann und Frau verpflichtet. Dabei bestehen bei den an frauenpolitischen Auseinandersetzungen Beteiligten vor allem unterschiedliche Auffassungen im Hinblick auf die Existenz einer „natürlichen" Differenz von Frauen und Männern, die bestimmte gesellschaftspolitische Unterschiede rechtfertige. Wichtige Errungenschaften frauenpolitischer Kämpfe stellen der Zugang für Frauen zur Bildung (→Frauenbildung) und das Wahlrecht für

Frauen seit 1919 dar. Die neue →Frauenbewegung thematisierte seit den ausgehenden 1960er Jahren vor allem den weiterhin existenten individuellen und institutionellen Sexismus als strukturelles Problem und beeinflußte mit ihren Forderungen und Erkenntnissen auch die etablierte F.

Freideutsche Jugend

Unter F. wird der im Oktober 1913 erfolgte Zusammenschluß „jugendbewegter" Kräfte (→Jugendbewegung, →Wandervogel) verstanden, die im Sinne einer jugendkulturellen Erneuerungsbewegung das lebensreformerische Bild des „neuen Menschen" in der starren Konventionsgesellschaft des Wilhelminismus zu etablieren versuchten. Am gleichen Tag, an dem sich die bürgerliche Erwachsenengesellschaft in Leipzig zur 100-Jahr-Feier der „Völkerschlacht" versammelte, trafen sich auf dem Hohen Meißner bei Eschwege ca. 2000 Schüler, Studenten, Lehrer und Erzieher zum „Freideutschen Jugendtag", um ihre kulturpolitischen Visionen in der Dachorganisation F. zu vereinigen. Ergebnis war die sogenannte „Meißner-Formel": „Die Freideutsche Jugend will aus eigener Bestimmung, vor eigener Verantwortung, mit innerer Wahrhaftigkeit ihr Leben gestalten." In der Folge des Ersten Weltkrieges politisierte sich die F. und spaltete sich in verschiedene Lager, bis sie von der →Bündischen Jugend aufgesogen wurde.

Freie Jugendhilfe
→Jugendhilfe

Freie Liebestätigkeit

im Rahmen der →Industrialisierung, als Reaktion auf örtliche Notstände privat initiierte, besonders religiös motivierte Hilfe, die sich sowohl in individuellen Hilfen als auch in der Gründung von Einrichtungen (u.a. →Rettungshaus, Siechen- und Krankenhäuser, Behindertenanstalten (Bethel), Kinderverwahranstalten) äußerte. Diese lokal begrenzten Aktivitäten bildeten zusammen mit der entstehenden staatlichen Armenpflege des 19.Jh. die Grundlage für die bis heute andauernde Dualität der modernen Wohlfahrt (→Wohlfahrtsstaat). Sowohl der Staat als auch die Organisationen der f.L. reagierten damit auf den Zerfall der ständischen Bindungen des Feudalismus, der die Für- und Vorsorge im Rahmen von Haus, Gemeinde und Genossenschaft geregelt hatte. Die f.L. als „Christentum der Tat" verfolgte neben materiellen Leistungen vor allem auch geistige Führung und Schutz vor der „Verführung" durch antichristliche und sozialistische Strömungen. Eine der Hauptkritikpunkte an der f.L. zielte auf deren paternalistischen Charakter und mündete in Modellen der Partizipation und →Selbsthilfe.

Freie Träger

überwiegend gemeinnützige Vereine und Stiftungen, die soziale Einrichtungen und Dienste fachlich, wirtschaftlich und organisatorisch eigenverantwortlich zur Verfügung stellen. Die erforderlichen Mittel erhalten die f.T. aus Spenden, Mitgliedsbeiträgen, Lotterie-Erlösen, Leistungsentgelten und pauschalen Zuwendungen aus den öffentlich-rechtlichen Haushalten. Schwierig erscheint dabei, die Einflüsse der Finanziers auf die inhaltlich-fachliche Gestaltung der Arbeit abzuwehren. Die f.T. haben sich fast vollständig den Spitzenverbänden der →freien Wohlfahrtspflege zugeordnet. Ihr Anteil an den Trägerschaften sozialer Einrichtungen in der Bundesrepublik Deutschland ist sehr hoch.

Freie Wohlfahrtspflege

Die Aufgaben der Wohlfahrtspflege werden nicht nur vom Staat, seinen Ländern und Gemeinden, sondern auch von Trägern der f.W. übernommen. Sie haben sich in den →Wohlfahrtsverbänden zusammengeschlossen. Maßnahmen der f.W. haben Vorrang vor öffentlichen Maßnahmen, deren Träger zur Zusammenarbeit mit den und zur Unterstützung der f.W. verpflichtet sind. Die f.W. hat ihren historischen Ursprung in der

Dualität von →freier Liebestätigkeit und staatlicher Armenpflege im Zeitalter der Nationalstaaten (→Bundesarbeitsgemeinschaft der Freien Wohlfahrtspflege) und wurde von den unterschiedlichen geistigen Strömungen nachhaltig geprägt (u. a. christliche Nächstenliebe, bürgerliche Aufklärung, Arbeiterbewegung).

Freigänger
Nach § 11 Abs. 1 StVollzG ist es möglich, daß ein Gefangener bei entsprechender Eignung und günstiger Sozialprognose außerhalb der Anstalt regelmäßig einer Beschäftigung nachgeht, ohne von einem Vollzugsbediensteten beaufsichtigt zu werden. Diese Form des offenen Vollzuges zielt als regelmäßige besondere Maßnahme auf die Erreichung des Vollzugszieles (Resozialisierung) und auf die Abwendung von negativen Auswirkungen der Haft auf den Inhaftierten. Kritiker des geschlossenen Vollzuges fordern einen drastischen Ausbau der F.-Möglichkeiten in der Bundesrepublik bis hin zu ihrer Etablierung als Regelvollzug und verweisen auf national wie international positive Erfahrungen (→Strafvollzug).

Freire-Pädagogik
von Paolo Freire (*1921) begründete, in den Alphabetisierungskampagnen Lateinamerikas wurzelnde Pädagogik, die die Aufhebung der Unterdrückung von Menschen zum Ziel hat. Durch die Einheit von Aktion und Reflexion und dem Prinzip des →Dialogs als Methode soll die „Kultur des Schweigens" aufgehoben, das Lehrer-Schüler-Verhältnis neu begründet werden und verändernd wirken. Übertragungsversuche der F.-P. in die Erste Welt hat es vor allem in der →Erwachsenenbildung gegeben.

Freitod
→Suizid

Freiwillige Erziehungshilfe (FEH)
diese bundeseinheitliche Nachfolgerin der vorher auf Länderebene per Ausführungsgesetz zum RJWG praktizierten →FöE war eine eng an die →Fürsorgeerziehung angelehnte Maßnahme der →Jugendhilfe, die jedoch die Personensorgeberechtigten stärker einbezog.
Die FEH war einem Minderjährigen vom Landesjugendamt auf Antrag der Personensorgeberechtigten zu gewähren, wenn seine Entwicklung gefährdet oder geschädigt war, und die Personenberechtigten bereit waren, die Maßnahmen zu unterstützen. Die Ausführung oblag dem Landesjugendamt unter Beteiligung des Jugendamtes. Die Durchführung erfolgte i. d. R. in einem Heim oder – seltener – in einer geeigneten Familie.
Die FEH blieb ohne Änderung bis zur Verabschiedung des KJHG gültig.

Freiwillige öffentliche Erziehung (FöE)
Die in unterschiedlichen Formen in einigen deutschen Ländern existierende FöE wurde als Alternative zur →Fürsorgeerziehung entwickelt, die auf Antrag der Erziehungsberechtigten vom Jugendamt gewährt wurde. Erste Vorläufer dieser Maßnahme der →Jugendhilfe gab es bereits vor dem Ersten Weltkrieg als freiwillige landesrechtliche Alternative zur →Zwangserziehung. Da sie nicht in das RJWG aufgenommen wurde, existierte die FöE in den einzelnen Landesgesetzgebungen weiter. 1953 erfuhr die FöE ihre bundesweite Geltung und Vereinheitlichung durch ihre Aufnahme in das JWG, wo sie →Freiwillige Erziehungshilfe genannt wurde.

Freiwilliges Soziales Jahr
der Vermittlung sozialer Erfahrung, der Stärkung des sozialen Verantwortungsbewußtseins und der beruflichen Orientierung dienende, freiwillige, zwischen dem 17. und 25. Lebensjahr abzuleistende pädagogische, pflegerische oder hauswirtschaftliche Hilfstätigkeit in Einrichtungen der Wohlfahrtspflege und der Krankenpflege. Vorläufer des F. war das „Diakonische Jahr" der evangelischen Kirche (seit 1945) und das „Jahr für den Nächsten", zu dem die katholische Kirche 1959 aufrief. Das F. besteht aus 6 bis

Freizeit
12 zusammenhängenden Monaten ganztägiger Tätigkeit, die durch das Gesetz zur Förderung eines F. geregelt und abgesichert ist (Taschengeld, Betreuung, Fortbildung, Unterkunft etc.).

Freizeit
seit den 1950er Jahren als sozialwissenschaftlicher Untersuchungsgegenstand (Freizeitgesellschaft) an Bedeutung gewinnender Lebensbereich, der jedoch nicht eindeutig definiert ist. Zum Teil gilt als F. einfach jene Zeit, in der nicht gearbeitet wird. Die schwierige Definition des Begriffs Arbeit macht jedoch deutlich, daß hier große Abgrenzungsprobleme bestehen. Andere Konzepte beziehen sich auf den Sinn und die Qualität, die die Menschen der F. zumessen, oder auf individuelle und soziale Verhaltensweisen und den damit verbundenen Aktivitäten, um F. definitorisch einzugrenzen (→Pädagogik der freien Lebenszeit).

Freizeitpädagogik
→Pädagogik der freien Lebenszeit

Fremdplazierung
→Fremdunterbringung

Fremdunterbringung
gesetzlich legitimierte (→Kindeswohl) kurz- oder langfristige Unterbringung eines Kindes außerhalb der Herkunftsfamilie. Dabei kann es in einem privaten Haushalt (Pflegefamilie, Adoptivfamilie) oder in einer Institution (Heim, Jugendwohnung) untergebracht werden. Die F. als Mittel der Jugendhilfe geht historisch bis zu den Hospitälern und Findelhäusern des Mittelalters zurück (→Geschichte der Sozialarbeit/Sozialpädagogik). Sowohl Legitimation als auch Gestaltung der F. bleiben Gegenstand der sozialpädagogischen Diskussion (→Flexibel organisierte Erziehungshilfen, →Heimerziehung, →Pflegekinderwesen).

Freud, Anna (3.12.1895–8.12.1982)
F. war zunächst fünf Jahre als Lehrerin tätig und ließ sich gleichzeitig von ihrem Vater psychoanalytisch ausbilden. F. legte das Hauptgewicht ihrer praktischen und theoretischen Arbeit auf die Therapie von Kindern und meinte, in der Psychoanalyse ein bahnbrechendes Instrument für die Arbeit mit schwierigen Kindern und Jugendlichen gefunden zu haben. Entsprechend baute sie nach der Emigration aus Österreich im Jahre 1938 in London Kinderheime und eine Institution zur Ausbildung von Kinderpsychoanalytikern auf. Neben Melanie →Klein beeinflußte F. vor allem die Heil- und →Sonderpädagogik. →Psychoanalye und Sozialpädagogik

Friedenserziehung
Unter der Prämisse, daß Frieden nicht nur die bloße Abwesenheit von Krieg bedeutet, sondern eine ständige gesellschaftliche Aufgabe ist, meint F. die Erziehung zur Fähigkeit und Bereitschaft des Einzelnen, Egoismus zu überwinden, Konflikte rational zu bewältigen und jenseits von Aggression zu kommunizieren sowie berechtigte Ansprüche gewaltfrei zu vertreten. In diesem Sinne ist F. als ein Prinzip schulischer und außerschulischer Pädagogik zu verstehen, das vor allem nach den Erfahrungen des Zweiten Weltkrieges in erziehungswissenschaftlichen Diskussionen an Bedeutung gewann und weiterentwickelt wurde.

Fröbel, Friedrich Wilhelm August
(21.4.1782–21.6.1852)
F. gilt als bedeutendster Pädagoge der deutschen Romantik und als Schöpfer der Kindergartenbewegung. Angeregt durch seine Mitarbeit bei →Pestalozzi und durch seine Erfahrungen als Hauslehrer in Frankfurt a.M. gründete F. 1816 ein Landerziehungsheim. Im Laufe seines Lebens wendete er sich immer mehr dem jungen Kind zu und entwickelte stufenmäßig aufbauendes Spielmaterial zur Pflege und Förderung des kindlichen Triebes zur Selbstbetätigung. Ziel aller Erziehung ist für F. die Verinnerlichung des Äußeren (Lernen) und die Äußerlichmachung des Inneren

(Arbeit). F. knüpfte in seiner Erziehung an die Stellung des Menschen in Familie, Stand und Volk an und wollte den Sinn für die Gemeinschaft durch Spiel, rhythmische Bewegung und Sprache formen.

Frühförderung
Gesamtheit der gezielten, umfassenden, interdisziplinären, therapeutischen, medizinischen, pädagogischen und sozialen Maßnahmen zur Förderung und Rehabilitation entwicklungsgestörter Kinder. Durch die Zusammenarbeit von Fachkräften und Eltern sollen die Fähigkeiten der Betroffenen gestärkt und eine soziale Aussonderung vermieden werden.

Frühkindliche Erziehung
jüngeres Teilgebiet der Pädagogik, das die gesamte Erziehung des Kindes während seiner ersten drei Lebensjahre umfaßt. Entsprechend bilden insbesondere entwicklungspsychologische Besonderheiten der frühen Kindheit und die frühen Prozesse der →Sozialisation die Grundlage für Konzepte der Beratung und Betreuung von Kleinkindern und ihren Familien.

Frustrations-Aggressions-Theorie
→Anti-Aggressivitätstraining

Frustrationstoleranz
im Prozeß der →Sozialisation erworbene Fähigkeit des Menschen, die aus nicht befriedigten Wünschen entstehenden psychischen Spannungen zu ertragen und auf die sofortige Befriedigung eines Triebwunsches zu verzichten.

Führungsaufsicht
vom Richter angeordnete (§ 68 ff. StGB) Kontrolle der Lebensführung und betreuende Beaufsichtigung eines aus der Haft oder aus dem →Maßregelvollzug entlassenen Verurteilten mit in der Regel schlechter Sozialprognose. Bei Aussetzung einer Maßregel vor ihrem vorgesehenen Ende tritt F. automatisch ein. Für die Dauer der F. erhalten die Betroffenen einen Bewährungshelfer und unterstehen einer Aufsichtsstelle. Bei Verstößen gegen vom Gericht erteilten Weisungen, sowie beim Abbruch der Verbindung zum Bewährungshelfer, ist eine Bestrafung möglich (§ 145 a StGB).

Fürsorge
Der Grundgedanke der F. ist, Bedürftige mit dem für lebensnotwendig Erachteten zu versorgen, das sie sich selbst zu verschaffen nicht in der Lage sind. Die F. beschränkte sich zunächst auf die nötigste materielle Versorgung (→Almosenwesen) und ging oft mit kontrollierenden und repressiven Maßnahmen einher (z. B. →Arbeitshaus, Arbeitserziehung). Allmählich entstand im 19. Jahrhundert ein subsidiäres, vom Staat („Öffentliche F.") und privaten Organisationen („Private F.", →Freie Wohlfahrtspflege) getragenes Versorgungssystem (z. B. →Elberfelder System). Nach dem Zweiten Weltkrieg wurde die F. in Sozialarbeit (ein Begriff, der in der Weimarer Republik entstanden war) umbenannt. Die F. versteht sich heute als Garant für eine umfassende psychosoziale Versorgung, die darüber hinaus auch die gesellschaftlichen Ursachen von Bedürftigkeit thematisieren und beheben will. →Geschichte der Sozialarbeit

Fürsorgeabkommen
→Internationale Abkommen zur Sozial- und Jugendhilfe

Fürsorgeerziehung (FE)
Die FE war im Rahmen des JWG die nachrangige und einschneidendste Form der Jugendhilfe. Auf FE war vormundschaftlich zu erkennen, wenn ein Minderjähriger zu verwahrlosen drohte oder verwahrlost war (→Verwahrlosung). Ausgeführt wurde diese Maßnahme unter Beteiligung des Jugendamtes vom Landesjugendamt. Die Durchführung erfolgte i. d. R. in einem Heim oder – seltener – in einer geeigneten Familie. Die FE war der Nachfolger der →Zwangserziehung. Reichseinheitlich wurde sie erstmals im RJWG rechtlich geregelt. Diese Bestimmung hielt sich trotz zahl-

reicher Reformbestrebungen mit nur minimalen Änderungen bis zur Ablösung des JWG durch das KJHG. In der Sozialpädagogik war die FE aufgrund ihres diskriminierenden und stigmatisierenden Charakters sowie ihres pädagogisch nicht bestimmbaren Eingangsmerkmals der Verwahrlosung stets umstritten (→Heimerziehung).

Fürsorgeprinzip
neben dem Versicherungs- und dem Versorgungsprinzip drittes Prinzip zur Verwirklichung von Systemen sozialer Sicherheit. Innerhalb des Ermessensspielraumes wird dann Hilfe gewährt, wenn ohne sie ein menschenwürdiges Leben nicht möglich ist (BSHG). Sie stellt eine Grundsicherung für alle Bürger dar.
→Sozialhilfe

Fürsorgerechtsvereinbarung
regelt die Kostenerstattung der Träger der Sozialhilfe und der Jugendhilfe untereinander. Für Kostenerstattungsstreitigkeiten sind nach der F. Schiedsgerichtsverfahren vorgesehen.

Fundraising
Fundraising ist der Oberbegriff für alle Formen von Mittelbeschaffung in der Sozialen Arbeit. Diese umfaßt die Einwerbung von Spenden, öffentlichen Mitteln und Stiftungsmitteln. Auch die Akquisition von finanzieller Unterstützung durch →Social Sponsoring kann einen Bereich des F. darstellen, obwohl es sich dabei um eine Form der Mittelbeschaffung handelt, die nach anderen Kriterien verläuft als die oben genannten. Grundlage für das F. von Organisationen Sozialer Arbeit, ist eine kontinuierliche und wirkungsvolle Kommunikation mit den Geldgebern durch →Öffentlichkeitsarbeit. Die einwerbende Organisation muß sich ihrer Ziele, Leitlinien und Leistungen bewußt sein und diese nach außen transparent vertreten, damit für die Geldgeber der Verwendungszusammenhang durchschaubar ist. F. hat in den vergangenen Jahren in sozialen Einrichtungen zugenommen und wird zukünftig einen noch größeren Rahmen erfahren, da die Einrichtungen immer mehr auf die Ausschöpfung aller zu Verfügung stehenden Finanzierungsmöglichkeiten angewiesen sind.

Funktionalismus
in verschiedenen Disziplinen unterschiedlich verwendeter Begriff. Im Kontext der Sozialen Arbeit sind folgende Verwendungen vorrangig von Bedeutung:
1. F. als Denkweise der Philosophie betrachtet die Sachverhalte in ihrer Wechselbeziehung zu anderen, nicht isoliert;
2. In der Psychologie des beginnenden 20. Jh. bezeichnet F. als Vorläufer des →Behaviorismus eine Gegenrichtung zum psychologischen →Strukturalismus;
3. In der Soziologie meint F. vor allem den von Parsons und Merton begründeten →Struktur-Funktionalismus.

G

Gang
→Bande

Ganztagsschule (Tagesheimschule)
in zahlreichen europäischen und außereuropäischen Ländern als Regelangebot eingerichtete Schule mit ganztägigem Schulbesuch. G. begründen sich einerseits aus der zunehmenden Berufstätigkeit beider Elternteile und der Zunahme Alleinerziehender, andererseits aus den strukturell besseren Möglichkeiten der G., die in der Unterrichtsdifferenzierung, den höheren kompensatorischen Angeboten für sozial benachteiligte Schüler, dem breiteren Raum für musische und sportliche Angebote, sowie stärkeren sozialen Lernchancen in der Gruppe auch außerhalb der Unterrichtssituation liegen. Da die pädagogische und organisatorische Konzeption weit über den reinen Unterricht hinausgeht, werden neben Lehrern häufig auch Erzieher, Sozialarbeiter und Sozialpädagogen für die Arbeit mit den Schülern eingesetzt (→Schulsozialarbeit).

Garantenstellung
Die in § 1 Abs. 2 BSHG festgelegte G. der →Sozialhilfe garantiert dem Bürger die Sicherung umfassender Hilfe zu einer menschenwürdigen Lebensgestaltung unabhängig von anderen Bereichen sozialer Sicherung, die diese Leistung nicht oder nur begrenzt erbringen.

Gastarbeiter
eher umgangssprachliche, umstrittene Bezeichnung für ausländische Arbeitnehmer aus industriell geringer entwickelten Ländern (Italien, Spanien, Türkei etc.), die seit Mitte der 1950er Jahre von der Bundesrepublik Deutschland angeworben wurden. Die sich seitdem entwickelnden Diskussionen um Integration dieser Arbeitnehmer und ihrer Familien sowie den Chancen multikultureller Lebensformen sind Gegenstand der Forschung verschiedener Disziplinen geworden und haben auch im sozialpädagogischen Rahmen zu praktischen Maßnahmen und Projekten geführt (→Ausländerarbeit).

Gebrechlichkeitspflegschaft
→Vormundschaft und Pflegschaft

Gefährdetenhilfe
veralteter aber noch gebräuchlicher Begriff für die „Hilfe zur Überwindung besonderer sozialer Schwierigkeiten" nach § 72 BSHG (→Sozialhilfe), die in der Hauptsache die Praxisbereiche der →Straffälligen-, →Obdachlosen-, →Nichtseßhaften- und oft auch der Suchtkrankenhilfe (→Sucht) umfaßt.

Gefährdung
Einerseits stellt G. einen wegen seiner Relativität als problematisch eingestuften unbestimmten Rechtsbegriff dar, der erstmals 1922 im →Reichsjugendwohlfahrtsgesetz verankert wurde. Andererseits ist G. ein Grundbegriff der Sozialen Arbeit, der einen ihrer wesentlichsten Handlungsimpulse seit ihren Anfängen beschreibt. Die Sorge um G. und der Wille zu ihrer Abwendung stehen jedoch in Wechselwirkung mit gesellschaftlichen und politischen Rahmenbedingungen und sind deshalb historisch wie aktuell unterschiedlich geprägte Ansätze. →Geschichte der Sozialarbeit/Sozialpädagogik

Gegenübertragung
Mit G. bezeichnet die Psychoanalyse u. a. den Vorgang, durch den ein Individuum auf spezifische Qualitäten oder auf die Übertragungsleistung einer anderen Person mit einer spezifischen Gefühlsreaktion, eventuell auch mit einer Übertragung oder mit der Übernahme der übertragenen Rolle antwortet. Die G. als Vorgang im Rahmen Sozialer Arbeit kann mit Hilfe der →Supervision bewußt gemacht und auf professionelle Weise kontrolliert werden, damit eine von Übertragung und G. unbelastete Be-

ziehung zwischen Helfer und Klient möglich ist.

Geheeb, Paul (10.10.1870–1.5.1961)
Nach dem Studium der Theologie, Philosophie, Psychiatrie und Physiologie arbeitete G. mit H. →Lietz und trat als Vertreter der →Reformpädagogik besonders durch das 1910 mit seiner späteren Frau Edith Cassirer gegründete Landerziehungsheim Odenwaldschule hervor. In ihm setzte er konsequent eine republikanische Schulverfassung, die Koedukation und ein differenziertes Kurssystem zur Individualisierung des Unterrichts um. Schulgemeinde, Schularbeit und Fest bilden die Trias des Lebens in der Odenwaldschule, die bis heute internationale Beachtung findet. Nach der Emigration des Ehepaars G. 1934 in die Schweiz gründeten sie die „Ecole d'Humanite", die „Schule der Menschheit".

Geheimnisschutz
u.a. durch →Datenschutz, →Amtsgeheimnis, →Schweigepflicht und →Zeugnisverweigerungsrecht abgesicherter Schutz von Angaben über Personen, Betriebe, Geschäfte und Angelegenheiten der Verwaltung vor Offenbarung gegenüber Unbefugten.

Geisteswissenschaftliche Pädagogik
G.P. ist allgemein jede Pädagogik, die Erziehung und Bildung als geistig-kulturelles und historisches Phänomen bewertet und zu klären sucht. Im engeren Sinne ist mit g.P. die in der Hauptsache auf die Arbeiten von →Schleiermacher und →Dilthey zurückgehende theoretische Linie der deutschen Pädagogik gemeint, die sich seit dem Beginn des 20.Jh. entfaltete und bis in die 1960er Jahre hinein eine führende Stellung einnahm. Die – in enger Verbindung mit den Intentionen der →Reformpädagogik entwickelte – g.P. umfaßt unterschiedliche Ansätze und kennt zahlreiche prominente Vertreter: u.a. →Flitner, →Litt, →Nohl, →Spranger, →Weniger. Gemeinsam ist den verschiedenen Konzepten das Selbstverständnis als Kultur- und Bildungswissenschaft und der methodische Vorrang der →Hermeneutik und des →Verstehens (→Wissenschaftstheorie). Dilthey zufolge könne das originär intentionale und motivationale menschliche Erleben und Verhalten – im Gegensatz zu den Erscheinungen der unbelebten Natur (→Erklären) – durch die Methode des Verstehens vom Forscher nachvollzogen und erkannt werden, da der Forscher selbst ein Mensch sei. Die g.P. lenkte den Blick auf die Interaktion von individuell-psychischen Strukturen und der objektiv-geistigen sowie kulturellen Umgebung und erkannte den →pädagogischen Bezug als wesentliche Grundlage allen erzieherischen Handelns. Vor allem die g.P. Nohlscher Prägung trug maßgeblich zu einer erziehungswissenschaftlich begründeten Theorie der Sozialpädagogik bei. Die g.P. wurde in den 1960er Jahren durch eine sich sozialwissenschaftlich orientierende kritisch-emanzipatorische Pädagogik kritisiert und zurückgedrängt. Den geisteswissenschaftlich orientierten Pädagogen wurde vor allem vorgeworfen, sie hätten mit ihren Ansätzen und Konzepten der Diktatur des Nationalsozialismus nicht entgegentreten können, seien mithin politisch wirkungslos, empirisch zudem mangelhaft und auf reine Ideengeschichte beschränkt. In jüngerer Zeit wird den alten Konzepten der g.P. jedoch aus verschiedenen Gründen erneut Interesse entgegengebracht. →Geschichte der Sozialpädagogik; →Schulen der Sozialen Arbeit

Geistige Behinderung
im Vergleich zu Gleichaltrigen unvollständige Entwicklung der Intelligenz aufgrund unterschiedlicher Ursachen (genetischer Defekt, Krankheiten, Verletzungen, soziale Einflüsse). Spezielle Förderungs- und Unterstützungsansätze für g.B. wurden u.a. innerhalb der →Sonderpädagogik entwickelt.

Geldleistung
neben der →Sachleistung und der →Dienstleistung die dritte Leistungsart

des Sozialleistungsrechts, bei der dem Leistungsberechtigten oder einem Dritten für ihn ein Geldbetrag zur eigenverantwortlichen Bedarfsbefriedigung übergeben wird. Die G. kann ausdrücklich zweckgebunden sein (z. B. Ausbildungsförderung, Pflegegeld, Wohngeld). G. sind nur unter bestimmten Bedingungen übertragbar, pfändbar oder verpfändbar.

Gemeindekrankenpflege
→Ambulante Krankenpflege

Gemeindepsychiatrie
u. a. in der →Psychiatrie-Enquête angeregte psychiatrische Versorgungsform, die davon ausgeht, daß seelische Leiden in der sozialen Region (Gemeinde) entstehen und deshalb auch hier aufgefangen, gelindert, behoben und verhindert (→Prävention durch eine gesundheitsförderliche Umwelt) werden müssen. G. steht im Widerspruch zu jeglicher Ausgliederung seelischer Leiden in Spezialeinrichtungen außerhalb der Gemeinde. Entsprechend geht →Selbsthilfe vor Fremdhilfe, Nachbarschaftshilfe vor professioneller Hilfe, ambulante vor (teil-)stationärer Hilfe. G. setzt die Kommunalisierung der psychosozialen Dienste, eine Flexibilisierung der Kostenübernahme und eine tiefgreifende Umorientierung der beteiligten professionellen Kräfte sowie der Bürger voraus. →Gemeinwesenarbeit; →Gesundheitsförderung; →Soziatrie; →Therapeutische Gemeinschaft; →Psychosoziale Versorgung

Gemeindepsychologie
1. Historische und gesellschaftliche Hintergründe. Die Gemeindepsychologie (GPS; „community psychology") hat sich im Kontext besonderer historischer und gesellschaftlicher Ereignisse entwickelt. Anfang der 60er Jahre wurden Psychologen in den USA gebeten, sich bei der Reform der psychosozialen Versorgung zu beteiligen, in welcher der Aufbau eines gemeindenahen Versorgungssystems im Mittelpunkt stand. Dieses sollte zu einer besseren Erfassung von Problemlagen in ihren unmittelbaren Entstehungszusammenhängen beitragen.

Diese Reform gründete in einer durch Bürgerrechtsbewegungen und Armut krisengeschüttelten Gesellschaft, die sich aber auf dem Weg einer umgreifenden Modernisierung befand. Konzepte aus dem Bereich der Psychologie sollten etwas zur Minderung der ungleichen Chancen in der Gesellschaft, wie beispielsweise der ungleich höheren psychosozialen Belastungen unterer sozialer Schichten, und zu ihrer sozialen Befriedung beitragen. Als Ergebnis dieser Bemühungen steht die Entwicklung zahlreicher entsprechend nützlicher Konzepte und Programme sowie die Einrichtung des Faches „Gemeindepsychologie" in den USA und inzwischen auch in den meisten europäischen Ländern, das aber in der Bundesrepublik Deutschland bislang wenig entwickelt ist (Röhrle, Glüer & Sommer, 1995).

2. Begriff. Im Kontext einer sozialwissenschaftlichen Denkweise, die an sozialpsychiatrische Konzepte wie Deinstitutionalisierung, Krisenmanagement oder an die Ideen der Hygienebewegung anknüpft, versteht sich GPS als ein Fachgebiet, das sich durch folgende Gegenstandsbestimmungen und handlungsleitende Merkmale definieren läßt (Keupp, 1995; Orford, 1992):
(a) GPS findet ihren Gegenstandsbereich in sozialen, soziokulturellen und physikalischen Umwelten, subjektiver und objektiver Art, die auf unterschiedlichen Komplexitätsebenen und Person-Umwelt-Transaktionen angesiedelt sind.
(b) GPS widmet sich weniger pathogenen Phänomenen, sondern pflegt individuelle und umweltbezogene Ressourcen bzw. bekämpft entsprechende Risiken (→Gesundheitsförderung).
(c) GPS ist damit vor allem präventiv orientiert (→Prävention).
(d) Die Maßnahmen der GPS basieren auf einer multidisziplinären bzw. mit

Laienhilfe verknüpften Orientierung – und dies auf der Grundlage einer methodisch und theoretisch weitgehenden Offenheit.

(e) GPS bewegt sich im Spannungsfeld zwischen Positionen, die ihre Vertreter eher als objektive Experten, Berater, Sozialplaner oder mehr als intellektuelle Avantgarde, als Teilnehmer in →sozialen Bewegungen, als politische Aktivisten betrachten möchten.

3. Orientierungen. Mit den unterschiedlichen Gegenstandsbereichen der GPS verknüpfen sich Teilkonzepte einer eher ökologischen oder individuenzentrierten Orientierung.

3.1 Ökologie. Der (sozial-)ökologischen Orientierung der GPS liegt eine Vielzahl von Teilkonzepten zu Grunde, wie insbesondere der Sense of Community, die ökologische Metapher Kellys, das Konzept der sozialen Klimata, Bronfenbrenners ökologische Sozialisationstheorie, das Settingkonzept und das handlungstheoretische Konzept präventiv bedeutsamer Umwelten.

Der Sense of Community kennzeichnet eine psychologisierte und zugleich subjektive Form des Gemeindebegriffs. Durch ihn wird die eher verwaltungstechnologisch geprägte Auffassung, wie sie in den Planungsideen der →Sozialpsychiatrie überwiegt, ergänzt (→Gemeindepsychiatrie). Mit dem Sense of Community sind Gefühle und Kognitionen gemeint, die an die eigene Umgebung und an soziale Gebilde binden und die vermitteln, daß man gebraucht wird. Dieser Sense of Community beschreibt das subjektiv erfahrene Gesamt der erfahrbaren physikalischen, sozialen, ökonomischen, politischen und kulturellen Umwelt. Als Gemeinsinn ist er ein Indikator für die Salutogenität (→Salutogenese) einer Gemeinde, für ihre Ressourcen und für die Bewältigungsfertigkeiten und Partizipationsbereitschaft ihrer Bürger.

In der Tradition der Sozialökologie und der Begrifflichkeiten der biologischen Ökologie steht die ökologische Metapher. Sie will u. a. Person-Umwelt-Passagen und die Pflege von Ressourcen und Anpassungsprozesse an kontextuelle Anforderungen erklären helfen. Die ökologische Metapher hat partizipative Forschungshaltungen begründet, soziale Stützsysteme analysiert, kontextuell orientierte Beratungskonzepte entwickelt und soziale Systeme wie Schulen oder Kirchen analysiert (→Organisationsentwicklung).

Eine andere Analogie des ökologischen Modells wurde bei der Entwicklung des Konzepts der sozialen Klimata genutzt. Mit Hilfe dieses Konzepts können Umwelten (u. a. Selbsthilfegruppen, Gefängnisse, gemeindenahe Einrichtungen, Betriebe, militärische Einrichtungen, Krankenhäuser, Schulen) auf drei Dimensionen abgebildet werden: Qualität der sozialen Beziehungen, Möglichkeiten der Persönlichkeitsentwicklung, Möglichkeiten des Systemerhalts bzw. der Systemveränderung. Bei Weiterentwicklungen wird u. a. noch die Bedeutung physikalischer Merkmale und Eigenschaften der Umgebung von entsprechenden Einrichtungen berücksichtigt.

Die Vorstellungen zu einer ökologischen Sozialisationstheorie bilden eine weitere ökologische Orientierung der GPS (→Sozialisation). Diese Theorie beschreibt die Entwicklung einzelner Personen in einem verschachtelten Umweltsystem auf unterschiedlichen Ebenen. Dieses System umfaßt ein Makrosystem (z. B. Kultur, Wirtschaft), ein Exosystem (z. B. Schulsystem, soziale →Netzwerke), ein Mesosystem (z. B. mittelbar wirksame Kommunikationsmuster von Familien) und ein Mikrosystem (die unmittelbaren situativen Merkmale).

Eine weitere Variante des ökologischen Modells in der GPS ist mit dem Konzept des Behavior Setting verknüpft, das die Analyse von feststehenden Verhaltensströmen und ihren ökologischen Gesetzmäßigkeiten in definierten Person-Umwelt-Einheiten (z. B. auch Schulen) kennzeichnet. Die GPS, Umweltpsychologie und neuerdings auch die Gesundheitsförderungsprogramme der WHO nutzen das Konzept des Setting, um sozialräumliche Arrangements auf ihre Funktionalität zu überprüfen, sie entsprechend anzupassen, um die Folgen von globalen physikalischen und zeitlichen Veränderungen zu dokumentieren und um salutogene Umwelten zu gestalten.

Handlungstheoretische und zugleich umweltpsychologische Modelle ermöglichen die Beurteilung von Umwelten hinsichtlich ihrer Eignung für den Erhalt oder die Erreichung von Handlungs- oder Verhaltenszielen. Diese Analysen werden von Merkmalen wie Valenz, Reichhaltigkeit, Transparenz, Kontrolle, Flexibilität und Komplexität begründet und ordnen eine Vielzahl von Teilkonzepten, die in der GPS von zentraler Bedeutung sind (z. B. Stressoren der verschiedensten Art, soziale Ressourcen).

3.2 Individuum. Die Veränderung individueller Befindlichkeiten und Fertigkeiten orientiert sich an gemeindepsychologischen Konzepten, die Gesundheit, Wohlbefinden und Kompetenz in den Mittelpunkt stellen, wie sie auch in der Ottawa-Charta „Gesundheit 2000" (→Gesundheitsförderung) angesprochen sind. Wohlbefinden und Gesundheit sind deshalb zentrale Ziele gemeindepsychologischer Tätigkeiten. Sie stellen zunächst auch Bedingungen effizienter Handlungskontrolle, gesundheitsförderlichen Verhaltens, des Problemlösens, sozialer Kontakte und günstiger sozialer Urteile dar. Umgekehrt sind auch verschiedene Arten der Kompetenz wesentliche Voraussetzung für die Entwicklung von Wohlbefinden und Gesundheit. Dazu gehören vor allem Kontrolle, Entscheidungsfähigkeit, Problemlösefertigkeiten, kreatives bzw. kritisches Denken, kommunikative und interpersonelle Fertigkeiten, Fähigkeit zur Selbstwahrnehmung und zur Bewältigung von Gefühlen und Stressoren. Im Kontext von Vulnerabilitätsmodellen (Verletzlichkeit) wird davon ausgegangen, daß sich durch die Förderung solcher Kompetenzen ein Gegengewicht herausbilden läßt, das bestehende Risiken und Belastungen Einzelner oder von Risikogruppen unterhalb des kritischen Schwellenwertes beläßt. Diese Annahme begründet eine Vielzahl unspezifischer (betrieblicher) Streßbewältigungsprogramme, aber auch spezifische Interventionen wie die Bewältigung von Scheidung, Arbeitslosigkeit oder anderer Verlusterlebnisse. Dabei werden auch teilweise belastungsspezifische Kenntnisse übermittelt (z. B. sozialrechtliche Belange). Mit Übergängen zu einer ökologischen Orientierung werden auch soziale Kompetenzen trainiert, die helfen, bestimmte Belastungen wie Ehekrisen oder Schulprobleme oder aber Risiken wie gefährdendes Sexualverhalten oder auch Drogenmißbrauch zu umgehen.

Das Konzept der Kontrollkompetenz hat in der GPS besondere Beachtung erlangt, da es sich als Indikator für Partizipationsbereitschaft, für die Bereitwilligkeit zu gesundheitsförderlichem Verhalten, für die Fähigkeit zur Streßbewältigung, für günstige Organisationsklimata und für sich verändernde gesellschaftliche Verhältnisse nutzen läßt. In neuester Zeit findet sich dieser Begriff im Konzept →Empowerment wieder. Durch dieses Konzept wird der individuell gemeinte Kontrollbegriff aber um eine kollektive Dimension ergänzt, da zwischen einer intrapersonalen, sozialen, behavioralen und politischen Form unterschieden wird.

Lit.: Böhm, I., Faltermaier, T., Flick, U., Krause Jacob, M. (Hrsg.) (1992): Gemeindepsychologisches Handeln: ein Werkstattbuch, Freiburg; Keupp, H. (1995): Gemeindepsychologische Identitäten: Vergangenheiten und mögliche Zukünfte, in: B. Röhrle, G. Sommer (Hrsg.), Gemeindepsychologie (S. 5–24), Tübingen; Orford, J. (1992): Community psychology, New York; Röhrle, B., Glüer, S., Sommer, G.

(1995): Die Entwicklung der gemeindepsychologischen Forschung im deutschsprachigen Bereich (1977–1993), in: B. Röhrle, Sommer, G. (Hrsg.), Gemeindepsychologie. Bestandsaufnahmen und Perspektiven (S. 25–54), Tübingen.

Bernd Röhrle, Marburg

Gemeindestudie (community study) zunächst in den USA, nach dem Zweiten Weltkrieg auch in der Bundesrepublik Deutschland, durchgeführte multimethodische, sozial-anthropologische Studien, die eine möglichst differenzierte Beschreibung von Gemeinden zum Ziel hatten. Hierzu wurden eine Vielzahl sozial relevanter Dimensionen analysiert: Wohnen, Arbeit, Bildung, Freizeit, Gesundheit, Kriminalität usw. Die Untersuchungen sollten soziale Probleme identifizieren und entsprechende Planungen fundieren. (→Sozialberichterstattung, →Sozialplanung).

Gemeinwesenarbeit
1. Begriff. Schon früh in der Geschichte wird über die vielfache Verwendung und Vieldeutigkeit des Begriffes „Gemeinwesenarbeit" (GWA) geklagt. Wer ihn geprägt hat, ist nicht bekannt. In der Nachkriegszeit wurden synonym GWA, Gemeinschaftsplanung, Organisation der Wohlfahrtsarbeit im Gemeinwesen etc. benutzt. So ist es noch heute. Zwar hat sich der Begriff GWA bisher allen anderen Benennungen gegenüber durchgesetzt, seine Verwendung ist immer noch mehrdeutig. Ich grenze zunächst einmal soweit ein, daß ich von GWA als von einer professionellen Arbeitsform (im Unterschied zu Bürgerinitiativen etc.) spreche, die sich auf ein Gemeinwesen (Stadtteil, Institution, etc.) richtet. Gemeinwesenarbeit (GWA) ist eine sozialräumliche Strategie, die sich ganzheitlich auf den Stadtteil und nicht pädagogisch auf einzelne Individuen richet. Sie arbeitet mit den Ressourcen des Stadtteils und seiner Bewohner, um seine Defizite aufzuheben.

2. Geschichte. Die GWA in Deutschland kann sich auf die Traditionslinien der Settlementarbeit berufen. In England überschritten junge Akademiker und Studenten die Grenzen der Universität, zunächst aus humanitären und religiösen Motiven und beeindruckt von den gesellschaftlichen Verhältnissen ihrer Zeit. 1867 zog Edward Dennison in ein Armenviertel Ost-Londons, 1875 folgte Arnold Toynbee. 1884 wurden die ersten Settlements, Toynbee Hall und Oxford House gegründet. Die Settler trafen auf die von der Industrialisierung ausgelöste soziale Situation in den Arbeiterquartieren: Die Arbeitszeit betrug damals 10 Stunden bei Männern, Frauen und Kindern. Die Lohnhöhe deckte knapp die Existenzgrundlage ab. Wohn-, Gesundheits- und Bildungswesen waren total unterentwickelt. Die Settler hatten erkannt, daß sozialpolitische und bildungspolitische Unterprivilegierung einander bedingten und deshalb auch zur sozialen die geistige →Emanzipation gehörte. Sie lehnten das Almosengeben ab, ebenso jede Bevormundung, jeden Klassendünkel. Sie wollten die Hilfsbedürftigen durch Bildung, Organisation und Gemeinschaftsarbeit erziehen, ihnen Wege zur Selbsthilfe weisen und Verständnis zwischen Besitzenden und Besitzlosen wecken. Dem englischen Vorbild folgend gründete Stanton Coit, Universitätsdozent, 1886 eine entsprechende Einrichtung in New York. Hull-House in Chicago, South-End-House in Boston und viele andere folgten.

1901 wurde unter direktem Einfluß der Settlementbewegung von Walter Claasen das Volksheim Hamburg gegründet, das eine für die Nachbarschaftsheimbewegung eher untypische Entwicklung nahm. Es orientierte sich (auch noch in der Nachkriegszeit) an sozialistischen Positionen. 1911 zog der Theologe und ehemalige Pfarrer an der Hofkirche in Potsdam, Friedrich Siegmund-Schultze, mit seiner Familie und wenigen Freunden in den Berliner Osten, dorthin, wo die Arbeiter wohnten. Die soziale Frage dieser Zeit war die Arbeiterfrage. Die Idee der Klassenversöhnung, die seiner Initiative zugrunde lag, zeigte sich auch in der Satzung der von ihm gegründeten „Sozialen Arbeitsgemeinschaft Berlin Ost" (SAG). Dort heißt es im § 2, die SAG bestrebe „persönliche Freundschaft zwischen Angehörigen der verschiedenen Volksklassen zu fördern und auf Grund der großen, allen Volksangehörigen gemeinsamen Aufgabe für das Volksganze, für wahrhaftigen Frieden zwischen den verschiedenen Volksklassen, politischen Parteien und religiösen Bekenntnissen zu wirken". Die Settler planten zu diesem Zweck Kinder- und Jugendarbeit, Gründung eines Ferienvereins, ein Kaffeehaus, um der Trunksucht von Jugendlichen und Erwachsenen entgegenzuwirken, Bildungs- und Kulturveranstaltungen und Untersuchungsarbeiten in sozialpolitischer Absicht. Tatsächlich wurden nach der Gründung folgende Arbeiten aufgenommen: Knabenclubs, Jugendgerichtshilfe, Männerabende und Rechtsberatung. Hinzu kam bald die „Kaffeeklappe", den heutigen Teestuben vergleichbar. Nach 1920 entstanden weitere Arbeitsgemeinschaften und Volksheime in allen Teilen Deutschlands, die sich 1925 zur „Deutschen Vereinigung der Nachbarschaftssiedlungen" zusammenschlossen. Diese Geschichte muß noch geschrieben werden.

Nach der Machtergreifung durch die Faschisten mußten viele dieser Einrichtungen ihre Arbeit aufgeben, die anderen wurden – wie die SAG 1940 – geschlossen. Ihre führenden Persönlichkeiten (Friedrich Siegmund-Schultze, Hertha Kraus u. a.) wurden in die Emigration gezwungen.

Die – auch in den Satzungen der SAG festgeschriebenen – Merkmale der Arbeit der Settler zeigen deutlich, daß man mit gutem Recht hier von Vorläufern der GWA sprechen kann:
– konsequente Quartiersorientierung,
– Errichtung von Gemeinwesenzentren (Volkshäusern),
– Aktivierung der Nachbarschaft,
– Versuch einer theoretischen Klärung ihrer stadtteilorientierten Arbeit.

Die Geschichte der GWA in der BRD ist eng gekoppelt an die Sozial- und Wirtschaftsgeschichte. Deren Erschütterungen bedeuten auch immer Einschnitte in die Entwicklung der GWA. Die erste Phase bis Mitte der 1960er Jahre war wesentlich geprägt vom „Wirtschaftswunder". Die Sozialarbeit wurde insgesamt rekonstruiert. Es war die Phase des Umbruchs von der starken Ehrenamtlichkeit der unmittelbaren Nachkriegszeit zur Verberuflichung. Und in diese Verberuflichungstendenzen gehört auch die GWA: der erste Titel zur GWA erschien in einer Soziologenzeitschrift 1951 und war ein Bericht über amerikanische Methoden der Gemeinschaftshilfe. GWA war Import aus den USA und den Niederlanden. Importeure waren die Lehrenden der Schulen für Sozialarbeit, die GWA-Kenntnisse im Rahmen des Reeducation-Programmes der Alliierten aus Studienreisen mitbrachten. Erst 1960 ist GWA als eigenes Ausbildungsgebiet für Sozialarbeit in die Diskussion gekommen.

Mit der Adaption der GWA aus den Niederlanden und den USA wurde auch ein harmonistisches Gesellschaftsverständnis übernommen, das Widersprüche und gesellschaftliche Konflikte weitgehend ausklammerte. GWA hatte die Aufgabe, noch nicht erkannte Defizite des Gemeinwesens ins Bewußtsein zu bringen und zu beheben. Dafür sollten die Hilfsquellen des Gemeinwesen erschlossen werden. Praktische Projekte aus dieser Zeit sind nicht/kaum bekannt.

Ausgelöst durch die Krisenerscheinungen 1966 kann für die zweite Hälfte der 60er Jahre eine plötzlich ansteigende Aktivität von praktischer GWA beobachtet werden. Drei Gründe sind dafür maßgeblich:
– öffentliche und private Träger sozialer Dienstleistungen konnten den immer größer werdenden Bedarf nicht mehr mit den bisherigen Mitteln dek-

ken; weder materiell noch methodisch reichte das vorhandene Instrumentarium aus, der Not zu begegnen,
- in Zusammenhang mit der Systemkonkurrenz zur DDR, mehr aber noch wegen der wachsenden Widerstandsbereitschaft in der Bevölkerung, entstanden zusätzliche Legitimationsnotwendigkeiten in Staat und Kommunen. Hier mußte GWA einspringen,
- die Sozialarbeiter, als Prellbock zwischen erhöhter Leistungsnachfrage und verstärkten Leistungsdefiziten sozialer Dienste, verlangten nach neuen professionellen Strategien.

Zunächst waren es kirchliche und freie Träger, die in Obdachlosensiedlungen unter dem Motto →„Hilfe zur Selbsthilfe" mit Gemeinwesenarbeit begannen. Etwas später faßte die GWA auch in Neubausiedlungen Fuß. Die Initiative ging hier oft von Kommunalverwaltungen aus. Die Kirchen begannen GWA in Neubausiedlungen als Gemeindeaufbau oder mit einem Verständnis von gesellschaftlicher Diakonie. Gegen Ende der 60er Jahre wurde GWA auch für Sanierungsgebiete konzipiert, nicht selten als Umsetzungsmethode für „wegsanierte" Bürger. Methodisch waren diese Ansätze der GWA eher pragmatisch orientiert. Aktivierende Befragung und die Bildung von „Intergruppen" waren das grundlegende Instrumentarium annähernd jedes GWA-Projektes jener Zeit. Ende der 1960er/Anfang der 1970er Jahre übte die →Studentenbewegung in ihren mancherlei Facetten (Politisierung der Wissenschaft, Praxis- und Projektorientierung, →Kinderladenbewegung etc.) wesentlichen Einfluß auf die Entwicklung der GWA aus. Die Gemeinwesenarbeiter begannen sich als Berufsgruppe selbst zu organisieren (in einer „Sektion Gemeinwesenarbeit") und die GWA als die berufspolitische Alternative zur einzelfallorientierten Sozialarbeit zu sehen. Damit begann auch eine eigenständige deutsche GWA-Rezeption und -diskussion (Müller 1988, 123–139). Dies war die Zeit der großen Projekte, die unter Mitarbeit von Studenten entstanden, oft von ihnen initiiert wurden: Osdorfer Born in Hamburg, Märkisches Viertel in Berlin, Bockenheim in Frankfurt u. a. Das Instrumentarium der GWA wurde durch Elemente der Sozialwissenschaften (→Handlungsforschung) und der studentischen Politik (go in; Stadtteilzeitungen etc.) erweitert. Probleme wurden in gesamtgesellschaftliche Verursachungszusammenhänge gestellt.

Im Verlauf der Rücknahme der bildungs- und sozialpolitischen Reformen Mitte der 1970er Jahre (Ölkrise, Radikalenerlaß) ist das Verschwinden vieler, vor allem der großen Projekte zu beobachten. C. W. Müller schreibt dazu: „GWA, insbesondere in ihrer aggressiven, konfliktorientierten Form, hatte die Reformpolitik der späten 1960er und frühen 1970er Jahre provokativ und zuverlässig begleitet. Wirtschaftskrise und nachlassende Experimentierfreude von Gemeinden und Verbänden, Berufsverbote und Einschränkungen im Sozial- und Bildungsbereich begannen nun wieder zu greifen und (vielleicht allzu rasch) eine allgemeine Mutlosigkeit zu verbreiten" (Müller 1988, 131). Damit sei ein Kapitel der Nachkriegsgeschichte der GWA abgeschlossen; aber gleichzeitig sei ein neues Kapitel aufgeschlagen worden: zwar sei GWA als Methode (vorläufig) beerdigt worden, habe aber als Struktur- und Arbeitsprinzip der Sozialarbeit überlebt. Diese Einsicht stammt aus zwei Entwicklungen, die bis in die 80er Jahre hineinreichen:

- GWA als in sich geschlossenes Arbeitsfeld und als „Dritte →Methode" der Sozialarbeit hat an Bedeutung erheblich verloren, sowohl in der Lehre als auch in der Praxis; jedoch haben sich die Elemente dessen, was GWA meint (lokale Orientierung, Koordination, Vernetzung, Betroffenenaktivierung ...) in den Gesamtbereich der Sozialen Arbeit ausgedehnt und bieten dort Ansätze für zahlreiche neue Orientierungen (→Gesundheitsförderung, →Gemeindepsy-

chiatrie, →Netzwerk, →Selbsthilfe, →Soziatrie).
– Der Einfluß der neuen sozialen Bewegungen hat das Bewußtsein für den Lebensraum und seine Bedeutung ebenso geschärft, wie das für eine Politik in der ersten Person. Friedens-, Umwelt-, Frauen-, Selbsthilfebewegung prägten den Slogan vom globalen Denken und lokalen Handeln und das Schlagwort von der Vernetzung und gaben damit auch der GWA neue Impulse.

3. Zum gegenwärtigen Stand der Gemeinwesenarbeit. Leider gibt es noch keine aktuellen empirischen Untersuchungen, so daß man hier nur von allgemeinen Erfahrungen und Eindrücken ausgehen kann. GWA stellt sich demnach als unübersichtliche Vielfalt dar. Die Entwicklung ist widersprüchlich: hier fallen GWA-Ansätze kommunalen Sparprogrammen zum Opfer, dort sind sie Ergebnisse derselben. Hier werden sie als potentielle Unruhestifter argwöhnisch beäugt, dort als Hoffnungsträger kommunaler Sozial- und Kulturpolitik begrüßt. Auch die Selbsteinschätzung von GWA-Projekten ist sehr unterschiedlich: hier verstehen sie sich als selbstbewußte Bewohnerorganisierung, dort als Produktionsstätte nützlicher Dienstleistungen, woanders als Modernisierungsschub für in Routine erstarrte Institutionen und nicht selten, wie in der ersten Krise 1966, als letzte Möglichkeit der Sozialarbeit, ihr professionelles Selbstverständnis zu realisieren.
Will man eine Schneise in die Unübersichtlichkeit schlagen, dann ist zu empfehlen, GWA-Aktivitäten wie folgt zu ordnen:
– alte und neue Stadtteilprojekte in den traditionellen Gebieten (Obdachlosenquartiere, Neubausiedlungen, Sanierungsgebiete), aber auch zunehmend in „klassischen" Arbeiterquartieren, die sich in Richtung „Armutsviertel" bewegen und im ländlichen Raum;
– GWA in weiteren Feldern Sozialer Arbeit u. a. Neustrukturierung →sozialer Dienste, →Altenhilfe, →Erziehungsberatung, →Kindergarten, →Jugendarbeit (streetwork) etc.;
– GWA in anderen gesellschaftlichen Bereichen, so in der kommunalen Kulturarbeit, im Schulwesen (Öffnung der Schule, Nachbarschaftsschule), in der stadtteilnahen →Erwachsenenbildung, in der Gesundheitsversorgung und selbst in der kommunalen und regionalen Wirtschaftsförderung.

4. Zur Theorieentwicklung in der GWA. Soweit man überhaupt von einer Theorie-Entwicklung der GWA sprechen kann, wird diese durch zwei wesentliche Entwicklungstrends gekennzeichnet, erstens die Entwicklung von der „Dritten Methode" der Sozialarbeit zum Arbeitsprinzip Gemeinwesenarbeit und zweitens die Entwicklung lebensweltlicher Konzepte für die GWA. In der Literatur (Wendt 1989 u. v. a.) wird davon ausgegangen, daß sich die Auffassung eines Arbeitsprinzips GWA in der Diskussion durchgesetzt hat, obwohl zweifellos dieses Konzept noch ausgefüllt und weiterentwickelt werden muß.
Der Gedanke eines Arbeitsprinzips GWA ist nicht neu. Er taucht bereits in den Dikussionen der GWA-Lehrgänge der Victor-Gollancz-Stiftung 1972–1974 auf als „Ökologischer Ansatz", als Ansatz einer stadtteilbezogenen, problemorientierten, kooperativen und methodenintegrativen Form kommunaler Fürsorge. Im Weiterdenken wurde das Arbeitsprinzip ausführlicher formuliert bei Boulet/Krauss/Oelschlägel 1980. Das Arbeitsprinzip wird dabei verstanden als eine Grundorientierung, Sichtweise, Herangehensweise an soziale Probleme, wo auch immer im Bereich sozialer Berufsarbeit in einem weit verstandenen Sinn. Die Merkmale eines solchen Arbeitsprinzips – und damit hat, wer will, auch eine Definition von GWA – sind die folgenden:
– Das Arbeitsprinzip GWA erkennt, erklärt und bearbeitet, soweit das möglich ist, die sozialen Probleme in ihrer histo-

rischen und gesellschaftlichen Dimension; zu diesem Zweck werden Theorien integriert, die aus unterschiedlichen wissenschaftlichen Disziplinen stammen (Sozialwissenschaften, Politische Ökonomie, Kritische Psychologie ...). Dies macht auch sorgfältige Analysen notwendig (Stadtteilgeschichte, Stadtteilanalyse, Geschichte sozialer Probleme im regionalen Kontext etc.). Damit will das Arbeitsprinzip GWA Werkzeug sein für die theoretische Klärung praktischer Zusammenhänge.

– Das Arbeitsprinzip GWA gibt aufgrund dieser Erkenntnisse die Aufsplitterung in methodische Bereiche auf und integriert →Methoden der Sozialarbeit/Sozialpädagogik, der Sozialforschung (→empirische Sozialforschung) und des politischen Handelns in Strategien professionellen Handelns in sozialen Feldern.

– Mit seinen Analysen und Strategien bezieht sich das Arbeitsprinzip GWA auf ein „Gemeinwesen", d.h. auf den Ort (und das ist zumeist eine sozialräumliche Einheit: Quartier, Institutionen ...), wo die Menschen samt ihren Problemen aufzufinden sind. Wesentlich ist dabei die ganzheitliche Betrachtungsweise. Es geht um die Lebensverhältnisse, Lebensformen und -zusammenhänge der Menschen, auch so, wie diese selbst sie sehen (Lebensweltorientierung).

– Das Arbeitsprinzip GWA sieht seinen zentralen Aspekt in der Aktivierung der Menschen in ihrer Lebenswelt (→Alltagsansatz). Sie sollen zu Subjekten politisch aktiven Handelns und Lernens werden und zunehmend Kontrolle über ihre Lebensverhältnisse gewinnen. Dazu sollen sie vor allem in gemeinsamen Aktionen der Problembearbeitung bis hin zum Widerstand Kompetenzerfahrungen machen.

Dieses Arbeitsprinzip enthält gleichzeitig empirische (wie GWA ist) und normative (wie GWA sein soll) Aspekte. Die Zielvorstellung für eine solche GWA haben wir – sicher noch recht allgemein – so formuliert:

„Gemeinwesenarbeit muß Beiträge zur tendenziellen Aufhebung und Überwindung von Entfremdung leisten, also die Selbstbestimmung handelnder Subjekte ermöglichen. Damit ist Gemeinwesenarbeit Befreiungsarbeit insofern, als sie die unmittelbaren Wünsche und Probleme der Menschen ernst nimmt, zu veränderndem Handeln unter Berücksichtigung der politisch-historischen Möglichkeiten motiviert und Einsicht in die strukturellen Bedingungen von Konflikten vermittelt" (Oelschlägel 1983, 111). Folgerichtig hat GWA als handlungsleitendes Prinzip für Soziale Arbeit
– die Herstellung von Handlungszusammenhängen zu betreiben, innerhalb derer die Menschen eine solidarische, genußreiche Lebenspraxis entwickeln und politisch handeln lernen, besonders wenn sie aufgrund ihrer Lebensbedingungen und Lebensgeschichte nur schwer dazu in der Lage sind und
– Anleitung zur Aneignung zu sein, indem eben diese Menschen es lernen, die Entfremdung zu sich selbst in ihrer eigenen Geschichte aufzuarbeiten, durch schöpferische Tätigkeiten abzubauen und zu neuem Selbstbewußtsein zu gelangen.

Diese allgemeinen Grundsätze müssen für die jeweilige Praxis, das jeweilige Vorhaben konkretisiert werden.

Die konzeptionelle Diskussion der GWA hat in den letzten Jahren verstärkt zu einer Integration von Lebensweltkonzepten in die GWA geführt, wobei es eine Reihe konkurrierender Ansätze gibt (Milieuarbeit, Stadtteilbezogene Soziale Arbeit, →Netzwerkkonzepte). Gemeinsam ist allen diesen Konzepten:
– der Versuch der Vermittlung zwischen Makro- und Mikroebene, d.h. zwischen Gesellschaft und Individuum,
– die Abkehr von einem reinen Defizitkonzept, das ausschließlich von den Problemen der Menschen ausgeht und die Hinwendung zu einem Ressourcenkonzept, das die Bedeutung der Lebenswelt als Horizont und Ressource für die Bewältigung der Le-

bensaufgaben, die sich den Menschen stellen, in den Mittelpunkt stellt,
- die Betonung der Interpretationsleistung des handelnden Subjekts zur Erklärung und Erfassung der Lebenswelt und damit
- eine vorsichtige Zurückhaltung bei der Bestimmung der Aufgaben der Professionellen in der GWA.

Allerdings stehen alle diese Konzepte mehr oder weniger in der Gefahr der Entpolitisierung, soweit sie sich auf die unmittelbare Lebenswelt beschränken und die gesamtgesellschaftlichen Bedingungen, die in die Lebenswelt hineinagieren und ihren Horizont markieren, nicht in eine politische, meist kommunalpolitische Strategie mit einbeziehen.

5. Gemeinwesenökonomie. Die GWA hat lange – und tut es überwiegend noch heute – die Ökonomie vernachlässigt. Zurecht erheben sich hier Stimmen, die ein Umdenken einfordern.

Durch gesellschaftliche und soziale Entwicklungen – hier das Problem der Arbeitslosigkeit und der steigenden Kosten für die Sozialhilfe – geraten die Kommunen zunehmend unter Handlungsdruck. Dies bietet Chancen für neue Überlegungen und Modelle in der GWA. Es ist eine Erfahrung in vielen GWA-Projekten, daß Menschen, die aus dem Arbeitsprozeß herausfallen, auf ihre Lebenswelt, ihr Quartier verwiesen werden, nicht selten als zusätzliche Ressource zur Existenzsicherung (soziale Netze, informelle Kreditsysteme, Schwarzarbeit, Nutzgärten ...) aber auch hinsichtlich ihrer Teilhabemöglichkeiten am gesellschaftlichen Leben. Andererseits wächst gerade in armen Stadtteilen der Bedarf an zu leistender Arbeit in den Bereichen der Infrastrukturgestaltung (Renovieren von Wohnungen bis zur Gestaltung von Mietergärten) und der sozialen Dienstleistungen, insbesondere der Kinderbetreuung, Altersversorgung und Krankenpflege...

Gemeinwesenökonomie führt diese beiden Stränge zusammen, sie verknüpft den örtlichen Bedarf mit den Ressourcen des Gemeinwesens. Es gibt inzwischen – auch international – eine Vielzahl solcher basisökonomischen Ansätze (vgl. Elsen 1998), „denen gemeinsam ist, daß sie aus der Not geboren, von der Nutzung der Arbeits- und Gestaltungskraft der Menschen in den Gemeinwesen als der entscheidenden und oft einzigen sozialproduktiven Ressource ausgehen und Grundbedürfnisse in den Nahräumen decken" (Elsen 1997, 129). Ob es die „Quartiersunternehmungen" in französischen Großsiedlungen sind oder genossenschaftlich organisierte Wohnmodelle wie in Trier – es gibt zahlreiche Beispiele, auch aus den neuen Bundesländern (u.a. Leipzig-Connewitz, Berlin-Prentzlauer Berg). Zielsetzung ist eine Ortsentwicklung, die den Wiederaufbau einer lokalen Produktion und Distribution als Grundlage für Einkommen „vor Ort" beinhaltet.
→Empowerment

Lit.: Jack Boulet/E. Jürgen Krauß/Dieter Oelschlägel: Gemeinwesenarbeit. Eine Grundlegung. Bielefeld, AJZ-Verlag, 1980; Kirsten Ebbe/Peter Friese: Milieuarbeit. Grundlagen präventiver Sozialarbeit im lokalen Gemeinwesen, Stuttgart 1989; Susanne Elsen: Gemeinsenökonomie – eine Antwort auf Arbeitslosigkeit, Armut und soziale Ausgrenzung? Soziale Arbeit, Gemeinwesenarbeit und Gemeinwesenökonomie im Zeitalter der Globalisierung. Neuwied, Kriftel, Luchterhand, 1998; Wolfgang Hinte/Fritz Karas: Studienbuch Gruppen- und Gemeinwesenarbeit. Eine Einführung für Ausbildung und Praxis. Neuwied/Frankfurt am Main, Luchterhand, 1989; Thilo Klöck (Hg.): Solidarische Ökonomie und Empowerment. Jahrbuch Gemeinwesenarbeit 6. München, AG SPAK, 1998; Marion Mohrlok/Michalea Neubauer/Rainer Neubauer/Walter Schönfelder: Let's Organize! Gemeinwesenarbeit und Community Organization im Vergleich. München, AG SPAK, 1993; Günther Rausch: Gemeinschaftliche Bewältigung von Alltagsproblemen – Gemeinwesenarbeit in einer Hochhaussiedlung. Münster, 1998; Ries/Elsen/Steinmetz/Homfeldt (Hrsg.): Hoffnung Gemeinwesen. Innovative Gemeinwesenarbeit und Problemlösungen in den Bereichen lokaler Ökonomie, Arbeitslosigkeit, Gesundheit, Benachteiligung. Neuwied u. a., Luchterhand, 1997; Wolf Rainer Wendt: Gemeinwesenarbeit. Ein Kapitel zu ihrer Entwicklung und zu ihrem gegenwärtigen Stand, in: Ebbe/Friese 1–34; Zur Politischen Produktion von Gemeinwesenarbeit. Themenheft Widersprüche Heft 65, September 1997.

Dieter Oelschlägel, Duisburg

Generalprävention
neben der →Spezialprävention in den Straf- und Strafzumessungstheorien der Gegenwart enthaltener Anspruch, mit den strafrechtlichen Sanktionen auch zukünftige Straftäter von strafbaren Handlungen abzuschrecken und die Anerkennung der strafrechtlichen Normen in der Bevölkerung zu erhalten und zu bekräftigen. Sowohl Spezialprävention als auch G. sind in ihrer Wirkung umstritten.

Geriatrie
Teilgebiet der klinischen Medizin, die sich mit der Diagnose und Therapie von Krankheiten beim älteren Menschen befaßt, wobei es umstritten ist, ob es ausgesprochene „Alterskrankheiten" gibt. Fest steht jedoch, daß sich das Lebensalter auf den Verlauf, die Dauer und die Schwere einer Erkrankung und die Möglichkeiten ihrer Therapie auswirkt. Entgegen der allgemeinen Annahme ist die Mehrzahl der Krankheiten im Alter heilbar oder zumindest teilweise rückbildungsfähig. Schwerpunkt der G. ist die Entwicklung besonderer therapeutischer und rehabilitativer Verfahren, die vor allem in geriatrischen Kliniken und ambulanten Nachsorgeeinrichtungen zur Aktivierung des älteren Menschen eingesetzt werden können. →aktivierende Pflege; →Sozialgerontologie

Gerichtshilfe
Die 1975 in die StPO (§ 160, Abs. 3) aufgenommene G. für Erwachsene spielt im Gegensatz zur →Jugendgerichtshilfe praktisch eine wesentlich unbedeutendere Rolle. Der Einsatz der G. als Fachdienst zur Ermittlung der für das Verfahren relevanten sozialen Gesichtspunkte liegt im Ermessen der Justizorgane. Gedacht ist die G. vor allem für Verfahren gegen Erstbeschuldigte, Jungerwachsene, Personen mit psychischen Leiden und ältere Personen.

Gerichtspsychiatrie
→Forensische Psychiatrie

Gerichtspsychologie
→Forensische Psychologie

Gerontagogik
→Altenbildung

Gerontologie
noch junge, interdisziplinäre Wissenschaft, die sich mit den Grundvorgängen des Alterns hinsichtlich seiner biologischen, psychologischen und sozialen Aspekte, sowie mit dem Alter als Lebenssituation befaßt. Die mit Hilfe der Ergebnisse der →Alterspsychologie, →-psychiatrie, →-soziologie und der →Geriatrie gewonnenen Erkenntnisse finden ihre Umsetzung u. a. in der →Altenbildung und in der →Sozialplanung. →Alter und Altern; →Sozialgerontologie

Gerontopsychiatrie
→Alterspsychiatrie

Gerontopsychologie
→Alterspsychologie

Gerontosoziologie
→Alterssoziologie

Geschäftsfähigkeit
die Fähigkeit, selbständig rechtswirksame Geschäfte und Handlungen vorzunehmen. Im Gesetz jedoch nicht positiv formuliert: geschäftsunfähig sind nach § 104 BGB Kinder bis zur Vollendung des 7. Lebensjahres und „wer sich in einem die freie Willensbestimmung aus-

schließenden Zustande krankhafter Störung befindet, sofern nicht der Zustand seiner Natur nach ein vorübergehender ist". Jugendliche bis zum 18. Lebensjahr sind beschränkt geschäftsfähig. Rechtsgeschäfte dieser Personen sind nichtig oder nur in beschränktem Umfang gültig.

Geschichte der Sozialarbeit

1. „Soziale Arbeit darf das Insgesamt der in der Gesellschaft vorkommenden Aktivitäten mit dem Ziel, die Lebensverhältnisse innerhalb des Gemeinwesens für die ihm angehörenden Menschen zu verbessern, genannt werden [...] Hier werden Leistungen erbracht, die anders als die wirtschaftlichen [...] aus sozialer Verantwortung geschehen und in wachsendem Maße unter den herrschenden Bedingungen notwendig sind" (Wendt, ³1990, 1). Diese allgemeine Definition hat sich erst in einer rund 150jährigen Entwicklung dessen, was wir unter S. verstehen, durchgesetzt. Im 19. und in der ersten Hälfte des 20. Jahrhunderts unterschied man noch dezidiert zwischen Sozialpolitik auf der einen und Armenpflege bzw. Fürsorge auf der anderen Seite und benutzte für letzere seit den 1890er Jahren gelegentlich den Begriff S., – ein Terminus, der erst nach dem Zweiten Weltkrieg endgültig in Gebrauch kam.

Abgesehen von Untersuchungen einzelner Arbeitsfelder und dem dreibändigen Standardwerk von Sachße/Tennstedt über die Geschichte der Armenfürsorge in Deutschland existiert keine zusammenfassende Geschichte der S. aus fachhistorischer Sicht. Die vorliegenden Publikationen sind meist Selbstdarstellungen dieser Disziplin zu Ausbildungszwecken und beruhen oft nicht auf eigenen Forschungen. Unabhängig davon, welche Position sie jeweils beziehen, bewegen sich die meisten Arbeiten, seien sie nun konfessionellen, allgemein philanthropischen, bürgerlichen oder marxistischen Prämissen bzw. mehreren zugleich verpflichtet, im Rahmen des unausweichlichen Dilemmas, zugleich auf den ‚Impuls, Verhältnisse zu verändern und auf den Impuls, Verhältnisse zu bewahren', reagieren zu müssen. Das ist der Grundwiderspruch der Sozialen Arbeit oder ihre Dialektik. Konservative Apologeten, Reformer oder Revolutionäre sind gleichermaßen betroffen von den gegebenen Zuständen. Entweder sie wollen systemkonform agieren und wirken dabei unfreiwillig strukturverändernd oder sie zielen umgekehrt gerade auf den strukturellen Wandel und konsolidieren dennoch ungewollt die bestehenden Verhältnisse, weshalb angesichts dieses Befundes jedweder Form von S. stets ein Moment gesellschaftlicher Veränderung eigen scheint (Wendt, ³1990, 6).

2. S. in heutigem Sinne ist eng mit der Entstehung der arbeitsteiligen Industriegesellschaft verknüpft und damit ein Phänomen, das in Deutschland erst im 19. Jahrhundert auftritt. Es hat nur indirekt mit den sozialen Disziplinierungsmechanismen im vorangehenden Zeitalter des Absolutismus zu tun. Denn der Ständestaat dachte nicht in sozialen, sondern in ökonomischen Kategorien; ihm kam es auf die ‚Nützlichkeit' seiner Untertanen für das Gemeinwesen an. Wer einen solchen Nutzen durch deviantes Verhalten verweigerte, mußte durch erzieherische Maßnahmen dieser ‚Staatsräson' unterworfen werden. Das war ein pädagogischer Akt im Interesse der Funktionsfähigkeit des Herrschaftssystems und des bonum commune, nicht aber des Individuums. Erst das Auseinandertreten der Sphären von Staat und Gesellschaft im Zuge einer grundsätzlichen ökonomischen Neuorientierung mit Beginn der kapitalistischen Produktionsweise eröffnete dem entstehenden Bürgertum Freiräume zur eigenverantwortlichen Gestaltung des als ‚apolitisch definierten Binnenraums der Gesellschaft' (Koselleck). Der Staat behielt demgegenüber das Machtmonopol, ge-

stand dem Bürgertum jedoch die Organisation seiner vermeintlich ‚politikfreien' Interessen im Vertrauen darauf zu, daß die neue bürgerliche Klasse jene ökonomischen und den ihnen auf dem Fuße folgenden sozialen Herausforderungen, die der Industrialisierungsprozeß mit sich brachte, wesentlich erfolgreicher begegnen würde als der einst allzuständige aufgeklärte Absolutismus mit seiner ‚guten policey'. Deshalb steht an den Anfängen von S. als bürgerlicher Sozialreform die bewußte Entstaatlichung dieses gesellschaftlichen Aufgabenfeldes, das erst im Laufe einer Jahrzehnte andauernden Entwicklung wieder zum Gegenstand zunehmender staatlicher „Regulierung, Verrechtlichung und Ausdifferenzierung" wurde (Landwehr/Baron, 1983, 8).

Unbestritten ist, daß dieser Wandel in Deutschland mit den preußischen Reformen einsetzte, die in Form einer Revolution ‚von oben', d. h. von Beamten gemacht, „wichtige Weichen für die Transformation der zunächst noch weitgehend traditionell-ständisch strukturierten preußischen Gesellschaft in die spätere moderne Industriegesellschaft" stellten (Reulecke, 1985). Diese Reformen führten indessen geradewegs in den als Emanzipationskrise zu verstehenden Pauperismus (Jantke/Hilger, 1965) hinein und waren politisch begleitet von einer Phase der Restauration. Die Krise gab Anlaß zu weitgehenden Reformüberlegungen, da das neuartige Massenelend die entstehende bürgerliche Gesellschaft zu zersetzen drohte. Es waren anfangs nur vereinzelte Stimmen, die vor der Gefahr warnten und Vorschläge zu ihrer Abwehr unterbreiteten. Dann, ab 1840, erschien eine wahre Flut von Broschüren und Zeitschriftenartikeln, die sich des Problems des Pauperismus annahmen. Nicht das Gefühl der Bedrohung allein charakterisierte diese Beiträge, sie waren in der Regel auch von großem Optimismus erfüllt, was die Realisierung der vorgeschlagenen politisch-gesellschaftlichen Lösungen betraf. Freilich sollte der Ausweg aus der Krise auf dem Boden der bestehenden Gesellschaft, nicht durch deren grundlegenden Umbau erfolgen. Insofern waren diese Vorschläge ‚defensiver' Natur. Dennoch: Der Gedanke, drohende Aufstände und Hungerunruhen wie in Frankreich oder England mit Gewalt niederzuschlagen, erschien kaum geeignet für eine dauerhafte Beruhigung der Lage, deren doppeltes Problem – die Beseitigung des Massenelends durch eine wirkungsvoller operierende Armenfürsorge und Strukturveränderungen zur künftigen Vermeidung solcher Erscheinungen – die Schwierigkeiten des Begriffs der Sozialreform überhaupt kennzeichnen. Nimmt man derartige Veränderungen als wünschenswerten Maßstab, hatten die in der Regel konfessionell geprägten karitativen Einrichtungen der Kinder-, Jugend- und Krankenfürsorge, die halböffentlichen kommunalen Initiativen des →Elberfelder und später des Straßburger Modells oder Maßnahmen zum Kinderschutz (1839) keine sozialreformerische Funktion im modernen Verständnis des Wortes. Sie blieben traditionellen christlichpaternalistischen Leitbildern verhaftet, d. h. sie verbanden den Aspekt der Nächstenliebe mit der Vorstellung einer gerechten väterlichen Gewalt, einer Art Erziehungsvollmacht zu jenem sozialen Verhalten, das innerhalb der nichtarmen ‚Normalgesellschaft' als ‚erstrebenswert' und erfolgreich galt. Sozialreform als Strukturveränderung dagegen hätte auf größere Gerechtigkeit, auf den Abbau ungleichgewichtiger Verteilung der vorhandenen Ressourcen und ein soziales Gefüge zielen müssen, in dem solche Konflikte – mit ihren Folgen – künftig nicht mehr möglich waren. Aber selbst Sozialreform in diesem weiter ausgreifenden Sinn verband sich für ihre Verfechter nicht notwendig mit einer Reform der politischen Verhältnisse insgesamt; diese jedenfalls wurde in der nach 1840 auf breiter Front einsetzenden Debatte kaum mitbedacht bzw. schlicht ausgeklammert und Marx/Engels kritisierten genau diesen Punkt, wenn sie im Kommunistischen Manifest von ‚Bourgeoissozialismus' sprachen.

3. Die bürgerliche Gesellschaft der Zeit reagierte also auf die neuartige Erscheinung der sozialen Frage, deren ‚Lösung' sie mit ihren eigenen, ebenfalls neuen Möglichkeiten nach dem Auseinandertreten von Staat und Gesellschaft in Angriff nahm. Dazu zählte als konstitutives Element in erster Linie die bürgerliche Vereinsbewegung des 19. Jahrhunderts, an deren Entstehung (Patriotische Gesellschaften) abzulesen ist, wie sich die Verantwortung um das gemeine Wohl allmählich von Obrigkeit und Monarch auf jenen Bund freier Bürger verlagerte, dessen Zugehörigkeit nicht mehr Geburt und Besitz, sondern Bildung und Leistung kennzeichneten. In der sozialreformerisch orientierten Vereinsbewegung blieben die Grenzen zwischen einer Analyse der sozialen Frage als Ausfluß neuartiger Massennotstände aufgrund von kaum steuerbaren demographischen Veränderungen mit temporären Hungerkrisen einerseits oder als Folge der beginnenden Industrialisierung andererseits lange unscharf; manchmal vermischten sich beide Deutungen auch. Dieser Hinweis ist wichtig zum Verständnis der Entfaltung des dualen Systems sozialer Sicherung im Bereich von S. oder nicht auf Arbeiterpolitik bezogener Wohlfahrtspflege. Hier gingen zunächst konfessionelle Gruppierungen voran, einmal die evangelische →Innere Mission und – mit zeitlicher Verzögerung – die katholische →Caritas. Ihre Bemühungen um S. wurden flankiert von weltanschaulich neutralen philanthropischen Vereinigungen, die sich nach englischem Vorbild vereinzelt auch in Deutschland herausbildeten und hier – wie der 1881 begründete ‚Deutsche Verein für Armenpflege und Wohltätigkeit' oder das auf die Initiative des jüdischen Großindustriellen Wilhelm Merton zurückgehende Frankfurter ‚Institut für Gemeinwohl' von 1890 – herausragende konzeptionelle Vorarbeiten zur politischen Formierung des Wohlfahrtsstaates leisteten.

Größeren Einfluß und Bedeutung für den noch heute bestehenden fruchtbaren Dualismus von öffentlicher und privater Trägerschaft von S. gewannen für die Frühphase der Geschichte der S. die Gruppierungen der sogen. christlichen Liebestätigkeit. Schon 1848 regte der Hamburger Theologe Johann Hinrich →Wichern auf dem Wittenberger Kirchentag die Gründung des Central-Ausschusses für die innere Mission der deutschen evangelischen Kirche an. Innere Mission hieß in den Augen ihrer Gründer umfassende ‚Kulturarbeit', die neben S. und Verkündigung der kirchlichen Botschaft die gesamte politische Kultur ihrer Zeit intentional miteinbezog, um sie dem globalen Ziel der Re-Christianisierung von Staat und Gesellschaft dienstbar zu machen. Den Weg dorthin sah Wichern in der ‚Association' der Hilfsbedürftigen selbst, die zusammen mit freiwilligen Helfern der bürgerlichen Gesellschaft die wirtschaftliche und soziale Not bekämpfen und die Voraussetzungen für die weitergesteckten kultur- und religionspolitischen Vorstellungen der Inneren Mission schaffen sollten.

Mit einer damit prinzipiell verwandten Konzeption arbeitete auch die ‚Settlement-Bewegung' (→Gemeinwesenarbeit) in England und später in den Vereinigten Staaten. Grundidee dieser neuen Formen von S. war u. a. die klassenübergreifende Geselligkeit von Armen und Besitzenden als Erziehung zur Orientierung auf das Gemeinwohl hin, wie es vor allem der englische Pfarrer Samuel Barnett (1844–1913) und seine Frau Henrietta im Londoner Elendsviertel von Whiteshaple praktizierten.

Als zweite Großinstitution, die sich als wichtiger Träger der S. noch im ausgehenden 19. Jhdt. etablierte, ist der Deutsche Caritasverband zu nennen, der 1897 gegründet wurde. Gleich dem Cen-

tral-Ausschuß bildete er die nach Diözesen gegliederte Zusammenfassung zahlreicher bereits bestehender sozialer Arbeitsfelder des deutschen Katholizismus in der Krankenpflege, der offenen und geschlossenen Fürsorge und in der S. auf Gemeindeebene.
Caritas wie Innere Mission besaßen in Gestalt der Ordensfrauen und Diakonissen ein großes Potential bereits professionell tätiger weiblicher Arbeitskräfte, dazu einen kaum zu überschätzenden Bestand an ehrenamtlichen Helferinnen, die neben (Kranken-)Pflegediensten für soziale Aufgaben in der kirchlichen wie der politischen Gemeinde eingesetzt werden konnten. Wer die Geschichte der S. mit der Verberuflichung sozialer Arbeit, d. h. mit dem Übergang von ehrenamtlicher zu bezahlter Tätigkeit auf diesem Sektor einsetzen lassen will, den Beginn dieses Prozesses aber erst auf die 1890er Jahre datiert (C. W. Müller, 1982), muß notwendigerweise den langen Vorlauf ignorieren, den die konfessionellen Schwesternschaften auf diesem Sektor bereits besaßen. Andererseits ist nicht zu übersehen, daß mit Beginn der Wilhelminischen Ära das öffentliche Interesse an theoretischen und praktischen Fragen der S. einen bemerkenswerten Aufschwung erfuhr. Das hatte nicht nur mit dem seit der Jahrhundertwende auf kommunaler Ebene steigenden sozialen Handlungsbedarf zu tun; parallel zu diesem Prozeß bildete sich nämlich im Kontext der bürgerlichen Frauenbewegung ein neuartiges Bewußtsein heraus, dem besonders daran lag, gerade für das Feld der S. ‚spezifisch weibliche' Qualitäten zu reklamieren, um diese hier haupt- und nebenberuflich einsetzen zu können. „Mütterlichkeit als Beruf" (Sachße, 1986) lautete das Motto einer modernen bürgerlichen Frauengeneration, die für die Anerkennung des beruflichen Sozialengagements von Frauen und – damit gekoppelt – für die weibliche Emanzipation focht (→A. Salomon, →Soziale Frauenschulen).

4. Die Prinzipien ‚Verwissenschaftlichung' und ‚Rationalisierung' spielten ausgehend von den Zwängen des Industrialisierungsprozesses in der zweiten Hälfte des 19. Jhdts. bei der sozialen Mindestsicherung wie bei der sozialen Prävention eine immer wichtigere Rolle. Dies wirkte sich nicht zuletzt auf das Nebeneinander von öffentlicher, d. h. zumeist kommunaler und privater Fürsorge bzw. S. aus, das allmählich geordnete Formen annahm. Beide machten sich weder in der Theorie noch praktisch Konkurrenz, sondern ergänzten einander. Der damalige Vereinsgeistliche der Frankfurter Inneren Mission, Friedrich Naumann, forderte in diesem Sinne 1888 die spätere Verstaatlichung von sozialen Arbeitsfeldern, die auf Grund der besseren innovativen Voraussetzungen der freien Träger von diesen gleichsam zuerst ‚ausgemacht' und in Angriff genommen worden seien. Einen ähnlichen Gedanken beschrieb 1911 das englische Ehepaar S. und B. Webb mit dem Modell der ‚Ausziehleiter': Danach gehörte es zu den Aufgaben der freien Träger, die von der staatlichkommunalen Wohlfahrt garantierte Grundfürsorge durch darüber hinausgehende Maßnahmen zu ergänzen, die bei Erfolg dann wiederum von der öffentlichen Hand übernommen würden. Bei der permanenten Abfolge dieser beiden Phasen sozialen Handelns seien die privaten Gruppierungen immer wieder frei zur Übernahme neuer Aufgaben, was angesichts der bürokratischen Beschränkungen ein öffentlicher Wohlfahrtsapparat nicht in gleicher Weise leisten könne. Die damit angedeutete Arbeitsteilung zwischen öffentlicher und privater S. besaß freilich noch einen anderen, problematischen Aspekt, der die Geschichte der S. seit den Anfängen der neuzeitlichen Armenpflege begleitet hatte: die Differenzierung zwischen ‚würdigen' und ‚unwürdigen' Armen auf dem Hintergrund des Verschuldensprinzips. Sollten letztere vom Staat nur das Allernotwendigste zur Existenzsicherung erhalten, weil entweder keine

Aussicht auf Wiedereingliederung in die ‚Normalgesellschaft' bestand oder um keinen Anreiz zu bieten, auf dahingehende eigene Anstrengungen bewußt zu verzichten, wollten die freien Träger denen, die es ‚verdienten', mit darüber hinausgehenden Zuwendungen und Betreuungsmaßnahmen jene Unterstützung gewähren, die Assoziationsgedanke und katholische Soziallehre als ‚Hilfe zur Selbsthilfe' charakterisierten.

Bereits im Ersten Weltkrieg deutete sich der innenpolitische Kurswechsel in Richtung auf den →Wohlfahrtsstaat Weimarer Prägung an. Denn die Zurückhaltung des Reichs und der Länder in Sachen Armen- oder Wohlfahrtspflege ließ sich angesichts der plötzlich hereinbrechenden Notlagen bisher als ‚arm' kaum in Erscheinung getretener neuer Bevölkerungskreise nicht mehr aufrechterhalten. Der Kurswechsel erfolgte also nicht freiwillig, sondern aus den dringenden Erfordernissen der Kriegs- und Nachkriegszeit heraus und kam erst 1924/25 mit Erlaß der →Reichsfürsorgepflichtverordnung und den sie interpretierenden Reichsgrundsätzen zu einem vorläufigen Abschluß. Beide Bestimmungen legten den – später durch die Gesetzgebung der BRD bestätigten – quasi-Vorrang der freien Träger fest, was politisch-ideologisch mit dem →Subsidiaritätsprinzip katholischer Provenienz legitimiert wurde, obwohl der dahinterstehende Grundgedanke der älteren Assoziationsvorstellung entlehnt war. Da den privaten Verbänden damit öffentliche Aufgaben in zuvor ungeahntem Umfang zuwuchsen, drang das federführende Reichsarbeitsministerium auf die Schaffung eines funktionsfähigen Dachverbandes der staatlich anerkannten sieben Spitzenverbände der freien Wohlfahrtspflege, der 1926 mit Gründung der ‚Deutschen Liga' realisiert wurde, der sich nur die Arbeiterwohlfahrt aus ideologischen und organisationspatriotischen Ressentiments gegenüber der Übermacht der die Liga dominierenden konfessionellen Altverbände und dem wegen seines hohen Anteils an adeligem Führungspersonal als ‚reaktionär' geltenden Roten Kreuz nicht anschloß. – Die sich mit der Weltwirtschaftskrise anbahnende Wendung vom demokratischen zum autoritären Wohlfahrtsstaat (Sachße/Tennstedt, 1992) höhlte sowohl das Anspruchs- als auch das auf das Individuum bezogene Prinzip von sozialer Arbeit aus. An Stelle einer egalitären Behandlung der Fürsorgeklientel trat die Neubelebung der längst überwunden geglaubten Kategorien von ‚würdig' und ‚unwürdig', wobei erst Leistungs- und ab 1933 zusätzlich rassistische Kriterien ausschlaggebende Bedeutung erlangten (→Nationalsozialismus und Sozialpädagogik).

Der Neubeginn nach dem Weltkrieg war in allen Zonen durch die Erfahrungen des NS geprägt; die erzwungene Zentralisierung von Wohlfahrtspflege und S. während des ‚Dritten Reiches' stärkte im Westen die erfolgreiche Abwehr gegen die von den Alliierten intendierte ‚Volksversicherung', die sich nach dem Vorbild des englischen Beveridge-Plans an „einem die ganze Nation umfassenden Modell der sozialen Sicherung" orientierte (Hockerts, 1982, 325). Lediglich in der Ostzone wurde Anfang 1947 ein modifizierter Entwurf durch die Sowjets in Kraft gesetzt, der Renten- und Krankenversicherung nun unter einem gemeinsamen Dach vereinte, während in den Westzonen der Wiederaufbau des traditionell mehrgliedrigen Systems sozialer Sicherung begann. – Einschneidende Folgen für Selbstverständnis und Umfang der S. hatte der „Zuwachs des Rentenprinzips gegenüber der Fürsorge", der dazu führte, daß mehr Daseinsrisiken als je zuvor – etwa der ganze Bereich der Kriegsfolgelasten – nun durch Staatsrenten abgesichert wurden. Experten wie Hans Achinger sahen darin eine Fehlentwicklung in mehrfacher Hinsicht: Individuelle Not werde damit zu einem Politikum, d. h. Notlagen würden nunmehr politisch definiert, was an den sozialen Dezisionismus des

NS erinnere; zweitens fördere der Staat damit ein Anspruchsdenken, das ohne Rücksicht auf den Einzelfall Forderungen erhebe, drittens werde der Selbsterhaltungswille des Individuums geschwächt und schließlich verstoße man gegen den altbekannten Grundsatz, daß die Beseitigung von Notständen nicht allein ein finanzielles, sondern auch pädagogisches Problem darstelle. Hinter dieser Kritik stand einmal die Sorge, der Sozialstaat werde an den selbstauferlegten Lasten ein zweites Mal scheitern und die Fürsorge als Ausfallbürgen in Anspruch nehmen, wenn der Wiederaufschwung der Wirtschaft ausbleibe. Natürlich spielte dann auch die berechtigte Furcht vor gravierenden Funktionsverlusten der Fürsorge eine Rolle, die in den folgenden Jahren des so kaum erwarteten Wirtschaftswunders durchaus eintraten (Landwehr/Baron, 1983).

Ein alle Bevölkerungskreise umgreifendes „Bundessozialgesetz" kam ähnlich wie das geplante „Reichswohlfahrtsgesetz" zu Beginn der Weimarer Republik auch in der BRD nicht zustande. Das →Bundessozialhilfegesetz vom 1. Juli 1962 konnte und wollte eine globale Regelung dieser Art nicht ersetzen. Es löste die Fürsorgepflichtverordnung von 1924 ab, fußte aber weiterhin auf Konzeptionen, die schon in Weimar entwickelt worden waren.

Diese Entwicklung hatte ihre Rückwirkungen auch auf die S., die sich in der Spannung zwischen dem Verlust ursprünglicher Arbeitsfelder und der Expansion auf neuen Gebieten psychosozialer oder gruppenspezifischer Aufgaben (alte Menschen) zu bewähren hatte. Die Frage nach den →Methoden der S. (→Soziale Arbeit) wurde aus Gründen der Arbeitsökonomie und -effizienz wie der professionellen Selbstbehauptung gegenüber den Sozialverwaltungen immer wichtiger. Die Berufsverbände der S. nahmen es nicht länger hin, auf bestimmte Gebiete (Außendienst) abgedrängt zu werden, während die Leitungspositionen in den kommunalen Ämtern von reinen Verwaltungsfachleuten besetzt wurden. Die Aufwertung der Ausbildungsinstitutionen über höhere Fach- zu Fachhochschulen und die zunächst skeptisch betrachtete Übernahme anglo-amerikanischer Modelle (casework, social group work oder community organization = Gemeinwesenarbeit) dienten sowohl den Inhalten der Arbeit, die verstärkt auf ein partnerschaftliches Klientenverhältnis auf freiwilliger Basis setzte, als auch der Emanzipation eines „Standes", dessen gesellschaftliches Prestige nie in verdienter Relation zu seiner Bedeutung für die Funktionsfähigkeit des Gemeinwesens gestanden hatte. Insofern ist die Geschichte der S. eingebettet in den größeren Zusammenhang von Modernisierung und Pluralisierung der Gesellschaft im 19. und 20. Jh., hat aber wie kaum ein anderer Bereich Teil an der Janusgesichtigkeit und den sozialen Kosten dieser Entwicklung sowie an dem Versuch, darauf eine angemessene Antwort zu finden. (→Geschichte der Sozialpädagogik, →Soziale Arbeit, →Sozialpädagogik/Sozialarbeit: Ausbildung und Beruf).

Lit.: J.-C. Kaiser, Sozialer Protestantismus im 20. Jahrhundert, München 1989; R. Landwehr/R. Baron (Hgg.), Geschichte der sozialen Arbeit, Weinheim-Basel 1983; C. W. Müller, Wie Helfen zum Beruf wurde, 2 Bde., Weinheim-Basel 1982–1988; C. Sachße/F. Tennstedt, Geschichte der Armenfürsorge in Dtld., 3 Bde., Stuttgart 1980–1992; C. Sachße, Mütterlichkeit als Beruf, Frankfurt a.M. 1986; F. Tennstedt, Die Spitzenverbände der freien Wohlfahrtspflege im dualen Wohlfahrtsstaat, in: Soziale Arbeit 41. 1992, 342–356; W. R. Wendt, Geschichte der sozialen Arbeit, Stuttgart 1983, ³1990.

Jochen-Christoph Kaiser, Marburg

Geschichte der Sozialpädagogik
1. Der Ursprung der Sozialpädagogik. Der Ursprung der SP liegt ideengeschichtlich in der Erweiterung des Prin-

zips der →Fürsorge um den Grundgedanken der Erziehung als öffentliche Aufgabe zur Zeit der späten Aufklärung. Zwar hatte es bereits seit dem ausgehenden Mittelalter Bestrebungen gegeben, die Fürsorge erzieherisch zu erweitern. Sie blieben jedoch auf sozial disziplinierende Maßnahmen sowie der →Arbeitserziehung zum Nutzen der Gemeinschaft beschränkt. Der noch in der Arbeitserziehung wurzelnde, aber schon in die Zukunft weisende neue Akzent läßt sich an J. H. →Pestalozzi aufzeigen, der, konfrontiert mit der Not und dem Elend der auf seinem Bauernhof arbeitenden (sowie später mit durch die Schweizer Revolutionskriege verelendeten oder verwaisten) Kinder, zum Sozialpädagogen wurde. Wohl erkannte Pestalozzi mit einer in seinem Umfeld ungewöhnlichen Schärfe die sozialen Ursachen dieses Elends, sah sich aber außerstande, diesen politisch zu begegnen, da er angesichts der Not der Kinder zu sofortigem Handeln gezwungen war. Also entwickelte er – selbstverständlich neben der nötigen allgemeinen Versorgung – ein Konzept, diesen bedingenden Strukturen pädagogisch gegenzuwirken. Es galt, diesen Kindern Kenntnisse und Fähigkeiten zu vermitteln, die sie dazu befähigen würden, zunächst in ihrer Situation besser zurechtzukommen (gerade auch in des Wortes ursprünglicher Bedeutung) und in der Zukunft ein besseres Leben zu führen. Somit ist Pestalozzis „Erziehung zur Armut" kein Vorhaben, Arme in ihrer Armut ohne Chance auf die Verbesserung ihrer sozialen Situation verharren zu lassen, als daß es später oft mißverstanden wurde, sondern ein seinerzeit revolutionäres Konzept, junge Menschen durch die Vermittlung so elementarer Kenntnisse wie Lesen, Schreiben und Rechnen und handwerklicher Fähigkeiten sowie der besseren Einsicht in die Strukturen, die sie umgaben, zu befähigen, aus eigener Kraft ihr Dasein zu verbessern. Somit erkannte Pestalozzi die emanzipatorische Dimension von Bildung, Ausbildung und Erziehung für Unterprivilegierte. Darüber hinaus sah er die Chance der Optimierung gesellschaftlicher Strukturen in der allgemeinen Möglichkeit, durch eine umfassende und allen zugängliche Bildung und Erziehung den Menschen zu befähigen, zu sich selbst und zum Maximum seiner Möglichkeiten und Fähigkeiten zu finden und so zu lernen, ein Leben in Selbstbestimmung und Freiheit, aber auch in gegenseitiger Solidarität und Achtung zu führen. So sollte sich die Menschheit evolutionär zum Besseren, Humaneren und Gerechteren entwickeln. Das Modell Pestalozzis darf jedoch nicht darüber hinwegtäuschen, daß die Bemühungen um sozial benachteiligte Kinder in der überwältigenden Mehrheit dem Gedanken der Sozialdisziplinierung und der minimalen materiellen Versorgung verhaftet blieben, die im Verlauf des 19. Jahrhunderts zunehmend rechtlich verankert wurden (z. B. →Unterstützungswohnsitzgesetz, →Zwangserziehungsgesetzgebung).

2. Freie Liebestätigkeit und philosophische (Sozial-)Pädagogik im 19. Jahrhundert. Obwohl Pestalozzis sozialpädagogisches Konzept einige Aufmerksamkeit erregte, fiel die weitere praktische Entwicklung zunächst auf den Stand einer überwiegend christlich motivierten und eher fürsorgerisch als emanzipatorisch-erzieherisch geprägten →freien Liebestätigkeit zurück (z. B. →Rettungshaus). Gleichzeitig entstand der Begriff der Sozialpädagogik (der bisher noch nicht als Bezeichnung für öffentliche Erziehung und Bildung verwendet wurde) zunächst als Name für verschiedene neue, transzendentalphilosophisch geprägte „Pädagogiken" (→Mager, →Diesterweg). Der Höhepunkt (und Abschluß) dieser Entwicklung war mit →Natorp erreicht, der mit Sozialpädagogik die Pädagogik schlechthin bezeichnete, die er – im Gegensatz zur individuell orientierten Pädagogik seiner Zeit – als eine „Heranbildung des Volkes zur höchsten nur erreichbaren Stufe wissenschaftlicher, sitt-

licher, ästhetischer Kultur, und zwar in Gemeinschaft, durch Gemeinschaft, als Gemeinschaft …" (Natorp) ansah. Die weitere Entwicklung der SP knüpft jedoch nicht an die deduktive Herleitung einer SP als Pädagogik der Gemeinschaft an. Statt dessen entsteht die erste Theorie der SP – auf Pestalozzis Grundlegung aufbauend – aus der Praxis.

3. Die Geisteswissenschaftliche Pädagogik als Theorie der Sozialpädagogik. Ausgehend von einer allgemeinen Kritik an der starren, die Eigenarten des Individuums vernachlässigenden Bildungs- und Erziehungsstruktur bildeten sich in der Weimarer Republik zahlreiche sozialpädagogische Bewegungen (→Reformpädagogik). Ihre Grundlage lag weniger in einer konkreten eigenen Theorie, sondern eher in der gemeinsamen Ablehnung des Tradierten. Es ist der Verdienst von H. →Nohl, aus den Vorstellungen und Erkenntnissen dieses stürmischen sozialpädagogischen Aufbruchs die Grundlagen einer praxisorientierten und erziehungswissenschaftlich fundierten sozialpädagogischen Theorie entwickelt zu haben, indem er einerseits induktive Schlüsse aus der neuen Praxis zog, zum anderen aber die bisherigen theoretischen Erkenntnise von →Pestalozzi über →Schleiermacher und →Herbart bis zu →Dilthey nicht vernachlässigte. Nohl wies der SP als Gegenstand und somit als Ausgangspunkt jeglicher theoretischer Bemühungen die Erziehungswirklichkeit zu; denn vor und neben jeder Theorie findet praktische Erziehung statt. Somit setzt die Erziehungswissenschaft keine Normen für die praktische Erziehung („wie soll erzogen werden"), sondern erforscht sie aus dem Sinnverstehen ihrer Geschichte und ihrer Praxis, reflektiert diese Erkenntnis auf der theoretischen Ebene und läßt diese wieder in die Praxis einfließen, die dadurch hinterfragbar, entwicklungsfähig und eine bewußtere wird. Somit kann die erziehungswissenschaftliche Sozialpädagogik wissenschaftstheoretisch als hermeneutisch-pragmatische Wissenschaft eingeordnet werden. Als Definition und Gegenstand für SP galt die Theorie und Praxis jeglicher öffentlicher Erziehung und Bildung, außer der Schulpädagogik. Diese SP betrachtete sich nicht als ausführendes Organ gesellschaftlicher Interessen, sondern sah „ihr Ziel zunächst in dem Subjekt und seiner körperlich-geistigen Entfaltung" (Nohl) und machte sich so zum Interessenvertreter des zu Erziehenden gegenüber der Gesellschaft. Als kleinste und gleichzeitig zentrale Kategorie dieser Bemühungen wurde der →pädagogische Bezug formuliert. Als Erziehungsziel galt der mündige Erwachsene, der in einer Art kritischen Akzeptanz den bestehenden gesellschaftlichen Normen, Werten und Institutionen gegenübertritt und gelernt hat, selbständig zu erkennen, was erhaltenswert und was verbesserungsbedürftig ist – und der Strategien entwickeln kann, diese Erkenntnisse umzusetzen. Auf diese Erkenntnisse aufbauend, oder sie teilweise erst in der Praxis entwickelnd oder erweiternd, wurden Konzepte zur Reform des Strafvollzugs bei Jugendlichen, der Heimerziehung, der Jugendgesetzgebung u. a. m. entwickelt. Es entstand in Ansätzen ein prophylaktisch-jugendpflegerisches Konzept, das neben den Bemühungen um junge Menschen in Kindertagesstätten, bei Erholungsfreizeiten, Beratung in allen Lebenslagen (Schulschwierigkeiten, Berufswahl usw.), auch Ehe-, Erziehungs- und Mütterberatung sowie andere flankierende sozialpädagogische Angebote vorsah. Diese Entwicklung brach jedoch abrupt ab: Die Weltwirtschaftskrise und die politischen Wirren in den letzten Jahren der Weimarer Republik boten keinen Rahmen für weitreichende und kostenintensive sozialpädagogische Reformen. In den ersten Jahren des Dritten Reiches schöpften viele Sozialpädagogen die aus heutiger Sicht naive Hoffnung, in den sich stabilisierenden Verhältnissen nunmehr ihre Konzepte verwirklichen zu

können (→Nationalsozialismus und Sozialpädagogik).

4. Die Entwicklung seit der Nachkriegszeit. Zu einer systematischen Weiterentwicklung der erziehungswissenschaftlichen SP kam es nur noch ansatzweise. Am weitesten gediehen war noch Mollenhauers Beitrag von 1959, der, stringent nach Nohls Postulat, die Erziehungswirklichkeit auch aus ihrer Geschichte zu verstehen, erkannte, daß die SP ihr Vorhandensein der Entstehung und Entwicklung der industriellen Gesellschaft verdankt. Die Industrialisierung hatte durch die von ihr bewirkte Arbeitsteilung, die Trennung von Arbeit und Hausgemeinschaft sowie der Reduzierung der dörflichen Strukturen, Aufgaben geschaffen, die nicht mehr durch die traditionellen Erziehungsträger bewältigt werden konnten. Es entstand ein Bedarf an öffentlicher Erziehung. Somit legte Mollenhauer den Ursprung der SP in die Entstehung der industriellen Gesellschaft und gab damit der SP ihre makrosoziologische und historische Dimension. „Die sozialpädagogische Aufgabe besteht mithin in jedem Falle darin, ein akutes, mit der Struktur der modernen Gesellschaft wesensmäßig gegebenes und im Vergleich zur alten Gesellschaft neues Erziehungsbedürfnis zu befriedigen, das nicht ohne weiteres auf eine Minderwertigkeit, sondern auf eine Andersartigkeit dieser Gesellschaft zurückzuführen ist" (Mollenhauer), lautete mithin seine Aufgabenbestimmung für die SP. Durch die nun folgende Entwicklung war die SP jedoch verschiedenen theoretischen Einflüssen unterworfen, was eine Anknüpfung an das Bisherige und dessen Fortentwicklung schwierig machte. Zunächst einmal wurde keine universitäre Ausbildung für Sozialpädagogen geschaffen (→Sozialpädagogik/Sozialarbeit: Ausbildung und Beruf). Hierdurch wurde die wissenschaftliche Entwicklung aus der eigenen Disziplin heraus behindert, und es entstand ein Hierarchiegefälle zu den „echten" universitären Wissenschaften. Außerdem war Deutschland während des Dritten Reiches und der ersten Nachkriegsjahre fast zwei Jahrzehnte von der stürmischen Entwicklung, die namentlich ihre wichtigen Bezugswissenschaften Soziologie und Psychologie erlebten, abgeschnitten gewesen. Gegen die Fülle dieser nunmehr auf einmal hereinströmenden modernen Erkenntnisse und Trends nahm sich die geisteswissenschaftliche SP mit ihrer „altbackenen" Begrifflichkeit antiquiert aus. Zudem kam mit dem amerikanischen social work mit ihren auf den ersten Blick imponierenden, jüngste Erkenntnisse der Psychologie und Soziologie beinhaltenden →Methoden des case work, social groupwork und community organization die Aufwertung der deutschen Fürsorge zu einer modernen, mehr im Trend der Zeit liegenden Sozialarbeit (→Soziale Arbeit).

Die so ohnehin schon recht orientierungslose SP wurde nunmehr auch noch von zwei soziologischen Schulen einer schonungslosen Kritik unterworfen. Zum einen bemängelte der →kritische Rationalismus die aus seiner Sicht fehlende Wissenschaftlichkeit der hermeneutischen SP; zum anderen rügte die →kritische Theorie ihre fehlende gesellschafts- und wissenschaftskritische Dimension. Später kam noch die radikale Kritik aus der marxistisch-leninistischen Position hinzu.

Die SP wäre nun gut beraten gewesen, wenn sie sich an Nohls Postulat von der Autonomie der SP erinnert hätte, und unter Beachtung der Tatsache, daß die Soziologie der SP zwar wesentliche Erkenntnisse vermitteln kann, aber einen anderen Gegenstand hat, diese Erkenntnisse sorgfältig und kritisch von ihrem eigenen Standort aus geprüft hätte. Statt dessen entwickelte die SP zum einen eine kritisch-rationalistisch orientierte →Sozialarbeitswissenschaft, und zum anderen Fragmente einer auf der kritischen Theorie aufbauenden →kritisch-emanzipatorischen SP und als radikale

Variante auch eine →marxistische oder sozialistische SP. Allen diesen „Sozialpädagogiken" gemeinsam ist, daß sie kein pragmatisches Wissenschaftsverständnis haben. Somit blieben sie für den Praktiker in der Kindertagesstätte, in der Erziehungsberatungsstelle oder in der Behindertenwerkstatt ohne konkreten Nährwert. Daher wurde in der Praxis vermehrt auf psychologische Theorien zurückgegriffen, und es begann die Ära des Sozialpädagogen „mit Zusatzausbildung", die die Chancen auf dem Stellenmarkt erheblich steigen ließ. Das Interesse an der jeweils gerade aktuellen soziologisch orientierten Theorie zur SP verschwand in der Praxis nahezu völlig.

5. Ausblick. Gegenwärtig ist die Situation offen. Zum einen scheinen die Bemühungen, die SP wieder zu sich selbst zu bringen, nicht völlig vergeblich zu sein. So findet besonders Thiersch, der sich seit Jahrzehnten bemüht, der SP – oft durch eine das Primat der SP wahrende Heranziehung mikrosoziologischer und hermeneutischer Theorien (→Alltagsansatz, →Theorie der Symbolischen Interaktion) – wieder ihren eigenen Gegenstand nahezubringen, einige Beachtung in Theorie und Praxis.
Auch können von der nunmehr installierten universitären Ausbildung von Sozialpädagogen einige Impulse erwartet werden. Zum anderen ist der Versuch der Adaption immer neuer Theorien in der SP ungebrochen (z. B. die →Systemtheorie). Außerdem kann die nicht mehr eindeutige Abgrenzung (da die SP ja ihren Gegenstand aufgegeben hat) zur zunehmend selbstbewußteren, wenngleich sich nie als eigenständige Wissenschaft etablierten Sozialarbeit dazu führen, daß diese beiden, von ihrem Gegenstand her grundverschiedenen Disziplinen zur Sozialen Arbeit fusionieren und zum ausführenden Handwerk jeweils relevanter Sozialwissenschaften werden.

→Geschichte der Sozialarbeit; →Schulen der Sozialen Arbeit →Soziale Arbeit; →Sozialpädagogik/Sozialarbeit: Ausbildung und Beruf; →Theorie der Sozialpädagogik

Lit.: Mollenhauer, K.: Die Ursprünge der Sozialpädagogik in der industriellen Gesellschaft, Weinheim, Berlin 1959; Niemeyer, Ch.: Sozialpädagogik – Sozialarbeit. In: Lenzen, D. (Hg.): Pädagogische Grundbegriffe, Reinbek b. Hamburg 1989, S. 1416–1432; Scherpner, H.: Geschichte der Jugendfürsorge, Göttingen 1979; Thiersch, H./Rauschenbach, T.: Sozialpädagogik/Sozialarbeit. Theorie und Entwicklung, in: Eyferth, H. et al. (Hg.): Handbuch zur Sozialarbeit/Sozialpädagogik, Neuwied, Darmstadt 1987, S. 984–1016; Wollenweber, H. (Hg.): Modelle sozialpädagogischer Theoriebildung, Paderborn, München, Wien, Zürich 1983.

Günter Rosenhagen, Lüneburg

Geschlechtskrankenfürsorge
Geschlechtskrankheiten im Sinne des Gesetzes sind: Syphilis, Tripper, Weicher Schanker und Venerische Lymphknotenentzündung.
Bis 1927 bestand in Deutschland die Bekämpfung der Geschlechtskrankheiten in der repressiven polizeilichen Kontrolle der Prostitution. Dann wurde vom ersten „Gesetz zur Bekämpfung der Geschlechtskrankheiten" die polizeiliche Kontrolle durch die G. ersetzt. Im zweiten „Gesetz zur Bekämpfung der Geschlechtskrankheiten" traten bestimmte Pflichten für Kranke, der Infektion Verdächtiger, Ärzte und Gesundheitsämter hinzu.
Die aktuelle Rechtsgrundlage für die Bundesrepublik bildet das am 23.7. 1953 in Kraft getretene „Gesetz zur Bekämpfung der Geschlechtskrankheiten", das sich vom Bundesseuchengesetz vor allem durch das Fehlen einer namentlichen Meldepflicht und dem Auftrag sozialpädagogischer Maßnahmen unterscheidet. Entsprechend übernimmt das →Gesundheitsamt die Aufklärung, Beratung und Unterstützung geschlechts-

kranker Personen und Ansteckungsgefährdeter. Dazu bietet es u. a. kostenlose ärztliche Untersuchungen an.

Geschlechtsspezifische Erziehung

erst seit Beginn des 19. Jh. von der ersten großen →Frauenbewegung thematisiertes und im Rahmen des gesellschaftlichen Wandels seit Mitte der 1970er Jahre verstärkt problematisiertes sowohl in Familien als auch in Institutionen festzustellendes unterschiedliches erzieherisches Verhalten gegenüber Mädchen und Jungen. G.E. dient dazu, Mädchen wie Jungen in ihre jeweiligen Geschlechterrollen einzuüben und mit den damit verbundenen Erwartungen und Ressourcen vertraut zu machen (→Sozialisation). Als wesentliches Instrument geschlechtsspezifischer Benachteiligung wurde die g.E. auch im Rahmen sozialpädagogischer Diskussion kritisiert und mündete u.a. in Ansätze →feministischer sozialer Arbeit.

Geschlossene Unterbringung
→Heimerziehung

Gesellschaftsgerichte

in der früheren DDR eingerichtete, mit Laien besetzte Konfliktkommissionen (in Betrieben) und Schiedskommissionen (in Wohngebieten und landwirtschaftlichen Produktionsgenossenschaften), die mit der außergerichtlichen Bearbeitung von bestimmten Bagatelldelikten, einfachen zivilrechtlichen Fällen und arbeitsrechtlichen Streitigkeiten betraut wurden. Die Idee der G. war, die Arbeiterklasse an der Gestaltung, Durchsetzung und Kontrolle des sozialistischen Rechts zu beteiligen und so das Gefühl für die gesellschaftliche Mitverantwortung bei Normverletzungen zu wecken und positive Impulse für die Resozialisierung der Betroffenen zu geben. Kritisch wurden die G. vor allem als Bespitzelungsmittel und – trotz detaillierter gesetzlicher Verfahrensregelungen – vorrangig politisches Organ eingeschätzt. Im Rahmen der Diskussion um alternative Konfliktlösungswege bleiben die G. als Modell dennoch bedenkenswert.

Gesetzliche Vertretung

Nach § 1626 BGB haben Vater und Mutter das unverzichtbare Recht und die Pflicht, für die Person und das Vermögen des minderjährigen Kindes zu sorgen und dieses entsprechend zu vertreten. Die Vertretungsmacht darf jedoch das Selbstbestimmungsrecht des Kindes nicht verhindern. Sind die Eltern zur Ausübung ihrer natürlichen Pflicht als g. V. nicht in der Lage, muß ein g. V. unter Mitwirkung des Jugendamtes bestellt werden. Ist eine erwachsene Person in einzelnen Angelegenheiten oder einem Bündel von Angelegenheiten nicht in der Lage diese zu besorgen, kann im Rahmen der Pflegschaft (→Vormundschaft und Pflegschaft) eine g. V. bestellt werden.

Gesetz über die rechtliche Stellung nichtehelicher Kinder (NehelG)

regelte seit 1970 vor Inkrafttreten der →Kindschaftsrechtsreform die Gleichstellung des nichtehelichen Kindes mit dem ehelichen Kind. An zentraler Stelle stand dabei die Änderung des Verhältnisses des Vaters zum nichtehelichen Kind; sie gelten nunmehr als miteinander verwandt. Dies hat vor allem erbrechtliche und unterhaltsrechtliche Folgen. Auch die Rechtsstellung der Mutter veränderte sich mit dem NehelG, sie ist nun die Inhaberin der →elterlichen Sorge.

Gesetz über die religiöse Kindererziehung
→Kindesrecht

Gesetz über die Verbreitung jugendgefährdender Schriften (GjS)
→Jugendschutz

Gesetz zum Schutz der Jugend in der Öffentlichkeit (JÖSchG)
→Jugendschutz

Gesprächsführung

Die Methoden der G. stellen zentrale Techniken zur Lösung von Problemen im psychosozialen Bereich dar. Die konkret verwendete Methode ist von der theoretischen Orientierung des Helfenden, seiner Persönlichkeit, der Persönlichkeit des zu Beratenden, sowie der Art der zu lösenden Probleme abhängig. Die verbreitetsten Rahmenorientierungen der G. sind gegenwärtig die →Gesprächstherapie, die →Verhaltenstherapie, die →Psychoanalyse und die →Gestalttherapie.

Gesprächstherapie (Gesprächspsychotherapie, klientenzentrierte Gesprächstherapie, personenzentrierte Methode, nondirektive Therapie; engl.: client-centered therapy)
Die G. ist eines der ältesten therapeutischen Verfahren der →humanistischen Psychologie und wurde vom amerikanischen Psychologen C. R. Rogers (1902–1987) in den 1930er Jahren entwickelt. Die G. macht den Klienten vom Objekt zum Subjekt therapeutischer Bemühungen, indem sie ihm die Fähigkeit zuschreibt, seine Probleme selbst zu lösen und den Therapeuten als „Geburtshelfer" für die Selbstheilungskräfte des Individuums ansieht. Hierbei ist die Hauptstrategie die Schaffung einer helfenden Beziehung, eines sozialen Klimas, in der sich der Therapeut empathisch, wertschätzend und kongruent (i. S. v. in Übereinstimmung mit sich selbst) verhält. Die G. ist rein verbal orientiert und begann als Einzeltherapie, bevor sie auch gruppentherapeutisch eingesetzt wurde (→Encounter-Gruppe). In der Sozialen Arbeit gewann die G. international großen Einfluß. Ihre Grundhaltung wird namentlich in Beratungskonzepten verwendet. So gibt es z. B. ein klientenzentriertes Konzept der →Einzelhilfe. →Klientenzentrierte Gesprächsführung; →Psychotherapie und Sozialpädagogik

Gestaltpsychologie
durch die Kooperation von M. Wertheimer (1880–1943), W. Köhler (1887–1967), U. Kottka (1886–1941) und K. Lewin (1890–1947) entstandene Richtung der Psychologie. Ausgehend von der Annahme, daß es Gebilde gibt, die etwas anderes sind als die Summe ihrer Einzelteile, und diese Teile mehr vom Ganzen bestimmt seien als das Ganze von den Teilen, verwirft die G. die psychologische Betrachtung einzelner Elemente (z. B. Empfindungen) als nicht hinreichend und strebt die Betrachtung der Ganzheit, also der Beziehungsstruktur zwischen den einzelnen Elementen, zur Beschreibung und Erklärung von Erleben, Wahrnehmung und Verhalten an.

Gestalttherapie
Form der →Psychotherapie, die in den 1950er Jahren von F. S. Perls (1893–1970) in den USA entwickelt wurde und die neben der →Gesprächstherapie eine ausgearbeitete Therapieform humanistischer Prägung (→Humanistische Psychologie) darstellt. Hauptziele der G. sind, dem einzelnen zu helfen, sich seiner selbst bewußter zu werden und Selbstverantwortung zu übernehmen. Nach Perls ist es das Ganze, das die Teile bestimmt. Entsprechend geht es in der G. vor allem darum, dieses Ganze bewußt und verfügbar zu machen. Dies meint vor allem eine Betonung des emotionalen Bereichs gegenüber einer einseitig kognitiv bestimmten Lebensbewältigung. Dazu soll das Wahrnehmungsvermögen in der konkreten aktuellen Konstellation geschult werden. Konflikte werden sofort in der gegebenen Situation bearbeitet. Damit konzentriert sich die G. auf die Gegenwart und wendet sich vom psychoanalytischen Blick auf die Vergangenheit ab. Neben der kritischen Reflexion von Situationen und Prozessen bedient sich die G. nonverbaler Übungen zur Verdeutlichung von Gefühlen und Vorgängen und zur Schulung eines ganzheitlichen Verhaltens. Methodisch greift die G. auf wesentliche Verfahren des →Psychodramas zurück. G. wird als Einzel- und als Gruppentherapie durchgeführt.

Gesundheit
Der Satzung der Weltgesundheitsorganisation folgend gilt als amtliche deutsche

Gesundheitsamt

Definition Gesundheit als „ein Zustand vollkommenen körperlichen, geistigen und sozialen Wohlbefindens und nicht allein (als) das Fehlen von Krankheit und Gebrechen" (BGBl. II, 1974, S. 43). Wie der Krankheitsbegriff, ist auch der Begriff G. dem soziokulturellen Wandel unterworfen. Die angeführte amtliche Definition wird vor allem jedoch wegen ihres politisch-utopischen Gehaltes kritisiert. →Gesundheitsförderung; →Gesundheitswissenschaft

Gesundheitsamt

Organisationseinheit der kommunalen Selbstverwaltung zur Durchführung des öffentlichen Gesundheitsdienstes. Aufgaben des G. sind u. a. die Beobachtung, Registrierung und Bewertung des Gesundheitsverhaltens, die Aufklärung und Förderung der Gesundheitserziehung der Bevölkerung (→Gesundheitsförderung, die Ordnung und Aufsicht im Bereich der Berufe des Gesundheitswesens, der Umwelt-, Sozial- und Seuchenhygiene (→meldepflichtige Krankheiten)) sowie der amtlichen Untersuchungen und Begutachtungen. Im G. arbeiten unterschiedliche Professionen (u. a. Ärzte, Sozialarbeiter, Krankenpfleger).

Gesundheitsförderung

Das Regionalbüro Europa der Weltgesundheitsorganisation (→WHO), das ganz wesentlich an der Entwicklung des Konzepts der G. beteiligt war, skizziert G. wie folgt: „Gesundheitsförderung ist Ausdruck einer gemeinsamen konzeptionellen Grundlage für Programmansätze, die die Verbesserung von Lebensweisen und Lebensbedingungen anstreben ... Gesundheitsförderung zielt darauf ab, die Menschen zu befähigen, größeren Einfluß auf die Erhaltung und die Verbesserung ihrer Gesundheit zu nehmen ..."
In der →Gesundheitswissenschaft wird G. meist der →Prävention gegenübergestellt: G. erhält und stärkt die Ressourcen von Gesundheit, Prävention vermeidet und vermindert deren Risiken.

Gesundheitsfürsorge

Als Teil der →Gesundheitshilfe übernimmt die G. die Abwehr der Gefahren der Umwelt und sozialen Gefahren für die Gesundheit Einzelner und von Gruppen mit Hilfe medizinischer und sozialer Mittel. Auch die Abwendung der Gefährdung der Allgemeinheit durch Einzelne gehört zum Aufgabenbereich der G. Sie ist Pflichtaufgabe des →Gesundheitsamtes (vgl. etwa →Geschlechtskrankenfürsorge und Tuberkulosenfürsorge) und steht in enger Verbindung zur →Rehabilitation.

Gesundheitshilfe

zusammenfassender Oberbegriff für alle privaten wie öffentlichen Maßnahmen und Angebote der Gesundheitspflege, →Gesundheitsvorsorge und →Gesundheitsfürsorge mit Bezug zur Sozialhygiene und →Sozialmedizin. G. bezeichnet jedoch auch alle entwicklungspolitischen Maßnahmen, mit denen die gesundheitliche Versorgung in Entwicklungsländern verbessert werden soll.

Geesundheitskonzepte
→Gesundheitswissenschaft

Gesundheitspolitik

Gesamtheit der politischen Maßnahmen zur Schaffung gesundheitsgerechter gesellschaftlicher Rahmenbedingungen, die das Individuum in die Lage versetzen, gesundheitserhaltend und -fördernd zu leben. G. steht als gesellschaftspolitische Aufgabe in engem Zusammenhang mit anderen Politikbereichen, wie etwa der Umwelt-, der Verkehrs- und der →Sozialpolitik und mit bestimmten Rechtsbereichen, wie dem →Arbeitsschutz und dem Lebensmittelrecht. →Gesundheitsförderung

Gesundheitsressourcen
→Gesundheitswissenschaft

Gesundheitsrisiken
→Gesundheitswissenschaft

Gesundheitssysteme
→Gesundheiswissenschaft

Gesundheitsvorsorge
Teil der →Gesundheitshilfe, der seinen Schwerpunkt vor allem in der Prophylaxe hat. Zur G. gehören beispielsweise die Schwangerschaftsvorsorge, die Krebsvorsorge, sowie diverse Schutzimpfungen.

Gesundheitswesen
1. Einleitung. Gesundheitssysteme entstehen als gesellschaftliche Reaktionen auf die Bewältigung von Krankheit. Sie umfassen die Gesamtheit der Institutionen und Personen, welche die gesellschaftliche Aufgabe haben, Gesundheit zu erhalten und Krankheiten zu bewältigen. Der Begriff Gesundheitssystem besagt, daß es sich dabei um ein komplexes Ineinandergreifen von unterschiedlichen Elementen auf verschiedenen Ebenen handelt. Entsprechend stellt es sich als Aufgabe der Systemanalyse dar, diese Elemente und die Wirkmechanismen zwischen diesen Elementen zu bestimmen.

Arnold (1993: 424 ff.) schlägt zu diesem Zweck vor, das Gesundheitswesen in seine wichtigsten Elemente zu „zerlegen", und zwar in:
– Strukturen (typische Angebots- und Organisationsformen auf der Seite der Leistungserbringer)
– Kapazitäten (personelle und sächliche Kapazitäten)
– Anreize (fördernde und hemmende Anreize der Leistungserbringung)
– Finanzierungsmodalitäten.

Anhand der o.g. Vorgehensweise wird im folgenden eine kurze Charakterisierung der Gesundheitswesens in Deutschland vorgenommen (unter Bezug insbesondere auf: Bundesministerium für Gesundheit 1993 und 1997, Rosenbrock 1993 sowie Waller 1997).

2. Gesundheitssystemanalyse. Die Einteilung nach Leistungsträgern erfolgt üblicherweise in die Bereiche der ambulanten und stationären Versorgung sowie des öffentlichen Gesundheitsdienstes.

Im Zentrum der ambulanten Versorgung stehen die Praxen der Ärzte und Zahnärzte, Heilpraktiker, Psychotherapeuten, Krankengymnasten und Masseure sowie die Apotheken. Die Dienstleistungen dieser Einrichtungen werden – mit Ausnahme der Heilpraktiker – überwiegend im Rahmen der gesetzlichen Krankenversicherung (s. u.) finanziert. Weiterhin gehören Einrichtungen, die primär psychosoziale und pflegerische Leistungen erbringen – entweder in staatlicher Trägerschaft oder in Trägerschaft von Wohlfahrtsverbänden – zur ambulanten Gesundheitsversorgung.

Auch die Leistungen des öffentlichen Gesundheitsdienstes werden ambulant erbracht, und zwar vor Ort von den ca. 524 Gesundheitsämtern. Die Leistungen beinhalten überwiegend kontrollierende, diagnostische und beratende, aber keine therapeutischen Aufgaben, da das Behandlungsmonopol infolge des Sicherstellungsauftrages bei den niedergelassenen Ärzten liegt. Das gilt im Prinzip auch für die betriebliche Gesundheitsversorgung, die ja ebenfalls ambulant erfolgt.

In Deutschland sind insgesamt ca. 100 000 niedergelassene Vertragsärzte („Kassenärzte") und ca. 50 000 niedergelassene Vertragszahnärzte tätig. Damit gehört Deutschland zu den Ländern mit der höchsten Arztdichte. Ähnliches gilt für die Versorgung mit Apotheken, ihre Zahl beträgt ca. 20 000. Die Zahl der Heilpraktiker beträgt ca. 14 000. Schließlich gehören noch ca. 4500 Einrichtungen mit psychosozialen und pflegerischen Leistungen zur ambulanten Versorgung, wie z. B. Drogenberatungsstellen, AIDS-Hilfen, Sozialstationen. Die stationäre Versorgung erfolgt im Rahmen von Krankenhäusern, Vorsorge- und Rehabilitationseinrichtungen sowie Heimen. Es gibt ca. 2400 Krankenhäuser und 1200 Vorsorge- und Rehabilitationseinrichtungen. Von den 2400 Krankenhäusern sind 2165 Allgemeine Krankenhäuser, der Rest überwiegend Langzeitkrankenhäuser, primär für psychisch Kranke. An den Allgemeinen Krankenhäusern gibt es ca. 600 000

Betten. 61% der Allgemeinen Krankenhäuser sind in öffentlicher, 34% in freigemeinnütziger und 5% in privater Trägerschaft. Bei den Langzeitkrankenhäusern und Rehabilitationseinrichtungen ist der Anteil freigemeinnütziger und privater Trägerschaft größer. Über eine Million Personen sind im Krankenhausbereich beschäftigt. Die größte Gruppe stellt das Pflegepersonal mit ca. 400 000 Beschäftigten, gefolgt von dem ärztlichen Personal mit ca. 100 000 Beschäftigten.

In den ca. 10 000 stationären Einrichtungen des Heimbereiches (überwiegend Alten- und Behinderteneinrichtungen) leben ca. 777 000 Menschen. Die Einrichtungen werden von Wohlfahrtsverbänden, Kommunen und privaten Anbietern getragen.

Mit Blick auf die unterschiedliche Finanzierung der genannten Leistungsträger (s. unten), ließe sich auch eine andere Aufteilung der Leistungsträger vornehmen: in medizinische Leistungsträger der Gesundheitsversorgung (finanziert durch die Krankenversicherung), in pflegerische Leistungsträger der Gesundheitsversorgung (finanziert durch die Pflegeversicherung) und in psychosoziale Leistungsträger der Gesundheitsversorgung, die allerdings nicht aus dem Gesundheitsbudget, sondern aus ganz unterschiedlichen Quellen finanziert werden, obwohl es sich häufig um Gesundheitsleistungen handelt.

Finanzierungsträger der Gesundheitsversorgung sind die gesetzlichen und privaten Krankenkassen, die Arbeitgeber und öffentlichen Haushalte. Ca. 50% der Kosten werden von der gesetzlichen Krankenversicherung getragen. Die Arbeitgeber wenden Mittel für die Lohnfortzahlung im Krankheitsfall, für Mutterschaftsleistungen, werksärztliche Dienste, vorzeitige Berentungen, Beihilfen etc. auf. Aus öffentlichen Haushalten werden u. a. Investitionen für Krankenhäuser, der öffentliche Gesundheitsdienst, Forschung und Lehre, Maßnahmen der Pflege sowie berufliche Rehabilitationsmaßnahmen finanziert. Die Ausgaben der gesetzlichen Rentenversicherung beziehen sich auf Maßnahmen der Abwendung von Berufs- und Erwerbsunfähigkeit primär durch Rehabilitationsmaßnahmen (Kuren) und Berufsförderungsmaßnahmen. Die Leistungen der gesetzlichen Unfallversicherung umfassen Maßnahmen der medizinischen und beruflichen Rehabilitation nach Arbeitsunfällen und Berufskrankheiten, Verletzten- und Übergangsgeld, Pflege sowie Verletzten- oder Hinterbliebenenrenten.

Die Finanzierung der gesetzlichen Krankenversicherung erfolgt durch einen nach dem Kostendeckungsprinzip kalkulierten Beitrag vom Bruttolohn, der vom Arbeitgeber und Arbeitnehmer je zur Hälfte getragen wird. Nicht beschäftigte Familienangehörige sind ohne eigene Beiträge mitversichert. Rentner bleiben Mitglied ihrer Krankenkasse und erhalten den gleichen Versicherungsschutz. Zur Entlastung der Rentenversicherung gibt es einen kassenübergreifenden Finanzausgleich.

Krankenkassen sind Solidargemeinschaften, d. h., die Höhe der Beiträge wird nicht nach dem individuellen Risiko kalkuliert, sondern nach der Höhe des Einkommens. Die so erbrachten Mittel werden umverteilt (Solidarausgleich). Es wird eine Pflichtversicherungsgrenze festgelegt. Oberhalb dieser Grenze steigt der Beitrag nicht mehr an. Bezieher von Einkommen oberhalb dieser Pflichtversicherungsgrenze sowie Beamte und Selbständige können sich privat versichern.

Ca. 90% der Bevölkerung sind im Rahmen der gesetzlichen Krankenversicherung, der Rest ist durch private Krankenversicherung versichert. 45% der Versicherten sind in Ortskrankenkassen, 34% in Ersatzkrankenkassen, die übrigen in Betriebs-, Innungs- und anderen Krankenkassen versichert.

Ab 1995 sind Leistungen im Rahmen der zusätzlich durch Arbeitnehmer und Arbeitgeber finanzierten Pflegeversiche-

rung hinzugekommen, zuerst ambulante, danach stationäre Leistungen.
Die Leistungen der Kranken- und Pflegekassen lassen sich in Sachleistungen und Geldleistungen unterscheiden. Zu den Sachleistungen gehören:
– Maßnahmen der Krankheitsverhütung,
– ärztliche und zahnärztliche Behandlung,
– Versorgung mit Arznei-, Verband-, Heil- und Hilfsmitteln,
– Krankenhausbehandlung,
– Hilfe bei Schwerpflegebedürftigkeit,
– häusliche Krankenpflege, Haushaltshilfe,
– medizinische und ergänzende Leistungen zur Rehabilitation sowie Belastungserprobung und Arbeitstherapie,
– Leistungen bei Schwangerschaft und Mutterschaft,
– Leistungen der künstlichen Befruchtung.

Geldleistungen der Krankenkassen umfassen in erster Linie das Krankengeld: Nach Ablauf der Lohnfortzahlung durch den Arbeitgeber in der Regel nach sechs Wochen, zahlen die Krankenkassen – für dieselbe Krankheit – für maximal 78 Wochen innerhalb von drei Jahren Krankengeld in Höhe 80% des zuletzt erzielten Arbeitsentgeltes. Außerdem erhalten Versicherte jährlich bis zu zehn Arbeitstage Krankengeld für die Pflege eines kranken Kindes – bei Alleinerziehenden 20 Arbeitstage – bei unbezahlter Freistellung von der Arbeit. Dazu kommen Zuschüsse zu Kuren und die Übernahme von Fahrtkosten.

Aus der Perspektive der sozialen Arbeit ist besonders bemerkens- (und beklagens-)wert, daß Maßnahmen der Gesundheitshilfe nicht von den Krankenkassen finanziert werden, auch dann nicht (oder nur partiell), wenn es sich um eindeutige Maßnahmen der Krankenversorgung handelt, wie beispielsweise im Rahmen von Drogenberatungsstellen, AIDS-Hilfen, Selbsthilfekontaktstellen etc.

Zur Analyse der Planungs- und Entscheidungsträger sowie der Austauschbeziehungen ist es sinnvoll, zwischen Akteuren und Instrumenten der Steuerungsprozesse zu unterscheiden.
Die am gesundheitspolitischen Steuerungsprozeß beteiligten Akteure sind der Staat (Bund, Länder und Gemeinden), die Sozialparteien, die Kassen und Kassenverbände sowie die Leistungserbringer. Unter den Leistungserbringern nehmen die kassenärztlichen Vereinigungen als Interessenvertreter der niedergelassenen Kassenärzte eine herausragende Stellung ein. Die Interessenvertretung der Krankenhäuser ist durch die Trägervielfalt weniger ausgeprägt, ähnliches gilt für die Interessenvertretung der privatwirtschaftlichen Leistungserbringer (wie insbesondere die Pharma-Industrie). Die Steuerung der Gesundheitsversorgung erfolgt als Interessenausgleich der genannten Akteure. Als häufigste Instrumente der Steuerung nennt Rosenbrock (1993, S. 33):
– direkte Preis- und Tarifvereinbarungen,
– Plafondierung,
– Wirtschaftlichkeitsprüfung,
– Veränderungen im Leistungskatalog,
– direkte Zuzahlung der Versicherten,
– Veränderungen der Bezugsgrößen für Beitragszahlungen,
– Verbesserung der Informations-, Transparenz- und Koordinierungsinstrumente.

Um den Kostenanstieg zu bremsen, wurden seit Mitte der 70er Jahre verstärkte staatliche Eingriffe in diesen Steuerungsprozeß vorgenommen. Insbesondere mit dem Gesundheitsreformgesetz vom 1. Januar 1989, dem Gesundheitsstrukturgesetz vom 1. Januar 1993 sowie dem Beitragsentlastungsgesetz vom 1. Januar 1997 wurde versucht, mehr Wirtschaftlichkeit in der Gesundheitsversorgung zu erreichen. Das Gesundheitsstrukturgesetz beinhaltet darüber hinaus zukünftige weitergehende strukturelle Veränderungen bei der ambulanten ärztlichen und zahnärztlichen Versorgung, bei den Krankenhäusern, bei der Organisation der Krankenkassen und im Arzneimittelbereich.

3. →Soziale Arbeit im Gesundheitswesen. Die Zahl der SozialarbeiterInnen im Gesundheitswesen ist nicht genau bekannt. Sie wird auf 10–15 000 geschätzt. Ca. 4000 arbeiten in Krankenhäusern, ebenfalls ca. 4000 in Gesundheitsämtern, der verbleibende Teil überwiegend in Drogenberatungsstellen und gemeindepsychiatrischen Einrichtungen. Soziale Arbeit mit Bezug zu Gesundheit und Krankheit findet außerhalb und innerhalb des Gesundheitswesens statt. Soziale Arbeit mit Bezug zu Gesundheit und Krankheit innerhalb des Gesundheitswesens findet statt in Krankenhäusern, in Gesundheitsämtern, in Krankenkassen, ganz selten auch in Arztpraxen etc.. Gesundheitsbezogene soziale Arbeit außerhalb des Gesundheitswesens ist weitaus vielfältiger, denn sie findet überall dort statt, wo soziale Arbeit in ihren „eigenen" Einrichtungen zur Gesunderhaltung und Krankheitsbewältigung ihrer Klienten beiträgt: in Kindergärten, in Einrichtungen der Jugend-, Familien- und Altenhilfe, in Beratungsstellen, im Rahmen von Stadtteilarbeit etc.. Wie wir oben ausgeführt haben, werden diese Maßnahmen der Gesundheitshilfe allerdings nicht im Rahmen der gesetzlichen Krankenversicherung finanziert.

Lit.: Arnold, M.: Gesundheitssystemforschung, in: Hurrelmann, K./Laaser, U. (Hrsg.): Gesundheitswissenschaften, Weinheim und Basel 1993, S. 421–437; Bundesministerium für Gesundheit: Gesundheit in Deutschland. Das Gesundheitswesen in der Bundesrepublik, Bonn 1993; Bundesministerium für Gesundheit: Daten des Gesundheitswesens, Ausgabe 1997, Nomos Verlagsgesellschaft Baden-Baden 1997; Rosenbrock, R.: Gesundheitspolitik, in: Hurrelmann, K./Laaser, U. (Hrsg.): Gesundheitswissenschaften, Weinheim und Basel 1993, S. 317–346; Waller, H.: Sozialmedizin. Grundlagen und Praxis, 4. Auflage Kohlhammer Verlag Stuttgart 1997.

Heiko Waller, Lüneburg

Gesundheitswissenschaft
1. Einleitung: Als „Gesundheitswissenschaften" werden diejenigen Wissenschaften bezeichnet, die sich – aus jeweils unterschiedlicher Perspektive – mit Gesundheit beschäftigen, wie insbesondere Gesundheitssoziologie, Gesundheitspsychologie, Gesundheitspädagogik, Gesundheitsökonomie, aber auch Sozial- und Umweltmedizin" (vgl. z. B. Hurrelmann, 1999). Damit konstituiert sich eine neue wissenschaftliche Disziplin. Das – ebenfalls häufig mit „Gesundheitswissenschaften" übersetzte – Fachgebiet „Public Health" steht dagegen in der Tradition der Sozialmedizin und ist überwiegend anwendungsbezogen auf die Verbesserung der Gesundheit und der Gesundheitsversorgung der Bevölkerung („Volksgesundheit") ausgerichtet (vgl. z. B. Schwartz u. a. 1998). In dem vorliegenden Beitrag benutzen wir den Begriff „Gesundheitswissenschaft" bewußt im Singular, weil wir nicht die einzelnen Wissenschaften darstellen wollen, sondern versucht haben, ihre wichtigsten Elemente zu einer Wissenschaft von der Gesundheit zu integrieren (vgl. Waller 1996).

Gesundheitswissenschaft läßt sich in Grundlagen und Praxis darstellen: Zu den Grundlagen gehören die Themen Gesundheitskonzepte, Gesundheitsressourcen, Gesundheitsrisiken und Gesundheitssysteme. Die gesundheitswissenschaftliche Praxis wird durch die darauf bezogenen Maßnahmen der Gesundheitssystemgestaltung, Gesundheitsförderung und Prävention konstituiert. Grundlagen und Praxis der Gesundheitswissenschaft haben in allen genannten Aspekten unmittelbare Bezüge zur Sozialen Arbeit.

2. Grundlagen der Gesundheitswissenschaft
2.1 Gesundheitskonzepte. Die vorlie-

genden Konzepte und Modellvorstellungen von Gesundheit lassen sich danach unterteilen, ob es sich um Laienkonzepte oder um wissenschaftliche Konzepte handelt, ob es sich – bei den wissenschaftlichen Konzepten – um Konzepte einzelner wissenschaftlicher Disziplinen (wie z. B. der Medizin, Psychologie, Soziologie) oder um integrierte (oder auch umfassend, ganzheitlich, holistisch genannte) Konzepte/Modelle handelt. Bei der Analyse der subjektiven Vorstellungen von Gesundheit (der Laiendefinition) geht es darum, die Vorstellungen in der Bevölkerung über Gesundheit, Gesunderhaltung, gesunde Lebensführung empirisch zu erfassen, und zwar differenziert nach sozialer Schichtenzugehörigkeit, Geschlecht, ethnischer Herkunft und anderen wichtigen Merkmalen (vgl. z. B. Faltermaier u. a. 1998).

Das wohl bekannteste wissenschaftliche Gesundheitskonzept stammt von dem Medizinsoziologen Aaron Antonovsky. In zwei weithin beachteten Büchern (1979: Health, stress and coping. 1987: Unraveling the mystery of health, auf deutsch 1997) entwickelte er sein Modell der „Salutogenese". Im Unterschied zu der üblichen pathogenetisch-orientierten Frage nach den Ursachen von Krankheiten interessierte Antonovsky sich für das Phänomen, daß Menschen trotz der Konfrontation mit einer Vielzahl von Gesundheitsrisiken gesund bleiben, statt zu erkranken.

In seinem Gesundheitskonzept gibt es keine eindeutige Grenzlinie zwischen gesund und krank, stattdessen postuliert Antonovsky ein Kontinuum mit den beiden Endpunkten Gesundheit und Krankheit. Die Frage, wo eine Person auf diesem Kontinuum anzusiedeln ist, stellt sich als Ergebnis eines interaktiven Prozesses zwischen belastenden Faktoren (Stressoren) und schützenden Faktoren (Widerstandsressourcen) im Kontext der Lebenserfahrungen einer Person heraus. Als zentrale Widerstandsressource entwirft Antonovsky das Konzept des „Kohärenzsinns" (sense of coherence): darunter versteht er die persönliche Fähigkeit, die Welt zu verstehen, sie zu kontrollieren und die Sinnhaftigkeit des eigenen Handelns zu erleben.

2.2 Gesundheitsressourcen. Gesundheitsressourcen lassen sich in personale Ressourcen, Verhaltensweisen sowie Lebensbedingungen als Gesundheitsressourcen unterteilen.

Personale Ressourcen lassen sich wiederum in physische und psychische Ressourcen unterteilen. Wichtige gesundheitsfördernde psychische Ressourcen sind: Zuversicht, internale Kontrollüberzeugung, Selbstvertrauen, positives Selbstwertgefühl, stabiles Selbstsystem, unbekümmerte Selbsteinschätzung, interpersonales Vertrauen, commitment, Herausforderung, Selbstaufmerksamkeit.

Verhaltensweisen sind in vielfacher Hinsicht mit Gesundheit und Krankheit verbunden. Menschen verhalten sich dann gesundheitsbewußt,
– wenn eine Gesundheitsbedrohung schwerwiegend erscheint,
– wenn die subjektive Verletzlichkeit oder die Auftretenswahrscheinlichkeit für die Krankheit hoch ist,
– wenn jemand glaubt, persönlich eine protektive Handlung zur Verfügung zu haben und
– wenn diese Handlung als eine wirksame Maßnahme zur Abwehr der Gefahr eingeschätzt wird (vgl. Schwarzer 1992).

Zu den Lebensbedingungen als Gesundheitsressourcen zählt Becker (1992):
– Günstige familiäre Bedingungen, gekennzeichnet durch Achtung, Wärme, Rücksichtnahme und wechselseitige Unterstützung der Familienmitglieder,
– günstige Bedingungen am Arbeitsplatz (z.B. positives Betriebsklima, angemessener Dispositionsspielraum, Gelegenheit zur Entfaltung eigener Fähigkeiten),
– intakte nachbarschaftliche Beziehungen,

- günstige materielle Bedingungen (Wohnung, Familieneinkommen),
- gut ausgebautes Netz von Gesundheitsdiensten und sozialen, kulturellen und pädagogischen Einrichtungen und
- demokratische und rechtsstaatliche politische Rahmenbedingungen.

Für das Verständnis sozialer Ressourcen für Gesundheit ist das Konzept der sozialen Unterstützung (oder oft synonym benutzt: der sozialen Bindungen oder sozialen Netzwerke) von großer Bedeutung, ähnlich wie das Streßkonzept für das Verständnis von Gesundheitsrisiken. Worin liegt nun das gesundheitsfördernde Geheimnis sozialer Unterstützung? Es läßt sich folgende Differenzierung der positiven Effekte sozialer Unterstützung vornehmen:
- Emotionale Unterstützung (Wertschätzung und Akzeptanz),
- instrumentelle Unterstützung (finanzielle und andere Hilfen),
- informationelle Unterstützung (Informationen etc.) und
- Einschätzungsunterstützung (Bewertungs- und Lösungshilfen).

2.3 Gesundheitsrisiken. Personale Risiken lassen sich in physische und psychische Risiken unterteilen. Hinsichtlich der Persönlichkeitseigenschaften als Gesundheitsrisiken geht es um die Frage, ob es „typische" psychische Merkmale gibt, die die betreffende Person eher für die eine oder andere Krankheit anfällig machen. Wissenschaftliche (und auch weniger wissenschaftliche) Versuche, Persönlichkeitstypen zu charakterisieren und sie mit bestimmten Krankheiten in Verbindung zu bringen, haben eine lange Tradition (vgl. z.B. die „Konstitutionstypen" von Kretschmer oder – als modernes Beispiel – die Persönlichkeitstypen von Eysenck und Grossarth-Maticek, die mit der Entstehung spezifischer Krankheiten in Verbindung stehen sollen (dazu Schwarzer 1992: 117)).

Verhaltensweisen werden dann als „Risikoverhaltensweisen" eingestuft, wenn sie an der Entstehung wichtiger und häufiger Erkrankungen („Volkskrankheiten") beteiligt sind. Dies trifft insbesondere für die folgenden Verhaltensweisen zu:
- Rauchen,
- Alkoholmißbrauch,
- Fehl- und Überernährung und
- Bewegungsmangel.

Als weitere wichtige gesundheitsriskante Verhaltensweisen werden leichtsinniges Fahrverhalten, Drogenmißbrauch und – unter dem Eindruck von AIDS – riskantes Sexualverhalten genannt (vgl. z.B. Schwarzer 1992: 186 ff.). Badura hat das Thema Risikoverhalten mit dem Konzept der „Lebensgewohnheiten" verbunden. Auch für ihn als Soziologen ist Risikoverhalten – wie alles menschliche Verhalten – kein von Sozialstruktur und unmittelbarer sozialer Umwelt ablösbares Phänomen: „Bewältigung von Entfremdungs- und Unlustgefühlen sowie Streben nach Lustbefriedigung scheinen vor allem entscheidend für den Konsum von Zigaretten und Alkohol, von Drogen und Medikamenten. Zum Verständnis dieser gesamten Problematik müssen zum einen die Produktionsstrukturen und das Marktverhalten der Anbieter, zum anderen die Ursachen des Nachfrageverhaltens sehr viel genauer erforscht werden als dies der Fall ist" (Badura 1993: 74).

2.4 Gesundheitssystem. Die noch darzustellenden Strategien und Methoden der angewandten Gesundheitswissenschaft benötigen einen gesellschaftlichen Ort, eine politische Legitimation und eine ökonomische und professionelle Basis, um wirksam zu werden. Dabei gehen wir von der Unterscheidung in informelle und formelle Gesundheitssysteme aus: Informelle Gesundheitssysteme umfassen die Familie, den Freundeskreis, die Nachbarschaft, Selbsthilfegruppen und -initiativen, formelle Systeme die beruflichen Handlungsfelder für Gesunderhaltung und Gesundheitsförderung im Rahmen des Gesundheits-, Sozial- und Bildungssystems und weiterer gesellschaftlicher Systeme. Diese

Einteilung mag ungewöhnlich sein, sie ist aber für die Frage, wo Gesundheit „entsteht" und wo Gesundheit erhalten, geschützt und gefördert wird, überaus bedeutsam, wollen wir nicht ganze Lebensbereiche (und damit auch Chancen für Interventionen) ausblenden.

Im Mittelpunkt der informellen Gesundheitssysteme steht die Gesundheitsselbsthilfe. Gesundheitsselbsthilfe läßt sich in individuelle und soziale Selbsthilfe einteilen, wobei individuelle Selbsthilfe für sich ohne Bezug auf andere geschieht und damit thematisch mit dem individuellen Gesundheitsverhalten übereinstimmt und von uns auch in diesem Zusammenhang schon angesprochen worden ist. Soziale Selbsthilfe beinhaltet dagegen die im Alltag zur Gesunderhaltung und zur Krankheitsbewältigung erbrachte gegenseitige Hilfestellung in primären und sekundären Netzwerken.

Die Zahl der Selbsthilfegruppen in Deutschland im Gesundheits- und Sozialbereich beträgt ca. 60000. Sie haben zusammen ca. 2 Millionen Mitglieder. Auf der Basis einer Befragung von 3130 Selbsthilfegruppen haben Braun und Opielka (1992) folgende neun Selbsthilfebereiche nach ihrer Häufigkeit unterschieden:

– Chronische Erkrankungen,
– Psychosoziale Probleme,
– Behinderungen,
– Sucht/Abhängigkeit,
– Eltern-Kind-Selbsthilfe,
– Frauenselbsthilfe,
– Selbsthilfe in besonderen sozialen Situationen,
– Alter, Nachbarschaft und
– Kultur und Ökologie.

Wir wollen uns im folgenden mit dem formellen Gesundheitssektor beschäftigen. Die für die gesundheitswissenschaftliche Praxis relevanten Institutionen lassen sich grob danach einteilen, ob sie innerhalb oder außerhalb des Gesundheitswesens zu verorten sind: Einrichtungen innerhalb des Gesundheitswesens mit präventiven und gesundheitsfördernden Aufgaben sind Gesundheitsämter, Krankenkassen, Arztpraxen, Apotheken, Krankenhäuser etc.. Außerhalb des Gesundheitswesens sind – in staatlicher oder gemeinnütziger Trägerschaft – zu nennen: Kindergärten, Schulen, Einrichtungen der Erwachsenenbildung (wie Volkshochschulen, Familienbildungsstätten etc.), psychosoziale Beratungsstellen (wie z. B. Erziehungs-, Drogen- oder Eheberatungsstellen), Verbraucherberatungsstellen, Vereine (insbesondere Sportvereine) sowie die Medien (lokale Sender, Tageszeitungen etc.). Hinzu kommen – in staatlicher, gemeinnütziger oder privater Trägerschaft – die Betriebe.

3. Praxis der Gesundheitswissenschaft
3.1 Gesundheitssystemgestaltung. Der Begriff „Gesundheitssystemgestaltung" geht auf Badura und Feuerstein (1994) zurück. Er ist besonders gut geeignet, die Aktivitäten von Gesundheitspolitik, Gesundheitsmanagement, Gesundheitsberichterstattung etc. zu „überschreiben". Man könnte Gesundheitspolitik als Systemgestaltung „im Großen" und Gesundheitsmanagement als Systemgestaltung „im Kleinen" – d. h. auf institutioneller Ebene – bezeichnen. Zum Gesundheitsmanagement zählen wir Maßnahmen der Organisationsentwicklung, Projektplanung, Evaluation und Qualitätssicherung. Gesundheitsberichterstattung liefert die relevanten Daten für Planung, Steuerung und Evaluation.

Ein ganz entscheidender Beitrag der Gesundheitswissenschaft besteht in der Erkenntnis, daß Gesundheit primär im Alltag – und nicht im Gesundheitswesen – „hergestellt" wird. Für die Systemgestaltung bedeutet dies, daß Politikfelder, die in unseren Alltag hineinreichen (wie Verkehrs-, Umwelt-, Arbeits-, Sozial-, Kommunalpolitik etc.), für Fragen der Gesunderhaltung und der Gesundheitsförderung weitaus wichtigere Einflußbereiche sind als das Gesundheitswesen.
3.2 Gesundheitsförderung. Gesundheitsförderung und Prävention werden hier

als die beiden grundlegenden Strategien zur Verbesserung bzw. Erhaltung der Gesundheit verstanden, wobei sich Gesundheitsförderung auf die Erhaltung und Stärkung von Gesundheitsressourcen und Prävention auf die Reduzierung und Vermeidung von Gesundheitsrisiken beziehen. Gesundheitserziehung und -bildung, Gesundheitsaufklärung und -beratung sowie Gesundheitsselbsthilfe werden demgegenüber als unterschiedliche Methoden zur Umsetzung dieser Strategien verstanden.

Gesundheitsaufklärung und Gesundheitsberatung sind verwandte Methoden. In beiden Fällen handelt es sich um Methoden der Informationsvermittlung, entweder – im Falle der Aufklärung – mit Hilfe von Massenmedien („Massenkommunikation") oder – im Falle der Beratung – durch ein Gespräch („Personale Kommunikation").

Gesundheitserziehung, so läßt sich vereinfachend sagen, findet mit pädagogischen Methoden in Einrichtungen der Erziehung von Kindern und Jugendlichen statt (d. h. im Elternhaus, im Kindergarten, in Schulen sowie in außerschulischen pädagogischen Einrichtungen), Gesundheitsbildung richtet sich dagegen primär an Erwachsene und findet in Einrichtungen der Erwachsenenbildung (Volkshochschulen, Familienbildungsstätten etc.) statt.

Die Ziele und Prinzipien der Gesundheitsförderung – so wie sie von der WHO entwickelt worden sind – lauten: „Gesundheitsförderung zielt darauf ab, die Menschen zu befähigen, größeren Einfluß auf die Erhaltung und die Verbesserung ihrer Gesundheit zu nehmen. Als Maßstab für Gesundheit wird dabei die Möglichkeit des einzelnen und von Gruppen gesehen, einerseits ihre Wünsche und Bedürfnisse befriedigen zu können und andererseits mit ihrer Umwelt übereinzustimmen oder sie bewußt zu ändern. Gesundheit wird somit als eine wesentliche Grundbedingung des alltäglichen Lebens und nicht als Lebensziel verstanden. Gesundheit wird als positive Aufgabe gesehen, zu deren Verwirklichung gesellschaftliche und persönliche sowie physische Ressourcen beitragen" (zitiert in Franzkowiak und Sabo 1993: 79).

Auf der Basis dieser Diskussionsgrundlage wurde das Konzept der Gesundheitsförderung weiter entwickelt und auf der 1. Internationalen Konferenz zur Gesundheitsförderung 1986 in Ottawa vorgestellt und verabschiedet. Dieses Programm wird daher auch als „Ottawa-Charta zur Gesundheitsförderung" bezeichnet (in Franzkowiak und Sabo 1993).

Seit der Verabschiedung der Ottawa-Charta hat die WHO vier große Projekte zur Umsetzung der Gesundheitsförderung aufgelegt:
– Das Gesunde-Städte-Projekt,
– das Projekt Gesundheitsfördernde Schule,
– das Projekt Gesundheitsförderndes Krankenhaus und
– das Projekt Gesundheitsförderung im Betrieb.

Diese Praxisprojekte haben eine Reihe von Gemeinsamkeiten: Sie beziehen sich – als Konsequenz des umfassenden Verständnisses von Gesundheitsförderung – auf komplexe Organisationen („settings"). Sie zielen auf die Erhaltung bzw. Schaffung von Gesundheitsressourcen, sie sind intersektoral (d. h. unter Berücksichtigung unterschiedlicher Organisations- und Politikebenen) und multidisziplinär (d. h. unter Beteiligung verschiedener Berufsgruppen) angelegt und betonen die besondere Bedeutung der Mitwirkung der Betroffenen (Partizipation).

3.3 Prävention. Die Einteilung von Präventionsmaßnahmen läßt sich nach dem Zeitpunkt und nach der Interventionsebene vornehmen.

Nach dem Zeitpunkt unterscheiden wir primäre Prävention (Krankheitsvermeidung), sekundäre Prävention (Krankheitsfrüherkennung) und tertiäre Prävention (Verhütung des Rückfalls, heute umfassender als Rehabilitation bezeichnet). Damit beziehen sich primärpräventive Maßnahmen auf die Krankheitsursachen, sekundärpräventive Maßnahmen auf die Krankheitsentstehung und tertiärpräventive Maßnahmen auf den Krankheitsverlauf. Nach der Zielgröße unterscheiden wir Verhaltensprävention (im Langtext: Krankheitsvermeidung durch Änderung des Verhaltens) und Verhältnisprävention (Krankheitsvermeidung durch Änderung der Verhältnisse). Nach der Interventionsebene unterscheiden wir personenbezogene Prävention (Präventivmedizin), Verhaltensprävention und Verhältnisprävention. Präventivmedizinische Maßnahmen bestehen in Impfmaßnahmen sowie in Maßnahmen der Krankheitsfrüherkennung (Früherkennungsuntersuchungen im Säuglings- und Kindesalter, Untersuchungen in der Schwangerschaft, Krebsfrüherkennungsmaßnahmen, Gesundheits-Check-up etc.). Die Effektivität der präventivmedizinischen Maßnahmen steht und fällt mit der Beteiligung der Bevölkerung.

Maßnahmen der Verhaltensprävention zielen auf die Veränderung gesundheitsriskanten Verhaltens – wie z. B. Rauchen, Alkohol- und Drogenmißbrauch, Über- und Fehlernährung, Bewegungsmangel, Streß etc. – und werden mit unterschiedlichen Methoden wie Gesundheitsaufklärung- und -beratung, Gesundheitserziehung und -bildung sowie Gesundheitsselbsthilfe zu realisieren versucht.

Das Leitbild der Verhaltensprävention wird in der amerikanischen Literatur als „KAP-Modell" bezeichnet (K = Knowledge, A = Attitude, P = Practice). Wie inzwischen hinlänglich bekannt ist, verläuft die Abfolge von Wissensänderung über Einstellungsänderung zu Verhaltensänderung nicht annähernd so zwangsläufig, wie es dieses Modell suggeriert. Auch die Überschwemmung mit Verhaltensempfehlungen, denen man nicht nachkommen kann, führt nicht nur zur Desorientierung, sondern – wie leicht nachzuvollziehen ist – zum gegenteiligen Effekt der verhaltenspräventiven Ziele: zu Hoffnungslosigkeit, Passivität und Rückzug aus allen Präventionsbemühungen.

Maßnahmen der Verhältnisprävention zielen auf die Kontrolle, Reduzierung oder Beseitigung von Gesundheitsrisiken in den Umwelt- und Lebensbedingungen und werden in der Regel durch staatliche Maßnahmen auf der Basis von Gesetzen und Verordnungen etc. durchgeführt. Zu den verhältnisbezogenen Maßnahmen rechnen wir auch solche Maßnahmen, die eine Verhaltensänderung durch gesetzliche Maßnahmen (wie z. B. Werbeverbot für Alkoholika oder Rauchverbot in öffentlichen Einrichtungen) erzwingen. Im überwiegenden Maße zielen Maßnahmen der Verhältnisprävention aber auf Gesundheitsrisiken, die nicht über das Verhalten, sondern im Rahmen eines direkten soziosomatischen Kausalpfades zustande kommen (wie z. B. Gesundheitsgefahren durch Schadstoffe in der Luft, im Wasser, in Nahrungsmitteln). →Gesundheitswesen

Lit.: Antonovsky, A.: Salutogenese. dgtv Verlag Tübingen 1997; Badura, B.: Soziologische Grundlagen der Gesundheitswissenschaften, in: Hurrelmann, K., U. Laaser (Hg.): Gesundheitswissenschaften, Weinheim und Basel 1993, 63–87; Badura, B., Feuerstein, G.: Systemgestaltung im Gesundheitswesen. Juventa Verlag, Weinheim und München 1994; Becker, P.: Die Bedeutung integrativer Modelle von Gesundheit und Krankheit für die Prävention und Gesundheitsförderung, in: Paulus, P. (Hg.), Prävention und Gesundheitsförderung. Köln 1992, 91–108; Braun, J. Opielka, M.: Selbsthilfeförderung durch Selbsthilfekontaktstellen. Kohlhammer Verlag, Stuttgart 1992; Faltermaier, T. u.a. (Hg.): Gesundheit im Alltag. Juventa Verlag, Weinheim und München 1998; Franzkowiak, P., Sabo, P. (Hg.): Dokumente der Gesundheitsförderung. Verlag Peter Sabo, Mainz 1993; Hurrelmann,

K. (Hg.): Gesundheitswissenschaften. Springer Verlag, Berlin etc. 1999; Schwartz, F. W. u. a. (Hg.): Das Public Health Buch. Gesundheit und Gesundheitswesen. Urban & Schwarzenberg, München etc. 1998; Schwarzer, R.: Psychologie des Gesundheitsverhaltens. Hogrefe, Göttingen etc. 1992; Waller, H.: Gesundheitswissenschaft. Eine Einführung in Grundlagen und Praxis. 2. Auflage. Kohlhammer Verlag, Stuttgart 1996.

Heiko Waller, Lüneburg

Getrenntleben

Nach § 1567 BGB leben Ehegatten getrennt, wenn keine häusliche Gemeinschaft mehr besteht und mindestens einer der Ehegatten die eheliche Lebensgemeinschaft klar erkennbar ablehnt und die häusliche Gemeinschaft auch nicht mehr herstellen möchte. Dies ist auch innerhalb der ehelichen Wohnung möglich, wenn nicht mehr gemeinsam gelebt und gewirtschaftet wird. Bestimmte Fristen des G. sind als Nachweis des Scheiterns einer Ehe als Voraussetzung für die →Ehescheidung notwendig. Während des G. kann angemessener Unterhalt in Form von Geld vom anderen Ehegatten verlangt werden. Können sich die Eltern nicht einigen, kann für die Dauer des G. das Familiengericht eine Sorgerechtsregelung (→elterliche Sorge) aussprechen.

Gewalt

Gewalt, vor allem das für die Sozialpädagogik relevante Thema „Jugend und Gewalt", hat in den neunziger Jahren sowohl in der Darstellung der Massenmedien als auch in der Fachöffentlichkeit zunehmende Beachtung gefunden. Aufgrund seit Ende der 80er Jahre verstärkt beachteter Phänomene vor allem ausländerfeindlicher und rassistischer Gewaltverbrechen sind Rechtspolitik, Kriminologie, Sozialwissenschaften und Erziehungswissenschaft mit der These vermeintlich dramatisch wachsender Gewaltbereitschaft und →Jugendkriminalität konfrontiert.

Die Vielzahl empirischer Studien sogenannter „Gewaltkommissionen" über Ursachen, Prävention und Kontrolle von G. (vgl. Schwind u.a. 1990) konnten jedoch letztlich keine befriedigende Antwort auf die Fragen nach Entwicklung, Ausmaß und adäquaten Reaktionen liefern. Zur Analyse der Qualität von G. und Jugendgewalt sind die vorliegenden Untersuchungsdesigns allesamt methodisch fragwürdig, da differenzierte Aussagen über Veränderungen, in denen Alters-, Generations- und Periodeneffekte isoliert werden könnten, nur durch Längsschnittuntersuchungen an verschiedenen Geburtskohorten unter gleichzeitig besonderer Berücksichtigung der Veränderungen sozialer Kontrolle möglich sind, die bis heute aber kaum entwickelt sind (Albrecht 1998). Untersuchungen anhand polizeilicher Kriminalstatistiken vernachlässigen soziale und politische Faktoren, wie z.B. das ihnen zugrundeliegende Anzeigeverhalten und die Entwicklungen von Anzeigeneignung von Opfern und auch die sich möglicherweise verändernde Geständnisbereitschaft der Tatverdächtigen (u.a. bedingt durch Diversionskonzepte wie den →Täter-Opfer-Ausgleich). Die Polizeistatistiken, die tatsächlich ab Ende der 80er Jahre eine deutliche Zunahme der registrierten Jugendkriminalität und Zuwächsen im Bereich der Gewaltdelikte (vor allem Raub, schwere und gefährliche Körperverletzung) ausweisen, dienen jedoch der Öffentlichkeit und Politik immer wieder zur dramatisierenden Diskussion um notwendig erachtete Strafverschärfungen.

Zum gesicherten Wissensstand der jugendkriminologischen Forschung, die sich vorrangig mit Fragen zum Beginn, zur Dauer und Beendigung „krimineller Karrieren" (via Dunkelfeld- und Selbstberichtsstudien) befaßt, zählt seit Jahrzehnten nach wie vor, daß der einmal oder gelegentlich delinquierende Jugendliche ubiquitär sei und den statistischen „Normalfall" ausmache, also die

Normverletzung bei Jugendlichen peripheren und passageren Charakter habe und keineswegs sozialpädagogische Defizite und hieraus folgenden Erziehungsbedarf indiziere. Nach international gesichertem Forschungsstand konzentriert sich die Mehrfachtäterschaft auch im Gewaltbereich nur auf eine kleine Gruppe von max. 3–5% der jeweiligen Altersgruppe, auf die aber ein überproportionaler Anteil der Straftaten fällt. Schwere Gewaltkriminalität (Tötungsdelikte, Vergewaltigung und Raub) stellt dabei immer noch eine absolute Ausnahmeerscheinung dar. Aufgrund dieser unverändert gültigen Erkenntnisse über Normalität, Episodenhaftigkeit, Bagatellhaftigkeit und Spontanbewährung der Jugend- und auch Jugendgewaltkriminalität steht die lautstarke Forderung nach Reform bzw. Verschärfung des →Jugendstrafrechts zu Unrecht im Mittelpunkt der aktuellen Diskussion. Nicht Repression, die demnach kontraproduktiv wäre, sondern außerstrafrechtliche Prävention nach dem KJHG (→Jugendhilferecht) und Optimierung des verfügbaren rechtlichen Instrumentariums nach dem JGG (→Jugendstrafrecht) sind geboten.

Für die kleine Gruppe der im Gewaltbereich wiederholt straffällig gewordenen Intensivtäter, für die Jugendstrafe und erzieherisch auszugestaltender Jugendstrafvollzug auch im Sinne der ultima ratio angezeigt ist, müssen allerdings geeignete (delikt- und defizitspezifische) Behandlungsprogramme Vorrang haben, um die erlernten und G. auslösenden Einstellungs- und Verhaltensweisen der Täter systematisch zu verändern. Besonders bewährt in der sozialpädagogischen und sozialtherapeutischen Arbeit mit inhaftierten Gewaltstraftätern haben sich in der Bundesrepublik bisher die beiden lerntheoretisch begründeten und verhaltenstherapeutisch akzentuierten Ansätze des gesprächsorientierten →„Anti-Aggressivitätstrainings" und des „Therapeutischen Intensivprogramms gegen Gewalt und Aggression" (TIGA) auf der Grundlage der →Sozialen Sporttherapie.

Lit.: Albrecht, H.-J.: Jugend und Gewalt, in: MschKrim. 6/98, S. 381–398; Schwind, H. D. u. a. (Hrsg.): Ursachen, Prävention und Kontrolle von Gewalt (Gewaltkommission), Berlin 1990; Wolters, J.-M.: Erlebnis – Erfahrung – Erkenntnis. „Körper-Seele-Geist"-Therapie für Schläger, in: MschKrim. 4/98, S. 130–139.

Jörg-Michael Wolters, Stade

Gewalt gegen Frauen
Die von der neueren →Frauenbewegung ausgelöste Diskussion über Formen der physischen, psychischen, aber auch strukturellen Gewalt gegen Frauen in Familie und Gesellschaft bildete eine der grundlegenden Impulse für die aktuellen gesellschaftlichen Auseinandersetzungen mit Themen des Geschlechterverhältnisses sowie der Gleichberechtigung von Frauen und Männern. Unmittelbar praktische Konsequenzen der Diskussion stellen die von der Frauenbewegung initiierten und erkämpften →Frauenhäuser dar. (→Anti-Aggressivitätstraining).

Gewalt in Familien
Trotz des gesetzlich verankerten staatlichen Gewaltmonopols bestehen informelle gesellschaftliche Räume, in denen physische und psychische Gewalt ausgeübt wird. Einen solchen Raum stellt die Familie dar, die als Schutz- und Schonraum verstanden wird, dennoch häufig auch Schauplatz von Gewalterfahrungen ist. Innerhalb der sozialpädagogischen Diskussion und Praxis sind vor allem die Gewalt gegen Kinder (→Kindesmißhandlung, →Sexueller Mißbrauch) und die →Gewalt gegen Frauen in der Familie thematisiert worden. (→Anti-Aggressivitätstraining).

Gewerkschaft
→Arbeiterbewegung, →Deutscher Gewerkschaftsbund, →Gewerkschaft Erziehung und Wissenschaft

Gewerkschaft Erziehung und Wissenschaft (GEW)

Die GEW ist die Bildungsgewerkschaft im Deutschen Gewerkschaftsbund. Sie ist föderal gegliedert und organisiert auf Länder- und Bundesebene über 280 000 Mitglieder, die in pädagogischen und wissenschaftlichen Berufen arbeiten: in Kindertagesstätten und Jugendheimen, an allen allgemein- und berufsbildenden Schulformen, an Hochschulen, wissenschaftlichen Instituten und Forschungseinrichtungen, an Forschungshochschulen und anderen Einrichtungen der Weiterbildung, an deutschen Schulen und Hochschulen im Ausland, an Goetheinstituten rund um den Globus. Unter ihren Mitgliedern hat die GEW über 40 000 sozialpädagogische Fachkräfte. Auch arbeitslose Pädagogen und Wissenschaftler gehören der GEW an. Sie sind gleichberechtigte Mitglieder, ebenso wie Studentinnen und Studenten.

Ihre Wurzeln hat die GEW in der Tradition des 1848 gegründeten „Allgemeinen deutschen Lehrerverbandes". 1949 hat sich die GEW dem DGB angeschlossen. Als Bildungsgewerkschaft versteht sich die GEW heute sowohl als gewerkschaftliche Interessenvertretung ihrer Mitglieder als auch als bildungs- und gesellschaftspolitische Lobby für alle Lernenden: Kinder, Jugendliche und Erwachsene. Dabei läßt sie sich von gewerkschaftlichen Grundsätzen leiten, wie soziale Gerechtigkeit und Chancengleichheit, Demokratie und Solidarität, Recht auf Bildung und Recht auf Arbeit, der Integration von ethnischen und sozialen Minderheiten, der Gleichberechtigung der Geschlechter.

Ihr bildungspolitisches Leitmotiv lautet: fördern statt auslesen. Zu den zentralen Forderungen gehören die Anerkennung des Bildungsauftrages des Kindergartens und eine aufgabengerechte Ausbildung von sozialpädagogischen Fachkräften, eine Zehnjahresschule mit einem mittleren Bildungsabschluß für alle, die Integration beruflicher und allgemeine Bildung in der Sekundarstufe II mit einem Abschluß, der den Zugang zu einer Hochschulausbildung beinhaltet, sowie ein der Nachfrage entsprechendes Angebot an Ausbildungsplätzen in der beruflichen Bildung. Die GEW setzt sich ein für eine ausbildungs- und aufgabengerechte Bezahlung ihrer Mitglieder und für Arbeitsbedingungen, die dem pädagogischen Auftrag entsprechen. Die GEW bekennt sich zum Arbeitskampf als Mittel zur Durchsetzung gewerkschaftlicher Forderungen. Auf internationaler Ebene gehört die GEW der Education International (EI) mit weltweit über 23 Millionen Mitgliedern an. Auf europäischer Ebene ist die GEW Mitglied des EGBW.

Die GEW gibt eine Reihe von Publikationen unter anderem Periodika auf Bundes- und Landesebene heraus. Auf Bundesebene erscheint das Mitgliedermagazin „Erziehung und Wissenschaft" elf mal im Jahr, das jedes Mitglied per Post erhält. Hinzu kommen die Landesverbands-Zeitungen. Als Vierteljahresschrift erscheint die erziehungswissenschaftliche Fachzeitschrift der GEW „Die Deutsche Schule".

Anschrift: GEW Hauptvorstand, Reifenberger Straße 21, 60489 Frankfurt am Main, www.gew.de.

Ghetto

freiwillig oder erzwungenermaßen entstandener isolierter Stadtteil, in dem eine relativ homogene Bevölkerungsgruppe in einer relativ homogenen Bausubstanz lebt. Die Bewohner haben nur geringe Kontakte außerhalb des G. und bilden vom Umfeld verschiedene, eigene Identitäten, Normen und Verhaltensmuster aus. Die seit der Studentenbewegung entwickelte →Stadtteilarbeit und auch die spätere →Gemeinwesenarbeit wählt häufig bewußt ghetto-ähnliche Quartiere als Ort für ihre Angebote, da hier große soziale Probleme und besondere Chancenlosigkeit der Bevölkerung vermutet werden.

Gilde Soziale Arbeit e.V. (GiSA)

Die GiSA ist ein 1925 durch Justus Ehrhardt, Alwin Brockmann, Martin Max und Heidi Denzel in Ludwigslust (Mecklenburg-Vorpommern) gegründeter Zusammenschluß der damals aus der Jugendbewegung in der Sozialarbeit drängenden Fachkräften, der erstmals auch männliche Mitglieder aufnahm, die bis dahin in der Ausbildung und Tätigkeit der Sozialarbeit ein Novum darstellten.
Sie löste sich 1933 auf, um der Gleichschaltung zu entgehen. Im Mai 1947 setzte sie sich auf Schloß Ludwigstein wieder zusammen, um wieder zu aktuellen Fragen (z.B. im Jahr 1999 Überlegungen zur Frage von Sozialer Arbeit im Verhältnis zum Staat) engagiert Stellung zu nehmen. Durch regionale Arbeitskreise z.B. in Frankfurt a.M., Hamburg, Lüneburg, u.a., jährliche Arbeitstagungen und einem Rundbrief (Gilde Rundbrief) trugen ihre Mitglieder entscheidend zur Erneuerung besonders der Fürsorgeerziehung (FE), des Jugendstrafvollzuges und der Ausbildung der in der Sozialen Arbeit Tätigen bei, wobei sie bei führenden Jugendrichtern und Pädagogen (wie Franke, Nohl, Weniger) Unterstützung fanden.

Geschäftsführung: Karl-Michael Froning, Schmiedestr. 1, 38159 Vechelde

GjS (Gesetz über die Verbreitung jugendgefährdender Schriften)
→Jugendschutz

Grundgesetz (GG)

Verfassung der Bundesrepublik Deutschland vom 23. Mai 1949, wobei der Begriff „Grundgesetz" die Vorläufigkeit dokumentiert, da nur die drei Westzonen im Geltungsbereich des GG lagen und die alte Bundesrepublik formten. Seit der Einigung 1990 wird für die erweiterte Bundesrepublik als Ersatz für das vorläufige GG eine neue Verfassung diskutiert.

Gruppe

zwei oder mehr Personen, die aufgrund gemeinsamer Interessen, Ziele oder Eigenschaften, aufgrund häufiger Kontakte, eines bestehenden Kooperationsbedürfnisses oder eines Zusammengehörigkeitsgefühles zueinander in sozialer Beziehung stehen. Häufig zeichnet sich die G. durch verbindliche Normen und/oder Symbole aus. G. sind wesentlicher Forschungsgegenstand der Soziologie und Psychologie. In der Sozialen Arbeit spielt die G. als Adressatin professionellen Handelns eine hervorragende Rolle (→Gruppenarbeit). In vielen pädagogischen Zusammenhängen wird der G. eine Überlegenheit gegenüber dem Individuum zugesprochen, wenn es um Prozesse des →sozialen Lernens geht. G. wird auch als Synonym für Sozialkategorie verwendet (z.B. G. der Beamten, G. der Alten).

Gruppenarbeit

Die eher bildungs- oder eher behandlungsorientierte G. ist neben der →Einzelhilfe und neben Verfahren der →Gemeinwesenarbeit ein zentrales Arbeitsprinzip der →Sozialen Arbeit, für das eine Vielzahl von zum Teil hochdifferenzierten (und deswegen auch ausbildungsintensiven) Methoden zur Verfügung stehen und das aus vielen Arbeitsbereichen der Sozialen Arbeit (z.B. in der →Heimerziehung, in der →Jugendarbeit (→Parteiliche Jugendsozialarbeit), im Suchtkrankenbereich (→Alkoholismustherapie), in der →Supervision und in der →Selbsthilfe) nicht mehr wegzudenken ist. In der →Reformpädagogik und der →Erlebnispädagogik spielt die G. eine herausragende Rolle. Der hohe Stellenwert der G. läßt sich u.a. ableiten aus den Aspekten der Effektivitätssteigerung (es können gleichzeitig mehr Personen erreicht werden), der wechselseitigen, nichtprofessionellen Unterstützung der Gruppenteilnehmer (→Empowerment), der weniger ausgeprägten Gefahr der Abhängigkeit von einem einzelnen Berater, Betreuer, Therapeuten, der Entlastung vom Fixierungszwang auf das eigene Leiden (auch andere Gruppenteilnehmer kennen die

Gruppenberatung

Probleme) und auch aus der anthropologischen Gegebenheit, daß der Mensch ein Gruppenwesen ist und in viel stärkerem Maße von →Gruppen geprägt ist als von Einzelpersonen. Methodisch lassen sich gruppenbezogene Verfahren den Bereichen der →Psychoanalyse, in besonderem Maße der →Humanistischen Psychologie (→Psychodrama, →Themenzentrierte Interaktion) und teilweise der →Verhaltenstherapie zuordnen. Daneben gibt es eine Vielzahl von Arbeitsformen, die auf die gruppendynamischen Forschungen (→Gruppendynamik), die Kurt →Lewin (1890–1947) wesentlich begründet hat, zurückgehen, z. B. kombinierte Trainings- und Großgruppen (Plenum) in sog. Organisationsseminaren oder die Gruppenpädagogik, deren Wurzeln in der Arbeit der Jugendorganisationen zu Beginn des 20. Jahrhunderts liegen, bei der die „pädagogische" Perspektive (im Gegensatz zur „sozialen" im social groupwork) primär ist, also der Erziehungsprozeß in kleinen Gruppen gestaltet und die intersubjektiven Möglichkeiten in ihnen genutzt werden (→Encounter-Gruppe, →Methoden der Sozialen Arbeit, →Psychotherapie und Sozialpädagogik).

Gruppenberatung
→Beratung

Gruppendynamik

auf K. →Lewin (1890–1947) zurückgehende Bezeichnung für ein Teilgebiet der →Sozialpsychologie, das die Prozesse wechselseitiger Einflüsse und Beziehungen zwischen Gruppenmitgliedern betrachtet. Hauptquellen der G. sind die Erkenntnisse der →Gruppentherapie, die Entwicklung der →Soziometrie und der Feldpsychologie (→Feldtheorie). Als Methode der →Gruppenarbeit strebt die G. eine reflexive Bearbeitung des eigenen Verhaltens im Spannungsfeld zwischen Selbst- und Fremdwahrnehmung an.

Gruppenpädagogik
→Gruppenarbeit

Gruppentherapie

Form der →Psychotherapie in meist zwischen fünf und zwölf Mitgliedern starken Gruppen, wobei die Heilung bzw. Hilfe in der Gruppe durch die Gruppe im Mittelpunkt steht. Der Therapeut hat hierbei nicht die dominierende Position wie meist in der Einzeltherapie, sondern wirkt nach Einleitung der Gruppenprozesse eher aus dem Hintergrund. Die G. wurde wahrscheinlich vom Wiener Psychiater und Soziologen J. L. Moreno (1889–1974) zuerst angewendet (→Psychodrama). In der Sozialen Arbeit hat die Arbeit in Gruppen eine lange Tradition, wobei häufig gruppentherapeutische Konzepte in abgewandelter Form Anwendung finden (→Gruppenarbeit).

Gutachten

Daß die Erstattung von Gutachten ein Bestandteil des Alltagshandelns von Sozialarbeitern und Sozialpädagogen sein könnte, ist keineswegs selbstverständlich. Dies gilt schon auf der begrifflichen Ebene. Sozialpädagogische Dienstleistungen für Behörden und Gerichte werden auch in der Selbstdefinition ihrer Produzenten gemeinhin als „Berichte" apostrophiert, während entsprechenden Stellungnahmen von Angehörigen verwandter Disziplinen wie Psychologie und Psychiatrie uneingeschränkt der Status von „Gutachten" zuerkannt wird. Gleichwohl gehört das Erstellen von über den Charakter eines bloßen Berichts hinausgehenden psycho-sozialen Expertisen zu den Alltagsroutinen sozialpädagogischer Berufspraxis. Wenn für sozialpädagogische Expertisen in diesem Abschnitt somit ebenfalls „Gutachterlichkeit" beansprucht wird, geschieht dies zum einen mit Blick auf eine tatsächliche Praxis, vor allem aber auch mit dem programmatischen Anspruch, die im Begriff „Gutachten" terminologisch implizierte größere Beurteilungskompetenz für sozialpädagogische Autoren zu reklamieren sowie Sozialpädagogen zu einem stärkeren gutachterlichen Selbst-Bewußtsein in theoretischer und methodischer Hinsicht zu animieren. In Abgrenzung zum „Bericht" besteht ein spezifisches Charakteristikum von psychosozialen Gutachten in der fachlichen Kompetenz ihrer Verfasser, die erhobenen Befunde wissenschaftlich zu interpretieren und aus ihrer Bewertung begründete Handlungsalternativen abzuleiten. Diese über die reine Recherche hinausgehende Beurteilungskompetenz ist Sozialarbeitern und -pädagogen in allen einschlägigen Verfahrenstypen längst höchstrichterlich zugesprochen worden. Während sich aber in ebenfalls mit Gutachten beauftragten Disziplinen wie Psychiatrie und Psychologie frühzeitig eine personelle Verschmelzung von Ermittlung und Beurteilung etabliert hat, ist dies für die behördliche Sozialarbeit nicht der Fall. Verantwortlich dafür ist die heute noch nachwirkende traditionelle Trennung in einen ermittelnden Außen- und einen entscheidenden bzw. beurteilenden Innendienst. Seinen historischen Ausgangspunkt findet diese Dichotomie bereits im 19. Jahrhundert bei der Begutachtung der individuellen Arbeitsfähigkeit von Unterstützungsbedürftigen im →Elberfelder System der →Armenfürsorge. Die Berichte des (ehrenamtlichen) Armenpflegers bildeten dort die Grundlage für die Entscheidung der sich eigenständig entwickelnden Sozialadministration. In dieser Tradition konnte sich sozialpädagogische „Gutachterlichkeit" lediglich als arbeitsteiliger Prozeß in jeweiliger Übereinkunft mit den Agenturen öffentlicher Verwaltung herausbilden. Äußere Sichtbarkeit erhält dieser Kompromiß in der Tatsache, daß sozialpädagogische Gutachten in der Regel als Produkte eines zuständigen Amtes und nicht als professionelle Leistungen eines sachverständigen Individuums autorisiert werden. Selbst wenn die betreffende Expertise deutlich das Ergebnis einer intensiven Fallarbeit der bearbeitenden Sozialpädagogen ist, erfolgt überwiegend eine Gegenzeichnung des Amtsleiters oder die Unterschrift wird „im Auftrag" (i.A.) abgegeben.

Die Mehrheit sozialpädagogischer Gutachten wird im Kontext juristischer Verfahren erstellt. Die Mitwirkung der einschlägigen sozialen Dienste ist in den meisten dieser Fälle rechtlich bindend vorgeschrieben. Ihre prinzipielle Hinzuziehung obliegt anders als die Inanspruchnahme von Sachverständigen nicht der Einzelfallbewertung durch das Gericht. Die prominentesten Arbeitsfelder sozialpädagogischer Gutachtertätigkeit bilden Verfahren im Zuständigkeitsbereich der Familien-, Vormundschaft- und Jugendgerichte. Vor dem Familiengericht sind Verfahren relevant, welche die Frage der →elterlichen Sorge bei geschieden oder getrennt lebenden Eltern, die Herausgabe des Kinder, den Kontakt mit dem Kind und Unterhaltsfragen berühren. Bei der →Adoption von Minderjährigen ist das Gericht ausdrücklich verpflichtet, eine „gutachterliche Äußerung" der Adoptionsvermittlungsstelle oder der Familienhilfe (→Sozialpädagogische Familienhilfe) einzuholen. Juristisch verpflichtend ist die Begutachtung ebenfalls vor der Einrichtung von Betreuungsverhältnissen durch das Vormundschaftsgericht. Es gehört zum Reformpotential des am 1.1.1992 in Kraft getretenen →Betreuungsrechts, das in der Neufassung auf das bisherige ausdrückliche Begutachtungsmonopol medizinischer Gutachter zugunsten der Einbeziehung sozialpädagogischer Gutachter verzichtet wurde. Jugendgerichte bedienen sich mit der →Jugendgerichtshilfe eines eigens für die Gutachtererstattung eingerichteten Dienstes, der vornehmlich in größeren Städten organisatorisch von den Jugendämtern abgekoppelt operiert. Zu den Hauptaufgaben der Jugendgerichtshilfe zählt die Überprüfung der Straf- und Erziehungsmündigkeit delinquenter Jugendlicher sowie die Beurteilung des Reifegrades Heranwachsender. Aufgrund des gesetzlich geforderten Sanktionsvorschlages wird für die Mitarbeiter der Jugendgerichtshilfe die prinzipielle Spannung der Gutachtertätigkeit zwischen Einzelfallhilfe für das begutachtete Subjekt und kontrollierender Instanz gesellschaftlicher Normalitätserwartungen besonders spürbar. Daß Sozialarbeiter diese Spannung nicht per se klientenzentriert auflösen, lassen empirische Befunde vermuten, denen zufolge sozialpädagogische Sanktionsvorschläge bei schweren Delikttypen durchschnittlich über das von der Staatsanwaltschaft geforderte Strafmaß hinausgehen.

In der Literatur wird Sozialpädagogen empfohlen, bei der Gutachtenerstattung einem dem Gegenstand angemessenen Themenkanon zu folgen. Strukturell kann zwischen folgenden Gliederungspunkten unterschieden werden: Einleitung, Aktenauszug, Untersuchung, Diagnose, Beurteilung, Maßnahmevorschlag. Ob und in welchem Umfang zusätzliche Abschnitte in das Gutachten aufgenommen werden, ist von der jeweiligen Art des Verfahrens und den Besonderheiten des Einzelfalls abhängig zu machen. Abzuraten ist von der Verwendung der in manchen Amtsbezirken noch immer gebräuchlichen Vordrucke zur Gutachtenerstattung. Die Güte eines Gutachtens hängt nicht mit der Menge der präsentierten Informationen, sondern mit argumentativer Kohärenz der Darstellung zusammen. Professionelle Gutachten zeichnen sich deshalb durch reflektierte Selektivität und nicht durch ziellose Datenakkumulation aus. Mit allzu großer Akribie durchgeführte Explorationen – etwa bei Bagatelldelikten Jugendlicher – bergen die Gefahr der Überbewertung von einmaligen Ereignissen und lebensphasischen Verhaltensmustern. Angesichts der in Struktur jeder Befunderhebung liegenden Stigmatisierungsgefahren (→Stigmatisierung) sollten gerade sozialpädagogische Gutachter bei ihren Expertisen den Gedanken der Normalisierung im Auge behalten.

Bei der Ermittlung der Vorgeschichte sind Sozialarbeiter oft auf in Vor-Verfahren angelegte Akten angewiesen. Bei unkritischer Übernahme der dort getroffenen Feststellungen kann es nicht nur zu einer unreflektierten Hypothesenbildung über die zu begutachtende Person, sondern auch dazu kommen, daß die aktuelle Situation als bloße Verlängerung der bisherigen Aktenkarriere interpretiert wird. Entgegen dem amtlichen Verständnis von Akten als Wiedergabe der Fallrealität, verlangt sozialpädagogische Gutachterlichkeit – wenn der Rückgriff auf fremdproduzierte Daten nicht überhaupt vermieden werden kann – in jedem Fall keine ausdrückliche kritische Bewertung derartiger Daten.

Wie andere Disziplinen tendiert die Sozialarbeit zur Ausbildung eigener Klassifizierungssysteme – am verbreitetsten das „broken-home"-Syndrom – um komplexe Realitäten in bearbeitbare „Fälle" zu transformieren. Allerdings sind die sozialpädagogischen Klassifikationssysteme vergleichbar wenig ausdifferenziert. Unter dem Gesichtspunkt der Professionalisierung ist dies sicherlich ein Nachteil. Zwar ermöglicht das Fehlen eigenständiger Diagnosekategorien eine stärkere Berücksichtigung der Besonderheiten des jeweiligen Falles, führt aber leicht zu diffusen und für die angesprochenen Adressaten, denen es in der Regel um Entscheidungen geht, kaum verwertbare Fallbeschreibungen. Angesichts dessen auf psychologische oder gar psychiatrische Kategorien auszuweichen, erscheint im Sinne einer verstärkten Fachlichkeit ein problematischer Weg zu sein. Voraussetzungen eigenständiger sozialpädagogischer Gutachterlichkeit ist allerdings der weitere Ausbau einer eigenständigen Kasuistik.

In der Interaktion zwischen Gutachter und Untersuchungsperson werden zwangsläufig Übertragungs- und Gegenübertragungsphänomene wirksam. Diese können ebenso auf äußeren Zuordnungsprozessen nach sozialer und ethnischer Zugehörigkeit, Wiedererkennungseffekten („leniency-Effekt") oder

Persönlichkeitstäuschungen („Halo-Effekt"), wie auf den Ergebnissen der Beziehungsdynamik in der Untersuchungssituation selbst basieren. Angesichts dessen hat die primär reliabilitätsorientierte Strategie der subjektiven Enthaltsamkeit und Objektivierung der Begutachtungssituation sicherlich Grenzen. Nicht nur, daß sich derartige „Verzerrungen" selbst durch aufwendige untersuchungstechnische Arrangements nicht vollständig ausschalten lassen; es erscheint auch äußerst fraglich, ob dies überhaupt wünschenswert ist. Zwar kann man „Beurteilungsfehler" nicht eliminieren, wohl aber in professioneller Weise mit ihnen umgehen. Dem entspricht eine Untersuchungsstrategie, bei der reflektierte Subjektivität des Gutachters in den Erkenntnisprozeß produktiv eingebracht und dem Adressaten gegenüber auch offengelegt wird.

In der Fachdiskussion bislang nur partiell wahrgenommen werden die darstellungstechnischen Implikationen der Gutachtenerstattung. Schließlich zeigt sich der Erfolg eines fachlich kompetenten Gutachtens erst in seiner Rezeption durch das Gericht. Von erheblicher Bedeutung für diesen Prozeß intersubjektiver Verständigung auf eine bestimmte Version von Realität sind die gerade in kleineren Gerichtsbezirken an Einfluß kaum zu unterschätzenden informellen Kontaktsysteme zwischen Gutachtern und Gerichtsbarkeit. Die gleichsam subversive Nutzung derartiger informeller Kontaktsysteme – wie sie etwa für Teile der Jugendgerichtshilfe („Gerichtsgeher") seit jeher typisch ist – reicht für eine aktive Professionalisierung sozialpädagogischer Gutachterlichkeit allerdings nicht aus. Womöglich verhindert sie sogar eine wirkliche Professionalisierung, weil sie den Sozialpädagogen von der „Güte" seines Kontaktes und anderen situativen Zufälligkeiten abhängig macht. Gutachter müssen aber auch in der Lage sein, die rhetorischen Anforderungen an die Gutachtenpräsentation zu bewältigen, wobei die textliche Formulierung und der mündliche Vortrag durchaus unterschiedliche Kompetenzen erfordern. Zur Methodizität des Sozialarbeiter-Seins vor Gericht gehört eine Darstellungstechnik, die dem kritischen Blick der Fachkollegen ebenso standhält, wie sie auf die anderen Verfahrensbeteiligten als sozialpädagogische Laien orientiert ist und es versteht, mit ihnen ins Gespräch zu kommen. Die diesbezüglichen Defizite der herrschenden Praxis sind ebenso deutlich wie die Lücken der einschlägigen empirischen Forschung und Theoriebildung. →Pädagogische Diagnostik

Lit.: Arndt, J./Oberloskamp, H.: Gutachterliche Stellungnahmen in der sozialen Arbeit, Heidelberg, neubearbeitete Auflage 1987; Gohde, H./Wolff, S.: Gutachterlichkeit in der Jugendgerichtshilfe, in: Neue Praxis 20 (1990): 316–328; Garfinkel, H.: Good clinical reasons for bad clinical records, in: ders., Studies in Ethnomethodology, Englewood Cliffs, N.J. 1967: 186–205; Timms, N.: Der Bericht in der Sozialarbeit, Freiburg 1974; Ullrich, H.: Arbeitsanleitung für Jugendgerichtshelfer, Frankfurt/M., München, Berlin 1982.

Hellmut Gohde und Stephan Wolff, Hildesheim

Gutachtliche Stellungnahme des Jugendamtes

G.S. des →Jugendamtes sind als Gerichtshilfe vorgesehen für Vormundschafts-, Familiengerichts- und Jugendgerichtsverfahren; als Behördenhilfe für Angelegenheiten des Landesjugend-, des Einwohnermelde- und des Ausländeramts. In allen Fällen soll die Beteiligung des Jugendamtes die Berücksichtigung des →Kindeswohls gewährleisten. Entsprechend müssen die Anhörungsinstanzen die vom Jugendamt ermittelten verfahrensrelevanten Fakten, deren Interpretation und die resultierenden Empfehlungen zur Kenntnis nehmen und in die Beschlußfassung einbeziehen.

Guttempler-Orden in Deutschland (I.O.G.T.) e.V.

Der G.-O. ist eine konfessionell und politisch unabhängige Gemeinschaft, die sich alkoholgefährdeten und -kranken Menschen sowie deren Angehörigen und Freunden widmet und in seinen Gruppen „Hilfe zur Selbsthilfe" anbietet. Er wurde 1851 als Abstinenzorganisation „Independent Order of Good Templars" in den USA gegründet und später in „International Organization of Good Templars" (I.O.G.T.) umbenannt. Ab 1889 entstanden auch in Deutschland Gruppen des G.-O. Der G.O. ist als Bundesverband in 11 Landesverbände mit eigenem Rechtsstatus gegliedert. Ihm angeschlossen sind das „Guttempler-Bildungswerk e.V." und das Guttempler Sozialwerk Frankfurt als Träger der Aus- und Fortbildung der freiwilligen Mitarbeiter in der Suchtkrankenhilfe und der Gesundheitserziehung, das „Guttempler-Hilfswerk e.V." und das Guttempler Sozialwerk Frankfurt als Träger für Fachkliniken, das „Guttempler-Sozialwerk Kiel e.V." als Trägerverein einer Übergangseinrichtung und das „Guttempler-Jugendzentrum Damperhofstr. e.V." als Träger einer Jugendorganisation mit Beratungsstelle und Freizeitstätte. Darüber hinaus ist der deutsche G.O. Mitglied der →Deutschen Hauptstelle gegen die Suchtgefahren und des →Paritätischen Wohlfahrtsverbandes.

Anschrift: Adenauerallee 45, 20097 Hamburg

H

Häusliche Krankenpflege
→Ambulante Krankenpflege

Haftentlassung
→Strafvollzug
→Entlassenenhilfe

Haftung
Die klassischen zivilrechtlichen Haftungstatbestände sind die Vertragsverletzung und die unerlaubte Handlung. Grundsätzlich ist die H. vom Verschulden abhängig, welches wiederum die Deliktfähigkeit (→Strafmündigkeit) voraussetzt. Deshalb haften bei Kindern unter 14 Jahren die Eltern. Auch im Zusammenhang mit der übertragenen →Aufsichtspflicht, z.B. bei pädagogischen Betreuungsverhältnissen, sind Fragen der Haftung zu beachten. Das zivilrechtliche Haftungsrisiko wird den Aufsichtspflichtigen meist durch eine gesetzliche oder (vom Träger abzuschließende) private Unfallversicherung abgenommen. Bei Vorsatz oder grober Fahrlässigkeit kann die Versicherung den Verursacher jedoch in Regreß nehmen (→Amtshaftung).

Hahn, Kurt (5.6.1886–14.12.1974)
Nachdem H. in Göttingen und Oxford Alt- und Neuphilologie studiert hatte, leitete er von 1920–1933 das Landerziehungsheim Schloß Salem am Bodensee. 1933 emigrierte er nach Schottland, wo er 1934 nach reformpädagogischem Muster die Schule von Gordenstown gründete. In der Emigration entwickelte er auch die Idee der sog. Kurzschulen, in denen ca. 100 16–21jährige für vier Wochen in enger Erlebnisgemeinschaft Nächstenliebe erfahren und praktizieren sollten. Zentrales Erziehungsmittel dieser 1941 erstmals durchgeführten Schulen bildete die Menschenrettung auf See und im Gebirge, durch die eine Dynamik der Seele entbunden werden sollte, die noch gewaltiger sei als die Dynamik des Krieges. H. erhoffte sich von diesen Erfahrungen und dem durch ihnen ausgelösten praktischen Altruismus Wirkungen auf die internationale Verständigung und den Frieden. →Erlebnispädagogik; →Reformpädagogik

Handlungsforschung (Aktionsforschung; action research)
vor allem auf den „action-research"-Ansatz von K. →Lewin (1890–1947) und seinen Mitarbeitern zurückgehendes Forschungskonzept, in dessen Zentrum ein auf Demokratisierung gerichtetes Erkenntnis-, Handlungs- und Forschungsinteresse steht, welches die H. durch folgende Prinzipien zu erfüllen sucht: Die Forschungsfragen werden aus der aktuellen Wirklichkeit gewonnen. Wissenschaftler und die im Forschungsfeld befindlichen Personen (Praktiker, Betroffene) arbeiten im Erkenntnisprozeß unmittelbar zusammen, wodurch das herkömmliche Objekt-Subjekt-Verhältnis zwischen Forschern und Beforschten aufgehoben werden soll. Diese Kooperation stellt zugleich einen gemeinsamen Lernprozeß dar, der bereits Theorie- und Praxisfeld verändert und methodische Offenheit für aktuelle Praxisbedürfnisse sichern soll. Damit begibt sich die H. z.T. in Widerspruch zu den Methoden und dem Grundverständnis der →empirischen Sozialforschung. Trotz vielfältiger (vor allem im Kommunikativen und in der Aufhebung der Rollen begründeter) Probleme ist die H. im Bereich der projektorientierten Aus- und Fortbildung sowie in der →Organisationsentwicklung, z.T. auch als Bestandteil der →Streetwork von Bedeutung.

Handlungskompetenz
Fähigkeit, in unterschiedlich komplexen Situationen angemessene Handlungsstrategien, Kommunikationsmuster und Handlungslegitimationen zu entwickeln und einzusetzen. Die Verwendung des Konzeptes der H. – vor allem innerhalb interaktionstheoretischer Diskussionen

– hat auf die Bedeutung bestimmter Interaktionsfähigkeiten u. a. zum Aushandeln und zur Durchsetzung von Rechten verwiesen. Da diese Interaktionsfähigkeiten als sozialisationsbedingte Kompetenzen (→Sozialisation) nicht von allen gleichberechtigt erworben werden können, wurden in der schulischen wie auch in der außerschulischen Pädagogik Programme und Methoden zum Kompetenzerwerb entwickelt und umgesetzt (→Kompensatorische Erziehung).

Handlungstheorie

Sammelbegriff für die verschiedenen Ansätze der unterschiedlichen Disziplinen, die die Bedingungen, Formen und Richtungen elementaren sozialen Verhaltens zu systematisieren suchen. Neben der theoretischen Klassifikation von Orientierungsalternativen befaßt sich die H. mit der Erforschung der Gesetzmäßigkeit, die dem spezifischen Handeln eines Akteurs zugrundeliegt und mit deren Hilfe zukünftiges Handeln prognostiziert werden kann. Als Schlüsseltext soziologischer H. müssen die Definitionen Max Webers (1864–1920) gewertet werden. Insbesondere durch die Auseinandersetzung mit der ökonomischen Theorie, dem symbolischen Interaktionismus, der Psychoanalyse und dem Marxismus erhielten die soziologischen H. neue Dimensionen und Konzepte. →Psychodrama; →Theorie der Symbolischen Interaktion

Hauptfürsorgestelle

staatliche, z. T. kommunale Einrichtung zur Übernahme begleitender Hilfen und der Erhebung sowie Verwendung der Ausgleichsabgaben nach dem →Schwerbehindertengesetz. Im Rahmen der →Kriegsopferfürsorge gewähren die H. Hilfen zur beruflichen →Rehabilitation, Hilfen zum Lebensunterhalt und in besonderen Lebenslagen, Erholungs-, Wohnungs- und Erziehungshilfen. Die H. haben sich in der →Arbeitsgemeinschaft der Deutschen H. freiwillig zusammengeschlossen.

Hausbesuch

Serviceleistung innerhalb der →Allgemeinen Sozialen Dienste. Nach Absprache mit den Betroffenen ermöglicht der H. eine →Beratung in vertrauter Umgebung und kann dazu beitragen, die Schwellenangst vor Behörden zu nehmen. Auch können H. Behinderten und Pflegebedürftigen beschwerliche Gänge ersparen bzw. eine Beratung überhaupt erst ermöglichen. H. als Mittel der Kontrolle werden zunehmend als unvereinbar mit dem Selbstverständnis der Sozialarbeit/Sozialpädagogik empfunden. Im Rahmen der Informationssammlung vor der Abfassung von gutachterlichen Stellungnahmen (durch das Jugendamt) finden H. jedoch durchaus statt, um auch die häusliche Umgebung angemessen beurteilen zu können.

Haus der Jugend

→Jugendzentrum

Haushaltsgemeinschaft

Verwandte und verschwägerte oder in eheähnlicher Gemeinschaft lebende Personen, bei denen davon ausgegangen wird, daß gegenseitige Leistungen gewährt werden, gelten nach § 16 BSHG als H. Sie werden nicht getrenntlebenden Ehegatten sowie minderjährigen Kindern bei der Überprüfung sozialhilferechtlicher Ansprüche gleichgestellt. Macht der Hilfesuchende glaubhaft oder kann er gar nachweisen, daß er keine Leistungen erhält, also keine H. besteht, oder stellt sich heraus, daß die Mitglieder der H. nicht leistungsfähig sind, so ist Hilfe zum Lebensunterhalt zu gewähren (→Sozialhilfe).

Haushaltshilfe

Nach § 185 b der Reichsversicherungsordnung erhalten Versicherte eine H., wenn sie selbst oder ihr Ehegatte auf Grund eines Aufenthaltes im Krankenhaus, einer Entbindungsanstalt, einer Kur – oder anderen Rehabilitationsmaßnahmen nicht in der Lage sind, den Haushalt zu versorgen, und diese Aufgabe auch nicht von einer anderen im

Hauspflege

Haushalt lebenden Person übernommen werden kann. Weitere Voraussetzung für die Gewährung einer H. ist, daß mindestens ein Kind unter 8 Jahren oder ein behindertes Kind im Haushalt lebt. Auch wenn kein Kind zu versorgen ist, kommt eine H. als Satzungsleistung in Frage, wenn sie zusammen mit →ambulanter Krankenpflege stationäre Pflege vermeiden hilft. Die Kosten für eine H. müssen von den Krankenversicherungen oder den Trägern der →Rehabilitation übernommen werden. H. können u. a. →Familienpfleger, →Dorfhelfer, Kräfte der Sozialstationen, in Ausnahmefällen auch vom Leistungsempfänger benannte Ersatzkräfte sein.

Hauspflege

Leistungsmöglichkeit nach BSHG, die jenen gewährt werden soll, die ohne Betreuung und Pflege nicht in ihrem Haushalt verbleiben können und bei denen weder Angehörige noch Nachbarn diese übernehmen können. Sie umfaßt pflegerische, persönliche, versorgende und hygienische Betreuung durch eine Pflegekraft. H. soll durch Vermeidung stationärer Pflege Kosten einsparen und darüber hinaus den Pflegebedürftigen so lange wie möglich in der vertrauten Umgebung belassen.

Heilanstalt

im früheren Sprachgebrauch allgemein Institution zum Heilen von Kranken. Im engeren Sinne Einrichtung zur Behandlung von als heilbar diagnostizierter psychisch Kranker. Als unheilbar eingestufte Fälle sonderte man in Pflegeanstalten aus. Diese Differenzierung setzte sich seit Gründung der ersten H. 1805 in Bayreuth in vielen Regionen durch (→Psychiatrie und Sozialpädagogik). →Heil- und Pflegeanstalten entstanden als kombinierte Einrichtung dort, wo sowohl behandelt als auch verwahrt wurde.

Heilpädagogik

Die aus der zweiten Hälfte des 19. Jahrhunderts stammende H. orientierte sich eng an dem medizinischen Modell und hatte die „Heilung" von gefährdeten, gestörten und behinderten Kindern zum Gegenstand. →Sonderpädagogik

Heilsarmee (Salutisten)

1878 von William Booth (1829–1912) gegründete internationale Christengemeinschaft. Die H. wendet sich vor allem an Menschen in besonders schwierigen sozialen Lagen, deren Not durch soziale, gemeindebildende und evangelistische Arbeit gelindert werden soll. Die H. ist militärähnlich strukturiert; sie hat einen General, weibliche und männliche Offiziere sowie (auch ehrenamtliche) Helfer. Hauptsitz der H. ist London; das nationale Hauptquartier für Deutschland befindet sich in Köln.

Heil- und Pflegeanstalt

seit Ende des 19. Jahrhunderts offizielle Bezeichnung für psychiatrische Kliniken (zuvor: Irrenanstalt). Die H. u. P. lag zumeist außerhalb der Wohngebiete, was zu einem von der Gesellschaft abgetrennten Leben führte. Mit Zunahme der Kritik an den abgeschlossenen, isolierten Großkrankenhäusern geriet auch der Begriff H. u. P. zunehmend in Verruf und wurde immer weniger gebraucht.

Heimatsystem

im 16. Jahrhundert entwickeltes Prinzip, nach dem die Armenunterstützung an die Heimat des Bedürftigen gebunden war. Das Heimatrecht wurde durch Geburt, Heirat oder durch Aufnahme in die Gemeinde erworben. Die zunehmende Mobilität der Menschen erforderte eine Modifikation des H. Es wurde später endgültig vom →Unterstützungswohnsitz(gesetz) und vom „gewöhnlichen Aufenthalt" abgelöst.

Heimaufsicht

1. Die H. hat die Aufgabe, die Einhaltung der Vorschriften des →Heimgesetzes zum Schutz der Bewohner und Heimplatzbewerber von Alten- und Pflegeheimen zu überwachen. Vor allem sollen alle Betroffenen umfassend beraten, die Erfüllung der gesetzlichen

Pflichten der Heimbetreiber, -leiter und des -personals, sowie die Beteiligung des Heimbeirates bei allen Entscheidungen, die das Leben der Heimbewohner betreffen, kontrolliert werden.

2. Die bisherige H. im Rahmen der Jugendhilfe nach § 78 JWG, der die Aufsicht über Heime und andere Einrichtungen, in denen Minderjährige dauernd oder zeitweise betreut werden, regelte, ist im § 45 KJHG von einem generellen Erlaubnisvorbehalt abgelöst worden. Danach hat das Jugendamt die Aufgabe, im Einzelfall zu prüfen, ob die Voraussetzungen zur Erteilung der Pflegeerlaubnis erfüllt sind.

Heimbeirat
→Heimgesetz

Heimerziehung

1. Begriff. Der Terminus „Heim" wird sehr umfassend für vorübergehende oder dauerhafte institutionalisierte Wohnformen mit Versorgungs- und Betreuungsleistungen verwandt. Dazu gehören Einrichtungen der (Elite-)Ausbildung in Internaten, Lehrlingsheime, Studentenwohnheime, auch Militärakademien, Übergangsheime (Strafvollzug) und der Verfahrenssicherung dienenden Unterbringung (U-Haft), dann Aussiedlerheime, Einrichtungen für Flüchtlinge und Asylbewerber, zudem Jugendherbergen, Kurheime/Sanatorien, Institutionen der Psychiatrie und stationäre Einrichtungen der Jugend-, Behinderten- und Altenhilfe. Weiter wird der Begriff für Sonderformen wie Frauenhäuser und Hospize verwandt.

Im allgemeinen Sprachgebrauch werden unter „Heimerziehung" oder „stationären Erziehungshilfen" überwiegend Angebote der →Jugendhilfe bezeichnet, bei denen Kinder, Jugendliche und junge Menschen (bis zum 27. Lebensjahr) außerhalb ihrer Herkunftsfamilie und z.T. regional völlig unabhängig von ihrem gewohnten sozialen Umfeld, vorübergehend oder langfristig in Heimen, →Wohngemeinschaften, →Kinderdörfern, →Kinderhäusern ihren neuen Lebensmittelpunkt finden sollen. Für ein Leben außerhalb des Herkunftsmilieus gibt es mindestens drei – allein oder kombiniert auftretende – auslösende Faktoren: tatsächliche oder vermeintliche Sozialisations- bzw. Erziehungsdefizite, einschließlich des Verlustes der Eltern, oft bei Fehlen oder Versagen vorgelagerter Sozialisationshilfen und Versorgungsnetzwerken (Familie, Verwandtschaft), Abgelegenheit der Schulen, Ausbildungsstätten oder Arbeitsplätze vom Heimatort und schließlich Wohnen außerhalb der Herkunftsfamilie als Selbstzweck (Bedürfnisse der Jugendlichen nach Verselbständigung) in Formen betreuten Jugendwohnens oder Wohngemeinschaften. Im traditionellen Verständnis ist ein Heim eine Sozialisationsorganisation, in der die Mitarbeiter/-innen mit der Aufgabe betraut werden, „andere in der Weise zu beeinflussen, daß sie hinterher andere Fähigkeiten, Einstellungen, Werte oder ähnliche Qualitäten besitzen als vor ihrer Aufnahme" (Wheeler 1974). Sie sollen zur Selbstsorge und sozialer Präsentation befähigt werden.

Die rechtlichen Aspekte sind u.a. im Rahmen der Hilfe zur Erziehung nach § 27 in Verbindung mit § 34 KJHG („Hilfe zur Erziehung in einer Einrichtung über Tag und Nacht (Heimerziehung)"), im JGG (§§ 71 f.) und im BGB (§ 1631 b: „geschlossene Unterbringung") geregelt: Im Rahmen der Eingliederungshilfe nach § 39 BSHG im Grenzbereich zur Sozialhilfe in Verantwortung der überörtlichen Träger der Sozialhilfe sind Unterbringungen in einem Heim möglich. Mit dem KJHG zu einem sozialen Leistungsrecht: die 714 Jugendämter sind nicht länger „Herr des Verfahrens", sondern der dienstleistungsberechtigte Bürger, also die Kinder und jungen Erwachsenen und deren sorgeberechtigte Eltern. Zukünftig werden die Heime nicht mehr das exekutieren, was ihnen von den Ämtern aufgetragen wurde, vielmehr werden sie sich in ihren Angeboten „kontraktueller Dienstleistungsarbeit" (Olk 1986) stärker an den Erwartungen und Interessen der Leistungsberechtigten zu orientieren haben (Hilfeplan, §§ 36–38 KJHG). In einem Aushandlungsprozeß mit allen Betroffenen sind akzeptierbare Ziele und Inhalte für die Erziehungshilfe zu formulieren und zu gestalten.

Die in der Öffentlichkeit z. T. noch vorfindbaren Vorurteile und die Bereitschaft zu Stigmatisierungsprozessen, die Heimbewohner und Mitarbeiter/-innen einbeziehen, haben den schon eingeleiteten inhaltlichen und konzeptionellen Wandel nicht zur Kenntnis genommen. Der behauptete dominierende negative Sozialisationseffekt einer Erziehung in Heimen wird durch Untersuchungen widerlegt (Bürger 1990; Gehrens 1997, Forschungsprojekt Jule 1999).

2. Geschichte. Die stationäre Erziehung von Kindern hat ihren Ursprung einmal in der Herausbildung von Führungseliten (Ritterakademien, Internate der Lateinschulen bis hin zu den Landeserziehungsheimen), zum anderen überwiegend in der Armenpflege, die als christliche Liebestätigkeit begann. Im Alten Testament war die ethische Verpflichtung zur Unterstützung von Witwen und Waisen gefordert (Exodus, 22,21, Jes. 1,17; Sach. 7,10), im Neuen Testament erfolgt die Ausgestaltung in Jak. 1,27, in Verbindung mit Math. 25,40, Römer 12,1 und schließlich in der Hingabe an Gott und der dienenden Liebe zu den Menschen (Math. 23,38 und 39). Seit dem 4. Jahrhundert ist der Beginn einer institutionellen Unterbringung hilfsbedürftiger junger Menschen in Klöstern, Findelhäusern, Hospitälern und Armenhäusern als Ergänzung zu den in christlichen Gemeinschaften verbreiteten Verwandtenpflege und dem Pflegekinderwesen belegbar. Der Gedanke und die Taten der „christlichen Liebestätigkeit" waren im Verlauf der Geschichte wirtschaftlichen und politischen Veränderungen ausgesetzt, sie wurden schließlich zur juristischen Legitimation herabgewürdigt: Nicht die Würde des kindlichen Individuums sollte gewahrt und gesichert werden, sondern eine definierte Menge mußte in geordneter Weise bestimmt und verwahrt werden, die Einrichtungen fungierten überwiegend als Instrumente der Sozialdisziplinierung. Die Zucht- und Werkhäuser, organisiert nach dem Modell des Amsterdamer tuchthuis (1561), in Deutschland über die Handelsbeziehung mit den Niederlanden zunächst in den Hansestädten Bremen, Hamburg, Lübeck eingeführt, verfolgten unter dem Einfluß humanistischer bzw. protestantischer Ethik das Ziel, durch strenge Zucht und körperliche Arbeit den jugendlichen Straftäter oder „Verwahrlosten" moralisch zu bessern und ihn zu Arbeitstugenden zu erziehen. Im Verlauf der Zeit wandelten sich die Einrichtungen zu Institutionen der merkantilen Wirtschaftspoitik, an die Stelle der Erziehung zur praktischen Arbeit trat oft die Erwirtschaftung eines Überschusses. Durch rigide konfessionelle Unterweisung und „hurtige" Arbeit sollten die Kinder „gerettet und gebessert" werden, die Fröhlichkeit galt als Mangel an bußfertiger Gesinnung (Spielverbot). Der „natürliche" Eigenwille der Kinder war zu brechen. In den 70er Jahren des 18. Jahrhunderts kam es zu einer ersten großen Krise der Jugendfürsorge. Die Philanthropen unter dem Einfluß Rousseaus (1712–1778) und der Sturm-und-Drang-Bewegung entfachten den sogenannten Waisenhausstreit, prangerten die hygienischen, gesundheitsgefährdenden und ausbeuterischen Verhältnisse an, die nicht mehr den Forderungen des aufgeklärten Christentums entsprachen. Als Beispiel für die Schärfe der Auseinandersetzung sei auf den Roman „Carl von Carlsberg oder über das menschliche Elend" von C. G. Salzmann (1744–1811) verwiesen. Gegen Ende des 18. Jahrhunderts wurde ein großer Teil der bestehenden Waisenhäuser aufgelöst und in Einrichtungen zur Familienpflege der Waisenkinder umge-

wandelt. Die Pflegestellen gerieten aber bald in Verruf, der Gedanke der Waisenhäuser wurde reaktiviert, es wurde die Umwandlung der großen Massenerziehungsanstalten in mehrere kleine Heime gefordert. Man berief sich vor allem auf Pestalozzi (1746–1827), der in seinem Stanser Brief schrieb, daß „die Vorzüge, die die häusliche Erziehung hat, von der öffentlichen müsse nachgeahmt" werden, da „die letztere nur durch die Nachahmung der ersteren für das Menschengeschlecht einen Wert habe."
Im 19. Jahrhundert erlebten die pädagogischen Reformansätze massive Rückschläge, durch die Befreiungskriege (1813–15) hatte die Wirtschaft gelitten, die industrielle Revolution verschärfte die Not der unteren Bevölkerungsschichten. Der Staat zog sich aus seiner Verantwortung für die notleidende Bevölkerung zurück, Privatpersonen und die Kirchen schufen Erziehungsanstalten (vgl. Scherpner 1968; Sauer 1979; Röper 1976). Diese Konzepte aber erwiesen sich der massiven gesellschaftlichen Not nicht gewachsen, wie sie, durch die erneute Land-Stadt-Wanderung und die Industrialisierung bedingt, vor allem in den Slums der expandierenden Städte sich breitmachte. Der aufbegehrende gesellschaftskritische Impuls der klassischen Pädagogik verlor sich, eine Ideologie der patriarchalisch heilen Familie machte sich breit, einhergehend mit einem zunehmend religiös-moralischen und individualisierenden Verständnis von sozialen Problemen. Heimerziehung geriet in den restaurativen Sog, es entstanden die großen, disziplinierenden und stigmatisierenden Anstalten, die totalen Institutionen der Jugendhilfe.
Die Entwicklung fachwissenschaftlicher Disziplinen wie (Sozial-)Pädagogik, Pädiatrie und Psychiatrie, Psychologie und Psychoanalyse bemühten sich u. a. um eine pädagogisch konzeptionelle Fundierung einer Erziehung in Heimen, die die aus dem 19. Jahrhundert überkommene Anstaltserziehung ablösen sollte. Die Postulate der hermeneutisch-pragmatischen Pädagogik ebenso wie die einer sozialistischen Erziehung, die beiden ansatzweise in praktischen Alternativen zur Anstaltserziehung in einigen Einrichtungen verwirklicht wurden, haben die Wirtschaftskrise der Weimarer Republik nicht überlebt. Im Nationalsozialismus (→Nationalsozialismus und Sozialpädagogik) erfolgte die Gleichschaltung mit der Ausrichtung auf die völkische, rassenhygienische und vormilitärische Erziehungsideologie. Es kam in der Extremvariante auch zur Gründung von Schutzlagern mit militärischem Drill und ohne rechtliche Sicherung junger Menschen. Eine Entlassung war nicht vorgesehen, lediglich eine Überführung in Arbeitshäuser oder Konzentrationslager.
Nach 1945 änderte sich in der Heimerziehung Wesentliches: die Anstaltserziehung wurde allmählich durch familienanaloge Heimformen abgelöst. Die Praxis der Sozialpädagogik war noch bis zum Ende der 60er Jahre defensiv eingestellt und fühlte sich unhinterfragt den traditionellen Normen verpflichtet. Einen wesentlichen Beitrag für die anstehenden innovatorischen Vorhaben leistete Thiersch (1967), indem er den traditionellen Indikationsbegriff →„Verwahrlosung" als Wertbegriff ex negativo entlarvte. Die Diffusität dieses Begriffs hatte zu einer einseitigen Definition von auffälligen Symptomen durch die Instanzen sozialer Kontrolle (Schule, Jugendamt) geführt; bei der Analyse problematischer Biographien wurde zu wenig beachtet, daß reduzierte Lebensbedingungen zu erheblichen Defiziten im intellektuellen, emotionalen und sozialen Bereich führten. Vergleichbar mit der vehementen Kritik der Anstaltserziehung in den 1920er Jahren wurde von den jungen Linken und fortschrittlichen Vertretern aus Praxis und Wissenschaft im Kontext der Skandalisierung verdrängter sozialer Problemlagen die „Misere der Heimerziehung" analysiert (Heimkampagne), eine Integration sozi-

alwissenschaftlicher Rationalität in die Handlungsformen der Praxis gefordert.

3. Wandel von Strukturen/Organisationsformen. Nach der Problematisierung des Monopols der Heimerziehung im Bereich der Jugendhilfeangebote Ende der 60er Jahre wurde diese Ersatzform von familiärer Erziehung zunächst unter den Kriterien der →„totalen Institution" (Goffman 1961) und der Subkulturtheorie von Polsky (1962) analysiert, die anstehende Reform mit Konstrukten aus dem „therapeutischen Milieu" (→Aichhorn 1974, →Bettelheim 1971, →Redl 1971) betrieben. Totale Institutionen nehmen die Insassen aus ihrer gewohnten Lebenswelt und unterbrechen damit die Kontinuität der Biographie. Im Gegensatz werden den Insassen neue, institutionsspezifische Verhaltensformen aufgezwungen: in den markierten Eingangssituationen, in der Unentrinnbarkeit der verplanten Zeit, der dauernden Beobachtung und Bewertung des Verhaltens, in eingeschränkten Angeboten zu Arbeit und Lernen, in der Verhinderung von Isolierung und Distanz innerhalb der Institution. Der Begriff der totalen Institution wurde ein Instrument der Kritik der Heimerziehung. Sie konkretisierte sich in der zentralen These, daß das institutionelle Setting einen größeren Einfluß auf die Identitätsentwicklung und Sozialisation der „Insassen" besitzt als pädagogische oder therapeutische Maßnahmen. Der Ansatz von Goffman unter Einbeziehung der Studie von Street, Vinter und Perrow (1966) wird u. a. von Landenberger/Trost (1988) fortgeschrieben. Sie konkretisieren die Dimensionen der Lebenskultur im Heim vor dem Hintergrund von Biographien und Heimbeschreibungen und gewinnen mit Fragen nach Gruppenstruktur, Beziehungen zu Erziehern oder Jungen- und Mädchenkultur ein differenziertes Instrumentarium zur Darstellung von Heimrealität (vgl. auch: Brown, Bullock, Habson, Little 1998). Durch den institutionellen Wandel in der Heimerziehung tritt die Bestimmung von Handlungsbedingungen durch übergreifende Institutionsmodelle in den Hintergrund, sie bleibt für Evaluationen einzelner Einrichtungstypen von Bedeutung. Die Heimpraxis bedarf neuer Referenzmodelle, die den Zusammenhang zwischen subjektivem Sinn und objektiver Struktur unter Bezug auf Handlungen beschreibbar und analysierbar werden lassen. Giddens (1995) verweist auf „Regel-Ressourcenkomplexe", die in institutionelle Gefüge sozialer Systeme einbezogen sind und zugleich als Strukturprinzipien über die Institution hinausweisen (ausführlich hierzu: Gabriel 1999; Hansbauer 1999).

Das „therapeutische Milieu" kann beschrieben werden als eine „living-learning-situation", welche eine „realitätsorientierte", „egalitäre" Sozialstruktur mit heilenden Effekten für Einrichtungen der Psychiatrie und Sozialpädagogik beinhaltet, ohne sich auf eine bestimmte therapeutische Schule festzulegen, vielmehr verbindet sie therapeutische Standards mit pädagogischem Handeln im gemeinsamen Alltag. Mit den Strukturen der Institution Heim haben sich die Anforderungen an pädagogische Mitarbeiter geändert. Der Pädagoge mit spezifischen, individuellen Fähigkeiten rückt in das Blickfeld der Betrachtung.

Kinder und Jugendliche mit schwierigen Biographien und häufig ungekonntem, störendem Verhalten und Fehleinschätzungen von Situationen, Kinder, die unter Bedingungen leben, die ihnen kontrollierte Emotionen unmöglich machen, brauchen Gelegenheiten und Handlungsräume, um aus dem Kreislauf von Auffälligkeiten, Stigmatisierungen und sich darin verfestigender devianter Karriere auszusteigen. Dazu gehören die Strukturen eines entlastenden, aber attraktiven Lebensfeldes, die den Kindern die Möglichkeit eröffnen, sich durch erlebte pädagogische Begegnungen helfen zu lassen; Strukturen, in denen Verhaltens-, Verständigungs- und Erfahrungsalternativen angeboten werden, die an den subjektiven Alltagserfahrungen und Deutungen der Kinder anknüpfen und sie befähigen, sich den modernen Lebensbedingungen zu stellen. Sie haben das Recht darauf, daß ihre Lebensentwürfe als „Gesellschaftsentwürfe im Kleinen" begriffen werden, in einem sozial anerkennenden und aktivierenden Umfeld, das Grenzen erfahrbar macht und setzt, in dem bisherige Bewältigungskompetenzen gleichzeitig anerkannt und umgestaltet werden können. Das Recht des Kindes/Jugendlichen auf Bildung und Lernen, auf spezifische Erfahrungen und Möglichkeiten im Zusammenhang mit seiner Biographie (Vergangenheit, Gegenwart und Zukunft) ist zu realisieren in der besonderen Form pädagogischer Interaktion, im Lebens- und Schutzraum pädagogischer Institutionen, z.B. im →pädagogischen Bezug und durch →pädagogischen Takt. Die konkrete personale Beziehung und die unterschiedlichen personalen Begegnungen im Heim gestalten ein Arbeitsbündnis auf Zeit, bedienen ein menschliches Grundbedürfnis nach Anerkennung: das menschliche Individuum wird zu allererst in sozialer Interaktion zur „Person" und zwar durch Prozesse der gegenseitigen Anerkennung (Honneth 1992; Taylor 1995), die soziale Subjektivität insistiert auf die soziale Bestätigung einer Existenz zum Singular und wird durch Ich-Du- oder Ich-Wir-Bezüge begründet. Die Bereitschaft, sich auf die ausgesprochenen und unausgesprochenen Bedürfnisse junger Menschen in der Heimerziehung einzulassen, geht nicht auf in einem bloßen empathischen Verstehen, sondern der pädagogisch Handelnde ist als Person gefordert, die selbst für etwas einsteht und sich den jungen Menschen gegenüber öffnet. Gehres (1997) belegt mit seiner auf Kasuistik aufbauenden Studie, daß die Beziehungsqualität ein zentraler Wirkfaktor im pädagogischen Feld des Heimes ist. Die Rückbesinnung auf pädagogische Klassiker (z.B. →Makarenko, →Aichhorn, →Bernfeld, →Wilker, →Korczak) und der von ihnen verantworteten Praxis, dem Nachzeichnen von Traditionslinien und Traditionsbrüchen, der Reinterpretation vor dem Hintergrund heutigen Wissens, würde demokratische Formen der Mitbestimmung reaktivieren. Für den Zwischenbereich von Jugendhilfe und Jugendstrafrechtspflege wird, in der Abwahl geschlossener Unterbringung, ein Modell in die Diskussion gebracht, nach dem jugendliche gewaltbereite Mehrfachtäter als „trainees" eingestuft und über aktivierende Gruppenprozesse resozialisiert werden. Damit wird auch ein Konzept der Erziehung durch Gemeinschaft der 20er Jahre reaktiviert, das der Jugendhilfe später verloren ging (Grissom, Dubnow 1989).

4. Erscheinungsformen. Die Erscheinungsformen der Heimerziehung sind vielfältig. Die Einrichtungen differenzieren sich in Gruppen (Binnendifferenzierung). Die Säuglingsheime wurden mit der Rezeption der Hospitalismusforschung (Bowlby 1951; Spitz 1957) in der BRD weitgehend aufgelöst. Andere Einrichtungen bieten ihre Programme für bestimmte Personengruppen, wie Mutter-und-Kind-Heime, Mädchenheime, Heime für behinderte Kinder etc., an; weitere verfolgen besondere Aufgaben, z.B. Unterstützung der Ausbildung (Lehrlingsheime), Auffassungs- und Beobachtungsheime, Heime für Flüchtlingskinder, Kinder- und Jugendnotdienste, geschlossene Heime oder heilpädagogische Einrichtungen. Manche Heime verfügen über interne Schulen und/oder Werkstätten, andere haben Verbundsysteme mit Integration von ambulanten Angeboten, teilstationären Gruppen, Außenwohngruppen, betreutes Einzelwohnen und Pflegestellen. In jüngster Zeit werden in Anlehnung an die amerikanischen Half-Way-Houses milieunahe/stadtteilorientierte Einrichtungen gegründet. Diese Einrichtungen sind z.T. Bestandteil von Stadtteilarbeit,

die Kinder wohnen im (Klein-)Heim, die Einrichtung ist kein Familienersatz, sondern ergänzt diese. Die in allen Heimkonzentrationen geforderte Elternarbeit ist aufgrund der nachbarschaftlichen Nähe leichter zu realisieren (ökologische, sozialräumliche Orientierung mit Einbezug vorhandener Institutionen, Vernetzung). Der milieunahen Heimerziehung gelingt das „Einmischen" in andere gesellschaftliche und institutionelle Bereiche, die ihrerseits die Lebensbedingungen junger Menschen konstituieren, leichter. Die konzeptionelle und organisatorische Differenzierung in der Heimerziehung seit Ende der 70er Jahre (Klein- und Kleinsteinrichtungen, Dezentralisierung großer Institutionen und Ausdifferenzierung unterschiedlicher Betreuungssettings) hat eine neuartige Hilfeform hervorgebracht, die „ambulante Einzelbetreuung" als Regelangebot der Heimerziehung (Hansbauer 1999). Die Jugendlichen werden individuell und nicht in Gruppen in dezentral angemieteten Wohnungen betreut, die Professionellen sind nicht durchgehend anwesend.

Die Heimerziehung unterscheidet in ihren Angebotsstrukturen nach Interimshilfen und längerfristigen Hilfen. Als Interimshilfen gelten Hilfen in akuten Krisen, z.B. bei Katastrophenereignissen in den Familien, wenn Kinder oder Jugendliche plötzlich und unvorhersehbar unversorgt sind und keine ambulante Hilfe verfügbar ist, bei nicht kompensierbarem Ausfall des versorgenden Elternteils und fehlenden längerfristigen Perspektiven oder als entlastender Übergang, z.B. zwischen Herkunftsfamilie und später dauerhafterer Lösung, etwa bei Vermittlung in Pflegestellen oder Wohngemeinschaften. An längerfristigen Hilfen bietet die Heimerziehung ein kontrolliertes Lernfeld für junge Menschen, die ein entlastendes oder „therapeutisches Milieu" benötigen, wo sie sich besser angesprochen fühlen als nur durch Erwachsene und wo sie sich leichter zurechtfinden.

Aus der Schüler- und Studentenbewegung, z.B. im Rückgriff auf sozialistische Sozialisationsmodelle und Entwürfe der →Reformpädagogik, entwickelten sich Wohngemeinschaften und Wohnkollektive. Sie zeigen folgende Ausdifferenzierungen: Wohngemeinschaften mit unbedingter Selbstorganisation (Kollektive); Wohngemeinschaften Jugendlicher, die in einem mehr oder weniger engen Verbund mit einer Gruppe von Erwachsenen leben (Kooperationsmodell); Wohngemeinschaften mit gelegentlicher pädagogischer Betreuung und solche mit kontinuierlicher sozialpädagogischer oder sozialtherapeutischer Begleitung und entsprechendem Personaleinsatz. Asyle und Sleep-Ins wenden sich an Treber, entwichene Kinder und Jugendliche aus Elternhäusern oder Heimen, drogenkonsumierende Jugendliche und minderjährige Prostituierte, die eine kurzfristige niedrigschwellige Hilfe brauchen.

Die Ausgrenzung der ca. 420 Internate/Konvikte mit etwa 55000 jungen Menschen aus den Jugendhilfeinstitutionen ist systematisch nicht gerechtfertigt, erklärt sich nur historisch. Heute werden bis zu 30% der Schüler/-innen in Internaten mit Jugendhilfemitteln gefördert. Im europäischen Vergleich fällt auf, daß die einzelnen Länder einer jeweils eigenen Fremdplatzierungskultur folgen. Die mediterranen Länder (Griechenland, Italien, Spanien) reagieren auf die Problemlagen junger Menschen im Kontext mit den Modernisierungsprozessen eher (groß-)familial, öffentliche sozialpädagogische Interventionen sind eher in Holland, Deutschland oder Frankreich zu verzeichnen (vgl. Colton/Hellinckx 1993).

In den 80er Jahren waren die Platzierungszahlen in den stationären Erziehungshilfen europaweit insgesamt in der Abnahme begriffen. Dieser Trend war in der BRD jedoch neben dem hohen Kostendruck hauptsächlich demographisch bedingt und setzte sich, mit bedingt durch →die Neue Armut, in den 90er

Jahren nicht fort. Die Fremdplatzierungsquote in der Heimerziehung schwankt zwischen 3,71‰ (1991) und 4,07‰ (1996), derzeit leben etwa 75 600 junge Menschen in über 2000 Einrichtungen.
Die Statistik weist einen Trend der Verschiebung der Altersstruktur hin zu den jüngeren auf (12% der Heimpopulation ist bis zu 9 Jahren, etwa 35% zwischen 15–18 Jahre alt), die Zahl der in Heime eingewiesenen Mädchen steigt (derzeit etwa 45%), die Anzahl ausländischer Jugendlicher liegt bei etwa 9% der Heimpopulation. Die durchschnittliche Dauer eines Aufenthaltes in der Heimerziehung geht europaweit zurück, bedingt durch die fachliche Vorgabe, die Maßnahme als zeitlich begrenzte Hilfe mit dem Ziel der möglichst baldigen Rückkehr ins Elternhaus oder in die Verselbständigung zu gestalten. 38% der jungen Menschen waren bis zu 12 Monaten, 20% zwischen 1 und 2 Jahren und 15% hatten mehr als 5 Jahre in der Heimerziehung verbracht (vgl. Statistisches Bundesamt). Diese Daten beziehen sich punktuell auf eine beendete Maßnahme, sagen nichts über die tatsächliche Dauer (z. B. Heim, Pflegestelle und wieder Heim) einer Jugendhilfekarriere aus. In einem Heim leben 3 bis 350, im Durchschnitt aber etwa 33 junge Menschen. Ein Fünftel der Heime verfügt über mehr als 60 Plätze, in ihnen leben 40% der fremdplatzierten Kinder und Jugendlichen. Seit den 1970er Jahren hat eine (auf europäischer Ebene) Redimensionierung der Einrichtungen stattgefunden. Die Merkmalsdimensionen der Größe einer Einrichtung wie Hierarchie und Bürokratie (anonyme Fremdversorgung) werden zugunsten kleinerer organisatorischer Einheiten mit demokratischeren Entscheidungsstrukturen, Autonomie von Teilsystemen (Wohngruppen) und der stärkeren Integration von Wünschen junger Menschen auf Mitgestaltung ihres Heimalltags abgebaut. Die Gruppenstärke variiert in der Regel von 8 bis 15 Plätzen, sie sind überwiegend alters- und geschlechtsgemischt. Die Relation von Minderjährigen zu Mitarbeitern variiert zwischen 10:1 und 10:15. Verringert hat sich der Anteil von Beschäftigten ohne Ausbildung in der Heimerziehung (weniger als 13%), neben Kinderpflegerinnen sind als sozialpädagogische Fachkräfte vor allem Erzieher/-innen (62,0%) und sozialpädagogische Akademiker (17% in Heimerziehung bzw. 38 in betreuten Wohngruppen) in den Einrichtungen beschäftigt. Die Pflegesätze belaufen sich, ohne Berücksichtigung besonderer Leistungen (z. B. Ferien, Bekleidung, Einzeltherapie) auf monatlich zwischen rd. 3500,– DM und – insbesondere bei heilpädagogisch-therapeutisch orientierten Einrichtungen und Behindertenheimen bis zu 9000,– DM. Das gesamte Spektrum der Kosten für Hilfen zur Erziehung beläuft sich auf etwa 7 500 000 000,– DM jährlich.
Die Träger der Einrichtungen sind Kommunen (mit stark rückläufiger Tendenz), Länder, vor allem die →Wohlfahrtsverbände, gemeinnützige Vereine oder private Unternehmer.

5. Aspekte von Forschung. Wie jede andere Form von Erziehungsinstitutionen bedarf auch die Heimerziehung einer empirisch fundierten, um Methodenkritik bemühten Forschung, welche die Realität der Handlungsfelder abbildet und auf analysierende Theorien zielt. Die für die Heimerziehung begonnene Forschung muß für die theoriebezogene Praxis weiter fortgeführt werden. Die Forschungsförderung im Bereich der Jugendhilfe ist unzureichend. Thiersch (1997) hat darauf verwiesen, daß ein Anteil von etwa 3% der Aufwendungen innerhalb der Erziehungshilfe für Forschung und Evaluation festzusetzen sei. Die derzeit unbefriedigende Praxis der Förderung verhindert die Sammlung und Vernetzung von Grundlagenwissen. Es gibt nur wenige Studien zu Biographien und Jugendhilfeverläufen, insbesondere unter Berücksichtigung der sub-

jektiven Sicht der jungen Menschen, notwendig wären Langzeituntersuchungen über die Wirkungsweisen von Heimerziehung und zur Funktion stationärer Maßnahmen und der Wechselwirkung zwischen Jugendhilfe, Jugendstrafrechtspflege und Kinder- und Jugendpsychiatrie. Gabriel (1999) macht darauf aufmerksam, daß die Kooperation von Theorie und Praxis durch Brüche gekennzeichnet ist. Einerseits fehlt es in der Praxis oft an Forschungskompetenz (und Zeit), andererseits übergeht die Wissenschaft oft die Anforderungen der Praxis, indem sie sich kaum um Kooperationsformen bemüht.

Die Geschichte der stationären Erziehung wird der ihr immer noch innewohnenden Ambivalenz von Hilfe und Kontrolle genauer nachzugehen haben (Münchmeier 1981). Die Wissenschaft ist das klassische Gebiet internationaler kulturübergreifender Zusammenarbeit. Vor dem Hintergrund der Gefahr einer funktional-rationalen Einheitskultur als Produkt des europäischen Einigungsprozesses (→Europäische Sozialpolitik und Europarecht) erscheint es bedeutsam, kulturübergreifende Kommunikationsformen auf dem Gebiet der Wissenschaft, insbesondere in den randständigen Bereichen wie der (Sozial-)Pädagogik zu schaffen.

Lit.: Aichhorn, A.: Verwahrloste Jugend. Stuttgart 1971; Bettelheim, B.: Liebe allein genügt nicht. Stuttgart 1971; Blandow, J.: Heimerziehung und Jugendwohngemeinschaften. in: Faltemaier, J. Blandow, J.: Erziehungshilfe in der Bundesrepublik Deutschland, Frankfurt a.M. 1989; Brown, E., Bullock, R., Hobson, C., Little, M.: Making Residential Care Work. Structure and culture in children's homes. Aldershot 1998; Bürger, U.: Heimerziehung und soziale Teilnahmechance. Pfaffenweiler 1990; Colla, H. E.: Heimerziehung. München 1981; Colton, M. J., Hellincks, W. (Hg.): Child Care in the EC. Aldershot 1993; Forschungsprojekt Jule: Bauer, D., Finkel, M., Hamburger, M., Kühn, A. D., Thiersch, H.: Leistungen und Grenzen von Heimerziehung. Stuttgart–Berlin–Köln 1999; Gabriel, T.: Theoriebildung und -anwendung. Eine Studie über die Forschung zur Heimerziehung in Großbritannien u. Deutschland. Lüneburg 1999; Gehrens, W.: Das zweite Zuhause. Lebensgeschichte und Persönlichkeitsentwicklung von Heimkindern. Opladen 1997; Goffman, E.: Asyle. Frankfurt a.M. 1973; Grissom, G. R., Dubnow, W. L.: Without Locks and Bars. Praeger, Westport 1989; Hansbauer, P.: Traditionsbrüche in der Heimerziehung. Münster 1999; Honneth, A.: Kampf und Anerkennung – Zur moralischen Grammatik sozialer Konflikte. Frankfurt a.M. 1992; Lennhoff, F. E.: Problemkinder. München, Basel 1967; Makarenko, A. S.: Der Weg ins Leben. Berlin 1968; Mehringer, A.: Heimkinder. München, Basel 1976; Olk, T.: Abschied vom Experten. Weinheim–München 1986; Peters, F. (Hg.): Jenseits von Familie und Anstalt. Bielefeld 1991; Röper, F. F.: Das verwaiste Kind in Anstalt und Heim. Göttingen 1976; Sauer, M.: Heimerziehung und Familienprinzip. Neuwied 1979; Taylor, Chr.: Das Unbehagen an der Moderne. Frankfurt a.M. 1995; Thiersch, H.: Verwahrlosung, in: Neue Sammlung, 7.Jg. Göttingen 1967, S.390ff.; Thiersch, H.: Kritik und Handeln. Neuwied 1977; Wheeler, S.: Die Struktur formal organisierter Sozialisationsanstalten, in: Briem, O. G./Wheeler, S.: Erwachsenensozialisation. Stuttgart 1974; Widemann, P.: Heimerziehung, in: Kreft, D. und Mielenz, I. (Hg.): Wörterbuch – Soziale Arbeit. Weinheim, Basel 1988, S.267ff.; Winkler, M.: Alternativen sind nötig und möglich, in: Neue Praxis 18/1, 1988.

Herbert Colla-Müller, Lüneburg

Heimerziehung in der DDR
In der Jugendhilfe dominierte in der DDR die Heimerziehung. So gab es in der DDR 609 staatliche und 28 kirchlich

getragene Einrichtungen, letztere waren meist im Behindertensektor angesiedelt. Die Heimkapazität lag bei 33920 Plätzen, davon 520 in nicht-staatlichen Einrichtungen. Das System der Heime der Jugendhilfe in der DDR gliederte sich in Normalheime für elternlose und familiengelöste sowie für entwicklungsgefährdete Kinder und Jugendliche: Vorschulheim, Kinderheim, Hilfsschulheim, Jugendwohnheim und Jugendwohnheim für Abgänger der Hilfsschule. Als Einweisungsgründe galten: Verlust der Eltern, extrem niedriges Kultur- und Bildungsniveau der Eltern, ungenügend ausgeprägte moralische Haltung in bezug auf die Erziehungsverantwortung oder erzieherische Vernachlässigung in der Familie. Erziehungsgefährdete Jugendliche in der Berufsausbildung versuchte die Jugendhilfe in Lehrlingsinternaten der Betriebe unterzubringen. Die Gruppe der Spezialheime diente zur Umerziehung von schwererziehbaren Kindern und Jugendlichen: Spezialkinderheim Oberschule, Spezialkinderheim Hilfsschule, Jugendwerkhof für Abgänger der Oberschule und Jugendwerkhof für Abgänger der Hilfsschule. Die Voraussetzung für die Aufnahme in ein Spezialheim war die „Schwererziehbarkeit". Sie galt als gegeben, wenn Handlungen vorlagen, die als grobe Verletzung der gesellschaftlichen Disziplin gewertet wurden (z.B. Republikflucht), und wenn diese Besonderheiten in der gegebenen Erziehungssituation nicht behoben werden konnten. Als normabweichende Verhaltensweisen, die Jugendhilfeinterventionen auslösten, galten: Disziplinschwierigkeiten im Elternhaus und in der Öffentlichkeit, in der Schule oder am Arbeitsplatz, kriminelle Handlungen, Schul- und Arbeitsbummelei und sexuelle Haltlosigkeit bei Mädchen. Die Spezialheime sollten einen „Umerziehungsprozeß" auf der Grundlage der sozialistischen Schulpolitik und Pädagogik leisten mit dem Ziel, wertvolle Bürger der DDR heranzubilden (Ministerium für Volksbildung 1964).

Neben diesen Hauptgruppen bestanden Sonderheime: Kombinat der Sonderheime für Psychodiagnostik und pädagogisch-psychologische Therapie (seit 1959) und Durchgangsheime oder Durchgangsstationen für eine kurzzeitige Unterbringung von aufgegriffenen oder aus dem elterlichen Haushalt genommenen Kindern und Jugendlichen.

Die Heimerziehung realisierte sich vorwiegend in Form einer Kollektiverziehung. Die Gruppenstärke schwankte zwischen 8–15 Kindern, das ergab ein Erzieher-Kind-Verhältnis von 1:2,7 bis 1:3,5. In den Normalheimen gab es in der Regel koedukative, altersgemischte Gruppen. Die Zusammensetzung reichte dabei von Kindern der benachbarten Klassenstufen bis zum Extremfall einer Variationsbreite vom Vorschulkind bis zum Lehrling. In den Spezialheimen wurde mit gleichgeschlechtlichen Gruppen gearbeitet. Da in der Regel an diesen Einrichtungen heimeigene Schulen existierten, war die Schulklasse meistens identisch mit der Heimgruppe. Im Mittelpunkt jeder Form von Heimerziehung stand die schulische Förderung der Kinder oder Jugendlichen. Etwa 80–90% der pädagogischen Mitarbeiter in den Heimen verfügten über eine Fachschulausbildung als Heimerzieher, verbunden mit der Lehrbefähigung für ein Fach der Unterstufe in Musik, Sport, Kunsterziehung oder Werken. Die Heimerziehung verfügte somit über einen größeren Professionalisierungsgrad als die Einrichtungen in der BRD, die Vergleichbarkeit war allerdings bezogen auf das Qualifikationsprofil (schulische Orientierung versus Sozialpädagogik) kaum gegeben. Im Gegensatz zur Entwicklung in der BRD setzte die Heimerziehung in der DDR seit den 1970er Jahren auf große Einrichtungen (80–150 Plätzen), die Begründung dieser Pläne lag im Kollektivsystem und in ökonomischen Gegebenheiten.

Die Erziehungsziele (sozialistische Persönlichkeit) und der Totalanspruch des

Staates auf die Person waren in der Heimerziehung durch die „Anordnung über die Bildungs- und Erziehungsarbeit in den Heimen der Jugendhilfe, Heimordnung" von 1969 vorgegeben. Theoretisch erfolgte die Orientierung dogmatisch-ungebrochen an dem sowjetischen Pädagogen →Makarenko wenig spezifisch auf die Bedingungen der DDR bezogen. Dies ging einher mit der Unterdrückung sozialistisch-psychoanalytischer Modelle (z. B. Bernfeld) und ließ im Heimbereich psychologische Fragestellungen weitgehend unberücksichtigt, zumal diese Wissenschaft ähnlich wie die Soziologie nur einen peripheren Status zugestanden bekam. Reformpädagogische Ansätze wurden pauschal als bürgerliches Gedankengut abqualifiziert. Die DDR isolierte sich auch in internationalen Fachgremien. Das Festhalten an der Monopolstellung der Heimerziehung verhinderte – ganz im Sinne der Linie der damaligen Jugendhilfepolitik – die Planung ambulanter und teilstationärer erzieherischer Hilfen und die Ausdifferenzierung von Binnenstrukturen der stationären Jugendhilfsmaßnahmen über die Dreiteilung der Heimkategorien hinaus. Eine öffentliche Auseinandersetzung mit den Inhalten von Heimerziehung, wie sie in der BRD Ende der 60er Jahre begann, fand in der DDR nicht statt. Alternative Modelle wurden in Expertenkreisen diskutiert, blieben aber für die Praxis ohne Relevanz, es wurde wenig Einschlägiges publiziert. In der Aus- und Weiterbildung der Heimerzieher dominierten in den offiziellen Plänen allgemeine schul- und parteipolitische Themen. Bedingt durch den mangelnden Zugang zur internationalen Literatur und einer strengen parteipolitischen Zensur des Fachorgans „Jugendhilfe" waren theoretische Positionen und praktische Konzepte alternativer Formen von Heimerziehung den Praktikern kaum bekannt.

→Bildung und Erziehung im Sozialismus; →Heimerziehung; →Pflegekinderwesen

Lit.: Bauer, R., Bösenberg, C.: Heimerziehung in der DDR, Frankfurt a. M.–New York 1979; Colla, H. E.: Jugendhilfe und Heimerziehung in der DDR, in: Colla, H. E., Karusseit, K. H.: Jugend und Aids. Aids-Prävention und -Bewältigung in stationären Einrichtungen der Jugendhilfe, Lüneburg 1990; Wölfel, I., Unger, Chr.: Heimerziehung in der ehemaligen DDR, Neubrandenburg 1990.

Herbert Colla-Müller, Lüneburg

Heimgesetz
Das 1975 in Kraft getretene H. gilt für Altenheime, Altenwohnheime, Altenpflegeheime und gleichartige Einrichtungen, wenn dort alte Menschen sowie pflegebedürftige oder behinderte Volljährige dauerhaft leben. Dazu zählen auch Einrichtungen der beruflichen Rehabilitation, sofern die Rehabilitanten auf Dauer untergebracht sind. Durch das Gesetz soll dem besonderen Schutzbedürfnis alter und behinderter Menschen in Heimen entsprochen werden. So regelt es u. a. die Mindestanforderungen der baulichen und technischen Ausstattung, die Rechte der aufsichtführenden Behörden und die Mitwirkungsbestimmungen der Bewohner (Heimbeiräte).

Heimkampagne
→Heimerziehung

Heimvolkshochschule
Institution der →Erwachsenenbildung, die im 19. Jh. in Skandinavien entstand und nach dem Ersten Weltkrieg auch in Deutschland weite Verbreitung fand (→Reformpädagogik). Vorbilder der H. waren die klösterlichen Bildungsgemeinschaften und schulischen Internatseinrichtungen. H. sind zumeist fern von Städten angesiedelt und bieten sowohl mehrmonatige Berufsbildungskurse wie auch Tagungen und Seminare zu allgemeinbildenden Themen an.

Helfer-Syndrom
auf W. Schmidbauer („Die hilflosen Helfer", 1977) zurückgehende Annahme, daß die Berufswahlmotivation

professioneller Helfer in dem unbewußten Eigennutz des Helfers gesucht werden müsse, der mit der helfenden Beziehung eigene Ängste und innere Leere, Wünsche und Bedürfnisse kompensiere.
→Supervision

Heranwachsende
Heranwachsende sind im Sinne des Anwendungsbereiches des →Jugendstrafrechts Personen, die achtzehn, aber noch nicht einundzwanzig Jahre alt sind. Auf H. findet das JGG Anwendung, wenn diese zur Tatzeit Jugendlichen gleichstanden oder die Taten als Jugendverfehlung angesehen werden können.

Herausgabe des Kindes
Die →Personensorge umfaßt u.a. das Recht, die H.d.K. von jedem zu verlangen, der es widerrechtlich vorenthält (§ 1632 BGB). Wird die H.d.K. verlangt, so entscheidet hierüber das Familiengericht. Bei Ablehnung des Antrages hat das Jugendamt kein Beschwerderecht, wohl jedoch bei antragsgemäßer Entscheidung. Verlangen Eltern die H.d.K. von einer Pflegeperson, so kann das Vormundschaftsgericht auf Antrag der Pflegeperson oder von Amts wegen den Verbleib des Kindes in einer Pflegestelle anordnen. Der Anhörung des Jugendamtes kommt dabei eine besondere Bedeutung zu. Es kann eine Entscheidung mit einfacher Beschwerde anfechten.

Herbartianismus
pädagogische Schulrichtung der 2. Hälfte des 19. Jh., die sich auf die Theorien →Herbarts (1776–1841) stützt und vor allem den Unterricht in den Volksschulen Deutschlands und Österreichs prägte. Den Herbartianern zufolge seien Vorstellungs- und Willensbildung nur von der Intellektbildung abhängig. Kritiker (→Reformpädagogik) lehnten den H. als „Lektionismus" ab, oft auch (miß-) verstanden als Reduktion auf die Vermittlung von Bildung durch Unterricht zu Ungunsten einer umfassenden Erziehung.

Herbart, Johann (4.5.1776–11.8.1841)
Der Philosoph und Pädagoge H. gilt neben →Schleiermacher als einer der Begründer der Pädagogik als Wissenschaft. Maßgeblich von Kant und Leibniz beeinflußt, entwickelte er seine Auffassung von der Aufgabe des Unterrichts und schrieb dabei der Beziehung zwischen Erzieher und Zögling (→Pädagogischer Takt) eine zentrale Rolle zu. H. hatte vor allem große Bedeutung für die Pädagogik des 19.Jh.. Durch seine Auseinandersetzung mit dem →Herbartianismus wurde →Nohl maßgeblich bei der Entwicklung seines Begriffs des →Pädagogischen Bezugs im Rahmen der →Geisteswissenschaftlichen Pädagogik beeinflußt.

Hermeneutik
Kunst und Lehre der Auslegung von Texten und anderen Kulturäußerungen, die sich zunächst in der Theologie, der Geschichtswissenschaft und der Rechtswissenschaft entwickelte. Als Aufgaben der H. werden genannt: die interpretative Erklärung von Grundbegriffen; Verstehen eines Textes unter Berücksichtigung der Situation, Motivation, Intention und des historischen Kontextes seines Verfassers; Erfassung einer überhistorischen Wahrheit eines Textes; Ermittlung des Textsinnes für den Interpreten und seine Zeit; Berücksichtigung der Subjekt-Objekt-Dialektik. In jedem Fall folgt die Auslegung dem „hermeneutischen Zirkel", mit dem sowohl die gegenseitige Beinflussung von Subjekt und Objekt gemeint ist, als auch die Annäherung an den Text mit Hilfe hypothetischer Annahmen über das Ganze zur Interpretation der Teile und dem Verstehen des Ganzen aus der Bedeutung seiner Teile. Das Ganze ist seinerseits nun wieder Teil eines größeren Ganzen, so daß sich der Prozeß auf der nächsten Ebene wiederholt. Das angemessene Verständnis wird durch mehrmaligen Durchlauf des Zirkels erreicht. Kritisiert wird die Intuition als Grundlage der H.
→Empirische Sozialforschung; qualita-

tive Verfahren; →Verstehen; →Wissenschaftstheorie

Herrmann, Walter (1886–1972)
H. versuchte sowohl in der Fürsorgeanstalt Berlin-Lichtenberg (mit Karl →Wilker), als auch 1922 im Jugendgefängnis Hahnöfersand bei Hamburg (mit Curt →Bondy) die Ideen der reformpädagogischen Lebens- und Arbeitsgemeinschaft, der Selbstverwaltung und Mitverantwortung der Jugendlichen umzusetzen und einen erzieherischen Strafvollzug zu entwickeln. Besonders das Engagement, den Erziehungsgedanken im Jugendvollzug systematisch durchzuführen, fand in der Öffentlichkeit großes Interesse und auch die historische Literatur bezieht sich häufig auf diese Arbeit. Ab 1924 baute H., entsprechend seinen reformerischen Vorstellungen, ein Fürsorgeheim in Thüringen auf. →Reformpädagogik

Herrschaft
soziale Über- und Unterordnung, die für die Betroffenen Anordnungsbefugnisse bzw. Befolgungszwänge mit sich bringen. H. wird bei der Definition auf unterschiedliche gesellschaftliche, soziale und persönliche Zusammenhänge bezogen und verstanden. Zeitweilig wird H. auch gleichgesetzt mit →Macht. Nach Max Weber ist H. eine spezielle, durch die Anerkennung der Betroffenen legitimierte Macht. So legitimiert sich etwa bürokratische H. durch den Verwaltungsstab, charismatische H. durch den Glauben an die außergewöhnlichen Fähigkeiten des Herrschers. Legale H. liegt dann vor, wenn die Betroffenen diese H. anerkennen und darüber hinaus die Befugnisse der H. formal korrekt gesetzt sind. Rationale H. liegt dann vor, wenn über die formal korrekte Setzung hinaus das Handeln der Herrschenden durch rationale Ordnung geleistet wird. Dabei kann zwischen Wertrationalität (Werte sind Richtschnur des Handelns) und Zweckrationalität (die Relation zwischen Mittel und Ziel ist maßgeblich) unterschieden werden.

Als zu kritisierendes Verhältnis nicht legitimierbarer Über- und Unterordnung werden z. B. das →Patriarchat, ethnische Unterdrückung oder die Diktatur verstanden. H. gilt als Schlüsselbegriff für die Erklärung gesellschaftlicher Strukturen, Konflikte und Kooperationen. So gründet die marxistische Gesellschaftstheorie auf der Annahme der H. einer →Klasse über andere Klassen als zentrale Analysekategorie.

Hierarchie
stufenmäßig aufgebaute Ordnung mit geregelter Über- und Unterordnung bei der Kompetenz, Verantwortung und Befugnis pyramidal gestaffelt sind. Kommunikation und Problemlösungen verlaufen eindimensional von oben nach unten. Flexibilität und Selbständigkeit der Personen, die innerhalb der Ordnung handeln, leiden unter der H.; Demokratisierung und Mitbestimmung werden erschwert. Eine hierarchische Struktur weisen z. B. Behörden, Verbände, Betriebe oder Parteien auf. Darüber hinaus bezeichnet „soziale H." die Über- und Unterordnungsverhältnisse von Schichten und Klassen in einer Gesellschaft.

Hilfe für junge Volljährige
Nach § 41 KJHG i. V. m. § 27 KJHG soll jungen Volljährigen Hilfe zur Persönlichkeitsentwicklung und zu einer eigenverantwortlichen Lebensführung gewährt werden, wenn dies auf Grund der individuellen Situation erforderlich ist. Damit knüpft das KJHG im Unterschied zum § 72 BSHG („Hilfe zur Überwindung besonderer sozialer Schwierigkeiten") an die noch nicht ausgereifte Persönlichkeit des jungen Volljährigen an. Eine hilfeauslösende Situation kann beispielsweise der Übergang von einer Einrichtung der Jugendhilfe zum selbständigen Wohnen sein. Die H. f. j. V. kann zudem als Hilfe für heranwachsende Straftäter die Voraussetzung für eine Absehung von der Verfolgung (§ 45 JGG) oder für die Einstellung des Verfahrens (§ 47 JGG) schaffen. Die Hilfen

Hilfe in besonderen Lebenslagen

umfassen sozialpädagogische und therapeutische Angebote sowie unterhaltsrechtliche Maßnahmen und notwendige Krankenhilfe.

Hilfe in besonderen Lebenslagen
→Sozialhilfe

Hilfeplan
→Erziehungsplan

Hilfe und Kontrolle
→Doppeltes Mandat

Hilfe zum Lebensunterhalt
→Sozialhilfe

Hilfe zur Erziehung

Nach § 27 KJHG haben Personen und Sorgeberechtigte Anspruch auf H. z. E. eines Kindes oder Jugendlichen, wenn ansonsten eine dem Wohl des Kindes und des Jugendlichen (→Kindeswohl) entsprechende Erziehung nicht gewährleistet und die Hilfe für die jeweilige Entwicklung notwendig und geeignet ist. Art und Umfang richten sich nach dem Einzelfall, insbesondere umfaßt H. z. E. jedoch die Gewährung pädagogischer und therapeutischer Leistungen (→Flexibel organisierte Erziehungshilfen). Die einzelnen Formen der H. z. E. sind in den §§ 28–40 KJHG spezifiziert.

Hilfe zur Selbsthilfe

im Rahmen der Diskussion um die Beteiligung der Betroffenen entwickelte, längerfristige Strategie der Sozialen Arbeit, die darauf abzielt, durch die Stärkung der Rechtsposition, der sozialen Kompetenz und der materiellen Ressourcen des Klientels, deren Fähigkeit zur gleichberechtigten gesellschaftlichen Teilhabe zu entfalten. Gleichzeitig soll die H. z. S. geeignet sein, die Kontrollfunktion der Sozialen Arbeit (→doppeltes Mandat) zugunsten einer schrittweisen Unabhängigkeit der Betroffenen zurückzudrängen. Entsprechend stellt die H. z. S. auch eine Strategie der internationalen Entwicklungshilfe dar. →Selbsthilfe

Historisch-materialistische Pädagogik

(auch manchmal: marxistisch-leninistische P.) →Erziehungswissenschaft im Sozialismus

Hitler-Jugend

1926 gegründete Jugendorganisation der NSDAP, die 1936 zum einheitlichen Staatsjugendverband wurde. Die HJ war dem Reichsjugendführer unterstellt. Sie unterteilte sich in verschiedene Altersgruppen (Jungvolk/Jungmädel: 10–14 Jahre; HJ und Bund Deutscher Mädel: 14–18 Jahre) und folgte dem Führerprinzip. Aufgabe der HJ war es, die Jugend im Sinne der nationalsozialistischen Ideologie zu erziehen und Nachwuchs für die NSDAP zu gewinnen. Neben körperlicher Ertüchtigung standen strenge Ordnung, Disziplin und Gehorsam im Mittelpunkt. →Nationalsozialismus und Sozialpädagogik

Holismus

Neben →Systemtheorie und →Atomismus stellt der H. als Vorstellung von der Strukturiertheit der Wirklichkeit einen Rahmen dar, innerhalb dessen sozialpädagogische Fragestellungen bearbeitet werden.

In der holistischen Perspektive wird die Wirklichkeit als aus undifferenzierten, unteilbaren Ganzheiten bestehend aufgefaßt. Alles, was existiert, hängt mit allem zusammen und hat einem größeren Ganzen, einem übergeordneten Zweck zu dienen. Die Prozesse im Ganzen sind determiniert durch seine Funktionen. Der H. postuliert tendenziell fremdbestimmte Menschen, die wegen ihres physischen und sozialen Bedürfnisses nach Schutz und ihrem mentalen Bedürfnis nach Orientierung in ein größeres Ganzes eingebettet sind und sein wollen. Ihre Bedürfnisse, Gefühle, Wünsche und Kompetenzen sind nur insofern bedeutsam, als sie einem sozialen Ganzen dienstbar sind, also als Beitrag zu einem Ganzen funktionalisiert werden können oder im Wege stehen. Ein holistisches Gesellschaftsbild geht davon aus, daß das Ganze bzw. seine

Funktion den Teilen, d.h. den Menschen und ihren Bedürfnissen evolutionsmäßig, historisch vorausgeht und auch ethisch betrachtet wertvoller ist, wodurch die Einschränkung der Freiheit und weiterer menschlicher Bedürfnisse gerechtfertigt seien. Werte wie soziale Anpassung, Aufgaben- und Funktionsbewältigung, die Erhaltung des Wohls des Ganzen sind in diesem Denken nicht nur dominant, sondern im Konflikt mit individuellen Werten wie Freiheit, Selbstverwirklichung auch vorrangig. Soziale Pflichten gehen allfälligen Rechten vor.

Erkenntnistheoretisch darf nach dem holistischen Weltbild eine Ganzheit nicht analysiert, also in ihre Teile zerlegt werden. Sie muß vielmehr intuitiv-ganzheitlich erfaßt werden. So spricht man von „der Gesellschaft" (und ordnet ihr häufig menschliche Eigenschaften wie „Bedürfnisse" oder „Interessen" zu), ohne ein differenziertes Bild ihrer sozialen Teilsysteme und der durch sie wirkenden Individuen und gesellschaftlichen Gruppen (z.B. Mitglieder von Kasten, Klassen, Schichten, Ethnien, Berufs-, Alters- und Geschlechtsgruppen, sozialen Bewegungen usw.) entwerfen zu können. Spricht man vom Menschen als „Ganzheit", so geschieht dies entsprechend ohne die komplexen Teilsysteme und Prozesse seines Zentralnervensystems, die sein Bewußtsein ausmachen, ohne das komplexe Verhältnis zwischen „Geist, Seele und Leib", „Kopf, Herz und Hand" weiter erhellen zu wollen.

Holistische Theorien der Sozialen Arbeit zeichnen sich aus durch die fast ausschließliche Problematisierung von sozialer Dysfunktionalität, deren Ursachen in Defiziten der Individuen zu suchen seien. Das zu verfolgende Ziel wird dementsprechend in der Wiederherstellung des funktionierenden Ganzen durch die Wiederherstellung eines funktionierenden Menschen gesehen. Auftraggeber für eine so wirkende Soziale Arbeit ist „die Gesellschaft". Handlungstheorie und Methodik orientieren sich entsprechend an den normativen Anforderungen der Anpassung. Beispiele für holistische Ansätze sind das struktur-funktionalistische Denken Parsons und der funktional-strukturalistische Systemansatz Luhmanns. Elemente finden sich auch in allen Bezugstheorien, die von einer (hegelianischen) „Totalität" als Basisbegriff ausgehen. →Systemtheorie; →Systemische Soziale Arbeit

Homosexualität

Liebesverhältnis zwischen zwei Menschen gleichen Geschlechts bei gleichzeitiger Gleichgültigkeit oder Abneigung gegenüber heterosexuellen Kontakten. In unterschiedlichen kulturellen und historischen Zusammenhängen wird H. sehr verschieden erklärt, bewertet und entsprechend stigmatisiert und/oder kriminalisiert (→Abweichendes Verhalten). Trotz einer größeren Toleranz gegenüber homosexuellen Menschen seit der sog. „sexuellen Revolution" der ausgehenden 1960er und der 1970er Jahre (Lesben- und Schwulenbewegung) ist die gleichgeschlechtliche Partnerschaft in der westlichen Welt in vielen Lebensbereichen (z.B. Familienrecht, Steuerrecht) schlechter gestellt als die heterosexuelle Beziehung.

Hooligan

auf den Familiennamen einer als besonders schlagkräftig und konfliktfreudig geltenden irischen Familie zurückgehende Bezeichnung für Jugendliche, die im Rahmen von Fußball-Großveranstaltungen die gewalttätige Auseinandersetzung mit gegnerischen Fußballanhängern suchen. Als sozialpädagogische Reaktion auf H. entstanden u.a. sogenannte →Fan-Projekte.

Hort

Seinen Ursprung hatte der H. in den Bewahranstalten und Arbeitsschulen des 18. und 19. Jahrhunderts. Heute nimmt er Schulkinder während des Tages außerhalb der Schulzeit auf und gehört damit zu den →Tageseinrichtungen für Kinder (§ 22 KJHG). H. werden von

Hospitalismus

freien und von öffentlichen Trägern als Ergänzung zur familiären Betreuung angeboten. Die Versorgung mit Hortplätzen ist in der Bundesrepublik regional sehr unterschiedlich.

Hospitalismus

seelische und körperliche Schäden in Folge längerer Aufenthalte in Institutionen wie Heimen, Pflegeanstalten, Krankenhäusern. H. ist vor allem bei Kleinkindern beobachtet und beschrieben worden. Zu den Merkmalen des H. gehören sowohl körperliche als auch geistige Entwicklungsschäden, ein schlechter Gesundheitszustand mit erhöhter Anfälligkeit gegenüber Erkrankungen, verminderte Kontaktfähigkeit, zunehmende Unselbständigkeit, Angst, Apathie und Antriebsschwäche. Als Ursachen für H. werden vor allem zu geringe persönliche Zuwendung und mangelhafte Anregung während des Aufenthaltes in der Anstalt genannt.

Humanistische Psychologie

1. In den fünfziger Jahren setzte sich A. Maslow dafür ein, eine andere Sicht des Menschen in der psychologischen Forschung und Praxis zu vertreten. Anders als Psychoanalyse und Behaviorismus betonte er die positive Grundausstattung der menschlichen Natur und der menschlichen Möglichkeiten. Im Grunde genommen sei der Mensch ein auf Wachstum und Selbstverwirklichung ausgerichtetes Wesen. Gute schöpferische Kräfte, wie Kreativität und Potenz für zielgerichtetes Handeln, zeichneten den Menschen aus. Damit vertrat Maslow eine pointierte Gegenposition zum triebdynamischen Konzept der Psychoanalyse und zu den über Belohnung und Bestrafung determinierenden Kräften zufälliger oder intendierter Lebensereignisse des Behaviorismus.

1961 wurde von A. Sutich das „Journal of Humanistic Psychology" herausgegeben. Ein Jahr später begann die „American Association of Humanistic Psychology" ihre Arbeit. Die Humanistische Psychologie wird nun als eine eigene Richtung der Psychologie betrachtet mit A. Maslow als Hauptinitiator. Als Hauptvertreter gelten neben A. Maslow C. Bühler und C. Rogers. Maslow nannte die Humanistische Psychologie eine „dritte Kraft" neben der Psychoanalyse und dem Behaviorismus. Mittlerweile wird auch von einem dritten Paradigma gesprochen. Davison/Neale bezeichnen bezüglich Psychopathologie und Therapie die Humanistische Psychologie als fünftes Paradigma nach dem physiologischen, dem psychoanalytischen, dem lerntheoretischen und dem kognitiven Paradigma.

Die Wurzeln der Humanistischen Psychologie reichen in der Psychologie bis in die Anfänge des 20. Jahrhunderts. Sie gehen zurück auf Moreno, Perls, Lewin, Goldstein und Rogers. Tiefenpsychologen bzw. Psychoanalytiker wie Adler, Frankl, Fromm, Horney und Reich können auch als Wegbereiter der Humanistischen Psychologie verstanden werden. Geistesgeschichtlich sind Brücken zu schlagen sowohl zum Humanismus der Renaissance, zur klassischen Antike und zur deutschen Klassik, als auch zum Existenzialismus (Nietzsche, Buber, Kierkegaard, Tillich, später Sartre, Camus), zur Phänomenologie (Husserl, Scheler) und zum sozialistischen Humanismus (vgl. auch K. Marx, später Marcuse, Habermas).

Ursprünglich bezeichnete Humanismus in der geistesgeschichtlichen Tradition die Aufnahme spätgriechischen Gedankengutes in die philosophische Bewegung der Renaissance. Als Gegenbewegung zu Scholastik und kirchlicher Autorität bekennt sich der Humanismus zum Ideal ganzheitlich und umfassend ausgebildeter Menschlichkeit. Durch vielseitige Bildung und durch intensive Auseinandersetzung mit dem Gedankengut der klassischen Antike soll sich der Mensch dem Vorbild des vollendeten guten Menschen nähern. (Vgl. Erasmus, Reuchlin, Hutten, später Herder, Schiller, Goethe).

Die Humanistische Psychologie verstand sich in den frühen 60er Jahren insbesondere in Amerika als Gegenströmung zum Paradigma einer im engeren Sinne naturwissenschaftlichen Psychologie. Das mechanistische und monokausale Weltbild einer immer noch an den Grundprinzipien der Newton'schen Physik orientierten psychologischen Wissenschaft, die einerseits die Psychoanalyse unter individuumsbezogener triebdynamischer/biologistischer Perspektive wissenschaftlich zu begründen versuchte und die andererseits den Reiz-Reaktions-Mechanismus des Behaviorismus als Modell für experimentell erforschbares menschliches Verhalten ansah, genügte den Vertretern der Humanistischen Psychologie nicht mehr, um menschliches Verhalten zu erklären, Veränderungen zu initiieren und um der menschlichen Existenz bei Sinngebung und Zielfindung zu helfen.

Die Humanistische Psychologie als „dritte Kraft" fand bald große Resonanz. Unterschiedliche Konzepte und Vorgehensweisen sind unter dem Dach der Humanistischen Psychologie zu finden. Dies erklärt sich daraus, daß die Humanistische Psychologie als Gegenbewegung zu Psychoanalyse und Behaviorismus gleichzeitig eine Sammelbewegung gewesen ist für psychologische Ansätze, die sich zum Teil unabhängig voneinander entwickelt und zum Teil nach anfänglicher Gemeinsamkeit selbständig ausdifferenziert haben, sich aber dennoch in einer Art geistiger Wahlverwandtschaft verbunden fühlten.

Je nach Betrachtungsweise und Selbstverständnis der jeweiligen Vertreter werden außer Gestalttherapie (Perls, s. 2) und Gesprächspsychotherapie (Rogers, s. 3.) die Encounter-Bewegung, Bioenergetik (Lowen), →Transaktionsanalyse (Berne), Logotherapie (Frankl), die →Themenzentrierte Interaktion (Cohn) und auch das Psychodrama (Moreno, s. 4.) zur Humanistischen Psychologie gezählt. Die unterschiedliche theoretische Orientierung und Schwerpunktsetzung der jeweiligen Vertreter z. B. in Richtung Tiefenpsychologie oder Verhaltenstherapie macht eindeutige Zuordnungen schwierig, zumal sich die Humanistische Psychologie eher als eine prozeß- und wachstumsorientierte Selbsterfahrungs-, Beratungs- und Behandlungspraxis versteht, als eine wissenschaftliche Schule mit eindeutig theoretischem Selbstverständnis.

Im Zusammenhang mit der kulturkritischen Bewegung der 60er Jahre entwickelten sich, unterstützt von den Grundgedanken der Humanistischen Psychologie, vielfältige Angebote unterschiedlicher Qualität: Sensitivity Trainings, gruppendynamische Laboratorien, Gruppendynamik, Selbsterfahrungsgruppen, Encountergruppen, Erlebnistherapie, Marathongruppen, Urschreitherapie, Konflikttraining, Teambuildingtrainings, Organisationsberatung u. ä. Es entstand ein unübersichtlicher Markt, der von Kritikern mit „Psychoboom" und „Selbstverwirklichungstrip" etikettiert wurde. Die Qualität der Angebote war zum Teil fragwürdig, da es weder für die Angebote noch für die Anbieter überprüfbare Qualitätskriterien gab. Dieses Problem ist auch gegenwärtig noch nicht zufriedenstellend gelöst.

Aus der Humanistischen Psychologie heraus entwickelte sich die transpersonale Psychologie, die sich selbst als vierte Kraft bezeichnet. Die transpersonale Psychologie griff auf den ursprünglich von C. G. Jung geprägten Begriff „transpersonal" zurück. Hauptanliegen der transpersonalen Psychologie, die ebenso wie die humanistische Psychologie von A. Maslow und A. Sutich initiiert wurde, war die nachhaltige Betonung der spirituellen Dimension. Kosmische, mystische, ekstatische und spirituelle Fragestellungen werden als transzendente Anliegen der Selbstverwirklichung ins Zentrum der transpersonalen Psychologie gestellt. Die transpersonale Psychologie wird als säkularer Religionsersatz problematisiert und kritisch hinterfragt.

In den 60er und 70er Jahren gab es auch kritische Stimmen zur Humanistischen

Psychologie, die vor einer anpassungsfördernden und unpolitischen Therapeutisierung der Gesellschaft warnten. Der kritische Diskurs zwischen Politik und Psychologie ist nach wie vor aktuell. Trotz der vielfältigen Facetten der Humanistischen Psychologie haben deren Vertreter in der Regel ein gemeinsames Anliegen:
- ganzheitlich konzipiertes Menschenbild,
- Autonomie und soziale Interdependenz,
- soziale Interaktion (Moreno; hier auch Kritik einer Selbstverwirklichung ohne soziale Einbindung),
- Selbstverwirklichung (Fromm, Horney) und Selbstaktualisierung (Goldstein, Maslow, Rogers) unter Berücksichtigung der Bedürfnishierarchie von Maslow (zuerst physiologische Bedürfnisse wie Hunger, Durst, Sexualität, dann Sicherheitsbedürfnisse, Bedürfnisse nach sozialen Kontakten, Bedürfnisse nach Wertschätzung, und schließlich Wachstums- und Selbstverwirklichungsbedürfnisse),
- Authentizität,
- Auseinandersetzung mit Zielfindung und Sinnbestimmung menschlicher Existenz,
- Arbeit im Hier und Jetzt,
- Selbsterfahrung durch organisiertes Feedback.

Zu den Hauptrichtungen der Humanistischen Psychologie zählen F. Perls (Gestalttherapie/Gestaltberatung) und C. Rogers (Gesprächspsychotherapie/Klientenzentrierte Beratung). Eine Sonderstellung nimmt das Psychodrama nach J. L. Moreno ein.

2. F. Perls, 1893–1970, verstand sich zunächst als Psychoanalytiker. Er begründete in kritischer Auseinandersetzung mit der Psychoanalyse und nach dem Kennenlernen des Psychodramas von J. L. Moreno die Gestalttherapie. Bevor der Begriff Gestalttherapie geprägt wurde, sprach F. Perls von einer Therapie, in der „awareness" (Bewußtheit, bewußtes Wahrnehmen seiner selbst) und „concentration" (Konzentration auf die eigentlichen Gefühle und Bedürfnisse) im Mittelpunkt stehen sollten. Später entnahm er der Gestalt- und Ganzheitspsychologie zentrale Elemente. Wahrnehmen und Denken, Fühlen und Handeln, Körper und Geist stehen in wechselseitigem Zusammenhang und bilden eine Ganzheit. Der Organismus steht in ständiger Wechselbeziehung zu seiner Umwelt. Fremdes und Neues werden in einem Assimilationsprozeß aufgenommen, verarbeitet und nur das dem Wachstum Dienliche wird wirklich assimiliert. Störungen sind Störungen der Wahrnehmung, Störungen des Kontaktes zu den wesentlichen Bedürfnissen und Störungen des Assimilationsprozesses. Das Individuum kann für seine Bedürfnisbefriedigung keine angemessene Gestalt bilden. Eine angemessene Gestaltbildung findet da statt, wo der Organismus in stimmiger Weise im Kontakt mit der Umwelt seine für ihn wichtigen Bedürfnisse erkennen und befriedigen kann. Die für den Augenblick wichtigen Bedürfnisse (Figur) werden erkannt und heben sich durch diesen Wahrnehmungsprozeß vom Hintergrund, d. h. den im Moment unwichtigen Bedürfnissen ab. Stimmen Figur und Hintergrund nicht zueinander, ist keine wachstumsfördernde Gestaltbildung möglich. Ziel der Gestalttherapie ist es, eine flexible Gestaltbildung zu ermöglichen und den Kontakt sowohl zu den eigenen Bedürfnissen als auch zur Umwelt wieder herzustellen und einen gesunden Handlungsfluß zu ermöglichen.

Für diesen Kontakt sind Begegnung zwischen ICH und DU und konkretes Arbeiten im HIER und JETZT konstitutiv. Der Gestalt-Dialog mit einem relevanten Interaktionspartner oder einem spezifischen Anteil der eigenen Person auf dem „leeren Stuhl", das Zusammenspiel zwischen Unterstützung und Konfrontation bis hin zu einer für den Wachstumsprozeß sinnvollen Frustration, die Arbeit mit Materialien sowie

Phantasieübungen sind mögliche Interventionstechniken der Gestalttherapie. Gelegentlich wird kritisch geäußert, die Gestalttherapie sei die kreative Ansammlung verschiedener Interventionstechniken und deren Integration in die eigene therapeutische Philosophie.
Der Ansatz des gestalttherapeutischen Konzeptes wurde von der Sozialen Arbeit aufgegriffen. In sozialer Grupenarbeit und in der Beratungspraxis hat die Gestaltarbeit mit ihrer Konzentration auf das Hier und Jetzt und mit der sinnlichen Vergegenständlichung von Problemlagen neue Zugänge zur jeweiligen Klientel geschaffen. Die aktuellen Konflikte konnten besser begriffen und erforderliche Klärungs- und Wachstumsprozesse schneller in Gang gesetzt werden. Die in Pädagogik und Sozialarbeit mittlerweile geforderten ganzheitlichen Lern- und Veränderungsprozesse können durch gestaltpädagogische Vorgehensweisen gut unterstützt werden. Die ausdifferenzierten Fort- und Weiterbildungsangebote tragen dem insofern Rechnung, als spezifische Qualifizierungen für Gestaltberatung und Gestaltpädagogik angeboten werden.

3. Die Gesprächspsychotherapie nach C. Rogers, 1902–1987. Die Gesprächspsychotherapie ist auch bekannt als klientenzentrierte Therapie und als nichtdirekte Gesprächsführung. In der Gesellschaft für wissenschaftliche Gesprächspsychotherapie (GWG) wird von klientenzentrierter Gesprächspsychotherapie, aber auch von →klientenzentrierter Gesprächsführung gesprochen. Das Konzept von Rogers ist sowohl für Therapie als auch für Beratung von Bedeutung. In der Beratungspraxis hat die „non-direktive" Gesprächsführung einen hohen Stellenwert.
Das Hauptverdienst von C. Rogers liegt darin, daß er eine neue Qualität der Therapeut-Klient-Beziehung bzw. Berater-Klient-Beziehung gefordert hat. Grundhaltung des Therapeuten/Beraters ist Echtheit oder Kongruenz in der Begegnung sowie Nichtdirektivität. Auf der Grundlage bedingungsloser Wertschätzung und uneingeschränkter Akzeptanz soll der Therapeut/Berater eine warme und angstfreie Gesprächsatmosphäre schaffen, in der der Klient sowohl seine für ihn relevanten Themen als auch letztlich seinen eigenen Weg finden kann. Methodisch versucht der Therapeut/Berater den Wachstumsprozeß des Klienten zu fördern durch seine eigene Fähigkeit, sich in den Klienten einzufühlen, d. h. durch seine empathische Kompetenz und durch seine Fähigkeit, emotionale Erlebnisinhalte des Klienten zunächst stellvertretend für diesen zu verbalisieren. Der Ratsuchende ist in diesem Prozeß weniger Patient als vielmehr Klient. Durch die Betonung des Klientenstatus im Unterschied zum Patientenstatus wird die Autonomie und Eigenverantwortlichkeit des Ratsuchenden hervorgehoben und gleichzeitig auch das Vertrauen in die Selbstheilungs- und Selbstverwirklichungskräfte des Individuums zum Ausdruck gebracht. Ein gelungener Gesprächsführungsprozeß soll dazu führen, daß der Klient sich selbst besser versteht und begreift. Er soll befähigt werden, seine eigenen Impulse zu verwirklichen und eigenverantwortlich zu aktualisieren. Die Selbstaktualisierungstendenz des Klienten soll gestärkt werden.
Ein besonderes Verdienst von C. Rogers ist es, Tonbandaufnahmen in die psychotherapeutische Praxis eingeführt und damit vielfältiges Material für die Forschung und Weiterbildung gesammelt zu haben. Die Gesprächspsychotherapie hat sich in mehreren Phasen weiterentwickelt und ausdifferenziert. In den Weiterbildungsangeboten wird grundsätzlich unterschieden zwischen nondirektiver Gesprächsführung und Gesprächspsychotherapie. Kritisch zu prüfen wäre, ob die klientenzentrierte Gesprächspsychotherapie bzw. -beratung die realen gesellschaftlichen Verhältnisse als Ursprung psychischen Leides auch in angemessener Weise würdigt.

Die klientenzentrierte Gesprächsführung stellt mittlerweile eine Art Schlüsselqualifikation für die Beratungspraxis dar. In Sozialarbeit und Sozialpädagogik werden die Grundsätze der Gesprächspsychotherapie und Gesprächsführung nach Rogers in die gängigen Beratungskonzepte aufgenommen und auf die verschiedenen Tätigkeitsfelder transferiert. Die methodischen Zielsetzungen wie Stärkung der Autonomie, Selbstaktualisierung, Förderung der Selbstexploration und Verbesserung der Kompetenz im Umgang mit eigenem emotionalen Erleben sind in hohem Maße kompatibel mit den Zielsetzungen sozialarbeiterischer, sozialpädagogischer Praxis wie auch mit den Zielsetzungen von Erwachsenenbildung.

4. Die triadische Methode von J. L. Moreno, 1889–1974, (→Psychodrama, Soziometrie, Gruppenpsychotherapie), kurz Psychodrama genannt, nimmt in Bezug auf die Humanistische Psychologie eine Sonderstellung ein. Wesentliches Gedankengut der Humanistischen Psychologie wurde von J. L. Moreno in Auseinandersetzung mit der Psychoanalyse (hier vor allem Adler) eigenständig entwickelt und konzipiert, lange bevor sich die Bewegung der Humanistischen Psychologie formierte. Wegbereiter der Humanistischen Psychologie wie K. Lewin, Begründer eigener Schulen innerhalb der Humanistischen Psychologie, und F. Perls sind wesentlich von Moreno beeinflußt. Eric Berne, der Begründer der Transaktionsanalyse, sprach vom Morenoproblem und meinte damit, daß jeder „aktive" Psychotherapeut damit konfrontiert sei, daß praktisch alle „aktiven" Techniken bereits von Moreno im Psychodrama ausprobiert worden seien. Es sei in Bezug auf diese Techniken schwierig, mit etwas Eigenem aufzuwarten (Rowan J., 1990, S. 126).
Der Paradigmenwechsel vom individuumzentrierten zum interaktionellen Ansatz in Psychotherapie und Pädagogik wurde durch Moreno's soziometrisches Konzept initiiert. Er gilt auch als der Hauptbegründer der Gruppenpsychotherapie. Ebenso ist der Paradigmenwechsel von der monokausalen Betrachtungsweise menschlichen Verhaltens hin zur systemischen Sichtweise durch Morenos Netzwerktheorie vollzogen worden. Die Bedeutung der konkreten Arbeit im Hier und Jetzt in der Humanistischen Psychologie, sowie die Bedeutung von Spontaneität und Kreativität, die Aufwertung des subjektiven und schöpferischen Handelns, die Betonung des Wachstumsgedankens sowie die Einbindung des Menschen in seine Umwelt, in seinen Kosmos haben ihren Ursprung im Gedankengut und in der therapeutischen Philosophie von Moreno.

Das Handlungspotential des Menschen (bei Moreno Aktionshunger), sowie seine Wahlmöglichkeiten (Wahlen sind nach Moreno Tatsachen erster Ordnung) werden in der Humanistischen Psychologie besonders betont. Infolge davon werden der Appell an den freien Willen und an die Freiheit der Wahl, der Appell an selbstverantwortliches Handeln und Gestalten zu paradigmatischen Aussagen der Humanistischen Psychologie, wobei allerdings die von Moreno kritisch thematisierte soziometrische Problematik der Wahlfreiheit und der Macht der tatsächlich herrschenden Verhältnisse nicht übernommen werden. Vom leeren Stuhl der Gestalttherapie über die Rollenspiele in den verschiedenen Ansätzen der Humanistischen Psychologie, vom Verbalisieren und Spiegeln emotionaler Erlebnisinhalte bei der Gesprächspsychotherapie (vgl. Doppeln und Spiegeln bei Moreno) bis hin zum szenischen Verstehen und körperorientierten Arbeiten in der modernen Psychoanalyse wurden und werden immer noch Anleihen bei Moreno gemacht, oft ohne die geistigen und methodischen Wurzeln dieser Anleihen zur Kenntnis genommen zu haben. Nach J. Kriz (1981) wird Moreno's Bedeutung häufig unterschätzt.

Trotz der elementaren Bedeutung von

Moreno für die Entwicklung der Humanistischen Psychologie läßt sich das Psychodrama nur bedingt in die Bewegung der Humanistischen Psychologie einordnen. Das Psychodrama wurde unabhängig von der Bewegung der Humanistischen Psychologie entwickelt. Es stellt ein multiaxiales Konzept dar, mit vielfältigen aus der Methode entwickelten Techniken. Die triadische Methode insgesamt bezieht sich sowohl auf den Einzelnen innerhalb seines sozialen Atoms und seines psychosozialen Netzwerkes, als auch auf die Interaktionsprozesse in Gruppen und in sozialen Organisationen sowie auf den universalen Kontext. Der Mensch wird nicht nur auf der psychodramatischen Bühne, sondern auch auf der soziodramatischen Bühne und beiden Bühnen als cosmic man gesehen. Mit diesen unterschiedlichen Perspektiven stellt Moreno da einen konzeptionellen Zusammenhang her zwischen Person – Soziologie und Sozialpsychologie – Politik – Ökologie – Religion, wo in der Humanistischen Psychologie manchmal nur Teilaspekte erkennbar sind. Während z.B. die Vernachlässigung der religiösen und spirituellen Dimension bei der Humanistischen Psychologie die Entwicklung der transpersonalen Psychologie hervorrief, sind die religiösen und spirituellen Dimensionen im Werk Moreno's bereits enthalten.

Deutlich wird die Differenz zur Humanistischen Psychologie in Moreno's früher Kritik der Selbstverwirklichung. In Vorahnung eines entgleisenden Selbstverwirklichungstrips wurde bei Moreno der „ICH-Seuche" durch eine entsprechende therapeutische Philosophie und durch die Handlungstechniken der Methode sozusagen methodisch vorgebeugt. Moreno selbst hat sich nicht explizit der Bewegung der Humanistischen Psychologie zugeordnet. Er sah im Psychodrama eine eigene Qualität, die sich von der Psychologie unterschied.

Psychodrama ist nach Moreno „die Methode, welche die Wahrheit der Seele durch Handeln ergründet". Über spontane szenische Produktion relevanter früherer, mitunter verdrängter Interaktionen können unter Leitung und Begleitung durch den Psychodramaleiter nach einer angemessenen Anwärmung im psychdramatischen Spiel die betreffenden Erlebnisse vom Protagonisten, dem für die Be-Handlung im Mittelpunkt stehenden Klient/Patient, wiedererinnert, wiedererlebt und durchgearbeitet werden. Es können aber auch Träume, Visionen, sowie künftige Szenen im Sinne einer Realitätsprobe bzw. eines Realitätstrainings dargestellt und durchgespielt werden.

Auf der psychodramatischen Bühne innerhalb einer Gruppe begleiten die Gruppenmitglieder das szenische Handeln, wirken als Hilfs-Iche/Antagonisten in gewählten Rollen bei der Handlung mit und helfen durch Rollenfeedback und persönliche Rückmeldungen aufgrund eigener Betroffenheit (sharing) dem Protagonisten dabei, die gemachten Erfahrungen in sein Rollenrepertoir und sich selbst wieder aus der Spielrealität in die Gruppenrealität zu integrieren.

Im Rollentausch mit den jeweiligen Interaktionspartnern während des Spiels werden neue Perspektiven gewonnen. Durch die Technik des Doppelns erhält der Protagonist angemessene Unterstützung für Ausdruck und Darstellung der Prozesse auf seiner inneren Bühne. Die Technik des Spiegelns ermöglicht dem Protagonisten Zugang zur Wahrnehmung seiner Interaktionsgestaltung aus einer distanzierten Position.

Soziometrie ist der Teil der triadischen Methode, der die Interaktionsprozesse erforscht und Zugang verschafft zur emotionalen Tiefenstruktur von Gruppen. J. L. Moreno hat hierzu methodische Grundlagen geliefert für Untersuchungsinstrumente. Er gilt als der erste, der Gruppenprozesse per Film aufgezeichnet hat.

In der Gruppenpsychotherapie und in der sozialen und pädagogischen Gruppenarbeit ergänzen sich Psychodrama und Soziometrie. Die Einsicht in die Dynamik der Wechselwirkung zwischen Individuum, Gruppe und dem jeweiligen psychosozialen Netzwerk hilft, die Behandlung, Beratung und Förderung des Einzelnen im psychodramatischen Spiel entsprechend zu gestalten.

Das psychodramatische Stegreifspiel, das Monodrama (Anwendung des Psychodrama in der Einzelarbeit), das Soziodrama (szenische Arbeit mit Beziehungen und Konflikten zwischen verschiedenen sozialen Gruppen) und das Axiodrama (szenische Darstellung von Wert- und Sinnfragen, Zugang zu transzendenten Fragestellungen und kosmischen Dimensionen) sind weitere Formen psychodramatischer Arbeit.

Der handlungsorientierte und körperintegrierende ganzheitliche Ansatz der Methode ist für Pädagogik, Beratung, Therapie und Rehabilitation von bleibender Aktualität. Das Konzept des ganzheitlichen Lernens, die Verbindung von emotionaler und kognitiver Intelligenz, die Zielsetzungen sinnlicher und handlungsorientierter Lern- und Veränderungsprozesse finden im Psychodrama eine nachhaltig wirkende Methode. Von besonderer Bedeutung für Sozialarbeit und Sozialpädagogik ist die Einbeziehung der tatsächlichen Lage der Klientel durch die szenische Vorgehensweise.

5. In Beratung und Pädagogik gewinnen die von der Humanistischen Psychologie initiierten Vorgehensweisen weiter an Gewicht und Bedeutung. Eigenverantwortliches und ganzheitliches Lernen, handlungsorientierte Themenbehandlung im Unterricht, Förderung sozialer Kompetenz, Rollentraining und Empathiefähigkeit, emotional business und intuitives Management fordern die Konzepte der humanistischen Psychologie weiterhin heraus, ihr Potential zu verwirklichen.

Von universitärer und gesundheitspolitischer Seite wird die Wissenschaftlichkeit der Vorgehensweisen der verschiedenen Konzepte der Humanistischen Psychologie kritisch gesehen. Hierzu ist zu bemerken, daß die Humanistische Psychologie im allgemeinen mit Ausnahme der Gesprächspsychotherapie und den soziometrischen Untersuchungen von Moreno lange Zeit dem Thema Wissenschaftlichkeit nicht die notwendige Aufmerksamkeit gewidmet hat weder durch kritische Darstellung ihrer eigenen Vorgehensweisen, noch durch die notwendige Kritik vorherrschender Konzepte von Wissenschaftlichkeit. Mittlerweile wenden sich, angeregt und herausgefordert durch die Ergebnisse und Verfahrensweisen der Psychotherapieforschung, die einzelnen Ausrichtungen der Humanistischen Psychologie verstärkt der Evaluationsforschung zu.

Grundsätzlich bleibt das Verdienst der Humanistischen Psychologie, die Engführung psychologischer, psychotherapeutischer und pädagogischer Praxis auf Psychoanalyse und Behaviorismus aufgebrochen und neue Dimensionen für psychologische, pädagogische und interaktionelle Vorgehensweisen eröffnet zu haben. Der Handlungsspielraum für eigenverantwortliches Handeln, für existentielle und spirituelle Fragestellungen sowie für ganzheitlich orientierte Beratungs- und Behandlungspraxis wurde erweitert. Sozialarbeit/Sozialpädagogik, Erziehungswissenschaft und Erwachsenenbildung wie auch Organisationsberatung und -entwicklung wurden durch die Humanistische Psychologie maßgeblich beeinflußt und weiterentwickelt.

Lit.: Badaines, A.: Psychodrama, in Rowam, J. u. Dryden, W.: Neue Entwicklungen der Psychotherapie, Oldenburg 1990; Bach, G. R., Molter, H.: Psychoboom. Wege und Abwege moderner Therapie, Reinbeck 1979; Bühler, C., Allen, M.: Einführung in die humanistische Psychologie, Stuttgart 1973; Bühler, C.: Humanistische Psychologie, in Lexikon der Psychologie, Freiburg/

Brsg. 1987, S. 915–916; Davison G. C., Neale, J. M.: Klinische Psychologie, München–Weinheim, ³1988; Kriz, J.: Grundkonzepte der Psychotherapie, Weinheim ³1991; Leutz, G.: Psychodrama, Heidelberg 1986; Maslow, A. H.: Motivation und Persönlichkeit, Olden-Freiburg/Brsg. 1977; Moreno, J. L.: Grundlagen der Soziometrie, Opladen ³1974; Moreno, J. L.: Psychodrama, Stuttgart 1959; Perls, F.: Grundlagen der Gestalttherapie, München 1977; Rogers, C. R.: Die Entwicklung der Persönlichkeit, Stuttgart 1973; Psychologische Grundbegriffe, Hamburg 1987, S. 464–467; Rowan, J., Dryden, W.: Neue Entwicklungen der Psychotherapie, Oldenburg 1990; Völker, U. (Hrsg.): Humanistische Psychologie, Weinheim 1980; Zucha, R. O.: Humanistische Psychologie in Grubitzsch S. u. Relixius G. Hrsg.

Helmut Schwehm, Ingenheim

I

ICD-10
International Classification of Deseases 10. Revision, Internationale Klassifikation psychischer Störungen, von der →WHO (Weltgesundheitsorganisation) erarbeitetes Diagnosenklassifikationssystem. Klassifikationssysteme sind nützlich für eine vergleichende Diagnostik und Prognostik, die internationale Verständigung über Begrifflichkeiten und eine einheitliche Ausbildung. In den angelsächsischen Ländern ist das →DSM IV verbreitet und konkurriert mit dem ICD-10.

Neben einer Beschreibung der wesentlichen klinischen Charakteristika werden für jede Störung auch weitere wichtige, aber weniger spezifische Merkmale angegeben. Die „diagnostischen Leitlinien" geben dann die Anzahl und die Gewichtung der Symptome an, die zur Stellung einer sicheren Diagnose erforderlich sind. →Diagnostik; →PIE

Idealismus
1. philosophische Lehrmeinung, die die Wirklichkeit vom Geist her auslegt, sie als von ihm durchdrungen und beherrscht ansieht. I. d. S. ist die Philosophie Platons ebenso als I. zu bezeichnen, wie die mittelalterliche Scholastik. Neuzeitliche Varianten des I. mündeten vor allem im, u. a. von Fichte und Hegel vertretenen, deutschen I.

2. im pädagogischen Zusammenhang vor allem auf →Dilthey und Euckern zurückgehende Haltung, bei der der Idealist die Normen seines Handelns von Idealen ableitet und sich damit vom Materialisten abgrenzt. Kritisiert wird an diesem pädagogischen I. die unklare Qualität der Ideale und ihr appelativer Charakter, dem unterstellt wird, unzumutbare reale Zustände verdecken zu helfen, indem unzulängliche Erziehungssituationen mit Hilfe des pädagogischen I. überspielt bzw. neutralisiert werden sollen.

Identifikation
unbewußter aber natürlicher und notwendiger Vorgang der geistigen Entwicklung, bei dem das Individuum die Züge eines anderen oder einer Gruppe in einem oder mehreren Aspekten übernimmt. Die I. begleitet alle Lernprozesse, wobei die Anpassungs- und Abwehrleistungen oft die Folge einer I. mit besonders geliebten oder gehaßten Personen sind. Die von A. Freud beschriebene „Identifikation mit dem Aggressor" stellt einen →Abwehrmechanismus dar, durch den der Angegriffene nicht die angreifende Autorität sondern sich selbst für den Angriff verantwortlich macht, um so Angst und Frustration zu kompensieren. Für die Bildung des Über-Ich (Gewissensbildung, →Psychoanalyse) spielen I. eine bedeutsame Rolle.

Identität
I. als Begriff der Psychologie und Pädagogik bezeichnet die Phänomene, die alltagssprachlich mit „Selbstgefühl" oder „Selbstbewußtsein" (von Individuen und Gruppen) umschrieben werden. Nach E. H. Erikson ist das Gefühl der I. geknüpft an die „Wahrnehmung der eigenen Gleichheit und Kontinuität in der Zeit und die damit verbundene Wahrnehmung, daß auch andere diese Gleichheit und Kontinuität erkennen". Im Sinne der Psychoanalyse handelt es sich hierbei um eine größtenteils vorbewußte, d. h. uns im Alltag zwar meist nicht präsente, aber bewußt zu machende Teilfunktion des Ich. Die unbewußte Seite der Identitätsfunktion und das eigentümliche, teilweise so unverständlich schwankende Selbstwertgefühl des Menschen werden in der psychoanalytischen →Narzißmusforschung behandelt. Hier wie in der Identitätsdebatte geht es immer wieder um die Drohungen einer Fragmentierung und der Desintegration.

Erikson hat ein in der Pädagogik weithin

übernommenes Phasenmodell der Identitätsentwicklung aufgestellt. In Anlehnung an Freuds Phasen der Libidoentwicklung hat er eine Stufenfolge „psychosozialer Modalitäten" mit je spezifischen Identitätsproblemen und -aufgaben entwickelt. Im Säuglingsalter geht es um die Bildung eines hoffnungsvoll auf die Welt bezogenen Selbstgefühls: des „Urvertrauens" im Gegensatz zum drohenden „Urmißtrauen". In der folgenden („analen") Phase um die Überwindung von „Scham und Zweifel" in Richtung auf „Autonomie", im „reifen Erwachsenenalter" z. B. um „Generativität", einen Bezug auf sinnvolle Produkte und Kinder im Gegensatz zu einer unfruchtbaren „Selbstabsorption". Zentral ist die Funktion einer zusammenfügenden und Teilidentitäten ausbalancierenden „Ich-Identität", welche das erste Mal im →„psychosozialen Moratorium" der Adoleszenz ausprobiert und entwickelt wird. Wenn die Synthetisierung von vergangenen, aktuellen und zukunftsbezogenen Teilidentitäten in dieser Krisen- und Übergangszeit nicht gelingt, droht die Identitätsdiffusion" in Gestalt von allerlei Flucht- und Zerfallszuständen (z. B. Drogenmißbrauch). Ein anderer Theoriehintergrund für den Identitätsbegriff ist der „Symbolische Interaktionismus" (→Theorie der Symbolischen Interaktion). Bei G. H. Mead ist die Idee des „taking-the-role-of-the-other" zentral. Über den Rollentausch, die Antizipation der Perspektive von bedeutsamen Interaktionspartnern (die sich mit Hilfe der menschlichen Sprache, intersubjektiven, geteilten „signifikanten" Gesten vollzieht) gewinnt der Mensch eine Beziehung zu sich selbst. Bei Hegel schon hieß es: Das Selbstbewußtsein ist nur als ein „gedoppeltes", als ein vom anderen Selbstbewußtsein anerkanntes. In der interaktionistischen Sichtweise droht freilich die Bildung von Selbstbewußtsein, Identität über die Vergegenständlichung im Arbeitsprodukt, die für Marx wichtig war, vergessen zu werden. Bei Mead ist der Mensch als Rollentausch-Wesen immer in zwei Seiten gespalten: in die Seite des „Me", die verinnerlichten Rollenerwartungen (als Student, Leser, Mutter, Vater etc.) und in den Teil des „I", welches spontan auf das „Me" Antwort gibt, es ausgestaltet und modifiziert. Ein Mead-Schüler (R. Turner) spricht vom Wechselspiel zwischen Role-taking und Role-making. Wenn die Balance zwischen beiden Seiten gelingt, entwickelt sich ein integrierendes „Self", die (Ich-)Identität. Die Freisetzung der Kräfte des „I" gegenüber einem „Me", das zur Fessel oder „Kulturkonserve" geworden ist, entspricht dem Improvisationsgedanken im →Psychodrama nach J. L. Moreno. Später hat E. Goffman Meads Ansätze weiterentwickelt, indem er die „soziale Identität" (die typischen, z. B. an die Position „des" Studenten geknüpften Rollen- und Identitätsmuster) unterschied von der „persönlichen Identität" (als Individuum X oder Y mit einer einzigartigen Bildungs- und Lebensgeschichte). Die sozialpsychologische Pointe bei Goffman besteht darin, daß er die „persönliche Identität" selbst noch als etwas sozial Erwartetes betrachtet. In unserer Gesellschaft hat man eine persönliche Identität zu haben. Originalität muß präsentiert werden. Ein Chefarzt zum Beispiel zeigt gegenüber der Arztrolle eine funktionale (und erwartete) „Rollendistanz", wenn er mit dem Familienbild auf dem Schreibtisch seine besondere Person und den (nach anderwertig beanspruchten) „Menschen" ins Spiel bringt. Zwischen beiden Seiten vermittelt mehr oder weniger elegant die Ich-Identität. Die Identitätsbalance und damit verbunden die Handlungskompetenzen der Metakommunikation (Kommunikation über die Kommunikation), der →Ambiguitätstoleranz, der Rollendistanz wurden in der Pädagogik und Sozialpädagogik der 70er Jahre als emanzipatorische Lernziele betrachtet, die zur Überwindung einseitig-traditionaler Rollen-Identitäten, zu Reform- und Reflexionsprozessen beitragen können. Insbesondere bei Habermas findet sich das Modell einer reflexiven Ich-Identität ausgearbeitet. Bei ihrer Bildung werden Machtansprüche zumindest vorübergehend suspendiert, es kommt zur Metakommunikation über Lebensgeschichte und Partialidentitäten und zur Herausbildung einer „postkonventionellen Moral". In einer modernen oder „postmodernen", zunehmend multikulturellen Gesellschaft stellt das Stehenbleiben oder „bekennende" Zurückgehen auf vorreflexive(n) und konventionelle(n) Stufen der Identitätsentwicklung (die schlichte Identitätsbehauptung als „richtiger Deutscher", „Türke", „Mann" oder „Autofahrer") eine Gefahr und Versuchung dar.

Moderne I. ist eine sehr schwierige, fast unmögliche Angelegenheit, weil die Teil-Identitäten, welche den Individuen aufgezwungen werden, ganz widersprüchlich, kaum „unter einen Hut" zu bringen sind.

Die Produktionssphäre ist überwiegend und mehr denn je kapitalistisch (und bürokratisch) organisiert. Der Lohnarbeiter muß sich selbst für einen außerhalb dieser Welt liegenden Zweck instrumentalisieren und disziplinieren, die eigene Sinnlichkeit immer noch „asketisch" unter Kontrolle bringen. Er ist austauschbar, und das →„Netzwerk", in dem er dennoch kooperiert, hat er nicht selbst geknüpft. Nur im Rahmen einer grundlegenden Entfremdung und Isolation kommt es zu teilweiser Re-Identifikation mit dem konkreten Produkt und den anderen Arbeitern. Die Produktion ist zudem hierarchisch organisiert, die Einzelvollzüge werden insbesondere auf den unteren Ebenen immer arbeitsteiliger und atomistischer organisiert. Die Wünsche nach ganzheitlicher Arbeitserfahrung sind mächtiger geworden – zumindest auf den höheren Rängen der Hierarchie – auch manchmal wieder teilbefriedigt. Der Computer schafft jede Menge Selbstwert- und Abgrenzungsprobleme. Er scheint sehr unabhängig von seiner körperlichen Gestalt denken und arbeiten zu können. Er entwertet u. a. die Männeridentität des muskelkräftigen Facharbeiters, der sich den Frauen in den „Leichtlohngruppen" überlegen fühlen kann.

Unsere Teilidentität als Marktteilnehmer sieht wieder anders aus. Unter der Herrschaft der Ware und des Geldes und unter dem Druck der Konkurrenz müssen Käufer und Verkäufer von einander ausschließenden Standpunkten aus sich überlisten. Die Überlistung erfordert einen „liebenswürdigen Schein" im wechselseitigen Verhalten, Schmeicheln, Einfühlung. Die Rollenhaftigkeit und der Verpackungscharakter des Verhaltens wird tendenziell wieder gespürt und allseits unterstellt. Im Spätkapitalismus haben die Individuen schon fast jeden sinnlichen Kitzel ausprobiert, soweit er warenförmig – gewissermaßen als Konservendose, welche den Besitzer wechseln kann – angeboten wird. Der Hunger ist geblieben, das Bedürfnis nach „Echtheit" und „Ganzheit", nach einer nicht nur vorgespielten Identität, wird seinerseits zum bestverkäuflichen Artikel, womit die Spirale von vorn beginnt. Die größten Identitätsbedrohungen dürften aber mit der modernen „Überzähligkeitsangst" (J. P. Sartre) verbunden sein, die von der möglichen Unverkäuflichkeit der Arbeitskraft auf dem Arbeitsmarkt permanent produziert wird. Gegen Überzähligkeitsangst scheint u. a. der Nationalismus zu helfen: Nationen „brauchen jeden Mann".

Da in der Marktwelt Egoismus und Überlistung erfahren werden, in der Produktionswelt ein anstrengender Asketismus, ein von der Dennoch-Kooperation nur abgemilderter Egoismus und Karrierismus die Identität bestimmt, suchen schließlich die Individuen in der Welt der Konsumtion (oder Reproduktion der Arbeitskraft), also im „Privatleben" vor allem Kompensation, „Harmonie um jeden Preis". Die hauptamtliche Wärterin dieser psychosozialen Tankstelle ist natürlich die Frau, der ihrerseits (selbst wenn sie berufstätig ist) kaum vergleichbare Kompensationsinseln zur Verfügung stehen. Werden „draußen" Härte, Verstellung, Asketismus und Selbstinstrumentalisierung gefordert, soll es hier ganz echt, herzlich, konsumorientiert zugehen. Auch ökonomisch wird ein hektischer Konsumismus verlangt, was in immer größerem Widerspruch zum Asketismus der Produktion steht. Die Normen- und Identitätsverwirrung verschärft sich zudem durch das Zerfallen der patriarchalischen Normen, die vordem manchmal noch eine Art äußerlich stabiles Korsett für die Einigungsprozesse abgegeben haben. Das ist einerseits durch die Frauen- und andere Emanzipationsbewegungen erkämpft, andererseits wirtschaftlich bedingt. Die kommerzielle Thematisierung von Sinnlichkeit und Sexualität (z. B. des weiblichen Orgasmus) hat dazu beigetragen, die illusionären Selbstbilder der Möchtegern-Patriarchen anzusägen. Die Hoffnung auf dennoch gelingende Partnerschaften, die uns von der Entfremdung und Verwirrung erlösen sollen, ist freilich nicht geringer geworden. Nur jedes zweite Kind, das heute geboren wird, hat die Chance, mit beiden Eltern aufzuwachsen. Je klammernder die bedrohte Symbiose als Kompensation der Überindividuationszwänge auf dem Markt und in der Produktion angestrebt wird, desto leichter zerbricht sie. Hier springen als Krisengewinner jede Menge Sekten, Therapiegruppen, neoreligiöse und politische Programme ein, die die familiäre Symbiose teils in einer Gruppenkultur, teils als kosmische oder nationale Projektion wiederaufleben lassen. Das mag für viele eine vorübergehende Stütze sein.

Die Teil-Identitäten der Produktion, des Marktes, der Reproduktion werden immer mehr eine höchst zerrissene Angelegenheit – bereits innerhalb der einzelnen Sphären, dann aber auch im Verhältnis zueinander. Kein Wunder, daß „Ganzheit", „Einheit" so sehr gewünscht wird; oder aber, daß – etwa im Anschluß an den strukturalistischen Psychoanalytiker J. Lacan – in einer „postmodernen" Reaktion das Identitätsprojekt überhaupt für illusionär und obsolet erklärt wird. Seit Jahrzehnten vollzieht sich zudem ein von Ulrich Beck so genannter „zweiter Individualisierungsschub". Der „erste Individualisierungsschub" war die Freisetzung der modernen Lohnarbeiter, die sich allerdings bald kollektiv, nachbarschaftlich, subkulturell, gewerkschaftlich usw. zu organisieren begannen. Im „zweiten Individualisierungsschub" werden die Risiken und Chancen der Marktteilnehmer, z. B. auf dem Arbeitsmarkt, nur mehr als individuelle Schicksale, nicht mehr im Rahmen kollektiver und „ständischer" Identitäten erfahren. Jeder wartet allein auf den Gängen des Arbeitsamtes, stellt Anträge bei der Krankenversicherung und versucht sich als mehr oder weniger erfolgreicher Organisator seiner Karriere, Ausbildung und Lebenswelt. →Biographien und Identitätsmuster werden extrem unvergleichbar, schwer kommunizierbar.

Die Individualisierung wird als Einsamkeit erlebt. Jeder versucht auf seine Weise, seine alltagsweltlich und biographisch vielfach gebrochene, zerschnittene Identität „unter einen Hut" zu bekommen. Kriegsfolgen in den Familien, Entväterlichung vieler Familien in verschiedenen Varianten, Entwurzelung, Migration und Ressimilation haben im Verlauf der letzten 50 Jahre ein übriges dazu beigetragen, daß – trotz ökonomisch und strukturell ähnlicher Grundbedingungen – eine verstehende Psychologie und Sozialpädagogik die Bewältigungsmuster und Lebensentwürfe der konkreten Individuen jedesmal neu zu erkunden hat. Sie sind objektiv entstandardisiert. Die moderne Krise von Identität läßt sich in der Sozialpädagogik sicher nicht so bewältigen, daß (z. B. mit dem Ruf nach „Mut zur Erziehung") wieder die alten – vor allem männlichen – Modelle einer Identität aus einem Guß gefördert werden. Im Zeitalter der gesellschaftlich produzierten „patchwork-Identität" (H. Keupp) erweist sich der verständliche Wunsch nach übersichtlicher Ganzheit oder „festem Besitz" von Identität endgültig als unlebbar. Ein spielerischer und geduldiger Umgang mit den Identitäts-Experimenten der Klienten (und auch den eigenen) sowie die positive Besetzung der „postmodernen" Buntheit und Inkonsistenz können vielleicht ein Gegengewicht gegen den neuen Boom der einfachen (z.B. ethnischen) Zugehörigkeits- und Stützidentitäten bilden. Sozialpädagogische Berührungsängste gegenüber der „Identitätsdiffusion", dem Schreckgespenst „ordentlicher" Identitätstheorien im Anschluß an Erikson, sind heute unangebrachter denn je.

Lit.: E. H. Erikson: Identität und Lebenszyklus, Frankfurt 1975; E. Goffman: Stigma. Techniken zur Bewältigung beschädigter Identität, Frankfurt 1975; H. Keupp: Auf der Suche nach der verlorenen Identität, in: H. Keupp/H. Bilden (Hg.), Verunsicherungen, Göttingen 1989; L. Krappmann: Soziologische Dimensionen der Identität, Stuttgart 1978; K. Ottomeyer: Gesellschaftstheorien in der Sozialisationsforschung, in: K. Jurrelmann/D. Ulich (Hg.): Neues Handbuch der Sozialisationsforschung, Weinheim/Basel 1991.

Klaus Ottomeyer, Klagenfurt

Ideologie
von französischen Philosophen im 18. und 19. Jh. eingeführter Begriff für die Wissenschaft von den Ursprüngen, Strukturen und der Logik der Idee. Heute außerdem Bezeichnung für ein System von Überzeugungen und Begriffen, die wahlweise als Instrument zur Durchsetzung von Machtinteressen, als sinnhafte Strukturierung der sozialen Wirklichkeit oder als System zur Neutralisierung der Folgen des Handelns verstanden wird. Das Aufweisen der Zwangsverhältnisse stabilisierenden, interessenabhängigen und soziale Realität verschleiernden Funktion und Wirkung von I. ist Gegenstand von Ideologiekritik, wie sie etwa als Verfahren in marxistischen Theorien vorgeschlagen wird.
→Kritische Theorie

Idiotie
→Schwachsinn

Imbezillität
→Schwachsinn

Implementation
→Evaluation

Indikation
Begriff aus der Medizin dafür, daß die Anwendung eines Heilverfahrens angezeigt ist. Die I. enthält gleichzeitig diagnostische, prognostische und therapeutische Aspekte. Das medizinische Diagnose-Maßnahme-Schema läßt sich nur begrenzt auf die sozialpädagogische Intervention übertragen, da die sozialen Beziehungen und die institutionellen Bedingungen ausgeblendet zu werden drohen. Ausführlich wurde der Begriff I. als sozialpädagogischer Terminus vor allem bei der Anordnung von →Heimerziehung diskutiert.

Individualberatung
→Beratung

Individualisierung
Arbeitsprinzip der →Sozialen Arbeit, das von der Besonderheit des Einzelfalles, einer Gruppe oder eines Gemeinwesens ausgeht. I. meint nicht die Umdeutung gesellschaftlicher Ursachen in individuelle Schuldzuweisungen, sondern die Hinwendung zu den Interessen, Fähigkeiten, Lebensgeschichten und Lebenslagen der Individuen, ihrer Besonderheit und Einmaligkeit.

Individualisierungsgrundsatz
in § 3, Abs. 1 des BSHG näher bestimmter Grundsatz, demzufolge die →Sozialhilfe nach der Besonderheit des Einzelfalles zu gewähren ist. Damit soll – im Gegensatz zu einer schematisierten Gewährung – eine differenzierte, den unterschiedlichen Notlagen angemessene Hilfe ermöglicht werden.

Individualistische Ethik

Die i. E. ist neben Pluralisierung, sozialer Dynamik, Technologisierung, Bürokratisierung u. a. ein wesentliches Kennzeichen moderner Gesellschaften westlicher Prägung. Das Individuum steht im Zentrum des Interesses, nicht die Gruppenzugehörigkeit. Begriffe wie Emanzipation, individuelle Autonomie und Selbstverwirklichung bestimmen diese Orientierung. Seit Beginn der Moderne – Renaissance und Reformation – wird ein Prozeß deutlich, der zu individualistischen Bewußtseinsstrukturen und zu zweckrationalen, versachlichten Beziehungsstrukturen führte. Die Ambivalenz der i. E. zeigt sich darin, daß einerseits die Befreiung des Individuums aus den traditionalen und teilweise sehr rigiden Zwangsbindungen an Familie, Sippe, Gutsherrschaft und Zünfte hin zur Entfaltung individueller Selbständigkeit im wirtschaftlichen, politischen und privaten Handeln möglich wird, daß andererseits aber auch ein Verlust an Bindungen und intensiven identitätsbildenden und selbstwertstabilisierenden sozialen Bezügen, die den einzelnen Menschen in seiner Gruppe Sicherheit boten, deutlich wird. Seit Mitte der 1950er Jahre sind bisher historisch einmalige exzessive Individualisierungsphasen feststellbar, die zur Auflösung noch vorhandener traditionaler Bindungen und zu dynamischen Veränderungen im Bereich der Partnerbeziehungen, der Ehe, Familie, Elternschaft, der Geschlechtsrollen, Arbeitsbeziehungen u. v. a. geführt haben. →Individualität; →Individuum

Individualität

I. meint die Einzigartigkeit, Selbständigkeit und Eigenartigkeit des einzelnen Menschen. Seit der Begriff in der zweiten Hälfte des 18. Jh. innerhalb der pädagogischen Diskussion bedeutsam wurde, erfuhr er im Rahmen verschiedener pädagogischer Konzepte und Strömungen eine sehr unterschiedliche Wertschätzung. Sie reicht von der absoluten Hochschätzung innerhalb der aufblühenden Anthropologie (→ pädagogische Anthropologie) des 18. Jh. bis zur völligen Abwertung zu Gunsten der Unterordnung der I. unter das Ganze im 19. und 20. Jh. Nach dem 2. Weltkrieg gewann die Individualität wieder an Bedeutung und findet sich in pädagogischen Leitbegriffen wie →Selbstverwirklichung, Selbstbestimmung und →Autonomie wieder. Insbesondere wurde die I. im Zusammenhang mit der Diskussion um →Interaktion und →Sozialisation sowie der Entwicklung von Konzepten der →Identität erneut bemüht. →Individualistische Ethik; →Individuum

Individualpsychologie

1. allgemeiner Begriff der Sozialwissenschaften für jene Psychologien, die im Gegensatz zur →Sozialpsychologie nur die individuellen psychischen Faktoren als bestimmend für das menschliche Denken, Fühlen und Handeln betrachten.

2. Im besonderen bezeichnet I. (individuell, weil hier das Individuum als Ganzheit im Zentrum steht) jedoch die tiefen- und sozialpsychologische Schule nach Alfred Adler (1870–1937), die bei einer psychoanalytischen Grundorientierung (→Psychoanalyse und Sozialpädagogik) insbesondere die Prozesse der →Sozialisation berücksichtigt. Nach Adler manifestiert sich psychische Gesundheit in der Orientierung auf die Gruppe und das Gemeinschaftsgefühl, während in der Ich-Zentrierung eine Fehlentwicklung zu sehen ist. Durch die große Wirkung, die Adler u. a. der tiefenpsychologisch geschulten →Erziehungsberatung zuerkennt, hatte die I. auch Einfluß auf die Sozialpädagogik.

Individualpsychologische Beratung und Therapie

der aus der Individualpsychologie Alfred Adlers (1870–1937) begründete Ansatz trennt →Beratung (sowie Erziehung) und Psychotherapie (→Psychotherapie und Sozialpädagogik) nicht eindeutig von einander. Patient/Kind und

Individualtherapie

Therapeut/Erzieher erarbeiten eine Lebensstilanalyse des Patienten/Kindes, bei der die Familienkonstellation, frühe Erinnerungen und Träume ausgewertet werden. An die gemeinsame Analyse schließt sich eine Trainingsphase an, in der veränderte Verhaltensmuster im Alltag trainiert werden. Wesentliche Grundlage der Arbeit bildet die Sicherheit der sozialen Beziehung/Gemeinschaft zwischen Therapeut/Erzieher und Patient/Kind.

Individualtherapie
→Psychotherapie

Individuation
dauerhaft mit der →Sozialisation in Wechselwirkung stehender Reifungs- und Differenzierungsprozeß (C. G. Jung) des Menschen, in dessen Verlauf sich Eigenverantwortung, →Autonomie und unverwechselbare Persönlichkeit des Einzelnen ausprägen. Die I. stellt wie die Sozialisation einen lebenslangen Prozeß dar. →Individuum

Individuum
Das I. (Lat.: das Unteilbare) ist im neuzeitlichen Sprachgebrauch der Mensch als Einzelwesen in seiner einmaligen Existenz und mit seinen unverwechselbaren Merkmalen, wie er seit der →Aufklärung verstanden wird. Zum I. in diesem Sinne wird der Mensch jedoch nur im →Dialog mit anderen. Insofern stellen →Individuation und →Sozialisation gleichwertige, sich bedingende Vorgänge zur vollen Entwicklung des Menschen dar. Daraus ergibt sich für die Erziehung ein über die bloße Sozialisation hinausgehender Auftrag, der eng mit der Frage verbunden ist, wie das Individuum zwar ein unteilbares aber dennoch gesellschaftliches, soziales Wesen sein kann. Entsprechend hängen die von Sozialer Arbeit bearbeiteten Problemlagen u. a. auch vom Verhältnis zwischen Individuum und Gesellschaft ab.

Industrialisierung
Veränderung der vorwiegend auf agrarischer Produktion beruhenden Gesellschaft durch die verstärkte Einführung industrieller Produktion seit dem ausgehenden 18. Jh. Aufgrund des raschen und tiefgreifenden Produktionswandels spricht man auch von der →industriellen Revolution. Zu ihren bedeutendsten sozialen und strukturellen Folgen gehören die Land-Stadt-Wanderung, die Entwicklung des →Proletariats, der Aufbau staatlicher und industrieller Bürokratien sowie eines an der kapitalistischen Ökonomie orientierten Wertesystems (→Industriegesellschaft). Mit Zunahme der Industrialisierung stellte sich die „soziale Frage" immer dringender und löste die Entwicklung der modernen Sozialen Arbeit sowie die Sozialpolitik aus.
→Geschichte der Sozialarbeit; →Geschichte der Sozialpädagogik

Industriegesellschaft
die seit der →Industrialisierung entstandene arbeitsteilige Sozialstruktur, die ein hohes Maß an sozialer Differenzierung und Spezialisierung, Pluralisierung, Bürokratisierung, Technologisierung sowie einen hohen Grad an vertikaler und horizontaler sozialer Mobilität aufweist und durch zunehmende Komplexität und Abstraktion aller Lebensbereiche gekennzeichnet ist. In ihrer Folge ist eine Auflösung der alten Sozialformen (→Familie) und eine ansteigende Entfremdung zu beobachten. Für den einzelnen wird es immer schwieriger, die Zusammenhänge zu überblicken; Wissen und Erfahrung werden immer mehr sekundären Quellen entnommen. Der schnelle Strukturwandel des ökonomischen, kulturellen und sozialen Lebens stellt auch die Soziale Arbeit vor immer neue Aufgaben.

Industrielle Revolution
I. R. meint die rasche und umwälzende →Industrialisierung der Gesellschaft mit all ihren Folgen für die ökonomische und kulturelle Struktur seit dem ausgehenden 18. Jh. Die durch Automation und Computertechnik ausgelösten tiefgreifenden Veränderungen seit Mitte des

20. Jh. werden als sog. zweite I.R. bezeichnet. →Informations- und Kommunikationstechnologie

Informations- und Kommunikationstechnologie

1. Begriff. Der Begriff Informations- und Kommunikationstechnologie (IuK) weist über eine technische auf eine ihm zugleich immanente gesellschaftliche Dimension. Erst durch die Gleichzeitigkeit der Betrachtung technischer als auch gesellschaftlicher Phänomene wird die Wechselseitigkeit der Beziehungen deutlich.

Gegenwärtig wird ein intensiver interdisziplinärer Diskurs zur Technologiebewertung und -gestaltung geführt, der insbesondere durch Begriffe wie „Informationstechnisches Zeitalter" und „Informationsgesellschaft" gekennzeichnet ist. Gegenstand des Diskurses sind die Einflüsse und Auswirkungen des IuK auf die gesellschaftlichen Bereiche Information, Sprache, Kommunikation, Wissen und Bildung.

Mit Technologie ist sowohl das (engere) Wissen (logos) über die Technik (techne) gemeint als auch die kritische Reflexion über ihre Implementierung und Anwendung in der Gesellschaft. Informationstechnologie bezeichnet somit das Wissen über Prozesse der Automatisierung und Weiterverarbeitung von Informationen durch sich wandelnde Informationstechniken (z.B. der Wandel vom Rechenschieber zum PC), die die Gesellschaft durchdringen.

Kommunikationstechnologie bezieht sich auf die Übertragung und Übermittlung der Informationen. Kommunikationssysteme haben sich durch Veränderungen der Informationstechnik immer weiter ausdifferenziert (z.B. von der „gelben" Post zur elektronischen Post) und beeinflussen in unterschiedlichem Ausmaß gesellschaftliche Teilsysteme. Auswirkungen sind sowohl im ökonomischen, sozialen als auch privaten Bereich zu beobachten.

Folglich werden hiervon auch professionelle MitarbeiterInnen der Sozialen Arbeit als auch ihre AdressatInnen betroffen.

2. Geschichtliche Entwicklung. Die Geschichte der modernen Datenverarbeitung beginnt 1936. Konrad Zuse konstruierte den ersten funktionsfähigen Relaisrechner. Wenig später, 1946, entwickelte John v. Neumann die Fundamentalprinzipien klassischer Rechenanlagen. Danach wird das Programm ebenso wie die Daten gespeichert. Es gibt einen bedingten Befehl mit Vorwärts- und Rückwärtsverkettung. Das Programm beinhaltet eine Kette logischer binärer Entscheidungen.

Das dezimale Zahlensystem und das Alphabet (inklusive Sonderzeichen) lassen sich maschinenintern als Binärcodes darstellen. Der Begriff binär bezieht sich auf beliebige Zahlensysteme, die mit nur zwei Elementen (O, L) in der Zahlendarstellung auskommen. Eine Stelle einer binären Darstellung nennt man bit (binary digit). Ein bit ist die kleinste darstellbare Einheit. Acht bit bilden ein Byte oder ein Wort. Physikalisch lassen sich binäre Entscheidungen (Ja–Nein) durch „Strom fließt" vs. „Strom fließt nicht" realisieren. Dieser Vorgang wird als Digitalisierung bezeichnet.

Im weiteren Verlauf der Entwicklung gelingt es, immer höhere Schaltungsdichten bei gleichzeitig sinkenden Bearbeitungszeiten in ein Bauteil zu integrieren (Mikrominiaturisierung). Der Mikrochip als kleinstes bedeutsames elektronisches Bauteil enthält ein hochkomplexes System von Schaltungen auf engstem Raum. Die gegenwärtig zunehmende Bedeutung der Optoelektronik resultiert aus der Möglichkeit, Informationen mittels Licht darstellen und mit Lichtgeschwindigkeit übertragen zu können. Zum Einsatz kommt sie sowohl im Rechnerbau (z.B. optische Speichermedien) als auch in der Datenübertragung (Glasfasertechnologie).

Die Digitalisierung des bisher auf analoger Basis betriebenen Nachrichtenwesens bildet die technische Grundlage für das Zusammenwachsen der traditionellen EDV mit der bisher von ihr getrennten Nachrichtentechnik zur neuen Informations- und Kommunikationstechnik. Damit werden die sogenannten Medienbrüche überwunden. Informationen, seien es Daten, Texte, Bilder oder Sprache, werden digital übermittelt und bearbeitet.

Der sogenannte „Preisverfall", d. h. die infolge Massenfertigung sinkenden Preise für zunehmend leistungsfähigere Systeme, läßt IuK zur Massenware werden. Dieser ökonomische Prozeß ist ein weiterer wesentlicher Grund für die Durchdringung auch sozialpädagogischer/-arbeiterischer Organisationen mit IuK, denn sie kann nun von wirtschaftlich weniger leistungsfähigen Personen/Organisationen extensiv genutzt werden.

War die traditionelle EDV bis Mitte/Ende der 1970er Jahre stets Großrechnertechnologie, hat sich seit Einführung der Mikrocomputer (Anfang der 1980er Jahre) ein grundlegender Wandel vollzogen. Er betrifft insbesondere die „Aufgabenteilung" zwischen den unterschiedlichen Rechnerklassen (Groß-, Mini- und Mikrorechner). Die massenhafte Nutzung von Mikrorechnern führt zur Entstehung einer individuellen Datenverarbeitung (IDV). Die Entwicklung der letzten Jahre läßt sich stichwortartig wie folgt kennzeichnen: Große Leistungssteigerung aller Rechnerklassen (vom Mikro- bis zum Großrechner), Entwicklung leistungsfähiger Netzwerke sowohl zur Verbindung von Mikrorechnern (lokale Netzwerke) als auch zur horizontalen und vertikalen Vernetzung zwischen Mikro-, Mini- und Großrechnern untereinander. Hinzu kommt der Auf- und Ausbau öffentlicher wie privater digitaler Netze (z. B. ISDN). Dies zusammen markiert eine qualitativ neue Entwicklung. Anders als in den 1960er und 1970er Jahren stehen nun nicht mehr die Großrechner im Mittelpunkt sondern Netzwerkarchitekturen. Die Möglichkeiten horizontaler und vertikaler Vernetzung der Daten-, Bild- und Textverarbeitung und der Kommunikation mit anderen Nutzern macht aus den modernen Computern multifunktionale Arbeitswerkzeuge. Zudem können sie nahezu beliebig konfiguriert und damit unterschiedlichen Anforderungen angepaßt werden. „Modularität" von Hard- und Software ist ein charakteristisches Merkmal der IuK.

Auch die Softwareentwicklung weist vergleichbare „Qualitätssprünge" auf. Dies gilt für höhere Sprachen, Datenbanken, Tabellenkalkulations-, Textverarbeitungs- und Desktop Publishing-Programme (DTP) bis hin zu komplexen Bürokommunikationssystemen. Neben den Standard-Programmiersprachen und Programmprodukten gibt es ein großes Angebot spezieller Lösungen für nahezu alle Branchen. Das Gebiet der „Künstlichen Intelligenz/Expertensysteme" markiert eine der jüngsten Entwicklungen im Softwarebereich.

Am Ende des 20. Jhd. wird die Gesellschaft besonders durch das sich schnell verbreitende Internet beeinflußt. Ursprünglich im Jahre 1969 für militärische Zwecke in den USA entwickelt, fand es in den 1970er Jahren Verbreitung im Wissenschaftsbereich, bis in den 1980er Jahren die Festlegung eines weltweit technischen Standards (Transmission Control-/Internet Protocol B TCP/IP-Protokoll) die weite Verbreitung ermöglicht hat. Die 1990er Jahre stehen im Zeichen der Durchdringung fast aller gesellschaftlichen Bereiche, insbesondere auch des privaten Bereichs mit diesem Medium.

Schätzungen gehen davon aus, daß das Internet als Informations- und Kommunikationssystem in den kommenden Jahren eine ebenso große Verbreitung, Bedeutung und Selbstverständlichkeit erreichen wird wie etwa das Telefon oder das Medium Fernsehen. Mit der Verbreitung des Internet geht allerdings eine starke Kommerzialisierung einher. Sie behindert die Entfaltung einer sozial gerechten Informationsgesellschaft.

3. Soziale Arbeit und Informations- und Kommunikationstechnik. Soziale Arbeit und IuK stehen sowohl mittelbar als auch unmittelbar miteinander in Beziehung. Soziale Arbeit ist Teil gesellschaftlicher Wirklichkeit und als solche eng mit dem Wandel von Produktionsformen und -mitteln verbunden (→Geschichte der Sozialarbeit). Der sich derzeit vollziehende Wandel von Arbeit ist wesentlich durch moderne IuK beeinflußt und betrifft Arbeitsformen, -inhalte und -strukturen. Für die Soziale Arbeit werden die Folgen dieses Prozesses u. a. in einer sich verändernden Struktur ihrer „Klientel" sichtbar. Das Stichwort von der „Neuen Armut" (→Armut) verweist auf einen derartigen Effekt.

Zugleich sind Organisationen Sozialer Arbeit und die dort Beschäftigten unmittelbare Nutzer moderner IuK. Solange die traditionelle Datenverarbeitung (EDV) in erster Linie für die Bearbeitung weitgehend standardisierter Vorgänge bzw. von Massendaten eingesetzt wurde, galt Soziale Arbeit als kaum informatisierbar. Diese Einschätzung hat sich jedoch im Verlauf der 1980er Jahre deutlich geändert. Ordnet man die vielfältigen IuK-Anwendungen nach Handlungsfeldern Sozialer Arbeit, lassen sich idealtypisch folgende Funktionsbereiche unterscheiden:

Erstens: IuK im administrativen Bereich organisierter Sozialarbeit/-pädagogik. Der Einsatz von IuK in der Verwaltung sozialer Organisationen reicht von der Lohnabrechnung über die Textverarbeitung bis zur Bürokommunikation und stellt ein „klassisches Einfallstor" dar. Zugleich markiert es eines der ältesten Anwendungsgebiete. Die informationelle Durchdringung von Verwaltungsabläufen ist kein Spezifikum sozialer Organisationen sondern ein genereller Trend.

Zweitens: IuK im Managementbereich sozialer Organisationen (→Sozialmanagement). Hier steht die Möglichkeit, IuK als Kommunikations-, Dokumentations- und Planungsmedium zu nutzen im Mittelpunkt des Anwendungsinteresses. Der schnelle Zugriff auf Informationen, deren Selektion, Aufbereitung und Verteilung ist von zentraler Bedeutung für das Management- und den (Verbands-) Politikbereich.

Drittens: IuK als Controllinginstrument. Im Zuge der Umsetzung von →Qualitätsmanagement und →Neuer Steuerungsmodelle werden zugleich IuK-gestützte Controllingsysteme eingeführt. Soziale Arbeit erfolgt zunehmend budgetorientiert, so daß durch ein IuK-gestütztes Controllinginstrument z. B. eine frühzeitige Bestimmung der erforderlichen Personal- und Sachkosten ermöglicht wird. Voraussetzung für ein leistungsfähiges Controlling ist ein umfassendes EDV-gestütztes Informationssystem, das die verschiedenen Abläufe, Aufgaben und Funktionen in einer Organisation, z. B. die pädagogische Arbeit, das Rechnungswesen und das Berichtswesen integriert. IuK-gestützte Controllingsysteme basieren auf statistischen Datenauswertungen und deren Dokumentation, um valide Entscheidungsgrundlagen für das Management bereitzustellen. Die Entwicklung speziell für die Soziale Arbeit konzipierter Controllingsysteme steht noch am Anfang. Gleichwohl wird gegenwärtig vielfach der Versuch unternommen, Controllingsysteme aus dem Profit-Bereich in Verwaltungen und anderen sozialen Dienstleistungsorganisationen zu übernehmen.

Viertens: IuK als fachspezifisches Auskunfts- und Dokumentationssystem (→Jugendhilfeplanung, →Sozialberichterstattung, →Sozialplanung). Die Substitution von Papier durch Elektronik als Speichermedium für „Wissen" (z. B. Sozialrecht) ebnet informationstechnischen Systemen für den alltäglichen Gebrauch durch Sozialarbeiter/-pädagogen den Weg. Seit einiger Zeit stehen fachspezifische Datenbanken zur Verfügung bzw. befinden sich im Aufbau. Es ist zu erwarten, daß insbesondere die sozialarbeitsrelevanten rechtlich kodifizierten

Regelungen in Zukunft vermehrt durch elektronische Medien am Arbeitsplatz verfügbar gemacht werden.

Fünftens: Informationstechnische Unterstützung spezieller sozialarbeiterischer Aufgabengebiete. Inzwischen existieren für einige Aufgabenfelder Sozialer Arbeit spezielle Programme zur Unterstützung der inhaltlichen Arbeit von Sozialarbeitern/-pädagogen. Hierbei handelt es sich nicht um sogenannte „Standardsoftware", sondern um fachspezifische Entwicklungen. Dies gilt z. B. für die Schuldner- und die Sozialhilfeberatung. Auch für den Bereich Diagnose/Therapie/Training existieren spezielle Programme. So sind z. B. Testinventare, die in der Erziehungsberatung Verwendung finden, als EDV-Programme verfügbar.

Sechstens: IuK als didaktisches Medium (→Medienpädagogik). Dieser Gebrauch der Informationstechnik findet sich ebenfalls vor allem in der Jugendarbeit, zunehmend aber auch in Feldern der Aus-, Fort- und Weiterbildung von SozA/SozP. Hier wird IuK als multimediales Lernangebot verstanden, dem es über den Einsatz von Medien (Buch, Video, PC, etc.) gelingt, dem Lernenden (Jugendlicher, SozA/SozP) den Lerngegenstand und -inhalt in ideal aufbereiteter Form anzubieten, so daß dem verschiedene (multimediale) Möglichkeiten der Nutzung für einen optimalen Lernprozeß zur Verfügung stehen.

Siebtens: IuK-Einsatz im Studium. Einführende Angebote zur Informationstechnik und deren Anwendung in Handlungsfeldern Sozialer Arbeit sind seit einigen Jahren an den meisten Fachhochschulen und Universitäten Bestandteil des Lernprogramms. Bislang fehlt jedoch ein einheitliches, verbindliches Curriculum. Eigene Lehr- und Forschungsbereiche zu „Neuen Medien" und „Informationstechnologien" etablieren sich jedoch an immer mehr Hochschulen, so daß eine rasche Erarbeitung allgemeiner Richtlinien zu erwarten ist. Im Bereich der Forschung greift das wissenschaftliche Dokumentations-, Publikations- und Kommunikationswesen mittlerweile ebenso selbstverständlich auf IuK zurück wie auf die Planung, Anwendung und Durchführung quantitativer und qualitativer Untersuchungsmethoden.

Achtens: Internet/Intranet als neues Handlungsfeld Sozialer Arbeit. Die zwei genuinen Aufgaben des Informierens und Interagierens sozialpädagogischen/sozialarbeiterischen Handelns können auf das Medium Internet übertragen werden. Das Internet stellt ein Kommunikationsmedium dar, das es Sozialer Arbeit ermöglicht, sowohl international z. B. im Rahmen des EU-Marktes als auch national in Kooperation mit anderen Sozialdienstleistern zu konkurrieren und zu kooperieren. Auf der Ebene der direkten Arbeit setzen sich zunehmend datenbankbasierte Informationssysteme durch, die sukzessive alle relevanten Daten über Infrastruktur, Ausgestaltung und Potentiale des Sozial- und Gesundheitssystems bereitstellen. Soziale Arbeit kann so arbeitsfeldspezifische Fachinformationen effizient zur Verfügung stellen. Anwendungsbeispiele sind u. a. Adreßdatenbanken, Öffentlichkeitsarbeit, aktuelle Fachinformationen, Online-Fachzeitschriften. Ebenso ist es über verschiedene Techniken des Internets möglich, mit den Dienstleistern Sozialer Arbeit in Interaktion zu treten. E-Mail, Mailinglisten, Diskussionsforen, Online-Beratungen, Newsgroups sind Beispiele dafür, daß klassische, persönliche durch virtuelle Kommunikationsformen ergänzt werden können. Die Angebote sind grundsätzlich nach Zielgruppen zu unterscheiden, sie richten sich sowohl an Sozialarbeiter/Sozialpädagogen, um eine verbesserte Kooperation und Koordination Sozialer Arbeit zu erreichen, als auch an die Adressaten selbst. Für sie stellt das Internet oft eine niedrigschwellige Möglichkeit der Kontaktaufnahme dar. Zudem können sie schnell auf die für sie sehr bedeutsame Ressource „Wissen" zugreifen, um sich im komplexen Sozial- und Gesundheitssystem zu orientieren und entscheidungs- wie handlungsfähig zu werden.

Fazit: Soziale Arbeit kann in weiten Teilen als „Informationsbearbeitung" aufgefaßt werden, die sich strukturell kaum von anderen Dienstleistungsbereichen unterscheidet. Der Einsatz moderner IuK konzentriert sich nicht nur auf arbeitsorganisatorische Abläufe und Prozesse, sondern zielt auch auf die zumindest partielle Unterstützung inhaltlicher, originär sozialarbeiterisch/-pädagogischer Handlungsvollzüge. Dem Umstand, daß sich mit der Einführung informationstechnischer Systeme zugleich Arbeitsinhalte, -prozesse und -organisationsstrukturen ändern, wird bislang noch wenig Aufmerksamkeit zuteil.

4. Theoriebildung. Bislang hat IuK auf der Ebene der Theoriebildung Sozialer Arbeit keine bedeutende Rolle gespielt. Mit einem sich wandelnden Verständnis von Sozialer Arbeit als Dienstleistungsarbeit ist auch die Frage nach der Funktion moderner IuK für Soziale Arbeit neu zu stellen. Im Hinblick auf den Einsatz von IuK in Handlungsfeldern Sozialer Arbeit gibt es derzeit vereinfacht folgende Positionen:

Kritiker: Sie sehen vor allem die Gefahr einer informationstechnischen Fremdbestimmung und Kontrolle Sozialer Arbeit und befürchten zudem einen Mißbrauch von gespeicherten Informationen sowohl von Klienten als auch von Sozialarbeitern-/pädagogen durch Arbeitgeber und/oder Staat.

Befürworter: Anhänger dieser Position plädieren für den extensiven Einsatz moderner IuK unter Verweis auf die innovativen Potentiale einerseits und die Effizienzsteigerung von Arbeitsprozessen andererseits. Zudem wird die informationelle Durchdringung aller Lebensbereiche als unumkehrbarer Prozeß betrachtet, dem man sich nicht entziehen kann.

Kritische Befürworter: Vertreter dieser Gruppe kombinieren beide Perspektiven. Sie schlagen als Kontrollverfahren die Beteiligung der Betroffenen an der Programmentwicklung und Einführung der Systeme, sowie Begleitforschung (→Evaluation) als kontrollierendes/korrigierendes Instrument vor.

Pragmatiker: Sie fragen weniger nach theoretischer Reflexion sondern eher nach dem praktisch Machbaren. Demgemäß stehen für sie konkrete Planungs- und Entscheidungshilfen für Systemauswahl und -anwendung im Mittelpunkt ihres Interesses.

Die Diskussion in der Sozialarbeit/-pädagogik um die Bewertung und den Einsatz von Informationstechnik spiegelt zugleich die aktuelle gesellschaftlich/wissenschaftliche Technikdiskussion wider und kann hiervon nicht getrennt gesehen werden. Insgesamt zeichnet sich ein Wandel in den Positionen ab. Beherrschten Anfang bis Mitte der 1980er Jahre vor allem kritische bis ablehnende Stimmen die Diskussion, ist inzwischen eine eher pragmatische Orientierung kennzeichnend. Zugleich hat eine weitere Durchdringung Sozialer Arbeit mit IuK stattgefunden. Infolge dieses Vorganges konzentriert sich das theoretische und praktische Interesse eher auf Gestaltungsprozesse, Einführung, Entwicklung und Aufbau fachspezifischer informationstechnischer Systeme und deren Nutzung. Die Frage, wieviel IuK in welchem Segment Sozialer Arbeit nötig und möglich ist, wird weiterhin kontrovers diskutiert. Die Theoriebildung hat bislang weder den mittelbaren noch den unmittelbaren Zusammenhang zwischen Informationstechnik und Sozialer Arbeit in ausreichender Weise wissenschaftlich systematisch durchdrungen. Erste Ansätze sind jedoch erkennbar. So besteht auf internationaler Ebene seit einigen Jahren ein Zusammenschluß von Wissenschaftlern mit dem Ziel der theoretischen und praktischen Weiterentwicklung von Informationstechnik im sozialen Bereich (European Network for Information Technology and Human Services).

Eine weitergehende informationstechnische Durchdringung Sozialer Arbeit und ein daraus resultierender Wandel von Handlungskonzepten und Organisationsformen ist in hohem Maße wahrscheinlich.

Lit.: Bundesministerium für Bildung, Wissenschaft, Forschung und Technologie (BMBF): Informationsgesellschaft. Chancen, Innovation und Herausforderungen, Feststellungen und Empfehlungen, Düsseldorf 1992; Dworatschek, S.: Grundlagen der Datenverarbeitung, Berlin 1989; Forester, T.: Die High Tech Gesellschaft, Stuttgart 1990; Fromman, M. (Hrsg.): Dezentrale Elektronische Datenverarbeitung in der sozialen Arbeit, Frankfurt 1987; Glastonbury, B. (Hrsg.): Information Technology and the Human Services, Chichester 1988; Kreisjugendring München (Hrsg.): Mündig per Datenbank? Information und Beratung im Rahmen der Jugendarbeit, München 1988; Rapp, F. (Hrsg.): Technik und Philosophie, Düsseldorf 1990; Weidenmann, B.: „Multimedia": Mehrere Medien, mehrere Codes, mehrere Sinneskanäle?, in: Unterrichtswissenschaft 25 (1997) 3, S. 197–204.

Friedrich-Wilhelm Meyer und
Markus Poguntke-Rauer, Münster

Infrastruktur
Die soziale I. bilden all jene Einrichtungen, die der Versorgung der Bevölkerung dienen und nicht der technischen I. (Straßen, Telefonnetz etc.) und nur teilweise der kulturellen Infrastruktur (Theater, Kirchen etc.) zuzurechnen sind. Zur sozialen I. gehören u. a. Kindergärten, Jugendfreizeitstätten, Altenheime, Sozialstationen, Beratungsstellen, Sporteinrichtungen. Sie werden sowohl von öffentlichen wie auch von freien Trägern eingerichtet und betrieben. Zum Teil deckt die soziale I. gesetzlich geregelte Versorgungsansprüche der Bürger ab, zum Teil stellt sie Angebote als Reaktion auf festgestellte Mängellagen oder zur Prävention derselben dar. Die Fortentwicklung und Veränderung der sozialen I. ist Gegenstand der →Sozialplanung.
→Sozialberichterstattung

Inhaltsanalyse
Methode der empirischen Sozialforschung, die mit Hilfe formalisierter und quantitativer Erfassung feststellbare und klassifizierbare Eigenschaften von Kommunikationsinhalten ermittelt. Ausgangspunkt der I. bilden problemorientierte Hypothesen. Sowohl aus der Kategorieauswahl als auch aus der Stichprobenbestimmung und der Vercodung entstehen erhebliche Probleme der →Validität. Bestimmte Textelemente sind mit der I. nicht zu erfassen, so z. B. ironische Aussagen oder Aspekte des Textkontextes. →Empirische Sozialforschung: quantitative Verfahren

Innendienst
Die Tätigkeit der Fachkräfte der sozialen Dienste differenziert sich traditionell in den sachverhaltsaufklärenden, beratenden Außendienst und den sachentscheidenden, beihilfegewährenden I. Diese bereits im →Elberfelder System vorgezeichnete Trennung wird von Sozialarbeitern und Sozialpädagogen als Behinderung der fachlichen Arbeit kritisiert. Diese Kritik mündete in teilweise realisierten Modellen der Neuorganisation, die eine Mischung der Tätigkeiten ermöglichen.

Innere Mission
1848 von J. H. →Wichern gegründete Organisation der Einrichtungen und Anstalten→freier Liebestätigkeit innerhalb der evangelischen Kirche. Aufgaben der I. M. war die Fürsorgearbeit in den Gemeinden und Anstalten sowie die Volksmission. 1957 wurde die I. M. mit dem Hilfswerk der Evangelischen Kirche in Deutschland zum →Diakonischen Werk vereinigt.

Inobhutnahme
in § 42 KJHG geregelte vorläufige Maßnahme zum Schutz von Kindern und Jugendlichen. Das Jugendamt ist zur I.

verpflichtet, wenn das Kind oder der Jugendliche darum bittet oder wenn eine dringende Gefahr für das Wohl des Kindes oder des Jugendlichen eine I. erfordert. Die vorläufige Unterbringung kann bei einer geeigneten Person, in einer Einrichtung oder sonstigen betreuten Wohnform erfolgen. Während der I. übt das Jugendamt das Recht der Beaufsichtigung, Erziehung und Aufenthaltsbestimmung aus. Personensorge- oder Erziehungsberechtigte sind unverzüglich von der I. zu unterrichten, ihr mutmaßlicher Wille ist angemessen zu berücksichtigen. Widersprechen die Personensorge- oder Erziehungsberechtigten der I., so ist das Kind oder der Jugendliche zu übergeben oder eine Entscheidung des Vormundschaftsgerichtes herbeizuführen. Die I. stellt damit einen Teil der umfassenderen sozialpädagogischen →Krisenintervention dar.

Institut für Sozialarbeit und Sozialpädagogik (ISS)

Das seit 1974 bestehende und zum überwiegenden Teil aus Bundesmitteln getragene ISS hat die Aufgabe, die Lebenslagen sozialer Problemgruppen zu erforschen. Es beobachtet und untersucht gleichzeitig die Einflußnahmen und Wirkungsweisen der Einrichtungen und Fachkräfte der Sozialarbeit in diesen Problembereichen, um abgesicherte Aussagen über die Wirkungen sozialarbeiterischer und sozialpädagogischer Handlungen und Maßnahmen zu gewinnen. Außerdem soll eine wissenschaftliche Fundierung der Sozialen Arbeit und der Sozialverwaltung erreicht werden. Das Institut untersucht die Umsetzung der Bundesgesetzgebung auf den Gebieten Sozial-, Jugend- und Strafvollzugsrecht in der Praxis von Sozialarbeit/Sozialpädagogik, um Empfehlungen für die weitere Rechtsgestaltung durch den Gesetzgeber zu entwickeln. Außerdem wird die sog. Regelpraxis, aber auch Modellprojekte der Sozialarbeit/Sozialpädagogik wissenschaftlich begleitet, um daraus innovative Ansätze zu erarbeiten. Auf der Grundlage dieser Umsetzungs- und Auswirkungsuntersuchungen betreibt das ISS eine breite Beratungstätigkeit für Institutionen und Regelpraxis. Zusätzlich bietet es Supervisionsleistungen für Institutionen und Personen an und führt Fortbildungs- und Weiterbildungsveranstaltungen durch mit dem Ziel, die Ergebnisse seiner wissenschaftlichen Tätigkeit in die Praxis umzusetzen und so die Handlungskompetenz der Fachkräfte der Sozialarbeit und Sozialpädagogik zu stärken. Das ISS veröffentlicht die „ISS-Papiere", die „Arbeitshefte", die Schriftenreihe „Materialien" sowie den „Informationsdienst zur Ausländerarbeit".

Anschrift: Am Stockborn 5–7, 60439 Frankfurt a. M.

Institutionenberatung
→Organisationsentwicklung

Institutionsanalyse
→Supervision

Integrative Erziehung
I. E. zielt auf die Eingliederung ausgegrenzter oder von Ausgrenzung bedrohter Gruppen in die erzieherischen und sozialen Angebote und Maßnahmen für nicht ausgegrenzte Gruppen. Prominenteste Beispiele für die Bemühungen i. E. sind die Diskussionen und Modelle zur Integration ausländischer Bürger (→Ausländerarbeit) und zur Integration behinderter Schüler. I. E. will dabei nicht eine Angleichung der Gruppen, sondern vielmehr einen wechselseitigen Prozeß der Akzeptanz und Sensibilität initiieren und die Legitimation von Ausgrenzung in Frage stellen. →Sonderpädagogik

Intellektuelle Minderbegabung
der Begriff ersetzt die traditionelle Bezeichnung →Schwachsinn, die zunehmend wegen ihrer marginalisierenden und stigmatisierenden Assoziationen und Wirkungen abgelehnt wird.

Intelligenz
Sieht man von den umstrittenen Kategorien und Ergebnissen existierender →In-

telligenztests ab, liegt eine anerkannte Definition von I. bisher nicht vor. Allgemein kann I. als das Vorhandensein bestimmter Abstraktions-, Problemlöse- und Denkfähigkeiten zur Erbringung bestimmter Leistungen – vor allem bei der Bewältigung neuer Situationen durch Einsicht – umschrieben werden. Entsprechend befassen sich die unterschiedlichen Ansätze der Intelligenzforschung mit den Prinzipien und Gesetzen der I. Dabei ist die Empirie von der Kontroverse um die genetischen und sozialen Voraussetzungen für die Entwicklung von I. geprägt. Für die pädagogische Diskussion hat vor allem Piagets Modell der Entwicklung kognitiver Fähigkeiten grundlegende Bedeutung. →Entwicklungspsychologie

Intelligenztest

psychodiagnostische Verfahren zur Erfassung der allgemeinen oder Teile der intellektuellen Leistungsfähigkeit mit Hilfe genormter Aufgabenstellungen. Trotz weitverbreiteter Anwendung der verschiedenen I. und ihrer hohen Bewährung in Korrelation zur Schulleistung, sind I. vor allem im prognostischen Bereich von schwacher Zuverlässigkeit. Dies mag an der vorrangigen Orientierung der I. an richtigen oder falschen Lösungen von Aufgaben (ähnlich den Leistungsmerkmalen der Schule) liegen, welche andere Leistungsverfahren der Teilnehmer (Motivation, Erfahrung, Persönlichkeit) und deren Auswirkungen bei realen Anforderungen nicht berücksichtig. Maßeinheit des I. ist der Intelligenzquotient (IQ), der sich nach der Formel Intelligenzalter (in Monaten) durch Lebensalter (in Monaten) mal 100 ergibt. Das Intelligenzalter bestimmt sich aus der Zahl der Aufgaben, die als lösbar gelten. Als ungefährer Durchschnittswert gilt ein IQ von 100, wobei im allgemeinen folgende Stufungen gelten: IQ unter 69: äußerst niedrig (→Schwachsinn); 70–79: sehr niedrig; 80–89: niedrig; 90–109: durchschnittlich; 110–119: gut; 120–139: sehr gut; 140 und darüber: hervorragend.

Interaktion

das aufeinander bezogene und sich gegenseitig beeinflussende Handeln von Subjekten, die sich und andere als solche identifizieren und sich auf eine gemeinsame Welt beziehen. I. ist sowohl von den Bedürfnissen der Handelnden als auch durch ihre Ansprüche an den anderen bestimmt. Insofern umfaßt der Begriff sämtliche soziale, zwischenmenschliche und gesellschaftliche Prozesse. Die Interaktionsforschung beschränkt sich zumeist auf die „face to face" I. als Untersuchungsgegenstand. Für die Pädagogik hat die I.forschung besondere Bedeutung im Zusammenhang mit der Wirkung und Effizienz von I. im Erziehungsprozeß (→Sozialisation) und den Folgen der I. für die Konstitution von →Identität, Kompetenz und →abweichendem Verhalten. →Theorie der Symbolischen Interaktion

Interaktionsforschung
→Interaktion

Interessengewerkschaft Soziales (IG Soziales)

Die IG S wurde im Februar 1990 gegründet. Sie versteht sich als Gewerkschaft für die Beschäftigten des sozialen Dienstleistungsbereichs und gliedert sich in Bundesvorstand, Landesverbände, Bezirks- und Ortsgruppen. Die noch im Aufbau stehende Gewerkschaft will alle im sozialen Dienstleistungsbereich Beschäftigten, die bisher in verschiedenen Berufsverbänden und Gewerkschaften organisiert waren, unter einem Dach vereinen und so zu stärkerer gesellschaftlicher Beachtung und finanzieller Anerkennung der Berufe beitragen. Wesentliche Forderungen der IG S sind die Aufhebung des Einstellungsstopps im Öffentlichen Dienst, tarifvertraglich geregelte Arbeitsbedingungen, das tarifvertragliche Recht auf Fort- und Weiterbildung im Sinne einer Zusatzausbildung mit anschließender entsprechender Höhergruppierung sowie das Recht auf bezahlte Supervision. Die Gleichstellung der Diplome von Universitäten und Fachhochschulen, Mindesteinstufungen der Pflegeberufe, der Erzieher, Beschäftigungs- und Ergotherapeuten in BAT IVa und der Sozialpädagogen/Sozialarbeiter, Psychologen in BAT IIa. Außerdem verlangt sie einen Sozialtarifvertrag mit aktualisierter Beschreibung der Berufe und Tätigkeiten des sozialen Dienstleistungsbereichs. Die IG S. ist bisher vom DGB als Gewerkschaft nicht anerkannt. Sie gibt den „IG-Soziales – Rundbrief" heraus.

Anschrift: Ganghofer Straße 80, 81373 München

Interkulturelle Pädagogik
→Ausländerarbeit
→Internationale Soziale Arbeit

Interkulturelles Lernen
→Ausländerarbeit

International Association of Schools of Social Work (IASSW)
Die 1928 auf Initiative von Alice →Salomon gegründete IASSW ist neben →International Council of Soical Welfare (ICSW) und →International Federation of Social Workers (IFSW) eine der internationalen Vereinigungen im Bereich des Sozialwesens. Als nichtstaatliche Organisation hat sie beratenden Status bei den Vereinten Nationen. Das Generalsekretariat in Wien gibt in unregelmäßigen Abständen die „IASSW-News" und zusammen mit ICSW und IFSW die Fachzeitschrift „International Social Work" heraus. Durch Konferenzen, Seminare, Projekte und Publikationen will die Organisation Vertretern von Ausbildungsstätten für Sozialarbeiter und Sozialpädagogen die Möglichkeit geben, auf internationaler Ebene Erfahrungen auszutauschen. Ihr Ziel ist es, die Entwicklung der Sozialausbildung zu fördern und deren Belange zu vertreten. Diese Aufgaben werden durch die fünf Regionalverbände in Afrika, Asien und Pazifik, Europa, Lateinamerika und Nordamerika in Form von Regionalkonferenzen, eigenen Informationsblättern und Publikationen wahrgenommen.

Anschrift: Generalsekretariat des IASSW, Freytaggasse 32, A-1000 Wien

International Council on Social Welfare (ICSW)
Der 1928 auf Initiative des Belgiers Sand gegründete ICSW ist eine internationale regierungsunabhängige, unparteiische und gemeinnützige Organisation, die es sich zum Ziel gesetzt hat, ein internationales Forum für die Diskussion allgemein interessierender Fragen der Sozialen Arbeit und der sozialen Entwicklung zu bilden, den Erfahrungs- und Informationsaustausch zwischen Organisationen und Fachkräften der Sozialen Arbeit zu fördern und deren Zusammenarbeit zu erleichtern, Studien zu unterstützen, Empfehlungen zu erarbeiten und insgesamt Entwicklungen der sozialen Wohlfahrt anzuregen und zu fördern. Zu diesem Zweck organisiert der ICSW weltweit Konferenzen und regionale Fachtagungen zu grundsätzlichen Themen der Sozialen Arbeit und gibt zusammen mit der →International Federation of Social Workers und der →International Association of Schools of Social Work die Fachzeitschrift „International Social Work" heraus. Das Generalsekretariat des ICSW befindet sich in Montreal, Regionalsekretariate bestehen in verschiedenen Kontinenten. Das Nationalkomitee der Bundesrepublik Deutschland ist der in dem →Deutschen Verein für öffentliche und private Fürsorge eingegliederte Deutsche Landesausschuß des ICSW.

Anschrift: Am Stockborn 1–3, 60439 Frankfurt a. M.

Internationale Abkommen zur Sozial- und Jugendhilfe
Es existieren eine Reihe von internationalen Abkommen (insbesondere das Europäische Fürsorgeabkommen, die deutschschweizerische Fürsorgevereinbarung, das deutsch-österreichische Ab-

kommen für Fürsorge und Jugendwohlfahrtspflege, das Abkommen über die Rechtsstellung von Flüchtlingen), die nach dem Grundsatz der Gleichbehandlung Hilfestellung im Rahmen der Sozial- und Jugendhilfe für Angehörige der Vertragsstaaten und Flüchtlinge sicherstellen sollen. Zum Teil schränken die Vereinbarungen auch die Rückschaffungsmöglichkeiten in das Heimatland im Falle von Hilfebedürftigkeit ein und regeln die Zusammenarbeit mit ausländischen Stellen sowie die Erstattung und Übernahme von Kosten. →Europäische Sozialpolitik und Europarecht

Internationale Gesellschaft für erzieherische Hilfen (IGfH) – Sektion BRD der Fédération Internationale des Communautés Éducatives (FICE) e.V.

Die IGfH dient dem internationalen Erfahrungsaustausch und einer kontinuierlichen Reform der Heimerziehung sowie der Erziehungshilfen im Sinne der Charta des Kindes und der UN-Konvention über die Rechte des Kindes. Die Gesamtorganisation FICE, ein Zusammenschluß der Nationalsektionen aus 26 Ländern, ist 1948 unter Mitwirkung der →UNESCO als Fachorganisation der Erziehungshilfe entstanden, unterhält enge Verbindungen zur →UNICEF und hat bei der UNESCO beratenden Status. Die bundesdeutsche Sektion (IGfH) wurde 1961 als gemeinnütziger Verein eingetragen. Sie gehört dem →Deutschen Paritätischen Wohlfahrtsverband an und verfolgt ihre satzungsgemäßen Ziele u.a. durch Information und Beratung, Arbeitstagungen und Fortbildungsangebote auf nationaler und internationaler Ebene sowie durch Projekte. Durch die Erforschung spezifischer Probleme der Heim- und außerfamiliären Erziehung, Förderung von Modelleinrichtungen, Mitarbeit in der Weiterentwicklung vorbeugender Jugendhilfe sowie Öffentlichkeitsarbeit verfolgt sie das Ziel, die Lebenssituation von Kindern und Jugendlichen im Bereich der außerfamiliären Erziehungshilfen zu verbessern. Die IGfH gibt die Zeitschrift „Forum Erziehungshilfe" sowie zwei Schriftenreihen heraus.

Anschrift: Schaumainkai 101–103, 60596 Frankfurt a. M.

Internationale Jugendarbeit
I.J. zielt darauf, daß junge Menschen andere Kulturen und Gesellschaftsordnungen sowie internationale Zusammenhänge kennenlernen, um sich und andere besser zu erkennen. Ihre Verantwortung für die Sicherung und Ausgestaltung des Friedens und der sozialen Gerechtigkeit soll durch Erziehung zur internationalen Verständigung gefördert werden. Die Formen der I.J. sind vielfältig: Einzel- und Gruppenreisen, Zeltlager, workshops, Sporttreffen, soziale Dienste, Seminare, Austauschprogramme etc. I.J. wird insbesondere von Jugend- und Studentenorganisationen, Jugendbildungsstätten und Akademien durchgeführt. Ihre Förderung ist entsprechend der föderalistischen Struktur der BRD gestaltet (Bundesministerien, oberste Jugendbehörden der Länder, Kommunen). Noch fehlen übergreifende Konzepte der I.J.

Internationaler Sozialdienst (ISD)
Der 1924 gegründete ISD ist die deutsche Zweigstelle des Gesamtverbandes des International Social Service (ISS), der in Zusammenarbeit mit verschiedenen Ländern Menschen hilft, die infolge von Auswanderung oder Flucht in soziale Not geraten sind. Das internationale Netzwerk, innerhalb dessen die Arbeit des ISD geleistet wird, umfaßt das Generalsekretariat in Genf, 16 nationale Zweigstellen und Korrespondenten in etwa 100 Ländern der Erde. Die Arbeit des ISD nehmen sowohl Einzelpersonen und Familien als auch Mitglieder der Freien Wohlfahrtsverbände, Jugendämter, Landesbehörden und Gerichte in Anspruch, wenn es um soziale Probleme mit Auslandsberührungen geht, die eine internationale Zusammenarbeit mit sozialen Fachstellen erfordert, wie z.B. bei

Familientrennungen durch Flucht oder Auswanderung, Regelung der elterlichen Sorge sowie des Besuchs- und Aufenthaltsrechts, bei Scheidung oder Trennung der Eltern, bei →Adoption mit Auslandsberührung, bei →Vormundschafts- und Pflegschaftsangelegenheiten, bei der →Hilfe zur Erziehung und →Jugendgerichtshilfe sowie bei Problemen bei der Eheschließung mit Ausländern und anderen Fragen der Ein- und Auswanderung. Außerdem wirkt der ISD durch Stellungnahmen und Kommentierung an verschiedenen Gesetzen und Gesetzesvorhaben mit und veranstaltet Arbeitskreise und Seminare für Sozialarbeiter. International arbeitet der ISS initiativ und kooperativ an der Vorbereitung verschiedener internationaler Konventionen und Vereinbarungen mit und hat beratenden Status beim Europarat und den Vereinten Nationen.

Anschrift: Am Stockborn 5–7, 60439 Frankfurt a. M.

Internationales Arbeiter-Hilfswerk
→Solidar

Internationale Soziale Arbeit
Vergleichende Erziehungswissenschaft: In der Fachliteratur teilt man die Vergleichende Erziehungswissenschaft in drei Phasen ein: 1) In einer „vorwissenschaftlichen Periode" beschäftigte sich die Auslandspädagogik (F. Schneider) des 19. Jh. auch in Form pädagogischer Auslandsreisen mit dem Kennenlernen der pädagogischen Systeme anderer Länder, um für das eigene Land daraus Nutzen zu ziehen. 2) Die Zeit bis etwa Mitte des 20. Jh. gilt auch unter dem Einfluß von →Dilthey und →Spranger als historisch-hermeneutische Periode. Bildungssysteme wurden in geschichtlichen und national-kulturellen Zusammenhängen interpretiert. 3) Seit einigen Jahrzehnten befindet sich die Vergleichende Erziehungswissenschaft in einer empirisch-exakten Phase. Galt das Hauptinteresse der Vergleichenden Erziehungswissenschaft in der Vergangenheit vorwiegend Schule und Bildungssystem, so mehren sich in jüngster Zeit Studien, die andere pädagogische Fragestellungen, wie Kindheit, Jugend, Familie, Kultur- oder Sozialisationsvergleich thematisieren (Liegle).

Methodologische Fragen: Die Vergleichende Erziehungswissenschaft, die lange Zeit ein Stiefkind der pädagogischen Forschung zu sein schien, hat mit vielfältigen methodologischen Problemen zu tun. Was soll verglichen werden? Ein gesamtes Bildungssystem oder ein Teilbereich? Wie soll dieser Vergleich vonstatten gehen? Historisch, deskriptiv, analytisch, phänomenologisch, hermeneutisch oder strukturell? (Seidenfaden 1966). Erst in jüngster Zeit hat sich die Vergleichende Erziehungswissenschaft vom Druck naturwissenschaftlicher Verifizierbarkeit wissenschaftlicher Aussagen gelöst und stärker sozialwissenschaftliche Sichtweisen einbezogen (Liegle 1987; Schriewer/Holmes 1988). Durch die Marburger Forschungsstelle für Vergleichende Erziehungswissenschaft, das Deutsche Institut für Internationale Pädagogische Forschung, Aktivitäten der →UNESCO und im EG-Rahmen ist diese Teildisziplin der Erziehungswissenschaft auch institutionalisiert. Eine entsprechende Entwicklung im Bereich des Sozialwesens hat in diesem Ausmaß noch nicht stattgefunden.

Vergleichende Soziale Arbeit: Von der Position der Vergleichenden Erziehungswissenschaft betrachtet, kann man feststellen, daß eine „Vergleichende Sozialpädagogik / Sozialarbeitswissenschaft in entwickelter, voll entfalteter und differenzierter Form (noch) nicht" existiert (Pfaffenberger 1984). Trotzdem fällt bei der Sozialen Arbeit, verglichen mit anderen Teildisziplinen der Erziehungswissenschaft, ihr hoher Grad an Internationalität (Kreidenweis/Treptow 1990) auf, so daß in der gegenwärtigen Situation der Begriff Internationale Soziale Arbeit zu bevorzugen ist.

Internationalität der Sozialen Arbeit: Die Anfänge der Internationalen Sozialarbeit reichen bis in das 19. Jh. zurück, als in Europa und USA die ersten Wohlfahrtstagungen, Jugendhilfe- und Gefängnisreformkongresse veranstaltet wurden. Im Jahre 1861 ist das →Internationale Rote Kreuz gegründet worden. Gegenwärtig existieren eine Fülle von internationalen Abkommen zur sozialen Sicherung. Der →„International Council of Social Welfare" und ähnliche Organisationen betreiben, auch im Rahmen der UN, Erfahrungsaustausch. In Wien erscheint die mehrsprachige Fachzeitschrift „Eurosocial". Durch die fortschreitende Europäische Einigung und die intensiveren Kontakte zu den Ländern des ehemaligen Ostblocks wird es zu verstärkter Internationalisierung der Sozialen Arbeit kommen.

Methoden- und Theorietransfer: Vor allem der Methodentransfer hat die Internationalität der Sozialen Arbeit gefördert. Es ist das Verdienst von Alice Salomon (1926), das in den USA von →Mary Richmond entwickelte Casework nach Deutschland gebracht zu haben. Deutschsprachige Emigranten bereicherten diese Methode nach 1933 auch durch die Psychoanalyse; so daß die tiefenpsychologisch orientierte →Einzelhilfe bei uns seit 1950 bekannt wurde. Mit der →Einzelhilfe (M. Neuffer 1990) kam die →Supervision (Belardi 1992) und später noch die →Soziale Gruppenarbeit (Social Group Work), wie auch die →Gemeinwesenarbeit (Community Work) zu uns (Müller 1982, 1988). Diese Arbeiten, wie auch das Buch von Tuggener (1971), gehören zu den seltenen Vergleichsstudien der Sozialen Arbeit. Sie verdeutlichen, daß die ausländische Literatur einfach oft nur übersetzt worden ist, ohne die unterschiedlichen historischen und gesellschaftlichen Bedingungen zu beachten. Hierbei wird eine grundsätzliche Problematik des Methodentransfers sichtbar. Von diesen wenigen historisch-methodischen Arbeiten mit Vergleichscharakter abgesehen ist die deutsche Soziale Arbeit seit den 70er Jahren in vielfältiger Weise, vor allem durch englischsprachige Theorien, beeinflußt worden. Sozialwissenschaftliche Ansätze haben unsere Kenntnisse von Sozialisationszusammenhängen (Schichtgebundenheit), sozialen Prozessen (→labeling approach) oder Einrichtungen (→totale Institutionen) nachhaltig geprägt. Gleiches kann man über die psychologische Literatur sagen. Vor allem ausländische Fachbeiträge haben auch für den Bereich der Sozialpädagogik zu einer „realistischen Wende" (vgl. H. Roth) von der Geisteswissenschaft zu den modernen Sozialwissenschaften beigetragen.

Institutionelle Reformen erhielten ebenfalls ihre Anstöße aus Fachliteratur und persönlicher Kenntnis des Auslandes. Die Vorläufereinrichtungen der heutigen Offenen →Jugendarbeit stammen aus den amerikanischen „Reeducation-Programmen". Auch Formen der „aufsuchenden Sozialarbeit" (→Street-Work) kamen aus den USA zu uns. Die Anfänge einer tiefenpsychologisch orientierten →Devianzpädagogik begannen zwar um 1925 mit →Aichhorn bei Wien. Doch erst durch die Publikationen der Emigranten →Bettelheim und →Redl wurden diese Ansätze bei uns mit mehrjähriger Verzögerung bekannt. Die ersten Beschreibungen zur Reform „Totaler Institutionen" (Goffman) stammen aus Italien (Basaglia) und England (Cooper, Laing). Andere Möglichkeiten des Umgangs mit Straffälligen wurden aus den skandinavischen Ländern und den USA (z. B. →Diversionsprojekte) bekannt. Im Drogenbereich gilt die „niedrigschwellige" Drogenarbeit der Niederlande als beispielhaft. Diese knappe Aufzählung kann die Fülle institutioneller Reformen und alternativer Maßnahmen nur andeuten, welche ebenfalls zum Begriff der Internationalität der Sozialen Arbeit gehören. Persönliche Erfahrungen mit diesen Projekten können Studierende und Praktiker durch vielfältige Austauschprogramme, Studienreisen oder internationale Fachtagungen gewinnen. Strukturwandel auf den Arbeitsmärkten, Ghettoisierung in den Großstädten, Migranten- und Minoritätenfragen, Internationalität von Jugend-, Drogen- und Aidsproblemen sind Themen, über die häufig internationaler Austausch stattfindet.

Länderdarstellungen: In der sozialpädagogischen Fachliteratur nehmen internationale oder vergleichende Themen eine Randstellung ein. Grundsätzlich kann man dabei mehrere Darstellungsweisen unterscheiden: 1) Kürzere Beschreibungen über die Soziale Arbeit im Ausland. In den Fachzeitschriften ist hierbei seit den 80er Jahren eine Zunahme an Publikationen zu verzeichnen, die sich vor allem auf afrikanische, südamerikanische und asiatische (China, Indien) Länder beziehen. Es überwiegen Reiseberichte; systematische oder vergleichende Darstellungen bilden die Ausnahme. Interessant ist dabei die Tatsache, daß in den verbandsfreien Fachzeitschriften, Darstellungen ferner Länder häufiger vorzukommen scheinen, als die des europäischen oder deutschsprachigen Raumes. 2) Buchpublikationen, die sich mit Gesamtdarstellungen des Auslands beschäftigen, kommen seltener vor. Eine Ausnahme bildet beispielsweise Sielerts Schrift über die Soziale Arbeit in den Niederlanden (1985) oder Schirrmachers „Sozialwesen und Sozialarbeit in der Türkei" (1983). Oftmals handelt es sich hierbei jedoch nicht um echte Ländervergleiche, sondern um bloße Darstellungen des anderen Landes. Hierzu zählt beispielsweise Paulwitz Arbeit über „Freiwillige in sozialen Diensten" der USA (1988). Lowys „Sozialarbeit/Sozialpädagogik als Wissenschaft im angeloamerikanischen und deutschsprachigen Raum" (1983) ist zwar eine vergleichende Studie zur Sozialen Arbeit, die jedoch zu sehr den nordamerikanischen Blickwinkel betont. Ferner gehört hierher ein Buch über die sozialen Probleme in der V.R. China im Gefolge seiner Modernisierung (Belardi 1993).

Eine positive Sonderstellung nimmt Wendts „Geschichte der Sozialen Arbeit" (1985) ein, der es gelingt, aus der Perspektive mehrerer Wissenschaften einen historischen und systematischen Vergleich der Entwicklung in mehreren Ländern zu vollziehen. 3) Nahezu unüberschaubar sind Schwerpunktdarstellungen, die zur Vergleichenden Sozialen Arbeit gezählt werden können: Auf die Fülle der Studien, die auf dem Hintergrund der deutsch-französischen Beziehungen entstanden sind, kann nur verwiesen werden. Das von Bauer/Thränhardt herausgegebene Werk „Verbandliche Wohlfahrtspflege im internationalen Vergleich" versteht sich als Vorarbeit zu „vergleichender Forschung" (1987). Einen bedeutenden thematischen Schwerpunkt bildet die Beschäftigung mit Jugendfragen: So verdeutlichen Ferchhoff/Olk: „Jugend im internationalen Vergleich" (1988) oder „Jugend- und Jugendhilfe in den USA" (1986) das Interesse. Ausnahmeerscheinungen bilden vergleichende Studien wie z.B. über „Die Fürsorgeerziehung in Deutschland und den Niederlanden" (Elverfeldt 1966) oder „Kind und Erzieher in der BRD und der DDR" (Conrad 1982). Im weiteren Sinne wären noch allgemeine pädagogische und soziologische Arbeiten über Jugend, Familie oder Kriminalität in der DDR zu nennen. Hoffmanns „Jugendhilfe in der DDR" (1981) ist eine historisch-systematische Darstellung der Jugendhilfe im ehemaligen anderen deutschen Staat. Abgesehen von der Problematik der Quellenlage handelt es sich nicht um einen systematischen Vergleich. Die Eingliederung der DDR in die BRD sowie das Ende der UdSSR bringen auch hinsichtlich der Quellen einen Perspektivenwechsel und zeigt neue Forschungsmöglichkeiten hinsichtlich Vergleichender Sozialer Arbeit. So erschienen Anfang der 90er Jahre mehrere vergleichende Jugend-Studien, wie „Jugend in der DDR", „Osteuropäische Jugend im Wandel" und der „Deutsch-Polnische Jugendreport". Alleine diese Themen erweitern nun den Blick zu den östlichen Nachbarn.

Interkulturelle Pädagogik: Die hierbei vorfindliche Begriffsunklarheit ist auch ein Merkmal der komplizierten Thematik. Als „Dritte-Welt-Pädagogik" beschäftigte man sich mit sozialen und erzieherischen Fragestellungen der armen Länder. Die Erkenntnis, daß Probleme dieser Länder nun vermehrt durch Flüchtlinge und Migranten auch zu uns kommen, brachte einen notwendigen Perspektivewechsel (Migrationspädagogik) mit sich. Deutschland hat keine „klassische" Kolonialvergangenheit. Möglicherweise hätte sich dann die Vergleichende Erziehungswissenschaft/Soziale Arbeit aufgrund postkolonialer Verbindungen anders entwickelt (Holmes). Trotzdem muß Deutschland inzwischen als „Einwanderungsland" verstanden werden. Demgemäß ist der Begriff Interkulturelle Pädagogik dem der „Ausländerpädagogik" (→Ausländerarbeit) vorzuziehen. Angesichts unserer multikulturellen Gesellschaft sollte diese Interkulturelle Pädagogik jedoch nicht als neue Disziplin oder Variante neben der Allgemeinen Pädagogik stehen, etwa als spezialisierte „Eingliederungspädagogik", sondern müßte als durchgängiges pädagogisches Prinzip verstanden werden. Alle sind Adressat der interkulturellen Pädagogik (Borelli). Aus dem Blickwinkel der Vergleichenden/Internationalen Sozialen Arbeit stellen sich im Zusammenhang mit der Interkulturellen Pädagogik folgende Fragen: a) Welche Hilfen müßte die Soziale Arbeit für das Zusammenleben Deutscher und Nichtdeutscher (Arbeitsimmigranten, Asylsuchende, Übersiedler, Angehörige anderer EG-Länder u. a.) leisten? b) Es wären vermehrt wissenschaftliche Untersuchungen über die Sozialsysteme und Lebensbedingungen in den Herkunftsländern zu fördern. Die wenigen Arbeiten über die Türkei weisen in diese Richtung. c) Welche Erfahrungen können aus den „klassischen Einwanderungsländern" (USA, Canada, Australien, Neuseeland) bezüglich der Integration von Immigranten gewonnen werden?

Schlußbetrachtung: Aus der Perspektive der traditionellen Vergleichenden Erziehungswissenschaft befindet sich die Vergleichende Soziale Arbeit noch in den Anfängen. Es sind lediglich einige größere methodengeschichtliche und historische Arbeiten, sowie Studien über Einzelfragen der Sozialpädagogik bekannt, welche den Maßstäben einer Komparatistik gerecht werden. Die neuere Vergleichende Erziehungswissenschaft hat sich verstärkt den Untersuchungsschwerpunkten „Kultur" und „Sozialisation" zugewendet und sich konzeptionell in Richtung auf eine „kulturvergleichende Sozialisationsforschung" entwickelt (Liegle 1987). Eine entsprechende Schwerpunktbildung und Methodologie müßte für die Vergleichende Soziale Arbeit erst noch gefunden werden. Möglicherweise hilft hier die „Problemorientierung" (Holmes 1988) weiter. Strukturmerkmale von Klientelgruppen und Versorgungsleistungen wären im jeweiligen Kontext zu identifizieren, um sie, mit welchen Kriterien auch immer, vergleichen zu können. Über diese Strukturmerkmale und Variablen Vergleichender Sozialer Arbeit findet gegenwärtig ein fachlicher Diskurs statt (Belardi 1996). Auch wenn die Vergleichende Soziale Arbeit sich noch in den Anfängen befindet, so weisen Sozialpädagogik und Sozialarbeit aufgrund ihrer spezifischen interdependenten Fragestellung ein hohes Maß an Internationalität auf.

Lit.: Belardi, N.: Von der Praxisberatung zur Organisationsentwicklung. Geschichte und Tendenzen der Supervision der Sozialen Arbeit in Deutschland seit 1950, Paderborn 1992; Belardi, N.: China Sozial. Modernisierung und Sozialwesen in der V. R. China und Hongkong. Eine vergleichende Untersuchung zur Sozialen Arbeit, Marburg 1993; Belardi, N.: Untersuchungsvariablen vergleichender sozialer Arbeit, in: Treptow,

R. (Hg.): Internationaler Vergleich und Soziale Arbeit. Rheinfelden 1996; Blumenthal, V. v., u.a. (Hg.): Grundfragen der Vergleichenden Erziehungswissenschaft, München 1981; Hamburger, F. (Hg.): Studien zur Vergleichenden Sozialpädagogik und Internationalen Sozialarbeit, (Verschiedene Bände.) Rheinfelden 1994 ff.; Kreidenweis, H./Treptow, R.: Internationalität. Fragen an eine Vergleichende Sozialarbeit/Sozialpädagogik, in: Neue Praxis 1/1990; Liegle, L.: Welten der Kindheit und Familie, Weinheim und München 1987; Mende, U.: Internationale Sozialarbeit, Neuwied und Berlin 1972; Müller, C. W.: Wie Helfen zum Beruf wurde, 2 Bde., Weinheim und Basel 1982, 1988; Neuffer, M.: Die Kunst des Helfens, Weinheim und Basel 1990; Pfaffenberger, H.: Grundfragen und Basisthesen einer sozialpädagogischen Komparatistik, in: Keil, S./Bollermann, G./Nieke, W. (Hg.): Studienreform und Handlungskompetenz im außerschulischen Erziehungs- und Sozialwesen, Neuwied, Darmstadt 1984; Schriewer, J./Holmes, B. (Ed.): Theories and Methods in Comparative Education, Frankfurt a. M. 1988; Seidenfaden, F.: Der Vergleich in der Pädagogik, Braunschweig 1966; Tuggener, H.: Social Work. Versuch einer Darstellung und Deutung im Hinblick auf das Verhältnis von Sozialarbeit und Sozialpädagogik, Weinheim und Basel 1973; Wendt, W. R.: Geschichte der Sozialen Arbeit, Stuttgart 1985.

Nando Belardi, Chemnitz

International Federation for Inner Mission and Christian Social Work

Der internationale Verband für →Innere Mission und →Diakonie ist eine Arbeitsgemeinschaft von Werken und Verbänden der Inneren Mission und der Diakonie in Deutschland und sieben europäischen Ländern, der 1922 auf Anregung von N. Söderbloem mit dem Ziel gegründet wurde, die Arbeit der Inneren Mission und Diakonie in den verschiedenen Ländern durch Erfahrungsaustausch zu fördern. Bis zur Errichtung des →Diakonischen Werkes der Evangelischen Kirche in Deutschland 1975 war die Innere Mission die Gesamtheit der Einrichtungen und Anstalten →freier christlicher Liebestätigkeit innerhalb der evangelischen Kirche. Heute umfaßt das Hauptaufgabengebiet des Verbandes die Vertretung der Inneren Mission und der Diakonie bei internationalen und ökumenischen Organisationen, die Veranstaltung internationaler Konferenzen und Kongresse sowie den Informationsaustausch und die Herausgabe gemeinsamer Berichte.

Anschrift: Geschäftsstelle Diakonisches Werk der EKD, Stafflenbergstraße 76, 70184 Stuttgart

International Federation of Social Workers (IFSW)

Die IFSW ist neben →International Council on Social Welfare (ICSW) und →International Association of Schools of Social Work (IASSW) eine der internationalen Organisationen im Bereich des Sozialwesens. Sie ist aus dem 1928 in Paris gegründeten „ständigen internationalen Sekretariat für Sozialarbeiter" hervorgegangen und konstituierte sich 1956 offiziell in München. Als weltweite Berufsvereinigung von Sozialarbeitern und Sozialpädagogen will sie durch Konferenzen, Seminare, Arbeits- und Forschungsprojekte sowie durch eigene Publikationen die professionelle Sozialarbeit fördern. Diese Aufgabe wird durch fünf Regionalverbände in Afrika, Asien, Europa, Lateinamerika und Karibik und Nordamerika wahrgenommen. Als NGO (Non Governmental Organization = nichtstaatliche Organisation) hat sie beratenden Status bei den Vereinten Nationen, der →UNICEF und der Europäischen Gemeinschaft. Das Generalsekretariat gibt in unregelmäßigen Abständen den „IFSW News Letter" sowie zusammen mit ICSW und IASSW die Fachzeitschrift „International Social Work" heraus.

Intervention

Anschrift: Generalsekretariat des IFSW, 30 rue de L'Athénée, CH-1200 Genf

Intervention
In der Sozialen Arbeit bedeutet I. ein bewußtes, zielgerichtetes Eingreifen in ein aktuelles Geschehen. Die Einmischung soll Kräfte und Fähigkeiten der Beteiligten für ein alternatives Verhalten mobilisieren und neue Erfahrungen als Voraussetzung für eine Problemlösung ermöglichen. Sozialpädagogische I. geschieht im Kontext des beruflichen Selbstverständnisses und der institutionellen Rahmenbedingungen. Als Technik der Sozialen Arbeit läßt sich I. in fünf Phasen darstellen: Problemerfassung, Informationssammlung, Methodenwahl, Methodenanwendung, Auswertung. Neben der Weiterentwicklung und Verfeinerung des Instrumentariums ist vor allem die Legitimation sozialpädagogischer Intervention Gegenstand der Fachdiskussion.
→Krisenintervention; →Methodisches Handeln in der Sozialen Arbeit

Interventionsgerontologie
→Alter und Altern

Interview
→Empirische Sozialforschung: qualitative Verfahren, →Empirische Sozialforschung: quantitative Verfahren.

Intervision
→Kollegiale Beratung, →Supervision

Inzest
→Sexueller Mißbrauch

Irrenanstalt
→Heil- und Pflegeanstalt

ISO 9000
→Qualitätssicherung – Qualitätsmanagement

Jugend

1. Grundlagen der Jugendforschung. In der Jugendforschung besteht heute ein breiter Konsens, daß J. ein soziokulturelles Phänomen ist. Damit wird die ältere, organismische Modellvorstellung zurückgewiesen, die am Anfang der Jugendforschung stand, derzufolge die Jugendphase eine anthropologische Konstante ist, die sich aufgrund von organismusimmanent bedingter Reifungsprozesse über alle Epochen und über alle Kulturen in derselben Ausformung ereignet. Indem J. als soziokulturelles Phänomen aufgefaßt wird, wird darauf aufmerksam gemacht, daß J. immer mit sozialen und kulturellen Rahmenbedingungen in Verbindung steht, wodurch sich eine „Plastizität der Jugendphase" ergibt. Entscheidenden Anteil an diesem „Paradigmawechsel" der Jugendforschung hatten (1) kulturanthropologische Studien, die aufzeigen, daß in einfachen Gesellschaften eine Institutionalisierung der Jugendphase fehlt, und der nachwachsenden Generation vielfach durch Initiationsriten der Erwachsenenstatus unmittelbar verliehen wird, sowie (2) sozialhistorische Arbeiten, die darauf hinweisen, daß auch in Europa die Jugendphase in der modernen, uns geläufigen Form erst im 18. Jh. aufgrund veränderter sozialstruktureller Bedingungen „entstanden" ist und zugleich durch neue Leitvorstellungen und Ideale „erfunden" wurde.

Die Jugendforschung ist eine primär empirisch ausgerichtete Disziplin; demgegenüber steht die Theoriebildung deutlich im Hintergrund. Das Übergewicht liegt bei Studien, die einen allgemeinen gesellschaftlichen Informationsbedarf über Jugend erfüllen oder gerade aktuelle, vielfach rasch wechselnde Jugendphänomene zum Gegenstand machen. Der Ertrag dieser Studien für eine systematische Theorieentwicklung ist im allgemeinen nur gering. Allerdings mehren sich in jüngster Zeit die Anzeichen, daß in die Theoriediskussion der Jugendforschung Bewegung kommt. Immer häufiger wird für ein neues Subjektmodell plädiert bzw. dieses empirischen Studien zugrundegelegt: Die Jugendlichen werden nicht länger als bloße passive Objekte in überdominanten Strukturen aufgefaßt, sondern als „produktiv realitätsverarbeitende Personen und als schöpferische Konstrukteure" (Hurrelmann et al. 1985), die sich mit den von außen an sie herangetragenen und herantretenden Erwartungen und Anforderungen aktiv auseinandersetzen. Es wird darauf hingewiesen, daß es für eine angemessene Konzeptualisierung als Grundlage für die Jugendforschung darauf ankomme, das Handeln der Jugendlichen in Verbindung mit den gesellschaftlichen Strukturen zu setzen. Zudem wird der Akzent nicht mehr nur auf die Integration in die Gesellschaft gelegt, die die Heranwachsenden durch die Aneignung von entsprechenden Handlungskompetenzen, Erfahrungen und Wissen zu bewerkstelligen haben bzw. die ihnen zugemutet wird, sondern zugleich wird herausgestellt, daß sich im Jugendalter auch Anforderungen der Individuation stellen, die verlangen, sich abzugrenzen, sich als einmalige, unverwechselbare Person darzustellen und zu verwirklichen. Eng verbunden mit dieser (meta-)theoretischen Neuorientierung ist auch die verstärkte Verwendung von qualitativen Forschungsmethoden. Nachdem in der Jugendforschung lange Zeit nahezu ausschließlich der Fragebogen als Erhebungstechnik verwendet wurde, findet sich seit den 80er Jahren eine wachsende Anzahl von Studien, die mit offenen (biographischen, narrativen) Interviews oder mit teilnehmender Beobachtung arbeiten (→Empirische Sozialforschung – Qualitative Verfahren). Schließlich läßt sich als weitere neue Entwicklungstendenz feststellen, daß die Jugendforschung – nachdem zunächst die Psychologie, später dann die Soziologie deutlich den Ton angab – immer stärker zu einem interdisziplinären Arbeitsfeld wird, zu dem Vertreter und Vertreterinnen unterschiedlicher Fächer gemeinsam beitragen.

2. Jugend als Lebensphase: Abgrenzungskriterien. Auch wenn vor allem in den großangelegten Repräsentativstudien die Bestimmung von J. durch die Vorgabe einer Altersspanne – aus Gründen eines Traditionsüberhangs und auch, da es die Stichprobenziehung erleichtert – eine gängige Praxis ist, besteht ansonsten inzwischen eine weitreichende Übereinstimmung, daß eine altersmäßige Festlegung der Jugendphase weder möglich noch sinnvoll ist. Stattdessen wird vorgeschlagen, J. durch eine doppelt negative Abgrenzung von den beiden angrenzenden Lebensphasen zu bestimmen: J. wird als Übergangsphase aufgefaßt, in der man nicht mehr Kind ist, aber auch noch nicht den Erwachsenenstatus innehat. Bei diesem Bestimmungsversuch ist es im nächsten Schritt erforderlich, Angaben über die jeweiligen Statusübergänge zu machen, durch die Kinder zu Jugendlichen und Jugendliche zu Erwachsenen werden. Üblicherweise wird beim erstgenannten Übergang auf die Geschlechtsreife Bezug genommen, und nach „oben" dienen die Aufnahme einer dauerhaften Berufstätigkeit (noch nicht die Lehre) und die Heirat als Abgrenzungskriterien. Da Berufseintritt und Heirat zeitlich mehr oder minder auseinanderfallen können, wird mit „jungen Erwachsenen" zusätzlich eine Kategorie eingeführt, mit der die unverheirateten Berufstätigen und die Verheirateten ohne Beruf bezeichnet werden sollen.

Diese Abgrenzungsvorschläge sind nicht ohne Kritik geblieben: Kritisiert wird, daß mit der Geschlechtsreife ein biologisches Merkmal verwendet wird, ohne daß angegeben wird, in welcher Weise es soziale Relevanz gewinnt. Noch stärker hat sich die Kritik an der Grenzziehung zwischen Jugend- und Erwachsenenalter entzündet. Es wird kritisiert, daß dieser Lösungsvorschlag an der Folie der männlichen Normalbiographie ausgerichtet ist und unberücksichtigt läßt, daß eine Reihe von Frauen – in der Vergangenheit noch mehr als heute – keinen Erwerbsberuf aufnimmt bzw. diesen mit der Familiengründung wieder aufgibt. Auch wird betont, daß die Heirat in der Gegenwart den Charakter einer kulturellen Selbstverständlichkeit verloren hat und immer mehr Personen lebenslang ledig bleiben (Schätzungen zufolge mehr als $1/4$ aller Männer und mehr als $1/5$ aller Frauen), die nicht einfach vom Erwachsenenstatus ausgeschlossen werden können. Schließlich wird in diesem Lösungsvorschlag unterstellt, daß die „Schulbank" ein für allemal verlassen wird. Außer Betracht bleibt, daß ein Hin- und Herwechseln zwischen Bildungs- und Berufssystem möglich ist, was heute im zweiten und dritten Lebensjahrzehnt durchaus keine Seltenheit darstellt. Diese Einwände machen deutlich, daß eine eindeutige Abgrenzung zwischen J. und Erwachsenenalter – übrigens auch mit reformierten oder anderen Kriterien – nicht möglich ist. Für beide Statusübergänge ist prinzipiell davon auszugehen, daß sie zumindest in der Gegenwart sukzessive Prozesse sind.

3. Strukturwandel der Jugendphase. Nicht nur die Abgrenzung ist schwieriger geworden, die Jugendphase selbst hat sich in den letzten zwei, drei Jahrzehnten massiv verändert. Die wichtigsten Tendenzen der Veränderungen, die zusammenfassend als „Strukturwandel" bezeichnet werden, sind folgende:
(1) Zunehmende Verschulung der Jugendphase und Aufschub des Eintritts ins Berufsleben: Die Verweildauer im Schulsystem ist in den letzten Jahrzehnten stark gestiegen. Dazu hat einerseits die Verlängerung der allgemeinen

Schulpflicht und andererseits – und dies vor allem – der starke Anstieg des Besuchs von weiterführenden Schulen beigetragen. Für die große Mehrzahl der Heranwachsenden bedeutet dies, daß für sie die Jugendzeit zu einem beträchtlichen Teil Schulzeit ist und ihre ersten Erfahrungen im Berufsleben lange aufgeschoben werden. Jeder fünfte und jede vierte 19jährige war Ende der 80er Jahre noch in Vollzeitschulen (einschl. Hochschulen). Bei nicht wenigen verzögert sich der Berufseintritt bis zum Ende des dritten Jahrzehnts und darüber hinaus. Diese lange Verweildauer im schulischen Ausbildungssystem hat weitreichende Auswirkungen: Schule/Studium gewährt eine hohe Zeitsouveränität und mehr Freiräume in der Gestaltung des Lebensalltags, läßt jedoch nur wenige Verantwortungserlebnisse zu. Der aufgeschobene Berufseintritt verzögert auch die wichtige Erfahrung gesellschaftlicher „Nützlichkeit" und die materielle Verselbständigung. Zugleich wird der Schulerfolg, der Erwerb von Bildungstiteln, immer wichtiger für die späteren Lebenschancen.

(2) Vorverlagerung der psychosozialen und soziokulturellen Verselbständigung: Trotz längerer materieller Abhängigkeit von den Eltern treten Jugendliche heute schon deutlich früher als eigenständig und kompetent handelnde Personen auf und besitzen breitere und biographisch frühere Möglichkeiten für ein Eigenleben. Jugendliche beanspruchen, als selbständige Person wahrgenommen zu werden, was ihnen in ihren Herkunftsfamilien auch in aller Regel zugestanden wird. Nachhaltig haben sich in einem relativ kurzen Zeitraum die Umgangsformen von Eltern und ihren jugendlichen Kindern verändert: Anstelle von Befehl und Gehorsam sind im starken Umfang Aushandlungsprozesse getreten, in denen die Jugendlichen vielfach erfolgreich ihre eigenen Interessen zur Geltung bringen können. Stark zugenommen und biographisch nach vorne verlagert haben sich auch die Freiheiten (z.B. Häufigkeit und Dauer des Weggehens, elterliche Anerkennung einer festen Beziehung), die Jugendliche für sich in Anspruch nehmen können.

(3) Hoher Bedeutungszuwachs der Gleichaltrigen und starke Erweiterung der Freizeit- und Konsumangebote: Die Integration in den Peer-Kontext hat in den letzten Jahren ein noch nie dagewesenes Ausmaß erreicht, wobei der lange Zeit bestehende Vorsprung der männlichen Jugendlichen weitgehend verschwunden ist. Dabei haben →Jugendverbände zumindest relativ an Gewicht verloren zugunsten von informellen Gesellungsformen. Diese Bedeutungszunahme geht einher mit einem breiten Angebot an Freizeitmöglichkeiten, die seit den 70er Jahren z.T. erst geschaffen, z.T. erheblich erweitert wurden. Dazu zählen kommunale Einrichtungen, wie z.B. Jugendzentren, ebenso wie zahlreiche kommerzielle Einrichtungen (z.B. Diskotheken und Jugendlokale). Kommerzielle Angebote und ihre verstärkte Inanspruchnahme sind möglich geworden, da die Finanzkraft der Jugendlichen – sei es durch das Taschengeld der Eltern, staatliche Transferleistungen oder selbstverdientes Einkommen – erheblich angewachsen ist. Überhaupt sind die Jugendlichen inzwischen zu einem wichtigen Konsumfaktor geworden, wie gerade die Musik- und Modeindustrie eindrucksvoll zeigen.

(4) Vorverlagerung der Aufnahme sexueller Beziehungen: Die Hinwendung zum anderen Geschlecht, erste (relativ) feste Zweierbeziehungen und auch sexuelle Erfahrungen sind heute fester, selbstverständlicher Bestandteil der Jugendphase. Aber nicht nur das, einen ersten festen Freund bzw. eine erste feste Freundin haben, erste Erfahrungen mit gemeinsamer Sexualität machen, hat sich mittlerweile stark in die Anfänge der Jugendphase vorverlagert. In der Shell-Studie „Jugendliche + Erwachsene '85" gaben jeweils 60% der befragten jungen Männer und Frauen (im Alter von 21 bis 24 Jahren) an, daß sie mit 16

Jahren schon erste sexuelle Erfahrungen hatten. Daß eine feste Beziehung erst dann eingegangen wird, wenn man sich mit Heiratsgedanken trägt, oder daß Sexualität bis kurz vor oder gar bis nach der Eheschließung aufgeschoben wird, diese Verhaltensmuster sind in der Gegenwart nahezu völlig verschwunden.

Es gibt eine breite, weitgehend offene Debatte hinsichtlich der Auswirkungen dieser Veränderungstendenzen auf die Jugendphase: Eine Position weist darauf hin, daß die Öffnung von „Privilegien" (z. B. Sexualität, Teilnahmechancen an Freizeit und Konsum), die lange Zeit Erwachsenen vorbehalten waren, für Jugendliche (in Umkehrung der Entwicklung des 18. Jhs.) zur Folge hat, daß es zu einem „Verschwinden", zu einem „Ende der Jugend" kommt (z. B. v. Trotha). Eine zweite Position sieht in diesen Veränderungstendenzen die Herausbildung einer neuen Lebensphase, der „Post-Adoleszenz", die sich für eine wachsende Anzahl von Heranwachsenden zwischen Jugend und Erwachsenenleben schiebt (z. B. Zinnecker). Kennzeichen der Post-Adoleszenz ist eine weitgehende Eigenständigkeit in der Lebensführung bei Fortdauer materieller Abhängigkeit. Breitere Zustimmung findet die These der „Destandardisierung der Jugendphase" (z. B. Olk), die betont, daß die Jugendphase – ohne daß sie insgesamt verschwindet oder sich weiter ausdifferenziert – immer mehr an innerer Struktur und Gestalt verliert und der Übergang zum Erwachsenenalter immer mehr an Konturen einbüßt. Diese Sichtweise findet sich auch in der These der „Individualisierung der Jugendbiographie" (z. B. Fuchs), die ebenfalls eine starke Resonanz gefunden hat und in der zudem darauf verwiesen wird, daß es im wachsenden Maße möglich, aber auch nötig wird, diese Lebensphase und den Übergang ins Erwachsenenleben selbst zu gestalten.

4. Jugend als Plural. In der öffentlichen Diskussion, aber z. T. auch in der Jugendforschung, ist es weit verbreitet, ein Bild von „der" J. zu entwerfen. Bei diesen Versuchen werden Tendenzen, die vielleicht bei einem Teil der Jugendlichen anzutreffen sind, vorschnell und unzulässig auf die Gesamtheit der Jugendlichen übertragen. „Die Jugend" gab es weder in der Vergangenheit, und es gibt sie auch in der Gegenwart nicht. Jeder Versuch, die J. als Ganzes zu kennzeichnen, egal mit welchem Etikett man es versucht, verfehlt von vornherein die Wirklichkeit. Aussagen über „die Jugend" werden der Vielfalt und Heterogenität jugendlicher Lebenslagen nicht gerecht, Jugend ist immer im Plural aufzufassen. Schon in den Anfängen der Jugendforschung hat z. B. →Bernfeld mit der „verkürzten" und „verlängerten Jugend" unterschiedliche Verlaufsformen der Jugendphase aufgezeigt, die damals typisch für Arbeiter- bzw. bürgerliche Jugendliche waren. Darüber hinaus bestanden zumindest noch für große Teile des 20. Jhs. markante Unterschiede zwischen den Biographieverläufen von jungen Männern und Frauen, die allerdings in den Jugendstudien wenig Aufmerksamkeit fanden, da die Jugendforschung bis in die 80er Jahre hinein weitgehend „Jungenforschung" war und Mädchen stark vernachlässigt wurden.

Es hat den Anschein, daß in der Gegenwart sowohl die soziale Herkunft als auch das Geschlecht für die Unterschiede in den Verlaufsformen der Jugendphase an Bedeutung verloren haben. Dies hat jedoch keine Vereinheitlichung zur Folge, sondern die Differenziertheit jugendlicher Lebenslagen scheint sich lediglich von diesen zugeschriebenen sozialen Merkmalen weitgehend abgelöst zu haben. Empirisch gewonnene Jugendtypologien aus den 80er Jahren machen die große Spannbreite der bestehenden Unterschiede in den Verlaufsformen der Jugendbiographien in der Gegenwart deutlich: So wird z. B. zwischen familienorientierten, maskulin-orientierten, hedonistisch-ori-

Jugendamt

entierten und subjektorientierten Handlungstypen von Jugendlichen unterschieden (vgl. Lenz 1988), wobei die beiden erstgenannten eine hohe Affinität zur „verkürzten" bzw. „verlängerten Jugend" aufweisen, wenngleich die sozialstrukturelle Verortung weggefallen bzw. verblaßt ist. Die beiden anderen Handlungstypen scheinen sich dagegen erst in der Nachkriegszeit ausgeformt zu haben.

Lit.: DuBois-Reymond, M./M. Oechsle (Hg.) (1990): Neue Jugendbiographie? Zum Strukturwandel der Jugendphase, Opladen; Hurrelmann, K. (1994): Lebensphase Jugend. Eine Einführung in die sozialwissenschaftliche Jugendforschung, Weinheim; Krüger, H.-H. (Hg.) (1988): Handbuch der Jugendforschung, Opladen; Lenz, K. (1988): Die vielen Gesichter der Jugend, Frankfurt a.M.; Markefka, M./R. NaveHerz (Hg.) (1989): Handbuch der Familien- und Jugendforschung, Bd. 2: Jugendforschung, Neuwied; Böhnisch, L./M. Rudolph/B. Wolf (Hg.), Jugendarbeit als Lebensort, Weinheim.

Karl Lenz, Dresden

Jugendamt

seit 1924 (→Reichsjugendwohlfahrtsgesetz) in Deutschland auf kommunaler Ebene eingerichtetes Amt als örtlicher Träger zur Durchführung der gesetzlichen Aufgaben der →Jugendhilfe. Seit 1953 ist die Struktur des J. durch eine sogenannte Zweigliedrigkeit charakterisiert. Ihr zufolge übernimmt der →Jugendhilfeausschuß (früher: Jugendwohlfahrtsausschuß) konzeptionelle, grundsätzliche und ressortübergreifende Aufgaben, während der Verwaltung des Jugendamtes die konkrete Bewältigung der praktischen Jugendhilfe obliegt. Trotz bestehender Kritik an der zweigliedrigen Struktur ist diese im neuen →Kinder- und Jugendhilfegesetz beibehalten worden (§ 70). Überörtliche Jugendhilfeaufgaben werden von den →Landesjugendämtern übernommen.

Jugendamtsgesetz

häufige, abwertende Bezeichnung für das vom →Kinder- und Jugendhilfegesetz abgelöste →Jugendwohlfahrtsgesetz, welches vor allem Organisation und Tätigkeit des →Jugendamtes regelte und nur wenige sozialpädagogische Inhalte aufnahm.

Jugendarbeit

Mit der Entwicklung der →Jugendbewegung um 1900 entstanden – vor allem als Reaktion auf die proletarische Linie dieser Bewegung – auch die ersten Ansätze organisierten staatlichen Einflusses auf den außerschulischen und außerberuflichen Freizeit- und Bildungsbereich junger Menschen. Neben den Angeboten der Kirchen und der →Jugendverbände fand J. als →Jugendpflege Eingang in den Aufgabenkatalog der öffentlichen →Jugendhilfe (nunmehr § 11 KJHG). Sowohl freie als auch öffentliche Träger bieten eine breite Palette von Freizeit-, Bildungs-, Erholungs- und Begegnungsmöglichkeiten für junge Menschen an. Je nach pädagogischer Orientierung lassen sich dabei sozial-integrative, progressive, anti-kapitalistische und emanzipatorische Ansätze der J. unterscheiden. Bei allen konzeptionellen Unterschieden sind als gemeinsame Merkmale der J. zu nennen: Freiwilligkeit der Teilnahme, Orientierung an den Bedürfnissen der Adressaten, Beteiligung der Jugendlichen an Planung und Gestaltung der Arbeit, Verzicht auf Leistungskontrollen, Gruppenorientierung und Erfahrungsbezug. Als eines der größten Probleme der gegenwärtigen J. stellt sich die zunehmende Konkurrenz zu kommerziellen Freizeit- und Bildungsangeboten dar. Entsprechend wurde in den letzten Jahren die sog. →mobile Jugendarbeit als flexibles Angebot entwickelt. (→Jugendsozialarbeit).

Jugendarbeitslosigkeit
→Arbeitslosigkeit

Jugendarbeitsschutz
im Jugendarbeitsschutzgesetz niedergelegte öffentlich-rechtliche Vorschriften zum Verbot der →Kinderarbeit sowie der Verhütung einer gesundheitlich, geistig und sittlich gefährdenden, übermäßigen Inanspruchnahme im Produktionsprozeß stehender Jugendlicher. J. als Schutz des Individuums und des betrieblichen wie staatlichen Interessen an Produktionskontinuität und geringer finanzieller Belastung durch Krankheit hat eine weit zurückreichende Geschichte. Bereits das 1839 in Preußen in Kraft getretene Arbeitsschutzgesetz erging zu Gunsten jugendlicher Arbeiter, indem es ein Arbeitsverbot für Kinder unter neun Jahren und eine tägliche Höchstarbeitszeit von 10 Stunden für Jugendliche bis 14 Jahren festlegte. Probleme bereitet immer wieder die Kontrolle der Einhaltung des J.

Jugendarbeitsschutzgesetz (JArbSchG)
→Jugendarbeitsschutz

Jugendarrest
→Arrest

Jugendaustausch
→Internationale Jugendarbeit

Jugendbande
→Bande

Jugendberatung
→Beratung

Jugendbericht
von der Bundesregierung nach § 84, Abs.1 KJHG (davor § 25, Abs.2 JWG) in jeder Legislaturperiode vorzulegender Bericht, der seit 1967 nur noch bei jedem dritten Mal einen Überblick über die gesamte →Jugendhilfe enthalten muß. Die beiden dazwischen liegenden J. können Teilfragen und Teilgebiete der Jugendhilfe thematisieren. Der Bericht ist von einer unabhängigen Sachverständigenkommission zu erarbeiten. Er soll Ergebnisse und Mängel darstellen und Vorschläge zur Weiterentwicklung der Jugendhilfe enthalten. Bisher wurden vorgelegt:

1. 1965: Die Lage der Jugend und die Bestrebungen auf dem Gebiet der Jugendhilfe in der BRD und Berlin (West);
2. 1968: Aus- und Fortbildung der Mitarbeiter in der Jugendhilfe (als Anhang: Situation der Jugend in der Bundeswehr);
3. 1972: Aufgaben und Wirksamkeit der Jugendämter in der Bundesrepublik;
4. 1979: Sozialisationsprobleme der arbeitenden Jugend in der BRD (wegen Uneinigkeiten gab es hierzu einen Mehrheits- und einen Minderheitsbericht);
5. 1980: Bestrebungen und Leistungen der Jugendhilfe (erster Gesamtbericht);
6. 1984: Verbesserungen der Chancengleichheit von Mädchen in der BRD;
7. 1986: Jugendhilfe und Familie – Die Entwicklung familienunterstützender Leistungen der Jugendhilfe und ihre Perspektiven;
8. 1989: Bericht über die Bestrebungen und Leistungen der Jugendhilfe (zweiter Gesamtbericht).
9. 1994: Bericht über die Situation von Kindern und Jugendlichen und die Entwicklung der Jugendhilfe in den neuen Bundesländern;
10. 1998: Lebenssituation von Kindern und die Leistungen der Kinderhilfen in Deutschland.

Jugendbewährungshilfe
→Bewährungshilfe

Jugendbewegung
Allgemein ist mit J. jede Erneuerungsbewegung junger Menschen gemeint, die durch Rückzug und/oder Rebellion sich gegen die Welt der Erwachsenen wendet und den Prozeß der →Sozialisation durch Distanzierung von den Erziehungsinstitutionen selbst bestimmen und organisieren will. Sozialgeschichtlich bezeichnet J. die eher literarisch-ästhetischen lebensreformerischen Emanzipationsbemühungen der elitären bürgerlichen Jugend des ausgehenden 18. und des beginnenden 19.Jh. Insbeson-

dere zielt der Begriff J. jedoch auf die sich zu Beginn des 20. Jh. entwickelnden bürgerlichen und proletarischen Bewegungen, die breitere Schichten ergriff. Die durch die Gründung des Vereins →„Wandervogel" markierte bürgerliche J. übte vor allem Kritik an den Lebensformen der Erwachsenen und an den Auswirkungen der Industrialisierung. Durch Naturverbundenheit, wesensgemäße Lebensformen und einem starken Kultur- und Bildungswillen sollte die Gesellschaft eine Erneuerung erfahren. Entsprechend wanderte man, pflegte den Tanz, die Musik und das Laienspiel in freien Bünden Gleichgesinnter. Weniger romantisch-verklärend und künstlerisch-musisch orientiert zielte die sich gleichzeitig entwickelnde proletarische J. von Anfang an auf die Verbesserung der sozialen und ökonomischen Situation der Lehrlinge und jungen Arbeiter. Sowohl die Disziplinierung durch die SPD und durch die Gewerkschaften als auch das Verbot politischer Betätigung für Jugendliche durch den Staat verhinderte die Entwicklung einer einheitlichen, unabhängigen Arbeiterjugend. Insgesamt hatten die J. bis zum Nationalsozialismus erheblichen Einfluß auf die pädagogischen Vorstellungen ihrer Zeit (→Reformpädagogik) und lieferten entscheidende Impulse für die Sozialpädagogik. Inwieweit der →Jugendprotest der ausgehenden 1960er Jahre als neue J. zu identifizieren ist, bleibt umstritten.

Jugenddelinquenz
→Jugendkriminalität

Jugendförderung
die finanzielle Unterstützung von Diensten, Einrichtungen und Aktivitäten der →Jugendarbeit im Rahmen der regional unterschiedlichen Regelungen und Zielsetzungen der →Jugendpläne und Jugendbildungsgesetze sowie der Grundsätze des KJHG (§ 11). In einem umfassenderen Sinne allgemeiner Förderung der Jugend hat der Begriff J. den Begriff →Jugendpflege im KJHG abgelöst.

Jugendfreizeitstätte
Sammelbegriff für verschiedene Einrichtungen für die Freizeitgestaltung von Kindern und Jugendlichen. J. sind u. a. Jugendklubs, Jugendzentren, Häuser der Jugend, Jugendsporteinrichtungen. Ziele und Programme der J. haben sich seit ihrer ersten Einrichtung als Heime der German Youth Activities der amerikanischen Besatzungsarmee nach dem Zweiten Weltkrieg, der Entwicklung und Veränderung der Aufgabenformulierung der →Jugendarbeit und →Jugendhilfe entsprechend, gewandelt.

Jugendfürsorge
In Abgrenzung zur →Jugendpflege meinte J. bisher jenen Teil der öffentlichen Jugendhilfe, der Schutz, Aufsicht, Fremderziehung und Beistand von und für Kinder und Jugendliche umfaßt. Wegen seiner stigmatisierenden Konnotation wird der Begriff J. im →Kinder- und Jugendhilfegesetz nicht mehr verwendet.

Jugendgemeinschaftswerk
nach dem Zweiten Weltkrieg eingerichtete Beratungs- und Betreuungsstellen zur Soforthilfe für elternlose, heimatlose Jugendliche in den drei westlichen Besatzungszonen Deutschlands. Bald wurde die Zielgruppe um junge Menschen aus den Aussiedlungsgebieten Osteuropas und der DDR erweitert. Das J. fördert die berufliche und gesellschaftliche Integration durch Einzelhilfe, Gruppenarbeit, Seminare und Jugendklubs. Inzwischen wurde die Beratungs- und Betreuungsform des J. auch für junge Arbeitslose, junge Ausländer und junge Asylbewerber übernommen.

Jugendgericht
→Jugendstrafrecht

Jugendgerichtsbarkeit
→Jugendstrafrecht

Jugendgerichtsgesetz (JGG)
→Jugendstrafrecht

Jugendgerichtshilfe (JGH)
Die Aufgabenstellung der JGH im Jugendstrafverfahren ergibt sich aus den

Jugendgesundheitsdienst

§§ 38 und 50 Abs. 3 JGG. Danach hat die JGH die Persönlichkeit sowie die familiären und außerfamiliären Lebensumstände des betroffenen Jugendlichen zu ermitteln, sozialpädagogisch zu bewerten und vor dem Hintergrund dieser Erkenntnisse einen Vorschlag zum weiteren Verfahren zu machen. Im Regelfall ist der Jugendliche während des gesamten Gerichtsverfahrens zu betreuen. Träger der JGH ist das →Jugendamt. Das aus den beiden Aufgabenfeldern „Jugendhilfe" und „Gerichtshilfe" entstehende Spannungsfeld erweist sich als problematisch. Bisherige Lösungsversuche im Rahmen einer umfassenden Reform des →Jugendhilferechts sind gescheitert. Über ihre klassische Tätigkeit hinaus kommt der JGH bei den Bemühungen um →Diversion eine wichtige Rolle zu.

Jugendgesundheitsdienst

sämtliche Regelangebote der →Gesundheitshilfe für Kinder und Jugendliche von der Geburt bis zum Ende der Schulpflicht. Dazu gehören die Säuglings- und Kleinkindvorsorge, Schutzimpfungen, die Einschulungsuntersuchung, die regelmäßigen ärztlichen und zahnärztlichen Schuluntersuchungen, die Beratung von Eltern und anderen Erziehungspersonen, sowie die besondere Betreuung von behinderten Kindern in Sondereinrichtungen.

Jugendherberge

auch Erwachsenen zugängliche Aufenthalts- und Übernachtungsstätte für jugendliche Wanderer und Reisende in Trägerschaft des →Deutschen Jugendherbergswerkes (DJH). Seit 1909 die erste J. in der Burg Altena eingerichtet wurde, konnte das DJH sein aus Spenden, Mitgliedsbeiträgen, staatlichen und kommunalen Zuschüssen finanziertes Angebot auf ganz Deutschland ausdehnen. Heute bieten J. ein vielseitiges Programm für Einzel- und Gruppenwanderer, internationale Begegnungen, Klassen- und Schulreisen, Familienferien, Aktivurlauben u. v. a. Voraussetzung für die Aufnahme in einer J. ist die Mitgliedschaft im DJH, die Beachtung des Alkoholverbots, die Mithilfe als Gast bei den täglichen Arbeiten sowie die Akzeptanz der Geschlechtertrennung im Schlafbereich.

Jugendhilfe

1. Begriff. Unter J. im engeren Sinne fallen primär alle Leistungen und Aufgaben, die das KJHG (→Jugendhilferecht) kodifiziert hat. Im weiteren Sinne meint J. alle Sozialisationsbedingungen und -leistungen, die sich neben den familialen, schulischen und berufsbildungsbezogenen Aufgabenfeldern mit der individuellen und gemeinschaftsbezogenen Ausformung der heranwachsenden Persönlichkeit junger Menschen befassen. J. steht hierbei in einer nicht widerspruchsfreien Beziehung zu der natürlichen elterlichen Erziehungsaufgabe. Elterliche Erziehung und staatliches Wächteramt werden in gleicher Weise durch die staatliche Verantwortung garantiert. In dem Primat privatfamiliärer vor öffentlicher Erziehung zeigt sich das Prinzip der Subsidiarität als zentrales, die J. prägendes Strukturprinzip, das nicht nur in dem Verhältnis zwischen öffentlichen und freien Trägern als Ordnungsprinzip dient, sondern stärker noch das Verhältnis zwischen individuell-privat zu verantwortender Sozialisation und gesellschaftlich-öffentlich gestalteten Lebensbedingungen bestimmt. J. läuft immer Gefahr, mit Hilfe des →Subsidiaritätsprinzip als offene und zugleich auch offensive J. eingeschränkt zu werden. Die prägenden Stichworte für ein offensives, weil auf die Beeinflussung und möglichst die Veränderung von negativen Lebensumständen und die sie verursachenden Faktoren abstellendes Verständnis sind: Akzeptanz der Individualität und Eigenverantwortlichkeit von Erwachsenen und jungen Menschen, solidarisches Handeln, Unterstützung, Beratung, Gesamtverantwortung und Planung, soziale Dienstleistung. Die Unterordnung von J. unter die primär

351

verantwortliche elterliche Erziehung droht dagegen die J. in ihrem Grundverständnis als umfassenden Sozialisationsbereich bei gleichzeitig festzustellendem Rückgang familiärer Sozialisationsleistung als Ausfallbürge auf quasi kompensatorische Sozialisationsleistungen zu reduzieren. Bis heute ist die J. von diesem Grundwiderspruch geprägt.

2. Geschichtliche Entwicklung. Die Entwicklung der Jugendhilfe ist bis in die jüngste Zeit in sich gebrochen und widersprüchlich. Ihre Anfänge reichen einerseits in die historischen Wurzeln christlich geprägter Hilfeformen der Findelkind- und Waisenhäuser des ausgehenden Mittelalters wie auch in von der Gedankenwelt der Aufklärung geprägten Hilfen für und Ideen von Kindheit als eigenständige Welt neben der der Erwachsenen; andererseits erforderten die mit Beginn der Industrialisierung eingetretene Verelendung und der durch sie bedingten umfassenden Veränderung familiärer Lebensformen in den aufkommenden Großstädten zunehmend stärkere staatliche ordnungspolitische Eingriffe. Die Einführung von Pflegekinderschutzbestimmungen für den Bereich der familiären Ersatzerziehung und der Heimaufsicht für die institutionelle Fremderziehung sowie erste Ansätze von →Jugendarbeitsschutz geschah aus Gründen der Verhinderung grober Schädigungen und Ausbeutung, um die Forderung nach gesunden Arbeitskräften und Soldaten nachzukommen. Im letzten Jahrhundert gründeten sich die ersten christlichen Wohlfahrtsverbände (→Innere Mission, →Caritas), daneben wurde das →Deutsche Rote Kreuz als nichtkonfessioneller Verband tätig. Mit dem Ende des Kaiserreichs kamen die Arbeiterwohlfahrt und der →Deutsche Paritätische Wohlfahrtsverband hinzu. Damit erhielt die heute noch bestehende Verbändestruktur ihr grundlegendes Gesicht. Sie sollte auch nicht durch die NS-Zeit auf Dauer verändert werden können.

Rechtlich mündete die Entwicklung der J. 1922 in das →Reichsjugendwohlfahrtsgesetz (RJWG) und 1923 in das →Jugendgerichtsgesetz (JGG). Mit dem RJWG wurde eine umfassende Kodifizierung dringend benötigter rechtlicher Verantwortlichkeiten und Zuständigkeiten im kommunalen Bereich versucht und in großen Teilen auch erreicht, um erstmals als Grundsatz das Recht von Kindern und Jugendlichen auf Erziehung als Recht gegenüber dem Staat zu verankern und die Kommunen als Garanten solcher öffentlichen Erziehung (mit Ausnahme der →Fürsorgeerziehung, für die die einzelnen Länder zuständig waren) vorzusehen. Andererseits wurde mit der Verabschiedung der beiden Gesetze eine Zweiteilung und damit eine unterschiedliche Sichtweise von J. gesetzlich verankert, die bis heute nachwirkt. Eine J. für alle Kinder und Jugendlichen, auch für solche, die straffällig geworden waren, war damit nicht mehr in jedem Fall möglich.

Neben den klassisch jugendfürsorgerischen Aufgaben gewann die Jugendarbeit in der Weimarer Zeit (Jugendbewegung/Bündische Jugend) wachsenden Einfluß und führte dazu, daß unter J. →Jugendfürsorge einerseits und →Jugendpflege andererseits verstanden wurde. In der Folgezeit blieb diese Zweiteilung umstritten und führte immer wieder dazu, die Einheit der J. zu fordern. Die Grundlagen eines bis heute wirkenden sozialpädagogischen gesellschaftsbezogenen Jugendhilfeverständnisses wurden von Herman →Nohl und Getrud →Bäumer gelegt.

Die Aufbauphase in der Weimarer Republik litt von Anfang an unter den schwierigen finanziellen Bedingungen in den Städten und Landkreisen und verhinderte eine leistungseinheitliche Entwicklung der J. Neben zukunftsgerichteten Projekten und Versuchen mit einer hohen Innovationskraft z. B. im Bereich der →Heimerziehung, der offenen →Jugendarbeit, der Familienhilfe (→Sozialpädagogische Familienhilfe) aber auch des →Jugendstrafvollzuges gab es in weiten Bereichen mehr verwaltende Arbeit denn Sozialpädagogik. Aus dieser Zeit stammt auch die vorstehende Unterscheidung, die in Anlehnung an öffentlich-rechtliche Zuständigkeiten Ausdruck des Fürsorge- und Wohlfahrtsstaates einerseits und im Bereich der sog. freien J. (vorwiegend repräsentiert durch die Tätigkeit der →freien Träger in diesem Bereich) für die Arbeitsfelder der frühkindlichen Erziehung (Kinderkrippen, Kindergärten) und der Jugendarbeit andererseits bis heute andauernde konzeptionelle Unstimmigkeit bewirkt hat, die sich bis in die organisatorischen Hochschulstudienbereiche der Ausbildung der Fachkräfte verfestigt hat. Mit der nationalsozialistischen Machtergreifung (→Nationalsozialismus und Sozialpädagogik) wurde die weitere Entwicklung der Jugendhilfe bis 1945 unterbrochen. Das zweigliedrige Jugendamt wurde abgeschafft, in der Verwaltung regierte das Führerprinzip; die – soweit noch vorhanden und nicht selbst aufgelöst – freien Träger wurden in entsprechende NS-Organisationen (→Hitlerjugend, Bund Deutscher Mädchen, NSVolkswohlfahrt, Kraft durch Freude etc.) übergeführt.

Nach dem Zusammenbruch der NS-Herrschaft entwickelten sich in der BRD und der DDR zwei völlig unterschiedliche Jugendhilfesysteme. Während in der BRD versucht wurde, die Entwicklung aus der Weimarer Republik fortzusetzen, wurde schrittweise in der DDR entsprechend der herrschenden marxistischen Staatsdoktrin ein staatliches Jugendhilfesystem etabliert. Eine freie J. war in diesem System nicht vorgesehen. Schwerpunkt dieses Jugendhilfesystems war der umfassende Ausbau staatlicher Kindererziehungs- und -betreuungseinrichtungen, ohne daß damit in jedem Fall auch eine adäquate qualitative Absicherung verbunden gewesen wäre (→Bildung und Erziehung im Sozialismus, →Heimerziehung in der DDR, →Pflegekinderwesen). Nach dem Zusammenbruch der SED-Herrschaft im Herbst 1989 und dem Beitritt der DDR zur Bundesrepublik im Sommer 1990 (Einigungsvertrag vom 31.8.1990) muß die J. in einer grundlegend veränderten Situation innerhalb Deutschlands und nach der Auflösung der Sowjetunion innerhalb Osteuropas ihren neuen gesellschaftspolitischen Auftrag und die daraus resultierenden Anforderungen erst noch finden.

3. Gegenwärtige Situation. Die J. hat in der seit über zwanzig Jahren dauernden Reformdiskussion in inhaltlicher-konzeptioneller Hinsicht und in den sie garantierenden aber auch begrenzenden rechtlichen Rahmenvorschriften einschneidende Veränderungen erfahren:
– Die klassisch ordnungspolitisch ausgerichteten Hilfen (Fürsorgeerziehung) sind zugunsten offener Erziehungshilfen abgebaut worden. Gleichzeitig wurde die Zahl der stationären Unterbringungen deutlich zugunsten ambulanter und familienbezogener Maßnahmen verringert;
– die stationäre Jugendhilfe hat vielfältige Varianten in Form des betreuten Gruppen- und Einzelwohnens erfolgreich entwickelt;
– die klassische Einteilung in öffentliche und traditionelle Wohlfahrtsverbände wurde insbesondere nach den gesellschaftlichen Veränderungen seit 1968 durch eine Vielzahl von neuen Vereinigungen und selbstorganisierten Verbänden aufgebrochen.

Die Neuerungen in der J. erwiesen sich insbesondere darum als so erfolgreich, weil sie mit Selbsthilfe- und Aktivierungskonzepten für und mit den Betroffenen antraten. Insgesamt erweist sich die gegenwärtige theoretische Fundierung der J. als nicht frei von inneren Widersprüchen. Mehr jugendpolitisch geleitet als der sehr stark familienorientierte 7. Jugendbericht sieht das 8. Jugendbericht der Bundesregierung die Entwicklungschancen in einer lebensweltorientierten J. und umschreibt diese

mit den Leitbegriffen Prävention, Regionalisierung, Alltagsorientierung, Partizipation und Integration. Die Praxis der J. droht immer wieder durch neu auftauchende Einzelprobleme überrollt und auf alte – vermeintlich überwundene – Positionen zurückgeworfen zu werden, ohne ausreichende Strategien und Zielsetzungen des Handelns in Systemen und Strukturen entwickelt zu haben:
- Im Bedarfsfall überwiegen die reagierenden Eingriffe bei sozialen Auffälligkeiten, deren Verhinderung zwar das erklärte Ziel der J. ist, ohne daß aber befriedigende diagnostische Verfahren und multiprofessionelle Methoden und entsprechende Leistungen entwickelt werden;
- ein gestaffeltes differenziertes Frühwarnsystem und entsprechende präventive Leistungen gibt es bis heute nicht;
- Beratungsangebote sind nicht flächen- und bedarfsdeckend vorhanden;
- hohe Fallzahlen, mangelnde oder unzureichende Teamarbeit, und hierarchische Strukturen verhindern eine Überprüfung der geleisteten Arbeit.

Erst allmählich setzt sich →Praxisberatung und →Supervision als notwendiger Bestandteil verantwortlicher Jugendhilfe durch. Das seit dem 1.1.1991 für die gesamte Bundesrepublik geltende neue Kinder- und Jugendhilfegesetz (→Jugendhilferecht) hat insbesondere in § 1 eine rechtliche Normierung der gegenwärtig vorherrschenden jugendhilfepolitischen Grundaussagen vorgenommen. Gleichwohl leidet die jugendhilferechtliche Situation darunter, daß die Rechtsposition der Erziehungsberechtigten gestärkt, die der von Jugendhilfe betroffene Kinder und Jugendlichen im Verhältnis dazu dagegen geschwächt wurde, weil nicht die Kinder und Jugendlichen als Inhaber rechtlicher Leistungsansprüche angesehen werden, sondern ihre Erziehungsberechtigten. Außerdem gelingt es der J. immer noch nicht im notwendigen Umfang, sich der Öffentlichkeit als garantierte soziale Dienstleistung zu vermitteln. Die fehlende Rechtsanspruchsqualität vieler Leistungen fördert eine solche Einstellung auch nicht.

Begrüßenswert ist, daß das Gesetz alte Forderungen aus der Entstehungszeit des Jugendwohlfahrtsrechts zum Teil verwirklicht hat. Psychisch behinderte junge Menschen sind als Leistungsempfänger aufgenommen worden, körperlich und geistig behinderte allerdings erhalten nach wie vor Leistungen nach dem BSHG. Junge Erwachsene können über die Volljährigkeit hinaus Jugendhilfe erhalten, wenn sie dies selbst wollen und ihrer Persönlichkeit nach noch brauchen.

4. Perspektiven von Jugendhilfe. Die Jugendhilfe in Deutschland steht in der gegenwärtigen geschichtlichen Situation des Beitritts der DDR und der Auflösung des gesamten Ostblocks in einer großen Herausforderung. Nicht nur, daß in den neuen Bundesländern für ca. 16 Millionen Menschen die J. neu aufgebaut werden muß und nicht einfach „kopiert" werden kann, auch die Veränderungen im sozioökologischen und familiendynamischen Bereich machen neue Überlegungen notwendig.

Individuelle Problem- und Konfliktsituationen werden durch gesamtgesellschaftliche Krisen verstärkt: Die seit Jahren trotz stabiler wirtschaftlicher Verhältnisse andauernde hohe →Arbeitslosigkeit und die damit verbundene Folge relativer →Armut und sozialer Desintegration führt große Gruppen innerhalb der Gesellschaft in eine soziale und kulturelle Randständigkeit und läßt sie so auch zum Klientel von J. und nicht nur des Systems der sozialen Sicherung werden.

Die Notwendigkeit der Integration Hunderttausender ausländischer Kinder und Jugendlichen in diese Gesellschaft, in die sie hineingeboren und der sie sich auch zugehörig fühlen, ohne daß dies auch auf eine entsprechende rechtliche

Einbindung hingeführt hat, ist von der J. nicht mit der notwendigen Dringlichkeit verfolgt worden (→Ausländerarbeit, →Ausländerrecht).

Der fortschreitende europäische Einigungsprozeß trifft eine weitgehend unvorbereitete J. In den europäischen Staaten herrschen unterschiedlichste Systeme und Leistungsstandards vor (→Europäische Sozialpolitik und Europarecht). Differenzierte Kenntnisse der Systeme fehlen und damit auch die Bereitschaft, Angleichungen oder übereinstimmende Handlungskonzepte zu übernehmen oder gemeinsam einzuüben. Dies ist um so bedenklicher, als die Wirtschafts- und Währungspolitik in Europa längst große Gemeinsamkeiten aufweist. Hier werden langfristig wirkende Strukturen aufgebaut, deren analytische Durchdringung von der J. über nationale Grenzen hinweg nicht geleistet wird.

Lit.: Bundesminister für Jugend, Familie, Frauen und Gesundheit (Hrsg.): Siebter Jugendbericht. Jugend und Familie – die Entwicklung familienstützender Leistungen der Jugendhilfe und ihre Perspektiven, Bonn 1986; Bundesminister für Jugend, Familie, Frauen und Gesundheit (Hrsg.): Achter Jugendbericht – Bericht über Bestrebungen und Leistungen der Jugendhilfe, Bonn 1990; Bundesminister für Familie, Senioren, Frauen und Jugendliche (Hrsg.): Zehnter Kinder- und Jugendbericht – Bericht über die Lebenssituation von Kindern und die Leistungen der Kinderhilfen in Deutschland, Bonn 1998; Hasenclever, Chr.: Jugendhilfe und Jugendgesetzgebung seit 1900, Göttingen 1978; Jordan, E./Sengling, D.: Jugendhilfe, Weinheim/München 1994; Kreft, D./Lukas, H.: Perspektivenwandel der Jugendhilfe, 2 Bände, Nürnberg 1990.

Hubertus Lauer, Lüneburg

Jugendhilfeausschuß (früher: →Jugendwohlfahrtsausschuß) in der Zweigliedrigkeit des →Jugendamtes der Verwaltung des Amtes übergeordnetes Gremium aus Vertretern der öffentlichen und der freien Jugendhilfe, dem die grundsätzlichen Angelegenheiten, insbesondere die konzeptionelle Weiterentwicklung der Jugendhilfe, die →Jugendhilfeplanung und die Förderung der freien Jugendhilfe vorbehalten ist. Entsprechend befaßt sich der Ausschuß auch mit ressortübergreifenden Fragen, die einen Bezug zu Kindern und Jugendlichen aufweisen. Zusammensetzung, Aufgabenfeld, Beschluß-, Antrags- und Anhörungsrecht sowie Verfahrensfragen, sowohl des J. als auch des →Landesjugendhilfeausschusses regelt § 71 KJHG.

Jugendhilfegesetz
→Jugendhilferecht
→Kinder- und Jugendhilfegesetz

Jugendhilfeplanung
Bestandsaufnahme, Bedürfnisermittlung und langfristige Maßnahmeplanung im Bereich der →Jugendhilfe und Jugendfreizeit. J. ist Teil der →Sozialplanung und muß ständig fortgeschrieben werden. Nach § 80 KJHG sind die Träger der öffentlichen Jugendhilfe (→Jugendhilfeträger), unter Beteiligung der anerkannten Träger der freien Jugendhilfe, zur J. verpflichtet. Die Berücksichtigung der Wünsche, Bedürfnisse und Interessen der Betroffenen bedarf der weiteren Entwicklung adressatenorientierter Beteiligungsinstrumente.

Jugendhilferecht
1. Begriff. Jugendhilferecht im engeren Sinn ist die Summe aller rechtlichen Bestimmungen, die in dem seit dem 1.1.1991 für die gesamte Bundesrepublik geltenden Kinder- und Jugendhilfegesetz (KJHG) zusammengefaßt sind. In Folge des neuen Bundesgesetzes sind die Länder dazu übergegangen, entsprechend den im KJHG verankerten landesrechtlichen Vorbehalten Ausführungsgesetze zu erlassen bzw. zu planen. J. im weiteren Sinn als allgemeines Jugendrecht umfaßt Teilbereiche des →Familienrechts, hier insbesondere das elter-

liche Sorgerecht mit den Schwerpunkten §§ 1666, 1666a und 1671 BGB, das →Jugendgerichtsgesetz (JGG) sowie die Vorschriften zum Jugendschutz (→Gesetz zum Schutz der Jugend in der Öffentlichkeit (JSchÖG), das →Gesetz über die Verbreitung jugendgefährdender Schriften (GjS) und das Gesetz über die religiöse Kindererziehung.

2. Geschichte. Die historischen Wurzeln des J. liegen in einzelnen gesetzlichen Bestimmungen ausgangs des 19. Jahrhunderts, so insbesondere im BGB, das 1900 in Kraft tritt und in § 1666 BGB die Möglichkeit der Einschränkung der elterlichen Gewalt (heute ersetzt durch den Begriff der elterlichen Sorge) vorsieht. Die Möglichkeit öffentlich-rechtlicher Zwangserziehung wurde 1871 durch das Strafgesetzbuch für strafunmündige Kinder unter 12 Jahren und für 12- bis 18jährige Jugendliche, denen die erforderliche Einsicht fehlt, eingeführt. In Preußen wurde 1900 das Gesetz für die Fürsorgeerziehung Minderjähriger erlassen, welches die Grundlage für das spätere →Reichsjugendwohlfahrtsgesetz (RJWG) bildete. Das RJWG wurde 1922 verabschiedet und trat 1924 in Kraft. Es wurde in seinen Grundzügen als Organisationsgesetz konzipiert, das sich insbesondere mit dem Aufbau und der Struktur von →öffentlichen Trägern, insbesondere den Jugendämtern, befaßte. In seinen Inhalten wurde das Gesetz noch weitgehend von den zu Beginn des 20. Jahrhunderts vorherrschenden ordnungs- und eingriffspolitischen Vorstellungen bestimmt (Verankerung der →Fürsorgeerziehung). Obwohl von Anfang an gefordert, gelang es der Reformgesetzgebung nicht, ein umfassendes die Kinder/Jugendlichen und ihre Familien mit Rechtsansprüchen ausstattendes Gesetz zu etablieren, das auch als Hilfegesetz für straffällig gewordene Jugendliche hätte dienen können. Statt dessen erfolgte eine Aufspaltung der rechtlichen Zuständigkeiten für sozial auffällige Jugendliche und dem RJWG einerseits und für kriminell gefährdete Jugendliche und dem RJGG andererseits.

Das NS-Regime bringt im jugendhilferechtlichen Bereich keine wesentliche Veränderung. Das RJWG bleibt in Kraft, wird allerdings unter das Führerprinzip gestellt und im Geiste der NS-Diktatur angewandt. Darüber hinaus werden zahlreiche Aufgaben der Jugendhilfe auf die Nationalsozialistische Volkswohlfahrt (NSV) übertragen.

Mit dem Zusammenbruch wird durch die Besatzungsmächte der ursprüngliche Rechtszustand wiederhergestellt. Dies gilt aber in den nachfolgenden Jahren nur für die drei Westmächte, während in der sowjetischen Besatzungszone von Anfang an die Jugendhilfe unter kommunistische Einflußnahme fiel. Mit dem Entstehen der BRD und der DDR erfolgt zeitgleich auch die Spaltung der Jugendhilfe und des sie garantierenden rechtlichen Systems. Im Westen vollzieht sich die Reform der Jugendhilfe zeitraubend und nur in kleinen Schritten. In der DDR wird dagegen ein eigenständiges System der Jugendfürsorge aufgebaut und in die herrschende Staatsdoktrin einbezogen.

Erst 1961 erfolgt eine größere Novellierung des JWG, ohne allerdings das JWG in seiner damals schon überholten Struktur zu verändern. Schon damals zeichnete sich die bis 1990 dauernde Reformdiskussion ab, die einerseits von den Jugendhilfeträgern – insbesondere den →freien Trägern – fachlich vorangetrieben und von einer Vielzahl gesellschaftspolitischer Initiativen begleitet wurde. Bis zur Verabschiedung des neuen KJHG im Frühjahr 1990 wurde eine Vielzahl von Gesetzentwürfen vorgelegt und zum Teil im Parlament beraten, ohne zu einem endgültigen Erfolg zu führen. Das neue KJHG trat für die neuen Bundesländer bereits zum 1. Oktober 1990, für die alten Bundesländer am 1.1.1991 in Kraft.

3. Grundlegende Inhalte. Das KJHG ist das 8. Buch des Sozialgesetzbuches und damit in den Leistungsbereich der übri-

gen dort aufgenomenen Gesetze eingebunden. In der quasi als Präambel des gesamten Gesetzes ausgestalteten Vorschrift von § 1 KJHG werden als zentrale Schwerpunkte für die öffentliche →Jugendhilfe verankert:
1. Junge Menschen sollen in ihrer individuellen und sozialen Entwicklung gefördert werden. Jugendhilfe soll dazu beitragen, Benachteiligungen zu vermeiden oder abzubauen;
2. Beratung und Unterstützung von anderen Erziehungsberechtigten;
3. Schutz von Kindern und Jugendlichen;
4. Jugendhilfe soll dazu beitragen, positive Lebensbedingungen für junge Menschen und ihre Familien sowie eine kinder- und familienfreundliche Umwelt zu erhalten oder zu schaffen.

Mit einer solchen mehr sozioökologisch geprägten Sichtweise versucht sich das J. von dem überholten Bild der Defizitermittlung und der Gefahrenabwehr als der zentralen Aufgabe zu lösen. Diesen grundsätzlichen Aussagen des § 1 KJHG haftet nach Auffassung zahlreicher Verbände und Fachleute der Makel mangelnder Konsequenz in der Verwirklichung des Gesetzes an.

Das Gesetz orientiert sich zwar an der Subjektstellung des Leistungsempfängers, nimmt aber im Gegensatz zum JWG die Kinder und Jugendlichen aus dem Kreis der Leistungsberechtigten nahezu gänzlich aus. Der Grund hierfür liegt darin, daß das KJHG im Gegensatz zu den vorangegangenen Gesetzentwürfen den elterlichen Erziehungsvorrang auf die Gesamtheit aller erzieherischen Einflüsse bezieht. Die Grenzen zulässiger elterlicher Erziehung werden allein durch §§ 1666, 1666a BGB bestimmt. Eine eigenständige Vertretung der Interessen durch die Kinder und Jugendlichen selbst scheidet aus, auch wenn sowohl im elterlichen Sorgerecht als auch in § 1 KJHG als Erziehungsziel die wachsende Mündigkeit und Selbständigkeit festgelegt sind. Hilfen für Kinder und Jugendliche bedeuten im System der neu konzipierten Jugendhilfeleistungen Angebote für die Familien und Rechtsansprüche auf Hilfen zur Erziehung für die Personensorgeberechtigten. Konsequenterweise bleiben Kinder und Jugendliche von dem Wunsch- und Wahlrecht der Leistungsberechtigten (§ 5) ausgesperrt. Lediglich durch § 8 wird den Kindern/Jugendlichen ein Recht auf Beteiligung an allen sie betreffenden Entscheidungen der Jugendhilfe zugestanden. Dieses Beteiligungsrecht ist formeller, nicht inhaltlicher Art, ein materieller Leistungsanspruch ist damit nicht verbunden. Lediglich in Not- und Konfliktsituationen (§ 8 und § 42 KJHG) ist ein Rechtsanspruch Minderjähriger auf Beratung und Hilfe gegeben.

Im Bereich der Leistungen des KJHG ergeben sich vier fachliche Schwerpunkte, die als Systematisierung der bisherigen Jugendhilfeentwicklung verstanden werden können:
– Jugendarbeit, Förderung der Jugendverbände, Jugendsozialarbeit, erzieherischer Kinder- und Jugendschutz (§§ 11–14 KJHG);
– Förderung der Erziehung in der Familie (§§ 16–23 KJHG);
– Förderung von Kindern in Tageseinrichtungen und Tagespflege (§§ 22–26);
– Hilfen zur Erziehung (§§ 22–41 KJHG).

Viele Leistungen sind ihrer Natur nach nicht neu, allerdings bedeutet die Systematisierung und die Beziehung der Leistungen auf die verschiedenen Lebenswelten und subjektiven Betroffenheiten (hier insbesondere § 9 KJHG) eine Möglichkeit zur Verbesserung der fachlichen Standards.

Neu ist die Verpflichtung zur →Beratung in Partnerschafts-, Trennungs- und Scheidungskonflikten (§ 17), Beratung und Hilfen für den Umgang mit Kindern (§ 18), die Einbeziehung von alleinerziehenden Vätern in entsprechende Wohnangebote (§ 19), die Betreuung und Versorgung von Kindern in Notsituationen bei Ausfall eines oder beider

Eltern (§ 20) sowie die Ausweitung der Erziehungshilfen auf junge Volljährige (§ 41). Zentrale Bedeutung kommt hierbei der Vorschrift des § 36 zu, der die koordinierte Hilfeleistung aufgrund eines Hilfeplans dann garantiert, wenn die Hilfe zur Erziehung für voraussichtlich längere Zeit (in der Praxis ein halbes Jahr) zu leisten ist.

Die Hilfen zur Erziehung sind als nach der Intensität des Problems und der benötigten Hilfen gestuftes System zu verstehen: Unterstützung und Beratung im Alltag, Angebote zusätzlicher besonderer Beratung, wenn die alltägliche Hilfeleistung nicht ausreicht, Tagesbetreuung und Tagespflege, Unterbringung auf unbestimmte Dauer in einer Pflegefamilie, einem Heim oder einer betreuten Wohngruppe oder Einzelwohnung.

Dieses Hilfesystem ist in hohem Maße einzelfall- und subjektbezogen und vernachlässigt die Veränderung der solche Probleme erst verursachenden Strukturen, seien sie familiärer oder allgemein gesellschaftlicher Art. Die zuletzt genannten Gesichtspunkte werden zwar im Rahmen der →Jugendhilfeplanung (§ 80) angesprochen, damit aber nicht notwendigerweise zum Alltagshandeln der Jugendhilfe, weil Erfahrungen im Bereich der Jugendhilfeplanung weitgehend fehlen.

Neu ist die gesetzliche Verankerung besonderer Datenschutzbestimmungen für die Jugendhilfe (§§ 61–68), die erstmalig die Sammlung von Daten sowie die Speicherung ausführlich regeln.

Im Bereich der Organisationsbestimmungen hat das KJHG alle Zuständigkeit für die Leistungen und anderen Aufgaben in die Verantwortlichkeit des örtlichen Trägers der öffentlichen Jugendhilfe (→Jugendamt) gelegt.

Für die strukturelle Entwicklung tragen die örtlichen, insbesondere aber die überörtlichen Träger der Jugendhilfe die Verantwortung für den rechtzeitigen und bedarfsgerechten Ausbau. Für die Jugendhilfeplanung sieht § 80 Abs. 1 als Planungsstruktur vor:

1. den Bestand an Einrichtungen und Diensten festzustellen;
2. den Bedarf unter Berücksichtigung der Wünsche, Bedürfnisse und Interessen der jungen Menschen und der Personensorgeberechtigten für einen mittelfristigen Zeitraum zu ermitteln und
3. die zur Befriedung des Bedarfs notwendigen Vorhaben rechtzeitig und ausreichend zu planen; dabei ist Vorsorge zu treffen, daß auch ein unvorhergesehener Bedarf befriedigt werden kann.

In § 80 Abs. 2 werden als grundlegende Zielvorgaben solcher Planung genannt:
1. Kontakte in der Familie und dem sozialen Umfeld sollen erhalten und gepflegt werden können;
2. ein möglichst wirksames, vielfältiges und aufeinander abgestimmtes Angebot von Jugendhilfeleistungen soll gewährleistet sein;
3. junge Menschen und Familien in gefährdeten Lebens- und Wohnbereichen sollen besonders gefördert werden;
4. Mütter und Väter sollen Aufgaben in der Familie und Erwerbstätigkeit besser miteinander verbinden können.

Für die gesamte Jugendhilfe stellen die Planungsvorschriften weitgehendes Neuland dar. Um so mehr muß sich Jugendhilfe in den verschiedenen Ländern und Regionen neu ordnen und ein neues fachliches Profil gewinnen. Nur dann wird es ihr gelingen, dem Anspruch von § 81 gerecht zu werden, sich mit anderen überragenden Politikbereichen wie Schule, Aus- und Weiterbildung, Gesundheitswesen, Arbeitsverwaltung, Polizeibereich, abzustimmen, ohne die eigene Fachlichkeit dabei zu verlieren.

Lit.: Hasenclever, Chr.: Jugendhilfe und Jugendgesetzgebung seit 1900, Göttingen 1978; Münder, J. u.a.: Frankfurter Lehr- und Praxis Kommentar zum KJHG, Münster 3. Aufl. 1998; Schellhorn, W./Wienand, M.: Kommentar zum Kinder- und Jugendhilfegesetz,

Jugendhilfestatistik

Neuwied 1991; Wiesner, R.: SGB VIII, 2. Aufl. 1999.

Hubertus Lauer, Lüneburg

Jugendhilfestatistik
→Kinder- und Jugendhilfestatistik

Jugendhilfetag
→Arbeitsgemeinschaft für Jugendhilfe

Jugendhilfeträger
Sowohl öffentliche als auch freie Träger unterschiedlicher Wertorientierung nehmen die Aufgaben der →Jugendhilfe wahr. Öffentliche Träger sind das →Jugendamt als örtliche Behörde und das →Landesjugendamt als überörtliche Behörde, freie J. sind unabhängige, gemeinnützige Körperschaften (u. a. die →Wohlfahrtsverbände, die →Jugendverbände, die Kirchen, eingetragene Vereine), die selbständig und freiwillig Jugendhilfeaufgaben übernehmen. Die verschiedenen J. unterliegen dem Erfordernis der partnerschaftlichen Zusammenarbeit (§ 4 KJHG).

Jugendkriminalität
Verhaltensweisen strafmündiger Personen, die dem JGG unterstehen (→Jugendstrafrecht) und die gegen Strafrechtsnormen verstoßen. J. wird analog zu den verschiedenen →Kriminalitätstheorien unterschiedlich erklärt. Einschlägige kriminologische Untersuchungen haben jedoch gezeigt, daß Kriminalität im Jugendalter weit verbreitet, vorübergehender Natur und hauptsächlich im Bagatell- und Eigentumsbereich angesiedelt ist. Deshalb wird die Verwendung des weniger stigmatisierenden und entdramatisierenden Begriffs „Jugenddelinquenz" empfohlen. Die besondere Bewertung von J. als jugendtypisches Krisenverhalten, das nur in wenigen Fällen tatsächlich den Anfang einer kriminellen Laufbahn darstellt, sowie die Kritik an den stigmatisierenden Effekten und dem selektierenden Vorgehen der strafrechtlichen Instanzen hat in den letzten Jahren zu verstärkten Bemühungen um alternative Reaktionsweisen geführt. →Devianzpädagogik; →Diversion

Jugendkultur
1. spezifische Gesellungs- und Umgangsformen (→Clique, Freundeskreis, →Bande) der →Jugend, durch die sie sich der direkten Kontrolle der Erwachsenen entziehen kann und sich intensiv der für diese Altersphase wichtigen →peer group zuwenden können;
2. besonderes System von Einstellungen und Verhaltensweisen, die sich von denen der Erwachsenen unterscheiden und sich durch bestimmte Merkmale (Mode, Musik etc.) auszeichnet.

Jugendleiter
1. frühere Bezeichnung für die an J.-Seminaren ausgebildeten Sozialpädagogen (→Sozialpädagogik: Ausbildung und Beruf);

2. meist ehrenamtliche Gruppenleiter in der verbandlichen Jugendarbeit (→Jugendverbände), die durch Grund- und Aufbaukurse der freien Träger auf die Tätigkeit als J. (Organisation und Durchführung von Gruppenaktivitäten) vorbereitet werden.

Jugendlicher
In Abgrenzung zum Kind und zum →Heranwachsenden (18–21 J.) ist nach dem KJHG (§ 7, Abs. 1), dem JGG (§ 1, Abs. 2), dem JArbSchG (§ 2, Abs. 2) und dem JÖSchG ein J. eine Person, die das 14. Lebensjahr vollendet, das 18. Lebensjahr jedoch noch nicht vollendet hat. Z. T. finden gesetzliche Regelungen für Jugendliche auch Anwendung auf über 18jährige, wenn deren Reifegrad noch als einem Jugendlichen gemäß eingeschätzt wird. →Jugend

Jugendpflege
in Abgrenzung zur →Jugendfürsorge jener Teil der Jugendhilfe, der sich als Angebot an alle jungen Menschen richtet und insbesondere Bildungs- und Freizeitangebote beinhaltet. Im neuen →Kinder- und Jugendhilfegesetz wurde der Begriff J. durch die bereits auch vor-

Jugendpfleger

her gebräuchlichen Begriffe →Jugendarbeit und →Jugendförderung ersetzt (§ 11 KJHG).

Jugendpfleger

überwiegend hauptamtlich tätige, sozialpädagogisch ausgebildete Fachkraft, die auf kommunaler oder regionaler Ebene die Aufgaben der →Jugendförderung und →Jugendarbeit (früher: →Jugendpflege) wahrnimmt. Arbeitsschwerpunkte des J. bilden entsprechend die Planung, Etablierung und Betreuung von Freizeit- und Bildungsangeboten für alle jungen Menschen einer Region. Dazu ist eine enge Kooperation mit den →Jugendverbänden, den Schulen und anderen Bildungsstätten, sowie umfassende Öffentlichkeitsarbeit notwendig.

Jugendplan

Förderplan für die →Jugendarbeit der Bundesländer in Ergänzung zum →Bundesjugendplan unter besonderer Berücksichtigung regionaler Bedürfnisse sowie der Förderung und Erhaltung der Trägerpluralität.

Jugendpolitik

auf den Schutz der Jugend und die Wahrung der Interessen junger Menschen ausgerichtete Regierungs- und Staatspolitik. Mit der Herausbildung der Jugendphase (→Jugend) als eigenständiger Lebensabschnitt, hat sich die J. seit dem 19. Jh. mit wechselnden Schwerpunkten, Zielen, Instrumenten und Einrichtungen entwickelt und ausdifferenziert. Heute stellen auf der Ebene des Bundes vor allem der Jugendausschuß des Bundestages, der →Bundesjugendplan, die →Jugendberichte und die mit J. befaßten Ministerien zentrale Einrichtungen und Instrumente der J. dar. Auf der Ebene der Länder sind die Kultus- oder Sozialministerien, parlamentarische Ausschüsse und die obersten Landesjugendbehörden, auf kommunaler Ebene die →Jugendämter und →Jugendhilfeausschüsse mit Fragen der J. befaßt. In Zukunft wird darüber hinaus die europäische J., die sich vor allem als Jugendarbeitspolitik darstellt, an Bedeutung gewinnen. Neben den expliziten staatlichen Instrumenten und Einrichtungen gestalten auch die →Gewerkschaften sowie Arbeitgeber- und →Jugendverbände die J. durch Zielformulierungen und eigene Angebote mit.

Jugendprotest

Bezeichnung für Verhaltensweisen, Aktionen und Ideenbewegungen Jugendlicher, die als Widerstand und Protest gegen Formen, Zustände und Auffassungen des bestehenden Zusammenlebens erscheinen. Anlässe, Themen und Formen des J. haben sich im Laufe der Geschichte gewandelt. Prominenteste Beispiele des J. stellen die →Jugendbewegung der 1920er Jahre, die →Studentenbewegung der späten 1960er Jahre, sowie die Anti-Atomkraft- und Friedensbewegung der frühen 1980er Jahre dar. Entwicklungspsychologisch wird J. als Ausdruck typischen jugendlichen Protestverhaltens, als notwendige seelische Reifungskrise gedeutet, während soziologisch orientierte Ansätze J. eher als tatsächlichen Indikator gesellschaftlich ungelöster Probleme werten.

Jugendpsychiatrie

→Kinder- und Jugendpsychiatrie

Jugendrecht

J. umfaßt als Sammelbegriff alle besonderen, auf Kinder, Jugendliche und z. T. Heranwachsende anzuwendenden rechtlichen Regelungen und Regelwerke, die als diesen spezifischen Altersphasen angemessen erachtet werden und sich entsprechend vom Recht für Erwachsene unterscheiden. Zentrale jugendrechtliche Regelungen des bundesdeutschen Rechts sind das →Jugendstrafrecht und das →Kinder- und Jugendhilfegesetz. Eine besondere Rechtsstellung der genannten Altersgruppen wird aber u. a. auch im Grundgesetz, im →Bürgerlichen Gesetzbuch, im →Jugendarbeitsschutzgesetz, im Eherecht, in der Strafprozeßordnung und im Betriebsverfassungsgesetz geregelt.

Jugendreligionen

seit Beginn der 1970er Jahre auch in der Bundesrepublik aktive religiöse Gemeinschaften, die sich als Heilsweg individueller, gesellschaftlicher und globaler Probleme anbieten. Vorwiegend fühlen sich Jugendliche und junge Erwachsene der Mittelschicht, die unter Zukunftsängsten sowie Sinn- und Identitätskrisen leiden von den Lösungsversprechungen angezogen. Kritisiert werden die J. vor allem wegen ihrer tiefgreifenden seelischen und sozialen Effekte auf ihre Mitglieder, denen häufig absoluter Gehorsam innerhalb einer autoritär strukturierten Gemeinschaft abverlangt wird. Die jungen Menschen geben ihre bisherigen sozialen Bezüge auf, stellen ihre finanziellen Ressourcen der Organisation zur Verfügung und begeben sich damit in eine Isolation und Abhängigkeit, die eine Lösung von der J. erheblich erschwert. Als J. gelten z.B. die „Sea Org" der „Scientology Church", die „Internationale Gesellschaft für Krishna-Bewußtsein", die „Kinder Gottes" und die „Devine Light Mission".

Jugendring
→Deutscher Bundesjugendring

Jugendschöffengericht
→Jugendstrafrecht

Jugendschutz

Durch Art. 6, Abs. 2 GG ist der Staat verpflichtet, über die Pflege und Erziehung von Kindern zu wachen, sie folglich vor hemmenden, störenden und gefährdenden Einflüssen zu schützen. Ein Mittel zur Umsetzung dieser Aufgaben stellt der gesetzliche J. dar. Neben den strafrechtlichen J.bestimmungen (z.B. § 174 StGB „Sexueller Mißbrauch von Schutzbefohlenen"; § 184b StGB „Jugendgefährdende Prostitution"; § 223b StGB „Mißhandlung von Schutzbefohlenen") und dem gesonderten →Jugendarbeitsschutz, bilden insbesondere das „Gesetz zum Schutz der Jugend in der Öffentlichkeit" (JÖSchG) und das „Gesetz über die Verbreitung jugendgefährdender Schriften" die Rechtsgrundlagen des J. Die Einhaltung dieser Bestimmungen obliegt verschiedenen Behörden und Kontrollorganen. Im Rahmen der →Jugendhilfe enthält § 14 KJHG über die o.g. Regelungen hinaus den präventiven erzieherischen J. als Aufgabe der →Jugendarbeit. Durch geeignete Angebote sollen junge Menschen und ihre Erziehungsberechtigten dazu befähigt werden, sich bzw. die Schutzbefohlenen besser vor gefährdenden Einflüssen zu bewahren.

Jugendschutzlager

Die J. wurden unter der nationalsozialistischen Herrschaft für sog. „nichterziehbare" Jugendliche auf Erlaß des Innenministeriums vom 24.05.1939 eingerichtet. In der Praxis erwiesen sich die J., für die das Reichskriminalpolizeiamt zuständig war, als eine Art Jugendkonzentrationslager, in denen die Jugendlichen unter größtmöglicher Ausnutzung ihrer Arbeitskraft bis zu ihrer endgültigen Überführung in ein Konzentrationslager verwahrt wurden, falls sie nicht als doch „erziehungsfähig" eingestuft wurden und somit bei einwandfreier Führung auf eine spätere Entlassung zur Wehrmacht hoffen durften. J. wurden in Moringen für männliche und in Uckermark für weibliche Jugendliche eingerichtet. Möglicherweise gab es weitere Einrichtungen dieser Art auf kommunaler Ebene. →Nationalsozialismus und Sozialpädagogik

Jugendsozialarbeit

Nach § 13 KJHG umfaßt J. jene Angebote im Rahmen der →Jugendhilfe, die jungen Menschen bis zum 27. Lebensjahr zum Ausgleich sozialer Benachteiligungen oder zur Überwindung individueller Beeinträchtigungen gemacht werden sollen. Insbesondere zielt J. auf die Förderung der schulischen und der beruflichen Ausbildung sowie der beruflichen und sozialen Integration. Sie soll durch geeignete sozialpädagogisch unterstützte Ausbildungs- und Beschäftigungsmaßnahmen und/oder durch die

Gewährung von Unterkunft in sozialpädagogisch begleiteten Wohnformen gewährleistet werden. Insofern umfaßt J. vor allem berufsbezogene Hilfen unter Berücksichtigung ganzheitlicher Förderung. →Flexibel organisierte Erziehungshilfen; →Jugendarbeit; →Parteiliche Sozialarbeit

Jugendsoziologie

Als Teildisziplin der Soziologie befaßt sich die J. mit dem Verhältnis von →Jugend und Gesellschaft. So sind u.a. →Jugendkulturen, Prozesse der Statuszuweisung, →Jugendkriminalität Themen der J. Die Ergebnisse jugendsoziologischer Forschung sind von weitreichender Bedeutung für die Entwicklung der Methoden der Sozialen Arbeit, für ihre Zielgruppenanalyse, die →Sozial-, Bildungs- und Freizeitplanung.

Jugendstiftung

Zur Förderung der Jugendarbeit existieren neben der →Stiftung Deutsche Jugendmarke auf Bundesebene auch einige J. auf Länderebene, die sich durch Zuwendungen aus den Landesjugendplänen und aus den Gewinnen der Spielbanken finanzieren.

Jugendstrafe

neben dem →Arrest weitere freiheitsentziehende Sanktionsmöglichkeit für Jugendliche und Heranwachsende nach dem →Jugendstrafrecht. Die J. wird in gesonderten Anstalten des →Jugendstrafvollzuges vollzogen.

Jugendstrafrecht

vornehmlich im Jugendgerichtsgesetz (JGG) vom 4.8.1953 festgelegte Regelungen zum Umgang mit von Jugendlichen und Heranwachsenden begangenen Straftaten. Vorläufer des JGG sind das erste deutsche Jugendgerichtsgesetz von 1923 und das Reichsjugendgerichtsgesetz von 1943. Das J. ist ein vom allgemeinen Straf- und Strafprozeßrecht abweichendes Sonderrecht, wobei im Bereich der Straftatbestände nur wenig Unterschiede bestehen. Der Jugendliche gilt ab Vollendung des 14. Lebensjahrs als strafmündig. Als strafrechtlich verantwortlich gilt er, wenn er sittlich und geistig zur Tatzeit reif genug war, das Unrecht der Tat einzusehen und dieser Einsicht gemäß zu handeln (§ 3 JGG). Fehlt diese Reife, kommen nur Erziehungsmaßnahmen in Betracht, die sonst der Vormundschaftsrichter nach BGB und KJHG anordnet (§ 3 JGG). Das JGG wird auf →Heranwachsende nur dann angewendet, wenn diese zur Tatzeit einem Jugendlichen in sittlicher und geistiger Entwicklung gleichstehen oder wenn es sich bei der fraglichen Tat um eine Jugendverfehlung handelt (§ 105 JGG). Die wesentlichen Merkmale des JGG sind besondere Verfahrensregeln (§§ 43–104, 109 JGG), die obligatorische Beteiligung der →Jugendgerichtshilfe (§ 38 JGG) und das differenzierte Rechtsfolgensystem (→Erziehungsmaßregeln, §§ 9–12 JGG; Zuchtmittel, §§ 13–16 JGG; und →Jugendstrafe mit und ohne Bewährung, §§ 17–19, 21, 27 JGG). Jugendstrafe darf jedoch nur wegen in der Tat hervorgetretener schädlicher Neigungen verhängt werden (§ 17 JGG), ihre Dauer richtet sich am Erziehungsgedanken aus (§ 19 JGG). Der Sinn einer Sanktion im Rahmen des JGG liegt demnach in ihrer erzieherischen Wirkung auf den Verurteilten. Tatschuld, Sühne und →Generalprävention treten theoretisch hinter der Erziehung zurück. Insofern handelt es sich bei der Konzeption des JGG um ein täterorientiertes und nicht um ein tatorientiertes Strafrecht und baut damit auf der spezialpräventiven Schule des Franz von Liszt (1851–1919) auf. Die schon früh vorgebrachte Forderung, straffälligen Jugendlichen gar nicht mehr mit strafrechtlichen Regelungen sondern, im Sinne einer Einheit der →Jugendhilfe, nur mit pädagogischen Mitteln zu begegnen, ist bis heute unerfüllt. →Devianzpädagogik

Jugendstrafvollzug

Anstalt, in der verhängte →Jugendstrafen vollzogen werden. Durch Ordnung,

Unterricht, Ausbildung, Arbeit, Sport und Freizeitangebote sollen die einsitzenden Jugendlichen, entsprechend dem Erziehungsgedanken des →Jugendstrafrechts, zu einem zukünftig straffreien Leben durch Erziehung befähigt werden. Eine eigene Rechtsgrundlage hat der J. nicht, er wird durch das StVollzG und durch eigene Verwaltungsverfügungen geregelt. Im J. tätige Beamte müssen jedoch entsprechend für die besondere Aufgabe des J. ausgebildet sein (§ 91 JGG). Dennoch wird die Effektivität des J. bereits seit längerem in Frage gestellt. Kritiker fordern unter Hinweis auf die schädlichen Auswirkungen von →totalen Institutionen die Abschaffung des J. zugunsten weniger schädlicher Alternativen (→Diversion) oder gar eine Abschaffung ohne alternative Sanktionen (→Abolitionismus). (→Strafvollzug, →Strafvollzug und Soziale Arbeit).

Jugendverbände
freiwillige Zusammenschlüsse junger Menschen zur Verfolgung bestimmter verbandlicher Zwecke durch regelmäßige, dauerhafte Gruppenaktivitäten. Die J. können grob in konfessionell (z.B. Arbeitsgemeinschaft der Evangelischen Jugend), politisch (z.B. Jungsozialisten in der SPD), gewerkschaftlich (z.B. DGB-Jugend), freizeitbezogen (z.B. Jugend des Alpenvereins) und fachlich orientiert (z.B. Feuerwehrjugend) eingeteilt werden. Viele J. haben eine bis zur um 1900 entstandenen bürgerlichen und proletarischen →Jugendbewegung zurückreichende Tradition. Die bedeutendsten überregionalen Dachverbände sind Mitglied im →Deutschen Bundesjugendring.

Jugendwohlfahrt
→Jugendhilfe

Jugendwerkhöfe
Jugendeinrichtungen der DDR-Jugendhilfe, in denen der Idee nach entwurzelte, wohnungs-, arbeits-, eltern- und/oder bildungslose Jugendliche nach dem Zweiten Weltkrieg auf der Basis von Selbstverwaltung und Selbsterziehung durch das →Kollektiv Orientierung erhalten und nützliche Glieder der Gesellschaft werden sollten. Die Praxis der Werkhoferziehung hieß jedoch spätestens seit Mitte der 1950er Jahre, daß jemand aufgrund einer „zentralen Entscheidung" zur Umerziehung in den Werkhof eingewiesen wurde. Diese Umerziehung fand in der Tradition der alten →Fürsorgeerziehung (Fremdbestimmung und Zwang) der Vorkriegszeit statt, wenn auch unter einem veränderten gesellschaftlichen Vorzeichen. Zielgruppe waren Jugendliche mit Deliquenzerscheinungen unterhalb der Schwelle justitieller Sanktionen. Im Regelfall dauerte die Unterbringung zwei Jahre. Offiziell handelte es sich um offene Einrichtungen, nur der Werkhof Torgau (60 Plätze) war als geschlossene Einrichtung geplant. Die territoriale Lage und die pädagogische Praxis erlaubten jedoch nur eine eng begrenzte Offenheit. Ausbildung, Arbeit und Pflichten bestimmten den Alltag und es wurden nur begrenzte funktionalisierte Öffnungen zur zumeist dörflichen Umgebung zugelassen (Erntehilfe, Schulbesuch etc.). →Bildung und Erziehung im Sozialismus, →Heimerziehung in der DDR

Jugendwohlfahrtsausschuß
vom →Jugendhilfeausschuß (§ 71 KJHG) abgelöster Ausschuß nach § 13 JWG. Bis auf geringfügige Veränderungen entsprachen die Aufgaben des J. denen des Jugendhilfeausschusses.

Jugendwohlfahrtsgesetz (Gesetz für Jugendwohlfahrt, JWG)
Das 1961 als Nachfolger des →Reichsjugendwohlfahrtsgesetzes in Kraft getretene JWG bot nicht die von Fachkräften gewünschte und geforderte völlige Neugestaltung der →Jugendhilfe, sondern präsentierte sich im wesentlichen als eine überarbeitete und den Gegebenheiten einer veränderten Praxis angepaßten Form des Reichsjugendwohl-

fahrtsgesetzes (vgl. →Fürsorgeerziehung, →Freiwillige Erziehungshilfe). Das JWG blieb trotz zahlreicher Reformbestrebungen namentlich seit den 1970er Jahren bis zur Verabschiedung des völlig neu gestalteten →Kinder- und Jugendhilfegesetz 30 Jahre lang im wesentlichen unverändert bestehen. →Jugendhilferecht

Jugendwohngemeinschaft
aus den →Jugendwohnkollektiven hervorgegangene, als ausgegliederter Bestandteil größerer Einrichtungen (→Außenwohngruppen) oder als eigenständige Einrichtung etablierte Variante der →Heimerziehung. Durch J. sollen Isolation und Stigmatisierung der traditionellen Anstaltserziehung vermieden, Selbständigkeit und Konfliktfähigkeit der Jugendlichen gefördert werden.

Jugendwohnheim (Lehrlingsheim)
in den Nachkriegsjahren im Rahmen der berufsbezogenen Erziehungs- und Bildungshilfen entstandene Einrichtungen für arbeits-, berufs- und heimatlose Jugendliche. Sie boten in öffentlicher wie (im ganz überwiegenden Teil) freier – vor allem konfessioneller – Trägerschaft, während der Berufsvorbereitungs-, Ausbildungs- und Berufsbildungsphase die Möglichkeit der Unterbringung außerhalb des Elternhauses. Sowohl ökonomische, als auch demographische und jugendhilfepolitische Veränderungen haben zu einer Reduzierung der Zahl von J. in der Bundesrepublik geführt.

Jugendwohnkollektiv
Ende der 1960er Jahre im Rahmen der Heimkampagne als Alternative zur →Heimerziehung, außerhalb des Systems der →Jugendhilfe gegründete Jugendwohngruppen. Durch Selbstbestimmung und Selbstorganisation sollte das Kollektiv politische Lernmöglichkeiten eröffnen und emanzipatorische Effekte zeigen. Heute stellt die →Jugendwohngemeinschaft als etablierte Nachfolgerin des J. eine im Jugendhilfesystem integrierte Ergänzung zur Heimerziehung dar.

Jugendzentrum
im Rahmen der →Studentenbewegung zu Beginn der 1970er Jahre aus der →Randgruppenarbeit und der Kritik an kommerziellen Freizeitangeboten sowie traditionellen Freizeiteinrichtungen hervorgegangene Jugendfreizeiteinrichtung. Im Gegensatz zu kirchlichen, verbandseigenen oder kommunalen Einrichtungen (z. B. Häuser der Jugend) sind J. selbstorganisiert und selbstverwaltet. Dadurch soll der Erfahrungs- und Selbstbestimmungsrahmen für die Nutzer erheblich erweitert werden und Chancen zur Entfaltung und Emanzipation im Sinne politischer Bildung einräumen. J. sollen vor allem Jugendliche der Unterschicht ansprechen. Als schwierig hat sich die Diskrepanz zwischen der Lebenslage der Jugendlichen und der angestellten pädagogischen Kräfte bei der Selbstverwaltung und Regelung des Alltags erwiesen.

Jungenarbeit
Geschlechtshomogene Arbeit mit Jungen wird in der Pädagogik und der Therapie wieder zunehmend thematisiert. Zurückzuführen ist die neuere J. auf verschiedene gesellschaftspolitische Veränderungen und Strömungen. So hat u. a. die feministische Emanzipationsbewegung (→Feministische Soziale Arbeit) in den 1980er Jahren die Grundannahme der Gleichheit der Geschlechter um die Anerkennung der Geschlechterdifferenz erweitert. Nur zögerlich formiert sich eine Männerbewegung und Männerforschung, die sich mit jungen- und männerspezifischen Themen befaßt. Ein Handlungsbedarf erwächst auch aus dem Bereich des →abweichenden Verhaltens. Jungen und Männer sind in den Bereichen der Verhaltensauffälligkeiten, Straftaten besonders mit körperlicher →Gewalt, sowie des →Suizids weitaus häufiger vertreten als Mädchen und →junge Frauen. Auch schulische Lernstörungen und das Verfehlen des Klas-

senzieles sind überwiegend jungenspezifische Probleme. Wissenschaftlich-methodische Konzepte, die sich zur Lösung dieser Probleme spezifisch auf die Jungenproblematik beziehen, gibt es z. Zt. noch kaum, da sich die J. noch in der Pionierphase befindet. Ursächlich werden die jungenspezifischen Probleme u. a. auf die weiter fortschreitende Pluralisierung (→Pluralismus) und den daraus entstehenden Orientierungsverlust zurückgeführt. Die berufsbedingte Abwesenheit der Väter führt dazu, daß die Kinder heute in einer Gesellschaft aufwachsen, die im Bereich der Erziehung weiblich dominiert ist. Positive männliche Modelle fehlen als Vorbild und Orientierungshilfe. Identitätsstiftende Männerrollen („Beschützer", „Ernährer") werden in einer Zeit der Rationalisierung und hohen Arbeitslosigkeit abgeschwächt. Ferner wird die Jungenproblematik als feministisches Emanzipationsfolgeproblem beschrieben. Ein ideologisiertes und negativ reduziertes gesellschaftliches Männerbild verstärke die Orientierungslosigkeit der Jungen und schaffe Leidensdruck. In Anerkennung der Geschlechterpolarität – der Annahme von Gleichheit innerhalb der Geschlechterzugehörigkeit – will die J. posititve männliche Identität aufbauen und stärken helfen. Die in der J. angewandten Methoden stammen aus unterschiedlichen Bereichen der pädagogischen und therapeutischen Praxis. Häufig werden erlebnispädagogische Konzepte jungenspezifisch angewendet (→Erlebnispädagogik), aber auch das →Anti-Aggressivitätstraining ist vertreten. Derzeit wird J. von vielen verschiedenen Organisationen mit unterschiedlichen Inhalten (z. B. Schaffung von jungenspezifischen Freiräumen, Reflexion der Geschlechterrollen, Liebes- und Beziehungsschulung u. a. m.) angeboten.

Jungmädel
→Hitler-Jugend

Jungvolk
→Hitler-Jugend

Justizvollzugsanstalt
→Strafvollzug

JWG
→Jugendwohlfahrtsgesetz

K

Kapitalismus

unterschiedlich verwendeter sozialwissenschaftlicher Begriff zur Beschreibung der Wirtschafts- und Gesellschaftsordnung, die sich mit dem Ende des Mittelalters durchzusetzen begann (→Industrialisierung). Der K. ist vom privaten Besitz der Produktionsmittel, von freier Lohnarbeit und Gewinnorientierung als Triebkraft der wirtschaftlichen Prozesse gekennzeichnet. Das für den K. typische freie Spiel der Kräfte auf dem Markt führte zu besonderen Formen der Ausgrenzung und Verelendung breiter Massen. Entsprechend wurden in langen politischen Prozessen (→Sozialpolitik) und Kämpfen (→Arbeiterbewegung, →Gewerkschaft) Maßnahmen zur Verbesserung der Lage der abhängig Beschäftigten durchgesetzt. Ergebnis ist der moderne →Wohlfahrtsstaat, der jedoch in seinen Sozialleistungen von Konjunktur und Bruttosozialprodukt abhängig bleibt. Die Entwicklung der modernen Sozialen Arbeit ist unteilbar verbunden mit den sozialen Auswirkungen des K. →Geschichte der Sozialarbeit; →Geschichte der Sozialpädagogik

Kasuistik

von lat. casus (der Fall) abgeleitete Bezeichnung für die Lehre von der Anwendung wissenschaftlicher Methoden bei der Analyse eines Einzelfalles; vor allem von Bedeutung in der Rechtslehre und in der Medizin. In der Sozialen Arbeit meint K. Falldiskussion, d. h. Fälle werden vorgestellt und ihre diagnostische sowie prognostische Einschätzung erörtert. Mit Hilfe von Fallschilderungen werden therapeutische und sozialpädagogische Konzepte diskutiert oder bestimmte Probleme anhand von Falldarstellungen verglichen und analysiert.

Katamnese

In Abgrenzung zur →Anamnese als Erhebung der Vorgeschichte einer Krankheit, ist die K. ein kritisch reflektierender, zusammenfassender Bericht über den Verlauf einer helfenden Beziehung und damit Teil des professionellen Hilfeprozesses. Die K. schließt die Beurteilung vorangegangener Interventionen ein und vermittelt wichtige Informationen für anschließende Maßnahmen. Zu unterscheiden ist zwischen Eigenk. (Selbsteinschätzung) und Fremdk. (Fremdeinschätzung).

Kernfamilie

aus den Eltern und deren unmündigen, ledigen Kindern bestehende Form der →Familie. Handelt es sich um nicht mehr als zwei Kinder, so spricht man von der →Kleinfamilie, die inzwischen die vorherrschende Form der Familie in den Industrienationen ist.

Kerschensteiner, Georg (29.7.1854 bis 15.1.1932)

der Lehrer, Schulrat und Professor für Pädagogik gilt als einer der bedeutendsten Vertreter der Arbeitsschulbewegung (→Reformpädagogik). Er trat vor allem durch umfassende Lehrplanreformen der Münchner Volksschulen in Erscheinung. Während des Ersten Weltkrieges begann K. mit seinen Arbeiten zur bildungstheoretischen Fundierung seiner praktischen und curricularen Reformen. Insbesondere analysierte er den Begriff „Erziehung" und die Grundaxiome des Bildungsprozesses.

Key, Ellen (11.12.1849–25.4.1926)

Die schwedische Reformpädagogin K. war zunächst Lehrerin in Stockholm und Dozentin am Arbeiterinstitut. Sie trat für freie Erziehung und für die Emanzipation der Frau ein und lieferte durch ihr 1902 erschienenes Buch „Das Jahrhundert des Kindes" ein grundlegendes Motto für die →Reformpädagogik, die sie die ersten drei Jahrzehnte des 20. Jh. nachhaltig beeinflußte. In Anlehnung an →Rousseau vertrat K. eine konsequente, natürliche Erziehung des Wachsenlassens und wirkte maßgeblich daran mit, den Blick für das Kind als Subjekt zu öffnen.

Kibbuz

überwiegend landwirtschaftlich orientierte, ca. 250 Mitglieder zählende Siedlergemeinschaft in Palästina. Der erste K. wurde 1909 gegründet. Zentrale Ziele der Gründer waren die Veränderung der traditionellen jüdischen Sozialstruktur, deren Kern die typisch patriarchale Familie ist, sowie die Errichtung eines autonomen jüdischen Staates in Palästina. Wesentliche Merkmale des K. sind: die gemeinsame Regelung aller existentiellen Belange (Produktion, Absatz, Wohnen etc.), die umfassende Versorgung aller Mitglieder statt der Zahlung von Arbeitslohn, die volle Gleichberechtigung von Frauen und Männern, die Rotation von Funktionen, die freiwillige Mitgliedschaft im K. und das jederzeitige Kündigungsrecht. Werte, Wissen und Sozialverhalten werden den Kindern durch →Kollektiverziehung in Kinderhäusern vermittelt, die sie von der elterlichen Autorität und Abhängigkeit befreien sollen. Mittlerweile hat sich eine Mischform aus familiärer, emotionaler Absicherung und professioneller, gruppenorientierter Betreuung entwickelt.

Kind

→Kindheit

Kinderarbeit

Unter K. versteht man die legale wie illegale Berufsarbeit von Kindern. Historisch und regional sind die Vorstellungen vom angemessenen Übergang der Kinder in die Lebens- und Arbeitswelt der Erwachsenen einem Wandel unterworfen. Im Mittelalter leisteten Kinder Frondienste, sobald sie arbeitsfähig waren. Im Zuge der →Industrialisierung wurden Kinder massenhaft als billige und geschickte Arbeitskräfte in den Manufakturen und Fabriken eingesetzt, wegen ihrer geringeren Körpergröße gern auch im Bergbau. Kritik an der K. erfolgte vor allem wegen ihrer Gesundheits- und Entwicklungsgefährdung, weil durch sie der Schulbesuch verhindert wurde, weil Kinder als lohndrückende Konkurrenz vom Arbeitsmarkt ausgeschlossen werden sollten und weil die Obrigkeit und die wachsende Industrie sich um die Tauglichkeit der proletarischen Jugend für Militär und Fabrik bei zu früher körperlicher Ausbeutung sorgten. Als Konsequenz dieser in unterschiedlichen Interessen wurzelnden Kritik wurden verschiedene Gesetze zur Regelung der K. in Kraft gesetzt. Das erste entstand 1893 in Preußen. Ab 1903 galt ein umfassender Arbeitsschutz für Kinder in allen gewerblichen Betrieben. Im Ersten Weltkrieg wurde dieser Schutz faktisch außer Kraft gesetzt, um erst in der Weimarer Republik wieder Bedeutung zu erlangen und Gegenstand weiterer Diskussionen zu werden. Das 1939 von den Nationalsozialisten eingesetzte „Gesetz über die K. und die Arbeitszeit Jugendlicher" wurde schon wenige Monate später durch die Kriegsnotverordnung wieder aufgehoben. In den Konzentrationslagern wurden insgesamt 1,5 Mio „nichtarische" Kinder durch Arbeit der Vernichtung ausgesetzt.

International bilden heute nach wie vor die Konventionen der internationalen Arbeitsorganisationen die Grundlage zur Regelung der K. Die älteste Bestimmung dieser Art datiert aus dem Jahre 1919. Im aktuellen bundesdeutschen Recht legt das Jugendarbeitsschutzgesetz ein grundsätzliches Beschäftigungsverbot vor Vollendung des 14. Lebensjahrs fest. Für Jugendliche gilt dieses Verbot, wenn sie noch vollzeitschulpflichtig sind. Gleichzeitig regelt das Gesetz Ausnahmen und Sonderfälle. Die K. im Familien- und Verwandtenbereich (Gastronomie, Landwirtschaft) macht eine statistische Erfassung schwierig. Obgleich K. heute vorrangig als Problem der sog. Dritten Welt (und neuerdings der starkem Wandel unterworfenen Staaten des ehemaligen Ostblocks) gesehen wird, berichtet der Kin-

Kinderdorf

derschutzbund auch für die Bundesrepublik eine Zunahme illegaler K.

Kinderdorf

Einrichtung zur Vollzeitbetreuung verwaister, verlassener und unversorgter Kinder und Jugendlicher in familienähnlichen, geschlechts- und altersgemischten, pädagogisch und wirtschaftlich selbständigen, acht bis zehn Kinder und eine Erzieherin („Mutter") oder ein Erzieherpaar („Eltern") umfassenden Hausgemeinschaften. Die Zusammenfassung mehrerer Hausgemeinschaften zu einem K. soll gruppenübergreifende, orientierende, diagnostische wie beratende Angebote ermöglichen. K. haben als Idee eine national (u.a. →Pestalozzi, →Wichern) wie international (u.a. →Flanagan, →Makarenko, →Bosco) lange Tradition. Einen entscheidenden neuen Impuls erhielt die K.bewegung durch die Not der Kinder als Folge des Zweiten Weltkrieges. Die bekanntesten K. dürften die von H. Gmeiner initiierten SOS-K. sein. →Heimerziehung

Kinderfreundebewegung

sozialistisch orientierte Strömung innerhalb der →Reformpädagogik. Die K. setzte auf das „Kind als Träger der werdenden Gesellschaft" (→Löwenstein) und sollte deshalb zum entschiedenen Eintreten für die Interessen der Arbeiterklasse erzogen und auf eine klassenlose Gesellschaft vorbereitet werden.

Kindergarten

Als Einrichtung zur Betreuung dreijähriger Kinder bis zur Schulpflicht gehört der K. zu den sog. →Tageseinrichtungen für Kinder. I.d.R. ist der Hauptbetrieb des K. auf vier Stunden am Vormittag begrenzt. Der Besuch des K. ist in der BRD freiwillig und wird als familienergänzendes und sie stützendes Angebot betrachtet. Träger von K. sind kommunale, kirchliche und private Organisationen. Ein finanzieller Beitrag der Eltern wird einkommensabhängig erhoben. Nach dem KJHG soll der K. die „Entwicklung des Kindes zu einer eigenverantwortlichen und gemeinschaftsfähigen Persönlichkeit fördern" (§ 21 KJHG). Neu ist an der Aufgabenbeschreibung im KJHG der ausdrückliche Bildungsauftrag des K. im Vergleich zum alleinigen Betreuungs- und Erziehungsauftrag des früheren JWG. Die Arbeit des K. soll sich pädagogisch und organisatorisch an den Bedürfnissen der Kinder und der Familien orientieren.

Historisch fußen die Zielsetzungen des K. sowohl auf der Notwendigkeit der Kompensation vorhandener Notlagen unbeaufsichtigter Kinder infolge der →Industrialisierung, als auch auf theoretischen Überlegungen zur Erziehung. Vor allem →Fröbel (1782–1852) führte den K. von der Bewahranstalt in eine pädagogisch begründete Einrichtung. Im Zuge der Entdeckung des Kindes als eigenständige Person, vor allem inspiriert durch die →Education Nouvelle, wurde nun der K. als um des Kindes willen eingerichteter Ort betrachtet. Insbesondere →Montessori (1870–1952) trug zur weltweiten Verbreitung dieser Auffassung bei. Nach einer Zurückdrängung des K. während des Nationalsozialismus fand nach dem Zweiten Weltkrieg ein erneuter Ausbau des K.wesens, sowohl in der DDR (→Bildung und Erziehung im Sozialismus) als auch, in geringerem Umfang, in der Bundesrepublik statt. Erschüttert wurden die Inhalte der K.pädagogik in der Bundesrepublik durch die Kritik der →Studentenbewegung und der Konstatierung eines Bildungsdefizits in der westlichen Welt Ende der 1960er Jahre. Als Fokus der nachfolgenden Bildungsreformen hielten vor allem Vorschul- und Förderprogramme sowie →Elternarbeit Einzug in die Curricula der K. (→kompensatorische Erziehung), die nun als →Elementarbereich dem Bildungs- und Erziehungswesen zugerechnet werden. Aktuelle Themen der K.pädagogik sind interkulturelle Erziehung, Integration behinderter und nicht-behinderter Kinder, sowie die Kooperation zwischen Schule und K. Die Einlösung des in die Neufassung des § 218 StGB aufgenommenen Rechts auf einen Platz im K. für jedes Kind wird aus finanziellen Gründen auf absehbare Zeit nicht befriedigend erfüllt werden.

Kindergartengesetz
bisher die speziellen landesrechtlichen Ausführungsgesetze zum §5 JWG. Nach Inkrafttreten des →Kinder- und Jugendhilfegesetzes ist eine entsprechende Neufassung der K. im Sinne des § 24 KJHG als Kindertagesstättengesetze notwendig.

Kindergeld
seit 1955 in der Bundesrepublik Deutschland bestehende, zum →Familienlastenausgleich gehörende, staatliche Zuwendung für Familien mit Kindern auf Grundlage des Kindergeldgesetzes (BKGG). K. wird nicht automatisch gewährt, hierzu ist ein Antrag beim →Arbeitsamt zu stellen. Anspruchsberechtigt sind leibliche Eltern, Adoptiveltern, Pflege-Eltern, Stiefeltern, nicht jedoch das Kind selbst.

Kinderhaus
1. familienähnlich strukturierte Einrichtung zur Vollzeitbetreuung von Kindern und Jugendlichen (→Heimerziehung);
2. Vorschulinstitution, die nach der Pädagogik →Montessoris arbeitet;
3. im Zuge der Kinderladenbewegung entwickeltes Konzept zum Zusammenleben verschiedener Altersgruppen von Kindern in einem Haus (→Kinderladen);
4. dem →Jugendzentrum vergleichbare Einrichtung offener, stadtteilbezogener Kinderarbeit;
5. Einrichtung zur gemeinschaftlichen Kindererziehung im →Kibbuz.

Kinderhort
→Hort

Kinderkrippe
→Kindertageseinrichtung zur Betreuung von Säuglingen (ab dem 6. Lebensmonat) und Kleinkindern (bis zum 3. Lebensjahr). Während die DDR eine gute Regelversorgung mit K. etabliert hatte, die von den neuen Bundesländern nicht fortgeführt wird, ist es in der Bundesrepublik bis heute zu einem Angebot fast nur in größeren Städten gekommen. Dies ist u.a. auf umstrittene Vorbehalte gegen eine frühe Trennung von Mutter und Kind zurückzuführen. So bleibt die Unterbringung kleiner Kinder für berufstätige Eltern und für Alleinerziehende bisher in vielen Fällen ein individuell zu lösendes Problem.

Kinderladen
im Rahmen der →Studentenbewegung Ende der 1960er Jahre aus der Kritik an der staatlichen und konfessionellen Kindergartenerziehung durch Elterninitiativen aufgebaute Tagesbetreuungsform. Eine repressionsfreie, →antiautoritäre Erziehung sollte die freie Entwicklung der Kinder ermöglichen und gleichzeitig den Emanzipationsprozeß der betroffenen Mütter (→Frauenbewegung) unterstützen. Insgesamt wurde die Erziehung im K. von den Initiatoren als wesentlicher Baustein zur Veränderung der bestehenden Gesellschaft durch die Schaffung eines kritischen Bewußtseins eingestuft. Der Einfluß der Erziehungskonzeption der K. ist bis heute vor allem im →Elementarbereich noch spürbar.

Kinderpfleger
durch den Besuch einer ein- oder mehrjährigen Berufsfachschule für Säuglings-, Kleinkinder- und Krankenpflege zu erwerbender staatlich anerkannter Sozialberuf zum hauptsächlichen Einsatz in der →Familienpflege (2.), Krippenarbeit, im Kindergarten, im Hort, in Kinderdörfern und Einrichtungen für behinderte Kinder. Aufgrund der pflegerischen und hauswirtschaftlichen Berufsaufgaben werden die K. nicht den sozialpädagogischen Fachkräften zugerechnet, obgleich mit der Pflege sozialpädagogische Aufgaben untrennbar verbunden sind. Eine Überführung der Ausbildung zum K. in die Erzieherausbildung wird diskutiert.

Kinderpflegestelle
→Pflegekinderwesen

Kinderschutz
eng mit der Entstehung der staatlichen Fürsorge im 19. Jh. verbundene Idee und sozialpolitische Bewegung, die sich bis in die 20er Jahre dieses Jh. vor allem gegen →Kinderarbeit und mangelnde Hygiene sowie für die Einführung der allgemeinen →Schulpflicht einsetzte. Entsprechend schlossen sich 1898 bereits existierende Regionalverbände zum „Verein zum Schutze der Kinder vor Mißhandlung und Ausnutzung" zusammen. Ab den 1920er Jahren richtete sich der K. insbesondere auf die Situation von Kindern in den Familien und thematisierte – →Kindesmißhandlung und →Kindesvernachlässigung als Probleme. Während des Nationalsozialismus war der K. Teil der nationalsozialistischen Volkswohlfahrt (→Nationalsozialismus und Sozialpädagogik). 1953 gründete sich der →Deutsche Kinderschutzbund (DKSB) als Nachfolger des Vereins von 1898. Im Laufe der 1970er Jahre änderte der DKSB seine bis dahin vorherrschende sanktions- und interventionsorientierte Kinderschutzpolitik zugunsten eines am Erhalt von Familien und an sozialpolitischen Prozessen orientierten Vorgehens.

Kindertageseinrichtung
(auch: Tageseinrichtung für Kinder, §§ 22–26 KJHG). Oberbegriff für familienergänzende und familienunterstützende sozialpädagogische Einrichtungen zur regelmäßigen Tages- oder Teilzeitbetreuung von Kindern. Zu den K. gehören: Kinderkrippen, Krabbelstuben, Kindergärten, Horte, Kindertagesheime. Im Unterschied zum JWG werden die verschiedenen Betreuungseinrichtungen im KJHG gleichberechtigt genannt und den Pflichtaufgaben der Jugendämter zugeordnet.

Kindertagesheim
sozialpädagogische →Kindertageseinrichtung zur Tages- oder Teilzeitbetreuung von Kindern, die auch eine Versorgung über Mittag bereitstellt. K. stehen für verschiedene Altersgruppen zur Verfügung (während der →Hort sich auf Schulkinder beschränkt) und übernehmen Funktionen, die sonst von der Familie wahrgenommen werden. Damit gehen sie über die allgemeinen familienergänzenden Aufgaben in Erziehung und Bildung hinaus.

Kindertagesstätte
mit →Kindertageseinrichtung synonym verwendeter Oberbegriff für alle Einrichtungen zur Tages- und Teilzeitbetreuung von Kindern. Zu den K. gehören: Kinderkrippen, Krabbelstuben, Kindergärten, Horte und Kindertagesheime.

Kindertagesstättengesetz
→Kindergartengesetz

Kinder- und Jugendhilfegesetz (KJHG)
Am 1.1.1991 löste das KJHG das bis dahin gültige →Jugendwohlfahrtsgesetz als Rahmengesetz zur Regelung der →Jugendhilfe in den alten Bundesländern ab. Mit Ausnahme der Vorschriften über die Amtspflegschaft (→Vormundschaft und Pflegschaft) trat das KJHG in den neuen Bundesländern bereits mit deren Beitritt zum Bundesgebiet am 3.10.1990 in Kraft. →Jugendhilferecht

Kinder- und Jugendhilfestatistik
Die Kinder- und Jugendhilfestatistik basiert als amtliche Statistik auf einer bundesgesetzlichen Grundlage und erfaßt wesentliche Leistungen und Aufgaben der Kinder- und Jugendhilfe. Sie wird zumeist als jährliche Vollerhebung durchgeführt, für die die Träger der öffentlichen und teilweise der freien Jugendhilfe auskunftspflichtig sind. (→Jugendhilfe, →Jugendhilferecht).

1. Gesetzliche Grundlage. Gesetzliche Grundlage sind die §§ 98 bis 103 SGB VIII. Die Erhebungsergebnisse, die von den Statistischen Landesämtern und dem Statistischen Bundesamt veröffentlicht werden, dienen u.a. der Weiteren-

wicklung des SGB VIII, der Sozialberichterstattung auf den Ebenen des Bundes, der Länder und der Gemeinden, der Jugendhilfeplanung und der sekundäranalytischen Forschung.

2. Geschichtliche Entwicklung. Erste amtliche Erhebungen für die Bereiche der Jugendfürsorge gehen auf das Jahr 1927 zurück, als im Zuge der Umsetzung des Reichsjugendwohlfahrtsgesetzes (RJWG) die Reichsjugendwohlfahrtsstatistik eingeführt wurde, um die Tätigkeiten der neu eingerichteten Jugendämter reichseinheitlich zu dokumentieren. Der Schwerpunkt dieser ersten Jugendhilfestatistik lag eindeutig auf den obrigkeitsstaatlichen, eingriffsorientierten Aufgaben der Behörden. So wurden z. B. die Tätigkeiten zum Schutz der Pflegekinder, die Mitwirkung im Vormundschaftswesen, bei der Schutzaufsicht, der Fürsorgeerziehung und der Jugendgerichtshilfe rechenschaftlich nachgewiesen.

Die weitere Entwicklung der amtlichen Statistik ist zwar durch vielfältige Veränderung geprägt, allerdings behält sie bis in die 80er Jahre ihren Amtscharakter im Sinne des Tätigkeitsnachweises der eingriffsorientierten Maßnahmen bei (vgl. ausführlich Rauschenbach/Schilling 1997a). Dies führte dazu, daß die Jugendhilfestatistik gerade von Fachleuten immer wieder kritisiert und besonders für Planungszwecke für unbrauchbar erklärt wurde (vgl. Voit 1972; Schäfer/Cremer 1979). Auf diesem Hintergrund wurde Mitte der 80er Jahre unter Federführung der Arbeitsgemeinschaft der Obersten Landesjugendbehörden (AGOLJB) ein neues Erhebungskonzept entwickelt, das zwar immer noch den rechenschaftlichen Nachweis berücksichtigt, sich aber wesentlich stärker auf personen- und maßnahmenbezogene Merkmale sowie die familienunterstützenden Hilfen konzentriert. Dadurch sollte ein „quantitatives Gesamtbild über die Jugendhilfe entstehen, das der Politik und der Administration eine Gegenüberstellung von Maßnahmen und Kosten erlaubt und gleichzeitig Hintergrundmaterial über soziodemographische und sozialpädagogische Zusammenhänge liefert" (Hoffmann 1991, S. 154).

Dieser Wandel der amtlichen Jugendhilfestatistik war auch deshalb möglich, da durch das neue Bundesstatistikgesetz vom 22. Januar 1987 (BGBl. I S. 462, 565) eine höhere Rechtssicherheit geschaffen und zugleich der allgemeine Informationsauftrag der amtlichen Statistik für alle gesellschaftlichen Gruppen hervorgehoben wurde. Durch diese neuen Perspektiven können die Vorteile der amtlichen Statistik, die in der Rechtssicherheit und der Auskunftspflicht, in den Grundsätzen der Neutralität und Objektivität sowie in der allgemeinen – meist kostenfreien oder kostengünstigen – Zugänglichkeit und Nutzung liegen, besser umgesetzt werden.

3. Das Erhebungskonzept der Statistik. Die gesetzliche Verankerung des reformierten Erhebungskonzepts der amtlichen Kinder- und Jugendhilfestatistik wurde in das neue Kinder- und Jugendhilfegesetz (SGB VIII) integriert, da sich eine enge Verzahnung der Erhebungstatbestände mit den Aufgaben- und Leistungsparagraphen anbot.

Seit 1991 wird die amtliche Erfassung der Leistungen und Aufgaben der Kinder- und Jugendhilfe durch ein reformiertes Erhebungskonzept durchgeführt, das inhaltlich neue Schwerpunkte bei den familienunterstützenden Hilfen setzt und methodisch größtenteils auf Individualerhebungsbögen umgestellt wurde, wodurch erheblich mehr Informationen auf Einzelfälle bezogen abgefragt und ausgewertet werden können.

Das Erhebungskonzept der KJHG-Statistik gliedert sich in vier Teile.

Teil I: Hier werden alle erzieherischen Hilfen nach §§ 28–35 und 41 sowie die vorläufigen Schutzmaßnahmen gemäß §§ 42 und 43 SGB VIII berücksichtigt. Diese Erhebungen werden durchweg als jährliche Vollerhebungen durchgeführt. Darüber hinaus werden die abgeschlossenen Adoptionen und weitere Aufgaben des Jugendamtes (Pflegschaften, Vormundschaften etc.) zusammenfassend gezählt. Die Eingliederungshilfen für seelisch behinderte Kinder und Jugendliche (§ 35 a) werden ab dem Jahr 2000 erfaßt.

Teil II: „Maßnahmen der Jugendarbeit". Diese Teilstatistik erfaßt alle vier Jahre die öffentlich geförderten Maßnahmen in den Bereichen Jugendbildung, Kinder- und Jugendfreizeit, internationale Jugendarbeit und Mitarbeiterfortbildung freier Träger für jeweils ein Berichtsjahr.

Teil III: Die Teilstatistik „Einrichtungen und tätige Personen in der Kinder- und Jugendhilfe" wird ebenfalls alle vier Jahre als Stichtagserhebung zum 31. Dezember durchgeführt und erfaßt sämtliche (beruflich) tätige Personen, Einrichtungen und Plätze der Kinder- und Jugendhilfe. Die erste Erhebung dieser Art erfolgte im Jahr 1974 als Sondererhebung und wird seit 1982 regelmäßig erhoben.

Teil IV: Die Statistik „Ausgaben und Einnahmen der öffentlichen Jugendhilfe" wiederum wird jährlich erhoben. Die Erhebung basiert auf der kommunalen und staatlichen Haushaltssystematik und ermöglicht die Darstellung der öffentlichen Ausgaben nach den Leistungsparagraphen des SGB VIII.

4. Inhalte und Ergebnisse der Statistik. Die KJHG-Statistik bietet eine Fülle von empirisch gestützten Einsichten und Befunden zur Lage der Kinder- und Jugendhilfe in unterschiedlichen Vergleichen: im historischen Vergleich (Zeitreihen), im interkommunalen Vergleich, im Vergleich der einzelnen Bundesländer bzw. der alten mit den neuen Bundesländern, im Vergleich zwischen Einrichtungsarten, öffentlichen und freien Trägern, zwischen verschiedenen Berufsgruppen und vieles mehr. Dabei kann man durch die KJHG-Statistik beispielsweise genauso erfahren, wieviel Kindergartenplätze pro Bundesland zur Verfügung stehen, wie sich die Heimunterbringung in den letzten Jahren entwickelt hat, wieviel die öffentliche Hand für die Kinder- und Jugendhilfe pro Jahr ausgibt, ob die ambulanten Erziehungshilfen gegenüber den stationären stärker ansteigen, wieviel und welches ausgebildete Personal in den einzelnen Arbeitsfeldern der Kinder- und Jugendhilfe arbeitet, in welcher Hinsicht sich die Kinder und Jugendlichen in Adoption, Vollzeitpflege und Heimerziehung voneinander unterscheiden, ob die internationalen Maßnahmen der Jugendarbeit abgebaut und wie sich die Lage der Erziehungsberatungsstellen in den letzten Jahren verändert hat.

Alle diese Fragen lassen sich, aktualisiert in jeweils neuen statistischen Datenbänden, den einzelnen Teilstatistiken entnehmen.

5. Veröffentlichung der Ergebnisse. Die Ergebnisse werden auf Bundesebene regelmäßig in der Fachserie 13 „Öffentliche Sozialleistungen", Reihe 6 „Jugendhilfe" des Statistischen Bundesamtes veröffentlicht. Diese untergliedert sich in:

6.1.1: Institutionelle Beratung, Einzelbetreuung und sozialpädagogische Familienhilfe,
6.1.2: Erzieherische Hilfen außerhalb des Elternhauses,
6.1.3: Adoptionen, vorläufige Schutzmaßnahmen und sonstige Hilfen,
6.1.4: Erzieherische Hilfen außerhalb des Elternhauses am 31.12.xx (alle 5 Jahre, Beginn 1991),
6.2: Maßnahmen der Jugendarbeit,
6.3: Einrichtungen und tätige Personen in der Jugendhilfe,
6.3.1: Kindertageseinrichtungen,
6.4: Ausgaben und Einnahmen der öffentlichen Jugendhilfe.

In der Fachserie werden Bundes- und ausgewählte Landesergebnisse veröffentlicht. Von den Statistischen Landesämtern werden –zumeist in der Reihe K der Statistischen Berichte – zeitlich etwas früher und ausführlicher die jeweiligen Landesergebnisse sowie ausgewählte Eckdaten der kreisfreien Städte und Kreise veröffentlicht. Die Dortmunder Arbeitsstelle bietet darüber hinaus seit 1998 einen regelmäßigen Informationsdienst KomDat zu aktuellen Befunden der Kinder- und Jugendhilfestatistik an.

6. Nutzung der KJHG-Statistik. Für die Nutzung der statistischen Ergebnisse kommen mehrere Gruppen in Betracht. Zuallererst sollen die Ergebnisse dazu dienen, die Umsetzung der Leistungen des SGB VIII zu beurteilen und zu dessen Fortentwicklung beizutragen (§ 98 SGB VIII). Darüber hinaus bieten die Daten und Befunde vielfältige Verwendungsmöglichkeiten im Bereich der Jugendhilfeplanung (vgl. Schilling 1998), der Jugendhilfepolitik und der Öffentlichkeitsarbeit.

Aus dem allgemeinen Informationsauftrag der amtlichen Statistik ergibt sich, daß die Ergebnisse als Entscheidungshilfe bei fachlichen und fachpolitischen Entscheidungen, als wichtige und umfassende Informationsquelle über soziale Strukturen und Prozesse im Rahmen der Sozialberichterstattung (vgl. Simons 1993) sowie als Datengrundlage für Sekundäranalysen im Kontext der wissenschaftlichen Forschung genutzt werden können. Generell kann gesagt werden, daß überall dort, wo empirisch gewonnenes Zahlenmaterial benötigt wird, um nachvollziehbare und überprüfbare Aussagen zu erhalten, sich das Datenmaterial der Kinder- und Jugendhilfestatistik anbietet (vgl. ausführlich Rauschenbach/Schilling 1997a, S. 259 ff.).

Die vielfältigen Auswertungs- und Nutzungsmöglichkeiten (vgl. grundlegend Rauschenbach/Schilling 1997b) haben sich allerdings bei fachlichen und fachpolitischen Fragestellungen bislang noch nicht umfassend durchgesetzt. Zur Erleichterung des Umgangs mit den umfangreichen Datenbeständen und zur Gewährleistung einer regelmäßigen fachlichen Kommentierung der Erhebungsergebnisse wurde Mitte der 90er Jahre an der Universität Dortmund die Arbeitsstelle Kinder- und Jugendhilfestatistik eingerichtet, die in enger Kooperation mit den Statistischen Ämtern zur fachlichen Verbreitung, aber auch zur Weiterentwicklung des Datenmaterials beitragen soll.

7. Die Qualität der Erhebung. Das Konstruktionsprinzip der KJHG-Statistik basiert auf der gesetzlich geregelten Kinder- und Jugendhilfe. Infolgedessen bleibt alles, was keinen oder nur einen allgemeinen Bezug zu gesetzlichen Regelungen aufweist, in der Erhebung unberücksichtigt. Aber auch innerhalb der gesetzlich geregelten Aspekte werden bislang – trotz des Generalanspruchs des § 98 SGB VIII – nicht sämtliche Leistungen und Aufgaben vollständig erfaßt. So werden alle Aufgaben, die nicht unmittelbar adressatenbezogen sind, wie z. B. konkrete Verwaltungsakte oder allgemeinere Tätigkeiten wie die Jugendhilfeplanung oder die Durchführung von Hilfeplangesprächen, nicht berücksichtigt. Im Blickfeld sind dagegen die adressatenbezogenen Leistungen und Aufgaben unter den fünf Perspektiven des Empfängers, der Hilfe bzw. des Angebots, der Einrichtungen, der tätigen Personen und der Kosten. Aber auch hier sind deutliche Unterschiede zu beobachten. Während die empfänger- und hilfebezogene Perspektive nur bei den Hilfen zur Erziehung umgesetzt wird, werden die anderen Perspektiven bei allen rechtlich verankerten adressatenbezogenen Leistungen und Aufgaben des SGB VIII erfaßt. Für die Festlegung der Erhebungsmerkmale werden aktuell anstehende und deutlich artikulierte fachpolitische Anforderungen herangezogen.

Durch die Einführung des neuen Individualerhebungsbogens, ist es in den ersten zwei bis drei Erhebungsjahren teilweise zu Ungenauigkeiten gekommen, die bei der Interpretation von Zeitreihen zu berücksichtigen sind.

8. Ausblick. Im Kern basiert das Erhebungsinstrument auf dem Entwicklungsstand der Jugendhilfe kurz vor Einführung des SGB VIII Anfang der 90er Jahre. Aufgrund vieler fachlicher und struktureller Anforderungen hat sich die Kinder- und Jugendhilfe innerhalb der letzten Jahre verändert. Die Statistik als Instrument der Dauerbeobachtung muß sich daher kontinuierlich an diese Entwicklungen anpassen, um weiterhin empirisch gesichertes und aussagekräftiges Datenmaterial bereitzustellen. Dabei sind neue Hilfearten, z. B. flexible Erziehungshilfen gemäß § 27 Abs. 2 SGB VIII, neue Planungsanforderungen, wie z. B. die Zahl der Kinder in Kindertageseinrichtungen oder veränderte Rechtsformen (privatgewerbliche Träger) verstärkt zu berücksichtigen. Zusätzlich sollten bisher ausgeblendete Bereiche wie z. B. die Jugendsozialarbeit oder die Beratungstätigkeit des Allgemeinen Sozialen Dienstes in den Jugendämtern sukzessive in die statistische Erfassung aufgenommen werden, damit nach und nach ein umfassendes Abbild der Kinder- und Jugendhilfe in der amtlichen Statistik entsteht.

→Jugendhilfe; →Jugendhilferecht

Lit.: Hoffmann, U.: Neuordnung der Jugendhilfestatistik, in: Wirtschaft und Statistik, 43. Jg., 1991, Heft 3, S. 153–164; Rauschenbach, Th., Schilling, M.: Die Kinder- und Jugendhilfe und ihre Statistik, Band 1: Einführung und Grundlagen, Neuwied 1997 (a); Rauschenbach, Th., Schilling, M. (Hrsg.): Die Kinder- und Jugendhilfe und ihre Statistik, Band 2: Analysen, Befunde und Perspektiven, Neuwies 1997 (b); Schäfer, H., Cremer, G.: Zum Problem der amtlichen Jugendhilfestatistik, in: AGJ-Mitteilungen, 1979, Heft 3, S. 23–32; Schilling, M.: Die amtliche Kinder- und Jugendhilfestatistik – ein Element der Bestandserhebung, in: E. Jordan, R. Schone (Hrsg.): Handbuch Jugendhilfeplanung. Grundlagen, Bausteine, Materialien, München 1998, S. 575–597; Simons, K.: Die Mängel der Sozialstatistik. Zur Notwendigkeit des Aufbaus praktischer und theoretisch belangvoller Erhebungsprogramme für Sozialberichterstattung und Sozialplanung, in: Archiv für Kommunalwissenschaften, 32. Jg., 1993, Heft 2, S. 344–373; Voit, H.: Kritik der amtlichen Jugendhilfestatistik, in: Zeitschrift für Pädagogik, 18. Jg., 1972, Heft 2, S. 227–243.

Thomas Rauschenbach und Matthias Schilling, Dortmund

Kinder- und Jugendpsychiatrie
Ende des 19. Jh. aus Pädiatrie und Psychiatrie hervorgegangenes medizinisches Fachgebiet, das die psychischen, psychosomatischen und neurologischen Störungen des Kindes- und Jugendalters zum Gegenstand hat. In der Bundesrepublik Deutschland hat die K. u. J. P. seit 1968 den Status einer eigenen Facharztdisziplin erhalten. →Psychiatrie und Sozialpädagogik

Kinder- und Jugendschutz
→Kinderschutz
→Jugendschutz

Kindesmißbrauch
→Sexueller Mißbrauch

Kindesmißhandlung
singuläre oder dauerhafte, körperliche oder seelische Schädigung von Kindern. Formen der K. sind u. a. die körperliche Verletzung, die Vernachlässigung, die emotionale Ausbeutung, der sexuelle Mißbrauch. Da erzieherische Züchtigungen und Maßnahmen häufig als Deckmantel für K. dienen, ist von einer besonders hohen →Dunkelziffer auszugehen. Der Schutz von Kindern vor Mißhandlung wird in Deutschland verstärkt seit den 1920er Jahren im Rahmen des →Kinderschutzes thematisiert. Sowohl das BGB (§ 1666) als auch das KJHG (§ 42) bieten Möglichkeiten des staatlichen Einschreitens bei K. Nach § 223b StGB handelt es sich bei K. um

Kindesrecht

eine Straftat mit Strafandrohung von drei Monaten bis fünf Jahren Strafhaft. Neben täterzentrierten psycho-pathologischen Erklärungsansätzen, werden die Ursachen für K. vor allem in ökonomischen und sozio-kulturellen Bedingungen gesucht. Da K. jedoch in allen Bevölkerungsschichten vorkommt, greifen diese Ansätze und die mit ihnen verbundenen Interventionsformen nur in beschränktem Maße. An der Familiendynamik orientierte Beratung und Hilfe versucht vor allem die Kompetenz zu mißhandlungsfreier Konfliktlösung unter den Familienmitgliedern zu stärken.
→Sexueller Mißbrauch

Kindesrecht
gesetzliche Regelungen, die das umfassende Recht der Personensorgeberechtigten (→Personensorge) im Interesse des Kindes begrenzen und dem Minderjährigen vor Erlangung der Volljährigkeit selbständige Rechte einräumen. Zu den K. gehören u.a.: die Wahl des Bekenntnisses ab dem 14. Lebensjahr (Gesetz über die religiöse Kindererziehung), das bedingte Antragsrecht auf Sozialleistungen ab dem 15. Lebensjahr, das eigenständige Testierrecht ab dem 16. Lebensjahr. Innerhalb des →Familienrechtes zielt die in § 1666 BGB enthaltene zentrale Formel vom „Wohl des Kindes" (→Kindeswohl) auf die Beschränkung der Elternrechte zu Gunsten der Interessen des Kindes.

Kindesvernachlässigung
Vernachlässigung der körperlichen und seelischen Betreuung eines Kindes. Zur K. zählen u.a. der Entzug von Nahrung, die unterlassene oder mangelhafte hygienische Pflege, das Frierenlassen, das Ignorieren und Übergehen von Kindern. K. stellt eine Form der →Kindesmißhandlung dar und kann entsprechend nach § 223b StGB („Mißhandlung von Schutzbefohlenen") bestraft werden.

Kindeswohl
am Kind orientierter, unbestimmter Rechtsbegriff mit zentraler Bedeutung

Kindheit

für die →Jugendhilfe und das →Familienrecht. So beziehen sich die §§ 1627, 1628, 1631, 1634, 1666 und 1671 BGB und die §§ 24, 43, 44, 45, 49, 50 KJHG ausdrücklich auf das K. als entscheidungsleitend und legitimierend für Interventionen. Mit Hilfe des K. wird das verfassungsrechtlich geschützte Elternrecht (Art. 6, GG) durch das →Kindesrecht begrenzt. Kritisiert wird die Unbestimmtheit des Rechtsbegriffs K., der in der Praxis immer wieder einen neuen Bestimmungs- und Deutungsprozeß initiiert. Darin ist jedoch auch die Chance situativer und inhaltlicher Angemessenheit im individuellen Fall enthalten.
→Kindschaftsrechtsreform

Kindheit
1. Begriff. Kindheit bezeichnet in der deutschen Sprache mehrere Sachverhalte, die selten deutlich voneinander geschieden werden: Erstens einen Abschnitt der menschlichen Entwicklung, eigentlich Kindesalter; zweitens eine Phase des Lebenslaufs je bestimmter Individuen, die dann von ihrer persönlichen Kindheit sprechen; drittens (inzwischen ungebräuchlich, indessen bis zum ausgehenden 19. Jahrhundert die Hauptbedeutung) die Art und Weise des Kindes, heute durch „Kindlichkeit" ersetzt, und viertens ein alltägliches oder theoretisches Konzept für die historisch veränderliche Seinsweise des Menschen im Kindesalter. Die drei heute gebräuchlichen Bedeutungen haben für die Erziehungswissenschaft einen jeweils unterschiedlichen Stellenwert.

2. Kindheit als Kindesalter. Im Zusammenhang dieses Begriffsverständnisses sind Theorien und Untersuchungen zu finden, die sich mit den tatsächlichen Funktionen, Entwicklungsphasen und den pädagogischen Aktivitäten befassen, die angesichts der empirischen Gegebenheiten angezeigt sind. Die Erziehungswissenschaft hat dabei in der Regel auf außerpädagogische Forschungsresultate, insbesondere aus der Entwick-

lungspsychologie, der Psychoanalyse und der Soziologie zurückgegriffen. Über die Phaseneinteilung des Kindesalters bestanden und bestehen unterschiedliche Auffassungen. So umfaßt noch bei mittelalterlichen Autoren K. einen Altersraum, der bis zum 25. Lebensjahr reicht; im Mittelhochdeutschen wird die Bezeichnung ‚kint' bis zum Mannesalter verwendet. Das heutige Alltagsverständnis unterscheidet häufig zwischen dem Neugeborenen (Geburt bis zum 10. Lebenstag), dem Säugling (11. Lebenstag bis 12. Lebensmonat), dem Kleinkind (2.–5. Lebensjahr) und dem Schulkind (6.–14. Lebensjahr).

Biologisch akzentuierte Phasenmodelle differenzieren nach dem Gesichtspunkt der Körperentwicklung und kommen zu anderen Unterteilungen. In der (Entwicklungs-)Psychologie hat es seit ihren Anfängen zahlreiche, zum Teil voneinander sehr abweichende Phasierungen gegeben. Die Unterschiede resultieren aus den verschiedenen zugrunde gelegten Kriterien. So kommt ein Modell, das die K. nach dem Gesichtspunkt der Entwicklung körperlicher Fähigkeiten differenziert, zu anderen Resultaten als ein solches, das sich an der Entwicklung sozialer Fähigkeiten wie der Rollenübernahme orientiert oder als eines, das der Entwicklung intellektueller Fähigkeiten folgt. Die →Entwicklungspsychologie von Piaget hat versucht, alle drei Kriterien als Bestandteile der kognitiven Entwicklung miteinander zu verbinden. Daraus ist das heute am meisten verbreitete Altersnormenkonzept entstanden. Wegen der außerordentlich schmalen empirischen Basis der Untersuchungen Piagets sind Versuche der Universalisierung dieses Ansatzes allerdings kritisch zu beurteilen. Das gilt insbesondere für die Stufenmodelle moralischer Kompetenz von Kohlberg (→Moralische Entwicklung und Erziehung), in welche zusätzliche normative Gesichtspunkte eingegangen sind.

Die Psychoanalyse gelangt wiederum zu anderen Resultaten, da sie dem Kriterium der Verarbeitung kindlicher Sozialisationserfahrungen in der Vater-Mutter-Kind-Konstellation folgt und sich etwa in der Unterscheidung von oraler, analer und ihnen folgender Latenzphase am Gesichtspunkt affektiv-sexueller Determinanten der Entwicklung orientiert. Die in den letzten 20 Jahren am häufigsten rezipierte und die zugleich ausgearbeitetste soziologische Phasierung des Kindesalters ist der Idee der Entwicklung von Ich-Identität verpflichtet. Im engen Zusammenhang mit psychologischen Annahmen hat Erikson ein Modell entwickelt, dessen Struktur an der besonderen Bedeutung der Pubertät als einer „psychosexuellen Phase" orientiert ist. In dieser Phase wird das Individuum von der K. in das Erwachsenenalter transformiert, welches durch die Stabilität eines mit sich identischen Ich charakterisiert ist. Das Modell ist insofern ein soziologisches, als es das Verhältnis des Individuums zu den anderen Gesellschaftsmitgliedern zum Ausgangspunkt macht, das im Konzept der Ich-Identität als einer Balance seinen Ausdruck findet (→Identität).

3. Persönliche Kindheit. Dieses Verständnis von K. hat in der Pädagogik und den ihr verwandten Humanwissenschaften eine vergleichsweise geringe Bedeutung gehabt. Insofern Pädagogik als Wissenschaft von der Erziehung an dem interessiert ist, was den Kindern gemeinsam ist oder im Sinne des Gleichheitsprinzips sein soll, sind individuelle Kindheiten in der Regel, auch dann, wenn sie außergewöhnliche Kindheiten waren, unter dem Gesichtspunkt der Entdeckung von allgemeinen Strukturen und Elementen untersucht worden. Diese Betrachtung von K. gehört in das Feld der →Biographie- oder Lebenslaufforschung, deren Resultate aus Psychologie und Soziologie, aber auch aus Literaturwissenschaft (Autobiographie als Textsorte), Volkskunde und Geschichtswissenschaft in der Erziehungswissenschaft teilweise rezipiert wurden.

4. Kindheit als menschliche Seinsweise. Wenn in diesem Sinne von K. die Rede ist, dann wird zunächst anthropologisch argumentiert. Es geht dabei um die Frage, ob K. eine (erste) Lebensphase des Menschen ist, die sich von den Kindheiten anderer Lebewesen unterscheidet und die gleichzeitig eine überzeitliche und überkulturelle Aufgabe hat. In diesem Sinne ist davon gesprochen worden, daß die K. die Phase der Menschwerdung ist, ein Prozeß, für den die Erziehung als Menschheitsspezifikum die zentrale Aufgabe zu erfüllen habe. Diese theoretische Sicht ist in der heute vorfindbaren Form aufklärerischer Herkunft enthalten. So hatte →Rousseau auf dem Eigenrecht der K. als von dem Erwachsenenalter zu unterscheidender Phase bestanden, einen kind- oder altersgemäßen Umgang mit Kindern verlangt und die Opferung der Gegenwart des Kindseins für eine Erziehung zur Zukunft verurteilt. Langeveld hat den Schwerpunkt seiner Anthropologie des Kindes demgegenüber verschoben. Er sieht in der Tatsache, daß der Mensch als einziges Lebewesen eine sehr lange K. und →Jugend durchlebt, den anthropologischen Beleg für die Notwendigkeit der Erziehung. Nur durch Erziehung könne der Mensch zum Menschen werden, eine Personagenese erfahren.

Erst die sogenannte sozialwissenschaftliche Wende der Erziehungswissenschaft ließ anthropologische Ansätze der K. in den Hintergrund treten, weil besonders unter dem Einfluß der Frankfurter Schule (→Kritische Theorie) in den 1960er und 1970er Jahren das Hauptaugenmerk auf die Bedeutung der Gesellschaft gerichtet wurde. K. wurde hier als Phase der →Sozialisation konzipiert, das spezifisch Menschliche in seiner Sozialität entdeckt und Erziehung als Vergesellschaftung des Individuums gedacht. In der Krise dieses Denkens ist am Ausgang der Bemühungen um eine grundlegende Reform des Bildungswesens in der BRD ist der anthropologischen Spur der Erziehungswissenschaft (→Pädagogische Anthropologie) neue Aufmerksamkeit geschenkt worden, insbesondere in der Form einer Wiederentdeckung phänomenologischer Pädagogik. Aber selbst dann, wenn die Bestimmungen von K. in diesen Ansätzen sich sehr eng an der Erziehungswirklichkeit zu orientieren suchen, entgehen sie nicht einer doppelten Normativität: Sie müssen nämlich unterstellen, daß sowohl die Kindheitstatsache als auch die Erziehungstatsache historisch und kulturell unverrückbare Größen sind. Diese Auffassung ist indessen durch neuere und wiederentdeckte ältere Untersuchungen zur Geschichte der K. nachhaltig erschüttert worden.

5. Geschichte der Kindheit. Auslöser für die erneute Beschäftigung mit der Geschichte der K. war in der BRD, aber auch in anderen europäischen Ländern, die (Wieder-)Entdeckung eines Buches von Ariès, das 1975 unter dem ambitionierten Titel „Geschichte der Kindheit" in deutscher Sprache erschien (vgl. Ariès 1978). In seinem Vorwort faßte Hartmut von Hentig als Hauptthese dieses Buches simplifizierend zusammen: „‚Kindheit' hat es nicht immer gegeben – nämlich jener von uns wahrgenommene und wahrgemachte prinzipielle Abstand zwischen Erwachsenen und Kindern". Abgesehen davon, daß diese These in der universellen Form dem Buch von Ariès nicht entnommen werden kann, das sich auf eine bestimmte historische Epoche Frankreichs bezieht, und abgesehen davon, daß die behauptete Abwesenheit eines Kindheitsbegriffs etwa im Mittelalter inzwischen widerlegt worden ist, verfehlte die These ihre Wirkung nicht. Zum einen unterstützte sie einen mentalen Trend der Abwendung von Erziehung, schulischer Bildung und Erziehungswissenschaft, wie er sich auch in der →Antipädagogik äußerte und machte eine These wie diejenige Postmans vom „Verschwinden der Kindheit" (vgl. Postman 1983) plausibel, weil K. nun als

historische Episode verstanden werden konnte. Zum anderen löste sie eine dichte Folge neuer Untersuchungen und Reformulierungen älterer Ergebnisse zur Geschichte der K. aus, so daß sich heute etwa sechs Hauptauffassungen über die Geschichte der K. unterscheiden lassen:
– Kindheitsgeschichte als Verfallsgeschichte. Abgesehen von der These einer Historizität der Kindheit enthält der Arièssche Ansatz eine Theorie über die Logik der Kindheitsgeschichte. Er wertet nämlich die Ausgrenzung der Menschen in ihrer ersten Lebensphase aus dem Zusammenhang des Erwachsenenlebens keineswegs als Gewinn, sondern als Verlust.
– Kindheitsgeschichte als Fortschrittsgeschichte. Weniger wegen der zu Ariès konträren These von einer Fortschrittsgeschichte der Kindheit als wegen des ungewöhnlichen psychohistorischen Zugriffs fanden die Arbeiten aus dem Umfeld von deMause (vgl. deMause 1977) eine bemerkenswerte Aufnahme. Allerdings hängt beides miteinander zusammen. Geht man wie deMause und seine Mitautoren von einer psychoanalytischen Interpretation der Beziehungsqualität zwischen Kindern und Erwachsenen in der Geschichte aus und wertet die „Unterstützung" in christlich-jüdischer Tradition als gegenwärtig vorfindbare Charakteristik der Erwachsenen-Kind-Beziehung und als höchste Möglichkeit, dann liegen historisch frühere Stufen wie „Ambivalenz" oder „Kindesmord" weit hinter den inzwischen erreichten zurück.
– Kindheitsgeschichte als Klassengeschichte. Es sind nicht die historischen Unverträglichkeiten des psychohistorischen Ansatzes, die die vielen anderen Arbeiten eher dem Spektrum pessimistischer Geschichtsbetrachtung zuweisen. Vielmehr setzen sich zum Beispiel Hardach-Pinke/ Hardach (vgl. 1978) in der Einleitung zu ihrem Sammelband autobiographischer Zeugnisse von der psychohistorischen Methode ab, der sie eine sozialgeschichtliche gegenüberstellen. Die präsentierten autobiographischen Texte aus der Zeit von 1700 bis 1900 zeigen sehr unterschiedliche Selbsteinschätzungen der Kindheit durch die Autoren, die von den Herausgebern nach sozialen Ständen klassifiziert werden. Unterlegt man diesen Quellen, wie die Herausgeber es tun, eine sozialkritische Stratifikation, dann steht das Ergebnis fest: Die Klassenunterschiede verlängern sich in die Kindheit der jeweiligen Klassenangehörigen hinein.
– Kindheitsgeschichte als Dokumentation der Erziehungsgeschichte. Was die Geschichte der Erziehung und vor allem der →Bildung betrifft, so hat die Pädagogik seit ihrer Etablierung im 19. Jahrhundert eine Fülle von Schriften hervorgebracht, die der Expansion professionellen Erziehens und Bildens zugleich entsprangen und diese Entwicklung stützten und rechtfertigten. Es handelt sich dabei ausnahmslos um materialreiche Arbeiten geistesgeschichtlicher Provenienz mit einem Schwerpunkt auf institutionalisierten pädagogischen Prozessen. Diesen groß angelegten Arbeiten steht kein umfassender Versuch gegenüber, das Erziehungsgeschehen in seiner Geschichte für die Rekonstruktion der K. auszuwerten. Der Grund dafür verdeutlicht sich, wenn man die Dokumentationen liest, die zu diesem Zweck allererst einer Interpretation zugeführt werden müßten. Den Anfang machte Katharina Rutschkys Quellen-Sammlung „Schwarze Pädagogik" (Rutschky 1977).
– Kindheitsgeschichte als geschichtslose Erziehungskritik. Hierhin gehört die sich selbst als „Antipädagogik" kennzeichnende Literatur. Sie nahm unter anderem ihren Ausgang bei den schulkritischen Schriften Illichs (vgl. 1972) sowie bei der Ausdehnung die-

ser Kritik auf die Erziehung generell, wie sie in den USA am Ende der 1960er Jahre aufkam. Im deutschsprachigen Raum sind dieser Gruppe die Polemiken von v. Braunmühl, die psychoanalytische Textserie von Alice Miller, die Proklamation einer „Freundschaft mit Kindern" sowie die differenzierteren Essays Kupffers zuzurechnen.
– Kindheitsgeschichte als Demarkationsgeschichte. Mit der Erscheinung der Destabilisierung des Verhältnisses von Kindern und Erwachsenen befassen sich neuere Arbeiten, insbesondere Postmans „Das Verschwinden der Kindheit" (1983). Sie betreten gewissermaßen eine zweite Ebene des Diskurses über K., auf der die Frage diskutiert wird, ob „Kindheit" als eine von anderen unterschiedene Lebensphase gegenwärtig nicht einer Modifikation unterliegt, ob nicht von einer Liquidierung der K. gesprochen werden muß. Postman bietet eine große Zahl von Belegen für seine These, daß K. im Verschwinden begriffen sei. So vermißt er ein ehedem selbstverständliches Schamgefühl, er sieht ein Schwinden der Erziehungsbereitschaft bei den Erwachsenen. Daneben greife das Erwachsenenleben auf die Kultur der Kinder über, indem die Fernsehreklame nicht mehr zwischen Kindern und Erwachsenen unterscheide, indem die Menschenrechte nun auch für Kinder eingeklagt würden (zum Beispiel das Recht auf Arbeit), indem Kinder als Werbeträger benutzt würden oder Kinder sich wie Erwachsene kleiden. Die tragende Ursache für diese Entwicklung erblickt Postman in dem Umstand, daß die modernen elektronischen Medien wie das Fernsehen sich zerstörend auf jedes Geheimnis des Erwachsenenlebens auswirken. Ohne Geheimnisse aber könne es so etwas wie K. nicht geben; denn für die Entstehung der K. sei historisch gerade ein Vorgang dingfest zu machen, der das Erwachsenenleben von dem der Kinder getrennt habe: Die Entstehung der Literalität. Mit der Erfindung der Buchdruckerkunst sei die Schriftkundigkeit zu einem Charakteristikum der erwachsenen Welt geworden, um in diese Welt einzudringen, habe es für die jungen Menschen eines längeren Ausbildungsvorgangs bedurft, der Schulzeit, die sich gewissermaßen zwischen K. und Erwachsenenstatus geschoben habe. Insgesamt schreibt Postman mit einem kulturkritischen Impetus, indem er sein Bedauern über und seinen Widerstand gegen diese Entwicklung zum Ausdruck bringt.

6. Mythologie der Kindheit. Die Aufmerksamkeit auf das spezifisch Menschliche zu richten, heißt nun, erneut für eine anthropologische Betrachtungsweise zu optieren. Da dieses im Sinne der Annahme anthropologischer Konstanten der K. nicht mehr möglich ist, muß eine Anthropologie der Kindheit als historische Anthropologie gedacht werden, eine Anthropologie, die sich ihrer mehrfachen Historizität bewußt ist. Für die Betrachtung der K. heißt das: K. ist weniger als soziale Wirklichkeit, denn als mentales Konstrukt in den Köpfen Erwachsener zu sehen. Dieses Konstrukt hat im Reden über K. seinen historischen Niederschlag gefunden, das heißt im Diskurs über sie. In diesem historischen Diskurs werden ältere und älteste, zum Teil archaische Vorstellungen über Kindheit bewahrt, weitergetragen, modifiziert und aktualisiert; er ist eine Mythengeschichte der K. Gegenstand einer historisch-anthropologischen Analyse der K. ist deshalb der mythologische Diskurs, nicht die sogenannte soziale Wirklichkeit, die außerhalb ihrer Versprachlichung auch mit keiner Forschungsmethode untersucht werden kann. Eine solche „Mythologie der Kindheit" (vgl. Lenzen 1985) setzt bei der Analyse aktueller, kultureller Alltagsphänomene der K. ein und versucht, die mythischen Bestandteile heutiger

Auffassungen über K. in diesen Alltagszeugnissen zu rekonstruieren. Auf diese Weise kann ein Kern historisch tiefsitzender und über lange Zeiträume identischer Vorstellungen, Deutungen, Muster und Wünsche von relativ kurzfristig erscheinenden Auffassungen isoliert werden. Insoweit sind die aktuellen Strukturen des Kindheitskonzepts von den stabileren Momenten unterscheidbar, können kulturelle Wandlungen des Grundkonzepts identifiziert und der jeweilige Status des Kindheitsdiskurses präziser begriffen werden. Es spricht einiges dafür, daß das Konzept K. am Ende des 20. Jahrhunderts vor einer Schwelle nachhaltiger Veränderung steht. Diese Veränderung läßt sich als Bestandteil des Wandels einer modernen in eine postmoderne Kultur nur schematisch erfassen. Immerhin läßt sich nachweisen, daß traditionell sehr wirksame Differenzierungen wie diejenige zwischen den Geschlechtern oder zwischen Mensch und Gott verschwinden. Zu dieser Entdifferenzierungserscheinung gehört auch das Verschwinden der Differenz zwischen Kindern und Erwachsenen.

Lit.: Ariès, Ph.: Geschichte der Kindheit, München 1978; deMause, L. (Hrsg.): Hört ihr die Kinder weinen? Frankfurt/M. 1977; Hardach-Pinke, I./ Hardach, G. (Hrsg.): Deutsche Kindheiten. Autobiographische Zeugnisse 1700–1900, Kronberg 1978; Illich, I.: Entschulung der Gesellschaft, München 1972; Lenzen, D.: Mythologie der Kindheit, Reinbek 1985; Postman, N.: Das Verschwinden der Kindheit, Frankfurt/ M. 1983; Rutschky, K. (Hrsg.): Schwarze Pädagogik, Frankfurt/Berlin/ Wien 1977.

Dieter Lenzen, Berlin

KJHG
→Kinder- und Jugendhilfegesetz
→Jugendhilferecht

KJHG-Statistik
→Kinder- und Jugendhilfestatistik

Kindschaftsrechtsreform
Am 1. Juli 1998 traten die Neuregelungen des Gesetzes zur Reform des Kindschaftsrechtes in Kraft. Die Bedeutung der Reform besteht vor allem in der Beseitigung von rechtlichen Unterschieden zwischen ehelichen und nichtehelichen Kindern. Dabei soll sie über eine Annäherung der Stellung nichtehelicher Kinder an die ehelicher Kinder hinaus möglichst gleiche Bedingungen und Chancen für alle Kinder schaffen. Die Reform betrifft (abgesehen vom Kindesunterhalt, dessen Neuregelung Gegenstand eines eigenen Gesetzentwurfs ist) alle Bereiche des Kindschaftsrechtes: das Abstammungsrecht, das Sorge- und Umgangsrecht, den Unterhalt der Mutter, die mit dem Vater des Kindes nicht verheiratet ist, das Namensrecht, das Adoptionsrecht und das mit diesen Bereichen in Zusammenhang stehende Recht des gerichtlichen Verfahrens. Im folgenden werden die drei wesentlichen Schwerpunkte der Reform (Sorge-, Umgangs- und Verfahrensrecht) erläutert.

1. Sorgerecht. Die bedeutsamste Änderung in der Regelung des Sorgerechts ist bei den Eltern eingetreten, die nicht miteinander verheiratet sind. Sie können nun ohne Heirat, lediglich durch öffentlich bekundete Erklärungen beider Eltern, die Sorge für ihr Kind gemeinsam ausüben. Die Beurkundung kann bei einem Notar oder bei dem Jugendamt erfolgen. Es ist nicht erforderlich, daß die Eltern zusammenleben, auch eine vorherige Kindeswohlprüfung findet nicht statt. Eine bestehende Ehe mit einem anderen Partner ist kein Hinderungsgrund für die gemeinsame Sorge. Ist die Mutter nicht zur Abgabe der gemeinsamen Sorgeerklärung bereit, wird sie wie im alten Recht automatisch mit der Geburt zur alleinigen Inhaberin der elterlichen Sorge. Die Ablehnung braucht sie nicht zu begründen. Die Alleinsorge des Vaters bedarf der Zustimmung der Mutter, dabei ist zusätzlich erforderlich, daß die Alleinsorge des Vaters auch dem Wohl

des Kindes dient. Ein Gericht kann dem Vater gegen den Willen der Mutter nur dann die Alleinsorge zusprechen, wenn die Mutter ihre Alleinsorge ohnehin verliert. Damit bleibt insgesamt die Position des Vaters schwächer als die der Mutter. Wenn die Kooperationsbereitschaft der Eltern nicht mehr vorhanden ist, kann sich kein Elternteil durch bloße Erklärung von der gemeinsamen Sorge lösen. Hier gelten mit der Reform die gleichen Regelungen wie bei verheirateten, sich dauerhaft trennenden Eltern. Bei verheirateten Eltern ist der bisher existierende Entscheidungsverbund von Ehescheidung und Sorgerechtsregelung aufgehoben worden. Einer Entscheidung über die elterliche Sorge bedarf es bei Ehescheidungen nur dann, wenn ein Elternteil Antrag auf Alleinsorge ganz oder teilweise stellt. Das Familiengericht hat die Möglichkeit, gegen den Willen des Antragstellers die gemeinsame Sorge ganz oder teilweise zu entscheiden. Liegt ein Antrag auf Alleinsorge nicht vor, bleibt ohne gerichtliche Entscheidung einfach die gemeinsame Sorge der zuvor verheirateten Eltern bestehen. Dabei unterscheidet der Gesetzgeber in Alltagsfragen und in Entscheidungen, die von erheblicher Bedeutung für die Entwicklung des Kindes sind. Für die Alltagsfragen erhält der betreuende Elternteil die alleinige Entscheidungskompetenz und die alleinige gesetzliche Vertretung des Kindes. Zu den Fragen mit erheblicher Bedeutung, die nicht allein vom betreuenden Elternteil entschieden werden können zählen u. a. die Schulwahl, schwerwiegende Gesundheitsfragen und die Religionszugehörigkeit des Kindes. Kinder über 14 Jahren können der von den Eltern gewollten Sorgeregelung widersprechen.

2. Umgangsrecht. Im Bereich des Umgangsrechts sind die bisher unterschiedlichen Regelungen für eheliche und nichteheliche Kinder aufgehoben und ein einheitliches Umgangsrecht für alle Kinder wurde geschaffen. Im Verhältnis des Kindes zu den Eltern ist das Umgangsrecht als ein Recht auf Gegenseitigkeit festgelegt. Damit wird zum ersten Mal der Umgang mit beiden Eltern als Recht des Kindes verstanden. Ein Umgangsrecht besteht auch für andere Personen, zu denen das Kind eine Bindung hat, wenn dieser Kontakt für die Entwicklung des Kindes förderlich ist. Für diesen Personenkreis (u. a. Großeltern, Geschwister, Stiefeltern, Pflegepersonen) ist das Umgangsrecht jedoch nur als ein Recht der Erwachsenen formuliert worden, nicht als Recht des Kindes. Bei Problemen in der Durchführung des gerichtlich geregelten Umgangsrechts sieht das Gesetz ein gerichtliches Umgangsvermittlungsverfahren vor, das jeder Elternteil beantragen kann. Eltern wie erweiterter Personenkreis haben ein Recht auf Beratung zur Ausgestaltung und Unterstützung bei der Durchführung des Umgangsrechts gegenüber der →Jugendhilfe.

3. Verfahrensrecht. Im Bereich des Verfahrensrechts ist eine deutliche Zuständigkeitsverschiebung vom Vormundschafts- und Amtsgericht zum Familiengericht zu verzeichnen. Das Familiengericht ist nunmehr für alle Fragen des Sorge- und des Umgangsrechts zuständig, unabhängig davon, ob die Eltern des betroffenen Kindes verheiratet sind oder nicht. Das Familiengericht ist ebenfalls allein zuständig für alle Ansprüche auf Unterhalt, die auf Ehe und Verwandtschaft beruhen. So auch für Unterhaltsansprüche von Eltern gegen ihre volljährigen Kinder. Eine weitere Neuerung im Verfahrensrecht ist die Einführung des Verfahrenspflegers (→Anwalt des Kindes). Er kann vom Familiengericht bestellt werden, wenn dies zur Wahrnehmung der Interessen des Kindes notwendig ist, etwa bei erheblichem Interessengegensatz zwischen dem Kind und seinem gesetzlichen Vertreter oder wenn der völlige Entzug der elterlichen Sorge droht. Ob der Verfahrenspfleger ehe juristische oder eher pädagogische Kennt-

nisse haben soll oder ob auch ein geeignetes Familienmitglied diese Aufgabe übernehmen kann, ist im Einzelfall vom Gericht zu entscheiden.

Hilde van den Boogaart, Hamburg

Klasse
Sozialkategorie zur Grobgliederung von Gesellschaften nach Merkmalsgruppen. Besondere Bedeutung und Prägung erhielt der Begriff in den politischen und philosophischen Schriften um die Mitte des 19. Jh. in Deutschland für die Qualifizierung der überwundenen feudalen und der erstrebten bzw. erreichten bürgerlichen Gesellschaftsordnung. Insbesondere die marxistische Gesellschaftsanalyse stützt sich auf die Identifizierung von Klassenwidersprüchen als zentrale Bestimmungskategorie.

Klassengesellschaft
Gesellschaftsform, deren konstitutives Merkmal die Unterteilung der Gesellschaftsmitglieder in soziale →Klassen ist. In der marxistischen Theorie alle Gesellschaftsformen, die auf unversöhnlichen Klassengegensätzen beruhen (z. B. Feudalismus, →Kapitalismus). Sowohl in der Sozialpädagogik der 1920er Jahre als auch im Kontext der kritischen Erziehungswissenschaft der ausgehenden 1960er Jahre stellte die Analyse der Gesellschaft als K. den wesentlichen Ausgangspunkt für die Entwicklung verschiedener sozialpädagogischer Ansätze dar. →Bernfeld

Klassifikation
Durch K. wird versucht, die Vielfalt empirischer Erscheinungsformen durch Kategorisierung nach gemeinsamen Merkmalen zu reduzieren und durch Zusammenfassung zu übergeordneten Bezeichnungen zu gelangen.

Die für medizinische und psychiatrisch/psychotherapeutische Zwecke entworfenen Klassifikationssysteme haben allerdings den Nachteil in Hinblick auf die Komplexität der Lebenslage von problembelasteten Menschen entweder nur einen jeweils engen Ausschnitt zu berücksichtigen oder die psychosozialen Aspekte aus der medizinischen bzw. psychotherapeutischen Perspektive einseitig zu deuten. Mit dem in den USA entwickelten Person-in-Environment-System →PIE) steht ein neues klassifikatorisches Instrument zur Verfügung. Es handelt sich dabei um eine an professionellen Kompetenzbereichen orientierte Operationalisierung eines „ganzheitlichen" bzw. bio-psycho-sozialen Paradigmas. Die gängigen medizinischen und psychotherapeutischen Klassifikationssystem des ICD-10 und des DSM IV sind dort als die Faktoren IV und III integriert. Für die Soziale Arbeit sind die Faktoren I (Probleme mit sozialen Rollen) und II (Umgebungsprobleme im Gemeinwesen) entscheidend.

Klassiker
Als „Klassiker" bezeichnet man Autoren einer Disziplin, die den Fortschritt ihres Faches dadurch maßgeblich befruchtet haben, daß sie
– wichtige Themen ihrer Epoche aufgegriffen, auf den Punkt gebracht und bahnbrechend weiterentwickelt,
– und den Diskurs nachfolgender Zeiten zu Anknüpfung, Bezugnahme, kritischer Auseinandersetzung und Weiterführung angeregt haben.

In diesem Sinne gelten heute →Pestalozzi, →Wichern, →Makarenko, →Montessori, →Salomon und →Korczak als Klassiker der Sozialpädagogik/Sozialarbeit.

Nachdem die SP/SA ihren Klassikern zunächst aus Furcht vor Klassiker-gestütztem Dogmatismus reserviert gegenüberstand, setzt sich heute die Auffassung durch, daß die Kenntnis der Klassiker die Traditionslinien eines Faches zu verdeutlichen und damit professionelles Selbstbewußtsein zu stiften vermag.

Klassische Methoden der Sozialarbeit
Entwicklung. Auf dem Wege von einem verpflichteten Ehrenamt der Sorge für familienlose Junge, Alte, Arme und Gebrechliche zu einem anspruchsvollen Beruf haben ‚Methoden der Sozialen Ar-

beit' und hat ‚methodisches Arbeiten in der Sozialen Arbeit' eine entscheidende Rolle gespielt. Dabei waren es vor allem soziale Bewegungen, die um die Jahrhundertwende in kritischer Auseinandersetzung mit der traditionellen Familienerziehung, Armenpflege und Schulpädagogik die Praxis einer alternativen Lebenshilfe entwarfen, welche bis zur Mitte dieses Jahrhunderts zu den drei ‚klassischen Methoden der Sozialen Arbeit' (Soziale Einzelhilfe, Gruppenpädagogik, Gemeinwesenarbeit) entwickelt worden ist.

1. Soziale Einzelhilfe. Die alte Armenpflege in Mitteleuropa, England und den Vereinigten Staaten von Nordamerika bestand ursprünglich aus einem dualen System der kommunalen Minimalversorgung von Armen, Alleinlebenden und Hilflosen und der zusätzlichen Unterstützung durch die Religionsgemeinschaft, welcher die Betroffenen angehörten. Philanthropischen Vereinigungen erschien dieses System als zweifach entwürdigend. Sie traten für eine gleichsam ‚wissenschaftliche' Untersuchung der Hilfebedürftigkeit ‚im Einzelfalle' und für eine daran anschließende ‚fallgerechte' Abhilfe ein. Ehrenamtlich tätige Hausbesucher (in Deutschland Männer, in den USA überwiegend Frauen) besuchten die um wirtschaftliche Hilfe Bittenden zuhause (‚friendly visiting') und forschten nach den Ursachen der Hilfsbedürftigkeit. Danach suchten sie für die ‚Würdigen' unter den von ihnen besuchten Fällen kommunale und private Hilfsquellen bzw. Arbeitgeber. An der nordamerikanischen Ostküste entwickelte Mary Richmond (1861–1928) aufgrund der empirischen Daten über die Arbeitsweise von Familienfürsorgerinnen in verschiedenen Städten der Ostküste eine in Grenzen standardisierte Verfahrensweise, um durch Hausbesuche und Gespräche zuverlässige Daten über die Ursachen der Hilfsbedürftigkeit zu sammeln (Ermittlung) und zu ordnen (Diagnose), um sie dann zu einem integrierten Hilfeplan für jeden Einzelfall zu bündeln (Behandlung). 1917 publizierte sie ihre Forschungsergebnisse als Buch (‚Social Diagnosis'). Es ist das erste und umfassende methodische Lehrbuch zur Sozialen Einzelhilfe, das aus der Analyse vorhergegangener fürsorgerischer Praxis gewonnen wurde.

Alice →Salomon (1872–1948) aus Berlin lernte Mary Richmond bei einer Amerika-Reise kennen und ließ sich von ihrem Lehrbuch inspirieren. Salomon war die erste Direktorin der Sozialen Frauenschule in der Berliner Barbarossastraße, in der seit 1908 Frauen für ehrenamtliche und hauptberufliche soziale Hilfstätigkeiten ausgebildet wurden. Ihre beiden Bücher ‚Soziale Diagnose' und (zusammen mit Siddy Wronsky und Eberhard Giese) ‚Soziale Therapie' (beide 1926) sind erste deutsche Versuche, die ermittelnde und gutachterliche Tätigkeit (→Gutachten) von Familienfürsorgerinnen methodisch zu verstetigen und lehrbar zu machen.

In den USA mündeten die empirischen Befunde über Ermittlungs- und Beratungstätigkeit in die akademische Ausbildung von Sozialarbeiterinnen an verschiedenen Universitäten der Ostküste und des Mittleren Westens. Dabei bildeten sich unterschiedliche ‚Schulen' heraus, die entweder den ‚funktionalen Service der Wohlfahrtsagentur' oder die ‚diagnostische Arbeit an der Genese der Hilfebedürftigkeit' betonten. Beiden Schulen gemeinsam war die Überzeugung von der entscheidenden Bedeutung der Person der Sozialarbeiterin für die Einleitung und das Gelingen des Hilfeprozesses. Helen Perlman: „Relationship is the heart of helping people". Um die personalen Fähigkeiten der Sozialarbeiterinnen zu trainieren und zu entwickeln, wurde in die Aus- und Fortbildung der Fachkräfte ‚Supervision' eingeführt, eine ausbildungs- und arbeitsplatzbegleitende Dauerreflexion über die geleistete Arbeit und den Charakter von Schwierigkeiten und Widerständen der Sozialarbeiterinnen gegenüber ihren Klienten und gegenüber ihrer Arbeit.

Das humanistisch orientierte Vorgehen von Sozialarbeiterinnen im Spannungsfeld zwischen Erziehung, Beratung und Therapie auf der Basis soziologischer, sozialpsychologischer und psychotherapeutischer Erkenntnisse war für die Nationalsozialisten eine Provokation. Sie führten ‚soziale Schwäche' entweder auf geschädigtes Erbgut oder auf rassische Minderwertigkeit zurück und ersetzten den methodischen Dreischritt der Amerikaner (Ermittlung – Diagnose – Behandlung) durch den neuen, menschenverachtenden Dreischritt ‚Ausgrenzen – Aussondern – Ausmerzen' (→Nationalsozialismus und Sozialpädagogik). 100 000 ‚erbkranke', ‚asoziale' und ‚sozial schwache' Klienten wurden zwischen 1939 und 1943 in Psychiatrischen Anstalten auf Geheimbefehl Adolf Hitlers und mit Hilfe der SS-Sonderorganisation ‚T 4' (die Kommandozentrale lag in Berlins Tiergartenstraße 4) ermordet.

Nach dem militärischen Zusammenbruch des Nationalsozialistischen Reiches wurden deutsche Sozialarbeiter im Zuge von Umorientierungsmaßnahmen der westlichen Besatzungsmächte Schritt für Schritt mit der Weiterentwicklung anglo-amerikanischer und niederländischer sozialer Einzelhilfe vertraut gemacht. Auch ‚Supervision' wurde in größeren Jugend- und Sozialämtern eingeführt, die Ausbildung wurde auf das Niveau von Fachhochschulen angehoben. Studentenbewegung und vielfältige neue Therapie-Bewegungen drängten die klassische Ausbildung in sozialer Einzelhilfe in den Hintergrund und betonten eher gruppendynamische und gesprächstherapeutische Ansätze und Fertigkeiten. Davon unabhängig ist die Fähigkeit zur →Beratung im Gespräch heute wie eh und je eine basale Kompetenz für alle Profis, die in der Sozialen Arbeit tätig sind. (→Einzelhilfe).

2. Gruppenpädagogik. Gruppenpädagogik ist, historisch gesehen, ein Werk des Selbsterziehungsbestrebens der deutschen →Jugendbewegung. 1901 im Ratskeller von Berlin-Steglitz als ‚Wandervogel' gegründet versuchte sie im Gegensatz von verordneter Erziehung in Familie und Gymnasium die Selbsterziehung junger Männer (Frauen wurden sehr schnell ausgeschlossen) in Wandergruppen eigener Wahl zu befördern. Dabei spielten die Tätigkeiten der Gruppe (Wandern, Abkochen, kulturelle und kunsthandwerkliche Tätigkeit) eine ebenso große Rolle wie das Gruppenklima, der Leitungsstil der (meist studentischen) Gruppenleiter und die Binnendynamik der Gruppenmitglieder.

Die Gruppenpädagogik war zunächst eine deutsche Errungenschaft. Jugendbewegte bürgerliche Pädagogen trugen Prinzipien und Lebensstile in die Reform der deutschen Schule, proletarische Jugendbewegte hinterließen ihre Spuren innerhalb sozialistischer Jugendgruppen und Organisationen.

In den USA wurde die sozialisierende Wirkung der kleinen Gruppe eigener Wahl nicht von Jugendbewegten, sondern von Kleingruppenforschern entdeckt, die seit Mitte der 1920er Jahre ‚Sommerlager' von Schülerinnen und Schülern leiteten und experimentell beeinflußten, um die unterschiedlichen Wirkungen von Gruppenaktivitäten, Zusammensetzung der Gruppen und Führungsstil der erwachsenen Leiter zu untersuchen. Daraus und mit Hilfe deutscher Immigranten (Gisela Konopka *1910) wurde innerhalb der außerschulischen Jugend- und Freizeit-Pädagogik die Gruppenpädagogik entwickelt und 1946 als Wahlpflichtfach in das Curriculum der nordamerikanischen Sozialarbeiter-Ausbildung aufgenommen. In den 1960er Jahren wurde die Gruppenpädagogik durch die →Gruppendynamik ergänzt, eine psychologische und psychodynamische Verfeinerung der Gruppenpädagogik, die frühe Sozialisationserfahrungen von Erwachsenen wiederbeleben und gesteigerte soziale Kompetenzen zur Selbstdarstellung und

Selbstbehauptung Einzelner in kleinen Gruppen trainieren sollte. (→Gruppenarbeit).

3. Gemeinwesenarbeit. Schon früh in der Geschichte von Methoden Sozialer Arbeit formierte sich Widerstand gegen die individualisierende Fallbearbeitung von sozialen Notlagen und Hilfsbedürftigkeiten. Insbesondere innerhalb progressiver Kirchenkreise und in der Frauenbewegung bahnte sich die Erkenntnis an, daß es nicht individuelle Defizite seien, die zu individuell erscheinender Hilflosigkeit führten, sondern Strukturprobleme der diese Individuen umgebenden Gesellschaft. Dabei dachten damals nur gebildete Sozialisten an die ‚Gesamtgesellschaft' als Verursacher sozialer Probleme, bürgerliche Reformer dachten eher an den Wohnort, den Stadtteil, das Kiez als Verursacher von wirtschaftlicher Depression und sozialer Ausgrenzung.

Diese ‚ökologische' Tradition Sozialer Arbeit griffen Leute wie Saul Alinsky und Harry Specht auf, die nicht auf den Spendenwillen der Kaufleute in ihrer Stadt vertrauten, sondern die davon ausgingen, man müsse eine „Volksfront" gegen diese Kaufleute mobilisieren, um sie zu zwingen, an das Gemeinwohl der Stadt zu denken. Auf der Basis dieser zwei nordamerikanischen Traditionen, der Tradition, die davon ausgeht, man müsse an das Gemeinwohl der Besitzbürger appellieren, um soziale Investitionen in der Stadt zu erschmeicheln, und der Tradition, die davon ausgeht, man müsse den Besitzbürgern soziale Investitionen in der Stadt abtrotzen, entwikkelten sich zwei unterschiedliche Konzepte von Gemeinwesenarbeit.

In Deutschland ist die Tradition der Gemeinwesenarbeit eigentlich erst im Zusammenhang mit der Studentenbewegung und der Sozialarbeiterbewegung virulent geworden. Hier sahen gesellschaftswissenschaftlich und gesellschaftskritisch orientierte Sozialarbeiter zum ersten Mal die Möglichkeit, sozial Schwache und Bedürftige nicht individuell zu betreuen, sondern kollektiv als Veränderungspotentiale zu nutzen. Sie überschritten damit die bis dahin geltenden Grenzen Sozialer Arbeit und versuchten, sich selber und ihre Klienten als Agenten sozialen Wandels zu mobilisieren.

Saul Alinsky gelang es an einigen Stellen, durch den ökonomischen und politischen Druck einer Mehrheit von Bürgern, soziale Schranken (etwa der Rassendiskriminierung) zu durchbrechen und sozialen Wandel durch ‚disruptive Taktiken' zu erzwingen. Auch in der Bundesrepublik Deutschland schien es mancherorts möglich zu sein, durch Bürgerinitiativen und Bürgerbewegungen das Abreißen traditionsreicher Arbeiterviertel (Eisenheim; Frankfurter Westend; Berlin-Kreuzberg) zu verhindern und staatlich abgesicherte Rekultivierungsmaßnahmen einzuleiten.

Ein solcher Methodenansatz stößt an die Grenzen Sozialer Arbeit als staatlicher Garantie der Sicherung individueller Lebensweisen. Er verweist auf eine mögliche Gesellschaft, die als ‚besser' vorgestellt wird im Vergleich mit einer Gesellschaft, zu deren Flankenschutz Soziale Arbeit verwendet wird. (→Gemeinwesenarbeit, →Gemeindepsychiatrie, →Psychosoziale Versorgung).

4. Supervision und Organisationsberatung. Die drei klassischen Methoden Sozialer Arbeit benutzen ein entscheidendes Instrument: die Person von Sozialarbeitern. Das aber bedeutet, daß in der Methodenschulung von Sozialarbeitern auf die Didaktisierung der Person Rücksicht genommen werden muß. Das geschieht einmal durch das methodische Instrument der →Supervision, es geschieht zum anderen durch das Instrument der →Organisationsentwicklung. Supervision ist die reflexive, prozessbegleitende Betreuung lernender oder praktizierender Sozialarbeiter durch professionelle Trainer, die kritische und der Rückfrage bedürftige Phasen der Tä-

tigkeit ihrer Klienten rückspiegeln und auf eine nicht-destruktive Weise in Frage stellen.

Organisationsberatung ist die Anwendung dieses reflexiven, selbstorganisiert belehrenden Prinzips durch ganze Arbeitseinheiten in Institutionen der Sozialen Arbeit. Es ist darauf gerichtet, eine Organisationseinheit (ein Jugendamt; ein Freizeitheim; ein Ministerium) in die Lage zu versetzen, sich und seine Arbeit kritisch zu reflektieren, die zur Bearbeitung anstehender Probleme verwendeten Instrumente kritisch zu hinterfragen und neue Instrumente und Maßnahmen zu ersinnen, um die auferlegten (und durch kritische Reflexion modifizierten) Aufgaben besser und wirksamer bearbeiten zu können.

Durch diese Methoden ist das Arsenal sozialpädagogischer Methodenlehre um eine wesentliche Dimension bereichert worden. Es geht hier nicht mehr nur um ‚Behandlungsmethoden' gegenüber ‚Klienten', sondern um Veränderungen und Verbesserungen des eigenen professionellen Settings, in dem Soziale Arbeit stattfindet.

→Methodisches Handeln in der Sozialen Arbeit

Lit.: Belardi, N.: Supervision. Von der Praxisberatung zur Organisationsentwicklung, Paderborn 1992; J. J. Boulet, E. J. Krauss, D. Oelschlägel: Gemeinwesenarbeit als Arbeitsprinzip. Eine Grundlegung, Bielefeld: AJZ-Druck 1980; C. W. Müller: Gruppenpädagogik. Auswahl aus Schriften und Dokumenten, Weinheim Reprint 1987; C. W. Müller und P. Nimmermann (Hrsg.): Stadtplanung und Gemeinwesenarbeit, München 1970, 1972; C. W. Müller: Wie Helfen zum Beruf wurde. Band 1: Eine Methodengeschichte der Sozialarbeit 1883–1945; C. W. Müller: Wie Helfen zum Beruf wurde. Band 2: Eine Methodengeschichte der Sozialarbeit 1945–1985, Weinheim [4]1999, [3]1987.

C. Wolfgang Müller, Berlin

Kleinfamilie

In den Industrienationen vorherrschende Form der →Familie, die die Eltern und wenige (i. d. R. nicht mehr als zwei) Kinder umfaßt. (→Kernfamilie).

Klein, Melanie (30. 3. 1882–22. 9. 1960)

Die Kinderanalytikerin K. gilt als eine der bedeutendsten Begründerinnen einer psychoanalytisch-pädagogischen Kinderforschung (→Psychoanalyse und Sozialpädagogik), wobei sie sich vom sprachbetonten Ansatz Anna →Freuds absetzte und spieltherapeutische Methoden entwickelte. Da die wichtige psychoanalytische Technik der freien Assoziation nicht vor der Pubertät anwendbar ist, beobachtete K. stattdessen die Spontanaktivitäten des Kindes als Reaktion auf ihm zugereichte Spielzeuge und ersetzte damit die freie Assoziation.

Klient

von lat. cliens (der Hörige, der Abhängige) abgeleitet, im deutschsprachigen Raum im Zuge der →Professionalisierung und Modernisierung von Sozialarbeit und Sozialpädagogik etablierter Begriff zur Bezeichnung der →Adressaten sozialer Arbeit. Kritisiert wird am Begriff des K. die implizit enthaltene Subjekt-Objekt-Beziehung von Helfer (als professionellem Experten) und hilfebedürftigem, hilfesuchendem Bürger (als defizitärem Laien), obgleich K. im modernen Sinne auch als „Kunde", „Auftraggeber" verstanden werden kann.

Klientenzentrierte Gesprächsführung

1. Definition und Entstehung. Die klientenzentrierte Gesprächsführung (klzG) ist eine professionelle Gesprächstechnik, die insbesondere durch eine empathische, wertschätzende und persönlich präsente interaktionelle Haltung beim Helfer gekennzeichnet ist. Sie bezeichnet die Anwendung des klientenzentrierten Ansatzes (klzA) im psychosozialen Bereich und in Bereichen professioneller Kommunikationsgestaltung. Die Weiterbildung in klzG wird u. a. von der Gesellschaft für wissenschaftliche Ge-

sprächspsychotherapie in regionalen Ausbildungsgängen organisiert und zertifiziert. Die therapeutische Anwendung des klzA ist auch als Gesprächspsychotherapie bekannt.
Die Entwicklung des klzA ist fest mit der Person von Carl R. Rogers verbunden. Rogers (1902–1987) wurde durch seine Tätigkeiten als klinischer Psychologe und Universitätslehrer gleichermaßen durch die beraterische und therapeutische Arbeit mit Eltern, Kindern und Jugendlichen und durch die wissenschaftlich-akademische Psychologie, aber auch durch den Kontakt zur Psychoanalyse Rank'scher Prägung beeinflußt. Schon früh hat sich Rogers auch mit Glaubensfragen auseinandergesetzt, später konnte er seine Ideen im fachübergreifenden Dialog mit der ‚Begegnungsphilosophie' Martin Bubers zusammenführen. In seiner Konzeption des Menschen knüpft Rogers letztlich an existentialistische und phänomenologische Vorstellungen an. Rogers hat aber auch als einer der ersten Vertreter der klinischen Psychologie die empirische Überprüfung der Wirksamkeit und Wirkweise des klinischen Handelns initiiert. Er zählt heute zu den Hauptvertretern der →humanistischen Psychologie.

2. Prinzipien und theoretischer Hintergrund. Ausgehend von der Beobachtung des Verlaufs seiner eigenen Beratungen und Psychotherapien wie auch der seiner Kollegen hat Rogers die Prinzipien des klzA 1942 in ersten Grundzügen dargelegt und bis ca. 1980 immer weiter verfeinert. Kennzeichnend für den Ansatz ist die starke Betonung der Bedeutung der subjektiven Erlebniswelt des Klienten wie auch der Beziehungsgestaltung zwischen Berater und Ratsuchendem.
In einem Aufsatz von 1957 bezeichnete Rogers drei Bedingungen als ‚hinreichend und notwendig' für psychische Veränderungen, die später als ‚Kernvariablen' oder ‚Therapeutenmerkmale' des klzA bezeichnet wurden und die als anzustrebendes Ziel der Beziehungsgestaltung gelten:
Das Merkmal der ‚Empathie' (auch: ‚einfühlendes Verstehen') kann als technischer Hinweis verstanden werden und gibt Leitlinien für die konkrete Schlußbildung und Interventionsformulierung. Empathie bedeutet, die konkrete Erfahrung oder das konkrete Anliegen des Ratsuchenden vor dessen ‚individuellem Bezugsrahmen' zu verstehen (Schlußbildung) und möglichst präzise in Worte zu fassen (Intervention). Der professionelle Helfer versucht, die Welt des Klienten ‚mit dessen Augen' zu sehen („…als-ob man selbst der andere wäre…", Rogers 198, S.37) und ihm dadurch eine Erklärung seines Erlebens und Verhaltens zu ermöglichen. Die ‚unbedingte Wertschätzung' (auch: ‚bedingungsloses Akzeptieren') bezeichnet die Einstellung des Helfers dem Erleben und Verhalten des Ratsuchenden gegenüber. Das, was der Klient über sich sagt, sollte ohne Einschränkung akzeptiert werden, ohne daß alle Handlungen oder Einstellungen gebilligt oder geteilt werden; der Berater empfindet sich dem Ratsuchenden gegenüber als ‚positiv zugewandt'. Rogers erläutert dieses Merkmal auch mit dem Gefühl, wie es etwa Eltern ihren Kindern gegenüber empfinden. Es handelt sich sicher um das am wenigsten zu lernende und am ehesten umstrittene der drei Merkmale. Als ‚Kongruenz' (auch: ‚Echtheit') schließlich wird die Einstellung des professionellen Helfers zu sich selbst in der Beratungssituation gekennzeichnet. Idealerweise sollte diese ohne künstliche Grenzziehung und möglichst frei von Fassaden sein. Wichtigster Aspekt der Kongruenz ist die potentielle Fähigkeit des Helfers, zu jedem Zeitpunkt auch Aspekte seiner eigenen Befindlichkeit verfügbar zu haben und – falls für den Klienten förderlich – für die Gesprächsgestaltung und für Interventionen nutzen zu können. Ein äußerer Hinweis auf des Vorliegen von Kongruenz ist die Über-

einstimmung von Mimik, Gestik und Tonfall des Beraters mit der Intervention.

Rogers begründet diese sparsame Konzeption mit der Störungstheorie und dem Veränderungsmodell des klzA; hinter beidem steht ein spezielles Menschenbild. Das Menschenbild geht von einer Aktualisierungstendenz des Menschen und seinem Wunsch nach positiver Beachtung aus. Dies bedeutet, daß jeder Mensch grundsätzlich das Interesse hat, sich entsprechend all seiner potentiellen Möglichkeiten zu entwickeln und daß die Begegnung mit und die Beziehung zu anderen konstituierend ist für die persönliche Entwicklung ist. Störungen und Probleme gehen auf eine Inkongruenz zwischen Selbst und Erfahrung zurück: eine neue Erfahrung paßt nicht zur augenblicklichen Selbst-Struktur des Individuums. Im günstigsten Fall kann die Selbst-Struktur adäquat geändert werden. Falls dies aber zu bedrohlich ist, muß die neue Erfahrung verleugnet oder verzerrt werden, was weitere Probleme nach sich ziehen kann. Rogers nennt als Beispiel einen sich selbst als ‚brillant‘ wahrnehmenden Spitzenschüler einer Kleinstadt, der an die Universität kommt und bezüglich seiner Begabungen neue Erfahrungen macht, die dem bisherigen Selbstbild nicht entsprechen. Das klz-Veränderungsmodell schließlich beschreibt, wie in Abwesenheit jeder Bedrohung (wie z.B. Kränkungen, Selbst-Abwertungen oder Gesichtsverlust) bisher angstinduzierend wirkende Erfahrungen (wie z.B. eigenen Schwächen zu bemerken, sich abzugrenzen, Antipathien festzustellen oder in Extremfällen auch das Zulassen persönlicher Nähe) in die persönliche Erfahrung und schließlich in das Selbst integriert werden können – das Individuum kann sich freier verhalten. Die klz-Haltung dient allein dazu, diesen Prozeß über eine erhöhte ‚Selbst-Exploration‘ oder ‚Selbst-Empathie‘ des Ratsuchenden zu fördern.

Die Ideale der spezifisch-klz Haltung können in konkrete Empfehlungen für die Gesprächsführung übersetzt werden (vgl. Weinberger 1992). Dies einerseits mit der Einschränkung, daß sich die ‚Regeln‘ eigentlich stringent aus der angestrebten Beziehungsgestaltung ableiten lassen, andererseits können auch ganz untypische, z.B. direktive Interventionen im Sinne des klzA sein, wenn sie unmittelbar die Selbst-Exploration des Individuums fördern. An erster Stelle der technischen Empfehlungen wäre eine weitgehende Abstinenz von Bewertungen und Beurteilungen zu nennen – weitgehend auch von positiven! Der Berater sollte direkte Ratschläge zunächst vermeiden. Interventionen sollten sich bevorzugt auf die geäußerten Gefühlsbedeutungen, insbesondere der Interaktion des ratsuchenden Menschen mit seiner Umwelt, richten. Damit sind Emotionen, die von Gedanken begleitet werden, eher gemeint als Gedanken, die von Gefühlen begleitet werden. Fragen sind weniger hilfreich als Aussagesätze, die meist äquivalent formuliert werden können. Weiterhin sollten die beraterischen Äußerungen kurz sein, den wesentlichen Gehalt der letzten Äußerung des Anderen zum Inhalt haben, sich auf konkretes Erleben und Verhalten richten und die Beschäftigung mit anderen sollte immer auf die Bedeutung für die individuelle Person zurückgeführt werden. Bei allem Bemühen um Abstinenz von Wertung und Lenkung ist das konkrete Vorgehen des Beraters jedoch trotzdem höchst selektiv und aktiv in dem Sinne, als aus komplexen Äußerungen des Ratsuchenden stets die Aspekte aufgenommen und weiterverfolgt werden, die ‚am Rande der Gewahrwerdung‘ des Klienten liegen und für den Moment das größte Entwicklungspotential versprechen.

In der Entwicklung und in der Rezeption im deutschen Sprachraum standen zu verschiedenen Zeitpunkten verschiedene Akzente im Vordergrund, so etwa zu Anfang die Nicht-Direktivität, später die ‚Erlebnisintensivierung‘, die ‚Klientenzentrierung', die eher technische Ausrichtung auf die Differenzierung der emotionalen Empfindung oder die Tatsache der Vermittlung im ‚Gespräch'. Gleichzeitig mit Tendenzen zur Erweiterung und Integration anderer Verfahren Ende der siebziger Jahre wurde die Rückbesinnung auf Rogers durch Biermann-Ratjen et al. (1979, 1997) initiiert und das ‚Verstehen' des individuellen Bezugsrahmens als beraterische Leitlinie etabliert. Aktuell wird wieder eine größere Anwendungsbreite mit dem Begriff der ‚Personenzentrierung' angeregt, der bereits früher etabliert war und den Aspekt der Unterstützung bei der ‚Entwicklung der Persönlichkeit' (Rogers 1994) betont.

3. Anwendungen und Stellenwert in der Praxis der Sozialpädagogik und der Sozialarbeit. Der Einfluß des klzA ist in allen Bereichen der Sozial- und Humanwissenschaften – jeweils mit anderen Schwerpunktsetzungen – seit Mitte der 60er Jahre ganz außerordentlich. Verschiedene Modelle der Reformpädagogik und insbesondere der ‚schülerzentrierte Unterricht' (Tausch & Tausch 1991) gehen wesentlich auf Impulse Rogers' zurück. ‚Encounter-' und Trainingsgruppen haben – mit z. Zt. abmendender Tendenz – die Arbeitsweisen der Erwachsenenbildung beeinflußt. Klienten- oder personenzentrierte Konzepte waren Pate für familien- und paartherapeutische Ansätze und die ‚Kommunikative Psychologie' Schulz von Thuns (1992). Personenzentrierte Konzepte stehen an exponierter Stelle in Bereichen der Organisationsentwicklung und Mitarbeiterfortbildung. Die Empfehlungen zur Gestaltung des professionellhelfenden Kontakts entsprechend der ‚Kernvariablen' haben eine partielle Loslösung vom klzA erfahren und sind in unterschiedlich modifizierter Form vielfach übernommen worden.

In der Sozialpädagogik und Sozialarbeit hat insbesondere im Bereich der Beratung das nicht-direktive Konzept herausragende Bedeutung erlangt. Dies mag zum einen daran liegen, daß Nicht-Direktivität als Handlungsmaxime relativ leicht mit den erzieherischen Idealen nach dem Infragestellen der autoritären Erziehung in Übereinstimmung zu bringen war. Und es steht in guter Übereinstimmung mit den aktuell eher heterogenen gesellschaftlichen Idealen wie dem Primat der individuellen Selbstbestimmung bei weitgehendem Fehlen realistischer Vorbilder. Nicht selten ist ‚Nicht-Direktivität' oder ‚Ergebnisoffenheit' in Statuten für beratendes Handeln eingegangen, so z. B. in der Schwangerschaftskonfliktberatung oder in verschiedenen medizinethischen Konzeptionen. Insofern hat auch dieses Konzept eine gewisse Loslösung vom klzA erfahren.

Von besonderem Wert für Beratungsaufgaben ist auch das Störungsmodell der klzG, welches sich auch zur theoretischen Fundierung von Entscheidungsproblemen als Anlaß einer Beratungsindikation eignet – ein Aspekt, der bisher wenig expliziert worden ist. Die meisten Entscheidungsprobleme sind weniger durch ein Informationsdefizit als durch ein ‚Inkongruenzerleben' zu verstehen: wenigstens eine Entscheidungsalternative beinhaltet ein neues Erleben, welches nicht mit dem aktuellen Selbst-Konzept übereinstimmt (der Studienwechsel, die Trennung vom Partner, der neue Lebensweg). Bisher unerwünschte und daher abgewehrte Neigungen und Wünsche bedeuten meist den Schlüssel für die Entscheidung.

Vergleichsweise weniger allgemeine Anerkennung hat das Veränderungsmodell des klzA gefunden, obgleich dieses die vielleicht wichtigste Leistung Rogers' darstellt: Der klzA wurde aus der Beobachtung von Veränderungsprozessen – vor Etablierung des klzA – heraus entwickelt. Dies mündete nicht nur in den bekannten Postulaten der Kernvariablen, sondern auch in einem differenzierten Modell der Beschreibung des Veränderungsprozesses (vgl. Rogers

1994: 130ff.), das Störungsmodell und die Entwicklungspsychologie sind demgegenüber nachgeordnet. In vielen anderen Konzeptionen ist es umgekehrt, dort bestimmt das ätiologische Modell das Vorgehen. Diese Verfahren zeigen sich in der Weiterentwicklung dann oft als Gefangene ihrer Störungstheorie.

Das diagnostische Potential, welches sich durch die unbedingte Orientierung am individuellen Bezugsrahmen des anderen begründet, wird oft unterschätzt. Der klzA ist ein ausgesprochen praxistaugliches Verfahren, um bei relativer Gelassenheit und mit hoher Wahrnehmungskompetenz (vgl. Straumann 1992) die Aspekte eines Problems umfassend erfahren zu können. Der dadurch beginnende Prozeß der Aufklärung des ‚Bezugsrahmens' ist vom ersten Moment an auch für den Klienten hilfreich.

4. Beschränkungen, Kritik und Ausblick. Eine Beeinträchtigung der Beurteilung teilt der klzA mit anderen Verfahren: er wurde nur einmal und recht früh (1959) von Rogers systematisch dargestellt, die deutsche Übersetzung erschien erst 1987. Den anschaulichsten Überblick verschaffen wahrscheinlich die ‚19 Thesen' zur ‚Theorie der Persönlichkeit und des Verhaltens' (Rogers 1983: 418ff.). Rogers selbst hat zunehmend das personenzentrierte Konzept als Gesellschaftsutopie vertreten, was die Anerkennung als effektives, praxistaugliches Verfahren z.T. erschwert hat.

Die Indikation des klzA muß differenzierter gesehen werden, als Rogers' Vorschlag des völligen Verzichts auf einschränkende Kriterien dies postuliert (1983: 212ff.). Biermann-Ratjen et al. (1997: 148ff.) nennen die Wahrnehmung einer Inkongruenz und des Beziehungsangebots des professionellen Helfers durch den Ratsuchenden als minimale Voraussetzungen. Die Indikation ist weiter fraglich, wenn eine eingeschränkte Möglichkeit der Veränderung, u.a. auch durch körperliche (Suchtprobleme) oder rechtliche (Straftäter) Bedingungen besteht oder das Urteilsvermögen beeinträchtigt ist. In solchen Fällen ist das klz Vorgehen z.B. durch ein störungsspezifisches Vorgehen zu ergänzen. Speierer (1994) unterscheidet sehr differenziert verschiedene Quellen und klinische Erscheinungsbilder des Inkongruenzerlebens.

Die Diskussion darum, ob auch bei unzweifelhaften Indikationen das klz ‚Kernmodell' durch ‚Zusatzvariablen' oder störungsspezifische Interventionen (vgl. Speierer 1995) ergänzt werden muß oder nicht, wird den klzA wahrscheinlich dauerhaft begleiten. Gerade wegen des spezifischen Veränderungsmodells muß der klzA wohl insgesamt als eher empfindlich gegenüber Ergänzungen und Integrationsbemühungen angesehen werden.

Im Bereich der Sozialarbeit ist zusätzlich zu beachten, daß mit der klzG schnell und effektiv eine positiv getönte Beziehung aufgebaut werden kann, gleichzeitig kann es notwendig oder aufgrund der institutionellen Bedingungen unumgänglich sein, daß der Berater Entscheidungen gegen den Ratsuchenden fällen muß; der Ratsuchende kann dies möglicherweise als Täuschung auffassen. Der Anwender der klzG muß sich dieser Gefahr bewußt sein und damit verantwortlich umgehen. Biermann-Ratjen et al. (1997: 181ff.) beschreiben Fallvignetten der klzG in der Sozialarbeit, die besonders das diagnostische Potential herausstellen.

Im Kanon der klinisch-psychologischen Schulen besticht der klzA durch seine sparsame axiomatische Fundierung, die Meyer (1991) nach seiner für den klzA günstig ausgefallenen Vergleichsstudie anerkennend als ‚Theorie-Ökonomie' bezeichnete. Der klzA verlangt auch vom Anwender eine besondere Beschränkung hinsichtlich der theoriekonformen Interventionen, aber auch hinsichtlich der Interpretation der auftauchenden Phänomene und Schwierigkeiten. Der professionelle Helfer wird angeleitet, letztlich immer die eigenen Defizite bei der Verwirklichung der ‚Kernvariablen' zu fokussieren. Diese Defizite behindern das Verstehen des ‚individuellen Bezugsrahmens' des anderen, die Gründe für das Nicht-Verstehen können aber meist wieder bis zu diesem ‚individuellen Bezugsrahmen' zurückverfolgt werden. Dem Berater sind durch diese charakteristische Schlußbildung verschiedene, ihn selbst eher entlastende Möglichkeiten, wie die Interpretation von mangelndem Fortschritt als Widerstand oder andere ‚Schuldzuweisungen' an den Ratsuchenden, aber auch der schnelle Wechsel auf eine andere Technik weitgehend genommen. Dadurch imponiert die klzG letztlich als relativ strenges Verfahren, das nicht nur als praxistaugliches Interventionsmodell, sondern auch als anspruchsvolles Denkmodell einen festen Platz in den Methoden der Sozialpädagogik, der Sozialarbeit und der klinischen Psychologie hat.

→Beratung; →Humanistische Psychologie

Lit.: Biermann-Ratjen, E.-M., Eckert, J., Schwartz, H.-J.: Gesprächspsychotherapie. Verändern durch Verstehen, Stuttgart [8]1997 ([1]1979); Meyer, A.-A.: Laudatio für Carl Ransom Rogers, in: GwG Zeitschrift 22 (1991): 53–55; Rogers, C. R.: Die nicht-direktive Beratung. Counseling and psychotherapy, Frankfurt 1991 [Originalausgabe 1942]; Rogers, C. R.: Die klientenzentrierte Gesprächspsychotherapie. Client-centered therapy, Frankfurt 1983 [Originalausgabe 1951]; Rogers, C. R.: Eine Theorie der Psychotherapie, der Persönlichkeit und der zwischenmenschlichen Beziehungen, Köln [1]1987 [Originalerscheinen 1959]; Rogers, C. R.: Entwicklung der Persönlichkeit. [On becoming a person], Stuttgart 1994. [Originalausgabe 1961]; Schulz von Thun, F.: Miteinander reden, Teil 1. Störungen und Klärungen, Reinbek 1992; Speierer, G.-W.: Das differentielle Inkongruenzmodell (DIM), Heidelberg [1]1994; Speierer, G.-W.: Therapeutische Verhaltensweisen in der Gesprächspsychotherapie heute, in: GwG-Zeitschrift 26 (1995): 33–41; Straumann, U.: Personenzentrierte Beratung und Krisenintervention unter integrativen und kooperativen Aspekten – Ein Weiterbildungskonzept, in: Straumann, U. (Hrsg.): Beratung und Krisenintervention, Köln 1992: 12–28; Tausch, R., Tausch, A.: Erziehungs-Psychologie, Göttingen [10]1991; Weinberger, S., Klientenzentrierte Gesprächsführung. Eine Lern- und Praxisanleitung für helfende Berufe, Weinheim [5]1992.

Burkard Jäger, Hannover

Klientenzentrierte Gesprächspsychotherapie
→Gesprächstherapie

Klinische Psychologie
Disziplin der angewandten Psychologie, die die Ergebnisse und Methoden der psychologischen Grundlagenfächer zur Erforschung, systematischen Diagnose, Vorbeugung, Erkennung und Behandlung psychischer Probleme von Individuen und Gruppen anwendet. Klinische Psychologen arbeiten u. a. in der →Beratung, in der →Heimerziehung, in Schulen, in Kliniken und in privaten Praxen. Irreführend ist der aus dem Englischen übertragene Begriff „clinical" (klinisch), der in seinem Ursprung die Beobachtung und Behandlung von Patienten in Ambulanzen und Praxen bedeutet. Der deutsche Begriff „Klinik" ist hingegen mit dem englischen Begriff „hospital" zu übersetzen.

Klinische Sozialarbeit
1. Definition. K.S. bezeichnet entsprechend dem amerikanischen Fachterminus clinical social work die (bei Krankheit, Behinderung oder psychosozialen Krisen) behandelnde oder in Behandlungskontexten erfolgende professionelle Sozialarbeit. Gegenstand k.S. sind psychosoziale Störungen und körperliche Beeinträchtigungen in ihrem sozialen Zusammenhang, wobei mit der pro-

fessionellen Kompetenz Sozialer Arbeit auf Heilung, Linderung oder Besserung hingewirkt wird. Entweder setzt k. S. im System der Gesundheitsversorgung an, wenn Erkrankungen eine soziale Problematik mit sich bringen, die behandelt werden muß, oder therapeutisches, präventives oder rehabilitatives Handeln ist in einem sozialen Kontext angebracht, um Gesundheit wiederherzustellen, zu bessern oder zu erhalten.

Das Prädikat „klinisch" bezieht sich darauf, daß direkt an und mit kranken Menschen gehandelt wird – in einem ambulanten oder in einem stationären Behandlungsrahmen. K. S. erfolgt entweder in einem eigenen therapeutischen oder heilpädagogischen Setting (insbesondere in der Jugendhilfe und der Familienhilfe) oder in interdisziplinärer Zusammenarbeit mit medizinischen Fachkräften, wobei der Sozialarbeit vorwiegend die Klärung („Sozialdiagnose") und Behandlung der sozialen Situation einer Person oder Familie zufällt und deren Unterstützung in ihrer Lebensführung und Alltagsbewältigung.

2. Entwicklung. K. S. ist begrifflich und als spezialisierte Berufstätigkeit in den USA entstanden. Sie wurzelt im methodischen casework (→Case Management, →Einzelhilfe), das bereits in den zwanziger Jahren unter dem Einfluß der Psychoanalyse zur →Psychotherapie tendierte. Ab 1960 begannen Sozialarbeiter zunehmend in selbständiger, privater Praxis Klienten mit psychosozialen Problemen zu behandeln. Es bildeten sich Berufsvereinigungen, und 1971 kam es zur Gründung der National Federation of Societies for Clinical Social Work. Sie stellte Richtlinien für die Praxis auf. Ihre Fachzeitschrift ist das „Clinical Social Work Journal". 1978 anerkannte die amerikanische National Association of Social Workers k. S. formal als professionellen Arbeitsbereich. Die Zertifizierung für k. S. setzt in den USA einen akademischen Abschluß als „Master", eine mindestens zweijährige Berufspraxis unter Supervision und die Absolvierung einer Prüfung voraus. – In Deutschland ist der Begriff k. S. erst seit einigen Jahren eingeführt (Wendet 1995), obwohl die Tätigkeitsbereiche k. S. eine längere Tradition haben.

3. Kompetenzen und Arbeitsfelder. K. S. beruht auf einer Reihe von Befähigungen, die zum Behandlungserfolg beitragen, insbesondere die Befähigung
– zum Aufbau einer persönlichen Beziehung zum Klienten/Patienten,
– zur psychosozialen Einschätzung einer Lage und Problematik (Assessment),
– zu einer umfassenden sozialen Beratung,
– zur Auswahl und Anwendung geeigneter therapeutischer Verfahren,
– zur alltagsbezogenen Begleitung von Klienten im Lebensfeld,
– zur Nutzung des Systems sozialer Sicherung (Netzwerkkompetenz),
– zu klient- bzw. patientzentrierter sozialer Anwaltschaft (advocacy),
– zur Evaluation sozialer Unterstützungs- und Behandlungsprozesse und ihres Erfolgs.

Diese Befähigungen sind geeignet, die fachkompetente Problembewältigung zu einem lebenskritischen, alltagsbezogenen Unterstützungsmanagement zu erweitern.

Der Einsatz solcher Befähigungen hängt von der Zuständigkeit des Sozialarbeiters ab, also von dem klinischen Setting, in dem er tätig ist. Arbeitsfelder k. S. sind insbesondere
– die ambulante und stationäre Psychiatrie,
– die Suchtkrankenhilfe,
– Krankenhaussozialdienste,
– ambulante gesundheitliche Beratungsdienste,
– Sozialdienste in der Geriatrie,
– Rehabilitationseinrichtungen,
– Beratungs- und Therapieangebote in der Kinder- und Jugendhilfe,
– die Familientherapie.

K. S. wirkt in allen diesen Feldern einer

Verengung der Behandlung auf somatische und psychische Aspekte entgegen, indem die ganze Lebenswirklichkeit von Menschen in den Blick genommen wird. K. S. zielt mit ihrem Handeln auf soziale Integration (z. B. psychisch Kranker) im Alltag.

4. Ausbildung. Übernehmen Sozialarbeiter Teilaufgaben in einem klinischen Behandlungszusammenhang, sind sie dafür entweder durch ihre generalistische Ausbildung oder durch arbeitsfeldspezifische Zusatzausbildungen (in bestimmten Therapie- und Interventionsverfahren) qualifiziert, die vorwiegend auf dem freien Markt der Weiterbildung angeboten werden (→Psychotherapie). Im Gegensatz zu den USA gibt es eine geregelte lizensierte Ausbildung in k. S. in Deutschland bisher nicht. Ansätze dazu bieten Sozialtherapie-Ausbildungen wie einige Aufbaustudiengänge an Fachhochschulen oder den Erwerb des Zertifikats „Sozialarbeiterischer Psychotherapeut DBSH" durch eine Ausbildung beim Berufsverband.

Lit.: Blätter der Wohlfahrtspflege, 145 (1998), 9+10 (Themenheft); Brandell, J. R. (ed.): Theory and Practice and Practice in Clinical Social Work, New York 1997; Dorfman, R. A.: Clinical Social Work, New York 1996; Feinbier, R. J.: Klinische Sozialarbeit, Sankt Augustin 1997; Wendt, W. R.: Die klinische Sozialarbeit braucht ein Profil, in: Blätter der Wohlfahrtspflege 142 (1995), 10: 256–257.

Wolf Rainer Wendt, Stuttgart

Koedukation

die gemeinsame Erziehung von Mädchen und Jungen auch außerhalb der Familie. Um alle Kinder der unteren Schichten nach Einführung der →Schulpflicht beschulen zu können, wurden bereits gemischtgeschlechtliche Klassen eingerichtet, ohne damit jedoch eine bildungstheoretische Absicht zu verbinden. Im höheren Schulwesen blieb die Trennung der Geschlechter bestehen.

Auch die frühe →Frauenbewegung schlug für die weiterführenden Schulen eher den Weg eines eigenständigen Mädchenschulwesens zur Sicherung der →Frauenbildung ein. K. als beabsichtigte Lernsituation wurde in Deutschland erstmals im Rahmen der →Landerziehungsheimbewegung, der →Jugendbewegung und der →Reformpädagogik gefordert und umgesetzt. K. war hier wesentlicher Bestandteil der Erneuerung von Erziehung, Bildung und Lebensform. Die aus diesen Bewegungen resultierenden Ansätze wurden vom Nationalsozialismus beseitigt. Nach dem Zweiten Weltkrieg war das Schulwesen der DDR von Anfang an mit K. als programmatischem Anliegen verbunden. In der Bundesrepublik zog sich die Durchsetzung der K. z. T. bis in die 1970er Jahre hin. Da sich trotz formaler Gleichstellung die Hierarchie der Geschlechter im Bildungssystem als sog. „heimlicher Lehrplan" erhalten habe, wird von verschiedenen Seiten eine erneute Diskussion der K. initiiert.

Körperliche Behinderung

Als körperliche Behinderungen gelten nach § 124 BSHG:
– nicht nur vorübergehende erhebliche Beeinträchtigungen der Bewegungsfähigkeit, die auf Fehlen oder Funktionsstörungen von Gliedmaßen oder auf andere Ursachen beruhen;
– Mißbildungen, Entstellungen und Rückgratverkrümmungen, wenn diese erheblich sind;
– nicht nur vorübergehende erhebliche Beeinträchtigungen der Seh-, Hör- und Sprachfähigkeit.

Körpertherapie

Sammelbegriff für Psychotherapieformen, die den Körper als Mittler und Gegenstand nutzen. Dazu gehören u. a. Atemtherapie, Bewegungstherapie, Massageverfahren, Entspannungstherapien, Biofeedback, bioenergetische Analysen.

Kognitive Psychologie

Forschungsrichtung der Psychologie, die sich auf die Analyse von Kognitionen (menschliche Mechanismen der Informationsverarbeitung und der Erkenntnis) spezialisiert hat. Die K. P. geht von der besonderen menschlichen Fähigkeit zur Selbsterkenntnis und Selbstkontrolle aus. →Pädagogische Psychologie; →Soziales Lernen; →Verhaltenstherapie

Kollegiale Beratung (auch: Intervision, engl.: peer consultation)

gegenseitige (kollegiale) →Beratung und Hilfe zur Problemlösung von in der Sozialen Arbeit Tätigen innerhalb ihres berufsspezifischen Rahmens. K. B. als Prinzip ist vor allem im Zusammenhang mit Forderungen nach einer Demokratisierung von Entscheidungsprozessen und der Diskussion um die Vorzüge kollektiven Lernens entwickelt worden. Als Strukturelement professioneller Sozialer Arbeit hat sich k. B. bisher vor allem im Bereich alternativer, selbstverwalteter Projekte etabliert. →Supervision

Kollektiv

Synonym für Gruppe, Personenansammlung, soziales Gebilde, mit dem im Speziellen gemeint sein kann:
1. nach F. Tönnies und R. K. Merton Personen, die sich durch gemeinsame Interessen und Auffassungen verbunden fühlen, aber nicht organisatorisch verbunden sind oder miteinander interagieren;
2. nach L. von Wiese überpersönliche soziale Gebilde (Körperschaften, Organisationen), die langfristige Werte garantieren, wie etwa die Kirche;
3. Basisform menschlicher Kooperation und Organisation im Sozialismus, bei der die Mitglieder des K. durch gemeinsame fortschrittliche Ziele und gemeinsame Arbeit in Gleichberechtigung verbunden sind. Das K. ist in diesem Sinne auch Ort der →Kollektiverziehung (→Bildung und Erziehung im Sozialismus).

Kollektiverziehung

sowohl zentrales Mittel als auch wesentliches Ziel sozialistischer Pädagogik.
→Bildung und Erziehung im Sozialismus; →Erziehungswissenschaft im Sozialismus

Kolping, Adolf (8. 12. 1813–4. 12. 1865)

Als Präses des katholischen Handwerksgesellenvereins in Elberfeld verbreitete der Theologe K. dessen Vereinsidee über ganz Deutschland (Kolping-Bildungswerke). Er vereinigte in seinem Bildungsansatz die Verankerung der Mitglieder in der Kirche mit beruflicher Bildung und familiärer Geselligkeit. Ziel war es, den Handwerkern religiöse und sittliche Hilfe zu gewähren und ihren Anspruch auf soziale Gerechtigkeit zu unterstützen. Damit ist K. zu den Begründern der katholischen Soziallehre zu zählen.

Kommunale Sozialpolitik

→Sozialpolitik auf der Ebene der Kommune

Kommunikation

K. bezeichnet den Prozeß der Übertragung von Informationen. Entsprechend befaßt sich die K.forschung mit der Weitergabe von Adressen durch Adressanten an →Adressaten. Neben der bloßen Übertragung von Information bedeutet menschliche (soziale) K. aber auch immer den Austausch von emotionalen Inhalten. Es liegen vielfältige Typisierungen von sozialer K. vor. K. ist unabdingbare Voraussetzung und notwendiger Bestandteil aller sozialen Prozesse und stellt eines der wesentlichsten Instrumente Sozialer Arbeit dar, deren Erfolg häufig von der Analyse der Strukturen der K. abhängt (→Gruppenarbeit, →Gesprächsführung, →Beratung). Neben der sog. Face-to-face-K. ist mit der Technisierung der vergangenen Jahrzehnte das Interesse an der wissenschaftlichen Beschäftigung mit der Massenkommunikation gestiegen. Ergebnisse der psychologischen, soziologischen und linguistischen K.forschung haben Eingang in die

Soziale Arbeit gefunden, wobei vor allem die Beiträge Paul Watzlawicks und Jürgen Habermas' u. a. die kompensatorischen Zielsetzungen der 1970er Jahre stark beeinflußten. →kompensatorische Erziehung

Kommunitarismus

K. ist ein von dem Soziologen Amitai Etzioni 1984 entwickeltes Konzept, dem die These zugrundeliegt, daß den moralischen, sozialen und politischen Krisen moderner Gesellschaften nur über die Förderung der Gemeinschaftsorientierung begegnet werden könne. Egoistisches Verhalten von Gesellschaftsmitgliedern soll abgebaut werden, die Überforderung des →Wohlfahrtsstaates soll vermieden werden, die Übernahme persönlicher und sozialer Verantwortung soll gefördert werden, ebenso das Bewußtsein, daß neben Rechten auch Pflichten stehen. Der Staat wird dabei allerdings nicht aus seiner gesellschaftlichen bzw. sozialpolitischen Verantwortung (→Sozialpolitik, →Sozialrecht) entlassen, jedoch von überfordernden Ansprüchen entlastet.

Kompensation

bewußter oder unbewußter Akt der Selbstregulierung zum Ausgleich individueller Schwächen oder Defekte. In der Tiefenpsychologie vor allem das Streben nach Ersatzbefriedigung als Ausgleich für Minderwertigkeitsgefühle und als →Abwehrmechanismus.

Kompensatorische Erziehung

Allg. bezeichnet K. E. jede Erziehungsmaßnahme, die den Ausfall der Eltern bei der Erziehung kompensiert. Insbesondere meint K. E. einen in den USA entwickelten, seit Ende der 1960er Jahre im Zuge der Bildungsreform auch in der BRD übernommenen Erziehungsansatz, der durch gezielte Maßnahmen in den außerfamiliären Erziehungsinstanzen Defizite familialer Sozialisation auszugleichen versucht, um die →Chancengleichheit von Kindern unterschiedlicher Herkunft vor allem beim Schuleintritt zu gewährleisten. Entsprechend bildete der →Elementarbereich den Hauptzielpunkt der Bemühungen, aber auch in der →Randgruppenarbeit fand der Ansatz Eingang. Untersuchungen zur Wirkung von K. E., die vor allem an der Verbesserung des Sprachvermögens arbeitete, identifizierten zwar Erfolge, stellten aber auch fest, daß wirkliche Gleichheit nicht erreicht werden konnte. Neben den mangelnden Langzeiteffekten wurde der K. E. von ihren Kritikern auch das an den Normen der Mittelschicht ausgerichtete Defizitmodell vorgeworfen, welches andere →Erziehungsstile als minderwertig qualifiziere, ohne ihre Bedeutung zu reflektieren. Außerdem retuschiere die K. E. vorhandene Klassengegensätze und negiere bzw. unterbewerte strukturelle Probleme.

Komplexe Psychologie

→Analytische Psychologie C. G. Jungs (1875–1961).

Konditionierung

aus der Verhaltens- und Lerntheorie stammender Begriff für Vorgänge, bei denen ein Verhalten oder eine Reaktion mit bestimmten Reizen verbunden wird, um das Verhalten oder die Reaktion mit Hilfe der Reize auch später wieder auslösen zu können. K. kann sowohl in Laborsituationen, als auch in der natürlichen Lebenswelt beobachtet und herbeigeführt werden (→Soziales Lernen). Es ist zu unterscheiden zwischen instrumenteller K. (der Reiz erfolgt als „Belohnung" nach der gezeigten Reaktion) und klassischer K. (ein ursprünglich neutraler Reiz wird durch Verknüpfung mit dem reaktionsauslösenden Reiz selbst zum Auslöser der Reaktion). Berühmt als Beispiele klassischer K. sind die Experimente des russischen Mediziners I. P. Pawlow (1849–1936). →Verhaltenstherapie

Konfliktberatung

→Beratung

Konflikttheorien

Theorien, die verschiedene gesellschaftliche Vorgänge und soziale Prozesse mittels der Kategorie „Konflikt" (sich aus gegensätzlichen Interessen ergebende Spannung oder Auseinandersetzung) analysieren, diese Kategorie jedoch im Kontext sehr unterschiedliche Bezugstheorien verwenden. So zählen etwa die biologischen und psychologischen Theorien, die ein angeborenes Aggressionsbedürfnis unterstellen und damit soziale Konflikte oder Kriminalität erklären ebenso zu den K. wie die marxistische Gesellschaftstheorie, die die Entwicklung der Geschichte der Menschen und Gesellschaften als eine Abfolge von Klassenkonflikten und -kämpfen versteht.

Konformität
Übernahme von Normen, Verhaltensmustern und Einstellungen einer Gruppe oder Gesellschaft durch ihre Mitglieder. Diese Anpassung kann oberflächlich und widerstrebender Natur sein, aber auch auf tatsächlicher Zustimmung und Verinnerlichung beruhen. K. sichert die Stabilität sozialer Gruppierungen, kann jedoch auch soziale Veränderungen hemmen. Insofern ist K. einerseits Ziel der →Sozialisation, andererseits muß auch die Fähigkeit erworben werden, die aus den Konformitätswünschen unterschiedlicher Gruppen sich ergebenden Spannungen auszuhalten (→Ambiguitätstoleranz) und eine für den gesellschaftlichen Wandel notwendige Flexibilität der Anpassung vermittelt werden.

Konstruktivismus
bestimmte Richtung der →Wissenschaftstheorie, demzufolge die durch wissenschaftliche Forschung ermittelten Daten nicht als vom Forscher unabhängig betrachtet werden können. Vielmehr seien die Ergebnisse wissenschaftlicher Arbeit als durch die Theorie und die Meßinstrumente des Wissenschaftlers konstruiert zu verstehen. Insofern können diese Daten und Ergebnisse nicht als unabhängige Prüfinstanz für die Theorie gelten. Entsprechend kann auch das Prinzip der Falsifikation nicht anerkannt werden. Widersprechen erhobene Daten der aufgestellten Theorie, wird nach Störvariablen gesucht, die Theorie nicht verworfen; sie gilt jedoch als belastet. Für radikale Konstruktivisten, wie Watzlawick oder Luhmann, gibt es keine Welt, die unabhängig vom Bewußtsein der erkennenden Subjekte existiert. Erkenntnistheorie und Wirklichkeitstheorie fallen hier zusammen. Implizit liegt dem Radikalen K. ein Bild des Menschen zugrunde, das diesen als System ohne reale Außenbeziehungen versteht, das nur mit sich selbst, seinen internen Zuständen interagiert. Insofern wird dem Radikalen K. unzulässiger Reduktionismus vorgeworfen. Insgesamt liegt die Gefahr des K. darin, daß er Theorien grundsätzlich gegen jede Kritik immunisiert. →Systemtheorie

Kontaktstelle
→Psychosoziale Kontaktstelle

Korczak, Janusz (22.7.1878–August 1942)
Der polnische Kinderarzt K., dessen eigentlicher Name Henryk Goldszmit war, leitete in Warschau sowohl ein jüdisches als auch ein katholisches Waisenhaus. K. Pädagogik betonte die Eigenrechte und die Eigenwelt des Kindes und verfolgte das Prinzip der Selbstverwaltung der Kindergemeinschaft. Als die ihm anvertrauten jüdischen Kinder 1940 in das Warschauer Ghetto übersiedeln mußten, begleitete K. sie und wies alle Hilfsangebote nichtjüdischer Freunde und Kollegen zu seiner persönlichen Rettung zurück. K. verbrachte etwas mehr als zwei Jahre damit, die Kinder seines Waisenhauses und andere Kinder im Ghetto zu betreuen. 1942 ging er mit ihnen im Konzentrationslager Treblinka in den Tod.

Korrelation
die Wechselbeziehung bzw. der Zusammenhang von statistischen Meßwerten oder anderen Merkmalen (→Empirische Sozialforschung: Quantitative Verfahren). Über die Ursachen der festgestellten

1. Alternativenraum festlegen	Projektbeschreibungen Bestimmung der Nebenbedingungen Alternativenvorauswahl Festlegung des Projektzeitraumes
2. Projektkosten	Ermittlung direkter und indirekter Kosten Einteilung in tangibel und intangibel; Monetarisierung der tangiblen Kosten (ggf. Wahrscheinlichkeitsverteilungen) Kostendatierung
3. Projektwirkungen	Erfassung direkter und indirekter Wirkungen Einteilung in tangibel und intangibel Monetarisierung der tangiblen Wirkungen (ggf. Wahrscheinlichkeitsverteilungen) Wirkungsdatierung
4. Entscheidungsfindung	Entscheidungskriterium festlegen Quantifizierung Zusätzlicher Einbezug intangibler Effekte

Zusammenhänge sagt die Berechnung der K. als statistische Methode nichts aus.

Kosten-Nutzen-Analyse

1. Definitionen. Unter dem Begriff K. werden im weiteren Sinne alle Methoden zur Bewertung öffentlicher Projekte bzw. Projektalternativen verstanden (Schußmann 1994: 513). Hierbei geht es um die Beantwortung der folgenden beiden grundlegenden Fragen:
1. Ist es sinnvoll, ein spezifiziertes staatliches Projekt auf Kosten des Entzugs finanzieller Mittel aus dem privaten Sektor durchzuführen?
2. Welches staatliche Projekt soll aus einer gegebenen Menge alternativer Vorhaben ausgewählt und realisiert werden?

Je nachdem, an welchen Zielvorstellungen die Vorteilhaftigkeit eines öffentlichen Projektes gemessen werden soll, und welche Verfahren zur Transformation der Zielvorstellungen in operable Entscheidungskriterien eingesetzt werden, unterscheidet man vor allem die folgenden Typen von Bewertungsmethoden:

Die K. im engeren Sinne bzw. traditionelle K. beschreibt die Zielvorstellungen monofinal durch das ökonomische Ziel der Wohlfahrtssteigerung. Unter Wohlfahrt wird hierbei die Summe der individuellen Nutzen verstanden, die die Individuen einer Gesellschaft aus dem Konsum der ihnen verfügbaren Güterbündel zu ziehen vermögen (Hanusch 1994: 2).

Werden öffentliche Projekte dagegen auf einer der Wohlfahrtszielsetzung untergeordneten projektspezifischen Zielebene beurteilt, die aus einem ganzen Bündel sich gegenseitig begünstigender oder miteinander konkurrierender Einzelziele besteht, und wird gleichzeitig auf eine Verknüpfung der unterschiedlichen Zielerfüllungsmaße zu einem Gesamtmaß verzichtet, so spricht man von Kosten-Wirksamkeits-Analysen. Diese liefern keine eindeutigen Entscheidungskriterien, sondern begnügen sich mit der Systematisierung von Wirkungs-

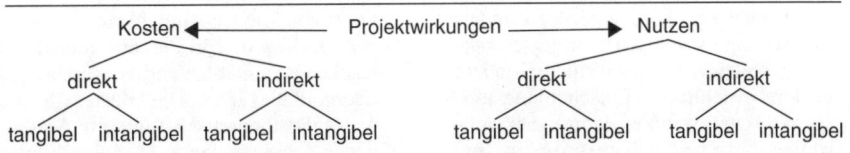

kategorien (classification) und der Entwicklung von Indikatoren zur Beurteilung von Handlungsalternativen innerhalb dieser Kategorien (characterization). Die endgültige Entscheidungsfindung bleibt dann ganz den subjektiven Vorstellungen des politischen Entscheidungsträgers überlassen.

Soll nun zusätzlich der Schritt unternommen werden, in einem formalisierten Verfahren die Indikatorenvektoren der Kosten-Wirksamkeits-Analyse in ein eindeutiges Entscheidungskriterium zu überführen (valuation), so muß eine entsprechende Transformationsfunktion definiert werden. In der betriebswirtschaftlichen Entscheidungspraxis hat sich hierbei das Verfahren der Nutzwertanalyse durchgesetzt: Den Indikatoren der einzelnen Wirkungskategorien werden auf einheitlichen Rangskalen Zielerfüllungsgrade zugeordnet. Gleichzeitig wird den Einzelzielen ein Gewicht zugemessen, das deren relativen Anteil an einer imaginären Gesamtzielerfüllung ausdrücken soll. Durch Multiplikation der Gewichte mit den Erfüllungsgraden und Addition über alle Wirkungskategorien wird ein Gesamtwert (Nutzwert) ermittelt, der als eindeutiges Nutzenmaß herangezogen wird.

2. Theoretische Konzeption
2.1 Methodeneingrenzung. Jede der beschriebenen Spielarten der K. hat ihre spezifischen Einsatzbereiche. Kosten-Wirksamkeits-Analysen kommen häufig zum Einsatz, wenn es lediglich darum geht, einzelne Projektwirkungen auf der Basis wissenschaftlich fundierter Wirkungsanalysen mittels Indikatoren zu beschreiben, die endgültige (subjektive) Nutzenbeurteilung aber einem nichtwissenschaftlichen öffentlichen Diskurs überlassen werden soll. Dies wird häufig in der jüngsten Ökobilanzdiskussion zur Beurteilung ökologischer Projekte praktiziert. Nutzwertanalysen sind besonders in der betrieblichen Entscheidungspraxis verbreitet, wenn es darum geht, subjektive Entscheidungsprozesse zu formalisieren, offenzulegen und damit nachvollziehbar zu machen. Beide Verfahren haben den Nachteil, daß die Verknüpfung der Kosten- mit der Nutzenseite nicht gelingt. Kosten-Wirksamkeits-Analysen verzichten von vornherein auf solche Verknüpfungen. Hier stellt die Kostenseite lediglich eine zusätzliche Beurteilungskategorie der Projekte dar. In Nutzwertanalysen wird der Projektnutzen in dimensionslosen Zahlen gemessen. Bei einer kombinierten Kosten-Nutzen-Bewertung müßte man demnach auch die Kostenseite in dasselbe Zielsystem einbeziehen und damit künstlich vergröbern. Zur Bewertung staatlicher Projekte wird daher häufig die K. i.e.S. herangezogen. Hier wird sowohl die Kosten- als auch die Nutzenseite in monetären Größen, möglichst auf der Basis von Marktpreisen gemessen. Die Analyse kommt zu einem eindeutigen Ergebnis: Ein Projekt ist dann durchzuführen, wenn sein monetärer Nutzen die Projektkosten übersteigt. Im folgenden wird daher unter einer K. stets die K. i.e.S. verstanden.

2.2 Theoretische Grundlagen und historische Entwicklung. Die K. bezieht ihre theoretischen Grundlagen zum einen aus den normativen Vorstellungen der Nutzen- und Wohlfahrtstheorie, zum anderen aus den Erkenntnissen der betriebswirtschaftlichen Investitionstheorie sowie der Risiko-Nutzen-Theorie. Investitionsrechnerische Komponenten fließen in die Analyse ein, da Projektwirkungen häufig über sehr lange Zeiträume zu beobachten sind, und daher auch monetäre Wirkungen unterschiedlicher Zeitpunkte vergleichbar gemacht werden müssen (Fisher 1932). Risiko-Nutzen-Überlegungen werden relevant, da die Projektwirkungen i.d.R. nicht als einwertige Daten, sondern lediglich in Form von Wahrscheinlichkeitsverteilungen vorliegen, für die ein monetäres Risikonutzenmaß gefunden werden muß (Bernoulli, 1738). Die Basis für die wohlfahrtstheoretisch fundierte Methodenentwicklung wurde 1844 durch Jules

Dupuit gelegt (Dupuit 1844). Entscheidende Impulse für die praktische Weiterentwicklung wurden zu Beginn des 20. Jahrhunderts durch gesetzliche Vorschriften in den USA, zunächst vor allem im wasserwirtschaftlichen Bereich, gegeben. Im Gesundheitswesen sind K. noch relativ selten; entsprechende Ansätze finden sich vor allem im arbeitsmedizinischen Bereich (Kentner 1996).

2.3 Elemente der K. Eine K. umfaßt die folgenden Handlungsschritte (siehe obenstehende Tabelle)

Im Rahmen der Beschreibung des Alternativenraumes wird durch die Berücksichtigung von Nebenbedingungen eine Vorauswahl der in die K. einzubeziehenden Projektalternativen getroffen und der Projektzeitraum festgelegt. Die nächsten beiden Schritte stellen mit der Spezifizierung der Projekteffekte durch Kosten-Nutzenzuordnungen das Kernstück der K. dar. Die Projekteffekte lassen sich hierbei wie folgt typisicren (Tabelle unten):

Indirekte Projektwirkungen sind im Gegensatz zu den direkten Effekten dadurch gekennzeichnet, daß sie nicht bewußt als Ziel angestrebt werden, sondern als eher unbeabsichtigte Nebenfolgen anfallen. Tangible Effekte lassen sich in monetären Größen quantifizieren, intangible Effekte können nur qualitativ beschrieben werden. Die Quantifizierung der Entscheidung erfolgt dann durch Anwendung eines investitionsrechnerischen Verfahrens auf der Basis der tangiblen Effekte, ggf. unter Berücksichtigung der Risikosituation. Abschließend können die intangiblen Effekte in einer verbal-argumentativen Schlußbetrachtung in die Analyse einbezogen werden. →Evaluation; →Qualitätssicherung – Qualitätsmanagement

Lit.: Bernoulli, D., Specimen theoriae novae de mensura sortis, Übersetzung: Exposition of a New Theory on the Measurement of Risk, in: Econometrica 22 (1954), S. 23–36; Dupuit, J., De la Measure de l'Utilité des Traveaux Publics, 1844, Übersetzung: On the Measurement of the Utility of Public Works, in: International Economic Papers 2 (1952), S. 83–110; Fisher, I., The Theory of Interest, New York, 1930; Hanusch, H., Nutzen-Kosten-Analyse, München, [2]1994; Kentner, M., Kosten-Nutzen-Analyse der praktischen arbeitsmedizinischen Tätigkeit, in: Gesundheitswesen 58 (1996), S. 102–105; Reinhold, W., Volkswirtschaftliche Kosten der Drogentherapie, in: Fachverband Drogen und Rauschmittel e. V. (Hrsg.), FDR-Berichte 48 (4/1997), S. 5–8; Schußmann, K., Kosten-Nutzen-Analyse, in: Geigant, F., Haslinger, F., Sobotka, D., Westphal, H. M. (Hrsg.), Lexikon der Volkswirtschaft, Landsberg/Lech, [6]1994, S. 513–514.

Welf Reinhold, Hamburg
Norbert Sturm, Lüneburg

Krabbelstube
Form der →Kinderkrippe, die häufig von einer Elterninitiative eingerichtet und betrieben wird.

Krankenhaussozialdienst
→Sozialdienst im Krankenhaus

Krankenversicherung
→Sozialrecht

Krankheit
1. Im weiteren Sinne kann K. als objektiv vorhandene oder subjektiv empfundene Abweichung physischer oder psychischer Natur von einer als Normalität definierten, soziokulturell geprägten →Gesundheit begriffen werden.

2. Der Rechtssprechung des Reichsversicherungsamtes und des Bundessozialgerichts folgend, ist K. ein regelwidriger körperlicher oder geistiger Zustand, der eine Heilbehandlung erfordert und/oder →Arbeitsunfähigkeit zur Folge hat.

3. Das Vorliegen einer K. bildet die Voraussetzung für die Gewährung von Leistungen im Rahmen der →Krankenversicherung.

Kreativität

K. bezeichnet die schöpferische Fähigkeit, über herkömmliche, durchschnittliche Denkgewohnheiten, Sichtweisen und Zusammenhänge hinaus, neue, originelle, flexible Problemlösungen und Ideen zu entwickeln. Im Rahmen der Erforschung der Entwicklungs- und Entstehungsbedingungen von K. wurden auch Aspekte einer Erziehung zur K. herausgearbeitet. Dabei wird vor allem der Phase der frühen Kindheit große Bedeutung zugeschrieben, in der Neugier, Konflikttoleranz, Aktivität, Aufgeschlossenheit, Spontaneität und Unabhängigkeit als wichtige Voraussetzungen für K. erhalten, gelegt und aufgebaut werden. Die mit der K. verbundene Flexibilität wird als unabdingbare Voraussetzung für einen erfolgreichen Umgang mit der komplexen modernen Welt angesehen. Darüber hinaus wird der K. eine erhebliche Bedeutung für die persönliche Zufriedenheit des Individuums zugesprochen. Vor allem im Rahmen der Bildungsorientierung der 1970er Jahre setzte eine intensive Beschäftigung mit der K. ein und es wurden vielerlei Programme zur Förderung von K. in der Vorschulerziehung entwickelt (→kompensatorische Erziehung). Die Förderung von K. ist ebenfalls ein wichtiger Bestandteil der →Erwachsenenbildung, der →Altenarbeit und sozialtherapeutischer Hilfsprogramme, denen gemeinsam die Annahme ist, daß jeder Mensch ein lebenslang entwicklungsfähiges Potential zur K. besitzt. K. ist ein zentraler Begriff des →Psychodramas.

Kriegsopferfürsorge

Nach dem Bundesversorgungsgesetz und der Verordnung zur K. ist es die Aufgabe der K., sich um die Beschädigten und ihre Familien bzw. Hinterbliebenen in allen Lebenslagen zu kümmern, um so die Folgen der Schädigung bzw. des Verlustes auszugleichen oder zu mildern. Zur K. gehören Hilfen zur beruflichen Rehabilitation, Erziehungsbeihilfen, ergänzende Hilfen zum Lebensunterhalt, Erholungshilfen, Wohnungshilfen, Hilfen in besonderen Lebenslagen. Art, Ausmaß und Dauer der Leistungen richten sich nach dem Einzelfall und der wirtschaftlichen Bedürftigkeit des Berechtigten. Zuständig für die Durchführung der K. sind i. d. R. selbständige Fürsorgestellen oder Abteilungen der Sozialämter der Landkreise und kreisfreien Städte.

Kriminalität

Mit dem Begriff K. sind jene Formen →abweichenden Verhaltens gemeint, die gegen die im Strafgesetzbuch aufgenommenen Normen verstoßen. Durch den Wandel der strafrechtlichen Bestimmungen ist K. international und historisch betrachtet ein variierender Gegenstand. K. bezeichnet dabei sowohl den Einzelfall, als auch die Gesamtheit der bekanntgewordenen Normenverstöße gegen das Strafrecht innerhalb zeitlich und geographisch bestimmbarer Grenzen, die in der BRD nach bestimmten Merkmalen geordnet in der jährlichen polizeilichen Kriminalstatistik präsentiert werden. Die Statistik gibt jedoch nur ein selektives Bild entdeckter K., das unter anderem von Anzeigeverhalten, Schwerpunkten der Kriminalitätsbekämpfung und Strafverfolgungspolitik abhängig ist. So wird für alle Delikte auch ein nicht unerhebliches →Dunkelfeld vermutet. Die wissenschaftliche Beschäftigung mit K. hat bereits eine lange Tradition und zu unterschiedlichen →Kriminalitätstheorien geführt. Für die Soziale Arbeit stellt K. ein zentrales Thema, sowohl des präventiven als auch des intervenierenden Vorgehens dar, insbesondere im Bereich der →Jugendkriminalität. →Devianzpädagogik; →Kriminologie

Kriminalitätstheorie

Theorie, die sich mit den individuellen und gesellschaftlichen Ursachen von →Kriminalität bzw. – in einem erweiterten Verständnis – von →abweichendem Verhalten befaßt. Grob lassen sich ökonomische, psychologische, sozio-biolo-

Kriminalpädagogik

gische und soziologische K. unterscheiden. Für die Soziale Arbeit haben besonders jene K. Gewicht, die sich mit den erzieherischen und gesellschaftlichen Aspekten von abweichendem Verhalten beschäftigen (→Devianzpädagogik). Im Zentrum neuerer Forschung zu K. stehen die Instanzen sozialer Kontrolle und ihr Beitrag zur Entstehung von Kriminalität. →labeling approach

Kriminalpädagogik
→Devianzpädagogik

Kriminologie

Obgleich die wissenschaftliche Auseinandersetzung mit Kriminalität bis in das 16. Jh. zurückreicht, ist die K. in der BRD eine noch junge, interdisziplinäre, erst vor wenigen Jahrzehnten aus dem Schatten einer Hilfswissenschaft des Strafrechts herausgetretene Disziplin, die sich mit den Erscheinungsformen, Ursachen und Wirkungen von →abweichendem Verhalten befaßt. Die K. bedient sich verschiedener Bezugswissenschaften (u. a. Soziologie, Biologie, Psychologie, Ökonomie) und entwickelt entsprechend variierende Paradigmen. In den letzten Jahrzehnten erhielt die K. entscheidende kritische Impulse aus dem →Symbolischen Interaktionismus (→labeling approach), der den Blick vom einzelnen Täter auf den Prozeß der Kriminalisierung und die beteiligten Personen und Institutionen lenkte. Wesentlicher Träger dieser kritischen Entwicklung ist in der BRD seit Beginn der 1970er Jahre der Arbeitskreis Junger Kriminologen als Veranstalter von Tagungen und Herausgeber des Kriminologischen Journals.

Krippe
→Kinderkrippe

Krise der Fürsorgeerziehung
→Heimerziehung

Krisenintervention

Soforthilfe bei akuten Krisen, die der Betroffene allein zu beheben nicht in der Lage ist. K. hat das Ziel, eine ungünstige Weiterentwicklung zu verhindern und die Motivation für eine weiterführende Betreuung aufzubauen. Als Phasen der K. werden beschrieben:
1. Einschätzung der akuten Lage des Betroffenen.
2. Planung der →Intervention.
3. Durchführung der Intervention.
4. Krisenbewältigung und vorausschauende Planung.

Kritische Erziehungswissenschaft
→Erziehungswissenschaft
→Kritische Theorie

Kritisch-emanzipatorische Sozialpädagogik

Die unter diese Richtung sozialpädagogischer Theoriebildung und Praxis zu subsumierenden Ansätze beziehen sich in ihren Grundsätzen auf die Annahmen der →Kritischen Theorie. Die in ihr enthaltenen Hauptcharakteristika, die ideologiekritische Frageperspektive und das emanzipatorische Erkenntnisinteresse, führten bei ihrer Rezeption durch die Erziehungswissenschaft auch zu einer generellen Kritik an der traditionellen, als repressiv identifizierten Sozialpädagogik. Sie verhindere die Selbstbestimmung ihrer Adressaten oder schränke deren Entwicklung zumindest erheblich ein, vor allem durch den Blickwinkel bürgerlicher Lebenspraxis, der Bewertung, Intervention und Zielsetzung der Sozialpädagogik bestimme. Entsprechend solle eine kritische Sozialpädagogik in die Offensive gehen und Theorie wie Praxis in ideologiekritischer und emanzipatorischer Absicht betreiben. Damit wurde unweigerlich die Gesellschaft in kritischer Dimension aufgenommen und selbst zum Adressaten sozialpädagogischer Aktivität. Letzteres stellte sich vor allem als Forderung an die bürgerlich-demokratische Gesellschaft dar, die eigenen Ansprüche an Gleichheit, Gerechtigkeit usw. einzulösen.
Kritisch-emanzipatorische Sozialpädagogik versteht sich als parteilich für die Benachteiligten (→Parteiliche Jugend-

sozialarbeit). Konsequent verbündet sich diese Sozialpädagogik mit bestehenden sozialen Bewegungen und dehnt ihren eigenen Gegenstandsbereich über den außerfamiliären und außerschulischen Bereich und über Kinder und Jugendliche als Adressaten hinaus aus und versteht sich als einheitliches System gesellschaftlicher Hilfen. Menschliche Freiheit, Entfaltung, Selbstverwirklichung und Mündigkeit des Subjekts sind die Zielbegriffe einer sich so begründenden Sozialpädagogik. →Theorie der Sozialpädagogik; →Schulen der sozialen Arbeit

Kritischer Rationalismus
von K. Popper begründete wissenschaftstheoretische Position der Gegenwartsphilosophie, die absolut behaupteten Wahrheiten grundsätzlich skeptisch gegenübersteht, da eine endgültige Verifikation von Feststellungen nicht möglich sei. Deduktiv gewonnene Aussagen werden nur dann als sinnvoll erachtet, wenn sie prinzipielle Widerlegung durch Erfahrung zulassen und dem Prinzip der Wertfreiheit entsprechen. Oberste Prüfinstanz ist demnach die Realität. Bisher nicht widerlegte Aussagen gelten als vorläufig gültig. Die von W. Brezinka u. a. auf Grundlage des K.R. entwickelte empirisch analytische Erziehungswissenschaft zielt auf die sprachanalytische Klärung wissenschaftlicher Begriffe und die Erarbeitung „technologisch" verwertbaren Wissens für eine optimierte, effektivere Erziehung. →Empirische Sozialforschung: quantitative Verfahren; →kritisch-rationalistische Sozialpädagogik; →Sozialarbeitswissenschaft

Kritische Theorie – Kritische Erziehungswissenschaft
Obwohl Kritik konstitutives Merkmal von Wissenschaft ist, und obwohl eine Reihe von Theorien mit dem Etikett ‚kritisch' versehen wird, läßt sich sowohl aus einer historischen wie systematischen Perspektive ein Ansatz auszeichnen, der dieses Attribut nicht nur programmatisch verwendet, sondern es zur Leitfigur des eigenen Arbeitens erhebt, nämlich die ‚Kritische Theorie der Frankfurter Schule'.

Seit der Gründung des Instituts für Sozialforschung in Frankfurt am Main im Jahr 1924, besonders aber seit der Übernahme der Leitung durch Max Horkheimer im Jahr 1930, zielten die dort vorgenommenen Theoretisierungen und Forschungen „nirgends bloß auf Vermehrung des Wissens als solcher ab, sondern auf die Emanzipation des Menschen aus versklavenden Verhältnissen" (Horkheimer 1937, S. 58). Die Aufdeckung vermeidbarer Zwänge und Unterdrückungen durch das Medium der Ideologiekritik, d.h. auf einer gesamtgesellschaftlichen Ebene durch eine marxistisch inspirierte Kritik der Ökonomie und auf der Ebene des Subjekts durch eine von Freud inspirierte Kritik des Bewußtseins, standen im Mittelpunkt der interdisziplinär orientierten Thematisierungen von Angehörigen der Frankfurter Schule, zu deren erster Generation neben den Philosophen Horkheimer (1895–1973) und Theodor W. Adorno (1903–1969) vor allem Herbert Marcuse (1898–1979), der LiteraturSoziologe Leo Löwenthal (1900–1992), der Ökonom Friedrich Pollock (1894–1970) und (mit Einschränkungen) der triebökonomisch-psychoanalytisch ausgerichtete Sozialpsychologe Erich Fromm (1900–1980) gehörten.

Es ist offensichtlich, daß die genannten Themen und Fragestellungen sowie die Tatsache, daß sie von jüdischen Intellektuellen vorgebracht wurden, im extremen Gegensatz zur nationalsozialistischen Weltanschauung standen, so daß eine Schließung des Instituts mit der Begründung, daß es ‚staatsfeindliche Bestrebungen gefördert' habe, bereits im März 1933 erfolgte. Die Mehrzahl der Mitglieder emigrierte, zunächst ins europäische Ausland, dann in die Vereinigten Staaten, wo sie anfangs an der New School for Social Research in New York, später in Kalifornien, überwiegend unter großen Einschränkungen und in unterschiedlichem Ausmaße bis nach 1945 bzw. bis zur Neugründung des Instituts in Frankfurt a. M. im Jahr 1950 tätig waren. Als gemeinsames Publikationsforum, gewissermaßen als ‚Bindemittel', fungierte die ‚Zeitschrift für Sozialforschung' (ZfS), die von 1932 bis 1941 erschien und sowohl kontinuierlicher Ort der Selbstvergewisserung und -verständigung als auch der Auseinandersetzung war – darüber hinaus kommt in diesem Projekt die gegen den Zeitgeist gerichtete materielle Verwurzelung im intellektuellen Milieu Deutschlands zum Ausdruck, da die Zeitschrift – selbst als sich die Autoren überwiegend im US-amerikanischen Exil befanden – bis zum Jahr 1939/40 noch bewußt in deutscher Sprache publiziert wurde.

Zu den bekanntesten Arbeiten aus dieser Zeit gehören als Gemeinschaftswerk die empirisch unterfütterten ‚Studien über Autorität und Familie' aus dem Jahr 1936, die den Zusammenhang von Gesellschaftsform und autoritärem Charakter offenbarten, die theoretische Abhandlung zur ‚Dialektik der Aufklärung' von Horkheimer und Adorno, die 1947 in Amsterdam publiziert wurde, aber bereits im Exil entstand und das Verhältnis von Aufklärung, Fortschritt und deren Folgekosten betraf sowie die noch in Berkeley durchgeführte, jedoch erst 1950 veröffentlichte Untersuchung von Adorno, Frenkel-Brunswik, Levinson und Sanford (der ‚Public Opinion Study Group') zur ‚Autoritären Persönlichkeit', die über weite Strecken explizit an die frühen Studien des Instituts anknüpfte und sowohl die Wirkungen der Befolgung als auch die der Ausübung von Autorität thematisierte.

In den 1950er und 60er Jahren wurden Arbeiten, die größere Resonanz fanden, insbesondere von Adorno und Marcuse vorgelegt. Hierzu gehören Adornos ‚Minima Moralia' (1951), die ‚Negative Dialektik' (1966), sein Beitrag zum ‚Positivismusstreit in der deutschen Soziologie' (1969) (→Positivismus) sowie – direkt die Pädagogik betreffend – die Vorträge und Gespräche ‚Erziehung zur Mündigkeit' (1970). Herbert Marcuse, der in den USA geblieben war, wurde vorwiegend durch seine gesellschaftskritischen, Psychoanalyse und Marxismus verbindenden Arbeiten zu ‚Triebstruktur und Gesellschaft' (engl. 1955; dt. 1957/1965) und ‚Der eindimensionale Mensch' (engl. 1964; dt. 1967) nicht nur innerhalb der scientific community, sondern im Rahmen der Studentenbewegung in den 60er Jahren einer größeren Öffentlichkeit bekannt. – Dennoch muß hervorgehoben werden, daß die Rezeption der Arbeiten der Angehörigen der frühen Kritischen Theorie durch die Erziehungswissenschaften nur sporadisch erfolgte, was sicher zu einem Großteil auf die hoffnungsarme, den Intentionen pädagogischer Zukunftsbezogenheit entgegengesetzte Ausrichtung der klassischen Kritischen Theorie zurückführbar ist.

Der herausragende Vertreter der zweiten Generation der Kritischen Theorie ist Jürgen Habermas (*1929), der seit den 60er Jahren eine Reihe einflußreicher und für zahlreiche Disziplinen wegweisender Veröffentlichungen vorgelegt hat. Dies gilt auch und in besonderem Maße für die Erziehungswissenschaft, die sich in ihrer kritisch-theoretischen Ausrichtung in nachhaltigem Umfang ausdrücklich und bis heute auf Habermas bezieht. Dabei erfolgte die erste Welle der Rezeption und Weiterentwicklung der Ideen zum einen in Abkehr von der damals im akademischen Bereich tonangebenden →Geisteswissenschaftlichen Pädagogik (GP) (verbunden mit dem Namen Dilthey sowie hieran anschließend →Flitner, →Litt, →Spranger, →Nohl und →Weniger), zum anderen in Abgrenzung zur neu entstehenden empirisch-analytischen bzw. kritisch-rationalistischen Erziehungswissenschaft (→kritisch-rationalistische Sozialpädagogik) und zwar vorwiegend durch Wissenschaftler, die ihre Ausbildung noch innerhalb der GP erfahren hatten, die aber aufgrund der dort offenkundig gewordenen Schwächen nach Alternativen suchten (z. B. →Blankertz, Klafki, Lempert und Mollenhauer).

Unterteilt man Habermasens Arbeiten aus analytischen Gründen in verschiedene Schwerpunkte, so wird deutlich, daß seine Wirkung innerhalb der Erziehungswissenschaft primär von seinen erkenntnis-, gesellschafts- und handlungstheoretischen sowie sozialisationstheoretischen Arbeiten ausging.

1. In ihrer erkenntnis- bzw. wissenschaftstheoretischen Orientierung folgte die Kritische Erziehungswissenschaft Habermasens Einteilung der Disziplinen gemäß den ihnen notwendigerweise zugrundeliegenden erkenntnisleitenden Interessen bzw. der impliziten Verbindung von ‚logisch-methodischen Regeln' und erkenntnisleitenden Interessen (1968/1973). Für die Naturwissenschaften bzw. die empirisch-analytischen Wissenschaften konstatierte er ein technisches Interesse, für die Geisteswissenschaften bzw. die historisch-hermeneutischen Wissenschaften ein praktisches und für die kritisch orientierten Wissenschaften ein emanzipatorisches Erkenntnisinteresse. Im Anschluß an diese Einteilung war es für die Erziehungswissenschaft, die bereits in ihrem klassischen Selbstverständnis mit Kategorien wie Bildung, Mündigkeit, Selbsttätigkeit usw. operierte, naheliegend, →Emanzipation als Ziel der Erziehung zu reklamieren. Inhaltlich wurde auf die Erreichung dieses Ziels durch die Übernahme von Elementen der Ideologiekritik und Psychoanalyse sowie später der hermeneutisch-rekonstruktiven, auf basale Kompetenzen wie Sprache, Kognition und Moral abzielenden Wissenschaften im Anschluß an die wegweisenden Studien von Chomsky, Piaget und Kohlberg hingearbeitet.

2. Auf der gesellschaftstheoretischen Ebene betonte Habermas (1968) die Notwendigkeit der kommunikativen Ausformung und Gestaltung der sozialen bzw. staatlichen Rahmenbedingungen, welche ihrerseits jene Subsysteme einschließen sollen, die nach technischen bzw. zweckrationalen (arbeitsbezogenen) Kriterien fungieren. Handlungstheoretisch wird damit auf die Steuerungs- bzw. Richtlinienfunktion verständigungsorientierten Handelns verwiesen (das wiederum von Habermas sprechakttheoretisch und universalpragmatisch legitimiert wurde) und darauf folgend auf die Nachrangigkeit zweckrational strukturierter Bereiche. Diese sozialphilosophischen Arbeiten fanden später ihren Niederschlag und ihre entsprechende erziehungswissenschaftliche Rezeption vor allem in Gestalt der Unterscheidung von →Lebenswelt und System bzw. konkreter formuliert in der Figur der Überformung und Verödung der Lebenswelt durch systemische Imperative. Als Beispiel hierfür kann die zwar einerseits demokratisierende Funktion der zunehmenden Verrechtlichung im Bereich der Institutionen Familie und Schule herangezogen werden, die jedoch in ihrem Eingriffs- und Zwangscharakter andererseits dysfunktional wirkt und zur ‚Entweltlichung' bzw. zur ‚Kolonialisierung der Lebenswelt' führt (vgl. Habermas 1981, Bd. 2, S. 540 ff.). – Die mit der gesellschaftstheoretischen Position Habermasens verknüpfte moralische Auffassung des Liberalismus, d. h. einer universalistischen, auf die Aufstellung von Verfahrensregeln konzentrierten Ethik, wird gegenwärtig vor allem von Seiten des Kommunitarismus, d. h. einer auf situative Aspekte und Kontexte im Sinne einer konkreten Sittlichkeit bezogenen →Ethik, herausgefordert.

3. Die sozialisations- und entwicklungstheoretischen Arbeiten, die die Ausbildung der Handlungskompetenzen zum Gegenstand haben, erfassen ebenfalls als zentrale Handlungskategorie das kommunikative Handeln

und grenzen es vom instrumentellen (Arbeit) und strategischen Handeln ab. Dies geschah zunächst in Auseinandersetzung mit dem konventionellen soziologischen Rollen- bzw. Identitätsmodell im Sinne Talcott Parsons, dem die Vorstellung der Genese einer (darüber hinausgehenden flexiblen bzw. balancierenden) Ich-Identität gegenübergestellt wurde. Diese Überwindung erfolgte anfänglich unter Rückgriff auf Konzepte Erving Goffmans (1922–1982) sowie des Symbolischen Interaktionismus (→Theorie der Symbolischen Interaktion) vor allem in der Ausprägung, die ihm von George Herbert Mead (1863–1931) gegeben wurde. Später erwies sich der von Lawrence Kohlberg (1927–1987) ausgearbeitete Ansatz der →moralischen Entwicklung als ein wesentlicher Ausgangspunkt bei der Reformulierung und Erweiterung der kritisch-theoretischen Sozialisationstheorie zu einer Theorie postkonventionellen moralischen bzw. gerechtigkeitsorientierten Urteilens und Handelns (Döbert u.a. 1977).

Lit.: Döbert, R./Habermas, J./Nunner-Winkler, G. (Hrsg.): Entwicklung des Ichs, Köln 1977; Habermas, J.: Technik und Wissenschaft als Ideologie, Frankfurt a.M. 1968; Habermas, J. (1968): Erkenntnis und Interesse. Mit einem neuen Nachwort, Frankfurt a.M. 1973; Habermas, J.: Theorie des Kommunikativen Handelns, 2 Bde., Frankfurt a.M. 1981; Habermas, J.: Moralbewußtsein und kommunikatives Handeln, Frankfurt a.M. 1983; Horkheimer, M. (1937): Traditionelle und kritische Theorie, Frankfurt a.M. 1968; Kohlberg, L.: Essays on moral development. Vol. I: The philosophy of moral development. Vol. II. The psychology of moral development, San Francisco, Harper & Row 1981/1984; Lempert, W.: Leistungsprinzip und Emanzipation, Frankfurt a.M. 1971; Mollenhauer, K.: Theorien zum Erziehungsprozeß, München 1972; Wiggershaus, R.: Die Frankfurter Schule, München 1986.

Detlef Garz, Oldenburg

Kritisch-rationalistische Sozialpädagogik in Kritik an der fehlenden Wissenschaftlichkeit der hermeneutischen Geisteswissenschaftlichen Sozialpädagogik entstandene Theorie der Sozialpädagogik, die auf der methodologischen Basis des →Kritischen Rationalismus aufbaut. Der Kritische Rationalismus ist vor allem mit Namen wie Popper, Albert, Topitsch, für die Pädagogik speziell mit Brezinka verbunden. Danach ist es Aufgabe der Theorienbildung, zu generellen überprüfbaren Hypothesen zu finden, die sich dazu eignen, zu erklären, was geschah und vorauszusagen, was geschehen wird. Dazu bedarf es, aufbauend auf Ausgangsgrundsätzen (Axiomen), die bekannt aber nicht bewiesen sein müssen, der Explikation eindeutiger Grundbegriffe. Sodann werden die entsprechend gebildeten Hypothesen kritisch geprüft. Insofern stellen Theorien i.S. des Kritischen Rationalismus vor allem mechanische Aussagesysteme dar, die Handlungsalternativen, Probleme der Umsetzung und der Vereinbarkeit von Zielsetzungen klären. Dabei werden werttheoretische Fragen nicht diskutiert. Eine entsprechende Theorie der Sozialpädagogik, wie sie etwa L. Rössner mit seiner →Sozialarbeitswissenschaft vorgelegt hat, versteht sich als „wertfreie Wissenschaft", die lediglich Alternativen für verschiedenes Verhalten analysiert und überprüft. →Theorie der Sozialpädagogik

Krupskaja, Nadesha (26.2.1869 bis 27.2.1931)
Die Lebens- und Arbeitsgefährtin Lenins stand von Jugend an in Opposition zum zaristischen System und fühlte sich der Arbeiterbewegung verpflichtet. Nach ihrer Verbannung nach Sibirien ging sie 1900 in das westliche Ausland und beschäftigte sich intensiv mit den zeitgenössischen Strömungen der Re-

Kulturpädagogik

formpädagogik, arbeitete an der Zeitschrift „Svobodnoe Vospitanie" (Freie Erziehung) und veröffentlichte 1915 ihr Hauptwerk „Volksbildung und Demokratie". Nach der Oktoberrevolution 1917 übernahm K. leitende Funktionen im Volkskommissariat für das Bildungswesen der Sowjetunion. K. kann als Begründerin einer marxistisch fundierten Pädagogik der Sowjetunion gelten. Ihre Schwerpunkte legte sie auf die polytechnische Bildung, die Arbeitserziehung, die Schülerselbstverwaltung, die Kinderorganisationen (Pioniere) und auf die Erwachsenenbildung, insbesondere die Frauenbildung. Dabei wandte K. sich gegen einen mechanischen Kollektivismus in der Erziehung und geriet entsprechend in Opposition zur Schulpolitik Stalins. Ihr Einfluß sank nach 1931 und findet in der Sowjetunion erst nach 1956 wieder größeres Interesse. →Erziehungswissenschaft im Sozialismus; →Bildung im Sozialismus

Kulturpädagogik
→Ästhetische Erziehung

Kunden
→Qualitätssicherung – Qualitätsmanagement

Kunsterziehungsbewegung
→Ästhetische Erziehung
→Reformpädagogik

Kuratorium Deutsche Altershilfe e.V.

Kuratorium Deutsche Altershilfe e.V. (KDA) – Wilhelmine-Lübke-Stiftung
Das KDA wurde 1962 von dem damaligen Bundespräsidenten Heinrich Lübke und seiner Frau Wilhelmine gegründet. Schirmherr ist der Bundespräsident. Durch systematische Grundlagenarbeit, die Entwicklung neuer Konzepte und fachlicher Beratung für Sozialplaner, Architekten und Trägern von Altenhilfe-Maßnahmen setzt sich das Kuratorium für die Verbesserung der Situation von älteren Menschen ein. Dieser Zweck soll ferner durch das 1970 gegründete Institut für Altenwohnbau mit den beiden Abteilungen Architektur und Sozialwirtschaft, durch finanzielle Förderung von Einrichtungen und Maßnahmen der Altenhilfe sowie durch Information und Öffentlichkeitsarbeit erreicht werden. Das KDA gibt mehrere Schriftenreihen, Materialsammlungen und Informationsbroschüren heraus und unterhält eine Fachbibliothek und einen Pressedienst. Es kooperiert mit Wissenschaftlern in →Gerontologie und →Geriatrie, mit Praktikern der Altenhilfe und Altenarbeit, mit Politik und Verwaltung, mit Verbänden der freien Wohlfahrtspflege, mit Fachleuten und Organisationen im Ausland und arbeitet in zuständigen Gremien der öffentlichen Wohlfahrtspflege mit.
Anschrift: An der Pauluskirche 3, 50677 Köln

L

Labeling approach

maßgeblich auf der Grundlage der →Theorie der Symbolischen Interaktion entwickelter soziologischer Ansatz, nach dem →abweichendes Verhalten im wesentlichen Folge gesellschaftlicher Prozesse der Reaktion und Sanktion ist. Mehrere Ebenen werden als am Zuschreibungsprozeß beteiligt erkannt (gesellschaftliche Normsetzung, interpersonelle Reaktion, Vorgehen von Instanzen). Für den Etikettierungsprozeß werden in erster Linie gesellschaftliche Verhältnisse verantwortlich gemacht. Damit befindet sich der l.a. vor allem im Widerspruch zu den Ansätzen, die →Devianz als eine im Täter vorfindliche Qualität (physische, psychische Strukturen) betrachten.

Längsschnittuntersuchung

Bei der L. als einem Verfahren der →empirischen Sozialforschung wird ein zu untersuchender Gegenstand (Individuen, Gruppen, Institutionen u.a.m.) zu verschiedenen Zeiten bezüglich ausgewählter Kriterien beobachtet.

Im Gegensatz zur L. werden bei der Querschnittuntersuchung verschiedene Untersuchungseinheiten zu einem Zeitpunkt nach bestimmten Merkmalen untersucht.

Laienhilfe

Der Laienstatus setzt die Existenz von Experten, Kundigen, Fachleuten, Meistern oder Professionellen gedanklich voraus. Ursprünglich wurde der Terminus in Abgrenzung vom Priesteramt zur Bezeichnung nicht-geweihter Personen verwendet. Insofern wird der Stand der Laien erst durch die Perspektive einer besonderen davon unterschiedenen Kaste hervorgebracht; das Selbstverständnis des Laien entwickelt sich aus der Differenz zu dieser und geht häufig mit dem Verlust von Selbstverständlichkeiten, dem Rückzug aus ursprünglichen Lebensfeldern und der Rückentwicklung von Kompetenzen einher.

Grenzziehungen zwischen Laien und Fachleuten spiegeln gesellschaftliche Segmentierungen und Hierarchisierungen wider; die Verdrängung von Laien aus zahlreichen Feldern des öffentlichen und privaten Lebens erfolgte einerseits durch die reglementierte Weitergabe von Wissen an spezifische Personen (→Professionalisierung), andererseits durch Verrechtlichung (z.B. Ausschluß von Laien aus der Rechtsberatung), Verfolgung und Ausrottung (z.B. „Hexen"-Prozesse), Kauf von Privilegien (z.B. Pfründen) oder durch beschleunigte gesellschaftliche Wandlungen (z.B. Urbanisierung und Mobilität sowie damit einhergehender Verlust von Wissensbeständen).

Ebensowenig wie die Angehörigen der als zuständig und kompetent geltenden Gruppen immer Kenner, Könner oder Wissende sind, sind Laien stets Unwissende. Diese Aussage hat zwei Aspekte: einerseits gilt per definitionem, daß Laien sich von Fachleuten nur hinsichtlich einer bestimmten Dimension in ihrem Können unterscheiden, z.B. in Bezug auf Musik, Medizin oder Steuerrecht, in anderen Bereichen jedoch müssen nicht notwendigerweise Kompetenzunterschiede bestehen. Andererseits haben neuere Forschungen aufgezeigt, daß die Annahme einer Überlegenheit der Experten auf ihrem spezifischen Gebiet ebenfalls keine uneingeschränkte Geltung hat. Laienkompetenz erreicht in vielen Fällen das Niveau der Expertenfähigkeiten. Ein Vergleich zwischen Laien und Experten sollte aber nicht auf quantitative Aspekte beschränkt bleiben, es muß auch nach der Art der Leistungen gefragt werden, nach Einstellung und Erwartung der Leistungsabnehmer, nach den Bedingungen des Handelns, nach den Zugangswegen zum Expertenstatus und nach der Verfügbarkeit von Fachleuten bzw. helfenden Laien.

Auf dem Gebiet psychosozialer Hilfeleistungen sind diese Fragen mit Genauigkeit erforscht worden. Die Forschungsergebnisse stellen sich wie folgt dar:

a) Deskriptive Vergleichsstudien zum Leistungsniveau.

Die zahlreichen Einzelstudien, in denen Hilfe durch Laien mit Hilfe durch Professionelle bzw. Experten oder Spezialisten verglichen wird, müssen hier nicht einzeln dargestellt werden: in zusammenfassenden Metaanalysen ist die Tendenz der Untersuchungen herausgearbeitet worden. Aus den Jahren 1968 bis 1987 liegen hierzu mehrere Studien mit Review-Charakter vor: Berman u. Norton (1985), Carkhuff (1968), Durlak (1979, 1981), Gunzelmann, Schiepek und Reinecker (1987), Hattie, Sharpley u. Rogers, H. J. (1984), Karlsruher (1974), und Nietzel u. Fisher (1981), in denen mit stets verfeinerten Methoden, auf der Grundlage von insgesamt 184 empirischer Einzelarbeiten und einer immensen Zahl von Klienten/Patienten (zusammengenommen über 10 000) bestätigt wurde, daß die Hilfe von Laien im psychosozialen Bereich häufig erfolgreicher ist als die von Professionellen, meistens ebenbürtig und selten schlechter. Die Kriterien der Erfolgskontrolle variierten von standardisierten Tests, Selbsteinschätzung der Klienten/Patienten, Informationen von Bezugspersonen, Ratings von unabhängigen Beurteilern, Verhaltensbeobachtungen, Beobachtung der Kompetenzen von Klienten im Rollenspiel bzw. in-vivo-Situationen, Einschätzungen eines Supervisors, Länge des Klinikaufenthaltes der Patienten u. a. Die zitierten Metaanalysen gingen teilweise von kontroversen Annahmen und Hypothesen aus, bestätigten dann aber jeweils die oben genannten Fakten.

b) Wirkfaktoren psychosozialer Hilfeleistung.

Die Suche nach der Erklärung für die erfolgreiche Tätigkeit von Laien führt zu dem übergreifenden Problem, wodurch eigentlich die hilfreiche Wirkung von →Beratung, Therapie, Betreuung oder Behandlung zustande kommt. Hierbei sind – unter systematischem Gesichtspunkt – zwei unterschiedliche Komponenten zu trennen: Einmal das Moment der Kompetenz, welches auf der Grundlage von Ausbildung, Wissen und Erfahrung an professionellen methodischen Standards orientiert ist, zum anderen der Aspekt der menschlichen Zuwendung und des persönlichen Engagements für einen Hilfsbedürftigen. Die Forderung, beides miteinander zu kombinieren, scheint zwar naheliegend, zwischen den beiden Dimensionen „Kompetenz" und „Zuwendung" oder auch „Methode" und „Beziehung" besteht jedoch eine nur schwer vereinbare Einstellungsdifferenz. Die von Professionellen verlangte distanzierte Haltung zum Klienten, die Anwendung systematisierten Wissens und vor allem auch die geschäftliche Grundlage des Umgangs erschweren die Glaubwürdigkeit eines menschlichen Interesses an der Person des Hilfesuchenden. Im Gegensatz zu den offiziellen Lehrmeinungen, die die Bedeutung eines professionellen Verhältnisses zum Klienten betonen, ist aus der Sicht des Klienten/Patienten die menschliche Beziehung des Helfers und zum Helfer entscheidend. Zwar verlangt eine angemessene berufliche Helferhaltung auch die Berücksichtigung von Wärme und Wertschätzung, der Widerspruch aber, der in der Bezahlung der Dienstleistung und einer möglichen Beendigung der helfenden Beziehung bei Wegfall des Honorars liegt, kann wohl kaum übersehen werden. Es handelt sich um eine →double-bind-Situation.

Zusätzlich erschweren noch weitere Umstände den Berufsvertretern, wirksame Hilfen zu geben. Da ist einerseits die Fallzahl bzw. die tägliche Arbeitszeit, die es verunmöglicht, zu allen Klienten intensive persönliche Beziehungen aufzunehmen. Andererseits ist die akademische Ausbildung nur begrenzt geeignet, ein Wissen zu vermitteln und handhabbar zu machen, das für Hilfebeziehungen konstitutiv ist. Systematisiertes Wissen, wie es üblicherweise in akademischen Studiengängen angeboten wird, ist nicht ohne weiteres auf die Kasuistik der Helfer- und Beraterpraxis anzuwenden (die Sozialisation durch Lehranalyse und Fallbesprechungen kommt dem Ideal näher). Das Erfahrungswissen des →Alltags, das situationsgebunden und vernetzt entsteht – das konjekturale Wissen der Laien – das häufig unterhalb der Grenze des verbalisierbaren und explizierbaren bleibt, das sich ganzheitlich entwickelt, in dem Interpretationen und Bewertungen komplexer Situationen gespeichert sind und das intuitives Erfassen von Zuständen und Sachlagen begünstigt, hat seine Leistungsstärke vielfach unter Beweis gestellt. In Konstellationen, die durch bedeutsame Nebensächlichkeiten geprägt sind und in denen Stimmungen, Eindrücke oder Atmosphärisches auschlaggebend sind, versagt das Regelsystem des Lehrbaren häufig. Die Identifikation einzelner Variablen ist zu grob, logische Schlußfolgerungen nur ein Teil des Ganzen. In der Sozialarbeit/Sozialpädagogik ist es – wie in den meisten Wissenschaften – nicht gelungen, das konjekturale Wissen aus außerwissenschaftlichen Bezügen zu integrieren.

c) Die Paradoxien der Helferausbildung. Für die Studierenden entsteht während der Ausbildung eine Konkurrenz der Denkstile, die zu Blockierungen, Irritationen oder Interferenzen führen kann, anstatt zu einer produktiven Fortentwicklung der Erkenntnisse und Einsichten (→Sozialpädagogik/Sozialarbeit: Ausbildung und Beruf). In Bezug auf das Studium der Psychologie liegt hierzu Detailwissen vor: Die Fähigkeit zu Empathie und genauer Wahrnehmung psychischer Gegebenheiten wird durch ein traditionelles Psychologiestudium kaum positiv beeinflußt. Dropout-Studenten befinden sich sogar auf einer höheren Stufe des Einfühlungsvermögens als diejenigen, die bleiben. Die Lernerfolge der StudentInnen werden aber stark durch die Kompetenzen der Dozenten modifiziert – und zwar durch deren Fähigkeit in den Dimensionen Empathie, Verstehen, Helfen, Beraten usw. („Funktionsniveau" als Helfer). Durch diese Befunde wird deutlich, daß kognitives Wissen wenig zur Befähigung als Helfer beiträgt. Auch die Berufserfahrung bewirkt im Durchschnitt keinen Wiederanstieg der Helferkompetenz. Diverse Untersuchungen zeigen das gleiche Bild, unentschieden ist nur die Frage, ob der Höhepunkt der Helferfunktion zu Beginn des Studiums liegt (Carkhuff 1968) oder zu einem Zeitpunkt als „fortgeschrittener Student" (Hattie u. a. 1984). Jedenfalls erreicht er in den Jahren der Berufspraxis nicht wieder das im Studium vorhandene Niveau. Die Verlaufskurven des Könnens als Helfer werden wahrscheinlich nicht nur durch das Zusammentreffen verschiedener Denkstile gebildet, sondern auch durch die Bereitschaft zu helfendem, mitmenschlichem Engagement beeinflußt. Die letztere Komponente hat mit Wissen und Fertigkeiten ohnehin wenig zu tun.

d) Wünsche und Erwartungen der Hilfesuchenden.
Die Arbeitsbeziehung zwischen professionellem Helfer und Hilfesuchendem wird vorrangig aus der Sicht des Helfers definiert und gestaltet. Aus dessen Perspektive ist eine distanzierte therapeutische Haltung sicher ein sinnvolles, vielleicht das einzig sinnvolle Arrangement. Er benötigt eine gewisse Distanz zu den Klienten und deren Problemen, die ihn häufig bedrängen. Schon Freud begründete seinen Sitzplatz außerhalb des Gesichtsfeldes des Analysanden (hinter der Couch) u. a. damit, daß es ihm zu lästig sei, immerzu angesehen zu werden. Das Distanzierungsbedürfnis des Therapeuten entfaltete dann aber eine Art Eigen-

leben und wurde ebenfalls als zuträglich für den Patienten/Klienten betrachtet. Auch die Thematik der →„Übertragung" kann unter diesem Aspekt als eine Uminterpretation der Realbeziehung zwischen Therapeut und Patient betrachtet werden, die dem Therapeuten eine kaum zu bewältigende und daher nicht zu akzeptierende Erwartungslast zuschiebt: Die Wünsche und Sehnsüchte eines Hilfe- und Ratsuchenden richten sich eher auf die menschliche Begegnung, auf Interesse an seiner Person, nur in selteneren Fällen auf Arbeit an (von der Person abstrahierten) Problemen. Die zwischen Therapeut und Klient unterschiedlichen Sichtweisen und Interpretationen von Ereignissen in den therapeutischen Sitzungen sind nur wenig erforscht. Es existieren aber Hinweise darauf, daß von Klienten jede Zuwendung des Therapeuten, die als Interesse an der Person angesehen wird, als besonders hilfreich und förderlich erlebt wird. In dieser Hinsicht haben Laienhelfer einen deutlichen Vorteil gegenüber beruflichen Helfern; sie sind weniger auf die Selbstschutz-Distanz angewiesen, die für Hauptberufliche unerläßlich ist, und ihre (unbezahlte) Hinwendung zum Hilfesuchenden kann von diesem als Anteilnahme an seiner Person verstanden werden.

e) Laienhilfe in der alltäglichen Praxis. Laien sind nicht nur potentiell in der Lage, ein qualitativ angemessenes Hilfsangebot bei den unterschiedlichsten psychischen und sozialen Problemen zu machen, sondern ihre Leistungen umfassen auch in quantitativer Hinsicht einen Großteil der allgemeinen Versorgungserfordernisse. Die Diskussion zum Umfang der Arbeitsleistung (quantitativer Aspekt) berücksichtigt häufig nur die sog. Ehrenamtlichen, (→Ehrenamt) die in Wohlfahrtsverbänden oder freien Initiativen tätig sind. Ihre Zahl ist beachtlich und in volkswirtschaftlicher Hinsicht bedeutsam. Wesentlich umfangreicher ist aber die pädagogische, betreuende, pflegende, unterstützende Laientätigkeit, die im Familienverband und anderen Primärgruppen – meist von Frauen – erbracht wird. Die von der Entwicklungspsychologie als hochbedeutsam eingestufte frühkindliche Entwicklungsphase liegt nahezu vollständig in den Händen von Laien. Professionelle springen üblicherweise nur als Ausfallbürgen ein. Daß dieses riesige „Feldexperiment" (weitgehend) zur Zufriedenheit der Beteiligten ausgefallen ist, spricht ein weiteres mal für die Bedeutung emotionaler Faktoren wie Zuneigung, Liebe, Zuverlässigkeit und persönliche Bindung in psychosozialen Prozessen, wie sie von Laien erbracht werden.

Altersbedingt pflegebedürftige Personen werden nur zu einem geringen Teil in Heimen, d. h. von beruflichen Pflegepersonen, versorgt. Überwiegend werden diese Tätigkeiten – wie auch die Heilung der zahlreichen „Bagatellerkrankungen" – ebenfalls von Laien erbracht. Hilfeleistungen bei psychischer Unterstützungsbedürftigkeit durch Trost, Zuspruch, Information, Rücksicht, Aktivierung oder Integration sind zwar kaum meßbar, aber ohne sie zerfiele der Zusammenhalt des sozialen Systems.

Laienhilfe bildet nach Umfang und Qualität eine bedeutende Säule der Unterstützung bei psychischen und sozialen Problemen. In Gesellschaften, deren traditionelle Strukturen einem schnellen Wandel unterworfen sind, wie dies für alle Industrieregionen und für die meisten Entwicklungs- und Schwellenländer gilt, muß neben die freiwilligen sozialen Dienste jedoch ein beruflich geregeltes Angebot von Versorgung und Hilfen treten, da einerseits zahlreiche Personen aus den informellen Netzen der Hilfen herausfallen, andererseits auch das Wissen und die Bereitschaft zu mutueller Hilfeleistung zurückgehen.

Lit.: Carkhuff, R. R.: Differential Functioning of Lay and Professional Helpers, in: Journal of Counseling Psychology 1968/2, S. 117–126; Durlak, J. A.: Comparative Effectiveness of Paraprofessional and Professional Helpers, in: Psychological Bulletin 1979/86 (1), S. 80–92; Gunzelmann, T./Schiepek, G. u. Reinecker, H.: Laienhelfer in der psychosozialen Versorgung: Meta-Analysen zur differentiellen Effektivität von Laien und professionellen Helfen, in: Gruppendynamik, 4/1987, S. 361–384; Müller, S./Rauschenbach, T. (Hrsg.): Das soziale Ehrenamt, München 1988; Müller-Kohlenberg, H.: Laienkompetenz im psychosozialen Bereich. Beratung – Erziehung – Therapie. Opladen 1996; Rauschenbach, Th. u. a.: Strukturwandel des Ehrenamtes. Gemeinwohlorientierung im Modernisierungsprozeß, Weinheim 1999.

Hildegard Müller-Kohlenberg, Osnabrück

Landerziehungsheimbewegung

Die L. ist eine Bewegung innerhalb der →Reformpädagogik, die sich aus der Kritik an herkömmlichen Bildungsanstalten als bloße Wissensvermittlungsinstitute entwickelte (→Herbartianismus). Die L. wollte in ihren fern von größeren Städten gegründeten Heimen jungen Menschen eine umfassende Erziehung und Bildung bieten, wobei u. a. die Gemeinschafts-, Kunst- und Gesundheitserziehung sowie ein praxisnaher Unterricht im Vordergrund standen. Ihren Anfang nahm diese reformpädagogische Bewegung mit ihrem Pionier H. →Lietz im ausgehenden 19. Jahrhundert; ihre Blütezeit lag in der Zeit vor dem Ersten Weltkrieg und in der Weimarer Republik. Der Sozialpädagogik hat die L. in der →Heimerziehung wichtige Impulse bezüglich einer ganzheitlichen und lebensnahen Erziehung gegeben, die jedoch nicht durchgängig aufgenommen wurden (→Hahn, →Geheeb).

Landesjugendamt (LJA)

Das L. ist eine von überörtlichen →Jugendhilfeträgern eingerichtete zweigliedrige Behörde der →Jugendhilfe, die aus dem →Landesjugendhilfeausschuß und der Verwaltung des L. besteht. § 89 KJHG legt für das LJA folgende Aufgaben fest:
1. die Beratung der →Jugendämter;
2. die Förderung der Zusammenarbeit zwischen Jugendämtern und den →freien Trägern der Jugendhilfe;
3. die Beratung der Jugendämter bei der Gewährung von →Hilfen zur Erziehung sowie bei der Auswahl geeigneter Einrichtungen oder der Vermittlung einer →Pflegeperson in „schwierigen Einzelfällen";
4. den Schutz von Kindern und Jugendlichen in Einrichtungen;
5. die Erteilung der Erlaubnis zur Übernahme von Pflegschaften, Vormundschaften oder Beistandschaften durch einen rechtsfähigen Verein;
6. Leistungen für Deutsche außerhalb des Geltungsbereichs des KJHG;
7. Fortbildung von Mitarbeitern in der Jugendhilfe;

Außerdem obliegen dem LJA, falls diese Aufgaben im örtlichen Bereich nicht vom Jugendamt übernommen werden,
1. die Anregung, Förderung, Schaffung und der Betrieb von Einrichtungen, Diensten und Veranstaltungen;
2. Planung, Anregung, Förderung und Durchführung von Modellvorhaben zur Weiterentwicklung der →Jugendhilfe sowie
3. die Beratung der Träger von Einrichtungen während der Planung und Betriebsführung.

Somit sind die Aufgaben des LJA im Gegensatz zu denen des Jugendamtes nicht primär von der Durchführung von Maßnahmen geprägt (wie dieses teilweise noch nach dem →JWG der Fall war), sondern grundsätzlicher Natur (Koordination, Beratung, Weiterentwicklung, Förderung, Anregung).

Landesjugendhilfeausschuß

Dem L. als einem Teil des →Landesjugendamtes obliegt gem. § 71 KJHG die

Befassung mit allen Aufgaben der →Jugendhilfe, besonders jedoch mit der Erörterung aktueller Problemlagen junger Menschen und ihrer Familien, der Weiterentwicklung der Jugendhilfe, der →Jugendhilfeplanung und der Förderung der Freien Jugendhilfe, jeweils auf überörtlicher Ebene.
Dem L. gehören zu zwei Fünfteln Mitglieder an, die von den im Bereich des jeweiligen LJA tätigen →Freien Trägern der Jugendhilfe vorgeschlagen und von der obersten Landesjugendbehörde berufen werden. Die übrigen Mitglieder werden durch Landesrecht bestimmt.
Der L. ist in enger Analogie zum →Jugendhilfeausschuß konstruiert.

Landesjugendplan
Gelegentliche Bezeichnung für →Jugendplan

Landesjugendring
Bezeichnung für einen Jugendring auf Länderebene (→Bundesjugendring).

Landfahrer
Als L. werden vielfach →Roma bezeichnet, aber darüber hinaus auch andere Gruppen, die im Sippen- oder Familienverband in Wohnwagen o. ä. „umherziehen" (§ 3 der DVO zu § 72 des BSHG). L. war und ist noch teilweise in Deutschland behördlicherseits eine feststehende Bezeichnung für die o. g. Gruppen, die jedoch aufgrund ihres stigmatisierenden Charakters vehementer Kritik ausgesetzt ist. (→Nichtseßhafte).

Landstreicher
→Nichtseßhafte

Lebensereignis-Forschung
→Life-event-Forschung

Lebenslage
Mit der Rezeption des sozialwissenschaftlichen Konzeptes der „Lebenslage" u. a. durch Amann (1983) und Wendt (1986), gewinnt die Soziale Arbeit einen Begriff, mit dem die vielfältigen an der Entstehung und Aufrechterhaltung sozialer Desintegration beteiligten Faktoren teils objektivierbarer teils subjektiver Charakteristik zu bündeln sind und in dem sich die disparaten Problemdefinitionen institutionalisierter bzw. professioneller Unterstützungssysteme (z. B. Soziale Arbeit, Medizin, Psychotherapie) integrieren lassen: „Der Begriff ‚Lebenslage' bietet neben seiner Alltagsnähe und seinem Bezug auf das Dasein als ganzes den Vorteil einer vierdimensionalen Betrachtung, und das Konzept übernimmt eine Brückenfunktion, in der es dem bio-psycho-sozialen Zusammenhang bzw. dem gleichzeitig körperlichen, seelisch-geistigen und sozialen Ergehen gerecht wird. (...) Offenkundig meint die Lage eine Berücksichtigung aller Umstände, unter denen sich die Person befindet, auf mehreren Ebenen der Betrachtung, in Relation zu und mit Rücksicht auf die Fähigkeit, mit den Verhältnissen zurechtzukommen, und auf die Absichten, die man nach seinem Lebensentwurf verfolgt" (Wendt 1986: 140).
Eine vollständige Rekonstruktion der wissenschaftsgeschichtlich weit zurückreichenden Wurzeln des Begriffs „Lebenslage" würde die Einflüsse von Karl Marx, Friedrich Engels, Max Weber und auch der berühmten, Anfang der dreißiger Jahre von Maria Jahoda u. a. vorgelegten sozialmedizinischen Studie „Die Arbeitslosen von Marienthal" einbeziehen müssen. Die für eine Rezeption durch die Soziale Arbeit zentralen Entwürfe sind jedoch zweifellos bei Otto Neurath und Gerhard Weisser zu finden. Die entscheidenden Motive für die Entwicklung des Lebenslagenkonzeptes durch Neurath und seine Weiterentwicklung durch Weisser lagen in ihren jeweiligen gesellschafts- bzw. sozialpolitischen Steuerungsabsichten. Ihr Potential weist jedoch – wie insbesondere die Adaption Amanns gezeigt hat – über diese ursprünglichen Zielsetzungen weit hinaus auf Konzepte für zielgruppen- und fallorientierte Analysen.
Neurath entwickelte sein Lebenslagenkonzept nach dem Ersten Weltkrieg im Kontext seiner ganz wesentlich von

kriegswirtschaftlichen Erfahrungen geprägten sozialistischen Gesellschafts- bzw. Wirtschaftskonzeption (vgl. Amann 1983: 127 ff.). Vor diesem ideologischen Hintergrund bezieht Neuraths Konzept der Lebenslage seine Bedeutung vor allem aus einer Funktion in Planungsprozessen, für die es als Forschungsinstrument empirische Daten aufbereiten bzw. strukturieren und so die praktische Gestaltung von Gesellschaft wissenschaftlich begründen sollte. Für das Lebenslagenkonzept Neuraths lassen sich Amann zufolge im wesentlichen fünf Potentiale herausstellen:
- Über eine Lebenslagenanalyse läßt sich eine Darstellung von Merkmalzusammenhängen auf verschiedenen Aggregatebenen gewinnen.
- Über den Lebenslagenansatz lassen sich förderliche und hinderliche Bedingungen erfassen.
- Über den Lebenslagenansatz lassen sich die Beziehungen einzelner Elemente in der Gesamtheit der Lebenslage in ihrer Beziehung zueinander beobachten, womit eine zufällige und nicht-theoriegeleitete Berücksichtigung von Einzeldaten verhindert wird.
- Mit Hilfe des Lebenslagenkonzeptes sind strukturelle Bedingungen und individuelles Erleben gleichzeitig zu erfassen, wodurch gleichzeitig untersucht werden kann, welchen Determinanten das Individuum ausgesetzt ist und was es aus den Bedingungen gemacht hat.
- In der Lebenslagenanalyse sind die Vorstellungen des Prozeßhaften und des Strukturellen – mit einer Betonung der gesellschaftlichen Prioritäten – miteinander verbunden (vgl. Amann 1983: 137 f.).

Zu kurz kommen im Lebenslagenkonzept Neuraths die sich in der Moderne immer stärker entfaltenden Wirkungen gesellschaftlich konstituierter Steuerungsinstrumente wie Institutionen und Organisationen.

Ging bei Neurath noch der einzelne Mensch sozusagen als Datenmaterial in der statistisch-empirisch ermittelten „Lebenslage" auf, so findet er sich bei Weisser nach dem Zweiten Weltkrieg als zumindest potentiell autonomer und aktiver Mittelpunkt seiner Lebenslage. Der von Neurath übernommene und „geschärfte" Lebenslagenbegriff durchlief bei Weisser eine erhebliche Entwicklung. Dies liegt daran, daß der Lebenslagenbegriff in Weissers sozialwissenschaftlichen Schriften primär als Nebenthema im Kontext der seinerzeit aktuellen Auseinandersetzungen um das Verhältnis von Wirtschafts-, Sozial- und Gesellschaftspolitik auftritt. Sein anfänglich noch sehr eng an die Dimension der Versorgung mit Gütern und Diensten geknüpftes und im wesentlichen ökonomische Aspekte der Lebenslage erfassendes Konzept erweitert Weisser später auch auf immaterielle bzw. psychische Aspekte der Lebenslage. Der einzige bekannt gewordene Operationalisierungsversuch des Begriffs Lebenslage durch Weisser ist demnach auch im wesentlichen auf die Erfassung von Merkmalen abgestimmt, die einerseits auf die Interessen an den ökonomischen Ergebnissen des Wirtschaftens und andererseits auf die in der Teilnahme am Wirtschaftsprozess relevanten psychosozialen Motive und Effekte orientiert sind (vgl. Amann 1983: 145 f.). Die Bedeutung seines Lebenslagenkonzeptes für eine Anwendung auf jeweils aktuelle Fälle personaler Problemlagen ergibt sich implizit vor allem aus Weissers Vorstellungen von Sozialpolitik, die auf die Besserung ungünstiger Lebenslagen abzielen und grundsätzlich die Vorstellung einschließt, daß die Eigeninitiative der Betroffenen integraler Bestandteil der Unterstützungsprogramme sein müsse.

Der österreichische Soziologe Anton Amann greift 1983 die Konzepte Neuraths und Weissers in modifizierender Weise auf und ergänzt sie um einen weiteren entscheidenden Aspekt, indem er seinem Lebenslagenkonzept in Anlehnung an die →live-event-Theorie eine zeitliche Dimension implementiert. Unter Vernachlässigung von „uniformevents", also im Hinblick auf das Alltagsleben im wesentlichen erwartbare und gewöhnliche Ereignisse, wendet er sich vor allem den „non-uniformevents" oder ungewöhnlichen und unerwartbaren Ereignissen zu. Dabei differenziert er letztere in ein gleitendes Spektrum zwischen den Polen unerwarteter, jedoch lebensweltlich durchaus zu bewältigender Ereignisse und solchen, „die so selten und unerwartet geschehen, daß es unmöglich scheint, sie mit einer stabilen Expertenorganisation zu bewältigen". Für Experten(-organisationen) sind Amann zufolge vor allem Ereignisse sozusagen mittleren Schweregrades von Bedeutung, zu denen den davon Betroffenen lebensweltlich ein ungefähres Wissen über die Zuständigkeiten und Mobilisierungsmöglichkeiten kompetenter Unterstützungssysteme zur Verfügung steht, die eigene Handlungskompetenz zur Bewältigung jedoch nicht ausreicht bzw. auszureichen scheint (vgl. Amann 1983: 186f.).

Über die auf Lebenslagendimensionen wie Wohnung, Einkommen, Gesundheit und soziale Integration gerichtete Untersuchung hinaus operationalisiert Amann (vgl. a.a.O.: 251f.) die subjektiv-intrapersonalen Aspekte von Lebenslagen in fünf Kriterien und zwar als

- Defizite in der Wahrnehmung und/oder Eröffnung von Chancen: Benachteiligung der Person in ihrer Fähigkeit, Möglichkeiten zur Änderung der eigenen Situation zu erkennen oder zu bewirken. „Diese Wahrnehmungs- und Eröffnungsdefizite sind klassenspezifisch verteilt, werden im Lebenslauf als Sozialisationsdefizite erworben (...)".
- Machtlosigkeit in der depravierten Situation: Psychische bzw. Persönlichkeits-Disposition im Sinne einer Erwartung bzw. relativen Sicherheit, durch eigenes Handeln eine Änderung der konkreten Situation nicht erreichen zu könen.
- Exchange-Beschränkung im System des sozialen Austausches: Soziale und psycho-physische Defizitentwicklung, die zu einer relativen Unfähigkeit der Verhaltensreziprozität führt.
- Soziokulturelle Entfremdung: „(...) Diskrepanz zwischen einem kulturell vermittelten Idealbild menschlicher Existenz und der eigenen realen Situation."
- Aspirationsverfall: eine „aufgrund äußerer Bedingungen erzwungene Anpassung nach ‚unten' und Resignation gegenüber höheren Zielen und Wünschen."

Ähnlich allerdings wie auch die objektivierbaren Dimensionen von Lebenslagen entfalten sich die subjektiven Faktoren im individuellen Fall nicht einfach linear. Vielmehr sind sie Schwankungen unterworfen, die aus dem jeweils spezifischen und sehr komplexen Wechselspiel sich verändernder externer und interner Faktoren resultieren.

Auf eine weitere Dimension von Lebenslagen macht Böhnisch (vgl. 1982: 81f.) aufmerksam, wenn er auf das dynamische Spannungsverhältnis zwischen subjektiv konstituiertem „Lebenssinn" und gesellschaftlich konstituiertem „Lebenszweck" hinweist, das unter bestimmten gesellschaftlichen Bedingungen zu

- Sinnfragen bzw. Sinnkrisen führt, die nicht mehr mit herkömmlichen sozialstaatlichen Mitteln, die sich auf die Wiederherstellung einer ökonomisch-sozialen Balance richten, zu lösen sind.

In diesen Lebenslagendimensionen lassen sich auf der Ebene objektivierbarer Faktoren drei Bereiche identifizieren, die die somatischen, psychischen und sozialen Dimensionen menschlicher Existenz darstellen. Daran anschließend läßt sich das vielzitierte bio-psycho-soziale Differenzierungsschema über das „Person-in-Enviroment-Sytem" (→PIE) als analytisches Grobraster für „ganzheitliche" fallorientierte Eingangs- und Begleitbefunde professioneller Unter-

stützungsmaßnahmen operationalisieren. Die so erfaßten Dimensionen korrelieren jeweils mit spezifischen Wissenschaftsbereichen und den dort verfügbaren Erklärungsmustern. Zwischen den verschiedenen professionellen Kompetenzbereichen und den ihnen jeweils spezifisch angeschlossenen wissenschaftlichen Kernbereichen bestehen über Forschungs- und Ausbildungsprozesse sowie Legitimationsnotwendigkeiten professionellen Handelns enge Wechselwirkungen. Ein so verstandenes Lebenslagenkonzept bietet als Bezugsrahmen interdisziplinärer Diskurse, fachinterner Ausdifferenzierungen und interprofessioneller Kooperationsmodelle einen Ansatz zu einer „ganzheitlich" orientierten Koordination der bisher weitgehend getrennt organisierten professionellen Handlungsbereiche der Sozialen Arbeit, Medizin, Psychotherapie, Pflege etc. Welche Potentiale eine sowohl Optionen als auch Defizite erfassende fallorientierte Lebenslagenanalyse für die Koordination längerfristiger Unterstützungsprogramme und ihrer Orientierung auf das (zumindest potentiell) autonome Subjekt bietet, ist bisher erst in Ansätzen skizziert (vgl. Hey 2000). Jedoch hat auch eine auf überindividuelle Lebensbedingungen orientierte empirische Lebenslagenforschung sich bis heute nicht als eigenständiger Forschungsbereich etablieren können und wird aus sehr unterschiedlichen disziplinären Quellen wie z.B. der Sozial- und Wirtschaftsindikatorenforschung, der Armutsforschung (→Armut), der Biographieforschung (→Biographie) und →Epidemiologie gespeist.
Lit.: Amann, Anton 1983: Lebenslage und Sozialarbeit; Böhnisch, Lothar 1983: Der Sozialstaat und seine Pädagogik; Hey, Georg [1]2000 (in Vorb.): Zu den Perspektiven der Sozialen Arbeit im Gesundheitswesen: Personenbezogene Dienstleistungen als habilitative Ressourcen; Wendt, Wolf Rainer 1986: Lebenslage als Leitbegriff, in: Oppl, H.: Weber-Falkensammler, H. (Hrsg.): Soziale Arbeit im Gesundheitswesen, S. 140–147.

Georg Hey, Lüneburg

Lebenslaufforschung
→Biographie

Lebenswelt
L. ist ein von E. Husserl (1859–1938) eingeführter Begriff der phänomenologischen Soziologie (→Phänomenologie). Unter L. versteht man die vorwissenschaftliche, dem Menschen selbstverständliche Wirklichkeit, die ihn umgibt. Die L. erhält ihr Gepräge durch das persönliche Erleben seines alltäglichen, direkten Umfeldes durch den Menschen, aus dem er seine Primärerfahrungen bezieht, die ihm Handlungssicherheit verleihen. Der Begriff L. gewinnt seit dem zunehmenden Interesse am →Alltag in der Sozialpädagogik an Bedeutung.

Lehrlingsheim
→Jugendwohnheim

Lernbehinderung
L. ist ein Eingangsmerkmal für den Besuch der →Sonderschule. I.d.R. gelten Kinder und Jugendliche als lernbehindert, wenn ihr Intelligenzquotient unter 90 liegt (→Intelligenztest) und sie bezüglich ihrer Altersgenossen einen schulischen Rückstand von mehr als 2 Jahren haben. L. äußert sich in einer andauernden und schwerwiegenden Beeinträchtigung von Lernprozessen.
Für die Ursachen von L. gibt es eine Vielzahl von medizinischen, psychologischen, pädagogischen und soziologischen Erklärungsmodellen, von denen bisher keines allgemein anerkannt ist. Bereits der Begriff als solcher ist umstritten.
Die Sozialpädagogik bemüht sich in der Arbeit mit Lernbehinderten, nicht das problematische Kriterium der L. in den Mittelpunkt zu stellen, sondern den ganzen jungen Menschen in der Vielfalt seiner Fähigkeiten und Bedürfnisse zu fördern. (→Sonderpädagogik, →Soziales Lernen).

Lebensqualität

Mit dem Begriff der L. wird der Fokus auf gesellschaftlich erbrachte nicht-ökonomische Leistungen für die Gesellschaftsmitglieder gerichtet, wie z.B. Gesundheit und Bildung, aber auch Zufriedenheit und Glück sowie Freiheit, Sicherheit und Solidarität. Um die Diffusität dieses Begriffs zu mindern, wird versucht, ihn in seiner Differenziertheit zu operationalisieren und über →Sozialindikatoren meßbar zu machen.

Lerntheorie
→Soziales Lernen

Liberalismus

Der L. sieht in Ablehnung staatlicher oder gesellschaftlicher Bevormundung die Grundlage gesellschaftlicher Fortschritte in der freien Entfaltung des Individuums.
Dem Staat weist der L. lediglich eine Wächterfunktion für den Fall zu, daß das Recht verletzt wird. Ansonsten hat er das „freie Spiel der Kräfte" nicht durch regulierende Eingriffe (z.B. in die Wirtschaft) zu unterbinden. Entstanden war der L. als bürgerliche Antithese zum Absolutismus, Feudalismus und Klerikalismus im 18. Jahrhundert. Die Gegenposition zu dieser Soziallehre ist die Idee des →Wohlfahrtsstaats.

Lietz, Hermann (28.4.1868–12.6.1919)
Der Reformpädagoge war nach seiner Promotion zum Dr. phil. (1892) und mehrjähriger Tätigkeit als Pädagoge in Jena und Abbotsholme seit 1898 Gründer mehrerer Landerziehungsheime (Ilsenburg als erstes Landerziehungsheim überhaupt, Haubinda, Bieberstein, Vekkenstedt). L. legte dort Wert auf den Erwerb landwirtschaftlicher und handwerklicher Erkenntnisse sowie der Erziehung in der Gemeinschaft. (→Landerziehungsheimbewegung, →Reformpädagogik).

Life-event-Forschung (Lebensereignis-Forschung)

zu Beginn der 1960er Jahre in den USA entwickelter Forschungsansatz der Psychologie.
Die Grundthese der L. ist, daß graduell sehr unterschiedliche „Live-events" (frei übersetzt: lebensverändernde, kritische Lebensereignisse) wie z.B. Feiertage, Urlaub, Arbeitslosigkeit, Scheidung, Pensionierung, mithin Ereignisse, die eine gewisse Anpassungsleistung erfordern, aber auch katastrophalen Charakter haben können, u.U. eine solche Belastungswirkung auf ein Individuum ausüben, daß die notwendige Anpassungsleistung nicht mehr erbracht werden kann und die Wahrscheinlichkeit körperlicher und psychischer Erkrankungen steigt. Neben dieser anfänglich krankheitsorientierten Ausrichtung beschäftigt sich die L. in jüngerer Zeit auch mit den allgemeinen Prozessen der Bewältigung von Lebensereignissen (→Coping). L. ist eine wichtige Grundlage der Psychosomatik.

Linksextremismus
→Extremismus

Liszt, Franz von (2.3.1851–21.6.1919)
Der Jurist und Kriminalpolitiker L. (Professuren in Gießen ab 1879, Marburg ab 1882, Halle ab 1889 und ab 1899 in Berlin; Preußischer Abgeordneter seit 1908, Mitglied des Reichstages seit 1912) ist der Begründer der soziologischen Strafrechtsschule. Er forderte über die Strafrechtsdogmatik hinaus die Erforschung der Ursachen und Erscheinungsformen des Verbrechens. Als Politiker trat er gegen das damals herrschende Vergeltungsstrafrecht und für ein auf die individuelle Persönlichkeitsstruktur des Täters abgestimmtes sowie dem Prinzip der Erziehung und Sicherung verhaftetes Strafrecht ein. Er hatte maßgeblichen Einfluß auf die Ausgestaltung des JGG als Erziehungsstrafrecht.

Litt, Theodor (27.12.1880–16.7.196?)
Der Pädagoge und Philosoph L. war – u.a. beeinflußt von den Philosophien Hegels, →Diltheys und Husserls – einer der Hauptvertreter der →geisteswissen-

schaftlichen Pädagogik. Sein besonderes Interesse galt hier der wissenschaftstheoretischen Einordnung der Pädagogik und der Bildungstheorie.
L. studierte in Bonn alte Sprachen, Geschichte und Philosophie und promovierte dort 1904 zum Dr. phil. Nach seiner Tätigkeit als Gymnasiallehrer (1904–1918) Professuren für Pädagogik in Bonn (1919), für Pädagogik und Philosophie in Leipzig (1920–1937 und 1946–1947) und wieder in Bonn (1947 bis zur Emeritierung 1952).

Locke, John (29. 8. 1632–28. 10. 1704)
Der englische Philosoph L. gilt nicht nur als der Begründer des englischen Empirismus und Vertreter einer aufgeklärten Staatsphilosophie, sondern auch als einer der Begründer der neuzeitlichen Pädagogik. In seiner Briefsammlung „Some Thoughts Concerning Education" vergleicht L. das Kind mit einem beliebig prägbaren, unbeschriebenen Blatt Papier („tabula rasa") und vertritt eine individualisierende Erziehung.

Löwenstein, Kurt (18. 5. 1885–8. 5. 1939)
Der Lehrer L. wurde ab 1920 Reichstagsabgeordneter der USPD (Unabhängige Sozialdemokratische Partei Deutschlands) und Oberschulrat in Berlin. L. gründete mit anderen die deutsche →Kinderfreundebewegung, eine sozialistisch orientierte Strömung innerhalb der →Reformpädagogik. 1933 mußte L. emigrieren und übernahm 1934 den Vorsitz der sozialistischen Erziehungsinternationalen in Paris. L. gilt als einer der produktivsten Theoretiker der proletarischen Erziehung in der Weimarer Republik, der Anregungen der Reformpädagogik – vor allem ihren Gemeinschaftsgedanken – mit einem marxistischen Ansatz verband.

Logopädie

Die L. (= Sprachheilkunde) erforscht und behandelt Sprachstörungen und -fehler im nichtärztlichen Bereich (med.: Phoniatrie). Die L. wird von speziell ausgebildeten Logopäden bzw. im Sonderschulbereich von Sprachbehindertenpädagogen ausgeübt.

Das Hauptinteresse der Sozialpädagogik ist darauf gerichtet, in ihrem Bereich Ausgrenzungen und Sonderstellungen von Sprachbehinderten entgegenzuwirken (→Sprachbehinderung).

M

Macht

Nach Max Weber „jede Chance, innerhalb einer sozialen Beziehung den eigenen Willen auch gegen Widerstand durchzusetzen, gleich viel, worauf diese Chance beruht." Träger von Macht können Personen, Gruppen, Verbände, Parteien oder Staaten sein, die über die Möglichkeit verfügen, Anerkennung durch die Betroffenen, auch ohne ihren Willen zu erlangen. Dies kann in allen möglichen Situationen und Konstellationen der Fall sein. Macht wohnt die Tendenz inne, sich zur →Herrschaft zu institutionalisieren. Entsprechend soll in Demokratien das Prinzip der Gewaltenteilung Machtausübung berechenbar und transparent machen. Zu unterscheiden ist zwischen Individuen, die ihren Willen durchsetzen (persönliche Macht) und Strukturen (etwa soziale Ungleichheit), die eine Machtausübung ermöglichen. Wegen der fehlenden Legitimation wird Macht häufig gleichgesetzt mit →Gewalt.

Mädchenarbeit
→Feministische Soziale Arbeit

Makarenko, Anton Semjonowitsch
(1.3.1888–1.4.1939)

Der russische Volksschullehrer und überzeugte Sozialist M. leitete von 1920–1928 Arbeitskolonien für jugendliche Straftäter in der damaligen Sowjetunion. Er war überzeugter Gegner jeder Form von Individualisierung in der Pädagogik und vertrat statt dessen eine Erziehung im und durch das Kollektiv, wobei der Zögling durch freiwillige Übernahme von Pflichten und Aufgaben sowie Übung von Gehorsam und Disziplin zu einer sinnvollen Lebensgestaltung geführt werden sollte. (→Erziehungswissenschaft im Sozialismus).

Mandat
→Doppeltes Mandat

Marketing

Zunächst war der Begriff M. (Versorgung des Marktes, Absatzpolitik) nur auf Erwerbsunternehmen und deren Absatzfunktion bezogen, hat dann aber Erweiterungen erfahren: von einem reaktiven Verhalten auf die Marktverhältnisse zu einem aktiven Eingreifen in das Marktgeschehen (Beeinflussung des Kaufverhaltens der Abnehmer) und hin zur Betreuung der Märkte (Imagepflege). Diese Erweiterungen sind übertragbar auf nichterwerbswirtschaftliche Unternehmen und auf →Nonprofit-Organisationen (Vereine, Verbände, karitative Organisationen, Institutionen der psychosozialen Versorgung; Sozialmarketing), wobei bei vielen Professionellen der Sozialen Arbeit gegenüber Marketingstrategien in ihren Arbeitsfeldern noch erhebliche Bedenken bestehen. →Benchmarking; →Fundraising, →Kosten-Nutzen-Analyse; →Öffentlichkeitsarbeit; →Sozialmanagement

Massenmedien

Die M. (Druckerzeugnisse, Film, Funk, Fernsehen) geben ungerichtet und kontinuierlich Informationen an ihr Publikum weiter, das hierauf keine direkte Rückmeldung geben kann. Hieraus können sich besonders bei jungen Menschen Einstellungen und Verhaltensstrategien ergeben, die nicht auf Einsicht, sondern auf Beeinflussung durch oft nicht einmal richtig verstandene Informationen beruhen. Die Sozialpädagogik versucht, einer solchen Beeinflussung durch erzieherische und bildnerische Mittel gegenzuwirken. (→Medienpädagogik).

Maßregeln der Besserung und Sicherung

Neben der Strafe als Reaktion auf eine Straftat läßt das StGB (§§ 61–72) auch M. zu. Sie dienen nicht dem Ausgleich begangenen Unrechts, sondern der Verbrechensvorbeugung durch Besserung des Täters und/oder der Sicherung der Allgemeinheit. Die M. können auch bei

Schuldunfähigkeit des Delinquenten angewendet werden. Unter Wahrung der Verhältnismäßigkeit sind zugelassen: Unterbringung in einem psychiatrischen Krankenhaus, in einer Entziehungsanstalt, Anordnung der →Sicherungsverwahrung, Anordnung der →Führungsaufsicht, Entziehung der Fahrerlaubnis, Erteilung von Berufsverbot.

Maßregelvollzug
Die Durchführung der →Maßregeln der Besserung und Sicherung wird als M. bezeichnet. Er wird in unterschiedlichen Anstalten (Haftanstalt, psychiatrisches Krankenhaus, Entziehungsanstalt u.ä.) durchgeführt.

Mediation
M. ist ein handlungsleitendes Konzept, das die vermittelnde →Beratung von Konfliktparteien durch einen neutralen Mediator zum Gegenstand hat. Bei strittigen Positionen, wie sie bei Scheidungen, bei nachbarschaftlichen Konflikten, beim →Täter-Opferausgleich u. a. auftreten können, sollen über kombinierte Methoden, Verfahren und Techniken (→Methodisches Handeln in der Sozialen Arbeit) wie der →Klientenzentrierten Gesprächsführung oder dem →Rollentausch u. a. die Beteiligten befähigt werden, ihre Konflikte eigenverantwortlich so zu lösen, daß es keine Gewinner und keine Verlierer gibt. Ziel der M. ist also ein realitätsgerechter Kompromiß, über den, unter Vermeidung etwa von Gerichtsverfahren, die Streitpunkte geklärt und (vielleicht auf Dauer) beigelegt werden können.

Medienpädagogik
1. Definition und Aufgaben. Medienpädagogik umfaßt alle sozial-pädagogischen, sozial-politischen und sozial-kulturellen Überlegungen und Maßnahmen sowie Angebote für Kinder, Jugendliche und Erwachsene, die ihre kulturellen Interessen und Entfaltungsmöglichkeiten, ihre Wachstums- und Entwicklungschancen sowie ihre politischen Ausdrucks- und Partizipationsmöglichkeiten betreffen, sei es als einzelne, als Gruppen oder als Organisationen und Institutionen. Die genannten Interessen, Möglichkeiten und Chancen werden heute beeinflußt und mitgestaltet durch expandierende →Informations- und Kommunikationstechniken mit Wirkungen auf das Rezeptionsverhalten gegenüber Programm-Medien (Radio, Fernsehen), auf Arbeitsplätze, Arbeitsverhalten und Arbeitschancen, auf Handlungsmöglichkeiten und Verkehrsformen im öffentlichen und privaten Leben. Daher stellt M. heute diese Informations- und Kommunikationstechniken mit ihren sozialen und kulturellen Implikationen in den Fokus ihrer Betrachtung. Mediendidaktik (Einsatz von Medien-Geräten wie Overhead-Projektor, Videocassetten etc. in Lehr-Lernprozessen) und Medienerziehung (von einer Medien-Alphabetisierung von Kindern und Jugendlichen mit dem Ziel, die audiovisuellen Codes und neuen Zeichenwelten neben Schrift und Sprache entziffern und benutzen zu können, bis zu Übungen in aktiver Mediennutzung und Mediengestaltung) stellen Teilbereiche der M. dar. – Im Rahmen ihrer Aufgaben hat die M. spezifische Fragestellungen entwickelt: (1) Gegenstands- oder Objektbereich sind Erziehung und Bildung von Kindern und Jugendlichen im Medienbereich. M. ist insofern Bestandteil von Pädagogik. Als Sozialwissenschaft (2) untersucht sie die ihr aufgegebenen Objektbereiche, bedarf dazu aber der Integration kommunikationswissenschaftlichen, psychologischen, soziologischen – kurz: sozialwissenschaftlichen Wissens in eigene Fragestellungen und Konzepte. Die Wirklichkeits- und Gegenstandskonstruktionen der M. sind (3) in den historisch-gesellschaftlichen Veränderungs- und Modernisierungsprozeß eingelagert und werden von ihm bestimmt; insofern folgt M. technischen Entwicklungen und wird in vielen ihrer Fragestellungen von ihnen bestimmt. Da M. schließlich (4) auch praktische Fragen zu beantworten hat, ist hier ein

Rückzug in die rein wissenschaftliche Reflexion nicht möglich. Sie reagiert vielmehr in besonderer Weise auf die Wirklichkeitskonstruktionen, die außerhalb der wissenschaftlichen Theorie-Konstruktionen erfolgen.

Beispiele für Fragen, die an die M. gestellt werden: (1) Nicht nur die Gewalt auf den Straßen, auch die gezeigte Gewalt in den Medien (Kino, Fernsehen, Video) nimmt zu: sollte der Jugendschutz einschreiten? (2) Welche Wirkungen haben Gewalt- und Horrordarstellungen sowie pornographische Produkte auf Kinder und Jugendliche, die sich vielleicht nach diesen Mustern orientieren? (3) Viele Jugendliche umgeben sich vom frühen Morgen bis zum späten Abend mit einer Klangkulisse von Pop- und Rockmusik. Der Walkman gehört heute zur Grundausstattung der meisten Jugendlichen. Welche Bedeutung hat Musik für die Jugendlichen? Ist dies nicht gefährlich, zeigen sich nicht Tendenzen zur Isolation in einem akustischen Traumreich? (4) Die Einführung des Computers hat viele zu ‚Computer-Freaks' gemacht: Verlieren diese damit die Chance, soziale Kontakte zu pflegen, und unterwerfen sie sich nicht der binären Computerlogik und lassen Emotionalität und Menschlichkeit verkümmern? (5) Seit vor allem Verkabelung und Satelliten (sowie Videogeräte) eine Vervielfältigung der Programme ermöglichen und eine wachsende Zahl von Privatstationen sendet, hat sich die Mediennutzungszeit von Kindern verdoppelt. Richtet die Programmvermehrung kommunikativen Schaden in Familien an? (6) Stimmt die These, daß die neuen Techniken die Gesellschaft zunehmend in zwei soziale Gruppen spalten (Wissenskluft-These): die einen können mit Computer, Videogeräten und vermehrten Programmangeboten produktiv umgehen: sie nutzen alles für ihre berufliche Förderung, für die Kultivierung ihrer Person und als stimulierende Unterhaltung. Die anderen, weniger Gebildeten, versacken dagegen im ‚Unterhaltungsslalom', d.h. sie vermeiden informative Beiträge und nutzen die neuen Medien nicht für ihre eigene Entwicklung. Es sind die, die dann allenfalls Telespiele spielen, aber nicht zum Programmieren kommen, und deren gesellschaftspolitische Aktivität durch das überhandnehmende Medienangebot eher beeinträchtigt wird. (7) Eine Gruppe von Frauen hat sich zusammengeschlossen und den Computer als „kreatives Medium" entdeckt, sie produziert mit Hilfe von Desktop und mit Programmen der Computer-Simulation Kunstfilme. Ist das etwas Frauentypisches (Männer programmieren eher berufsbezogene Dinge), werden auf diese Weise also Geschlechterdifferenzen festgeschrieben, und welche Möglichkeiten gibt es, sie mit Hilfe von Medien aufzuheben? – Die Verschiedenartigkeit und Vielzahl der beispielhaft aufgeführten Probleme zeigt nicht nur, daß M. heute auf Expansionskurs ist, sondern auch, daß ihre disziplinären Zuständigkeiten sich ständig ausweiten. So ist eine endgültige Definition als ‚Festschreibung' medienpädagogischen Arbeitens derzeit nicht möglich.

2. Geschichte und wichtige Konzepte. Um 1900, als die neuen Drucktechniken ermöglichten, Trivialliteratur, Kriminal- und Frauenromane massenhaft zu produzieren, wurden vor allem Pädagogen bedenklich. Der Unterhaltungsliteratur wurde eine jugendgefährdende Wirkung zugesprochen. Symptomatisch für diese Position ist bis heute Heinrich Wolgast, Vorsitzender der Literarischen Kommission der in Hamburg gegründeten ‚Lehrervereinigung zur Pflege der künstlerischen Bildung in der Schule' und der Sozialdemokratie nahestehend. Im Jahre 1896 erschien sein Buch „Das Elend unserer Jugendliteratur". Nicht nur Trivialliteratur, sondern auch moralisch-belehrende, patriotische und religiöse Werke werden abgelehnt, aus Protest gegen die Gängelung durch den Wilhelminischen Staat und die mit ihm kooperierenden

Kirchen. Wolgast vermutete vor allem „Tendenzschriftsteller" und befürchtete eine Verwässerung und Verwüstung des „ästhetischen Sinns". Ziel war ihm die Bildung literarischen Geschmacks, etwa durch die großen Klassiker der deutschen und internationalen Literatur. Dabei ging es Wolgast durchaus um eine Emanzipation der Jugend. Er wandte sich gegen Verbote und Zensurmaßnahmen des Staates und setzte an ihre Stelle den Maßstab literarischer Tradition. Das Argumentationsmodell ist deutlich: Interessentengruppen bedienen sich des Mediums der Unterhaltung, um auf diese Weise zu beeinflussen. Pädagogen, seit →Rousseau auf die Autonomie des Subjekts bedacht, müssen hier Gefahren sehen. Sie setzen auf Medien-Gattungen, die Kulturträger sind und Qualitätsmaßstäbe setzen. Es geht um den Anspruch, jeweils als ‚gut' oder ‚schlecht' erachtete Medienprodukte zu klassifizieren und über Wertungen zu kontrollieren. Diese pädagogische Kontroll-Orientierung setzte sich zunächst jahrzehntelang durch. Ein Beispiel ist die Kinoreformbewegung, die den ‚guten' Film fördern und als erzieherisches Mittel einsetzen wollte. In der Schul-Film-Bewegung der zwanziger Jahre dieses Jahrhunderts meinten reformpädagogisch gesonnene Lehrer, daß die Schule zu rational und dürr sei, ihr Curriculum müsse ergänzt werden durch das Prinzip der ‚Anschauung'. Für solche Formen ganzheitlicher ‚Verlebendigung' schien das optische Medium sehr geeignet zu sein. M. im neuzeitlichen Sinn begann also als schulisch-orientierte Mediendidaktik (Einsatz von Medien als Lehr- und Lernmittel). Noch deutlicher wird die Kontroll-Orientierung in der Zeit des Nationalsozialismus. Der Film wurde als Instrument der Propagandaerziehung eingesetzt (z.B. „Hitlerjunge Quex" oder „Kopf hoch, Johannes!"). Medien waren ein Instrument der Politik. Diese Erfahrungen führten nach dem Zweiten Weltkrieg dazu, die Distanz gegenüber den Medien zu vergrößern. Es ging nun – in einer häufig verwendeten Formulierung – darum, „in den rechten Umgang mit den Medien" einzuführen im Rahmen einer Bewahrpädagogik. Ihr Ziel war es, das ‚Gute und Echte' den Kindern zu vermitteln, das ‚Schlechte und Gefährliche' fernzuhalten. Filmerziehung, Filmgespräch (Verarbeitung des Filmerlebnisses und Erzeugung von Filmverständnis) sollten dazu dienen, den Heranwachsenden Maßstäbe an die Hand zu geben. Diese waren oft religiös und konservativ geprägt. Erst in den sechziger Jahren, im Zusammenhang der Auseinandersetzung mit dem wirkmächtigen Fernsehen, wurden Konzepte entwickelt, die den kritischen, pädagogischen Impetus von seinen konservativen Folien befreiten. Es entwickelte sich, besonders im Anschluß an die Frankfurter →Kritische Theorie, die Ideologiekritische M. Damit schloß sich M. an sozialwissenschaftliche Debatten an und befreite sich von dem Ruch geisteswissenschaftlich-konservativer Tradition. Materialistische und psychoanalytische Elemente gingen nun in die Debatte ein. Insbesondere Horkheimer, Adorno, Benjamin und Marcuse haben wichtige Bausteine zu einer kritischen Medientheorie beigetragen. Nicht nur die Industrialisierung von Kultur (auch Kunstwerke sind technisch unbegrenzt reproduzierfähig geworden), sondern auch die Tatsache, daß Konsument und Rezipient Handelnde innerhalb des gleichen Bewußtseinsspielraums sind, werden gedeutet als „Blockierungszusammenhang spät kapitalistisch kontrollierten Bewußtseins". Die Undurchdringlichkeit der Erscheinung – was das Fernsehen sendet, gilt als ‚gegeben' und ‚wirklich' – wird als Ideologie ‚entlarvt'. Medienprodukte sind Waren wie andere, Bestandteil kapitalistischer Produktion und kapitalistischer Verkehrsverhältnisse. Diese Konzepte haben auf die M. befruchtend gewirkt. Sie besaß nun nicht nur eine Theorie für ihre medienkritische Grundhaltung; sie verfügte auch über ein Verfahren der wissenschaftlichen Analyse (stark soziologisch orientiert) sowie über die Methoden der Ideologiekritik und eine mögliche Praxis. Verbunden mit Gedanken einer „Emanzipation" anstrebenden Pädagogik (→kritisch-emanzipatorische Sozialpädagogik) erlaubten diese kritischen Ansätze, das Konzept gesellschaftlicher Veränderung insbesondere auf benachteiligte Gruppen der Gesellschaft auszudehnen. Eine solche Medientheorie konnte in den vom Staat getragenen Systemen (Schule, Erwachsenenbildung, betriebliche Ausbildung, Sozialpädagogik) freilich kaum gelehrt bzw. vertreten werden. Daher sind Elemente dieses theoretischen Konzepts nur in autonomen Lehrlings-, Schüler- und Studentengruppen zu vermitteln gewesen. Hinzu kam, daß die Theorie zu anspruchsvoll war, um in pädagogische Praxis umgesetzt zu werden. Die Ziel-Kriterien der M. waren jedoch jetzt kritischer und zugleich formal-allgemeiner geworden und hefteten sich nicht mehr an tradierte Werte. Die Emanzipation des Individuums aus Bewußtseinszwängen, die Forderung seiner Selbstbestimmung und seiner Partizipationschancen wurden von nun an wichtig. Parallel entwickelte sich im Bereich der Unterrichtstechnologie eine M., die ebenfalls nicht mehr von moralischen Postulaten bestimmt war, sondern eher im Rahmen technologischer Rationalität versuchte, die Bedeutung der Medien für Lernprozesse einzuschätzen. An die Stelle einer kontrollorientierten M. traten nun Konzepte, die Interessen und sogenannte Bedürfnisse des Rezipienten oder Nutzers stärker betrachteten und normative Erziehungsvorgaben in Frage stellten. Erst jetzt gewinnt der außerschulische Bereich (Sozialpädagogik, Freizeitpädagogik, Bildungsarbeit, Jugendzentrumsbewegung) an Bedeutung. Hier gab es Freiräume, die Medien nicht nur zu Instrumenten organisierten Lernens machten, sondern den Jugendlichen als Ausdrucks- und Artikulationsinstrumente ihrer eigenen Interessenlagen zur Verfügung stellten. Es entstand die handlungsorientierte M. Insbesondere das Aufkommen von Video und die damit verbundene Videobewegung versuchten gegenüber der komplex organisierten Öffentlichkeit etablierter Massenmedien eine ‚alternative Öffentlichkeit' aufzubauen, die sich in basisbezogenen Produktionen stadtteil- oder regionalbezogen und kritisch gegenüber der herrschenden Meinung artikulierte. Medienpädagogen haben seitdem eine differenzierende Position inne, die sich nicht von radikaler Kulturkritik und Medienabwehr, aber auch nicht von euphorischer Zustimmung zu neuen Medien-Angeboten leiten läßt. Geprüft wird die Medien-Entwicklung unter der Prämisse, inwieweit Medien Handlungsmöglichkeiten erschließen und ästhetische Erfahrungen erweitern anstatt zu unterdrücken und einzuschränken. Bis heute insistiert M. darauf, daß (im Anschluß an einen Wortgebrauch von B. Brecht) Medien nicht nur Botschaften ‚distribuieren', sondern auch die Kommunikations-Beteiligung aller Gesellschaftsmitglieder verbessern. Solche Postulate werden heute durch eine Theorie der Kontexte (Sozialökologie) ergänzt. Die Pluralisierung von Medien und Medien-Angeboten führt zum Konzept der „Medienwelten": der Kommunikations-Alltag und die lebensweltlichen Bindungen (im Rahmen einer gesellschaftlichen Ordnung und ihrer Umsetzung in institutionelles Handeln, Gruppenhandeln und Handeln von Einzelnen) sind von Medien (von den großen Produktions- und Distributions-Organisationen über die dem Einzelnen verfügbaren Geräte bis zur Zusammenschaltung in interaktiven Diensten der Computer) derart eng miteinander verbunden, daß Medien heute an der Konstruktion sozialer Welt genuin mitwirken. Medien transzendieren mit ihren symbolischen Botschaften über die elektronischen Vermittlungskanäle Räume, werden jedoch kontextgebunden unterschiedlich benutzt. Die Analyse der Interferenz (Einmischung) von konkreten Kontext-Situationen in die Aufnahme und Verarbeitung von Medien-Botschaften gibt wertvolle medienpädagogische Hinweise über die Rolle, die Medien bei der Realitätsverarbeitung von Kindern und Jugendlichen spielen. Daneben gibt es Versuche, ‚Medienbiographien' zu erstellen, um die Bedeutung audiovisueller Codes für einzelne Lebensphasen im Lebenszyklus sowie die Konstitution von Ich-Identität genauer zu erfassen. Im Gegensatz zu einer eher ökonomisch oder technisch interessierten quantitativen Forschung interessieren sich medienpädagogisch orientierte Wissenschaftler/innen daher vor allem für qualitative Instrumente und Zugänge (→empirische Sozialforschung: qualitative Verfahren), weil sie nicht an puren Nutzungs-Daten (Einschaltquoten) interessiert sind, sondern an der Art und Weise, wie Medien heute in Sozialisationsprozesse eingehen und sie mitbestimmen. Fragt man freilich nach Ergebnissen, ist die Ausbeute bisher dünn, wie etwa die offengebliebene Gewalt-Diskussion zeigt. Immerhin: die These, die Medien seien allein verantwortlich für gewalttätige Handlungen von Jugendlichen, ist nicht haltbar (sie geht von einem einfachen Reiz-Reaktions-Schema aus und übersieht den sozialen Kontext). Vielmehr scheint es so zu sein, daß die Lebenssituation eines →Jugendlichen sein Verhalten weitgehend bestimmt, so daß Medien nicht als Schaffer neuer Sinn- und Verhaltens-Welten fungieren, sondern eher Dispositionen, die latent oder offen vorhanden sind, verstärken – mit der Möglichkeit, daß sie in Handlungen umgesetzt werden. Die medienpädagogische Theoriebildung ist ebensowenig abgeschlossen wie ein Kanon an verwertbaren Ergebnissen vorliegt.

3. Medienpädagogik und Sozialpädagogik/Sozialarbeit. Die ersten Medien-Erfahrungen machen Kinder in der Familie, so daß diese als entscheidender Ort von Medienerziehung zu gelten hat. Untersuchungen bestätigen die Bedeutung des Modell-Verhaltens von Eltern ebenso, wie sie die Wissenskluftthese bestätigen. Besser gebildete Eltern verfügen nicht nur über mehr Bücher; sie benutzen die verschiedenen Medien auch selektiv und pflegen gleichzeitig soziale Kontakte. Problem-Familien (alleinerziehende Mütter, in Scheidung oder Streit lebende Eltern etc.) hingegen lassen eher einen übermäßigen Medien-Konsum vermuten, der zwar von alltäglicher Misere ablenkt und das Familiensystem auf diese Weise aufrecht erhält, aber die soziale Isolation und Randlage doch nicht aufheben kann. Jugendliche benutzen Medien außer zu Hause oder bei Freunden (Privatbereich) auch im öffentlichen Raum. Zahlreiche Medienumgebungen stehen gerade in den außerschulischen Bereichen bereit: vom Kino über die Discotheken und Spielhallen bis zu Mode-Boutiquen, aber auch Bibliotheken, Buchhandlungen, Videotheken etc. Der Einsatz von Medien (Filmabend, Discothek) ist heute aus der →Jugendarbeit nicht wegzudenken. Neue Möglichkeiten aktiver Medienarbeit (Handlungsorientierung) zeigen sich insbesondere auch in der Nutzung offener Kanäle oder von Bürgerkanälen (z.B. in Nordrhein-Westfalen); Jugendliche können sich hier über (Radio-)Produktionen als Gruppe oder Einzelne artikulieren und vorstellen und so eine begrenzte lokale Öffentlichkeit erreichen. Dabei ist Medieneinsatz gebunden an die sozialpädagogische Interventionsform der →Gemeinwesenarbeit. Auch diese ist orientiert an einem infrastrukturell zusammengehörenden sozialen Feld (z.B. Stadtteil). Es geht darum, die Arbeit aus Ämtern und Institutionen in die zu betreuenden oder selbst Konflikte erzeugenden sozialen Bereiche zu verlagern. Soziale Brennpunkte sind bevorzugte Interventionsregionen. Das Ziel der Arbeit besteht darin, den Betroffenen zur Selbstorganisation zu verhelfen und sie möglichst von professionell-pädagogischer Bevormundung zu

emanzipieren. Handlungsorientierte M. im Rahmen von Gemeinwesenarbeit stellt eine kommunikativ orientierte pädagogisch-politische Handlungsstrategie dar, über die Jugendliche nicht nur ihre Artikulationschancen üben, sondern auch verbessern – mit dem Ziel, lokale oder regionale Teil-Öffentlichkeiten zu erreichen und an einer Problemlösung zu beteiligen. Nicht zu vergessen ist dabei, daß Medien auch für die neuen Schwerpunkte von Jugend-Kulturarbeit (neben Theaterarbeit und Rollenspiel) hervorragende Möglichkeiten der Gestaltung anbieten. Grenzen setzen derzeit die oft geringe Ausstattung von Freizeitheimen und außerschulischen Bildungseinrichtungen mit Medien sowie deren häufig kurze Verschleißzeit. So bedeutend Medien für die sozialpädagogische Arbeit sein können, so stark ist ihre Randstellung (auch im Rahmen der Ausbildung) bis heute insgesamt geblieben.

4. Ausblick. Die Entwicklung der Medienpädagogik von einer Kontroll-Orientierung (pädagogische Überwachung) zur Handlungsorientierung ist noch nicht abgeschlossen. Zunehmend werden die Medien nicht nur als Gefährdung jugendlicher Autonomie, sondern auch als Geräte und Institutionen mit Handlungschancen gesehen, von politischer Artikulation bis zu ästhetischer Gestaltung von Lebensstilen. Daß Medien zunehmend über Werbung und Kapitalinvestitionen privatistisch getragen werden, ist ein Problem, das den gesamten Freizeitbereich längst erfaßt hat (vgl. auch Konsum, Mode, Lebensstil-Haltung etc.). Aber kapitalisierte Medien enthalten, werden sie angemessen genutzt und herausgefordert, immer auch Chancen der Beteiligung: das Medien-System produziert aus sich selbst immer wieder seine eigenen Widersprüche. In der letzten Zeit kommen ethische Fragen wieder stärker in den Blickpunkt. Ethische Orientierungen sind heute aber nicht mehr im Rahmen einer Regelsetzenden normativen Pädagogik zu suchen. Ob es sich um eine Produktions- und Distributionsethik handelt (nicht nur Journalisten brauchen einen ethischen Code, sondern auch Produzenten, Regisseure, Schauspieler, Kameramänner), um eine Nutzer-Ethik (jeder Mensch muß Maßstäbe haben, nach denen er sich und denen, für die er verantwortlich ist, das bekömmliche Maß an Wahrnehmung über Medien zugesteht) oder eine medienpädagogische Handlungsethik (verstanden als Interventionsstrategie: mit welchem Recht, mit welchen Zielen und Methoden geschieht dies?) –: in jedem Fall ist eine sozialethische Verantwortung heute nur durch kommunikative Aushandlungsprozesse immer von neuem in ihren Inhalten festzustellen und zu formulieren. Wird der Mensch gesehen als verantwortliches Subjekt seiner unvermittelten Handlungen und Kommunikationen, müssen auch Medien in diesem Rahmen genutzt werden, indem sie nicht Partizipations-Chancen abschneiden, sondern vermehren. Lokale Programme, offene Kanäle, interaktive Rückkanäle, plural besetzte Medienräte sind Beispiele für eine Medien-Zukunft, für die auch Sozialpädagogik zunehmend verantwortlich sein sollte.

Lit.: Armbruster, B./Baacke, D./Kübler, H.-D./Stoffers, M.: Neue Medien und Jugendhilfe. Analysen – Leitlinien – Maßnahmen, Neuwied/Darmstadt 1984; Baacke, D./Frank, G./Radde, M.: Jugendliche im Sog der Medien, Opladen 1989; Baacke, D./Sander, U./Vollbrecht, R.: Medienwelten Jugendlicher, Opladen 1991; Ehmer, H., K.: Visuelle Kommunikation. Beiträge zur Kritik der Bewußtseinsindustrie, Köln 1971; Hüther, J./Schorb, B./Brehm-Klotz, Ch. (Hg.): Grundbegriffe der Medienpädagogik. Wörterbuch für Studium und Praxis, Ehningen bei Böblingen 1990[2]; Radde, M./Sander, U./Vollbrecht, R. (Hg.): Jugendzeit – Medienzeit. Daten, Tendenzen, Analysen für eine jugendorientierte

Medikamentenabhängigkeit

Medienerziehung, Weinheim/München 1988.

Dieter Baacke, Bielefeld

Medikamentenabhängigkeit
→Sucht

Meldepflichtige Krankheiten

Das Bundesseuchengesetz (BSeuchG) verlangt bei Krankheiten, die eine Gefährdung für die Allgemeinheit bedeuten (z. B. ansteckende Krankheiten wie Typhus oder Tuberkulose), die Meldung durch den behandelnden Arzt an das →Gesundheitsamt, damit dieses unverzüglich Maßnahmen zur Abwendung der Gefahr einleiten kann.

Das BSHG sieht eine Meldepflicht von Behinderungen oder drohenden Behinderungen vor, damit die rechtzeitige Behandlung oder Einleitung von Rehabilitationsmaßnahmen gesichert wird.

Menschenrechte

unverletzliche und unveräußerliche im Wesen des Menschen und seiner Würde begründeten Rechte des einzelnen gegenüber dem Staat. Entsprechend bekennt sich das Grundgesetz zu den M. als Grundlage jeder menschlichen Gemeinschaft, des Friedens und der Gerechtigkeit in der Welt (§ 1 Abs. 2 GG). Auf internationaler Ebene existieren die Allgemeine Erklärung der Menschenrechte der Vereinten Nationen und (mit stärker verpflichtendem Charakter) die Europäische Konvention zum Schutze der Menschenrechte und Grundfreiheiten. →Soziale Arbeit als Menschenrechtsprofession

Menschenwürde

Die M. ist eines der tragenden Konstitutionsprinzipien der Bundesrepublik Deutschland; im GG ist die Unantastbarkeit der M. an die Spitze gestellt worden und die staatliche Gewalt dazu verpflichtet, sie zu achten und zu schützen. Eine inhaltliche Definition des Begriffs enthält vor allem die Überzeugungen, was mit dem Menschen nicht geschehen dürfe, um ihn vor unerträglicher Erniedrigung zu bewahren. Die Zielvorstellung der M. bildet auch einen wichtigen Grundsatz der Sozialen Arbeit. So bezeichnet § 1 Abs. 2 des BSHG es als Aufgabe der →Sozialhilfe, „dem Empfänger der Hilfe die Führung eines Lebens zu ermöglichen, das der Würde des Menschen entspricht". →Ethik; →Soziale Arbeit als Menschenrechtsprofession

Metakommunikation

M. ist die →Kommunikation über die Kommunikation selbst. Hierbei werden Begriffe verwendet, die nicht mehr Teil der Kommunikation sind, sondern von ihr handeln.

In der Psychologie bezeichnet M. häufig die Beziehungsebene der Kommunikation, auf der sich die Gesprächspartner nonverbal mitteilen, wie sie ihre verbal übermittelten Informationen verstanden haben wollen.

Methoden
→Methodisches Handeln in der sozialen Arbeit
→Klassische Methoden der Sozialarbeit

Methodisches Handeln in der Sozialen Arbeit

1. Problem. Wer die Diskussion der vergangenen 30 Jahre bezüglich methodischen Handelns in der Sozialen Arbeit verfolgt, mag schier verzweifeln über die Diffusität der Argumentation. Es verwundert, daß in einem so bedeutenden humanwissenschaftlichen Bereich wie der Sozialen Arbeit methodengeleitetes Handeln in Vagheit verharren konnte. Die Gründe hierfür sind sicher vielfältig und müßten auch historisch aufgearbeitet werden. Dazu gehören u. a.

– Entwertungsrituale, über die „Methoden" konsequent in Richtung inhumaner technizistischer Funktionalisierung definiert werden,
– eine ideologisch verzerrte sog. Methodenkritik, die Soziale Arbeit mit revolutionärer Gesellschaftsveränderung verwechselt,

- die Unkenntnis konkreter methodischer Arbeit, mit der Folge, die durchaus vorhandene Gefahren dieser Arbeit zu verallgemeinern und dann als vorgeblich real existierend zu kritisieren,
- Ängste und Unsicherheiten bei Praktikern, die in der Ausbildung methodisches Handeln nicht erlernt haben, weil das Angebot gefehlt hat oder weil sie es nicht wahrgenommen haben,
- die Abwehr einer deutlichen Bestimmung und Begrenzung dessen, was das Arbeitsfeld von Sozialpädagogik und Sozialarbeit ausmacht (→Narzißmus),
- das Theorie-Dilemma in der Sozialen Arbeit, die ungeklärte Frage, was denn die theoretischen Grundlagen heutiger Sozialpädagogik und Sozialarbeit sind und
- das Theorie-Praxis-Dilemma, nämlich die Schwierigkeiten, in Wechselwirkung zwischen Theoretikern und Praktikern sowohl die Theorie wie auch die methodische Umsetzung in die Praxis zu fördern.

2. Orientierungsraster methodischen Handelns. Das „wissenschaftliche" an den Wissenschaften ist das methodische Handeln als ein der intersubjektiven Überprüfung offener komplexer Prozeß. In dem statischen Modell des Orientierungsrasters (Abbildung 1) werden die zentralen inhaltlichen Ebenen methodischen Handelns in der Sozialen Arbeit zusammengefaßt. Dabei wird deutlich, daß spezielle Methoden in einen sehr viel größeren Zusammenhang eingebettet sind, ohne dessen Beachtung sie inhaltsleer bleiben müßten. Daraus lassen sich dann auch zwei Ebenen methodischen Handelns in der Sozialen Arbeit (neben dem forschungsmethodischen Handeln) ableiten, erstens eine allgemeinere, die die einzelnen Aspekte des Orientierungsrasters reflektierend in den Handlungsprozeß integriert und zweitens eine speziellere, deren Gegenstand spezifische Handlungsmethoden (s. 6.) sind.

Methodisch handeln in der Sozialen Arbeit auf der ersten Ebene heißt, die Zusammenhänge zwischen den komplex miteinander verbundenen Bereichen des Orientierungsrasters von der Sozialphilosophie bis zu den Techniken zu verstehen, umzusetzen und auch in der alltäglichen Arbeit immer wieder zu reflektieren. (Und es heißt auch, daß die Planung und Organisation (→Sozialmanagement, →Sozialplanung) dieses Handelns sich dieser Zusammenhänge bewußt sein muß, um auf ihre Weise effektiv zu sein.):
- Die Grundlage Sozialer Arbeit und damit zugleich die Basis jeglichen Handelns in der Sozialen Arbeit bilden nach dem Orientierungsraster →Sozialphilosophie, →Ethik und Menschenbild (→Soziale Arbeit als Menschenrechtsprofession). In ihnen sind zugleich, hierarchisch gesehen, die „höchsten" Ziele dieses Handeln verankert. Die an diese Basis rückgekoppelte Definition von Sozialer Arbeit bestimmt die Arbeitsprinzipien, diese wiederum geben den Arbeitsformen die Zielrichtung vor.
- Je nach Definition, je nach „Schule" (→Schulen der Sozialpädagogik), je nach bevorzugter Theorie von Sozialer Arbeit sind die Konsequenzen für jeweils alle weiteren Schritte im Rahmen des Orientierungsrasters und der Mehrperspektivität (Abb. 3) zu beachten. Theoretische Grundpositionen werden sich von den Basisdefinitionen her u. U. erheblich voneinander unterscheiden und damit auch bezüglich der von ihnen bevorzugten Arbeitsformen, Interaktionsmodi, spezifischen Methoden (Problemanalyse-, Interventions- und Reflexionsmethoden), Verfahren und Techniken.
- Aus den theoretischen Konzepten der Sozialen Arbeit resultieren letztendlich (natürlich wechselwirkend) deren Arbeitsfelder, die nach Lebensalter (→Kindheit, →Jugend, →Alter) und/

METHODISCH HANDELN IN DER SOZIALEN ARBEIT

Sozialphilosophie – Ethik – Menschenbild

Soziale Arbeit

Sozialpädagogik   Sozialarbeit

Personenbezogene präventive, korrigierende und kompensierende Dienstleistungen einschließlich ihrer Organisation, fokusiert auf Sozialisationsprozesse und Soziale Problemlagen

Theorien – Forschung

Handlungsfelder

Lebensalterspezifisch   Lebenslagenspezifisch

Handlungsleitende Konzepte

Generalisiert   Lebensalterspezifisch   Lebenslagenspezifisch

Arbeitsprinzipien

Förderung von Hilfe zur Selbsthilfe, Emanzipation, Mündigkeit, Menschenrechten – Kommunikative Verständigung, Mehrperspektivität, zirkuläre Problemlösung

Arbeitsformen

Arbeit mit   Einzelnen   Gruppen   Organisationen   Regionalen Einheiten

Interaktionsmedien

Beratung   Psycho-soziale Therapie   Betreuung   Begleitung/Unterstützung
Erziehung   Bildung

Planung und Organisation von Beratung ...

Methoden

Monokonzepte   Kombinationskonzepte

Problemanalysemethoden   Interventionsmethoden   Reflexionsmethoden

Verfahren und Techniken

Methodenimmanent   Eigenständig

Abbildung 1: Statisches Orientierungsraster: Inhaltsebenen methodischen Handelns

oder nach Lebenslagen (→Lebenslage, →Soziale Probleme) strukturiert werden können. Ohne Zuordnung von Handlungsfeldern zu theoretischen und erkenntnisleitenden Konzepten bleiben sie beliebig, Moden oder politischen Forderungen unterworfen.
- Die Basis für handlungsleitende Konzepte, die allgemein gültig sein können, häufiger aber eher, mehr oder weniger differenziert, lebensalter- oder lebenslagenspezifisch sind, bilden ebenfalls grundlegende Konzeptionen der Sozialen Arbeit. Beispiele sind das →Empowerment-Konzept, die Netzwerkarbeit (→Netzwerk), die →Soziale Beratung, die →Selbstevaluation u. a.
- Arbeitsprinzipien sind zu begründende Basisorientierungen, Grundsätze des Handelns zur Lösung spezifischer Probleme. In ihnen sind Ziele und Ideen des Handelns verdeutlicht. Sie leiten sich aus den sozialphilosophischen und ethischen Überlegungen ab, gefiltert durch die theoretischen Konzepte der Sozialen Arbeit.
- Arbeitsformen beinhalten grundsätzliche Herangehensweisen. Sie dienen als Diskriminierungsraster für die spezielleren Interaktionsmedien (Interaktionsmodi, Handlungsarten) und die spezifische Methodenwahl. Je nach Problemstellung und damit einhergehender Festlegung der Arbeitsformen und der Interaktionsmedien sind also einzelne Methoden als Problemlösungswege lege artis zu wählen (monomethodisches Vorgehen) und anzuwenden oder aber ein, verschiedene Methoden oder auch einzelne Verfahren integrierendes Konzept (Kombinationsmethode) zu verwenden oder auch erst zu entwickeln und umzusetzen. Für die Wahl der Arbeitsformen und spezieller der Interaktionsmedien und noch spezieller der Methoden, Verfahren und Techniken ist die Problemanalyse (Situationsanalyse; →Empirische Sozialforschung, →Pädagogische Diagnostik, →Verhaltensdiagnostik) einschließlich der Thesen- und Zieleformulierungen bestimmend.
- Spezifische Methoden beinhalten mehr oder weniger differenzierte Systeme von geregelten Verfahren(sweisen) und Techniken. Aus dem Instrumentarium der Basis- oder Standardverfahren eines Methodenkonzeptes werden die speziellen Verfahren entwickelt (als konkrete und situationsspezifische Anwendung der Basisverfahren zur Lösung von speziellen Praxisproblemen, u. U. mit entsprechenden Modifikationen (= sozialpädagogische Kreativität). Daneben gibt es Verfahren, die aus der Praxis heraus entwickelt wurden, die aber mangels axiologischer Fundierung und theoretischer Begründung nicht den Status einer Methode erreichen (s. 4.2). In der Praxis werden desweiteren viele Verfahren (und Techniken) angewendet, ohne auf die Methoden bezogen zu werden, aus denen heraus sie entstanden sind (Rollenspiel, Skulpturarbeit, positive Verstärkung, Zukunftswerkstatt...). Techniken bilden das methodenimmanente und spezifische „Handwerkszeug", das im Rahmen der gewählten Verfahren einer Methode Anwendung findet. Sie bezeichnen somit die grundlegenden Handlungsregeln, die eine Methode und ihre Verfahren (bzw. auch eigenständige Verfahren) in besonderer Weise kennzeichnen.

Die Effektivität der Wahl von Arbeitsform, Interaktionsmedium, Methode, Verfahren und Techniken bezüglich der Problemlösung ist zu evaluieren (→Evaluationsforschung, →Qualitätssicherung – Qualitätsmanagement, →Selbstevaluation). Dabei ist auch die Qualität der Problemanalyse und der Durchführung der gewählten Methode mit ihren Verfahren und Techniken zu prüfen. Unter Umständen sind sogar als Folge der Reflexion/ Evaluation die Arbeitsprinzipien zu revidieren oder gar die Basistheorie und die Basisdefinitionen bezüglich Sozialer Arbeit zu modifizieren oder als nicht hinreichend brauchbar zu verwerfen. Im Rahmen der Evaluation wird auch deutlich, ob die Problemlösung wirklich nur eine sozialpädagogische Aufgabe ist, ob nur Teilbereiche dies sind, ob andere Professionen beteiligt werden müssen usw. Evaluation darf somit nicht nur am „Ende" eines Problemlösungsprozesses stehen, sondern ist als zirkulärer Reflexionsprozeß (Prozeßanalyse) zu verstehen, der alle Schritte immer wieder in Frage stellt und der auch den Aspekt der Wirtschaftlichkeit (→Kosten-Nutzen-Analyse) mit einschließt.

Ganz gleich, wo in dieses Modell eingestiegen wird, sind die jeweils anderen Aspekte mehr oder weniger mit zu bedenken, soll kompetent und professionell methodisch gearbeitet werden. Eine noch so wirkungsvolle Technik muß dann bezogen werden auf die zugrundeliegende Methode, auf deren axiologische Basisannahmen (Ethik, Menschenbild) und den daraus ableitbaren Arbeitsprinzipien, auf ihre theoretische Begründung, auf die Spezifika unterschiedlicher Arbeitsfelder, sowie auf ihre Zuordnung zu den Arbeitsformen und Interaktionsmedien. Beispielsweise ist die Aufgabe zu lösen, eine Alkoholikergruppe in der Nachsorgephase in der Vorbereitung auf Alltagssituationen zu unterstützen (Arbeitsfeld, Problem). Wenn als Arbeitsprinzipien Multiperspektivität und Hilfe zur Selbsthilfe gelten sollen, ist die Arbeitsform begründet zu wählen (hier: Gruppenarbeit), das Interaktionsmedium zu vereinbaren (z.B. Gruppen-Beratung), die Methode festzulegen (z.B. Kombinationsmethode →Themenzentrierte Interaktion und →Psychodrama), sowie die Verfahren (z.B. Themeneinstimmung nach der Themenzentrierten Interaktion und zukunftsgerichtetes Rollenspiel) und Techniken (z.B. Dreifachgeleitetes Schweigen, Rollentausch und Spiegeln) zu bestimmen. Erst im Rahmen einer solchen Systematik wird methodisches Handeln den formulierten Ansprüchen gerecht.

3. Methodisches Handeln als zirkulärer Problemlösungsprozeß. Es versteht sich von selbst, daß das unter 1. genannte statische Orientierungsraster sich erst in der Dynamik konkreter Handlungsansprüche bewähren muß. Eine Problemlösung in diesem Sinne ist ein zirkulärer Prozeß, d.h. daß Evaluation eine ständige Aufgabe im Gesamtverlauf ist und unter Umständen dazu führt, auch nach Beginn der Intervention wieder zur Problemanalyse zurückzukehren usw.

Die einzelnen Schritte des zirkulären Prozesses der Problemlösung lassen sich wie folgt benennen:
– Kontakt mit dem Problemfeld, dem unerwünschten Ist-Zustand,
– Problemanalyse, Sitationsdefinition, Bestandaufnahme, Datensammlung, Anamnese, explizierende (erläuternde, erklärende) Rekonstruktion des Problemfeldes (wozu unmittelbar wirkendes, „operatives Hintergrundwissen" nötig ist), Rahmung: Problemanalysemethoden/-verfahren,
– Arbeitshypothesen, Zieledefinitionen,
– Planung unter Einschluß alternativer Möglichkeiten,
– Wahl der Arbeitsformen und Interaktionsmodi,
– Methodenwahl: Einzelmethode (Monomethode), integriertes Methodenkonzept (Kombinationsmethode): Interventionsmethoden/-verfahren,
– Kontrakt, Vertrag,
– Durchführung, Intervention i.e.S. Therapie und
– Abschlußbericht, Katamnese, Überprüfung, Erfolgskontrolle, Auswertung, Reflexion, (Selbst-)Evaluation bezogen auf die technologische Effektivität (Angemessenheit der Methoden und Verfahren) und die Qualität der Durchführung: (Selbst-)Evaluationsmethoden/-verfahren.

Professionelle der Sozialen Arbeit müssen sich somit Analysekompetenz, Interventionskompetenz und Evaluationskompetenz aneignen bzw. diese erweitern.

4. Methoden

4.1 Basisdefinitionen. Zumindest die folgenden Begriffe sind zu unterscheiden:
- Methoden (methodos = das Nachgehen, Verfolgen) sind mehr oder weniger differenziert geplante, geregelte und zielorientierte sowie konsequent und reflektierend zu verfolgende „Wege" des Problemlösens.
- Methodisches Handeln auf dieser Ebene ist das Gehen auf diesen Wegen, das kunstfertige und kreative Anwenden von Methoden im Rahmen der gegebenen Problemstellung bzw. problematischen Aufgabenstellung. Von letzteren zu unterscheiden sind quasi automatisch ablaufenden Routineaufgaben.
- Die Methodologie i. e. S. ist die Theorie der Methode, also die Lehre, die Rede vom Richtigen-Weg-Entlang-Gehen (Methodenkonzept).
- In den Methodenkonzepten/Methodologien werden programmatisch die jeweiligen Wege unter Einbeziehung axiologischer, theoretischer und praxeologischer Aspekte beschrieben und (teilweise) forschungsmethodisch untermauert (Abbildung 2). Die Gesamtheit der Methodenkonzepte/Methodologien in einer Wissenschaft ist deren Methodenlehre (oder Methodologie i. w. S.).

4.2 Methodenkonzepte. Spezifische Methoden werden im Rahmen des Orientierungsrasters bei der Problemanalyse, bei den Interventionen und in der Evaluation angewendet. Sinnvoll kann dies eigentlich nur wiederum im Rahmen der Fragestellungen handlungsleitender Konzepte stattfinden. Handlungsleitende Konzepte der Sozialen Arbeit haben allerdings einen sehr unterschiedlichen Abstraktionsgrad (nach: König 1967, S. 5):
- Viele Konzepte beschreiben lediglich Beobachtungen empirischer Regelmäßigkeiten (wie sie etwa in den Jahresberichten einer Vielzahl von sozialpädagogischen Projekten und Beratungsstellen zu finden sind),
- die meisten sind als ad-hoc-Konzepte entwickelt worden (→Soziale Beratung, →Sozialpädagogische Familienhilfe, →Streetwork u. a.),
- einige sind Konzepte mittlerer Reichweite (→Empowerment, →Erlebnispädagogik, →Gemeindewesenarbeit, →Jugendhilfeplanung u. a.),
- Konzepte höherer Komplexität fehlen bisher.

Was für die handlungsleitenden Konzepte gilt, gilt bezüglich ihres Differenzierungsgrades gleichermaßen auch für spezifische Methodenkonzepte und daraus abgeleitet natürlich auch für das methodische Handeln selbst. Unabhängig von der notwendigen Orientierung an handlungsleitenden Konzepten sind spezifische Methoden hinsichtlich ihrer

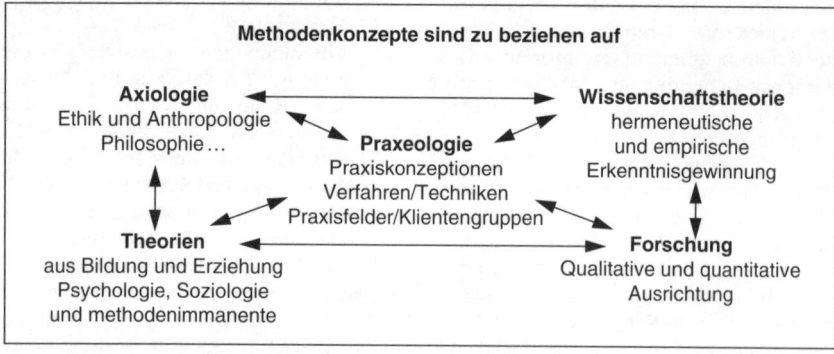

Abbildung 2: Kriterienraster zur Beurteilung von Methodenkonzepten

axiologischen, theoretischen, praxeologischen, wissenschaftstheoretischen und empirischen Fundierung zu differenzieren. Nicht jede Technik wie z. B. die Visualisierung über Pinboards ist eine Methode. Diese Technik kann allerdings in Verbindung mit weiteren Techniken und Verfahren Teil der Moderationsmethode werden, wenn das Menschenbild mit den Prinzipien der Eigenverantwortung und Gleichberechtigung und den daraus abgeleiteten Arbeitsprinzipien wie Demokratie und Toleranz sowie die theoretischen Grundlagen (Kommunikationspsychologie, Gruppendynamik) und eventuell noch wissenschaftstheoretische und forschungsmäßige Fragestellungen reflektierend zu einem übergreifenden Methodenkonzept verbunden werden. Die Kriterien zur Beurteilung von spezifischen Methoden (und natürlich auch methodischen Handelns insgesamt) sind in der Abbildung 2 zusammengefaßt.

Erläuterungen zur Abbildung 2:
Praxeologie: In der Lehre von der Praxis geht es darum, erstens erarbeitete Praxiskonzepte in methodisches Handeln umzusetzen (Verfahren, Techniken) sowie die damit gemachten Erfahrungen in die Konzepte zurückfließen zu lassen (Differenzierung, Modifikation), zweitens die Methoden für unterschiedliche Praxisfelder zu differenzieren bzw. integrative Modelle zu entwickeln und drittens die Umweltbezüge, innerhalb derer gearbeitet wird (Politik, Recht, Ökonomie ...), zu berücksichtigen. Frage nach dem „Wie kann ich handeln?".
Theorie: Die Methodenkonzepte und die einzelnen Schritte des methodischen Handelns sind durch psychologische, soziologische, pädagogische und methodenimmanente Theorien zu begründen. Frage nach dem „Warum handle ich so und nicht anders?".
Axiologie: Hier ist die Frage nach den Zielen hinter den praxeologischen Zielen zu stellen, somit sind Fragen nach dem Menschenbild und nach Ethik und Philosophie zu beantworten. Frage nach dem „Wozu dient mein Handeln?", „Wohin soll mein Handeln führen?".
Wissenschaftstheorie: Fragen, auf welchen Wegen die Erkenntnisse gewonnen wurden. Frage nach dem „Woher kommt mein Wissen?".
Forschungsmethoden: Fragen der Überprüfung bezüglich der Folgen und Nebenfolgen praktischen Handelns (Evaluation). Frage nach dem „Was bewirkt mein Handeln?".

5. Methodisch handeln und die Mehrperspektivität von Problemen. Mehr als in vielen anderen Berufen ist in der Sozialen Arbeit die Rede von der Multiperspektivität der Problemgenese und Problemlösung. Dennoch ist die Reduktion von Vielfalt notwendig, um in konkreten Situationen handlungsfähig zu bleiben. Methodisches Handeln in der Sozialen Arbeit ist Handeln in komplexen Situationen, die (nach Dörner) durch Vernetztheit, Dynamik, Intransparenz und (notwendigerweise) einem unvollständigen Strukturwissen gekennzeichnet sind. Eine Vergewisserung wesentlicher Aspekte dieses Handelns, immer unter der Ausrichtung auf einen verständigungsorientierten zirkulären Problemlösungsprozeß (s. 2.) sowie einer Orientierung und Ausrichtung des Handelns an Basiskriterien (Abb. 1 und 2) ist daher hilfreich für die Strukturierung verwirrender Komplexität und Voraussetzung für effektives Arbeiten. Das Bewußtsein bzw. Bewußtmachen von netzwerkartigen Problemverflechtungen ist eine notwendige wenn auch noch nicht ausreichende Voraussetzung, um die auftretenden Probleme in den diversen Arbeitsfeldern Sozialer Arbeit angemessen zu bewältigen. Hinzukommen muß eine verantwortete Beschränkung von Dienstleistungen, die die äußeren und inneren Grenzen von Sozialpädagogen und Klienten bewußt berücksichtigt. In der Abbildung 3 sind einige zu berücksichtigende Aspekte des Perspektivengeflechtes zusammengefaßt.
In der Sozialen Arbeit sind die Problem-

Gesellschaft ◄──►	Lebenswelten ◄──►	Lebensstile
	Lebenschancen/Lebensrisiken (standardisierte und außergewöhnliche) in:	
Individualistische Ethik Bürokratisierung Technologisierung Wertepluralismus Soziale Mobilität Wohlstand vs. Armut Rechtssystem Sozialstaatlichkeit	**Ökonomischer Umwelt** Arbeitsmarkt, Wohnungsmarkt, Gütermarkt, Dienstleistungsmarkt… **Sozio-kultureller Umwelt** Wohnung, Arbeitsplatz, Kulturelles Milieu Freizeitmöglichkeiten Infrastruktur: Erziehung, Medizin, Soziale Arbeit, Selbsthilfe… **Psycho-sozialer Umwelt** Familie, Partnerschaft Freunde/Nachbarschaft…	Strategien der Lebensbewältigung Wertvorstellungen Normvorstellungen Handlungsmuster Konsummuster Identitätsentwicklung Ideologien Vorurteile

Abbildung 3: Perspektiven: Gesellschaft – Lebenswelten – Lebensstile

analyse-, Interventions- und Reflexionsmethoden bzw. -verfahren im Sinne mehrperspektivischen Denkens und Handelns bezüglich der Problemzuordnung aber eben auch der Ressourcenfindung auf die Lebensstile und die Lebenswelten der Klienten sowie auf die gesellschaftlichen Rahmenbedingungen, in denen sozialpädagogisches Handeln stattfindet, einschließlich ihrer Wechselwirkungen, zu beziehen. In den Lebenswelten sind nicht nur pathogene Wirkungen zu finden sondern auch salutogene Möglichkeiten zu suchen. Dies beinhaltet auch die Frage, was in der Umwelt zu verändern ist, um positive Veränderungen in den Lebenstilen der Klienten zu bewirken bzw. zu stabilisieren.

6. Basis-, Komplementär- und Substitutionsmethoden in der Sozialen Arbeit. Quer durch die genannten Orientierungen zieht sich die Aufgabe, mit einzelnen Menschen und mit Gruppen (Kleingruppen bis zu regionalen Einheiten) unter Einbeziehung von Umweltaspekten und im Sinne sozialpädagogischer Frage- und Aufgabenstellungen zu arbeiten

bzw. dieses Arbeiten zu planen und zu organisieren, was wiederum nicht ohne Menschen möglich ist. Auf einer noch abstrakteren Stufe geht es in der Sozialen Arbeit um eine facettenreiche „Beziehungsarbeit", um das Wesen von Beziehung und deren Handhabung. Wenn methodisches Handeln in der Sozialen Arbeit soziales Handeln auf der Basis kommunikativer Verständigung mit dem Ziel präventiv, korrigierend und kompensierend zu wirken, ist, dann gibt diese Festlegung die Richtung für die Gestaltung dieser Beziehungsarbeit einschließlich ihrer Planung und Organisation vor.

Wenn SozialpädagogInnen in der Leitung von Institutionen, als SozialmanagerInnen, als OrganisationsberaterInnen, als pädagogische Fachkräfte in Psychatrien und Gefängnissen, als HeimerzieherInnen, in der Jugendbildung, in der Altenarbeit, in der Drogentherapie usw. tätig sein sollen und wenn sie gleichzeitig bei alledem auch noch mehrere Perspektiven eines Problems oder einer Aufgabenstellung im Auge behalten sollen, dann wird die Forderung, daß das Lernen und Ausüben methodischen

Handelns sowohl einer fundierten Basis wie einer differenzierenden Spezifizierung bedarf, einsichtig.

Vor einer differenzierenden Spezifizierung ist in der Ausbildung die Systematik methodischen Handelns zu erlernen, sind also Grundqualifikationen zu erwerben, d. h. Basismethoden (Problemanalyse, Intervention, Reflexion) zu erlernen und intensiv zu trainieren, die die AbsolventInnen zur „Beziehungsarbeit" mit einzelnen Menschen und mit Gruppen befähigen. Diese Basiskompetenzen sind in der Ausbildung weiter zu vertiefen und entsprechend möglicher Studienschwerpunkte zu differenzieren und zu modifizieren. In der berufsbegleitenden Weiterbildung ist dieses Können zu festigen und dient als Grundlage für weitere Differenzierungen und auch zur Integration zusätzlicher Methoden und Verfahren sowie für die kreative Entwicklung konkreter, auf das jeweilige Arbeitsfeld und seine spezifischen Aufgaben bezogenen Konzeptionen. Das heißt, daß es keine Supermethode gibt, die in allen sozialpädagogischen Lebenslagen anwendbar wäre, daß aber sehr wohl profunde Methoden zur Verfügung stehen, die über viele konkrete Bereiche der Sozialen Arbeit hinweg anwendbar sind, ohne die sozialen Probleme nach den Methoden zu selektieren, die aber sicherlich vielfach durch weitere Verfahrensschritte ergänzt werden müssen, um den Klienten und den Institutionen Sozialer Arbeit mit ihren spezifischen Problemen gerecht werden zu können.

Basismethoden für Problemanalyse, Intervention und Reflexion sind notwendig, in vielen, aber nicht in allen Situationen ausreichend. Sie sind daher zu ergänzen durch Komplementärmethoden und in manchen Situationen auch zu ersetzen durch Substitutionsmethoden. Gelernte, trainierte, beherrschte und situationsspezifisch modifizierte Basismethoden sind allerdings allemal für alle Beteiligten günstiger als ein aus dem Handlungszwang heraus geborener Not-Eklektizismus.

Als Basismethoden für sozialpädagogische Handlungsfelder haben sich die →Klientenzentrierte Gesprächsführung nach Carl Rogers, das →Psychodrama nach Jacob L. Moreno und die →Themenzentrierte Interaktion nach Ruth Cohn besonders bewährt. Bezüglich ihres Differenzierungsgrades sind es Methodenkonzeptionen mittlerer Reichweite, das Psychodrama ein Konzept höherer Komplexität. Diese Basiskonzepte sind in den Dienst der Sozialen Arbeit zu stellen, die Grundlagen sind sozialpädagogische Fragestellungen, die mit diesen Methoden oder ausgewählten Verfahren daraus im Rahmen einer Monokonzeption (arbeiten mit einer Methode) oder wohl häufiger einer integrierenden Konzeption (arbeiten mit einer Kombination von Methoden oder Verfahren bezüglich Problemanalyse, Intervention und Evaluation) bearbeitet werden. Dahinter steht die These, daß Sozialpädagogen dann methoden- und damit handlungskompetent zu nennen sind, wenn sie fähig sind, erworbene Regelsysteme flexibel auf neuartige Situationen zu transformieren und anzuwenden oder auch für alte Situationen neuartige methodische Reaktionen zu entwickeln. Dies ist sozialpädagogische Kreativität, die in der Methodenausbildung angeregt und gefördert werden kann und muß.

Je nach spezieller Problemstellung des Tätigkeitsfeldes und in der Universitätsausbildung je nach den Schwerpunkten des Studiengangs sind die Basismethoden zu modifizieren oder durch Komplementärmethoden zu erweitern, um professionelles methodisches Handeln zu gewährleisten. Erweiternde Methoden bzw. Verfahren sind etwa die Systemische →Familienberatung, Elemente aus dem →Neurolinguistische Programmieren, eine lerntheoretisch orientierte →Verhaltensdiagnostik, das →Anti-Agressivitäts-Training sowie →Zukunftswerkstatt, →Projektmethode und →Selbstevaluationsverfahren. Die Modifikationen und Ergänzungen müssen

aber bezüglich ihrer Axiologie kompatibel mit den Basismethoden sein und unterliegen ebenfalls einer theoretischen Begründung.
Modifizieren und ergänzen der Basismethoden alleine reicht in manchen Tätigkeitsbereichen der Sozialen Arbeit nicht aus, diese müssen dann kurz- oder längerfristig ersetzt werden durch Substitutionsmethoden bzw. -verfahren, beispielsweise durch spezielle Methoden und Verfahren der →Moderation, der →Gutachtenerstellung, der →Sozialplanung, der →Sozialadministration, der →Öffentlichkeitsarbeit, der →Sozialberichterstattung u. a.

In sozialpädagogischen Arbeitsfeldern und unter den Prämissen handlungsleitender Konzepte wird monomethodisch seltener gearbeitet werden, häufiger wird es der Fall sein, daß unter sozialpädagogischer Fragestellung eine Integrationskonzeption aus dem genannten Methodenrepertoire erst entwickelt und erprobt werden muß. Um der Komplexität psycho-sozialer Sachverhalte in der Sozialen Arbeit gerecht zu werden, wird eine Methodenkombination oder auch eine Verfahrenskombination oder u. U. auch eine Integration methodenfremder Verfahren in die eigene Methode bedeutsamer sein als Methodenmonismus. Der kreative Akt einer methodischen Neuschöpfung wird eher selten stattfinden. Vermieden sollte auf alle Fälle ein ausufernder Eklektizismus werden.

Als Beispiel sei das Tätigkeitsfeld Straßensozialarbeit (→Streetwork) angeführt. Die Basisaktivitäten sind hier ohne Zweifel die Kontakt- und Beziehungsarbeit in der Lebenswelt der KlientInnen. →Klientenzentrierte Gesprächsführung und die Wahrnehmung von Milieustrukturen über soziometrisches Denken (→Psychodrama) eventuell auch über das eine oder andere szeneverträgliche Verfahren, müssen dann aber zielgruppenspezifisch erweitert werden durch Modifizierungen der klientenzentrierten Beratung in Richtung →Soziale Beratung und Krisenintervention oder in Gruppen durch erlebnis- und freizeitpädagogische Angebote, mit ihrer Nähe zum psychodramatischen Kriterium des Spiels, oder etwa auch durch projektmethodische Unternehmungen (→Projektmethode) bei deren Durchführung wiederum Elemente aus der →Themenzentrierten Interaktion und dem Psychodrama Anwendung finden. Daneben, und die genannten Tätigkeiten weiter ergänzend und teilweise ersetzend, steht die methodische Arbeit im institutionellen Umfeld (Vernetzung, Verbund, Akquisition) und weitere Aktivitäten im kommunalen, politischen und administrativen Kontext, wie die Initiierung und Durchsetzung medizinischer und materieller Grundversorgung, von Beschäftigungs- und Übernachtungsmöglichkeiten u. a. Hierbei sind die modifizierten Basismethoden notwendig und weitgehend ausreichend. Bei der Planung, Organisation, Öffentlichkeitsarbeit und Sozialberichterstattung in diesem Bereich müssen sie allerdings durch für diese spezifischen Tätigkeiten signifikantere Verfahren (kurzzeitig) ergänzt bzw. ersetzt werden.

Wichtig ist bei allen Integrationsbemühungen, daß im Rahmen solcher sozialpädagogischer Konzeptionierungen die einzelnen methodischen Mosaiksteinchen im Sinne des Interdependenzmodells (Abb. 2) kompatibel bleiben. Dies verlangt die sozialpädagogische Ethik, ohne die methodisches Handeln zu einem Sammelsurium strategischer Technizismen verkommt. →Klassische Methoden der Sozialarbeit

Lit.: Dörner, D., Die Logik des Mißlingens. Strategisches Denken in komplexen Situationen, Reinbek 1989; Galuske, M., Methoden der Sozialen Arbeit, Weinheim 1998; König, R., Handbuch der empirischen Sozialforschung, Stuttgart 1967, Bd. 1; Stimmer, F., Methodischen Handeln in der Sozialen Arbeit, Stuttgart 2000.

Franz Stimmer, Lüneburg

Methodologie

Unter M. im engeren Sinne wird die Analyse der Methoden einer Wissenschaft im Hinblick auf die Ziele ihrer Anwendung verstanden.

Häufig wird M. mit →Wissenschaftstheorie gleichgesetzt, manchmal auch im Sinne von „Methodenlehre" verwendet.

Migration

Unter M. versteht man die Wanderung von Individuen oder Gruppen im geographischen Raum (horizontale, geographische Mobilität), wobei der Ortswechsel vorübergehend oder dauernd sein kann.

Der Begriff der M. wird in zahlreichen Disziplinen (z. B. Soziologie, Völkerkunde, Biologie etc.) verwendet, wobei die o. g. Definition fachspezifisch modifiziert sein kann.

In der Sozialen Arbeit ist die M. vor allem im Sinne des (temporären) Aufenthalts von Ausländern in der Bundesrepublik unter dem Aspekt der →Ausländerarbeit von Bedeutung (→Ausländerrecht).

Milieutheorie

1. Die M. im weiteren Sinne vertritt antithetisch zur Anlagetheorie (→Anlage) die Ansicht, daß das Verhalten, die Fähigkeiten, Einstellungen etc. eines Individuums durch seine soziale Umwelt bedingt sind, und es sich somit um während der →Sozialisation durch Lernprozesse erworbene und nicht um angeborene Fähigkeiten handelt;

2. Im engeren Sinne ist die M. in der →Kriminologie ein Ansatz zur Erklärung →abweichenden Verhaltens, der die Ursache dieses Verhaltens im Gegensatz zur Anlagetheorie im Milieu (frz. f. Umwelt) begründet sieht.

Bisher ist weder die M. noch die Anlagetheorie wissenschaftlich zweifelsfrei erwiesen bzw. sind ihre wechselseitigen Beziehungen abschließend erforscht.

Minderbegabung

→Intellektuelle Minderbegabung

Minderheiten

in der Sozialen Arbeit meist synonym für →Randgruppen verwendet.

Minderjährigkeit

Als M. wird der Status von jungen Menschen vor Vollendung ihres 18. Lebensjahres (→Volljährigkeit) bezeichnet. Dieser Status ist in erster Linie von rechtlicher Relevanz und berührt so unterschiedliche Bereiche wie z. B. Privatrecht, Erbrecht und Öffentliches Recht. M. räumt jungen Menschen einen speziellen rechtlichen Schutzraum ein (besonders deutlich im →Jugendstrafrecht), dem der Gedanke zugrunde liegt, junge Menschen als werdende, erziehungsbedürftige Individuen zu sehen, an die nicht die gleichen Maßstäbe angelegt werden dürfen wie an erwachsene Menschen.

Mißhandlung

→Gewalt in Familien
→Gewalt gegen Frauen
→Kindesmißhandlung

Mitbestimmung

Unter M. wird im allgemeinen das demokratische Prinzip verstanden, daß Entscheidungen in einer gesellschaftlichen →Gruppe oder Institution nicht isoliert von Leitern, Vorgesetzten o. ä. gefällt werden, sondern unter Beteiligung aller Betroffenen.

M. im engeren Sinne bezieht sich auf die Beteiligung von Arbeitnehmern an Entscheidungsprozessen in Unternehmen auf der Basis des Mitbestimmungsgesetzes (MitbG).

Mitwirkungspflicht

Durch die M. wird in der Sozialgesetzgebung dem Hilfeempfänger die Pflicht zu sozialem Verhalten gem. §§ 60–67 SGB I auferlegt, d. h. er hat nach Kräften dazu beizutragen, daß die jeweilige Hilfeleistung effizient durchgeführt werden kann (z. B. durch die Angabe aller zur Gewährung der Hilfe relevanten Tatsachen, Mitteilung von Änderungen der maßgebenden Verhältnisse, Vermeidung unnötiger Ausgaben). Bei fehlender

Mobile Jugendarbeit

Mitwirkung kann die zuständige Behörde die Leistung entziehen bzw. nicht gewähren.

Mobile Jugendarbeit

M.J. ist ein Konzept, nach dem sich der Sozialpädagoge in das alltägliche Umfeld (→Alltag) der Jugendlichen begibt, anstatt sie in sozialpädagogischen Institutionen (z.B. →Jugendfreizeitstätten) zu erwarten. Durch diese Form der →Jugendarbeit werden Jugendliche von sozialpädagogischen Beratungs- und Hilfsangeboten erreicht, die sonst i.d.R. erst durch rechtliche Sanktionen in den Kontakt mit Sozialpädagogen kommen (z.B. →Banden, sog. Fan-Clubs, drogenabhängige Jugendliche etc.). →Street work; →Flexibel organisierte Jugendhilfe; →Parteiliche Jugendsozialarbeit

Mobilität
→Soziale Mobilität

Moderation

Bei der M. geht es um das Leiten von Besprechungen, Arbeitsgruppen, Diskussionen und Konferenzen mit dem Ziel, Potentiale der beteiligten Menschen zu fördern und sie sach- oder aufgabenbezogen kooperativ zu nutzen. Das Menschenbild des M.-Konzeptes entspricht mit den Prinzipien der Eigenverantwortlichkeit, der Handelsorientierung, der Gleichberechtigung und der Ganzheit dem der →Humanistischen Psychologie. Die daraus ableitbaren Arbeitsprinzipien wie Demokratie, Toleranz, Effizienz oder Transparenz nach innen bilden die Basis der M.-Arbeit. Vor dem Hintergrund der Kommunikationspsychologie und der Gruppendynamik werden vielfältige M.-Techniken angewendet: Visualisieren über Flipcharts, Overhead-Folien, Pinboards u.a. unter Zuhilfenahme diverser Abfragetechniken.

Modifizierte Präponderanztheorie
→Vorrang der Jugendhilfe

Mollenhauer, Klaus (31.10.1928–18.3.1998)

Der Name des →Weniger-Schülers M. (Professuren in Berlin, Kiel, Frankfurt/M. und schließlich Göttingen) ist in der Sozialpädagogik in erster Linie mit seinem bedeutenden Beitrag zur Entwicklung der kritisch-emanzipatorischen Sp. (→Schulen der Sozialen Arbeit) in den 1970er Jahren verbunden. Bereits seine Dissertation „Die Ursprünge der Sozialpädagogik in der industriellen Gesellschaft" (Weinheim 1959) kann als ein früher Schritt in diese Richtung betrachtet werden, könnte aber auch als eine der letzten grundlegenden Weiterentwicklungen der geisteswissenschaftlichen Tradition dieser Disziplin angesehen werden (→Geschichte der Sozialpädagogik). Seit den 1980er Jahren beschäftigte sich Mollenhauer bis zu seinem Tod mit bildungstheoretischen, ästhetischen und kulturellen Fragen, ohne sein Leitziel der Emanzipation aus den Augen zu verlieren.

Montessori, Maria (31.8.1870–6.5.1952)

Die italienische Ärztin und Pädagogin, die 1896 an der Universität Rom in Medizin promovierte, lehrte zunächst an einer staatlichen Lehrerbildungsanstalt für geistig behinderte Kinder, dann auch an der Universität Rom. 1907 übernahm sie ein Kinderhaus für 3–6jährige Arbeiterkinder („casa dei bambini"). Ab 1912 ging sie auf Vortragsreisen und gründete in zahlreichen Ländern Vorschulen bzw. Kindergärten, Schulen und Lehrerbildungsinstitute. M. entwickelte aus ihren pädagogischen Erfahrungen die sog. →Montessori-Pädagogik, die heute besonders im →Elementarbereich international verbreitet ist.

Montessori-Pädagogik

von Maria →Montessori entwickelter pädagogischer Ansatz, nach dem jedem Kind ein eigener Bauplan und kosmisch-göttliche Triebkräfte für eine gesunde Entwicklung inhärent sind. Aufgabe des Erziehers sei es, diese normale Entwicklung zu begleiten und zu fördern sowie Abweichungen, in die Erwachsene das Kind durch direktive Erziehung oder Vernachlässigung getrieben haben, abzubauen („Normalisation"). Außerdem wird die Erziehung der Sinne und der Bewegung betont. In der Sozialpädagogik wird die M. vor allem im →Elementarbereich diskutiert.

Moralische Entwicklung und Erziehung
Die Frage der Moral, d.h. wie Menschen ihr Zusammenleben gestalten und miteinander umgehen wollen, stellt sich notwendigerweise. Sie stellt sich aufgrund der Tatsache, daß Menschen ihre soziale und personale Identität, das Wechselspiel von I und Me im Meadschen Sinne (→Theorie der Symbolischen Interaktion), immer nur in der Auseinandersetzung mit anderen Menschen und den von ihnen geschaffenen Sozialverhältnissen erwerben. Zugleich können diese Menschen weder auf eine in starkem Maße handlungsregulierende Trieb- bzw. Instinktausstattung zurückgreifen, noch sind sie durch eine solche festgelegt. Es ist dieses Moment der Freiheit, der Chance, wählen zu können, das es überhaupt erst ermöglicht, Praxis bewußt zu gestalten, das heißt auch, moralische Handlungsentscheidungen zu formulieren, die mit guten Gründen zu verteidigen sind. Es ist offensichtlich, daß sich diese Thematik neben der philosophischen (→Ethik) und der erziehungsphilosophischen Behandlung (beispielsweise bei →Rousseau, →Schleiermacher und →Herbart) auch als hervorragender Gegenstand der aufkommenden erziehungswissenschaftlichen Forschung eignete, die wiederum ihren Niederschlag in zahlreichen erziehungspraktischen Bemühungen fand.

Nach einer rasch einsetzenden Phase der Rezeption sowie der darauf folgenden intensiven moralpädagogischen Diskussionen im ersten Drittel dieses Jahrhunderts, die ihren Ort vor allem in den ‚Gesellschaften für ethische Kultur' hatten und ihre internationale Ausrichtung durch Kongresse in mehreren europäischen Ländern (1908 in London, 1912 in Den Haag, 1922 in Genf, 1926 in Rom und 1930 in Paris) dokumentierten (vgl. Pabelick 1933), fanden Fragen der moralischen Entwicklung und Erziehung im deutschen Sprachraum erst wieder seit Beginn der 70er Jahre verstärkte Aufmerksamkeit.

Zu dieser Zeit legte der US-amerikanische Entwicklungspsychologe und Pädagoge Lawrence Kohlberg (1927–1987) im Anschluß an die ungewöhnlich innovative, aber über lange Jahre nahezu gänzlich ignorierte Arbeit Jean Piagets (1896–1980) über ‚Das moralische Urteil beim Kinde' (1932/1983) seine Studien zu Struktur und Genese der Gerechtigkeitsvorstellungen bei Kindern, Jugendlichen und Erwachsenen vor, die sich sowohl auf Längsschnitt- als auch auf interkulturelle Untersuchungen berufen konnten. Kohlberg hatte bereits etwa Mitte der 50er Jahre begonnen, individuelles moralisches Urteilen mit Hilfe von Interviews, in deren Mittelpunkt hypothetische Dilemmata standen, zu erheben. Aus diesen, philosophisch u.a. von Kant, Durkheim und James Mark Baldwin inspirierten Forschungsarbeiten resultierte als zentrales, auch heute noch wegweisendes Ergebnis der empirische Nachweis von Ebenen und Stufen der moralischen Entwicklung.

Es kristallisierten sich 3 Ebenen heraus, die wiederum jeweils 2 Stufen umfassen. Die mittlere, als konventionell bezeichnete Ebene (Stufe 3 und 4) beinhaltet ein Denken, das sich an Gewohnheiten, Üblichkeiten und Gepflogenheiten orientiert. Auf der vorausgehenden präkonventionellen Ebene (Stufe 1 und 2) sind diese Regeln und Anforderungen von Gemeinschaft und Gesellschaft den Subjekten noch äußerlich, während auf der nachfolgenden postkonventionellen Ebene die Befragten nach Prinzipien urteilen, die den gesellschaftlichen Standards noch vorgelagert sein können bzw. diese transzendieren.

Stufe 1 bezeichnet die unmittelbar an Strafe und Gehorsam orientierte Auffassung eines Subjekts, das moralische Anforderungen strikte nach dem Buchstaben und nicht dem Sinn nach erfüllt. Die Intentionen anderer werden nicht wahrgenommen bzw. nicht verstanden. Moralisch gut sein heißt, gut gehorchen, andernfalls wird die Strafe als unmittelbare Konsequenz der begangenen Abweichung akzeptiert oder im Falle richtigen Handelns ein Automatismus der Belohnung erwartet. Als Metapher gilt: ‚Die Macht bestimmt, was richtig ist‘ (Might makes right) oder ‚Gut ist, was mir nützt‘.

Stufe 2 läßt sich als instrumentell zweckorientiert und konkret austauschinteressiert beschreiben. Die eigene egozentrische Perspektive wird teilweise zugunsten der Einleitung und Durchführung eines wechselseitigen ‚Aushandelns‘ zurückgenommen. Obwohl die eigenen Bedürfnisse befriedigt werden sollen, wird zugleich auch den anderen das Recht zugestanden, Interessen anzumelden und Bedürfnisse einzufordern. Als Metapher gilt: ‚Wie du mir, so ich dir‘.

Stufe 3, die erste Stufe der konventionellen Ebene, repräsentiert die Idee der wechselseitigen zwischenmenschlichen Erwartungen und Beziehungen. Diese Stufe ist durch das bewußte Eingehen auf die Mitmenschen charakterisiert. Die Reflexion geht erstmals auf die vermuteten bzw. unterstellten Erwartungen der anderen ein und versucht, sie einvernehmlich zu erfüllen. Den Bezugspunkt für diese Form der Moralität bildet die umgebende Primärgruppe, d. h. vor allem die Familie oder die Gruppe der Freunde und Bekannten (peers). Die Beziehungen, soweit sie in moralischen Begriffen definiert werden, sind durch Vertrauen, Respekt und Dankbarkeit bestimmt. Soziologisch kann von der Formierung kommunikativer Rollenverhältnisse gesprochen werden. Als Metapher gilt: ‚Good-boy bzw. good-girl‘ Orientierung.

Stufe 4 konzentriert sich auf das moralische Verhältnis zum umfassenden sozialen System. Gesetze und ihre Einhaltung sowie generell ein bewußtes Verhältnis zur sozialen Ordnung bilden den zentralen Punkt dieser Orientierung. Institutionen, staatliche, aber auch beispielsweise religiöse, werden zur Richtschnur moralischer Vorstellungen. Das Verhältnis Subjekt-System löst die Vorstellung der subjekt-subjektbezogenen Moral der Stufe 3 ab. Anthropologische Theorien, die den Vorrang von Institutionen und deren Funktion als ‚Stützhalte‘ betonen (Gehlen), lassen sich dieser Stufe zuordnen. Als Metapher gilt (mit Einschränkungen): Law-and-order-Orientierung.

Stufe 5, die erste Stufe der postkonventionellen Ebene, charakterisiert die der Gesellschaft vorgeordnete Perspektive oder – philosophisch formuliert – die Stufe des Sozialvertrags. Hier geht es darum, eine gesellschaftlich reflektierte, ihren konkreten Anforderungen jedoch in aller Regel vorausliegende Perspektive des gesetzschaffenden und -gebenden Subjekts zu dokumentieren. „Der gruppen- oder staatsbezogene Standpunkt der Binnenmoral wird durch den Gedanken der Freiheitsrechte aller Menschen und durch die Forderung der Begründung des Rechts durch freie Verträge überschritten" (Apel 1986, S. 19).

Stufe 6 schließlich kennzeichnet die Orientierung an universellen moralischen Prinzipien, die der Stufe 5 noch einmal vorgelagert sind, indem sie ermöglichen, daß die Gesetzes- und Vertragsansprüche dieser Stufe aus ihnen abgeleitet werden können. Kohlberg führt (im Anschluß an John Rawls und G. H. Mead) ein gedankenexperimentelles Verfahren ein, dessen Befolgung nach seiner Auffassung zur Erzeugung genereller Entscheidungen auf Stufe 6 führt. Dieses Verfahren der ‚Idealen Rollenübernahme‘ bzw. des ‚Moral Musical Chair‘ beinhaltet:

1. Sich vorzustellen, in der Position einer jeden in der Situation beteiligten Person zu sein (einschließlich der

eigenen Person) und alle Ansprüche zu erwägen, die man erheben könnte;
2. Sich dann vorzustellen, daß der einzelne nicht weiß, wer er in der Situation ist und zu fragen, ob er seinen Anspruch immer noch aufrechterhalten würde und
3. Schließlich in Übereinstimmung mit diesen reversiblen Ansprüchen zu handeln' (vgl. Kohlberg 1981, S. 190 ff.).

Mit dieser Stufenfolge ist die Annahme verbunden, daß es sich hierbei um eine Logik der Entwicklung handelt, d.h. um deutlich voneinander unterscheidbare Entwicklungsfolgen, welche immer in einer unveränderlichen Anordnung auftreten. Darüber hinaus wird die jeweils niedrigere Stufe in die höhere(n) integriert und repräsentiert eine von den anderen Stufen eindeutig separierte strukturierte Ganzheit. Mit dieser Entwicklung gehen folgende, für erziehungswissenschaftliche Zielformulierungen entscheidenden Merkmale einher: „Zunehmende Stimulusunabhängigkeit, erhöhtes Abstraktionsniveau, zunehmende Differenzierung, insgesamt also größere Objektivität der Realitätsperzeption" (Döbert/Nunner-Winkler 1975, S. 22).

Im Laufe einer z.T. heftig geführten Auseinandersetzung haben sich drei Diskussionsschwerpunkte herausgebildet, die gegenwärtig die Forschung bestimmen: 1. Das Verhältnis von moralischem Urteilen und Handeln; 2. Die beanspruchte Universalität der moralischen Entwicklung sowie 3. Die Frage nach einer möglichen Geschlechtsbezogenheit der Moral – in diesem Zusammenhang ist es im Anschluß an die Arbeit von Carol Gilligan (1984) zu einer Gegenüberstellung von ‚männlicher' und ‚weiblicher' Moral bzw. von Gerechtigkeits- und Fürsorgemoral gekommen.

Die Ergebnisse der von Kohlberg initiierten und von zahlreichen Kollegen und Kolleginnen weitergeführten Forschungen haben sich auf vielfältige Weise in die erziehungswissenschaftliche und sozialpädagogische Praxis eingefügt. Genereller Ausgangspunkt dieser Bemühungen ist die im Anschluß an John →Dewey formulierte Vorstellung von ‚moralischer Entwicklung als Ziel der Erziehung'. Allerdings soll die pädagogische Förderung dieser Entwicklung erst dann erfolgen, wenn abzusehen ist, daß die ‚natürliche Umwelt' des Betroffenen eine solche nicht gewährleisten kann; d.h. die pädagogische Absicht zur Intervention bleibt der lebensweltlichen Beeinflußung nachgeordnet. Für den Fall einer unzureichenden Förderung wurden eine Reihe von Vorgehensweisen erarbeitet, deren Umsetzung in unterschiedliche Institutionen (Kindergärten, Schulen, Heime, Gefängnisse) bereits erfolgt ist bzw. erprobt wird.

1. Die allgemeinste Erziehungsmaßnahme, die sich als erfolgreich zur Stimulation des moralischen Urteils erwiesen hat, besteht aus der Herbeiführung einer kognitiv-moralischen Konfliktsituation, die in aller Regel durch die Diskussion entsprechender hypothetischer und/oder tatsächlich erlebter Dilemmata erzeugt wird – also einer systematischen (minimalen) Überforderung (optimal mismatch) der Beteiligten. Dieses Förderkonzept erhält seine Legitimation aus den Resultaten der Forschungsarbeiten zur kognitiven Entwicklung sensu Piaget, die zeigen konnten, daß die Generierung eines ‚kognitiven Sturm und Drangs' zunächst zwar zu einem Ungleichgewicht im ‚mentalen Haushalt' der Subjekte führt, das jedoch seinerseits wieder zu einem Ausgleich bzw. zu einem Ausbalancieren im Sinne eines Fließgleichgewichts auf einer nächst höheren Stufe der Entwicklung drängt.

2. Eine Förderung in einem umfassenderen und nachhaltiger wirkenden Sinn liegt mit der Konzeption der ‚Gerechten Gemeinschaft' (just community) vor, die sich aus der Umsetzung psychologisch-erziehungswissenschaftlicher motivierter Annahmen (und den damit ein-

hergehenden Schwierigkeiten) in die pädagogische Praxis ergab. Im Mittelpunkt des Konzepts steht die aus Erfahrungen in Schulen, Heimen und Gefängnissen resultierende Einsicht, daß es nicht ausreicht, (gelegentlich) die moralische Entwicklung zu fördern, solange nicht gewährleistet ist, daß es sich bei der Institution, die diese Stimulation vornimmt, um eine gerechte Einrichtung handelt. Dies bedeutet beispielsweise, daß in Gefängnissen eine Stimulation des individuellen moralischen Urteils kaum erfolgversprechend ist, wenn sich die institutionalisierten Gerechtigkeitsstrukturen (in der Regel als moralisches Klima oder als moralische Atmosphäre operationalisiert) als unzureichend, d.h. entwicklungsarm oder entwicklungshindernd erweisen.

Konkret werden zur Veränderung des institutionellen Umfelds mehrere Maßnahmen vorgeschlagen, aus denen neben der Konstitution eines Fairness-Komitees und der moralischen Diskussion in der Einrichtung die Etablierung von just-community-meetings hervorragt. In diesen Sitzungen werden Probleme und daraus resultierende Konflikte unter Maßgabe der demokratischen Idee ‚one person – one vote' behandelt und zur Abstimmung gebracht. Die Grundlage dieser ‚pädagogischen Zumutung' (Oser) findet sich in der (kontrafaktischen) Unterstellung der Autonomie der beteiligten Subjekte bzw. in der Vorstellung, daß sich Autonomie allein durch Erfahrung der Möglichkeit selbstbestimmten Handelns ausbilden kann.

In jüngster Zeit hat vor allem Brumlik (1992) eine Reihe von Arbeiten vorgelegt, die auf eine Anwendung und Erweiterung des Ansatzes der Gerechtigkeitsentwicklung aus einer sozialpädagogischen Perspektive abzielen; so äußert er sich zu Fragen und Problemen einer pädagogischen Ethik, zur Professionsethik sowie zum Verhältnis von Bildung und Moral. Im Mittelpunkt seiner Betrachtungen steht jedoch das Konzept einer advokatorischen Ethik, die sich in Abgrenzung von und in Auseinandersetzung mit diskursethischen Verfahren (Habermas, Apel) der Thematisierung des für Pädagogik konstitutiven Sachverhalts der Führung sowie vor allem der Legitimation stellvertretend zu bestreitender Diskurse zuwendet. Advokatorische Diskurse werden nämlich genau dann virulent, wenn die Betroffenen nicht in der Lage sind, selbst ihre potentiellen Ansprüche geltend zu machen, was insbesondere für Tiere, aber auch für Noch-nicht-, Nichtmehr- sowie Niemals-Personen gilt, für Menschen also, die aus kontingenten oder prinzipiellen Gründen kein selbstbewußtes Leben führen können.

Lit.: Apel, K.-O.: Diskurs und Verantwortung, Frankfurt a. M. 1986; Brumlik, M.: Advokatorische Ethik, Bielefeld 1992; Döbert, R./Nunner-Winkler, G.: Adoleszenzkrise und Identitätsbildung, Frankfurt a. M. 1975; Garz, D.: Sozialpsychologische Entwicklungstheorien, Opladen 1994Ø; Gilligan, C.: Die andere Stimme, München 1984; Kohlberg, L.: Essays on moral development. Vol. I. The philosophy of moral development. Vol. II: The psychology of moral development, San Francisco: Harper & Row 1981/1984; Oser, F./Althof, W: Moralische Selbstbestimmung, Stuttgart 1992; Pabelick, K.: Die treibenden Kräfte in der internationalen moralpädagogischen Bewegung, Düsseldorf 1933; Piaget, Jean (1932): Das moralische Urteil beim Kinde, Stuttgart 1983.

Detlef Garz, Oldenburg

Motivation

Die Gesamtheit aller Beweggründe, die einer Handlung oder einem Verhalten vorausgehen und es leiten, nennt die Psychologie M. (→Soziales Lernen).

Mündel

Ein Mensch, der unter Vormundschaft steht, wird als Mündel bezeichnet (→Vormundschaft und Pflegschaft).

Mündigkeit

Mündigkeit
M. bezeichnet die Fähigkeit eines Individuums, in Kenntnis der →Normen und →Werte der Gesellschaft in Übereinstimmung mit seiner persönlichen →Identität eigenverantwortlich zu handeln. Die M. ist das Ziel jeder erzieherischen Bemühung um junge Menschen.

Mütterberatungsstelle
Einrichtung des →Gesundheitsamtes, in der i. d. R. medizinisches und sozialpädagogisches Personal werdende bzw. junge Mütter oder Eltern über alle Bereiche der Schwangerschaft, Geburt, kindlichen Entwicklung und Erziehung aufklären und beraten.
Gelegentlich wird diese Institution auch als Beratungsstelle für werdende Mütter, Schwangerenberatungsstelle oder Säuglingsfürsorgestelle bezeichnet bzw. in diese Bereiche gesplittet.

Müttererholung
M. ist seit der Weimarer Republik eine Maßnahme der →Freien Wohlfahrtspflege, die erschöpften und überforderten Müttern eine Kur in Müttergenesungsheimen bietet (→Deutsches Müttergenesungswerk).

Müttergenesungswerk
→Deutsches Müttergenesungswerk

Musiktherapie
Die M. ist eine Methode der →Psychotherapie, die durch die aktive oder passive musikalische Betätigung die Aktivität und Kreativität der Klienten anregen und das Selbstwertgefühl stärken sowie das soziale Miteinander fördern will.

Mutterschutzgesetz

Mutter-Kind-Einrichtung
→Vater-Mutter-Kind-Einrichtung

Mutterschaftsgeld
Die Zahlung von M. sorgt für die wirtschaftliche Absicherung der Frau während der Zeit, in der sie nach den Bestimmungen des Mutterschutzgesetzes (MuSchG) nicht beschäftigt werden darf.
Zahlungsträger sind die Krankenkassen. Besteht keine Mitgliedschaft in einer gesetzlichen Krankenversicherung, ist das Bundesversicherungsamt zuständig (§ 13 MuSchG). Unter bestimmten Umständen kann das Mutterschaftsgeld vom Arbeitgeber oder von den o. g. Zahlungsträgern bis in die Höhe des letzten tatsächlichen Nettoarbeitslohnes bezuschußt werden (§ 14 MuSchG). (→Mutterschutz).

Mutterschaftsurlaub
→Erziehungsurlaub

Mutterschutz
Mutter und Kind stehen vor und in der ersten Zeit nach der Geburt unter besonderem M., dessen Bestimmungen über den →Arbeitsschutz hinausgehen. Der M. ist im wesentlichen durch das Mutterschutzgesetz (MuSchG) und das →Bundeserziehungsgeldgesetz (BErzGG) rechtlich geregelt und umfaßt die Bereiche Gestaltung des Arbeitsplatzes, Beschäftigungsverbote, Kündigungsschutz, wirtschaftliche Absicherung (→Mutterschaftsgeld, →Erziehungsgeld) und Urlaubsansprüche (→Erziehungsurlaub).

Mutterschutzgesetz
→Mutterschutz

N

Nachbarschaftshilfe
N. ist die spontane und unentgeltliche, auf Gegenseitigkeit beruhende nachbarschaftliche Hilfeleistung bei Notlagen in einem Gemeinwesen. Die N. wurde durch die Ausgestaltung des Sozialstaats sowie der zunehmenden Anonymisierung durch veränderte Wohnstrukturen in weiten Bereichen durch professionelle Hilfeleistungen ersetzt, ist aber besonders in ländlichen Gebieten durchaus noch vorhanden.

Nachbetreuung
N. ist die weitergeführte Betreuung nach Beendigung der eigentlichen Maßnahme.

Nachgehende Hilfe
Diese Hilfeform (manchmal auch Nachsorge genannt) folgt der primären Hilfe, die der Beseitigung oder Milderung einer spezifischen Notlage diente. Die n. H. dient je nach Notlage in unterschiedlicher Gewichtung der Prävention vor einem Rückfall, der Wiedereingliederung und der Aktivierung von Selbsthilfekräften (→Selbsthilfe). Sie soll den Klienten auf den ersten Schritten des Weges zu einem gelungeneren und möglichst eigenverantwortlichen Leben helfen und begleiten.

Diese Hilfeform ist in der Sozialen Arbeit von großer Bedeutung, wird jedoch praktisch durch oft problematische Finanzierungsmöglichkeiten der n. H. begrenzt. →Nachgehende Krankenfürsorge

Nachgehende Krankenfürsorge
Die n. K. ist eine spezielle Form der →nachgehenden Hilfe, namentlich für Langzeitkranke und chronisch Kranke im Rahmen der →Gesundheitshilfe. In den Aufgabenbereich der Sozialen Arbeit fallen hier vor allem die Hilfe bei der Beseitigung oder Milderung der psychischen, sozialen und materiellen Folgen der Krankheit.

Nachrang der Sozialhilfe
Der in § 2 Abs. 1 BSHG festgelegte N. d. S. bestimmt, daß nur der →Sozialhilfe erhält, der sich weder selbst helfen kann noch Hilfe von anderen erhält. Zu letzterem gehören neben den zivilrechtlichen Ansprüchen (z. B. aus der →Unterhaltspflicht) auch öffentliche Leistungen (z. B. →Wohngeld, →Arbeitslosengeld oder →-hilfe), die den Anspruch auf Sozialhilfe je nach Höhe der vorrangigen Hilfe aufheben oder mindern.

Nachsorge
Synonym für →nachgehende Hilfe

Nächstenliebe
N. bezeichnet die auf einem Gebot Christi beruhende christliche Grundhaltung, sich seinen Mitmenschen nicht gleichgültig gegenüber zu verhalten, sondern sich ihrer in Liebe anzunehmen und sie in Notlagen ohne Ansehen der Person und ihrer Taten zu helfen und zu unterstützen.

Dieses christliche Prinzip war namentlich vor der →Professionalisierung eine wesentliche Grundlage helfenden Handelns, mit der allerdings oft der eigennützige Gedanke verbunden war, sich durch gute Taten die ewige Seligkeit zu verdienen (→Almosenwesen). Außerdem kann sich das als Nächstenliebe auftretende intensive Kümmern um Mitmenschen als subtiles Instrument der →sozialen Kontrolle erweisen, bei der nicht der Nächste, sondern sein normenkonformes (→Norm) Verhalten im Vordergrund steht.

NAKOS
→Nationale Kontakt- und Informationsstelle zur Anregung und Unterstützung von Selbsthilfegruppen der Deutschen Arbeitsgemeinschaft Selbsthilfegruppen e. V.

Narrative Interview
Form des offenen Interviews (→Empiri-

Narrative Pädagogik

sche Sozialforschung: Qualitative Verfahren).

Narrative Pädagogik

Die n. P. bezieht ihren Erkenntnisgewinn aus dem unmittelbar erfahrenen und erlebten Erziehungsgeschehen (z. B. über (Auto-)Biographien, Berichterstattung u. a. m). Diese Form des Erkenntnisgewinns wird von der n. P. als über der wissenschaftlichen Empirie (→empirische Sozialforschung) im strengen Sinne und der philosophischen Reflexion stehend eingeordnet.

Narzißmus

Der Begriff und das Konzept des N. wurde von Freud 1914 in die Psychoanalyse eingeführt und hat in den verschiedenen inhaltlichen Variationen (Adler, Horney, Kohut, Kernberg u. a.) eine hohe Relevanz auch für sozial-pädagogische Fragestellungen z. B. bezüglich der Identitätsbildung (→Identität), der →Sozialisation und des →abweichenden Verhaltens. Der Begriff wird heute verwirrend vieldeutig verwendet. In einer allgemeinen Definition kann narzißtisches Verhalten verstanden werden als eine spezielle Form menschlichen Verhaltens, nämlich der Rückzug aus sozialen Beziehungen bzw. die Funktionalisierung sozialer Beziehungen und der Entwicklung von unrealistischen Größenphantasien, wobei dieses Verhalten der Kompensation von Selbstwertstörungen dient. Diese Störungen werden als quälende Gefühle von Verzweiflung, Leere, Sinnlosigkeit, Minderwertigkeit und Langeweile erlebt. Narzißtisches Verhalten ist sowohl als schwere psychische Störung bei sog. „narzißtischen Persönlichkeiten", aber auch in Verbindung mit sozialen Problemen wie →Sucht und →Suizid zu finden, und es gehört mehr oder weniger ausgeprägt zum Alltagshandeln moderner Menschen. Zum umfassenden Verständnis narzißtischen Verhaltens sind neben der entwicklungspsychologischen Ebene, wo bisher vor allem die frühkindliche Mutter-Kind-Beziehung bzw. deren Störungen durch eine unzeitgemäße Auflösung der symbiotisch gefärbten →Bindungen zwischen beiden im Mittelpunkt des Interesses und der Forschung standen, die familiensoziologische und vor allem auch die gesamtgesellschaftliche Ebene (z. B. hohes soziales Entgegenkommen für narzißtisches Verhalten bei gleichzeitiger ökonomischer Ausbeutung selbstwertgestörter Menschen) zu untersuchen.

Nationale Kontakt- und Informationsstelle zur Anregung und Unterstützung von Selbsthilfegruppen der Deutschen Arbeitsgemeinschaft Selbsthilfegruppen e.V. (NAKOS)

Die NAKOS wurde 1984 gegründet. Sie wird aus Mitteln des Bundesministeriums für Familie, Senioren, Frauen und Jugend (BMFSFJ) und der Berliner Senatsverwaltung für Gesundheit und Soziales gefördert. Finanzmittel für einzelne Projektmaßnahmen werden vom Bundesministerium für Gesundheit (BMG), vom BMFSFJ und von den Bundesverbänden der gesetzlichen Krankenkassen zur Verfügung gestellt. Träger der NAKOS ist die Deutsche Arbeitsgemeinschaft Selbsthilfegruppen e.V., Gießen, in Kooperation mit dem Paritätischen Bildungswerk Bundesverband e.V., Frankfurt (Main). Die NAKOS wirkt auf Bundesebene. Sie arbeitet unabhängig und problemübergreifend. Sie bietet Informationen, Kontakte und Beratung.

Zentrale Aufgaben der NAKOS sind: Selbsthilfegruppen und Interessenten zu informieren und zu unterstützen; in der Gesellschaft und der Fachwelt auf ein Selbsthilfegruppen-freundliches Klima hinzuwirken; Wege der Unterstützung und Förderung von Selbsthilfegruppen aufzuzeigen und zu initiieren; die Qualität der Selbsthilfe-Unterstützungsarbeit zu entwickeln und zu sichern; den fachlichen Austausch der Selbsthilfe-Unterstützungseinrichtungen zu organisieren und die Fachpolitik lobbyistisch zu vertreten.

Adressaten sind: Selbsthilfegruppen und Selbsthilfegruppen-Interessierte; Selbsthilfe-Unterstützungseinrichtungen; berufliche Helfer und Versorgungseinrichtungen im Gesundheits- und Sozialbereich; Entscheidungsträger in Parteien, Verbänden, Verwaltungen, Krankenkassen und Volkshochschulen; Wissenschaftler; Journalisten sowie die interessierte Öffentlichkeit.

Die NAKOS veranstaltet bundesweite Arbeitstagungen für Selbsthilfe-Unterstützer, Multiplikatoren und Förderer der Selbsthilfe. Beruflichen Helfer wird weiterhin Fortbildung zur Entwicklung fachlicher Kompetenzen in der Unterstützungsarbeit angeboten. Erarbeitet werden Informationsmaterialien und Arbeitshilfen (Faltblätter, Plakate, Arbeitshilfen, Studien usw.), die an Selbsthilfegruppen und Interessierte, berufliche Helfer, politische und verbandliche Entscheidungsträger, Wissenschaftler, Journalisten etc. weitergegeben werden.

Herausgegeben werden folgende Schriftenreihen: Bundesweite Selbsthilfevereinigungen und relevante Institutionen – GRÜNE ADRESSEN (jährlich); Lokale/Regionale Selbsthilfegruppen-Unterstützungsstellen in der Bundesrepublik – ROTE ADRESSEN (jährlich); Suche von Menschen mit seltenen Erkrankungen und Problemen nach Gleichbetroffenen und Selbsthilfegruppen – BLAUE ADRESSEN (jährlich); NAKOS-INFO (vierteljährlich; zur Information und zum bundesweiten Austausch der lokalen Selbsthilfe-Unterstützungseinrichtungen und anderer beruflicher Helfer, Versorgungseinrichtungen und Multiplikatoren); NAKOS-EXTRA (unregelmäßig; zur Diskussion und Dokumentation fachlicher und institutioneller Entwicklungen der Selbsthilfe-Förderung und -Unterstützung); NAKOSPaper (unregelmäßig; Arbeitsmaterialien, tabellarische Übersichten, Dokumente und Literaturlisten zur Selbsthilfegruppen-Unterstützung und -Förderung).

Anschrift: Albrecht-Achilles-Str. 65, 10709 Berlin

Nationalsozialismus und Sozialpädagogik

1. Definition. Seit dem Ende der 1970er Jahre hat sich in der historischen Analyse des Natioalsozialismus (N.) eine Betrachtungsweise durchgesetzt, die die bisherige strukturgeschichtliche Orientierung durch eine alltagsgeschichtliche Ausrichtung zu ergänzen sucht. Eine solche „Historisierung" zielt auf eine Gesamtschau des „Dritten Reiches", die – jenseits der unhintergehbaren moralischen Verurteilung – auch seine alltäglich erfahrene Problemlösungsfähigkeit im Zusammenhang von Modernisierung und Sozialdisziplinierung berücksichtigt, weil ohne sie weder seine zeitweilig so hohe Anziehungskraft noch die zunehmend sich ausbildenden Widerstandsformen zu verstehen wären. Dieser Perspektivenwechsel hat auch die Sozialpädagogik motiviert, ihre Rolle und Funktion während der Zeit des N. noch einmal grundsätzlich zu überdenken und anhand von Detailstudien insbesondere unter dem Aspekt von Kontinuität und Diskontinuität zu überprüfen.

Die Systematisierung und Auswertung der neueren Forschungsergebnisse wird entscheidend geprägt von der Bestimmung des Gegenstandsbereiches der Sozialpädagogik. Im folgenden wird ein Verständnis zugrunde gelegt, das →G. Bäumer schon zu Zeiten der Weimarer Republik formuliert hat: Danach ist Sozialpädagogik „alles was Erziehung, aber nicht Schule und nicht Familie ist" (Bäumer 1929: 3). Diese Bestimmung bringt nicht nur historisch die herrschende Lehrmeinung zum Ausdruck, sie empfiehlt sich auch für die heutige Zeit, weil sie – sieht man einmal von den altersgruppenübergreifenden Verortungen der Sozialarbeit ab – die weitestgehende ist und dadurch thematische Verengungen in Hinsicht auf die Frage nach dem Verhältnis von N. und Sozialpädagogik verhindert. Sozialpädagogik umfaßt auf diese Weise nicht allein den häufig als bloß defizitär gefaßten Bereich der Fürsorgemaßnahmen und der Erziehungshilfen sowie den oft nur in seiner kompensatorischen Funktion wahrgenommenen Sektor der staatlichen Jugendpflege, sondern auch den größten Zusammenhang außerschulischer Jugendbildung in der Weimarer Zeit: die Jugendarbeit in den Verbänden und die Jugendbewegung.

2. Forschungsergebnisse: Zwischen „Auslese" und „Ausmerze".
2.1 Sozialpolitik. Ein Eckpfeiler der nationalsozialistischen Ideologie und Propaganda war die Kritik am kapitalistischen Weimarer Sozialstaat und seiner kommunistischen Alternative in der Form des Moskauer Staatssozialismus. In beiden Fällen hatte die nationalsozialistische Kritik am Ende der zwanziger Jahre das Faktum auf ihrer Seite, daß diese Gesellschaftsordnungen vom Scheitern bedroht waren. Die Weimarer Republik stand vor dem Legitimationsverlust, weil sie ihr Versprechen, die Defizite einer kapitalistischen Klassengesellschaft durch sozialstaatliche Ordnungsprinzipien und Entschädigungsleistungen zu kompensieren, nicht hatte einlösen können. Die Union der sozialistischen Sowjetrepubliken war den Nachweis schuldig geblieben, daß die Regierungsform einer Diktatur des Proletariats die Klassengegensätze und sozialen Benachteiligungen aufzuheben vermöchte.
Als Ausweg propagierte der deutsche Faschismus den nationalen Sozialismus auf der Basis der klassenlosen deutschen Volksgemeinschaft. Eine der ersten sozialpolitischen Maßnahmen war daher die Gleichschaltung der freien Gewerkschaften und ihre Verbindung mit den Arbeitgeberorganisationen in der „Deutschen Arbeitsfront" (DAF) im Mai 1933. Die DAF erhielt zwar – entgegen den ursprünglichen Plänen ihres Führers Robert Ley – keinen direkten Einfluß auf die Gestaltung der Wirtschaftspolitik und des Tarifvertragswesens, aber gerade wegen der ihr schließlich zugewiesenen „pädagogischen" Aufgabe der Betreuung, Erziehung und Schulung aller im Arbeitsleben stehenden Deutschen wurde sie zur größten Massenorganisation des nationalsozialistischen Staates. Nur wenige konnten sich dem Druck zum „freiwilligen" Beitritt entziehen, so daß die DAF schon 1934 rd. 14 Mio. Mitglieder zählte und bis zum Jahre 1942 auf 25 Mio. Mitglieder anwuchs.
Nachdem der DAF eine tarifpolitische Einflußnahme vorenthalten worden war, sah sie eine ihrer Hauptaufgaben darin, den aus nationalsozialistischer Sicht untrennbaren Zusammenhang von Arbeit und Freizeit ins Bewußtsein zu heben. So sehr eine deutsche Volksgemeinschaft als eine klassenlose deutsche Arbeitsgemeinschaft zu gelten hatte, so sehr betonte der N. erstmals das Recht auf Freizeit und Urlaub. Instrument für die Umsetzung dieses Grundsatzes war die im November 1933 als DAF-Unterorganisation gegründete „NS-Gemeinschaft Kraft durch Freude" (KdF) mit ihrem vielfältigen Angebot an Konzerten, Kunstausstellungen, Sport- und Wandergruppen und vor allem an Reiseveranstaltungen. Im Zeitraum von 1934 bis 1937 führte KdF alleine in Deutschland 11 Mio. Urlaubsfahrten durch und ermöglichte breiten Bevölkerungsschichten so zum ersten Male die Teilnahme an einer Ferienreise. Zugleich versuchte sie dabei ein klassenübergreifendes Erlebnis deutscher Volksgemeinschaft zu vermitteln, denn an den KdF-Fahrten nahmen Arbeiter wie Angestellte und Unternehmer zu gleichen Konditionen teil.
Obwohl mit der umfassenden Einbindung der arbeitenden deutschen Bevölkerung in die DAF und KdF das Recht des einzelnen auf Privatheit grundsätzlich zur Disposition stand, wurde diese Form der Vergesellschaftung vielfach nicht als eine Maßnahme der Sozialdisziplinierung, sondern als ein unpolitisches Erlebnis- und Erholungsangebot

unter Gleichgesinnten wahrgenommen. Mit seiner Utopie der Klassen- sowie der Arbeit-/Freizeit-Versöhnung gelang es dem Nationalsozialismus somit, eine Erhöhung der Arbeitsmotivation und -produktivität zu bewirken und insofern zur Modernisierung der Industriegesellschaft in Deutschland entscheidend beizutragen.

2.2 Wohlfahrtspflege. Von der Ideologie des N. her sollte die sozialpolitisch abgesicherte Modernisierung des kapitalistischen Produktionsprozesses für die deutsche Volksgemeinschaft ohne die ungleichen Verteilungskonsequenzen ausgehen, an deren sozialstaatlicher Nivellierung die Weimarer Republik gescheitert war. Schon in „Mein Kampf" (1937, I: 33) hatte Hitler geschrieben, daß „die soziale Tätigkeit nie und nimmer in ebenso lächerlichen wie zwecklosen Wohlfahrtsduseleien ihre Aufgabe zu erblicken hat, als vielmehr in der Beseitigung solcher grundsätzlicher Mängel in der Organisation unseres Wirtschafts- und Kulturlebens, die zu Entartungen einzelner führen müssen oder wenigstens verleiten können". Mit dieser Kritik an der Struktur der Wohlfahrtspflege verband sich die nationalsozialistische Kritik an ihrer Praxis: Die Orientierung an den Rechtsansprüchen der je einzelnen Antragsberechtigten wurde als schematisierte und bürokratisierte Fürsorge ohne Berücksichtigung von Schuld und Verantwortung der Klientel und vor allem ohne Bezug zu den übergeordneten und höherwertigen Interessen der deutschen Volksgemeinschaft verurteilt.

Zwar blieb die strukturelle Kritik an der Wohlfahrtspflege im wesentlichen Programm – und deshalb wurden insbesondere die kirchlichen Spitzenverbände der →freien Wohlfahrtspflege von der Auflösung und Gleichschaltung nicht erfaßt. Aber mit dem propagierten Alternativkonzept der „aufbauenden Volkspflege" für das ganze Volk an Stelle der bisherigen Unterstützung für Hilfsbedürftige beanspruchte der N. zumindest, einen „neuen Adressatenkreis gehobener Fürsorge" (Sachße/Tennstedt 1992: 119) anzusprechen, und akzentuierte zugleich den Aspekt der Erziehung zur Volksgemeinschaft gegenüber einer bloßen Verwaltung des Mangels. Dem Leitmotiv „Vorsorge statt Fürsorge" folgend, stand dabei die staatliche Gesundheitspolitik im Zentrum. Ihre Aufgabe bestand darin, auf der Basis einer Reihe rassenhygienischer Gesetze zur Familiengründung und Fortpflanzung und mit Hilfe eines neugeschaffenen Netzes von staatlichen Gesundheitsämtern eine gezielte Erbgesundheits- und Rassenpflege zu betreiben.

Auch die „Nationalsozialistische Volkswohlfahrt" (NSV), seit Mai 1933 zuständig für alle Fragen der Volkswohlfahrt und der Fürsorge, sah ihre wichtigste Aufgabe in der „Gesundheitsführung des deutschen Volkes". Ihren Aufstieg zur zweitgrößten Organisation nach der DAF (12,5 Mio. Mitglieder Ende 1939) verdankte sie allerdings zunächst einmal der Durchführung des „Winterhilfswerks" (WHW). Nach bescheidenen Anfängen am Ausgang der Weimarer Republik demonstrierte diese Spendensammlung mit ihrem Appell an die freiwillige Hilfe- und Opferbereitschaft – „Deutsches Volk, hilf Dir selbst!" – beispielhaft, wozu ein entbürokratisierter, ehrenamtlich tätiger „Sozialismus der Tat" fähig ist: zu einem jährlich wachsenden Spendenaufkommen, das 1938/39 eine halbe Mrd. Reichsmark überstieg. Der Erlös diente in den ersten Jahren dazu, die auch im „Dritten Reich" noch weiterbestehende akute Not breiter Bevölkerungsgruppen zu lindern. Seit 1936/37 floß der überwiegende Teil des Erlöses jedoch dem zweiten großen NSV-Hilfswerk, „Mutter und Kind" (MuK), zu und ermöglichte der NSV damit, ihrer eigentlichen Aufgabe der rassenhygienischen „aufbauenden Volkspflege" nachzukommen. Bis Kriegsbeginn wurden – insbesondere in bisher vernachlässigten Wohngebieten – fast 30 000 Mütterberatungsstellen und über

17 000 Kindergärten neu eingerichtet. Mit dem dabei umfassend praktizierten traditionellen Prinzip ehrenamtlicher Nachbarschaftshilfe (und -kontrolle) stellte MuK so eine dauerhafte, flächendeckende Alternative zur bisherigen Wohlfahrtspflege dar.

2.3 Jugendpflege. Parallel zur NSV-Auslese eines neuen Adressatenkreises gehobener Fürsorge führte die „Hitlerjugend" (HJ) die Auslese eines neuen Adressatenkreises gehobener Kinder- und Jugendpflege durch. In der Weimarer Republik war die Erziehung und Ausbildung grundsätzlich der Familie und Schule übertragen worden, während der staatlich geförderten Jugendpflege höchstens eine ergänzende Funktion insbesondere für defizitär wahrgenommene Lebensverhältnisse in Arbeiterfamilien zugekommen war, so daß sich nur etwa 30 Prozent der jungen Menschen in den Verbänden und jugendbewegten Bünden organisiert hatten. Im N. hingegen lag die „Um-Erziehung" in der Verantwortung des Staates und der NSdAP und konnte daher nicht alleine der Familie und Schule und noch viel weniger den Verbänden im Rahmen einer privat verfügbaren Freizeit überlassen bleiben. Deshalb wurden im Dezember 1936 alle Erziehungsaufgaben außerhalb von Schule und Elternhaus der HJ übertragen, und spätestens seit der im Jahre 1939 verordneten Jugenddienstpflicht war die HJ in der Form einer außerschulischen Zwangs-Jugendbildung institutionalisiert.

Schon im Jahre 1933 stieg die Zahl der HJ-Mitglieder von 0,1 auf 2,3 Mio. Mitglieder und noch vor der verordneten Dienstpflicht hatte die HJ – zumindest nach ihren eigenen Angaben – die 8,9 Mio. deutschen Kinder und Jugendlichen im Alter von 10–18 Jahren fast total erfaßt. Gleichgewichtig davon betroffen waren auch die Mädchen, von denen sich in der Weimarer Republik im Vergleich zu den Jungen nur etwa halb so viele einer Jugendorganisation angeschlossen hatten.

Dieser sprunghafte Mitgliederzuwachs war keineswegs alleine auf die Auflösung und Gleichschaltung der Jugendorganisationen zurückzuführen. Er beruhte nicht zuletzt darauf, daß es der HJ zunächst gelang, die in der Weimarer Zeit zunehmend erstarrten Organisationen und Prinzipien der →Jugendbewegung mit der Jugendpflege glaubwürdig zu verbinden. Der Grundsatz „Jugend führt Jugend" – ein motivierendes Schlagwort der Jugendbewegung – machte in der HJ schon 12jährige Kinder zu verantwortlichen Führern von Gleichaltrigen-Gruppen und vermittelte so auch den Mädchen erstmals ein Gefühl von Emanzipation und Anerkennung. Wenn in den Zeltlagern – der Lebensform schlechthin im N. – Hunderttausende und später sogar Millionen von jungen Menschen in einem allen gemeinsamen, ritualisierten Tagesablauf als „Kameraden" zusammenleben mußten, wurden nach Aussage von Zeitzeugen viele von der gleichsam religiösen Gewißheit ergriffen, im kämpferischen Einsatz die deutsche Volksgemeinschaft ohne Standesunterschiede zu verwirklichen.

Allerdings erwies sich bald, daß die mit den Anklängen an die Jugendbewegung geweckten Impulse von Spontaneität und Freiheit nicht bruchlos mit der zunehmenden „Verstaatlichung" der HJ und der damit offiziell für abgeschlossen erklärten Jugendbewegung zu verbinden waren. Schon dieser Gegensatz förderte und erzeugte ein regional sehr differenziertes Potential nonkonformen Jugendverhaltens, das sich in spontanen Cliquen und Jugendsubkulturen, wie den „Edelweißpiraten", den „Meuten" oder der „Swing-Jugend", formierte.

2.4 „Ausmerze". Von der nationalsozialistischen Ideologie der Erziehung als „rassischer Aufzucht" her stand die Auslese neuer Adressatenkreise gehobener Fürsorge und Jugendpflege in einem notwendigen Zusammenhang mit der Ausgrenzung und Ausmerze der sog. Erbkranken und Leistungsunfähigen.

447

Dabei konnte der Nationalsozialismus hinsichtlich des Prinzips der Ausgrenzung unmittelbar an eine langjährige Weimarer Debatte über „Erziehbare" und „Unerziehbare" in den Anstalten der Fürsorgeerziehung anknüpfen. Entgegen der Mahnung →Theodor Litts, die Grenzen der Erziehung in der Selbstbegrenzung des Erziehers zu suchen, wurden diese Grenzen schließlich mit der – scheinbar aus Kostengründen eingeführten – Notverordnung vom November 1932 einzig in der Ausgrenzung der „Nichterziehbaren" von der Fürsorgeerziehung gefunden. Offen war dabei nur die Frage geblieben, wie diese Ausgegrenzten zu „bewahren" seien. Diese Frage wurde dann im N. durch die Einrichtung von Bewahr-Anstalten und →„Jugendschutzlagern" beantwortet. Darüber hinaus aber wurde die Selektion der „Lebensunwerten" um die nach rassehygienischen und erbgesundheitlichen Kriterien erfolgende „Ausmerze" erweitert: Durch massenhafte Zwangssterilisationen und Krankenmorde leitete der N. so im Sinne einer Radikalisierung der strukturellen Kritik an der Wohlfahrtspflege die „Endlösung der sozialen Frage" (Peukert) ein.

Die Aussonderung der „Minderwertigen" erfolgte durch ärztliche Untersuchungen im öffentlichen Gesundheitsdienst. Aber trotz dieser Arbeitsteilung war der untrennbare Zuammenhang von Jugendpflege, Fürsorge und „Ausmerze" im nationalsozialistischen Alltag überall präsent und bezog das – überwiegend in der Weimarer Republik ausgebildete und eingestellte – Personal der Wohlfahrtspflege systematisch mit ein: bei der Auslese der „Erbgesunden" wie bei der Entscheidung über Fürsorgeerziehung oder Aussonderung.

3. Stellenwert für die Sozialpädagogik: Funktionalisierung und Bedürfnisorientierung. Angesichts der weitgehenden Kontinuität des Personals im Bereich der Wohlfahrtspflege stellt sich heute vor allem die professionstheoretische Frage, wie die Sozialpädagogik so bruchlos in den Dienst der Auslese und „Ausmerze" für den NS-Staat eingebunden werden konnte. Die Antwort dürfte – wie die Aussagen von Zeitzeugen erkennen lassen – im Spannungsfeld von Funktionalisierung und Bedürfnisorientierung zu suchen sein.

Die überwiegend konfliktlose Einbindung in den NS-Staat konnte geschehen, weil der Funktionalisierung eine verbreitete berufliche Zufriedenheit vorgeschaltet war. Sie beruhte zum einen darauf, daß die Kritik an der schematisierten und bürokratisierten Fürsorge des „Weimarer Systems" grundsätzlich nachvollzogen, die Ideologie der „deutschen Volksgemeinschaft" hoffnungsvoll geteilt und das Unterstützungsprinzip privater Nachbarschaftshilfe entsprechend den erlernten Hilfemustern durchaus akzeptiert werden konnte. Sie wurde zum zweiten dadurch genährt, daß die Ausweitung, Verbesserung und Institutionalisierung der sozialpädagogischen Tätigkeitsfelder das Berufsbild aufwertete. Und sie wurde schließlich dadurch gestützt, daß selbst noch die „Ausmerze" in das tradierte Verständnis vom Erziehen als „Führen" und „Verstehen" im Sinne eines „Den anderen besser verstehen, als er sich selbst versteht" einzuordnen war (Richter 1989). Die Orientierung an den eigenen subjektiven Bedürfnissen sowie an den vorgegebenen objektiven Bedürfnissen der Klientel ermöglichte es somit, die Notwendigkeit der kommunikativen Vermittlung von subjektiven und objektiven Bedürfnissen auszublenden und das Bewußtwerden der eigenen Funktionalisierung und möglicher Alternativen zu verhindern.

4. Ausblick: Kontinuität/Diskontinuität und die Folgen. Nach dem derzeitigen Forschungsstand zur Sozialpädagogik ist im Übergang von der Weimarer Republik zum N. eine Kontinuität des Auslese-Ausgrenzungs-Paradigmas sowie eine Diskontinuität der „Ausmerze"-

Ideologie und eine Originalität der Normalisierung und Institutionalisierung der Sozialpädagogik neben Familie und Schule festzustellen. Es bedarf jedoch weiterer Grundsatz- und Detailforschungen, um diese Ergebnisse in den ambivalenten Zusammenhang von Modernisierung und Sozialdisziplinierung einordnen zu können. Vertieft zu untersuchen wäre einerseits, ob etwa die Problembereiche von „Volkspflege" und →Euthanasie oder von Massenmobilisierung und →Selbsthilfe recht eigentlich nur unter dem Kosten-Nutzen-Blickwinkel einer kurzfristigen ökonomischen Gesundung, langfristig aber qualvollen „Krankengeschichte der Moderne" (Peukert) rekonstruiert werden können.

Unter einem lebensweltlich ausgerichteten Blickwinkel wäre andererseits zu erforschen, ob die Mitarbeit wie auch die Opposition schon das Verhältnis zum N. eindeutig bestimmte oder ob hierin nicht jeweils ebenfalls eine Haltung zum Ausdruck kam, die die positiven Strukturelemente einer pervertierten Institutionalisierung der Sozialpädagogik für sich reklamierte: Kleinräumige Gemeinschaftlichkeit, institutionalisierte Bildungsprozesse neben Familie und Schule sowie kommunal orientierte Hilfeangebote für Bedürftige. In jedem Falle wäre eine derartige Haltung allerdings durch eine Theorie pädagogischer Interaktionen zu ergänzen, die – belehrt durch die moderne Geschichte einer wissenschaftlich angeleiteten Sozialdisziplinierung – die eigene professionelle Kompetenz durch die Kompetenz hinterfragen und begrenzen läßt, die in der Betroffenheit der Adressaten liegt.

→Geschichte der Sozialarbeit; →Geschichte der Sozialpädagogik

Lit.: Bäumer, G.: Wesen und Aufgaben der öffentlichen Erziehungsfürsorge, in: Handbuch der Pädagogik, 5. Band: Sozialpädagogik, hrsg. v. Herman Nohl und Ludwig Pallat. Faksimiledruck der Originalausgabe 1929, Weinheim u. Basel 1989, S. 3–26; Giesecke, H.: Vom Wandervogel bis zur Hitlerjugend. Jugendarbeit zwischen Politik und Pädagogik, München 1981; Otto, H.-U./Sünker, H. (Hrsg.): Soziale Arbeit und Faschismus, Frankfurt a.M. 1989; Otto, H.-U./Sünker, H. (Hrsg.): Politische Formierung und soziale Erziehung im Nationalsozialismus. Frankfurt a.M. 1991; Peukert, D. J. K.: Grenzen der Sozialdisziplinierung. Aufstieg und Krise der deutschen Jugendfürsorge 1878 bis 1933, Köln 1986; Richter, H.: (Sozial-) Pädagogik und Faschismus. Anfragen zur Kontinuität und Diskontinuität, in: Otto/Sünker, a.a.O. 1989, S. 273–305; Sachße, C./Tennstedt, F.: Der Wohlfahrtsstaat im Nationalsozialismus. Geschichte der Armenfürsorge in Deutschland, Bd. 3, Stuttgart 1992.

Helmut Richter, Hamburg

Nationalsozialistische Volkswohlfahrt (NSV)
→Nationalsozialismus und Sozialpädagogik

Natorp, Paul (24.01.1854–17.8.1924)
Der Philosoph N. war nach mehrjähriger Lehrertätigkeit ab 1885 Professor für Philosophie und Pädagogik in Marburg, wo er einer der Begründer des Marburger Neukantianismus war. Außerdem war N. ein früher, an Platon, Kant und →Pestalozzi orientierter Theoretiker einer Sozialpädagogik, die er als eine alle Bereiche der Erziehung, Bildung, Schule und sog. Volkskultur umfassende Erziehung zur Gemeinschaft und als Gegenmodell zur Individualpädagogik ansah.

Naturfreundebewegung
→Jugendbewegung

Neill, Alexander Sutherland (17.10.1883–23.9.1973)
Der britische Pädagoge und Gründer der berühmten Internatsschule „Summerhill" (1924) war – beeinflußt durch die Psychoanalyse (besonders durch W. Reich) – ein früher Vertreter der →antiautoritären Erziehung.

Neopositivismus

Der N. ist eine streng logische, wissenschaftstheoretische (→Wissenschaftstheorie) Grundposition, die nur wissenschaftliche Aussagen und Fragestellungen gelten läßt, welche sich auf sinnlich wahrnehmbare Erfahrungstatsachen beziehen.

Diese Richtung, die sich vom älteren →Positivismus durch den engen Anschluß an die mathematische Logik unterscheidet, entstand in unterschiedlichen Ausrichtungen nach dem Ersten Weltkrieg in Wien (sog. Wiener Kreis) und Berlin („Gesellschaft für empirische Philosophie").

Heute hat der N. vor allem durch die vom →kritischen Rationalismus an ihm geübte Kritik an Bedeutung verloren.

In der Sozialpädagogik hat der N. nie eine entscheidende Rolle gespielt, wohl aber in den wichtigen Nachbardisziplinen Soziologie und Psychologie.

Netzwerk

1. Definition. Mit dem Konzept des sozialen Netzwerks (SNW) wird dem Anliegen der Sozialwissenschaften entsprochen, soziale Gefüge jenseits von primären Gruppen und diesseits von gesellschaftlichen Einrichtungen zu begreifen und zu beeinflussen. Unter SNW versteht man die Ordnung aller Beziehungen zwischen einer Menge von Personen, Rollen oder Organisationen. Im metaphorischen Sinne handelt es sich hierbei um soziale Lebensformen, die sich als quasi-stabile Muster von Verknüpfungen, Bindungen, Kommunikations- und Austauschprozessen darstellen lassen. Im analytischen Wortgebrauch werden SNW als soziale Gefüge unterschiedlicher Art definiert, die durch relationale, strukturelle und funktionale Merkmale charakterisierbar sind. Partiale SNW gründen auf einer ausgesuchten Menge sozialer Beziehungen, während totale SNW alle Verknüpfungen einer definierten oder unbestimmten Menge von Elementen (finite versus infinite SNW) umfassen. Davon nur schwer abzuheben ist die Unterscheidung zwischen unbegrenzten und begrenzten SNW, welche durch die Kontinuität bzw. Diskontinuität von Beziehungsqualitäten auffallen. SNW werden danach unterschieden, welche Ziele jeweils in sozialen Beziehungen verfolgt und auf welche Inhalte sich die entsprechenden Austauschprozesse beziehen (z. B. ökonomische). Gefragt wird auch, ob es sich um die Analyse persönlicher (egozentrierter), kategorieller oder struktureller Relationen handelt (z. B. Beziehungen, die auf sozialen Stereotypen oder Positionen basieren).

Relationale Merkmale beschreiben formale und qualitative Aspekte einzelner sozialer Beziehungen. Die Intimität und Intensität faßt die subjektive und sozialnormierte Nähe einzelner Personen zueinander. Die Stärke der Bindungen legt den Grad gegenseitigen Vertrauens und wechselseitiger Hilfe und das Engagement fest, mit dem soziale Beziehungen gepflegt werden. Objektive Analysen erheben die Kontakthäufigkeit, Latenz, Stabilität und Dauer von sozialen Relationen. In Abhängigkeit von der Vielfalt der jeweiligen Rollenbezüge und Handlungszusammenhänge zwischen je zwei Personen wird die Multiplexität sozialer Beziehungen bestimmt. Richtung und Nutzen von Austauschprozessen legen die Egozentriertheit, Reziprozität und Symmetrie sozialer Relationen fest.

Strukturelle Merkmale bestimmen sich in der Regel aus dem Verhältnis relationaler Eigenschaften SNW zu Durchschnitts- oder Extremwerten. Zu den wichtigsten Merkmalen dieser Art wird die Dichte, Größe, Erreichbarkeit und Zentralität SNW gewählt. Die Dichte (D) eines SNW ergibt sich aus der Zahl der vorhandenen Verbindungen (Na) zur Menge der Elemente (n) [$D = 100 \times Na / 0.5 \times n \times (n–1)$]. Die Größe SNW wird durch die Zahl der Elemente (Personen) definiert, die jeweils anhand von bestimmten Kriterien (z. B. Bedeutsamkeit) benannt werden. Die Erreichbarkeit von SNW resultiert aus der absoluten Zahl der indirekt verknüpften Elemente oder aus der Menge der jeweils kürzesten Verbindungen zwischen ihnen. Die Zentralität einer Position in einem SNW wird aus dem Verhältnis der direkten und indirekten sozialen Kontakte oder aus der Zahl der Positionen erschlossen, die Verbindungen zwischen Paaren unterbrechen.

Teilgestalten SNW werden bestimmt, indem nach besonders verflochtenen Clustern oder Cliquen gesucht wird. Sektoren in SNW beschreiben normativ definierte Untereinheiten, wie z. B. Verwandt- oder Freundschaften. Von Zonen ist die Rede, wenn man, von einem Element ausgehend, die unmittelbaren und mittelbaren Beziehungen nacheinander gruppiert (l–n).

Die funktionalen Merkmale SNW sind in kommunikativen Prozessen und Orientierungen gefaßt, die sowohl der Identität und Struktur eines Gemeinwesens dienen als auch den Einzelnen sozial unterstützen und kontrollieren. In den Sozialwissenschaften wird vor allem die sozial unterstützende Funktion von SNW untersucht. Dies hat eine Vielzahl von begrifflichen Differenzierungen des Merkmals „soziale Unterstützung" (informelle Hilfe) hervorgebracht. Entsprechende Unterscheidungen prüfen, ob informelle Hilfen angeboten oder konsumiert und ob sie passiv rezipiert oder aktiv hergestellt wurden. Ermittelt wird auch, ob soziale Unterstützung mehr oder weniger belastungsspezifisch ist und ob sie auf Ereignisse gründet oder aus einem allgemeinen Gefühl der Zugehörigkeit herrührt. Effekte informeller Hilfen lassen z. B. zwischen emotionalen, praktischen (instrumentellen) und kognitiven Unterstützungen unterscheiden. Im Rahmen entsprechender Erhebungen wird danach gefragt, wie häufig soziale Unterstützungen angeboten bzw. wie hilfreich oder belastend sie bei der Bewältigung von kritischen Lebensereignissen und alltäglichen Ärgernissen empfunden werden, in welchem Ausmaß sie soziale Bedürfnisse befriedigen und wie gut sie abrufbar sind. Zu den Kosten informeller Hilfen werden u. a. gezählt: Kontakte zu Personen in belastenden Beziehungen, Viktimisierung des Empfängers, Freiheitseinschränkung, Verpflichtungsgefühle, Selbstwertprobleme usw.

2. Geschichte, Theorien, Forschungsansätze und fachliche Verknüpfungen. Die Ursprünge des Konzepts des SNW gehen auf Bemühungen von Sozialanthropologen zurück, die nicht mehr die Eigenarten einer Kultur und des Alltagslebens über die kategoriale Analyse von normativen Orientierungen, Organisationen und Institutionen erkennen wollten (→Strukturfunktionalismus), sondern über die Besonderheiten der informellen sozialen Beziehungsgeflechte. Beeinflußt durch die Graphentheorie, wurde für Sozialanthropologen, Soziologen, Sozialmediziner, Politologen und Psychologen die Metapher des SNW zu einem analytischen Instrument.

Vorbereitet wurde die Entwicklung des Konzepts des SNW durch die Denkweisen der Strukturalisten (z. B. Lévi-Strauss), welche die Baumuster (Tiefenstrukturen) suchten, die sie hinter den sozialen Phänomenen vermuteten. Wenn also die innere Ordnung informeller sozialer Gefüge i. d. S. erkannt werden soll, dann handelt es sich bei der Analyse von SNW um einen strukturalistischen Zugang. Dies kennzeichnet nach Ansicht einiger Autoren den metatheoretischen Gehalt des Konzepts des SNW und zugleich den Kern eines neuen Paradigmas in den Sozialwissenschaften.

Viele sozialwissenschaftliche Vorläufer haben zur Entwicklung des Netzwerkkonzepts beigetragen. Dazu gehören die frühen soziologischen Anstrengungen, Sozietäten als Systeme mit Qualitäten zu rekonstruieren, die von individuellen Eigenschaften weitgehend unabhängig (emergent) sind. Auch die Psychologie und Grenzgebiete wie der Symbolische Interaktionismus (→Theorie der Symbolischen Interaktion) haben das Konzept des SNW maßgeblich beeinflußt. Als ideengeschichtliche Hintergründe sind zu nennen: Lewins Feldtheorie, die experimentellen Untersuchungen von Kommunikationsstrukturen in Gruppen, die Analyse von (kognitiv stimmigen) sozialen Präferenzen, die Untersuchung der Ordnungsfiguren und Grundlagen von Kommunikations- und Austauschprozessen und die Analyse SNW als sinnstiftende und kollektiv hergestellte bzw. gepflegte Gebilde.

Die Motive, sich mit SNW zu beschäftigen, sind höchst vielfältig: Es werden überschaubare soziale Gefüge (z.B. Dorfgemeinschaften, soziale Bewegungen) daraufhin untersucht, welche Muster von Austauschprozessen vorliegen, welche Verknüpfungen zwischen unterschiedlichen Sektoren, Machtstrukturen (z.B. Eliten), Cliquenbildung nachzuweisen sind, wie Wissen bzw. Einstellungen (z.B. zu Verhütungspraktiken), Güter (z.B. Kapital) und z.B. auch Krankheiten (z.B. AIDS) diffundieren und welchen Einfluß solche Muster auf verschiedene soziale und individuelle Phänomene ausüben (z.B. auf Rollenbeziehungen zwischen den Geschlechtern oder auf die Gesundheit einzelner Personen). In besonderem Maße war man an der Frage interessiert, ob und wie Merkmale SNW durch soziale und ökologische Prozesse, wie z.B. Migration und Urbanisierung, berührt werden. Diese Vielfalt der Interessen läßt sich typisieren: (a) man will etwas über die Ordnungsmuster von SNW erfahren, (b) man möchte die kontextuellen Einflüsse auf SNW erkennen oder man sucht nach konzeptionellen Verbindungen zwischen mikrosozialen Phänomenen und makrosozialen Strukturen, (c) im Kontext der Krise des Wohlfahrtsstaates werden Ressourcen ausgekundschaftet, die professionelle Dienstleistungen entweder ergänzen oder ersetzen können, (d) im Rahmen ökosozialer Perspektiven sucht man nach neuen Lebensformen und will dabei das ideologische oder auch utopische Potential SNW geprüft wissen.

Die Vielfalt dieser Interessen und ideengeschichtlichen Hintergründe hat die theoretischen Grundlagen des Konzepts des SNW heterogenisiert und schwer überschaubar gemacht; einige Autoren sprechen diesem Konzept sogar einen theoretischen Status ab. Je nach Art der Interessen dominieren einzelne, an Fächer gebundene Theorien. Idealtypisch wird zwischen einer transindividuellen (soziologischen) und individuellen (psychologischen) Analyse SNW unterschieden. Bei transindividuellen Analysen ist zwischen einem relationalen und positionalen Ansatz zu differenzieren. Während im relationalen Ansatz die Gestalt SNW immer auf der Grundlage von einzelnen Beziehungen rekonstruiert wird, untersucht der positionale Ansatz die Teilstrukturen von SNW, indem er nicht primär nach Verknüpfungen zwischen ihren Elementen fragt, sondern danach, wie ähnlich sie sich in Hinsicht auf bestimmte Eigenschaften sind (z.B. Positionen, Rollenvorschriften, Verwandtschaftsgrade).

Psychologische Analysen SNW wollen in Erfahrung bringen, in welchem Verhältnis Merkmale SNW zu psychologisch oder somatisch faßbaren Befindlichkeiten, Wissen, Fertigkeiten und Einstellungen auch in Kontext lebenslanger Entwicklung stehen. Großen Raum nimmt dabei die Frage ein, welche Rolle soziale Unterstützungen bei der Bewältigung von Krisen und bei der Entstehung psychischer und somatischer Probleme spielen. Um diese Frage zu beantworten, wurde auf eine Vielzahl von Modellen und Theorien zurückgegriffen, die SNW folgende Fähigkeiten zusprechen: (a) Sie bieten Bindungen, (b) sie reduzieren Belastungen bzw. beeinflussen Prozesse der Streßbewältigung, (c) sie befriedigen soziale Bedürfnisse nach Sicherheit, Identität und Selbstwert, (d) sie übermitteln Werte bzw. Einstellungen und sanktionieren Verhalten, (e) auf diese Weise nehmen sie Einfluß auf die →Sozialisation und prägen somit die kognitive, emotionale und soziale Entwicklung, (f) sie entscheiden über die Zuweisung an professionelle Dienste, (g) sie können sowohl vom Einzelnen als auch von Kollektiven als Teil von Umwelt geordnet und sinnvoll wahrgenommen, bewertet, erinnert und beeinflußt werden. Damit wird das Verhältnis von Individuum und SNW auch durch Personenmerkmale (z.B. Geschlechtszugehörigkeit, internale Kontrollüberzeugungen, Netzwerkorientierungen) und durch Eigenschaften von Kollektiven bestimmt (z.B. durch die Konfliktträchtigkeit einer Ehe).

3. Stellenwert für die Sozialpädagogik und Sozialarbeit. Das Konzept des SNW bietet erste Antworten auf die Frage, ob und wieviel professionelle Hilfe durch informelle soziale Systeme ersetzt bzw. ergänzt werden kann. Die Analyse von SNW macht verständlicher, wie sich das soziale Leben informeller Systeme auch angesichts der globalen gesellschaftlichen und ökologischen Krisen der →Postmoderne organisiert und verändert. Dabei wird eine soziale Dynamik der Kräfte, Perspektiven und Grenzen dieser Systeme deutlich, die ihre Spannung aus dem Zerfall von Gemeinschaften, der weiteren Differenzierung von Gesellschaft, der Freisetzung des Individuums und der Gestaltung von neuen sozialen Lebensformen (→Subkulturen) nimmt. Nicht nur deshalb ist das Konzept des SNW ein wertvolles Instrument der →Sozialplanung.

Die Analyse sozialer Felder wird durch den Begriff des SNW ergänzt, indem die bisher üblichen bedürfnis-, subkulturell und lebensweltlich orientierten Zugänge der →Gemeinwesenarbeit zusätzlich Möglichkeiten erhalten, um defizitäre soziale Strukturen und Ressourcen zu identifizieren. Mit Hilfe dieses Konzepts können außerdem formelle und informelle Beziehungen und Lücken zwischen verschiedenen psychosozialen Einrichtungen analysiert werden.

Auch für das Verständnis der psychosozialen Situation von einzelnen Personen und Risikopopulationen bietet das Konzept des SNW wertvolle, auch sozialepidemiologisch bedeutsame Hinweise. Sie helfen, die Fragen zu beantworten, wie defizitär die sozialen Bindungen und informellen Ressourcen von Menschen z.B. in unterschiedlichen Geschlechts- und Altersgruppen sind, wie notwendig sich zusätzliche Hilfen bei spezifischen Problemgruppen, etwa bei Verwitweten, Geschiedenen, Arbeitslosen und psychisch Kranken, erweisen und auf welche Weise sich gesundheitsrelevantes Wissen und Ursachen von Krankheiten verbreiten.

Die Interventionsformen im Kontext des Konzepts des SNW sind vielfältig und fassen sowohl Maßnahmen →der Prävention als auch →Interventionen kurativer und rehabilitativer Art. Eine Gruppe von netzwerkorientierten Maßnahmen nutzt das Konzept ausschließlich im metaphorischen Sinne. Dieser Gruppe entsprechen sehr viele Formen von psychosozialen Tätigkeiten (z.B. Initiierung von Selbsthilfegruppen, Angehörigenbetreuung usw.). In einem weniger konzeptuell inflationären Sinne begreifen sich netzwerkorientierte Verfahren, die Merkmale SNW instrumentell oder i.e.S. nutzen. Instrumentelle Netzwerkinterventionen verändern im Rahmen traditioneller psychosozialer Interventionen Merkmale SNW eher beiläufig (z.B. im Rahmen von →Einzel(fall)hilfen wird auch für einen größeren Bekanntenkreis gesorgt), oder sie prüfen, inwieweit sich diese traditionellen Maßnahmen auch auf diese Merkmale auswirken (z.B. Menge der sozialen Unterstützung nach einem Selbstsicherheitstraining). Im engeren Sinne stellen netzwerkorientierte Interventionen solche Maßnahmen dar, die vornehmlich oder gar ausschließlich Merkmale SNW zu verändern trachten (z.B. Netzwerktherapien). Im Rahmen von ökologischen oder soziostrukturellen Maßnahmen wird dafür gesorgt, daß fehlende Ressourcen ersetzt, neue Beziehungsmuster gebildet, die Qualität sozialer Kontakte gebessert und insgesamt die psychosozialen Ressourcen aktiviert bzw. besser genutzt werden. Dabei werden Kenntnisse über SNW vermittelt und auch auf gruppendynamische und systemisch orientierte Interventionen zurückgegriffen, wie sie im Kontext der →Familientherapie bekannt wurden.

4. Bewertung und Ausblick. Die Möglichkeiten der Analyse und Veränderung SNW sind begrenzt. Das liegt sowohl am methodischen als auch am theoretischen Status dieses Konzepts, das mehr beschreibt als erklärt. Die Validität und Reliabilität der Methoden, um Merkmale SNW zu erheben, werden häufig in Frage gestellt. Sie hängen von z. T. verzerrenden Bewertungstendenzen der untersuchten Personen und von kontextuellen Bedingungen, wie z. B. dem Befragungszeitraum, ab. Da die Instrumente zur Analyse SNW theoriearm sind, besteht die Gefahr, daß durch eine übermäßig formalisierte Sprache die soziale Realität verzerrt wiedergegeben wird. Obgleich sich im Rahmen entsprechender Analysen sowohl kontextuelle als auch individuelle Einflüsse auf SNW erkennen lassen, können die entsprechenden Veränderungen jedoch erst im Rahmen von fachspezifischen Theorien erklärt werden. Die Willkürlichkeit, mit der diese fachlich gebundenen Theorien dem Konzept des SNW zugeordnet werden, macht es zu einem Omnibusbegriff.

Erst im Rahmen einer Theorie der SNW, die psychologische, anthropologische und soziologische Sichtweisen vereint, wird es möglich sein, dieser Willkürlichkeit Einhalt zu gebieten. Erste Ansätze dazu sind darin zu sehen, daß man über die Analyse kollektiver kognitiver Strukturen das alltägliche und kulturell geteilte Wissen zu SNW als einem Teil von Umwelt entdecken lernt.

Werden die methodischen und theoretischen Grenzen des Konzepts des SNW nicht beachtet, so führt dies zu einem Sprachgebrauch, der keine innovativen Impulse setzen kann. Das Konzept kann auch zu einem technologischen Instrument verkommen, welches die soziale Realität verkennt oder gar in unzulässiger Weise manipuliert, kolonisiert, kontrolliert und möglicherweise sogar zerstört. (→Psychosoziale Versorgung).

Lit.: Kardorff v. E., Stark, W., Rohner, R. & Wiedeman, P. (Hrsg.) (1989): Zwischen Netzwerk und Lebenswelt – Soziale Unterstützung im Wandel, München Keupp, H. & Röhrle, B. (Hrsg.) (1987): Soziale Netzwerke, Frankfurt; Röhrle, B. (1994): Soziale Netzwerke und soziale Unterstützung, Weinheim; Schenk, M. (1984): Soziale Netzwerke und Kommunikation, Tübingen.

Bernd Röhrle, Marburg

Neue Soziale Frage
Hiermit werden soziale Ungerechtigkeiten bezeichnet, die auf der Diskrepanz zwischen organisierten und nicht organisierten Interessengruppen beruhen, wobei es ersteren erheblich besser gelingt, für ihre Mitglieder Vorteile zu erlangen, wodurch sich die sozialen Abstände zwischen beiden Gruppen vergrößern.

Nach den Vertretern der N. S. F. hat diese die „Soziale Frage", die auf dem Gegensatz zwischen Arbeit und Kapital beruhte, der mittlerweile überwunden sei, abgelöst.

Neurolinguistisches Programmieren
(NLP)
In den 1970er Jahren analysierten Richard Brandler und John Grinder die Vorgehensweise berühmter Gestalt-, Familien- und Hypnosetherapeuten. Sie entdeckten dabei Muster, die für gute Kommunikation, erfolgreiche Intervention und Veränderung von entscheidender Bedeutung sind. Daraus entwickelten sie erlernbare Programme, die sie neurolinguistisch nannten, um darauf hinzuweisen, daß die Erfahrungen des

Menschen im Nervensystem verarbeitet werden und über Sprache sinnvolle Veränderungen erzielt werden können. Seither ist das NLP ständig fortentwickelt worden, so daß es heute eine Sammlung von Methoden darstellt, die bei den verschiedensten Problemlagen und Zielen eingesetzt werden. Es hat sich über die therapeutische Ebene hinaus auf viele andere Berufsfelder ausgedehnt, z. B. Pädagogik, Management und Organisationsentwicklung. Das NLP legt das Schwergewicht seiner Forschungen auf die mentalen Prozesse derjenigen, die etwas gut können oder ihre Probleme optimal lösen. Es bietet verschiedene Methoden, diese Prozesse zu übernehmen. →Psychotherapie und Sozialpädagogik

Neurose

N. ist ein vom britischen Arzt W. Cullen (1710–1790) erstmals verwendeter Begriff der →Psychopathologie. Ursprünglich bezeichnete die N. in der Neuropathologie eine Erkrankung des Nervensystems ohne nachweisbare Ursache.

Nach S. Freud (1856–1939) sind N. Störungen des Verhaltens, Denkens, Erlebens und Fühlens, die symbolischer Ausdruck eines unbewußten psychischen Konflikts sind.

Die heutige →klinische Psychologie beschreibt eine Vielzahl von Neurosen und hat verschiedene Modelle zu ihrer Systematisierung entwickelt. In der Sozialpädagogik wird vor einer Inflationierung des Neurosenbegriffs gewarnt, damit nicht jedes nonkonforme Verhalten als neurotisch bezeichnet wird, wodurch die Ursachen dieses Verhaltens in den Klienten verlagert werden (→z. B. Verwahrlosung).

Nichtehe

Als N. wird ein von zwei Personen gegründetes Verhältnis bezeichnet, das nicht den rechtlichen Status der Ehe hat. Dieses ist beispielsweise dann der Fall, wenn die Ehe nicht vor einem Standesbeamten geschlossen wurde.

Nichteheliches Kind

Als n. K. wird nach den Bestimmungen des BGB zur Abstammung (§§ 1591 ff. BGB) 1. das Kind einer unverheirateten Frau, 2. ein in einer →Nichtehe geborenes Kind, 3. ein Kind, dessen Ehelichkeit wirksam angefochten wurde, sowie 4. ein Kind aus einer aufgelösten Ehe, wenn es später als 302 Tage nach der Eheauflösung geboren wird, bezeichnet. Die aus diesem Status folgenden Fragen bezüglich der Feststellung der →Vaterschaft, des →Unterhalts, des Erbrechts, der →elterlichen Sorge regeln die einschlägigen Bestimmungen des BGB und des NehelG.

Nichtseßhafte

N. sind nach gängiger Definition Menschen, die ohne gesicherte Lebensgrundlage „umherziehen" oder sich in Einrichtungen für Nichtseßhafte aufhalten. Es handelt sich i. d. R. um alleinstehende, wohnungs- und mittellose Menschen. Diese Gruppe wird umgangssprachlich häufig, je nach bevorzugtem Aufenthaltsort, als Land- oder Stadtstreicher bezeichnet. N. wurden stets als außerhalb der Gesellschaft stehende Gruppe betrachtet, die besonderer Maßnahmen bedarf (→Nichtseßhaftenhilfe). In der Vergangenheit wurde als Ursache für die Nichtseßhaftigkeit eine in der Person des N. liegende Abnormität angenommen. Gegen diese medizinisch-psychiatrische Annahme gewannen seit dem Zweiten Weltkrieg allmählich jene Ansätze an Bedeutung, die das Phänomen der Nichtseßhaftigkeit psycho-sozial und ökonomisch-sozial erklärten. (→Randgruppen).

Nichtseßhaftenhilfe

Die N., die ebenso alt ist wie das Phänomen der Nichtseßhaftigkeit (→Nichtseßhafte), entwickelte sich vom christlichen Konzept des →Almosenwesens sowie sozialdisziplinierenden Maßnahmen, wie der strafrechtlichen Verfolgung und der Unterbringung in →Arbeitshäusern, über Konzepte der Beherbergung und Verpflegung (oft gekoppelt mit Maßnahmen zur Arbeitsgewöhnung), zu den differenzierten Konzepten der modernen Sozialen Arbeit. Diese umfassen individuell abgestimmte ambulante und stationäre Hilfe und Beratung, z. B. bei der Beschaffung einer Wohnung, der materiellen Versorgung, Hilfe bei der Arbeitssuche, ggf. Vermittlung therapeutischer Hilfe. Es ist jedoch anzumerken, daß sich die Praxis der N. häufig noch auf Verpflegung und Bewahrung beschränkt.

NLP
→Neurolinguistisches Programmieren

Nohl, Herman (7.10.1879–27.9.1960)
Nach dem Studium der Philosophie, Germanistik, Geschichte und Pädagogik beschäftigte sich der →Dilthey-Schüler zunächst mit philosophischen und historischen Themen (Promotion 1904, Habilitation 1908), bis er sich nach dem Ersten Weltkrieg der Pädagogik zuwandte. Er gründete 1919 in Thüringen mehrere Volkshochschulen, bevor er 1920 Professor für Philosophie und Pädagogik an der Universität Göttingen wurde. Unter dem Einfluß der reformpädagogischen Bewegungen entwickelte er eine geisteswissenschaftliche Pädagogik, die bis heute eine wesentliche theoretische Grundlage der Sozialpädagogik ist. (→Reformpädagogik, →Geschichte der Sozialpädagogik, →Geisteswissenschaftliche Pädagogik).

Nonprofit-Organisationen
Der Begriff N. wird meist als Oberbegriff für Anbieter von Dienstleistungen ohne Erwerbszweck außerhalb des öffentlichen Sektors vewendet, also für als gemeinnützig anerkannte Vereine, Genossenschaften, Stiftungen u. a., wobei die genaue Zuordnung oft strittig ist. N. stehen also neben erwerbsorientierten Firmen und neben öffentlichen Behörden und sind daher mit dem Terminus „Dritter Sektor" in Konkurrenz. Die bedeutsamsten Sachverhalte sind bei beiden gleich.

Norm
1. Dieser soziologische Begriff bezeichnet konstruierte („nicht-natürliche") soziale Regeln, die das gesellschaftliche Miteinander bestimmen und ordnen. Als Grund für die Errichtung von Normen gilt einerseits die Tatsache, daß sich menschliche Gesellschaften nicht ausschließlich instinktiv organisieren können, und andererseits einen so hohen Komplexitätsgrad erreicht haben, daß sie ohne allgemeinverbindliche N. funktionsuntüchtig wären.
Man unterscheidet informelle (z. B. Brauch, Sitte) und formelle Normen (Gesetze). Die Normeinhaltung überwachen Instrumente der →sozialen Kontrolle. In modernen Gesellschaften herrscht i. d. R. Normenpluralismus, d. h. es bestehen miteinander konkurrierende Normensysteme, die zusätzlich einem steten Wandel unterworfen sind. Alte Normen werden als nicht länger gültig erachtet, und neue Normen setzen sich durch.
Unter diesen Umständen versucht die Sozialpädagogik, ihren Klienten in Abhängigkeit von ihren persönlichen Fähigkeiten die bestehenden Normen zu vermitteln, sie aber gleichzeitig zu einer Art kritischer Akzeptanz zu befähigen, d. h. zu erkennen, was erhaltenswert und was veränderungsbedürftig ist.
2. In der →Statistik bezeichnet N. die am häufigsten auftretende Ausprägung eines Merkmals.

Normalität
Dem Worte nach bezeichnet N. einen innerhalb der →Norm liegenden Zustand, Beschaffenheit oder Eigenschaft.
Wie jedoch die Erkenntnisse namentlich der hermeneutisch (→Hermeneutik) orientierten Wissenschaften ergaben, ist Normalität kein allgemein gültiger, unabhängig zu definierender Begriff. Vielmehr hängt es von zahlreichen Faktoren wie z. B. der zeitlichen, räumlichen und dialogischen Situation ab, ob das Ver-

Normative Pädagogik

halten oder der Zustand eines Menschen als normal bezeichnet wird.

Normative Pädagogik
Als n. P. wird üblicherweise jede Erziehungslehre bezeichnet, die auf dem Hintergrund einer Religion oder Ideologie →Normen aufstellt, die das Erziehungsziel bestimmen. Hierbei werden die weltanschaulichen Axiome nicht wissenschaftlich hinterfragt, sondern als ewig gültige und feststehende Tatsachen dargestellt. Demgegenüber steht in der →Erziehungswissenschaft die Forderung, den jungen Menschen nicht übergeordneten Interessen und Wünschen anzupassen, sondern ihn zu seinem Leben und zu seiner Form zu bringen.

Die Sozialpädagogik war und ist in ihrer Geschichte besonders von dem Wunsch der Gesellschaft betroffen, „abweichende" (→abweichendes Verhalten) junge Menschen wieder an für gültig erachtete Normen anzupassen (→Normalität). Ebenso oft wie sich die Sozialpädagogik gegen ein solches Ansinnen gewehrt hat, ist sie in ihrer Geschichte (→Geschichte der Sozialpädagogik) in die Gefahr geraten, ideologisch zu erziehen oder ihr Klientel unreflektiert gültigen Normen anzupassen.

Notunterkunft
→Obdachlosigkeit

NSV (Nationalsozialistische Volkswohlfahrt)
→Nationalsozialismus und Sozialpädagogik

Obdachlosenhilfe

O. ist die Bezeichnung für die Gesamtheit der Maßnahmen, die gegen das Problem der →Obdachlosigkeit unternommen werden.
Gleichzeitig wird vermehrt gefordert, das Problem der Obdachlosigkeit durch wohnungs- und sozialpolitische Maßnahmen zu vermeiden.

Obdachlosigkeit

Als obdachlos gelten Menschen, die keine Unterkunft haben bzw. denen der Verlust ihrer Unterkunft unmittelbar bevorsteht. Ebenso obdachlos sind Menschen, die in Notunterkünften wohnen (sog. Schlichtbauten, Obdachlosenasyle o. ä.), die von der zuständigen Verwaltung i. d. R. in kommunalen Randgebieten errichtet werden und nur knapp den Mindestanforderungen genügen.
Als Ursachen für O. gelten eigenes Verschulden, gesellschaftliche Probleme (z. B. →Arbeitslosigkeit, →Wohnungsnot) wie auch überpersönliche Notlagen (Naturkatastrophen, Kriege). →Obdachlosenhilfe; →Randgruppen

Öffentliche Erziehung

1. Bezeichnung für die Gesamtheit der unter öffentlicher Aufsicht stehenden Erziehung (z. B. schulische Erziehung, →Heimerziehung);

2. frühere Sammelbezeichnung für die bis zur Verabschiedung des KJHG existierende →Freiwillige Erziehungshilfe und →Fürsorgeerziehung nach dem JWG.

Öffentliche Jugendhilfe
→Jugendhilfe

Öffentliche Träger

Ö. T. sind Einrichtungen des Öffentlichen Rechts. Im Bereich der Sozialen Arbeit sind besonders die ö. T. der Sozial- und Jugendhilfe zu nennen (z. B. →Sozialamt, →Jugendamt), wobei ihr Verhältnis zu den →freien Trägern vom →Subsidiaritätsprinzip bestimmt wird.

Öffentlichkeitsarbeit

1. Begriff. Öffentlichkeitsarbeit ist die zielgerichtete und planvolle Organisation und →Evaluation von dialogischen Kommunikationsprozessen zwischen Organisationen und unterschiedlichen Öffentlichkeiten. ÖA ist darauf ausgelegt, ein symmetrisches, nach innen in die Organisation und nach außen an eine differenzierte Öffentlichkeit gerichtetes, kommunikatives Handeln von Anbietern personenbezogener sozialer Dienstleistungsarbeit herzustellen und durchzuführen.
Aufgaben und Ziele der ÖA sind:
– interne und externe Information,
– interne und externe Kommunikation,
– fachliche Kooperation und Vernetzung,
– Herstellung von Transparenz,
– Beteiligung von relevanten Personen und Gruppen,
– Informationen über soziale Fragen und deren Bewältigung,
– öffentliches Interesse schaffen.

2. Entwicklung in der Sozialen Arbeit. Vor dem Hintergrund gesellschaftlicher Veränderungsprozesse, die eine Vervielfältigung und Verlagerung sozialer Probleme mit sich bringen, die mit gleichbleibenden bzw. sinkenden finanziellen Mitteln zu bewältigen sind, geraten die Anbieter von sozialer Arbeit in einen immer stärker werdenden Konkurrenz- und Legititmationsdruck. Dies führt dazu, daß ÖA in Institutionen der Sozialen Arbeit, deren Existenz und Arbeit bisher intern und extern nicht in Frage gestellt wurde und als selbstverständlich galt, immer mehr zu einem zentralen Thema wird. Die Auseinandersetzung mit ÖA steht auch im Zusammenhang eines immer komplexer werdenden Mediensystems und einem deutlichen Auf- und Ausbau von →Informations- und Kommunikationstechnologie im Bereich sozialer Arbeit.

Öffentlichkeitsarbeit

In den Arbeitsfeldern der sozialen Arbeit existierte bisher nur eine eingeschränkte Tradition der ÖA. Sie war bis in die 70er Jahre weitgehend durch Reaktivität geprägt. Aktuelle Situationen oder die Notwendigkeit der Mitglieder- und Spendenwerbung waren der Anlaß für den Einsatz von ÖA, die eher spontan, unregelmäßig, punktuell und unreflektiert stattfand. Durch ein sich wandelndes berufliches Selbstverständis der Akteure in sozialen Handlungsfeldern, das sich vor dem Hintergrund gesellschaftlicher und -politischer Veränderungsprozesse ausprägt, begann sich der Charakter der ÖA in den 70er Jahren zu verändern. Die Bildung von „Gegenöffentlichkeiten" und Skandalisierung von gesellschaftlich relevanten Themen führte zu einem systematischen Einsatz von ÖA, so daß sie seitdem als eine Arbeitsform der Sozialen Arbeit verstanden wird. Die weiteren Entwicklungen in den 80er Jahren brachten einen Rückgang dieser politisch intendierten und zielorientierten ÖA. Ohne diese Einsatzform der ÖA wurde sie weiterhin wie bisher betrieben. Mit dem Ende der 80er Jahre wurde im Zusammenhang der Diskussion von Sozialmanagement, die ÖA erneut in vielen Organisationen thematisiert. Sie wurde nun zu einer bedeutungsvollen Aufgabe des Management definiert und in Konzepte des →Sozialmanagements integriert. Insbesondere auch die aktuellen Entwicklungen in den Bereichen →Qualitätssicherung, →Fundraising und →Social Sponsering erfordern für das Erreichen ihrer Ziele eine konitinuierliche ÖA, die Transparenz für alle an diesen Prozessen beteiligten Personengruppen. Daher ist es erforderlich, geplante und kontinuierliche ÖA zu einer zentralen Funktion Sozialer Arbeit anzuerkennen. Für die derzeitige Situation kann festgehalten werden, daß ein Konsens zwischen den AkteurInnen auf allen Ebenen der Sozialen Arbeit darüber besteht, daß ÖA eine wichtige nicht zu vernachlässigende Aufgabe von Organisationen ist, die personenbezogene soziale Dienstleistungen anbieten. Die Ausführung ist allerdings abhängig von der Organisation, ihrer Größe und Tradition sehr unterschiedlich entwickelt.

Große Organisationen und Einrichtungen haben häufig die zentrale Aufgabe der Informationsweiterleitung in Mitgliedseinrichtungen oder Abteilungen, daher blicken sie bereits auf eine längere Tradition der ÖA zurück. In der historischen Entstehung dieser Organisationen wurde bereits sehr früh ÖA eingesetzt und im Laufe der Zeit soweit ausgebaut, daß einzelne MitarbeiterInnen oder sogar ganze Abteilungen sich dieser Aufgabe annahmen. Anders stellt sich die Situation kleiner Einrichtungen dar. ÖA wird grundsätzlich als wenig bedeutsam und dringend gesehen, als andere naheliegende Arbeiten und erhält somit den Nachrang, da sie weitgehend nebenher betrieben wird. Ein weiterer Punkt, der zu dieser nachrangigen Untersuchungsweise mit ÖA führt, sind die dafür zur Verfügung stehenden Mittel. Die Budgets für ÖA sind sehr knapp bemessen, daher darf sie so wenig wie möglich Zeit in Anspruch nehmen und darf den Etat nicht belasten. Das Ergebnis einer vor diesen Einschränkungen produzierten ÖA, ist meistens Stückwerk von eingeschränkter Qualität und Reichweite, was für die MitarbeiterInnen eher demotivierend ist, diese Arbeit weiter zu betreiben. Obwohl aus der Praxis der Sozialen Arbeit bekannt ist, daß Diskontinuität der Arbeit, Erziehungs- und Bildungsprozesse unterläuft, wird diese Erkenntnis nicht auf die Arbeitsprozesse übertragen, die dazu beitragen, die Bedingungen zu schaffen, unter denen die praktische Arbeit stattfindet.

Vor diesem Hintergrund ist es unumgänglich, daß ein Perspektivenwechsel in Bezug auf ÖA stattfindet. Dies gestaltet sich schwierig, da ÖA in der Sozialen Arbeit nach wie vor mit einigen Vorurteilen zu kämpfen hat. Aus der Tradition der Sozialen Arbeit sich als bescheiden zu verstehen, existieren Widerstände gegen eine öffentliche Darstellung ihrer Arbeit, bzw. es wird davon ausgegangen, daß die Arbeit für sich spricht, und es nicht nötig hat, sich auf diese Art und Weise darzustellen. Darüber hinaus wird ÖA häufig mit Werbung gleichgesetzt und als Manipulation verstanden, die in der Sozialen Arbeit in ihrer Verantwortung den Adressaten gegenüber grundsätzlich abgelehnt werden muß. Die durch ÖA eingeforderte Transparenz, wird zuweilen auch als Druck verstanden, alle Prozesse offen darstellen zu müssen, und auf diesem Wege in die Kritik zu geraten, so daß permanente Rechtfertigungen erforderlich sind. Wird ÖA aber als Kommunikationsmanagement verstanden, dessen Aufgabe es ist, Kommunikationsprozesse zu initiieren, zu organisieren und zu evaluieren, um Soziale Arbeit für alle relevanten Personengruppen nachvollziehbar zu machen und miteinander in Kontakt zu bringen, erübrigen sich die beschriebenen Vorurteile.

Als problematisch wurde und wird der Einsatz von Öffentlichkeitsarbeitskonzepten, die aus der Wirtschaft in den sozialen Bereich übertragen werden, eingeschätzt. Diese Instrumente der ÖA sind darauf ausgelegt, den Gewinn von Unternehmen zu steigern, und diese konkurrenzfähig zu gestalten, und sind daher nicht uneingeschränkt auf den sozialen Sektor übertragbar, der aufgrund seiner Aufgabenfelder, Organisationsformen und Arbeitsweisen völlig andere Strukturen und Rahmenbedingungen aufweist. Es bedarf zunächst der Reflexion der Strukturen des Non-Profit-Sektors und seiner Einrichtungen, bevor Instrumente einfach übertragen werden, und sich als möglicherweise kontraproduktiv erweisen. Insgesamt ist bei ÖA im sozialen Bereich zu berücksichtigen, daß Aufwand und Maßnahmen auf die jeweiligen Situationen der Organisationen abzustimmen sind.

3. Interne und externe ÖA. ÖA richtet sich an eine heterogene Gesamtöffentlichkeit, die aus unterschiedlichen gesellschaftlichen Gruppen zusammengesetzt ist. Interne ÖA richtet sich primär an die Personen, die der Organisation angehören. Ziel dabei ist es, die internen Zusammenhänge, Zuständigkeiten, Aufgaben und Ziele darzustellen, so daß diese jeder einzelnen MitarbeiterIn bekannt und durchschaubar sind. Dies ist von Bedeutung, damit alle MitarbeiterInnen das Selbstverständnis, die Unternehmsphilosophie (Corporate Identity) und das Erscheinungsbild (Corporate Design) im Sinne der Organisation vertreten. Hierbei geht es nicht nur um die Formen der Außendarstellung, sondern auch um interne Kommunikationsstrukturen, die den Beteiligten erlauben, an den Prozessen der ÖA zu partizipieren. In diesem Zusammenhang läßt sich ein Bezug zur →Organisationsentwicklung erkennen, da die internen Kommunikationsprozesse und die Mitarbeiterbeteiligung unter anderem erklärte Ziele der Organisationsentwicklung sind.

Die externe ÖA richtet sich nicht nur an diejenigen, die in bestimmten Bereichen an der Erbringung einer personenbezogenen sozialen Dienstleistung mit beteiligt sind. Daher umfaßt die Öffentlichkeit in der Sozialen Arbeit folgende Gruppen:
– Adressaten und ihre Angehörigen,
– KooperationspartnerInnen,
– FachkollegInnen/Fachöffentlichkeit,
– Lokale, regionale und überregionale Medien,
– Kommunal-, Landes- und Bundesbehörden und Verwaltungen,
– Politische Parteien, Politiker, Fachpolitiker,
– Private Unternehmen und mögliche Geldgeber,
– Nachbarschaft,
– Interessierte Personen,
– Geschäftspartner/Lieferanten.

4. Strategien und Instrumente. Die differenzierte Gesamtöffentlichkeit kann nur durch strategische ÖA erreicht werden. Strategisch bedeutet in diesem Sinne ein

geplantes, strukturiertes, zielorientiertes und themenbezogenes Vorgehen, das bestimmter Klärungen und Festlegungen im Vorfeld bedarf. Dabei sind kurz-, mittel- und langfristige Ziele, die durch ÖA erreicht werden sollen, aufzustellen und zu berücksichtigen. Darüber hinaus ist zu bestimmen, welche Botschaften, Zielgruppen, Anlässe, Methoden, Medien, Zeiten und Orte für eine wirkungsvolle ÖA eingesetzt werden.

Instrumente der ÖA sind sehr vielfältig und ihre Wirkungsweise und Reichweite sind unterschiedlich. Sie umfassen die Herstellung von Materialien zu Selbstdarstellung und Information wie Broschüren, Berichte, Prospekte, Faltblätter, Plakate, Flugblätter, Zeitschriften, Hand- und Informationszettel, Schaubilder, Visitenkarten. Eine weitere Gruppe von Instrumenten der ÖA sind die der Massenkommunikation wie: Presseartikel und -berichte, Pressekonferenzen, Pressereisen, Pressefotos, Interviews bei Presse, Rundfunk und Fernsehen, Radio und Fernsehbericht und -reportagen, Informations- und Messestände. Darüber hinaus sind auch Veranstaltungen öffentlichkeitswirksam wie: Aktionen, Ausstellungen, Fachtagungen, Konferenzen, Vorträge und Vorführungen. Über diese Maßnahmen, bei denen die Organisation als eine Einheit auftritt, hinaus, gewinnt auch die Beteiligung von einzelnen MitarbeiterInnen an Fach- und Kooperationsveranstaltungen immer mehr an Bedeutung für die ÖA. Denn wenn eine Einrichtung auch auf solchen Veranstaltungen durch Personen vertreten ist und Kooperationsstrukturen mitgestaltet, wirkt sie nach außen durch ihre Präsenz.

Bei der Planung und Durchführung von Öffentlichkeitsarbeit ist neben den bereits genannten Kriterien von Bedeutung, daß die Herangehensweise auf die Einrichtung oder Organisation und deren Bedingungen abgestimmt ist. Wenig nutzbringend ist es, wenn die ÖA die institutionellen, personellen und finanziellen Ressourcen übersteigt. Ein sorgfältig geplantes, auf die Einrichtungsgegebenheiten zugeschnittenes und kontinuierliches Konzept ist wahrscheinlich wirkungsvoller.

Zu einer erfolgreichen ÖA gehört auch die Evaluation der durch sie entstehenden Prozesse. Damit die Arbeit nicht ins Leere läuft, ihr Ziel verfehlt oder zu gegenteiligen Auswirkungen führt, ist eine kontinuierliche Auswertung dieser Arbeit notwendig. Auf diesem Wege können die Maßnahmen der ÖA reflektiert und korrigiert werden, und gleichzeitig die Grundlage für die Planung des weiteren Vorgehens werden.

Die rechtliche Grundlage der ÖA ist der Art. 5 des Grundgesetzes, der die freie Meinungsäußerung und die Pressefreiheit unter der Berücksichtigung der Persönlichkeitsrechte gewährleistet. Die Konkretisierungen wie das Informationsrecht der Presse, Anforderungen an Redakteure, die Sorgfaltspflicht der Presse, das Recht auf Gegendarstellung, werden durch die Pressegesetze der Bundesländer genauer geregelt. Über diese gesetzlichen Vorgaben hinaus existiert für die Öffentlichkeitsarbeit eine ethische Richtlinie, die zum Schutz der Gesellschaft 1965 vereinbart wurde. Diese Richtlinie umfaßt, daß ÖA die Achtung der Menschenwürde, Wahrheitstreue, Sachlichkeit und Aktualität zu wahren hat.

Voraussetzend für eine gelingende ÖA ist es, wenn diese zu einem erklärten Ziel der Einrichtung wird, und durch die Institution personelle, zeitliche, finanzielle und inhaltliche Rahmenbedingungen geschaffen werden, unter denen dieses Ziel verfolgt werden kann. Dazu gehört, neben der Bereitstellung von entsprechenden Mitteln, die Anerkennung dieser Arbeit als eine sinnvolle, dem Auftrag der Einrichtung entsprechende und den Adressaten zukommende Tätigkeit.

Eine besondere Aktualität erfährt ÖA durch die derzeitigen Entwicklungen in Bezug auf die Qualitätssicherung im sozialen Sektor. Die Kriterien der ÖA, wie

Kommunikativität, Transparenz, Mehrperspektivität, Situationsorientierung, Zielgruppenorientierung, Beteiligungsorientierung und Prozeßorientierung sind weitgehend übereinstimmend mit denen, die in Qualitätssicherungsprozessen gefordert werden. ÖA stellt somit auch ein Instrument der Qualitätsentwicklung und Dokumentation dar, wie auch ein Instrument der Evaluation solcher Qualitätsentwicklungsprozesse.

ÖA wird zukünftig aufgrund einer Vielfalt an Entwicklungen einen größeren Stellenwert im Bereich der personenbezogenen sozialen Dienstleistungsarbeit erhalten und das Berufsprofil und Selbstverständnis von SozialpädagogInnen und SozialarbeiterInnen nachhaltig prägen.

Lit.: Bebber van, F.: Wie sage ich es der Öffentlichkeit? Presse und Öffentlichkeitsarbeit im sozialen Bereich, 2. Aufl.: Frankfurt, Eigenverlag des Deutschen Vereins für öffentliche und private Fürsorge 1990; Brauer, G: ECON Handbuch der Öffentlichkeitsarbeit: Düsseldorf, Wien, New York, Moskau, ECON 1993; Brenner, G./Nörber, M.: Öffentlichkeitsarbeit und Mittelbeschaffung: Grundlagen, methodische Bausteine und Ideen, Weinheim, München, Juventa 1996; Hamburger, F./Otto, H.-U. (Hrsg.): Sozialpädagogik und Öffentlichkeit. Systematisierungen zwischen marktorientierter Publizität und sozialer Dienstleistung, Weinheim, München, Juventa 1999; Rademacher, L.: Die Öffentlichkeit im Visier – Konzepte und Praxisbeispiele moderner Öffentlichkeitsarbeit, Veröffentlichungen zum Forschungsschwerpunkt Massenmedien und Kommunikation an der Universität/Gesamthochschule Siegen, Siegen, Eigenverlag 1996; Reineke, W./Eisele, H.: Taschenbuch der Öffentlichkeitsarbeit: Public Relations in der Gesamtkommunikation, 2. überarb. und erg. Aufl., Heidelberg, Sauer 1994.

Sabine Herrenbrück, Lüneburg

Offene Jugendarbeit
→Jugendarbeit

Offensive Sozialpolitik
Der Begriff OS drückt eine grundlegende Haltung aus, die sich von einer defensiven Sozialpolitik als „sozialer Feuerwehr" mit ihren Normalitätsansprüchen entfernt und die dem gegenüber nicht (nur) die vereinzelte Behebung von Symptomen („Verwahlosung", „Drogenabhängigkeit") zum Ziel hat, sondern auch, und grundsätzlich, diese Symptome als Indikatoren gesamtgesellschaftlicher Probleme und Widersprüche versteht und dies in aller Deutlichkeit öffentlich macht. Damit kritisiert die OS die herkömmliche (defensive) Sozialpädagogik als Part gesamtgesellschaftlicher Ideologie. Als Vertreter einer OS können u. a. Hermann Giesecke, Klaus →Mollenhauer und auch Hans Thiersch genannt werden.

Pädagogisch grundlegend ist für eine OS die Frage, was Menschen, die in ihrer Biographie und den damit einhergehenden fehlgeschlagenen Sozialisationsprozessen geschädigt wurden, lernen müssen, um ein sie auch subjektiv befriedigendes Leben führen zu können. Die dafür nötigen Lernbedingungen sind so gut wie nur möglich zu organisieren. →Schulen der Sozialen Arbeit; →Soziale Arbeit als Menschenrechtsprofession

Operationalisierung
O. bezeichnet die nähere Bestimmung (also die Präzisierung) von Begriffen innerhalb einer Untersuchung im Rahmen der →empirischen Sozialforschung und die Verknüpfung von Begriffen mit empirischen Phänomenen (etwa: was bedeutet „pädagogischer Bezug" im Untersuchungszusammenhang?).

Organisationsentwicklung
1. Soziale Arbeit und Organisation: Die überwiegende Anzahl der im Feld der Sozialen Arbeit Beschäftigten verrichten ihren Beruf in hierarchischen und/oder teamartigen organisatorischen Zusammenhängen der freien oder öffentlichen Träger. Auch deswegen rückt die Betrachtung der Organisationsformen

von Sozialer Arbeit in jüngster Zeit verstärkt in den Vordergrund. Unter Organisation versteht man ein soziales Gebilde mit definierbaren Aufgaben, Mitgliedern, einer Binnenstruktur, welche durch Aufgabenspezialisierung und Arbeitsteilung planvolles, zielorientiertes Handeln ermöglicht. In Ergänzung zum Organisationsbegriff meint Institutionalisierung auch noch „automatisch" ablaufende Handlungs- und Beziehungsmuster, wobei menschliches Verhalten typisiert, normiert und längerfristig festgelegt wird. Das Ergebnis eines derartigen Prozesses nennt man auch eine Institution. Im Anschluß an Mayntz (1963) können wir Organisationen nach den beiden folgenden Zielsystemen unterscheiden: 1) Organisationen, in denen Leistungen erbracht werden, wie Wirtschafts- oder Dienstleistungsbetriebe. Ferner 2) Organisationen, deren Ziele darin liegen, Personen zu beeinflussen und zu verändern. Neben Schulen, Krankenhäusern und vielen gemeinnützigen Einrichtungen, gehören die Institutionen des Wohlfahrtswesens eher zum letzteren Organisationstyp.

2. Organisationsentwicklung: Die systemtheoretische Perspektive verdeutlicht, wie sehr sich Organisationen ständig an die verändernden Umweltbedingungen anpassen müssen. Ein derartiger organisatorischer Wandel kann geplant und/oder ungeplant vonstatten gehen. Allgemein meint Organisationsentwicklung (OE) i. e. S. die „Änderung des Problemlösungsverhaltens von Menschen in Organisationen durch reaktives und proaktives Lernen im interpersonellen Kontext, wobei Lernen sich sowohl auf individuelle Verhaltensänderungen als auch auf Veränderungen in den Interaktionsmustern (strukturell und prozessual) bezieht" (Bartölke, 1980). Bezüglich der Definition von OE fehlt ein begrifflicher Konsens und ein umfassendes Konzept, vielmehr dominieren pragmatische Ansätze. In der Fachliteratur finden sich folgende Definitionsmerkmale:

Geplanter, langfristiger und umfassender Wandel, der sich eher auf Gruppen und weniger auf Individuen bezieht. Dieser organisatorische Wandel wird auch befördert durch die Hilfe von (eher außenstehenden, seltener internen) Fachleuten als Change Agents unter größtmöglicher Beteiligung aller betroffener Personen und Organisations-Subsysteme durch eine Reihe von gezielten Maßnahmen, erfahrungsgeleitetes Lernen oder Aktionsforschung (Staehle, 1989). Am Anfang eines derartigen, oft mehrjährigen Prozesses, steht die Organisationsanalyse, also die (empirische) Untersuchung von Aufbau und Ablaufprozessen in der Organisation selber. Das Ergebnis dieser Organisationsanalyse ist eine Diagnose über die Ist-Situation der Einrichtung, einschließlich erwünschter Veränderungsprozesse. Diese Organisationsanalyse kann dann Ausgangspunkt für eine längerfristige OE sein. Die Begriffe Organisationsberatung und Institutionsberatung werden zuweilen synonym mit OE gleichgesetzt. In der internationalen Diskussion hat sich jedoch der Terminus OE (Organizational Development) behauptet (Trebesch, 1980). Bezüglich der Ziele der OE werden gleichrangig qualitative (soziale, humane) und quantitative (ökonomische) genannt. Auch unterscheidet die neuere OE-Literatur kaum noch danach, ob der Hauptzweck der Organisationen erwerbswirtschaftlicher oder gemeinwirtschaftlicher Art ist. Diesen Gesichtspunkt hat man bei der mangelhaften Rezeption der OE seitens der Sozialen Arbeit oft übersehen. Den meisten OE-Definitionen liegen folgende Annahmen zugrunde: Die Organisation muß als entwicklungsfähig erachtet werden. Die höchste Produktivität wird erreicht, wenn durch die Arbeitsorganisation institutionelle und individuelle Bedürfnisse in gleicher Weise befriedigt werden können. Zusammenarbeit ist besser als Wettbewerb. Die Organisationskultur (spezielle Ziele, Werte, Mythen und Selbstdefinitionen) ist zu berücksichtigen; der Ausdruck von persönlichen Äußerungen und Gefühlen sollte ermöglicht werden. Organisationswandel ist dann erfolgreich, wenn die Betroffenen daran beteiligt sind (Bartölke, 1980; Staehle, 1989).

3. Geschichte der Organisationsentwicklung: Eine ältere Entwicklungslinie begann zu Ende des letzten Jh. in den USA, als Taylor Methoden zur Analyse von Arbeitsprozessen einführte, um die Arbeitsleistung in der Industrie zu steigern. Bald darauf entwickelte Max Weber sein Bürokratiemodell. Beide Ansätze haben vorwiegend zweckrationale und geplante Organisationsprozesse im Blick. In den 1920er Jahren entdeckte Mayo bei seinen Hawthorne-Experimenten die Bedeutung „sozialer Faktoren", wie Anerkennung, Handlungsspielraum und informeller Gruppenphänomene in der industriellen Arbeit. Er gab damit den Anstoß zur Human-Relations-Bewegung, die jedoch die Arbeitsleistungen vorwiegend über Verbesserungen im informellen, sozialen Bereich steigern wollte, ohne Strukturveränderungen in den Organisationen selber zu fördern. Diese aus dem erwerbswirtschaftlichen Sektor stammende Traditionslinie der OE wurde durch die →Gruppendynamik der Lewin-Schule seit 1947 wesentlich erweitert. Hierbei konnte das Verhalten von Menschen in Gruppenzusammenhängen nicht nur systematisch untersucht werden, sondern es war auch möglich, menschliche Verhaltensweisen durch spezielle Verfahren (Trainingsgruppe, Sensitivity-Training, Organisationstraining u.a.) positiv zu verändern. Ähnlich wie Mayos Beschreibung der Auswirkungen der sozialen Faktoren auf die Arbeitsergebnisse war das Feed-Back (Rückmeldung von Verhaltensweisen) eine der großen sozialwissenschaftlichen Entdeckungen dieses Jh. Die Gruppenfeldforschung der Lewin-Schule hat nicht nur die OE beeinflußt, sondern auch die Gruppenmethoden der Sozialen Arbeit (Social Group Work, Gruppendynamik) gefördert. Bis vor einigen Jahren hat die Soziale Arbeit eine ihrer historischen Quellen, die OE, jedoch kaum zur Kenntnis genommen, wohl auch weil die Weiterentwicklung der OE vorwiegend vom erwerbswirtschaftlichen Bereich geprägt worden ist. So wurden das 1961 in den USA erschienene Buch von Bennis, Benne und Chin: „The Planning of Change" (dt.: 1975), die Weiterentwicklungen der OE im deutschsprachigen Raum, wie auch die für soziale und pädagogische Organisationen interessanten Ansätze zur „Institutionsberatung" (Fürstenau, 1970) und „Sozioanalyse" (Wellendorf, 1979) von der Fachliteratur der Sozialen Arbeit kaum berücksichtigt. Schon bei Bennis, Benne und Chin werden „normativ-reedukative Veränderungsstrategien" bevorzugt. Ein außenstehender „Change Agent" als Organisator des geplanten Wandels könnte eine Fülle von Interventionstechniken zur Verbesserung der innerorganisatorischen Verhältnisse anwenden: Empirische Erhebungen, Techniken auf der Ebene der Organisation, Techniken auf der Ebene der Gruppe (Arbeitsstrukturierung, Prozeßberatung nach Schein, Drittparteien-Intervention, Teamentwicklung, Intergruppen-Intervention, Lernstatt), Techniken auf der Ebene des Individuums (Sensitivity-Training, →Encounter-Gruppen, →Transaktionsanalyse, Führungsberatung/Coaching). Die Strategien des →Wandels können sich dabei beziehen auf die Interventionsebene: Von oben nach unten (top down); von unten nach oben (bottom up) oder von der Mitte der Organisation in beide Richtungen (from middle both ways). Nach dem Grad der Standardisierung unterscheidet man Wandel-Strategien, die eher vorgeplant sind (prepackage change) oder solche, die einem maßgeschneiderten Programm (individualized change) folgen. Ferner kann man diese Strategien des geplanten Wandels von Organisationen nach der Intensität der Interventionen differenzie-

ren: Radikale, strukturelle Veränderung (radical change) wie den Austausch von Führungspersonal, Änderungen im Linien- und/oder Stabssystem oder partielle Eingriffe, welche die Organisation nicht grundsätzlich ändern (gradual change) (Staehle, 1989; Bartölke, 1980). In der Sozialen Arbeit scheinen partielle OE-Maßnahmen häufiger vorzukommen. Hierzu gehören u. a. Planungsvorhaben und neue Angebote für bestimmte Klientelgruppen (Kinder, Jugendliche, Frauen), die Anpassung veralteter Sozialadministrationen an neue Anforderungen oder Maßnahmen des Personalmanagements.

4. Stellenwert der Organisationsentwicklung für die Soziale Arbeit: Organisatorische Veränderungen im Sozialwesen kamen in der Vergangenheit eher zustande durch a) Kritik an den →„Totalen Institutionen" (z. B. Basaglia, Goffman); b) Kritik an den Wohlfahrtsverbänden (z. B. Bauer, Seibel), c) der Reorganisation →Sozialer Dienste und d) gesetzlichen Anstößen, die zu partiellen Veränderungen geführt haben (Heim- und Psychiatriebereich, KJHG). Abgesehen von diesen Faktoren scheint im Sozialbereich der radikale organisatorische Wandel im Sinne der OE die Ausnahme zu sein. Die deutsche und internationale Diskussion der OE wird von der Fachliteratur der Sozialen Arbeit erst in jüngster Zeit beachtet. Die ersten kurzen Artikel in Lexika und Zeitschriften der Sozialen Arbeit finden sich in den 1970er Jahren. OE und Institutionsberatung werden dabei knapp vorgestellt, als Möglichkeiten des beratenden Eingriffs von „außen". Das zweibändige Standardwerk „Organisationsentwicklung in Europa", zeigt, daß beim ersten Europäischen OE-Forum in Aachen (1978) kein Fachbeitrag der Sozialen Arbeit vorgestellt wurde (Trebesch, 1980). Andererseits wurde dieses Werk von der Sozialen Arbeit nicht zur Kenntnis genommen. In den 1980er Jahren zeichnet sich ab, daß die OE für den Sozialbereich vorsichtig auf zwei „Umwegen" rezipiert wird: 1) In der →Supervisionsdiskussion ist man bezüglich der Teamsupervision an die Grenzen der Organisation gestoßen. Konsequente Teamsupervision verlangt auch Änderung organisatorischer Verhältnisse (Belardi 1992; 1996). 2) Rückgang staatlicher Finanzgarantien, Leitungs- und Führungsprobleme in desorganisierten Wohlfahrtseinrichtungen, skandalträchtige Veröffentlichungen über die Praktiken einzelner Verbandsgliederungen sowie der Zwang, mit weniger Geld mehr unter- und unbezahlte Mitarbeiter für neue und z. T. schwierige Klientelgruppen zu motivieren, machen Anleihen an Erkenntnisse moderner Organisationstheorien notwendig und sinnvoll. Publikationen und Weiterbildungsangebote über →„Sozialmanagement", „Leitungsberatung" oder „Social Sponsoring" weisen in diese Richtung. Hierbei handelt es sich allerdings nur um Teilbereiche der OE, die im Sinne der Human-Ressources-Bewegung das Personalwesen im Bereich der Sozialen Arbeit beeinflussen. Zumindest in diesem Sektor scheint die „Tabugrenze" zum Organisationsbereich gesunken zu sein. Besser als die Ausbildungs- und Praxiseinrichtungen scheint sich der Weiterbildungsmarkt auf diese neuen Bedürfnisse eingestellt zu haben.

Welche weiteren Schwerpunkte der OE können für die sozialen Dienstleistungsorganisationen noch von Interesse sein? Vor allem die Untersuchung „nichtplanmäßiger" Organisationsphänomene (Schreyögg, 1991) ist aus der Fülle der Ansätze der OE für die Innovation gegenwärtiger sozialer Institutionen wichtig. So dienen informelle Strukturen der „Reduktion von Komplexität" (Luhmann). Bei überorganisierten bürokratischen Einrichtungen (eher: Jugendamt, Sozialamt) werden hemmende Strukturen durch informelle Kommunikationsformen korrigiert. Demgegenüber können ausufernde informelle Strukturen in unterorganisierten Einrichtungen deren

Leistungsfähigkeit bedrohen (z.B. Jugendarbeit, Modellvorhaben und Alternativeinrichtungen). Das Organisations-Prozeßmodell verhilft dazu, die Geschichte von Organisationen mit ihren speziellen Strukturproblemen besser zu verstehen. Viele freie Träger haben mit einer hauptamtlichen Kraft angefangen. Diese Leitungsperson wurde im Sinne einer „Institution" mit der Einrichtung identifiziert. In dieser Pionierphase ist die Arbeitsweise familienähnlich. Durch Ausweitung der Tätigkeiten und Einstellung neuer Mitarbeiter kommt es notwendigerweise zu einer Differenzierungsphase, mit den Merkmalen Arbeitsteilung, Hierarchisierung und Bürokratisierung. Viele Organisationen der Sozialen Arbeit haben die dabei entstandenen Probleme nicht bewältigen können. Interne Dauerkonflikte, hohe Krankenstände und personelle Fluktuation sind die Folge. Mehr noch als Teamsupervision kann OE hierbei behilflich sein. Im Idealfalle kommt es dann zu einer Integrationsphase. Es ist eine Großorganisation entstanden, die in der Lage ist, ihre Subsysteme (Teams) zur Bewältigung ihrer Aufgaben optimal zu koordinieren und einzusetzen. Das Konzept der politischen Prozesse meint, daß in vielen Organisationen beim Kampf der Organisationsmitglieder um die knappen Ressourcen häufig Koalitionen, Taktiken, Kompromisse oder Aushandlungsstrategien angewendet werden. Oft wird auch das Klientensystem in diese „Kampfspiele" des Behandlersystems mit einbezogen. Bei diesem Blickwinkel ist es für die OE wichtig zu verstehen, was sich „Hinter den Kulissen der Organisation" (Selvini-Palazzoli, 1984) abspielt. Unter Mikropolitik in Organisationen versteht man den Einsatz von Taktiken, Kompromissen, Täuschungsmanövern und Koalitionen im informellen Bereich, um sich Vorteile beim Kampf um die knappen Ressourcen zu verschaffen (Heinrich/Schulz zur Wiesch 1998; Neuberger 1995). Relativ neu in der OE ist der Ansatz der Organisationskultur, was meint, daß in jeder Organisation sich grundlegende Werte und Normen herausgebildet haben, welche Binnenprozesse und Zielrealisierung prägen. Wie sehr unterscheiden sich doch die Organisationskulturen in einem städtischen Jugendamt, einer Drogenberatungsstelle und einem Waldorf-Kindergarten voneinander. Durch Veränderungen im Klientel- oder Behandlersystem können ganze Einrichtungen in eine Krise geraten, beispielsweise wenn nur noch ausländische Jugendliche das Jugendhaus besuchen, die ersten Drogen- oder Aids-Klienten sterben, jüngere Mitarbeiter alte Gewohnheiten in Frage stellen oder neue Umweltbedingungen (KJHG, Ersatz von Heimplätzen durch Pflegestellen) organisatorische Veränderungen erfordern. Die hierbei angedeuteten Ansätze von OE sind jedoch nur einige Möglichkeiten zur Analyse und Intervention innerhalb komplexer Organisationen.

5. Fazit und Ausblick: Die OE hat in den Organisations- und Managementtheorien von Wirtschaft und Verwaltung seit Jahren einen anerkannten Platz. Ihr Erfolg in diesen Bereichen hat wohl auch bewirkt, daß sie jahrelang von der Sozialen Arbeit ignoriert worden ist. Informationsmangel, ethische Bedenken wie auch schlichte Vorurteile mögen hierbei mitgespielt haben. Die Theorie der OE ist vor allem in humanwissenschaftlicher und pragmatischer Hinsicht weiter entwickelt als der Forschungsstand und die Umsetzung in die Praxis. Der Nachholbedarf seitens der Sozialen Arbeit bezüglich der OE wird in den nächsten Jahren angesichts verminderter finanzieller Zuwendungen und der nachgelassenen ideologischen Bedenken zunehmen. Dann könnte überkommenen Organisationsstrukturen in der Sozialen Arbeit der Anschluß an die allgemeine Entwicklung gelingen. Es ist jedoch vor der Illusion auf schnelle Lösungen durch OE zu warnen. Die Bürokratie gebietet beim Versuch, den innovatori-

schen Impuls zur Veränderung zu bringen, raschen Einhalt. In Deutschland, dem Land der klassischen Bürokratien, spielt die OE noch eine zu geringe Rolle. Vielfach übersteigt die Eigenkomplexität von Sozialeinrichtungen deren Problemlösungskapazität (Übersteuerungsproblem). Eine effektivere Organisation, höhere Zielrealisierung und mehr persönliche Zufriedenheit der Mitarbeiter sind nicht umsonst zu haben. In der Regel handelt es sich bei erfolgreicher OE um eine mehrjährige Entwicklung, bei der man sich auch persönlich engagieren muß. Im Verlaufe einer OE kann man nicht „nehmen", ohne zu „geben". Denn OE ist in erster Linie Umverteilung und Neuorganisation. Das Gelingen der OE hängt nicht nur von den institutionellen Bedingungen und der persönlichen Bereitschaft der Mitarbeiter ab, sondern auch von den multiprofessionellen Qualifikationen (fachlich, supervisorisch, gruppendynamisch, organisationstheoretisch) der Berater selber. Diese müssen sich die Akzeptanz der Beteiligten erwerben, ohne sich in die internen Auseinandersetzungen verstricken zu lassen. →Sozialmanagement

Lit.: Bartölke, K.: Organisationsentwicklung, in: Grochla, E. (Hrsg.): Handwörterbuch der Organisation, Stuttgart 1980; Belardi, N.: Supervision. Von der Praxisberatung zur Organisationsentwicklung, Paderborn 1992; Belardi, N.: Supervision. Eine Einführung für soziale Berufe, Freiburg 1996 (2. Auflage 1998); Blätter der Wohlfahrtspflege 5/1991; French, W. L./Bell, C. H. jr.: Organisationsentwicklung, Bern und Stuttgart 1974; Fürstenau, P.: Institutionsberatung. Ein neuer Zweig angewandter Sozialwissenschaft, in: Gruppendynamik 1/1970 (verschiedene Nachdrucke); Gotthardt-Lorenz, A.: Organisationsberatung, Hilfe und Last für Sozialarbeit, Freiburg 1989; Heinrich, P./Schulz zur Wiesch, J. (Hg.): Wörterbuch zur Mikropolitik, Opladen 1998; Neuberger, O.: Mikropolitik, Stuttgart 1995; Scala, K./Grossmann, R.: Supervision in Organisationen, Weinheim und München 1997; Schreyögg, A.: Supervision. Ein integratives Modell, Paderborn 1991; Seibel, W.: Funktionaler Dilettantismus. Erfolgreich scheiternde Organisationen im „Dritten Sektor" zwischen Markt und Staat, Baden-Baden 1992; Sievers, B. (Hrsg.): Organisationsentwicklung als Problem, Stuttgart 1977; Staehle, W. H.: Management, München 1989; Trebesch, K. (Hrsg.): Organisationsentwicklung in Europa, 2 Bde., Bern und Stuttgart 1980; Türk, Klaus: Grundlagen einer Pathologie der Organisation, Stuttgart 1976, dgl.: Neuere Entwicklungen in der Organisationsforschung, Stuttgart 1989; Wellendorf, F.: Sozioanalyse und Beratung pädagogischer Institutionen, in: Geißler, K. A. (Hrsg.): Gruppendynamik für Lehrer, Reinbek 1979; Zeitschrift: Organisationsberatung, Supervision, Clinical Management, Opladen 1994.

Nando Belardi, Chemnitz

Organisationsformen Sozialer Arbeit
Das heutige Sozialwesen besteht aus verschiedensten Organisationen, deren Mitglieder entweder versuchen, für ein ganzes Spektrum von Bedürfnissen umfassende Hilfe anzubieten (z. B.- die polyvalenten Allgemeinen Sozialdienste, Gemeindedienste, stadtteilbezogene, gemeinwesenspezifische Einrichtungen) oder sich eines Spezialproblems anzunehmen (Gesundheits-, Rehabilitations-, Jugend-, Familien-, Alten-, Wirtschafts-, Arbeitslosen-, Asylbewerber-, Psychiatrie-, Suchthilfe usw.). Entsprechend der institutionalisierten Sichtweise in Politik und Theorie sind private Organisationen die Vermittlerinnen maßgeschneiderter, bürgernaher, spezialisierter und damit professionalisierter, flexiber und innovativer Hilfe und Projekte, dieweil die staatlichen Organisationen regelbezogene, allgemeine, schematische und traditionelle und mithin wenig professionelle Dienstleistungen anbieten. Diese Negativdefinition staatlicher Hilfeleistung übersieht folgendes: a) Infolge der

oft hohen staatlichen Subventionierung, und – bei zunehmender Größe – auch Bürokratisierung, Monopolbildung und Immobilität privater Organisationen, lassen sich private Organisationen nicht mehr so leicht von staatlichen abgrenzen; b) die Allgemeinen Dienste sind das Auffangnetz für Menschen, die auf Märkten versagen oder wegen ihrer mangelhaften Ausstattung zu ihnen keinen Zugang haben – wie wir heute wissen: mehrheitlich Frauen, aber auch Rentner und Ausländer (Hernes 1989); private Organisationen müssen sich – wie die Inhaber einer Privatpraxis – bei selbsttragendem Haushaltsetat auf finanziell und bildungsmäßig relativ gut ausgestattete Angehörige der Mittelschicht ausrichten; c) die Innovativität und Spezialität der Allgemeinen Dienste besteht in der Regel darin, dort noch sozial fantasievolle Einzel- und Projektlösungen zu (er)finden, wo Ärzte, Seelsorger, Psychologen, Familientherapeuten und Jugendfürsorger, Pädagogen, Berufsberater und weitere Spezialisten von „defizienter Einsichtsfähigkeit", „Untherapierbarkeit" oder gar „Unbelehrbarkeit" sprechen und entsprechend ihre Klienten weiterverweisen. Die Professionalität allgemeiner Sozialdienste besteht darin, „auf Unspezialisiertheit spezialisiert" zu sein und zwar im Hinblick auf kumulative, sich mehrfach überlagernde und verstärkende Problematiken, im Extremfall auf Massennotlagen und Katastrophen (vgl. die Anfänge beruflicher Sozialer Arbeit, sowie Soziale Arbeit in der Dritten Welt). Dazu kommt, daß materielle, staatliche Hilfeleistungen der Forderung nach transparenten wie gerechten Regeln der Ressourcenzuteilung zu genügen haben. Diese ist wiederum nur durch interne wie öffentliche Kontrollierbarkeit zu gewährleisten, was die partielle Formalisierung von Handlungsabläufen erforderlich macht.

Auf dem Hintergrund des Zusammenbruchs des stalinistisch geprägten Sowjetismus steht – auch im Westen – das Staats- und nicht das Marktversagen öffentlich zur Diskussion. Dessen ungeachtet fordert die Wirtschaft aber die uneingeschränkte staatliche Unterstützung der Großforschung und -technologie mit oder ohne militärische Komponente, inkl. Patentrechte, die im Prinzip staatlich garantierte Monopole sind. Dennoch zeigen alle OECD-, GATT- und EG-Statistiken, daß es auch in den vielen Jahren kontinuierlichen Wirtschaftswachstums nicht gelungen ist, die Produktionsfaktoren Bildung, Arbeit und Kapital dort anzusiedeln, wo der größte Bedarf hierfür besteht. Die obige Diskussion wird parallelisiert, wenn nicht sogar verstärkt durch die sozialwissenschaftliche Sozialexperten- und →Wohlfahrtsstaatskritik in den Reihen der Sozialarbeit/Sozialpädagogik. Entsprechend bestehen starke Tendenzen, die auf Solidarität zwischen gesellschaftlichen Gruppen beruhenden sozialen Anrechte zugunsten von marktgängigen, zu bezahlenden sozialen Dienstleistungsangeboten zurückzubinden. Betrachtet man das Sozialwesen in Großbritannien und den USA, die diesen Weg gegangen sind, so läßt sich folgendes feststellen: Einem großen, hoch spezialisierten, vornehmlich auf Jugendhilfe und Familientherapie ausgerichteten, beraterisch-therapeutischen Dienstleistungsangebot in den großstädtischen Zentren stehen zahllose Menschen in Not – Dauerarbeitslose, Dauerarme und arbeitende Arme – gegenüber, die weder die finanziellen Mittel noch die sozialen Anrechte darauf haben (Sen 1981).

Eine Analyse des Sozialwesens, die sich nicht primär an tagespolitischen, sondern fachlichen Kriterien orientiert, wird die Frage stellen müssen, für welche sozialen Probleme welche Organisationsstrukturen am angemessensten sind bzw. mit welchen Strukturen welche Probleme am ehesten angegangen resp. nicht angegangen werden können. Was die Probleme betrifft, so lassen sie sich wie folgt charakterisieren: a) die damit verbundenen Umweltturbulenzen (chaotische, unvoraussagbare vs. gleichförmige, voraussagbare Umwelt, z. B. Katastrophen, Kriege, Massenverelendung in kurzen Zeiträumen vs. gleichbleibende Scheidungsraten, schleichende individuelle Verelendung), b) ihre Bekanntheit (Suchaufgabe vs. hoher Bekanntheitsgrad, z. B. neue Weltordnung, frühe Aids-Forschung vs. Analphabetismusbekämpfung, Familienplanung, Impfungen), c) ihre Standardisierbarkeit bzw. Justiziabilität (tief vs. hoch, z. B. psychischer Zusammenbruch vs. Alimentenbevorschußung), d) ihr Konfliktpotential (hoch-tief, z. B. Scheidungs- und Kinderzuteilungsberatung, Nachbarschaftshilfe in einem ethnisch gemischten Stadtteil vs. Wohnungsvermittlung), e) ihr Innovationspotential (hoch-tief, z. B. frauenspezifische Arbeit, Schaffung neuer Arbeitsplätze vs. Arbeitsvermittlung auf dem regulären Markt). In bezug auf die Organisationsstrukturen läßt sich zwischen a) der Art der Arbeitsteilung (segmentär vs. komplementär), b) dem Zentralisierungsgrad bzw. der Machtkonzentration (hochmittel-tief), und c) der Berücksichtigung der menschlichen Kompetenzen als auch der Grundbedürfnisse nach Freiheit vs. Schutz und Orientierung (hochmittel-tief) unterscheiden. Probleme wie Organisationen können über die Zeit hinweg immer wieder neue Merkmalskombinationen aufweisen.

Nach Geser (1983) können Organisationen, die Such- und Forschungsaufgaben i. w. S. ermöglichen, innovative und fantasievolle Problemlösungen fördern sollen oder jederzeit zugängliche Überlebens- und Krisenhilfe (z. B. Frauenhäuser, Gassenarbeit, Quartier- und Kulturzentren in sozialen Brennpunkten) als Ziel haben, bezüglich ihrer Struktur weder zentralisiert noch streng arbeitsteilig sein. In einer dezentralen Struktur ist jedes Mitglied angesichts der akuten Not der Klientel mit all seinen professionellen Kompetenzen und selbstverantworteten Entscheidungen gefordert. Dies bedeutet aber zugleich, gewissermaßen als Kosten dieser Strukturform, eine tiefe Kontrollier- und Koordinierbarkeit der Aufgaben und die soziale Isolation ihrer Mitglieder. Beidem kann durch Teamarbeit, wenn auch begrenzt, entgegengewirkt werden. – Umgekehrt können bereits gut bekannte und über politische Entscheide geregelte Probleme der Verteilungsgerechtigkeit und willkürarmen Gleichbehandlung von sozialen Anrechten (z. b. allen zugängliche Volksbildung, Gesundheitsdienste, sozialpolitische (Um)Verteilungsprogramme, sozio-ökonomische Unterstützung) durch Strukturen gelöst werden, die man gemeinhin als sozialbürokratisch bezeichnet. Das heißt, daß sie die Orientierung an kodifiziertes Recht, consensualen Zielsetzungen und damit eine weitgehende Zentralisierung und Standardisierung der Arbeitsabläufe erfordern. Diese sind erst dann entfremdend und innovationshemmend, wenn eine Organisation in ihren Arbeitsabläufen wie Entscheidungs- und Befehlsketten nach dem Modell einer Maschine – eines Uhrwerks – strukturiert ist. Das heißt, daß die Mitglieder keine Mitbestimmungsrechte und Mitgestaltungschancen in bezug auf ihre und fremde Handlungsspielräume haben und entsprechend nicht lernen, Zuständigkeitskonflikte kooperativ zu beheben (Sennett 1985). – Oder: Mehr oder weniger bekannte Probleme, die eine mittlere Konflikt- und Innovationsträchtigkeit aufweisen, für deren Lösung allerdings relativ bekannte sozialarbeiterisch/sozialpädagogische Arbeitsweisen/→Methoden bestehen, sollten mit Hilfe von Strukturformen angegangen werden, die eine Kombination zwischen eigenbestimmten wie aufeinander abstimmbarer, komplementärer Tätigkeiten erlauben. Das Hauptgewicht liegt hier auf dem konzertierten Denken und Handeln, d. h. der Teamarbeit und damit des kognitiven Ressourcentransfers, z. B. zwischen Diagnose-, Planungs- (Casemanagement-), Behandlungs-, Technik-, Gemeinwesenspezialisten usw. Da diese Strukturtypen beim Individuum beides,

Autonomie wie gemeinsame Orientierung und Sicherheit ansprechen, gehören sie zu den bevorzugten Sozialstrukturen. Reibungsverluste ergeben sich deshalb, weil nie alle zur gleichen Zeit Freiheit und Orientierung wollen und oft ein gemeinsamer, metatheoretischer Bezugsrahmen fehlt, um Zuständigkeitskonflikte anstatt durch Abgrenzung durch problembezogene Vernetzung zu lösen. Große Konflikte ergeben sich ganz allgemein auch dann, wenn in einer Organisation aufgrund ihres Problem- und Aufgabenspektrums zu recht verschiedene Strukturformen bestehen, aber die Mitglieder, insbesondere die Leiter oder Sozialmanager nicht gelernt haben, diese auseinanderzuhalten und sinnvoll zu verknüpfen.

Professionalität innerhalb dieses unvermeidbaren psychischen Spannungs- und sozialen Konstruktionsfeldes besteht darin, aufgrund einer soliden Wissensbasis die Frage nach legitimen wie illegitimen Bedürfnissen der Klientenschaft als auch der Organisationsmitglieder, aber ebenso nach legitimen wie illegitimen Gesetzen, Regelungen, Verteilungs- und Kontrollprinzipien, nach bedürfnisangemessenen Hilfsangeboten wie Leistungen und schließlich nach (il)legitimen Effizienz- und Erfolgskriterien im Rahmen der unterschiedlichen Organisationen des Sozialwesens stellen zu können. Die vorherrschende, oft clichéhafte Beurteilung von Organisationen des Sozialwesens aufgrund des privaten vs. staatlichen Finanzierungsmodus würde hier der Frage nach ihrer sinnvollen Vernetzung zwecks „kompetitiver Kooperation" als auch zwecks „organisationeller Anwaltschaft" in einem turbulenter gewordenen Umfeld weichen (Taylor 1987). →Soziale Arbeit; →Sozialmanagement; →Sozialplanung

Lit.: H. Geser 1983: Grundrisse einer allgemeinen (aber praxisnahen) Theorie des Helfens, in: S. Staub-Bernasconi, Chr. von Passavant & A. Wagner (Hrsg.): Theorie und Praxis der Sozialen Arbeit, Bern: 217–245; dies. 1983: Strukturformen und Funktionsleistungen sozialer Systeme, Opladen; H. M. Hernes 1989: Wohlfahrtsstaat und Frauenmacht, Nomos, Baden-Baden; A. Kieser & Herbert Kubicek 1987: Organisationstheorien I & II, Stuttgart; Amartya Sen 1981: Poverty and Famines, Clarendon Press, Oxford; R. Sennett 1991: Autorität, München; E. D. Taylor 1987: From Issue to Action: An Advocacy Program Model, Family and Children's Service, Lancaster, PA./USA.

Silvia Staub-Bernasconi, Berlin

Otto, Berthold (6.8.1859–29.6.1933)
Pionier der reformpädagogischen Bewegung. Zunächst Lehrer und Schriftleiter, gründete er 1906 eine Privatschule in Lichterfelde (sog. Hauslehrerschule), wo er seine bereits vorher in Vorträgen und Zeitschriften publik gemachten reformpädagogischen Ideen erprobte.
→Reformpädagogik.

Overprotection (Überbehütung)
O. bezeichnet eine übermäßig beschützende Haltung der Mutter (oder einer anderen Bezugsperson) gegenüber ihrem Kind und präzisiert den gebräuchlichen Begriff der Verwöhnung. Merkmale der O. sind exzessiver Kontakt zwischen Mutter und Kind, überdurchschnittlich lange Obhut, die Behinderung des Strebens des Kindes nach Selbständigkeit sowie entweder die totale oder die mangelnde Kontrolle über das Kind. →Bindung

P

Paartherapie (Ehepaartherapie, Partnertherapie)
In dieser Form der →Psychotherapie werden die Partner im Gegensatz zur Einzeltherapie als Interaktionseinheit betrachtet und gemeinsam behandelt. Die bekanntesten Konzepte der P. wurden von der →Verhaltenstherapie, der →Psychoanalyse und der Kommunikationstherapie entwickelt.
Gemeinsam ist diesen Konzepten, daß sie dem Paar helfen wollen, eine neurotisch (→Neurose) verzerrte Beziehung in eine echte zu verwandeln oder, falls dieses nicht (mehr) möglich ist, eine Trennung zu akzeptieren und durchzuführen. Da die Sozialpädagogik in vielen Bereichen mit Partnerschaftsstörungen konfrontiert wird, und zudem die Grenzen zwischen →Beratung und Psychotherapie fließend sind, sind die Konzepte der P. auch für Sozialpädagogen von Interesse. →Eheberatung

Pädagogik
→Erziehungswissenschaft

Pädagogik der Aufklärung
Im Kontext der →Aufklärung entwickelte Pädagogik, der die Erziehung zu naturgemäßer, nicht von der Überlieferung, sondern von der Vernunft bestimmter sittlicher Lebensweise als Ideal galt. Zur großen Bewegung (Philanthropismus) wurde die P. d. A., indem Bildung im Prozeß des Wandels vom Feudalismus zur bürgerlichen Gesellschaft einen zentralen Stellenwert erhielt. Bildung galt als einziges Mittel zur individuellen, geistig-seelischen Vervollkommnung und sollte das Standes- und Geburtsrecht als Quelle von Aufstieg und Herrschaft ablösen. Ohne Unterschied sollten alle Menschen, jenseits von Stand, Religion und ethnischer Zugehörigkeit gleichermaßen an Bildung teilnehmen können. Entsprechend brachte man dem Erziehungswesen im Rahmen volksbildender Zusammenhänge besonderes Interesse entgegen und befaßte sich vor allem mit Volks- und Erwachsenenbildung. Die Anwendung wissenschaftlicher Verfahrensweisen auf den Unterricht und die praktische Tätigkeit als Zugang zur Bildung prägte in späteren Jahren vor allem das Volksschulwesen. Besondere Vertiefung erfuhr die P. d. A. durch →Rousseau und (kritisch) durch →Pestalozzi.

Pädagogik der freien Lebenszeit (Freizeitpädagogik)
1. Begriff. Aus pädagogischer Sicht wird unter Freizeit ein Zeitraum mit hohen Freiheitsgraden verstanden, über den der einzelne relativ frei verfügen und das tun und lassen kann, was ihm Spaß und Freude macht. Freizeit gilt als Handlungsfeld, in dem überlieferte Regeln nicht mehr praktikabel, allgemein anerkannte Normen aber auch noch nicht geschaffen sind. Hieraus leitet sich die Legitimation der Freizeitpädagogik (F.) im Sinne einer Pädagogik der freien Lebenszeit ab.

2. Wissenschaftstheoretische Standortbestimmung. Die Pädagogik der freien Lebenszeit vereinigt in sich Aspekte einer
– Querschnittswissenschaft, die eine Vielzahl von Bereichen, zwischen denen die Grenzen fließend sind, berührt;
– Integrationswissenschaft, die auf Interdisziplinarität und die Kooperation mit Basiswissenschaften (Soziologie, Ökonomie, Ökologie) angewiesen ist;
– Handlungswissenschaft, die anwendungsbezogene Strategien zur Verbesserung der Lebens- und Freizeitbedingungen, insbesondere zur Lösung von Problemen, die mit der modernen Freizeitentwicklung einhergehen, entwickelt.
Die Pädagogik der freien Lebenszeit ist gleichermaßen ein Teil der Freizeitwissenschaft wie der Erziehungswissenschaft. Beide wiederum sind Teildiszi-

plinen der Gesellschaftswissenschaften, zu denen Anthropologie und Psychologie, Soziologie und Ökologie ebenso gehören wie die Wirtschaftswissenschaft. Gesellschaftswissenschaften befassen sich mit den Menschen und ihrem Zusammenleben. Freizeit- und erziehungswissenschaftliche Problem- und Fragestellungen der Gesellschaftswissenschaften sind z.B.: Welche Folgen haben Arbeitszeitverkürzungen für die sozialen Beziehungen der Menschen? Wie wirkt sich der Wertewandel von Arbeit und Freizeit auf Menschenbild und Lebenssinn aus? Welche Zusammenhänge gibt es zwischen der wachsenden Freizeitorientierung des Lebens und der künftigen Leistungsmotivation der Arbeitnehmer? Warum freuen sich Menschen auf ein „schönes" Wochenende? Warum sind die Menschen mehr an Konsum als an Kultur interessiert? Und wie ändert sich die Reiseintensität, wenn die Konjunktur nachläßt?

3. Die Pädagogik der freien Lebenszeit als neue Spektrumswissenschaft. Die F. als Teil der Freizeit- und Erziehungswissenschaft ist eine Spektrumswissenschaft, in der die verschiedenen Bereiche der Freizeit (Tourismus, Medien, Kultur, Konsum, Sport, Spiel) wie bei einem Farbspektrum fließend ineinander übergehen, sich überschneiden und vermischen.Das Ergebnis dieses Prozesses sich vermischender Grenz- und Übergangsformen gleicht sogenannten „Legierungen" – dem Mischmetall vergleichbar, das durch Zusammenschmelzen mehrerer Metalle entsteht: Wie im Verfahren der „Amalgamierung", bei dem Gold und Silber mit Quecksilber aus Erzen gewonnen werden, steht am Ende eines spektrumswissenschaftlichen Analyseprozesses eine neue Sicht: Die Entdeckung gemeinsamer struktureller Eigenschaften von scheinbar so verschiedenen Freizeitbereichen wie Kultur (z.B. Theater, Oper, Konzert, Museum) oder Konsum (z.B. Shopping, Kino, Essengehen). Dies unterscheidet die Freizeitbereiche von allen anderen gesellschaftlichen Bereichen. Der rote Faden, der wissenschaftstheoretische Wegweiser, durch den sich das Spektrum Freizeit („Sparetime Spectrum") erschließt, läßt sich nach Norbert Elias in einem Satz zusammenfassen: In allen Bereichen der Freizeit ist eine bestimmte Lockerung der Affektkontrolle festzustellen („a controlled de-controlling of restraints on emotions", Elias 1971, S. 27ff.) – ein gesellschaftlicher und individueller Handlungsspielraum mit deutlich mehr Freiheitsgraden als in allen anderen Lebensbereichen – wenn auch relativ und nicht beliebig, sondern durchaus in sozial-kontrollierter Form. Das Spektrum der Freizeit beinhaltet ganz unterschiedliche Formen der Freisetzung: Die Vorbereitung einer Vereinssitzung beispielsweise zwingt in der Regel zu anderen und größeren Rücksichtnahmen und „Sachzwängen" als etwa die Vorbereitung einer Familienfeier.

Das Freizeitspektrum bewegt sich zwischen den beiden Polen formalisierter (z.B. familiäre Pflichten erledigen) und entformalisierter Tätigkeiten (z.B. in der Sonne liegen). Bei formalisierten Freizeitformen ist die Möglichkeit, das eigene Verhalten selbst zu bestimmen, natürlich am geringsten. Dennoch trägt die „Frei"Zeit ihren Namen zu Recht: 82 Prozent der Bundesbürger fühlen sich in der Freizeit frei und unabhängig, aber nur 36 Prozent im Beruf (Opaschowski 1987, S. 30f.). Die Freizeit gewährt mehr individuelle Spiel- und Freiräume.

4. Handlungsfeld Freizeitpädagogik. Gesamtziel der F. ist es, die derzeit nur möglichen Zeitabschnitte für Wahl-, Entscheidungs- und Handlungsfähigkeit in wirkliche umzuwandeln und dadurch die relative Autonomie des Individuums im sozialen Bezug der Gesellschaft zu erreichen, zu erhalten und zu erweitern. Gerade in ihrer freien Zeit empfinden die Menschen das Defizit an Lebenssinn. Hier werden sie sich des Sinn-

Defizits erst richtig bewußt, ja es wird doppelt spürbar: Einerseits wird ihnen eingeredet, in ihrer freien Zeit sei alles möglich; andererseits fühlen sie sich von der öffentlichen Forderung nach „sinnvoller Freizeitgestaltung" teilweise überfordert. Was weitgehend fehlt, ist die persönliche Bereitschaft und Fähigkeit, einen Gesamtlebenssinn für sich zu finden, in dem die Sinngebung des Arbeitslebens und des Freizeitlebens gleichermaßen aufgehoben ist. Heute werden nicht unbedingt die großen Sinnstifter gesucht, sondern eher sinnstiftende Anlässe, Gelegenheiten und Aufgaben, damit Tun und Nicht-Tun in der Freizeit einen festen Grund, einen Ort, ein Ziel bekommen und auch die Fähigkeit wächst, den Struktur- und Wertewandel von Arbeit und Freizeit in einem neuen Verständnis anzunehmen.

Freizeitpädagogisches Nachdenken muß neben den individuellen Chancen vorrangig die sozialen Risiken im Blick haben, die mit der modernen Freizeitentwicklung und der Entstehung neuer Freizeitwerte verbunden sind (Freizeitfolgen-Abschätzung). Vier Freizeitwerte zeichnen sich ab:

– Freizeitwert Freiheitsgefühl
Chance: „Sich wie ein freier Mensch fühlen können";
Problem: „Alles tun können, aber nichts mehr tun müssen";

– Freizeitwert Erlebnismobilität
Chance: „Reisen wird zur populärsten Form von Glück"
Problem: „Nie lange bleiben: Heute hier – morgen fort";

– Freizeitwert Konsumlust
Chance: „Sich Wünsche leisten, angenehmer leben können"
Problem: „Alles haben wollen, weil alles käuflich erscheint";

– Freizeitwert Lebensfreude
Chance: „Endlich Zeit zum und Freude am Leben haben"
Problem: „Hauptsache Spaß: Ohne Spaß ist alles nichts".

Die Neigung wächst, die Freizeit ohne Einschränkung zu genießen. Die Bereitschaft sinkt, soziale Verantwortung zu übernehmen. Die Menschen machen sich zunehmend von gegenseitiger Hilfeleistung unabhängig: Der Zusammenhalt in der Familie geht zurück, die Beziehungen zur Verwandtschaft werden weniger intensiv. Echte Freundschaften seltener und Partnerschaftsbeziehungen weniger stabil und dauerhaft. Aus dem „Bund für's Leben" wird immer mehr ein Zusammenleben auf Zeit. Der „Freizeitmensch" negiert immer mehr den Sozialcharakter von Pflichten. Soziale Verpflichtungen werden einfach „wegindividualisiert": Es gibt nur mehr die Pflicht gegenüber sich selbst – alles andere gilt als Rücksichtnahme im Sinne von lästiger Pflicht, der man sich möglichst schnell entledigen will. Mitmenschlicher Kontakt wird immer mehr gesucht und immer weniger gefunden. Die Gefahr einer Entpolitisierung der Freizeit zeichnet sich für die Zukunft ab.

5. Freizeitpädagogik als öffentliche Aufgabe. Wer angesichts dieser Probleme und Perspektiven die Freizeit weiterhin zur ausschließlichen Privatsache erklärt, die soziale Brisanz der Freizeitentwicklung negiert und die politische Relevanz der F. verkennt, plant mit Sicherheit an der Zukunft vorbei. Mit der Entwicklung und Expansion der Freizeit sind neue Möglichkeiten einer Intensivierung des Gemeinschaftslebens verbunden, aber auch neue psychische und soziale Probleme. Freizeitpädagogik muß in Zukunft die Gesellschafts- und Bildungspolitik davon überzeugen, daß die freie Zeit nicht nur individuelle Privatsphäre und beliebige Konsumzeit bleiben kann, weil sie sonst Kontaktarmut und Vereinsamung, Streß und Langeweile weiter fördert. Zum gesellschaftlichen Auftrag einer F. gehört auch, auf die öffentliche, insbesondere soziale und kulturelle Dimension der Freizeit hinzuweisen, über Chancen für das Gemeinschaftsleben zu informieren und über

Möglichkeiten für mehr Eigeninitiative jedes einzelnen aufzuklären.
Die F. muß sich als Querdenker und mahnendes Gewissen in das öffentliche Bewußtsein bringen – als ebenso reflektierende wie anwendungsbezogene Wissenschaft, die nicht nur den Struktur- und Wertewandel analysiert und problematisiert (wie viele andere Gesellschaftswissenschaften auch). F. muß sich vielmehr mit den Folgen und Folgerungen auseinandersetzen, die sich aus der Bedeutungsveränderung der Erwerbsarbeit für den einzelnen, das Gemeinwesen und die Gesellschaft ergeben. Der Paradigmenwechsel von einer Arbeitsgesellschaft (die lebte, um zu arbeiten) zu einer Lebensgesellschaft (die arbeitet, um zu leben) stellt alle Gesellschafts- und Bildungstheorien in Frage, die seit Marx um den Begriff der Arbeit zentriert waren.

Lit.: Elias, N.: Leisure in the Spartime Spectrum, in: Albonico, R./K. Pfister-Binz (Hrsg.): Soziologie des Sports, Basel 1971, S. 27–34; Opaschowski, H. W.: Konsum in der Freizeit (B.A.T Schriftenreihe zur Freizeitforschung), Hamburg 1987; ders.: Pädagogik der freien Lebenszeit, 3. Aufl., Opladen 1996; ders.: Einführung in die Freizeitwissenschaft, 3. Aufl., Opladen 1997.

Horst W. Opaschowski, Hamburg

Pädagogische Anthropologie

Schon in den ältesten schriftlichen Zeugnissen aller Hochkulturen finden sich Belege für die Fragen der Menschen nach ihrer Herkunft, dem Sinn ihres Lebens und dem Gang der Geschicke. Zum Horizont eines jeden Menschen gehört unausweichlich ein Selbstverständnis der eigenen Person und Vorstellungen von den Mitmenschen. Diese Menschenanschauungen schlagen sich gewollt oder ungewollt, reflektiert oder unreflektiert in allem nieder, was Menschen denken, tun und hervorbringen. In allem, was durch menschliches Handeln geschaffen wurde, sind deshalb Aspekte menschlicher Sinndeutung als Kryptoanthropologie enthalten.

Der Sache nach befaßte sich theologisches und philosophisches Denken von Anbeginn an mit anthropologischen Fragestellungen, seit Kant gilt Anthropologie als systematische Disziplin der Philosophie. Als Lehre vom Menschen ist sie jedoch keineswegs eindeutig abzugrenzen und einer wissenschaftlichen Disziplin allein zuzuweisen, sondern sie fügt sich aus vielfältigen und unterschiedlichen Ansätzen und Aspekten zusammen. Als Lehre von der Entstehung des Menschen und seiner Entwicklung ist Anthropologie ein Teilgebiet der Biologie und Zoologie. Ihre Probleme werden aber auch in der Medizin, Geschichte, Soziologie, Ethnologie, Verhaltensforschung und Psychologie behandelt.

Die ersten ausdrücklich Anthropologie genannten Forschungen befaßten sich mit anatomischen, physiologischen und psychologischen Fragen (Blumenbach, De generis humani veritate natura, 1775), Linné, Darwin, Mendel und Gobineau verstanden Anthropologie überwiegend als Bearbeitung des biologischen Geschehens. Wundt sah in ihr einen Aspekt der Völkerpsychologie, Frobenius eine ethnographische Kulturkreislehre. Vom geschichtlich-organischen Leben ausgehend, deutet Levy-Brühl den Menschen als Kulturwesen. Anthropologie als Strang einer Ethnologie betrieben in den USA Boas, Ruth Benedict, Margret Mead, Malinowski und Gorer. Derartige von einzelwissenschaftlicher Forschung ausgehenden Anthropologien werden in der Regel Regionalanthropologien genannt. Im Anschluß an die Fragestellung Kants entwickelte sich in Deutschland eine weitgefächerte philosophische Anthropologie mit →Dilthey, Nietzsche, Bergson, Gehlen, Scheler, Plessner, →Litt und Bollnow als Hauptvertreter.

PA als eigenständiger Forschungsansatz ist noch ein Neuankömmling in der deutschen Erziehungs- und Bildungsgeschichte. Natürlich lagen bereits in allen bedeutenden pädagogischen Schriften kryptoanthropologische Annahmen über das Kind, den Jugendlichen, den Erwachsenen und über den Menschen und sein Tun in der Geschichte zugrunde, denn Form und Inhalt jeder Erziehungs- und Bildungslehre hängen davon ab, wie der Mensch gesehen wird. Derartige im Untergrund vorhandene ‚Vorstellungen vom Menschen' oder ‚Bilder vom Menschen' werden ‚anthropologische Implikationen' oder ‚implizite Anthropologie' genannt.

Nachdem Kant in seiner ‚Anthropologie in pragmatischer Hinsicht' (1798) dieser einen eindeutigen pädagogischen Akzent gegeben hat – das Nachdenken, was der Mensch „als frei handelndes Wesen aus sich selber macht, oder machen kann und soll" – wurden pädagogische anthropologische Fragen in vielfachen Formen aufgegriffen. →Schleiermacher analysierte pädagogische Voraussetzungen des Bildungsprozesses – „man kann aus allen Menschen machen, was man will" und die Gegenthese „man kann aus keinem Menschen machen, was man will" – und kam zu dem bedeutsamen Schluß, daß diese Fragen wissenschaftlich nicht exakt zu beantworten seien. Wirklich gegeben ist uns nichts „andres als die Unentschiedenheit der anthropologischen Voraussetzungen", eine für die praktische Erziehung bis heute gültig gebliebene Einsicht.

Von nun an ging anthropologische Forschung in Regionalanthropologien daran, einzelne Aussagen wissenschaftlich zu überprüfen und zugleich gesicherte Fakten über den Menschen vorzulegen, von der Mitte des 19. Jahrhunderts ab geschah dies in erster Linie in der heftigen Auseinandersetzung über die Evolutionstheorie. Für Pädagogische Anthropologie wurde mit den vielfältigen Ergebnissen einzelwissenschaftlicher Forschung ein neues Problem gegeben. Von welcher sollte sie die Ergebnisse übernehmen, was überhaupt erwies sich als relevant? Unter bewußtem Aufgreifen dieser Problemstellung ging PA in den letzten Jahren auf Ergebnisse biologischer und zoologischer Forschung ein (der Mensch als weltoffen und entscheidungsfrei, als normalisierte Frühgeburt) und auf Ergebnisse der Verhaltensforschung (der vorprogrammierte Mensch, der Mensch mit offenen Programmen). Fast alle Lerntheorien legen empirische Forschungen der Psychologie zugrunde.

PA wird auch verstanden als ein Beitrag, den die Erziehungswissenschaft zum Verständnis des Menschen leistet. So wie jede Fachwissenschaft ihre Befunde als Einzelwissenschaft zur Verfügung stellt, so auch die Erziehungswissenschaft diejenigen, die sich auf den Menschen als lernendes, schulbesuchendes Individuum und als Qualifikationen erwerbendes Subjekt beziehen. Gefragt wird, was die Tatsache der Erziehung über das Wesen des Menschen selbst aussagt. Der Schatz von Erfahrungen und Beobachtungen aus Erziehungskunst und Erziehungslehre wird „manches mitteilen können, was dem Menschen über sein Wesen Aufschluß gibt und in einer allgemeinen Lehre ‚De homini' nicht entbehrt werden kann" (A. Flitner).

PA im engeren Sinne entwickelte M. J. Langeveld. In der Realität gibt es nicht den ‚Menschen', er existiert als Kind, Jugendlicher, Erwachsener und Greis. „Daß der Mensch zunächst Kind ist und wie er Kind ist, wurde in der Anthropologie kaum beachtet". Langeveld ging deshalb von der einfachen Tatsache aus, „daß der Mensch klein beginnt, daß Mensch-sein als Kind-sein anfängt." Im engeren Sinne rückte damit besonders die Schule als der Raum, in dem Kind und Lehrer handeln, lernen und miteinander umgehen in den Blick. „Wie wir das Kind sehen, so gestalten wir seinen Weg, und dieser Weg prägt wiederum das Kind und wird an ihm ablesbar." Angeregt durch diese Hinwendung zum Kind-sein entstand in den darauffolgenden Jahrzehnten eine breite Forschung

in nahezu allen Disziplinen über das Kind in Geschichte und Gegenwart.
Der Frage des Aufgreifens von Ergebnissen aus einzelwissenschaftlicher Forschung ging als erster Lochner nach. Gegenstand der Erziehung ist für ihn der Mensch als erziehungsbedürftiges und zugleich zur Erziehung geeignetes Wesen sowie der Erzieher selbst als ein erzieherisch handelndes Wesen, „wer Erziehungswissenschaft betreibt, betreibt im gewissen Sinne Menschenwissenschaft". Da sich die Erziehungswissenschaft aber praktisch in alle Bereich des Lebens erstreckt, sie besitzt „totale Lebensbedeutung und Lebenserstreckung", kann auch jederzeit zu ihrer Erklärung irgendeine Wissenschaft herangezogen werden. Ihre Fragestellung entnimmt die Erziehungswissenschaft aber genuin pädagogischen Problemstellungen, für ihren empirischen und deskriptiven Teil kann sie jedoch jederzeit jede Wissenschaft heranziehen, sie wird nach einer Definition von H. Roth, eine ‚datenverarbeitende Integrationswissenschaft'. PA in diesem Verständnis zeigt sich als entschlossener Versuch zur Synthese in einer Gesamtansicht des Menschen unter pädagogischer Fragestellung. Gegen die Aufnahme von Daten und einer aus Biologie und organischem Denken abgeleiteten Anthropologie, die der Stufenfolge Pflanze – Tier – Mensch folgte, wandte sich als erster Döpp-Vorwald. Er verwies auf die Notwendigkeit der Einbeziehung von Zielvorstellungen in die Pädagogische Anthropologie und gewann damit dieser eine transzendentale Fragestellung zurück. Er fragte, wie der Mensch in seinem Wesen, in seiner Seinsweise verstanden werden muß, damit daraus Erziehung als notwendiger Zug allen menschlichen Seins ihrer Möglichkeit nach begreifbar wird – eine Fragestellung, die so zur gleichen Zeit Bollnow aufgriff. Leitende pädagogische Interessen bildeten damit die Kategorien für eine mögliche Integration einzelwissenschaftlicher Ergebnisse. Daran knüpfte Derbolav an. Pädagogische Anthropologie kann sich weder mit der Individuallage, den Rahmenbedingungen noch der Bio-, Psycho- und Soziogenese begnügen. Sie muß die Frage nach dem Ziel der Erziehung einbeziehen, wenn sie eine ‚pädagogische Verfassungsgeschichte des Individuums' schreiben will. Damit fällt sie mit einer Bildungstheorie zusammen und erhält transzendentalen Charakter. Auf diesen Ansatz greift auch Zdarzil zurück, der ebenfalls PA nur von einer Wesenserkenntnis des Menschen her verstehen will, zu der er über eine Kategorialanalyse des Erziehungsfeldes und der Erziehungswissenschaft gelangt.

Im Anschluß an die Forschungen Diltheys entstand unter seinen Schülern eine pädagogische Menschenkunde als ein eigenständiger Ansatz. Für →H. Nohl entsteht sie durch die persönliche Verbindung des Erziehers mit dem einzelnen Kind als eine Vermittlung zwischen allgemeinen Einsichten mit der Unmittelbarkeit des individuellen Lebens. Daraus entwickelte er eine Lehre von den Aufbaugesetzen der Lebenswirklichkeit, in der besonderes Gewicht auf die sittlichen Grunderfahrungen gelegt wird. Unter diesem Aspekt fand Pädagogische Anthropologie den Zugang zu ethischen Fragestellungen.

Als eine nur pädagogischem Handeln eignende Verbindung zwischen realistischem und idealistischem Sehen und Handeln begriff auch →Spranger das Geschehen und entwickelte daraus idealtypische ‚Lebensformen'. Zu dieser Perspektive der Fragestellung gehört auch der psychologische Bereich, den Spranger in einer ‚Psychologie des Jugendalters' bearbeitete.

Mit einer anderen Fragestellung wird PA als Mittel oder Methode verstanden, mit der entweder ganze Epochen, Reformbestrebungen, Richtlinien, Schulbücher oder pädagogische Ideen einzelner Vertreter auf zugrundeliegende Auffassungen und Menschenbilder befragt werden. Man benutzt die PA gleichsam als

Schlüssel, um Zeiten, Bestrebungen und Ideen besser verstehen zu können, um „hinter die Einzelheiten der pädagogischen Lehre zu dringen und sie gewissermaßen in ihrer ‚Stileinheit', in der inneren Notwendigkeit ihres Zusammenhanges zu begreifen" (Bollnow). Mit dieser Methode werden die impliziten Bilder vom Menschen aufgedeckt. Lassahn erweiterte diesen Ansatz zu einer historisch vorgehenden Realanthropologie. Ungleichartige Vertreter aus Natur- und Geistesgeschichte werden nach dem gleichen Stamm ihres Welt- und Menschenbildes befragt, wobei sich zeigt, daß die Vorstellungen über Natur und Geist, Verstand und Sinnlichkeit, wie sie in einer Epoche hervortreten, auf einen Stamm zurückgehen, der jeweils von den in dieser Epoche vorherrschenden wissenschaftlichen Tendenzen geformt wird.

Als historische Einführung begreift auch Scheuerl seine PA. Er fragt, wie unser gegenwärtiges anthropologisches Verständnis im Geschichtsprozeß geworden sei. Die Wissenschaft stellt Menschenbilder nicht her, sondern findet sie vor. Ihr Weg besteht in der ständigen Auseinandersetzung mit dem Vorgefundenen.

Doch auch der von Döpp-Vorwald, Derbolav und Zdarzil eingeschlagene transzendentale Ansatz entgeht nicht allen Gefahren, denen sich Pädagogische Anthropologie ausgesetzt sieht, meistens wird, so ein Vorwurf, eine ursprüngliche Vielheit der menschlichen Lebenserscheinungen nicht berücksichtigt. Das, was man das Wesen des Menschen, seine Natur oder seine Bestimmung nennt, könne nicht im direkten Zugriff erkannt werden und laufe zudem Gefahr, den realexistierenden Menschen aus dem Blick zu verlieren. Zur Erklärung des Menschseins müsse grundsätzlich jede Erscheinung des menschlichen Lebens, wo und wie immer sie sich darbietet, in gleicher Weise ernst genommen werden. Bollnow bezeichnete diese Vorgehensweise im Anschluß an Plessner als ein ‚Prinzip der offenen Frage', das die Möglichkeit, eine Einheit der anthropologischen Bestimmungen durch ein vorgängiges ontologisches Fundament zu garantieren, noch sie in nachträglicher Synthese aus Einzelbezügen zu gewinnen, leugnet. Mit dem Prinzip der offenen Frage wird jedesmal neu und unbefangen an alle Phänomene menschlichen Lebens (Bildung, Erziehung, Wohnen, Erleben, Üben, Krise, Erwartung, Lohn, Strafe, Spiel, Begegnung, Zeitlichkeit, Freude, Dankbarkeit) herangegangen. Das Prinzip arbeitet lediglich mit einer einzigen Voraussetzung, „daß der Mensch in seiner inneren Gliederung ein sinnvoll zusammenhängendes Gebilde ist, in dem alles, was in ihm vorkommt, eine einsehbare Bedeutung für das Ganze hat" (Bollnow).

Mit dem Prinzip der offenen Frage wird auch jener Bereich in die pädagogische Fragestellung einbezogen, der bisher durch die Erfahrungswissenschaften ausgeklammert blieb, der die Privatheit als letzte Intimität des Bewußtseins, die Fähigkeit, sich selbst zu erneuern und ein Muster der eigenen Art hervorzubringen und mit der Welt in Beziehung zu treten, in einem ‚Akt der Selbstorganisation', wobei ein Ganzes aus eigener Kausalität entsteht (Lassahn), sieht. →Selbstorganisation wird dabei als ein Vorgang begriffen, der in seiner Grundstruktur von mehreren Disziplinen beschrieben wird. In einer begrifflichen Fassung zeigt sich ein interdisziplinäres Erkennen als umfassender Vorgang.

Die Sozialpädagogik hat die anthropologische Dimension in ihren Fragestellungen nur in wenigen Ansätzen aufgegriffen. Ob Sozialpädagogen oder Sozialarbeiter ihre Disziplin als eine ‚Pädagogik für Notfälle' verstehen oder sich als ‚Agenten des Fortschritts' begreifen, ob es um Anpassung oder Widerstand oder um eine ‚offene Sozialpädagogik' geht, immer bilden unterschiedliche Auffassungen vom Menschen den Hintergrund der verschiedenen Theorieansätze. In ihren psychoanalytischen Positionen zum Thema verwahrloste Jugend (→Aichhorn), zur Gruppendynamik oder zur ‚Geburt des Selbst' (→Bettelheim) traten anthropologische Fragestellungen deutlich in den Vordergrund. Hier wie in allen Bereichen der Erziehungswissenschaft gilt der enge Zusammenhang zwischen Bildentwurf und Handlungsstrategie. Wie Pädagogen das Kind sehen, so gestalten sie seinen Weg durch die Schule, wie sie den Jugendlichen sehen, so versuchen sie, in die Lebenswelt einzugreifen, wie der Erwachsene gesehen wird, bestimmen die Grundprinzipien der Erwachsenenbildung, das Bild vom Greis determiniert das Handeln mit alten Menschen.

Lit.: Bollnow, O. F. (Hrsg.): Die Erziehung in anthropologischer Sicht, 1969; Derbolav, J.: Problem und Aufgabe einer Pädagogischen Anthropologie im Rahmen der Erziehungswissenschaft, in: J. Derbolav und H. Roth (Hrsg.): Psychologie und Pädagogik, 1959; Gerner, B.: Einführung in die Pädagogische Anthropologie, 1974; Höltershinken, D. (Hrsg.): Das Problem der Pädagogischen Anthropologie im deutschsprachigen Raum, 1976; Langeveld, M.: Studien zur Anthropologie des Kindes, 2. Aufl. 1964; Lassahn, R.: Pädagogische Anthropologie. Eine historische Einführung, 1983; Nohl, H.: Pädagogische Menschenkunde, in: Handbuch der Pädagogik, Bd. 2, 1929; Roth, H.: Pädagogische Anthropologie, Bd. 1: Bildsamkeit und Bestimmung, Bd. 2: Entwicklung und Erziehung, 1971; Zdarzil, H.: Pädagogische Anthropologie, 2. Aufl. 1978.

Rudolf Lassahn, Bonn

Pädagogische Diagnostik

1. Definition. „Diagnostik" wird in den Lexika gemeinhin als „Fähigkeit und Lehre" ausgewiesen, Krankheiten zu erkennen. In sozialwissenschaftlichen Fachkreisen hat es sich aber darüber hinaus eingebürgert, auch nicht-krankhafte Phänomene und Eigenschaften einer Diagnose zu unterziehen. So fallen etwa psychologische Intelligenz- und Neigungstests durchaus in den Bereich der Diagnostik, ohne am Krankheitsbegriff orientiert zu sein.

Die Pädagogische Diagnostik (P.D.) als neues Instrument der Entscheidungsfindung für eine jeweils individuell angemessene Hilfeleistung in der Sozialen Arbeit tritt noch weitergehend mit dem Anspruch an, auf der Grundlage biographieanalytischer Vorgehensweisen zu validen Aussagen über die allgemeine Persönlichkeitsstruktur und darüber hinaus über die spezifischen Problemlagen von Individuen zu gelangen. Durch den völligen Verzicht auf vorab formulierte normative resp. Bewertende Kriterien, wie sie die quantitative Sozialforschung üblicherweise an das Fallmaterial heranträgt, versucht die P.D. die Individualität der zu beurteilenden Person dadurch zu rekonstruieren, daß sie zunächst „in der Sprache des Falles selbst", d.h. ohne Rückgriff auf theoretische Begriffe und Modelle die innere Struktur der jeweils interessierenden Wirklichkeit ermittelt. Dabei geht es zunächst nicht um ein „Verstehen im Sinne eines Nachvollzugs subjektiver Dispositionen oder der Übernahme von subjektiven Perspektiven des Untersuchungsgegenstandes, erst recht [ist dies keine] Methode des Sich-Einfühlens, sondern eine strikt analytische, in sich objektive Methode der lückenlosen Erschließung und Rekonstruktion von objektiven Sinn- und Bedeutungsstrukturen" (Oevermann 1996: 5). Erst nachdem die Objektivität der Bedeutung z.B. einer lebensgeschichtlichen Stegreiferzählung erkannt wurde, kann auf dieser Grundlage die Frage nach der intentionalen Bedeutung sinnvoll gestellt werden.

2. Die zugrundeliegenden theoretischen Konzepte. Die Verwendung biographieanalytischer Konzepte kann in den Sozialwissenschaften auf eine lange Tradition zurückblicken und gewinnt in der jüngeren Vergangenheit zunehmend an Bedeutung. Das ‚neue' Selbstbe-

wußtsein der Vertreter des sogenannten „interpretativen Paradigmas" (→Theorie der Symbolischen Interaktion) findet zum Beispiel seinen Ausdruck auf jenen Forschungsfeldern, in denen bislang die Alleinzuständigkeit standardisierter Forschungsdesigns fraglos akzeptiert wurde. Den qualitativen Ansätzen (→Empirische Sozialforschung; Qualitative Verfahren) wurde zwar auch früher schon eine größere „Tiefe" ihrer analytischen Resultate attestiert, allerdings blieb über lange Zeit der Vorbehalt unangetastet, solche Verfahren seien aufgrund ihrer Einzelfallbasierung bei insgesamt vergleichsweise niedrigen Fallzahlen zu stark dem Subjektiven und Kontingenten verhaftet und folglich nicht in der Lage, makrosoziale Phänomene zu erfassen, geschweige denn zu erklären. Die objektive Hermeneutik U. Oevermanns, welche einen zentralen Beitrag zum konzeptuellen Rahmen der P.D. liefert, baut jedoch weder auf die empathische Virtuosität des Interpreten, noch erschöpft sie sich darin, die (vermeintliche) Intentionalität des Biographen aus dem Text herauszupräparieren. Vielmehr stehen die „Prozeßstrukturen des Lebenslaufes" (Fritz Schütze) im Zentrum der Betrachtung, und „Biographie" wird nicht als Ausdruck einer nur dem jeweiligen Individuum zugänglichen Privatwelt verstanden, zu der allenfalls ein einfühlender oder nachempfindender Zugang gefunden werden kann. (→Biographie, →Hermeneutik).

Anstatt sich also in Mutmaßungen darüber zu ergehen, was die Individuen mit ihren biographischen Selbstaussagen wohl gemeint haben könnten, liegt der P.D. ein Deutungsverständnis zugrunde, das seine Ergebnisse mittels textanalytischer Instrumente aus den „Ausdrucksgestalten", „in denen sich uns die psychische, soziale und kulturelle Erfahrungswelt präsentiert" (Oevermann 1996: 1), objektiv rekonstruiert. Auf diese Weise, so die (unterdessen empirisch saturierte) Kernthese, gelingt es z.B. bezogen auf lebensgeschichtliche Erzählungen, das biographische Steuerungsmuster eines Individuums freizulegen, d.h., denjenigen Orientierungsbestand sichtbar zu machen, der die unverwechselbare Individualität eines Individuums ausmacht und von diesem selbst nicht erfaßt werden kann. Welcher Nutzen aus dieser rekonstruktionslogischen Perspektive für eine P.D. gezogen werden kann, ist evident. Fritz Schütze, auf die Technik des narrativen Interviews maßgeblich zurückgeht, spricht davon, daß in einem gelungenen Interview der Proband von seiner eigenen lebensgeschichtlichen Erfahrungsaufschichtung gleichsam „Zug um Zug an die Hand genommen wird", so daß ein Text entsteht, „der den sozialen Prozeß der Entwicklung und Wandlung einer biographischen Identität kontinuierlich, d.h. ohne exmanente, aus dem Methodenzugriff oder den theoretischen Voraussetzungen des Forschers motivierte Interventionen und Ausblendungen, darstellt und expliziert" (Schütze 1983: 283).

Die Kompetenz zur biographischen Rekapitulation im Sinne einer die eigene Lebensgeschichte thematisierenden Stegreiferzählung kann dabei im Normalfall selbst bei Jugendlichen jüngeren Alters (den bisherigen Erfahrungen zufolge etwa ab zehn Jahren) vorausgesetzt werden. Auch die Bereitschaft zur Mitwirkung am Verfahren der P.D. hat sich als groß erwiesen: Die interviewten Personen begegneten dem Vorgehen gegenüber durchaus aufgeschlossen, weil sie hier die realistische Chance sehen, ihre eigene Version ihrer Lebensgeschichte unverkürzt zur Geltung bringen zu können. Wenn in diesem Zusammenhang von einer „Version der Lebensgeschichte" gesprochen wird, stellt sich die Frage, wie sichergestellt werden kann, daß die Rekonstruktion einer Biographie nicht zum beliebigen Artefakt wird. Die Antwort auf diese Frage berührt einen Kernpunkt der fachwissenschaftlichen Diskussion um die Fruchtbarkeit biographieanalytischer Konzepte für die Analysen sozialer Phänomene und führt direkt in das Zentrum des wissenschaftlichen Selbstverständnisses des hier in Anspruch genommenen „methodologischen Realismus" (U. Oevermann).

Es hat sich erwiesen, daß die im Rahmen eines narrativen Interviews vorgetragene Lebensgeschichte, sei sie auch unvollständig und subjektiv „verfälscht", unabhängig von der Intention des Erzählers die Strukturprobleme seines Lebens enthält. Auch wenn der Erzähler ein offensichtlich verzerrtes Selbstverständnis besitzt, ist seine Selbstdarstellung aussagekräftig: „Jede Ausdrucksgestalt – und verkörperte sie ein noch so beschädigtes, noch so pathologisches Leben – besitzt in mindestens einer Hinsicht Gültigkeit. Sie verkörpert immer noch authentisch das Verfälschte, das Mißlingen, das Beschädigte, das Verrückte, sonst würden wir es als solches gar nicht erkennen können" (Oevermann 1996: 29). Darin klingt bereits ein wesentlicher Nutzen der P.D. an, da sie gleichsam automatisch auch das „Selbstheilungspotential" der Interviewten freilegt, also diejenigen Anteile der Persönlichkeit nachvollzieht, an die eine Hilfestellung anknüpfen kann und es den Hilfesystemen somit ermöglicht, eine auf die Spezifik des jeweiligen Einzelfalles zugeschnittene Unterstützung bereitzustellen, die den Weg des Klienten in ein autonomes Leben begünstigt.

3. Einsatzmöglichkeiten in der Praxis. In den bisherigen Ausführungen sollte deutlich geworden sein, daß die P.D. darauf abzielt, die Entscheidungen für die eine oder andere Hilfeleistung im Rahmen der Sozialen Arbeit zu erleichtern, v.a. aber: methodisch abzusichern. Wie die Hilfeleistung jeweils anzusetzen hat, kann mit Hilfe dieses Instrumentariums entschieden werden, wenn man zur Struktur des jeweiligen „Falles" vorgedrungen ist. Dafür sind die oben angesprochenen Verfahren des „narrativen Interviews" in Verbindung mit der „objektiven Hermeneutik" in optimaler Weise geeignet.

Dem →narrativen Interview fällt in diesem Arrangement die Aufgabe zu, eine maximal reichhaltige biographische Datenbasis sicherzustellen, die dann „sequenzanalytisch" nach den Verfahrensregeln („Kunstlehre") der objektiven Hermeneutik aufbereitet werden kann. Im Folgenden wird beispielhaft skizziert, in welchen einzelnen Arbeitsschritten die Analyse vorgeht:
– Durchführung eines narrativen Interviews zur Lebensgeschichte des Klienten.
– Erhebung der sog. „objektiven Familiendaten" (Geburtsjahrgänge, Berufsverläufe, Einkommenssituation, Wohnverhältnisse etc.).
– Anfertigung eines lautgetreuen Transkriptes auf der Basis des Tonbandprotokolls.
– Systematische sequentielle Interpretation der objektiven Daten. Aufgrund dieser Daten wird eine sog. „Normalitätsfolie" konstruiert. Dies geschieht unter Berücksichtigung der jeweils historisch gültigen Normalitäts- und Vernünftigkeitsstandards und soll gedankenexperimentell klären, „was vernünftigerweise, d.h. nach Geltung des unterstellten Regelsystems, (...) z.B. eine Person mit bestimmten Merkmalen, in einem spezifischen Kontext bei Konfrontation mit einem spezifischen Handlungsproblem tun könnte und tun sollte" (Oevermann 1980: 23).
– Interpretation der sog. „Ersterzählung" durch eine möglichst erfahrungsbreit angelegte Interpretationsgruppe. In der Praxis läuft dies zunächst auf die Analyse der ersten ein bis drei Seiten des Interviewtranskriptes hinaus.
– Formulierung der „Strukturhypothese", d.h. Komprimierung der bis dahin gewonnenen Falleinsichten mit dem Ziel, eine möglichst präzise Aussage zur Grundstruktur des Falles, ge-

nauer: zur Fallstrukturgesetzlichkeit zu machen.
- Gezielte Überprüfung dieser Strukturhypothese an weiteren Textstellen in der Absicht, sie zu Fall zu bringen. Eine einzige Textstelle, die nicht anhand der Strukturhypothese erschlossen werden kann, reicht dabei aus, diese zu falsifizieren bzw. einer gründlichen Revision zu unterziehen.
- Übertragung der geprüften Strukturhypothese auf die Fragestellung nach einer angemessenen pädagogischen Interventionsstrategie.

Die klaren Vorteile dieses Vorgehens formuliert Kraimer (1991) folgendermaßen: „Die Verbindung von objektiven und subjektiven Bedingungsgefügen, als Lebensweltverstehen gefaßt, ermöglicht mittels professioneller Kompetenz des Fallverstehens auf seiten der Handlungspraxis die Entwicklung adäquater Maßnahmen, die an lebenspraktischen Problemen direkt ansetzen und damit Erscheinungen wie Klientifizierung, Therapeutisierung und Entmündigung verhindern helfen. Ziele einer so konzipierten sozialen Arbeit liegen in der (Wieder-)Herstellung von Autonomie ihrer Adressaten wie in der Unterstützung zur Gestaltung adäquater Lebensbedingungen" (Kraimer 1991: 125f.).

4. Überlegungen zur Umsetzung der P.D. Aufgrund der Einbettung der P.D. in die zweifellos recht komplexe Methodologie der objektiven Hermeneutik wird ihr gelegentlich der Vorbehalt entgegengebracht, sie sei zu aufwendig und zu schwer vermittelbar. Darüber hinaus führe sie unter bestimmten Voraussetzungen zu einer „Expertokratisierung", so daß beispielsweise im Kontext der Jugendhilfe von ihr die Möglichkeit ausgehe, die diskursiv angelegten Aushandlungsprozesse im Rahmen der Hilfeplanung zugunsten einer abkürzenden Diagnostik zu unterlaufen. Damit würde aber ggf. die erwünschte Betroffenenbeteiligung zurückgedrängt und einer Auslagerung der Entscheidungen aus den zuständigen Einrichtungen Vorschub geleistet. Die Durchführung der P.D. ist in der Tat an ein bestimmtes Expertenwissen gebunden. Dies kann jedoch von interessierten Mitarbeitern sozialer Einrichtungen im Rahmen berufsbegleitender Kurse leicht erworben werden. Der Einsatz der P.D. erfordert einen zeitlichen Rahmen, der aber für die Beurteilung und Entscheidungsfindung in „schwierigen Fällen" ohnehin geboten ist: das narrative Interview nimmt ein bis drei Stunden in Anspruch; die Verschriftlichung des Tonbandmaterials dauert ca. einen Tag; die Interpretationsgruppe braucht, wenn sie eingespielt ist, einen weiteren Tag, um zu einem angemessenen Fallverstehen und zur Entscheidung darüber, welche Interventionsstrategie indiziert ist, zu gelangen. Ein letzter Aspekt sollte in diesem Zusammenhang nicht unerwähnt bleiben. Da die Rekonstruktion einer Klientbiographie immer auch die Möglichkeit eröffnet, die bereits zuvor erfolgten Maßnahmen, von denen es in „schwierigen Fällen" in der Regel eine erhebliche Anzahl gibt, im Lichte ihrer Effektivität zu bewerten, sie also auf ihren Erfolg zu überprüfen, ist das diagnostische Vorgehen zugleich immer auch ein aufschlußreicher Evaluierungsprozeß (→Evaluation). Auf diese Weise können frühere Fehlentwicklungen erkannt und gegebenenfalls in der Zukunft vermieden werden.

Lit.: Arbeitsgruppe Erziehungswissenschaftliche Biographieforschung der Deutschen Gesellschaft für Erziehungswissenschaft (Hg.): Magdeburger Bibliographie zur Biographieforschung, Magdeburg 1996; Gadamer, H.-G.: Wahrheit und Methode, Tübingen 1960; Höpfner, N., Jöbgen, M.: Fall-verstehen statt Falschverstehen, in: SozialExtra (1999), Heft 1/2, 23.Jg., S. 4–8; Höpfner, N., Jöbgen, M., Becker, R.: Zur Methodisierbarkeit von Hilfe oder: Braucht die Soziale Arbeit Diagnosen? In: Peters, F. (Hg.), Diagnosen – Gutachten – Hermeneutisches Fallverstehen. Rekonstruktive Verfahren zur Qualifizierung individueller Hilfeplanung, IGFH-Eigenverlag, Frankfurt/M. 1999, S. 197-223; Jöbgen, M.: Und doch kein Fall für die Justiz, in: SozialExtra (1999), Heft 1/2, 23. Jg., S. 2–4; Kraimer, K.: Sozialarbeit und Forschung: zur qualitativen Erhebung von Klientperspektiven, in: Archiv für Wissenschaft und Praxis der Sozialen Arbeit, 1991, Heft 22, S. 125 ff.; Oevermann, U.: Die objektive Hermeneutik als unverzichtbare methodologische Grundlage für die Analyse von Subjektivität. Zugleich eine Kritik der Tiefenhermeneutik, in: Jung, Th., Müller-Doohm, St. (Hg.): „Wirklichkeit" im Deutungsprozeß, Frankfurt/M. 1993, S. 106–189; Ders.: Konzeptualisierung von Anwendungsmöglichkeiten und praktischen Arbeitsfeldern der objektiven Hermeneutik, unv. Ms., Frankfurt 1996; Rosenthal, G.: Erlebte und erzählte Lebensgeschichte. Gestalt und Struktur biographischer Selbstbeschreibung, Frankfurt/New York 1995; Schütze, F.: Biographieforschung und narratives Interview, in: Neue Praxis. Kritische Zeitschrift für soziale Arbeit und Sozialpädagogik (1983), 13. Jg., Heft 3, S. 283 f.; Ders.: Die Fallanalyse. Zur wissenschaftlichen Fundierung einer klassischen Methode der Sozialen Arbeit, in: Rauschenbach, Th. u. a. (Hg.): Der sozialpädagogische Blick. Lebensweltorientierte Methoden der Sozialen Arbeit, München 1993.

Sabine Hering und Norbert Höpfner, Siegen

Pädagogische Provinz

Dieser Begriff wurde von J. W. v. Goethe (1749–1832) in „Wilhelm Meisters Wanderjahre" für eine ideale Erziehungsstätte geprägt, in der die Erziehung die Richtschnur allen menschlichen Handelns ist.

In der Praxis ist die Bereitstellung eines solchen idealen Schonraumes aufgrund realer gesellschaftlicher Anforderungen illusorisch. Dennoch kann nach dieser idealen Vorgabe im Rahmen des Möglichen für sozialpädagogische Klienten, die eines derartigen Schonraumes bedürfen, versucht werden, solche unter dem Primat pädagogischer Überlegungen stehende Nischen auch unter den realen Bedingungen sozialpädagogischen Handelns zu schaffen.

Pädagogische Psychologie

1. Definition. „Im Sinne einer Minimaldefinition, die nur solche Momente aufgreift, die unumstritten sind, kann die

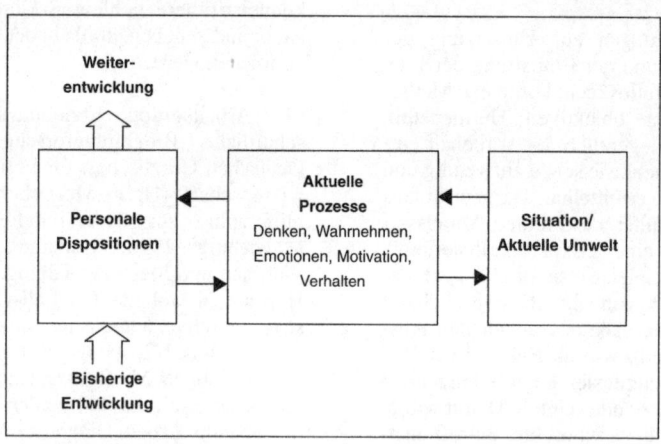

Abb 1: Grundlegende Aspekte des psychischen Systems (aus: Nolting/Paulus 1996, S. 15)

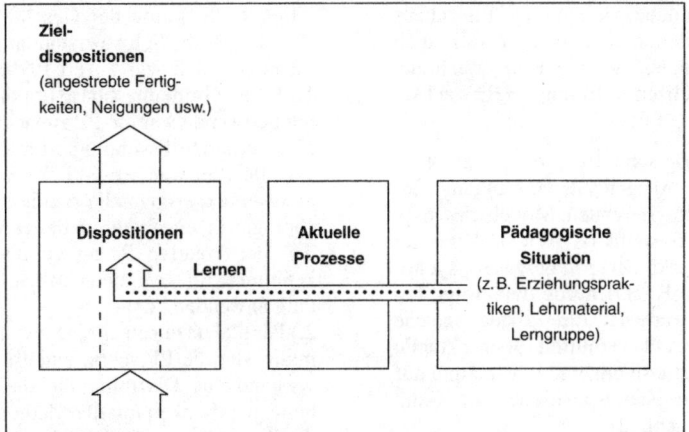

Abb 2: Schwerpunkte der pädagogisch-psychologischen Betrachtungsweise (aus: Nolting/Paulus 1996, S. 15)

Abb 3: Mögliche Strukturierung der Pädagogischen Psychologie (aus: Nolting/Paulus 1999, S. 138)

Pädagogische Psychologie als die Erforschung der Erziehungswirklichkeit mit den Methoden der Psychologie umschrieben werden. Da Erziehung wesentlich mit der Anbahnung oder Veränderung von Verhaltens-, Erlebens- und Urteilsweisen beim Menschen, überwiegend also mit Lernprozessen zu tun hat, macht die Erforschung menschlichen Lernens unter Berücksichtigung individual- und sozialpsychologischer Bedingungen des Lernens das Kernstück der Pädagogischen Psychologie aus" (Ewert 1974). Die „Erziehungswirklichkeit" bezieht sich dabei nicht nur auf Elternhaus und Schule, sondern schließt z.B. auch →Kindertagesstätten, →Heimerziehung, außerschulische Bildung, →Erwachsenenbildung mit ein.

2. Pädagogische Psychologie als Perspektive. Ausgehend von einem einfachen integrierenden Modell des psychischen Systems (s. Abb. 1) kann der Schwerpunkt der pädagogisch-psychologischen Blickrichtung wie folgt bestimmt werden: Eine pädagogische Situation soll vermittelt über aktuelle Prozesse, Lernvorgänge in Richtung auf bestimmte Zieldispositionen in Gang setzen (s. Abb. 2).

Die Pädagogische Psychologie (PP) interessiert sich dabei besonders für die Gesetzmäßigkeiten, nach denen diese Lernprozesse ablaufen, für die Lernvoraussetzungen (Fähigkeiten, Motive) der Lernenden, für die Lehr- und Lernmethoden, für die Wechselwirkungen der Akteure im pädagogischen Feld (Eltern, Lehrer, Sozialarbeiter/-pädagogen, Kinder, Jugendliche, etc.) mit den situativen Bedingungen (Elternhaus, Schule, Jugendzentrum etc.).

3. Themen der Pädagogischen Psychologie. Einige typische Bereiche der PP sind in Abb. 3 enthalten (vgl. auch Gage & Berliner 1996; Lukesch 1997; Tücke 1998; Rost 1998a).

Die Gliederung in die linke und rechte Hälfte berücksichtigt die beiden unterschiedlichen Erziehungswirklichkeiten von „Unterricht" und „Erziehung", wobei es im Unterricht mehr um die Förderung von Leistungen, vor allem intellektueller Leistungen geht, während Erziehung (hier in einem engeren Sinn verstanden) mehr die sozial-emotionale Seite der pädagogischen Bemühungen im Auge hat. Im linken vertikalen Kasten ist angedeutet, daß die Förderung von Entwicklung eine übergreifende Aufgabe und ein Anwendungsfeld der PP darstellt.

4. Selbstverständnis und Forschungstraditionen. Im Laufe der Geschichte der PP hat sich ihr Selbstverständnis mehrfach gewandelt (vgl. Ewert 1979):

1.) In der Gründungsphase um die Jahrhundertwende war die PP zunächst noch eine verkürzte Psychologie für Pädagogen. Ihr Ziel war, wesentliche Erkenntnisse der experimentell orientierten Psychologie zu vermitteln, in der Hoffnung, daß der kreative Pädagoge diese Erkenntnisse in geeigneter Weise selbsttätig anwenden könne.

2.) Parallel dazu gab es eine zweite Strömung, die die PP schon eigenständiger verstand: als Disziplin, die die Erziehungswirklichkeit mit der Methodologie der Psychologie erforscht.

3.) In den sechziger Jahren begann sich die PP verstärkt als Theorie der pädagogischen Praxis zu verstehen. Der Prozeß des Unterrichtens und Erziehens im natürlichen Feld wurde nun selbst zum Gegenstand.

4.) Seit einiger Zeit gewinnt eine Auffassung an Boden, die PP weniger als Theorie, sondern primär als eine psychologische Technologie versteht, die die Optimierung pädagogisch-praktischen Handelns zum Ziel hat (vgl. Herrmann 1979).

Neben diesem Wandel im Theorie-Praxis-Verhältnis haben sich in der PP auch verschiedene Forschungstraditionen entwickelt:

1.) Da Erziehung eng verknüpft ist mit den Voraussetzungen, Bedingungen und Folgen menschlicher Entwicklung, gibt es in der PP notwendigerweise eine entwicklungspsychologische Forschungstradition. Über Kindheit und Jugend hinaus gewinnen heute pädagogisch-psychologische Fragen des mittleren und höheren Lebensalters (z.B. Erwachsenen-, Altenbildung) an Bedeutung.

2.) Da es in der Erziehung zentral um die Veränderung personaler Dispositionen durch Lernen geht, gibt es in der PP eine lernpsychologische Forschungstradition. Mehr als früher werden heute die konkreten Bedingungen der pädagogischen Situation (z.B. die interaktionelle

Ebene des Lernens, die individuumspezifischen Lernvoraussetzungen, die Merkmale der konkreten Lernsituation, die vorgegebenen Lernziele) in die Forschung mit einbezogen. Stand früher das „Verhalten" im Mittelpunkt des lernpsychologischen Interesses, sind es heute der Wissenserwerb und die Vorgänge der Informationsverarbeitung.

3.) Da pädagogische Situationen häufig einen interaktionellen Charakter haben und institutionell eingebunden sind, gibt es auch eine sozialpsychologische Forschungstradition in der PP. Behandelt werden Phänomene wie (a) das Lernen in Gruppen, (b) die Rolle der Pädagogen bzw. Eltern, (c) die institutionellen Rahmenbedingungen, (d) die sozialen Einflüsse von Familie, Peer-Group usw. Heute werden zunehmend auch ökologische und systemische Gesichtspunkte (z. B. die Bedeutung der häuslichen oder schulischen „Lernumwelt") diskutiert.

4.) Da Lern- und Erziehungsprozesse in der Schule und im Elternhaus auch psycho-soziale Probleme mit sich bringen können, gibt es in der PP auch eine klinisch-psychologische Forschungstradition. In ihr geht es um Fragen der Diagnostik, Beratung, Therapie und Prävention von Erziehungsschwierigkeiten, Lernstörungen, Verhaltensauffälligkeiten, gestörte Eltern-Kind-Beziehungen u. dgl., bzw. um die Förderung oder Optimierung von Entwicklungsprozessen.

5.) Da pädagogisches Handeln häufig verläßliche Informationen z. B. über den Grad der Lernzielerreichung eines Schülers oder über seine individuellen Lernvoraussetzungen erfordert, gibt es in der PP auch eine testpsychologische Forschungstradition, wobei „Test" hier zu „Diagnostik" verallgemeinert werden kann. Stand früher die Feststellung der kognitiven Leistungsfähigkeit im Vordergrund, geht es heute vermehrt auch um emotional-motivationale Persönlichkeitsfaktoren (z. B. Messung der Ängstlichkeit, der Leistungsmotivation, des Selbstbildes). Waren es früher zumeist Entscheidungen zum Zwecke der Selektion, dienen sie heute mehr der individuumspezifischen Korrektur, Förderung und Prävention.

6.) Da der Unterricht seit jeher ein besonderer Schwerpunkt der Forschung und Anwendung der PP gewesen ist, gibt es natürlich auch eine unterrichtspsychologische Forschungstradition. Statt von Unterrichtspsychologie wird heute auch von Instruktionspsychologie gesprochen.

5. Theoretische Strömungen in der Pädagogischen Psychologie. Die theoretischen Strömungen in der heutigen Psychologie (Tiefenpsychologie, (kognitiver) Behaviorismus, Kognitivismus, Humanistische Psychologie, systemische Sichtweise) sind in ihrer Bedeutung für die PP unterschiedlich zu gewichten. Die →Tiefenpsychologie hat mit ihren Persönlichkeits- und Entwicklungstheorien, die die frühe Kindheit und die familialen Sozialisationsbedingungen betonen, für die Entstehung und Verlauf psychischer Störungen Erklärungsmodelle anzubieten. Da die tiefenpsychologischen Ansätze sich auch als therapeutische Richtungen verstehen, gehen von ihnen auch Impulse zur Erziehungsberatung und zur Prävention psychischer und psychosozialer Störungen aus.

Der →Behaviorismus hat vor allem in den sechziger Jahren die Lernforschung in der PP stark beeinflußt. Im „Programmierten Lernen", in dem B.F. Skinner die von ihm empirisch ermittelten Gesetzmäßigkeiten des operanten Konditionierens auf schulische Lernvorgänge übertrug, fand sie einen prägnanten Ausdruck, ebenso in den Methoden der „Verhaltensmodifikation".

Der Kognitive Behaviorismus, aus dem klassischen Behaviorismus hervorgegangen, hat kognitive Strukturen und Prozesse in das Analyse-Schema des Verhaltens eingeführt. Sie werden als vermittelnde Glieder zwischen Reiz und Reaktion aufgefaßt. Die Selbststeuerung bzw. -kontrolle des Verhaltens, wie sie in der „Pädagogischen Verhaltensmodifikation" konzipiert wird, ist ein Beispiel für diesen Ansatz (vgl. Rost 1998b) (→Verhaltenstherapie).

Der Kognitivismus (→kognitive Psychologie), der seit der „kognitiven Wende" der Psychologie in den siebziger Jahren das Bild der Psychologie und damit auch das der PP bestimmt, rückt die erkennenden psychischen Funktionen ins Zentrum. Untersucht wird z.B., wie Wissen über Sachverhalte, über Strategien zur Bewältigung von Problemsituationen oder wie Wissen über das eigene Wissen erworben wird, ferner wie Kognitionen Handlungen steuern oder wie Lerner im Unterricht die komplexen Informationen verarbeiten und abspeichern (vgl. Wahl u. a. 1997).

Die →Humanistische Psychologie betont gegenüber den kognitiven Ansätzen stärker die emotional-motivationalen Seiten des Menschseins. Zentral ist für sie die Annahme einer Selbstverwirklichungstendenz, die als inhärente Zielgerichtetheit allem Erleben und Verhalten zugrunde liegt. Bekannt geworden ist der personzentrierte Ansatz von C. R. Rogers (→Klientenzentrierte Gesprächsführung).

Die systemische Sichtweise (→Systemtheorie) hat in der PP wie auch in der Psychologie in der letzten Zeit insgesamt an Bedeutung gewonnen. Sie hat Impulse gegeben, individuelle psychische Phänomene (z.B. Verhaltensauffälligkeiten, Lernstörungen) in ihrer Vernetztheit und Eingebundenheit in übergeordnete Zusammenhänge (z.B. Schulklasse, Familie, soziales Umfeld) zu sehen (vgl. Brunner/Huser 1989).

6. Forschungsmethoden. Die PP wird heute überwiegend als eine empirische Wissenschaft verstanden. Sie bedient sich der gleichen Forschungsmethoden wie die übrigen Teildisziplinen der Psychologie. Allerdings kommen bevorzugt solche zur Geltung, die geeignet sind, (a) den interaktiven Charakter der pädagogischen Situation zu erfassen, (b) die Veränderung von Dispositionen beim Lerner/Erzogenen durch pädagogisches Handeln zu bestimmen und (c) die Zielerreichung pädagogischer Bemühungen zu überprüfen. Unter dem Stichwort „Methoden" kann man grob zwischen umfassenden Forschungsstrategien (z.B. Experiment, Feldstudien, Längsschnittuntersuchungen, Evaluationsstudien, Metaanalysen) und Verfahren der Datenerhebung (Beobachtung: Verhaltensbeobachtung, Einschätzungen; Befragung: Fragebogen, Interviews, Soziometrie, Verbalisationsmethoden) unterscheiden. Die Forschungsmethoden der PP haben sich im Laufe der Zeit gewandelt. Standen früher Untersuchungen zu einfachen Ursache-Wirkungs-Beziehungen oder Korrelationen im Vordergrund, so finden sich heute vermehrt Analysen von komplexen Wirkungsgefügen auch in natürlichen „Settings" wie der Schule und Familie. Von der anfänglichen Orientierung an experimental-psychologischen Laboruntersuchungen hat sich die PP fortentwickelt. Als empirische Wissenschaft und Technologie benutzt die PP heute überwiegend quantitative Methoden. Zunehmend werden aber auch Verfahren verwendet, die von der qualitativen Sozialforschung profitieren (→empirische Sozialforschung).

7. Trends. Da die Lebenszeit, die in pädagogischen Institutionen zugebracht wird, sich immer mehr verlängert und gleichzeitig die Familie als wichtige Sozialisationsinstanz an Bedeutung verliert, werden die pädagogischen Institutionen mehr Raum als bisher dem Erwerb sozialemotionaler Kompetenzen neben der kognitiv orientierten Wissensvermittlung einräumen müssen. Für die PP ergeben sich in Verbindung mit Ansätzen der →Schulsozialarbeit daraus neue Arbeitsfelder, so z.B. die jetzt schon begonnene Erforschung gesundheitsfördernder Bedingungen in der Schule. Jenseits der Schule werden seit einiger Zeit, auch unter dem Eindruck

einer „Entwicklungspsychologie der gesamten Lebensspanne" und der Einbeziehung außerschulischer Bedingungsfaktoren des Lernens, zunehmend mehr die Erwachsenenbildung aber auch die Familie als pädagogisch-psychologisch relevante Bereiche beachtet. Größeres Interesse findet seit einiger Zeit auch die Aus- und Weiterbildung im Betrieb, in außerschulischen Bildungseinrichtungen (z. b. ausbildungsbegleitende Hilfen für Jugendliche), in der Gesundheitsversorgung und Institutionsberatung (z. B. Gesundheitsbildung), in der sonderpädagogischen Förderung, in sozialer Hilfe und Beratung (z. B. für die Arbeit mit Arbeitslosen, Migranten, Trennungs- und Scheidungswilligen). Neue Felder ergeben sich auch durch die sich rasch entwickelnde und in viele Lebensbereiche sich ausbreitende „Computerisierung" (→Informations- und Kommunikationstechnologie). Insgesamt wird es durch solche Trends zu einer vermehrten „Entschulung" der Pädagogischen Psychologie kommen (vgl. Heckhausen 1993).

Lit.: Ewert, O. (1974): Pädagogische Psychologie, in: Wörterbuch der pädagogischen Psychologie (S. 183–186), Freiburg; Ewert, O. (1979): Zum Selbstverständnis der Pädagogischen Psychologie im Wandel ihrer Geschichte, in: Brandtstädter, J., Reinert, G., Schneewind, K. A. (Hrsg.): Pädagogische Psychologie (S. 15–28), Stuttgart; Gage, N. L., Berliner, D. C. (1996): Pädagogische Psychologie (5. vollständig überarb. Aufl.), Weinheim; Heckhausen, H. (1993): Die Pädagogische Psychologie vor neuen Herausforderungen, in: Weidenmann, B., Krapp, A. et al. (Hrsg.): Pädagogische Psychologie (S. 786–788), München; Herrmann, Th. (1979): Pädagogische Psychologie als Technologie, in: Brandtstädter, J., Reinert, G., Schneewind, K. A. (Hrsg.): Pädagogische Psychologie (S. 209–236), Stuttgart; Lukesch, H. (1997): Einführung in die Pädagogische Psychologie (3. Aufl.), Regensburg; Mietzel, G. (1998): Pädagogische Psychologie des Lernens und Lehrens (5. vollst. überarb. Aufl.), Göttingen; Nolting, H.-P., Paulus, P. (1996): Pädagogische Psychologie, Stuttgart; Nolting, H.-P., Paulus, P. (1999): Psychologie lernen. Eine Einführung und Anleitung, Weinheim; Rost, D. H. (Hrsg.) (1998a): Handwörterbuch Pädagogische Psychologie, Weinheim; Rost. D. H. (1998b): Verhaltensanalyse, in: Rost, D. H. (Hrsg.), Handwörterbuch Pädagogische Psychologie (S. 542–546), Weinheim; Tücke, M. (1998): Psychologie in der Schule – Psychologie für der Schule. Eine themenzentrierte Einführung in die Pädagogische Psychologie für (zukünftige) Lehrer (2. durchges. Aufl.), Münster; Wahl, D., Weinert, E., Huber, G. L. (1997): Psychologie für die Schulpraxis. Ein handlungsorientiertes Lehrbuch für Lehrer (6. Aufl.), München; Weidenmann, B., Krapp, A. (1993): Pädagogische Psychologie: Einführung in die Disziplin und das Lehrbuch, in: Weidenmann, B., Krapp, A. u. a. (Hrsg.): Pädagogische Psychologie (S. 1–20), München.

Peter Paulus, Lüneburg

Pädagogischer Bezug

Zentraler Begriff der →Geisteswissenschaftlichen Pädagogik und Sozialpädagogik zur Beschreibung des Verhältnisses zwischen Erzieher und zu Erziehendem und somit der Grundlage allen erzieherischen Handelns.

H. →Nohl definiert den p. B. als „das leidenschaftliche Verhältnis eines reifen Menschen zu einem werdenden Menschen, und zwar um seiner selbst willen, daß er zu seinem Leben und zu seiner Form komme." Somit ist der zu Erziehende nicht das Objekt, sondern das Subjekt der Erziehung.

Pädagogischer Takt

Von →Herbart in die →Erziehungswissenschaft eingeführter Begriff, der das Mittelglied zwischen Theorie und Praxis der Pädagogik darstellt. Da die pädagogische Theorie weder detailliert den Einzelfall noch die individuelle Situation des pädagogischen Handelns beschreibt, ist der erzieherisch Tätige in konkreten Handlungen auf sein Gefühl für das Machbare und pädagogisch Sinnvolle angewiesen, er agiert also aus dem →pädagogischen Bezug heraus, und nicht in stringenter Anwendung einer pädagogischen Theorie. Hierbei sorgen der theoretische Hintergrund und die praktische Erfahrung des Erziehers dafür, daß diese Handlungen nicht willkürlich, schematisch oder auf →Alltagstheorien aufbauend geschehen.

Pädagogische Situation
Den Hintergrund für diesen Begriff bildet die These, daß die primäre Aufgabe des Erziehers die Gestaltung von Situationen ist. Das besondere an der p. S. besteht darin, daß es in ihr in dem zu Erziehenden einen Beteiligten gibt, der den Anforderungen noch nicht in der gleichen Weise wie die anderen Teilnehmer gewachsen ist und diese Situation als Lernfeld benötigt, um sich aufgrund der gewonnenen Erfahrungen künftig auch in anderen Situationen besser orientieren und behaupten zu können.

Pädagogisches Menschenbild
→Pädagogische Anthropologie

Pädagogische Soziologie
Als eine Teildisziplin der Soziologie erforscht die p. S. Erziehungs- (→Erziehung) und Bildungsprozesse (→Bildung) als gesellschaftliche Vorgänge. Ihr Augenmerk richtet sich dabei ebenso auf die Organisation dieser Prozesse, die Rollen- (→soziale Rolle) und Interaktionsstrukturen (→Interaktion), die Institutionen, die gesamtgesellschaftlichen Einflüsse wie auch auf die Auswirkungen erzieherischen Handelns auf die Gesellschaft.

Päderastie
→Pädophilie

Pädophilie
Die Neigung zu Kindern aus erotisch/sexuellen Motiven wird in der Psychologie als P. bezeichnet, wobei zwischen der Päderastie (=erotisch/sexuelle Beziehung zu Kindern des gleichen Geschlechts) und der Pädophilia erotica (= erotisch/sexuelles Verhältnis zu Kindern des anderen Geschlechts) unterschieden wird. Zur Entstehung von P. gibt es unterschiedliche soziologische und psychologische Theorien, deren Erklärungsansätze von der P. als bloßem normativen Problem (→Norm) bis zur P. als sexueller Perversion aufgrund eines frühkindlichen →Traumas reichen. →Kindesmißhandlung; →Sexueller Mißbrauch

Pappenheim, Bertha (27.2.1859 bis 28.5.1936)
Die Frauenrechtlerin P. gründete neben zahlreichen anderen fürsorgerischen Aktivitäten in Frankfurt/Main u. a. einen jüdischen Kindergarten, den Frauenverein „Weibliche Fürsorge" sowie den „Jüdischen Frauenbund in Deutschland" (1904). Sie gab den Anstoß für die Gründung der →Zentralwohlfahrtsstelle der Juden in Deutschland.
1907 gründete sie in Neu Isenburg ein Heim für gefährdete Mädchen und nichteheliche Mütter, das sie bis zu ihrem Tod leitete. P. ist die Patientin „Anna O." aus S. Freuds bekannter Fallstudie.

Parasuizid
→Suizid

Parteiliche Jugendsozialarbeit
1. Definition. P.J. ist konfliktorientierte Jugendhilfe, die sozial benachteiligte und ausgegrenzte Jugendliche in der aktuellen Lebenssituation begleitet. In der Beziehung zwischen Pädagogen und Jugendlichen wird die Biographie der jungen Menschen so akzeptiert, daß eine eigenverantwortliche und autonome Lebensplanung der Jugendlichen zugelassen werden kann.
Erkenntnishintergrund ist, daß Jugendli-

che für strukturelle Benachteiligungen nicht individuell zur Verantwortung gezogen werden können. Drogenprobleme, Strichen, Beschaffungskriminalität und Obdachlosigkeit sind daher nur Teilprobleme einer insgesamt elenden Lebenslage. P.J. hat kein problemspezialisiertes pädagogisches Konzept, sondern orientiert sich ganzheitlich an den Bedürfnissen vielfach belasteter junger Menschen.

Handlungsmaxime ist der Ausgleich struktureller sozialer Benachteiligungen und die Parteinahme für die Jugendlichen in Konflikten mit Polizei, Justiz, Arbeits- und Wohnungsgebern etc. Advokatorisch nimmt parteiliche Jugendsozialarbeit die Interessen sozial benachteiligter junger Menschen wahr. Grundlage des pädagogischen Handelns ist die Vertrauensbasis zwischen Sozialarbeiter und Jugendlichen, die den SozialarbeiterInnen die Interventionsberechtigung für interne Konfliktbewältigung gibt. Nach außen (Konfliktinstanzen) bestimmt ausschließlich das Mandat der Jugendlichen selbst das Handeln der Pädagogen.

P. J. hat eigenständige sozialpädagogische Prinzipien und verbindliche organisatorische Strukturen, die nicht andernorts (Polizei, Justiz, Administration) zur Disposition stehen. Abhängige Allianzen zwischen Justiz und Sozialarbeit sind für die parteiliche Jugendsozialarbeit folglich nicht möglich.

Konzeptionelle und methodische Entwicklungen der P. J. sind abhängig von gesellschaftlichem und sozialem Wandel und der externen Bewertung der Reaktionsformen benachteiligter junger Menschen. Strukturell benachteiligte junge Menschen sind direkt betroffen von: Armutsentwicklungen, arbeitsmarktpolitischen Interessen, Entwicklungen auf dem Wohnungsmarkt, Stadtteilentwicklungen (Wohnumfeldveränderungen), sozialpolitischen Verschärfungen und ausgrenzenden Gesetzesinitiativen (z. B. Ausländergesetzen). P. J. muß auf die Formen der Anpassung dieser jungen Menschen auf gesellschaftliche Veränderungen reagieren.

Dazu gehören Individualisierungskonsequenzen (individuelle Überlebensstrategien von Kindern und Jugendlichen) und auch subkulturelle Entwicklungen und Verhaltensanpassungen der Jugendlichen (Suchtverhalten, Aggression, Sinnleere). Die ganzheitliche Sichtweise von parteilicher Jugendsozialarbeit im Umgang mit den Problemen ausgegrenzter junger Menschen erfordert eine gesamtgesellschaftliche Bewertung der ausgrenzenden Mechanismen und multidisziplinäre Angebote zur Regulierung der Defizite.

Die Konzeptbildung von P.J. steht im Kontext von Theorieansätzen einer sich kritisch verstehenden Sozialpädagogik. Die normative Orientierung kritischer Konzeptionen von Sozialarbeit an der →Kritischen Theorie läßt sich über zentrale Begriffe wie „Mündigkeit", „Selbstbestimmung" und „Emanzipation" festmachen. Aus dieser Sicht verlangt die Sozialarbeit nach einer Methode, die von der Basis aus an die sozialen Probleme herangeht, die als Folgeerscheinungen aus dem konkreten ökonomischen und politischen System erwachsen. Aus der Analyse konkreter gesellschaftlicher Bedingungen ergeben sich die Aufgaben von Sozialpädagogik und Sozialarbeit. Die Existenz von struktureller Verelendung und Armut fordert die Sozialpädagogik zur Parteilichkeit heraus, wobei als ein Ziel die Wiedereingliederung der Menschen in die ökonomischen, politischen, sozialen und kulturellen Zusammenhänge verstanden wird (Khella, rezipiert von Engelke 1992).

2. Entwicklung. Im Rahmen der Theorie/Praxis – Reflexion kirchlicher „Randständigenarbeit" in Hamburg (Kraußlach u. a. 1976) wurde im Sinne der Definition der Begriff „Parteiliche Jugendsozialarbeit" geprägt. Damit war der Versuch unternommen, Theorielabelings wie „Randständigenarbeit" oder

„Rockerarbeit" abzulösen zugunsten einer Terminologie, die parteiliche Theorie und Methoden von der Defizitzuschreibung einzelner Jugendlicher oder subkultureller Gruppen entlastet.
In kritischer Auseinandersetzung zu den ausgrenzenden Freizeitangeboten klassischer Jugendhilfe gab es um 1970 in Kirchengemeinden sogenannter sozialer Brennpunkte Hamburgs (z. B. Ev. Apostelkirche, Hamb.-Eimsbüttel, 1969, Ev. Bodelschwingh-Gemeinde, Hamb. Winterhude-Süd, 1971) die parteiliche Entscheidung für eine Jugendarbeit mit sozial benachteiligten jungen Menschen. Mit der Parteinahme für „aggressive" Jugendliche, die niemand in den Jugendeinrichtungen haben wollte, entstand über die konkrete Praxisarbeit das Konzept der P.J. als →Gemeinwesenansatz (Stadtteilbezug). Die Entwicklung dieser Arbeit ist bis heute an Prinzipien gebunden, die die Voraussetzungen erfüllen, um: a) mit diesen jungen Menschen in Kontakt zu kommen; b) mit ihnen konfliktorientiert arbeiten zu können. Die Methoden haben sich der Entwicklung entsprechend erweitert (über Freizeitarbeit und Beratung zur Existenzsicherung).
Die Prinzipien sind:
a) Freiwilligkeit: Die Jugendlichen selbst bestimmen, ob, wann, wie lange und wie intensiv sie die Angebote abfordern. Der Zugang zu den Projekten kann nicht durch Auflagen oder Weisungen (JGG/KJHG) erzwungen werden.
b) Verschwiegenheit: Keine Akten, keine Berichte, keine Information an Dritte.
c) Keine Ausgrenzung, weder per Konzept (Problemdistanzierung, Hausverbot etc.) noch mit Hilfe externer Instanzen (Polizei, Justiz) oder durch administrative Finanzierungslogik (problemorientierte Förderung, Pflegesatz, personengebundene Förderung).
Ausgehend von der Erkenntnis, daß strukturelle Ausgrenzungsmechanismen immer einhergehen mit individuellen Schuldzuschreibungen, verstärkter Kontrolle und dem Einsatz gesellschaftlich akzeptierter Sanktionsmechanismen (einsperren in geschlossene Heime, Jugendarrest und Jugendgefängnis) und ausgehend von der Überzeugung, daß es weder legitim noch human ist, Kinder und Jugendliche für die Folgen struktureller Benachteiligungen (Normverletzungen) individuell zur Verantwortung zu ziehen, hat die Grundsatzkritik parteilicher Jugendsozialarbeit die logische Maxime: Jugendliche gehören nicht in den Knast!
Dieser Anspruch ist auf zwei Ebenen zu verwirklichen: 1. Die Jugendlichen („Die Unerreichbaren") müssen in die entsprechenden Einrichtungen kommen, das heißt die Projekte und die MitarbeiterInnen müssen sich erreichbar machen, und 2. die Angebote müssen real zur Haftvermeidung verwertbar sein (justizrelevante Fakten, z. B. „fester Wohnsitz").
P. J. hat den gesellschaftlichen und sozialen Wandel hinsichtlich der Lebensrealität benachteiligter junger Menschen zu interpretieren. Ständige Evaluationen der Zielgruppe, des Umfeldes und der sozialökonomischen Tendenzen (z. B. Arbeitsmarkt, Wohnungsmarkt), sind die Voraussetzung einer konzeptionellen Entwicklung bzw. Anpassung an die Bedürfnisse und an die Erfordernisse. Diese evaluierten Bedarfe sind immer früh und innovativ in der Reformdebatte zu reklamieren, um als Gegenmacht den individuellen Schaden für benachteiligte junge Menschen zu relativieren und gesellschaftliche soziale Defizite auszugleichen.

3. Aktueller Bezug. Die ganzheitliche Sichtweise parteilicher Jugendsozialarbeit mußte sich auch der Vervielfältigung sozialer Belastungen in den 1980er Jahren stellen. Angesichts der Lebensrealität benachteiligter junger Menschen wurde deutlich, wie sinnlos die traditionellen Erziehungs- und Sanktionsansprüche sind. Allein die Existenznot obdachloser Kinder und Jugendlicher (Beschaffungskriminalität, Wohngebiets-

prostitution, Drogenhandel) erforderten offensive sozialpädagogische Konzepte und neue Handlungsinstrumente (vgl. Haußmann/Plewig 1989). Der Bereich Wohnen ist allgemein zu einem sozialpolitischen Thema geworden. Der Markt hatte sich Mitte der 1980er Jahre so entwickelt, daß es zunehmend unmöglich wurde für obdachlose, alleinstehende Jugendliche (also auch Minderjährige), angemessenen Wohnraum zu finden. Es kam darauf an, der Ausgrenzung aus funktionierenden Gemeinwesen (Problemfamilien raus – solvente Mieter rein) und der Ghettoisierung in Randgebieten entgegenzuwirken.

Das 4-Säulen-Modell des Wohnprojektes „HUDE" (Hude historisch Schutzplatz) verdeutlicht, wie Existenzsicherung mit den Prinzipien von P.J. korrespondiert. Unter der Überschrift „Ab in die Normalität" wird über Existenzsicherung die Problemschraube, die sich unaufhaltsam in die Verelendung dreht, unterbrochen.

a) Die Kontakt- und Beratungsstelle ist der zentrale Ort des Projektes. In diesen Räumen können Jugendliche Kontakte zu den Mitarbeitern aufnehmen. Sie können sich zunächst einen Eindruck vom Angebot des Projektes machen, ohne sich selbst entäußern zu müssen, und bestimmen den Zeitpunkt, wann sie welches Angebot und welche(n) Mitarbeiter in Anspruch nehmen mögen (niedrigschwelliger Zugang). Die Beratungsstelle ist zu garantierten Zeiten geöffnet. Sie dient als erster Anlaufpunkt und bietet neben sofortiger Hilfe niedrigschwellige Serviceangebote wie: Essen und Trinken, Dusche, Waschmaschine und Trockner, Lagermöglichkeiten im Keller und eine kleine Werkstatt. Der Stadtteilbezug erfordert, daß auch die Kollegen anderer sozialer Dienste die Einrichtung kennenlernen. Darum finden auch Besprechungen und Gremientreffen in der Beratungsstelle statt. Regelmäßig werden Nachbarn, Mitarbeitern kooperierender Wohnungsgeber, Vertreter aus Politik und Medien, die zuständigen Jugendrichter und Förderer der Arbeit eingeladen (Gemeinwesenansatz). In diesem Anspruch, stadtteilbezogen zu wirken, spiegelt sich der Grundsatz wider, die Auseinandersetzung in der Öffentlichkeit zu suchen. Das Konzept wird offensiv reflektiert. Wechselseitige Kritik als Merkmal ständiger Veränderung.

Je mehr der Ansatz, die Methoden (das Projekt) überzeugen, je offener und bekannter die Arbeit in der Öffentlichkeit ist, umso größer ist die Chance, die Interessen der Jugendlichen im Konflikt vertreten zu können. Aus der Beratungsstelle heraus wird jugendpolitisch Einfluß genommen, auch auf das Wohnumfeld. „HUDE" stellt sich nicht nur als neue soziale Beratungsstelle im Stadtteil dar, sondern auch im herkömmlichen Sinne als Nachbar. „Ab in die Normalität!" heißt, den Diskriminierungsprozeß von obdachlosen jungen Menschen zu stoppen. Dazu gehört, daß die eigene Einrichtung von der Namensgebung bis zur Ausstattung, diesem Ziel Rechnung trägt. Die Mitarbeit und Einflußnahme in fachpolitischen Gremien ist konzeptionelle Verpflichtung, wobei es dort weniger um punktuelle Verbesserungen, als um grundsätzliche Veränderungen geht.

b) Die Gästewohnung ist der Beratungsstelle angeschlossen, verfügt jedoch über einen eigenen Eingang. Sie dient als Übergangslösung zur schnellen und unkonventionellen Krisenintervention bei akuter Obdachlosigkeit.

c) Die eigene Wohnung. Über die Kooperation mit den Wohnungsgebern im Stadtteil werden geeignete Wohnungen im Umfeld des Projektes vermittelt. Die eigene Wohnung hat für die Jugendlichen höchste Priorität: sie bedeutet Unabhängigkeit und Wertzuwachs, sie dient der Aufwertung der eigenen Persönlichkeit, sie symbolisiert Zukunftsplanung, sie eröffnet ein individuelles Lernfeld und sie stellt Schutz in Krisensituationen und einen – sog. gerichtsverwertbaren Tatbestand („fester Wohnsitz") dar.

d) Das ganzheitliche Beratungs- und Betreuungsangebot auf freiwilliger und anonymer Basis garantiert langfristig die notwendige Begleitung und Hilfestellung. Den jungen Menschen steht zu jeder Zeit die gesamte Palette des Angebots zur Verfügung, das darauf ausgerichtet ist, daß sich Jugendliche während einer schwierigen Phase ihres Lebens beheimaten können. Das Projekt ordnet sich in einem übergreifenden Zusammenhang von Hilfestellungen ein. P. J. muß sich in die gesellschaftlichen Konflikte hinein legitimieren. Zum Beispiel unter dem Aspekt der Kriminalisierung drogenabhängiger junger Menschen, die die Angebote im Stadtteil nutzen, kann sich P.J. nicht dem Druck von Polizei und Justiz beugen. Wenn Jugendliche aufgrund ihrer Lebenssituation massiv unter Druck geraten, dann sind auch ihre parteilichen Berater in der Gefahr, direkten oder indirekten Zwangsmitteln ausgesetzt zu werden. Insofern bleibt die Forderung nach dem Zeugnisverweigerungsrecht ein Meilenstein für die P.J. Ein weiterer Maßstab sind die institutionellen und administrativen Bedingungen. Dazu gehört eine weitestgehende Autonomie und Projektverantwortlichkeit des Teams, sowie eine Projektfinanzierung. →Devianzpädagogik

Lit.: G. Fellberg/U. Dreßler (Hrsg.): Hartes Pflaster. Lesebuch zur Straßensozialarbeit, Bensheim 1982; R. Haußmann: Wohnen – Arbeit – Soziale Hilfen: Ein ganzheitlicher Ansatz der Jugendhilfe, in: Bundesminister der Justiz (Hrsg.): Jugendgerichtshilfe – quo vadis? Status und Perspektive der öffentlichen Jugendhilfe gegenüber dem Jugendgericht. Frankfurter Symposium vom 2. bis 5. Juli 1990, Bonn 1990; R. Haußmann/H. J. Plewig: Alternativen zum Freiheitsentzug: Herausforderung für ambulante Handlungsstrategien, in: DVJJ (Hrsg.): Mehrfach Auffällige – mehrfach Betroffene. Erlebniswelten und Reaktionsformen. Dokumentation des 21. Deutschen Jugendgerichtstages in Göttingen, Bonn 1990; R. Haußmann/ U. Dreßler: Jugendsozialarbeit statt Arrest und Gefängnis, in: S. Müller/H. U. Otto (Hrsg.): Damit Erziehung nicht zur Strafe wird. Sozialarbeit als Konfliktschlichtung, Bielefeld 1986; J. Kraußlach/F. Düwer/G. Fellberg: Aggressive Jugendliche, Jugendsozialarbeit zwischen Kneipe und Knast, München 1976; P. Gerdes, R. Haußmann, I. Jahnke, H. Lütkehus: „Ab in die Normalität!" Existenzsicherung statt fürsorglicher Belagerung, in: Arbeitsgemeinschaft für Jugendhilfe (Hrsg.): Deutscher Jugendhilfepreis 1992 – Hermine-Albers-Preis – Jugend und Wohnen, Eigenverlag AGJ, Bonn 1993.

Renate Haußmann, Hamburg

Partnertherapie
→Paartherapie

Pathologisierung
Wenn einem →abweichenden Verhalten oder einem Merkmal die Qualität einer krankhaften Störung zugeschrieben wird, spricht man von P. So wurde z. B. das Phänomen der Trebegängerei (→Trebegänger) durch die Vermutung eines „krankhaften Wandertriebes" pathologisiert.
Problematisch bei der P. ist im Extremfall der Entzug der Zuständigkeit des Sozialpädagogen zugunsten des Facharztes, wodurch die Bemühung um den ganzen Menschen auf die Kurierung eines zweifelhaften Symptoms reduziert wird. →labeling approach; →Stigmatisierung

Patientenklub
Um aus der Psychiatrie entlassenen oder kurz vor der Entlassung stehenden Patienten den Übergang in ein Leben außerhalb der Klinik zu erleichtern, wurde diese sozialpsychiatrische Einrichtung geschaffen. Je nach Ausrichtung der P. stehen Gespräche der Betroffenen untereinander oder auch mit Außenstehenden oder dem Klinikpersonal im Mittelpunkt, die nicht unmittelbar klinisch-therapeutischen Zwecken dienen, son-

Pauperismus

dern die Lebensgestaltung thematisieren.

Pauperismus

Dieser vom lateinischen „pauper" (= arm) abgeleitete Begriff bezeichnet die Massenarmut und die physische und psychische Verelendung großer Teile der Bevölkerung im 19. Jh. (→Armut, →Kapitalismus).

Peer-Consultation
→Kollegiale Beratung

Peer Group (Bezugsgruppe, Gleichaltrigengruppe)

Unter p. g. versteht die Gruppensoziologie jene Primärgruppen (→Gruppen) von gleichaltrigen Kindern und Jugendlichen, die den in der Familie eingeleiteten Sozialisationsprozeß (→Sozialisation) fortsetzen. Dieses geschieht durch die Vermittlung erweiterter Möglichkeiten sozialer Orientierung bei gleichzeitiger Auflösung bzw. Reduzierung des kindlichen Abhängigkeitsverhältnisses von der Familie. Letztgenannte Ablösung geht jedoch häufig mit der Unterwerfung unter die gruppenspezifischen →Normen und Regeln der p. g., die subkulturelle Züge aufweisen kann (→Subkultur, →Jugendkultur), einher.

Kenntnisse über und Einsichten in die p. g. sind für Sozialpädagogen bei der Arbeit mit Kindern und Jugendlichen unabdingbar, da sie sich als Erziehungsträger und Erwachsene im Spannungsfeld des Jugendlichen zwischen Ansichten, Wünschen und Regeln der p. g. und den Anforderungen der Erwachsenenwelt befinden. →Jugend

Persönlichkeit

P. ist ein weitgefaßter und allgemeingehaltener psychologischer Begriff, der je nach Schule, Forschungsinteresse oder wissenschaftlicher Grundhaltung unterschiedlich mit Inhalt gefüllt wird.

Allgemein kann man sagen, daß P. die Gesamtheit aller Eigenschaften darstellt, die die Besonderheit und Unverwechselbarkeit eines Menschen ausmachen. Die synonyme Verwendung des Begriffs →Charakter wird heute weitgehend vermieden, da diese mit Wertungen verbunden ist. (→Identität).

Persönlichkeitsstörung

Ursprünglich bezeichnet dieser psychiatrische Begriff alle Veränderungen der →Persönlichkeit eines Menschen (z. B. neurotisch (→Neurose) begründete Wesensänderungen, abnorme Persönlichkeit, Wesensänderung durch Suchtstoffe (→Sucht) oder psychische Krankheit, sozial auffällige Persönlichkeiten).

Das 1980 erschienene Standardwerk „Diagnostic and Statistical Manual of Mental Disorders" schränkt den Begriff der P. auf die neurotische Veränderung der gesamten Persönlichkeit ein (z. B. narzißtische Störung (→Narzißmus)).

Persönlichkeitstest

Mit diesem nicht unumstrittenen psychologischen Instrument wird versucht, durch die Auswertung der von der Testperson ausgefüllten Fragebögen einzelne Persönlichkeitsprofile zu erfassen. Bei einem P. steht nicht die Untersuchung von Intelligenz (→Intelligenztest) und Leistung im Vordergrund, sondern die →Persönlichkeit im Sinne der individuellen Ausstattung des Menschen mit Temperament, Interesse, normativen Einstellungen, Begabung u. a. m. (→Test).

Personensorge

Die P. umfaßt als Teil der →elterlichen Sorge das Recht und die Pflicht der Eltern oder anderer Berechtigter, für das Kind zu sorgen und es insbesondere zu erziehen, zu pflegen, zu beaufsichtigen und seinen Aufenthalt zu bestimmen (einschließlich des Anspruchs auf →Herausgabe des Kindes).

Ihre rechtliche Regelung findet die P. in den §§ 1626 ff. BGB. Die Personensorgeberechtigten bestimmen ihren →Erziehungsstil und die Ziele ihrer →Erziehung selbst. Nur wenn es zur Gefährdung des →Kindeswohls kommt, hat der Staat durch das Vormundschaftsgericht ein Eingriffsrecht (s. u. a. §§ 1666 f.

BGB), das bis zum Entzug der gesamten P. und deren Übertragung auf andere führen kann.

Pestalozzi-Fröbel-Verband e. V. (PFV)
Der PFV wurde 1873 als „Deutscher Fröbel-Verband" gegründet, 1934 aufgelöst; 1948 nahm er seine Arbeit als Fachverband wieder auf. Mitglieder sind Angehörige aller sozialpädagogischen Berufe, Lehrer, Ärzte, Fachleute aus der Aus- und Fortbildung und der Verwaltung, auch Institutionen wie Ausbildungsstätten, Verbände und Kommunen. Der PFV veranstaltet Fachtagungen auf Bundes- und Regionalebene, nimmt zu aktuellen bildungspolitischen Fragen Stellung und gibt die Zeitschrift „Kinderzeit" heraus. Themen seiner Arbeit und regelmäßig erscheinender Dokumentationen sind u. a.: Kindergarten; Kinderalltag – Kinderkultur; Mädchenkindheit … und danach?; Identität und Professionalität im Erzieherberuf – Ansprüche an die Fortbildung.

Anschrift: Barbarossastr. 64, 10781 Berlin

Pestalozzi, Johann Heinrich (12.1.1746–17.2.1827)
P. ist ein Pionier der Sozialpädagogik. Er arbeitete nach unabgeschlossenem Studium der Philosophie und Philologie in Zürich und anschließender Tätigkeit als Landwirt zunächst mit armen Kindern (Armenanstalt Neuhof, 1774–1780) und später mit Kriegswaisen in Stans (1798–1799). Die von ihm in Stans gemachten sozialpädagogischen Erfahrungen reflektierte er im „Stanser Brief", der eine der frühesten sozialpädagogischen Arbeiten über die →Heimerziehung ist. Zum Klassiker der Schulpädagogik wurde P. durch das von ihm 1805 in Yverdon gegründete Erziehungsinstitut von Weltruf, das Schule, Lehrerbildungszentrum und Waisenhaus in sich vereinigte.

Neben dieser pädagogischen Tätigkeit verfaßte Pestalozzi ein umfangreiches schriftstellerisches Werk, das sich u. a. mit Fragen der Erziehung sowie gesellschaftlichen Mißständen seiner Zeit beschäftigte.

Pflegeanstalt
→Heilanstalt

Pflegebedürftigkeit
Das BSHG sieht P. bei Personen als gegeben an, die in Folge von →Krankheit und →Behinderung so hilflos sind, daß sie nicht ohne Wartung und Pflege bleiben können. In diesem Fall zahlt das →Sozialamt unter Vorbehalt des →Nachrangs der Sozialhilfe ein sog. Pflegegeld an den Pflegebedürftigen, von dem er die Kosten für seine Pflege bestreiten kann. Da die Krankenkassen bei P. als Kostenträger nicht zuständig sind, gleichzeitig aber aufgrund steigender Lebenserwartung P. im Alter immer mehr zunimmt, ergibt sich das Problem, daß gerade bei stationärer Pflege die Finanzierung nach dem BSHG erfolgt, was die Kommunen nicht unwesentlich belastet. Da nach dem BSHG das Einkommen und Vermögen der Betroffenen herangezogen wird, droht bei steigenden →Pflegesätzen Altersarmut auch bei sonst ausreichendem Altersruhegeld. Aus diesem Grund wurde eine →Pflegeversicherung – ähnlich der Krankenversicherung – eingeführt, die die o. g. Belastungen vermeiden soll.

Pflegeerlaubnis
Gem. § 44 KJHG bedarf jeder, der einen Minderjährigen außerhalb des Elternhauses bei sich regelmäßig betreuen oder ihm Unterkunft gewähren will, der P. durch das →Jugendamt, falls er nicht unter die Ausnahmeregelungen des § 44 Abs. 1 KJHG fällt. Das Jugendamt überprüft je nach Maßgabe des Einzelfalls regelmäßig, ob die Voraussetzungen für die Erteilung der P. fortbestehen. Es ist ermächtigt, die P. zu widerrufen, wenn das Wohl des Minderjährigen gefährdet ist.

Pflegefamilie
→Pflegeperson

Pflegegeld

1. Ein Minderjähriger in →Vollzeitpflege hat Anspruch auf P. zur Deckung seines Lebensbedarfs. Darüber hinaus wird an die →Pflegeperson ein Erziehungsbeitrag gezahlt. P. kann auch nach Eintritt der →Volljährigkeit weitergezahlt werden, wenn die schulische oder berufliche Ausbildung noch nicht beendet ist.
2. Zum P. im Sinne des BSHG →Pflegebedürftigkeit.

Pflegekind
→Pflegekinder

Pflegekinder

1. Definition. Der sozialpädagogische Sammelbegriff „Pflegekinderwesen", auch „Erziehung in Ersatzfamilien", „Familienpflege", „Erziehung durch Ergänzungsfamilie", oder „Erziehungsstelle", beinhaltet eine regelmäßige Versorgung und unterschiedliche Formen von „Hilfen zur Erziehung", von zeitlich begrenzter oder unbestimmter Dauer, in einem privaten Haushalt (Pflegefamilie, Pflegestelle oder alleinerziehende Pflegeperson) außerhalb der Herkunftsfamilie. Die Jugendhilfe erwartet von einer Pflegestelle die Kompensation von Erziehungsdefiziten, einen überschaubaren Lebensraum mit Formen des intergenerativen Zusammenlebens mit Beziehungsqualitäten in einem gelingenderen Alltag. Pflegeverhältnisse bezeichnen einen absichtsvoll herbeigeführten pädagogischen Bezug. Analog zur Erziehung in einer „normalen" Familie (→Familie) soll in der Pflegefamilie unter Berücksichtigung der bisherigen Sozialisationsgeschichte des jungen Menschen u. a. die Vermittlung von sozialen Bezügen, Rollenansprüchen und geschlechtsspezifischen Möglichkeiten der Rollenausgestaltung, vor allem aber die Vermittlung und Ausgestaltung von Lebensperspektiven geleistet werden. Intendiert ist eine Erwachsenen-Kind-Beziehung, die einer Eltern-Kind-Beziehung ähnlich ist, ohne mit ihr identisch zu sein. Von den Pflegeeltern werden pädagogische Qualifikationen erwartet, die den „normalen" elterlichen Kompetenzen entsprechen, aber auch über diese hinausgehen, wenn besondere Problem- und Bedürfnislagen des Pflegekindes dies erforderlich machen. Sie sollen über Bereitschaft und Fähigkeit zur produktiven Konfliktbewältigung verfügen. Die Pflegeeltern sollten schließlich gewillt und fähig sein, mit der Herkunftsfamilie des Kindes eine eindeutige, für beide Seiten akzeptable Beziehung zu gestalten, die ein Mindestmaß an Kontakt, gegenseitiges Kennen und Achten einschließt. Werden diese Erwartungshaltungen nicht vor dem Hintergrund genereller Schwierigkeiten des Arrangements von Zusammenleben und Erziehung in Familien gesehen, wäre die Pflegefamilie, als Sonderfall von Familie, überfordert. Unstrittig ist hingegen, daß das Pflegekindwesen, auch als Alternative zur Heimerziehung propagiert, eines neuen Professionalisierungsschubes bedarf.

2. Quantitative Aspekte. In den alten Bundesländern der BRD leben mehr als 120 000 junge Menschen außerhalb ihrer Herkunftsfamilie oder deren Umfeld. In diesen Zahlen sind die Unterbringung in Internaten, Lehrlingsheimen und das neue Lebensfeld einer Adoptivfamilie ebensowenig berücksichtigt, wie die 30 000 geistes- und lernbehinderten Kinder und Jugendlichen in Behindertenheimen und Pflegeeinrichtungen. Hinzu kommt noch eine nicht zu spezifizierende Zahl von jungen Menschen, deren zeitweiliger Lebensmittelpunkt die Einrichtungen der Kinder- und Jugendpsychiatrie sind. Wie viele Minderjährige aber in der Verwandtenpflege, meist Großelternpflege leben, ist kaum zu erfassen. Eine Untersuchung des „Deutschen Vereins für öffentliche und private Fürsorge" erbrachte, daß 1986 etwa 140 000 Großelternpflegeverhältnisse bestanden, von denen lediglich 22 500 dem Jugendamt bekannt waren.
In den alten Bundesländern leben etwa

50 000 Minderjährige, vermittelt durch das Jugendamt, häufig unter Beteiligung von Psychologischen, Kinder- und Jugendpsychiatrischen Diensten, in Dauerpflegestellen, 2200 werden in Wochen- und über 25 700 in Tagespflegestellen betreut. Pflegefamilien werden bei der Wahl von Fremdplazierungen in den einzelnen Bundesländern und Jugendamtsbereichen unterschiedlich in Anspruch genommen. Die Ursachen hierfür müssen einmal mit dem Grad der Verstädterung und Industrialisierung, aber vor allem mit den strukturellen und organisatorischen Bedingungen und den fachlichen Standards in den Jugendämtern gesehen werden. Der Familienpflege wird gegenüber der Heimerziehung der Vorrang eingeräumt, wenn das Jugendamt über einen gut ausgestalteten Pflegekinderdienst verfügt, attraktive Leistungen (z. B. Beratung, Fortbildung und Honorierung) angeboten, die Pluralität von Familienformen durch die Mitarbeiter der Administration akzeptiert und Pflegeelterngruppen gefördert werden. Für Jungen und Mädchen wird die Pflegestelle gleich häufig ausgewählt, 30% der Pflegekinder sind unter 6 Jahre alt. In der Altersgruppe der 6–12jährigen befinden sich 33%, über 12 Jahre alt sind 36% der Pflegekinder. Etwa 44% der Pflegekinder erreichen ihre Volljährigkeit in der Pflegefamilie, mehr als 20% bleiben über diesen Zeitpunkt hinaus den Ersatzeltern verbunden. Durchschnittlich liegt die Aufenthaltsdauer der Pflegekinder in der Pflegefamilie bei sieben Jahren. Analog zur Heimerziehung sind in Pflegestellen Kinder aus Scheidungs- oder Trennungsprozessen überrepräsentiert, gefolgt von Kindern von alleinerziehenden Elternteilen und Stieffamilien. Die wirtschaftlichen Verhältnisse in den Herkunftsfamilien gelten zum größten Teil als unzureichend, etwa 50% von ihnen sind auf Sozialhilfe angewiesen. Das Alter der aufnehmenden Pflegeeltern entspricht in der Regel dem der Herkunftsfamilie. Die meisten Pflegemütter gehen keiner Berufstätigkeit nach, kommen aber – wie auch die Pflegeväter – aus höher qualifizierten Berufen. Die Wohnsituation zudem unterstreicht den überwiegend gehobenen sozialen Status der Pflegeeltern, der damit verbundene Milieuwechsel kann für das Pflegekind eine biographische Zäsur bedeuten.

In den neuen Bundesländern wird diese sozialpädagogische Variante der Fremdunterbringung zusammen mit der Einrichtung von Fachdiensten, dezidierter Beratung und Fortbildung von Pflegeeltern, Honorierung der Leistungen nach den Konzepten der alten Bundesländer aufgebaut.

3. Situation in der DDR. Die Erziehung in Pflegefamilien war jugendhilfepolitisch in den letzten 10 Jahren der Existenz der DDR bedeutungslos: nur 7% der Fremdplazierungen fanden in Ersatzfamilien statt. Sogenannte familiengelöste Kinder, d. h. Kinder ohne Elternkontakt, wurden überwiegend bei Verwandten, die gleichzeitig die Vormundschaft übernahmen, untergebracht. Eine Vermittlung dieser Kinder in fremde Familien erfolgte in der Regel erst dann, wenn eine Entscheidung über eine endgültige Lösung von den leiblichen Eltern (Adoption) getroffen wurde. Im Familiengesetzbuch der DDR fehlte ein rechtliches Instrumentarium wie das des § 1632 BGB (Verbleibensordnung). Es gibt Anzeichen dafür, daß nur in wenigen Fällen aus politischen Gründen die Familienpflege mit anschließender Adoption mißbraucht wurde.

Die Ursachen für das Schattendasein der Dauerpflege in der DDR sind vielfältig, z. B. eine „totale Versorgung" vom achten Monat (Aufnahme in die Kinderkrippe) bis zum 18. Lebensjahr und fehlende Gewichtung des Individuums und Akzentuierung kollektiver Erziehungsformen. Das Monopol der Heimerziehung wurde aufgrund ihrer geringen Transparenz in der DDR kaum problematisiert, vielmehr galt sie als ein probates Mittel zur Durchsetzung parteipolitisch definierter Erziehungskonzepte und ideologischer Indoktrination (→Heimerziehung). Die Vollbeschäftigung von Männern und Frauen ließ kaum Ressourcen für Aufgaben einer Pflegefamilie aufkommen, hinzu kam die fehlende Honorierung der Betreuungs- und Erziehungsleistungen. Pflegeeltern erhielten lediglich monatlich 200–250 Mark für den Unterhalt der Kinder, ein Heimplatz kostete 1000–1200 Mark. Beratungs- und Therapieangebote waren für die Vollpflege nicht vorgesehen, die Betreuung schwer erziehbarer, psychisch auffälliger Kinder und Jugendlicher wurde von anderen Familien weder gefordert noch erwartet. Die Fachkräfte in der Administration begründeten mit den Schwierigkeiten der Ablösung von emotionalen und sozialen Bindungen in Pflegeverhältnissen bei der Rückkehr in die Herkunftsfamilie ihre ablehnende Haltung. Folglich unterblieb die Öffentlichkeitsarbeit, das Pflegekinderwesen war in der Öffentlichkeit der DDR kein Begriff. Insgesamt gelang es dem politisch-administrativen Apparat, die für moderne Gesellschaften charakteristischen Auseinandersetzungen auf der Konstitutionsebene von von Personalität, Interaktion, Organisation und Gesellschaft in der DDR zu minimieren. Aufgrund der Innovations- und Modernisierungsblockaden im System entwickelte sich für den Bereich der Jugendhilfe ein informeller Sektor, der die Aufgabe hatte, die Effizienzverluste zu kompensieren bei permanenter Gefahr der Sanktionierung (→Bildung und Erziehung im Sozialismus).

4. Trends. Die Zahl der Unterbringung in Pflegefamilien ist leicht rückläufig. Neben der demographischen Entwicklung wird dieser Trend durch die Modernisierungsfolgen, die über die fortschreitenden Prozesse der Individualisierung von Lebenslagen und der Pluralisierung von Lebensstilen tradierte Formen standardisierter und routinisierter Problembearbeitungsstrategien, vor allem den der Formen der Fremdunterbringung, in Frage stellt, forciert. Jugendhilfe als moderne Dienstleistungsagentur versucht mit der Vermeidung von Klientifizierungsprozessen sowie der Reduzierung von Inanspruchnahmebarrieren, vor allem aber durch die Ausbildung von vielseitigen Nutzungsformen ambulanter Hilfen eine Veränderung der Angebotsstruktur zu bewirken (Präventive Jugendhilfe). Zur Entlastung belasteter Familien bedarf es einer breiten sozialen Infrastruktur von der Kindertagesbetreuung, offenen Jugendarbeit bis hin zu Beratungs- und Anlaufstellen mit offenem und beteiligendem Charakter. Zu den notwendigen Angeboten gehören aber auch die Wohnraumsicherung und Schuldnerberatung. Dieser sozial- und jugendpolitisch gewollte Veränderungsprozeß ist noch nicht abgeschlossen und stößt bei einer Vielzahl von jungen Menschen und deren Familien in schwierigen Lebenslagen an seine Grenzen. Vor dem Hintergrund der Erosion der Arbeitsgesellschaft, Langzeitarbeitslosigkeit, Wertewandel und neuer Armut verfügen soziale Netzwerke aus strukturellen wie personenspezifischen Vorgaben oft nur über unzureichende Ressourcen. Im Interesse des Wohls des Kindes ist dann eine Herausnahme aus der Herkunftsfamilie angezeigt. Dies gilt besonders dann, wenn Eltern oder Mütter nicht zur Liebe, die das Kind braucht oder sucht, fähig sind. Liegt der rückläufige Trend zur Fremdunterbringung im generellen Interesse der Jugendpolitik, wird von der Jugendhilfeadministration mit Sorge beobachtet, daß sich die Anzahl der Bewerber um Pflegekinder rückläufig entwickelt. Trotz differenzierter Werbekonzepte und Serviceleistungen scheint der gesamtgesellschaftliche Trend zur Individualisierung und Privatisierung die angezeigte Ausgestaltung von Pflegestellen langfristig zu belasten. Die geforderte berufliche Mobilität und Flexibilität, fehlender Wohnraum, auch das ge-

wandelte Rollenverständnis von Frauen (Abwahl der nur Hausfrauenehe, geschlechtsspezifische Arbeitsteilung), der steigende Anteil der Scheidungsraten, die Infragestellung von Familie (Single-Haushalte, Alleinerziehende) stellen die notwendige Ausgestaltung der Alternative zur Heimerziehung in Frage.

5. Pflegestellenangebot. Historisch gesehen ist ein Wandel der Inpflegegabe zu registrieren. Anstelle von Findel- und Waisenkindern sind weit überwiegend Kinder und Jugendliche getreten, die zwar Eltern haben, deren Erziehungstüchtigkeit vorübergehend oder auf Dauer derart eingeschränkt ist oder als unzureichend definiert wird, daß für die jungen Menschen auf Zeit oder dauerhaft ein anderer Lebensmittelpunkt geboten werden muß. Waren früher Pflegekinder wegen ihrer Arbeitskraft häufig für einkommensschwache, meist ländliche Bevölkerungsgruppen ein Zusatzerwerb (Hütekinder), bewerben sich heute überwiegend finanziell abgesicherte Angehörige der Mittelschicht um Pflegekinder. Dieses Jugendhilfeangebot steht als ein nur in Sonderfällen professionelles Konzept in Nachbarschaft zur Adoption und Formen von Heimerziehung. Die Grenzen zwischen Dauerpflege und der Adoption werden immer undeutlicher, und zwar in dem Maße, wie sich die Dauerpflegeverhältnisse faktisch und rechtlich stabilisieren. Dies kann geschehen durch Übernahme des Familiennamens der Pflegeeltern, Übernahme der Vormundschaft bzw. Pflegschaft durch Pflegeeltern oder durch den Verbleib in der Pflegefamilie über das 18. Lebensjahr hinaus. Im Bereich der Adoption sind die Grenzen zwischen der abgebenden Mutter und Adoptivkind sowie Adoptiveltern durchlässiger geworden (offene Adoption). Die zu bewältigenden Integrationsprobleme, besonders bei älteren Kindern, sind in der Pflegefamilie vergleichbar denen bei einer Adoption. Zur Heimerziehung gibt es bei der inhaltlichen Ausgestaltung der Dauerpflege Überschneidungen bei der „Intensiven sozialpädagogischen Einzelbetreuung" (§ 35 KJHG) dann, wenn ein in einem Heim beschäftigter Mitarbeiter mit bis zu 2 Kindern/Jugendlichen zusammenlebt; eine Großpflege (Pflegenest, Erziehungsstelle), die kollektive Lernprozesse stärker in den Alltag integriert, unterscheidet sich kaum noch von einer als Kleineinrichtung geführten Form der Heimerziehung.

Aus rechtlichen, organisatorischen und finanziellen Gründen heraus haben sich unterschiedliche Profile entwickelt, die folgende Kriterien berücksichtigen:
– die voraussichtliche Dauer der Pflegekindschaft (über Wochen, Monate oder Jahre);
– der Grad der Sozialisationsbeeinträchtigung, psychischen oder sozialen Schädigung, Behinderung, die daraus sich ergebende notwendige Intensität der pädagogischen Hilfen und die damit geforderte sozialpädagogische, pflegerische oder therapeutische Kompetenz der Pflegeeltern;
– der Grad der Familialität (ein Kind, mehrere Kinder oder Kindergruppen) einer Pflegefamilie.

Diese Merkmale differenzieren die Pflegestellen. In der Regel findet die Familienpflege in der traditionellen Lebensform statt. Es ist nicht Voraussetzung, daß die aufnehmenden Erwachsenen in einer Ehe, aber dauerhaft in einer Partnerschaft zusammenleben, in Ausnahmesituationen werden auch Alleinerziehende mit den Aufgaben beauftragt. Ingesamt wird der Pluralisierung der Familienform Rechnung getragen.

Die Kurzpflege, dient der vorübergehenden häufig unverzüglich gebotenen Betreuung und Versorgung von Kindern, deren Erziehungsberechtigte – meist die Mutter – wegen Erkrankung, Kuraufenthalt, Entbindung, Unfälle oder erfahrener familiärer Gewalt u. a. ausfallen oder wenn durch (Rückkehr in den) Beruf oder Ausbildung hervorgerufene Überforderungen auftreten. Darüber hinaus können komplexere Familienkrisen, die nicht durch ambulante Hilfsangebote (Familienhelfer, Tagespflegplatz, wirtschaftliche Hilfen, Aktivierung von Familienangehörigen oder Nachbarn) kompensiert werden können, zunächst eine Betreuung in einer Kurzpflege notwendig machen. Hierzu gehören u. a. akute Gefährdung des Kindes durch Gewalterfahrung in der Familie, Vernachlässigung oder mangelnde Versorgung; Formen der Ausbeutung kindlicher Abhängigkeit; Suchtprobleme und psychische Erkrankung der Eltern. Bei der Kurzpflege soll der Identifikations- und Statusbezug des Kindes zu den temporär abwesenden Eltern erhalten bleiben. Ob es bei einer zeitlichen Herausnahme des Kindes aus seiner Ursprungsfamilie zeitlich befristet bleibt, hängt von der elterlichen Kompetenz und den Möglichkeiten ihrer Realisierung, den Chancen zur Sanierung des familialen Sozialisationssystems sowie der Motivationsstrukturen, Handlungspositionen und -strategien der Kinder und ihrer Aktivierbarkeit sowie den sozialen Unterstützungsleistungen der Umwelt ab.

In einer Bereitschaftspflegestelle, häufig angegliedert an Jugendschutzstellen oder Kindernotdienste, werden Kinder und Jugendliche auf Zeit aufgenommen, wenn diese von zu Hause oder einem Heim entwichen sind, der weitere Erziehungsverlauf aber noch nicht geklärt ist. Es wird geschätzt, daß jährlich bis zu 40 000 Kinder und Jugendliche „auf Trebe", also „Wegläufer" sind.

Die Adoptionspflege ist eine mögliche Vorbereitungsphase einer Adoption. Den potentiellen Adoptiveltern wird für die Zeit der Adoptionspflege kein Pflege- oder Erziehungsgeld gezahlt.

In einer Wochenpflege werden Kinder an einzelnen Tagen (Tag und Nacht) betreut, deren Eltern, meistens aber Alleinerziehende, ungünstige Arbeitszeiten haben. Eine Variante hierzu ist die Tagespflege, abends und an Wochenenden sind die Kinder bei ihren Eltern. Eine Variante stellt die „Tagesmutter" dar. Eine nicht berufstätige Mutter betreut bis zu drei Kinder im Alter bis zu 3 Jahren (einschließlich der eigenen Kinder) tagsüber in ihrer Wohnung. Sie erhält eine Aufwandsentschädigung, hat Anspruch auf Beratung und eine pädagogisch-psychologische Kurzausbildung.

Die Dauerpflege (Vollzeitpflege) ist ein auf Konstanz abgestelltes Pflegeverhältnis, in dem Minderjährige mit oder ohne die kontinuierliche Mitwirkung ihrer leiblichen Eltern auf eine von vornherein nicht befristete Zeit regelmäßig versorgt und erzogen werden. Sie wird in unterschiedlichen Arrangements realisiert.

Die Einzeldauerpflege stellt die Grundform aller Familienpflege dar; in ihr leben etwa 80% aller Pflegekinder. Etwa ein Viertel aller Pflegekinder leben mehr als fünf Jahre mit ihren Pflegeltern zusammen. In „heilpädagogischen" oder „sozialpädagogischen Pflegestellen" betreuen Pflegeeltern oder Einzelpersonen mit fachspezifischer Ausbildung erheblich entwicklungsgeschädigte und/oder behinderte Kinder und Jugendliche. Weniger als 6% aller Pflegekinder leben in solchen Sonderformen, obwohl die meisten Pflegekinder in der Dauerpflege entwicklungsgeschädigt oder behindert sind. In einer Großpflege (auch: Pflegenester), einer gruppenpädagogisch orientierten familiaren Kindergruppe, leben drei, aber weniger als sechs Kinder. Die Großpflegestelle erweist sich als besonders geeignet für Geschwister oder für Kinder, die neben dem Elternkontakt vor allem auf die peer-groups angewiesen sind. Organisationsformen des Alltags und der Einsatz von Methoden markieren den Übergang von einer familiaren Familienpflege zur Arbeit in Gruppen in der Heimerziehung. Für die Verwandtenpflege bis zum 3. Grad (§ 2589 BGB) ist keine Pflegeerlaubnis erforderlich. Sie wird als kostenneutrale Verwandtenpflege angesehen und nur dann von der Jugendhilfe unterstützt, wenn die Inpflegegabe aus pädagogischen Gründen unabweisbar ist.

6. Rechtliche Aspekte (→Jugendhilferecht). In der Familien- und Jugendrechtsentwicklung spielten Pflegekinder eine untergeordnete Rolle. Jugendbehörden und Vormundschaftsgerichte mußten mit polizeirechtlichen Instrumentarien des (R)JWG von 1922 bzw. mit einem Familienrecht, dem das Pflegekind völlig fremd war, arbeiten. Die (Sozial-)Politisierung einschließlich sozialwissenschaftlicher Hilfestellungen, das Bekenntnis zum Sozialstaat bewirkten eine beeindruckende Änderung: das Pflegekind wurde Träger von Ansprüchen gegenüber dem Staat, das Jugendamtshandeln ragt über die staatliche Aufsicht weit hinaus. Es sollen die Bedürfnisse und Interessen der Kinder geschützt und gefördert, Akzeptanz und Unterstützung angeboten werden, sie im Rahmen ihrer Möglichkeiten an der Auswahl zu beteiligen. Das am 01. 01. 1991 in Kraft getretene KJHG ist u. a. gekennzeichnet durch den Vorrang der Hilfen innerhalb der Familie (hierzu auch § 1666a BGB); Sicherung der Dauerhaftigkeit der Lebensumstände sowohl in der Herkunftsfamilie wie in der Pflegefamilie; größere Transparenz und Ehrlichkeit allen Beteiligten gegenüber; bedeutendere rechtliche, fachliche und politische Aufmerksamkeit für die Kontrolle von Jugendamtshandeln. Die Bedingungen und Modalitäten, die das Leben von jungen Menschen in den Pflegefamilien betreffen, sind in den §§ 27 Abs. 2 bezüglich des Lebensweltbezugs, das „engere soziale Umfeld"; § 23 Vollzeitpflege; § 36 die Mitwirkung der Personensorgeberechtigten und des Kindes im Entscheidungs- und Hilfeprozeß, einschließlich des Zusammenwirkens mehrerer Fachkräfte; § 37 das beratende Hinwirken auf die Restabilisierung der Herkunftsfamilie bzw. das Erarbeiten neuer Lebensperspektiven für das Kind; § 38 Ausübung der Personensorge; § 39 Leistungen zum Unterhalt junger Menschen und schließlich die Pflegeerlaubnis (§ 44) geregelt. Das Landesrecht hat zur Durchführung der Familienpflege notwendige Konkretisierungen vorzunehmen.

Auch über das JGG, § 10, ergibt sich die Möglichkeit, Familienpflege zu gestalten. Über eine Weisung kann in Abstimmung mit der Jugendgerichtspflege die Jugendhilfe Erziehung in Pflegestellen arbeiten. Behinderte Kinder und Jugendliche im Sinne des § 39 BSHG können in heilpädagogischen Pflegestellen untergebracht und gefördert werden.

Im Kindsinteresse unzureichend sind die in der doppelten Elternschaft angelegten Besonderheiten, also die rechtliche Gestaltung zwischen dem Kind, den leiblichen Eltern und den Pflegeeltern bei anfallenden alltäglichen Handlungsnotwendigkeiten, geregelt (§ 1630 Abs. 3 BGB und § 1632 Abs. 4 BGB). Eine umfassende Neuordnung der Pflegeelternschaft steht noch aus. Im Interesse des Kindeswohls wäre zu prüfen, unter welchen Voraussetzungen das in einer Pflegefamilie entstandene Eltern-Kind-Verhältnis nicht als „faktische Elternschaft" neben der biologischen als gleichwertig anerkannt werden muß.

7. Finanzielle Aspekte. Im Vergleich zu einer →Heimunterbringung ist die Pflegefamilie außerordentlich kostengünstig. So lag 1990 das Pflegegeld für bis zu 7jährige unter 300,- DM im Monat im Bundesdurchschnitt. Für die erforderliche sozialpädagogische Kompetenz (z. B. Sonderpädagogische oder heilpädagogische Pflegestellen) kann nach Alter der Pflegekinder länderunterschiedlich von 400,- bis 800,- DM Erziehungsgeld vereinbart werden. Insgesamt ist die Bezahlung der Pflegestellen deutlich zu verbessern. Zu der selbstverständlichen Honorierung sollten Kosten für eine Grundausstattung (Kinderzimmer), notwendigen Förderunterricht/Musikunterricht und Beratungsdienste übernommen werden, die gewünschten Kontakte zur Herkunftsfamilie sollten durch Übernahme von Reisekosten subventioniert werden. Neben den direkten und indirekten Kosten, die ein Pflege-

kind in eine Pflegefamilie einbringt, ergeben sich „nicht-ökonomische Kosten", die Pflegeeltern durch ihr Engagement einer „sozialen Elternschaft" entstehen (Zeit, Anstrengungen, Streß, Verlust an Privatheit, persönliche Verzichtsleistungen etc.), die nicht honoriert, aber anerkannt werden müssen. Persönliche Bedürfnisse der sozialen Eltern, einem fremden Kind die Rolle eines zuverlässigen, belastbaren Wegbegleiters anzubieten, sollte nicht als unreflektierter Idealismus diffamiert werden, sondern bedürfen ggf. der Unterstützung, z. B. durch Beratung (→Supervision).

8. Aspekte von Forschung. Wie jede Form von öffentlicher Erziehung bedarf auch die Arbeit in Pflegefamilien einer theoretischen wie empirischen Analyse und muß für die Praxis so aufbereitet werden, daß sie rezipiert und die Impulse umgesetzt werden können. Die vorhandene Grundlagenforschung (Bindung und Trennung, Devianz, familiäre Kommunikation etc.) müßte auf die Pflegekindschaft bezogen werden. Zur Zeit gibt es nur ein ungesichertes Wissen zur Einweisungs- und Auswahlpraxis der Jugendämter, kaum Dokumentationen über gelingende Pflegekindschaften (Biographieforschung), der Alltag in Pflegefamilien ist nicht erforscht. Gründe des Abbruchs von Pflegeverhältnissen, Probleme einer möglichen Fortsetzung durch die Heimerziehung oder die Rückkehr in die Herkunftsfamilie warten auf eine Praxisforschung. Die Forschung wird sich zum großen Teil →qualitativer Methoden zu bedienen haben, kontinuierliche Studien und Langzeituntersuchungen sind ebenso notwendig wie eine aktionsorientierte Forschung, die eine Entwicklung von neuerer Angebotsstruktur, Beratungs- und Krisenkinterventionsmodellen vorantreibt. Im Kontext des Prozesses der europäischen Integration sind probate Modelle auf ihre Übertragbarkeit hin zu überprüfen, der Aspekt der multikulturellen Sozialisation bedarf einer größeren Gewichtung.

Lit.: Blandow, J.: Erziehungshilfen im historischen Kontext. Aspekte zu ihrer Geschichte seit 1945, in: Blandow, J. und Faltermeier, J. (Hg.), in: Erziehungshilfen in der Bundesrepublik Deutschland, Frankfurt a. M. 1989, S. 6–19; Bonhoeffer, M. u. Widemann, P. (Hrsg.): Kinder in Ersatzfamilien, Stuttgart 1974; Gottstein, H.: Zum Problem der Identitätsfindung von Kindern in Pflegefamilien, Münster 1992; Guthoff, F., Jordan, E., Steege, G. (Hrsg.): Hamburger Pflegekinderkongreß „Mut zur Vielfalt", Münster 1990; Millham, S., Bullock, R., Hosie, K., Haak, M.: Lost in care, Gower, Farnborough 1986; Salgo, L.: Pflegekindschaft und Staatsintervention, Darmstadt 1987.

Herbert Colla-Müller, Lüneburg

Pflegekinderschutz
→Pflegeerlaubnis
→Pflegekinderwesen

Pflegeperson
1. Mit P. werden jene Personen bezeichnet, die eine →Vollzeitpflege nach dem KJHG ausführen. Häufig wird statt P. der rechtlich nicht definierte Begriff „Pflegefamilie" verwendet, der jedoch viel enger gefaßt ist, da er Einzelpersonen, unverheiratete Paare u. a. m. unberücksichtigt läßt, die in der Bezeichnung P. eingeschlossen sind (→Pflegekinderwesen).
2. Im BSHG (§ 69 Abs. 2) werden unter P. Laien verstanden, die die häusliche Wartung und Pflege bei Pflegebedürftigen (→Pflegebedürftigkeit) übernehmen. Hier wird der Begriff P. im Gegensatz zur professionell arbeitenden und fachlich qualifizierten sog. Pflegekraft verwendet.

Pfleger
→Vormundschaft und Pflegschaft

Pflegesatz
Das von sozialen Einrichtungen für die Betreuung und Versorgung von Perso-

nen verlangte Entgelt wird als P. bezeichnet. Für die Festsetzung des P. gibt es teils gesetzliche Vorschriften (z. B. bei Krankenhäusern oder →Altenheimen), teils werden diese zwischen den Hilfeträgern und den Trägern der Einrichtungen vereinbart (sog. Pflegesatzvereinbarung z. B. bei Heimen der →Jugendhilfe).

Pflegestellenvermittlung
In der P. werden geeignete →Pflegepersonen für die →Vollzeitpflege eines Minderjährigen vermittelt. Diese Tätigkeit kann sowohl von →Jugendämtern, den Freien →Wohlfahrtsverbänden sowie – in „schweren Einzelfällen" (§ 89 KJHG) – vom →Landesjugendamt durchgeführt werden. →Pflegekinderwesen

Pflegeversicherung
Neben der 1883 eingeführten gesetzlichen Krankenversicherung (GKV), der 1884 eingeführten Unfallversicherung, der 1889 eingeführten →Rentenversicherung und der 1927 eingeführten →Arbeitslosenversicherung bildet die 1995 eingeführte P. die fünfte Säule des deutschen Sozialversicherungssystems. Die P. soll die zunehmenden Fälle (→Altersstruktur), in denen Fremdhilfe bei Pflegebedürftigkeit finanziert werden muß, absichern. Sie ist unter dem Dach der GKV angesiedelt und entspricht im wesentlichen deren Struktur. Sowohl Versicherungspflichtige der GKV als auch freiwillig GKV-Versicherte sind in der P. versicherungspflichtig. Wer privat versichert ist, muß sich auch privat pflegeversichern. Grundlage für die Feststellung der Pflegebedürftigkeit sind die Pflegebedürftigkeitsrichtlinien. →Gesundheitswesen; →Sozialrecht

Pflegschaft
→Vormundschaft und Pflegschaft

Phänomenologie
Allgemein verstanden ist die P. die Lehre von den „Erscheinungen" (Phänomenen), die die Trennung der Wahrheit vom Schein ermöglicht und so als Fundament für empirisches Wissen dient. Im engeren Sinne ist die P. eine von E. Husserl (1859–1938) begründete philosophische Denkrichtung, die davon ausgeht, daß die vom Menschen als sinnhaft erlebte, ihn umgebende „Erfahrungswelt" vom Individuum durch intentionale Bewußtseinsakte geschaffen wurde. Durch die phänomenologische Herangehensweise werden nun die Strukturen und Prozesse aufgedeckt, die zur Bildung der Erfahrungswelt führen, für die als subjektive, letzte und umfassende Grundlage die →Lebenswelt gilt. Diese wird in der P. nach Husserl als Fundament und Ausgangspunkt wissenschaftlicher Bemühungen angesehen, das nicht durch methodische oder theoretische Präambeln verformt oder überlagert werden darf. Die P. hatte als wissenschaftstheoretische Grundlage großen Einfluß auf die Geisteswissenschaften. Neben einer phänomenologischen Soziologie, Psychologie, Pädagogik u. a. m. gibt es seit den frühen 80er Jahren auch eine phänomenologisch beeinflußte Sozialpädagogik (→Alltagsansatz). →Wissenschaftstheorie

PIE
Das Person-in-Environment-System wurde Anfang der 90er Jahre in den USA von Karls und Wandrei (Person-In-Environment-System. The PIE-System – Classification System for Social Functioning Problems, Washington, DC, Nasw Press) als bio-psycho-soziales Assessmentsystem für die Fallanalyse in der Sozialen Arbeit entwickelt und vorgestellt. Es erfaßt die sozialen Funktionen bzw. sozialen Integrationsprobleme und dient damit in den Faktoren I und II der →Diagnostik und →Klassifikation sozialer Funktionsstörungen. Außerdem integriert es in den Faktoren III psychische Erkrankungen (→DSM IV) und IV körperliche Erkrankungen (→ICD-10). Faktor I erfaßt die Probleme in sozialen Rollen, die ausdifferenziert sind nach familiären, berufli-

chen, anderen interpersonalen Rollen sowie spezifischen Lebenssituationen. Im Faktor II werden die Umgebungsprobleme im Gemeinwesen erfaßt, wie sie sich mit dem Erziehungs- und Bildungssystem, dem Rechtssystem, dem Sozialsystem einschl. der gesundheitlichen Versorgung, dem System freier Zusammenschlüsse, wie z. B. den Religionsgemeinschaften, sowie im System affektiver Unterstützung ergeben.

Planspiel
Durch militärische und wirtschaftliche Simulationsspiele entwickelte Methode, die auch in die Soziale Arbeit Eingang gefunden hat. Hier dient das P. vorrangig dem Durchspielen komplexer Konflikte als Lernprinzip in Aus- und Fortbildung sowie der Vorbereitung von Entscheidungen im Rahmen der Sozialplanung und der Organisationsentwicklung. Durch die Übernahme der differierenden Rollen von Institutionen und sozialen Gruppen und der Nachahmung ihrer Kommunikation vor dem Hintergrund der spezifischen Interessenlagen sollen soziale Wirklichkeit simuliert und Konfliktlösungsprozesse gestaltet werden. Während das →Rollenspiel in erster Linie die interpersonellen Beziehungen reflektiert, dient das P. der Erprobung von Strategien im Kontext politischer und institutioneller Strukturen.

Pluralismus
In einer pluralistischen Gesellschaft gibt es keine einheitlich anerkannte →Normen- und →Wertstruktur, sondern eine Vielzahl von Interessengruppen sozialer, religiöser, politischer und anderer Natur konkurrieren um gesellschaftlichen Einfluß und damit um die Durchsetzung ihrer Normen- und Wertvorstellungen. Die Sozialpädagogik ist in einer pluralistischen Gesellschaft in zweifacher Weise herausgefordert. Zum einen ist sie der Gefahr ausgesetzt, daß die wissenschaftliche Betrachtungsweise ihres Gegenstandes durch die Einflußnahme politischer und ideologischer Interessengruppen verfälscht und überformt wird, zum anderen ist sie vor die schwierige Aufgabe gestellt, ihre Klienten zu befähigen, sich innerhalb dieser Strukturen nicht von Interessengruppen vereinnahmen zu lassen, sondern im Rahmen ihrer persönlichen Möglichkeiten ihren eigenen Weg zu finden. →Individualistische Ethik

Politische Bildung
P.B. als Teilbereich der →Bildung soll den jungen Menschen befähigen, aus der Kenntnis der Geschichte, der Institutionen und der Strukturen der Gesellschaft, in der er lebt, heraus
1. gegenüber politischer Vereinnahmung und Agitation einen selbständigen Standort zu finden;
2. das Bewahrenswerte vom Erneuerungsbedürftigen in der Gesellschaft zu unterscheiden;
3. Strategien zu entwickeln, eigene politische Vorstellungen in angemessener Art zu vertreten, zu verwirklichen oder zu korrigieren.

Demgegenüber steht immer wieder der Wunsch gesellschaftlicher Gruppen an die pädagogischen Berufe, junge Menschen einseitig politisch zu indoktrinieren, und sie somit nicht in die Selbständigkeit zu entlassen, sondern für diese Gruppe nützlich zu machen.

Positivismus
Der P. ist eine auf A. Comte (1798–1857) zurückzuführende Denk- und Erkenntnisrichtung, die sich streng gegen metaphysische oder hermeneutische (→Hermeneutik) Deutungen in der Wissenschaft wendet. Nach der positivistischen Grundposition ist das Gegebene, Erfahrbare und Beobachtbare die Quelle der wissenschaftlichen Erkenntnis. Dieses ist zu ordnen und auf Regelmäßigkeiten zu prüfen. Ziel ist es, auf dieser Grundlage Gesetze zu entwickeln, mit deren Hilfe die den Menschen umgebenden Tatsachen erklärt und prognostiziert werden können, wobei die Gesetze stets erneut an der Wirklichkeit zu überprüfen sind. Vom P. gibt es zahlreiche Spielarten, die z. T. die Sozialwissenschaften

Postindustrielle Gesellschaft

erheblich beeinflußten. →Wissenschaftstheorie; →Neopositivismus.

Postindustrielle Gesellschaft

soziologische Bezeichnung für eine (zukünftige) Gesellschaft, in der der Dienstleistungssektor (in dem dann etwa 80% der Arbeitskräfte beschäftigt sein werden) der dominierende Wirtschaftsfaktor ist.

Postmoderne

Diese zunächst in der Kunst für einen Pluralismus der Stilrichtungen verwendete Bezeichnung wurde bald auch für die derzeitige gesellschaftliche Situation verwendet, in der die großen, Allgemeingültigkeit beanspruchenden soziologischen Theorien für eine angemessene Beurteilung des Gesellschaftszustandes immer weniger geeignet erscheinen.

Demgegenüber steht in der Postmoderne das Postulat des radikalen Pluralismus, das sich gegen jede Vereinheitlichung und Uniformierung von Lebensweisen wendet. Außerdem fordert die P. die Anerkennung auch wissenschaftlich nicht akzeptierter Wege des Erkenntnisgewinns. Die P. stellt – wenn man ihren Postulaten folgt – die Soziale Arbeit vor die Herausforderung, ihre Klienten für ein Leben in einer nicht vorhersehbaren, vielfältigen und widersprüchlichen Gesellschaftsstruktur zu befähigen.

Prävention

→Gesundheitswissenschaft
→Prävention (und Jugendhilfe)

Prävention (und Jugendhilfe)

Das Thema Prävention hat gegenwärtig Hochkonjunktur. Es bestimmt die aktuelle jugendpolitische Debatte wie auch das professionelle Selbstverständnis der Jugendhilfepraxis. Diese allseitige Popularität des P.-Themas signalisiert einen markanten Kurswechsel im Umgang mit sozialer Auffälligkeit und kindlichen Grenzüberschreitungen: Es mehrt sich die Kritik an ‚altbewährten‘ reaktiven Mustern der Problembewältigung. Eine jugendbehördliche Praxis, die sich immer erst einschaltet, wenn →soziale Probleme eskalieren und kindliche Fehlverhaltensweisen in alltäglichen Lebenszusammenhängen nicht mehr normalisiert werden können, eine Praxis also, die allein pädagogische Notfälle bearbeitet, stößt mehr und mehr an die Grenzen ihrer Leistungsfähigkeit und öffentlichen Legitimation. Immer vernehmlicher wird so die Forderung nach einer aktiven Politik der Problemvermeidung, die Kindern und Jugendlichen in kritischen Lebenssituationen vorbeugende Hilfen bereitstellt und jene Belastungen und Benachteiligungen vermindern hilft, die das störende und sozial auffällige Verhalten von jungen Menschen beständig reproduzieren. Das frühzeitige Kitten von Brüchen in der ‚Normalsozialisation‘ und die Herstellung von lebenswerten Lebensverhältnissen – dies ist das Programm einer präventiv orientierten Sozialen Arbeit (vgl. 8. Jugendbericht der Bundesregierung 1990).

1. Begriffliche Differenzierung. Der gemeinsame Bezugspunkt aller Definitionen des P.-Begriffs ist der Rückgriff auf ein verbindliches Inventar von Normalitätsstandards (kodifizierte Rechtsnormen und alltagsweltliche Normalitätserwartungen), das die normativen Grenzlinien zwischen normalen und akzeptablen Verhaltensweisen auf der einen und abweichenden und damit unerwünschten Verhaltensweisen auf der anderen Seite markiert. Auf der Grundlage dieser normativen Grenzziehung bezeichnet der Begriff der Prävention dann die Summe jener Maßnahmen, die die Übereinstimmung der Gesellschaftsmitglieder mit diesen Normalitätsstandards sichern und so Störungen der gesellschaftlichen Ordnung im Vorgriff ausschließen. Der Begriff der Korrektion (Therapie; Resozialisierung) bezeichnet im Gegensatz hierzu alle jene Maßnahmen, die auf eine Bewältigung bereits aufgetretener Ordnungsstörungen gerichtet sind und die damit eine schon gefährdete Normalität wiederherzustel-

len versuchen. In der neueren Literatur werden zwei Grundformen der P. unterschieden: strukturbezogene und personenbezogene P.. Maßnahmen strukturbezogener P. richten sich auf die Gestaltung sozialräumlicher Lebensverhältnisse. Ihr Ansatzpunkt sind jene sozialstrukturell geprägten Belastungen und Benachteiligungen, die relativ konstante Rahmenbedingungen für die Produktion von Abweichung und sozialer Auffälligkeit sind. Ziel der Maßnahmen struktureller P. ist so die Verbesserung der sozialen Lebenslagen junger Menschen und die Herstellung jener (ökonomischen, ökologischen und psychosozialen) Ressourcen, die eine relativ störungsfreie individuelle und familiäre Reproduktion gewährleisten. Maßnahmen personenbezogener P. hingegen richten sich auf die vorsorgliche Vermeidung von konkreten Normverletzungen. Ansatzpunkt präventiven Handelns sind hier nicht Strukturen sozialer Ungleichheit, sondern frühe Störzeichen im konkreten Verhalten einzelner Kinder und Jugendlicher, in denen sich sozialstrukturelle Disparitäten subjektiv niederschlagen. Ziel der Maßnahmen personaler P. ist es daher, das Auftreten von manifesten Auffälligkeitszeichen und die Verfestigung von Problemverhalten in ein stabiles abweichendes Rollenspiel zu verhindern (Herriger 1986, 7 ff.).

2. Präventives Handeln in der sozialen Praxis. Eine vorbeugend konzipierte Jugendhilfepraxis existiert bislang erst in Umrissen. Trotz des hohen Aufmerksamkeitswertes, dessen sich das P.-Konzept gegenwärtig erfreut – präventive Soziale Arbeit ist auch heute noch mehr Programm denn Wirklichkeit. Zu diesem eher ernüchternden Ergebnis kommen erste empirische Untersuchungen zu den Alltagskonzepten, Praxisentwürfen und Organisationsformen einer präventiven Sozialen Arbeit (Herriger 1986; Otto 1991; Böllert 1995). Folgen wir den Befunden dieser Forschung, so kann man feststellen, daß im Alltag der →Jugendhilfe vor allem Konzepte personenbezogener P. erprobt werden, während Konzepte einer weitergreifenden strukturellen P. nur selten praktisch umgesetzt werden. Hier einige Beispiele, die stellvertretend für die bunte Vielfalt von personenbezogenen P.-Angeboten stehen:
– eine erlebnisorientierte und kompetenzvermittelnde Jugendarbeit, die jungen Menschen neue und ungewohnte Erfahrungsräume eröffnet und wirksame Normalisierungs- und Entstigmatisierungsprozesse einleitet (→Erlebnispädagogik);
– eine soziale Familienbildung, die die Alltagsprobleme individualisierter Lebensführung und pluraler Familienformen thematisiert und Familien auf Störungen in der primären →Sozialisation vorbereitet;
– die Ausgestaltung von Kindertagesstätten und weiteren familienergänzenden Angeboten, die – zu Nachbarschaftszentren ausgebaut – zum tragenden Fundament neuer lokaler Unterstützungsnetzwerke werden (→Gemeinwesenarbeit, →Netzwerk);
– eine pädagogische Normalisierungspraxis, die das ordnungsstörende Verhalten von Kindern und Jugendlichen mit offenen und lebensweltorientierten Hilfen beantwortet und auf zwangsbestimmte Ausgrenzungspraktiken verzichtet;
– und vor allem: eine offene und problemsensible Familienhilfe vor Ort, die den Familien Ressourcen für die Bewältigung von akuten Familienkrisen vermittelt und eine unterstützende Begleitung organisiert, bevor sich diese kritischen Familienereignisse in einem abweichenden Verhaltensprofil der Kinder niederschlagen (→sozialpädagogische Familienhilfe) (Herriger 1986, 73–108).
Gemeinsam ist diesen Angeboten eine durchgängige Pädagogisierung des Präventionshandelns. Diese Übersicht zeigt recht deutlich: P. wird von der Jugendhilfepraxis in ‚bewährten' Kategorien sozialarbeiterischen Handelns formu-

liert. Die vorgeschlagenen Vorbeugungsmaßnahmen zielen (1) auf die Vermittlung von Handlungskompetenzen, (2) auf die Einübung gelingender Krisenbewältigungsstrategien und (3) auf die Kanalisierung von Familienkonflikten in akzeptierte Verarbeitungsformen. Sie alle verbleiben im Horizont des ‚Beziehungsparadigmas' und strukturieren den vorbeugenden Problemzugriff nach einem Muster der Individualisierung und Pädagogisierung von komplexen sozialen Problemzusammenhängen. Maßnahmen strukturbezogener P. hingegen, die strukturell festgeschriebene Ungleichheiten und Ungleichverteilungen sozialer Lebenschancen zu korrigieren versuchen und die die materiellen und immateriellen Ressourcen einer relativ störungsfreien individuellen und familiären Lebensführung herzustellen hoffen – solche P.-Entwürfe werden in der Jugendhilfepraxis nur selten thematisiert. Vorgeschlagen werden u. a.:

– eine Jugendpolitik, die „die Schwierigkeiten junger Menschen bei der Entwicklung eines sinnstiftenden Lebensentwurfes und die Verunsicherungen ihrer Zukunftsperspektiven" ernst nimmt (Otto 1991, 159 f.) und dies im veränderten Profil einer lebensweltorientierten Jugendhilfe praktisch werden läßt;
– eine veränderte Arbeitsmarktpolitik, die jungen Menschen ein Recht auf Arbeit garantiert, durch arbeitsplatzbegleitende Hilfen das Erreichen von qualifizierten Ausbildungsabschlüssen sichert und das Zerbrechen von Arbeitsverhältnissen verhindert;
– eine Familienpolitik, die durch erweiterte materielle und psychosoziale Unterstützungsleistungen (Erziehungsgeld; Erziehungsurlaub; erweiterte Arbeitsplatzgarantien in Erziehungszeiten usw.) die Sozialisationsarbeit der Familien fördert und
– eine sensible kommunale Wohnungs(bau)politik, die der Kostenexplosion auf dem Wohnungsmarkt gegensteuert und zugleich dem Bedürfnis nach einer familien- und kinderfreundlichen Gestaltung des Wohn(um)feldes und der öffentlichen Verkehrsflächen Rechnung trägt (Herriger 1986, 109–124).

Vorschläge wie die hier aufgeführten zielen auf eine Korrektur von strukturellen Benachteiligungen und Ungleichheiten im Vorfeld von sozialer Auffälligkeit und fehlschlagender Familiensozialisation. Obwohl positiv bewertet, finden diese politisch formulierten Zukunftsentwürfe in der Praxis der Jugendhilfe bislang nur wenig Resonanz. Vor allem drei Gründe sind es, die der Realisierung dieser Konzepte struktureller P. entgegenstehen:

1. Der ‚pädagogische Blick' der Jugendhilfepraxis: Die Interpretations- und Erklärungsmuster, auf die die Akteure im sozialen Feld zurückgreifen, um die Lebensprobleme junger Menschen zu deuten, sind gefärbt durch das sozialisationstheoretische Denkmodell, das kindliches Fehlverhalten und soziale Abweichung einseitig allein als das Produkt einer beschädigenden Familiensozialisation begreift und so familienübergreifende Determinanten, die sich in der Dynamik der familiären Sozialisationspraxis niederschlagen (z. B. eine Situation der ökonomischen Unsicherheit und des sozialen Umbruchs), aus den Augen verliert. Eingebunden in diesen verkürzenden pädagogischen Blick beschränkt sich das vorbeugende Handeln daher vielfach auf eine pädagogische Umarmung des Systems Familie.

2. Das einzelfallzentrierte Kompetenzprofil der Sozialen Arbeit: Das Methodensortiment der Sozialen Arbeit ist auch heute noch vorwiegend durch einzelfallbezogene Handlungswerkzeuge bestimmt (→Einzelhilfe). Hingegen fehlen erprobte sozialpolitische Handlungsinstrumente, die es dem Praktiker möglich machen würden, sich in das Macht- und Interessenspiel der kommunalen Sozialpolitik einzumischen und fallübergreifenden Perspektiven einer

strukturellen Lebenslagenpolitik Geltung zu verschaffen. Maßnahmen struktureller P. überschreiten somit in der Selbstwahrnehmung der Sozialexperten vielfach die Grenzen des Machbaren.

3. Der organisatorische Zuschnitt der kommunalen Jugendhilfe: Auch der unveränderte organisatorische Zuschnitt der Jugendhilfepraxis steht der Verwirklichung von Perspektiven struktureller P. entgegen. Die reaktive Programmierung der Sozialverwaltung, Ressortgliederung und geteilte Zuständigkeiten, Amtshierarchie und vertikale Gliederungen der Entscheidungsbefugnisse, fehlende ressortübergreifende Zuständigkeitsbündelungen und schließlich der geringe Stellenwert des Sozialressorts in der kommunalen Politiklandschaft – alle diese organisatorischen Rahmenbedingungen führen dazu, daß eingespielte individualisierende Problemlösungsmuster unverändert erhalten bleiben und strukturorientierte Problemzugänge verschüttet werden (Otto 1991, 145 ff.). Der Preis dieser Selbstbeschränkung auf ‚bewährte' pädagogische Interventionsverfahren aber ist eine halbierte Präventionswirklichkeit, die eine strukturelle Veränderung benachteiligender Lebenslagen aus dem Blick läßt und die engen Grenzen der pädagogischen Zuständigkeit nicht überschreitet.

4. Präventiver Zugriff: Strategien der Kolonisierung familiärer Lebenswelten. In den letzten Jahren mehren sich kritische Stimmen, die vor einem naiven P.-Optimismus warnen. Diese kritischen Einsprüche thematisieren nicht nur die aufgezeigte pädagogische Vereinseitigung des vorbeugenden Handelns. Sie richten sich zugleich auf den konzeptionellen Kern, der in allen von der Praxis favorisierten pädagogischen Entwürfen gemeinsam enthalten ist: der Gedanke der Frühintervention. So unterschiedlich die angebotenen Rezepte auch sein mögen: Präventives Handeln ist nach gängiger Lesart stets frühzeitige vorsorgliche Hilfeleistung. Diese vorbeugende Hilfe darf daher nicht erst am Endpunkt von Abweichungsgeschichten einsetzen (dann also, „wenn das Kind bereits in den Brunnen gefallen ist"), sondern muß auf eine vorgreifende Steuerung der familiären Sozialisation gerichtet sein. Die aufgewiesenen Strategien personaler P. haben das gemeinsame Ziel, Eltern die Fähigkeit zu einer ‚eigenregulierten Normalsozialisation' zu vermitteln bzw. bereits eingetretene Sozialisationsschäden durch frühzeitiges Eingreifen zu korrigieren. Gefordert ist so ein feinmaschiges sozialpädagogisches Frühinterventionssystem, das durch vorsorgliche Familienbetreuung kindliches Problemverhalten in der familiären Lebenswelt selbst ‚einregelt'. Die Verwirklichung des P.-Anspruchs ist somit eng verknüpft mit der Forderung nach einer weitergehenden Vergesellschaftung der familiären Sozialisation – dies freilich nicht im Sinne einer Substitution elterlicher Sozialisation durch neu zu schaffende sekundäre Institutionen, sondern durch die sozialpädagogische Steuerung der elterlichen Sozialisationsarbeit selbst. So verstanden wird P. zum Signum einer neuen familienbezogenen Ordnungs- und Kontrollpolitik. An die Stelle der herkömmlichen reaktiven Eingriffspraxis tritt mehr und mehr ein neuer Kontrolltypus, der die Geltung gesellschaftlich normierter Verkehrsformen durch Zugriff auf die innere Natur der Familie durchsetzt. Eingebunden in präventive Fortschrittsprogramme deckt sich so ein feinmaschiges Früherfassungsraster über die familiären Lebenswelten (z. B. in Form eines ausgebauten Systems sozialpädagogischer Familienhilfen und systemischer Arbeitsansätze in der Jugendhilfe), das seismographisch exakt Brüche in der Familiensozialisation registriert und sie regulativen Verfahren unterwirft. In dem Maße aber, in dem dieses problemsensible pädagogische Frühwarnsystem in die Wirklichkeit umgesetzt wird (und alle empirischen Befunde weisen gegenwärtig in diese Richtung), gewinnt die Jugend-

hilfe ein praktikables Instrument, das bislang nicht-öffentliche Reviere des Alltags der behördlichen Regulierung und Reglementierung erschließt und auf diese Weise die Kolonisierung familiärer Lebenswelten durch die staatliche Ordnungsmacht unterstützt und vorantreibt. Unter der Leitformel P. bildet sich so auch im Bereich der Jugendhilfe eine Kontrollpraxis heraus, die – auf ausgrenzende Verfahren verzichtend und auf die lebensweltliche Nähe der Interventionen bedacht – zunehmend alle Lebensbereiche einem regulativen Zugriff unterwirft und staatliche Ordnungsfunktionen in immer neue Zonen des Alltags trägt (Herriger 1986, 99 ff.).

5. Zukunftsausblicke. Für die Zukunft präventiven Handelns stellen sich drei Entwicklungsaufgaben: 1) Die Normalisierung abweichenden Verhaltens: Anliegen von Konzepten der Normalisierung ist es, das dichte Netz der Regulierungen, mit dem die Jugendhilfe auf kindliche →Devianz eingeht, zu lockern und die gesellschaftliche Toleranz gegenüber dem Eigensinn von Kindern und Jugendlichen zu stärken. In diesen Konzepten artikuliert sich ein neues Verständnis von kindlichem Unangepaßtsein. Die normativen Grenzüberschreitungen junger Menschen werden hier nicht allein nur unter negativen Vorzeichen bewertet, sondern in ihnen werden verschüttete Momente einer produktiven Auseinandersetzung mit alltäglichen Lebensbedingungen wahrgenommen. Kindliches Unangepaßtsein ist in diesem Licht betrachtet eine ungekonnte und noch sprachlose Form des Protests und der Gegenwehr gegen einschränkende Lebensverhältnisse. So interpretiert Brumlik (1980, 317) das abweichende Verhalten junger Menschen als „noch ungenügend akzeptierte Formen wohlbegründeter Aggressivität im Rahmen sozialer Konflikte". Devianz ist so nicht allein Hypothek einer fehlschlagenden Familienerziehung, sondern Zeichen einer aktiven Auseinandersetzung des Kindes mit seiner Umwelt, in der Bedürfnisse nach Spiel und Abenteuer, Selbsttätigkeit und Umweltaneignung zum Ausdruck gebracht werden (Herriger 1991 a).

2) Die Repolitisierung des Präventionsthemas: Notwendig ist ferner, das Projekt einer sozialpolitischen Gestaltung lebenswerter Lebensverhältnisse erneut auf die Tagesordnung zu setzen. Dieses Vorhaben stellt die Soziale Arbeit jedoch vor neue Anforderungen: Sie ist aufgefordert, ein direktes politisches Mandat zu übernehmen. Sie muß sich auf lokale Politikprozesse einlassen, muß in verfestigte Macht- und Entscheidungsstrukturen im kommunalen Politik- und Verwaltungsgeflecht eingreifen, um auf die Formulierung von Planungszielen und auf die Festlegung von Finanzierungsprioritäten Einfluß zu nehmen. Die Verwirklichung einer solchen Strategie politischer Einmischung setzt zweierlei voraus: zum einen die Herstellung von politikfähigen Interessenkoalitionen zwischen professioneller Sozialarbeit, Verbänden und ungebundenen Betroffeneninitiativen; und zum anderen die Entwicklung einer konfliktorientierten sozialpolitischen Professionalität, die dem Praktiker vor Ort Techniken zum Umgang mit der Macht vermittelt.

3) Empowerment und die Unterstützung von Selbstorganisation: Präventive Soziale Arbeit – will sie erfolgreich sein – muß schließlich von tradierten Klientenbildern Abschied nehmen. Diese Vorstellungsbilder folgen einem „Defizit-Blickwinkel auf den Menschen", d. h., sie beschreiben die Adressaten sozialer Hilfen allein nur in Kategorien von Mangel und Unfähigkeit, Hilflosigkeit und Ohnmacht. Die Erfahrungen der wenigen erfolgreichen P.-Projekte lehren hier eine andere Sicht der Dinge: Sie vertrauen auf die Stärken der Menschen und auf ihre Fähigkeiten, einen gelingenden Alltag in eigener Regie herzustellen. Unter dem Stichwort →„Empowerment" (Herriger 1994, 1997) zeichnet sich in der Praxis ein neues Arbeitsprinzip ab, das die

Adressaten sozialer Dienstleistungen als kompetente Konstrukteure ihres Alltags ernst nimmt, sie bei der Suche nach lebbaren Formen der Selbstorganisation unterstützt und ihnen die Ressourcen einer autonomen Lebensführung verfügbar macht. Aus der Empowerment-Perspektive betrachtet verbietet sich daher eine ‚Versorgungspädagogik', die ihren Adressaten fertige pädagogische Rezepte anbietet. Präventive Soziale Arbeit bedeutet dann vielmehr: die Inszenierung und die Weiterentwicklung von Unterstützungsnetzwerken und fördernden Strukturen, in denen Menschen autonome Lebensweisen erproben und für ein Mehr an Selbstbestimmung, Partizipation und Gestaltungsvermögen streiten können.

Lit.: K. Böllert: Zwischen Intervention und Prävention. Eine andere Funktionsbestimmung sozialer Arbeit, Neuwied/Kriftel/Berlin 1995; N. Herriger: Präventives Handeln und soziale Praxis, Weinheim/München 1986; ders.: Devianzurteile und Normalisierung im pädagogischen Alltag, in: Sozialmagazin 4/1991, S. 38–45; ders.: Risiko Jugend. Konflikthafte Lebensbewältigung und Empowerment in der Jugendhilfe, in: Archiv Wissenschaft und Praxis der sozialen Arbeit 4/1994, S. 298–315; ders.: Empowerment in der Sozialen Arbeit. Eine Einführung, Stuttgart 1997; E. von Kardorff: Prävention. Wissenschaftliche und politische Desiderate, in: Diskurs 1/1995, S. 6–14; H.-U. Otto: Sozialarbeit zwischen Routine und Innovation, Berlin/New York 1991; H. Trabant/R. Wurr: Prävention in der Sozialen Arbeit, Opladen 1989.

Norbert Herriger, Düsseldorf

Pragmatismus

Darwins Theorie der Evolution, 1859 mit „On the Origins of Species" allgemein formuliert, hatte für die Philosophie drei Konsequenzen: Ein statistisches „Sein", seit der Antike die Referenz der philosophischen Begrifflichkeit, mußte ausgeschlossen werden, die Zentralstellung des Menschen im „Sein" wurde gleichermaßen fraglich und der Vorrang des Bewußtseins als Domäne der menschlichen Vernunft mußte relativiert werden. Übersetzt in Erziehungstheorie: Ein fester Weltzustand wie die christliche Schöpfung, auf den hin Erziehung stattfinden sollte, war ausgeschlossen, ebenso mußte aber auch ein abschließendes Ziel der Entwicklung preisgegeben werden. Erziehung wäre dann kein Geschehen mehr außerhalb oder oberhalb der Erfahrung, mit dem zum Beispiel die Geschichte beeinflußt werden kann. Vielmehr ist „Erziehung" Erfahrung, das Experiment des Menschen mit sich selbst (Dewey 1985, S. 280 ff.).

John Deweys Definition von Experience as Experimentation (ebd., S. 280) hat Vorläufer vor allem im englischen Empirismus. Von „experimental education" spricht zuerst William Sprat in seiner „History of the Royal Society" von 1667. Lernen wird grundlegend für die Theorie der Erkenntnis in Lockes Essay Concerning Human Understanding von 1689. Der Essay stellt zum ersten Male die Philosophie des Kindes, also Lernen und Handeln im Aufbau des Geistes, in den Mittelpunkt, ohne bereits einer allgemeinen Evolutionstheorie zu folgen. Diesen Schritt vollzieht Darwin, für den die Variabilität des Naturzustandes den Ausgangspunkt der Theorie darstellt (Darwin 1992, S. 61 ff.). Grundlegend ist dabei die ständige Anpassung an variierende Umstände, die Selektion des Passenden (ebd., S. 82 ff., 97 ff.) und die „Gesetze der Abänderung" (ebd., S. 153 ff.).

Philosophisch blieb das Problem offen, wie Evolution mit Bewußtsein und Handlung vereinbart werden kann, die sich nicht auf Gattungen, sondern auf Einzelwesen beziehen. Was seit 1872, als Charles Sanders Peirce im Metaphysical Club der Universität Boston ein gleichnamiges Papier vortrug, „Pragmatism" genannt wird, antwortet wesentlich auf dieses Problem. Wie ist „Bewußtsein" möglich, wenn Seele und Gehirn biologisch erklärt werden können? Und wie beeinflussen Handlungen die Konstitution des Geistes, wenn „Geist" (mind) keine unabhängige Größe sein kann? Es gibt darauf drei Antworten: „Geist" ist für Peirce public discourse, die öffentliche Verhandlung von Lernprozessen im Medium der argumentativen Vernunft, die nicht länger privat oder individuell angenommen wird. Bewußtsein hat William James in seiner Psychologie als stream of thought beschrieben, nicht länger, wie bei Kant, als Verhältnis von Erfahrung und Begriff. Begriffe sind genau beweglich wie das Erleben des Menschen, darum ist Denken in ständiger Bewegung (James 1983, S. 224 ff.).

Das dritte Konzept stammt von George Herbert Mead: „Handlung" ist interaction, also nicht individuelle Erzeugung in der statischen Welt, sondern Austausch unter Bedingungen der Beweglichkeit. Mead hat daraus eine Sozialpädagogik entwickelt, die „Erziehung" nicht als „Einwirkung" oder „Entwicklung" betrachtet, sondern Austauschprozesse annimmt, die soziale Medien benötigen. Erziehung ist keine Kette „bewußter" Handlungen, die sich auf pädagogische Absichten zurückführen lassen, über die eine Seite (die der Erzieher) souverän verfügt, während die andere Seite (die der Kinder) sie ertragen muß. Erziehung ist riskanter Austausch, der fortlaufend lernen muß und für den also das Theorem der Evolution genauso gilt wie für alle anderen Lebensbereiche. Wesentlich für die Handlungstheorie sind „passage, process, and permanence" (Mead 1938, S. 321 ff.). Und „Prozeß" ist nicht einfach Kontinuität (ebd., S. 343 f.), sondern riskante Fortsetzung, bei der nicht lediglich Zuwachs erwartet werden kann.

Die klassische Erziehungstheorie rechnete mit festen Abschlüssen, die als erreichbare Ziele kommuniziert wurden. Erziehung und Bildung sollten bleibende Wirkungen haben, die wie intendierte Kumulationen aufgefaßt wurde, Mead thematisiert „contingency" (ebd., S. 651 ff.), also unvorhergesehenen Wandel, der nur begrenzt erfaßbar ist (ebd., S. 54). Entsprechend ist „Sozialität" fortlaufende und wechselseitige Anpassung, die sich nicht an einem „Ziel" beruhigen kann (ebd., S. 656). Die Geschichte selbst ist nichts als ein soziales oder kulturelles Experiment, das an kein „neues Jerusalem" führt (ebd., S. 508), sondern Probleme generiert und so mit tentativem und immer riskantem Problemlösen beschäftigt ist. Eine folgenreiche Theorie des Problemlösens entwickelte John Dewey 1910 in How We Think (Dewey 1985 a, S. 177–356). „Denken" ist nicht Teil des „Geistes", sondern Reflexion, die aus „Perplexität, Zögern oder Zweifel" erwächst, eine Schwierigkeit bedingt, die Bearbeitung verlangt, und also ein gefühltes Problem voraussetzt (ebd., S. 188 f.). Es gibt dabei nicht, was das Schulschema voraussetzt, nämlich die eine „correct answer" (ebd., S. 222). Denken stellt Ordnungen her (ebd., S. 212 ff.), aber also „in the suspense of uncertainty" (ebd., S. 189). Wenn Lernen, anders gesagt, experimentell verstanden werden muß, gibt es keine abschließende Erkenntnis und auch keine beruhigende „Sicherheit".

1929 hielt Dewey in Edinburgh Gifford-Lectures über „The Quest for Certainty". Hier erscheint Unsicherheit als Bedingung der Praxis und Denken als der beständige Versuch, damit umzugehen (Dewey 1988, S. 178 ff.). „Denken" ist nicht solipsistisches Reflektieren, sondern methodische Bearbeitung der Erfahrung, zu verstehen als „response to the uncertain" (ebd., S. 180). Möglich wird diese Antwort durch die objektive Indeterminiertheit der Erfahrung (und so der Welt) (ebd., S. 184). Jede Situation muß und kann strukturiert werden, in einem transitorischen Prozesse vom Problematischen zum Gesetzten (settled), ohne sich auf Dauer auf diese Lösung verlassen zu können (ebd., S. 185). Nur bis zum nächsten Problem gilt: „Action is the means by which a problematic situation is resolved" (ebd., S. 195). Die Verabschiedung der definitiven Lösung ist für die Erziehungstheorie eine Entlastung und eine Belastung gleichermaßen. Das Erreichen höchster Ziele – etwa in allen Varianten der Hegelschen Geschichtsphilosophie angelegt und bis in die DDR-Pädagogik folgenreich – wird preisgegeben, Ziele sind nichts als nächste Situationen, die nie abschließend summiert werden können. Das ist zugleich eine Belastung, die einfachen linearen Konstruktionen von „Erziehung" werden unglaubwürdig, damit der traditionelle Anspruch, „den" Menschen höherzubilden oder zu vervollkommnen (Oelkers 1997). Kinder sind nicht Stadien für die Vollendung des Menschen, der „sich" nicht vollenden kann, weil der Prozeß des Lernens sich an keiner Stelle wirklich beruhigt.

Die traditionellen pädagogischen Einwände gegen den Pragmatismus sind eher schwach, worauf schon Eduard Baumgarten (1936, 1937) hingewiesen hat. Weder trifft der Vorwurf des „Instrumentalismus" zu noch der Verdacht, es handle sich um eine „wertrelativistische" Theorie, der das feste Menschenbild fehle. „Pragmatismus" ist keine Doktrin, sondern eine Theorie des Lernens und Handelns, die selbst lernfähig gehalten wird. „Werte" sind Prozessen der Aushandlung in der demokratischen Öffentlichkeit ausgesetzt, jeder Dogmatismus wird vermieden, soweit damit autoritäre Verpflichtungen verbunden sind. Handlungen benutzen natürlich die je gegebenen Instrumente, aber sind nicht „instrumentell" in dem Sinne, daß unerwartete Effekte ausgeschlossen oder negiert werden. Grundlegend ist die Übertragung des Modells experimentellen Lernens auf die soziale Praxis und auf die Erziehung.

Pragmatismus, wie William James (1907, S. 45) dargelegt hat, ist Methode, nicht Metaphysik. Lernen hat wesentlich zu tun mit „praktischen Konsequenzen" (ebd.), die von keiner Metaphysik abgesichert werden können, weil jede Metaphysik in Untiefen der Interpretation versinkt. Was unsere Gedanken klar macht, sind die Konsequenzen, nicht einfach die Absichten, die so lange abstrakt und oft genug konfus bleiben, wie sie nicht durch Erfahrungen korrigiert werden (Peirce 1878). „Pragmatism unstiffens all our theories, limbers them up and sets each one a work" (James 1907, S. 53).

Das hätte für die üblichen Theorietypen der Pädagogik – Platonismus, Hegelianismus, Kantianismus – unmittelbare Konsequenzen, weil jede Theorie widerlegt oder ausrangiert werden kann, wenn sie tatsächlich getestet wird. Ist eine Theorie unfähig zum Test durch die Erfahrung, verdient sie nicht, „Theorie" genannt zu werden. „Erfahrung" ist nicht gegenüber „Theorie" eine andere Welt, vielmehr sind Theorien immer nur Generalisierungen von Erfahrung, oft schlechte, weil einfach Glaube und Zustimmung die Adaption bestimmen. Insofern ist Pragmatismus wesentlich Kritik.

Lit.: Baumgarten, E.: John Dewey; in: Internationale Zeitschrift für Erziehung (1936), S. 81–97, 407–430; VI (1937), S. 177–200; Darwin, Ch.: Über die Entstehung der Arten durch natürliche Zuchtwahl oder die Erhaltung der begünstigten Rassen im Kampfe um's Dasein. Nach der letzten englischen Ausgabe wiederholt durchgesehen von J. V. Carus. Hrsg. und eingel. v. G. H. Müller, 9. Aufl. Darmstadt 1992. (engl. Orig. 1859); Dewey, J.: The Middle Works 1899–1924. Vol. 6: How We Think and Selected Essays. Ed. by J. A. Boydston; intr. by H. S. Thayer, W. I. Thayer. Carbondale/Edwardsville: Southern Illinois University Press 1985a; Dewey, J.: The Middle Works, 1899–1924. Vol. 9: Democracy and Education, 1916. Ed. by J. A. Boydston; intr. by S. Hook. Carbondale/Edwardsville: Southern Illinois University Press 1985; Dewey, J.: The Later Works, 1925–1953. Vol. 4: 1929. The Quest for Certainty. Ed. by J. A. Boydston; intr. St. Toulmin. Carbondale/Edwardsville: Southern Illinois University Press 1984; James, W.: Pragmatism. A New Name for Some Old Ways of Thinking. Popular Lectures on Philosophy. London: Longmans, Green, and Co. 1907. (New Impression 1910); James, W.: The Principles of Psychology. Intr. and ed. by G. A. Miller. Cambridge, Mass./London: Harvard University Press 1983. (erste Aufl. 1890); Locke, J.: An Essay Concerning Human Understanding. Ed. by P. H. Nidditch. Oxford: Clarendon Press 1975. (erste Ausg. 1689); Mead, G. H.: The Philosophy of the Act. Ed. and int. by Ch. W. Morris. Chicago/London: the University of Chicago Press 1938. (Seventh Impression 1972); Oelkers, J.: Erziehung als Vollendung. Kritische Überlegungen zu einem pädagogischen Ideal; in: Chr. Lüth, Chr. Wulf (Hrsg.): Vervollkommnung durch Arbeit und Bildung? Anthropologische und historische Perspektiven zum Verhältnis von Individuum, Gesellschaft und Staat. Weinheim 1997, S. 13–51. (= Pädagogische Anthropologie, hrsg. v. D. Lenzen, Chr. Wulf, Bd. 4); Peirce, Ch. S.: How to Make Our Ideas Clear; in: Popular Science Monthly 12 (1878), S. 288–302; Sprat, Th.: The History of the Royal-Society of London, For the Improving of Natural Knowledge. London: J. Martyn 1667.

Jürgen Oelkers, Zürich

Praktische Pädagogik

„Theoretische" und „praktische" Pädagogik werden in der deutschen Disziplinentwicklung beginnend mit Kant unterschieden. Kants Differenzierung von „theoretischer" und „praktischer" Vernunft oder von Erkenntnis und Ethik wurde von pädagogischen Autoren unmittelbar wahrgenommen, allerdings zunächst nur zur Stärkung der ethischen Seite, die wesentlich über die „kategorischen Imperative" entwickelt wurde (Oelkers 1989, S. 44 ff.). Erst am Ende des 19. Jahrhunderts entstanden Ausdruck und Konzept einer „theoretischen" Pädagogik (Toischer 1896), nachdem zuvor verschiedentlich von „systematischer" Pädagogik gesprochen wurde (etwa Vogel 1881).

Praktische Pädagogik ist demgegenüber konzeptionell dreierlei: Die ältere ethische Bedeutungsschicht bleibt erhalten, Ansätze einer „praktischen Pädagogik" beziehen sich auf philosophische Ethiken von Plato bis Habermas. Eine zweite Bedeutung ergibt sich aus der Geschichte der Lehrerbildung, „praktische Pädagogik" ist hier Erziehungslehre im Unterschied zur Philosophie der Erziehung. Gelegentlich wird unter „praktischer Pädagogik" auch Ratgeberliteratur, Methodensammlungen und ähnliches verstanden. Der Ausdruck „praktisch" wird also auf Philosophie, professionellen Handeln und Alltagspragmatik bezogen, ohne daß diese Relationen immer trennscharf gehalten werden.

Die erziehungsphilosophische „praktische Pädagogik" hat neben Kant vor allem drei Quellen, die platonische Idee des Guten, das sensualistische Konzept der „Einwirkung" und die Anthropologie der „Entwicklung". Das „Gute" wird, wie bei Plato, auf Staat und Gesellschaft projiziert, der Adressat der „praktischen Pädagogik" ist nie nur das Kind, sondern eine je verschieden definierte soziale und politische Praxis.

Die Effektvorstellung – Erziehung hat Wirkung – geht in der neuzeitlichen Pädagogik auf den Sensualismus zurück. Mit Condillac kann gesagt werden: „L'homme n'est rien, qu'autant qu'il a acquis" (Condillac 1984, S. 267). „Praktisch" wäre die Pädagogik dann, wenn sie gemäß ihren Intentionen Wirkungen erzielt. „Einwirkung", anders gesagt, ist ein quasi-technisches Konzept, mit dem sich Steigerungen denken lassen (Oelkers 1992).

Diese Vorstellung „praktischer Wirksamkeit" ist früh durch anthropologische Gegenkonzepte herausgefordert worden, solche, die Entwicklung und so Natur stark machen. In Buffons Histoire Naturelle (1749 ff.) ist das Kind nichts, als was sich in ihm entwickelt (Buffon 1989, S. 51 f.). Die „praktische Pädagogik" übernimmt aus diesen theoriegeschichtlichen Entscheidungen ein bis heute nachwirkendes Dilemma: Erziehung wird praktisch, indem und soweit sie „einwirkt", aber worauf sie einwirken soll, die Natur des Kindes, „entwickelt" sich selbst. Neuere Theoriekonzepte wie das der „Autopoiesis" oder der „Selbstorganisation" wiederholen dieses Dilemma. „Praktisch" wird bezogen auf Wirkungserwartungen, für die es keine Technologien gibt; was in der „praktischen Pädagogik" Methoden der Erziehung genannt wird, hat offenbar Grenzen dort, wo ein individueller Rezipient über „Wirkungen" autonom verfügt.

Bis heute leiden viele „praktische" Vorstellungen der Erziehung an Trichterphantasien, die „herstellen" – aufbauen, anreichern, entwickeln – wollen, was sich der Beherrschbarkeit entzieht. Mindestens gibt es keinen direkten Kanal, mit dessen Hilfe eine Person auf eine andere direkt und folgenreich „einwirken" könnte. Seit John Stuart Mill (1868, S. 396 ff.) wird die pädagogische Differenz zwischen Agens (handelnde Einwirkung) und Patiens (Akzeptanz der Einwirkung) bestritten, vor allem weil jede Wirkung mit Rückkopplungen verbunden ist. Was immer „Patiens" sein mag, es wirkt zurück (ebd., S. 398), also erleidet nicht einfach den Effekt. Pädagogisch Handelnde, etwa Lehrpersonen, sind nicht „Ursachen", die auf andere Personen Effekte übertragen, vielmehr verknüpfen beide Seiten je bedingte und unbedingte Folgen von sehr verschiedenen Ereignissen in einer bestimmten Situation (ebd., S. 402).

Diese handlungstheoretische Sicht „praktischer Pädagogik" hat sich lange Zeit nicht durchgesetzt, weil „Erziehung" verdinglicht wurde und dem „dinghaften" Konstrukt eigene Wirkungsweisen unterstellt wurden. Die Sprache der Erziehung (Scheffler 1960) verführt zu dieser Ausstattung, weil „Erziehung" als positive und negative Ursache erscheinen kann, ohne sich in Handlungskontexte übersetzen lassen zu müssen. „Erziehung" als Sprachregelung ist aber zu unterscheiden von dem, was „Praxis" der Erziehung genannt werden kann. Die Praxis folgt nicht der Sprache, während die Sprache genau diese Konsequenz erfolgreich postuliert. Damit ergibt sich ein Referenzproblem (Oelkers 1985), das von den Passungserwartungen – Theorie ist äquivalent der aus ihr folgenden Praxis – verdeckt wird. „Theorie" ist aber oft nicht Theorie, sondern Sprache, vielfach Jargon, der selbstreferent verstanden werden muß. Er bezieht sich nicht auf „Praxis", sondern auf sich selbst, anders wäre es nicht möglich, daß bestimmte Slogans wie „vom Kinde aus" oder „offener Unterricht" über Generationen erfolgreich kommuniziert werden können, ohne sich durch Erfahrungen widerlegen zu lassen. Sie werden fortgesetzt, weil und soweit sie sich auf nichts Bestimmtes beziehen.

„Praktische Pädagogik" ist aus diesem Grunde weniger Praxis als Moral, wie sich gerade in der profanen Ratgeberliteratur nachweisen läßt (Oelkers 1995). Die Moral bestimmt öffentliche Reflexion über Erziehung, nicht „die" Praxis, die als Vorstellung genauso verdinglicht ist wie „die" Erziehung. „Praktische Pädagogik" ist demgegenüber wesentlich Postulat, der richtigen gegenüber der falschen Erziehung, der neuen gegenüber der alten oder der modernen gegenüber der unmodernen. Dabei sind Unterschiede wesentlich: Die „richtige" Erziehung, verstanden als öffentliche Reflexion, muß nicht zwingend auch die „neue" sein, wenn etwa historische Vorbilder des Richtigen gesucht werden, die mit der Bestätigung der Geschichte arbeiten. Die „neue" muß wiederum nicht zwingend auch die „moderne" sein, weil das Neue im Unmodernen gesehen werden kann, wie sich an der Geschichte der Alternativerziehung gut zeigen ließe. Insgesamt ist „praktische Pädagogik" aber immer Postulat, das auf Defizite reagiert, die mit der „richtigen", der „neuen" oder der „modernen" Erziehung beseitigt werden sollen. Das Effektdilemma wiederholt sich, denn auch die „moderne" Erziehung verfügt über keinen Nürnberger Trichter.

„Praktisch" wird in handlungstheoretischen Kontexten das persönliche Engagement und die Verantwortung von Erziehungspersonen genannt. Sie sind mehr und anderes, als die Sprache der Erziehung allgemein vorgibt. Persönliches Engagement in der Erziehung ist immer Übernahme von Risiken, die oft nicht tragbar sind, ebenso von Unsicherheiten, die durch keine allgemeine Theorie „abgelöscht" werden können (McDonald 1992). Handeln in der Erziehung ist immer Versuchshandeln, das nicht über immanente Garantien verfügt, wie der pädagogische Jargon immer wieder nahelegt. Das erklärt auch den Konflikt zwischen „Theorie" und „Praxis", der dann entsteht, wenn von „Theorie" das Falsche erwartet wird, nämlich Sicherung und Effektgarantie. Keine allgemeine Reflexion determiniert eine bestimmte Situation des Handelns, die anders keine Freiheit hätte. Von der „Erziehungstheorie" aber wird angenommen, sie müsse die wirksamen Strategien bereitstellen und habe ansonsten keinen Wert.

Aber „praktische Pädagogik" ist immer Theorie, nämlich ethische Reflexion, Erziehungslehre oder Pragmatik in allgemeiner Hinsicht und so in generalisierter Form, zu unterscheiden von biographischer Analyse oder von Kasuistik. Für die „praktische Pädagogik" ist nicht die Einzelheit – Individuum, Fall, Ereignis – interessant, sondern die allgemeine Absicht, die auf Wirkungsketten abzielt, weil und soweit die Verbesserungsabsichten verfolgt (Paschen 1988). Das gilt in neueren Diskussionen etwa für zivile Tugenden (White 1996), alternative Einstellungen zum Erziehungsprozeß (Noddings 1992) der für die Ethik des Unterrichtens (Strike/Soltis 1985), also für Reflexionsfelder in praktischer Absicht, die „Praxis" immer nur prospektiv und als Verbesserung denken können. In dieser Hinsicht ist „praktische Pädagogik" nie historische Bilanz, sondern immer zukünftiges Programm, das praktische Hindernisse entweder nicht kalkuliert oder zugunsten des Programms minimiert.

Die wesentliche Funktion der „praktischen Pädagogik" ist dann aber nicht die Sicherstellung des Effekts, sondern die Fortsetzung der moralischen Reflexion und so des streitbaren Diskurses über die „richtige" oder die „falsche" (die „neue" oder die „alte", die „moderne" oder die „unmoderne") Erziehung. Alle Entscheidungen sind fallibel und können von anderen Diskurspositionen bestritten werden. Mit riskanten Entscheidungen wird praktische Kritik wachgerufen, die verhindert, daß sich eine bestimmte Dogmatik auf Dauer durchsetzt. Diskurspolitisch ist also von höchster Bedeutung, was sich in der naiven Effekterwartung immer nur als Enttäuschung erleben läßt. Die Theorie der „richtigen" Erziehung erzeugt nie die richtige Erziehung, aber Fehlersensibilität und Irrtumsakzeptanz entstehen nur unter dem Druck kritischer Beobachter, die verhindern müssen, daß je die „richtige" Erziehung entsteht. Dazu ist offenbar „praktische Pädagogik" nötig.

Lit.: Buffon, G. L. Leclerc Comte de: Histoire Naturelle de l'homme et des animaux, Paris: Chez Jean de Bonnot 1989. (erste Ausg. 1749); Condillac: Traité des sensations. Traité des animaux, Paris: Librairie Arthème Fayard 1984 (erste Ausg. 1754, 1755); McDonald, J. P.: Teaching: Making Sense of an Uncertain Craft, New York/London: Teachers College Press 1992; Mill, J. St.: System der deductiven und inductiven Logik. Eine Darlegung der Principien wissenschaftlicher Forschung, insbesondere der Naturforschung. Dritte deutsche, nach der fünften des Originals erweiterte Auflage. Übers. v. J. Schiel. Erster Theil, Braunschweig 1868 (erste engl. Ausg. 1843); Noddings, N.: The Challenge to Care in Schools. An Alternative Approach to Education, New York/London: Teachers College Press 1992; Oelkers, J.: Erziehen und Unterrichten. Grundbegriffe der Pädagogik in analytischer Sicht, Darmstadt 1985; Oelkers, J.: Die große Aspiration. Zur Herausbildung der Erziehungswissenschaft im 19. Jahrhundert, Darmstadt 1989; Oelkers, J.: Seele und Demiurg: Zur historischen Genesis pädagogischer Wirkungsannahmen; in: N. Luhmann, K.-E. Schorr (Hrsg.): Zwischen Absicht und Person. Fragen an die Pädagogik, Frankfurt/M. 1992, S. 11–57; Oelkers, J.: Pädagogische Ratgeber. Erziehungswissen in populären Medien, Frankfurt am Main 1995; Paschen, H.: Das Hänschen Argument. Zur Analyse und Evaluation pädagogischen Argumentierens, Köln 1988; Scheffler, I.: The Language of Education, Springfield/Ill.: C. C. Thomas 1960; Strike, K. A./Soltis, J. F.: The Ethics of Teaching, New York/London: Teachers College Press 1985; Toischer, W.: Theoretische Pädagogik und allgemeine Didaktik, München 1896. (= Handbuch der Erziehungs- und Unterrichtslehre für höhre Schulen, hrsg. v. A. Baumeister, II. Band/1. Abt.); Vogel, A.: Systematische Enzyklopädie der Pädagogik, Eisenach 1881; White, P.: Civic Virtues and Public Schooling, Educating Citizens for a Democratic Society. New York/London: Teachers College Press 1996.

Jürgen Oelkers, Zürich

Praxisberatung

nicht einheitlich definierter Begriff in der Sozialen Arbeit. Meist synonym für →Supervision verwendet, bezeichnet P. gelegentlich auch eine umfassende beraterische Tätigkeit in sozialpädagogischen Einrichtungen, die im Unterschied zur Supervision (im eingeschränkten Sinne einer psychologischen Beratung) Institutionsberatung, Organisationsberatung und Lehr- und Fortbildungsangebot beinhaltet. →Organisationsentwicklung

Pro Familia – Deutsche Gesellschaft für Sexualberatung und Familienplanung e.V.
Die P.F. wurde 1952 gegründet. Zu ihren Aufgaben gehören insbesondere die Beratung über die Empfängnisregelung, die Partnerschafts- und Sexualberatung, die Sexualpädagogik, die Beratung bei Schwangerschaft sowie die →Schwangerschaftskonfliktberatung. P.F. ist parteipolitisch und konfessionell unabhängig. Aus- und Weiterbildungsangebote sowie die Zusammenarbeit mit anderen Einrichtungen, Öffentlichkeitsarbeit, Unterstützung von Forschungen, Einflußnahme auf Gesetzgebung und Verwaltung gehören zu dem Tätigkeitsbereich des Vereins. Der Bundesverband als Dachorganisation von 11 Landesverbänden gehört dem →Deutschen Paritätischen Wohlfahrtsverband an und ist Gründungsmitglied des International Planned Parenthood Federation (IPPF). Die P.F. gibt die Fachzeitschrift „pro familia magazin" und vielfältiges Informationsmaterial heraus.

Anschrift: Cronstettenstraße 30, 60322 Frankfurt a. M.

Professionalisierung

1. Professionalisierung. Die Prozeßkategorie P referiert keinen eindeutigen Sinn, weil ihre Zielkategorie ‚Profession' unklar ist. Denn was genau unter ‚Profession' verstanden wird, ist abhängig von der zuvor gewählten theoretischen Perspektive. Insofern muß ein erster Bestimmungsversuch notwendig abstrakt bleiben und allgemeinste Merkmale bezeichnen. Generell läßt sich deshalb formulieren, daß Professionen einen besonderen Typus eines Berufs bzw. beruflichen Handelns darstellen. Es sind akademische Berufe, denen ein perso-

nenbezogenes Berufsfeld korrespondiert. Dadurch eröffnet sich die doppelte Fragerichtung auf P: Einerseits geraten professionalisierte Berufe als gesellschaftliche, d. h. makrosoziale Phänomene in den Blick, während andererseits professionelles Handeln als individuelle Kompetenz, d. h. als mikrosoziales Phänomen ins Zentrum der Aufmerksamkeit rückt. Entsprechend dieser Logik hat sich auch die Professionssoziologie entwickelt, indem zunächst gesellschaftstheoretische Ansätze überwogen haben, die jedoch in der weiteren Theoriediskussion durch i. w. S. handlungstheoretische Modelle ergänzt worden sind. P. verweist also ganz allgemein auf Verberuflichung bzw. auf berufliches Handeln einer besonderen Art. Vor dem Hintergrund der akademisierten Ausbildung ist ferner das Verhältnis von Theorie und Praxis angesprochen, das sich institutionell in der Konträrstellung von Disziplin und Profession Ausdruck verleiht.

2. Disziplin/Profession. Disziplinen sind Teilbereiche der Wissenschaft, die sich auf spezifische Fragestellungen und Probleme konzentrieren. In sachlicher Hinsicht repräsentieren sie die bis zu einem bestimmten Zeitpunkt methodisch kontrolliert erarbeiteten Wissensbestände. In sozialer Hinsicht bilden sie Fachgemeinschaften bzw. sog. scientific communities (Kuhn), während sie in der zeitlichen Perspektive bestimmte Traditionslinien entfalten. Disziplinen orientieren sich an der Zieldimension Wahrheit/Richtigkeit und lassen sich am Validitätskriterium Widerspruchsfreiheit messen. Wissenschaftliches Wissen steht unter generellem Revisionsvorbehalt, d. h. es ist ‚unsicher'.

Professionen sind demgegenüber keine Wissens-, sondern Handlungssysteme. Sozial organisieren sie sich in Verbänden, Kammern etc. Sachliche und zeitliche Dimensionen fließen hier zusammen, indem Professionen Wissensverwendung unter Zeitdruck repräsentieren. Professionen sind i. w. S. mit der Bearbeitung von Problemen betraut, die sich aus der personalen Handlungspraxis von Klienten ergeben, und zu deren autonomer Bearbeitung diese nicht (mehr) in der Lage sind. Zugleich handelt es sich um Problembereiche, die gesellschaftlich (hoch) bedeutsam sind. Insofern orientieren sich Professionen an der Zieldimension Wirksamkeit, während ihr Validitätskriterium Angemessenheit ist. Aufgrund ihrer vermittelnden Stellung zwischen Wissenschaft und Klienten haben Professionen einen doppelten Bezug zum Wissen: Wissenschaftliches Wissen dient ihnen als Ressource, das Wissen aus der klientelen Lebenspraxis benötigen sie als Information. Im Gegensatz zur mitkommunizierten Unsicherheit wissenschaftlichen Wissens vermittelt der Professionelle im praktischen Handlungsvollzug Sicherheit.

3. Alte Professionen – Neue Professionen. Schon ein erster Blick auf die Entwicklung der Wissenschaften und der mit ihnen verbundenen professionellen Berufe verdeutlicht, daß sich je unterschiedliche Traditionen rekonstruieren lassen. In einer genetischen Perspektive lassen sich alte und neue Professionen unterscheiden. Bei den alten Professionen handelt es sich um solche akademischen Berufe, die eine Bearbeitungsbzw. Lösungskompetenz für Problemlagen repräsentieren, die unabhängig von einer bestimmten Gesellschaftsform auftreten. Es ist folglich verständlich, daß sie sich relativ früh entwickelt haben und auf eine lange Tradition zurückblicken können. Es handelt sich hierbei um die Theologie, die Medizin und die Jurisprudenz. Sie behandeln die von der Gesellschaftsform unabhängigen Konflikte des Seelenheils, der Gesundheit und des (sozialen) Konsens'. Demgegenüber läßt sich nunmehr für die neuen Professionen geltend machen, daß sowohl ihre Problembearbeitungskompetenz als auch ihre P. strikt an die Beson-

derheiten einer jeweiligen Gesellschaftsform und die hieraus resultierenden Probleme gebunden sind. Paradigmatisch zeigt sich dies an der Sozialen Arbeit: Wie die Rekonstruktion ihrer Berufsgeschichte verdeutlicht (Sachße 1986), verläuft ihre P. im organisatorischen Rahmen der kommunalen Wohlfahrtsbürokratie des sich entwickelnden Sozialstaates; sie ist eine „wohlfahrtsstaatlich mit-konstituierte Profession" (Olk 1986, 96). Demgegenüber läßt sich ihr marginaler Status in den sozialistischen Gesellschaften auch hier durch den engen Bezug zur Gesellschaftsformation erklären, in der Sozialpolitik alle soziale Probleme zu lösen beanspruchte und insofern Soziale Arbeit erübrigt werden konnte.

4. P.modelle. Entsprechend ihrer theoretischen Schwerpunktsetzung lassen sich P.modelle unterscheiden, die entweder den Fokus der Aufmerksamkeit auf gesellschaftstheoretische (Attribute-, funktionalistisches, machttheoretisches und systemtheoretisches Modell) oder auf handlungstheoretische Zusammenhänge (Interaktions- und strukturtheoretisches Modell) legen; in der Hochphase der professionstheoretischen Auseinandersetzungen (60er/70er Jahre) ruhte das Hauptaugenmerk zunächst auf den ersteren, später dann auf den letzteren Ansätzen. Theoretischer Bezugspunkt der P.debatten waren i.d.R. anglo-amerikanische Theorien, die zwar im und für den deutschsprachigen Raum rezipiert wurden, deren Gültigkeitsbedingungen für diesen Kontext indes nicht geprüft, sondern unreflektiert als gegeben vorausgesetzt wurden.

4.1 Das Attribute-Modell: Die Hochphase professionstheoretischer Überlegungen fiel zusammen mit der Zeit der Bildungsreform und der wohlfahrtsstaatlichen Expansion. Es dominierten zu diesem Zeitpunkt deskriptive Professionskonzepte. Einen solchen Ansatz repräsentiert das Attribute-Modell (Hartmann). Dieser Ansatz repräsentiert den Versuch, mit Blick auf die alten Professionen deren konstitutive Merkmale zu bestimmen, um auf diese Weise die Charakteristika vollausgebildeter Professionen zu erhalten. Theoretisch war mit diesem Modell die implizite Vorstellung verbunden, daß prinzipiell jeder Beruf professionalisierbar wäre, sofern er nur die gefundenen Professionskriterien zu realisieren in der Lage sei. Es ist deutlich, daß hier wissenschaftliche Analyse- und berufsständische Statusinteressen zusammenfließen. Vor dem bildungs- und sozialpolitischen Expansionismus' ist es verständlich, daß dieses Modell eine hohe Akzeptanz erfahren hat. Analytisch bleibt dieses Modell jedoch auf die Beschreibung äußerer Merkmale beschränkt; es erörtert nicht, ob zur Erledigung bestimmter Aufgaben überhaupt eine P.bedürftigkeit vorliegt.

4.2 Das funktionalistische P.modell: Hinsichtlich der Frage der P.bedürftigkeit hat Parsons erste gesellschaftstheoretische Antworten gegeben. Bei der Lösung professioneller Aufgaben geht es um Probleme, die individuell wie gesellschaftlich hochbedeutsam sind, zu deren Bearbeitung den Klienten jedoch die einschlägige Kompetenz fehlt. In dieser Situation hoher Gefährdung wären marktförmig organisierte Hilfen dysfunktional, weil sie einseitige existentielle Abhängigkeiten schaffen. Professionelle Hilfe wirkt an dieser Stelle wie ein gemeinwirtschaftlicher Sektor innerhalb der sonstigen Verwertungslogik: Der Klient bindet sich vertrauensmäßig an den Professionellen. Um das Ausnutzen dieser Abhängigkeit zu vermeiden, wird beim einzelnen Professionellen in der Ausbildung ein Habitus herausgebildet, der sich als Berufsethos darstellt (in der Medizin formalisiert im Hippokratischen Eid). Auf der strukturellen Ebene wurde den Professionen staatlicherseits das Instrument der kollegialen Selbstkontrolle zur Garantie eines Höchstmaßes an kompetenter Hilfe zugestanden. Das staatliche Einräumen eines autono-

517

men Kontrollanspruchs basiert also auf einem impliziten Vertrag zwischen Gesellschaft und Profession.

4.3 Das machttheoretische P.modell: Dieser Ansatz untersucht kritisch die zuvor unproblematisch angenommenen professionellen Vorrechte und Kontrollchancen. Angesichts der Tatsache, daß zur Lösung sozialer Probleme immer alternative Wege denkbar sind, stellt sich die Frage nach der Genese und der Durchsetzung professioneller (Zuständigkeits-)Monopole. In diesem Zusammenhang wird darauf verwiesen, daß nicht allein systematisches Wissen diese Situation erklärt, sondern immer auch generellere Machtressourcen untersucht werden müssen, die dazu führen, daß die professionell verwalteten Wissensbestände als die sozial allein gültigen anerkannt werden. Wird diese Perspektive der P. eröffnet, dann ist ersichtlich, daß Form und Zielrichtung bestimmter P.prozesse durch ein Zusammenspiel von professionsinternen Strategien und professionsexternen Kontextbedingungen bestimmt werden.

4.4 Systemtheoretisches P.modell: Ausgangspunkt ist hier die systemtheoretische Prämisse (Luhmann), daß die moderne Gesellschaft in sich sog. funktionale Teilsysteme ausbildet, die für jeweils eine bestimmte Aufgabe zuständig sind (z. B. Medizin, Wirtschaft, Politik ...). Professionen sind dabei dadurch gekennzeichnet, daß sie in ihrem beruflichen Handeln die Anwendungsprobleme der für ein Funktionssystem konstitutiven Wissensbestände entweder monopolistisch oder doch dominant verwalten. Sie leisten also zwischen System und Individuum eine Vermittlungsfunktion, indem sie als Interaktionssystem für die Bearbeitung von Problemen der Strukturänderung, des Strukturaufbaus und der Identitätserhaltung von Personen zuständig sind (Stichweh 1994). Für diese professionelle Arbeit gibt es jedoch keine (kausalen) Techniken, die eine erfolgreiche Intervention, also die Transformation einer Person von einem Zustand in einen beliebigen anderen garantieren; es besteht ein strukturelles „Technologiedefizit" (Luhmann/Schorr 1979). Damit wird der Blick erstmals auf die Binnenperspektive professionellen Handelns gelenkt, die Gegenstand der handlungstheoretischen Ansätze ist.

4.5 Das interaktionistische P.modell: Bei diesem Modell treten differente Wissensbestände im professionellen Vollzug in den Vordergrund. Professionelle orientieren sich aufgrund ihrer akademischen Vorbildung an relativ abgegrenzten, höhersymbolischen Sinnbezirken (Schütze), die einerseits eine Abstraktion der klientelen Problemlagen von den situativen Besonderheiten ermöglichen, andererseits eine vertiefende Einbettung in die biographische Verlaufsform gestatten. Solche Verlaufskurven sollen entschlüsselt werden, um zu einer angemessenen Intervention zu gelangen. Dabei stellt sich das Angemessenheitskriterium widersprüchlich dar: Ganzheitlichkeit vs. Problemparzellierung, Aktivierung vs. Entmutigung; Zuwarten vs. sofortiger Intervention, exemplarisches Vormachen vs. Verunselbständigung des Klienten. „Wie die Paradoxien alltäglicher kommunikativer Interaktion sind die Paradoxien des professionellen Handelns nicht lösbar oder gar aufhebbar; sie können nur umsichtig in Rechnung gestellt und bearbeitet werden" (Schütze 1992, 162).

4.6 Das strukturtheoretische Modell: Wie beim zuvor dargestellten Ansatz geht es auch hier um die Entschlüsselung der Binnenstruktur professionellen Handelns. Diese gestaltet sich nach diesem P.modell als Vermittlung zwischen Theorie und Praxis im Hinblick auf die Lösung manifester Probleme eines konkreten Klienten. Die professionelle Praxis steht also unter der Logik wissenschaftlicher Rationalität, einer wissenschaftlich zu begründenden Problemlösung. Das zentrale Strukturmoment des professionellen Handelns ist die „stellvertretende Deutung" (Oevermann) von Problemen der Lebenspraxis, die sich als widersprüchliche Einheit von generalisiertem Regelwissen und hermeneutischem Fallverstehen präsentiert. Diese Aporie ist theoretisch nicht aufzulösen, sondern praktisch, also durch die Person des Professionellen zu handhaben. Zur professionellen Kompetenz gehört also wissenschaftliches Wissen, jedoch nur als notwendige Voraussetzung. Als hinreichende Bedingung bedarf es einer praktischen Einübung, der Ausbildung einer Kunstlehre. Insofern sind grundsätzlich alle personenbezogenen Berufe professionalisierungsbedürftig, weil in ihnen allen die Notwendigkeit der einzelfallbezogenen Respezifizierung generalisierten, also wissenschaftlichen Wissens anzutreffen ist, das ja gerade durch seine Fallenthobenheit gekennzeichnet ist.

5. Semi-Profession. Insbesondere mit Blick auf die neuen Professionen – namentlich der Sozialen Arbeit – hat sich ein professionstheoretischer Diskurs entfaltet, der deren Professionalität systematisch in Zweifel gezogen hat. Angesichts der Situation, daß sie in den bürokratischen Kontext wohlfahrtsstaatlicher Organisationen eingebunden sind, wurde angenommen, daß sie hierdurch nicht mehr primär nach ihren professionellen, d. h. wertrationalen Kriterien verfahren können, sondern daß ihre Logik durch zweckrationale Imperative der Bürokratie überformt würde; es bestünde keine Organisationsautonomie. Hierdurch wäre gerade die eben erwähnte Vermittlungsfunktion zwischen wissenschaftlich fundiertem Analyseinstrumentarium und alltagspraktischer Interventionsnotwendigkeit in einer Weise gebrochen, die als Störquelle erfolgreiches professionelles Handeln im Vorfeld destruiere. Die Annahme der strukturellen Dominanz der Organisation wurde wie selbstverständlich vorausgesetzt, ohne daß sie einer theoretischen oder empirischen Prüfung unterzogen wurde. Dabei war diese Debatte im wesentlichen von Webers Bürokratietheorem getragen, das seiner Herrschaftssoziologie entstammt; die Paßgenauigkeit dieses Modells für Sozialbürokratien blieb also unreflektiert. Neuere organisationstheoretische Untersuchungen (Human-relations-Ansatz) zeigten jedoch bald, daß organisationsexterne Variablen (Mitarbeitermotivation, systematisches Wissen, Berufserfahrung etc.) den professionellen Handlungsvollzug bestimmen (Otto 1991). Auch die aus der Systemtheorie gegen die Sozialarbeit vorgetragenen Argumente, die deren Professionsstatus aufgrund ihrer „diffusen Allzuständigkeit" und der fehlenden Herausbildung eines autonomen Teilsystems in Frage stellen, sind inzwischen in die Kritik geraten und widerlegt worden (Merten 1997). Hier zeigt sich also erneut, daß wissenschaftliche Analyse und berufsständische Motive eng miteinander verflochten sind.

7. Ausblick. Die Vielgestaltigkeit der vorgestellten P.modelle unterstreicht die eingangs formulierte These, daß der Begriff P. keinen eindeutigen Sinn referiert. Um der zuletzt angedeuteten, wissenschaftlich problematischen Verquickung von analytischen und (professions-)politischen Interessen zu entgehen, ist es notwendig, auf normative Leitbilder vollentwickelter P. zu verzichten. Vielmehr kommt es in diesem Zusammenhang darauf an, die einzelnen P.verläufe zu rekonstruieren, um so Verlaufsformen und Entwicklungshemmnisse präzise bestimmen zu können. Nur vor diesem empirisch gesättigten wie theoretisch reflektierten Hintergrund wird es dann möglich, P.bedürftigkeit bestimmter Arbeitsfelder begründet auszuweisen.

Lit.: Combe, A., Helsper, W. (Hrsg.): Pädagogische Professionalität. Untersuchungen zum Typus pädagogischen Handelns, Frankfurt a.M. 1996; Dewe, B. u. a. (Hrsg.): Erziehen als Profession. Zur Logik professionellen Handelns in pädagogischen Feldern, Opladen 1992; Luckmann, T., Sprondel, W. M. (Hrsg.): Berufssoziologie, Köln 1972; Luhmann,

N., Schorr, K. E.: Das Technologiedefizit der Erziehung und die Pädagogik, in: ZfPäd 25 (1979) 345–365; Merten, R.: Autonomie der Sozialen Arbeit. Zur Funktionsbestimmung als Disziplin und Profession, Weinheim/München 1997; Merten, R., Olk, T.: Sozialpädagogik als Profession. Historische Entwicklungen und künftige Perspektiven, in: Combe, A., Helsper, W. (Hrsg.): Pädagogische Professionalität. Untersuchungen zum Typus pädagogischen Handelns, Frankfurt a. M. 1996: 570–613; Olk, T.: Abschied vom Experten. Sozialarbeit auf dem Weg zu einer alternativen Professionalität, Weinheim/München 1986; Otto, H.-U. (1991): Sozialarbeit zwischen Routine und Innovation. Professionelles Handeln in Sozialadministrationen, Berlin; Sachße, C.: Mütterlichkeit als Beruf. Sozialarbeit, Sozialreform und Frauenbewegung 1871–1929, Frankfurt am Main 1986; Schütze, F.: Sozialarbeit als „bescheidene" Profession, in: Dewe, B. u. a. (Hrsg.): Erziehen als Profession. Zur Logik professionellen Handelns in pädagogischen Feldern, Opladen 1992: 132–170; Stichweh, R.: Wissenschaft, Universität, Professionen. Soziologische Analysen, Frankfurt am Main 1994.

Roland Merten, Halle

Prognose
Eine wissenschaftliche Voraussage, daß unter definierten Bedingungen bestimmte Ereignisse eintreten, wird als P. bezeichnet. In den Sozialwissenschaften werden P. häufig als Extrapolation (=Schluß aus einem experimentell nicht zu erfassenden Sachverhalt) zu beobachtender Trends erstellt. Die Prognosenstellung stößt jedoch auf folgende Schwierigkeiten, wenn sie sich auf Menschen bezieht:
1. Die aufgestellte P. kann der Verursacher für den Eintritt des prognostizierten Ereignisses sein (sog. →self-fulfilling prophecy).
2. Die Menschen, auf die sich die P. bezieht, können auf diese reagieren und sie so verfälschen. Es hat sich bisher als unmöglich erwiesen, für einzelne Menschen absolut sichere sozialwissenschaftliche P. zu erstellen, so daß hier mit Wahrscheinlichkeitsaussagen und -chancen operiert werden muß.

Projektion
Allgemein wird in der Psychologie von P. gesprochen, wenn Menschen intrapsychische Gehalte (z. B. Wünsche, Interessen oder Ängste) in die Außenwelt verlagern. In die Psychoanalyse (→Psychoanalyse und Sozialpädagogik) führte S. Freud (1856–1939) diesen Begriff ein, um ein unbewußtes, pathologisches Abwehrverhalten zu beschreiben, bei dem Menschen ihnen unerträgliche oder für sie nicht zulaßbare Emotionen, Wünsche o. ä. anderen Personen oder Dingen zuschreiben. Da P. (wie auch die →Übertragung) den →pädagogischen Bezug verzerren können, ist die Kenntnis der Projektionsmechanismen für Sozialpädagogen unabdingbar, um daraus entstehende Kommunikationsstörungen rechtzeitig zu erkennen und ggf. in der →Supervision bearbeiten zu können.

Projektiver Test
Bezeichnung für umstrittene Testverfahren (→Test), bei denen dem Kandidaten mehrdeutiges und unstrukturiertes Testmaterial (z. B. die „Tintenkleckse" des Rorschach-Tests) vorgelegt wird. Die Reaktionen auf dieses Testmaterial und die Interpretationen desselben durch die Testperson sollen Rückschlüsse auf Persönlichkeitsmerkmale geben, da er, so der theoretische Hintergrund, Anteile seiner →Persönlichkeit auf das Testmaterial projiziert (→Projektion).

Projektmethode
Die P., deren Wurzeln u. a. in der →Reformpädagogik und dem →Pragmatismus liegen, wurde von Karl Frey entwickelt. In der P. geht es um eine „lernende Betätigung, die bildend wirkt". Konkret wird in schulischen und außerschulischen Bildungsprozessen über die P. eine Projektinitiative aufgegriffen und

über mehrere Phasen hinweg gemeinsam umgesetzt, wobei u. a. die Interaktionsformen festgelegt, die einzelnen Tätigkeiten geplant und verteilt, eigenständige Verfahren zur Projektförderung entwickelt und auftretende Spannungen und Konflikte zu bewältigen versucht werden. Ein konkretes Beispiel wäre die Erarbeitung einer Abteilungszeitung in einer Kinder- und Jugendpsychiatrie von der ersten Idee dazu bis zum Verkauf der Zeitung, mit all den vielfältigen Aufgaben und Lernprozesse dazwischen.

Projektstudium
Mit P. wird die Mitarbeit der Studenten an einem berufsspezifischen Praxisprojekt bezeichnet, das theoretisch vorbereitet und begleitet wird. Das P. wird seit Beginn der 70er Jahre in einigen Studiengängen der Sozialen Arbeit angeboten, um der Forderung nach mehr Praxisnähe Rechnung zu tragen.

Proletariat
1. Zur Zeit des römischen Imperiums wurde die Gruppe der vermögenslosen römischen Bürger, deren einziger „Besitz" nur ihre Nachkommen („proles") waren, P. genannt.

2. Nach K. Marx (1818–1883) ist das P. die →Klasse der direkt vom Kapital abhängigen Lohnarbeiter, die ihre Arbeitskraft verkaufen müssen, um sich die wichtigsten Güter zum Überleben erwerben zu können.

Innerhalb der marxistischen Lehre wird das P. als das Subjekt zur revolutionären Überwindung des Kapitalismus angesehen.

Prophylaxe
P. bezeichnet im medizinischen Sprachgebrauch die Vorbeugung vor und Verhütung von Krankheiten. Im Bereich der Sozialpädagogik ist bezüglich ihres Gegenstandes der Begriff der Prävention gebräuchlicher (→Prävention (und Jugendhilfe)).

Prostitution
Als P. wird sowohl homo- als auch heterosexueller Geschlechtsverkehr gegen Entgelt bezeichnet. Die Sozialwissenschaften bieten zahlreiche Erklärungsansätze für das Phänomen der P. an, die teils personen-, teils gesellschaftsbezogen argumentieren, ohne daß sich bisher ein Ansatz durchsetzen konnte. Teilweise formieren sich Prostituierte in →Selbsthilfegruppen, um eine Anerkennung der P. als Beruf durchzusetzen.

Prozeßkostenhilfe
Die staatliche Sozialleistung, die Kosten eines gerichtlichen Verfahrens für eine Person mit geringem Einkommen und Vermögen ganz oder teilweise zu übernehmen, wird als P. bezeichnet. Die P., die seit 1981 das sog. „Armenrecht" ersetzt, wird in den §§ 114 ff. der Zivilprozeßordnung (ZPO) gesetzlich geregelt.
→Beratungshilfe

Psychagogik
1. Historisch bezeichnet P. eine Anfang des 20. Jh. entstandene medizinische, kognitive Erziehungslehre, die heute ohne Bedeutung ist.

2. Im heutigen Sinne ist unter P. eine →Zusatzausbildung für pädagogische Berufe zu verstehen, die →Psychotherapie und Pädagogik miteinander verbindet. Ihre Zielgruppe sind psychisch gestörte Kinder, die gleichermaßen eines pädagogischen wie eines therapeutischen Umgangs bedürfen.

Psychiatrie-Enquête
1. Eine Enquête ist eine Untersuchung oder Erhebung mit dem Zweck, durch eine möglichst umfassende Befragung für bestimmte Lebens- und Gesellschaftsbereiche eine verläßliche Übersicht über deren gegenwärtigen Stand zu erhalten. Diese Absicht verfolgte der Deutsche Bundestag, als er im März 1970 eine Sachverständigen-Kommission mit der Erstattung eines Berichtes über die psychiatrische und psychotherapeutisch-psychosomative Versorgung

der Bevölkerung beauftragte. Die Untersuchung sollte sich auf die stationären und ambulanten Dienste für psychisch Kranke, auf die Situation frei praktizierender Nervenärzte und auf besondere Problembereiche wie Suchtkrankheiten beziehen.

2. Inhalte der PE. Im November 1975 leitete der Bundesminister für Jugend, Familie und Gesundheit den Abschlußbericht der Enquête-Kommission dem Bundestag zu. Es wurde von diesem als Drucksache 7/4200 in die Parlamentsarbeit aufgenommen. Auf 426 Seiten sowie in einem Ergänzungsband (Drucksache 7/4201) wurden in 8 Hauptabschnitten zum gegenwärtigen Versorgungsstand, zur Neuordnung der Versorgung psychisch Kranker und Behinderter, zur Aus-, Weiter- und Fortbildung, zu rechtlichen Problemen, zu Fragen der Primärprävention, zu Problemen der Forschung, zum Personalbedarf und zu Prioritäten umfassend Stellung genommen. Nach einer mühevollen Bestandsanalyse und auf Grund der von der Sachverständigen-Kommission erarbeiteten Empfehlungen wurden „die Beseitigung grober, inhumaner Mißstände" als höchste Priorität gewertet, die „jeder Neuordnung der Versorgung vorauszugehen" habe. Als unverzichtbare Rahmenbedingungen seien dabei zu berücksichtigen „das Prinzip der gemeindenahen Versorgung, das Prinzip der bedarfsgerechten und umfassenden Versorgung aller psychisch Kranken und Behinderten, das Prinzip der Gleichstellung psychisch Kranker mit körperlich Kranken". Zu deren Verwirklichung wurden Prioritäten wie folgt gesetzt:

„a) Aus- und Aufbau komplementärer Dienste (Heimsektor),

b) Ausbau- und Aufbau der ambulanten Dienste,

c) der Aufbau von Abteilungen an allgemeinen Krankenhäusern,

d) Förderung der Aus-, Weiter- und Fortbildung,

e) vorrangige Verbesserung der Versorgung
 – von psychisch auffälligen, gestörten und behinderten Kindern und Jugendlichen,
 – von Suchtkranken, insbesondere Alkoholikern,

f) Entwicklung von Modellversorgungsgebieten in städtischen wie ländlichen Regionen".

Bereits während der Erarbeitung der Grundlagen und der daraus erwachsenen Empfehlungen der PE, an der zeitweise bis zu 200 Mitarbeiter tätig waren, entwickelten sich vor allem auf der Ebene der Länder und Kommunen beachtliche entsprechende Initiativen. Der endlich einsetzende gesellschaftspolitische Bewußtseinswandel verschaffte den psychisch Kranken allmählich die geforderte rechtliche und soziale Gleichstellung. Jedoch vollzogen sich derartige Schritte bei den psychisch Kranken teilweise langsamer als etwa bei der Integration geistig Behinderter (Lebenshilfe für geistig Behinderte, Werkstätten etc.). Wesentliche Verdienste der PE aber waren die von ihr ausgehenden Initiativen der Veränderung von einer überwiegend verwahrend – beschützend – ausgrenzenden zu einer aktiv – therapeutischen und rehabilitativen Psychiatrie. Neue therapeutische Aktivitäten erforderten mehr Mitarbeiter aus Berufsgruppen, die bisher außerhalb der psychiatrischen Krankenhausbehandlung standen bzw. ohne die der Aufbau und Ausbau ambulanter bzw. komplementärer Dienste nicht möglich gewesen wäre (Sozialarbeiter, Dipl.-Psychologen, Heilerziehungsschwestern bzw. Pfleger usw.). Die Zielsetzungen der modifizierten Gesetzgebung für die unfreiwillige Unterbringung psychisch Kranker betonten deren vorrangig therapeutischen Zweck, ebenso wie die neueren gesetzlichen Grundlagen der Handhabung des sog. Maßregelvollzuges für psychisch kranke Straftäter. Trotz der im kommunalen Bereich vielerorts fixierten Auffassung, „Gemeindeintegration" gelte nicht oder allenfalls nur erheblich eingeschränkt für psychisch Kranke, spielte auch hier die Enquête die Rolle einer Initialzündung. Viele andere Versorgungsbereiche erfuhren durch die PE neue, weit über das bisher Vorhandene hinausgehende Impulse, vielfach ausgelöst durch Aktivitäten von Mitarbeitern, die von der Universitäts- in die Landeskrankenhauspsychiatrie gewechselt waren.

3. Der Bericht der Expertenkommission. In der Nachfolge der Psychiatrie-Enquête kommt der Expertenkommission der Bundesregierung zur Reform der Versorgung im psychiatrischen und psychotherapeutisch / psychosomatischen Bereich eine weitere wichtige Rolle zu. Ihre Aufgabenstellung, ihre Entwicklung, ihre personelle Zusammensetzung sowie die Erarbeitung ihrer 13 Jahre nach Abschluß der Psychiatrie-Enquête am 11. November 1988 vorgelegten Empfehlungen spiegeln vielfältige Probleme einer föderalen, auf die Verantwortung der einzelnen Bundesländer bezogenen Psychiatrie-Politik und Differenzen wider, die sich nur teilweise bei der Klärung von Zuständigkeitsfragen zwischen Bund und Ländern befriedigend regeln ließen. Bezeichnend war, daß die Absicht der Bundesregierung, ein aus den Empfehlungen der Psychiatrie-Enquête erwachsenes, die materielle Förderung des Bundes einschließendes Modellprogramm zu realisieren, im Januar 1980 auf erhebliche verfassungsrechtliche Bedenken der Finanzministerkonferenz stieß. So lehnten 5 der damaligen 11 Bundesländer ihre Beteiligung ab. Ebenso problematisch erwies sich auch zumindest in der Anfangsphase die Einbeziehung der niedergelassenen Nervenärzte in die Kommissions-Arbeit.

Dennoch gelang es der Sachverständigen-Kommission, in einem 712 Seiten umfassenden Bericht nahezu für alle psychiatrischen und psychotherapeutisch/psychosomatischen ambulanten, teil- und vollstationären Versorgungsbereiche eine große Anzahl von Grundsatz- bzw. Einzelempfehlungen zu erarbeiten. Nicht nur sollte der Prozeß der Psychiatrie-Reform 13 Jahre nach Abschluß der Psychiatrie-Enquête kritisch überprüft, sondern vor allem seine Weiterentwicklung markiert werden. Dabei wurden ein Modellprogramm der Bundesregierung und eines Modellverbundes mit zahlreichen Einzelvorhaben wie auch verschiedene Länderprogramme und die Ergebnisse von Reformen außerhalb der Grenzen der damaligen Bundesrepublik in die Analyse und ihre Schlußfolgerungen einbezogen. Zahlreiche Experten und auch die Bundesländer waren beteiligt. Eine am 3. Dezember 1979 berufene, anfangs aus 20, später aus 27 Mitgliedern bestehende Beraterkommission wurde im Februar 1987 unter Hinzuziehung weiterer Mitglieder in eine Expertenkommission umgeformt und die Arbeit für einzelne Problembereiche durch zusätzliche Sachverständige verstärkt.

Die Zusammenfassung der erarbeiteten Grundsätze und Empfehlungen konnte von der in der Praxis bewährten Übernahme der vier Grundprinzipien der Psychiatrie-Enquête ausgehen: gemeindenahe Versorgung, bedarfsgerecht und umfassend für alle psychisch Kranken und Behinderten, Koordination aller Versorgungsdienste und Gleichstellung von psychisch und somatisch Kranken. In mehr als 50 Einzelkapiteln wurden im Bericht der Expertenkommission eingehende Ausführungen zum Umfang der Probleme zu Grundsätzen gemeindepsychiatrischer und zu Bausteinen allgemeinpsychiatrischer Versorgung (mit 10 Einzeldarstellungen einschließlich der Rolle der niedergelassenen Nervenärzte) gemacht. Über die Feststellungen und Empfehlungen der Psychiatrie-Enquête hinausgehend wurden Aspekte der Versorgung psychisch kranker Kinder und Jugendlicher, psychisch kranker alter Menschen, Abhängigkeitskranker und neurotisch und psychosomatisch Kranker in die Arbeit der Expertenkommission einbezogen. Ein weiterer Abschnitt befaßte sich mit den personellen, administrativen und legislativen Grundlagen der Aus-, Weiter- und Fortbildung, der Bemessung des Personalbedarfs im außerstationären Bereich sowie mit den Problemen „Enthospitalisierung", d. h. der Rückführung von Langzeitpatienten in die Gemeinde, ferner mit legislativen Änderungsempfehlungen insbesondere das Gesundheitsreformgesetz, das Bundessozialhilfegesetz und das Arbeitsförderungsgesetz betreffend. Im letzten Berichtsabschnitt wurde unter Berücksichtigung der sich mehr und mehr abzeichnenden finanziellen Engpässe besonders Wert auf den Aus- und Aufbau des Gemeindepsychiatrischen Verbundes im Hinblick auf seine besondere Wichtigkeit für die ambulante Versorgung chronisch psychisch Kranker und Behinderter gelegt. Einbezogen wurde der Prozeß einer „therapeutisch indizierten und sorgfältig vorbereiteten" Enthospitalisierung einschließlich eines Aufbaus beschützter Wohnangebote im Rahmen eines auf örtlicher Ebene abgestimmten Gesamtprogramms.

4. Resümee. Psychiatrie-Enquête und Expertenkommission sind Fixpunkte in der Entwicklung der Psychiatrie im Deutschland nach dem Ende des 2. Weltkrieges. Bei weitgehender Übereinstimmung der nach Sterilisationsgesetzgebung und Euthanasie-Aktion in beiden deutschen Teilstaaten herrschenden menschenunwürdigen Verhältnisse haben beide Aktionen endlich zu einem zwar langsamen, aber tiefgreifenden gesellschaftlichen Wandel der Einstellung gegenüber dem psychisch Kranken und den seelisch oder geistig Behinderten geführt und zur Umsetzung humaner Grundforderungen beigetragen. Wesentlich war dabei die Bereitschaft, in einer umfassenden gemeindenahen Versorgungskonzeption unterschiedliche, bis dahin z. T. kontroverse Ausgangspositionen kritisch zu überdenken und in einem noch andauernden Anpassungsprozeß den übergeordneten Grundsätzen von der unteilbaren Würde des einzelnen Menschen ebenso unterzuordnen. Ebenso mußte eine die Entwicklung der Psychiatrie, der Psychotherapie und Psychosomatik hemmenden wissenschaftstheoretischen und praxis- bzw. versorgungsstrategischen Aufsplitterungen begegnet werden. Auch unter soziologischen und sozialpädagogischen Aspekten waren Zusammenarbeit (und Erfolgszwang!) unterschiedlicher Berufsgruppen für das Gelingen der beiden miteinander verbundenen Arbeitsaufträge hilfreich und letztlich unverzichtbar. Unabhängig von der unterschiedlichen Wertung von Einzelkomponenten wird sich als Richtschnur der biologisch-psychologisch-soziale Ansatz in Diagnostik, Therapie und Rehabilitation bei psychisch Kranken, seelisch oder geistig Behinderten durchsetzen. Ebenso werden die zahlreichen noch offenen Problembereiche wie die der Versorgung intensiv behandlungsbedürftiger chronisch psychisch Kranker, der Alterskranken, der schwer verhaltensgestörten Kinder und Jugendlichen, psychisch kranker Straftäter oder der Abhängigkeitskranken nur in einer multidisziplinären Zusammenarbeit auf der Grundlage eines mehrdimensionalen Ansatzes verbessert oder langfristig gelöst werden können. Insoweit weist der verbundene somatisch-psychologisch-soziale Ansatz auch der Sozialpädagogik eine wesentliche und zukunftsbezogene Aufgabe zu.

→Gemeindepsychologie; →Psychiatrie und Sozialpädagogik; →Psychosoziale Versorgung

Lit.: Deutscher Bundestag, 7. Wahlperiode, Drucksache 7/4200 Bericht über die Lage der Psychiatrie in der Bundesrepublik Deutschland – zur psychiatrischen und psychotherapeutisch/psychosomatischen Versorgung der Bevölkerung, Alleinvertrieb: Verlag Dr. Hans Heger, Goethestraße 56, Bonn-Bad Godesberg mit Anhang (BT-Drucksache 7

(4201) (1975); Stellungnahme der Bundesregierung zum Bericht der Sachverständigen-Kommission (BT-Drucksache 8 (2565) (1979); Materialsammlung I zur Enquête über die Lage der Psychiatrie in der BRD, Schriftenreihe des Bundesministers für Jugend, Familie und Gesundheit, Band 9, Verlag Hans Kohlhammer, Stuttgart (1973), ISBN 3-17-001717-6; Empfehlungen der Expertenkommission der Bundesregierung zur Reform der Versorgung im psychiatrischen und psychotherapeutisch/psychosomatischen Bereich auf der Grundlage des Modellprogramms Psychiatrie der Bundesregierung, Bonn, 1988; PROGNOS AG Modellprogramm Psychiatrie, Berichte 1–5 (1980, 1983, 1995, 1996, z. T. Schriftenreihe des Bundesministers für Jugend, Familie und Gesundheit, Stuttgart, 1986); Kulenkampff, C., Picard, W., Fortschritte und Veränderungen in der Versorgung psychisch Kranker. Ein internationaler Vergleich, Rheinland-Verlag, Köln (1989), ISBN 3-7927-1093-5; Finzen, A., Das Ende der Anstalt. Vom mühsamen Alltag der Reformpsychiatrie, Psychiatrie-Verlag, Bonn (1985), ISBN 3-88414-061-2; Finzen, A., Das Pinelsche Pendel. Die Dimension des Sozialen im Zeitalter der biologischen Psychiatrie. Bonn (Ed. Das Narrenschiff, Sozialpsychiatrische Texte, 1), Psychiatrie-Verlag, Bonn, 1998, ISBN 3-88414-287-9; Degkwitz, R., Hoffmann, s. o.; Kindt, H., Psychisch krank – Einführung in die Psychiatrie für das klinische Studium, Verlag Urban und Schwarzenberg (1982), ISBN 3-541-09911-9.

Hans Heinze, Wunstorf

Psychiatrie und Sozialpädagogik
1. Epistemologisch ist P. die auf zu klärende und zu behandelnde gestörte seelische Befindlichkeit und Leistungen gerichtete Nervenheilkunde als medizinische Disziplin. Sie ist grundsätzlich gestützt auf Erforschung und Kenntnisse des nervlichen Substrats als körperlicher Grundlage von Funktion und Störung des Psychischen im Sinne einer Naturwissenschaft (Nervenarzt = Arzt für Neurologie und Psychiatrie). Die psychiatrischen Beschreibungsebenen psychischer Abweichungen und Probleme umfassen biologische, psycho(patho)logische und soziologische, ebenso kulturwissenschaftliche, philosophische und religiöse Zusammenhänge. Die Begrifflichkeiten der P. sind geschichtlich geworden, nur im Kontext ihrer langfristigen Entstehung verständliche Bezeichnungen: ihre Buchstäblichkeit steht oft im Widerspruch zu ihrem überdies oft unterschiedlichen Gebrauch und lädt zu geisteswissenschaftlichen Mißverständnissen, gelegentlich auch fälschlichen Denunziationen ein. Die Komplexität ihres Gegenstandes ist vielschichtig. „Multiaxiale" Klassifikationsbemühungen versuchen neuerdings dem Rechnung zu tragen.

2. Geistesgeschichtlich ist (antike Sichtweisen aussparend) P. das Ergebnis einer Aufklärung, die von mittelalterlichen Auffassungen der „Wahnsinnigen" als exorzistisch zu behandelnde Besessene, Abzusondernde (Narrenschiff, Tollhaus) oder Abzuurteilende (Hexenprozesse), auf jeden Fall zu „Beseitigende", über „vernünftige" Differenzierungen (z.B. Kant: neben Blödsinnigkeit, Verrückung, Wahnsinn und Wahnwitz, deren „Wurzel ... wohl im Körper liegt ..." und mit denen je verschieden umzugehen ist) und Romantisierungen zur Verortung der Störung am Zentralnervensystem führte (Mitte des 19.Jh.): Geisteskrankheiten sind Hirnkrankheiten (Griesinger), Irrenärzte werden Nervenärzte und Irre Nerven-Kranke. Damit holte die P. zunächst nach: Überwindung der „geschauten Wesenheit" einer Krankheit, Kenntnis der Störung „ihres" Organs, eines anatomisch abgegrenzten körperlichen Bereichs mit spezieller Funktion (Physiologie). Mit der Verfeinerung der naturwissenschaftlichen Untersuchungsmethoden gelang immer häufiger der Nachweis, daß re-

gelhaft zusammenauftretenden erheblichen psychischen Abweichungen (psychopathologischen Syndromen) Hirnstörungen zugrunde lagen. Um dabei eine nosologische Ordnung zu gewinnen, sog. Krankheitseinheiten (Kraepelin) herauszufinden, bedurfte es (u. a.) einer möglichst genauen Beschreibung und terminologischen Definition der psychischen Veränderungen, der um die letzte Jahrhundertwende kulminierenden „klassischen" →Psychopathologie (Kraepelin, E. Bleuler u. v. a.), als Korrelat der „organischen" Veränderungen, die man zunehmend aufdeckte. Das endlich auch mikroskopische Auffinden der Spirochaeta pallida als Erreger der quartären Lues des Gehirns, der Progressiven Paralyse, zu Anfang des 20. Jh. markiert einen Höhepunkt. Das Gehirn ist „nicht Sitz der Seele" (Jaspers), aber Seelisches auf das Gehirn angewiesen und von ihm her „sinnlos" störbar.

3. Zu naturwissenschaftlichem Ärgernis entzog sich ein Teil auch der schweren psychischen Abweichungen der Klärung durch den Blick aufs „Gehirn". Zum einen sah man („psychotische") Störungen, bei denen die „Seele" beeinträchtigt ist, weil ersichtlich das körperliche „Außen" (Gehirn) getroffen ist, akut z. B. im Delir (verwirrte Erregung, Fehlwahrnehmungen, Bewußtseinstrübung, Angst), chronisch z. B. in der Demenz („geistiger" Abbau) („exogen"). Andere, keineswegs unerhebliche Störungen, die vermutbar mit jüngeren oder älteren Erlebnissen in Zusammenhang zu bringen waren, nannte man „abnorm erlebnisreaktiv" bzw. „psychogen". Als „neurotisch" werden auf kränkenden Erfahrungen beruhende Erlebnis- und Reaktionsweisen bezeichnet, die vom üblichen abweichend eng und starr sind und sie korrigierende Erfahrungen zugleich erschweren, wobei die Zusammenhänge dem Betroffenen weitgehend unklar sind. Die alte Bezeichnung →Neurose (Cullen, 1776!) meinte dabei etwa „nervlich, nicht körperlich". Schließlich

gab es einen großen Bereich äußerst tiefgreifender psychischer („psychotischer") Verändertheit, bei der sich weder Hirnveränderungen nachweisen ließen noch verständliche Zusammenhänge mit Erlebtem, sondern gerade ihr augenscheinlich regelmäßiges Fehlen, so daß man übereinkam, hier eine Störung „im Inneren der Seele selbst" zu sehen und „endogen" zu nennen, die Formkreise der Schizophrenien und der Manisch-depressiven Krankheit – zunächst „Dementia praecox" und „MDI = Manisch-depressives Irresein" (Kraepelin) genannt. Hier konnte man nur vorläufig zu helfen versuchen – mit Schlafmitteln für die Erregten, z. B. Opiumkuren für die Verstimmten, unspezifischen Versuchen der „Durchbrechung" der verfahrenen psychischen Verfassungen mit massiven physischen (!) Belastungen (sog. →„Schock"-Therapien verschiedenster Art) – und auf späteren Einblick in die neurobiologischen Zusammenhänge durch geduldiges naturwissenschaftliches Forschen hoffen.

4. Die Psychoanalyse (S. Freud) (→Psychoanalyse und Sozialpädagogik) verstand sich bei ihrer Konzipierung als naturwissenschaftliches Unterfangen, seelische Vorgänge als Epiphänomene neurobiologischer Prozesse zu verstehen. Ihre ordnende Erforschung mit besonderem Augenmerk auch auf das, was der untersuchten Person an ihrem Seelenleben nicht bewußt ist, hatte den ausdrücklichen Anspruch auf Vorläufigkeit, der noch ausstehenden Entdeckung der Physik und Chemie der Seele vorauszuschreiten, mit einer Art Psychophysiologie der naturwissenschaftlichen Forschung den Weg zu weisen. Durch die ab Mitte des 20. Jh. sich entfaltende Psychopharmakotherapie und die ihr entsprechende Grundlagenforschung hätte sie sich in ihren ursprünglichen Absichten bestätigt sehen müssen. Aber sie vernachlässigte ihr naturwissenschaftliches Fundament, wenn es denn je bestanden hat, samt dem Anspruch auf

strenge Überprüfbarkeit (d. h. Falsifizierbarkeit i. S. v. Popper) ihrer Aussagen, in „höheren Sphären" teils mehr, teils weniger geistreicher Spekulation. Der „Deutungsüberschuß" (A. Gehlen) psychoanalytischer Feststellungen war einladend für allerhand Interessenten, z. B. Pädagogen (→Aichhorn, →Bernfeld usw.), die sie anzuwenden trachteten. Naturwissenschaftlicher Verzicht gab geisteswissenschaftlichem Interesse Spielraum, gar in vermeintlicher Überwindung von vermeintlichem Reduktionismus. Die Wirksamkeit dieser Anwendungsversuche blieb zwar prekär. „Nonfrustration" empfahl sich erzieherisch durch seine „Früchte" nicht, die „antiautoritäre" Adaption stand noch aus. Nachhaltig war, daß mit dem Einbruch der Psychoanalyse „unabsichtlich" Naturwissenschaftsfernes wieder Boden gewann in der P. Aspekte der genetischen, also „anlagemäßigen" Bedingung von Störungen wurden in gleichem Umfang vergessen, wie sie die Psychoanalyse bewußt beiseite gelassen hatte. Das Neugeborene erlangte (erneut) die Gleichheit des „weißen Blattes", auf dem sich das Begegnende einträgt und „daran schuld" wird, sei es als „die Mutter", als „die Familie", als „die Schule" oder als „die Gesellschaft". Für erworbene „psychoorganische" Defizite und Defekte hat die Psychoanalyse zudem keine spezifischen Bezeichnungen und vermittelt ihr Verständnis nicht.

5. Im deutschsprachigen Raum durch den Nationalsozialismus unterdrückt, konnte sich psychoanalytische Forschung und Praxis bis zur Mitte des 20. Jh. besonders in Amerika ungestört – und erschöpfend – entfalten. Lerntheoretische Konzepte (Watson; Pawlow; Thorndike; Skinner u. v. a.) als behaviouristisch-normalpsychologische Klärungs- und Behandlungsmethoden etablierten sich, insbesondere skeptisch gegenüber psychoanalytischem „Deutungsbedarf" und „Introspektion", und fanden als →Verhaltenstherapie Eingang auch in psychiatrische Arbeit. Soziologische Theorien knüpften teilweise an sie an und – lösten sie ab. Was „die Gesellschaft macht" (bzw. jeweils immer schon „gemacht hat") mit ihren zunächst vielleicht nur geringfügig abweichenden Mitgliedern, wie sie, zunächst inoffiziell, dann offiziell und schließlich von den Mitgliedern als Selbstbild übernommen, „stigmatisiert" und in Sondereinrichtungen „ausgrenzt", sei es in Gefängnisse, sei es in Anstalten der P., rückte nun ins Zentrum des Interesses (Lemert, Scheff u. v. a.). Daß der Gegenstand der P. somit mehr eine abhängige Variable jeweiliger gesellschaftlicher Struktur im Sinne deren Kontrollbedarfs (M. Foucault) als Heilkunde aus zwingender pathobiologischer Veranlassung sei, leitete Wasser auf die Mühlen der Interessenten an gesellschaftlicher Veränderung, ließ geradezu die „Abschaffung" der P. (zumindest „Desinstitutionalization") fordern – oder (um 1968) gar die Indienststellung ihrer nur vorgeblich kranken, „kaputtgemachten" Opfer in gesellschaftliche Veränderungsprozesse („Sozialistische Patientenkollektive"). →„Antipsychiatrie" wurde explizit.

6. Fraglos ist veranstaltete P., „in die man kommt", „gehört" oder „in der man landet", als Ort auf dem Stadtplan, auch eine gesellschaftliche Institution. Als „Anstalt" läuft sie Gefahr, den Eigengesetzlichkeiten →„totaler Institutionen" zu erliegen (Goffman), die den in ihnen „untergebrachten" Individuen Deformationen aufnötigen, die mit dem Anlaß ihrer Unterbringung, ihrer störenden Krankheit, wenig zu tun haben und ihr um so weniger förderlich scheinen. Das wiederum läßt manche befürchten, daß die Störung, die dort vorgeblich behandelt werde, im wesentlichen Ergebnis der Behandlung sei, ja, daß gar der versehentlich „dorthin" geratene Gesunde wenig Chancen habe, der Zuschreibung von Behandlungsbedürftigkeit zu entrinnen. Freilich nicht nur „in der P."

Tätige, sondern auch die sie für „Auszugrenzende" in Anspruch Nehmenden definieren die Funktion „der P.": „mit ihr" wird stigmatisiert, von Nicht-Psychiatern. So wird von Skeptikern die Inanspruchnahme von P. möglichst vermieden, um auszuschließen, was statt verweigerter Abhilfe erfolge: unzulässige „Psychiatrisierung".

7. In der veranstalteten P. sind nun neben- und durcheinander Naturwissenschaftlichkeit („Biologische P."), Psychoanalyse, Weiterentwicklungen in mehr interaktioneller Interessensausrichtung (→Gruppentherapie, →Therapeutische Gemeinschaft, →Familientherapie, →Psychodrama, Systemische Ansätze usw.), stark soziologische Akzente (→Gemeindepsychiatrie, primäre →Prävention), philosophisch bis religiös ambitionierte „sinnstiftende" Hilfsbereitschaft (Daseinsanalyse, Logotherapie, gar Esoterik) und selbst „Antipsychiatrie" zu finden. Erfreulich ist die Vielfalt der Aspekte, problematisch jeweilige Vereinseitigung, verheerend chaotische kategoriale Unsauberkeit. Das „erkenntnisleitende Interesse" der Vertreter der jüngeren hiesigen Sozialpädagogik ist, teils aus „persönlicher Sozialisationsgeschichte", teils aus „politischer Bildungstradition" unterschiedlichen intellektuellen Niveaus meist in Umkehrung der obigen Reihenfolge anzutreffen. Man ist dem jeweils Neuesten zugewandt, „lehnt die Psychiatrisierung ab", versucht zwischen psychiatrischer und der eigenen Zuständigkeit eine Grenze zu ziehen („„P. nur notfalls und möglichst kurz und – ohne mich!") oder vermeint, seine Kompetenz sei um so weniger gefragt, wie „Medizinisches (d. h. Nervliches) eine Rolle spielt".

8. Als „Anrechtsanwalt" erschließt der Sozialarbeiter dem psychiatrischen Patienten Ressourcen, die sozialpolitisch bereits vorgehalten oder erst noch zu bewirken sind. Als Sozial-Pädagoge sucht er seinen Klienten zu sozialen Kompetenzen zu befähigen. Dabei muß er berücksichtigen, was deren Etablierung und Umsetzung neuropsychiatrisch beeinträchtigt. „Impairment", „Disability" und „Handicap" sind auf verschiedenen Ebenen angesiedelt und einander nicht einfach proportional. Wie sehr nervliche Beschädigung seelisch „entfähigt" und wieweit seelische Unfähigkeit sozial behindert, ist nicht zwangsläufig, sondern – gerade pädagogisch – der Veränderung zugänglich. Aber eben um so eher, je mehr alle Ebenen dabei im Auge behalten werden. Bildlich: der „Querschnittsgelähmte" muß fahren lernen, der „Spastiker" muß besser laufen lernen, der „psychogen Ganggestörte" muß wieder laufen können lernen usw. D. h., jedesmal scheint es das gleiche: einer „kann nicht laufen". Aber jedesmal ist etwas anderes zu tun, um dafür zu sorgen, daß er beweglich wird. Es hilft nichts, die Störung zu leugnen oder als unerheblich abzutun – oder irgend etwas zu tun („Rollstuhl für alle"). Das Beste zu tun, heißt, es an der richtigen Stelle zu tun.

9. Bei der differenzierenden Klärung von Herkunft und Besserungschancen psychiatrisch-relevanter Abweichungen stoßen Bemühungen um Differenzierung auf Vorlieben für „Ganzheitlichkeit". Dabei kommt leicht zu kurz, daß Veränderungen bzw. Beeinträchtigungen auf verschiedenen kategorialen Ebenen sich nicht „nebeneinander" ordnen lassen, sondern (i. S. der Schichtenlehre N. Hartmanns) einander auflagern. Erst eine leichte – und ggf. nur psychodiagnostisch erhebbare – Hirnstörung liefert belastenden sozialen Konstellationen aus und läßt dann diese erheblich werden – und umgekehrt. So kann hilfreiches soziales Arrangement geboten sein, obwohl eine auch noch schwierigere soziale Situation „mit guten Nerven" durchaus allein zu meistern wäre. Biographisch gilt ebenso: wer seiner sozialen Kompetenzen sicher war, hält einer hinzutretenden „nervlichen" Beeinträchtigung eher stand, das Gekonnte bleibt auch geschwächt noch hinrei-

chend. Die Bedeutung der Teilaspekte ergibt sich also erst aus dem jeweils übrigen. Zu berücksichtigen, daß „einfach alles mit allem" zusammenhänge, enthebt nicht der Frage nach dem Wie, denn das ist von Fall zu Fall verschieden, und ein gewisses Vorliegen des einen schließt das gewisse Vorliegen des anderen nicht aus. Neurologisch sind Querschnittslähmung und psychogene Gangstörung sicher zweierlei, aber psychiatrisch kann sich eine subtotale Querschnittslähmung mit einer psychogenen Preisgabe der Restfähigkeit beladen. Die sorgfältige Unterscheidung der vielfältigen Fakten, die sich verschiedenen Sichtweisen auf verschiedenen Ebenen erschließen, und ihre nachfolgende Zusammenschau, die über bloße „Faktenaddition" hinausweist und sich hinauswagen muß – ohne methodologisch-unbesonnen wieder zu vor(natur)wissenschaftlicher „Wesensschau" in mystischer Gestimmtheit geraten zu dürfen –, ist Aufgabe, die mit zureichendem Fachwissen, verständigungsfähiger Zusammenarbeit, gedanklicher Anstrengung und erfahrener Geduld zu bedienen ist.

10. Nervliche Störung beeinträchtigt Befinden und seelische Leistungsfähigkeit und bedroht sozial. Soziale Hilfe und befähigendes soziales Arrangement bessern Befinden und Leistungsfähigkeit und schlagen sich z. B. – vermutlich und u. a. – in „neuen synaptischen Verknüpfungen" im Zentralnervensystem nieder, werden jedenfalls sozialpädagogischer Beitrag zur biologisch-nervlichen Verfassung des Menschen, der Zeit kostet, Geduld und Stetigkeit erfordert, Kurzatmigkeit der Bemühung ausschließt, bloßer verbaler „Konfrontation" mit „Normen und Werten" tunlichst enträt. Um so mehr gilt das für Kinder und Jugendliche, bei denen nicht nur Aktuelles zu bewältigen, sondern Etablierung der Kompetenz für Künftiges aufgegeben ist. Hier sind nervliche Funktionsstörung, seelische Befindens- und Leistungsstörung und soziale Unfähigkeit immer auch Versäumnis und Vernichtung künftiger Chancen. Nicht nur Verzögerungen, sondern sonst bleibenden Defiziten an sozialer, seelischer und nervaler Tüchtigkeit ist möglichst abzuhelfen.

11. Damit ist eine intra-psychiatrische Definition der Sozialpädagogik angesagt. Der Sozialpädagoge darf den „Klienten" nicht nur notfalls an die P. verweisen und nachher dort wieder „abholen", um ihm soziale Anrechte verfügbar zu machen, sondern muß sich in den psychiatrischen Behandlungsprozeß hineintrauen. Schon in der „Anstalt" ist ihm aufgetragen, die Ausgestaltung der Situation des „Patienten" im Sinne des benannten Arrangements zur Therapie und zum Training „by living" zu bewerkstelligen, d. h. eine Behandlung mittels des dem Patienten zu erschließenden tatsächlich gelebten Alltags. Er hat dabei zu gewahren, was geeignet ist, den Patienten aus seiner Hilflosigkeit herauszuführen, seine Erlebnisfähigkeit und Selbständigkeit zu fördern, seine soziale Kompetenz unter Berücksichtigung der ihm zunächst oder auf längere Sicht auferlegten physischen und psychischen Beeinträchtigungen zu verbessern. Damit gehört der Sozialpädagoge zum „Team". Psychopharmakologische Hilfen beispielsweise sind weder pauschal abzulehnen noch qualitativ zu überschätzen, sondern auf ihre Eignung für die Lebenspraxis des Patienten „praktisch" zu überprüfen, zu optimieren, ggf. auch als entbehrlich oder untunlich zu erweisen. Psychopathologische Unabänderlichkeiten sind einzurechnen, in sozialen Arrangements „aufzuheben", so gut es eben geht, um zu ersparen, an ihnen zu scheitern. Die Rehabilitation (Wiederbefähigung) darf nicht an nur von Medizinern und Psychologen zu vertretenden Daten ausgerichtet werden müssen, sondern die Qualität der durch sie gezogenen Grenzen muß selbst gewußt, erkannt und

„durchlebt" werden, um ihre Relativität richtig einzuschätzen und ihre soziale Bedeutung hilfreich abzuwandeln, den Bedarf an medizinischen und psychologischen Maßnahmen daraus zu ersehen. Das setzt differenzierte Ausbildung und eigene Persönlichkeitsbildung – Wissen und Gemüt, Bescheidenheit und Findigkeit, Distanzstärke und Einsatzbereitschaft – des Sozialpädagogen voraus. Der dadurch vor dem „Rezidiv", dem Rückfall in das Krank-Sein, zu Bewahrende wird mit seinen Risiken vertrauter und ihnen besser gewachsen. An Risiken zu scheitern oder sie zu bestehen, das macht den biographisch ausschlaggebenden Unterschied, nicht die Fortdauer der Risiken an sich – deren Leugnung sie steigert. Die kompetent vermittelte soziale Bewährung mindert das Risiko des Scheiterns nicht defensiv, sondern konstruktiv. Die Erschließung seelisch-befriedigenderer und leistungstragender sozialer Einbindung ist Heilung eigener Art – die Aufgabe der Sozialpädagogik in der Psychiatrie, innerhalb und außerhalb von deren Mauern. →Gesundheitsförderung; →Psychiatrie-Enquête; →Psychosoziale Versorgung; →Psychotherapie und Sozialpädagogik; →Rehabilitation

Lit.: Jaspers, K.: Allgemeine Psychopathologie, Berlin 1973; Popper, K. R. und Eccles, J. C.: Das Ich und sein Gehirn, München 1982; Janzarik, W.: Strukturdynamische Grundlagen der Psychiatrie, Stuttgart 1988; Wing, J. K.: Sozialpsychiatrie, Berlin 1982; Birbaumer, N. und Schmidt, R.: Biologische Psychologie, Berlin 1991.

Winfried Ramb, Lüneburg

Psychoanalyse und Sozialpädagogik

1. Begriffe. Sozialpädagogik ist hier zu verstehen als Sammelname für alle methodisch betriebenen Versuche, den Menschen, die am Rande der Gesellschaft leben, sozial abweichen und/oder arm sind, Lebensbedingungen, -orte und -mittel zu verschaffen, die ihnen die Chance zu einem Leben in Menschenwürde und Teilhabe an der Gemeinschaft (BSHG § 1) geben; sowie diese Menschen zu bewegen, ein solches Leben nach Kräften anzustreben und dies auch anderen zuzugestehen. Zwischen Sozialpädagogik und Sozialarbeit wird dabei nicht unterschieden.

P. ist ein auf Sigmund Freud zurückgehendes Forschungsprogramm und Heilverfahren, das sich auf die hinter den psychischen Strukturen liegenden Triebkräfte menschlichen Selbstbewußtseins und Handelns und deren Wechselwirkung mit dem sozialen Leben und Schicksal von Menschen bezieht. Die P. betrachtet aber Menschen nicht nur als weitgehend unbewußt bzw. schicksalhaft entstandene Resultate der Wechselwirkung von Trieben und sozialer Realität, sondern zugleich als handelnde Subjekte, die zu Autonomie und „Ich-Stärke" gerade dann fähig sind, wenn sie die Abhängigkeiten ihrer „Conditio humana" zu akzeptieren lernen. Als Verfahren der Heilung, bes. von →Neurosen, hat deshalb die P. ein von medizinischer Behandlung grundsätzlich unterschiedenes Verständnis. Neurosen sind für sie nicht nur krankhafte Störungen, sondern zugleich Versuche (allerdings mißlungene) von Menschen, mit sich selbst, ihren Trieben und ihrer Umwelt zurechtzukommen. Sie sind Versuche der Bewältigung von Leiden (vor allem von Angst), die ihrerseits Leiden verursachen. Heilung von Neurosen und anderen Störungen kann deshalb nach psychoanalytischem Verständnis (und aller ihm folgenden Therapien) kein einseitiger Behandlungsprozeß sein, sondern nur ein Prozeß der Selbstklärung, der wesentlich vom Patienten mitgestaltet wird. Die entscheidende Voraussetzung, dabei als „Analytiker" behilflich zu sein, ist, einen solchen Klärungsprozeß (Lehranalyse) selbst bewältigt zu haben.

2. Geschichtliches zum Verhältnis von Psychoanalyse und Sozialpädagogik. Seit den ersten Jahrzehnten des 20. Jahr-

hunderts, als sich die psychoanalytische Praxis und fast gleichzeitig eine berufliche Sozialarbeit mit entsprechender Ausbildung erstmalig entfalteten, war die Frage nach dem Zusammenhang zwischen beiden eine Frage, an der sich die Geister schieden. Nicht die P. insgesamt, wohl aber immer wieder einzelne Psychoanalytiker, unter ihnen Freud selbst, stellten die Frage, ob ihr aufwendiges Verfahren nicht notgedrungen nur gehobenen Schichten zugänglich sein konnte oder ob auch größere Breitenwirkungen, eine „Psychoanalyse fürs Volk" oder gar eine „allgemeine Neurosenprophylaxe", etwa durch Einwirkung auf die Erziehungssysteme, möglich sei. Solche Fragen bewegte vor allem die sog. „Freudsche Linke", wozu Analytiker wie Paul Federn, Wilhelm Reich, Siegfried →Bernfeld und Vertreter der Frankfurter Schule (→kritische Theorie) wie Horkheimer und Erich Fromm gehörten, die auf unterschiedliche Weise der Frage nachgingen, wie der Zusammenhang von gesellschaftlicher Struktur und psychischer Verfassung von Menschen beschaffen sei, wie „soziale Orte" (Bernfeld) Menschen prägen und wie es möglich ist, daß Menschen, ohne es zu wissen, an ihrer eigenen Unterdrückung mitarbeiten. Solche Fragen wurden von der Sozialpädagogik kaum aufgegriffen, obwohl sie den Kern ihrer Sache berühren.

Andererseits gab es Pädagoginnen und Pädagogen wie Anna →Freud, →Aichhorn, Meng, →Redl und Zulliger, die auf die P. gestoßen waren. Sie verbanden damit insbesondere in der Arbeit mit schwierigen und abweichenden Kindern und Jugendlichen die Hoffnung, ein bahnbrechendes Arbeitsinstrument gefunden zu haben, das einer strafend-repressiv und/oder biologistisch vom Modell des „Psychopathen" denkenden Fürsorge und Jugendpsychiatrie eine Alternative entgegensetzen konnte. Vor allem in der von 1925 bis 1937 erscheinenden Zeitschrift für psychoanalytische Pädagogik wurden hierfür Grundlagen gelegt. Die heutige Sozialpädagogik hat auch von diesen Ansätzen nur wenig aufgenommen. Eher hat die Heil- und →Sonderpädagogik und andererseits die vor allem in England von →Melanie Klein, Anna Freud und D. W. Winnicott entwickelte Kindertherapie daran angeknüpft.

Stärker hat in den USA die Methodenentwicklung sozialer Arbeit zu einer intensiven Aufnahme psychoanalytischer Konzepte geführt, zum Teil allerdings nur in der Gestalt von Abwandlungen wie dem „willenstherapeutischen" Konzept des Freud-Schülers Otto Rank, der →Gesprächspsychotherapie Carl Rogers oder der sog. →Transaktionsanalyse Eric Bernes. Dennoch ist hier die Sozialpädagogik tief von psychoanalytischen Denkweisen geprägt worden, insbesondere dort, wo sie versuchte, klinische Kompetenzen in ihre Methoden einzubauen, und die Behandlung von „schwierigen Menschen" – und nicht nur die Bearbeitung von schwierigen Lebenslagen – zu ihrem Ziel machte.

3. Zur systematischen Bedeutung der Psychoanalyse für die Sozialpädagogik. Man kann drei Ebenen unterscheiden, auf denen die P. Bedeutung für die Soziale Arbeit bekommen hat. Zum einen haben die psychogenetischen Entwicklungsmodelle der Psychoanalyse (z. B. die Modelle der frühkindlichen Entwicklungsphasen – oral, anal, phallisch, des sog. Ödipuskomplexes, der Latenzperiode und der Pubertät als „2. Phase der Sexualentwicklung" ebenso wie das Strukturmodell von Es-Ich–Über-Ich) Instrumente zur Verfügung gestellt, die es der Sozialpädagogik ermöglichten, ihre Adressaten aus ihrer lebensgeschichtlichen Entwicklung heraus zu verstehen und dabei „normale" und nicht normale Entwicklungsprozesse unterscheiden zu können. Die P. lieferte dabei mit ihren psychogenetischen und „metapsychologischen" (d. h. das Verhältnis von psychischer Struktur und biologischer Dynamik betreffenden)

Modellen gleichsam eine Lehre vom „Rohmaterial" der Erziehung (A. Freud). D. h., sie lehrte die innere Entwicklungslogik von Kindheit an (und die Folgen schwieriger Kindheit im Erwachsenenleben) besser zu verstehen. Auch wenn sie der Sozialpädagogik nicht sagen konnte, was die richtigen Erziehungsmaßnahmen seien oder wie die äußeren Minimalbedingungen für eine gedeihliche Entwicklung herzustellen seien, schien sie doch als fallerschließende Hilfswissenschaft unentbehrlich. Dies vor allem im sog. „case work" (→Einzelhilfe) entfaltete Einbettung der Psychoanalyse in die Soziale Arbeit hat immer betont, daß diese „seelische" Seite von der „sozialen" Seite ergänzt werden müsse. Trotzdem haben viele Kritiker hier eine fatale „Therapeutisierung" Sozialer Arbeit gesehen.

Die zweite Bedeutung der P. für die Sozialpädagogik bezieht sich weniger auf die theoretischen Modelle als auf die Methode der Erkenntnisgewinnung, welche die Psychoanalyse hervorgebracht hat, indem sie die „Auffassung des Menschen von sich selbst" (Devereux) zum Angelpunkt gemacht hat. Für die Sozialpädagogik ist das relevant, sofern verzerrte (oder besser „überdeterminierte") Auffassungen, die die Menschen von sich selbst haben, wie sie die P. mit Begriffen wie →Übertragung und Widerstand bezeichnet, nicht nur neurotische Phänomene betreffen, sondern alles menschliche Miteinander prägen. Auch Psychoanalytiker oder Sozialpädagogen sind nicht frei davon: Übertragung setzt Gegenübertragung immer schon voraus. Verstehen von Adressaten ist deshalb prinzipiell an Selbsterkenntnis geknüpft. Der Beitrag der P. zur Sozialpädagogik ist hier nicht „Lehre vom Rohmaterial der Erziehung", sondern „Erziehung der Erzieher". Vor allem in vielfältigen Formen der →Supervision, in →„Balint-Gruppen" u. ä. wird das Prinzip umgesetzt, daß vertiefte Einsicht in Adressatenprobleme nur auf dem „Umweg" über Selbsteinsicht möglich ist: Durch Abarbeiten von Vorurteilen, Zurückstellen vorschneller Antworten, Aufklärung eigener Verstrickung. Man könnte P. als den ersten Versuch bezeichnen, die Tugend der Geduld zu einer professionell ausgeübten Kunst zu machen. Wenig durchgesetzt hat sich in der Sozialpädagogik bisher, daß dies Prinzip der Einsicht durch geduldige Selbstaufklärung nicht nur die familiengeschichtlichen, sondern auch die soziokulturellen Prägungen einbeziehen müßte. Vor allem von der „ethno-psychoanalytischen" Ausweitung der P. könnte Sozialpädagogik lernen, wie sie mit den „fremden Kulturen" ihrer Adressaten hilfreich umgehen kann, ohne diese entweder zu unterwerfen oder naiv zu idealisieren.

Die dritte Bedeutung der P. für die Sozialpädagogik liegt auf der anthropologischen bzw. philosophischen Ebene. Nicht nur Freuds persönliche Lebenshaltung, sondern auch die Einstellung der P. insgesamt könnte man als „humanistischen Skeptizismus" bezeichnen. Humanistisch ist die P., sofern sie die „Selbstauffassung" des einzelnen, jenseits aller gesellschaftlichen Normen, zum Ausgangspunkt nimmt und kein anderes Ziel verfolgt, als diese Selbstauffassung mit der Realität zu versöhnen, ohne dabei ein Übermaß an Leiden und/oder Selbsteinschränkung in Kauf zu nehmen. Skeptisch ist die P., sofern sie jeder Art von „Terror des Ideals" prinzipiell widersteht. Nicht nur gegen den „Terror des Über-Ichs", sondern auch gegen den Gesundheitsfanatismus, dem Psycho-Hygiene und normales Funktionieren zu obersten Werten gerät, hält sie das „Plädoyer für eine gewisse Anormalität" (McDougall). Dem heute verbreiteten Selbstverwirklichungsidealismus aber hält sie den Widerspruch von Trieb und Kultur entgegen, der vielleicht zu mildern, aber nicht zu beseitigen ist. Sozialpädagogik kann von beiden profitieren: Sie braucht das „Gold der tendenzlosen Analyse" (Freud), die Professionalisierung der Geduld; sie braucht aber auch die Skepsis gegen den Hang zur Weltverbesserung.

Zum Schluß: Auch die P. könnte von der Sozialpädagogik profitieren, wenn sie bereit würde, deren Geschäft ernster zu nehmen: nämlich Menschen als Handelnde im Kontext ihrer Lebensbedingungen zu sehen. Ohne den doppelten Blick auf die Menschen und ihre sozialen Orte könnte übersehen werden, daß die Hilfe zur Klärung „innerer" Verhältnisse wenig Chancen hat, wenn sie nicht „äußere" Verhältnisse vorfindet oder schaffen kann, die den Wunsch unterstützen, daß Menschen aufrichtiger und zugleich pfleglicher mit sich selbst und mit anderen umgehen können.

→Psychotherapie und Sozialpädagogik

Lit.: A. Aichhorn: Verwahrloste Jugend, Bern, 10. Aufl. 1987; S. Bernfeld: Antiautoritäre Erziehung und Psychoanalyse, Bd. I–III, Frankfurt, 1969–71 und 1974; Ch. Büttner u. a. (Hg.): Psychoanalyse und soziale Arbeit, Mainz 1990; S. Freud: Die Frage der Laienanalyse, Unterredungen mit einem Unparteiischen (1926), in: Studienausgabe Bd. XI, S. 271 ff., Frankfurt 1975; B. Müller: Die Last der großen Hoffnungen, Weinheim, 2. Aufl. 1991.

Burkhard Müller, Hildesheim

Psychodrama

1. Begriff. PD wird hier als Kürzel für das Gesamtwerk Jacob Levi Morenos (1889–1974) und dessen theoretischen und praktischen Weiterentwicklungen verwendet. Es beinhaltet PD i. e. S. als handlungsorientierte, interaktive Methode psychosozialer →Gruppenarbeit mit dem Focus auf die szenische Darstellung, →Soziometrie als Forschungsmethode zum Verstehen und zur Analyse zwischenmenschlicher Beziehungssysteme, die mikrosoziologische Interaktions-, Rollen- und Sozialisationstheorie und die im Judentum verankerte und vor allem durch den Existentialismus geprägte Philosophie und Anthropologie. Die psychodramatische Haltung in der Sozialen Arbeit, das psychodramatische Wahrnehmen, Verstehen und Helfen ist idealtypisch geprägt von diesem komplexen und dynamischen Interdependenzgefüge. Im PD ist das primäre Ziel nicht die „Psychiatrie", die Heilung individueller Seelen, sondern die „Soziatrie", die Heilung von Beziehungen, Gruppen, Gemeinschaften, Gesellschaften. Es geht also letztendlich um eine humanere Gestaltung gesellschaftlicher Realität über das Medium der Veränderung zwischenmenschlicher Beziehungen, seien sie nun gerade im aktiven Entstehen oder seien sie bereits zu Institutionen, Normen, Wertehierarchien, Symbolen, also zu „Kulturkonserven" (Moreno) geronnen. Soziatrie wird damit zur Voraussetzung von Psychiatrie und macht diese im Endeffekt überflüssig. Dies sind Gedanken, wie sie heute unter den Stichworten „Schaffung gesundheitsförderlicher Lebenswelten" und „Förderung subjektiver Autonomie" in Konzepten des →Empowerment, der →Gemeindepsychiatrie, der →Gesundheitsförderung, der sozialen →Netzwerke und der →Selbsthilfe wieder diskutiert werden.

2. Entwicklung. Das PD ist bis heute eng verbunden mit dem Leben und dem Werk des Therapeuten und Soziologen J. L. Moreno, der zunächst ganz alltagsorientiert (→Alltagsansatz) in Wien sozialpädagogische Themen handelnd umsetzte (Versuche, eine Prostituiertengewerkschaft anzuregen und ein Internierungslager soziometrisch umzugestalten, spontane Spiele mit Kindern in den Parks, Straßentheater, Stegreifspiele usw.) und ab 1925 in den USA Gruppenarbeit und soziometrische Untersuchungen in die Soziale Arbeit integrierte (u. a. Arbeit in Schulen, Gefängnissen, Erziehungsheimen, Krankenhäusern) sowie das PD im therapeutischen Bereich und bezüglich der theoretischen Fundierung differenziert ausbaute. In der BRD wurde das PD mit Beginn der 1970er Jahre zunächst vor allem im psy-

chotherapeutischen Bereich unter Beschränkung auf die Gruppenmethode betrieben. Die soziometrischen Verfahren wurden, abgekoppelt vom PD, als soziologische Methode der Gruppenanalyse und in der Schule als gruppenpädagogische Verfahren angewendet. Langsam kam es dann in den 1980er Jahren zur Kenntnisnahme des Gesamtwerkes Morenos einschließlich seiner sozialpolitischen Zielrichtung. Die damit verbundene theoretische Auseinandersetzung war zunächst eine eher kreativarme Rezeption und quellengenaue Aufbereitung des Werkes von Moreno, ging dann aber über in eine kritische und kreative Phase, in der zunehmend neue und eigenständige theoretische Konzepte entwickelt wurden und werden.

3. Theoretische Grundlagen. Die Theorie baut auf der Annahme auf, daß der Mensch ein schöpferisch handelndes Wesen ist, daß Handeln in Rollen stattfindet und jeweils interdependent auf andere Rollenträger bezogen ist und daß diese Rollen in einem lebenslangen Sozialisationsprozeß erlernt und auch immer wieder modifiziert werden. Leben und Lernen bedarf also der Gemeinschaft (→Reformpädagogik, →Natorp), wobei die einseitige und rationale „Wort-Belehrung" (→Pestalozzi) durch ganzheitliches interaktives Handeln ersetzt wird. Daraus leiten sich als theoretische Konzepte die p.d. Interaktions-, Rollen-, und Sozialisationstheorie ab. Die Basis der Interaktionstheorie bildet das Begriffspaar „Begegnung" und „Kulturkonserve". Begegnung als kommunikatives Handeln (→„pädagogischer Bezug" bei →Nohl) bezeichnet eine Beziehungsweise, bei der die Interaktionspartner wechselseitig empathisch aufeinander bezogen sind und sich jeweils realitätsgerecht wahrnehmen. In modernen Industriegesellschaften ist diese Form menschlicher Beziehung zumindest bedroht. Entfremdungsprozesse von sich selbst, vom Mitmenschen, von der Natur und vom Kosmos sind sozio-kulturell bedingte Folgen, die gleichzeitig die Grundlagen für psycho-soziale Konflikte und Störungen bilden. Mit diesem Prozeß ist eine zu rigide Ausrichtung auf Kulturkonserven verbunden, die sich im Verlauf der gesellschaftlichen Entwicklung herausgebildet haben (Bücher, Filme, Riten, Normen, Werte, Institutionen usw.). Diese haben zwar eine durchaus positive, stützende und entlastende Funktion, solange sie jeweils den Bedürfnissen der Menschen kreativ angepaßt und modifiziert werden. Sie haben allerdings verheerende Auswirkungen, wenn sie als „soziale Tatsachen" (Durkheim) quasi ein Eigenleben führen und den Menschen in seiner Entwicklungsmöglichkeit behindern. Daraus leitet Moreno das Grundziel des p.d. Handelns ab, nämlich Menschen begegnungsfähiger werden zu lassen und die Fähigkeiten zu Spontaneität und Kreativität zu fördern, dadurch die Entfremdungsaspekte zu mildern und die Möglichkeiten zu erweitern, alte Kulturkonserven sinnvoll zu verändern bzw. neue schöpferisch zu gestalten. Auf dieser Grundlage entwickelt Moreno seine Rollentheorie, mit der er neben G. H. Mead (→Theorie der Symbolischen Interaktion) und R. Linton zu einem Klassiker der Rollentheorie wurde. Diese zeichnet sich vor allem dadurch aus, daß sie dem individuellen Aspekt der Gestaltung gesellschaftlich vorgegebener Rollenerwartungen einen hohen Stellenwert einräumt, bis hin zur völligen Umgestaltung von Rollen. Die Elemente sozialer Rollen lassen sich dann differenzieren in das role-taking und role-acting, also das Übernehmen von Rollen und Spielen dieser Rollen nach dem vorgegebenen Muster, das role-playing, das spielerische Umgehen mit und das Ausprobieren von Rollen, und schließlich das role-creating, das kreative Umgestalten und eventuell sogar Neugestalten von Rollen. Je nach Situation sind unterschiedliche Schwerpunktsetzungen sinnvoll. Psychische Gesundheit setzt allerdings die Fähigkeit zur

Flexibilität des Rollenspiels voraus, eine Fähigkeit, die häufig erst durch die p.d. Arbeit wiedergewonnen oder erst erworben werden muß. Die Identität des Menschen entwickelt sich im Erlernen und Spielen von Rollen in lebenslangen Sozialisationsprozessen. Pädagogisches Rollenspiel und PD finden hier ihre identitätsbildende bzw. identitätsmodifizierende Funktion. (Auf die herausragende Bedeutung des Spiels als pädagogische Methode hat →Fröbel schon um 1820 hingewiesen). Die grundlegenden Schritte der Rollenentwicklung werden in der psychodramatischen Theorie der frühkindlichen Entwicklung in einem Phasenmodell differenziert beschrieben von der engen Verbundenheit zwischen Mutter und Kind bis hin zur reflexiven Selbstwahrnehmung durch die sozialen Spiegelungen der Interaktionspartner.

Neben diesen Theorien sind es vor allem zwei weitere Konzepte, die noch einmal den Schwerpunkt p.d. Theorie und Praxis deutlich machen, nämlich „Soziatrie vor Psychiatrie": a) Das →„soziale Atom" als die kleinste interessierende Untersuchungseinheit, nämlich das sozio-emotionale Beziehungsgeflecht, das durch je emotional bedeutsame Menschen gebildet wird und in das der einzelne Mensch in unterschiedlichen Konstellationen sein Leben über eingebunden ist, das ihn prägt und das er zugleich gestaltet. Der Mensch „ist" in dieser Sicht sein soziales Atom, es verleiht ihm Identität, wie es auch ein Ursprung von Konflikten ist. b) Die soziometrischen Verfahren zur Analyse bzw. zum Verstehen und zur Umgestaltung von Gruppen. In der Intention von Moreno geht dies weit über die psycho-soziale Gruppenarbeit hinaus in Richtung einer „Neuordnung der Gesellschaft". Es geht dabei u. a. um einen ständigen Prozeß, in dem die Gruppenmitglieder als aktive Mitforscher engagiert sind, wo das Beziehungsnetz der sozioemotionalen Tiefenstruktur von Gruppen, das – dies ist ein grundlegendes p.d. Axiom – durch Anziehung und Abstoßung gebildet wird, bewußtgemacht wird (→soziometrischer Test). Da psychosoziale Konflikte um so wahrscheinlicher werden, je größer die „soziodynamische Differenz" zwischen offizieller und inoffizieller Struktur ist, können aus dem soziometrischen Test notwendige Veränderungen der konkreten sozialen Oberflächenstruktur (institutionelle Vorgaben, Hierarchien, Normen usw.) abgeleitet und so umgesetzt werden, daß die Diskrepanz möglichst gering gehalten wird.

4. Gruppenmethode. PD i. e. S. als Gruppenmethode ist u. a. durch die beschriebenen theoretischen Konzepte begründet. Sie ist eine Beziehungspädagogik bzw. Interaktionstherapie, für die die szenische Darstellung auf unterschiedlichen Ebenen zentral ist: konfliktbezogen-gegenwartsorientiert, ursachenbezogen-vergangenheitsorientiert und verhaltensmodifizierend-zukunftsorientiert. Die „Instrumente" des PD sind a) die „Bühne", der Spielraum für den Situationsaufbau und die Gestaltung der Szenen, b) die Protagonisten, die Klienten, die ihre Themen auf der Bühne darstellen, c) die Mitspieler oder Hilfs-Iche, die im Spiel Rollen übernehmen, d) die Gruppe, die als Resonanzboden für das Geschehen dient, e) die Psychodrama-Leiter, die nach p.d. Regeln das Spiel strukturieren, und f) die verschiedenen p.d. Techniken, die heute in großer Zahl zur Verfügung stehen. Als p.d. Grundtechniken finden dabei das Doppeln als empathisch unterstützende Intervention (A begleitet B, versetzt sich in ihn und spricht u. U. seine Gedanken und Gefühle aus), der Rollentausch als Intervention, die den Perspektivewechsel ermöglicht und die Du-Erkenntnis fördert (A übernimmt die Rolle von B und handelt in ihr), und das Spiegeln als Intervention, die die Ich-Erkenntnis anregt (A wird von B dargestellt, wobei A sich in räumlicher Distanz selbst betrachtet).

Idealtypisch läuft das PD in drei Phasen ab, in der Realität psycho-sozialer Gruppenarbeit gibt es dabei aber in der zweiten Phase viele situationsspezifische Variationen: a) in der Erwärmungsphase werden über verschiedene Techniken die Gruppe und ein Protagonist für die p.d. Handlung sensibilisiert und aktiviert, b) in der darauf folgenden Spielphase wird das Thema, das sich herauskristallisiert hat, auf der Bühne nach einem jeweils ganz konkreten Situationsaufbau in Szene gesetzt und c) in der Abschlußphase sprechen die Gruppenteilnehmer im „sharing" (teilen, mitteilen) über die eigene Betroffenheit, die das Spiel bei ihnen ausgelöst hat, und tauschen sich über ihre Erlebnisse als Rollenspieler (Hilfs-Iche) im PD (Rollenfeedback) und über ihre Identifikationen mit verschiedenen Personen im p.d. Spiel aus (Identifikationsfeedback). Je nach Verlauf der Erwärmungsphase wird die Spielphase mehr personorientiert oder mehr gruppenorientiert sein, oder sie dient der soziometrischen Klärung von Beziehungsstrukturen. Häufig gehen die Orientierungen aber auch ineinander über, bauen aufeinander auf oder werden spontan verändert. Im personorientierten PD können u.a. unterschieden werden: a) das tiefen-psychologisch-therapeutische PD, wo in der Spielphase der gegenwärtige Konflikt in Szene gesetzt und von da aus sich ergebende Szenen der Vergangenheit, häufig mit einem ausgeprägt kathartischen Erleben, gespielt werden, b) das themenzentrierte PD, wo zu einem Thema von unterschiedlichen Gruppenteilnehmern kurze Episoden (Vignetten) gespielt werden, und c) das Rollenspiel, in dem lebenspraktische Themen spielerisch erprobt werden. Im gruppenorientierten PD können u.a. gespielt werden: a) das gruppenzentrierte PD, in dem sozioemotionale Beziehungen bzw. Konflikte der Gruppenteilnehmer bearbeitet werden, b) Stegreifspiele, also spontane realitätsnahe oder phantasierte Spiele, die meist von einem Gruppenmitglied ohne Vorgaben eingeleitet werden und an denen sich weitere Gruppenmitglieder ohne Rollenvorgaben beteiligen und c) Soziodramen, in denen sich die Teilnehmer im Spiel mit kulturellen Normen, Vorurteilen und Ideologien unzensiert auseinandersetzen und u. U. auch in kulturell fremde Rollen schlüpfen. Zur Klärung von Beziehungsstrukturen stehen die auf die beschriebenen soziometrischen Verfahren zurückgehenden Techniken wie der →soziometrische Test (bezogen auf die PD-Gruppe) und das →„soziale Atom" (bezogen auf einzelne Mitglieder) zur Verfügung.

5. Sozialpädagogische Relevanz. PD in sozialpädagogischen Handlungsfeldern wird häufig verkürzt auf die Anwendung p.d. Techniken. Eine Rückbesinnung auf Moreno selbst (die inzwischen stattfindet) und die Einbeziehung der modernen Entwicklungen des PD bieten für die Sozialpädagogik eine solide Grundlage für eine kreative Integration, von der beide Seiten nur gewinnen können. P.d. Konzepte sind von ihrem Gegenstand, ihrer Wertelehre, ihrer Wissenschaftstheorie und ihren Forschungsmethoden her kompatibel mit offensiven, gesellschaftskritischen, sozialpädagogischen Positionen (→kritisch-emanzipatorische Sozialpädagogik). Darüber hinaus bietet das PD hochdifferenzierte Handlungsmethoden, die zu einem Großteil direkt sozialpädagogisch umgesetzt werden können.
Die gerne wiederholten (Vor-)Urteile der „Therapeutisierung" Sozialer Arbeit und der „Technologisierung" des professionellen Handelns in ihr trifft das Psychodrama (wie auch die weiteren Basismethoden →Klientenzentrierte Gesprächsführung und →Themenzentrierte Interaktion) nicht, da in ihm methodenimmanent sozioökologische Inhalte angelegt sind und ein ausgeprochener kulturreformerischer Anspruch vertreten wird, ja das Psychodrama dadurch geradezu gekennzeichnet ist, so wie die Verständigungsorientierung in ihm axiologisch verankert ist. Wenn die Methode des Psychodramas mit ihren vielfältigen

Verfahren vor dem Hintergrund der Idee einer humaneren Gestaltung der Gesellschaft aus der pädagogischen und sozialen Arbeit Morenos mit Kindern, Prostituierten, Tiroler Flüchtlingen entstand und über seine Arbeit in Schulen, Heimen und Gefängnissen weiter differenziert wurde, wenn Moreno die Ideen der Netzwerkarbeit und der Therapeutischen Gemeinschaft entwickelt und praktiziert hat und wenn er neben Kurt Lewin zum Mitbegründer der →Handlungsforschung wurde und wenn das Psychodrama bis heute in pädagogischen, sozialpädagogischen und politischen Zusammenhängen tagtäglich Anwendung findet, dann scheint ein Vorwurf der Therapeutisierung sozialpädagogischer Praxis durch die Verwendung psychodramatischer Verfahren eigenartig, selbst wenn das Psychodrama, was ja nicht zu leugnen ist, mit anderen Fragestellungen als in der Sozialen Arbeit auch in psychotherapeutischen Settings praktiziert wird. Eines der zentralen Ziele des Psychodramas ist das gleiche wie das der kritisch-emanzipatorischen Sozialpädagogik, nämlich die individuelle Autonomie und Beziehungsfähigkeit zu stärken und gleichzeitig in Wechselwirkung dazu Lebenswelten und Gesellschaft humaner zu gestalten. Und dies, wie Moreno das gezeigt hat, nicht im exklusiv-therapeutischen Setting, sondern ganz im Sinne einer „Alltagsorientierung", dort, wo der natürliche Ort des Geschehens ist. Dies übrigens auch mit dem Ziel eines „gelingenderen Alltags" (Thiersch), einschließlich der Umgestaltung dieses Alltags.
→Methodisches Handeln in der Sozialen Arbeit

Lit.: Bosselmann, R., Lüffe-Leonhardt, E. und Gellert, M. (Hrsg.), Variationen des Psychodramas. Ein Praxisbuch – nicht nur für Psychodramatiker, Meezen 1993; Buer, F. (Hrsg.): Morenos therapeutische Philosophie. Die Grundideen von Psychodrama und Soziometrie, Opladen 1989; Leutz, G.: Psychodrama. Theorie und Praxis, Berlin 1974; Moreno, J. L.: Gruppenpsychotherapie und Psychodrama. Einleitung in die Theorie und Praxis, Stuttgart 1973; Petzold, H. und Mathias, U.: Rollenentwicklung und Identität. Von den Anfängen der Rollentheorie zum sozialpsychiatrischen Rollenkonzept Morenos, Paderborn 1982; Rosenhagen, G. und Stimmer, F.: Ein Ariadnefaden aus dem sozialpädagogischen Labyrinth? Plädoyer für eine Psychodramatische Sozialpädagogik, in: Psychodrama, 5, Heft 1 1992, S. 79–94; Stimmer, F., Psychodrama als Medium erlebnisorientierter Umweltberatung, in: Michelsen, G. (Hrsg.), Umweltberatung, Grundlagen und Praxis, Bonn 1997, S. 141–149; Stimmer, F. und Rosenhagen, G., Psychodrama – Ein integrativer Ansatz in der Heimerziehung, in: Colla, H. u. a. (Hrsg.), Handbuch Heimerziehung und Pflegekinderwesen in Europa, Neuwied 1999, S. 979–989.

Franz Stimmer, Lüneburg

Psychologie
P. ist die Wissenschaft vom Verhalten und Erleben des Menschen. Sie war bis weit in das 19. Jahrhundert hinein als „Lehre von der Seele" eine Teildisziplin der Philosophie, bis sich zunächst eine naturwissenschaftlich orientierte P. entwickelte. Heute haben sich neben der klassischen P. als wichtigste Schulen der →Behaviorismus, die →Psychoanalyse und die →Humanistische Psychologie mit ihren unterschiedlichen Zweigen etabliert.
Für die Sozialpädagogik ist die P. eine wichtige Nachbardisziplin, die ihr nicht nur wesentliche Erkenntnisse z. B. über die Entwicklung und das Verhalten junger Menschen vermittelte, sondern auch durch einige Schulen (z. B. Psychoanalyse) die theoretische Grundlage für praktische sozialpädagogische Arbeit bildete. Ebenso fanden die therapeutischen Konzepte namentlich der Humanistischen Psychologie – oft auch unre-

flektiert – Eingang in die Sozialpädagogik. →Pädagogische Psychologie

Psychopathologie
P. ist die Wissenschaft von der Entstehung, den Symptomen und dem Verlauf seelischer Krankheiten (i. S. v. sog. abnormen seelischen Zuständen sowie →Persönlichkeits- und →Verhaltensstörungen) und ist in ihrer Wissenschaftsgeschichte eng mit der Psychiatrie verknüpft.

Psychopharmaka
P. sind Medikamente, die das zentrale und vegetative Nervensystem beeinflussen und so das Verhalten und Erleben des Menschen zeitweise verändern. Sie werden in der →Psychiatrie zur Besserung psychopathologischer (→Psychopathologie) Erscheinungen eingesetzt.

Psychose
in der →Psychopathologie verwendet man diesen Begriff als Sammelbezeichnung für zahlreiche Krankheitszustände, die mit erheblichen Störungen psychischer Funktionen einhergehen und sich i. d. R. durch eine verschobene oder völlig verschwundene Realitätssicht sowie fehlende Krankheitseinsicht auszeichnen. Es werden exogene (körperlich begründbare, z. B. durch Kopfverletzung, Vergiftung usw.) und endogene (körperlich nicht begründbare) P. unterschieden. Bei beiden Formen kann der Krankheitsverlauf wellenförmig (in sog. Schüben) bis zur Genesung oder einer bleibenden Wesensveränderung oder stetig fortschreitend („chronisch") bis zum völligen Persönlichkeitszerfall sein. Es wird versucht, P. durch →Psychopharmaka und →Psychotherapie zu heilen oder zu bessern.

Psychosomatik
Die im Grenzbereich zwischen Medizin und Psychologie angesiedelte P. geht davon aus, daß zwischen psychischen Vorgängen und körperlichen Beschwerden ein enger Zusammenhang besteht. So können nach den Erkenntnissen der P. unbewältigte psychische Konflikte Krankheiten wie z. B. Magen- und Darmgeschwüre, Asthma, Hautkrankheiten, Migräne u. a. m. bewirken. In solchen Fällen ist eine rein medikamentöse Behandlung ohne psychotherapeutische Unterstützung i. d. R. nicht ausreichend.

Psychosoziale Diagnose
Die p. D., die zwischen den Weltkriegen in den USA in der Abgrenzung zu vorher in der Sozialarbeit verbreiteten, am medizinischen Modell orientierten →Diagnosen entwickelt wurde, läßt sich als Bestandsaufnahme der persönlichen und strukturellen Situation und der Probleme des Klienten durch den Sozialarbeiter beschreiben, wobei das besondere Augenmerk auch auf das soziale Umfeld des Klienten gerichtet wird. Die p. D. gilt in weiten Bereichen der praktischen Sozialarbeit als vorausgehender und grundlegender Schritt für die anschließende Auswahl der Hilfeleistung.
→Verhaltensdiagnostik

Psychosoziale Dienste
nach dem Konzept der →Gemeindepsychiatrie die Gesamtheit aller ambulanten, teilstationären und stationären Dienste, die die psychische und soziale Versorgung Bedürftiger leisten sowie bedarfsgerechte Konzepte und Programme für diese Aufgabe erstellen.

Psychosoziale Kontaktstelle
Gemeindepsychiatrische Einrichtungen, die eine Versorgungslücke im Bereich der Lebensbewältigung bzw. lebenspraktischen Tätigkeiten derjenigen chronisch psychisch Kranken schließen soll, die überwiegend außerhalb stationärer oder betreuender Einrichtungen leben. Ihre Aufgabe ist →Beratung, der Aufbau und die Verbesserung privater →Netzwerke und die Vermittlung lebenspraktischer Fähigkeiten; ihr Ziel ist die Verringerung und Verkürzung der stationären Aufenthalte der Klientel.
Die PK sind häufig aus Selbsthilfeorganisationen psychisch Kranker entstanden. Es sind →niedrigschwellige Ein-

richtungen, die freiwillig aufgesucht und in denen keine Kontroll- und Sanktionsmaßnahmen durchgeführt werden. Die offene Sozialarbeit besteht neben der individuellen Beratung vor allem in der Initiierung und Modifikation von Gruppenprozessen, die dem Ziel der Sozialisierung und Integration dienen.
→Gemeindepsychologie; →Psychiatrie-Enquête; →Psychosoziale Versorgung

Psychosoziales Moratorium
der Psychoanalytiker Erik Erikson prägte diese entwicklungspsychologische Bezeichnung für eine „aufschiebbare" Verlängerung des Zwischenstadiums zwischen Jugend und Erwachsenenalter.

Psychosoziale Versorgung
1. Psychosoziale Versorgung als Ausdruck gesellschaftlicher Normalitätspolitik. In allen sozialen Systemen entwickeln sich in bezug auf die zugehörigen Subjekte je spezifische Normalitätserwartungen. In Erwartungsmustern drücken sich die Standards aus, die für ein funktionierendes Alltagsleben in dem jeweiligen sozialen Zusammenhang für unabdingbar gehalten werden. Normalitätserwartungen sind in aller Regel durch Sanktionen abgesichert: Ihre Erfüllung verspricht Zugehörigkeit zum System und Teilhabe an der Nutzung seiner Ressourcen; ihre Mißachtung wird bestraft. Gelungene Sozialisationsprozesse verankern die Normalitätsprinzipien in die Personstruktur. Sie werden zur „zweiten Natur".
Wenn solche basalen Normalitätserwartungen von Subjekten häufig oder systematisch nicht erfüllt werden, ist gesellschaftlich zu klären, welche Gründe es dafür geben könnte. Wenn ausgeschlossen werden kann, daß die Normalitätserwartungen mit Wille und Bewußtsein übertreten wurden, sind die Bedingungen für die Anwendung der Kategorien „Krankheit" oder „Behinderung" erfüllt. Die Kategorien im Zusammenhang mit dem Adjektiv „psychisch" bringen die Tatsache zum Ausdruck, daß die Abweichung vom erwarteten Normalitätsmuster in dem schwer faßbaren Bereich der Emotionen, Kognitionen oder der Identitätsbildung lokalisiert wird. Diese „psychische Devianz" wird zu einem „sozialen Problem" dadurch, daß sie das Vertrauen in einen gemeinsam geteilten und verläßlich erwartbaren Alltag betrifft (→abweichendes Verhalten).
Psychosoziale Versorgung stellt das Insgesamt der gesellschaftlich organisierten Aktivitäten dar, die psychische Devianz verhindern, korrigieren oder institutionell verwalten sollen.
Im Unterschied zu Sozialisationsinstanzen wie Familie, Schule oder Arbeitswelt, die Sozialisationsprozesse im Sinne der Herstellung durchschnittlicher funktionaler Sozialcharaktere ermöglichen sollen, läßt sich die Funktion psychosozialer Praxis als „Nachsozialisation" begreifen. Sie ist dort gefordert, wo Menschen aus der Perspektive bestehender Normalitätserwartungen nicht ausreichend handlungsfähig erscheinen. Gründe für diese mangelnde Handlungsfähigkeit können basale Defizite in der biophysischen Grundausstattung der Individuen oder in ihrer primären Sozialisation sein, traumatische Veränderungen in einer bislang durchaus eingespielten und gelungenen Lebenspraxis (z. B. Tod einer wichtigen Vertrauensperson, Verlust der Arbeit) oder auch tiefgreifende gesellschaftliche Umbrüche, die zu einem „Veralten" bislang geforderter Handlungsmuster und Orientierungsleitfäden führen.

2. Psychosoziale Versorgung als Institutionen- und Professionengefüge. Das psychosoziale Handlungsfeld wird entsprechend diesem differenzierten Spektrum unterschiedlichster Gründe für psychosoziales Handeln von einem komplexen System psychosozialer Institutionen gebildet: von stationären Einrichtungen für psychosozial schwer beeinträchtigte Menschen über ambulante Einrichtungen zu deren Nachsorge hin

zu Beratungsstellen für unterschiedlichste Problemsituationen. Hinzu kommt als klassischer, aber enorm expandierender Bereich jener der →Psychotherapie. Die neueste Entwicklung auf der psychosozialen Bühne bilden die verschiedensten →Selbsthilfeinitiativen. Schließlich gehören zum psychosozialen Feld auch noch all jene Angebote, die unter Stichworten wie Lebenshilfe, Esoterik und Psychoboom zusammengefaßt werden, die mit ihren simplen Leitfäden für eine effektivere Alltagsbewältigung und Heilsversprechungen einen großen Einfluß im Alltag haben, auch wenn die „Unternehmer" in diesem Bereich den Segen der wissenschaftlich angeleiteten Psychologie nicht haben. Die alltäglichen Kommunikations- und Deutungsmuster und das Medienangebot in den hochindustrialisierten Gesellschaften sind von populärpsychologischen Konzepten durchwirkt. Es läßt sich eine psychologische Halbbildung feststellen, oder positiv formuliert: eine Integration psychologischer Deutungspotentiale in das durchschnittliche gesellschaftliche Alltagswissen.

Die wissenschaftlichen Disziplinen und Professionen, die psychosozialer Praxis Wissen, Interpretationsfolien und berufliche Handlungskompetenz vermitteln, also vor allem Medizin (und hier vor allem die →Psychiatrie), Psychologie und Sozialpädagogik, haben eine Fülle höchst unterschiedlicher Vorstellungen über Gründe mangelnder individueller Handlungskompetenz und über erforderliche professionelle Strategien zu ihrer Bearbeitung entwickelt. Das psychosoziale Arbeitsfeld ist deshalb von einer Fülle paradigmatischer Kontroversen gezeichnet. Aber bei aller Segmentierung (so werden allein im Bereich der Psychotherapie etwa 300 unterschiedliche Therapieansätze geschätzt) gab und gibt es doch immer wieder zentrale Kontroversen und Trends, die sich als dominierende Deutungsmuster kennzeichnen lassen.

Eine bis heute wichtige Kontroverse ist jene mit den Polen einer biomedizinischen Sicht psychischer Störungen, die sich vor allem in medizinisch dominierten klinischen Institutionen verankert hat und einer sozialwissenschaftlich inspirierten Sicht, die sich meist an den vorhandenen institutionellen Bearbeitungsmustern kritisch reibt und auf institutionelle Veränderungen drängt. Die Berührung von klinischem und sozialwissenschaftlichem Denken vollzieht sich auf diesem Hintergrund in erbitterter kontroverser Form. Wenn solche spannungsreichen Diskurse häufig mehr Reibungsverluste als kreatives Anregungspotential produzieren, dann vermutlich in allererster Linie deshalb, weil es sich nicht primär um interessenfreie wissenschaftliche Dialoge handelt, sondern um Diskurse, die im Kontext von professionspolitischen Aktivitäten, sozialpolitischen Initiativen und Strategien entstehen, die auf die konkrete Gestaltung gesellschaftlicher Wirklichkeit zielen, die eingreifen wollen, auch wenn das nicht immer explizit so formuliert wird.

3. Die Medikalisierung psychischer Devianz als Dispositiv der Moderne. Für den Bereich psychischer Devianz lassen sich gesellschaftliche Herstellungsprozesse historisch gut rekonstruieren. Die Entstehung der bürgerlichen Gesellschaft und die kapitalistische Ökonomie als ihr Motor waren der zentrale historische Bezugspunkt, der die bis heute grundlegende Normalitätsdimension rationaler Lebensgestaltung formiert. Die kategoriale Scheidelinie zwischen Vernunft und Unvernunft war die Bedingung der Möglichkeit für psychiatrische Sonderbezirke und die in ihnen verwaltete psychische Devianz. Die Verletzung von Normalitätserwartungen wurde zunächst als moralisches Problem aufgefaßt, das in einem semantischen Feld verortet wurde, in dem Konzepte von „Schuld", dem „Bösen", der „Sünde" markante Eckpfeiler setzten. Zuständig für diese Fragen war die Kirche, und so

wurden psychische Störungen mit deren Interpretations- und Handlungsressourcen definiert und gesellschaftlich bearbeitet. Im 19. Jahrhundert begann der Siegeszug der wissenschaftlichen Medizin, die psychische Devianz aus der Sphäre des Moralischen in das der Pathologie verschob. Hiermit eröffnete sich ein neues Feld der Bedeutungszuschreibungen. Als kausaler Referenzpunkt für Normalitätsverletzungen wurde das somatische Substrat zentral, vor allem das Gehirn und Vorstellungen von der erblichen Bedingtheit von „Geisteskrankheiten". Dieses medikalisierende Konstruktionsprinzip hat – gestützt auf den Anspruch naturwissenschaftlicher Dignität – einen ungeheuren Siegeszug angetreten und die Wahrnehmung von, die sozialen Repräsentationen über und die Behandlung von psychischer Devianz grundlegend geprägt. Im vorherrschenden naturwissenschaftlichen Selbstverständnis der Psychiatrie ist dieser Prozeß der Medikalisierung jener entscheidende Schritt von einer vorwissenschaftlichen in eine wissenschaftliche Phase, weswegen sie die Kritik an ihren Denkmodellen, die immer aufflammte, strikt abwehrte.

Der Hauptstrom psychiatrischer Forschung zielte auf eine Objektivierung und Klassifizierung psychisch abnormen Verhaltens und Erlebens. Durch die quantifizierenden Verfahren der nomothetisch orientierten Psychologie hat diese Richtung noch weitere Koalitionspartner gewonnen. Sie unterstellt die Möglichkeit der Formulierung letztgültiger Krankheitseinheiten und einer ontologischen Begründung solcher Einheiten oder mindestens einer biologisch bestimmten Invarianz. Die gesellschaftlich legitime Feststellung, ob eine spezifische Krankheit vorliegt, obliegt dem professionell geschulten medizinischen oder psychologischen Urteil. Die Kritik an ontologisierenden oder biologistischen Deutungen psychopathologischer Phänomene ist nie zur Ruhe gekommen und hat sicherlich auch ihre Wirkung erzielt.

4. Postmoderne Spuren auch im psychosozialen Diskurs. Psychische Behinderung unter dem Aspekt ihrer sozialen Konstruktion zu thematisieren war in den 1960er und 1970er Jahren für Psychiatrie und Klinische Psychologie, als den für psychische Störungen zuständigen Wissenschaften und Professionen, keine akzeptable Perspektive, sondern Teil einer antipsychiatrischen Provokation. Der Siegeszug des →Konstruktivismus hat die Situation scheinbar radikal verändert. In führenden Lehrbüchern der Psychiatrie kann man heute konstruktivistische Kernannahmen finden. Der substanzontologische Fundamentalismus eines Emil Kraepelin, Kurt Schneider oder Karl Leonhard findet sich kaum noch. Läßt sich diese Veränderung als Erfolg sozialwissenschaftlichen Denkens begreifen, das sich nun nicht mehr kritisch auf ein naturgeschichtliches Grundverständnis psychischer Behinderung zu beziehen braucht, weil es von den zuständigen Disziplinen aufgenommen und angeeignet wurde? Neuere psychopathologische Systeme verzichten auf philosophisch oder biologisch gerichtete Letztbegründungen und formulieren eher konstruktivistisch-pragmatische Positionen. Das Modell „psychischer Krankheiten" wird ausdrücklich als „soziales Konstrukt" bezeichnet, und die aus ihm abgeleiteten Strategien der Diagnose, Behandlung und Prävention werden als berufliche Praktiken verstanden, die sich nicht auf ein Wahrheits-, sondern auf ein Nützlichkeitsprinzip berufen.

5. Transformationen der psychosozialen Versorgung: Vom Asyl in die Gemeinde. Die klassischen gesellschaftlichen Umgangsformen mit psychischer Devianz waren zu Beginn der Herausbildung von Industriegesellschaften asylärer Art. Es wurden Irrenhäuser außerhalb der urbanen Zentren gebaut, in die die Kommu-

nen ihre psychisch Kranken einweisen konnten. Von der kommunalen Verpflichtung, auch für die psychisch kranken Bürger zuständig zu sein, entband eine Steuerabgabe an die überörtlichen Träger. Bis in die ersten Nachkriegsjahrzehnte war dies der vorherrschende Typus psychiatrischer Versorgung auch in Deutschland. Die Zentralisierung der Unterbringung führte zwangsläufig zu der Problematik, daß die Menschen, die für eine längere Zeit in einem Irrenhaus (oder psychiatrischen Krankenhaus, wie sie später genannt wurden) untergebracht wurden, den Kontakt zu ihrer normalen Alltagswelt verloren haben und die Einlieferung in die Anstalt zu einer Einbahnstraße wurde. Der Anteil der Langzeitpatienten oder „chronisch Kranken" wurde immer größer. Die Menschen, die über einen längeren Zeitraum in solchen Anstalten zu leben hatten, entwickelten einen →Hospitalismus, der die soziale Distanz zu Angehörigen der eigenen Herkunftsfamilie und des sozialen Netzwerkes weiter vergrößerte. Aus dieser Distanz wurden die Bilder von „psychisch Kranken" in der Gesellschaft immer stärker von den Hospitalismusfolgen her geprägt. Psychisch Kranke erschienen als qualitativ andere Menschen, vor denen man mit guten Gründen Angst haben konnte, die als gefährlich erschienen. Die Tatsache, daß sie von Fachleuten aus dem hochangesehenen Ärztestand in ausgegrenzten Sonderbezirken, hinter Mauern in geschlossenen Abteilungen „behandelt" wurden, gab diesen Haltungen eine legitime Bestätigung. Dieses institutionelle Arrangement und seine Folgen für die Insassen wurden in ihrer sozialen Produziertheit durch die professionell erzeugten Theorien unterschlagen. Die Vorstellungen einer inneren Krankheitslogik, die die Chronizität oder Unheilbarkeit einer „Geistes-" oder „psychischen Krankheit" naturnotwendig zur Folge hat, konnten erst überzeugend dekonstruiert werden (vgl. etwa Lefley 1990), als im Zuge der Psychiatriereformen der 1960er und 1970er Jahre vor allem in den USA, in besonders konsequenter Weise in Italien und schließlich auch in der Bundesrepublik Deutschland Deinstitutionalisierungsmaßnahmen eingeleitet wurden, die als eine Rekommunalisierung der psychosozialen Versorgung zu verstehen sind.

Die gesellschaftliche Logik dieses sozialpsychiatrischen Transformationsprozesses wird in der sozialwissenschaftlichen Literatur sehr unterschiedlich gedeutet. Einigkeit besteht in der Annahme, daß im Zuge der wohlfahrtsstaatlichen Umgestaltung der spätkapitalistischen Gesellschaften die ausgrenzenden rigiden Formen sozialer Kontrolle dysfunktional wurden. Sie erwiesen sich außerdem noch als unerschwinglich. Die Transformation der Versorgung und der darin enthaltenen Kontrolldispositive vollzog sich weltweit von zentralisierten stationären Institutionen zu dezentralen gemeindenahen ambulanten, teilstationären und stationären Einheiten. Mit diesen Entwicklungen sind unterschiedliche Vorstellungen einer künftigen psychosozialen Versorgung verbunden. Sie reichen von einer antipsychiatrischen Befreiungsperspektive, die auf eine Überwindung der Psychiatrie insgesamt setzt, über eine gemeindepsychiatrische Vorstellung, die psychosoziale Hilfen und Dienstleistung vollständig in die Lebenswelt integriert, bis zu einer modernisierten Psychiatrie, die nach wie vor von einer klinisch-stationären Zentrierung ausgeht, die aber das ganze Spektrum präventiver, therapeutischer und rehabilitativer sozialpsychiatrischer Ansätze in ihr institutionelles Spektrum integriert.

Die gemeindepsychiatrische Transformation geht von folgenden Prinzipien aus:

(1) Das Normalisierungsprinzip: Auch für Menschen mit psychischen und körperlichen Einschränkungen gelten die menschlichen Grundbedürfnisse nach einer eigenständigen Wohnung, nach ei-

ner materiellen Absicherung der gewünschten Lebensform, nach sozialem Kontakt und Kommunikation, nach einer intakten ökologischen Umwelt. Alle sozialpolitisch und professionell bereitgestellten Formen von Hilfe und Unterstützung sollten von diesem Normalisierungsprinzip her gedacht werden.
(2) Der wichtigste Faktor für die psychische Gesundheit ist ein verläßliches Netz sozialer Beziehungen, auf das wir in Krisen- und Krankheitssituationen zurückgreifen können, das aber auch in alltäglichen Lebenssituationen unsere Handlungsfähigkeit garantiert (→Netzwerk).
(3) Professionelle Hilfe muß bürgernah und gemeindebezogen aufgebaut werden. Sie muß die vorhandenen alltäglichen Hilfssysteme unterstützen und sich nicht an ihre Stelle setzen. Netzwerkförderung ist für den gesamten Gesundheitsbereich eine vordringliche Zielsetzung.
(4) Psychosoziale Hilfen müssen von der alltäglichen Lebenswelt der Betroffenen her gedacht werden und sollten immer vorrangig danach fragen, wie Menschen auch in besonderen Problemsituationen ihr vertrauter Lebenszusammenhang erhalten werden kann. Das ist für alt werdende BürgerInnen von besonderer Bedeutung. Alle stationären Spezialeinrichtungen können, trotz hochtechnisierter Hilfsangebote, die heimatliche Vertrautheit als gesundheitsförderlichen Faktor nicht ersetzen. Daraus folgt das Prinzip, daß alle ambulanten Hilfsmöglichkeiten ausgeschöpft werden müssen, ehe stationäre Lösungen überhaupt in Betracht gezogen werden dürfen.
Im Zuge solcher – hier nur angedeuteten – institutionellen Transformationen verändern sich die gesellschaftlichen Bilder und die wissenschaftlichen Theorien von dem, was denn psychische Behinderung eigentlich sei. Gerade diese theoretischen Veränderungen in Korrelation zu gesellschaftlich praktischen „Umschichtungen" zeigen noch einmal anschaulich, daß „psychische Behinderung" als soziales Problem eine gesellschaftliche Konstruktion bildet. In der Frühphase der institutionalisierten Psychiatrie wurde das gesellschaftliche Problem im Zusammenhang mit psychischer Devianz so überzeugend konstruiert, daß aufwendige Anstalten außerhalb der industriellen Ballungszentren entstehen konnten. Die Skandalisierung genau dieser institutionellen Bearbeitungsform psychischer Devianz als „soziales Problem" stand am Anfang jener Reformentwicklung, die zu einer stärkeren Rekommunalisierung der Versorgung geführt hat.

Lit.: Bock, Th. & Weigand, H. (Hg.): Handwerksbuch Psychiatrie, Bonn 1991; Gildemeister, R.: Institutionalisierung psychosozialer Versorgung. Eine Feldforschung im Grenzbereich von Gesundheit und Krankheit, Wiesbaden 1989; Keupp, H.: Psychosoziale Praxis im gesellschaftlichen Umbruch, Bonn 1987; Thom, A. & Wulff, E. (Hg.): Psychiatrie im Wandel, Bonn 1990; Weik, T.: Umschichtungen. Erfolge und Mißerfolge der Gemeindepsychiatrie, München: AG SPAK 1987.

Heiner Keupp, München

Psychotherapie
P. ist die psychologische Einflußnahme auf gestörtes Verhalten und Erleben des Menschen. Namentlich seit dem Zweiten Weltkrieg wurden zahlreiche psychotherapeutische Verfahren entwickelt, die sich jedoch i.d.R. ganz oder teilweise auf die theoretischen Grundannahmen der →Psychoanalyse, der →Humanistischen Psychologie oder des →Behaviorismus zurückführen lassen. Neben der klassischen Einzelpsychotherapie haben seit den 1930er Jahren alle bedeutenden Schulen der P. auch gruppenpsychotherapeutische Verfahren (→Gruppentherapie) entwickelt. →Psychotherapie und Sozialpädagogik

Psychotherapie und Sozialpädagogik
1. Gegenstand. Erkenntnisse und Techniken der modernen psychotherapeuti-

schen Richtungen haben die klassischen Methoden der Sozialen Arbeit weitgehend ergänzt oder abgelöst. Die gegenwärtige Soziale Arbeit ist ohne psychotherapeutische Einflüsse schwer vorstellbar. Welches sind die Voraussetzungen, Bezüge, Annäherungen, aber auch notwendigen Abgrenzungen der Psychotherapie zur Sozialen Arbeit? Hierbei muß folgende grundsätzliche Unterscheidung getroffen werden zwischen: 1) dem Gebrauchswert psychotherapeutischer Erkenntnisse für die Soziale Arbeit allgemein bezüglich Menschenbild, Theorie, Praxis, Forschungsergebnissen u. a. sowie darüber hinausgehend: 2) der Bedeutung psychotherapeutischer Richtungen speziell als Orientierungs- und Weiterbildungsmöglichkeiten für in den Arbeitsfeldern →Beratung, →Soziotherapie und Psychotherapie tätige Sozialpädagogen und Sozialarbeiter.

2. Begriff und Umfang der Psychotherapie. In einem allgemeinen Sinne meint Therapie Heilbehandlung. Verschiedene Tätigkeiten wie Beschäftigungs-, Bewegungs-, Tanz- oder Musiktherapie sind auch in der Sozialpädagogik bzw. angrenzenden Berufsfeldern vorzufinden. Da Psychotherapie eine Form der Heilkunde darstellt, darf sie nur von Personen praktiziert werden, die eine Zulassung als Arzt oder eine Zulassung nach dem sog. Heilpraktikergesetz nachweisen. Seit dem 1. 1. 1999 gilt das „Psychotherapiegesetz". Es regelt die Zulassung von zwei weiteren Berufsgruppen (Psychologische Psychotherapeuten sowie Kinder- und Jugendlichenpsychotherapeuten) zur Ausübung der Psychotherapie. Nur diese Berufsgruppen und psychotherapeutisch ausgebildete Ärzte dürfen sich seit 1999 Psychotherapeuten nennen. „Psychotherapie ist ein bewußter und geplanter interaktioneller Prozeß zur Beeinflussung von Verhaltensstörungen und Leidenszuständen, die in einem Konsensus (möglichst zwischen Patient, Therapeut und Bezugsgruppe) für behandlungsbedürftig gehalten werden, mit psychologischen Mitteln (durch Kommunikation) meist verbal, aber auch averbal, in Richtung auf ein definiertes, nach Möglichkeit gemeinsam erarbeitetes Ziel (Symptomminimalisierung und/oder Strukturänderung der Persönlichkeit) mittels lehrbarer Techniken auf der Basis einer Theorie des normalen und pathologischen Verhaltens. In der Regel ist dazu eine tragfähige emotionale Bindung notwendig" (Strotzka, 1975). Beratung dagegen meint Information und psychologische Hilfe bei „persönlichen Schwierigkeiten, Erziehungsfragen, wichtigen Entscheidungen mit dem Ziel, dem Klienten zu helfen, unerwünschte, aber typische Variationen des Menschseins zu bewältigen". Die fachliche und juristische Unterscheidung zwischen Psychotherapie und Beratung liegt vor allem im auf die Psychotherapie bezogenen Krankheitsbegriff begründet. Unter Krankheit versteht man die „Störung der Wahrnehmung, des Verhaltens, der Erlebnisverarbeitung, der sozialen Beziehungen und der Körperfunktionen. Es gehört zum Wesen dieser Störungen, daß sie der willentlichen Steuerung durch den Patienten nicht mehr oder nur zum Teil zugänglich sind" (Meyer u. a., 1991). Nach der →Psychiatrie-Enquête von 1975 gelten etwa $1/3$ der Bundesbürger als i. w. S. betroffen von seelischen Problemen. Etwa fünf Prozent der BRD-Bevölkerung bedürfen einer ambulanten Psychotherapie und würden eine solche beginnen, falls ein Behandlungsplatz vorhanden wäre. Ferner stellt dieses Gutachten fest, daß in der Allgemeinbevölkerung bezüglich der psychotherapeutischen Versorgung ein „erhebliches Informationsdefizit" existiert. Auch deswegen werden ambulante Psychotherapiemöglichkeiten unzulänglich wahrgenommen. Danach sind verspätete, kostenintensive stationäre Behandlungen notwendig. Statt der behandlungsbedürftigen 5% nehmen jedoch nur 0,2% der Bevölkerung psychotherapeutische ambulante Hilfe in Anspruch. Die Kosten hierfür umfassen mit

etwa 300 Mio. DM weniger als 1,5% des Gesamtaufwandes an ärztlichen Leistungen. Nicht berücksichtigt sind hierbei jedoch die schwer erfaßbaren und wesentlich höheren zusätzlichen gesellschaftlichen Aufwendungen durch die schlechte psychotherapeutische (und psychiatrische) Versorgung. Beispielsweise zählte das Jahr 1987 ca. 10 Mio. Arbeitsunfähigkeitstage. Bis zu 33% der Patienten in der ärztlichen Allgemeinpraxis bedürften eigentlich einer psychotherapeutischen Behandlung. Deren Therapie wird häufig nach durchschnittlich siebenjähriger Fehlbehandlung und „Krankheitskarriere" oder überhaupt nicht begonnen. Die schlechte Versorgung im Bereich der Psychotherapie ist nicht nur ein verdeckter zusätzlicher Kostenfaktor, sondern begünstigt auch einseitig eine ärztliche Sichtweise und medikamentöse Behandlung (Abhängigkeitsgefahr). Die Summe der jährlichen Ausgaben für Psychopharmaka ist höher als alle Aufwendungen für Psychotherapie im gleichen Zeitraum.

3. Entwicklung moderner Psychotherapierichtungen. Aus der archaischen und antiken Psychotherapie hat sich seit Ende des 19. Jh. die moderne Psychotherapie entwickelt. Sie begann als Einzeltherapie. Bis auf die der Verhaltenstherapie entstammenden Richtungen sind die modernen Psychotherapieformen außerhalb der universitären Psychologie entstanden und werden heute meist an freien Ausbildungsinstituten/Verbänden gelehrt. Es handelt sich im wesentlichen um „personengebundenes Wissen, Können und Kommunizieren" (Fürstenau, 1972), das selbsterfahrungsbezogen in einem „Lehrer-Schüler-Verhältnis" überliefert wird. Alle modernen Richtungen der Psychotherapie sind von Freuds →Psychoanalyse beeinflußt; auch wenn sie als Absplatung oder Gegenposition zu seiner Lehre entstanden sind. Die bedeutendsten Erkenntnisse Freuds, das Unbewußte, →Verdrängung, →Übertragung, →Abwehrmechanismen sowie seine Persönlichkeitstheorie in Verbindung mit den Anfängen der Ich-Psychologie (1923) haben alle folgenden Richtungen der Psychotherapie beeinflußt. Nicht nur bei Freud, sondern auch bei vielen seiner abtrünnigen Schülern und Begründern anderer Therapierichtungen werden Elemente der eigenen Lebensthematik teilweise dogmatisch festgeschrieben. Beim psychotherapeutischen Wissen handelt es sich jedoch um zeitbedingte Erkenntnisse aus hermeneutischen Prozessen; ihre naturwissenschaftliche Festschreibung ist problematisch. Schon 1911 trennte sich Adler von Freud. Seine →Individualpsychologie übte über die Erziehungsberatung auch Einflüsse auf die Sozialpädagogik aus. Zwei Jahre später verließ Jung den Kreis der Schüler Freuds, um seine →Analytische Psychologie zu begründen. Die zeitweiligen Anhänger Freuds, Ferenczi, Groddeck und Reich, haben schon in den 1920er Jahren über das verbale psychoanalytische Setting hinaus auch den Körper miteinbezogen und werden zu Vorläufern aktueller Verfahren der Körpertherapie. Der Freud-Schüler Rank beeinflußt seit 1924 in den USA das Casework, das dann als psychoanalytisch angereicherte →Einzelhilfe, als Methode der Sozialarbeit, ab 1950 nach Europa kommt. Schon in den 1920er Jahren beschäftigten sich →Aichhorn, →Bernfeld, Schmidt u. v. a. mit der Integration psychoanalytischen Wissens in die Sozialpädagogik. Auch der Arzt Frankl ist psychoanalytisch ausgebildet worden. Als ehemaliger KZ-Häftling beschäftigte er sich mit Sinnfragen in der Psychotherapie und wurde zum Begründer der Logotherapie (Logos = Sinn, Geist). Diese Richtung kann man ebenfalls zur Gruppe der Neo-Psychoanalyse zählen, wozu noch die Autoren Schultz-Henke, Horney, Fromm, Sullivan, Riemann u. v. a. gehören. Deren in sich sehr unterschiedliche Konzeptionen vereint die Kritik an der Freudschen Trieb- und Sexualtheorie, des Freudschen Menschenbildes und

seiner speziellen Therapiemethoden. Diese seit dem 2. Weltkrieg deutlicher werdende Kritik an der Psychoanalyse führt auch zur wissenschaftlichen Überprüfung und Entwicklung einer akademisch orientierten empirischen Psychotherapie, der →Verhaltenstherapie, die lernpsychologisch begründet ist. Das Menschenbild der Verhaltenstherapie war in den Anfängen vorwiegend naturwissenschaftlich und achtete auf strenge Nachvollziehbarkeit der Aussagen. Die extreme Gegensatzposition von Psychoanalyse und Verhaltenstherapie hat sich in den letzten Jahren durch wechselseitige Annäherungen und Weiterentwicklungen beider Richtungen gelockert. Trotzdem sind psychoanalytische und verhaltenstherapeutische Behandlungen, von Ausnahmen abgesehen, gegenwärtig die einzigen, die von den Krankenkassen finanziert werden. Als Gegenrichtung zu Menschenbild und Praxis von Psychoanalyse und Verhaltenstherapie hat sich mit Rogers' Arbeiten seit den 50er Jahren und Maslows „Psychologie des Seins" (USA: 1963) als „Dritte Richtung" die →Humanistische Psychologie gebildet. Diese umfaßt Gruppierungen der erwähnten dissidenten Psychoanalytiker wie auch Neu- bzw. Weiterentwicklungen. In Deutschland wird die →Gesprächspsychotherapie (klientenzentrierte Psychotherapie) von der „Gesellschaft für wissenschaftliche Gesprächspsychotherapie" (GwG) angeboten. Es handelt sich um den mitgliedermäßig größten Fachverband. Mehrere tausend Angehörige der Sozialberufe haben inzwischen eine Weiterbildung in „klientenzentrierter Gesprächsführung" erhalten. Einfühlung, Kongruenz und Wertschätzung im zwischenmenschlichen Bereich sind nicht nur die bedeutsamsten Prinzipien dieser Richtung, sondern bilden in Zusammenhang mit einem „optimistischen Menschenbild", der Orientierung an Wachstum, Selbstverwirklichung und Kreativität Schwerpunkte der Humanistischen Psychologie/Psychotherapie.

Auch die →Gestalttherapie geht auf Dissidenten der frühen Psychoanalyse zurück. Ihre Begründer, das Ehepaar Perls, wurden auch von anderen Richtungen beeinflußt: von Rank, Reich und den körperorientierten Verfahren, der Neopsychoanalyse, ferner in technischer Hinsicht von Morenos Psychodrama, sowie von gestaltpsychologischen Ansätzen (Goldstein, Lewin). Perls Ansatz ist ganzheitlich, aber auch eklektisch und pragmatisch. Er ist geprägt von der Alternativ- und Protestbewegung der 1960er Jahre in den USA. Die „Deutsche Vereinigung für Gestalttherapie" (DVG) orientiert sich eher an F. und L. Perls sowie Goodman, während Petzold und seine Mitarbeiter von der „Deutschen Gesellschaft für Gestalttherapie und Kreativitätsförderung" (DGGK) die Richtung von Perls mit neueren Tendenzen der Psychoanalyse, Bewegungstherapie sowie anderen Ansätzen unter dem Begriff Integrative Therapie weiterentwickelt haben. Die Integrative Therapie wird vom „Fritz-Perls-Institut" vertreten, das kapazitätsmäßig eines der größten Aus- und Weiterbildungseinrichtung für Sozial- und Gesundheitsberufe im europäischen Raum ist. Für die Sozialpädagogik sind ferner interessant die Fortbildungsmöglichkeiten des →Psychodramas nach Moreno sowie die Angebote der beiden Dachverbände für →Familientherapie (DAF, DFS), welche tiefenpsychologische und systemische Ansätze miteinander verknüpfen. Aufgrund regionaler Begrenztheit und geringerer Weiterbildungskapazitäten sind andere Verfahren wie Kommunikations- und Interaktionstherapie (Haley, Jackson, Watzlawick u. a.), →Transaktionsanalyse (Berne, Harris), Primärtherapie (Janov), Bioenergetik (Lowen) und Körpertherapie u. v. a. weniger interessant für die sozialpädagogischen Berufe. Einen Übergangsbereich zur nicht-therapeutischen, pädagogischen Arbeit markiert die für Sozialberufe wichtigere →Themenzentrierte Interaktionelle Methode (Cohn). Kompliziert wird die Szenerie der Psychotherapie noch dadurch, daß nahezu alle genannten Richtungen der Einzelpsychotherapie auch gruppenorientierte Settings entwickelt haben. Auch sind die Grenzen zwischen Psychotherapie und Selbsterfahrung (Gruppendynamik, Encounter-Gruppen, Bioenergetik-Gruppen u.a.) fließend. Der blühende Markt der „Psychoszene" wird überproportional von Angehörigen der Sozialberufe genutzt und ist für den Laien unübersichtlich. Die vielen Angebote kommen auch den Bedürfnissen einer anonymen Gesellschaft nach gefühlsmäßigen Primärbindungen entgegen und füllen damit Lücken aus, welche zerfallende traditionelle Strukturen (Familie, Beruf, Wertorientierungen) hinterlassen haben.

4. Empirische Wirkungsforschung von Psychotherapie. Welches stellen nun angesichts der Unüberschaubarkeit der genannten Richtungen empirisch belegbare Gemeinsamkeiten ihrer Wirkfaktoren dar? Gegenwärtig sind über 3500 empirische Untersuchungen über die Effekte der verschiedensten Psychotherapien bekannt. Diese zeigen, daß es im Falle einer längerfristigen und seriösen Psychotherapie mit 70–80% Erfolgswahrscheinlichkeit zu Heilerfolgen gekommen ist. Abgesehen von speziellen Schwerpunkten und Effekten einzelner Richtungen ist ein weiteres Ergebnis dieser Studien, daß es offensichtlich „unspezifische Wirkfaktoren" in allen anerkannten Schulen der Psychotherapie zu geben scheint: 1) Affektives Erleben des Klienten wird in der Psychoanalyse erreicht durch freie Assoziation und Regression, Gesprächspsychotherapie und Gestalttherapie/Integrative Therapie fördern diese Erlebnisweise durch Selbstexploration und Arbeit an „frühen Szenen", während die Verhaltenstherapie mittels Reizüberflutung zu ähnlichen Wirkungen gelangt. Emotionale Äußerungen der Psychotherapeuten können diesen Prozeß fördern. 2) Auch die kognitive Beherrschung findet sich als Merkmal in allen bekannten Richtungen. Bei der Psychoanalyse erfüllt u.a. die Interpretation des Analytikers diese Rolle. Bei den humanistischen Therapien wird Kognition durch empathisches Verständnis herbeigeführt, während die verhaltenstherapeutischen und systemischen Richtungen dieses Ziel u.a. durch paradoxe Interventionen erreichen können. Schließlich kommt noch der 3) Verhaltensänderung als dritter Faktor hinzu. Ferner hat man herausgefunden, daß ein weiterer schulenunabhängiger Wirkfaktor die Beziehung zwischen Klient und Psychotherapeut ist. Wenn der Klient sich angenommen fühlt und der Therapeut in seinen Gefühlen und Handlungen dem Klienten gegenüber klar ist, so steigt die Erfolgschance. Vor allem die Gesprächspsychotherapie hat die Bedeutung von Echtheit, Zuwendung und empathischem Verstehen für den Therapieerfolg empirisch nachweisen können. Wichtig für eine gelungene psychotherapeutische Behandlung ist auch die Einfühlung des Psychotherapeuten in die schicht-, sprach- und wertgebundene Symbolwelt des Klienten. Weniger bedeutsam ist es, ob der Psychotherapeut dem gleichen Geschlecht wie der Klient angehört. Wichtiger ist jedoch, daß dieser je nach aktueller Problematik des Klienten einmal eher „mütterliche" oder eher „väterliche" Aspekte in der Beziehung vertreten kann (→Übertragung/Gegenübertragung). Die vergleichende Therapieforschung betont, daß die Unterschiede zwischen erfahrenen Therapeuten unterschiedlicher Schulen geringer sind als die Unterschiede zwischen jüngeren Therapeuten der gleichen Richtung. Erfahrungen und Lebensalter nivellieren demnach festgelegte Denkweisen psychotherapeutischer Schulen. Dem entspricht auch die Erkenntnis, daß die meisten Psychotherapeuten nach ihrer Erstausbildung noch weitere Ansätze anderer Richtungen erlernen, also häufig methodenintegrativ arbeiten. Die laienhafte Vorstellung, daß es die „richtige" Therapierichtung gäbe, ist somit empi-

risch und lebenspraktisch widerlegt. Allerdings gibt es mehr oder weniger gut „geeignete" Therapeut-Klient-Konstellationen, die sich aber erst in der praktischen Zusammenarbeit als solche herausstellen können. Alle diese Ergebnisse der Psychotherapieforschung gelten im Prinzip auch für die Beratungsarbeit.

5. Sozialpädagogen als Psychotherapeuten. Bisher wurde die allgemeine Bedeutung von Psychotherapie für die Sozialpädagogik erörtert. Eine nicht exakt bekannte, jedoch kleinere Anzahl von Sozialpädagogen ist beraterisch und/oder psychotherapeutisch tätig. Im Durchschnitt dürfte an jeder der etwa über 2500 Beratungsstellen in Deutschland ein Vertreter dieser Berufsgruppen arbeiten. Weitere Arbeitsfelder für die Sozialberufe im psychosozialen Bereich sind die psychiatrischen Einrichtungen und Suchtkliniken sowie die sozialpsychiatrischen Dienste. Die meisten dieser einige tausend Personen umfassenden Gruppe haben Weiterbildungen im Bereich der Humanistischen Psychotherapie absolviert. Noch zu berücksichtigen wären die etwa 1300 analytischen Kinder- und Jugendlichenpsychotherapeuten („Psychagogen"), die teilweise auch freiberuflich (im Delegationsverfahren mit Kassenzulassung) arbeiten. Hierbei sind Sozialpädagogen und Sozialarbeiter, von der Erstausbildung her gesehen, die größte Berufsgruppe. Schon diese Daten verdeutlichen, daß der Bereich Beratung/Psychotherapie bei insgesamt ca. 150 000 ausgebildeten Sozialpädagogen, Sozialarbeitern und Diplom-Pädagogen, zahlenmäßig gesehen im Vergleich mit anderen Tätigkeitsfeldern der Sozialen Arbeit, von geringerer Bedeutung ist. Bezüglich der psychotherapeutischen Tätigkeit von Angehörigen der Sozialberufe bestehen nichtadäquate und unklare rechtliche Bedingungen. Zwar fällt die Beratungstätigkeit nicht unter den Heilkundebegriff. Häufig sind jedoch die Grenzen zwischen Beratung und Psychotherapie unklar. Rechtlich geschützt sind psychotherapeutisch tätige Sozialpädagogen nur dann, wenn sie in institutionellen Zusammenhängen als „Heilgehilfen" von Ärzten oder zur Psychotherapie zugelassenen Diplom-Psychologen arbeiten oder selbst zusätzlich eine Zulassung als Heilpraktiker erworben haben. Das „Psychotherapeutengesetz" sieht nur für die Berufsgruppe der Diplom-Psychologen sowie der Kinder- und Jugendlichenpsychotherapeuten die Zulassung zur psychotherapeutischen Heilkunde vor, wenn eine mehrjährige anerkannte Weiterbildung absolviert worden ist. Von der rechtlichen Erlaubnis ist noch die Kassenzulassung zu unterscheiden; diese wird neben den Ärzten wohl auch den Diplom-Psychologen mit psychoanalytischer oder verhaltenstherapeutischer Orientierung zuerkannt. Im Gegensatz zu den neuen Psychotherapie-Regelungen in Italien (1989) und Österreich (1991) sind die Angehörigen der Sozialberufe in Deutschland rechtlich nicht zur Psychotherapie zugelassen, auch wenn sie über die gleiche Weiterbildung verfügen wie Ärzte oder Diplom-Psychologen. Natürlich gelten für Sozialpädagogen, die beraterisch oder psychotherapeutisch tätig sind, die gleichen rechtlichen Bestimmungen wie für die Berufsgruppe überhaupt. Es existiert Verschwiegenheitspflicht über persönliche Mitteilungen. Einen Anspruch auf das →Zeugnisverweigerungsrecht im Strafprozeß kann man im Gegensatz zu den Ärzten oder Geistlichen jedoch nicht geltend machen. Seit 1993 ist dies allerdings in der Drogenberatung möglich. Auch ethische Fragen (→Ethik) sind bei der psychotherapeutischen Tätigkeit zu beachten. In jüngster Zeit mehren sich in der Fachliteratur Beiträge über physischen oder psychischen Mißbrauch von Klienten. Psychotherapeuten müssen auch mit Hilfe der →Supervision um das angemessene Verhältnis bezüglich der „Nähe" und „Distanz" zu den Klienten bemüht sein.

6. Fazit und Ausblick: Psychotherapie mag für viele Sozialpädagogen eine erstrebenswerte Tätigkeit sein. Bezogen auf die Arbeitsmöglichkeiten ist die psychotherapeutische Tätigkeit von Sozialpädagogen zahlenmäßig geringer zu veranschlagen. Wenn Sozialpädagogen psychotherapeutisch arbeiten, so müssen sie den veränderten Kontext beachten, in dem sich ihre Klienten befinden. Denn dieser unterscheidet sich sowohl von den Bedingungen, unter denen die Sozialpädagogen selber Psychotherapie erlernt haben, als auch von der Psychotherapie in der freien Praxis. Viele Klienten kommen nicht „freiwillig". Der Sozialpädagoge arbeitet im Auftrage eines Dritten (seines Trägers). Selten erleben Sozialpädagogen Beratungs- oder Therapiesituationen in einer Idealform. Außenfaktoren, vor allem sozioökonomische Probleme, spielen eine große Rolle. Beraterisch oder psychotherapeutisch tätige Sozialpädagogen haben es eher mit Klienten zu tun, die einen niedrigen sozioökonomischen Status innehaben. Als Psychotherapeut sollte man sich davor hüten, alle auftauchenden Schwierigkeiten als „psychologisch" lösbar anzusehen, d.h. die Hilfesuchenden zu „klientifizieren". Auch wenn man als Sozialpädagoge nicht vorwiegend beraterisch-psychotherapeutisch tätig ist, so gehören Grunderfahrungen der Psychotherapie heute zum notwendigen „Handwerkszeug" der Sozialpädagogik. Deswegen nimmt die Methodenliteratur der Sozialpädagogik immer mehr Anleihen an der Psychotherapie (vgl. Geißler/Hege). Damit sind vor allem Kenntnisse über die Entstehung unbewußter Strukturen und ihrer aktuellen Bedeutung, Informationen über zwischenmenschliche Prozesse wie Übertragung/Gegenübertragung, Widerstand, Einfühlung, Gruppenphänomene gemeint.

Lit.: Die Psychologie des 20. Jahrhunderts, 15 Bde., München 1976–81; Belardi, N. u.a.: Beratung. Eine sozialpädagogische Einführung, Weinheim und Basel 1996; Geißler, K. A./Hege, M.: Konzepte sozialpädagogischen Handelns. Ein Leitfaden für soziale Berufe, Weinheim und Basel 1988; Grawe, K.: Differentielle Psychologie, Bern 1976; Grawe, K.: Vergleichende Psychotherapieforschung, in: Minsel, W./Scheller, R. (Hg.): Brennpunkte der Klinischen Psychologie, Bd. 1, München 1981; Grawe, K./Donati, R. u.a.: Psychotherapie im Wandel. Von der Konfession zur Profession, Göttingen 1993; Meyer, A. E./Richter, R./Grawe, K. u.a.: Forschungsgutachten zu Fragen eines Psychotherapeutengesetzes (Im Auftrage des Bundesministeriums für Jugend, Frauen, Familie und Gesundheit), Hamburg 1991; Petzold, H. (Hg.): Wege zum Menschen. Methoden und Persönlichkeiten moderner Psychotherapie. Ein Handbuch, 2 Bde., Paderborn 1984; Rahm, D. u.a.: Einführung in die Integrative Therapie, Paderborn 1993; Wyss, D.: Die tiefenpsychologischen Schulen von den Anfängen bis zur Gegenwart, Göttingen 1972ff.; Zundel, E./Zundel, R.: Leitfiguren der Psychotherapie, München 1987.

Nando Belardi, Chemnitz

Pubertät

psychologische Bezeichnung für die Entwicklungsphase zwischen der Kindheit und dem Erwachsenenalter, in dem die biologische Reifung mit der psychischen Entwicklung der Individualität und der Suche nach der →Identität einhergeht. Als zentrale psychische Merkmale der P. werden Gefühlsschwankungen, Kontaktscheue, wechselnde Überwertigkeits- und Minderwertigkeitsgefühle, Auseinandersetzung mit der Erwachsenenwelt und als Grundtenor eine undifferenzierte Sehnsucht genannt.

Das Einsetzen der Pubertät ist unterschiedlich, als grober Anhaltspunkt gilt aber das 11.–12. Lebensjahr, wobei die

P. durchschnittlich bei Mädchen früher als bei Jungen einsetzt. →Jugend

Public Health

Public Health umfaßt alle Analysen und Management-Ansätze, die sich vorwiegend auf ganze Populationen oder größere Subpopulationen beziehen, und zwar organisierbare Ansätze der →Gesundheitsförderung, der Krankheitsverhütung, und der Krankheitsbekämpfung (→Gesundheitswesen). Public Health ist weitgehend mit Gesundheitswissenschaft identisch.

Querschnittuntersuchung
→Längsschnittuntersuchung

Qualitätssicherung – Qualitätsmanagement

1. Hintergrund. Die Qualitätsdebatte in der Sozialen Arbeit ist durch mehrere Ereignisse und Bedingungen angeregt worden. In angrenzenden Arbeitsfeldern, beispielsweise in Krankenhäusern und ambulanten Diensten, besteht seit Verabschiedung des Gesundheitsstrukturgesetzes (1993) und des Pflegeversicherungsgesetzes (1995) die Pflicht zur Qualitätssicherung der Pflege. Etwa zur gleichen Zeit sind Empfehlungen zur Qualitätssicherung der betrieblichen Fort- und Weiterbildung erarbeitet worden. Schließlich sehen sich auch die Anbieter sozialer Dienste durch Änderungen des Bundessozialhilfegesetzes dazu aufgefordert, Umfang und Qualität ihrer Dienstleistung zu beschreiben.

Diese Entwicklungen haben vielfach einen gemeinsamen Hintergrund. Im Zuge von Sparzwängen und Verwaltungsmodernisierungen werden neue Finanzierungsgrundlagen für soziale Dienste erarbeitet. Eine wachsende Konkurrenz zwischen unterschiedlichen Leistungsanbietern und das Recht der Kostenträger, die Qualität der Leistungen zu überprüfen, haben einen wahren „Qualitäts-Boom" in der Sozialen Arbeit ausgelöst.

2. Definition. Qualität ist keine absolute, unveränderliche Größe. Unterschiedliche Menschen oder Gruppen hegen unterschiedliche Erwartungen hinsichtlich der Qualität von Produkten oder Dienstleistungen, weil sie ihre Bewertungen auf unterschiedliche Kriterien stützen. Ein Produkt oder eine Dienstleistung wird man am Ende dann für qualitätsvoll halten können, wenn es gelingt, möglichst viele der unterschiedlichen Erwartungen zu erfüllen.

Die Definitionen von „Qualität" tragen dieser Tatsache Rechnung. Das Deutsche Institut für Normung (DIN) definiert Qualität als die Gesamtheit von Eigenschaften und Merkmalen eines Produktes oder einer Dienstleistung, die sich auf deren Eignung zur Erfüllung festgesetzter und vorausgesetzter Erfordernisse beziehen (vgl. Sperl 1994). Diese „Erfordernisse" werden vorab anhand von „Kriterien" definiert.

„Was Qualität ist, bestimmt der Kunde" (Münchrath 1995). Mit diesem kaum einzuhaltenden Versprechen werden die Erwartungen und Kriterien von potentiellen Kunden in den Mittelpunkt der Aufmerksamkeit gerückt.

Die Beschreibung der Qualität stellt eine unverzichtbare Voraussetzung für alle weiteren Vorhaben zur Sicherung und Entwicklung von Qualität dar. Die meisten Muster zur Beschreibung der Qualität einer sozialen Dienstleistung empfehlen anzugeben, welche Dienstleistung für wen in welcher Weise erbracht wird. Des weiteren ist aufzuführen, was dafür gebraucht wird und welche Ergebnisse zu erwarten sind (siehe nächste Seite oben). Alle Bestandteile der Qualitätsbeschreibung sollen möglichst in Form von meßbaren Einheiten („Indikatoren") dargestellt werden, um überprüfen zu können, ob in der dargelegten Weise gehandelt wurde und die erwarteten Ergebnisse eintrafen.

Erläuterungen zur Abbildung:
– „Prozeßqualität". Mit der Beschreibung der Prozeßqualität weist eine Organisation nach, daß sie die für die Leistungserbringung erforderlichen Prozesse beherrscht. Durch die präzise Beschreibung der Prozesse lassen sich die Handlungen der beteiligten Mitarbeiter strukturieren, und zwar in Gestalt von Ablaufplänen, Regeln und Verfahrensanweisungen zur transparenten Gestaltung der inhaltlichen Arbeit. Die Regeln und Verfahrensanweisungen können durch gesetzliche Bestimmungen vorgegeben sein; die lassen sich aber zum

WAS	Beschreibung der Leistung incl. der Teilleistungen
Für WEN Kunden/Nutzer CoProduzenten	→ Erwartungen aller Kundengruppen → Identifikation bevorzugter Kundengruppen (Klienten ↔ Geldgeber/Vermittler)
WIE Prozeßqualität	→ Leitbild, Methoden, Maßnahmen → Fachliche Standards in Form von Verfahrensanweisungen, Handlungsregeln für sensible Situationen, Ablaufpläne
WAS brauchen wir dazu Strukturqualität	→ Ausstattung, Räume, Erreichbarkeit, → Personalqualifikation, Vergleich mit Bezugsgrößen → Stellenbeschreibungen/-pläne/Zuständigkeiten → Kooperationsstrukturen zu Vermittlern, Geldgebern → Ressourcen zur Erarbeitung von Innovationen/Fortbildungen
WAS soll dabei herauskommen ↓ Welche Ziele/Teilziele wurden erreicht → Ergebnisqualität	Ergebnisse für alle Kunden (nicht nur für Klienten) Ziele sollen eindeutig und meßbar formuliert sein → „Indikatoren" Ziele sollen durch die Arbeit der Fachkräfte zu beeinflussen sein.

größten Teil aus den sogenannten fachlichen Standards, in denen sich die fachlichen Überzeugungen der Sozialarbeiter widerspiegeln, ableiten. Die bekannten fachlichen Standards, z.B. „Hilfe zur Selbsthilfe", „Vertrauensschutz", „Ressourcenorientierung" etc. werden unter dem Stichwort „Prozeßqualität" nicht nur aufgezählt, sondern durch passende Handlungsregeln konkretisiert.

– „Indikatoren". Indikatoren drücken das aus, was an einem beschriebenen Qualitätsmerkmal oder Qualitätskriterium meßbar ist. Dabei wird die soziale Wirklichkeit aber hinsichtlich ihrer Komplexität erheblich reduziert (vgl. Heiner 1988).

Viele bedeutsame Merkmale und Ereignisse sozialer Dienstleistungen lassen sich nicht ohne Verlust durch meßbare Indikatoren erfassen. Dies betrifft vor allem solche Ereignisse, in denen sich die Prozeßqualität und die Ergebnisse eines Angebots widerspiegeln. Mit der Beschreibung der Prozeßqualität gewinnt eine Beratungsstelle interne Transparenz. Alle Mitarbeiter wissen, was sie zu tun haben, um die im Konzept ihres Projektes genannten fachlichen Standards in konkreten Situationen umzusetzen. Damit die im Konzept genannten fachlichen Standards nicht länger hohle Phrasen bleiben, werden den Standards anstelle von Zahlenwerten jeweils sog. „kennzeichnende Handlungen" zugeordnet. Beispiel: Fachlicher Standard (Arbeitsprinzip): „Vertrauensschutz"; passende kennzeichnende Handlung/Regel: „Wir geben ohne Zustimmung des Klienten keine ihm betreffenden Daten an andere Personen oder Institutionen weiter".

– „Strukturqualität". Die Beschreibung der Strukturqualität umfaßt alle jene Merkmale und Ressourcen, die die Mitarbeiter benötigen, um die erarbeiteten Qualitätsstandards für die Arbeitsprozesse umsetzen zu können. Dazu bedarf es passender Räume, Ausstattungen und Personalqualifikationen sowie Personalschlüssel. Fragen zur Strukturqualität spielen in Verhandlungen mit Kostenträgern eine entscheidende Rolle, weil sich Ausstattung und Personalqualifikation unmittelbar in den Kosten niederschlagen.

Indikationen für die Strukturqualität lassen sich leichter ermitteln und unmißverständlicher ausdrücken, als das bei den Merkmalen der Prozeßqualität der

Fall ist. Es handelt sich bei diesen Indikatoren entweder um absolute Zahlen (z. B. Öffnungszeiten, Wartezeiten, Kosten einer Fachleistungsstunde und der finanziellen Mittel für Fortbildungen) oder um prozentuale Anteile.
- „Ergebnisqualität". Bei einer Sammlung von möglichen Ergebnissen, die durch die Arbeit eines sozialen Dienstes zu beeinflussen sind, lassen sich drei unterschiedliche Gruppen von Ergebnissen identifizieren:
a) Ergebnisse, die sich unmittelbar aus der Existenz eines sozialen Dienstes ergeben:
Ein solches Ergebnis betrifft den Nachweis, daß ein Bedarf für dieses Angebot besteht (z. B. durch die Existenz eines Frauenhauses steht ein Schutzraum für mißhandelte Frauen zur Verfügung). Als Indikator für den Bedarf kann die Anzahl von Klienten-Kunden gelten, die dieses Angebot in Anspruch nimmt. Dieser Indikator wird entweder in absoluten Zahlenwerten ausgedrückt oder er wird ins Verhältnis zu der vorhandenen Angebotskapazität gesetzt. Die Inanspruchnahme eines Angebots wird des öfteren auch als Indikator für die Akzeptanz dieses Angebots gewertet, obgleich sich Akzeptanz auch noch über andere Indikatoren, beispielsweise durch Befragungen nachweisen läßt.
b) Ergebnisse, die sich aus dem Erreichen von Zielen erschließen lassen: In vielen sozialen Diensten erarbeiten Sozialarbeiter zusammen mit Klienten kurz- oder mittelfristige Ziele, die die Klienten im Verlauf der Arbeit erreichen möchten. In diesen Fällen sollten die Ziele durch Indikatoren oder kennzeichnende Handlungen operationalisiert werden. Gut operationalisierte Ziele haben sowohl für Klienten als auch für den Sozialarbeiter eine Orientierungsfunktion: Sie vermitteln dem Klienten, was er in welchen Situationen tun kann und informieren den Sozialarbeiter dar-

über, wie er das Erreichen eines Zieles durch Befragen erschließen kann. Es sollen möglichst nur solche Ziele formuliert werden, deren Erreichen überwiegend von den Personen, die diese Ziele zu erreichen suchen, zu beeinflussen sind.
c) Ergebnisse, an deren erreichen längerfristig mitgewirkt wird: Hierunter fallen solche Ergebnisse, die als längerfristige Richtziele, die Arbeit sozialer Dienste bestimmen, auch wenn das Erreichen dieser Ergebnisse weder kurzfristig noch allein durch die Arbeit eines sozialen Projektes zu beeinflussen ist. Es handelt sich hierbei unter anderem um sozialpädagogische Ziele, die durch Öffentlichkeitsarbeit und durch fortlaufende Information gesetzgebender Instanzen erreicht werden können.
- „Kunden". „Kunden" sind in der Sprache der Qualitätssicherungsliteratur alle Personen und Institutionen, die sich über die Qualität einer Dienstleistung ein Urteil bilden und die Akzeptanz der Dienstleistung fördern oder beeinträchtigen können. Kunden sind nach dieser Definition nicht allein „externe" Kunden wie die Klienten, Kostenträger und Vermittler einer Dienstleistung, sondern auch „interne" Kunden wie die Mitarbeiter, die die Dienstleistung erbringen. Die Einführung des Kundenbegriffs wird in der Fachdikussion von kritischen Kommentaren begleitet (vgl. Merchel 1995).
Merchel hält den Begriff „Kunde" – soweit er den Klienten betrifft – für wenig geeignet, die Wirklichkeit wahrheitsgemäß abzubilden. Als „analytischer Begriff" tauge dieser Begriff also nicht. Hingegen erhalte der Begriff „Kunde" als „strategischer Begriff" einen pragmatischen Nutzwert. Der Nutzwert bestehe vor allem in einer kundenfreundlicheren Haltung gegenüber dem Klienten.
Obgleich es berechtigte Einwände gegen eine Gleichsetzung von „Klienten" und „Kunden" in der Sozialen Arbeit gibt, liegt der Gewinn dieser Sicht-

weise oder „Perspektive" in der größeren Sensibilität und im größeren Respekt gegenüber der Andersartigkeit von Hilfebedürftigen. Den Klienten unter einer Kundenperspektive wahrzunehmen heißt, im Verhältnis zum Klienten neue Aspekte entdecken, die unter der Klientenperspektive übersehen werden könnten.
Aus einer Kundenperspektive werden aber nicht nur die Klienten betrachtet, sondern auch alle übrigen an der Dienstleistung beteiligten Personen und Institutionen. Mit dieser Erweiterung des Kundenbegriffs stellen sich den Mitarbeitern von sozialen Diensten neue Aufgaben. Zuwendungsgeber und Kostenträger als „Kunden" wahrzunehmen, zwingt die beteiligten Fachkräfte dazu, ihr professionelles Wissen und Können auch dieser Kundengruppe zu widmen, einer Kundengruppe, die unter der Perspektive einer Klientenorientierung manchmal vernachlässigt oder gar als „Gegner" eingestuft wurde. Hierbei ist zu berücksichtigen, daß für Zuwendungsgeber und Kostenträger, z. B. für Politiker, andere Qualitätskriterien gelten können als für Sozialarbeiter.

3. Systeme zur Qualitätssicherung (QS) und zum Qualitätsmanagement (QM). Der Begriff „Qualitätssicherung" umfaßt alle Maßnahmen, die der Beschreibung, Dokumentation, Sicherung und Verbesserung der Qualität eines Produktes oder einer Dienstleistung dienen. Seit 1993 wird der Begriff „Qualitätsmanagement" dem Begriff Qualitätssicherung vorgezogen, um zu verdeutlichen, daß die Entwicklung und Sicherung von „Qualität" eine Führungsaufgabe ist und alle Mitarbeiter und Ereignisse in einem Unternehmen betrifft. Zur Qualitätsbeschreibung werden in der Regel Qualitätshandbücher erarbeitet. Die Gliederung und Gestaltung der Qualitätshandbücher folgt bestimmten Mustern, die sich an Qualitätsdarlegungen im Bereich der Wirtschaft orientieren.

Mitarbeitern sozialer Dienste, die für ihren Bereich ein QM-System erarbeiten möchten, stellen sich zwei Aufgaben:
– In dem vorhandenen Angebot an QM-Systemen ein halbwegs geeignetes System zu finden und
– die Elemente des Systems den Erfordernissen des eigenen Arbeitsfeldes anzupassen.

Jedes Qualitätshandbuch sollte nur so umfangreich und ausführlich gestaltet sein, wie es die äußere und innere Situation einer Organisation erfordern.

3.1 Standardisierte QM-Systeme am Beispiel der Normenreihe ISO 9001 ff. Die Normen der weltweit bekannten Reihe ISO 9001 ff. (ISO für „International Standard Organization, 9001 ff. für 9001, 9002, 9003, 9004) sind im Kontext der industriellen Produktion entwickelt worden. Sie beinhalten Vorschriften und Orientierungen zu der Frage, was alles zu beachten und zu beschreiben ist, wenn die Qualität der Produktionsweisen eines Unternehmens dargestellt und gesichert werden soll. Im QM-Handbuch sind die Qualitätspolitik des Unternehmens und die Zuständigkeiten für Qualitäts- und Dokumentationsaufgaben darzustellen. Zu beschreiben sind ferner die Qualitätsziele und die für die Erreichung der Ziele erforderlichen Prozesse sowie die ausführliche Dokumentation der Prozesse und Ergebnisse (vgl. Glaap 1993).

Ein QM-System, das nach den Vorschriften der Normenreihe ISO 9000 ff. aufgebaut ist, dient der Steuerung und Überprüfung des gesamten Herstellungsprozesses. Auf diese Weise wird eine „vorbeugende Fehlerverhütung" erzielt; dank der dokumentierten Überprüfung eines jeden Arbeitsganges werden Fehler nicht erst bei der Endkontrolle, sondern frühzeitig entdeckt. Das hilft bei der Produktion von Autos und anderen Gütern, Kosten zu sparen. Allerdings läßt sich der kostensparende Effekt eines QM-Systems nach der ISO-Norm kaum auf soziale Dienstleistungen übertragen; denn in diesem Bereich verursachen Fehler eher „Folgekosten", die von anderen zu tragen sind.

Ein Betrieb oder eine Organisation, die für ihr QM-System ein Zertifikat nach ISO 9001 ff. erhalten hat, demonstriert damit nur, daß das eigene QM-System die entsprechenden Erfordernisse erfüllt. Über die Qualität der Produkte oder Dienstleistungen sagt das Zertifikat nichts aus.

3.2 QM-Systeme als Instrumente zur Organisationsentwicklung. Ein umfassendes QM-System für Dienstleister – das sog. „Service Assessment" (ServAs) – ist von Walter Eversheim und Co-Autoren (1997) vorgestellt worden. Die Qualität einer Dienstleistung steht oder fällt mit dem Engagement der beteiligten Mitarbeiter. Außer einigen Qualitätselementen der Normenreihe ISO 9001 ff. betrifft deshalb ein Großteil der Qualitätskriterien von ServAs die Führungsqualitäten der Leitung und die dadurch beeinflußte Zufriedenheit der Mitarbeiter. Hierbei orientieren sich die Autoren an den Empfehlungen der „European Foundation for Quality Management (EFQM), die jährlich einen europäischen Qualitätspreis auslobt. Das System ServAs liefert umfangreiche Checklisten, anhand derer jeder Dienstleister überprüfen kann, wieweit er die Qualitätskriterien (u. a. bezogen auf das Mitarbeiterengagement, die Kundenzufriedenheit und die Führungsfähigkeiten) erfüllt.

Bei allem Bemühen um die Ressource „Mitarbeiter" sind für den Erfolg des Unternehmens die Geschäftsergebnisse ausschlaggebend. Ein an ServAs orientiertes QM-System eignet sich in erster Linie für Dienstleister, die sich in einem freien Markt dem Wettbewerb stellen. Da die Erbringung eines großen Teils sozialer Dienstleistungen durch gesetzliche Vorgaben statt durch Marktereignisse reguliert wird, erfüllen QM-Systeme wie das ServAs die qualitätsbezogenen Erfordernisse öffentlicher Kostenträger nur begrenzt, auch wenn sie sich zur Optimierung interner Prozesse hervorragend eignen.

3.3 QM-Systeme im Kontext von Leistungsverträgen. Mit der Beschreibung von Qualität soll durch Leistungsverträge oder -vereinbarungen sichergestellt werden, daß die gesetzlich gestützten Ansprüche von Patienten und Klienten nach Beratung, Behandlung oder Rehabilitation nachprüfbar eingelöst werden, und zwar zum geringst möglichen Preis. Aufgrund fachlich anerkannter Standards werden Hilfe-, Behandlungs- oder Rehabilitationspläne erstellt. Diese Pläne bilden die Basis zur Personalbemessung und bilden den Bezugsrahmen für die informative und ökonomische Leistungsdokumentation (vgl. Kauder 1997).

Die Leistungsvereinbarung erfordert nach § 93(2) des Bundessozialhilfegesetzes (BSHG) die Beschreibung von Inhalt, Umfang und Qualität der Leistung. Die Gesamtleistung besteht in der Regel aus mehreren Teilleistungen, für die verschiedene Fachkräfte zuständig sind. Der soziale Dienstleister als Vertragspartner hat nun anhand einiger Qualitätselemente zu belegen und nachzuweisen, daß er die Gesamtleistung erbringen kann. Die öffentlichen Käufer der Dienstleistung stellen nicht nur Forderungen nach kostenbewußtem Handeln, sonern verlangen Nachweise, daß die angebotenen Dienstleistungen bedarfsgerecht erbracht werden. Dabei definiert sich der „Bedarf" anhand von im Gesetz beschriebenen Merkmalen der Zielgruppe.

Den öffentlichen Finanzgeber interessiert die „Qualität" der Leistungserbringung nur, insoweit bestimmte Aktivitäten, Maßnahmen oder Methoden erforderlich sind, um das gesetzlich festgeschriebene Ziel zu erreichen. Der Umfang der Leistungen darf das Maß des Notwendigen nicht überschreiten. Die Leistungsinhalte sind ausführlich zu beschreiben, indem für jede Teilleistung der zeitliche Umfang, den diese Telleistung beansprucht, ausgewiesen ist.

3.4 Mittel zur Qualitätssicherung und Qualitätsentwicklung. Die Beschreibung der Qualität fördert die Qualitätsentwicklung, weil das Nachdenken über die Arbeitsprozesse und Ergebnisse sowie das präzise Ausformulieren den Blick auf die Stärken und Schwächen eines sozialen Angebots lenken wird. Zur Analyse von Stärken und Schwächen gibt es darüber hinaus verschiedene Verfahren (vg. Martin 1993, BMFSFJ 1998).

Zur systemischen Analyse von Stärken und Schwächen eignen sich auch sog. „Selbstportraits". Eine soziale Einrichtung erstellt ein Selbstprotrait, welches sie einer außenstehenden (nicht konkurrierenden) sozialen Einrichtung mit ähnlichem Aufgabenspektrum zur Überprüfung übergibt. Anhand des Selbstportraits kann die überprüfende Einrichtung anschließend eine kollegiale Beratung („Peer Review") durchführen.

Als ein weiteres Verfahren zur Unterstützung der Qualitätssicherung können Checklisten verwendet werden. Checklisten sind ein beliebtes Instrument, um die notwendigen Handlungsschritte bei der Planung eines Vorhabens festzulegen. Checklisten eignen sich ebenfalls zur nachträglichen Kontrolle, um zu überprüfen, ob alle erforderlichen Handlungsschritte abgearbeitet wurden. Kundenbefragungen sind ein häufig angewendetes Mittel zum Nachweis qualitätsvoller Arbeit. Klienten fühlen sich durch die Befragungen ernst genommen. Schließlich sind Supervision und Fortbildung bewährte Mittel der Qualitätssicherung.

4. Chancen – Risiken. Es mutet etwas seltsam an, Verfahren, die sich in der Autoindustrie bewährt haben mögen, auf soziale Dienste zu übertragen. Die skeptische Frage, ob so etwas zulässig und sinnvoll sei, schützt Sozialarbeiter davor, ihre Arbeitsweisen einem ungeeigneten Instrumentarium zu unterwerfen. Für soziale Arbeitsbereiche gibt es verschiedene Versuche, die vorliegenden Verfahren den Bedingungen sozialer Aufgaben anzupassen und zu übersetzen (vgl. Meinhold 1998; BMFSFJ 1996–1998). Trotz berechtigter Vorbehalte kann sich die Qualitätsdebatte günstig auf die Weiterentwicklung der Sozialen Arbeit auswirken. Dabei beeindrucken die folgenden „Chancen":

1. Transparenz. Es ist ein legitimes Anliegen der Geldgeber, der Politik und der Öffentlichkeit, eine größere Transparenz sozialer Dienstleistungen zu fordern. Die Qualitätsbeschreibung macht die Dienstleistung erkennbar für Geldgeber, Öffentlichkeit und Vermittler, aber auch für die Eltern und Kinder als Nutzer der Dienstleistung. Obgleich diese letztgenannten – d. h. die sogenannten Klienten – eine Evaluation oder Qualitätsbeschreibung der sozialen Dienst bisher kaum eingefordert haben.

2. Aufwertung der Sozialen Arbeit. Wenn die sozialen Fachkräfte ihre Leistungen gegenüber Außenstehenden transparent darstellen, fördert dies das Selbstbewußtsein und die Selbstsicherheit der Fachkräfte. Denn bei der präzisen Beschreibung der Ergebnisse ihrer Arbeit können die Sozialarbeiter erkennen: Es werden nicht nur Ergebnisse für und mit den armen Klienten erarbeitet, sondern es werden wertvolle Dienste für andere Personen und Institutionen erbracht: beispielsweise für die Polizei, für das Jugendamt, für einen Stadtteil. Sozialarbeit tritt nicht als Bittstellerin auf, sondern als eine kompetente Anbieterin sozialer Dienstleistungen, die allen Bürgern zugute kommen.

3. Die Beteiligung der Nutzer sozialer Dienste bei der Formulierung von Qualitätsstandards ist ein wesentlicher Bestandteil jeder Qualitätsentwicklung. Die Qualitätsdebatte fordert auf, die Beteiligungsregelungen des KJHG ernst zu nehmen. Dabei wird deutlich: Es gibt keine Interessensidentität zwischen Klienten und Sozialarbeitern. Dies zu erkennen eröffnet – bei aller Schwierigkeit – die

Chance, den Blick zu erweitern auf die Vielfalt von Zielen und Lebensmöglichkeiten.
4. Qualitätsmanagement ernstgenommen erfordert vor allem einen qualitätsvollen Umgang der Führungskräfte mit den nachgeordneten Mitarbeitern, erfordert des weiteren Rahmenbedingungen, Strukturen, in denen es sich qualitätsvoll arbeiten läßt.

Zu beachten sind die folgenden Risiken:
1. Es geht manchem Kostenträger schlicht und einfach nur um eine Vereinheitlichung der Abrechnungsmodalitäten. Unter dem Etikett „Qualität" werden ein paar weitere Dokumentationsaufgaben verlangt und Kontrollbögen verteilt.
2. Die Konkurrenz zwischen verschiedenen Anbietern und der Druck, Erfolge vorweisen zu müssen, fördert die Tendenz „pflegeleichte Klienten" zu bevorzugen.
3. Viele Systeme legen eine Standardisierung der Leistungen nahe. So wird in einigen Jugendämtern verlangt, die unterschiedlichen Hilfen zur Erziehung jeweils nach standardisierten Diagnosen zu gewähren. Wenn sich dersartige Tendenzen durchsetzen, werden längst überwundene medizinische Modelle in der Sozialen Arbeit aufleben. Klienten werden dann als Patienten einer Expertendiagnose ausgeliefert, anstatt zu gleichberechtigten Partnern in einem Prozeß des Aushandelns zu werden.
4. Schließlich könnte die Botschaft des „Total Quality Managements" zu einem gnadenlosen Qualitätsstreben führen, das sich mit der Wertschätzung des Schwachen kaum mehr vertragen dürfte.

Bei einer realitätsgerechten Einschätzung der Chancen und Risiken von QM-Systemen sind die genannten Risiken beherrschbar. Eine selbstbewußte Anpassung vorhandener QM-Systeme an die Erfordernisse Sozialer Arbeit, bietet den Fachkräften die Chance, an der Festlegung professionellen Standards mitzuwirken und diese gegenüber fachfremden Verordnungen offensiv zu vertreten.

Lit.: BMFSJ (Bundesministerium für Familie, Senioren, Frauen und Jugend (Hg.): Materialien zur Qualitätssicherung in der Kinder- und Jugendhilfe – Q1 bis Q14 (1996/1997/1998); Eversheim, W. (Hrsg.), Qualitätsmanagement für Dienstleister. Berlin 1977, Springer; Heiner, M. (Hrsg.): Selbstevaluation in der Sozialen Arbeit, Freiburg 1888, Lambertus; Kauder, V.: Personalzentrierte Hilfen in der psychiatrischen Versorgung, Bonn 1997, Psychiatrie Verlag; Martin, L. L.: Total Qualilty Management in Human Service Organisations, Newbury Park 1993, Sage; Meinhold, M.: Qualitätssicherung und Qualitätsmanagement in der Sozialen Arbeit, Freiburg [3]1998, Lambertus; Merchel, J.: Sozialverwaltung oder Wohlfahrtsverband als „kundenorientiertes Unternehmen", Neue Praxis 25, 325–340, 1995; Münchrath, R.: Qualitätsmanagement in Verkauf und Service, Frankfurt 1995, Campus; Sperl, D.: Qualitätssicherung in der Pflege, 1994

Marianne Meinhold, Berlin

Randgruppenarbeit

Die Arbeit mit →Randgruppen im Sinne von Personengruppen, denen die Teilnahme am üblichen Leben der Gesellschaft aufgrund mangelnder Ressourcen, sozialer Kontakte u. a. m. nur eingeschränkt möglich ist, ist wesentlich älter als die Prägung und Diskussion dieses Begriffs. Sie reicht auf jeden Fall bis ins ausgehende Mittelalter zurück, wo sie sich erst einmal auf Arme (→Armut) beschränkte. Zunächst war diese Arbeit eindeutig repressiver Natur (→Arbeitshaus, →Armenfürsorge) oder diente bestenfalls nur der Sicherstellung des absoluten Existenzminimums.

Erst im 20. Jahrhundert gewann allmählich der Gedanke an eine Hilfe, die über das Materielle hinausgeht sowie an eine Integration von Randgruppen an Bedeutung (→soziale Integration), wobei aber das Individuum im Zentrum der Bemühungen stand. Nach dem erheblichen Rückschlag, den die R. durch den →Nationalsozialismus erlitt, war es erst die durch die Studentenbewegung ausgelöste sozialpolitische Debatte, die das Augenmerk auf randgruppenerzeugende gesellschaftliche Mechanismen lenkte. Die Adaption dieser – soziologisch begründeten – Sichtweise barg für die Soziale Arbeit die Gefahr, zugunsten der (allerdings überfälligen) Durchsetzung sozialpolitischer Forderungen die Hilfeleistungen für das Individuum zu vernachlässigen und so von einem Extrem ins andere zu fallen, so daß sich in jüngster Zeit das Interesse an individueller Hilfe wieder verstärkt. →Geschichte der Sozialarbeit; →Geschichte der Sozialpädagogik

Randgruppen/Randkulturen

1. Gesellschaft ist nichts Einheitliches, sie besteht aus einer Vielzahl von Gruppen, die ihre eigene Kultur besitzen, denn wo immer eine Gruppe von Menschen ein Stück gemeinsamen Lebens hat, eine gemeinsame Ecke in der Gesellschaft und gemeinsame Probleme, entsteht so etwas wie Kultur, nämlich eigene Gewohnheiten und eine eigene Sprache. Nicht wenige Soziologen übersehen geflissentlich die Tatsache, daß die Gesellschaft ein komplexes Gebilde mit noblen und weniger noblen Gruppen ist. Sie tun bei ihren Untersuchungen so, als ob sie sich auf vertrautem Boden bewegen, da die zu untersuchenden Gruppen vordergründig derselben Lebenswelt entstammen. Tatsächlich können die Wände, die die Menschen in einer vermeintlich einheitlichen Gesellschaft voneinander trennen, sehr dick sein. Es gibt Randkulturen innerhalb der eigenen Gesellschaft, die von ihren Symbolsystemen, ihrer Sprache und ihren Handlungsmustern meilenweit von der „Normalgesellschaft" entfernt sein können, selbst wenn sie beieinander wohnen. Das Phänomen des „Fremden" gilt nicht nur für die Ethnologie, sondern genauso für die eigene Gesellschaft, zumal gerade heute durch sogenannte Gastarbeiter, Asylbewerber, Immigranten und Wirtschaftsflüchtlinge die Welt komplizierter wurde.

„Randkulturen" als Kulturen der „Unanständigkeit". Mit dem Begriff „Randkultur" verbindet sich die Überlegung, daß Randgruppen ihre eigenen Kulturen entwickeln, also ein spezielles Wissen, eigene Wahrheiten, Symbole und Rituale besitzen. Menschen in Randgruppen oder Randkulturen sind zu einem Handeln miteinander verbunden, das gemeiniglich vom „braven Bürger" als kriminell, lasterhaft, liederlich, pöbelhaft oder schlechthin als „unanständig" empfunden oder bezeichnet wird. Ein solches Handeln der „Unanständigkeit" reicht von den gegen die formalen Gesetze verstoßenden Aktivitäten krimineller Randgruppen, wie der von Schmugglern und Wilderern, bis hin zu den Lebensformen von Stadtstreichern, Sektierern und Fußballfans.

Der Ausdruck „Unanständigkeit" erfaßt trefflich jene Handlungen, die zu begehen entweder mit Strafen oder bloß auch mit Mißachtung bedroht wird. Die Bezeichnung „abweichend" für ein solches Handeln ist eher abzulehnen, da jede Form von Handeln in irgendeiner Weise abweichend sein kann, aber nicht unbedingt „unanständig" in dem Sinn ist, daß es mit irgendeiner Sanktion bedroht ist, wie zum Beispiel das Handeln von Lehrern, die entgegen den Vorschriften mit Blumen sich „bestechen" lassen. Sie sind wohl „abweichend" aber nicht „unanständig" in obigem Sinn.

Ebenso ist der Begriff „Subkultur" abzulehnen, da das Wort „Sub" darauf hindeutet, daß die betreffende „Kultur" sozial „unten" angesiedelt ist.

Der Terminus „Rand" erscheint besser geeignet, schließlich sind die Menschen, die „unanständigen" Kulturen angehören oft durchaus fähig, hohes Ansehen zu erwerben, wie Wilderer, Schmuggler oder Bordellbesitzer (Girtler 1995).

2. Vor dem Wissen der Komplexität von Großstädten mit ihren vielen Randkulturen sind die klassischen Arbeiten der sogenannten →Chicagoer Schule in den zwanziger Jahren unter Führung von Robert Ezra Park geschrieben worden. Für Park und seine Nachfolger war der direkte Kontakt zu den betreffenden Personen wichtig, so auch für W. F. Whyte, von dem die berühmte Studie „Street Corner Society" über ein italienisches Einwandererviertel stammt. Methodisch bedienten sich die Forscher in derartigen Gruppen vorrangig der „teilnehmenden Beobachtung" (→empirische Sozialforschung: qualitative Verfahren). Ein wichtiger theoretischer Ansatz, um die Existenz von Randgruppen zu erklären, scheint der R. K. Mertons zu sein, der davon ausgeht, daß Spannungen zwischen den in einer Gesellschaft als wichtig empfundenen kulturellen Zielen und den akzeptierten Mitteln, diese zu erreichen, zum Entstehen von Randgruppen, insbesondere von sogenannten „Rückzugskulturen" beitragen können. So zum Beispiel ist es für einen Angehörigen einer armen Unterschicht schwierig, zu hohem gesellschaftlichem Ansehen zu gelangen, da ihm die legalen Voraussetzungen, wie Bildung, reiches Erbe usw., dazu fehlen. Kriminalität (Schmuggel etc.) mag sich hier als Weg anbieten, dennoch zu jenen Mitteln (Geld) zu gelangen, um gesamtgesellschaftlich hohes Prestige zu genießen. Eine andere Möglichkeit, mit dieser Spannung fertig zu werden, ist die des sozialen Rückzugs. Man hat es aufgegeben, nach gesellschaftlichem Erfolg zu streben und „zieht sich zurück", man wird zum Abenteurer oder zum Vagabunden (Penner). Merton bietet somit eine Erklärung für das Entstehen von Randkulturen aus den Diskrepanzen in der Gesamtgesellschaft an. Allerdings ist dies zu wenig, denn abweichendes Handeln wird für gewöhnlich kulturell erlernt, um entsprechend wirksam handeln zu können, nämlich durch Kontakte und Kommunikation in den betreffenden Gruppen. Wichtige Beiträge in Richtung einer Soziologie, die sich auf diese Lernprozesse und kulturellen Mechanismen konzentriert, kommen aus der Chicagoer Schule der Soziologie. Für diese ist das kulturelle Moment maßgeblich, also die Werte und Normen, nach denen Randkulturen entstehen und leben. So beschäftigte sich Robert Ezra Park mit politischen und religiösen Sekten und folgerte, daß derartige Randgruppen dazu neigen, sich von der Welt zurückzuziehen. Besondere Rituale verfestigen den Glauben der Mitglieder von ihrer Besonderheit.

Zur Diskussion über Randgruppen sind auch die Studien Thrashers maßgeblich. Thrasher, auch er kommt aus der Chicagoer Schule, analysierte zwischen 1919 und 1926 1313 Gangs und hielt fest, daß Gangs eine wesentliche Rolle für die Rekrutierung und Mobilisierung Krimineller spielen. Sie sind Ersatzlösungen für Unterschichtjugendliche, die in den Gangs ihre Gemeinschaftsbedürfnisse befriedigen. Gangs sind somit Reaktionen auf soziale Mißstände, wie Desintegration der Familie, geringe Löhne, schlechte Lebensverhältnisse (Slums!), Arbeitslosigkeit u.a. Gangs sind für gewöhnlich Primärgruppen, die dem einzelnen Teilnahmemöglichkeiten an kollektiven Aktionen, Spannung, Genuß und Romantik vermitteln. Oft erscheint die Mitgliedschaft in der Gang als einzige Möglichkeit, einen entsprechenden sozialen Status, mit dem man zufrieden ist, zu erwerben. Nach Trasher entstehen Gangs ungeplant und spontan, sie ermöglichen intime persönliche Kontakte, sie entwickeln eigene Codes (Sprache) und Werte usw. Einen ähnlichen Ansatz verfolgt Cohen, der Subkulturen (Randgruppen) als Reaktionen auf Anpassungsprobleme, die aus gesellschaftlich ungleichen Lagen entstehen, versteht.

Derartige Randkulturen sind nach Cohen negativistisch, nicht auf einen bestimmten Zweck hin ausgerichtet und bösartig. Die Kultur der Bande löst die Probleme Unterschichtsjugendlicher, da diese mit den Angehörigen der Mittelschicht in keinen Statuswettbewerb eintreten können. In der Bande erhält der Jugendliche jene Anerkennung, die ihm ansonsten vorenthalten wird.

Die Randkultur der →Bande stellt also eine Möglichkeit der kollektiven Lösung eines gemeinsamen Problems dar. Die Überlegungen Cohens haben einigen Wert bei der Behandlung von Randgruppen, da sie auch das kulturelle Moment betonen. Gerade dieses ist bei der Beschäftigung mit Randgruppen wichtig, denn die Mitglieder solcher Gruppen erlernen ein bestimmtes Handeln mit spezifischen Symbolen und Ritualen.

Ohne Kenntnis der Symbole, vor allem der Sprache, ist ein wirkungsvolles Handeln in Randkulturen nicht möglich. Für den Forscher in Randkulturen ist es daher notwendig, sich auch mit deren Sprache auseinanderzusetzen. Aber auch mit den Strategien, mit denen Leute aus Randgruppen nach außen versuchen, ihre eigene Würde darzutun. Diese Thematik wird in der gängigen Literatur eher unberücksichtigt gelassen. Da sie eine wichtige zu sein scheint, sollen ein paar Gedanken dazu eingebracht werden. Der Mensch will nicht bloß „befürsorgt" werden, sondern er will das Ansehen eines würdevollen Menschen genießen. Hierin scheint das Problem der Fürsorgestellen zu liegen, die im Angehörigen von Randgruppen, zum Beispiel im Penner, bloß jemand sehen, der zu verwalten ist. Der Mensch als ein Wesen, das nach Beifall und Anerkennung strebt (ich habe mir gestattet, den Menschen daher als ein „animal ambitiosum" zu bezeichnen), versucht, Ehre bzw. Würde zu demonstrieren. Dies tut auch der Vagabund, der Penner, wenn er sich über das Prinzip der Arbeit belustigt. Das auf ihm lastende Stigma des Faulen oder Arbeitsunwilligen wird so umgedreht und positiv gedeutet. (Hier ähnelt er übrigens alten Aristokraten, für die es ebenso als nicht ehrenhaft erschien, durch körperliche Arbeit sich zu demütigen.) Die Kultur der Vagabunden geht weit in das Mittelalter zurück, so werden in dieser heute noch Tricks und Strategien verwendet, die bereits im „Liber Vagatorum", dem „Buch der Vaganten", welches wahrscheinlich von Kriminalbeamten im 16. Jahrhundert verfaßt wurde, genannt sind. Ebenso verhält es sich mit der Sprache dieser Leute, einer Sprache – als Ganovensprache oder Rotwelsch bezeichnet –, die bereits im 12. Jahrhundert feststellbar ist. Beziehungen gibt es von diesen kleinen Ganoven hin zu der Kultur der Kriminalität und der Prostitution. Überall stehen alte kulturelle Traditionen dahinter, die auch den Soziologen und den Sozialarbeiter interessieren müßten, um die gegenwärtige Lebenswelt dieser Menschen zu verstehen. Ähnlich verhält es sich mit den Drogensubkulturen, in denen sich auch eine spezifische Sprache und besondere Symbole artikulieren. Auch die Prostitution ist in einer charakteristischen Subkultur beheimatet, in der Rituale, Symbole und spezifische Regeln weitergegeben werden, um die Beziehungen zwischen Dirnen, Zuhältern und Kunden zu ordnen.

Ein besonderes Problem „Ehre" zu zeigen, besteht im Gefängnis (→totale Institution), in dem Menschen einer Reihe von Degradierungsritualen ausgesetzt sind. Die Autonomie des Menschen im Gefängnis ist gänzlich verletzt, jeder ist jedes aufgezwungener Genosse. Dostojewski spricht deshalb von der „Tyrannei der Kameradschaft". Die Randkultur des Gefängnisses, also die Insassenkultur mag dazu verhelfen, den inferioren Status des Gefangenen zu verändern.

Zu den Versuchen von Gefangenen, ihre Identität hervorzukehren und Ansehen – also „Ehre" – zu erringen, gehört die Strategie, zugedachte „Erniedrigungen" „tapfer" hinzunehmen.

Menschen in Randgruppen sind also mit einem Stigma (→Stigmatisierung, →labeling-approach) belastet, z.B. mit dem Stigma des Vagabunden, der Dirne oder des Süchtigen. Wichtig ist es daher für ihre Identität als „ehrbarer" Mensch, daß sie dieses Stigma positiv belegen.

Randgruppen bzw. Randkulturen verfügen demnach über eine Reihe meist historisch überlieferter Symbole, Rituale, Normen und Werte, die ihren Mitgliedern eine Lebenswelt eröffnen, in der diese ihre, von der Normalgesellschaft mehr oder weniger abweichenden Ziele verwirklichen können, die ihnen aber auch Strategien anbieten, um einigermaßen „ehrenhaft" zu überleben.

3. Typologie von Randkulturen. Aufbauend auf Literatur und eigenen Forschungen hat R. Girtler vier Typen von Randkulturen entwickelt, die freilich nur „ideale" Typen sind, denn tatsächlich überschneiden sich einige, und andere wieder sind klar zuortbar (Girtler, 1995):

1. Randkulturen des Schutzes und des Überlebens. Randkulturen dieses Typus bieten den Menschen Schutz und Rückzug an, wie z.B. die Randgruppen der Vagabunden, der Gefangenen, aber auch jener, die sich ins gesellschaftliche Abseits gedrängt sehen, wie zum Beispiel die der Drogensüchtigen.

2. Randkulturen der Revolution und Rebellion. Darunter verstehe ich Randkulturen, deren Mitglieder sich gegen bestehende Systeme auflehnen, entweder weil sie diese zu ändern versuchen oder sich auf altes Recht berufen. Zu ersteren gehören jugendliche politische Gruppen, die mit Gewalt gegen Herrschaftsinstrumente vorgehen, und zu letzteren die Bauernburschen in den Alpen, die als Wilderer es nicht zulassen wollen, daß man ihnen das alte Recht der Jagd verwehrt. Als Rebell ist er kein Ideologe, wie Revolutionär, sondern beruft sich eben auf „altes Recht".

3. Randkulturen des illegalen oder verpönten Geschäftes. Diese Randkultren sind in gewisser Weise identisch mit den „Kulturen der Ganoven", die auf einer alten Geschichte aufbauen, die bis ins Mittelalter zurückgeht. Charakteristisch für diese Randkulturen ist, daß deren Mitglieder Tätigkeiten nachgehen, die von Gesetzes wegen entweder verboten sind, wie zum Beispiel der Schmuggel, oder die gesellschaftlich als unanständig oder verpönt diskriminiert werden, wie eben die Prostitution.

4. Randkulturen der gemeinsamen Herkunft. Hierbei handelt es sich um Randkulturen, deren Mitglieder durch Zugehörigkeit zu einer Sprach- oder Kulturgemeinschaft, wie einer religiösen Gruppe oder einer Großfamilie, miteinander verbunden und aneinander gebunden sind. Dazu gehören Gruppen von Romas, Juden, Griechen, Italienern, Armeniern und ähnlich ethnische Gruppierungen. Als Vertriebene, Flüchtlinge oder Emigranten suchen sie zueinander Kontakte, um mit Geschick in Würde zu überleben, wie zum Beispiel die „Landler" in Rumänien, die unter Maria Theresia wegen ihres protestantischen Glaubens aus Österreich nach Siebenbürgen verbannt wurden. Solche Gruppen entwickeln bisweilen ausgeklügelte Strategien, um in einer ihnen feindlichen Welt wirkungsvoll zu überleben, einer Welt, die sie eben als „unanständig" o.ä. inter-

pretieren, weil sie eine deutlich andere Kultur weitertragen.
→Abweichendes Verhalten; →Devianzpädagogik; →Geschichte der Sozialarbeit; →Geschichte der Sozialpädagogik; →Randgruppenarbeit; →Soziale Arbeit

Lit.: H. Becker: Außenseiter, Frankfurt a. M., 1989; H. Boehncke und R. Johannsmeier: Das Buch der Vaganten – Spieler, Huren, Leutbetrüger, Frankfurt a. M., 1987/Jahrbuch, Hannover 1856; R. Girtler, 1980: Vagabunden der Großstadt – teilnehmende Beobachtung bei den Sandlern Wiens, Stuttgart; R. Girtler, 1985 (1990): Der Strich, Wien/München; R. Girtler, 1989: Die feinen Leute, Frankfurt a. M.; R. Girtler, 1992: Schmuggler – von Grenzen und ihrem Überwinden, Linz/München; R. Girtler: Randkulturen – Theorie der Unanständigkeit, Wien 1995; R. Girtler: Rotwelsch – Die alte Sprache der Gauner, Dirnen und Vagabunden, Wien 1998; E. Goffmann, 1981: Asyle, Frankfurt a. M.; P. Heintz, R. König (Hg.): Soziologie der Jugendkriminalität, Sonderheft 2 der Kölner Zeitschrift für Soziologie und Sozialpsychologie, 6. Aufl. 1974; S. Lamnek: Theorien abweichenden Verhaltens, Stuttgart 1979; W. Lipp, 1985: Stigma und Charisma, Berlin; Schwendter, R.: Theorie der Subkulturen, Köln 1973.

Roland Girtler, Wien

Rationalisierung
Die →Psychoanalyse bezeichnet die logische Erklärung oder Rechtfertigung eines Vorgangs, einer Handlung oder eines Gefühls, deren eigentliche Ursache unbewußt ist bzw. nicht in das Bewußtsein vordringt, weil sie zu unangenehm ist, als R. Die R. zählt nicht zu den →Abwehrmechanismen, da die Befriedigung eines Triebwunsches ja nicht unmittelbar verhindert, sondern lediglich für das Zulassen oder Verwehren desselben eine plausible Begründung gesucht wird.

Rauschgift
→Drogen
→Sucht

Recht auf Erziehung
Der Gesetzgeber hat in § 1 Abs. 1 KJHG das Recht junger Menschen auf Erziehung zu einer eigenverantwortlichen und gemeinschaftsfähigen Persönlichkeit festgelegt. Bereits bei den Vorläufern des KJHG (RJWG, JWG) wurde kontrovers diskutiert, ob sich aus dieser Formulierung ein subjektiv-öffentlicher, ggf. einklagbarer Rechtsanspruch für jeden einzelnen jungen Menschen ergibt, oder ob das R. a. E. lediglich deklamatorischen und programmatischen Charakter hat. In der jüngeren Zeit deutet einiges darauf hin, daß sich allmählich erstere Auffassung durchsetzen könnte. Entschieden ist diese Frage jedoch noch lange nicht.

Rechtsaufsicht
R. ist die Kontrolle der Rechtmäßigkeit des Handelns einer Verwaltungseinheit durch eine übergeordnete Behörde.
→Fachaufsicht

Rechtsberatung
Die Beratung in Rechtsangelegenheiten ist in jedem Fall erlaubnispflichtig und darf nur von den rechtsberatenden Berufen (Rechtsanwälte, Notare, Rechtsbeistände) erteilt werden. Hiervon gibt es einige gesetzlich eng begrenzte Ausnahmen (z. B. für Behörden oder Beratungsstellen). Ihre rechtliche Regelung findet die R. in der Hauptsache im Rechtsberatungsgesetz (RBerG).

Rechtsextremismus
→Extremismus

Redl, Fritz (1902–1991)
Redl war Lehrer und Psychoanalytiker in Wien und emigrierte 1936 in die USA, wo er bis zu seiner Emeritierung im Jahre 1973 Professor für Verhaltenswissenschaften an der Wayne State University in Detroit war. Bekannt wurde er vor allem durch seine Arbeit mit emotional gestörten und sozial geschädigten

Kindern. Neben →Aichhorn und →Bernfeld gehört er zu den herausragenden Vertretern einer psychoanalytisch fundierten Sozialpädagogik. →Heimerziehung; →Psychoanalyse und Sozialpädagogik

Reformpädagogik

Mit dem Begriff ‚Reformpädagogik' werden in der Geschichte der Pädagogik vielfache Bestrebungen zur Erneuerung von Erziehung und Schule sowie außerschulische Aktivitäten zusammengefaßt. Sowohl der Zeitraum der Reformpädagogik als auch die Frage, wer eigentlich zu ihren Vertretern gehört, werden in der Historiographie kontrovers diskutiert, je nach der Einschätzung der für bedeutsam gehaltenen Ereignisse und danach, ob man Ursprung und Verlauf in Deutschland beschreibt oder die R. als ein internationales Phänomen betrachtet.

Zwischen dem Ausgang des 19. Jahrhunderts und dem Ausbruch des zweiten Weltkrieges rückten pädagogische Fragen und Probleme in fast allen europäischen Ländern, aber auch in Amerika, auffallend in das öffentliche Interesse. Ursache war ein alle Industriestaaten erfassender Wandel, der im wilhelminischen Deutschland und dem viktorianischen England begann. Explosionsartig veränderte sich die Wirtschaft. Die zunehmende Industrialisierung mit dem Anwachsen einer städtischen und großstädtischen Kultur schaffte neue Problemlagen in der Sozial- und Arbeiterfrage, der Frauenbewegung, der Bodenreform, dem Heimat- und Naturschutz, einer Lebensreform und evozierte neue Fragen nach dem Sinn von Kunst und Wissenschaft. Vorstellungen von Individuum und Gemeinschaft, organischer Staatsform, Liberalismus, Sozialismus, Leben, Erleben, Bewegung, Volk und Kultur bewegten die Diskussionen und Aktivitäten. Die Zeit wurde als Epoche großer Umwälzungen erlebt, wie sie seit der Renaissance und Reformation nicht dagewesen waren. Diese Schwellensituation erklärte die internationale Verflechtung der Reformpädagogik, sie ging aus einer geistigen und sozialen Lage hervor, die für fast ganz Europa und die USA bestimmend war.

Der Begriff ‚Reform' tauchte im Bereich der Politik zum Ausgang des 18. Jahrhunderts auf als Gegenbegriff zu ‚Revolution'. Nach der Niederlage Preußens wurden dann die vielfältigen Bemühungen zur Neugestaltung des Staates in allen Bereichen mit Reform bezeichnet: Städte-, Heeres-, Universitätsreform. Von da ging der Begriff in den Sprachgebrauch der Politik über (Reformvorlagen). Mit dem großen Wandel in Staat und Gesellschaft inflationierte der Begriff, und um die Jahrhundertwende wurde allenthalben von Sozial-, Boden-, Schul-, Familien-, Lebens-, Strafrechts- und Staatsreform gesprochen. In diesem Zusammenhang entstand in Deutschland der Begriff R. Die vielfältigen Ansätze zur Erneuerung von Erziehung und Schule entwickelten sich nicht aus genuin pädagogischen Ideen. Es war nicht pädagogische Theorie, die reformiert, weiterentwickelt oder entworfen wurde. Die Anregungen kamen aus veränderten Lebensformen (→Jugendbewegung), aus nicht pädagogischen Bereichen (Kunst und Ästhetik, →Ästhetische Erziehung), aus der Notwendigkeit beruflicher Qualifizierung (→Erwachsenenbildung) und aus einer neuen Auffassung vom Menschen als Individuum und Gemeinschaftswesen. In einer als Notstand empfundenen Ausgangslage im Jugendstrafvollzug, bei der Betreuung verwahrloster und in sozialerzieherischer Arbeit außerhalb der Schule fand in jenen Jahren die Sozialpädagogik ihren Ansatz. Aus der Diskussion über Individuum und Gemeinschaft heraus bildet sich der erste theoretische Entwurf einer Sozialpädagogik. In Deutschland waren die ersten ‚Reformpädagogen' keine professionellen Erzieher, sondern ‚Außenseiter', Theologen und Künstler (→Lietz, →Wyneken, →Geheeb, Lichtwark, →Otto).

Zahlreiche Anstöße kamen aus einer europaweiten Kulturkritik, die zum Widerstand gegen Vermassung, industrielle Unkultur und Zerstörung der Person aufrief und u. a. von Nietzsche, Morris, Mackintosh, Voysey und Ortega y Gasset, Bergson, Toynbee und Berdjajew vorgetragen wurde.

Die unterschiedlichen und vielfältigen Problemlagen sind Ursache für widersprüchliche und verschiedenartige Ansätze, für einen Facettenreichtum, der es verbietet, von einheitlichen Richtungen oder Bewegungen in der R. zu sprechen.

Landerziehungsheime: Die ersten Neugründungen entstanden aus dem Unbehagen über die Lebensweise in der urbanen Welt und in einer Massengesellschaft. Der Lebensbezug schien verlorenzugehen, in der Schule die erzieherische Mitte, die Bildung des ganzen Menschen mit seinen geistigen, körperlichen und charakterlichen Anlagen nicht mehr möglich. Der ‚Großvater' der Landerziehungsheime, Cecil Reddie, gründete 1889 in Abbotsholme eine Internatsschule, die diese Mängel ausgleichen und Vorbild für viele europäische Landerziehungsheime werden sollte, die zwar mit unterschiedlichen Akzenten, aber doch der gemeinsamen Grundannahme entstanden. Bedales, 1893 von John Hader Badley gegründet, die Ecole des Roches, 1898 von Edmond Demolins eingerichtet, wurden zum Muster französischer Landerziehungsheime; und Hermann Lietz leitete mit der Gründung der ersten deutschen Landerziehungsheime 1898 in Ilsenburg, der die Gründungen von Haubinda (1901) und Bieberstein (1904) folgten, eine ganze Gründungsserie ein, die von Wyneken und Geheeb (Wickersdorf, Odenwaldschule), Luserke (Schule am Meer) bis zu Kurt →Hahn (Salem) reicht. So unterschiedlich die Konzepte auch waren und noch sind – viele Heime bestehen heute noch –, so differenziert die Aufgabe gesehen wurde, einig war man in der Grundannahme, daß das öffentliche Schulwesen bestenfalls durch Neugründungen zu reformieren sei.

Kunsterziehung: Die Konfrontation der Kunst mit der Industrie löste eine breite Bewegung aus, die sich die Schaffung einer neuen Industriekultur zum Ziel setzte. Sie fanden ihre ersten Anlässe in Weltausstellungen und den Kritiken, daß einerseits die Kunst das Volk nicht mehr erreiche und andererseits die Industriegüter kunstlos seien. Um diese Kluft zu überbrücken, wurden die ersten großen Museen gegründet (South Kensington in London 1852, Österreichisches Museum für Kunst und Industrie in Wien 1864, das Museum für Kunst und Gewerbe in Hamburg 1874). Der Leiter dieses Hamburger Museums, Alfred Lichtwark, wird zum Initiator einer neuen Kunsterziehung. Schon Ruskin in England, Corrado Ricci in Bologna, Bernard Perez in Paris und James Sully in London entdeckten die künstlerischen Befähigungen der Kinder, den Künstler im Kind, und lieferten damit Beiträge zu einer neuen Sicht der Kunst in lebensreformerischer Absicht und boten damit Anregungen für Reformen des Zeichen- und Werkunterrichts, für Lied und Spiel der Jugend und für neue Ansätze in der Kinder- und Jugendliteratur. Auf Kunsterziehungstagen in Deutschland wurde versucht, die Anregungen in schulische Praxis umzusetzen. Der Kunsterziehungstag in Dresden (1901) nahm sich des Zeichenunterrichtes an, der in Weimar (1903) der Sprache und Dichtung, der in Hamburg (1905) der Musik und Gymnastik.

Jugendbewegung: Die Jugend, die in der Großstadt keinen eigenen Lebensraum mehr fand, suchte nach einem neuen Lebensrahmen. Aus kleinen Anfängen entstand neben dem Steglitzer Gymnasium in Berlin 1904 der →Wandervogel, dessen Ausgangsidee das Jugendwandern war, das sich ebenso schnell wie die Bewegung selbst zu verwirrender Vielfalt ausbreitete und umfangreich neue Motive zur Gestaltung eines eigenen Lebens und eigener Jugendkultur aufnahm.

Wandern, Gemeinschaftsleben, gemeinsames Musizieren und künstlerisches Schaffen wurden als Mittel zur Gestaltung einer eigenen Jugendkultur entdeckt, einer Kultur, die sich von der Vormundschaft Erwachsener zu lösen trachtete. Während eines großen Treffens von 13 Verbänden auf dem Hohen Meißner verkündete die Freideutsche Jugend 1913 ihr Ziel: „Die Freideutsche Jugend will nach eigener Bestimmung vor eigener Verantwortung mit innerer Wahrhaftigkeit ihr Leben gestalten. Für diese innere Freiheit tritt sie unter allen Umständen geschlossen ein." Für Leben und Arbeit in der Gruppe, dem Bund als Lebensform, für Wandern und Fahrten als Bildungsmittel und für Volkskunst und Volksmusik gingen von dieser Jugendbewegung vielfältigste pädagogische Impulse aus. Der ‚Geist der Jugendbewegung' drang allerorts in die Schulen und das öffentliche Leben ein.

Volksbildung und Erwachsenenbildung: →Volksbildung gehörte zu einem Grundprinzip der →Aufklärung. Seit der Mitte des 19. Jahrhunderts, mit dem schnellen Anwachsen der Industrie, wuchs in den großen Städten die Zahl ungelernter Arbeiter und die Zahl der in Bedrängnis geratenen Handwerker. Das schaffte eine völlig neue Problemlage. Handwerker- und Arbeiterbildungsvereine waren die erste Antwort darauf. In England versuchten in den 70er Jahren Universitätslehrer die Erträge der Wissenschaft Arbeitern und Frauen zugänglich zu machen. Daraus entstand die ‚Universitätsausdehnungsbewegung' (University extention movement), die bald in Wien (1893) und im Deutschen Reich (1899) ähnliche Bestrebungen auslöste.

Bischof Frederik Severin Grundtvig hatte 1844 in Rodding in Dänemark die erste →Volkshochschule gegründet, um Bildung an junge Bauern zu tragen. Nach diesem Vorbild entstanden auch in Deutschland Volkshochschulen und →Heimvolkshochschulen, letztere ähnlich wie die Landerziehungsheime abseits der Großstädte auf dem Lande oder in kleineren Orten. Das Übergreifen dieser Ansätze auf viele Lebensbereiche wird schon an den Namen ablesbar. Überall entstanden Volkshochschulen, -büchereien, -bühnen, -musikschulen, wurden -konzerte eingerichtet. Engagierte Männer lösten eine breite Laienbildung aus. In neuen Lebensgemeinschaften, in Gesprächs- und Musikkreisen, in ‚stillen Stunden', durch eigenes kreatives Tun sollte Erwachsenen- und Laienbildung verbreitet werden. Im Hohenrodter Bund, einer losen Vereinigung führender Vertreter der Erwachsenenbildung, wurden die Möglichkeiten der weitverzweigten Bewegung erörtert, die einerseits den Gedanken der Bildung aus dem Raum der Schule trug, andererseits mit ihren neuen Formen für Lernen und Bildung auf diese zurückwirkte.

Sozialpädagogische Impulse: Die sprunghafte Entwicklung von Gesellschaft und Wirtschaft brachte besonders viele Jugendliche in Not, in Konflikt mit der Gesetzgebung und trieb sie in soziale Aussenseitersituationen. Der →Jugendstrafvollzug wurde dabei als Indikator für den humanen Status der Gesellschaft betrachtet. Ein progressiver Strafvollzug sah von bis dahin vorherrschenden Gedanken der Bestrafung ab und wandte sich der Erziehung, Resozialisation und Selbsterziehung zu. In den USA wurden 1899 in Chicago das erste Jugendgericht (juvenile court) gegründet. In England stellte ein Children Act von 1908 die Erziehung im Strafvollzug in den Vordergrund. Von diesen Anregungen ausgehend wurden nach dem Leitgedanken eines erzieherischen Verhältnisses in einem ‚Erziehungsstaat' neue Formen des Jugendstrafvollzugs erprobt. Auch sie sind außerordentlich vielseitig und facettenreich und erstrekken sich von einer katholischen Sozialerziehung (Father →Flanagen) bis zur sozialistischen Erziehung in einem neuen Menschen (→A. S. Makarenko). →Janusz Korczak begann in Warschau mit sozialpädagogischen Erziehungsversuchen, Father Flanagen in Boys Town (Nebraska), Homer Lane gründete in den USA den ersten Erziehungsstaat mit eigener Verwaltung und Rechtsprechung, 1913 gründete er nach einem ähnlichen Konzept Flowers Farm in England, →Karl Wilker verwirklichte zwischen 1917 und 1920 ein Reformmodell auf dem ‚Lindenhof‘, →Curt Bondy suchte neue Wege des Jugendstrafvollzugs in einem Erziehungsstaat auf Hanöfersand in der Elbmündung. A. S. Makarenko gründete 1920 bei Charkow die Gorkikolonie, in der durch die Revolution Verwahrloste resozialisiert werden sollten.

Selbsterziehung und Selbstdisziplin in einem Erziehungsstaat (farm comunity), Achtung der Person, gemeinsame Arbeit bei der Gestaltung des Alltagslebens im Heim, Abbau der gesellschaftlichen Desorientierung durch Perspektiven, die Bereitschaft zur Übernahme von Verantwortung wurden in den ‚Heimen der Zukunft‘ als neue Methoden der Erziehung entdeckt.

Schließlich wird die ‚Notstandspädagogik‘ in mehreren Ansätzen durch sozialpädagogische Theorien flankiert. 1898 legte →Paul Natorp eine erste umfassende Theorie einer Sozialpädagogik vor, mit dem Versuch, Gesellschaftslehre und Erziehungslehre zu verbinden. →Herman Nohl und sein Schüler →Erich Weniger, Elisabeth Heimpel und Elisabeth Siegel gehören u. a. zu denjenigen, die der Sozialpädagogik als eigenständige Disziplin theoretische Fassungen gaben, wobei zum Gegenstandsbereich der Sozialpädagogik alles das gehörte, was außerhalb der Familie und Schule geschah.

Die Wende von der ‚klassischen‘ Sozialpädagogik als Therapie zu einer modernen als Jugendhilfe vollzog sich in der Theorie Nohls. Er löste die Jugendwohlfahrtshilfe aus dem rein fürsorgerischen Bereich und gab ihr eine positive Wendung als Teil der gesamten Volksbildung. Die alten Theorien betrachteten die Gesellschaft als intakt, den verwahrlosten Jugendlichen als Gefährdung dieser Gesellschaft. In der Jugendwohlfahrtspflege geht die Gefahr für den Jugendlichen von der Öffentlichkeit und einer defizitären industriellen Gesellschaft aus. In den ‚geistigen Energien‘ einer Jugendwohlfahrtspflege als Volksbildung wollte Nohl die sozialistische Bewegung, die Ansätze der Inneren Mission, die Sozialpolitik, die Jugendbewegung und pädagogische Bewegung zusammenfassen.

Reform von Schule und Unterricht: Bevor eine pädagogisch geleitete Reform von Schule und Unterricht einsetzte, hatten Psychologen und Schriftsteller ein neues Bild vom Kinde entworfen. William James und Stanley Hall leiteten in Amerika die psychologische Diskussion über eine Psychologie der Kinder ein. Wilhelm Preyer wurde mit seinem Buch ‚Die Seele des Kindes‘ (1882) der Wegbereiter einer →Entwicklungspsychologie, Heinrich Lhotzky ließ 1904 sein Buch ‚Die Seele deines Kindes‘ folgen, in dem er die Ergebnisse der neuen psychologischen Einsichten zusammenfaßte. Die eigene Art des Kindseins, die Eigengesetzlichkeit der Entwicklung, das Bestehen eigener geistiger Interessen, das Wirken schöpferischer Kräfte in der Sprache und im bildnerischen Gestalten, die Phantasiewelt des Kindes und ein Wunderbares und Unerklärbares kindlicher Erscheinungen rückten in den Vordergrund und lösten die Vorstellungen vom Kind als unvollkommenen Erwachsenen ab. Eine ganze Schriftstellergeneration (u. a. Frank Wedekind, Thomas und Heinrich Mann, Hermann Hesse und Robert Musil) zeigte in ihren Werken, wie begabte, sensible und produktive Kinder in der alten Schule an einem erstarrten System scheiterten. Die schwedische Schriftstellerin →Ellen Key betitelte 1900 ihr Buch ‚Das Jahrhundert des Kindes‘ und reklamierte das Recht des Kindes auf ein eigenes, kindgemäßes Leben und die Ehrfurcht vor diesem Eigendasein.

Leo Tolstoi mit seiner Schule in Jasnaja Poljana, →Dewey mit seinem Werk ‚The School and Society' (1899) und schließlich ‚Democracy and Education' (1916), Maria →Montessori mit der Gründung der Casa dei Bambini (1906) in Rom, der belgische Arzt Ovid Decroly mit seinen beiden Schulgründungen, Pavel →Blonskij mit seiner Produktionsschule und →Berthold Otto mit der Gründung seiner Hauslehrerschule in Berlin-Lichterfelde standen an der Schwelle der Reformbewegung.

Die Reformpädagogen im engeren Sinne griffen die Schul- und Bildungskritik auf und zeichneten ein ‚Profil der alten Schule', der einseitiger Intellektualismus vorgeworfen wird, als Lern- und Buchschule lasse sie die Kräfte der Kinder verkümmern, sie sei eine ‚Zwangsanstalt', in der Lehrer durch ihre Autorität und gelenkten Unterricht die Aktivität der Schüler verkümmern ließen. Im ‚Profil einer neuen Schule' erschienen Selbsttätigkeit, Arbeit, Gruppenunterricht, Projekte, Schulleben und natürliche Methoden als neue Ansätze für Reformpädagogik.

Dewey, Kilpatrick, Washburne und Helen Parkhurst leiteten in Amerika die progressive Erziehungsbewegung ein, die an die Stelle der alten Buchschule learning by doing setzte, mit Projekten und neuen Arbeitsweisen Erziehung und Demokratie in eine neue Beziehung brachten.

Eine breitgefächerte Bewegung, zu der in Rußland →Blonskij, in Deutschland Kerschensteiner, Gaudig und Scheibner, in Frankreich Adolphe Ferrière und Célestine Freinet gehörten, stellten geistige, produktive und produzierende Arbeit in den Mittelpunkt schulischen und erzieherischen Geschehens, diese Bestrebungen werden unter dem Sammelbegriff →Arbeitsschule zusammengefaßt.

Auf einer anthropologischen Grundlage entwarf Maria Montessori in Italien, von Beobachtungen an Kindern ausgehend, eine Theorie vom Aufbau der kindlichen Person und ließ sie in vielen Kinderhäusern und Schulen praktisch erproben. Überall in der Welt wurden und werden nach diesem Modell Kindergärten und Schulen eingerichtet.

Aus der Kritik an der alten Schule und einer theoretischen Neubegründung auf anthropologischer Grundlage strukturierte Peter Petersen die Jenaer Universitäts-Übungsschule um in eine Jena-PlanSchule, die den Gedanken der Erziehung in der Gemeinschaft in den Vordergrund stellte und den Klassenunterricht durch Gruppenunterricht und ein gestaltetes Schulleben ersetzte.

Während der vielfältigen praktischen Reformversuche waren es in Deutschland die Vertreter pädagogischer Theorien (→Nohl, →Spranger, →Litt, →Flitner, →Fischer und →Kerschensteiner), die mit sehr unterschiedlichen Ansätzen die Pädagogik zu einer universitären Disziplin machten und eine akademische Lehrerbildung einleiteten und durchsetzten.

Nach 1945 übernahm man in der deutschen Sozialpädagogik Gedankengut aus dem anglo-amerikanischen Bereich, mit der Absicht, Sozialarbeit weitgehend von Pädagogik zu trennen. Der empirischen Sozialforschung folgend wurde dabei das Ganze der Sozialarbeit in einzelne Elemente zerlegt, die besser beobachtbar, erforschbar und regulierbar erschienen. Mit den amerikanischen Begriffen ‚socialworker', ‚case-work', ‚group-work' und ‚community-organization' erfolgte zugleich ein Rückgriff auf Methoden anderer Wissenschaften (Psychoanalyse). Im Gefolge einer Sozialpädagogik, die sich in den folgenden Jahren vorwiegend am Begriff der Emanzipation und an Ansätzen der Frankfurter Schule ausrichteten, gerieten manche positive Gedanken, die in den amerikanischen Theorien steckten, (z. B. case-work) wieder aus dem Blick.

Nach dem Zweiten Weltkrieg gab es in der sowjetischen Besatzungszone zahlreiche Versuche, an das Erbe der Reformpädagogik anzuknüpfen. Diese wurden nach Gründung der DDR alle abrupt abgebrochen. Bestehende reformpädagogische Schulen wurden durchweg meistens mit dem Scheinargument, Revisionismus zu betreiben, geschlossen. Das zielstrebig aufgebaut sozialistische Erziehungssystem ließ keinen Platz mehr für alternative Schulen. Die Erziehungswissenschaft in der DDR klammerte die Erforschung der Reformpädagogik weitgehend aus, selbst den sozialistischen Strang und die Vertreter der Einheitsschulbewegung. Den Lehrkräften war reformpädagogische Literatur nicht mehr zugänglich.

Nach der Wende setzte nahezu eine Privatschuleuphorie ein, die in reformpädagogischen Konzepten demokratische Alternativen sah. Die Zuwendung zur Waldorfschule nahm fast den Charakter religiöser Verheißung an, aber auch die Schulkonzepte Petersens, Montessoris und Freinets wurden wiederbelebt und auch ältere, traditionsreiche Schulen, z. B. Schulpforta, Franckeschen Stiftungen knüpften an ihr Erbe an und wurden gleichsam ‚wiedergegründet'.

Gegen die Reformpädagogik ist vielfältige Kritik vorgetragen worden, sie sei ‚unpolitisch' gewesen als eine Bewegung vom Kinde aus, habe in dieser Art ‚Versatzstücke' für die NS-Pädagogik geliefert oder sei eine theoretisch schwach orientierte irrationale Dogmengeschichte. Diese Kritiken gehen in den meisten Fällen einseitig von der deutschen Reformpädagogik aus und bringen nicht die gesamte Breite und Fülle zur Darstellung. Die Reformansätze reichen in der Tat von unpolitischer Verherrlichung des Kindes über konfessionelle Reformen bis zu marxistischen und psychoanalytischen Modellen zur Umwandlung der Gesellschaft durch Erziehung, und sie stehen oft zeitgleich nebeneinander. Erst in ihrer Gesamtheit sind sie zugleich der Boden und allgegenwärtiger Hintergrund sowohl für Schul- und Erziehungswirklichkeit unserer Tage als auch Bestandteil fast jeder erziehungswissenschaftlichen Diskussion.

Lit.: E. Beckers/E. Richter: Kommentierte Bibliographie zur Reformpädagogik 1979; W. Flitner/G. Kudritzky (Hrsg.): Die deutsche Reformpädagogik, zwei Bände, 1961 und 1962; Th. Klaßen/E. Skiera u. a. (Hrsg.): Handbuch der reformpädagogischen und alternativen Schulen in Europa, 1990; H. Nohl: Die pädagogische Bewegung in Deutschland und ihre Theorie, 1933/35; J. Oelkers: Reformpädagogik. Eine kritische Dogmengeschichte, 1989; A. Pehnke (Hrsg.): Ein Plädoyer für unser reformpädagogisches Erbe, 1992; P. Petersen: Die Neueuropäische Erziehungsbewegung, 1926; H. Röhrs: Die progressive Erziehungsbewegung, 1977; H. Röhrs: Die Reformpädagogik. Ursprung und Verlauf in Europa, 1980, 5. überarbeitete Auflage; H. Röhrs (Hrsg.): Reformpädagogik des Auslandes, 1965; H. Röhrs (Hrsg.): Die Schulen der Reformpädagogik heute, 1986; H. Röhrs/V. Lenhart (Hrsg).: Die Reformpädagogik auf den Kontinenten. Ein Handbuch, 1984; W. Scheibe: Die reformpädagogische Bewegung, 1969, 10. Auflage, 1994.

Birgit Ofenbach, Koblenz-Landau

Regelsatz
→Warenkorb
→Sozialhilfe

Regression
Allgemein wird in der Psychologie das Zurückgehen auf eine frühere Entwicklungsstufe als R. (=Rückschritt) bezeichnet. In der Psychoanalyse wird die R. als ein →Abwehrmechanismus verstanden, bei dem nach schweren Versagungen und Enttäuschungen frühere kindliche Verhaltensmuster wieder reaktiviert werden.

Die R. im Sinne einer Wiederbelebung meist frühkindlicher Erlebnisse und Szenen wird in tiefenpsychologisch orientierten Verfahren als wichtiger therapeutischer Zwischenschritt angesehen, um die meist verdrängten Inhalte bewußt und bearbeitbar zu machen.

Rehabilitation

1. Allgemeines. R. gilt allgemein als Bezeichnung für die Wiedereingliederung Behinderter oder von →Behinderung bedrohter chronisch Kranker in die Gesellschaft, insbesondere in Arbeit und Beruf. Dieser Begriff bezeichnet sowohl das anzustrebende Ziel als auch sämtliche Leistungen, Maßnahmen und Verfahren, die diesem Ziel dienen. Auch bei Maßnahmen für Behinderte o. a., die noch nie im o.g.S. eingegliedert waren, spricht man von R. Theoretische Konzepte und praktische, klinische Maßnahmen zur R. sind seit vorchristlicher Zeitrechnung u. a. aus Griechenland, Ägypten, China bekannt. Die Tradition der R. reicht bis in die Antike zurück und läßt sich durch das Mittelalter bis in die Neuzeit verfolgen.

2. Zur Begriffsgeschichte. Das spätlateinische rehabilitatio wurde seit dem 13. Jhdt. von Mönchen mit dem Begriffsinhalt der Wiedereingliederung in die volle Rechtsstellung in der Gemeinschaft verwendet. Rehabilitiere i. S. von Wiederherstellen und Eingliedern ist seit dem 16. Jhdt. nachweisbar. Es ist wahrscheinlich zusammengesetzt aus re- und habilitiere, letzteres entlehnt aus dem mittellateinischen habilitare, d. h. fähig machen, dieses gebildet zu habilis, d. h. leicht zu handhaben, fähig, tüchtig; eine Ableitung von habere, haben oder beherrschen. Um 1770 wurde z.B. in der Schweiz, u. a. für orthopädisch Kranke, Institutionen mit ausdrücklich rehabilitativer Zielsetzung gegründet. Rèhabiliter i. S. der gesellschaftlichen Verpflichtung zur Wiedereingliederung in eine geeignete Tätigkeit fand Eingang in die französische Verfassung von 1793. Ab 1820 entstanden in Deutschland erste Krüppelheime, in denen bis zu 90% der Behinderten die Erwerbsfähigkeit erlangten. Im Zusammenhang mit Problemen der Industrialisierung wurde der Begriff R. 1843 als Forderung zur Wiedereinsetzung der Armen in den Stand der Würde, von Ritter F. J. von Buß (1803–78) im badischen Landtag verwendet und damit praktisch in die deutsche Sprache eingeführt.

Im Laufe der Zeit gewinnt die R. neben ihrem juristischen Sinn (Straf- u. Zivilrecht) zunehmend eine sozialfürsorgerische und -politische Bedeutung. Das erste R.-Zentrum mit multiprofessionellem Ansatz wird 1872 in Kopenhagen errichtet.

Die soziale Gesetzgebung des Deutschen Reiches ab 1880 wird zu einer wesentlichen Bedingung der R. und stellt eine Zäsur in der Geschichte der R. und in die der Medizin in Deutschland dar. Die gesetzliche Krankenversicherung (KV) ab 1884; die gesetzliche Unfallversicherung (UV) ab 1885 und die gesetzliche Invaliditäts- u. Altersversicherung (RV) ab 1891 bilden hierfür die Basis. Die gesetzliche Rentenversicherung (RV) übernimmt seitdem Heilverfahren, sofern als Folge einer Krankheit Erwerbsunfähigkeit zu befürchten ist, die zu Invalidität führt. Ab 1904 entstehen spezielle Heilstätten der Versicherungsträger u. a. für den Indikationsbereich Tuberkulose, die sich von den Akutkliniken bereits erheblich unterscheiden. →Sozialrecht.

Nach dem Ersten Weltkrieg setzt international eine Flut von Publikationen zur R. ein; es werden zahlreiche Gesellschaften, z.B. die Deutsche Vereinigung für Krüppelfürsorge gegründet, die sich die R. zur Aufgabe auserkoren haben.

Schon um 1900, vor allem aber in der Zeit des 3. Reiches, standen sozial-darwinistische Ideen und rassistische Ideologien der R. der vorgenannten Art entgegen. Andererseits erlangten die integrierten Bemühungen der R., z.B. Hirnverletzter im Zweiten Weltkrieg, einen fachlich hohen Stand.

In Deutschland wird in den 50er Jahren der Begriff R. offiziell in die Medizin übernommen. Damit erhält der als bis dahin eher sozialfürsorgerisch gefaßte Begriff eine sozialmedizinische Schwerpunktbedeutung mit zunehmender Abgrenzung von der Akut- u. Kurmedizin. R.-Klinken werden vermehrt eingerichtet. International gesehen geht die Bundesrepublik mit der R. einen Sonderweg. Die medizinische R. hat sich hier als dritter Versorgungsbereich herausgebildet, neben der stationären kurativen Krankenhausbehandlung und der ambulanten Versorgung durch das Hausarztsystem. Von der medizinischen R. ist „Kur" strikt zu unterscheiden! Letztere zielt lediglich auf eine Stärkung der Gesundheit ab, z. B. durch unspezifische Reize wie Orts- und Milieuwechsel und durch den passiven Einsatz sog. natürlicher Heilmittel des Bodens, des Meeres und des Klimas. Eine gezielte Arbeit an den Krankheitsfolgen findet hierbei nicht statt. In der deutschen Gesetzessprache erscheint die R. als Begriff erst 1961, in § 22 des Schwerbeschädigtengesetzes.

Die Begriffsentwicklung entspricht der parallelen Veränderung im →Sozialrecht.

3. Neuere sozialrechtliche u. a. Entwicklungen. Mit der Neuregelung der RV durch das Rentenversicherungsänderungsgesetz von 1957 rückten die Leistungen zur Erhaltung, Besserung und Wiederherstellung der Erwerbsfähigkeit als R.-Maßnahmen an die erste Stelle ihrer Regelleistungen. Einen wesentlichen Schritt zur Weiterentwicklung des R.-Rechts bedeutete das R.-Angleichsgesetz von 1974, mit dem für die Sozialleistungsträger z.B. der Grundsatz „Reha vor Rente" festgeschrieben und eine einheitliche Angleichung der Rechtsvorschriften und Leistungen im gegliederten System der Sozialversicherung erzielt wurde. Mit dem ersten (1970) und zweiten (1980) „Aktionsprogramm R." hat die Bundesregierung den Ausbau der R. programmatisch zusammengefaßt.

4. Neuere Auffassungen zum R.-Begriff. Im deutschen Sozialleistungssystem sind die allgemeinen Ziele der R.-Trägergruppen jeweils spezifisch präzisiert. Für die RV z. B. gilt, daß sie Leistungen zur R. erbringt, um den Auswirkungen der Folgen nachteilsbelasteter Gesundheitsstörungen auf die Erwerbsfähigkeit der Versicherten entgegenzuwirken oder zu überwinden und dadurch Beeinträchtigungen ihrer Erwerbsfähigkeit zu verhindern oder um ihr vorzeitiges Ausscheiden aus dem Erwerbsleben (Frühberentung) zu verhindern bzw. sie möglichst dauerhaft in das Erwerbsleben wieder einzugliedern.

Leistungen zur R. nach dem Recht des SGB (Sozialgesetzbuch) wenden sich also einerseits an Menschen, die im Anschluß an akute Ereignisse, deren einschränkende Folgen prinzipiell reversibel sind (z. B. Unfälle), einer umfassenden Behandlung bedürfen, andererseits vor allem an Menschen, die mit gleichbleibenden gesundheitlichen Beeinträchtigungen leben müssen. Diese Vorschriften scheinen in ihrer Reichweite und Zielvorstellungen allein auf das Individuum abzuzielen, beispielsweise wenn die Mitwirkungspflicht der Versicherten betont wird. Dagegen definiert die WHO den R.-Begriff folgendermaßen:

R. umfaßt alle Maßnahmen, die das Ziel haben, ein Einfluß von Bedingungen, die zur Einschränkung oder Benachteiligung führen, abzuschwächen und die eingeschränkten und benachteiligten Personen zu befähigen, eine soziale Integration zu erreichen. R. zielt nicht nur darauf ab, eingeschränkte und benachteiligte Personen zu befähigen, sich ihrer Umwelt anzupassen, sondern auch darauf, sie in ihre unmittelbare Umgebung und die Gesellschaft als Ganzes einzugliedern, um ihre soziale Integration zu erleichtern.

In der RV gilt zunehmend die internationale Klassifikation von Schädigungen, Fähigkeiten, Störungen und Beeinträchtigungen (ICIDH) als Konzept zum Verständnis medizinischer R. chronischer Erkrankungen. Es berücksichtigt die durch Krankheit eingetretenen Schadensbilder (Impairments), die Betroffene in ihren Fähigkeiten und Fertigkeiten, z.B. ihre Rollen im Erwerbsleben aufrecht zu erhalten, funktionell einschränken (Disabilities), was wiederum Störungen der Integration im Familien-, Erwerbs- oder Gesellschaftsleben bewirken kann (Handicaps). Dieses Modell der Krankheitsfolgen berücksichtigt damit eine Vielzahl von persönlichen und gesellschaftlichen Interaktionsprozessen.

5. Das gegliederte System der Rehabilitation. Leistungen zur medizinischen, beruflichen und sozialen R. können in Deutschland von verschiedenen Sozialversicherungsträgern erbracht werden. Die Sozialversicherung umfaßt die Kranken-, Unfall-, Renten- und Arbeitslosenversicherung, letztere (die AV) wird von der →Bundesanstalt für Arbeit (BA) geleistet. Die Sozialversicherung weist einige wesentliche Merkmale auf: Sie wird durch Beiträge der Versicherten und Arbeitgeber finanziert. Ihre Leistungen setzen grundsätzlich eine Mitgliedschaft oder Zugehörigkeit voraus. Die Sozialversicherungen sind Körperschaften des Öffentlichen Rechtes, d.h. sie unterliegen als ausgegliederte Staatsverwaltung der staatlichen Rechtsaufsicht mit Selbstverwaltung. Eine Fachaufsicht durch die Aufsichtsbehörde besteht nicht. Die Selbstverwaltung wird, von den Versicherten und den Arbeitgebern paritätisch besetzt, in Selbstverwaltungsorganen ausgeübt.
Von den o. g. Sozialversicherungsträgern nicht zu erbringende Sozialleistungen (z.B. Hilfe zum Lebensunterhalt) werden dagegen aus staatlichen Steuermitteln finanziert und von staatlichen Behörden erbracht. Leistungsansprüche bestehen hier unabhängig von einer Mitgliedschaft für alle Personen, die die gesetzlichen Voraussetzungen erfüllen.
Die Sozialversicherungsträger haben sich zur Wahrnehmung gemeinsamer Aufgaben jeweils für ihren Zuständigkeitsbereich zu Verbänden zusammengeschlossen. Die RV-Träger z.B. zum Dachverband Deutscher Rentenversicherungsträger (VDR).

R.-Leistungen werden nach dem Prinzip der Risikozuordnung erbracht, d. h. es ist der Träger zuständig, der das finanzielle Risiko eines Scheiterns der Leistung tragen müßte. Er hat i. d. Regel ein besonderes Interesse, eine R.-Maßnahme erfolgreich abzuschließen, um weitere Leistungsansprüche, z.B. eine Rente abzuwenden.

6. Gesetzliche Grundlagen der Rehabilitation. Wesentliche Teile des Deutschen Sozialrechtes sind im Sozialgesetzbuch (SGB I – SGB XI) geregelt. Im Sozialgesetzbuch werden alle sozialen Rechte und Pflichten zusammengefaßt. Allgemeine Vorschriften für die R. befinden sich im SGB I und IV. Spezielle R.-Vorschriften für die KV sind im SGB V und für die RV im SGB VI enthalten, für die BA ergeben sie sich aus dem Arbeitsförderungsgesetz und für die Sozialhilfe aus dem BSHG.
Die R. gehört zu den sozialen Rechten gem. § 10, Abs. 1 SGB I. Daraus begründet sich jedoch kein Anspruch auf R.-Leistungen z.B. der RV, da diese gem. § 9, Abs. 2 SGB VI Ermessensleistungen sind. Auf pflichtgemäße Ausübung dieses Ermessens besteht jedoch ein Anspruch seitens des Versicherten.
Die Leistungen an den Schnittstellen der Zuständigkeit werden durch das R.-Angleichungsgesetz von 1974 koordiniert. Es enthält allgemeine Vorschriften über Leistungen zur R., über die Einleitung der Maßnahmen, die Zusammenarbeit der Träger, Auskunft und Beratung, Vorrang der R. vor Rente und Durchführungsbestimmungen.
6.1 R.-Vorschriften im spezifischen Leistungsrecht der einzelnen Sozialversicherungsträger. Es handelt sich vor allem um Vorschriften über Voraussetzungen, Art, Dauer und Umfang der R.-Leistungen. Für die KV gilt das SGB V, es

571

unterscheidet zwischen Akutbehandlung und R. Die Bestimmungen für die Krankenbehandlung, einschließlich der medizinischen und ergänzenden Leistung zur R. sind in den §§ 27–51 SGB V enthalten. § 40 SGB V enthält spezielle Bestimmungen zur medizinischen R.
Die Reha-Vorschriften für die RV ergeben sich aus den §§ 9–32, 111 u. 116 SGB VI. Für die BA ist die berufliche R. in den §§ 56–62 des AFG geregelt. Für die Sozialhilfe gilt, daß deren Leistungen zur R. als Eingliederungshilfe nach den Leistungsvorschriften der §§ 39–47 BSHG gewährt werden. Die Zuständigkeit der Träger ergeben sich grundsätzlich aus den Gesetzen. Ergänzend wurden zwischen den Trägern Vereinbarungen geschlossen.

7. Die Bedeutung der RV für die Rehabilitation. Unter allen Sozialleistungsträgern erbringt die RV in Deutschland den bedeutendsten Beitrag an Leistungen für die R. Das gilt sowohl für die Anzahl der Maßnahmen als auch für die aufgebrachten Kosten und für deren inhaltliche Entwicklung. So wurden 1996 von den Trägern der RV für 1 133 500 abgeschlossene R.-Leistungen (davon 1 021 600 medizinische Leistungen und 119 000 Leistungen zur beruflichen R.) 10,41 Mrd. DM aufgewendet. Die KV'en als zweitgrößter Sozialversicherungsträger im Bereich der R. gaben dagegen weniger als $1/4$ der o. g. Aufwendungen für die R. aus! Es soll daher hier in erster Linie von der R. im Rahmen der RV-Träger (Arbeiterrentenversicherung und Angestelltenrentenversicherung, Knappschaft u. a.) die Rede sein.

8. Versicherungsrechtliche Voraussetzungen für die medizinische R. in der RV. Versicherungsrechtliche Voraussetzungen ergeben sich aus § 11 Abs. 1–3 SGB VI und sind erfüllt, wenn einer der folgenden Tatbestände vorliegen:
1. Die Wartezeit (Beitrags- u. Ersatzzeiten) von 15 Jahren ist erfüllt. 2. Der Versicherte bezieht eine Rente wegen verminderter Erwerbsunfähigkeit. 3. In den letzten 2 Jahren vor Antragstellung sind 6 Kalendermonate mit Pflichtbeiträgen belegt. 4. Innerhalb von 2 Jahren nach Beendigung einer Ausbildung wurde eine versicherte Beschäftigung oder selbständige Tätigkeit aufgenommen und bis zum Antrag ausgeübt bzw. nach einer solchen Beschäftigung oder Tätigkeit bestand bis zum Antrag Arbeitsunfähigkeit oder Arbeitslosigkeit. 5. Der Versicherte ist vermindert erwerbstätig und hat die allgemeine Wartezeit (5 Jahre Beitragszeit einschließlich Ersatzzeiten) erfüllt. 6. Verminderte Erwerbsfähigkeit ist in absehbarer Zeit zu erwarten, die allgemeine Wartezeit von 5 Jahren ist erfüllt. 7. Der Antragsteller ist der überlebende Ehegatte des Versicherten und hat Anspruch auf große Witwen-/Witwerrente wegen verminderter Erwerbsfähigkeit.

9. Persönliche Voraussetzung für R.-Leistungen in der RV. Das R.-Ziel der RV ist die Eingliederung in das Erwerbsleben. Bevor Maßnahmen bewilligt werden ist von der RV zu prüfen, ob es erforderlich und möglich ist, die Erwerbsfähigkeit eines Versicherten zu erhalten, wesentlich zu bessern oder wiederherzustellen. Es müssen daher kumulativ folgende, persönliche Voraussetzungen vorliegen (§ 10 SGB VI): Es muß eine Krankheit oder eine körperliche, geistige oder seelische Behinderung vorliegen und ursächlich sein für eine erhebliche Gefährdung oder eine Minderung der Erwerbsfähigkeit. Ist dies der Fall, so muß durch die R. voraussichtlich ihre Minderung abgewendet werden können. Ist die Erwerbsfähigkeit bereits gemindert, so muß diese durch die R. voraussichtlich wesentlich gebessert oder vollständig wieder hergestellt werden können oder der Eintritt von Berufsunfähigkeit bzw. Erwerbsunfähigkeit abgewendet werden können.
Für R.-Leistungen für HIV-positive bzw. an AIDS erkrankte Versicherte gilt nach

den Verfahrensempfehlungen des VDR: Die Tatsache einer HIV-Infektion schließt R.-Leistungen nicht aus, auch wenn z. B. ein Lymphadenopathiesyndrom vorliegt, weil ein temporärer Heilerfolg i. S. des SGB VI nicht sicher ausgeschlossen werden kann. Diese Voraussetzungen werden bei der RV von deren sozialmedizinischen Diensten geprüft.

10. Ausschluß von Leistungen. § 12 SGB VI bestimmt den Personenkreis, für den Leistungen nicht erbracht werden: Versicherte, die eine Altersrente von mehr als zwei Dritteln der Vollrente beziehen oder diese beantragt haben; Personen, bei denen eine beamtenrechtliche oder vergleichbare Anwartschaft auf Versorgungsleistungen besteht; Versicherte, die eine Leistung beziehen, die bis zum Beginn der Altersrente gezahlt wird oder die sich im Haft- oder Maßregelvollzug befinden.

Für Versicherte im Haftvollzug gilt: Ist vom erkennenden Gericht Strafaussetzung bzw. Haftverschonung gem. § 35 BtMG zu erwarten, kann, sofern die übrigen Voraussetzungen erfüllt sind, die grundsätzliche Kostenübernahme für eine R. ausgesprochen werden, wenn die zu belegende Einrichtung gem. § 35 BtMG staatlich anerkannt ist.

11. Art und Umfang der medizinischen Leistungen zur R. Medizinische Leistungen zur R. aller Träger umfassen: Behandlung durch Ärzte und Angehörige anderer Heilberufe, soweit deren Leistungen unter ärztlicher Aufsicht und auf ärztliche Anordnung durchgeführt werden, einschließlich der Anleitung der Versicherten, eigene Abwehr- und Heilungskräfte zu entwickeln. Diese Leistungen können stationär, teilstationär und ambulant erbracht werden. Die RV bestimmt im Einzelfall unter Beachtung der Grundsätze der Wirtschaftlichkeit und Sparsamkeit Art, Dauer, Umfang, Beginn und Durchführung der Leistungen sowie die R.-Einrichtung nach pflichtgemäßem Ermessen, meist in Einrichtungen, mit denen sie ein Vertrag o. ä. bindet und die überwiegend von den Verbänden der freien Wohlfahrtspflege betrieben werden.

12. Einleitungs-, Begutachtungs- und Bewilligungsverfahren. In der RV werden R.-Leistungen grundsätzlich auf Antrag erbracht. Antragsaufnehmende Stellen sind alle Leistungsträger, Auskunfts- u. Beratungsstellen, Versichertenälteste, Versicherungsämter, Orts- u. Gemeindebehörden und deutsche Konsulate.

Im Begutachtungsverfahren beurteilt der ärztliche Dienst der RV die Reha-Bedürftigkeit aus sozialmedizinischer Sicht. Im Bewilligungsverfahren wird über den R.-Antrag entschieden. Grundlage sind die o. g. sozialmedizinischen Voraussetzungen und eine Prüfung der versicherungsrechtlichen Voraussetzungen. Dem Versicherten wird ein Bewilligungsbescheid erteilt. Die o. g. Verfahren erfolgen in der Regel besonders rasch und unverzüglich.

Im Rahmen der medizinischen R. können auch Übergangsgeld, Fahrtkosten und andere Leistungen bezahlt werden, erforderlichenfalls sind im Anschluß auch Leistungen zur beruflichen R. möglich.

13. →Qualitätssicherung (QS) in der R. QS- und -managementprogramme sind mittlerweile wichtiger Bestandteil des Gesundheitssystems. Der VDR hat 1995 ein umfangreiches Programm zur internen und externen QS in der R. begonnen. Mit ihm sollen effektive Strukturen und Instrumente zur kontinuierlichen QS-Entwicklung in den Dimensionen Struktur-, Prozeß- und Ergebnisqualität mit den Zielen: Gewährleistung einer bedarfs- und patientengerechten R.-Versorgung, Verbesserung der Wirksamkeit der Leistungen und höhere Transparenz der Leistungserstellung geschaffen werden. Das Programm umfaßt 5 Schwerpunkte: Erfassung der Strukturqualität, Therapiepläne, Qualitätsscreening, Pa-

tientenbefragung und Qualitätszirkel. Die Struktur- und Ergebnisqualität werden bereits routinemäßig gemessen, die Analyse der Prozeßqualität wird derzeit mit dem Verfahren des „Peer review" erprobt. Erste Ergebnisse liegen bereits vor.

14. R.-Forschung. Die R.-Forschung ist ebenfalls ein Mittel zur QS-Sicherung. Die RV hat daher 1996 mit dem Bundesministerium für Bildung und Forschung den Förderschwerpunkt Rehabilitationswissenschaften ausgeschrieben mit den Zielen, eine Infrastruktur der R.-Forschung an den Universitäten aufzubauen und zu stärken und Erkenntnisse darüber zu gewinnen, wie die medizinische R. wirksamer und wirtschaftlicher gestaltet werden kann. Mittlerweile sind regionale Forschungsverbünde unter Einbindung von Hochschulinstitutionen und R.-Einrichtungen entstanden.

Lit.: Verband Deutscher Rentenversicherungsträger (Hrsg.): Kommentar zum Sozialgesetzbuch VI, Bd. I, 9–15, Frankfurt a. M., 1997; Delbrück, H., Haupt, E. (Hrsg.): Rehabilitationsmedizin, Therapie- und Betreuungskonzepte bei chronischen Krankheiten, München u. a., 1996; Verband Deutscher Rentenversicherungsträger (Hrsg.): VDR – Info 5/97; v. Engelhardt, Prof. Dr. (Hrsg.): 100 Jahre Rehabilitation, Deutsche Rentenversicherung 9–10/1990, S. 572–88.

Georg Wiegand, Hannover

Reichsfürsogepflichtverordnung (RFV) diese am 1. April 1924 in Kraft getretene Nachfolgerin des →Unterstützungswohnsitzgesetzes vereinheitlichte und reformierte gemeinsam mit den Reichsgrundsätzen über Voraussetzung, Art und Maß der öffentlichen Fürsorge (RGr) von 1924, die vorher in zahlreichen verschiedenen Gesetzen geregelte rechtliche Grundlage der öffentlichen Fürsorge. Beide Gesetze sind die direkten Vorläufer des BSHG.

Reichsgrundsätze über Voraussetzung, Art und Maß der öffentlichen Fürsorge (RGr)
→Reichsfürsorgepflichtverordnung

Reichsjugendwohlfahrtsgesetz (RJWG) Das am 01.04.1924 in Kraft getretene RJWG als gesetzliche Regelung der →Jugendhilfe gilt neben dem JGG, den RGr und der RFV zu den bedeutenden Sozialgesetzgebungen der Weimarer Republik.

Es vereinheitlicht sowohl die über zahlreiche Gesetze verteilte, Minderjährige betreffende Gesetzgebung als auch die verschiedenen landesrechtlichen Regelungen dieser Materie auf Reichsebene. Außerdem beendete es (theoretisch) die wechselnde Zuständigkeit zahlreicher Ämter für Minderjährige durch die Schaffung von →Jugendämtern.

Trotz dieser Leistungen blieb es weit hinter den Hoffnungen zurück, die sich soziale Fachkräfte bezüglich einer Einbeziehung des →Jugendstrafrechts (zu einem sog. Jugendgesetzbuch) sowie der Rechtsstellung des Minderjährigen machten.

Das RJWG regelte die Jugendhilfe in 6 Abschnitten:

I. Abschnitt: Festschreibung des Rechtes eines jeden deutschen Kindes auf Erziehung sowie Definition der →Jugendhilfe;

II. Abschnitt: Errichtung von Jugendbehörden, ihr Aufbau und ihre Zuständigkeit;

III. Abschnitt: →Pflegekinderwesen;

IV. Abschnitt: Rechtliche Stellung des Jugendamtes im Vormundschaftswesen (→Vormundschaft und Pflegschaft);

V. Abschnitt: Finanzielle Unterstützung hilfsbedürftiger Minderjähriger (diese fiel bereits im gleichen Jahr an die →Armenpflege zurück und blieb bis heute dort);

VI. Abschnitt: Regelung der →Schutzaufsicht und der →Fürsorgeerziehung.

Viele dieser Regelungen wurden durch die instabile wirtschaftliche und politische Situation der Weimarer Republik sowie der anschließenden nationalsozialistischen Herrschaft (→Nationalsozialismus und Sozialpädagogik) nie verwirklicht, sondern durch Notverordnungen und konkurrierende Gesetzgebung umgangen. Erst das 1953 verkündete „Gesetz zur Änderung der Vorschriften des RJWG" leistete das endliche Inkrafttreten des RJWG mit Ausnahme des V. Abschnitts. →Jugendwohlfahrtsgesetz

Reifungsverzögerung
→Retardierung

Reittherapie
→Therapeutisches Reiten

Reliabilität
R. bezeichnet die Zuverlässigkeit wissenschaftlicher Meßverfahren. Sie liegt dann vor, wenn eine wissenschaftliche Erhebung oder Messung bei Wiederholung unter gleichen Bedingungen gleiche Ergebnisse zeigt. →Empirische Sozialforschung; →Wissenschaftstheorie

Rentenversicherung
Die R. ist der Teil der Sozialversicherung, die als Pflichtversicherung die Rente sowohl im Alter als auch bei Berufs- oder Erwerbsunfähigkeit von Arbeitern und Angestellten sicherstellt. Selbständige können auf Antrag in die R. aufgenommen werden, die pensionsberechtigten Beamten sind versicherungsfrei (→Sozialrecht).

Repressive Erziehung
R.E. bezeichnet einen →Erziehungsstil, der die Wünsche, Neigungen und Anlagen eines Kindes zugunsten normativer, nicht hinterfragter Anforderungen – i.d.R. durch Strafen und Zwänge – unterdrückt. In Abgrenzung zur r.E. wurde z.B. die →emanzipatorische Erziehung entwickelt.

Resozialisierung
→Strafvollzug

Retardierung (Retardation, Reifungsverzögerung)
Die Verlangsamung oder Hemmung sowohl der körperlichen als auch der geistigen Entwicklung eines Menschen (die oft miteinander einhergehen) wird in der Psychologie R. genannt. Die Ursachen können körperlicher, geistiger und sozialer Natur sein.

Eine R. kann in verschiedenen Rechtsvorschriften (z.B. JGG, KJHG) dazu führen, daß ein →Heranwachsender oder junger Mensch als →Jugendlicher behandelt wird.

Rettungshaus
R. sind nach den Befreiungskriegen in Süddeutschland und der Schweiz entstandene Heime für arme und verwaiste Kinder, als deren Vorläufer J. H. →Pestalozzis Arbeit mit Kriegswaisen in Stans gelten kann. Anders als bei ihm bildete das ideologische Fundament der Rettungshausarbeit die sich als Gegengewicht zu Rationalismus und Aufklärung verstehende pietistische „Erweckungsbewegung". Somit wurde entsprechendes Gewicht auf religiöse Unterweisung und Arbeitserziehung gelegt. Bekannteste Beispiele für R. sind P. E. v. Fellenbergs (1771–1844) Hofwyler Anstalten (die Goethes Vorstellungen von der →Pädagogischen Provinz prägten) und C. H. Zellers (1779–1860) Beuggener Armenschullehrer- und Armenkinderanstalt.

Revision
Die R. ist ein auf Fehler in der Rechtsanwendung gestütztes Rechtsmittel. Bei Zulässigkeit der R. wird durch eine höhere Instanz geprüft, ob im vorinstanzlichen Urteil das Recht fehlerfrei angewendet wurde, d.h. es wird nicht, wie bei der →Berufung, das ganze Verfahren noch einmal aufgerollt. Ihre rechtliche Grundlage findet die R. in den Gerichts-, Prozeß- oder Verfahrensordnungen der verschiedenen Gerichtsbarkeiten.

Richmond, Mary (1861–1928)

Die nordamerikanische Buchhalterin und Sekretärin arbeitete ab 1889 als Schatzmeisterin und später als Geschäftsführerin einer karitativen Einrichtung in Baltimore, wo sie u. a. mit der Ausbildung von Hausbesucherinnen befaßt war und gilt als Begründerin der →Einzelhilfe.

Ab 1898 Dozentin an der Sommerschule für Philantropie (ein Vorläufer der heutigen „schools of social work") in New York, wechselte sie 1911 zur Russel Sage Foundation, die sich mit der Forschung und Fortbildung im social work befaßte. Auf der Grundlage einer von ihr geleiteten Felduntersuchung entstand ihr erstes Hauptwerk „Social Diagnosis" (1917), dem 1922 das ebenso bekannte „What is Social Work?" folgte.

R. verstand die Sozialarbeit als Erfahrungswissenschaft. So deutete sie den Gesprächs- und Hilfeprozeß zwischen Sozialarbeiter und Klienten als einen sozialen Lehr-Lern-Prozeß, bei dem ‚die Persönlichkeit des Hilfesuchenden durch bewußt bewirkte, einzelfall-spezifische Anpassungsleistungen zwischen ihm und seiner sozialen Umwelt entwickelt wird'.

Risikogruppen

Bezeichnung für Personengruppen, von denen man annimmt, daß sie aufgrund spezieller Merkmale (z. B. Verhalten, körperliche Konstitution oder Lebensumstände) bestimmten Risiken (z. B. Alkoholismus, AIDS-Infizierung) in besonderem Maße ausgesetzt sind.

Die Zuordnung zu einer R. kann die Qualität einer →Stigmatisierung haben.

Rolle

→Soziale Rolle

Rollenspiel

Im R. übernehmen die Mitglieder einer Gruppe jeweils eine →soziale Rolle, die sie dann in einer gemeinsamen, vorher ausgewählten Szene spielerisch darstellen. Das R. wird in den unterschiedlichsten Bereichen (vom Militär über die Psychologie bis hin zur Wirtschaft) eingesetzt, um bestimmte Situationen vorab durchzuspielen, Mitarbeiter zu trainieren u. a. m.

In der Sozialpädagogik ist das R. zum einen eine Methode, um mit dem Klienten verschiedene Verhaltensmöglichkeiten in sozialen Situationen auszuprobieren oder erlernen zu lassen; zum anderen wird es in der Aus- und Fortbildung eingesetzt, um berufsspezifische Situationen spielerisch zu erarbeiten. →Psychodrama

Rollentausch

Der R. ist eine der zentralen Techniken des →Psychodramas, wird aber daneben in vielerlei Kombinationen (z. B. im Rahmen der →Familientherapie oder der →Themenzentrierten Interaktion) praktiziert. R. ist eine Möglichkeit, den Perspektivenwechsel zu erleichtern und dadurch die Du-Erkenntnis (→Empathie) zu fördern. Um sich in die Lebenswelten anderer Menschen besser einfühlen und eindenken zu können, kann der R. entwerder gedanklich oder aber im →Rollenspiel konkret vollzogen werden.

Roma

Die R. sind ein aus mehreren Gruppen bestehendes, weltweit verbreitetes und aus ca. 50 000 Personen bestehendes Volk indischer Herkunft, das früher auch vielfach mit dem heute als diskriminierend empfundenen Begriff „Zigeuner" bezeichnet wurde. Die in Deutschland zahlenmäßig stärkste Gruppe der R. sind die Sinti.

Die Geschichte der R., die seit über 1000 Jahren weltweit auf Wanderschaft sind, ist eine Geschichte der Vertreibung, Diskriminierung und Verfolgung, die in der planmäßigen Vernichtung der R. im Dritten Reich ihren Höhepunkt, aber noch nicht ihr Ende fand.

Erst seit Ende der 1960er Jahre gelingt es allmählich und in sehr kleinen Schritten, Vorurteile gegenüber den R. abzubauen und ihnen ein zunehmendes Maß an sozialer Gerechtigkeit zukommen zu lassen. Sozialpädagogen, die an dieser Aufgabe mitwirken, müssen sich ausführlich mit den sozialen und ethnischen Besonderheiten der R. befassen (wie z.B. ihre ausgesprochen patriarchalische Ordnung, ihre Religiosität, ihre strenge Sexualmoral usw.), um akzeptiert zu werden.

Rotten, Elisabeth (15.2.1882–2.5.1964) eine frühe Vertreterin der →Reformpädagogik und →Friedenserziehung. 1912 Promotion zum Dr. phil. bei Paul →Natorp. 1934 Emigration in die Schweiz.

R. ist Mitbegründerin des Weltbundes für die Erneuerung der Erziehung, des Internationalen Erziehungsbüros in Genf sowie der Internationalen Föderation der Kinderdörfer.

Rousseau, Jean-Jacques (28.6.1712–2.7.1778)
Französischer Moralphilosoph, Schriftsteller, Komponist und Musiktheoretiker. Ohne öffentliche Ausbildung. Neben seinen gesellschafts- und staatstheoretischen Werken entwarf er in seinem Buch „Emile, oder über die Erziehung" (1762) eine frühe Erziehungstheorie, die, vom natürlichen Gutsein der Menschen ausgehend, diese bewahren und entwickeln will. R. beeinflußte mit diesen Thesen u.a. →Fröbel und →Pestalozzi.

Sachleistung

Neben der →Dienstleistung und der →Geldleistung ist die S. die dritte Form der Sozialleistung nach dem →Sozialgesetzbuch (SGB I), bei der dem Leistungsempfänger neben Sachen auch Einrichtungen oder unentgeltliche Dienstleistungen über die Finanzierung durch den Leistungsträger zur Verfügung gestellt werden (insofern ist die Unterscheidung von der Dienstleistung manchmal schwierig).

Säuglingsfürsorge
→Mütterberatungsstelle

Säuglingsheim

In S. wurden Kinder bis zur Vollendung des 2. Lebensjahres bei Aus- oder Wegfall des Elternhauses betreut. Aufgrund der teilweise massiven Schädigungen, die die Kinder bei dieser Betreuungsform erwarben (→Hospitalismus), wird seit ca. einem Vierteljahrhundert mit zunehmendem Erfolg versucht, auf S. zu verzichten und Alternativen zu entwickeln (Mutter-Kind-Einrichtungen, familienähnliche Kleinstheime usw.). Dennoch sind S. noch nicht völlig verschwunden. Sollte eine Unterbringung unvermeidlich sein, wird jedoch i. d. R. auf eine nur kurze Unterbringungsdauer geachtet. →Heimerziehung

Safer Sex

Unter s. S. ist bei der Aids-Prophylaxe (→Aids) im engeren Sinne der Geschlechtsverkehr unter Verwendung von Kondomen zu verstehen, der – ein intaktes Kondom vorausgesetzt – vor einer Ansteckung bewahren soll. Im weiteren Sinne werden unter s. S. alle Sexualpraktiken verstanden, die die Gefahr einer Ansteckung mindern.

Safer Use

Im Zuge der Aids-Prophylaxe unter Drogenkonsumenten mit injizierenden Applikationsformen propagierte Hygienemaßnahmen (kein Spritzentausch, Desinfektion bei mehrfachem Gebrauch einer Spritze etc.) zur Vermeidung von Ansteckung. →Aids

Salomon, Alice (19.4.1872–30.8.1948)

Die promovierte Frauenrechtlerin und Sozialarbeiterin aus gutbürgerlichem Haus trat besonders durch den Versuch der theoretischen Fundierung der Sozialarbeit als spezielle Kulturaufgabe der Frau hervor. S. ging davon aus, daß die Klassen durch Sozialarbeit miteinander versöhnt und der soziale Frieden vor allem mit den den Frauen eigenen Gaben erreicht werden könnte. Von konzeptioneller Bedeutung war in diesem Zusammenhang die von S. gegründete und von 1908 bis 1924 geleitete →soziale Frauenschule in Berlin, deren staatliche Anerkennung das Berufsbild der Sozialfürsorgerin in den 1920er Jahren entscheidend prägte und die praktische Ausgestaltung des Weimarer Wohlfahrtsstaates nachhaltig beeinflußte (→Geschichte der Sozialarbeit). Entsprechend erhielt S. 1932 die Ehrendoktorwürde der Medizinischen Fakultät der Universität Berlin. 1937 mußte S. in die USA emigrieren und setzte dort ihre sozialpolitischen Aktivitäten fort.

Salutogenese

Dieser Begriff wurde von dem Medizinsoziologen Aaron Antonowsky (1923–1994) Ende der 1970er Jahre geprägt. Im Gegensatz zur im Gesundheitsbereich herkömmlichen pathogenetisch-kurativen Betrachtungsweise stellt die salutogenetische Perspektive die Frage nach den Bedingungen von Gesundheit sowie den Faktoren, welche diese schützen, in den Mittelpunkt des Erkenntnisinteresses. Die Arbeiten von Antonowsky gewinnen seit den späten 1980er Jahren im →Gesundheitswesen zunehmend an Bedeutung. →Gesundheitswissenschaft

Sanktion
gesellschaftliche Reaktion auf den Umgang mit →Normen durch ihre Mitglieder. Bei normkonformem Verhalten werden i.d.R. positive Sanktionen im Sinne von Vorteilen gewährt, bei Verstößen gegen Normen greift ein System, das aus informellen (Tadel, Spott, gesellschaftliche Ächtung) sowie formellen Sanktionen besteht. Letztere sind z.B. in Gesetzen festgelegt und werden durch offiziell damit beauftragte Institutionen verhängt. →Abweichendes Verhalten; →Soziale Kontrolle

Schädliche Neigungen
→Jugendstrafrecht

Scheidung
→Ehescheidung

Schicht
→Soziale Schichtung

Schichtspezifische Erziehung
Wenn innerhalb verschiedener sozialer Schichten (→soziale Schichtung) je nach Schicht unterschiedliche Denk-, Handlungs-, Sprech- und Verhaltensmuster erworben werden, spricht man von s.E. In den 1960er Jahren wurde durch die Sozialisationsforschung das Augenmerk der Pädagogen auf die Tatsache gelenkt, daß die in den unteren Schichten unserer Gesellschaft im Verlauf der →Sozialisation erworbenen Kenntnisse deren Mitglieder in unserem mittelschichtorientierten Bildungssystem benachteiligen (→kompensatorische Erziehung).
Statt von s.E. sollte besser von schichtspezifischer Sozialisation gesprochen werden, da es hier um die gesamten erworbenen Fähigkeiten geht und nicht nur um die planmäßig durch Erziehung vermittelten.

Schleiermacher, Friedrich Daniel Ernst
(21.11.1768–12.2.1834)
S. ist neben →Herbart einer der Hauptbegründer der wissenschaftlichen Pädagogik. Nach dem Studium der Philosophie, Theologie und der alten Sprachen in Halle (1787–1790) und Tätigkeiten als Hauslehrer und Prediger zunächst Professor der Theologie in Halle (1804–1806) und ab 1810 in Berlin. Dort entwarf er in seinen Vorlesungen über Pädagogik (1813, 1820/21 und 1826), deren Text durch Nachschriften und in seinem Nachlaß erhalten blieb, die Grundlage einer hermeneutischen Erziehungswissenschaft. Diese entstand unter Beeinflussung von Platon und →Rousseau und in Auseinandersetzung mit Fichte und Kant.
Seinerzeit war S. eher als bedeutender Theologe und Philosoph bekannt. Seine erziehungswissenschaftliche Theorie gewann erst später an Bedeutung, als sie u.a. →Dilthey, →Spranger und →Nohl und damit die →Geisteswissenschaftliche Pädagogik wesentlich beeinflußte.

Schocktherapien
umstrittenes Verfahren zur Heilung oder Besserung psychischer Krankheiten in der Psychiatrie, wobei durch chemische oder elektrische Reize das vegetative Gleichgewicht des Patienten plötzlich gestört wird. S. spielen seit der Entdeckung der →Psychopharmaka nur noch eine geringe Rolle in der psychiatrischen Therapie.

Schuldnerberatung
Die S. hat in den letzten Jahren erheblich an Bedeutung gewonnen. Aufgabe der S. (§ 14 SGBI, § 8 BSHG) ist die Erfassung der gesamten Schuldenlast des Klienten, die Verhandlung mit den Gläubigern, die Erarbeitung eines Schuldentilgungsplans und die Begleitung des Abtragungsprozesses. Daneben soll S. auch die Folgeprobleme der Überschuldung beseitigen und mildern helfen und versteht sich damit als Teil umfassender Lebensberatung. Beratungsstellen der S. befinden sich in vielfältiger Trägerschaft, u.a. Sozialämter, Jugendämter, Diakonie, Schuldenhilfevereine.

Schuldunfähigkeit
S. liegt gem. § 20 StGB vor, wenn der Straftäter zum Zeitpunkt der Tat nicht in der Lage war, das Unrecht der Straftat

einzusehen oder nach dieser Einsicht zu handeln. § 20 StGB nennt mit juristischen Begriffen abschließend vier Möglichkeiten, die zu S. führen können:
1. krankhafte seelische Störungen (z. B. →Psychosen);
2. tiefgreifende Bewußtseinsstörungen (z. B. Übermüdung oder schwere Rauschzustände);
3. Schwachsinn und
4. bei schweren anderen seelischen Abartigkeiten (z. B. →Neurosen).

Unabhängig hiervon wird bei Kindern unter 14 Jahren generell S. angenommen; bei Jugendlichen zwischen 14 und 18 Jahren muß die Schuldfähigkeit in jedem Einzelfall überprüft werden (§ 3 JGG). →Verminderte Schuldfähigkeit

Schulen der Sozialen Arbeit
1. Vorbemerkung. Unter den Begriff „Soziale Arbeit" werden hier pauschal Konzepte der Sozialpädagogik und der Sozialarbeit subsumiert, aber wo nötig, auch differenziert benannt. In jeder Wissenschaft bilden sich in ihrem Entwicklungsverlauf bestimmte Denkrichtungen und -traditionen (sog. Schulen) heraus, deren Unterschiedlichkeit meist auf der Verschiedenheit der wissenschaftstheoretischen und/oder anthropologischen Grundlage beruht, und die oft – auch zeitbedingt – in heftiger Konkurrenz zueinander stehen. In der Regel herrscht aber in der jeweiligen Wissenschaft weitgehende Übereinstimmung darüber, welche Schulen es gibt und was deren Hauptmerkmale sind.

Dieses ist in der Sozialen Arbeit sicher auch aus historischen Gründen (→Geschichte der Sozialarbeit, ›Geschichte der SP) weniger eindeutig. Da sich aber zweifellos unterschiedliche Denkansätze entwickelt haben und auch zum Teil schon kategorisiert wurden (z. B. Marburger 1979), wird hier der Versuch unternommen, diese Schulen zu benennen und kurz darzustellen, wobei aber zu beachten ist, daß es neben dem Dargestellten namentlich in der Praxis noch sehr viele pragmatische Mischformen sowie Randerscheinungen gibt.

2. Geisteswissenschaftliche Sozialpädagogik (g. SP). Diese älteste Schule der SP, zu deren Hauptvertretern →H. Nohl, →W. Flitner, →E. Spranger und →E. Weniger gehören, ist der →geisteswissenschaftlichen Pädagogik zuzuordnen und wird daher hier als g. SP bezeichnet. Während der Gegenstand der Pädagogik in dieser Denktradition die Erziehung schlechthin ist, beschäftigt sich die g. SP mit der Theorie und Praxis der Erziehung als öffentliche (soziale) Aufgabe, wobei diese je nach Lage die Familienerziehung ergänzt, kompensiert oder ersetzt (die Schulpädagogik gilt in diesem Zusammenhang traditionell als eigener, dritter Bereich). Das ideale Erziehungsziel der g. SP ist es, den jungen Menschen zu sich selbst sowie zum Maximum der in ihm angelegten Fähigkeiten und seiner Möglichkeiten zu bringen, wobei die Ausbildung einer eigenen Identität (Persönlichkeit, Charakter) gleichzeitig Grundlage und Ziel dieser Bemühung ist. Hierzu muß der junge Mensch sich mit seiner Umwelt und sich selbst auseinandersetzen. Ersteres soll dazu führen, daß er die Prinzipien, nach denen diese funktioniert, erkennt, und seine Umwelt so für ihn durchschaubar und damit auch veränderbar wird. Letzteres hat das Ziel der Identitätsbildung, d. h., den Erwerb eines festen, individuellen Standortes im Leben durch die Entwicklung persönlicher Ziele und Überzeugungen („Haltung", →formale Bildung).

Diese erzieherischen Bemühungen sollen bewirken, daß der junge Mensch befähigt wird, sein Leben auch unter schwierigen Bedingungen selbst gestalten zu lernen sowie von der Hilfe Dritter weitgehend unabhängig zu werden, wozu allerdings andere gesellschaftliche Institutionen (z. B. Wirtschaft, Politik) entsprechende Voraussetzungen schaffen bzw. ergänzend tätig werden müssen – die g. SP begreift sich also als den pädagogischen Beitrag zu dieser gesamtgesellschaftlichen Aufgabe. Dennoch blieb der Hauptvorwurf an diese Schule stets der der fehlenden Einbeziehung der gesellschaftlich – politischen Dimension. Der heutige Stellenwert dieser bis weit in die Nachkriegszeit bedeutendsten Schule bedarf einer umfangreichen Analyse. Es kann jedoch gesagt werden, daß sie noch präsent ist.

3. Kritisch-emanzipatorische Sozialpädagogik (k. SP). Diese Schule entstand Anfang der 1970er Jahre vor dem Hintergrund der wissenschaftstheoretischen Position der Frankfurter Schule (→Kritische Theorie) und begriff sich als Teildisziplin einer kritischen Erziehungswissenschaft.

Die k. SP ordnete die traditionelle SP als defensiv ein, d.h., diese reagiere lediglich im Sinne einer sozialen Feuerwehr auf bestehende Notlagen, ohne an deren Ursachen etwas zu ändern. Demgegenüber war der Anspruch der k. SP ein offensiver: Ihr Erziehungsziel war die →Emanzipation des Klientels, wobei Theorie und Praxis an der Vorgabe der strikten Parteilichkeit für dieses gebunden waren.

Darüber hinaus habe die SP als politische und ideologiekritische Institution die Aufgabe der Reflexion der gesellschaftlichen Bedingungsfaktoren für individuelle Notlagen mit dem Ziel der Veränderung der Gesellschaft.

Die k. SP, zu deren Hauptvertretern H. Giesecke und →K. Mollenhauer gehören, beherrschte die SP der 1970er und 1980er Jahre, obwohl es ihr nie gelang, ein geschlossenes wissenschaftliches Gebäude und im besonderen eine handhabbare Praxeologie zu entwickeln. Blieb die Kritik des →kritischen Rationalismus an dieser Schule noch weitgehend folgenlos, so führte in den späten 1980er Jahren der Vorwurf der mangelnden Berücksichtigung des Alltags des Klienten zur „Alltagswende" in der SP. Dennoch ist die implizite Präsenz der k. SP nicht zu unterschätzen, da nahezu alle heutigen sp. Meinungsbildner in ihrer Denkrichtung ausgebildet wurden.

4. Alltagsorientierte Sozialpädagogik (a. SP). In dieser sich in den frühen 1980er Jahren etablierenden Denkrichtung der SP wird der Alltag in kritischer Einschätzung der Errungenschaften der Moderne als Gegeninstanz zu einem abstrakten Wissenschaftsverständnis, als unverformter Bereich verstanden, in dem jeder als kompetent erachtet und damit anerkannt und gestärkt wird.

Die größere Nähe der Alltagsorientierung zur Lebenswirklichkeit der Klienten soll jedoch nicht den Verzicht auf wissenschaftstheoretische Fundierung bedeuten. Diese wird in der →Theorie der Symbolischen Interaktion, der phänomenologischen Soziologie sowie dem phänomenologischen Marxismus gesucht.

Als Hauptvertreter dieses Ansatzes gilt H. Thiersch, dessen Konzept eines „gelingenderen Alltags" die gesellschaftliche und historische Bedingtheit des subjektiven Lebens in die geforderte Hinwendung zu Subjekt und Lebenswelt einschließen will. Die Strukturen des Alltags seien weniger als Orte unverfälschter Wahrheit und Selbstheilung zu romantisieren, als vielmehr als Orte der Entfremdung und Benachteiligung zu verstehen, denen aber auch die Potentiale eines besseren, gelingenderen Alltags innewohnen würden. Eben die Entschlüsselung dieser Entfremdung und die damit verbundene Freilegung des Eigensinns, die Entdeckung der im gelebten Augenblick enthaltenen konkreten Utopie sollen die Leitlinien einer am Alltag orientierten SP sein. Eine wesentliche Voraussetzung dieser Orientierung liege darin, die Deutungsmuster des Klienten ernst zu nehmen und sie zum Ausgangspunkt des Handelns zu machen.

Der a. SP wird vor allem seitens der kritisch-emanzipatorischen SP vorgeworfen, sie ignoriere die Thematisierung der persönlichen Verhältnisse als das Ergebnis gesellschaftlicher Prozesse, Machtverhältnisse und Interessen und verstelle den Blick auf die eigene Profession als subtile Kontrollinstanz.

5. Marxistische Sozialpädagogik (m. SP). Die m. SP erlebte in der westlichen Welt ihre Blüte zeitgleich mit der k. SP (zur Situation im damaligen Ostblock →Erziehungswissenschaft im Sozialismus).

Beiden gemeinsam war das Ziel der Schaffung einer gerechteren Gesellschaftsordnung. Diese versuchte die m. SP vor dem makrosoziologischen Hintergrund der Theorie des dialektischen Materialismus nach Marx zu erreichen, indem sie die Überwindung der kapitalistischen Klassengesellschaft als ihre Hauptaufgabe definierte, da diese die alleinige Ursache sozialen Elends sei. In diesem Zusammenhang müsse also nicht primär die soziale und persönliche Not von der SP bekämpft werden, sondern die Masse der Unterprivilegierten, namentlich die Arbeiterklasse, sei zu mobilisieren und zu aktivieren, den Kampf gegen soziales Elend zu führen. Die m. SP, zu deren Hauptvertretern K. Khella, W. Hollstein, M. Meinhold und H. Zander gehören, sah die wesentlichste Aufgabe der SP im Bereich der politischen Agitation. Durch die Erhebung der Arbeiterklasse sollte die revolutionäre Veränderung der Gesellschaft eingeleitet werden.

Nicht zuletzt aufgrund der politischen Ereignisse der frühen 1990er Jahre hat diese Schule derzeit erheblich an Bedeutung verloren.

6. Sozialarbeitswissenschaft. Dieser Begriff bezeichnet in seiner einen, älteren Bedeutung vielfältige Versuche, der Sozialarbeit eine theoretische Grundlage zu geben und sie so zu verwissenschaftlichen. Hierbei wurde von einem Sozialarbeitsbegriff in der Tradition der Fürsorge – also Sozialarbeit als die Disziplin mit dem Gegenstand der psychosozialen Versorgung Bedürftiger – ausgegangen. Der pädagogische Aspekt der Sozialen Arbeit blieb in der Regel unberücksichtigt.

Hierbei lassen sich zwei Denktraditionen unterscheiden: Während in den Schulen des nordamerikanischen „social works" die theoretische Überbauung durch soziologische und psychologische Theorien erfolgte (und immer noch – nicht nur dort – erfolgt), die auf die konkreten Handlungsfelder bezogen wurden, stand in Deutschland eher die Modernisierung, Systematisierung und Operationalisierung der historisch gewachsenen Institutionen und Begrifflichkeiten der Armenfürsorge im Mittelpunkt. Ein Beispiel hierfür ist die „Theorie der Fürsorge" von H. Scherpner (Göttingen 1962).

In seiner zweiten Bedeutung bezeichnet Sozialarbeitswissenschaft eine von L. Rössner vor dem Hintergrund des →kritischen Rationalismus entwickelte und sich erziehungswissenschaftlich verstehende sozialpädagogische Schule, wobei Rössner die Pädagogik als Subdisziplin der Soziologie ansieht (→Sozialbeitswissenschaft).

Der Ansatz Rössners ist in der Vergangenheit heftig diskutiert worden. Unbestritten blieb die klare wissenschaftstheoretische Grundlegung und Ausgestaltung; vorgeworfen wurden ihm im wesentlichen die bewußte Ausblendung der gesellschaftlichen und historischen Dimension sowie der „technologische Charakter" seines Ansatzes.

Seit Mitte der 1980er Jahre findet diese Schule – vielleicht zu Unrecht – zunehmend weniger Beachtung.

7. Psychoanalytisch orientierte Sozialpädagogik (SP). Hier kann weniger von einer sp. Schule im engeren Sinne gesprochen werden, sondern eher von der Anwendung der psychoanalytischen Theorie in sozialpädagogischen Handlungsfelder, wie sie z. B. →Aichhorn und →Redl praktizierten (→Psychoanalyse und SP). Die Psychoanalyse ist ebenso wie die Schulen der →humanistischen Psychologie als Grundlage für die

Soziale Arbeit – anders als z. B. in den USA – in der theoretischen Diskussion in Deutschland derzeit in den Hintergrund getreten. Beide spielen in der Praxis namentlich auch im methodischen Bereich aber eine wichtige Rolle.

8. Systemische Soziale Arbeit. Dieser Ansatz ist der jüngste Versuch der theoretischen Grundlegung der Sozialarbeit durch eine soziologische Theorie – hier der Systemtheorie. S. Staub-Bernasconi, die Hauptvertreterin dieser Schule, lehnt eine Unterscheidung zwischen Sozialpädagogik (Erziehung und Bildung als öffentliche Aufgabe) und Sozialarbeit (Fürsorge, Hilfe) ab und weist der Sozialen Arbeit als Ziel die Besorgung des ganzen Menschen zu, wobei sie den Menschen sowie die ihn umgebende Gesellschaft und Kultur unter dem prozessual-systemischen Paradigma betrachtet (→Systemische Soziale Arbeit, →Systemtheorie).

Den Gegenstand der Sozialen Arbeit bilden demnach die sozialen Probleme, die es in der Gesellschaft gibt, und auf die sie die gesellschaftliche Antwort ist. Unterschiedliche psychosoziale Marginalisierungen („Randständigkeiten", z. B. infolge mangelnder materieller Güter, mangelnder Macht, mangelnder Gefühle) sind die Folge unterschiedlicher sozialer Ausschließungsmechanismen. Deren Prozesse und Systeme sowie die in ihnen involvierten Menschen, betrachtet unter dem Aspekt ihrer Verbundenheit mit und ihrer Zugehörigkeit zu einem übergeordneten Kontext, kennzeichnen das Arbeitsfeld der Systemischen Sozialen Arbeit. Diese wird, auch in der Praxis, derzeit zunehmend populärer – trotz der Vorwürfe der politischen Neutralität, der Ausblendung der makrosoziologischen Dimension, der mechanistischen Darstellung des Menschen und der Gesellschaft, aber auch der fehlenden Einbeziehung erziehungswissenschaftlicher Erkenntnisse.

9. Fazit. Bereits diese kurze – und somit der Bedeutung des Gegenstandes nicht entsprechende – Darstellung zeigt, daß die Soziale Arbeit über ein Angebot an Denkrichtungen und -traditionen, also Schulen, verfügt, das hinter dem anderer Wissenschaften per se nicht zurücksteht. Daß diese Schulen, trotz der wichtigen, da systematisierenden Arbeiten von Marburger, Engelke und anderen, in der Fachöffentlichkeit auch der Nachbardisziplinen noch nicht allgemein etabliert sind, macht folgende Arbeiten erforderlich:
– Eine einheitliche Kategorisierung und Systematisierung aller Schulen nach standardisierten wissenschaftlichen Kriterien (Axiologie, Praxeologie, wissenschaftstheoretischer Hintergrund u.s.w.),
– die Fortschreibung bzw. Weiterentwicklung dieser Schulen, sowie
– die Vermittlung dieser Schulen an den Ausbildungsstätten Sozialer Arbeit, wobei aber in diesem Unterricht nicht in unwissenschaftlicher Weise eines dieser Konzepte zum Nachteil aller anderen favorisiert werden sollte. Stattdessen sollte analysiert werden, unter welchen Einsatzbedingungen, in welchem Kontext u.s.w. welches Konzept jeweils den maximalen Erfolg für die konkrete Arbeit verspricht.

Lit.: Engelke, E.: Theorien der Sozialen Arbeit: eine Einführung, Freiburg/Br. 1998; Marburger, H.: Entwicklung und Konzepte der Sozialpädagogik, München 1979; Nohl, H.: Die pädagogische Bewegung in Deutschland und ihre Theorie, Frankfurt/M. 1949; Schmidt, H.-L.: Theorien der Sozialpädagogik. Rheinstetten 1981; Thiersch, H.: Die Erfahrung der Wirklichkeit, Weinheim, Basel 1986.

Günter Rosenhagen, Lüneburg

Schulkindergarten

S. sind sozialpädagogische Einrichtungen, in denen schulpflichtige (→Schulpflicht), aber noch nicht schulreife (→Schulreife) Kinder während eines

Jahres Förderung ihrer emotionalen, sozialen und kognitiven Fähigkeiten erhalten, so daß der Schulbesuch möglich wird. S. gibt es seit Beginn des 20. Jahrhunderts. Maßgeblich an ihrer Entwicklung beteiligt war das Ehepaar →Nohl.

Schulpflicht
S. besteht in Deutschland seit der Zeit der Weimarer Republik, während im Kaiserreich nur derjenige zum Schulbesuch verpflichtet war, der sich seine Grundbildung nicht auf andere Weise aneignen konnte. In der Bundesrepublik ist die S. durch Länderrecht geregelt, das aber weitgehend übereinstimmt.
Schulpflichtig sind alle Kinder nach Vollendung des 6. Lebensjahres (→Schulreife), die in Deutschland wohnen oder dort ihren gewöhnlichen Aufenthalt haben, für die Dauer von 9 Jahren. Es folgt eine dreijährige Berufsschulpflicht.
Die Verletzung der Schulpflicht wird als Ordnungswidrigkeit und z. T. auch als Straftat geahndet.

Schulreife
Von S. wird gesprochen, wenn ein Kind aufgrund seines kognitiven, sozialen, emotionalen und körperlichen Entwicklungsstandes vermuten läßt, daß es den Anforderungen der Schule im allgemeinen und besonders der schulischen Lehre gewachsen ist. Zur Erfassung dieser Fähigkeiten wurden verschiedene Verfahren (darunter auch standardisierte →Tests, die sog. Schultests) entwickelt, die zum großen Teil Gegenstand kritischer Auseinandersetzungen sind.

Schulsozialarbeit
1. Begriff. Mit S. ist weder ein eindeutiges und klares Praxisfeld gemeint, noch kann man von einer →Methode sprechen. S. ist gegenwärtig vielmehr als Oberbegriff, als konzeptuelle Klammer für die Tätigkeit von Sozialpädagogen mit spezifischen sozialpädagogischen Methoden und Zielen in der Schule oder im unmittelbaren Schulumfeld bzw. als vereinbarte, intensive und kontinuierliche Kooperation von Jugendhilfe und Schule zu verstehen. Das Fehlen eines theoretischen Bezugsrahmens verhinderte bislang eine eindeutige Profilbildung von S. Stattdessen gibt es gegenwärtig eine Vielzahl von pädagogisch-konzeptionell und organisatorisch unterschiedlichen Angebotsformen der S., die sowohl die Bearbeitung von in der Schule auftretenden sozialen Problemen, Benachteiligungsstrukturen und Lernschwierigkeiten als auch die Freizeitarbeit und die Gestaltung des Schullebens mit spielerischen, sportlichen oder kulturellen Aktivitäten umfassen. S. ist Aufgabe der →Jugendhilfe, hat als Teil der modernen, offensiven Jugendhilfe aber keine rechtlich verbindliche Verpflichtung auf Leistung, sie ist nicht explizit als Angebotsform erfaßt. S. kann lediglich indirekt aus § 13 Abs. 1 KJHG abgeleitet werden bzgl. „schulischer und beruflicher Ausbildung" sowie der „Eingliederung in die Arbeitswelt".

2. Geschichte. Die Entwicklungsgeschichte von Schule und Sozialpädagogik ist eine Geschichte der Abgrenzung der Institutionen: Zwar hatte Schule auch sozialpädagogische Funktionen erfüllt (wenn auch nicht unbedingt als solche beabsichtigt) wie z. B. in der „Industrieschule" des 19. Jh.s und in den bis zum Ende des 19. Jh.s vielfach als Ganztagsschule geführten Volks- und auch weiterführenden Schulen. Nicht nur Armenkindern sollte den größten Teil des Tages über Aufsicht, Schutz und eine nützliche Beschäftigung geboten werden. Am Ende des 19. Jh.s schrumpfte diese Betreuungszeit aber zur Halbtagsschule zusammen, der dadurch entstandenen Lücke (und der als gefährlich erachteten Lebensphase Jugend) sollte durch erzieherische Mittel der Jugendpflege begegnet werden. Es entstanden zudem Einrichtungen der Jugendfürsorge. Im Laufe des 19. Jh.s hat sich damit neben der Familie und Schule die „Sozialpädagogik" als weiteres Er-

ziehungsfeld mit eigenem Selbstverständnis und eigenen Institutionen herausgebildet. Eine Zusammenarbeit von Schule und Sozialpädagogik kam kaum zustande, seit der Reichsschulkonferenz von 1920 und der Verabschiedung des RJWG 1922 hatten sich beide Instanzen in Deutschland weitgehend getrennt voneinander entwickelt. Versuche der Überwindung dieser Trennung gab es auf Seiten der Schule (z. B. Reformschulen, Landerziehungsheime) und der Jugendfürsorge (z. B. Arbeiterbildungseinrichtungen oder von der Jugendbewegung beeinflußte Heime) (vgl. zu historischen Aspekten Grossmann 1987; Konrad 1997). Erst später, in den 60er Jahren, wurde begonnen, eine enge(re) Zusammenarbeit von Schule und Sozialpädagogik umzusetzen, es entstanden Ansätze der S.

3. Entwicklung. Ende der 60er, Anfang der 70er Jahre war die Diskussion um die Bildungsreform mit ihren Leitvorstellungen der Chancengleichheit, der breiten Öffnung weiterführender Schulen sowie der Gründung von Gesamtschulen als demokratische Leistungsschulen Anlaß für die Auseinandersetzung mit Sozialpädagogik in der Schule. Erste Projekte der S. in den 70er Jahren waren gemäß der bildungspolitischen Ziele vor allem Hilfen für benachteiligte und integrationsgefährdete Kinder und Jugendliche, um die negativen Auswirkungen einer leistungsorientierten Schule für bislang bildungsferne/benachteiligte Schichten der Gesellschaft einzudämmen. Es entstanden sowohl Projekte in sozialen Brennpunkten als auch Hausaufgaben- und sozialpädagogische Schülerhilfen. In diesem Zeitraum bildeten sich zwei kontroverse Denkfiguren heraus: einmal das Plädoyer für die Einbeziehung sozialpädagogischer Fachkräfte in Schule („S. durch Jugendhilfe"), zum anderen die Integration sozialpädagogischer Sinnelemente in die Lehrerrolle bzw. die sozialpädagogische Qualifikation der Schulpädagopgik („sozialpädagogische Schule") (vgl. Homfeldt/Lauff/Maxeiner 1977). In den 80er Jahren wurde S. stärker vor dem Hintergrund der Integration von ausländischen Schülern und Jugendlichen und dabei auftretenden Probleme diskutiert. Hinzu kamen veränderte Bedingungen wie Probleme auf dem Arbeits- und Ausbildungsmarkt, das Infragestellen der Verwertbarkeit schulischer Abschlüsse, die Zunahme berufstätiger und auch alleinerziehender Mütter, die nach weiteren ganztägigen Betreuungsformen verlangten. Eine weitere Akzentuierung der S. wurde durch zunehmende Phänomene wie Drogenkonsum, Aggressivität und →Gewalt, verschiedene Formen →abweichenden Verhaltens Jugendlicher ausgelöst (vgl. Raab/Rademacker/Winzen 1987). Seit Beginn der 90er Jahre wird das Thema Kooperation von Jugendhilfe und Schule mehr denn je diskutiert. Diese neue Diskussion basiert auf Anregungen aus der bildungspolitischen und auch frauenpolitischen Debatte, auf Erkenntnissen über veränderte Lebenslagen und Bewältigungsanforderungen von jungen Menschen und ihren Familien in einer individualisierten Gesellschaft, auf dem neuen KJHG und dem damit verbundenen Rollenwandel der Jugendhilfe (Lebenswelt- und Dienstleistungsorientierung), auf Tendenzen innerer und äußerer Öffnung der Schule und auf vermehrte Probleme in der Schulpraxis. In den neuen Bundesländern entstand nach der Wende diese Diskussion aufgrund der Neu- und Umstrukturierung des Schul- und Jugendhilfesystems und den Auswirkungen des Transformationsprozesses auf das Aufwachsen von Kindern, Jugendlichen und ihren Familien (vgl. Flösser/Otto/Tillmann 1996; Prüß/Bettmer 1996). Trotz dieser intensiven Diskussion gibt es (weiterhin) Probleme der angemessenen Umsetzung von S., das Verhältnis von Jugendhilfe und Schule ist nach wie vor durch Vorurteile, widersprüchliche und unrealistische Erwartungen sowie Sta-

tus- und Hierarchieprobleme gekennzeichnet. Gründe hierfür sind in unterschiedlichen konzeptionellen Vorgehensweisen, Intentionen sowie in den speziellen Funktionen der beiden Institutionen Schule und Jugendhilfe zu sehen (vgl. Rademacker 1996).

4. Begründung der Kooperation von Jugendhilfe und Schule. Schule gerät zunehmend in Legitimationsnot, wenn Lern- und Schulschwierigkeiten wachsen, ein „normaler" und weitgehend reibungsloser Schulalltag seltener wird. Jugendhilfe hat ihrerseits vermehrt mit Schul- und Schülerproblemen zu tun. Dabei weisen Problemlagen von jungen Menschen heute zunehmend eine Komplexität auf, die quer zu den Sozialisationsinstanzen liegt. Betrachtet man Schule als Kumulations- und Interdependenzfeld soziostruktureller und gesellschaftlicher Bedingungen, so umfaßt eine (analytische, der Betrachtung geschuldete) Unterteilung von Problemlagen im Sozialisierungskontext Schule drei Ebenen:
- Probleme von Schule (meint Probleme aufgrund der gesellschaftlich bedingten Widersprüchlichkeit der Institution Schule und ihrer Funktionen: dies zeigt sich vor allem in den Gegensatzpaaren (Melzer) „Geringhaltung von Bildungskosten vs. Bürgerrecht auf Bildung", „Loyalitätssicherung durch Ideologisierung vs. Befähigung zur kritischen Reflexion gesellschaftlicher Zusammenhänge", „Selektions- und Allokationsfunktion vs. Herstellung von Chancengleichheit" sowie „Qualifikationsfunktion/ Vermittlung berzüglich verwertbarer Fachkenntnisse vs. allseitig entwickeltes Individuum"),
- Probleme für Schule (veränderte Lebens- und Lernbedingungen junger Menschen, die individuell repräsentiert in den Schulalltag dringen und auf soziostrukturelle und gesellschafts-ökonomische Dynamiken zurückzuführen sind wie z. B. Überlastungen von Familien, Armut, Jugendarbeitslosigkeit, Mangel an Freizeiträumen, Pluralität der Lebensstile, Orientierungslosigkeit sowie Bewältigungsregulationen in Form abweichenden Verhaltens) und
- Probleme mit Schule (die Jugendliche aufgrund der schulisch-institutionellen und gesellschaftlich-strukturellen Bedingungen haben und ihnen Bewältigungsleistungen abverlangen, v. a. angesichts fehlender Sinnhaftigkeit von Schulbildung (Qualifikationsparadox) sowie der Erfahrung, daß Schule kaum Rückhalt beim Umgang mit Leistungs-, Konkurrenzdruck und Zukunftsängsten bietet).

Diese Problemlagen (komplexer Entstehung und Erscheinung) lassen sich kaum noch individuell und gruppenspezifisch zurechnen, sondern sind vielmehr strukturell bedingt und biografisch eingebunden. Daher sind eindimensionale Zuschreibungen und Problemlösungskapazitäten einzelner Sozialisationsinstanzen nicht möglich: weder Familie noch Schule noch Jugendhilfe allein kann dieser komplexen Anforderung effektiv begegnen. Es ist eine vernetzte Infrastruktur sozialer Unterstützung für junge Menschen notwendig, die auch kooperative, übergreifende Konzepte eines Zusammenwirkens von Jugendhilfe und Schule einbezieht.

5. Erscheinungsformen und Konzepte. S. ist an allen Schulformen vertreten, das Spektrum an Arbeitseinsätzen reicht von der Hausaufgaben- und Schülerhilfe, der außerunterrichtlichen Freizeitgestaltung, der Betreuung/Beratung bei schulischen und persönlichen Problemen über schulunterstützende und -verändernde Konzepte bis hin zu gemeinwesenorientierten Ansätzen. Konzeptionelle Kernbereiche sind v. a. Schülertreffs, problembezogene Einzelfallhilfe, soziale Gruppenarbeit mit Schülern, Elternarbeit, Beratung bei Übergängen (Schülerwechsel, Berufsorientierung)

sowie staddtteilorientierte, vernetzende Aktivitäten (vgl. Mühlum 1993: 258 ff.). Der Sozialpädagoge in der Schule kann dabei Angestellter der öffentlichen oder freien Jugendhilfe, der Schulbehörde oder auch eines privaten Vereins sein. Die Trägervorgaben und Organisationsformen haben starken Einfluß auf das Zusammenwirken von Jugendhilfe und Schule, das Züge eines Delegations-, Distanz-, Kooperations- oder Integrationsverhältnisses (Stadler) annehmen kann. S. hat sich in den letzten Jahren quantitativ deutlich ausgeweitet (vgl. Seckinger/Weigel/van Santen/Markert 1998: 109), was sich in einer begrifflichen und konzeptionellen Vielfalt widerspiegelt wie z.B. „Sozialarbeit an Schulen" „Jugendarbeit an Schulen" (Seithe), oder „schulbezogene Jugendhilfe" (Prüß). S. beginnt sich in den neuen Bundesländern verstärkt zu entwickeln, insbesondere aufgrund der Erweiterung der Angebote durch freie Träger.

Angesichts des unklaren Profils von S. ist eine Bezugnahme auf die sozialpädagogische Berufsrolle und die fachlichen Standards der Jugendhilfe als Bezugsrahmen notwendig: Jugendhilfe als veranstaltete Sozialpädagogik hat sowohl die soziale Rehabilitation von jungen Menschen in defizitären und problembelasteten Lebenslagen als auch die Gestaltung von Lebensbedingungen von Kindern und Jugendlichen zur Förderung ihrer individuellen und sozialen Entwicklung als zentrale Aufgabe. Dementsprechend ist zukünftig zu diskutieren, ob S. als Teil der Jugendhilfe als integriertes Konzept einer „schulbezogenen Jugendhilfe" gefaßt werden sollte, das zwei Handlungsebenen und -ansätze einschließt:
– problembearbeitend-integrierende Hilfen in den Schulen („schulische Hilfen"): umfassen schülerzentrierte Hilfen für Kinder und Jugendliche, die durch die Schule in ihren sozialen Defiziten und Belastungen nicht aufgefangen werden können. Im Mittelpunkt stehen Angebote zur Entgegenwirkung von Ausgliederungs- und Benachteiligungstendenzen (z.B. bei Verhaltensstörungen, Formen (schulisch) devianten Verhaltens) und zweitens
– lebenslagengestaltend-strukturierende Angebote („schulbezogene Hilfen der Jugendarbeit" als Sozialisationskonzept): umfassen einen jugendpädagogisch-spezifischen Zugang zur Schule, der versucht, Reduzierungen lebensweltlicher Zusammenhänge auf die „Schülerrolle" zu überwinden, indem milieubildende Räume sowie Beziehungsangebote anderer und verläßlicher Erwachsener zum Zwecke der alltäglichen Reproduktion des „Schülerseins" geboten werden und als soziale Unterstützung abrufbar sind (vgl. Böhnisch 1993; Böhnisch/Rudolph/Wolf 1998).

6. Perspektiven. Die Klärung und Optimierung einer Reihe von Rahmenbedingungen ist Voraussetzung für die Etablierung und Konkretisierung sozialpädagogischer Unterstützungsleistungen im Bereich der Schule: So setzt eine kontinuierliche Arbeit eine personelle Ausstattung und Finanzierung voraus, die in Modellprojekten aus AB-Mitteln meist nicht gegeben ist. Ferner sind Qualifizierungsstandards in schul- und sozialpädagogischen Ausbildungsgängen zu entwickeln, die ein Aufeinanderzugehen und Voneinanderwissen der Institutionen erleichtern. Es ist auch zu prüfen, inwiefern S. als Scharnier zwischen Schule und Kinder- und Jugendschutz sowie den Hilfen zur Erziehung fungieren kann, um eine Kooperation zu intensivieren (vgl. BMFSFJ 1998). Für eine bedarfsgerechte Entwicklung der Angebote von S. ist ihre Einbeziehung in die regionale Jugendhilfe- und Schulentwicklungsplanung unerläßlich. Dringlich scheint auch eine Präzisierung der Aufgaben einer schulbezogenen Jugendhilfe im KJHG, in dem die „schulischen Hilfen" ausdrücklich und separat be-

nannt (ggf. in einem eigenen Paragraphen) und von der Jugendsozialarbeit (§ 13) mit ihrer eher berufsbezogenen Ausrichtung abgegrenzt werden. Ferner müßte dort auch der Stellenwert von Jugendarbeit (§ 11) zur Konzeptualisierung „schulbezogener Hilfen als Sozialisationskonzept" beschrieben werden. Entsprechend ist auch eine schulgesetzliche Verankerung der Kooperation von Jugendhilfe und Schule zu realisieren. Ziel ist es vor diesem Hintergrund, daß sozialpädagogische Angebote in der Schule als selbständige und eigenständige Aufgabe unter der Leitung der Jugendhilfe verstanden wird, die in Kooperation mit der Familie und der Schule zur Verbesserung der Lebensbedingungen und zum Abbau sozialer Benachteiligung beiträgt.

Lit.: Böhnisch, L.: Sozialpädagogik des Kindes- und Jugendalters. Eine Einführung, Weinheim/München ²1993; Böhnisch, L./Rudolph, M./Wolf, B. (Hrsg.): Jugendarbeit als Lebensort. Jugendpädagogische Orientierungen zwischen Offenheit und Halt, Weinheim/München 1998; Bundesministerium für Familie, Senioren, Frauen und Jugend (BMFSFJ) (Hrsg.): Zehnter Kinder- und Jugendbericht, Bonn 1998; Flösser, G./Otto, H.-U./Tillmann, K.-J. (Hrsg.): Schule und Jugendhilfe. Neuorientierung im deutsch-deutschen Übergang, Opladen 1996; Grossmann, W.: Aschenputtel im Schulalltag. Historische Entwicklungen und Perspektiven von Schulsozialarbeit, Weinheim 1987; Homfeldt, H.-G./Lauff, W./Maxeiner, J. (Hrsg.): Für eine sozialpädagogische Schule. Grundlagen, Probleme, Perspektiven, Weinheim/München 1977; Konrad, F.-M.: Von der Konfrontation zur Kooperation. Zur Geschichte des Verhältnisses von Schule und Sozialpädagogik/Sozialarbeit, in: Fatke, R./Valentin, R. (Hrsg.), Sozialpädagogik in der Grundschule. Aufgaben, Handlungsfelder und Modelle, Frankfurt/M. 1997: 20–32; Mühlum, A.: Schulsozialarbeit, in: Becker-Textor, I./Textor, M.R. (Hrsg.), Handbuch der Kinder- und Jugendbetreuung, Neuwied 1993: 241–269; Prüß, F./Bettmer, F.: Schule und Jugendhilfe – neue Kooperationschancen im Osten?, in: Flösser/Otto/Tillmann 1996: 238–252; Raab, E./Rademacker, H./Winzen, G. (Hrsg.): Handbuch Schulsozialarbeit. Konzeption und Praxis sozialpädagogischer Förderung von Schülern, Weinheim/München 1987; Rademacker, H.: Schulsozialarbeit vor neuen Herausforderungen – Bilanz und Perspektiven der Schulsozialarbeit in den alten und neuen Bundesländern, in: Schubarth, W. u.a. (Hrsg.), Gewalt an Schulen. Ausmaß, Bedingungen und Prävention, Opladen 1996: 216–238; Seckinger, M./Weigel, N./van Santen, E./Markert, A.: Situation und Perspektiven der Jugendhilfe. Eine empirische Zwischenbilanz, München 1998.

Stephan Maykus, Greifswald

Schutzaufsicht

Die S. war gem. den §§ 56–61 RJWG eine vormundschaftsrichterlich angeordnete Maßnahme der →Jugendfürsorge zur Verhütung von →Verwahrlosung. Der Schutzaufsichtshelfer hatte den Minderjährigen zu schützen und zu überwachen. Der Erziehungsberechtigte war zu unterstützen und ebenfalls zu überwachen. Über seine konkreten Aufgaben entschied seine Bestellung. Die S. wurde in der Bundesrepublik in abgewandelter Form als →Schutzhilfe in das JWG aufgenommen und um die Erziehungsbeistandschaft (→Erziehungsbeistand) erweitert.

Schutzhilfe (Aufsichtshilfe)

Unter der Bezeichnung S. wurde für Minderjährige, für die eine →Fürsorgeerziehung oder →Freiwillige Erziehungshilfe bestand, eine ambulante Intensivbetreuung vom →Landesjugendamt auf der Rechtsgrundlage des § 69 Abs. 3 JWG durchgeführt. Sie war die Nachfolgerin der →Schutzaufsicht. Diese Maßnahme richtete sich vor allem

Schwachsinn

an ältere Jugendliche, die mit den erzieherischen Mitteln einer Familie oder eines Heimes (→Heimerziehung) nicht mehr zu fördern waren. Mit dem Wegfall von Fürsorgeerziehung und Freiwilliger Erziehungshilfe seit der Verabschiedung des KJHG verschwand auch die Schutzhilfe.

Schwachsinn

Frühere, in der Praxis noch vielfach gebräuchliche Bezeichnung für einen angeborenen Intelligenzmangel (im Gegensatz zu einer später durch physische oder psychische Einwirkungen erlittene Intelligenzherabsetzung). Hierbei wurde zwischen einem leichten (Debilität), mittleren (Imbezillität) und schweren Grad (Idiotie) unterschieden. Um diese stigmatisierenden Begriffe zu neutralisieren, verwendet man heute den Begriff „intellektuelle Minderbegabung" und unterscheidet entsprechend zwischen leichter, mittlerer und schwerer intellektueller Minderbegabung.

Schwangerenberatung
→Mütterberatungsstelle

Schwangerschaftsabbruch

Künstlich ausgelöste, vorzeitige Beendigung einer Schwangerschaft, die sowohl aus ethisch-moralischen als auch aus bevölkerungspolitischen Gründen bereits seit der Antike immer wieder mit Strafe bedroht wird. 1871 entstand im damaligen deutschen Reich der § 218 StGB, wonach S. unter Strafe gestellt wurde. 1976 wurden Reformen durchgeführt, die S. unter bestimmten Bedingungen straffrei ließen. Nach Überarbeitung und Modifikation der 1992 beschlossenen Fassung des Abtreibungsrechts gilt seit 1995 vorläufig eine Fristenlösung mit Beratungspflicht (→Schwangerschaftskonfliktberatung). In den ersten zwölf Wochen bleibt demnach der Schwangerschaftsabbruch straffrei, wenn sich eine Frau mindestens drei Tage vor dem Abbruch hat beraten lassen und der Abbruch von einem Arzt vorgenommen wird. Beratung und Abbruch dürfen nicht in derselben Einrichtung vorgenommen werden. Die Krankenkassen dürfen die Kosten des S. nur noch bei einer medizinischen Indikation (Erbschäden, Gefahr für das Leben der Mutter, Behinderung des Fötus) oder bei einer vorangegangenen Vergewaltigung übernehmen. Entscheidet sich die schwangere Frau aus sozialen Gründen für den S., muß sie die Kosten selbst tragen. Mittellose Schwangere können entsprechende Sozialhilfe beantragen.

Schwangerschaftskonfliktberatung

Die S. ist eine soziale Beratung, an der eine Schwangere, die einen →Schwangerschaftsabbruch vornehmen lassen will, per Gesetz verpflichtet ist teilzunehmen. Diese Beratung muß mindestens drei Tage vor dem Abbruch stattfinden. Beratungsstellen befinden sich in unterschiedlicher Trägerschaft und arbeiten mit verschiedenen Schwerpunkten. Aufgaben der Beratung ist es, das werdende Leben zu schützen. Um eine Fortsetzung der Schwangerschaft zu ermöglichen, wird die Schwangere über ihre Rechtsansprüche und sonstige praktische Hilfe informiert. Auch die Entstehungsgründe (Kinderwunsch, Verhütung), die individuelle Lebenssituation (Partnerschaft, materielle Lebensumstände) und das Abbruchvorhaben (Möglichkeiten, Adressen, Methoden, Risiken) werden erörtert. Die Beratung kann anonym durchgeführt werden. Sie ist ergebnisoffen, die letzte Entscheidung liegt bei der Frau. Nach dem Gespräch muß der Frau eine Beratungsbescheinigung ausgestellt werden, ohne die generell kein Schwangerschaftsabbruch vorgenommen werden darf.

Schweigepflicht

Die S. verbietet es Angehörigen bestimmter Berufe bei Strafandrohung, ein ihnen in Ausübung ihres Amtes oder Berufes bekannt gewordenes, fremdes Geheimnis unbefugt zu offenbaren (s. § 203 StGB). Sie gilt auch für Sozialpädagogen und -arbeiter.
Die S. ist nicht mit dem nur wenigen Be-

rufsgruppen zugestandenen →Zeugnisverweigerungsrecht zu verwechseln.

Schwerbehinderte
S. sind alle Personen, deren Erwerbsfähigkeit aufgrund einer →körperlichen, →geistigen oder →seelischen Behinderung um wenigstens 50% gemindert ist. Sie genießen den besonderen Schutz des Staates, wie er in diversen rechtlichen Regelungen, besonders aber im →Schwerbehindertengesetz zum Ausdruck kommt.

Schwerbehindertengesetz (SchwbG)
Das SchwbG sichert die Eingliederung Schwerbehinderter in Arbeit, Beruf und Gesellschaft, um so die soziale Benachteiligung auszugleichen, die den Schwerbehinderten aufgrund ihrer Behinderung widerfährt.

Seelisch Behinderte
Unter diesem Begriff werden alle Personen subsumiert, deren Behinderung im psychischen Bereich (→Psychopathologie) liegt (z.B. bei →Psychosen, →Neurosen, →Sucht). →Behinderung

Selbst
Für diesen Begriff gibt es zahlreiche psychologische und soziologische Modelle (z.B. von C. G. Jung, H. Hartmann, G. H. Mead, K. Horney, J. Goffmann u.a.). Bei aller Differenzierung im Detail ist diesen Modellen gemeinsam, daß sie unter Selbst die psychische Gesamtheit des Menschen verstehen.
→Identität; →Theorie der Symbolischen Interaktion

Selbsterfahrung
Nach dem Verständnis der →Humanistischen Psychologie ist ein Mensch psychisch gesund, wenn sich seine Selbst-Sicht mit seinem Erleben und Erfahren deckt. Um dieses Ziel zu erreichen, gibt es in der Humanistischen Psychologie zahlreiche Therapieformen (→z.B. Gesprächstherapie, Themenzentrierte Interaktion, Psychodrama, Gestalttherapie), deren gemeinsamer Anspruch es ist, den Menschen zu sich selbst zu bringen, so daß er sich seiner selbst und seiner Beweggründe für Handlungen und Verhalten bewußt wird und sein Selbst kennenlernt (Selbstwahrnehmung). Eine solche S. findet häufig in Gruppen statt (→Gruppentherapie), da hier Fremd- und Selbstwahrnehmung unmittelbar aufeinandertreffen und thematisiert werden können (→z.B. Encounter-Gruppe).
→Selbstverwirklichung

Selbsterfüllende Prophezeiung
→Self-fulfilling prophecy

Selbstevaluation
1. Definition. Evaluieren heißt begründet und nachvollziehbar bewerten und beurteilen. Auf der Grundlage systematisch gesammelter und ausgewerteter Informationen wird bei der S. das eigene Handeln mit seinen Konsequenzen dokumentiert, analysiert und bewertet.
Während sich der Begriff der Evaluation in der Forschung (→Evaluationsforschung) schon länger etabliert hat, ist S. in der Sozialen Arbeit und anderen Humandienstleistungsfeldern ein neuer, noch nicht eindeutig festgelegter Fachterminus, der dementsprechend unterschiedlich gebraucht wird. Seine Bedeutung reicht von der systematischen, empirisch fundierten Reflexion fachlichen Handelns bis zur Durchführung kleinerer sozialwissenschaftlicher Untersuchungen über die Leistungsfähigkeit der eigenen Organisation oder Organisationseinheit.
Das Präfix „selbst" bei S. bezieht sich zum einen auf die Ausführenden der S., die zu „ForscherInnen in eigener Sache" werden, zum anderen auf ihren Gegenstand. Bei der S. evaluieren die Fachkräfte ihr eigenes Handeln. Sie haben sich außerdem selbst entschieden, daß und wie sie das tun wollen. Eine vom Vorgesetzten als Dienstaufgabe angeordnete Auswertung stellt nach diesem Verständnis also keine S. dar. In diesem Fall und wenn nicht das eigene Handeln, sondern das von KollegInnen und MitarbeiterInnen evaluiert wird, handelt es sich um eine interne Fremdevaluation.

Zur Frage, inwiefern SelbstevaluatorInnen verpflichtet sind, in ihrer Organisation über ihr Tun Rechenschaft abzugeben, gibt es unterschiedliche Positionen. Teilweise wird die Ansicht vertreten, daß SelbstevaluatorInnen in keinster Weise rechenschaftspflichtig seien. Mehrheitlich wird jedoch davon ausgegangen, daß verallgemeinerbare Ergebnisse offengelegt werden sollten – allerdings ohne erkennbaren Bezug zu einzelnen KollegInnen. Schon im Interesse der Umsetzung der gewonnenen Erkenntnisse in der eigenen Organisation ist eine Präsentation der Ergebnisse wünschenswert. Zu den Originaldaten, aus denen Rückschlüsse auf einzelne Personen (Fachkräfte oder KlientInnen) möglich sind, haben immer nur die SelbstevaluatorInnen Zugang.

2. Varianten und Gestaltungsmöglichkeiten. Innerhalb der eingangs genannten Bandbreite von Selbstevaluationskonzepten zwischen empirisch fundierter Reflexion und kleinerer, organisationsinterner sozialwissenschaftlicher Untersuchung ist für die jeweilige Variante des Konzeptes nicht nur die Annäherung an die Standards sozialwissenschaftlicher Forschung und die Zuverlässigkeit der erhobenen Daten entscheidend. Mindestens ebenso prägend für die spezifische Gestaltung der S. ist (1) der Umfang des Untersuchungsgegenstandes, (2) die Zahl der an der S. Beteiligten und (3) die Breite der Fragestellung.

Zu (1): Selbstevaluationen können sich auf relativ begrenzte Bereiche beziehen (z. B. Elternarbeit, Öffentlichkeitsarbeit), auf Teile des Angebotes (z. B. Freizeit), auf Teile der Klientel (z. B. bestimmte Altersgruppen oder Problemlagen) oder auf einzelne Aspekte oder Phasen des methodischen Handelns (z. B. das →Erstgespräch, die Gestaltung von Elternabenden oder von Gruppensitzungen im Betreuten Wohnen). Sie können sich aber auch auf das gesamte Angebot einer Einrichtung bzw. das gesamte Tätigkeitsspektrum beziehen.

Zu (2): Ausrichtung und Umfang der S. hängen auch von der Zahl der Beteiligten ab, die ihr eigenes fachliches Handeln evaluieren. Im Prinzip kann eine einzelne Fachkraft eine S. betreiben, ebenso ein Team oder eine größere Organisation mit mehreren Einrichtungen oder Abteilungen. Je größer allerdings die Zahl der Beteiligten wird, desto mehr rückt die S. in die Nähe der →Organisationsentwicklung und bedarf entsprechender Vorkehrungen. Je kleiner die Zahl, desto mehr ähnelt sie der →Supervision und der kollegialen Beratung. Je umfangreicher die Untersuchungsfragestellung und der Untersuchungsgegenstand sind, desto mehr bedarf es einer verbindlichen Klärung und Vereinbarung der Ziele und des Vorgehens mit der Leitung der Einrichtung. Zu klären ist vor allem, ob ein gleichartiges, gemeinsames Vorgehen aller Organisationseinheiten (z. B. Teams) notwendig und möglich ist. Denkbar wäre auch, daß man es bewußt in Kauf nehmen will und kann, daß am Ende Studien vorliegen, die von unterschiedlichen Fragestellungen, Zielkonkretisierungen und Evaluationskriterien ausgehen. Nur durch diese Vorklärung ist zu gewährleisten, daß die Grenze zwischen S. und interner Fremdevaluation nicht verwischt und bei der Leitung oder den MitarbeiterInnen falsche Erwartungen geweckt werden.

Was die S. von einer ganzen Reihe anderer Reflexionsverfahren der Sozialen Arbeit wie der Fallbesprechung, der kollegialen Beratung oder der Supervision unterscheidet, ist die datenbasierte Urteilsfindung. Bei der S. genügt es in der Regel nicht, auf bereits vorliegende Informationen und vorhandene Aufzeichnungen zurückzugreifen. Zwar ist jede Reflexion „empirisch fundiert" und „datenbasiert", insofern sie auf Erfahrungen der Reflektierenden zurückgreift. Bei der S. ist die Planung und Durchführung der Informationsbeschaffung und -auswertung jedoch zentral. Sie muß daher systematisch und nach-

prüfbar erfolgen und schriftlich dokumentiert werden.
Wie bei einer sozialwissenschaftlichen Untersuchung wird bei der Evaluation nach der Zielklärung gründlichst darüber nachgedacht, welche Information man überhaupt bräuchte, um zu einem fundierten Urteil gelangen zu können, und wie man außerdem möglichst aussagekräftige und zuverlässige Informationen erhalten kann. In welchem Umfang man sich dabei der bekannten Methoden der →empirischen Sozialforschung bedient oder eigene praxisnahe Formen (z.B. Arbeitstagebücher, Protokollbögen, Videodokumentationen) entwickelt, ist eine Frage, die je nach Zielsetzung und verfügbaren Ressourcen entschieden wird.
Zu (3): Eingangs wurde gesagt, daß S. ein Konzept ist, das von der systematischen, empirisch fundierten Reflexion bis zu kleineren organisationsinternen sozialwissenschaftlichen Untersuchungen des eigenen Handelns reicht. Der wissenschaftsnähere Pol des Konzeptes S. ist dadurch gekennzeichnet, daß umfassendere Aussagen und eine größere Vergleichbarkeit der Erkenntnisse angestrebt werden. Die Beurteilung eines gesamten Programms auf der Grundlage eines identischen Untersuchungsdesigns, das für alle KollegInnen gleichermaßen verbindlich ist, hat den Vorrang vor punktgenauen Detailanalysen, die auf einzelne Arbeitsvorgänge bezogene, sehr spezifische, aber auch stärker kontextabhängige und weniger verallgemeinerbare Aussagen erlauben. Ohne zusätzliche institutionelle Absprachen und Unterstützung sind Selbstevaluationen nur in Teams (5–8 Personen) bzw. in Organisationen (z.B. Beratungsstellen), die ein bis zwei Teams mit gleicher Aufgabenstellung umfassen, möglich.
Der Unterschied zwischen S. als detaillierter, empirisch fundierter Reflexion einzelner Angebote und Angebotsformen und S. als organisationsinterner, sozialwissenschaftlicher Untersuchung ganzer Programme soll im folgenden beispielhaft verdeutlicht werden:

3. Anwendungsbeispiele. Geht es primär um die Reflexion des eigenen methodischen Handelns, so könnte sich ein Team darauf verständigen, den KlientInnen am Ende eines jeden Beratungsgesprächs drei bis vier Fragen zu stellen, wie sie die Beratung heute erlebt haben, ergänzt um situativ zu entwickelnde, vertiefende Nachfragen. Dieser „Hinterkopffragebogen" wäre kein aufwendig zu erarbeitendes Instrumentarium und die offenen Antworten würden gleich nach dem Gespräch notiert. Die Gesamtbeurteilung der Sitzung kann während des Gesprächs von der KlientIn und der Fachkraft auf einer Erfolgsskala eingeordnet und kurz kommentiert werden. Auch diese Kommentare werden im Gespräch oder gleich danach schriftlich festgehalten. Nach einem halben Jahr werden neben den Skalenergebnissen auch die offenen Antworten und Kommentare im Team auf der Grundlage einer fallbezogenen und fallübergreifenden vergleichenden Inhaltsanalyse ausgewertet, für die jeder kurz seine wichtigsten Erkenntnisse schriftlich zusammenfaßt. Anhand eines brain storming lassen sich daraus weiterführende Fragestellungen für künftige Selbstevaluationen entwickeln (z.B. ob man bei einem bestimmten Personenkreis gut mit „Hausaufgaben" arbeiten kann, bei einem anderen Personenkreis dagegen nicht).
In einer umfassenderen, eher wissenschaftlich ausgerichteten und auf die Beurteilung des gesamten Angebotes zielenden S. würde das Team dagegen zunächst eine viel umfassendere, weniger prozeß- und methodenorientierte Fragestellung wählen. Man könnte z.B. die Zufriedenheit der KlientInnen mit der Beratung allgemein und bestimmten Modalitäten untersuchen (Wartefrist, Intervalle zwischen Beratungssitzungen, getrennte Sitzungen für Eltern und Kinder, „Hausaufgaben" für Erwachsene

etc.). Daneben wären Fragen nach den erlebten Veränderungen (Schule, Beruf, Partnerschaft etc.) im Laufe der Beratung zu erfassen. Dieses zweite Evaluationskonzept ist erheblich breiter angelegt, dafür wird die Qualität der einzelnen Interventionen nicht mehr untersucht. Um ein solches Gesamturteil über das Dienstleistungsangebot abgeben zu können, ist die Erarbeitung eines umfangreicheren Fragebogens und eines entsprechenden Auswertungsschemas notwendig. Die Entwicklung dieses Instrumentes ist nicht neben der normalen Arbeit zu leisten. Ist der Fragebogen einmal erarbeitet worden, so können ihn allerdings später alle MitarbeiterInnen nutzen. Die Zielsetzung ist hier stärker auf eine spätere Außendarstellung der Leistungen gerichtet als auf eine interne Reflexion des Vorgehens im Einzelfall. Zwischenformen sind durchaus denkbar. Eine reduzierte Form der Leistungsbilanz (z. B. ein einseitiger standardisierter Fragebogen zur Einschätzung der erreichten Veränderungen) könnte mit einer Selbstbeobachtung der Fachkräfte zu einem zentralen methodischen Anliegen (z. B. Gestaltung der Abschlußphase im Erstgespräch) kombiniert werden. (Zu weiteren Organisations- und Mischformen der S. und der internen Fremdevaluation vgl. Landgrebe 1994, Heiner 1996).

Das zweite Beispiel einer S. steht für den Typus der punktuellen fachlichen Reflexion von Interventionsprozessen, die im Detail analysiert und dokumentiert werden, um die Prozeß- und Ergebnisqualität der Arbeit zu erhöhen und zu sichern. Es illustriert zugleich die Möglichkeiten der Verknüpfung mit dem institutionellen Qualitätsmanagement (→Qualitätssicherung – Qualitätsmanagement) und der Supervision.

Eine große Behinderteneinrichtung mit mehreren Heimen, einer Werkstatt für Behinderte und betreuten Wohngruppen hatte den Prozeß der Leitbilddiskussion und des Aufbaus eines Qualitätsmangementsystems abgeschlossen. Im Zuge dieser Entwicklung war in zwei Teams, die Wohngruppen außerhalb des Heimgeländes betreuten, die Frage aufgetaucht, was genau unter dem Ziel „Förderung der Eigenverantwortung" bei jungen, geistig behinderten Erwachsenen, die aus der Heimbetreuung herausgewachsen waren, zu verstehen sei. Das eine Team legte mehr Wert darauf, die Behinderten selbst etwas ausprobieren und entscheiden zu lassen und ihnen zentrale Aufgaben bewußt nicht abzunehmen, auch mit dem Risiko, daß dann Ernährung, Körperpflege oder auch der Zustand der Wohnung nicht immer den üblichen Ansprüchen genügte. Die andere Gruppe war eher ordnungs- und sicherheitsorientiert. Zwischen beiden Teams war die Diskussion entbrannt, wie lange man „nachsichtig" sein dürfe (wie die einen es nannten) und die Dinge „schleifen lassen" könnte (wie die anderen es nannten). Strittig war, ob und wann es sich wieder von selbst „einpendelt", ohne daß die Fachkräfte tatkräftig zupacken, die Wohnung sauber machen und andere Teile der Alltagsorganisation übernehmen. In der Supervision hatte man bereits die persönlichen Hintergründe dieser Einstellung thematisiert und die Frontstellung zwischen den Teams hatte sich gelockert. In Absprache mit der Planungs- und Fortbildungsreferentin der Einrichtung schlug die Supervisorin nun eine S. vor. Man einigte sich darauf zu beobachten und zu dokumentieren, wie lange solche chaotischen Phasen dauern, wenn man die BewohnerInnen eine Zeit lang nur ermahnt, um in einer zweiten Untersuchungsphase auszuprobieren, was passiert, wenn man früher oder später doch punktuell eingreift (z. B. Eisschrank ausmisten, Einkauf organisieren). Man experimentierte und dokumentierte zugleich tagebuchartig die Interventionen und Reaktionen. Es stellte sich heraus, daß die einzelnen BewohnerInnen sehr unterschiedlich reagierten und daß das Konzept, mit „der" Wohngemeinschaft zu planen, überdacht werden mußte.

Eine teils gruppenbezogene, teils auf die Einzelperson zugeschnittene Planung und Organisation des Alltags sollte erprobt werden. Das hatte man zwar vorher teilweise und gelegentlich auch schon gemacht, aber nicht so bewußt, gezielt und differenziert. Vorher favorisierte man Pläne, nach denen alle das Gleiche („für die Gemeinschaft") machen mußten, unabhängig von ihren Neigungen. Jetzt überließ man den Gruppen die Aufteilung der Arbeiten und diese fanden es überhaupt nicht ungerecht, daß einer vom Kloputzen freigestellt wurde, wenn er dafür einem anderen eine ungeliebte Aufgabe abnahm. Die Fachkräfte entwickelten dann ein einfaches, zweiseitiges System der Dokumentation für den Stand in jeder Wohngemeinschaft, bezogen auf den Einzelnen, die Gruppe, die getroffenen Vereinbarungen und ihre Interventionen. Es zeigte sich, daß die Zeiten, in denen es nicht klappte und man eingreifen mußte, relativ selten waren, seltener als vor dieser Regelung und man fand einen gemeinsamen Nenner, bis wohin man „nachsichtig" sein wollte. Die Dokumentation des Standes der Wohngemeinschaften wurden einmal monatlich mit den BewohnerInnen ausgefüllt und diskutiert. Jede BewohnerIn hatte außerdem ein „Stammblatt" auf festem Karton, für das sie sich ein Symbol ausgewählt oder auf das sie ihr Photo geklebt hatte. Darauf war ihre Zuständigkeit für Arbeiten für die Gemeinschaft und ihr persönliches Ziel in vier oder fünf Bereichen festgehalten. Wer wollte, konnte sich selbst jede Woche Punkte geben, wie gut es ihm oder ihr diese Woche gelungen war, die Gemeinschaftsaufgaben zu erledigen. Jede BewohnerIn sollte zwei oder drei MitbewohnerInnen fragen, wie viele Punkte sie ihr geben würden, mußte das Ergebnis aber nicht dokumentieren. Der Karton blieb bei der BewohnerIn, die der Fachkraft nach dem Ausfüllen die Durchschrift aushändigte. Einmal im Vierteljahr ging man im Team auf der Grundlage dieser Unterlagen die einzelnen BewohnerInnen und die Lage in den Wohngemeinschaften durch und zog Bilanz. Für jede Wohngemeinschaft galt das Ziel „Förderung der Eigenverantwortung" als „vollständig erreicht" (auf einer sechsstufigen Skala), wenn in dieser Zeit kein Eingreifen einer Fachkraft notwendig war und als „gar nicht erreicht", wenn es wöchentlich einmal oder häufiger notwendig war. Allmählich wagte man sich dann auch an eine Bewertung der Arbeit mit einzelnen Behinderten, deren Urteil über die Fachkräfte und ihre eigene Entwicklung in die Evaluation miteinging. Das Beispiel zeigt einerseits, wie die S. sich in den Arbeitsalltag integrieren und mit pädagogischen Prozessen (hier der wöchentlichen Gruppenbesprechung) verknüpfen läßt. Dabei wird die Evaluation partiell zur Intervention. Es zeigt auch, wie dabei eine Datenbasis für die Reflexion im Team entsteht, die immer wieder zu anderen kleinen Untersuchungen führen kann (z.B. einer gezielten Beobachtung von Streitereien über unerledigte Gemeinschaftsaufgaben und der Reaktion von BewohnerInnen auf unterschiedliche Vermittlungsstrategien der Fachkräfte in diesen Situationen). Das Beispiel zeigt ferner, daß die S. dann sehr rasch und gezielt zur Reflexion pädagogischer Prozesse genutzt werden kann, wenn der Rahmen schon durch eine Konzeptionsklärung in der Institution und durch ein Qualitätsmanagement oder ähnlichen Vereinbarungen über die Einhaltung und Kontrolle von Mindeststandards gegeben ist. Ist dies nicht der Fall, wird die Diskussion über Ziele und Kriterien fachlichen Handelns viel Zeit kosten, nicht selten ein ganzes Jahr, bevor ein Evaluationsbogen entworfen und mit der Datenerhebung und Dokumentation begonnen werden kann.

Das letzte Beispiel stellt nur eine der möglichen Formen der S. aus dem Spektrum der Anwendung dieses Konzeptes als empirisch fundierter Reflexion und Auswertung fachlichen Handelns dar: die Detailanalyse von Entwicklungsprozessen und Interventionsformen. Sie beginnt mit einer einmaligen, prinzipiellen Klärung, welche Vorgehensweise angemessen sei und am ehesten zur Erreichung des Zieles beitragen könnte. Daraus entsteht dann eine ständige Dokumentation der Situation bezogen auf eine bestimmte Interventionsform. (Die Wohngruppe teilt die Aufgaben nach Neigungen auf, dokumentiert die Einhaltung und diskutiert einmal in der Woche darüber unter Anleitung der Fachkraft, die nur in definierten Ausnahmefällen in die Alltagsorganisation eingreift.) Damit sind eine ganze Reihe von Arbeiten der Fachkräfte in der Wohngemeinschaft gar nicht erfaßt (z. B. Behinderte zum Arzt begleiten, Konflikte in der Werkstatt für Behinderte mit dem Werkstattleiter besprechen, Kontakte zur Familie halten). Evaluiert wird in diesem Beispiel nur die Umsetzung eines einzigen, allerdings zentralen pädagogischen Arbeitsprinzips (Förderung). Die S. dient also der Reflexion des methodischen Handelns in einem Teilbereich. Ebenso denkbar ist eine S., die das gesamte Aufgabenspektrum der Fachkraft erfaßt. Sie wäre, soll sie bewältigbar bleiben, zwar breiter und in diesem Sinne umfassender, aber dafür nicht so detailliert und nicht so genau. Die Entscheidung zwischen Breite und Tiefe des Untersuchungsansatzes ist eine der zentralen und schwierigsten Fragen jeder Untersuchungsplanung. Bei größeren Einrichtungen (insbes. mit unterschiedlichen Aufgabenstellungen) können Selbstevaluationsstudien die erforderlichen wissenschaftlichen Untersuchungen (durchgeführt als externe oder interne Evaluationen) nicht ersetzen.

4. Anforderungen an die S. Inzwischen liegen zahlreiche Veröffentlichungen vor (v. Spiegel 1993, Liebald 1998, Connor 1993, „Infobriefe zur Selbstevaluation" (BMFSFJ ab 1996)). Zunehmend werden interessante Möglichkeiten der Kombination von S. und Qualitätsmanagement deutlich. Trotz aller Varianten, die sich dabei in der Literatur finden, ist für jede S. eines entscheidend: das systematische Vorgehen, die Transparenz der Informationssammlung und -verarbeitung und damit der Güte der Informationsbasis, auf der man urteilt. „Systematisch" vorgehen heißt nach bestimmten, begründeten Regeln handeln. Diese müssen sich allerdings im Untersuchungsprozeß weiterentwickeln können. So mag sich im Laufe der Untersuchung die Fragestellung verschieben und die Methode oder sogar der Gegenstand, der untersucht werden soll, ändern. Aus den Interviews mit alleinerziehenden Müttern im Büro der SozialarbeiterIn werden vielleicht Spielnachmittage mit einer Gruppe, in der man die Interaktion von Müttern und Kindern beobachtet. S. soll die Praxis unterstützen, nicht behindern. Entsprechend müssen sich die Methoden der Praxis anschmiegen. Dies gilt insbesondere für die S., die nicht der einmaligen Datensammlung, sondern der ständigen Reflexion der Praxis dienen soll. Sie dürfen zeitlich nicht sehr aufwendig sein oder müssen bei größerem Aufwand etablierte und vorgeschriebene Formen der Dokumentation und Reflexion (wie Jahresberichte, Akten, →Gutachten und Protokolle) ganz oder teilweise ersetzen.Von den üblichen Formen der Reflexion in der Sozialen Arbeit (wie Fallbesprechungen, →Supervisionen etc.) unterscheidet sich die S. insofern, als sie (1) durch systematische Informationssammlung auf eine verläßliche, schriftlich gesicherte Datenbasis hinarbeitet, (2) explizite Bewertungen auf der Grundlage von Kriterien, die zielbezogen formuliert sind, vornimmt und (3) diese Kriterien durch Indikatoren oder Ankerbeispiele (Langer/Schulz v. Thun 1974) vorab so konkretisiert, daß sie im Sinne der empirischen Sozialforschung als „operationalisiert" angesehen werden können und meßbar sind. (Jedem Evaluationskriterium läßt sich dann ein beobachtbares Verhalten zuordnen. Er-

595

schließungsfrage: „Woran würden wir erkennen, daß wir diesem Kriterium gerecht werden bzw. dieses Teilziel erreicht haben?"), (4) eine Erfolgsspanne (z. B. gut / mittel / schlecht) festlegt, anhand derer die gesammelten Informationen unter Bezug auf die Evaluationskriterien eingestuft werden können, (5) diesen kompletten Vorgang einer S. so genau dokumentiert wurde, daß die einzelnen Schritte auch für Außenstehende nachvollziehbar und nachprüfbar sind. Mit diesen fünf Merkmalen einer S. sind die Standards für das komplette Vorgehen im Rahmen eines Selbstevaluationsprojektes beschrieben. Nicht alle in der Praxis durchgeführten Selbstevaluationen werden allen fünf Anforderungen gleichermaßen gerecht und entsprechen diesen Maximalstandards. Insbesondere die Operationalisierung der Bewertungskriterien und die Festlegung einer Erfolgsspanne stellt angesichts der Komplexität, Dynamik und Widersprüchlichkeit des beruflichen Alltags eine große Herausforderung für die Praxis dar.

Zwei Entwicklungstendenzen, die gleichermaßen problematisch sind, lassen sich derzeit im Umfeld der S. beobachten. Angesichts der zunehmenden Legitimationsdrucks der Sozialen Arbeit und der inzwischen gesetzlich vorgeschriebenen Verpflichtung zur Leistungsdokumentation besteht zum einen die Gefahr, daß diese Anforderungen an einzelne Fachkräfte delegiert werden, von denen dann sozialwissenschaftliche Studien zur Wirkung umfangreicher Programme oder größerer bzw. heterogener Organisationseinheiten erwartet werden, ohne daß die dafür notwendigen institutionellen Zielklärungsprozesse weit genug gediehen wären, und diese Fachkräfte ausreichend qualifiziert und mit entsprechenden Ressourcen ausgestattet wurden. Zum anderen besteht die Gefahr, daß Vorhaben als „Selbstevaluation" bezeichnet werden, die auf einer nur begrenzt datenbasierten, weniger systematischen Reflexion der Praxis beruhen und ohne schriftlichen Bericht abschließen. Man will dann mit der Verwendung des Begriffs S. nur ausdrücken, daß man über seine Arbeit nachgedacht und Erfahrungen, so wie sie verfügbar waren, zusammengetragen hat. Die Eigenart der S., die auf der praxisorientierten Nutzung einiger methodischer Grundprinzipien der empirischen Sozialforschung zur Überprüfung und Verbesserung der Informationsbasis von Urteilen und Entscheidungen besteht, wird damit zugunsten eines Konzeptes aufgegeben, das so unspezifisch ist, daß der besondere Beitrag der S. zu einer gelingenden Praxis in der Sozialen Arbeit nicht mehr erkennbar und ihr Wert entsprechend zweifelhaft ist. Auch die S. bedarf überprüfbarer Standards, an denen sie sich messen lassen bzw. nach denen sie sich selbst ausrichten und sich auch evaluieren kann, will sie zur →Professionalisierung der Sozialen Arbeit beitragen.

→Evaluationsforschung; →Qualitätssicherung – Qualitätsmanagement; →Organisationsentwicklung; →Supervision

Lit.: BMFSFJ (Bundesministerium für Familie, Senioren, Frauen und Jugend) (Hrsg.): Informationen zur Selbstevaluation, 4 Hefte jährlich, ab 1996; Connor, A.: Monitoring and Evaluation made easy. A Handbook for Voluntary Organizations, Edinburgh HMSO 1993; Heiner, M.: Evaluation zwischen Qualifizierung, Qualitätsentwicklung und Qualitätssicherung, in: Heiner, M. (Hrsg.), Qualitätsentwicklung durch Evaluation, Freiburg 1996, S. 20–47; Landgrebe, G.: Kombination von Verfahren der Fremd- und Selbstevaluation in der Familienberatung und der Gruppenarbeit mit Frauen, in: Heiner, M. (Hrsg.), Selbstevaluation als Qualifizierung in der Sozialen Arbeit, Freiburg 1994, S. 78–112; Langer, J./Schulz v. Thun, F.: Messung komplexer Merkmale in Psychologie und Pädagogik. Ratingverfahren, München/Basel 1974; Liebald, Chr.: Leitfaden für Selbstevaluation und Qualitätssicherung, QS Heft

19, Materialien zur Qualitätssicherung in der Kinder- und Jugendhilfe des BMFSFJ, Bonn 1998; Spiegel, H. v.: Aus Erfahrung lernen. Qualifizierung durch Selbstevaluation, Münster 1993.

Maja Heiner, Tübingen

Selbsthilfe
S. bedeutet, die eigenen Probleme im Rahmen der eigenen Möglichkeiten aktiv in die Hand zu nehmen. Im Sinne einer solchen allgemeinen Definition existieren Selbsthilfe-Zusammenschlüsse schon seit langer Zeit. So können beispielsweise die mittelalterlichen Zünfte und Gilden und auch die im 19. Jahrhundert gegründeten Genossen- und Gewerkschaften (→Arbeiterbewegung) als Selbsthilfeorganisationen betrachtet werden.

S. ist also nichts Neues, obwohl erst in den letzten Jahren der Begriff Selbsthilfe durch die Aktivitäten zahlreicher Gruppen im Rahmen der neuen sozialen Bewegungen (u.a. Ökologie-, Frauen-, Friedensbewegung) verstärkt in die öffentliche Diskussion kam. Selbsthilfe i. e. S. meint vorrangig Gesprächsgemeinschaften von Menschen, die in vergleichbarer Weise von einem Problem oder einer Krankheit betroffen sind und sich gegenseitig austauschen, stärken und anregen wollen. Die bekanntesten und ältesten Selbsthilfegruppen dieser Prägung stellen die Alkoholikerselbsthilfegruppen dar. So entstand die erste Gruppe Anonymer Alkoholiker in den 1930er Jahren in den USA. Ihre Arbeitsweise wurde nach dem Zweiten Weltkrieg durch amerikanische Soldaten auch in Deutschland bekannt und von Betroffenen angenommen. Inzwischen hat sich in der Bundesrepublik ein Netz von mehr als 3000 Gruppen entwickelt, welche die Arbeitsweise der Anonymen Gruppen übernommen haben.

In den 1960er Jahren entstanden in der Bundesrepublik mehrere Selbsthilfezusammenschlüsse von Eltern behinderter Kinder (z.B. die „Lebenshilfe"). Sie stellten zunächst vor allem eine Mischung aus kleinräumigen, persönlichen Hilfenetzen für betroffene Familien und Bürgerinitiativen zur Einforderung qualifizierter Betreuung, Versorgung und Förderung behinderter Menschen dar. Mittlerweile haben diese Gruppen sich zu Trägerorganisationen von ambulanten und stationären Einrichtungen der Behindertenhilfe (Beratungsstellen, Beschützte Werkstätten, Heime, Bildungsangebote) entwickelt und bilden eine Lobby für die Interessen behinderter Menschen.

Einen anderen historischen und ideengeschichtlichen Hintergrund haben die Selbsthilfeprojekte, die im Anschluß an die →Studentenbewegung nach 1968 entstanden. Sie waren und sind von den Prinzipien gegenseitiger Hilfe und der Organisation gemeinsamer Lernprozesse als Teil politischer Ambitionen getragen. Durch die Thematisierung gesellschaftlicher Entmündigungsprozesse, wie sie etwa im Gesundheitsbereich und in der Frauenbewegung entstanden, wandten sich die Selbsthilfeinitiativen dieser Prägung vor allem auch gegen die Macht der Experten (nicht zuletzt häufig Männer), gegen die Herrschaft der Wissenden über die Unwissenden und setzten sich für stärker selbstbestimmte Lebensweisen und Hilfeformen ein. Die in diesem Kontext agierenden Gruppen verstanden sich als praktische Kritik an entfremdeten, hierarchischen und bürokratisierten Strukturen der Politik, aber auch an der Sozialen Arbeit und der gesundheitlichen Versorgung. Beispiele für Gruppen dieses Spektrums sind Gesundheitsläden, Frauenhäuser und auch selbstverwaltete Jugendzentren.

Heute existieren Selbsthilfegruppen zu einer Fülle von Problembereichen und Themen. Sie lassen sich vor allem nach dem Grad der Organisation (Selbsthilfegruppe, Selbsthilfeprojekt, Selbsthilfeorganisation) unterscheiden.

Selbsthilfegruppen sind in der Regel freiwillige Zusammenschlüsse von Menschen, die gemeinsam und aus gleicher Betroffenheit versuchen, ihre Probleme zu besprechen, um besser mit ihrer Situation oder ihrer Krankheit umgehen zu lernen. Jeder hilft sich selbst, indem die eigenen Anliegen, Sichtweisen und Schwierigkeiten benannt werden und hilft dadurch anderen, sich selbst zu sehen und zu helfen. Die Arbeit von Selbsthilfegruppen ist insofern nach innen gerichtet, die Probleme und Bedürfnisse der Mitglieder stehen im Mittelpunkt. Dies können alle denkbaren psychischen, sozialen oder gesundheitlichen Probleme sein. Die Anzahl der Gruppenmitglieder variiert von ca. fünf bis zu ca. 20 Personen. Als optimal gelten allgemein kleine, überschaubare Gruppen mit sechs bis zwölf Mitgliedern, in denen Vertrautheit und Stabilität der Gemeinschaft am ehesten entstehen können. Neben der Gruppengröße unterscheiden sich Selbsthilfegruppen auch in der Häufigkeit ihrer Zusammenkünfte (wöchentlich, vierzehntägig, monatlich). Selbsthilfegruppen können offen oder geschlossen sein. Idealtypisch arbeiten Selbsthilfegruppen ohne Hilfe professioneller Kräfte, sind eher informell organisiert und nicht erwerbsmäßig orientiert. Dennoch können diese Gruppen in bestimmten Fällen auch professionell angeleitet sein. Grundsatz bleibt aber, daß die Teilnehmer gleichberechtigt sind und Inhalt sowie Ablauf der Gruppenarbeit selbstverantwortlich bestimmen. Selbsthilfegruppen sind für Menschen geeignet, die mit ihrem Problem nicht allein bleiben wollen, die die Bereitschaft mitbringen, sich auf andere Betroffene einzulassen, die aktiv ihr Leben verändern und gestalten wollen und zu einer kontinuierlichen Zusammenarbeit bereit sind. Beispiele für solche Selbsthilfegruppen sind Gesprächskreise brustamputierter Frauen, Angehörige psychisch Kranker, Selbsterfahrungsgruppen von Frauen in der Lebensmitte oder Gruppen von Spielsüchtigen. Selbsthilfeprojekte oder -initiativen sind oft schon einen Schritt über diese unmittelbare Selbsthilfe hinausgegangen. Sie wollen z. B. krankheitsbedingte, soziale oder ökologische Probleme nicht nur für sich selbst, sondern auch zusammen mit und für andere bewältigen. Nach meist jahrelanger intensiver Arbeit an einem Thema sind sie zu Experten und Expertinnen in eigener Sache geworden, so daß sie ihr Wissen, ihre Erfahrung und Kompetenz auch anderen Betroffenen zur Verfügung stellen, etwa in Form von Beratung. Selbsthilfeinitiativen schaffen für ihre Themen Öffentlichkeit und schließen nicht selten Lücken im Netz psychosozialer Versorgung. Als Beispiele bedürfnisorientierter Projektarbeit sind die Initiativen von Frauen zu Themen rund um die Geburt, das Beratungsangebot von Eltern drogenabhängiger Kinder und Jugendlicher und die Frauenselbsthilfe nach Krebs zu nennen. Das Prinzip der Hilfe von Betroffenen für Betroffene wird in Projekten häufig auch durch professionelle Helfer ergänzt.

Selbsthilfeorganisationen sind meist große überregional organisierte Zusammenschlüsse von Betroffenen, Gruppen und Projekten eines Themenbereichs, die für ihr Anliegen eine Interessenvertretung organisieren und sich als „Fachverbände" z. B. chronisch Kranker oder behinderter Menschen verstehen. Sie haben häufig große Mitgliederzahlen und verfügen in der Regel über Landesverbände und zahlreiche Regionalgruppen. Aufgrund ihrer Struktur und ihres Selbstverständnisses rückt bei den Organisationen die nach außen gerichtete Aktivität in den Mittelpunkt ihrer Tätigkeiten. Sie bieten Information und Beratung an, stellen medizinische, technische oder rechtliche Hilfen bereit und streben eine allgemeine Verbesserung der Lebenssituation ihrer Zielgruppe an. Beispiele sind die Rheuma-Liga, der Verband Alleinerziehender Mütter und Väter sowie der Nichtraucherbund.

Möglichkeiten und Grenzen. Die Wirkungen von Selbsthilfegruppen sind in Forschungsergebnissen und vielen Erfahrungsberichten beschrieben worden

(z. B. Trojan 1986, Moeller 1978, 1981). Die Mitglieder von Selbsthilfegruppen leiden seltener an Depressionen und seelisch bedingten körperlichen Beschwerden, sie sind selbständiger und verfügen über bessere soziale Kontakte als andere Menschen in vergleichbaren Situationen. Chronisch Kranke lernen in einer Gruppe ihre Erkrankung anzunehmen und mit ihr zu leben. Sie sind aktiver bei der Verbesserung ihrer Lebenssituation und besser informiert über Behandlungsmöglichkeiten. Sie nehmen professionelle Hilfeangebote gezielter und kritischer in Anspruch. Die Leitidee, sich in erster Linie selbst zu helfen, macht jedoch medizinisch-therapeutische Behandlung nicht überflüssig. Menschen in akuten Krisen oder mit schwierigen persönlichen Problemen können beispielsweise nicht aufgefangen werden. Die Arbeit von Selbsthilfegruppen ist aber eine wichtige Ergänzung professioneller →Beratung, Hilfe und Versorgung.

Unterstützungsbedarf. Die Möglichkeiten, Selbsthilfegruppen und -initiativen zu unterstützen, sind entsprechend dem weiten Themen- und Organisationsspektrum vielfältig. Sie reichen von der Förderung durch öffentliche Zuwendungen, über die Beratung durch kompetente Institutionen bis hin zu einer Unterstützung ihrer Anliegen durch die jeweiligen politischen, fachlichen und beruflichen Felder. Es gab und gibt, vor allem in Zeiten der „leeren Haushaltskassen", hitzige Debatten darüber, inwieweit diese kleinen, flexiblen, aber auch „widerständigen" Initiativen unterstützt werden sollten. Doch inzwischen hat die Selbsthilfe eine hohe Akzeptanz, und es gibt kaum eine sozial- oder gesundheitspolitische Diskussion, die nicht auf die Möglichkeiten und die Notwendigkeit von Selbsthilfe oder Selbsthilfegruppen Bezug nimmt. Es gibt daher in Deutschland verschiedene kommunale Förderprogramme, jedoch sehr unterschiedlicher Größenordnung.

Selbsthilfe und Professionelle. Selbsthilfeinitiativen sind zwar nicht ausschließlich aber doch zu einem erheblichen Teil als Alternative zu und Kritik an professioneller Hilfe entstanden. Selbsthilfegruppen, getragen von der Eigeninitiative Gleichbetroffener und der gleichberechtigten gegenseitigen Unterstützung stellen demnach einen Kontrapunkt zur klassischen Fremdhilfe dar. Doch dieses reine Bild von Selbsthilfe entspricht häufig nicht der Realität. Forschungsergebnisse über Selbsthilfegruppen besagen, daß zwischen einem und zwei Drittel der Gruppen durch Anregung von Professionellen zustande kommen und mit ihnen zusammenarbeiten. Trotz aller Versorgungskritik zeigen Selbsthilfegruppen-Mitglieder eine hohe Affinität zu Experten. Selbsthilfe und den Anspruch auf Eigenverantwortung ernstzunehmen heißt dementsprechend, daß beide Seiten lernen müssen. Ratsuchende oder Kranke müssen Abschied nehmen von einer Hilfeerwartung, die nicht selten die Eigenverantwortung an die Experten delegiert. Auf der anderen Seite ist die Notwendigkeit zur Selbstreflexion Professioneller über die Motive des eigenen Tun und die mögliche Instrumentalisierung der Hilfesuchenden für persönliche Interessen gegeben (→Helfersyndrom). In den letzten Jahren entwickelte sich ein weitgehender Konsens über die Notwendigkeit der Unterstützung von Selbsthilfegruppen durch Professionelle, was sich in der Gründung von Selbsthilfe-Kontaktstellen niederschlug.

Die Selbsthilfe Kontakt- und Informationsstellen stellen den Versuch dar, solche professionelle Hilfe und Unterstützung anzubieten, die den Arbeitsweisen und Anliegen der Selbsthilfegruppen gerecht werden. Dies geschieht in zweierlei Hinsicht:

1. Die Kontakt- und Informationsstellen unterstützen Selbsthilfegruppen und Initiativen durch Herstellung von Kontakten zu bestehenden Selbsthilfegruppen, durch Unterstützung bei der Gruppengründung, durch Hilfe-

stellung bei Gruppenkonflikten, durch Bereitstellung von Räumen und technischen Geräten.

2. Die Kontakt- und Informationsstellen nehmen im Dialog zwischen Selbsthilfegruppen und Professionellen eine wichtige Drehscheibenfunktion ein, indem sie Öffentlichkeit herstellen oder themenspezifische Veranstaltungen organisieren. Selbsthilfe-Kontaktstellen sind sicher auch Orte, an denen die Diskussion über die Balance sinnvoller und notwendiger professioneller Unterstützung einerseits und den Risiken einer Professionalisierung ausgetragen und damit lebendig gehalten werden.
→Laienhilfe

Lit.: Moeller, M. L.: Selbsthilfegruppen, Reinbek 1978; Moeller, M. L.: Anders helfen. Selbsthilfegruppen und Fachleute arbeiten zusammen, Reinbek 1981; Trojan, A. (Hrsg.): Wissen ist Macht – Eigenständig durch Selbsthilfe in Gruppen, Frankfurt a. M. 1986; Vilmar, F. und Runge, B.: Auf dem Weg zur Selbsthilfegesellschaft? Essen 1986.

Helga Schneider-Schelte, Berlin

Selbsthilfefirmen
S. beschäftigen →seelisch Behinderte zu weitgehend marktwirtschaftlich üblichen Bedingungen und tariflicher Bezahlung. Da die meist privatrechtlichen S. i.d.R. als gemeinnützig anerkannt sind, ist ihr primäres Ziel nicht die Gewinnmaximierung. Vielmehr soll ihrer Zielgruppe die Möglichkeit des beruflichen (Wieder-)Einstiegs (→Rehabilitation) und ein Dauerarbeitsplatz geboten werden. Es findet jedoch – anders als in den →Werkstätten für Behinderte – keine umfassende Versorgung und Betreuung statt, so daß in den S. nur leichter Behinderte, die dieser zumindest während der Arbeitszeit nicht bedürfen, angestellt werden.

Selbsthilfegruppen
S. sind freiwillige Zusammenschlüsse von Menschen mit gleichen oder ähnlichen Problemen zum Zweck der →Selbsthilfe. S. gibt es für nahezu alle Bereiche, in denen Sozialarbeiter tätig sind. Entsprechend gibt es seit dem Auftreten dieser Gruppen die immer wieder aufflackernde Diskussion, ab wann Selbsthilfe nicht mehr ausreicht und Expertenhilfe benötigt wird, oder – im radikalen Fall – ob letztere nicht durch erstere überflüssig wird.

Selbstmord (Selbsttötung)
→Suizid

Selbstorganisation
S. ist einerseits ein Thema, das in der →Systemtheorie unter dem Begriff „Selbstreferenz der Systeme" diskutiert wird, das andererseits die freiwillige Zusammenarbeit von interessierten und meist auch betroffenen Bürgern bei der Bewältigung von Problemen oder auch der Beeinflussung von Institutionen meint. →Selbsthilfe

Selbstverwaltung
1. Im juristischen Sinn die Eigenständigkeit von Institutionen des Öffentlichen Rechts in sachlichen und finanziellen Belangen;

2. In der Sozialen Arbeit wird S. häufig im Sinne von →Autonomie und Selbstbestimmung der Klienten in ihrer Einrichtung verwendet.

Selbstverwirklichung
S. meint die Entfaltung und Ausschöpfung der eigenen Möglichkeiten und Fähigkeiten. Die S. wurzelt im Gedankengut des Humanismus und gelangte so als Konzept in die →Humanistische Psychologie. Nach C. R. Rogers (1902–1987) hat der Mensch das grundlegende Bedürfnis, sich schöpferisch zu entfalten, unabhängig zu werden und sich selbst zu regulieren. Da diese Tendenz jedoch von der Umwelt häufig unterdrückt oder zumindest eingeschränkt wird, bedarf es therapeutischer Verfahren, um sie durch →Selbsterfahrung zur Entfaltung zu bringen. →Gesprächstherapie

Selbstwahrnehmung
→Selbsterfahrung

Self-fulfilling prophecy
S.p. ist eine sich selbst erfüllende Prophezeiung, bei der eine objektiv falsche Definition der Situation ein verändertes Verhalten bewirkt. Dieses wiederum führt dazu, daß eine ursprünglich falsche Situationsdefinition schließlich doch zutrifft. →Thomas-Theorem; →labeling approach

Seniorenarbeit
→Altenarbeit

Seniorenrat (Seniorenbeirat)
Der S. ist eine Interessenvertretung alter Menschen sowohl auf kommunaler als auch auf überkommunaler Ebene, der sich allerdings nicht wie die Heimbeiräte (→Heimgesetz) auf eine gesetzliche Grundlage stützen kann, sondern sich üblicherweise durch eine Satzung regelt. Entsprechend vielfältig stellen sich Konstitution, Kompetenzen und Zielsetzungen dar.
Die Landesvertretungen der Seniorenräte sind in der →Bundesseniorenvertretung e.V. zusammengeschlossen.

Senioren-Schutz-Bund „Graue Panther" e.V. (SSB)
Der SSB „G.P." wurde nach dem Vorbild der amerikanischen Selbsthilfeorganisation „Grey Panthers" 1975 in der BRD gegründet, um aktiv für die Interessen alter Menschen einzutreten. Ziele des SSB sind u.a. die gesellschaftliche Isolation alter Menschen zu durchbrechen und Möglichkeiten sozialen Handelns aufzuzeigen, die Forderung nach einer Mindestrente, die Zwangseinweisungen in Altenheime zu verhindern und den Aufbau ambulanter Pflegemöglichkeiten zu fördern. Das Spektrum ihrer Aktivitäten reicht von politischen Kampagnen über Informationsveranstaltungen bis zu Freizeitangeboten. Der SSB setzt sich daneben aber auch für allgemein gesellschaftspolitische Themen ein und arbeitet dabei eng mit der Partei der GRÜNEN zusammen. Die seit 1975 über eine europäische Organisation verfügenden G.P. arbeiten in autonomen Ortsgruppen und haben keine Landesverbände. Der Bundesverband vertritt nach außen die politischen Belange des SSB und gibt alle zwei Monate die Zeitschrift „Grauer Panther" heraus.

Anschrift: Rathenaustr. 2, 42277 Wuppertal

Setting
Dieser aus der psychologischen Forschung stammende Begriff bezeichnet die Gesamtheit der Umgebungsmerkmale, in deren Rahmen pädagogische, therapeutische oder sozialpädagogische Prozesse stattfinden (z.B. Raumausstattung, Beleuchtung, Anzahl der Personen) und diese beeinflussen.

Settlement-Bewegung
→Gemeinwesenarbeit

Sexualerziehung
→Sexualpädagogik

Sexualpädagogik
1. Begriff und Entwicklung. Unter S. ist die theoretische Grundlegung der Voraussetzungen, Methoden und Ziele zu verstehen, die bei der Bildung von Wertvorstellungen und Verhaltensweisen im Bereiche der Sexualität von Bedeutung sind. Für ihre Realisierung in der Praxis hat sich der Begriff Sexualerziehung behauptet (weniger gebräuchlich: Geschlechtserziehung, Geschlechtererziehung). Während der Begriff Sexualkunde primär auf biologische Aspekte eingeengt ist (auch Sexualaufklärung), umfaßt der Terminus sexuelle Sozialisation sowohl alle zielgerichteten Maßnahmen als auch die unbeabsichtigten und unkontrollierbaren Einflüsse, die auf Kinder und Jugendliche einwirken (→Peer Groups, Massenmedien etc.).
Sexuelle Sozialisation fand und findet in jeder Gesellschaft statt. Die Ansätze einer systematischen S. und -erziehung sind demgegenüber sehr viel jünger. Sie fallen in die Zeit des 18. Jahrhunderts, in

die Epoche der Aufklärung. Mit der Rationalisierung der Erziehung, die dem entstehenden Bürgertum zu einer eigenen Identität verhalf, gewannen auch die Aufklärung und Erziehung im sexuellen Bereich ihre Bedeutung. Primäres Anliegen der frühen sexualerzieherischen Versuche (etwa bei →Rousseau, Basedow, Salzmann, Villaume, Oest u. a.) waren Affektkontrolle und Triebregulierung, die sich primär in der Bekämpfung der Selbstbefriedigung (Masturbation) niederschlugen. Mit dieser Zielsetzung begründeten die Autoren eine Tradition, die sich bis in die jüngste Vergangenheit halten sollte. Ausgangspunkt dieser Erziehung war eine Anthropologie, die primär die Reproduktionsfunktion der Sexualität betonte. Mit einem solchen Verständnis der Sexualität konnten Kindern und Jugendlichen die kognitiven und affektiven sexuellen Bedürfnisse abgesprochen werden. Schweigen, Ablenken, Vertagen und notfalls die Erzeugung von Angst und Ekel gehörten zu den methodischen Prinzipien, die die fragenden Kinder von ihren Interessen abbringen sollten.

Im 19. Jahrhundert verstärkte sich das Sexualtabu als Folge der Indienstnahme des menschlichen Körpers durch die industrielle Revolution. Neuere Akzente entstanden erst ausgangs des 19. Jahrhunderts und zu Beginn des 20. Jahrhunderts durch die Anfänge der Sexualwissenschaft und durch die Psychoanalyse. Bahnbrechend waren Sigmund Freuds „Drei Abhandlungen zur Sexualtheorie" (1905), in denen eine Entwicklungslehre dargelegt wurde, die das Kind von Geburt an mit Sexualität begabt sah. Mit dem Wandel des Sexualitätsbegriffs bekamen die sexuellen Interessen der Kinder eine neue Bewertung, die sich ansatzweise auch in der Erziehung niederschlug. Unter dem Einfluß reformpädagogischer Strömungen und der Jugendbewegung wurde die sexualpädagogische Frage neu belebt. Radikale Gegenprogramme kamen vor allen Dingen aus den Reihen der proletarischen Jugendbewegung (Max Hodann) und von der SexpolBewegung in der KPD (Wilhelm Reich).

Die nationalsozialistische Herrschaft brachte erneut eine einseitige Funktionalisierung der Sexualität im Sinne der Reproduktion. Die Tabuisierung hatte ihre Auswirkungen im Sexualstrafrecht wie in der Sozialgesetzgebung (Homosexuellenverfolgung, § 218, beschränkter Zugang zu Verhütungsmitteln, Förderung von Frühehe und Kinderreichtum etc.) und auch auf die Sexualpädagogik. Bereits im April 1933 erklärte ein Erlaß des Preußischen Ministers für Wissenschaft, Kunst und Volksbildung die Sexualerziehung in den Schulen als unerwünscht. Vererbungslehre, Rassenkunde, Rassenhygiene, Familienkunde und Themen zur Bevölkerungspolitik verdrängten die Sexualerziehung.

Die nationalsozialistische Tabuisierung der Sexualität überlebte die Zeit nach 1945. Erst mit den Forderungen der Schüler- und Studentenbewegung ausgangs der 1960er Jahre kam die sexuelle Frage erneut in eine breite öffentliche Diskussion, die auch – mit unterschiedlichen Akzentsetzungen und Zielen – Auswirkungen auf die schulische und außerschulische Erziehung hatte (Empfehlungen der Kultusministerkonferenz von 1968, Richtlinien der Länder, Pro Familia, Denkschriften der Kirchen etc.).

2. Positionen. Gegenwärtig lassen sich drei unterschiedliche – idealtypisch verkürzte – Positionen charakterisieren:
1. Die negative (auch repressive, autoritäre) Sexualerziehung überlieferter Prägung;
2. die sogenannte scheinaffirmative (scheinliberale, pseudodemokratische) Variante, die einerseits das autoritäre Muster sprach- und medienspezifisch modifiziert, andererseits – namentlich in den Massenmedien – Anlehnungen an Leistungs- und Konsumzwänge aufweist; und
3. die emanzipatorische S. Emanzipatorische Sexualerziehung geht

von einem Sexualitätsverständnis aus, das – neben der Reproduktionsfunktion – vor allem die kommunikativen Aspekte der Geschlechtlichkeit thematisiert (Sexualität als Körpersprache, als Zärtlichkeits- und Lusterleben). Sie bejaht die kognitiven, affektiven und genitalen Bedürfnisse in allen Lebensphasen, auch für das Alter. Ihre pädagogischen Maximen sind die stufenweise Erweiterung der Information und die Unterstützung der emotionalen Bereiche. Sie verzichtet auf abwertende Urteile über bestimmte Befriedigungsformen (Masturbation, Necking, Petting), die in früheren Konzepten oft als „Ersatzbefriedigung" bezeichnet wurden. Lesbische Liebe und →Homosexualität werden als gleichrangig mit Heterosexualität angesehen. Leitprinzipien sind Verantwortung für den Partner und für die Partnerin, Gleichberechtigung der Geschlechter und Solidarität mit Minderheiten.

Neben der biologischen Sachinformation hat die Erörterung der gesellschaftlichen und politischen Dimensionen der Sexualität einen wichtigen Stellenwert. Hierzu gehören Probleme der Sexualität in den Massenmedien, in der Gesetzgebung oder ihre Rolle in der politischen Auseinandersetzung (z.B. sexuelle Denunziation). Sinnvoll ist auch, die Geschichte der Sexualerziehung mit den Jugendlichen zu erarbeiten, um das Verständnis für die Einstellungen älterer Menschen und für die Gefährdung des sexuellen Bereichs durch Politik und Gesellschaft zu wecken.

Emanzipatorische Sexualerziehung redet nicht sexueller Libertinage das Wort, sondern grenzt sich prononciert gegenüber Versuchen ab, Sexualität dem Leistungs- und Konsumprinzip, vordergründigen Modernitätsansprüchen oder Gruppenzwängen unterzuordnen. Die Analyse solcher Bestrebungen und die Befähigung, sich solchen Erwartungen zu widersetzen, gehört zum Selbstverständnis der emanzipatorischen S. Kommunikative Kompetenz, die Schulung der Fähigkeit zu einer solidarischen Auseinandersetzung auch in schwierigen Konfliktfällen ist eine weitere Aufgabe, die nicht zuletzt angesichts der steigenden Scheidungsziffern eine besondere Bedeutung hat.

Unter methodischem Blickwinkel gesehen, lassen sich Ziele dieser Art nicht nur durch Gespräche und Medien realisieren. Emanzipatorische Sexualerziehung bevorzugt aktivierende Maßnahmen und Verfahren wie Erkundung und Projektunterricht, Körpererfahrung, handlungsorientiertes Lernen, Selbsterfahrung durch Rollenspiel etc.

Die Geschichte der jüngeren Sexualpädagogik zeigt mehrfach Versuche, die pädagogische Verantwortung erneut zurückzuschrauben. So blieben die Empfehlungen und Richtlinien der Kultusminister lange umstritten. Gegner sahen in ihnen einen Widerspruch zu dem im Grundgesetz verankerten Elternrecht. Ein Urteil des Bundesverfassungsgerichts bestätigte jedoch im Jahre 1977 die Rechtmäßigkeit der Sexualerziehung in der Schule.

3. Bereiche. Auch das Aufkommen der Krankheit →AIDS war wiederholt Ansatzpunkt gesellschaftlicher Gruppierungen, sexualpädagogische Bemühungen auf ein repressives Programm zu reduzieren. Im emanzipatorischen Sinne geht es hier – wie in den anderen Bereichen – um eine umfassende, entwicklungsgemäß zu erweiternde Wissensvermittlung, um Erziehung zu einem verantwortungsbewußten Verhalten und um einen mitmenschlichen Umgang mit Infizierten und Erkrankten. Wichtig ist vor allem, daß Kinder und Heranwachsende Sexualität nicht grundsätzlich mit Krankheit und Tod assoziieren, daß sie offen über Techniken des →„Safer Sex" informiert werden und lernen, darüber mit dem Partner und der Partnerin zu sprechen. Neue Akzente hat in den letzten Jahren die Behandlung des Themas →sexueller Mißbrauch von Kindern und Jugendlichen erhalten. Hier liegen die

Aufgaben überwiegend im präventiven Bereich. Die Förderung von Selbstbewußtsein und Selbstbehauptung, verbunden mit der Aufklärung über sexuelle Gewalt, bei der auch der Nahbereich der Kinder (Nachbarschaft, Verwandtschaft, Familie) nicht ausgeklammert werden darf, sind die Schwerpunkte einer vorbeugenden Erziehung. Nachdrücklich zu warnen ist vor pädagogischen Alleingängen bei dem Verdacht eines Mißbrauchs. S. hat in allen Erziehungsinstitutionen ihre Bedeutung. Sie beginnt in der Familie, setzt sich in Kinderkrippen und Kindertagesheimen fort, in der Schule und in der außerschulischen Jugendarbeit. Auch in Beratungsinstitutionen (z. B. der Kirchen, der →Arbeiterwohlfahrt oder →Pro Familia) spielen pädagogische Aspekte eine zunehmende Rolle. Bedeutung haben sie auch in der →Heimerziehung (Trebegängerinnen, jugendliche „Stricher") und in der →Straffälligenhilfe. Auch die Geschlechtskrankenbetreuung, die Gesundheitshilfe, Prostituiertenberatung, Altenbetreuung oder Schwangerenunterstützung setzten entsprechende Schwerpunkte, die jedoch über den engeren pädagogischen Bereich hinausgehen und eher als eine sozialpädagogische Erziehungskorrektur verstanden werden müssen.

Seit Mitte der achtziger Jahre gewann S. zunehmend an Bedeutung und wurde 1992 sogar in einem Bundesgesetz als Aufgabe des Staates verankert. Das Gesetz wurde 1993 vom Bundesverfassungsgericht bestätigt. Die Bundeszentrale für gesundheitliche Aufklärung (Köln) wurde verpflichtet, Konzepte und Materialien zu erstellen, die unentgeltlich an Einzelpersonen, Schulen, Beratungsstellen etc. ausgegeben werden sollen.

Noch wenig entwickelt ist das Problembewußtsein für die Sexualität bei Behinderten. Auch eine Sexualerziehung, die zwischen den Normvorstellungen von Ausländerkindern und denen ihrer Eltern vermittelt, steckt noch in den Anfängen. Defizitär ist der Bereich der empirischen Forschung und nicht zuletzt auch das systematische Studium der Sexualpädagogik in den Fachschulen, Hochschulen und Universitäten.

Lit.: Bundeszentrale für gesundheitliche Aufklärung (Hg.): Rahmenkonzept zur Sexualaufklärung in Abstimmung mit den Bundesländern, Köln 1993; dies. (Hg.): Learn to love, Köln 1995; G. Glück u. a.: Heiße Eisen in der Sexualerziehung, 2. Aufl., Weinheim 1992; A. Hilgers: Richtlinien und Lehrpläne zur Sexualerziehung, ... in den sechzehn Ländern der Bundesrepublik Deutschland, Köln 1995; F. Koch: Sexuelle Denunziation, 2. Aufl., Hamburg 1995; ders. u. K. Lutzmann (Hg.): Stichwörter zur Sexualerziehung, 2. Aufl., Weinheim und Basel 1989; ders. (Hg.): Sexualerziehung und AIDS, Hamburg 1992; U. Sielert: Sexualpädagogik, 2. Aufl., Weinheim und Basel 1993; W. Wolff: Max Hodann (1894–1946). Sozialist und Sexualreformer, Hamburg 1993; S. Zimmermann: Sexualpädagogik in der BRD/DDR, Gießen 1999.

Friedrich Koch, Hamburg

Sexueller Mißbrauch

Hierunter wird im Strafrecht die Vornahme einmaliger oder wiederholter sexueller Handlungen an Personen unter 14 Jahren oder an Widerstandsunfähigen unter Mißbrauch eines bestimmten Obhutsverhältnisses, etwa des Erziehungs-, Ausbildungs- oder Arbeitsverhältnisses verstanden. Die besondere Form kontinuierlicher oder episodenhafter sexueller Beziehungen innerhalb einer Verwandtschaftsgruppe wird als Inzest bezeichnet.

Da sich Inzest wie s. M. vor allem im sozialen Nahraum ereignen, wird eine relativ niedrige Entdeckungsrate angenommen. Erst die in den letzten Jahren von der Frauenbewegung ausgelöste Debatte über s. M. hat zu einer verstärkten Auseinandersetzung mit Prävention und Intervention, vor allem auch in der

Sicherungsverwahrung

Sozialen Arbeit, geführt. Im Zentrum der Diskussion stehen nach wie vor Fragen der Häufigkeit, der geschlechtsspezifischen Betroffenheit, der Auswirkungen auf die Betroffenen und der adäquaten Reaktion bei Entdeckung.

Sicherungsverwahrung
S. ist die gravierendste freiheitsentziehende →Maßregel der Besserung und Sicherung. Bei ihr steht der Schutz der Allgemeinheit vor gefährlichen Hangtätern im Vordergrund. Neben diversen anderen Voraussetzungen muß vor Anordnung der S. die Gesamtwürdigung des Täters und seiner Taten ergeben haben, daß er infolge eines Hanges, durch welchen die Opfer seelisch oder körperlich schwer geschädigt werden oder schwerer wirtschaftlicher Schaden angerichtet wird, für die Allgemeinheit gefährlich ist. S. wird nach der für die begangene Straftat verhängte Freiheitsstrafe verbüßt. Rechtlich geregelt ist die S. im § 66 StGB.

Signifikanz
S. ist ein Kriterium für die Gültigkeit von wissenschaftlichen Aussagen. Hierbei ist mit statistischer S. die Wahrscheinlichkeit oder Sicherheit gemeint, daß bestimmte Ergebnisse einer Untersuchung nicht zufällig sind, sondern spezifische Kennzeichen des untersuchten Gegenstandes.
Von praktischer S. wird erst dann gesprochen, wenn die Signifikanz auch von praktischer Bedeutung ist, also i.d.R. wenn die statistische S. sehr ausgeprägt ist.

Sinti
→Roma

Situationsdefinition
→Thomas-Theorem

Slum
S. (engl. „schmutziges Hintergäßchen") ist die aus der englischen Umgangssprache entlehnte Bezeichnung für Elendsquartiere am Rande von Großstädten, in denen soziale →Minderheiten und an-

dere unterprivilegierte Bevölkerungsteile isoliert leben. S. sind Brennpunkte geballter sozialer Schwierigkeiten und damit eine zentrale Herausforderung der Sozialen Arbeit, die jedoch unter diesen, von ihr nicht zu verantwortenden Bedingungen nur unter größten Schwierigkeiten effiziente Arbeit zu leisten vermag. Daher ist ihre Forderung an die Politik, die Bildung von Slums durch geeignete soziale und städtebauliche Maßnahmen zu verhindern. (→Randgruppen).

Social casework
→Einzelhilfe

Social groupwork
→Gruppenarbeit

Social Sponsoring
Social Sponsoring bezeichnet eine Form der Mittelbeschaffung im Bereich Sozialer Arbeit. Im Gegensatz zur einseitigen Bereitstellung von Finanzierungen durch Spenden oder durch andere Förderinstrumente, ist SP darauf ausgerichtet, in einem auf Gegenseitigkeit beruhenden System Unterstützung für Soziale Arbeit durch Dritte einzuwerben. Grundlage dessen ist die vertragliche Vereinbarung eines Anbieters von Sozialer Arbeit mit einem Unternehmen. Vor diesem Hintergrund werden Geld, Sachmittel und Dienstleistungen der sozialen Organisation durch das Unternehmen zu Verfügung gestellt. Die Empfänger dieser Förderung lassen sich als Gegenleistung in die Unternehmenskommunikation (→Öffentlichkeitsarbeit) des Unterstützers einbinden. Dies bedeutet, daß das Unternehmen mit dieser Förderleistung an die Öffentlichkeit treten kann und so ihr eigenes Image profiliert. Der wohl am weitesten entwickelte Sponsoringbereich ist derzeit im Sport zu finden, in den ca. 80% der Sponsorenmittel fließen. Im Gegensatz dazu ist der Sozialbereich mit 5% noch in den Anfängen. Aufgrund immer knapper werdender Mittel wird das SP in den nächsten Jahren zu einer bedeutsamen Förderform der Sozialen Arbeit werden müssen. SP ist allerdings

nicht nebenher zu betreiben, es erfordert ein strukturiertes Vorgehen und intensive Beschäftigung mit den Sponsoren und den vereinbarten Leistungen. In der Zukunft wird diese Arbeitsform der Sozialen Arbeit von den Beschäftigten in sozialen Handlungsfeldern immer deutlicher zunehmen.

Social treatment
→Sozialtherapie

Solidar
S. ist eine unabhängige Vereinigung von Nichtregierungs-Organisationen (NRO), die sich mit Wohlfahrtspflege, lebenslangem Lernen, Entwicklungszusammenarbeit und humanitärer Hilfe beschäftigen und die in enger Verbindung zur Sozialdemokratie und der Gewerkschaftsbewegung stehen. S. wurde unter dem Namen „Internationales Arbeiterhilfswerk" bereits 1951 in Deutschland gegründet. Seit 1995 trägt der Verein den Namen S. und hat seinen Sitz in Brüssel.
S.-Mitgliedsorganisationen sind in über 60 Ländern weltweit tätig, in denen sie mit Bürgerrechtsbewegungen und Gewerkschaften zusammenarbeiten. S. ist durch seine Mitglieder in 15 Ländern vertreten, 11 davon in der EU. Der Internationale Bund Freier Gewerkschaften ist ein Beobachter. Mit der Sozialistischen Internationale verbinden S. freundschaftliche Beziehungen. S. ist von der Europäischen Union und der Internationalen Arbeitsorganisation (ILO) anerkannt. S. ist Beobachter des Verbindungsausschusses der Entwicklungs-NROs und Mitglied der Europäischen Plattform der sozialen Wohlfahrtsorganisationen. S.s Aktivitäten haben als gemeinsame Basis die UN-Menschenrechts-Erklärung und setzen sich in Kampagnen, Publikationen und Lobbytätigkeit auf europäischer Ebene und im globalen Kontext für universelle soziale Grundrechte ein.
Deutsche Mitglieder sind die Arbeiterwohlfahrt Bundesverband e.V. (AWO) und der Arbeiter-Samariter-Bund e.V.

Anschrift: 22 rue de Commerce, B-1000 Brüssel

Solidaritätsprinzip
Dieser Begriff bezeichnet das gegenseitige Füreinandereintreten in einer Gemeinschaft. Eine praktische Anwendung des S. erfolgt in den Sozialversicherungen, wo die Risiken solidarisch getragen werden, also die Leistungen nicht von der Höhe der Beitragszahlungen abhängen.

Sonderkindertagesstätte
Die S. ist eine →Kindertagesstätte für Kinder, die infolge einer →Behinderung einer speziellen Förderung bedürfen. In jüngerer Zeit gewinnt das Konzept der →Integrativen Erziehung als Alternative zu S. zunehmend an Bedeutung.

Sonderpädagogik
1. Begriff und Gegenstandsbeschreibung. Sonderpädagogik ist eine in neuerer Zeit geprägte Bezeichnung für die auch heute noch verwendeten synonymen Begriffe Heilpädagogik, Behindertenpädagogik, Sondererziehung und Rehabilitationspädagogik. Im ausländischen Sprachgebrauch werden äquivalente Begriffe benutzt: englisch: „special (remedial) education", amerikanisch: „education for exceptional (handicapped) children", französisch: „pédagogie curative", im Russischen wird von „Defektologie" und im Holländischen von „Orthopedagogiek" gesprochen.
S. ist die Theorie und die Praxis der Erziehung, Bildung und Rehabilitation von körperlich, geistig oder/und seelisch behinderten Menschen. Neben der kurativen Arbeit hat die S. auch die →Prävention als Aufgabe, wozu auch die Betreuung der von Behinderung bedrohten Kinder und Jugendlichen gehört. Unter S. ist sowohl der spezielle pädagogische Prozeß als auch das organisatorische System der heilpädagogischen Hilfen zu verstehen. Es ist ihr Ziel, Menschen, die mit der regulären Pädagogik nicht oder nicht ausreichend betreut werden können, eine bessere Lebensbewältigung

und soziale Integration zu ermöglichen. Es gibt keine allgemein gültige oder anerkannte Definition von Behinderung. Alle Bezeichnungen, wer behindert, gestört, geschädigt usw. ist, sind relativ, d.h., sie sind auch von sozialen Einstellungen abhängig (→abweichendes Verhalten). Sehr allgemein läßt sich „Behindertsein" wie folgt beschreiben: „Als behindert gelten Personen, die infolge einer Schädigung ihrer körperlichen, seelischen oder geistigen Funktionen soweit beeinträchtigt sind, daß ihre unmittelbaren Lebensverrichtungen oder ihre Teilnahme am Leben der Gesellschaft erschwert werden. Behinderung hat damit eine individuelle und eine soziale Seite." (vds 1990,7) S. ist weder eine Heilkunde noch eine Ergänzung der Pädagogik. Sie ist ein spezieller und zentraler Teil der Pädagogik, ebenso wie die Sozialpädagogik. In einem besonderen Maße ist sie auf die Kooperation und Koordination mit anderen Fachdisziplinen, wie die Medizin, die Psychologie sowie die Pädagogik und Sozialpädagogik angewiesen. (→Behinderung).

Die Sonderpädagogik gliedert sich entsprechend ihren Zielgruppen in spezielle Fachrichtungen: Lernbehindertenpädagogik, Sprachbehindertenpädagogik, Geistigbehindertenpädagogik, Verhaltensgestörtenpädagogik, Körperbehindertenpädagogik, Sehbehindertenpädagogik, Blindenpädagogik, Schwerhörigenpädagogik und Gehörlosenpädagogik.

2. Zur Geschichte. Die Geschichte der Heil- bzw. S. ist im deutschen Sprachraum recht selten beschrieben worden (z.B. Möckel 1988). Zur Geschichte einzelner sonderpädagogischer Fachrichtungen liegen dagegen eine Reihe von Monographien vor. Insbesondere für die Gehörlosenpädagogik (früher Taubstummenbildung) und die Blindenpädagogik gibt es zahlreiche Quellensammlungen.

Die besondere Betreuung von Behinderten läßt sich bis ins Altertum (bes. Ägypten) zurückverfolgen. Bei Comenius, →Pestalozzi und Milde sind erste Ansätze einer Heilpädagogik zu finden. Aber erst Georges und Deinhardt führten durch die Gründung einer Anstalt für Behinderte und durch methodische Arbeiten 1861 die Fachdisziplin und den Begriff „Heilpädagogik" in den wissenschaftlichen Sprachgebrauch ein. In den dann folgenden Handlungsvollzügen und Auseinandersetzungen ging es um die Intention des „Heilens" in der Betreuung von Behinderten. Vor allem die sehr unterschiedlichen Zugangswege und Umgangsweisen prägten die heilpädagogische Arbeit: die medizinische, die theologische und pädagogische Gegenstandsbeschreibung. Personen wie Isserlin, Adler, Meinertz, Bopp, Stötzner, Hanselmann und Moor haben die Heilpädagogik stark beeinflußt; in der neuen Zeit waren es Bleidick, Heese, Kanter und Speck.

Erst im 20.Jh. sind Schulen für Behinderte gegründet oder ausgebaut worden. Seit Ende der 1960er Jahre kam es zu Spezialisierungsprozessen in der S., die zu den o.g. Fachrichtungen und zu einer Vielzahl von Fachrichtungsschulen führten. Ziel war es, jedem Behinderten eine für seine Behinderungsart optimale Bildungschance zu ermöglichen. Durch eine fachrichtungsspezifische Lehrer- und Erzieherausbildung wurde und wird für eine qualifizierte Personalausstattung gesorgt. Dieser Differenzierungsprozeß fand jedoch fast ausschließlich in gesonderten Schulen und Heimen statt, so daß es zu einer starken Aussonderung der Behinderten aus dem normalen Bildungs- und Lebensprozeß kam. In den Jahren von 1970–1990 setzte eine Welle von Bestrebungen ein, diese Ausgrenzung durch die Integration der Behinderten in die Regelpädagogik abzuschaffen. Seit Ende der achtziger Jahre ist man immer mehr zu der Erkenntnis gekommen, daß man sowohl mit einer sonderpädagogischen Beschulung in speziellen Einrichtungen für Behinderte als auch mit einer integrativen Betreuung in den allgemeinbildenden Schulen den individuellen Bedürfnissen der behinderten Kinder und Jugendlichen am ehesten gerecht werden kann (Sonderpädagogische Förderzentren s. u.). Kooperation und Koordination im sonderpädagogischen Bereich und mit anderen Fachdisziplinen sind die Aufgaben der heutigen S.

3. Häufigkeit. Der Anteil der in Sonderschulen unterrichteten Kinder und Jugendlichen betrug 1996 insgesamt 4,32% aller Schulpflichtigen im Alter von 6 bis 15 Jahren. Die Prozentpunkte verteilen sich wie folgt: Lernbehinderte 2,38, Blinde und Sehbehinderte 0,05, Gehörlose und Schwerhörige 0,12, Sprachbehinderte 0,34, Körperbehinderte 0,22, Geistigbehinderte 0,63, Verhaltensgestörte 0,24 und sonstige Behinderte 0,25. Hinzu kommen die behinderten Kinder und Jugendlichen, die integrativ beschult werden. Zahlen über Vorkommenshäufigkeiten sind natürlich von der jeweils zugrunde gelegten Definition und von den schulischen Gegebenheiten abhängig. Insbesondere die Ergebnisse von Untersuchungen und Schätzungen über den Anteil von Kindern und Jugendlichen mit →Verhaltensstörungen differieren erheblich. So schwanken die Angaben über die Häufigkeit zwischen 0,1% und 61%. Diese enormen Unterschiede sind vor allem mit dem Fehlen einheitlicher Begriffsbestimmungen und Meßkriterien zu erklären. Bei Untersuchungen, die die subjektive Einschätzung von Lehrern über Schüler mit Verhaltensauffälligkeiten, für die sie Hilfe benötigen, zum Gegenstand hatten, variieren die Angaben weit weniger, sie liegen zwischen 8% und 16%. In nahezu allen Erhebungen liegt der Anteil männlicher Kinder und Jugendlicher mit Verhaltensstörungen weit über dem der weiblichen (etwa $^3/_4$ zu $^1/_4$).

4. Schulische Betreuung. Die pädagogische Förderung Behinderter läßt sich Lebensabschnitten zuordnen: Frühbereich (0 bis 3 Jahre), Elementarbereich (3 bis 6 Jahre), Schulbereich (6 bis 15 bzw. 18 Jahre), Berufsbildender Bereich (ab 15 Jahre) und Bereich der Erwachsenenbildung. Neben den Institutionen des organisierten Lernens (Schule, Werkstätten etc.) bedarf der Behinderte einer seiner Behinderung entsprechenden Familienhilfe, Freizeitförderung und begleitender therapeutischer Maßnahmen. Nach der „Empfehlung zur Ordnung des Sonderschulwesens" der Ständigen Konferenz der Kultusminister der Länder in der Bundesrepublik Deutschland (KMK) von 1972 wird für diese Schulart der einheitliche Begriff „Sonderschule" verwendet. Die Sonderschule als „Schulart" ist in 10 „Sonderschultypen" aufgegliedert: Schule für Blinde, Schule für Gehörlose, Schule für Geistigbehinderte, Schule für Körperbehinderte, Schule für Kranke, Schule für Lernbehinderte (Förderschule), Schule für Schwerhörige, Schule für Sehbehinderte, Schule für Sprachbehinderte und Schule für Verhaltensgestörte.

Diese KMK-Empfehlung von 1972 wird zur Zeit überarbeitet. Damit soll den kooperativen und integrativen Aufgaben der S. Rechnung getragen werden. In der Regel sind Sonderschulen staatliche Einrichtungen. Schulen in privater Trägerschaft stehen unter staatlicher Aufsicht. Schulen in Heimen und Anstalten gehören teilweise ebenfalls zum Sonderschulwesen. Einige Sonderschulen werden als Ganztagsschulen und in bestimmten Fällen als Heimschulen geführt.

Kinder, die wegen ihrer geistigen, körperlichen oder seelischen Behinderung nicht oder nicht ausreichend in der Allgemeinen Schule (Regelschule) gefördert werden können, besuchen eine Sonderschule. Ein sonderpädagogisches →Gutachten, das ggf. durch medizinische und psychologische Gutachten ergänzt wird, gibt Auskunft über die Sonderschulbedürftigkeit des untersuchten Kindes. Die Entscheidung über die Aufnahme in eine Sonderschule trifft – so-

weit wie möglich im Einvernehmen mit den Eltern – die Schulbehörde.
Die S. befindet sich seit einigen Jahren in einer Umbruch- und Sinnorientierungsphase. Bei diesem Klärungsprozeß geht es vor allem um die Öffnung der S. für das allgemeinbildende Schulwesen und den Versuch, behinderte Kinder und Jugendliche in ihrem natürlichen Umfeld zu betreuen. Es gibt inzwischen kein Bundesland mehr, in dem nicht in irgendeiner Form mehr oder weniger an dieser Fragestellung gearbeitet wird.
Der Begriff „Sonderschulbedürftigkeit" soll in zunehmendem Maße durch den Begriff „Sonderpädagogischer Förderbedarf" ersetzt werden. „Kennzeichnend für diese Entwicklung ist der Begriff „Sonderpädagogischer Förderbedarf" als personenbezogener und nicht ausschließlich institutionsbezogener Anspruch" (KMK 1994), d.h. kurz gesagt: S. soll nicht nur an Sonderschulen stattfinden, sondern, soweit wie qualifiziert möglich, auch an allgemeinbildenden Schulen. Ziel der sonderpädagogischen Förderung soll es somit sein, behinderten Kindern und Jugendlichen soweit wie möglich die Chance zu geben, eine allgemeinbildende Schule ihres Wohngebietes zu besuchen. Dafür soll eine binnendifferenzierende und individuell gehaltene Unterrichtsgestaltung, die allen Schülern zugute kommen soll, geschaffen werden. Die Integrationsmaßnahmen können in zielgleicher (=leistungsgleicher) oder zieldifferenzierter Form erfolgen. Die Beteiligung von Sonderpädagogen daran richtet sich nach dem individuellen sonderpädagogischen Förderbedarf der Schüler. Integrationsklassen sollen nur eine von vielen sonderpädagogischen Maßnahmen in den allgemeinbildenden Schulen sein.
Folgende pädagogische und sonderpädagogische Fördermaßnahmen können zur Anwendung kommen: zusätzliche pädagogische Beratungs- und Fördermaßnahmen der allgemeinbildenden Schulen; sonderpädagogische Beratung von Lehrern, Eltern und Schülern; zeitlich befristete sonderpädagogische Fördermaßnahmen (z.B. sonderpädagogischer Lesekurs oder Sozialtraining); dauernde Mitarbeit von sonderpädagogischen Lehrkräften an der allgemeinbildenden Schule, bezogen auf Art und Schwere der jeweiligen Behinderung; Unterricht durch zwei Lehrkräfte, davon eine sonderpädagogische in einzelnen, mehreren oder in allen Fächern einer Klasse. Der Umfang richtet sich nach der Anzahl der Kinder mit sonderpädagogischem Förderbedarf in einer Klasse und nach Art und Schwere der Behinderungen (sog. Integrationsklassen); zusätzliche sonderpädagogische Förderung in ambulanter Form in einem Förderzentrum (z.B. Sprachheilambulanz); Unterrichtung eines behinderten Schülers in einer seiner Behinderung adäquat fördernden Sonderschule (s. auch Sonderschultypen). Voraussetzung dieser präventiven, integrativen und kurativen Maßnahmen ist das Ineinandergreifen sonderpädagogischer und allgemeinpädagogischer Arbeit, die in besonderer Weise eine auf Öffnung und Flexibilität angelegte Organisationsstruktur des Sonderschulwesens, eine entsprechende Kooperation und die Kooperation aller Beteiligten erfordern.
Die in den KMK-Empfehlungen genannten Sonderpädagogischen Dienste, die die genannten Fördermaßnahmen durchführen sollten, sind in den schleswig-holsteinischen Konzeptionen näher beschrieben und zu einem erheblichen Teil ganz oder ansatzweise in die Tat umgesetzt worden. Es handelt sich (Mutzeck 1989 und 1991) um regionale und überregionale Sonderpädagogische Förderzentren. Die Kollegien der regionalen Sonderpädagogischen Förderzentren bestehen aus Lehrkräften mit sonderpädagogischen Kompetenzen in den Fachrichtungen Lernbehindertenpädagogik, Geistigbehinderten-, Sprachbehinderten- und Verhaltensgestörtenpädagogik. Sie arbeiten je nach Bedarf und Wunsch mobil und/oder stationär. Das

mobile und ambulante Aufgabenfeld sonderpädagogischer Arbeit umfaßt die Betreuung behinderter und von Behinderung bedrohter Kinder in den Vorschulen und in den allgemeinbildenden Schulen. In der stationären Arbeit eines regionalen Förderzentrums werden Schüler, die nicht durch mobile oder ambulante sonderpädagogische Maßnahmen ausreichend gefördert werden können, in Förderklassen beschult. Die überregional für das gesamte Bundesland oder einen Landesteil zuständigen Einrichtungen haben die Aufgabe der Betreuung von körperbehinderten, blinden, sehbehinderten, gehörlosen und schwerhörigen Kindern und Jugendlichen und deren Bezugspersonen. In ihrem mobilen Dienst betreiben sie Förderdiagnostik, Beratungs-, Einführungs-, Unterstützungs- und Aufklärungsarbeit. In ihrer stationären Arbeit bieten die Förderzentren Kurse für behinderte Kinder und Jugendliche sowie für deren Lehrer und Eltern an. In besonderen Fällen kann dieser Einrichtung auch ein Internat angeschlossen sein. Außer den genannten Aufgaben sollten diese Einrichtungen Entwicklungsarbeit für Materialien und Methoden leisten und sich die →Evaluation von Maßnahmen und Projekten zur Aufgabe machen. Ferner könnten von hier aus zentrale Fortbildungsangebote und -wünsche organisiert werden.

Eine Zusammenarbeit von sonderpädagogischen (schulischen und außerschulischen) und sozialpädagogischen Diensten hat sich insbesondere für die Behinderten als sehr förderlich erwiesen. So ist z.B. die Koordination von schulischen Förderplänen und außerschulischen Rehabilitationsplänen und -maßnahmen von besonderer Bedeutung. Ferner können weitere Kooperationen mit medizinischen und psychologischen Diensten (Netzwerk) zur Verbesserung der Arbeitsqualität beitragen.

Lit.: Bach, H., Bleidick, U., Kanter, G. O., Klauer, K. J., Kröhnert, O., Reinartz, A. (Hrsg.) (1977 ff.): Handbuch der Sonderpädagogik in 11 Bänden, Berlin; Möckel, A. (1988): Geschichte der Heilpädagogik, Stuttgart; Bleidick, U., Claußen, W. H., Dohse, W./Hagemeister, U., Kröhnert, O., Myschker, N., von Pawel, B., Rath, W. (1992): Einführung in die Behindertenpädagogik, 3 Bände, Stuttgart; Mutzeck, W. (1989): Kollegiale Supervision – Wie LehrerInnen durch reflektierte Erfahrung, gegenseitige Beratung und Stützung lernen, ihren Berufsalltag besser zu bewältigen, in: Forum Pädagogik 2 (1989) 4, 178–182; Mutzeck, W. & Pallasch, W. (1992): Integration von Schülern mit Verhaltensstörung – Praktische Modelle und Versuche, Weinheim: Deutscher Studien-Verlag, 4. Auflage; Mutzeck, W. (1991): Prävention von Verhaltensstörungen für die Aus- und Fortbildung von Regel- und SonderschullehrerInnen, in: Neukäter, A. (Hrsg.): Verhaltensstörungen verhindern. Prävention als pädagogische Aufgabe, Oldenburg: ZPB; Mutzeck, W. (1992): Beratung in sonderpädagogischen Handlungsfeldern, Fernuniversität Hagen; Speck, O. (1988): System Heilpädagogik. Eine ökologisch-reflexive Grundlegung, München; vds Fachverband für Behindertenpädagogik (Hrsg. 1990): Informationen über das Sonderschulwesen und die Sonderpädagogischen Dienste, Beiheft 18 der Zeitschrift für Heilpädagogik, Nürnberg.

Wolfgang Mutzeck, Leipzig

Sonderschule
Die S. ist eine allgemeinbildende Schule für →körperlich oder →geistig behinderte Kinder und Jugendliche, die mit den Mitteln der allgemeinen Schulen nicht oder nicht ausreichend gefördert werden können. Ziel der sonderpädagogischen (→Sonderpädagogik) Bemühungen ist neben der Kompensation der spezifischen Defizite die Vorbereitung auf ein – im Rahmen der persönlichen Möglichkeiten – möglichst selbständiges und eigenverantwortetes Leben.

Sorgerecht
→Kindschaftsrechtsreform

Sozialadministration
S. ist die Organisation und Verwaltung aller Pflichten und Leistungen, die sich aus dem Sozialstaatsprinzip ergeben (→Wohlfahrtsstaat).
Die S. ist vertikal vom Bund (z.B. zuständig für Kindergeld, Bundesjugendplan) über die Länder (z.B. überörtliche Sozial- und Jugendhilfeträger) bis zu den Gemeinden und Gemeindeverbänden gegliedert. Die horizontale Gliederung umfaßt die o.g. Gebietskörperschaften sowie die Selbstverwaltungskörperschaften (z.B. Krankenkassen, Versicherungsanstalten).
→Organisationsformen Sozialer Arbeit; →Sozialmanagement; →Sozialplanung

Sozialamt
Das S. ist eine von den örtlichen →Sozialhilfeträgern eingerichtete Behörde zur Durchführung der gesetzlichen →Sozialhilfe im Rahmen des BSHG sowie anderer, wesensverwandter Aufgaben.

Sozialanamnese (soziale Anamnese)
In der Medizin wird die Erhebung der Vorgeschichte einer Krankheit als Anamnese (griech.: Rückerinnerung) bezeichnet. Einige Bereiche der Sozialen Arbeit übernahmen diesen Begriff zur Bezeichnung der Erhebung der persönlichen Daten von →Klienten. Neben diesen ist jedoch auch die Erhebung der sozialen Verhältnisse und Beziehungen des Klienten von Interesse. Hierfür bürgerte sich – wie auch in der Psychotherapie – die Bezeichnung S. ein. →Gutachten

Sozialarbeitswissenschaft
Der Begriff Sozialarbeitswissenschaft (SAW) hat erst in neuerer Zeit Eingang in den Sprachbereich der Sozialarbeit und Sozialpädagogik gefunden und folgt damit nicht nur der im anglo-amerikanischen Raum üblichen Bezeichnung „social work science", sondern ist auch als Konsequenz des vielfach beanstandeten Theoriedefizits der Sozialarbeit sowie als Anerkennung der Notwendigkeit einer vielerorts geforderten Professionalisierung der Sozialarbeit durch eine entsprechende wissenschaftliche Disziplin zu verstehen. Selbstverständlich bezieht sich die SAW auf alle traditionellen und neueren Praxisbereiche der Sozialarbeit, wobei eine Unterscheidung zwischen Sozialarbeit und Sozialpädagogik als nicht sinnvoll angesehen wird, da Sozialpädagogik in der Regel als Wissenschaft, Sozialarbeit dagegen als spezifische(s) Handeln (Praxis) aufgefaßt wird. Eine solche Differenzierung ist nicht vernünftig begründbar und wird deshalb hier nicht vollzogen.
Wenn wir der in neuerer Zeit für die Pädagogik vorgeschlagenen Systematik (u.a. nach Brezinka) folgen, sind für die SAW drei Bereiche konstituierend: Sozialarbeitsphilosophie, -wissenschaft und wissenschaftlich fundierte -praxis. Die Philosophie der Sozialarbeit als Grundlagendisziplin der SAW umfaßt (weitere Differenzierungen hier außer acht gelassen) erstens die →Wissenschaftstheorie oder -philosophie oder Methodologie der SAW. In dieser werden die Methoden der Theoriebildung der Sozialarbeitswissenschaft rekonstruktiv oder normativ erörtert, wobei in der Wissenschaftstheorie der Sozialarbeitswissenschaft auf die Forschungsergebnisse einer empirischen Disziplin zurückgegriffen wird, nämlich auf die Ergebnisse der Sozialarbeitswissenschaft - Wissenschaft. Diese umfaßt unter anderem die Psychologie und Soziologie der Sozialarbeitsforschung sowie die Sozialarbeitswissenschaftsgeschichte. Zweitens umfaßt die Philosophie der Sozialarbeit die Moralphilosophie der Sozialarbeit, innerhalb derer versucht wird, ethische bzw. normative Probleme zu lösen, also Fragen nach Erziehungsbzw. Sozialarbeitszielen zu beantworten (→Ethik). Auch in der Moralphilosophie der Sozialarbeit wird auf die Forschungsergebnisse einer empirischen Disziplin zurückgegriffen, nämlich auf Ergebnisse der Sozialarbeitsnormenwis-

senschaft, einer spezifischen „moral science", in der zum Beispiel untersucht wird, welche Normen (Erziehungs- bzw. Sozialarbeitsziele) aus welchen Gründen von wem akzeptiert werden oder welche Normenakzeptierungen welche Folgen haben, wenn man nach diesen handelt. Besonders wichtig sind hier auch empirische Untersuchungen zur Werte- bzw. Normen- bzw. Zielverträglichkeit.
Die SAW im hier akzeptierten Verständnis ist am Empirismus bzw. an der Empiristischen Philosophie im weitesten Sinne, modern gesprochen, an der Analytischen Philosophie orientiert. In dieser wird nach E. v. Savigny folgende „Haltung" in der philosophischen und (sozialarbeits-)wissenschaftlichen Forschung gefordert: „Die Überprüfung (von) ... Behauptungen an ihren Folgen; das Mißtrauen gegen vorschnelle und tiefe Einsichten; die penible Arbeit im Detail; die Forderung nach Klarheit und intersubjektiver Überprüfbarkeit; kurz die Überzeugung, daß die üblichen Standards sorgfältiger wissenschaftlicher Arbeit ... zu gelten haben" (1970, S. 15). Die häufig vorgenommene Kennzeichnung dieser Haltung als „positivistische" ist falsch; sie ist weder wissenschaftsgeschichtlich noch wissenschaftstheoretisch gerechtfertigt.
Sozialarbeitswissenschaft fassen wir als spezifische →Erziehungswissenschaft auf. Für eine individualistisch orientierte Sozialarbeitspraxis ist demnach entscheidend, auf welchen Erziehungsbegriff sie rekurriert. (Um einem weit verbreiteten Mißverständnis entgegenzuwirken: Diese Auffassung weist der Sozialarbeit vor allem die Funktion individueller erzieherisch-therapeutischer Hilfe zu, aber das impliziert nicht, daß Sozialarbeit ohne Bezug zu historischen oder aktuellen gesellschaftlichen Gegebenheiten gesehen wird oder daß Sozialarbeit nicht auch eine gesellschaftsverändernde Funktion übernehmen kann. Für diesen Fall müßten allerdings Sozialarbeitsinterventionen konstruiert werden, die einerseits auf strukturelle Randbedingungen und andererseits auf psychische Dispositionen von Personen in Gruppen und Organisationen als Träger gesellschaftlicher Entwicklungen einzuwirken in der Lage sind. Eine globale (holistische) Therapie gesellschaftlicher Mißstände halten wir, insbesondere aus methodologischen Gründen, für problematisch). Wir fassen Erziehen auf als Versuche von Diagnostizierenden Instanzen, auf die →Sozialisation anderer Menschen rational fundiert (absichts- und planvoll) Einfluß zu nehmen mit dem Ziel, daß diese gewollte Sozialisationen durchlaufen, und zwar so, daß entweder durch Sozialisationen gewollte Verhaltensdispositionen aufgebaut oder Sozialisationen nachgeholt oder negativ verlaufene Sozialisationen durch neue, positiv zu bewertende Sozialisationen ersetzt werden. Ausgangspunkte allen Erziehens sind (negative) Erwartungen oder Befürchtungen oder Feststellungen von aus der Sicht einer Diagnostizierenden Instanz (DI) nicht tolerierbarem dissozialisierten Verhalten eines Individuums, wobei die Tolerierbarkeitsgrenzen durch die →Normen bzw. Soll-Zustände der DI bestimmt werden. Sozialarbeiterisches Handeln ist also dann indiziert, wenn am Verhalten eines Individuums erkennbar ist, daß es eine Dissozialisation durchläuft oder abgeschlossen hat. Dabei wird unterschieden zwischen (a) primärem oder sekundärem prophylaktischen Erziehen im Falle erwarteter Dissozialität, (b) tertiärem prophylaktischen Erziehen im Falle befürchteter Dissozialität (Vermeidung dissozialisierten Verhaltens) und (c) tertiärem korrigierenden Erziehen im Falle festgestellter Dissozialität (Korrektur dissozialisierten Verhaltens). Sozialarbeitspraxis ist demnach durch das Spezifikum gekennzeichnet, daß sie erzieherisches Handeln auf besondere, nämlich dissozialitätsverursachende und -aufrechterhaltende Bedingungen ausrichtet. Mit diesen Festlegungen sind bereits einige wichtige Hinweise auf den Objekt-

bereich der Sozialarbeitswissenschaft gegeben. Wie angedeutet, wird die SAW als Teildisziplin der Erziehungswissenschaft aufgefaßt und nimmt in ihr damit einen Platz wie z. B. die Unterrichtswissenschaft, die Weiterbildungswissenschaft oder die (→Altenbildung) Gerontagogik ein. Alle erziehungswissenschaftlichen Teildisziplinen beziehen sich grundlegend auf die (allgemeine) Erziehungswissenschaft, deren Funktion es ist, allgemeine, bewährte Aussagen über Phänomene des Erziehens bereitzustellen. Traditionell sollen diese Aussagen beschreibender, erklärender und/ oder prognostischer Art sein. Eine der Hauptfunktionen der Erziehungs- wie der Sozialarbeitswissenschaft als Handlungswissenschaften ist allerdings in der Entwicklung von Theorien des rationalen, effektiven Beeinflussens (= Technologischen Theorien) von Menschen zu sehen.

Der Charakter der Erziehungs- wie der Sozialarbeitswissenschaft ist mit diesen Funktionen weitgehend vorgezeichnet. Zur Lösung von sozialen Problemen und zur →Prophylaxe und Korrektur dissozialisierten Verhaltens von Individuen ist es zweckmäßig, SAW als eine empirisch-experimentelle Wissenschaft zu etablieren, die sich als integrierende Handlungswissenschaft u. a. auf die Erkenntnisse einer empirisch orientierten Psychologie, aber auch auf solche der teilweise empirisch arbeitenden sozialwissenschaftlichen Disziplinen, wie z. B. Soziologie, Anthropologie oder Medizin, stützen. Die SAW ist, was ihre Fundierung des technologischen Instrumentariums anbelangt, vor allem auf die Psychologie – insbesondere auf deren Teildisziplinen Lern- und Sozialpsychologie – angewiesen. Aber auch soziologische – speziell durch →empirische Sozialforschung gewonnene – Erkenntnisse sind für eine empirisch orientierte SAW von Bedeutung. Da Sozialarbeit in Erziehungsfeldern oder in Person-Umwelt-Systemen realisiert wird, sind empirische Analysen aus den Bereichen der Familien-, Jugend- oder der Gruppensoziologie, um nur einige zu nennen, für die SAW unerläßliche Wissensbestandteile. Ihrer Bedeutung entsprechend sind die Fächer Psychologie und Soziologie, neben den allgemeinen Grundlagen der Erziehungs- und Sozialarbeitswissenschaft, integrativer Bestandteil des Studiums der SAW.

Ein großer Teil dieser Erkenntnisse der genannten Disziplinen ist jedoch von grundlegender, erkenntnisorientierter Art und als Grundlage für die Konstruktion eines wissenschaftlich fundierten Interventionsinstrumentariums nur bedingt geeignet. Erkenntnisorientierte Theorien stellen Informationen über Ereignisse in Situationen zumeist erklärender und prognostischer Art bereit – in den erkenntnisorientierten Sozialwissenschaften sind dies in der Regel generelle verhaltenstheoretische Erkenntnisse. Außer diesen Theorien aus dem Bereich der Grundlagenforschung sind jedoch vor allem instrumentell verwertbare, handlungsbezogene Technologische Theorien erforderlich, die Informationen darüber enthalten, welche Interventionen unter welchen Bedingungen zu gewollten, von einer DI positiv bewerteten Ziel-Zuständen führen und welche Handlungsalternativen möglicherweise zu berücksichtigen sind. Man kann davon ausgehen, daß weder Erziehungs- noch Sozialarbeitswissenschaft über wesentliche genuine erkenntnisorientierte Theorien verfügen; es ist daher zentrale Aufgabe der SAW, effektivitätsorientierte Theorien auf der Basis der genannten wissenschaftlichen Disziplinen zu konstruieren, die hierfür relevanten Informationen zu systematisieren und in Technologische Theorien zu integrieren. Damit wird für die fundierte Steuerung menschlichen Lernens bzw. die gewollte Veränderung seiner sozialen und natürlichen Umwelt geeignetes Wissen bereitgestellt.

Technologische Theorien (TT) enthalten (1) als zentralen Bestandteil eine erkenntnisorientierte Kerntheorie T_a, aus

613

der sich bedingte prognostische Systematisierungen gewinnen lassen, die die für eine gewollte Situationsveränderung kausalrelevanten Faktoren enthalten. Die Wahl von T_a hängt einerseits von den dieser Theorie inhärenten Realitätsbehauptungen und deren Wahrheit sowie andererseits davon ab, ob die Theorie in bezug auf eine Situationsveränderung (ein Problem) als effektiv und problemlösend angesehen wird. (2) Daneben enthalten TT Erweiterungen T_n, „die zur Herstellung einer Situation verwendet werden können, in der die Systematisierungs-Annahmen der Kerntheorie zur Wirkung kommen können" (Alisch & Rössner 1978, 107). Diese für die Steuerung von Ceteris paribus-Anwendungssituationen bedeutsamen Erweiterungen haben vor allem die Funktion der Reduzierung bzw. Neutralisierung von Störfaktoren, die die Effektivität von T_a behindern könnten. (3) Effektivität, ein weiteres Merkmal einer TT, wird als personale effektive Relevanz verstanden und durch die Glaubensfunktion Cr ausgedrückt; sie ist ein (subjektives) Maß für den Grad des rationalen Glaubens an die kausale Relevanz der in einer TT angegebenen Bedingungen. Cr drückt aus, in welchem Maße der Anwender einer TT für wahr hält, daß mit T_a und T_n die für die Lösung eines Problems geeigneten und für realisierbar gehaltenen Annahmen bzw. Effektivitätsgesetze selegiert werden. (4) Mit der Einbeziehung von deontischen Aspekten (D) als konstitutivem Merkmal einer TT geht die vorgestellte Konzeption über Entwürfe sogenannter technokratischer Ansätze hinaus. In einer TT sind explizite Angaben darüber zu machen, welche Zielzustände durch die Anwendung einer TT herbeigeführt werden sollen oder dürfen. Unter der deontischen Fragestellung sind insbesondere die unterschiedlichen „Präferenzrelationen zwischen Richtwerten (basalen Zielsystemen), akzeptierten situativen Zielen, Konsequenzen von herbeigeführten Zuständen und bewerteten T_a und T_n"

(Alisch & Rössner 1978, 118) zu prüfen und zu bewerten. Eine TT kann nach diesem Kriterium innerhalb des potentiellen Instrumentariums verhaltens- bzw. situationsverändernder Interventionen kontraindiziert sein, wenn sich teilweise oder vollständige Unvereinbarkeiten in den Präferenzrelationen zeigen bzw. wenn die Neben- und/oder Folgewirkungen bei Anwendung einer TT als nicht akzeptabel gelten. Das Abwägen solcher Unvereinbarkeiten, aber auch die Auswahl von geeigneten Kerntheorien, von Erweiterungen und von den den Glauben an die kausale Relevanz stützenden Argumenten ist mit Hilfe eines (5) entscheidungstheoretischen Kalküls (E) zu realisieren, bei dem Kosten-Nutzen-Überlegungen eine wesentliche Rolle spielen: T_a, T_n, Cr und D sind so zu selegieren, daß größtmöglicher Nutzen bei gleichzeitig kleinstem Risiko für Klienten der Sozialarbeit (mit Bezug auf ein spezifisches Problem) zu erwarten ist. Da TT immer topologisch (l) und temporal (t) beschränkt gültig sind, ergibt sich folgende Definitionsgleichung: TT = df. $(T_a, T_n, Cr, D, E)_{l,t}$.
TT bieten dem Erziehungs- und Sozialarbeitspraktiker lediglich einen Informationsrahmen oder relativ unspezifische Lösungsmuster; für die Bewältigung situations- und klientenspezifischer Probleme müssen TT deshalb pragmatisch-rational relativiert werden. Pragmatisch-rationale TT (PRT) bilden die Grundlage von rational fundierten Erziehungs- und Therapieplänen in Anwendungsfeldern der Sozialarbeit (für Einzelheiten und Konkretisierungen bezüglich TT und PRT vgl. den von Imker (1984) vorgelegten Entwurf einer TT der Sozialen Gruppenarbeit).
Da Erziehungspraktiker nicht immer (z. B. bei hohem Handlungsdruck) in der Lage sind, Erziehungs- oder Therapiepläne zu konstruieren oder TT in PRT umzusetzen, wird für den wissenschaftlich ausgebildeten Sozialarbeiter die Funktion des Meta-Praktikers (als Wissenschaftsvermittler) für sinnvoll gehal-

ten, dessen Aufgaben insbesondere darin bestehen, wissenschaftlich-technologische Erziehungspläne zu entwerfen, deren einzelne Maßnahmen zu koordinieren, den Implementationsprozeß zu kontrollieren und ggf. zu korrigieren und schließlich die Interventionsergebnisse zu evaluieren.

Aufgabe einer SAW im hier skizzierten Sinne ist, unter Beachtung der erwähnten wissenschaftstheoretischen bzw. -philosophischen Standards elaborierte TT für bedeutsame Anwendungsbereiche der Sozialarbeit zu entwickeln, so z. B. für verschiedene Felder der →Soziotherapie und der Sozialadministration (→Sozialmanagement).

Betrachtet man die außerhalb der SAW sich vollziehenden theoretischen Entwicklungen – insbesondere in interdisziplinär orientierten wissenschaftlichen Disziplinen wie z. B. der Synergetik –, dann könnte die SAW zukünftig verstärkt von systemischen (wobei jedoch nicht mehr nur die Struktur, sondern vor allem die Dynamik sozialer Systeme im Vordergrund steht) sowie von netzwerktheoretischen Betrachtungsweisen profitieren. Diese können eine besondere Rolle bei der Entwicklung bisher allerdings methodologisch unzureichend fundierter holistischer Interventionskonzeptionen (z. B. in der Gruppen- und Gemeinwesenarbeit oder der Familientherapie) spielen. In zunehmendem Maße finden darüber hinaus Erkenntnisse der Synergetik sowie der Selbstorganisations- bzw. Autopoiese-Forschung Eingang in die Sozialwissenschaften, wovon die SAW und damit auch die Sozialarbeitspraxis Nutzen für die Lösung komplexer erzieherischer und sozialer Probleme ziehen können. Insgesamt deutet sich auch für die SAW eine teilweise Abkehr von cartesianischen und eine Wiederentdeckung von aristotelischen Denkweisen an, womit Alltagserfahrung und -wissen wieder eine stärkere Gewichtung im Corpus wissenschaftlicher Erkenntnisse zugewiesen werden.

→Kritisch-rationalistische Sozialpädagogik; →Schulen der Sozialen Arbeit; →Theorie der Sozialpädagogik

Lit.: Alisch, L.-M., L. Rössner (1978): Erziehungswissenschaft als technologische Disziplin. Ein Beitrag zur Technologie-Diskussion in den Sozialwissenschaften, München, Basel; Alisch, L.-M., L. Rössner (1981): Erziehungswissenschaft und Erziehungspraxis. Grundlagenstudien zur Metapraxis des Erziehens, München; Imker, H. (1984): Grundlagen einer Technologischen Theorie der Sozialen Gruppenarbeit, Braunschweig (Braunschweiger Studien zur Erziehungs- und Sozialarbeitswissenschaft, Bd. 12); Rössner, L. (1975^2): Theorie der Sozialarbeit. Ein Entwurf, München, Basel; Rössner, L. (1977): Erziehungs- und Sozialarbeitswissenschaft. Eine einführende Systemskizze, München, Basel; Savigny, E. v. (1970): Analytische Philosophie, Freiburg, München.

Henning Imker und Lutz Rössner (†), Braunschweig

Sozialberatung

1. Seit Beginn der 60er Jahre wurde von den Wohlfahrtsverbänden (→Freie Wohlfahrtspflege) mit Unterstützung der Länder und des Bundes ein System von Beratungsstellen für ausländische Arbeitnehmer (→Ausländerarbeit) aufgebaut. Die Ziele dieser S., die herkunftspezifisch ist und i. d. R. von Beratern erfolgt, die der gleichen Nationalität angehören, sind vielfältig. Sie reichen von der Unterstützung bei der Durchsetzung von Ansprüchen gegenüber Behörden über die Vermittlung von Sprachunterricht bis zur Hilfestellung bei persönlichen und familiären Problemen. Allgemein soll die S. dazu dienen, zur Integration und zum Erwerb von Handlungskompetenz beizutragen.

2. Mittlerweile gehört die S. als Angebot der →Beratung in allen Lebensfragen in größeren Betrieben zum Standard für alle Betriebsangehörigen.

Sozialberichterstattung

1. Die S. umfaßt verschiedene Berichtsformen: die seit 1969 erstellten Sozialberichte der Bundesregierung, die bereichsbezogenen problemorientierten Berichte zur Situation der Armutsentwicklung, der Familien und Jugend neuerlich im deutsch-deutschen Vergleich, ebenfalls auf Bundesebene, die landesbezogenen Überblicks- und Bereichsberichte und die kommunalen Sozialberichte mit entsprechendem Charakter. Es kann somit, einschließlich der problembezogenen Berichte, die von seiten einzelner wohlfahrtsverbandlicher Träger erstellt werden, von der sukzessiven Herausbildung eines zunehmend kontinuierlichen Sozialberichtswesens gesprochen werden.

2. Aufgaben des Berichtswesens ist die Dauerbeobachtung (monitoring) und möglichst umfassende Bereitstellung von Informationen über die Entwicklung von →Lebenslagen und die Verteilung von →Lebensqualität. Damit wird gleichermaßen auf die Interventionen und Wirkungen des →Sozialstaates eingegangen, die auf den gesellschaftlichen Wandel einwirken und als Instrumente sozialer Politik evaluiert werden. Staatliche Leistungen, Programme und die örtliche Ausprägung der sozialen Dienstleistungsinfrastruktur werden in Wechselwirkung zur Herausbildung von Lebensweisen thematisiert, problematisiert und für eine planende →Sozialpolitik bereitgestellt. Adressat der S. ist demgemäß das politisch-administrative System sowie die Öffentlichkeit. S. wird zur Voraussetzung der Verhandlung über Definitionen, Leistungen und Entwicklungen sowie ihre kontinuierliche Überprüfung, hinsichtlich Umfang, Struktur und Entwicklungsnotwendigkeiten. S. und →Sozialplanung bedingen sich insbesondere hinsichtlich einer frühzeitigen Problemwahrnehmung auf seiten spezifischer Adressatengruppen, der Entwicklung präventiver Strategien und der Initiierung antizipierter Problem-lösungsstrategien im Interesse der ‚Gestaltung von Lebensweisen' und der Grundlage für sozialpolitische und administrative Entscheidungen. (Karsten/ Otto 1990, Noll 1987).

3. Die Funktionen, insbesondere der kommunalen S. lassen sich in eine konstruktive, reflexive und diskursive Funktion differenzieren:
– S. als „politisch-strategisches Instrument ... zur Neustrukturierung, zur Bestimmung sowie zur konzeptionellen Fundierung von sozialen, pädagogischen und staatlichen Leistungen und Verteilungsmodellen" (konstruktive Funktion);
– S. ermöglicht einen „... Perspektivenwechsel von der individuellen prekären Lebenslage zu den Verursachungszusammenhängen, zu denen die sozialpolitischen Investitionen, Leistungen, Programme und Maßnahmen selbst mitgehören" (reflexive Funktion);
– S. beinhaltet „... Entkoppelung von Situationsanalyse und Situationsbewertung einerseits und einen rationalen gesellschaftlichen Diskurs über Voraussetzungen und Ziele sozialpolitischer Handlungsprogramme" andererseits (diskursive Funktion). (Brülle 1992).

4. Methodisch bedeutet dies, daß sich drei wesentliche Ebenen der Erarbeitung und Darstellung von Sozialberichten differenzieren lassen:
– Als Informationsgrundlage zur Wissensaufarbeitung dienen quantitativ und qualitativ orientierte Analysen auf der Basis vorhandener Daten, ergänzt und eingeordnet in Strukturanalysen, die als Sekundäranalysen über die in Rede stehende Kommune verfügbar sind oder erarbeitet werden.
– Die Ausprägung der Lebenssituationen und des sozialpolitischen Angebots – respektive die Nutzerstruktur wird interpretiert und in Erklärungsansätzen verdichtet.
– Beide analytischen Ebenen werden

als Handlungserfordernisse und -möglichkeiten in einem weiteren Arbeitsschritt perspektivisch reformuliert, um Innovationen anzuleiten oder den Adressaten Ausgangspunkte für ihre Aktivierung/→Empowerment zu geben.
Für S., die mit diesen Elementen Bestandteil eines expliziten sozialpolitischen Definitionsprozesses ist, soll ein sowohl theoretischer als auch politisch-praktischer Interpretationsrahmen entfaltet werden, der zugleich für die Analysen wie auch für die sozialpolitische Reformulierung erkenntnisleitend sein kann: die Reflexionsfigur kommunales Reproduktionsniveau, als Rahmen solcher Problemexplikationen. Um solche Problemanzeigen zu systematisieren und langfristig zu vertiefen, wäre es notwendig, daß Sozialberichte quantitative und qualitative Analysen, die Beschreibungen von typischen Lebenssituationen und sozialstrukturelle Analysen – differenziert nach Frauen und Männern – über mehrere Berichtsprojekte in der Perspektive auf eine möglichst breite Problemdarstellung reflektieren. Die Erarbeitung und die schriftliche Präsentation von Wissen sind für die virtuellen Rezipienten in Politik und sozialer Praxis explizit zu machen. Sowohl bei der Erarbeitung als auch in der Darstellung sind die Erkenntnisanlässe und Erkenntnisabsichten, die Problematisierungsinteressen und die aufbereiteten Befunde in ihrer sozial-politischen Bedeutung zu begründen und auszuformulieren. Sozialberichte basieren im besten Fall auf wissenschaftlichen Analysen, sind selber aber keine wissenschaftlichen Texte, sondern Problemexplikationen ggf. Problemillustrationen, die politisches Handeln anregen können und in Foren diskussionsfähig sind. Sozialberichte sind somit selbst die Produkte von Definitionsprozessen oder die Darstellung von Definitionsverhältnissen.

5. Im Bereich der Sozialpolitik als gesellschaftlicher Instanz der Organisation und Kompensation von sozialen Risiken, z. B. Arbeits(losigkeits)-, Alters-, Gesundheits-, (Familien)-Erziehungs-, Geschlechter-, Existenz-, Regions- und Minderheitenproblemen, also Lebensrisiken, die im Vergesellschaftungsmodell öffentlicher und privater Lebensformen anfallen, sind Definitionsverhältnisse Grundlage der Normalisierungsarbeit und resultativer Ausdruck der Vermittlung sozialstaatlicher Regulierungen durch Recht, Politik, Geld und soziale Dienstleistungen in die Lebensverhältnisse der Subjekte. Da diese nach eben genau diesen Ordnungsregeln im Ort der Kommune leben, entstehen besondere sozialpolitische Definitionsverhältnisse auf kommunaler Ebene. Weil aber soziale Kommunalpolitik längst nicht mehr nur Folgeprobleme industriekapitalistischer sozialer Risiken beinhaltet, sondern variable Formen teilweise bis vollständig alimentierter Lebensformen einschließt, somit die Reproduktionsverhältnisse von immer mehr Menschen – Armen, Sozialhilfeempfängern, alten Menschen, Kindern, Kranken, Behinderten, Asylbewerbern, Migranten und Aussiedlern – strukturiert und gewährleistet, bedeuten die Definitionsverhältnisse die tatsächliche und meistens restriktive Ausgestaltung der – dauerhaften – Daseinsfürsorge, zunehmend also der bloßen Reproduktion der Einzelnen wie auch der Kommune. Sozialpolitik als Reproduktionspolitik nimmt entsprechend der je historischen Entwicklung einer Kommune ein spezifisches kommunales Reproduktionsniveau an, das vom Gesamt öffentlich-sozialer, finanzieller und pädagogischer Leistungen gebildet wird.
Für eine Klärung und Bewertung bedeutsamer Elemente dieses kommunalen Reproduktionsniveaus als Interpretations- und Bezugskontext einer kommunalen Sozialberichterstattung, kann auf Analysen zu den Definitionsverhältnissen rekurriert werden, vor deren Hintergrund Sozialberichterstattung ihr angestrebtes Informations- und Re-

flexionsprofil derzeit entwickeln könnte.

6. Mit der expliziten Rekonstruktion der Definitionsverhältnisse im Horizont des Reproduktionsniveaus wird ein theoretischer Bezugsrahmen gewonnen, der aus dem Dilemma der Indikatorenbestimmung im Konzept Lebensqualität (Zapf) tendenziell herausführt. Einhellig werden als zentrale Probleme jener Ansätze, die „objektive Lebensbedingungen" und „subjektives Wohlbefinden" zu erheben trachten, benannt: die Qualität der Daten der amtlichen Statistik, die Indikatorenauswahl, -begründung, -operationalisierung, -messung, -auswertung und -interpretation. Dies insbesondere deswegen, weil sozialräumliche Disparitäten und regionalhistorische Entwicklungen der sozialen Infrastruktur der Dienstleistungen dabei tendenziell unberücksichtigt bleiben.

7. Es kann erwartet werden, daß die S. durch die gesetzliche Planungsverpflichtung z. B. im Rahmen des →KJHG ebenso an Bedeutung gewinnt, wie durch fiskalische Restriktionen der Sozialpolitik, die die Evaluation der Effektivität und Strategien zur Optimierung erforderlich machen. Es geht um die Wirkungsanalysen des Sozialstaates insgesamt. Dennoch sollte das Sozialberichtswesen nicht überschätzt oder mit Erwartungen überladen werden: S. ist (nur) ein Instrument der Analyse, der Entwicklung von Transparenz und der Veröffentlichung sozialer Politik. Insofern kommt der S. im Hinblick auf die Entwicklung von →Sozialplanung und →Sozialmanagement eine wesentliche Bedeutung zu, Politik ersetzen kann sie jedoch nicht.
→Sozialmanagement; →Sozialplanung

Lit.: Brülle, H. und Altschiller, Cl.: Sozialmanagement – Dienstleistungsproduktion in der kommunalen Sozialverwaltung, in: Flößer, G./Otto, H. U. (Hrsg.): Sozialmanagement oder Management des Sozialen, Bielefeld 1992, S. 49–72; Glatzer, W. und Zapf, W. (Hrsg.): Lebensqualität in der Bundesrepublik, Frankfurt 1984; Noll, H.-H. (Hrsg.): Sozialberichterstattung in Deutschland, Weinheim 1997; Otto, H.-U. und Karsten, M.-E. (Hrsg.): Sozialberichterstattung, Weinheim/München 1990.

Maria-Eleonora Karsten, Lüneburg

Sozialbürokratie
→Sozialadministration

Sozialdarwinismus
Der S. wurde in Anlehnung an die Evolutionstheorie C. R. Darwins (1809–1882) entwickelt. Kurz zusammengefaßt vertritt der S. die These, daß die Menschen von Natur aus ungleich sind und sich die Tüchtigsten im allgemeinen gesellschaftlichen Konkurrenzkampf gegenüber weniger Geeigneten durchsetzen. Letztere ordnen sich dann den besser Angepaßten und Fähigeren unter. Der S. diente vorwiegend als Rechtfertigung für den Nichteingriff bei bzw. die Förderung von sozialen Ungleichheiten und Ungerechtigkeiten. Er war eine der ideologischen Grundlagen des Nationalsozialismus. →Nationalsozialismus und Sozialpädagogik

Sozialdatenschutz
→Datenschutz

Sozialdienst bei Krankenkassen
Der S. b. K., den einige Krankenkassen eingerichtet haben, hat das Ziel, durch Exploration des sozialen und psychosozialen Hintergrundes des Kranken zu einer individuellen Hilfeform bei Krankheiten namentlich mit sozialer Komponente (z.B. bei psychosomatischen Erkrankungen (→Psychosomatik), →Sucht, chronisch Kranke) beizutragen.

Sozialdienst im Krankenhaus
Der Ende des vorigen Jahrhunderts in den USA entstandene S. i. K. als ein Tätigkeitsfeld der Sozialarbeit betreibt die Patientenfürsorge bei allen nicht primär medizinischen Problemen, die sich aus Krankheit und Krankenhausaufenthalt

Sozialdienst katholischer Frauen

ergeben oder sich während dieser Zeit zeigen (Beratung, Vermittlung z. B. sozialer, therapeutischer oder wirtschaftlicher Hilfen).

Sozialdienst katholischer Frauen (SkF) Der SkF wurde 1899 von Agnes Neuhaus in Dortmund gegründet. Er ist ein Frauenverband in der katholischen Kirche, der sich der Hilfe für Kinder, Jugendliche und Frauen in besonderen Lebenslagen widmet. Der Verein beruht auf den Prinzipien der Ehrenamtlichkeit und des Zusammenwirkens von ehrenamtlich und beruflich für den Verein Tätigen. Der Verein nimmt seine Aufgaben auch präventiv und nachgehend wahr. Zu den Aufgaben des Vereins gehören insbesondere spezielle Kinder-, Jugend- und Familienhilfe, Arbeit mit Alleinerziehenden, Adoptions- und Pflegekinderdienst, Beratung und Hilfe für Frauen und Familien in besonderen Not- und Konfliktsituationen, Beratung und Hilfe für gefährdete Frauen (z. B. bei Straffälligkeit, Obdachlosigkeit, Wohnungslosigkeit, Prostitution, Sucht), Beratung und Hilfe für von familiärer und anderer Gewalt betroffene Frauen und Kinder, Arbeit mit Menschen mit Behinderungen, Trennungs- und Scheidungsberatung. Der SkF ist Träger von speziellen Heimen, insbesondere für Kinder, weibliche Jugendliche und Frauen, für schwangere Frauen und ihre Kinder. Der Verband arbeitet in 189 Ortsvereinen mit ca. 5000 Fachkräften und ca. 12000 Mitgliedern und Ehrenamtlichen im Sinne christlicher Caritas als Wesens- und Lebensäußerung der katholischen Kirche. Er gehört dem Deutschen Caritasverband als Fachverband der Kinder- und Jugendhilfe, der Gefährdetenhilfe und der Hilfe für Frauen und Familien in Not an.

Anschrift: Agnes-Neuhaus-Str. 5, 44135 Dortmund

Soziale Arbeit

1. Vielfältigkeit, Komplexität und Widersprüchlichkeit Sozialer Praxis. Menschen sind für ihr Überleben wie ihr Wohlbefinden nicht nur auf eine natur- und menschengerechte ökologische Umwelt, sondern auch auf eine menschen- und sozial gerechte Gesellschaft angewiesen (→Soziale Arbeit als Menschenrechtsprofession). Soz. A. (Sozialpädagogik und Sozialarbeit) kann als Profession betrachtet werden, deren Mitglieder von dieser Angewiesenheit wissen und versuchen, ihr unter schwierigen gesellschaftlichen Bedingungen Geltung zu verschaffen. Soz. A. hat im Vergleich mit anderen, auch älteren Professionen ein überdurchschnittliches Spektrum von Problematiken und sozialen Systemen, in die sie direkt oder indirekt einbezogen ist. Zur Komplexität der Soz. A. zählen u. a. folgende Aspekte: a) die Variationsbreite der Probleme und der damit angesprochenen Wirklichkeits- und Theoriebereiche (Behinderung, arbeitsbedingte Frühinvalidität, Krankheit, Sucht; psychische Störungen in Bezug auf emotionale, normative, kognitive und psychomotorische Kompetenzen; Angst, Fremdheits- und Sinnlosigkeitserfahrung, Identitäts- und Weltbildbeschädigungen; Arbeitsstörungen und Arbeitslosigkeit, materielle Notlagen, Hunger und Obdachlosigkeit; soziale Auffälligkeit, Delinquenz, Kriminalität; soziale Isolation und sozialer Ausschluß, unbefriedigender sozialer Austausch in Familien- und anderen Beziehungen; Deklassierung, Anomie als unstrukturierte Ziel-Mittel-Relation, unangemessene Sozialorganisation bzw. Desorganisation von Systemen, Macht als strukturelle Behinderung und direkte Gewalt, interkulturelle und strukturelle Konflikte wie Rassismus/Ethnozentrismus, Sexismus, Klassismus u. v. m.), b) die breite Altersstreuung sowie die immer größer werdende kulturelle/ethnische Vielfalt ihrer Adressaten, c) die zahlreichen sozialen Niveaus und Systeme, in und mit denen Sozialtätige als Klienten-, Ressourcen- und Problemlösungssysteme engagiert sind (Dyade, Familie, Heim- bzw. Kleingruppe,

Nachbarschaft, Gasse, Freizeit- und Kulturzentrum, verschiedenste Organisationen u. a. des Sozial-, Erziehungs- und Gesundheitswesens, Stadtteil bzw. territoriale Systeme bis zum nationalen und internationalen Niveau), d) die unterschiedliche Interaktionsdauer und -tiefe (Heimalltag, Sozialsekretariat, Freizeittreff), e) eine relativ große Zahl von Professionen und Organisationsvertretern innerhalb und außerhalb des Sozialwesens, mit denen Sozialtätige, im Vergleich zu Ärzten, Psychologen u. a. kooperieren müssen, f) die Variationsbreite der qualitativ unterschiedlichen Handlungsvollzüge, die sich aus dem dargestellten Komplexitätsspektrum ergeben, g) die unterschiedlich strukturierte Träger- und Mitarbeiterschaft (privat-öffentlich, polyvalent-hochspezialisiert, zentral-dezentral, totale-partielle Institution, uni- vs. multiprofessionelle Teams, mit oder ohne Freiwillige, Laien, Selbsthilfegruppen) und schließlich h) die widersprüchlichen Erwartungen an den Beruf – beschrieben als →doppeltes Mandat, als unauflösbarer Widerspruch zwischen Hilfe und sozialer Kontrolle, Integration vs. Emanzipation, Normalisierung vs. Ausgrenzung, als Verwaltung des Mangels vs. Öffentlichwerden in Bezug auf die gesellschaftlichen Ursachen des Mangels. Der einzige Aspekt, der nicht ebenfalls stark variiert, ist die gesellschaftliche Position der Adressaten: Sie stammen mehrheitlich aus der gesellschaftlichen Unterschicht bzw. der nationalen wie internationalen Peripherie. Die Ausrichtung auf dieses Segment einer Gesellschaft stellt so, zusammen mit der sozialen Mehrniveaunalität, das wichtigste Unterscheidungskriterium Sozialer Arbeit gegenüber anderen sozialen Berufen und etablierten Professionen dar.

2. Soziale Arbeit und →soziale Probleme: Gegenstand oder besser: der von der Sozialen Arbeit zu betrachtende Wirklichkeitsausschnitt sind soziale Probleme. Probleme sind in Sprache: Bilder, Begriffe erfaßtes und bewertetes stummes, subjektives Leiden von Menschen in und an der Gesellschaft und Kultur. Von sozialen Problemen läßt sich in zweierlei Hinsicht sprechen: Das Problem selber hat eine soziale Dimension, z. B. Arbeitslosigkeit, Isolation, Kriminalität. Oder das Problem wird durch einen sozialen Mechanismus, z. B. illegitime Herrschaft, ungleicher Zugang zu Ressourcen, erzeugt. Im besonderen sind es a) Probleme nicht erfüllter Bedürfnisse und legitimer Wünsche, behinderten Lernens und mithin unzureichender Ausstattung von Menschen bei gleichzeitig überfüllten Wünschen anderer Menschen und Gruppen – bis hin zur Luxusausstattung; b) Probleme asymmetrischen Gebens und Nehmens und damit von Austauschbeziehungen, die nicht auf Gegenseitigkeit beruhen, ferner c) Probleme behindernder Machtverhältnisse, und schließlich d) Probleme nicht-erfüllter, zerstörter, fehlender oder willkürlich gehandhabter Werte und Kriterien.

Soziale Arbeit kann als Profession bezeichnet werden, die sich als Beruf – im Unterschied zu einer sozialen Bewegung, Partei, Gewerkschaft – denjenigen verpflichtet hat, die, aus welchen Gründen auch immer, ihre Bedürfnisse infolge fehlender Ressourcen nicht selber befriedigen, ihre Probleme nicht selber, auch nicht über zwischenmenschliche Hilfe und Unterstützung in kleinen Netzen lösen können.

3. Ziele und Funktionen Sozialer Arbeit: Soziale Arbeit kennt mindestens zwei Gruppen von Zielvorstellungen: die eine betont „Hilfe zur Selbsthilfe", „psychosoziale Emanzipation" oder „individuelle Autonomie". Sie folgen so tendenziell dem Bild eines kritischen, vernunftgesteuerten Menschen, der sich letztlich von zwischenmenschlichen Beziehungen und ausbeuterischen, kolonialisierenden sozialen Systemen befreit, um ein selbstbestimmtes Leben zu führen – eine zentrale Hintergrundfigur

europäischer, (sozial)philosophischer, ökonomischer und teilweise auch neuerer (sozial)pädagogischer Theorien. Andere Zielformulierungen wie „soziales Funktionieren", „Integration" oder gar „soziale Anpassung" und „Normalisierung" sehen den Menschen als sozialen Rollen- und Funktionsträger und vernachlässigen – auf dem Hintergrund eines holistisch-funktionalistischen Denkens (→Holismus), das von „sozialen Ganzheiten" ausgeht – die Frage nach Eigensinn, Selbstentfaltung, legitimen sozialen Protest und Dissidenz.

Vom leidenden Menschen aus betrachtet geht es allerdings zunächst einmal um die Linderung und möglicherweise Beseitigung seiner psychischen, sozialen/ökonomischen und kulturellen Not. Bescheidener: Es geht um Mithilfe bei der Erschließung von Ressourcen für eine individuelle oder kollektive – innerpsychische, familiäre, gemeinwesen-, geschlechtsbezogene oder organisationelle – Problemlösung. Diese Forderung schließt eine andere Zielsetzung Sozialer Arbeit mit ein, nämlich die Veränderung behindernder, illegitimer Machtstrukturen dort, wo sie den Klienten und Sozialtätigen zugänglich sind, sei dies in der Familie, der Nachbarschaft, dem Arbeitsteam, dem Stadtteil, der auftraggebenden Organisation.

Die Zusammenschau und Verknüpfung beider Zielsetzungen erfordert die immer wieder neue Suche nach einer Balance zwischen a) der Einlösung von (An)Rechten auf individuelle Bedürfnisbefriedigung, des Rechtes, sich des Lebens zu erfreuen und b) der Einforderung der Pflicht, sozial wie räumlich nahen und entfernten Mitmenschen das Gleiche zu ermöglichen. Soziale Arbeit kann entsprechend als Beruf betrachtet werden, der die schwierige Funktion zu erfüllen hat, die verschiedenen „Logiken" des Gebens und Nehmens, nämlich Liebe als Nähe, Empathie, Beistand, aber auch (rechtlichen) Schutz und Macht als Distanz, kognitive Dezentrierung, Forderung, Kontrolle in ein komplexes, sich gegenseitig bedingendes Verhältnis zu bringen. Denn: Wirksame Hilfe ist in einer vertikal und funktional stark differenzierten Gesellschaft mit weithin zerstörten Reziprozitätsverpflichtungen nicht möglich ohne Machtquellen und damit einen Machtvorsprung. Und Macht ohne Liebe und Fürsorglichkeit als Strukturprinzip wird zum durch Geld, Waren, Effizienz und Stärke bestimmten Management von Problemen. Weil die Verknüpfung dieser beiden Logiken äußerst schwierig und jederzeit pervertierbar ist, besteht im Sozialwesen immer wieder die Gefahr, die eine zugunsten der andern aufzugeben.

4. Arbeitsweisen und →Methoden Sozialer Arbeit: Soziale Arbeit umfaßt ressourcenerschließende, beratende, erziehende, bildende, kritisch deutende, kulturell übersetzende, partizipationsfördernde, sozial vernetzende, interessenausgleichende oder -durchsetzende, ermächtigende wie machtbegrenzende und schließlich planend-organisierende, zuteilende, leitende, verhandelnde wie verwaltende Aktivitäten. Letztere werden neuerdings unter dem Stichwort →„Sozialmanagement" zusammengefaßt.

Die klassischen, historisch primären Arbeitsweisen Sozialer Arbeit sind Ressourcenerschließung (Not-/Sozialhilfe) und Armuts- bzw. Nacherziehung bei abweichendem Verhalten (Sozialerziehung, Entwicklungs- bzw. Lernförderung). Auch wenn sich der professionelle Blick zeitweilig stark auf den sozialen Mikrobereich verengte, so ist Soziale Arbeit eine Profession, die auf verschiedenen sozialen Ebenen – bis zum nationalen und sogar internationalen System präsent war und ist. Sie folgt der Notwendigkeit, private und privatisierte Nöte („private troubles") in öffentlich zu behandelnde Themen des Sozialen („public social issues") zu „übersetzen" und entsprechend auch eine strukturelle, wirtschafts-, bildungs-, kultur-, staats-, sozialpolitische oder juristische Lösung sozialer Probleme zu fordern. Die neue →Frauenbewegung hat dieses Anliegen mit dem Dictum: „Das Private ist politisch!" wieder aufgenommen. Die Entwicklung eines praxisbezogenen Handlungsinstrumentariums Sozialer Arbeit wurde von den Ausbildungsstätten – vornehmlich von Frauen – in Angriff genommen. Neben Bemühungen um eine Theorie menschlicher Bedürfnisse und Bedürfnisbefriedigung („basic human needs") als Maßstab allen Tuns (insbesondere Arlt 1926/1953, Towle 1956), suchten sie nach handlungsleitenden Prinzipien für die Veränderung von Personen und ihrer Umwelt, was ihnen später den Vorwurf der hausbakkenen Unwissenschaftlichkeit und das Rezept eintrug, sich an den erfolgreichen, etablierten, „echten" Professionen des Arztes, Juristen oder Therapeuten (Peters 1968, 1970) und/oder an großen geisteswissenschaftlichen Theorieentwürfen zu messen. Bei der Weiterentwicklung von Praxis- oder Handlungstheorien ging und geht es vor allem um folgende Bestrebungen, Wissenschaftlichkeit einzulösen: Das eine ist der Versuch, die problematischen Alltagsbewältigungsversuche der Klientenschaft durch ein Handlungsbündnis zu verändern, das Werten und Regeln der psychischen und sozialen Fairness wie wissenschaftlichen Prinzipien der Erkenntnisgewinnung folgt. Darauf basieren die verschiedenen „methodischen Schritte" der Person-, Situations- und Umweltbeschreibung wie -erklärung (Diagnose), der Wertexplikation und Zielformulierung, der Wahl einer Methodologie und deren verfahrensmäßige Umsetzung, der Ermittlung und Bewertung der Ergebnisse im Lichte der Anfangssituation wie der gewünschten Situation. Das Attribut „wissenschaftlich" galt und gilt hier nicht einem Aussagesystem und damit einer Theorie über den Realitätsausschnitt der SA/SP, sondern einem bestimmten kodifizierbaren Vorgehen im Umgang mit mannigfaltigsten Informationen, die einem die Klienten über sich

und ihre ökologische, soziale und kulturelle Umwelt liefern (explizit in der amerikanischen Methodenliteratur, (vgl. aber auch von Hentig, C. W. Müller, Meinhold, Heiner, B. Müller). Methodenentwicklung wird so zur Forschungsaufgabe (Handlungs-, Aktions-, Begleit-, Evaluationsforschung). Der zweite Zugang zur Entwicklung von Verfahren methodischen Arbeitens bestand und besteht in der Zuordnung von Methoden zu sozialen Ebenen: So gab und gibt es soziale Einzelfall-, Familien-, Gruppen-, Organisations-, Feld-, Stadtteil- oder Gemeinwesenarbeit auf lokalem, regionalem, nationalem und übernationalem Niveau (→Einzelhilfe, →Familientherapie, →Sozialpädagogische Familienarbeit, →Gruppenarbeit, →Organisationsentwicklung →Gemeinwesenarbeit); im Heimalltag und in halboffenen Einrichtungen entwickelt sich u. a. die Technik des Lebensfeldgesprächs. Entscheidend für die Rezeption amerikanischer Ansätze in Europa war der in den 1970er Jahren u. a. als technokratisch kritisierte Sammelband von Friedländer und Pfaffenberger (1966). Von da aus gabelt sich die Entwicklung von Methoden oder Arbeitsweisen, eine Verzweigung, die sich in den Studienplänen der Ausbildungsstätten und Fortbildungsangebote spiegelt: Die einen legen sich auf Ziel- bzw. Adressatengruppen (Randgruppen) und ihre Merkmale fest wie Alter, Geschlecht, Typus der akuten Notlage oder des abweichenden Verhaltens, Typus des institutionalisierten Arbeitsfeldes und wählen aufgrund dieser Perspektive aus dem aktuellen Angebot mehr oder weniger eklektisch bestimmte Methoden und Techniken aus. Die andern legen sich auf eine bestimmte Veränderungstheorie fest, so zum Beispiel eine psychoanalytische, gesprächs-, gestalt- oder verhaltenstherapeutische, kommunikations- oder vernetzungstheoretische, sozialplanerische oder sozialpolitische (→Psychoanalyse, →Gesprächstherapie, →Gestalttherapie, →Verhaltenstherapie, →Netzwerk,

→Sozialplanung, →Sozialpolitik) und gehen implizit oder explizit davon aus, daß sich diese für die meisten Klienten- und Gemeinwesenkategorien eignet und damit verallgemeinern läßt. Das Attribut „wissenschaftlich" gilt hier den mehr oder weniger empirisch überprüften theoretischen Prämissen und Wirkungsweisen, auf die sich diese Verfahrensweisen stützen. Der Preis für beides scheinen immer wieder neu thematisierte berufliche Identitätsprobleme zu sein.

Quer wie ergänzend zu diesen Bemühungen sind alle Formen der spontanen oder professionell unterstützten →Laien-, →Selbst- und Freiwilligenhilfe zu nennen, deren Gemeinsamkeit die mühsame Rekonstruktion der zwischenmenschlichen Reziprozitätsverpflichtung ist, die durch die Versorgung über den Markt zerstört und nach langen, konfliktreichen Klassenauseinandersetzungen durch die abstrakte Solidarität des Sozialstaates ersetzt werden mußte. Diese unentgeltliche Vernetzungs- und soziale Unterstützungsarbeit geht heute nach wie vor vornehmlich zu Lasten der Frauen.

An innovativen Ansätzen bezüglich professioneller Methodenentwicklung sind feministische (Brückner, Dominelli) als auch konflikt-, befreiungs- und friedenstheoretische Ansätze (Freire (→Freire-Pädagogik), Ghandi, →Addams) zu nennen, die ihren Niederschlag in vielen Lehrgängen der USA, Lateinamerikas, Afrikas und Asiens gefunden haben.

5. Soziale Arbeit und ihre allgemeinen Bezugstheorien: Die ersten konzeptuellen Bezüge Soz. A. waren theologisch und/oder philosophisch begründete Almosenlehren, Ethiken des Gebens und Nehmens zwischen Kasten, Ständen und/oder Tugendlehren für die Individual- und Sozialerziehung. (Für ersteres vgl. u. a. Thomas von Aquin, Marx, Sidney und Beatrice Webb, später Scherpner; für letzteres u. a. Kant, →Rousseau, →Pestalozzi, →Schleiermacher, →Dilthey, →Nohl, →Bäumer, →Weniger, Mollenhauer, →Makarenko, →Dewey). Die ihnen gemeinsame Grundfrage war diejenige nach der Verknüpfung des Individuums als dem Besonderen/Subjekt mit den Kultur- oder Sozialmächten (Staat, Nation) als dem Allen Gemeinen und schließlich mit dem objektiven Geist als dem Allgemeinen und je nachdem Absoluten, Transzendentalen schlechthin, das man sich als Reich der absoluten Freiheit vorstellt(e). Je nach Antwort ließen sich humanistische Erziehungs-, schulische und politische Bildungs- als auch CaritasIdeale und/oder sozialrechtliche Ansprüche ableiten und normieren. Soziale Arbeit als Erziehungs- wie Hilfstätigkeit war in diesem Sinn eine philosophisch-anthropologisch begründete „Normenlehre" (Biestek), die einmal mehr von den konkreten Lebensbedingungen der zu Erziehenden und Menschen in Not, einmal mehr von den Idealen eines höheren Menschentums oder dem Fortschritt des Menschengeschlechts ausging. Zudem rangen und ringen die an der deutschen, idealistischen Philosophie orientierten Erziehungslehren nach wie vor um ein Verhältnis zwischen Natur- und Geisteswissenschaft und den ihnen angemessenen naturwissenschaftlichen vs. hermeneutischen Erkenntnismethoden. Sie werden von einer Positivismuskritik untermauert, die aufgrund heutiger Erkenntnistheorie und Wissenschaftsphilosophie als überholt betrachtet werden muß (Obrecht 1991, Bunge 1974–1989). Neuere Sozialarbeit/Sozialpädagogik im europäischen Raum orientiert sich teilweise weiterhin an diesen sehr allgemeinen, geisteswissenschaftlichen, wissenschaftskritischen Bezugstheorien. Die ersten Ausbildungen in Soz. A. begannen im Unterschied hierzu bald, systematisch Wissen aus Medizin, Psychologie/Psychoanalyse, Soziologie/Ökonomie, Politologie und Kulturtheorie heranzuziehen und unmittelbar für eine umfassende menschliche Bedürfnistheorie wie für die Entwicklung von durch

Grundlagenwissen begründbares Veränderungswissen für Einzelne, soziale Mikro-, Meso- und Makrosysteme fruchtbar zu machen (Staub-Bernasconi 1986). Im angelsächsischen Raum blieb bis heute vornehmlich eine, sich an Talcott Parsons anlehnende funktionalistische System-, d. h. Gesellschafts- und Rollentheorie des Individuums impliziter oder expliziter Bezugrahmen, bei welcher die Konzeptualisierung von gesellschaftlichen Konflikten und Widersprüchen aufgrund axiomatischer Gleichgewichtsvorstellungen im Hintergrund bleibt (Hearn, Bartlett, Ross, Lowy, Germain & Giterman, Falk, Lüssi). Mit der Rezeption von Luhmann und weiterer Funktionalisten in der Soz. A. blieb dies keine amerikanische Spezialität. Festzustellen ist eine Vorliebe für Basiskonzepte der „sozialen Funktion" und des „sozialen Funktionierens" („social coping"), der „sozialen Fitness" oder „sozialen Mitgliedschaft" und des „Problemmanagements". Parallel dazu erfolgt des öftern die unhinterfragte Festschreibung Soz. A. als gesellschaftliche Integrations- oder Normalisierungsagentur. Die in Europa nicht wahrgenommene, inneramerikanische Kritik zu dieser Konzeption begann bereits anfangs der 1960er Jahre (Alinsky, Piven & Cloward, Grosser, Specht u. a.). Sie ist bis heute nicht verstummt und beeinflußte in hohem Maße die neueren Vorstellungen von Soz. A. als →„empowerment" und „institutional advocacy" (z. B. Vinik & Levin, Levy).

In Europa erfolgte, nach der Kritik am „social work" (Tuggener) und seinen Bezugstheorien, ab 1970 die Übernahme von Beiträgen der kritischen Gesellschaftstheorie der Frankfurter Schule (→Kritische Theorie) als auch Goffmanscher und Foucaultscher Kritik →„totaler Institutionen". Dazu kamen neo-marxistische Konzeptualisierungen (Hollstein & Meinhold, Khella, Zander, Danckwerts, Boulet, Krauss & Oelschlägel). Ihnen gemeinsam sind die Vorstellungen von Ausbeutungs-, herrschaftlichen Kolonialisierungs- und Deklassierungsprozessen und diejenige eines durch soziale Zwänge und kapitalistische Interessen praktisch vollständig determinierten Menschen mit falschem Bewußtsein in einem dumpfen, unaufgeklärten Alltag (Kosik). Dieser Mensch ist nun aufgerufen, sich – mit Hilfe der Sozialtätigen – aus kapitalistischen, staatlichen, bildungsbürgerlichen, kulturellen Fesseln zu befreien und so ein empanzipiertes, autonomes, selbstbestimmtes Individuum zu werden, was Bewußtseinsbildung und Systemveränderung voraussetzt oder nach sich zieht. Erfolgt eine axiomatische Festlegung auf „Totalität", „Dialektik" und den „Grundwiderspruch zwischen Kapital und Arbeit" oder denjenigen zwischen „System/Staat und Lebenswelt", werden Sozialarbeit und Fürsorgeerziehung zunächst einmal – fast unentrinnbar – willenlose Disziplinierungs-, Repressions-, Kontroll-, Unterdrückungswerkzeuge in der Hand des Kapitals, des Staates und der bürgerlichen Gesellschaft (Hollstein, Autorenkollektiv, Khella, M. Gronemeyer, Habermas). Je nach theoretischer Ausrichtung wird hierauf klare Parteinahme zugunsten der Deklassierten oder eine Vermittlungsrolle zwischen System und Lebenswelt gefordert. Differenzierte, wissenschaftlich überprüfbare Veränderungstheorien sind aus dieser Optik meist abzulehnende Sozialtechnologien von Sozialmechanikern und platten Empiristen.

Im Schatten dieser Auseinandersetzungen gediehen aber noch weitere theoretische Bezugsrahmen: So derjenige der →Humanistischen Psychologie mit der neu gestellten Grundfrage nach menschlichem Wünschen und Sehnen als auch derjenige einer rationalistisch begründeten Theorie abweichenden Verhaltens und seinen Diagnostizierungs-, Resozialisations- und mithin Normalisierungsagenturen (→Sozialarbeitswissenschaft). Dazu kam – vornehmlich im Zusammenhang mit der Arbeit in und mit

Familien – eine reduktionistische, physikalisch, mathematisch, kybernetisch wie kommunikationstheoretisch, und teilweise auch biologistisch begründete Systemtheorie (Bateson, Watzlawick; Maturana und Varela, Luhmann), die sich heute erkenntnistheoretisch als „Radikaler →Konstruktivismus" versteht. In dessen Gefolge entstehen nun Versuche „postmoderner Ansätze Sozialer Arbeit", welche sich durch die Entledigung der Begriffe Wirklichkeit, Wahrheit, Klasse, Schicht, Macht, Entfremdung, Anomie, ja des Begriffs des „Sozialen" schlechthin (Baudrillard) auszeichnen, und die Entnormierung und Pluralisierung von Lebensstilen und Wahrheitskriterien feststellen wie fordern (Dewe und Ferchhoff).
Quer zu diesen Ansätzen finden wir Versuche, Soz. A. neu vernetzungstheoretisch und sozial-ökologisch zu begründen (Bronfenbrenner, Keupp, Wendt, →Netzwerk). Sofern damit nicht eine Abkehr von einem human- und sozialwissenschaftlichen Bezugsrahmen gemeint ist, heißt dies, zu ihren praktischen und theoretischen Anfängen zurückzukehren.
Die Theoriebildung der 1980er Jahre ist noch viel bruchstückhafter als die vorherige: Theoretiker und Kritiker der Soz. A. brachen ihre Versuche ab und wandten sich entweder der Rationalitäts-, Wissenschafts-, Experten- und Sozialstaatskritik, der Sozial- und Moralphilosophie, der Ideengeschichte oder den Themen von freiwilliger Hilfe, Selbsthilfe und Vernetzung zu.
Was angesichts der zunehmenden globalen Verursachung weltweiter sozialer Probleme wie Arbeitslosigkeit, Verarmung, Hunger und Obdachlosigkeit, Migration und Flucht, Wirtschaftskriminalität und Drogenabhängigkeit, Gewalt an Frauen und ethnischen Angehörigen, Kinder- und Frauenprostitution, Krieg und Folter u.v.m. nach wie vor fehlt, ist ein theoretischer Bezugsrahmen, der die Struktur und Dynamik einer sich konstituierenden Weltgesellschaft mit der genannten Problemrealität in Zusammenhang bringt. Eine solche systemische Theorie des Menschen, seiner Bedürfnisse, der Natur und der Gesellschaft müßte nicht nur die Frage nach der ökologischen Verträglichkeit beantworten können, sondern auch diejenige der psychischen, sozialen und kulturellen, kurz der Menschenverträglichkeit sozialer Systeme (→Systemtheorie).

→Feministische Soziale Arbeit; →Geschichte der Sozialarbeit; →Geschichte der Sozialpädagogik; →Organisationsformen Sozialer Arbeit; →Professionalisierung; →Systemische Soziale Arbeit

Lit.: Engelke, E. (1998): Theorien Sozialer Arbeit, Freiburg i.Br.; Mühlum, A. (1981): Sozialpädagogik und Sozialarbeit. Eine vergleichende Darstellung zur Bestimmung ihres Verhältnisses in historischer, berufspraktischer und theoretischer Perspektive, Frankf.; Müller, C. W. (1988): Wie Helfen zum Beruf wurde, 2 Bde., Weinheim und Basel; Obrecht, W. (1991): Zur Kritik des Radikalen Konstruktivismus oder: Eine andere Art, systemisch zu denken, in: Z. f. System. Therapie, 4:281 ff.; Sahle, R. (1987): Gabe, Almosen, Hilfe. Fallstudien zu Struktur und Deutung der Sozialarbeiter-Klient-Beziehung, Opladen; Staub-Bernasconi, S. (1986): Soziale Arbeit als eine besondere Art des Umgangs mit Menschen, Dingen und Ideen. Zur Entwicklung einer handlungstheoretischen Wissensbasis Sozialer Arbeit, in: Sozialarbeit, 10:2–71; dies. (1998): Soziale Arbeit auf der Suche nach autonomen Paradigmen, in: Seibel, F. W. und Lorenz, W. (Hg.): Soziales Europa, Frankfurt a.M.: 61–100. Thiersch, H. & Rauschenbach, Th. (1984): Sozialpädagogik/Sozialarbeit: Theorie und Entwicklung, in: Eyferth, H., Otto, H. U. & Thiersch, H. (Hg.): Handbuch zur Sozialarbeit/Sozialpädagogik, Neuwied & Darmstadt: 984–1016.

Silvia Staub-Bernasconi, Berlin

Im Jahr 1992, als die UNO das Jahr der Menschenrechte proklamierte, publizierte das Centre of Human Rights der UNO in Genf, in Zusammenarbeit mit dem Internationalen Verband der SozialarbeiterInnen (International Federation of Social Workers, IFSW) und der Internationalen Vereinigung der Schulen für Soziale Arbeit (International Association of Schools of Social Work, IASSW), den Text „Human Rights and Social Work. A Manual for Schools of Social Work and the Social Work Profession". Hier wird der Blick auf eine in Entstehung begriffene Weltgesellschaft mit all ihren unübersehbaren Problemen – Armut, Erwerbslosigkeit, erzwungene Migration und Flucht, Ethnozentrismus, Rassismus, Frauenhandel, Kinderarbeit, Krieg, Folter, Vergewaltigung u. a. m. – gelenkt, von denen keines mehr hausgemacht ist. Das Manual geht von der Überzeugung aus, daß analog zum weltweiten Bewußtseinsbildungsprozeß über ökologische Probleme auch ein solcher über soziale Probleme in Gang kommen muß und daß dabei die Sozialarbeitsprofession einen eigenbestimmten selbstdefinierten Auftrag – zusammen mit anderen Gruppierungen, Bewegungen, Regierungs- und Nichtregierungsorganisationen – zu übernehmen hat. Seit der Wiener Konferenz von 1993 ist die Achtung der Menschenrechte nicht nur eine universelle Aufgabe, sondern auch als zentraler Bestandteil des internationalen Rechts verankert worden. Bedenkt man, daß das neuzeitliche Völkerrecht bis ins 20. Jahrhundert lediglich das Verhältnis zwischen souveränen Staaten regelte, wobei einzelne Menschen bestenfalls Gegenstand zwischenstaatlicher Schutzabkommen, aber niemals unmittelbare Träger internationaler Rechte sein konnten, so kommt dies einer schleichenden Revolution gleich.

1. Menschenrechtsorientierung als Ergänzung zur Bedürfnisorientierung (→Sozialrecht) Sozialer Arbeit. Der Bezug auf Menschenrechte kommt in der Theoriebildung zur Sozialen Arbeit schon in frühen Werken vor, so beispielsweise sehr klar bei der Frage des international organisierten Frauenhandels, der u. a. von Addams als Handel mit weißen Sklavinnen bezeichnet wird (Addams 1912). Und der Internationale Verband (IFSW) hält bereits 1988 in seinen Policy Papers folgendes fest: Zwar lasse sich sagen, daß die Soziale Arbeit ihrem Selbstverständnis nach eine Menschenrechtsprofession ist, da sie vom Grundsatz des unteilbaren Wertes eines jeden Menschen ausgehe und eines ihrer Hauptziele die Förderung gerechter sozialer Verhältnisse sei. Dennoch seien IFSW und IASSW der Überzeugung, daß es der Klientel Sozialer Arbeit zugute kommt, wenn die Professionellen eine bessere Kenntnis der Menschenrecht hätten. Im UNO-Handbuch heißt es: „Das Gewicht, das die Profession Sozialer Arbeit auf die menschlichen Bedürfnisse legt, bestimmt auch ihre Überzeugung, daß die Universalität dieser Bedürfnisse und ihre Befriedigung keine Sache des Beliebens bzw. subjektiver Wahl, sondern ein Imperativ sozialer Gerechtigkeit ist. Entsprechend bewegt sich Soziale Arbeit hin zur Auffassung der Menschen- bzw. Sozialrechte als zweites Organisationsprinzip professioneller Praxis, welches das erste Organisationsprinzip der Bedürfnisorientierung ergänzt." (S. 5). Ein Ethos des Fortschrittes von Professionalität verlangt also, daß primär von der Situation der AdressatInnen aus gedacht, theoretisiert und gehandelt wird, um von hier aus die aufgabenbezogenen, organisationellen und gesellschaftlichen Behinderungen, Begrenzungen und Handlungsspielräume zu analysieren, wenn nötig zu kritisieren und letztere womöglich auszuweiten.

2. Eigenbestimmte Aufträge der Sozialen Arbeit. Menschen- bzw. Sozialrechte eröffnen der Profession Sozialer Arbeit

die Chance, ein wichtiges Merkmal von Professionalität (→Professionalisierung) zu realisieren, nämlich: sich eigenbestimmte wissensbasierte Aufträge zu geben. Die teilweise Fremdbestimmtheit der Sozialen Arbeit durch Machtträger und Kontrollinstanzen ist nicht zu leugnen, gilt aber z. B. auch für Juristen, Organisationsberater, Betriebspsychologen u. a. Die Bezeichnung „Semi- bzw. (Halb)Profession" (Etzioni) und damit deren Status als Professionen zweiter Klasse galt fast durchwegs für Berufe mit hohem weiblichen Anteil (u. a. Krankenschwestern, Sozialpädagoginnen, Kindergärtnerinnen).

3. Geschichte und Begründung der Menschenrechte. Anlaß für die (Weiter)Entwicklung der Menschenrechtsidee sind alte und neue Unrechtserfahrungen. In einer ersten Phase, d. h. im 17. Jahrhundert, ging es um Abwehrrechte gegen die Übergriffe von Adel, Klerus und Staat und mithin die Aufhebung von Leibeigenschaft und Dienstzwang; so entstanden die negativen Freiheitsrechte der Französischen Revolution von 1789. Im 18. Jahrhundert entwickelten sich die Partizipations- oder Bürgerrechte, wenngleich sie fürs erste, wie die Freiheitsrechte, nur Männern mit Landbesitz oder vorweisbarem wirtschaftlichem Erfolg vorbehalten blieben. Sie waren also keineswegs universell. Unabhängigkeit – definiert durch Eigentum, selbständige Erwerbsarbeit, Stimmrecht und das Tragen von Waffen machten den Mann zum Bürger wie zum vertragsfähigen Partner. Die Frauen blieben unter der Vormundschaft des Mannes. Die Begründung hierfür war: Wer des Schutzes bedarf, ist unmündig und braucht keine Rechte. Im zweiten Teil des 19. Jahrhunderts entwickelte sich als Folge zunehmender Schutzlosigkeit der wachsenden Arbeiterschaft die Einsicht, daß die formale Anerkennung einer gleichen Rechtsfähigkeit nicht genügt, um ein freies Leben als Staatsbürger zu garantieren. In vielen Fällen wurde die Anrufung der Gleichheit vor dem Gesetz durch Klassenjustiz und vor allem fehlende wirtschaftliche Mittel drastisch eingeschränkt. Als Antwort auf diese Unrechtserfahrungen entwickelte sich die Vorstellung von Sozialrechten als ein Recht auf einen bestimmten Wohlfahrtsstandard, der nicht vom wirtschaftlichen Marktwert, sondern menschlich-sozialen Wert des Anspruchsberechtigten abhängt. (Marshall 1992).

Menschenrechte haben die unterschiedlichsten Begründungen erfahren. So wird auf die Philosophen der Aufklärung, auf Natur- oder Vernunftrecht (Rousseau, Kant) verwiesen; andere führen sie auf die biblische Vorstellung des Menschen als Ebenbild Gottes zurück. Wieder andere weisen die Grundvorstellungen von Freiheit und Würde in allen Religionen und philosophischen Systemen nach (Bielefeldt 1998 u. a.). Ohne sich diesen Begründungen zu verschließen, vermag Soziale Arbeit eine weitere Begründungsbasis einzubringen: Aufgrund neuerer Forschung kann angenommen werden, daß es allen Menschen gemeinsame physiologische, sensorische, psychische, soziale und kulturelle (codale) Bedürfnisse gibt (Obrecht 1995, Arlt 1921); und die Freiheits-, Partizipations- und Schutz- bzw. Obhutsrechte schützen die Einlösung dieser Bedürfnisse. Universalität gilt aber nicht für die Präferenzordnungen, ferner die individuellen Wünsche und Befriedigungsweisen, die sozialkulturell vermittelt, erlernt und (sozial)politisch ausgehandelt werden. Zudem: Auch die Arten der Befriedigungsverweigerung können je nach Ressourcenlage und Sozialstruktur eines Sozialverbandes „kulturell", d. h. hier im Sinne symbolisch gestützer Macht höchst unterschiedlich sein.

4. Zwischen kulturellem Imperialismus und kulturellem Relativismus. Es gibt drei wichtige Debatten um die Universalität versus Partikularität der Menschenrechte, nämlich a) um die Frage, inwiefern sie aufgrund ihres Anthropozentris-

mus und der damit einhergehenden Aufwertung des Individuums gegenüber der Gemeinschaft – im Unterschied zu theozentrischen oder kosmozentrischen Gesellschaften – eurozentrisch oder westlich sind?; b) inwiefern die Menschen-, vor allem die Sozialrechte nach wie vor androzentrisch sind, indem sie beispielsweise keine Rücksicht auf das extrem ungleich verteilte Eigentum zwischen Männern und Frauen als Grundlage für die Freiheitsrechte nehmen, oder insofern die Gestaltung der Sozialrechte rund um ein Konzept des autonomen, erwerbsfähigen Mannes erfolgt, der ohne Verpflichtung bleibt, freiwillig und unentgeltlich für Abhängige zu sorgen? Und schließlich: c) wie man dem Anspruch islamistischer Kreise begegnen kann, die auf unüberschreitbaren kulturellen Differenzen bestehen oder gar die Sharia über die Menschenrechte zu stellen?

Die dabei zu leistende, übergeordnete Aufgabe von →Sozialphilosophie und →Ethik ist u. a., zwischen Menschenrechtsabwehr unterscheiden zu lernen, die, unter dem Vorwand der kulturellen Pluralismus- bzw. Relativismusvorstellung, traditionell-repressive Werte und Machtstrukturen unterstützt, und einer solchen, welche die Nicht-Berücksichtigung realer, beispielsweise schicht- und geschlechtsbezogener oder ethnischer und religiöser Unterschiede in der Lebenssituation und Ausstattung kritisiert, um ausgleichende oder wiedergutmachende Gerechtigkeit einzufordern. Im ersten Fall (miß)braucht man die Pluralismusvorstellung zur Festigung von Machtpositionen und unfairer Verteilung von Ressourcen (beherrschte Diversität/Pluralität oder repressive Toleranz). Im zweiten Fall ist die Pluralismusvorstellung notwendig, um aufzuzeigen, wie weit weg bestimmte Minderheiten von der Einlösung universeller Freiheits- und Gerechtigkeitsvorstellungen sind oder im positiven Fall: wie vielfältig menschliche Lebensformen sein können (unbeherrschter Pluralismus/befreiende Toleranz).

Sollte sich die kulturrelativistische Vorstellung durchsetzen, würden die Menschenrechte zur ideologischen Waffe im imperialistischen Ringen konkurrierender Kulturen oder zu Bestandteilen mehr oder minder geschlossener, von außen unkritisierbarer Welten verkürzt. Hingegen könnte das Wissen um eine wissenschaftsgestützte bedürfnistheoretische Basis von Menschenrechten sowie um die Möglichkeit eines sich „überlappenden Konsenses" (Rawls) zwischen verschiedenen kulturellen Systemen die Vereinnahmung der Menschenrechtsidee durch VertreterInnen einer bestimmten, partikulären Kultur wenn auch nicht verhindern, so doch erschweren (Bielefeldt 1998: 145).

5. Die Menschen- und Sozialrechte sind Realutopien. Die Menschenrechte sind keine geschlossene Weltanschauung mit dem Anspruch auf Ewiggültigkeit. Man kann sie als weiter zu entwickelnde Realutopien bezeichnen, weil a) relativ klar angegeben werden kann, an welche, allen Menschen gemeinsamen menschlichen Bedürfnisse sie anknüpfen und zugleich welches human- und sozialwissenschaftliche Wissen zu einer interdisziplinären Bedürfnistheorie integriert werden muß; b) weil zu deren Begründung die Sensibilität für menschliche Not, zum Beispiel das Weinen der Kinder, das Schreien der Gedemütigten, Gefangenen, Gefolterten, Vergewaltigten, die Apathie der Hungernden, Arbeitslosen hinreichend – im Unterschied zum Rekurs auf höheres Menschentum – sein sollte; c) weil man die physischen, psychischen, sozioökonomischen wie kulturellen Bedingungen und die politischen Entscheide angeben kann, aufgrund derer die menschlichen Bedürfnisse befriedigt werden könn(t)en; d) weil sie seit 1992 verbindliches internationales Recht sind, auch wenn sie bis jetzt nur unzulänglich einklagbar sind, und schließlich, e) weil man sich – zu-

mindest was die bürgerlichen Freiheits- sowie Bürgerrechte betrifft – darüber informieren kann, welche Konventionen, Artikel, Paragraphen und Zusatzprotokolle in einem spezifischen Verletzungsfall anzurufen, welche Rechtsverfahren einzuleiten sind und welche Gremien und Kommissionen für ihre Einhaltung und Überwachung zuständig sind – also wie ganz konkret vorzugehen ist.

6. Die Adressaten und Adressatinnen des Menschenrechtsdiskurses. Träger von Menschenrechten ist niemand anders als alle Menschen. Adressat und zugleich Garant für ihre Einlösung waren zuerst die Staaten, nach dem zweiten Weltkrieg die Vereinigten Nationen. Aufgrund des weltgesellschaftlichen Wandels der Machtverhältnisse zwischen Staat und Wirtschaft existieren Bestrebungen, auch die Wirtschaft in die Einhaltung der Menschenrechte einzubinden. Und viele weltweiten Bemühungen gehen – wie im Fall der internationalen professionellen Vereinigungen – dahin, der mit enormer Macht ausgestatteten, sich kulturell universalisierenden Effizienzorientierung der Wirtschaft eine universelle Menschenrechtskultur gegenüberzustellen. Das heißt, daß diese auch in der Kirche, der Politik, dem Bildungs-, Gesundheits-, Straf- und Sozialwesen usw. erlernt, eingeübt und eingelöst werden muß.

7. Menschen- bzw. Sozialrechte als Ausbildungsinhalt in Sozialer Arbeit. Menschenrechte könnten ein höchst interessantes und herausforderndes Thema für inter- bzw. transdisziplinäre Zusammenarbeit und Studien an (Fach-)Hochschulen sein: Um sie bedürfnistheoretisch zu begründen und kontextbezogen zu interpretieren, braucht es die Realwissenschaften Biologie/Psychobiologie, Psychologie, Sozialpsychologie, Soziologie/Ökonomie/Politologie und Kulturtheorie. Um sie auf Wert- und normativen Gehalt zu reflektieren, braucht es die Philosophie, interkulturelle Religion, Theologie und Ethik. Um sie auf ihren interprofessionellen Handlungsaspekt hin zu untersuchen, braucht es zum einen das Recht: beispielsweise bei den Individualrechten in Form bereits kodifizierter Rechtssprechung oder bei den Sozialrechten mit der Fragestellung, unter welchen Bedingungen Rechte juristisch kodifiziert und einklagbar werden. Zum andern braucht es aber auch die Überprüfung der Arbeitsweisen Sozialer Arbeit auf ihre Tauglichkeit zur Ermittlung von Menschen- und Sozialrechtsverletzungen wie zu ihrer öffentlichen Anrufung und konkreten Einlösung. Im Prinzip handelt es sich um eine Form von Kriterien- bzw. Öffentlichkeitsarbeit, welche „private Nöte" zu „öffentlichen Themen" macht (Teil 3 des UNO-Manuals: 43 ff.). Dazu braucht es Methoden der Aneignung von Definitionsmacht, der Ermächtigung und Einmischung, des wirksamen Einsatzes von juristischem Wissen.

8. Menschenrechte als Praxis Sozialer Arbeit.
a) Aktenführung und Menschenrechte. Hier werden alle in einer Organisation tätigen SozialarbeiterInnen aufgefordert, neben den üblichen Akteneinträgen, ein Journal zu führen, das die erfaßten Probleminhalte der Klientel danach befragt, ob auch Menschen-, insbesondere Sozialrechte verletzt sind. So sollen folgende Fragen kurz beantwortet werden: Welche Bedürfnisse sind – auf dem Hintergrund einer wissenschaftsbasierten Bedürfnistheorie – bei den AdressatInnen verletzt worden? Auf welche Menschen-/Sozialrechte beziehen sich diese Bedürfnisse, die mithin ebenfalls uneingelöst bleiben oder verletzt werden? Und schließlich: Welche Organisationen sind beim Klienten X, der Familie Y, dem Freizeittreff, dem Stadtteil Z aus welchen Gründen nicht in der Lage, die anstehenden Bedürfnisse zu befriedigen oder Rechte einzulösen? Welche verweigern passiv oder aktiv ihre Befriedigung, obwohl sie dazu in der Lage wären? Eine von der Organisation be-

stimmte Person oder Subgruppe muß den Auftrag haben, die aggregierten Daten unter projektbezogenen, sozialpolitischen und menschenrechtlichen Gesichtspunkten weiter zu bearbeiten. Die praktische Herausforderung besteht hier darin, daß man nicht warten muß, bis einem zusätzliche Gelder für eine ausgedehnte Armuts- und Sozialberichterstattung zufallen, sondern man damit morgen im Büro, im Heim, im Gemeinwesen, im Gefängnis beginnen kann.

b) Soziale Kontrolle von unten nach oben. Ein anderes mögliches Projekt besteht darin, die UNO-Deklaration der Menschenrechte von 1948 sowie die Forderungen der Frauenkonferenz von Peking oder des Weltsozialgipfels von Kopenhagen 1994 als Maßstab zur Beurteilung der nationalen Verfassungen, Wohlfahrtspolitiken und -praktiken zu benutzen. Seine Zielsetzung wäre: Bewußtseinsbildung über die Relevanz der Menschenrechte in der Öffentlichkeit, d. h. die Etablierung einer menschenrechtlich orientierten Alltagskultur; ferner der Einsatz der Menschen-/Sozialrechte als Beurteilungskriterien für sozialen Fortschritt. Dabei sollen nicht nur Verletzungen festgehalten, sondern auch Wege aufgezeigt werden, sie auf lokaler, nationaler und internationaler Ebene zu vermeiden. Klienten sind hier nicht Obdachlose, SozialhilfeempfängerInnen oder Straffällige, sondern Organisationen der Politik, Bildung, Kirche, Wirtschaft, der Justiz und Strafrechtspflege, aber auch des Gesundheits- und Sozialwesens. SozialarbeiterInnen sind hier angehalten, nicht nur ihre eigene Praxis, sondern auch die Tageszeitungen unter menschenrechtlichen Gesichtspunkten zu durchleuchten und ein öffentliches Kontroll- und Meldesystem zu errichten (Monitoring), das Auskunft darüber gibt, wer Menschenrechte verletzt oder positiv erfüllt. Diese Berichterstattung geht direkt an die involvierten Organisationen, die Menschenrechtskommittees der Großstädte, aber auch als sogenannter Schattenbericht zur offiziellen Berichterstattung der Regierungen an die UNO. Die Herausforderung an die Soziale Arbeit besteht hier in der Umkehrung sozialer Kontrolle nach oben, also auf die offiziellen Träger und Komplizen der Macht.

c) Allianzenbildung und Lobbyarbeit mit und innerhalb von Nichtregierungsorganisationen (NGOs). Die bekannte, aber immer noch wenig praktizierte Vorstellung des globalen Denkens und lokalen Handelns muß heute durch lokales Denken und globales Handeln ergänzt werden.

Zwischen UNO-Vertretern und NGOs machte ein langer, konfliktiver Lernprozeß der Einsicht Platz, daß man aufeinander angewiesen ist: Die NGOs sind nicht nur unkritische Anwälte, blinde Agitatoren, Trouble-Makers; die UNO-Beamten nicht nur unsensibel für die Belange der Basis, bürokratisch-stur oder gar korrupt. Die UNO braucht die NGOs, weil sie oft problematische Resolutionen verabschieden muß, ohne daß sie die Staaten kritisieren kann; NGOs sind basisnäher, flexibler, in der Kritik vielfach kompromißloser und meist unabhängig von erkauften Rücksichtnahmen. Die NGOs brauchen die UNO, weil sie den Regierungen näher steht, über Expertenwissen verfügt, aber vor allem auch als Machtbasis, um ihren Forderungen Gewicht zu geben. NGOs waren u. a. bei folgenden Themen erfolgreich: Menschenrechte; Gewalt gegen Frauen; Minderheitenrechte, Diskriminierung, Rassismus; verschwundene Menschen; Sturz des Apartheidregimes in Südafrika vor und nach dem historischen Ereignis; Landminenkampagne (Beteiligung von 1100 NGOs!); Kinderrechte; Internationaler Strafgerichtshof (Rom 1998 ff.); Prävention und Mediation im Zusammenhang mit Frieden und Abrüstung.

Als Beispiele der Sozialen Arbeit seien genannt: Die Gründung von Schulen für „versteckte Kinder" ohne legalen Aufenthaltsstatus; Mithilfe bei der Durchsetzung des Rechtes auf Arbeit von Behinderten sowie die Verhinderung ihrer Vertreibung von öffentlichen Plätzen; der Kampf um die Rechte von Sinti und Roma; der Kampf um ein selbständiges Aufenthaltsrecht für Migrantinnen, die bei einer Scheidung schutzlos in ihr Herkunftsland zurückkehren müssen; die Gewinnung einer BürgerInnenvereinigung, des lokalen Gewerbeverbandes oder Quartiervereins, der Schulbehörden u. a., die sich zum Ziel setzen, allen Jugendlichen – gemäß dem Motto „In unserem Stadtteil gibt es genügend Arbeit" – eine Lehrstelle oder eine Erwerbsarbeit zu verschaffen u. a. m.

9. Präsenz der Sozialen Arbeit auf der europäischen und UNO-Ebene. Die Women's International League for Peace and Freedom (Internationale Frauenliga für Frieden und Freiheit, Jane Addams als erste Präsidentin) ist seit 1929 bei der UNO in Genf und New York akkreditiert. Die International Federation of Social Workers (IFSW-EUrope) entwickelte auf der europäischen Ebene in Zusammenarbeit mit der European Commission, DG V for Employment, Industrial Relations & Social Affairs eine Charta der Sozialrechte sowie ein Projekt zur Bekämpfung sozialer Ausgrenzung und betreibt weiterhin Konzept- und Lobbyarbeit (IFSW EUrope 1997).

10. Der Dienst am Menschen steht laut Berufskodex höher als die Loyalität zur Organisation. Der Einführungsteil des UNO-Manuals schließt mit dem Hinweis, daß die Anrufung und rechtliche Umsetzung der Menschenrechte in Nationen mit diktatorischen und terroristischen Regimes für die Sozialtätigen ernsthafte Folgen haben kann. Aber auch demokratisch regierte Nationen versuchen mit allen Mitteln, eine Sanktionierung durch die UNO zu verhindern. Das gleiche dürfte für Bildungs-, Wirtschafts-, Kulturorganisationen, solche des Sozial-, Straf- und Gesundheitswesens zutreffen. Man wird sich also Ärger einhandeln, wenn die kognitive wie reale Landkarte der Sozialen Arbeit größer wird. So heißt es im Manual: „SozialarbeiterInnen arbeiten in verschiedenen politischen Systemen... Ihre Position als Beauftragte des Staates oder als Angestellte von mächtigen Organisationen hat viele von ihnen in schwierige Situationen gebracht. Die Profession ist beiden verpflichtet, dem Arbeitgeber wie der Klientel. Aufgrund des Berufskodexes sowie der Ausbildungsziele der Hochschulen für Soziale Arbeit steht der Dienst gegenüber den Menschen höher als die Loyalität zur Organisation" (S. 5). Eine Bedingung hierzu ist, daß sich Sozialarbeitende auf ein weltweit geteiltes Professionsverständnis stützen können, das nicht die ideale Gesellschaft oder den vollkommenen Menschen vorschreibt, sondern – bescheidener – eine weniger ungerechte Gesellschaft mit unvollkommenen Menschen anstrebt. Der Entwicklungsstand einer Gesellschaft wird nicht nur durch ihre Höchstleistungen, sondern auch durch ihre Grenzen bestimmt, und das ist die tiefste geduldete Entbehrung. Und diese Entbehrung lokal, national und international ans Tageslicht zu bringen, das wäre wohl der selbstdefinierte, professionelle unbescheidene Auftrag Sozialer Arbeit.

Lit.: Addams J. 1912: A New Conscience and an Ancient Evil, New York; Arlt I. 1921: Grundlagen der Fürsorge, Wien; Bielefeldt H. 1998: Philosophie der Menschenrechte, Darmstadt; Bussay G./Tims M. 1980: Pionieers for Peace. Women's Intern. League for Peace and Freedom 1915–1965, Oxford; DeMause L. (Hg.): Hört ihr die Kindern weinen?, Frankf./M; Deuber-Mankowsky A. u. a. (Hg.): 1789/1989 – Die Revolution hat nicht stattgefunden, Tübingen; IFSW Europe – Intern. Federation of Social Workers 1997: Social Exclusion and Social Work in Europe – Facilitating Inclusion, Bern; Marshall Th. H. 1992: Bürgerrechte und soziale Klassen, Frankf. M.; Minelli L.A. 1994: Die EMRK aus der Sicht des Praktikers, in: Thürer D. et al. (Hg.): Aktuelle Fragen zur Europäischen MR-Konvention, Zürich 85 ff; Obrecht W. 1995: Umrisse einer biopsychosozialen Theorie menschlicher Bedürfnisse, Typoskript, Wien; Staub-Bernasconi S. 1998: Soziale Arbeit als „Menschenrechtsprofession", in: Wöhrle A. Hg. 1998: Profession und Wissenschaft Sozialer Arbeit, Pfaffenweiler; dies. 1999: Sozialrechte – Restgröße der Menschrechte?, in: SozialAktuell, 3: 18–25; United Nations 1994/ 1992: Human Rights and Social Work. A Manual for Schools of Social Work and the Social Work Profession, New York (deutsch von M. Moravek: Menschenrechte und Soziale Arbeit, FHS Ravensburg-Weingarten; Waltz, H. 1999: Soziale Arbeit – Menschenrechte – Nachhaltige Entwicklung, in: Forum Sozial, DBSH, 3: 3–7; Wronka J. 1995: Human Rights, in: Encyclopedia of Social Work, NASW, Washington D.C.

Silvia Staub-Bernasconi, Berlin

Soziale Arbeit im Gesundheitswesen
Soziale Arbeit beteiligt sich als Profession an den Aufgaben des →Gesundheitswesens insbesondere dort, wo es gilt, soziale Desintegrationsprobleme zu bewältigen, die im Zusammenhang mit Krankheit und →Behinderung auftreten, dort, wo sie zur Vermeidung von Krankeiten beitragen können (Prävention) bzw. wo Leistungen der Sozialen Arbeit die Lebensbedingungen von Menschen auch hinsichtlich ihrer Gesundheit (im Sinne der WHO) verbessern (→Gesundheitsförderung).
Hinsichtlich ihrer Mitwirkung in der Krankenversorgung und Prävention kann die Soziale Arbeit auf eine einhundertjährige Tradition zurückblicken. In Anlehnung an das Vorbild der US-amerikanischen Clinical Social Work beginnt sich derzeit auch in Deutschland für die Soziale Arbeit mit Kranken der Begriff →Klinische Sozialarbeit zu etablieren. Hervorzuhebende Tätigkeitsfelder der Sozialen Arbeit im Gesundheitswesen finden sich im Sozialdienst im Akut-Krankenhaus und in Rehabilitationseinrichtungen, in der Arbeit mit Süchtigen, in der Psychiatrie und im Gesundheitsamt. Soziale Arbeit zielt dabei mit ihren Beratungsangeboten, sozialtherapeutischen und sozialadministrativen Hilfen vor allem auf die soziale und berufliche Rehabilitation ihres Klientels. Insgesamt dürften im Gesundheitswesen in Deutschland ca. 15 000 SozialarbeiterInnen und SozialpädagogInnen tätig sein.
Für die Gesundheitsförderung kann die Soziale Arbeit hinsichtlich ihrer Zielsetzungen und Methodik als eine der entscheidenden Inspirationsquellen gelten.

Soziale Benachteiligung
Dieser soziologische Begriff beschreibt den Ausschluß einzelner gesellschaftlicher Gruppen vom Zugang zu positiv definierten gesellschaftlichen Gütern (z.B. Prestige, →Bildung, Einfluß) aufgrund von Schichtgrenzen (→soziale Schichtung) oder →Stigmatisierung und →Diskriminierung. Es ist die zentrale Aufgabe der Sozialarbeit, s.B. entgegenzuwirken. →Armut, →Geschichte der Sozialarbeit

Soziale Beratung
1. Begriffsklärung: Die S.B. ist als eine zentrale Handlungsform der Sozialen Arbeit in den konkreten Lebensverhältnissen von Menschen angesiedelt. In der S.B. geht es inhaltlich um lebenspraktische Probleme, die Ratsuchende in ihrem Alltag überfordern. Zu den typischen Zielgruppen zählen Menschen ohne ausreichenden Wohnraum, Überschuldete, Straffällige, chronisch Kranke und Behinderte und einkommensbenachteiligte Haushalte. Die S.B. muß angesichts der vielfältigen Probleme, mit denen sie befaßt ist, generalistisch definiert werden: S.B. leistet demnach Hilfen für Menschen in sozial und/oder materiell prekären Lebenslagen, die in der Regel mit belastenden persönlichen Konsequenzen verbunden sind. Mit der S.B. soll eine drohende soziale Aus-

grenzung verhindert, eine bereits eingetretene Ausgrenzung überwunden oder in begründeten Fällen auch eine Lebensform außerhalb der üblichen sozialen Standards unterstützt werden. Die S.B. erfolgt auf der Basis einer hilfreichen Begegnung in einer problembezogenen Kommunikation, in der es darum geht, lösungsrelevante Informationen, Empfehlungen und Deutungen an Ratsuchende weiterzugeben. Die S.B. geht über rein kommunikative Hilfen hinaus, indem die für die Problembewältigung wichtigen sozialrechtlichen und kommunalen Zusammenhänge integriert werden. Der Ratsuchende wird an der Problemlösung aktiv beteiligt, wobei die erforderliche Kooperationsbereitschaft und -fähigkeit häufig erst im Beratungsverlauf hergestellt wird und nicht als Bedingung für die Aufnahme der S.B. vorausgesetzt werden kann. Bei der S.B. handelt es sich nach diesem Verständnis um ein Rahmenkonzept, innerhalb dessen Schwerpunkte wie z.B. die Beratung von Wohnungslosen, Überschuldeten oder Sozialhilfeempfängern gesetzt werden müssen. In diesen Fällen werden Leitprobleme formuliert, die immer nur unter Berücksichtigung des sozialen Kontexts bearbeitet werden können. Die S.B. unterscheidet sich einerseits als eigenständiger Ansatz der Sozialen Arbeit von anderen Handlungsformen wie Erziehung oder Betreuung und andererseits von psychotherapeutischen Beratungsmodellen. Deutlich wird der besondere Charakter der S.B. in den spezifischen Beratungsanlässen, den Maximen der S.B. und den methodischen Vorgehensweisen.

2. Beratungsanlässe: Die Zielgruppen der S.B. sind von sozialer Ungleichheit betroffen. Ihre soziale Benachteiligung manifestiert sich u.a. in einer Unterversorgung mit Wohnraum, Einkommensarmut, geringen sozialen Kontakten sowie Bildungs- und Ausbildungsdefiziten. Aufgrund der ungünstigen Erwerbschancen und der vielfach fehlenden informellen Hilfen und sozialen Anregungen scheitern die Ratsuchenden häufig an den sozialen Erwartungen ihrer Bezugsgesellschaft. Neben den materiellen Problemen sind für die S.B. die sozialen Komplikationen handlungsrelevant. In der S.B. geht es zum einen um eine Verbesserung der materiellen Versorgung der Adressaten und zum anderen um die Vermittlung sozialer Kompetenzen wie psychosoziale Belastbarkeit, Fähigkeit zur sozialen Integration und Einhaltung zentraler Normen, kommunikative Fertigkeiten und die Bereitschaft, mit anderen im Alltag zu kooperieren. Am Beispiel der Langzeitarbeitslosigkeit läßt sich zeigen, wie wichtig es ist, in der S.B. nicht nur die materielle Versorgung im Blick zu behalten. Betroffene verlieren wichtige soziale Kontaktfelder, sie erfahren immer weniger Bestätigung durch andere, ihre Lernmotivation nimmt ab und sie werden immer inflexibler. Die finanziellen Schwierigkeiten der Langzeitarbeitslosen werden von den Folgen ihrer sozialen Randständigkeit überlagert (vgl. Strehmel/Ulich 1995). Bei chronischen sozialen Problemen kommt es allgemein darauf an, mit einer reduzierten Motivation der Ratsuchenden und einem ausgeprägten sozialen Rückzugsverhalten beraterisch gekonnt umzugehen. Die Schwierigkeiten strahlen auf den gesamten Alltag der Betroffenen aus, sie beeinflussen z.B. das Freizeitverhalten, die Haushaltsführung, das Familienleben und die Erwerbsfähigkeit. Diese unterschiedlichen Facetten des Alltags spielen in der S.B. eine dominierende Rolle. Deutlich wird an dieser Stelle, daß die S.B. trotz ihrer generalistischen Orientierung nicht in der Lage ist, die angesprochenen Probleme alleine zu bewältigen. Die sozialstaatlichen Leistungen ergänzen die Beratungshilfe in wesentlichen Punkten.

3. Sozialstaatliche Rahmenbedingungen: Mit den Leistungen des Sozialstaates sollen gravierende Wohlstandsdifferenzen abgebaut und individuelle Le-

benslagen verbessert werden. Durch den Rückgriff auf soziale Sicherungsleistungen in der S.B. gelingt es, materielle Verbesserungen für die Ratsuchenden zu erreichen. Für die S.B. sind in diesem Zusammenhang sozialrechtliche und administrative Kompetenzen unentbehrlich. Es werden vor allem Kenntnisse über die Sozial-, Jugend- und Gesundheitshilfe benötigt, die für die Bewältigung von materiellen, sozialen und psychischen Notlagen bedeutsam sind. in diesen Bereichen des sozialen Sicherungssystems hängen die Sach- und Geldleistungen sehr eng mit der persönlichen Hilfe zusammen (vgl. Gernert 1998).

Die S.B. profitiert nicht nur von den sozialen Sicherungsmaßnahmen, auch in Bezug auf ihre ethische Fundierung erhält sie wichtige Impulse durch die sozialstaatliche Einbindung. Die Leistungen des Sozialstaats dienen u.a. dem Schutz der Menschenwürde (vgl. u.a. Art.1 GG, § 1 BSHG). Für die S.B. ergibt sich daraus, daß sie den Ratsuchenden nicht zum Objekt ihrer Hilfe degradieren darf. Die Achtung der Menschenwürde hängt nicht von einem beratungskonformen Verhalten oder anderen persönlichen Vorleistungen ab (vgl. Baumgartner u.a. 1998). In der S.B. kommt es darauf an, den Ratsuchenden als Person anzuerkennen und ihn vor allem in schwierigen Beratungsphasen nicht fahrlässig aufzugeben. Diese Haltung gibt der Beziehung zum Ratsuchenden eine besondere Qualität, die sich positiv auf die S.B. auswirkt. Konkretisiert wird der Schutz der Menschenwürde in der Maxime der Sozialen Gerechtigkeit, aus der für die S.B. abgeleitet werden kann, daß die vermittelten und unmittelbaren Hilfen im Beratungsverlauf generell dem Ziel verpflichtet sind, ungleiche Start- und Lebensbedingungen auszugleichen und einen ausreichenden Schutz in schwierigen Lebensabschnitten wie Krankheit oder Behinderung zu garantieren (vgl. Kersting 1997). Auf der Handlungsebene fordert die Soziale Gerechtigkeit zu einer inhaltlichen Ausrichtung der S.B. auf, mit der die Lebensumstände der Klientel konkret verbessert werden sollen. In der S.B. ist überdies die Solidarität mit den Ratsuchenden ein entscheidender Faktor. Gemeint ist damit eine zuverlässige und beständige Hilfe, bei der sich der Berater von den Schwierigkeiten der Ratsuchenden auch emotional erreichen läßt (vgl. Bayertz 1997). In der S.B. wird dieser Aspekt unter dem Stichwort der Parteilichkeit bzw. des sozialanwaltlichen Engagements behandelt. Damit ist nicht eine unreflektierte Identifizierung mit den Sichtweisen und Wünschen der Klientel gemeint, wie es vor allem in der vierten Maxime der Subsidiarität zum Ausdruck kommt. Bezogen auf die Haltung des Beraters bedeutet das Subsidiaritätsprinzip, daß in der S.B. Räume für die individuelle Entfaltung des Ratsuchenden vorgehalten werden müssen, die weder durch eine Über- noch Unterforderung beschnitten werden dürfen. Die Zumutung von Eigenverantwortung und Eigeninitiative soll allerdings nicht dazu führen, daß bei den Adressaten der S.B. Handlungs- und Entscheidungskompetenzen, Ressourcen und belastbare soziale Beziehungen als Voraussetzungen für autonomes Handeln (vgl. Waschkuhn 1995) unterstellt werden, wo sie erst in der S.B. aufgebaut werden müssen. Aus den sozialstaatlichen Rahmenbedingungen ergeben sich für die Beratungspraxis und die Beratungshaltung grundlegende Anregungen, die in den methodischen Arbeitsschritten beachtet werden müssen.

4. Methodische Aspekte der S.B.: Die S.B. basiert wie andere Beratungsansätze auf einer hilfreichen Begegnung oder Beziehung, in die immer auch irrationale Momente einfließen. Vor diesem Hintergrund erweisen sich die genannten Maximen als besonders wichtig für die Haltung des Beraters. Der Ratsuchende ist in der S.B. aufgrund seiner schwierigen Lebensumstände häufig

emotional erheblich belastet. In dieser Verfassung verlagert er Reaktionen, die z.B. dem Sozialamtsmitarbeiter oder seinen Gläubigern gelten, auf den Berater, der als Person intensiv gefordert ist. Gelingt es dem Berater in diesen Situationen nicht, eine ausreichende Distanz einzuhalten, droht ihm seine für die Beratung erforderliche Freundlichkeit und Aufmerksamkeit, sein Humor und Charme und sein Respekt für den Ratsuchenden verloren zu gehen (vgl. Giesecke 1996). Der Berater muß sich klar darüber sein, daß er mit seiner Ausstrahlung, seiner Bildung und seiner Motivation den Verlauf der S.B. beeinflußt. Für die Begegnung mit dem Ratsuchenden sind die Basisvariablen der →klientenzentrierten Gesprächsführung hilfreich in der auf der Grundlage von Empathie, Akzeptanz und Authentizität die Lösung von Problemen primär in der Veränderung von Sichtweisen und Einstellungen des Klienten gesucht wird (vgl. Belardi 1996). Diese Grundlagen der Gesprächsführung tragen dazu bei, eine Beschämung, Mißachtung oder mangelnde Anerkennung des Ratsuchenden zu vermeiden. Die genannten Basisvariablen dürfen aber in der S.B. nicht dazu führen, ein eingreifendes oder direktives Vorgehen zu vermeiden und die sozialen Hilfen zu vernachlässigen. Der Berater ist nicht nur als Bezugsperson oder Gesprächspartner gefordert, er ist gleichzeitig als kompetenter Experte für die Lösung sozialer Probleme gefragt. In einer Reihe von Situationen ist es in der S.B. unumgänglich, eindeutige Bedingungen zu formulieren, an denen die Beratung auch scheitern kann. In der Schuldnerhilfe z.B. wird erwartet, daß der Klient keine neuen Schulden eingeht, in der Alkoholberatung steht das Abstinenzgebot im Raum, in der Sozialhilfeberatung kann die mangelnde Mitwirkung dazu führen, daß die Hilfe nicht im erforderlichen Umfang gewährt wird. Bei der Problemlösung müssen die individuellen Besonderheiten des Ratsuchenden beachtet werden. Nicht immer ist es möglich, optimale Lösungen zu realisieren, weil der Adressat Schwierigkeiten hat, die dafür erforderlichen Schritte einzuhalten. In der S.B., die hier auch als ein Bestandteil der sozialen Grundsicherung verstanden wird, dürfen keine unnötigen Hürden bei der Inanspruchnahme aufgebaut werden. Sie muß methodisch und inhaltlich so konzipiert werden, daß auch dann Hilfen möglich sind, wenn Ratsuchende nur begrenzt einsichts- und handlungsfähig sind.

Aus methodischer Perspektive handelt es sich bei der S.B. um eine planmäßige und kontrollierbare Hilfe, die üblicherweise in den folgenden Etappen durchgeführt wird: Der Weg führt von der Problemwahrnehmung und -formulierung über den Entwurf von Handlungsmöglichkeiten, die Bewertung von Alternativen und die Entscheidung für eine bestimmte Intervention bis zur Evaluation der eingeleiteten Maßnahmen (vgl. Heiner u.a. 1996). Der Berater steht vor der Aufgabe, die Gesprächsführung und weitergehende Unterstützungsformen so anzulegen, daß der Ratsuchende möglichst umfassend mitwirken kann. Der Berater muß sein Fachwissen einbringen, mit dem er sich vom Ratsuchenden unterscheidet. Allerdings wäre es sinnlos, akademische Diskurse über Problemursachen zu führen und dabei die lebenspraktische Relevanz als Kriterium für die Anwendung des Fachwissens zu vernachlässigen. Den Ratsuchenden interessiert, wie er seine Schulden abtragen kann, wie er seine Wohnung sichern kann, wie er soziale Kontakte aufbauen kann, welche Dienste und Einrichtungen für ihn bei einer chronischen Erkrankung infrage kommen etc. Der kompetente Berater benötigt neben seiner Fachkompetenz auch eine Feldkompetenz, d.h. er muß die Besonderheiten seiner Klientel kennen, orientiert sein über die einschlägigen rechtlichen und institutionellen Vorgaben, die organisatorischen Abläufe beherrschen und die typischen Hilfeformen seines Arbeits-

feldes anwenden können (vgl. Franke/ Franke-Sander 1998). Aus kommunikationstheoretischer Sicht liegt damit eine komplementäre Beziehung vor, in der der Berater dem Ratsuchenden punktuell überlegen ist.
Dem Ratsuchenden werden in der Anfangsphase der S.B. die inhaltlichen, institutionellen und ablaufbezogenen Aspekte erläutert. Damit wird das Themenspektrum der S.B. eingegrenzt, der Ratsuchende erfährt, was er in der Beratung erwarten kann und was auf ihn zukommt. Die Aufgabe des Beraters liegt in dieser Phase vor allem darin, die aktuellen sozialen Schwierigkeiten im Lebenskontext des Klienten zu erfassen und eine erste Problemeinschätzung vorzunehmen. Hierbei sind zwei Bereiche besonders wichtig, die soziale Grundsicherung und die persönlichen Fähigkeiten des Ratsuchenden. Die Anfangsphase der S.B. ist geprägt von einer gezielten Befragung des Klienten und der Entwicklung von ersten Arbeitshypothesen. Das Anliegen der Beratungseröffnung besteht darin, realistische Ziele für den weiteren Verlauf zu verabreden, die Sichtweisen des Ratsuchenden kennenzulernen und die Möglichkeiten zu sondieren, wie die Autonomie im Alltag wieder hergestellt werden kann (vgl. Belardi 1996). In der anschließenden Phase einer auf insgesamt etwa zehn bis zwölf Sitzungen begrenzten S.B. steht die Erarbeitung von Problemlösungen im Mittelpunkt. Beim Ratsuchenden wird vorausgesetzt, daß er grundsätzlich in der Lage ist, Beratungsgesprächen zu folgen und einsichtsgemäß zu handeln. Nur bei akuten sozial (mit-)bedingten Schwierigkeiten, deren Bewältigung den Ratsuchenden mit einer angemessenen Unterstützung nicht überfordert, ist die S.B. indiziert. Die Entwicklung von Problemlösungen und Handlungsoptionen wird mit den persönlichen Möglichkeiten des Ratsuchenden, seiner Motivation, seinem Wissen und seiner Belastbarkeit abgestimmt. Die rechtlichen Implikationen und die Einflüsse der sozialen Strukturen werden dabei berücksichtigt. Der Berater erteilt in diesem Rahmen Auskünfte und Informationen, er regt Reflexionen über die Ziele und Intentionen des Ratsuchenden an, löst Handlungen aus und gibt konkrete Entscheidungshilfen (vgl. Weisbach 1990). Der Berater überläßt die Entscheidung über notwendige Maßnahmen nicht nur dem Ratsuchenden, in einzelnen Beratungsabschnitten wird er auch stellvertretend tätig, z.B. in Verhandlungen mit Kostenträgern über die Bewilligung einer Rehabilitationsmaßnahme oder in der Auseinandersetzung mit Gläubigern über eine Stundung oder einen Schuldenerlaß, bei der Erstellung eines Sozialberichts oder in der Koordination unterschiedlicher sozialer Dienste, die parallel erforderlich sind, um ein Problem zu lösen. Für die S.B. sind bei diesen Tätigkeiten Elemente des Case Management besonders hilfreich. Generell gilt für die S.B., daß der Berater nicht nur für die Gesprächsstrukturierung verantwortlich ist. Er steht auch in der Verantwortung, über das Gespräch hinausgehende Formen der Unterstützung zu organisieren und solche Handlungsschritte zu vereinbaren, die der Ratsuchende in seinem Alltag auch umsetzen kann. Letztlich wird die S.B. daran gemessen, inwieweit es mit ihr gelingt, Ressourcen zu erschließen, die zur Alltagsbewältigung beitragen. Hierbei handelt es sich um materielle Ressourcen wie Wohnraum, Kleidung oder Kommunikationsmittel, um günstige Lebensbedingungen, die von der sozialen Integration und der sozialen Absicherung gegen übliche Lebensrisiken abhängen, um persönliche Fähigkeiten wie Selbstwert und Bewältigungsoptimismus und um Energieressourcen wie Bildung oder die finanzielle Ausstattung (vgl. Nestmann 1997). Am Ende der S.B. wird eine Bilanz erstellt. Es werden Verabredungen getroffen, wie die offen gebliebenen Probleme gelöst werden können, wie sich der Ratsuchende bei unvorher-

gesehenen Schwierigkeiten verhalten kann und ggf. wird ein Nachbereitungstermin vereinbart.

5. Perspektiven: Zukünftig wird es darauf ankommen, die S.B. theoretisch und konzeptionell weiter zu profilieren. Die institutionellen, rechtlichen und methodischen Grundlagen sind bisher nicht in allen Punkten kompatibel. Die Ausbildung in S.B. muß im Rahmen des Studiums der Sozialen Arbeit oder als postgraduale Weiterbildung erfolgen. Ohne die Einbindung in die Soziale Arbeit kann der breite Radius der S.B. inhaltlich nicht gefüllt werden. Die S.B. wird auch weiterhin bei öffentlichen und freigemeinnützigen Trägern angesiedelt sein, eine freiberufliche Beratungspraxis erscheint aus heutiger Sicht für die Zielgruppen der S.B. nicht realisierbar. Es ist davon auszugehen, daß die S.B. angesichts des zunehmenden Verarmungsrisikos breiter Bevölkerungsschichten und der komplizierter werdenden sozialen Problemlagen in den unterschiedlichen Lebensabschnitten eine wachsende Bedeutung erlangen wird. Die S.B. ist den ressortübergreifenden sozialen Problemen mit ihrem generalistischen Ansatz noch am ehesten gewachsen. Ein Ausbau der S.B. ist ratsam, um ihr noch nicht ausgeschöpftes sozialintegratives Potential zu nutzen. →Beratung; →Case Management

Lit.: Baumgartner, H. M. u.a.: Menschenwürde und Lebensschutz, in: Rager, G.: Beginn, Personalität und Würde des Menschen, Freiburg (Cr.), München, Alber, 1998; Bayertz, K.: Begriff und Problem der Solidarität, in: ders. (Hrsg.): Solidarität, Frankfurt, Suhrkamp, 1997; Belardi, N. u.a.: Beratung. Weinheim, Basel, Beltz 1996; Franke, W., Sander-Franke, U.: Methodisches Lösen sozialer Probleme. Köln, Fortis 1998; Gernert, W.: Kommunale Sozialverwaltung und Sozialpolitik. Stuttgart u.a., Boorberg, 1998; Giesecke, H.: Das „Ende der Erziehung", in: Combe, A., Helsper, W. (Hrsg.): Pädagogische Professionalität. Frankfurt, Suhrkamp, 1996; Heiner, M. u.a.: Methodisches Handeln in der Sozialen Arbeit. Freiburg (Br.), Lambertus, 1996; Kersting, W.: Recht, Gerechtigkeit und demokratische Tugend. Frankfurt, Suhrkamp, 1997; Nestmann, F.: Beratung als Ressourcenförderung, in: ders. (Hrsg.): Beratung. Bausteine für eine interdisziplinäre Wissenschaft und Praxis. Tübingen, Dgvt-Verlag, 1997; Strehmel, P., Ulich, D.: Arbeitslosigkeit als Entwicklungskrise im frühen und mittleren Erwachsenenalter, in: Oerter, R./Montada, L. (Hrsg.): Entwicklungspsychologie. Weinheim, Psychologie Verlags Union, 1995; Waschkuhn, A.: Was ist Subsidiarität. Opladen, Westdt. Verl., 1995; Weisbach, Chr.-R.: Beratung kann man lernen – ist emphatische Kompetenz trainierbar? in: Brunner, E. J., Schönig, W. (Hrsg.): Theorie und Praxis von Beratung. Freiburg, Lambertus, 1990.

Harald Ansen, Stuttgart

Soziale Bewegungen

Bezeichnung für kollektives Handeln gegen gesellschaftliche Mißstände mit dem Ziel der Erreichung sozialer Reformen oder Umstürze. S.B. können sowohl zur Verwirklichung eigener Ziele als auch zur Optimierung der Situation anderer entstehen. →Arbeiterbewegung; →Frauenbewegung; →Jugendbewegung

Soziale Brennpunkte

Als s.B. werden in der Sozialen Arbeit und der Soziologie verschiedentlich jene Viertel oder Straßenzüge (→Slums), in denen sozial Benachteiligte (→soziale Benachteiligung) leben, bezeichnet.

Soziale Dienste

Mit S.D. wird in der Sozialen Arbeit die Gesamtheit der organisierten Dienstleistungen bezeichnet, die von sozialen Fachkräften erbracht werden, um soziale Probleme aufzuheben, zu mildern oder ihnen vorzubeugen. →Allgemeine Soziale Dienste

Soziale Frage
→Neue Soziale Frage

Soziale Frauenschule
nach der Jahrhundertwende in rascher Folge, meist von konfessionellen Trägern gegründete Schulen zur Ausbildung von Sozialfürsorgerinnen. Obgleich 1905 die Frauenschule des Deutsch-Evangelischen Frauenbundes in Hannover den Anfang machte, erlangte besonders die 1908 von Alice →Salomon gegründete Berliner soziale Frauenschule konzeptionelle Bedeutung. Die staatliche Anerkennung dieser Einrichtung und die ministerielle Regelung der Inhalte und Prüfungen bildeten einen Meilenstein in der Professionalisierung Sozialer Arbeit. →Geschichte der Sozialarbeit; →Sozialpädagogik/Sozialarbeit: Ausbildung und Beruf

Soziale Gruppenarbeit
→Gruppenarbeit

Soziale Integration
Mit s. I. wird in der Sozialen Arbeit die (Wieder-)Eingliederung und Einbeziehung sozial Benachteiligter (→soziale Benachteiligung) in das gesellschaftliche Gefüge mit seinen Chancen, Rechten und Pflichten bezeichnet. →Integrative Erziehung

Soziale Kontrolle
1. Der Begriff s. K. gehört zu den zentralen Kategorien der Soziologie. Es besteht keine Einigkeit über seine Definition. In neueren Arbeiten wird eine sehr weite Definition des Begriffs empfohlen. So verwenden Sebastian Scheerer und Henner Hess in ihrem 1997 erschienenen programmatischen Aufsatz „Social Control: a Defence and Reformulation" den Begriff s. K., um auf alle sozialen (und technischen) Arrangements, Mechanismen, Normen, Glaubenssysteme, positive und negative Sanktionen aufmerksam zu machen, die entweder auf die Verhinderung unerwünschten Verhaltens zielen oder diese Verhinderung bewirken (vgl. 1997: 103 f.). Um s. K. handelt es sich auch, wenn diese Arrangements, Mechanismen, Normen, Glaubenssysteme, positive und negative Sanktionen darauf zielten, unerwünschtes Verhalten künftig zu verhindern (vgl. 1997: 104).

Die Brauchbarkeit eines so gefaßten Begriffs s. K. ist zu bezweifeln. Ein wesentliches Problem ergibt sich daraus, daß diese Definition auch auf die Wirkungen s. K. abhebt. Dadurch droht der Objektbereich von Untersuchungen, die von einem solchen Begriff ausgehen, uferlos zu werden. Vieles und sehr Unterschiedliches kann danach s. K. sein: eine Mauer; der Supermarkt auf der grünen Wiese, dessen Entfernung zu Wohngebieten bestimmte Personengruppen daran hindert, in ihm zu stehlen; ein Theaterstück, dessen Inhalt den Mann von seinem Plan abbringt, seine Ehepartnerin zu ermorden usw.

Zweckmäßiger ist es aus diesem Grund, nur die Arrangements, Mechanismen usw. als Vorgänge s.r K. zu definieren, die auf die Verhinderung von unerwünschtem oder – wie man im Einklang mit dem soziologischen Sprachgebrauch sagen sollte – →abweichendem Verhalten zielen. Zielen heißt: Als s. K. sind dann die Vorgänge zu bezeichnen, deren Initiierung mit diesem Ziel begründet wurde oder wird.

Den Bezugsrahmen dieser Vorgänge bildet das soziale System, in dem sie stattfinden. Als Vorgänge s.r K. sind dann nicht nur Maßnahmen zur Änderung des Verhaltens ihrer Adressaten oder zum Erhalt ihrer Normkonformität zu verstehen. Auch Ausschlüsse aus dem sozialen System – Inhaftierungen, Tötungen, Verbannungen usw. – sind danach Maßnahmen s.r K. Sie zielen ja auf die Verhinderung abweichenden Verhaltens in dem sozialen System, in dem sie stattfinden.

Eine solche Fassung des Begriffs s. K. verweist auf Äquivalenzen von im Alltagsbewußtsein als ganz unterschiedlich wahrgenommenen Maßnahmen. Wird s. K. so verstanden, geraten vor allem Maßnahmen der Strafjustiz und der Polizei, aber auch Maßnahmen der Sozialarbeit und Sozialpolitik in den Blick. Wir gehen von diesem Begriff aus. Dabei ist anzumerken, daß nicht jedes Handeln, von dem der Handelnde behauptet, es ziele auf die Verhinderung abweichenden Verhaltens, im Sinne dieses Begriffs s. K. ist. Soziale Kontrolle heißt: sie muß im Einklang stehen mit sozialen Normen. Zweierlei ist damit gemeint: Es muß klar sein, daß gegen eine Norm verstoßen wurde oder verstoßen zu werden droht, und das Kontrollhandeln muß angemessen sein. Klarheit und Angemessenheit sind nun keine objektiv erkennbaren Sachverhalte. Die Maßstäbe, an denen gemessen wird, ob Klarheit und Angemessenheit vorliegen, werden gesellschaftlich definiert. Wer definiert? Es sind – wie wir im Anschluß an Karl F. Schumanns Sanktionsanalyse sagen wollen – die Bezugsgruppen der Handelnden, d. h. Personen(-gruppen), die im Einklang mit den Handelnden über die Geltung der in Frage kommenden Normen und über die Angemessenheit des kontrollierenden Handelns wachen (vgl. Schumann 1968: 55 ff.). Das Merkmal „Wachen über die Angemessenheit" grenzt den Begriff soziale Kontrolle von Handlungen ab, die als Ausdruck der persönlichen Beziehungen der Interaktionspartner gelten. Persönliche Rache z. B. ist danach keine s. K.

2. Arten s.r K. in modernen Gesellschaften lassen sich entlang zweier Dimensionen klassifizieren, die sich aus Klassifikationen des Kontrollmodus' und der Zeit des Eingriffs ergeben (vgl. zum folgenden: Peters 1995[2]: 136 ff.).

Der Klassifikation des Kontrollmodus' liegen unterschiedliche Annahmen über die Verursachung und diesen Annahmen entsprechende unterschiedliche Vorstellungen über die Bekämpfung abweichenden Verhaltens zugrunde:
– Die Annahme, daß abweichendes Verhalten die Folge der Bosheit, der schädlichen Neigungen oder ähnlichem von Abweichern sei, die durch negative Sanktionierungen, d. h. durch Verringerung der sozialen Teilnahmechancen und/oder Diskreditierung der Abweicher bekämpft werden müßten.
– Die Annahme, daß abweichendes Verhalten die Folge sozial-ökonomischer, psychischer oder ähnlicher Bedingungen sei, die verändert werden müßten.

Klassifiziert wird der Kontrollmodus also danach, ob er als negativ sanktionierend oder als bedingungsverändernd gilt. Die Klassifikation der Zeit des Eingriffs ergibt sich aus der Annahme, daß reaktive s. K. nicht ausreiche, um abweichendes Verhalten zu bekämpfen. Erforderlich seien auch Kontrollmaßnahmen, die verhinderten, daß abweichendes Verhalten entstehe.

Aufgrund beider Klassifikationen läßt sich das folgende Vier-Felder-Schema bilden (siehe unten).

Dem ersten Feld sind Sanktionsdrohungen zuzurechnen. Als Sanktionsdrohungen gelten (a) negative Sanktionierungen, die Dritte darauf aufmerksam machen sollen, daß abweichendes Verhalten sich nicht lohne und (b) Bekanntmachungen von Sätzen, die Sanktionen für den Fall von abweichendem Verhalten ankündigen.

Zeit	Kontrollmodus	
	negativ sanktionierend	bedingungsverändernd
vorher	1. Sanktionsdrohungen	3. präventive Bedingungsveränderungen
nachher	2. Strafen	4. Reaktive Bedingungsveränderungen

Dem zweiten Feld sind Strafen zuzurechnen. Als Strafen gelten negative Sanktionierungen.
Dem dritten Feld sind präventive Bedingungsveränderungen zuzurechnen. Als präventive Bedingungsveränderungen gelten materielle und sozialisatorische Leistungen, von denen erwartet wird, daß sie die Lage und Befindlichkeit der Adressaten so gestalten, daß abweichendes Verhalten von ihnen als Möglichkeit der Lösung ihrer Probleme nicht erwogen wird.
Dem vierten Feld sind reaktive Bedingungsveränderungen zuzurechnen. Als reaktive Bedingungsveränderungen gelten vor allem sozialisatorische, aber auch materielle Leistungen, von denen erwartet wird, daß sie die Handlungsdisposition und die Lage von Abweichern so verändern, daß abweichendes Verhalten von ihnen als Möglichkeit zur Lösung ihrer Probleme nicht erwogen wird.
2.1 Die sozialwissenschaftliche Diskussion über Sanktionsdrohungen konzentriert sich auf strafrechtliche Sanktionsdrohungen. Weithin wird bezweifelt, daß diese Drohungen ihr manifestes Ziel erreichen. Dies lenkt das sozialwissenschaftliche Interesse auf die Frage nach den latenten Funktionen strafrechtlicher Sanktionsdrohungen. Antworten reichen von der Nonfunktionalitätsannahme bis zu der Behauptung, strafrechtliche Sanktionsdrohungen seien im Interesse der Erhaltung der Struktur kapitalistischer Gesellschaften unentbehrlich, festigten die Arbeitsmoral abhängig Arbeitender (vgl. Steinert 1986: 82f.).
2.2 Strafen. Das sozialwissenschaftliche Interesse an Strafe richtet sich vor allem auf die Folgen der Strafe für die Bestraften. Verbreitet ist die Annahme, daß Strafen ihr manifestes Ziel meist verfehlen. Strafe bewirke bei Bestraften oft Aggressivität, die sie zu abweichendem Verhalten disponiere. Die Bestrafung beschränke darüber hinaus die sozialen Teilnahmechancen der Bestraften. Zugänglich blieben ihnen oft nur noch kriminelle Subkulturen. Hier übernähmen sie Muster abweichenden Verhaltens. Strafe begründe eine kriminelle Karriere.
2.3 Präventative Bedingungsveränderungen. Instrument präventiver Bedingungsveränderungen sind Leistungen, von denen angenommen wird, sie steigerten die Zufriedenheit ihrer Empfänger. Deren Neigung zu abweichendem Verhalten nehme deswegen ab. Sozialwissenschaftler bezweifeln, daß diese sozialpolitische Kalkulation aufgeht. Präventive Bedingungsveränderungen höben den sozialen Status der Empfänger an. Sie seien Herrschaftszwängen weniger ausgesetzt. Abweichendes Verhalten sei für sie weniger riskant (vgl. Haferkamp u. a. 1984: 96ff.).
2.4 Reaktive Bedingungsveränderungen. Reaktive Bedingungsveränderungen lassen sich als Versuche bezeichnen, s. K. in die Person zu verlegen und diese zu befähigen, Konformität von sich aus anzustreben. Betrieben werden reaktive Bedingungsveränderungen vor allem von der Sozialarbeit. Diese Art s. K. gilt als relativ neu. Sozialwissenschaftler bringen sie mit der funktionalen Ausdifferenzierung sozialer Teilsysteme in modernen Gesellschaften in Zusammenhang. Die Integration dieser Systeme werde zur Leistung von Individuen. Ihre Entscheidungen seien daher für soziale Gesamtsysteme wichtig, sie müßten aber diese Entscheidungen selbst treffen. Es komme daher darauf an, Individuen zu motivieren, gesellschaftliche Werte und Normen zu verinnerlichen, und sie zu befähigen, situationsflexibel mit ihnen umzugehen (vgl. Luhmann 1987: 121ff.). Der Mangel dieser Annahmen besteht u. a. darin, daß sie das Interesse der Kontrollprofessionen an der Verbreitung dieser Kontrollart nicht berücksichtigen.

Lit.: Haferkamp, H., u.a.: Herrschaftsverfall und Machtrückgewinn. Zur Erklärung von Paradoxien des Wohlfahrtsstaates, in: Haferkamp, H. (Hrsg.):

Wohlfahrtsstaat und soziale Probleme, Opladen 1984, 60–103; Luhmann, N.: Die gesellschaftliche Differenzierung und das Individuum, in: Olk, Th., Otto, H.-U. (Hrsg.): Soziale Dienste im Wandel 1. Helfen im Sozialstaat, Neuwied u. Darmstadt 1987, 139–169; Peters, H.: Devianz und soziale Kontrolle, Weinheim, München ²1995; Scheerer, S., Hess, H.: Social Control: a Defence and Reformulation, in: Bergalli, R., Sumner, C. (Hrsg.): Social Control and Political Order, London 1997, 96–130; Schumann, K. F.: Zeichen der Unfreiheit. Zur Theorie und Messung sozialer Sanktionen, Freiburg i. B. 1968; Steinert, H.: Die Geschichte der sozialen Kontrolle als Geschichte von Kapitalstrategien, Arbeitsmoral und moralischer Empörung, in: Kriminologisches Journal, 1. Beiheft, 1986, 77–96.

Helge Peters, Oldenburg

Soziale Marktwirtschaft

Die s. M. versucht, die freie Marktwirtschaft, die einen von staatlichen Eingriffen ungehinderten wirtschaftlichen Wettbewerb als Voraussetzung für eine gerechte Sozialordnung ansieht, durch die soziale Komponente zu erweitern. Sie propagiert ein Eingriffsrecht des Staates, um eine sozial gerechte Wettbewerbsordnung zu schaffen und zu überwachen. →Wohlfahrtsstaat

Soziale Mobilität

soziologische Bezeichnung für die Bewegung einzelner Personen oder Personengruppen aus einer sozialen Position in eine andere. Hierbei wird zwischen vertikaler (sozialer Auf- und Abstieg) und horizontaler Mobilität (geographische Veränderungen oder Positionswechsel auf etwa gleicher Ebene) unterschieden.

Sozialepidemiologie

1. Definition und Grundbegriffe. Die Epidemiologie befaßt sich mit der Untersuchung der Verteilung von Krankheiten, deren Vorläufern und Folgen in menschlichen Bevölkerungsgruppen sowie den Faktoren, welche diese Verteilung beeinflussen. Dementsprechend analysiert die Sozialepidemiologie (SE) gesellschaftliche Einflußfaktoren auf Entstehung und Verlauf verbreiteter körperlicher und psychischer Erkrankungen. Wie in der allgemeinen Epidemiologie, so kann man auch in der SE zwischen einem deskriptiven (beschreibenden), einem analytischen (hypothesentestenden) und einem experimentellen (kontrolliert intervenierenden) Untersuchungsansatz unterscheiden. Von besonderem wissenschaftlichen Wert ist der analytische Untersuchungsansatz, da er am ehesten eine Testung von Hypothesen zum Zusammenhang zwischen gesellschaftlicher Lage und Erkrankungsrisiko erlaubt. Will man den Zusammenhang zwischen einer bestimmten gesellschaftlichen Belastungssituation (z. B. Arbeitslosigkeit) und einem erhöhten Erkrankungsrisiko (z. B. Herz-Kreislauf-Krankheiten) feststellen, so muß man ein Untersuchungskollektiv auswählen, das dieser Gefährdung ausgesetzt ist (exponierte Bevölkerung, z. B. Arbeitslosigkeit zu einem bestimmten Zeitpunkt) und es mit einem nicht-exponierten Kollektiv derselben Alters- und Geschlechtsgruppe vergleichen. In Längsschnittstudien (auch prospektive oder Kohortenstudien genannt) wird sodann die Frage geprüft, ob die Neuerkrankungsrate (Inzidenz) in der exponierten Bevölkerungsgruppe höher liegt als in der nicht-exponierten Gruppe. Mit der entscheidenden Maßzahl des relativen Risikos (risk ratio) kann diese Frage quantitativ exakt beantwortet werden. Das relative Risiko errechnet sich aus der Inzidenzrate bei exponierter Bevölkerung geteilt durch die Inzidenzrate bei nichtexponierter Bevölkerung. Ist die Erkrankungsrate in beiden Gruppen gleich groß, so beträgt das relative Risiko 1,0. In groß angelegten Studien wurde jedoch gezeigt, daß das relative Risiko von Arbeitslosen, von Herz-Kreislauf-Erkrankungen betroffen zu sein, zwischen 1,5 und 3,0 beträgt, also deutlich erhöht ist.

Selbstverständlich muß in solchen Längsschnittstudien dafür Sorge getragen werden, daß die Ergebnisse nicht durch unkontrollierte Effekte intervenierender Variablen verzerrt werden, z. B. dadurch, daß der Anteil von Hochdruck-Kranken, einem wichtigen Risikofaktor für Herz-Kreislauf-Krankheiten, in der Gruppe der Exponierten (Arbeitslosen) zufällig deutlich erhöht ist. Daher müssen wichtige intervenierende Variablen von Anfang an mit erfaßt werden, und ihre Effekte werden anhand multivariater Auswertungsverfahren statistisch kontrolliert.

Neben den aufwendigen Längsschnittstudien gibt es in der SE den Studientypus der Querschnitts- oder Fall-Kontrollstudie, die jedoch fehleranfälliger und daher weniger beweiskräftig ist. Der wissenschaftliche Wert einer sozialepidemiologischen Studie hängt aber nicht allein von dem Untersuchungsplan ab, sondern ganz entscheidend von der theoretischen Verankerung der unabhängigen Variablen (sog. Prädiktoren), anhand welcher die Auswirkungen gesellschaftlicher Belastungsfaktoren auf Gesundheit und Krankheit erklärt werden sollen (s. u. 2.).

2. Geschichte und theoretische Konzepte. Erste Ansätze der SE finden sich zur Zeit der Aufklärung und der Französischen Revolution, v. a. jedoch in der Frühphase der Industrialisierung in England, Frankreich, Deutschland und den Vereinigten Staaten. Tiefgreifende Umwälzungen des sozio-ökonomischen und sozio-kulturellen Lebens hatten sichtbare Auswirkungen auf die Verbreitung von Infektionskrankheiten, auf das Unfallgeschehen, die Frühinvalidität und die allgemeine Sterblichkeit. Die Zusammenhänge zwischen sozialer Lage und Krankheit wurden auf deskriptiver Ebene erfaßt, wobei der Dokumentation ungünstiger Wohn-, Ernährungs- und Arbeitsverhältnisse ein besonderes Gewicht zukam. Die einflußreichste sozialepidemiologische Studie im Deutschland des 19. Jahrhunderts wurde von dem berühmten Arzt Rudolf Virchow durchgeführt (Mitteilungen über die in Oberschlesien herrschende Typhus-Epidemie, 1849), der zu dem Schluß gelangte, daß Medizin eine Sozialwissenschaft sei, die ihren Auftrag nur dann richtig erfülle, wenn sie in das soziale und politische Leben eingreife. Zu Beginn des 20. Jahrhunderts erlebte die SE in Deutschland einen wissenschaftlichen und gesundheitspolitischen Aufschwung, so insbesondere durch das Wirken Alfred Grotjahns (Soziale Pathologie, 1915; vgl. auch Mosse und Tugendreich: Krankheit und soziale Lage, 1913), der allerdings durch den Nationalsozialismus jäh und gründlich zunichte gemacht wurde.

In Frankreich, später in den Vereinigten Staaten, entwickelte sich eine fruchtbare Kooperation zwischen Soziologie und Epidemiologie, die bald unter der Bezeichnung Medizinische Soziologie weitergeführt werden sollte. Das grundlegende initiale Werk einer solchen Kooperation war Emile Durkheims Studie über den Selbstmord (1897). Diese Arbeit ist nicht nur methodisch bedeutsam, weil sie Chancen und Grenzen der Analyse von Aggregatdaten (d. h. Daten, die sich auf lokale Einheiten, jedoch nicht auf Individuen beziehen) aufzeigt oder weil sie den Begriff der intervenierenden Variable in die sozialwissenschaftliche Datenanalyse einführt. Vielmehr entwirft Durkheim hier erstmals eine analytische Typologie von Selbstmordhandlungen (egoistischer, altruistischer, anomischer Selbstmord), die er aus soziologischen Überlegungen ableitet. Dort, wo die normative und emotionale Kohäsion des Gruppenlebens geschwächt ist, sind unter äußeren Belastungsbedingungen häufiger „egoistische" Selbstmordhandlungen zu erwarten. Durkheim führt mit diesem Erklärungsansatz implizit das folgenreiche Konzept des sozialen Rückhalts in die medizinsoziologische Forschung ein. Und dort, wo die zugleich schützenden und begrenzenden Kollektivitätsorientierungen erschüttert sind, schießen individuelle Bestrebungen ins Grenzenlose mit der Folge, daß gesellschaftliche Erwartungsenttäuschungen selbstzerstörerische, „anomische" Handlungen auslösen. Im Kern enthält die anomische Selbstmordtheorie Durkheims bereits die Konzepte der relativen Benachteiligung und der Bezugsgruppen-Orientierung, die in verschiedenen soziologischen und sozialpsychologischen Schulen unseres Jahrhunderts zu großer Bedeutung gelangt sind.

Eine andere Entwicklungsrichtung setzte in der sog. →Chicago-Schule der Soziologie in den dreißiger und vierziger Jahren ein. In stadt-soziologischen, später schichtungs- und mobilitätsorientierten Forschungen wurde der Zusammenhang zwischen sozialer Benachteiligung und der Häufung psychischer Störungen untersucht (Faris and Dunham: Mental Disorders in Urban Areas, 1939, Hollingshead and Redlich: Social Class and Mental Illness, 1958, Langner and Michael: Life Stress and Mental Health, 1963). Diese Forschung zeigte allerdings, wie schwierig es ist, hier eine eindeutige kausale Beziehung nachzuweisen, da nicht nur soziale Selektionsprozesse neben der Verursachung am Zustandekommen einer inversen Beziehung zwischen sozialer Schicht und psychischer Krankheit beteiligt sind, sondern da auch die Etikettierung →abweichenden Verhaltens durch diagnostizierende Ärzte sozialen Mustern folgen kann.

Die vielleicht fruchtbarste Entwicklung der analytischen SE in jüngster Zeit hat sich im Rahmen der Erforschung weit verbreiteter Zivilisationskrankheiten, in erster Linie von Herz-Kreislauf-Krankheiten ergeben. Hier gelang es nicht nur, soziologisch-theoretische Konzepte zu entwickeln und zu testen, sondern auch, eine Verbindung zwischen sozial- und naturwissenschaftlicher Analyse der krankheitsfördernden (pathogenen) bzw. krankheitshemmenden (protektiven) sozialen Entwicklungsfaktoren herzustellen, und zwar über zwei Schienen: zum einen über das Konzept sozial-differentieller gesundheitsbezogener Lebensstile (v.a. Ernährung, Umgang mit Suchtmitteln, Vorsorgehandeln; vgl. Blaxter: Lifestyle and Health, 1990), zum anderen über die sozio-psychosomatische Stressforschung (Henry and Stephens; Stress, Health, and the Social Environment, 1977). Unter den besonders intensiv erforschten Konzepten sind diejenigen des sozio-emotionalen Rückhalts (House: Social Support Work, 1982, Brown and Harris: Social Origins of Depression, 1978), der kumulativen schichtspezifischen Lebensbelastung (Fox: Health Inequalities in Europe, 1989), der stress-induzierenden Arbeitsplatzmerkmale (Karasek and Theorell: Healthy Work, 1990) sowie der statusbedrohenden Gratifikationskrisen (Siegrist: Medizinische Soziologie, 1988) zu nennen. Ihre auch praktisch-gesundheitspolitische Bedeutsamkeit erhalten diese Konzepte deshalb, weil es mit ihrer Hilfe viel besser als mit den Kategorien der deskriptiven SE (wie z.B. soziale Schicht) möglich ist, Risikogruppen im engeren Sinne zu identifizieren.

3. Stellenwert für die Sozialpädagogik und Sozialarbeit. Da Sozialpädagogik und Sozialarbeit nicht nur Beratung und Führung von Individuen, sondern auch Arbeit mit Gruppen beinhaltet, sind Forschungsergebnisse und Methoden der SE für sie in dreierlei Hinsicht von Interesse.

Erstens gestatten sozial-epidemiologische Methoden und Forschungsergebnisse eine Identifizierung von Problemfeldern und Problemgruppen, die für das praktische Handeln dieser Disziplinen wichtig sind. Aus sozial-epidemiologischen Erkenntnissen läßt sich ein Handlungs- bzw. Planungsbedarf (→Sozialplanung) ableiten, bis hin zu einer Reallokation von Ressourcen in lokalen und überregionalen Feldern der Sozialpolitik. Gesundheitsberichterstattung (→Sozialberichterstattung), Analysen neuer sozialer Brennpunkte und benachteiligter Gruppen bedienen sich ebenso sozial-epidemiologischer Methoden wie die sogenannte Small-Area-Health-Bewegung, welche den wissenschaftlichen und praktischen Schwerpunkt auf eine Erfassung und Beeinflussung der Lebens- und Gesundheitsbedingungen auf der Ebene von Wohnvierteln bzw. Stadtteilen legt.

Zweitens bieten sozialepidemiologische Forschungsergebnisse Erklärungen oder Vorhersagen (→Prävention) bestimmter Erkrankungs- bzw. Wiedererkrankungsrisiken bei gefährdeten Gruppen an. Sie ermöglichen damit gezielte präventive und rehabilitative Soziale Arbeit insoweit, als die entsprechenden sozialen Belastungsbedingungen zum Gegenstand von Interventionen gemacht werden können. Beispiele hierfür finden sich in der stationären und ambulanten Rehabilitation nach Herzinfarkt (z. B. berufliche Wiedereingliederung unter Berücksichtigung der wissenschaftlichen Erkenntnisse zur Pathogenität von Arbeitsbelastungen) oder in der onkologischen Rehabilitation (z. B. Unterstützung von Selbsthilfegruppen unter Berücksichtigung der wissenschaftlichen Erkenntnisse zur protektiven Rolle sozio-emotionalen Rückhalts). Weitere, hier nicht explizit genannte Handlungsfelder einer wissenschaftlich angeleiteten Sozialen Arbeit betreffen die Langzeitbetreuung psychisch Kranker, die Suizidprophylaxe (→Suizid), schließlich das schwierige Gebiet der Betreuung von Suchtkranken (→Sucht, →Suchtkrankenhilfe).

Eine dritte Ebene der Anwendung sozialepidemiologischer Erkenntnisse und Methoden betrifft die Bewertung (Evaluation) von Maßnahmen im Gebiet der Sozialpädagogik und Sozialarbeit. Die Professionalisierung der Sozialen Arbeit ist nicht zuletzt abhängig vom Nachweis der Wirksamkeit ihrer Maßnahmen. Ein solcher wissenschaftlich dokumentierter Nachweis bedarf der Anwendung sozialepidemiologischer Methoden der Interventions- und Verlaufsforschung (sog. Katamnesen). Hier ergibt sich für die Zukunft ein wichtiges, noch wenig genutztes Gebiet der Zusammenarbeit zwischen medizinischen Sozialwissenschaften und praktischer Sozialarbeit bzw. Sozialpädagogik.

4. Ausblick. Theoretisch und methodisch gut qualifizierte sozial-epidemiologische Forschungsarbeit stellt ein Fundament der wissenschaftlich angeleiteten Sozial- und Gesundheitspolitik dar. Ihre Bedeutung wird aller Voraussicht nach stark zunehmen, da eine wachsende Zahl gesundheitlicher Probleme durch gesellschaftliche Belastungsfaktoren mit verursacht wird. Zwischen Nachfrage und Angebot im Bereich der SE besteht allerdings eine Diskrepanz, ganz besonders in Deutschland. Bis heute ist es nicht gelungen, das Ausbildungs- und Forschungsdefizit gegenüber anderen Industrieländern auszugleichen – ein Defizit, das sich aus der vollständigen Zerschlagung von epidemiologischen und psychosozialen Forschungseinrichtungen durch den Nationalsozialismus und einen versäumten Wiederaufbau im Nachkriegsdeutschland ergab. Neben Professionalisierungsdefiziten und begrenzten Forschungs-Ressourcen erschweren Probleme interdisziplinärer Kooperation die Arbeit in der SE. Es bleibt zu hoffen, daß sich die hier angedeuteten theoretisch vielversprechenden und praktisch bedeutsamen Entwicklungen der SE ungehindert fortsetzen und weiter verbessern können.

Lit.: U. Ackermann-Liebrich u. a.: Epidemiologie, Wien 1986; E. Durkheim: Der Selbstmord, Neuwied 1973 (Original Le suicide, Paris 1897); J. Fox (ed.): Health inequalities in Europe, London 1989; C. H. Hennekens, J. E. Buring: Epidemiology in Medicine, Boston, Toronto 1987; J. Siegrist: Medizinische Soziologie, München, Wien, Baltimore 1988 (4. Auflage).

Johannes Siegrist, Düsseldorf

Soziale Probleme

Definition. Unsere Lebenswirklichkeit ist durchzogen von einem bunten Patchwork von sozialen Problemen, in denen sich in vielfältiger Weise die Bruchstellen gesellschaftlicher Integration spiegeln. Der Skandal des sexuellen Mißbrauchs, der Vergewaltigung und der Tötung von Kindern, die Welle gewalttätiger Übergriffe mit rechtsideologischem Hintergrund, das endemische Anwachsen von Armut an den Rändern der Arbeitsgesellschaft, die Inflation alter und neuer Süchte, der Kältetod wohnungsloser Menschen, die stille Entwertung der beruflichen und sozialen Chancen von Menschen mit Behinderung – dieser Katalog aktueller sozialer Probleme ließe sich beliebig fortsetzen und ergänzen. So different und unvergleichlich diese hier beispielhaft aufgelisteten sozialen Probleme auf den ersten Blick auch sein mögen – gemeinsam sind ihnen Elemente, die wir in der folgenden Definition zusammenfassen können: Ein soziales Problem – so können wir in einer ersten begrifflichen Annäherung sagen – ist ein unerwünschter gesellschaftlicher Zustand, der eine größere Anzahl von Gesellschaftsmitgliedern in ihrer Lebenssituation beeinträchtigt, öffentlich als veränderungsbedürftig definiert wird und zum Gegenstand von gegensteuernd-korrigierenden Maßnahmen und Programmen wird. Folgen wir dieser Definition, so setzt sich eine sozialwissenschaftliche Analyse sozialer Probleme aus drei Bausteinen zusammen: 1. Problemgenese: die Entstehung von unerwünschten gesellschaftlichen Zuständen; 2. die öffentliche Problematisierung von sozialen Mißständen: die öffentliche (auf der Bühne der Massenmedien sich vollziehende) Thematisierung von sozialen Mißständen und die Prozesse der Politik- und Programmformulierung; und 3. Problemintervention: die Implementation von Gegenrezepten gegen anerkannte soziale Probleme.

1. Problemgenese. Jede Gesellschaft, die ein als befriedigend erlebtes Mindestmaß an Lebensqualität und Gesichert-Sein herstellen will, muß zweierlei Aufgaben lösen: Sie muß zum einen die befriedigende Teilhabe der Gesellschaftsmitglieder an materiellen und immateriellen Lebensgütern herstellen (individuelle Existenzsicherung und Teilhabe an der Welt des Konsums; Teilhabe an immateriellen Gütern wie z. B. Bildung, Gesundheit, Absicherung gegen Lebensrisiken; soziale Integration und soziale Anerkennung). Diese Teilhabe können wir mit dem Begriff „soziale Ausstattung" kennzeichnen. Sie muß zum anderen sicherstellen, daß die Gesellschaftsmitglieder die für die Reproduktion gesellschaftlicher Ordnung zentralen Werte und Normen übernehmen und sich in ihrem Handeln von diesen verpflichtenden Verhaltenserwartungen leiten lassen. Diese Einbindung in ein verpflichtendes Werte- und Normensystem können wir mit dem Begriff der „sozialen Anpassung" kennzeichnen. Eine Gesellschaft, die diese beiden zentralen Aufgaben befriedigend zu erfüllen vermag, verfügt über ein hohes Maß an gesellschaftlicher Integration. Gleichwohl: In den hochdifferenzierten und komplexen gesellschaftlichen Systemen der Moderne gelingt die Erfüllung dieser beiden Grundaufgaben nur unvollkommen, so daß jede Gesellschaft sich stets zwei Grundproblemen gegenübersieht: 1. Die Individuen werden nur unvollkommen an den Produktionsergebnissen gesellschaftlicher Kooperation beteiligt, so daß Konfliktzonen der sozialen Fehl-Ausstattung (soziale Ungleichheit) aufbrechen; und 2. die Individuen können die normativ verpflichtenden Spielregeln des sozialen Handelns nicht einhalten, so daß konflikthafte Signale der sozialen Fehl-Anpassung (soziale Abweichung) entstehen. Wir gewinnen so die zentralen Problemkerne, an denen soziale Probleme immer wieder aufbrechen: soziale Ungleichheit und soziale Abweichung.

(1) Zur Analyse von sozialer Ungleichheit: Die Analyse sozialer Ungleichheit thematisiert den vertikalen Aspekt der Sozialstruktur. Sie untersucht jene Strukturen und Prozesse, die in einem gegebenen gesellschaftlichen System spezifische Muster der relativen Besser- und Schlechterstellung von Menschen entstehen lassen, die also eine ungleiche Verteilung von positiven Lebensgütern (wie z. B. Einkommen und ökonomische Teilhabe; Zugang zum System der Bildung, zu gesundheitlichen und sozialen Sicherungsleistungen; soziale Anerkennung und Inklusion) produzieren. Der forschende Blick richtet sich hier vor allem auf den Berufsstatus des Einzelnen (d. h. seine nach Graden der Wertschätzung bewertete Position im Arbeitsmarkt). Denn: In modernen Industriegesellschaften ist der Berufsstatus (verknüpft mit den Kriterien Bildung und Einkommensstatus) die zentrale Drehscheibe sozialer Ungleichheit; er fungiert als eine Art Leitstatus. Im Berufsstatus, den ein Gesellschaftsmitglied innehat, bündeln sich vielfältige Dimensionen sozialer Ungleichheit: Arbeitsplatzqualität, arbeitsplatzbezogenes Gestaltungsvermögen und Arbeitsplatzsicherheit; Niveau des Einkommens und der Teilhabe am Markt des Konsums; Einkommenssicherheit und biographischer Planungshorizont; gesellschaftliche Anerkennung und Zugang zur Sphäre der kulturellen und politischen Öffentlichkeit u.a.m. Soziale Ungleichheit ist aber nicht allein nur Produkt des (ungleichen) Niveaus der Teilhabe am Arbeitsmarkt. In der neueren Ungleichheitsforschung geraten ergänzend neue soziale Ungleichheiten in den Blick, die zusätzlich neue Muster der Bevorzugung und Benachteiligung produzieren und so Quelle für das Aufbrechen von sozialen Problemen sind: Ungleichheit im Hinblick auf die grundlegende Absicherung gegenüber Lebensrisiken; Ungleichheit im Zugang zu rechtlichen, gesundheitlichen und psychosozialen Dienstleistungen; Ungleichheit zwischen den Geschlechtern, zwischen Alterskohorten, ethnischen Zugehörigkeiten und regional-ökologischen Lebensbedingungen (vgl. Geißler 1996; Hradil 1987).

(2) Zur Analyse von sozialer Abweichung: Der Begriff der sozialen Abweichung thematisiert alle jene Verhaltensweisen, die aus den Toleranzzonen der normativen Grundordnung des gesellschaftlichen Systems herausfallen und damit Gegenstand von kontrollierenden Maßnahmen und Reaktionen werden. Die soziologische Analyse fokussiert ihr Aufklärungsbemühen hier vor allem auf drei Gegenstandsbereiche: Normgenese und Normwandel: Untersucht werden zum ersten die Entstehung und die Veränderung kodifizierter gesellschaftlicher Normen. Gegenstand sind hier: die Interessenpositionen, die Machtstrategien und die Legitimationsmuster, die machtvolle gesellschaftliche Gruppen in Normsetzungsverfahren zur Geltung bringen und durchsetzen; der historisch-kulturelle Wandel von kodifizierten Normen und die gesellschaftlichen Konjunkturen von Normverschärfung und Normmilderung; die Veränderung der Verfolgungsstrategien und der Sanktionspraktiken der Institutionen sozialer Kontrolle. Die Ätiologie abweichender Verhaltensweisen: Die wissenschaftliche Aufmerksamkeit gilt zum zweiten der Aufklärung jener lebensweltlich-biographischen Bedingungen, die das normabweichende Verhalten von Menschen ursächlich determinieren, wie auch der Erarbeitung eines Arsenals von Maßnahmen, die einen (erneuten) Normbruch verhüten bzw. korrigieren (Maßnahmen der Prävention und der Resozialisierung). In dieser Suche nach den Ursachen (Ätiologie) abweichenden Verhaltens konkurrieren verschiedene Theorieansätze, die je eigenen Grundüberzeugungen und paradigmatischen Leithypothesen folgen (vgl. Herriger 1987; Lamnek 1997). Die öffentliche soziale Kontrolle des abweichenden Verhaltens: Die Soziologie abweichen-

den Verhaltens untersucht zum dritten schließlich jene institutionalisierten Maßnahmen und Programme, deren Ziel es ist, das normabweichende Verhalten ‚unter Kontrolle' zu nehmen und zu korrigieren. Gegenstand der Analyse sind hier: die devianzbezogenen Alltagstheorien der Vertreter der Institutionen öffentlicher sozialer Kontrolle; die Organisation des Netzwerkes der Institutionen sozialer Kontrolle und die Muster der zwischenbehördlichen Kooperation im regionalen Raum; und das subjektive Erleben und die individuelle Verarbeitung des Kontroll- und Sanktionshandelns durch die betroffenen Personen.

2. Die öffentliche Thematisierung und Problematisierung sozialer Mißstände. Soziale Probleme bedürfen der Bühne der Öffentlichkeit. Individuelle Erfahrungen von Leid gewinnen erst dann die Qualität sozialer Probleme, wenn in Prozessen öffentlicher Problemanerkennung und Problemlegitimation ein kollektives Bewußtsein für das Bestehen unerwünschter und veränderungsbedürftiger Zustände sich herstellt. Diese Konstruktion eines mehrheitlich geteilten öffentlichen Problembewußtseins vollzieht sich auf der Bühne der Massenmedien. Die Massenmedien transformieren subjektiv-partikulare Probleme in öffentlich anerkannte soziale Probleme: Sie sind Forum der Information und Markt der Meinungen; sie liefern durch Umfang und Qualität ihrer Berichterstattung einen Beitrag zur Sensibilisierung und öffentlichen Problemanerkennung in der Bevölkerung; und sie nehmen durch die Formulierung von werthaften problembezogenen Positionen Einfluß auf die politische Anerkennung und Bearbeitung gesellschaftlicher Mißstände (agenda-setting-function). Neben den Medien selbst treten auf der Bühne der öffentlichen Thematisierung sozialer Mißstände weitere Akteure auf, die divergierende, oft einander widersprechende Interessen vertreten. Im Anschluß an Sidler (1989) können wir folgende Akteursgruppen unterscheiden: Die fordernden Akteure: Hierzu zählen die unmittelbar Problembetroffenen, die auf leidvolle Einschränkungen ihrer Lebensqualität aufmerksam machen, zugleich aber auch mittelbar Betroffene (z. B. Angehörige) und uneigennützig handelnde Advokaten, die den Interessen und Anliegen der Problembetroffenen stellvertretend eine Stimme verleihen. Die anbietenden Akteure: Dieser Gruppe gehören die Experten an, die vor dem Hintergrund ihrer wissenschaftlichen oder administrativen Qualifikation (Forscher; leitende administrative Experten in Behörden und Wohlfahrtsbürokratien) über ein Monopol im Hinblick auf die Definition sozialer Mißstände („die richtige Sicht der Dinge") und deren Lösung verfügen. Die entscheidenden Akteure: Gemeint sind hier vor allem die Politiker, denen in ihrer legislativen Funktion die Verfügungsmacht über die rechtlichen, materiellen und institutionellen Mittel der Problemlösung zueigen ist. Die umsetzenden Akteure: Hierzu zählen schließlich die Mitarbeiter in leitender Funktion in Sozialverwaltung, Wohlfahrtsverbänden und sozialen Einrichtungen, die über die konkrete Ausgestaltung und die Implementation von problemorientierten Angeboten, Maßnahmen und Programmen verfügen.

Die öffentliche Diskussion über einen sozialen Mißstand folgt vielfach einem festen Routenplan. Die amerikanischen Sozialforscher Spector/Kisuse haben in einer frühen Arbeit (1983) den Versuch unternommen, die ‚typischen' Entwicklungsstationen zu beschreiben, die ein neuartiges soziales Problem von seiner erstmaligen Entdeckung über die öffentliche und politische Thematisierung bis hin zu der Verabschiedung von problemlösenden Maßnahmen und Programmen durchläuft. Sie nennen ihr idealtypisches Verlaufsmodell das Konzept der ‚Naturgeschichte sozialer Probleme'. Dieses Modell umfaßt vier Stufen:
Stufe 1. Die Phase der Problemerken-

nung und Problemdefinition: Am Anfang der Problemkarriere stehen vielfach die Versuche einer Gruppe von unmittelbar Betroffenen, auf leidvoll erfahrene Benachteiligungen, auf Einschränkungen und Beschädigungen ihrer Lebensqualität aufmerksam zu machen, diese erfahrenen Mißstände als unerwünscht und veränderungsbedürftig zu definieren und sie in einen ‚Fall' für Politik und Öffentlichkeit zu transformieren.

Stufe 2. Die Phase der öffentlichen Anerkennung und der Politisierung des sozialen Problems: In der zweiten Phase erfolgt sodann die öffentliche Thematisierung des Problems auf der Bühne der Massenmedien wie auch die politische Anerkennung der Legitimation der Forderungen der Problembetroffenen durch Politik, amtliche Organe und (Wohlfahrts-)Institutionen. Diese öffentliche Anerkennung und Politisierung des Problems kann zu einer öffentlichen Untersuchung, zur Verabschiedung von Modellprogrammen, zur Erarbeitung von Reformvorschlägen und zur Ausarbeitung von Rechtsnovellen führen, die in die Arena der parlamentarisch-politischen Auseinandersetzung eingebracht werden.

Stufe 3. Die Phase der politischen Entscheidung und der (konflikthaften) Institutionalisierung von Problemlösungen: In dieser dritten Phase erfolgt eine politische Beschlußfassung über geeignete Maßnahmen der Problemverarbeitung (Veränderung der Gesetzesgrundlagen; Bewilligung von Geldern für die Problembearbeitung; Einrichtung neuer Institutionen oder Dienstleistungsprogramme zur Bewältigung des thematisierten sozialen Problems). An diese politische Entscheidung über den gesellschaftlichen Umgang mit dem Problem schließt sich vielfach eine erneute Wiederaufnahme der Forderungen und der Ansprüche durch die Problembetroffenen oder durch andere, die Unzufriedenheit mit den getroffenen Maßnahmen der Problemintervention, ihrer bürokratischen Umsetzung, den (noch) nicht abgedeckten Problemfacetten, neu entstandenen Problemqualitäten usw. artikulieren und auf neue und veränderte Formen der Problemintervention dringen.

Stufe 4. Die Phase der erneuten Problematisierung und der Suche nach alternativen Problemlösungen: In dieser abschließenden vierten Phase kommt es u. a. zur Problematisierung der institutionellen Maßnahmen und Programme durch protestierende Gruppen sowie zur Entwicklung von Aktivitäten zur Etablierung von neuen, alternativen Interventionsformen als Antwort auf das Unzureichen der öffentlichen Verfahren der Problemverarbeitung (vgl. weiterführend Schetsche 1996).

Dieses Karriere-Modell sozialer Probleme hat einen idealtypischen Charakter: Nicht alle belastenden Lebensumstände durchlaufen in linearen Bahnen diese Thematisierungsstufen von der Problementdeckung über die öffentliche und politische Debatte bis hin zur Implementation von gegensteuernden Maßnahmenprogrammen. Die erfolgreiche Durchsetzung eines sozialen Problems bedarf ergänzender förderlicher Rahmenbedingungen (vgl. Gerhards 1992; Hellmann 1997): (1) Die Mobilisierung von Ressourcen durch die Problembetroffenen: Menschen, die ihre Lebensbelastungen auf den Markt der öffentlichen Aufmerksamkeit tragen, bedürfen des sicheren Rückgriffs auf einen Pool von Ressourcen (Geld; Zeit; kollektive Organisationsformen; Qualifikation; Politikstrategien und Meinungsmacht). Nur dort, wo die (un-)mittelbar Problembetroffenen auf diese Ressourcen verläßlich zurückgreifen können, werden sie Überzeugungsarbeit leisten, Meinungsallianzen schmieden und Einfluß auf die Agenda der Politik nehmen können. (2) Die Konstruktion von meinungsbildenden Deutungsmustern: Problembetroffene, die ihre Lebensbelastungen veröffentlichen, bedürfen des weiteren der Konstruktion von durchsetzungskräftigen Deutungsmustern (master frames), in deren Spiegel die politische, wissenschaftliche und praktische Auseinandersetzung mit dem Problem eine besondere Dringlichkeit gewinnt. Diese Deutungsmuster müssen, um erfolgreich die öffentliche und politische Aufmerksamkeit zu erobern, folgende Funktionen erfüllen: Sie müssen überzeugende Problemdefinitionen anbieten und Dokumente für die Dringlichkeit einer Befassung mit dem Problem liefern (z. B. durch Hinweis auf die problemproduzierten Gesundheitsrisiken für die Bevölkerung); sie müssen überzeugende Problemlösungen in Aussicht stellen und schließlich die Handlungsbereitschaft und das Engagement von Politik, Wissenschaft und sozialen Dienstleistungsinstitutionen mobilisieren. (3) Die Instrumentalisierung sozialer Probleme für politische Interessen: Eine letzte determinierende Variable in der Karriere eines sozialen Problems ist die Responsivität der politischen Eliten. Denn: Nur solche Probleme, denen es gelingt, die politischen Tagesordnungen zu erobern, werden mit institutionalisierten Problemlösungsstrategien beantwortet, während andere entthematisiert werden und folgenlos verblassen. Die Chance aber, diese Thematisierungsschwelle zu überwinden, ist abhängig von dem Maß, in dem die politischen Entscheidungsträger ihre eigenen normativen Imperative, moralischen Überzeugungen und partikularen Interessen in der Auseinandersetzung mit einem sozialen Problem zur Geltung bringen und zugleich in der politischen Befassung mit diesem Problem (im Sinne einer ‚symbolischen Politik') die Handlungsfähigkeit, Problemangemessenheit und Legitimität des politischen Handelns publikumswirksam demonstrieren können.

3. Problemintervention. Die Soziale Arbeit (Sozialarbeit/Sozialpädagogik) ist ein institutionalisiertes Handlungsfeld, dessen Aufgabe es ist, die soziale Integration des gesellschaftlichen Systems zu wahren (Präventionsaspekt) und aufbrechende Konfliktzonen sozialer Ungleichheit und sozialer Abweichung wirksam zu kontrollieren (Korrektionsaspekt). In einer differenzierenden Betrachtungsweise können wir vier Grundtypen der sozialen Problemintervention unterscheiden (vgl. Herriger 1986):

Prävention: Ziel von Maßnahmen der →Prävention ist es, die soziale Integration von Menschen zu stärken, ihre Konformität mit durchschnittlichen Verhaltenserwartungen des sozialen Systems zu sichern und auf diese Weise Störungen der gesellschaftlichen Ordnung ‚im Vorgriff' zu verhindern. Mittel der Prävention können sein: Unterstützung und Stärkung der familiären Erziehungs- und Sozialisationsarbeit; Verbesserung der ökologischen Lebensqualität durch Infrastrukturausstattung, Wohn(umfeld-)gestaltung und Stadtentwicklung; Ausgestaltung von rechtlichen Leistungen wie z. B. Erweiterung des Erziehungsurlaubs, unterstützende Hilfen zur Vereinbarkeit von Erwerbsarbeit und Familienarbeit, Erweiterung des Familienlastenausgleichs u.a.m.

Kompensation: Ziel von Maßnahmen der Kompensation ist es, bereits eingetretene Formen der sozialen Benachteiligung auszugleichen. Mittel der Kompensation können sein: materielle Unterstützung (Bezug von Sozialhilfe) zum Ausgleich von Armut und akuter Fehl-Ausstattung; eine aktive Arbeitsmarktpolitik zur Schaffung von neuen Ausbildungs- und Arbeitsplätzen für junge Menschen und für Langzeitarbeitslose (z. B. Schaffung von überbetrieblichen Lehr-Werkstätten; Programm ‚Arbeit statt Sozialhilfe' §§ 17 ff. BSHG); Einführung eines garantierten Mindesteinkommens; Sofort-Programme gegen die Wohnungslosigkeit u.a.m.

Resozialisierung: Ziel von Maßnahmen der Resozialisierung ist es, bereits verfestigte Formen von sozialer Abweichung (Kriminalität) auszugleichen. Mittel der Resozialisierung können sein: ambulante Sanktionsformen und ausgleichsorientierte Täter-Opfer-Programme;

pädagogische Resozialisierungshilfen zur Einübung von Gewaltfreiheit und zur Ermöglichung eines zukünftigen Lebens ohne Straftat; Überbrückungs- und Eingliederungshilfen nach der Haftentlassung. Rehabilitation: Ziel von Maßnahmen der Rehabilitation ist es schließlich, die Folgen von körperlicher, geistiger, seelischer Beeinträchtigung auszugleichen und Menschen mit chronischer Krankheit und Behinderung in möglichst hohen Graden ein selbstbestimmtes und eigenverantwortliches Leben zu ermöglichen. Mittel der Rehabilitation sind hier die vielfältigen, multiprofessionell erbrachten Dienstleistungen der medizinischen, schulischen, beruflichen und sozialen Rehabilitation.

Lit.: Albrecht, G., Gronemeyer, A., Stallberg, F. W. (Hg.): Handbuch sozialer Probleme, Opladen 1999; Geißler, R.: Die Sozialstruktur Deutschlands. Zur gesellschaftlichen Entwicklung mit einer Zwischenbilanz zur Vereinigung. 2. Auflage, Opladen 1996; Gerhards, J.: Dimensionen und Strategien öffentlicher Diskurse, in: Journal für Sozialforschung, Heft 3/4, 1992, S. 307–318; Hellmann, K. U.: Marginalisierung und Mobilisierung. Konzeptionelle Überlegungen zur Emergenz und Mobilisierung von Marginalisierten, in: Forschungsjournal Neue Soziale Bewegungen 2/1997, S. 23–37; Herriger, N.: Präventives Handeln und soziale Praxis. Konzepte zur Verhütung des abweichenden Verhaltens von Kindern und Jugendlichen, Weinheim/München 1986; Herriger, N.: Verwahrlosung. Eine Einführung in Theorien sozialer Auffälligkeit, 2. Auflage, München/Weinheim 1987; Hradil, S.: Sozialstrukturanalyse in einer fortgeschrittenen Gesellschaft, Opladen 1987; Lamnek, S.: Neue Theorien abweichenden Verhaltens, 2. Auflage, Stuttgart 1997; Schetsche, M.: Die Karriere sozialer Probleme. Soziologische Einführung, München/Wien 1996; Sidler, N.: Am Rande leben – abweichen – arm sein. Konzepte und Theorien zu sozialen Problemen, Freiburg i. B. 1989; Spector, M./Kitsuse, J. I.: Die ‚Naturgeschichte' sozialer Probleme. Eine Neufassung, in: Springer, W./Stallberg, F. W. (Hg.): Soziale Probleme, Darmstadt 1983, S. 32–47.

Norbert Herriger, Düsseldorf

Soziale Rolle

Die s. R. als ein zentraler Begriff der Soziologie und Sozialpsychologie bezeichnet das Insgesamt der gesellschaftlichen Erwartungen an das Verhalten eines Inhabers einer sozialen Position. Diese Erwartungen bestimmen als Verhaltensnormen die Handlungen des Rollenträgers. Jedes Individuum ist i. d. R. Träger verschiedener s. R. Die Summe dieser s. R. macht jedoch nicht die ganze Persönlichkeit aus. Ein Teil des Seins steht außerhalb der Rollen, die das Individuum „spielt". Über die Entwicklung, Differenzierung und Ausgestaltung der s. R. haben die einzelnen soziologischen Denkrichtungen unterschiedliche Rollentheorien erstellt (so z. B. R. Linton, G. H. Mead, J. L. Moreno, T. Parsons, R. Dahrendorf, J. Habermas).

Soziale Sporttherapie

1. Begriffserläuterung. Der in der sozialpädagogischen Praxis in den letzten Jahren zunehmend an Bedeutung gewinnende Begriff „soziale Sporttherapie" (S.) zur Kennzeichnung von (im weiteren Sinne) sport- und erlebnispädagogisch orientierten Ansätzen in der Arbeit mit in ihrem Sozialverhalten auffälligen Kindern und Jugendlichen, geht im wesentlichen auf Rieder (1977, 1987) zurück, der die in „Sport als Therapie" angelegten Chancen einer gezielten psycho-physischen wie psycho-sozialen Persönlichkeitsförderung und Verhaltensbeeinflussung erziehungswissenschaftlich begründete und in der Erweiterung der Zielsetzungen die Sporttherapie über den klassischen Kontext primär klinisch-medizinischer Programme heraushob. Meint der Begriff Sporttherapie

üblicherweise bewegungsorientierte Rehabilitationsverfahren, die überwiegend in der Physiotherapie zur Verbesserung morphologischer und physiologischer Funktionen im Sinne einer Heilung von Krankheiten oder einer Milderung und Bewältigung von Behinderungen, also vor allem somato-therapeutisch und gesundheitsfördernd (z. B. bei Rheumatikern, Diabetikern, Herzinfarktpatienten usw.) eingesetzt werden, betont die „soziale" Sporttherapie die im und durch Sport zu initiierenden Prinzipien des →sozialen Lernens. Die Definition des Sozialen fußt bei der S. auf einem sowohl die Zielgruppe und die Inhalte als auch die Methode umfassenden Begriff. Terminologisch hebt die „therapeutische" Intention dieser Methode – im Unterschied zur allgemeinen Sportpädagogik – auf die konkrete und zielgerichtete Zusammenstellung geeigneter Sportarten, -formen und Übungen zur systematischen Behandlung von spezifischen (hier „sozialen") Defiziten bzw. Entwicklung und Förderung spezieller Kompetenzen ab. In Abgrenzung zu den ebenfalls über rein körperliche Aspekte hinausgehenden Grenzbereich z. B. der Psychomotorik oder psychotherapeutischen Körpertherapie (Petzold 1977), bei denen unter Berücksichtigung der „Körper-Seele-Geist"-Entität Körper-, Spiel- und Bewegungsverfahren bzw. Sport als Mittel zur Kompensation und Korrektur von psychischen (seelischen) und geistigen Störungen oder zur Aufdeckung und Korrektur krankhafter Persönlichkeitsanteile (Neurosen) betrachtet werden, ist die S. eher ein ideologisch-erkenntnistheoretisch der →Erlebnispädagogik nahestehender, aus der innovativen Praxis mit jugendlichen Randgruppen hervorgegangener und hinsichtlich nachgewiesener Effekte neuer Ansatz in der Sozialpädagogik.

2. Begründung. Zunächst stellen Sport, Spiel und Bewegung für den Menschen, der als Körper- und Bewegungswesen ja über Bewegung erst seine Beziehung zur physischen und sozialen Umwelt knüpft, ein ebenso kind- und jugendgemäßes wie sozial anerkanntes Erprobungs- und Bewährungsfeld dar. Neben entwicklungsbiologisch und -psychologisch zur Reifung und individuellen Persönlichkeitsentwicklung notwendigen ganzheitlichen Erfahrungen seiner Selbst sind vor allem die im Sport systemimmanent vorhandenen Regeln, Werte und Normen bzw. der Umgang mit ihnen und das diesbezüglich erforderliche soziale Geschehen der Aktiven mit- und untereinander in hohem Maße von sozialpädagogischer Relevanz. Die auf sozialen Konventionen beruhenden regulativen, strategischen, konstitutiven wie moralisch-ethischen Regeln (Teamgeist, Fairplay usw.) des Sports bedingen typische Handlungsmuster, die durch Häufung gleichgerichteter sozialer Erfahrungen zu Regelkompetenz und Regelbewußtsein als Grundlage für soziales Verhalten führt. Sport und sportliches Verhalten beinhalten die wesentlichen Bedingungen zur Entwicklung der allgemeinen sozialen Fähigkeiten wie gelungener Rollenübernahme, Rollendistanz, Ambiguitätstoleranz und Identitätsdarstellung sowie von Handlungskompetenz im sozialen Feld. Soziale Handlungskompetenz als Summe erfahrener und angeeigneter Interaktionsstrukturen, die als generative Regelsysteme bei der Definition neu auftretender Situationen handlungsanleitend wirksam werden, ist als Produkt des sozialen Lernens essentieller Gegenstand sozialpädagogischer Theorie und Praxis. In der Betonung des im Sport aufgehobenen konkreten Erlebnisses und der Erfahrungen „am eigenen Leib" ähnelt die Begründung des S. jener der Erlebnispädagogik dort, wo es um die systematische Initiierung attraktiver Lernarrangements geht, in denen Fundamentalerfahrungen mit a) sich selbst, seinem eigenen Können, Fähigkeiten und Fertigkeiten, Ängsten, Schwächen und Stärken, b) seinem Gegenüber, mit Gruppen, ih-

ren Strukturen, Normen, Zielen, Erwartungen und Meinungen, c) Erziehern/Betreuern als Person und Persönlichkeiten, d) Situationen, Problemen und deren Bewältigung, sowie e) Materialien, Natur und Umwelt geht und nach dem Motto „Erleben statt Reden" im Sinne einer „Alternativpädagogik" (Quensel 1982) Abstand von „verkopften" Methoden genommen wird. Die Vorteile der S. gegenüber konventionellen, in der Regel rein gesprächsorientierten pädagogiosch-therapeutischen Ansätzen (Appell, Belehrung, Ermahnung usw.) werden in der durch die Praxisorientierung (Authentizität, Training, Übung) bedingten neuen Qualität des pädagogischen Umgangs und Bezugs gesehen, die sich aus der aktiven und persönlich engagierten Beteiligung des Pädagogen/Trainers/Therapeuten am Behandlungsprozeß als (lehrend-leitender) Teilnehmer in der Gruppe der Klienten der S. methodisch ergibt.

Jedoch läßt sich per se weder für den Sport (und entsprechend die sportorientierte Pädagogik oder Therapie) noch für die Erlebnispädagogik eine zwingend nachgewiesene sozialisationsfördernde oder sozialerzieherische Effektivität konstatieren und zwar unabhängig von der Frage tatsächlicher, alltagsrelevanter Transferleistungen (Generalisierung). – Kritisch ist zu berücksichtigen, daß die sportartspezifischen Regeln und diesbezüglichen sozialen Interaktionen sowie die Verhaltensstile in den einzelnen Disziplinen und Angeboten völlig unterschiedlich sind und, je nach öffentlicher Bedeutung, gänzlich verschieden äußern, oft kontraproduktiven Einflüssen unterliegen (Zuschauer, Öffentlichkeit, Verbandspolitik usw.). Ferner sind Verstärkungskontingenzen und Interpretationen durch das Individuum stets entscheidende Variablen bei der Vermittlung und Verarbeitung von Sozialisationseffekten. Eine differenzierte Betrachtung ist vonnöten, um seriöse Aussagen darüber treffen zu können, welche Sportart (und bei welchem Trainer) was bei wem (und unter welchen Umständen) wahrscheinlich bewirken könnte. In der Sportwissenschaft liegen hier wenige und zudem konkurrierende Untersuchungsergebnisse vor, jedoch herrscht im wesentlichen Einigkeit über die Sinnhaftigkeit von sportlicher Betätigung als Beitrag zur Persönlichkeitsentwicklung und Förderung des Sozialverhaltens. Lediglich der Grad des Leistungsgedankens und Konkurrenzdrucks, wie er gerade im Leistungs- und Wettkampfsport eine dominierende Rolle spielt, ist entscheidend dafür, ob positive Effekte erreicht oder konterkariert werden. Je höher im Einzelnen die (ideelle, finanzielle und statusbezogene) Abhängigkeit vom Erfolg ist, je schädlicher ist dies im Hinblick auf mögliche positive Einflüsse des Sports.

3. Differenzierung. Die S. ist gerade ein in die heil- und sonderpädagogische wie sozialpädagogisch-therapeutische Arbeit mit verhaltensgestörten und -auffälligen, speziell dissozialen Kindern und Jugendlichen – auch aufgrund der hohen Akzeptanz der meist attraktiven Angebote bei der Zielgruppe – gut zu integrierender Ansatz zur Bearbeitung/Behandlung ihres defizitären Sozialverhaltens. Zu unterscheiden ist ein Sportangebot zur Entwicklung und Einübung prosozialen Verhaltens von einer S. mit defizitspezifischem Behandlungsanspruch. Bei der Anwendung der über normale Sportangebote hinausgehenden S. ist es erforderlich, eine erziehungs- und sportwissenschaftlich begründete, gezielte Auswahl speziell jener Sportarten und Übungen vorzunehmen und als ein Programm zusammenzustellen, das zur systematischen Bearbeitung und effizienten positiven Beeinflussung der zu behandelnden Defizite der Zielgruppe besonders geeignet erscheint.

Dabei scheiden Individualsportarten als Medium für soziales Lernen naturgemäß aus, ebenso solche Sportarten, in denen – aus sozial-"therapeutischer" Sicht kontraproduktiverweise – „unsoziales"

Verhalten „regelrecht" gegenüber den mit Feindbildern versehenen Gegnern geradezu gefordert wird, wie beim Boxen oder Ringen, aber auch beim Rugby oder Eishockey, also Mannschaftssportarten mit erheblichem, die Gesundheit des anderen gefährdendem Körpereinsatz. Kämpferische Mannschaftssportarten, in denen durch Tolerierung von Gewalt gegenüber Mitgliedern der anderen Mannschaft (z.B. durch eintrainierte Fouls) quasi dissoziales Verhalten gebilligt und somit offen oder subtil gefördert wird, sind daher zum sporttherapeutischen Abtrainieren dissozialer Einstellungen und Verhaltensweisen ungeeignet. Auf der Grundlage einer lerntheoretischen, im weiteren Sinne verhaltenstherapeutischen →Position ist davon auszugehen, daß zum Erlernen sozialen Verhaltens (bzw. therapierelevanten Um- und „Verlernen") Alternativ- und Kontrasterfahrungen notwendig sind, über die eingeschliffene Verhaltensmuster relativiert und neue aufgebaut und stabilisiert werden können. Derartige Erfahrungen sind über die Methode des „Lernens am Erfolg" und „Lernens am Modell" in der S. angelegt.

4. „Kampfkunst als Therapie". In der Arbeit mit dissozialen Kindern und Jugendlichen, vor allem hochgradig aggressiven und gewaltbereiten jugendlichen Straftätern hat sich besonders ein Ansatz innerhalb der S. bewährt, der auf der Grundlage traditioneller fernöstlicher Kampf- und Bewegungskünste (jap. Budo) friedfertiges und allgemein prosoziales Verhalten nachweislich zu fördern geeignet ist. Dabei ist Budo nicht mit den modernen Kampfsportarten (wie etwa Kickboxen oder Sportkarate usw.) zu verwechseln, in denen neben sportlich-technischer Leistung im Wettkampf vor allem der Sieg über einen Gegner im Mittelpunkt steht. In den traditionellen, d.h. durch die asiatische Philosophie (Taoismus, Buddhismus) maßgeblich beeinflußten Budo-Künsten geht es im Unterschied zum Kampfsport westlicher Prägung ausdrücklich nicht um äußere Erfolge und um Sieg oder Niederlage, sondern um den Sieg über sich selbst. Bei den Budo-Disziplinen (wie Aiki-Do, Judo, Karate-Do) handelt es sich um aus dem Yoga stammende, d.h. originär spirituelle Schulungs-Wege (jap. Do: der Weg; chin. Tao) psycho-physischer und geistig-emotionaler Selbsterfahrung, -beherrschung und -erkenntnis. Budo ist in der Konzentration allen Übens auf die rechte innere (aufrechte) Haltung und Betonung der meditativen Praktiken eigentlich das Gegenteil von dem an meß- und vergleichbaren äußeren Leistungen interessiertem Sport. Dennoch ist Budo trotz seines vor allem geistigen Wesens (Lind 1992) als ein auf Körper und Bewegung basierendes und somit im weitesten Sinne damit annähernd auch sportliches Übungssystem im Rahmen der S. ein mittlerweile anerkanntes Verfahren von „Kampfkunst als Therapie" (Wolters 1992/1997).

Seit Mitte der achtziger Jahre, nachdem durch die erste erziehungswissenschaftliche Studie über die sozialpädagogische Relevanz des Budo und dessen positive Wirkung auf die Persönlichkeit und das Sozialverhalten der Teilnehmer empirisch nachgewiesen wurde, wird Budo sporttherapeutisch in der sozialpädagogischen Arbeit mit dissozialen und gewalttätigen Jugendlichen vor allem als „Weg zum Friedvollen Krieger" eingesetzt. Über die speziellen körperlichen und geistigen Selbstbeherrschungs-Übungen vor allem im Umgang mit dem Partner (nicht etwa Gegner) wird systematisch offensiv-aggressives Verhalten vermieden, sanktioniert, als nicht erfolgreich erlebt und somit „verlernt" sowie aufgrund des konsequent als erfolgreich erlebten ruhig-gelassenen und rücksichtsvollen Verhaltens schließlich soziales und friedliches Verhalten erlernt und durch Prinzipien des Bekräftigungslernens stabilisiert. Friedfertigkeit ist nicht mehr Feigheit und Schwäche, sondern die Souveränität und Stärke des aufgrund seiner Kompetenz zum Sanft-Mut fähigen und Gewaltverzicht entschlossenen wahren Meisters. Nach asiatischer Lesart ist schon der Weg das Ziel, was sich in den Budo-Ansätzen der S. empirisch mit hochsignifikanten und nachhaltigen Effekten im Bereich des Abbaus der Aggressivität und Gewaltbereitschaft sowie Steigerung der sozialen Orientierung der hochgradig belasteten Klientel wissenschaftlich bewahrheitet. Sowohl im Bereich der Heimerziehung, der Jugendkriminalrechtspflege (Betreuungsweisungen nach § 10 JGG), der delikt- und defizitspezifischen Behandlung jugendlicher Gewalttäter (z.B. →Anti-Aggressivitäts-Training), der Sozialtherapie im Jugendstrafvollzug (z.B. TIGA – Therapeutisches Intensivprogramm gegen Gewalt und Aggression) als auch im klinischen Maßregelvollzug oder in der kinder- und jugendpsychiatrischen Behandlung vor allem emotional und affektiv gestörter oder verhaltensauffälliger und soziopathischer Persönlichkeiten waren Budo-Ansätze der S. recht erfolgreich.

Neuerdings können Sozialpädagogen bzw. Mitarbeiter aus erzieherischen, sozialen und therapeutischen Feldern in einer eineinhalbjährigen berufsbegleitenden Weiterbildung zum „Budo-Pädagogen" eigens für diese spezielle S. qualifiziert werden, die von der BPT (Union „Budo in Pädagogik und Therapie") ausgerichtet wird.

Lit.: Bührle, M.: Die sozialerzieherische Funktion des Sports, Ahrensburg 1971; Lind, W.: Budo, München 1992; Nickolai, W./Quensel, S./Rieder, H.: Sport in der sozialpädagogischen Arbeit mit Randgruppen, Freiburg 1982; Rieder, H.: Sport als Therapie, Frankfurt 1977; ders.: Sporttherapie, in: Eberspächer, H. (Hrsg.), Handlexikon Sportwissenschaft, Reinbek 1987, S. 421f.; Wolters, J.-M.: Kampfkunst als Therapie. Die sozialpädagogische Relevanz asiatischer Kampfsportarten, Frankfurt u.a. 1992; ders.: Erlebnisorientierter Sport mit gewaltbereiten Jugendlichen, in: Zeitschr. f. Erlebnispäd. 9/94, S. 47–57; ders.: Kampfkunst als Therapie II, Hamburg 1997; ders.: Erlebnis – Erfahrung – Erkenntnis. „Körper-Seele-Geist"-Therapie für Schläger, in: Mschr. Krim. 2/98, S. 130–139.

Jörg-Michael Wolters, Stade

Sozialer Trainingskurs
Oberbegriff für modellhaft angebotene Kurse als pädagogische Alternative zu den Sanktionen nach dem →Jugendstrafrecht. Die Teilnahme am s.T. ist Folge einer jugendrichterlichen Entscheidung und Anordnung (§§ 10, 47 JGG) oder einer Veranlassung des Jugendstaatsanwaltes (§ 45 JGG). Im Rahmen der Bemühungen um →Diversion wird auch auf das Angebot des s.T. zurückgegriffen. Die s.T. sind nicht mit den →Übungs- und Erfahrungskursen im Rahmen der Jugendhilfe zu verwechseln, die auf freiwilliger Basis besucht werden. Inhalte s.T. können von der Problemdiskussion über das →Rollenspiel zur Einübung kommunikativer Kompetenz bis hin zum Bewerbungs- und Verhaltenstraining reichen.

Sozialerziehung
Als S. wird gelegentlich der Teil der →Erziehung bezeichnet, der den jungen Menschen das Handwerkszeug zur Teilnahme am gesellschaftlichen Leben vermittelt („Sozialkompetenz" (H. Roth)). Die S. reicht von der Vermittlung angemessener Formen des sozialen Umgangs über das Erlernen von Konfliktlösungsformen bis zur Unterrichtung über gesellschaftliche Strukturen und Zusammenhänge. (→Soziales Lernen).

Soziales Atom
Das S.A. – und nicht das Individuum – ist nach dem österreichischen Psychiater und Soziologen J. L. Moreno (1889–1974) die kleinste gesellschaftliche Einheit. Es bildet sich aus den Menschen, zu denen emotional bedeutsame Beziehungen bestehen.

Das S. A. umgibt den Menschen von Geburt an, wandelt und erweitert sich und ist regenerierbar (d. h., wenn Menschen aus dem S. A. eines Individuums verschwinden, wird es u. U. durch neu aufgenommene Beziehungen wieder aufgefüllt). Wenn die Verluste im S. A. (meist im Alter) nicht mehr ausgeglichen werden können, spricht Moreno vom „sozialen Tod", der dem psychischen und physischen Tod vorangeht. S. A. lassen sich durch verschiedene soziometrische Verfahren (z. B. das sog. Soziale-NetzwerkInventar) erheben und graphisch darstellen. →Psychodrama

Soziale Schichtung (Schichtung, Schicht)
Diese Bezeichnung leitete die Soziologie vom geologischen Schichtungsbegriff ab, um zunächst einmal das Phänomen der zwischen höheren und niedrigeren Positionen unterscheidenden Gliederung einer Gesellschaft zu benennen. Im engeren Sinne wird unter s. S. die Bildung einer sozialen →Hierarchie innerhalb einer Gesellschaft verstanden, die durch die unterschiedliche Bewertung sozialer Positionen entsteht (→Status). Die Mitglieder, die ungefähr den gleichen Status haben, bilden eine soziale Schicht, innerhalb der es schichttypische Verhaltens-, Entscheidungs-, Denk- und Sprechweisen gibt. Schichtungskriterien sind u. a. Beruf, Einkommen, Vermögen, Bildung. Als grobe Gliederung gilt in der Soziologie die Unterscheidung zwischen Ober-, Mittel- und Unterschicht. Daneben gibt es jedoch noch viele differenziertere Schichtmodelle. Im Zuge der Ausdifferenzierung der Gesellschaft (→Postmoderne) wird der Begriff der s. Sch. zunehmend hinterfragt.

Soziale Sicherung (soziale Sicherheit)
S. S. ist die Bezeichnung für die Gesamtheit der gesellschaftlichen Institutionen, die im Falle wirtschaftlicher oder persönlicher Notlagen eines Individuums zur Hilfeleistung verpflichtet sind. Der Begriff wurde als „social security" erstmals vom amerikanischen Präsidenten Roosevelt (1882–1945) als Zielvorstellung seiner Sozialpolitik während der Weltwirtschaftskrise verwendet.

Soziales Lernen
1. Definition. Der Begriff „Soziales Lernen" (SL) bezieht sich methodisch auf den umfassenden Vorgang menschlichen Lernens, inhaltlich auf das menschliche Zusammenleben. In der Grundkonstituente des Lernens, die den Menschen von der Instinktgebundenheit der Tiere unterscheidet, erwachsen ihm Auftrag und Freiheit gleichermaßen. Er ist auf das Lernen angewiesen, um über den Erwerb von Grundfertigkeiten an der Gemeinschaft teilhaben zu können, kann sich durch eigene Erfahrungen und neue Lebensentwürfe aber auch aus vorgezeichneten Bahnen und häufig schicksalhaften Verstrickungen lösen. SL schließt somit in seiner Bedeutung emanzipatorische Ansprüche mit ein. Der Begriff ist in der Diskussion um individuelle Lernmöglichkeiten und →„kompensatorische Erziehung" in den 60er Jahren entstanden und löste teilweise den Begriff der Sozialerziehung ab, der stärker geisteswissenschaftlich geprägt war. Sozialerziehung enthält mehr intentionale Anteile und zielte in katholischer Tradition auf eine personale Entfaltung in sittlicher Verantwortung in der Gemeinschaft ab. Dabei wurden soziale Werthaltungen und die Tradierung bestehender sozialer Muster in einer sich immer schneller verändernden Zeit angestrebt. Sozialerziehung meint aber – etwa in Zusammenhang mit Kindergartenerziehung – nicht nur Gehorsamserziehung, sondern auch Hinführung zu gewaltloser Konfliktlösung, Autonomie und Verständnis für gesellschaftliche Strukturen. Teilweise synonym mit Sozialerziehung werden auch noch Begriffe wie moralische Erziehung, soziale Erziehung, politisch-soziales Lernen oder →ästhetische Erziehung verwendet.

SL ist in seiner Entstehung, seiner Aneignung und in seinem Zielbereich eindeutig auf Interaktion bezogen. Es geht vornehmlich um den Erwerb von Handlungskompetenzen für soziale Situationen und um Fähigkeiten sozialer Resonanz, wie Verständnis und Einfühlungsvermögen. Im Zuge einer zunehmenden gesellschaftlichen Bedeutung von Subjektivität werden als Ziele aber auch Selbstkompetenz und Sensibilität für die eigene soziale Lage betont. Die Fähigkeit, eigene Bedürfnisse zuzulassen, sie zu artikulieren und im Reigen unterschiedlicher sozialer Interessen durchzusetzen, erhält in einem dichter werdenden Netz gesellschaftlicher Rollenzuschreibungen zunehmende Bedeutung. Nur so vermag sich die personale →Identität, als Gefühl eigener Kontinuität in der Zeit, gegenüber dem sozialen Selbst (Mead), dem Bündel aller externen Zuschreibungen, als eigener Anteil zu behaupten. Zur Durchsetzung eigener Ansprüche in gesellschaftlichen Systemen braucht das Individuum die politische Handlungskompetenz in Form von kognitiven Analysen, um bestehende Institutionen und deren Regelwerke zu durchschauen und wirksame Strategien zu planen und durchzusetzen. Hier trifft sich SL mit kognitivem Lernen, mit Kritikfähigkeit und politischer Handlungskompetenz.

2. Theoriemodelle, Inhaltsmerkmale, Entwicklungsaspekt. Innerhalb der psychologischen Lerntheorien ist es nicht unumstritten, ob soziales Lernen auch eine eigene Aneignungsform beinhaltet bzw. notwendig macht oder ob generell Lernen in sozialer Interaktion und überwiegend unter sozialem Einfluß stattfindet: Auch die klassischen Konditionierungsmodelle (Pawlow, Watson) stehen in bestimmten sozialen Zusammenhängen, wobei unklar bleibt, wie man Tierversuche hier einordnen soll. Jedenfalls spielen bei Skinners respondenten oder operanten Konditionierungsversuchen soziale Verstärker wie Zuwendung, Aufmerksamkeit, Anerkennung eine wichtige Rolle. Trotzdem können sich die Konditionierungsvorgänge – vor allem bei tierexperimentellen Versuchen – auf ganz unterschiedliche Assoziationen und Verstärkungsbedingungen beziehen, die sozial völlig irrelevant sind (materielle Verstärker können auch von Automaten verabreicht werden).

Erst Miller und Dollard dehnen die Lerntheorie in ihrem 1941 erschienen Buch „Social Learning and Imitation" bewußt auf die Analyse, Entwicklung und Nachahmung sozialen menschlichen Verhaltens aus. Soziales Verhalten wird danach im Lernprozeß nicht mehr in kleinsten Einheiten assoziativ ineinander geschachtelt, sondern in zusammenhängenden Mustern übernommen. Nach Bandura und Walters beobachten Kinder Modelle, meist Erwachsene, mit denen sie sich identifizieren und die sie anschließend imitieren. Je nach deren Macht, Ansehen und der Sympathie für diese Modelle, aber auch je nach deren Erfolg in sozialen Situationen, können mehr oder weniger zusammenhängende Verhaltensweisen übernommen werden. Aber auch in dieser Lernform liegt noch eine relativ rigide Weitervermittlung vorgezeichneter Verhaltensmuster, die sicherlich Bedeutung für menschliche Grundverhaltensweisen im Kleinkindalter, aber kaum genügend Flexibilität für sozial differenzierte Anpassungs- und Änderungsleistungen in der fortschreitenden Entwicklung haben dürften.

So werden zunehmend in die behavioristischen Theorien – in Anlehnung an neuere kognitive Theorien – kognitive Elemente als Vermittlungsprozesse einbezogen. Diese betreffen die subjektive Wahrnehmung, die Bewertung sozialer Ereignisse und innerpersonale Verstärkungsprozesse. Demnach werden vornehmlich die Realitätsausschnitte wahrgenommen, die im Erwartungshorizont des Einzelnen liegen. Erfahrungen werden in ein Muster bestehender Erklärungsweisen eingefügt und festgestellte oder auch nachträglich konstruierte Übereinstimmungen werden mit Genugtuung registriert (extreme Positionen dieser sozialen Wahrnehmung finden sich in der Theorie des →Konstruktivismus).

Einen interessanten Lernansatz, der vor allem Phänomene des SL umfaßt, formuliert G. Bateson in seinem holistischen Modell. Demnach sind Mensch und Welt wechselseitig miteinander verflochten und stehen sich nicht in einer reinen Subjekt-Objekt-Beziehung gegenüber. Alle Erkenntnis und alles Lernen sind von Anfang an vom Kontext mitbestimmt. Im Lernkontext selbst werden die Weltsicht, aber auch der Charakter des Menschen erworben. Die Lernmuster bilden die Grundlagen des Umgehens mit den Dingen. Es gibt nicht mehr die Realitäten schlechthin, sondern die Art unseres Zugangs oder unseres Zugriffs bestimmt die Realität mit. Die Beziehung zu einer Sache und die gemachten Erfahrungen mit ihr definieren unsere Sicht. Ohne unseren sozialen Bezugsrahmen vermögen wir Dinge gar nicht einzuordnen. Damit wird deutlich, daß SL eigentlich viel weiter reicht als bis zur Aneignung sozialer Verhaltensweisen. Unsere Sprache, unsere Umgangsformen, unsere Handlungen, Interaktionen, Lebensrhythmen und Zeiteinteilungen, denen wir uns angepaßt und die wir im Laufe der Entwicklung assimiliert haben, definieren unseren sozialen Erfahrungshorizont. Dabei wirken Bewußtsein und Unbewußtes zusammen. Der sich selbst bestätigende Charakter dieses Lernens ist normalerweise kaum aufzulösen. Erst in einem Lernen auf dritter Stufe kann es nach Bateson gelingen, diese unbewußten Mechanismen und die eigene Weltsicht kennenzulernen und evtl. zu verändern. Das bedeutet aber Persönlichkeitsveränderungen oder Neudefinitionen des Selbst. Notwendig dazu sind psychotherapeutische oder existenziell einschneidende Erlebnisse, durch die der Mensch seine Gewohnheiten zu ändern vermag. Dieser Ansatz Batesons wendet sich gegen die Einfachheit der klassischen Lerntheorien, aber auch gegen die Rationalitätsüberschätzung kognitiver Modelle. Offensichtlich sind Prozesse sozialen Lernens doch umfassender als der Teilbereich, der neben kognitiven und emotionalen Persönlichkeitsanteilen mit dem Erlernen sozialer Verhaltensweisen gemeint ist. Verständlicher wird dieser Vorgang auch, wenn man sich die Genese sozialen Lernens betrachtet.

Lernen ist von Anfang an – gleichsam mit der Zeugung – auf →Interaktion angelegt. Bereits im Mutterleib werden über Wahrnehmungen Erfahrungen gemacht und andererseits durch Aktionen Verhaltensweisen der Mutter beeinflußt. Wir wissen heute, daß Kinder schon unmittelbar nach der Geburt mit ihrer Mutter Kontakt aufnehmen, äußere Dinge betrachten und gezeigte Verhaltensweisen teilweise nachahmen. Damit wird deutlich, daß die soziale Komponente des Lernens, noch vor der kognitiven, die früheste und wohl auch die wichtigste ist. Piaget hat gezeigt, wie Individuum und Umwelt in einem dauernden Wechselprozeß stehen und ein Gleichgewicht im Individuum angestrebt wird, aber auch, wie wichtig äußere Anregungen in den sensiblen Lernphasen des Kindes sind. So erhält das Anregungsmilieu der unmittelbaren Umgebung des Kindes eine wichtige Bedeutung für die soziale Entwicklung. Die Psychoanalyse machte darauf aufmerksam, daß bestimmte Konstellationen in frühkindlichen Phasen später nur noch schwer revidierbar sind. Für die weitere Entwicklung sind sicherlich unsere gesellschaftlichen Kindheitsmuster, wie das Leben in der Kleinfamilie mit wenig Geschwistern, mit Medien, aber auch Bedrohungen, je spezifisch wirksam.

Für das öffentliche Bildungswesen wurde der Aspekt des SL spätestens seit H. Roth begründet und diskutiert. Demnach sollten Schüler zur Selbstbestimmung im Sinne moralisch-mündiger Handlungsfähigkeit, zu Sachkompetenz und zu Sozialkompetenz, also zu sozialer Einsichtsfähigkeit, geführt werden.

In Anknüpfung an die Lerngeschichte des Kindes sollen neben der Selbstkompetenz und dem Einfühlungsvermögen, soziale Sensibilität, Solidarität mit dem Schwachen, Umgang mit Regeln, Konfliktlösungsstrategien und Grundlagen für politisches Handeln entstehen. Leicht läßt sich dieser Merkmalskatalog durch die Konzepte anderer Bildungspolitiker und -forscher erweitern um Ich-Identität, Frustrationstoleranz, Rollen-Distanz, →Ambiguitätstoleranz, →Empathie, kommunikative Kompetenz, Handlungskompetenz u.v.m. Doch schon bald wurde in der Diskussion deutlich, daß unsere Schulformen herkömmlicher Art kaum in der Lage schienen, diese mehr oder weniger klar operationalisierten Verhaltensziele zu erreichen (Wellendorf). Deshalb setzten viele Bildungstheoretiker und Erziehungswissenschaftler auf das Reformmodell der Gesamtschule, das mit neuem Anspruch und veränderter Struktur, die Bedingungen der Möglichkeit SL schaffen sollte. Auch wenn gute Ansätze deutlich wurden, haben sich meist auch diese Hoffnungen nicht erfüllt, was von einigen Theoretikern mit der nicht zu Ende geführten Reform, von anderen mit dem Überanspruch an schulische Bildung, die damit maßlos überfordert würde, begründet wird. Vor allem eine ihre Bedeutung wiedererlangte geisteswissenschaftliche Pädagogik kritisiert heute die Ansprüche einer auf äußere Bildungsexpansion setzende, eher behavioristisch oder systemkritisch orientierte Erziehungswissenschaft. In diesem Zusammenhang erfährt auch ein vom allgemeinen Bildungsprozeß abgelöstes sozialwissenschaftliches Konzept „Sozialen Lernens" Kritik. So findet man den Begriff des „Sozialen Lernens" in neueren pädagogischen Nachschlagewerken und Lexika kaum noch.

3. Stellenwert für die Sozialpädagogik/Sozialarbeit. Die Bedeutung des SL für eine an der Praxis orientierte Sozialpädagogik oder Sozialarbeit liegt weniger im Ringen um seine Begrifflichkeit oder Eigenständigkeit als vielmehr in neuen Erkenntnissen zum bezeichneten Phänomen. Zu diesen neuen Erkenntnissen müssen wohl einmal die Bedeutung interaktiven Lernens für die früheste Kindheit und zum anderen die Systemeingebundenheit allen Lernens gezählt werden. Werdende und junge Mütter – vor allem solche in Konfliktlagen – sind kaum über die etablierten Bildungssysteme wie Kindergärten und Schulen, sondern wenn, dann eher über Beratungseinrichtungen, sozialmedizinische Kontakte, Mutter-Kind-Treffs oder Familienhilfsmaßnahmen erreichbar. Auch im Zusammenhang mit Maßnahmen der Schwangerschaftskonfliktberatung und dem Problem ungewollter Kinder, das häufig zu ambivalenten Gefühls- und Verhaltensstrukturen der Mutter führt, erhält sozialpädagogische Beratung zunehmend Bedeutung. In bezug auf frühe und späte Kindheit wird die Aufklärung über bestehende familiäre Machtstrukturen – bis hin zu sexuellem Mißbrauch – zur wichtigen Voraussetzung für eine gelingende soziale Entwicklung.
Unter systemischer Betrachtung SL treten die wechselseitigen Beziehungen, die Beziehungsdefinitionen, aber auch die Unbewußtheit oder Schicksalhaftigkeit individueller Sozialentwicklung in den Mittelpunkt. Hier wird die soziale Distanz und Abstinenz des Helfers zur Bedingung, um Charakterbildungen, Wirklichkeitskonstruktionen, aber auch Verstrickungen zu erkennen, zu analysieren und gegebenenfalls zu verändern. Die Kompetenz des Sozialarbeiters besteht darin, sich nicht sozial einbinden und verstricken zu lassen.
Gute Möglichkeiten SL bietet heute der Kindergarten, vor allem mit seinem situationsorientierten Ansatz, der sich bewußt von kognitivem Lernen absetzt. Das Anknüpfen an der Erlebniswirklichkeit des Kindes kann Realitätssichten klären und zur Handlungsfähigkeit in Lebenssituationen führen. Die Vorschuleinrichtungen haben hier bessere Mög-

lichkeiten als die Schule, wo aber auch mit der Integrationspädagogik neue Denk- und Handlungsmodelle „Sozialen Lernens" eröffnet werden.

4. Weiterentwicklung. Zusammenfassend könnte man sagen, daß neuere Erkenntnisse die Verwobenheit aber auch Systemeingebundenheit sozialer Beziehungen betonen. Insofern sind die Operationalisierungsbemühungen der sechziger und siebziger Jahre für das soziale Lernen heute als eher illusionär anzusehen. Bemühungen, auf SL einzuwirken, müssen einmal sehr früh und eher ganzheitlich beginnen, andererseits aber auch noch im Erwachsenenalter – das bei bisherigen Überlegungen als Lernbereich eher ausgespart wurde – anhalten. Entsprechend zeichnen sich im wissenschaftlichen Bereich Ansätze der →Biographieforschung und in der Praxis Formen sozialer Bewegungen ab, wie etwa →Bürgerinitiativen, →Frauenbewegung, Ökologie – und Friedensbewegung, →Selbsthilfegruppen. Gerade hier entstehen neue sozialpädagogische Aufgaben in der →behutsamen Hinführung zur Selbsthilfe, indem einerseits zunehmend soziale Muster und Traditionen zerfallen, daraus aber andererseits Aufklärungs- und soziale Selbstbestimmungsmöglichkeiten erwachsen.

Lit.: Armbruster, B.: Lernen in Bürgerinitiativen, Bonn, Bundeszentrale für politische Bildung, 1979; Bandura, A. and Walters, R. H.: Social Learning and Personality Development, New York 1970; Bateson, G.: Ökologie des Geistes, Frankfurt 1981; Roth, H.: Pädagogische Anthropologie, Bd. 1, 1966, Bd. 2, 1971; Wellendorf, F.: Schulische Sozialisation und Identität, Weinheim 1973.

Kurt Czerwenka, Lüneburg

Soziales Netz

Das System →sozialer Sicherung wird teilweise auch als s. N. bezeichnet.

Soziales Netzwerk
→Netzwerk

Soziales Problem
→Soziale Probleme

Sozialforschung
→Empirische Sozialforschung

Sozialgerichtsbarkeit

Die S. ist ein besonderer Zweig der Verwaltungsgerichtsbarkeit, der in öffentlich-rechtlichen Streitigkeiten bezüglich der Sozialversicherung, der Aufgaben der →Bundesanstalt für Arbeit einschließlich der →Arbeitslosenversicherung, Teilen der →Kriegsopferfürsorge sowie weiterer Sozialleistungen – ggf. durch besondere gesetzliche Zuweisung – zuständig ist. Für alle anderen sozialrechtlichen Streitigkeiten (z. B. Wohngeld, Sozial- und Jugendhilferecht) ist die Verwaltungsgerichtsbarkeit zuständig.

Die S. ist dreiinstanzlich (Sozialgericht als erste Instanz, Landessozialgericht als Berufungsinstanz und Bundessozialgericht als Revisionsinstanz). Gesetzlich geregelt ist die S. im Sozialgerichtsgesetz (SGG).

Sozialgerontologie

1. Begriffsabgrenzungen: Alterssoziologie, Geriatrie. Der gegenwärtige Stand der wissenschaftlichen Fragestellungen, Methodologien und Forschungsprogramme, die im weitesten Sinn das Feld der Forschung über menschliches Altern und Alter heute kennzeichnen, machen es nötig, Alterssoziologie, Geriatrie und Sozialgerontologie zumindest programmatisch gegeneinander abzugrenzen.

„Alterssoziologie" befaßt sich traditionellerweise mit den objektiven, strukturellen Bedingungen der Lebenssituation und den subjektiven Wahrnehmungen, Einstellungen und Verhaltensweisen der unterschiedlichen Gruppen von Älteren, Alten und Hochbetagten. Die logische und materiale Abgrenzung des Erkenntnisbereichs richtet sich – zumindest in-

direkt – an einer Chronologie des Alterns aus, indem sich Fragestellungen und Forschungsprogramme vornehmlich auf eine zeitlich vom späten Erwachsenenalter ausgehende und nach oben offen gedachte Zeitlinie (bis zum Tode) konzentrieren. Ergänzend hat sich zu dieser Konzeption in den letzten Jahren eine „Soziologie der Lebensalter" formiert, die diese logische und materiale Abgrenzung der Alterssoziologie (im Sinn einer „Speziellen Soziologie") transzendiert und die gesellschaftliche Differenzierung einer Vielzahl von Altersgruppen, Kohorten und Generationen sowie das historisch sich wandelnde Verhältnis zwischen diesen in den Vordergrund rückt (vgl. Rosenmayr 1984; Kohli 1978). Für beide „Programme" gilt allerdings, daß ihnen die Qualität einer alters-genuinen Konstitution mangelt und daß in ihrer Bewertung durch Mitglieder der Fachwelt immer wieder Defizite und Mängel konstatiert werden: insbesondere eben unter der Frage nach den gesellschaftlichen Bedingungen der Produktion oder der „Erzeugung" von Alter – das Problem einer kategorialen Grundlegung einer Theorie samt der Explikation ihrer metatheoretischen Vorannahmen –, sowie unter der Frage der Differenzierung des Alters, seiner Institutionalisierung und Bewertung und schließlich Bewältigung – das Problem der theoretischen, methodologischen und empirischen Begründung einer Theorie: im vorliegenden Fall eine umfassende Bestimmung der Logik der ökonomischen, kulturellen, sozialen und wissenschaftlichen Produktion des Alters insgesamt.
„Geriatrie" erscheint gegenwärtig als ein Forschungs- und Lehrprogramm, das sich auf dem Wege zur Erringung einer eigenen kognitiven und institutionellen Identität befindet. Eine jüngste Programmschrift (Bruder/Lucke/Schramm et al. 1991) weist auf den transitorischen Charakter dieser Wissenschaft anhand von zwei Merkmalen hin: zum einen gilt die Frage als bisher unentschieden, ob die Entwicklung in Richtung „Geriatrisierung der Spezialgebiete oder Spezialisierung in der Geriatrie" geht bzw. gehen soll, zum anderen wird geltend gemacht, daß sich innerhalb des medizinischen Paradigmas die Entwicklung der Geriatrie erheblich von den bisherigen Verselbständigungsprozessen medizinischer Teilgebiete unterscheide. Diese Situation, die vermutlich als ein Übergang im medizinischen Paradigma zu begreifen ist, wird vor allem an den institutionellen Gegebenheiten in verschiedenen Ländern deutlich. Die in der medizinisch-pflegerischen Praxis und in der Aus- und Fortbildung beobachtbaren Aktivitäten und Neuerungen verweisen darauf, daß Geriatrie in allen industrialisierten Ländern nach einer Neudefinition verlangt. Einzelne Dimensionen einer neu zu bestimmenden geriatrischen Medizin sind z. B.: Altersbedingte Faktoren, die das Wissen vieler medizinischer Fachgebiete modifizieren; die gleichzeitige oder zeitlich versetzte Befaßtheit mit vielen verschiedenen aktiven oder inaktiven Krankheiten (Multimorbidität); die Identifikation von Risikopatienten unter präventiven Gesichtspunkten; die besondere Bedeutung der senilen Demenz; das hohe Gewicht der Psychosomatik; eine entscheidende Betonung der Rehabilitation trotz der gegebenen Irreversibilität von Krankheiten; die Notwendigkeit der Weiterversorgung und die Problematik der Todesnähe; Umfeldbezogenheit, Angehörigenarbeit und institutionell-organisatorische Umbrüche; Interdisziplinarität (alle Dimensionen nach: Bruder/Lucke/Schramm et al. 1991).

2. Sozialgerontologie: Geschichte und Theorien. Den beiden genannten Forschungsfeldern steht die „Sozialgerontologie" nicht abgegrenzt gegenüber, sondern bietet von ihrer Konzeptualisierung her, die längst nicht konsolidiert ist, eine ganze Reihe systematischer Anknüpfungsmöglichkeiten. Bisher ist S. ein

Komplex kognitiver und praktischer Systeme mit Wurzeln in sehr verschiedenen Wissenschaften (Amann 1984, 4) bzw. erfüllt sie eine „Dachfunktion" über divergente Disziplinen hinweg (Rosenmayr 1984, 436). Die Anfänge der S. lassen sich einerseits am Übergang vom 19. zum 20. Jahrhundert markieren, dann stehen Versuche einer philosophisch-psychologisch fundierten Konstruktion des Lebenslaufs (→W. Dilthey; →Biographie) und eine historisch-empirische Systematisierung der Adoleszenz und Seneszenz (St. Hall) als Ansatzpunkte im Vordergrund, oder aber in den Jahren nach dem Zweiten Weltkrieg, wodurch Aspekte der Internationalisierung und der Institutionalisierung in den Vordergrund gerückt werden (Amann 1984).

In den ersten zwanzig Jahren nach dem Zweiten Weltkrieg entwickelte sich in den USA, weniger ausgeprägt in Europa, eine an Umfragemethoden orientierte empirische Forschung, die entweder direkt Fragen der Situation älterer Menschen aufgriff oder Daten zu solchen Fragen als „Nebenprodukt" abwarf wie z.B. die Familienforschung. Darauf folgte, wiederum vor allem in den USA, in den 1960er Jahren jene Phase, in der die ersten sozialwissenschaftlichen „Alterstheorien" entwickelt wurden. Die vieldiskutierten Anfänge bildeten die „Disengagement-Theorie" (E. Cumming und W. E. Henry) und die „Aktivitäts-Theorie" (R. S. Cavan, E. W. Burgess und R. J. Havighurst). Die Disengagementtheorie faßte Älterwerden als einen von der Gesellschaft bedingten und von der Person gewollten wechselseitigen Rückzugsprozeß, die Aktivitätstheorie postulierte „erfolgreiches" Altern als das gelungene Zusammentreffen von Aktivität und Zufriedenheit; beide Theorien, die stark funktionalistisch (und harmonistisch) inspirierte des Disengagement und die dieser diametral entgegengesetzte, eher symbolisch-interaktionistisch gedachte Aktivitäts-Theorie, vermöchten Konflikte, Machtansprüche, Kohortendifferenzen und Generationenprobleme ebensowenig systematisch zu erfassen wie nicht realisierten Rückzug und nicht gelungenes Altern (Amann 1989). Im Einzugsbereich des →Strukturfunktionalismus entwickelten sich Anfang der Siebzigerjahre weiters die Theorien der „Altersschichtung" (M. W. Riley) und der „Modernisierung" (D. O. Cowgell und L. D. Holmes). Die Theorie der Altersschichtung barg in ihrem Kern die Vorstellung einer sukzessiven Aufeinanderfolge von Geburtskohorten, deren jede sich in Hinsicht auf historische Außenbedingungen, Größe und Klassenlage als einzigartig darstelle. Als nachteilig stellte sich heraus, daß dieses Konzept die Variationen der Situation der Älteren auf Kohortenlogiken konzentrierte und in versteckter Weise das chronologische Alter zu einer Leitvariable machte. Die ebenfalls struktur-funktionalistische Modernisierungstheorie des Alters unterstrich die sozio-strukturellen Bedingungen der Lage (Status etc.) der Älteren im interkulturellen Vergleich und sah die historischen Variationen in Abhängigkeit vom Grad der Industrialisierung („Modernisierung").

Die „Austausch-Theorie" (P. M. Blau und J. J. Dowd), eine für Altersfragen und Generationenbeziehungen ausdifferenzierte Konzeption des allgemeineren und älteren Theorems der Reziprozität im sozialen Tausch, konzentrierte sich empirisch auf materielle und kulturelle, weniger auf kognitive und emotionale Verhältnisse des Austausches zwischen den Generationen, wobei häufig die Älteren in diesem Tausch in einer schwächeren Position gesehen wurden; später wurde diese Theorie durch die Prinzipien der „Überbalancierung" oder der Lebenschancen ergänzt (L. Rosenmayr). Eine der fundamentalen, bis heute nicht befriedigend beantworteten Fragen der Austauschtheorie richtet sich auf die Überbrückung der zeitlichen Distanz zwischen Tauschhandlungen und auf die Bedingungen, unter denen generationenlang „Dankbarkeit" konserviert und dann in Handlungen realisiert wird. Ebenfalls in die Tradition des Symbolischen Interaktionismus (→Theorie der Symbolischen Interaktion) gehört die Anfang der Siebzigerjahre entwickelte Theorie des „Kompetenzverlustes" (J. A. Kuypers und V. L. Bengtson). Sie stellt ein Konglomerat von Theoremen aus verschiedensten Theorietraditionen dar und legt das vorrangige Augenmerk auf die Interdependenz zwischen alten Menschen und ihrer Sozialwelt. Kerngedanke der Theorie ist ein mit dem fortschreitenden Alter spiralig sich voranschraubender Kompetenzverlust, der im sozialen und psychischen Bereich sichtbar wird.

In der marxistischen Theorietradition sind in den späten Siebzigern und Anfang der Achtzigerjahre Konzeptionen entstanden, die sich unter dem Stichwort der „Politischen Ökonomie des Alters" zusammenfassen lassen (C. L. Estes, Ch. Phillipson und L. K. Olson). Die wesentliche Linie dieser Konzeptionen führt von der Entstehung des kapitalistischen Wohlfahrtsstaates und seiner sozialen Sicherungssysteme über die Kreation struktureller Abhängigkeitsverhältnisse für die Älteren zum empirischen Nachweis systematischer Benachteiligung und Machtlosigkeit dieser Bevölkerungsgruppe.

Die Entwicklung der S. ist im Bereich ihrer theoretischen Begründungen von den bisher referierten Ansätzen intensiv beeinflußt worden und zeigt gegenwärtig mindestens drei eindeutige Tendenzen eines Umbruchs bzw. einer disziplinären Ausweitung. Erstens ist eine zunehmende Verknüpfung soziologischer und psychologischer Konzeptionen sichtbar, die sich um die Frage nach den Möglichkeiten und Grenzen einer selbstaktiven, bewußt gestalteten und auf vermehrte Handlungschancen zielenden Auseinandersetzung mit sich wandelnden äußeren Lebensbedingungen dreht; zweitens wurden durch Kritik der alten Theorieansätze und Vorschläge zu Neukonzeptionen entscheidende Wendungen vollzogen, die sich schrittweise auf ein Programm einer „Erzeugungstheorie" des Alters durch ökonomische, soziale und kulturelle Bedingungen hinbewegen; drittens zeigen sich in der jüngeren Zeit die Notwendigkeit einer Öffnung sozialgerontologischer Forschung für kultursoziologische und interkulturell vergleichende Ansätze, primär ein Produkt der verstärkten Rezeption der Lebensbedingungen der Menschen in der Dritten Welt, und damit im Zusammenhang die Sinnhaftigkeit und der Bedarf einer philosophischen Begründung von Basiskategorien für die sozialgerontologische Theorie.

3. Zur Anwendung der Sozialgerontologie. Unter pragmatischer Perspektive und geboren aus einer Entwicklung, die Ökonomie und →Wohlfahrtsstaat gleichermaßen in der Krise sieht, hat sich sozialgerontologische Forschung in den letzten Jahren mehr als je zuvor auf Fragen und Probleme konzentriert, die die Lebenssituation älterer und sehr alter Menschen betreffen und unmittelbar mit den Voraussetzungen und Konsequenzen der sozialpolitischen Gestaltung sozialer Lebensverhältnisse zusammenhängen. Hier zeichnet sich vor allem ab, daß Grundlagenwissen und entscheidungsrelevante Informationen in den Bereichen der Sicherung, Versorgung und Pflege im Alter, der älteren Arbeitskräfte und der Pensionierung sowie ihrer Verbindung zu Mustern der sozialen und kulturellen Teilhabe im Alter, der „Kosten" des Alters und der Grenzen der Hilfe und Solidarität dabei die gegenwärtig besonders genutzten und nachgefragten Befunde der Forschung sind. Einen spezifischen Bereich der sich in der Praxis mehr und mehr etablierenden S. stellt das Aus- und Weiterbildungssystem der medizinischpflegerischen und sozialen Berufe dar.

4. Ausblick. Wenn das Urteil des paradigmatischen Wandels stimmt, in dessen

Verlauf die S. sich als Disziplin konsolidieren und wissenschaftliche Identität gewinnen wird, so dürften mindestens folgende Dimensionen in diesem Prozeß von Bedeutung sein. Bei allen Versuchen einer Abgrenzung gegenüber Alterssoziologie und Geriatrie ist eine Integration und systematische Verknüpfung der verschiedenen Forschungsprogramme unter dem Gesichtspunkt genereller Fragen der Produktion, Institutionalisierung, Differenzierung, Bewertung und Bewältigung des menschlichen Alterns unabdingbar. Entgegen den bisherigen Tendenzen einer Abschottung einzelner Alterswissenschaften gegeneinander, die sich in Theorie, Methode und Empirie zeigen, ist gezielte und institutionalisierte Interdisziplinarität notwendig. Schließlich dürften in Zukunft soziologische Theorieansätze, die sich wesentlich nur auf sozio-ökonomische Faktoren konzentrieren, und rein psychologische Konzepte, die von lebensweltlichen Umfeldbedingungen abgekoppelt sind, unbrauchbar werden. S. ist in diesem Sinne ein unvollendetes Projekt.

→Alter und Altern; →Biographie

Lit.: Amann, A.: Die vielen Gesichter des Alters, Wien 1989; Amann, A. (Hrsg.): Social-Gerontological Research in European Countries – History and Current Trends, Wien/Berlin-West 1984; Birren, J. E., Bengtson, V. L. (Hrsg.): Emergent Theories of Aging, New York 1988; Bruder, J., Lucke, C., Schramm, A., Tews, H. P., Werner, H.: Was ist Geriatrie? Expertenkommission der Deutschen Gesellschaft für Geriatrie und Deutschen Gesellschaft für Gerontologie zur Definition des Faches Geriatrie, Rügheim 1991; Kohli, M. (Hrsg.): Soziologie des Lebenslaufs, Darmstadt-Neuwied 1978; Rosenmayr, L.: Gerosoziologie, in: Oswald, D. W., Herrmann, W. M., Kanowski, S., Lehr, U., Thomae, H. (Hrsg.), Gerontologie, Stuttgart 1984, 176–183.

Anton Amann, Wien

Sozialgesetzbuch

Das S. soll die Zusammenfassung des gesamten, bisher in zahlreiche Einzelgesetze aufgeteilten →Sozialrechts in einem Gesetzbuch bieten. Das bisher erst in Teilen fertiggestellte Gesetzeswerk wird folgenden Inhalt haben:

SGB I: Allgemeiner Teil,
SGB II: →Ausbildungsförderung
SGB III: →Arbeitsförderung
SGB IV: Sozialversicherung (→Sozialrecht)
SGB V: Soziale Entschädigung für Gesundheitsschäden
SGB VI: →Kindergeld
SGB VII: →Wohngeld
SGB VIII: →Jugendhilfe
SGB IX: →Sozialhilfe
SGB X: Verwaltungsverfahren, Schutz der Sozialdaten, Beziehung der Leistungsträger untereinander sowie zu Dritten.

Die Einbeziehung der →Sozialgerichtsbarkeit ist nicht vorgesehen.

Sozialhilfe

1. Begriff. Durch das am 1.6.1962 in Kraft getretene Bundessozialhilfegesetz (BSHG) ist das auf der Verordnung über die Fürsorgepflicht (Reichsfürsorgepflichtverordnung) und den Reichsgrundsätzen über Voraussetzung, Art und Maß der öffentlichen Fürsorge aus dem Jahre 1924 basierende frühere Fürsorgerecht durch das Sozialhilferecht abgelöst worden und hat zugleich der Begriff „Sozialhilfe" denjenigen der →„Fürsorge" ersetzt. Dieser Wandel wurde insbesondere darin begründet, daß das alte Fürsorgerecht in wichtigen Punkten nicht mehr mit den modernen sozialen Anschauungen in Einklang gestanden und insofern nicht mehr der sozialen Wirklichkeit entsprochen habe, als zahlreiche bislang der Fürsorge zugewiesene Aufgaben nunmehr von anderen Sozialleistungssystemen wahrgenommen würden. Mit dem Begriff S. sollte überdies zum Ausdruck gebracht werden, daß es sich bei den Sozialhilfe-

leistungen um Hilfen der Allgemeinheit für den einzelnen handelt.

2. Systematik. Charakteristisch für S. ist die Zweigleisigkeit, die in der Unterscheidung der beiden Hilfearten „Hilfe zum Lebensunterhalt" und „Hilfe in besonderen Lebenslagen" zum Ausdruck kommt. Die Hilfe zum Lebensunterhalt (§§ 11–26 BSHG) soll die allen Menschen eigentümlichen Grundbedarfe des täglichen Lebens (Ernährung, Unterkunft, Kleidung, Hausrat, Hygiene, sonstige Gegenstände des persönlichen Bedarfs) abdecken und damit gleichsam einer allgemeinen Hilfsbedürftigkeit begegnen. Die Hilfe in besonderen Lebenslagen (§§ 27–65) erfaßt demgegenüber qualifizierte Bedarfssituationen, bei denen in der Regel davon ausgegangen wird, daß der Hilfesuchende zwar in der Lage ist, für seinen Lebensunterhalt selbst oder mit Hilfe Dritter und ohne Inanspruchnahme der Sozialhilfe aufzukommen, die Aufbringung der Mittel zum Bestreiten eines besonderen – einmaligen oder laufenden – Bedarfs aber seine Kräfte übersteigt. Die Hilfe in besonderen Lebenslagen soll mithin einer besonderen Hilfsbedürftigkeit abhelfen. Beide Hilfearten unterscheiden sich ferner im Hinblick auf die wirtschaftlichen Voraussetzungen für die Leistungsgewährung, d. h. hinsichtlich des Einsatzes von Einkommen und Vermögen des Hilfesuchenden und seiner unterhaltspflichtigen Angehörigen. Während der Empfänger von Hilfe zum Lebensunterhalt zuvor alle ihm zur Verfügung stehenden Mittel ausschöpfen muß, bestehen für die einzelnen Arten der Hilfe in besonderen Lebenslagen unterschiedlich abgestufte Einkommens- und Vermögensgrenzen, was den Einsatz der Eigenmittel des Anspruchstellers angeht, wodurch dem Umstand Rechnung getragen wird, daß es diese Hilfeart mit einem den üblichen Lebensbedarf übersteigenden außergewöhnlichen Bedarf zu tun hat. Der Katalog der „vertypten" Arten der Hilfe in besonderen Lebenslagen umfaßt die Hilfe zum Aufbau oder zur Sicherung der Lebensgrundlage (§ 30 BSHG), die vorbeugende Gesundheitshilfe (§ 36 BSHG), die Krankenhilfe (§ 37 BSHG), die Hilfe bei Schwangerschaft oder bei Sterilisation (§ 37a BSHG), die Hilfe zur Familienplanung (§ 37b BSHG), die Hilfe für werdende Mütter und Wöchnerinnen (§ 38 BSHG), die Eingliederungshilfe für Behinderte (§ 39–47 BSHG), die Blindenhilfe (§ 37 BSHG), die Hilfe zur Pflege (§ 68, 69 BSHG), die Hilfe zur Weiterführung des Haushalts (§ 70, 71 BSHG), die Hilfe zur Überwindung besonderer sozialer Schwierigkeiten (§ 72 BSHG), die Altenhilfe (§ 75 BSHG), sowie Hilfen in anderen besonderen Lebenslagen, d. h. in Fällen, in denen der Einsatz öffentlicher Mittel in gleicher Weise gerechtfertigt ist (§ 27 Abs. 2 BSHG).

3. Organisation und Durchführung der Sozialhilfe. Die S. wird von örtlichen und überörtlichen Trägern gewährt (§ 9 BSHG). Örtliche Träger der Sozialhilfe sind die kreisfreien Städte und Landkreise, welche das Bundessozialhilfegesetz als Selbstverwaltungsangelegenheiten, d. h. im eigenen Namen und in eigener Verantwortung wahrnehmen. Die Ausführung des BSHG ist dabei behördlich im wesentlichen bei den Sozialämtern der Gemeinden und Städte sowie den Kreissozialämtern der Landkreise konzentriert. Die überörtlichen Träger der S. werden mit Rücksicht auf den historisch gewachsenen unterschiedlichen Verwaltungsaufbau und die unterschiedlichen Erfordernisse vor allem von Flächenstaaten (z. B. Bayern und NordrheinWestfalen) einerseits und Stadtstaaten (z. B. Berlin, Bremen und Hamburg) andererseits durch die Länder bestimmt (§ 96 BSHG). Einzelheiten enthalten die Ausführungsgesetze der Länder zum BSHG. Die örtlichen Träger der S. können die Wirksamkeit von Maßnahmen der S. durch die Einschaltung ortsnaher Verwaltungsträger verbessern; so können durch Landesrecht die Land-

kreise die ihnen zugehörigen Gemeinden oder Gemeindeverbände zur Durchführung von Aufgaben nach dem BSHG heranziehen. Entsprechendes können die überörtlichen Träger mit den örtlichen Trägern sowie den diesen zugehörigen Gemeinden und Gemeindeverbänden tun. Darüber hinaus wird das in Deutschland historisch gewachsene Nebeneinander der öffentlichen und privaten Wohlfahrtspflege im Sozialhilferecht ähnlich wie im Kinder- und Jugendhilferecht dergestalt berücksichtigt, daß die Träger der S. zur Zusammenarbeit mit den Verbänden der freien Wohlfahrtspflege verpflichtet sind. Zu den Verbänden der freien Wohlfahrtspflege im vorstehend bezeichneten Sinne gehören vor allem die in der →Bundesarbeitsgemeinschaft der Freien Wohlfahrtspflege zusammengeschlossenen „großen" Wohlfahrtsverbände Arbeiterwohlfahrt, Deutscher Caritas-Verband, Deutscher Paritätischer Wohlfahrtsverband, Deutsches Rotes Kreuz, Diakonisches Werk der Evangelischen Kirche in Deutschland und Zentralwohlfahrtsstelle der Juden in Deutschland, die ihrerseits wiederum eine Vielfalt von Untergliederungen und angeschlossenen Verbänden haben. Durch den sog. Grundsatz der institutionellen →Subsidiarität der S., d.h. aufgrund des Nachrangs der öffentlichen Hilfe gegenüber der von der freien Wohlfahrtspflege gewährten Hilfe wird der traditionelle Tätigkeitsbereich der freien Träger vor einer Ausdehnung des Staatsanteils zu seinen Lasten geschützt. Dem einzelnen Hilfesuchenden gegenüber bleibt jedoch allein der Träger der S. verpflichtet. Die Mitwirkung der freien Träger in Sozialhilfeangelegenheiten geschieht mithin im Rahmen des Innenverhältnisses zwischen Träger der Sozialhilfe einerseits und Verbänden der freien Wohlfahrtspflege andererseits. Während die Bereitstellung monetärer Hilfen im wesentlichen alleinige Aufgabe der Träger der S. ist, sind die Verbände der freien Wohlfahrtspflege vorrangig engagiert im Bereich der persönlichen Hilfe, namentlich der Beratung, sowie in der Bereitstellung von Hilfe in Einrichtungen (§§ 10, 93 BSHG).
Die Finanzierung der S. obliegt den Trägern (ca. 80% Gemeinden und Gemeindeverbände, ca. 20% Länder).

4. Grundsätze der Sozialhilfe. Die maßgeblichen Grundsätze des Sozialhilferechts sind bereits im früheren Fürsorgerecht vorgezeichnet. Dies gilt etwa für die Aufgabe der S., dem Empfänger der Hilfe die Führung eines Lebens zu ermöglichen, das der Würde des Menschen entspricht (§ 1 Abs. 2 S. 1 BSHG), das Ziel der S., den Hilfeempfänger zu befähigen, unabhängig von ihr zu leben (§ 1 Abs. 2 S. 2 BSHG), den Grundsatz des Nachrangs der S. (§ 2 Abs. 1 BSHG), den Grundsatz der Individualisierung (§ 3 Abs. 1 BSHG), sowie den Rechtsanspruch auf S. (§ 4 Abs. 1), den für das frühere Fürsorgerecht die Rechtsprechung der Verwaltungsgerichte unter der Geltung des Grundgesetzes, welches den Einzelnen nicht als Objekt von Verwaltungshandel-, sondern als Träger von Ansprüchen auf Leistungen betrachtet, herausgearbeitet hatte. Diese Prinzipien, die ihre spezifische Ausprägung aus der überkommenen sozialpolitischen Systematik des Systems der sozialen Sicherung, aus dem Verfassungsrecht (Grundgesetz) erhalten haben und die nunmehr auch im Sozialgesetzbuch, welches das BSHG als besonderen Teil gelten läßt, enthalten sind, kommt insofern eine besondere Steuerungsfunktion für den Gesetzesvollzug zu, als sie Leitlinien vorgeben für die Auslegung und Anwendung der einzelnen sozialhilferechtlichen Bestimmungen. Die S. ist allerdings in wachsendem Maße in „Konkurrenz" zu sehen zu zumindest partiell sozialhilfeähnlichen Sozialleistungssystemen wie →Ausbildungsförderung (nach dem Bundesausbildungsförderungsgesetz), das →Wohngeld (nach dem Zweiten Wohngeldgesetz) und Kinder- und Jugendhilferecht (nach dem →Kinder- und Jugendhilfegesetz). Die S. ist insge-

samt Garantin für ein menschenwürdiges Leben jedes einzelnen Menschen, der sich auf dem Gebiet der Bundesrepublik Deutschland aufhält, unbeschadet von Rasse, Religion, Nationalität, Geschlecht, Alter, beruflichem, sozialem und wirtschaftlichem Status. Dabei wirkt die Verankerung des Grundwertes der Menschenwürde im Grundgesetz (Art. 1 GG) in seiner Konkretion durch das Bundessozialhilfegesetz (§ 1 Abs. 1 S. 2 BSHG) als positive Verbriefung der Teilhabe an einem bestimmten gesellschaftlichen Mindeststandard i. S. eines sozio-konventionellen Existenzminimums. Unterhaltspflichtige Angehörige von Sozialhilfeempfängern können im Wege des Rückgriffs durch Überleitung des Unterhaltsanspruchs auf den Sozialhilfeträger für die Sozialhilfeaufwendungen herangezogen werden. Sozialhilfeleistungen sind im übrigen – abgesehen vom Sonderfall der Darlehensgewährung – nicht rückzahlbar.

5. Leistungen der Sozialhilfe. Soweit die S. das sozio-konventionelle Existenzminimum garantiert, zielt sie ab auf die Befriedigung der elementaren Bedürfnisse des einzelnen, ohne welche die Führung eines menschenwürdigen Lebens nicht möglich ist. Obwohl die S. grundsätzlich auf Individualisierung, d. h. Berücksichtigung des Einzelfalls einschließlich Befriedigung des im konkreten individuellen Fall bestehenden Lebensbedarfs (oben 2.) angelegt ist, geht sie bei der Deckung des notwendigen Bedarfs aus Gründen der Gleichbehandlung und der Verwaltungspraktikabilität schematisierend vor dergestalt, daß die Bedarfsgegenstände der Hilfe zum Lebensunterhalt in erster Linie in Gestalt von Regelsätzen abgedeckt werden. Zu diesen regelsatzmäßigen Leistungen treten ggf. sog. Mehrbedarfszuschläge (z.B. bei Alter, Behinderung, Ausübung einer Erwerbstätigkeit, Alleinerziehung von Kindern u.a.), sowie einmalige Hilfen zur Deckung eines nicht im Voraus absehbaren, gleichmäßigen und berechenbaren Bedarfs (z.B. größere teure Kleidungsstücke, entsprechende Haushaltsgegenstände u.ä.). Die Kosten der Unterkunft werden in konkreter Höhe gewährt. Aus diesem Grunde setzt sich die Leistung, die konkret als Hilfe zum Lebensunterhalt gewährt wird, in der Regel aus der Differenz zusammen zwischen dem Bedarf des Hilfesuchenden – Regelbedarf (ausgedrückt im Regelsatz), Mehrbedarf und einmaligen Leistungen sowie Unterkunftskosten – einerseits und den vorhandenen Eigenmitteln andererseits. Die Regelsätze wiederum sind abgestuft nach Stellung des Hilfesuchenden im Haushalt – Haushaltsvorstand (oder Alleinstehender) bzw. Haushaltsangehöriger – sowie Lebensalter (bei Kindern und Jugendlichen).

Neben den Geldleistungen, für welche die Hilfe zum Lebensunterhalt den Hauptanwendungsfall darstellt, werden als Formen der S. Sachleistung und persönliche Hilfe genannt. Letzere hat der Gesetzgeber bewußt an die erste Stelle gerückt (§ 8 BSHG), um hervorzuheben, daß sie nach seinen Vorstellungen dem Wesen der modernen S. am ehesten entspricht. Die persönliche Hilfe hat deshalb im Rahmen der vorstehend aufgeführten Arten der Hilfe in besonderen Lebenslagen eine hervorragende Bedeutung. In diesem Zusammenhang kommt der Intervention durch Soziale Arbeit eine zentrale Bedeutung zu. Hier bestehen zahlreiche Gemeinsamkeiten mit dem Kinder- und →Jugendhilferecht.
→Sozialrecht✝ →Wohlfahrtsstaat

Lit.: Brühl: Mein Recht auf Sozialhilfe, 6. A., München 1990; Bundessozialhilfegesetz mit Ausführungsgesetzen der Länder und anderen ergänzenden Vorschriften, 25. A., München 1991; Bundessozialhilfegesetz – Lehr- und Praxiskommentar (LPK-BSHG), 3. A., Baden-Baden 1990; Gottschick/Giese: Das Bundessozialhilfegesetz, Kommentar, 9. A., Köln 1985; Knopp/Fichtner: Bundessozialhilfegesetz. Kommentar, 5. A., München 1983; Oestreicher/Schelter/

Kunz: Bundessozialhilfegesetz mit Recht der Kriegsopferfürsorge. Kommentar, München: Stand: 1991; Schellhorn/Jirasek/Seipp: Das Bundessozialhilfegesetz. Kommentar, 12. A., Neuwied 1985; Schulte/Trenk-Hinterberger: Sozialhilfe. Eine Einführung, 2. A., Heidelberg 1986; Schulte/TrenkHinterberger: Bundessozialhilfegesetz (BSHG) mit Durchführungsverordnungen und Erläuterungen, 2. A., München 1988 (mit einem aktualisierten Nachtrag 1992).

Bernd Schulte, München

Sozialhilfeträger
Die →Sozialhilfe wird von örtlichen und überörtlichen Trägern gewährt. Örtliche Träger sind die kreisfreien Städte und die Landkreise, die überörtlichen Träger werden durch die Länder bestimmt. Die rechtliche Grundlage bilden die §§ 99 f. BSHG in Verbindung mit den jeweiligen Ausführungsgesetzen der Länder.

Sozialindikatoren
Über die S.-Forschung sollen gesellschaftliche Veränderungen in meßbare Größen transformiert werden. So werden Indikatoren für →Lebensqualität und Wohlfahrt, sozialen Wandel und Entwicklung der Gesellschaft und natürlich auch für Prognosen und Wirkungsanalysen entwickelt, die allerdings häufig theorielos angesammelt werden. Im Bereich Gesundheit sind beispielsweise die Lebenserwartung, die Säuglings- und Kindersterblichkeit und die Epidemiologie (→Sozialepidemiologie) gesundheitlicher Probleme in der Bevölkerung häufig verwendete Indikatoren, wobei ihre Aussagekraft durch die Verbindung mehrerer Indikatoren zu einem System von S. erhöht wird. Die S.-Forschung wird so zu einer wesentlichen Grundlage für die →Gesundheitsförderung, die →Sozialberichterstattung und die →Sozialplanung.

Sozialisation
1. Begriff. Unter S. werden die Vorgänge verstanden, die dazu führen, daß die Menschen sich mehr oder weniger die →Werte und →Normen der Gesellschaft, in der sie leben, aneignen. Dies geschieht durch autoplastische und alloplastische Anpassung. Autoplastische Anpassung bezeichnet die psychische Arbeit, die notwendig ist, um sich so zu verändern, daß man sozial handlungsfähig wird, bzw. unter sich stets wandelnden gesellschaftlichen Verhältnissen bleibt. Alloplastische Anpassung nennt man die Bemühungen, die darauf gerichtet sind, die Werte und Normen der Gesellschaft und die anderen Tatbestände der Umwelt den eigenen Bedürfnissen und Möglichkeiten anzugleichen, so daß man mit ihnen leben kann. S. ist ein wechselseitiges Geschehen zwischen den Teilnehmern an der Vergesellschaftung, in dem freilich die Wirkungsmacht der Gesellschaft – Gesellschaft hier begriffen als kompliziertes und in seiner Dynamik widersprüchliches Aggregat von Sozialisationsagenturen und -instanzen: Familie, Schule, Freundesgruppen, Arbeitswelt, politische Kultur, Religionsgemeinschaften – erheblich stärker ist als die der Sozialisanden.

Die Sozialisationsforschung untersucht nicht nur den Aufbau der sozialkulturellen Persönlichkeit, diese ist das sozial relevante und relativ stabile Ensemble der Motive und Emotionen, des Denkens und Handelns eines Menschen, das durch Erziehung und mehr noch durch unbewußte und ungewollte Einwirkungen und die subjektiven Reaktionen darauf bedingt und geformt wird, sondern auch ihr soziales Sterben. So nennen M. Erdheim und M. Nadig jenen Zwang, der durch äußere Umstände und/oder inneren Drang dazu führt, daß Menschen eine soziale Rolle nach der anderen aufgeben müssen und zu Unpersonen werden. Soziales Sterben kann in günstigen Fällen von alten Sozialisationsfesseln befreien und neue Perspektiven öffnen, es kann aber auch, traumatisch erlebt, zu psychischer Regression und Desintegration führen. Die S. des Menschen beginnt also mit seiner Geburt, sie führt über den Aufbau der sozialkulturellen Persönlichkeit und Perioden sozialen Sterbens zum Tod.

2. Geschichte, Konzeptionen, Forschungsansätze. Die Geschichte der Teilung der wissenschaftlichen Arbeit folgt weniger einer wissenschaftsimmanenten Entwicklungslogik als gesellschaftlichen Herausforderungen. So motivierte die Wahrnehmung der Diskontinuitäten zwischen individuellen Lebensläufen (→Biographie) und den Strukturveränderungen der Gesellschaft, die sich aus der Industrialisierung ergaben, zur Sozialisationsforschung. C. H. Cooley, E. A. Ross, E. Durkheim, G. Simmel und S. Freud kann man als ihre Vorläufer und Grundleger nennen.

Cooley unterschied zwischen Primär- und Sekundärgruppen, ähnlich wie vor ihm F. Tönnies zwischen Gemeinschaft und Gesellschaft. In Primärgruppen leben deren Mitglieder relativ intim und in stark emotionalen Beziehungen zueinander. Sekundärgruppen werden von zweckrationalen Überlegungen bestimmt. Entsprechend stellt man der primären S. in der →Familie die sekundäre S. in der Schule und anderen Ausbildungsstätten gegenüber. Als anregend erwies sich auch Cooleys Auffassung vom Selbst und den Anderen. Das Selbst entsteht als ein Spiegel-Selbst aus der Vorstellung des Eindrucks, den wir auf andere machen. Diese beeinflußt mehr oder weniger auch unser Selbstwertgefühl. Aspekte der Konzepte Cooleys finden wir heute in interaktionistischen Sozialisationstheorien (→Theorie der Symbolischen Interaktion) wieder, wie sie in der Nachfolge von G. Mead und A. Schütz konstruiert werden.

Ross verstand S. als einen Prozeß der Verinnerlichung sozialer Kontrolle, durch Nachahmung, Beeinflussung und Gewohnheit erworben, durch Institutionen, wie das Recht und die öffentliche Meinung, veranlaßt und gefestigt. Ross kann gleichsam als einer der Grundleger der lerntheoretischen Sozialisationsforschung gekennzeichnet werden.

Durkheim betrachtete den Menschen als ein von Geburt egoistisches und asoziales, wenn auch auf Gesellschaft angewiesenes Wesen. Erst die Konstitution des individuellen Gewissens macht Gesellschaft möglich. Mit dem Gewissen werden die sozialen und moralischen Fähigkeiten der Persönlichkeit entwickelt. Aber stets bleibt der Widerstreit zwischen den egoistischen und asozialen Neigungen des Menschen und seinen sozialen und moralischen Bestrebungen lebendig. Allein in der Orientierung an kollektiven Zielen findet der Mensch ein realistisches Maß. An Durkheim knüpfte vor allem T. Parsons an. Probleme der Individualisierung und gesellschaftlichen Differenzierung bearbeitete außer Durkheim auch Simmel, der wohl im deutschen Sprachraum als erster das Wort S. gebrauchte. Ihm ging es um das Schicksal des Einzelnen als Mitglied heterogener Gruppen, und um die Möglichkeiten des Individuums, seine Freiheit in der „Kreuzung sozialer Kreise" zu wahren.

Mit nüchternem Blick entdeckte Freud, daß der Mensch nur in sehr beschränktem Maße Herr über sich selbst ist. Die Psyche ist keine Entität, die der Mensch von Geburt an hat, sondern eine Struktur, die in einem mühsamen Entwicklungsprozeß geschaffen und erhalten werden muß – eine Struktur, die in Extremsituationen desintegrieren kann. Als formende Kräfte wirken hierbei die Triebnatur des Menschen und das gesellschaftliche Sein mit- und gegeneinander. Der Mensch erweist sich als nicht vollständig sozialisierbar. Seine Physis bleibt ein unheimlicher Ort: der Ort des Widerstands im Subjekt.

Fast alle Ansätze der Sozialisationstheorie wurden von den genannten Klassikern bereits aufgegriffen, bevor die Sozialisationsforschung im Wissenschaftsbetrieb ihren institutionalisierten und alimentierten Ort gefunden hatte. Das geschah erst in den sechziger Jahren unseres Jahrhunderts. Heute unterscheidet man lerntheoretische (Bandura), psychoanalytische, (Erikson), entwicklungstheoretische (Piaget), ökologische (Bronfenbrenner), systemtheoretische (Parsons), interaktionistische (Mead) u. a. Ansätze. Es gibt auch Bestrebungen, umfassende sozialisationstheoretische Modelle auszuarbeiten, z. B.: D. Geulen, K. Hurrelmann, Strukturmodell der Sozialisationsbedingungen; K. Hurrelmann, Modell der produktiven Realitätsverarbeitung; Th. v. Uexküll, W. Wesiack, bio-psycho-soziales Modell des Situationskreises. Dergleichen Modelle sind wertvolle Orientierungsmittel, doch lassen sie sich nicht vollständig realisieren, denn Sozialisationsforschung arbeitet wie jede Forschung perspektivisch. Sie kann nicht alles sehen und ihre Ergebnisse bleiben immer vorläufig. So empfiehlt sich die Anwendung der komplementaristischen Methode (G. Devereux), d. h. der doppelte Diskurs der sozialkulturell-historischökonomischen Erforschung kollektiven Verhaltens und der psychoanalytischen und/oder psychologischen Interpretation individuellen Verhaltens, beides aus der Sichtweite einer nicht-metaphysischen Anthropologie (K. Löwith, H. Plessner).

3. Stellenwert für die Sozialpädagogik und Sozialarbeit. Für Sozialpädagogik und Sozialarbeit bietet die Sozialisationsforschung eine unentbehrliche Orientierungshilfe. Vor allem klärt sie über die Grenzen und Möglichkeiten psychosozialen Handelns auf. Gegen pädagogische und soziale Utopien, deren überhöhte Versprechungen leicht in Entmutigung und Resignation führen, setzt sie jenen Realismus, der auch unter schwierigen Umständen ausharrt und sich um solidarische Selbstbehauptung (Solidarität im Sinne gegenseitiger Haftung und Verantwortlichkeit verstanden) bemüht. Insofern wirkt sie enttäuschend, damit aber auch entlastend. Indem sie – das gilt zumindest für den psychoanalytischen Ansatz – bewußt macht, daß der Mensch das Säugetier ist, das sich für Gott hält (B. Grunberger), vermag sie unter günstigen Umständen die „Krankheit der Idealität" (J. Chasseguet-Smirgel) zu lindern. Gelingt das, dann können Sozialpädagogen und Sozialarbeiter vielleicht in nüchterner Güte aber auch befriedigender als bisher mit sich und ihren Klienten umgehen.

4. Zukunftsperspektiven. Die Zukunftsperspektiven der Sozialisationsforschung hängen weitgehend davon ab, wie sie sich den Forderungen des Tages stellen wird. Sozialisationsforscher sollten sich ihre Probleme selbst aussuchen und sich weder von politischen noch von weltanschaulichen Moden mitreißen lassen. Freundliche Distanz zu den Sozialisanden und kritische Solidarität mit ihnen steht ihnen besser als sterile Aufgeregtheit einerseits und instrumentelle Kälte andererseits. Folgende Arbeitsrichtungen der Sozialisationsforschung sind vermutlich besonders entwicklungsfähig:
a) Die Untersuchung der Generationskonflikte, denn immer stehen wir vor der Tatsache der Gleichzeitigkeit des Ungleichaltrigen, die uns im historischen Prozeß vor stets andere Aufgaben stellt. Besondere Aufmerksamkeit verdient heute das Phänomen einer endlosen Adoleszenz, das sich daraus ergibt, daß in kapitalistischen Gesellschaften Erwerbsarbeit nach wie vor das wichtigste Mittel ist, am Leben der Gesellschaft als mündiger Erwachsener teilzunehmen, und gleichzeitig immer mehr Jugendliche keinen Zugang zur Arbeitswelt finden.
b) Die Erforschung geschlechtsspezifischer S.: Der Unterschied zwischen den Geschlechtern ist natürlich verursacht und wird dann gesellschaftlich geformt und bestimmt, polarisiert und unter günstigen Umständen zuweilen versöhnt. Das führt dazu, daß wir die Schwierigkeiten der S. nirgends hautnäher fühlen als in den Intimbeziehungen zwischen Männern und Frauen.

c) Die kulturvergleichende Sozialisationsforschung: Immer mehr entwickeln sich Industriegesellschaften zu multiethnokulturellen Gesellschaften, in denen die desintegrierenden Tendenzen oft stärker sind als die integrierenden Gemeinsamkeiten.

d) Die historische und politische Sozialisationsforschung: Was der Mensch sei, so →Dilthey, erfährt er durch die Geschichte, und die Frage ob die Menschheit ihre selbstgeschaffenen Bedrohungen überleben kann, wird im politischen Streit entschieden.

→Alter und Altern; →Biographie

Lit.: S. Freud: Abriß der Psychoanalyse/ Das Unbehagen in der Kultur, Frankfurt a. M. 1953; D. Geulen: Das vergesellschaftete Subjekt, Frankfurt a. M. 1977; W. Gottschalch: Soziologie des Selbst, Heidelberg 1991; W. Gottschalch: Wahrnehmen, Verstehen, Helfen. Grundlagen psychosozialen Handelns, Heidelberg 1988; K. Hurrelmann: Einführung in die Sozialisationstheorie, Weinheim 1986; Zeitschrift für Soziologie der Erziehung und Sozialisation.

Wilfried Gottschalch, Amsterdam

Sozialisationsdefizite

Das Fehlen von bestimmten sozialen Fähigkeiten, Kenntnissen und Einsichten, die bei einer durchschnittlich verlaufenden →Sozialisation erworben sein sollten, wird als S. bezeichnet. →Kompensatorische Erziehung

Sozialismus

→Bildung und Erziehung im Sozialismus
→Erziehungswissenschaft im Sozialismus

Sozialistische Erziehung

→Bildung und Erziehung im Sozialismus
→Erziehungswissenschaft im Sozialismus

Soziallehren

→Sozialphilosophie

Sozialmanagement

1. Sozialmanagement beinhaltet als Entwicklungs- und Forschungsbereich vorerst die Felder der
– Professionalisierung der Organisationsspitzen im Sozialen
– Sektor im Sinne der Qualifizierung von Leiten und Führen im Kontext der Qualitätsentwicklungen
– Optimierung und Effektivierung des Management sozialer Organisationen, Einrichtungen, Angebote und vermehrt privatwirtschaftlicher Unternehmungen im Sozialen Sektor.

Zwischen der Adaption betriebswirtschaftlicher Modelle und Techniken und der Entwicklung bereichsbezogen spezifischer Ansätze im sozialen Sektor, verbreitet diskutiert als ‚non-profit-Bereich‘, ist die Diskussion noch keineswegs entschieden; begriffliche, konzeptionelle und methodische Versuche werden derzeit erprobt.

Einerseits sind dabei im Kontext von Europäisierung und Globalisierung neue Aufgaben für das Sozialmanagement entstanden, andererseits fördern insbesondere Qualitätsentwicklungsansätze neue Strategien heraus.

2. Als Problembearbeitungsstrategie bezeichnet im Rahmen der Produktion personenbezogener Sozialer Dienstleistungen Sozialmanagement das Aufgabenfeld, in dem der Prozeß des Erarbeitens von Zieldefinitionen und ihre Durchsetzung über Planung, Koordination und Kontrolle stattfindet. Hierzu gehören problem- und personalbezogene Strategien, die Informations- und Wissensaufarbeitung und die qualifizierte Datenentwicklung für diesen Prozeß, seine Evaluation, das Monitoring oder die Forschung.

Sozialmanagement kann konkretisiert werden für verschiedene Managementebenen sozialer Administration und Organisationen im Gesamtbereich des Sozial-, Erziehungs- und Gesundheitswesens. In der gegenwärtigen Situation der Sozialmanagementdiskussion in der

Bundesrepublik wird an solchen Konkretisierungen bereichsbezogen gearbeitet. Für die Produktion von personenbezogenen sozialen Dienstleistungen bildeten sich historisch arbeitsbereichs- und organisationsbezogen unterschiedliche Managementformen heraus.
Für die Produktion personenbezogener Sozialer Dienstleistungen können mit Schäfer 1999 sechs Managementkonzepte entlang der historischen Entstehung typisiert werden:
1) Sozialtechnokratisch orientierte Konzepte:
Im Zentrum dieses Ansatzes steht eine strenge Effizienz- und Erfolgsorientierung. Es geht um eine Verbesserung von Marketingkonzepten, um verbesserte Finanz- und Rechnungswesen sowie Führungs- und Organisationstechniken (Schwarz 1986).
2) Gruppen- bzw. interaktionsdynamisch orientiertes Konzept:
Hierbei geht es um Methoden einer verbesserten Nutzung und zielorientierten gemeinsamen Gestaltung der innerhalb einer Organisation vorhandenen Potentiale der einzelnen Mitarbeiter. Das Konzept beruht auf vier Säulen, bestehend aus Meditation, Kommunikation, produktive Teamarbeit und Management by participation, und ist eigens für Dienstleistungsorganisation im Sozialbereich konzipiert worden (Müller-Schöll/Prieke, 1989).
3) Systemischer Ansatz:
Sozialmanagement, so hier die zentrale Annahme, müsse sich auf die ganze Organisation beziehen (Müller-Schöll 1980).
4) Sozialplanerisches orientiertes Sozialmanagement:
Dieser Ansatz betont sozialplanerische Kompetenzen im Verhältnis zu Organisationsproblemen in der Sozialadministration (Kühn 1995; Brülle 1992).
5) Innovationsorientiertes, sozialpolitisch ausgerichtetes Konzept:
Das Modell einer ganzheitlichen und sozialökologischen Organisationsentwicklung für „Non-Profit-Organisationen" soll als umfassende Grundlage für Angebote der Organisationsberatung und der Fort- und Weiterbildung dienen. Einbezogen werden soll die Gesamtansicht aller Elemente des Organisationslebens, von der Entwicklung eines Unternehmensleitbildes über Ziel- und Aufgabendefinition, Organisationsaufbau, Führungsverhalten, Sozial-Marketing bis hin zur Evaluation. Das Konzept nimmt für sich in Anspruch, über den Weg der Organisationsentwicklung die soziale Infrastruktur und Sozialpolitik zu berücksichtigen, indem die Bildung von Verbundsystemen, verbesserte Kooperationsbeziehungen, Vernetzung, Regionalisierung und die Entwicklung zu einer Sozialgemeinschaft berücksichtigt werden (Maelicke/Reinbold 1990).
6) Sozialmanagement als Metakonzept:
Sozialmanagment stellt danach einen spezifischen theoretischen, professionellen, disziplinären und handlungsorientierten Zugang der wissenschaftlichen Sozialpädagogik im Feld sozialer Organisationen, Politik, und Beruf dar. Hierzu gehören Bildungs- und Ausbildungsfragen für soziale Berufstätigkeiten und professionelles Handeln. Theoretisch, forschungspraktisch und empirisch geht es um die soziale Konstitution und Konstruktion des Feldes, der Entwicklung in den personenbezogenen sozialen Dienstleistungsberufen unter der Berücksichtigung des Verhältnisses von Geschlecht und Beruf.
Sozialmanagement hat nach diesem Ansatz drei Rahmenziele, die jeweils handlungsorientiert zu konkretisieren sind:
– Wissenschaftliche Reflexion des sozialen Sektors in Organisation, Politik, Verwaltung und der Handlungsfelder des Sozialmanagements unter der Einbeziehung der internationalen Entwicklungen und Standards,
– Erarbeitung von Forschungs-, Entwicklungs- und Handlungskompetenzen, auch im sozialen Bildungssektor,
– Erarbeitung und Entwicklung von Kompetenzen zur interdisziplinären

Arbeit zwischen Recht, Sozialadministration, Ökonomie und Politik; sozialpädagogische Tätigkeiten in Theorie und Praxis Sozialer Arbeit einschließlich entsprechender Handlungsweisen (Karsten 1994/1996).

Die Modellansätze beabsichtigen derzeit mit der Entwicklung und Erprobung von Sozialmanagementmodellen eine umfassende Reform der Dienstleistungen produzierenden Organisationen hinsichtlich Struktur und Kultur des Managens, hinsichtlich Qualität der Aufgabenwahrnehmung, ihrer Finanzierung, der Personalpolitik, Informationsbeschaffung und Prozeßgestaltung, einschließlich Koordination, Evaluation und Monitoring.

Im Kontext der Konkretisierung der Möglichkeiten für die Reformen in der kommunalen Sozialverwaltungspraxis geht es darum, das Denk- und Handlungsmodell Sozialmanagement insbesondere im Hinblick auf Qualitätsentwicklungen (Karsten 1999) fruchtbar zu machen (Brülle 1992).

3. Wird Sozialmanagement als Forschungs- und Entwicklungsfeld gekennzeichnet, so geht es um folgende Problemfelder, die Sozialmanagementdiskussionen in den Vordergrund rücken:
– Organisationsprobleme und Organisationsstandards, als Folge ab- oder unterbrochener Organisationsentwicklungen in den achtziger und neunziger Jahren,
– Zuständigkeits- und Planungsprobleme, als Folge unkoordinierten Wachstums der sozialen Probleme und unter Interventionsformen,
– Personal- und Professionsprobleme, als Folge problematischer Zusammenhänge zwischen Ausbildungs- und Berufsentwicklungen, differenziert für Frauen und Männer,
– in deren Folge, Spezialisierungen und bereichsbezogene Abgrenzungen gleichermaßen zum Qualifizierungsproblem, wie zum Problem der Segmentierung des Wissens und der Handlungskonzeptionen führten.

Die Nutzungsbarrieren und die Aufgabe der Nutzungsoptimierung sind als weitere Aufgabe des Sozialmanagements zu sehen, die sich insbesondere im Zusammenhang mit Selbsthilfebewegungen und Selbsthilfen ausprägen. Sie sind in Form, Inhalt, Entwicklung und Niveau der Dienstleistungen im Sozial-, Erziehungs- und Gesundheitswesen zu verstehen. Ansprüche an Qualität, Bürger- und Adressatennähe sowie Problemadäquanz angebotener Hilfen und Interventionen fordern zu Neudefinitionen des Verhältnisses von Dienstleistungsproduktion und Dienstleistungsnutzung heraus. Dies betrifft gleichermaßen die Verbesserung der Zugänglichkeit, die Überwindung lokaler oder regionaler Angebotsdisparitäten und Fragen der Servicequalität. Es gilt gleichermaßen bei öffentlichen, privaten und wohlfahrtsverbandlichen Anbietern; Rechts- und Politikentwicklungen sind hier einzubeziehen.

Spezifische Felder der Sozialmanagementforschung sind:
– Personalentwicklungs- und Qualifizierungsmodelle z. B. in der Form von berufs-, bildungstheoretischen oder berufsbiographischen Studien, die die Entwicklung berufsfeldbezogener und berufsfeldübergreifender Kompetenzen von Frauen und Männern im Sozialmanagement begründen könnten,
– Rekonstruktionen zu der Angebotsstruktur im Erziehungs-, Sozial- und Gesundheitswesen in lokalen oder regionalen oder überregionalen Dimensionen: Versorgungsstudien, die das quantitative und qualitative Niveau und seine Entwicklung erfassen und fortlaufend in der Perspektive der Anbieter und Nutzer beobachten,
– Entwicklung von Qualitätsstandards und Konzeptionen einer integrierten Sozial- und Gesundheitsberichterstattung, als Instrumente der Dauerbeobachtung und Aufbereitung von Wis-

sen zur Reflexion und Gestaltung des Feldes und damit zur Fundierung von Sozial-, Erziehungs-, Jugendhilfe-, Gesundheitspolitik und Reformpraxis des Sozialmanagement.

4. Sozialmanagement kennzeichnet zusammengefaßt ein Entwicklungsprogramm der Rekonstruktion und Produktion personenbezogener sozialer Dienstleistungen eines Verbandes, einer sozialen Verwaltung, einer Kommune sowie seiner Evaluation im Horizont der charakteristika und der historischen Entwicklung des sozialen Sektors aus einer Managementperspektive.

Sozialmanagementforschung, -entwicklung, Sozialplanung, Sozialberichterstattung, Organisationsentwicklung und Sozialpolitik sind dabei als (neue) Koordinaten professioneller Dienstleistungsarbeit identifizierbar. →Sozialberichterstattung; →Sozialplanung

Lit.: Brülle, H. und Altschiller, Cl.: Sozialmanagement – Dienstleistungsproduktion in der kommunalen Sozialverwaltung, in: Flößer, G./Otto H. U. (Hrsg.): Sozialmanagement oder Management des Sozialen, Bielefeld 1992, S. 49–72; Glatzer, W. und Zapf, W. (Hrsg.): Lebensqualität in der Bundesrepublik, Frankfurt 1984; Karsten, M.E.: Keine Qualität ohne Qualifizierung des Personals, in: Archiv für Soziale Arbeit, Frankfurt 1998/99; Merchel, H. J.: Wohlfahrtsverbände müssen sich ändern, in: Neue Praxis 1, 1991 S. 1 ff.; Schäfer, P.: Europäische Sozialpolitik und Soziale Arbeit, Frankfurt/M. 1999.

Maria-Eleonora Karsten, Lüneburg

Sozialmedizin

S. ist ein eigenständiges theoretisches und praktisches Fachgebiet der Medizin. Sie beschäftigt sich mit den sozialen Ursachen (→Sozialepidemiologie) und Folgen von Krankheit und Behinderung sowie mit den gesellschaftlichen Maßnahmen zu ihrer Bewältigung. →Gesundheitswesen

Sozialpädagogik/Sozialarbeit: Ausbildung und Beruf

Obgleich Sozialpädagogen und Sozialarbeiter heutzutage zum selbstverständlichen öffentlichen Erscheinungsbild gehören, haben sich bislang klar unterscheidbare Berufsprofile ebensowenig durchgesetzt wie eine präzise und einheitliche Begriffsverwendung. Nach wie vor bedeutet die Rede von Sozialpädagogen bzw. Sozialarbeitern, je nach Kontext, etwas anderes (was sich unschwer in den amtlichen Statistiken oder am Beispiel des Aufbaus der sozialen Dienste in den neuen Bundesländern zeigen ließe), immer noch werden mit ein und demselben Begriff nicht-identische Personengruppen bezeichnet: auf der einen Seite, vergleichsweise pauschal und ausbildungsunabhängig, Beschäftigte im Bereich der sozialen bzw. sozialpflegerischen Berufe, auf der anderen Seite, etwa im Ausbildungssystem, relativ eng umrissen – z.T. sogar noch ausdrücklich unterscheidend zwischen Sozialpädagogen und Sozialarbeitern – lediglich an Fachhochschulen ausgebildete Personen. Infolgedessen ist es notwendig, die Sozialpädagogen/Sozialarbeiter genauer zu differenzieren.

1. Definitionsprobleme. Auch wenn vielfach die beiden Begriffe unsystematisch für Personen verwendet werden, die „irgendwie" im Bereich der Sozialpädagogik/Sozialarbeit (SP/SA) tätig sind, so kann man doch als eine Gemeinsamkeit dieser Gruppe festhalten, daß es sich durchweg um ausgebildete Personen handelt.

a) Ausbildung an Fachhochschulen: Als Sozialarbeiter und Sozialpädagogen werden überwiegend und vor allem die an Fachhochschulen und Gesamthochschulen (in Kurzstudiengängen) ausgebildeten Personen bezeichnet. Das Studium dauert hierbei in der Regel sechs Semester, Zulassungsvoraussetzung ist die Fachhochschulreife. Während dieses sechssemestrige Studium in den meisten Bundesländern mit einem anschließenden Berufsanerkennungsjahr abgeschlossen wird (‚zweiphasige Ausbildung'), haben einige Bundesländer die fachpraktische Ausbildung in Form von zwei Praxissemestern in das Studium integriert (‚einphasige Ausbildung'). Alle Fachhochschulstudiengänge in SP/SA schließen jedoch bundeseinheitlich mit einem Diplom ab (mit dem Zusatz „FH") und erlangen am Ende die staatliche Anerkennung.

b) Ausbildung an Berufsakademien: In einigen Bundesländern (vor allem BadenWürttemberg) werden Sozialpädagogen und Sozialarbeiter auch an Berufsakademien ausgebildet. Diese dreijährige Ausbildung in dualer Form (mit einem Wechsel von praktischer und schulischer Phase), der von Beginn an ein Ausbildungsvertrag mit einer Einrichtung der Sozialen Arbeit zugrundeliegt, endet ebenfalls mit einem Diplom und staatlicher Anerkennung (mit dem Zusatz „BA"). Uneinheitlich geregelt und bis heute umstritten ist die Frage der formalen Gleichwertigkeit der Ausbildungen an Berufsakademien und Fachhochschulen.

c) Ausbildung an Universitäten: An den Wissenschaftlichen Hochschulen, vor allem an den Universitäten, werden ebenfalls Sozialpädagogen ausgebildet, hauptsächlich im Rahmen von Diplom-Pädagogik-Studiengängen mit der Studienrichtung Sozialpädagogik, vereinzelt jedoch auch in Form einer grundständigen Diplom-Sozialpädagogen-Ausbildung oder aber in Lehramtsstudiengängen in der beruflichen Fachrichtung Sozialpädagogik (Sek. II). Die Regelstudienzeit beträgt bei diesen Studiengängen wenigstens acht Fachsemester, wobei im Falle des Diplomstudiengangs noch Praktika hinzukommen (je nach Standort zwischen zwei und acht Monaten). Zugangsvoraussetzung für das Universitätsstudium ist die Hochschulreife. Die Studierenden schließen i.d.R. als Diplom-Pädagogen, teils auch als Diplom-Sozialpädagogen ab, erlangen jedoch keine staatliche Anerkennung.

d) Jenseits der hier aufgeführten Ausbildungen gibt es keine weiteren regulierten Ausbildungen für Sozialpädagogen oder Sozialarbeiter. Dennoch müssen dem Ausbildungssystem für Sozial- und Erziehungsberufe zumindest noch die Fachschulen für Sozialpädagogik zugerechnet werden, die für die Ausbildung von Erziehern zuständig sind.

Die gegenwärtigen Ausbildungen für SP/SA haben ihren Ursprung in den Ausbildungen zur „Wohlfahrtspflegerin" einerseits und zur „Jugendleiterin" andererseits. Bis heute bleiben diese beiden Wurzeln nicht nur in dem ungeklärten Nebeneinander von SA und SP etwa in den unterschiedlichen Bezeichnungen von Studiengängen und Berufsabschlüssen sichtbar, sondern auch in der nach wie vor unbefriedigenden wissenschaftlichen Rückbindung dieser beiden Stränge einer modernen Sozialen Arbeit in einer gemeinsamen tragfähigen Leitdisziplin: Während der sozialpädagogische Zweig über die Ausbildung zur Jugendleiterin und Kindergärtnerin (heute: Erzieherin) eindeutig in pädagogischen Traditionen verwurzelt ist, hat die Sozialarbeit über die Armenfürsorge und Wohlfahrtspflege zugleich Elemente der Volkswirtschaft, des Rechtes, der Soziologie und Sozialpolitik, der Verwaltungswissenschaft, aber auch der Pädagogik und Psychologie in sich gebündelt. So drückt sich diese Kluft zwischen diesen relativ unverbundenen Traditionen auch in den diversen Versuchen aus, einerseits →„Theorien der Sozialpädagogik" und andererseits eine →„Sozialarbeitswissenschaft" zu entwickeln. Nicht wenige verbinden mit der immer stärker sichtbar werdenden Vermischung dieser beiden Stränge in den einzelnen Arbeitsfeldern, Handlungsmustern, Konzepten und Methoden die Hoffnung auf neue, sinnstiftende und handlungsleitende Ansätze einer integrativen →Sozialen Arbeit.

2. Ausbildungen und ihre Entwicklung.
a) Die Ausbildung für Sozialarbeit entwickelte sich im Kontext der bürgerlichen →Frauenbewegung im Anschluß an die Tradition und in Kritik der caritativen und kommunalen Armenpflege des 19. Jahrhunderts. In den 90er Jahren des letzten Jahrhunderts wurden zunächst erste Lehrgänge und Kurse für Frauen angeboten, die schließlich ab 1905 zur Gründung eigenständiger sozialer Frauenschulen führten, wobei vor allem Alice →Salomon eine zentrale Bedeutung zukommt (vgl. Sachße 1986).
Durch den Zusammenschluß in der – ebenfalls von A. Salomon gegründeten – „Konferenz Sozialer Frauenschulen Deutschlands" wurde 1917 der erste Schritt zur Vereinheitlichung und staatlichen Anerkennung dieser Ausbildungen in die Wege geleitet. Stabilisiert wurde diese Entwicklung durch eine Prüfungsordnung, die 1920 in Preußen in Kraft trat und in wesentlichen den Vorstellungen der →sozialen Frauenschulen entsprach: Nach zweijähriger Ausbildung und bestandener Prüfung an der Wohlfahrtsschule sowie nach Bewährung in einem anschließenden Berufsjahr wurde die staatliche Anerkennung als Wohlfahrtspflegerin im Falle der Vollendung des 24. Lebensjahres ausgesprochen (vgl. Salomon 1927).
Orientiert an Preußen führten in den Jahren danach auch die übrigen Länder Ausbildungserlasse ein; ab Mitte der 1920er Jahre kamen vereinzelt auch Ausbildungen für männliche Wohlfahrtspfleger auf. 1931 schließlich wurde die zweijährige Ausbildung mit einem sich daran anschließenden berufspraktischen Jahr zur reichseinheitlichen Ausbildungsform.
Nach dieser Phase des Aufbaus und einer ersten Konsolidierung der Wohlfahrtsschulen in den ersten 25 Jahren ihrer Existenz erlitt das Ausbildungswesen für soziale Berufe ab 1933 einen Rückschlag und wurde dadurch in seiner Entwicklung nicht unwesentlich zurückgeworfen: Durch die Auflösung einzelner Wohlfahrtsschulen, die Umbenennung in „Nationalsozialistische Frauenschulen für Volkspflege" und die Entlassung von Teilen des Lehrkörpers wurde vor allem die gewachsene Identität der Frauenschulen zerstört und durch eine „nationalsozialistische Geisteshaltung" ersetzt.
Sozialpolitik, Soziologie und Psychologie verschwanden ebenso aus den Lehrplänen wie allgemeinbildende, theoretische und historische Anteile. Pflegende Tätigkeiten und eine ideologisierte Familienorientierung wurden zu neuen Maßstäben einer nationalsozialistischen Volkspflege, die Anbindung der Jugendämter an die Gesundheitsämter und die Unterordnung der „Volkspfleger" unter ärztliche Regie verstärkten den Prozeß einer „Entfachlichung" der ehemaligen Wohlfahrtsschulen. Dieser Wandel sollte Auswirkungen bis in die 1950er Jahre haben.
Trotz erkennbarer Vorbehalte seitens der Dozenten und der Praxisvertreter gegen eine Überführung der Ausbildung in die Universitäten beginnt Anfang der 1950er Jahre – auch unter internationalem Eindruck – eine neue Diskussion um die adäquate „Ranghöhe der Ausbildungsstätten". Infolgedessen wird die Höhere Fachschule als Regelausbildung gefordert und ein Aufbaustudium an Universitäten zur Vorbereitung auf Leitungsaufgaben, Unterricht und Forschung letztlich befürwortet (vgl. Magnus 1953).
1958 wird demgemäß eine Revision und Vereinheitlichung der Ausbildung beschlossen und zwischen 1959 und 1964 – mit Auftakt in Nordrhein-Westfalen – in allen Bundesländern eingeführt (außer Baden-Württemberg). Das reformierte Konzept sieht eine dreijährige Ausbildung an den Schulen selbst sowie ein viertes berufspraktisches Jahr vor (ebenfalls in Regie der Ausbildungsstätten): Aus den Wohlfahrtspflegern der Nachkriegsjahre werden graduierte Sozialarbeiter (mit dem Zusatz „grad."), aus den Wohlfahrtsschulen werden Höhere Fachschulen für Sozialarbeit.

Mit dieser neuen Grundstruktur waren die Weichen für die Zukunft gestellt. Durch den Aufstieg der Sozialarbeit in den tertiären Bildungsbereich im Zuge der Errichtung von Fachhochschulen zu Beginn der 1970er Jahre wurde nochmals eine deutliche Steigerung der Attraktivität erreicht. In deren Folge kam es zu einem starken institutionellen Ausbau und zu einer fachlichen Annäherung von SP und SA etwa in eigenen Fachhochschulen für Sozialwesen (FHS) oder in gemeinsamen Fachbereichen.

b) Die Ausbildung zur Jugendleiterin entwickelte sich aus der Tradition und im institutionellen Rahmen der bereits bestehenden Ausbildungen für Kindergärtnerinnen. Lange Zeit war die Jugendleiterinnen-Ausbildung nur als einjähriger Weiterbildungskurs im Anschluß an eine berufliche Tätigkeit als (ausgebildete) Kindergärtnerin möglich. Zunächst mußte hierfür ein Jahr, ab 1929 zwei und ab 1932 drei Jahre einschlägige Berufstätigkeit für eine Zulassung nachgewiesen werden. Ende der 1940er Jahre wurde die Ausbildung selbst zunächst auf eineinhalb Jahre und Mitte der 1950er Jahre auf zwei Jahre verlängert. In dieser Phase ist bereits der Weg für eine grundsätzliche Neukonzipierung der Ausbildung – jenseits eines reinen Anhängsels an die Kindergärtnerinnen-Ausbildung – vorgezeichnet worden.

Unter Einbeziehung anderer Traditionen pädagogischer Dienste – etwa der Heimerzieherausbildung und ihrer Vorgeschichte – wird ab dann Mitte der 1960er Jahre in den einzelnen Bundesländern die Jungendleiterinnenausbildung aufgewertet zu einer vierjährigen Ausbildung an den – wie sie inzwischen hießen – Höheren Fachschulen für Sozialpädagogik mit dem Abschluß „Sozialpädagoge (grad.)". Mit der Überführung der Höheren Fachschulen in Fachhochschulen im Jahre 1971 erreicht die Neuordnung dieser Ausbildung ihren vorläufigen Abschluß und ihre organisatorische Annäherung an die Ausbildung von Sozialarbeitern. Im Zuge der Angleichung an das Hochschulrahmengesetz wird schließlich 1979 anstelle der Graduierung die Diplomierung der Absolventen von Fachhochschulen eingeführt.

c) Die heutige Ausbildung in SP/SA wird in Form von Fachhochschulstudiengängen für Sozialwesen in 30 staatlichen und 19 kirchlichen Einrichtungen angeboten. Durch die neuen Bundesländer sind weitere zehn staatliche und zwei kirchliche Fachhochschulstandorte hinzugekommen, so daß die Gesamtzahl in den 1990er Jahren bundesweit auf insgesamt 61 Fachhochschulen mit einem Studienangebot in SP und/oder SA angestiegen ist.

Trotz eines vorübergehenden Rückgangs Mitte der 1980er Jahre war das Interesse an dieser Ausbildung mit zumeist über 8000 Studierenden im ersten Studienjahr seit den späten 70er Jahren (mit Spitzenwerten von mehr als 9500 Anfang der 1980er Jahre) unvermindert hoch; örtliche Zulassungsbeschränkungen waren daher keine Seltenheit. Seit Beginn der 90er Jahre hat sich diese Entwicklung noch deutlich verstärkt. Aufgrund eines deutlichen Anstiegs – und verstärkt durch das Hinzukommen der neuen Bundesländer ab 1993 – waren zuletzt im Jahre 1997 mehr als 13 700 Studierende allein im ersten Studienjahr an den bundesdeutschen Fachhochschulen für Sozialwesen eingeschrieben. Dies hat zur Folge, daß die Zahl der Studierenden inzwischen bei über 51 000 liegt. Und nach einem zwischenzeitlichen Rückgang der Absolventenzahlen auf rund 6000 Anfang der 90er Jahre ist auch diese bis 1997 auf fast 9000 und damit auf einen neuen Höchstwert gestiegen (davon 72% Frauen).

d) Die Ausbildung von Diplom-Pädagogen an Universitäten wurde im März 1969 beschlossen. Mit Hilfe dieses neuen Qualifikationsprofils sollte zum einen der seit langem bestehende Mangel an hochqualifizierten Fachkräften für Leitungs- und Führungsaufgaben

(z. B. in der Laufbahn des Höheren Dienstes) in pädagogischen und sozialen Einrichtungen geschlossen werden; zum anderen sollte hierdurch zusätzlich eine attraktive Möglichkeit eines universitären Studiums im Rahmen einer modernisierten Erziehungswissenschaft geschaffen werden.

Der Diplomstudiengang wird überwiegend als grundständiger Hauptfachstudiengang angeboten (z.T. aber auch nur als Aufbaustudiengang), normalerweise verbunden mit der Möglichkeit, im Hauptstudium eine Studienrichtung als Schwerpunkt zu wählen. Nach der Rahmenprüfungsordnung der KMK und der WRK von 1989 sind das: Sozialpädagogik, Erwachsenenbildung/Weiterbildung, Sonderpädagogik, Pädagogik der Frühen Kindheit und Schulpädagogik (nur in Aufbauform).

Anfänglich wurde der Diplomstudiengang vor allem an den Pädagogischen Hochschulen eingerichtet und von diesen gewissermaßen für die eigene Statusaufwertung instrumentalisiert. Aufgrund einer starken Studienplatznachfrage studierten ab Mitte der 1970er Jahre bundesweit bereits 25 000–30 000, wodurch der Diplomstudiengang Erziehungswissenschaft rasch zu der am meisten nachgefragten sozialwissenschaftlichen Universitätsausbildung geworden ist (vgl. Rauschenbach 1992). Inzwischen sind seit Mitte der 90er Jahre mehr als 40 000 im Diplomstudiengang eingeschrieben, zu denen nochmals 12 000 Studierende hinzukommen, die Erziehungswissenschaft im Magisterstudiengang studieren (und dabei z.T. ebenfalls einen Schwerpunkt auf Sozialpädagogik legen). Nach einem neuen Minusrekord von 1650 Absolventen im Jahre 1992 hat auch hier die Absolventenzahl 1997 mit 3200 Examinierten im Diplomstudiengang eine neue Höchstmarke erreicht (hinzu kommen 400 Magister-Absolventen). In Anbetracht neuer Rekordmarken bei den Anfängern wird diese Zahl noch weiter steigen. Da hiervon über die Hälfte die Studienrichtung Sozialpädagogik als Schwerpunkt wählt, ist Sozialpädagogik innerhalb des universitären Diplomstudiengangs Erziehungswissenschaft zur gewichtigsten Studienrichtung geworden (vgl. Bundesarbeitsgemeinschaft 1988).

Derzeit werden Diplom-Pädagogen an insgesamt 48 Wiss. Hochschulen ausgebildet; daneben wird der Magisterstudiengang Erziehungswissenschaft an 46 Hochschulen angeboten. Damit gehören die erziehungswissenschaftlichen Hauptfachstudiengänge als fünftgrößtes Studienfach inzwischen zum alltäglichen Erscheinungsbild sozialwissenschaftlicher Universitätsstudiengänge.

3. Zur aktuellen Lage auf dem Arbeitsmarkt. Im Zuge eines außergewöhnlichen Anstiegs der Zahl der Erwerbstätigen in den „sozialpflegerischen Berufen" seit Beginn der 1970er Jahre (vgl. Rauschenbach 1992) hat sich auch die Zahl der Sozialpädagogen und Sozialarbeiter (FH) auf dem Arbeitsmarkt deutlich vermehrt; in der Jugendhilfe zwischen 1974 und 1994 von knapp 17 000 auf über 37 500, im gesamten Feld der sozialen Berufe zwischen 1978 und 1997 von etwas mehr als 20 000 auf über 81 000 Erwerbstätige. Dieser nach wie vor expandierenden Zahl von Beschäftigten standen, nach einer zunächst dramatischen Zunahme (1988: über 10 500), Ende 1997 rund 9000 arbeitslos gemeldete Personen in den sozialen Berufen mit einem Fachhochschulabschluß gegenüber (vgl. Rauschebach/Schilling 1997).

Wichtigster Arbeitgeber ist für die Fachhochschulabsolventen, im Unterschied zu den anderen sozialen Berufsgruppen, der öffentliche Dienst. Dementsprechend ist im Bereich der Jugendhilfe auch der größte Anteil der FH-Ausgebildeten in den Jugendämtern erwerbstätig, gefolgt von der Heimerziehung, der Jugendarbeit und der öffentlichen Kleinkindererziehung. Außerhalb der Jugendhilfe sind Sozialarbeiter und Sozialpädagogen im Gesundheitswesen, in der

Behindertenhilfe, in der Suchtkrankenhilfe, in sozialen Brennpunkten und in der Altenhilfe tätig.

Bei inzwischen weit mehr als 50 000 Ausgebildeten hatten Diplom-Pädagogen im Verlauf der 1980er Jahre, analog zu den Berufseinmündungsschwierigkeiten benachbarter Studiengänge, ebenfalls mit Arbeitsmarktproblemen zu kämpfen (vgl. Bahnmüller u.a. 1988). Diese haben sich in den letzten Jahren jedoch merklich verringert: Während 1988 noch über 4500 arbeitslos gemeldete „Diplom-Pädagogen" gezählt wurden, bewegte sich diese Zahl in den 90er Jahren ohne spürbaren Anstieg in einer Größenordnung von rund 3200. Diplom-Pägadogen, vor allem mit dem Schwerpunkt Sozialpädagogik, sind in der Jugendhilfe und Sozialen Arbeit zur wichtigsten universitären Berufsgruppe geworden (vgl. Rauschenbach 1992). Ende 1994 waren über 7100 allein in der Jugendhilfe erwerbstätig. Sie sind überwiegend bei den freien Trägern angestellt und verteilen sich vergleichsweise breit auf nahezu alle Felder der Sozialen Arbeit. Im Unterschied zu anderen Ausbildungen für soziale Berufe ist jedoch der Großteil der Diplom-Pädagogen außerhalb der Sozialen Arbeit erwerbstätig.

4. Perspektiven. Während die Debatten um die Sozialarbeiter und Sozialpädagogen in den 1970er Jahren u.a. von den Bemühungen einer Konsolidierung der neu aufgebauten Fachhochschulen und ihrer internen Probleme gekennzeichnet waren, lassen sich die 1980er Jahre als ein Jahrzehnt der (wenig ergiebigen) Studienreform und einer eher defensiven Reaktion auf einen immer prekärer werdenden Arbeitsmarkt für soziale Berufe beschreiben (vgl. Hanesch 1989). Am Ende des „sozialpädagogischen Jahrhunderts" (vgl. Rauschenbach 1999) zeichnen sich demgegenüber neue Herausforderungen ab: Nach dem erfolgreich abgeschlossenen Aufbau von Studiengängen und Hochschulstandorten in den neuen Bundesländern und neben der anstehenden Integration in Europa (→Europäische Sozialpolitik und Europarecht) werden künftig (1) Fragen der Modernisierung und Weiterentwicklung von Studiengängen eine Rolle spielen, (2) im Berufsfeld ein erhöhter Bedarf an Leitungskompetenz sichtbar werden (→Sozialmanagement), (3) Themen wie Qualitätssicherung und Zertifizierung auch für die Ausbildung von wachsender Bedeutung sein sowie schließlich (4) das Problem drohender Arbeitslosigkeit und einer Entfachlichung sozialer Dienste erneut für die Sozialpädagogik/Sozialarbeit auf der Tagesordnung stehen.
→Geschichte der Sozialarbeit; →Geschichte der Sozialpädagogik

Lit.: Bahnmüller, R. u.a.: Diplom-Pädagogen auf dem Arbeitsmarkt, Ausbildung, Beschäftigung und Arbeitslosigkeit in einem Beruf im Wandel, Weinheim und München 1988; Bundesarbeitsgemeinschaft der Diplom-Pädagogen (Hrsg.): Die Ausbildungssituation im Diplomstudiengang Erziehungswissenschaft, Essen 1988; Hanesch, W. (Hrsg.): Fachhochschule und Arbeitslosigkeit. Perspektiven für Arbeitsmarkt und Ausbildung in der sozialen Arbeit, Weinheim und München 1989; Magnus, E.: Zur Ausbildung der deutschen Sozialarbeiter, Frankfurt a.M. 1953; Rauschenbach, Th.: Jugendhilfe als Arbeitsmarkt. Fachschul-, Fachhochschul- und UniversitätsabsolventInnen in sozialen Berufen, in: Sachverständigenkommission 8. Jugendbericht (Hrsg.): Jugendhilfe – Historischer Rückblick und neuere Entwicklungen, Materialien zum 8. Jugendbericht (Band 1), München 1990, S.225–297; Rauschenbach, Th.: Sind nur Lehrer Pädagogen? Disziplinäre Selbstvergewisserungen im Horizont des Wandels von Sozial- und Erziehungsberufen, in: Zeitschrift für Pädagogik, 38.Jg., 1992, Heft 3, S.385–417; Rauschenbach, Th.: Das sozialpädagogische Jahrhundert. Analysen zur

Entwicklung Sozialer Arbeit in der Moderne, Weinheim/München 1999; Rauschenbach, Th./Schilling, M.: Das Ende der Fachlichkeit. Soziale Berufe und die Personalstruktur der Kinder- und Jugendhilfe im vereinten Deutschland, in: Neue Praxis, 27. Jg., 1997, Heft 1, S. 22–54; Sachße, C.: Mütterlichkeit als Beruf, Frankfurt a.M. 1986; Salomon, A.: Die Ausbildung zum sozialen Beruf, Berlin 1927.

Thomas Rauschenbach, Dortmund

Sozialpädagogische Beratung
→Beratung
→Soziale Beratung

Sozialpädagogische Familienhilfe (SPFH)
SPFH ist eine ambulante, intensive und längerfristig angelegte Maßnahme zur Hilfe der Erziehung. Der Schwerpunkt der SPFH liegt in der Unterstützung und Stärkung der Erziehung innerhalb der Familie. Mit Hilfe einer kompetenten, von außen kommenden Person – der Familienhelferin – soll die Familie entstandene Probleme unter Nutzung der vorhandenen Ressourcen selbständig lösen, wobei die Beachtung der sozioökonomischen und sozioökologischen Lebensbedingungen wichtige Komponenten der Arbeit darstellen.

Historische Vorläufer der SPFH sind die um 1880 in den USA und England gegründeten „Settlements". Die von jungen Akademikern eingerichteten sozialen Hilfswerke hatten die Zielsetzung – neben der unmittelbaren Hilfe zur Bewältigung der Alltagsprobleme – durch →Gemeinwesenarbeit und sozial orientierter Kommunalpolitik strukturelle Verbesserungen für die in den Armutsvierteln lebenden Familien zu erreichen. Das bekannteste Settlement war das von den Krankenschwestern Lillian D. Wald und Mary Brewster 1893 in New York gegründete Henry Street Settlement. Neben der unentgeltlichen Hauskrankenpflege wurde Aufklärungsarbeit mit präventivem Charakter geleistet mit der Zielsetzung, langfristig für die Familie entbehrlich zu sein.

In Deutschland konnten sich den Settlements vergleichbare Institutionen nicht etablieren. Traditionelle Betreuungsformen wie →Familienpflege/Hauspflege, →Erziehungsbeistand und Bezirkssozialarbeit weisen jedoch teilweise ähnliche konzeptionelle Grundgedanken auf, unterscheiden sich allerdings hinsichtlich des Arbeitsansatzes und der Betreuungsintensität von der SPFH. Die Ende der 60er Jahre geführten Diskussionen um die →Heimerziehung, u.a. die Frankfurter Heimkampagne, gaben den Anstoß für die Einrichtung der SPFH. Die ‚Berliner Gesellschaft für Heimerziehung' führte 1969 die erste SPFH durch. Als erstes Jugendamt mit eigener Konzeption richtete das Jugendamt Kreuzberg 1971/72 die SPFH ein, 1978 hatte sich die SPFH in allen zwölf Jugendämtern in West-Berlin etabliert. Die Institutionalisierung der SPFH setzte im Bundesgebiet im Jahre 1977 ein. Im ‚Modellversuch zur Vorbereitung der Jugendhilferechtsreform' wurden Projekte in den Caritasverbänden Ibbenbüren und Rheine und dem Diakonischen Werk in Kassel aus Mitteln des →Bundesjugendplans gefördert. Die quantitative Ausweitung dieser Hilfeform für Familien war zunächst begrenzt: 1980 hatten ca. 10% aller Jugendämter SPFH in ihrem Leistungsangebot, 1985 wurde jedoch bereits in 52% aller Jugendamtsbezirke SPFH durchgeführt, z.T. in Zusammenarbeit mit freien Trägern der Wohlfahrtspflege. Seit Inkrafttreten des →KJHG am 1.1.1991 ist die SPFH gesetzlich verankert. Im Abschnitt vier, ‚Hilfe zur Erziehung', erfaßt der § 31 die SPFH. In ihm wird die SPFH als Hilfe zur Selbsthilfe beschrieben, durch die die Familie intensive Betreuung und Begleitung in ihren Erziehungsaufgaben, bei der Bewältigung von Alltagsproblemen, der Lösung von Konflikten und Krisen und bei der Unterstützung im Kontakt mit Ämtern und Institutionen erfahren soll.

Das Klientel der SPFH rekrutiert sich größtenteils aus den unteren sozialen Schichten. Eine Untersuchung in Nordrhein-Westfalen ergab, daß die betreuten Familien eine überdurchschnittlich hohe Kinderzahl haben, die Eltern häufig über keinen Hauptschulabschluß verfügen und die Erwerbsquote vergleichsweise niedrig ist, was prekäre materielle Lagen der Familien zur Folge hat. Die Problemmerkmale der betreuten Familien liegen vor allem in der erzieherischen Überforderung der Eltern, in Beziehungsstörungen zwischen Ehepartnern und zwischen Eltern und Kindern, in Verhaltensauffälligkeiten der Kinder, Schulproblemen, in Defiziten in der Haushaltsführung und im wirtschaftlichen Bereich sowie in ungünstigen Wohnbedingungen; d.h. daß die Familien einerseits oft am Rande von Krisen leben und daß sie andererseits nicht über ‚Coping-Mechanismen und -Strategien' verfügen, um mit aufbrechenden Krisen adäquat umgehen bzw. diese bewältigen zu können. – Für den Fall, daß die angesprochenen Probleme kumulieren, hat sich die Bezeichnung ‚Multiproblemfamilien' durchgesetzt. In diesem Zusammenhang treffen Nielsen und Nielsen eine interessante, auch für Interventionen zentrale Unterscheidung, in dem sie zwischen Familien mit Einzel- und Familien mit Strukturkrisen differenzieren. Familien mit Einzelkrisen, die trotz erschwerter Lebensbedingungen prinzipiell noch eigene soziale Kompetenzen zur Bewältigung des Alltags besitzen, geraten durch unerwartete und schwerwiegende, jedoch singuläre Ereignisse in Situationen, die sie mit eigenen Handlungsmöglichkeiten nicht mehr bewältigen können, während Familien mit Strukturkrisen über Jahre mit Problemen belastet und durch tiefgreifende Dauerbelastungen in ihrer Handlungsautonomie eingeschränkt sind.

Die Vorgehensweise innerhalb der SPFH orientiert sich an unterschiedlichen Konzepten. Generell gilt, daß die Auswahl der Familie auf Vorschlag des Jugendamts oder in Absprache mit ihm getroffen wird, wobei die freiwillige Entscheidung der betroffenen Eltern Voraussetzung ist. In der Regel arbeitet die Familienhelferin in der Familie über einen Zeitraum von etwa zwei Jahren ca. 10–15 Stunden in der Woche, wobei sich die Tätigkeit in drei Phasen gliedert: Die Einstiegsphase, die etwa drei Monate dauert und in der die Bereitschaft zur gegenseitigen Zusammenarbeit geklärt und die weiterführenden Arbeitsvereinbarungen getroffen werden. Die Hauptphase beträgt ca. zwölf Monate; sie kann zweimal verlängert werden; eine weitere Verlängerung ist nur unter besonderen Bedingungen möglich. In der Ablösephase reduziert die Familienhelferin allmählich ihre Anwesenheit in der Familie.

Zu den Aufgaben der Familienhelferin gehören die →Beratung der Eltern in Erziehungsfragen und bei Partnerproblemen, die Reflexion von Kommunikations- und Interaktionsprozessen innerhalb der Familie und mit den Familienmitgliedern, die Anleitung zur Pflege der Kinder, Haushaltsführung, wirtschaftlicher Planung, Gesundheitsvorsorge und in Ernährungsangelegenheiten, Hilfe bei Schulaufgaben und Behördenangelegenheiten. Förderung von Kontakten zur Außenwelt und die Einbindung in soziale →Netzwerke.

Für die Ausbildung zur Familienhelferin gibt es in der BRD keinen allgemeingültigen Standard. In der Familienhilfe sind gegenwärtig vor allem Sozialarbeiter, Sozialpädagogen, Erzieherinnen, Familienpflegerinnen, Diplompädagogen sowie Psychologen tätig; aber auch – zunehmend weniger – Kräfte ohne Ausbildung im sozialen oder pädagogischen Bereich. In der Mehrzahl sind Frauen in diesem Berufsfeld tätig. Sie sind bei den Jugendämtern oder freien Trägern mit unbefristetem Arbeitsvertrag oder auf der Basis von ABM- bzw. Honorarverträgen angestellt. Von den Familienhelferinnen wird ein umfangreiches fachliches Wissen, Methodenvielfalt, Erfahrung in der praktischen Arbeit mit Eltern und Kindern, Flexibilität, Kooperationsfähigkeit, ein hohes Maß an Belastbarkeit, Frustrationstoleranz sowie eine selbstreflektierende Fähigkeit zur Auseinandersetzung mit der eigenen Arbeit verlangt.

Eine Reihe unterschiedlicher Organisationsformen haben sich im Rahmen der SPFH durchgesetzt, so daß sich gegenwärtig vor allem die folgenden Familienhilfe-Modelle ausdifferenzieren lassen:

– Das Berliner Honorarmodell:
Die Familienhelferinnen arbeiten auf Honorarbasis, d.h. ohne Festanstellung, bis maximal 19 Stunden pro Woche während eines Zeitraums von zwei bis drei Jahren, wobei die Tätigkeit auf eine Familie beschränkt ist. Über den Einsatz der SPFH entscheidet der Bezirkssozialarbeiter in Absprache mit dem Abteilungsleiter in der Familienfürsorge. Ein Arbeitsplan wird von der Familienhelferin und dem Bezirkssozialarbeiter gemeinsam entwickelt.

– Das Diakoniemodell:
In der Stadt Kassel wird die SPFH vom Diakonischen Werk in enger Kooperation mit dem Jugendamt stadtteilorientiert organisiert und durchgeführt. Die SPFH wird dadurch in das Umfeld der betreuten Familien integriert und die Zusammenarbeit mit den im Stadtteil wichtigen Institutionen gewährleistet. Das Familienhilfezentrum ist der Arbeitsplatz der Familienhelferin und bietet Möglichkeiten zur Arbeit mit den Familien außerhalb deren eigener Wohnung. Aus konzeptionellen Gründen werden nur Sozialarbeiter/Sozialpädagogen eingestellt.

– Das Caritasmodell:
Diese Modellform, die in Zusammenarbeit mit dem Jugendamt und freien Trägern durchgeführt wird, ist hauptsächlich in Nordrhein-Westfalen verbreitet. Zusammen mit einer Sozialarbeiterin oder einer Pädagogin mit vergleichbarer Qualifikation als Leitungsfachkraft arbeiten als Familienhelferinnen überwiegend Erzieherinnen und Familienpflegerinnen. Die vom Land Nordrhein-Westfalen durch Personalkostenzuschüsse geförderte Familienhilfe wird pauschal finanziert. – Der Caritasverband Rheine hat vor dem Hintergrund langjähriger Erfahrungen einige konzeptionelle Modifikationen eingeleitet. Die Betreuung der Familie erfolgt hier durch ein Team von zwei Helferinnen mit unterschiedlichen Kompetenzen, wenn möglich bilden ein Mann und eine Frau ein Team. Darüber hinaus wird der Gruppenarbeit mit den betreuten Familien besondere Bedeutung zugemessen; diese besitzt einen therapeutischen Stellenwert und soll insbesondere zu Selbsthilfeinitiativen anregen.

– Die Sozialpädagogische Familienhilfe in Heimträgerschaft:
Die Sophienpflege im Landkreis Tübingen, eine evangelische Einrichtung für Jugendhilfe, der u.a. Außenwohngruppen und Tagesheimgruppen angehören, führt in Zusammenarbeit mit dem Kreisjugendamt Familienhilfemaßnahmen durch. Die Dauer des Einsatzes richtet sich nach der Fallstruktur und beträgt manchmal auch weniger als ein Jahr. Eine Nachbetreuung ist auch nach Beendigung der Hilfemaßnahme gegeben. – Bei der SPFH in Heimträgerschaft handelt es sich um eine Ausnahmekonzeption.

Kritik: Neben den generell für Sozialarbeit bzw. Sozialpädagogik geltend zu machenden Kritikpunkten (Kontrollverpflichtung vs. Hilfe, Austarierung von Nähe und Distanz, Unterschiede in den Wertvorstellungen von Professionellen und Betreuten) zeigen sich in der SPFH insbesondere aufgrund der unmittelbaren Einbettung der Maßnahme in die Lebenspraxis der Betroffenen einige Probleme in gesteigerter Form:

– Die vor allem zu Beginn der SPFH eingeführte Orientierung an der Honorarvergütung (Berliner Modell) kann die Familienhelferin in einen Konflikt dergestalt führen, daß sie nicht (oder nur in abgeschwächtem Maße) auf die Beendigung der Maßnahme hinarbeitet, da sie finanziell hiervon unmittelbar tangiert wird.

– Die in den verschiedenen Konzeptionen angesprochene Freiwilligkeit der Teilnahme ist faktisch nicht oder nur sehr schwer zu gewährleisten. Zu denken ist an Fälle, in denen die Behörde zum Eingreifen verpflichtet ist (z.B. Vernachlässigung der Kinder), oder an Vorkommnisse bzw. Konstellationen in der Familie, in denen die behördliche Definitions- und Eingriffsmacht es für die Familie geraten sein läßt, sich auf die Maßnahme einzulassen, um weitergehende Folgen zu verhindern.

– Die Berichtspflicht der Familienhelferin gegenüber der zuständigen Institution macht es schwer, die mit der Maßnahme intendierte Offenheit im Hinblick auf die betreute Familie zu realisieren. Die Helferin steht vor dem Dilemma, entweder einerseits über vertrauliche Geschehnisse berichten zu müssen und damit möglicherweise das Vertrauensverhältnis zur Familie zu zerstören, oder andererseits nicht auf den Aufbau einer Vertrauensbeziehung hinzuarbeiten und damit kontraproduktiv in bezug auf die gestellte Aufgabe zu agieren.

– Das i.d.R. mit den Maßnahmen einhergehende ‚Einzelkämpfertum' kann gerade im Fall einer intensiven, in die Intimsphäre einer Familie eingreifenden Arbeit zu großen Belastungen bei der Familienhelferin führen, die sich, wenn sie nicht z.B. durch →Supervisionsangebote ‚aufgefangen' werden, zu ernsten beruflichen Schwierigkeiten bis hin zu →‚burnout'-Erscheinungen oder dem Verlassen des Berufs verfestigen können.

– Die im Zusammenhang der SPFH vorgenommenen Problemzuschreibungen und Lösungsansätze richten sich primär auf die Familie und vernachlässigen den übergreifenden gesellschaftlichen Kontext. Insofern bleibt zu prüfen, inwieweit die Familie für Mißstände (in) der Gesellschaft herangezogen wird bzw. inwieweit dort produzierte Konflikte ihr (allein) zur Lösung auferlegt werden, so daß an Symptomen nicht aber deren Ursachen kuriert wird.

Lit.: Christmann, C./Müller, C. W. unter Mitarbeit von Elger, W.: Sozialpädagogische Familienhilfe 1986, Berlin 1986; Elger, W.: Sozialpädagogische Familienhilfe, Neuwied 1990; Enders, U.: Sozialpädagogische Familienhilfe: Fortschritt oder Rückschritt der Jugendhilfe? In: Karsten, M. E./Otto, H.-U. (Hg.): Die sozialpädagogische Ordnung der Familie. Weinheim 1987, S. 171–185; Nielsen, H. & K.: Familienhelfer als Familienanwalt, Frankfurt a.M. 1985; Nielsen, H. & K./Müller, C. W.: Sozialpädagogische Familienhilfe, Weinheim 1986; Peters, F.: Zur Kritik der Sozialpädagogischen Familienhilfe, in: Widersprüche 10 (1990), S. 29–51; Symposiumsbericht: Systemische Arbeit in der Familie, Lochau 1991.

Ursula Blömer und Detlef Garz, Oldenburg

Sozialpädiatrie

S. befaßt sich als Teilgebiet der Sozialmedizin mit den sozialen Ursachen und Folgen von Krankheit und Behinderung im Kindes- und Jugendalter sowie mit den gesellschaftlichen Maßnahmen zu ihrer Bewältigung. →Gesundheitswesen

Sozialpathologie

Von Erich Fromm (1900–1980) in der Tradition der Frankfurter Schule (→Kritische Theorie) formulierter Begriff, der neben die Auffassung, das Problem der seelischen Gesundheit innerhalb einer Gesellschaft sei nur das der „nicht angepaßten" Einzelpersonen, die Vorstellung eines pathologischen Zustandes der (namentlich westlichen) gesamten Gesellschaft stellte.

Sozialpflegerische Dienste

Diese ambulanten Dienste, die überwiegend Institutionen der →Freien Wohlfahrtspflege und der Kirchen sind, bieten häusliche →Alten-, Haus-, →Familien- und Krankenpflege durch entsprechend qualifizierte Pfleger und Pfegehelfer an. Die Kosten können unter Umständen durch eine Sozialversicherung oder durch den zuständigen →Sozialhilfeträger übernommen werden. →Sozialstation

Sozialphilosophie

1. Begriff. Sozialphilosophie bezeichnet jenen Teil der philosophischen Lehre vom Menschen (Anthropologie), der die Anlage des Menschen als gesellschaftliches, d. h. soziales und politisches Wesen und die entsprechenden institutionalisierten Sozialformen reflektiert. Der Begriff S., der zu Beginn des 19. Jh. als Titel für die sozialreformerischen Ideen Saint-Simons, Fouriers u. a. aufkam, hat sich allerdings bislang nicht allgemein durchgesetzt, insbesondere weil auch in den modernen Sozialwissenschaften wie Soziologie, Politologie und auch in der Rechtsphilosophie die o. g. Grundfragen im Sinne einer allgemeinen Theorie der Gesellschaft angegangen werden, wenn und insofern sie sich nicht auf die empirische Sozialforschung, also die Beobachtung und Beschreibung der faktischen Sozialformen, beschränken. S. hat – ausgehend vom empirischen Befund – die Aufgabe, die Sozialgebilde der Gesellschaft analytisch-kritisch im Hinblick auf die implizierten Axiome, die methodischen Voraussetzungen und die praktischen Handlungskonsequenzen zu reflektieren und konstruktiv-projektiv ihre Umgestaltung vorzudenken. Kriterium für Kritik und Konstrukt ist eine Idee vom Wesen des Menschen und seiner gesellschaftlichen Grundverfaßtheit – ein Entwurf, der seinerseits stets der Kritik und Neukonstruktion unterworfen bleibt.

2. Geschichte. Die Geschichte sozialphilosophischer Entwürfe zeigt stets neue Spielarten eines „Individualismus" und eines „Kollektivismus". Geht man vom Individuum mit seinen Bedürfnissen, Eigenschaften, Antrieben, Interessen und Zielen aus, wird „Gesellschaft" leicht als eine Ansammlung bloßer Mittel zur Durchsetzung individueller Interessen gesehen, ohne eigenen Wert und ohne eigene Identität. Setzt man jedoch bei der Gesellschaft als einer eigenständigen Größe an, die als Ganzheit mehr ist als die Summe der sie bildenden Individuen, dann wird „Gesellschaft" leicht zu einem übergeordneten Wesen überhöht, dem das Individuum nur mehr als Exemplar seiner Gattung dient.

In der jüdisch-christlichen Tradition des Abendlandes konnte die Spannung zwischen der gesellschaftlichen Einheit („Gemeinschaft") und der Vielheit der je einmaligen Individuen durch den Begriff der menschlichen Personalität ausgehalten werden, der nämlich gleichzeitig Selbst-Sein und Mit-Sein der Individuen bedeutet und damit die in Interaktion und Kommunikation sich realisierende Zusammengehörigkeit der Mitglieder der Gesellschaft durch eine gemeinsame Idee, einen gemeinsamen Sinngehalt konstituiert. In einer weltanschaulich homogenen Gesellschaft wie der des Mittelalters erfüllte die kirchliche Lehre diese Funktion, genauer: Der gemeinsame Glaube an die gemeinsame Gottesgeschöpflichkeit und Gottesebenbildlichkeit überbrückte mittelbar alle Trennungen nach Stand, Geschlecht, Fähigkeiten usw. Genau hier lag denn auch die Begründung für soziale Arbeit: Verantwortlich für die Lage des einzelnen sind zwar letztlich Gottes Wille und die eigene Demut, diesen anzunehmen; die Zusammengehörigkeit „in Gott" begründet jedoch auch die Tugend der Barmherzigkeit. Hilfe geschieht hier „in Gottes Namen", und in seinem Namen kann sie auch verweigert werden.

Der Verlust der Gemeinsamkeit dieses die Gemeinschaftlichkeit der Gesellschaft begründenden Glaubens ließ erneut die Frage stellen nach der Instanz, die uns unsere gemeinsame Verantwortungswelt vermittelt, nachdem dies eine allseits anerkannte Religiosität nicht mehr erbringen kann. Wenn die Nächstenliebe ihr verpflichtendes Substrat der Gottesliebe verliert, scheint sie den

Charakter einer zufälligen, beliebigen Verhaltensweise anzunehmen, die wie jede andere Verhaltensweise biologischen, soziologischen und psychologischen Zweckmäßigkeitsregeln folgt. An dieser Stelle wurde für die Entwicklung des neuzeitlichen Demokratieverständnisses die Theorie des Gesellschaftsvertrags bestimmend, wie sie von Salamonius, Suárez, Hobbes, Locke, Rousseau, Pufendorf und Paine entwickelt wurde. Die Vertragstheorie geht davon aus, daß im „Naturzustand" der Menschheit die naturwüchsig friedliche Koexistenz der isolierten Individuen oder Sippen durch sich verändernde Umweltbedingungen und vermehrte Fortpflanzung bedroht war und daher durch die Erfindung des gegenseitigen Vertrages gesichert werden mußte. Am Beginn dieses Konzeptes steht also die gemeinsame Erfahrung realer gegenseitiger Bedrohung und die gemeinsame Einsicht in die Notwendigkeit, gegenseitige Verpflichtungen anzuerkennen.

Dieser gerade in Amerika lebendig gebliebene Glaube an das freie Vertragsschließen, an die Gleichheit der Vertragspartner sowie an die Rationalität der freien Unterwerfung unter eine gemeinsame Herrschaftsinstanz findet sich übrigens analog in ausgeprägter Form auch in den amerikanischen Theorien von social work, die in den letzten Jahrzehnten in Europa rezipiert wurden. Auf diesem Umweg wurde in Europa innerhalb der Sozialarbeit eine alte europäische Idee neu entfacht, die in der Sozialphilosophie Europas allerdings längst ihre Überzeugungskraft verloren hat. Schon →Rousseau hatte darauf hingewiesen, daß der „contrat social" nur realisiert werden könne, wenn zuvor ungefähr gleiche Eigentumsverhältnisse für alle Bürger hergestellt würden. Bei Kant und Fichte ist der „ursprüngliche Kontrakt" selber gar nicht zu realisieren, sondern er wird nur noch als „gedachter Vertrag", d.h. als gedachte Bedingung der Möglichkeit gesellschaftlichen Zusammenlebens, also als „bloße Idee der Vernunft" verstanden, die die Legislative darauf verpflichtet, Gesetze so abzufassen, als hätten sie einem „Gemeinwillen" des Volkes entstammen können. Aber nicht nur der Vertragsschluß, auch die Freiheit und Gleichheit der vertragschließenden Partner sind „gedacht", d.h. denknotwendige Postulate unter der Voraussetzung, daß die Erhaltung gesellschaftlichen Lebens als allgemeingültiger Wert anerkannt wird. Deshalb wurde in Europa das Vertragsmodell zugunsten prozessualer Konzepte relativiert. Freiheit, Gleichheit, Menschenwürde sind erst geschichtlich-prozeßhaft zu erarbeiten. Adam Smith, der als Professor für Moralphilosophie die moderne Wirtschaftswissenschaft begründete, setzte auf den Markt der Egoisten in der Annahme, daß das Gemeinwohl durch die Antagonismen der ihre Partikularinteressen verfolgenden Individuen hergestellt werde und gerade die gegensätzlichen Bestrebungen der Bürger aufs ganze einen als Optimum angesehenen gesellschaftlichen Gleichgewichtszustand erzeugen würden. Die entgegengesetzte Schlußfolgerung zog bekanntlich Marx, indem er die Vorbedingung Rousseaus, nämlich gleiche Eigentumsverhältnisse für alle Bürger, aufgriff. Marx setzte auf den dialektisch-prozessualen Antagonismus nicht der Individuen, sondern der Klassen von Kapitaleignern und Besitzlosen, und nach ihm stellt sich die gesellschaftliche Balance nicht wie bei Smith als Schlußbilanz aller sozialen Einzelbewegungen her, vielmehr muß sie durch die Revolution der Besitzlosen herbeigeführt werden. Allerdings – und hier nennt auch Marx eine conditio sine qua non – ist eine solche Revolution nur sinnvoll, wenn sie „die Herrschaft aller Klassen mit den Klassen selbst aufhebt", d.h. wenn sie auch die Notwendigkeit von Herrschaft überhaupt beseitigt.

3. Sozialphilosophie und Soziale Arbeit unter den Bedingungen des Pluralismus. Nach dem praktischen Niedergang des

marxistischen Konzepts muß jedoch keineswegs nur dessen illusionärer Optimismus skeptisch gesehen werden, sondern auch der des westlichen Liberalismus. Dieser hat unterdessen eine wesentliche Korrektur durch das Konzept des weltanschaulichen und gesellschaftlichen →Pluralismus erhalten, das die sozialphilosophische Grundlage für unseren heutigen sozialen Rechtsstaat abgibt.

Obwohl auch im Pluralismuskonzept die tatsächliche Ungleichverteilung der Ressourcen und damit von Macht nicht generell beseitigt ist, wird sie jedoch analysiert und kontrolliert durch das Gleichheitsprinzip auf der Erkenntnis- bzw. Kommunikationsebene. Die gleichzeitige Entgegensetzung von Ungleichheit in praktischer und von Gleichheit in theoretischer Hinsicht ermöglicht eine gemeinsame, nämlich von der allen gemeinsamen Vernunft geleitete Prüfung der gegenseitigen Wahrheitsansprüche und moralischen Handlungsmaximen.

So zwingt der Pluralismus trotz Machtungleichgewicht und interessengeleiteter Einflußnahme zu einer gemeinsamen Haltung, nämlich von der subjektiven Wahrhaftigkeit auch extrem Andersdenkender auszugehen und für die Fortentwicklung der eigenen Überzeugungen durch andere offen zu sein. In Anbetracht der fehlenden absoluten Instanz ist jedem Individuum wie jeder sozialen Gruppe durch das Partizipationsprinzip garantiert, an dem pluralen Auseinandersetzungsprozeß um Interpretation und Gestaltung der gesellschaftlichen und sozialen Realität teilnehmen zu können. Dabei wird allerdings jeder Teilnehmer sich fragen (lassen) müssen, wo in seiner Interpretation denn jene Realität vorkommt, die den Anderen gerade zu einer anderen Interpretation und damit zu anderen Handlungsmaximen gebracht hat.

Pluralismus bedeutet deshalb nicht ein alle Gewißheiten vernichtenden Relativismus, sondern eine Rahmenbedingung, eine Plattform, die es allen Konkurrenten um die „richtige" Interpretation und die „gerechte" Handlungsmaxime erst ermöglicht, trotz ungleicher Verteilung von Ressourcen und Gewaltmitteln am Leben zu bleiben, um an der Auseinandersetzung um Wahrheit und Gerechtigkeit partizipieren zu können. Pluralismus ist die politisch-praktische Ebene jener „idealen Kommunikationsgemeinschaft", in der nach der Habermas'schen Diskursethik im herrschaftsfreien Dialog die Maximen richtigen Handelns ausgehandelt werden.

Real findet dieser Diskurs unter bestimmten herrschenden Bedingungen statt, an deren (ungleicher) Machtverteilung konkrete Personen und Institutionen beteiligt und interessiert sind. Der Rekurs auf die vernunftgeleitete Argumentation und die ideale herrschaftsfreie Kommunikationsgemeinschaft verhindert dabei immerhin, daß einer der Teilnehmer durch ein „Machtwort" schlicht „kurzen Prozeß" macht. Toleranz ist deshalb unter den Rahmenbedingungen des Pluralismus zwar nicht die höchste, aber die allererste Tugend, ohne die es zum Streit um „Wahrheit" und „Gerechtigkeit" und die daraus resultierenden Maximen für die Gestaltung der Gesellschaft erst gar nicht käme. Toleranz (→Ethik) bedeutet Respekt vor jedem Menschen als einem Mitglied des Menschengeschlechts; ich achte im anderen mich selbst und das Menschengeschlecht. Deshalb „dulde" (lat. tolerare) ich seine Andersheit auf der Grundlage unserer konstitutiven Verbundenheit („Verantwortungsgemeinschaft"). Man kann dies die Metaebene der pluralen gesellschaftlichen Praxis nennen, auf der es darum geht, die Bedingungen für eine faire Auseinandersetzung um die richtigen Werte und die gültigen Normen, um gerechte Lebenschancen, ja sogar um „Sinn" zu schaffen. Auf der normativen Ebene, auf der diese Auseinandersetzung selbst stattfindet, übt aber die historisch gewachsene ungleiche Machtverteilung, über deren Berechtigung u. a. ja auch gestritten wird, einen beträchtlichen Einfluß auf die Wahrnehmung von Lebenschancen aus. Die Etablierung des sozialen Rechtsstaats hat an dieser Stelle zum Ziel, jeden Teilnehmer an der Auseinandersetzung auf der lebenspraktischen Ebene nicht unterdessen aus der Teilnahme an den gesellschaftlichen Lebenschancen herausfallen zu lassen. Als wesentliches Instrument zur Bewältigung dieser Aufgabe ist die professionelle Soziale Arbeit anzusehen.

Aus sozialphilosophischer Sicht hat infolgedessen auch die Soziale Arbeit auf zwei Ebenen gleichzeitig zu agieren: auf der Meta- und der normativen Ebene der sozialen Praxis. Auf der Metaebene ist der Helfer der unbedingte Anwalt der Menschenwürde der Ohnmächtigen, der Benachteiligten, der (wie auch immer an der vollen Ausübung ihrer Teilhaberrechte) Behinderten. Die wichtigste gesellschaftliche Funktion und der zentrale Sinn der als Beruf installierten sozialen Hilfe ist das Einfordern der fairen Beteiligung jener an der gesellschaftlichen Verteilung von Lebenschancen, die an der eigenständigen Vertretung ihrer Bedürfnisse und Interessen gehindert sind. Die gesellschaftliche Legitimation der professionellen sozialen Hilfe liegt genau hier, und sie ist identisch mit der Selbstlegitimation unseres Gemeinwesens als sozialem Rechtsstaat.

Hat die pluralistische Gesellschaft auf der Metaebene den sozialen Helfer gleichsam als Kontrolleur gegenüber sich selbst eingesetzt, so muß der Helfer gleichzeitig auf der normativen Ebene „Normalisierungsarbeit" (M. Schmitz) mit seinen Klienten leisten, um durch pädagogische, rechtliche, ökonomische oder ökologische Interventionen nicht nur die größtmögliche Selbstbestimmung und Selbstverantwortung seiner Klientel zu erreichen, sondern auch deren Selbstvertretung. Dies bedeutet Mitarbeit an der Realisierung des →Subsidiaritätsprinzips, das heute noch keineswegs von allen Seiten anerkannt ist.

Dieses dritte Grundprinzip der pluralen Demokratie verlangt die Selbstvertretung und die eigenständige Problemlösung auf möglichst „unterer" Ebene, wobei diese ein Anrecht auf Unterstützung (lat. subsidium) durch die jeweils nächststehende und nächstgrößere Gruppe hat, die ihrerseits keine Aufgaben an sich ziehen darf, die die jeweils „untere" Einheit ebenso gut oder besser erfüllen kann. Da dies in der Regel dem Machtbedürfnis der großen gesellschaftlichen Interessenverbände zuwiderläuft, müssen auch die allenthalben entstandenen →Selbsthilfegruppen in ihren subsidiären Rechten von der professionellen Sozialen Arbeit unterstützt werden. Solche Förderung im Sinne „zivilgesellschaftlicher" Verantwortung erfährt eine ganz anders geartete Motivation durch den in den USA entwickelten →Kommunitarismus, der in jüngster Zeit besondere Beachtung auch in der europäischen bzw. deutschen Diskussion gefunden hat. In der Auseinandersetzung mit der Theorie von Rawls gibt Michael Walzer die Suche nach einer universell gültigen Bestimmung von Gerechtigkeit auf und spricht nur mehr von unterschiedlichen, von einander abgegrenzten Sphären, denen jeweils ein spezieller Gerechtigkeitsbegriff zu eigen ist. Für Charles Taylor liegt die politisch-philosophische Konsequenz in der zivilgesellschaftlichen Selbstregierung der Gruppen in der multikulturellen Gesellschaft.Amitai Etzioni hat diese Ansätze in politisch-praktischer Absicht gegen den zur Zeit herrschenden Hayekschen Neoliberalismus in Stellung gebracht und eine kommunitaristische Gegenoffensive in Politik und sozialer Arbeit organisiert.

→Ethik; →Soziale Arbeit als Menschenrechtsprofession

Lit.: Etzioni, A.: Jenseits des Egoismus-Prinzips: ein neues Bild von Wirtschaft, Politik und Gesellschaft, Stuttgart 1994; Höffe, O.: Ehtik und Politik. Grundmodelle und -probleme der praktischen

Philosophie, Frankfurt/M. 1979; Kremendahl, H.: Pluralismustheorie in Deutschland. Entstehung, Kritik, Perspektiven, Leverkusen 1977; Neumann, F. (Hg.): Politische Ethik – Handbuch, Baden-Baden 1985; Rawls, J.: Eine Theorie der Gerechtigkeit, Frankfurt/M. 1975; Schlüter, W.: Sozialphilosophie für helfende Berufe. Der Anspruch der Intervention, München-Basel ³1995; Schmitz, M.: Funktionsbestimmung der Sozialarbeit und die Moderne – Vorarbeiten zur Wirkungsanalyse sozialarbeiterischer Interventionen, Bielefeld 1984; Taylor, Ch. Multikulturalismus und die Politik der Anerkennung, Frankfurt a.M. 1997; Walzer, M.: Sphären der Gerechtigkeit, Frankfurt a.M./New York 1992.

Wolfgang Schlüter, Aachen

Sozialplanung

1. Definition. Unter S. kann die Planung des „Sozialen" verstanden werden. Diese Definition erfordert die nähere Bestimmung der zwei Begriffe Planung und sozial. Planung kann man in einer allgemeinen Bedeutung definieren als die gedankliche Vorwegnahme von Handlungen, die – z.T. unter Verwendung von bestimmten Ressourcen – zur Erreichung bestimmter Ziele eingesetzt werden. Handlungen und Ressourcen sind in diesem Zusammenhang die Mittel, die zur Erreichung von Zielen dienen sollen. Für jede Planung steht also das Verhältnis von Mitteln zu Zielen im Mittelpunkt. Für diese Planung müssen eigentlich diese Ziel-Mittel-Verhältnisse „als (vermeintliche oder wirkliche) Kenntnisse über Abläufe und Zusammenhänge im jeweiligen Objektbereich des Planens vorliegen" (Tenbruck). Nur auf der Grundlage dieser Kenntnisse kann beim Einsatz eines bestimmten Mittels die Erreichung eines bestimmten Zieles auch vorhergesagt werden. Wenn S. nun als die Planung des „Sozialen" definiert wird, dann kann das „Soziale" sowohl das Ziel, als auch das Objekt der Planung sein. Als Ziel der Planung taucht das „Soziale" z.B. im Sozialplan nach dem Bundesbaugesetz oder im betrieblichen Sozialplan auf: Das Ziel der Planung ist in diesen Fällen, eine soziale Sicherung derjenigen zu erreichen, für die die Planung erfolgt – beim betrieblichen Sozialplan als Hauptziel, bei der Planung nach dem Bundesbaugesetz als Nebenziel der Bauplanung. Wird das „Soziale" zum Objekt der Planung, so kann damit gemeint sein, daß „die Gesellschaft" – das „soziale System" – geplant werden soll („comprehensive social planning") oder daß die Sozialpolitik bzw. Teile davon Objekt der Planung sind. – Im vorliegenden Zusammenhang soll allein der letzte Aspekt (Planung von →Sozialpolitik) Gegenstand der Überlegungen sein.

2. Geschichte. Ohne daß der Begriff S. Verwendung gefunden hat, hat es rational-planende Eingriffe zur Schaffung sozialer Sicherheiten auf kommunaler Ebene bereits seit Beginn der Neuzeit (Nürnberg schon 1478) und landesweit bereits in der 1. Hälfte des 19. Jahrhunderts z.B. mit dem Verbot von →Kinderarbeit (Preußen 1839) oder der Schaffung eines →Unterstützungswohnsitzgesetzes (Preußen 1842) gegeben. Explizit wird dann erstmals 1952 von Mackenroth von einem „deutschen Sozialplan" gesprochen, der das Ziel haben sollte, sozialpolitische Forderungen systematisch bundesweit zu ordnen und zu bewerten, sowie diese mit wirtschaftspolitischen Restriktionen in Einklang zu bringen; hiermit war eine gesamtgesellschaftliche S. intendiert. Eine gewisse Konjunktur bekommt der Begriff S. dann gegen Ende der 1960er Jahre als mit der gesellschaftlich weit verbreiteten Vorstellung einer rationalen Lösbarkeit aller Probleme auch völlig neue Bereiche der Gesellschaft planerischen Überlegungen unterworfen wurden (z.B. Bildungsplanung, Regionalplanung, Curriculumplanung). Hierzu zählt

auch der Bereich des Sozialen, allerdings mit der Einschränkung, daß sich die planerischen Überlegungen zunehmend stärker von politologischen Konzepten der Planung „der Gesellschaft" zu Planungen von Bereichen kommunaler Sozialpolitik hin entwickeln (z. B. Jugendhilfeplanung, Altenhilfeplanung aber auch: S. nach dem Städtebauförderungsgesetz). Hier entsteht dann die Verbindung zur Sozialarbeit und Sozialpädagogik. Eine explizite Regelung der Planung findet sich – als einem wichtigen Bereich der Sozialarbeit – im § 80 des →Kinder- und Jugendhilfegesetzes (1991).

3. Theorie. Planung als Expertentätigkeit ist das Produkt der arbeitsteilig organisierten Gesellschaft. Der Mensch plant nicht mehr seine eigene Tätigkeit oder handelt spontan, sondern er ist vielfach einerseits in planerische Überlegungen anderer als „Ausführender" oder „Betroffener" eingebunden und er nimmt andererseits selbst – und sei es in noch so geringem Maße – Einfluß auf Planungen und deren Ziele. Betrachtet man einen einzigen Planungsprozeß, so lassen sich die beteiligten Personen in zielsetzende Instanzen, Ziel-Mittel-Verhältnisse analysierende Personen, Planausführende und Planungsbetroffene unterscheiden. – Planung folgt heute im wesentlichen dem technologischen Planungsmodell. Dieses Modell baut auf dem empirisch-analytischen Wissenschaftsverständnis auf, nach dem streng zwischen empirischem Wissen über die Realität und wertenden Urteilen unterschieden wird. Für den Planungsprozeß bedeutet dieses, daß der Planer sich wertender Urteile zu enthalten und von ihm vorgegebenen Zielen auszugehen hat. Für die Erreichung dieser Ziele hat er in dem von ihm als Ergebnis des Planungsprozesses aufzustellenden Plan die erforderlichen Mittel zu benennen. Die Kenntnis dieser Mittel und der Zweck-Mittel-Relationen gewinnt der Planer daraus, daß er die von der empirischen Wissenschaft gelieferten gesetzmäßigen kausalen Zusammenhänge zwischen Ereignissen in der Realität (wenn das Ereignis A eintritt, ist aufgrund eines sozialwissenschaftlichen Gesetzes das Ereignis B als Wirkung zu erwarten) in finale Zusammenhänge transformieren kann (um das Ereignis B zu erreichen, muß das Ereignis A herbeigeführt werden). Aufgrund dieser finalen Relationen können die Mittel (A), die zur Erreichung eines Zieles (B) erforderlich sind, bestimmt werden. Dabei ist allerdings erforderlich, daß nicht allein finale Relationen herstellbar sind, sondern daß auch eine Eingriffsmöglichkeit (bei A) für die planausführende Instanz besteht, d. h., daß sie in der Lage ist, die Mittel tatsächlich einzusetzen. Für die Realisierbarkeit dieses grob skizzierten Planungsverständnisses ist also (a) die Kenntnis der Gesetzmäßigkeiten, (b) ihre Weitergeltung für die Zukunft bzw. die Prognose ihrer Veränderungen und (c) die Möglichkeit eines Eingriffs und damit ein Mitteleinsatz erforderlich. – Neben diesem, in der Planungspraxis eindeutig dominierenden Modell von Planung gibt es andere Planungsüberlegungen, die das hermeneutische Element des Planungsprozesses stärker – z. B. in Form einer „kommunikativen Planung" – in die Planung zu integrieren versuchen; dennoch läßt sich auch in diesem Falle Planung ohne die Verwendung von Ziel-Mittel-Überlegungen nicht vorstellen. Planung ist insofern immer einem spezifischen Typus von Rationalität verhaftet.

4. Anwendung im Kontext von Sozialarbeit/Sozialpädagogik. Wichtige Felder der kommunalen Sozialplanung sind heute die Jugendhilfe- und die Altenhilfeplanung, daneben werden von Kommunen Planungen des Behindertenbereichs und des kommunalen Gesundheitswesens vorgenommen. Dieses alles sind Bereiche, in denen Soziale Arbeit geleistet wird und in denen Sozialarbeiter und Sozialpädagogen vielfach einen

Expertenstatus und spezifische Kenntnisse über diese Aufgabenfelder besitzen. Daß Sozialarbeitern dennoch nicht in starkem Maße auch die Planungsaufgaben in diesen Feldern übertragen werden, dürfte zum einen darauf beruhen, daß sie in der Regel keine Kenntnisse der Planungstheorie und -praxis besitzen, zum anderen aber auch darauf, daß Verwaltungen dazu neigen, Planungsaufgaben an Planungsinstitute außerhalb der Verwaltung zu vergeben; und solchen Instituten gehören Sozialarbeiter aber in aller Regel nicht an. Dabei wäre es gerade erforderlich, sich des Expertenwissens auch der Sozialarbeiter zu versichern, da in weiten Teilbereichen der Sozialplanung es an Theorien mangelt, die eindeutiges Gesetzeswissen zur Verfügung stellen, so daß Ziel-Mittel-Relationen nicht ohne weiteres aufgestellt werden können. Hier kommt es vielmehr darauf an, Sozialplanung als „Theoriearbeit" zur Gewinnung von Theorien über den Objektbereich der Sozialplanung zu begreifen. Wird diese „Theoriearbeit" im konkreten Planungsprozeß geleistet, so besteht – unter Einbeziehung der dort arbeitenden Sozialarbeiter – zugleich die Möglichkeit, die spezifischen Bedingungen des Planungsobjektes in der jeweiligen Kommune zu beachten. – In vorliegenden Plänen läßt sich häufig feststellen, daß dem Mangel an empirisch-analytischer Theorie und damit an Gesetzeswissen für den zu planenden Objektbereich dadurch begegnet wird, daß diese Pläne sich auf die Dokumentation bestehender Einrichtungen sowie der Forderung nach deren Vermehrung beschränken, ohne daß – wegen der mangelnden Theorie – Aussagen über die Wirksamkeit dieser Einrichtungen und des in ihnen tätigen Personals auch nur versucht würden. – Beim Fehlen hinreichender Theorie sind auch differenziertere Wirksamkeits- und Rentabilitätsüberlegungen zu Planungsmaßnahmen – wie sie z.B. mit Hilfe von Kosten-Nutzen-Analysen versucht werden – weitgehend unmöglich, denn beim Fehlen eindeutiger Ziel-Mittel-Relationen kann die Wirksamkeit eines Mittels eben auch nicht bestimmten Zielen zugeordnet werden. Damit wird auch die Bewertungsproblematik für die jeweiligen einander zuzurechnenden Kosten und Nutzen unmöglich.

5. Anwaltsplanung. Dem Sozialarbeiter kommt allerdings im Zusammenhang mit Prozessen der S. auch noch die Aufgabe zu, bei spezifischen Planungsformen ein Anwalt der Betroffenen zu sein. Der Gedanke einer solchen Anwaltsplanung stammt aus der amerikanischen Planungsdiskussion. Die Grundidee ist, daß Planungsbetroffenen zur Vertretung ihrer Interessen – analog zum Gerichtsverfahren – ein Anwalt beigegeben werden sollte, der die fehlenden Kenntnisse der Betroffenen über Planungsobjekt (Gegenstand, Ziel, Mittel) und Planungsmethode kompensieren sollte. Nun war aber das Problem vieler Fälle von S., daß das Ziel der Planung nicht eindeutig geklärt oder zwischen den potentiell Betroffenen der Planung umstritten war bzw. auch davon abhängig war, wie der Kreis der Betroffenen (das Klientel des Anwalts) abgegrenzt wurde. Dieses Problem stellte sich insbesondere auch dadurch, daß der Anwalt in aller Regel nicht von seiner Klientel finanziert werden konnte, sondern – zumindest in den wenigen bekannten Fällen einer Anwaltsplanung in der Bundesrepublik – durch Kommunen finanziert wurde, so daß auch die Bestellung des Anwalts nicht die Klientel definierte. In dem Maße, in dem der Anwalt aber die Bedingungen seiner Anwaltstätigkeit (Ziel, Mittel, Klientel) erst abklären muß, wird seine Tätigkeit zu einer eher sozialpädagogischen und S. bekommt für diesen sozialpädagogischen Anwalt eine Nähe zur →Gemeinwesenarbeit und zu sozialpädagogischer Bildungsarbeit. Zugleich heißt dies aber auch, daß die klassische Vorstellung vom Anwalt ungeeignet ist, Probleme

der Planung mit unterpriviligierten Betroffenen zu lösen, weil das soziale Milieu des Anwalts ein anderes Problemverständnis und eine andere Bedürfnisstruktur hervorbringen wird als es bei unterpriviligierten Planungsbetroffenen vermutet werden kann. Anwalt und Planungsbetroffene müssen also in einem gemeinsamen Kommunikationsprozeß diese Probleme zu klären suchen, wobei sich die Problemklärung nicht allein auf die Zielfestlegung beschränken kann, sondern bis in die Planausführung hinreichen muß, weil auch im Verlaufe der Ausführung von Planungen Lernprozesse noch zu einer Veränderung der angestrebten Ziele und eingesetzten Mittel führen können. Planungsprozeß und Lernprozeß sind also miteinander zu verbinden. Und der Anwalt muß neben seinen Kenntnissen von Planungsobjekt und -methode auch sozialpädagogische Fähigkeiten besitzen.

6. Entwicklungen und Probleme. Die 'Diskussion um die Theorie der S. stagniert seit Anfang der 1980er Jahre, die praktische Planung im Bereich der kommunalen Sozialpolitik ist seitdem allerdings erheblich angestiegen und hat durch den Zwang der Kommunen zur Jugendhilfeplanung (§ 80 KJHG) nochmals eine Zunahme erlebt. Es wäre erfreulich, wenn diese Entwicklung auch eine Zunahme der Theoriediskussion mit sich bringen würde, denn das Planungsproblem kann weder theoretisch noch praktisch bisher als gelöst bezeichnet werden. – Da S. in Deutschland fast immer durch Verwaltungen ausgeführt wird, muß auch das Verhältnis von hierarchischer Verwaltung mit Entscheidungskompetenz an der Spitze und partizipativen Strukturen (Mitbestimmung der Planungsbetroffenen) genauer geklärt werden, wenn Anwaltsplanung nicht allein auf den „guten Willen" von Verwaltungsangehörigen angewiesen bleiben soll. – Ein spezifisches Problem der kommunalen S. besteht noch in der Geltung des →Subsidiaritätsprinzips; hierdurch wird – aufgrund des Vorhandenseins einer Vielzahl von Entscheidungsträgern, die an kommunale Planungen letztlich nicht gebunden sind – eine koordinierende kommunale S. erheblich erschwert.

→Sozialberichterstattung; →Sozialmanagement; →Sozialwesen

Lit.: Dienel, P.: Die Planungszelle, Opladen 1978; Handbuch Jugendhilfeplanung, Münster 1998; Herrmann, F., Jugendhilfeplanung als Balanceakt, Neuwied 1998; Kühn, D.: Kommunale Sozialplanung, Stuttgart u. a. 1975; Ortmann, F.: Sozialplanung für wen? Neuwied-Darmstadt 1976; ders.: Bedürfnis und Planung in sozialen Bereichen. Zur Theorie der Planung am Beispiel der Jugendhilfe, Opladen 1983; Peters, H. (Hg.): Sozialarbeit als Sozialplanung, Opladen 1982; Siepe, A.: Reform und Planung in der Sozialpädagogik, Weinheim/Basel 1985.

Friedrich Ortmann, Kassel

Sozialpolitik

1. Begriff. Der Begriff S. wird in Deutschland seit gut 120 Jahren verwendet, um die Bemühungen in Richtung auf Verbesserung von Lebenlagen benachteiligter Personen und gesellschaftlicher Gruppen zu charakterisieren (1872 Gründung des Vereins für Sozialpolitik). Er entstand im Zusammenhang mit den Versuchen des Staates, von Verbänden und Einzelpersönlichkeiten, die Folgen und Begleiterscheinungen der durch die kapitalistische Industrialisierung geschaffenen krassen Notlagen der Arbeiter/innen („soziale Frage") abzumildern. Der Begriff S. ist populär und weitmaschig bis uneindeutig. Als S. werden sowohl institutionelle Regelungen wie auch Bestrebungen, Programme und Konzepte zur Ausgestaltung sozialer Leistungen und des Gesamtgefüges des Systems der sozialen Sicherung bezeichnet. Der Begriff umfaßt die staatliche wie die S. privater Organisationen (Wohlfahrtsverbände, Gewerkschaften)

oder auch die der Kirchen. Auch die wissenschaftliche Erforschung sozialer Probleme wird als S. (wissenschaftliche S.) verstanden. Landläufig werden als S. die öffentlichen Systeme der sozialen Sicherung angesehen.
Der Begriff klärt nicht, was die Qualität des Sozialen ist und damit, was die Essenz der S. ist oder sein soll. Es gibt hierzu in den meisten europäischen Ländern zwei sich gegenüberstehende Auffassungen: Die eine, eher liberal-konservative Richtung, definiert S. als gesellschaftliche Hilfe bei akuten Notlagen und Problemen. Danach soll sie sich immer auf das Nötigste beschränken und keine gesellschaftliche Umverteilung bezwecken. Das andere, eher sozialdemokratische Verständnis, sieht die S. als notwenige und umfassende Absicherung gegen Risiken wie →Krankheit oder →Arbeitslosigkeit und als Politik der Umverteilung von Geld und Lebenschancen. Je nach politischen Grundanschauungen bei Parteien und Verbänden oder nach sozialpolitischen Traditionen eines Landes ist der Begriff der S. somit verschieden gefüllt. Beide Auffassungen nehmen für sich den Begriff soziale Gerechtigkeit in Anspruch. Der eher engere Sozialpolitikbegriff versteht Gerechtigkeit als formale („Jedem das Seine"), der weitere interpretiert sie als ausgleichend-materiale Gerechtigkeit. In Deutschland tendieren CDU, CSU und FDP in unterschiedlichen Ausprägungen in Richtung auf das erste und die SPD sowie Bündnis 90/Die Grünen auf das zweite Grundverständnis von sozialer Gerechtigkeit und damit auch S.

2. Form und Inhalt. Die konkrete Form der S. schlägt sich in den einzelnen Ländern in den unterschiedlichen Systemen der →sozialen Sicherung bzw. wohlfahrtsstaatlichen Gesamtstrukturen (→Wohlfahrtsstaat) nieder. Dennoch sind die zentralen Gegenstände der S. im wesentlichen gleich. Es handelt sich um Armut und soziale Deprivation, Gesundheit und Krankheit sowie Behinderung, Arbeit und Arbeitslosigkeit, Absicherung im Alter, Wohnen und Wohnungslosigkeit, Familie, Kindheit und Jugend, aber auch rechtlichen Schutz und Mitbestimmung für Lohnabhängige und andere Schwache oder Benachteiligte (z. B. Behinderte oder Bewohner/innen in Altenheimen). Die wichtigsten Bezugsgruppen der S. sind demnach Arbeitnehmer/innen, sozial Ausgegrenzte, Kinder und Jugendliche, ältere, kranke und pflegebedürftige Menschen, Mieter/innen, Kriegs- und Gewaltopfer. Ferner sind die Familien ein wichtiges Bezugssystem der S. Ursprünglich war sie ausschließlich auf die Arbeiter bezogen. Im Gefolge der Ausweitung auf andere Personengruppen und →Lebenslagen spricht man immer wieder auch von „Gesellschaftspolitik" (Achinger 1958). Bei den Sozialleistungen unterscheidet man zwischen Geldleistungen (z. B. Renten), Sachleistungen (z. B. Medikamente oder eine Mietwohnung) und Dienstleistungen (z. B. Beratungsdienste oder ärztliche Behandlung im Rahmen der öffentlichen Gesundheitsdienste). Schutz- und Mitwirkungsrechte stellen eine weitere Gattung sozialer Leistungen dar.

2.1. Wohlfahrtstypen. International gesehen, sind die sozialpolitischen Systeme verschieden, sowohl in Hinsicht auf Umfang wie auch Organisation, Qualität und Finanzierung. Diese Differenzen gehen auf die verschiedenen sozialpolitischen Kräftekonstellationen im jeweiligen politischen System zurück, die in bezug auf die beiden Grundverständnisse des Sozialen aufgrund von Parteibündnissen und Verbandsstärken (z. B. der Gewerkschaften oder der kirchlichen Wohlfahrtspflege) unterschiedliche Realtypen der S. hervorgebracht haben. Grob gesagt, kann man in den modernen Gesellschaften drei Typen der S. identifizieren: Erstens den liberalen Typ mit wenig entwickelten staatlichen Sozialleistungen, starkem Glauben an die Regelungskräfte des Marktes und die Problemlösungskompetenz der einzelnen Bürger/innen, aber auch einem gut entwickelten verbandlich-privaten Wohlfahrtswesen. Zweitens den konservativen Typ mit ausgebauten öffentlichen Sozialleistungen, die überwiegend in Form von Sozialversicherungen durch Beiträge der Betroffenen selbst finanziert werden – ohne daß die Leistungen die Risiken wie etwa die Aufwendungen bei Krankheit voll ausgleichen – und einem parallel hierzu arbeitenden verbandlich-privatem Wohlfahrtswesen (mit Wohlfahrtsverbänden als Trägern: „korporatistische" S. sowie einem hohen Grad der Verrechtlichung der Arbeitsbeziehungen (z. B. Arbeitsschutz, Mitbestimmung, Tarifrecht, Regelungen bei Arbeitskonflikten). Drittens den sozialdemokratischen Typ mit ausgebauten öffentlichen Sozialleistungen, die überwiegend über Steuern finanziert sind, und die mithin einkommens- und beitragsunabhängige Grundsicherungen („Garantismus") beinhalten, wo der staatliche Anteil an der sozialen Sicherung am größten ist und die Sozialleistungen materiell am weitestgehenden ausgebaut sind. Die Länder Großbritannien, USA oder Japan werden dem liberalen Typ, Deutschland, Italien, Frankreich oder die Niederlande dem konservativen und Schweden, Norwegen oder Dänemark dem sozialdemokratischen Wohlfahrtstyp zugerechnet (Esping-Anderson 1985, Schmidt 1998).

2.2. Vergabeformen sozialer Geldleistungen. In Deutschland werden die sozialen Leistungen nach drei unterschiedlichen Vergabe-Typen verteilt: Dem Versicherungsprinzip, dem Versorgungs- bzw. Ausgleichsprinzip und dem Fürsorgeprinzip. Das Versicherungsprinzip dominiert, so daß von einem „Sozialversicherungsstaat" (Riedmüller, Olk, 1994) gesprochen werden kann. Der Gesamtumfang aller geldlichen öffentlichen Sozialleistungen („Sozialbudget", ohne Beamten- und Arbeitgeberleistungen und Steuervergünstigungen) betrug Ende des Millenniums gut 1,2 Billionen Mark, ein gutes Drittel (34,7%) des Bruttoinlandsprodukts (1960: 21,6%). Etwa $^3/_4$ der Leistungen werden über die 5 Systeme der Sozialversicherung gewährleistet, nämlich der gesetzlichen Krankenversicherung (seit 1883), der gesetzlichen Unfallversicherung (1927, 1969 Arbeitsförderungsgesetz, 1997 Sozialgesetzbuch [SGB] III) und der gesetzlichen Pflegeversicherung (1995). Allein die Leistungen der gesetzlichen Rentenversicherung machen 40% des Sozialbudgets (ohne Beamtenleistungen) aus. Die Sozialversicherungsleistungen werden im wesentlichen je zur Hälfte aus Beiträgen (in Form von %-Abzügen vom Lohn) der meist zwischen einer Einkommenshöchst- und Untergrenze pflichtversicherten unselbständig Beschäftigten (außer Beamten) und den Unternehmen finanziert. Die gesetzliche Rentenversicherung und die Arbeitsförderung erhalten zusätzlich Zuschüsse des Bundes. Entsprechend dem Lohnbezug bei der Finanzierung durch Beitragssätze ist die Höhe der Geldleistungen (z. B. Renten, Arbeitslosen- oder Krankengeld) am individuellen Lohn der Beitragszahler bemessen (sog. Äquivalenzprinzip. So beträgt das Arbeitslosengeld für Alleinstehende 60% des vorher bezogenen Einkommens und fällt damit real für die individuellen Arbeitslosen verschieden hoch aus. Es gibt somit keine Pauschalzahlungen (z. B. gleich hohes Krankengeld für alle Versicherte). Weil die Versicherten durch die Beitragszahlungen Anwartschaften erworben haben, gibt es im Risikofall (z. B. bei Arbeitslosigkeit) grundsätzlich keine Bedürftigkeitsprüfung vor dem Bezug der Leistungen. Die Leistungen nach dem Versorgungs- und Ausgleichsprinzip, wie zum Beispiel das Wohngeld, das Kindergeld oder das BAföG, die steuerlich finanziert und zum Teil Pauschal- und keine Individualzahlungen darstellen (z. B. das Kindergeld), haben im Sozialbudget mit einem Anteil von knapp 7% vergleichsweise wenig Gewicht. Die Leistungen nach dem Fürsorgeprinzip sind als Systeme der →Sozialhilfe (Bundessozialhilfegesetz [BSHG] 1961) sowie Kinder- und Jugendhilfe (Jugendwohlfahrtsgesetz [JWG] 1961, →Kinder- und Jugendhilfegesetz [KJHG] 1990, seit 1996 Sozialgesetzbuch [SGB] VIII) gestaltet ebenfalls über Steuern finanziert. Der Leistungsbezug ist grundsätzlich an die Prüfung der Bedürftigkeit der potentiellen Empfänger/innen gebunden und erfolgt gegenüber anderen Sozialleistungen nachrangig. So wird die Sozialhilfe häufig als das „letzte Netz" der sozialen Sicherung bezeichnet. Die Sozialhilfe wird in Form von pauschalen Geldzahlungen (ausgehend vom sog. Eckregelsatz, der meist jährlich gemäß der allgemeinen Entwicklung bei Löhnen und Preisen angepaßt wird, mit Zu- und Abschlägen je nach Familienstand und Lebenslage) geleistet. Die Kinder- und Jugendhilfe leistet im wesentlichen soziale Dienste in Form von Beratung, Betreuung, Erziehung oder außerschulischer Bildung.

2.3. Soziale Rechte. Schutz-, Begünstigungs- und Mitwirkungsrechte sind neben den Geldleistungen der zweite große Bereich der S. Ausgehend von ersten Ansätzen und zunächst kaum wirksamen Maßnahmen zum Verbot der Kinderarbeit in Preußen hat die moderne S. ein weites Geflecht von sozialen Rechten geschaffen. Zunächst betrafen sie die als Schwache angesehenen erwerbstätigen Kinder und Jugendliche (1839) sowie Frauen bzw. Mütter (Novelle Gewerbeordnung 1878). Weitere Schutzrechte betrafen die Lohnzahlung (Truckverbot 1849) und die Arbeitszeit im allgemeinen (1891). Mit den Novemberverordnungen von 1918 wurden der 8-Stunden-Arbeitstag, die Tarifautonomie der Sozialparteien Unternehmer und Gewerkschaften sowie besonderer Schutz für Schwerbeschädigte eingeführt. Es kamen Gesetze und Verordnungen zum Kinder- und Jugendschutz in der Öffentlichkeit (erstmals 1916, seit 1951 Gesetz zum Schutz der Jugend in der Öffentlichkeit, seit 1953 Gesetz über die Verbreitung jugendgefährdender Schriften, 1976 Jugendarbeitsschutzgesetz), Kündigungsfristen bei Arbeits- und Mietverhältnissen (Bürgerliches Gesetzbuch weit 1900) sowie Rechten von Bewohnern/innen von Alten- und Pflegeheimen (1974) hinzu. Mit dem Betriebsrätegesetz von 1920 wurden Arbeitnehmervertretungen (Betriebsräte) Mitbestimmungsrechte zugestanden; die heutige – betriebliche – Mitbestimmung geht auf das Betriebsverfassungsgesetz von 1952 und – als Unternehmensmitbestimmung – das Mitbestimmungsgesetz von 1976 zurück. Begünstigungsrechte werden Familienmitgliedern (1911 Einführung der beitragsfreien Familienmitversicherung in der gesetzlichen Krankenversicherung zahlreiche Familien- und Kinderzuschläge bei fast allen Sozialleistungen), behinderten Menschen (Schwerbehindertengesetz seit 1953 mit seiner 6%-Quote zur Einstellung schwerbehinderter Menschen bei Strafe der Zahlung einer – allerdings geringen – Ausgleichsabgabe) und älteren Arbeitnehmer/innen (längere Kündigungszeiten, längere Bezugszeiten bei Arbeitslosengeld) zugesprochen.

2.4. Träger und Organisation. Ähnlich wie die verschiedenen Systeme der sozialen Sicherung unterschiedlichen Vergabeprinzipien folgen, sind die Träger, die die Leistungen vergeben, nicht einheitlich. Die Träger der Sozialversicherung sind öffentlich-rechtliche Einrichtungen mit Selbstverwaltungsrechten der Vertreter der Beitragszahler (z.B. die Krankenkassen oder die Landesversicherungsanstalten der Arbeiterrentenversicherung). Die Versorgungs- und Ausgleichsleistungen werden in der Regel durch staatliche bzw. kommunale Träger ausgeführt (z. B. durch die Versorgungsämter). Bei den Fürsorgeleistungen gibt es ein durch das →Subsidiaritätsprinzip geregeltes Neben- und Miteinander von kommunalen (Jugend- und Sozialamt) und freiverbandlichen Trägern (Wohlfahrtsverbände, kleinere

Vereine oder Jugendverbände). Mit dem Inkrafttreten der gesetzlichen Pflegeversicherung treten neben diesen vier etablierten Trägertypen auch kommerzielle Träger (auch im Bereich Sozialhilfe) auf den Plan. Nicht zuletzt wegen dieser Erweiterung des Trägerspektrums wird heute von „Wohlfahrtspluralismus" (Ebers, Olk (Hrsg.) 1996) gesprochen.

3. Probleme und Tendenzen. Seit Mitte der 70er Jahre mit Beginn der Massenarbeitslosigkeit und verstärkt seit dem Ende des Ost-West-Konflikts Ende der 80er sowie mit dem seit Mitte der 90er Jahre einsetzenden neuen Schub der wirtschaftlichen Globalisierung ist die S. in allen Ländern umstrittener denn je. Es wird ihr vorgehalten, daß sie zentrale →soziale Probleme wie →Armut und →Arbeitslosigkeit nicht wirksam bekämpfen könne, was zum Anlaß genommen wird, soziale Leistungen abzubauen (Legitimations- und Effizienzprobleme). Zum anderen hat sie sich gegen die Kritik zu behaupten, sie produziere selbst immer mehr Kosten (zum Beispiel im Gesundheitssektor oder bei den Renten), ohne daß sie effektiver würde. Wachsender Kosten- und Effizienzdruck, sich verändernde Trägerverhältnisse und Hineinnahme der europäischen Dimension bestimmen seit den 90er Jahren die sozialpolitischen Debatten und Handlungen.

3.1. Kostendruck und Kürzungspolitik. Als Folge der Massenarbeitslosigkeit und längerer Lebenserwartung der Bevölkerung gibt es vor allem in den drei Zentralsystemen der S., der Kranken-, Renten- und Arbeitslosenversicherung zunehmende Nachfrage nach sozialpolitischen Geldern, Sachgütern und Diensten. Gleichzeitig nimmt die Zahl der Beitragszahler ab. Die Mehrausgaben für soziale Leistungen ziehen Beitrags- und Steuererhöhungen nach sich, was sich auf Preise und Löhne (als Arbeitskosten) auswirkt. Vor allem durch die aufgrund der Beitragserhöhungen gestiegenen „Lohnnebenkosten" seien die deutschen Löhne, international gesehen, so die Klage fast aller Unternehmer, zu hoch. Die deutsche Exportwirtschaft komme so auf den Weltmärkten ins Hintertreffen und sucht durch Abwanderung ins Ausland oder durch rationalisierungsbedingte Entlassungen Kostenentlastungen. Dadurch aber nehmen Arbeitslosigkeit und die genannten Finanzierungsprobleme weiter zu (Circulus vitiosus).

In vielen anderen Ländern wird vor allem angesichts der Kostenfrage der Ruf nach Reformen oder – wie in Deutschland – nach einem „Umbau" der S. laut. Da es aber keinen einvernehmlichen Sozialpolitikbegriff gibt, wird mit den Umbau- und Reformplänen im wesentlichen nur die Verwirklichung des jeweilig bevorzugten interessenorientierten Sozialstaatsmodells verfolgt. In den meisten Ländern werden Sozialleistungen – um die Kostenbelastungen der Unternehmer (Beiträge) und/oder der Staatshaushalte (Steuern) zu mildern, zum Teil drastisch abgebaut, gleichgültig, welcher Sozialpolitiktyp vorherrscht. In Deutschland wird der finanzielle Abbau-Effekt der 80er und 90er Jahre auf insgesamt 130 Mrd. geschätzt. Vor allem in den Bereichen Gesundheits- und Arbeitslosenleistungen ist der Abbau von Leistungen groß. Der Leistungsabbau in den Systemen der Sozialversicherung hatte in Deutschland zur Folge, daß die Zahl der Sozialhilfebezieher stark zunahm („Neue Armut"). Im Arbeits- und Tarifrecht (Beschäftigungsförderungsgesetz 1985, Arbeitszeitgesetz 1994) gibt es Tendenzen zur Lockerung der etablierten Schutzbestimmungen zugunsten von mehr Flexibilisierung und weniger Sicherheit.

3.2. Reformpläne. Neben den Kürzungspolitiken, die hauptsächlich von liberalen und eher konservativen Sozialpolitikern forciert werden, gibt es – zumeist aus den sozial-demokratischen und bündnis-grünen Politiklager – seit Anfang der 80er Jahre zahlreiche Vorstöße, die auf Effektivierung der wichtigsten Zweige sozialer Sicherung hinauslaufen sollen. Die Hauptstoßrichtungen dieser Versuche zielen auf Veränderung der Finanzierungsstruktur von einer dominanten Finanzierung durch Sozialversicherungsbeiträge zu einer stärker steuerlichen Finanzierung und auf „armutsfeste" Geldleistungen im Falle von Arbeitslosigkeit, Sozialhilfebezug oder Alter (Grundsicherungs- oder Grundrentenkonzepte). Im Gesundheitsbereich streben diese Vorhaben eine bessere Verzahnung von ambulanten und stationären Leistungen sowie erweiterte Kompetenzen der Krankenkassen an (vgl. Heinze, Olk, Hilbert 1988).

3.3. Neue Träger. Vor allem in den Ländern mit einem konservativen Sozialpolitiktyp sind in den beiden letzten Jahrzehnten neue sozialpolitische Initiativen von Betroffenen entstanden: Als Selbsthilfegruppen, -organisationen oder -initiativen sehen sie sich selbst sozialpolitisch als Organisationen zwischen den großen Wohlfahrtsverbänden und staatlicher Sozialbürokratie bzw. wirtschaftlich als Organisation zwischen Markt und Staat („intermediäre" Organisationen). Vor allem in den Bereichen Gesundheit, Behinderung oder Arbeitslosigkeit haben sie gegenüber den etablierten Trägern eine komplementäre (z.B. im Bereich der Gesundheitsnachsorge) und teilweise auch kompensatorische oder korrektive (z.B. als Arbeitsloseninitiativen) Funktion. Bereits Ende der 80er Jahre gab es rund 40 000 soziale Selbsthilfe-Gruppen und Initiativen (→Selbsthilfe) mit etwa 700 000 Beteiligten (Vilmar, Runge 1987).

3.4. Europäische Dimension. In den Ländern Westeuropas bewegen sich die sozialen Sicherungssysteme trotz des forcierten Ausbaus der Europäischen Union derzeit nicht aufeinander zu, so daß auch mittelfristig die länderspezifischen sozialpolitischen Unterschiede und damit auch die System- und Kostendifferenzen bestehen bleiben werden. Die EU-Sozialpolitik (→Europäische Sozialpolitik und Europarecht) strebt vor allem, z.B. bei der Regelung von Kündigungsfristen oder Arbeitszeiten, lediglich Mindeststandards an, die nicht von den Mitgliedsländern unterschritten werden sollen. Gleiche sozialpolitische Zwangsnormen für alle Mitgliedsländer gibt es so gut wie gar nicht. Im übrigen werden über den EU-Haushalt sozialpolitische Förderprogramme, z.B. zur Bekämpfung von Jugendarbeitslosigkeit oder zur beruflichen Gleichstellung von Frauen finanziert. Die oberste Rechtsprechung auf EU-Ebene sorgt darüber hinaus zunehmend dafür, daß die EU-Bürger/innen die ihnen nach nationalem Recht zustehenden Sozialleistungen in allen Mitgliedsländern in Anspruch nehmen können (vgl. Leibfried, Pierson 1998).

4. Relevanz für die Soziale Arbeit. In vieler Hinsicht bilden sowohl der Bestand an sozialen Leistungen – als soziales Recht und soziales Geld – als auch die Diskurse über Entstehung und Verlauf sozialer Probleme den Handlungsrahmen für die soziale Arbeit. Die sozialen Fachkräfte sind in nicht wenigen Praxisfeldern gehalten, die sozialen Leistungen mit zu verteilen bzw. sie zu vermitteln. Diese Vermittlungs- oder Beratungstätigkeit stellt selbst eine soziale Dienstleistung dar. Sie wenden z.B. als Mitwirkende bei der Jugendgerichtshilfe, als Mitarbeiter im Sozialamt oder Miglied im Jugendhilfeausschuß soziales Recht an. Sozialarbeiter/innen oder Sozialpädagogen/innen werden von sozialem Geld bezahlt. Ihre Arbeit unterliegt besonders mit Einsetzen des verstärkten Kosten- und Effizienzdrucks einer erhöhten politischen Aufmerksamkeit. In ihrer Berufstätigkeit sind soziale Fachkräfte häufig wie Anwälte oder Paten für organisationsschwache, ausgegrenzte oder diskriminierte Gruppen oder Personen im Sozialstaat tätig (z.B. in der Gefangenen- und Nichtseßhaftenhilfe oder als Kinderanwälte). Sie können hier dazu beitragen, daß deren sozialpolitische Anliegen in sozialpolitisches Handeln umgesetzt werden und

diese Gruppen sozialpolitisch aktiv werden. Damit sind die sozialen Fachkräfte immer auch selbst sozialpolitische Akteure bei der Mitdefinition sozialer Probleme und der Diskussion sowie politischen Entscheidungen von neuen sozialpolitischen Maßnahmen oder Reformen. →Europäische Sozialpolitik und Europarecht; →Sozialrecht; →Soziale Arbeit als Menschenrechtsprofession; →Wohlfahrtsstaat

Lit.: Achinger, H.: Sozialpolitik als Gesellschaftspolitik, Hamburg 1958; Bellermann, M., Sozialpolitik, Freiburg ³1998; Brück, G. W.: Allgemeine Sozialpolitik, Köln 1976; Esping-Andersen, G.: Politics against Markets, Princeton 1985; Evers, A., Olk, T. (Hrsg.): Wohlfahrtspluralismus, Opladen 1996; Heinze, R. G., Olk, T., Hilbert, J.: Der neue Sozialstaat, Freiburg 1988; Riedmüller, B., Olk, T. (Hrsg.): Grenzen des Sozialversicherungsstaates, Leviathan Sonderheft 17/1994; Schmidt, M. G.: Sozialpolitik in Deutschland. Historische Entwicklung und internationaler Vergleich, Opladen ²1998; Textor, M. (Koord.): Sozialpolitik. Aktuelle Fragen und Probleme, Opladen 1997; Vilmar, F., Runge, B.: Soziale Selbsthilfe als alternative Sozialpolitik, in: Neue Praxis, 1987, Heft 2: 109–123.

Martin Bellermann, Bochum

Sozialpsychiatrie

Die S. untersucht die Verbreitung psychischer Krankheiten in der Gesellschaft sowie die sozialen Bedingungen, die die psychische Gesundheit fördern. Hierbei gilt ihr Augenmerk im besonderen den sozialen Faktoren für die Entstehung, Dauer und Verlauf von psychischen Krankheiten. Ihre Kritik gilt dem individuell und organisch bezogenen Krankheitsbegriff in der →Psychiatrie.
→Anti-Psychiatrie; →Gemeindepsychiatrie; →Psychosoziale Versorgung; →Sozialepidemiologie

Sozialpsychologie

Die S. ist eine interdisziplinäre, im Grenzbereich zwischen Soziologie und Psychologie angesiedelte Disziplin, die sich mit dem Einfluß sozialer Faktoren auf das individuelle Verhalten und umgekehrt befaßt. Hierbei gilt ihr besonderes Interesse der Interaktion zwischen Individuen, zwischen Individuen und Gruppen und zwischen Gruppen. Eine allgemeine Definition und Aufgabe sowie eine exakte Abgrenzung der S. von bestimmten Teilbereichen und Fragestellungen der Psychologie und Soziologie gibt es jedoch nicht. Sozialpsychologische Erkenntnisse (z. B. prosoziales Verhalten versus Aggression, Einstellung und Einstellungsänderung) sind in erheblichem Maße in die Soziale Arbeit eingeflossen.

Sozialrecht

1. Allgemeines. Das Sozialrecht umfaßt unterschiedliche Leistungsbereiche, von denen die wichtigsten im SGB (Sozialgesetzbuch) zusammengefaßt sind. Das Sozialrecht stellt sozialgeschichtlich die Antwort auf individuelle und kollektive Notlagen und Bedürfnissituationen dar, die der Einzelne nicht mehr alleine bewältigen kann. Unter Sozialrecht soll hier das Sozialversicherungs-, das Arbeitsförderungs-, das Kinder- und Jugendhilfe-, das Sozialhilfe- sowie das Pflegeversicherungsrecht verstanden werden. Sämtliche Rechtsbereiche mit Ausnahme des BSHG (Bundessozialhilfegesetz) stellen einzelne Bücher des SGB dar.

2. Sozialversicherung: Die Sozialversicherung im weiteren Sinne umfaßt die Kranken-, die Unfall-, die Renten- und die Pflegeversicherung.
2.1 Krankenversicherung (SGB V). Versicherungspflichtig sind Arbeiter und Angestellte, deren regelmäßiger Verdienst 75% der Beitragsbemessungsgrenze in der Rentenversicherung (1997 = 73 800 DM in den alten Bundesländern und 63 900 in den neuen Bundesländern) nicht übersteigt. Hinzu kommen noch Auszubildende, Praktikanten, Studierende sowie Leistungsempfänger

der Arbeitslosenversicherung. Arbeitnehmer, deren Verdienst oberhalb dieser Grenze liegt sowie Beamte und Selbständige sind versicherungsfrei. Familienangehörige mit geringem Einkommen und Kinder bis zum 18. Lebensjahr sind mitversichert (Familienversicherung). Für Letztere gelten ab dem 18. Lebensjahr gestaffelte Versicherungsmöglichkeiten (§ 10 Abs. 2 SGB V). Ohne Altersgrenze sind Kinder versichert, wenn sie wegen körperlicher, geistiger oder seelischer Behinderung außerstande sind, sich selbst zu unterhalten.

Die Leistungen der Krankenversicherung bestehen in 1. Förderung der Gesundheit, 2. der Verhütung von Krankheiten, 3. in der Früherkennung von Krankheiten und 4. in der Behandlung einer Krankheit. Zu den Leistungen zählen auch solche der →Rehabilitation, um einer drohenden Behinderung oder Pflegebedürftigkeit vorzubeugen. Die Leistungsarten sind Sach-, Dienst- und weniger häufig Geldleistungen.

Die Krankenkassen können Ermessensleistungen zur Erhaltung und Förderung der Gesundheit und zur Verhütung von Krankheiten in ihrer jeweiligen Satzung vorsehen. Darüber hinaus können die Krankenkassen auch Selbsthilfegruppen und -Kontaktstellen mit gesundheitsfördernder oder rehabilitativer Zielsetzung fördern. Beide Male handelt es sich allerdings um Ermessensvorschriften, auf die kein Leistungsanspruch besteht. Die beiden Leistungsarten können aber eine entscheidende Rolle beim Aufbau suchtpräventiver Programme spielen. Solche präventiven Leistungen sind zur Verhütung von Zahnerkrankungen (§§ 21, 22 SGB V) und zur Verhinderung der Schwächung der Gesundheit, die in absehbarer Zeit voraussichtlich zu einer Krankheit führen würde, als Rechtsansprüche mit voller gerichtlicher Überprüfbarkeit als ambulante und ggf. stationäre Maßnahmen ausformuliert (§ 23 SGB V).

Der Schwerpunkt der Leistungen nach SGB V liegt weiterhin in der Krankenbehandlung. Diese umfaßt ärztliche Behandlung (d. h. Diagnose, Therapie, Anordnung und Überwachung der Lebensweise), zahnärztliche Behandlung und die Versorgung mit Arznei- und sonstigen medizinischen Hilfsmitteln.

Zur Behandlung durch die Ärzte können auch die Hilfeleistungen durch andere Personen, wenn sie vom Arzt angeordnet und von ihm zu verantworten sind, zählen (§ 28 Abs. 1 SGB V). Dies gilt auch für nichtärztliche sozialpädiatrische Leistungen.

Die Krankenbehandlung umfaßt neben der ärztl. Behandlung die häusliche Pflege (§ 37 SGB V) sowie im Einzelfall die Bereitstellung einer Haushaltshilfe (§ 38 SGB V).

Neben der ambulanten ärztl. Behandlung spielt die Krankenhausbehandlung eine zentrale Rolle. Sie wird vollstationär, teilstationär, vor- und nachstationär sowie ambulant erbracht. Ihr Wesensmerkmal ist die ärztl. und pflegerische Leistung. In § 107 Abs. 1 SGB V werden die Krankenhäuser auf ihre fachlichmedizinische Hilfeleistung hin definiert, während Einrichtungen mit einem hohen psychotherapeutischen Behandlungsanteil als Kur- oder Spezialeinrichtungen unter den Begriff der Vorsorge- und Rehabilitationseinrichtung (→Rehabilitation) fallen. Im Unterschied zu den Krankenhäusern geht es bei den Rehaeinrichtungen um die Beseitigung einer Schwächung der Gesundheit oder um der Gefährdung der gesundheitlichen Entwicklung entgegenzuwirken, eine Krankheit zu heilen, ihre Verschlimmerung zu verhüten oder Krankheitsbeschwerden zu lindern oder bereits erzielte ärztl. Behandlungserfolge zu sichern/zu festigen oder einer drohenden →Behinderung oder Pflegebedürftigkeit vorzubeugen. Auch die Rehaeinrichtungen müssen unter ständiger ärztl. Verantwortung stehen.

Die Dauer der Krankenhausbehandlung bestimmt sich nach medizinischen Kriterien. Sie muß, wie alle Leistungen der Krankenversicherung, ausreichend, zweckmäßig und wirtschaftlich sein. Sie dürfen das Maß des Notwendigen nicht überschreiten (§ 12 SGB V). Es gibt keine zeitliche Begrenzung. Für ambulante Rehabilitationsmaßnahmen erfolgt eine Gewährung für längstens vier Wochen (Soll-Leistung), während für stationäre Leistungen eine solche zeitliche Beschränkung nicht gilt.

Während für Krankenhäuser gem. § 39 SGB V ein freies Wahlrecht nur noch sehr eingeschränkt existiert, ist ein solches für Rehaeinrichtungen nicht vorgesehen.

Neben der häuslichen Krankenbehandlung gewinnt auch die häusliche Krankenpflege eine wichtige Rolle für die Abkürzung oder Vermeidung der Krankenhausbehandlung. Der Anspruch besteht auf bis zu vier Wochen je Krankheitsfall (§ 37 SGB V). Ist ein Kind unter 12 Jahren im Haushalt der erkrankten Person zu versorgen, dann besteht Anspruch auf eine Haushaltshilfe, wenn die Weiterführung des Haushalts nicht möglich ist (§ 38 SGB V). Diese Vorschrift ist insbesondere für alleinerziehende Elternteile von zentraler Bedeutung. Subsidiär zu dieser Vorschrift steht die Jugendhilfeleistung nach § 20 KJHG.

Neben den unmittelbar krankheitsbezogenen Leistungen kommt noch als weitere Leistung Krankengeld in Betracht §§ 44 ff. SGB V). Der Anspruch auf Krankengeld besteht für die Dauer der Arbeitsunfähigkeit, längstens für 78 Wochen innerhalb von drei Jahren aus Anlaß derselben Krankheit. Wird Lohn oder Gehalt aus Anlaß der Krankheit fortgezahlt, ruht der Krankengeldanspruch. Auch im Lohnfortzahlungsgesetz gilt der gleiche Krankheitsbegriff. Die Arbeitsunfähigkeit muß hiernach aber ohne Verschulden sein. Die Lohnfortzahlung nach dem LFZG erfolgt für höchstens 6 Wochen.

2.2 Unfallversicherung (SGB VII). Die Unfallversicherung ist im SGB VII geregelt und dient in erster Linie dem Schutz der Arbeitnehmer. In § 2 SGB VII werden unterschiedlichste Adressatengruppen der Versicherten definiert, für die eine Versicherungspflicht besteht. Sie erfaßt hauptsächlich abhängig Beschäftigte, Auszubildende (Schüler/Studierende), Kinder und Jugendliche als Besucher von Erziehungseinrichtungen, sowie für Personen, die in der Gesundheits- oder Wohlfahrtspflege tätig sind. Versichert sind die Folgen eines Arbeitsunfalls, also ein körperlich schädigendes, zeitlich begrenztes Ereignis, das während einer versicherten Tätigkeit aufgetreten ist und das in einer Kausalität zu diesem Ereignis stehen muß. Gleichzeitig muß die Kausalität zu dem Schaden gegeben sein. Es kommt bei mehreren Ursachen auf die wesentliche an. Neben dem Arbeitsunfall kommt die Berufskrankheit als zweiter wichtiger Fall vor. Die einzelnen Berufskrankheiten werden von der Bundesregierung durch eine Rechtsverordnung als solche festgelegt. Sie umfassen solche Krankheiten, die Menschen mit einer bestimmen beruflichen Tätigkeit deutlich häufiger betreffen als andere Menschen.

Nach Eintritt des Arbeitsunfalls wird Heilbehandlung nur von der Unfallversicherung gewährt. Leistungen der KV oder RV scheiden insoweit aus. Die Heilbehandlung umfaßt all die Möglichkeiten, wie sie bereits die KV vorsieht. Als zweite Leistung kommt Berufshilfe in Betracht (§§ 35 ff. SGB VII). Hierunter fallen insbesondere Leistungen zur Erhaltung oder Erlangung eines Arbeitsplatzes, Berufsvorbereitung, beruflichen Anpassung, Fortbildung, Umschulung, Arbeitstraining in einer anerkannten Werkstatt für Behinderte. Die Leistungen umfassen auch solche für Arbeitgeber, etwa um eine befristete Probebeschäftigung, eine dauerhafte berufliche Eingliederung oder eine Ausbildung oder Umschulung in einem Betrieb zu ermöglichen.

Das Gesetz sieht neben den berufsfördernden Rehabilitationsleistungen auch solche der sozialen Rehabilitation vor, die sich vor allem auf Kraftfahrzeughilfe, Wohnungshilfe und auf Beratung sowie sozialpädagogische bzw. psychosoziale Betreuung erstrecken (§ 39 SGB VII). Daneben gibt es Leistungen bei unfallbedingter Pflegebedürftigkeit in Form des Pflegegeldes, der Gestellung einer Pflegekraft oder der Gewährung einer Heimpflege (§ 44 SGB VII). Der unfallbedingte Verdienstausfall wird durch die Geldleistungen während der Heilbehandlung und der beruflichen Rehabilitation in Form des Verletztengeldes (§ 45 SGB VII) aufgefangen. Bei dauernder Minderung oder Verlust der Erwerbsfähigkeit erhält der Versicherte Verletztenrente (§ 56 ff. SGB VII); im Todesfall erhalten der Ehegatte Witwen- und die Kinder Waisenrente (§§ 63 ff. SGB VII).

2.3 Rentenversicherung (SGB VI). Die Rentenversicherung (RV) ist seit dem 1.1.1992 als SGB VI neu geregelt. Versichert sind generell alle Personen, die gegen Arbeitsentgelt oder zu ihrer Berufsausbildung beschäftigt sind. Daneben kommen noch eine Vielzahl weiterer Personen in Betracht, die in den Eingangsvorschriften des Gesetzes aufgezählt werden. Die Versicherungsfreiheit ist in § 5 SGB VI geregelt, die freiwillige Versicherung in § 7 SGB VI. Die Leistungen der RV sind Leistungen der Rehabilitation (medizinische, berufsfördernde und ergänzende Leistungen). Bei ihrer Gewährung spielt das Rehabilitationsangleichungsgesetz eine entscheidende Rolle. Das Gesetz regelt die Abstimmung unter den verschiedenen gesetzlichen Leistungsbereichen und den Leistungsträgern. Rehabilitation hat einen eindeutigen Vorrang vor der Rentenleistung. Rehaleistungen sollen die Erwerbfähigkeit, die durch Krankheit oder körperliche, geistige oder seelische Behinderung erheblich gefährdet oder gemindert ist, wesentlich verbessern oder wiederherstellen. Eine Gewährung kommt erst nach einer Wartezeit innerhalb der Versicherungszeit von 15 Jahren oder wenn eine Rente wegen verminderter Erwerbsfähigkeit bezogen wird, in Betracht (§ 11 Abs. 1 SGB VI). Medizinische Leistungen zur Rehabilitation kommen aber nach Abs. 2 auch schon vorher in Betracht, wenn der Versicherte innerhalb der letzten zwei Jahre vor Antragstellung sechs Monate Pflichtbeiträge geleistet hat. Bedeutsam ist die Regelung für junge Menschen, die innerhalb von zwei Jahren nach Beendigung ihrer Ausbildung eine versicherte Beschäftigung oder eine selbständige Tätigkeit angenommen und ausgeübt haben oder nach einer solchen Tätigkeit bis zum Antrag arbeitsunfähig oder arbeitslos gewesen sind. Einbezogen sind auch Jugendliche, für die während ihrer Ausbildung noch keine Versicherungspflicht besteht. In den §§ 15 ff. SGB VI werden eine Vielzahl medizinischer und berufsfördernder Leistungen zur Rehabilitation im einzelnen festgelegt.

2.4 Pflegeversicherung (SGB XI). Als jüngster Teil (1994) der Sozialversicherung ist in SGB XI die Pflegebedürftigkeit als Risiko sozialrechtlich geregelt worden. In enger Anlehnung an das Recht der Krankenversicherung sind alle pflicht- oder freiwillig versicherten Personen auch durch die Pflegeversicherung erfaßt. Beitragsfrei erfaßt sind auch alle Familienangehörigen der Versicherten. Für privat Krankenversicherte besteht darüberhinaus die gesetzliche Pflicht, sich bei ihrer Krankenversicherung auch für das Risiko der Pflege zu versichern. Die grundsätzlichen Ziele der Pflege sind in § 2 genannt. Hierbei geht es um ein möglichst selbständiges und selbstbestimmtes Leben der versicherten Person. Hierbei wird der häuslichen Pflege ein Vorrang vor der teil- oder vollstationären Pflege eingeräumt. Darüberhinaus sollen die Pflegekassen bei den zuständigen Leistungsträgern darauf hinwirken, daß Leistungen der Prävention und Rehabilitation vorrangig zur Vermeidung der Pflegebedürftigkeit gewährt werden.

Das Gesetz geht von verschiedenen Stufen der Pflegebedürftigkeit aus, die in einem speziellen gesetzlich geregelten Verfahren festgestellt werden (§§ 14 ff.).

Regelleistung in der Pflegeversicherung ist die Sachleistung (§ 28). Im Falle selbst beschaffter Pflegehilfen kann auch Pflegegeld gewährt werden (§ 37). Die Leistungen sind nach den jeweiligen Pflegestufen begrenzt und gewähren keine volle Deckung des Pflegerisikos. Daher sind zusätzliche Absicherungen erforderlich. Kann dies privat nicht ermöglicht werden, erfolgt die Sicherung durch Sozialhilfe.

3. Arbeitsförderung (SGB III). Das Recht der Arbeitsförderung ist mit Wirkung zum 1.1.1998 als SGB III neu geregelt worden. Von den zahlreichen Leistungen nach dem SGB III sind die Gewährung von Arbeitslosengeld und Arbeitslosenhilfe von herausragender Bedeutung.

Anspruch auf Arbeitslosengeld hat, wer arbeitslos ist, sich beim Arbeitsamt arbeitslos gemeldet hat und die Anwartschaftszeit erfüllt hat (§ 117 SGB III). Arbeitslos ist ein Arbeitnehmer dann, wenn er vorübergehend nicht in einem Beschäftigungsverhältnis steht, aber eine versicherungspflichtige, mindestens 15 Stunden wöchentlich umfassende Beschäftigung sucht (§ 118 Abs. 1 SGB III). Eine Beschäftigung sucht jemand dann, wenn er alle Möglichkeiten nutzt und nutzen will, um seine Beschäftigungslosigkeit zu beenden und den Vermittlungsbemühungen des Arbeitsamtes zur Verfügung steht (Verfügbarkeit). Die Verfügbarkeit wiederum ist abhängig davon, ob der Beschäftigungssuchende arbeitsfähig ist. Nach den Bestimmungen von § 119 Abs. 3 SGB III ist arbeitsfähig, wer eine versicherungspflichtige, mindestens 15 Stunden umfassende Beschäftigung unter den üblichen Bedingungen des für ihn in Betracht kommenden Arbeitsmarktes aufnehmen und ausüben, an Maßnahmen der beruflichen Eingliederung in das Erwerbsleben teilnehmen und Vorschlägen des Arbeitsamtes zur beruflichen Eingliederung zeit- und ortsnah Folge leisten kann. Der Arbeitslose muß dem Arbeitsmarkt objektiv und subjektiv zur Verfügung stehen. In § 119 Abs. 4 SGB III wird auch unter bestimmten Voraussetzungen bei einer Teilzeitbeschäftigung eine Arbeitsfähigkeit und Arbeitsbereitschaft angenommen. Neben der Beschäftigungssuche bestimmen die neuen Regelungen der Zumutbarkeit in § 121 SGB III eine generelle Zumutbarkeit von Beschäftigungen, die seiner Arbeitsfähigkeit entsprechen, soweit nicht allgemeine oder personenbezogene Gründe der Zumutbarkeit entgegenstehen. Allgemeine Gründe beziehen sich auf gesetzliche, tarifliche oder in Betriebsvereinbarungen festgelegten Bestimmungen über Arbeitsbedingungen oder den Arbeitsschutz. Personenbezogene Gründe sind solche, die die Höhe des möglichen Arbeitsentgeltes oder die Entfernung zur Arbeitsstelle betreffen. Neben diesen allgemeinen Bestimmungen kennt das Gesetz auch noch Sonderformen des Arbeitslosengeldes, wenn die Leistungsfähigkeit des Arbeitssuchenden gemindert ist. Dies betrifft insbesondere solche Fälle, in denen eine Berufs- oder Erwerbsunfähigkeit noch nicht gegeben ist. In solchen Fällen garantiert § 125 SGB 3 einen Anspruch auf Arbeitslosengeld.

Die Dauer des Anspruchs bemißt sich nach der Dauer des Versicherungspflichtverhältnisses (§ 127 SGB III). Die Höhe des Anspruchs beträgt 60% des pauschalisierten Nettoentgeltes, das der Arbeitslose im Bemessungszeitraum erzielt hat, bei mindestens einem Kind sowie bei einem Ehegatten mit mindestens einem Kind 67% (erhöhter Leistungssatz).

Die Neuregelung der Arbeitsförderung hat eine Erhöhung der Sperrzeit auf 12 Wochen gebracht (§ 144 SGB III). Eine solche Sperrzeit tritt regelmäßig insbesondere dann ein, wenn der Arbeitslose selbst das Beschäftigungsverhältnis vorsätzlich oder fahrlässig gelöst hat oder durch sein Verhalten Anlaß für eine Kündigung gegeben hat. Gerade dieser Fall tritt häufig bei Süchtigen auf. Sucht

als Krankheit ist dem Süchtigen aber in der Regel nicht als vorsätzliches oder grobfahrlässiges Verhalten vorzuwerfen (Krasney S. 182f.).
Wenn kein Anspruch auf Arbeitslosengeld besteht, kann Arbeitslosenhilfe gezahlt werden, sofern die erforderlichen Voraussetzungen nach § 190 SGB III erfüllt sind: Der Arbeitnehmer muß arbeitslos sein, sich beim Arbeitsamt arbeitslos gemeldet haben, keinen Anspruch auf Arbeitslosengeld haben, weil die Anwartschaft nicht erfüllt ist, die besonderen Anspruchsvoraussetzungen nach § 191 SGB III erfüllen und bedürftig im Sinne von § 193 SGB III sein. Die Höhe der Arbeitslosenhilfe beträgt bei erhöhtem Leistungssatz 57% (Arbeitsloser mit mindestens einem Kind bzw. Ehegatte mit mindestens einem Kind), in allen übrigen Fällen 53% des Leistungsentgelts (§ 195 SGB III). Arbeitslosenhilfe wird für längstens 12 Monate gewährt (§ 197 SGB III). Erfolgt danach keine Beschäftigung oder ist in dieser Zeit kein Anspruch auf Arbeitslosengeld entstanden, tritt ggf. Sozialhilfe ein.

4. Kinder- und Jugendhilfe (SGB VIII).
Die Kinder- und Jugendhilfe ist im SGB VIII geregelt und enthält eine Fülle von unterschiedlichen Leistungen, die Hilfen für die Familie, die Kinder- und Jugendlichen sowie die Erziehungsberechtigten, sowie seelisch behinderte Kinder und Jugendliche und junge Erwachsenen vorsehen.
Das SGB VIII reagiert mit seinem Programmangebot in § 1 auf belastende Familiensituationen und setzt in den nachfolgenden Vorschriften auf die Autonomie und die Mitwirkungsbereitschaft von Eltern und Kindern. In seinem an den jungen Menschen orientierten Leistungen enthält das Gesetz Angebote für den präventiven Jugendschutz (§ 14 SGB VIII), aber auch Beratungsangebote in Konflikt- und Krisenfällen ohne Kenntnis der Eltern (§ 8 Abs. 3 SGB VIII). Suchtverhalten der Eltern kann Gefährdungen der Kinder und Zerstörungen des familiären Netzwerkes auslösen. In familiären Notfällen bei Ausfall eines Elternteils kann die Jugendhilfe familieninterne Hilfeangebote bereithalten, um die Haushaltsführung zu garantieren. Soweit es die weitere Vermeidung der Gefährdung der Kinder angeht, bieten die Hilfen zur Erziehung eine Fülle von unterschiedlich intensiven Hilfeformen an. Sie reichen von intensiver Beratung bis hin zu familienbezogenen Betreuungsleistungen (→Sozialpädagogische Familienhilfe) und ambulanten therapeutischen Angeboten für die ganze Familie. Entscheidend für das gelingende Zusammentreffen unterschiedlicher Hilfeformen ist die Verpflichtung durch § 36 SGB VIII, in solchen Fällen eine intensive Planung der Hilfen zur Erziehung mit allen Beteiligten zu betreiben, um die Wirksamkeit der getroffenen Absprachen zu garantieren.
Kinder haben einen Rechtsanspruch auf Beratung und Unterstützung, um im Falle der Trennung und Scheidung der Eltern, insbesondere bei der möglichen Neuregelung des elterlichen Sorgerechts und der Ausgestaltung des Umgangsrechts entsprechende Unterstützung durch die Jugendhilfe zu erfahren (§§ 17 ff. SGB VIII).
Grundsätzlich ist die Gewährung von Jugendhilfeleistungen davon abhängig, daß der Leistungsberechtigte diese bei dem öffentlichen Träger (Stadt oder Landkreis) beantragt. Für den Fall einer möglichen Kindesgefährdung im Falle unterbleibender Antragsstellung bietet das KJHG in Form der Inobhutnahme nach § 42 SGB VIII eine Hilfeform an, die als Sofortlhilfe für das Kind zu verstehen ist. Ihre dauerhafte Bereitstellung hängt allerdings von der Zustimmung des Familiengerichts ab. Gleiches gilt in weniger akuten Fällen bei zu befürchtender Kindeswohlgefährdung oder Vernachlässigung. Hier kann nur ein Verfahren zur Sorgerechtseinschränkung oder Entziehung nach § 1666 BGB Abhilfe bringen.

In den Zusammenführungen von Leistungen nach SGB V (Krankenversicherung) sowie nach SGB VI (Rentenversicherung) ist immer stärker auch eine Verbindung zu den Hilfemöglichkeiten der Jugendhilfe zu sehen. Stationäre Beratungs- und Therapieangebote sind nicht nur für einzelne erwachsene Elternpersonen von Bedeutung, sie sind zunehmend auch als Gesamtangebot für die ganze Familie definiert. Die Jugendhilfe kann mit ihrem spezifischen Leistungsangebot für Kinder sicherstellen, daß ambulante wie stationäre Formen der intensiven Betreuung als Hilfen nach § 35a SGB VIII gewährt werden und damit neue Formen der intensiven Hilfen für die ganze Familie möglich sind.

5. →Sozialhilfe. Leistungen nach dem Sozialhilfegesetz (BSHG) sind subsidiär zu den vorstehend aufgeführten Sozialleistungen, weil in vielen Fällen die erst genannten Hilfen nach den jeweiligen gesetzlichen Leistungskriterien nicht zum Zuge kommen oder in ihrem Leistungsumfang nicht ausreichen, um der aufgetretenen Hilfesituation adäquat begegnen zu können (→Subsidiarität). Die Sozialhilfe ist zudem weniger stark reglementiert und deckt mehr Lebensrisiken ab, als die unterschiedlichen Bereiche des Sozialversicherungsrechts im vorstehenden Sinn.

Leistungen der Sozialhilfe unterscheiden sich in Hilfen zum Lebensunterhalt und Hilfen in besonderen Lebenslagen. Art, Form und Leistungsmaß der Sozialhilfe richten sich nach dem jeweiligen Einzelfall. Die zentrale Leistungsvoraussetzung für die Hilfe zum Lebensunterhalt setzt voraus, daß ein Hilfesuchender seinen notwendigen Lebensunterhalt nicht oder nicht ausreichend aus eigenen Kräften und Mitteln bestreiten kann. Die Hilfe zum Lebensunterhalt ist als einklagbarer Rechtsanspruch formuliert. In Art und Ausmaß ist sie geeignet, den Lebensunterhalt des Hilfesuchenden und seiner Familie sicherzustellen. Hierzu zählen vor allem die Kosten für die Ernährung, Bekleidung, Wohnung, Hausrat, persönliche Bedürfnisse und die Übernahme der Kosten zur Weiterversicherung in der Krankenversicherung. Solche Leistungen werden laufend gewährt, im Gegensatz dazu stehen einmalige Leistungen, die ebenfalls gewährt werden können.

Hilfe in besonderen Lebenslagen soll spezielle Notsituationen auffangen helfen, ohne daß solche Hilfesituationen abschließend im Gesetz geregelt sind. Die Schwerpunkte dieser Hilfen bilden Krankenhilfe sowie Eingliederungshilfen für Behinderte. Auch wenn das BSHG nicht den Begriff der Krankheit definiert, gelten hier die gleichen Kriterien wie in der gesetzlichen Krankenversicherung. Herauszustellen ist auch hier das Recht auf freie Wahl eines Kankenhauses und auf freie Arztwahl, das nur durch die Besorgnis unvertretbarer Mehrkosten nach § 3 Abs. 2 BSHG eingeschränkt wird.

Die Eingliederungshilfe soll eine drohende Behinderung verhüten oder eine vorhandene Behinderung bzw. deren Folgen beseitigen oder mildern und die behinderte Person in die Gesellschaft eingliedern.

Eingliederungshilfe wird solange gewährt, wie Aussicht besteht, daß ihre Aufgabe erfüllt werden kann. Die unterschiedlichen Arten der verschiedenen Eingliederungshilfen sind im Gesetz nicht abschließend geregelt. Gleiches gilt für die Eingliederungshilfeverordnung. Eingliederungshilfen für körperlich oder geistig behinderte Jugendliche oder junge Volljährige gehen Leistungen der Jugendhilfe vor (§ 10 Abs. 2 KJHG). Dies gilt aber nicht für seelisch behinderte junge Menschen oder junge Volljährige. Hier sind die Leistungen des BSHG subsidiär.

Im Unterschied zu der Gewährung der Krankenhilfe ist für die Leistung der Eingliederungshilfe der überörtliche Sozialhilfeträger dann zuständig, wenn eine stationäre Hilfe geboten ist.

6. Beratung, Vorläufige Leistungen und weitere allgemeine Grundsätze für das Sozialleistungsrecht. Die Vielzahl der im SGB und im BSHG verankerten Leistungen und Hilfen können nur dann erfolgreich eingesetzt werden, wenn die einzelnen Leistungsträger nach dem SGB den Hilfesuchenden umfassend über die denkbaren Hilfen beraten. Die Beratungspflicht ist von den Leistungsträgern zu erfüllen, die im Einzelnen in §§ 18 ff. SGB I genannt werden. Da aber die Zuständigkeit der einzelnen Leistungsträger im Einzelfall unklar sein kann, hat der Gesetzgeber in § 15 SGB I eine zusätzliche Auskunftspflicht vereinbart, um sicherzustellen, daß Hilfesuchende ihre Anträge an die zuständige Stelle richten können. Nichtsdestotrotz sind aber Anträge auf Sozialleistungen auch dann entgegenzunehmen, wenn sie bei der nichtzuständigen Stelle gestellt werden. Sie sind dann von dieser an die zuständige Stelle weiterzuleiten. Damit soll verhindert werden, daß unklare oder streitige Zuständigkeiten zu einer Benachteiligung des Hilfesuchenden führen.

§ 17 SGB I verpflichtet alle Sozialleistungsträger, zustehende Sozialleistungen schnell, umfassend und in zeitgemäßer Weise zu erbringen und die erforderlichen sozialen Dienste und Einrichtungen rechtzeitig und ausreichend zur Verfügung zu stellen sowie den Zugang zu Sozialleistungen möglichst einfach zu gestalten. Gleichzeitig werden die öffentlichen Leistungsträger verpflichtet, mit den gemeinnützigen und freien Einrichtungen und Organisationen zusammenzuarbeiten.

Eine gewichtige Stellung im Gesamtbereich des SGB nimmt auch der Datenschutz ein (§ 35 SGB I und §§ 67 ff. SGB X).

Für alle unterschiedlichen Gesetzesbereiche werden einheitlich geltende Regelungen mit einem hohen Standard der Schutz der Person und der Individualität des einzelnen Hilfesuchenden praktiziert. Damit ist gleichzeitig garantiert, daß eine gute Ausgangsbasis für vertrauensvolle helfende Beziehungen möglich ist.

Letztendlich sorgt aber auch der garantierte Rechtsweg zu den einzelnen Gerichten (in der Regel den Verwaltungsgerichten) dafür, daß die in den einzelnen Gesetzen verankerten Rechts- und Leistungsansprüche von den Gerichten geprüft und entweder verworfen oder durchgesetzt werden. Damit ist nicht nur eine hohe rechtsdogmatische, sondern auch eine sozialpolitische Absicherung und Verantwortung erzielt worden, die gerade im Falle fehlender öffentlicher Gelder neu verteidigt werden muß. →Rehabilitation

Hubertus Lauer, Lüneburg

Sozial Schwache

In →Armut lebende Menschen werden häufig in den Sozialwissenschaften als s. S. bezeichnet.

Sozialstaat

Ein Staatswesen, das in seiner Verfassung das Prinzip der sozialen Gerechtigkeit verankert hat (in Deutschland z.B. in Art. 20 u. 28 i.V.m. Art. 1 GG), wird als Sozialstaat bezeichnet.
→Sozialpolitik; →Sozialstaatsprinzip; →Wohlfahrtsstaat

Sozialstaatsprinzip

Das S. verdankt seine Entstehung der sozialen Krise in der ersten Hälfte des 19. Jahrhunderts. Mit dem Aufkommen des industriellen Proletariats nahm die →Armut massiv zu, die damit verbundene soziale Frage wurde zu einem existenziellen Problem der Betroffenen und der Gesellschaft. In diese Zeit fällt die erste systematische Begründung des Sozialstaats durch Lorenz von Stein. Angesichts des Massenelends begründete er aktive staatliche Eingriffe zur Lösung dieses gesellschaftlichen Problems. Die weitere Ausformulierung des S. wurde insbesondere gegen Ende des 19. Jahrhunderts durch die katholische Soziallehre beeinflußt. Danach sind der Staat und die Gesellschaft verpflichtet, Hilfe zum Schutz der Schwachen und der Arbeiter zu gewähren. Auch die sog. Kathedersozialisten, die in dem 1872 gegründeten „Verein für Sozialpolitik" zusammenwirkten, sahen im Sozialstaat ein geeignetes Instrument, um gegen soziale Verwerfungen zu intervenieren.

Heute genießt der Sozialstaat Verfassungsrang, auch wenn der Terminus selbst in den einschlägigen Grundgesetzartikeln nicht vorkommt. In Art. 20 GG ist die Rede vom sozialen Bundesstaat, im Art. 28 GG vom sozialen Rechtsstaat. Aus diesen beiden Artikeln wird das S. abgeleitet, das sowohl der sozialen Gerechtigkeit als auch der sozialen Sicherheit verpflichtet ist. Im Kern geht es darum, unterschiedliche Lebenschancen anzugleichen und einen ausreichenden Schutz gegen übliche Lebensrisiken zu gewährleisten. Damit garantiert das S. nicht nur Hilfe gegen Armut, sondern es steht auch für den Abbau von Wohlstandsdifferenzen. Um diese Ziele zu realisieren, sind neben allen Umverteilungsmaßnahmen diverse soziale Dienste erforderlich, die mittlerweile zu den unverzichtbaren Bestandteilen des Sozialstaats gezählt werden.

Die relativ offene Formulierung des S. wird häufig beklagt. Gegenüber dem Rechtsstaatprinzip sind die Bestimmungen zum Sozialstaat wenig konkret. Diese Elastizität ist aber nicht nur nachteilig. Sie läßt Raum für Interpretationen in der Rechtsprechung, die auf sich wandelnde soziale Probleme flexibel reagieren muß. Das S. ist insofern ein unabgeschlossenes Postulat. Nur in dieser Form, so die Befürworter dieser Konzeption, kann es seine sozialintegrative Funktion in einer modernen Gesellschaft erfüllen. Die offenkundige Schwäche der weichen Formulierung des S. liegt darin, daß sich aus ihm keine Besitzstandsgarantie in bezug auf bestehende Sozialleistungen ableiten läßt.

→Soziale Arbeit als Menschenrechtsprofession; →Sozialpolitik; →Sozialphilosophie

Sozialstation
Die S. bietet alle →sozialen Dienste als eine zusammenfassende Institution in einem überschaubaren Versorgungsbereich (bis ca. 50 000 Einwohner) an. Träger sind i. d. R. die Kommunen oder Verbände der →Freien Wohlfahrtspflege. S. entstanden in den 70er Jahren als Reaktion auf den Rückgang der traditionellen →Gemeindekrankenpflege.

Sozialtherapeutische Anstalt
→Sozialarbeit im Strafvollzug
→Strafvollzug

Sozialtherapie (Soziotherapie)
in der Sozialarbeit auch unter der Bezeichnung „social treatment" geläufiger Ansatz, der versucht, die individuenzentrierte Herangehensweise der klassischen Einzelfallhilfe um die Bemühungen um die Optimierung des sozialen Umfeldes des Klienten zu erweitern.

Außerdem ist „Sozialtherapeut" in Deutschland die Bezeichnung für eine psychoanalytisch oder verhaltenstherapeutisch orientierte Weiterbildung zum Suchtkrankentherapeuten. →Psychosoziale Versorgung; →Soziatrie

Sozialversicherung
→Sozialrecht

Sozialwesen
→Organisationsformen Sozialer Arbeit

Soziatrie
1. Die S. ist nach dem österreichischen Psychiater und Soziologen J. L. Moreno (1889–1974) die methodische Praxis der Heilung (oder besser: Optimierung) sozialer Systeme (z. B. Familien, Gruppen, Gemeinden). Hierzu entwickelte er die Methoden des →Rollenspiels, des →Soziodramas, des →Psychodramas und der Soziometrie als Forschungsmethode in ihren verschiedenen Formen und Weiterentwicklungen. Ausgangspunkt für Morenos Abwendung vom Individuum und Hinwendung zu sozialen Systemen war seine Vorstellung vom →Sozialen Atom.

2. Gelegentlich wird S. als Synonym für →Sozialpsychiatrie verwendet.

Soziodrama

Das S. ist eine von J. L. Moreno (1889–1974) entwickelte Methode der →Gruppenarbeit, bei der nicht individuelle Konflikte der Gruppenteilnehmer sondern soziale Probleme, Beziehungen zwischen Gruppen, stereotype Rollenmuster und kollektive Ideologien zentral sind. In der Gruppenarbeit werden z. B. Gruppenteilnehmer mit gesellschaftlich drängenden Problemen konfrontiert (Fremdenhaß), entwickeln daraus Szenen (Rechtsradikale überfallen eine türkische Gaststätte) und übernehmen und spielen nach methodischen Regeln die in den Szenen vorkommenden soziodramatischen Rollen, die kollektive Ideen und Erfahrungen sowie Vorurteile idealtypisch repräsentieren („der Rechtsradikale" und „der Türke" und nicht „ein (bestimmter) Rechtsradikaler X" oder „ein (bestimmter) Türke Y" mit ihren individuellen Ausprägungen). Hierüber wird ein neuer Zugang zu anthropologischen, kulturellen und gesellschaftlichen Problemen eröffnet und zugleich werden den Gruppenmitgliedern ihre üblicherweise eher verdrängten Vorurteile und Klischees bewußt und damit u. U. auch einer Veränderung zugänglich. →Psychodrama

Soziogramm

Die graphische Darstellung des soziometrischen Tests (→Soziometrie) wird als S. bezeichnet.

Soziologie

Die Wissenschaft vom menschlichen Zusammenleben mit den dazugehörigen komplexen Struktur-, Funktions- und Entwicklungszusammenhängen der Gesellschaft und ihren Institutionen wird als S. bezeichnet. Als Begründer der S. gilt der französische Philosoph A. Comte (1798–1857).
Bedeutende Schulen der S. und ihre Hauptvertreter sind: Verstehende Soziologie (Simmel, Weber), Symbolischer Interaktionismus (Mead, Blumer, Shibutani, Goffman), Strukturfunktionalismus (Parsons, Merton), Marxismus (Marx, Engels), kritische Theorie (Adorno, Horkheimer, Marcuse, Habermas), Poststrukturalismus (Derrida, Foucault) sowie die Systemtheorie (Parsons, Luhmann).

Soziometrie

Nach dem Psychiater und Soziologen J. L. Moreno (1889–1974) besteht neben der offiziellen, sichtbaren Struktur in Gruppen eine unsichtbare, jedoch eigentlich bestimmende sozio-emotionale Tiefenstruktur, die auf der emotionalen Anziehung und Abstoßung zwischen einzelnen Gruppenmitgliedern beruht. Je größer die Diskrepanz zwischen diesen Ebenen ist, desto deutlicher entwickeln sich soziale Probleme. Um diese Tiefenstrukturen sichtbar zu machen, entwickelte Moreno die soziometrischen Verfahren (oder Tests), bei denen bezüglich eines Kriteriums (z. B.: „Mit wem möchte ich in einer Arbeitsgruppe zusammenarbeiten, mit wem nicht?") zu einer bestimmten Zeit Wahlen und Abwahlen zwischen den Gruppenmitgliedern zu treffen sind. Entscheidend war für Moreno jedoch nicht die bloße Sichtbarmachung der Gruppenstruktur, vielmehr sollen die so gewonnenen Erkenntnisse zur Veränderung der Gruppe und zur Verbesserung des Gruppenklimas verwendet werden. Dabei werden die Gruppenmitglieder im Sinne der →Handlungsforschung als kompetente Akteure angesehen.

Soziotherapie

→Sozialtherapie

Spezialprävention

Traditionell wird in der Rechtspflege ein Sinn der Verhängung einer Strafe in der S. gesehen, d. h. der Täter soll durch die ihm auferlegte Strafe davor abgeschreckt werden, weitere Straftaten zu begehen. In der Kriminologie ist diese Annahme nicht nur unbewiesen, sondern wird teilweise auch heftig bestritten (→labeling approach). →Generalprävention; →Strafvollzug

Spiel
Das S. haben viele Wissenschaften erforscht, ohne seine ganze Komplexität und Vielseitigkeit analysieren zu können. Interdisziplinär überwiegt die Definition, daß das Spiel eine spontane Aktivität ist, die ihren Zweck in sich trägt. In der (Sozial-)Pädagogik kommt dem Spiel traditionell die wichtige Funktion zu, Lernprozesse zu unterstützen, zu ermöglichen oder zu vertiefen. Hierbei ist jedoch der Sinn des S. zu beachten, denn eine totale Pädagogisierung eines S. erreicht oft den gegenteiligen Effekt. Bei einigen Soziologen (z. B. G. H. Mead, J. L. Moreno) ist das Spiel in ihren Theorien von zentraler Bedeutung.

Spielgruppe
Dieser soziologische Begriff bezeichnet eine Gruppe gleichaltriger Kinder, die sich zum Spielen treffen. Die Bedeutung der S. als Sozialisationsfaktor (→Sozialisation) wird in erster Linie in ihrem Beitrag zur Verselbständigung der Kinder gegenüber den Eltern gesehen. Die S. ist eine Vorform der →peer group älterer Kinder und Jugendlicher.

Spielplatz
Der S. ist ein abgegrenzter, mit verschiedenen Spieleinrichtungen ausgestatteter Ort im Freien. Er dient der Freizeit und der Erholung von Kindern in einer Wohnraumstruktur, die das spontane →Spiel auf öffentlichen Plätzen und Straßen nicht berücksichtigt. Um dem Phänomen zu begegnen, daß die Spielangebote auf dem S. nicht oder nur zweckentfremdet benutzt werden, wurden mit unterschiedlichem Erfolg Alternativen entwickelt (→Abenteuerspielplatz, Bauspielplatz).

Spielsucht (Spielleidenschaft, pathologisches Spielen)
Die gesteigerte bis unbeherrschbare Leidenschaft zum Glücksspiel wird in der Psychologie als S. bezeichnet. Während die S. früher hauptsächlich in Spielkasinos befriedigt werden konnte und so nur ein kleiner Teil der Bevölkerung gefährdet wurde, sind es heute in erster Linie die überall zu findenden Glücksspielautomaten, durch die die S. zu einem verbreiteten Problem wurde. →Sucht

Spieltherapie
Die S. ist eine Form der →Psychotherapie für Kinder. Durch das Spiel mit diversen, dem Alter des Kindes angemessenen Materialien (z. B. Puppenfamilien, Marionetten, aber auch Ton oder Farben) werden Ängste, Konflikte etc. des Kindes deutlich. Durch das erneute Durchleben von Konfliktsituationen im Spiel und die kindgemäßen Erläuterungen des Therapeuten wird der Therapieerfolg gefördert oder erreicht. S. findet als Einzel- und →Gruppentherapie statt. Begründerinnen der S. sind Anna Freud und Melanie Klein.

Spital
→Altenhilfe

Spitzenverbände der Freien Wohlfahrtspflege
→Wohlfahrtsverbände

Sport
→Soziale Sporttherapie

Sprachbehinderung (Sprachstörung)
Dieser Begriff faßt die sehr unterschiedlichen Formen der Behinderung des Sprachverhaltens (z. B. Stottern, Näseln, Lispeln) zusammen. Die Ursachen der S. können somatischer oder psychischer Natur sein und werden entsprechend medizinisch, psychotherapeutisch und logopädisch (→Logopädie) behandelt.

Spranger, Eduard (27.6.1882–17.9.1963)
Der →Dilthey-Schüler S. war ein führender Vertreter der →Geisteswissenschaftlichen Pädagogik und der Geisteswissenschaftlichen Psychologie. Nach dem Studium der Philosophie in Berlin Promotion 1905 und Habilitation 1909. Professuren in Leipzig, Berlin und ab 1946 in Tübingen.
Obwohl S. sich intensiv mit der Schulpädagogik auseinandersetzte, beein-

flußte sein pädagogisches und psychologisches Werk ebenso die allgemeine Pädagogik wie die Sozialpädagogik zwischen den Weltkriegen.

Stadtstreicher
→Nichtseßhafte

Stadtteilarbeit
Die S. ist eine Form der Sozialarbeit, die von der wechselseitigen Prägung zwischen dem Stadtteil (als Identifikations- und Lernort sowie als Ort, der die Lebenslagen und Einstellungen bestimmt) und seinen Bewohnern ausgeht. Ziel ist es, den sozial Benachteiligten (→soziale Benachteiligung) unter den Bewohnern diese Wechselwirkung zu verdeutlichen, und ihnen bei Veränderungen auf dieser Grundlage Hilfe zu leisten. Die S. ist eine Variante der →Gemeinwesenarbeit.

Statistik
Die S. ist die aus der Mathematik stammende Lehre von der Sammlung, Darstellung und Analyse von zahlenmäßig erfaßbaren Sachverhalten. Die deskriptive Statistik beschäftigt sich mit der Zusammenfassung und Darstellung von Daten. Die zur empirischen Überprüfung von wissenschaftlichen Hypothesen verwendete S. wird als analytische S. (auch induktive S. oder Interferenzstatistik) bezeichnet.

Status
Dieser Begriff hat in den verschiedenen soziologischen Theorien eine etwas unterschiedliche Bedeutung. Ihnen gemeinsam ist jedoch, daß die verschieden bewerteten Positionen in der Hierarchie einer Gesellschaft als hoher bzw. niedriger Status bezeichnet wird. Wichtige Statuskriterien sind z.B. Macht, Einkommen, Bildung, Beruf, Besitz.

Steiner, Rudolf (27.02.1861–30.03.1925)
Der Begründer der →Anthroposophie und pädagogische Autodidakt war 1919 Mitbegründer der ersten Waldorfschule als Privatschule der Waldorf-Astoria-Zigarettenfabrik in Stuttgart. Außerdem entwickelte er die →Waldorf-Pädagogik.

Sterbebegleitung
1. Begriffliche Kennzeichnungen. Aus der Sicht von Psychologie, Sozialpädagogik und Sozialarbeit ist ein Mensch dann als Sterbende(r) zu bezeichnen, wenn sie/er objektiv vom Tod bedroht ist und sich dieser Todesbedrohung soweit bewußt ist, daß sie sein Erleben und Verhalten bestimmt. Die Zeitspanne, die einem Sterbenden noch verbleibt, ist sehr unterschiedlich; sie kann zwischen wenigen Tagen und mehreren Jahren schwanken (s. J. Wittkowski, S. 117 ff.).
S. (auch Sterbebeistand, Orthothanasie) bezeichnet die Gesamtheit jener Maßnahmen, die von Angehörigen und/oder von professionellen Helfern und Betreuern (Ärzten, Schwestern, Pflegern, Krankengymnasten, Sozialarbeitern, Seelsorgern) getroffen werden, damit der Sterbende während seines letzten Lebensabschnitts so leben kann, wie es seinen individuellen Wünschen und Bedürfnissen sowie seinen spezifischen Möglichkeiten der Erlebnisverarbeitung bei der Krankheitsbewältigung und insbesondere bei der Auseinandersetzung mit der Aussicht des bevorstehenden Todes entspricht.
S. erstreckt sich sowohl auf die Art der medizinischen Behandlung und Pflege (z.B. Bestrahlung, medikamentöse Schmerzlinderung) als auch auf die sächliche Umgebung des Sterbenden (z.B. die Einrichtung des Zimmers, die Verfügbarkeit bestimmter Gegenstände) als auch auf die Art der Kommunikation und Interaktion mit ihm. Aus Sicht der Sozialpädagogik und Sozialarbeit stehen die Gestaltung der nächsten Umgebung des Sterbenden und des (zwischenmenschlichen) Umgangs mit ihm im Vordergrund. Der Umgang mit dem Sterbenden ist auf seiten der Helfer und Betreuer durch Verhaltensmerkmale bestimmt, die aus einem auf Ganzheitlichkeit und Wertbezug ausgerichteten Menschenbild abgeleitet sind. Damit wird

angestrebt, die Individualität und Werthaftigkeit des Menschen in der Endphase seines Lebens zu bewahren bzw. zu fördern.
Vom Standpunkt der Sozialwissenschaften aus ist es sinnvoll, zwei Ebenen der S. zu unterscheiden. S. im engeren Sinne umfaßt die direkte Interaktion zwischen dem Sterbenden und seinen Begleitern. S. im weiteren Sinne bezieht die Unterrichtung von Angehörigen und Helfern im Umgang mit Sterbenden mit ein. S. im weiteren Sinne ist eingebettet in die jeweiligen gesellschaftlichen Strukturen und wird beeinflußt von den in einer Gesellschaft vorherrschenden Werten. Die Beschreibung und Erklärung von Interaktions- und Kommunikationsstrukturen in der S. erfolgt zweckmäßigerweise unter einer systemischen Perspektive, die den Rückkoppelungsschleifen zwischen Sterbendem und Betreuer, zwischen Betreuer und Instruktor/Supervisor sowie – indirekt durch Vermittlung des Betreuers – zwischen Sterbendem und Instruktor Rechnung trägt und auch den Einfluß gesellschaftlicher Rahmenbedingungen zu berücksichtigen gestattet.

2. Ebenen der Sterbebegleitung.
2.1 Sterbebegleitung im engeren Sinne.
Die Betreuung Sterbender ist keine Verhaltenstechnik im Sinne einer eng umschriebenen psychologischen Interventionsmethode. Sie folgt vielmehr allgemeinen Grundsätzen, die sich aus den wichtigsten psycho-sozialen Bedürfnissen Sterbender ableiten lassen (vgl. R. Jacob; A. H. Schmale/W. B. Patterson): (1) Die Kompetenzen des Sterbenden sollen bewahrt bzw. gegebenenfalls wiederhergestellt werden (→Empowerment). Der Sterbende sollte im Rahmen seiner Möglichkeiten an allen Entscheidungen beteiligt werden, die seine verbleibende Lebenszeit und die Begleitumstände seines Sterbens betreffen – vorausgesetzt, daß er dazu in der Lage ist und dies wünscht. Dies betrifft auch Entscheidungen über lebensverlängernde Maßnahmen (z. B. einen operativen Eingriff) und die Art der Schmerzlinderung. Wenn der Moribunde Entscheidungen über die ihm verbleibende Zeit selbst trifft, behält er trotz physischer Beeinträchtigungen und trotz einer gewissen Abhängigkeit von seinen Helfern Kontrolle über sein Leben und wird dadurch in seiner Selbstachtung gestärkt. (2) Der Sterbende soll Hilfestellung bei der Artikulation von Emotionen erfahren. Er sollte Gelegenheit haben, die vielfältigen, unter Umständen heftigen und gegensätzlichen emotionalen Reaktionen auf seinen bevorstehenden Tod in Gegenwart fürsorglicher Betreuer in einer Weise zu artikulieren, die ihm gemäß ist und bei der er sich grundsätzlich angenommen fühlt. (3) Den Bedürfnissen des Sterbenden nach Kommunikation mit und Zuwendung von wichtigen Bezugspersonen sollte Rechnung getragen werden. Konkret bedeutet dies, daß professionelle Helfer auf die Angehörigen, Freunde etc. des Moribunden einwirken, den Kontakt zu ihm nicht abreißen zu lassen. (4) Die Beziehung zwischen dem Sterbenden und seinen Betreuern sollte den Umständen entsprechend dauerhaft sein. Wenige Betreuer sollten sich kontinuierlich und intensiv um einen Sterbenden kümmern, denn nur so können sie auf seine individuellen Eigenarten eingehen. (5) Art und Geschwindigkeit der Auseinandersetzung mit seinem eigenen Sterben sollte der Betroffene selbst bestimmen. Nicht im Sinne von S. wäre es, würden Betreuer durch gezielte Mitteilung bestimmter Informationen einen Sterbenden widerstrebend zum Passieren sog. Sterbephasen drängen.
Ein allgemeiner Grundsatz der S. im engeren Sinne, der den obigen Prinzipien übergeordnet ist, besteht darin, daß Betreuer stets versuchen, die von Fall zu Fall unterschiedliche Konfiguration der psycho-sozialen Bedürfnisse und Bewältigungsmöglichkeiten Sterbender zu erkennen und ihre Betreuungsmaßnahmen differenziert auf den jeweiligen Einzelfall abzustimmen.

2.2 Sterbebegleitung im weiteren Sinne. Hier wird der unmittelbare Umgang von Sterbenden und ihren Betreuern erweitert um Unterrichtsveranstaltungen, die Helfern den Umgang mit Moribunden erleichtern und die Betreuung effizienter machen sollen. Im Rahmen derartiger Unterrichtsveranstaltungen werden kognitive Lernziele (u.a. Umgang mit der Todesthematik in der Kulturgeschichte des Abendlandes einerseits und in anderen Kulturen andererseits; Verlauf unheilbarer Krankheiten; Kommunikationsstrukturen der Arzt-Patient-Beziehung), affektiv-soziale Lernziele (Bearbeitung eigener Verlusterfahrungen, Auseinandersetzung mit dem eigenen Lebensentwurf, Einsicht in die Bedeutung überstarker Emotionen für das eigene Verhalten gegenüber Sterbenden) und behaviorale Lernziele (Übung in non-direktivem Gesprächsverhalten, Körpersprache) angestrebt. Die genannten Inhalte werden durch Vorträge, Gruppendiskussionen, Filme, Selbsterfahrungsgruppen (→Selbsterfahrung), →Rollenspiele und →Supervision des Gesprächsverhaltens vermittelt. Die naheliegende Frage nach den Wirkungen von Seminaren zur Todesthematik auf die Teilnehmer läßt sich aufgrund empirischer Untersuchungen vorläufig dahingehend beantworten, daß Angst vor Sterben und Tod mindestens kurzfristig abnimmt und daß bei den Teilnehmern eine als hilfreich empfundene Sensibilisierung für die Todesthematik insgesamt erzeugt wird.

3. Beziehungen zu Sozialpädagogik und Sozialarbeit. Sozialpädagogik und Sozialarbeit, wie sie z.B. von H. Thiersch/T. Rauschenbach skizziert werden, besitzen mannigfache Affinitäten zu Prinzipien, Inhalten und Verfahrensweisen der S. Mit Blick auf die eigentliche Betreuungssituation (S. im engeren Sinne) bestehen vielfältige Berührungspunkte bzw. Gemeinsamkeiten mit der Sozialarbeit. Zunächst kann S. im engeren Sinne als Sonderfall der →Einzel(fall)hilfe bei schwerer Krankheit und/oder im hohen Alter aufgefaßt werden. Sie ist u.a. durch die besonderen Probleme einer Personengruppe gekennzeichnet, die vom öffentlichen Interesse und von der Sozialpolitik in bemerkenswertem Maße ignoriert wird und die gerade deshalb besonderer Unterstützung und Fürsorge bedarf. Charakteristisch für die Interaktion zwischen Sterbendem und Betreuer ist ferner, daß Unterstützung und Fürsorge nicht ausschließlich und nicht einmal hauptsächlich nach Art eines institutionell-spezialisierten Angebots therapeutischer Provenienz erfolgen, sondern daß es wesentlich um die Beseitigung von Schwierigkeiten in den jeweiligen alltäglichen Lebensverhältnissen einschließlich der sächlichen Rahmenbedingungen geht. Die allgemeine Aufgabe besteht schließlich darin, zwischen den Anforderungen und Imperativen des Systems bzw. Subsystems (z.B. Pflegeheim) und den Lebensbedürfnissen des Sterbenden zu vermitteln. Von daher kann eine im Bereich der S. angesiedelte Sozialarbeit auch zu einer Veränderung bestehender institutioneller Strukturen beitragen.

Unterrichtsveranstaltungen für den Umgang mit Sterbenden haben in erster Linie Bezüge zur Sozialpädagogik. Als kompensatorische Erziehungshilfe in Notlagen bzw. als wissenschaftlich begründete Erwachsenenbildung speziell mit Blick auf die psycho-soziale Verfassung Sterbender sind derartige Veranstaltungen Teil der Fürsorgewissenschaften. Im Unterschied zur unmittelbaren Hilfestellung der S. im engeren Sinne handelt es sich hier um die Unterstützung durch Bildung und →Beratung von Betreuern und insofern um mittelbare Unterstützung, deren Adressaten sowohl professionelle Helfer als auch Laien-Helfer (→Laienhilfe) (z.B. Angehörige eines Sterbenden) sein können. Insbesondere für letztere geht es um die Vermittlung von Handlungskompetenzen im Kontext jeweils gegebener Alltagserfahrungen.

Sowohl im engeren als auch im weiteren Sinne entspricht das Selbstverständnis der S. weitgehend jenem von Sozialpädagogik/Sozialarbeit: Sie macht sich die (als solche wahrgenommenen) Interessen ihrer Adressaten zu eigen und versucht, deren (vermeintlich) nicht eingelöste Ansprüche gegen das Beharrungsvermögen der bestehenden Verhältnisse zur Geltung zu bringen.

4. Ausblick. S. hat kein theoretisches Fundament – weder aus der Psychologie noch aus der Sozialpädagogik oder der Sozialarbeit. Es handelt sich vielmehr um einen pragmatischen Handlungsrahmen, der aus einem humanistischen Menschenbild einerseits und aus den psychosozialen Bedürfnissen Sterbender andererseits abgeleitet wurde, gleichwohl aber nicht ohne konzeptionelle Orientierung sein muß. Wie Sozialpädagogik/Sozialarbeit im allgemeinen scheint auch S. im besonderen ein gesellschaftlicher Sektor zu sein, der sich weniger als andere Bereiche (z.B. Medizin, Psychotherapie) professionalisieren läßt, sondern der gegenwärtig im Neben- bzw. Miteinander von Professionellen, Halb-Professionellen und Nicht-Professionellen angegangen wird. Damit wird einerseits einer lebensfernen Formalisierung und letztlich Distanzierung vorgebeugt, andererseits wird aber auch eine wechselseitige Befruchtung im Sinne angewandter Grundlagenforschung behindert.

Im engen Zusammenhang mit Bemühungen um die →Professionalisierung von S. ist die Frage der →Effizienzkontrolle zu sehen. Der Überprüfung der Wirkungen, die das Verhalten eines Betreuers auf das Befinden des einzelnen Sterbenden hat, sind aus methodologischen und ethischen Gründen relativ enge Grenzen gesetzt. Im Gegensatz dazu sind die Effekte von Unterrichtsveranstaltungen für den Umgang mit Sterbenden auf die Teilnehmer prinzipiell hinreichend exakt bestimmbar (zur derzeitigen Befundlage vgl. zusammenfassend J. Wittkowski, S. 170 ff.). Zukünftige Studien zur Effizienzkontrolle sollten verstärkt die Möglichkeit differentieller Wirkungen von Seminaren über Tod und Sterben einbeziehen und durch Längsschnittstudien auch einer entwicklungspsychologischen Perspektive Rechnung tragen.

Lit.: R. Jacob: Grundprinzipien der Betreuung Sterbender, in: K. Blumenthal-Barby, Betreuung Sterbender, Berlin 1991, S. 51–56; A. H. Schmale, W. B. Patterson: Comfort care only – Treatment guidelines for the terminal patient, in: Ch. A. Garfield, Psychosocial Care of the Dying Patient, New York 1978, S. 13–21; H. Thiersch, T. Rauschenbach: Sozialpädagogik/Sozialarbeit: Theorie und Entwicklung, in: H. Eyferth, H.-U. Otto, H. Thiersch: Handbuch zur Sozialarbeit/Sozialpädagogik, Neuwied 1984, S. 984–1016; J. Wittkowski: Psychologie des Todes, Darmstadt 1990.

Joachim Wittkowski, Würzburg

Sterbehilfe

1. Der Beistand im Sterben ohne lebensverkürzende Maßnahmen wird als S. bezeichnet;

2. Auch die Hilfe zum Sterben durch lebensverkürzende Handlungen (aktive S.) oder durch Unterlassen lebensverlängernder Handlungen (passive S.) wird S. genannt. Diese Form der S. ist rechtlich und ethisch umstritten.
→Euthanasie; →Sterbebegleitung

Stiefkind

Das S. ist ein mit in die Ehe gebrachtes Kind eines Ehegatten. Dieser Ehegatte ist allein erziehungsberechtigt (→Personensorge). Er kann seinen Partner jedoch zur Mitwirkung ermächtigen. Allgemein wird es als Teil seiner ehelichen Pflichten angesehen, den Partner bei der Personensorge zu unterstützen. Eine gesetzliche →Unterhaltspflicht des Stiefelternteils besteht nicht.

Stiftung Deutsche Jugendmarke e.V.

Die S.D.J. wurde 1965 als rechtlich selbständiger und gemeinnütziger Verein gegründet und hat satzungsgemäß die Aufgabe, die beim Verkauf der jährlich vom Bundesministerium für Post und Telekommunikation herausgegebenen Sonderpostwertabzeichen mit Zuschlägen „Für die Jugend" erzielten Erlöse für Maßnahmen zum Wohle der deutschen Jugend zu verwenden. Im Rahmen dieser Aufgabe kann der Verein auf allen Gebieten tätig werden, in denen er im allgemeinen Interesse liegende Projekte und Programme fördert, die insbesondere von den Trägern der Freien Jugendhilfe durchgeführt werden. Dem Verein gehören vier Vertreter der Freien Jugendhilfe (→Bundesarbeitsgemeinschaft der Freien Wohlfahrtspflege e.V., →Bundesjugendkuratorium, Bundesvereinigung kulturelle Jugendbildung e.V., →Deutscher Bundesjugendring e.V.) und vier Vertreter aus dem öffentlichen Bereich (BMJFFG, Bundesministerium der Finanzen, Bundesministerium für Post und Telekommunikation, →Arbeitsgemeinschaft der Oberen Landesjugendbehörden) an. Vorsitz und Geschäftsführung liegen beim BMJFFG. Die jährlich veröffentlichten Jahresberichte geben Aufschluß über die Tätigkeit des Vereins.

Anschrift: Kennedyallee 105–107, 53175 Bonn

Stigmatisierung (Etikettierung)

S. bezeichnet den Prozeß, in dem ein Individuum dadurch sozial diskreditiert wird, daß ihm ein sozial negativ bewertetes Merkmal (=Stigma bzw. Etikett) zugeschrieben wird. Diese Zuschreibung kann es sich im Sinne einer →self-fulfilling prophecy zu eigen machen. (→labeling approach).

Störung

Diese sehr allgemeine Bezeichnung wird in der Psychiatrie und Psychologie für psychische „Abnormitäten" zur Vermeidung des in diesem Bereich umstrittenen Krankheitsbegriffs verwendet.

Strafe

1. In der Pädagogik ist die S. ein heftig diskutiertes, aber praktiziertes →Erziehungsmittel. Hier wird zwischen der Disziplinarstrafe, die den Raum für eine geordnete Erziehung schaffen bzw. wieder herstellen soll, und der Strafe nach erzieherischen Gesichtspunkten (Erziehungsstrafe) unterschieden. Mindestanforderung an diese S. ist, daß sie nicht als Dressurmittel oder Racheinstrument angewendet werden, sondern aus dem →pädagogischen Bezug heraus einsehbar („gerecht") sind. Dennoch kann jede S. für den Bestraften auch die Qualität eines sinnlich erfahrenen Leids haben, das der pädagogischen Wirkung entgegensteht.
2. In der Psychologie werden die negativen oder unangenehmen Folgen einer Handlung als S. oder „negative Verstärkung" bezeichnet.
3. Nach dem →Strafrecht wird eine Strafe aus Gründen der Repression (= Vergeltung des begangenen Unrechts), der →Spezialprävention, der →Generalprävention und der Resozialisierung (→Strafvollzug) verhängt.

Straffälligenhilfe

Dieser Sammelbegriff bezeichnet alle öffentlichen und privaten Formen der Hilfe zur Resozialisierung von Straftätern, wie z.B. die →Bewährungshilfe, die →Gerichtshilfe, die →Jugendgerichtshilfe und die →Entlassenenhilfe, aber auch die begleitenden Hilfen durch →sozialpädagogische Familienhilfe, die →allgemeinen sozialen Dienste oder auch →Selbsthilfegruppen.

Strafmündigkeit

Strafmündig ist, wer das 14. Lebensjahr zum Zeitpunkt der Tatbegehung vollendet hat. Vorher ist ein junger Mensch gem. § 19 StGB schuldunfähig, d.h. er kann für seine Taten nicht strafrechtlich

(→Strafrecht) zur Verantwortung gezogen werden.

§ 3 JGG bestimmt jedoch, daß Jugendliche im Sinne des JGG nur bedingt strafmündig sind, und somit in jedem Fall vom Gericht zu überprüfen ist, ob der Jugendliche zum Zeitpunkt der Tat nach seiner sittlichen und geistigen Entwicklung reif genug war, das Unrecht der Tat einzusehen und nach dieser Einsicht zu handeln. Aber auch bei fehlender S. kann der Jugend- oder der Vormundschaftsrichter →Erziehungsmaßnahmen anordnen.

Strafprozeßordnung (StPO)

Die S. regelt das förmliche Verfahren zur Ermittlung von Straftaten und zur Durchsetzung des staatlichen Strafanspruchs (= Strafverfahren) gesetzlich. Es umfaßt alle Vorschriften über den Ablauf des Strafverfahrens sowie über die Rechte und Pflichten aller Beteiligten.

Die Organisation der Strafgerichtsbarkeit ist im Gerichtsverfassungsgesetz (GVG) geregelt.

Strafrecht

Das S. ist als Teil des öffentlichen Rechts die Gesamtheit der Rechtsnormen, die regeln, welches Verhalten der Gesetzgeber verbietet und welche Sanktionen für Übertritte dieser Verbote verhängt werden können. Dieses materielle S. (im Gegensatz zum formellen Strafrecht des Strafverfahrens, →StPO) findet seine rechtliche Regelung im Strafgesetzbuch (StGB), das in seinem allgemeinen Teil die Voraussetzungen und Folgen einer Straftat bestimmt. Im besonderen Teil werden die einzelnen, mit Strafe bedrohten Handlungen definiert und der für sie jeweils gültige Strafrahmen festgelegt.

Außer diesem Hauptstrafrecht gibt es noch das Nebenstrafrecht, das aus den diversen Strafnormen spezieller Gesetzgebung besteht (z. B. Betäubungsmittel- oder Wirtschaftsstrafgesetz). →Jugendstrafrecht

Strafvollzug

1. Begriff. Unter S. ist die Vollziehung der vom Strafrichter verhängten freiheitsentziehenden Sanktion zu verstehen. Dazu gehören sowohl die →Freiheitsstrafe (§§ 38, 39 StGB), als auch die →Maßregeln der Besserung und Sicherung (§§ 63, 64, 66 StGB), wenn sie den Entzug der Freiheit bedeuten. Die Untersuchungshaft, der Jugendarrest, die geschlossene Unterbringung von Kindern und Jugendlichen gehören nicht zum S., auch wenn es sich um richterliche Anordnungen mit freiheitsentziehender Wirkung handelt. Ebenso wird der Vollzug anderer strafrechtlicher Sanktionen, wie etwa die Geldstrafe, nicht zum S. gerechnet. Gesetzliche Grundlage des S. bildet das Strafvollzugsgesetz (s. u.). Der Anteil vollstreckter Freiheitsstrafen an der Gesamtheit der Kriminalsanktionen beträgt seit den 1980er Jahren gleichmäßig ca. 6%, während ca. 12% der Kriminalsanktionen Strafaussetzungen zur Bewährung sind. Bei den verbleibenden 82% handelt es sich um Geldstrafen (vgl. Müller-Dietz 1993, S. 508).

2. Historische Einordnung. Die Idee der Freiheitsstrafe als Erziehung durch Arbeit und Einkehr hat ihre Vorläufer in den niederländischen →Zuchthäusern, von denen das erste 1595 in Amsterdam gegründet wurde. Das Bevölkerungswachstum im 18. Jh., die damit verbundene zunehmende Armut und die enorme Konkurrenz der Arbeitskräfte auf dem Arbeitsmarkt ließen den ursprünglichen Gedanken der Wiederherstellung der Arbeitskraft von Gefangenen als nicht mehr von großem Interesse erscheinen. Gleichzeitig vervielfachten sich in der sich ausdifferenzierenden Gesellschaft die inneren Konfliktlinien. Darüber hinaus erschienen unter dem Druck der Entwicklung der Produktivkräfte und dem damit verbundenen politischen Wandel die an die Souveränität des Herrschers gebundenen und an Abschreckung ausgerichteten öffentlichen

Strafakte als unwirksam und unangemessen. Gestützt auf den Philosophien Kants, Hegels und Feuerbachs entsteht um die Wende vom 18. zum 19. Jahrhundert eine neue Theorie des Rechts und des Verbrechens und damit verbunden eine neue Strafpraxis. Delinquenz ist nunmehr nicht mehr das, was sich gegen das Recht des Adels oder des Souveräns richtet, sondern das, was sich – korrespondierend mit den neuen Produktionsverhältnissen – gegen Güter richtet. Körperliche Züchtigung, Marter, Leibes- und Lebensstrafen fallen weg, die Freiheitsstrafe setzt sich durch. War Strafe im Kontext absolutistischer Machtverhältnisse die Konsequenz für Handlungen gewesen, in denen der Wille des Souveräns vom Untertan nicht befolgt wurde, so verlangte das moderne Zusammenleben bürgerlicher Prägung eine sorgfältige Kodifizierung des Rechts und eine rationale Gewaltausübung auf dem Fundament gesellschaftlichen Konsenses. Die Macht wird an Regeln gebunden, das Individuum wird zum Rechtssubjekt. Ohne Zweifel entstand dadurch eine größere Rechtssicherheit für den Einzelnen, der sich sonst willkürlichen Akten des Herrschers ausgesetzt sah. Doch dieser Gewinn ist gleichzeitig mit einer Verfeinerung und Optimierung der Unterwerfung verbunden. Entsprechend der Kodifizierung werden die Strafen individualisiert und Tat sowie Täter objektiviert. Das Rechtssubjekt wird zunehmend beobachtet, untersucht, gemessen, seziert, geprüft, beurteilt, klassifiziert und registriert.

Damit sind das Strafrecht und das Gefängnis dem allgemeinen Prozeß der Entwicklung der „Disziplinargesellschaft", wie Foucault sie nennt und deren Formierungsstadium er auf das 17. und 18. Jh. datiert, zuzuordnen. An die Stelle der äußeren Macht, dem zwingenden Oberhaupt, tritt die „Mikrophysik der Macht" (Foucault). Sie ordnet und regelt mit Hilfe von Disziplinartechniken, durch deren Anwendung es möglich wird, den Körper zu erfassen, zu analysieren, zu trainieren und zu formen und ihn in optimaler Weise für die moderne Gesellschaft nutzbar zu machen. Das Wissen, das nötig ist, um die Disziplinartechniken zu entwickeln, erwirbt man sich mit Hilfe der Humanwissenschaften (Medizin, Psychologie, Pädagogik), die sich ständig vervollkommnen und ihr Wissen vermehren. In dieser Entwicklung stellt das Gefängnis, neben dem Irrenhaus, eine der exponiertesten Institutionen der Disziplinargesellschaft dar und spiegelt in seinen verschiedenen Entwicklungsphasen in äußerst verdichteter Form den jeweiligen Zustand eben dieser Disziplinargesellschaft wider (Foucault 1976).

3. Das Ringen um die Ausgestaltung des S. Von Beginn an standen sich die Idee vom S. als Vergeltungsinstitution und vom S. als Besserungsanstalt gegenüber. In der Frühphase kritisierten in erster Linie Personen mit einem christlichen Hintergrund, wie Fliedner, Julius und →Wichern die vorfindlichen Haftsituationen. Sie verlangten vor allem Seelsorge und Ausbildung für die Gefangenen und plädierten für eine angemessene Qualifizierung des Anstaltspersonals.

Im 1871 verabschiedeten Reichsstrafgesetzbuch stehen aber Vergeltung und →Generalprävention an zentraler Stelle, der Besserungsgedanke tritt völlig zurück. Erst in der Zeit zwischen den Weltkriegen werden die Ideen der Erziehung und Resozialisierung in Praxis und Theorie wieder breit diskutiert. Der Gefangene wird als Individuum entdeckt, das nach einer individuellen Betreuung verlangt. Verschiedene Stufen des S., die sich in Stärke der Sicherheitsvorkehrungen unterscheiden, sollen eine kontinuierliche Entwicklung des Insassen gewährleisten. Vor allem im →Jugendstrafvollzug engagieren sich Pädagogen, streiten für den Vorrang der Erziehung (→Devianzpädagogik) und übernehmen damit eine Vorreiterrolle für den S. der Erwachsenen. Im Nationalsozialismus werden Sühne und Abschreckung wieder betont, Reformen werden zurückgenommen. Die Kataloge der Straftatbestände und der Sanktionen werden entsprechend der Politik des Rassismus, der Ausgrenzung, Verfolgung und Vernichtung erweitert. Nach dem Zweiten Weltkrieg wird das Institut der Strafaussetzung zur Bewährung (§ 56 StGB) bzw. der Aussetzung des Strafrestes (§ 57 StGB) eingeführt. Eine neue Blütezeit erlebt die Diskussion um den S. in den 1970er Jahren, als die allgemeine Institutionenkritik auch das Gefängnis in Frage stellte. Diese Kritik zeigte viele Facetten. So erkannten Rusche/Kirchheimer (1974) den S. als Kampfinstrument gegen die Arbeiterklasse und legten eine ideologiekritische, ökonomische Analyse des S. vor. (Tatsächlich kommt bis heute der überwiegende Teil der Inhaftierten aus sozial benachteiligten Schichten, ist eher ungelernt und männlichen Geschlechts). Ihre Einschätzung fand vor allem in der →Studentenbewegung Resonanz, die während einer bestimmten Phase auch eine aktive Einmischung in den Strafvollzug und Solidarität mit den Gefangenen propagierte, da diesem ein bestimmtes revolutionäres Potential zugerechnet wurde.

Die Kritiker, die sich dem →Abolitionismus (u. a. Christie 1986, Mathiesen 1979) verpflichtet fühlen, lehnen den S. als im Grundsatz ungeeignetes Instrument zur Bewältigung sozialer Konflikte ab. Als →totale Institution könne der S. gar keine anderen Ergebnisse zeigen als die beklagten. Entsprechend sei die Logik des Strafrechts anzugreifen und das angenommene Strafbedürfnis der Bevölkerung als Legitimation von Strafrecht und S. in Frage zu stellen.

Zentrale Hoffnung – vor allem der Praktiker des S. – der 1970er Jahre war jedoch eine Resozialisierung durch Behandlung nach dem Vorbild skandinavischer und niederländischer Modelleinrichtungen. Erziehungs-, Behandlungs- und Therapie-Experten zogen nicht zuletzt durch die Gefangenenhilfe in die Strafanstalten ein. Nach Verabschiedung des Strafvollzugsgesetzes (s. u.) wurden besondere, therapeutisch orientierte Haftanstalten aufgebaut. Die Gestaltung des individuellen Haftverlaufs sollte nun maßgeblich an den Erfordernissen der Behandlung ausgerichtet werden. Doch die sog. Behandlungseuphorie sah sich bald genereller Kritik gegenüber: Behandlung bringe nur zusätzliche Repression, da sich in ihrem Namen neue Kontrollformen einführen ließen und sich die Situation des Gefangenen gegenüber den Experten als zunehmend schwach gestalte. Tatsächlich richtet sich die Entscheidung über die Aussetzung des Strafrestes zur Bewährung nicht nur nach formalen Kriterien sondern auch nach sozialen Diagnosen und Prognosen, die der Gefangene selten durchschaut. Trotz dieser Einwände ist der Behandlungsgedanke maßgeblich in die Rechtsgrundlage des aktuellen S. in der Bundesrepublik Deutschland – dem Strafvollzugsgesetz – eingeflossen.

4. Das Strafvollzugsgesetz (StVollzG). Die aktuelle Rechtsgrundlage des S. in der Bundesrepublik Deutschland bildet das 1976 beschlossene und am 1.1.1977 in Kraft getretene StVollzG, das alle Rechte und Pflichten des Gefangenen bzw. Untergebrachten sowie die Leistungspflichten und Interventionsbefugnisse der Vollzugsbehörden regelt. Die im Gesetz enthaltenen Regelungen finden ihre Spezifizierung in bundeseinheitlichen Verwaltungsvorschriften und allgemeinen Verfügungen. Das StVollzG bildet den vorläufigen Endpunkt einer seit dem Ende des 19. Jh. andauernden Diskussion und dem Bemühen, für den S. eine umfassende gesetzliche Grundlage zu schaffen. Zwar war schon in der ersten Hälfte des 19. Jh. die Notwendigkeit, die Durchführung rechtskräftig angeordnete Sanktionen gesetzlich zu regeln, ein allgemein anerkanntes Erfordernis (s. o.), aber der entsprechende Entwurf für ein reichseinheitliches Strafvollzugsgesetz von 1879

wurde nie Gesetz. Zuchthaus und Gefängnis blieben so länger als andere Bereiche ohne rechtsstaatliche Grundlage (sog. „Besonderes Gewaltverhältnis"). Auch der in den späten 1920er Jahren unternommene Versuch, mit der Strafrechtsreform auch dem S. eine rechtliche Grundlage zu geben, scheiterte. Gefangene erhielten erst 1961 mit der Einführung der Dienst- und Vollzugsordnung eine Grundlage für Beschwerden. Das StVollzG brachte dann die verfassungsrechtlich erforderliche gesetzliche Regelung für die nach dem StGB verurteilten Erwachsenen. Für den Jugendstrafvollzug fehlt bis heute eine entsprechende gesetzliche Grundlage.

Als Ziel des Vollzuges benennt das Gesetz die Befähigung des Gefangenen „künftig in sozialer Verantwortung ein Leben ohne Straftaten zu führen." (§ 2 StVollzG Satz 1). Darüber hinaus dient der Vollzug der Strafe aber auch dem Schutz der Allgemeinheit vor weiteren Straftaten (§ 2 StVollzG Satz 2). Mit der gleichberechtigten Aufnahme beider Zielvorstellungen wird gleich zu Beginn der gesetzlichen Formulierungen ein Spannungsfeld aufgebaut, das die Theorie wie Praxis des S. durchzieht und maßgeblich prägt.

Das StVollzG konkretisiert das Vollzugsziel durch allgemeine Gestaltungsgrundsätze. So soll das Leben im Vollzug den allgemeinen Lebensverhältnissen so weit als möglich angeglichen und schädlichen Folgen des Freiheitsentzuges entgegengewirkt werden, schließlich ist der S. darauf auszurichten, daß er dem Gefangenen hilft, sich in das Leben in Freiheit einzugliedern (§ 3 StVollzG). Hier zeigt sich das Verständnis des S. als Behandlungsvollzug. Ein bei Strafantritt, auf Grundlage der sog. Behandlungsuntersuchung (§ 6 StVollzG) gefertigter Vollzugsplan soll als Orientierung für eine dem einzelnen Insassen angemessene Gestaltung des Vollzuges dienen (§ 7 StVollzG). Der Plan enthält Angaben über bestimmte zu ergreifende Behandlungsmaßnahmen im Sinne des Vollzugsziels. So werden im Vollzugsplan Fragen des Arbeitseinsatzes, der Unterbringung im offenen oder geschlossenen Vollzug (§ 141 Abs. 2 StVollzG), Fragen der Schuldentilgung, der sozialen Kontakte, des voraussichtlichen Entlassungszeitpunkts und entsprechender vorher zu treffender, vorbereitender Maßnahmen wie Lockerungen (Ausgang, Urlaub) und Verlegungen in Übergangsanstalten (→Freigänger) oder in sozialtherapeutische Anstalten (§§ 123–128 StVollzG) behandelt sowie inhaltlich und zeitlich geplant.

Die Sonderregelungen, die das Gesetz für Frauen enthält, beziehen sich fast ausnahmslos auf Geburt und Versorgung von Kindern. So bieten verschiedene Anstalten besondere Mutter-Kind-Abteilungen an (§§ 80, 142 StVollzG), wobei die Auswirkungen der Haftsituation auf die Kinder und die Beziehung zwischen Mutter und Kind als durchaus problematisch gesehen werden müssen (vgl. Krüger 1982). Insgesamt muß zur besonderen Situation von Frauen im S. gesagt werden, daß sie, nicht zuletzt aufgrund ihres nur geringen Anteils an der Gefängnispopulation, in der gesamten Diskussion immer wieder vergessen werden und durchgängig schlechter gestellt sind als Männer im S. Frauen werden in wenigen zentralen Anstalten untergebracht, obgleich die besondere Belastung einer heimatfernen Inhaftierung hinlänglich bekannt ist. Zum anderen werden den inhaftierten Frauen noch immer berufsbildende Maßnahmen in frauentypischen, abgewerteten und schlecht bezahlten Bereichen angeboten. Auch sozialtherapeutisch arbeitende Einrichtungen und Übergangsanstalten stehen Frauen in geringerem Maß zur Verfügung (vgl. BAG-S 1998, Boogaart 1992).

Als Mittel des Rechtsschutzes stehen dem Gefangenen zur Verfügung:
– Antrag auf gerichtliche Entscheidung (§ 109 StVollzG);
– Verfassungsbeschwerde (§ 90 Gesetz über das Bundesverfassungsgericht);

– Beschwerde bei dem Europäischen Gerichtshof für Menschenrechte; sowie außergerichtliche Rechtsbehelfe (§ 108 StVollzG), im einzelnen:
– Beschwerde an die Anstaltsleitung;
– an die Aufsichtsbehörde;
– an die Gefangenenvertretung
– oder an den →Anstaltsbeirat.
Der Sozialen Arbeit kommt nach §§ 71 ff. StVollzG die Aufgabe zu, die Inhaftierten für die Dauer der Strafverbüßung und die Phase der Entlassung im Sinne der Hilfe zur Selbsthilfe zu unterstützen. Dabei ergeben sich besondere Schwierigkeiten bei der Unterordnung pädagogisch angezeigter Maßnahmen unter den Anforderungen von Sicherheit und Ordnung (→Strafvollzug und Soziale Arbeit).

5. Aktuelle Tendenzen und Fragestellungen. Im Vergleich zu den Hochzeiten der Gefängnisdiskussion – zuletzt in den 1970er Jahren – befindet sich der S. heute eher nicht auf der Tagesordnung der Sozialpolitik und/oder der Sozialpädagogik. Im Gegenteil, die Unwirksamkeit des S. im Hinblick auf Wiedereingliederung und Minderung der Rückfallquote (gesprochen wird von unveränderten 80%) lassen Resignation und das Verlangen nach einer Rückkehr zum klassischen Strafvollzug der Vergeltung entstehen. Auch wenn einige darauf verweisen, daß der S. bis heute nie die reale Chance hatte, sich als Behandlungsinstitution zu erweisen, besteht in der Fachdiskussion keine große Hoffnung, daß sich diese Institution überhaupt für einen solchen Ansatz eignet. Vor zusätzliche Probleme wird der S. durch die Auswirkungen der aktuellen →Drogenpolitik gestellt. Eine immer größer werdende Zahl von Insassen ist Konsument illegaler Drogen.
Als neuere Entwicklungen sind sicher die Privatisierung und Teilprivatisierung des S., wie sie in letzter Zeit vor allem in Großbritannien versucht werden, und die Einführung neuer Technologien zur Unterstützung oder als Ersatz für den herkömmlichen S., zu nennen. So wird in den USA die Ablösung der Inhaftierung in der Haftanstalt durch elektronische Überwachungssysteme zu Hause (elektronisches Armband) erprobt (Lindenberg 1997) . Beide Neuerungen sollen vor allem die Kosten des S. senken helfen. Ob sich in ihnen eine qualitative Veränderung der Disziplinargesellschaft im Sinne Foucaults anbahnt, und ob sich überhaupt eine Realisierung auf breiter Ebene durchsetzt, muß zur Zeit noch offen bleiben.

Lit.: BAG-S/Bundesarbeitsgemeinschaft für Straffälligenhilfe (Hrsg.) (1998): Straffälligenbericht 1997/1998, Bonn; Boogaart, H. van den (1992): Geschlechterproblematik und Randgruppen, in: Chassé et al. (Hrsg.): Randgruppen 2000, Bielefeld, S. 181–189; Christie, N. (1986): Grenzen des Leids, Bielefeld; Foucault, M. (1976): Überwachen und Strafen. Die Geburt des Gefängnisses, Frankfurt am Main; Krüger, U. (1982): Gefangene Mütter – bestrafte Kinder? Neuwied; Lindenberg, M. (1997): Ware Strafe: elektronische Überwachung und die Kommerzialisierung strafrechtlicher Kontrolle, München; Mathiesen, Th. (1979): Überwindet die Mauern, Neuwied; Müller-Dietz, H. (1993): Strafvollzug, in: Kaiser et al. (Hrsg.), Kleines Kriminologisches Wörterbuch, Heidelberg, S. 507–523; Müller-Dietz, H., Walter, M. (Hrsg.) (1995): Strafvollzug in den 90er Jahren. Perspektiven und Herausforderungen, Pfaffenweiler; Rusche, G., Kirchheimer, O. (1974): Sozialstruktur und Strafvollzug, Frankfurt am Main.

Hilde van den Boogaart, Hamburg

Strafvollzugsgesetz (StVollzG)
Das in seinen wesentlichen Teilen 1977 in Kraft getretene StVollzG bildete in der Bundesrepublik die erste einheitliche rechtliche Regelung des →Strafvollzugs.

Strafvollzug und Soziale Arbeit
1. Das Gefängnis als totale Institution. Soziale Arbeit im Gefängnis wird insbe-

sondere dadurch bestimmt und herausgefordert, was Strafgefangene bei der Aufnahme ins Gefängnis erfahren. Die Gefangenen müssen eine gewohnte und dadurch Sicherheit gebende Lebenssituation verlassen und in eine unbekannte, ungewohnte und feindlich erscheinende, Unsicherheit und Angst erzeugende Anstalt eintreten. In einem nach administrativen und technischen Gesichtspunkten organisierten Aufnahmeverfahren werden die Gefangenen – unter Berücksichtigung von Sicherheit und Ordnung – für die Anstalt und ihre Verwaltung handhabbar und verfügbar gemacht. Gefangene werden etwa zunächst zur Vollzugsgeschäftsstelle und zur Zahlstelle geführt, von dort zur (Bekleidungs-)Kammer, anschließend zum Arzt und danach zum Abteilungsleiter gebracht, um schließlich einer Zelle zugewiesen und dem Stationsbeamten übergeben zu werden. Die Gefangenen verlieren die Möglichkeit zur Ausübung heterosexueller Beziehungen sowie ihre ökonomische Selbständigkeit und wichtige soziale Funktionen; sie sind bei allen Aktivitäten abhängig geworden, müssen jeden Schritt beantragen und begründen, können sich ihre nähere soziale Umwelt nicht aussuchen und sich nicht in eine Privatsphäre zurückziehen. Kurz gefaßt: sie verlieren ihre Selbständigkeit, ihr normales Aussehen, ihre gewohnten sozialen Rollen, ihr Selbstwertgefühl – alles Aspekte, die ihre bisherige Identität ausmachten. Goffmann nennt das Ergebnis der in →totalen Institutionen typischen Aufnahmeprozeduren „Erniedrigung, Degradierung, Demütigung, Entwürdigung" des einzelnen (Goffmann 1981, S. 24 ff.).

Schließlich zeichnet sich das Gefängnis dadurch aus, daß es eine von der Gesellschaft ausgeschlossene Lebenswelt ist, wo kaum Verhaltensweisen für das Leben in der Gesellschaft eingeübt werden können; es ist die äußerste Form sozialer Sanktion und Kontrolle. Der Einsatz für eigene Rechte und Belange oder gar die Zusammenarbeit mit anderen Gefangenen wird negativ bewertet; rechtsbewußtes, soziales Handeln kann sich nicht entwickeln. Diese Probleme werden dadurch verschärft, daß die Gefangenen in der Regel aus sozial unterprivilegierten Schichten kommen: ca. 45% haben keinen Schulabschluß, mehr als 60% keine abgeschlossene Berufsausbildung, überproportional gehören sie zu den Millionen-Heeren der Wohnungslosen, Sozialhilfeempfänger, Suchtkranken und Erwerbslosen (vgl. Alternativkommentar zum Strafvollzugsgesetz, § 72 Rz. 3 ff.).

2. Aufgaben der Sozialen Arbeit im Strafvollzug. Diese Aufgaben sind in unterschiedlichen Phasen des Gefangenen von der Aufnahme bis zur Entlassung (vorgezeichnet in §§ 71–75 Strafvollzugsgesetz „soziale Hilfe") und auf verschiedenen Ebenen zu erfüllen, wobei handlungsleitend für die Sozialarbeiter immer sein muß:
– Befähigung des Gefangenen zu selbständigem Handeln;
– Zusammenarbeit mit dem Gefangenen unter Achtung seiner Persönlichkeit;
– Öffnung des Vollzugs, indem der Gefangene möglichst viel Urlaub, Ausgang, Freigang u. ä. erhält bzw. möglichst viele Menschen von draußen ins Gefängnis kommen;
– Sorge für die möglichst frühzeitige Entlassung des Gefangenen;
– Durch Gruppenarbeit mit dem Gefangenen solidarisches Verhalten und gegenseitige Unterstützung fördern. (Konkrete Anregungen hierzu von: Lesch 1993.)

2.1 Aufnahmephase. In der Aufnahmephase ist eine intensive Zugangsbetreuung erforderlich, um eine allzu schnelle Einfügung des Gefangenen in die Einstellungen und in die Verhaltensweisen der Gefängniswelt zu verhindern. Das bedeutet im einzelnen u. a.: dem Gefangenen möglichst viel von seinem Besitz und insbesondere seiner persönlichen Kleidung zu lassen; ihn von vornherein

an der Vollzugsplanung (§ 7 Strafvollzugsgesetz) zu beteiligen (BVerfG, NStZ 1993, 300 f.); ihm die Auswahl von Gefangenenbezugsgruppen zu überlassen; am besten eine feste Bezugsperson für die gesamte Aufnahmeprozedur an die Seite geben. Konkret sind im Aufnahmegespräch insbesondere zu erörtern:
- Wie ist die finanzielle Situation der Familie draußen (muß Sozialhilfe, Unterhaltsvorschuß, Erziehungshilfe, Wohngeld, Haushaltshilfe o. ä. beantragt werden);
- Muß eine Wohnung und Wohnungseinrichtung gesichert werden;
- Sind noch Strafverfahren offen, ist sonstige Rechtshilfe erforderlich;
- Kann der Arbeitsplatz bis zur Entlassung gesichert werden;
- Ist Gesundheitshilfe erforderlich oder Alkohol- und Drogenberatung;
- Wird Schul- oder Berufsausbildung während der Haft gewünscht.

2.2 Vollzugsverlauf. Während des Vollzugs erfüllt der Sozialarbeiter folgende Aufgaben:
- Rechtshilfe: bei Vollzugsangelegenheiten (Urlaub, Besuchsempfang, Disziplinarverstöße usw.), bei Schuldenregulierung u. ä. (s. § 73 Strafvollzugsgesetz);
- Familie: Verschaffung von Besuchsmöglichkeiten und Treffen im Gefängnis und außerhalb, Anregung von Ehepaarkreisen, Familienberatung;
- Alleinstehende Gefangene: Mitwirken beim Finden von Bezugspersonen (Besucher und Briefpartnerschaften);
- Arbeit: Unterstützung bei der Erhaltung oder Neuaufnahme eines Kontakts zum Arbeitgeber;
- Ausbildung: Hilfestellung bei der Überwindung der Schwierigkeiten beim Beginn und mit dem Durchhalten einer Ausbildung im Gefängnis;
- Vollzugs- und Werkdienst: Schlichtung bei Streitigkeiten, Sorge für die Verlegung oder Versetzung von Gefangenen, ehe es zu folgenreichen Auseinandersetzungen kommt;
- Mitgefangene: Vermittlung bei den haftbedingten Unzuträglichkeiten und Feindschaften unter den Gefangenen; bei Gewaltanwendung ggf. auch Angebot von Anti-Gewalt-Training;
- Ausländer und Aussiedler: angesichts ihres Anteils unter den Gefangenen von durchschnittlich 25% sind besondere Anstrengungen erforderlich wegen Sprachschwierigkeiten, problematischen Aufenthaltsstatus, mangelnder (Schul)Bildung, anderer Auseinandersetzungsformen usw.;
- Täter-Opfer-Ausgleich: es muß geprüft werden, ob ein befriedender Ausgleich mit dem Opfer der Straftat des Gefangenen erreicht werden kann (vgl. Deutsche Bewährungshilfe 1995).

2.3 Entlassungsvorbereitung. Spätestens bei der Entlassungsvorbereitung zeigt sich, daß sich durch den Gefängnisaufenthalt die Lebensverhältnisse des Gefangenen draußen in aller Regel verschlechtert haben (soziale Beziehungen, Arbeit, Wohnung und Geld sind teilweise oder ganz abhanden gekommen). Zu diesen Schwierigkeiten kommt noch eine vom Strafvollzug abhängige Soziale Arbeit, die innerhalb dessen Strukturen arbeiten muß. Normalerweise wird von den Sozialarbeitern im Gefängnis versucht, auf folgenden Gebieten die Entlassungssituation zu erleichtern:
- Hilfe bei der Ordnung der Papiere (insbesondere Ausweis und Sozialversicherungspapiere);
- Hilfe beim Finden von Arbeit (Einüben von Bewerbungsschreiben; Kontakte mit möglichen Arbeitgebern; enge Zusammenarbeit mit dem Arbeitsamt wegen ABM-Stellen, Umschulung, Sorge für einen geschützten Arbeitsplatz, Arbeitslosengeld usw.);
- Hilfe beim Finden einer Unterkunft (Aufgabe von Annoncen, Zusammenarbeit mit kommunaler Wohnungsvermittlung, mit Übergangshäusern oder -wohngemeinschaften; Beantragung von Wohngeld und Wohnberechtigungsschein);

– Hilfe beim Finden persönlichen Beistandes (Gewinnung von Bezugspersonen; Nachbetreuungseinrichtungen).

Entlassungsvorbereitung kann vom Sozialarbeiter nur dann sinnvoll betrieben werden, wenn mit genauem Terminplan, bezogen auf den voraussichtlichen Entlassungstermin, vorgegangen wird (hierfür spielt eine wichtige Rolle die Stellungnahme, die zur evtl. vorzeitigen Entlassung geschrieben wird); außerdem ist wichtig, daß dem Gefangenen von der Anstalt genügend Vollzugslokkerungen (Ausgang, Urlaub) für die vielen Wege draußen bewilligt worden sind.

2.4 Organisation, Koordination, Initiierung. War bisher unter 2.1 bis 2.3 mehr von der einzelfallbezogenen Tätigkeit des Sozialarbeiters die Rede, so soll jetzt als wesentlicher Inhalt von Professionalität übergreifendes Handeln beschrieben werden. Dieses ist schon aus Gründen der schlechten Personalsituation (auf einen Sozialarbeiter kommen zwischen 26 und 107 Gefangene) und wegen der zunehmenden unverantwortlichen Überbelegung der Gefängnisse erforderlich (zum Stichtag 31.8.1998 gab es 73 600 Haftplätze und eine Überbelegung von 9%). Zum übergreifenden Handeln gehören:
– Koordination der Berufsgruppen, die in der Anstalt an der sozialen Hilfe beteiligt sein können: Vollzugs- und Werkdienst, Seelsorger, Ärzte und Pädagogen, Psychologen;
– Organisation von ehrenamtlichen Kräften von draußen, deren Unterstützung und evtl. Ausbildung;
– Kooperation mit Wohlfahrtsverbänden und anderen sozialen Einrichtungen und Leistungsträgern draußen (Entlassenenfürsorge, Übergangshaus, Arbeitsamt usw.);
– Initiierung neuer Freizeitmöglichkeiten oder von Fort- und Weiterbildungsmöglichkeiten, sozialem Training o. ä.

Wichtiges Feld hierfür sind Anstaltskonferenzen, wo solche Vorschläge gut vorbereitet einzubringen sind.

3. Keine Geschichte, Keine Konzepte

3.1 Geschichte. Eine Geschichte i. S. lang gewachsener Tradition von Sozialarbeit im Strafvollzug gibt es nicht. Fürsorgerische Tätigkeit hat es in geringem Umfang vor dem zweiten Weltkrieg gegeben, mehr noch zu Zeiten der Dienst- und Vollzugsordnung (rechtliche Regelung vor Inkrafttreten des Strafvollzugsgesetzes im Jahre 1977). Anzumerken ist die kirchliche soziale Arbeit, die von Seelsorgern schon immer im Gefängnis geleistet wurde. Erst in § 155 Strafvollzugsgesetz sind Sozialarbeiter als Berufsgruppe im Gefängnis ausdrücklich genannt.

3.2 Konzepte. Ausgearbeitete und anerkannte Konzepte der Sozialen Arbeit im Strafvollzug gibt es nicht. Das hängt damit zusammen, daß die Profession relativ jung ist, daß es Strafvollzug auf einer gesetzlichen Grundlage erst seit 1977 gibt und daß Sozialarbeiter im Gefängnis immer (noch) um ihre Anerkennung ringen müssen. Es gibt aber professionelle Standards ähnlich wie in anderen Berufsfeldern der Sozialen Arbeit, die konzeptionelle Funktion haben, wenn sie eingehalten werden:
– Bewußtes methodisches Handeln;
– Hilfe zur Selbständigkeit;
– Wahrung des Geheimnisschutzes (problematisch wegen des seit 1.12. 1998 geltenden § 182 Strafvollzugsgesetz);
– richtiger – offener – Umgang mit dem „doppelten Mandat" gegenüber den Gefangenen (s. u. 4.3);
– Ablehnung zunehmender zugemuteter administrativer Tätigkeit;
– Kenntnis der rechtlichen Bestimmungen des Strafvollzugs, um diese für die Sozialarbeit nutzen zu können und um sich nicht dem Vorwurf von Rechtsverstößen aussetzen zu müssen.

(Zur Qualitätssicherung von Sozialarbeit in der Straffälligenhilfe allgemein

s. Heft 3/1997 der Zeitschrift „Bewährungshilfe".)

4. Probleme und Kritik. Sozialarbeit, wie sie oben in ihren Möglichkeiten dargestell worden ist, kann die Gegebenheiten des Gefängnisses als totale Institution außer acht lassen, sie kann unpolitisch sein. Das ist dann der Fall, wenn das Gefängnis als unverrückbarer Zustand hingenommen wird und die soziale Arbeit nur in diesem Gefängnisrahmen betrieben wird. Dann ist die Gefahr groß, daß Sozialarbeiter angesichts der Widersprüchlichkeiten des Gefängnisses entweder resignieren und/oder krank werden oder sich mit Minimaltätigkeit in institutionelle Nischen zurückziehen oder sich gar auf lustbetonte Hobbyaufgaben beschränken. Um das zu verhindern, kommt es insbesondere auf drei Positionen an:

4.1 Abolitionismus. Die abolitionistische Perspektive, also daß das Gefängnis abgeschafft werden muß und (Reform)Schritte auf dem Weg zur Abschaffung nicht doch die Institution Gefängnis bestärken und damit bestehen lassen. Unter verschiedenen Aspekten wird immer wieder versucht, das Einsperren im Gefängnis zu rechtfertigen: Rehabilitationsansatz, Generalprävention, Unschädlichmachung, Abschreckung oder die Theorie der gerechten, schuldausgleichenden Strafeinrichtung. Thomas Mathiesen (1989) hat eindrücklich begründet, daß es keine Legitimierung gibt.

Sozialarbeitern im Strafvollzug braucht die abolitionistische Perspektive keine Arbeitsplatz-Ängste zu bereiten; denn zum einen hat das Gefängnis trotz Kritik durch die Jahrhunderte ein großes Beharrungsvermögen gezeigt und zum anderen gäbe es nach der Abschaffung des Gefängnisses noch genügend Arbeit mit Straffälligen draußen – in Freiheit, wo sich die Lebenslagen der Betroffenen, wenn überhaupt, verbessern lassen.

4.2 Forderungen. Forderungen über die engere Sozialarbeit hinaus seien kurz angeschnitten (im einzelnen dazu: Grosser 1991):
– Reduzierung der Strafrahmen im Strafgesetzbuch und Entkriminalisierung von Bagatellkriminaliität, wie z. B. Beförderungserschleichung und Ladendiebstahl;
– Heimatnaher Vollzug der Freiheitsstrafe;
– Praktizierung des sog. offenen Vollzuges als Regelvollzug – wie es im Strafvollzugsgesetz vorgesehen ist;
– Abbau von Haftplätzen im geschlossenen Vollzug;
– Mehr Vollzugslockerungen, damit der Gefangene die Entlassung draußen vorbereiten kann;
– Tarifgemäße Entlohnung der Häftlingsarbeit und Einbeziehung der Gefangenen auch in die Kranken- und Rentenversicherung (zur angemesseren Entlohnung der Gefangenenarbeit neuestens: BVerfG vom. 1. 7. 1998, ZfStrVo 1998, 242 ff.).

Wenn diese Forderungen (teilweise) erfüllt würden, könnten sich die Sozialarbeiter auf wenige aber wichtige Probleme der Gefangenen konzentrieren.

4.3 Doppeltes Mandat. Einem →doppelten Mandat unterliegen Sozialarbeiter, wie in anderen Berufsfeldern der Straffälligenhilfe, besonders im Strafvollzug: Einerseits gehören sie zum Stab der Anstalt, haben Zugang zu allen Informationen über die Gefangenen, nehmen teil an Entscheidungen über Gefangene – unter Berücksichtigung auch von Sicherheit und Ordnung, nehmen also Aufgaben der Institution Gefängnis wahr; andererseits sollen die Sozialarbeiter Ansprechpartner für die Gefangenen sein und ihre Interessen wahrnehmen; kurz gefaßt: Kontrolle und Hilfe. In diesem vorprogrammierten Rollenkonflikt dürfen sich die Sozialarbeiter nicht bedingungslos auf die Gefangenen- oder Gefängnis-Seite stellen und dort jeweils Vertrauen genießen wollen; in einem Bereich dazwischen muß der Konflikt auszuhalten versucht werden; und bei der Arbeit mit den Gefangenen muß auf diesen Rollenkonflikt hingewiesen werden, damit bei ihnen keine falschen Hoffnungen entstehen.

5. Weiterentwicklung zur Durchgehenden Betreuung (Neuorganisation sozialer Dienste in der Justiz). Traditionell wird →Straffälligenhilfe von Sozialarbeitern entsprechend dem justiziellen Verfahrensablauf geleistet, insbesondere in der →Gerichtshilfe (Ermittlungs- und Hauptverfahren), im →Strafvollzug und in der →Bewährungshilfe (nach Abschluß des Strafverfahrens bzw. des Vollstreckungsverfahrens). Zur Neuorganisation dieser sozialen Dienste siehe z. B. den Bericht einer Reformkommission „Fortentwicklung der Sozialen Dienste der Justiz in Schleswig-Holstein" (Deutsche Bewährungshilfe 1994). Hinzukommen können noch die sog. Frühhilfe für jugendliche Straftäter und →Entlassenenhilfe. Diese Sozialdienste sind typischerweise untereinander wenig durchlässig; Kooperation findet nur selten statt und die betroffenen Straftäter werden mit immer neuen Betreuern konfrontiert, die sich nur eines Ausschnittes der kriminellen Karriere annehmen (können). Dieser sog. organisierte Betreuungsabbruch läßt eine kontinuierliche, auf guten Vorerfahrungen über Verläßlichkeit beruhende Hilfebeziehung kaum entstehen. Auch ist die Wahrung des Geheimnisschutzes bei mehreren beteiligten Sozialarbeitern immer gefährdet.

Der zweite Grund für eine Neuorganisation speziell für Sozialarbeit im Strafvollzug ist das Erfordernis für die Sozialarbeiter, aus der Binnenorientierung im Gefängnis herauszukommen, also aus dem hierarchischen Apparat der Anstalt mit ihren widersprüchlichen Zielsetzungen. Wenn soziale Arbeit von außen geleistet wird, kann das soziale Umfeld der Gefangenen besser wahrgenommen und aktiviert werden („Lebenslagenorientierung"). Dies macht zunächst deutlich, daß die durchgehende Betreuung zur Folge haben kann, daß der Sozialarbeiter nicht mehr zum Gefängnis-Stab gehört; außerdem würde er für einzelne Straffällige in den verschiedenen Funktionen der Straffälligenhilfe tätig sein, also im extrem von der ersten Auffälligkeit eines Jugendlichen bis zum Abbruch seiner kriminellen Karriere. Wobei die alleinige Zuständigkeit einer einzige Hilfeinstanz oder gar nur einer Person, die nicht so leicht etwas vergessen oder übersehen kann, auch wiederum zu problematisieren ist.

Gesetzentwürfe, die die durchgehende Betreuung allerdings nicht rein (nämlich ohne Strafvollzug) vorschlagen, gab es einmal von der SPD-Bundestagsfraktion (Bundesresozialisierungsgesetzentwurf, Bonn 1990) und für das Land Brandenburg von Eichstädter und Cornel (vom 20. 8. 1991, unveröffentlicht); sie wurden kontrovers diskutiert. Praktiziert wird eine solche Neuordnung der sozialen Dienste z. B. seit 1992 im Bundesland Bremen; eine Ausweitung für den Strafvollzug wird angestrebt (vgl. Bundesministerium für Familie, Senioren, Frauen und Jugend 1997).

→Devianzpädagogik; →Strafvollzug

Lit.: Alternativkommentar zum Strafvollzugsgesetz, Neuwied [4]2000 (§§ 71–75); Berner, H.: „Und dann fragt man halt mal beim Sozialarbeiter". Zur Arbeit des Sozialdienstes im Vollzug, in: ZfStrVo 2/1996, S. 91–96; Bundesministerium für Familie, Senioren, Frauen und Jugend (Hg.): Straffällige Frauen und das Konzept der „Durchgehenden Hilfe", Stuttgart [3]1997; Deutsche Bewährungshilfe (Hg.): Fortentwicklung der Sozialen Dienste der Justiz in Schleswig-Holstein. Materialien, Bonn 1994; Deutsche Bewährungshilfe (Hg.): Täter-Opfer-Ausgleich und Strafvollzug. Materialien, Bonn 1995; Dünkel, F./Kunkat, A.: Zwischen Innovation und Restauration. 20 Jahre Strafvollzugsgesetz – eine Bestandsaufnahme, in: Neue Kriminalpolitik Heft 2/1997, S. 24–33; Goffman, E.: Asyle. Über die soziale Situation psychischer Patienten und anderer Insassen, Frankfurt 1981; Grosser, R.: Sozialarbeit für Gefangene, in: Bewährungshilfe 4/1991, S. 242–255; Lesch, S.: Gruppenarbeit in der Sozialarbeit des Strafvollzuges, in: ZfStrVo 3/1993, S. 144–147; Maelicke, B./Simmedinger, R.: Sozialarbeit und Strafjustiz, Weinheim und München 1987; Mathiesen, Th.: Gefängnislogik. Über alte und neue Rechtfertigungsversuche, Bielefeld 1989; Walter, M.: Strafvollzug, Stuttgart/München/Hannover ²1999.

Konrad Huchting, Emden

Straßburger System
→Elberfelder System

Straßensozialarbeit
→Street work

Street work (Straßensozialarbeit)
S. w. wurde in den USA als Reaktion auf die Kriminalität jugendlicher →Banden entwickelt, die mit der „Komm-"Struktur herkömmlicher sozialarbeiterischer Einrichtungen nicht erreichbar waren. In der Bundesrepublik ist die S. w. auch unter dem Begriff Straßensozialarbeit bekannt. Der Straßensozialarbeiter sucht seine Zielgruppe an ihren informellen Treffpunkten (z. B. Straße, Grünanlagen, Wartehäuschen u. ä.) auf. Nach heutigem Verständnis handelt es sich bei S. w. weniger um ein eigenständiges Konzept, als mehr um eine Methode innerhalb umfassender, z. T. sehr unterschiedlicher Konzepte (→aufsuchende Jugend- und Sozialarbeit, →mobile Jugendarbeit, →Suchtkrankenhilfe, →Nichtseßhaftenhilfe). S. w. ermöglicht schwer erreichbare bzw. extrem marginalisierte Zielgruppen mit einem niedrigschwelligen Angebot, das sowohl →Beratung, Unterstützung in Krisen, Vermittlung von Hilfsangeboten wie Anteile der →Freizeitpädagogik beinhalten kann, anzusprechen. Der Begriff S. w. bezieht sich dabei auf die Anteile der Arbeit, welche vor Ort auf der Straße geleistet werden.

Strukturalismus
Ausgehend von der Grundannahme, daß Kulturerscheinungen in einer anderen Ordnung der Wirklichkeit Phänomene vom gleichen Typus wie die sprachlichen sind, entwickelte der französiche Soziologe Lévi-Strauss die als S. bezeichnete Theorie über die Beziehungen zwischen der Struktur der Sprache und der Kultur einer Gesellschaft.

Strukturelle Gewalt
Vom Norweger J. Galtung in die Diskussion eingeführter Begriff für die vom gesellschaftlichen System z. B. durch ungleiche Macht- und Besitzverhältnisse ausgeübte →Gewalt, die die Individuen in ihrer Entfaltung und Selbstbestimmung beeinträchtigt. S. G. wurde, neben physischer und psychischer Gewalt, auch Gegenstand der sozialpädagogischen Diskussion im Zuge ihrer sozialwissenschaftlichen Orientierung.

Strukturfunktionalismus (struktur-funktionale Theorie)
Diese soziologische Denkrichtung wurde im wesentlichen von den Amerikanern T. Parsons (1902–1979) und R. K. Merton (geb. 1910) entwickelt. Der S. beschäftigt sich mit den Funktionsbeziehungen zwischen den strukturellen Elementen in sozialen Systemen. Diese haben nach dem S. vier strukturelle Grundprobleme zu lösen, wenn ihr Gleichgewicht bewahrt bleiben soll: Zielverwirklichung, Anpassung an die Umwelt, Wahrung seiner Grundstruktur sowie Lösung seiner inneren Spannungen durch Integration.
Der S. ist vor allem wegen seiner unzureichenden Erfassung der Probleme des sozialen Wandels und der Ausübung von Herrschaft umstritten.

Studentenbewegung
Zwei international auftretende Sachverhalte beeinflußten und prägten die S., die sich zum Ende der 1960er Jahre auf den westlichen Campi zu formieren begann und in der nachfolgenden Zeit durch ihre theoretische Kritik und politische Praxis

zu entscheidenden gesellschaftlichen Umbrüchen führte. Einerseits entwickelte sich im Laufe der 1960er Jahre die sog. Krise des Wohlfahrtsstaates, die darin bestand, daß ein eklatantes Mißverhältnis zwischen Wirtschaftswachstum und Bildungsnotstand sowie ungelösten sozialen Fragen festgestellt werden mußte. Initialzündung der Krise bildete der sog. Sputnikschock (der Sowjetunion gelang es vor den Vereinigten Staaten, einen Satelliten in den Orbit zu bringen), der einen Rückstand der westlichen Welt in Punkto Bildung signalisierte.

Gleichzeitig entwickelte sich erhebliche Kritik und Protest an Kapitalismus und Kolonialismus, die sich vor allem am Vietnam-Krieg entzündete. In der Bundesrepublik gesellte sich dazu die in den 1950er Jahren tabuisierte Frage der jungen Generation an ihre Eltern, wie es unter ihrer Beteiligung zum Nationalsozialismus hatte kommen können. Die in diesen Kritiken ihren Ausgang nehmende S. entwickelte sich rasch zu einer an politisch-ökonomischen Zusammenhängen orientierten, generellen Gesellschaftskritik, die u. a. auch den Bereich der Erziehung und Bildung in ihren Grundsätzen und Leitmotiven traf. Entsprechend ihrer Rezeption der Ergebnisse anglo-amerikanischer Sozialisationsforschung und der damit verbundenen Grundsatzkritik an den Sozialisationseffekten der bürgerlichen Kleinfamilie, ihrer Sexualfeindlichkeit und repressiven Erziehung (→autoritärer Charakter) und einer Ablehnung von Ausgrenzung, Selektion, schichtspezifischen Chancenungleichheiten (später auch geschlechtsspezifischen Benachteiligungen) entwickelte die S. eine radikaloppositionelle, antiautoritäre politische Praxis (→Kinderladen, →antiautoritäre Erziehung, →Randgruppenarbeit), die die Fachdiskussion und Praxis auch der Sozialen Arbeit bis heute teilweise beeinflußt (u. a. →Jugendwohngruppen, →Gemeindepsychiatrie, →Selbstverwaltung).

Subjekt
Dieser sowohl in der Philosophie als auch in der Psychologie und der Soziologie gebräuchliche Begriff ist die Bezeichnung für das erlebende und handelnde Individuum im Gegensatz zu den ihn umgebenden Objekten, denen er erkennend, denkend und handelnd gegenübertritt, so auf sie einwirkt und gleichzeitig von ihnen geprägt wird. Diese Definition ist nicht allgemeingültig, sondern variiert in den einzelnen Disziplinen und Denkrichtungen.

Subkultur
S. ist die allgemeine Bezeichnung für eine von der Gesamtkultur der Gesellschaft abweichende Kultur einer Teilgruppe, die sich durch ihr Normen- und Wertsystem (→Norm, →Wert) ihre spezielle Struktur (z. B. Alter, Beruf) sowie ihre Lebens- und Verhaltensweise von der Gesamtgesellschaft unterscheidet. Der Grad dieser Unterscheidung reicht dabei von bloßen Modifikationen bis zu strikten Gegenpositionen. Teilweise überschneidet sich in der Soziologie der Begriff der S. mit dem der Randgruppe.
→Randgruppen/Randkulturen

Sublimation (Sublimierung)
Von S. Freud (1856–1939) in die Psychoanalyse eingeführter Begriff, der die Fähigkeit bezeichnet, sich für den Verzicht auf die Realisierung unakzeptabler Triebe und Wünsche durch die Vollbringung sozialer oder kultureller Leistungen zu entschädigen. Diese S. des ursprünglichen Wunsches bringt durch die Neutralisierung der psycho-sexuellen Energie (Libido), die den ursprünglichen Wünschen und Trieben innewohnte, eine psychische Entlastung.

Subsidiarität
Sozialethisch begründeter und sozialpolitisch angewendeter Grundsatz, der die Zuständigkeit des sozialpolitischen Handelns von verschiedenen Trägern sowie das Verhältnis von Sozialleistungsempfängern zu den Institutionen regeln soll, die die Leistungen vergeben.

Als Subsidiaritätsprinzip wurde er 1931 in der Enzyklika Quadragesimo anno durch Papst Pius XI. formuliert: „Wie dasjenige, was der Einzelmensch aus eigener Initiative und mit seinen eigenen Kräften leisten kann, ihm nicht entzogen werden darf, so verstößt es gegen die Gerechtigkeit, das, was die kleineren und untergeordneten Gemeinwesen leisten und zum guten Erfolg führen können, für die weitere und übergeordnete Gemeinschaft in Anspruch zu nehmen. ... Jedwede Gesellschaftstätigkeit ist ja ihrem Wesen und Begriff nach subsidiär; sie soll die Glieder des Sozialkörpers unterstützen, darf sie aber niemals zerschlagen oder aufsaugen."

In der →Sozialpolitik spielt das Subsidiaritätsprinzip (Subsiduum, lat. Unterstützung, Rückhalt; Subsidien, veraltet für Hilfsgelder für militärische Zwecke) eine große Rolle, obwohl es kein Verfassungsprinzip oder sonst allgemein gültige Rechtsnorm ist. So fand es in Deutschland als Bestandteil der katholischen Soziallehre in den 50er Jahren zunächst Eingang in die sozialpolitische Programmatik der CDU und CSU und dient dort seither als wichtige Richtschnur für sozialpolitische Gesetzgebungs-Aktivitäten. Man setzte das Subsidiaritätsprinzip als Prinzip des Vorrangs der kleinen Gemeinschaften um, zum Beispiel der Familien oder wohlfahrtsstaatlicher Verbände gegenüber staatlichen Trägern. So wurden Anfang der 60er Jahre die →Jugendhilfe und das →Bundessozialhilfegesetz so geordnet, daß die privaten Wohlfahrtsverbände als Anbieter von Hilfeleistungen Vorrang vor öffentlichen haben müssen. Faktisch wurde auf diese Weise der Einfluß vor allem der großen Wohlfahrtsverbände (Caritas, Diakonisches Werk, Paritätischer Wohlfahrtsverband, Arbeiterwohlfahrt, Deutsches Rotes Kreuz) gesichert und gestärkt. In den 80er und 90er Jahren wurde das Subsidiaritätsprinzip im Arbeitsförderungsrecht (Sozialgesetzbuch XI, § 11) angewendet. Mit dem Subsidiaritätsprinzip wird auch die oft nicht ausreichende Höhe sozialer Geldleistungen, z. B. bei der Sozialhilfe (Abstandsgebot der BSHG-Regelsätze gegenüber den Löhnen: „Förderung der Leistungsbereitschaft"), und die Zuzahlung bei Sachleistungen im Gesundheitswesen („Stärkung der Eigenverantwortung") begründet oder die Ablehnung von Vollversorgungsleistungen (z. B. bei der Pflegeversicherung) bzw. von pauschalen Grundrenten gerechtfertigt.

Auch im Bereich anderer öffentlicher Aufgaben wird das Subsidiaritätsprinzip angewendet, etwa beim Bau und Unterhalt von Kultureinrichtungen, wo z. B. ein Bundesland nur insoweit Gelder zur Verfügung stellt, wie etwa die betreffende Gemeinde oder ein Kulturverein auch eigene MIttel einbringt. Selbst in der Organisation der Zuständigkeiten der Gremien auf der Ebene der europäischen Union wird die Subsidiarität inzwischen gefordert.

Weniger häufig wird darauf verwiesen, daß das Subsidiaritätsprinzip auch das Gebot an die größere Einheit einschließt, die „kleinen Gemeinschaften" in ihrer Selbständigkeit zu unterstützen („Vorleistungsgebot").

Als „Neue Subsidiarität" werden die Versuche bezeichnet, für die kleinen Träger und sozialen Initiativen aus der neueren →Selbsthilfebewegung der 70er und 80er Jahre mehr rechtliche und finanzielle Autonomie – bei gleichzeitiger öffentlicher Förderung – zu erreichen, so daß sich neben den staatlichen bzw. quasistaatlichen sowie kommerziellen Trägern sozialer Leistungen ein „Dritter Sektor" etablieren kann. Obwohl das Subsidiaritätsprinzip gemäß der Enzyklika sich selbst als „unverrückbaren" sozialphilosophischen Grundsatz versteht, gibt es seit je auch kritische Stimmen. Es legitimiere das Nichtstun oder das passive Zuwarten der staatlichen Sozialpolitik, wodurch sich die sozialen Probleme nur vergrößerten. Es stärke die demokratisch schwer zu kontrollierende Macht der Verbände und unterminiere so die Verfassungsordnung. Durch seine ontologische Herleitung versuche es, die sozialpolitischen Strukturen ideologisch zu verewigen, die durch konservative Politiker geschaffen würden.

Lit.: Glagow, M. (Hrsg.): Gesellschaftssteuerung zwischen Korporatismus und Subsidiarität, Bielefeld 1984; Heinze, R.G. (Hrsg.): Neue Subsidiarität: Leitidee für eine zukünftige Sozialpolitik?, Opladen 1986; Münder, J./Kreft, D. (Hrsg.): Subsidiarität heute, Münster 1990; v. Nell-Breuning, O.: Das Subsidiaritätsprinzip. Theorie und Praxis der sozialen Arbeit, Heft 1, 1976, S. 6–16.

Martin Bellermann, Bochum

Sucht

1. Definition und Klassifikation. Das Wort „Sucht" leitet sich aus dem germanischen „siech" ab und weist auf Siechtum und Krankheit hin. Begriffe wie Wassersucht, Gelbsucht oder Schwindsucht zeugen noch heute von dieser Herkunft. Vermutlich hat sich der Suchtbegriff erst im 19. Jahrhundert zu einem moralisch besetzten Begriff gewandelt. Unter S. versteht man ein unabweisbares, starkes Verlangen nach einem bestimmten Erlebniszustand. Dieses Verlangen kann sich entweder auf verschiedene Drogen (z.B. Alkohol, Medikamente, Heroin) oder aber auf bestimmte Verhaltensweisen (z.B. Spielen, Arbeiten, Fernsehen) beziehen. Man unterscheidet hier auch zwischen den stoffgebundenen und den stoffungebundenen Süchten. Das süchtige Verhalten entzieht sich zunehmend der willentlichen Kontrolle und damit der Verantwortung des Betroffenen. Es muß immer wieder von neuem befriedigt werden, der Süchtige kann von seiner S. nicht lassen, und häufig kommt es zu Dosis-Steigerungen. Weiterhin sind schädigende Folgen im körperlichen, psychischen und sozialen Bereich für das süchtige Verhalten charakteristisch. Diese Definition macht deutlich, daß alle menschlichen Strebungen „süchtig entarten" können. Die stoffungebundenen Süchte werden vielfach auch als „neue Süchte" bezeichnet. Daß es sich bei den meisten der stoffungebundenen Süchte nicht um neue Süchte handelt, zeigt ein Blick in die psychiatrische und psychoanalytische Literatur. Die verschiedenen stoffgebundenen und stoffungebundenen Süchte sind aber nicht völlig gleichartig und auch nicht gleich zu bewerten. In der Identität und in der Dynamik, vor allem aber in den Auswirkungen gibt es natürlich erhebliche Unterschiede. Die Betonung der Gemeinsamkeiten der verschiedenen Süchte erleichtert allerdings effektives präventives Arbeiten und trägt auch zu einem besseren Verständnis der Süchtigen bei. Gegenüber dem von der Fachwelt häufig bevorzugten Begriff „Abhängigkeit" hat der Suchtbegriff den Vorteil, daß er allgemein verbreitet und verständlich ist und die stoffgebundenen und die stoffungebundenen Süchte gleichermaßen umfaßt. Die ganze Problematik süchtigen Verhaltens wird durch den Suchtbegriff besser erfaßt, auch die Betroffenen erleben ihn nicht als diskriminierend. (→Alkoholabhängigkeit).

2. Geschichte und Bewertung. Zu allen Zeiten und in allen Ländern waren Menschen süchtig. Immer versuchten Menschen, sich den Nöten, Qualen und Mühen des Alltags zu entziehen und in eine Euphorie zu entweichen, wenigstens für eine kurze Zeit. Die Menschen waren sich aber auch immer der damit verbundenen Gefahren und Risiken bewußt und warnten vor den Folgen. So läßt sich beispielsweise Alkoholmißbrauch schon in die vorchristlichen Kulturen des alten Mesopotamien, des alten Ägypten und des alten China zurückverfolgen, auch das Alte Testament berichtet von Rausch und Unmäßigkeit. Wie süchtiges Verhalten in einer Gesellschaft bewertet wird, hängt zum einen von dem zugrundeliegenden Menschenbild, zum anderen von dem vorherrschenden Wertesystem ab. Für die Bewertung süchtigen Verhaltens

in unserer Gesellschaft ist von entscheidender Bedeutung, daß erstens Sinn und Ziel menschlichen Lebens in unserer Gesellschaft im beruflichen Erfolg und in der Karriere gesehen werden, im körperlichen, psychischen und sozialen Wohlbefinden und im Erwerb und der Anwendung verschiedener Konsummittel, und daß zweitens eindeutige Werte, auf die bezogen süchtiges Verhalten zweifelsfrei interpretiert werden kann, nicht existieren. Dies hat zum einen zur Folge, daß verschiedene Süchte in unserer Gesellschaft unterschiedlich bewertet werden: Arbeits- und Fernsehsucht z. B. sehr positiv, Alkohol- und Drogensucht sehr negativ, Medikamenten- und Nikotinsucht liegen irgendwo in der Mitte. Entscheidend ist, in welchem Umfang der Einzelne seinen Rollenverpflichtungen, insbesondere seiner Pflicht zu arbeiten, nachkommt. Zum anderen existiert in unserer Gesellschaft eine nicht zu leugnende Doppelmoral in bezug auf Süchte. So wird z. B. zwischen „legalen" und „illegalen" Drogen unterschieden, ohne daß diese Einteilung fachwissenschaftlichen Kriterien standhält; dasselbe gilt für die Trennung von angeblich „weichen" und „harten" Drogen. Weiterhin leben ganze Wirtschaftszweige von Süchten, die daraus resultierenden Probleme werden von uns allen getragen und finanziert. Was der Staat an Steuern erhält, wiegt die Folgekosten bei weitem nicht auf.

3. Ursachen und Entstehungsbedingungen. Für die Entstehung süchtigen Verhaltens sind nach heutiger Auffassung Ursachenbündel verantwortlich, die verschiedenen individuellen und überindividuellen Bereichen entstammen und komplex zusammenwirken. Zu den möglichen Ursachen zählen individuelle körperliche, seelische, soziale und spirituelle Bedingungen ebenso wie gesellschaftliche, wirtschaftliche und politische Gegebenheiten. Damit es zu einer Sucht kommt, muß bei den stoffgebundenen Süchten ein Stoff verfügbar sein, ein Anlaß für dessen Erstgebrauch, Gründe für den anhaltenden Mißbrauch sowie begünstigende Faktoren. Vergleichbares gilt für die stoffungebundenen Süchte. Für jede S. und auch für jeden Einzelfall existieren jeweils andere Bedingungskonstellationen. Das Individuum ist den einzelnen Ursachen und Bedingungen aber nicht nur hilflos ausgesetzt, es kann auch umgekehrt diese Faktoren aktiv beeinflussen. Aus einer sozialwissenschaftlichen Perspektive betrachtet, vollzieht sich die Entwicklung zur S. in den meisten Fällen in drei Etappen: vom ausweichenden Verhalten über die Gewöhnung zum süchtigen Verhalten. Vereinfacht könnte man sagen, daß es in unserer Gesellschaft und in unserem Leben zahllose Probleme und Konflikte gibt; wir können nun entweder diese Probleme und Konflikte aktiv bewältigen oder aber versuchen, ihnen auszuweichen; von den vielfältigen Kompetenzen des Einzelnen hängt es nun aber ab, ob diese Probleme und Konflikte bewältigt werden oder nicht; je häufiger wir ihnen ausweichen und je mehr Erfolg wir damit haben, desto schneller werden wir uns an diese ausweichenden Verhaltensweisen gewöhnen. Die entscheidenden Unterschiede zwischen ausweichendem Verhalten, Gewöhnung und süchtigem Verhalten bestehen in der Zwanghaftigkeit, in der Intensität und Maßlosigkeit und darin, daß die S. eine Eigendynamik entwickelt, die die ursprünglichen Ursachen in den Hintergrund treten läßt. Daß Probleme und Konflikte und damit im Zusammenhang stehende ausweichende Verhaltensweisen für die Suchtentwicklung eine entscheidende Rolle spielen, ist unter Psychologen, Soziologen und Pädagogen ebenso unstrittig, wie die in unserer Gesellschaft vorhandene Doppelmoral in bezug auf Süchte und die vielfältigen wirtschaftlichen Interessen. In den letzten zwanzig Jahren hat vor allem die biologische Suchtforschung einen erheblichen Aufschwung zu verzeichnen. Am faszinierendsten sind die

Erkenntnisse der Neuropharmakologie. Diese Forschungsrichtung kam zu der Erkenntnis, daß der Mensch Substanzen produzieren kann, die den Morphinen biochemisch sehr ähnlich sind. Weil sie der Körper selbst produziert, wurden sie endogene Morphine, Endomorphine oder kurz Endorphine genannt. Bei den Endorphinen handelt es sich um Neurotransmitter; sie übertragen elektrische Impulse und regen Nervenzellen an oder bremsen sie. Sowohl die körpereigenen Endorphine als auch die von außen zugeführten Opiate werden vom Limbischen System aufgenommen und verarbeitet und wirken im Sinne eines „Belohnungssystems", sie mindern Angst und Schmerz und führen zu Wohlbefinden, Glück und Lust. Die Entwicklung der stoffgebundenen Süchte wird nun durch eine entweder genetisch bedingte oder erworbene verminderte Konzentration an Endorphinen erklärt. Für die stoffungebundenen Süchte ist nun entscheidend, daß derartige Prozesse nicht nur von außen durch chemische Stoffe beeinflußbar sind, sondern auch durch bestimmte – als extrem zu charakterisierende – Verhaltensweisen. Damit wird auch die alte Debatte über körperliche und seelische Faktoren sinnlos, denn es gibt mittlerweile zahlreiche Beweise aus der Neuropsychologie, der Psychoimmunologie und der Psychoendokrinologie, daß psychische Faktoren die „Neurochemie des Gehirns" beeinflussen können.

Das Problem des sozialwissenschaftlichen Ansatzes ist, daß es sich immer nur um potentielle Ursachen handelt und auch nur handeln kann. Aus bestimmten psychischen und/oder sozialen Bedingungen, die als förderlich für die Entstehung süchtigen Verhaltens angesehen werden, kann nicht zwingend im Sinne eines Ursache-Wirkung-Zusammenhangs abgeleitet werden, daß eine solche Gefährdung oder Erkrankung auch eintreten wird. Dies liegt aber nicht an einem Mangel an Erklärungsansätzen, sondern an der Komplexität und Vielschichtigkeit des Problems Sucht selbst. Die Entwicklung des Menschen, auch die Entwicklung seiner Probleme und Konflikte ist nun einmal nicht durch objektivierbare Faktoren derart determiniert, daß ein bestimmtes Ergebnis unausweichlich eintreten wird. Vielmehr ist die menschliche Entwicklung sowohl von zufälligen Gegebenheiten als auch von der Fähigkeit zur Selbstreflexion und der damit verbundenen Möglichkeit, sich in jeder Situation auch anders entscheiden zu können, nicht unwesentlich beeinflußt. Bei den Erkenntnissen der modernen biologischen Suchtforschung handelt es sich hauptsächlich um Hypothesen, beim derzeitigen Kenntnisstand ist es nicht möglich, daraus verantwortbare Konsequenzen für die Prävention und für die Behandlung zu ziehen.

4. Epidemiologie und Folgen. Während über die Verbreitung der stoffgebundenen Süchte relativ verläßliche Schätzungen vorliegen, gibt es über die meisten der stoffungebundenen Süchte entweder nur sehr vage oder überhaupt keine Angaben. Die folgenden Zahlen für die Bundesrepublik Deutschland belegen, daß Sucht kein Randproblem und auch kein Problem von Minderheiten ist, es geht jeden an und jeder ist mehr oder weniger davon betroffen. Vorsichtigen Schätzungen zufolge sind 2,5 Millionen Menschen alkoholabhängig, 1,4 Millionen medikamentenabhängig und 150 000 drogenabhängig. Etwa 43% der Männer und 30% der Frauen sind Raucher, 5% der Erwachsenen gelten als arbeitssüchtig, und 28% sehen werktags über 2½ Stunden fern, an Wochenenden sind es mehr. Eßsucht, Kaufsucht oder verschiedene Spielarten der Sexsucht scheinen ebenso zuzunehmen wie Geschwindigkeitssucht, süchtiges Joggen oder S-Bahn-Surfen.

Die vielfältigen Folgen süchtigen Verhaltens haben aber nicht nur die Süchtigen zu tragen, ebenso betroffen sind deren Angehörige, vor allem Partner und Kinder, aber auch Eltern sowie im Arbeitsbereich deren Kollegen, Vorgesetzte und Untergebene.

5. Prävention. Die entscheidende Aufgabe im Suchtbereich ist nicht, Süchte zu behandeln, sondern sie zu verhindern. Die vorhandenen Präventionskonzepte, die vor allem im Zusammenhang mit Alkohol und illegalen Drogen entwickelt und erprobt wurden, lassen sich unterteilen in suchtspezifische und suchtunspezifische Ansätze, die wiederum jeweils personen- oder systemorientiert wirken können. Es besteht allgemeiner Konsens darüber, daß die unspezifischen Maßnahmen, sowohl personen- als auch systemorientiert, den spezifischen vorzuziehen sind, da sie am umfassendsten und frühzeitigsten einer Sucht – welcher Art auch immer – entgegenwirken könnten (→Prävention).

Unspezifisch systemorientierte Maßnahmen zielen auf die Schaffung allgemein gesundheitsfördernder Lebensverhältnisse ab, unspezifische personenorientierte Maßnahmen setzen an den spezifischen Entwicklungsproblemen von Kindern und Jugendlichen, aber auch Erwachsenen an und sehen die Vermittlung allgemeiner Handlungs- und Konfliktbewältigungskompetenzen vor, um sie so gegen süchtiges Verhalten zu immunisieren. (→Gesundheitsförderung).

Die am häufigsten durchgeführten präventiven Maßnahmen setzen allerdings am Individuum an und sind suchtspezifisch ausgerichtet. Ausgehend von alten Theorien der Verhaltensänderung, nach denen Angst ein wirkungsvoller Motivationsfaktor für Verhaltensänderungen ist und Information und Aufklärung ausreichen, um süchtiges Verhalten zu verändern, wurden vielfach Abschreckungsmethoden eingesetzt. Diese mit erheblichem Aufwand und erheblichen Mitteln hergestellten Materialien führten aber nicht zu den erwünschten Einstellungs- und Verhaltensänderungen. Häufig wird das Ziel verfolgt, Kinder und Jugendliche, aber auch Erwachsene zu einem Verzicht auf Suchtmittel zu bewegen. Es ist aber erstens fast unmöglich, Menschen zum Verzicht auf lustbringende Verhaltensweisen zu bewegen, auch wenn sie langfristig schädlich sind, und zweitens bleibt dieser Appell so lange wirkungslos, so lange wichtige Bezugspersonen wie Eltern, Lehrer oder andere Vorbilder nicht ihrerseits verzichten. Leider kommt dieser Form der Suchtprävention häufig eine Alibifunktion zu, da die krankmachenden strukturellen Bedingungen nicht einbezogen und verändert werden.

Spezifisch systemorientierte Maßnahmen hingegen schränken nicht nur die Freiheit des Einzelnen ein, sie führen auch dazu, daß eine Unzuständigkeit des Einzelnen für seine Lebensverhältnisse organisiert wird. Begreift man süchtiges Verhalten als Reaktion auf mangelnde Kompetenz, so scheint der Versuch einer Prävention mittels weiteren Kompetenzentzugs paradox. Angesichts der erforderlichen strukturellen Veränderungen ist eine einfache Negation staatlicher Maßnahmen ebenso unverantwortlich wie eine einfache Abgabe der Kompetenz an Dritte.

Schnelle und spektakuläre Erfolge sind bei der Suchtprävention nicht zu erwarten. Mit Erfolgen kann aber dann aufgewartet werden, wenn Prävention vornehmlich nicht an den Symptomen, sondern an den Ursachen ansetzt. Wenn nicht nur Kinder und Jugendliche, sondern alle Mitglieder unserer Gesellschaft gleichermaßen einbezogen werden, wenn es sich nicht um isolierte und kurzfristige Maßnahmen, sondern um aufeinander abgestimmte langfristig ausgerichtete Bündel von Interventionen handelt. Weiterhin setzt erfolgreiche Suchtprävention einen geeigneten Rahmen und ein entsprechendes Umfeld voraus.

Wenn bestimmte individuelle Erlebnisse und Erfahrungen verhindert werden sollen, muß die Frage zugelassen werden, welche Entwicklungs- und Entfaltungsmöglichkeiten dem Einzelnen damit auch genommen werden, und welche Auswirkungen dies angesichts der Notwendigkeit von Krisen einschließlich deren Bewältigung für persönliches Wachstum und menschliche Reife hat.

7. Perspektiven. Ziel künftiger Bemühungen muß es sein, auf der Grundlage empirischer Forschung und reflektierter Erfahrung die vorhandenen Präventions- und Behandlungskonzepte zu verbessern, um so wirksame, für den Einzelnen unschädliche und auch ethisch vertretbare Strategien zu entwickeln. Eine offene Frage ist, ob süchtiges Verhalten zugenommen hat, ob Sucht ein Kennzeichen unserer Gesellschaft ist, oder ob S. nicht vielmehr zum Wesen des Menschen gehört.

→Alkoholabhängigkeit; →Alkoholismustherapie; →Drogenpolitik; →Suchtkrankenhilfe

Lit.: Deutsche Hauptstelle gegen die Suchtgefahren (Hrsg.), Jahrbuch Sucht, Hamburg (erscheint jährlich); Deutsche Hauptstelle gegen die Suchtgefahren (Hrsg.), Sucht. Zeitschrift für Wissenschaft und Praxis, Hamburg. (erscheint sechs Mal im Jahr); Füller, I., Glaeske, G. & Nette, A.: Medikamentenmißbrauch, Hamburg, 1990; Gross, W.: Sucht ohne Drogen, Frankfurt, 1990; Scheerer, S. & Vogt, I.: Drogen und Drogenpolitik, Frankfurt am Main, 1989; Schmidt, L.: Alkoholkrankheit und Alkoholmißbrauch, Stuttgart, 1997, 4. Aufl.; Stimmer, F. (Hrsg.): Suchtlexikon, München 1999; Topel, H.: Euphorie und Dysphorie. Zur Neurobiologie der Stimmungen und des Suchtverhaltens, Schriftenreihe des Fachverbandes Sucht e. V., Heft 5, Bonn 1991.

Wolfgang Schulz, Braunschweig

Suchtkrankenhilfe

Das primäre Ziel (gemeindenaher) Suchtkrankenhilfe ist es, den betroffenen Menschen eine abstinente Lebensweise bei bestmöglicher familiärer, beruflicher und sozialer Integration zu ermöglichen. Die →„Psychiatrie-Enquête" der Bundesregierung von 1975 formuliert als wesentliche Leitlinien der gemeindenahen Suchtkrankenhilfe das Prinzip der „bedarfsgerechten und umfassenden Versorgung" aller Suchtkranken und das Prinzip der „bedarfsgerechten Koordination aller Versorgungsdienste". Die Aufgaben eines Versorgungssystems bei der Bewältigung der multifaktoriellen sozialmedizinischen Probleme der Suchtkrankenhilfe beziehen sich allerdings nicht nur auf die Suchtkranken und die Suchtgefährdeten selbst, sondern auch auf das Bedingungsgefüge der Entstehung von Suchterkrankungen (→Sucht). Das Aufgabenspektrum erstreckt sich damit von der Prävention über die Beratung und Behandlung bis zur Nachsorge. Die Organisationsstruktur umfaßt als wesentliche Bereiche den Basisbereich (Selbsthilfegruppen, ärztliche Praxen, Heilpraktiker, schulische und betriebliche Suchtberatung), den Bereich besonderer Hilfen (ambulante Dienste, Tagesstätten, Akutstationen zur Entzugsbehandlung, stationäre und teilstationäre Einrichtungen zur Entwöhnungsbehandlung u. a.), den Leistungsbereich und den Bereich hoheitlicher Aufgaben (Gerichte und Ordnungsämter, Polizei, Leistungsträger) und den peripheren Bereich (Jugend- und Familienhilfe, Nichtseßhaftenhilfe, Justizvollzugsanstalt u. a.).

→Alkoholismustherapie; →Drogenberatung; →Drogentherapie

Suizid

1. Begriff. Eine genaue Bestimmung der Begriffe „Suizid" und „Suizidversuch" ist nicht leicht. Bei Untersuchungen über die Häufigkeit vollendeter Suizide (des absichtlich herbeigeführten eigenen Tods durch Vergiften, Ertränken, Erschießen, Erhängen, Öffnen der Pulsader, inszenierte Unfälle u. a.) greift man praktisch immer auf die Angaben der amtlichen Statistik zurück. Da sich diese

Statistiken in ihren Angaben nur auf amtliche Dokumente ärztlicher Bescheinigungen und Leichenschauscheine beziehen, muß mit einer hohen Dunkelziffer gerechnet werden. Die Gründe für die „falsch" niedrigen Suizidziffern sind gesellschaftliche Tabuisierung, Rücksichtnahme auf Angehörige oder finanzielle Ansprüche gegenüber Lebensversicherungen. Hinzu kommen nicht aufgeklärte und als Verkehrsunfälle getarnte Suizide oder durch das Absetzen lebenserhaltender Medikamente herbeigeführte Todesfälle (Welz 1992).

Bei der Bestimmung von Suizidversuchen ist zu berücksichtigen, daß es sich hierbei um ein breites Spektrum von Verhaltensweisen handelt, die durch eine unterschiedliche Ernsthaftigkeit der Absicht, zu sterben und ein durch die Suizidmethode bedingtes verschiedenartiges objektives Letalitätsrisiko gekennzeichnet sind. Da man den Begriff des Suizidversuchs enger oder weiter definieren kann, gelangt man in Abhängigkeit der zugrundegelegten Definition zu unterschiedlichen Häufigkeitsangaben. Häufig werden auch Drogenkonsum und Alkoholmißbrauch als eine Form suizidalen Verhaltens aufgefaßt, und in Farberows Buch „The many faces of suicide" werden sogar 18 verschiedene Formen indirekten selbstdestruktiven Verhaltens beschrieben. Aus praktischen und wissenschaftstheoretischen Gründen ist es jedoch nicht zweckmäßig, den Begriff des Suizidversuchs auf alle gesundheitsschädigenden und mit hohem Risiko verbundenen Verhaltensweisen auszudehnen. Deshalb hat sich in den letzten Jahren zunehmend der Begriff des Parasuizids durchgesetzt (vgl. Welz 1992). Unter Parasuizid versteht man ein selbstinitiiertes, gewolltes Verhalten eines Menschen, der sich verletzt oder eine Substanz in einer Menge nimmt, die die therapeutische Dosis oder sein gewöhnliches Konsumniveau übersteigt und von welcher er glaubt, sie sei pharmakologisch aktiv.

2. Epidemiologie. Jährlich sterben in der Bundesrepublik Deutschland (alte und neue Bundesländer) mehr als 14000 Menschen durch Suizid. Der S. steht an der elften Stelle der Liste der Haupttodesursachen und bei Jugendlichen sogar auf dem zweiten Platz. Rechnet man die um ein vielfaches höher geschätzte Zahl der Suizidversuche dazu, dann erlangt die Zahl der Menschen, die während eines Jahres eine Suizidhandlung begehen, eine Größenordnung, die an die Einwohnerzahl einer mittleren Großstadt heranreicht. Wahrscheinlichkeitsberechnungen für die Todesursache „Suizid" ergeben, daß sich in der Bundesrepublik Deutschland (Berechnungsbasis: alte Bundesländer) etwa jeder 50. Mann und jede 120. Frau im Verlauf ihres Lebens selbst den Tod gibt (Schmidtke 1989). Ersten Auswertungen zufolge ist die Bevölkerung in den neuen Bundesländern mit einer in der Vergangenheit beträchtlich höheren Suizidalität als die Bevölkerung Westdeutschlands belastet gewesen. Die altersstandardisierten Sterbeziffern bei Suizidziffern 1989 lagen um 76,1% bei der männlichen Bevölkerung und um 70,2% bei der weiblichen Bevölkerung höher als in Westdeutschland (vgl. Welz 1992). Nach Angaben der WHO sterben pro Jahr weltweit etwa 500000 Menschen an S.

3. Theoretische Konzepte. Nach langer Zeit der Bestrafung und Tabuisierung des S. im Mittelalter setzte sich erst seit der Aufklärung eine Liberalisierung der Anschauungen durch. Als erster Staatsmann hob Friedrich der Große 1751 die Vorschriften über die Bestrafung des Selbstmordversuches auf. Frankreich folgte 1790, Österreich 1850, und England schaffte erst im Jahre 1961 die Bestrafung des Selbstmordversuches ab. Gegen Ende des 19. Jahrhunderts markierte Emile Durkheim mit der Veröffentlichung seiner Monographie „Der Selbstmord" (1897) den Anfang der empirischen Suizidforschung, die seit

ihrem Beginn als interdisziplinäre Forschung betrieben wurde.

3.1. Soziologische Theorien. Durkheim (1973) unterscheidet drei Typen des Selbstmords: den egoistischen, den anomischen und den altruistischen Selbstmord. Egoismus, Anomie und Altruismus beziehen sich dabei auf institutionalisierte und strukturelle Bedingungen innerhalb einer Sozialstruktur, die zur Isolation des Individuums von engen sozialen Beziehungen mit anderen führten (soziale Desintegration) und die das normative Gleichgewicht von Zielen und Mitteln zur Erreichung dieser Ziele stören (→Anomie) oder eine zu starke normative Einbindung des Individuums in die Sozialstruktur bewirken.

Ebenfalls von der Soziologie geht der ökologische Ansatz der Suizidforschung aus (Welz 1979). Selbstmordraten und Suizidversuchsraten sind ungleich über städtische Wohngebiete verteilt und treten vermehrt auf in Gebieten, in denen auch andere Formen →abweichenden Verhaltens wie z.B. Drogenmißbrauch und Alkoholismus häufig sind und die strukturell mit Merkmalen sozialer Desintegration, wie z.B. ein hoher Anteil von Einpersonenhaushalten, einer hohen Scheidungsrate oder einer hohen Mobilitätsziffer verbunden sind.

3.2. Psychologische Theorien. Während soziologische und ökologische Theorien sich auf die Erklärung von Suizidraten beziehen, haben psychologische Theorien die Erklärung individueller Suizidhandlungen zum Ziel.

Eine der ältesten Theorien des Selbstmords in der Psychologie basiert auf der psychoanalytischen Aggressions- Depressionstheorie. Als Modell diente Freud dafür die Alltagserfahrung der Trauer. Sie stellt eine Reaktion auf den Verlust einer geliebten Person dar und ist gekennzeichnet durch einen Zustand der Abweichung von normalen Liebesverhalten. Da in jeder Liebesbeziehung Ambivalenzen beinhaltet sind, weil das Individuum eine Anzahl von unterdrückten, feindlichen Impulsen gegenüber dem Liebesobjekt hatte, fühlt sich das zurückgebliebene Individuum unbewußt von der verlorenen Person verlassen. Die dadurch entstehenden und abgewehrten aggressiven Gefühle richten sich gegen die nun ins eigene Ich introjektierte Person, was vorübergehend zu Gefühlen der Bedrücktheit und zu mangelndem Interesse am sozialen Leben führen kann. Das Bild der Trauer gleicht dabei sehr stark dem der Depression mit dem Unterschied, daß bei der Depression Störungen des Selbstgefühls hinzukommen.

Eine weitere Theorie psychoanalytischer Provenienz zur Erklärung von Selbstmordhandlungen stellt die Narzißmustheorie (→Narzißmus) dar. Im deutschen Sprachraum ist sie vor allem mit den Arbeiten von Henseler (1974) verbunden. Die Narzißmustheorie der Selbstmordhandlung geht davon aus, daß Personen einen Zustand des narzißtischen Gleichgewichts anstreben. Um den Zustand des Gleichgewichts auch bei erlittenen Kränkungen noch aufrechterhalten zu können, stehen vier in verschiedenen Entwicklungsstadien erworbene Kompensationsmechanismen zur Verfügung: Regression auf den Primärzustand, Verleugnung und Idealisierung, Angleichung an die Realität sowie die Verinnerlichung. Der Umgang mit Kränkungen erfolgt dabei durch einen Rückgriff auf die Kompensationsmechanismen, und zwar in der umgekehrten Reihenfolge ihrer lebensgeschichtlichen Entstehung. Da das Individuum im Lauf seiner Geschichte gelernt hat, Widerstände in Kauf zu nehmen, Konflikte und Kränkungen zu ertragen, wird es zunächst versuchen, sein Ideal zu korrigieren oder sich real mit den Kränkungen auseinanderzusetzen. Ist hingegen die Kränkung objektiv sehr schwer und die Kränkbarkeit subjektiv sehr hoch und reichen früher erworbene Kompensationsmechanismen der Verleugnung und Idealisierung (unreife Reaktion auf Kränkung) nicht mehr aus, dann wird der kompensatorische Wunsch nach einer Rückkehr in einen frühkindlichen Paradieszustand der vollkommenen Versorgung und des Geborgenseins übermächtig und das Risiko für Suizidhandlungen hoch.

Die meisten psychoanalytischen Suizidtheorien genügen allerdings nicht den wissenschaftstheoretischen Standards, wie sie für die empirische Suizidforschung mit den Prinzipien der Überprüfbarkeit und dem Falsifikationsprinzip gelten. Ungeachtet dieser Kritik sind psychoanalytische Hypothesen heuristisch von großer Bedeutung und kommen in der Therapie von Suizidgefährdeten zum Tragen.

3.3. Verhaltenstheoretische Konzepte. Ähnlich wie bei der Narzißmustheorie sieht auch die moderne Verhaltenstheorie suizidales Verhalten als eine mißlungene Anpassung (Coping Behavior) an eine belastende Situation an. Große Bedeutung nehmen im Rahmen des verhaltenstheoretischen Erklärungsmodells neben dem eigentlichen Coping-Verhalten plötzlich auftretende lebensverändernde Ereignisse und mögliche in der Umwelt des Betroffenen vorhandene Modelle für suizidales Verhalten ein. Einen wissenschaftlich gesicherten Nachweis für die Modellwirkung vorausgegangener Suizidhandlungen ist erst Häfner und Schmidtke (1987) mit der Untersuchung zu der 6teiligen Fernsehserie „Tod eines Schülers" gelungen. Zu Beginn jeder Folge wurde der Ausgang der Selbsttötung des Schülers Klaus Wagner gezeigt, wie er am Bahndamm entlanglief, unmittelbar bevor er sich vor den fahrenden Zug warf. Häfner und Schmidtke konnten zeigen, daß in den Wochen nach der Ausstrahlung der Fernsehserie die Zahl der Eisenbahnsuizide der dem „Modell" am nächsten stehenden Altersgruppe, nämlich den 15- bis 19jährigen Männern, um 175% in der ersten und 115% in der zweiten Sendeperiode – eineinhalb Jahre später – angestiegen ist.

3.4. Weitere Konzepte. Neben verhaltenstheoretischen Ansätzen spielen auch entwicklungspsychologische und medizinische Hypothesen in der Suizidforschung eine große Rolle. Die Vulnerabilität für Suizidhandlungen wird dabei auf den Erziehungshintergrund und die Entwicklungsgeschichte der suizidalen Person zurückgeführt. Eine große Rolle dabei spielt vor allem die Broken-Home-Hypothese. Von der medizinischen, insbesondere der psychiatrischen Forschung, wird darauf hingewiesen, daß Suizidhandlungen häufig in der Folge depressiver Erkrankungen oder als Folge des Drogenkonsums oder Alkoholmißbrauchs auftreten.

Hingegen spielen biophysikalisch orientierte Erklärungsansätze, wie die Kovariation von Suizidhäufigkeiten mit jahreszeitlichen Faktoren, Wochentagen, Tageszeiten, bestimmten Festtagen, Geburtstagsdaten oder Mondzyklen, keine Rolle für die Erklärung von Suizidhandlungen (vgl. Schmidtke, 1988).

4. Gesellschaftliche Einstellungen. Suizidhandlungen sind nicht monokausal erklärbar, sondern sie sind eingebettet in ein komplexes Verursachungsgefüge aus sozialen, psychologischen, biographischen, medizinischen und schließlich auch gesellschaftlich-kulturellen Faktoren. Wie jedes andere Verhalten auch unterliegt die Selbstmordhandlung gesellschaftlichen Normen und kulturellen Bewertungsmustern. Entscheidenden Einfluß auf die kulturelle Einstellung zum Suizid kommt in aller Welt den Religionen zu. Christliche Länder waren seit dem Konzil von Arles im Jahre 452 gekennzeichnet durch eine eindeutige Ablehnung der Selbstmordhandlung, und häufig wurden den religiösen Strafen materielle Strafen noch hinzugefügt. Suizide werden jedoch nicht in allen Ländern moralisch und normativ abgelehnt; häufig werden sie sogar normativ erwartet. Die klassischen Länder mit normativen Selbstmorderwartungen sind Indien und ein Großteil der Staaten des ostasiatischen Raumes. Die meisten der dort zu beobachtenden Kategorien von Suiziden sind: Suizide von alten

Menschen, Suizide von Frauen beim Tod ihrer Gatten, Suizide von Gefolgsleuten und Dienern beim Tode ihrer Herren und Suizide bei Beleidigungen zur Wiederherstellung der persönlichen Ehre, wie dies insbesondere in der Sitte des japanischen Harakiri gepflogen wird. In den Ländern, in denen Selbstmordgebote bestanden und jene Formen von S. häufig waren, finden sich auch heute noch hohe Suizidraten. Auch die unterschiedlichen gefühlsmäßigen Reaktionen der Bestürzung beim S. eines jungen Menschen und des Verständnisses beim S. eines alten und kranken Menschen in unserer Kultur lassen Verhaltenserwartungen erkennen, denen man sich angesichts der niedrigen Suizidraten bei den jungen und hohen Suizidraten bei den alten Menschen bewußt sein muß.

Lit.: Durkheim, E.: Der Selbstmord, Neuwied und Berlin 1973. (Le Suicide, Paris 1897); Freud, S.: Trauer und Melancholie, Ges. Werke, Bd. X, Frankfurt 1967; Häfner, H. und Schmidtke, A.: Vermittlung von Selbstmordmotivation und Selbstmordhandlungen durch fiktive Modelle, Nervenarzt 57, 502–510, 1987; Henseler, H.: Narzißtische Krisen. Zur Psychodynamik des Selbstmords. Reinbek 1974; Schmidtke, A.: Verhaltenstheoretische Erklärungsmodelle suizidalen Verhaltens, Regensburg 1988; Schmidtke, A.: Entwicklung der Suizid- und Suizidversuchshäufigkeit in der Bundesrepublik Deutschland 1970–1988, in: Suizidprophylaxe 16 (1989) S. 271–280; Welz, R.: Selbstmordverhalten in städtischen Lebensumwelten, Weinheim 1979; Welz, R.: Suizid und Suizidversuch. Definition, Suizidmethoden, Epidemiologie und Formen der Suizidialität, in: Wedler, H., Wolfersdorf, M. und R. Welz (Hrsg.): Therapie bei Suizidgefährdung. Ein Handbuch, Regensburg (1992).

Rainer Welz, Göttingen

Supervision

Supervision ist eine spezifische Beratungsform (→Beratung) zur Verbesserung der Arbeit und hat seine historischen Wurzeln in der Sozialarbeiterausbildung. Heute findet S. Anwendung in vielen Bereichen: Verwaltung, Dienstleistung, Management usw. Durch spezifische Ausbildungen zum Supervisor, einen Berufsverband, mehrere S.-Fachzeitschriften und Fachbücher hat sich S. zu einer selbständigen Dienstleistung und einem Instrument der →Qualitätssicherung entwickelt. Nicht zuletzt dadurch und durch den enormen Veränderungsdruck unter dem aufgrund der Sparmaßnahmen alle Institutionen stehen, ergeben sich zunehmend Überschneidungen zur →Organisationsberatung.

1. Definition. Ich unterscheide zwei wesentliche Supervisions-Intentionen (Pühl 1994), und zwar (1.) Ausbildungs-Supervision und (2.) Fortbildungs-Supervision. Die Ausbildungs-Supervision dient dazu innerhalb professioneller Aus- und Weiterbildungen (Sozialarbeit und Psychotherapie) die besondere methodische Kompetenz anhand konkreter Praxiserfahrungen zu sichern. Die Fortbildungs-Supervision wendet sich an bereits ausgebildete Berufstätige. Hier geht es darum
- wie der Einzelne seine Berufskompetenz konkret in die spezifischen Anforderungen seines Berufsalltags integrieren kann,
- wie (multiprofessionelle) Teams ihre Kooperation gestalten können,
- wie die institutionellen Strukturen so verändert und weiterentwickelt werden können, damit sie für die Beratung/Versorgung/Therapie der Klienten optimal(er) sind und
- wie die Klientenarbeit durch Fall-S. verbessert werden kann.

1.1 Ausbildungs-Supervision. Dieses ist die älteste bekannte Supervisionsform. Ihre Wurzeln liegen in der Sozialarbeit und der Psychoanalyseausbildung. Erste

Anfänge von Supervision lassen sich in der Sozialarbeit bis 1880 zurückverfolgen. Die großen nordamerikanischen Wohlfahrtsverbände wählten diese Form, um ihre freiwilligen Helfer zu kontrollieren. Kadushin (1990) beschreibt wie diese Verbände nicht nur Geld für Bedürftige bewilligten, sondern auch den einzelnen Familien sogenannte freiwillige Helfer zuordneten. Als „friendly visitors" (freundliche Besucher) sollten sie den bedürftigen Familien persönliche Unterstützung anbieten mit dem Ziel deren soziales Verhalten im Sinne gesellschaftlicher Erwünschtheit zu kontrollieren. Die Zahlung der Unterstützung wurde von der Mitarbeit des Klientels abhängig gemacht, also ein Mechanismus Geld einzusparen.

Eine gewisse →Professionalisierung erfuhr die Supervision in den USA in den 30er Jahren mit der Errichtung von Sozialarbeiterstudiengängen an den Universitäten. Hier sollte Supervision im Sinne von Praxisanleitung die Studenten in die konkrete Arbeit einführen. Das Motto hieß „Lernen durch Tun" und half das Theoriedefizit sozialarbeiterischen Handelns zu überdecken. In diese Zeit fällt die methodische Konzeptionalisierung des casework (→Einzelfallhilfe). Als Praxisanleiter fungierte der Vorgesetzte des Wohlfahrtsverbandes, der nicht nur die administrativ einwandfreie Durchführung der Hilfsmaßnahme überwachte, sondern den jungen Sozialarbeiter ermutigte selbst an Planungen teilzunehmen so wie auch die Klienten selbst aktiver an der Bewältigung ihrer Probleme beteiligt werden sollten. Dieses Modell von Sozialarbeit und Supervision wurde in Europa zuerst von den Niederländern übernommen, die es nach dem 2. Weltkrieg auch in Westdeutschland etablierten. Das Kontrollinteresse stand auch hier noch im Vordergrund, weil der Supervisor gleichzeitig der Vorgesetzte der jeweiligen Praxiseinrichtung war.

Eine Veränderung und selbstbewußte Etablierung eines eigenen S.-ansatzes vollzog sich im Zuge einer radikalen Gesellschaftskritik der späten 60er Jahre, die auch die Sozialarbeit erfaßte. Supervision als Praxis im sozialen Feld wurde als Beratungsarrangement im Kontext der konkreten gesellschaftlichen Bedingungen gesehen. Eine konkrete Auswirkung war, daß der direkte Kontrollaspekt zugunsten einer „kritischen Selbstreflexion" aufgegeben und der für die soziale Arbeit konstitutive gesellschaftlich-institutionelle Faktor Eingang in die Sichtweise fand. Der Supervisor kann von den Studenten/innen frei gewählt werden und unterliegt weder einer inhaltlichen Kontrolle durch den Ausbildungs- noch durch den Praxisträger (vgl. Pühl 1994a, Belardi 1996).

Die zweite Wurzel des Supervisionsgedanken geht auf die Psychoanalyse (→Psychoanalyse und Sozialpädagogik) zurück. Mit der Gründung des Berliner psychoanalytischen Instituts (1920) wurde die Kontrollanalyse als obligatorischer Teil der Ausbildung eingeführt. Die Ausbildungskandidaten waren verpflichtet ihre Behandlungsfälle bei einem Mitglied des Instituts regelmäßig zu besprechen. Diese Form der bis heute beibehaltenen Kontrolle wurde auch in allen anderen Therapieformen eine Säule der Ausbildung, obwohl schon früh Kritik und Widerstand geäußert wurde.

1.2 Fortbildungs-Supervision. Im Gegensatz zur Ausbildungs-Supervision geht es hier nicht um das Erlernen einer speziellen Methode oder Interventionsform, sondern um die Integration des Erlernten in das Spezifische des konkreten Berufsalltags unter besonderer Berücksichtigung der Dynamik kooperativen Zusammenwirkens verschiedener Berufsgruppen zur Bewältigung des institutionellen Arbeitsauftrages. Diese Supervisionsrichtung erlangt immer größere Bedeutung in der Öffentlichkeit und breitet sich am stärksten aus. Dafür gibt es mehrere Ursachen:

– die zunehmende Komplexität der Arbeitsabläufe,
– immer differenziertere Fachkenntnisse der Berufstätigen für kleine und kleinste Teilbereiche,
– hohe Dysfunktionalitäten aufgrund erschwerter Kooperations- und Verständigungsmöglichkeiten.

Die historisch älteste Form der Fortbildungs-Supervision ist die Balintarbeit. Sie geht in die 30er Jahre zurück auf den ungarischen Arzt und Psychoanalytiker Michael Balint. Von seinem Lehrer Ferenczi übernahm er die Methode der ‚aktiven Technik' der Psychoanalyse. Diese ungarische Methode hat die Bedeutung der Gegenübertragung stärker berücksichtigt, weil sie von der orthodoxen, zurückgenommenen Haltung des Psychoanalytikers abweicht und das therapeutische Geschehen mehr als Wechselbeziehung zwischen Analytiker und Patient sah. Diese Sichtweise machte es Balint möglich, auch den praktischen Arzt, der die übliche medizinische Behandlung durchführt, als ‚Psychotherapeuten' zu sehen. Balint stellte Gruppen von Hausärzten zusammen, um mit ihnen im Kreise von Kollegen über ihre Beziehung zu ihren Patienten zu sprechen. Er war von dem Gedanken geleitet, daß der behandelnde Arzt seinem Patienten erst helfen kann, wenn er seine verschlüsselten Botschaften versteht. Die angebotenen Symptome des Patienten wurden in diesem Sinne nicht von vornherein als störend angesehen, sondern als Ausdruck eines Kontaktwunsches verstanden. Methodisch arbeitete die Gruppe psychoanalytisch. In jeder Stunde berichtet jeweils ein Teilnehmer spontan in unstrukturierter Form über einen seiner Patienten. In der Gruppe entstehen durch bewußte und unbewußte →Identifikationen der übrigen Teilnehmer auf den Bericht →Übertragungs- und →Gegenübertragungsreaktionen, die der Leiter und die Teilnehmer auf ihren unbewußten Sinn hin untersuchen. Später wurden diese Gruppen auch für andere Berufe angeboten. Sie stellten das erste Supervisionskonzept dar, weil es neben den Supervisionsvorstellungen auch eine Methode gab, diese Ziele zu realisieren. Heute führt diese Methode ein gewisses Schattendasein, da durch eine konservative Ständepolitik die ursprüngliche Kreativität dieses Ansatzes erstarrt ist. So sollten nur ausgebildete Psychoanalytiker solche Gruppen leiten. Dadurch bleibt leider in der Praxis der institutionell-gesellschaftliche Hintergrund, der jede soziale Arbeit bestimmt, unreflektiert. Im Vordergrund steht einseitig die Helfer-Klient-Beziehung. Für die Supervisionstheorie bedeutet die Balintarbeit jedoch einen wichtigen Meilenstein.

Über die Kenntnis und Handhabung der Gegenübertragungsprozesse wurde erstmals ein Zugang geschaffen, die sogenannten Spiegelphänomene für die Supervisionspraxis nutzbar zu machen. Unter Spiegelung wird verstanden, daß sich zwischen Supervisor und Supervisand (bzw. Supervisandensystem) ein analoger Prozeß herstellt, wie er zwischen dem Supervisanden und seinem Klienten wirksam ist. Durch Kenntnis und Handhabung der Spiegelphänomene ist es überhautp erst möglich geworden die Primärprozesse (Helfer–Klient) auf der Sekundärebene (Helfer-Supervisor) zu erleben und zu bearbeiten.

2. Supervision als Institutionsanalyse. In Abgrenzung und Weiterentwicklung zum traditionellen Supervisionsverständnis der niederländischen Sozialarbeit und der Psychoanalyse hat sich in Westdeutschland im Zuge der radikalen Kritik der Studentenbewegung an den Institutionen ein eigenes Verständnis herauskristallisiert. Es ist am besten zu umschreiben mit „Supervision als Institutionsanalyse" und meint, daß die Reflexion des beruflichen Handelns die institutionellen und gesellschaftlichen Rahmenbedingungen nicht außer acht lassen darf. Diese Faktoren beeinflussen nicht nur die Arbeit der Sozialtätigen in hohem Maße, sondern auch die Interak-

tionen unter den Mitarbeitern und zwischen Mitarbeiter und Ratsuchendem/ Klient. In einem grundlegenden Beitrag hat Wellendorf (1994) beschrieben, wie der externe Supervisor immer in die institutionelle Dynamik eingebunden wird. So schreibt er: „Vom ersten Kontakt mit der Institution an befindet sich der Supervisor in einer paradoxen Situation. Ihm werden Probleme vorgetragen, unter denen die Mitarbeiter leiden; Beziehungen vorgeführt, die das Leben in der Institution strukturieren und bestimmen; Orte des Konfliktes benannt, damit er seine Aufmerksamkeit ihnen zuwende; Diskrepanzen zwischen deklarierten Zielen und den Weisen ihrer Verwirklichung vor Augen geführt – all das mit der expliziten oder impliziten Aufforderung, hilfreich zu intervenieren." Hilfreich sein kann er aber nur, wenn er seine Supervision als institutionelle Intervention begreift, d.h. das alle auftauchenden Phänomene institutionelle Auslöser haben und nicht nur auf den biographischen Erfahrungen der einzelnen Mitarbeiter zurückgeführt werden können. Da es in jeder Institution eine Fülle von sogenannten Verschiebungsprozessen gibt, ist es schwierig den Sinn institutioneller Konflikte in Institutionen und Arbeitsteams nachzuvollziehen. Dies bedeutet, daß die Probleme dort auftauchen, wo sie nicht entstanden sind, sondern die Ursachen auf anderen Ebenen liegen. So spiegeln sich in Teamkonflikten (z.B. im Streit zwischen Mitarbeitern) oftmals Konflikte der oberen Leitungsebene. Leichter ist das Phänomen von Verschiebungsprozessen zu verstehen, wenn man sich die Erkenntnisse der Familientherapie vor Augen führt. Dort behandelt man nicht mehr nur das auffällige Kind, sondern sieht es als Symptomträger einer gestörten Elternbeziehung, d.h. ungeklärte Konflikte zwischen den Eltern werden von dem Kind agiert.

3. S. als Instrument der →Qualitätssicherung. Supervision versteht sich als eine Form institutioneller Selbstkontrolle und ist dadurch immer schon ein Instrument der Qualitätsverbesserung und -sicherung sozialer Arbeit gewesen. Dies hat in einigen Bereichen bereits zu entsprechenden rechtlichen Verankerungen geführt: So verlangt die vom Bundesministerium für Arbeit und Sozialordnung herausgegebene „Psychiatrie-Personalverordnung (PsychPV)" für das psychiatrische Pflegepersonal eine 14tägige Supervision. Und im KJHG (§ 72, Abs. 3) heißt es: „Die Träger der öffentlichen Jugendhilfe haben Fortbildung und Praxisberatung der Mitarbeiter des Jugendamtes und des Landesjugendamtes sicherzustellen." Unter Praxisberatung können wir mit Fug und Recht Supervision verstehen. Qualitätssicherung durch S. vollzieht sich auf folgenden Ebenen:

a) →Selbstevaluation der Mitarbeiter Unter Selbstevaluation verstehen wir die Auswertung und Bewertung systematisch gesammelter Daten. Evaluation befaßt sich mit der Untersuchung des Vorher-Nachher-Vergleichs. Damit ein solcher möglich ist, muß es einen Zielorientierungsrahmen geben, der als Folie der Beurteilung dient. Unterscheiden können wir Fremd- und Selbstevaluation. Wobei die Fremdevaluation immer problematisch ist, da externe Fachleute Kriterien anlegen, die für den Bereich oft vorher nicht verbindlich waren. Zudem ruft Fremdevaluation i.d.R. automatisch die Skepsis der Mitarbeiter hervor. Die Folge davon sind Verweigerung, Angst, vielleicht sogar Sabotage des Unternehmens durch gefälschte Daten u. dgl. Sinnvoller und effizienter erscheint die Selbstevaluation zu sein. In diesem Falle untersuchen die Mitarbeiter selbst mit oder ohne Zuhilfenahme von Supervision ihre Arbeit. Dadurch ist die Umsetzung der Ergebnisse leichter, weil die Mitarbeiter selbst die Veränderungsnotwendigkeit erarbeitet haben und sowohl kognitiv als auch emotional nachvollziehen können. Zur Selbsteva-

luation gehören auch Tätigkeitsanalysen mit Zeitaufwandsschätzungen.
b) Fortbildung der Mitarbeiter auf der Teamebene. Teamarbeit in dezentralen, möglichst autonomen Subsystemen gewinnt an Bedeutung. Auf dieser Ebene findet die Koordination und Steuerung der Aufgaben statt. Das Team hat auch die Aufgabe Probleme rechtzeitig aufzuspüren und Schwachstellen auszugleichen. Dadurch steigt der Bedarf an reflexiver Kompetenz sprunghaft an. Supervision bekommt hier eine zentrale Rolle, nämlich den Prozeß der Selbststeuerung zu begleiten und das bisherige Tun unter den Prämissen der Klienten/Kundenorientierung zu hinterfragen. S. findet hier in den Formen der Teamentwicklung, Fall-S. und Konzeptentwicklung statt.
c) Leitungsberatung. Durch den Lean-Ansatz verändert sich auch die Verantwortung des Managements. Verschlankung auch der Führungsebene auf der einen und weitgehende Autonomie der Subsysteme auf der anderen erschwert den direkten Einfluß des Managements auf die konkrete Arbeit. Statt Kontrolle und Anweisung treten in den Vordergrund Koordination und Steuerung der durch fachkompetente Mitarbeiter weitgehend selbstorganisierten Handlungsprozesse. Führung in schlanken Organisationen ist integrierend, moderierend und beratend.
d) Initiierung und Begleitung struktureller institutioneller Umgestaltungen auf der Team- und Leitungsebene. Damit institutionelle S. nicht als sektorierte Maßnahme ihre Wirkung verfehlt, geht es besonders in der Team-S. darum einen sogenannten Dreieckskontrakt abzuschließen: D. h. die Team-Leitung in angemessener Form in die S. einzubeziehen, damit wesentliche Kenntnisse institutioneller Art an die Verantwortlichen zurückgekoppelt werden können. Dort wo Teamentwicklung und Leitungsberatung an Grenzen stößt, ist →Organisationsentwicklung angesagt. Wird sie von der Organisation wahrgenommen, bedarf es einer Feinabstimmung zwischen Team-Supervisor und OE-Berater, denn im OE-Prozeß werden wesentliche strukturelle Dinge verhandelt und neu festgelegt werden. Dies hat selbstverständlich ganz direkte Auswirkungen auf die Team-SV: Aufgaben und Kooperationen werden neu definiert. Damit ändern sich selbstredend auch die Ziele für die Team-SV. Hinzu kommt, daß alle institutionellen Veränderungen bei den Mitarbeitern Unsicherheiten und Ängste auslösen mit denen der Team-SV konfrontiert wird. Wenn er die institutionellen Veränderungsprozesse nicht nachvollziehen und mittragen kann, besteht die Gefahr, daß sich der Supervisor bewußt oder unbewußt mit dem Team gegen die Veränderung verbündet. Aufgrund seiner Nähe zu den Mitarbeitern fühlt er sich ihnen in besonderer Weise verbunden.

Lit.: Belardi, N: Supervision. Eine Einführung für soziale Berufe, Freiburg 1996; Kadushin, A. (1990): Supervision in der Sozialarbeit, in: Supervision 18, S. 4–24; Pühl, H.: Handbuch der Supervision 2, Berlin 1994; Pühl, H. (1994a): Supervision in der (Fach-)Hochschul-Ausbildung, in: H. Pühl (1994) a.a.O; Pühl, H.: Team-Supervision. Von der Subversion zur Institutionsanalyse, Göttingen 1998; Wellendorf, F. (1994): Supervision als Institutionsanalyse und zur Nachfrageanalyse, in : H. Pühl (1994) a.a.O.

Harald Pühl, Berlin

Symbolischer Interaktionismus
→Theorie der Symbolischen Interaktion

System
→Systemtheorie, →Systemische Soziale Arbeit

Systemische Soziale Arbeit
Die Unterscheidung und separate Institutionalisierung von Sozialarbeit und Sozialpädagogik als (Nach)Erziehung vs. Hilfe und deren Begrenzung auf Individuen ist auf dem Hintergrund einer systemischen Metatheorie (→System-

theorie) nicht mehr haltbar. Erziehungstheorie und -wissenschaft beziehen sich historisch betrachtet auf Lernaspekte des Menschen – je nachdem auf diejenigen eines Menschen in Not – unter Einbezug der lernhemmenden wie -fördernden sozialen Strukturen und kulturellen Interpretationsmuster (Alltagstheorien) seines Kontextes. Fürsorgetheorie und -wissenschaft beziehen sich historisch betrachtet auf die je nach gesellschaftlicher Position (nicht) zur Verfügung stehenden Ressourcen der Bedürfnisbefriedigung und die sozialen Systemstrukturen, -prozesse und kulturellen Deutungsmuster, welche dies bewirken und entsprechend behindernd oder fördernd auf das Lern-, Handlungs-, insbesondere Arbeitsvermögen einwirken. Aus dieser systemischen Perspektive ist die getrennte Behandlung von bedürfnis- und lerntheoretischen Aspekten nicht haltbar.

Systemische SA/SP befaßt sich mit Menschen mit unerfüllten biologischen, psychischen, sozialen und kulturellen Bedürfnissen wie Wünschen in ihren ökologisch-sozial-kulturellen Umwelten. Im Genaueren: Sie ist eine gesellschaftliche Antwort auf Problemkonstellationen, in denen die sozialökologischen, psychischen, sozialen und kulturellen Ressourcen der Bedürfnisbefriedigung fehlen (Staub-Bernasconi 1994). Bedürfnisse, die unabhängig von einem kulturellen oder politischen Konsens erfüllt sein müssen, um menschliche Erhaltung und Entfaltung zu ermöglichen, bezeichnen wir als Grundbedürfnisse. Wünsche, die im Prinzip grenzenlos sind, sind dann legitim, wenn deren Erfüllung die Bedürfnisbefriedigung anderer Menschen nicht beeinträchtigt. Bevor also von Scheinbedürfnissen, von Unersättlichkeit oder Bedürfnisinflation und in der Folge von Anspruchsabwehr und der Zurückdämmung des Sozialstaates gesprochen werden kann, müssen im Rahmen der Sozialen Arbeit Theorie und Forschung über menschliche Grundbedürfnisse vorangetrieben und Feinkriterien zur Unterscheidung zwischen legitimen und illegitimen Wünschen entwickelt werden.

Soziale Probleme als Gegenstand oder Wirklichkeitsausschnitt der SA/SP ergeben sich dadurch, a) daß wir in sozialen Systemen leben, in denen mit unterschiedlichen, realen wie künstlich hergestellten Knappheiten – die Grundlage für Macht – umgegangen werden muß, b) daß wir die anderen für unser Überleben, die Befriedigung unserer Bedürfnisse und Wünsche brauchen und die andern uns für ihr Überleben und die Befriedigung ihrer Bedürfnisse und Wünsche brauchen, c) weil gleichzeitig die individuellen Wünsche grenzenlos sein können und mithin deren Erfüllung die Befriedigung der Bedürfnisse anderer Menschen beeinträchtigen können, d) daß wir als lernfähige, bewußte Individuen zwischen wahr und falsch, richtig und falsch unterscheiden können und innerhalb bestimmter Grenzen frei sind, das Richtige oder Falsche zu wählen, e) daß wir anderen Leid zufügen oder helfen, andere ausschließen, bekämpfen oder mit ihnen kooperieren können, und f) daß wir schließlich für die Befriedigung unserer Bedürfnisse und Wünsche behindernde oder begrenzende Regeln/Normen durchsetzen und mithin behindernde oder begrenzende Machtstrukturen aufbauen können.

Die Erklärung sozialer Probleme wird das Wissen der zugänglichen (wissenschaftlichen) Theorien über den physikalisch-chemischen, biologischen, psychischen, sozialen und kulturellen Wirklichkeitsbereich berücksichtigen. Sie wird aber auch die theoretische Verknüpfung dieses Wissens – also Inter- und Transdisziplinarität – im Rahmen der oben skizzierten systemischen Metatheorie anstreben.

Die Ziele einer solchermaßen konzipierten SA/SP verbinden individuelle wie soziale Werte, nämlich: a) individuelle Bedürfnis- und Wunscherfüllung im Zusammenhang mit der Erweiterung des Wissens- und Handlungsspektrums als auch der verfügbaren sozio-materiellen und kulturellen Ressourcen, und b) fairer Ausgleich von Pflichten und Rechten zwischen Menschen und sozialen Gruppen, ferner Regeln der Machtbegrenzung wie der gerechten Machtverteilung als Bedingung für sozialen (familiären, organisationellen, gesellschaftlichen) Frieden.

Auftragsinstanzen sind hier einerseits Organisationen der Erziehung/Bildung, Wirtschaft und Politik als auch des Sozial- und Gesundheitswesens im engeren Sinne, andererseits die AdressatInnen oder KlientInnen und ihre problemrelevanten Bezugspersonen. Weder die eine noch andere Instanz hat im Rahmen einer systemischen Sichtweise prinzipiell Vorrang. Genauer: Menschen sind nicht dazu da, um supponierte Bedürfnisse von sozialen Systemen (Gesellschaften, Gemeinschaften) zu erfüllen, sondern soziale (Teil)systeme und ihre Mitglieder sind dazu da, um die Erfüllung menschlicher Bedürfnisse, insbesondere diejenigen nach Zugehörigkeit, Obhut und Orientierung wie auch nach persönlicher Zielverwirklichung und Freiheit zu ermöglichen. Daraufhin sollen sie auch beurteilt werden. Deshalb läßt sich nicht unbesehen von einer Vermittlungsfunktion Sozialer Arbeit innerhalb eines doppelten Mandates von Kontrolle und Hilfe/Bildung sprechen. Dies, weil zwischen die beiden Parteien ein „Drittes" treten muß: nämlich an der Realität überprüftes und überprüfbares Fach- und Wertwissen über problematische Sachverhalte, ihre Ursachen und Folgen wie die Möglichkeiten ihrer Veränderung (mit eingeschlossener Prävention). Sein Beizug ermöglicht es, zusammen mit den am Lern- und Hilfsprozeß Beteiligten, über die Legitimität wie Illegitimität gesellschaftlicher Normen und Forderungen als auch individueller Bedürfnisse und Wünsche zu sprechen, zu verhandeln und zu entscheiden. Die Handlungstheorie der SA/SP hat die für diesen Beruf wohl spezifische Aufgabe, Prozesse des Mitempfindens, der sozialen Empathie, Lernmotivierung und Fürsorglichkeit mit Prozessen der distanzierenden kognitiven Analyse, Wertsetzung wie der fairen Kontrolle und gerechten Zuteilung von Ressourcen kombinier-, lern- und gestaltbar zu machen. Das daraus zu entwickelnde Instrumentarium muß individuum-, system-, situations- und problemangemessene, also variable Verknüpfungen ermöglichen. Eine systemisch begründete Handlungstheorie Sozialer Arbeit wird zudem Präsenz und Aufgaben von Sozialtätigen auf den unterschiedlichen sozialen Systemebenen (Individuum, Familie, Gruppe, Gemeinwesen, Organisationen usw.) berücksichtigen. Dies bedeutet nicht Allzuständigkeit, sondern eine Berufsrollenkonzeption, die man als „spezialisierter Generalist, spezialisierte Generalistin" bezeichnen könnte, was m. a. W. Arbeitsteilung nach Problem, sozialem Niveau, Zielgruppe, Interventionsform usw. erlaubt und gleichzeitig aufgrund einer systemischen Metatheorie Chancen für konzertiertes Denken und Arbeiten bietet (Staub-Bernasconi 1998).

Die Spezialisierung und Atomisierung des akademischen Wissens nach Wirklichkeitsbereichen (Physik und Chemie, Biologie, Psychologie, Soziologie, Kulturtheorie/Philosophie) und die Pflege von konkurrierenden, additiv vermittelten „theoretischen Ansätzen" innerhalb der Humanwissenschaften als auch von Wissensformen wie Beschreibungswissen (Phänomenologie/Hermeneutik), Erklärungswissen (Codizes), Wertwissen (Ethik) und Handlungswissen (Technologie, pragmatisches Verfahrenswissen) ist heute enorm. Die Ganzheitlichkeitsforderung muß deshalb so lange scheitern, als keine Metatheorie(n) zur Verfügung stehen, welche die Zusammenhänge zwischen diesen Aspekten, d. h. zwischen Wirklichkeitsbereichen, Wirklichkeit und deren Erkenntnis, aber auch zwischen Wissenstypen und -formen aufzuzeigen vermögen. Prozeß- und Systemtheorie als metatheoretischer Bezugsrahmen der SA/SP stellt sich als Möglichkeit dar, diese Forderung dadurch einzulösen, daß sie ein theoretisches, wissenschaftlich überprüfbares und in vielen Bereichen überprüftes Instrumentarium zur Verfügung stellt, um die erwähnten Verknüpfungen zu entdecken, begründen und beim Handeln in Rechnung zu stellen.

So geht es – auf eine Kurzformel gebracht – in der Sozialen Arbeit als System- und Handlungstheorie um die komplexe Verknüpfung von Liebe, Macht und Erkenntnis – eine Kombination, die an die Person der Sozialtätigen hohe Anforderungen stellt. Daß sie nicht unerfüllbar sind, zeigen historische, theoretische wie praktische Vorbilder (u. a. Jane →Addams, Friedensnobelpreisträgerin aus dem Jahre 1931, aber auch Alice →Salomon und Ilse Arlt). Eine systemtheoretische Annäherung an die Berufsrealität dürfte ihre Realisierungschancen – wie wir hoffen – noch wesentlich erhöhen.

→Schule der Sozialen Arbeit; →Soziale Arbeit; →Systemtheorie

Lit. Staub-Bernasconi, S., Soziale Probleme – Soziale Berufe – Soziale Praxis, in: Heiner, Meinhold, von Spiegel und Staub-Bernasconi, Methodisches Arbeiten in der Sozialen Arbeit, Freiburg 1998, 4. Auflage.

Silvia Staub-Bernasconi, Berlin

Systemtheorie

1. Warum Systemtheorie in der SA/SP? Versuche, die zahlreichen Aspekte des Problem- und Arbeitsfeldes der SA/SP theoretisch zu erfassen (→Soziale Arbeit), münden oft bei der Feststellung von deren Undurchführbarkeit. Phasen der Komplexitätsreduktion durch vereinseitigende Therapeutisierung, Pädagogisierung, Verrechtlichung als auch Verpolitisierung der SA/SP waren immer begleitet von der Forderung nach „ganzheitlicher Betrachtung von Mensch und Gesellschaft". Versuche in dieser Hinsicht wurden wiederum als Produkt autoritärer Allzuständigkeits- und Allmachtsfantasien oder als naiv qualifiziert. Allerdings konnte sie nie ganz zum Verstummen gebracht werden. Erst die globale Fortschrittskrise hat den Begriff „Ganzheitlichkeit" öffentlich und sogar für die Wirtschaft, z. B. als „ganzheitliches Management", salonfähig und zugleich mißbrauchbar gemacht.

S. als Versprechen zur Einlösung dieses Anspruchs wird in der Sozialen Arbeit seit längerem verknüpft mit Namen wie Bertalanffy, Hearn, Pincus & Minahan, Goldstein, Norlin & Chess; im deutschen Sprachraum spricht man von einem „neuen Paradigma mit universalistischem Anspruch" – verbunden mit Namen wie Bateson, Watzlawick, Luhmann, Simon, Olk, Merten, Treml, Huschke-Rein, Baecker u. a. (Hollstein-Brinkmann 1993). Als „Wandel vom sozialen zum ökologischen Paradigma" kann man sich vor allem gemäß der zweiten Gruppe von Autoren der Begriffe Klasse/Schicht, Widerspruch, Entfremdung, Anomie, Konflikt, gesellschaftliche Veränderung und Solidarität „entledigen" (wörtlich) und sie durch Begriffe wie Komplexität, Autopoiese, Selbstreferenz, Kontingenz und Ungewißheitsbelastung als Ausdruck neuen, ökologischen Risiko- und Krisenbewußtseins ersetzen. Dazu kommt die Kritik am analytisch-zerlegenden, linearen, monokausalen Denken im Unterschied zum Erfassen der „Welt als Ganzheit", sowie die Kritik an der Vorstellung eines neutralen, objektiven, sich aus dem Geschehen heraushaltenden Beobachters. Die übernommene, eine Interpretation der Heisenbergschen Unschärfenrelation besagt, daß der Beobachter immer Teil des zu beobachtenden Vorganges ist und es entsprechend keine erkennbare Realität außerhalb seiner selbst geben könne. Im Unterschied zu dieser phänomenalistischen Deutung gibt es eine realistische Deutung des gleichen Befundes, die davon ausgeht, daß es eine Realität gibt, die unabhängig davon existiert, ob jemand an sie denkt, sie beobachtet oder nicht und sie – wenngleich in Schritten – erkennbar ist. Die Geschichte der S. wird dargestellt als Wandel von einem a) naturalistisch verstandenen Systembegriff (reale, z. B. physikalisch-maschinelle bzw. kybernetische, biologische Objekte im Sinne geschlossener und offener, dynamischer Systeme) zu einem b) funktionalen Systembegriff (Systeme als mathematische Funktion, soziale, kommunikative Relationen zwischen gekoppelten Elementen, deren Eigenschaften für die Dynamik des Systems irrelevant sind, z. B. Watzlawick et al. 1969, Luhmann 1984, 1997) und schließlich zu einer c) rein mentalen Systemvorstellung ohne konkretes Korrelat (Systeme als begriffliche Erzeugnisse unseres Verstandes, die in der Wirklichkeit nicht vorkommen, z. B. Jensen 1983).

Vor allem die letzte, bewußtseinstheoretische Variante des Systembegriffs schafft den Bezug zur Theorie des Radikalen Konstruktivismus. Diese Theorie besagt, daß Bilder der Wirklichkeit Erzeugnisse des Gehirns sind, daß diese Bilder aber über die Welt außerhalb ihrer selbst nichts beinhalten, was das Prädikat „wahr" verdient. Daraus folgt, daß wir über die Welt nichts wissen können, außer: welche unserer je eigenen Handlungen für uns nützlich sind. Der Umstand, daß Wahrnehmung kein exaktes, sondern je nachdem verzerrtes oder gar falsches Bild des Wahrgenommenen vermittelt, wird im Konstruktivismus so ausgelegt, daß man Wirklichkeit nicht entdecken kann, sondern erfinden muß. Die Luhmannsche Vorstellung selbstreferentieller Systeme und die Watzlawicksche Kommunikationstheorie mit ihren therapeutischen Derivaten gelten in diesen ideengeschichtlichen Darstellungen als Weiterentwicklungen oder gar kaum mehr überbietbare Höhepunkte theoretischen Bewußtseins. Dieser Anspruch wurde in letzter Zeit allerdings in Frage gestellt, und zwar aufgrund empirischer wie theoretisch-logischer Argumentation (vgl. z. B. die Streitschrift von Girgensohn-Marchand 1993, ferner Nüse et al. 1991, Obrecht 1991). Der zentralste, allgemeinste Kritikpunkt zielt auf die unzulässige Übertragung objekttheoretischer Aussagen auf eine erkenntnistheoretische und wahrheitstheoretische Ebene, nämlich: Wir können nichts über die Wirklichkeit wissen (erkenntnistheoretische Aussage), weil wir autopoietische (sich durch ihre je eigenen Operationen selbst herstellende) Systeme sind (objekttheoretische Aussage). Als Hauptreferenzen gelten – auch für Luhmanns Sozialphilosophie – die chilenischen Biologen Maturana & Varela, deren Theorie im Rahmen ihrer selbst als objektiv wissenschaftlich unbeweisbar betrachtet werden müßte. Denn ihre Analysen beziehen sich auf Fakten, u. a. über Ganglienzellen in Taubenretinae, von denen – gemäß Radikalem Konstruktivismus – gar nicht angenommen werden kann, daß sie überhaupt existieren, und zwar weder die Tauben noch die sie untersuchenden Experimentatoren! Dies führt zu folgenden Selbstwiderlegungsargumenten: Wenn man keinen Zugang zu seiner Umgebung hat, kann man auch nicht feststellen, daß man ihn nicht hat. Wenn alles nur Konstruktion, Erfindung ist, gibt es keine Grundlage, zu behaupten, diese Vorstellung sei – als einzige – keine Erfindung. Wenn man nichts über die Welt sagen kann, dann kann man auch nicht behaupten, daß man ein autopoietisches System sei (Nüse et al. 1992). Noch schwerwiegender wiegt die Machtblindheit der funktionalen Systemtheorien: So sind nicht illegitime Herrschaft, Folter das Problem, sondern die Unterwerfung. Macht, Gewalt und Ausbeutung in Gesellschaft und Familie sind – bei der Annahme von Wechselseitigkeit und Zirkularität von Beziehungen" – „semantisch produzierte Mythen"; die Gewalt des Täters wird geleugnet, das Opfer wird unbesehen zum Mittäter gestempelt und die Verantwortung für das Vergehen wird ebenso unbesehen und ohne gesellschaftlichen Bezug auf die ganze Familie und ihre Kommunikationsstrukturen abgewälzt. So entstanden in den USA Vereinigungen, die starke Vorbehalte gegenüber der Familientherapie vorbringen (Girgensohn-Marchand 1992).

Den Kritikern wie den Hauptvertretern dieser funktionalistischen und/oder bewußtseins- bzw. erkenntnistheoretischen Varianten von Systemtheorien – mit impliziter, meist idealistischer Ontologie – ist nun allerdings die Unkenntnis einer ontologischen Variante von Systemtheorie gemeinsam, die Bewußtseins- und Erkenntnistheorien (auf der Basis psychobiologischer Forschung) miteinschließt. Sie ist Diskussionsgegenstand international kooperierender Natur-, Human- und Sozialwissenschaftler und kann – einem ihrer Hauptrepräsentanten – Mario Bunge – zufolge als „emergentistischer Systemismus" bezeichnet werden. Ontologie fragt nach den allgemeinsten Vorstellungen über Sein und Werden und ist dementsprechend eine philosophische oder Metatheorie. Ontologisch im weiten Sinn sind alle Aussagen, die von irgendetwas, z.B. einem Stückchen Materie, einer Idee, einem System, einem Ereignis, sagen, daß es existiert und nicht nur ein Produkt unseres Bewußtseins ist (naturalistische Ontologie). Eine systemische Ontologie ist eine mögliche Antwort auf die Frage nach der Beschaffenheit der Wirklichkeit. Sie besagt, daß alles, was existiert, entweder ein System oder eine Komponente eines Systems ist. Im Lichte dieser Systemtheorie sind die obenerwähnten Systemtheorien Teiltheorien über einen speziellen physikalischen, biologischen, psychischen oder sozialen Objektbereich. Überdies müssen sie auf allfällig latente atomistische wie holistische Grundvorstellungen befragt werden. Diese naturalistische Ontologie ist wiederum eng verknüpft mit einem „moderaten Konstruktivismus" als realistischer Erkenntnistheorie (ausführlich Obrecht 1993).

2. Systemismus als wirklichkeits- und erkenntnistheoretisches Paradigma der Sozialen Arbeit: „Menschen-in-der-Gesellschaft. →Atomismus, →Holismus und Systemismus stellen drei mögliche Antworten auf ontologische Fragestellungen dar. In Theorien Sozialer Arbeit kommen alle drei Ontologien implizit oder explizit vor. Mit Hilfe der S. als Wirklichkeitstheorie lassen sich auch atomistische und holistische Grundvorstellungen in physikalischen, biologischen, psychologischen, soziologisch/ökonomischen und Kulturtheorien identifizieren. In der Sozialen Arbeit gewinnen sie dort eine besondere Bedeutung, wo es um Theorien über „Menschen-ohne-Gesellschaft" (Atomismus) oder „Gesellschaft-ohne-Menschen" (Holismus) geht.

2.1. Eine Welt von Systemen und Systemprozessen. Die allgemeinste Hypothese einer naturalistischen Ontologie besagt, daß es eine Welt gibt, die unabhängig davon existiert, ob jemand an sie denkt oder nicht – und die schon da war, bevor irgendjemand sie wahrnehmen, geschweige denn bewußt erforschen und über sie Theorien aufstellen konnte. Ausgangspunkt einer systemischen Ontologie ist der Begriff des konkreten Systems. Ein System ist „etwas", das aus einer Anzahl von Komponenten besteht (Zusammensetzung), die untereinander eine Menge von Beziehungen unterhalten (interne Struktur), die sie untereinander mehr binden als gegenüber anderen „Dingen", sodaß sie sich gegenüber dem Rest der Welt abgrenzen (Umwelt). Mit seiner Umwelt ist ein System über jene (schwächeren) Beziehungen verbunden, die seine Komponenten mit Systemen außerhalb von ihm unterhalten (externe Struktur). Die allgemeinste Hypothese der systemischen Ontologie besagt nun, daß alles, was existiert, entweder ein System oder eine Komponente eines Systems ist. Die Menge der existierenden Dinge ist das Ergebnis eines räumlich und zeitlich ausgedehnten Differenzierungsprozesses (Evolution/Geschichte), beginnend mit der Bildung einfachster Objekte aus einem undifferenzierten „Substrat" und (vorläufig) endend in der Existenz des gegenwärtigen Universums und – zumindest partiell – hochkomplexer multiniveaunaler Systeme. Dieser Prozeß beruht erstens auf der Fähigkeit konkreter „Dinge" bzw. Systeme zur „Selbstvereinigung" und später zur Selbstorganisation (Biosysteme), wobei sich dieser Prozeß beliebig oft wiederholen kann und zweitens auf dem Auftreten neuer (Emergenz) und dem Verlust alter Eigenschaften (Submergenz) bei der Bildung neuer Systeme (Differenzierung). Alle Dinge und Systeme sind sowohl in ihrer Entstehung, ihrem Aufbau wie auch in ihrem Verhalten gesetzeshaft; es gibt kausale, objektiv zufällige, verschiedene wechselwirkende sowie teleonome gesetzmäßige Veränderungen. Es gibt verschiedene Arten von Systemen, nämlich physikalische, chemische, biologische, psychische, soziale und kulturelle, und jede Art unterscheidet sich von den anderen durch eine Gruppe von für sie spezifischen „emergenten" Eigenschaften und Gesetzmäßigkeiten. Diese Systeme und Arten von Systemen stehen in einem aktuellen (Subsysteme, umfaßte und umfassende Systeme) und einem genetisch-historischen Zusammenhang (Evolution). D. h. die verschiedenen Arten von Systemen sind sukzessive auseinander hervorgegangen, eingeschlossen jene, die mit einem lern- und selbstwissensfähigen plastischen Nervensystem ausgestattet sind, wie menschliche Individuen. – Sein heißt Werden, d. h. alles, was es gibt, wandelt sich, wobei jedes System ein Glied einer evolutionären Kette von Systemen ist.

2.2. Menschliche Individuen als selbstwissensfähige Biosysteme (Bunge & Ardila 1990; Obrecht 1993). Menschliche Individuen sind selbstwissensfähige Biosysteme mit – bezogen auf die Form der Befriedigung – biologischen, psychischen, sozialen und kulturellen (codalen) Bedürfnissen. Das menschliche Gehirn als psychobiologisches Subsystem ist zwar in seiner Grundstruktur genetisch festgelegt, doch ist es das einzige Organ im Organismus, das (in seinen plastischen Bereichen) gleichzeitig darauf festgelegt ist, innerhalb bestimmter Grenzen, nicht festgelegt, also plastisch und lernfähig zu sein. Es ist in zahlreiche Bereiche differenziert, die verschiedene, miteinander in Wechselwirkung stehende wechselwirkende Prozesse erzeugen, wie Empfinden; Affekte (Triebe, Emotionen, Gefühle und moralische Empfindungen); Aufmerksamkeit; Gedächtnis; Lernen; Wahrnehmung; Denken (Begriffsbildung und -verknüpfung, einschließlich Bewerten, Ziele bilden und Planen; Absicht (Intention, Motivation), und – als übergeordnete Funktion – (Selbst-)Bewußtsein.

Unter Kognition versteht man dabei die Menge der Prozesse im plastischen Bereich des Gehirns; Wissen ist ihr Produkt. Wichtige Wissenstypen sind (begriffliche) Bilder konkreter Ausschnitte der (Um-)Welt, begriffliche Codes (Alltags-, wissenschaftliche und philosophische Doktrinen und Theorien) nomologischer Art (Systeme von Gesetzesaussagen) als auch nomopragmatischer Art (Systeme von Regeln), Werte, Ziele sowie Pläne. Darüber hinaus kann eine größere Zahl von Wissensformen unterschieden werden wie phänoweltliches (erfahrungsweltliches) und transempirisches Wissen über die Welt (Faktenwissen bzw. Bilder); Selbstwissen und Fremdwissen; explizites Wissen und implizites Wissen; wahres und nicht wahres Wissen; subjektives und objektives Wissen etc. Selbstbewußte kognitive wie affektive Vorgänge stellen den kleinsten Teil aller psychischen Prozesse dar und sind phylogenetisch jüngste Errungenschaften, und (Selbst)Bewußtsein ist der komplexeste Modus kognitiver Prozesse und die Voraussetzung für die Entwicklung kodifizierter Handlungstheorien (Technologien und Techniken) und zwar im Bereich des Denkens wie des Handelns.

2.3. Menschliche Bedürfnisse. Wie alle Biosysteme tendieren menschliche Individuen dazu, in bestimmten Zuständen zu sein (= Werte des Systems) und versuchen – wenn dies durch die verfügbaren internen Regelungsmechanismen nicht mehr gewährleistet ist, entstandene Abweichungen von diesen Werten (interne Defizite) durch äußeres Verhalten zu kompensieren. Triebe, Emotionen und moralische Empfindungen sind dabei interne Prozesse, die gleichzeitig den Mangel anzeigen und zu einem bedürfnisbefriedigenden Verhalten motivieren. Jeder auf diese Weise geregelte Wert kann als menschliches Bedürfnis bezeichnet werden. Weder Werte noch Bedürfnisse brauchen bewußt zu sein und Bedürfnisse sind von bewußten Zielen zu unterscheiden. Die Befriedigung eines Bedürfnisses ist sowohl abhängig von der Verfügbarkeit bedürfnisbefriedigender Güter und Situationen wie auch von Fertigkeiten des Individuums, die faktisch erreichbaren Möglichkeiten zu nutzen und neue zu schaffen. Verschiedene Bedürfnisse sind unterschiedlich elastisch und Gegenstand von Präferenzordnungen, die durch Erfahrung und Lernen in einem gewissen, aber nicht unbegrenzten Maße modifizierbar sind.

Wegen ihrer in der Struktur des Organismus verankerten Natur kann angenommen werden (und gibt es Hinweise darauf), daß solche Bedürfnisse allen Menschen gemeinsam sind – nicht aber die Präferenzordnungen und Befriedigungsweisen, die sozialkulturell vermittelt und erlernt werden. Zu denken ist an: a) „physische" Bedürfnisse aufgrund von Stoffwechsel- und Selbsterneuerungsprozessen (verdaubare und organismusgerechte Nahrung, Luft, Wasser usw.), b) sensorische Bedürfnisse (wahrnehmungsgerechte sensorische Stimulierung durch Gravitation, Schall und Licht), c) das Bedürfnis nach physischer Integrität und Unversehrtheit (Vermeidung von und Schutz vor Verletzung und Gewalt), d) nach sexueller Aktivität, e) nach emotionaler Zuwendung (Liebe), f) nach Abwechslung/Stimulation (Komplexität), g) nach Orientierung in der Welt/Umwelt (Information, Bild) sowie begrifflichen Codes als Mittel der Deutung der Beziehungen zwischen wahrgenommenen oder gewußten Zuständen und Ereignissen, h) nach Regeln und Normen zur wirksamen und effizienten Bewältigung wiederkehrender Situationen, i) nach Einzigartigkeit oder Unverwechselbarkeit (Identität), k) nach „Sinn" im Sinne von selbstgewählten Zielen (Motivation), und diese erfolgreich verwirklichen zu können (Leistung) oder wenigstens die Hoffnung/Erwartung auf deren Erfüllung zu haben, l) nach Freiheit oder relativer Autonomie (Handlungsspielräume), m) nach sozialer Zugehörigkeit (Mitgliedschaft), n) nach sozialer Anerkennung (Rang), o) nach (Austausch-)Gerechtigkeit (Gleichgewicht zwischen Geben und Nehmen). (Obrecht 1993).

Es kann ebenfalls angenommen werden, daß z.B. Orientierungsbedürfnisse und damit verbundenes Lernen mit einer bestimmten Ernährung, einer stimulierenden Umgebung, bestimmten Handlungsspielräumen und gesellschaftlicher Anerkennung zusammenhängen. Nur in akuten Bedrohungssituationen als auch in menschenunwürdigen und/oder kargen Lebensverhältnissen sind Menschen gezwungen, die unterschiedliche Elastizität ihrer Bedürfnisse zu berücksichtigen und kulturell möglicherweise nicht gestützte Rangfolgen zwischen „Fressen und Moral", zwischen physischem Überleben und menschlicher Sinnerfüllung oder sozialer Gerechtigkeit zu bilden.

In der Sicht einer solchen systemischen Erkenntnis- und Bedürfnistheorie besteht menschliches Leben darin, Problemen der Bedürfnisbefriedigung und Wunscherfüllung gegenüberzustehen und zu lernen, innerhalb der Struktur sozialer Systeme und in Kooperation und Konflikt mit anderen Menschen, Lösungen hierfür zu suchen. Dies schließt mit ein, daß die Strukturregeln des sozialen Systems zu diesem Zweck geändert werden. Die Verfolgung dieser Ziele setzt voraus, daß sich Menschen ein Bild von der (Um)Welt machen, sie erfassen, beschreiben, bewerten, erklären und das verfügbare Wissen in Pläne und Verhalten zur Veränderung ihrer selbst oder der Umwelt umsetzen.

2.4. Bedürfnisse, Wünsche und bewußte Werte. Werte können auch bewußt sein und sind dann Urteile, die Menschen in bezug auf Sachverhalte fällen, die für sie von mehr oder weniger existentieller Bedeutung sind. In diesem Sinne sind die Menschen fähig, Bedürfnisse und Wünsche im Lichte von sozialen Strukturen und umgekehrt soziale Strukturen im Lichte von Bedürfnissen und Wünschen zu bewerten und entsprechende Ethiken als Systeme von Normen über ökologisch und sozial wünschbare Handlungsfolgen zu konzipieren. Innerhalb einer systemischen Metatheorie sind individuelle und soziale Werte nicht nur gleichwertig, sondern sie determinieren einander, genauer: Freiheit, u.a. als freie Meinungsbildung im Rahmen einer Demokratie ist Voraussetzung für Gerechtigkeit und Mitmenschlichkeit als gegenseitige Hilfe, Austausch- und Verteilungsgerechtigkeit sind wiederum Voraussetzungen für menschliche Bedürfnis- und Wunscherfüllung. Soziale Rechte und Pflichten sind hier im Gleichgewicht.

2.5. Soziale Systeme. Es gibt weder soziale Systeme ohne Individuen noch Individuen ohne Populationen menschlicher Organismen und soziale Systeme innerhalb solcher Populationen (Familien, Gruppen und größere Systeme). Über phylo- und ontogenetische Prozesse hinaus ist die Interdependenz dieser beiden Arten von Systemen auf seiten der Individuen auch unübersehbar in der Struktur ihrer Bedürfnisse verankert, deren Befriedigung zum allergrößten Teil Mitmenschen und Gesellschaft (soziale Systeme) involviert. Soziale Systeme sind konkrete Systeme mit menschlichen Individuen, d.h. mit lern- und selbstwissensfähigen Biosystemen mit plastischen Nervensystemen als Komponenten.

Wie alle Systeme haben soziale Systeme emergente Eigenschaften. Emergente Struktureigenschaften sind institutionalisierte Interaktions-/Austauschregeln, Verteilungsmuster von Gütern/Ressourcen bzw. Konfigurationen solcher Verteilungen; funktionale Differenzierung (Arbeitsteilung); niveaunale Differenzierung (z.B. sind Nationen Komponenten der Weltgesellschaft, insbesondere des internationalen Entwicklungsschichtungssystems und umfassen mindestens zwei Niveaus von Subsystemen – Kantone/Provinzen, Gemeinden/Departemente), räumliche Differenzierung (z.B. Land-Stadt), Geschlechtsdifferenzierung sowie eine lebenszeitliche Differenzierung (institutionalisierter Lebenslauf). Eine andere zentrale emergente Eigenschaft sozialer Systeme ist Kultur. Sie beruht auf dem begrifflichen Lernvermögen ihrer Mitglieder und besteht in den Verteilungen der gewußten Wissensinhalte der Systemmitglieder (vgl. oben, unter Typen und Formen von Wissen). Stabilität und Wandel sozialer Systeme können als Ergebnis des Wechselspiels zwischen Sozialstruktur und Kultur verstanden werden; die Analyse der Wechselwirkung zwischen diesen beiden Aspekten sozialer Systeme ist mithin das übergeordnete Thema sozialwissenschaftlicher Theorie.

2.6. Menschen als Mitglieder sozialer Systeme. Menschen sind von Geburt an Mitglieder sozialer Systeme und lernen nach und nach, in mehr oder weniger großen Bereichen ihrer Struktur Funktionen zu übernehmen. Als Erwachsene sind sie entsprechend Mitglieder einer variablen Zahl von sozialen Systemen (StatusKonfiguration) und besetzen in ihnen je einen oder mehrere Rollen-Status. Die Struktur jedes dieser Systeme enthält – in Abhängigkeit von ihrer jeweiligen Position in ihr (Rollen-Status) – einen mehr oder weniger großen

Spielraum von Zielen und Verhaltensweisen, während sie die Erreichung anderer, legitimer wie illegitimer Ziele erschwert oder verunmöglicht, und bestimmte Verhaltensweisen ausschließt (aktuelle Handlungsräume und institutionalisierter Lebenslauf). Aufgrund ihrer Bedürfnisse und Kompetenzen sowie der ihnen durch die Gesamtheit ihrer Mitgliedschaften gebotenen Möglichkeiten werden die Individuen zu jedem Zeitpunkt spezifische Ziele verfolgen und auf diese Weise versuchen, ihre Handlungsspielräume zu nutzen, ein Prozeß, innerhalb dessen sie lernen können, ihre Mitgliedschaften, ihre Rollen und Positionen zu ändern und – wo unumgänglich – auch ihre Präferenzen zu modifizieren. Ihr praktisches Lernen, Denken, Werten und Planen konzentriert sich dabei tendenziell auf die Dinge, die innerhalb ihres Handlungsraumes (strukturelle Nachbarschaft) liegen, schließt aber immer auch die Bewertung der Struktur mit ein (Legitimität, Menschengerechtheit etc.). Diese bleibt der Tendenz nach positiv, solange die Struktur ihnen erlaubt, ihre Bedürfnisse und Ziele zu befriedigen bzw. bewirkt, daß sie ihre Ziele ihren Möglichkeiten anpassen. Im umgekehrten Fall erleben die betroffenen Individuen die Struktur als behindernd und nicht legitim. Dies führt zu Versuchen, ihre Ziele über individuelle und/oder kollektive Prozesse der Überanpassung/ Konformität oder Subkulturbildung, der Wahl illegitimer Mittel, des Rückzugs aus dem System oder des sozialen Protestes und der aktiven strukturellen Innovation dennoch zu erreichen. Jeder dieser Prozesse trägt je nach Ausrichtung zur Struktur- und Kulturerhaltung oder -veränderung sozialer Systeme bei.

Sozio-kulturelle Systeme sind somit das Ergebnis stabilisierter Mitgliedschafts-, Positions-, Austausch- und Bewertungsleistungen von und zwischen Individuen. Die dabei entstandenen Strukturregeln erlauben es, diese Bedürfnisse weitgehend, selektiv, teilweise, minimal zu befriedigen, oder gar zu negieren und, wenn nötig, mit oder ohne direkte Gewalt zurückzubinden.

2.7. Handlungstheorie – Veränderungswissen. Wissen, ob angemessen oder unangemessen, prägt unseren Umgang mit der Wirklichkeit. Angemessenes Wissen gibt uns die Möglichkeit – wenn auch nicht die Sicherheit – unseren Umgang mit ihr zu verbessern (Handlungs-, Praxistheorien oder Technologien aller Art). Wissenschaft ist die Möglichkeit, Instrumente und Begriffe zu entwickeln (konstruieren), um auch nicht wahrnehmbare Eigenschaften des Realen (z. B. Strukturen und Prozesse des Zentralnervensystems, Tiefenstrukturen von kulturellen Wissensvorräten, strukturelle Chancen, Machtstrukturen) mittels transempirischer Begriffe zu erfassen. Unser Wissen bezieht sich auf die Welt; es modifiziert sie, konstruiert sie aber nicht, auch dann nicht, wenn es einen (wichtigen) Beitrag zur Strukturierung unseres Verhaltens leistet.

Eine systemisch konzipierte Handlungstheorie berücksichtigt nicht nur Individuen, sondern die verschiedensten sozialen Akteure und sozialen Systemebenen. Sie fragt nach aktuellen wie potentiellen Konflikten wie Kooperationsformen, Vernetzungs-, Macht- und Durchsetzungschancen in einem großen Geflecht handlungsbestimmender, komplexer Determinationsformen.

→Systemische Soziale Arbeit

Lit.: M. Bunge 1974–1989: Treatise on Basic Philosophy, 8 Bände, Boston; Hearn, G. 1969: The General Systems Approach. Toward a Holistic Conception of Social Work, CSWE, New York; Hollstein-Brinkmann, H. (1993): Soziale Arbeit und Systemtheorien, Freiburg i.Br.; Laszlo, E. (Ed.) 1991: The New Evolutionary Paradigm, New York; ders. 1972: Introduction to Systems Philosophy, Toward a New Paradigm of Contemporary Thought, New York; Nüse, R. et al. 1991: Über die Erfindungen des Radikalen Konstruktivismus. Kritische Gegenargumente aus psychologischer Sicht; Obrecht, W. (in Vorbereitung): Kulturelle Codes und soziale Systeme, Eine naturalistische systemische Metatheorie für die Sozialwissenschaften. Unter besonderer Berücksichtigung der Soziologie, Skriptfassung 1993, Zürich; ders. 1991: Zur Kritik des Radikalen Konstruktivismus oder: Eine andere Art, systemisch zu denken, in: Z.f.system. Therapie 4: 281–286; Staub-Bernasconi, S. 1995: Systemtheorie, soziale Probleme und Soziale Arbeit: lokal – national – international, oder: Vom Ende der Bescheidenheit, Bonn/Stuttgart; Vollmer, G. 1981/1975: Evolutionäre Erkenntnistheorie, Stuttgart, 2 Bde.

Silvia Staub-Bernasconi, Berlin

T

Täter-Opfer-Ausgleich
Täter-Opfer-Ausgleich (TOA) im Rahmen der Bemühungen um →Diversion entwickeltes Konzept zur Abwendung des förmlichen Jugendgerichtsverfahrens nach §§ 15, 42, 47 JGG. Im TOA sollen durch ein sozialpädagogisch begleitetes Gespräch der Konflikt zwischen Täter und Opfer geschlichtet und eine Schadenswiedergutmachung geregelt werden. TOA möchte damit die friedensstiftende Funktion des Strafrechts stärken, eine erzieherische Normverdeutlichung ermöglichen und die stigmatisierende Wirkung des formalen Verfahrens auf den Täter abwenden sowie den Interessen des Opfers Raum geben. TOA ist in verschiedenen Stadien des Verfahrens möglich: nach Bekanntwerden bei der Polizei; auf staatsanwaltschaftlicher Ebene; auf gerichtlicher Ebene vor Eröffnung des Hauptverfahrens; im Hauptverfahren vor der Hauptverhandlung; nach der Hauptverhandlung. Projekte des TOA befinden sich in Trägerschaft der kommunalen und freien Jugendhilfe, von eigens für das Projekt gegründeten Trägervereinen und der Opferhilfe. Kritisiert wird am TOA vor allem die weiterhin bestehende Abhängigkeit von der Justiz, die eine Entfaltung der sozialpädagogischen Leistungsfähigkeit behindere. Darüber hinaus wird grundsätzlich die Frage formuliert, ob TOA die o. g. Aspekte tatsächlich erfüllt, oder ob es sich um ein neues Demütigungsritual handelt, das nunmehr jedoch zusätzlich der Rechtsgarantien des juristischen Verfahrens entbehrt.

Tageseinrichtung
→Kindergärten, →Horte und andere Kindertageseinrichtungen, in denen sich Kinder für einen Teil des Tages oder ganztags aufhalten, werden vom Gesetzgeber in § 22 KJHG als T. bezeichnet. Das KJHG weist den T. als Aufgaben die Betreuung, Bildung und Erziehung von Kindern zu. Ziel ist die Förderung der Entwicklung des Kindes zu einer eigenverantwortlichen und gemeinschaftsfähigen Persönlichkeit.

Tagesheimschule
Synonym für →Ganztagsschule.

Tagesklinik
gemeindepsychiatrische Einrichtung, die in der Lücke zwischen ambulanter und stationärer Psychiatrie angesiedelt ist und einen stationären Aufenthalt verkürzen oder vermeiden soll.
In der T. verbringt der Patient lediglich den Tag; am Abend und am Wochenende ist er wieder in seiner gewohnten Umgebung.
Hierdurch wird eine (bei namentlich längeren stationären Aufenthalten unvermeidliche und problematische) Wiedereingliederung durch die gleichzeitige Erfassung des klinischen Bereichs und der Alltagssituation des Patienten vermieden oder zumindest erleichtert.
→Gemeindepsychiatrie

Tagesmutter
→Tagespflege

Tagespflege
Unter T. ist die Betreuung eines Kindes durch eine vom →Jugendamt vermittelte Person (früher als „Tagesmutter" bezeichnet) im eigenen oder im Haushalt des Personensorgeberechtigten (→Personensorge) zu verstehen. Nach dem JWG war die T. noch eine erzieherische Hilfe. Das KJHG machte in seinem dritten Abschnitt die Tagespflege zu einem Instrument der Förderung (ähnlich wie →Tageseinrichtungen) und damit der allgemeinen Tagesbetreuung ohne besonderen erzieherischen Bedarf. Der Grund hierfür dürfte nicht zuletzt im mangelnden Angebot von →Tageseinrichtungen zu finden sein. Ihre gesetzliche Regelung findet die T. in § 23 KJHG.

Tagespflegeperson
Bezeichnung für eine Person, die eine →Tagespflege gem. § 23 KJHG ausführt.

Teilnehmende Beobachtung
→Empirische Sozialforschung: Qualitative Verfahren

Telefonseelsorge
Die T. wurde in den 50er Jahren von kirchlichen Stellen eingerichtet, um Menschen in Lebenskrisen die Möglichkeit zu geben, zu jeder Zeit telefonisch und anonym ein helfendes Gespräch zu führen.
Die in der T. tätigen Berater sind neben Geistlichen, Psychologen und Sozialpädagogen bzw. -arbeitern vor allem auch speziell geschulte ehrenamtliche Helfer. I. d. R. besteht auch das Angebot eines weiterführenden, persönlichen Gesprächs. →Beratung

Test
Ein T. ist in der Psychologie ein Verfahren zur Messung bestimmter Merkmale und Fähigkeiten. Neben dem Testverfahren werden oft auch das Testmaterial und die Durchführung als T. bezeichnet. Nach einer allgemeinen „Testgläubigkeit", die auch die Soziale Arbeit erfaßte, werden die T. seit einiger Zeit sowohl aus wissenschaftlichen wie auch ideologischen Gründen kritisiert.

Theaterpädagogik
im Zusammenhang mit der Kultur- und Gesellschaftskritik der ausgehenden 1960er Jahre (→Studentenbewegung) erneut belebte und weiterentwickelte Disziplin, die einerseits den der Ökonomie untergeordneten und verkümmernden sinnlich-emotionalen Bedürfnissen Raum geben und andererseits in Anlehnung an Brechts Lehrstücktheorie (aber auch Benjamins Programm eines proletarischen Kindertheaters) Erkenntnis und Handeln miteinander verbinden sollte. In Abgrenzung zu den am Individuum orientierten spieltherapeutischen Verfahren steht bei den Ansätzen der T. die Vermittlung der gesellschaftlichen Ursachen individuellen Leidens im Mittelpunkt der theatralischen Arbeit.

Themenzentrierte Interaktion (TZI)
Die TZI gehört zu den Basismethoden (→Methodisches Handeln) in der Sozialen Arbeit, der Pädagogik und in der Gruppenberatung in vielen Arbeitsfeldern. Neben der →Klientenzentrierten Gesprächsführung, der →Gestaltberatung, dem →Psychodrama u. a. zählt die TZI zur Schule der →Humanistischen Psychologie.

1. Das Strukturmodell: Thema – Individuum – Gruppe – Umwelt. Die Grundideen der TZI als ein pädagogisches und sozial-therapeutisches Konzept ganzheitlichen Lernens in Gruppen wurden von Ruth Cohn (geb. 1912) entwickelt (Cohn 1975; Matzdorf/Cohn 1983), die ihre psychoanalytischen, körpertherapeutischen und gruppentherapeutischen Erfahrungen darin integrierte. In der praktischen Arbeit steht im Mittelpunkt zunächst ein Thema, eine Aufgabe, ein Ausschnitt aus der Lebenswelt, die in einer Gruppe bearbeitet und diskutiert werden, wie beispielsweise Fragen zur Gesundheitsförderung in Schulen in einem Lehrerkollegium oder zur Bedeutung von „Rückfällen" in einer Nachsorgegruppe von Alkoholabhängigen oder zur Gestaltung eines Jugendtreffs in einer Gruppe Jugendlicher oder zur kommunalen Umweltpolitik in einer Gruppe interessierter Bürger. Dabei zeigt sich üblicherweise sehr schnell, daß noch so wichtige Inhalte nicht bearbeitet werden können, wenn das kognitive und emotionale Beteiligtsein der einzelnen Gruppenmitglieder und die Beziehungen untereinander in ihrer Bedeutung für eine konstruktive Problemlösung unterschätzt werden. Die TZI beachtet genau diese Notwendigkeiten, indem gleichrangig neben dem sachlichen Gruppenthema, die einzelnen Personen in ihrer Befindlichkeit (Ich; intraindividuelle Prozesse) und die Dynamik der Gruppe (Wir; interaktives Geschehen; interindividuelle Prozesse) im Verständigungs-

prozeß unter Berücksichtigung der unterschiedlichen Gruppenphasen in einem ausgewogenen Verhältnis zum Tragen kommen. Da menschliches Leben gewöhnlich nicht im Labor stattfindet, sondern bezüglich einer Umwelt gestaltet wird, bezieht die TZI neben dem Thema, dem Ich und dem Wir als vierte Variable den Lebensraum (Globe) in ihr methodisches Handeln mit ein. Damit wird sie dem in ausgeprägter Weise gerecht, was heute in der Sozialen Arbeit gerne als „Multiperspektivität" bezeichnet wird. Zudem liefert die TZI aber auch ein handhabbares Modell und ein differenziertes Handwerkszeug, mit der diese Idee professionell in die Praxis transformiert werden kann. In der folgenden Abbildung ist dieses Strukturmodell der TZI veranschaulicht.

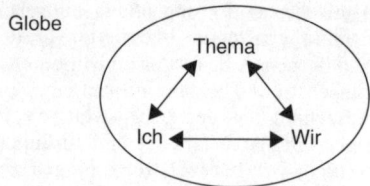

Abbildung: Das Strukturmodell der TZI

So einleuchtend das Modell zunächst in seiner idealtypischen Form erscheint, so treten in der konkreten Gruppenarbeit doch viele Störfaktoren auf, die zur Bewältigung eine kompetente Gruppenleitung voraussetzen.
Die Grundannahmen
– wir als Gruppe bearbeiten ein Thema und
– wollen dabei sowohl auf der sachlichen Ebene informative Erkenntnisse erzielen,
– wie aber auch darauf achten, was das Thema für jeden einzelnen Gruppenteilnehmer im Hier und Jetzt und in seiner Lebensgeschichte bedeutet und
– zugleich die Gruppenprozesse allgemein und speziell bei diesem Thema beachten und
– all dieses auch noch mit der gegebenen Umwelt, in der dieses Thema behandelt wird, kritisch in Verbindung setzen

beinhalten im Detail Konflikte, die angemessen gelöst werden müssen, um der Grundidee verständigungsorientierten Handelns und lebendigen Lernens einigermaßen gerecht zu werden.
Eine solche Schwierigkeit ist auf der thematischen Ebene etwa eine zu geringe sachliche Kompetenz in der Gruppe, so daß dann gerne übergewichtigt, auf die anderen Variablen ausgewichen wird und die Arbeitsgruppe zur Selbsterfahrungsgruppe wird. TZI-Arbeitsgruppen bedürfen also der intensiven thematischen Vorbereitung, sei es durch einzelne Gruppenmitglieder, durch den Gruppenleiter, durch das vorherige gemeinsame Lesen von Grundlagentexten oder durch das Einladen von Experten. So ist die TZI-Beratung von Drogenabhängigen bezüglich Hilfemöglichkeiten schnell zum Scheitern verurteilt, wenn nicht auch relevante Unterthemen wie Selbsthilfe, Therapieformen, Finanzierungsmöglichkeiten, Substitutionsformen oder rechtliche Fragen formuliert und sachlich-kompetent behandelt werden können. Die Themenfindung, die Themenformulierung und die Themeneinstimmung sind weitere Aspekte, von deren Planung und Gestaltung die Effektivität der Gruppenarbeit abhängig ist. Die Themenfindung ist je nach Gruppe mehr oder weniger vorgegeben oder entwickelt sich erst im Gruppenprozeß. Bei thematischen Vorgaben in TZI-geleiteten Beratungssituationen ist allerdings darauf zu achten, daß das konkret zu behandelnde Thema, vom Oberthema abgeleitet, differenziert aktualisiert wird. Wenn zum Thema „Suchtprävention schon im Kindergarten?" Erzieherinnen und Eltern eingeladen werden, müssen die sinnvollen Differenzierungen von den aktuellen Bedürfnissen und Fragen der anwesenden Teilnehmer abgeleitet werden, also in die Themenfindung so weit wie möglich
– vielleicht erst nach längerer Verhandlung und in Form eines Kompromisses –

mit einbezogen werden. Die Themenformulierung im Sinne der TZI, die am Anfang jeder Gruppensitzung gemeinsam entwickelt werden soll oder gegebenenfalls den Teilnehmern bekannt gegeben wird, ist ein wichtiges Steuerungsinstrument für den Gruppenprozeß. Das Thema sollte in der Regel den Ich-Aspekt, den Wir-Aspekt und den Sach-Aspekt enthalten und eindeutig formuliert sein. Durch entsprechende spezifische, konkrete und positive Formulierungen, möglichst in der Ich-Form, kann auch ein Aspekt besonders hervorgehoben werden, wenn bestimmte Entwicklungstendenzen in der Gruppe verstärkt oder abgeschwächt werden sollen. Beispielhaft könnte so eine Themenformulierung lauten: „Wie erlebe ich Aggressionen und wie gehe ich damit um?" (und eben nicht: „Aggressionen sind eine Geißel der Menschheit").

Die Themeneinstimmung ist häufig schon gegeben, wenn es um emotional sehr bewegende Sachverhalte geht. Dann ist es eher notwendig, zu versuchen, die Wogen der Erregung zu glätten ohne zu kränken. Häufig werden sich Sozialpädagogen als Gruppenleiter aber etwas einfallen lassen müssen, um ein TZI-gemäßes konstruktives Arbeitsklima anzuregen, Menschen zu diesem Umgang miteinander zu animieren. Das können, je nach Gruppengröße, Thema und Teilnehmerinteressen ein kurzes anregendes Referat oder gut ausgewählte Videoszenen sein, oder ein „Blitzlicht", wo jeder der möchte, kurz ausspricht, was ihm gerade durch den Kopf geht, oder ein „brainstorming", wo etwa die Teilnehmer auf einem Zettel aufschreiben, was ihnen zum Thema wichtig ist, wobei die Zettel dann an die Wandtafel geheftet und zugeordnet werden oder die Aufteilung der Gesamtgruppe in Kleingruppen und einem anschließenden Bericht im Plenum oder die Arbeit mit Skulpturen und Rollenspielen (→Psychodrama) o.ä.

Die Einbeziehung der Umweltebene (Globe) setzt, ganz im Sinne der Multiperspektivität, die für sozialpädagogisches Handeln grundlegend ist, ebenfalls erhebliche konkrete Kenntnisse bezüglich der Organisation, innerhalb derer die Gruppenarbeit stattfindet, sowie des weiteren lebensweltlichen und gesellschaftlichen Umfeldes voraus (Zeit- und Finanzierungsbudget, sozialstaatlicher Rahmen, rechtliche Vorschriften u. a.). Hier muß das Alltagswissen in der Gruppe, das häufig von Vorurteilen und diffusen Phantasien geprägt ist, durch fachliches Wissen erweitert werden, das durch einzelne Gruppenmitglieder, vor allem aber durch den Gruppenleiter klientenorientiert einzubringen ist.

Gruppenteilnehmer sind von verschiedenen Themen oder Teilthemen unterschiedlich betroffen, manchmal ganz plötzlich erschüttert. Neben dem kognitiven Mich-in-Beziehung-setzen ist somit das emotionale Erleben mit seinen Ängsten, Schuldgefühlen und Beschämungen ein wichtiger Bestandteil der Ich-Variable, den es zu beachten und ernstzunehmen gilt. Da dabei unbewußte Prozesse üblich sind, die sich als →Übertragungen und →Projektionen oder auch körperliche Phänomene (→Psychosomatik) zeigen, muß deren Bearbeitung Gegenstand der Gruppenarbeit werden, um die Arbeitsfähigkeit in der Gruppe zu gewährleisten und u. U. wichtige Aspekte des Themas, die darüber signalisiert werden, nicht zu übergehen. Die TZI-Arbeit mit einer Elterninitiative, die sich aufgrund von Leukämieerkrankungen ihrer Kinder konstituiert hat, bedarf mit hoher Wahrscheinlichkeit einer höheren Beachtung dieser Ich-Variablen als die TZI-Beratung von Lehrern zur Gestaltung einer Unterrichtseinheit „Gesundheitsförderung in der Schule".

Kommunikationsstörungen verhindern ein effektives Arbeitsklima. Wenn Aggressionen, die auf der Beziehungsebene ausgetragen werden müßten, auf der Sachebene ausgekämpft werden, wenn Isolierte isoliert bleiben, wenn sich heimliche Leiter entwickeln, wenn destruktive Züge sich in der Gruppe ausweiten, dann ist eine Situation entstanden, die einen kommunikativen Verständigungsprozeß unmöglich macht. Die realitätsgerechte Wahrnehmung des interaktiven Geschehens und die häufig schwierige Bearbeitung gruppendynamischer Prozesse (→Gruppendynamik) wird damit zu einer weiteren Voraussetzung einer sachlichen Zusammenarbeit. Hier sind vor allem auch die unterschiedlichen Ansprüche und Bedürfnisse an die Gruppenleitung in den verschiedenen Phasen der Gruppenentwicklung, zu beachten und richtig einzuschätzen.

Die erwähnten vier Konfliktbereiche sind natürlich je nach Gruppenzusammensetzung unterschiedlich gewichtet. Bei einer Gruppe von Heimleitern bezüglich des Umgangs mit körperlich behinderten Jugendlichen werden eher Konflikte auf der Ebene der Gruppenkommunikation zu erwarten sein als bezüglich der sachlichen Kompetenzen. Bei einer Schülergruppe dagegen, die ein erlebnispädagogisches Unternehmen (→Erlebnispädagogik) plant, würden Konflikte durch eine sachlich inkompetente Leitung vermutlich zum Scheitern des Unternehmens führen.

2. Methodisches Konzept: Postulate – Leitungsfunktion – Gruppenregeln. Um die idealtypischen Grundannahmen, die im Strukturmodell der TZI formuliert werden, in der Realität der konkreten TZI-Arbeit in Annäherung zu erfüllen und damit die konfliktträchtigen und kreativitätshemmenden Situationen zu minimieren, wurden in der TZI zwei handlungsleitende Postulate entwickelt und die Leitungsfunktion spezifisch gestaltet.

Die beiden Postulate „Sei Dein eigener Gruppenleiter!" und „Störungen haben Vorrang!" klingen allerdings harmloser als sie sind. Sie fordern auf zu einer autonomen Selbstdarstellung und spontanen Stellungnahme. Beides muß üblicherweise aber erst gelernt werden und bezeichnet deshalb eher eine erstrebenswerte Zielvorgabe als ein Faktum. In einer kurzfristigen TZI-Beratung von Leitern von Jugendfeuerwehren zur Gestaltung ihrer Jugendarbeit bleibt man von diesen Zielvorstellungen u. U. sehr weit entfernt, in einer langfristiger angelegten TZI-Arbeit mit den Beteiligten von →case-management-Projekten zur Förderung der Kooperation und Koordination lassen sich diese Postulate wohl eher verwirklichen. Aber schon der Weg in diese Richtung eröffnet bereits neue Aspekte einer demokratischeren und kreativeren Gruppenarbeit. Nach dem erstgenannten Postulat trägt jedes Gruppenmitglied entsprechend seinen momentanen Möglichkeiten in der Bewußtmachung seiner eigenen Vorstellungen, Wünsche und Bedürfnisse Verantwortung für sich selbst und auch für die Arbeitsfähigkeit der Gruppe im Sinne der TZI. Die individuellen Möglichkeiten mögen manchmal durch psychische Behinderungen, durch altersspezifische Defizite, durch momentane Verstörtheiten oder kognitive Verunsicherungen eingeschränkt sein, so daß das Postulat nur begrenzt verwirklicht werden kann und andere Gruppenmitglieder als Hilfs-Iche einspringen müssen, ohne jedoch in eine Haltung des Manipulierens und des Zwang-Ausübens zu verfallen.

Das zweite Postulat bezieht sich auf alle Störungen, die Gruppenmitglieder bei sich oder im Gruppenraum wahrnehmen. Diese Störfaktoren, die einzelne Gruppenteilnehmer daran hindern, sich an der gestellten gemeinsamen Aufgabe zu beteiligen, können körperliche, emotionale und kognitive Abläufe genau so sein, wie äußere Gegebenheiten, Kopfschmerzen, Aggressionen, Verständnisschwierigkeiten oder die schlechte Luft im Raum, all dies und vieles mehr ist Anlaß, sie als Störungen ernstzunehmen, sie anzumelden, gemeinsam in der Gruppe zu besprechen und Lösungen dafür zu finden, um wieder freier für die Realität der Interaktionen in der Gruppe zu werden. Neben der Verlebendigung dieser Postulate ist die Gestaltung der Leitungsfunktion ein wesentliches Kriterium für eine gelingende TZI-Gruppenarbeit. Leiter und Leiterinnen von TZI-Gruppen sollten fähig sein, die Leitung je nach Situation flexibel auf einem Kontinuum zu gestalten, das durch die beiden Extrempunkte „klare, eindeutig strukturierte Leitung" und „zum Gruppenmitglied werden" beschrieben werden kann. Ihre Hauptaufgabe besteht darin, darauf zu achten und dies aktiv zu fördern, daß die im Strukturmodell genannten Variablen in ausgeglichener Weise während der Arbeit berücksichtigt werden. Je nach Gruppenprozeß kann die TZI-Gruppenleitung ein durchaus schwieriges Unternehmen werden, das von den Gruppenleitern erhebliche sachliche und psychosoziale Kompetenzen erfordert. Eine gründliche Ausbildung in dieser Methode sowie praktische Erfahrungen unter →Supervision sind deswegen notwendige Voraussetzungen auch für diese Art von Gruppenleitung.

Ergänzend zu der lebendigen Gestaltung der Postulate und einer kompetenten Gruppenleitung fördern verschiedene Regeln ein kreatives Gruppenklima und vermindern die Gefahren von Kommunikationsstörungen. Als bewährte Regeln gelten: „Sprich nicht per man, sondern per ich!", „Formuliere Deine Fragen so, daß Deine Absichten deutlich werden!", „Seitengespräche haben Vorrang!" (sie sollen angesprochen werden, da sie u. U. eine Störung anzeigen oder vielleicht einen wichtigen Beitrag zum Thema leisten), „Halte Dich mit Interpretationen zurück, formuliere stattdessen Deine persönlichen Reaktionen!", „Beachte Deine Körpersignale und die der anderen Gruppenmitglieder!", „Sei authentisch und selektiv in Deinen Rückmeldungen!" (eine brutale Offenheit wirkt nur zerstörerisch). Diese Gruppenregeln sollen aber nicht als rigides Zwangskorsett verstanden, sondern flexibel gehandhabt werden. Weitere Regeln können in der Gruppe selbst erarbeitet, immer wieder auf ihre Sinnhaftigkeit hin überprüft und eventuell modifiziert oder als nicht mehr förderlich auch wieder aufgegeben werden.

3. Menschenbild: Axiome – Handlungsleitende →Ethik. →Methodisches Handeln soll nicht zur bloßen strategischen Technik verkommen, ist rückbezogen und eingebettet in ein System von theoretischen und axiologischen Annahmen, ethischen Wertungen und Stellungnahmen. Die TZI basiert auf drei Axiomen (Cohn 1975, S. 120), die als ethische Voraussetzung für kreativ-konstruktives Handeln und Verändern, für die persönliche Entwicklung und für die Gestaltung des sozialen und des natürlichen Lebensraumes gelten:

– Das erste Axiom bestimmt den Menschen als in einem Spannungsfeld zwischen Autonomie („psychobiologische Einheit") und Interdependenz („Teil des Universums") lebend und sich verwirklichend. Selbstbestimmtes Leben ist somit nur möglich im wechselseitigen Austausch und damit der Abhängigkeit von anderen Menschen, von Institutionen, von Gesellschaften, vom Kosmos, Normenkonformität und ist somit neben Autonomie und Selbstverwirklichung ein konstitutiver Bestandteil menschlichen Handelns, wie dieses wiederum eingebunden ist in universale Gesetzmäßigkeiten.

– Die Werthaftigkeit individuellen Seins wie der natürlichen, sozio-kulturellen und letztendlich kosmischen Umwelten ist Gegenstand des zweiten Axioms: „Ehrfurcht gebührt allem Lebendigen und seinem Wachstum". Das ist eine eindeutige Stellungnahme, die eine Reduzierung des Menschen auf Zweckrationalität, Effektivität, instrumentelle Vernunft ebenso als inhuman entlarvt, wie die Verselbständigung ökonomischer und bürokratischer Prinzipien bei der Ge-

staltung unserer Lebensräume. Das Ausblenden emotionaler Lebensprozesse beschränkt menschliches Sein und bedeutet einen Verlust an Freiheit.
- Das dritte Axiom knüpft an das erste an, indem es den Rahmen für freie Entscheidungen bedingt sieht durch innere (Ängste, Abwehrmechanismen, ...) und äußere Grenzen (Herrschaftsstrukturen, Natur, ...). Das Bewußtwerden dieser Abhängigkeiten ist zugleich die Voraussetzung für verantwortungsethische Entscheidungen sowie für die Erweiterung der Grenzen selbst.

In der TZI-Gruppenarbeit wird das Ziel angestrebt, autonome Entwicklungen anzuregen und zugleich interdependente Zusammenhänge aufzudecken und erlebbar zu machen, innere und äußere Grenzen bewußt werden zu lassen und sie teilweise überwinden zu lernen sowie bewertende Stellungnahmen zu ermöglichen. Das Strukturmodell bietet dafür den Arbeitsrahmen, das Verfahren dient der Entwicklung eines förderlichen Arbeitsklimas.

4. Voraussetzungen – Grenzen. Wie jede andere Methode auch, hat die TZI ihre Vorzüge, aber auch ihre Grenzen, die es zu beachten gilt. Die Voraussetzung dafür, in der sozialpädagogischen Gruppenarbeit TZI-methodisch professionell handeln zu lernen und mit den beschriebenen Konfliktsituationen konstruktiv umzugehen, ist eine gediegene Weiterbildung, die für die TZI in verschiedenen Variationen von WILL-International (Workshop Institute for Living-Learning) angeboten wird. Dann erst kann, in Bezug auf die Klientengruppen und den von ihnen erteilten Arbeitsauftrag, auch in reflektierter Weise entschieden werden, ob die TZI in der reinen Form oder in Verbindung mit anderen Methoden (Kombinationsmethode) angeboten wird oder eventuell überhaupt eine andere Methode ausgewählt werden muß. Je nach den gewählten Arbeitsformen und Interaktionsmodi (→Methodisches Handeln) sind Modifikationen nötig. Je nach Arbeitsbereich, Klientel und vorrangigem Interaktionsmodus (Beratung, psychosoziale Therapie, Betreuung, Begleitung/Unterstützung, Erziehung/Bildung, Planung/Organisation) sind spezifische Änderungen vorzunehmen, um die Potenzen der TZI-Arbeit fruchtbar zu machen. Dabei sind mögliche innere und äußere Grenzen bei den Teilnehmern bzw. bei Institutionen rechtzeitig zu berücksichtigen und zu respektieren, um nicht von vornherein durch überzogen-idealisierende TZI-Vorstellungen ein förderliches Arbeitsklima zu verhindern. Viele Klienten der Sozialen Arbeit sind es nicht gewöhnt, ihre Gefühle und Befindlichkeiten zu artikulieren. Die vielfach geforderte oder vorausgesetzte Freiwilligkeit auf seiten der Klienten bezüglich der Nachfrage nach Hilfemöglichkeiten ist selten gegeben. Meist führt aber innerer und äußerer Druck zur Annahme von Angeboten; nicht ganz selten sind Kontakte zwischen Klienten und Sozialpädagogen auch angeordnet. Manche Klienten sind an sofort vorweisbaren Ergebnissen interessiert, sind skeptisch und halten die der TZI eigene Form der verständigungsorientierten Kommunikation für ineffektiv und unsachlich. Die Regel, auf eigene Befindlichkeiten zu achten und die anderen Teilnehmer wahrzunehmen, wird als Zumutung und als bedrohlich empfunden. Aus dieser Not heraus reagieren die Teilnehmer dann häufig aggressiv oder versuchen, die Aussagen anderer Teilnehmer zu ironisieren oder lächerlich zu machen. Gruppenarbeit nach der TZI bedarf u. U. einer längeren Anlaufphase, die als solche aber bereits ein positives Teilziel darstellt, bevor die Zielvorstellungen nach der TZI mehr oder weniger erreicht werden können.

Lit.: Cohn, R.: Von der Psychoanalyse zur themenzentrierten Interaktion, Stuttgart 1975; Löhmer, C., Standhardt, R. (Hrsg.): TZI – Pädagogisch-therapeutische Gruppenarbeit nach Ruth C. Cohn, Stuttgart 1992; Matzdorf, P., Cohn, R.: Themenzentrierte Interaktion, in: Corsini, R. (Hrsg.), Handbuch der Psychotherapie, Band 2, S. 1272–1314, Weinheim und Basel 1983; Zeitschrift: Themenzentrierte Interaktion, herausgegeben von WILL-International, Matthias-Grünewald-Verlag, Mainz, erscheint zweimal jährlich (ab 1987).

Franz Stimmer, Lüneburg

Theoretische Konzepte der Sozialen Arbeit
→Schulen der Sozialen Arbeit

Theorie der Sozialpädagogik
Die Sozialpädagogik (im folgenden als „Sp." abgekürzt) kennzeichnet gegenüber reflexiver Vergewisserung und ausgeführter Theorie ein gebrochenes Verhältnis, das ihre Identität geradezu konstituiert: In wissenssoziologischer, wie aber auch in systematischer Hinsicht zeigt sie einen distanzierten Umgang mit den ihr eigenen kognitiven und semantischen Elementen; selbst die vorrangig wissenschaftlichen Erkenntnisinteressen verpflichtete Theoriebildung erhebt Vorbehalte gegenüber solchen Einsichten, die allgemeine Geltung beanspruchen, jedoch nur Orientierung für Handlungsvollzüge geben. Stattdessen beherrscht sie eine pragmatische Haltung, mit welcher sie ihre Offenheit gegenüber sozialen Wandlungsprozessen wahren und sich auf die konkreten Situationen und Fälle in deren Besonderheit richten will, um sich in diese „einzumischen" und sie „zupackend" zu erledigen.

1. Empirisch verwirklicht sich die Sp. in einem mittlerweile weit ausgedehnten, vielfältige Lebensbereiche erfassenden Zusammenhang von Einrichtungen und Handlungsweisen. Als motivierender Hintergrund wirken in diesen soziale Normen, dann meist weltanschaulich geprägte Entwürfe u. a. der Träger sozialer Dienstleistungen, schließlich eine häufig diffuse Helferambition; weite Bereiche lassen sich als hochgradig institutionalisiert, somit organisationssoziologisch beschreiben und – etwa unter den Prämissen des →labeling approach – hinsichtlich ihrer sozialen Effekte als regelhaft ablaufende Aktivitäten typisieren. Dennoch überwiegt als Selbstverständnis, daß Sp. auf aktuelle Problemlagen und Anforderungen reagiert oder diesen präventiv entgegenwirkt. Theorie gilt dabei als wenig sensibel gegenüber der Veränderung von Problemlagen und der Entstehung neuer Klientengruppen, müsse zudem wegen ihres Abstraktionsgrades die Komplexität und prinzipielle Ungewißheit sozialpädagogischer Handlungssituationen vernachlässigen. Die bloße Beobachtung von Praxis und das Nachdenken über diese gelten sogar als Hemmnis, zumal ihnen der Makel anhaftet, Ambitionen als eine bloße „Last der großen Hoffnungen" (B. Müller) zu durchschauen. Theorie als (u. U. auch diagnostisch hilfreiche) Problembestimmung tritt hinter das Interesse an Lösungsmodellen zurück.

Diese Theoriedistanz läßt allerdings den prekären Eindruck entstehen, daß der Sp. keine spezifischen Merkmale zukommen, die sie von menschlichen oder sozialem Handeln schlechthin unterscheiden könnten. Symptomatisch dafür scheint, daß sie sich selbst nur negativ definiert: Sie versteht sich nämlich entweder als ein – so bekanntlich schon →G. Bäumer 1929 – nicht näher charakterisierter Bereich neben Familien- und Schulpädagogik –, was allerdings den Blick auf Tendenzen des Selbstverständlichwerdens von Sp. auch und besonders in den genannten Feldern verstellt. Oder sie stilisiert sich selbst mit negativen Topoi wie Disziplinierung, Kontrolle, Kolonialisierung oder Pädagogisierung und reklamiert die eigene Überflüssigkeit. Zwar hat sie von diesem Image des Skandals in der Vergangenheit wohl sozial profitiert – weil sie nicht weiß, was sie tut, konnte sie stets die Illusion erzeugen, sie könnte dies mit größerem Aufwand besser. Gleichwohl macht sie das Fehlen eines theoretisch fundierten Selbstverständnisses nicht nur anfällig für die meist fiskalpolitischen Anfechtungen gesellschaftlicher Mächte. Vor allem entsteht das Bild eines konturlosen und unbegriffenen Geschehens, in welchem engagierte, aber doch bewußtlose Akteure ohne eigene Maßstäbe wirken. Sie gehorchen dann äußeren Funktionsimperativen oder verfallen unausgewiesenen, oft nur modischen Konzepten, möglicherweise auch den eigenen →Alltagstheorien; häufig genug werden sie deshalb – wie Fallstudien belegen – in zermürbenden Auseinandersetzungen mit Klienten und Mitarbeitern aufgerieben, weil jenseits einer Orientierung auf Mitmenschlichkeit und Alltäglichkeit stabilisierende reflexive Gewißheiten fehlen oder durch die Forderung nach Authentizität sogar noch von vornherein unterlaufen werden. (Immerhin läßt sich jedoch einwenden, daß die systemische Vereinnahmung von alltäglichen Lebenszusammenhängen der Sozialpädagogik die Aufgabe einer Rekonstruktion eines mitmenschlichen Alltags auferlegt.)

Doch ist das Verhältnis der Sp. zu Erkenntnis und Begriff nicht eindeutig. Zum einen läßt sich nämlich für sie eine ungewöhnlich reiche und etablierte literarische Produktion feststellen; da diese mit dem Anspruch auf intersubjektive Verständigung Einsichten sprachlich festhält, betreibt sie wenigstens in einem vorszientifischen Sinne Theorie. Dem korrespondiert die intensive Rezeption anderer Disziplinen. So werden Ansätze aus Philosophie, Soziologie, Psychologie und Pädagogik, zuweilen aus der Biologie und sogar aus dem Kontext des „New-Age-Denkens" aufgenommen. Höchst voraussetzungsvolle Denkmodelle, wie etwa das der „Ganzheitlichkeit", der „systemischen Vernetzung" oder der „Selbstorganisation" verbuchen erfolgreiche Karrieren in Ausbildung und Fachdiskussion; gemeinsam mit gesellschaftskritischen und – neuerdings – ökologischen Vorstellungen konstituieren sie zumindest eine heimliche Theorie. Schließlich lassen sich die regelmäßig vorgebrachten Klagen über den Mangel an Theorie oder über deren Defizite kaum übersehen: Den Zustand der Sp. kennzeichnet also, daß sie Theorie ablehnt und zugleich beharrlich einfordert.

2. Sowohl in sachlicher wie auch in paradigmengeschichtlicher Hinsicht spiegelt sich darin ein eigentümliches Selbstmißverständnis. Die Sp. läßt sich nämlich nur als ein durch Wissen (im weitesten Verstande) und Semantiken konstituiertes und organisiertes System sozialer Praxis begreifen. Sie entsteht aus der – letztlich durch die industrielle Revolution ausgelöste – Externalisierung gesellschaftlicher Reproduktionsprobleme, die in einem zumindest als diskursive Praktiken identifizierbaren sozialen Sektor interpretiert und bearbeitet werden; in einem rund hundert Jahre währenden, doppelten Prozeß von sozialer Ausdifferenzierung und begrifflich-semantischer Festlegung wird sie dann stabilisiert und nicht zuletzt durch eine etwa schon von →J. H. Wichern eingeführte Ausbildung verstetigt. Die faktische soziale Ausgrenzung der Klientel, die Institutionalisierung von Leistungen und eine (zumindest protoprofessionelle) Spezialisierung bilden dabei ihre sozialen Voraussetzungen, auch wenn diese – wie sozialstaatliche Regelungen, die Ansätze der Gemeinwesenarbeit, milieunahe Arbeitsformen und Empowermentstrategien in der Gegenwart zeigen – nicht immer manifest sind.

Jenseits einer für sie spezifischen, die Differenzen der Probleme und Handlungen als sozialpädagogische erst markierenden Semantik läßt sich die Sp. also gar nicht begreifen. Sie ist immer diskursiv gebunden, gleichsam ein „Sprachspiel", somit durch eine Theorie geladen, in welcher allerdings unterschiedliche „geistige Energien" (→H. Nohl) zu einem Grundverständnis synthetisiert werden.

Als „grammatische" Grundfiguren dieser diskursiven Praxis wirken die Kategorien „Subjekt" und „Ort". Sie fundieren das sozialpädagogische Handlungsverständnis und lassen rekonstruieren, wie Themen und Theorien in aktuellen Debatten aufgenommen werden. Inhaltlich besagt das schon am Ausgang des 18. Jahrhunderts bei →J. H. Pestalozzi entworfene sozialpädagogische Grundverständnis, daß Individuen und Gruppen in gesellschaftlich erzeugten Krisenlagen durch die Bereitstellung von Lebensorten in einer Weise unterstützt werden, die es ihnen ermöglicht, sich selbst anzunehmen, Subjektivität zu bewahren oder zu entdecken, sich fremder Verfügung zu entziehen und die eigene Situation selbst zu kontrollieren und zu bestimmen, um eine offene Zukunft zu gewinnen. Darin klingt das in der Aufklärung gewonnene, emphatische Pädagogikverständnis der Neuzeit an, das die Sp. stets jedoch mit der Perspektive auf gesellschaftliche Lebensbedingungen und soziale Unterstützungspotentiale verbindet. An den Debatten um die Grenzen der Erziehung im ersten Viertel unseres Jahrhunderts hat freilich D. K. Peukert die Anfälligkeit dieses Grundverständnisses von Sp. aufgewiesen.

Nimmt man die Geschichte des Begriffes „Sp." als Indiz für die Entstehung eines paradigmatischen Zusammenhangs, in welchem Sozialpädagogik beobachtet und systematisch bestimmt wird, dann hallt auch hier ihre Theoriesättigung wider. In diesem Kontext verweist Sp. nämlich stets auf ein umfassendes Konzept von Theoriebildung, die gesellschaftliche Tatbestände und solche der Erziehung, somit Sozialwissenschaft und Pädagogik verbindet: 1844 führt, wie H. Kronen zeigt, K. Mager den Begriff ein, um eine historisch und gesellschaftlich konkrete Theorie zu bezeichnen, die – so könnte man sein Anliegen in die heutige Sprache übersetzen – Sozialstrukturen, Lebenslagen, Entwicklungsprozesse mit pädagogischen Situationen und Interaktionen verknüpft;

auch wenn →Diesterweg wenig später dieses Systematisierungsniveau nicht mehr erreicht, intendiert er offensichtlich mit der Verwendung von „Sp." als Ordnungsbegriff für sozial- und zivilisationskritische Literatur einen ähnlichen Zusammenhang. Da die →Armenpflege und die →Jugendfürsorge pragmatisch thematisiert und nicht der Sp. zugerechnet werden, dominiert diese Theorieorientierung u. a. bei →P. Natorp, A. Buchenau, O. Willmann und A. Fischer, bis erst in den zwanziger Jahren das heute vorfindliche Bild entsteht: Zwar erscheint mit dem fünften Band des von H. Nohl und L. Pallat herausgegebenen „Handbuchs der Pädagogik" erstmals ein Handbuch auch zur Sp.. Doch lassen ihre institutionelle und legislative Verfestigung in Gestalt des RJWG und des Jugendamtes, das Bündnis mit der →Reformpädagogik, aber auch der große, wenig enttäuschungsfeste gesellschaftsreformerische Einsatz das theoretische Selbstbewußtsein der Sp. erodieren – am Ende erschien es angesichts eines Übermaßes an unbewältigbaren Aufgaben auch diskreditiert.

Weil die Theorietradition schon in den zwanziger Jahren abbricht, bleibt die sozialpädagogische Reflexion im Unterschied zu ihrer Praxis, aber auch im Gegensatz zu Soziologie und Pädagogik vom Nationalsozialismus unberührt; der Begriff gilt offensichtlich als tabuisiert, weil er immer wieder in Verbindung mit dem der Sozialdemokratie gebracht worden war. Allerdings führt dies dazu, daß nach 1945 zumindest ihre methodischen Ansätze aus dem angelsächsischen Raum reimportiert werden, ohne die sie begründenden Schlüsselkonzepte zu aktualisieren; den Versuchen, sozialpädagogische „Klassiker" wieder in die Diskussion einzuführen, bleibt nur ein geringer Erfolg beschieden.

Erst K. Mollenhauer gelingt es dann, die Theorieperspektive wieder aufzugreifen, um sowohl in analytischer wie auch in programmatischer Hinsicht ein Profil sozialpädagogischer Reflexion zu entwerfen, das bis heute zumindest untergründig wirkt. Theorie im strikten Sinne, also eine begrifflich gebundene Vorstellung von Sp., die kontrollierte Erfahrungen und Argumentationen in einem begründeten Zusammenhang von Bestimmungen und Erkenntnissen organisiert, konnte er gleichwohl nicht initiieren. Drei Gründe verhinderten die Etablierung eines die Theorie der Sp. im Sinne von L. Fleck tragenden Denkkollektivs mit einem eigenen Denkstil: Zum einen wurden Mollenhauer und die ihm Folgenden allzu vorschnell in den Kontext einer auf Gesellschaftsveränderung zielenden Bewegung gerückt; zum anderen konnten sie nicht den Standards genügen, die eine vornehmlich am →Kritischen Rationalismus geschulte Wissenschaftstheorie verbindlich machen wollte, ohne sie – wie das Beispiel der Arbeiten von L. Rössner zeigt – erfolgreich durchsetzen zu können. Schließlich absorbierte der empirische Erfolg der Sp., nämlich ihre sozialstaatliche Durchsetzung und die Etablierung von Studiengängen eine grundlagentheoretische Auseinandersetzung.

3. Ob Theorie der Sp. möglich ist, läßt sich deshalb in der Gegenwart nur bedingt entscheiden. Wo sie in ihren reflexiven Dimensionen nicht ohnedies auf die undankbare Rolle einer Integration unterschiedlichster Disziplinen oder einer bloßen Interdisziplinarität beschränkt wird, sprechen die Diagnosen ihres Zustandes Skepsis aus: Man spricht ihr ein „Theoriedilemma" (H. Holtstiege) zu, sieht ihren Begriff als „verbraucht" und wissenschaftlicher Bearbeitung unzugänglich, oder konstatiert ihre „disziplinäre Heimatlosigkeit" (Haupert/Kraimer).
Mindestens den erfolgreich implementierten universitären Diplomstudiengang, aber auch die Fachhochschulausbildung führt dies in das Dilemma, daß die dort ausgebildeten „wissenschaftlichen Praktiker" (C. Lüders) über weite Strecken den Umgang mit Wissen nur als Selbstthematisierung kennenlernen können. Wenngleich die Theoriediskussionen sich auf Qualifikationen und habituelle Voraussetzungen beruflich betriebener Sp. richteten, dabei vornehmlich die von H. Peters allerdings als „mißlungen" charakterisierte Professionalisierung, später die auch von der Studienreformkommission favorisierte Vorstellung von der →„Handlungskompetenz" verfolgten, blieb doch die Leerformel von der notwendigen Theorie-Praxis-Vermittlung in doppelt blockierender Weise bestimmend. Sie verdeckt nämlich einerseits die Einsicht in die immanente Reflexivität von Sozialpädagogik, in der Handeln mit Wissen und Semantik systematisch vermittelt sind, damit auch in die durch die Hochschulausbildung sichtbar gemachte Rationalisierung von Sp. Andererseits weckt sie unerfüllbare Erwartungen gegenüber Wissenschaft, da sie mit einem kontinuierlichen Zusammenhang von szientifisch konstituierter Theorie und Praxis rechnet. Dagegen legt die etwa durch U. Beck und W. Bonß bekannt gemachte „Anwendungsforschung" einen Befund nahe, der paradoxerweise die schon zu Beginn des 19. Jahrhunderts von →J. F. Herbart und →F. D. Schleiermacher umrissene Differenz von Theorie und Praxis bestätigt: Weil „Praktiker" wissenschaftliche Theorie selektiv wie auch konstruktiv verwenden, scheinen unmittelbare Wirkungshoffnungen gegenüber Theorie verfehlt; diese findet ihre Maßstäbe somit nicht aus den Anwendungszusammenhängen heraus, sondern allein in Kriterien von Wissenschaft, dann durch ihre Kapazität als Deutungsangebot für das soziale und pädagogische Geschehen.

Der Sp. weist dies allerdings die bislang unzureichend beachtete Theorieaufgabe zu, den eigenen Umgang mit Reflexion, dann die subtile, höchst vermittelte Verwissenschaftlichung des sozialpädagogischen Diskurses und damit ihrer Praxis, sowie schließlich die Konsequenzen zu erforschen, die sie selbst als Profession und Disziplin im Gesellschaftssystem erzeugt. Als entscheidende Prämisse läßt sich hierbei eine zweifache Rationalität ihrer Wissens- und Reflexionsstrukturen annehmen; der Rationalität des sozialpädagogischen Diskurses im Kontext einer stets reflexionsgeleiteten Praxis steht offensichtlich die auf Erkenntnis gerichtete einer wissenschaftlichen Disziplin gegenüber, der es dann um gegenstandstheoretische Fragestellungen geht.

Im Bereich dieser klassischen Aufgabe einer systematischen Theoriebildung, die sich auf sachliche Bestimmung von Bedingungen, Strukturen und Prozessen von Sp., dann auf die Erklärung ihrer Konstitutions- und Funktionszusammenhänge richtet, zeichnen sich seit etwa zehn Jahren verstärkte Bemühungen ab. Diese schwanken bisher allerdings noch zwischen einer stärker soziologischen und einer erziehungswissenschaftlichen Orientierung, welche polemisch konfrontiert werden; darüber hinaus führt die in jüngerer Zeit u. a. in Anschluß an J. Rawls, dann – bei M. Brumlik – an L. Kohlbergs Konzept einer „just community" geführte ethische Debatte (→Moralische Entwicklung und Erziehung) zusätzlich zu einer Verengung, weil sie den erfahrungswissenschaftlichen Weg verläßt. Diese Situation verhindert noch die Einsicht, daß die Sp. nur mit komplexen Theoriearchitekturen begriffen werden kann, zumal wenn diese empirisch gehaltvoll sein und Forschung anregen sollen. Es spricht daher viel dafür, wenigstens zunächst ihre umfassende Darstellung auf die Topographie und Systematisierung von Theorieproblemen zu beschränken, um so Leitlinien für ein kollektiv getragenes Theorieprojekt zu ziehen.

Als erste grundsätzliche Schwierigkeit dabei deutete sich schon an, daß Theorie der Sp. stets doppelsinnig angelegt sein, somit Realität und Reflexion des sozialpädagogischen Handelns verfolgen muß. Dies ist schon deswegen nicht trivial, weil beide Ebenen nur dann als deckungsgleich gelten können, wenn man etwa den alle Sozialtechnologie sprengenden utopischen Überschuß ausklammert, der in der sozialpädagogischen Gesellschaftskritik ebenso wie in empirischen Interaktionen zum Tragen kommt. Dies aber verweist auf die zweite Schwierigkeit, daß nämlich die Theorie zwischen sozialpädagogischen Problemen und ihren Lösungen unterscheiden muß, da diese divergierender Aufmerksamkeit und unterschiedlichen Determinanten unterliegen.

Unter diesen Voraussetzungen bewegt sich die Theorie der Sp., die dem oben umrissenen Grundverständnis folgt, in fünf Dimensionen: Für ihre – erstens – sozialgeschichtliche und gesellschaftstheoretische Dimensionen liegen mittlerweile eine Reihe von Untersuchungen vor, die allerdings – wie etwa die Darstellungen der Jugendhilfe und der Armenfürsorge – noch im Blick auf pädagogische Probleme respezifiziert werden müssen; makrosoziologische und makroökonomische Ansätze, die die Linien von Marx, Simmel, aber auch etwa von Heimanns „Sozialer Theorie des Kapitalismus" aufnehmen, lassen sich hier integrieren, zudem scheinen die Möglichkeiten der →Systemtheorie keineswegs erschöpft. Auch die von F. Vahsen schon 1975 aufgewiesene Funktionalität von Sozialpädagogik innerhalb sozialer Wandlungsprozesse gewinnt unter modernisierungstheoretischen Prämissen neue Aktualität; möglicherweise kommt auch den kapitalismuskritischen Perspektiven, die eher orthodox marxistisch von Danckwerts und Khella für die Begründung von Sozialpädagogik entwickelt wurden, im Blick auf die Durchsetzung von Marktprinzipien etwa im Osten Europas neue Brisanz für die Theorie zu. Als besonderes Desiderat müssen noch mentalitäts- und semantikgeschichtliche Studien gelten, die im Sinne Foucaults diskursive Praktiken strukturanalytisch untersuchen. Daran lassen sich – zweitens – jene Debatten anschließen, die unter dem Thema „Alltag" (→Alltagsansatz) fokussiert werden. Ihnen kommt offensichtlich eine zentrale Bedeutung zu, weil hier bildungstheoretisch – so H. Sünker – Gesellschaftsformation, Sozialstruktur und Subjektkonstitution vermittelt, zugleich aber auch Emanzipationspotentiale freigelegt und die in sozialpädagogischen Zusammenhängen involvierte Perspektive auf einen, wie die von H. Thiersch vorgeschlagene Formel lautet, „gelingenderen Alltag" eröffnet werden. Jenseits der bisher noch abstrakten Erörterungen kommt es jedoch für die Theorie der Sp. in dieser Dimension auf eine präzise →Phänomenologie lebensweltlicher Bedingungen an. In einer dritten Dimension wird die Ausdifferenzierung der Sp. realgeschichtlich – so im Blick auf die Durchsetzung des Sozialstaates bei L. Böhnisch und R. Münchmeier –, bzw. von T. Olk funktionstheoretisch als Systemelement moderner Gesellschaften analysiert; man könnte diesen Bereich auch als Feldtheorie verstehen, die einerseits auch institutionen-soziologisch, andererseits auch dienstleistungsökonomisch argumentiert, zugleich etwa die Wandlungsprozesse in der Organisation sozialpädagogischer Leistungsangebote untersucht. Während so die strukturellen Determinanten des Feldes und der Institutionen von Sp. analysiert werden, bleibt bisher deren Rückwirkung auf alltägliche Zusammenhänge noch weitgehend offen. Erste Ansätze zu deren Thematisierung hatten Barabas, Blanke u.a. mit der Vorstellung der „Vergesellschaftung von Sozialisation" vorgetragen, doch scheint die bei ihnen nur angedeutete Entwicklung erst heute zu einer Art „Normalisierung der Sp." als Element lebensweltlicher Zusammenhänge weiter voranzuschreiten. Die vierte Dimension sozialpädagogischer Theorie gilt den Situationen, die gegenwärtig vornehmlich im Blick auf ethische Grundprobleme, dann hinsichtlich der Frage methodischen Handelns diskutiert werden, während systematische Beschreibungen und Analysen weitgehend fehlen. Dies gilt auch für die fünfte Dimension, auf der es um Begrifflichkeiten geht, welche die Verfaßtheit und die Handlungsmöglichkeiten sowohl von Sozialpädagogen wie auch von Klienten analysieren; hier überwiegen neben soziologischen Ansätzen psychologische Modelle, wobei eine modustheoretische Auffassung diesem systematischen Kern der Theorie der Sp. wohl eher angemessen wäre.

Ein solches Theorieprojekt der Sp. verfolgt zwar systematische Intentionen, wird aber wohl als prinzipiell unvollendbar gelten, weil es im Blick auf historische Entwicklungen immer wieder neu aufgegriffen werden muß. Insofern verweist es vor allem auf die Etablierung eines paradigmatischen Zusammenhangs wissenschaftlich betriebener Sp., hat also eine primär disziplinäre Aufgabe. Gleichwohl scheint es unabweisbar, will die Sp. nicht in Gefahr geraten, sich durch die Distanz gegenüber der ihr unvermeidlich eigenen Theorie selbst aufzulösen oder – etwa aufgrund wachsender Risiken moderner Gesellschaften – Ansprüchen ausgesetzt zu werden, die sie nicht einlösen kann (und vielleicht auch nicht sollte).

→Geschichte der Sozialpädagogik; Schulen der Sozialen Arbeit; →Soziale Arbeit

Lit.: C. Lüders: Der wissenschaftlich ausgebildete Praktiker. Entstehung und Auswirkung des Theorie-Praxis-Konzeptes des Diplomstudienganges Sozialpädagogik, Weinheim 1989; K. Mollenhauer: Einführung in die Sozialpädagogik, 1. Auflage, Weinheim und Basel 1964; H. Sünker: Bildung, Alltag und Subjektivität. Elemente zu einer Theorie der Sozialpädagogik, Weinheim 1989; H. Thiersch, T. Rauschenbach: Sozialpädagogik/Sozialarbeit: The- orie und Entwicklung, in: Eyferth, Otto, Thiersch (Hrsg.): Handbuch Sozialarbeit/Sozialpädagogik, Neuwied und Darmstadt 1984, S. 984–1016; M. Winkler: Eine Theorie der Sozialpädagogik, Stuttgart 1988.

Michael Winkler, Jena

Theorie der Symbolischen Interaktion
(Symbolic Interactionism)
1. Entwicklung und zentrale Axiome. In Abgrenzung und Ergänzung zu positivistischen (Comte, Spencer, Durkheim) und materialistischen (Marx, Engels) Ansätzen ist die TSI eine soziologische Theorie, die dem Neokantianismus und damit sowohl den Verstandes- (→Erklären) als, und dies besonders, auch den Vernunfterkenntnissen (→Verstehen) verpflichtet ist. Sie kann wissenschaftstheoretisch der Verstehenden Soziologie (Simmel, Weber) subsumiert werden und steht vom forschungsmethodischen Vorgehen in der Tradition qualitativer Forschungsmethoden (→empirische Sozialforschung) bzw. hat deren Entwicklung entscheidend beeinflußt. Ihre Wurzeln liegen im philosophischen Pragmatismus (Cooley, Dewey, James, Mead, Pierce) und – in der Modifikation durch Mead – im psychologischen →Behaviorismus. Heute ist die TSI über ihre Beiträge u. a. zur Rollen-, Interaktions-, Selbst- (→Identität) und →Sozialisationstheorie sowie zur Theorie →abweichenden Verhaltens in vielerlei Abwandlungen zentraler Bestandteil verschiedener soziologischer, sozialpsychologischer und sozialpädagogischer Konzepte. Die grundlegenden theoretischen Aussagen der TSI wurden von Mitgliedern der vor dem 2. Weltkrieg in den USA berühmten „Chicago-Schule", die eine interdisziplinäre Kooperation von Forschern, Theoretikern und Sozialreformern darstellte, entwickelt. Den größten Anteil an der heutigen Bedeutsamkeit der TSI hat sicher der Philosoph und Sozialpsychologe G. H. Mead (1863–1931), vor allem über sein 1934 posthum veröffentlichtes Werk „Mind, Self and Society". Kleinere, aber äußerst kreative Beiträge brachten Cooley, Thomas und Znaniecki ein. Die Weiterentwicklung ist u. a. durch die Arbeiten von Blumer (der 1937 den Begriff „symbolic interactionism" einführte), Rose, Shibutani, Strauss, Turner und Goffman gekennzeichnet, aber auch durch phänomenologische (Berger, Luckmann) und ethnomethodologische (Garfinkel) Varianten kreativ differenziert worden. In Deutschland fand die TSI Eingang in die Diskussion seit Mitte der 1960er Jahre, häufig als Gegenposition zum →Strukturfunktionalismus Parsons', u. a. in der Soziologie durch Habermas, Helle und Joas sowie in der Sozial-Pädagogik durch Brumlik, Krappmann, Mollenhauer und Thiersch.

Interaktion, als das zwischenmenschliche interdependent orientierte soziale Handeln, ist in der TSI als ein interpretativer Prozeß definiert, der über den (be)deutenden Bezug auf Symbole – Repräsentanten für bestimmte Sinnzusammenhänge – strukturiert ist. Das zentrale Verständigungsmedium ist bei Mead die Sprache, als eine Abfolge vokaler Gesten. Dabei ist der entscheidende Schritt der, daß diese Gesten zu „signifikanten Symbolen" (Mead) werden, die für zwei oder mehr Menschen eine gleiche oder sehr ähnliche Bedeutung haben und somit zu Sinnträgern werden. Die Bedeutung (meaning, Sinn) von „Objekten" (Gegenstände, Menschen) bildet die Basis für das Handeln gegenüber diesen Objekten, wobei diese Bedeutungen wiederum in sozialen Interaktionen entstehen und ausgehandelt, aber eben auch in lebenslangen Sozialisationsprozessen immer wieder überprüft, modifiziert und eventuell auch verworfen werden. Der Interaktionsprozeß wird also in der TSI nach dem Denkmodell eines „interpretativen Paradigmas" gesehen im Gegensatz zum „normativen Paradigma" (Wilson, 1973), wo Handeln allein als Umsetzung normierter Verhaltenserwartungen, die über Sanktionen abgesichert werden, erscheint.

Ein weiteres zentrales Axiom der TSI besagt, daß Menschen in den sozialen Interaktionen eine Vorstellung von sich selbst (Self) entwickeln, die aus der reflektierten Perspektive der anderen Interaktionsteilnehmer gewonnen wird und die damit ganz wesentlich durch die Interpretationen bestimmt ist, die sie diesen in Bezug auf sich selbst zuschreiben. Das Menschenbild der TSI ist somit geprägt durch den Begriff der Intersubjektivität. „Wir sind, was wir sind, durch unser Verhältnis zu anderen" formuliert Mead diesen Lehrsatz (1968, S. 430). Soziale Interaktion wird zur zentralen Kategorie der TSI. Zur Selbstentfaltung des handelnden Individuums bedarf es anderer Menschen und Gruppen und der Gesellschaft, wobei das Verhältnis von Individuum und Gesellschaft bei Mead nicht antagonistisch sondern dialogisch gesehen wird.

2. Konzepte: Selbstbewußtsein und Interaktion, Sozialisation, Situationsdefinitionen. In der TSI wurde ein Konzept der sozialen Konstitution des Selbst – hier definiert als das Insgesamt der Vorstellungen, Emotionen, Bilder und Erinnerungen, die Menschen von sich haben – entwickelt, in dem die subjektiven und gesellschaftlichen Aspekte dieses Prozesses in ihrer Wechselwirkung bedacht werden. Mead bietet die folgende Struktur des Selbst: Das „self" ist differenziert in die Aspekte des „I" und des „me" und steht in enger Wechselbeziehung zum „mind", wobei die Ausbildung dieser drei Selbstkategorien sozialer Natur ist (ohne daß Mead die biologische Fundierung des Menschen leugnet). Das „me" beinhaltet die Konventionen, die normativen gesellschaftlichen Regelungen, die über Internalisierungsprozesse mehr oder weniger rigide – wohl auch in Form von Idealbildungen – in die Persönlichkeitsstruktur einfließen. In der inneren Struktur ist das „me" das Selbstbild, das daraus entsteht, daß das Individuum sich mit den Augen der anderen sehen lernt, ihren Standpunkt sich selbst gegenüber einnimmt. Das „I" ist weniger eindeutig definiert. Es hat einerseits die spontanen Äußerungen der Wünsche, Gefühle, Stimmungen und Triebimpulse zum Inhalt, andererseits aber die Kreativität des menschlichen Handelns. In ihm kommt die ureigenste Sichtweise des Individuums zum Ausdruck, wie es sich gegenüber den anderen sieht. Die je nötige selbstreflexive Leistung wird durch das „mind" geleistet. Die Strukturen des Selbst verlieren bei Mead allerdings den Charakter von Gegenspielern, wie sie es in psychoanalytischen Modellen sind, weitgehend. Die dialogische Struktur von „I" und „me", von spontanen Impulsen und verinnerlichten gesellschaftlichen Erwartungen, steht im Vordergrund, sie wird zum Ausgangspunkt einer sich phasenhaft – Ansprüche des „me" und dynamische Veränderungen durch das „I" – vollziehenden Selbstbildung. Mind, vor allem im Sinne von reflektierter Intelligenz, ist die funktionale Voraussetzung für die Dynamik dieser Selbstbildung. Die notwendige Fähigkeit des Menschen, sich selbst zum Objekt zu machen („taking the role of the other"), wird zum zentralen Punkt dieser Selbsttheorie, der Reflexionsprozeß wird zum Angelpunkt des Selbstseins. Im selbstbewußten Reflexionsprozeß hat das Individuum somit die Synthese zwischen den Ansprüchen der Selbstphasen des „me" und des „I" zu leisten. Ein Mensch, der zu dieser Balanceleistung fähig ist, wäre in der Lage, in Interaktionen mit der Umwelt und in aktiver Reflexion die sich nicht selten gegenseitig widersprechenden Forderungen nach normenkonformer Handlung, autonomer Selbstdarstellung und kreativer Selbstverwirklichung so zu verbinden, daß neue Erfahrungen assimiliert werden können, eine befriedigende Lust-Unlust-Balance erreicht und ein positives Selbstwertgefühl aufrechterhalten wird. Letzteres, das Streben nach Sicherheit und Anerkennung, bildet bei Mead den eigentlichen Kern seiner Selbsttheorie und wird zum Ziel sozialen Handelns. Das Selbst konstituiert sich in immer wieder neuen Integrationsprozessen in sozialen Interaktionen, horizontal in den aktuellen sozialen Bezügen mit ihren oft widerstreitigen Anforderungen und vertikal in den biographischen Phasen über die unterschiedli-

chen und manchmal auch widersprüchlichen Stadien hinweg; es kann nur prozeßhaft gedacht werden, ist ständig neu auszuhandeln und ständig auch gefährdet. Daraus wird auch die elementare Bedeutung der Bestätigung durch andere Menschen für den Prozeß der Selbstdefinition deutlich, was Cooley mit der bekannten Metapher des „Spiegel-Selbst" ausdrückt: „Each to each a looking-glass/Reflects the other that doth pass" (1902). Die gegenseitige Stabilisierung des Selbstbildes und des Selbstwerterlebens in „verständigungsorientiertem Handeln" (Habermas) wird so zum eigentlichen Ziel sozialer Interaktion, wobei Mead den kognitiven und den kooperativen Aspekt dabei besonders betont, die Bedeutung von Emotionen, Zwang und Konflikte zwar nicht gänzlich übersieht, aber dennoch vernachlässigt. Die „billige und abstoßende Seite" (Mead, 1968, S.252) menschlichen Verhaltens, die Mead vermutlich in seinem Vertrauen auf Vernunft und Demokratie nicht untersucht, wird für Goffman geradezu zur Besessenheit. Er beschäftigt sich mit den Strategien und Täuschungsmanövern, die Menschen innerhalb der facettenreichen „Interaktionsrituale" (1971) bei ihrer „Selbstdarstellung im Alltag" (1969) anwenden. Die Aufrechterhaltung eines anerkannten Selbstbildes, die „Image-Pflege", dient dem menschlichen Grundbedürfnis nach Bestätigung und dem Streben nach Sicherheit. Eine befriedigende Form der Selbstdarstellung über sich gegenseitig bestätigende soziale Beziehungen ist, womit Goffman sicher recht hat, im Alltag moderner Gesellschaften stets gefährdet. Andererseits wird eine „Verpflichtung zum Engagement" gefordert, was im Alltag dann häufig zu unterschiedlichen Formen der „Pseudo-Bestätigung" (Laing, 1977) führt. Den Bereich des „geheuchelten Engagements" in den verschiedenen Formen der strategischen Täuschungen und der Schwindelmanöver des sozialen Lebens hat Goffman mit treffsicherem Gespür beschrieben und analysiert (1975). Auf diesem Kontinuum zwischen dem Dialog-Modell von Mead und dem Theater-Modell von Goffman ist die Realität zwischenmenschlichen Handelns ausgebreitet.

Bezüglich der grundlegenden Fundierung des Selbst spielt die frühkindliche Sozialisation, auf die die sekundären Sozialisationsprozesse aufbauen, eine entscheidende Rolle. Die Entwicklung des kindlichen Selbst geschieht zunächst bei Mead in der Phase des „play stage" durch die antizipierende Übernahme und die spontan-spielerische Gestaltung der Rollen und Haltungen konkreter „significant others" wie der Mutter, dem Vater oder dem Postboten aus der Erfahrungswelt der „Primärgruppen" (Cooley) der frühen Kindheit: Familie, Verwandtschaft, Nachbarschaft, für die „face to face"-Beziehungen kennzeichnend sind. Das Spiel ist bei Mead neben Arbeit und Kunst eine grundlegende menschliche Tätigkeit, der er einen zentralen Stellenwert für die Erziehung zuweist. Die nächste Phase bei Mead ist die des „game", ein Spiel, bei dem das soziale Handeln durch anerkannte gemeinsame Regeln festgelegt und nach bestimmten Rollenmustern standardisiert abläuft. Das Kind lernt im Verlauf der Sozialisationsprozesse immer differenzierter, sich selbst vom Standpunkt vieler anderer aus zu sehen und im Endeffekt die Perspektive zu übernehmen, die allen Gesellschaftsmitgliedern gemeinsam ist. Dies führt zu einer Orientierung an den vorweggenommenen Erwartungen eines fiktiven „generalized other", was wiederum soziale Kontrolle bzw. Selbstkritik sowie auch Verhaltenssicherheit ermöglicht. Damit aber die Dynamik zwischen „me" und „I" gewährleistet bleibt, und Entwicklung im Sinne der TSI erst möglich wird, sind bestimmte notwendige individuelle Fähigkeiten im Sozialisationsprozeß zu erwerben bzw. immer wieder neu zu beleben. Krappmann hat diese „identitätsfördernden Fähigkeiten" in Zusammenfassung und Weiterentwicklung von Konzepten von Mead, Goffman und Frenkel-Brunswik benannt (1969): Empathie bzw. role-taking, Rollendistanz, Ambiguitätstoleranz und Selbstdarstellung. Damit bekommt in der Erziehungswissenschaft die TSI den Stellenwert einer „normativen Sozialisationstheorie" (Brumlik). Das Erlernen sozialer Kompetenzen setzt allerdings zumindest ansatzweise eine strukturelle Ermöglichung voraus, was von der Blickrichtung der TSI aus zur Kritik an Sozialisationsinstanzen und Institutionen geführt hat, die häufig dafür keinen angemessenen Rahmen bieten wie z.B. Familie, Psychiatrie, Heim, Jugendstrafvollzug, Jugendgerichtsbarkeit, Randgruppenarbeit u.a. (→Totale Institution).

Die bezüglich der Selbstentwicklung positiv wie negativ prägende Kraft von Sozialisationsinstanzen hat Thomas am Beispiel von Primärgruppen deutlich gemacht. In seiner bedeutenden Untersuchung zum abweichenden Verhalten, „The Unadjusted Girl" (1923), in dem er das berühmte →Thomas-Theorem formulierte, bezeichnet er die Primärgruppe Familie (neben der Gemeinde) als eine „primary defining agency", über die das Kind Situationsdefinitionen erlernt und sie letztendlich über Internalisierungsprozesse akzeptiert. Daneben stehen allerdings immer auch spontane Situationsdefinitionen und werden, wie Shibutani in seiner Bezugsgruppentheorie gezeigt hat (1955), durch die Wahl und den Wechsel von Bezugsgruppen auch immer wieder andere Perspektiven und Definitionen – die von Goffman (1974) so eindrucksvoll analysierten „frames", die für menschliches Verstehen und Handeln die Basis bilden – übernommen. So bedingt der Mensch nach der TSI seine Welt und wird zugleich von ihr bedingt. Wirklichkeit ist somit eine „gesellschaftliche Konstruktion" (Berger und Luckmann 1970), die wiederum auf ihre Konstrukteure zurückwirkt.

Lit.: Arbeitskreis Bielefelder Soziologen (Hrsg.), Alltagswissen, Interaktion und gesellschaftliche Wirklichkeit, Reinbek 1973; Brumlik, M., Der Symbolische Interaktionismus und seine pädagogische Bedeutung, Frankfurt 1973; Helle, H. J., Verstehende Soziologie und Theorie der Symbolischen Interaktion, Stuttgart 1992; Mead, G. H., Geist, Identität und Gesellschaft, Frankfurt 1968; Meinberg, E., Das Menschenbild der modernen Erziehungswissenschaft, Darmstadt 1988; Thiersch, H., Kritik und Handeln. Interaktionistische Aspekte der Sozialpädagogik, Neuwied 1977.

Franz Stimmer, Lüneburg

Theorie-Praxis-Verhältnis
→Theorie der Sozialpädagogik

Therapeutische Gemeinschaft
Die T.G. ist ein Konzept der →Gemeindepsychiatrie, nach dem Patienten und medizinisches Personal i.d.R. in einem psychiatrischen Krankenhaus oder einer eigenständigen Einrichtung in einer Gruppenstärke von ca. 20–80 Personen zusammenleben. Die Patienten nehmen im Rahmen ihrer Möglichkeiten an organisatorischen Fragen teil und bestimmen die therapeutischen Prozesse mit. Primärziel der T.G. ist die Eingliederung der psychisch Kranken in die Gesellschaft.

Therapeutisches Reiten
Seit Mitte der 1950er Jahre ist das Interesse am Einsatz von Pferden zu therapeutischen Zwecken dokumentiert.
1970 wurde das deutsche Kuratorium für therapeutisches Reiten e.V. mit dem Ziel der Dokumentation der Arbeitsformen mit dem Pferd, deren wissenschaftliche Grundlegung sowie der Aus- und Fortbildung von Fachkräften in diesem Bereich gegründet.
Nach der Definition dieses Kuratoriums werden heute drei Bereiche unterschieden, denen gemeinsam ist, daß sie die kommunikativen Möglichkeiten des Pferdes ebenso wie seine körperlichen

und bewegungsspezifischen Besonderheiten einsetzen:
Die Hippotherapie ist eine überwiegend passive Form des t.R. im Sinne einer krankengymnastischen Übungsbehandlung.
Das Reiten als Sport für Behinderte ist eine Maßnahme zur körperlichen und psychosozialen Rehabilitation, bei der dem Pferd die Aufgabe eines Partners und Sportkameraden zukommt, der den Behinderten auf diesem Weg unterstützt.
Unter dem Begriff „Heilpädagogisches Reiten und Voltigieren" werden schließlich pädagogische, psychologische, psychotherapeutische, rehabilitative und soziointegrative Angebote bei allen Altersgruppen und den verschiedensten Störungen zusammengefaßt.

Thomas-Theorem
Nach dem T.-T. handeln Menschen so, wie sie eine Situation definieren, ohne daß diese Situationsdefinition der Realität entsprechen muß. Der exakte Wortlaut dieser von W. I. Thomas (1863–1947) formulierten Grundannahme des Symbolischen Interaktionismus lautet: „If men define situations as real, they are real in their consequences."
→Theorie der Symbolischen Interaktion

Tiefenpsychologie
1. T. ist die Sammelbezeichnung für alle psychologischen Schulen, die die wesentlichen Grundlagen für das menschliche Seelenleben und Verhalten in den nicht-bewußten Schichten der Psyche und den dort ablaufenden unbewußten Prozessen annehmen (z.B. Psychoanalyse).

2. Gelegentlich wird T. auch als Oberbegriff für alle tiefenpsychologischen Lehren verwendet, die sich von der ursprünglichen Freudschen Psychoanalyse abgespalten haben (z.B. →Individualpsychologie, →Analytische Psychologie).

Totale Institution
Dieser soziologische Begriff bezeichnet Institutionen, in denen die Trennung zwischen den Lebensbereichen (Arbeit, Schlaf, Freizeit) aufgehoben ist. Diese Institutionen sind mehr oder weniger von der Umwelt abgeschlossen, und die in ihnen lebenden Menschen sind einer einzigen Autorität unterstellt, die die Menschen nach einem umfassenden Plan und festen Regeln verwaltet. Hierdurch soll das offizielle Ziel der Institution erreicht werden. Beispiele für t.I. können Klöster, Kasernen, Gefängnisse oder psychiatrische Einrichtungen sein. Der Begriff wurde von dem amerikanischen Soziologen E. Goffman (1922–1982) im Zuge seiner Forschungen über die soziale Situation psychiatrischer Patienten geprägt.

Träger der Sozialen Arbeit
→Freie Träger
→Öffentliche Träger

Transaktionale Analyse (Transaktionsanalyse)
Diese von E. Berne (1910–1970) entwickelte tiefenpsychologische Therapieform sieht den Menschen in unterschiedlichen Ich-Zuständen (Eltern-Ich, Erwachsenen-Ich und Kind-Ich) und seine Beziehungen zu anderen Menschen als Transaktion zwischen diesen Ich-Zuständen der Interaktionspartner. Durch die Aufdeckung dieser Transaktionen können gestörte Kommunikationsabläufe und Beziehungen transparent gemacht werden. T.A. wird sowohl als Einzel- wie auch als Gruppentherapie praktiziert.

Trauma
Das hier gemeinte psychische T. ist ein Erlebnis (oder eine Erlebnisreihe), das das Individuum nicht adäquat verarbeiten kann und daher aus seinem Bewußtsein verdrängt. Die →Verdrängung kann eine dauernde Störung des psychischen Gleichgewichts verursachen. In der →Psychoanalyse werden frühkindliche Traumen als Ursachen für →Neurosen angesehen.

Trebegänger (Ausreißer)
T. sind Minderjährige, die ihre Umgebung (Elternhaus, Schule) verlassen und ohne feste Bleibe i.d.R. in größeren Städten umherziehen. Häufige, aber nicht die einzigen Auslöser für das Trebegehen sind Konflikte mit den Bezugspersonen, Spannungen im Elternhaus oder in der Schule oder Angst vor Bestrafung. Diese Motive gehen oft einher mit dem Wunsch nach neuen Kontakten und einem freieren, weniger fremdbestimmten Leben.

Trunksucht
→Sucht

TZI
→Themenzentrierte Interaktion

U

Übergangseinrichtungen
Einrichtungen nach dem Konzept der →Gemeindepsychiatrie, die den Übergang von psychiatrischen Patienten in das Leben außerhalb der Klinik vorbereiten und erleichtern sollen. Meist bieten diese Einrichtungen Unterkunft, Verpflegung, beraterische und therapeutische Angebote.

Überörtliche Träger
→Sozialhilfeträger
→Jugendhilfeträger

Überprotektion
→Overprotection

Übertragung
Mit Ü. bezeichnet die →Psychoanalyse den Vorgang, in dem ein Individuum unbewußt seine Gefühle, Erwartungen und Wünsche, die es gegenüber früheren Bezugspersonen hatte, auf andere Personen, zu denen eine aktuelle Beziehung besteht, überträgt.
In der praktischen Sozialen Arbeit ist es Aufgabe der →Supervision, den Fachkräften ihre Ü. und →Gegenübertragungen ins Bewußtsein zu rufen, damit eine möglichst unverzerrte Beziehung zu den Klienten möglich wird.

Übungs- und Erfahrungskurse
Zeitbefristetes Beratungs- und Betreuungsangebot der Jugendhilfe für entwicklungsgefährdete Minderjährige. Sie können mehrmals wöchentlich an gruppenpädagogischen (→Gruppenarbeit) Kursprogrammen teilnehmen. Im Rahmen der Kurse sollen soziale Lernprozesse durch gesprächs-, aktions- und erlebnisorientierte Themenbearbeitung initiiert und gefördert werden. Die Teilnahme ist freiwillig und setzt das Einverständnis der Erziehungsberechtigten voraus. Insofern unterscheiden sich diese Kurse von den →sozialen Trainingskursen auf Grundlage des Jugendstrafrechts.

Umgangsrecht
→Kindschaftsrechtsreform

Umschulung
1. Der Schulwechsel bei einem Umzug oder der Übergang in eine andere Schulart wird U. genannt.

2. Die berufliche U. bezeichnet alle Maßnahmen mit dem Ziel, den Übergang in eine andere berufliche Tätigkeit zu ermöglichen und so die berufliche Beweglichkeit zu sichern oder zu verbessern. Die U. wird unter bestimmten Bedingungen vom →Arbeitsamt gefördert. Sie ist im →Arbeitsförderungsgesetz rechtlich geregelt.

Umsiedler
→Aussiedler

Umweltpädagogik (Umwelterziehung)
U. – in der Schulpädagogik laut Beschluß der Ständigen Konferenz der Kultusminister der Länder der Bundesrepublik Deutschland seit 1980 grundlegendes Unterrichtsprinzip für alle Fächer – zielt darauf, Verständnis und Einsicht in ökologische Strukturen zu wecken und zu fördern, und so zu verantwortlichem Handeln gegenüber der natürlichen Umwelt zu erziehen.
Neben der U. gibt es als radikalere, kritisch-emanzipatorische Variante die sog. Ökopädagogik.

UNESCO
→United Nations Educational, Scientific and Cultural Organization

Unfallversicherung
→Sozialrecht

UNICEF
→United Nations Children Fund

United Nations Children Fund (UNICEF)
Die 1946 gegründete Unterorganisation der Vereinten Nationen mit Sitz in New York ist das Weltkinderhilfswerk der Vereinten Nationen. Ursprünglich wurde UNICEF eingerichtet, um den vom

Zweiten Weltkrieg betroffenen Kindern zu helfen. Heute gehören langfristige Entwicklungsprojekte, vor allem in den Bereichen Gesundheit und Bildung zu den Hauptaufgaben der Organisation. Darüber hinaus setzt sich UNICEF für arbeitende Kinder ein und führt Schutzprogramme für Kinder im Krieg und für sexuell ausgebeutete Kinder durch. Ein weiterer Schwerpunkt sind die Nothilfemaßnahmen. Grundlagen der UNICEF-Arbeit ist die 1989 verabschiedete UN-Konvention über die Rechte des Kindes. Bei der Erfüllung der Aufgaben arbeitet UNICEF eng mit anderen UN-Sonder- und Unterorganisationen wie der Internationalen Arbeitsorganisation (IAO) und der →Weltgesundheitsorganisation (WHO) zusammen.

Anschrift: Deutsches Komitee für UNICEF e.V., Höninger Weg 104, 50969 Köln

United Nations Educational, Scientific and Cultural Organization (UNESCO)
Die UNESCO ist die Organisation der Vereinten Nationen für Bildung, Wissenschaft, Kultur und Kommunikation. Die 1945 in London gegründete Sonderorganisation der Vereinten Nationen hat seit November 1946 ihren Sitz in Paris. Aufgaben der UNESCO, der (1999) 186 Staaten angehören, sind v.a. die Förderung der internationalen Zusammenarbeit auf den Gebieten der Bildung und Erziehung, der Kultur, der Natur- und Sozialwissenschaften, der Information und Kommunikation sowie die Durchsetzung der Menschenrechte einschließlich des Rechts auf Bildung (u.a. durch internationale Programme zur Grund- und beruflichen Bildung). Sie befaßt sich mit der Einhaltung und dem Schutz des geistigen Eigentums und fördert den internationalen Kulturaustausch. Eine weitere Aufgabe der UNESCO ist der Schutz des Weltkulturerbes (Liste der Weltkulturgüter, seit 1972). Das Arbeitsprogramm in den Mitgliedstaaten wird von nationalen Kommissionen durchgeführt. Die UNESCO gibt mehrere Zeitschriften heraus (u.a. UNESCO-Kurier 1948 ff., UNESCO – heute 1991 ff.), ferner wissenschaftliche und Kunstveröffentlichungen sowie Fachzeitschriften.

Anschrift: Deutsche UNESCO-Kommission, Colmantstr. 15, 53115 Bonn

UN-Kinderrechtskonvention
Im November 1990 von der Vollversammlung der Vereinten Nationen angenommene und im April 1992 von der Bundesregierung ratifizierte Konvention über die Rechte des Kindes, als Weiterführung schon bestehender Dokumente (Charta der Vereinten Nationen, Genfer Erklärung von 1924, Erklärung der Rechte des Kindes von 1959, Allgemeine Erklärung der Menschenrechte). Die Konvention ist in drei Teile gegliedert. Teil I umfaßt inhaltliche Aussagen zur Rechtsstellung des Kindes auf allen Lebensgebieten. Die Teile II und III enthalten Formalien der Durchführung und Kontrolle. Grundkonzept der Konvention ist die Anerkennung des Kindes als Rechtssubjekt und nicht mehr als verfügbares Objekt. So wird jedem Kind u.a. „ein angeborenes Recht auf Leben" (Art. 6), auf Namen und Staatsangehörigkeit (Art. 7), auf Identität (Art. 8), auf Mitbestimmung seines Aufenthaltsortes (Art. 9), auf Berücksichtigung seiner Meinung (Art. 12), auf Privatleben und Briefgeheimnis (Art. 16) zugesprochen. Die Konvention hat erkennbaren Einfluß auf neuere Gesetzgebung, so etwa bei der →Kindschaftsrechtsreform.

Unterbringung
Mit U. wird in der Psychiatrie die zwangsweise Einweisung von psychisch Kranken und Süchtigen in eine geschlossene psychiatrische Einrichtung auf richterliche Anordnung hin bezeichnet. Diese erfolgt, wenn die betreffende Person durch ihr Verhalten das Leben oder die Rechtsgüter anderer oder sich

selbst erheblich gefährdet. Die Unterbringung wird von den Bundesländern in inhaltlich ähnlichen Unterbringungsgesetzen geregelt.

Unterbringungsgesetz
→Unterbringung

Unterhalt
Mit U. wird die Gesamtheit der Sach-, Dienst- und Geldleistungen bezeichnet, die ein Individuum zum Leben benötigt. Zwischen bestimmten Personen besteht eine →Unterhaltspflicht.

Unterhaltspflicht
U. ist die gesetzliche Verpflichtung, für den →Unterhalt eines anderen zu sorgen. Eine solche besteht zwischen Ehepartnern sowie zwischen Verwandten (hier allerdings nur in gerader, auf- und absteigender Linie). Die Voraussetzung für die Zahlung von Unterhalt ist jedoch zum einen, daß der Unterhaltsberechtigte nicht in der Lage ist, seinen Unterhalt aus eigenen Mitteln zu bestreiten. Zum anderen muß der Verpflichtete Unterhalt zahlen können, ohne seinen eigenen, angemessenen Unterhalt zu gefährden. Die vielfältigen Details der U. (z.B. bei Scheidung, Stiefkindern, Wiederverheiratung) gehören überwiegend zum →Familienrecht und sind im BGB geregelt.

Unterhaltsvorschußgesetz
(UnterhVorschG)
Das „Gesetz zur Sicherung des Unterhalts von Kindern alleinstehender Mütter und Väter durch Unterhaltsvorschüsse oder -ausfalleistungen" sichert den →Unterhalt von Kindern bis zum vollendeten 6. Lebensjahr alleinsorgeberechtiger Elternteile (→elterliche Sorge), deren nicht im selben Haushalt lebende unterhaltspflichtige (→Unterhaltspflicht) andere Elternteil den Unterhalt versäumt oder unfähig ist zu zahlen.

Unterprivilegierung
Dieser nicht exakt definierte und auch nicht einer bestimmten Wissenschaft zuzuordnende Begriff bezeichnet i.d.R. den gleichen oder zumindest ähnlichen Sachverhalt wie →soziale Benachteiligung oder →Randgruppen.

Unterstützungsmanagement (case management)
→Einzelhilfe

Unterstützungswohnsitzgesetz (UWG)
Dieses ursprünglich preußische Gesetz legte fest, daß eine Gemeinde, in der ein Bürger eine bestimmte Zeit ansässig war, für ihn im Falle seiner Hilfsbedürftigkeit fürsorgepflichtig war. Es hob sich damit von dem – die Freizügigkeit einschränkenden – in den deutschen Ländern geltenden →Heimatsystem ab, wonach ein Unterstützungsanspruch mit der Gemeindezugehörigkeit verbunden war. Das UWG wurde 1870 vom Norddeutschen Bund und später auch vom Deutschen Reich übernommen. Dieses grundlegende Fürsorgegesetz wurde 1924 von der →Reichsfürsorgepflichtverordnung abgelöst. →Sozialhilfe

Utopie
Der Begriff der U. zeichnet in der Philosophie den Entwurf einer idealen Gesellschaft. Er geht auf das Werk „Utopia" von T. Morus (1478–1535) zurück, in dem Aufbau und Funktion einer idealen Staatsverfassung beschrieben wurden.
Sozialpädagogisches Wirken hat in gewisser Hinsicht auch einen utopischen Aspekt, wenn es von idealen Zielen ausgeht, die angesichts der konkreten Bedingungen nur ansatzweise erreicht werden können. Dieses Aspekts bedarf es, um nicht im unter momentanen Bedingungen Erreichbaren stehenzubleiben und so jeden Fortschritt zu blockieren.

V

Validität
V. bezeichnet die Gültigkeit eines wissenschaftlichen Versuchs oder Meßverfahrens in der →empirischen Sozialforschung. Sie gibt die Messgenauigkeit bezüglich der zu untersuchenden Faktoren an, meint also den Grad, mit dem ein bestimmtes Forschungsinstrument nur genau das mißt, was es vorgibt und nichts anderes.

Varianz
Dieser Begriff der →empirischen Sozialforschung beschreibt die Streuung der Werte um einen Mittelwert.

Vater-Mutter-Kind-Einrichtungen
In diesen Einrichtungen sollen →alleinerziehende Eltern eines Kindes unter 6 Jahren Betreuung und Unterkunft finden, solange sie derer bedürfen. Insbesondere soll auf die Gestaltung ihrer beruflichen Zukunft hingewirkt werden (Aufnahme oder Weiterführung ihrer schulischen oder beruflichen Ausbildung). Ziel der Unterbringung in einer solchen Einrichtung ist die Verselbständigung (besonders im Erziehungsbereich) des Elternteils. Damit sollen Defizite in der Persönlichkeitsentwicklung ausgeglichen werden, die z.B. aufgrund des jugendlichen Alters oder schwieriger Lebensumstände entstanden sind. Diese Unterbringung ist eine Maßnahme zur Förderung der Erziehung in der Familie und ist im § 19 KJHG geregelt. Sie wird vom Jugendamt gewährt. Gegenüber dem Vorläufer dieser Bestimmung im § 5 JWG („Hilfen für Mutter und Kind vor und nach der Geburt") wurde die Gleichberechtigung von Mann und Frau verwirklicht und gleichzeitig die Materie exakter und detaillierter erfaßt.

Vaterschaftsanerkennung
Unter V. wird im Familienrecht (§§ 160a ff. BGB) die einseitige, öffentliche und beurkundete Erklärung des Vaters eines →nichtehelichen Kindes verstanden, daß das Kind von ihm gezeugt wurde. Sie bedarf der Zustimmung des Kindes oder, wenn es das 14. Lebensjahr noch nicht vollendet hat, des gesetzlichen Vertreters.
Die V. dient in erster Linie zur Festlegung der Ansprüche des Kindes an den Vater (z.B. →Unterhaltspflicht).

Verband alleinstehender Mütter und Väter e.V. (VAMV)
Der VAMV ist eine Selbsthilfeorganisation. Er setzt sich seit seiner Gründung 1967 durch Luise Schöffel für eine gerechtere Familienpolitik ein, die allen Eltern und Kindern gleiche Rechte und Chancen einräumt. Der VAMV weist auf Benachteiligungen und Ungerechtigkeiten gegenüber Einelternfamilien in der Gesetzgebung, Sozialplanung und in weiten Bereichen der Gesellschaftspolitik hin und will verhindern, daß sich familienpolitische Maßnahmen vorwiegend oder ausschließlich an Ehepaaren und Ehepaarfamilien orientieren. Unter der Prämisse der Selbsthilfe setzt er auf das Engagement und die Aktivität seiner Mitglieder im Rahmen ihrer persönlichen Möglichkeiten, um die Situation von Einelternfamilien zu verbessern. Der Bundesverband versucht Einfluß zu nehmen auf die Gesetzgebung, weist mit seiner Öffentlichkeitsarbeit auf die besondere Situation Alleinerziehender und ihrer Kinder hin und vertritt in Zusammenarbeit mit anderen bundesweiten Organisationen, Institutionen, Verbänden die Interessen von Einelternfamilien. Darüber hinaus betreibt er regelmäßige Informationspolitik für Alleinerziehende. Die 15 Landesverbände des VAMV halten den Kontakt zu Ministerien, Organisationen, Institutionen und Parteien ihres Bundeslandes und wollen speziell auf die Landesgesetzgebung Einfluß nehmen. Sie unterstützen und fördern auch die Arbeit der etwa 200 regionalen Ortsverbände und Kontaktstellen. Diese bieten die Möglichkeit des Erfahrungsaustauschs und der gegensei-

tigen Hilfe und Unterstützung. Das Angebot der Ortsverbände richtet sich nach den jeweiligen Wünschen und Bedürfnissen ihrer Mitglieder vor Ort. Es reicht von Gesprächskreisen über Informations- und Beratungsangebote bis hin zu politischen Aktionen, um auf örtliche Mißstände (z. B. in der Kinderbetreuung) aufmerksam zu machen.

Regelmäßige Publikationen: Zeitschrift „Informationen für Einelternfamilien" (6 mal im Jahr), Taschenbuch: Alleinerziehend – Tips und Informationen (11. Auflage, 1999).

Anschrift: Beethovenallee 7, 53173 Bonn

Verbundsystem
Als V. wird in der Heimerziehung eine Heimstruktur bezeichnet, die durch den allmählichen Übergang des Klientels vom Hauptheim über →Außenwohngruppen bis zum →betreuten Einzelwohnen eine zunehmende Verselbständigung und Eigenverantwortung des Klienten anstrebt.

Verdrängung
In der →Psychoanalyse ist V. ein →Abwehrmechanismus, der nicht akzeptierte Triebwünsche oder traumatische Erlebnisse (→Trauma) in das Unbewußte transportiert, so daß das Individuum sich nicht bewußt mit ihnen auseinandersetzen und sie so bewältigen kann.
Diese Wünsche tauchen jedoch verformt (z. B. als Traum oder Krankheitssymptom) wieder auf und beeinträchtigen so das Individuum. Die psychoanalytische Therapie versucht daher, Verdrängtes wieder bewußt und damit bearbeitbar zu machen.

Vereinspflegschaft
→Vormundschaft und Pflegschaft

Vereinsvormundschaft
→Vormundschaft und Pflegschaft

Verelendung
V. beschreibt den gleichen Sachverhalt wie →Pauperismus.

Vererbung
In der Biologie bezeichnet V. die genetische Übertragung von Merkmalen und Eigenschaften von den Eltern auf ihre Kinder. Seit der Aufklärung der Vererbungsmechanismen ist es stets eine strittige Frage, welche Merkmale und Eigenschaften genetisch verankert und damit nicht veränderbar sind, und welche z. B. erzieherisch beeinflußt oder hervorgerufen werden können. →Anlage

Verfahrenspflege
→Kindschaftsrechtsreform

Vergleichende Erziehungswissenschaft
→Internationale Soziale Arbeit

Vergleichende Soziale Arbeit
→Internationale Soziale Arbeit

Verhalten
→Soziales Lernen
→Verhaltensdiagnostik
→Verhaltenstherapie

Verhaltensauffälligkeit
→Abweichendes Verhalten
→Verhaltensstörung

Verhaltensdiagnostik
1. Definition. Als VD wird eine Aufeinanderfolge von systematischen Handlungsschritten bezeichnet, mit deren Hilfe es im →Dialog mit den Klienten gelingen soll
– Hypothesen zu gewinnen über Entstehung und Aufrechterhaltung von (Problem)Verhaltensweisen (Verhaltensanalyse),
– Aussagen darüber zu erstellen, welche Verhaltensweisen hinsichtlich ihrer Auftrittshäufigkeit, ihrer Intensität, ihrer Dauer und/oder der Bedingungen, unter denen sie auftreten, verändert (modifiziert) werden sollten (Zielanalyse) sowie
– geeignete Methoden/Vorgehensweisen aufzufinden, mit deren Hilfe angestrebte Verhaltensveränderungen erreicht werden können (Interventions- bzw. Therapieplanung).
Die VD ist zugleich Grundlage, Ausgangspunkt und begleitendes Vorgehen

für den Einsatz und die Durchführung unterschiedlicher verhaltensmodifizierender Verfahren sowohl in der →Psychotherapie als auch in der →Sozialen Arbeit (→Verhaltenstherapie).

2. Verhaltensdiagnostik und klassische Psychodiagnostik. In Abgrenzung zur klassischen Psychodiagnostik zeichnet die VD sich durch folgende Grundprinzipien aus:
– Die konkret beobachtbaren (Problem)Verhaltensweisen einer Person werden nicht als Ausdruck der Persönlichkeit bzw. verfestigter Persönlichkeitsmerkmale/-störungen angesehen, wie dies in der klassischen Psychodiagnostik der Fall ist. Daher wird auch nicht nach „tieferliegenden" Persönlichkeitszügen (wie beispielsweise „Ängstlichkeit", „Aggressionsbereitschaft" etc.) geforscht, die u. U. ein bestimmtes Problemverhalten (wie etwa die Unfähigkeit, von sich aus Kontakt zu anderen Personen aufzunehmen oder die Lust am Quälen anderer Menschen) verursacht haben könnten.

Zwar leugnet die VD – entgegen einem weit verbreiteten Vorurteil – innerpsychische, im Verlauf der Sozialisation erworbene, emotionale, motivationale, soziale und kognitive (verhaltenswirksame) Besonderheiten nicht. Auch bestimmte genetisch bedingte oder pränatal erworbene Gegebenheiten, die zu bestimmten Verhaltensweisen führen können, stehen außer Zweifel. Sie sind jedoch im verhaltens-diagnostischen Prozeß allenfalls von nachrangiger Bedeutung. Nicht die Persönlichkeit wird – wie in der klassischen Psychodiagnostik – in ihrer möglichen Wirkung auf das Problemverhalten diagnostiziert, sondern das Problemverhalten selber ist Gegenstand der diagnostischen Analyse und der verhaltensmodifizierenden Verfahren.

– Im Gegensatz zur klassischen Psychodiagnostik, die – obwohl oft mit großem Aufwand erstellt – längst nicht in allen Fällen zu zwingenden psychotherapeutischen Konsequenzen geführt hat, handelt es sich bei der VD um ein Vorgehen, das unmittelbar verhaltensmodifizierende Vorgehensweisen nach sich zieht. Diagnostik und Therapie sind beim verhaltensorientierten Vorgehen kaum voneinander zu trennen, bedingen einander, gehen meist nahtlos ineinander über.

– Der Ursachenbegriff in der VD ist ein pragmatisch-realistischer: ausgehend von der Erkenntnis, daß es kaum möglich ist, alle ursächlichen Bedingungen zu erfassen, die zu einem bestimmten Problemverhalten geführt haben und es aufrechterhalten, beschränkt man sich auf das Aufsuchen der Bedingungen (Ursachen), die a) deutlich nachweisbar, da konkret beobachtbar, sind und b) deren Veränderung unter Berücksichtigung lerntheoretischer Gesetzmäßigkeiten mit hoher Wahrscheinlichkeit auch eine Veränderung des Problemverhaltens nach sich zieht.

Ein weiterer, die VD kennzeichnender, Anspruch ist es demzufolge, aus einer unter Umständen sehr hohen Zahl möglicher ursächlicher und das Problemverhalten aufrechterhaltender Bedingungen diejenigen auszuwählen, die feststellbar (weil direkt beobachtbar) sind (die also nicht – wie in der klassischen Psychodiagnostik – auf dem Hintergrund einer bestimmten Theorie – erschlossen/vermutet werden), und die auch faktisch unter Zuhilfenahme modifizierender Methoden verändert werden können.

3. Handlungsschritte.
3.1. Verhaltensanalyse. Bei der Verhaltensanalyse (VA) geht es (unter Anwendung der Methoden der systematischen Selbst- und Fremdbeobachtung, der Befragung und dem Gespräch)
– um eine möglichst präzise Beschreibung (eine Analyse) der Problemverhaltensweisen und der erwünschten Verhaltensweisen;
– Um eine Analyse der Situation(en), in

der/denen diese Verhaltensweisen auftreten;
- um eine Analyse der Motivation des Klienten (welche Bedürfnisse werden durch das Problemverhalten befriedigt?) und
- um eine Analyse der Konsequenzen, die seitens des sozialen Umfeldes auf die Problemverhaltensweisen folgen.

Eine wichtige Bedingung dabei ist es, pauschalbegriffliche Zuschreibungen zu vermeiden und stattdessen Verhaltenskategorien zu verwenden, d.h.: anzugeben, was die entsprechende Person in bestimmten Situationen faktisch tut. Ein Beispiel mag diese Forderung verdeutlichen:

Verhaltensanalytisches Vorgehen schließt eine Beschreibung der Art „Die 8jährige Anne hat starke Minderwertigkeitsgefühle, Kontaktstörungen und eine depressive Grundstimmung" aus. Stattdessen würde sich etwa die folgende Beschreibung ergeben: „Die 8jährige Anne vermeidet in sozialen Situationen Blickkontakt; sie spricht andere Kinder nicht von sich aus an; wenn jemand sich an sie wendet, zuckt sie zusammen, zittert und antwortet nicht. Sofern diese anwesend ist, versteckt sie sich hinter der Mutter. Anne spielt fast immer alleine; auf dem Schulhof steht sie abseits. Sie weint oft. Ihr Gesichtsausdruck ist fast immer ernst und angespannt."

Eine Verhaltensbeschreibung dieser Art ist – im Gegensatz zur erstgenannten – nicht nur genau, sondern auch verläßlich (andere Personen können gleiche Beobachtungen machen), weitgehend objektiv (es werden keine Spekulationen angestellt über mögliche, dem Verhalten zugrundeliegende Persönlichkeitszüge) und nützlich (da sie deutlich macht, welche Verhaltensweisen im Interesse der Klientin einer Veränderung bedürfen).

Auf die gleiche konkrete Weise werden die Situationen beschrieben, in denen problematische (und auch erwünschte) Verhaltensweisen auftreten, sowie die darauf folgenden Reaktionen (Konsequenzen) seitens des sozialen Umfeldes (Familie, Schule, Freunde etc.). Dabei kann sich beispielsweise herausstellen, daß bestimmte Problemverhaltensweisen nur in ganz bestimmten Situationen und/oder nur bei Anwesenheit ganz bestimmter Personen, zu beobachten sind. Es könnte sich auch ergeben, daß die problematischen Verhaltensweisen in all den Situationen auftreten, in denen Forderungen an die betreffende Person gestellt werden. Und es kann sich abzeichnen, welche Personen des sozialen Umfeldes bestimmte Problemverhaltensweisen stabilisieren (verfestigen), indem sie sie positiv oder auch negativ verstärken. Auch Hinweise darüber, wie diese Verhaltensweisen erlernt worden sind, werden sich möglicherweise ergeben.

In diesem Zusammenhang findet auch eine Analyse der Motivation des Klienten statt, d.h.: es wird zu erheben versucht, welche motivationalen Faktoren (Erwartungen, Triebbefriedigung, Wunscherfüllung etc.) dem Problemverhalten vorausgehen bzw. es begleiten. Der Zeitaufwand für die VA kann mehrere Wochen oder auch Monate betragen. Die Ergebnisse der Analyse werden – jeweils bei Auftreten des Problemverhaltens – in teilstandardisierten Beobachtungsbögen (Episodenlisten) festgehalten, in denen jeweils eine Spalte für die Komponenten „Situation", „Motivation", „Verhalten" und „Konsequenzen" zur Verfügung steht, die entweder mit Hilfe der Methode der Introspektion vom Klienten selbst oder mit Hilfe der Methoden der Befragung und der systematischen Fremdbeobachtung vom Diagnostiker, Therapeuten, Sozialpädagogen ausgefüllt und in bestimmten Zeitabständen ausgewertet werden.

Die Ergebnisse ermöglichen zum einen die Beurteilung, ob es sich bei den beobachteten und beschriebenen Problemverhaltensweisen um Verhaltensdefizite (also um Verhaltensweisen, die zu selten, zu schwach oder überhaupt nicht auftreten) oder um Verhaltensexzesse (also um Verhaltensweisen, die zu häufig, zu intensiv oder zu lange anhaltend auftreten) handelt. Sie ermöglichen zum anderen die Erfassung erwünschter Verhaltensweisen (deren Kenntnis für den verhaltenstherapeutischen Ansatz eine wichtige Rolle spielt). Und sie führen schließlich zum Erstellen von Zusammenhangshypothesen, d. h. solcher Hypothesen, die Auskunft geben über mögliche Zusammenhänge zwischen dem Problemverhalten, den vorausgehenden Situationen, den darauf folgenden Konsequenzen und den motivationalen Bedingungen.

Bezogen auf das oben geschilderte Problemverhalten von Anne könnte eine VA beispielsweise zu folgenden Verhaltenseinschätzungen und Zusammenhangshypothesen gelangen:
– Annes problematische Verhaltensweisen (andere Menschen nicht ansprechen, nicht auf sie zugehen können etc.) müssen als Verhaltensdefizite gewertet werden;
– ein Teil dieser Problemverhaltensweisen (Zittern, Zusammenzucken, sich hinter der Mutter verstecken) tritt nur dann auf, wenn es fremde Personen sind, die Anne ansprechen und wenn dies außerhalb der elterlichen Wohnung geschieht (Zusammenhang: Situation – Problemverhalten);
– verstärkt (und somit aufrechterhalten) werden diese Verhaltensweisen durch die Mutter, die Anne in solchen Situationen in den Arm nimmt, sie streichelt, tröstet und Dritten gegenüber für sie antwortet (Zusammenhang: Problemverhalten – Konsequenzen);
– die Reaktion der Mutter auf das problematische Verhalten befriedigt Annes natürlichen Wunsch nach Zärtlichkeit und Zuwendung (Zusammenhang: Motivation – Problemverhalten).

Das Erstellen von Zusammenhangshypothesen ist die Voraussetzung für den nächsten verhaltensdiagnostischen Handlungsschritt, die Zielbestimmung (Zielanalyse).

3.2. Zielbestimmung. Im Gegensatz zu anderen psychodiagnostischen Richtungen geht der verhaltensorientierte Ansatz nicht davon aus, daß problematisches Verhalten automatisch verschwindet (bzw. erwünschtes Verhalten automatisch entsteht), wenn mögliche persönlichkeitsblockierende Bedingungen beseitigt und somit „selbstheilende Kräfte" freigesetzt werden. Vielmehr wird gesehen, daß einschneidende Verhaltensänderungen meistens nur mit Hilfe ganz gezielter Maßnahmen erreicht werden können, was die Forderung nach sich zieht, darüber zu entscheiden
– welche Veränderungen im Verhalten des Klienten selber anzustreben sind (welche Verhaltensweisen er beispielsweise neu erlernen soll, welche er häufiger, seltener oder gar nicht zeigen sollte) und
– welche Veränderungen im sozialen Umfeld (und im Verhalten bestimmter Personen des sozialen Umfeldes) erreicht werden müssen, damit solche Neu-, Umlern- und Verlernprozesse Aussicht auf Erfolg versprechen.

Auch die Zielbestimmung geschieht in Absprache mit den jeweiligen Klienten (die sie mittragen und anstreben müssen, da andernfalls therapeutische oder sozialpädagogische Maßnahmen wenig erfolgversprechend sind), vermeidet pauschalabstrakte Zielvorstellungen zugunsten konkreter, erreichbarer und überprüfbarer Verhaltensziele.

Im Fall von Anne wären – in einem ersten Schritt – folgende Therapieziele denkbar:
Erstens, bezogen auf Anne selber:
– Anne soll lernen, einer bestimmten Person (z. B. der Lehrerin) wenigstens kurz in die Augen zu sehen, wenn diese sie anspricht;
– Anne soll lernen, dieser Person (der Lehrerin) wenigstens einmal pro Vormittag auf eine Frage oder Anrede zu antworten;
– Anne soll lernen, täglich in der großen Pause ein bestimmtes (von ihr geschätztes und sie akzeptierendes) Kind anzusprechen.

Beherrrscht Anne diese Verhaltensweisen – was durch ein entsprechendes Verhaltenstraining (→Verhaltenstherapie) zu erreichen ist – werden weitere, schwierigere Therapieziele formuliert und zu erreichen versucht (therapiebegleitende Diagnostik).

Zweitens, bezogen auf die Mutter:
- Die Mutter soll lernen, Anne keine positive Verstärkung (in Form von Streicheln, trösten und in-den-Arm-nehmen) zu geben, wenn diese die oben geschilderten Problemverhaltensweisen zeigt;
- die Mutter soll lernen, Annes Vermeidungsreaktionen zu durchbrechen, indem sie nicht Dritten gegenüber für sie antwortet.

Beherrscht die Mutter diese Verhaltensweisen, unterstützt sie – durch den Wegfall entsprechender Verstärkungen – Annes eigenen Lernprozeß und fördert die Therapie. Weitere Therapieziele wären denkbar bezogen auf die Einbindung der Lehrerin (die Anne jedesmal dann positiv verstärken müßte, wenn sie Blickkontakt zu ihr aufnimmt und wenn sie auf Ansprache reagiert) und eventuell einiger Kinder.

Nach Festlegen der Ziele kann mit der Therapieplanung, dem dritten und letzten verhaltensdiagnostischen Schritt, begonnen werden.

3.3. Therapieplanung. Therapieplanung bedeutet, sich Gedanken darüber zu machen, auf welche Art und Weise die angestrebten Ziele am schnellsten und dauerhaftesten (effektivsten) zu erreichen sind. In diesem Zusammenhang muß folgendes überlegt und geplant werden:
- Ob ein Verhaltensabbau, Verhaltensaufbau oder beides anzustreben ist (bei Anne: Verhaltensaufbau im Sinne des Erlernens neuer Verhaltensweisen, solcher, die sie bislang nicht beherrscht);
- Ob Einzeltherapie, gruppensteuernde Maßnahmen oder beide Modifikationsansätze Aussicht auf ein Höchstmaß an Erfolg versprechen (bei Anne: beides);
- In welcher Reihenfolge die problematischen Verhaltensweisen modifiziert werden sollen. (In der →Verhaltenstherapie gibt es generell eine Vorgehensweise in kleinen Schritten. Es werden – auch bei komplexen psychosozialen Problemen – immer erst Teilprobleme angegangen, so daß der Klient schnell kleinere Erfolge sehen kann, die ihrerseits die Therapiemotivation erhöhen. Die Entscheidung darüber, welche Verhaltensweisen zuerst verändert werden sollen, treffen Klient und Diagnostiker/Therapeut/Sozialpädagoge gemeinsam. Feste Regeln können hierüber nicht angegeben werden. Als Richtlinie kann festgehalten werden, daß all die Problemverhaltensweisen, deren ursächliche und das Verhalten stabilisierende Bedingungen offensichtlich sind (siehe Zusammenhangshypothesen) zuerst verändert werden sollten;
- Mit Hilfe welcher verhaltensmodifizierenden Techniken dies geschehen soll;
- wie die Evaluation der Therapie aussehen soll (wobei Kriterien für einen Erfolg ganz konkrete Verhaltensänderungen des Klienten in der gewünschten Richtung sind);
- welche Vorkehrungen getroffen werden müssen, daß die erreichten Verhaltensänderungen auch nach Beendigung der Therapie stabil bleiben (dies geschieht in der Regel, indem man das Interesse der Kontakt- und Bezugspersonen der Klienten an der positiven Verhaltensveränderung ausnützt und sie darüber in Kenntnis setzt, wie sie selber durch die Vergabe positiver Verstärkung das neu erlernte Verhalten stabilisieren können. Auch den Klienten sollten die Grundlagen lern- und verhaltenstheoretischer Arbeitsweisen vermittelt werden, um mit künftigen Schwierigkeiten besser und vor allem selbständiger fertig zu werden. →Verhaltenstherapie

Lit.: Hoffmann, N./Frese, M.: Verhaltenstherapie in der Sozialarbeit; Reinekker, H.: Grundlagen der Verhaltenstherapie; Schulte, D. (Hrg.): Diagnostik in der Verhaltenstherapie.

Gisela Adam-Lauer, Lüneburg

Verhaltensmodifikation
→Verhaltenstherapie

Verhaltensstörung
1. Begriff und Erscheinungsformen. „Verhaltensstörung" ist ein Sammelbegriff einerseits für psychische Störungen (Neurosen, Psychopathien, Psychosen ect.), andererseits für abweichendes bzw. regelverletzendes Verhalten. Auf die letztere pädagogisch bedeutsamere Verständnisform soll im Folgenden eingegangen werden. Zu diesem Begriff gibt es viele Synonyme. Während früher eher substantivische Begriffe verwendet wurden wie Gemeinschaftsschwierige, Erziehungsschwierige (-gehemmte), Schwererziehbare, Disziplinlose, Verwahrloste, so sind es heute meist adjektivische Bezeichnungen wie: unangepaßt, undiszipliniert, sozial abweichend, erziehungsschwierig, dissozial, verhaltensauffällig, verhaltensgestört und verhaltensbehindert. Der Terminus „Verhaltensstörung" hat sich in den letzten Jahren zunehmend als allgemeiner Sammelbegriff für diese unterschiedlichen Erscheinungsformen von abweichenden Verhaltensweisen etabliert.

Das Gemeinsame fast aller dieser Termini und ihrer Definitionen ist die Abweichung von sogenannten normalen Verhaltensweisen. Allgemein anerkannter Normen, d. h. leitende Wertmaßstäbe und Regeln, nach denen Verhalten als normal oder abweichend (abnorm) beurteilt wird, gibt es aber nur wenige. Die Normabhängigkeit einer jeden Benennung abweichenden Verhaltens bleibt auch bestehen, wenn man sie von der Maßnahmen-Ebene her begrifflich faßt, z. B. behandlungs- oder erziehungsbedürftig. Man kommt nicht umhin, die jeweils entwickelten oder übernommenen Maßstäbe und Beurteilungskriterien zu benennen. Die Ergebnisse von Untersuchungen und Schätzungen über den Anteil von Kindern und Jugendlichen mit Verhaltensstörungen differieren erheblich. So schwanken die Angaben über die Häufigkeit zwischen 1 und 61 Prozent. Diese Unterschiede sind vor allem mit dem Fehlen einheitlicher und objektiver Meßkriterien zu erklären. Bei Untersuchungen, die die subjektive Einschätzung von Lehrern über Schüler mit Verhaltensauffälligkeiten, für die sie Hilfe benötigen, zum Gegenstand hatten, variieren die Angaben weit weniger; sie liegen zwischen 8 und 16 Prozent. In nahezu allen Erhebungen liegt der Anteil männlicher Kinder und Jugendlicher mit Verhaltensstörungen weit über dem der weiblichen (etwa drei Viertel zu einem Viertel).

Die Versuche, Erscheinungsformen von Verhaltensstörungen in Bereiche zusammenzufassen, ergeben entsprechend den wissenschaftlichen Ansätzen und der Schwierigkeit, menschliches Verhalten in seiner Vielfalt und Differenziertheit zu bestimmen, unterschiedliche Ordnungssysteme. So werden die Verhaltensstörungen z. B. eingeteilt in Aggressionen, Hyperaktivität, Regression, Delinquenz, Suchtverhalten; oder als Verstoß gegen Regeln der Schule, des Unterrichts, der Eltern oder anderer Erzieher, der Gesellschaft; oder als körperliche Funktionsstörungen, als psychische, soziale Störungen, als Arbeits- und Leistungsstörungen. Die Beschreibungs- und Bewertungsebenen solcher Systematisierungen sind, wie auch diese Beispiele zeigen, sehr verschieden. Es ist zu fragen, wie sinnvoll und wie nützlich eine Klassifikation von Verhaltensstörungen ist, denn es besteht die Gefahr, daß eine Einordnung einer Erscheinungsform nur ein neues Etikett anbietet. Etikettierungen aber verhindern, eine angemessene Betrachtung, Erklärung und Behandlung eines abweichenden Verhaltens und die Betrachtung des situativen Kontextes.

2. Ursachen. Der Wunsch, die Ursachen von Verhaltensstörungen bestimmen zu können, ist groß, denn man erhofft dadurch, „das Übel an der Wurzel zu pakken". Die Entstehung einer Verhaltensstörung läßt sich aber nur schwer feststellen, und sie ist fast in keinem Fall allein auf eine Bedingung zurückzuführen. Sie ist als ein meist über Jahre gehender Lernprozeß zu sehen, der durch eine Verflechtung von sich wechselseitig beeinflussenden Faktoren gekennzeichnet ist. Die früher vorherrschende Auffassung nach der eine Verhaltensstörung als eine in der Person krankhafte, individuelle Eigenschaft zu sehen ist, hat sich als irreführend und als den Abweichungsprozeß eher verstärkend erwiesen. Verhaltensstörung wird heute eher als ein Ergebnis negativer Einflüsse auf eine und in einer Person und deren Wechselwirkung gesehen. Negative Einflüsse können insbesondere von folgenden Bereichen ausgehen: primäre Bezugsperson (Eltern, Geschwister ect.); körperliche, organische und psychische Entwicklung und Konstitution; Medien (Video, Fernsehen, Lektüre ect.); Freunde, Bekannte, Zugehörigkeit zu Gruppen, Freizeitaktivitäten; Schule (Lehrer, Fächer, Methoden ect.). Auch die genetischen und organischen Bedingtheiten können einen Störungsfaktor darstellen; ihr Anteil an der Entstehung von Verhaltensstörungen ist aber als sehr gering anzusehen. Das elterliche und schulische Erziehungsmilieu wie auch die Peergroup scheinen dagegen besonders starke Wirkfaktoren darzustellen.

Als konkrete Hinweise auf mögliche Faktoren, die zu abweichendem Verhalten führen können sind zu nennen:
– Verlust an Vertrauen und Geborgenheit und der Mangel an positiver Orientierung und Autorität, Schnellebigkeit von Strukturen, Zunahme an Isolation;
– zu wenig Eigenverantwortlichkeit bzw. ein Übermaß an Fremdbestimmungen;
– starke Belastung durch die Umwelt (Lärm, Reizüberflutung, Schadstoffe in der Ernährung);
– Überforderung, zu starke Belastung der Erziehenden (insbes. bei Alleinerziehenden oder Eltern, die beide voll berufstätig sind, bei suchtabhängigen und psychisch kranken Erziehenden);
– kritische Lebensereignisse (Übergangsstufen wie beim Eintritt in die Schule, Entwicklungsphasen wie Pubertät, Scheidung der Eltern, starke Konflikte mit oder ohne Trennung von emotional sehr nahestehenden Bezugspersonen, Arbeitslosigkeit);
– Mangel an Problemlösungskompetenz bzw. die Unfähigkeit, Widersprüche zwischen Wünschen, Planungen und Realität zu bewältigen und der Verlust der Selbstdisziplinierung.

3. Aufgaben und Hilfen. Züchtigungen und Aussonderung waren jahrhundertelang die gebräuchlichsten Reaktionen auf Menschen mit Verhaltensstörungen. Sie sind aber eher als ein Zeichen der Hilflosigkeit und einer mangelnden Tragfähigkeit der einzelnen Personen oder Institutionen gegenüber diesen Menschen anzusehen. In den letzten Jahren fand ein großer Wandel in der Behandlung von Verhaltensstörungen statt. Es wurde eine Verhaltengestörtenpädagogik entwickelt, die versucht, dem Phänomen des abweichenden Verhaltens mit präventiven, intervenierenden und rehabilitativen Maßnahmen zu begegnen. Dabei wird eine individuelle, möglichst mit den Betroffenen im Dialog erarbeitete Erziehungsplanung angestrebt, die auch die ökopsychologischen und systemischen Zusammenhänge berücksichtigt. Diese Tatsache erfordert eine Vielfalt von sonderpädagogischen, sozialpädagogischen und therapeutischen Maßnahmen. Die Einweisung eines Menschen in ein Heim für Erziehungshilfe, in eine Psychiatrie oder auch in eine Strafanstalt stellt heute im Regelfall nur die letzte Möglichkeit des Umgangs

mit Verhaltensstörungen dar. Auch hier sind die sanktionierenden und isolierenden Interventionsformen helfenden und die Bezugspersonen einbeziehenden Maßnahmen mit dem Ziel einer schnellen Wiedereingliederung weitgehend gewichen.

Die Arbeit von Sozial- und Sonderpädagogen für Erziehungshilfe vollzieht sich nur noch zum Teil in stationären Maßnahmen, sie ist vielmehr gerichtet auf die Bereiche erzieherischen Handelns im natürlichen Umfeld, und sie umfaßt die Zeit von der frühen Kindheit bis zum Erwachsenenalter. Eine solche Erweiterung und Differenzierung des Aufgabenfeldes ist notwendig, um frühzeitig und wirkungsvoll Verhaltensstörungen entgegenwirken oder abbauen zu können. Es geht aber nicht nur um die Entwicklung und Bereitstellung von Hilfen für Personen, die als verhaltensgestört beurteilt werden, sondern ebenso für die Personen, die dieses Verhalten als abweichend und störend erleben. Zugangswege und Methoden für eine handlungsorientierte Beobachtung sowie für eine konstruktive Problemlösung und für methodisch-didaktische Interventionen sind somit allen Beteiligten anzubieten. Techniken, Rezeptologien und allgemeine bürokratische Lösungen zur Problembewältigung weichen heute zunehmend individuellen und differenzierten Vorgehensweisen: so z. B. Sicheinfühlen in die Betroffenen, ein „Stück des Weges" mit ihnen gehen und Hilfen zur Selbsthilfe, zur selbständigen Lebensbewältigung in Schule, Freizeit und Beruf zu geben.

4. Vorbeugende Maßnahmen zur Verhinderung von Verhaltensstörungen. Als präventive Möglichkeiten sind zu nennen:
– Öffentliche Vorträge über verschiedene Thematiken der Verhaltensstörungen und der Erziehungshilfe zur Information und Orientierung;
– Seminare zu Erziehungsfragen für Eltern (einschl. Alleinerziehende), Elterngesprächskreise, Familiengruppen;
– Arbeitskreise von Experten auf kommunaler Ebene (Lehrer verschiedener Schularten, Schulpsychologen, Beratungslehrer, Mitarbeiter des Jugendamtes, Kinderarzt, Gemeinderatsmitglieder ect.) mit dem Ziel, jene Lebensbedingungen zu verändern, die abweichendes und störendes Verhalten auslösen und verstärken können;
– Einführung von Aspekten der Verhaltensgestörtenpädagogik in die Ausbildung von Lehrern aller Schularten;
– Fortbildungskurse (insbes. Lehrertraining) und Supervisionsgruppen zu Erziehungsfragen für Lehrer (schulinterne und regionale Fortbildung);
– Innovation von Erkenntnissen zur Verhinderung und zum Abbau von Verhaltensstörungen in der Schule (Schulbau, Schuleinrichtungen, Klassenraumgestaltung, organisatorische, methodische und didaktische Gestaltung von Unterricht, personelle Besetzung);
– Beratung bei Erziehungsfragen.

5. Maßnahmen zum Abbau von Verhaltensstörungen (Intervention)
– Einführung von schul- und unterrichtsorganisatorischen Rahmenbedingungen und von pädagogisch-psychologischen Handlungsweisen, die einen Abbau von Verhaltensstörungen bewirken können: möglichst wenige Lehrer pro Klasse; Aufbau von prosozialen Klassengemeinschaften; Betonung musischer, handwerklicher und sportlicher Tätigkeiten; strukturierte motivierende tägliche Bewegungszeiten; gemeinsames Klassenfrühstück oder Mittagessen unter dem Aspekt des sozialen Lernens und einer konstitutionsfördernden Ernährung, differenzierende und individualisierende Unterrichtsphasen, methodisch-didaktische Interventionen und eine entsprechende Klassenraumgestaltung und Medienausstattung; stärkere Beachtung von Prinzipien zur

Lernmotivation und -aktivierung (Strukturierung, Ermutigung, Lob, Entspannung, kleine Schritte ect.); Projektunterricht mit besonderer Berücksichtigung von Methoden zur Bewältigung des Lebensalltags; mehr Situationen und mehr Zeit für persönliche Begegnungen (Feste, Klassenfahrten, gemeinsame Freizeitaktivitäten; Einzel- und Gruppengespräche bei Problemen und Krisen); Vereinbarungen von klaren und erfüllbaren Regeln zum sozialen Handeln und von Konsequenzen bei Einhaltung bzw. Nichteinhaltung; verstärkendes Modell-(Vorbild-)verhalten; Angebote für eine unterstützte Selbstmodifikation und -disziplinierung; intensive Zusammenarbeit mit den Eltern und mit Institutionen, die den Abbau der Verhaltensstörung stützen.

– Beratung von Lehrern, Schülern und Eltern durch Lehrer der Verhaltensgestörtenpädagogik (Berater): Einem Berater obliegen die Aufgaben der Diagnose, der Beratung, der pädagogisch-therapeutischen Förderung und der nachgehenden Betreuung. Er hat die unterschiedlichen Sichtweisen des zu Beratenden und dessen Interaktionspartners zu erfassen, miteinander zu vergleichen, Lösungsvorschläge und eine Vereinbarung herbeizuführen, Handlungskompetenzen einzuüben und die Realisierung unterstützend zu begleiten. Dabei versucht er, eine aktive-konstruktive Haltung und die Eigenverantwortlichkeit zu fördern. Lernen und Handlungsänderung sind als ein Prozeß zu sehen, der Zeit, Geduld und Standhaftigkeit erfordert. Manchmal ist es effektiver, wenn die Beratung im Zusammenhang mit einer Supervision, einer schulinternen oder regionalen Fortbildung oder einer pädagogischen Konferenz („Fallbesprechung") durchgeführt wird. Notwendig ist die Kooperation des Beraters mit sonderpädagogischen, schulpsychologischen und medizinischen Diensten, der Jugendhilfe, mit anderen Schulen ect. Seine sonderpädagogische Förderarbeit vollzieht sich überwiegend im Bereich des Verlernens von Verhaltensstörungen und des Erlernens von prosozialem Verhalten, von Gruppenfähigkeit und Selbstkontrolle. Dieses geschieht in Einzel- und Gruppenbetreuung und findet meist unter Anwendung pädagogischer und therapeutischer Verfahren wie Spiel, Rollenspiel, kunst- und musiktherapeutischer Übungen und motopädagogischer Schulung statt. Ferner gehört zu seinem Aufgabenbereich ein Mitwirken in der Elternarbeit und die Durchführung von speziellen Elterngruppen, von Eltern-Lehrer- Gesprächskreisen oder von problemorientierten Lehrertrainings. Der Berater betreut seine Schüler mit Verhaltensstörungen soweit wie möglich im Unterricht (Co-Lehrer). In besonderen Fällen nimmt er Schüler stundenweise aus dem Unterricht heraus (Förderlehrer). Er kann drei bis sechs Fälle intensiv betreuen und mit etwa zehn weiteren Fällen in Kontakt bleiben.

6. Maßnahmen zur Daseinsbewältigung und Wiedereingliederung (Rehabilitation). Sind intervenierende Maßnahmen langfristig nicht erfolgreich verlaufen oder sind Interventionen in dem natürlichen Lernfeld kontraindiziert, so findet eine rehabilitative Betreuung statt. Auch bei dieser Vorgehensweise wird versucht, so weit wie möglich eine Teilintegration des Schülers in seinem normalen Umfeld (Elternhaus, Regelschule) zu erhalten.

7. Integrative Förderklassen (Langzeitklassen). Kinder mit Verhaltens- und Lernstörungen (Entwicklungsverzögerungen im Schuleintrittsalter) erhalten die Möglichkeit, in einer Förderklasse (bis zu zehn Schüler) den Stoff des ersten Schuljahres in zwei Schuljahren zu erlernen. Dem Lernen sozialen Verhaltens kommt in dieser Zeit besondere Bedeutung zu. Alle Schüler dieser Klasse

kommen dann nach dieser zweijährigen ersten Klasse in die zweite Klasse. Einige Schüler werden ggf. durch Beratung und Förderunterricht weiter betreut. Die Förderklasse befindet sich in einer Grundschule.

8. Regionale Sonderpädagogische Beratungs- und Förderzentren mit einem Scherpunkt für Erziehungshilfe. Sonderpädagogische Beratungs- und Förderzentren mit ihren mobilen, ambulanten und stationären Aufgabengebieten können bei außergewöhnlicher Häufung behinderungsspezifischer Probleme in ihrem Einzugsbereich fachrichtungsbezogene Schwerpunkte bilden. So ist z.B. der Schwerpunkt Erziehungshilfe sinnvoll und notwendig, wenn in einem Bezirk eine Ballung von Heimen oder eine soziale Stadtteilproblematik zu verzeichnen ist. Diese Arbeitsgruppe Erziehungshilfe ist mit mehreren Lehrkräften der Fachrichtung Verhaltengestörtenpädagogik besetzt und auch räumlich und materiell so ausgestattet, daß sie sowohl präventiv, intervenierend und rehabilitativ als auch problem- und individuumsorientiert und zügig arbeiten kann.

9. Verhaltenspädagogischer Dienst (Zentrum für Erziehungshilfe). Alle Schulen eines bestimmten Einzugsbezirks (Stadt, Teil eines Landkreises ect.) haben die Möglichkeit, die Hilfe eines verhaltenspädagogischen Dienstes in Anspruch zu nehmen. Diese Zentren für Erziehungshilfe umfassen ambulante und stationäre Maßnahmen. Es arbeiten dort hauptamtlich Sonderschullehrer für Verhaltensgestörtenpädagogik und stundenweise therapeutische Fachkräfte wie klinische Psychologen, Musiktherapeuten, Sprachheil- und Motopädagogen usw. im Team zusammen. Die Arbeit der hauptamtlichen Mitarbeiter findet zum einen in der jeweiligen Schule statt, die um Hilfe bittet. Hier werden die Informationen erhoben und Beratung geleistet (mobile Erziehungshilfe). Zum anderen werden in diesen Zentren diejenigen Kinder und Jugendlichen ganztags schulisch und therapeutisch betreut, für die eine rehabilitative Maßnahme angezeigt ist (stationäre Erziehungshilfe). Die örtliche und zeitliche Gebundenheit dieser Schüler an eine spezielle Institution ermöglicht eine intensive pädagogisch-therapeutische Betreuung mit dem Ziel einer positiven Lebensbewältigung und einer baldmöglichen Rückkehr in eine Allgemeine Schule. Durch ambulante Erziehungshilfen werden die wieder eingegliederten Schüler eine Zeitlang weiterhin gestützt (Phase der Selbstverstärkung). Ferner werden in den Verhaltenspädagogischen Diensten Beratung, Gesprächskreise, Trainingskurse und spezielle sonderpädagogische und therapeutische Angebote für Lehrer, Eltern und Familien durchgeführt. Die Mitarbeiter in diesen Zentren haben außerdem die Aufgabe, für eine gute Koordination bzw. Zusammenarbeit mit anderen Diensten zu sorgen.

10. Sozialpädagogische Gruppe, Ersatzerziehung (Pflegefamilie, Heimerziehung) und sozialpädagogische Alternativen. Kinder und Jugendliche mit Verhaltensstörungen, deren häusliche erzieherische Situation keine ausreichende psychische Tragfähigkeit ermöglicht oder gar einen starken negativen Einfluß darstellt, werden am Nachmittag, gleich nach dem Besuch der Allgemeinen Schule, in einer sozialpädagogischen Gruppe betreut. Den Mitarbeitern dieser Einrichtung obliegt außer der Schularbeitshilfe vor allem die pädagogisch-therapeutische Förderung der Kinder und Jugendlichen und eine intensive Elternarbeit. Eine Unterbringung im Heim kann damit in vielen Fällen vermieden werden. Eine enge Zusammenarbeit mit der Schule, insbesondere mit dem dortigen Sonderpädagogen oder Beratungslehrer, ist meistens erforderlich. Ist eine Ersatzerziehung angezeigt, so gibt es die Möglichkeit der Unterbringung und Betreuung in Pflegefamilien oder in heilpädagogischen Heimen. Für manche Jugendliche, die oft schon mehrere Heime durch-

laufen haben, wird in der letzten Zeit zunehmend die Maßnahme angeboten, an „exotisch" anmutenden Projekten teilzunehmen, um ihnen damit einen „neuen Start" zu ermöglichen. Solche meist einjährigen sozialpädagogischen Alternativen sind mit Reisen auf einem Segelschiff, mit einem Campingbus usw. verbunden oder bestehen aus Arbeitsprojekten im Ausland. Während dieser Zeit, die oft einer Art Überlebenstraining gleicht, werden fünf bis sechs Jugendliche von zwei Erziehern und einem Lehrer betreut. Am Ende dieser Maßnahme stehen die Vorbereitung auf einen Schulabschluß und die Einführung in ein normales Wohn- und Arbeitsverhältnis. Diese Wiedereingliederungsmaßnahme dauert etwa ein weiteres Jahr.

11. Netzwerk Schulübergreifender Erziehungshilfe. Zunehmend wird die Er-

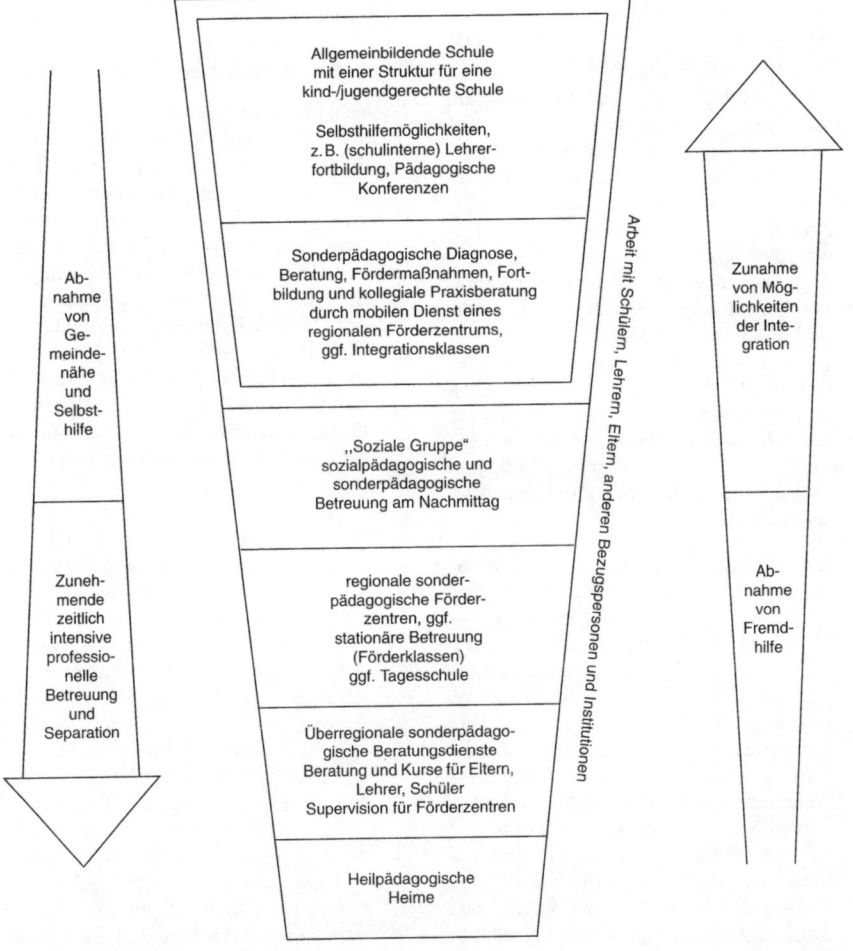

Abb.: Gemeindenaher Verbund pädagogischer und sonderpädagogischer Dienste zur Prävention von und Intervention bei Verhaltensstörungen (nach Mutzeck 1989)

fahrung gemacht, daß Einzelmaßnahmen und auch die summative Bündelung von Interventionen in nicht wenigen Fällen keine oder nur eine geringe Reduktion von Verhaltensstörungen bewirken. Modellversuche und Projekte, in denen die unterschiedlichsten Fördermaßnahmen und Dienste koordiniert wurden und eine kooperative Arbeit erreicht werden konnte, zeigten hingegen erfolgreichere Ergebnisse. Hinzu kommt bei diesem vernetzten und integrativen Ansatz, daß nicht nur das einzelne Kind betrachtet und unterstützt wird, sondern auch dessen Umfeld, insbesondere dessen Familie.

Die gesamte Lebens- und Lernsituation wird als ein dynamisches System von Bedingungen und Prozessen unterschiedlichster Art und Struktur angesehen. Entsprechend müssen auch die Veränderungs- und Stützmaßnahmen aufeinander abgestimmt sein. Eine wohnortnahe und überschaubare Vernetzung von schulischen, sozialen, medizinischen und anderen Gemeinwesen sowie freizeitorientierten Diensten kann diesem hohen Anspruch auf Koordination und Kooperation am ehesten gerecht werden. Ein Netzwerk zur Erziehungshilfe hat weitere Einflußmöglichkeiten als ein multiprofessionell zusammengesetztes Team.

Lit.: Fitting, K., Kluge, E., Saßenrath-Döpke, E.-M. (1996): Pädagogik und Auffälligkeit, Weinheim, Deutscher Studien Verlag; Goetze, H., Neukäter, H. (1993): Handbuch der Sonderpädagogik, Bd 6. Berlin, Spiess; Mutzeck, W. (1989): Kollegiale Supervision – Wie Lehrerinnen durch reflektierte Erfahrung, gegenseitige Beratung und Stützung lernen, ihren Berufsalltag besser zu bewältigen; in: Forum Pädagogik 2,4 178–182; Mutzeck, W. (1991): Prävention von Verhaltensstörungen für die Aus- und Fortbildung von Regel- und Sonderschullehrerinnen, in: Neukäter, H. (Hrsg.), Verhaltensstörungen verhindern. Prävention als pädagogische Aufgabe, Oldenburg, ZPB; Mutzeck, W. & Pallasch, W. (1992): Integration von Schülern mit Verhaltensstörung – Praktische Modelle und Versuche, Weinheim, Deutscher Studien Verlag, 4. Aufl; Mutzeck, W. (1996, 3. Aufl. 1999): Kooperative Beratung, Weinheim, Deutscher Studien Verlag; Myschker, N. (1993): Verhaltensstörungen bei Kindern und Jugendlichen, Stuttgart/ Berlin, Kohlhammer;

Wolfgang Mutzeck, Leipzig

Verhaltenstheorie
→Behaviorismus
→Verhaltenstherapie

Verhaltenstherapie
1. Begriff. Als VT bezeichnet man eine Vielzahl von unterschiedlichen (überwiegend auf lern-, kognitions- und sozialpsychologischen Erkenntnissen basierenden) direktiven Verfahren, deren übergeordnetes Ziel die Modifikation des Verhaltens ist und die heute u. a. in der →Psychotherapie, Sozialpädagogik, Sozialarbeit, →Supervision und Managementberatung (→Sozialmanagement) Anwendung finden. Verhaltenstherapeutisches Vorgehen basiert auf folgenden Prämissen/Prinzipien/Grundlagen:

– Alle Reaktionen, die direkt beobachtet werden können, die mit Hilfe bestimmter Instrumente festgestellt oder die (aufgrund von Beobachtung) erschlossen werden können, heißen „Verhalten". Mit und am Verhalten arbeitet die Verhaltenstherapie; es geht ihr dabei nicht um globale Persönlichkeits(um)formung, sondern lediglich um das Erlernen, Verlernen oder Umlernen bestimmter Verhaltensweisen.

– Auffälliges Verhalten (Problemverhalten) liegt dann vor, wenn (ausgehend von einer Norm) ein bestimmter Toleranzbereich unter- oder überschritten wird: Wenn also ein bestimmtes Verhalten (z. B. die Kontaktaufnahme zu anderen Personen) zu selten/extrem selten auftritt (man

spricht dann von einem „Verhaltensdefizit"), oder wenn ein bestimmtes Verhalten (z. B. die physisch oder psychisch aggressive Auseinandersetzung mit anderen Menschen) zu häufig/extrem häufig auftritt (man spricht dann von einem „Verhaltensexzess").
- Der Einsatz verhaltenstherapeutischer Techniken ist nur dann berechtigt, wenn das Verhalten eines Menschen andere Menschen schädigt, sie in ihrer Persönlichkeitsentwicklung, in ihren Möglichkeiten und in ihrem Wohlbefinden deutlich einschränkt, und/oder wenn der betroffene Mensch selbst unter seinem Verhalten leidet.
- Die Bewertung von Verhalten und somit die Indikation für eine verhaltenstherapeutische Intervention erfolgt also zum einen durch den Verhaltensträger selbst (aufgrund des Vorhanden- oder nicht Vorhandenseins von Leidensdruck) und/oder durch Personen des sozialen Umfeldes (die sich gegen die Verletzung ihrer Persönlichkeitsrechte wehren oder dies nicht tun). Auch der Berater/Therapeut darf in bestimmten Situationen/Interaktionszusammenhängen Verhalten bewerten, indem er beispielsweise unter Zuhilfenahme kognitiver Strategien einem Klienten ohne erkennbaren Leidensdruck (der u. U. auch noch in einem sozialen Umfeld lebt, das – aus Angst vor ihm – permissiv reagiert) mögliche Konsequenzen seines Verhaltens aufzeigt.
- Beim Vorliegen eines Verhaltensexzesses besteht die Aufgabe der Verhaltenstherapie darin, das unerwünschte/problematische (andere oder die eigene Person schädigende) Verhalten in der Auftrittshäufigkeit deutlich zu reduzieren bzw. es ganz abzubauen. Beim Verhaltensdefizit geht es darum, fehlendes oder zu selten auftretendes (erwünschtes) Verhalten aufzubauen bzw. in seiner Auftrittswahrscheinlichkeit deutlich zu erhöhen. Häufig muß man beides gleichzeitig tun: um ein exzessives Problemverhalten (z. B. übermäßigen Drogenkonsum) abbauen zu können, ist es oft angebracht, fehlende (erwünschte) Alternativverhaltensweisen (z. B. ein befriedigendes Freizeit- und Arbeitsverhalten) aufzubauen.
- Ziel jeder verhaltenstherapeutischen Intervention ist es, dem Klienten zu einer Erhöhung seiner Selbstkontrolle und Eigensteuerung zu verhelfen, wodurch seine Selbsthilfemöglichkeiten vergrößert werden.
- Die Verhaltenstherapie hat den Anspruch, ihre Vorgehensweisen dem Klienten verständlich/„durchsichtig" zu machen („gläserne Therapie"), sodaß er die einzelnen Schritte bewußt und aktiv mitvollziehen und sie zunehmend auch selbständig durchführen kann.
- Verhalten wird verstanden als Ergebnis von unterschiedlichen Lernformen (nämlich als Ergebnis klassischen Konditionierens/respondenten Lernens, als Ergebnis operanten Lernens/Verstärkungslernens, sowie als Ergebnis von Imitationslernen und kognitivem Lernen). (→Soziales Lernen). Die Aufschlüsselung der einem bestimmten Verhalten zugrundeliegenden Lernformen und -prozesse hat verhaltensdiagnostische Relevanz. Auf diesem Verständnis der Entstehung von Verhaltensweisen beruht die →Verhaltensdiagnostik, die Grundlage und Ausgangspunkt jeder verhaltenstherapeutischen Intervention ist.
- Verhaltenstherapeutisches Arbeiten bedeutet nicht nur Arbeit am und mit dem Klienten, sondern in den meisten Fällen auch eine Einbeziehung des sozialen Umfeldes (Eltern, Erzieher, Lehrer, peer-Gruppen-Mitglieder u. a. m.).
- Die fortlaufende Evaluation verhaltenstherapeutischer Interventionen (mit ihren möglichen Folgen, etwa der Modifikation von Therapieplänen) ist fester Bestandteil der Verhaltenstherapie.

2. Verfahren. Aus der Fülle der verhaltenstherapeutischen Techniken sollen im folgenden beispielhaft einige klassische und neuere Verfahren beschrieben werden. Wobei zu betonen ist, daß die Kombination von Verfahrensweisen häufiger vorkommt als ihre isolierte Anwendung. Mit Hilfe der auf dem Klassischen Konditionieren (dem respondenten Lernen) basierenden Verfahren (die zurückzuführen sind auf Watson & Rayners 1920, Jones 1924, Wolpe 1958 u. a.) wird versucht, konditionierte Reize (CS), die nicht angemessene/unerwünschte Reaktionen nach sich ziehen, zu neutralisieren; d. h.: dafür zu sorgen, daß die Koppelung zwischen den konditionierten Reizen (CS) und den konditionierten, unerwünschten Reaktionen (CR) gelöst wird. Wenn beispielsweise ein Kleinkind, das von einem bärtigen Arzt einmal oder mehrere Male in schmerzhafter Prozedur Blut entnommen bekam, in folgenden überstarke/deutliche Ängste vor bärtigen Männern entwickelt, so geht es darum, den konditionierten Stimulus „Mann mit Bart" von der unerwünschten konditionierten Reaktion „Angst" loszulösen. Dazu stehen mehrere Vorgehensweisen zur Verfügung, deren bekannteste die Gegenkonditionierung darstellt. Bei diesem Verfahren werden dem Betroffenen die das unerwünschte Verhalten auslösenden konditionierten Reize dargeboten; gleichzeitig wird er angewiesen, eine mit der unerwünschten konditionierten Reaktion unvereinbare Reaktion zu zeigen (z. B. eine tiefe Entspannung des gesamten Körpers, die er zuvor erlernen mußte), die das Auftreten von Angst reduziert bzw. ganz verhindert, da sie – physiologisch – angstantagonistisch ist.

Eine Weiterentwicklung dieses Vorgehens ist die Systematische Desensibilisierung, wobei ebenfalls konditionierte Angstreaktionen gehemmt und schrittweise abgebaut werden, indem die Klienten zunächst in der Vorstellung, dann in der Realität Angstitems ausgesetzt werden, die bezüglich des Grades der Angstauslösung in eine Hierarchie gebracht worden sind und einzeln (mit Körperentspannung gekoppelt) gegenkonditioniert werden. Der Erfolg dieser Therapiemethode ist (insbesondere bei monosymptomatischen Phobien) hoch, was sicherlich auch darauf zurückzuführen ist, daß neben der Methode der Gegenkonditionierung kognitive Elemente (Vorstellungen, genaues Reflektieren des Problems bei der Erstellung der Angsthierarchie) mitbeteiligt sind.

Einige weitere, auf dem Klassischen Konditionieren beruhende, seltener angewandte Verfahren sind die unterschiedlichen Methoden der Reizüberflutung (wobei dem Klienten der konditionierte Stimulus so lange und intensiv angeboten wird, bis die Angst – bedingt durch die Übermüdung des Körpers – nachläßt bzw. ganz verschwindet, der konditionierte Reiz also neutralisiert wird) und der Aversionstherapie (bei der eine unerwünschte/problematische Reaktion – z. B. exzessiver Alkoholkonsum – mit einem starken, unangenehmen Reiz – z. B. extremer Übelkeit durch Vergabe eines entsprechend wirkenden Medikamentes – gekoppelt wird in der Hoffnung, daß dieser letztgenannte Reiz den ersten hemmt und schließlich abbaut). Insbesondere die letztgenannte Methode findet heute kaum noch Anwendung, dient jedoch den Gegnern verhaltensorientierten Vorgehens auch heute noch dazu, die Verhaltenstherapie generell zu diskreditieren.

Seit Skinner (1933, 1963, 1969), Ullmann & Krassner (1965) u. a. gibt es Erkenntnisse über den Einfluß von bestimmten Konsequenzen (Verstärkung, Bestrafung) auf vorausgegangenes Verhalten, die sich als Grundsätze der Lernform des operanten Konditionierens (Verstärkungslernens) folgendermaßen zusammenfassen lassen:
– Folgt auf ein bestimmtes Verhalten immer wieder eine positive oder negative Verstärkung (in Form von Lob, erhöhter Aufmerksamkeit, aber auch

in Form eines sich erfolgreichen Entziehens von notwendigen oder wünschenswerten Tätigkeiten), so erhöht sich die Auftrittswahrscheinlichkeit und Stabilität dieses Verhaltens.
– Folgt auf ein bestimmtes Verhalten immer wieder eine Bestrafung im Sinne einer unangenehmen Konsequenz (Entzug positiver Verstärker, Ausschluß), so wird das Auftreten dieses Verhaltens unwahrscheinlicher (sofern die Bestrafung gekoppelt ist mit der positiven Verstärkung alternativer Verhaltensweisen und sofern sie nicht die einzige/überwiegende Form der Verhaltenskontrolle darstellt).

Die auf diesen Erkenntnissen des operanten Konditionierens zunächst entwickelten Therapieverfahren sind
– das Shaping (die Verhaltensformung), wobei das Grundprinzip die schrittweise positive Verstärkung all der Verhaltensweisen ist, die in Richtung einer bestimmten, erwünschten Zielverhaltensweise gehen und der der Klient sich so sukzessive annähert (z. B. das sukzessive Erlernen des Essens mit dem Löffel bei einem geistig behinderten Kind) und
– das Chaining (die Verhaltensverkettung), bei dem komplexe Handlungsketten von der letzten Teilhandlung her, also rückwärts, aufgebaut werden. Hierbei wird jeweils der letzte Handlungsschritt positiv verstärkt; wenn dieser erfolgreich durchgeführt werden kann, werden die beiden letzten Handlungsschritte positiv verstärkt, dann die letzten drei und so fort, bis das gesamte Verhalten beherrscht wird (z. B.: Einüben des selbständigen Anziehens bei Kindergartenkindern).

Darüber hinaus basieren auf den oben genannten Erkenntnissen die heute weit verbreiteten Techniken der Verhaltensmodifikation, die (über die Anwendung der frühen operanten Therapiemethoden hinaus) Elemente des Imitationslernens (des Lernens am Modell) und solche der kognitiven Verhaltenstherapien in ihre Arbeit mit einbeziehen. Und die über den klinisch-therapeutischen Bereich hinaus Eingang gefunden haben in die (sozial)pädagogische Arbeit insbesondere mit Kindern und Jugendlichen/jungen Erwachsenen (Schule, Heim, betreutes Wohnen, Knast, Familienhilfe u. a. m.): Um erwünschtes (bisher nicht erlerntes) Verhalten erstmalig hervorzurufen, sind mehrere Ansatzpunkte zu finden: a) Signalreize setzen (z. B. positive Verstärkung in Aussicht stellen, Sicherheit/Angstfreiheit signalisieren), die das Auftreten des erwünschten Verhaltens wahrscheinlich machen; b) Zielvorstellungen vermitteln (mit Hilfe verbaler Beschreibungen des erwünschten Verhaltens, des Vormachens erwünschten Verhaltens und der Verhaltensprobe = Einübung des verbal beschriebenen und vorgespielten Verhaltens). Der Klient lernt so, zunächst eine Vorstellung von dem erwünschten Verhalten zu entwickeln und kann es von daher nach und nach selbst realisieren; c) an der Motivation ansetzen, indem (z. B. durch Gespräche und das Erzeugen von Belohnungserwartungen) der Wunsch zur Realisierung des erwünschten Verhaltens geweckt und gestärkt wird. Darüber hinaus wird jeder kleinste Ansatz in Richtung des erwünschten Verhaltens positiv verstärkt.

Um die Auftrittshäufigkeit erwünschten Verhaltens zu erhöhen, bedient man sich der Methode der systematischen und gezielten positiven Verstärkung, wobei zunächst die wirksamsten Verstärker und der wirksamste Verstärkerplan herauszufinden und festzulegen sind.
Und um schließlich Problemverhalten (z. B. Gewalt gegen andere Menschen in Form von Schlägen, Quälereien etc., autoaggressive Verhaltensweisen, bestimmte Formen delinquenten Verhaltens u. a. m.) abzubauen, wird mit Stimulusveränderung gearbeitet (Herausfinden und Vermeiden der Stimuli, die das unerwünschte Verhalten überwiegend oder ausschließlich nach sich ziehen), mit Veränderung der dem Problemver-

halten zugrundeliegenden Motivation, mit Löschung (Ausschalten aller Verstärker, die auf das Problemverhalten folgen), mit gezielter positiver Verstärkung von alternativen Verhaltensweisen und – wenn all diese Methoden nicht zum gewünschten Erfolg führen – mit Bestrafung (Entzug positiver Verstärker, Ausschluß aus der Gruppe).

Eine dritte Gruppe verhaltenstherapeutischer Vorgehensweisen basiert auf dem von Bandura und anderen (1969) beschriebenen und experimentell erforschten Imitationslernen (dem Lernen am Modell), dessen zentrale Aussage folgende ist: die Beobachtung von Modellpersonen führt häufig zur Übernahme eines Teils ihrer Verhaltensweisen, Einstellungen, emotionalen Ausdrucksformen etc., wobei insbesondere die Personen, die einem selber häufig positive Verstärkung geben, und die ihrerseits seitens des sozialen Umfeldes in hohem Maße positive (oder auch negative) Verstärkung erhalten, zu Modellpersonen und somit imitiert werden.

Das bekannteste, u. a. auf diesen Erkenntnissen basierende, in der Verhaltenstherapie angewandte Verfahren (das auch kognitive Elemente miteinbezieht und häufig mit operanten Methoden kombiniert zur Anwendung gelangt) ist das →Rollenspiel, bei dem konkrete Verhaltensweisen – zunächst von einem Modell vorgespielt – in ihren einzelnen Schritten und möglichen Reaktionen des sozialen Umfeldes mehrere Male durchgespielt und somit längerfristig zu einem Bestandteil des eigenen Verhaltens werden. Zusätzliche Lerneffekte werden durch den Rollentausch erworben, wobei der Klient im Rollenspiel diejenige Person darzustellen hat, mit der er Probleme hat (der gegenüber er sich beispielsweise nicht durchsetzen und/oder offen äußern kann).

Heute gelangen die klassischen verhaltenstherapeutischen Methoden bei Jugendlichen und Erwachsenen nahezu ausschließlich nur in Verbindung mit kognitiven Methoden zur Anwendung.

Die Entwicklung der kognitiven Verhaltenstherapien (Ellis 1977, Beck 1976, Meichenbaum 1974, 1977) hat dazu wesentlich beigetragen, ebenso wie die generell zunehmende Einstellung, den Klienten als Subjekt zu betrachten und ihm Selbsterkenntnis- und Umlernfähigkeit auch im Sinne einer eigentherapeutischen Kompetenz u. a. aufgrund rationaler Einsichten zuzutrauen.

Die neuen kognitiven Ansätze basieren nicht auf Reiz-Reaktions-Theorien, sondern auf Reiz-Kognitions-Reaktions-Theorien. Zu nennen sind hier im wesentlichen zwei Ansätze: die rational-emotive Therapie nach Ellis und die kognitiven Verhaltenstherapien nach Beck und Meichenbaum. Gemeinsam ist diesen Vorgehensweisen der Versuch, irrationale Kognitionen (z. B. die Annahme, ein Versager zu sein, weil man von seinen Kollegen abgelehnt wird), Fehlwahrnehmungen/falsch interpretierte Wahrnehmungen (z. B. die Interpretation der wahrgenommenen Tatsache, daß der Ehemann heute schlecht gelaunt ist, dahingehend, daß man selber unfähig ist, eine entspannende Atmosphäre zu schaffen) sowie die Schwierigkeit/ fehlende oder mangelnde Fähigkeit, die daraus resultierenden Probleme zu verarbeiten im Sinne des selbständigen Auffindens von Lösungsstrategien, dem Klienten durch eine Art sokratischen →Dialogs bewußt zu machen und gemeinsam mit ihm – direktiv – Handlungskompetenz zu erarbeiten. Wobei die oben genannten Methoden auf der Basis des operanten – und Modellernens durchaus Eingang in diese Form der Verhaltenstherapie finden können, wenn dies – aufgrund der Verhaltensdiagnostik – als notwendig und hilfreich erachtet wird.

→Psychotherapie und Sozialpädagogik; →Soziales Lernen; →Verhaltensdiagnostik

Lit.: Reinecker, H.: Grundlagen der Verhaltenstherapie, München 1987; Revenstorf, D.: Psychotherapeutische Verfahren, Stuttgart 1982; Kessler, B. H.: Verhaltenstherapie; in: Schmidt, L. R.: Lehrbuch der Klinischen Psychologie, Stuttgart 1984.

Gisela Adam-Lauer, Lüneburg

Verkehrserziehung

V. soll dem Kind als Verkehrsteilnehmer das nötige Wissen vermitteln, um sich im Straßenverkehr zurechtzufinden. Außerdem sollen die richtigen Verhaltensweisen gelehrt und geübt werden. Neben dem schulischen Verkehrsunterricht, der in verschiedene Fächer eingebaut wird, findet V. auch in vielen sozialpädagogischen Einrichtungen (z. B. →Kindertagesstätten) statt.

Die Kritik an der konventionellen Verkehrserziehung ist vor allem, daß sie ein „verkehrsgerechtes Kind" produziere, anstatt durch politische Maßnahmen eine kindgerechtere Verkehrsumwelt zu erreichen.

Verminderte Schuldfähigkeit

Wenn durch die gleichen Kriterien wie bei der →Schuldunfähigkeit die Fähigkeit des Straftäters erheblich vermindert war, das Unrecht seiner Tat einzusehen oder nach dieser Einsicht zu handeln, so liegt v. S. vor, und die Strafe kann gem. § 21 StGB gemindert werden.

Vermögenssorge

Die V. ist als Teil der →elterlichen Sorge das Recht und die Pflicht der Eltern, das Vermögen des Kindes (also alle in Geld schätzbaren Güter, die nicht zum Einkommen gehören) zu verwalten und in allen das Vermögen betreffenden Angelegenheiten die gesetzliche Vertretung wahrzunehmen. Die entsprechenden rechtlichen Bestimmungen finden sich im familienrechtlichen Teil des BGB.

Verstärkung
→Verhaltenstherapie

Verstehen

Im Alltagsgebrauch wird „verstehen" häufig gleichbedeutend mit „begreifen", „einsehen", „können", „Verständnis zeigen" oder „nachempfinden" verwendet.

Das Verstehen dient dabei dazu, bestimmte Formen menschlicher Erfahrung zum Ausdruck zu bringen. Wir sprechen vom Verstehen, um anzudeuten, daß wir 1. Sachverhalte möglichst perfekt erkennen wollen (begreifen, einsehen wollen), daß wir uns 2. auf etwas verstehen, mit etwas umgehen können und daß wir uns 3. in die Lage oder Situation von anderen Menschen versetzen bzw. mit ihnen im Einverständnis leben können.

Der wissenschaftliche Sprachgebrauch umfaßt weitere Differenzierungen. Seit Dilthey ist die Unterscheidung zwischen „elementarem" und „höherem Verstehen" üblich. Etwas oder jemanden elementar zu verstehen meint, daß Menschen im Alltag immer „etwas als dieses etwas verstehen" oder „einander verstehen". Wir sehen in diesen schwarzen Zeichen auf weißem Grund sofort Buchstaben, Worte sowie Sätze und können uns über deren Bedeutung oder Sinn miteinander verständigen.

Davon abzugrenzen ist das „höhere Verstehen", das dann beginnt, wenn das elementare Leben im Verständnis problematisch wird oder fremd erscheint. Dann weiß man nicht um die Bedeutung von Worten, den Sinn einer Äußerung oder der Verhaltenskundgabe anderer Menschen bzw. von sich selbst und versucht, eine solche Differenz zu überwinden. Höheres Verstehen wird zum wissenschaftlichen Verstehen, wenn bei solchen Versuchen „tieferes" Verständnis angestrebt und Vorkehrungen getroffen werden, damit Nicht- oder Mißverstehen vermieden werden, indem der Zweifel am Verstanden-haben von Dingen und Menschen kultiviert wird.

Bei solch höherem Verstehen wird dann einerseits von „interpretieren", „deuten", „auslegen", „übersetzen", „Exegese betreiben" und andererseits von „nacherleben", „miterleben", „hineinversetzen", „einfühlen" gesprochen. Die erstgenannten Übersetzungen betonen das eher rationale Moment von Verstehen. Wir interpretieren oder deuten etwas, wenn wir z. B. das blinkende Rot eines Kastens am Straßenrand sehen und den Kasten als Ampel und das Rot als Aufforderung zu halten identifizieren, indem wir beides in den rationalen Sinnzusammenhang von Verkehrsrecht einordnen. Die letztgenannten Übersetzungen heben auch auf irrationale Momente des Verstehens ab. Wir erleben mit, wie ein Autofahrer zusammenzuckt, wenn er sieht, wie die Ampel beim Gasgeben vor der Kreuzung von Grün auf Gelb springt, indem wir seine irrationalen Gefühle und Empfindungen nachvollziehen. Verstehen kann nämlich als rationales Sinnverstehen oder irrationales Erlebensverstehen aufgefaßt werden. Wir können uns verstehend auf Sachen bzw. Denkinhalte und ihre Sinnzusammenhänge oder auf die Produzenten von Sachen bzw. Denkinhalten und deren Erlebenszusammenhänge beziehen. Wir können darüber hinaus selbsterlebend verstehen, indem wir von Sachen wie Texten, Musik usw. oder von Menschen gefühlsmäßig „angesprochen" werden und Empfindungen zeigen.

Diese Verstehensformen können sich auf alle Menschen und auf Erzeugnisse menschlich gestalteter Wirklichkeit wie Texte, soziale Handlungen und Manifestationen von Psychischem, auf Bauten, Kunstwerke, heilige Schriften und Gesetzestexte beziehen. Solche Gegenstände werden zu Objekten sogenannter Verstehenswissenschaften, wie sie etwa die Philologien, die Historik, die verstehende Soziologie und Psychologie, die Kunstwissenschaften, die Theologie und die Jurisprudenz darstellen, so daß unter anderem von Sach- und Textverstehen, von historischem, sozialem, psychischem, künstlerischem, musikalischem, theologischem und juristischem Verstehen differenzierend gesprochen werden kann. Für diese wissenschaftlichen Modi des Interpretierens oder Nacherlebens gibt es in den Einzelwissenschaften Standards, Kunstlehren oder Methodiken des Verstehens. Die dazugehörende →Wissenschaftstheorie ist die Hermeneutik oder die Verstehenslehre, so daß von „hermeneutischen Verfahren" die Rede ist, wenn es um die Kunst des Interpretierens geht. Die sogenannte „philosophische Hermeneutik" thematisiert solche Verfahren, indem sie z. B. auf der Basis von Lebensphilosophie, Phänomenologie, Existenz- und Sprachphilosophie der Frage nachgeht, wie Verstehen überhaupt möglich ist.

Hermeneutische Verfahren sind spätestens seit Diltheys Hermeneutik-Lehre in der Erziehungswissenschaft gewohnte Methoden einer vielfältigen interpretierenden Erfahrung von Erziehungswirklichkeit. Diesem Sachverhalt liegt die Annahme zugrunde, daß es keine „Tatsachen" der Erziehung und Bildung gibt, die unabhängig von den Verstehensleistungen der an Erziehungsprozessen Beteiligten sind. Insofern kann man von einer „Hermeneutik der Erziehungswirklichkeit" reden. Erzieher und Zu-Erziehende bewegen sich in einer Welt von Bedeutungen und Sinnzusammenhängen. Sie artikulieren mit ihren Handlungen Absichten, Zwecke, Motive, Hoffnungen und Wünsche, aber auch Ängste und Abwehr, die verstanden sein wollen. Sie bewegen sich in pädagogischen Institutionen als Sinnkontexten, insofern dort juristische, administrative, politische, kulturelle und pädagogische Aufgaben vorgegeben und neu entwickelt werden. Sie suchen sich selbst und den je Anderen zu verstehen und sind auf gegenseitiges Verstehen angewiesen.

Die Diltheysche Unterscheidung von „elementarem" und höherem Verstehen" läßt sich verwenden, um unterschiedliche Aufgaben eines hermeneutischen Zugangs zu der eben genannten Erziehungswirklichkeit zu gewinnen. In der „Hermeneutik der Erziehungswirklichkeit" wird praktisches Verstehen als alltägliches (elementares) „pädagogisches Verstehen" von Erziehern ebenso wichtig wie die Aufgabe, das eigene Tätigkeitsfeld auszulegen und Zu-Erziehende zum Verständnis von Um- und Mitwelt

zu verhelfen. Für die Disziplin „Pädagogik" als einer Reflexionsform dagegen gilt die Aufgabe, über eine „hermeneutische Pädagogik" diese Wirklichkeit des elementaren Verstehens wissenschaftlich (höher) zu verstehen.
Für die Hermeneutik der Erziehungswirklichkeit ist die Kombination von Wissen und Verstehen ein zentrales Moment. Um Welt verstehen zu erfahren, ist es notwendig, über Vorverständnisse oder Schemata bzw. Modelle zu verfügen. Dazu ist eine Initiation in solche Vorannahmen von Welt erforderlich, um einen weiten Horizont für Auslegungsprozesse zu gewinnen. Ohne Vorwissen über alltägliche, wissenschaftliche, technische und ästhetische Zugänge zu Welt kann Verstehen als Auslegung nicht gelingen. Wir verstehen uns dann auf etwas, wenn wir aufgrund solchen Vorverständnisses Bilder in Worte, Gebrauchsanweisungen in Handlungen, Empfindungen in Ausdruck usw. übersetzen können. Verstehen zeigt sich dabei als Wissen und Können. Etwas oder das Verhalten von jemanden verstanden zu haben bedeutet in phänomenologischer Lesart, die Überzeugung gewonnen zu haben, daß man den Sinn oder die Bedeutung einer Sache mit bisherigen Wissens- und Könnensbeständen in Übereinstimmung gebracht hat. In der Sprachphilosophie Wittgensteins wird vom Verstanden-haben gesagt, daß es sich als „Können" innerhalb von Sprachspielen als Lebensformen „zeigt". Prinzipiell aber heißt verstehen, daß man immer weiter zu verstehen vermag, daß Verstehen ein infiniter Akt ist. Wissen und Verstehen als Ziel von Erziehungs- und Bildungsprozessen zu thematisieren bedeutet deshalb, die Fragen anzusprechen, wie sich in verschiedenen kulturellen und wissenschaftlichen Sprachspielen ein jeweiliges Verstehen von und Umgehen-können mit Welt zeigt und welche Sprachspielbeherrschung für eine elementare Lebensführung in bestimmten Kulturen als unentbehrlich gelten kann.

Die Aufgabe der Verstehensförderung wird besonders den schulischen Formen des Lehrens und Lernens zugesprochen, die im allgemeinen über Gruppenkommunikationen und -interaktionen verlaufen. Dieses Lehren und Lernen ist deshalb auf die Koordination von Handlungen, auf das Einander-Verstehen der Beteiligten angewiesen. Lehrende und Lernende müssen Lehrinhalte, je individuelle Äußerungen über diese Inhalte sowie weitere Äußerungen über die individuellen Äußerungen ebenso verstehen wie Befindlichkeiten, Konflikte und Spannungen der miteinander Interagierenden. Dieses Problem gegenseitigen Verstehens innerhalb pädagogischer Institutionen aufgreifend, spricht Luhmann (1986) generell von einer prinzipiellen „Scheiterungsempfindlichkeit" des Verstehens in Erziehungskontexten bzw. von einem strukturellen „Verstehensdefizit" der Pädagogik. Lehrende müssen demgemäß versuchen zu verstehen, ob sie verstanden worden sind, und brauchen dafür Befähigungen wie „Takt", „Intuition" und „Urteilskraft", die nicht als bloße Techniken oder Methoden erlernbar sind.
Ein solches Problem des elementaren Verstehens wird auch an dem Phänomen des sogenannten „pädagogischen Verstehens" sichtbar. Es wird häufig in Erziehungsratgebern thematisiert, wenn etwa vom „Kinder verstehen lernen" die Rede ist. Im allgemeinen bedeutet eine solche Überschrift, daß wissenschaftliches Wissen aus der Medizin, Psychologie, Soziologie oder Pädagogik vereinfacht wird, um kasuistisch damit konkrete Fälle von Kinderverhalten zu deuten. Pädagogisches Verstehen heißt hier, daß Erzieher ein Repertoire an Vorwissen erhalten sollen, um auffallende oder entwicklungs- bzw. zeittypische Verhaltensweisen erkennen und dafür angemessene Verhaltensweisen zeigen zu können. Gemäß hermeneutischer Einsicht ist Verstehen nämlich von „Vorverständnis" und d.h. von Einordnungen des Zu-Verstehenden abhängig. Diese

Sinnzusammenhänge werden bei solchen Ratgebern den Erziehern zur Verfügung gestellt.

Davon zu unterscheiden ist das pädagogisch helfende Verstehen, das in verschiedenen Variationen erscheint und Momente des psychologisch-therapeutischen Verstehens enthält. Dieses Verstehen geht generell davon aus, daß Kinder sich von Eltern und Erziehern verstanden fühlen wollen. Diesem Wunsch nach Verstanden-werden soll vor allem durch Verstehen als einer Erziehungshaltung und -einstellung Rechnung getragen werden. Indem Verstehen als Einstellung des Mitleidens, Mitempfindens und An-der-Seite-des-Kindes-stehens bei seinen Ängsten, Belastungen, Hoffnungen und Wünschen aufgefaßt wird, zeigt dieses pädagogisch helfende Verstehen Momente des „empathischen Verstehens" aus der Gesprächstherapie. Pädagogisches Verstehen heißt ebenso wie in solchem therapeutischem Verstehen zu verdeutlichen, daß jemand da ist, ohne zu fordern und zu verurteilen, und gerade dadurch dem Zu-Erziehenden hilft, sich selbst zu verstehen und sich zu formen. Verstehen und Vertrauensgewinn werden als eng miteinander verbunden wahrgenommen, insofern dieser Haltung des Verstehens zugesprochen wird, Vertrauen zwischen Erziehern und Zu-Erziehenden und Selbstvertrauen bei letzteren aufzubauen.

Eine Variation dieses pädagogisch helfenden Verstehens ist das sogenannte „entwerfende" oder „emporbildende Verstehen" (Spranger). Es geht davon aus, daß Zu-Erziehende (Sich-Bildende) ein je eigenes Ich-Ideal haben oder mit ihrem Leben auf etwas Bestimmtes hinauswollen. Deutungsangebote von Erziehern auf der Basis von Entwicklungslogiken, der Betrachtung von bisherigen biographischen Verläufen und Selbstansprüchen sollen den Zu- Erziehenden helfen, die eigenen Steigerungsansprüche zu verstehen und dadurch zu fördern.

Eine andere Akzentuierung erhält dieses pädagogisch fördernde Verstehen, wenn es um das Verständnis von abweichendem, auffälligem oder gestörtem Verhalten bei Zu-Erziehenden geht. Dann steht nicht ein intuitives Erahnen von Selbstentfaltungsstreben als pädagogisches Fremdverstehen im Vordergrund, sondern die Suche nach psychischen oder sozialen Gründen für oder Zwängen von Verhaltenskundgaben. Hier werden viele Annahmen für das pädagogische Verstehen als Vorverständnis wichtig, wobei der Übergang zu diagnostischem bzw. therapeutischem Verstehen fließend sein dürfte.

Die genannten Formen des pädagogischen elementaren Verstehens vor allem in der Weise der Haltung, Einstellung oder Tugend werden in einer bestimmten wissenschaftlichen Reflexionsform, nämlich der geisteswissenschaftlich-hermeneutischen Pädagogik, besonders thematisiert. In Formulierungen wie „pädagogisches Verhältnis", „pädagogischer Bezug" oder „Begegnung" wird Erziehung und Bildung als eine besondere Form des „verstehenden Miteinanderseins" von Menschen thematisiert. Verstehen erscheint hier als „ideales Verstehen" einer „eigentümlichen Mischung von realistischem und idealistischem Sehen", wie →Nohl (1929, S. 55) sagt. Im pädagogisch verwendeten Verstehen soll ein Überschuß an empirisch belegbarem Wissen liegen. Intuition und Erahnung werden aus dem Akt des Verstehens nicht ausgeschlossen und auch nicht Bereitschaften zu Anteilnahme und Sorge. Für solche Hermeneutik ist Pädagogik als Reflexionsform eine Theorie für Praxis, insofern durch die Beschäftigung mit „pädagogischem Sehen und Denken" vor allem das hermeneutische Vorverständnis von Pädagogen in der Praxis gebildet und für verstehende Haltungen geworben werden soll. Dabei gilt es, über eine hermeneutische Beschäftigung etwa mit pädagogischen Sichtweisen von Klassikern der Pädagogik oder mit pädagogischen Situationen die Verstehens-Intuitionen und -Einstellungen von Erziehern zu erweitern und von bloßer Willkür und Subjektivismen frei zu halten.

Diesem Verständnis des Verstehens in einer Pädagogik als Theorie einer Praxis stehen eher szientifische (erziehungswissenschaftliche) Auffassungen über das Interpretieren und Deuten gegenüber. Sie stehen entweder den Geschichtswissenschaften bzw. Philologien nahe oder den Sozialwissenschaften. Im erziehungswissenschaftlichen historischen Verstehen werden Regeln und Werkzeuge aus der Praxis der Geschichtswissenschaften verwendet, um Quellen aufzusuchen, zu prüfen und über forschendes Verstehen Vergangenheit zu rekonstruieren. Dabei kann die Rekonstruktionsaufgabe entweder als Aufgabe des bloßen Wiedererkennens von vergangenen Handlungen, Ereignissen und Zeiten (historisches Verstehen) oder als Deutung von historischen Handlungs- und Ereigniskomplexen aufgefaßt werden. Bei letzterem wird die konstruktive Verstehensaufgabe betont, solche Komplexe in Sinneinheiten zusammenzufassen, indem sie als Ausdruck etwa bestimmter Zeiten, Gesellschaften, Kulturen, Räume und Strukturen begriffen werden.

Auch das forschende Verstehen von Soziologie und Psychologie wird erziehungswissenschaftlich aufgegriffen. Deren Verfahren in den Formen der sogenannten „qualitativen", „verstehenden" oder „interpretierenden Soziologie" („Psychologie") bzw. der „soziologischen" oder „psychologischen Hermeneutik" werden in Schul- und Unterrichtsforschung, in Kinder- und Jugendforschung, in Alltags- und Lebensweltstudien über die, die in pädagogischen Institutionen tätig sind, verwendet. Forschendes Verstehen heißt hier, mit Verfahren der Verbalisation (z. B. über Interviews, Gruppendiskussionen, lautes Denken) oder der Feldforschung (z. B. über teilnehmende Beobachtungen) nicht-standardisiert erhobene Daten in der Form von Texten zu erzeugen und diese zu interpretieren. Dabei geht es vor allem darum, soziale Muster, Schemata, Habitualisierungen menschlichen Denkens, Fühlens und Handelns in pädagogischen Welten oder deren latente Ordnungskonstruktionen verstehend zu rekonstruieren. Forschendes Verstehen in den genannten Formen ist einem szientifischen Erkenntnisanspruch verpflichtet, auch wenn deren Anwender im allgemeinen Objektivitätsideale und Intersubjektivitätsforderungen nach dem Vorbild der Naturwissenschaften kritisieren. Sie betonen, daß die Forschungsregeln interpretierender Wissenschaften nicht als standarisierte, subjektunabhängige und reproduzierbare Techniken des Forschens zu begreifen sind, und setzen vor allem auf Präsentation von „Offenheit" und „Transparenz" des Forschungsprozesses als Äquivalent für diese Forschungsideale. Die Kritik an den Prinzipien sogenannter „traditioneller" Forschung ebenso wie die Formulierung neuer Forschungsregeln für Verstehensverfahren beruhen auf denselben Prämissen. Unterstellt wird, daß Verstehen einen dialogischen Charakter beinhaltet. Verstehensgegenstände sind nicht als Objekte der Forschung, sondern als Ko-Subjekte von Interpreten aufzufassen, mit denen man in einen „hermeneutischen Dialog" tritt. In Rede und Gegenrede wird versucht, sich über Gemeintes zu verständigen. Dies bedeutet etwa für das soziale Verstehen entweder eine stärkere Beteiligung von Zu-Erforschenden an der Erhebung von Daten und ihrer Auswertung oder die Betonung einer sogenannten „dialogischen Atmosphäre" bei der Erhebung von Daten (z. B. bei Interviews) und „dialogischer Interpretation" der danach vertexteten Daten. Die Dialogizität des Textverstehens wird insgesamt zum Vorbild des sozialen, aber auch des historischen Verstehens. Denn der sogenannte hermeneutische Dialog geht davon aus, daß der Interpret von Texten immer eine Doppelrolle einzunehmen hat: er gibt dem Text einen Sinn und läßt diese Sinnzuschreibung durch sein Gegenüber (den Text) korrigieren, indem er sozusagen den Gesprächspart des Gegenübers übernimmt. Dies geschieht prozeßhaft über den sogenannten „hermeneutischen Zirkel" oder die „hermeneutische Spirale": der Fremdinterpret gibt über sein Vorverständnis dem Text eine Sinnzuschreibung, erfährt über die Herausarbeitung des Eigensinns des Textes eine Korrektur des Vorverständnisses, was zu neuer Sinnzuschreibung und neuer Korrektur führt. Damit wird vor allem „Offenheit" des Sich-etwas-Sagen-lassens durch ein Gegenüber (den Text), aber auch gegenseitige Verständigung über Gemeintes und Sinnkontexte verlangt. Weil interpretative Forschung Regeln für solchen dialogischen Umgang mit einem Gegenüber als Forschungsobjekt wir mit anderen Fremdinterpreten dieses Gegenüber sucht, sucht sie gleichzeitig den Prozeß des Interpretierens zu szientifizieren. Bemühen um „souveränes Verstehen" nennt der hermeneutische Philosoph Gadamer (1975) diesen Prozeß, dem er das „vernehmende Verstehen" entgegensetzt. Bei letzterem wird das Sich-etwas-sagen-lassen, das Angesprochen-werden im Verstehen wichtiger als Objektivitätsideale der Wissenschaften. Das Vorbild für dieses Interpretieren ist das theologische und juristische Verstehen. Bei der Auslegung der Heiligen Schrift wird unterstellt, daß sie etwas Gewichtiges und Anerkennenswertes für die Lebensführung einer Glaubensgemeinschaft zu sagen hat. Gesetzesauslegungen sind darauf angelegt, innerhalb einer Rechtsgemeinschaft festzulegen, welche Handlungen als rechtskonform oder -widrig aufzufassen sind. Interpreten müssen hier „hörend" verstehen, müssen Verstandenes als für sich und Andere bedeutsam wahrnehmen. Damit wird von Interpreten nicht ein kritikloses Für-wahr-halten von solchen Texten und ihren Forderungen an Lebensführung erwartet, sondern nur die Bereitschaft zu kritischer Anerkennung von Ansprüchen an Lebensführung, die Texte erheben. Die Akzentuierung von vernehmendem Verstehen macht darauf aufmerksam, daß der Verstehensvorgang verlangt, offen für die Korrektur des eigenen Vorverständnisses zu sein. Dieser Korrekturanspruch bezieht sich auch auf Überzeugungen und Einstellungen, auf Willensantriebe von Menschen als Vorverständnisse, so daß Verstehen ethisch-praktische Relevanz erhält. Dafür ist die Grundannahme wichtig, daß Texten (Ko-Subjekten) die Autorität zugesprochen wird, etwas für die Lebensauffassungen von Interpretierenden Bedeutsames oder Sinnstiftendes zum Ausdruck zu bringen. Verstehensgegenstände sind dann nicht so sehr Quellen oder Daten, sondern „Denkmäler" und „Vorbilder". Sie nicht souverän verstehend aufzugreifen, sondern vernehmend an sie anzuknüpfen schafft Interpretationsgemeinschaften, die sich in der Pädagogik als Erziehungsgemeinschaften mit bestimmten Traditionen finden lassen. →Wissenschaftstheorie

Lit.: Danner, H.: Methoden geisteswissenschaftlicher Pädagogik, München ⁴1994; Diemer, A.: Elementarkurs Philosophie Hermeneutik, Düsseldorf 1977; Gadamer, H. G.: Wahrheit und Methode. Grundzüge einer philosophischen Hermeneutik, Tübingen ⁴1975); Luhmann, N., Schorr, E. (Hrsg.): Zwischen Intransparenz und Verstehen. Fragen an die Pädagogik, Frankfurt 1986; Nohl, H.: Pädagogische Menschenkunde; in: Nohl, H., Pallat, L. (Hrsg.): Handbuch der Pädagogik, Bd. 2, Langensalza 1929, S. 51- 75; Uhle, R.: Verstehen und Pädagogik. Eine historisch- systematische Studie über die Begründung von Erziehung und Bildung durch den Gedanken des Verstehens, Weinheim 1989; Uhle, R.: Objektivity in Pedagogic Hermeneutics, in: Danner, H. (ed.): Hermeneutics and educational Discourse, Johannesburg 1997, S. 103- 128.

Reinhard Uhle, Lüneburg

Verwahrlosung

Der Begriff der Verwahrlosung erschien im →Jugendrecht erstmals bereits in den

Verwaltung

70er Jahren des 19. Jahrhunderts, als die Länder Ausführungsgesetze zur →Zwangserziehung verabschiedeten. Er fand als Eingangsmerkmal der →Fürsorgeerziehung als Nachfolgerin der Zwangserziehung Aufnahme in das RJWG und blieb auch im JWG erhalten. In ihrer langen Geschichte wurde stets versucht, diese unbestimmte Bezeichnung inhaltlich (i.d.R. deskriptiv) zu füllen, wobei die Definition von den jeweils vorherrschenden Norm- und Wertvorstellungen (→Norm, →Wert) bestimmt wurden. Hierbei wurde als Ursache für V. überwiegend eine abnorme oder pathologische Persönlichkeitsstruktur angenommen, die, wenn sie sich ungehindert entfalten konnte, vom Ungehorsam über Schule schwänzen zur Dauerkriminalität führte.

Erst das KJHG beseitigte den Verwahrlosungsbegriff als negativ besetztes, nie exakt definiertes Eingangsmerkmal für eine Maßnahme der →Jugendhilfe und orientierte sich in seinem Maßnahmenkatalog – wie von Sozialpädagogen schon lange gefordert – an der Erziehungsbedürftigkeit junger Menschen.

Verwaltung
→Sozialadministration

VHS
→Volkshochschule

Viktimologie
V. ist eine Teildisziplin der →Kriminologie, die – im Gegensatz zur ursprünglichen Täterorientierung der Kriminologie – die Funktion des Verbrechensopfers (victima [lat.] = Opfer) bei der Entstehung und dem Verlauf einer Straftat untersuchen.

Volksbildung
V. ist der historische Vorläufer der →Erwachsenenbildung. Ihr Ursprung liegt in der Aufklärung, die →Bildung nicht länger als Privileg des Adels ansah, sondern „Bildung für alle" propagierte. Historisch lassen sich drei Richtungen der V. unterscheiden: Als älteste ist zunächst einmal die emanzipatorische (gegenüber dem Adel) Bildungsbewegung des aufstrebenden Bürgertums im Zuge der Aufklärung zu nennen. Hinzu kommt in der Zeit der Industrialisierung die klassenkämpferisch orientierte →Arbeiterbildung sowie als dritte Richtung die kompensatorisch-integrative V., die eher kulturelle als politisch-emanzipatorische Ziele verfolgte.

Volkshochschulbewegung
→Reformpädagogik

Volkshochschule (VHS)
Die V. ist eine Stätte der →Erwachsenen- und →Weiterbildung, die meist unter →öffentlicher (kommunaler) Trägerschaft steht. Sie bietet – i.d.R. in Abendveranstaltungen (Ausnahme: →Heimvolkshochschule) und überwiegend durch nebenamtliche Lehrkräfte – ein breit gefächertes Programm in schulähnlicher Form an. V. entstanden seit der Mitte des 19. Jahrhunderts (oft in Form von sog. selbstorganisierten Bildungsvereinen) aus dem Gedanken der →Volks- und →Arbeiterbildung heraus in vielen europäischen Ländern (vor allem Dänemark und England). →Reformpädagogik, →Deutscher Volkshochschulverband.

Volkspfleger
Die hauptamtlichen Armenpfleger (→Armenpflege) wurden im Dritten Reich in V. umbenannt. →Nationalsozialismus und Sozialpädagogik, →Armut.

Volljährigkeit
Mit der Vollendung des 18. Lebensjahres ist die →Minderjährigkeit beendet, und es wird gem. § 2 BGB die Rechtstellung der V. erreicht, die zur uneingeschränkten Mündigkeit im Rechtsleben führt. Allerdings können V. bis zu einem bestimmten Alter in einigen Gesetzen (z.B. JGG, KJHG) als →Heranwachsende behandelt werden, die unter bestimmten Bedingungen unter das Jugendrecht fallen.

Die →elterliche Sorge ist mit Beginn der

V. beendet (nicht jedoch die →Unterhaltspflicht).

Vollzeitpflege
Die V. ist eine Maßnahme der →Hilfen zur Erziehung des KJHG, bei der der Minderjährige zeitweise oder auf Dauer in einer anderen Familie als der Herkunftsfamilie untergebracht wird. Im Gegensatz zur →Tagespflege erfolgt die V. rund um die Uhr.
Der Familienbegriff ist hier nicht im traditionellen Sinne zu verstehen, sondern umfaßt auch geeignete unverheiratete Paare oder auch Einzelpersonen. Das →Jugendamt ist für diese in § 33 KJHG geregelte Hilfe zur Erziehung zuständig. Die Vollzeitpflege ist die vereinheitlichte Nachfolgerin der im JWG möglichen Ausführung der →Fürsorgeerziehung, →freiwilligen Erziehungshilfe oder einer Fremdunterbringung gem. §§ 5,6 JWG in einer Familie. →Pflegekinderwesen.

Vormund
→Vormundschaft und Pflegschaft

Vormundschaft und Pflegschaft
1. Überblick und Einführung. Das im Bürgerlichen Gesetzbuch (BGB) im dritten Abschnitt des vierten Buches enthaltene Vormundschaftsrecht unterschied bisher die V. über Minderjährige, die V. über Volljährige und die Pflegschaft. Die V. konnte als relativ umfassende Fürsorge für einen Menschen, die Pflegschaft als eine relativ ergänzende und lediglich punktuell wirkende Maßnahme der Fürsorge und Unterstützung bezeichnet werden; die V. als relativ umfassend deshalb, weil der Vormund eines Volljährigen für die Person seines Mündels nur insoweit zu sorgen hatte, als der Zweck der Vormundschaft es erforderte. Die Aufgaben des Vormundes für einen Minderjährigen sind der elterlichen Sorge nachgebildet. Der Vormund hat danach das Recht und die Pflicht, für die Person und das Vermögen des Mündels zu sorgen, insbesondere den Mündel zu vertreten. Ebenso wie die Eltern hat auch der Vormund eines Minderjährigen bei der Pflege und Erziehung die wachsende Fähigkeit und das wachsende Bedürfnis des Minderjährigen zu selbständigem verantwortungsbewußtem Handeln zu berücksichtigen und mit dem Mündel, soweit das nach dessen Entwicklungsstand möglich ist, Fragen der „elterlichen" Sorge zu besprechen und dabei Einvernehmen anzustreben.

Die V. für Volljährige orientierte sich an der V. für Minderjährige. Dies führte u. a. in der Vergangenheit dazu, daß für die Verwaltung von Vermögen Maßstäbe angelegt wurden, die der Situation z.B. des alten (hilfebedürftigen) Menschen nicht gerecht wurden. Für die Pflegschaft gelten weitgehend die Vorschriften des Vormundschaftsrechts.

Mit dem Inkrafttreten des Gesetzes zur Reform des Rechts der Vormundschaft und Pflegschaft für Volljährige (Betreuungsgesetz – BtG) am 1.1.1992 (das Gesetz ist im BGBl. 1990, Teil I S. 2002 veröffentlicht worden) wurde die V. für Volljährige und die nur bei Volljährigen mögliche Gebrechlichkeitspflegschaft durch das neue Rechtsinstitut der →Betreuung (jetzt „Rechtliche Betreuung") ersetzt. Der Dritte Abschnitt des Vierten Buches des BGB kennt also jetzt drei – ihrem Inhalt und ihrer Zielsetzung nach – unterschiedliche Instrumente zur Besorgung der Angelegenheiten eines anderen, der dazu, aus welchen Gründen auch immer, nicht imstande ist: Die Vormundschaft für Minderjährige, die Rechtliche Betreuung Volljähriger und die Pflegschaft, die sowohl im Minderjährigenrecht als auch dann eine Rolle spielt, wenn sonst die Wahrnehmung der Interessen einer Person oder einer Sache geboten ist.

2. Vormundschaft für Minderjährige. Das dem Begriff der V. innewohnende Herrschaftsverhältnis kam bisher in der Überschrift des Titels „Vormundschaft über Minderjährige" zum Ausdruck. Die Abkehr von der „elterlichen Gewalt" und die Einführung des Begriffs der „el-

terlichen Sorge" durch das SorgRG vom 18.7.1979 (BGBl. I 1061) rechtfertigten die modernerem Verständnis entsprechende Bezeichnung „Vormundschaft für Minderjährige". Allerdings wurde jetzt durch das BtÄndG die Überschrift des betreffenden Titels auf das Wort „Vormundschaft" reduziert.

Dem Inhalt nach geht es um die Wahrnehmung der Verantwortung für einen jungen Menschen, zu der die eigentlich dazu Berufenen – die Eltern – aus tatsächlichen oder aus rechtlichen Gründen nicht oder nicht mehr imstande sind, sei es, daß sie verstorben oder geschäftsunfähig (§ 104 Nr. 2 BGB) sind, sei es, daß das Familiengericht ihnen die elterliche Sorge ganz oder in dem Maße entzogen hat (§ 1666 BGB), daß sie ihr Kind in den die Person und das Vermögen betreffenden Angelegenheiten im Rechtsverkehr nicht mehr vertreten dürfen (§ 1773 BGB). Ein minderjähriges Kind erhält auch dann einen Vormund, wenn seine Eltern bei seiner Geburt nicht miteinander verheiratet waren (bisher hieß es nichtehelich) und bis zur Volljährigkeit der Mutter auch nicht geheiratet haben und dem Vater des Kindes nicht die elterliche Sorge zusteht und seine Mutter noch nicht volljährig ist. (Zu weiteren Gründen für eine Vormundschaft für ein minderjähriges Kind s. die angegebene Literatur, wobei darauf zu achten ist, daß infolge des am 1.7.1998 in Kraft getretenen Kindschaftsrechtsreformgesetzes (KindRG – BGBl. I S. 2942) Änderungen gegenüber der bisherigen Rechtslage infolge von Entscheidungen der Eltern (Sorgeerklärungen) eingetragen sein können). Während die V. für ein Kind, dessen Eltern bei seiner Geburt nicht miteinander verheiratet waren, mit seiner Geburt automatisch eintritt, muß die Vormundschaft im übrigen vom Gericht (Vormundschafts- oder ggf. Familiengericht) angeordnet werden.

Vormund eines →Kindes, dessen Eltern bei seiner Geburt nicht miteinander verheiratet waren, wird das zuständige Jugendamt. In anderen Fällen trifft das Gericht eine Auswahlentscheidung, wenn nicht die Eltern selbst Vorsorge getroffen und jemand als Vormund benannt haben. Ein so Benannter ist nur unter bestimmten Voraussetzungen zu übergehen. Im übrigen hat sich das Vormundschaftsgericht bei seiner Auswahlentscheidung nach gesetzlichen Vorgaben zu richten (§ 1779 BGB). Danach sind bei der Auswahl unter mehreren geeigneten Personen der mutmaßliche Wille der Eltern, die persönlichen Bindungen des Mündels, die Verwandtschaft oder Schwägerschaft mit dem Mündel sowie das religiöse Bekenntnis des Mündels zu berücksichtigen (Neufassung des Abs. 2 durch Art. 1 Nr. 4 BtÄndG).

Nach Möglichkeit soll eine Einzelperson als Vormund gewonnen und bestellt werden. Nach der Neufassung des § 1775 BGB durch Art. 1 Nr. 3 BtÄndG kann das Gericht ein Ehepaar gemeinschaftlich zu Vormündern bestellen. Im übrigen soll es aber, sofern nicht besondere Gründe für die Bestellung mehrerer Vormünder vorliegen, für den Mündel und, wenn Geschwister zu bevormunden sind, für alle Mündel nur einen Vormund bestellen. Ist eine als Einzelvormund geeignete Person nicht vorhanden, kann ein für diese Aufgabe als geeignet anerkannter Verein zum Vormund bestellt werden. Der Verein bedient sich dann bei der Führung der Vormundschaft einzelner seiner Mitglieder oder Mitarbeiter (§ 1791a BGB). Ist eine als Einzelvormund geeignete Person nicht vorhanden und kommt die Bestellung eines Vereins nicht in Betracht (z. B. weil er seine Einwilligung dazu nicht gibt), kann auch das Jugendamt zum Vormund bestellt werden (sog. „bestellte Amtsvormundschaft"). Das Jugendamt überträgt dann die Ausübung der Aufgaben des Vormundes einzelnen seiner Beamten oder Angestellten (§ 55 KJHG).

Der Vormund wird vom Vormundschaftsgericht durch Verpflichtung zu treuer und gewissenhafter Führung der Vormundschaft bestellt; zum Nachweis dessen erhält er eine Bestallungsurkunde. Für den Verein und die Behörde gelten abweichende Regelungen. Der Vormund unterliegt der Aufsicht und Kontrolle des Vormundschaftsgerichts, das gegen Pflichtwidrigkeiten durch geeignete Gebote und Verbote einzuschreiten hat. Grundsätzlich handelt der Vormund jedoch selbständig und eigenverantwortlich. Er hat dem Vormundschaftsgericht mindestens einmal jährlich über die persönlichen Verhältnisse des Mündels zu berichten. Über die Vermögensverwaltung hat er – in der Regel jährlich – dem Vormundschaftsgericht Rechnung zu legen. Auf Verlangen hat er dem Gericht jederzeit über die Führung der Vormundschaft und über die persönlichen Verhältnisse des Mündels Auskunft zu geben. Auch hier gelten Abweichungen, wenn nicht eine Einzelperson bestellt wurde. Wer vom Vormundschaftsgericht (auf Vorschlag und/ oder nach Prüfung des Jugendamtes) ausgewählt worden ist, hat die V. zu übernehmen, es sei denn, daß gesetzlich vorgesehene Gründe dagegenstehen oder anerkannte Gründe vorliegen, die Übernahme der V. abzulehnen (dazu s. § 1786 BGB). Den zum Vormund Ausgewählten kann das Vormundschaftsgericht sogar durch Festsetzung von Zwangsgeld zur Übernahme der V. anhalten. Grundsätzlich wird die V. unentgeltlich geführt. Auslagen, die zur Führung der V. notwendig waren (Telefonkosten, Briefmarken usw.), erhält der Vormund jedoch erstattet, entweder unmittelbar aus dem Vermögen des Mündels oder, wenn der Betreffende mittellos ist, aus der Staatskasse. Zur Bestreitung von solchen Aufwendungen kann der Vormund auch Vorschuß verlangen. Neuerdings kann der Vormund darauf verzichten, die Aufwendungen gegen Einzelnachweis erstatten zu lassen, und einen Pauschalbetrag von z.Z. 600 DM jährlich verlangen. Mit dieser Aufwandsentschädigung sind alle Aufwendungen abgegolten. Das Vormundschaftsgericht kann dem Vormund auf seinen Antrag eine angemessene Vergütung bewilligen, wenn ein vorhandenes Vermögen und der Umfang oder die Schwierigkeit der vormundschaftlichen Geschäfte dies rechtfertigen. Werden allerdings jemandem Vormundschaften in einem solchen Umfang übertragen, daß er sie nur im Rahmen seiner Berufsausübung führen kann, so ist ihm eine Vergütung auch dann zu bewilligen, wenn der Mündel mittellos ist. Die Höhe der Vergütung bestimmt sich nach den für die Führung der Vormundschaft nutzbaren Fachkenntnissen des Vormundes sowie nach dem Umfang und der Schwierigkeit der vormundschaftlichen Geschäfte. Die Einzelheiten, insbesondere die nach Qualifikation des Vormunds gestaffelten Vergütungssätze, enthält das Gesetz über die Vergütung von Berufsvormündern (Berufsvormündervergütungsgesetz – BVormVG), das Bestandteil des BtÄndG ist.

Entsprechend dem Vorbild der „elterlichen" Sorge hat der Vormund für die Person und das Vermögen des Minderjährigen zu sorgen. Er ist zuständig für die Pflege und die Erziehung des Mündels, für seine gesundheitliche Versorgung, die Schul- und Berufsausbildung, die Beaufsichtigung und die Bestimmung seines Aufenthalts, um nur die wichtigsten Angelegenheiten der →Personensorge zu nennen. Er muß die Erziehung des anvertrauten Mündels nicht selbst vornehmen, sondern kann sie anderen, z.B. einer Pflegefamilie oder einem Heim usw., übertragen. Übt er die Erziehung selbst aus, ist er an die Maßstäbe gebunden, die für Eltern gelten. Danach sind z.B. entwürdigende Erziehungsmaßnahmen unzulässig. In Angelegenheiten der Ausbildung und des Berufes hat der Vormund, ebenso wie die Eltern, insbesondere auf Eignung und Neigung des Kindes Rücksicht zu nehmen. Vorhandenes Vermögen hat der Vormund zu verzeichnen und so zu verwalten, daß es nach Möglichkeit erhalten bleibt oder vermehrt wird. Er hat es, soweit es nicht zur Bestreitung laufender Ausgaben bereitzuhalten ist, „mündelsicher" anzulegen. Dafür enthält das BGB eingehende Regelungen, trifft aber auch Ausnahmen, z. B. für die Behörde als Vormund. In zahlreichen Fällen muß der Vormund, bevor eine Entscheidung wirksam wird, die Genehmigung des Vormundschaftsgerichts einholen. Stimmt das Vormundschaftsgericht einer beabsichtigten Maßnahme zu, steht es dennoch im pflichtgemäßen Ermessen des Vormunds, von der gerichtlichen Genehmigung Gebrauch zu machen oder von dem Vorhaben Abstand zu nehmen. Ein Zwang zum Handeln ergibt sich aus der Tatsache der gerichtlichen Genehmigung allein nicht. Nach Beendigung des Amtes hat der Vormund dem Mündel das verwaltete Vermögen herauszugeben und über die Verwaltung Rechenschaft abzulegen. Das Recht und die Pflicht des Vormundes, für die Person und das Vermögen des Mündels zu sorgen, erstreckt sich nicht auf Angelegenheiten des Mündels, für die ein Pfleger bestellt ist. Dem Vormund ist ein Selbstkontrahieren verboten; in bestimmten Fällen (§§ 1795, 1796 BGB) kann er den Mündel nicht vertreten.

Ein besonderer Fall gesetzlicher V. ist die Adoptionsvormundschaft (§ 1751 BGB). Sie tritt dann ein, wenn Eltern oder ein Elternteil in die Annahme des Kindes eingewilligt hat. Mit dieser Einwilligung ruht die elterliche Sorge des Einwilligenden. Er kann die elterliche Sorge nicht mehr ausüben; ebensowenig die Befugnis zum persönlichen Umgang mit dem Kind. Damit wird ein wesentlicher Schritt auf dem Wege zur →Adoption, der Herauslösung des Kindes aus der bisherigen Eltern/Kind-Beziehung und der Begründung eines neuen Eltern-Kind-Verhältnisses getan. Das Jugendamt wird Vormund des „zur Adoption freigegebenen" Kindes. Dies gilt dann nicht, wenn der andere Elternteil die elterliche Sorge allein ausübt oder wenn bereits – aus anderen Gründen – ein Vormund bestellt ist. Der Aufgabenkreis dieser nach § 1751 Abs. 1 BGB eingetretenen V. unterscheidet sich im Grundsatz nicht von dem des sog. Altersvormundes. Der Adoptionsvormund ist verantwortlich für die gesamte Personen- und Vermögenssorge des Kindes einschließlich seiner Vertretung. Da die Adoptionsvormundschaft spätestens mit dem Zustandekommen der Adoption endet, grundsätzlich also als eine Maßnahme von begrenzter, kurzer Dauer gedacht ist, kommt es dem Adoptionsvormund nicht zu, Entscheidungen von weitreichenden Konsequenzen zu treffen.

3. Pflegschaft. P. ist staatlich angeordnete und kontrollierte Fürsorge für eine Person oder ein Vermögen mit einem zeitlich oder sachlich begrenzten und in der Mehrzahl vom Gericht konkret bestimmten Wirkungskreis. Pflegschaften außerhalb des Familienrechts sind (u. a.) die Nachlaßpflegschaft zur Sicherung des Nachlasses, bevor die Erbschaft angenommen ist (§ 1960 BGB) und die Verfahrenspflegschaft in Betreuungs- und Unterbringungssachen nach dem neuen Betreuungsrecht (§§ 67 und 70b FGG). Außerdem hat das KindRG den Verfahrenspfleger für das minderjährige Kind (§ 50 FGG) eingeführt, der ihm – abgesehen von Regelbeispielen – immer dann zu bestellen ist, wenn es um ein seine Person betreffendes Verfahren geht und soweit dies zu Wahrnehmung seiner Interessen erforderlich ist.

Die im →Familienrecht des BGB bisher enthalten gewesene P. für ein nichtehelich geborenes Kind, die mit der Geburt des Kindes automatisch einsetzte (s. Vorauflagen), ist mit Inkrafttreten des Beistandschaftsgesetzes am 1.7.1998 (BGBl I S. 2846) abgeschafft worden; die Sorgerechtspflegschaft und die Unterhaltspflegschaft zur Betreuung von Scheidungswaisen des bisherigen § 1671 Abs. 5 BGB ist mit dem KindRG entfallen. Der Sache nach besteht weiterhin die Möglichkeit einer Pflegerbestellung für einzelne Aufgaben: wenn dem sorgeberechtigten Elternteil insoweit das Sorgerecht nach Maßgabe der §§ 1666 ff. BGB entzogen worden ist; die Abwesenheitspflegschaft zur Besorgung von Angelegenheiten für einen Volljährigen unbekannten Aufenthalts (§ 1911 BGB); die P. für eine Leibesfrucht zur Wahrung ihrer künftigen Rechte, soweit diese bereits jetzt der Fürsorge bedürfen (§ 1912 BGB); die P. für unbekannte Beteiligte und die P. für ein durch öffentliche Sammlung zusammengebrachtes Vermögen, das verwaltet werden muß, weil die dazu berufene Person weggefallen ist (§§ 1913 und 1914 BGB). Eine Ersatzpflegschaft (§ 1909 Abs. 3 BGB) kommt dann in Betracht, wenn die Voraussetzungen einer Vormundschaft vorliegen (z. B. Tod beider Eltern), ein Vormund aber noch nicht bestellt ist (z. B. weil noch festgestellt werden muß, ob die berufene Person auch bestellt werden kann). Schließlich ist die Ergänzungspflegschaft als häufigste Form der P. zu nennen, die immer dann angeordnet werden muß, wenn Eltern oder der Vormund an der Besorgung einer Angelegenheit verhindert sind (z. B. weil sie den Minderjährigen in einer bestimmten Angelegenheit nicht vertreten dürfen, §§ 1629, 1795 BGB) oder in dem Falle, daß der Minderjährige Vermögen von Todes wegen erworben und der Erblasser bestimmt hat, daß dieses Vermögen nicht von den Eltern oder dem Vormund verwaltet wird.

Die bisher im Pflegschaftsrecht des Familienrechts enthaltene Gebrechlichkeitspflegschaft für Volljährige, die infolge von Krankheit oder Behinderung ihre Angelegenheiten ganz oder teilweise nicht besorgen konnten, ist durch das am 1.1.1992 in Kraft getretene Betreuungsrecht abgeschafft und durch die Bestellung eines Betreuers ersetzt worden.

Die P. läßt sich als „kleine Vormundschaft" kennzeichnen. Die Ähnlichkeit mit der Vormundschaft kommt dadurch zum Ausdruck, daß, von einigen Besonderheiten abgesehen, auf die P. des BGB die für die Vormundschaft geltenden Bestimmungen entsprechende Anwendung finden (§ 1915 Abs. 1 BGB). Auch für das Verfahren in Pflegschaftssachen, das eine eigene Regelung nicht erfahren hat, sind im allgemeinen die für Vormundschaftssachen geltenden Vorschriften maßgebend (Staudinger – Engler/Krämer, Vorbem. vor §§ 1909 ff., Rn. 17).

Die P. endet entweder kraft Gesetzes, z. B. mit der Volljährigkeit des Kindes; im übrigen muß sie vom Vormundschaftsgericht ausdrücklich aufgehoben werden, wenn der Grund für die Anordnung weggefallen (§ 1919 BGB), d. h. die besorgungsbedürftige Angelegenheit erledigt ist. Die Amtspflegschaft für nichteheliche Kinder, die in den sog. Altländern der Bundesrepublik Deutschland noch bestand, ist mit dem Inkrafttreten des Beistandschaftsgesetzes beseitigt worden.

Das Recht der ehemaligen DDR kannte das Rechtsinstitut der Amtspflegschaft für nichteheliche Kinder nicht. Waren dort die Eltern des Kindes bei dessen Geburt nicht miteinander verheiratet, hatte die Mutter das Erziehungsrecht allein (§ 46 Abs. 1 FGB – Familiengesetzbuch –). Starb die Mutter oder verlor sie das Erziehungsrecht, konnte dieses durch das Organ der Jugendhilfe dem Vater des Kindes, seinen Großeltern oder einem Großelternteil übertragen werden, ohne daß es der Anordnung einer Vormundschaft bedurfte. Nach dem Einigungsvertrag waren mit dem Beitritt der DDR zur Bundesrepublik Deutschland das Bürgerliche Gesetzbuch und das Kinder- und Jugendhilfegesetz in den sog. Neuländern in Kraft getreten, jedoch ohne die Vorschriften über die elterliche Sorge für nichteheliche Kinder. Nicht erst dadurch entbrannte die Diskussion um die gesetzliche Amtspflegschaft in der Fachliteratur und anderswo. Im wesentlichen ging es in der Frage, ob die Amtspflegschaft weiterhin grundsätzlich in allen Fällen und automatisch mit der Geburt des Kindes eintreten oder (z. B.) lediglich als ein Hilfeangebot des Jugendamtes (u. U. einer anderen Behörde) ausgestaltet und vorgehalten werden sollte (vgl. dazu u.a. H. Oberloskamp, ZfJ 1991, S.586 und G. Richter, FamRZ 1994, S. 5 mit Lit.-Hinweisen sowie W. Bienwald, FamRZ 1994, S. 10).

An Stelle der inzwischen beseitigten gesetzlichen Amtspflegschaft ist eine freiwillige Beistandschaft des Jugendamts getreten. Sie tritt ein, sobald der darauf gerichtete Antrag eines (antragsberechtigten) Elternteils dem Jugendamt zugeht (§§ 1712, 1714 BGB).

Sie kann folgende Aufgaben umfassen: Feststellung der Vaterschaft; Geltendmachung von Unterhaltsansprüchen einschließlich der Ansprüche auf eine an Stelle des Unterhalts zu gewährende Abfindung sowie die Verfügung über diese Ansprüche. Sie kann auf eine der beiden Aufgaben beschränkt werden.

Antragsberechtigt ist nur der Elternteil, dem für den Aufgabenkreis der beantragten Beistandschaft die alleinige elterliche Sorge zusteht oder zustünde, wenn das Kind bereits geboren wäre (§ 1713 BGB). Es handelt sich um einen Beistand „des Kindes" (!), nicht des Erwachsenen, dessen elterliche Sorge im übrigen durch die Existenz des Beistands nicht eingeschränkt wird, so daß – bis auf die Situation im Prozeß (§ 53 a ZPO) – Beistand wie sorgeberechtigter Elternteil nebeneinander für das Kind tätig werden können.

Art. 223 EGBGB enthält Übergangsregelungen. Zwar werden bzw. wurden alle bisher bestehenden Amtspflegschaften nach § 1706 BGB am 1.7.1998 Beistandschaften. Deren bisheriger Umfang reduzierte sich jedoch zum 1.1. 1999 auf das jetzt gesetzliche Maß. Im übrigen bestand seit 1.7.1998 die Möglichkeit, durch entsprechendes schriftliches Verlangen die Beistandschaft enden zu lassen (§ 1715 Abs.1 BGB).

Zu der umstrittenen Frage einer gesetzlichen Amtspflegschaft für ausländische Kinder hatte vor einiger Zeit der Bundesgerichtshof Stellung genommen und durch Beschluß vom 2.5.1990 (FamRZ 1990, S.1103) entschieden, daß nicht-eheliche Kinder ausländischer Staatsangehörigkeit mit gewöhnlichem Aufenthalt in der Bundesrepublik Deutschland kraft Gesetzes unter der Amtspflegschaft des Jugendamtes stehen.

→Betreuung und Betreuungsrecht; →Jugendhilferecht

Lit.: Bäumel u.a.: Familienrechtsreformkommentar – FamRefK –, Bielefeld 1998; Greßmann, Neues Kindschaftsrecht, Bielefeld 1998; Mühlens u.a.: Das neue Kindschaftsrecht, Köln 1998; Kommentare und Lehrbücher zum Familienrecht des BGB und zum KJHG; W. Bienwald, Vormundschafts-, Pflegschafts- und Betreuungsrecht in der sozialen Arbeit, 3. neubearb. Aufl., Heidelberg 1992; H. Oberloskamp (Hrsg.), Vormundschaft, Pflegschaft und Beistandschaft für Minderjährige, 2.Aufl., München 1998.

Werner Bienwald, Hannover

Vormundschaftsgericht
→Kindschaftsrechtsreform; →Vormundschaft und Pflegschaft

Vorrang der Jugendhilfe
Der V.d.J. ergibt sich aus dem Nachrang der →Sozialhilfe, d.h. wenn ein Minderjähriger gleichzeitig Anspruch auf Hilfe nach dem BSHG und auf →Jugendhilfe hat, so ist letztere vorrangig. Ist der Bedarf des Jugendlichen rein materiell, greift jedoch die Sozialhilfe.

Bei behinderten Minderjährigen ist nach herrschender Meinung →Hilfe in besonderen Lebenslagen nach dem BSHG zu gewähren, wenn die im Einzelfall erforderlichen Maßnahmen nach Grund und Zielsetzung überwiegend mit der →Behinderung zusammenhängen. Läßt sich dagegen die konkrete Hilfsbedürftigkeit des Minderjährigen nicht auf die vorliegende Behinderung, sondern auf ein Erziehungsdefizit zurückführen, so ist das KJHG anzuwenden (sog. modifizierte Präponderanztheorie).

Vorschulerziehung
→Elementarbereich

W

Waisenhaus
→Findel- und Waisenhäuser

Waisenhausstreit
Dieser vorwiegend literarisch ausgetragene Streit in der 2. Hälfte des 18. Jahrhunderts bezog sich auf das Kinderelend in den →Findel- und Waisenhäusern. Er führte dazu, daß zahlreiche Kinder statt dessen in Pflegestellen (→Pflegekinderwesen) untergebracht wurden. In diesen weder kontrollierten noch beratenen sog. Koststellen besserte sich das Schicksal der Kinder jedoch kaum.
Der W. ist ein Beispiel für die Jahrhunderte alte Diskussion in der Sozialpädagogik, ob die →Familienpflege oder die →Heimerziehung vorzuziehen sei. Erst allmählich setzt sich die Erkenntnis durch, daß es hier keine allgemeine Lösung gibt, sondern der Einzelfall ausschlaggebend ist.

Waldorf-Pädagogik
Diese Erziehungslehre wurde von R. →Steiner (1861–1925) auf der Grundlage seiner →Anthroposophie entwickelt. Einige wichtige Grundinhalte der W.-P. sind die gleichmäßige Förderung des praktischen, künstlerischen und intellektuellen Lernens, die Gestaltung des schulischen Lehrplans nach dem anthroposophischen Sieben-Jahres-Zyklus, Koedukation, individuelle Förderung statt der Selektion durch Noten und Sitzenbleiben.
Die W.-P. findet in privaten Kindergärten und Einheitsschulen (sog. Waldorf-Schulen), die unter aktiver Mitwirkung der Elternschaft vom Lehrkörper selbst verwaltet werden, weltweit Anwendung.

Wandervogel
Diese um 1895 in Berlin-Steglitz gegründete Gymnasiastengruppe, die einen naturverbundenen, jugendspezifischen Lebensstil in Ablehnung der Erwachsenenwelt verwirklichen wollte, wurde zum Ausgangspunkt der deutschen →Jugendbewegung. 1904 spaltete sich der Wandervogel in den auf Berlin beschränkt bleibenden „W. e. V. zu Steglitz bei Berlin" und den sich auf ganz Deutschland verbreitenden „Alt-Wandervogel". 1907 entstand der „Deutsche Bund für Jugendwanderungen", 1910 der „Jungwandervogel". Alle Bünde schlossen sich 1913 zum „W. e. V., Bund für deutsches Jugendwandern" zusammen.

Warenkorb
Der W. dient in der →Sozialhilfe zur Ermittlung des laufenden monatlichen Bedarfs des Sozialhilfeempfängers (sog. Regelsatz). Hierzu wird ein fiktiver Warenkorb mit allen nötigen Gütern und Dienstleistungen gem. § 1 der Regelsatzverordnung zum BSHG aufgestellt. Es sind also nur Dinge des täglichen Bedarfs, aber keine unregelmäßigen Anschaffungen enthalten. Aus der Summe der Preise wird dann der Regelsatz errechnet.

Weiterbildung
übergeordneter Begriff für alles organisierte Lernen der Erwachsenen nach Eintritt in die Erwerbstätigkeit. In ihm ist die berufsbezogene →Fortbildung, die →Umschulung sowie die allgemein orientierte →Erwachsenenbildung zusammengefaßt.

Weniger, Erich (11. 9. 1894–2. 5. 1961)
Der →Nohl-Schüler W. ist einer der Hauptvertreter der →Geisteswissenschaftlichen Pädagogik. Nach seiner Habilitation an der Universität Göttingen (1926) und mehrjähriger Dozententätigkeit an den Pädagogischen Akademien Kiel, Altona und Frankfurt wurde er 1933 entlassen. Als ordentlicher Professor für Pädagogik an der Universität Göttingen übernahm er 1949 die Nachfolge Herman Nohls. W. zeichnete sich vor allem durch seine Arbeiten zur Theorie der Bildung und zur Entwicklung einer geisteswissenschaftlichen Di-

daktik aus. Mit Blankertz, Klafki und Mollenhauer bildete er Pädagogen aus, die die Theoriediskussion in der Sozialpädagogik seit den 1960er Jahren prägten.

Werbung

W. ist eine Strategie des →Marketings, die potentielle Kunden (→Qualitätssicherung – Qualitätsmanagement) eines Gutes oder einer Dienstleistung über eine gezielte Informationsvermittlung animieren soll, dieses Gut zu kaufen oder diese Dienstleistung in Anspruch zu nehmen. →Öffentlichkeitsarbeit

Werksfürsorge

W. ist eine frühere Bezeichnung für →Betriebliche Sozialarbeit.

Werkstätten für Behinderte (früher: Beschützende Werkstätten)
Diese, der beruflichen →Rehabilitation dienenden Einrichtungen bieten Arbeitsplätze für Personen, die aufgrund ihrer geistigen (aber vermehrt auch psychischen oder physischen) →Behinderung unter den üblichen Bedingungen des allgemeinen Arbeitsmarktes keine Arbeit finden können. Rechtlich geregelt sind die W. f. B. im →Schwerbehindertengesetz.

Werte

W. sind im soziologischen Sprachgebrauch allgemeine und grundlegende Orientierungsmaßstäbe für das Handeln und Verhalten von Menschen. Sie entstehen im Entwicklungsprozeß einer Gesellschaft aus den sich herausbildenden Ideen, Religionen und Ideologien. Aus ihnen leiten sich die gesellschaftlichen →Normen ab. Gleichzeitig bilden sie die Zielvorstellungen und Orientierungshilfen für eine Gesellschaft. W. sind nicht statisch, sondern – wie die Gesellschaft – einem Wandel unterworfen und zudem auch manipulierbar.

Kennzeichen moderner Gesellschaften ist die Wertepluralität.

Wichern, Johann Heinrich (21.4.1808–7.4.1881)
Der evangelische Theologe W. war Gründer des „Rauhen Hauses" bei Hamburg. Die dortige Ausbildungsstätte für Erzieher (zunächst „Gehilfeninstitut", später „Brüderhaus") kann als Ursprung der männlichen →Diakonie angesehen werden. Ab 1842 entwickelte Wichern den Gedanken der →„Inneren Mission". W.'s sozialpädagogische Bedeutung liegt weniger in der Theorie, sondern eher in seiner teilweise bahnbrechenden Arbeit u. a. in der Jugendfürsorge oder in der Reform des Jugendstrafvollzugs.

Wilhelm-Polligkeit-Institut (WPI) – Zentrale Fortbildungsstätte des Paritätischen Wohlfahrtsverbandes
Das 1960 gegründete WPI ist die zentrale Fortbildungsstätte des →Deutschen Paritätischen Wohlfahrtsverbandes (der PARITÄTISCHE) mit Sitz in Frankfurt a. M. Ausgehend von der Funktion des PARITÄTISCHEN als Dachverband wurde das WPI sowohl als Bildungsstätte für die verbandseigenen Veranstaltungen als auch als Begegnungsstätte für Mitarbeiter aus den Mitgliedsorganisationen des PARITÄTISCHEN geplant. Im WPI werden neben den verbandseigenen Veranstaltungen viele Tagungen, zentrale Fachveranstaltungen, Organsitzungen und internationale Zusammenkünfte durchgeführt.
Anschrift: Heinrich-Hoffmann-Straße 3, 60528 Frankfurt a. M.

Wilker, Karl (6.11.1885–23.5.1980)
Pionier der reformpädagogischen Bewegung besonders im Bereich der Heimerziehung. W. studierte zunächst in Jena und Göttingen Naturwissenschaften und Pädagogik (Promotion 1908, Staatsexamen für das Höhere Lehramt 1909). In dieser Zeit war er als Mitglied des →Wandervogels in der →Jugendbewegung aktiv. Nach seinem Zweitstudium der Medizin und Psychologie (1911–1914) übernahm er 1917 die Leitung der Zwangserziehungsanstalt Berlin-Lichtenberg (der spätere Lindenhof), wo er

eine humanere reformpädagogische Variante der →Fürsorgeerziehung durchzuführen begann, bis er 1920 nach Konflikten mit seinen Vorgesetzen und Teilen der Mitarbeiterschaft aufgab. Es folgten weitere umfangreiche sozialpädagogische Tätigkeiten zunächst in Deutschland und in der Emigration in der Schweiz. Schließlich ging W. nach Südafrika, wo er von 1937–1964 als Lehrer, Psychologe und Psychotherapeut tätig war.

Als späte Ehrung erhielt der in Deutschland schon fast vergessene W. 11 Jahre nach seiner Rückkehr 1975 die Ehrendoktorwürde der Universität Frankfurt/M.

Wissenschaftliche Begleitung

W. B. ist die Dokumentation des Vorhabens und der Art und Weise des Ablaufs von Projekten und Modellvorhaben unter verschiedenen wissenschaftlichen Aspekten. I. d. R. ist damit auch die Beratung in der Durchführung verbunden.
→Evaluation

Wissenschaftstheorie

Unter Wissenschaftstheorie versteht man im Unterschied zu Wissenschaftsgeschichte, -soziologie, -politik, -praxis und anderem mehr vor allem die Beschäftigung mit drei Arbeitsgebieten:

1. das Gebiet der Wissenschaftsphilosophie.
Hier wird versucht, das Spezifikum wissenschaftlicher gegenüber z. B. alltäglicher, künstlerischer, technischer und anderer Erfahrung auszuzeichnen, Wissenschaft begrifflich zu fixieren, Unterscheidungen wie Geistes-, Sozial-, Natur- und Formalwissenschaften zu begründen sowie Beziehungen zwischen Wissenschaft und Leben oder Natur sowie ihre Funktion in der Gesellschaft zu thematisieren. Dieses Gebiet ist eng mit dem Arbeitsgebiet der →Erkenntnistheorie verbunden, die z. B. unter dem Stichwort von Subjekt-Objekt-Beziehungen als Grundlage von Erkennen die Möglichkeit und Begrenzung wahrer Erfahrung erörtert.

2. das Gebiet der Sprachanalyse und -logik.
Hier geht es darum, entweder das „Werkzeug" Sprache zum Zwecke der Erzeugung von Wahrheit und Gewißheit zu verbessern oder zu begreifen, wie in Sprache als dem „Haus des Seins" Wirklichkeit konstituiert wird.
Die erste Absicht zeigt sich als Versuch, die Nachteile z. B. von Alltagssprache wie Akzeptanz von Widersprüchlichkeit, Vagheit, Mehrdeutigkeit usw. zu korrigieren oder sprachliche Formen der Aneignung von Welt wie definieren, argumentieren, schlußfolgern usw. in ihrem rationalen Geltungsanspruch zu begreifen. Dazu gehört auch die Konstruktion formalisierter oder Kalkülsprachen, um die Erfahrungsgewinnung in den Einzelwissenschaften mit den Denknotwendigkeiten von Logik zu verbinden.
Die zweite Absicht ist von einer Sprachtheorie geleitet, die davon ausgeht, daß in Alltags-, Umgangs-, Bildungs-, Wissenschafts- und anderen Sprachformen Medien der Erfahrung vorliegen. Diese sprachlich konstituierte Welt ist besonders eine Welt des Sinns und der Bedeutung, erscheint in Deutungshorizonten oder Gesprächs- und Verständigungsprozessen. Nicht wie solche sprachliche Weltverfaßtheit für Wissenschaftsansprüche aufzubereiten ist, ist hier die Frage, sondern wie diese zu rekonstruieren oder auszulegen ist.

3. das Gebiet der Metareflexion von Methodenlehren.
Hier stehen die Verfahren der Einzelwissenschaften zur Gewinnung wahren Wissens im Mittelpunkt des Interesses. Methodologien der Beobachtung und Erklärung als Hauptformen eines eher natur- und Verstehen als Weise eines geisteswissenschaftlichen Vorgehens werden auf ihre Voraussetzungen, Grenzen und Möglichkeiten befragt, wissenschaftliches von nicht-wissenschaftlichem Vorgehen zu trennen versucht und Bedin-

gungen von Forschung metatheoretisch formuliert. Weil sich in den Einzelwissenschaften unterschiedliche Bevorzugungen von Methoden der Erfahrungsgewinnung zeigen, werden gerade von Methodenfragen her wissenschaftstheoretische Auseinandersetzungen innerhalb von Disziplinen geführt.

W. als philosophische, sprachtheoretische und methodologische Reflexionsform läßt sich in allgemeine und spezielle W. unterscheiden. In allgemeiner W. werden die genannten Problemstellungen unabhängig von den Besonderheiten der Einzelwissenschaften diskutiert, während sich spezielle als soziologische, psychologische, pädagogische, naturwissenschaftliche usw. Wissenschaftstheorien mit jeweiligen Eigentümlichkeiten von Fächern beschäftigen. W. ist jedoch stark interdisziplinär ausgerichtet, so daß es nicht nur zu einem starken Aufgreifen allgemeinwissenschaftstheoretischer Überlegungen in den speziellen Wissenschaftstheorien kommt und zu gegenseitigen Bezugnahmen von z. B. soziologischen und pädagogischen oder geschichtswissenschaftlichen Gedanken, sondern auch zu einer Verbindung der oben genannten Arbeitsgebiete untereinander.

Deswegen partizipiert pädagogische W. wie jede andere spezielle Theorie der Wissenschaften an Diskussionen übergreifender Art z. B. um das Verständnis der eigenen Disziplin als Wissenschaft, um Grundannahmen über die sprachliche Konstituierung einer Wirklichkeit, die Erziehungswirklichkeit sein soll, und um die Erfahrungsformen zur Erzeugung von Wissen. Jedoch werden in dieser speziellen W. einige Probleme besonders wichtig. Pädagogik hat sich im Unterschied zu anderen Disziplinen erst spät aus der Philosophie als Teildisziplin verselbständigt, ist in einigen Ländern keine autonome Wissenschaft, sondern eine Kombination aus Psychologie, Soziologie und anderem mehr, so daß die Frage der Autonomie des Faches bzw. des Verhältnisses zu anderen auf den Menschen bezogenen Disziplinen eine zentrale wissenschaftstheoretische Frage wird. Erziehungs- und Bildungsprozesse sind in menschlichen Umgang generell eingebunden, so daß ihre Besonderheit in der Form von Erziehungs- und Bildungsphänomenen erst herausgearbeitet werden muß. Pädagogik hat auch mit Einwirkungen auf und in Praxisfeldern zu tun, so daß das Theorie-Praxis-Problem von besonderer Bedeutung ist. Ihre Reflexionsformen sind von unterschiedlichem Geltungsanspruch hinsichtlich Wahrheit und Gewißheit, was zu der Frage führt, inwiefern das Nachdenken über Erziehung und Bildung eher als Kunstlehre, als Erziehungslehre, als Pädagogik oder als Erziehungswissenschaft zu begreifen ist.

Diese Frage hängt mit Diskussionen um das Verständnis von Wissenschaft im Verlaufe des 18. und 19. Jahrhunderts in allgemeiner Wissenschafts- und Erkenntnistheorie zusammen, in denen als wissenschaftliches Wissen entweder systematisches oder erfahrungswissenschaftliches oder verstehend erworbenes Wissen gilt. Dieses Wissen kann nicht bruchlos in Handlungsempfehlungen zur Gestaltung von Erziehungswirklichkeit übergeführt werden, so daß Pädagogik in der Form von Ratgebung, Entscheidungshilfen, literarischen Darstellungsformen usw. als nicht-wissenschaftliche Kunst- oder Erziehungslehre aufgefaßt wird. Wissenschaftliche Pädagogik dagegen ist als systematische Disziplin dadurch ausgezeichnet, daß in ihr allgemeingültige Erziehungs- oder Bildungsziele gesucht werden, um aus ihnen durch schlußfolgernde oder logisch-argumentative Verfahren Erziehungsmittel, -maßnahmen, -einrichtungen usw. abzuleiten. Erfahrungswissenschaftliche Pädagogik erhebt Anspruch auf wissenschaftliche Geltung ihrer Aussagen dadurch, daß sie diese Aussagen mit methodisch angeleiteter Wahrnehmung, mit Experimenten, statistischen Vergleichen usw. begründet. Verstehend erworbenes Wissen gilt als wissenschaftliches Wissen, weil es mit den gleichen Operationen der Interpretation, Auslegung, Deutung usw. erworben wird, wie dies in Theologie, Jurisprudenz, Philologie, Geschichtswissenschaft usw., also in den sogenannten Geistes- oder Kulturwissenschaften geschieht.

Seit Beginn des 20. Jahrhunderts differenzieren sich diese Grundverständnisse der Wissenschaftlichkeit von Pädagogik im Kontext allgemein-wissenschaftstheoretischer Diskussionen in eine Vielzahl von Akzentuierungen, Modifikationen und Veränderungen. Unsystematisch und nicht vollzählig aufgeführt werden heute in Einführungs- oder Überblicksliteraturen zu pädagogischer W. Ansätze oder Konzepte wie empirische, empirisch-analytische, empirisch-deskriptive, realistische, experimentelle, kritisch-rationale, normative, transzendentalphilosophische, hermeneutische, geisteswissenschaftliche, kulturtheoretische, hermeneutisch-dialektische und -existenzphilosophische, neukantianische, phänomenologische, kritische, emanzipatorische, alltagsorientierte, narrative, marxistische, konstruktivistische, systemtheoretische usw. Pädagogiken beschrieben. Sie beinhalten unterschiedliche Methoden, Standpunkte, Betrachtungs- und Ordnungsweisen erziehungswissenschaftlichen Wissens, das sich seiner eigenen Annahmen, Aufbauprinzipien, Standards, Vorgehensweisen, Geltung usw. im Begreifen von Erziehungswirklichkeit vergewissern muß. Denn es gibt unterschiedliche Zugriffsweisen, Themen, Relevanzen, Aufbauprinzipien und vieles mehr bei dem Versuch eines solchen Begreifens. Auseinandersetzungen, Polemiken, Richtungsstreite, Abgrenzungen und Zuordnungen dienen der Selbstverständigung darüber, von welchem Vorwissen und aus welcher Perspektive das produzierte Wissen Anspruch auf Wahrheit, Gewißheit und Verwendungsmöglichkeit hat. Damit geht es auch um Einfluß, Interessen und Dominanzen innerhalb des Erziehungs- und Bildungssystems auf seinen verschiedenen Ebenen.

In pädagogischer wissenschaftstheoretischer Literatur werden häufig drei Richtungen von Erziehungswissenschaft unterschieden, die mehrere der oben genannten Konzepte umfassen: hermeneutische (→geisteswissenschaftliche) Pädagogik, empirische und kritische Erziehungswissenschaft (→Kritische Theorie).

Die hermeneutische Pädagogik beruht auf Grundannahmen hermeneutischer Philosophie als einer Erkenntnistheorie des →Verstehens, wie sie von Autoren wie →Schleiermacher, →Dilthey, Rikkert u. a. entwickelt wurde. Als geisteswissenschaftliche oder kulturtheoretische Pädagogik wurde sie durch Klassiker der Pädagogik wie →Nohl, →Weniger, →Flitner, →Spranger, →Litt u. a. bekannt. Ihr Grundanliegen ist es, Erziehung und Bildung als ein Phänomen geistig-geschichtlich-gesellschaftlichen Lebens oder als kulturelle Eigenart zu begreifen. Erziehungswirklichkeit ist von diesem Wissenschaftsverständnis her vor allem in Schriften, Erzeugnissen und Überliefertem dokumentierte Wirklichkeit, deren Sinn und Bedeutung für und in Erziehungsauffassungen und -institutionen durch Interpretationen herausgearbeitet wird. Dem liegt die Grundannahme zugrunde, daß das Handeln und die Einbindung von Menschen in Institutionen durch Zwecke, Motive, Absichten, Intentionen usw. bedingt ist, die in der Form von „objektivem Geist" oder von „Kultur" nicht nur bewußt gemacht werden können, sondern auch in ihrer Lebensbedeutsamkeit und ihrem politischpraktischen Anspruch an die Gestaltung von Erziehung und Bildung thematisiert werden können.

Im empirischen Wissenschaftsverständnis spielen Beobachtung und Erklärung als Erfahrung von Wirklichkeit eine besondere Rolle. Auf dem Hintergrund von Erkenntnistheorien wie der des →Empirismus (Locke, Hume) oder des logischen →Positivismus (Mach, Carnap u. a.) sowie des →kritischen Rationalismus (Popper) gilt es, Gesetze und Regelmäßigkeiten von Erziehungswirklichkeit besonders in der Form von Ursache-Wirkungsbeziehungen zu erfahren. Obschon es bereits im 18. Jahrhundert Ansätze zu einem empirischen Erziehungswissenschaftsverständnis gibt, erhält dieser Ansatz erst in diesem Jahrhundert als experimentelle Pädagogik (Meumann, Lay), Tatsachenforschung (Petersen), realistische Pädagogik (Roth), empirisch-analytische Pädagogik (Brezinka) besonderes Interesse. Gemeinsam ist dieser Richtung, Erziehungswirklichkeit nicht nur in geregelten Verfahren auf Gleichförmigkeiten zu untersuchen, sondern auch aus dem Wissen um Regelmäßigkeiten dieser Wirklichkeit effektive Lösungsvorschläge zur Veränderung anzubieten.

Kritische Erziehungswissenschaft entsteht auf dem Hintergrund der gesellschaftsphilosophischen →Kritischen Theorie, wie sie durch Horkheimer, Adorno, Marcuse, Fromm, Habermas u. a. konstituiert wurde. Als Repräsentanten dieser Richtung gelten Autoren wie Mollenhauer, Blankertz, Klafki, Schaller u. a., deren Anliegen es ist, aus Hinweisen auf die jeweiligen Begrenztheiten von hermeneutischem und empirischem Wissenschaftsverständnis eine besondere Form der Kritik an Erziehungswirklichkeit zu formulieren, die das generelle Anliegen von Wissenschaft auf kritische Reflexion übersteigt. Vereinfacht heißt dies, daß diese Wirklichkeit im Modus dessen, was sie ist oder geworden ist und was sie sein kann, wahrgenommen wird. Im Engagement für ein möglich Besseres, das als Emanzipation des Menschen bezeichnet, aber nicht fixiert wird, ist die Herausarbeitung selbstreflexiven Wissens um undurchschauten Zwang und Gewalt das Hauptanliegen dieser Richtung.

Innerhalb oder in Abgrenzung von diesen wissenschaftstheoretischen Richtungen entstanden die oben erwähnten Differenzierungen und Besonderheiten wissenschaftlichen Denkens. Sie beeinflussen in der Sozialpädagogik die Orientierung dieser Disziplin nicht nur an Theorien und Standards von Forschung, sondern auch das Verständnis des Faches selbst, seine Selbstbeschreibungen, Aufgabenzuweisungen, Orientierungsmuster, Programmatiken, Ausdifferenzierungen usw. Als was und wie Sozialpädagogik begriffen wird, läßt sich nur auf dem Hintergrund wissenschaftstheoretischer Optionen der Forschungsgemeinschaft und ihrer Vertreter bestimmen.

Lit.: König, E., Zedler, P.: Theorien der Erziehungswissenschaft. Einführung in Grundlagen, Erfahrungen und praktische Konsequenzen, Weinheim 1998; Hoffmann, D.: Erziehungswissenschaft. Eine Einführung, Stuttgart 1980; Krüger, H.-H. (Hrsg.): Einführung in Theorien und Methoden der Erziehungswissenschaft, Opladen 1997; Tschamler, H.: Wissenschaftstheorie, Eine Einführung für Pädagogen, Bad Heilbrunn ³1983; Drerup, H.: Wissenschaftstheorie und Wissenschaftspraxis, Bonn 1979; Röhrs, H., Scheuerl, H. (Hrsg.): Richtungsstreit in der Erziehungswissenschaft und pädagogische Verständigung, Frankfurt 1989.

Reinhard Uhle, Lüneburg

Wohlfahrtspflege
→Freie Wohlfahrtspflege

Wohlfahrtsstaat
1. Definition. Unter „Wohlfahrtsstaat" (WS) im engeren Sinne versteht man ein System staatlicher und öffentlicher Einrichtungen und Regelungen, das folgenden Zwecken dient:
– Verhinderung von menschenunwürdiger Armut und existenzieller Not (z. B. durch Sozialhilfe);
– Absicherung gegen drohende Standardrisiken (vor allem mittels Rentenversicherung, Krankenversicherung, Unfallversicherung und Arbeitslosenversicherung);
– Beseitigung unerwünschter Formen

sozialer Ungleichheit (unter anderem mittels progressiver Besteuerung und Kündigungsschutzbestimmungen) und
- Herstellung gleicher Lebensverhältnisse, d. h. Grundvoraussetzungen alltäglichen Handelns (mit der Bereitstellung von Infrastruktur und öffentlichen Gütern).

Als Wohlfahrtsstaaten im weiteren Sinne bezeichnet man fortgeschrittene Gesellschaften einschließlich ihres gesamten politisch-administrativen, sozioökonomischen und sozio-kulturellen Systems, die darauf ausgerichtet sind, die „Wohlfahrt" ihrer Bewohner zu mehren. Hierbei bleibt es prinzipiell dem einzelnen überlassen, darüber zu befinden, ob ein bestimmter Zustand mehr oder weniger Wohlfahrt als ein anderer bedeutet. Dem entspricht der Begriff „Lebensqualität". Damit ist sowohl die Güte „objektiver" Lebensbedingungen (Einkommen, Wohnbedingungen, Arbeitsbedingungen, Gesundheitsversorgung etc.) als auch deren „subjektive" Bewertung (Zufriedenheit) gemeint.

Aktivitäten moderner Staaten haben herkömmlicherweise das Ziel, durch Ordnung Sicherheit zu gewährleisten, durch Sozialleistungen für die Grundsicherung der Bürger zu sorgen und vor allem durch die Regulierung des Marktgeschehens den Wohlstand der Massen zu vergrößern. Dieses „Wohlstandsparadigma" dominierte in Deutschland noch bis in die 1960er Jahre hinein. Ihm entsprach das Sozialprodukt als vorherrschendes Wohlstandsmaß. Seither hat sich daneben auch das „Wohlfahrtsparadigma" durchgesetzt: Bürger verlangen von staatlichen Einrichtungen immer mehr Leistungen zur Daseinsvorsorge. Diesem Verlangen wurde in wachsendem Maß entsprochen. Der Ordnungsstaat wurde zum Leistungsstaat, der Sozialstaat wurde zum WS. Als dementsprechende Wohlfahrtsmaße dienen „Sozialindikatoren" bzw. daraus erstellte Sozialberichte. Sie messen die „objektive" und „subjektive" Güte von Lebensbedingungen in zahlreichen Dimensionen (Einkommen, Vermögen, Armut, Gesundheit, Wohnen, Arbeiten, Bildung, Verkehr, etc.).

2. Historische Entwicklung. Die Wurzeln des WS liegen in der kirchlichen und obrigkeitlichen →Armenpflege vorindustrieller Gesellschaften. Der systematische Aufbau sozialstaatlicher Einrichtungen begann in Deutschland mit der Gründung der vier großen Sozialversicherungen im Zuge der Bismarckschen Sozialpolitik: Krankenversicherung 1883, Unfallversicherung 1884, Rentenversicherung (1889) und Arbeitslosenversicherung 1927. Bis zum Ersten Weltkrieg führten viele westeuropäische Staaten ähnliche Sicherungssysteme ein. Sie wurden notwendig, weil der Lebensunterhalt der großen Bevölkerungsmehrheit seit der Industrialisierung von unselbständiger Arbeit abhing. Ohne sozialstaatliche Absicherung innerhalb des Arbeitsverhältnisses und nach dessen Ende (Alter, Krankheit, Unfall, Kündigung) war die Existenz der durchweg besitzlosen Arbeitenden und ihrer Familienangehörigen unmittelbar bedroht. Dies um so mehr, als familiale Unterstützung infolge der Auflösung der Großfamilienverbände immer seltener verfügbar war. Diese sozialstaatliche Unterstützung konzentrierte sich anfangs auf Bedürftige und bestand weitgehend aus Geldleistungen. Im Laufe des 20. Jahrhunderts, besonders aber nach dem 2. Weltkrieg, haben sich sowohl die Zielgruppen als auch die Instrumente staatlicher Einwirkungen erheblich ausgeweitet. Neben Bedürftigen sind heute auch Gutgestellte und Wohlhabende Adressaten staatlicher Leistungen. Neben Geldleistungen (Transferzahlungen) sind immer mehr Sachleistungen (Bildungsstätten, Krankenhäuser, etc.) und Dienstleistungen (Beratungsdienste, Sozialstationen, Aufklärungskampagnen usw.) getreten. Der Begriff WS schließt diese Leistungser-

weiterung ein. Der Begriff Sozialstaat konzentriert sich auf Geldleistungen für Bedürftige.
Diese Aufgabenausweitung kommt in der Steigerung der „Sozialquote", das ist der Anteil der Sozialleistungen am Bruttosozialprodukt, zum Ausdruck. Die Sozialleistungen machten im Jahre 1950 22,7% und im Jahre 1975 33,7% des Wertes aller produzierten Güter und Dienstleistungen aus. Dann trat im Zuge der Krise des WS eine Stagnation ein. Im Jahre 1990 betrug die Sozialquote nur noch 29,4%. Damit wurde Deutschland vom internationalen Spitzenplatz verdrängt, den es von der Einführung der Sozialversicherungen bis in die 1960er Jahre hinein eingenommen hatte. Vor allem skandinavische Staaten haben heute höhere Sozialquoten als Deutschland.

3. Die gegenwärtige Struktur des deutschen Wohlfahrtsstaates. Den Kern des deutschen WS bilden nach wie vor die vier großen Sozialversicherungen (Krankenversicherung, Unfallversicherung, Rentenversicherung und Arbeitslosenversicherung), von denen der WS einmal seinen Anfang nahm. Sie allein beanspruchen fast ein Viertel des Sozialprodukts, also etwa zwei Drittel aller Sozialabgaben. Die Sozialversicherungen dienen der Absicherung gegen Standardrisiken des Einkommensverlusts. Sie werden ergänzt durch Einkommenssicherungen im Fall besonderer Risiken, wie Lastenausgleich, Kriegsopferversorgung und →Sozialhilfe, durch Einkommenszusätze gegen Standardbelastungen der Familie, wie →Kindergeld, →Wohngeld, →Ausbildungsförderung und durch Einkommenszusätze zwecks Vermögensbildung. Diese finanziellen Transferleistungen des WS werden komplettiert durch Schutzrechte: Arbeitsschutz, Kündigungsschutz, Mietschutz, Mitbestimmungsregelungen, Tarifautonomie, Schulpflicht etc. Die Struktur des WS enthält ferner Dienstleistungen, etwa soziale Dienste, Beratungen, Pflegedienste, und Sachleistungen, Krankenhäuser, Kindergärten, Schulen, Universitäten. Berücksichtigt man diese qualitative Vielfalt und den quantitativen Umfang wohlfahrtsstaatlicher Leistungen, so wird deutlich, daß sie auf vielfältige Weise in den Alltag der Menschen eingreifen. Einkommensverhältnisse und Lebenschancen der Bevölkerung sind zunehmend von staatlichen Verteilungsprozessen beeinflußt. Auch die Sozialstruktur im ganzen ist hiervon geprägt: Klassengrenzen und -fronten verschwimmen. Klassenkonflikte werden institutionalisiert und abgeschwächt. Der wachsende Eigentums- und Einkommensabstand zwischen Arbeitgebern und Arbeitnehmern wird durch deren Ansprüche auf Sozialleistungen teilweise kompensiert. Die seit Mitte der 70er Jahre bis in die 90er Jahre anhaltende Massenarbeitslosigkeit erzeugt nicht zuletzt wegen vergleichsweise guter wohlfahrtsstaatlicher Absicherungen nur geringe politische Konflikte. Sozialstrukturelle Gruppierungen wachsen, die Empfänger von Sozialleistungen sind oder sogar (wie Rentner, Sozialhilfebezieher, BAFöG-Studenten, Arbeitslosengeldempfänger) im wesentlichen hiervon leben. Die Sozialstruktur ist immer weniger Produkt des Marktes und immer mehr auch Produkt des WS. Andererseits sind es Veränderungen der Sozialstruktur, die neue bzw. andere Aufgaben für den WS mit sich bringen: Verlängerte Lebenserwartung bei gleichzeitig verkleinerten Familien und Individualisierungstendenzen verschärfen das Pflegeproblem. Einwanderung erzeugt Integrationsprobleme. Gleichstellungsforderungen von Frauen zielen auf wohlfahrtsstaatliche Initiativen (Erziehungsurlaub, Kinderhorte, Individualbesteuerung).

4. Krise und Kritik des Wohlfahrtsstaates. Wohlfahrtsstaaten sind abhängig vom Problemdruck einerseits, von den erwirtschafteten Mitteln (Steuern) andererseits. Mitte der 1970er Jahre war eine

Situation erreicht, in der die zu lösenden Probleme kulminierten, u. a. wegen der o. a. sozialstrukturellen Entwicklungen und der Massenarbeitslosigkeit. Gleichzeitig sanken die verfügbaren Mittel infolge der ökonomischen Rezessionen, der demographisch sinkenden Erwerbs- und steigenden Altenlastquote. Der Anteil der Sozialleistungen am Bruttosozialprodukt mußte von 33,7% (1975) auf 29,4% (1990) gesenkt werden. Diese Kürzungen rührten zwar nicht an die Substanz wohlfahrtsstaatlicher Leistungen. Über deren Unantastbarkeit bestand weithin Einigkeit. Wohl aber mußten Randgruppen und -bereiche (z. B. Sozialhilfeempfänger, Arbeitslose, Schüler) Kürzungen hinnehmen.

Im Zuge der Finanzkrise geriet der WS insgesamt in die Diskussion. Folgende negative Auswirkungen wurden kritisiert:
- Der WS ist zu teuer. Er schädigt durch allzu hohe Abgaben die Wirtschaft, von der er lebt.
- Der WS ist ineffizient. Er erzeugt mit hohem Aufwand geringe (z. B. Umverteilungs-)Effekte.
- Der WS löst gerade die Probleme nicht, die in fortgeschrittenen Industriegesellschaften immer wichtiger werden. Er hält Standardlösungen für Standardprobleme und -risiken bereit, nicht aber für Einzelfallschicksale und Sinnprobleme.
- Der WS schafft durch seine Aktivitäten neue Probleme, die er wiederum lösen muß: (1) Schutzrechte erhöhen die Arbeitslosigkeit, verteuern Produkte sowie Dienstleistungen. (2) Wohlfahrtsstaatliche Leistungen in Lebensbereichen (z. B. in der Wirtschaft), die wegen staatlicher Eigeninteressen vorrangig versorgt werden, erzeugen „horizontale Disparitäten" (C. Offe) und „Situationsgruppen", die sich zeitweise in besserer (Berufsleben) zeitweise in schlechterer (Gesundheit, Verkehr, Bildung) Lage befinden. (3) Der WS schafft begünstigte und benachteiligte „Versorgungsklassen" (M. R. Lepsius) und neue Konflikte, z. B. zwischen beitragsbelasteten Erwerbstätigen und Rentenempfängern. (4) Der WS erzeugt seine eigene Ablehnung, sei es durch die zahlende und wenig begünstigte „Mittelmasse" (H. Wilensky), sei es durch selbstinduzierte steigende Ansprüche, Überforderungen und Erwartungsenttäuschungen (H. Klages u. a.).
- Der WS unterliegt Tendenzen zur Bürokratisierung, Verrechtlichung und Expertokratisierung, die ihn von den Bedürfnissen der Menschen entfernen.
- Der WS bewirkt Kontrolle und Entmündigung, verleitet zur Passivität, bringt den „betreuten Menschen" (H. Schelsky) hervor, verschafft neuen „Verteilungseliten" undemokratische Macht.

Zwar fanden viele, aber nicht alle genannten Kritikpunkte empirische Bestätigung. Weder die Anspruchseskalation, noch die Entstehung neuer Konfliktfronten, noch die Ablehnung durch Mittelschichten bewahrheiteten sich bisher. Andere Kritikpunkte wurden weithin als berechtigt empfunden. Dies verstärkte die Politisierung und Reformbemühungen um den Wohlfahrtsstaat. Angestrebt wird heute überwiegend ein „welfaremix" zwischen staatlichen Instanzen, freien Organisationen, privaten Selbsthilfegruppen und individueller Vorsorge.

Die Einigung Europas bringt neue Probleme mit sich. Die Heterogenität nationaler wohlfahrtsstaatlicher Organisation zwingt zur Politik der internationalen Koordination und Mindestsicherung statt Angleichung. Aber auch durch diese Minimalpolitik sehen sich die wirtschaftlich weniger leistungsfähigen Staaten der EG überfordert, die entwickelten Staaten befürchten wohlfahrtsstaatliche Rückschritte. →Europäische Sozialpolitik und Europarecht

Lit.: Alber, J.: Vom Armenhaus zum

Wohlfahrtsstaat, Frankfurt 1987; ders.: Der Sozialstaat in der Bundesrepublik, Frankfurt 1989; Hradil, St. (Hrsg.): Der betreute Mensch? Soziologenkorrespondenz, NF 13 (1989); Schmidt, M. G. : Sozialpolitik, Opladen 1987

Stefan Hradil, Mainz

Wohlfahrtsverbände
Wohlfahrtsverbände sind die Träger der →Freien Wohlfahrtspflege. Sie haben sich aus Gründen einer starken gemeinsamen Vertretung je nach politischer oder konfessioneller Grundlage zu sechs Spitzenverbänden der Freien Wohlfahrtspflege zusammengeschlossen: →Arbeiterwohlfahrt, →Deutscher Caritasverband, →Deutscher paritätischer Wohlfahrtsverband, →Deutsches Rotes Kreuz, →Diakonisches Werk der EKD, →Zentralwohlfahrtsstelle der Juden in Deutschland. Diese Spitzenverbände sind wiederum in der →Bundesarbeitsgemeinschaft der Freien Wohlfahrtspflege zusammengeschlossen.
Der historische Ursprung der W. liegt im Dualismus von →freier Liebestätigkeit und staatlicher →Armenpflege im Zeitalter der Nationalstaaten.
Die W. entwickelten sich von einfachen lokalen oder regionalen Vereinigungen oder Vereinen durch Zusammenschlüsse zu komplexen Großverbänden. Das Verhältnis der W. zu den →öffentlichen Trägern ist bis heute Gegenstand kontroverser Diskussionen.

Wohltätigkeit
→Armut

Wohnen im Alter
→Altenheim; →Altenwohnheim; →Altenwohnung; →Altenpflegeheim

Wohngeld
W. soll Personen mit geringem Einkommen ein angemessenes und familiengerechtes Wohnen sichern. Es wird auf Antrag Mietern als Mietzuschuß und Bewohnern von Eigenheimen, Eigentumswohnungen o. ä. als Lastenzuschuß gewährt.

Nach dem Wohngeldgesetz (WoGG) richtet sich die Höhe des Wohngeldes nach festgelegten Obergrenzen für die Mieten sowie dem Einkommen des Antragstellers.

Wohngemeinschaften
Diese Form des kurz- oder langfristigen, aber meist zeitlich begrenzten Zusammenlebens mehrer, i. d. R. nicht miteinander verwandter Personen, die sich eine Wohnung teilen oder auch einen gemeinsamen Haushalt führen, wurde durch die →Studentenbewegung populär.
W. werden seitdem auch in vielen sozialen Arbeitsfeldern zum Zweck der →Rehabilitation, Versorgung und →Therapie eingerichtet (z. B. für Behinderte, Drogenabhängige oder auch als Alternative zur →Heimerziehung).

Wohngruppenvollzug
→Strafvollzug

Wohnungslosigkeit
→Obdachlosigkeit
→Wohnungsnot

Wohnungsnot
W. bezeichnet den Zustand, in dem die Nachfrage nach Wohnraum das Angebot übersteigt. Dies führt zusätzlich zu einer Erhöhung der Mieten bzw. Preise für Wohnraum, so daß von der W. zunächst Einkommensschwache und →sozial Benachteiligte betroffen sind. Da eine feste Adresse i. d. R. Bedingung für die Aufnahme eines Arbeitsverhältnisses ist, zum anderen aber ein Mietabschluß im allgemeinen von einem festen Einkommen abhängt, droht diesen Gruppen bei W. →Obdachlosigkeit.

World Health Organization (WHO)
Die 1948 gegründete WHO mit Sitz in Genf ist eine der wichtigsten Sonderorganisationen der Vereinten Nationen. Satzungsgemäßes Ziel der WHO ist es, „den höchstmöglichen Gesundheitszustand für alle Völker" zu erreichen. Zu ihren Tätigkeiten gehören die Beratung und Unterstützung nationaler Gesund-

heitsdienste, die Durchführung und Finanzierung von Forschungsarbeiten, die Veröffentlichung von Gesundheits- und Todesursachenstatistiken, die Bekämpfung weitverbreiteter Krankheiten (wie z.B. Pocken, Cholera, Typhus, Malaria), die Festlegung internationaler Normen für Medikamente und Nahrungsmittel, die Verbesserung hygienischer Verhältnisse, von Aspekten der Arbeitswelt und sonstiger Lebensbereiche, die sich auf die Gesundheit auswirken, sowie die Förderung von gesundheitlicher Aufklärung. Die WHO unterhält sechs Regionalbüros, das europäische befindet sich in Kopenhagen.

Anschrift: Regionalbüro der WHO für Europa, Scherfigsvej 8, DK-2100 Kopenhagen Ø

Wyneken, Gustav (19.4.1875–8.12.1964) früher Vertreter der reformpädagogischen Bewegung und aktives Mitglied der →Jugendbewegung.
W. promovierte nach dem Studium der Nationalökonomie, Theologie und Philosophie 1898 zum Dr.phil. und legte ein Jahr später die Staatsprüfung für das Höhere Lehramt ab. Er gründete 1906, beeinflußt von der →Landerziehungsheimbewegung (er war mehrere Jahre Mitarbeiter von →Lietz gewesen), die bekannte „Freie Schulgemeinde Wickersdorf".

Z

Zehn Gebote der Feldforschung
Feldforschung in der Tradition der „Verstehenden Soziologie" und der „Chicagoer Schule der Soziologie" (→Theorie der Symbolischen Interaktion), die vor allem nach den Symbolen und Ritualen der handelnden Menschen frägt, bedarf gewisser Richtlinien. Solche erscheinen für notwendig, da der Forschende einen direkten Kontakt zu den betreffenden Menschen im Felde aufbauen muß.
Solche Kontakte sind bisweilen voll der Schwierigkeiten. Die folgenden „10 Gebote der Feldforschung" verstehen sich nicht als Gebote im strengen Sinn, sondern eben als Richtlinien bzw. Hinweise für ein erfolgreiches Forschen.

1. Du sollst einigermaßen nach jenen Sitten und Regeln leben, die für die Menschen, bei denen du forschst, wichtig sind. Dies bedeutet Achtung ihrer Rituale und heiligen Zeiten, sowohl in der Kleidung als auch beim Essen und Trinken. – Si vivis Romae vivito more!

2. Du sollst zu Großzügigkeit und Unvoreingenommenheit fähig sein, um Werte zu erkennen und nach Grundsätzen zu urteilen, die nicht die eigenen sind. Hinderlich ist es, wenn du überall böse und hinterlistige Menschen vermutest.

3. Du sollst niemals abfällig über deine Gastgeber und jene Leute reden und berichten, mit denen du Bier, Wein, Tee oder sonst etwas getrunken hast.

4. Du sollst Dir ein solides Wissen über die Geschichte und die sozialen Verhältnisse der dich interessierenden Kultur aneignen. Suche daher zunächst deren Friedhöfe, Märkte, Wirtshäuser, Kirchen oder ähnliche Orte auf.

5. Du sollst dir ein Bild von der Geographie der Plätze und Häuser machen, auf und in denen sich das Leben abspielt, das du erforschen willst. Gehe zu Fuß die betreffende Gegend ab und steige auf einen Kirchturm oder einen Hügel.

6. Du sollst, um Dich von den üblichen Reisenden zu unterscheiden, das Erlebte mit dir forttragen und darüber möglichst ohne Vorurteile berichten. Daher ist es wichtig, ein Forschungstagebuch (neben den anderen Aufzeichnungen) zu führen, in das Du Dir jeden Tag Deine Gedanken, Probleme und Freuden der Forschung, aber auch den Ärger bei dieser einträgst. Dies regt zu ehrlichem Nachdenken über Dich selbst und Deine Forschung an, aber auch zur Selbstkritik.

7. Du sollst die Muße zum →ero-epischen (freien) Gespräch aufbringen. Das heißt, die Menschen dürfen nicht als bloße Datenlieferanten gesehen werden. Mit ihnen ist so zu sprechen, daß sie sich geachtet fühlen. Man muß sich selbst als Mensch einbringen und darf sich nicht aufzwingen. Erst so lassen sich gute Gesprächs- und Beobachtungsprotokolle erstellen.

8. Du sollst Dich bemühen, Deine Gesprächspartner einigermaßen einzuschätzen. Sonst kann es sein, daß Du hereingelegt oder bewußt belogen wirst.

9. Du sollst Dich nicht als „Missionar" oder „Pädagoge" aufspielen. Es steht dir nicht zu, „erzieherisch" auf die vermeintlichen „Wilden" einzuwirken. Du bist kein Richter, sondern lediglich Zeuge!

10. Du mußt eine gute Konstitution haben, um Dich am Acker, in stickigen Kneipen, in der Kirche, in noblen Gasthäusern, im Wald, im Stall, auf staubigen Straßen und auch sonstwo wohl zu fühlen. Dazu gehört die Fähigkeit, jederzeit zu essen, zu trinken und zu schlafen.

Roland Girtler, Wien

Zentralwohlfahrtsstelle der Juden in Deutschland e.V. (ZWST)
Die ZWST wurde 1917 in Berlin mit dem Ziel gegründet, die jüdische Wohlfahrtspflege zu koordinieren. 1939 wur-

de sie zwangsaufgelöst. Die 1951 wiedergegründete Wohlfahrtsorganisation für die jüdische Gemeinschaft ist ein Spitzenverband der →Freien Wohlfahrtspflege. Mitglieder des Vereins sind neun Landesverbände und fünf selbständige Großgemeinden sowie der „Jüdische Frauenbund in Deutschland". Der Aufgabenbereich der ZWST umfaßt offene Sozialarbeit und institutionelle Fürsorge. Ferner gehören die Vertretung der gemeinsamen Interessen gegenüber den Bundes- und Landesvertretungen, den Bundesorganisationen der Freien Wohlfahrtspflege und ihren Zusammenschlüssen, den jüdischen Bundes- und Landesorganisationen und den internationalen allgemeinen und jüdischen Wohlfahrtspflegeorganisationen sowie die Anregung und Organisation jüdischer Geldsammlungen, die Wahrung der allgemeinen und besonderen jüdischen Interessen bei der Gesetzgebung, der Verwaltung und in Angelegenheiten der sozialen Fürsorge zu seinem Tätigkeitsbereich. Die ZWST gibt das Mitteilungsblatt „Jüdische Sozialarbeit" heraus.

Anschrift: Hebelstr. 6, 60318 Frankfurt a. M.

Zeugnisverweigerungsrecht

Z. bezeichnet das Recht, entgegen der allgemeinen Zeugnispflicht, die Aussage zu verweigern. Sie ist in allen Verfahrens- bzw. Prozeßordnungen rechtlich verankert. Dieses kann aufgrund persönlicher Beziehungen zu einem Prozeßbeteiligten (bzw. im Strafprozeß zum Angeklagten) geschehen (Verwandtschaft, Verlobung, Verschwägerung, Heirat) oder zur Wahrung des Berufsgeheimnisses z.B. bei Ärzten, Anwälten und Geistlichen geschehen.
Dem Sozialarbeiter oder Sozialpädagogen steht das Z. generell jedoch nicht zu, wenn man von sehr eng begrenzten Ausnahmen für diese Berufe im Bereich des Öffentlichen Dienstes absieht (zur Wahrung des Sozialgeheimnisses, falls der Dienstherr keine Aussagegenehmigung erteilt (→Amtsgeheimnis)). Diese rechtliche Situation belastet im konkreten Fall das Verhältnis zum Klienten, so daß – bisher ohne Erfolg – von Vertretern der Sozialen Arbeit die Einbeziehung ihrer Berufsgruppen in das Z. gefordert wird.

Zigeuner

→Roma

Zögling

veraltete Bezeichnung für die Person, die erzogen wird bzw. an die sich Erziehung richtet.

Z. war ursprünglich eine wertfreie Benennung, bekam jedoch durch die Bezeichnung der Bewohner von Heimen als Anstalts- oder Fürsorgezögling einen stigmatisierenden Charakter, so daß in der Sozialpädagogik zunehmend auf andere Bezeichnungen zurückgegriffen wird (→Klient, →Adressat), die jedoch den erzieherischen Aspekt weniger deutlich bezeichnen als Z. in des Wortes eigentlicher Bedeutung.

Zuchthaus

1. im 16. und 17. Jahrhundert polizeiliche Anstalt für →Randgruppen, die durch massiven Arbeitseinsatz und strenges Reglement an „Zucht und Ordnung" gewöhnt werden sollten (→Arbeitshaus);

2. Das Z. war eine Strafanstalt zur Verbüßung der härtesten Form der Freiheitsstrafe. Diese Zuchthausstrafe war so gestaltet, daß sie ein „empfindliches Übel" darstellte (z.B. Einzelhaft, Arbeitszwang). Die dahinter liegende Annahme war, durch eine solche Repression auch bei durch andere Maßnahmen nicht mehr zu berührende Straftäter nachhaltige Hemmungen vor einer erneuten Straftat hervorzurufen.

Die Z. wurden in der Bundesrepublik durch die erste Strafrechtsreform von 1969 abgeschafft, da sie mit dem Prinzip der Resozialisierung nicht zu vereinbaren waren. →Strafvollzug.

Zukunftswerkstatt

In der Z., die von Robert Jungk und Norbert R. Müllert entwickelt wurde, geht es um eine spielerische, phatasievolle und kreative Auseinandersetzung mit der Realität und ihrer konstruktiven Veränderung im Rahmen einer Gruppenarbeit. Unter Zuhilfenahme verschiedener →Moderationstechniken läuft der Bearbeitungsprozeß, wenn das Werkstatt-Thema schon entwickelt ist, in drei Phasen ab: in der Beschwerde- und Kritikphase werden all die negativen Erfahrungen mit dem Thema gesammelt, in der Phantasie- und Utopiephase können tabulos und frei phantasierend Alternativen entwickelt werden, in die die eigenen Wünsche und Träume mit einfließen und in der Verwirklichungs- und Praxisphase wird die Realität wieder mit einbezogen und die Entwürfe bezüglich ihrer Durchsetzungsmöglichkeiten geprüft und das weitere Vorgehen der umsetzung geplant.

Zusatzausbildung

berufsbegleitende, i.d.R. auf die Erstausbildung aufbauende oder sie ergänzende Zweitausbildung, die mit einem anerkannten Abschluß beendet wird.

Zwangseinweisung

andere Bezeichnung für →Unterbringung

Zwangserziehung

Dieser Vorläufer der →Fürsorgeerziehung wurde gem. § 56 des Reichsstrafgesetzbuches (RStGB) von 1871 von Strafrichtern für 12–18jährige Jugendliche aus Anlaß einer Straftat angeordnet, wenn diese nicht die erforderliche Einsicht in die Strafbarkeit ihrer Handlungen besaßen. Die Durchführung der Z. oblag den Strafvollzugsbehörden, die zu diesem Zweck sog. Zwangserziehungsanstalten unterhielten. Für Minderjährige unter 12 Jahren sah § 55 RStGB in der Fassung von 1876 vor, sie als Folge der Begehung einer Straftat unter anderem in einer Erziehungsanstalt unterzubringen.

Die Ausführungsgesetze der Länder zum § 55 RStGB erweiterten dieses Eingangsmerkmal teilweise um das der →„Verwahrlosung", so daß es keiner Straftat mehr bedurfte, um in eine Erziehungsanstalt eingewiesen zu werden. →Heimerziehung, →Jugendstrafrecht

Zwangspflegschaft

→Vormundschaft und Pflegschaft